LE COMMERCE DU GLOBE

LE COMMERCE DU GLOBE

COMPTES DE REVIENT

DE

MARCHANDISES ÉCHANGÉES ENTRE TOUTES LES PRINCIPALES PLACES DE COMMERCE DU MONDE

PAR

H.-L. MULLER, Négociant au Havre

SECONDE ÉDITION

ENTIÈREMENT REFONDUE ET CONSIDÉRABLEMENT AUGMENTÉE

HAVRE

Alphonse LEMALE, Imprimeur

—

1865

PRÉFACE

Depuis 1839, époque à laquelle nous fîmes paraître la première Edition du COMMERCE DU GLOBE, il est survenu de si nombreux changements que les Comptes dont ce volume est composé, sont aujourd'hui, pour la plupart, hors de service.

Le Commerce avait besoin d'un ouvrage nouveau, en rapport avec les transactions actuelles; des demandes incessantes nous ayant été adressées dans ce sens depuis plusieurs années, nous nous sommes enfin décidés à refaire cet ouvrage sur un plan nouveau et sur une échelle beaucoup plus vaste.

En me bornant à refaire ce qui existe depuis vingt-cinq ans, en y introduisant les modifications survenues, je n'eusse satisfait que très imparfaitement aux besoins nouveaux. Pour élargir le cadre du premier ouvrage et embrasser dans celui-ci toutes les parties du monde, le concours des agents consulaires de France dans les pays d'Outre-Mer m'était indispensable. Il est de mon devoir de reconnaître que S. E. Monsieur le Ministre du Commerce, ainsi que S. E. Monsieur le Ministre des Affaires Etrangères, sur la recommandation particulière de notre Chambre de Commerce, ont bien voulu, dans un but d'utilité publique, accueillir ma demande avec une très grande bienveillance, et me donner toute l'assistance désirable.

Tous les négociants peuvent, sans doute, établir eux-mêmes leurs *Comptes de Revient;* mais tous savent, par expérience, qu'on manque souvent des renseignements indispensables. Mille fois pendant ma longue carrière commerciale, j'aurais trouvé fort intéressant, et fort utile, d'avoir sous la main un livre qu'il m'eût suffi d'ouvrir pour y rencontrer les renseignements qui me manquaient, comme aussi pour contrôler mes calculs, en les comparant à des échelles présentant toutes les variations dans le coût de la marchandise et dans les changes, et faisant ressortir en regard *le Prix de Revient* au lieu de destination. — Si mes calculs eussent été faits à l'avance, c'eût été une immense satisfaction et une très grande tranquillité d'esprit pour moi, d'être d'accord avec le livre en question, et si je n'avais pas eu les renseignements nécessaires, j'aurais été doublement heureux de les y trouver avec les calculs tout faits.

Voici quel est le plan de cet Ouvrage :

Une Edition Française renfermera des Notices sur ce qui concerne le Commerce et la Marine des principales Places de Commerce, ainsi que des Comptes de Revient de denrées échangées entre tous les pays d'Outre-Mer et les ports français.

Chaque Compte sera accompagné d'un tableau de parité qui indiquera, selon le change, s'il est avantageux de se rembourser sur telle Place plutôt que sur telle autre, et, en outre, d'une échelle comparative qui permettra de calculer d'un coup d'œil les variations dans les prix de revient, produites par l'augmentation ou la réduction soit du prix d'achat, soit du fret, soit du change.

Une Edition Anglaise renfermera à peu près les mêmes matières que l'Edition française, mais avec cette différence *capitale* qu'elle sera faite en vue du commerce Britannique, et que tous les Comptes de Revient seront établis pour les importations en Angleterre.

Ces deux ouvrages auront certainement leur importance pour tous les négociants européens et pour ceux qui habitent les pays d'Outre-Mer; car, il est intéressant de savoir exactement quel est le port d'Europe qui laisserait la plus belle marge pour telles ou telles marchandises expédiées de n'importe quel port d'Outre-Mer; — avec ces deux ouvrages sous les yeux et les prix courants nécessaires, on pourra établir ces comparaisons sans faire aucun calcul.

Pour faciliter l'acquisition de ces deux ouvrages réunis, dont le coût sera au-dessus de la valeur ordinaire des autres livres, — les dépenses pour obtenir les nombreux renseignements indispensables étant considérables, et les difficultés typographiques occasionnées par les tableaux rendant l'impression fort coûteuse, — nous ferons paraître des **livraisons par zônes** qui comprendront les comptes français et anglais, extraits des deux éditions principales, et qui pourront s'obtenir séparément. Ainsi, par exemple, le négociant d'Europe qui travaillera spécialement avec les ports de *La Plata*, et toutes les Maisons de commerce de ce pays, pourraient hésiter à prendre les deux éditions principales qui renfermeront un certain nombre de Comptes peut-être sans intérêt pour eux : tandis que ces négociants pourront acheter à un prix modéré l'Edition portant le titre de ***Zône de La Plata***, qui renfermera les *Comptes de Revient* pour la France et l'Angleterre de toutes les marchandises qui s'exportent de ***Buenos-Ayres, Montevideo*** et ***Rio-Grande***.

Il en sera de même pour les ***Zônes*** ci-après, chacune d'elles comprendra les Comptes de tous les Ports placés dans son rayon.

En voici le détail :

1° La Plata ; — 2° Golfe de Bengale et mer d'Oman ; — 3° Iles de la Sonde et Océanie ; — 4° Siam, Cochinchine, Chine et Japon ; — 5° Afrique, Mozambique et Madagascar ; — 6° Brésil ; — 7° Côtes du Pacifique ; — 8° Amérique du Nord, Golfe du Mexique ; — 9° Indes Occidentales ; — 10° Méditerranée, Egypte, Mer Noire ; — 11° Mer Baltique, Angleterre, Hollande et Belgique.

Pour un travail de cette importance, il s'agissait de trouver une combinaison qui le mît à l'abri des changements qui peuvent survenir dans les droits de sortie des pays producteurs, comme dans les droits d'entrée des pays de consommation. C'est là l'élément principal qui peut modifier le *Compte de Revient*.— Afin d'éviter cet inconvénient, j'établis tous les Comptes sans ces droits ; ces comptes ne seront donc susceptibles, sous ce rapport, d'aucune altération et pourront servir longtemps.

Pour les droits de sortie des pays de production, j'établis sur chaque Compte un calcul séparé qui fait ressortir ce qu'ils produisent en France par 100 kilog. ; il suffira d'ajouter la somme indiquée aux Prix de revient des tableaux.—On trouvera en outre sur chaque compte, pour le calcul de ces mêmes droits de sortie, des logarithmes à tous les changes qui serviront, au moyen d'une simple multiplication, à calculer, en cas de changement des droits, ce que ces droits produiront par 100 kil. — Les explications se trouveront dans la notice placée en tête de chaque Port.

Quant aux droits d'entrée en France, ils seront mentionnés sur chaque Compte, dans la colonne des observations. — Ces droits seront à ajouter aux Prix de revient des tableaux, quand la marchandise devra être vendue à l'acquitté.

S'il survenait des changements susceptibles de modifier les calculs de quelques Comptes, je recevrais avec reconnaissance des indications détaillées et je m'empresserais d'établir de nouveaux Comptes.

En tête de chaque tableau figurent les Prix de revient fractionnés par huitièmes ou de 1 à 10 avec la mention : ***Subdivisions — Coût et frais variables.*** — Les ***frais invariables*** ne sont pas contenus dans ces sommes ; ils figurent seulement dans les Prix de revient compris sous la mention : ***Coût et frais variables et invariables***, en additionnant les premiers avec les derniers, quand cela sera nécessaire, il n'y aura pas double emploi.

Tous mes comptes sont établis pour la France, en vue d'un mois de séjour en magasin.

J'ai admis uniformément une commission de vente de 2 °/ₒ qui varie jusqu'à 3 °/ₒ en y comprenant le ducroire.

Le rendement du poids net au port de débarquement étant une chose importante, quand il s'agit d'établir un *Compte de Revient*, je me suis scrupuleusement attaché à m'entourer de renseignements exacts pour arriver à connaître le rendement moyen de chaque article.

Quand le Commerce aura reconnu l'exactitude des Comptes renfermés dans cet ouvrage, il pourra simplifier ses ordres d'achat avec les pays d'Outre-Mer, ordres qui se trouvent parfois compliqués à cause des diversités de monnaies, de changes, frets, etc., en transmettant des limites « ***franco au Port de débarquement, d'après le*** COMMERCE DU GLOBE. » — Ce mode préservera le négociant de tout mécompte, attendu que ces limites comprendront tous les frais que la marchandise aura à supporter jusqu'après la vente, ainsi qu'une commission de 2 °/ₒ.

Les armateurs, subrécargues et capitaines de navires, trouveront dans cet Ouvrage bien des choses utiles à consulter pour la direction des grands intérêts dont ils sont chargés. Un seul renseignement qui manquerait, et qu'on trouverait dans ce recueil, peut provoquer une bonne résolution, soit en commandant l'abstention sur tels articles, soit en décidant à reporter l'opération sur d'autres.

Souvent il arrive que les capitaines en cours de voyage, ne trouvant pas un fret de retour satisfaisant, et espérant faire mieux, achètent pour le compte de l'armement un chargement de bois ou d'autres marchandises. — S'ils avaient eu sous les yeux le COMMERCE DU GLOBE qui, pour ces marchandises, renfermera des comptes spéciaux, indiquant pour chacune d'elles que, à tel prix coûtant à la source, et à tel prix de vente en Europe, ***il resterait net par 1000 kil. tel fret pour l'armement***, ces capitaines auraient peut-être évité des pertes sérieuses à leurs armateurs.

Les Maisons établies dans les pays d'Outre-Mer, qui s'occupent d'importations de produits manufacturés, sont parfois fort embarrassées pour effectuer leurs retours, à cause des changes onéreux ou du manque de confiance. — Elles, aussi, trouveront un intérêt particulier à consulter le COMMERCE DU GLOBE qui leur indiquera, sans qu'elles aient besoin de faire aucun calcul, ce qui convient le mieux à leurs intérêts pour faire des remises en Europe, soit d'acheter des produits de leur pays aux cours établis, soit d'acheter des traites.

En offrant cet Ouvrage au Commerce, nos peines seront bien récompensées si nous obtenons l'assurance qu'il lui a réellement rendu quelques services.

HAVRE, le 31 Mai 1865.

H.-L. MULLER.

P.-S. — Les USAGES COMMERCIAUX devant être rendus uniformes pour tous les ports Français, nos Comptes de Revient, établis pour un port quelconque de France, serviront ainsi à tous les autres ports Français.

BUENOS-AYRES

Buenos-Ayres, capitale de l'ancienne vice-royauté espagnole et aujourd'hui de l'Etat de ce nom, n'est pas seulement une des cités les plus peuplées et les plus riches, et un des principaux foyers de civilisation du Nouveau-Monde, mais encore la place de Commerce la plus importante de l'Amérique du Sud, après Rio-Janeiro.

Port. — Le Rio de la Plata, que le navigateur espagnol Don Juan Diaz de Solis découvrit le premier en 1515, est un des plus grands fleuves du monde. Formé par la réunion du Parana avec le Paraguay sur sa rive droite, dans l'intérieur des terres, et l'Uruguay sur sa rive gauche, à peu de distance au-dessus de Buenos-Ayres, il traverse une immense étendue de pays dont il est le débouché naturel. Les navires de commerce d'un faible tonnage parviennent à remonter jusque dans le lit du Paraguay.

FRAIS DE PORT POUR UN NAVIRE FRANÇAIS DE 775 TON. A BUENOS-AYRES

Droits d'ancrage et de rade. — Néant pour les navires français.

Pilotage à l'entrée. — On traite avec les Pilotes à raison du tirant d'eau :

Pour 5m20	$	100 —
Droits de feu à l'entrée	»	48 50
» » à la sortie	»	48 50
Diverses formalités de douanes	»	48 —
Pilotage de sortie	»	96 —
Patente de santé	»	1 —
	$	342 —
Droit de chancellerie	»	1,588 —
	$	1,930 —

Commerce. — Voici quelques extraits intéressants du rapport annuel présenté par le Ministre des Finances du gouvernement de Buenos-Ayres au Congrès National de 1864.

Ce qui ressort principalement de ce document, c'est l'extension notable du commerce de la République Argentine dans ces dernières années, extension dont la province de Buenos-Ayres a surtout profité. En effet, depuis que la Douane de Buenos-Ayres a été nationalisée, la quantité de marchandises qu'elle envoie en transit dans les provinces est très-considérable, et diminue d'autant la somme des droits recouvrés par les autres douanes, spécialement pour celle du Rosario, qui remplissait autrefois, vis-à-vis des autres, le rôle que remplit aujourd'hui Buenos-Ayres.

Au point de vue du commerce étranger, plusieurs lois libérales ont été promulguées dans le courant du dernier exercice. La loi qui est en vigueur depuis le 15 août dernier a introduit un changement utile en réduisant les droits d'importation à un taux uniforme pour la plupart des articles formant l'objet de la consommation habituelle. C'est ainsi qu'elle réduit à 5 % les droits à percevoir sur les boissons et comestibles, en élevant à 15 % les droits sur certains articles qui ne payaient que 5 %, et en grevant de 5 % d'autres produits qui étaient exempts. En même temps, elle donnait au commerce d'exportation une facilité remarquable, en permettant que les produits de l'intérieur, au lieu d'acquitter forcément les droits au port de premier embarquement, pussent ne les acquitter qu'à Buenos-Ayres, ou dans tout autre port de la République, au choix de l'exportateur, à la charge par celui-ci de rapporter à la première de ces douanes un acquit à caution prouvant qu'il a payé dans un autre endroit les droits établis. Toutefois, si, d'un côté, le commerçant peut retirer un précieux avantage de la loi nouvelle, puisqu'il trouvera à emprunter à Buenos-Ayres plus facilement que partout ailleurs, et sur la simple consignation de marchandises qui n'auraient pu servir de garantie dans la province dont elles sortaient, de l'autre, le revenu des douanes des provinces, et, par suite, le commerce direct avec elles, qui promettait aussi de magnifiques débouchés à l'industrie européenne, se trouve gravement atteint au profit unique de Buenos-Ayres.

C'est ainsi que, pour l'année 1863, la somme des droits perçus en piastres argent (de 17 à l'once) se répartit entre les différentes douanes de la manière suivante :

Buenos-Ayres	$	1,350,061	87
Entre-Rios	»	295,868	91
Corrientes	»	82,852	61
Santa-Fé	»	178,763	24
Salta	»	12,571	98
Sujuy	»	15,861	41
Tinogasta	»	321	60
TOTAL	$	1,936,296	62

Les douanes de San-Juan et de Mendoza ne figurent pas dans ce tableau, parce qu'aux termes du traité de la République Argentine avec le Chili, l'exportation des produits Argentins pour cette dernière République est libre de tous droits. Elles figureront au contraire dans le relevé des droits perçus à l'importation, parce que ces provinces éloignées s'alimentent presque exclusivement par le Pacifique, et reçoivent du Chili, en transit, les produits européens.

Les chiffres qui précèdent montrent d'une manière frappante combien l'exportation des provinces baignées par le grand fleuve est supérieure à celle des provinces de l'intérieur, non pas réellement à cause d'une plus grande richesse propre, mais par suite de la facilité des transports par eau. Aussi la production des provinces de l'intérieur est-elle condamnée à végéter, tant que des voies régulières et à bon marché ne les mettront pas en contact avec le littoral.

Après Buenos-Ayres, la province dont l'exportation est de beaucoup la plus considérable est celle de l'Entre-Rios, qui n'exporte pourtant que les produits de son propre sol, sans rien recevoir des autres provinces, comme Santa-Fé, par exemple, qui reçoit en transit une partie de la production de l'intérieur.

Dans le compte de la douane de Corrientes, l'exportation du bétail pour le Paraguay ne figure à peu près que pour mémoire, la majeure partie des troupeaux sortant sans payer aucun droit, à raison de la difficulté de garder la ligne de frontière qui sépare les deux Etats.

La comparaison des recettes des différentes douanes à l'importation conduit forcément à une conclusion identique.

Buenos-Ayres	$	3,768,131	12
Entre-Rios	»	204,228	85
Santa-Fé	»	367,486	27
Corrientes	»	86,118	13
Mendoza	»	30,796	67
San-Juan	»	47,927	32
Salta	»	30,704	95
Sujuy	»	6,950	65
Tinogasta	»	562	91
TOTAL	$	4,542,906	87

Rapproché du précédent, ce relevé montre bien quelle concentration se fait à Buenos-Ayres des droits à percevoir sur les objets destinés au reste de la République. Mais il prouve également la grande consommation de cette province, signe évident de la prospérité et du bien être de toutes les classes de sa population.

Quant à la valeur des marchandises exportées en 1863 de Buenos-Ayres, et payant ou non des droits, elle s'est élevée à la somme de 259,452,052 piastres papier. La même douane a reçu en transit des autres provinces et de quelques nations voisines pour une somme de 83,187,034 piastres, ce qui donne pour le mouvement général d'exportation de cette seule province le chiffre énorme de 342,639,086 piastres papier.

Si l'on ajoutait à cette somme le montant des exportations du reste de la République expédiées directement par les autres ports du littoral ou par les douanes de terre pour le Chili, la Bolivie, le Pérou, le Paraguay et le Brésil, et la valeur à peu près égale des importations, on verrait que le commerce général de la République Argentine s'élève à plus d'un milliard de piastres, chiffre surprenant pour un pays d'un million deux cent mille habitants.

On écrivait en outre de Buenos-Ayres en juin 1864 :

Le mouvement commercial de ce port fait de rapides progrès. La grande et la petite rade sont couvertes de bâtiments, et la ville s'étend au loin dans la campagne et sur les rives du fleuve. Dans le quartier central s'élèvent un grand nombre de maisons à plusieurs étages, qui en ont complètement changé l'aspect. Les provinces éloignées du port où touche d'abord le commerce européen, suivent cependant ce mouvement progressif que les voies ferrées et les lignes nouvelles de bateaux à vapeur tendent à accroître. L'importante entreprise du Chemin de fer Central-Argentin, destiné à relier entre elles ces diverses parties d'un immense Etat, augmentera la facilité des communications.

La province de Cordova, une des plus fertiles de l'Amérique du Sud, a 10,000 lieues carrées d'étendue.

La seule exportation des Cuirs séchés par cette province et celles adjacentes, monte annuellement au chiffre de 400,000. Encore le nombre des *estancias* (établissements où l'on élève le bétail) est-il relativement fort restreint, l'étendue des terres mises à profit étant deux et trois fois dépassée par celle des terrains qui sont encore inoccupés.

Les Laines de Cordova, de Santiago et de San-Luis représentent une exportation annuelle de 300,000 arrobes, de 25 ℔ chaque.

On exporte déjà plus de 70,000 Cuirs corroyés, provenant presque exclusivement des provinces de Tucuman et de Salta ; et si ces provinces n'ont point encore envoyé jusqu'ici des Cuirs secs, c'est seulement à cause de la difficulté des transports, difficulté qui va disparaître, comme on l'a vu plus haut.

Les Crins, Soies et Cuirs de porcs présentent un poids de 200,000 arrobes par année ; les Fruits secs, les Noix, le Riz, la Semence de luzerne, l'Amidon, les Fromages, les Piments, les Olives comptent pour une valeur de 440,000 piastres fortes.

Dès l'année 1855, l'exportation des *punchos* et autres étoffes grossières, des instruments d'agriculture et autres objets manufacturés, s'élevait également à une valeur de plus de 450,000 piastres.

Quant aux Céréales, la province de Cordova, dont le sol et le climat sont excellents et qui présente en même temps les plus grandes facilités pour l'irrigation artificielle, peut en produire aisément une quantité suffisante à l'alimentation de Buenos-Ayres et des provinces du littoral ; et l'on a calculé que la quantité de Grains qui pourrait être envoyée dès la première année, par le chemin de fer, excéderait 5,000 tonneaux.

La province de Cordova est en outre couverte de forêts de diverses essences, parmi lesquelles on remarque surtout le *quebracho* rouge, excellent bois de construction, et le carroubier.

Le Chemin de fer Central longe une forêt qui s'étend pendant plus de 60 lieues dans la direction du nord-ouest ; il est à remarquer que la lieue de la Plata est de 5,196 mètres.

Le commerce d'importation ne peut manquer de recevoir une impulsion analogue. Le prix des transports du Rosario dans l'intérieur s'élève aujourd'hui approximativement à 300,000 piastres par an. Encore faut-il ajouter que la plus grande partie de ce commerce d'importation est entre les mains du Chili, qui alimente presque à lui seul les provinces de Salta, Juguy, de Rioja, de San-Juan, de Mendoza et de San-Luis. La province même de Cordova s'est tout dernièrement approvisionnée de marchandises venues de Valparaiso, pour une somme de $ 20,000.

On commence à cultiver avec succès le cotonnier dans celles des provinces argentines dont le climat est favorable à cette plante. Une seule Société en a semé 180,000 pieds l'an dernier et annonce, cette année, l'intention d'en semer 800,000 à 1,000,000. Malheureusement les insectes et l'époque trop tardive des semailles ont rendu la récolte beaucoup moins productive qu'elle ne l'eût été dans de meilleures conditions. Aussi l'exportation n'a-t-elle pas pu en être faite en Europe à cause du prix élevé auquel sont actuellement les mèches de lampe dans le Rio-de-la-Plata, et qui est dû sans doute à l'étonnante rapidité avec laquelle s'y est répandu l'usage des lampes à l'huile de pétrole. Toute la récolte de l'année a été nettoyée et filée sur place à l'aide de deux machines, dont l'une a été faite à Rosario par un ingénieur du pays.

Le Gouvernement vient de soumettre à l'approbation du Congrès un projet de contrat qui procurerait à la République Argentine et dans un plus bref délai d'aussi précieux avantages que son Chemin de fer Central. Il s'agit du service des bateaux à vapeur du Rio de La Plata qui est déjà fort bien organisé et qui accomplit actuellement deux voyages par semaine de Rosario, quatre par mois de ce port à Parana et à Santa-Fé, un cinquième jusqu'à Corrientes, et de plus un voyage par semaine à Gualeguay. Il serait réorganisé sur un nouveau pied, moyennant une faible augmentation de la subvention que le Gouvernement paie aujourd'hui aux entrepreneurs actuels.

La nouvelle compagnie s'engagerait à faire trois voyages par semaine entre Buenos-Ayres et Rosario, quatre par mois entre Rosario et Corrientes, sans préjudice du voyage hebdomadaire à Gualeguay, trois voyages tous les deux mois entre Buenos-Ayres et Patagone en touchant à Bahia-Blanca, et à maintenir en même temps un service de trois voyages par semaine entre Buenos-Ayres et Montevideo, et de trois autres également hebdomadaires sur la ligne de l'Uruguay jusqu'à la Concordia, en touchant à tous les ports intermédiaires. Sept ou huit nouveaux bateaux à vapeur seraient lancés immédiatement. Les entrepreneurs s'engagent à organiser complètement ce service dans l'espace de huit mois pour les lignes les plus courtes et dix-huit pour les plus longues. Ils offrent au public un rabais de 20 % sur le fret actuel, excepté pour celui des espèces métalliques ; ils se chargent de la correspondance, dont ils acceptent la responsabilité personnelle, et se soumettent à une amende de 160 piastres fortes au cas où un de leurs bateaux ne serait pas parti à l'heure annoncée par le directeur général des ports après entente préalable avec eux. Dans l'état d'irrégularité si préjudiciable de la correspondance qui existe actuellement, cette clause est une des plus importantes du contrat, une de celles qui doivent être accueillies avec le plus d'empressement.

Le Gouvernement pourra disposer gratuitement sur chaque bateau et à chaque voyage de deux places d'arrière et de deux places d'avant, ainsi que de deux tonneaux à moitié prix du fret fixé. En outre, la Compagnie, désirant coopérer le plus possible à la protection que le Gouvernement Argentin prête à l'émigration étrangère, s'engage à faire un rabais du tiers du prix du passage à tous les émigrants qui se dirigeront vers l'intérieur de la République, si leur nombre n'excède pas 50 et de la moitié s'il dépasse ce chiffre.

Tel est le projet accepté par le Gouvernement, et auquel il ne manque plus que l'approbation du Congrès, qui ne saurait assurément lui faire défaut.

Voici d'après les tableaux de l'Administration des Douanes françaises quel a été le commerce direct de la France avec le Rio de la Plata, dont Buenos-Ayres est le principal port, pendant les cinq années qui vont être indiquées.

1° COMMERCE GÉNÉRAL

	IMPORTATION	EXPORTATION	TOTAL.
1859	F. 30,717,000	F. 26,950,000	F. 57,667,000
1860	» 41,224,000	» 49,715,000	» 90,939,000
1861	» 36,715,000	» 34,125,000	» 70,840,000
1862	» 33,830,000	» 33,714,000	» 67,544,000
1863	» 52,549,000	» 44,375,000	» 96,924,000

2° COMMERCE SPÉCIAL

	IMPORTATION	EXPORTATION	TOTAL
1859	F. 22,377,000	F. 19,616,000	F. 41.993,000
1860	» 35,549,000	» 36,126,000	» 71,675,000
1861	» 33,736,000	» 25,838,000	» 59,574,000
1862	» 31,492,000	» 26,723,000	» 58,215,000
1863	» 51,210,000	» 32,875,000	» 84,085,000

Voici quels ont été les principaux articles échangés entre les deux pays, au commerce spécial, pendant chacune des deux années 1859 et 1863 :

1° A L'IMPORTATION

	1859		1863	
	QUANTITÉ	VALEUR	QUANTITÉ	VALEUR
Laine	kil. 4,482,000	F. 9,830,000	kil. 8,290,000	F. 28,434,000
Peaux brutes	» 4,462,000	» 8,192,000	» 8,494,000	» 10,646,000
Plumes de parure	» 67,000	» 2,187,000	» 51,000	» 932,000
Crins bruts	» 364,000	» 1,098,000	» 558,000	» 1,952,000
Sabots de Corne de Bétail	» 950,000	» 242,000	» 84,000	» 57,000
Graisses	» 210,000	» 216,000	» 2,763,000	» 3,015,000

2° A L'EXPORTATION

	1859		1863	
	QUANTITÉ	VALEUR	QUANTITÉ	VALEUR
Vins	lit. 4,892,000	F. 4,625,300	lit. 8,979,000	F. 8,938,000
Tissus de Soie	kil. 22,000	» 2,988,000	kil. 18,000	» 1,821,000
» de Laine	» 78,000	» 2,053,000	» 229,000	» 5,322,000
» de Coton	» 51,000	» 410,000	» 44,000	» 612,000
» de Lin ou Chanvre	» 14,000	» 82,000	» 32,000	» 181,000
Effets à usage	» 61,000	» 1,642,000	» 137,000	» 3,325,000
Mer[illegible]e et Boutons	» 107,000	» 1,102,000	» 168,000	» 1,596,000
Peau[illegible]parées et ouvrées	» 79,000	» 1,057,000	» 72,000	» 453,000
Parfum[illegible]	» 102,000	» 509,000	» 103,000	» 516,000
Eaux-de-[illegible], Esprits et Liqu[illegible]s	lit. 230,000	» 498,000	lit. 526,000	» 1,095,000
Papier, Car[illegible], Livres	kil. 190,000	» 472,000	kil. 354,000	» 790,000
Poteries, Verres, Cristaux	» 735,000	» 430,000	» 926,000	» 613,000
Sucre raffiné	» 240,000	» 209,000	» 1,873,000	» 1,423,000

Usages Locaux. — Le prix des Marchandises est coté en papier monnaie et en réaux, selon les espèces, ainsi qu'on le verra, du reste, par la nomenclature ci-après :

Cuirs salés	par 60 @	en Réaux argent
» secs	» 35 @	en Réaux argent
Crins	» 25 @	en Piastres papier
Laine	» 25 @	en Piastres papier
Peaux de Chevreaux	par 4 Douzaines	en Réaux argent
» de Cheval salées	» 34 @	en Réaux forts
» » sèches	» Pièce	en Piastres papier
» de Mouton	» Douzaine	en Piastres papier
» de Daims	» Douzaine	en Piastres papier
» de Ragondins	» @	en Piastres papier
Plumes d'Autruche	» @	en Piastres papier
Rognures de Cuirs	» 100 @	en Piastres papier
Suif	» 25 @	en Réaux argent

Les Marchandises provenant de Cordova, San Luis, Entre-Rios, Corrientes, Paraguay, dont le détail suit, se cotent franc de droit pour l'acheteur :

Cuirs secs	par 35 @	en Réaux
Crins, poids brut	» 25 @	en Réaux
Laines (celles de Cordova et Santiago poids brut)	» 25 @	en Réaux

Monnaies. — MONNAIES DE COMPTE. — La *Piastre*, peso ou dollar = 8 réales de plata. La réal de plata = 2 medios = 10 decimos.

Dans le grand commerce, la piastre se divise en *centesimos* ou centièmes.

Suivant les conditions particulières des contrats, les payements se font en espèces ou en papier monnaie, *corriente* ou *currency*, émis depuis la proclamation de la République par la Banque Nationale. La somme totale en circulation s'élève à 217 millions, soit approximativement à 54 millions de francs.

MONNAIES RÉELLES. — En or : L'*Onza* ou *Doblon* (Once, Doublon ou Quadruple), = autrefois 17 Patacons argent, et maintenant 16 Piastres fortes = F. 81.55c64 ; les nouveaux *Nationales Doblones* ou *Onzas Patrios*, qui devraient avoir la même valeur que les quadruples d'Espagne, en ont un peu moins ; il existe des demis, des quarts et des huitièmes de doublons.

En argent : Le *Peso fuerte de rostro* ou piastre blanche à l'effigie, et le *Patacon* = F. 5.41c2, le *Peso patrio* ou *patriotico* = F. 4.33.

Le *Papier monnaie* (avec coupures de 1, 5, 10, 20, 50, 100, 200, 500, 1,000 et 5,000 Piastres) a cours forcé ; mais il subit une dépréciation considérable ; sa circulation est limitée à l'état de Buenos-Ayres exclusivement. Dans l'intérieur des terres, il circule peu et on ne reçoit guère que l'argent monnayé ; toutefois les droits de Douane doivent être payés en Piastres fortes.

Toutes les monnaies d'Or étrangères ont cours à Buenos-Ayres. La Banque Provinciale les admet dans ses caisses aux cours suivants :

L'Once d'or des Républiques Hispano-Américaines	$ 16 —
La pièce de 20$000 Reis du Brésil	» 11 —
L'Aigle des Etats-Unis	» 10 —

Le Condor du Chili	$ 9 25
Le Doublon d'Espagne	» 5 —
Le Souverain	» 4 90
Le Napoléon	» 3 90
La monnaie sarde de 20 Livres	» 3 90

Les subdivisions à leur valeur relative.

La détermination prise par la Banque, au commencement de 1863, d'admettre les monnaies étrangères aux cours ci-dessus, est de nature à produire du bien ; mais pour que le mal n'eût pas de retours incessants, il faudrait l'extirper radicalement au moyen de la conversion du papier monnaie, opération à laquelle, à ce qu'il paraît, le Gouvernement songe sérieusement.

Poids. — La *Libbra* (livre) = 2 Marcos = 459 gr. 367 ; le *Marco* = 8 Onzas = 229 gr. 683 ; l'*Onza* = 16 Adarmes = 28 gr. 71 ; l'*Adarme* = 36 Granos = 1 gr. 79 : la *Grano* = 0 gr. 049 ; la *Tonelada* = 20 Quintales = 918 kil. 734 ; le *Quintal* = 4 Arrobes = 45 kil. 937 ; l'*Arroba* = 25 Libras = 11 kil. 484. En pratique, on compte le Quintal = 46 kil.

Poids pour l'Or et l'Argent. — Le *Marco* = 50 Castellanos = 229 gr. 684 ; le *Castellano* = 4 gr. 59368. On vend l'or généralement par Castellano.

Mesures. — Mesures de Longueur. — La *Braza* = 2 Varas = 1m 7319 ; la *Vara* = 3 Piès = 4 Palmos = 0m 8660 ; le *Piè* = 12 Pulgadas = 0m 28866 ; la *Pulgada* = 12 Lineas = 0m 02406 ; la *Linea* = 12 Puntos = 0m 002.

Mesures Itinéraires. — La *Cuadra* = 150 Varas = 129m 897 ; la *Legua* (lieue) = 40 Cuadras = 5,196 mètres ; la *Legua Maritima* = 1/60 degré géographique = 5555m 55.

Mesures de Capacité (Matières sèches). — Le *Lastre* (Last) = 2 Toneladas = 15 Fanegas = 2,058 Litres ; la *Tonelada* = 2 Cabices = 1,029 Litres ; le *Cahiz* = 514 Lit. 5 ; la *Fanega* (unité) ou *Espiga*, pour le Maïs = 4 Cuartillas = 137 Lit. 20 = 2.50365 Fanegas de Castille ; la *Cuartilla* = 2 Medios (demies) = 34 Lit. 30 ; le Blé, le Sel, le Charbon, la Chaux se vendent par mesures rases ; le Maïs avec la tige se vend par mesures combles = 2 mesures rases.

Mesures de Capacité (Liquides). — Le *Frasco* (flacon), unité = 2 medios = 170 5/8 pulgadas cubes = 2 lit. 375 ; le *Medio* (demi) = 2 cuartos = 1 lit. 1875 ; le *Cuarto* (quart) = 2 octavos = 0 lit. 59375 ; l'*Octavo* (huitième) = 0 lit. 29687 ; le barile = 4 canecas = 76 lit. 000 ; la *Caneca* = 8 frascos = 19 lit. 000 ; la *Pipa* (dite de Castille) = 4 cargas = 6 bariles = 456 litres ; la *Carga* = 16 cortanes = 114 litres ; le *Cortan* = 3 frascos = 7 lit. 125 ; le *Galon* = 1 1/2 frasco = 6 cuartos = 3 lit. 5625.

Ces mesures sont plus petites que les mesures de Castille véritables ; les liquides se vendent encore au poids et aussi par ancien gallon à vin anglais, et on compte la *Pipa* = 128 gallons, et 3 frascos = 2 gallons.

OBSERVATIONS IMPORTANTES.

Pour l'intelligence des tableaux qui vont suivre, voici quelques explications nécessaires à consulter.

Les changes sur l'Europe sont cotés à la Bourse de Buenos-Ayres à tant de francs et centimes par piastre forte ou par once de 16 piastres fortes. Pour toutes les marchandises qui se vendent en réaux argent ou réaux forts, les changes en tête des tableaux figurent pour l'équivalent des piastres fortes et des onces.

EXEMPLE :

Voir la page 16, où l'on trouvera les *Cuirs secs* qui se vendent en réaux argent, réduits en piastres fortes.

Dans les 6 colonnes, en tête du tableau, les changes sont exprimés comme suit :

Pour 1 Once	F. 80.—	81.—	82.—	83.—	84.—	85.—	soit l'équivalent
pour la Piastre forte de	» 5.—	5.06 1/4	5.12 1/2	5.18 3/4	5.25	5.31 1/4	

avec la parité en monnaie anglaise.

Le prix à Buenos-Ayres, pour les Cuirs secs, de 35 1/4 Rx par 35 ℔ au change de F. 80 pour une Once ou F. 5 pour une Piastre, avec un fret de F. 70 et 10 % par tonneau, représente, d'après ce même tableau, la parité au Havre de F. 177 01 par 100 kil. comme suit :

1re Colonne Coût à Buenos-Ayres par 35 ℔		2e Colonne au change de F. 80 par Once ou F. 5 par Piastre forte.	3e Colonne établissant la différence que produit F. 1 par Once sur le change par 100 kil. au Havre.
Rx 0 1/4	fait par 100 kil.	F. 1 05	F. 0 01
» 5	»	» 21 04	» 0 26
» 30	»	» 142 53	» 1 57
	Plus Droits de sortie	» 12 39	» 0 15
Rx 35 1/4	font au Havre par 100 kil.	F. 177 01	F. 1 99

D'après ce qui précède, il est facile de voir que pour établir le prix de revient au Havre du coût de Rx 35 1/4 par 35 ℔ à Buenos-Ayres, au change de F. 80 50, il faut ajouter F. 1 par 100 kil. au prix de revient ci-dessus, attendu que sur ce même coût de Rx 35 1/4, la différence de F. 1 par once sur le change produit F. 1 99 par 100 kil.

On devra procéder de la même manière pour les autres fractions de changes et de prix.

Pour toutes les Marchandises qui se vendent en Piastres papier et dont les changes subissent des variations considérables allant

de $ 400 à 460 pour une Once et plus,
ou » 25 à $28^{3}/_{4}$ » une Piastre forte,

les comptes ont dû être établis autrement que ceux des marchandises qui se paient en argent monnayé.

Pour combiner ces deux changes l'un avec l'autre, on trouvera aux pages 14 et 15 un tableau servant à réduire en centimes de francs et centièmes de centimes, la Piastre papier selon les variations qu'elle subit par rapport à l'once et au change sur France.

On désire connaître, par exemple, le prix de revient au Havre de la Laine coûtant à Buenos-Ayres 125 $ par arrobe, au change de $ 464 pour une once et à celui sur France de F. 85 25 pour une once, au fret de F. 50 et 10 % par tonneau. On trouvera sur le tableau de la page 15 que la réduction de la Piastre papier en centimes aux susdits changes, est de F. 0 18 c.$^{38}/_{100}$ de centimes.

Quand on connaît la valeur en francs de la Piastre papier, il faut se reporter à la page du compte de revient qu'on veut établir ; on trouvera celui de la *Laine* à la page 17. En tête du tableau, les changes varient de 17 à 22 centimes par $, soit de 1 centime entre chaque colonne.

D'après ce qui précède, ayant sous les yeux le tableau en question, on trouvera :

1re COLONNE Prix à Buenos-Ayres par Arrobe.		2e COLONNE change de F. 0 18 par $	3e COLONNE Différence que produit au Havre 1 c. par $ par 100 kil.
$ 5	font au Havre, au change de 18 c., par 100 kil..........	F. 9 00	F. 0 50
» 120	» » »	» 238 06	» 12 49
	Plus Droits de sortie..........................	» 12 54	» 0 70
$ 125	feront au Havre par 100 kil..................	F. 259 60	F. 13 69

On n'oubliera pas que le prix de revient cherché doit s'établir au change de 18 centimes et 38 centièmes de centimes la Piastre papier ; le calcul ci-dessus de $ 125 par Arrobe au change de 18 c. produit au Havre par 100 kil.................................F. 259 60

Il faudra encore ajouter le produit des 38 centièmes de centimes qui n'y est pas compris. D'après la 3me colonne ci-dessus, 1 c. sur le change fait sur le prix de $ 125, une différence de F. 13.69 par 100 kil. ; ce sera donc les $^{4}/_{8}$ de cette somme pour les $^{38}/_{100}$ de centimes qu'il faudra ajouter, soit.................................» 5 13

Le résultat cherché sera par conséquent de.................................F. 264 73

Il me reste encore à parler des Peaux de moutons qui se vendent à Buenos-Ayres par douzaine et au Havre par 100 kil. ; il s'en suit qu'il existe deux éléments principaux pour faire varier le prix de revient au Havre, le poids plus ou moins fort de la douzaine et le prix d'achat.

J'ai établi 9 Comptes de revient différents pour cet article aux poids de 30, 35, 40, 45, 50, 55, 60, 65 et 70 ℔ par douzaine. Les prix de revient ne sont pas indiqués pour les peaux pesant des poids intermédiaires ; mais afin d'y suppléer, j'ai indiqué sur ces comptes, pour chacun de ces poids intermédiaires et pour chaque change, des logarithmes au moyen desquels il sera très facile, en ajoutant les frais fixes, de trouver exactement le prix de revient au Havre.

Ainsi par exemple, en se reportant au tableau de la page 18, on trouvera un compte de *Peaux de Moutons* du poids de 30 ℔ la douzaine.

Il est aisé de voir que pour ce poids de 30 ℔, le prix de $ 150 la douzaine au change de 20 centimes la $, fait au Havre les 100 kil.................................F. 273 33

A quoi il faut ajouter les Droits de sortie de.................................» 9 05

Le prix de revient au Havre, sera donc par 100 kil., de.................................F. 282 38

Si le poids de la douzaine est de 34 ℔, coûtant le même prix de $ 150, au change de 20 centimes, on trouvera sur ce même compte que le logarithme est de 1.4723 qui multiplié par le coût de 150 donne 220.84.50, soit par 100 kil. ....F. 220 84

A quoi il faut ajouter les frais fixes par 100 kil. qui se trouvent en regard du même logarithme, soit.................................» 22 38

Plus les droits de sortie à Buenos-Ayres.................................» 9 05

La douzaine de 34 ℔ coûtant $ 150, au change de 20 c., les 100 kil. reviendront donc au Havre à.................................F. 252 27

On procèdera de la même manière pour tous les poids et changes.

Droits de sortie. — Comme il y a des changements fréquents sur les droits de sortie, j'ai établi une colonne distincte dans mes comptes de revient, afin de faire ressortir à part et aux divers changes, ce que ces mêmes droits produisent au Havre par 100 kil. Les tableaux ne se trouveront donc pas modifiés par les variations qui pourront se produire sur les droits de sortie.

La perception des droits de sortie, sur tous les articles de Buenos-Ayres, étant établie maintenant à raison de 10 % sur la valeur estimative de la Douane qui se fait en Piastre forte pour chaque article, il est à présumer que, pour quelques années du moins, le droit fixe sera maintenu et que les estimations seules varieront.

Aux estimations actuelles (avril 1865), on trouvera sur chaque compte les droits calculés aux divers changes. Mais, en vue de variations probables dans les estimations de la Douane, j'ai établi également sur chaque compte, une échelle de logarithmes dont on pourra se servir avec facilité pour trouver, à toutes les estimations, ce que feront ces droits par 100 kil. au Havre.

EXEMPLE :

Je prendrai le *compte de laine* en suint page 17 ; l'estimation actuelle est de $ 2 50 par Arrobe, ce qui, d'après ce même compte, à 10 %, représente au Havre, au change de 19 c. par \$, F. 13.24 par 100 kil.

Il suffira pour trouver ce résultat de multiplier le logarithme du change de 19 c. qui est de 5297 par l'estimation de la Douane, de \$ 2 $^{1}/_{2}$, ce qui donnera F. 13.24 par 100 kil.

Au même change de 19 c., si l'estimation de la douane était \$ 3, les droits produiraient par 100 kil. F. 15.89,1.

On pourra procéder de même pour tous les autres articles et pour toutes les estimations, aussi longtemps du moins que la base de l'impôt qui est de 10 % restera la même.

Les limites qui accompagnent les ordres d'achats à Buenos-Ayres, sont souvent fort difficiles à formuler, par suite de la diversité des changes et des rendements de poids.

La correspondance sous ce rapport pourra se simplifier en limitant les prix rendus au port de destination, d'après le Commerce du Globe; de cette manière, les maisons françaises seront toujours du bon côté, c'est-à-dire que les limites ainsi posées comprendront leur commission sur la vente ainsi que tous les frais de mise en magasin, magasinage et livraison. Les comptes que les maisons d'outremer ont l'habitude d'établir, le sont franco à bord ou dans nos bassins ; il en résulte des mécomptes pour les importeurs qu'il sera facile d'éviter si on adopte le système mentionné plus haut de limiter les prix en Europe. On diminuera en même temps le travail et la responsabilité des maisons qui exécuteront les ordres.

Je me suis particulièrement appliqué aux rendements de poids : c'est d'après des renseignements puisés à de très-bonnes sources que j'ai admis ceux qui forment la base de mes comptes et qui doivent représenter à peu près la moyenne.

Escompte et Tares. — L'escompte de 2 % que j'ai fait figurer dans tous mes comptes n'est pas celui qui est en usage actuellement; mais un projet de loi déposé au Corps Législatif, fixe l'escompte à 2 % sur toutes les marchandises et pour tous les ports français; j'ai adopté ce taux, ne doutant pas que ce projet de loi ne soit voté pour ce qui concerne l'escompte aussi bien que pour ce qui est des tares et usages qu'il propose pour la vente des marchandises.

Signes monétaires. — \$ signifie Piastre papier,
\$ » Piastre argent,
\$ » Piastre forte.

TABLEAU INDIQUANT LA VALEUR DE LA PIASTRE PAPIER MONNAIE COURANTE DE BUENOS-AYRES

EN CENTIMES DE FRANCS ET CENTIÈMES DE CENTIMES, COMBINÉ AVEC LES DIVERSES FLUCTUATIONS DU CHANGE SUR FRANCE ET DU CHANGE DES ONCES

N° 1. Nombre de Piastres papier monnaie courante pour 1 Once de 16 Piastres fortes. — N° 2. Nombre de Piastres papier monnaie courante pour 1 Piastre forte ou 1 Patacon.

CHANGE SUR PARIS Par $	Par Once	N° 1 / N° 2	$ 400	$ 402	$ 404	$ 406	$ 408	$ 410	$ 412	$ 414	$ 416	$ 418	$ 420	$ 422	$ 424	$ 426	$ 428	$ 430	$ 432	$ 434	$ 436	$ 438
			$ 25	$ 25 ⅛	$ 25 ¼	$ 25 ⅜	$ 25 ½	$ 25 ⅝	$ 25 ¾	$ 25 ⅞	$ 26	$ 26 ⅛	$ 26 ¼	$ 26 ⅜	$ 26 ½	$ 26 ⅝	$ 26 ¾	$ 26 ⅞	$ 27	$ 27 ⅛	$ 27 ¼	$ 27 ⅜
			cent.	cent.	cent.	cent.	cent.	cent.	cent.	cent.	cent.	cent.	cent.	cent.	cent.	cent.	cent.	cent.	cent.	cent.	cent.	cent.
f. 5.—	f. 80.—		20.00	19.90	19.80	19.70	19.61	19.51	19.42	19.32	19.23	19.14	19.05	18.96	18.87	18.78	18.69	18.60	18.52	18.43	18.35	18.26
5.01 ½	80.25		20.06	19.96	19.86	19.76	19.67	19.57	19.48	19.38	19.29	19.20	19.11	19.02	18.93	18.84	18.75	18.66	18.58	18.49	18.41	18.32
5.03 ¼	80.50		20.12	20.02	19.92	19.82	19.73	19.63	19.54	19.44	19.35	19.26	19.17	19.08	18.99	18.90	18.81	18.72	18.64	18.55	18.47	18.38
5.04 ¾	80.75		20.16	20.08	19.98	19.88	19.79	19.69	19.60	19.50	19.41	19.32	19.23	19.14	19.05	18.96	18.87	18.78	18.70	18.61	18.53	18.44
5.06 ¼	81.—		20.25	20.14	20.04	19.94	19.85	19.75	19.66	19.56	19.47	19.38	19.29	19.20	19.11	19.02	18.93	18.84	18.75	18.66	18.58	18.49
5.07 ¾	81.25		20.31	20.21	20.11	20.00	19.91	19.81	19.72	19.63	19.53	19.44	19.35	19.26	19.17	19.08	18.99	18.90	18.81	18.72	18.64	18.55
5.09 ⅜	81.50		20.37	20.27	20.17	20.07	19.97	19.87	19.78	19.68	19.59	19.50	19.41	19.32	19.23	19.14	19.05	18.96	18.87	18.78	18.70	18.61
5.11	81.75		20.43	20.33	20.23	20.13	20.03	19.93	19.84	19.74	19.65	19.56	19.47	19.38	19.29	19.20	19.11	19.02	18.93	18.84	18.76	18.67
5.12 ½	82.—		20.50	20.39	20.29	20.19	20.09	19.99	19.90	19.80	19.71	19.62	19.53	19.44	19.34	19.25	19.16	19.07	18.98	18.89	18.81	18.72
5.14	82.25		20.56	20.45	20.35	20.25	20.16	20.06	19.96	19.86	19.77	19.68	19.50	19.50	19.40	19.31	19.22	19.13	19.04	18.95	18.87	18.78
5.15 ⅝	82.50		20.62	20.52	20.42	20.31	20.22	20.12	20.02	19.92	19.83	19.74	19.65	19.56	19.46	19.37	19.28	19.19	19.10	19.01	18.93	18.84
5.17 ⅛	82.75		20.68	20.58	20.48	20.37	20.28	20.18	20.08	19.98	19.89	19.80	19.71	19.62	19.52	19.43	19.34	19.25	19.16	19.07	18.99	18.90
5.18 ¾	83.—		20.75	20.64	20.54	20.44	20.34	20.24	20.14	20.04	19.95	19.86	19.77	19.68	19.58	19.49	19.40	19.31	19.21	19.12	19.04	18.95
5.20 ¼	83.25		20.81	20.70	20.60	20.50	20.40	20.30	20.20	20.10	20.01	19.92	19.83	19.74	19.64	19.55	19.46	19.37	19.27	19.18	19.10	19.01
5.21 ⅞	83.50		20.87	20.76	20.66	20.56	20.46	20.36	20.27	20.16	20.07	19.98	19.89	19.79	19.70	19.61	19.52	19.43	19.33	19.24	19.16	19.07
5.23 ½	83.75		20.93	20.83	20.73	20.62	20.52	20.42	20.33	20.22	20.13	20.04	19.95	19.85	19.76	19.67	19.58	19.49	19.39	19.30	19.22	19.13
5.25	84.—		21.00	20.89	20.79	20.68	20.58	20.48	20.39	20.28	20.19	20.10	20.01	19.91	19.81	19.72	19.63	19.54	19.44	19.35	19.27	19.18
5.26 ½	84.25		21.06	20.95	20.85	20.74	20.64	20.54	20.45	20.34	20.25	20.16	20.07	19.97	19.87	19.78	19.69	19.60	19.50	19.41	19.33	19.24
5.28 ¼	84.50		21.12	21.01	20.91	20.81	20.71	20.61	20.51	20.40	20.31	20.22	20.13	20.03	19.93	19.84	19.75	19.66	19.56	19.47	19.39	19.30
5.29 ¾	84.75		21.18	21.07	20.97	20.87	20.77	20.67	20.57	20.46	20.37	20.28	20.19	20.09	19.99	19.90	19.81	19.72	19.62	19.53	19.45	19.36
5.31 ¼	85.—		21.25	21.14	21.04	20.93	20.83	20.73	20.63	20.52	20.48	20.34	20.25	20.15	20.05	19.96	19.87	19.78	19.67	19.58	19.50	19.41
5.32 ¾	85.25		21.31	21.20	21.10	20.99	20.89	20.79	20.69	20.58	20.49	20.40	20.31	20.21	20.11	20.02	19.93	19.84	19.73	19.64	19.56	19.47
5.34 ⅜	85.50		21.37	21.26	21.16	21.05	20.95	20.85	20.75	20.64	20.55	20.46	20.37	20.27	20.17	20.08	19.99	19.90	19.79	19.70	19.62	19.53
5.36	85.75		21.43	21.32	21.22	21.11	21.01	20.91	20.81	20.70	20.61	20.52	20.43	20.33	20.23	20.14	20.05	19.96	19.85	19.76	19.68	19.59
5.37 ½	86.—		21.50	21.38	21.28	21.18	21.07	20.97	20.87	20.76	20.67	20.58	20.49	20.39	20.28	20.19	20.10	20.01	19.91	19.81	19.73	19.64
5.39	86.25		21.56	21.45	21.35	21.24	21.13	21.03	20.93	20.82	20.73	20.64	20.55	20.45	20.34	20.25	20.16	20.07	19.97	19.87	19.79	19.70
5.40 ⅝	86.50		21.61	21.51	21.41	21.30	21.19	21.09	20.99	20.88	20.79	20.70	20.61	20.51	20.40	20.31	20.22	20.13	20.03	19.93	19.85	19.76
5.42 ½	86.75		21.67	21.57	21.47	21.36	21.25	21.15	21.05	20.94	20.85	20.76	20.66	20.57	20.46	20.37	20.28	20.19	20.09	19.99	19.91	19.82
5.43 ¾	87.—		21.75	21.64	21.54	21.43	21.32	21.22	21.12	21.01	20.91	20.81	20.71	20.62	20.52	20.42	20.33	20.24	20.14	20.05	19.96	19.86

TABLEAU INDIQUANT LA VALEUR DE LA PIASTRE PAPIER MONNAIE COURANTE DE BUENOS-AYRES

EN CENTIMES DE FRANCS ET CENTIÈMES DE CENTIMES, COMBINÉ AVEC LES DIVERSES FLUCTUATIONS DU CHANGE SUR FRANCE ET DU CHANGE DES ONCES

N° 1. Nombre de Piastres papier monnaie courante pour 1 Once de 16 Piastres fortes. — N° 2. Nombre de Piastres papier monnaie courante pour 1 Piastre forte ou 1 Patacon.

CHANGE SUR PARIS		N° 1	$ 440	$ 442	$ 444	$ 446	$ 448	$ 450	$ 452	$ 454	$ 456	$ 458	$ 460	$ 462	$ 464	$ 466	$ 468	$ 470	$ 472	$ 474	$ 476	$ 478
Par $	Par Once	N° 2	$ 27 ½	$ 27 ⅝	$ 27 ¾	$ 27 ⅞	$ 28	$ 28 ⅛	$ 28 ¼	$ 28 ⅜	$ 28 ½	$ 28 ⅝	$ 28 ¾	$ 28 ⅞	$ 29	$ 29 ⅛	$ 29 ¼	$ 29 ⅜	$ 29 ½	$ 29 ⅝	$ 29 ¾	$ 29 ⅞
			cent.	cent.	cent.	cent.	cent.	cent.	cent.	cent.	cent.	cent.	cent.	cent.	cent.	cent.	cent.	cent.	cent.	cent.	cent.	cent.
F. 5. —	P. 80. —		18.18	18.10	18.02	17.94	17.86	17.78	17.70	17.63	17.55	17.47	17.39	17.31	17.24	17.17	17.10	17.02	16.95	16.88	16.81	16.74
5.01 ⅝	80.25		18.24	18.16	18.08	17.99	17.91	17.83	17.75	17.68	17.60	17.52	17.44	17.36	17.30	17.23	17.15	17.07	17.00	16.93	16.86	16.79
5.03 ⅛	80.50		18.30	18.22	18.14	18.05	17.97	17.89	17.81	17.74	17.66	17.58	17.50	17.42	17.36	17.29	17.20	17.13	17.05	16.98	16.91	16.84
5.04 ¾	80.75		18.35	18.28	18.20	18.10	18.02	17.94	17.86	17.79	17.71	17.63	17.55	18.47	17.42	17.35	17.26	17.18	17.10	17.03	16.96	16.89
5.06 ¼	81. —		18.41	18.33	18.26	18.16	18.08	18.00	17.92	17.85	17.77	17.69	17.61	17.53	17.47	17.40	17.31	17.23	17.16	17.09	17.02	16.95
5.07 ¾	81.25		18.47	18.39	18.32	18.21	18.13	18.05	17.97	17.90	17.82	17.74	17.66	17.58	17.52	17.45	17.36	17.28	17.21	17.14	17.07	17.00
5.09 ⅜	81.50		18.53	18.46	18.37	18.27	18.19	18.11	18.03	17.96	17.88	17.80	17.72	17.64	17.57	17.50	17.42	17.34	17.26	17.19	17.12	17.05
5.11	81.75		18.59	18.51	18.42	18.32	18.24	18.16	18.08	18.01	17.93	17.85	17.77	17.69	17.63	17.55	17.47	17.39	17.31	17.24	17.17	17.10
5.12 ½	82. —		18.64	18.56	18.47	18.38	18.30	18.22	18.14	18.07	17.99	17.91	17.83	17.75	17.67	17.60	17.52	17.44	17.37	17.30	17.23	17.15
5.14	82.25		18.70	18.62	18.53	18.43	18.35	18.27	18.19	18.12	18.04	17.96	17.88	17.80	17.73	17.66	17.58	17.50	17.42	17.35	17.28	17.21
5.15 ⅝	82.50		18.76	18.68	18.59	18.49	18.41	18.33	18.25	18.18	18.10	18.02	17.94	17.86	17.79	17.72	17.63	17.55	17.47	17.40	17.33	17.26
5.17 ⅛	82.75		18.82	18.74	18.65	18.54	18.46	18.38	18.30	18.23	18.15	18.07	17.99	17.91	17.85	17.78	17.68	17.60	17.53	17.45	17.38	17.81
5.18 ¾	83. —		18.87	18.79	18.71	18.60	18.52	18.44	18.36	18.29	18.21	18.13	18.05	17.97	17.90	17.83	17.74	17.66	17.58	17.51	17.44	17.36
5.20 ⅜	83.25		18.93	18.85	18.77	18.65	18.57	18.49	18.41	18.34	18.26	18.18	18.10	18.02	17.95	17.88	17.79	17.71	17.63	17.56	17.49	17.42
5.21 ⅞	83.50		18.99	18.91	18.82	18.71	18.63	18.55	18.47	18.40	18.32	18.24	18.16	18.08	18.00	17.93	17.84	17.76	17.68	17.61	17.54	17.47
5.23 ½	83.75		19.05	18.97	18.87	18.76	18.68	18.60	18.52	18.45	18.37	18.29	18.21	18.13	18.05	17.98	17.90	17.82	17.74	17.66	17.59	17.52
5.25	84. —		19.10	19.02	18.92	18.82	18.74	18.66	18.58	18.51	18.43	18.35	18.27	18.19	18.10	18.03	17.95	17.87	17.79	17.72	17.65	17.57
5.26 ½	84.25		19.16	19.08	18.98	18.87	18.79	18.71	18.63	18.56	18.48	18.40	18.32	18.24	18.16	18.09	18.00	17.92	17.84	17.77	17.70	17.63
5.28 ⅛	84.50		19.22	19.14	19.04	18.93	18.85	18.77	18.69	18.62	18.54	18.46	18.38	18.30	18.22	18.15	18.06	17.98	17.90	17.82	17.75	17.68
5.29 ¾	84.75		19.28	19.20	19.10	18.98	18.90	18.82	18.74	18.67	18.59	18.51	18.43	18.35	18.28	18.21	18.11	18.03	17.95	17.87	17.80	17.73
5.31 ¼	85. —		19.33	19.25	19.16	19.04	18.96	18.88	18.80	18.73	18.65	18.57	18.48	18.41	18.33	18.26	18.16	18.08	18.00	17.93	17.86	17.78
5.32 ¾	85.25		19.39	19.31	19.22	19.09	19.01	18.93	18.85	18.78	18.70	18.62	18.54	18.46	18.38	18.31	18.22	18.14	18.05	17.98	17.91	17.83
5.34 ⅜	85.50		19.45	19.37	19.27	19.15	19.07	18.99	18.91	18.84	18.76	18.68	18.59	18.52	18.43	18.36	18.27	18.19	18.10	18.03	17.96	17.89
5.36	85.75		19.51	19.43	19.32	19.20	19.12	19.04	18.96	18.89	18.81	18.73	18.65	18.57	18.48	18.41	18.32	18.24	18.16	18.08	18.01	17.94
5.37 ½	86. —		19.56	19.48	19.37	19.26	19.18	19.10	19.02	18.95	18.87	18.79	18.70	18.63	18.53	18.46	18.38	18.30	18.21	18.13	18.06	17.99
5.39	86.25		19.62	19.54	19.43	19.31	19.23	19.15	19.07	19.00	18.92	18.84	18.76	18.68	18.59	18.51	18.43	18.35	18.26	18.19	18.12	18.04
5.40 ⅝	86.50		19.68	19.60	19.49	19.37	19.29	19.21	19.13	19.06	18.98	18.89	18.81	18.73	18.65	18.56	18.48	18.40	18.32	18.24	18.17	18.09
5.42 ⅛	86.75		19.74	19.65	19.55	19.42	19.34	19.26	19.18	19.11	19.03	18.91	18.86	18.78	18.70	18.61	18.54	18.46	18.37	18.29	18.22	18.15
5.43 ¾	87. —		19.78	19.69	19.59	19.51	19.42	19.35	19.25	19.16	19.08	18.99	18.91	18.83	18.75	18.67	18.59	18.51	18.43	18.35	18.26	18.20

COMPTE D'ACHAT ET DE REVIENT

A 1000 CUIRS SECS DE BOEUFS ET VACHES

1000 Cuirs secs de bœufs et vaches, pesant @ 25000 à 40 Rx la pesée de 35 @		$	3571. 3
A $ 17 pour $ 16		$	3361.30

FRAIS A BUENOS-AYRES

Courtage et inspection 1 %		»	33.61
Recevoir et peser $ 30 par 100 cuirs	$ 300.—		
Poison » 1 par cuir	» 1000.—		
Charrettes » 50 par 100 cuirs	» 500.—		
Allèges Rx 6 ½ par cuir	» 812.—		
Timbre et menus frais	» 68.—		
Au change de $ 450 pour $ 16	$ 2680.—	»	95.29
		$	3490.20

	Droits de Sortie		
Droits de sortie sur estimation de $ 2 ½ la pièce, soit $ 2500 à 10 %	$ 250.—		
Commission d'achat et de remboursement 4 %	» 10.—	»	139.60
Courtage de négociation 1 ‰	» 0.26	»	3.63
	$ 260.26	$	3633.43
Remboursement sur Paris au change de F. 80 l'once ou F. 5 la $	F. 1301.30	F.	18167.15

FRAIS AU HAVRE

Fret sur 11500 kil. à F. 70 et 10 % par tonn. de 900 kil. et signaux		F. 985.50	
Permis, port en magasin, arrimage, magasinage d'un mois, livraison et menus frais		» 250.—	
Assurance maritime sur F. 1480 et F. 19984 à 1 ½ % et police	» 17.90	» 251.30	
id. contre le feu sur F. 1450 et F. 21471 à ½ ‰	» 0.72	» 10.75	
Escompte à la vente 2 %			
Courtage de vente ¼ %			
Commission de vente 2 %			
Ensemble 4¼ % sur F. 20537.55	» 58.58	» 872.85	» 2370.40
	F. 1378.50		F. 20537.55
Soit par 100 kil	» 12.39		

RENDEMENT @ 100 pour 44 ½ kil. net :

@ 25000, soit net 11125 kil. à	F. 184.60	par 100 kil. entrepôt	F. 20537.55
Plus : droits de sortie à Buenos-Ayres	» 12.39	id.	id.
Ensemble	F. 196.99	id.	id.

PRIX DE REVIENT AU HAVRE DES 100 KIL. ENTREPOT

AUX CHANGES SUIVANTS SUR PARIS, POUR LES ONCES ET LES PIASTRES FORTES

Avec la parité des changes sur Londres calculés sur la base de F. 25.25 pour 1 £.

PRIX à BUENOS-AYRES par 35 @	PARIS F. 80.— / F. 5.— ; LONDR. 63sh4d / 47d ½	PARIS F. 81.— / F.5.06¼ ; LONDR. 64sh2d / 48d ¼	PARIS F. 82.— / F.5.12½ ; LONDR. 64sh11d / 48d ¾	PARIS F. 83.— / F.5.18¾ ; LONDR. 65sh9d / 49d ¼	PARIS F. 84.— / F. 5.25 ; LONDR. 66sh6d / 49d ¾	PARIS F. 85.— / F.5.31¼ ; LONDR. 67sh4d / 50d ½	F. 1 par once sur le change fait au Havre par 100 kil.
Rx 1/8	F. 0.52	F. 0.53	F. 0.54	F. 0.54	F. 0.55	F. 0.56	F. 0.01
1/4	1.05	1.06	1.08	1.09	1.10	1.12	0.01
3/8	1.57	1.59	1.62	1.63	1.65	1.68	0.02
1/2	2.10	2.12	2.16	2.18	2.20	2.24	0.02
5/8	2.62	2.66	2.70	2.72	2.75	2.80	0.03
3/4	3.15	3.19	3.24	3.27	3.30	3.36	0.04
7/8	3.67	3.72	3.78	3.81	3.85	3.92	0.05
1	4.20	4.26	4.31	4.36	4.41	4.47	0.05
2	8.41	8.52	8.62	8.72	8.83	8.94	0.10
3	12.62	12.78	12.93	13.09	13.25	13.41	0.16
4	16.83	17.04	17.24	17.45	17.67	17.88	0.21
5	21.04	21.30	21.55	21.82	22.09	22.35	0.26
6	25.25	25.56	25.86	26.18	26.51	26.82	0.31
7	29.45	29.82	30.18	30.55	30.92	31.29	0.37
8	33.65	34.08	34.49	34.91	35.33	35.76	0.43
9	37.85	38.34	38.80	39.28	39.74	40.23	0.48
10	42.00	42.60	43.11	43.64	44.16	44.70	0.53
30	142.53	144.11	145.69	147.27	148.85	150.42	1.57
40	184.59	186.70	188.81	190.91	193.02	195.12	2.11
50	226.65	229.29	231.93	234.55	237.19	239.82	2.63
60	268.73	271.88	275.04	278.20	281.35	284.51	3.15
Plus, par 100 kil., pour Droits de Sortie à Buenos-Ayres	12.39	12.54	12.70	12.85	13.01	13.16	0.15½

OBSERVATIONS

F. 10 et 10 % par tonneau sur le fret, font au Havre une différence de F. 1.27 par 100 kil.

On veut savoir le revient au Havre de Cuirs secs coûtant à Buenos-Ayres Rx 45 ½ par 35 @, au change de F. 83 l'once, et au fret de F. 70 et 10 % les 900 kil.

Dans la 1re et la 5e colonne de ce tableau on trouvera que :

Rx 0 ½ fait par 100 kil	F.	2.18
» 5 — id. id.	»	21.82
» 40 — id. id.	»	190.91
Plus, droits de sortie à B.-Ayres	»	12.85
Rx 45 ½ feront donc par 100 kil	F.	227.76

En multipliant les logarithmes ci-après par la valeur admise par la Douane de Buenos-Ayres pour prélever les droits de sortie, on trouvera exactement ce que font en francs et centimes ces mêmes droits par 100 kil.; la somme trouvée devra être ajoutée aux prix donnés par le tableau. — Voir l'explication à la page 13.

CHANGES		LOGARITHMES
80		4.956
» 81	»	5.018
» 82	»	5.080
» 83	»	5.142
» 84	»	5.204
» 85	»	5.266

Droits d'Entrée par 100 kil. en Avril 1865

Par navire Français	Exempts
id. Étranger	F. 3
Des Entrepôts d'Europe	» 3

COMPTE D'ACHAT ET DE REVIENT

A 24 BALLES LAINE EN SUINT

24 balles Laine en suint, pesant brut ℔ 20836.—			
Tare ℔ 14 par balle... » 836.—			
Net ℔ 20000.— ou 800 arrobes à $ 50 par arrobe...		$	40000.—

FRAIS A BUENOS-AYRES

Courtage et inspection 1 %			»	400.—
Peser et recevoir.... $ ¼ par arrobe	$	200.—		
Charrettes à la presse	»	270.—		
Assortir $ ½ par arrobe	»	400.—		
Emballer » 2¼ id.	»	1800.—		
Charger les balles.. » 5 par balle	»	120.—		
Charrettes » 25 id.	»	600.—		
Allèges » 22 id.	»	528.—		
Timbre et menus frais	»	52.—	»	3970.—
			$	44870.—

	Droits de Sortie			
Droits de sortie sur estimation de $ 2.50 par arrobe, soit $ 2000 à 10 %, $ 200 à 450 $ pour 1 once	$	5025.—		
Commission d'achat 4 %	»	225.—	»	1775.—
	$	5850.—	$	46145.—
Courtage de négociation 1 ‰	»	6.—	»	46.—
En piastre papier, monnaie courante	$	5856.—	$	46191.—
Au change de 10 c. par $	F.	1112.65	F.	8776.30

(Voir le tableau, pages 14 et 15.)

FRAIS AU HAVRE

Fret sur 26m298 à F. 50 et 10 % par tonn. de 1m44 et signaux			F.	1003.75		
Permis, voiliers, port, arrimage, magasinage d'un mois, livraison et menus frais			»	96.—		
Assurance maritime sur F. 1388 et F. 9654 à 1 ¼ % et police	»	15.30	»	122.20		
id. contre le feu sur F. 1400 et F. 10878 à ½ ‰	»	0.60	»	5.45		
Escompte à la vente 2 %						
Courtage de vente ½ %						
Commission de vente 2 %						
Ensemble 4½ % sur F. 10449.80	»	50.10	»	444.10	»	1673.50
	F.	1178.65			F.	10449.80
Soit par 100 kil.	»	13.24				

Rendement: ℔ 100 nettes pour 44 ½ kil. net :

℔ 20000, soit net 8900 kil.	F. 117.41	par 100 kil. entrepôt...	F.	10449.50
Plus droits de sortie à Buenos-Ayres	» 13.24	id.	id.	
Ensemble	F. 130.65	id.	id.	

PRIX DE REVIENT AU HAVRE DES 100 KIL. ENTREPOT

AUX CHANGES SUIVANTS SUR PARIS

Voir le tableau, p. 14 et 15, pour le rapport entre la piastre papier et l'once d'or, aux divers changes

PRIX à BUENOS-AYRES par arrobe	17 centimes par $	18 centimes par $	19 centimes par $	20 centimes par $	21 centimes par $	22 centimes par $	1 c. par $ sur le change fait au Havre par 100 kil.
$ 1	F. 1.70	F. 1.80	F. 1.90	F. 2.—	F. 2.10	F. 2.20	F. 0.10
2	3.40	3.60	3.80	4.—	4.20	4.40	0.20
3	5.10	5.40	5.70	6.—	6.30	6.60	0.30
4	6.80	7.20	7.60	8.—	8.40	8.80	0.40
5	8.50	9.00	9.50	10.—	10.50	11.—	0.50
6	10.20	10.81	11.41	12.01	12.61	13.21	0.60
7	11.90	12.61	13.31	14.01	14.71	15.41	0.70
8	13.60	14.41	15.21	16.01	16.81	17.61	0.80
9	15.30	16.21	17.11	18.01	18.91	19.81	0.90
10	17.01	18.02	19.02	20.02	21.02	22.02	1.—
50	106.39	111.92	117.40	122.88	128.36	133.83	5.48
60	123.40	129.94	136.42	142.90	149.38	155.85	6.49
70	140.41	147.96	155.44	162.92	170.40	177.87	7.49
80	157.42	165.98	174.46	182.94	191.42	199.89	8.49
90	174.43	184.—	193.48	202.96	212.44	221.01	9.49
100	191.44	202.02	212.50	222.98	233.46	243.93	10.49
110	208.45	220.04	231.52	243.—	254.48	265.95	11.49
120	225.46	238.06	250.54	263.02	275.50	287.07	12.49
130	242.47	256.08	269.56	283.04	296.52	309.99	13.49
140	[illegible]	274.10	288.58	[illegible]	[illegible]	[illegible]	14.49
150	276.49	292.12	307.60	323.06	338.56	354.03	15.50
Plus, par 100 kil., pour Droits de Sortie à Buenos-Ayres	11.84	12.54	13.24	13.94	14.64	15.33	0.70

OBSERVATIONS

F. 10 et 10 % par ton. sur le fret font au Havre une différence de F. 2.25 par 100 kil. sur les prix.

On veut savoir le revient au Havre de Laine en suint coûtant à Buenos-Ayres 105 piastres papier l'arrobe, au change de 22 c., et au fret de F. 50 et 10 %.

Dans la 1re et la 7e colonne de ce tableau, on trouvera que:

$ 5 font par 100 kil.		F.	11.—
» 100 id. id.		»	243.93
	Plus droits de sortie à B.-Ayres.	»	15.33
$ 105 feront donc		F.	270.26

N. B. — La réduction des droits de sortie est faite au change de 450 piastres papier par once. — Pour chaque 10 piastres papier en plus ou en moins de 450 piastres papier il faudra ajouter et retrancher F. 0.33 par 100 kil. aux prix de ce tableau.

Pour les droits de sortie à Buenos-Ayres, on pourra se servir des logarithmes suivants qui sont basés sur 10 % prélevés sur les estimations de la Douane. — Voir l'explication à la page 12.

CHANGES		LOGARITHMES
CHANGES	17	4.739
»	18	5.018
»	19	5.297
»	20	5.576
»	21	5.855
»	22	6.134
»	23	6.413
»	24	6.692

Droits d'entrée par 100 kil. en Avril 1865

Par navire Français	Exempte
id. Étranger	F. 3.60
Des entrepôts d'Europe	» 3.60

COMPTE D'ACHAT ET DE REVIENT

A 18 BALLES PEAUX DE MOUTONS DU POIDS DE 80 @ LA DOUZAINE

18 balles Peaux de mouton renfermant 554 douzaines à ₱ 100 la douzaine			₱	55400.—
Pesant brut @ 10980.—				
Tare @ 12 par balle » 360.—				
Net @ 10620.— ou arrobes 664 20/25				

FRAIS A BUENOS-AYRES

Courtage et inspection 1 %			»	554.—
Transport jusqu'à la presse et recevoir ₱ 1½ la douzaine	₱	831.—		
Empoisonner » 1 id.	»	554.—		
Assortir » 1 id.	»	554.—		
Emballer » 2 par arrobe	»	1330.—		
Charger les balles » 5 par balle	»	90.—		
Charrettes » 25 id.	»	450.—		
Allèges » 22 id.	»	396.—		
Timbre et menus frais	»	95.—	»	4300.—
			₱	60254.—
	Droits de Sortie			
Droits de sortie sur estimation de ₱ 0.06 ¼ par @, soit ₱ 1080.30, à 10 % ₱ 108.03, à ₱ 450 pour 1 once	₱	3038.—		
Commission d'achat et remboursement 4 %	»	122.—	»	2410.—
	₱	3160.—	₱	62664.—
Courtage de négociation 1 ‰	»	3.—	»	63.—
En piastres papier, monnaie courante	₱	3163.—	₱	62727.—
Au change sur Paris de 19 c. par ₱	F.	600.97	F.	11918.15

Voir le tableau, pages 14 et 15.

FRAIS AU HAVRE

Fret sur 16m20 à F. 50 et 10 % par tonn. de 1m44 et signaux			F.	636.50		
Permis, transport en entrepôt, voiliers, arrimage, magasinage d'un mois, livraison et menus frais			»	85.—		
Assurance maritime sur F. 681 et F. 13110 à 1 ¼ % et police	»	8.26	»	165.35		
id. contre le feu sur F. 638 et F. 14000 à ½ ‰	»	0.33	»	7.—		
Escompte à la vente 2 %						
Courtage de vente ¼ %						
Commission de vente 2 %						
Ensemble 4¼ % sur F. 13380.70	»	27.04	»	568.70	»	1462.55
	F.	636.60			F.	13380.70
Soit par 100 kil.	»	8.00				

RENDEMENT @ 100 nettes pour 44 ½ kil. net :

@ 10620, soit net 7396 kil. à	F.	180.92	par 100 kil. entrepôt	F.	13380.85
Plus : droits de sortie à Buenos-Ayres	»	8.60	id. id.		
Ensemble	F.	189.52	id. id.		

PRIX DE REVIENT AU HAVRE DES 100 KIL. ENTREPOT

AUX CHANGES SUIVANTS SUR PARIS

Voir le tableau, p. 14 et 15, pour le rapport entre la piastre papier et l'once d'or, aux divers changes

	PRIX à BUENOS-AYRES par douzaine	17 centimes par ₱	18 centimes par ₱	19 centimes par ₱	20 centimes par ₱	21 centimes par ₱	22 centimes par ₱	1 c. par ₱ sur le change fait au Havre par 100 kil.
Coût et frais variables	₱ 1	F. 1.42	F. 1.50	F. 1.58	F. 1.67	F. 1.75	F. 1.83	F. 0.08
	2	2.84	3.00	3.16	3.34	3.51	3.67	0.17
	3	4.26	4.50	4.75	5.01	5.26	5.50	0.26
	4	5.68	6.00	6.33	6.68	7.01	7.34	0.35
	5	7.10	7.50	7.92	8.35	8.76	9.17	0.43
	6	8.52	9.—	9.50	10.02	10.51	11.01	0.52
	7	9.94	10.50	11.09	11.69	12.27	12.84	0.60
	8	11.36	12.—	12.67	13.36	14.02	14.68	0.69
	9	12.77	13.50	14.26	15.03	15.77	16.51	0.77
	10	14.18	15.01	15.85	16.69	17.52	18.35	0.83
Coût et frais variables et invariables	50	92.03	96.84	101.66	106.47	111.28	116.09	4.81
	60	106.21	111.86	117.52	123.16	128.80	134.45	5.64
	70	120.39	126.88	133.37	139.85	146.32	152.81	6.48
	80	134.58	141.90	149.22	156.54	163.84	171.17	7.31
	90	148.76	156.91	165.07	173.23	181.36	189.52	8.15
	100	162.94	171.93	180.93	189.92	198.68	207.87	8.98
	110	177.13	186.95	196.78	206.60	216.40	226.22	9.82
	120	191.31	201.97	212.63	223.28	233.92	244.57	10.65
	130	205.49	216.98	228.48	239.96	251.44	262.92	11.49
	140	219.67	232.00	244.33	256.65	268.96	281.28	12.32
	150	233.86	247.01	260.18	273.33	286.48	299.63	13.16
Plus, par 100 kil., pour Droits de Sortie à Buenos-Ayres		7.70	8.15	8.60	9.05	9.50	9.96	0.45

OBSERVATIONS

F. 10 et 10 % par ton. sur le fret font au *Havre* une différence de F. 1.72 par 100 kil. sur les prix.

On veut savoir le revient au Havre de Peaux de mouton coûtant à Buenos-Ayres 105 piastres papier la douzaine, au fret de F. 50 et 10 %, au change de 22 c. par piastre papier.

Dans la 1re et la 7e colonne de ce tableau on trouvera que :

₱ 5 font par 100 kil.		F.	9.17
» 100 id.	id.	»	207.87
	Plus droits de sortie à B.-Ayres.	»	9.96
₱ 105 feront donc par 100 kil.		F.	227.00

N. B. — La réduction des droits de sortie est faite au change de 450 piastres papier pour 1 once. — Pour chaque 10 piastres papier en plus ou en moins de 450 piastres papier, il faudra ajouter ou retrancher F. 0.18 c. par 100 kil. aux prix de ce tableau.

Pour les droits de sortie à Buenos-Ayres on pourra se servir des logarithmes suivants, qui sont basés sur 10 % prélevés sur les estimations de la Douane. — Voir l'explication à la page 12.

CHANGES	17	LOGARITHMES	11.809
»	18	»	12.536
»	19	»	13.232
»	20	»	13.928
CHANGES	21	LOGARITHMES	14.625
»	22	»	15.321
»	23	»	16.018
»	24	»	16.714

Pour se servir des logarithmes ci-dessous, voir l'explication à la page 12.

Change	À @ 34 par douz. logarit.	À @ 34 par douz. frais par 100 kil.	À @ 33 par douz. logarit.	À @ 33 par douz. frais par 100 kil.	À @ 32 par douz. logarit.	À @ 32 par douz. frais par 100 kil.	À @ 31 par douz. logarit.	À @ 31 par douz. frais par 100 kil.
17	1.2315	20.40	1.2804	20.03	1.3297	20.70	1.3726	20.96
18	1.3231	21.40	1.3652	21.27	1.4079	21.43	1.4583	21.60
19	1.3987	21.14	1.4411	21.91	1.4809	22.07	1.5311	22.24
20	1.4723	22.36	1.5109	22.55	1.5544	22.74	1.6148	22.88
21	1.5459	23.04	1.5928	23.19	1.6196	[illegible]	1.6956	23.52
22	1.6196	23.08	1.6680	23.83	1.7898	23.09	1.7769	24.16

Droits d'entrée par 100 kil. en Avril 1865

Par navire Français		Exemptes
id. Etranger	F.	3.—
Des entrepôts d'Europe	»	3.—

COMPTE D'ACHAT ET DE REVIENT

A 21 BALLES PEAUX DE MOUTONS DU POIDS DE 35 @ LA DOUZAINE

21 balles Peaux de mouton renfermant 554 douzaines à $ 100 la douzaine			$	55400.—
Pesant brut @ 19642.—				
Tare @ 12 par balle » 252.—				
Net @ 19390.— ou arrobes 775 15/25				

FRAIS A BUENOS-AYRES

Courtage et inspection 1 %			»	554.—
Transport à la presse et recevoir $ 1½ la douzaine	$	831.—		
Empoisonner » 1 id.	»	554.—		
Assortir » 1 id.	»	554.—		
Emballer » 2 par arrobe	»	1551.—		
Charger les balles » 5 par balle	»	105.—		
Charrettes » 25 id.	»	525.—		
Allèges » 22 id.	»	462.—		
Timbre et menus frais	»	98.—	»	4680.—
			$	60634.—
	Droits de Sortie			
Droits de sortie sur estimation de $ 0.06 ½ par @, soit $ 1260.35 à 10 %, soit $ 126.03 à $ 450 pour 1 once	$	3545.—		
Commission d'achat et de remboursement 4 %	»	142.—	»	2425.—
	$	3687.—	$	63059.—
Courtage de négociation 1 ‰	»	4.—	»	63.—
En piastres papier, monnaie courante	$	3691.—	$	63122.—
Au change sur Paris de 19 c. par $	F.	701.30	F.	11993.20

Voir le tableau, pages 14 et 15.

FRAIS AU HAVRE

Fret sur 19^{t}390 à F. 50 et 10 % par tonn. de 1^{m}44 et signaux			F.	742.10		
Permis, transport en entrepôt, échantillonner, arrimage, magasinage d'un mois; livraison et menus frais			»	100.—		
Assurance maritime sur F. 725 et F. 13192 à 1 ¼ % et police	»	9.04	»	166.40		
id. contre le feu sur F. 734 et F. 14200 à ½ ‰	»	0.39	»	7.10		
Escompte à la vente 2 %						
Courtage de vente ½ %						
Commission de vente 2 %						
Ensemble 4 ½ % sur F. 13586.30	»	31.57	»	577.40	»	1593.—
	F.	742.90			F.	13586.20
Soit par 100 kil.	»	8.60				

RENDEMENT @ 100 nettes pour 44 ½ kil. net :

@ 19390, soit net 8628 kil. à	F. 157.46	par 100 kil. entrepôt		F.	13585.65
Plus : droits de sortie à Buenos-Ayres	» 8.60	id.	id.		
Ensemble	F. 166.06	id.	id.		

PRIX DE REVIENT AU HAVRE DES 100 KIL. ENTREPOT

AUX CHANGES SUIVANTS SUR PARIS

Voir le tableau, p. 14 et 15, pour le rapport entre la piastre papier et l'once d'or, aux divers changes

PRIX à BUENOS-AYRES par douzaine	17 centimes par $	18 centimes par $	19 centimes par $	20 centimes par $	21 centimes par $	22 centimes par $	1 c. par $ sur le change fait au Havre par 100 kil.
$ 1	F. 1.21	F. 1.28	F. 1.36	F. 1.43	F. 1.50	F. 1.57	F. 0.07
2	2.42	2.57	2.72	2.86	3.—	3.14	0.14
3	3.64	3.86	4.08	4.29	4.50	4.71	0.21
4	4.85	5.15	5.44	5.72	6.—	6.29	0.28
5	6.07	6.43	6.80	7.15	7.50	7.86	0.35
6	7.28	7.72	8.16	8.58	9.—	9.43	0.42
7	8.50	9.01	9.52	10.01	10.50	11.01	0.49
8	9.71	10.30	10.87	11.44	12.—	12.58	0.56
9	10.93	11.58	12.23	12.87	13.51	14.15	0.64
10	12.15	12.87	13.59	14.30	15.01	15.73	0.72
50	81.16	85.34	89.51	93.69	97.86	102.04	4.18
60	93.32	98.21	103.10	107.99	112.88	117.77	4.89
70	105.48	111.08	116.69	122.29	127.90	133.50	5.61
80	117.64	123.95	130.28	136.59	142.92	149.23	6.32
90	129.79	136.82	143.86	150.89	157.93	164.96	7.04
100	141.95	149.70	157.45	165.19	172.95	180.70	7.75
110	154.11	162.57	171.04	179.49	187.97	196.43	8.47
120	166.27	175.44	184.63	193.79	202.98	212.16	9.18
130	178.42	188.31	198.21	208.09	217.99	227.89	9.90
140	[illegible]	201.18	[illegible]	222.40	233.01	243.62	10.62
150	202.74	214.06	225.38	236.71	248.03	259.76	11.33
Plus, par 100 kil., pour droits de sortie à Buenos-Ayres	7.70	8.15	8.60	9.05	9.50	9.96	0.45

(Colonne de gauche, en marge : de 1 à 10 : Coût et frais variables ; de 50 à 150 : Coût et frais variables et invariables.)

OBSERVATIONS

F. 10 et 10 % par ton. sur le fret font au Havre une différence de F. 1.72 par 100 kil. sur les prix.

On veut savoir le revient au Havre de Peaux de mouton coûtant à Buenos-Ayres 105 piastres papier la douzaine, au change de 22 c., et au fret de F. 60 et 10 %.

Dans la 1re et la 7e colonne de ce tableau on trouvera que:

$ 5 font par 100 kil.	F.	7.86
» 100 id. id.	»	180.70
Plus droits de sortie à B.-Ayres.	»	9.96
$ 105 feront donc par 100 kil.	F.	198.52

N. B. — La réduction des droits de sortie est faite au change de 450 piastres papier pour 1 once. — Pour chaque 10 piastres papier en plus ou en moins de 450 piastres papier, il faudra ajouter ou retrancher F. 0.18 c. par 100 kil. aux prix de ce tableau.

Pour les droits de sortie à Buenos-Ayres, on pourra se servir des logarithmes suivants, qui sont basés sur 10 % prélevés sur les estimations de la Douane. — Voir l'explication à la page 12.

CHANGES	17	LOGARITHMES	11.639
»	18	»	12.336
»	19	»	13.232
»	20	»	13.928
»	21	»	14.625
»	22	»	15.321
»	23	»	16.018
»	24	»	16.714

Pour se servir des logarithmes ci-dessous, voir l'explication à la page 12.

Change	à @ 35 par douz. logarit.	à @ 35 par douz. frais par 100 kil.	à @ 33 par douz. logarit.	à @ 33 par douz. frais par 100 kil.	à @ 37 par douz. logarit.	à @ 37 par douz. frais par 100 kil.	à @ 36 par douz. logarit.	à @ 36 par douz. frais par 100 kil.
17	1.0979	19.62	1.1196	19.97	1.1580	20.11	1.1819	20.24
18	1.1762	20.44	1.1836	20.57	1.2177	20.74	1.2346	20.84
19	1.2191	21.04	1.2515	21.17	1.2852	21.31	1.3010	21.44
20	1.2856	21.64	1.3174	21.77	1.3529	21.91	1.3005	22.04
21	1.3476	22.24	1.3892	22.37	1.4200	22.54	1.4609	22.64
22	1.4110	22.84	1.4491	22.97	1.4882	23.11	1.5296	23.24

Droits d'entrée en France par 100 kil. en Avril 1885

Par navire Français	Exemptes
id. Etranger	F. 3.—
Des entrepôts d'Europe	» 3.—

COMPTE D'ACHAT ET DE REVIENT

A 24 BALLES PEAUX DE MOUTONS DU POIDS DE 40 ℘ LA DOUZAINE

24 balles Peaux de mouton renfermant 554 douzaines à $ 100 la douzaine........ $ 55400.—
Pesant brut........ ℘ 22448.—
Tare ℘ 12 par balle. » 288.—
Net........ ℘ 22160.— ou arrobes 886 10/25

FRAIS A BUENOS-AYRES

Courtage et inspection 1 %........			»	554.—
Transport à la presse et recevoir. $ 1½ la douzaine........	$	831.—		
Empolsonner........ » 1 id.	»	554.—		
Assortir........ » 1 id.	»	554.—		
Emballer........ » 2 par arrobe........	»	1772.—		
Charger les balles........ » 5 par balle........	»	120.—		
Charrettes........ » 25 id.	»	600.—		
Allèges........ » 22 id.	»	528.—		
Timbre et menus frais........	»	90.—	»	5050.—
			$	61004.—

	Droits de Sortie	
Droits de sortie sur estimation de $ 0.06 ¼ par ℘, soit $ 1440.40 à 10 %, soit $ 144.04 à $ 450 pour 1 once.	$ 4051.—	
Commission d'achat et de remboursement 4 %........	» 162.—	» 2440.—
	$ 4213.—	$ 63444.—
Courtage de négociation 1 ‰........	» 4.—	» 63.—
En piastres papier, monnaie courante........	$ 4217.—	$ 63507.—
Au change sur Paris de 19 c. par $........	F. 801.23	F. 12066.85

Voir le tableau, pages 14 et 15.

FRAIS AU HAVRE

Fret sur 22m100 à F. 50 et 10 % par tonn. de 1m44 et signaux		F. 847.90		
Permis, transport en entrepôt, voilier pour échantillonner, arrimage, magasinage d'un mois, livraison et menus frais		» 110.—		
Assurance maritime sur F. 829 et F. 13278 à 1 ¼ % et police	» 11.01	» 167.40		
id. contre le feu sur F. 840 et F. 14400 à ½ ‰........	» 0.45	» 7.20		
Escompte à la vente........ 2 %				
Courtage de vente........ ¼ %				
Commission de vente........ 2 %				
Ensemble........ 4¼ % sur F. 13784.70...	» 36.06	» 585.85	»	1718.35
	F. 648.75		F.	13784.70
Soit par 100 kil........	» 8.00			

RENDEMENT ℘ 100 nettes pour 44 ½ kil. net :

℘ 22160, soit net 9861 kil. à........ F. 139.79 par 100 kil. entrepôt........ F. 13784.60
Plus : droits de sortie à Buenos-Ayres........ » 8.00 id. id.
Ensemble........ F. 148.39 id. id.

PRIX DE REVIENT AU HAVRE DES 100 KIL. ENTREPOT

AUX CHANGES SUIVANTS SUR PARIS

Voir le tableau, p. 14 et 15, pour le rapport entre la piastre papier et l'once d'or, aux divers changes

PRIX à BUENOS-AYRES par douzaine	17 centimes par $	18 centimes par $	19 centimes par $	20 centimes par $	21 centimes par $	22 centimes par $	1 c. par $ sur le change fait au Havre par 100 kil.
$ 1	F. 1.06	F. 1.12	F. 1.19	F. 1.25	F. 1.31	F. 1.37	F. 0.06
2	2.12	2.25	2.38	2.50	2.63	2.75	0.12
3	3.18	3.38	3.57	3.75	3.95	4.13	0.18
4	4.25	4.51	4.76	5.—	5.27	5.51	0.24
5	5.31	5.64	5.95	6.25	6.58	6.88	0.30
6	6.37	6.77	7.14	7.50	7.89	8.26	0.36
7	7.44	7.89	8.33	8.75	9.20	9.64	0.43
8	8.50	9.01	9.52	10.—	10.51	11.02	0.49
9	9.56	10.13	10.71	11.25	11.82	12.39	0.55
10	10.63	11.26	11.89	12.51	13.14	13.76	0.62
50	72.96	76.65	80.34	84.03	87.72	91.41	3.69
60	83.60	87.91	92.23	96.55	100.86	105.18	4.32
70	94.24	99.17	104.12	109.06	114.—	118.95	4.95
80	104.88	110.44	116.01	121.58	127.14	132.72	5.58
90	115.51	121.70	127.90	134.09	140.28	146.49	6.20
100	126.15	132.96	139.79	146.61	153.42	160.26	6.82
110	136.79	144.23	151.68	159.12	166.56	174.02	7.45
120	147.43	155.49	163.57	171.64	179.70	187.78	8.08
130	158.06	166.75	175.46	184.15	192.84	201.54	8.70
140	168.70	178.02	187.35	196.67	205.98	215.31	9.33
150	179.33	189.28	199.23	209.18	219.12	229.07	9.95
Plus, par 100 kil., pour Droits de Sortie à Buenos-Ayres	7.70	8.15	8.60	9.05	9.50	9.95	0.45

(Rows 1–10: Commissions, Coût et frais variables. Rows 50–150: Coût et frais variables et invariables.)

OBSERVATIONS

F. 10 et 10 % par ton. sur le fret font au Havre une différence de F. 1.72 par 100 kil. sur les prix.

On veut savoir le revient au Havre de Peaux de mouton coûtant à Buenos-Ayres 105 piastres papier la douzaine au change de 22 c., et au fret de F. 50 et 10 % par tonneau.

Dans la 1re et la 7e colonne de ce tableau on trouvera que :

$ 5 font par 100 kil........	F.	6.88
» 100 id. id.	»	160.26
Plus droits de sortie à B.-Ayres.	»	9.96
$ 105 feront donc par 100 kil........	F.	177.10

N. B. — La réduction des droits de sortie est faite au change de 450 piastres papier par once. — Pour chaque 10 piastres papier en plus ou en moins de 450 piastres papier, il faudra ajouter ou retrancher F. 0.18 c. par 100 kil. aux prix de ce tableau.

Pour les droits de sortie à Buenos-Ayres, on pourra se servir des logarithmes suivants qui sont basés sur 10 % prélevés sur les estimations de la Douane. — Voir l'explication à la page 12.

CHANGES	17	LOGARITHMES	11.830
»	18	»	12.536
»	19	»	13.232
»	20	»	13.928
CHANGES	21	LOGARITHMES	14.624
»	22	»	15.321
»	23	»	16.018
»	24	»	16.714

Pour se servir des logarithmes ci-dessous, voir l'explication à la page 12.

Change	À ℘44 par douz. logarit.	À ℘44 par douz. frais par 100 kil.	À ℘43 par douz. logarit.	À ℘43 par douz. frais par 100 kil.	À ℘42 par douz. logarit.	À ℘42 par douz. frais par 100 kil.	À ℘41 par douz. logarit.	À ℘41 par douz. frais par 100 kil.
17	96.79	19.44	98.93	19.86	101.34	19.60	103.78	19.09
18	102.39	19.87	104.77	20.06	107.27	20.45	109.80	20.93
19	108.08	20.33	110.59	20.69	113.28	20.71	115.99	20.81
20	113.77	21.00	116.41	21.48	119.15	21.27	122.09	21.37
21	119.46	21.63	122.23	21.74	125.15	21.83	128.19	21.93
22	125.16	22.21	128.06	22.30	131.41	22.39	134.30	22.49

Droits d'entrée par 100 kil. en Avril 1865

Par navire Français........	Exemptes
id. Etranger........	F. 3 —
Des entrepôts d'Europe........	» 3 —

COMPTE D'ACHAT ET DE REVIENT

A 27 BALLES PEAUX DE MOUTONS DU POIDS DE 45 ℛ LA DOUZAINE

27 balles Peaux de mouton renfermant 554 douzaines à $ 100 la douzaine .... $ 55400.—

Pesant brut .... ℛ 23254.—
Tare ℛ 12 par balle. » 324.—
Net .... ℛ 24930.— ou arrobes 997 5/25

FRAIS A BUENOS-AYRES

Courtage et inspection 1 %		»	554.—
Transport à la presse et recevoir $ 1½ la douzaine	$ 831.—		
Empoisonner » 1 id.	» 554.—		
Assortir » 1 id.	» 554.—		
Emballer » 2 par arrobe	» 1994.—		
Charger les balles » 5 par balle	» 135.—		
Charrettes » 25 id.	» 675.—		
Allèges » 22 id.	» 594.—		
Timbre et menus frais	» 93.—	»	5430.—
		$	61384.—
	Droits de Sortie		
Droits de sortie sur estimation de $ 0.06 ½ c. par ℛ soit $ 1620.45 à 10 % soit $ 162.04 à $ 450 pour 1 once	$ 4557.—		
Commission d'achat et de remboursement 4 %	» 182.—	»	2455.—
	$ 4739.—	$	63839.—
Courtage de négociation 1 ‰	» 5.—	»	64.—
En piastres papier, monnaie courante	$ 4744.—	$	63903
Au change sur Paris de 19 c. par $	F. 901.36	F.	12141.55

Voir le tableau, pages 14 et 15

FRAIS AU HAVRE

Fret sur 24m930 à F. 50 et 10 % par tonn. de 1m44 et signaux		F. 953.70	
Permis, port en entrepôt, échantillonner, arrimage, magasinage d'un mois, livraison et menus frais		» 125.—	
Assurance maritime sur F. 932 et F. 13355 à 1 ¼ % et police	» 12.39	» 168.45	
id. contre le feu sur F. 944 et F. 14600 à ½ ‰	» 0.50	» 7.30	
Escompte à la vente 2 %			
Courtage de vente ½ %			
Commission de vente 2 %			
Ensemble 4½ % sur F. 13990.65	» 40.57	» 594.65	» 1849.10
	F. 954.82		F. 13990.65
Soit par 100 kil.	» 8.60		

Rendement ℛ 100 nettes pour 44 ½ kil. net :

ℛ 24930, soit net 11094 kil. à	F. 126.11	par 100 kil.	entrepôt..	F. 13990.65
Plus : droits de sortie à Buenos-Ayres	» 8.60	id.	id.	
Ensemble	F. 134.71	id.	id.	

PRIX DE REVIENT AU HAVRE DES 100 KIL. ENTREPOT

AUX CHANGES SUIVANTS SUR PARIS

Voir le tableau, p. 14 et 15, pour le rapport entre la piastre papier et l'once d'or, aux divers changes

PRIX à BUENOS-AYRES par douzaine	17 centimes par $	18 centimes par $	19 centimes par $	20 centimes par $	21 centimes par $	22 centimes par $	1 c. par $ sur le change fait au Havre par 100 kil.
$ 1	F. 0.94	F. 1.—	F. 1.05	F. 1.11	F. 1.16	F. 1.22	F. 0.05
2	1.88	2.—	2.11	2.22	2.33	2.44	0.11
3	2.83	3.—	3.17	3.33	3.50	3.66	0.17
4	3.77	4.—	4.23	4.44	4.67	4.89	0.23
5	4.72	5.—	5.29	5.50	5.83	6.11	0.29
6	5.66	6.—	6.35	6.67	7.—	7.33	0.34
7	6.61	7.—	7.40	7.78	8.17	8.56	0.39
8	7.55	8.—	8.45	8.89	9.34	9.78	0.45
9	8.50	9.—	9.50	10.01	10.50	11.00	0.50
10	9.45	10.01	10.56	11.12	11.67	12.23	0.56
50	66.68	69.95	73.27	76.59	79.91	83.23	3.32
60	76.08	79.90	83.84	87.72	91.59	95.47	3.88
70	85.54	89.97	94.41	98.85	103.27	107.71	4.44
80	94.99	99.96	104.98	109.98	114.95	119.95	5.—
90	104.45	109.99	115.54	121.10	126.65	132.19	5.56
100	113.90	120.01	126.11	132.22	138.31	144.43	6.12
110	123.36	130.02	136.68	143.34	149.99	156.66	6.67
120	132.81	140.03	147.25	154.46	161.67	168.89	7.23
130	142.27	150.04	157.81	165.58	173.35	181.12	7.78
140	151.72	160.05	168.38	176.71	185.03	193.36	8.34
150	161.18	170.07	178.95	187.84	196.71	205.60	8.90
160	170.63	180.08	189.52	198.97	208.39	217.84	9.45
170	180.10	190.09	200.08	210.08	[illegible]	[illegible]	[illegible]
[illegible] par 100 kil., pour Droits de Sortie à Buenos-Ayres	7.70	8.15	8.60	9.05	9.50	9.96	0.45

OBSERVATIONS

F. 10 et 10 % par ton. sur le fret font au Havre une différence de F. 1.72 par 100 kil. sur les prix.

On veut savoir le revient au Havre de Peaux de mouton coûtant à Buenos-Ayres 105 piastres papier la douzaine, au change de 22 c., et au fret de F. 50 et 10 % par tonneau.

Dans la 1re et la 7e colonne de ce tableau on trouvera que :

$ 5 font par 100 kil.	F.	6.11
» 100 id. id.	»	144.42
Plus droits de sortie à B.-Ayres.	»	9.96
$ 105 feront donc par 100 kil.	F.	160.50

N. B. — La réduction des droits de sortie est faite au change de 450 piastres papier par once. — Pour chaque 10 piastres papier en plus ou en moins de 450 piastres papier, il faudra ajouter ou retrancher F. 0.18 c. par 100 kil. aux prix de ce tableau.

Pour les droits de sortie à Buenos-Ayres, on pourra se servir des logarithmes suivants, qui sont basés sur 10 % prélevés sur les estimations de la Douane. — Voir l'explication à la page 12.

CHANGES	17	LOGARITHMES	11.839
»	18	»	12.536
»	19	»	13.232
»	20	»	13.928
CHANGES	21	LOGARITHMES	14.625
»	22	»	15.321
»	23	»	16.018
»	24	»	16.714

Pour se servir des logarithmes ci-dessous, voir l'explication à la page 12.

Change	À ℛ 49 par douz. logarit.	À ℛ 49 par douz. frais par 100 kil.	À ℛ 48 par douz. logarit.	À ℛ 48 par douz. frais par 100 kil.	À ℛ 47 par douz. logarit.	À ℛ 47 par douz. frais par 100 kil.	À ℛ 46 par douz. logarit.	À ℛ 46 par douz. frais par 100 kil.
17	86.84	18.99	88.69	19.08	90.53	19.47	92.30	19.26
18	91.98	19.53	93.86	19.68	95.86	19.71	97.94	19.80
19	97.05	20.01	99.08	20.40	101.18	20.23	103.38	20.34
20	102.16	20.01	104.29	20.70	106.51	20.79	108.82	20.88
21	107.27	21.15	109.50	21.24	111.84	21.33	114.27	21.42
22	112.38	21.62	114.71	21.79	117.16	21.87	119.71	21.96

Droits d'entrée par 100 kil. en Avril 1865

Par navire Français	Exemptes
id. Etranger	F. 3.—
Des entrepôts d'Europe	» 3.—

COMPTE D'ACHAT ET DE REVIENT

A 30 BALLES PEAUX DE MOUTONS DU POIDS DE 50 @ LA DOUZAINE

30 balles Peaux de mouton renfermant 554 douzaines à $ 100 la douzaine.......... $ 55400.—
Pesant brut.............. @ 28060.—
Tare @ 12 par balle.. » 360.—
Net........................ @ 27700.— ou arrobes 1108.

FRAIS A BUENOS-AYRES

Courtage et inspection 1 %		»	554.—
Transport à la presse et recevoir $ 1½ la douzaine	$ 831.—		
Empoisonner » 1 id.	» 554.—		
Assortir » 1 id.	» 554.—		
Emballer » 2 par arrobe	» 2216.—		
Charger les balles » 5 par balle	» 150.—		
Charrettes » 25 id.	» 750.—		
Allèges » 22 id.	» 660.—		
Timbre et menus frais	» 95.—	»	5810.—
		$	61764.—

	Droits de sortie		
Droits de sortie sur estimation de $ 0.06 ½ c. par @, soit $ 1800.50 à 10 %, soit $ 180.05 à $ 450 pour 1 once	$ 5064.—		
Commission d'achat et de remboursement 4 %	» 202.—	»	2470.—
	$ 5266.—	$	64234.—
Courtage de négociation 1 ‰	» 5.—	»	64.—
En piastres papier, monnaie courante	$ 5271.—	$	64298.—
Au change sur Paris de 19 c. par $	F. 1001.50	F.	12216.60

Voir le tableau, pages 14 et 15.

FRAIS AU HAVRE

Fret sur 27m700 à F. 50 et 10 % par tonn. de 1m44 et signaux		F. 1059.50		
Permis, port en entrepôt, voiller pour échantillonner, arrimage, magasinage d'un mois, livraison et menus frais		» 130.—		
Assurance maritime sur F. 1036 et F. 13427 à 1¼ % et police	» 13.76	» 169.45		
id. contre le feu sur F. 1050 et F. 14796 à ½ ‰	» 0,55	» 7.40		
Escompte à la vente 2 %				
Courtage de vente ¼ %				
Commission de vente 2 %				
Ensemble 4¼ % sur F. 14185.85	» 45.09	» 602.90	»	1969.25
	F. 1060.90		F.	14185.85
Soit par 100 kil.	» 8.60			

RENDEMENT @ 100 nettes pour 44 ½ kil. net :

@ 27700, soit net 12326 kil. à	F. 115.09 par 100 kil. entrepôt	F.	14186.—
Plus : droits de sortie à Buenos-Ayres	» 8.60 id. id.		
Ensemble	F. 123.69 id. id.		

PRIX DE REVIENT AU HAVRE DES 100 KIL. ENTREPOT

AUX CHANGES SUIVANTS SUR PARIS

Voir le tableau, p. 14 et 15, pour le rapport entre la piastre papier et l'once d'or, aux divers changes

PRIX à BUENOS-AYRES par douzaine	17 centimes par $	18 centimes par $	19 centimes par $	20 centimes par $	21 centimes par $	22 centimes par $	1 c. par $ sur le change fait au Havre par 100 kil.
$ 1	F. 0.85	F. 0.90	F. 0.95	F. 1.—	F. 1.05	F. 1.10	F. 0.05
2	1.70	1.80	1.90	2.—	2.10	2.20	0.10
3	2.55	2.70	2.85	3.—	3.15	3.30	0.15
4	3.40	3.60	3.80	4.—	4.20	4.40	0.20
5	4.25	4.50	4.75	5.—	5.25	5.50	0.25
6	5.10	5.40	5.70	6.—	6.30	6.60	0.30
7	5.95	6.30	6.65	7.—	7.35	7.70	0.35
8	6.80	7.20	7.60	8.—	8.41	8.81	0.40
9	7.65	8.10	8.55	9.—	9.46	9.91	0.45
10	8.51	9.01	9.51	10.01	10.51	11.01	0.50
50	61.49	64.51	67.53	70.55	73.58	76.60	3.03
60	70.00	73.52	77.04	80.56	84.09	87.61	3.53
70	78.51	82.53	86.55	90.57	94.60	98.62	4.03
80	87.02	91.54	96.06	100.58	105.11	109.63	4.53
90	95.53	100.55	105.57	110.59	115.62	120.64	5.03
100	104.04	109.56	115.08	120.60	126.14	131.66	5.53
110	112.55	118.57	124.59	130.61	136.65	142.67	6.03
120	121.06	127.58	134.10	140.62	147.16	153.68	6.53
130	129.57	136.59	143.61	150.63	157.67	164.69	7.03
140	138.08	145.60	153.12	160.64	168.18	175.70	7.53
150	146.59	154.62	162.63	170.65	178.70	186.72	8.03
160	155.10	163.63	172.14	180.66	189.21	197.73	8.53
170	163.61	172.64	181.65	190.67	199.72	208.74	9.03
180	172.12	181.65	191.16	200.68	210.23	219.75	9.53
190	180.63	190.66	200.68	210.69	220.74	230.76	10.03
200	189.14	199.68	210.20	220.72	231.25	241.78	10.53
Plus, par 100 kil., pour Droits de Sortie à Buenos-Ayres	7.70	8.15	8.60	9.05	9.50	9.96	0.45

(Lignes 1 à 10 : Coût et frais variables. Lignes 50 à 200 : Coût et frais variables et invariables.)

OBSERVATIONS

F. 10 et 10 % par ton. sur le fret font au Havre une différence de F. 1.72 par 100 kil. sur les prix

On veut savoir le revient au Havre de Peaux de mouton coûtant à Buenos-Ayres 105 piastres papier la douzaine, au change de 22 c., et au fret de F. 50 et 10 %.

Dans la 1re et la 7e colonne de ce tableau, on trouvera que :

$ 6 font par 100 kil.	F.	6.60
» 100 id. id.	»	131.66
Plus droits de sortie à B.-Ayres.	»	9.96
$ 105 font par 100 kil.	F.	147.12

N. B. — La réduction des droits de sortie est faite au change de 450 piastres papier par once. — Pour chaque 10 piastres papier en plus ou en moins de 450 piastres papier, il faudra ajouter ou retrancher F. 0.18 c. par 100 kil. aux prix de ce tableau.

Pour les droits de sortie à Buenos-Ayres, on pourra se servir des logarithmes suivants, qui sont basés sur 10 % prélevés sur les estimations de la Douane. — Voir l'explication à la page 12.

CHANGES		LOGARITHMES
17		11.539
» 18	»	12.536
» 19	»	13.232
» 20	»	13.928
21		14.625
» 22	»	15.321
» 23	»	16.018
» 24	»	16.714

Pour se servir des logarithmes ci-dessous, voir l'explication à la page 12.

Change	A @ [illegible] par douz. logarit.	frais par 100 kil.	A @ [illegible] par douz. logarit.	frais par 100 kil.	A @ [illegible] par douz. logarit.	frais par 100 kil.	A @ [illegible] par douz. logarit.	frais par 100 kil.
17	78.80	18.69	80.26	18.70	81.83	18.83	83.48	18.88
18	83.49	19.21	85.01	19.28	86.64	19.35	88.34	19.40
19	88.01	19.73	89.73	19.80	91.40	19.86	93.25	19.92
20	92.70	20.25	94.43	20.32	[illegible]	20.38	98.16	20.44
21	97.31	20.77	99.17	20.84	101.08	20.90	103.06	20.96
22	101.97	21.29	103.89	21.36	105.09	21.43	107.97	21.48

Droits d'entrée par 100 kil. en Avril 1865

Par navire Français	Exemptes
id. Etranger	F. 3.—
Des entrepôts d'Europe	» 3.—

COMPTE D'ACHAT ET DE REVIENT

A 33 BALLES PEAUX DE MOUTONS DU POIDS DE 55 ℔ LA DOUZAINE

33 balles Peaux de mouton renfermant 554 douzaines à $ 100 la douzaine .... $ 55400.—
Pesant brut .... ℔ 30866.—
Tare ℔ 12 par balle.. » 396.—
Net .... ℔ 30470.— ou arrobes 1218 20/25

FRAIS A BUENOS-AYRES

Courtage et inspection 1 %			»	554.—
Transport à la presse et recevoir $ 1½ la douzaine	$	831.—		
Empoisonner » 1 id.	»	554.—		
Assortir » 1 id.	»	554.—		
Emballer » 2 par arrobe	»	2437.—		
Charger les balles » 5 par balle	»	165.—		
Charrettes » 25 id.	»	825.—		
Allèges » 22 id.	»	726.—		
Timbre et menus frais	»	98.—	»	6190.—
			$	62144.—

	Droits de Sortie	
Droits de sortie sur estimation de $ 0.06 ½ par ℔, soit $ 1980.55 à 10 % $ 198.05 à 450 $ pour 1 once	$ 5570.—	
Commission d'achat et de remboursement 4 %	» 223.—	» 2486.—
	$ 5793.—	$ 64630.—
Courtage de négociation 1 ‰	» 6.—	» 65.—
En piastres papier, monnaie courante	$ 5799.—	$ 64695.—
Au change sur Paris de 19 c. par $	F. 1101.81	F. 12292.05

Voir le tableau, pages 14 et 15.

FRAIS AU HAVRE

Fret sur 30m470 à F. 50 et 10 % par tonn. de 1m44 et signaux			F.	1165.80		
Permis, port en entrepôt, échantillonner, arrimage, magasinage d'un mois, livraison et menus frais			»	145.—		
Assurance maritime sur F. 1140 et F. 13521 à 1 ¼ % et police	»	15.15	»	170.50		
id. contre le feu sur F. 1154 et F. 15000 à ½ ‰	»	0.61	»	7.50		
Escompte à la vente 2 %						
Courtage de vente ¼ %						
Commission de vente 2 %						
Ensemble 4½ % sur F. 14392.—	»	40.60	»	611.65	»	2099.95
	F.	1167.17			F.	14392.—
Soit par 100 kil	»	8.60				

RENDEMENT ℔ 100 nettes pour 44 ½ kil. net :

℔ 30470, soit net 13559 kil. à .... F. 106.14 par 100 kil. entrepôt .... F. 14391.50
Plus : droits de sortie à Buenos-Ayres .... » 8.60 id. id.
Ensemble .... F. 114.74 id. id.

PRIX DE REVIENT AU HAVRE DES 100 KIL. ENTREPOT

AUX CHANGES SUIVANTS SUR PARIS

Voir le tableau, p. 14 et 15, pour le rapport entre la piastre papier et l'once d'or, aux divers changes

	PRIX à BUENOS-AYRES par douzaine	17 centimes par $	18 centimes par $	19 centimes par $	20 centimes par $	21 centimes par $	22 centimes par $	1 c. par $ sur le change fait au Havre par 100 kil.
Coût et frais variables	$ 1	F. 0.77	F. 0.82	F. 0.86	F. 0.91	F. 0.95	F. 1.—	F. 0.04
	2	1.54	1.64	1.73	1.82	1.90	2.—	0.08
	3	2.31	2.46	2.59	2.73	2.86	3.—	0.13
	4	3.09	3.28	3.46	3.64	3.81	4.—	0.17
	5	3.86	4.10	4.32	4.55	4.77	5.—	0.21
	6	4.63	4.92	5.19	5.46	5.72	6.—	0.26
	7	5.41	5.74	6.05	6.37	6.68	7.—	0.31
	8	6.18	6.56	6.92	7.28	7.63	8.—	0.36
	9	6.95	7.38	7.78	8.19	8.59	9.—	0.41
	10	7.73	8.19	8.65	9.10	9.55	10.01	0.45
Coût et frais variables et invariables	80	80.55	84.69	88.85	92.98	97.13	101.27	4.14
	90	88.28	92.88	97.50	102.08	106.69	111.28	4.60
	100	96.02	101.07	106.15	111.18	116.25	121.29	5.05
	110	103.75	109.26	114.80	120.28	125.81	131.30	5.50
	120	111.49	117.45	123.44	129.38	135.36	141.31	5.95
	130	119.22	125.64	132.09	138.49	144.92	151.33	6.41
	140	126.96	133.83	140.74	147.59	154.48	161.34	6.86
	150	134.69	142.02	149.39	156.69	164.04	171.35	7.31
	160	142.43	150.21	158.03	165.79	173.59	181.36	7.77
	170	150.16	158.41	166.68	174.89	183.15	191.37	8.22
	180	157.90	166.60	175.33	184.—	192.71	201.39	8.68
	180	165.63	174.79	183.98	193.10	202.27	211.40	9.13
	200	173.37	182.98	192.62	202.20	211.83	221.41	9.59
	210	181.10	191.17	201.97	211.70	[illegible]	[illegible]	10.05
	220	188.84	199.36	209.92	220.40	230.94	241.43	10.49
	230	196.56	207.56	218.55	229.52	240.48	251.45	10.95
Plus, par 100 kil., pour Droits de Sortie à Buenos-Ayres		7.70	8.15	8.60	9.05	9.50	9.96	0.45

OBSERVATIONS

F. 10 et 10 % par ton. sur le fret font au Havre une différence de F. 1.72 par 100 kil. sur les prix.

On veut savoir le revient au Havre de Peaux de mouton coûtant à Buenos-Ayres 105 piastres papier la douzaine, au change de 22 c. et au fret de F. 50 et 10 % par tonneau.

Dans la 1re et la 7e colonne de ce tableau on trouvera que :

$ 5 font par 100 kil.	F.	5.—
» 100 id. id.	»	121.29
Plus droits de sortie à B.-Ayres.	»	9.96
$ 105 feront donc par 100 kil.	F.	136.25

N. B. — La réduction des droits de sortie est faite au change de 450 piastres par once. — Pour chaque 10 piastres papier en plus ou en moins de 450 piastres, il faudra ajouter ou retrancher F. 0.18 c. par 100 kil. aux prix de ce tableau.

Pour les droits de sortie à Buenos-Ayres, on pourra se servir des logarithmes suivants, qui sont basés sur 10 % prélevés sur les estimations de la Douane. — Voir l'explication à la page 12.

CHANGES	17	LOGARITHMES	11.839
»	18	»	12.536
»	19	»	13.232
»	20	»	13.928
»	21	»	14.625
»	22	»	15.321
»	23	»	16.018
»	24	»	16.714

Pour se servir des logarithmes ci-dessous, voir l'explication à la page 12.

Change	à ℔ 55 par douz. logarit.	à ℔ 55 par douz. frais par 100 kil.	à ℔ 56 par douz. logarit.	à ℔ 56 par douz. frais par 100 kil.	à ℔ 57 par douz. logarit.	à ℔ 57 par douz. frais par 100 kil.	à ℔ 58 par douz. logarit.	à ℔ 58 par douz. frais par 100 kil.
17	72.42	18.44	73.36	18.50	74.60	18.55	75.96	18.61
18	76.36	18.94	77.66	19.—	79.04	19.05	80.45	19.11
19	80.00	19.44	81.99	19.50	83.48	19.55	84.92	19.61
20	84.85	19.94	86.31	20.—	87.88	20.05	89.39	20.11
21	89.09	20.44	90.63	20.50	92.24	20.55	93.86	20.61
22	93.73	20.94	94.94	21.—	96.61	21.05	98.33	21.11

Droits d'entrée par 100 kil. en Avril 1863

Par navire Français	Exemptes
id. Étranger	F. 3.—
Des entrepôts d'Europe	» 3.—

COMPTE D'ACHAT ET DE REVIENT

A 35 BALLES PEAUX DE MOUTONS DU POIDS DE 60 ℔ LA DOUZAINE

35 balles Peaux de mouton renfermant 554 douzaines à $ 100 la douzaine.............. $ 55400.—

Pesant brut.............. ℔ 33660.—
Tare ℔ 12 par balle.. » 420.—
Net.......................... ℔ 33240.— ou arrobes 1329 13/25

FRAIS A BUENOS-AYRES

Courtage et inspection 1 %....................................		»	554.—
Transport à la presse et recevoir $ 1½ la douzaine..................	$ 831.—		
Empoisonner.................... » 1 id.	» 554.—		
Assortir.................... » 1 id.	» 554.—		
Emballer.................... » 2 par arrobe..................	» 2659.—		
Charger les balles.................... » 5 par balle..................	» 175.—		
Charretles.................... » 25 id.	» 875.—		
Allèges.................... » 22 id.	» 770.—		
Timbre et menus frais....................................	» 92.—	»	6510.—
		$	62464.—

	Droits de Sortie		
Droits de sortie sur estimation de $ 0.06 ¼ par ℔, soit $ 2160.00 à 10 % $ 216.06 à $ 450 pour 1 once...	$ 6077.—		
Commission d'achat et de remboursement 4 %..................	» 243.—	»	2498.—
	$ 6320.—	$	64962.—
Courtage de négociation 1 ‰....................................	» 6.—	»	65.—
En piastres papier, monnaie courante..........	$ 6326.—	$	65027.—
Au change sur Paris de 19 c. par $..............	F. 1201.94	F.	12355.15

Voir le tableau, pages 44 et 45.

FRAIS AU HAVRE

Fret sur 33m240 à F. 50 et 10 % par tonn. de 1m44 et signaux			F. 1271.10		
Permis, transport en entrepôt, échantillonner, arrimage, magasinage d'un mois, livraison et menus frais..................			» 165.—		
Assurance maritime sur F. 1244 et F. 13590 à 1 ¼ % et police	»	16.52	» 171.40		
id. contre le feu sur F. 1260 et F. 15203 à ½ ‰..........	»	0.66	» 7.00		
Escompte à la vente.................. 2 %					
Courtage de vente.................. ¼ %					
Commission de vente.................. 2 %					
Ensemble.............. 4¼ % sur F. 14590.35..	»	54.10	» 620.10	»	2235.20
	F.	1273.22		F.	14590.35
Soit par 100 kil....................................	»	8.60			

RENDEMENT ℔ 100 nettes pour 44 ½ kil. net :

℔ 33240, soit net 14792 kil. à.............................. F. 98.64 par 100 kil. entrepôt........ F. 14590.80
Plus : droits de sortie à Buenos-Ayres.............. » 8.60 id. id.
Ensemble.............................. » 107.24 id. id.

PRIX DE REVIENT AU HAVRE DES 100 KIL. ENTREPOT

AUX CHANGES SUIVANTS SUR PARIS

Voir le tableau, p. 14 et 15, pour le rapport entre la piastre papier et l'once d'or, aux divers changes

	PRIX à BUENOS-AYRES par douzaine	17 centimes par $	18 centimes par $	19 centimes par $	20 centimes par $	21 centimes par $	22 centimes par $	1 c. par $ sur le change fait au Havre par 100 kil.
DIFFÉRENCES Coût et frais variables	$ 1	F. 0.71	F. 0.75	F. 0.79	F. 0.83	F. 0 87	F. 0.91	F. 0.04
	2	1.24	1.50	1.58	1.67	1.76	1.83	0.08
	3	2.13	2.25	2.37	2.51	2.64	2.75	0.12
	4	2.84	3.—	3.16	3.35	3.52	3.67	0.16
	5	3.55	3.75	3.96	4.18	4.40	4.58	0.20
	6	4.26	4.50	4.75	5.01	5.28	5.50	0.24
	7	4.97	5.25	5.54	5.84	6.15	6.42	0.28
	8	5.68	6.—	6.34	6.67	7.02	7 34	0.32
	9	6.39	6.75	7.13	7.51	7.89	8.25	0.36
	10	7.09	7.50	7.92	8.35	8.76	9.17	0.42
Coût et frais variables et invariables	100	89.33	93.98	98.64	103.29	107.94	112.59	4.65
	110	96.42	101.49	106.57	111.63	116.70	121.77	5.06
	120	103.51	109.—	114.50	119.97	125.46	130.95	5.48
	130	110.60	116.51	122.43	128.32	134.22	140.13	5.89
	140	117.69	124.01	130.36	136.66	142.98	149.30	6.31
	150	124.78	131.52	138.29	145.—	151.74	158.48	6.72
	160	131.87	139.03	146.21	153.35	160.50	167.66	7.14
	170	138.96	146.54	154.13	161.69	169.26	176.84	7.56
	180	146.05	154.04	162.05	170.03	178.02	186.01	7.98
	190	153.14	161.55	169.98	178.38	186.78	195.19	8 39
	200	160.23	169.06	177.91	186.72	195.54	204.37	8.81
	210	167.32	176.57	185.84	195.06	204.30	213.55	9.22
	220	174.41	184.07	193.77	203.41	213.06	222.72	9.64
	230	181.50	191.58	201.70	211.75	221.82	231.90	10.06
	240	188.60	199.08	209.62	220.09	230.58	241.08	10.48
	Plus, par 100 kil., pour Droits de Sortie à Buenos-Ayres	7.70	8.15	8.60	9.05	9.50	9 95	0.45

OBSERVATIONS

F. 10 et 10 % par ton. sur le fret font au Havre une différence de F. 1.72 par 100 kil. sur les prix.

On veut savoir le revient au Havre de Peaux de mouton coûtant à Buenos-Ayres 105 piastres papier la douzaine du poids de ℔ 60, au change de 22 c., et au fret de F. 50 et 10 % par tonneau.

Dans la 1re et la 7e colonne de ce tableau on trouvera que :

$ 5 font par 100 kil..............................	F.	4.58
» 100 id. id.	»	112.59
Plus droits de sortie à B.-Ayres.	»	9.96
$ 105 feront donc par 100 kil..................	F.	127.13

N. B. — La réduction des droits de sortie est faite au change de 450 piastres papier par once. Pour chaque 10 piastres papier en plus ou en moins de 450 piastres papier, il faudra ajouter ou retrancher F. 0.18 c. par 100 kil. aux prix de ce tableau.

Pour les droits de sortie à Buenos-Ayres, on pourra se servir des logarithmes suivants, qui sont basés sur 10 % prélevés sur les estimations de la Douane. — Voir l'explication à la page 12.

CHANGES		LOGARITHMES
17	....	11.889
» 18	....	» 12.536
» 19	....	» 13.282
» 20	....	» 13.926
21	....	14.625
» 22	....	» 15.321
» 23	....	» 16.018
» 24	....	» 16.714

Pour se servir des logarithmes ci-dessous, voir l'explication à la page 12.

Change	À ℔ 54 par douz. logarit.	À ℔ 54 par douz. frais par 100 kil.	à ℔ 59 par douz. logarit.	à ℔ 59 par douz. frais par 100 kil.	à ℔ 63 par douz. logarit.	à ℔ 63 par douz. frais par 100 kil.	à ℔ 61 par douz. logarit.	à ℔ 61 par douz. frais par 100 kil.
17	66.49	18.30	67.54	18.33	68.63	18.35	69.76	18.38
18	70.40	18.78	71.51	18.81	72.67	18.83	73.86	18.86
19	74.31	19.27	75.49	19.30	76.70	19.32	77.96	19.35
20	78.22	19.76	79.46	19.79	80.74	19.81	82.07	19.84
21	82.13	20.24	83.43	20.27	84.78	20.29	86.17	20.32
22	86.04	20.73	87.41	20.76	88.81	20.78	90.27	20.81

Droits d'entrée par 100 kil. en Avril 1865

Par navire Français.............................. Exemptes
id. Etranger.............................. F. 3.—
Des entrepôts d'Europe.............................. » 3.—

COMPTE D'ACHAT ET DE REVIENT

A 39 BALLES PEAUX DE MOUTONS DU POIDS DE 65 ℛ LA DOUZAINE

39 balles Peaux de moutons renfermant 554 douzaines à $ 100 la douzaine	$	55400.—
Pesant brut ℛ 36478.—		
Tare ℛ 12 par balle » 468.—		
Net ℛ 36010.— ou arrobes 1440 10/25		

FRAIS A BUENOS-AYRES

Courtage et inspection			»	554.—
Transport à la presse et recevoir $ 1½ la douzaine	$	831.—		
Empoisonner » 1 id.	»	554.—		
Assortir » 1 id.	»	554.—		
Emballer » 2 par arrobe	»	2881.—		
Charger les balles » 5 par balle	»	195.—		
Charrettes » 25 id.	»	975.—		
Allèges » 22 id.	»	858.—		
Timbre et menus frais	»	92.—	»	6940.—
			$	62894.—

	Droits de Sortie	
Droits de sortie sur estimation de $ 0.06 ½ par ℛ, $ 2340.65 à 10 %, soit $ 234.06 à $ 450 pour 1 once	$ 6583.—	
Commission d'achat et de remboursement 4 %	» 263.—	» 2516.—
	$ 6846.—	$ 65410.—
Courtage de négociation 1 ‰	» 7.—	» 65.—
En piastres papier, monnaie courante	$ 6853.—	$ 65475.—
Au change sur Paris de 19 c. par $	F. 1302.07	F. 12440.25

Voir le tableau, pages 14 et 15.

FRAIS AU HAVRE

Fret sur 36m010 à F. 50 et 10 % par ton. de 1m44 et signaux		F. 1376.90	
Permis, port en entrepôt, échantillonner, arrimage, magasinage d'un mois, livraison et menus frais		» 180.—	
Assurance maritime sur F. 1347 et F. 13684 à 1¼ % et police	» 17.90	» 172.50	
id. contre le feu sur F. 1365 et F. 15414 à ½ ‰	» 0.72	» 7.70	
Escompte à la vente 2 %			
Courtage de vente ¼ %			
Commission de vente 2 %			
Ensemble 4¼ % sur F. 14806.60	» 58.61	» 629.25	» 2366.35
	F. 1379.30		F. 14806.60
Soit par 100 kil.	» 8.60		

Rendement ℛ 100 nettes pour 44 ½ kil. net :

ℛ 36010, soit net 16024 kil. à	F. 92.40 par 100 kil. entrepôt		F. 14806.15
Plus : droits de sortie à Buenos-Ayres	» 8.10	id.	id.
Ensemble	F. 100.50	id.	id.

PRIX DE REVIENT AU HAVRE DES 100 KIL. ENTREPOT

AUX CHANGES SUIVANTS SUR PARIS

Voir le tableau, p. 14 et 15, pour le rapport entre la piastre papier et l'once d'or, aux divers changes

PRIX à BUENOS-AYRES par douzaine.	17 centimes par $	18 centimes par $	19 centimes par $	20 centimes par $	21 centimes par $	22 centimes par $	1 c. par $ sur le change fait au Havre par 100 kil.
$ 1	F. 0.65	F. 0.69	F. 0.73	F. 0.77	F. 0.81	F. 0.85	F. 0.04
2	1.30	1.38	1.46	1.54	1.62	1.70	0.08
3	1.96	2.07	2.19	2.31	2.43	2.56	0.12
4	2.61	2.77	2.92	3.08	3.24	3.40	0.17
5	3.27	3.46	3.65	3.85	4.05	4.24	0.21
6	3.92	4.15	4.38	4.62	4.86	5.09	0.25
7	4.58	4.85	5.11	5.39	5.67	5.94	0.28
8	5.23	5.54	5.84	6.16	6.48	6.79	0.32
9	5.89	6.23	6.58	6.93	7.29	7.63	0.35
10	6.54	6.93	7.31	7.70	8.09	8.48	0.39
100	83.76	88.06	92.40	96.72	101.05	105.36	4.32
110	90.29	95.01	99.72	104.42	109.14	113.83	4.70
120	96.84	101.94	107.04	112.12	117.23	122.30	5.08
130	103.38	108.87	114.36	119.82	125.32	130.77	5.46
140	109.93	115.80	121.68	127.52	133.41	139.24	5.84
150	116.47	122.73	129.—	135.22	141.50	147.71	6.22
160	123.02	129.66	136.31	142.92	149.58	156.18	6.60
170	129.56	136.59	143.62	150.62	157.66	164.65	6.98
180	136.11	143.52	150.93	158.32	165.74	173.12	7.36
190	142.65	150.45	158.25	166.02	173.83	181.59	7.74
200	149.20	157.38	165.57	173.73	181.92	190.07	8.12
210	[illegible]	[illegible]	[illegible]	[illegible]	[illegible]	[illegible]	[illegible]
220	162.29	171.24	180.21	189.13	198.10	207.01	8.88
230	168.83	178.17	187.53	196.83	206.19	215.48	9.20
240	175.39	185.11	194.84	204.53	214.27	223.95	9.68
Plus, par 100 kil., pour Droits de Sortie à Buenos-Ayres	7.70	8.15	8.60	9.05	9.50	9.96	0.45

OBSERVATIONS

F. 10 et 10 % par ton. sur le fret font au Havre une différence de F. 1.72 par 100 kil. sur les prix.

On veut savoir le revient au Havre de Peaux de moutons coûtant à Buenos-Ayres 105 piastres papier la douzaine, au change de 22 c., et au fret de F. 50 et 10 % par tonneau.

Dans la 1re et la 7e colonne de ce tableau, on trouvera que :

$ 5 font par 100 kil.	F.	4.24
» 100 id. id.	»	105.36
Plus, droits de sortie à B.-Ayres	»	9.97
$ 105 feront donc par 100 kil.	F.	119.57

N. B. — La réduction des droits de sortie est faite au change de 450 piastres papier par once. — Pour chaque 10 piastres papier en plus ou en moins de 450 piastres papier, il faudra ajouter ou retrancher F. 0.18 c. par 100 kil. aux prix de ce tableau.

Pour les droits de sortie à Buenos-Ayres, on pourra se servir des logarithmes suivants qui sont basés sur 10 % prélevés sur les estimations de la Douane. — Voir l'explication à la page 12.

CHANGES		LOGARITHMES
17		11.839
» 18	»	12.536
» 19	»	13.232
» 20	»	13.928
21		14.625
» 22	»	15.321
» 23	»	16.018
» 24	»	16.714

Pour se servir des logarithmes ci-dessous, voir l'explication à la page 12.

Change	à ℛ [illegible] par douz. logarit.	frais par 100 kil.	à ℛ [illegible] par douz. logarit.	frais par 100 kil.	à ℛ 57 par douz. logarit.	frais par 100 kil.	à ℛ [illegible] par douz. logarit.	frais par 100 kil.
17	61.67	18.22	62.57	18.24	63.51	18.25	64.47	18.27
18	65.30	18.69	66.23	18.71	67.24	18.72	68.20	18.74
19	68.[illegible]	19.17	69.94	19.19	70.98	19.20	72.00	19.22
20	72.35	19.64	73.08	19.66	74.72	19.67	75.83	19.60
21	76.48	20.12	77.30	20.14	78.45	20.15	79.64	20.17
22	79.84	20.59	80.98	20.61	82.19	20.62	83.43	20.64

Droits d'entrée par 100 kil. en Avril 1865

Par navire Français	Exemptes
id. Etranger	F. 3.—
Des Entrepôts d'Europe	» 3.—

COMPTE D'ACHAT ET DE REVIENT

A 42 BALLES PEAUX DE MOUTONS DU POIDS DE 70 ℔ LA DOUZAINE

42 balles Peaux de moutons renfermant 554 douzaines à $ 100 la douzaine		$	55400.—
Pesant brut ℔ 39284.—			
Tare ℔ 12 par balle. » 504.—			
Net ℔ 38780.— ou arrobes 1551 5/25			

FRAIS A BUENOS-AYRES

Courtage et inspection 1 %		»	554.—
Transport à la presse et recevoir $ 1 ½ la douzaine	$ 831.—		
Empoisonner » 1 id.	» 554.—		
Assortir » 1 id.	» 554.—		
Emballer » 2 par arrobe	» 3102.—		
Charger les balles » 5 par balle	» 210.—		
Charrettes » 25 id.	» 1050.—		
Allèges » 22 id.	» 924.—		
Timbre et menus frais	» 95.—		7320.—
		$	63274.—
	Droits de Sortie		
Droits de sortie sur estimation de $ 0.06 ¼ par ℔, soit $ 2520.70 à 10 % $ 252.07 à $ 450 pour 1 once	$ 7089.—		
Commission d'achat et remboursement 4 %	» 284.—	»	2531.—
	$ 7373.—	$	65805.—
Courtage de négociation 1 ‰	» 7.—	»	66.—
En piastres papier, monnaie courante	$ 7380.—	$	65871.—
Au change sur Paris de 19 c. par $	F. 1402.20	F.	12515.50

Voir le tableau, pages 14 et 15.

FRAIS AU HAVRE

Fret sur 38m780 à F. 50 et 10 % par tonn. de 1m44 et signaux		F. 1482.55	
Permis, transport, échantillonner, arrimage, magasinage d'un mois, livraison, et menus frais		» 210.—	
Assurance maritime sur F. 1451 et F. 13764 à 1 ¼ % et police	» 19.27	» 173.60	
id. contre le feu sur F. 1470 et F. 15683 à ½ ‰	» 0.78	» 7.81	
Escompte à la vente 2 %			
Courtage de vente ¼ %			
Commission de vente 2 %			
Ensemble 4 ¼ % sur F. 15028.15	» 63.12	» 638.69	» 2512.65
	F. 1485.87		F. 15028.15
Soit par 100 kil.	» 8.60		

Rendement ℔ 100 nettes pour 44 ½ kil. net ;

℔ 38780, soit net 17257 kil. A	F. 87.08	par 100 kil. entrepôt	F. 15028.40
Plus : droits de sortie à Buenos-Ayres	» 8.10	id. id.	
Ensemble	F. 95.18	id. id.	

PRIX DE REVIENT AU HAVRE DES 100 KIL. ENTREPOT

AUX CHANGES SUIVANTS SUR PARIS

Voir le tableau, p. 14 et 15, pour le rapport entre la piastre papier et l'once d'or, aux divers changes

PRIX à BUENOS-AYRES par douzaine.	17 centimes par $	18 centimes par $	19 centimes par $	20 centimes par $	21 centimes par $	22 centimes par $	1 c. par $ sur le change fait au Havre par 100 kil.
$ 1	F. 0.60	F. 0.64	F. 0.68	F. 0.71	F. 0.75	F. 0.78	F. 0.04
2	1.21	1.28	1.36	1.42	1.50	1.57	0.08
3	1.82	1.92	2.04	2.14	2.25	2.36	0.12
4	2.43	2.57	2.72	2.85	3.—	3.15	0.16
5	3.03	3.21	3.40	3.57	3.75	3.94	0.19
6	3.64	3.85	4.08	4.28	4.50	4.73	0.22
7	4.25	4.50	4.76	5.—	5.25	5.51	0.25
8	4.86	5.14	5.44	5.71	6.—	6.29	0.29
9	5.46	5.78	6.12	6.43	6.75	7.07	0.32
10	6.07	6.43	6.80	7.15	7.51	7.86	0.36
100	79.01	83.05	87.08	91.12	95.16	99.20	4.05
110	85.09	89.48	93.87	98.27	102.67	107.07	4.40
120	91.17	95.92	100.66	105.42	110.18	114.94	4.75
130	97.25	102.35	107.46	112.57	117.69	122.81	5.10
140	103.32	108.79	114.25	119.72	125.20	130.67	5.45
150	109.40	115.22	121.04	126.87	132.71	138.54	5.80
160	115.48	121.66	127.84	134.02	140.22	146.41	6.15
170	121.56	128.09	134.63	141.17	147.73	154.28	6.51
180	127.63	134.53	141.42	148.32	155.24	162.14	6.87
190	133.71	140.96	148.22	155.47	162.75	170.01	7.23
200	139.79	147.40	155.01	162.63	170.25	177.88	7.58
210	145.87	153.84	161.80	169.78	177.76	185.75	7.94
220	151.94	160.27	168.60	176.93	185.27	193.61	8.30
230	158.02	166.71	175.39	184.08	192.78	201.48	8.66
240	164.10	173.15	182.18	191.23	200.29	209.35	9.02
Plus, par 100 kil., pour Droits de Sortie à Buenos-Ayres	7.70	8.15	8.60	9.05	9.50	9.96	0.45

OBSERVATIONS

F. 10 et 10 % par ton. sur le fret font au Havre une différence de F. 1.72 par 100 kil. sur les prix.

On veut savoir le revient au Havre de Peaux de moutons coûtant à Buenos-Ayres 105 piastres papier la douzaine, au change de 22 c., et au fret de F. 50 et 10 % par tonneau.

Dans la 1re et la 7e colonne de ce tableau on trouvera que :

$ 5 font par 100 kil.	F.	3.94
» 100 id. id.	»	99.20
Plus droits de sortie à B.-Ayres	»	9.96
$ 105 feront donc par 100 kil.	F.	113.10

N. B. — La réduction de droits de sortie est faite au change de 450 piastres papier par once. — Pour chaque 10 piastres papier en plus ou en moins de 450 piastres papier, il faudra ajouter ou retrancher F. 0.18 c. par 100 kil. aux prix de ce tableau.

Pour les droits de sortie à Buenos-Ayres, on pourra se servir des logarithmes suivants qui ont pour base 10 % prélevés sur les estimations de la Douane. — Voir l'explication à la page 12.

CHANGES	17	LOGARITHMES	11.839
»	18	»	12.536
»	19	»	13.232
»	20	»	13.928
»	21	»	14.625
»	22	»	15.321
»	23	»	16.018
»	24	»	16.714

Droits d'entrée par 100 kil. en Avril 1895

Par navire Français	Exemptes
id. Étranger	F. 3.—
Des Entrepôts d'Europe	» 3.—

COMPTE D'ACHAT ET DE REVIENT

A 1000 CUIRS SALÉS VERTS DE BOEUFS, CARGAISON FLOTTANTE

1000 Cuirs salés verts de bœufs pesant ℘ 66000 à Rx 40 par pesée de ℘ 60 .... $ 5500.—
A $ 17 pour $ 16 .... $ 5176.46

FRAIS A BUENOS-AYRES

Courtage et inspection 1 %		» 51.76
30 fanègues de sel à 16 Rx forts		» 60.—
Recevoir, pasar et embarquer	$ 150.—	
Balandres pour 1000 Cuirs	» 1300.—	
Droits de 30 fanègues de sel et alléges	» 180.—	
Timbre et menus frais	» 120.—	
Au change de $ 450 pour $ 16	$ 1750.—	» 62.22
		$ 5350.44

	Droits de sortie	
Droits de sortie sur $ 3 ¾ la pièce, soit $ 3750 à 10 %	$ 375.—	
Commission d'achat et de remboursement 4 %	» 15.—	» 214.01
	$ 390.—	$ 5564.45
Courtage de négociation 1 ‰	» 0.39	» 5.56
	$ 390.39	$ 5570.01
Remboursement sur Paris au change de F. 80 par once ou F. 5 par $	F. 1951.95	F. 27850.05

FRAIS AU HAVRE

Fret sur 29000 kil. à F. 50 et 10 % par 1000 kil.			F. 1597.20	
Frais au débarquement alloués par le marché			» 200.—	
Assurance maritime sur F. 2147 et F. 30635 à 1 ¼ % et police		» 26.85	» 384.45	
Escompte à la vente	2 %			
Courtage de vente	¼ %			
Commission de vente	2 %			
Ensemble	4¼ % sur F. 31304.70	» 87.80	» 1333.—	» 3514.65
		F. 2066.60		F. 31364.70
Soit par 100 kil.		» 7.64		

Rendement ℘ 100 pour 41 kil. secoué de sel :

℘ 66000, soit net 27060 kil. à	F. 115.90	par 100 kil.	entrepôt	F. 31362.55
Plus ; droits de sortie à Buenos-Ayres	» 7.64	id.	id.	
Ensemble	» 123.54	id.	id.	

PRIX DE REVIENT AU HAVRE DES 100 KIL. ENTREPOT, SOUS VOILES

AUX CHANGES SUIVANTS SUR PARIS, POUR LES ONCES ET LES PIASTRES FORTES

Avec la parité des changes sur Londres calculés sur la base de F. 25.25 pour 1 £.

PRIX à BUENOS-AYRES par 60 ℘	PARIS F. 80.- — F. 5.- / LONDR. 63sh 4d — 47d ½	PARIS F. 81.- — F. 5.06¼ / LONDR. 64sh 2d — 48d ⅛	PARIS F. 82.- — F. 5.12½ / LONDR. 64sh 11d — 48d ¾	PARIS F. 83.- — F. 5.18¾ / LONDR. 65sh 9d — 49d ¼	PARIS F. 84.- — F. 5.25 / LONDR. 66sh 6d — 49d ⅞	PARIS F. 85.- — F. 5.31¼ / LONDR. 67sh 4d — 50d ½	F. 1 par once sur le change fait au Havre par 100 kil.
Subdivisions — Coût et frais variables: Rx 1/8	F. 0.33	F. 0.33	F. 0.34	F. 0.34	F. 0.35	F. 0.35	F. 0.—
1/4	0.66	0.66	0.68	0.68	0.70	0.70	0.—
3/8	0.99	1.—	1.02	1.03	1.05	1.05	0.01
1/2	1.32	1.33	1.36	1.37	1.40	1.40	0.01
5/8	1.66	1.67	1.70	1.72	1.75	1.76	0.02
3/4	1.99	2.—	2.04	2.06	2.10	2.11	0.02
7/8	2.32	2.34	2.38	2.41	2.45	2.46	0.03
1	2.66	2.69	2.73	2.76	2.79	2.82	0.03
2	5.32	5.38	5.46	5.52	5.58	5.65	0.06
3	7.98	8.06	8.19	8.28	8.38	8.48	0.09
4	10.64	10.77	10.92	11.04	11.17	11.31	0.12
5	13.30	13.47	13.65	13.80	13.97	14.13	0.15
6	15.96	16.16	16.38	16.56	16.76	16.96	0.18
7	18.62	18.86	19.11	19.32	19.56	19.79	0.21
8	21.28	21.55	21.83	22.08	22.35	22.62	0.25
9	23.94	24.25	24.56	24.84	25.15	25.44	0.28
10	26.61	26.95	27.28	[illegible]	[illegible]	28.28	0.33
Coût et frais variables et invariables: 20	62.06	63.35	64.05	64.75	65.45	66.14	0.70
30	89.27	90.30	91.33	92.37	93.39	94.42	1.04
40	115.89	117.25	118.61	119.99	121.34	122.70	1.38
50	142.50	144.20	145.89	147.00	149.29	150.98	1.71
Plus, par 100 kil., pour Droits de Sortie à Buenos-Ayres	7.64	7.73	7.82	7.92	8.01	8.11	0.09½

OBSERVATIONS

F. 10 et 10 % par ton, sur le fret font au Havre une différence de F. 1.18 par 100 kil. sur les prix.

On veut savoir le revient au Havre, sous voiles, de Cuirs salés coûtant à Buenos-Ayres Rx 37 ½ par 60 ℘, au change de F. 83, et au fret de F. 50 et 10 %.

Dans la 1re et la 5e colonne de ce tableau on trouvera que :

Rx 0 ½	fait par 100 kil.	F.	1.37
» 7 —	id. id.	»	19.32
» 30 —	id. id.	»	92.37
	Plus droits de sortie à B.-Ayres	»	7.92
Rx 37 ½	feront donc par 100 kil.	F.	120.98

En multipliant les logarithmes ci-après par la valeur admise par la Douane de Buenos-Ayres pour prélever les droits de sortie, on trouvera exactement ce que font, en francs et centimes, ces mêmes droits par 100 kil. La somme trouvée devra être ajoutée aux prix donnés par le tableau. — Voir l'explication à la page 12.

Changes		Logarithmes
80		2.0365
» 81	»	2.0619
» 82	»	2.0874
» 83	»	2.1126
» 84	»	2.1383
» 85	»	2.1638

Droits d'entrée par 100 kil. en Avril 1865

Par navire Français	Exempts.
Id. Etranger	F. 3.—
Des Entrepôts d'Europe	» 3.—

COMPTE D'ACHAT ET DE REVIENT

A 10 BALLES PEAUX DE DAIMS DU POIDS DE 12 ℔ LA DOUZAINE

10 balles Peaux de daims contenant 450 douzaines à \$ 50 la douzaine, soit ℔ 5400		\$	22500.—

FRAIS A BUENOS-AYRES

Courtage et inspection 1 %			»	225.—
Recevoir et peser \$ 20 les 100 douzaines	\$	90.—		
Charrettes à la presse	»	180.—		
Empoisonner ...... \$ 2 la douzaine	»	900.—		
Emballage ...... » 100 par balle	»	1000.—		
Charger les balles » 6 id.	»	60.—		
Allèges ...... » 28 id.	»	280.—		
Timbre et menus frais	»	50.—	»	2540.—
			\$	25265.—

	Droits de Sortie		
Droits de sortie sur estimation de \$ 2 par ℔ 15, soit \$ 720 à 10 %, \$ 72 à \$ 450 l'once	\$ 2025.—		
Commission d'achat et de remboursement 4 %	» 81.—	»	1011.—
	\$ 2106.—	\$	26276.—
Courtage de négociation 1 ‰	» 2.—	»	26.—
En piastres papier, monnaie courante	\$ 2108.—	\$	26302.—
Au change sur Paris de 19 c. par \$	F. 400.52	F.	4997.40—

Voir le tableau, pages 14 et 15.

FRAIS AU HAVRE

Fret sur 10m000 à F. 50 et 10 % par tonn. de 1m44 et signaux		F. 383.50		
Permis, voiliers pour échantillonner, port en magasin, arrimage, magasinage d'un mois, livraison et menus frais		» 70.—		
Assurance maritime sur F. 414 et F. 5496 à 1 ¼ % et police	» 5.50	» 70.20		
id. contre le feu sur F. 420 et F. 6020 à ½ ‰	» 0.22	» 3.01		
Escompte à la vente ...... 2 %				
Courtage de vente ...... ¼ %				
Commission de vente ...... 2 %				
Ensemble ...... 4¼ % sur F. 5769.30	» 18.02	» 245.19	»	771.90
	F. 424.26		F.	5769.30
Soit par douzaine	» 0.94			

RENDEMENT :

450 douzaines à	F. 12.82	la douzaine entrepôt	F.	5769.—
Plus : droits de sortie à Buenos-Ayres	» 0.94	id.	id.	
Ensemble	F. 13.76	id.	id.	

PRIX DE REVIENT AU HAVRE DE LA DOUZAINE ENTREPOT

AUX CHANGES SUIVANTS SUR PARIS

Voir le tableau, p. 14 et 15, pour le rapport entre la piastre papier et l'once d'or, aux divers changes

	PRIX à BUENOS-AYRES par douzaine.	17 centimes par \$	18 centimes par \$	19 centimes par \$	20 centimes par \$	21 centimes par \$	22 centimes par \$	1 c. par \$ sur le change fait au Havre par douz.
SUBDIVISIONS Coût et frais variables	\$ 1	F. 0.19	F. 0.20	F. 0.21	F. 0.22	F. 0.23	F. 0.24	F. 0.01
	2	0.38	0.40	0.42	0.44	0.46	0.48	0.02
	3	0.57	0.60	0.63	0.66	0.69	0.73	0.03
	4	0.76	0.80	0.84	0.88	0.93	0.97	0.04
	5	0.95	1.—	1.05	1.11	1.16	1.22	0.05
	6	1.14	1.20	1.26	1.33	1.39	1.46	0.06
	7	1.33	1.40	1.47	1.55	1.63	1.71	0.07
	8	1.52	1.60	1.69	1.77	1.86	1.95	0.08
	9	1.71	1.80	1.90	2.—	2.09	2.20	0.09
	10	1.89	2.—	2.12	2.22	2.33	2.44	0.10
Coût et frais variables et invariables.	30	7.80	8.19	8.59	8.98	9.37	9.77	0.39
	40	9.69	10.20	10.71	11.21	11.71	12.22	0.50
	50	11.58	12.21	12.82	13.44	14.05	14.67	0.62
	60	13.46	14.22	14.95	15.67	16.38	17.12	0.74
	70	15.37	16.22	17.07	17.89	18.72	19.57	0.85
	80	17.26	18.22	19.19	20.12	21.06	22.02	0.96
	90	19.16	20.22	21·30	22.85	23.40	24.47	1.07
	100	21.05	22.22	23.40	24.57	25.74	26.91	1.18
Plus, par douzaine, pour Droits de Sortie à Buenos-Ayres		0.84	0.89	0.94	0.99	1.04	1.09	0.05

OBSERVATIONS

F. 10 et 10 % par ton. sur le fret font au Havre une différence de F. 0.17 par douzaine sur les prix.

On veut savoir le revient au Havre de Peaux de daims coûtant à Buenos-Ayres 65 piastres papier la douzaine, au change de 22 c., et au fret de F. 50 et 10 % par tonneau.

Dans la 1re et la 7e colonne de ce tableau on trouvera que:

\$ 5 font par douzaine	F.	1.22
» 60 id. id.	»	17.12
Plus droits de sortie à B.-Ayres	»	1.09
\$ 65 feront donc par douzaine	F.	19.43

N. B. — La réduction des droits de sortie est faite au change de 450 piastres papier par once. — Pour chaque 10 piastres papier en plus ou en moins de 450 piastres papier, il faudra ajouter ou retrancher F. 0.02 c. par douzaine aux prix de ce tableau.

Pour les droits de sortie à Buenos-Ayres on pourra se servir des logarithmes suivants qui sont basés sur 10 % prélevés sur les estimations de la Douane. — Voir l'explication page 12.

CHANGES		LOGARITHMES
CHANGES	17	0.421
»	18	0.446
»	19	0.471
»	20	0.496
»	21	0.521
»	22	0.546
»	23	0.571
»	24	0.595

Droits d'entrée par 100 kil. en Avril 1868

Par navire Français	Exemptes
id. Étranger	F. 3.—
Des Entrepôts d'Europe	» 3.—

COMPTE D'ACHAT ET DE REVIENT

A 12 BALLES PEAUX DE CHEVREAUX

12 balles Peaux de chevreaux, renfermant 2250 douzaines, du poids de ₢ 4 ½ la douzaine, soit ₢ 9750 à Rˣ 40 les 4 douzaines		$	2612.04
A $ 17 pour $ 16		$	2647.06

FRAIS A BUENOS-AYRES

Courtage et inspection 1 %		»	26.47
Recevoir et peser $ 20 par balle	$ 240.—		
Charrettes à la presse	» 150.—		
Emballer $ 100 par balle	» 1200.—		
Charger les balles » 5 id.	» 60.—		
Allégus » 22 id.	» 264.—		
Timbre et menus frais	» 56.—		
Au change de $ 450 pour $ 16	$ 1970.—	»	70.05
		$	2743.58

	Droits de Sortie		
Droits de sortie sur évaluation de $ 6 par 20 ₢, soit $ 2925 à 10 %	$ 292.50		
Commission d'achat et de remboursement 4 %	» 11.70	»	108.74
	$ 304.20	$	2852.32
Courtage de négociation 1 ‰	» 0.30	»	2.85
En piastres fortes	$ 304.50	$	2855.17
Remboursement sur Paris à F. 80 pour $ 16.	F. 1522.50	F.	14275.85

FRAIS AU HAVRE

Fret sur 11m540 à F. 60 et 10 % par tonn. de 1m44 et frais de Docks			F. 538.45	
Permis, voiliers pour échantillonner, port en magasin, arrimage, magasinage d'un mois, livraison et menus frais			» 80.—	
Assurance maritime sur F. 1577 et F. 15703 à 1 ¼ % et police.	»	20.82	» 197.80	
id. contre le feu sur F. 1597 et F. 16520 à ½ ‰	»	0.84	» 8.25	
Escompte à la vente 2 %				
Courtage de vente ¼ %				
Commission de vente 2 %				
Ensemble 4¼ % sur F. 15770.60	»	68.54	» 670.25	» 1494.75
	F.	1612.80		F. 15770.60
Soit par douzaine	»	0.71¾		

Rendement :

2250 douzaines à	F. 7.01	par douzaine entrepôt.		F. 15772.50
Plus : droits de sortie à Buenos-Ayres	» 0.71	id.	id.	
Ensemble	F. 7.72	id.	id.	

PRIX DE REVIENT AU HAVRE DE LA DOUZAINE ENTREPOT

AUX CHANGES SUIVANTS SUR PARIS, POUR LES ONCES ET LES PIASTRES FORTES

Avec la parité des changes sur Londres calculés sur la base de F. 25.25 pour 1 £.

PRIX à BUENOS-AYRES par 4 douz.		PARIS F. 80.- — F. 5.- / LONDRES 63sh4d — 47d ½	PARIS F. 81.- — F. 5.06¼ / LONDRES 64sh2d — 48d ⅛	PARIS F. 82.- — F. 5.12½ / LONDRES 64sh11d — 48d ⅝	PARIS F. 83.- — F. 5.18¾ / LONDRES 65sh9d — 49d ⅛	PARIS F. 84.- — F. 5.25 / LONDRES 66sh6d — 49d ⅞	PARIS F. 85.- — F. 5.31¼ / LONDRES 67sh4d — 50d ½	F. 1 par once sur le change fait au Havre par douz.
SUBDIVISIONS Coût et frais variables	Rˣ 1	F. 0.16	F. 0.16	F. 0.17	F. 0.17	F. 0.17	F. 0.17	F. 0.00 1/5
	2	0.32	0.32	0.34	0.34	0.34	0.35	0.00 3/5
	3	0.48	0.49	0.51	0.51	0.51	0.53	0.01
	4	0.65	0.65	0.67	0.68	0.68	0.71	0.01 1/5
	5	0.81	0.82	0.84	0.85	0.85	0.88	0.01 2/5
	6	0.97	0.98	1.01	1.02	1.03	1.05	0.01 3/5
	7	1.14	1.15	1.17	1.19	1.20	1.22	0.01 3/5
	8	1.30	1.31	1.34	1.36	1.37	1.39	0.01 4/5
	9	1.46	1.48	1.51	1.53	1.54	1.56	0.02
	10	1.63	1.65	1.67	1.70	1.72	1.74	0.02 1/5
Coût et frais variables et invariables.	30	5.37	5.43	5.50	5.56	5.62	5.69	0.06
	40	7.01	7.09	7.18	7.26	7.34	7.43	0.07
	50	8.65	8.75	8.86	8.96	9.06	9.17	0.09
	60	10.29	10.41	10.54	10.66	10.78	10.91	0.11
	70	11.92	12.07	12.22	12.36	12.50	12.65	0.14
	80	13.56	13.73	13.90	14.06	14.22	14.39	0.16
	90	15.20	15.39	15.58	15.76	15.94	16.13	0.18
	100	16.84	17.04	17.25	17.45	17.66	17.87	0.21
Plus, par douzaine, pour Droits de Sortie à Buenos-Ayres		0.71	0.72	0.73	0.74	0.75	0.76	0.01

OBSERVATIONS

F. 10 et 10 % par ton, sur le fret font au Havre une différence de F. 0.04 par douzaine sur les prix.

On veut savoir le revient au Havre de Peaux de chevreaux coûtant à Buenos-Ayres Rˣ 64 les 4 douzaines, au change de F. 83, et au fret de F. 60 et 10 % par ton.

Dans la 1re et la 5e colonne de ce tableau on trouvera que :

Rˣ 4 font par douzaine	F.	0.68
» 60 id. id	»	10.66
Plus droits de sortie à B.-Ayres	»	0.74
Rˣ 64 feront donc par douzaine	F.	12.08

N. B. — La réduction des 19 70 piastres papier formant les frais à Buenos-Ayres étant faite au change de 450 piastres papier par once, pour chaque variation de 10 piastres papier en plus ou en moins, il faudra ajouter ou retrancher aux prix de revient de ce tableau F. 0.00 ¾ c. par douzaine.

Pour les droits de sortie à Buenos-Ayres on pourra se servir des logarithmes suivants qui sont basés sur 10 % prélevés sur les estimations de la Douane. — Voir l'explication à la page 12.

CHANGES 80	LOGARITHMES	0.11945
» 81	»	0.12094
» 82	»	0.12243
» 83	»	0.12392
» 84	»	0.12541
» 85	»	0.12691

Droits d'entrée par 100 kil. en Avril 1865

Par navire Français	Exemples
id. Etranger	F. 5.—
Des Entrepôts d'Europe	» 3.—

COMPTE D'ACHAT ET DE REVIENT

A 1000 CUIRS SALÉS VERTS DE BOEUFS

1000 Cuirs salés verts de bœufs pesant ℘ 66000 à Rx 40 la pesée de ℘ 60		$	5500.—
A $ 17 pour $F 16		$F	5176.46

FRAIS A BUENOS-AYRES

Courtage et inspection 1 %		»	51.76
30 fanègues de sel à 16 Rx forts		»	60.—
Recevoir, peser et embarquer	$ 150.—		
Balandres pour 1000 cuirs	» 1300.—		
Droits de 30 fanègues sur sel et alléges	» 180.—		
Timbre et menus frais	» 120.—		
Au change de $ 450 pour $F 16	$ 1750.—	»	62.22
		$F	5350.44
	Droits de Sortie		
Droits de sortie sur $F 3 ¾ la pièce, $F 3750 à 10 %	$F 375.—		
Commission d'achat et remboursement 4 %	» 15.—	»	214.01
	$F 390.—	$F	5564.45
Courtage de négociation 1 ‰	» 0.39	»	5.56
	$F 390.39	$F	5570.01
Remboursement sur Paris au change de F. 80 l'once ou F. 5 la $F	F. 1951.95	F.	27850.05

FRAIS AU HAVRE

Fret sur 29000 kil. à F. 50 et 10 % par 1000 kil. et signaux		F. 1597.20	
Frais au débarquement, port en magasin, arrimage, magasinage d'un mois, livraison et menus frais		» 420.—	
Assurance maritime sur F. 2147 et F. 30635 à 1 ¼ % et police	» 26.85	» 384.45	
id. contre le feu sur F. 2174 et F. 33036 à ½ ‰	» 1.10	» 16.50	
Escompte à la vente 2 %			
Courtage à la vente ¼ %			
Commission de vente 2 %			
Ensemble 4 ¼ % sur F. 31611.70	» 87.87	» 1343.50	» 3761.65
	F. 2007.77		F. 31611.70
Soit par 100 kil	» 7.64		

RENDEMENT ℘ 100 pour 41 kil. secoué de sel :

℘ 66000, soit net 27060 kil. à	F. 116.82	par 100 kil.	entrepôt	F. 31611.50
Plus : droits de sortie à Buenos-Ayres	» 7.64	id.	id.	
Ensemble	F. 124.46	id.	id.	

PRIX DE REVIENT AU HAVRE DES 100 KIL. ENTREPOT

AUX CHANGES SUIVANTS SUR PARIS, POUR LES ONCES ET LES PIASTRES FORTES

Avec la parité des changes sur Londres calculés sur la base de F. 25,25 pour 1 £.

PRIX à BUENOS-AYRES par 60 ℘	PARIS F. 80.- — F. 5.- / LONDR. 63sh4d — 47d ½	PARIS F. 81.- — F. 5,06¼ / LONDR. 64sh2d — 48d ⅛	PARIS F. 82.- — F. 5.12½ / LONDR. 64sh11d — 48d ⅝	PARIS F. 83.- — F. 5.18¾ / LONDR. 65sh9d — 49d ⅛	PARIS F. 84.- — F. 5.25 / LONDR. 66sh6d — 49d ⅝	PARIS F. 85.- — F. 5.31¼ / LONDR. 67sh4d — 50d ⅛	F. 1 par once sur le change fait au Havre par 100 kil.
Rx ⅛	F. 0.33	F. 0.33	F. 0.34	F. 0.34	F. 0.35	F. 0.35	F. 0.—½
¼	0.66	0.67	0.68	0.69	0.70	0.70	0.—⅛
⅜	0.99	1.01	1.02	1.03	1.05	1.05	0.—⅜
½	1.32	1.35	1.36	1.38	1.40	1.41	0.—⅝
⅝	1.66	1.68	1.70	1.72	1.75	1.76	0.02
¾	1.99	2.02	2.04	2.07	2.10	2.12	0.03
⅞	2.32	2.36	2.38	2.41	2.45	2.48	0.03
1	2.66	2.70	2.73	2.76	2.79	2.83	0.04
2	5.32	5.40	5.46	5.52	5.59	5.66	0.07
3	7.98	8.10	8.19	8.28	8.39	8.49	0.10
4	10.65	10.80	10.92	11.05	11.19	11.32	0.13
5	13.31	13.50	13.65	13.81	13.99	14.15	0.17
6	15.97	16.20	16.38	16.57	16.79	16.98	0.20
7	18.64	18.89	19.11	19.34	19.58	19.81	0.23
8	21.30	21.58	21.84	22.10	22.37	22.64	0.27
9	23.96	24.27	24.57	24.86	25.16	25.47	0.30
10	26.63	26.97	27.30	27.63	27.96	28.30	0.33
20	63.56	64.23	64.89	65.56	66.22	66.89	0.67
30	90.19	91.20	92.19	93.19	94.18	95.19	1.00
40	116.82	118.17	119.49	120.82	122.15	123.49	1.33
50	143.46	145.13	146.79	148.46	150.12	151.79	1.67
Plus, par 100 kil., pour Droits de Sortie à Buenos-Ayres	7.64	7.78	7.82	7.92	8.01	8.11	0.00½

(Rx ⅛ à 10 : Subdivisions — Coût et frais variables ; 20 à 50 : Coût et frais variables et invariables)

OBSERVATIONS

F. 10 et 10 % par ton. sur le fret font au Havre une différence de F. 1.18 par 100 kil. sur les prix.

On veut savoir le revient au Havre de Cuirs salés coûtant à Buenos-Ayres Rx 37 ½ par 60 ℘, au change de F. 83, et au fret de F. 50 et 10 %.

Dans la 1re et la 5e colonne de ce tableau on trouvera que:

Rx 0 ½ fait par 100 kil.	F.	1.38
» 7 — id. id.	»	19.34
» 30 — id. id.	»	93.19
Plus droits de sortie à B.-Ayres	»	7.92
Rx 37 ½ feront donc par 100 kil.	F.	121.83

En multipliant les logarithmes ci-après par la valeur admise par la Douane de Buenos-Ayres pour prélever les droits de sortie, on trouvera exactement ce que font, en francs et centimes, ces mêmes droits par 100 kil.; la somme trouvée devra être ajoutée aux prix donnés par le tableau. — Voir l'explication à la page 12.

CHANGES		LOGARITHMES
»	80	2.0305
»	81	2.0610
»	82	2.0874
»	83	2.1128
»	84	2.1383
»	85	2.1638

Droits d'entrée par 100 kil. en Avril 1865

Par navire Français	Exempts
id. Etranger	F. 3.—
Des Entrepôts d'Europe	» 3 —

COMPTE D'ACHAT ET DE REVIENT

A 10 BALLES CRIN MÉLANGÉ

10 balles Crin mélangé pesant ₠ 8900 ou 850 arrobes à $ 100 l'arrobe			$	35600.—

FRAIS A BUENOS-AYRES

Courtage et inspection 1 %			»	356.—
Recevoir, charger, transport jusqu'en barque $ 1 par arrobe	$	356.—		
Classer $ 0.04 par arrobe	»	178.—		
Emballer » 2.02 id.	»	801.—		
Charrettes » 25.— par balle	»	250.—		
Ballandres » 22.— id.	»	220.—		
Peser, marquer et charger » 5.— id.	»	50.—		
Timbre et menus frais	»	50.—	»	1905.—
			$	37861.—

	Droits de sortie			
Droits de sortie sur estimation de $ 3.25 par arrobe, soit $ 1157 à 10 %, $ 115.70 à $ 450 par once	$ 3254.—			
Commission d'achat et de remboursement 4 %	» 130.—		»	1514.—
	$ 3384.—		$	39375.—
Courtage de négociation 1 ‰	» 3.—		»	39.—
En piastres papier, monnaie courante	$ 3387.—		$	39414.—
Au change sur Paris de 19 c. par $	F. 643.53		F.	7488.66

Voir le tableau, pages 14 et 15.

FRAIS AU HAVRE

Fret sur 9m989 à F. 50 et 10 % par tonn. de 1m44 et signaux			F.	381.85	
Permis, voilier pour échantillonner, transport en magasin, arrimage, magasinage d'un mois et livraison			»	40.—	
Assurance maritime sur F. 717 et F. 8237 à 1 ⅛ % et police	»	8.85	»	104.45	
id. contre le feu sur F. 726 et F. 8763 à ½ ‰	»	0.35	»	4.38	
Escompte à la vente 2 %					
Courtage de vente ¼ %					
Commission de vente 2 %					
Ensemble 4 ¼ % sur F. 8375.30	»	28.97	»	355.97	» 886.65
	F.	681.70			F. 8375.30
Soit par 100 kil.	»	17.60			

RENDEMENT ₠ 100 nettes pour 43 ½ kil. nets :

₠ 8900, soit net 3871 kil. à F. 216.36 par 100 kil. entrepôt... F. 8375.30
Plus : droits de sortie à Buenos-Ayres » 17.60 id. id.
Ensemble F. 233.96 id. id.

PRIX DE REVIENT AU HAVRE DES 100 KIL. ENTREPOT

AUX CHANGES SUIVANTS SUR PARIS

Voir le tableau, p. 14 et 15, pour le rapport entre la piastre papier et l'once d'or, aux divers changes

PRIX à BUENOS-AYRES par arrobe.	17 centimes par $	18 centimes par $	19 centimes par $	20 centimes par $	21 centimes par $	22 centimes par $	1 c. par $ sur le change fait au Havre par 100 kil.
$ 1	F. 1.74	F. 1.84	F. 1.94	F. 2.04	F. 2.15	F. 2.25	F. 0.10
2	3.48	3.68	3.89	4.10	4.30	4.50	0.20
3	5.22	5.52	5.84	6.15	6.45	6.75	0.30
4	6.96	7.37	7.79	8.20	8.60	9.01	0.40
5	8.70	9.21	9.74	10.25	10.75	11.26	0.50
6	10.45	11.05	11.60	12.30	12.90	13.51	0.60
7	12.19	12.90	13.63	14.35	15.05	15.77	0.70
8	13.93	14.74	15.57	16.40	17.20	18.02	0.81
9	15.67	16.59	17.51	18.44	19.35	20.27	0.92
10	17.41	18.43	19.46	20.49	21.51	22.53	1.02
60	125.10	131.34	138.52	145.21	151.90	158.59	6.69
70	142.57	150.28	157.98	165.70	173.41	181.13	7.72
80	159.99	168.72	177.44	186.19	194.99	203.67	8.74
90	177.40	187.16	196.91	206.68	216.44	226.21	9.77
100	194.81	205.60	216.37	227.17	237.95	248.74	10.79
110	212.23	224.04	235.83	247.66	259.46	271.28	11.82
120	229.64	242.48	255.30	268.15	280.98	293.82	12.84
130	247.06	260.92	274.76	288.64	302.49	316.36	13.86
140	264.47	279.36	294.22	309.13	324.00	338.89	14.89
150	281.88	297.80	313.68	329.62	345.52	361.43	15.91
160	299.29	316.23	333.14	350.11	367.03	383.97	16.93
170	316.71	334.67	352.61	370.57	388.54	406.51	17.96
Plus, par 100 kil., pour Droits de Sortie à Buenos-Ayres	15.75	16.68	17.60	18.53	19.46	20.38	0.93½

OBSERVATIONS

F. 10 et 10 % par ton. sur le fret font au Havre une différence de F. 1.97 par 100 kil. sur les prix.

On veut savoir le revient au Havre de Crin coûtant à Buenos-Ayres 105 piastres papier par arrobe, au change de 22 c., et au fret de F. 50 et 10 %.

Dans la 1re et la 7e colonne de ce tableau on trouvera que :

$ 5 font par 100 kil.	F.	11.26
» 100 id. id.	»	248.74
Plus droits de sortie à B.-Ayres	»	20.38
$ 105 feront donc par 100 kil.	F.	280.38

N. B. — La réduction des droits de sortie est faite au change de 450 piastres papier par once. — Pour chaque 10 piastres papier en plus ou en moins de 450 piastres papier, il faudra ajouter ou retrancher F. 0.36 c. par 100 kil. sur les prix de ce tableau.

Pour les droits de sortie à Buenos-Ayres, on pourra se servir des logarithmes suivants qui ont pour base 10 % prélevés sur les estimations de la Douane. — Voir l'explication à la page 19.

CHANGES		LOGARITHMES
17		4.848
» 18	»	5.133
» 19	»	5.418
» 20	»	5.703
» 21	»	5.988
» 22	»	6.273
» 23	»	6.558
» 24	»	6.843

Droits d'entrée par 100 kilog. en Avril 1865

Par navire Français	Exempts
id. Etranger	F. 3.60
Des Entrepôts d'Europe	» 3.60

COMPTE D'ACHAT ET DE REVIENT

A 50 BALLES PEAUX DE RAGONDINS

50 balles Peaux de ragondins, contenant 7500 douzaines, soit @ 6 par douzaine,

Pesant brut	@ 45700.—		
Tare @ 14 par balle	» 700.—		
Net	@ 45000.— (soit 1800 arrobes) à $ 2 par @.	$	90000.—

FRAIS A BUENOS-AYRES

Courtage et inspection 1 %			»	900.—
Recevoir et charger	$ 1 par arrobe	$ 1800.—		
Transport à la barque	» 0.6 id.	» 1350.—		
Empoisonner	» 20 par 100 @	» 9000.—		
Emballer	» 100 par balle	» 5000.—		
Peser, marquer et charger	» 5 id.	» 250.—		
Charrettes	» 25 id.	» 1250.—		
Balandres	» 22 id.	» 1100.—		
Timbre et menus frais		» 90.—	»	19840.—
			$	110740.—

	Droits de Sortie		
Droits de sortie sur estimation de $ 0.31 ¼ la @, soit $ 14062.50 à 10 %, $ 1406.25 à $ 450 l'once	$ 39551.—		
Commision d'achat et de remboursement 4 %	» 1582.—	»	4430.—
	$ 41133.—	$	115170.—
Courtage de négociation 1 ‰	» 41.—	»	115.—
En piastres papier, monnaie courante	$ 41174.—	$	115285.—
Remboursement sur Paris à 19 c. par $	F. 7823.05	F.	21904.15

Voir le tableau, pages 44 et 45.

FRAIS AU HAVRE

Fret sur 48m à F. 50 et 10 % par tonn. de 1m44			F. 1834.85		
Frais au débarquement, port en magasin, arrimage, échantillonner, magasinage d'un mois, livraison et menus frais			» 340.—		
Assurance maritime sur F. 8098 et F. 24094 à 1 ¼ % et police	»	107.55	» 302.70		
id. contre le feu sur F. 8200 et F. 26232 à ½ ‰	»	4.30	» 18.28		
Escompte à la vente 2 %					
Courtage de vente ¼ %					
Commission de vente 2 %					
Ensemble 4 ¼ % sur F. 25122.55	»	352.20	» 1082.82	»	3573.65
	F.	8287.10		F.	25477.80
Soit par douzaine	»	1.10			

RENDEMENT :

7500 douzaines à	F.	3.40	la douzaine entrepôt	F.	25500.—
Plus : droits de sortie à Buenos-Ayres	»	1.10	id. id.		
Ensemble	F.	4.50	id. id.		

PRIX DE REVIENT AU HAVRE DE LA DOUZAINE ENTREPOT

AUX CHANGES SUIVANTS SUR PARIS

Voir le tableau, p. 14 et 15, pour le rapport entre la piastre papier et l'once d'or, aux divers changes

	PRIX à BUENOS-AYRES par @	17 centimes par $	18 centimes par $	19 centimes par $	20 centimes par $	21 centimes par $	22 centimes par $	1 c. par $ sur le change fait au Havre par douz.
SUBDIVISIONS Coût et frais variables	$ 1/8	F. 0.14	F. 0.15	F. 0.16	F. 0.16	F. 0.17	F. 0.18	F. 0.01
	1/4	0.28	0.30	0.32	0.32	0.34	0.37	0.02
	3/8	0.42	0.45	0.48	0.49	0.52	0.56	0.03
	1/2	0.56	0.60	0.64	0.65	0.69	0.75	0.04
	5/8	0.70	0.75	0.80	0.82	0.87	0.93	0.04
	3/4	0.84	0.90	0.96	0.99	1.04	1.11	0.05
	7/8	0.98	1.05	1.12	1.16	1.22	1.29	0.06
	1	1.13	1.20	1.27	1.33	1.40	1.47	0.06
Coût et frais variables et invariables.	2	3.07	3.23	3.40	3.56	3.72	3.89	0.16
	3	4.20	4.48	4.67	4.90	5.12	5.36	0.23
	4	5.34	5.63	5.94	6.28	6.52	6.83	0.29
	5	6.47	6.84	7.21	7.57	7.93	8.30	0.35
	6	7.61	8.04	8.48	8.90	9.33	9.77	0.43
	7	8.74	9.24	9.75	10.24	10.78	11.24	0.49
	8	9.88	10.45	11.02	11.57	12.14	12.71	0.55
	9	11.01	11.65	12.29	12.91	13.54	14.18	0.62
	10	12.15	12.85	13.56	14.24	14.94	15.65	0.69
	11	13.28	14.06	14.83	15.58	16.35	17.12	0.75
	12	14.43	15.26	16.10	16.92	17.75	18.59	0.82
Plus, par douzaine, pour Droits de Sortie à Buenos-Ayres		0.99	1.05	1.10	1.16	1.22	1.28	0.06

OBSERVATIONS

F. 10 et 10 % par ton. sur le fret font au Havre une différence de F. 0.05 par douzaine sur les prix.

On veut savoir le revient au Havre de Peaux de ragondins coûtant à Buenos-Ayres 7 ½ piastres papier la @, au change de 22 c., et au fret de F. 50 et 10 % par tonneau.

Dans la 1re et la 7e colonne de ce tableau on trouvera que :

$ 0 ½ fait par douzaine		F.	0.75
» 7 — id. id.		»	11.24
	Plus droits de sortie à B.-Ayres	»	1.28
$ 7 ½ feront donc par douzaine		F.	13.27

N. B. — La réduction des droits de sortie étant faite au change de 450 piastres papier par once, pour chaque 10 piastres papier en plus ou en moins de 450 piastres papier, il faudra ajouter ou retrancher F. 0.02 ½ par douzaine aux prix de ce tableau.

Pour les droits de sortie à Buenos-Ayres on pourra se servir des logarithmes suivants qui sont basés sur 10 % prélevés sur les estimations de la Douane. — Voir l'explication page 12.

CHANGES	17	LOGARITHMES	0.0316
»	18	»	0.0335
»	19	»	0.0353
»	20	»	0.0372
»	21	»	0.0391
»	22	»	0.0409
»	23	»	0.0428
»	24	»	0.0447

Droits d'entrée par 100 kil. en Avril 1865

Par navire Français	Exemptes
id. Etranger	F. 3.—
Des Entrepôts d'Europe	» 3.—

COMPTE D'ACHAT ET DE REVIENT

A 2 BALLES PLUMES D'AUTRUCHES EN DOUBLE TOILE

2 balles Plumes d'autruches en double toile, pesant brut	@ 989		
Tare @ 15 par balle	» 30		
Net	@ 959 à $ 30 par @	$	28770.—

FRAIS A BUENOS-AYRES

Courtage et inspection 1 %			»	288.—
Charrettes à la pesée		$ 50.—		
Recevoir et peser sur arrobe 38.09 à	$ 1 par arrobe	» 38.—		
Emballer	» 120 par balle	» 240.—		
Poivre		» 25.—		
Embarquer les balles	$ 6 par balle	» 12.—		
Allèges	» 22 id.	» 44.—		
Timbre et menus frais		» 51.—	»	460.—
			$	29518 —

	Droits de Sortie		
Droits de sortie sur estimation de $ 1.25 par @, soit $ 1200 à 10 % $ 120 au change de $ 450 pour 1 once	$ 3375.—		
Commission d'achat et de remboursement 4 %	» 135.—	»	1181.—
	$ 3510.—	$	30699.—
Courtage de négociation 1 ‰	» 4.—	»	31.—
En piastres-monnaie courante	$ 3514.—	$	30730.—
Au change de 19 c. par piastre	F. 667.05	F.	5838.70

Voir le tableau, pages 44 et 45.

FRAIS AU HAVRE

Fret sur 1m245 à F. 60 et 10 % par ton. de 1m44 et signaux.		F. 57.15		
Permis, voiliers pour échantillonner, port en entrepôt, arrimage, magasinage d'un mois, livraison et menus frais		» 25.—		
Assurance maritime sur F. 734 et F. 6422 à 1 ¼ % et police	» 9.17	» 81.80		
id. contre le feu sur F. 740 et F. 6586 à ½ ‰	» 0.37	» 3.30		
Escompte à la vente 2 %				
Courtage de vente ¼ %				
Commission de vente 2 %				
Ensemble 4 ¼ % sur F. 6272.55	» 30.06	» 266.00	»	433.85
	F. 707.25		F.	6272.55
Soit par kil.	» 1.71			

RENDEMENT @ 100 nettes pour 43 kil. nets :

@ 959, soit net 412 kil. à	F. 15.22	le kil. entrepôt	F.	6270.65
Plus : droits de sortie à Buenos-Ayres	» 1.71	id. id.		
Ensemble	F. 16.93	id. id.		

PRIX DE REVIENT AU HAVRE DU KIL. ENTREPOT

AUX CHANGES SUIVANTS SUR PARIS

Voir le tableau, p. 14 et 15, pour le rapport entre la piastre papier et l'once d'or, aux divers changes.

PRIX à BUENOS-AYRES par @	17 centimes par $	18 centimes par $	19 centimes par $	20 centimes par $	21 centimes par $	22 centimes par $	1 c. par $ sur le change fait au Havre par kil.
$ 1/8	F. 0.05	F. 0.06	F. 0.06	F. 0.06	F. 0.07	F. 0.07	F. 0.00½
1/4	0.10	0.12	0.12	0.12	0.14	0.14	0.00½
3/8	0.16	0.18	0.18	0.18	0.21	0.21	0.00¾
1/2	0.21	0.24	0.24	0.25	0.28	0.28	0.01
5/8	0.27	0.30	0.30	0.31	0.35	0.35	0.01¼
3/4	0.32	0.36	0.36	0.38	0.42	0.42	0.01½
7/8	0.38	0.42	0.42	0.45	0.49	0.49	0.02
1	0.44	0.46	0.49	0.52	0.54	0.57	0.03
2	0.88	0.92	0.98	1.04	1.08	1.14	0.06
3	1.32	1.40	1.47	1.56	1.62	1.71	0.09
4	1.76	1.87	1.96	2.08	2.17	2.28	0.12
5	2.20	2.34	2.46	2.59	2.71	2.85	0.14
6	2.64	2.81	2.95	3.11	3.25	3.42	0.17
7	3.08	3.27	3.44	3.63	3.80	3.99	0.19
8	3.52	3.73	3.93	4.15	4.34	4.56	0.22
9	3.96	4.19	4.43	4.66	4.88	5.13	0.24
10	4.40	4.66	4.92	5.18	5.44	5.70	0.26
Coût et frais variables et invariables 20	9.22	9.75	10.29	10.82	11.36	11.89	0.53
30	13.62	14.41	15.22	16.00	16.80	17.59	0.78
40	18.03	19.07	20.14	21.18	22.24	23.29	1.05
50	22.43	23.73	25.06	26.36	27.68	28.99	1.30
60	26.84	28.40	29.98	31.54	33.12	34.69	1.56
Plus, par kil., pour Droits de Sortie à Buenos-Ayres	1.53	1.62	1.71	1.80	1.90	1.99	0.09

OBSERVATIONS

F. 10 et 10 % par ton. sur le fret font au Havre une différence de F. 0.02 ¼ par kil. sur les prix.

On veut savoir le revient au Havre de Plumes d'autruches coûtant à Buenos-Ayres 43 ½ piastres papier, au change de 22 c. par piastre papier, et au fret de F. 60 et 10 %.

Dans la 1re et la 7e colonne de ce tableau on trouvera que:

$ 0 ½ fait par kil.	F.	0.28
» 3 — id. id.	»	1.71
» 40 — id. id.	»	23.29
Plus droits de sortie à B.-Ayres	»	1.99
$ 43 ½ feront donc par kil.	F.	27.27

N. B. — La réduction des droits de sortie est faite au change de 450 piastres papier par once. — Pour chaque 10 piastres papier en plus ou en moins de 450 piastres papier, il faudra ajouter ou retrancher F. 0.04 c. par kil. aux prix de ce tableau.

Pour les droits de sortie à Buenos-Ayres on pourra se servir des logarithmes suivants qui sont basés sur 10 % prélevés sur les estimations de la Douane. — Voir l'explication page 12.

CHANGES		LOGARITHMES
17		1.226
» 18	»	1.298
» 19	»	1.370
» 20	»	1.442
» 21	»	1.514
» 22	»	1.586
» 23	»	1.659
» 24	»	1.731

Droits d'entrée par 100 kil. en Mai 1865

Par tous pavillons .... Exemptes

COMPTE D'ACHAT ET DE REVIENT

A 50 BALLES ROGNURES DE CUIRS

50 balles Rognures de cuirs pesant brut ℘ 45000.—			
Tare ℘ 14 par balle...... » 700.—			
Net.......... ℘ 44300.— à $ 25 les 100 ℘..........			$ 11075.—

FRAIS A BUENOS-AYRES

Courtage et inspection 1 %..........			»	111.—
Recevoir et peser..... $ 2 par balle..........	$	100.—		
Charger et marquer. » 5 id.	»	250.—		
Charrettes.......... » 25 id.	»	1250.—		
Balandres.......... » 22 id.	»	1100.—		
Timbre et menus frais..........	»	90.—	»	2790.—
			$	13976.—

	Droits de Sortie			
Droits de sortie sur estimation de $ 2 par 100 ℘, soit $ 886 à 10 %, soit $ 88.60 à $ 450 pour 1 once.......	$ 2492.—			
Commission d'achat et de remboursement 4 %..........	» 100.—		»	559.—
	$ 2592.—		$	14535.—
Courtage de négociation 1 ‰..........	» 3.—		»	15.—
En piastres papier, monnaie courante..........	$ 2595.—		$	14550.—
Remboursement sur Paris au change de 19 c. par $..........	F. 493.05		F.	2764.50

Voir le tableau, pages 14 et 15.

FRAIS AU HAVRE

Fret sur 48m³ à F. 40 et 10 % par tonn. de 1m44 et signaux.			F. 1468.15	
Permis, frais au débarquement, port en magasin, arrimage, magasinage d'un mois, livraison et menus frais..........			» 180.—	
Assurance maritime sur F. 510 et F. 3040 à 1 ¼ % et police..	»	6.77	» 39.50	
id. contre le feu sur F. 516 et F. 4728 à ½ ‰..........	»	0.27	» 2.36	
Escompte à la vente.......... 2 %				
Courtage de vente.......... ¼ %				
Commission de vente.......... 2 %				
Ensemble .... 4 ¼ % sur F. 4652.20	»	22.19	» 197.09	» 1887.70
	F.	522.28		F. 4652.20
Soit par 100 kil..........	»	2.71		

Rendement ℘ 100 nettes pour 43 ½ kil. nets :

℘ 44300, soit net 19270 kil. à..........	F. 24.14	par 100 kil.	entrepôt..........	F.	4651.80
Plus : droits de sortie à Buenos-Ayres....	» 2.71	id.	id.		
Ensemble..........	F. 26.85	id.	id.		

PRIX DE REVIENT AU HAVRE DES 100 KIL. ENTREPOT

AUX CHANGES SUIVANTS SUR PARIS

Voir le tableau, p. 14 et 15, pour le rapport entre la piastre papier et l'once d'or, aux divers changes.

	PRIX à BUENOS-AYRES par 100 ℘	17 centimes par $	18 centimes par $	19 centimes par $	20 centimes par $	21 centimes par $	22 centimes par $	1 c. par $ sur le change fait au Havre par 100 kil.
Surenchère Coût et frais variables	$ 1	F. 0.43	F. 0.46	F. 0.48	F. 0.51	F. 0.54	F. 0.56	F. 0.03
	2	0.86	0.92	0.97	1.02	1.08	1.12	0.05
	3	1.30	1.38	1.46	1.53	1.62	1.68	0.07
	4	1.73	1.84	1.95	2.04	2.16	2.25	0.10
	5	2.17	2.30	2.44	2.55	2.69	2.81	0.13
	6	2.60	2.76	2.93	3.07	3.23	3.37	0.16
	7	3.04	3.22	3.41	3.58	3.77	3.94	0.18
	8	3.47	3.68	3.90	4.09	4.31	4.50	0.20
	9	3.91	4.14	4.37	4.60	4.84	5.06	0.23
	10	4.35	4.60	4.86	5.12	5.38	5.63	0.26
Coût et frais variables et invariables	20	20.36	21.03	21.70	22.37	23.05	23.72	0.67
	30	24.71	25.63	26.56	27.49	28.42	29.35	0.93
	40	29.06	30.24	31.42	32.61	33.80	34.98	1.18
	50	33.41	34.84	36.28	37.73	39.17	40.61	1.44
	60	37.76	39.45	41.15	42.85	44.55	46.24	1.69
	70	42.11	44.05	46.01	47.97	49.92	51.87	1.95
	80	46.46	48.66	50.87	53.09	55.30	57.50	2.20
	90	50.81	53.26	55.73	58.21	60.67	63.13	2.46
	100	55.16	57.87	60.59	63.32	66.05	68.76	2.71
	110	59.51	62.48	65.45	68.44	71.42	74.39	2.97
	120	63.87	67.10	70.33	73.56	76.79	80.03	3.24
Plus, par 100 kil., pour Droits de Sortie à Buenos-Ayres		2.43	2.57	2.71	2.85	2.99	3.14	0.14 %

OBSERVATIONS

F. 10 et 10 % par ton. sur le fret font au Havre une différence de F. 1.90 par 100 kil. sur les prix.

On veut savoir le revient au Havre de Rognures de cuirs coûtant à Buenos-Ayres 75 piastres papier par 100 ℘, au change de 22 c., et au fret de F. 40 et 10 % par ton.

Dans la 1re et la 7e colonne de ce tableau on trouvera que :

$ 5 font par 100 kil..........	F.	2.81
» 70 id. id.	»	51.87
Plus droits de sortie à B.-Ayres....	»	3.14
$ 75 feront donc par 100 kil..........	F.	57 82

N. B. — La réduction des droits de sortie étant faite au change de 450 piastres papier par once. — Pour chaque 10 piastres papier en plus ou en moins de 450 piastres papier, il faudra ajouter ou retrancher F. 0.05 % par 100 kil. aux prix de ce tableau.

Pour les droits de sortie à Buenos-Ayres on pourra se servir des logarithmes suivants qui sont basés sur 10 % prélevés sur les estimations de la Douane. — Voir l'explication page 12.

CHANGES		LOGARITHMES
17	....	1.212
» 18	....	» 1.284
» 19	....	» 1.355
» 20	....	» 1.426
» 21	....	» 1.498
» 22	....	» 1.569
» 23	....	» 1.641
» 24	....	» 1.712

Droits d'Entrée par 100 kil. en Mai 1865

Par tous pavillons.......... Exemptes

COMPTE D'ACHAT ET DE REVIENT

A 50 FUTS SUIF SALADEROS

A 50 fûts Suif saladeros pesant brut @ 53080
Tare nette.................. » 6880
Net.................. @ 46200 soit 1848 arrobes, à 12 Rx par arrobe. $ 2772.—
A $ 17 pour $ 10.................. $ 2609.—

FRAIS A BUENOS-AYRES

Courtage et inspection 1 %..................		» 26.09
Recevoir et peser à $ 2 par pipe..................	$ 100.—	
Allèges.................. » 24 id.	» 1200.—	
Timbre et menus frais..................	» 102.—	
Au change de $ 450 pour $ 10..................	$ 1402.—	$ 49.85
		$ 2684.94

	Droits de Sortie	
Droits de sortie sur estimation de $ 1.55 par arrobe, soit $ 2864 à 10 %..................	$ 286.40	
Commission d'achat et de remboursement 4 %..................	» 11.45	» 107.40
	$ 297.85	$ 2792.34
Courtage de négociation 1 ‰..................	» 0.30	» 2.79
	$ 298.15	$ 2795.13
Remboursement sur Paris au change de F. 80 par once ou F. 5 par piastre..................	F. 1490.75	F. 13975.65

FRAIS AU HAVRE

Fret sur 23886 kil. à F. 40 et 10 % par tonneau de 1000 kil..		F. 1052.20	
Permis, tonnelier pour échantillonner et conditionner, port en magasin, arrimage d'un mois, livraison et menus frais.		» 180.—	
Assurance maritime sur F. 1618 et F. 15873 à 1 ¼ % et police	» 20.50	» 193.65	
id. contre le feu sur F. 1638 et F. 10798 à ½ ‰..........	» 0.83	» 8.40	
Escompte à la vente.................. 2 %			
Courtage de vente.................. ¼ %			
Commission de vente.................. 2 %			
Ensemble.......... 4¼ % sur F. 16098.90..........	» 67.12	» 684.—	» 2118.25
	F. 1579.20		F. 16093.90
Soit par 100 kil..................	» 7.76		

Rendement @ 100 nettes pour 44 kil. nets :

@ 46200, soit net 20328 kil. à..................	F. 79.17	par 100 kil. entrepôt...	F. 16093.70
Plus : droits de sortie à Buenos-Ayres..................	» 7.76	id. id.	
Ensemble..................	F. 86.93	id. id.	

N. B. — Pour les Suifs en caisses, il ne faut compter que sur un rendement de 43 kil. ½ pour @ 100 nettes.

PRIX DE REVIENT AU HAVRE DES 100 KIL. ENTREPOT

AUX CHANGES SUIVANTS SUR PARIS POUR LES ONCES ET LES PIASTRES FORTES

Avec la parité des changes sur Londres calculés sur la base de F. 25.25 pour 1 £.

PRIX à BUENOS-AYRES par arrobe	PARIS F. 80.— — F. 5.— / LONDR. 63sh 4d — 47d¼	PARIS F. 81.— — F. 5.06¼ / LONDR. 64sh 2d — 48d¼	PARIS F. 82.— — F. 5.12½ / LONDR. 64sh 11d — 48d¾	PARIS F. 83.— — F. 5.18¾ / LONDR. 65sh 9d — 49d¼	PARIS F. 84.— — F. 5.25 / LONDR. 66sh 6d — 49d¾	PARIS F. 85.— — F. 5.31¼ / LONDR. 67sh 4d — 50d¼	F. 1 par once sur le change fait au Havre par 100 kil.
Rx 1/8	F. 0.74	F. 0.75	F. 0.76	F. 0.77	F. 0.78	F. 0.79	F. 0.01
1/4	1.48	1.50	1.52	1.54	1.56	1.58	0.02
3/8	2.22	2.25	2.28	2.31	2.34	2.37	0.03
1/2	2.96	3.—	3.04	3.08	3.12	3.16	0.04
5/8	3.71	3.76	3.81	3.86	3.90	3.95	0.05
3/4	4.45	4.51	4.57	4.63	4.68	4.74	0.06
7/8	5.19	5.26	5.33	5.40	5.46	5.53	0.07
1	5.93	6.01	6.10	6.18	6.25	6.33	0.08
12	79.17	80.08	81.—	81.91	82.82	83.74	0.91
13	85.13	86.11	87.10	88.09	89.07	90.07	0.98
14	91.09	92.14	93.21	94.27	95.33	96.40	1.05
15	97.05	98.17	99.31	100.45	101.58	102.73	1.13
16	103.01	104.20	105.42	106.63	107.84	109.06	1.22
17	108.97	110.23	111.52	112.81	114.09	115.39	1.29
18	114.92	116.26	117.63	118.99	120.35	121.72	1.37
19	120.87	122.29	123.73	125.17	126.60	128.05	1.44
20	126.82	128.33	129.84	131.35	132.86	134.37	1.51
Plus, par 100 kil., pour Droits de Sortie à Buenos-Ayres	7.76	7.86	7.96	8.06	8.16	8.25	0.10

OBSERVATIONS

F. 10 et 10 % par ton. sur le fret font au Havre une différence de F. 1.29 par 100 kil. sur les prix.

On veut savoir le revient au Havre de Suif coûtant à Buenos-Ayres 13 ½ Rx par arrobe, au change de F. 83, et au fret de F. 46 et 10 %.

Dans la 1re et la 5e colonne de ce tableau on trouvera que:

Rx 0 ½ fait par 100 kil..................	F.	3.08
» 13 — id. id.	»	88.09
Plus droits de sortie à B.-Ayres	»	8.06
Rx 13 ½ feront donc par 100 kil..................	F.	99.23

Pour les droits de sortie à Buenos-Ayres on pourra se servir des logarithmes suivants qui sont basés sur 10 % prélevés sur les estimations de la Douane.— Voir l'explication à la page 12.

CHANGES		LOGARITHMES
CHANGES	80	5.01
»	81	5.07
»	82	5.13
»	83	5.20
»	84	5.26
»	85	5.32
»	86	5.39
»	87	5.45

Droits d'entrée par 100 kil. en Mai 1865

Par navire Français..................	Exempt
id. Étranger..................	F. 2.—
Des Entrepôts Étrangers..................	» 1.—

COMPTE D'ACHAT ET DE REVIENT

A 1000 PEAUX SÈCHES DE CHEVAUX, DE 13 A 14 ₰ LA PIÈCE

1000 Peaux sèches de chevaux à $ 30 la pièce			$	30000.—

FRAIS A BUENOS-AYRES

Courtage et inspection 1 %			»	300.—
Recevoir, peser et embarquer	$	250.—		
Empoisonner $ 1 par cuir	»	1000.—		
Charrettes.... » 30 par 100 cuirs	»	300.—		
Balandres	»	550.—		
Timbre et menus frais	»	30.—	»	2130.—
			$	32430.—
		Droits de Sortie		
Droits de sortie sur évaluation de $ 1 par cuir soit $ 1000 à 10 % $ 100 à $ 450 pour 1 once	$	2813.—		
Commission d'achat et de remboursement 4 %	»	112.—	»	1297.—
	$	2925.—	$	33727.—
Courtage de négociation 1 ‰	»	3.—	»	34.—
En piastres papier, monnaie courante	$	2928.—	$	33761.—
Remboursement sur Paris au change de 19 c. par $	F.	556.32	F.	6414.60

Voir le tableau, pages 44 et 45.

FRAIS AU HAVRE

Fret sur 6640 kil. à F. 80 et 10 % par tonn. de 900 kil.			F.	629.70		
Frais au débarquement, port en magasin, arrimage, magasinage d'un mois, livraison et menus frais			»	100.—		
Assurance maritime sur F. 611 et F. 7056 à 1 ¼ % et police	»	7.65	»	89.70		
id. contre le feu sur F. 620 et F. 7870 à ½ ‰	»	0.31	»	3.94		
Escompte à la vente 2 %						
Courtage de vente ¼ %						
Commission de vente 2 %						
Ensemble 4 ¼ % sur F. 7559.20	»	25.04	»	321.26	»	1144.60
	F.	589.32			F.	7559.20
Soit par pièce	»	0.59				

RENDEMENT au Havre : les Peaux de chevaux se vendent à la pièce :

Soit 1000 peaux à	F.	7.56	la pièce entrepôt.
Plus : droits de sortie à Buenos-Ayres	»	0.59	id. id.
Ensemble	F.	8.15	id. id.

PRIX DE REVIENT AU HAVRE DE LA PIÈCE ENTREPOT

AUX CHANGES SUIVANTS SUR PARIS

Voir le tableau, p. 14 et 15, pour le rapport entre la piastre papier et l'once d'or, aux divers changes.

	PRIX à BUENOS-AYRES par pièce.	17 centimes par $	18 centimes par $	19 centimes par $	20 centimes par $	21 centimes par $	22 centimes par $	1 c. par $ sur le change fait au Havre par pièce.
Subdivisions. Cuirs et frais variables	$ 1	F. 0.19	F. 0.20	F. 0.21	F. 0.22	F. 0.23	F. 0.24	F. 0.01
	2	0.38	0.40	0.42	0.44	0.46	0.49	0.02
	3	0.57	0.60	0.63	0.67	0.70	0.73	0.03
	4	0.76	0.80	0.84	0.89	0.93	0.98	0.04
	5	0.95	1.—	1.05	1.11	1.16	1.22	0.06
	6	1.14	1.20	1.26	1.34	1.40	1.47	0.07
	7	1.33	1.40	1.48	1.56	1.63	1.71	0.08
	8	1.52	1.60	1.69	1.78	1.86	1.96	0.09
	9	1.71	1.80	1.90	2.01	2.10	2.20	0.11
	10	1.89	2.—	2.12	2.23	2.34	2.45	0.11
Cuirs et frais variables et invariables	20	4.94	5.20	5.44	5.69	5.93	6.18	0.25
	30	6.88	7.20	7.56	7.92	8.27	8.63	0.36
	40	8.72	9.20	9.68	10.15	10.61	11.08	0.47
	50	10.61	11.20	11.80	12.38	12.95	13.53	0.58
	60	12.52	13.21	13.92	14.60	15.29	15.98	0.69
Plus, par pièce, pour Droits de Sortie à Buenos-Ayres		0.53	0.56	0.59	0.62	0.65	0.68	0.03

OBSERVATIONS

F. 10 et 10 % par ton. sur le fret font au Havre une différence de F. 0.08 ½ par pièce sur les prix.

On veut savoir le revient au Havre de Peaux de chevaux coûtant à Buenos-Ayres 32 piastres papier la pièce, au change de 22 c. la piastre, et au fret de F. 80 et 10 %.

Dans la 1re et la 7e colonne de ce tableau on trouvera que:

$ 2 font par pièce	F.	0.49
» 30 id. id.	»	8.63
Plus droits de sortie à B.-Ayres	»	0.68
$ 32 feront donc par pièce	F.	9.80

N. B. — La réduction des droits de sortie est faite au change de 450 piastres papier par once. — Pour chaque 10 piastres papier en plus ou en moins de 450 piastres papier, il faudra ajouter ou retrancher F. 0.01 ½ par Cuir aux prix de ce tableau.

Pour les droits de sortie à Buenos-Ayres on pourra se servir des logarithmes suivants qui sont basés sur 10 % prélevés sur les estimations de la Douane. — Voir les explications à la page 12.

CHANGES 17	LOGARITHMES	0.5272
» 18	»	0.5582
» 19	»	0.5892
» 20	»	0.6202
» 21	»	0.6512
» 22	»	0.6822

Droits d'entrée par 100 kil. en Mai 1885

Par navire Français	Exemptes
id. Étranger	F. 3.—
Des Entrepôts d'Europe	» 3.—

COMPTE D'ACHAT ET DE REVIENT

A 1000 PEAUX SALÉES DE CHEVAUX

1000 Peaux salées de chevaux pesant ℛ 34000 à 10 Rx forts par ℛ 34 .... $ 1250.—

FRAIS A BUENOS-AYRES

Courtage et inspection 1 %		»	12.50
20 fanègues de sel à 16 Rx forts		»	40.—
Recevoir, peser et marquer	$ 150.—		
Balandres et droits sur 20 fanègues de sel à $ 6	» 120.—		
id. par 1000 cuirs	» 850.—		
Timbre et menus frais	» 50.—		
Au change de $ 450 pour $ 16 ou 1 once	$ 1170.—	»	41.60
		$	1344.10

	Droits de Sortie.		
Droits de sortie sur estimation de $ 1 ½ la pièce $ 1500 à 10 %, soit	$ 150.—		
Commission d'achat et de remboursement 4 %	» 6.—	»	53.76
	$ 156.—	$	1397.86
Courtage de négociation 1 ‰	» 15	»	1.40
En piastres fortes	$ 156.15	$	1399.26
Remboursement sur Paris au change de F. 80 par once ou F. 5 par piastre	F. 780.75	F.	6996.30

FRAIS AU HAVRE

Fret sur 15400 kil. à F. 40 et 10 % par tonn. de 1000 kil.		F. 677.60	
Frais au débarquement, port en magasin, arrimage, magasinage d'un mois, livraison et menus frais		» 150.—	
Assurance maritime sur F. 858 et F. 7695 à 1 ¼ % et police.	» 10.72	» 97.70	
id. contre le feu sur F. 808 et F. 8620 à ½ ‰	» 0.43	» 4.30	
Escompte à la vente 3 %			
Courtage de vente ¼ %			
Commission de vente 2 %			
Ensemble 4 ¼ % sur F. 8277.70	» 35.15	» 351.80	» 1281.40
	F. 827.05		F. 8277.70
Soit par 100 kil.	» 6.31		

Rendement ℛ 100 pour 38 ½ kil. nets secoués de sel :

Soit 13100 kil. à .... F. 63.19 par 100 kil. entrepôt.
Plus : droits de sortie à Buenos-Ayres .... » 6.31 id. id.
Ensemble .... F. 69.50 id. id.

PRIX DE REVIENT AU HAVRE DES 100 KIL. ENTREPOT

AUX CHANGES SUIVANTS SUR PARIS POUR LES ONCES ET LES PIASTRES FORTES

Avec la parité des changes sur Londres calculés sur la base de F. 25.25 pour 1 £.

PRIX à BUENOS-AYRES par 34 ℛ.	PARIS F. 80.— — F. 5.— / LONDR. 63sh 4d — 47d ½	PARIS F. 81.— — F. 5.06¼ / LONDR. 64sh 2d — 48d ⅛	PARIS F. 82.— — F. 5.12½ / LONDR. 64sh 11d — 48d ⅝	PARIS F. 83.— — F. 5.18¾ / LONDR. 65sh 9d — 49d ¼	PARIS F. 84.— — F. 5.25 / LONDR. 66sh 6d — 49d ⅞	PARIS F. 85.— — F. 5.31¼ / LONDR. 67sh 4d — 50d ½	F. 1 par once sur le change fait au Havre par 100 kil.
Subdivisions. Coût et frais variables: Rx ⅛	F. 0.66	F. 0.67	F. 0.68	F. 0.69	F. 0.70	F. 0.71	F. 0.01
¼	1.32	1.34	1.36	1.38	1.40	1.41	0.02
⅜	1.98	2.01	2.04	2.07	2.10	2.12	0.03
½	2.65	2.68	2.72	2.76	2.80	2.82	0.03
⅝	3.31	3.36	3.40	3.45	3.50	3.53	0.04
¾	3.97	4.03	4.08	4.14	4.20	4.23	0.05
⅞	4.64	4.70	4.76	4.83	4.90	4.94	0.06
1	5.30	5.37	5.44	5.52	5.60	5.65	0.07
Coût et frais variables et invariables: 10	63.19	63.89	64.61	65.32	66.04	66.75	0.70
11	68.51	69.27	70.06	70.83	71.62	72.40	0.77
12	73.83	74.65	75.51	76.34	77.20	78.05	0.84
13	79.15	80.03	80.96	81.86	82.78	83.70	0.91
14	84.46	85.41	86.41	87.37	88.35	89.35	1.00
15	89.77	90.79	91.86	92.88	93.93	95.00	1.07
16	95.08	96.17	97.30	98.40	99.51	100.64	1.13
17	100.39	101.55	102.74	103.91	105.09	106.28	1.19
18	105.69	106.94	108.18	109.43	110.67	111.92	1.25
Plus, par 100 kil., pour Droits de Sortie à Buenos-Ayres	6.31	6.39	6.47	6.55	6.63	6.71	0.08

OBSERVATIONS

F. 10 et 10 % par ton. sur le fret font au Havre une différence de F. 1.30 par 100 kil. sur les prix.

On veut savoir le revient au Havre de Peaux salées de chevaux coûtant à Buenos-Ayres 15 ¾ Rx par ℛ 34, au change de F. 85, et au fret de F. 40 et 10 %.

Dans la 1re et la 7e colonne de ce tableau on trouvera que:

Rx 0 ¾ font par 100 kil	F.	4.23
» 15 — id. id.	»	95.—
Plus droits de sortie à B.-Ayres	»	6.71
Rx 15 ¾ feront donc par 100 kil	F.	105.94

Pour les droits de sortie à Buenos-Ayres on pourra se servir des logarithmes suivants qui sont basés sur 10 % prélevés sur les estimations de la Douane.— Voir l'explication page 12.

CHANGES		LOGARITHMES
80		4.21
» 81	»	4.26
» 82	»	4.31
» 83	»	4.36
» 84	»	4.41
» 85	»	4.47

Droits d'entrée par 100 kil. en Mai 1865

Par navire Français	Exemptes
id. Etranger	F. 8.—
Des Entrepôts d'Europe	» 3.—

MONTEVIDEO

Montevideo, capitale de la République de l'Uruguay, située sur la rive gauche du Rio de la Plata, à une cinquantaine de lieues Ouest du cap Sainte-Marie et de Buenos-Ayres, est le port de mer le plus important du Rio de la Plata, après Buenos-Ayres.

Ressources du pays. — L'Etat de l'Uruguay s'étend entre la rive orientale du fleuve de ce nom, l'une des branches du Rio de la Plata et la limite qui sépare cette contrée des autres parties de l'ancienne Confédération Argentine, dont elle faisait partie avant l'avénement de Rosas à la dictature de Buenos-Ayres, et les provinces méridionales du Brésil. Il égale, en superficie, le tiers de la France, mais il n'est encore que bien faiblement peuplé.

Les Gauchos, ces pasteurs à demi sauvages de race espagnole, occupent la majeure partie du territoire de l'Uruguay, ou de la *Banda-Oriental*, comme on l'appelait anciennement. Il y a, de plus, une population flottante assez considérable de Sardes de la terre ferme, de Béarnais et de Basques français, qui viennent faire le commerce de détail à Montevideo même, ou un peu d'agriculture, et notamment du jardinage, dans la campagne environnante. En général pourtant, les exploitations agricoles n'occupent encore qu'une partie minime de la contrée. Le bétail suffit presque seul à l'alimentation, et les ressources commerciales y consistent, encore plus exclusivement qu'à Buenos-Ayres, en produits de troupeaux. Le sol de l'Uruguay, plus accidenté et mieux garanti contre les inondations que celui de Buenos-Ayres, paraît plus favorable à l'éducation de la race ovine qui fait de grands progrès.

Port. — Pour gagner le port, les navires venant du Nord, après avoir doublé le cap Sainte-Marie, laissent à leur gauche la petite île de Lobos, où il y a un phare, et entrent dans le Rio de la Plata par une passe de 14 à 17 brasses de profondeur ; puis ils se dirigent à l'Ouest vers l'île de Flores, sur laquelle est un phare à feu tournant de 37 mètres d'élévation au-dessus du niveau de la mer. De Flores à Montevideo, il n'y a plus que 26 kil. dans la direction de l'Ouest-Sud-Ouest.

Toute cette partie du fleuve, près de sa rive gauche, ne présente d'autre écueil qu'un banc qui, depuis l'établissement du phare, n'offre plus aucun danger. En face de Montevideo, une montagne qui a donné son nom à la ville, présente un autre phare à la hauteur de 158 mètres au-dessus du niveau de la mer. Le port est du côté sud de la langue de terre sur laquelle est bâtie la ville. C'est une espèce de baie formant un bassin semi-circulaire ouvert au Sud-Ouest. La profondeur de l'eau y varie de 5 à 6 mètres ; mais, le fond étant de vase les bâtiments qui viennent à échouer n'y courent aucun risque sérieux.

Il est à remarquer, du reste, que la profondeur d'eau dans ce port, ainsi que dans tout le Rio de la Plata, dépend beaucoup de la direction et de la force des vents. Ceux du Sud-Ouest les *pamperos*, soufflant directement dans la baie de Montevideo, y font quelquefois monter l'eau à près de deux mètres ; mais il est rare qu'ils causent des avaries aux navires établis sur trois ancres jetées au Sud-Ouest, au Sud-Est et au Nord.

FRAIS DE NAVIGATION DU PORT

Pilotage d'entrée			#	6 40
Visite sanitaire			»	6 —
Droit de phare # 0.075^m, soit pour un navire de 250 tonneaux			»	18 75
Ouverture du registre pour décharger			»	11 40
Ouverture du registre pour charger			»	1 —
Manifeste du chargement			»	9 60
Droits proportionnels de # 0.20 c. par tonneau sur 250 tonneaux			»	50 —
Fermeture de registre			»	5 —
Pilotage de sortie			»	3 20
Droits de chancellerie du Consulat général de France	F.	4 —		
Droit proportionnel de 20 c. par tonneau sur 250 tonneaux	»	50 —	»	10 29
Ensemble			#	121 64

Les navires en simple relâche, qui ne s'arrêtent pas plus de six jours, sont exempts de taxes ; passé ce temps de franchise, ils doivent le tiers des droits de tonnage.

Usages Locaux. — Les remboursements se font sur toutes les places de l'Europe, mais principalement sur Paris et Londres, invariablement à 90 jours de vue. Le change varie de F. 80 à F. 88 l'once de 15 piastres 36 centièmes (de F. 80 à F. 84 de juin à novembre et de F. 82 à F. 88 de décembre en mai).

On exige des crédits confirmés par les banquiers de Londres et de Paris, sauf pour les maisons de premier ordre. A défaut de change sur l'Europe, les monnaies les plus avantageuses sont : l'once d'or espagnole et américaine, valant # 15.36 ; le souverain anglais, # 4.70 ; la pièce brésilienne de 20#000 R^s, # 10.56.

L'unité monétaire nationale est la piastre qui se divise en 100 centièmes et vaut F. 5.30 environ.

Voici comment s'achètent les produits du pays pour l'exportation :

Cuirs salés	par	75 ℔ L'habitude de la Place de Montevideo est d'acheter les Cuirs salés rendus à bord, quittes de tous droits, ainsi, les frais de chalands et les droits de Douane sont à la charge du vendeur.
Cuirs secs	»	40 ℔
Crins	»	100 ℔
Laine	»	25 ℔
Peaux de moutons	»	℔
Suif	»	25 ℔
Peaux de chevaux sèches	»	10 ℔
id. id. salées.	»	30 ℔
Cornes de bœufs	»	1000 pièces. Droit de sortie 6 % sur l'estimation de $ 20 le mille.
Os	»	tonneau anglais de 2240 ℔ rendu à bord.
Rognures de cuirs	»	quintal non emballé.
Huile de jument	»	25 ℔

Droits de Sortie.— Les produits du pays paient à leur sortie 6 % de leur valeur depuis le 1er janvier 1864.

Droits d'Entrée au 1er Janvier 1864.—

11 % de la valeur sur Soieries.
15 % id. sur Allumettes en cire.
20 % id. sur Ferronerie, Etoffes de laine et de coton, Chapeaux, Chaussures, Cuirs préparés, Draps, Habits confectionnés, Mercerie, Parfumerie.
25 % id. sur Huile et Sucre raffiné.
27 % id. sur Boissons spiritueuses et Vin.

Sont libres de droits les articles d'imprimerie, les livres, l'or et l'argent monnayés, les animaux reproducteurs, etc., etc.

Monnaies étrangères en circulation ayant cours légal.—

Or	L'once d'or espagnole ou américaine et ses subdivisions	$	15 36	= F.	81 40
id.	La pièce d'or brésilienne de 20$000 Rs	»	10 56	= »	55 96
id.	Le condor chilien d'or	»	8 80	= »	46 64
id.	Le doublon espagnol de 100 Rs vellon	»	4 80	= »	25 44
id.	Le souverain anglais d'or	»	4 70	= »	24 91
id.	La pièce de F. 20 française, italienne ou belge	»	3 60	= »	19 08
Argent	La piastre argent espagnole mexicaine, le patacon brésilien de 960 Rs et la pièce brésilienne 2$000 Rs	»	1 —	= »	5 03
id.	Le dollar argent des Etats-Unis	»	0 96	= »	5 08
id.	La pièce de F. 5 française, italienne ou belge	»	0 90	= »	4 77

Poids et Mesures

POIDS

Le tonneau de 20 quintaux vaut	kil.	918 800
Le quintal (100 livres ou 4 arrobes)	»	45 940
L'arrobe de 25 ℔	»	11 485
La livre (de 2 marcs ou 16 onces)	»	0 459,4
Le marc (8 onces)	»	0 229,7
L'once (16 adarmes)	»	0 287

MESURES DE LONGUEUR

Le vare de 3 pieds	mèt.	0 8589
Le pied (12 pouces)	»	0 2862
Le pouce	»	0 0238,5

MESURES DE CAPACITÉ POUR LES LIQUIDES

La pipe de 192 frascos ou 6 barils	lit.	456 —
Le baril de 32 frascos	»	76 —
Le frasco	»	2 3750
Le demi-frasco	»	1 1875
La cuarta	»	0 5937

MESURES DE CAPACITÉ POUR LES MARCHANDISES SÈCHES

La fanega ou 4 cuartillas	lit.	137 272
La cuartilla, un quart de fanega	»	34 318
La demi cuartilla	»	17 159

(Ce qui précède est extrait du Dictionnaire du Commerce et de la Navigation, par MM. GUILLAUMIN et Cie, ainsi que de mes renseignements particuliers.)

OBSERVATION ESSENTIELLE

Les Droits de Sortie à Montevideo ne figurant pas dans les prix de revient des comptes qui vont suivre, devront être ajoutés d'après l'explication suivante :

L'estimation de la Douane sur laquelle est prélevée le droit de 6 % se fixe d'après le cours du marché.

Tous les logarithmes sont établis pour calculer ce que font ces mêmes droits en France par 100 kil. en francs et centimes, sur la base de l'impôt de 6 %. Aussi longtemps que cette base ne sera pas changée, ces logarithmes pourront servir pour toutes les estimations de la Douane.

Prenons pour exemple le compte *Peaux de moutons* à la page 48.

En multipliant l'estimation de la Douane qui est de $ 8 les 100 ℔ par le logarithme 0.775 (du change de F. 80), on trouvera pour résultat F. 6.20 par 100 kil. dans les 3 premiers chiffres de gauche; cette somme devra être ajoutée aux prix de revient du tableau. On procédera de la même manière, que l'estimation de la douane soit inférieure ou supérieure à celle de $ 8.

COMPTE D'ACHAT ET DE REVIENT

A 900 CUIRS SALÉS SALADEROS DE BOEUFS

900 Cuirs salés Saladeros de bœufs pesant net @ 59415 à $ 5.800 les 75 @ à bord... $ 4594.75

FRAIS A MONTEVIDEO

Sel pour saler les Cuirs à bord	$	64.80		
Courtage et reconocedor 1 %	»	45.95		
Marquer, permis, timbres, ports de lettres et menus frais	»	14.50	»	125.25
			$	4720.—
Commission d'achat et de remboursement 5 %			»	236.—
			$	4956.—
Courtage sur traites ¼ %	$	12.40		
Timbre des traites 1 ‰	»	4.95	»	17.35
			$	4973.35
Remboursement sur Paris à 90 jours de vue, à F. 80 l'once de $ 15.36			F.	25902.40

FRAIS AU HAVRE

Fret sur 26100 kil. à F. 50 et 10 % par 1000 kil. et signaux	F.	1437.70		
Frais au débarquement, port en magasin, arrimage, magasinage d'un mois, livraison et menus frais	»	220.—		
Assurance maritime sur F. 28492 à 1 ¼ % et police	»	357.65		
id. contre le feu sur F. 30500 à ½ ‰	»	15.25		
Escompte de 4 mois ... 2 %				
Courtage de vente ... ¼ %				
Commission de vente ... 2 %				
Ensemble ... 4¼ % sur F. 29172.60	»	1239.80	»	3270.40
			F.	29172.60

Rendement @ 100 pour 42 kil. secoués de sel :

@ 59415, soit net 24954 kil. à F. 116.90 pour 100 kil. entrepôt ... F. 29171.20

PRIX DE REVIENT AU HAVRE DES 100 KIL. ENTREPOT

AUX CHANGES SUIVANTS SUR PARIS

Avec la parité des changes sur Londres calculés sur la base de F. 25.25 pour 1 £.

	Prix à Montevideo par 75 @	Paris F. 80.- / Londr. 49d ½	Paris F. 81.- / Londr. 50d ⅛	Paris F. 82.- / Londr. 50d ¾	Paris F. 83.- / Londr. 51d ⅜	Paris F. 84.- / Londr. 52d	Paris F. 85.- / Londr. 52d ⅝	F. 1 par once sur le change fait au Havre par 100 kil.
Soumissions — Coût et frais variables	$ 0.050	F. 0.93	F. 0.94½	F. 0.95½	F. 0.96¾	F. 0.98	F. 0.99	F. 0.01
	0.100	1.86	1.88	1.90	1.93	1.95	1.98	0.02
	0.150	2.79	2.82	2.86	2.90	2.93	2.97	0.03
	0.200	3.72	3.77	3.81	3.87	3.91	3.96	0.05
	0.250	4.65	4.71	4.77	4.83	4.89	4.95	0.06
	0.300	5.58	5.65	5.72	5.80	5.87	5.94	0.07
	0.350	6.51	6.60	6.68	6.77	6.85	6.93	0.09
	0.400	7.44	7.54	7.63	7.74	7.83	7.92	0.10
	0.450	8.37	8.48	8.59	8.70	8.80	8.91	0.11
	0.500	9.30	9.43	9.54	9.67	9.78	9.90	0.12
	0.550	10.24	10.37	10.50	10.64	10.76	10.89	0.13
	0.600	11.17	11.31	11.45	11.61	11.74	11.88	0.14
	0.650	12.10	12.26	12.41	12.57	12.72	12.87	0.15
	0.700	13.03	13.20	13.36	13.54	13.70	13.86	0.17
	0.750	13.96	14.14	14.32	14.51	14.68	14.85	0.18
	0.800	14.89	15.09	15.27	15.48	15.66	15.84	0.19
	0.850	15.82	16.03	16.23	16.44	16.63	16.83	0.20
	0.900	16.76	16.97	17.18	17.41	17.61	17.82	0.21
	0.950	17.69	17.92	18.14	18.38	18.59	18.81	0.22
Coût et frais variables et invariables	4. —	83.33	84.29	85.25	86.21	87.17	88.13	0.96
	5. —	101.97	103.16	104.35	105.55	106.74	107.93	1.19
	6. —	120.61	122.03	123.46	124.89	126.31	127.73	1.42
	7. —	139.24	140.90	142.56	144.23	145.88	147.53	1.65
	8. —	157.88	159.78	161.67	163.57	165.46	167.35	1.89

OBSERVATIONS

F. 10 et 10 % par tonn. sur le fret, font au Havre une différence de F. 1.16 par 100 kil.

On veut savoir le revient au Havre de Cuirs salés coûtant à Montevideo 5.750 piastres fortes par pesée de @ 75, au change de F. 84, et au fret de F. 50 et 10 %.

Dans la 1re et la 6e colonne de ce tableau on trouvera que:

$	0.750 font par 100 kil.	F.	14.68
»	5 — id. id.	»	106.74
$	5.750 feront donc par 100 kil.	F.	121.42

Droits d'entrée par 100 kil. en Mai 1865

Par navire Français	Exempts
id. Etranger	F. 3.—
Des Entrepôts d'Europe	» 3.—

COMPTE D'ACHAT ET DE REVIENT

A 1000 CUIRS SECS DE BOEUFS

1000 Cuirs secs de bœufs pesant ₰ 28000 à $ 5 les ₰ 40 .... $ 3500.—

FRAIS A MONTEVIDEO

Barracage et empoisonner 11 ½ c. par cuir	$ 115.—		
Courtage et reconocedor 1 %	» 35.—		
Commission du barraquier ½ %	» 17.50		
Peser, marquer et charger	» 16.—		
Gabarrage	» 20.—		
Permis, timbre, ports de lettres et menus frais	» 10.—		» 213.50
			$ 3713.50

		Droits de Sortie		
Droits de sortie sur l'évaluation de $ 4 les ₰ 40, $ 2800 à 6 %		$ 168.—		
Commission d'achat et de remboursement 5 %		» 8.40		» 185.67
		$ 176.40		$ 3899.17
Courtage sur traites ¼ %	$ 0.44		$ 9.75	
Timbre de traites 1 ‰	» 0.18	» 0.62	» 3.90	» 13.65
		$ 177.02		$ 3912.82
Remboursement sur Paris à 90 jours de vue à F. 80 l'once de $ 15.36		F. 922.—		F. 20879.25

FRAIS AU HAVRE

Fret sur 12600 kil. à F. 90 et 10 % par tonn. de 900 kil. et sigeaux			F. 1386.70	
Permis, port en magasin, arrimage, magasinage d'un mois, livraison et menus frais			» 250.—	
Assurance maritime sur F. 22416 à 1 ¼ % et police		» 12.67	» 281.70	
id. contre le feu sur F. 24884 à ½ ‰		» 0.51	» 12.15	
Escompte de 4 mois	2 %			
Courtage de vente	½ %			
Commission de vente	2 %			
Ensemble	4½ % sur F. 23300	» 41.52	» 990.20	» 2920.75
		F. 976.70		F. 23300.—
Soit par 100 kil.		» 7.84		

RENDEMENT ₰ 100 nettes pour 44 ½ kil. nets :

₰ 28000, soit net 12460 kil. à	F. 187.—	par 100 kil. entrepôt	F. 23300.20
Plus : droits de sortie à Montevideo	» 7.84	id. id.	
Ensemble	F. 194.84	id. id.	

PRIX DE REVIENT AU HAVRE DES 100 KIL. ENTREPOT

AUX CHANGES SUIVANTS SUR PARIS

Avec la parité des changes sur Londres calculés sur la base de F. 25.25 pour 1 £.

	PRIX à MONTEVIDEO par 40 ₰	PARIS F. 80.- — LONDR. 49d ½	PARIS F. 81.- — LONDR. 50d ⅛	PARIS F. 82.- — LONDR. 50d ⅝	PARIS F. 83.- — LONDR. 51d ⅛	PARIS F. 84.- — LONDR. 51d ⅝	PARIS F. 85.- — LONDR. 52d ⅛	F. 1 par once sur le change fait au Havre par 100 kil.
Subsistances — Coût et frais variables	$ 0.050	F. 1.66	F. 1.68	F. 1.70	F. 1.72	F. 1.74	F. 1.76	F. 0.02
	0.100	3.32	3.36	3.40	3.44	3.48	3.52	0.04
	0.150	4.98	5.04	5.10	5.16	5.22	5.28	0.06
	0.200	6.63	6.71	6.80	6.88	6.96	7.04	0.08
	0.250	8.29	8.39	8.50	8.60	8.70	8.80	0.10
	0.300	9.95	10.07	10.20	10.32	10.44	10.56	0.12
	0.350	11.61	11.75	11.90	12.04	12.18	12.32	0.14
	0.400	13.26	13.42	13.60	13.76	13.92	14.08	0.16
	0.450	14.92	15.10	15.30	15.48	15.66	15.84	0.18
	0.500	16.58	16.78	17.—	17.20	17.40	17.60	0.20
	0.550	[illegible]	[illegible]	[illegible]	[illegible]	19.14	19.37	0.22
	0.600	19.89	20.13	20.39	20.64	20.88	21.13	0.24
	0.650	21.55	21.81	22.09	22.36	22.62	22.89	0.26
	0.700	23.21	23.49	23.79	24.08	24.36	24.65	0.28
	0.750	24.87	25.17	25.49	25.80	26.10	26.41	0.30
	0.800	26.52	26.84	27.19	27.52	27.84	28.17	0.32
	0.850	28.18	28.52	28.89	29.24	29.58	29.93	0.34
	0.900	29.84	30.20	30.59	30.96	31.32	31.69	0.36
	0.950	31.50	31.88	32.29	32.68	33.06	33.45	0.38
Coût et frais variables et invariables	4. —	153.85	155.60	157.35	159.10	160.85	162.61	1.75
	5. —	187.—	189.16	191.33	193.49	195.66	197.83	2.16
	6. —	220.15	222.73	225.31	227.89	230.47	233.05	2.58
	7. —	253.30	256.29	259.20	262.28	265.28	268.27	2.99
	8. —	286.45	289.86	293.27	296.68	300.09	303.49	3.41
Plus, par 100 kil., pour Droits de Sortie à Montevideo sur estimation de $ 4 par 40 ₰		7.84	7.93	8.03	8.13	8.23	8.32	0.10

OBSERVATIONS

F. 10 et 10 % par ton. sur le fret font au Havre une différence de F. 1.24 par 100 kil. sur les prix.

On veut savoir le revient au Havre de Cuirs secs coûtant à Montevideo 5.750 piastres fortes par pesée de ₰ 40, au change de F. 84, et au fret de F. 90 et 10 %.

Dans la 1re et la 5e colonne de ce tableau on trouvera que:

$ 0.750 font par 100 kil.	F.	26.10
» 5.— id. id.	»	195.66
Plus droits de sortie à Montevideo sur estimation de $ 4 ½ par 40 ₰	»	9.77
$ 5.750 feront donc par 100 kil.	F.	231.53

N. B. — Quand les droits de sortie reposeront sur une estimation de la Douane différente de celle de 4 piastres fortes les 40 ₰ portée dans ce compte, on devra les calculer au moyen des logarithmes suivants basés sur un prélèvement de 6 %, comme il est dit page 39.

CHANGES		LOGARITHMES
CHANGES	80	1959
»	81	1983
»	82	2008
»	83	2032
»	84	2057
»	85	2081

Droits d'entrée par 100 kil. en Mai 1865

Par navire Français	Exempts
id. Étranger	F. 3.—
Des Entrepôts d'Europe	» 3.—

COMPTE D'ACHAT ET DE REVIENT

A 1000 CUIRS SECS DE CHEVAUX

1000 Cuirs secs de chevaux pesant @ 14000 à S' 1 par @ 10			S'	1400.—

FRAIS A MONTEVIDEO

Commission de barraque ... S' 0.05 par cuir	S'	50.—		
Pour empoisonner ... » 0.065 id.	»	05.—		
Pour charger sur le chaland ... » 0.60 par 100 cuirs	»	6.—		
Chaland pour conduire à bord » 9.60 par 1000 cuirs	»	9.60		
Courtage de barraque ½ %	»	7.—		
Classification 1 %	»	14.—	»	151.60
			S'	1551.60

			Droits de Sortie				
Droits de sortie sur l'évaluation de S' 1 les @ 10, S' 1400 à 6 %			S' 84.—				
Commission d'achat et de remboursement 5 %			» 4.20			»	77.58
			S' 88.20			S'	1629.18
Courtage sur traites ¼ %	S'	0.22		S'	4.07		
Timbre des traites 1 ‰	»	0.09	» 0.31	»	1.63	»	5.70
			S' 88.51			S'	1634.88
Remboursement sur Paris à 90 jours de vue à F. 80 l'once de S' 15.36			F. 460.99			F.	8515.—

FRAIS AU HAVRE

Fret sur 6300 kil. à F. 80 et 10 % par tonn. de 800 kil.			F. 693.—		
Frais au débarquement, port en magasin, arrimage, magasinage d'un mois, livraison et menus frais			» 100.—		
Assurance maritime sur F. 9366 à 1 ¼ % et police	»	6.34	» 117.08		
id. contre le feu ½ ‰	»	0.25	» 4.68		
Escompte à la vente ... 2 %					
Courtage de vente ... ¼ %					
Commission de vente ... 2 %					
Ensemble ... 4 ¼ % sur F. 9848.31	»	20.75	» 418.55	»	1333.31
	F.	488.33		F.	9848.31

RENDEMENT au Havre : les Peaux de chevaux se vendent à la pièce :

Soit 1000 peaux à	F.	9.85	la pièce entrepôt	F.	9850.—
Plus : droits de sortie à Montevideo	»	0.49	id. id.		
Ensemble	F.	10.34	id. id.		

PRIX DE REVIENT AU HAVRE DE LA PIÈCE ENTREPOT

AUX CHANGES SUIVANTS SUR PARIS

Avec la parité des changes sur Londres calculés sur la base de F. 25.25 pour 1 £.

	PRIX à MONTEVIDEO par 10 @	PARIS — F. 80.-	LONDR. — 49d ½	PARIS — F. 81.-	LONDR. — 50d ¼	PARIS — F. 82.-	LONDR. — 50d ¾	PARIS — F. 83.-	LONDR. — 51d ¾	PARIS — F. 84.-	LONDR. — 52d	PARIS — F. 85.-	LONDR. — 52d ½	F. 1 par once sur le change fait au Havre par cuir.
SEBOSITIONS — Coût et frais variables	S' 0.01	F.	0.08	F.	0.08	F.	0.08	F.	0.09	F.	0.00	F.	0.09	F. 0.—
	0.02		0.17		0.17		0.17		0.17		0.17		0.18	0.—
	0.03		0.25		0.25		0.25		0.26		0.26		0.26	0.—
	0.04		0.33		0.33		0.34		0.34		0.35		0.35	0.—
	0.05		0.41		0.42		0.42		0.43		0.43		0.44	0.—
	0.06		0.49		0.50		0.51		0.52		0.52		0.53	0.—
	0.07		0.58		0.59		0.59		0.60		0.61		0.61	0.—
	0.08		0.66		0.67		0.68		0.69		0.69		0.70	0.01
	0.09		0.74		0.75		0.76		0.77		0.78		0.79	0.01
	0.10		0.83		0.84		0.85		0.86		0.87		0.88	0.01
Coût et frais variables et invariables	0.70		7.37		7.45		7.53		7.62		7.70		7.78	0.08
	0.80		8.20		8.29		8.38		8.47		8.57		8.66	0.09
	0.90		9.02		9.12		9.23		9.33		9.43		9.54	0.10
	1.00		9.85		9.96		10.07		10.19		10.30		10.41	0.11
	1.10		10.67		10.80		10.92		11.04		11.17		11.29	0.12
	1.20		11.50		11.63		11.77		11.90		12.03		12.17	0.13
	1.30		12.32		12.47		12.61		12.76		12.90		13.05	0.15
	1.40		13.15		13.30		13.46		13.61		13.77		13.92	0.16
	1.50		13.98		14.14		14.30		14.47		14.63		14.80	0.16
Plus, par Peau, pour Droits de Sortie à Montevideo sur estimation de S' 1 les 10 @			0.49		0.49		0.50		0.51		0.51		0.52	0.—

OBSERVATIONS

F. 10 et 10 % par ton. sur le fret font au Havre une différence de F. 0.09 par pièce sur les prix.

On veut savoir le revient au Havre de Peaux de cheval coûtant à Montevideo 1.15 piastre forte les 10 @, au change de F. 85, et au fret de F. 80.

Dans la 1re et la 7e colonne de ce tableau on trouvera que:

S' 0.05 font par pièce	F.	0.44
» 1.10 id. id.	»	11.29
Plus droits de sortie à Montevideo sur estimation de S' 1.15	»	0.60
S' 1.15 feront donc par 100 kil.	F.	12.33

N. B. — Quand les droits de sortie reposeront sur une estimation de la Douane différente de celle de 1 piastre forte les 10 @ portée dans ce compte, on devra les calculer au moyen des logarithmes suivants basés sur un prélèvement de 6 %, comme il est dit page 39.

CHANGES		LOGARITHMES
CHANGES 80		4884
» 81	»	4944
» 82	»	5005
» 83	»	5065
» 84	»	5120
» 85	»	5187

Droits d'entrée par 100 kil. en Mai 1865

Par navire Français	Exempts
id. Etranger	F. 3.—
Des Entrepôts d'Europe	» 3.—

COMPTE D'ACHAT ET DE REVIENT

A 1000 CUIRS SALÉS DE CHEVAUX

1000 Cuirs salés de chevaux pesant ₢ 34000 à $ 1 ou Rˣ 10 les ₢ 30 franco à bord......		$	1133.33

FRAIS A MONTEVIDEO

Sel pour resaler les cuirs à bord (65 fanègues)........	$	58.—		
Courtage ½ %........	»	5.66		
Pour reconnaître la qualité (reconocedor) 1 %........	»	11.33	»	74.99
			$	1208.32
Commission d'achat et de remboursement 5 %			»	60.42
			$	1268.74
Courtage sur traites ¼ %........	$	3.17		
Timbre des traites 1 ‰........	»	1.27	»	4.44
			$	1273.18
Remboursement sur Paris à 90 jours de vue, à F. 80 l'once de $ 15.36........			F.	6631.15

FRAIS AU HAVRE

Fret sur 15400 kil. à F. 40 et 10 % par tonn. de 1000 kil........	F.	677.60		
Frais au débarquement, port en magasin, arrimage, magasinage d'un mois, livraison et menus frais........	»	150.—		
Assurance maritime sur F. 7294 à 1 ½ % et police........	»	92.08		
id. contre le feu ½ ‰........	»	3.65		
Escompte à la vente........ 2 %				
Courtage de vente........ ¼ %				
Commission de vente........ 2 %				
Ensemble........ 4¼ % sur F. 7890.42........	»	335.34	»	1259.27
			F.	7890.42

RENDEMENT ₢ 100 rendent au Havre 40 kil. secoués de sel :

₢ 34000, soit net 13600 kil. à F. 58.02 par 100 kil. entrepôt........ F. 7890.70

PRIX DE REVIENT AU HAVRE DES 100 KIL. ENTREPOT

AUX CHANGES SUIVANTS SUR PARIS

Avec la parité des changes sur Londres calculés sur la base de F. 25.25 pour 1 £.

PRIX à MONTEVIDEO par 30 ₢	PARIS — F. 80.-	LONDR. — 49d ½	PARIS — F. 81.-	LONDR. — 50d ⅛	PARIS — F. 82.-	LONDR. — 50d ¾	PARIS — F. 83.-	LONDR. — 51d ⅜	PARIS — F. 84.-	LONDR. — 52d	PARIS — F. 85.-	LONDR. — 52d ⅝	F. 1 par once sur le change fait au Havre par 100 kil.
$ 0.01	F. 0.49		F. 0.50		F. 0.50		F. 0.51		F. 0.52		F. 0.52		F. 0.—
0.02	0.98		1.—		1.01		1.02		1.03		1.04		0.01
0.03	1.48		1.49		1.51		1.53		1.55		1.57		0.02
0.04	1.97		1.99		2.02		2.04		2.07		2.09		0.02
0.05	2.46		2.49		2.52		2.55		2.58		2.61		0.03
0.06	2.95		2.99		3.02		3.06		3.10		3.13		0.04
0.07	3.44		3.48		3.53		3.57		3.61		3.66		0.04
0.08	3.93		3.98		4.03		4.08		4.13		4.18		0.05
0.09	4.43		4.48		4.54		4.59		4.65		4.70		0.05
0.10	4.92		4.98		5.04		5.10		5.16		5.22		0.06
0.70	43.27		43.78		44.19		44.65		45.11		45.57		0.46
0.80	48.19		48.70		49.23		49.75		50.27		50.79		0.52
0.90	53.10		53.68		54.27		54.85		55.44		56.02		0.58
1.00	58.02		58.66		59.31		59.95		60.60		61.24		0.64
1.10	62.94		63.64		64.35		65.05		65.76		66.46		0.70
1.20	67.85		68.62		69.39		70.15		70.93		71.69		0.77
1.30	72.77		73.59		74.43		75.25		76.09		76.91		0.83
1.40	77.69		78.57		79.47		80.35		81.25		82.14		0.89
1.50	82.61		83.55		84.51		85.46		86.42		87.36		0.95

OBSERVATIONS

F. 10 et 10 % par ton. sur le fret, font au Havre une différence de F. 1.25 par 100 kil. sur les prix.

On veut savoir le revient au Havre de Cuirs salés de chevaux coûtant à Montevideo 1.15 piastre forte par ₢ 30, au fret de F. 40, et au change de F. 85.

Dans la 1re et la 7e colonne du ce tableau on trouvera que:

$ 0.05 font par 100 kil........	F.	2.61
» 1.10 id. id.	»	66.46
$ 1.15 feront donc par 100 kil........	F.	69.07

Droits d'entrée par 100 kil. en Mai 1865

Par navire Français........	Exempts
id. Etranger........	F. 3.—
Des Entrepôts d'Europe........	» 3.—

COMPTE D'ACHAT ET DE REVIENT

A 5000 CORNES DE BOEUFS

5000 Cornes de bœufs à $ 30 le mille, franco à bord			$	150.—

FRAIS A MONTEVIDEO

		Droits de Sortie		
Courtage de reconocedor 1 %			$ 1.50	
Permis, timbre et menus frais			» 0.75	» 2.25
				$ 152.25
Droits de sortie sur une évaluation de $ 20 le mille $ 100 à 6 %		$ 6.—		
Commission d'achat et de remboursement 5 %		» 0.30		» 7.61
		$ 6.30		$ 159.86
Courtage sur traites ¼ %	$ 0.01		$ 0.40	
Timbre des traites 1 ‰	» 0.01	» 0.02	» 0.16	» 0.56
		$ 6.32		$ 160.42
Remboursement sur Paris à 90 jours de vue à F. 80 l'once de $ 15.86		F. 32.92		F. 835.52

FRAIS AU HAVRE

Fret à F. 80 secs par 1000 cornes, sur 5000			F. 150.—	
Frais au débarquement, port en magasin, magasinage d'un mois, livraison et menus frais			» 40.—	
Assurance maritime sur F. 919 à 1 ¼ % et timbre		» 0.45	» 12.99	
id. contre le feu		» 0.02	» 0.46	
Escompte à la vente	2 %			
Courtage de vente	¼ %			
Commission de vente	2 %			
Ensemble	4 ¼ % sur F. 1085.09	» 1.48	» 46.12	» 249.57
		F. 34.87		F. 1085.09
Soit par 104		» 0.72		

Rendement : les Cornes se vendent au Havre aux 104 :

Soit sur 5000 Cornes à	F. 22.57	les 104	Cornes entrepôt	F.	1085.10
Plus : droits de sortie à Montevideo	» 0.72	id.	id.		
Ensemble	F. 23.29	id.	id.		

PRIX DE REVIENT AU HAVRE DES 104 CORNES ENTREPOT

AUX CHANGES SUIVANTS SUR PARIS

Avec la parité des changes sur Londres calculés sur la base de F. 25.25 pour 1 £.

PRIX à MONTEVIDEO par 1000 cornes	PARIS — F. 80.— / LONDR. — 49d ½	PARIS — F. 81.— / LONDR. — 50d ¼	PARIS — F. 82.— / LONDR. — 50d ¾	PARIS — F. 83.— / LONDR. — 51d ⅜	PARIS — F. 84.— / LONDR. — 52d	PARIS — F. 85.— / LONDR. — 52d ⅝	F. 1 par once sur le change fait au Havre pr 104 cornes
$ 1	F. 0.61	F. 0.61	F. 0.62	F. 0.63	F. 0.64	F. 0.65	F. 0.01
2	1.22	1.22	1.24	1.26	1.28	1.30	0.02
3	1.83	1.84	1.87	1.89	1.92	1.95	0.03
4	2.44	2.46	2.49	2.52	2.56	2.60	0.03
5	3.05	3.07	3.12	3.15	3.20	3.25	0.03
6	3.66	3.69	3.74	3.79	3.84	3.90	0.05
7	4.27	4.31	4.37	4.42	4.48	4.55	0.06
8	4.88	4.93	4.99	5.05	5.12	5.20	0.06
9	5.49	5.54	5.62	5.68	5.76	5.85	0.07
10	6.10	6.16	6.25	6.32	6.40	6.49	0.08
10	10.35	10.42	10.50	10.57	10.65	10.74	0.08
20	16.45	16.59	16.75	16.89	17.05	17.23	0.14
30	22.55	22.76	23.—	23.21	23.45	23.72	0.20
40	28.65	28.93	29.25	29.53	29.85	30.21	0.32
50	34.75	35.10	35.50	35.85	36.25	36.70	0.40
Plus, par 104 cornes, pour Droits de Sortie à Montevideo sur une évaluation de $ 20 le mille	0.72	0.73	0.74	0.75	0.76	0.77	0.01

OBSERVATIONS

F. 10 par 1000 Cornes sur le fret, font au Havre une différence de F. 1.04 par 104 Cornes sur les prix.

On veut savoir le revient au Havre de Cornes coûtant à Montevideo 25 piastres fortes le millier, au change de F. 85, et au fret de F. 30 par mille.

Dans la 1re et la 7e colonne de ce tableau on trouvera que:

$ 5 font par 104 Cornes	F.	3.25
» 20 id. id.	»	17.23
Plus droits de sortie à Montevideo sur estimation de $ 15	»	0 55
$ 25 feront donc par 100 kil	F.	21.03

D'après le projet de loi déposé dernièrement au Corps Législatif, les Cornes se vendront, après sa mise à exécution, à raison de 100 Cornes au lieu de 104. Alors, il y aura 4 % à déduire des prix de ce tableau.

N. B. — Quand les droits de sortie reposeront sur une estimation de la Douane différente de celle de 20 piastres fortes le mille portée dans ce compte, on devra les calculer au moyen des logarithmes suivants basés sur un prélèvement de 6 %, comme il est dit page 39.

CHANGES		LOGARITHMES
CHANGES	80	3626
»	81	3671
»	82	3717
»	83	3762
»	84	3808
»	85	3853

Droits d'entrée par 100 kil. en Mai 1865

Par navire Français	Exemptes
id. Étranger	F. 2.—
Des Entrepôts d'Europe	» 2.—

COMPTE D'ACHAT ET DE REVIENT

A 900 CUIRS SALÉS SALADEROS DE BOËUFS, CARGAISON FLOTTANTE

900 Cuirs salés saladeros de bœufs, pesant net @ 59415 à $ 5.800 les @ 75 franco à bord		$	4594.75

FRAIS A MONTEVIDEO

Sel pour saler les Cuirs à bord	$ 64.80		
Marquer, permis, timbre, ports de lettres et menus frais	» 14.50	»	79.30
Courtage et reconocedor 1 %		»	45.95
		$	4720.—
Commission d'achat et de remboursement 5 %		»	236.—
		$	4956.—
Courtage sur traites ¼ %	$ 12.40		
Timbres des traites 1 ‰	» 4.95	»	17.35
		$	4973.35
Remboursement sur Paris à 90 jours de vue, à F. 80 Pouce de $ 15.36		F.	25002.40

FRAIS AU HAVRE

Fret sur 26100 kil. à F. 50 et 10 % par 1000 kil. et signaux	F. 1437.70		
Frais au débarquement alloués par le marché	» 180.—		
Assurance maritime sur F. 28492, à 1¼ % et police	» 357.65		
Escompte de 4 mois 2 %			
Courtage de vente ¼ %			
Commission de vente 2 %			
Ensemble 4¼ % sur F. 29115.14	» 1237.39	»	3212.74
		F.	29115.14

Rendement @ 100 pour 42 kil. secoués de sel :

@ 59415, soit net 24954 kil. à F. 116.67 par 100 kil. entrepôt ..... F. 29113.83

CONDITIONS DES MARCHÉS POUR CARGAISONS FLOTTANTES

Le rendement du poids est à débattre.

6,000 Cuirs salés verts Montevideo, soit l'entier chargement du navire X........, faisant route de Montevideo à Falmouth ou Queenstown, pour y prendre des ordres, et de là se rendre dans un port du Royaume-Uni, ou dans un port entre le Havre et Hambourg, conformément à la charte-partie, connue des acheteurs. Ces ordres devront être donnés au capitaine par les acheteurs ou leurs correspondants, lesquels en prennent la responsabilité au prix de ...... pour les Bœufs et de ...... pour les Vaches ; le tout par cent kil., entrepôt, coût, fret et assurances pour un des ports désignés dans la charte-partie.

Qualité telle quelle. — Le poids de facture de Montevideo à réduire à raison de quarante-deux kil. les cent livres.

Payable comptant sous l'escompte de 2 %, valeur du jour de l'arrivée du navire au port d'ordre, contre remise des connaissements, charte-partie et police d'assurance dûment endossées, l'acheteur se mettant ainsi par le transfert de ces documents au lieu et place de l'importeur.

Il sera bonifié aux acheteurs vingt francs par cent Cuirs pour frais de débarquement, le fret déduit par les vendeurs de leur facture et payé par les acheteurs.

N. B. — La prime d'assurance subissant une augmentation, d'après le port sur lequel le navire est destiné, cette augmentation sera à ajouter dans les prix de revient de ce tableau.

PRIX DE REVIENT AU HAVRE DES 100 KIL. ENTREPOT, SOUS VOILE

AUX CHANGES SUIVANTS SUR PARIS POUR LES ONCES ET LES PIASTRES FORTES

Avec la parité des changes sur Londres calculés sur la base de F. 25.25 pour 1 £.

PRIX à MONTEVIDEO par 75 @	PARIS — F. 80.- / LONDR. — 49d ½	PARIS — F. 81.- / LONDR. — 50d ¼	PARIS — F. 82.- / LONDR. — 50d ¾	PARIS — F. 83.- / LONDR. — 51d ¼	PARIS — F. 84.- / LONDR. — 52d	PARIS — F. 85.- / LONDR. — 52d ¾	F. 1 par once sur le change fait au Havre par 100 kil.
Coût et frais variables							
$ 0.050	F. 0.93	F. 0.94	F. 0.95	F. 0.97	F. 0.98	F. 0.99	F. 0.01
0.100	1.86	1.89	1.91	1.93	1.96	1.98	0.02
0.150	2.79	2.83	2.86	2,90	2.93	2.97	0.04
0.200	3.73	3.77	3.82	3.87	3.91	3.96	0.05
0.250	4.66	4.72	4.77	4.83	4.89	4.95	0.06
0.300	5.59	5.66	5.73	5.80	5.87	5.94	0.07
0.350	6.52	6.60	6.68	6.76	6.84	6.93	0.08
0.400	[illegible]	[illegible]	[illegible]	[illegible]	[illegible]	[illegible]	0.09
0.450	8.38	8.49	8.59	8.69	8.80	8.91	0.11
0.500	9.32	9.43	9.55	9.66	9.78	9.89	0.12
0.550	10.25	10.37	10.50	10.63	10.75	10.88	0.13
0.600	11.18	11.32	11.45	11.59	11.73	11.87	0.14
0.650	12.11	12.26	12.41	12.56	12.71	12.86	0.15
0.700	13.04	13.20	13.36	13.52	13.69	13.85	0.16
0.750	13.97	14.15	14.32	14.49	14.66	14.84	0.17
0.800	14.90	15.00	15.27	15.46	15.64	15.83	0.18
0.850	15.84	16.03	16.23	16.42	16.62	16.82	0.19
0.900	16.77	16.97	17.18	17.39	17.60	17.81	0.21
0.950	17.70	17.92	18.14	18.35	18.57	18.80	0.22
1.000	18.63	18.86	19.09	19.32	19.55	19.79	0.23
Coût et frais variables et invariables							
4. —	83.14	84.08	85.02	85.97	86.92	87.90	0.95
5. —	101.77	102.94	104.12	105.29	106.47	107.69	1.18
6. —	120.40	121.80	123.21	124.61	126.02	127.48	1.41
7. —	139.03	140.66	142.30	143.93	145.57	147.27	1.64
8. —	157.66	159.52	161.39	163.25	165.12	167.06	1.87

OBSERVATIONS

F. 10 et 10 % par ton. sur le fret font au Havre une différence de F. 1.15 par 100 kil. sur les prix.

On veut savoir le revient au Havre de Cuirs coûtant à Montevideo 6.500 piastres fortes les @ 75, au change de F. 84, et au fret de F. 50 et 10 %.

Dans la 1re et la 6e colonne de ce tableau on trouvera que :

$ 0.500 font par 100 kil.		F.	9.78
» 6.000 id.	id.	»	120.02
$ 6.500 feront donc par 100 kil.		F.	130.80

Droits d'entrée par 100 kil. en Mai 1865

Par navire Français	Exempts
id. Etranger	F. 3.—
Des Entrepôts d'Europe	» 3.—

COMPTE D'ACHAT ET DE REVIENT

A 18 BALLES CRIN MÉLANGÉ

18 balles Crin mélangé pesant brut........ ₰ 19670
Tare ₰ 14 par balle........ » 252
Net........ ₰ 19418 à $ 15 par ₰ 100........ $ 2912.70

FRAIS A MONTEVIDEO

Permis pour embarquer........	$	0.30		
Emballage à 6 Rx ½ par quintal........	»	157.75		
Commission de barraque et reconocedor 1 ½ %........			»	43.70
Port au bateau et embarquement Rx 5 par balle........	»	11.25		
Gabarre pour port à bord........ » 4 id.	»	9.—		
Timbre et menus frais........	»	3.50	»	181.80
		Droits de Sortie	$	3138.20

Droits de sortie à 6 % sur estimation de $ 12.80 par quintal $ 2485........			$	149.10				
Commission d'achat et de remboursement 5 %........			»	7.45			»	156.91
			$	156.55			$	3295.11
Courtage sur traites ¼ %........	$	0.39			$	3.24		
Timbre des traites 1 ‰........	»	0.17	»	0.55	»	3.29	»	11.58
			$	157.10			$	3306.64
Remboursement sur Paris à 90 jours de vue, à F. 80 l'once de $ 15.36........			F.	818.23			F.	17222.10

FRAIS AU HAVRE

Fret sur 22 mètres à F. 60 et 10 % par tonn. de 1m44........			F.	1008.35		
Permis, frais au débarquement, voiliers pour échantillonner, port en magasin, arrimage, magasinage d'un mois, livraison et menus frais........			»	72.—		
Assurance maritime sur F. 18944 à 1 ¼ % et police........	»	11.25	»	238.80		
id. contre le feu sur F. 20262 à ½ ‰........	»	0.45	»	10.15		
Escompte à la vente........ 2 %						
Courtage de vente........ ¼ %						
Commission de vente........ 2 %						
Ensemble........ 4¼ % sur F. 19374.30........	»	36.82	»	823.40	»	2152.20
	F.	866.75			»	19374.30
Soit par 100 kil........	F.	10.26				

Rendement ₰ 100 nettes pour 43 kil. ½ nets :

₰ 19418, soit net 8447 kil. à........ F. 229.36 par 100 kil. entrepôt... F. 19374.05
Plus : droits de sortie à Montevideo........ » 10.26 id. id.
Ensemble........ F. 239.62 id. id.

PRIX DE REVIENT AU HAVRE DES 100 KIL. ENTREPOT

AUX CHANGES SUIVANTS SUR PARIS

Avec la parité des changes sur Londres calculés sur la base de F. 25.25 pour 1 £.

PRIX à MONTEVIDEO par 100 ₰	PARIS — F. 80.- / LONDR. — 49d ½	PARIS — F. 81.- / LONDR. — 50d ⅛	PARIS — F. 82.- / LONDR. — 50d ¾	PARIS — F. 83.- / LONDR. — 51d ⅜	PARIS — F. 84.- / LONDR. — 52d	PARIS — F. 85.- / LONDR. — 52d ⅝	F. 1 par once sur le change fait au Havre par 100 kil.
$ 0.050	F. 0.67	F. 0.68	F. 0.69	F. 0.70	F. 0.71	F. 0.72	F. 0.01
0.100	1.35	1.37	1.38	1.40	1.42	1.44	0.02
0.150	2.03	2.06	2.08	2.10	2.13	2.16	0.03
0.200	2.71	2.75	2.77	2.81	2.84	2.88	0.04
0.250	3.39	3.44	3.47	3.51	3.55	3.60	0.05
0.300	4.07	4.13	4.16	4.21	4.27	4.32	0.06
0.350	4.75	4.81	4.86	4.92	4.98	5.04	0.06
0.400	5.43	5.49	5.55	5.62	5.69	5.76	0.07
0.450	6.10	6.17	6.25	6.33	6.40	6.48	0.08
0.500	6.78	6.86	6.94	7.03	7.11	7.20	0.08
0.550	7.46	7.55	7.64	7.74	7.83	7.92	0.09
0.600	8.14	8.24	8.33	8.44	8.54	8.64	0.10
0.650	8.82	8.93	9.03	9.15	9.25	9.36	0.11
0.700	9.50	9.62	9.72	9.85	9.96	10.08	0.12
0.750	10.18	10.30	10.42	10.55	10.67	10.80	0.12
0.800	10.86	10.98	11.11	11.26	11.39	11.52	0.13
0.850	11.53	11.67	11.81	11.96	12.10	12.25	0.14
0.900	12.21	12.36	12.50	12.66	12.81	12.97	0.15
0.950	12.89	13.05	13.20	13.37	13.52	13.69	0.16
13. —	202.24	204.60	206.97	209.33	211.70	214.04	2.36
14. —	215.80	218.34	220.88	223.40	225.94	228.45	2.54
15. —	229.37	232.08	234.79	237.47	240.18	242.86	2.71
16. —	242.93	245.82	248.70	251.55	254.43	257.27	2.88
17. —	256.50	259.55	262.60	265.62	268.67	271.68	3.05
18. —	270.06	273.28	276.50	279.69	282.91	286.10	3.22
19. —	283.63	287.01	290.40	293.77	297.16	300.51	3.38
20. —	297.20	300.74	304.30	307.84	311.40	314.93	3.54
Plus, par 100 kil., pour Droits de Sortie à Montevideo sur estimation de $ 12.80	10.26	10.39	10.52	10.65	10.78	10.90	0.13

OBSERVATIONS

F. 10 et 10 % par ton. sur le fret font au Havre une différence de F. 1.99 par 100 kil. sur les prix.

On veut savoir le revient au Havre de Crin coûtant à Montevideo 15.750 piastres fortes par ₰ 100, au change de F. 84, et au fret de F. 60 et 10 %.

Dans la 1re et la 6e colonne de ce tableau on trouvera que:
$ 0.750 font par 100 kil........ F. 10.67
» 15. — id. id. .... » 240.18
Plus droits de sortie à Montevideo sur estimation de $ 13.500... » 11.37
$ 15.750 feront donc par 100 kil........ F. 262.22

N. B. — Quand les droits de sortie reposeront sur une estimation de la Douane différente de celle de 12.80 piastres fortes le quintal portée dans ce compte, on devra les calculer au moyen des logarithmes suivants basés sur un prélèvement de 6 %, comme il est dit page 29.

CHANGES	80	LOGARITHMES	802
»	81	»	812
»	82	»	822
»	83	»	832
»	84	»	842
»	85	»	852

Droits d'entrée par 100 kil. en Mai 1868

Par navire Français........ Exempt
id. Étranger........ F. 3.60
Des Entrepôts d'Europe........ » 3.60

COMPTE D'ACHAT ET DE REVIENT

A 24 BALLES LAINE EN SUINT

24 balles laine en suint pesant brut	₠ 20836			
Tare ₠ 12 par balle	» 288			
Net	₠ 20048 à $ 2 par ₠ 25			$ 1004.—

FRAIS A MONTEVIDEO

Emballage 72 c. par ₠ 100 brut	$ 146.42		
Commission du barraquier ½ %		»	8.02
Courtage d'achat ½ %		»	8.02
Classement à 24 c. par ₠ 100 net	» 48.11		
Marquer, peser et charger	» 10.—		
Gabarrage	» 19.20		
Permis, timbre, ports de lettres et menus frais	» 12.—	»	235.73
		$	1855.77

		Droits de Sortie		
Droits de sortie sur ₠ 20048 à $ 8 par ₠ 100, $ 1604 à 6%		$ 96.24		
Commission d'achat et de remboursement 5 %		» 4.81	»	92.79
		$ 101.05	$	1948.56
Courtage sur traite ¼ %	$ 0.25		$ 4.87	
Timbres des traites 1 ‰	» 0.10	» 0.35	» 1.94	» 6.81
		$ 101.40	$	1955.87
Remboursement sur Paris à 90 jours de vue à F. 80 l'once de $ 15.36		F. 528.10	F.	10184.25

FRAIS AU HAVRE

Fret sur 26m298 à F. 50 et 10 % par tonn. de 1m44 et signaux		F. 1005.75	
Permis, voiliers pour échantillonner, port en magasin, arrimage, magasinage d'un mois, livraison et menus frais		» 96.—	
Assurance maritime sur F. 11202 à 1 ¼ % et police	» 7.25	» 141.50	
id. contre le feu sur F. 12445 à ½ ‰	» 0.29	» 6.22	
Escompte à la vente 2 %			
Courtage de vente ¼ %			
Commission de vente 2 %			
Ensemble 4 ¼ % sur F. 11941.22	» 23.76	» 507.50	» 1756.97
	F. 559.40		F. 11941.22
Soit par 100 kil.	» 6.20		

Rendement ₠ 100 nettes pour 45 kil. nets :

₠ 20048, soit net 9021 kil. à	F. 132.37	par 100 kil.	entrepôt	F. 11941.10
Plus : droits de sortie à Montevideo	» 6.20	id.	id.	
Ensemble	F. 138.57	id.	id.	

PRIX DE REVIENT AU HAVRE DES 100 KIL. ENTREPOT

AUX CHANGES SUIVANTS SUR PARIS

Avec la parité des changes sur Londres calculés sur la base de F. 25.25 pour 1 £.

PRIX à MONTEVIDEO par 100 ₠	PARIS — F. 80.- / LONDR. — 49ᵈ½	PARIS — F. 81.- / LONDR. — 50ᵈ⅛	PARIS — F. 82.- / LONDR. — 50ᵈ¾	PARIS — F. 83.- / LONDR. — 51ᵈ⅜	PARIS — F. 84.- / LONDR. — 52ᵈ	PARIS — F. 85.- / LONDR. — 52ᵈ⅝	F. 1 par once sur le change fait au Havre par 100 kil.
$ 0.050	F. 2.61	F. 2.64	F. 2.67	F. 2.70	F. 2.73	F. 2.77	F. 0.03
0.100	5.22	5.28	5.35	5.41	5.47	5.54	0.06
0.150	7.83	7.92	8.02	8.12	8.21	8.31	0.09
0.200	10.44	10.56	10.70	10.83	10.95	11.08	0.12
0.250	13.05	13.20	13.37	13.54	13.69	13.85	0.15
0.300	15.66	15.85	16.04	16.25	16.43	16.62	0.18
0.350	18.27	18.49	18.71	18.96	19.17	19.39	0.21
0.400	20.88	21.13	21.40	21.67	21.91	22.16	0.25
0.450	23.49	23.77	24.07	24.37	24.65	24.94	0.28
0.500	26.10	26.41	26.75	27.07	27.39	27.72	0.30
0.550	28.71	29.06	29.42	29.77	30.12	30.49	0.35
0.600	31.32	31.70	32.10	32.48	32.86	33.26	0.38
0.650	33.93	34.34	34.77	35.19	35.60	36.03	0.41
0.700	36.54	36.98	37.45	37.90	38.34	38.80	0.44
0.750	39.15	39.62	40.12	40.61	41.08	41.57	0.47
0.800	41.76	42.27	42.80	43.32	43.82	44.34	0.51
0.850	44.37	44.91	45.47	46.03	46.56	47.11	0.54
0.900	46.98	47.55	48.15	48.74	49.30	49.88	0.57
0.950	49.59	50.19	50.82	51.44	52.04	52.65	0.60
2. —	132.37	133.84	135.33	136.82	138.29	139.78	1.47
3. —	184.57	186.68	188.62	190.96	193.07	195.21	2.14
4. —	236.77	239.53	242.31	245.10	247.85	250.64	2.78
5. —	288.97	292.37	295.80	299.24	302.63	306.07	3.43
6. —	341.17	345.20	349.29	353.38	357.41	361.50	4.09
Plus, par 100 kil., pour Droits de Sortie à Montevideo sur estimation de $ 8 le quintal	6.20	6.27	6.35	6.42	6.50	6.58	0.08

(Rows $ 0.050 to 0.950: Schmitzkosten — Coût et frais variables; rows 2. — to 6. —: Coût et frais variables et invariables.)

OBSERVATIONS

F. 10 et 10 % par ton. sur le fret font au Havre une différence de F. 2.28 par 100 kil. sur les prix.

On veut savoir le revient au Havre de Laine en suint coûtant à Montevideo 3.750 piastres fortes par ₠ 25, au change de F. 84, et au fret de F. 50 et 10 %.

Dans la 1re et la 6e colonne de ce tableau on trouvera que :

$ 0.750 font par 100 kil.	F.	41.08
» 3. — id. id.	»	193.07
Plus droits de sortie à Montevideo sur estimation de $ 15 les 100 ₠	»	12.19
$ 3.750 feront donc par 100 kil.	F.	246.34

N. B. — Quand les droits de sortie reposeront sur une estimation de la Douane différente de celle de 8 piastres fortes le quintal portée dans ce compte, on devra les calculer au moyen des logarithmes suivants basés sur un prélèvement de 6 %, comme il est dit page 39.

CHANGES		LOGARITHMES
80		775
» 81	»	754
» 82	»	794
» 83	»	803
» 84	»	813
» 85	»	823

Droits d'entrée par 100 kil. en Mai 1866

Par navire Français	Exempte
id. Etranger	F. 3.60
Des Entrepôts d'Europe	» 3.00

COMPTE D'ACHAT ET DE REVIENT

A 25 BALLES PEAUX DE MOUTONS DU POIDS DE ℔ 27 ½ LA DOUZAINE

25 balles Peaux de moutons renfermant 600 douzaines, pesant brut ℔ 16800.—				
Tare ℔ 12 par balle » 300.—				
Net ℔ 16500.— à ＄ 0.050 par ℔ ou 5 c.				＄ 825.—

FRAIS A MONTEVIDEO

		Droits de Sortie		
Emballage à ＄ 5 par balle			＄ 125.—	
Commission du barraquier ½ %				» 4.12
Classement 1 %				» 8.25
Courtage ½ %				» 4.13
Empoisonner 10 c. par douzaine			» 60.—	
Marquer, peser et charger			» 10.—	
Gabarrage			» 20.—	
Permis, timbre, ports de lettres et menus frais			» 10.—	» 225.—
				＄ 1066.50
Droits de sortie sur ℔ 16500 à ＄ 8 par ℔ 100, ＄ 1320 à 6 %		＄ 79.20		
Commission d'achat et de remboursement 5 %		» 3.96		» 53.32
		＄ 83.16		＄ 1119.82
Courtage sur traites ¼ %	＄ 0.21		＄ 2.80	
Timbre des traites 1 ‰	» 0.08	» 0.29	» 1.12	» 3.92
		＄ 83.45		＄ 1123.74
Remboursement sur Paris à 90 jours de vue à F. 80 l'once de ＄ 15.36		F. 434.65		F. 5852.80

FRAIS AU HAVRE

Fret sur 23m à F. 50 et 10 % par tonn. de 1m44 et signaux			F. 874.60	
Permis, transport en entrepôt, échantillonner, arrimage, magasinage d'un mois, livraison et menus frais			» 125.—	
Assurance maritime sur F. 6438 à 1 ¼ % et police		» 5.07	» 81.97	
id. contre le feu sur F. 7524 à ½ ‰		» 0.24	» 3.76	
Escompte à la vente	2 %			
Courtage de vente	¼ %			
Commission de vente	2 %			
Ensemble	4 ¼ % sur F. 7251.31	» 10.56	» 308.18	» 1398.51
		F. 400.42		F. 7251.31
Soit par 100 kil.		» 0.20		

RENDEMENT ℔ 100 nettes pour 45 kil. nets :

℔ 16500, soit net 7425 kil. à	F. 97.66	par 100 kil. entrepôt	F. 7251.25
Plus : droits de sortie à Montevideo sur l'estimation de ＄ 5.— par 100 ℔	» 3.87	id. id.	
Ensemble	F. 101.53	id. id.	

PRIX DE REVIENT AU HAVRE DES 100 KIL. ENTREPOT

AUX CHANGES SUIVANTS SUR PARIS

Avec la parité des changes sur Londres calculés sur la base de F. 25.25 pour 1 £.

PRIX à MONTEVIDEO par ℔	PARIS — F. 80.– / LONDR. — 49 ½	PARIS — F. 81.– / LONDR. — 50 ⅛	PARIS — F. 82.– / LONDR. — 50 ¾	PARIS — F. 83.– / LONDR. — 51 ⅜	PARIS — F. 84.– / LONDR. — 52d	PARIS — F. 85.– / LONDR. — 52 ⅝	F. 1 par once sur le change fait au Havre par 100 kil.
＄ 0.001	F. 1.31	F. 1.33	F. 1.35	F. 1.36	F. 1.38	F. 1.40	F. 0.02
0.002	2.62	2.66	2.70	2.73	2.76	2.80	0.04
0.003	3.94	3.99	4.05	4.10	4.14	4.20	0.06
0.004	5.26	5.33	5.40	5.47	5.53	5.60	0.07
0.005	6.57	6.66	6.75	6.83	6.91	7.—	0.08
0.006	7.89	7.99	8.10	8.20	8.29	8.40	0.10
0.007	9.21	9.33	9.45	9.57	9.68	9.80	0.12
0.008	10.53	10.66	10.80	10.94	11.06	11.20	0.14
0.009	11.85	11.99	12.15	12.30	12.44	12.60	0.16
0.010	13.17	13.33	13.50	13.67	13.83	14.—	0.17
0.040	84.48	85.36	86.24	87.12	88.—	88.87	0.88
0.050	97.65	98.70	99.74	100.79	101.83	102.87	1.04
0.060	110.83	112.04	113.25	114.46	115.67	116.87	1.20
0.070	124.—	125.39	126.75	128.13	129.50	130.87	1.36
0.080	137.18	138.72	140.26	141.80	143.34	144.87	1.54
0.090	150.35	152.06	153.76	155.47	157.17	158.87	1.70
0.100	163.53	165.40	167.27	169.14	171.01	172.87	1.86
0.110	176.70	178.74	180.77	182.81	184.84	186.87	2.03
0.120	189.88	192.08	194.28	196.48	198.68	200.87	2.19
0.130	203.05	205.42	207.79	210.15	212.51	214.87	2.36
0.140	216.24	218.77	221.30	223.83	226.36	228.87	2.53
Plus par 100 kil. pour Droits de Sortie à Montevideo sur estimation de ＄ 8	6.20	6.27	6.35	6.42	6.50	6.58	0.08

OBSERVATIONS

F. 10 et 10 % par ton. sur le fret font au Havre une différence de F. 3.41 par 100 kil. sur les prix.

On veut savoir le revient au Havre de Peaux de moutons coûtant à Montevideo 0.075 piastre forte par ℔, au change de F. 84, et au fret de F. 50 et 10 % par tonneau.

Dans la 1re et la 5e colonne de ce tableau on trouvera que :

＄ 0.005 font par 100 kil.		F. 6.91
» 0.070 id. id.		» 129.50
Plus droits de sortie à Montevideo sur estimation de ＄ 7.50 les 100 ℔		» 6.10
＄ 0.075 feront donc par 100 kil.		F. 142.51

N. B. — Quand les droits de sortie reposeront sur une estimation de la Douane différente de celle de 8 piastres fortes les 100 ℔ portée dans ce compte, on devra les calculer au moyen des logarithmes suivants basés sur un prélèvement de 6 %, comme il est dit page 30.

CHANGES		LOGARITHMES
CHANGES	80	LOGARITHMES 775
»	81	» 784
»	82	» 794
»	83	» 803
»	84	» 813
»	85	» 823

Droits d'entrée par 100 kil. en Mai 1865

Par navire Français	Exemptes
id. Etranger	F. 3.—
Des entrepôts d'Europe	» 3.—

COMPTE D'ACHAT ET DE REVIENT

A UN GRENIER OS

1 grenier Os, pesant ℔ 2240 poids anglais, à $ 10 le tonn. de ℔ 2240 angl. rendu à bord $ 10.—

FRAIS A MONTEVIDEO

Permis, timbre et lettres	$	0.25		
Courtage 1 %	»	0.10	»	0.35
			$	10.35
Droits de sortie sur une évaluation de $ 10 par tonn. anglais, soit $ 10 à 6 %	$	0.60		
Commission d'achat et de remboursement 5 %	»	0.03	»	0.52
	$	0.63	$	10.87
Remboursement sur Paris au change de F. 80 l'once de $ 15.36	F.	3.28	F.	56.62

FRAIS AU HAVRE

Fret à F. 25 secs, par tonn. de 600 kil. sur 1000 kil.			F.	41.65	
Frais au débarquement, port en magasin, magasinage d'un mois, livraison et menus frais			»	10.—	
Assurance maritime sur F. 62 à 1 ¼ % et police	»	0.04	»	2.27	
id. contre le feu sur F. 3.00 à ½ ‰			»	0.03	
Escompte à la vente 2 %					
Courtage de vente ¼ %					
Commission de vente 2 %					
Ensemble 4 ¼ % sur F. 115.46	»	0.15	»	4.89	» 58.84
	F.	3.47			F. 115.46

Rendement :

1000 kil. à	F.	11.55	par 100 kil. entrepôt.. F. 115.50
Plus : droits de sortie	»	0.35	id. id.
Ensemble	F.	11.90	id. id.

PRIX DE REVIENT AU HAVRE DES 100 KIL. ENTREPOT

AUX CHANGES SUIVANTS SUR PARIS

Avec la parité des changes sur Londres, calculés sur la base de F. 25,25 par £.

PRIX à MONTEVIDEO par ℔ 2240 angl.	PARIS — F. 80.-	LONDR. — 49d ⅛	PARIS — F. 81 -	LONDR. — 50d ¼	PARIS — F. 82.-	LONDR. — 50d ¾	PARIS — F. 83.-	LONDR. — 51d ¼	PARIS — F. 84.-	LONDR. — 51d	PARIS — F. 85.-	LONDR. — 52d ⅝	F. 1 par once sur le change fait au Havre par 100 kil.
$ 500	F. 0.29		F. 0.30		F. 0.30		F. 0.30		F. 0.31		F. 0.31		F. 0.—
1. —	0.59		0.59		0.60		0.61		0.61		0.62		0.—
2. —	1.17		1.19		1.20		1.21		1.23		1.24		0.01
3. —	1.76		1.78		1.80		1.82		1.84		1.87		0.02
4. —	2.34		2.37		2.40		2.43		2.46		2.40		0.03
5. —	2.93		2.96		3.—		3.04		3.07		3.11		0.04
6. —	3.51		3.56		3.60		3.64		3.69		3.73		0.04
7. —	4.10		4.15		4.20		4.25		4.30		4.35		0.05
8. —	4.68		4.74		4.80		4.86		4.92		4.97		0.06
9. —	5.27		5.33		5.40		5.46		5.53		5.60		0.07
10. —	11.54		11.62		11.69		11.76		11.83		11.92		0.07
20. —	17.39		17.54		17.69		17.83		17.98		18.14		0.15
Plus, par 100 kil., pour droits de sortie à Montevideo sur estimation de $ 10	0.35		0.35		0.36		0.36		0.36		0.37		0.—

(Rows 1. — to 9.: Coût et frais variables; rows 10. — and 20. —: Coût et frais variables et invariables)

OBSERVATIONS

F. 10 par tonn. sur le fret, font au Hâvre une différence de F. 1.06 par 100 kil. sur les prix.

On veut savoir le revient au Havre d'Os coûtant à Montevideo 14 piastres fortes le tonneau anglais, au change de F. 85, et au fret de F. 25 secs par 600 kil.

Dans la 1re et la 7e colonne de ce tableau on trouvera que:

$ 4 font par 100 kil.	F. 2.49
» 10 id. id.	» 11.92
Plus droits de sortie à Montevideo sur estimation de $ 14	» 0.52
$ 14 feront donc par 100 kil.	F. 14.93

Pour le calcul des droits de sortie on pourra se servir des logarithmes ci-dessous basés sur un prélèvement de 6 % de droits.— Voir l'explication page 39.

CHANGES		LOGARITHMES
80		3475
» 81	»	3518
» 82	»	3562
» 83	»	3605
» 84	»	3649
» 85	»	3692

Droits d'entrée par 100 kil. en Mai 1865

Par navire Français	Exempts
id. Etranger	F. 2.—
Des Entrepôts d'Europe	» 2.—

COMPTE D'ACHAT ET DE REVIENT

A 50 BALLES ROGNURES DE CUIRS

50 balles Rognures de cuirs pesant net Ꝗ 44300 à \$ 2 par Ꝗ 100				\$ 886.—

FRAIS A MONTEVIDEO

Commission de barraque (magasinage) ½ %			\$ 4.48	
Emballage \$ 4 par balle			» 200.—	
Pour marquer et charger sur le chaland \$ 0.40 par balle			» 20.—	
Chaland pour conduire à bord \$ 0.40 par balle			» 20.—	
Permis de douane et timbre			» 1.50	245.93
				\$ 1131.93
		Droits de Sortie		
Droits de sortie sur l'évaluation de \$ 1.60 par Ꝗ 100, \$ 708.80 à 6 %		\$ 42.52		
Commission d'achat et de remboursement 5 %		» 2.12		» 56.59
		\$ 44.64		\$ 1188.52
Courtage sur traites ¼ %	\$ 0.11		\$ 2.97	
Timbre des traites 1 ‰	» 0.04	» 0.15	» 1.19	» 4.16
		\$ 44.79		\$ 1192.08
Remboursement sur Paris à 90 jours de vue à F. 80 l'once de \$ 15.36		F. 233.28		F. 6211.90

FRAIS AU HAVRE

Fret sur 19500 kil. à F. 45 et 10 % par tonn. de 500 kil.			F. 1930.50	
Frais au débarquement, port en magasin, arrimage, magasinage d'un mois, livraison et menus frais			» 180.—	
Assurance maritime sur F. 6832 à 1 ¼ % et police		» 3.20	» 86.90	
id. contre le feu sur F. 6918 à ½ ‰		» 0.18	» 3.45	
Escompte à la vente 2 %				
Courtage de vente ¼ %				
Commission de vente 2 %				
Ensemble 4¼ % sur F. 8786.15		» 10.50	» 373.40	» 2574.25
		F. 247.11		F. 8786.15
Soit par 100 kil.		» 1.26		

RENDEMENT Ꝗ 100 nettes pour 43 ½ kil. nets :

Soit net 19270 kil. à	F. 45.60	par 100 kil.	entrepôt	F. 8787.10
Plus : droits de sortie à Montevideo	» 1.28	id.	id.	
Ensemble	F. 46.88	id.	id.	

PRIX DE REVIENT AU HAVRE DES 100 KIL. ENTREPOT

AUX CHANGES SUIVANTS SUR PARIS

Avec la parité des changes sur Londres, calculés sur la base de F. 25,25 par £.

	PRIX à MONTEVIDEO par 100 Ꝗ	PARIS — F. 80.- / LONDR. — 49ᵈ ½	PARIS — F. 81.- / LONDR. — 50ᵈ ⅛	PARIS — F. 82.- / LONDR. — 50ᵈ ¾	PARIS — F. 83.- / LONDR. — 51ᵈ ⅜	PARIS — F. 84.- / LONDR. — 52ᵈ	PARIS — F. 85.- / LONDR. — 52ᵈ ⅝	F. 1 par once sur le change fait au Havre par 100 kil.
SUBDIVISIONS — Coûts et frais variables	\$ 0.050	F. 0.67	F. 0.68	F. 0.69	F. 0.70	F. 0.70	F. 0.71	F. 0.01
	0.100	1.34	1.36	1.38	1.39	1.41	1.43	0.02
	0.150	2.01	2.04	2.07	2.09	2.12	2.14	0.03
	0.200	2.68	2.72	2.75	2.79	2.82	2.85	0.03
	0.250	3.36	3.40	3.44	3.49	3.53	3.57	0.04
	0.300	4.03	4.08	4.13	4.18	4.23	4.28	0.05
	0.350	4.70	4.76	4.82	4.88	4.94	4.99	0.06
	0.400	5.37	5.44	5.51	5.58	5.64	5.71	0.07
	0.450	6.05	6.12	6.20	6.27	6.35	6.42	0.07
	0.500	6.72	6.80	6.88	6.97	7.06	7.14	0.08
	0.550	7.39	7.48	7.57	7.67	7.76	7.85	0.09
	0.600	8.06	8.16	8.26	8.36	8.47	8.56	0.10
	0.650	8.73	8.84	8.95	9.06	9.17	9.28	0.11
	0.700	9.40	9.52	9.64	9.76	9.88	9.99	0.12
	0.750	10.07	10.20	10.33	10.46	10.58	10.70	0.13
	0.800	10.75	10.88	11.02	11.15	11.29	11.42	0.13
	0.850	11.42	11.56	11.70	11.85	11.99	12.13	0.14
	0.900	12.09	12.24	12.39	12.55	12.70	12.84	0.15
	0.950	12.76	12.92	13.08	13.24	13.40	13.56	0.16
	1.000	13.43	13.60	13.77	13.94	14.11	14.27	0.17
Coûts et frais variables et invariables	1. —	32.16	32.42	32.68	32.94	33.20	33.46	0.26
	2. —	45.59	46.02	46.45	46.88	47.31	47.73	0.43
	3. —	59.02	59.62	60.22	60.82	61.42	62.—	0.60
	4. —	72.45	73.22	73.99	74.76	75.53	76.27	0.77
Plus, par 100 kil., pour Droits de Sortie à Montevideo sur estimation de \$ 1.00 le quintal		1.28	1.30	1.32	1.33	1.35	1.36	0.02

OBSERVATIONS

F. 10 et 10 % par tonn. sur le fret font au Havre une différence de F. 2.28 par 100 kil. sur les prix.

On veut savoir le revient au Havre de Rognures de cuirs coûtant à Montevideo 1.75 piastre forte le quintal, au change de F. 85, et au fret de F. 45 et 10 %.

Dans la 1ʳᵉ et la 7ᵉ colonne de ce tableau on trouvera que:

\$ 0.750 font par 100 kil.	F. 10.70
» 1. — id. id.	» 33.46
Plus droits de sortie sur estimation de \$ 1.15 par 100 Ꝗ à Montevideo	» 1.16
\$ 1.750 feront donc par 100 kil.	F. 45.31

Pour le calcul des droits de sortie on pourra se servir des logarithmes ci-dessous basés sur 6 % de droits. — Voir l'explication page 39.

CHANGES	80	LOGARITHMES	6017
»	81	»	8117
»	82	»	8217
»	83	»	8317
»	84	»	8417
»	85	»	8517

Droits d'entrée par 100 kil. en Mai 1865

Par navires Français et Etranger — Exemptes

COMPTE D'ACHAT ET DE REVIENT

A 50 PIPES SUIF SALADEROS

50 pipes Suif saladeros, pesant brut @ 52500.—
Tare........................ » 5500.—
Net........................ @ 47000.— à § 1 par @ 25 franco à bord....... § 1880.—

FRAIS A MONTEVIDEO

Courtage et reconocedor 1 %........	§	18.80		
Permis, timbre, ports de lettres et menus frais........	»	12.—	»	30.80
			§	1910.80
Commission d'achat et de remboursement 5 %........			»	95.54
			§	2006.34
Courtage sur traites ¼ %........	§	5.02		
Timbres des traites 1 ‰........	»	2.06	»	7.08
			§	2013.42
Remboursement sur Paris à 90 jours de vue, à F. 80 l'once de § 15.36........			F.	10186.55

FRAIS AU HAVRE

Fret sur 23625 kil. à F. 40 et 10 % par tonn. de 1000 kil. et signaux........	F.	1040.70		
Permis, tonneliers pour échantillonner et conditionner, port en entrepôt, arrimage, magasinage d'un mois, livraison et menus frais........	»	180.—		
Assurance maritime sur F. 11534 à 1 ¼ % et police........	»	146.70		
id. contre le feu sur F. 12900 à ½ ‰........	»	6.45		
Escompte de 4 mois........ 2 %				
Courtage de vente........ ¼ %				
Commission de vente........ 2 %				
Ensemble........ 4 ¼ % sur F. 12386.80........	»	526.40	»	1900.25
			F.	12386.80

RENDEMENT @ 100 nettes pour kil. 44 nets:

Soit net 20680 kil. à F. 59.90 par 100 kil. entrepôt........ F. 12387.30

PRIX DE REVIENT AU HAVRE DES 100 KIL. ENTREPOT

AUX CHANGES SUIVANTS SUR PARIS

Avec la parité des changes sur Londres, calculés sur la base de F. 25.25 par £.

	PRIX à MONTEVIDEO par 25 @	PARIS — F. 80.- / LONDR. — 49d ¼	PARIS — F. 81.- / LONDR. — 50d ¼	PARIS — F. 82.- / LONDR. — 50d ¾	PARIS — F. 83.- / LONDR. — 51d ⅜	PARIS — F. 84.- / LONDR. — 52d	PARIS — F. 85.- / LONDR. — 52d ⅜	F. 1 par once sur le change fait au Havre par 100 kil.
SCHILLINGS — Coût et frais variables	§ 0.050	F. 2.67	F. 2.70	F. 2.73	F. 2.76	F. 2.80	F. 2.83	F. 0.03
	0.100	5.34	5.40	5.46	5.53	5.60	5.66	0.06
	0.150	8.01	8.10	8.20	8.30	8.40	8.50	0.09
	0.200	10.68	10.80	10.93	11.07	11.20	11.33	0.12
	0.250	13.35	13.50	13.67	13.83	14.—	14.17	0.16
	0.300	16.02	16.21	16.40	16.60	16.81	17.—	0.19
	0.350	18.69	18.91	19.14	19.37	19.61	19.84	0.22
	0.400	21.36	21.61	21.87	22.14	22.41	22.67	0.25
	0.450	24.03	24.31	24.61	24.90	25.21	25.51	0.29
	0.500	26.70	27.01	27.34	27.67	28.01	28.34	0.33
	0.550	29.36	29.72	30.08	30.44	30.82	31.28	0.36
	0.600	32.03	32.42	32.81	33.21	33.62	34.11	0.40
	0.650	34.70	35.12	35.55	35.97	36.42	36.95	0.43
	0.700	37.37	37.82	38.28	38.74	39.22	39.78	0.46
	0.750	40.04	40.52	41.02	41.51	42.02	45.62	0.50
	0.800	42.71	43.23	43.75	44.28	44.83	45.45	0.54
	0.850	45.38	45.93	46.49	47.04	47.63	48.29	0.56
	0.900	48.05	48.63	49.22	49.81	50.43	51.12	0.59
	0.950	50.72	51.33	51.96	52.58	53.23	53.96	0.62
Coût et frais variables et invariables	1. —	59.90	60.57	61.24	61.91	62.58	63.25	0.67
	2. —	113.28	114.61	115.95	117.28	118.62	119.90	1.33
	3. —	166.66	168.66	170.66	172.66	174.66	176.67	2.—

OBSERVATIONS

F. 10 et 10 % par tonn. sur le fret font au Havre une différence de F. 1.25 par 100 kil. sur les prix.

On veut savoir le revient au Havre du Suif coûtant à Montevideo 1.700 piastre forte les @ 25, au change de F. 84, et au fret de F. 40 et 10 %.

Dans la 1re et la 6e colonne de ce tableau on trouvera que:

§ 0.700 font par 100 kil........ F. 39.22
» 1. — id. id........ » 62.58
§ 1.700 feront donc par 100 kil........ F. 101.80

Droits d'entrée par 100 kilog. en Mai 1868

Par navire Français........ Exempt
id. Etranger........ F. 2.—
Des Entrepôts d'Europe........ » 1.—

RIO-GRANDE DU SUD OU SAN-PEDRO

Rio-Grande du Sud est un des ports de commerce les plus importants de la province brésilienne de Rio-Grande du Sud.

Le commerce de la ville de San-Pedro tend à se développer rapidement depuis quelques années, bien que le port soit d'un accès assez difficile ; aussi les navires pour entrer ou sortir ont-ils besoin d'un remorqueur à vapeur. Ce service se paye un milreis par tonneau. Sur ce point, comme dans les autres parties du Brésil, les frais de port sont d'ailleurs peu considérables pour les bâtiments qui le visitent.

La province de Rio-Grande du Sud, la plus méridionale de l'Empire, est arrosée par de nombreux cours d'eau, et se trouve dans les conditions les plus favorables pour l'émigration d'Europe, par son climat doux et tempéré et son sol d'une rare fécondité, propre à toutes les cultures européennes. — Le blé et le chanvre surtout y réussissent parfaitement ; mais la principale richesse de la contrée a été jusqu'à présent l'élève du bétail.

On a également commencé avec succès à y introduire les mérinos d'Allemagne. On y avait déjà constaté l'existence d'une mine de houille, près de la ville du Triomphe, lorsqu'en 1855 de nouveaux gîtes ont été découverts sur la rive gauche de la petite rivière dos Ratos, affluent du Jacuby. Ce charbon, dont l'exploitation a donné un produit d'une qualité supérieure et des résultats satisfaisants, alimente les bateaux à vapeur brésiliens qui font le service entre Rio-Janeiro, Porto-Alegre, chef-lieu de la province de Rio-Grande, et San-Pedro. On estime à environ 250,000 âmes la population actuelle de cette vaste province, qui pourrait en nourrir dix et vingt fois plus.

La province a encore d'autres ports tant sur l'Uruguay que sur la lagune dos Ratos, et l'on y compte en général une vingtaine de villes parmi lesquelles nous ne mentionnerons plus que Rio-Pardo et la colonie allemande de San-Léopoldo. Un échantillon de soie de cette dernière, dans laquelle on a fait des essais de sériculture, a été trouvé, en Prusse, égal pour la qualité aux soies de Lombardie, de Perse et de Chine, et estimé aux prix de F. 58 à F. 80 le kilog.

Les produits principaux de la province de Rio-Grande du Sud sont les cuirs, les crins et les cornes, qui vont à l'étranger, puis la viande sèche et les suifs, qui n'intéressent encore que le Brésil même. Les cuirs bruts sont surtout enlevés par les Américains du Nord.

A l'importation, la France fournit très peu et seulement les objets de mode et de luxe. Les fers, les outils, les étoffes communes, etc., viennent des États-Unis, d'Angleterre et d'Allemagne. Les fabriques des États-Unis obtiennent la préférence pour tous les tissus de coton. Les marchandises françaises ne peuvent être introduites qu'en petite quantité, et elles doivent être choisies par des personnes connaissant le pays, sous peine de pertes considérables. Les beaux draps noirs et les casimirs sont encore, avec les meubles, ceux des articles français qui se placent le mieux.

Les poids et mesures sont les mêmes qu'à Rio-Janeiro et à Lisbonne.

(Extrait du Dictionnaire du Commerce et de la Navigation, par MM. GUILLAUMIN et Cᵉ. — Paris, 1861.)

Droits d'exportation. — Les droits d'exportation varient chaque semaine, se réglant à peu près sur la hausse ou la baisse de l'article dans le marché.

La base de l'impôt (en 1863), est invariablement fixée à 10 % sur tous les articles qui s'exportent.

L'argent courant n'est pas l'argent national de l'Empire, mais les onces d'or de la valeur stéréotype de Rˢ 32#000. Cependant, la douane ne reçoit que de l'argent national, et les onces à Rio-Janeiro ne valant que Rˢ 28#000, on achète ici l'argent national pour le paiement des droits avec une prime de 4 à 10 %.

Par suite de la mobilité des droits d'exportation, ils n'ont pas été compris dans les tableaux des comptes de revient ci-après ; le calcul devra en être fait séparément, et le résultat être ajouté aux prix de revient des tableaux.

Pour faciliter le calcul des droits d'exportation et pouvoir se rendre compte de ce qu'ils produisent en France par 100 kilog., j'ai établi sur chaque compte, des logarithmes aux divers changes, qui pourront servir aussi longtemps que la base de l'impôt de 10 % n'aura subi aucun changement. Il suffira pour trouver le résultat cherché, de multiplier, par le logarithme du change, le prix de la marchandise adopté par la douane pour prélever sur cette valeur les 10 % de droits.

Dans le commerce, les cuirs se vendent à la livre, tandis que la douane établit ses estimations à tant le cuir.

Quand on voudra établir un compte de revient avant de connaître exactement cette dernière valeur, voici comment on pourra procéder :

D'après les comptes d'achats qui vont suivre, les cuirs salés et les cuirs secs de bœufs, pour les poids lourds, sont estimés par la douane à Rs 2$600 par cuir au-dessous de la valeur du commerce, tandis que les cuirs légers de vaches sont estimés : les salés verts à Rs 1$410 en sus du prix d'achat, et les cuirs secs au même prix que celui d'achat ou à peu près.

Bien que cette règle ne soit pas invariable, on pourra l'appliquer de la manière suivante :

1er EXEMPLE

Pour les cuirs salés de bœufs lourds du poids de @ 70 le cuir. Voir à la page 58.

En admettant le prix d'achat à Rs 200 par @, soit pour le cuir de @ 70.......... Rs 14$000
Moins la différence mentionnée plus haut pour ces cuirs.......................... » 2$600
Soit estimation probable de la douane pour la valeur du cuir.......................... Rs 11$400

Pour connaître ce que produiront en France par 100 kilog. les droits de 10 % prélevés sur cette estimation, au change de Rs 380 pour F. 1, il suffira de multiplier le logarithme de ce même change, qui est de 1,058, par l'estimation de Rs 11$400. — On trouvera pour résultat dans les quatre premiers chiffres de gauche, par 100 kilog.......................... F. 12.17

A quoi il faudra ajouter le prix de revient de la marchandise sur le coût de Rs 200 par @ et au change de Rs 380, qui est de.......................... » 150.15

Le prix de revient au Havre sera donc par 100 kilog. de.......................... F. 162.32

Cet exemple peut servir aussi pour les cuirs secs de bœufs.

2e EXEMPLE

Cuirs salés de vaches du poids de @ 51 le cuir. Voir à la page 59.

En admettant le prix d'achat à Rs 150 par @, ce qui fera pour le cuir.......... Rs 7$650
Tandis que la douane, comme il est dit plus haut, porte son estimation à.......... » 1$410

en sus de la valeur commerciale, ce qui donnera pour l'estimation de la douane.......... Rs 9$060 qui seront également à multiplier par le logarithme du change sur France indiqué sur le compte même, pour trouver le produit en francs et centimes par 100 kilog. dans les quatre premiers chiffres de gauche.

3e EXEMPLE.

Cuirs secs de vaches du poids de @ 21 le cuir. Voir à la page 57.

En admettant le prix d'achat à Rs 300 par @, soit pour le cuir.......................... Rs 6$300 cette valeur étant à peu près la même que celle admise par la douane, il suffira, par conséquent, de la multiplier par le logarithme du change voulu, pour trouver, comme on l'a vu ci-dessus, le produit par 100 kilog.

Pour tous les autres articles dont les comptes de revient vont suivre et sur lesquels les estimations de la douane et du commerce sont établies par arrobes, on pourra procéder de la même manière en tenant compte des différences de valeurs entre celles du commerce et de la douane.

Les produits sont achetés dans l'intérieur de la province et les prix s'entendent toujours vendus dans la ville de Pelotas où les négociants de Rio-Grande ont leurs agents, auxquels ils paient la commission de 1 ou 2 % selon les articles.

COMPTE D'ACHAT ET DE REVIENT

A 5000 CORNES DE BOEUFS

5000 Cornes de bœufs à R^s 8$000 par 100 cornes			R^s 400$000

FRAIS A RIO-GRANDE

	Droits de Sortie		
Droits de sortie à R^s 8$000 par 100 cornes, soit R^s 400$000 à 10 %	R^s 40$000		
Prime sur monnaie nationale 8 %	» 3$200		
	R^s 43$200		
Commission à l'agent pour vérifier 2 %		R^s 8$000	
Fret des saladeros (pelotas) à R^s 500 par 100 cornes		» 25$000	
Magasinage, frais d'embarquement à R^s 320 par 100 cornes		» 16$000	
Allèges R^s 240 par 100 cornes		» 12$000	» 61$000
			R^s 461$000
Commission d'achat et de remboursement 5 %	» 2$160		» 23$050
	R^s 45$360		R^s 484$050
Remboursement sur Paris à 90 jours de vue au change de R^s 400 pour F. 1	F. 113.40		F. 1210.10

FRAIS AU HAVRE

Fret sur 5000 cornes à F. 30 secs par 1000 cornes		F. 150.—	
Frais au débarquement, port en magasin, magasinage d'un mois, livraison et menus frais		» 40.—	
Assurance maritime sur F. 124 et F. 1331 à 1 ¾ % et police	» 2.17	» 24.80	
id. contre le feu sur F. 126 et F. 1546 à ½ ‰	» 0.06	» 0.77	
Escompte à la vente 2 %			
Courtage de vente ¼ %			
Commission de vente 2 %			
Ensemble 4¼ % sur F. 1488.95	» 5.13	» 63.28	» 278.85
	F. 120.76		F. 1488.95
Soit par 104 cornes	» 2.51		

RENDEMENT : les cornes se vendent au Havre aux 104 cornes.

Soit sur 5000 cornes à	F. 30.97	par 104 cornes entrepôt	F.	1488.95
Plus : droits de sortie à Rio-Grande	» 2.51	id.	id.	
Ensemble	F. 33.48	id.	id.	

PRIX DE REVIENT AU HAVRE DES 104 CORNES ENTREPOT

AUX CHANGES SUIVANTS SUR PARIS

Avec la parité des changes sur Londres, calculés sur la base de F. 25.25 par £.

PRIX à RIO-GRANDE par 100 cornes	PARIS R^s 400 — LONDRES 23d ¾	PARIS R^s 395 — LONDRES 24d 1/16	PARIS R^s 390 — LONDRES 24d 3/8	PARIS R^s 385 — LONDRES 24d 11/16	PARIS R^s 380 — LONDRES 25d	PARIS R^s 375 — LONDRES 25d 3/8	R^s 5 par franc sur le change font au Havre p^r 104 cornes
R^s 0$100	F. 0.29	F. 0.30	F. 0.30	F. 0.31	F. 0.31	F. 0.31	F. 0.—
0$200	0.59	0.60	0.61	0.62	0.62	0.63	0.—
0$300	0.89	0.90	0.92	0.93	0.93	0.94	0.01
0$400	1.19	1.20	1.23	1.24	1.24	1.25	0.01
0$500	1.49	1.50	1.53	1.55	1.55	1.57	0.02
0$600	1.79	1.80	1.83	1.85	1.87	1.88	0.02
0$700	2.08	2.10	2.13	2.16	2.18	2.20	0.03
0$800	2.37	2.40	2.43	2.47	2.49	2.51	0.04
0$900	2.66	2.70	2.73	2.78	2.80	2.83	0.05
5$000	22.07	22.20	22.52	22.70	23.—	23.25	0.24
6$000	25.03	25.29	25.56	25.84	26.12	26.41	0.28
7$000	28.—	28.29	28.60	28.92	29.24	29.57	0.32
8$000	30.96	31.30	31.64	32.—	32.36	32.73	0.36
9$000	33.93	34.30	34.68	35.08	35.48	35.89	0.40
10$000	36.89	37.30	37.72	38.15	38.60	39.05	0.44
11$000	39.86	40.31	40.76	41.24	41.72	42.21	0.48
12$000	42.82	43.31	43.80	44.32	44.84	45.37	0.52
13$000	45.79	46.31	46.84	47.40	47.96	48.53	0.56
14$000	48.75	49.32	49.88	50.48	51.08	51.69	0.60
15$000	51.72	52.32	52.93	53.56	54.20	54.85	0.63
16$000	54.69	55.32	55.97	56.64	57.32	58.02	0.67
Plus, par 104 Cornes, pour Droits de Sortie à Rio-Grande	A ajouter en les calculant comme il est dit à la page 53.						

OBSERVATIONS

F. 10 par tonn. sur le fret font au Havre une différence de F. 1.04 par 104 cornes sur les prix.

On veut savoir le revient au Havre des 104 Cornes coûtant à Rio-Grande R^s 9$600 les cent, au change de R^s 390, et au fret de F. 30 le mille.

Dans la 1re et la 4e colonne de ce tableau on trouvera que :

R^s 600 font par 104 Cornes		F. 1.83
» 9$000 id. id.		» 34.68
	Plus droits sur R^s 9$600 à Rio-Gr.	» 3.09
R^s 9$600 feront donc par 104 Cornes		F. 39.60

Pour les droits de sortie à Rio-Grande on pourra se servir des logarithmes suivants. — Voir l'explication page 53.

CHANGES		LOGARITHMES
400		3140
» 395	»	3180
» 390	»	3221
» 385	»	3263
» 380	»	3306
» 375	»	3350

Droits d'entrée par 100 kil. en Mai 1865

Par navire Français	Exemptes
id. Etranger	F. 3.—
Des Entrepôts d'Europe	» 3.—

COMPTE D'ACHAT ET DE REVIENT

A 10 BALLES CRIN

10 balles Crin de 25 arrobes, renfermant 250 arrobes, à Rs 9$000 par arrobe.......... Rs 2:250$000

FRAIS A RIO-GRANDE

	Droits de Sortie		
Droits de sortie 250 arrobas à Rs 8$000, soit 2:000$000 à 10 %	Rs 200$000		
Prime sur monnaie nationale 8 %..................	» 16$000		
	Rs 216$000		
Commission à l'agent pour vérifier, poids et qualité, 1 %...		Rs 22$500	
Fret de pelotas à Rs 100 par arrobe..................		» 25$000	
Emballage et magasinage Rs 300 par arrobe..................		» 75$000	
Dépêche, frais d'allége et menus frais..................		» 12$000	» 134$500
			Rs 2:384$500
Commission d'achat et de remboursement 5 %..................	» 10$800		» 119$225
	Rs 226$800		Rs 2:503$725
Remboursement sur Paris à 90 jours de vue, au change de Rs 400 pour F. 1..........	F. 567.—		F. 6259.30

FRAIS AU HAVRE

Fret sur 3680 kil. à F. 70 secs par tonn. de 700 kil..................			F. 368.—	
Permis, frais au débarquement, voiliers pour échantillonner, port ou magasin, arrimage, magasinage d'un mois, livraison et menus frais..................			» 40.—	
Assurance maritime sur F. 623 et F. 6884 à 1 ¾ % et police...		» 10.90	» 121.95	
id. contre le feu sur F. 634 et F. 7414 à ⅛ %..................		» 0.30	» 8.70	
Escompte à la vente..................	2 %			
Courtage de vente..................	¼ %			
Commission de vente..................	2 %			
Ensemble	4¼ % sur F. 7094.45...	» 25.05	» 301.50	» 835.15
		F. 603.85		F. 7094.45
Soit par 100 kil..................		» 17.35		

RENDEMENT @ 100 nettes pour 43 ½ kil. nets :

@ 8000, soit net 3480 kil. à..................	F. 203.86	par 100 kil.	entrepôt...	F. 7094.30
Plus : droits de sortie à Rio-Grande..................	» 17.35	id.	id.	
Ensemble..................	F. 221.21	id.	id.	

PRIX DE REVIENT AU HAVRE DES 100 KIL. ENTREPOT

AUX CHANGES SUIVANTS SUR PARIS

Avec la parité des changes sur Londres calculés sur la base de F. 25.25 par £.

PRIX à RIO-GRANDE par arrobe	PARIS — Rs 400 / LONDR. — 23d ¾	PARIS — Rs 395 / LONDR. — 24d 1/16	PARIS — Rs 390 / LONDR. — 24d ⅜	PARIS — Rs 385 / LONDR. — 24d 11/16	PARIS — Rs 380 / LONDR. — 25d	PARIS — Rs 375 / LONDR. — 25d ⅜	Rs 5 par franc sur le change font au Havre par 100 kil.
Rs 0$050	F. 1.01	F. 1.02	F. 1.04	F. 1.05	F. 1.06	F. 1.08	F. 0.01
0$100	2.02	2.05	2.08	2.10	2.13	2.16	0.02
0$200	4.05	4.10	4.16	4.21	4.26	4.32	0.05
0$300	6.08	6.16	6.24	6.32	6.40	6.49	0.08
0$400	8.11	8.21	8.32	8.43	8.53	8.65	0.11
0$500	10.13	10.26	10.40	10.53	10.67	10.81	0.13
0$600	12.16	[illegible]	[illegible]	[illegible]	[illegible]	[illegible]	0.16
0$700	14.19	14.37	14.56	14.75	14.94	15.14	0.19
0$800	16.22	16.42	16.64	16.86	17.07	17.30	0.22
0$900	18.24	18.48	18.72	18.96	19.21	19.47	0.24
1$000	20.28	20.54	20.80	21.07	21.35	21.64	0.27
7$000	163.25	165.19	167.18	169.14	171.22	173.37	2.01
8$000	183.53	185.73	187.93	190.21	192.57	195.01	2.28
9$000	203.81	206.27	208.73	211.28	213.92	216.65	2.55
10$000	224.09	226.81	229.53	232.35	235.27	238.29	2.82
11$000	244.37	247.35	250.33	253.42	256.62	259.93	3.09
12$000	264.65	267.89	271.13	274.49	277.97	281.57	3.36
13$000	284.93	288.43	291.93	295.56	299.32	303.21	3.63
14$000	305.21	308.97	312.73	316.63	320.67	324.85	3.90
Plus, par 100 kil., pour droits de Sortie à Rio-Grande	A ajouter en les calculant comme il est dit à la page 53.						

(Vertical side labels of the price column: SUBSTANCES — Coût et frais variables; Coût et frais variables et invariables.)

OBSERVATIONS

F. 10 secs par ton. sur le fret font au Havre une différence de F. 1.51 par 100 kil. sur les prix.

On veut savoir le revient au Havre de Crin coûtant à Rio-Grande Rs 9$500 l'arrobe, au change de Rs 390, et au fret de F. 70 par tonneau.

Dans la 1re et la 4e colonne de ce tableau on trouvera que :

Rs	500 font par 100 kil..................	F.	10.40
»	9$000 id. id.	»	208.73
	Plus droits sur 9$500 à Rio-Gr.	»	18.90
Rs	9$500 feront donc par 100 kil..................	F.	238.03

Pour les droits de sortie à Rio-Grande on pourra se servir des logarithmes suivants. — Voir l'explication page 53.

CHANGES		LOGARITHMES
CHANGES	400	2108
»	395	2196
»	390	2224
»	385	2253
»	380	2283
»	375	2313

Droits d'entrée par 100 kil. en Mai 1865

Par navire Français..................	Exempts
id. Etranger..................	F. 3.60
Des Entrepôts d'Europe..................	» 3.00

COMPTE D'ACHAT ET DE REVIENT

A 1000 CUIRS SECS

1000 Cuirs secs pesant ₰ 30000 à R' 240 par ₰ .... R' 7:200$000

FRAIS A RIO-GRANDE

	Droits de Sortie		
Droits de sortie, 1000 cuirs évalués à R' 4600 par cuir, soit R' 4:600$000 à 10 %	R' 460$000		
Prime sur monnaie nationale 8 %	» 36$800		
	R' 496$800		
Commission à l'agent pour vérifier, poids et qualité, 1 %		R' 72$000	
Fret de pelotas R' 80 par cuir		» 80$000	
Recevoir et magasinage R' 50 par cuir		» 50$000	
Dépêche, timbre, permis de douane R' 20 par cuir		» 20$000	
Frais d'alléges et menus frais jusqu'à bord		» 30$000	» 252$000
			R' 7:452$000
Commission d'achat et remboursement 5 %	» 24$840		» 372$600
	R' 521$640		R' 7:824$600
Remboursement sur Paris à 90 jours de vue au change de R' 400 pour F. 1	F. 1304.10		F. 19561.50

FRAIS AU HAVRE

Fret sur 13350 kil. à F. 65 par tonn. de 800 kil			F. 1084.70	
Permis, port en magasin, arrimage, magasinage d'un mois, livraison et menus frais			» 250.—	
Assurance maritime sur F. 1434 et F. 21517 à 1 ¾ % et police		» 25.10	» 378.05	
id. contre le feu sur F. 1455 et F. 23230 à ½ ‰		» 0.72	» 11.61	
Escompte à la vente	2 %			
Courtage à la vente	¼ %			
Commission de vente	2 %			
Ensemble	4¼ % sur F. 22230.06	» 59.08	» 944.80	» 2669.16
		F. 1388.95		F. 22230.66
Soit par 100 kil		» 10.40		

RENDEMENT ₰ 100 pour 44 ½ kil. nets :

Soit net 13350 kil. à	F. 166.52	par 100 kil.	entrepôt	F. 22230.40
Plus : droits de sortie à Rio-Grande	» 10.40	id.	id.	
Ensemble	F. 176.92	id.	id.	

PRIX DE REVIENT AU HAVRE DES 100 KIL. ENTREPOT

AUX CHANGES SUIVANTS SUR PARIS

Avec la parité des changes sur Londres, calculés sur la base de F. 25.25 par £

	PRIX à RIO-GRANDE par ₰	PARIS — R' 400 / LONDR. — 23d ¾	PARIS — R' 395 / LONDR. — 24d 1/16	PARIS — R' 390 / LONDR. — 24d ⅜	PARIS — R' 385 / LONDR. — 24d 11/16	PARIS — R' 380 / LONDR. — 25d	PARIS — R' 375 / LONDR. — 25d ⅜	R' 5 par franc sur le change font au Havre par 100 kil.
SUBDIVISIONS. — Coût et frais variables	R' 0$005	F. 3.17	F. 3.21	F. 3.25	F. 3.29	F. 3.34	F. 3.38	F. 0.04
	0$010	6.34	6.42	6.51	6.59	6.68	6.77	0.08
	0$015	9.51	9.63	9.77	9.89	10.02	10.16	0.12
	0$020	12.68	12.85	13.03	13.19	13.36	13.55	0.16
	0$025	15.86	16.06	16.28	16.49	16.70	16.93	0.20
	0$030	19.03	19.27	19.53	19.79	20.04	20.31	0.24
	0$035	22.20	22.49	22.78	23.08	23.38	23.69	0.29
	0$040	25.37	25.70	26.03	26.37	26.72	27.07	0.34
	0$045	28.55	28.91	29.28	29.66	30.06	30.45	0.38
	0$050	31.72	32.12	32.53	32.95	33.40	33.83	0.42
Coût et frais variables et invariables	0$100	77.67	78.53	79.40	80.29	81.21	82.16	0.89
	0$150	109.40	110.66	111.94	113.25	114.61	116.—	1.39
	0$200	141.13	142.79	144.48	146.21	148.01	149.84	1.73
	0$250	172.86	174.92	177.02	179.17	181.41	183.68	2.15
	0$300	204.59	207.05	209.56	212.13	214.81	217.52	2.57
	0$350	236.32	239.18	242.10	245.09	248.21	251.36	2.99
	0$400	268.04	271.31	274.64	278.07	281.58	285.20	3.48

OBSERVATIONS

F. 10 par tonn. sur le fret, font au Havre une différence de F. 1.25 par 100 kil. sur les prix.

On veut savoir le revient au Havre de Cuirs coûtant à Rio-Grande R' 275 par ₰, au change de R' 390, et au fret de F. 65 par tonneau.

Dans la 1re et la 4e colonne de ce tableau on trouvera que:

R' 25 font par 100 kil .... F. 16.28
» 250 id. id. .... » 177.02
Plus droits sur R' 5$650 à Rio-Gr. » 13.10

R' 275 feront donc par 100 kil .... F. 206.40

Pour les droits de sortie à Rio-Grande on pourra se servir des logarithmes suivants. — Voir l'explication page 53.

CHANGES		LOGARITHMES
400	....	2202
» 395	....	» 2290
» 390	....	» 2320
» 385	....	» 2350
» 380	....	» 2381
» 375	....	» 2412

Droits d'entrée par 100 kil. en Mai 1865

Par navire Français .... Exempts.
id. Etranger .... F. 3.—
Des Entrepôts d'Europe .... » 3.—

COMPTE D'ACHAT ET DE REVIENT

A 1000 CUIRS SECS LÉGERS

1000 Cuirs secs légers à 21 ₰, soit 21000 ₰ à Rˢ 220 par ₰ .... Rˢ 4:620$000

FRAIS A RIO-GRANDE

	Droits de Sortie			
Droits de sortie, 1000 cuirs évalués à Rˢ 4600 chaque, soit Rˢ 4:600$000 à 10 %	Rˢ 460$000			
Prime sur monnaie nationale 8 %	» 36$800			
	Rˢ 496$800			
Commission à l'agent pour vérifier poids et qualité, 1 %		Rˢ 46$200		
Fret de pelotas Rˢ 80 par cuir		» 80$000		
Recevoir, magasiner à Rˢ 50		» 50$000		
Dépêches, timbre, permis de douane à Rˢ 20		» 20$000		
Frais d'allèges et menus frais jusqu'à bord		» 30$000	»	226$200
			Rˢ	4:846$200
Commission d'achat et de remboursement 5 %	» 24$840		»	242$310
	Rˢ 521$640		Rˢ	5:088$510
Remboursement sur Paris à 90 jours de vue, au change de Rˢ 400 pour F. 1	F. 1304.10		F.	12721.25

FRAIS AU HAVRE

Fret sur 9345 kil. à F. 65 par tonn. de 800 kil.		F. 759.30		
Permis, port en magasin, arrimage, magasinage d'un mois, livraison et menus frais		» 95.—		
Assurance maritime sur F. 1434 et F. 13994 à 1 ¾ % et police	» 25.10	» 246.40		
id. contre le feu sur F. 1330 et F. 15094 à ½ %	» 0.65	» 7.55		
Escompte à la vente .... 2 %				
Courtage de vente .... ¼ %				
Commission de vente .... 2 %				
Ensemble .... 4¼ % sur F. 14443.35	» 50.05	» 613.85	»	1722.10
	F. 1388.90		F.	14443.35
Soit par 100 kil.	» 14.86			

RENDEMENT : ₰ 100 rendent au Havre 44 ½ kil. nets :

Soit net 9345 kil. à	F. 154.56	par 100 kil. entrepôt	F.	14443.60
Plus : droits de sortie à Rio-Grande	» 14.86	id.	id.	
Ensemble	F. 169.42	id.	id.	

PRIX DE REVIENT AU HAVRE DES 100 KIL. ENTREPOT

AUX CHANGES SUIVANTS SUR PARIS

Avec la parité des changes sur Londres, calculés sur la base de F. 25.25 par £

	PRIX à RIO-GRANDE par ₰	PARIS — Rˢ 400 / LONDR. — 23ᵈ ¾	PARIS — Rˢ 395 / LONDR. — 24ᵈ 1/16	PARIS — Rˢ 390 / LONDR. — 24ᵈ ⅜	PARIS — Rˢ 385 / LONDR. — 24ᵈ 11/16	PARIS — Rˢ 380 / LONDR. — 25ᵈ	PARIS — Rˢ 375 / LONDR. — 25ᵈ ⅜	Rˢ 5 par F. 1 sur le change font au Havre par 100 kil.
Coût et frais variables	Rˢ 0$005	F. 3.17	F. 3.21	F. 3.25	F. 3.29	F. 3.34	F. 3.38	F. 0.04
	0$010	6.34	6.42	6.50	6.58	6.68	6.76	0.08
	0$015	9.51	9.63	9.75	9.88	10.02	10.14	0.13
	0$020	12.68	12.85	13.01	13.17	13.36	13.53	0.16
	0$025	15.86	16.06	16.26	16.47	16.70	16.91	0.21
	0$030	19.03	19.27	19.51	19.76	20.04	20.29	0.25
	0$035	22.20	22.49	22.77	23.06	23.38	23.68	0.29
	0$040	25.37	25.70	26.02	26.35	26.72	27.06	0.33
	0$045	[illegible]	[illegible]	[illegible]	[illegible]	[illegible]	[illegible]	[illegible]
	0$050	31.72	32.13	32.54	32.96	33.40	33.84	0.42
Coût et frais variables et invariables	0$100	78.40	79.28	80.17	81.08	82.02	82.99	0.91
	0$150	110.12	111.41	112.71	114.04	115.41	116.83	1.33
	0$200	141.85	143.54	145.25	147.—	148.81	150.67	1.75
	0$250	173.57	175.67	177.79	179.96	182.20	184.51	2.17
	0$300	205.30	207.80	210.33	212.92	215.60	218.35	2.59
	0$350	237.02	239.93	242.87	245.88	248.99	252.19	3.01
	0$400	268.75	272.06	275.41	278.84	282.39	286.08	3.43
Plus, par 100 kil., pour droits de sortie à Rio-Grande		A ajouter en les calculant comme il est dit à la page 53.						

OBSERVATIONS

F. 10 sous par tonn. sur le fret, font au Havre une différence de F. 1.25 par 100 kil. sur les prix.

On veut savoir le revient au Havre de Cuirs secs coûtant à Rio-Grande Rˢ 275 par ₰, au change de Rˢ 385 pour F. 1, et au fret de F. 65 par tonneau.

Dans la 1ʳᵉ et la 5ᵉ colonne de ce tableau on trouvera que :

Rˢ 250 font par 100 kil. .... F. 179.96
» 25 id. id. .... » 16.47
Plus droits sur Rˢ 5$775 par cuir à Rio-Grande .... » 19.38

Rˢ 275 feront donc par 100 kil. .... F. 215.81

Aux prix de revient de ce tableau, il faudra ajouter les droits de sortie à Rio-Grande qui ne s'y trouvent pas compris.

Voici, aux divers changes, les logarithmes qui seront à multiplier par l'estimation de la Douane pour avoir le résultat par 100 kil. — Voir l'explication page 52.

CHANGES		LOGARITHMES
400		3231
» 395	»	3272
» 390	»	3314
» 385	»	3357
» 380	»	3401
» 375	»	3446

Droits d'entrée par 100 kil. en Mai 1865

Par navire Français .... Exempts
id. Etranger .... F. 3.—
Des Entrepôts d'Europe .... » 3.—

COMPTE D'ACHAT ET DE REVIENT

A 1000 CUIRS SALÉS SALADEROS DE BŒUFS

1000 Cuirs salés saladeros de bœufs pesant net 70000 ₡ à R$ 130 par ₡ .... R$ 9;100$000

FRAIS A RIO-GRANDE

	Droits de Sortie		
Droits de sortie sur 1000 cuirs évalués à R$ 6510, soit R$ 6;510$000 à 10 %	R$ 651$000		
Prime sur monnaie nationale 8 %	» 52$080		
	R$ 703$080		
Commission à l'agent pour vérifier poids et qualité, 2 %		R$ 182$000	
Fret du saladeros à R$ 160 par cuir		» 160$000	
110 alqueires de sel à R$ 800		» 88$000	
Dépêches, timbre, permis, alléges pour sel et menus frais		» 50$000	» 480$000
			R$ 9;580$000
Commission d'achat et de remboursement 5 %	» 35$154		» 479$000
	R$ 738$234		R$ 10;059$000
Remboursement sur Paris à 90 jours de vue, au change de R$ 400 pour F. 1	F. 1845.60		F. 25147.50

FRAIS AU HAVRE

Fret sur 29750 kil. à F. 50 secs par 1000 kil.			F. 1487.50	
Frais au débarquement, port en magasin, arrimage, magasinage d'un mois, livraison et menus frais			» 220.—	
Assurance maritime sur F. 2080 et F. 27661 à 1 ¾ %		» 35.50	» 485.55	
id. contre le feu sur F. 2065 et F. 20836 à ½ ‰		» 1.03	» 14.90	
Escompte à la vente	2 %			
Courtage de vente	¼ %			
Commission de vente	2 %			
Ensemble	4 ¼ % sur F. 28559.05	» 83.52	» 1214.20	» 3422.15
		F. 1965.65		F. 28569.05
Soit par 100 kil.		» 6.60		

Rendement : 100 ₡ pour 42 ½ kil. secoués de sel :

Net 29750 kil. à	F. 96.03	par 100 kil.	entrepôt	F. 28568.95
Plus : droits de sortie à Rio-Grande	» 6.60	id.	id.	
Ensemble	F. 102.63	id.	id.	

PRIX DE REVIENT AU HAVRE DES 100 KIL. ENTREPOT

AUX CHANGES SUIVANTS SUR PARIS

Avec la parité des changes sur Londres, calculés sur la base de F. 25.25 par £

PRIX à RIO-GRANDE par ₡	PARIS — R$ 400 / LONDR. — 25d ¾	PARIS — R$ 395 / LONDR. — 24d 1/16	PARIS — R$ 390 / LONDR. — 24d ¾	PARIS — R$ 385 / LONDR. — 24d 11/16	PARIS — R$ 380 / LONDR. — 25d	PARIS — R$ 375 / LONDR. — 25d ½	R$ 5 par F. 1 sur le change font au Havre par cuir.
R$ 0$100	F. 75.90	F. 76.78	F. 77.08	F. 78.59	F. 79.53	F. 80.49	F. 0.91
0$105	79.25	80.18	81.12	82.07	83.06	84.07	0.95
0$110	82.61	83.58	84.56	85.56	86.59	87.65	1.—
0$115	85.96	86.98	88.—	89.04	90.12	91.23	1.04
0$120	89.32	90.37	91.44	92.53	93.65	94.80	1.09
0$125	92.67	93.77	94.88	96.01	97.18	98.38	1.13
0$130	96.03	97.17	98.32	99.50	100.71	101.96	1.18
0$135	99.38	100.57	101.76	102.98	104.24	105.54	1.22
0$140	102.74	103.96	105.20	106.47	107.77	109.11	1.27
0$145	106.09	107.36	108.64	109.95	111.30	112.69	1.31
0$150	109.45	110.76	112.08	113.44	114.84	116.27	1.36
0$155	112.80	114.16	115.52	116.92	118.37	119.85	1.40
0$160	116.16	117.55	118.96	120.41	121.90	123.42	1.45
0$165	119.51	120.95	122.40	123.89	125.43	127.—	1.49
0$170	122.87	124.35	125.84	127.38	128.96	130.58	1.54
0$175	126.22	127.75	129.28	130.86	132.49	134.16	1.58
0$180	129.58	131.14	132.72	134.35	136.02	137.73	1.63
0$185	132.93	134.54	136.16	137.83	139.55	141.31	1.67
0$190	136.29	137.94	139.60	141.32	143.08	144.89	1.72
0$195	139.64	141.34	143.04	144.80	146.61	148.47	1.76
0$200	143.—	144.73	146.50	148.30	150.15	152.05	1.80
Plus, par 100 kil., pour Droits de Sortie à Rio-Grande	A ajouter en les calculant comme il est dit à la page 53.						

OBSERVATIONS

F. 10 secs par tonn. sur le fret, font au Havre une différence de F. 1 par 100 kil. sur les prix.

Aux prix de revient de ce tableau, il faudra ajouter les droits de sortie à Rio-Grande qui ne s'y trouvent pas compris.

Voici, aux divers changes, les logarithmes qui seront à multiplier par l'estimation de la Douane pour avoir le résultat par 100 kil. — Voir l'explication page 53.

CHANGES 400	....	LOGARITHMES 1015
» 395	....	» 1028
» 390	....	» 1041
» 385	....	» 1054
» 380	....	» 1068
» 375	....	» 1082

Droits d'entrée par 100 kil. en Mai 1865

Par navire Français	Exempts
id. Étranger	F. 3.—
Des Entrepôts d'Europe	» 3.—

COMPTE D'ACHAT ET DE REVIENT

A 1000 CUIRS SALÉS SALADEROS DE VACHES

1000 Cuirs salés saladeros de vaches, pesant net 51000 ℔ à R^s 100 par ℔			R^s 5:100$000

FRAIS A RIO-GRANDE

	Droits de Sortie		
Droits de sortie sur 1000 cuirs évalués à R^s 0$510, soit R^s 0:510$000 à 10 %	R^s 651$000		
Prime sur monnaie nationale 8 %	» 52$080		
	R^s 703$080		
Commission à l'agent pour vérifier poids et qualité, 2 %		R^s 102$000	
Fret du saladeros, R^s 160 par cuir		» 160$000	
100 alqueires de sel à R^s 800		» 80$000	
Dépêches, timbre, permis de douane, alléges et menus frais		» 50$000	» 392$000
			R^s 5:492$000
Commission d'achat et de remboursement 5 %	» 35$154		» 274$600
	R^s 738$234		R^s 5:766$600
Remboursement sur Paris à 90 jours de vue, à R^s 400 pour F. 1	F. 1845.60		F. 14416.50

FRAIS AU HAVRE

Fret sur 21675 kil. à F. 50 secs par 1000 kil.			F. 1083.75	
Frais au débarquement, port en magasin, arrimage, magasinage d'un mois, livraison et menus frais			» 200.—	
Assurance maritime sur F. 2030 et F. 15857 à 1 ¾ % et police		» 35.52	» 279.—	
id. contre le feu sur F. 2065 et F. 17420 à ½ %		» 1.03	» 8.71	
Escompte à la vente	2 %			
Courtage de vente	½ %			
Commission de vente	2 %			
Ensemble	4½ % sur F. 16697.60	» 83.55	» 709.64	» 2281.10
		F. 1965.70		F. 16697.60
Soit par 100 kil.		» 9.07		

RENDEMENT : 100 ℔ pour 42 ½ kil. secoués de sel :

Soit net 21675 kil. à	F. 77.03 par 100 kil. entrepôt	F.	16696.25
Plus : droits de sortie à Rio-Grande	» 9.07 id.	id.	
Ensemble	F. 86.10 id.	id.	

PRIX DE REVIENT AU HAVRE DES 100 KIL. ENTREPOT

AUX CHANGES SUIVANTS SUR PARIS

Avec la parité des changes sur Londres, calculés sur la base de F. 25.25 par £

PRIX à RIO-GRANDE par ℔	PARIS — R^s 400 / LONDR. — 23d ¾	PARIS — R^s 395 / LONDR. — 24d 1/16	PARIS — R^s 390 / LONDR. — 24d ⅜	PARIS — R^s 385 / LONDR. — 24d 11/16	PARIS — R^s 380 / LONDR. — 25d	PARIS — R^s 375 / LONDR. — 25d ⅜	R^s 5 par F. 1 sur le change font au Havre par 100 kil.
R^s 0$080	F. 63.62	F. 64.35	F. 65.09	F. 65.85	F. 66.63	F. 67.43	F. 0.76
0$085	66.97	67.75	68.53	69.33	70.16	71.01	0.80
0$090	70.33	71.15	71.97	72.82	73.69	74.59	0.85
0$095	73.68	74.55	75.41	76.30	77.22	78.17	0.89
0$100	77.04	77.94	78.85	79.79	80.75	81.74	0.94
0$105	80.39	81.34	82.29	83.27	84.28	[illegible]	0.98
0$110	83.75	84.74	85.73	86.76	87.81	88.90	1.03
0$115	87.10	88.14	89.17	90.24	91.34	92.48	1.07
0$120	90.46	91.53	92.61	93.73	94.87	96.05	1.12
0$125	93.82	94.93	96.05	97.21	98.40	99.63	1.16
0$130	97.18	98.33	99.50	100.70	101.94	103.21	1.20
0$135	100.55	101.73	102.94	104.18	105.47	106.79	1.24
0$140	103.89	105.12	106.38	107.67	109.—	110.36	1.29
0$145	107.24	108.52	109.82	111.15	112.53	113.94	1.33
0$150	110.60	111.92	113.26	114.64	116.06	117.52	1.38
0$155	113.95	115.32	116.70	118.12	119.59	121.10	1.42
0$160	117.30	118.71	120.15	121.62	123.13	124.68	1.47
Plus, par 100 kil., pour Droits de Sortie à Rio-Grande	A ajouter en les calculant comme il est dit page 53.						

OBSERVATIONS

F. 10 secs par tonn. sur le fret, font au Havre une différence de F. 1 par 100 kil. sur les prix.

Aux prix de revient de ce tableau, il faudra ajouter les droits de sortie à Rio-Grande qui ne s'y trouvent pas compris.

Voici, aux divers changes, les logarithmes qui seront à multiplier par l'estimation de la Douane pour avoir le résultat par 100 kil. — Voir l'explication page 53.

CHANGES		LOGARITHMES
400		1393
» 395	»	1411
390		1429
» 385	»	1448
» 380	»	1467
» 375	»	1486

Droits d'entrée par 100 kil. en Mai 1865

Par navire Français	Exempts
id. Etranger	F. 3.—
Des Entrepôts d'Europe	» 3.—

COMPTE D'ACHAT ET DE REVIENT

A 1000 CUIRS SALÉS SALADEROS DE BOEUFS, CARGAISON FLOTTANTE

1000 Cuirs salés saladeros de bœufs pesant net 70000 ℔ à Rs 130 par ℔ .... Rs 9:100$000

FRAIS A RIO-GRANDE

	Droits de Sortie		
Droits de sortie sur 1000 cuirs évalués à Rs 6$510 soit Rs 6:510$000 à 10 %	Rs 651$000		
Prime sur monnaie nationale 8 %	» 52$080		
	Rs 703$080		
Commission à l'agent pour vérifier poids et qualité, 2 %		Rs 182$000	
Fret du saladeros à Rs 160 par cuir		» 160$000	
110 alqueires de sel à Rs 800		» 88$000	
Dépêches, timbre, permis, allèges pour le sel et menus frais		» 50$000	» 480$000
			Rs 9:580$000
Commission d'achat et de remboursement 5 %	» 35$155		» 479$000
	Rs 738$235		Rs 10:059$000
Remboursement sur Paris à 90 jours de vue, au change de Rs 400 pour F. 1	F. 1845.00		F. 25147.50

FRAIS AU HAVRE

Fret sur 29750 kil. à F. 50 secs par 1000 kil.		F. 1487.50	
Frais de débarquement		» 200.—	
Assurance maritime sur F. 2030 et F. 27061 à 1 ¼ %	» 36.53	» 485.55	
Escompte à la vente .... 2 %			
Courtage de vente .... ¼ %			
Commission de vente .... 2 %			
Ensemble .... 4 ¼ % sur F. 28533.20	» 83.57	» 1212.85	» 3385.70
	F. 1905.70		F. 28533.20
Soit par 100 kil.	» 6.69		

RENDEMENT : 100 ℔ pour 42 kil. secoués de sel :

Net 29400 kil. à	F. 97.05	par 100 kil. entrepôt		F. 28532.70
Plus : droits de sortie à Rio-Grande	» 6.69	id.	id.	
Ensemble	F. 103.74	id.	id.	

CONDITIONS DES MARCHÉS POUR CARGAISONS FLOTTANTES

Voici les conditions de ces contrats pour les cargaisons destinées à Falmouth ou Queenstown pour y prendre des ordres et de là se rendre dans un port du Royaume-Uni ou dans un port entre le Havre et Hambourg, suivant charte partie. Dans le prix de vente sont compris le coût, fret et assurance jusqu'à destination. La réduction des 100 ℔ brésiliennes est stipulée à 42 kil. Il est accordé F. 20 par 100 cuirs pour frais de débarquement, par le vendeur à l'acheteur, payable comptant sous escompte de 2 % contre la remise des documents, du jour de l'arrivée du navire au port d'ordre.

PRIX DE REVIENT AU HAVRE DES 100 KIL. ENTREPOT

AUX CHANGES SUIVANTS SUR PARIS

Avec la parité des changes sur Londres, calculés sur la base de F. 25.25 par £

PRIX à RIO-GRANDE par ℔	PARIS — Rs 400	LONDR. — 23d ¾	PARIS — Rs 395	LONDR. — 24d 1/16	PARIS — Rs 390	LONDR. — 24d 3/8	PARIS — Rs 385	LONDR. — 24d 11/16	PARIS — Rs 380	LONDR. — 25d	PARIS — Rs 375	LONDR. — 25d 3/8	Rs 5 par F. 1 sur le change font au Havre par 100 kil.
Rs 0$100	F. 76.09		F. 77.59		F. 78.51		F. 79.45		F. 80.42		F. 81.42		F. 0.94
0$105	80.08		81.02		81.99		82.97		83.99		85.04		0.98
0$110	83.47		84.46		85.47		86.50		87.56		88.66		1.03
0$115	86.87		87.89		88.95		90.02		91.13		92.28		1.07
0$120	90.26		91.33		92.43		93.55		94.70		95.90		1.12
0$125	93.65		94.76		95.91		97.07		98.27		99.52		1.16
0$130	97.05		98.20		99.39		100.60		101.85		103.14		1.21
0$135	100.44		101.63		102.87		104.12		105.42		106.76		1.25
0$140	103.83		105.07		106.35		107.65		108.99		110.38		1.30
0$145	107.23		108.50		109.83		111.17		112.56		114.—		1.34
0$150	110.62		111.95		113.31		114.70		116.13		117.62		1.39
0$155	114.01		115.38		116.79		118.22		119.70		121.24		1.43
0$160	117.41		118.82		120.27		121.75		123.28		124.86		1.48
0$165	120.80		122.25		123.75		125.27		126.85		128.48		1.52
0$170	124.19		125.69		127.23		128.80		130.42		132.10		1.57
0$175	127.59		129.12		130.71		132.32		133.99		135.72		1.61
0$180	130.98		132.56		134.19		135.85		137.56		139.34		1.66
0$185	134.37		135.99		137.67		139.37		141.13		142.96		1.70
0$190	137.77		139.43		141.15		142.90		144.71		146.58		1.75
0$195	141.16		142.87		144.63		146.42		148.28		150.20		1.79
0$200	144.55		146.31		148.11		149.95		151.85		153.81		1.84
Plus, par 100 kil., pour Droits de Sortie à Rio-Grande	A ajouter en les calculant comme il est dit page 53.												

OBSERVATIONS

F. 10 secs par tonn. sur le fret, font au Havre une différence de F. 1.02 par 100 kil. sur les prix.

Pour les droits de sortie à Rio-Grande on pourra se servir des logarithmes suivants. — Voir l'explication page 53.

CHANGES		LOGARITHMES
CHANGES	400	1097
»	395	1049
»	390	1053
»	385	1066
»	380	1080
»	375	1095

Droits d'entrée par 100 kil. en Mai 1905

Par navire Français	Exempts
id. Etranger	F. 3.—
Des Entrepôts d'Europe	» 3.—

COMPTE D'ACHAT ET DE REVIENT

A 20 BARILS HUILE DE PIED DE BOEUF

20 barils Huile de pied de bœuf, pesant net 116 arrobes 20 ℔ à Rs 4$000 par arrobe. Rs 466$500

FRAIS A RIO-GRANDE

	Droits de sortie		
Droits de sortie sur évaluation de Rs 3$500 par arrobe, soit Rs 408$200 à 10 %	Rs 40$820		
Prime sur monnaie nationale 8 %	» 3$265		
	Rs 44$085		
Coût de 20 fûts vides à Rs 2$500		Rs 50$000	
Commission à l'agent pour reconnaître la marchandise, 1 %		» 4$065	
Magasinage, tonneliers, etc.		» 10$000	
Grues, allèges et dispache		» 2$000	» 66$065
			Rs 533$105
Commission d'achat et de remboursement 5 %	» 2$205		» 26$660
	Rs 46$290		Rs 559$825
Remboursement sur Paris à 90 jours de vue, au change de Rs 400 pour F. 1	F. 115.72		F. 1399.55

FRAIS AU HAVRE

Fret sur 2100 kil. à F. 75 secs par tonn. de 1000 kil.		F. 157.50	
Permis, frais au débarquement, tonneliers pour échantillonner et conditionner, port en magasin, arrimage, magasinage d'un mois, livraison et menus frais		» 66.—	
Assurance maritime sur F. 127 et F. 1540 à 1 ¼ % et police	» 2.21	» 28.45	
id. contre le feu sur F. 129 et F. 1792 à ½ ‰	» 0.06	» 0.89	
Escompte à la vente 2 %			
Courtage de vente ½ %			
Commission de vente 2 %			
Ensemble 4 ½ % sur F. 1725.75	» 5.23	» 78.96	» 326.20
	F. 123.22		F. 1725.75
Soit par 100 kil.	» 7.59		

RENDEMENT : 100 ℔ rendent 48 ½ kil. nets :

Soit net 1624 kil. à	F. 106.26	par 100 kil. entrepôt	F.	1725.65
Plus : droits de sortie à Rio-Grande	» 7.59	id.	id.	
Ensemble	F. 113.85	id.	id.	

PRIX DE REVIENT AU HAVRE DES 100 KIL. ENTREPOT

AUX CHANGES SUIVANTS SUR PARIS

Avec la parité des changes sur Londres, calculés sur la base de F. 25.25 par £.

PRIX à RIO-GRANDE par arrobe	PARIS — Rs 400 / LONDR. — 25d ¾	PARIS — Rs 395 / LONDR. — 24d 1/16	PARIS — Rs 390 / LONDR. — 24d ¾	PARIS — Rs 385 / LONDR. — 24d 11/16	PARIS — Rs 380 / LONDR. — 25d	PARIS — Rs 375 / LONDR. — 23d ¾	Rs 5 par F. 1 sur le change font au Havre par 100 kil.
Rs 0$050	F. 1.01	F. 1.02	F. 1.04	F. 1.05	F. 1.06	F. 1.08	F. 0.01
0$100	2.02	2.05	2.08	2.10	2.13	2.16	0.02
0$200	4.05	4.11	4.16	4.21	4.27	4.33	0.05
0$300	6.08	6.17	6.24	6.32	6.40	6.50	0.08
0$400	8.11	8.23	8.32	8.43	8.54	8.67	0.11
0$500	10.13	10.28	10.40	10.53	10.67	10.83	0.13
0$600	12.16	12.33	12.48	12.64	12.81	12.99	0.16
0$700	14.19	14.38	14.56	14.75	14.94	15.15	0.19
0$800	16.22	16.43	16.64	16.86	17.08	17.31	0.22
0$900	18.24	18.48	18.72	18.96	19.21	19.48	0.24
1$000	20.28	20.54	20.80	21.07	21.35	21.64	0.27
2$000	65.71	66.37	67.04	67.72	68.42	69.13	0.68
3$000	85.99	86.91	87.84	88.79	89.77	90.77	0.95
4$000	106.27	107.45	108.64	109.86	111.12	112.41	1.22
5$000	126.55	127.99	129.44	130.93	132.47	134.05	1.49
6$000	146.83	148.53	150.24	152.—	153.82	155.69	1.76
7$000	167.11	169.07	171.04	173.07	175.17	177.33	2.03
8$000	187.39	189.61	191.84	194.14	196.52	198.97	2.30
Plus, par 100 kil., pour Droits de Sortie à Rio-Grande	A ajouter en les calculant comme il est dit page 53.						

OBSERVATIONS

F. 10 secs par tonn. sur le fret, font au Havre une différence de F. 1.30 par 100 kil. sur les prix.

On veut savoir le revient au Havre d'Huile de pied de bœuf coûtant à Rio-Grande Rs 4$500 par arrobe, au change de Rs 390, et au fret de F. 75 par tonneau.

Dans la 1re et la 4e colonne de ce tableau on trouvera que :

Rs 500 font par 100 kil.		F. 10.40
» 4$000 id. id.		» 108.64
	Plus droits sur Rs 4$000 à Rio-Gr.	» 8.89
Rs 4$500 feront donc par 100 kil.		F. 127.93

Pour les droits de sortie à Rio-Grande on pourra se servir des logarithmes suivants. — Voir l'explication page 53.

CHANGES		LOGARITHMES
CHANGES 400		LOGARITHMES 2168
» 395	»	2196
» 390	»	2224
» 385	»	2253
» 380	»	2283
» 375	»	2313

Droits d'entrée par 100 kil. en Mai 1868

Par navire Français	Exempte
id. Etranger	F. 3.—

COMPTE D'ACHAT ET DE REVIENT

10 BALLES LAINE EN SUINT

10 balles Laine en suint de 25 arrobes, 250 arrobes à Rs 6#000 par arrobe.......... Rs 1:500#000

FRAIS A RIO-GRANDE

	Droits de Sortie		
Droits de sortie sur 250 arrobes évaluées à Rs 6#000, soit Rs 1:500#000 à 10 %	Rs 150#000		
Prime sur monnaie nationale 8 %	» 12#000		
	Rs 162#000		
Commission à l'agent pour vérifier poids et qualité, 1 %		Rs 15#000	
Fret de l'intérieur sur 250 arrobes à Rs 200 par arrobe		» 50#000	
Emballage et magasinage Rs 500 par arrobe		» 125#000	
Dépêches, frais d'allèges et menus frais		» 12#000	» 202#000
			Rs 1:702#000
Commission d'achat et de remboursement 5 %	» 8#100		» 85#100
	Rs 170#100		Rs 1:787#100
Remboursement sur Paris à 90 jours de vue, au change de Rs 400 pour F. 1	F. 425.25		F. 4407.75

FRAIS AU HAVRE

Fret sur 3760 kil. à F. 80 secs par tonn. de 500 kil.		F. 601.60	
Permis, frais au débarquement, voiliers pour échantillonner, port en magasin, arrimage, magasinage d'un mois, livraison et menus frais		» 40.—	
Assurance maritime sur F. 407 et F. 4914 à 1 ¾ % et police	» 8.16	» 87.50	
id. contre le feu sur F. 475 et F. 5648 à ½ ‰	» 0.24	» 2.80	
Escompte à la vente........ 2 %			
Courtage de vente........ ¼ %			
Commission de vente........ 2 %			
Ensemble........ 4¼ % sur F. 5480.45	» 19.25	» 230.80	» 962.70
	F. 452.90		F. 5430.45
Soit par 100 kil.	» 12.86		

RENDEMENT : 100 @ pour 44 kil. nets :

8000 @, soit net 3520 kil. à	F. 154.28	par 100 kil.	entrepôt....	F. 5430.65
Plus : droits de sortie à Rio-Grande	» 12.86	id.	id.	
Ensemble	F. 167.14	id.	id.	

PRIX DE REVIENT AU HAVRE DES 100 KIL. ENTREPOT

AUX CHANGES SUIVANTS SUR PARIS

Avec la parité des changes sur Londres, calculés sur la base de F. 25.25 par £.

PRIX à RIO-GRANDE par arrobe	PARIS — Rs 400 / LONDR. — 23d ¾	PARIS — Rs 395 / LONDR. — 24d 1/16	PARIS — Rs 390 / LONDR. — 24d ⅜	PARIS — Rs 385 / LONDR. — 24d 11/16	PARIS — Rs 380 / LONDR. — 25d	PARIS — Rs 375 / LONDR. — 25d ⅜	Rs 5 par F. 1 sur le change font au Havre par 100 kil.
Coût et frais variables							
Rs 0#050	F. 1.—	F. 1.01	F. 1.02	F. 1.04	F. 1.05	F. 1.07	F. 0.02
0#100	2.—	2.03	2.05	2.08	2.11	2.14	0.03
0#200	4.01	4.06	4.10	4.16	4.22	4.28	0.06
0#300	6.01	6.09	6.16	6.24	6.33	6.42	0.08
0#400	8.02	8.12	8.21	8.33	8.44	8.56	0.12
0#500	10.02	10.15	10.27	10.41	10.55	10.70	0.14
0#600	12.03	12.18	12.32	12.49	12.66	12.84	0.17
0#700	14.03	14.21	14.38	14.58	14.77	14.98	0.20
0#800	16.04	16.24	16.43	16.66	16.88	17.12	0.23
0#900	18.04	18.27	18.49	18.74	18.99	19.26	0.25
1#000	20.05	20.31	20.56	20.83	21.11	21.39	0.27
Coût et frais variables et invariables							
3#000	94.10	95.07	96.02	97.03	98.07	99.10	1.01
4#000	114.15	115.38	116.58	117.86	119.18	120.49	1.28
5#000	134.21	135.69	137.14	138.69	140.29	141.88	1.55
6#000	154.26	156.—	157.70	159.52	161.40	163.27	1.82
7#000	174.32	176.31	178.26	180.35	182.51	184.66	2.09
8#000	194.38	196.62	198.82	201.18	203.62	206.05	2.36
9#000	214.43	216.93	219.38	222.01	224.73	227.44	2.63
Plus, par 100 kil., pour Droits de sortie à Rio-Grande	A ajouter en les calculant comme il est dit page 58.						

OBSERVATIONS

F. 10 secs par tonn. sur le fret, font au Havre une différence de F. 2.14 par 100 kil. sur les prix.

On veut savoir le revient au Havre de Laine coûtant à Rio-Grande Rs 6#500 par arrobe, au change de Rs 390, et au fret de F. 80 par tonneau.

Dans la 1re et la 4e colonne de ce tableau on trouvera que:

Rs 500 font par 100 kil.	F.	10.27
» 6#000 id. id.	»	157.70
Plus droits sur Rs 6#500 à Rio-Gr.	»	14.36
Rs 6#500 feront donc par 100 kil.	F.	182.27

Pour les droits de sortie à Rio-Grande on pourra se servir des logarithmes suivants. — Voir l'explication page 58.

CHANGES		LOGARITHMES	
CHANGES	400	LOGARITHMES	2145
»	395	»	2172
»	390	»	2200
»	385	»	2228
»	380	»	2257
»	375	»	2287

Droits d'entrée par 100 kil. en Mai 1865

Par navire Français	Exempte
id. Etranger	F. 3.00
Des Entrepôts d'Europe	» 3.60

COMPTE D'ACHAT ET DE REVIENT

A 10 BALLES LAINE LAVÉE

10 balles Laine lavée de 25 arrobes, 250 arrobes à Rˢ 8$500 par arrobe .... Rˢ 2:125$000

FRAIS A RIO-GRANDE

	Droits de Sortie		
Droits de sortie 250 arrobes évalués à Rˢ 6$000 par arrobe, soit Rˢ 1:500$000 à 10 %	Rˢ 150$000		
Prime sur monnaie nationale 8 %	» 12$000		
	Rˢ 162$000		
Commission à l'agent pour vérifier poids et qualité, 1 %		Rˢ 21$250	
Fret de l'intérieur 250 arrobes à Rˢ 200 par arrobe		» 50$000	
Emballage et magasinage Rˢ 500 par arrobe		» 125$000	
Dépêches, frais d'allèges, et menus frais		» 12$000	» 208$250
			Rˢ 2:333$250
Commission d'achat et de remboursement 5 %	» 8$100		$ 116$660
	Rˢ 170$100		Rˢ 2:449$910
Remboursement sur Paris à 90 jours de vue, au change de Rˢ 400 pour F. 1	F. 425.25		F. 6124.80

FRAIS AU HAVRE

Fret sur 3760 kil. à F. 80 secs par tonn. de 500 kil.		F. 601.60	
Permis, frais au débarquement, voiliers pour échantillonner, port en magasin, arrimage, magasinage d'un mois, livraison et menus frais		» 40.—	
Assurance maritime sur F. 467 et F. 6787 à 1 ¾ % et police	» 8.15	» 119.40	
id. contre le feu sur F. 433 et F. 7498 à ½ ‰	» 0.22	» 3.75	
Escompte à la vente .... 2 %			
Courtage de vente .... ¼ %			
Commission de vente .... 2 %			
Ensemble .... 4 ¼ % sur F. 7195.83	» 19.28	» 305.80	» 1070.55
	F. 452.85		F. 4195.35
Soit par 100 kil.	» 12.72		

RENDEMENT : 100 ℘ pour 44 ½ kil. nets :

Sur 8000 ℘, soit net 3560 kil. à	F. 202.11	par 100 kil.	entrepôt	F.	7195.10
Plus : droits de sortie à Rio-Grande	» 12.72	id.	id.		
Ensemble	F. 214.83	id.	id.		

PRIX DE REVIENT AU HAVRE DES 100 KIL. ENTREPOT

AUX CHANGES SUIVANTS SUR PARIS

Avec la parité des changes sur Londres, calculés sur la base de F. 25.25 par £.

PRIX à RIO-GRANDE par arrobe		PARIS — Rˢ 400 / LONDR. — 23d ¾	PARIS — Rˢ 395 / LONDR. — 24d 1/16	PARIS — Rˢ 390 / LONDR. — 24d ⅜	PARIS — Rˢ 385 / LONDR. — 24d 11/16	PARIS — Rˢ 380 / LONDR. — 25d	PARIS — Rˢ 375 / LONDR. — 25d ⅜	Rˢ 5 par F. 1 sur le change font au Havre par 100 kil.
Coût et frais variables	Rˢ 0$050	F. 0.99	F. 1.—	F. 1.01	F. 1.03	F. 1.04	F. 1.05	F. 0.01
	0$100	1.98	2.01	2.03	2.06	2.08	2.11	0.03
	0$200	3.96	4.02	4.06	4.12	4.16	4.22	0.06
	0$300	5.94	6.03	6.09	6.18	6.25	6.33	0.09
	0$400	7.93	8.03	8.13	8.24	8.33	8.45	0.11
	0$500	9.91	10.04	10.16	10.30	10.42	10.56	0.14
	0$600	11.80	12.05	12.19	12.36	12.50	12.67	0.17
	0$700	[illegible]	[illegible]	[illegible]	[illegible]	[illegible]	14.15	0.19
	0$800	15.86	16.06	16.26	16.48	16.67	16.90	0.22
	0$900	17.84	18.07	18.29	18.54	18.76	19.01	0.25
	1$000	19.83	20.06	20.33	20.59	20.86	21.14	0.26
Coût et frais variables et invariables	7$000	172.37	174.31	176.26	178.27	180.36	182.52	2.01
	8$000	192.20	194.39	196.59	198.86	201.22	203.66	2.27
	9$000	212.03	214.47	216.92	219.45	222.08	224.80	2.53
	10$000	231.86	234.55	237.25	240.04	242.94	245.94	2.79
	11$000	251.69	254.63	257.58	260.63	263.80	267.08	3.05
	12$000	271.52	274.71	277.91	281.22	284.66	288.22	3.31
Plus, par 100 kil., pour Droits de Sortie à Rio-Grande		A ajouter en les calculant comme il est dit page 53.						

OBSERVATIONS

F. 10 secs par tonn. sur le fret, font au Havre une différence de F. 2.11 par 100 kil. sur les prix.

On veut savoir le revient au Havre de Laine coûtant à Rio-Grande Rˢ 10$500 par arrobe, au change de Rˢ 390, et au fret de F. 80 par tonneau.

Dans la 1ʳᵉ et la 4ᵉ colonne de ce tableau on trouvera que :

Rˢ 0$500 font par 100 kil.		F. 10.16
» 10$000 id. id.		» 237.25
Plus droits de sortie sur Rˢ 8$000 à Rio-Grande		» 17.39
Rˢ 10$500 feront donc par 100 kil.		F. 264.80

Pour les droits de sortie à Rio-Grande on pourra se servir des logarithmes suivants. — Voir l'explication page 53.

CHANGES		LOGARITHMES
CHANGES	400	2120
»	395	2147
»	390	2174
»	385	2202
»	380	2231
»	375	2261

Droits d'entrée par 100 kil. en Mai 1863

Par navire Français	Exempte
id. Etranger	F. 2.—
Des Entrepôts d'Europe	» 1.—

COMPTE D'ACHAT ET DE REVIENT

A 10 BARRIQUES SUIF

10 barriques Suif, pesant net 72 arrobes 8 ℔, à Rs 5$000 par arrobe........ Rs 361$250

FRAIS A RIO-GRANDE

	Droits de Sortie		
Droits de sortie sur évaluation de Rs 4$000 par arrobe, soit Rs 354$000 à 10 %	Rs 35$400		
Prime sur monnaie nationale, 8 %	» 2$830		
	Rs 38$230		
Fret à Rs 400 par barrique		Rs 4$000	
Agence pour recevoir et vérifier 1 %		» 3$610	
Décharger, magasinage et tonneliers Rs 500 par fût		» 5$000	
Dispache		» 2$000	
Transport, etc.		» 4$000	» 18$610
			Rs 379$860
Commission d'achat et de remboursement 5 %	» 1$910		» 18$990
	Rs 40$140		Rs 398$850
Remboursement sur Paris à 90 jours de vue, au change de Rs 400 pour F. 1	F. 100.85		F. 997.10

FRAIS AU HAVRE

Fret sur 1130 kil. brut à F. 80 secs par tonn. de 1000 kil.		F. 90.40	
Permis, frais au débarquement, tonneliers pour échantillonner, port en magasin, arrimage, magasinage d'un mois, livraison et menus frais		» 15.—	
Assurance maritime sur F. 110 et F. 1097 à 1 ¾ % et police	» 1.92	» 20.70	
id. contre le feu sur F. 112 et F. 1225 à ½ ‰	» 0.05	» 0.61	
Escompte à la vente 2 %			
Courtage de vente ¼ %			
Commission de vente 2 %			
Ensemble 4¼ % sur F. 1173.70	» 4.53	» 49.89	» 176.60
	F. 106.85		F. 1173.70
Soit par 100 kil.	» 10.50		

Rendement : 100 ℔ rendent 44 kil. nets :

2312 ℔, soit net 1017 kil. à	F. 115.40	par 100 kil.	entrepôt	F.	1173.65
Plus : droits de sortie à Rio-Grande	» 10.50	id.	id.		
Ensemble	F. 125.90	id.	id.		

PRIX DE REVIENT AU HAVRE DES 100 KIL. ENTREPOT

AUX CHANGES SUIVANTS SUR PARIS

Avec la parité des changes sur Londres, calculés sur la base de F. 25.25 par £.

PRIX à RIO-GRANDE par arrobe	PARIS — Rs 400	LONDR. — 23d ¾	PARIS — Rs 395	LONDR. — 24d 1/16	PARIS — Rs 390	LONDR. — 24d ¼	PARIS — Rs 385	LONDR. — 24d 11/16	PARIS — Rs 380	LONDR. — 25d	PARIS — Rs 375	LONDR. — 25d ¼	Rs 5 par F. 1 sur le change font au Havre par 100 kil.
Rs 0$050	F. 1.—		F. 1.01		F. 1.02		F. 1.04		F. 1.05		F. 1.07		F. 0.02
0$100	2.—		2.03		2.05		2.08		2.11		2.14		0.03
0$200	4.—		4.06		4.10		4.16		4.22		4.28		0.06
0$300	6.01		6.09		6.16		6.24		6.33		6.42		0.08
0$400	8.01		8.12		8.21		8.33		8.44		8.56		0.12
0$500	10.02		10.15		10.27		10.41		10.55		10.70		0.14
0$600	12.02		12.18		12.32		12.49		12.66		12.84		0.17
0$700	14.03		14.21		14.38		14.58		14.77		14.98		0.20
0$800	16.03		16.24		16.43		16.66		16.88		17.12		0.23
0$900	18.04		18.27		18.49		18.74		18.99		19.26		0.25
1$000	20.05		20.31		20.56		20.83		21.11		21.39		0.27
3$000	75.20		76.08		76.89		77.75		78.65		79.55		0.80
4$000	95.31		96.39		97.45		98.58		99.76		100.94		1.13
5$000	115.37		116.70		118.01		119.41		120.87		122.33		1.40
6$000	135.42		137.01		138.57		140.24		141.98		143.72		1.67
7$000	155.48		157.32		159.13		161.07		163.09		165.11		1.94
8$000	175.54		177.63		179.69		181.90		184.20		185.50		2.21
Plus, par 100 kil., pour Droits de Sortie à Rio-Grande	A ajouter en les calculant comme il est dit page 53.												

OBSERVATIONS

F. 10 par tonn. sur le fret, font au Havre une différence de F. 1.12 par 100 kil. sur les prix.

On veut savoir le revient au Havre de Suif coûtant à Rio-Grande Rs 4$550 par arrobe, au change de Rs 390, et au fret de F. 80 par tonneau.

Dans la 1re et la 4e colonne de ce tableau on trouvera que:

Rs 0$050 font par 100 kil.		F. 1.02
» 0$500 id.	id.	» 10.27
» 4$000 id.	id.	» 97.45
Plus droits de sortie sur Rs 4$400 à Rio-Grande		» 5.68
Rs 4$550 feront donc par 100 kil.		F. 114.42

Pour les droits de sortie à Rio-Grande on pourra se servir des logarithmes suivants. — Voir l'explication page 53.

CHANGES 400	LOGARITHMES	2145
» 395	»	2172
» 390	»	2200
» 385	»	2228
» 380	»	2257
» 375	»	2287

Droits d'entrée par 100 kil. en Mai 1865

Par navire Français	Exempt
id. Etranger	F. 2.—
Des Entrepôts d'Europe	» 1.—

COMPTE D'ACHAT ET DE REVIENT

A 15000 TIBIAS

15000 Tibias à Rs 14$000 le mille .... Rs 210$000

FRAIS A RIO-GRANDE

	Droits de sortie		
Droits de sortie sur estimation de Rs 13$000 le mille, soit Rs 195$000 à 10 %	Rs 19$500		
Prime sur monnaie nationale 8 %	» 1$560		
	Rs 21$060		
Dispache		Rs 6$000	
Allèges		» 15$000	» 21$000
			Rs 231$000
Commission d'achat et de remboursement 5 %	» 1$050		» 11$550
	Rs 22$110		Rs 242$550
Remboursement sur Paris à 90 jours de vue, au change de Rs 400 pour F. 1	F. 55.30		F. 606.35

FRAIS AU HAVRE

Fret sur 6054 kil. à F. 25 secs par tonn. de 600 kil.		F. 252.25	
Frais au débarquement, port en magasin, magasinage d'un mois, livraison et menus frais		» 60.—	
Assurance maritime sur F. 60 et F. 666 à 1 ¾ % et police	» 1.05	» 13.15	
id. contre le feu sur F. 61 et F. 991 à ⅛ %	» 0.03	» 0.49	
Escompte à la vente 2 %			
Courtage de vente ½ %			
Commission de vente 2 %			
Ensemble 4½ % sur F. 973.55	» 2.49	» 41.31	» 367.20
	F. 58.87		F. 973.55
Soit par 100 kil.	» 0.97		

Rendement : le millier de Tibias rend 404 kil. :

Soit 6060 kil. à	F. 16.06	par 100 kil.	entrepôt...	F. 973.50
Plus : droits de sortie à Rio-Grande	» 0.97	id.	id.	
Ensemble	F. 17.03	id.	id.	

PRIX DE REVIENT AU HAVRE DES 100 KIL. ENTREPOT

AUX CHANGES SUIVANTS SUR PARIS

Avec la parité des changes sur Londres, calculés sur la base de F. 25,25 par £.

PRIX à RIO-GRANDE par mille.	PARIS — Rs 400 / LONDR. — 23d ¾	PARIS — Rs 395 / LONDR. — 24d 1/16	PARIS — Rs 390 / LONDR. — 24d ⅜	PARIS — Rs 385 / LONDR. — 24d 11/16	PARIS — Rs 380 / LONDR. — 25d	PARIS — Rs 375 / LONDR. — 25d ⅜	Rs 5 par F. 1 sur le change font au Havre par 100 kil.
Coût et frais variables: Rs 0$100	F. 0.07	F. 0.07	F. 0.07	F. 0.07	F. 0.07	F. 0.07	F. 0.—
0$200	0.14	0.14	0.14	0.14	0.14	0.14	0.—
0$300	0.21	0.21	0.21	0.21	0.21	0.22	0.—
0$400	0.28	0.28	0.28	0.28	0.28	0.29	0.—
0$500	0.35	0.35	0.35	0.35	0.36	0.36	0.—
0$600	0.42	0.42	0.42	0.43	0.43	0.44	0.—
0$700	0.49	0.49	0.49	0.50	0.50	0.51	0.—
0$800	0.56	0.56	0.56	0.57	0.57	0.58	0.—
0$900	0.63	0.63	0.63	0.64	0.65	0.66	0.—
1$000	0.69	0.70	0.71	0.72	0.73	0.74	0.01
Coût et frais variables et invariables: 10$000	13.30	13.30	13.49	13.60	13.70	13.82	0.11
11$000	13.99	14.09	14.20	14.32	14.43	14.56	0.12
12$000	14.68	14.79	14.91	15.04	15.16	15.30	0.13
13$000	15.37	15.49	15.62	15.76	15.89	16.04	0.14
14$000	16.06	16.19	16.33	16.48	16.62	16.77	0.15
15$000	16.76	16.89	17.04	17.20	17.35	17.51	0.16
16$000	17.45	17.59	17.75	17.92	18.08	18.25	0.17
17$000	18.14	18.29	18.46	18.64	18.80	18.99	0.18
18$000	18.83	19.—	19.17	19.35	19.53	19.72	0.19
Plus, par 100 kil., pour Droits de Sortie à Rio-Grande	A ajouter, en les calculant, comme il est dit page 58.						

OBSERVATIONS

F. 10 par tonn. sur le fret, font au Havre une différence de F. 1.66 par 100 kil. sur les prix.

On veut savoir le revient au Havre de Tibias coûtant à Rio-Grande Rs 14$700 le mille, au change de Rs 390, et au fret de F. 75 par tonneau.

Dans la 1re et la 4e colonne de ce tableau, on trouvera que:

Rs 0$700 font par 100 kil.		F. 0.49
» 14$000 id.	id.	» 16.33
	Plus droits sur Rs 13$700 à Rio-Gr.	» 1.05
Rs 14$700 feront donc		F. 17.87

Pour les droits de sortie à Rio-Grande, on pourra se servir des logarithmes suivants. — Voir l'explication page 58.

CHANGES 400	LOGARITHMES	7472
» 395	»	7567
» 390	»	7664
» 385	»	7763
» 380	»	7865
» 375	»	7970

Droits d'entrée par 100 kil. en Mai 1865

Par navire Français	Exempts
id. Étranger	F. 2.—
Des entrepôts d'Europe	» 2.—

COMPTE D'ACHAT ET DE REVIENT

A 160 SACS CAFÉ CEYLAN NATIF

100 sacs Café Ceylan natif pesant brut cwt 175.3.20 T. ⁰/₀ (pas de don sur 13 sacs au-dessous d'un cwt).
Tare et don.............. » 5.2.11
Net.............................. cwt 170.1. 9 à 60sh par cwt....... £ 510.19. 9
Escompte 1 %.. » 5. 2. 2 £ 505.17. 7

FRAIS A LONDRES

Lotage 4sh, timbre d'exportation £ —. 1. 6.................... £ —. 5. 6
Courtage d'achat ½ %.................................... » 2.11.—
Frais en douane.. » —.10. 6
Frais d'expédition.. » 2. 4.—
Connaissements et menus frais........................ » —.14.—
Timbre et courtage de change.......................... » 1.—.— » 7. 5.—
£ 513. 2. 7
Commission d'achat 2 %.................................... » 10. 5. 3
£ 523. 7.10
Au change de F. 25 pour £ 1.................................. F. 13084.80

FRAIS AU HAVRE

Fret sur kil. 8883 à £ —.12. 6 et 15 % par 1015 kil. et frais de tente 5 % F. 167.70
Permis, voiliers pour échantillonner et conditionner, port en entrepôt, arrimage, magasinage d'un mois, livraison et menus frais.......... » 56.—
Assurance maritime sur F. 14303 à ¼ % et police.......................... » 37.50
Id. contre le feu sur F. 14000 à ½ ‰.......................... » 7.50
Escompte à la vente.............. 2 %
Courtage de vente.............. ½ %
Commission de vente.............. 2 %
Ensemble .... 4½ % sur F. 13946.......................... » 592.70 » 861.20
F. 13946.—

RENDEMENT :

Poids brut.......................... kil. 8883.—
Tare 2 %.......................... » 177. 5
Net.......................... kil. 8705. 5 à F. 160.20 par 100 kil. entrepôt... F. 13946.20

PRIX DE REVIENT AU HAVRE DES 100 KIL. ENTREPOT

AUX CHANGES SUIVANTS SUR PARIS

PRIX à LONDRES par cwt.	F. 25.— par £	F. 25.05 par £	F. 25.10 par £	F. 25.15 par £	F. 25.20 par £	F. 25.25 par £	5 c. par £ sur le change font au Havre par 100 kil.
D. 3	F. 0.65	F. 0.65¼	F. 0.65¾	F. 0.65½	F. 0.65¼	F. 0.65¾	F. 0.—¼
6	1.30¼	1.30¾	1.30¾	1.31	1.31¼	1.31½	0.—¼
9	1.95	1.95½	1.96½	1.96½	1.96¾	1.97¼	0.—¾
Sh. 60.—	160.20	160.51	160.82	161.13	161.44	161.76	0.31
61.—	162.81	163.12	163.44	163.75	164.07	164.39	0.32
62.—	165.41	165.73	166.05	166.37	166.69	167.02	0.33
63.—	168.01	168.34	168.67	168.99	169.32	169.65	0.34
64.—	170.61	170.94	171.28	171.61	171.94	172.28	0.35
65.—	173.22	173.55	173.90	174.23	174.57	174.91	0.36
66.—	175.82	176.16	176.51	176.85	177.19	177.54	0.36
67.—	178.42	178.77	179.13	179.47	179.82	180.17	0.36
68.—	181.02	181.37	181.74	182.09	182.44	182.80	0.36
69.—	183.63	183.98	184.36	184.71	185.07	185.43	0.36
70.—	186.23	186.59	186.97	187.33	187.69	188.06	0.37
71.—	188.83	189.20	189.59	189.95	190.32	190.69	0.38
72.—	191.43	191.80	192.20	192.57	192.94	193.32	0.39
73.—	194.04	194.41	194.82	195.19	195.57	195.95	0.40
74.—	196.64	197.02	197.43	197.81	198.19	198.58	0.40
75.—	199.24	109.68	200.05	200.43	200.82	201.21	0.40
76.—	201.84	202.23	202.66	203.05	203.44	203.84	0.40
77.—	204.45	204.84	205.28	205.67	206.07	206.47	0.40
78.—	207.05	207.45	207.89	208.29	208.69	209.10	0.40
79.—	209.65	210.06	210.51	210.91	211.32	211.73	0.41
80.—	212.25	212.66	213.12	213.53	213.94	214.36	0.42
81.—	214.86	215.27	215.74	216.15	216.57	216.99	0.43
82.—	217.46	217.88	218.35	218.77	219.19	219.62	0.44
83.—	220.06	220.49	220.97	221.39	221.82	222.25	0.45
84.—	222.66	223.09	223.58	224.01	224.44	224.88	0.45
85.—	225.27	225.70	226.20	226.63	227.07	227.51	0.45
86.—	227.86	228.32	228.78	229.23	229.69	230.14	0.46

OBSERVATIONS

Sh. 5 et 15 % par tonn. sur le fret, font au Havre une différence de F. 0.76 par 100 kil. sur les prix.

On veut savoir le revient au Havre de Café coûtant à Londres 75sh6d par cwt, au change de F. 25.20, et au fret de 12sh6 par ton.

Dans la 1re et la 6e colonne de ce tableau on trouvera que :
Sh. 0. 6d font par 100 kil........................F. 1.31
» 75.— id. id. .... » 200.82
Sh. 75. 6d feront donc par 100 kil.........F. 202.13

Les cafés venant d'Angleterre en provenance de ses colonies, accompagnés d'un certificat d'origine, payent les droits ci-après :

Droits d'entrée par 100 kil. en Juin 1865

Des possessions Britanniques........................ F. 50.40
Par navires Français et Etrangers des colonies étrangères........................ » 55.40

COMPTE D'ACHAT ET DE REVIENT

A 15 BOUCAUTS CAFÉ

15 boucauts Café pesant brut	cwt 150.0.14 T. 16.2. 8		
Tare et bon poids	» 17.0.22 2.19		
Net	cwt 132.3.20 à 80sh par cwt	£	531.14. 3
Escompte 1 %		»	5. 6. 3
		£	526. 8.—

FRAIS A LONDRES

Lotage 1/8, timbre d'exportation 1/8	£ —. 3.—		
Courtage ½ %	» 2.12. 7		
Frais en douane	» —.10. 6		
Frais d'expédition	» 1.17. 6		
Connaissements et menus frais	» —.12. 3		
Timbres et courtage de vente	» 1.—.—	»	6.15.10
		£	533. 3.10
Commission d'achat 2 %		»	10.13. 2
		£	543.17.—
Au change de F. 25 pour £ 1		F.	13596.25

FRAIS AU HAVRE

Fret sur 7625 kil. à £ —.12. 6 et 15 % par 1015 kil. et frais de tente	F. 144.—		
Permis, tonneliers pour échantillonner et conditionner, port en entrepôt, arrimage, magasinage d'un mois, livraison et menus frais	» 60.—		
Assurance maritime sur F. 14955 à ¼ % et police	» 38.80		
id. contre le feu sur F. 15198 à ½ ‰	» 7.60		
Escompte de 4 mois 2 %			
Courtage de vente ¼ %			
Commission de vente 2 %			
Ensemble 4¼ % sur F. 14461.35	» 614.00	»	865.10
		F.	14461.35

Rendement :

Poids brut	kil.	7625
Tare réelle	»	840
Net	kil.	6785 à F. 213.14 par 100 kil. entrepôt F. 14461.55

PRIX DE REVIENT AU HAVRE DES 100 KIL. ENTREPOT

AUX CHANGES SUIVANTS SUR PARIS

PRIX à LONDRES par cwt.	F. 25.— par £	F. 25.05 par £	F. 25.10 par £	F. 25.15 par £	F. 25.20 par £	F. 25.25 par £	5 c. par £ sur le change font au Havre par 100 kil.
D. 3	F. 0.65	F. 0.65¼	F. 0.65¾	F. 0.65½	F. 0.65¾	F. 0.66	F. 0.—¼
6	1.30	1.30½	1.30¾	1.31	1.31¼	1.31½	0.—¼
9	1.95	1.95¾	1.96	1.96½	1.96¾	1.97	0.—¼
Sh.							
65.—	174.07	174.41	174.76	175.10	175.45	175.79	0.34½
66.—	176.68	177.02	177.38	177.72	178.08	178.43	0.35
67.—	179.28	179.63	179.99	180.34	180.70	181.06	0.35
68.—	181.89	182.24	182.61	182.96	183.33	183.69	0.36
69.—	184.49	184.85	185.22	185.58	185.95	186.32	0.36
70.—	187.10	187.46	187.84	188.20	188.58	188.95	0.37
71.—	189.70	190.07	190.45	190.82	191.20	191.58	0.37
72.—	192.31	192.68	193.07	193.44	193.83	194.21	0.38
73.—	194.91	195.29	195.68	196.06	196.45	196.84	0.38
74.—	197.52	197.90	198.30	198.68	199.08	199.48	0.39
75.—	200.12	200.51	200.91	201.30	201.70	202.11	0.39
76.—	202.73	203.12	203.53	203.92	204.33	204.74	0.40
77.—	205.33	205.73	206.14	206.54	206.95	207.37	0.40
78.—	207.94	208.34	208.76	209.16	209.58	210.—	0.41
79.—	210.54	210.95	211.37	211.78	212.20	212.63	0.41
80.—	213.14	213.56	213.99	214.40	214.83	215.24	0.42
81.—	215.75	216.17	216.60	217.02	217.45	217.88	0.42
82.—	218.35	218.78	219.22	219.64	220.08	220.51	0.43
83.—	220.96	221.39	221.83	222.26	222.70	223.14	0.43
84.—	223.56	224.—	224.45	224.88	225.33	225.77	0.44
85.—	226.17	226.61	227.06	227.50	227.95	228.40	0.44
86.—	228.77	229.22	229.68	230.12	230.58	231.03	0.45
87.—	231.38	231.83	232.29	232.74	233.20	233.66	0.45
88.—	233.98	234.44	234.91	235.36	235.83	236.30	0.46
89.—	236.59	237.05	237.52	237.98	238.45	238.93	0.46
90.—	239.19	239.66	240.14	240.60	241.06	241.56	0.47
91.—	241.79	242.27	242.75	243.23	243.71	244.19	0.48

OBSERVATIONS

Sh. 5 et 15 % par tonn. sur le fret, font au Havre une différence de F. 0.85 par 100 kil. sur les prix.

On veut savoir le revient au Havre de Café coûtant à Londres 75sh 6d par cwt, au change de F. 25.20, et au fret de 12/6d par ton.

Dans la 1re et la 6e colonne de ce tableau on trouvera que:

Sh. 0. 6d font par 100 kil	F.	1.31
» 75.— id. id.	»	201.70
Sh. 75. 6d feront donc par 100 kil	F.	203.01

Les cafés venant d'Angleterre en provenance de ses colonies, accompagnés d'un certificat d'origine, payent les droits ci-après.

Droits d'entrée par 100 kil. au Juin 1888

Des possessions Britanniques	F. 50.40
Par navires Français et Etrangers de colonies étrangères	» 55.40

COMPTE D'ACHAT ET DE REVIENT

A 200 BALLES COTON JUMEL

200 balles Coton Jumel pesant brut	cwt 983.0. 4		
Don 1 ℔ par balle	» 1.3. 4		
	cwt 931.1. 0		
Tare 18 ℔ par balle	» 32.0.16		
Net	cwt 899.0.12 ℔ 100700 à 10d par ℔	£	4195.16. 7
Escompte de 100 jours à 5 % l'an		»	58. 5. 5
		£	4137.11. 2

FRAIS A LIVERPOOL

Permis, timbre, frais de dock et de ville	£ 5.—.—		
Réception, raccomodage, pesage, marquage, transport et embarquement	» 14.10.—		
Courtage d'achat ½ %	» 20.19. 5		
Connaissements, ports de lettres et menus frais	» 2. 5.—	»	42.14. 5
		£	4180. 5. 7
Commission 2 %		»	83.12.—
		£	4263.17. 7
Remboursement au change de F. 25 pour £ 1		F.	106.597.—

FRAIS AU HAVRE

Fret sur 47391 kil. bruts à 30sh et 15 % par 1014 kil. £ 80.12.5 à F. 25.40 et 5 % frais de tente	F. 2150.15		
Permis, frais au débarquement, port en magasin, voiliers pour échantillonner, arrimage, magasinage d'un mois, livraison et menus frais	» 415.—		
Assurance maritime sur F. 117256 à ¾ % et police	» 441.20		
id. contre le feu sur F. 120262 à ½ ‰	» 60.15		
Escompte à la vente 2 %			
Perte d'intérêts ½ %			
Courtage de vente ¼ %			
Commission de vente 2 %			
Ensemble 4¾ % sur F. 115132.30	» 5468.80	»	8535.30
		F.	115132.30

Rendement : 100 ℔ donnent 45.35 kil. :

Soit sur 104500 ℔, brut	kil.	47391
Tare, don et surdon 5 %	»	2370
Net	kil.	45021 à F. 255.73 par 100 kil. entrepôt ..... F. 115132.30

PRIX DE REVIENT AU HAVRE DES 100 KIL. ENTREPOT

AUX CHANGES SUIVANTS SUR PARIS

PRIX à LIVERPOOL par ℔	F. 25.— par £	F. 25.05 par £	F. 25.10 par £	F. 25.15 par £	F. 25.20 par £	F. 25.25 par £	5 c. par £ sur le change font au Havre par 100 kil.
D. 1/8	F. 3.11	F. 3.11	F. 3.12	F. 3.13	F. 3.13	F. 3.14	F. 0.—
1/4	6.21	6.22	6.24	6.25	6.26	6.28	0.01
3/8	9.32	9.34	9.36	9.38	9.39	9.41	0.02
1/2	12.42	12.45	12.48	12.50	12.52	12.55	0.03
5/8	15.53	15.56	15.59	15.63	15.66	15.69	0.03
3/4	18.64	18.67	18.71	18.76	18.79	18.83	0.04
7/8	21.74	21.78	21.83	21.88	21.92	21.97	0.05
1	24.85	24.90	24.95	25.—	25.05	25.10	0.05
5	131.53	131.78	132.03	132.29	132.54	132.80	0.25
6	156.37	156.67	156.97	157.28	157.58	157.89	0.30
7	181.22	181.57	181.92	182.28	182.63	182.99	0.35
8	206.07	206.47	206.87	207.28	207.68	208.09	0.40
9	230.91	231.36	231.81	232.27	232.72	233.18	0.45
10	255.76	256.26	256.76	257.27	257.77	258.28	0.50
11	280.61	281.16	281.71	282.27	282.82	283.38	0.55
12	305.45	306.05	306.65	307.26	307.86	308.47	0.60
13	330.30	330.95	331.60	332.26	332.91	333.57	0.65
14	355.15	355.85	356.55	357.26	357.96	358.67	0.70
15	380.—	380.75	381.50	382.26	383.01	383.77	0.75
16	404.84	405.64	406.44	407.25	408.06	408.86	0.80
17	429.69	430.54	431.39	432.25	433.10	433.96	0.85
18	454.54	455.44	456.34	457.25	458.15	459.06	0.90
19	479.38	480.33	481.28	482.24	483.19	484.15	0.95
20	504.23	505.23	506.23	507.24	508.24	509.25	1.—

OBSERVATIONS

Sh. 5 et 15 % par tonn. sur le fret, font au Havre une différence de F. 0.79 par 100 kil. sur les prix.

On veut savoir à combien revient au Havre le Coton Jumel coûtant à Liverpool 10 5/8 par ℔, au change F. 25.10, et au fret de 30sh et 15 %.

Dans la 1re et la 4e colonne de ce tableau on trouvera que:

0 5/8 font au Havre par 100 kil	F.	15.59
10 — id. id.	»	256.76
10 5/8 feront donc par 100 kil	F.	272.35

Droits d'entrée par 100 kil. en Juin 1865

Par navires venant d'Angleterre sous tous pavillons ..... F. 3.60

COMPTE D'ACHAT ET DE REVIENT

A 100 BALLES COTON SURATE-BROACH

100 balles Coton Surate-broach, pesant cwt 362.3.27
Tare, 15 ℔ par balle } .... » 15.0.20
Don, 2 ℔ par balle }

Net..................... cwt 347.3. 7 soit 38955 ℔, à 5ᵈ par ℔ .... £ 811.11. 3
Escompte de 100 jours à 5 % sur £ 800.12.— .... » 10.19. 3 £ 800.12.—

FRAIS A LIVERPOOL

Courtage d'achat ½ % sur £ 811.11. 3	£ 4. 1.—		
Réception, marquage, pesage, raccommodage et expédition	» 4.16. 7		
Certificat d'origine	» —. 5. 6		
Timbre de change, télégraphie, ports de lettres et menus frais	» 2.—.—	»	11. 3. 1
		£	811.15. 1
Commission d'achat 2 %		»	16. 4. 8
		£	827.19. 9
Remboursement au change de F. 25.25 pour £ 1		F.	20907.—

FRAIS AU HAVRE

Fret sur 18566 kil. à 25ˢʰ et 15 % par tonn. de 1015 kil., F. 25.40 et 5 % frais de tente	F. 701.20		
Permis, port en magasin, voiliers pour échantillonner, arrimage, magasinage d'un mois, livraison et menus frais	» 100.—		
Assurance maritime sur F. 22997 à ⅜ % et police	» 87.75		
id. contre le feu sur F. 23886 à ½ ‰	» 11.95		
Escompte à la vente 2 %			
Perte d'intérêts ½ %			
Courtage de vente ¼ %			
Commission de vente 2 %			
Ensemble 4¾ % sur F. 22895.40	» 1087.50	»	1988.40
		F.	22895.40

RENDEMENT :

Poids brut..................... kil. 18430.—
Tare, don et surdon 5 %..................... » 921.50
Net..................... kil. 17508.50 à F. 130.77 par 100 kil. entrepôt.. F. 22895.85

PRIX DE REVIENT AU HAVRE DES 100 KIL. ENTREPOT

AUX CHANGES SUIVANTS SUR PARIS

	PRIX à LIVERPOOL par ℔.	F. 25.— par £	F. 25.05 par £	F. 25.10 par £	F. 25.15 par £	F. 25.20 par £	F. 25.25 par £	5 c. par £ sur le change font au Havre par 100 kil.
Subdivisions — Coût et frais variables	D. 1/8	F. 3.09	F. 3.10	F. 3.10	F. 3.11	F. 3.12	F. 3.12	F. 0.01
	1/4	6.18	6.19	6.20	6.22	6.23	6.24	0.01
	3/8	9.27	9.29	9.31	9.33	9.35	9.36	0.02
	1/2	12.36	12.38	12.41	12.44	12.46	12.48	0.02
	5/8	15.45	15.48	15.51	15.55	15.58	15.61	0.03
	3/4	18.54	18.58	18.61	18.65	18.69	18.73	0.04
	7/8	21.63	21.67	21.71	21.76	21.81	21.85	0.04
Coût et frais variables et invariables	3	80.06	80.21	80.36	80.52	80.67	80.83	0.15
	4	104.78	104.98	105.18	105.39	105.59	105.80	0.20
	5	129.50	129.75	130.—	130.26	130.51	130.77	0.25
	6	154.22	154.52	154.82	155.13	155.43	155.74	0.30
	7	178.94	179.29	179.64	180.—	180.35	180.71	0.35
	8	203.66	204.06	204.46	204.87	205.27	205.68	0.40
	9	228.38	228.83	229.28	229.74	230.19	230.65	0.45
	10	253.10	253.60	254.10	254.61	255.11	255.62	0.50
	11	277.82	278.37	278.92	279.48	280.03	280.59	0.55
	12	302.54	303.14	303.74	304.35	304.95	305.56	0.60
	13	327.26	327.91	328.56	329.22	329.87	330.53	0.65
	14	351.98	352.68	353.38	354.09	354.79	355.50	0.70
	15	376.70	377.45	378.20	378.96	379.71	380.47	0.75
	16	401.42	402.22	403.02	403.83	404.63	405.44	0.80
	17	426.14	426.99	427.84	428.70	429.55	430.41	0.85
	18	450.86	451.76	452.66	453.57	454.47	455.38	0.90
	19	475.58	476.53	477.48	478.44	479.39	480.35	0.95
	20	500.30	501.30	502.30	503.31	504.31	505.32	1.—

OBSERVATIONS

Sh. 5 et 15 % par tonn. sur le fret, font au Havre une différence de F. 0.80 par 100 kil. sur les prix.

On veut savoir le revient au Havre de Coton coûtant à Liverpool 16ᵈ ⅜ par ℔, au change de F. 25.10, et au fret de 25ˢʰ et 15 %.

Dans la 1ʳᵉ et la 4ᵉ colonne de ce tableau on trouvera que:

0ᵈ ⅜ par ℔ font au Havre par 100 kil........ F. 13.51
16ᵈ — id. id. id. .... » 403.02
10ᵈ ⅜ feront donc par 100 kil..................... F. 416.33

Les cotons de l'Inde venant d'Angleterre en provenance de ses colonies, accompagnés d'un certificat d'origine, ne paient pas de droits d'entrée. Par contre, tous les autres cotons importés d'Angleterre en France sont assujettis à un droit de F. 3.00 par 100 kil. (Juin 1885).

COMPTE D'ACHAT ET DE REVIENT

A 100 BALLES COTON, EXPÉDIÉES PAR STEAMER DIRECT SUR HAVRE

100 balles Coton, pesant brut cwt 282.3.11 ou		℔ 31679		
Tare, 15 ℔ par balle	℔ 1500			
Don, 1 ℔ par balle	» 100	» 1600		
Net		℔ 30079 à 5d par ℔, en admettant le prompt échu, valeur comptant sans escompte	£	626.12.11

FRAIS A LONDRES

Frais de dock	£ 2.10. 6		
Permis et certificat consulaire	» —.16.—		
Allèges, gardiennage et expédition	» 2.11. 9		
Timbre de traites, dépêches télégraphiques et menus frais	» 1.—. 1		
Courtage d'achat ½ %	» 3. 2. 6	£	10. 1.—
		£	636.13.11
Commission d'achat 2 %		»	12.14. 7
		£	649. 8. 6
Remboursement au change de F. 25.25		F.	16397.85

FRAIS AU HAVRE

Fret sur cwt 282.3.11 à 15sh et 15 %, par 2240 ℔ à F. 25.40, frais de tente 5 %	F. 325.35		
Permis, port en magasin, voiliers pour échantillonner, arrimage, magasinage d'un mois, livraison et menus frais	» 100.—		
Assurance maritime sur F. 18037 ¼ % et police	» 46.60		
id. contre le feu sur F. 18510 ⅛ %	» 9.25		
Escompte de 4 mois 2 %			
Perte d'intérêts ½ %			
Courtage de vente ¼ %			
Commission de vente 2 %			
Ensemble 4¾ % sur F. 17720.95	» 841.75	»	1322.95
		F.	17720.80

RENDEMENT :

Brut	kil.	14361
Tare, don et surdon 5 %	»	718
Net	kil.	13643 à F. 129.88 par 100 kil. entrepôt... F. 17719.80

PRIX DE REVIENT AU HAVRE DES 100 KIL. ENTREPOT

AUX CHANGES SUIVANTS SUR PARIS

PRIX à LONDRES par ℔	F. 25.— par £	F. 25.05 par £	F. 25.10 par £	F. 25.15 par £	F. 25.20 par £	F. 25.25 par £	5 c. par £ sur le change font au Havre par 100 kil.
D. ⅛	F. 3.10	F. 3.11	F. 3.11	F. 3.12	F. 3.12	F. 3.13	F. 0.01
¼	6.20	6.21	6.22	6.24	6.25	6.26	0.01
⅜	9.30	9.32	9.33	9.35	9.37	9.39	0.02
½	12.40	12.42	12.44	12.47	12.50	12.52	0.02
⅝	15.50	15.53	15.56	15.59	15.62	15.65	0.03
¾	18.59	18.63	18.67	18.71	18.75	18.78	0.04
⅞	21.69	21.74	21.78	21.83	21.87	21.91	0.04
3	79.02	79.17	79.32	79.48	79.63	79.79	0.15
4	103.81	104.01	104.21	104.42	104.62	104.83	0.20
5	128.60	128.85	129.10	129.36	129.61	129.87	0.25
6	153.39	153.69	153.99	154.30	154.60	154.91	0.30
7	178.18	178.53	178.88	179.24	179.59	179.95	0.35
8	202.97	203.37	203.77	204.18	204.58	204.99	0.40
9	227.76	228.21	228.66	229.12	229.57	230.03	0.45
10	252.55	253.05	253.55	254.06	254.56	255.07	0.50
11	277.34	277.89	278.44	279.—	279.55	280.11	0.55
12	302.13	302.73	303.33	303.94	304.54	305.15	0.60
13	326.92	327.57	328.22	328.88	329.53	330.19	0.65
14	351.71	352.41	353.11	353.82	354.52	355.23	0.70
15	376.50	377.25	378.—	378.76	379.51	380.27	0.75
16	401.29	402.09	402.89	403.70	404.50	405.31	0.80
17	426.08	426.93	427.78	428.64	429.49	430.35	0.85
18	450.87	451.77	452.67	453.58	454.48	455.39	0.90
19	475.66	476.61	477.56	478.52	479.47	480.43	0.95
20	500.45	501.45	502.45	503.46	504.46	505.47	1.—

(Coût et frais variables et invariables)

OBSERVATIONS

Sh. 5 et 15 % par tonn. sur le fret, font au Havre une différence de F. 0.79 par 100 kil. sur les prix.

On veut savoir le revient au Havre de Coton coûtant à Londres 8d⅝ par ℔, au change de F. 25.10, et au fret de 15sh.

Dans la 1re et la 4e colonne de ce tableau on trouvera que:

0d⅝ par ℔ font au Havre par 100 kil. ..... F. 15.56
8d— id. id. id. ..... » 203.77

8d⅝ feront donc par 100 kil. ..... F. 219.33

N. B. — Ce compte est établi à Londres valeur comptant, sans escompte; mais, en achetant des cotons dont le prompt n'est pas échu, on obtient alors l'escompte à 5 % l'an pour le nombre de jours qui reste à courir jusqu'à l'échéance.

Les cotons de l'Inde venant d'Angleterre en provenance de ses colonies, accompagnés d'un certificat d'origine, ne paient pas de droits d'entrée. Par contre, tous les autres cotons importés d'Angleterre en France sont assujettis à un droit de F. 3.60 par 100 kil. (Juin 1866).

COMPTE D'ACHAT ET DE REVIENT

A 200 CUIRS SALÉS VERTS DE MELBOURNE

200 Cuirs salés, pesant brut cwt 83.2.22, soit... ℔ 9374
Tare 4 ℔ ... ℔ 800
Don ... » 80 » 880
Net ... ℔ 8494 à 4ᵈ par ℔.. £ 141.11. 4
Escompte 2 ½ % ... » 3.10.10 £ 138.—. 6

FRAIS A LONDRES

Courtage d'achat ½ % ... £ —.14. 2
Frais à la réception, marquage, expédition et connaissements ... » 2. 4. 7 » 2.18. 9
£ 140.19. 3
Commission d'achat 2 % ... » 2.16. 4
Valeur comptant ... £ 143.15. 7
Remboursement au change de F. 25 pour 1 £ ... F. 3594.50

FRAIS AU HAVRE

Fret sur cwt 82.3.1 à 12ˢʰ 6ᵈ et 15 % à F. 25.40 et frais de tente 5 % F. 78.60
Permis, ouvriers pour classer, port en magasin, arrimage, magasinage d'un mois, livraison et menus frais ... » 70.—
Assurance maritime sur F. 3954, à ¼ % et police ... » 11.40
id. contre le feu ½ ‰ ... » 2.05
Escompte de 4 mois ... 2 %
Perte d'intérêts d'un mois ... ½ %
Courtage de vente ... ¼ %
Commission de vente ... 2 %
Ensemble ... 4¾ % sur F. 3943.85 ... » 187.30 » 349.35
F. 3943.85

RENDEMENT : net de corde et de sel :

4194 kil. à F. 94.03 par 100 kil. entrepôt ... F. 3943.65

PRIX DE REVIENT AU HAVRE DES 100 KIL. ENTREPOT

AUX CHANGES SUIVANTS SUR PARIS

PRIX à LONDRES par ℔	F. 25.— par £	F. 25.05 par £	F. 25.10 par £	F. 25.15 par £	F. 25.20 par £	F. 25.25 par £	5 c. par £ sur le change font au Havre par 100 kil.
Coût et frais variables — D. 1/8	F. 2.78	F. 2.78⅝	F. 2.79¼	F. 2.79⅞	F. 2.80½	F. 2.81	F. 0.—⅝
1/4	5.56	5.57	5.58	5.59½	5.60	5.62	0.01
3/8	8.34	8.36	8.37	8.39¼	8.40	8.43	0.02
1/2	11.12	11.14	11.16	11.19	11.21	11.24	0.02
5/8	13.90	13.93	[illegible]	13.98¾	14.01	14.05	0.03
3/4	16.68	16.71	16.74	16.78½	16.81	16.86	0.04
7/8	19.46	19.50	19.54	19.58¼	19.62	19.67	0.04
Coût et frais variables et invariables — 3	71.79	71.91	72.04	72.16	72.29	72.42	0.12
4	94.03	94.20	94.37	94.54	94.71	94.89	0.17
5	116.27	116.49	116.70	116.92	117.14	117.36	0.22
6	138.51	138.78	139.03	139.30	139.56	139.83	0.27
7	160.75	161.06	161.37	161.68	161.99	162.30	0.31

OBSERVATIONS

Sh. 2 et 15 % sur le fret, font au Havre une différence de F. 0.30 par 100 kil. sur les prix.

On veut savoir le revient au Havre de Cuirs salés coûtant à Londres 5ᵈ⅜ par ℔, au change de F. 25.20, et au fret de 12ˢʰ 6ᵈ.
0ᵈ⅜ font par 100 kil ... F. 8.40
5ᵈ— id. id. ... » 117.14
5ᵈ⅜ feront donc par 100 kil ... F. 125.54

Droits d'entrée par 100 kil. en Juin 1865

Sous pavillon Français ou Etranger ... F. 3.—

COMPTE D'ACHAT ET DE REVIENT

A 9000 SACS RIZ, SOUS VOILES

9000 sacs Riz, sous voiles, pesant net 676285 kil. à 50 ¾ kil. = 1 cwt :
sur 13325.3.7 à 10sh par cwt. .... £ 6662.18. 2
Bonification pour tenir lieu de toutes réclamations, 4 % .... » 266.10. 5 £ 6396. 7. 9

FRAIS A LONDRES

Courtage d'achat ½ % .... £ 33. 6. 3
Timbre, ports de lettres, dépêches et menus frais .... » 4.10. 5 » 37.16. 8

£ 6434. 4. 5
Commission d'achat 2 % .... » 128.13. 8

£ 6562.18. 1

Remboursement au change de F. 25 par £ 1 .... F. 164072.75

FRAIS AU HAVRE

Fret sera à payer à l'arrivée pour la somme déduite en facture ci-dessus : Mémoire
Prime d'assurance maritime acquittée par les vendeurs .... id.
Permis, frais au débarquement, port en magasin, arrimage, magasinage d'un mois, livraison, voiliers et menus frais .... F. 3850.—
Assurance contre le feu sur F. 184300 à ½ ‰ .... » 92.15
Escompte pour comptant .... 2 %
Perte d'intérêts .... 1 %
Courtage de vente .... ¼ %
Commission de vente .... 2 %
Ensemble .... 5¼ % sur F. 177324.40 .... » 9309.50 » 13251.65

F. 177324.40

RENDEMENT :

Poids ci-dessus net .... kil. 676285
Moins déchet de route, environ 5 % .. » 33814
Net .... kil. 642471 à F. 27.60 par 100 kil. entrepôt .... F. 177324.40

PRIX DE REVIENT AU HAVRE DES 100 KIL. ENTREPOT, SOUS VOILES

AUX CHANGES SUIVANTS SUR PARIS

PRIX à LONDRES par cwt sous voiles	F. 25.— par £	F. 25.05 par £	F. 25.10 par £	F. 25.15 par £	F. 25.20 par £	F. 25.25 par £	5 c. par £ sur le change font au Havre par 100 kil.
D. —.3	F. 0.67	F. 0.68	F. 0.68	F. 0.68	F. 0.68	F. 0.68	F. 0.—
—.6	1.34	1.35	1.36	1.36	1.36	1.36	0.—
—.9	2.02	2.03	2.03	2.03	2.04	2.04	0.—
—.12	2.69	2.70	2.71	2.71	2.72	2.72	0.—
Sh. 6.—	16.82	16.85	16.88	16.91	16.95	16.98	0.03
7.—	19.51	19.55	19.59	19.63	19.66	19.70	0.04
8.—	22.21	22.25	22.29	22.34	22.38	22.42	0.04
9.—	24.90	24.95	25.—	25.05	25.10	25.14	0.05
10.—	27.60	27.65	27.70	27.76	27.81	27.87	0.05
11.—	30.29	30.35	30.41	30.47	30.53	30.59	0.06
12.—	32.99	33.05	33.11	33.18	33.24	33.31	0.06
13.—	35.68	35.75	35.82	35.89	35.96	36.03	0.07
14.—	38.37	38.45	38.53	38.60	38.68	38.75	0.08
15.—	41.07	41.15	41.23	41.31	41.39	41.47	0.08

OBSERVATIONS

On veut savoir le revient au Havre de Riz acheté à Londres, sous voiles, coûtant 9sh 9d par cwt, au change de F. 25.20.

Dans la 1re et la 6e colonne de ce tableau on trouvera que :

Sh. 0. 9d font par 100 kil .... F. 2.04
» 9.—d id. id. .... » 25.10

Sh. 9. 9d feront donc par 100 kil .... F. 27.14

Droits d'entrée par 100 kil. en Juin 1855

Par navire Français .... F. 0.50
id. Etranger .... 2.—
Des Entrepôts d'Europe .... 2.—

CONDITIONS DES MARCHÉS

pour Cargaisons flottantes

Pour les achats de Riz sous voiles à Londres, le prix comprend le fret et la prime d'assurance.

On déduit 4 % pour tenir lieu de la perte au poids, etc.

La charte-partie, connaissement et police d'assurance sont remis par le vendeur à l'acheteur, contre paiement comptant du montant de la facture, aussitôt que le navire a atteint le port qui a été désigné pour prendre des ordres.

Le fret étant à la charge du vendeur est déduit par lui de la facture qu'il remet à son acheteur.

CALCUTTA

Calcutta, capitale du Bengale est le centre de l'administration supérieure anglaise dans l'Inde. Elle s'étend sur la rive gauche du fleuve l'Hougly, un des bras du Gange, sur une longueur de 9 kilomètres, à une distance de 160 kilomètres de la mer. Sa population peut être estimée à environ 1 million d'habitants.

Port, phares, usages maritimes. — A marée haute, l'Hougly a plus de deux kilomètres de largeur. Plus de trente débarcadères mettent les navires à même de communiquer avec les quais de la rive gauche.

La navigation de l'Hougly est dangereuse à cause des bas fonds qui obstruent le cours du fleuve; mais un excellent système de pilotage a été établi, il rend à la marine marchande de précieux services qu'il fait d'ailleurs payer cher.

Le pilotage peut être calculé à R. 1 environ par tonneau de jauge du navire, y compris la gratification au pilote qui n'est pas obligatoire; elle est même interdite par les règlements, mais on la donne habituellement. Ce pilotage étant dû, à la montée comme à la descente, il s'en suit qu'un navire supporte R. 2 à peu près par tonneau.

D'après le règlement du 1er juillet 1856, les bâtiments mouillés dans le port payent, par jour, les droits d'ancrage ci-après:

	Du 1er novembre au 30 mai	Du 1er juin au 30 octobre
Navires de 199 tonneaux et au-dessous	R. 1	R. 3
id. 200 à 299 tonneaux	» 2	» 4
id. 300 à 399 id.	» 3	» 5
id. 400 à 499 id.	» 4	» 6
id. 500 à 599 id.	» 5	» 7
id. 600 à 999 id.	» 6	» 8
id. 1000 tonneaux et au-dessus	» 8	» 10

Le remorquage par bateaux à vapeur est fort cher, il n'y a pas de tarif, le prix est à débattre et peut aller pour monter le fleuve de R. 500 à 700, et pour le descendre de R. 700 à 1250 par navire.

Les navires d'un fort tonnage, au-dessus de 400 à 500 tonneaux ne peuvent compléter leur chargement dans le port; ils sont forcés d'aller se compléter à Diamond-Harbour, 50 kilomètres plus bas.

Un phare en fer est placé, depuis 1850, sur l'île Sangor à l'embouchure de l'Hougly; sa tour est élevée de 21 m. 06 au-dessus du niveau de la mer.

Droits de sortie. — Un droit de sortie de 3 % *ad valorem* est prélevé sur les marchandises produites ou fabriquées dans l'Inde. Il n'y a d'exception que pour quelques articles frappés de droits spéciaux, savoir:

Graines et légumes	½ anna par maund, ou 1 anna par sac de 2 maund.
Indigo	3 roupies par maund.
Lac-Dye et gomme laque	4 %.
Soie	3 ½ annas par seer.
Tabac	4 annas par maund.
Salpêtre	1 roupie par maund.

Sont exempts de droits de sortie: jutes, coton, vachettes, sucre, rhum, monnaies ou espèces, pierres précieuses.

Règlement des marchandises. — La plupart des articles se payent comptant, sans escompte, et en particulier les produits indigènes, tels que: indigo, soie, cornes, suif, gomme laque, peaux, chanvre, graines de lin et de moutarde.

Pour la plupart des autres marchandises, il y a un escompte réglé de 2 à 3 % pour trois mois, à raison de 8 à 12 % l'an.

Monnaies de compte. — *La Roupie de la Compagnie des Indes* = 16 annas à 12 pice. Pour les grosses sommes, on compte: le *Crore* = 100 lacs = 10 millions de roupies: le *Lac* = 100,000 roupies; le *Cahaum* ou *Kahahn* = 4 annas.

Aux termes du règlement fixant la valeur des monnaies employées dans les Indes Orientales, on compte:

100 Roupies	Sicca de Calcutta	=	116	Roupies courantes
100	id. de Surat	=	111	id.
100	id. de Bombay	=	110	id.
100	id. d'Arcate	=	108	id.

Changes. — Le change sur Londres pour traites à six mois de vue, avec document varie de 1sh 10d à 2sh 2d pour une roupie de la Compagnie.

Sur France, à trois et six mois de vue, avec document à raison de F. 2.50 à F. 2.70 pour une roupie de la Compagnie.

On dit qu'une lettre de change est avec ou sans document, suivant qu'elle est accompagnée ou non du connaissement des marchandises et de la police d'Assurance que le vendeur est obligé de fournir.

Etablissements financiers. —

Banque du Bengale, fondée en 1839, au capital de R. 10.700.000;

Banque d'Agra et du Service Uni, fondée en 1833, au capital de £ 1.000.000;

Banque du Nord-Ouest, fondée en 1844, au capital de R. 2.205.600;

Oriental Bank Corporation, fondée en 1842, au capital de R. 8.000.000.

Poids. — Il y a deux sortes de poids en usage à Calcutta: les *poids dits de Bazar*, qui sont employés par les indigènes, dans les transactions locales, et les *poids de factorerie*, employés dans le commerce international.

Le *Maund de Factorerie* = 40 seers = 33 kil. 86217; 1 *Seer* = 16 chittacks = 846 grammes; 1 *Chittack* = 52 gram. 92.

Le *Bazar Maund* = 8 pussarees = 37 kil. 3246; 1 *Pussaree* = 5 seers = 4 kil. 6655; 1 *Seer* = 16 chittacks = 933 grammes.

On compte généralement: 10 bazar maund = 11 maund de factorerie; 3 maund de factorerie = 2 cwt; 3 maund de factorerie = 8 maund de Bombay; 300 maund de factorerie = 896 maund de Madras.

Mesures. — Dans le commerce en gros, on compte par *Kohrdsch, Corge, Koorje* = 4 gondas = 20 pièces.

Mesures de Capacité, pour le blé: le *Khahoon* ou *Kahuhu* = 40 maund de factorerie = 16 soallies = 1354 kil. 72; le *Soally* ou *Soallee* = 20 pallies = 84 kil. 67054; le *Pally* ou *Paily* = 4 kehko = 4 kil. 23352; le *Kehk* ou *Kaik* = 4 kunkehs = 1 kil. 05838; le *Kunkee* ou *Koonkee* = 5 tschittacks = 0 kil. 26459.

Pour les liquides, on emploie les nouvelles et les anciennes mesures de capacité anglaises et aussi les poids de Bazar.

(Extrait du Dictionnaire du Commerce et de la Navigation, par Guillaumin & Cie).

MOUVEMENT COMMERCIAL DE CALCUTTA

EN 1862

La valeur totale des échanges de ce port s'est élevée, en 1862, à F. 854.162.000, savoir:

Importations	F. 436.555.000	dont F. 98.141.000	en numéraire
Exportations	» 417.607.000	id. » 25.659.000	id.

Ces résultats, comparés à ceux de 1861, accusent un accroissement de plus de 25 ½ millions de francs sur la valeur des arrivages et de 17.000.000 sur celle des envois à l'étranger.

Voici, par ordre d'importance, comment on classe les principaux pays de provenance et de destination:

	Importations	Exportations	Total
Angleterre	F. 298.516.000	F. 147.327.000	F. 445.843.000
Chine	» 12.781.000	» 86.565.000	» 99.346.000
Indes anglaises	» 18.397.000	» 66.321.000	» 84.718.000
Singapore	» 21.357.000	» 21.053.000	» 42.410.000
Australie	» 31.466.000	» 3.513.000	» 34.979.000
France	» 13.064.000	» 11.261.000	» 24.325.000
Etats-Unis	» 1.437.000	» 19 670.000	» 21.107.000
Rangoon	» 3.302.000	» 17.394.000	» 20.696.000
Suez	» 18.803.000	» 746.000	» 19.549.000
Maurice	» 4.007.000	» 9.774.000	» 13.781.000
Moulmein	» 5.192.000	» 4.329.000	» 9.521.000
Akyab	» 41.000	» 8.445.000	» 8.486.000
La Réunion	» 619.000	» 7.001.000	» 7.620.000
Penang	» 2.283.000	» 3.775.000	» 6.058.000
Golfes	» 843.000	» 3.600.000	» 4.443.000
Demerary	» —	» 1.982.000	» 1.982.000
Cap de Bonne Espérance	» 1.075.000	» 838.000	» 1.913.000
Hambourg	» 206.000	» 1.300.000	» 1.506.000
Pégu	» 1.387.000	» —	» 1.387 000
Brême	» —	» 1.245.000	» 1.245.000

Le mouvement des principales marchandises se trouve développé dans les relevés ci-après :

IMPORTATIONS

Marchandises	Valeur	Principaux pays de provenance	
Cotonnades	F. 168.672.000	Angleterre	F. 164.539.000
		Singapore	» 2.055.000
		Indes anglaises	» 1.471.000
Numéraire	» 98.141.000	Australie	» 27.987.000
		Suez	» 18.600.000
		Angleterre	» 13.922.000
		Singapore	» 13.819.000
		Chine	» 7.869.000
		France	» 5.245.000
		Maurice	» 3.938.000
		Indes anglaises	» 3.589.000
Métaux	» 51.622.000	Angleterre	» 41.396.000
		Chine	» 2.834.000
		Singapore	» 2.781.000
		Australie	» 2.472.000
Fil de Coton	» 23.767.000	Angleterre	» 23.108.000
		Singapore	» 659.000
Sel	» 11.751.000	Angleterre	» 9.176.000
Bois	» 6.304.000	Moulmein	» 4.570.000
		Rangoon	» 635.000
Bières	» 5.886.000	Angleterre	» 5.839.000
Vins	» 5.369.000	Angleterre	» 4.208.000
		France	» 761.000
Lainages	» 5.312.000	Angleterre	» 5.245.000
Eaux-de-vie et Liqueurs	» 4.337.000	France	» 2.949.000
		Angleterre	» 1.304.000
Soieries	» 3.201.000	Angleterre	» 1.450.000
		France	» 747.000
		Indes anglaises	» 635.000
Articles divers	» 51.661.000	Angleterre	» 28.247.000
		Indes anglaises	» 9.973.000
		France	» 2.966.000

EXPORTATIONS

Marchandises	Quantité	Valeur	Principaux pays de destination	
Opium	kil. 2.039.750	F. 101.257.000	Chine	F. 79.449.000
			Singapore	» 18.729.000
			Penang	» 2.900.000
Riz	» 381.133.000	» 55.515.000	Indes anglaises	» 17.313.000
			Angleterre	» 10.644.000
			Maurice	» 6.658.000
			Chine	» 4.981.000
			La Réunion	» 4.655.000
			Golfes	» 2.806.000
			Australie	» 2.334.000
			Demerara	» 1.809.000
			France	» 1.219.000
Indigo	» 2.683.300	» 28.913.000	Angleterre	» 20.928.000
			France	» 6.233.000
			Etats-Unis	» 707.000
			Suez	» 630.000
Numéraire		» 25.659.000	Indes anglaises	» 13.452.000
			Rangoon	» 5.089.000
			Akyab	» 4.256.000
			Moulmein	» 2 028.000
Coton brut	kil. 13.785 000	» 24.340.000	Angleterre	» 21.077.000
			Indes anglaises	» 1.195.000
			Chine	» 1.106.000
			France	» 164.000
Salpêtre	» 31.327.000	» 21.594.000	Angleterre	» 14.513.000
			Etats-Unis	» 6.185.000
			Chine	» 544.000
Graine de lin	» 100.819.000	» 20.796.000	Angleterre	» 16.515.000
			Etats-Unis	» 4 193.000
Soie grège	» 526.475	» 19.725.000	Angleterre	» 15.997.000
			France	» 1.533.000
			Indes anglaises	» 1.265.000
			Rangoon	» 877.000
Peaux		» 18.145.000	Angleterre	» 12.735.000
			Etats-Unis	» 4.242.000
			France	» 563.000
			Hambourg	» 518.000

				Principaux pays de destination		
Sucre	kil. 19.061.000	»	14.601.000	Indes anglaises	»	11.763.000
				Angleterre	»	1.289.000
				Australie	»	623.000
				Golfes	»	333.000
				La Réunion	»	241.000
Jute	» 57.334.000	»	10.773.000	Angleterre	»	9.251.000
				Indes anglaises	»	1.068.000
				Etats-Unis	»	299.000
				France	»	132.000
Laque en coquilles	» 2.312.500	»	4.780.000	Angleterre	»	3.801.000
				Etats-Unis	»	478.000
				France	»	260.000
Thé		»	4.457.000	Angleterre	»	4.405.000
Graines diverses	kil. 21.704.000	»	3.843.000	Angleterre	»	2.014.000
				Maurice	»	905.000
				Indes anglaises	»	437.000
				France	»	280.000
Blé		»	1.935.000	La Réunion	»	585.000
				Maurice	»	481.000
				Angleterre	»	310.000
Articles divers		»	58.404.000	Indes anglaises	»	19.355.000
				Angleterre	»	12.348.000
				Rangoon	»	11.329.000
				Akyab	»	4.158.000
				Etats-Unis	»	2.823.000
				Moulmein	»	2.074.000
				Singapore	»	1.046.000
				La Réunion	»	738.000
				France	»	725.000

Voici les chiffres comparés du commerce direct du Bengale avec la France, d'après les renseignements de la Douane de Calcutta.

	Importations	Exportations
1861	F. 16.947.000	F. 15.665.000
1862	» 13.064.000	» 11.261.000
Différence	F. 3.883.000	F. 4.404.000

Navigation. — L'intercourse de Calcutta a occupé, en 1862, 1745 navires jaugeant 1.379.361 tonneaux, dont à l'entrée 875 navires jaugeant 692.606 tonneaux, et à la sortie 870 navires jaugeant 686.755 tonneaux ; c'est 28 bâtiments et 113.655 tonneaux de plus qu'en 1861.

La navigation à vapeur est représentée par 183 steamers d'une capacité totale de 259.370 tonneaux.

Les divers pays qui ont pris part à ce mouvement maritime se classent de la manière suivante :

		Navires		Tonneaux
PAYS de provenance et de destination	Angleterre	557	dont 12 steamers	541.187
	Indes anglaises	347	id. 35 id.	276.302
	Maurice	156		113.010
	Suez	49	tous à vapeur	59.847
	La Réunion	117		55.157
	Etats-Unis	61		51.071
	Chine	58	dont 12 steamers	48.465
	Moulmein	68	id. 24 id.	35.186
	Arabie	60	id. 1 id.	33.934
	Australie	42		30.153
	France	31	dont 1 steamer anglais	16.870

COMMERCE DE LA FRANCE

AVEC LES INDES ORIENTALES ANGLAISES

en 1862

Voici comment nos opérations directes avec l'Inde anglaise, c'est-à-dire celles qui ont lieu sans l'intermédiaire de sa métropole, se sont établies, en valeurs réelles, pendant l'exercice 1862.

	Commerce général	Commerce spécial
Importations	F. 74.518.000	F. 74.083 000
Exportations	» 12.510.000	» 10.907.000
Total	F. 87.028.000	F. 84.990.000
Rappel du total de 1861	» 71.928.000	» 67.269.000

Il y a donc eu progrès notable en 1862.

Les importations participent à l'accroissement constaté au commerce *général* pour F. 12.694.000, et au commerce *spécial* pour F. 15.548.000.

Les importations, d'ailleurs moins considérables parce que beaucoup de nos produits ne trouvent leur écoulement dans l'Inde qu'en passant par l'Angleterre, se sont pourtant accrues respectivement de F. 2,401,000 et F. 2,078,000.

Les relevés ci-après font connaître les principaux articles échangés directement entre les deux pays, au commerce *spécial*.

1° IMPORTATION DES INDES ANGLAISES EN FRANCE.

		QUANTITÉS		VALEURS
Indigo	kil.	878.000	F.	18.880.000
Graines oléagineuses	»	30.737.000	»	17.238.000
Coton	»	3.056.000	»	11.805.000
Café	»	4.495.000	»	8.990.000
Riz	»	21.335.000	»	6.124.000
Poivre	»	2.208.000	»	3.312.000
Cachou	»	3.720.000	»	2.269.000
Résineux exotique	»	292.000	»	1.024.000
Jute en brins ou teillé	»	1.637.000	»	982.000
Nitrate de potasse	»	887.000	»	795.000

2° EXPORTATION DE FRANCE POUR LES INDES ANGLAISES.

Vins (1.500.000 litres)	F.	2.566.000
Eaux de vie, esprits et liqueurs (630.000 litres)	»	2.431.000
Tissus de soie	»	857.000
Papier, carton, livres	»	785.000
Poterie, verres, cristaux	»	429.000
Perles fines	F.	357.000
Effets à usage	»	340.000
Tissus de laine	»	280.000
Parfumerie	»	263.000
Outils et ouvrages en métaux	»	230.000
Poissons	»	212.000

(Extrait des Annales du Commerce Extérieur).

Droits de Sortie. — Sauf quelques exceptions, la plupart des articles imposés payent un droit de sortie de 3 % sur l'estimation de la douane.

J'ai établi une colonne à part dans mes comptes, pour le calcul de ces droits qui ne se trouvent pas compris dans les tableaux des prix de revient auxquels il faudra les ajouter.

Sur chaque compte de revient où il y a des droits de sortie, on trouvera des logarithmes aux divers changes, au moyen desquels, en les multipliant par le prix admis par la Douane de Calcutta, pour établir la valeur de la marchandise sur laquelle doit se prélever le droit de sortie, on trouvera le résultat en francs par 100 kil. qui sera à ajouter au prix de revient du tableau.

On pourra se servir de ces logarithmes pour toutes les estimations, aussi longtemps du moins que la base de l'impôt ne sera pas changée.

COMPTE D'ACHAT ET DE REVIENT

A 4374 PIÈCES BOIS DE SAPAN

4374 pièces bois de Sapan, pesant net B^r M^d 438 à R. 3 par B^r M^d .... 1 B^r M^d = 40 seers à 16 chattacks.		R. 1314.—.—

FRAIS A CALCUTTA

Coolies, charrettes, bateaux, gardiens et menus frais		» 65.—.—
Droits de sortie sur 321 cwt à R. 4 par cwt = R. 1284 à 3 %	R. 38. 8. 4	R. 1379.—.—
Commission d'achat et de remboursement 5 %	» 1. 14. 8	» 68. 15. 2
(R. 1 = 16 annas à 12 pice)	R. 40. 7.—	R. 1447. 15. 2
Remboursement sur Paris au change de F. 2.50 par R.	F. 101.75	F. 3619.85

FRAIS AU HAVRE

Fret sur brut 16000 kil. à F. 50 par tonn. de 700 kil.		F. 1142.85	
Permis, frais au débarquement, port ou magasin, arrimage, magasinage d'un mois et livraison		» 75.—	
Assurance maritime sur F. 3081 à 2 % et police	» 2.22	» 81.12	
id. contre le feu sur F. 5280 à ½ ‰	» 0.05	» 2.64	
Escompte à la vente .... 2 %			
Courtage de vente .... ¼ %			
Commission de vente .... 2 %			
Ensemble .... 4¼ % sur F. 5139.90	» 4.63	» 218.44	» 1520.05
	F. 108.65		F. 5139.90
Soit par 100 kil.	» 0.69		

RENDEMENT : 1 B^r M^d rend net 36 kil. :

Soit net 15768 kil. à	F. 32.60	par 100 kil.	entrepôt..	F.	5140.35
Plus : droits de sortie à Calcutta	» 0.69	id.	id.		
Ensemble	F. 33.29	id.	id.		

PRIX DE REVIENT AU HAVRE DES 100 KIL. ENTREPOT

AUX CHANGES SUIVANTS SUR PARIS

Avec la parité des changes sur LONDRES, calculés sur la base de F. 25.25 pour £ 1.—.—

PRIX à CALCUTTA par B^r M^d	PARIS F. 2.50 — LONDRES 1sh 11d 3/4	PARIS F. 2.55 — LONDRES 2sh 0d 1/4	PARIS F. 2.60 — LONDRES 2sh 0d 11/16	PARIS F. 2.65 — LONDRES 2sh 1d 3/16	PARIS F. 2.70 — LONDRES 2sh 1d 5/8	PARIS F. 2.75 — LONDRES 2sh 2d 1/8	5 c. par R. font au Havre sur le change par 100 kil.
Annas 1	F. 0.49	F. 0.50	F 0.51	F. 0.52	F. 0.53	F. 0.54	F. 0.01
2	0.97	0.99	1.01	1.03	1.05	1.07	0.02
3	1.46	1.49	1.52	1.55	1.58	1.61	0.03
4	1.95	1.99	2.02	2.06	2.10	2.14	0.04
5	2.43	2.48	2.53	2.58	2.63	2.68	0.05
6	2.92	2.98	3.04	3.10	3.15	3.21	0.06
7	3.41	3.48	3.54	3.61	3.68	3.75	0.07
8	3.89	3.97	4.05	4.13	4.20	4.28	0.08
9	4.38	4.47	4.55	4.64	4.73	4.82	0.09
10	4.87	4.96	5.06	5.16	5.26	5.35	0.10
11	5.35	5.46	5.57	5.67	5.78	5.89	0.11
12	5.84	5.96	6.07	6.19	6.31	6.42	0.12
13	6.33	6.45	6.58	6.71	6.83	6.96	0.13
14	6.81	6.95	7.09	7.22	7.36	7.50	0.14
15	7.30	7.45	7.59	7.74	7.88	8.03	0.15
16	7.79	7.94	8.10	8.25	8.41	8.57	0.16
Roupies 2.—	24.80	25.14	25.47	25.81	26.14	26.48	0.34
3.—	32.59	33.08	33.56	34.06	34.55	35.05	0.49
4.—	40.38	41.02	41.66	42.32	42.96	43.61	0.64
5.—	48.16	48.96	49.76	50.57	51.37	52.18	0.80
6.—	55.95	56.91	57.86	58.82	59.78	60.75	0.96
Plus, par 100 kil. pour droits de sortie à Calcutta sur estimation de R. 4 par cwt.	0.69	0.70	0.72	0.73	0.74	0.76	0.01

OBSERVATIONS

F. 10 par tonneau sur le fret, font au Havre une différence de F. 1.45 par 100 kil. sur les prix.

On veut savoir le revient au Havre de Bois de Sapan coûtant à Calcutta R. 3.10 par B^r M^d, au change de F. 2.65 et au fret de F. 50.

On trouvera dans la 1re et la 5e colonne de ce tableau que :

R. 0.10 font par 100 kil.	F. 5.16
» 3.— » »	» 34.06
Plus droits de sortie à Calcutta	» 0.73
R. 3.10 feront donc	F. 39.95

N.-B. — Les droits de sortie à Calcutta ne sont pas compris dans les prix de revient du tableau ci-dessus, il faudra donc les ajouter. Pour savoir ce qu'ils produisent au Havre par 100 kil., il suffira de multiplier les logarithmes suivants par R. 4 par cwt. Estimation de la Douane (plus ou moins) et retrancher 3 chiffres, on aura le produit cherché.

CHANGES 2.50	LOGARITHMES	17227
» 2.55	»	17571
» 2.60	»	17916
» 2.65	»	18260
» 2.70	»	18605
» 2.75	»	18950

Droits d'entrée par 100 kil. en Juillet 1865

Par navire Français	Exempt
» Étranger	F. 3.—

COMPTE D'ACHAT ET DE REVIENT

A 500 SACS CACHOU DU PÉGU

500 sacs Cachou du Pégu pesant ensemble.. cwt 512. 1. 6
Tare 2 ℔ par sac .... » 8. 3.20

Net .... cwt 503. 1.14 Soit en Br Md 687 à R. 2 par Br Md .... R. 1374.—.—
(1 Br Md = 40 seers à 16 chattacks).

FRAIS A CALCUTTA

Emballage et embarquement à 4 annas par sac		R. 125.—.—		
Magasinage à R. 2 par 100 Md		» 13.12.—		
Assurance contre le feu ¼ %		» 3. 7.—	»	142. 8.—
Droits de sortie sur cwt 503.1.14 à R. 9. 8.— par cwt R. 4782 à 3 %	R. 143. 7.—		R.	1516. 8.—
Commission d'achat et de remboursement 5 %	» [illegible]		»	[illegible]
(R. 1 = 16 annas à 12 pice).	R. 150.10.—		R.	1592.—.—
Remboursement sur Paris au change de F. 2.50 par R.	F. 376.56		F.	3980.—

FRAIS AU HAVRE

Fret sur brut 25000 kil. à F. 120 secs par tonn. de 800 kil.			F.	3750.—		
Permis, frais au débarquement, port en entrepôt, voiliers, arrimage, magasinage d'un mois, livraison et menus frais			»	190.—		
Assurance maritime sur F. 4378 à 2 % et police	»	8.26	»	89.05		
id. contre le feu sur F. 8407 à ½ %	»	0.21	»	4.20		
Escompte de 4 mois 2%						
Courtage de vente .... ½ %						
Commission de vente 2%						
Ensemble .... 4½ % sur F. 8368.00	»	17.08	»	355.05	»	4388.90
	F.	402.11			F.	8368.90
Soit par 100 kil.	»	1.72				

Rendement : 1 Br Md pour 34 kil. nets :

Soit net 23358 kil. à	F.	35.83 par 100 kil. entrepôt..	F.	8369.15
Plus : droits de sortie	»	1.72	id.	id.
Ensemble	F.	37.55	id.	id.

PRIX DE REVIENT AU HAVRE DES 100 KIL. ENTREPOT

AUX CHANGES SUIVANTS SUR PARIS

Avec la parité des changes sur Londres, calculés sur la base de F. 25.25 pour £. 1.—.—

PRIX à CALCUTTA par Br Md	PARIS F. 2.50 — LONDRES 1sh 11d ¾	PARIS F. 2.55 — LONDRES 2sh 0d ¼	PARIS F. 2.60 — LONDRES 2sh 0d 11/16	PARIS F. 2.65 — LONDRES 2sh 1d 3/16	PARIS F. 2.70 — LONDRES 2sh 1d 5/8	PARIS F. 2.75 — LONDRES 2sh 2d 1/8	5 c. par R. font au Havre sur le change par 100 kil.
Annas 1	F. 0.52	F. 0.53	F. 0.54	F. 0.55	F. 0.56	F. 0.57	F. 0.01
2	1.08	1.05	1.07	1.09	1.12	1.14	0.02
3	1.55	1.58	1.61	1.64	1.67	1.70	0.03
4	2.07	2.11	2.15	2.19	2.23	2.27	0.04
5	2.58	2.63	2.69	2.74	2.79	2.84	0.05
6	3.10	3.16	3.22	3.28	3.35	3.41	0.06
7	3.62	3.69	3.76	3.83	3.90	3.98	0.07
8	4.13	4.21	4.30	4.38	4.46	4.55	0.08
9	4.65	4.74	4.83	4.93	5.02	5.11	0.09
10	5.16	5.27	5.37	5.47	5.58	5.68	0.11
11	[illegible]	[illegible]	[illegible]	[illegible]	6.14	[illegible]	[illegible]
12	6.20	6.32	6.45	6.57	6.69	6.82	0.12
13	6.71	6.85	6.98	7.12	7.25	7.39	0.13
14	7.23	7.38	7.52	7.66	7.81	7.95	0.14
15	7.75	7.90	8.06	8.21	8.37	8.52	0.15
16	8.27	8.43	8.59	8.76	8.92	9.09	0.16
Roupies 2.—	35.83	36.19	36.55	36.91	37.27	37.64	0.36
3.—	44.09	44.62	45.14	45.67	46.19	46.73	0.53
4.—	52.36	53.05	53.74	54.43	55.12	55.82	0.69
5.—	60.62	61.48	62.33	63.19	64.04	64.91	0.86
6.—	68.89	69.91	70.93	71.95	72.97	74.01	1.02
7.—	77.16	78.34	79.52	80.71	81.89	83.10	1.18
8.—	85.42	86.77	88.12	89.47	90.82	92.19	1.35
Plus, par 100 kil., pour Droits de Sortie à Calcutta sur estimation de R. 9. 8 par cwt.	1.73	1.76	1.79	1.82	1.86	1.89	0.03

OBSERVATIONS

F. 10 par tonneau sur le fret, font au Havre une différence de F. 1.34 par 100 kil. sur les prix.

On veut savoir le revient au Havre de Cachou coûtant à Calcutta R. 4. 7 par Br Md, au change de F. 2.65 et au fret de F. 120 par tonneau.

On trouvera dans la 1re et la 5e colonne de ce tableau que :

R. 0. 7 font par 100 kil	F.	3.83
» 4.— » »	»	54.43
Plus droits de sortie à Calcutta	»	1.82
R. 4. 7 feront donc	F.	60.08

N.-B. — Les droits de sortie à Calcutta ne sont pas compris dans les prix de revient du tableau ci-dessus, il faudra donc les ajouter. Pour savoir ce qu'ils produisent au Havre par 100 kil., il suffira de multiplier les logarithmes suivants par R. 9. 8 par cwt. Estimation de la Douane (plus ou moins) et retrancher 8 chiffres, on aura le produit cherché.

Changes	2.50	Logarithmes	18122
»	2.55	»	18484
»	2.60	»	18847
»	2.65	»	19209
»	2.70	»	19572
»	2.75	»	19934

Droits d'entrée par 100 kil. en Juillet 1868

Par navire Français	Exempt
» Étranger	F. 4.80

COMPTE D'ACHAT ET DE REVIENT

A 49 ROBBINS CAFÉ MOKA

40 robbins Café Moka, pesant Br Md 162 à R. 30 par Br Md (1 Br Md = 40 seers à 16 chattacks).			R. 4860.—.—

FRAIS A CALCUTTA

Mise à bord à 4 annas par robbin	R. 12. 4.—		
Magasinage à 1 anna par Br Md	» 10. 2.—		
Assurance contre le feu ¼ %	» 12. 2. 5		
Timbres	» 4. 8.—	»	39.—. 5
		R.	4899.—. 5
Commission d'achat et de remboursement 5 %		»	244.15. 2
		R.	5143.15. 7
Moins droit sur cwt 118. 3.— à R. 30; R. 3562. 8.— à 3 %	R. 106.14.—		
Moins drawback de ⅛		»	93. 8. 3
(R. 1 = 16 annas à 12 pice).		R.	5050. 7. 4
Remboursement sur Paris à 6 mois de vue, au change de F. 2.65 par R.		F.	13383.70

FRAIS AU HAVRE

Fret sur 6180 kil. à F. 125 par tonneau de 900 kil.	F. 858.35		
Permis, frais au débarquement, voiliers pour échantillonner, port en entrepôt, arrimage, magasinage d'un mois, livraison et menus frais	» 44.—		
Assurance maritime sur F. 14721 à 2 ¼ % et police	» 332.70		
id. contre le feu sur F. 15955 à 1 ‰	» 15.95		
Escompte à la vente 2 %			
Courtage de vente ¼ %			
Commission de vente 2 %			
Ensemble 4¼ % sur F. 15284.25	» 649.55	»	1900.55
		F.	15284.25

RENDEMENT : 1 Br Md = 37 kil. ¼ :

Soit	kil. 6034	
Perte au poids 2 ½ %	» 150	
Net	kil. 5884 à F. 259.76 par 100 kil. entrepôt.	F. 15284.25

PRIX DE REVIENT AU HAVRE DES 100 KIL. ENTREPOT

AUX CHANGES SUIVANTS SUR PARIS

Avec la parité des changes sur LONDRES, calculés sur la base de F. 25.25 pour £ 1.—.—

PRIX à CALCUTTA par Br Md	PARIS F. 2.50 — LONDRES 1sh 11d ¾	PARIS F. 2.55 — LONDRES 2sh 0d ¼	PARIS F. 2.60 — LONDRES 2sh 0d 11/16	PARIS F. 2.65 — LONDRES 2sh 1d 3/16	PARIS F. 2.70 — LONDRES 2sh 1d 5/8	PARIS F. 2.75 — LONDRES 2sh 2d 1/8	5 c. par R. font au Havre sur le change par 100 kil.
Roupies ¼	F. 1.90	F. 1.94	F. 1.98	F. 2.01	F. 2.06	F. 2.09	F. 0.04
½	3.81	3.88	3.96	4.03	4.11	4.19	0.08
¾	5.71	5.82	5.94	6.04	6.17	6.28	0.12
1	7.62	7.77	7.92	8.07	8.23	8.38	0.15
2	15.24	15.54	15.84	16.15	16.46	16.76	0.30
3	22.86	23.31	23.77	24.23	24.69	25.14	0.45
4	30.48	31.08	31.69	32.31	32.92	33.52	0.60
5	38.10	38.86	39.62	40.38	41.15	41.91	0.76
6	45.72	46.63	47.54	48.46	49.38	50.29	0.91
7	53.34	54.40	55.47	56.54	57.61	58.67	1.06
8	60.96	62.17	63.39	64.62	65.84	67.05	1.21
9	68.58	69.94	71.32	72.69	74.07	75.43	1.36
10	76.20	77.72	79.24	80.77	82.29	83.82	1.52
20	169.73	172.80	175.87	178.96	182.03	185.12	3.08
30	245.93	250.52	255.11	259.76	264.32	268.94	4.60
40	322.13	328.24	334.35	340.53	346.61	352.76	6.12
50	398.33	405.96	413.59	421.27	428.90	436.58	7.65

(Rows ¼ to 10 bracketed with a side label: [illegible]; rows 20 to 50 bracketed: [illegible])

OBSERVATIONS

F. 10 par tonneau sur le fret, font au Havre une différence de F. 1.17 par 100 kil. sur les prix.

On veut savoir le revient au Havre de Café Moka coûtant à Calcutta R. 28 par Br Md, au change de F. 2.65, et au fret de F. 125.

On trouvera dans la 1re et la 5e colonne de ce tableau que :

R. 8 font par 100 kil.	F. 64.62
» 20 » »	» 178.96
R. 28 feront donc	F. 243.58

Droits d'entrée par 100 kil. en Juillet 1863

Par navire Français	F. 50.40
» Etranger	» 55.40

COMPTE D'ACHAT ET DE REVIENT

A 100 BALLES CHANVRE

100 balles Chanvre de 300 ₶ anglaises, soit 30000 ₶ à R. 20 par balle .... R. 2000.—.—

FRAIS A CALCUTTA

Droits de sortie	Exempt	
Pressage, R. 1.—.4 par balle	R. 125.—.—	
Réception, marques et transport	» 35. 4.—	
Connaissements, timbres et menus frais	» 5.12.—	» 166.—.—
		R. 2166.—.—
Commission d'achat et de remboursement 5 %		» 108. 5.—
(R. 1 = 16 aunas à 12 pice).		R. 2274. 5.—
Remboursement sur Paris, au change de F. 2.50 par R.		F. 5685.80

FRAIS AU HAVRE

Fret sur 13200 kil. à F. 100 secs par tonn. de 600 kil.		F. 2200.—	
Permis, frais au débarquement, port en magasin, arrimage, magasinage d'un mois, livraison et menus frais		» 80.—	
Assurance maritime sur F. 6254 à 2 % et police		» 126.60	
id. contre le feu sur F. 8660 à ½ ‰		» 4.35	
Escompte à la vente	2 %		
Courtage de vente	¼ %		
Commission de vente	2 %		
Ensemble	4¼ % sur F. 8456.15	» 359.40	» 2770.35
			F. 8456.15

Rendement : 100 balles à 132 kil. par balle ou 100 ₶ = 44 kil. :

Soit net 13200 kil. à F. 64.06 par 100 kil. entrepôt .... F. 8455.95

PRIX DE REVIENT AU HAVRE DES 100 KIL. ENTREPOT

AUX CHANGES SUIVANTS SUR PARIS

Avec la parité des changes sur Londres, calculés sur la base de F. 25.25 pour £. 1.—.—

PRIX à CALCUTTA par Balle	PARIS F. 2.50 — LONDRES 1sh 11d 3/4	PARIS F. 2.55 — LONDRES 2sh 0d 1/4	PARIS F. 2.60 — LONDRES 2sh 0d 11/16	PARIS F. 2.65 — LONDRES 2sh 1d 3/16	PARIS F. 2.70 — LONDRES 2sh 1d 5/8	PARIS F. 2.75 — LONDRES 2sh 2d 1/8	5 c. par R. font au Havre sur le change par 100 kil.
Roupies 1/8	F. 0.27	F. 0.27	F. 0.28	F. 0.28	F. 0.28	F. 0.29	F. 0.—
1/4	0.53	0.54	0.55	0.56	0.57	0.58	0.01
3/8	0.80	0.81	0.83	0.84	0.85	0.87	0.01
1/2	1.06	1.08	1.10	1.13	1.15	1.17	0.02
5/8	1.33	1.35	1.38	1.41	1.43	1.46	0.03
3/4	1.59	1.62	1.65	1.69	1.72	1.75	0.03
7/8	1.86	1.90	1.93	1.97	2.—	2.04	0.04
1	2.12	2.17	2.21	2.25	2.29	2.34	0.04
2	4.25	4.33	4.42	4.50	4.59	4.67	0.08
3	6.37	6.50	6.63	6.75	6.88	7.01	0.13
4	8.49	8.66	8.84	9.—	9.17	9.35	0.17
5	10.62	10.83	11.04	11.26	11.47	11.68	0.21
6	12.74	13.—	13.25	13.51	13.76	14.02	0.26
7	14.87	15.16	15.46	15.76	16.06	16.35	0.30
8	16.99	17.33	17.67	18.01	18.35	18.69	0.34
9	19.11	19.50	19.88	20.26	20.64	21.03	0.38
10	42.82	43.47	44.12	44.76	45.41	46.06	0.65
20	64.06	65.13	66.20	67.27	68.35	69.42	1.07
30	85.20	86.80	88.29	89.79	91.26	92.78	1.50
40	106.53	108.46	110.38	112.30	114.22	116.14	1.92
50	127.77	130.12	132.47	134.81	137.16	139.51	2.35

OBSERVATIONS

F. 10 par tonneau sur le fret, font au Havre une différence de F. 1.67 par 100 kil. sur les prix.

On veut savoir le revient au Havre de Chanvre coûtant à Calcutta R. 35 ½ par balle, au change de F. 2.65 et au fret de F. 100 par tonneau.

On trouvera dans la 1re et la 5e colonne de ce tableau que :

R. —.½ fait par 100 kil.	F.	1.13
» 5 » »	»	11.26
» 30 » »	»	89.79
R. 35 ½ feront donc	F.	102.18

Droits d'entrée par 100 kil. en Juillet 1863.

Par tous Pavillons .... Exempt

COMPTE D'ACHAT ET DE REVIENT

DE 10 CAISSES CIRE

10 caisses Cire pesant net Bʳ Mᵈ 30 à R. 50 par Bʳ Mᵈ .... R. 1500.—.—
(1 Bʳ Mᵈ = 40 seers à 16 chattacks et à 82 ²/₁₁ ℔ avoir du poids).

FRAIS A CALCUTTA

	Droits de Sortie	
Recevoir, caisses, emballage, expédition, connaissements, etc.		» 30.—.—
		R. 1530.—.—
Droits de sortie sur 22 cwt à R. 55 par cwt R. 1210 à 3 %..	R. 36. 4. 9	
Commission d'achat et de remboursement 5 %	» 1.13.—	» 76. 8.—
(R. 1 = 16 annas à 12 pice).	R. 38. 1. 9	R. 1606. 8.—
Remboursement sur Paris, au change de F. 2.50 par R.	F. 95.27	F. 4016.25

FRAIS AU HAVRE

Fret sur 1227 kil. à F. 100 secs par tonn. de 900 kil.		F. 136.35	
Permis, frais au débarquement, port en entrepôt, tonneliers pour échantillonner, arrimage, magasinage d'un mois et livraison		» 24.—	
Assurance maritime sur F. 4417 à 2 % et police	» 2.08	» 89.85	
id. contre le feu sur F. 4667 à ½ ‰	» 0.05	» 2.83	
Escompte à la vente 2 %			
Courtage de vente ½ %			
Commission de vente 2 %			
Ensemble 4½ % sur F. 4458.25	» 4.30	» 189.47	» 412.—
	F. 101.70		F. 4458.25
Soit par 100 kil.	» 9.22		

RENDEMENT : 1 Bʳ Mᵈ rend net 36 kil. ¾ :

Soit net 1102 kil. ½ à	F. 404.38	par 100 kil. entrepôt	F. 4458.28
Plus : droits de sortie à Calcutta	» 9.22	id. id.	
Ensemble	F. 413.60	id. id.	

PRIX DE REVIENT AU HAVRE DES 100 KIL. ENTREPOT

AUX CHANGES SUIVANTS SUR PARIS

Avec la parité des changes sur LONDRES, calculés sur la base de F. 25.25 pour £ 1.—.—

PRIX à CALCUTTA par Bʳ Mᵈ	PARIS F. 2.50 — LONDRES 1ˢʰ 11ᵈ ¾	PARIS F. 2.55 — LONDRES 2ˢʰ 0ᵈ ¼	PARIS F. 2.60 — LONDRES 2ˢʰ 0ᵈ ⁴⁴⁄₁₀	PARIS F. 2.65 — LONDRES 2ˢʰ 1ᵈ ³⁄₁₀	PARIS F. 2.70 — LONDRES 2ˢʰ 1ᵈ ⅝	PARIS F. 2.75 — LONDRES 2ˢʰ 2ᵈ ⅛	5 c. par R. font au Havre sur le change par 100 kil.
Roupies ¼	F. 1.91	F. 1.95	F. 1.98	F. 2.02	F. 2.06	F. 2.10	F. 0.04
½	3.81	3.89	3.97	4.04	4.12	4.20	0.08
¾	5.72	5.84	5.95	6.06	6.18	6.29	0.11
1	7.63	7.78	7.93	8.09	8.24	8.39	0.15
2	15.26	15.56	15.87	16.17	16.48	16.78	0.30
3	22.89	23.34	23.80	24.26	24.72	25.17	0.46
4	30.51	31.12	31.73	32.34	32.96	33.57	0.61
5	38.14	38.90	39.67	40.43	41.19	41.96	0.76
6	45.77	46.69	47.60	48.52	49.43	50.35	0.91
7	53.40	54.47	55.54	56.60	57.67	58.74	1.07
8	61.03	62.25	63.47	64.69	65.91	67.13	1.22
9	68.65	70.03	71.40	72.77	74.15	75.53	1.37
10	76.29	77.81	79.34	80.86	82.39	83.91	1.52
20	175.54	178.74	181.94	185.14	188.34	101.54	3.20
30	251.83	256.55	261.28	266.—	270.73	275.45	4.72
40	328.11	334.35	340.61	346.86	353.12	359.36	6.25
50	404.39	412.16	419.95	427.73	435.51	443.28	7.76
60	480.68	489.97	499.29	508.59	517.89	527.19	9.30
70	556.97	567.78	578.62	589.45	600.28	611.10	10.82
80	633.25	645.60	657.96	670.31	682.67	695.01	12.35
Plus, par 100 kil. pour Droits de Sortie à Calcutta sur évaluation de R. 55 par cwt	9.22	9.41	9.59	9.78	9.96	10.15	0.19

OBSERVATIONS

F. 10 par tonneau sur le fret, font au Havre une différence de F. 1.24 par 100 kil. sur les prix.

On veut savoir le revient au Havre de Cire coûtant à Calcutta R. 45 ½ par Bʳ Mᵈ, au change de F. 2.65 et au fret de F. 100.

On trouvera dans la 1ʳᵉ et la 5ᵉ colonne de ce tableau que :

R. —.½ fait par 100 kil.	F.	2.02
» 5 » »	»	40.43
» 40 » »	»	346.85
Plus droits de sortie à Calcutta sur R. 50 par cwt	»	8.88
R. 45 ½ feront donc	F.	398.19

N.-B. — Les droits de sortie à Calcutta ne sont pas compris dans les prix de revient du tableau ci-dessus, il faudra donc les ajouter. Pour savoir ce qu'ils produisent au Havre par 100 kil., il suffira de multiplier les logarithmes suivants par R. 55 par cwt, estimation de la Douane (plus ou moins) et retrancher 5 chiffres, on aura le produit cherché.

CHANGES		LOGARITHMES
CHANGES	2.50	16770
»	2.55	17105
»	2.60	17441
»	2.65	17776
»	2.70	18112
»	2.75	18447

Droits d'entrée par 100 kil. en Juillet 1865

Par navire Français .... F. 1.—
» Étranger .... » 5.—

COMPTE D'ACHAT ET DE REVIENT

A 10000 CORNES DE BUFFLES

10000 Cornes de buffles pesant net B^r M^d 250 à R. 8 par B^r M^d .... R. 2000.—.—

FRAIS A CALCUTTA

	Droits de sortie	
Réception, pesage, expédition, connaissements, etc.		» 31. 4.—
		R. 2081. 4.—
Droits de sortie sur 183 ½ cwt à R. 8 par cwt R. 1468.10.8 à 3 %	R. 44.—.—	
Commission d'achat et de remboursement 5 %	» 2. 3.—	» 101. 9.—
(R. 1 = 16 annas à 12 pies).	R. 46. 3.—	R. 2132.13.—
Remboursement sur Paris, au change de F. 2.50 par R.	F. 115.46	F. 5332.02

FRAIS AU HAVRE

Fret sur 10000 cornes à F. 100 secs par 1000 cornes		F. 1000.—	
Permis, frais au débarquement, port en magasin, arrimage, magasinage d'un mois, livraison et menus frais		» 80.—	
Assurance maritime sur F. 5865 à 2 % et police	» 2.54	» 118.80	
id. contre le feu sur F. 7064 à ½ ‰	» —.06	» 3.53	
Escompte à la vente ... 2 %			
Courtage de vente ... ¼ %			
Commission de vente ... 2 %			
Ensemble ... 4¼ % sur F. 6824.40	» 5.24	» 290.05	» 1492.38
	F. 123.30		F. 6824.40
Soit par 104 cornes	» 1.28¼		

RENDEMENT : 1 B^r M^d pour 37 kil. ¼, soit 9312 kil. ;

Les cornes se vendent au Havre aux 104 :

Soit 10000 cornes à	F. 70.97	les 104 cornes entrepôt	F. 6824.05
Plus : droits de sortie à Calcutta	» 1.28	id.	id.
Ensemble	F. 72.25	id.	id.

PRIX DE REVIENT AU HAVRE DES 104 CORNES ENTREPOT

AUX CHANGES SUIVANTS SUR PARIS

Avec la parité des changes sur LONDRES, calculés sur la base de F. 25,25 pour £ 1.—.—

PRIX à CALCUTTA par B^r M^d	PARIS F. 2.50 — LONDRES 1^{sh} 11^d 3/4	PARIS F. 2.55 — LONDRES 2^{sh} 0^d 1/4	PARIS F. 2.60 — LONDRES 2^{sh} 0^d 11/16	PARIS F. 2.65 — LONDRES 2^{sh} 1^d 3/16	PARIS F. 2.70 — LONDRES 2^{sh} 1^d 5/8	PARIS F. 2.75 — LONDRES 2^{sh} 2^d 1/8	5 c. par R. font au Havre sur le change par 104 cornes
Annas							
1	F. 0.46	F. 0.46	F. 0.47	F. 0.48	F. 0.49	F. 0.50	F. 0.01
2	0.91	0.93	0.95	0.97	0.98	1.—	0.02
3	1.37	1.39	1.42	1.45	1.48	1.50	0.03
4	1.82	1.86	1.89	1.93	1.97	2.—	0.04
5	2.28	2.32	2.37	2.41	2.46	2.50	0.04
6	2.73	2.79	2.84	2.90	2.95	3.—	0.05
7	3.19	3.25	3.32	3.38	3.44	3.50	0.06
8	3.64	3.72	3.79	3.86	3.94	4.01	0.07
9	4.10	4.18	4.26	4.35	4.43	4.51	0.08
10	4.55	4.65	4.74	4.83	4.92	5.01	0.09
11	5.01	5.11	5.21	5.31	5.41	5.51	0.10
12	5.46	5.58	5.68	5.79	5.90	6.01	0.11
13	5.92	6.04	6.16	6.28	6.39	6.51	0.12
14	6.38	6.50	6.63	6.76	6.89	7.01	0.13
15	6.83	6.97	7.11	7.24	7.38	7.51	0.14
16	7.29	7.43	7.58	7.73	7.87	8.02	0.15
Roupies							
5.—	49.10	49.84	50.59	51.34	52.09	52.84	0.75
6.—	56.88	57.28	58.17	59.07	59.97	60.86	0.90
7.—	63.67	64.71	65.75	66.79	67.84	68.87	1.04
8.—	70.96	72.14	73.33	74.52	75.71	76.89	1.19
9.—	78.24	79.58	80.91	82.24	83.58	84.90	1.33
10.—	85.53	87.01	88.49	89.97	91.45	92.92	1.48
11.—	92.82	94.44	96.07	97.69	99.32	100.94	1.62
12.—	100.10	101.88	103.65	105.42	107.19	108.95	1.77
Plus, par 104 cornes pour Droits de Sortie à Calcutta sur évaluation de R. 8 par cwt	1.29	1.32	1.34	1.37	1.39	1.42	0.03

OBSERVATIONS

F. 10 par 1000 cornes sur le fret, font au Havre une différence de F. 1.04 par 104 cornes sur les prix.

On veut savoir le revient au Havre de Cornes de buffles coûtant à Calcutta R. 8.6 par B^r M^d, au change de F. 2.65 et au fret de F. 100.

On trouvera dans la 1re et la 5e colonne de ce tableau que :

R.—. 6 font par 104 cornes	F. 2.90
» 8.— » »	» 74.52
Plus droits de sortie à Calcutta	» 1.37
R. 8. 6 feront donc	F. 78.79

N.-B. — Les droits de sortie à Calcutta ne sont pas compris dans les prix de revient du tableau ci-dessus, il faudra donc les ajouter. Pour savoir ce qu'ils produisent au Havre par 104 cornes, il suffira de multiplier les logarithmes suivants par R. 8 par cwt, estimation de la Douane (plus ou moins) et retrancher 2 chiffres, on aura le produit cherché.

CHANGES		LOGARITHMES
2.50		1613
» 2.55	»	1645
» 2.60	»	1677
» 2.65	»	1710
» 2.70	»	1743
» 2.75	»	1775

Droits d'entrée par 100 kil. en Juillet 1865

Par navire Français .... Exempies
» Étranger .... F. 2.—

COMPTE D'ACHAT ET DE REVIENT

A 94 BALLES COTON

94 balles Coton de 300 ℓ chaque à 82.13 ℓ par Br Md ou Br Md 343.13.12 à R. 30 par Br Md (1 Br Md = 40 seers à 16 chattacks).		R. 10300. 5.—

FRAIS A CALCUTTA

Presse et mise à bord à R. 3. 9.— par balle	R. 339.—.—	
Magasinage 4 annas par balle	» 23. 8.—	
Echantillons et timbres de traites	» 19.—.—	
Courtage 1 %	» 103.—.—	» 474. 8.—
		R. 10774.13.—
Commission d'achat et de remboursement 5 %		» 538.12.—
(R. 1 = 16 annas à 12 pice).		R. 11313. 9.—
Remboursement sur Paris à 6 mois de vue, au change de F. 2.65 par R.		F. 29980.95

FRAIS AU HAVRE

Fret sur 13300 kil. bruts à F. 100 secs par tonn. de 600 kil. bruts	F. 2216.65	
Permis, frais au débarquement, voiliers pour échantillonner et conditionner, port en magasin, arrimage, magasinage d'un mois, livraison et menus frais	» 110.—	
Assurance maritime sur F. 32978 à 1 ¾ % et police	» 578.00	
Id. contre le feu sur F. 35884 à ½ ‰	» 17.95	
Escompte à la vente 2 %		
Commission de vente 2 %		
Courtage de vente ¼ %		
Ensemble 4 ¼ % sur F. 34364.65	» 1460.50	» 4383.70
		F. 34364.65

RENDEMENT : 100 ℓ nettes pour 44.70 kil. nets :

Sur 26300 ℓ, soit net 12005 kil. à F. 272.63 par 100 kil. entrepôt ... F. 34365.—

PRIX DE REVIENT AU HAVRE DES 100 KIL. ENTREPOT

AUX CHANGES SUIVANTS SUR PARIS

Avec la parité des changes sur LONDRES, calculés sur la base de F. 25.25 pour £ 1.—.—

PRIX à CALCUTTA par Br Md	PARIS F. 2.50 — LONDRES 1sh 11d ¾	PARIS F. 2.55 — LONDRES 2sh 0d ¼	PARIS F. 2.60 — LONDRES 2sh 0d 11/16	PARIS F. 2.65 — LONDRES 2sh 1d 3/16	PARIS F. 2.70 — LONDRES 2sh 1d 5/8	PARIS F. 2.75 — LONDRES 2sh 2d 1/8	5 c. par R. font au Havre sur le change par 100 kil.
Roupies 1	F. 7.69	F. 7.85	F. 8.—	F. 8.15	F. 8.31	F. 8.46	F. 0.15
2	15.38	15.69	16.—	16.31	16.61	16.92	0.31
3	23.07	23.54	24.—	24.46	24.92	25.38	0.46
4	30.77	31.38	32.—	32.61	33.29	33.84	0.61
5	38.46	39.23	40.—	40.77	41.53	42.30	0.77
6	46.15	47.07	47.99	48.92	49.84	50.76	0.92
7	53.84	54.92	55.99	57.07	58.14	59.22	1.08
8	61.53	62.76	63.99	65.22	66.45	67.68	1.23
9	69.22	70.61	71.99	73.36	74.76	76.15	1.39
10	104.46	106.15	107.85	109.50	111.26	112.96	1.70
20	181.37	184.61	187.84	191.09	194.33	197.56	3.24
30	258.29	263.06	267.83	272.62	277.39	282.17	4.78
40	335.20	341.51	347.82	354.15	360.46	366.77	6.31
50	412.12	419.07	427.82	435.68	443.53	451.38	7.85

OBSERVATIONS

F. 10 par tonneau sur le fret, font au Havre une différence de F. 1.76 par 100 kil. sur les prix.

On veut savoir le revient au Havre de Coton coûtant à Calcutta R. 45 par Br Md, au change de F. 2.55 et au fret de F. 100.

On trouvera dans la 1re et la 5e colonne de ce tableau que :

R. 5 font par 100 kil	F. 40.77
» 40 » »	» 354.15
R. 45 feront donc	F. 394.92

Droits d'entrée par 100 kil. en Juillet 1865

Par navire Français	Exempt
» Etranger	F. 3.—

COMPTE D'ACHAT ET DE REVIENT

A 600 SACS CURCUMA

600 sacs Curcuma .... pesant Br Md 818 à R. 2 le Br Md			R. 1636.—.—
Perte au criblage 13			
Net .... Br Md 805			
(1 Br Md = 40 seers à 16 chattacks).			

FRAIS A CALCUTTA

Criblage à ½ anna par Br Md	R. 25. 9.—		
Emballage et embarquement à R. 34 les 100 sacs	» 204.—.—		
Magasinage à R. 2 par 100 Br Md	» 16. 6.—		
Assurance contre le feu ¼ %	» 4. 1.—		» 250.—.—
			R. 1886.—.—
	Droits de Sortie		
Droits de sortie sur 600 cwt à R. 3, soit R. 1800 à 3 %	R. 54.—.—		
Commission d'achat et de remboursement 5 %	» 2.11.—		» 94. 5.—
(R. 1 = 16 annas à 12 pice).	R. 56.11.—		R. 1980. 5.—
Remboursement sur Paris, au change de F. 2.50 par R.	F. 141.71		F. 4950.80

FRAIS AU HAVRE

Fret sur 30800 kil. bruts à F. 120 secs par tonneau de 750 kil.		F. 4848.—	
Permis, frais au débarquement, voiliers pour échantillonner et conditionner, port en entrepôt, arrimage, magasinage et livraison		» 230.—	
Assurance maritime sur F. 5445 à 2 % et police	» 4.62	» 108.90	
id. contre le feu sur F. 10632 à ½ ‰	» 0.08	» 5.30	
Escompte de 4 mois .... 2 %			
Courtage de vente .... ¼ %			
Commission de vente .... 2 %			
Ensemble .... 4¼ % sur F. 10593.20	» 6.49	» 450.20	» 5642.40
	F. 152.90		F. 10593.20
Soit par 100 kil.	» 0.52		

Rendement : 1 Br Md rend net 36 kil. ½ :

Soit net 29382 kil. à	F. 36.05	par 100 kil. entrepôt	F. 10592.20
Plus : droits de sortie à Calcutta	» 0.52	id.	id.
Ensemble	F. 36.57	id.	id.

PRIX DE REVIENT AU HAVRE DES 100 KIL. ENTREPOT

AUX CHANGES SUIVANTS SUR PARIS

Avec la parité des changes sur Londres, calculés sur la base de F. 25,25 pour £ 1.—.—

PRIX à CALCUTTA par Br Md	PARIS F. 2.50 — LONDRES 1sh 11d ¾	PARIS F. 2.55 — LONDRES 2sh 0d ¼	PARIS F. 2.60 — LONDRES 2sh 0d 11/16	PARIS F. 2.65 — LONDRES 2sh 1d 3/16	PARIS F. 2.70 — LONDRES 2sh 1d 5/8	PARIS F. 2.75 — LONDRES 2sh 2d 1/8	5 c. par R. font au Havre sur le change par 100 kil.
Annas (Coût et frais variables)							
1	F. 0.49	F. 0.50	F. 0.51	F. 0.52	F. 0.53	F. 0.54	F. 0.01
2	0.98	1.—	1.02	1.04	1.06	1.08	0.02
3	1.47	1.50	1.53	1.55	1.58	1.61	0.03
4	1.96	2.—	2.03	2.07	2.11	2.15	0.04
5	2.45	2.49	2.54	2.59	2.64	2.69	0.05
6	2.93	2.99	3.05	3.11	3.17	3.23	0.06
7	3.42	3.49	3.56	3.63	3.70	3.77	0.07
8	3.91	3.99	4.07	4.14	4.22	4.30	0.08
9	4.40	4.49	4.58	4.66	4.75	4.84	0.09
10	4.89	4.99	5.08	5.18	5.28	5.38	0.10
11	5.38	5.49	5.59	5.70	5.81	5.92	0.11
12	5.87	5.99	6.10	6.22	6.34	6.46	0.12
13	6.36	6.49	6.61	6.73	6.86	6.99	0.13
14	6.85	6.99	7.12	7.25	7.39	7.53	0.14
15	7.34	7.48	7.63	7.77	7.92	8.07	0.15
16	7.82	7.98	8.14	8.29	8.45	8.61	0.16
Roupies (Coût et frais variables et invariables)							
2.—	36.06	36.42	36.79	37.15	37.51	37.86	0.36
3.—	43.88	44.40	44.92	45.44	45.96	46.47	0.52
4.—	51.71	52.38	53.06	53.74	54.41	55.08	0.67
5.—	59.53	60.36	61.20	62.08	62.86	63.68	0.83
6.—	67.36	68.35	69.34	70.32	71.32	72.29	0.99
7.—	75.18	76.33	77.48	78.62	79.77	80.90	1.15
8.—	83.01	84.31	85.61	86.91	88.22	89.51	1.30
9.—	90.83	92.29	93.75	95.21	96.67	98.11	1.46
10.—	98.66	100.27	101.89	103.50	105.12	106.72	1.61
Plus, par 100 kil., pour droits de Sortie à Calcutta, sur évaluation de R. 3 par cwt	0.52	0.53	0.54	0.55	0.56	0.57	0.01

OBSERVATIONS

F. 10 par tonneau sur le fret, font au Havre une différence de F. 1.33 par 100 kil. sur les prix.

On veut savoir le revient au Havre de Curcuma coûtant à Calcutta R. 4.7 par Br Md, au change de F. 2.65 et au fret de F. 120 par tonneau.

On trouvera dans la 1re et la 5e colonne de ce tableau que :

R.—. 7 font par 100 kil.	F. 3.63
» 4.— » »	» 53.74
Plus droits de sortie à Calcutta	» 0.55
R. 4. 7 feront donc	F. 57.92

N.-B. — Les droits de sortie à Calcutta ne sont pas compris dans les prix de revient du tableau ci-dessus, il faudra donc les ajouter. Pour savoir ce qu'ils produisent au Havre par 100 kil., il suffira de multiplier les logarithmes suivants par R. 3, estimation de la Douane (plus ou moins) et retrancher 3 chiffres on aura le produit cherché.

CHANGES		LOGARITHMES
2.50	....	17347
» 2.55	.... »	17694
» 2.60	.... »	18041
» 2.65	.... »	18388
» 2.70	.... »	18735
» 2.75	.... »	19082

Droits d'entrée par 100 kil. en Juillet 1865

Par tous Pavillons .... Exempt

COMPTE D'ACHAT ET DE REVIENT

A 10 SACS DENTS D'ÉLÉPHANT

10 sacs Dents d'éléphant contenant 20 pièces, pesant net Br Md 8.20 à R. 300 par Br Md (1 Br Md = 40 seers à 16 chattacks).			R. 1700.—.—

FRAIS A CALCUTTA

	Droits de Sortie		
Réception, emballage et expédition			» 15.—.—
			R. 1715.—.—
Droits de sortie sur cwt 6.—.26 à R. 300 par cwt R. 1870 à 3 %	R. 56. 2.—		
Commission d'achat et de remboursement 5 %	» 2.13.—		» 85.12.—
(R. 1 = 16 annas à 12 pice).	R. 58.15		R. 1800.12.—
Remboursement sur Paris, au change de F. 2.50 par R.	F. 147.35		F. 4501.90

FRAIS AU HAVRE

Fret sur 340 kil. bruts à F. 125 secs par tonn. de 800 kil.		F. 53.15	
Permis, frais au débarquement, port en magasin, arrimage, magasinage d'un mois, livraison et menus frais		» 12.—	
Assurance maritime sur F. 4952 à 2 % et police	» 3.22	» 100.55	
id. contre le feu sur F. 5117 à ½ ‰	» —.08	» 2.56	
Escompte à la vente 2 %			
Courtage de vente ¼ %			
Commission de vente 2 %			
Ensemble 4 ¼ % sur F. 4877.45	» 6.66	» 207.29	» 375.55
	F. 157.33		F. 4877.45
Soit par kil.	» 0.49		

Rendement : 1 Br Md = 37 kil. ½ :

Soit 316 kil. ½ à	F. 15.41 par kil. entrepôt		F. 4877.25
Plus : droits de sortie à Calcutta	» 0.49 id. id.		
Ensemble	F. 15.90 id. id.		

PRIX DE REVIENT AU HAVRE LE KIL. ENTREPOT

AUX CHANGES SUIVANTS SUR PARIS

Avec la parité des changes sur Londres, calculés sur la base de F. 25.25 pour £ 1.—.—

Prix à Calcutta par Br Md	Paris F. 2.50 — Londres 1sh 11d ¾	Paris F. 2.55 — Londres 2sh 0d ¼	Paris F. 2.60 — Londres 2sh 0d 11/40	Paris F. 2.65 — Londres 2sh 1d 3/10	Paris F. 2.70 — Londres 2sh 1d 5/8	Paris F. 2.75 — Londres 2sh 2d 1/8	5 c. par R. font au Havre sur le change par kil.
Roupies ¼	F. 0.02	F. 0.02	F. 0.02	F. 0.02	F. 0.02	F. 0.02	F. 0.—
½	0.04	0.04	0.04	0.04	0.04	0.04	0.—
¾	0.06	0.06	0.06	0.06	0.06	0.06	0.—
1	0.08	0.08	0.08	0.08	0.08	0.08	0.—
2	0.15	0.15	0.16	0.16	0.16	0.17	0.—
3	0.23	0.23	0.23	0.24	0.24	0.25	0.—
4	0.30	0.31	0.31	0.32	0.33	0.33	0.—
5	0.38	0.38	0.39	0.40	0.41	0.41	0.—
6	0.45	0.46	0.47	0.48	0.49	0.50	0.01
7	0.53	0.54	0.55	0.56	0.57	0.58	0.01
8	0.60	0.61	0.63	0.64	0.65	0.66	0.01
9	0.67	0.69	0.70	0.72	0.73	0.75	0.01
10	0.75	0.77	0.78	0.80	0.81	0.83	0.01
20	1.50	1.54	1.57	1.60	1.63	1.65	0.03
30	2.26	2.30	2.35	2.39	2.44	2.48	0.04
40	3.01	3.07	3.13	3.19	3.25	3.31	0.06
50	3.76	3.84	3.91	3.99	4.06	4.14	0.08
60	4.52	4.61	4.70	4.79	4.86	4.97	0.09
70	5.27	5.37	5.48	5.58	5.69	5.79	0.10
80	6.02	6.14	6.26	6.38	6.50	6.62	0.12
90	6.77	6.91	7.04	7.18	7.32	7.45	0.13
100	7.88	8.03	8.19	8.34	8.49	8.65	0.15
200	15.41	15.71	16.01	16.32	16.62	16.92	0.30
300	22.98	23.38	23.84	24.30	24.75	25.20	0.45
400	30.46	31.06	31.67	32.28	32.88	33.48	0.60
Plus, par 100 kil., pour Droits de Sortie à Calcutta, sur estimation de R. 300 par cwt.	0.50	0.51	0.52	0.53	0.54	0.55	0.01

OBSERVATIONS

F. 10 par tonneau sur le fret, font au Havre une différence de F. 0.01 ½ par kil. sur les prix.

On veut savoir le revient au Havre de Dents d'éléphant coûtant à Calcutta R. 195 ½ par Br Md, au change de F. 2.65 et au fret de F. 125.

On trouvera dans la 1re et la 5e colonne de ce tableau que :

R. —.½ fait par kil.		F. 0.04
» 5 » »		» 0.40
» 90 » »		» 7.18
» 100 » »		» 8.34
	Plus droits de sortie à Calcutta	» 0.53
R. 195 ½ feront donc		F. 16.49

N.-B. — Les droits de sortie à Calcutta ne sont pas compris dans les prix de revient du tableau ci-dessus, il faudra donc les ajouter. Pour savoir ce qu'ils produisent au Havre par kil., il suffira de multiplier les logarithmes suivants par R. 300 par cwt, estimation de la Douane (plus ou moins) et retrancher 4 chiffres, on aura le produit cherché.

Changes		Logarithmes
2.50		1656
» 2.55	»	1689
» 2.60	»	1722
» 2.65	»	1755
» 2.70	»	1788
» 2.75	»	1822

Droits d'entrée par 100 kil. en Juillet 1865

Par navire Français	Exemptes
» Etranger	F. 3.00

COMPTE D'ACHAT ET DE REVIENT

A 50 CAISSES GOMME ÉLASTIQUE

50 caisses Gomme élastique pesant net Br Md 135 à R. 25 par Br Md .... R. 3375.—.—

FRAIS A CALCUTTA

	Droits de Sortie	
Recevoir, caisses, emballage en gonnies, marquer et expédier		» 150.—.—
		R. 3525.—.—
Droits de sortie sur 90 cwt à R. 20 par cwt R. 1960 à 3 %	R. 59. 6. 5	
Commission d'achat et de remboursement 5 %	» 2.15. 7	» 176. 4.—
(R. 1 = 16 annas à 12 pice).	R. 62. 6.—	R. 3701. 4.—
Remboursement sur Paris, au change de F. 2.50 par R.	F. 155.95	F. 9253.10

FRAIS AU HAVRE

Fret sur 5123 kil. à F. 100 secs par tonn. de 450 kil.		F. 1138.25	
Permis, frais au débarquement, tonneliers pour échantillonner, port en magasin, arrimage, magasinage d'un mois et livraison		» 105.—	
Assurance maritime sur F. 10178 à 2 % et police	» 3.42	» 205.05	
id. contre le feu sur F. 11626 à ½ ‰	» 0.08	» 5.80	
Escompte à la vente .... 2 %			
Courtage de vente .... ¼ %			
Commission de vente .... 2 %			
Ensemble .... 4¼ % sur F. 11182.45	» 7.08	» 475.25	» 1929.35
	F. 166.58		F. 11182.45
Soit par 100 kil	» 3.58		

Rendement : 1 Br Md rend net 34 kil. ½ :

Soit net 4657 kil. ½ à	F. 240.09	par 100 kil. entrepôt...	F. 11182.35
Plus : droits de sortie à Calcutta	» 3.58	id.	id.
Ensemble	F. 243.67	id.	id.

PRIX DE REVIENT AU HAVRE DES 100 KIL. ENTREPOT

AUX CHANGES SUIVANTS SUR PARIS

Avec la parité des changes sur Londres, calculés sur la base de F. 25.25 pour £ 1.—.—

PRIX à CALCUTTA par Br Md		PARIS F. 2.50 — LONDRES 1sh 11d 3/4	PARIS F. 2.55 — LONDRES 2sh 0d 1/4	PARIS F. 2.60 — LONDRES 2sh 0d 11/16	PARIS F. 2.65 — LONDRES 2sh 1d 3/16	PARIS F. 2.70 — LONDRES 2sh 1d 5/8	PARIS F. 2.75 — LONDRES 2sh 2d 1/8	5 c. par R. font au Havre sur le change par 100 kil.
Coût et frais variables	Roupies 1/4	F. 2.03	F. 2.07	F. 2.11	F. 2.15	F. 2.19	F. 2.23	F. 0.04
	1/2	4.06	4.14	4.23	4.31	4.39	4.47	0.08
	3/4	6.09	6.21	6.34	6.46	6.58	6.70	0.12
	1	8.13	8.29	8.45	8.61	8.78	8.94	0.16
	2	16.25	16.57	16.90	17.22	17.55	17.87	0.32
	3	24.38	24.86	25.35	25.84	26.33	26.81	0.49
	4	32.50	33.15	33.80	34.45	35.10	35.75	0.65
	5	40.63	41.44	42.25	43.06	43.88	44.69	0.81
	6	48.75	49.72	50.70	51.67	52.65	53.62	0.97
	7	56.88	58.01	59.15	60.28	61.43	62.56	1.13
	8	65.—	66.30	67.60	68.90	70.20	71.50	1.30
	9	73.12	74.58	76.05	77.51	78.98	80.43	1.46
	10	81.25	82.87	84.50	86.12	87.75	89.37	1.62
Coût et frais variables et invariables	20	199.46	202.87	206.31	209.72	213.16	216.57	3.42
	30	280.71	285.74	290.81	295.84	300.91	305.94	5.05
	40	361.96	368.61	375.31	381.96	388.66	395.31	6.67
	50	443.21	451.48	459.81	468.08	476.41	484.68	8.30
	60	524.46	534.35	544.31	554.20	564.16	574.05	9.92
	70	605.71	617.22	628.81	640.32	651.91	663.42	11.55
	80	686.96	700.09	713.31	726.44	730.66	752.79	13.19
Plus, par 100 kil., pour Droits de Sortie à Calcutta, sur évaluation de R. 10 par cwt.		3.58	3.65	3.72	3.79	3.86	3.93	0.07

OBSERVATIONS

F. 10 par tonneau sur le fret, font au Havre une différence de F. 2.44 par 100 kil. sur les prix.

On veut savoir le revient au Havre de Gomme élastique coûtant à Calcutta R. 45 ½ par Br Md, au change de F. 2.65 et au fret de F. 100.

On trouvera dans la 1re et la 5e colonne de ce tableau que :

R. —.½ fait par 100 kil	F. 4.31
» 5.— » »	» 43.06
» 40.— » »	» 381.96
Plus droits de sortie à Calcutta sur R. 40 par cwt	» 7.58
R. 45 ½ feront donc	F. 436.91

N.-B. — Les droits de sortie à Calcutta ne sont pas compris dans les prix de revient du tableau ci-dessus, il faudra donc les ajouter. Pour savoir ce qu'ils produisent au Havre par 100 kil., il suffira de multiplier les logarithmes suivants par R. 20 par cwt, estimation de la Douane (plus ou moins) et retrancher 2 chiffres on aura le produit cherché.

Changes		Logarithmes
Changes	2.50	Logarithmes 1788
»	2.55	» 1824
»	2.60	» 1859
»	2.65	» 1895
»	2.70	» 1931
»	2.75	» 1966

Droits d'entrée par 100 kil. en Juillet 1863

Par navire Français .... Exempte

» Étranger .... F. 3.60

COMPTE D'ACHAT ET DE REVIENT

DE 100 CAISSES GOMME LAQUE

100 caisses Gomme laque net Br Md 262 à R. 30 par Br Md ... (1 Br Md = 40 seers à 16 chattacks).			R. 8460.—.—

FRAIS A CALCUTTA

Emballage et embarquement à R. 2 par caisse ...		R. 200.—.—	
Assurance contre le feu ¼ % ...		» 21. 2.—	» 221. 2.—
			R. 8681. 2.—
	Droits de Sortie		
Droits de sortie sur 204 cwt. à R. 42, soit R. 8568 à 4 % ...	R. 342.12.—		
Commission d'achat et de remboursement 5 % ...	» 17. 2.—		» 434. 1.—
(R. 1 = 16 annas à 12 pice).	R. 359.14.—		R. 9115. 3.—
Remboursement sur Paris, au change de F. 2.65 par R. ...	F. 953.66		F. 24155.25

FRAIS AU HAVRE

Fret sur 21 tonn. à F. 100 secs par tonn. de 1m44 ...		F. 2100.—	
Permis, tonneliers pour échantillonner et conditionner, port en entrepôt, arrimage, magasinage d'un mois, livraison et menus frais ...		» 180.—	
Assurance maritime sur F. 26570 à 2 % et police ...	» 20.96	» 532.90	
id. contre le feu sur F. 29383 à ½ ‰ ...	» 0.53	» 14.70	
Escompte de 4 mois ... 2 %			
Courtage de vente ... ¼ %			
Commission de vente ... 2 %			
Ensemble ... 4¼ % sur F. 28180.55	» 43.30	» 1197.70	» 4025.30
	F. 1018.45		F. 28180.55
Soit par 100 kil ...	» 9.96		

RENDEMENT : 1 Br Md rend net 36 kil. ¼ :

Soit net 10222 kil. à ...	F. 275.68 par 100 kil. entrepôt.		F. 28180.—
Plus : droits de sortie à Calcutta ...	» 9.96 id.	id.	
Ensemble ...	F. 285.64 id.	id.	

PRIX DE REVIENT AU HAVRE DES 100 KIL. ENTREPOT

AUX CHANGES SUIVANTS SUR PARIS

Avec la parité des changes sur LONDRES, calculés sur la base de F. 25.25 pour £ 1.—.—

PRIX à CALCUTTA par Br Md	PARIS F. 2.50 — LONDRES 1sh 11d 3/4	PARIS F. 2.55 — LONDRES 2sh 0d 1/4	PARIS F. 2.60 — LONDRES 2sh 0d 11/16	PARIS F. 2.65 — LONDRES 2sh 1d 3/16	PARIS F. 2.70 — LONDRES 2sh 1d 5/8	PARIS F. 2.75 — LONDRES 2sh 2d 1/8	5 c. par R. font au Havre sur le change par 100 kil.
Annas							
1	F. 0.48	F. 0.49	F. 0.50	F. 0.51	F. 0.52	F. 0.53	F. 0.01
2	0.97	0.99	1.01	1.03	1.05	1.07	0.02
3	1.45	1.48	1.51	1.54	1.57	1.60	0.03
4	1.94	1.98	2.02	2.05	2.09	2.13	0.04
5	2.42	2.47	2.52	2.57	2.62	2.67	0.05
6	2.90	2.96	3.02	3.08	3.14	3.20	0.06
7	3.39	3.46	3.53	3.60	3.66	3.73	0.07
8	3.87	3.95	4.03	4.11	4.19	4.26	0.08
9	4.36	4.45	4.54	4.62	4.71	4.80	0.09
10	4.84	4.94	5.04	5.14	5.23	5.33	0.10
11	5.32	5.43	5.54	5.65	5.76	5.86	0.11
12	5.81	5.93	6.05	6.16	6.28	6.40	0.12
13	6.29	6.42	6.55	6.68	6.80	6.93	0.13
14	6.78	6.92	7.06	7.19	7.33	7.46	0.14
15	7.27	7.41	7.56	7.81	7.85	7.99	0.15
Roupies							
1	7.75	7.90	8.06	8.22	8.37	8.53	0.16
2	15.50	15.81	16.12	16.44	16.75	17.06	0.31
3	23.26	23.72	24.19	24.65	25.12	25.58	0.46
4	31.01	31.63	32.25	32.87	33.49	34.11	0.62
5	38.76	39.54	40.31	41.09	41.86	42.64	0.78
6	46.51	47.44	48.37	49.31	50.24	51.17	0.93
7	54.26	55.35	56.43	57.53	58.61	59.70	1.09
8	62.02	63.26	64.50	65.74	66.98	68.22	1.24
9	69.77	71.10	72.56	73.95	75.36	76.75	1.40
30.—	261.36	266.12	270.88	275.67	280.43	285.19	4.76
40.—	338.88	345.19	351.50	357.85	364.16	370.47	6.31
50.—	416.40	424.26	432.12	440.03	447.89	455.75	7.86
60.—	493.92	503.33	512.74	522.21	531.62	541.03	9.41
Plus, par 100 kil., pour Droits de Sortie à Calcutta, sur évaluation de R. 42 par cwt.	9.41	9.59	9.78	9.97	10.16	10.34	0.19

OBSERVATIONS

F. 10 par tonneau sur le fret, font au Havre une différence de F. 2.05 par 100 kil. sur les prix.

On veut savoir le revient au Havre de la Gomme laque coûtant à Calcutta R. 43.10 par Br Md, au change de F. 2.65 et au fret de F. 100.

On trouvera dans la 1re et la 5e colonne de ce tableau que :

R. —.10 font par 100 kil ...	F. 5.14
» 3.— » » ...	» 24.65
» 40.— » » ...	» 357.85
Plus droits de sortie à Calcutta ...	» 9.97
R. 43.10 feront donc ...	F. 397.61

N.-B. — Les droits de sortie à Calcutta ne sont pas compris dans les prix de revient du tableau ci-dessus, il faudra donc les ajouter. Pour savoir ce qu'ils produisent au Havre par 100 kil., il suffira de multiplier les logarithmes suivants, basés sur 4 % de droits, par R. 42 par cwt, estimation de la Douane (plus ou moins) et retrancher 3 chiffres, on aura le résultat cherché.

CHANGES		LOGARITHMES
2.50	...	22397
» 2.55	...	» 22845
» 2.60	...	» 23293
» 2.65	...	» 23741
» 2.70	...	» 24189
» 2.75	...	» 24637

Droits d'entrée par 100 kil. en Juillet 1865

Par navire Français ...	Exempte
» Etranger ...	F. 12.—

COMPTE D'ACHAT ET DE REVIENT

A 3000 BALLES GRAINE DE LIN

3000 balles Graine de lin de 2 maunds chaque, soit 6000 B^r M^d à R. 2 le B^r M^d........ R. 12000.—.—
(1 B^r M^d = 40 seers à 16 chatiacks).

FRAIS A CALCUTTA

	Droits de Sortie	
Emballage et frais d'embarquement à R. 50 par 100 balles........		» 1500.—.—
		R. 13500.—.—
Droits de sortie sur 4400 cwt à R. 4.2 le cwt, soit sur une valeur de R. 18150 à 3 %........	R. 544. 8	
Commission d'achat et de remboursement 5 %........	» 27. 4.—	» 675.—.—
(R. 1 = 16 annas à 12 pice).	R. 571.12.—	R. 14175.—.—
Remboursement sur Paris, au change de F. 2.65 par R.	F. 1515.15	F. 37563.75

FRAIS AU HAVRE

Fret sur 225000 kil. à F. 100 secs par tonn. de 1000 kil..		F. 22500.—	
Perinis, frais au débarquement, port en magasin, voiliers, arrimage, magasinage d'un mois, livraison et menus frais........		» 1275.—	
Assurance maritime sur F. 41320 à 2 ½ % et police........	» 41.65	» 1034.50	
id. contre le feu sur F. 66130 à ½ ‰........	» 0.85	» 33.05	
Escompte de 4 mois à la vente..... 2 %			
Courtage de vente........ ¼ %			
Commission de vente........ 2 %			
Ensemble........ 4¼ % sur F. 65176.30	» 69.15	» 2770.—	» 27612.55
	F. 1626.80		F. 65176.30
Soit par 100 kil........	» 0.74		

RENDEMENT : 1 B^r M^d rend net 36 kil. ½ :

Soit net 219000 kil. à........	F. 29.76	par 100 kil.	entrepôt........	F.	65164.40
Plus : droits de sortie à Calcutta........	» 0.74	id.	id.		
Ensemble........	F. 30.50	id.	id.		

PRIX DE REVIENT AU HAVRE DES 100 KIL. ENTREPOT

AUX CHANGES SUIVANTS SUR PARIS

Avec la parité des changes sur LONDRES, calculés sur la base de F. 25.25 pour £ 1.—.—

PRIX à CALCUTTA par B^r M^d	PARIS F. 2.50 — LONDRES 1^sh 11^d ¾	PARIS F. 2.55 — LONDRES 2^sh 0^d ¼	PARIS F. 2.60 — LONDRES 2^sh 0^d 11/16	PARIS F. 2.65 — LONDRES 2^sh 1^d 3/16	PARIS F. 2.70 — LONDRES 2^sh 1^d 5/8	PARIS F. 2.75 — LONDRES 2^sh 2^d 1/8	5 c. par R. font au Havre sur le change par 100 kil.
SUBDIVISIONS — Coût et frais variables — Annas 1	F. 0.48	F. 0.49	F. 0.50	F. 0.51	F. 0.52	F. 0.53	F. 0.01
2	0.97	0.98	1.—	1.02	1.04	1.06	0.02
3	1.45	1.48	1.51	1.53	1.56	1.59	0.03
4	1.93	1.97	2.01	2.05	2.08	2.12	0.04
5	2.41	2.46	2.51	2.56	2.61	2.66	0.05
6	2.90	2.95	3.01	3.07	3.13	3.19	0.06
7	3.38	3.44	3.52	3.58	3.65	3.72	0.07
8	3.86	3.94	4.01	4.09	4.17	4.25	0.08
9	4.34	4.43	4.52	4.60	4.69	4.80	0.09
10	4.83	4.92	5.02	5.11	5.21	5.31	0.10
11	5.31	5.41	5.52	5.62	5.73	5.84	0.11
12	5.79	5.90	6.02	6.13	6.25	6.37	0.12
13	6.27	6.40	6.53	6.64	6.77	6.90	0.13
14	6.76	6.89	7.03	7.15	7.29	7.43	0.14
15	7.24	7.38	7.53	7.67	7.82	7.97	0.15
16	7.72	7.87	8.03	8.18	8.34	8.49	0.15
Coût et frais variables et invariables — Roupies 2.—	28.71	29.06	29.41	29.76	30.10	30.45	0.35
3.—	36.43	36.93	37.43	37.94	38.44	38.94	0.50
4.—	44.15	44.81	45.46	46.12	46.78	47.43	0.66
5.—	51.87	52.68	53.49	54.31	55.12	55.93	0.81
6.—	59.59	60.55	61.52	62.49	63.45	64.42	0.97
Plus, par 100 kil., pour Droits de Sortie à Calcutta, sur estimation de R. 4. 2 par cwt	0.70	0.71	0.73	0.74	0.76	0.78	0.—

OBSERVATIONS

F. 10 par tonneau sur le fret, font au Havre une différence de F. 1.08 par 100 kil. sur les prix.

On veut savoir le revient au Havre de Graine de lin coûtant à Calcutta R. 4.2 le B^r M^d, au change de F. 2.65 et un fret de F. 100 par tonneau.

On trouvera dans la 1re et la 5e colonne de ce tableau que :

R. —. 2 font par 100 kil........	F. 1.02
» 4.— » »	» 46.12
Plus droits de sortie à Calcutta........	» 0.74
R. 4. 2 feront donc	F. 47.88

N.-B. — Les droits de sortie à Calcutta ne sont pas compris dans les prix de revient du tableau ci-dessus, il faudra donc les ajouter. Pour savoir ce qu'ils produisent au Havre par 100 kil., il suffira de multiplier les logarithmes suivants, basés sur 3 % de droits, par R. 4.2 par cwt, estimation de la Douane (plus ou moins) et retrancher 8 chiffres, on aura le produit cherché.

CHANGES		LOGARITHMES
CHANGES	2.50	16990
»	2.55	17330
»	2.60	17670
»	2.65	18009
»	2.70	18349
»	2.75	18689

Droits d'entrée par 100 kil. en Juillet 1865

Par navire Français........ Exempte
» Etranger........ F. 2.—

COMPTE D'ACHAT ET DE REVIENT

A 1364 SACS GRAINE DE MOUTARDE

1364 sacs Graine de moutarde de 2 Br Md chaque, soit Br Md 2728 à R. 4 par Br Md ... (1 Br Md = 40 seers à 16 chattacks).				R. 10912.—.—

FRAIS A CALCUTTA

	Droits de Sortie			
Emballage, mise à bord, etc., à R. 50 par 100 sacs		R. 682.—.—		
Timbres et menus frais		» 14.—.—	»	696.—.—
				R. 11608.—.—
Droits de sortie sur 2000 cwt à R. 4.2 par cwt R. 8250 à 3 %	R. 247. 8.—			
Commission d'achat et de remboursement 5 %	» 12. 6.—		»	580. 6.—
(R. 1 = 16 annas à 12 pice).	R. 259.14.—			R. 12188. 6.—
Remboursement sur Paris à 6 mois de vue, au change de F. 2.50 par R.	F. 649.70		F.	30470.95

FRAIS AU HAVRE

Fret sur 102000 kil. bruts à F. 100 secs par tonneau de 1000 kil.				F.	10200.—	
Permis, frais au débarquement, voiliers, port en magasin, arrimage, magasinage d'un mois, livraison et menus frais				»	625.—	
Assurance maritime sur F. 33518 à 2 ½ % et police		»	17.85	»	839.45	
id. contre le feu sur F. 45182 à ½ ‰		»	0.36	»	22.50	
Escompte à la vente	2 %					
Courtage de vente	¼ %					
Commission de vente	2 %					
Ensemble	4¼ % sur F. 44241.55	»	29.04	»	1871.35	» 13558.30
		F.	697.55			F. 44029.25
Soit par 100 kil.		»	0.70			

Rendement : 1 Br Md rend net 36 kil. ½ :

Soit net 99572 kil. à	F. 44.22	par 100 kil. entrepôt		F. 44030.75
Plus : droits de sortie à Calcutta	» 0.70	id.	id.	
Ensemble	F. 44.92	id.	id.	

PRIX DE REVIENT AU HAVRE DES 100 KIL. ENTREPOT

AUX CHANGES SUIVANTS SUR PARIS

Avec la parité des changes sur Londres, calculés sur la base de F. 25.25 pour £ 1.—.—

PRIX à CALCUTTA par Br Md	PARIS F. 2.50 — LONDRES 1sh 11d 3/4	PARIS F. 2.55 — LONDRES 2sh 0d 1/4	PARIS F. 2.60 — LONDRES 2sh 0d 11/16	PARIS F. 2.65 — LONDRES 2sh 1d 3/16	PARIS F. 2.70 — LONDRES 2sh 1d 5/8	PARIS F. 2.75 — LONDRES 2sh 2d 1/8	5 c. par R. font au Havre sur le change par 100 kil.
Annas (SUBDIVISION — Coût et frais variables)							
1	F. 0.48	F. 0.49	F. 0.50	F. 0.51	F. 0.52	F. 0.53	F. 0.01
2	0.96	0.98	1.—	1.02	1.04	1.06	0.02
3	1.45	1.48	1.51	1.53	1.56	1.59	0.03
4	1.93	1.97	2.01	2.05	2.08	2.12	0.04
5	2.41	2.46	2.51	2.56	2.61	2.65	0.05
6	2.90	2.95	3.01	3.07	3.13	3.19	0.06
7	3.38	3.45	3.51	3.58	3.65	3.72	0.07
8	3.86	3.94	4.02	4.09	4.17	4.25	0.08
9	4.34	4.43	4.52	4.60	4.69	4.78	0.09
10	4.83	4.92	5.02	5.11	5.21	5.31	0.10
11	5.31	5.41	5.52	5.63	5.73	5.84	0.11
12	5.79	5.91	6.02	6.14	6.26	6.37	0.12
13	6.27	6.40	6.52	6.65	6.78	6.90	0.13
14	6.76	6.89	7.03	7.16	7.30	7.43	0.13
15	7.24	7.38	7.53	7.67	7.82	7.96	0.14
16	7.72	7.88	8.03	8.18	8.34	8.49	0.15
Roupies (Coût et frais variables et invariables)							
2.—	28.77	29.12	29.47	29.82	30.17	30.52	0.35
3.—	36.50	37.—	37.50	38.—	38.51	39.01	0.50
4.—	44.22	44.87	45.53	46.19	46.85	47.51	0.66
5.—	51.94	52.75	53.56	54.37	55.19	56.—	0.81
6.—	59.66	60.63	61.60	62.56	63.53	64.49	0.96
7.—	67.38	68.50	69.63	70.74	71.87	72.99	1.12
8.—	75.11	76.38	77.66	78.93	80.21	81.48	1.27
Plus, par 100 kil., pour Droits de Sortie à Calcutta, sur estimation de R. 4. 2 par cwt	0.70	0.71	0.73	0.74	0.76	0.77	0.—

OBSERVATIONS

F. 10 par tonneau sur le fret, font au Havre une différence de F. 1.02 par 100 kil. sur les prix.

On veut savoir le revient au Havre de Graine de moutarde coûtant à Calcutta R. 3.14 par Br Md, au change de F. 2.65 et au fret de F. 100 par tonneau.

On trouvera dans la 1re et la 5e colonne de ce tableau que :

R.—.14 font par 100 kil.	F. 7.16
» 3.— » »	» 38.—
Plus pour droits de sortie à Calcutta sur R. 4 par cwt	» 0.72
R. 3.14 feront donc	F. 45.88

N.-B. — Les droits de sortie à Calcutta ne sont pas compris dans les prix de revient du tableau ci-dessus, il faudra donc les ajouter. Pour savoir ce qu'ils produisent au Havre par 100 kil., il suffira de multiplier les logarithmes suivants par R. 4.2 par cwt, estimation de la Douane (plus ou moins) et retrancher 3 chiffres, on aura le produit cherché.

Changes		Logarithmes
2.50		16985
» 2.55	»	17324
» 2.60	»	17664
» 2.65	»	18004
» 2.70	»	18344
» 2.75	»	18683

Droits d'entrée par 100 kil. en Juillet 1865

Par navire Français	Exempte
» Etranger	F. 2.—

COMPTE D'ACHAT ET DE REVIENT

A 148 SACS GRAINE DE SÉSAME

148 sacs Graine de sésame du poids de 2 M^d^ B^r chaque, soit 296 B^r M^d à R. 4 par B^r M^d .... R. 1184.—.—
(1 B^r M^d = 40 seers à 16 chattacks).

FRAIS A CALCUTTA

Emballage et mise à bord à R. 60 par 100 sacs........ R. 88.12. 9
Timbres et menus frais........ » 2. 3. 3 » 91.—.—
R. 1275.—.—

Droits de Sortie

Droits de sortie sur cwt 217.—.8 à R. 4.2 par cwt, R. 895.0.0 à 3 %........ R. 26.14.—
Commission d'achat et de remboursement 5 %........ » 1. 5.— » 63.12.—
(R. 1 = 16 annas à 12 pice). R. 28. 3.— R. 1338.12.—
Remboursement sur Paris à 6 mois de vue, au change de F. 2.50 par R... F. 70.46 F. 3346.88

FRAIS AU HAVRE

Fret sur 11250 kil. à F. 125 secs par tonn. de 800 kil... F. 1757.75
Permis, frais au débarquement, voiliers pour échantillonner, port en magasin, arrimage, magasinage d'un mois et livraison........ » 75.—
Assurance maritime sur F. 3680 à 2 ½ % et police........ » 1.92 » 93.50
id. contre le feu sur F. 5606 à ½ ‰........ » 0.04 » 2.80
Escompte à la vente........ 2 %
Courtage de vente........ ¼ %
Commission de vente........ 2 %
Ensemble........ 4¼ % sur F. 5510.10.... » 3.21 » 234.17 » 2163.22
F. 75.63 F. 5510.10
Soit par 100 kil........ » 0.69

RENDEMENT : 1 B^r M^d rend 37 kil. nets :

Soit net 10952 kil. à........ F. 50.31 par 100 kil. entrepôt........ F. 5509.95
Plus : droits de sortie à Calcutta........ » 0.69 id. id.
Ensemble........ F. 51.— id. id.

PRIX DE REVIENT AU HAVRE DES 100 KIL. ENTREPOT

AUX CHANGES SUIVANTS SUR PARIS

Avec la parité des changes sur LONDRES, calculés sur la base de F. 25.25 pour £. 1.—.—

PRIX à CALCUTTA par B^r M^d	PARIS F. 2.50 — LONDRES 1^sh 11^d 3/4	PARIS F. 2.55 — LONDRES 2^sh 0^d 1/4	PARIS F. 2.60 — LONDRES 2^sh 0^d 11/16	PARIS F. 2.65 — LONDRES 2^sh 1^d 3/16	PARIS F. 2.70 — LONDRES 2^sh 1^d 5/8	PARIS F. 2.75 — LONDRES 2^sh 2^d 1/8	5 c. par R. font au Havre sur le change par 100 kil.
Annas 1	F. 0.48	F. 0.49	F. 0.50	F. 0.50	F. 0.51	F. 0.52	F. 0.01
2	0.95	0.97	0.99	1.01	1.03	1.05	0.02
3	1.43	1.46	1.49	1.51	1.54	1.57	0.03
4	1.90	1.94	1.98	2.02	2.06	2.09	0.04
5	2.38	2.43	2.48	2.52	2.57	2.62	0.05
6	2.86	2.91	2.97	3.03	3.09	3.14	0.06
7	3.33	3.40	3.47	3.53	3.60	3.67	0.07
8	3.81	3.88	3.96	4.04	4.11	4.19	0.08
9	4.28	4.37	4.46	4.54	4.63	4.71	0.09
10	4.76	4.86	4.95	5.05	5.14	5.24	0.10
11	5.24	5.34	5.45	[illegible]	5.66	5.76	0.10
12	5.71	5.83	5.94	6.06	6.17	6.28	0.11
13	6.19	6.31	6.44	6.60	6.68	6.81	0.12
14	6.67	6.80	6.93	7.06	7.20	7.33	0.13
15	7.14	7.28	7.43	7.57	7.71	7.86	0.14
16	7.62	7.77	7.92	8.07	8.23	8.38	0.15
Roupies 2.—	35.07	35.48	35.78	36.14	36.49	36.84	0.35
3.—	42.69	43.20	43.71	44.21	44.72	45.22	0.51
4.—	50.31	50.97	51.63	52.29	52.95	53.60	0.66
5.—	57.93	58.74	59.55	60.36	61.17	61.98	0.81
6.—	65.55	66.51	67.47	68.44	69.40	70.36	0.96
7.—	73.16	74.28	75.39	76.51	77.63	78.73	1.11
8.—	80.78	82.05	83.32	84.59	85.85	87.11	1.26
Plus, par 100 kil., pour Droits de Sortie à Calcutta, sur estimation de R. 4. 2 par cwt	0.69	0.70	0.72	0.73	0.75	0.76	0.01

OBSERVATIONS

F. 10 par tonneau, sur le fret, font au Havre une différence de F. 1.28 par 100 kil. sur les prix.

On veut savoir le revient au Havre de Graine de sésame coûtant à Calcutta R. 3.14 par B^r M^d, au change de F. 2.65 et au fret de F. 125 secs.

On trouvera dans la 1re et la 5e colonne de ce tableau que :

R. —.14 font par 100 kil........ F. 7.06
» 3.— » » .... » 44.21
Plus droits de sortie à Calcutta........ » 0.73
R. 3.14 feront donc........ F. 52.—

N.-B. — Les droits de sortie à Calcutta ne sont pas compris dans les prix de revient du tableau ci-dessus, il faudra donc les ajouter. Pour savoir ce qu'ils produisent au Havre par 100 kil., il suffira de multiplier les logarithmes suivants par R. 4.2 par cwt, estimation de la Douane (plus ou moins) et retrancher 8 chiffres, on aura le produit cherché.

CHANGES		LOGARITHMES
2.50	....	16735
» 2.55	....	» 17070
» 2.60	....	» 17404
» 2.65	....	» 17739
» 2.70	....	» 18074
» 2.75	....	» 18408

Droits d'entrée par 100 kil. en Juillet 1865

Par navire Français........ Exempte
» Etranger........ F. 2.—

COMPTE D'ACHAT ET DE REVIENT

A 600 SACS GINGEMBRE NETTOYÉ

600 sacs Gingembre nettoyé, pesant net 818 Br Md à R. 14 par Br Md (1 Br Md = 40 seers à 16 chattacks).			R. 11452.—.—

FRAIS A CALCUTTA

Emballage et mise à bord à R. 40 par 100 sacs		R. 240.—.—	
Magasinage à R. 2 par 100 Br Md		» 16. 5. 9	
Assurance contre le feu ¼ %		» 28.10. 1	
Timbres et menus frais		» 13.—. 2	» 298.—.—
			R. 11750.—.—
	Droits de Sortie		
Droits de sortie sur 600 cwt à R. 6 par cwt, R. 3600 à 3 %	R. 108.—.—		
Commission d'achat et de remboursement 5 %	» 5. 6. 5		» 587. 8.—
(R. 1 = 16 annas à 12 pice).	R. 113. 6. 5		R. 12337. 8.—
Remboursement sur Paris, au change de F. 2.50 par R.	F. 283.50		F. 30843.75

FRAIS AU HAVRE

Fret sur 31000 kil. bruts à F. 100 secs par tonn. de 800 kil.		F. 3875.—	
Permis, frais au débarquement, voiliers pour échantillonner, port en magasin, arrimage, magasinage d'un mois, livraison et menus frais		» 290.—	
Assurance maritime sur F. 33927 à 2 % et police	» 6.22	» 680.05	
id. contre le feu sur F. 38772 à ½ ‰	» 0.16	» 19.38	
Escompte à la vente 2 %			
Courtage de vente ¼ %			
Commission de vente 2 %			
Ensemble 4¼ % sur F. 37298.10	» 12.87	» 1584.92	» 6449.35
	F. 302.75		F. 37298.10
Soit par 100 kil.	» 1.04		

RENDEMENT : 1 Br Md rend net 35 kil. ½ :

Soit net 29039 kil. à	F. 128.43 par 100 kil. entrepôt		F. 37294.75
Plus : droits de sortie à Calcutta	» 1.04 id.	id.	
Ensemble	F. 129.47 id.	id.	

PRIX DE REVIENT AU HAVRE DES 100 KIL. ENTREPOT

AUX CHANGES SUIVANTS SUR PARIS

Avec la parité des changes sur LONDRES, calculés sur la base de F. 25.25 pour £ 1.—.—

PRIX à CALCUTTA par Br Md	PARIS F. 2.50 — LONDRES 1sh 11d ¾	PARIS F. 2.55 — LONDRES 2sh 0d ¼	PARIS F. 2.60 — LONDRES 2sh 0d 11/16	PARIS F. 2.65 — LONDRES 2sh 1d 3/16	PARIS F. 2.70 — LONDRES 2sh 1d 5/8	PARIS F. 2.75 — LONDRES 2sh 2d 1/8	5 c. par R. font au Havre sur le change par 100 kil.
Annas 1	F. 0.50	F. 0.50	F. 0.51	F. 0.52	F. 0.53	F. 0.54	F 0.01
2	0.99	1.01	1.03	1.05	1.07	1.09	0.02
3	1.48	1.51	1.54	1.57	1.60	1.63	0.03
4	1.98	2.02	2.06	2.10	2.14	2.18	0.04
5	2.47	2.52	2.57	2.62	2.67	2.72	0.05
6	2.97	3.03	3.09	3.15	3.21	3.27	0.06
7	3.46	3.53	3.60	3.67	3.74	3.81	0.07
8	3.96	4.04	4.12	4.20	4.28	4.35	0.08
9	4.45	4.54	4.63	4.72	4.81	4.90	0.09
10	4.95	5.05	5.15	5.24	5.34	5.44	0.10
11	5.44	5.55	5.66	5.77	5.88	5.99	0.11
12	5.94	6.06	6.18	6.29	6.41	6.53	0.12
13	6.43	6.56	6.69	6.82	6.95	7.08	0.13
14	6.93	7.07	7.20	7.34	7.48	7.62	0.14
15	7.42	7.57	7.72	7.87	8.02	8.16	0.15
Roupies 1.—	7.92	8.07	8.23	8.39	8.55	8.71	0.16
2.—	15.83	16.15	16.47	16.78	17.10	17.41	0.32
3.—	23.75	24.22	24.70	25.18	25.65	26.13	0.48
4.—	31.67	32.30	32.93	33.57	34.20	34.84	0.64
5.—	39.58	40.37	41.16	41.96	42.75	43.54	0.79
10.—	95.76	98.39	100.02	101.66	103.29	104.94	1.63
15.—	135.34	138.76	141.18	143.62	146.04	148.48	2.42
20.—	175.93	179.14	182.35	185.58	188.70	192.03	3.21
25.—	215.52	219.51	223.51	227.54	231.54	235.57	4.—
30.—	255.10	259.89	264.68	269.50	274.29	279.12	4.79
35.—	294.08	300.26	305.84	311.46	317.04	322.66	5.58
40.—	334.27	340.64	347.01	353.42	359.79	366.21	6.37
Plus, par 100 kil., pour Droits de Sortie à Calcutta, sur évaluation de R. 6 par cwt	1.04	1.06	1.08	1.10	1.13	1.15	0.02

OBSERVATIONS

F. 10 par tonneau sur le fret, font au Havre une différence de F. 1.33 par 100 kil. sur les prix.

On veut savoir le revient au Havre de Gingembre coûtant à Calcutta R. 14.12 par Br Md, au change de F. 2.65 et au fret de F. 100 par tonneau.

On trouvera dans la 1re et la 5e colonne de ce tableau que :

R. —.12 font par 100 kil.	F. 6.29
» 4.— » »	» 33.57
» 10.— » »	» 101.66
Plus droits de sortie à Calcutta	» 1.10
R. 14.12 feront donc	F. 142.62

N.-B. — Les droits de sortie à Calcutta ne sont pas compris dans les prix de revient du tableau ci-dessus, il faudra donc les ajouter. Pour savoir ce qu'ils produisent au Havre par 100 kil., il suffira de multiplier les logarithmes suivants par R. 6 par cwt, estimation de la Douane (plus ou moins) et retrancher 3 chiffres, on aura le produit cherché.

CHANGES		LOGARITHMES
2.50		17377
» 2.55	»	17725
» 2.60	»	18073
» 2.65	»	18421
» 2.70	»	18769
» 2.75	»	19117

Droits d'entrée par 100 kil. en Juillet 1865

Par navire Français	Exempt
» Étranger	F. 5.—

COMPTE D'ACHAT ET DE REVIENT

A 50 CAISSES HUILE DE RICIN

50 caisses Huile de ricin de chacune 12 bouteilles, pesant net Br Md 100.80 à R. 10 le Br Md .... R. 1007. 8.—
(1 Br Md = 40 seers à 16 chattacks).

FRAIS A CALCUTTA

Encaisser et embarquer à R. 4.12 par caisse		R. 237. 8.—		
Magasinage à 2 annas par caisse		» 6. 4.—		
Assurance contre le feu ¼ %		» 2. 8.—	»	246. 4.—
			R.	1253.12.—
	Droits de Sortie			
Droits de sortie sur cwt 74. 2.10 à R. 12 soit R. 895.1 à 3 %	R. 26.13.—			
Commission d'achat et de remboursement 5 %	» 1. 5.—		»	62.10.—
(R. 1 = 16 annas à 12 pice).	R. 28. 2.—		»	1316. 6.—
Remboursement sur Paris, au change de F. 2.65 par R.	F. 74.55		F.	3488.40

FRAIS AU HAVRE

Fret sur 4 tonn. ½ à F. 130 secs par 1re 44		F. 565.—		
Permis, frais au débarquement, port en entrepôt, tonneliers pour échantillonner, arrimage, magasinage d'un mois, livraison et menus frais		» 95.—		
Assurance maritime sur F. 3836 à 2 % et police	» 1.65	» 78.20		
id. contre le feu sur F. 4595 à ½ %	» 0.05	» 2.30		
Escompte de 4 mois .... 2 %				
Courtage de vente .... ¼ %				
Commission de vente .... 2 %				
Ensemble .... 4¼ % sur F. 4437.50	» 3.40	» 188.60	»	949.10
	F. 79.86		F.	4437.50
Soit par 100 kil.	» 2.26			

RENDEMENT : 1 Br Md rend 35 kil. nets :

Soit net 3526 kil. à .... F. 125.85 par 100 kil. entrepôt .... F. 4437.50
Plus : droits de sortie à Calcutta .... » 2.26 id. id.
Ensemble .... F. 128.11 id. id.

PRIX DE REVIENT AU HAVRE DES 100 KIL. ENTREPOT

AUX CHANGES SUIVANTS SUR PARIS

Avec la parité des changes sur LONDRES, calculés sur la base de F. 25,25 pour £ 1.—.—

	PRIX à CALCUTTA par Br Md	PARIS F. 2.50 — LONDRES 1sh 11d ¾	PARIS F. 2.55 — LONDRES 2sh 0d ¼	PARIS F. 2.60 — LONDRES 2sh 0d 11/16	PARIS F. 2.65 — LONDRES 2sh 1d 3/16	PARIS F. 2.70 — LONDRES 2sh 1d 5/8	PARIS F. 2.75 — LONDRES 2sh 2d 1/8	5 c. par R. font au Havre sur le change par 100 kil.
SUPPLÉMENT — Coût et frais variables	Annas 1	F. 0.50	F. 0.51	F. 0.52	F. 0.53	F. 0.54	F. 0.55	F. 0.01
	2	1.—	1.02	1.04	1.06	1.08	1.10	0.02
	3	1.50	1.53	1.57	1.60	1.63	1.66	0.03
	4	2.01	2.05	2.09	2.13	2.17	2.21	0.04
	5	2.51	2.56	2.61	2.66	2.71	2.76	0.05
	6	3.01	3.07	3.13	3.19	3.25	3.31	0.06
	7	3.51	3.58	3.65	3.72	3.79	3.86	0.07
	8	4.02	4.10	4.18	4.26	4.34	4.42	0.08
	9	4.52	4.61	4.70	4.79	4.88	4.97	0.09
	10	5.05	5.15	[illegible]	[illegible]	[illegible]	[illegible]	0.10
	11	5.52	5.63	5.74	5.85	5.96	6.07	0.11
	12	6.02	6.14	6.26	6.38	6.50	6.62	0.12
	13	6.53	6.66	6.79	6.92	7.05	7.18	0.13
	14	7.03	7.17	7.31	7.45	7.59	7.73	0.14
	15	7.53	7.68	7.83	7.98	8.13	8.28	0.15
	16	8.03	8.19	8.35	8.51	8.67	8.83	0.16
Coût et frais variables et invariables	Roupies 8.—	103.81	105.48	107.16	108.84	110.50	112.18	1.68
	9.—	111.84	113.07	115.51	117.35	119.18	121.02	1.84
	10.—	119.87	121.86	123.86	125.86	127.85	129.85	2.—
	11.—	127.90	130.05	132.21	134.37	136.52	138.68	2.16
	12.—	135.93	138.24	140.56	142.88	145.19	147.52	2.32
	13.—	143.97	146.43	148.91	151.40	153.87	156.35	2.47
	14.—	151.99	154.62	157.26	159.91	162.54	165.18	2.64
Plus, par 100 kil. pour Droits de Sortie à Calcutta sur évaluation de R. 12 par cwt		2.13	2.17	2.22	2.26	2.30	2.35	0.—

OBSERVATIONS

F. 10 par tonneau sur le fret, font au Havre une différence de F. 1.27 par 100 kil. sur les prix.

On veut savoir le revient au Havre d'Huile de ricin coûtant à Calcutta R. 12.6 par Br Md, au change de F. 2.65 et au fret de F. 130 secs.

On trouvera dans la 1re et la 5e colonne de ce tableau que :

R. —. 6 font par 100 kil.	F.	3.19
» 12.— » »	»	142.88
Plus droits de sortie à Calcutta	»	2.26
R. 12. 6 feront donc	F.	148.33

N.-B. — Les droits de sortie à Calcutta ne sont pas compris dans les prix de revient du tableau ci-dessus, il faudra donc les ajouter. Pour savoir ce qu'ils produisent au Havre par 100 kil., il suffira de multiplier les logarithmes suivants, basés sur 3% de droits, par R. 12 par cwt, estimation de la Douane (plus ou moins) et retrancher 3 chiffres, on aura le produit cherché.

CHANGES		LOGARITHMES
2.50		17702
» 2.55	»	18148
» 2.60	»	18504
» 2.65	»	18860
» 2.70	»	19216
» 2.75	»	19572

Droits d'entrée par 100 kil. en Juillet 1865

Par navire Français .... F. 6.—
» Étranger .... » 7.—

COMPTE D'ACHAT ET DE REVIENT

A 5 CAISSES INDIGO

5 caisses Indigo pesant net Fy Md 13.17.10 à R. 200 par Fy Md.......... (10 Br Md = 11 Fy Md). (1 Br Md = 40 seers à 16 chattacks).			R. 2688. 2.—

FRAIS A CALCUTTA

	Droits de Sortie		
Emballage et embarquement à R. 3.4 par caisse..........		R. 16. 4.—	
Courtage d'achat 1 %..........		» 26.14.—	
Assurance contre le feu ¼ %..........		» 6.11.—	» 49.13.—
			R. 2737.15.—
Droits de sortie sur India Md 12.4 à R. 3..........	R. 36. 5.—		
Commission d'achat et de remboursement 3 ½ %..........	» 1. 4.—		» 95.13.—
(R. 1 = 16 annas à 12 pice).	R. 37. 9.—		R. 2833.12.—
Remboursement sur Paris, au change de F. 2.65 par R..........	F. 99.56		F. 7509.45

FRAIS AU HAVRE

Fret sur 1m 440 à F. 180 secs par tonn. de 1m 44..........			F. 180.—	
Permis, frais au débarquement, port en entrepôt, tonneliers pour échantillonner, arrimage, magasinage d'un mois, livraison et menus frais..........			» 85.—	
Assurance maritime sur F. 8250 à 1 ¾ % et police..........		» 1.91	» 140.05	
Id. contre le feu sur F. 8020 à ¼ %₀..........		» 0.05	» 4.30	
Escompte de 4 mois..........	2 %			
Courtage de vente..........	¼ %			
Commission de vente..........	2 %			
Ensemble..........	4 ¼ % sur F. 8224.30	» 4.50	» 349.50	» 714.85
		F. 106.02		F. 8224.30
Soit par kil..........		» 0.24 ¼		

Rendement : 1 Fy Md rend net 32 kil. ½ :

Soit net 437 kil. à..........	F. 18.82	par kil.	entrepôt..........	F. 8224.35
Plus : droits de sortie à Calcutta..........	» 0.24	id.	id.	
Ensemble..........	F. 19.06	id.	id.	

PRIX DE REVIENT AU HAVRE DU KIL. ENTREPOT

AUX CHANGES SUIVANTS SUR PARIS

Avec la parité des changes sur Londres, calculés sur la base de F. 25.25 pour £ 1.—.—

PRIX à CALCUTTA par Fy Md	PARIS F. 2.50 — LONDRES 1sh 11d ¾	PARIS F. 2.55 — LONDRES 2sh 0d ¼	PARIS F. 2.60 — LONDRES 2sh 0d 11/16	PARIS F. 2.65 — LONDRES 2sh 1d 3/16	PARIS F. 2.70 — LONDRES 2sh 1d 5/8	PARIS F. 2.75 — LONDRES 2sh 2d 1/8	5 c. par R. font au Havre sur le change par kil.
Roupies							
¼	F. 0.02	F. 0.02	F. 0.02	F. 0.02	F. 0.02	F. 0.02	F 0.—
½	0.04	0.04	0.04	0.04	0.04	0.04	0.—
¾	0.06	0.07	0.07	0.07	0.07	0.07	0.—
Subdivision — Coût et frais variables: 1	0.09	0.09	0.09	0.09	0.09	0.09	0.—
2	0.17	0.17	0.18	0.18	0.19	0.19	0.—
3	0.26	0.26	0.27	0.27	0.28	0.28	0.—
4	0.34	0.35	0.36	0.36	0.37	0.38	0.01
5	0.43	0.44	0.45	0.45	0.46	0.47	0.01
6	0.51	0.53	0.54	0.55	0.55	0.57	0.01
7	0.60	0.61	0.62	0.64	0.65	0.66	0.01
8	0.69	0.70	0.71	0.73	0.74	0.76	0.01
9	0.77	0.79	0.80	0.82	0.83	0.85	0.01
10	0.85	0.88	0.89	0.91	0.93	0.94	0.02
20	1.72	1.75	1.78	1.82	1.85	1.89	0.03
30	2.57	2.63	2.68	2.73	2.78	2.83	0.05
40	3.43	3.50	3.57	3.64	3.71	3.78	0.07
50	4.29	4.38	4.46	4.55	4.63	4.72	0.09
60	5.15	5.25	5.36	5.46	5.56	5.66	0.10
70	6.01	6.13	6.25	6.37	6.49	6.61	0.12
80	6.87	7.—	7.14	7.28	7.41	7.55	0.14
90	7.72	7.88	8.03	8.19	8.34	8.50	0.16
Coût et frais variables et invariables: 100	9.20	9.38	9.55	9.73	9.90	10.07	0.17
200	17.79	18.13	18.48	18.82	19.17	19.51	0.34
300	26.37	26.89	27.40	27.92	28.43	28.95	0.52
400	34.95	35.64	36.33	37.02	37.70	38.39	0.69
Plus, par kil., pour Droits de Sortie à Calcutta, sur évaluation de R. 3 par maund	0.23	0.23	0.24	0.24	0.25	0.25	0.—

OBSERVATIONS

F. 10 par tonneau sur le fret, font au Havre une différence de F. 0.02 ½ par kil. sur les prix.

On veut savoir le revient au Havre d'Indigo coûtant à Calcutta R. 225.4 par Fy Md, au change de F. 2.65 et au fret de F. 180 par tonneau.

On trouvera dans la 1re et la 5e colonne de ce tableau que :

R. —.¼ fait par kil..........	F.	0.04
» 5 » »..........	»	0.45
» 20 » »..........	»	1.82
» 200 » »..........	»	18.82
Plus droits de sortie à Calcutta..	»	0.24
R. 225 ¼ feront donc..........	F.	21.37

N.-B. — Les droits de sortie à Calcutta ne sont pas compris dans les prix de revient du tableau ci-dessus, il faudra donc les ajouter. Pour savoir ce qu'ils produisent au Havre par kil., il suffira de multiplier les logarithmes suivants par R. 3 par cwt, estimation de la Douane (plus ou moins) et retrancher 3 chiffres on aura le produit cherché.

Changes		Logarithmes
Changes 2.50	....	7627
» 2.55	....	7780
» 2.60	....	7933
» 2.65	....	8085
» 2.70	....	8238
» 2.75	....	8391

Droits d'entrée par 100 kil. en Juillet 1885

Par navire Français..........	Exempt
» Étranger..........	F. 83.60

COMPTE D'ACHAT ET DE REVIENT

A 1000 BALLES JUTE

1000 balles Jute de 300 ℔ par balle, à R. 10 par balle			R. 10000.—.—

FRAIS A CALCUTTA

Embarquement à 4 annas par balle	R. 250.—.—		
Magasinage à 2 annas par balle	» 125.—.—		
Assurance contre le feu ½ %	» 25.—.—	»	400.—.—
		R.	10400.—.—
Commission d'achat et de remboursement 5 %		»	520.—.—
(R. 1 = 16 annas à 12 pice).		R.	10920.—.—
Remboursement sur Paris, au change de F. 2.65 par R.		F.	28938.—

FRAIS AU HAVRE

Fret sur 182000 kil. à F. 100 secs par tonn. de 600 kil.	F. 22000.—		
Permis, frais au débarquement, port en magasin, arrimage, magasinage d'un mois, livraison et menus frais	» 770.—		
Assurance maritime sur F. 31831 à 2 ¼ % et police	» 717.70		
id. contre le feu sur F. 55300 à ½ ‰	» 27.65		
Escompte de 4 mois 2 %			
Courtage de vente ¼ %			
Commission de vente 2 %			
Ensemble 4 ¼ % sur F. 54781.55	» 2328.20	»	25843.55
		F.	54781.55

RENDEMENT : 1000 balles à 132 kil. nets par balle :

Soit 100 ℔ = 44 kil., soit net 182000 kil. à F. 41.50 par 100 kil. entrepôt .... F. 54780.—

PRIX DE REVIENT AU HAVRE DES 100 KIL. ENTREPOT

AUX CHANGES SUIVANTS SUR PARIS

Avec la parité des changes sur LONDRES, calculés sur la base de F. 25.25 pour £ 1.—.—

PRIX à CALCUTTA par Balle	PARIS F. 2.50 — LONDRES 1sh 11d ¾	PARIS F. 2.55 — LONDRES 2sh 0d ¼	PARIS F. 2.60 — LONDRES 2sh 0d 11/16	PARIS F. 2.65 — LONDRES 2sh 1d 3/16	PARIS F. 2.70 — LONDRES 2sh 1d 5/8	PARIS F. 2.75 — LONDRES 2sh 2d 1/8	5 c. par R. font au Havre sur le change par 100 kil.
Roupies 1/8	F. 0.27	F. 0.27	F. 0.27	F. 0.28	F. 0.28	F. 0.29	F. 0.—
1/4	0.54	0.54	0.55	0.56	0.57	0.58	0.—
3/8	0.80	0.81	0.83	0.84	0.86	0.87	0.01
1/2	1.07	1.08	1.11	1.12	1.15	1.16	0.02
5/8	1.33	1.35	1.39	1.41	1.40	1.48	0.03
3/4	1.60	1.62	1.66	1.69	1.72	1.75	0.03
7/8	1.86	1.89	1.94	1.97	2.01	2.04	0.03
1	2.13	2.17	2.22	2.26	2.30	2.34	0.04
2	4.26	4.35	4.44	4.52	4.00	4.69	0.09
3	6.40	6.53	6.66	6.78	6.91	7.04	0.13
4	8.53	8.71	8.88	9.04	9.21	9.39	0.17
5	10.67	10.88	11.10	11.30	11.52	11.74	0.22
6	12.80	13.06	13.32	13.57	13.82	14.09	0.26
7	14.94	15.24	15.54	15.83	16.13	16.44	0.30
8	17.07	17.42	17.76	18.09	18.43	18.79	0.34
9	19.20	19.59	19.98	20.35	20.74	21.13	0.40
10	40.18	40.62	41.07	41.50	41.94	42.39	0.44
20	61.52	62.39	63.27	64.12	64.99	65.87	0.87
30	82.86	84.16	85.47	86.74	88.04	89.35	1.29
40	104.20	105.93	107.67	109.36	111.09	112.83	1.72
50	125.54	127.70	129.87	131.98	134.14	136.31	2.15

OBSERVATIONS

F. 10 par tonneau sur le fret, font au Havre une différence de F. 1.67 par 100 kil. sur les prix.

On veut savoir le revient au Havre du Jute coûtant à Calcutta R. 14.8 la balle au change de F. 2.65 et au fret de F. 100 par tonneau.

On trouvera dans la 1re et la 5e colonne de ce tableau que :

R. —.½ font par 100 kil.	F.	1.12
» 4 » »	»	9.04
» 10 » »	»	41.50
R. 14 ½ feront donc	F.	51.66

Droits d'entrée par 100 kil. en Juillet 1865

Par tous Pavillons .... Exempt

COMPTE D'ACHAT ET DE REVIENT

A 9 CAISSES LAC-DYE

9 caisses Lac-Dye pesant net 33.1.25 ou Br Md 45.25.13 à R. 20 par Br Md (@ 82.13 = 1 Br Md = 40 seers à 16 chattacks).			R.	912.14. 4

FRAIS A CALCUTTA

Emballage, magasinage et mise à bord à R. 2 par caisse	R.	18.—.—		
Assurance contre le feu ¼ %	»	2. 4. 6		
Echantillons par steamer, timbres et menus frais	»	7.—.—	»	27. 4. 6
			R.	940. 2.10
	Droits de Sortie			
Droits de sortie sur cwt 33.1. 25 à R. 42, R. 1405.14 à 4 %	R.	56. 4.—		
Commission d'achat et de remboursement 5 %	»	2.13.—	»	47. —.2
(R. 1 = 16 annas à 12 pice).	R.	59. 1	R.	987. 3.—
Remboursement sur Paris, au change de F. 2.50 par R.	F.	147.65	F.	2467.95

FRAIS AU HAVRE

Fret sur 1870 kil. à F. 125 secs par tonn. de 700 kil.			F.	333.95		
Permis, frais d'embarquement, tonneliers pour échantillonner, port en magasin, arrimage, magasinage d'un mois et livraison			»	35.—		
Assurance maritime sur F. 2714 à 2 % et police	»	3.25	»	55.80		
id. contre le feu sur F. 3138 à ½ ‰	»	0.08	»	1.56		
Escompte à la vente 2 %						
Courtage de vente ¼ %						
Commission de vente 2 %						
Ensemble 4¼ % sur F. 3022.70	»	6.70	»	128.44	»	554.75
	F.	157.68			F.	3022.70
Soit par 100 kil.	»	9.52				

RENDEMENT : 1 Br Md = 37 kil. ¼ :

Soit	1700 kil.						
Perte au poids 2 ½ %	44 »						
Soit 36.28 kil. par Br Md net	1656 kil. à	F.	182.53	par 100 kil.	entrepôt.	F.	3022.70
Plus : droits de sortie à Calcutta		»	9.52	id.	id.		
Ensemble		F.	192.05	id.	id.		

PRIX DE REVIENT AU HAVRE DES 100 KIL. ENTREPOT

AUX CHANGES SUIVANTS SUR PARIS

Avec la parité des changes sur LONDRES, calculés sur la base de F. 25.25 pour £ 1.—.—

PRIX à CALCUTTA par Br Md	PARIS F. 2.50 — LONDRES 1sh 11d ¾	PARIS F. 2.55 — LONDRES 2sh 0d ¼	PARIS F. 2.60 — LONDRES 2sh 0d 11/16	PARIS F. 2.65 — LONDRES 2sh 1d 3/16	PARIS F. 2.70 — LONDRES 2sh 1d 5/8	PARIS F. 2.75 — LONDRES 2sh 2d 1/8	5 c. par R. font au Havre sur le change par 100 kil.
Roupies ¼	F. 1.94	F. 1.98	F. 2.01	F. 2.05	F. 2.09	F. 2.13	R. 0.04
½	3.87	3.95	4.03	4.10	4.18	4.26	0.08
¾	4.81	5.92	6.04	6.16	6.27	6.39	0.12
1	7.75	7.90	8.06	8.21	8.37	8.52	0.15
2	15.49	15.80	16.11	16.42	16.73	17.04	0.31
3	23.24	23.70	24.17	24.63	25.10	25.56	0.46
4	30.98	31.60	32.22	32.84	33.46	34.08	0.62
5	38.73	39.50	40.28	41.05	41.83	42.60	0.77
6	40.48	47.41	48.33	49.26	50.19	51.12	0.93
7	54.22	55.31	56.39	57.47	58.56	59.64	1.08
8	61.97	63.21	64.45	65.69	66.93	68.16	1.24
9	69.71	71.11	72.50	73.90	75.29	76.69	1.40
10	77.46	79.01	80.56	82.11	83.66	85.21	1.55
20	182.53	185.83	189.14	192.43	195.74	199.05	3.31
30	259.99	264.84	269.69	274.54	279.40	284.26	4.85
40	337.45	343.85	350.25	356.65	363.06	369.46	6.40
50	414.91	422.85	430.81	438.75	446.72	454.67	7.94
60	492.37	501.86	511.37	520.86	530.37	539.88	9.50
70	569.83	580.87	591.93	602.97	614.03	625.08	11.05
80	647.29	659.88	672.48	685.08	697.69	710.29	12.60
90	724.75	738.89	753.04	767.18	781.34	795.49	14.15
100	802.21	817.90	833.60	849.29	865.—	880.70	15.70
Plus, par 100 kil., pour droits de sortie à Calcutta, sur évaluation de R. 42 par cwt	9.52	9.71	9.90	10.09	10.28	10.47	0.19

OBSERVATIONS

F. 10 par tonneau sur le fret, font au Havre une différence de F. 1.61 par 100 kil. sur les prix.

On veut savoir le revient au Havre de Lac-Dye coûtant à Calcutta R. 45 ½ par Br Md, au change de F. 2.65 et au fret de F. 125.

On trouvera dans la 1re et la 5e colonne de ce tableau que :

R. — ½ fait par 100 kil.	F.	4.10
» 5 » »	»	41.05
» 40 » »	»	356.65
Plus droits de sortie à Calcutta	»	10.09
R. 45 ½ feront donc	F.	411.89

N.-B. — Les droits de sortie à Calcutta ne sont pas compris dans les prix de revient du tableau ci-dessus, il faudra donc les ajouter. Pour savoir ce qu'ils produisent au Havre par 100 kil., il suffira de multiplier les logarithmes suivants, basés sur 4 % de droits, par R. 42 par cwt, estimation de la Douane (plus ou moins) et retrancher 5 chiffres, on aura le produit cherché.

CHANGES 2.50	LOGARITHMES	22665
» 2.55	»	23118
» 2.60	»	23571
» 2.65	»	24024
» 2.70	»	24477
» 2.75	»	24931

Droits d'entrée par 100 kil. en Juillet 1863

Par navire Français	Exempt
» Étranger	F. 12.—

COMPTE D'ACHAT ET DE REVIENT

A 1000 BALLES RIZ DE TABLE

1000 balles Riz de table de 2 Br Md par balle, soit 2000 Br Md, à R. 2 par Br Md		R. 4000.—.—

FRAIS A CALCUTTA

	Droits de Sortie	
Frais d'emballage et d'embarquement R. 50 par 100 balles		» 500.—.—
		R. 4500.—.—
Droits de sortie sur 2000 Br Md, à 2 annas par Br Md	R. 250.—.—	
Commission d'achat et de remboursement 5 %	» 12. 8.—	» 225 — —
(R. 1 = 16 annas à 12 pice).	R. 262. 8.—	R. 4725.—.—
Remboursement sur Paris, au change de F. 2.50 par R.	F. 656.25	F. 11812.50

FRAIS AU HAVRE

Fret sur 75000 kil. bruts à F. 100 par tonn. de 1000 kil.			F.	7500.—		
Permis, frais au débarquement, port en magasin, arrimage, magasinage d'un mois et menus frais			»	370.—		
Assurance maritime sur F. 12998 à 2 ½ % et police	»	18.02	»	326.30		
id. contre le feu sur F. 21180 à ½ %	»	0.57	»	10.60		
Escompte de 4 mois 2 %						
Courtage de vente ¼ %						
Commission de vente 2 %						
Ensemble 4¼ % sur F. 20008	»	20.94	»	888.00	»	9095.50
	F.	704.58			F.	20908.—
Soit par 100 kil.	»	0.97½				

RENDEMENT : 1 Br Md rend 36 kil. nets :

Soit [illegible] 72000 kil. à	F.	29.04	par 100 kil. entrepôt	F.	20906.60
Plus [illegible] de sortie à Calcutta	»	0.98	id.	id.	
Ensemble	F.	30.02	id.	id.	

PRIX DE REVIENT AU HAVRE DES 100 KIL. ENTREPOT

AUX CHANGES SUIVANTS SUR PARIS

Avec la parité des changes sur LONDRES, calculés sur la base de F. 25.25 pour £ 1.—.—

PRIX à CALCUTTA par Br Md	PARIS F. 2.50 — LONDRES 1sh 11d 3/4	PARIS F. 2.55 — LONDRES 2sh 0d 1/4	PARIS F. 2.60 — LONDRES 2sh 0d 11/16	PARIS F. 2.65 — LONDRES 2sh 1d 3/16	PARIS F. 2.70 — LONDRES 2sh 1d 5/8	PARIS F. 2.75 — LONDRES 2sh 2d 1/8	5 c. par R. font au Havre sur le change par 100 kil.
Annas 1	F. 0.49	F. 0.50	F. 0.51	F. 0.52	F. 0.53	F. 0.54	F. 0.01
2	0.98	1.—	1.02	1.04	1.06	1.08	0.02
3	1.47	1.50	1.53	1.56	1.58	1.61	0.03
4	1.96	2.—	2.04	2.08	2.11	2.15	0.04
5	2.45	2.50	2.54	2.59	2.64	2.69	0.05
6	2.94	2.99	3.05	3.11	3.16	3.22	0.06
7	3.42	3.49	3.56	3.63	3.70	3.77	0.07
8	3.91	3.99	4.07	4.15	4.23	4.30	0.08
9	4.40	4.49	4.58	4.67	4.75	4.84	0.09
10	4.90	4.99	5.09	5.19	5.28	5.38	0.10
11	5.38	5.49	5.60	5.71	5.81	5.91	0.11
12	5.87	5.99	6.11	6.23	6.34	6.46	0.12
13	6.36	6.49	6.61	6.74	6.87	7.—	0.13
14	6.85	6.99	7.12	7.26	7.40	7.53	0.14
15	7.34	7.48	7.63	7.78	7.92	8.07	0.15
16	7.83	7.98	8.14	8.30	8.45	8.61	0.16
Roupies 2.—	29.04	29.39	29.74	30.09	30.45	30.80	0.35
3.—	36.80	37.37	37.88	38.39	38.90	39.41	0.51
4.—	44.59	45.36	46.02	46.69	47.35	48.02	0.66
5.—	52.51	53.34	54.16	54.98	55.81	56.63	0.82
6.—	60.35	61.32	62.30	63.28	64.26	65.24	0.98
Plus, par 100 kil., pour Droits de sortie à Calcutta sur estimation de 2 annas par maund	0.98	1.—	1.02	1.04	1.06	1.08	0.02

OBSERVATIONS

F. 10 par tonneau sur le fret, font au Havre une différence de F. 1.05 par 100 kil. sur les prix.

On veut savoir le revient au Havre de Riz coûtant à Calcutta R. 4.6 par Br Md au change de F. 2.65 et au fret de F. 100.

On trouvera dans la 1re et la 5e colonne de ce tableau que:

R. —. 6 font par 100 kil.	F.	3.11
» 4.— id. id.	»	46.69
Plus droits de sortie à Calcutta	»	1.04
R. 4. 6 feront donc	F.	50.84

N.-B. — Les droits de sortie à Calcutta ne sont pas compris dans les prix de revient du tableau ci-dessus, il faudra donc les ajouter. Pour savoir ce qu'ils produisent au Havre par 100 kil., il suffira de multiplier les logarithmes suivants par 2 annas ou ⅛ de Roupie, estimation de la Douane (plus ou moins) et retrancher 1 chiffre, on aura le produit cherché.

CHANGES	2.50	LOGARITHMES	7827
»	2.55	»	7984
»	2.60	»	8140
»	2.65	»	8297
»	2.70	»	8453
»	2.75	»	8610

Droits d'Entrée par 100 kil. en Juillet 1863

Par navire Français	F.	0.50
id. Étranger	»	2.40

COMPTE D'ACHAT ET DE REVIENT

A 400 PAQUETS ROTIN MALACA

400 paquets Rotin Malaca, pesant net 40 cwt, à R. 7 par cwt .... R. 280.—.—

FRAIS A CALCUTTA

Droits de sortie	Exempt	
Coolies, charrettes, bateaux, gardien, prélart et menus frais		» 9.—.—
		R. 289.—.—
Commission d'achat et de remboursement 5 %		» 14. 7.—
(R. 1 = 16 annas à 12 pice).		R. 303. 7.—
Remboursement sur Paris, au change de F. 2.50 par R		F. 758.60

FRAIS AU HAVRE

Fret sur 2000 kil. à F. 40 par tonneau de 400 kil	F. 200.—	
Permis, frais au débarquement, port en magasin, arrimage, magasinage d'un mois, livraison et menus frais	» 25.—	
Assurance maritime sur F. 884 à 2 % et police	» 18.20	
id. contre le feu sur F. 1077 à ½ ‰	» 0.58	
Escompte à la vente .... 2 %		
Courtage de vente .... ½ %		
Commission de vente .... 2 %		
Ensemble .... 4½ % sur F. 1046.80	» 44.47	» 288.20
		F. 1046.80

Rendement : 1 cwt rend au Havre 50 kil. nets :

Soit net 2000 kil. à F. 52.34 par 100 kil. entrepôt .... F. 1046.80

PRIX DE REVIENT AU HAVRE DES 100 KIL. ENTREPOT

AUX CHANGES SUIVANTS SUR PARIS

Avec la parité des changes sur Londres, calculés sur la base de F. 25.25 pour £ 1.—.—

PRIX à CALCUTTA par cwt	PARIS F. 2.50 — LONDRES 1sh 11d 3/4	PARIS F. 2.55 — LONDRES 2sh 0d 1/4	PARIS F. 2.60 — LONDRES 2sh 0d 11/16	PARIS F. 2.65 — LONDRES 2sh 1d 3/16	PARIS F. 2.70 — LONDRES 2sh 1d 5/8	PARIS F. 2.75 — LONDRES 2sh 2d 1/8	5 c. par R. font au Havre sur le change par 100 kil.
Annas							
1	F. 0.35	F. 0.36	F. 0.37	F. 0.37	F. 0.38	F. 0.38	F. 0.—
2	0.70	0.72	0.73	0.74	0.76	0.77	0.01
3	1.05	1.07	1.09	1.11	1.13	1.15	0.02
4	1.40	1.43	1.46	1.48	1.51	1.54	0.03
5	1.75	1.79	1.82	1.85	1.89	1.92	0.03
6	2.10	2.14	2.18	2.22	2.27	2.31	0.04
7	2.45	2.50	2.55	2.59	2.65	2.69	0.05
8	2.81	2.86	2.92	2.97	3.03	3.09	0.06
9	3.16	3.22	3.28	3.34	3.41	3.48	0.06
10	3.51	3.57	3.64	3.71	3.78	3.86	0.07
11	3.86	3.93	4.01	4.08	4.16	4.25	0.08
12	4.21	4.29	4.37	4.45	4.54	4.63	0.08
13	4.56	4.64	4.73	4.82	4.92	5.02	0.09
14	4.91	5.—	5.10	5.19	5.30	5.40	0.10
15	5.26	5.36	5.46	5.57	5.68	5.79	0.10
16	5.61	5.72	5.83	5.94	6.05	6.17	0.11
Roupies							
5.—	41.12	41.71	42.29	42.88	43.46	44.06	0.59
6.—	46.73	47.42	48.12	48.82	49.52	50.22	0.70
7.—	52.33	53.14	53.95	54.76	55.57	56.39	0.81
8.—	57.94	58.86	59.78	60.70	61.63	62.56	0.92
9.—	63.54	64.58	65.61	66.65	67.68	68.72	1.04
10.—	69.15	70.30	71.44	72.59	73.73	74.89	1.15
11.—	74.76	76.01	77.27	78.53	79.79	81.06	1.26
12.—	80.36	81.73	83.10	84.47	85.84	87.22	1.37
13.—	85.97	87.45	88.93	90.41	91.90	93.39	1.48
14.—	91.57	93.17	94.76	96.36	97.95	99.56	1.60
15.—	97.18	98.89	100.59	102.30	104.—	105.73	1.71

OBSERVATIONS

F. 10 par tonneau sur le fret, font au Havre une différence de F. 2.50 par 100 kil. sur les prix.

On veut savoir le revient au Havre de Rotin coûtant à Calcutta R. 11.9 par cwt, au change de F. 2.65 et au fret de F. 40.

On trouvera dans la 1re et la 5e colonne de ce tableau que:

R. —. 9 font par 100 kil	F. 3.34
» 11.— id. id.	» 78.53
R. 11. 9 feront donc	F. 81.87

Droits d'entrée par 100 kil. en Juillet 1865

Par navire Français	Exempt
id. Etranger	F. 2.—

COMPTE D'ACHAT ET DE REVIENT

A 18 BALLES SAFRANUM

18 balles Safranum, pesant net 66 B^r M^d, à R. 28 par B^r M^d (1 B^r M^d = 40 seers à 16 chattacks).			R. 1848.—.—

FRAIS A CALCUTTA

Emballage, presse et mise à bord à R. 3.12 par balle	R. 67. 8.—		
Nettoyer et éplucher à 10 annas par balle	» 11. 4.—		
Magasinage à 4 annas par balle	» 4. 8.—		
Assurance contre le feu ¼ %	» 4.10.—		
Timbres et menus frais	» 3. 2.—		» 91.—.—
			R. 1939.—.—
	Droits de Sortie		
Droits de sortie sur [illegible], à R. 42 = R. 2049.10, à 3 %	R. 61. 8.—		
Commission d'achat et de remboursement 5 %	» 3. 1.—		» 96.15.—
(R. 1 = 16 annas à 12 pice).	R. 64. 9.—		R. 2035.15.—
Remboursement sur Paris, au change de F. 2.50 par R.	F. 161.42		F. 5089.87

FRAIS AU HAVRE

Fret sur 2650 kil. bruts à F. 125 secs par tonn. de 800 kil.		F. 552.10	
Permis, frais au débarquement, voiliers pour échantillonner, port en magasin, arrimage, magasinage d'un mois et livraison		» 35.—	
Assurance maritime sur F. 5598 à 2 % et police	» 5.04	» 111.96	
id. contre le feu sur F. 6207 à ½ ‰	» 0.09	» 3.14	
Escompte à la vente 2 %			
Courtage de vente ¼ %			
Commission de vente 2 %			
Ensemble 4¼ % sur F. 6049.15	» 7.88	» 257.06	» 959.28
	F. 173.98		F. 6049.15
Soit par 100 kil.	» 7.27		

RENDEMENT : 1 B^r M^d rend net 36 kil. ¼ :

Soit net 2392 kil. à	F. 252.89	par 100 kil.	entrepôt	F. 6049.10
Plus : droits de sortie à Calcutta	» 7.27	id.	id.	
Ensemble	F. 260.16	id.	id.	

PRIX DE REVIENT AU HAVRE DES 100 KIL. ENTREPOT

AUX CHANGES SUIVANTS SUR PARIS

Avec la parité des changes sur LONDRES, calculés sur la base de F. 25.25 pour £ 1.—.—

PRIX à CALCUTTA par B^r M^d	PARIS F. 2.50 — LONDRES 1^sh 11^d ¾	PARIS F. 2.55 — LONDRES 2^sh 0^d ¼	PARIS F. 2.60 — LONDRES 2^sh 0^d 11/16	PARIS F. 2.65 — LONDRES 2^sh 1^d 3/16	PARIS F. 2.70 — LONDRES 2^sh 1^d 5/8	PARIS F. 2.75 — LONDRES 2^sh 2^d 1/8	5 c. par R. font au Havre sur le change par 100 kil.
Roupies 1/8	F. 0.97	F. 0.99	F. 1.01	F. 1.03	F. 1.05	F. 1.07	F 0.02
1/4	1.94	1.98	2.02	2.05	2.09	2.13	0.04
1/2	3.88	3.95	4.03	4.11	4.19	4.26	0.08
3/4	5.81	5.93	6.05	6.16	6.28	6.40	0.12
Subdivision — Coût et frais variables 1	7.75	7.91	8.06	8.22	8.37	8.53	0.16
2	15.50	15.81	16.13	16.44	16.75	17.06	0.31
3	23.26	23.72	24.19	24.65	25.12	25.58	0.46
4	31.01	31.63	32.25	32.87	33.49	34.11	0.62
5	38.76	39.54	40.32	41.09	41.86	42.64	0.78
6	46.51	47.44	48.38	49.31	50.24	51.17	0.93
7	54.26	55.35	56.44	57.53	58.61	59.70	1.09
8	62.02	63.26	64.50	65.74	66.98	68.22	1.24
9	69.77	71.16	72.57	73.96	75.36	76.75	1.39
10	77.52	79.07	80.63	82.18	83.73	85.28	1.55
Coût et frais variables et invariables 20	190.88	194.18	197.50	200.80	204.10	207.41	3.30
30	268.40	273.25	278.13	282.98	287.83	292.69	4.85
40	345.92	352.32	358.76	365.16	371.56	377.97	6.40
50	423.44	431.39	439.39	447.34	455.29	463.25	7.95
Plus, par 100 kil., pour Droits de Sortie à Calcutta sur estimation de R. 41 par cwt.	7.27	7.41	7.56	7.70	7.85	8.—	0.14

OBSERVATIONS

F. 10 par tonneau sur le fret, font au Havre une différence de F. 1.85 par 100 kil. sur les prix.

On veut savoir le revient au Havre de Safranum coûtant à Calcutta R. 36 ½ par B^r M^d, au change de F. 2.65 et au fret de F. 125 par tonneau.

On trouvera dans la 1re et la 5e colonne de ce tableau que :

R. — ½	fait par 100 kil.	F.	4.11
» 6	id. id.	»	49.31
» 30	id. id.	»	282.98
	Plus droits de sortie à Calcutta	»	7.70
R. 36 ½	feront donc	F.	344.10

N.-B. — Les droits de sortie à Calcutta ne sont pas compris dans les prix de revient du tableau ci-dessus, il faudra donc les ajouter. Pour savoir ce qu'ils produisent au Havre par 100 kil., il suffira de multiplier les logarithmes suivants par R. 42, estimation de la Douane (plus ou moins) et retrancher 2 chiffres, on aura le produit cherché.

CHANGES		LOGARITHMES
CHANGES	2.50	1731
»	2.55	1765
»	2.60	1800
»	2.65	1834
»	2.70	1869
»	2.75	1904

Droits d'entrée par 100 kil. en Juillet 1865

Par navire Français — Exempt
id. Etranger — F. 3.60

COMPTE D'ACHAT ET DE REVIENT

A 1000 SACS SALPÊTRE

1000 sacs Salpêtre, posant net 1850 cwt, soit 207200 ₰, à 74 ₰ % = 1 Fy Md, soit 2775 Fy Md, à R. 8 par Fy Md .... R. 22200.—.—

FRAIS A CALCUTTA

Emballage et mise à bord à R. 40 par 100 sacs	R. 400.—.—	
Magasinage à R. 2.8 par 100 Br Md	» 69. 6.—	
Frais pour analyser	» 4.—.—	
Timbres, lettres et menus frais	» 19.10.—	» 493.—.—
		R. 22693.—.—

	Droits de Sortie	
Droits de sortie sur Br Md 2522, à R. 1 par Br Md	R.2522.—.—	
Commission d'achat et de remboursement 5 %	» 126. 1. 7	» 1134.10.—
(R. 1 = 16 annas à 12 pice).	R.2648. 1. 7	R. 23827.10.—
Remboursement sur Paris, à 6 mois de vue, au change de F. 2.50 par R.	F. 6620.25	F. 59569.05

FRAIS AU HAVRE

Fret sur 94000 kil. bruts à F. 100 secs par tonn. de 1000 kil		F. 9400.—	
Permis, frais au débarquement, voiliers pour échantillonner, port en magasin, arrimage, magasinage d'un mois, livraison et menus frais		» 625.—	
Assurance maritime sur F. 65525 à 2 % et police	» 145.65	» 1312.—	
id. contre le feu sur F. 76802 à ½ ‰	» 3.71	» 38.45	
Escompte à la vente ...... 2 %			
Courtage de vente ...... ½ %			
Commission de vente ...... 2 %			
Ensemble 4½ % sur F. 74093.50	» 300.49	» 3149.—	» 14524.45
	F. 7070.10		F. 74093.50
Soit par 100 kil	» 7.92		

RENDEMENT : 100 ₰ = 45 kil. ½ :

Net 207200 ₰, soit net .... kil. 93931
Déchet de route 5 % .... » 4696

Net .... kil. 89235 à F. 83.03 par 100 kil. entrepôt .... F. 74091.85
Plus : droits de sortie à Calcutta .... » 7.92 id. id.
Ensemble .... F. 90.95 id. id.

PRIX DE REVIENT AU HAVRE DES 100 KIL. ENTREPOT
AUX CHANGES SUIVANTS SUR PARIS

Avec la parité des changes sur LONDRES, calculés sur la base de F. 25.25 pour £ 1.—.—

PRIX à CALCUTTA par Fy Md	PARIS F. 2.50 — LONDRES 1sh 11d ¾	PARIS F. 2.55 — LONDRES 2sh 0d ¼	PARIS F. 2.60 — LONDRES 2sh 0d 11/16	PARIS F. 2.65 — LONDRES 2sh 1d 3/16	PARIS F. 2.70 — LONDRES 2sh 1d 5/8	PARIS F. 2.75 — LONDRES 2sh 2d 1/8	5 c. par R. font au Havre sur le change par 100 kil.
Annas							
1	F. 0.55	F. 0.56	F. 0.57	F. 0.58	F. 0.59	F. 0.60	F. 0.01
2	1.09	1.11	1.13	1.16	1.18	1.20	0.02
3	1.64	1.67	1.70	1.73	1.76	1.80	0.03
4	2.18	2.22	2.27	2.31	2.35	2.40	0.04
5	2.73	2.78	2.84	2.89	2.94	3.—	0.05
6	3.27	3.34	3.40	3.47	3.53	3.59	0.06
7	3.82	3.89	3.97	4.05	4.12	4.19	0.07
8	4.36	4.45	4.54	4.62	4.70	4.79	0.09
9	4.91	5.—	5.10	5.20	5.29	5.39	0.10
10	5.45	5.56	5.67	5.78	5.88	5.99	0.11
11	5.99	6.11	6.23	6.35	6.47	6.59	0.12
12	6.54	6.67	6.80	6.93	7.06	7.19	0.13
13	7.08	7.22	7.36	7.50	7.64	7.79	0.14
14	7.63	7.78	7.94	8.09	8.24	8.39	0.15
15	8.17	8.34	8.50	8.66	8.82	8.99	0.16
16	8.72	8.89	9.07	9.24	9.41	9.59	0.17
Roupies							
5.—	56.87	57.77	58.68	59.59	60.50	61.40	0.91
6.—	65.59	66.66	67.74	68.82	69.91	70.99	1.08
7.—	74.30	75.55	76.81	78.06	79.32	80.50	1.26
8.—	83.02	84.44	85.87	87.30	88.73	90.10	1.43
9.—	91.73	93.33	94.94	96.54	98.15	99.75	1.60
10.—	100.45	102.22	104.—	105.78	107.56	109.34	1.78
11.—	109.17	111.11	113.07	115.02	116.97	118.93	1.95
12.—	117.88	120.—	122.13	124.26	126.39	128.52	2.13
Plus, par 100 kil., pour Droits de Sortie à Calcutta	7.92	8.08	8.24	8.40	8.56	8.72	0.16

OBSERVATIONS

F. 10 par tonneau sur le fret, font au Havre une différence de F. 1.05 par 100 kil. sur les prix.

On veut savoir le revient au Havre de Salpêtre coûtant à Calcutta R. 8.10 par Fy Md, au change de F. 2.65 et au fret de F. 100 secs par tonneau.

On trouvera dans la 1re et la 5e colonne de ce tableau que:

R. —.10 font par 100 kil .... F. 5.78
» 8.— id. id. .... » 87.30
Plus droits de sortie à Calcutta .... » 8.40
R. 8.10 feront donc F.101.48

N.-B. — Les droits de sortie à Calcutta ne sont pas compris dans les prix de revient du tableau ci-dessus, il faudra donc les ajouter. Pour savoir ce qu'il produisent au Havre par 100 kil., il suffira de multiplier les droits de sortie quels qu'ils soient, par les logarithmes suivants et retrancher 1 chiffre, on aura le produit cherché.

CHANGES 2.50 .... LOGARITHMES 7922
» 2.55 .... » 8080
» 2.60 .... » 8239
» 2.65 .... » 8397
CHANGES 2.70 .... LOGARITHMES 8556
» 2.75 .... » 8715

Droits d'entrée par 100 kil. en Juillet 1865

Par navire Français .... Exempt
id. Etranger .... F. 4.50

Le Salpêtre se réfactionne au Havre par tout ce qui dépasse 4 % au titrage. Le compte ci-dessus est établi sur un rendement moyen de 5 % perte sur le poids d'embarquement.

Tout ce qui dépassera 4 % il faudra l'ajouter aux prix de revient ci-dessus. Ainsi, le compte ci-dessus à R. 8 ressort à .... F. 83.03
Plus droits de sortie à Calcutta .... » 7.92
Revient au Havre des 100 kil. .... F. 90.95
en admettant que ces mêmes Salpêtres aient été réfactionnés à 10 % ce sera 6 % à déduire du poids net et autant à ajouter au prix de revient ci-dessus, soit .... » 5.46
Ce qui fera par 100 kil .... F. 96.41

COMPTE D'ACHAT ET DE REVIENT

A 1000 BALLES SUCRE TURBINÉ

1000 balles Sucre turbiné, à 2 ½ Br Md chaque, soit 2500 Br Md, à R. 5 par Br Md...... R. 12500.—.—

FRAIS A CALCUTTA

1000 emballages Calico à 3 annas par balle	R. 187. 8.—	
1000 id. Gonnier à 5 id. id.	» 312. 8.—	
Marques, etc., à R. 2.8 par 100 balles	» 25.—.—	
Embarquement à R. 6 par 100 balles	» 60.—.—	» 585.—.—
		R. 13085.—.—
Commission d'achat et de remboursement 5 %.		» 654. 4.—
(R. 1 = 16 annas à 12 pice).		R. 13739. 4.—
Remboursement sur Paris, à 6 mois de vue, au change de F. 2.65 par R		F. 36409.—

FRAIS AU HAVRE

Fret sur 96400 kil. bruts à F. 100 secs par tonn. de 1000 kil.	F. 9640.—	
Permis, frais au débarquement, voiliers pour échantillonner et conditionner, port en magasin, arrimage, magasinage d'un mois, livraison et menus frais	» 650.—	
Assurance maritime sur F. 40050 à 2 ¼ %	» 902.60	
id. contre le feu sur F. 51242 à 1 ‰	» 51.25	
Escompte à la vente 2¼ %		
Courtage de vente ¼ %		
Commission de vente 2 %		
Ensemble 4½ % sur F. 49768	» 2115.15	» 13359.—
		F. 49768.—

RENDEMENT : 1 Br Md pour net 36 kil. ¾ :

Soit 91875 kil. nets à F. 54.17 par 100 kil. entrepôt .... F. 49768.70

PRIX DE REVIENT AU HAVRE DES 100 KIL. ENTREPOT

AUX CHANGES SUIVANTS SUR PARIS

Avec la parité des changes sur LONDRES, calculés sur la base de F. 25.25 pour £ 1.—.—

PRIX à CALCUTTA par Br Md	PARIS F. 2.50 — LONDRES 1sh 11d 3/4	PARIS F. 2.55 — LONDRES 2sh 0d 1/4	PARIS F. 2.60 — LONDRES 2sh 0d 11/16	PARIS F. 2.65 — LONDRES 2sh 1d 3/16	PARIS F. 2.70 — LONDRES 2sh 1d 5/8	PARIS F. 2.75 — LONDRES 2sh 2d 1/8	5 c. par R. font au Havre sur le change par 100 kil.
Annas 1	F. 0.48	F. 0.49	F. 0.50	F. 0.51	F. 0.52	F. 0.53	F. 0.01
2	0.96	0.98	1.—	1.02	1.04	1.06	0.02
3	1.44	1.47	1.50	1.53	1.56	1.59	0.03
4	1.92	1.96	2.—	2.04	2.08	2.12	0.04
5	2.40	2.45	2.50	2.55	2.60	2.65	0.05
6	2.88	2.94	3.—	3.06	3.12	3.18	0.06
7	3.36	3.43	3.50	3.57	3.64	3.71	0.07
8	3.84	3.92	4.—	4.08	4.16	4.24	0.08
9	4.32	4.41	4.50	4.59	4.68	4.77	0.09
10	4.80	4.90	5.—	5.10	5.20	5.30	0.10
11	5.28	5.39	5.50	5.61	5.71	5.82	0.11
12	5.76	5.88	6.—	6.11	6.22	6.34	0.12
13	6.24	6.36	6.49	6.61	6.73	6.86	0.13
14	6.71	6.84	7.03	7.11	7.24	7.38	0.14
15	7.18	7.32	7.57	7.61	7.75	7.90	0.15
16	7.65	7.80	7.96	8.11	8.26	8.42	0.16
Roupies 5.—	51.77	52.56	53.37	54.16	54.97	55.76	0.79
6.—	59.42	60.36	61.33	62.27	63.23	64.18	0.95
7.—	67.07	68.17	69.29	70.38	71.49	72.60	1.11
8.—	74.72	75.97	77.25	78.49	79.75	81.02	1.27
9.—	82.37	83.78	85.21	86.60	88.01	89.43	1.42
10.—	90.03	91.58	93.17	94.71	96.28	97.85	1.57
11.—	97.68	99.39	101.13	102.82	104.55	106.27	1.72
12.—	105.33	107.20	109.07	110.94	112.82	114.68	1.87

(Annas 1–16: Turbinés — Coût et frais variables; Roupies 5–12: Coût et frais variables et invariables)

OBSERVATIONS

F. 10 par tonneau sur le fret, font au Havre une différence de F. 1.05 par 100 kil. sur les prix.

On veut savoir le revient au Havre du Sucre coûtant à Calcutta R. 7.8 par Br Md, au change de F. 2.65 et au fret de F. 100.

On trouvera dans la 1re et la 5e colonne de ce tableau que:

R. —. 8 font par 100 kil.	F. 4.08
» 7.— id. id.	» 70.38
R. 7. 8 feront donc	F. 74.46

Droits d'entrée par 100 kil. en Juillet 1863

Au dessous du nº 13	Par navire Français	F. 42.—
	id. Etranger	» 44.—
Du nº 13 au nº 20	id. Français	» 44.—
	id. Etranger	» 46.—

COMPTE D'ACHAT ET DE REVIENT

A 30 BALLES VACHETTES

30 balles Vachettes, de chacune 150 pièces, soit 4500 pièces, à 7 ℔ la pièce, soit 31500 ℔, à R. 30 par corge de 20 pièces	R.6750.—.—	
Plus : couvertures, 6 peaux par balle, soit 180 peaux, à 7 ℔ = 1260 ℔, à R. 20 par corge	» 180.—.—	R. 6930.—.—

FRAIS A CALCUTTA

Droits de sortie	Exempt	
Nettoyer, presser et embarquer à R. 5 par balle	R. 150.—.—	
Magasinage à 12 annas par balle	» 22. 8.—	
Assurance contre le feu ¼ %	» 17. 5.—	
Ports de lettres, connaissements et menus frais	» 4. 3.—	» 194.—.—
		R. 7124.—.—
Commission d'achat et de remboursement 5 %		» 356. 3.—
(R. 1 = 16 annas à 12 pice).		R. 7480. 3.—
Remboursement sur Paris, à 6 mois de vue, au change de F. 2.60 par R		F. 19448.50

FRAIS AU HAVRE

Fret sur 14742 kil. bruts à F. 120 secs par tonn. de 700 kil.	F. 2527.20	
Permis, frais au débarquement, port en magasin, arrimage, magasinage d'un mois, livraison et menus frais	» 140.—	
Assurance maritime sur F. 21892 à 2 % et police	» 429.35	
id. contre le feu sur F. 24488 à ½ ‰	» 12.25	
Escompte à la vente 2 % ; Courtage de vente ½ % ; Commission de vente 2 % — Ensemble 4½ % sur F. 23558.55	» 1001.25	» 4110.05
		F. 23558.55
Moins : produit de 180 peaux de couverture pesant 560 kil., à moitié prix de la valeur, soit F. 85 par 100 kil.		» 486.20
		F. 23072.35

RENDEMENT : 100 ℔ pour net 44 kil. ½ :

31500 ℔, soit 14017 kil. nets à F. 164.60 pour 100 kil. entrepôt .... F. 23072.—

PRIX DE REVIENT AU HAVRE DES 100 KIL. ENTRETOT

AUX CHANGES SUIVANTS SUR PARIS

Avec la parité des changes sur LONDRES, calculés sur la base de F. 25.25 pour £ 1.—.—

PRIX à CALCUTTA par corge de 20 pièces	PARIS F. 2.50 — LONDRES 1sh 11d ¾	PARIS F. 2.55 — LONDRES 2sh 0d ¼	PARIS F. 2.60 — LONDRES 2sh 0d 11/16	PARIS F. 2.65 — LONDRES 2sh 1d 3/16	PARIS F. 2.70 — LONDRES 2sh 1d 5/8	PARIS F. 2.75 — LONDRES 2sh 2d 1/8	5 c. par R. font au Havre sur le change par 100 kil.
Roupies ⅛	F. 0.56	F. 0.58	F. 0.59	F. 0.60	F. 0.61	F. 0.62	F. 0.01
¼	1.13	1.15	1.17	1.20	1.22	1.24	0.02
½	2.26	2.30	2.35	2.39	2.44	2.48	0.04
¾	3.39	3.45	3.52	3.59	3.66	3.72	0.07
1	4.51	4.60	4.69	4.78	4.87	4.96	0.09
2	9.02	9.20	9.38	9.56	9.74	9.92	0.18
3	13.53	13.80	14.07	14.34	14.61	14.89	0.27
4	18.04	18.40	18.76	19.12	19.49	19.85	0.36
5	22.55	23.—	23.46	23.91	24.36	24.81	0.45
6	27.06	27.61	28.15	28.69	29.23	29.77	0.54
7	31.57	32.21	32.84	33.47	34.10	34.73	0.63
8	36.08	36.81	37.53	38.25	38.97	39.70	0.72
9	40.59	41.41	42.22	43.03	43.84	44.66	0.81
10	45.11	46.01	46.91	47.81	48.72	49.62	0.90
20	113.78	115.78	117.67	119.62	121.57	123.52	1.95
30	158.89	161.74	164.59	167.43	170.29	173.14	2.85
40	204.—	207.75	211.50	215.25	219.—	222.76	3.75
50	249.10	253.76	258.41	263.06	267.72	272.38	4.66
60	294.21	299.76	305.52	310.87	316.44	321.99	5.56

(Rows ⅛ to 10: SEULEMENT — Coût et frais variables; rows 20 to 60: Coût et frais variables et invariables.)

OBSERVATIONS

F. 10 par tonneau sur le fret, font au Havre une différence de F. 1.50 par 100 kil. sur les prix.

On veut savoir le revient au Havre de Vachettes du poids de 7 ℔ coûtant à Calcutta R. 36 ½ la corge de 20 pièces, au change de F. 2.75 et au fret de F. 120.

On trouvera dans la 1re et la 7e colonne de ce tableau que :

R. — ½ fait par 100 kil.		F. 2.48
» 6 id.	id.	» 29.77
» 30 id.	id.	» 173.14
R. 36 ½ feront donc		F. 205.39

Droits d'entrée par 100 kil. en Juillet 1865

Par navire Français	Exemptes
id. Etranger	F. 3.—

Ce compte est pour les Vachettes de 7 ℔ la pièce.

Pour celles qui pèsent au-delà, on trouvera ci-dessous des logarithmes au moyen desquels, par une simple multiplication, le résultat donnera le revient en France.

Ainsi par exemple, pour trouver le revient en France de Vachettes coûtant à Calcutta R. 20 par corge, du poids de 9 ℔ chaque, au change de F. 2.60 et au fret de F. 120 par tonneau de 700 kil.

Le logarithme est de 36460 à multiplier par R. 20 ce qui fait	F. 72.97
Plus les frais fixes, qui se trouvent à côté du même logarithme	» 22.53
Soit par 100 kil.	F. 95.50

Faire de même pour tous les poids et les changes.

CHANGES	7 ¼ ℔ Logarit.	7 ¼ ℔ Frais	7 ½ ℔ Logarit.	7 ½ ℔ Frais	7 ℔ ¾ Logarit.	7 ℔ ¾ Frais	8 ℔ Logarit.	8 ℔ Frais	8 ¼ ℔ Logarit.	8 ¼ ℔ Frais	8 ½ ℔ Logarit.	8 ½ ℔ Frais	8 ¾ ℔ Logarit.	8 ¾ ℔ Frais	9 ℔ Logarit.	9 ℔ Frais
2.50	43352	22.96	42100	23.13	40748	22.00	30470	22.82	38872	22.60	37447	22.54	36061	22.37	35683	22.24
2.55	44423	23.31	42049	23.31	41557	23.14	40830	22.97	35038	22.81	37850	22.66	36800	22.52	35784	22.39
2.60	43894	23.65	43784	23.40	42378	23.28	41049	23.11	39804	22.95	38035	22.80	37321	22.66	36460	22.53
2.65	40165	23.79	44080	23.60	43187	23.43	41859	23.25	40370	23.09	39370	22.94	38253	22.80	37186	22.67
2.70	47036	23.94	45108	23.75	44002	23.57	42028	23.40	41336	23.21	40110	23.09	38073	22.95	37890	22.81
2.75	47007	24.08	46310	23.89	40816	23.71	43417	23.51	42100	23.38	40804	23.23	39027	23.09	38592	22.96

BOMBAY

Bombay, capitale de l'une des Présidences de l'Inde Anglaise, portant ce nom, dont elle constitue le principal entrepôt, après Calcutta, est située sur la côte occidentale de l'Indostan, et y occupe l'extrémité méridionale d'une petite île, qui n'est séparée du continent que par un bras de mer, et qui forme avec les îles adjacentes de Colabo, de Salsette, de Butcher et de Carauja, un des plus beaux, des plus vastes ports du monde. Sa population est aujourd'hui d'environ 600,000 âmes.

Le port de Bombay, malgré quelques récifs qui en obstruent l'entrée, est accessible à tous les navires et en toute saison, mais il est à noter que la saison la plus favorable est de Novembre à Juin. La mousson, saison des pluies et des ouragans s'ouvre dans la première quinzaine de Juin et finit vers le 15 Octobre, il y a alors ralentissement des affaires et diminution de produits sur le marché.

La meilleure époque de l'année pour un navire est de quitter l'Europe vers le commencement d'Octobre, pour arriver à Bombay vers le milieu de Janvier.

Réglements et frais de port. — Les réglements concernant la discipline du port sont très rigoureux, Bombay étant en même temps l'un des ports militaires du Gouvernement des Indes.

Chaque navire venant de la mer et entrant dans le port acquittera un droit de tonnage de 2 *annas* par tonneau ; ce droit ne peut être exigible deux fois dans le même mois pour le même navire.

Les navires forcés de rentrer dans le port par suite du mauvais temps ou pour cause d'avaries, ne seront pas assujettis à un nouveau droit.

Les navires entrant dans le port sur lest payeront les 3/4 des frais de port.

Les navires attachés aux amarrages du gouvernement, fixes ou flottants, paieront la taxe suivante :

	Du 1er Novembre au 30 Mai comprenant 7 mois — Par chaque jour	Du 1er Juin au 31 Octobre comprenant 5 mois — Par chaque jour
AMARRAGES FIXES		
Navires de 199 tonneaux	R. 1	R. 3
id. 200 à 299 tonneaux	» 2	» 4
id. 300 à 399 id.	» 3	» 5
id. 400 à 499 id.	» 4	» 6
id. 500 à 599 id.	» 5	» 7
id. 600 à 699 id.	» 6	» 8
id. 1000 tonneaux et au-dessus	» 8	» 10
AMARRAGES FLOTTANTS		
id. tous les tonnages	» 3	» 4

Les mouvements du port sont assujettis aux droits suivants :

Dans l'intérieur du port, pour navires au-dessous de 300 tonneaux	» 40	» 65
et R. 10 en plus pour chaque 100 tonneaux en sus.		

De l'intérieur du port au Middle-Ground, pour navires de 500 tonneaux	R. 60
500 à 1000 tonneaux	» 80
1000 à 1500 id.	» 100
1500 à 2000 id.	» 120
Pour amarrer les navires	» 16
Jaugeage	» 30

Les navires sortant et qui s'arrêteront à Middle-Ground moins de 24 heures ne payeront que moitié de la taxe.

Pilotage. —

	BELLE SAISON	MOUSSON
Navires de 100 à 300 tonneaux	R. 50	R. 75

plus : une augmentation de R. 5 par 100 tonneaux.

Mouvement commercial. — Les relations que la France entretient avec Bombay n'ayant pas une importance en rapport avec celle de ce grand marché qui est appelé à devenir le premier entrepôt de l'Orient, on trouvera ci-dessous un aperçu des échanges qui prouveront que notre Commerce et notre Marine n'y ont pas encore pris le développement auquel ils peuvent aspirer.

Le mouvement général des affaires de Bombay, sans y comprendre les espèces d'or et d'argent, s'est élevé, pour l'année finissant le 30 avril 1862, à F. 308,886,842 pour les importations, et à F. 490,016,944 pour les exportations, soit, en total, à F. 798,903,786.

Dans ces chiffres, la France ne figure que pour F. 1,952,785 à l'importation, et F. 2,844,522 à l'exportation ; tandis que la part de l'Angleterre a été de 173,564,710 dans la première et de 256,508,012 dans la seconde.

Voici les articles qui tiennent le premier rang, après les métaux précieux, importés en 1861-62 :

		VALEUR EN FRANCS
Tissus de Coton — écrus	F.	67.780.000
Tissus de Coton — imprimés et teints	»	14.575.000
Approvisionnements militaires	»	16.361.000
Sucre et Sucre candi	»	13.755.000
Soie brute	»	11.949.000
Cuivre	»	11.759.000
Fruits	»	9.773.000
Cotons filés	»	7.479.000
Matériel de chemins de fer	»	7.306.000
Épices	»	6.416.000
Toile d'emballage	»	5.834.000
Fer	»	5.321.000
Charbon	»	5.070.000
Machines	»	4.981.000
Quincaillerie	»	3 771.000
Bière	»	3.742.000
Approvisionnements maritimes	»	3.390.000
Pierres précieuses	»	3.070.000
Tissus de Soie de Chine	»	2.066.000
Vins	»	2.058.000
Spiritueux	»	1.785.000

Voici, par contre, le détail des exportations et réexportations générales, dont les principaux articles sont en 1861-62 :

		VALEUR EN FRANCS
Coton en laine	F.	231.589.000
Opium	»	153.664.000
Châles cachemires	»	10.598.000
Laine brute	»	9.783.000
Graines	»	9.160.000
Sucre	»	4 885.000
Épices	»	2.790.000
Tabac	»	3.025.000
Ivoire	»	2.965.000
Grains	»	3.261.000
Café	»	1.507.000

Les tableaux suivants présentent un aperçu des principaux articles, tant en importation qu'en exportation entre Bombay et la France, en 1861-62 :

IMPORTATION A BOMBAY VENANT DE FRANCE

		VALEUR EN FRANCS
Spiritueux	F.	880.000
Vins	»	852.000
Bouchons	»	127.000
Papeterie	»	92.000

EXPORTATION DE BOMBAY POUR FRANCE

		VALEUR EN FRANCS
Coton	F.	907.000
Graines	»	603.000
Cafés	»	518.000
Poivre	»	278.000
Châles cachemires	»	188.000

Marchandises à exporter de Bombay. — Parmi les articles d'exportation, le *Coton* occupe le premier rang ; il s'en est expédié pendant les cinq années 1858 à 1862, les quantités suivantes, en balles de 180 kil. :

ANNÉES	ANGLETERRE	[illegible]	FRANCE ET CONTINENT	CHINE	TOTAL
1858	B. 324.675	B. 13.993	B. 19.542	B. 103.731	B. 461.941
1859	» 564.886	» 25.314	» 27.634	» 151.847	» 769.681
1860	» 469.611	» 5.525	» 17.257	» 202.179	» 694.572
1861	» 931.077	» 18.561	» 8.426	» 60.511	» 1.018.575
1862	» 923.140	» 3.757	» 20.833	» 7.984	» 955.571

Les exportations de Coton de Bombay, pendant la quinzaine quinquennale 1857/58 à 1861/62 présentent, en moyenne, pour chaque année, en quantité, un chiffre de 293.506.938 ℔ poids anglais et en numéraire, une valeur de F. 147.719.000.

La part de la France, dans cette exportation, pour les mêmes cinq années, a été de 14.137.000 ℔ anglaises et en valeur F. 5.357.000.

Les Cotons des Indes sont de qualités très différentes, et parmi les vingt ou trente sortes qui se vendent à Bombay, il en est qui obtiennent des prix de 25, 50 et même jusqu'à 100 % plus élevés que d'autres. Les achats sont donc difficiles et il faut être connaisseur pour s'en occuper convenablement.

Les Cotons des Indes sont loin, tout le monde le sait, de valoir ceux des États-Unis; leur brin est plus gros et plus court et ils sont généralement plus chargés de feuilles; quelques sortes cependant sont très bonnes, et l'industrie, poussée par la nécessité, est parvenue à les travailler parfaitement. On fait avec les Broach, Dhollerah, Hingenghaut et Sawginned Dharwar, les filés qu'autrefois on croyait ne pouvoir faire qu'avec du Coton Louisiane, et, quoiqu'il arrive dorénavant, les Surates conserveront une place importante dans la consommation européenne. Si la production cotonnière reprend aux États-Unis, la filature emploiera le Coton d'Amérique pour les numéros élevés et les gros numéros se feront en Coton des Indes.

Les sortes les meilleures sont toujours celles du commencement de la campagne; ainsi les Broach et les Dhollerah, qui arrivent en Avril et Mai, sont généralement fort beaux, et les Hingenghaut, qui arrivent en Février et Mars, sont excellents. Les plus beaux achats se font donc dans les mois de Février à Juin; plus tard, c'est-à-dire, dans les mois de Juillet à Janvier, les bonnes qualités sont moins abondantes, et sauf le Comptah et les Sawginned Dharwar, on est obligé de se contenter de classements moins beaux.

Notre industrie doit-elle rester tributaire de l'Angleterre pour ses approvisionnements de matière première, et le Havre se laissera-t-il supplanter presque complètement par Liverpool? Il semble que cette situation ne doit point durer, et l'on espère voir les affaires entre Bombay et le Havre prendre un essor prochain et considérable. Si nos industriels, plus confiants dans leurs forces, voulaient chercher à se créer dans les Indes un débouché pour leurs produits manufacturés, il s'établirait bientôt entre les deux pays un échange régulier de produits. L'Inde a une population de 200 millions d'habitants qui, chaque jour, font un pas dans la voie de la civilisation. La France devrait se mettre, dès maintenant, en mesure de prendre sa part de la richesse que vaut déjà à l'Angleterre le commerce d'un pays aussi étendu.

Après les Cotons, l'article le plus important à Bombay est l'*Opium*, qui en 1861-62, s'est exporté pour une valeur de F. 153.664.000, le tout pour la Chine.

Les *Châles cachemires*, dont il s'exporte des quantités importantes, F. 10.598.000 en 1862, sont presque tous envoyés en consignation à Londres par les marchands indigènes, et bien que de Londres, la plus grande partie entre ensuite en France, le commerce direct ne s'en fait encore que sur une bien petite échelle.

Il arrive à Bombay d'assez fortes quantités de *Laines* et il s'en est exporté en 1862 pour une valeur de F. 9.733.000 dont majeure partie pour Liverpool, le commerce direct avec la France étant de fort peu d'importance. La plupart de ces laines viennent de Kurrachee et elles sont toujours très mélangées, ce qui rend les achats difficiles. Les natifs mêlent tout, couleur, finesse et longueur, et au triage les pertes sont sujettes à varier depuis 15 jusqu'à 40 %. Les laines qui arrivent à Bombay sont, en général, communes et grossières; les sortes fines et supérieures sont presque introuvables. Les provenances les plus estimées sont celles de Kandahar et de Cutch; viennent ensuite celles de Khorassan, Mekran, Marwar, Pattani, etc.

Il s'exporte de Bombay de grandes quantités de *Graines* de toutes sortes, F. 9.160.000 en 1862. La Graine de lin participe le plus largement à ces exportations; la Graine de colza y occupe aussi un rang important; quant aux Graines de sésame, aux Arachides décortiquées, aux Graines de niger et de moutarde, elles ne donnent lieu qu'à des affaires plus restreintes. C'est aussi sur l'Angleterre que se dirigent presque toutes ces Graines, et la France n'en reçoit que fort peu; il y a toutefois un commerce important de Graines de sésame entre la France et Kurrachee. On en expédiait des quantités beaucoup plus considérables il y a quelques années; mais, depuis la guerre américaine, beaucoup des terrains où l'on cultivait les Graines ont été consacrés au Coton. Au fur et à mesure cependant que les chemins de fer s'étendront dans toutes les directions, on verra arriver à Bombay des quantités de Graines de plus en plus considérables. Les navires qui chargeront du Coton prendront volontiers des Graines en guise de lest, à un fret relativement bas.

Le *Sucre* ne s'expédie pas en Europe. La culture de la Canne à sucre n'est que peu importante dans cette présidence et le commerce consiste en réexportations pour les petits ports de la côte et pour le golfe Persique.

Parmi les *Épices* qui s'exportent, il faut citer particulièrement le Poivre, mais en faisant remarquer que pour des opérations un peu importantes, il vaut mieux acheter directement sur la côte et principalement à Aleppi, dont le Poivre lourd est d'excellente qualité et qui donne, du reste, lieu à des affaires importantes avec la France.

Les *Clous de Girofle* que l'on expédie principalement en Chine et en Angleterre, arrivent en grandes quantités de la côte de Zanzibar à Bombay.

Les *Dents d'Eléphant* se trouvent en grandes quantités à Bombay.

Quant aux *Cafés*, l'exportation directe ne s'en est élevée, en 1862, qu'à F. 1.507.000; mais il s'en traite des quantités considérables sur la côte Malabar, à Mangalore, Cannanore, Tellichery et Calicut, où, de même que pour les Poivres, on les obtient d'ordinaire à meilleur marché qu'à Bombay. Pour de grandes affaires, les maisons de cette ville ont donc l'habitude d'acheter sur la côte, mais pour des affaires moins étendues, on trouve souvent à compenser le prix par la différence du fret qui est toujours moins cher à Bombay. Les Cafés Malabar sont d'une fort belle qualité et leur culture prend d'année en année plus de développement. On peut estimer la production de l'année 1862-63, à 60.000 sacs de 75 kil., et, comme le nombre et l'importance des plantations ne cesse d'augmenter, il est probable que dans quelques années on en aura plus du double. Il arrive aussi à Bombay des quantités importantes de Café Moka et Barbara, dont la qualité, quoique souvent mélangée et chargée de déchets, est généralement fort belle.

Parmi les autres articles d'exportation de Bombay sont les *Gommes*, qui s'y trouvent en quantités assez fortes. La Gomme arabique n'est pas aussi bonne que celle du Sénégal et ne s'expédie pas en France ; la Gomme benjoin est généralement trop chère ; mais la Gomme copal, bien que passablement mélangée, se vendrait bien chez nous, croit-on. Quant à la Gomme oliban, qui sert d'encens, elle ne pourrait s'exporter qu'en quantités réduites.

Le *Chanvre* ne donne lieu qu'à de petites affaires avec la France ; il y en a cependant des approvisionnements à Bombay. Le Chanvre du Cocan est assez bon, mais souvent mélangé.

La *Garance* est assez commune à Bombay ; celle du Scinde n'est pas bonne, mais celle de Mascate est belle et conviendrait parfaitement à la consommation française.

Il arrive à Bombay beaucoup d'*Orseille* de Mascate et de Zanzibar. Cette dernière sorte est fort belle et elle est de grande consommation en France ; celle de Mascate est moins bonne et s'obtient à beaucoup meilleur marché.

Le *Salpêtre* se trouve en quantités immenses dans le Scinde, et il commence à en arriver passablement à Bombay ; mais, en général, il est non raffiné. Le fret pour cet article serait extrêmement avantageux, et il est probable que l'on ne tardera pas à établir des raffineries qui permettront à l'exportation de devenir considérable.

L'*Huile de coco* s'exporte aussi de Bombay ; mais c'est plutôt à Cochin, sur la côte Malabar, que le commerce en est considérable. C'est aussi à Cochin que se vend principalement le *Bastin*. Ces deux articles devraient donner lieu à de grandes affaires avec la France, mais jusqu'ici c'est sur Londres que s'en dirige presque toute l'exportation.

MARCHANDISES IMPORTÉES A BOMBAY

Parmi les nombreux articles d'*importation* sur ce marché, on doit citer en première ligne les *Tissus de coton*.

Le tableau suivant indique les quantités, en pièces, de Tissus de coton, écrus et blancs, qui ont été importés à Bombay en 1862 et dans les quatre années précédentes. On laisse à ces Tissus les dénominations sous lesquelles ils sont connus dans le pays :

ANNÉES	SHIRTINGS, LONG CLOTHS & PRINTERS		JACONETS		MADAPOLAMS		CAMBRICS	
	ÉCRUS	BLANCS	ÉCRUS	BLANCS	ÉCRUS	BLANCS	ÉCRUS	BLANCS
	PIÈCES	PIÈCES	PIÈCES	PIÈCES	PIÈCES	PIÈCES	PIÈCES	PIÈCES
1858	1.037.006	205.569	644.690	432.814	875.734	66.643	43.981	84.432
1859	2.962.861	263.571	104.299	752.981	856.139	29.818	12.295	21.499
1860	2.720.097	156.202	995.925	622.760	1.168.078	166.881	11.171	25.724
1861	3.066.966	275.669	583.007	689.584	1.200.528	65.521	14.847	69.256
1862	2.280.737	209.544	576.498	786.865	466.993	11.148	2.999	140.677

ANNÉES	T. CLOTHS	DOMESTICS	MULLS		FIGURED ou Fancy Shirtings	LAPPETS	DHOTIES	
	ÉCRUS	ÉCRUS	ÉCRUS	BLANCS	BLANCS	BLANCS	ÉCRUS	BLANCS
	PIÈCES	PIÈCES	PIÈCES	PIÈCES	PIÈCES	PIÈCES	PIÈCES	PIÈCES
1858	855.797	174.671	145.436	896.510	226.250	393.766	41.787	110.114
1859	920.439	169.511	271.103	331.334	193.494	249.610	141.264	168.718
1860	1.182.192	209.862	129.685	240.856	194.142	183.110	159.297	266.110
1861	970.807	110.101	124.419	226.830	248.741	196.089	248.814	242.328
1862	952.288	137.122	178.899	626.240	81.378	211.971	157.294	153.969

La longueur des pièces varie ainsi selon chaque sorte :

	YARDS *		YARDS
Shirtings	37½	T. Cloths	24
Cloths	36	Domestics	75
Printers	29	Mulls	20
Jaconets	20	Lappets (mousseline brochée)	10
Madapolams	23	Dhoties (jupons)	10
Cambrics	24		

Les Tissus de coton se vendent toujours à la pièce, et leur prix se détermine principalement suivant leur poids ; on les reçoit généralement en balles de 75 à 100 pièces, pressées à la machine hydraulique.

La vente des Tissus écrus est considérable, comme on le voit ; elle est continue, et l'on trouve même souvent à vendre à livrer par navires attendus ; les affaires de Tissus blancs sont moins importantes, mais il s'en consomme néanmoins de grandes quantités. Pour ces Tissus blancs, les Indiens tiennent à l'apprêt anglais, qui est beaucoup plus souple que l'apprêt français.

Les Tissus imprimés donnent aussi lieu, à Bombay, à de grandes affaires. L'article de grande consommation est le simple rouleau à fond blanc, qui se vend en pièces de 28 yards de long et de 24 pouces anglais de large, et en pièce de 24 yards de long avec une largeur de 32 pouces anglais. Les indiennes françaises, suisses et allemandes, se vendent aussi, mais

* Le Yard = 0m.914.

en moindre quantité ; quant aux jaconas et organdis imprimés, ils ne sont portés que par les Européens, et leur vente est limitée. Les rouges andrinople, unis ou jaune et rouge, ont une vente immense dans les Indes, pour turbans principalement.

La France n'a envoyé jusqu'ici à Bombay que de très petites quantités des Tissus de Coton dont on vient de parler ; il y a cependant pour elle une place considérable à prendre sur les marchés de l'Inde. Les modifications qui ont été apportées depuis quelques années dans notre système douanier ont certainement mis nos industriels, dont l'intelligence et le savoir-faire ne le cèdent à personne, à même de concourir avec les autres nations sur les marchés étrangers, et si notre industrie, montrant plus de confiance dans ses forces et plus d'esprit d'entreprise, ne se laissait point effrayer par les distances, elle arriverait rapidement à se créer aux Indes un beau débouché pour ses produits manufacturés.

Les articles de *Laine*, sauf les flanelles et les mérinos de couleur, sont de peu de consommation à Bombay, et l'importation ne se compose guère que d'articles anglais extrêmement légers et communs.

Mais en *Tissus de soie*, il nous semble que l'industrie Lyonnaise devrait trouver un grand débouché à Bombay. Jusqu'ici l'Europe n'a fourni que fort peu de Tissus de soie à l'Inde ; c'est de Chine que l'Inde tire la plus grande partie de ce qu'il faut à sa consommation, et l'industrie locale produit le reste. Or, comme les indigènes, hommes et femmes, portent beaucoup de soieries, on croit qu'il y aurait place aussi pour certaines étoffes de nos fabriques, qui devraient d'ailleurs s'approprier au goût du pays.

Les approvisionnements militaires, les Sucres, la Soie brute, viennent ensuite dans l'ordre des importations principales ; les Sucres arrivent de Calcutta et de Maurice ; la Soie brute, de Chine.

L'importation des *Métaux* est considérable aussi ; c'est d'abord le Cuivre en feuilles et en barres ; puis, les fers anglais et suédois ; enfin, le Plomb, l'Acier, le Cuivre jaune, le Zinc et l'Étain. — Tous ces Métaux sont toujours de vente très facile.

Les *Cotons filés* sont un des grands articles de consommation à Bombay ; mais ils ont à subir la concurrence des filatures locales, qui ne comportent, du reste, qu'environ 300.000 broches.

Voici un relevé, par numéros, des quantités de Cotons filés importés à Bombay en 1862 et pendant les quatre années précédentes :

ANNÉES	MULL								
	N° 20	N° 30	N° 40	N° 50	N° 60	N° 70	N° 80	N° 90	N° 100
	LIVRES	LIVRES	LIVRES	LIVRES	LIVRES	LIVRES	LIVRES	LIVRES	LIVRES
1858	712.240	951.831	892.020	197.500	76.225	19.925	9.220	1.005	29.940
1859	478.140	915.045	2.420.632	402.441	199.455	31.010	38.225	15.020	29.045
1860	398.370	495.240	590.485	312.435	103.470	22.610	8.305	2.505	9.830
1861	389.870	650.905	1.211.925	326.005	120.760	12.610	8.205	4.205	10.725
1862	156.340	792.740	678.765	156.380	42.410	10.900	4.500	4.200	12.545

ANNÉES	WATER				FILÉS TEINTS			
	N° 20	N° 30	N° 40	TOTAL des FILÉS ÉCRUS	ROUGES	ORANGES	VERTS	AUTRES SORTES
	LIVRES	LIVRES	LIVRES	LIVRES	LIVRES	LIVRES	LIVRES	LIVRES
1858	1.283.910	2.092.250	344.800	2.963.526	394.850	480.455	99.040	162.540
1859	1.550.775	3.101.685	935.625	9.345.463	248.260	277.215	102.025	109.995
1860	1.865.090	1.758.546	378.897	5.287.798	268.695	209.312	224.085	109.052
1861	525.540	1.432.530	349.205	5.040.935	473.915	402.500	99.800	80.840
1862	132.560	1.321.500	416.880	3.729.610	617.021	515.300	217.650	89.100

Tous ces Cotons filés se vendent en paquets, et jusqu'ici c'est l'Angleterre seule qui les envoie.

Le *Matériel de chemins de fer* est importé exclusivement d'Angleterre. — Comme le réseau concédé ne sera pas achevé de longtemps, les matériaux tels que rails, locomotives, ponts de fer, wagons, etc., continueront d'être demandés en grande quantité.

Les *Épices* viennent de la Côte d'Afrique et de la Côte de Malabar et sont réexportées en partie.

Les *Toiles d'emballage* à l'usage des Cotons, Graines et Cafés, ont été importées spécialement de Calcutta.

C'est l'Angleterre qui fournit presque exclusivement le *Charbon*, et comme la navigation à vapeur et les chemins de fer augmentent chaque jour, les quantités nécessaires à Bombay deviendront plus considérables d'année en année.

Les machines de toutes sortes, machines à vapeur, métiers à tisser, machines de filature, machines à faire la glace, machines à nettoyer le Coton, etc., ont été importées pour des sommes assez considérables. Il va sans dire qu'au fur et à mesure du développement de la civilisation dans les Indes, ces articles y deviendront d'un emploi plus commun.

La *Quincaillerie* pourrait donner lieu à des affaires avec la France.

La *Bière*, dont la consommation est considérable aux Indes, pourrait donner lieu à de bons débouchés pour celle venant de France ; le droit d'entrée est très réduit : 2 annas par gallon impérial (environ F. 0.30 c. par 4 demi-litres).

Les *Pierres précieuses* sont très recherchées à Bombay, de même que les bijoux ; mais il faut bien se garder d'envoyer des pierres ou des bijoux faux, que les indigènes, même les plus pauvres, ne consentiraient point à porter.

La consommation des *Spiritueux* et les *Vins* augmente chaque jour à Bombay. Les européens abusent des liqueurs et les indigènes commencent à en faire autant, bien que leur religion leur défende l'usage des boissons fortes. Les droits d'entrée sont néanmoins très forts pour les Spiritueux : R. 3 par gallon (soit environ F. 7.50 par 4 demi-litres) ; pour les Vins, ils ne sont que de R. 1 par gallon (F. 2.50 par 4 demi-litres).

Outre les articles mentionnés plus haut, les suivants pourraient donner lieu à un commerce direct plus suivi ; ce sont : les fournitures de bureau, papier, perles de verre et verroteries, meubles, voitures, drogueries, couleurs brutes, parapluies, parfumerie, gants, articles de modes, etc. Seulement, il faut éviter d'envoyer des articles qui ne supportent pas l'humidité ; car, pendant la mousson, qui dure trois mois, de juin à septembre, il pleut presque constamment à Bombay.

Navigation. — La navigation, à l'entrée, du port de Bombay, en 1861-62, représente, dans son ensemble, un chiffre de 7.365 navires jaugeant 761.380 tonneaux. Le pavillon français y figure pour 24 navires jaugeant 11.011 tonneaux. — A la sortie, la navigation de Bombay se traduit par 5.984 navires jaugeant 679.232 tonneaux. Le pavillon français y compte pour 20 navires jaugeant 9.122 tonneaux.

Fret. — Le port de Bombay est le seul de toute la côte occidentale des Indes où les navires de n'importe quel tonnage puissent aborder. — On y trouve toujours des navires à affréter et un fret assuré qui consiste principalement en Coton, dont le tonnage se calcule à raison de 50 pieds cubes anglais.

Comme fret *lourd*, on trouve des graines, du café, etc.

Les navires français qui arrivent à Bombay obtiennent toujours un fret beaucoup plus élevé que les navires anglais. Le pavillon français est naturellement très recherché pour les cafés, les graines et tous les articles qui, par navires français, sont privilégiés à leur entrée en France, et même pour les cotons on paye volontiers F. 10 de plus par tonneau.

Ces mêmes navires trouvent fréquemment d'excellents prix pour aller prendre un chargement de graines à Kurrachee ou un chargement de café sur la côte Malabar. Pour les cafés, ils obtiennent facilement F. 50 par tonneau, et pour les graines, F. 20 par tonneau de plus que les navires étrangers, ces deux sommes formant le total du droit différentiel que ces marchandises ont à acquitter en France lorsqu'elles sont importées par navire étranger.

La moyenne des frets en 1861-62 a été de F. 75 à 90 pour l'Angleterre et de F. 95 à F. 110 pour la France.

Changes. — Pour les changes et pour tout ce qui touche aux finances, le commerce de Bombay est très bien organisé. Ses banques qui sont au nombre d'une dizaine et qui ont presque toutes leurs succursales en Europe et en Chine, sont en général très puissantes et négocient la plupart des traites que les maisons de Bombay émettent à six mois de vue sur leurs correspondants d'Europe. Les importateurs qui ont des remises à faire en prennent aussi leur part et les négociations du change sont toujours faciles.

Les changes sont susceptibles de grandes variations, dans la mousson, de juin à octobre, ils sont en général entre F. 2.70 à F. 2.80 et le reste de l'année entre F. 2.55 à F. 2.65.

La moyenne du change sur France, en 1861-63, a varié de F. 2.55 à F. 2.65 par roupie.

Autrefois, on ne pouvait guère tirer sur France autrement que payable dans Londres, et maintenant encore les banques anglaises ne prennent les traites sur France que de cette manière, mais grâce à l'agence que le comptoir d'escompte de Paris a établie à Bombay, l'on négocie à présent avec facilité les traites sur n'importe quelle ville de France.

(Les renseignements qui précèdent sont extraits des *Annales du Commerce extérieur*, émanant d'un article fourni par MM. Jules Siegfried & Cie, négociants à Bombay et au Havre).

Monnaies. — L'argent a cours légal pour toutes les transactions monétaires dans les divers territoires Anglo-Indiens.

L'or a également cours légal au taux de R. 16 pour le Gold-Mohur de Calcutta et de R. 15 pour la Roupie d'or de Madras et Bombay.

La circulation totale des billets de banque des trois présidences était estimée en 1858 à £. 1.500.000 sur quelle somme la Banque du Bengale comptait environ pour £. 1.000.000.

	1 Pice	=	£	—.—.— 1/4
3 Pice	= 1 Paisa	=	»	—.—.— 3/4
12 Pice	= 1 Anna	=	»	—.—. 1 1/2
16 Annas	= 1 Roupie	=	»	—. 2.—
15 Roupies	= 1 Gold-Rupie	=	»	1.10.—
16 id.	= 1 Gold-Mohur	=	»	1.12.—
100.000 id.	= 1 Lakh	=	»	10000.—.—
100 Lakhs	= 1 Karor	=	»	1000000.—.—

La valeur d'une roupie est généralement prise pour 2sh. D'après les cours de la monnaie à Calcutta, elle vaut 2sh 0d085 et d'après le change commercial 1sh 11d51 et au prix de l'argent de la monnaie à Londres, elle vaut 1sh 11d04.

A Bombay, les comptes sont encore tenus en Roupies, quartos et racs, 25 racs = 1 anna. Quelquefois en roupies, quartos et racs, 1 roupie = 4 quartos à 100 racs.

Les marchandises sont généralement achetées à deux mois de crédit. Quand elles sont payées comptant, on déduit l'intérêt à raison de 9 % par an.

La diversité des poids et mesures appliqués à la vente des marchandises, met de la confusion pour les personnes qui ne sont pas très familiarisées avec les usages. Je crois donc utile d'ajouter le tableau suivant pour faciliter les calculs.

DÉSIGNATION DES MARCHANDISES	SE VENDANT PAR	Correspondant en poids anglais. Avoir du poids.
Cire d'Abeilles	Bombay Maund	℔ 29. 1/4
Borax	Surat id.	» 41.06
Coton	id. Candy	» 784.—
Arrow-Root	Bombay Maund	» 28.—
Safranum	Surat id.	» 41.06

DÉSIGNATION DES MARCHANDISES	SE VENDANT PAR	Correspondant en poids anglais. Avoir du poids.
Gomme Laque	Bombay Maund	℔ 29.10
Curcuma, Malabar	id. Candy	» 588.—
id. Rajapore	id. id.	» 616.—
Chanvre, Calicut, Rajapore, Ghatee, Concan	id. id.	» 588.—
id. Guzerat	id. id.	» 784.—
Indigo	Surat Maund	» 28.—
Graines de Lin, Colza, Moutarde, Radis		cwt
Graine de Sésame	Candy	℔ 560.—
Huile de noix de Coco, de Sésame	Bombay Maund	» 28.—
id. de Ricin	id. id.	
Poivre	id. Candy	» 588.—
Riz		» 654.—
Salpêtre	Sac	» 168.—
Bois de Sapan, de Malabar	Bombay Candy	» 588.—
id. de Sandal	Candy	» 588.—
Soie	Seer	» 1.866

Poids indiens comparés aux poids anglais. — Avoir du poids.

Bombay Maund de 40 seers	℔ 28	Bombay Candy 22 Md à 40 seers	℔ 616
» » 42 »	» 29 1/2	Surat Candy 20 » »	» 746 1/4
Surat » 40 »	» 37 1/2	» » 21 » »	» 784
» » 41 »	» 38 1/2	» » 22 » »	» 821 1/4
» » 42 »	» 39 1/4	Indian Maund	» 82 1/2
» » 43 1/2 »	» 40 1/4	Bengal factory Maund 40 seers	» 74.10.11
» » 44 »	» 41 1/2	» bazar » »	» 82. 2.13
Bombay Candy de 20 Md à 40 seers	» 560	Madras Maund	» 25.—.—
» » 21 »	» 588	» Candy 20 Maunds	» 500.—.—

Droits de Sortie. — Sauf quelques exceptions, la plupart des articles imposés payent un droit de sortie de 3 % sur l'estimation de la Douane.

J'ai établi une colonne à part dans mes comptes pour le calcul de ces droits qui ne se trouvent pas compris dans les tableaux des prix de revient auxquels il faudra les ajouter.

Sur chaque compte de revient où il y a des droits de sortie, on trouvera des logarithmes aux divers changes, au moyen desquels, en les multipliant par le prix admis par la Douane de Bombay pour établir la valeur de la marchandise sur laquelle doit se prélever le droit de sortie, on trouvera le résultat en France par 100 kil. qui sera à ajouter au prix de revient du tableau.

On pourra se servir de ces logarithmes pour toutes les estimations, aussi longtemps du moins que la base de l'impôt de 3 % ne sera pas changée.

COMPTE D'ACHAT ET DE REVIENT

A 100 BOITES ARROW-ROOT

100 boites Arrow-Root, pesant net cwt 58.3.20, R. 8 par cwt franco à bord........ R. 471. 1.72

FRAIS A BOMBAY

Courtage d'achat	1 %		
Commission d'achat	2½ %		
Ensemble	3½ %	»	16. 2.—
		R.	487. 3.72
Commission de remboursement	1 %		
Courtage de négociation des traites	⅛ %		
Timbres des traites	⅛ %		
Ensemble	1¼ %	»	6.—.72
(R. 1 = 4 quartos à R^s 100).		R.	494.—.44
Remboursement sur Paris, à 6 mois de vue, au change de F. 2.60 par R		F.	1284.66

FRAIS AU HAVRE

Fret sur 3550 kil. à F. 100 secs par tonn. de 600 kil	F.	591.65		
Permis, frais au débarquement, port en magasin, arrimage, magasinage d'un mois, livraison et menus frais	»	60.—		
Assurance maritime sur F. 1413 à 2 % et police	»	29.75		
id. contre le feu sur F. 2094 à ⅕ %	»	1.05		
Commission de banque à Paris pour confirmation de crédit 1 %	»	12.84		
Escompte à la vente 2¼ %				
Courtage de vente ¼ %				
Commission de vente 2 %				
Ensemble 4½ % sur F. 2078.24	»	93.29	»	788.58
			F.	2073.24

RENDEMENT : Q 100 nettes pour 43 kil. nets :

Soit net 2838 kil. à F. 73.05 par 100 kil. entrepôt........ F. 2073.15

PRIX DE REVIENT AU HAVRE DES 100 KIL. ENTREPOT

AUX CHANGES SUIVANTS SUR PARIS

Avec la parité des changes sur LONDRES, calculés sur la base de F. 25.25 pour £ 1.—.—

PRIX à BOMBAY par cwt	PARIS F. 2.55 — LONDRES 2sh 0d 1/4	PARIS F. 2.60 — LONDRES 2sh 0d 11/16	PARIS F. 2.65 — LONDRES 2sh 1d 3/16	PARIS F. 2.70 — LONDRES 2sh 1d 5/8	PARIS F. 2.75 — LONDRES 2sh 2d 1/8	PARIS F. 2.80 — LONDRES 2sh 2d 9/16	5 c. par R. font au Havre sur le change par 100 kil.
Roupies 1/8	F. 0.75	F. 0.77	F. 0.78	F. 0.79	F. 0.81	F. 0.82	F. 0.01
1/4	1.50	1.53	1.56	1.59	1.62	1.65	0.03
3/8	2.25	2.30	2.34	2.38	2.43	2.47	0.04
1/2	3.—	3.06	3.12	3.18	3.24	3.30	0.06
5/8	3.75	3.83	3.90	3.97	4.05	4.12	0.07
3/4	4.50	4.59	4.68	4.77	4.86	4.95	0.09
7/8	5.25	5.36	5.46	5.56	5.67	5.77	0.11
1	6.—	6.12	6.23	6.35	6.47	6.59	0.12
2	36.10	36.33	36.57	36.80	37.04	37.27	0.23
3	42.10	42.45	42.80	43.16	43.51	43.86	0.35
4	48.10	48.57	49.04	49.51	49.98	50.45	0.47
5	54.10	54.69	55.27	55.86	56.45	57.04	0.59
6	60.10	60.80	61.50	62.21	62.91	63.62	0.70
7	66.10	66.92	67.74	68.56	69.38	70.21	0.82
8	72.10	73.04	73.97	74.92	75.85	76.80	0.94
9	78.10	79.15	80.21	81.27	82.32	83.38	1.06
10	84.10	85.27	86.44	87.62	88.79	89.97	1.17
11	90.10	91.39	92.67	93.97	95.26	96.56	1.29
12	96.10	97.50	98.91	100.32	101.73	103.14	1.41
13	102.10	103.62	105.14	106.68	108.20	109.73	1.53
14	108.10	109.74	111.38	113.03	114.67	116.32	1.64
15	114.10	115.86	117.61	119.38	121.14	122.91	1.76
16	120.10	121.97	123.84	125.73	127.60	129.49	1.88
17	126.10	128.09	130.08	132.08	134.07	136.08	2.—
18	132.10	134.21	136.31	138.44	140.54	142.67	2.11
19	138.10	140.32	142.55	144.79	147.01	149.25	2.23
20	144.10	146.44	148.78	151.14	153.48	155.84	2.35

(Rows 1/8 to 1: Différence; coût et frais variables. Rows 2 to 20: Coût et frais variables et invariables.)

OBSERVATIONS

F. 10 par tonneau sur le fret, font au Havre une différence de F. 2.08 par 100 kil. sur les prix.

On veut savoir le revient au Havre d'Arrow-Root coûtant à Bombay R. 12 ⅛ par cwt, au change de F. 2.75 et au fret de F. 100 par tonneau de 600 kil.

On trouvera dans la 1re et la 6e colonne de ce tableau que :

R. — ⅛ fait par 100 kil........ F. 1.62
» 12 id. id. .... » 101.73

R. 12 ⅛ feront donc........ F. 103.35

Droits d'entrée par 100 kil. en Juillet 1863

Par navire Français........ F. 1.20
id. Etranger........ » 3.—

COMPTE D'ACHAT ET DE REVIENT

A 100 CANDYS BOIS DE SAPAN DE SIAM

100 candys Bois de Sapan de Siam à R. 40 par candy de 940 ₰ .... R. 4000.—.—
Escompte, 1 ½ % .... » 60.—.—
R. 3940.—.—

FRAIS A BOMBAY

Transport à la douane et embarquement, R. 1 par candy .... R. 100.—.—
Courtage 1 % .... » 39. 1.60 » 139. 1.60
R. 4079. 1.60
Commission d'achat 2 ½ % .... » 101. 3.94
R. 4181. 1.54
Moins : drawback remis par la douane .... » 252.—.—
R. 3929. 1.54

Commission de remboursement .... 1 %
Courtage de négociation des traites .... ¼ %
Timbres des traites .... ¼ %
Ensemble .... 1 ½ % sur R. 3979.—.46 .... » 49. 2.92
(R. 1 = 4 quartos à Rs. 100). R. 3979.—.46
Remboursement sur Paris à 6 mois de vue, au change de F. 2.60 par R. .... F. 10345.75

FRAIS AU HAVRE

Fret sur 41360 kil. à F. 80 secs par tonn. de 700 kil. .... F. 4727.—
Permis, frais au débarquement, port en magasin, arrimage, magasinage, livraison et menus frais .... » 185.—
Assurance maritime sur F. 11380 à 1 ¾ % .... » 200.65
id. contre le feu sur F. 16492 à ½ ‰ .... » 8.25
Commission de banque à Paris pour confirmation de crédit 1 % .... » 103.45
Escompte à la vente .... 2 ¼ %
Courtage de vente .... ¼ %
Commission de vente .... 2 %
Ensemble .... 4 ½ % sur F. 16303.75 .... » 733.65 » 5958.—
F. 16303.75

RENDEMENT : 100 ₰ rendent 44 kil. nets :

Soit net 41360 kil. à F. 39.42 par 100 kil. entrepôt .... F. 16304.10

PRIX DE REVIENT AU HAVRE DES 100 KIL. ENTREPOT

AUX CHANGES SUIVANTS SUR PARIS

Avec la parité des changes sur LONDRES, calculés sur la base de F. 25.25 pour £ 1.—.—

PRIX à BOMBAY par candy de 940 ₰	PARIS F. 2.55 — LONDRES 2sh 0d 1/4	PARIS F. 2.60 — LONDRES 2sh 0d 11/16	PARIS F. 2.65 — LONDRES 2sh 1d 3/16	PARIS F. 2.70 — LONDRES 2sh 1d 5/8	PARIS F. 2.75 — LONDRES 2sh 2d 1/8	PARIS F. 2.80 — LONDRES 2sh 2d 9/16	5 c. par R. font au Havre sur le change par 100 kil.
Roupies 1/8	F. 0.09	F. 0.09	F. 0.09	F. 0.09	F. 0.09	F. 0.09	F. 0.—
1/4	0.17	0.18	0.18	0.18	0.18	0.18	0.—
3/8	0.26	0.27	0.27	0.27	0.27	0.28	0.—
1/2	0.35	0.35	0.36	0.36	0.37	0.37	0.—
5/8	0.43	0.44	0.45	0.45	0.46	0.46	0.01
3/4	0.52	0.53	0.54	0.54	0.55	0.56	0.01
7/8	0.61	0.62	0.63	0.63	0.64	0.65	0.01
1	0.69	0.70	0.71	0.73	0.74	0.75	0.01
2	1.37	1.40	1.43	1.46	1.48	1.50	0.02
3	2.06	2.10	2.14	2.19	2.22	2.25	0.04
4	2.75	2.80	2.85	2.91	2.96	3.01	0.05
5	3.43	3.50	3.57	3.64	3.70	3.76	0.07
6	4.12	4.20	4.28	4.37	4.44	4.52	0.08
7	4.81	4.90	5.—	5.09	5.18	5.27	0.09
8	5.49	5.60	5.71	5.82	5.92	6.02	0.10
9	6.18	6.30	6.42	6.55	6.66	6.78	0.12
10	6.87	7.—	7.13	7.27	7.40	7.54	0.13
30	32.01	32.41	32.81	33.21	33.62	34.02	0.40
40	38.87	39.41	39.94	40.48	41.02	41.56	0.54
50	45.74	46.41	47.07	47.75	48.42	49.10	0.67
60	52.60	53.41	54.21	55.02	55.82	56.64	0.81

OBSERVATIONS

F. 10 par tonneau sur le fret, font au Havre une différence de F. 1.43 par 100 kil. sur les prix.

On veut savoir le revient au Havre de Bois de Sapan coûtant à Bombay R. 35 ½ par candy, au change de F. 2.75 et au fret de F. 80 par tonneau de 700 kil.
On trouvera dans la 1re et la 6e colonne de ce tableau que :
R. — ½ fait par 100 kil. .... F. 0.37
» 5 id. id. .... » 3.70
» 30 id. id. .... » 33.62
R. 35 ½ feront donc .... F. 37.69

Droits d'entrée par 100 kil. en Juillet 1865

Par navire Français .... Exempt
id. Étranger .... F. 3.—

COMPTE D'ACHAT ET DE REVIENT

A 606 SACS CAFÉ MALABAR TRIÉ

606 sacs Café Malabar trié, pesant chacun net 1 cwt ½,			
Soit	cwt 909.—		
Perte au nettoyage ... cwt 37. 1.24			
Brisures et Café noir ... » 46. 2. 5	» 84.29		
Ensemble ... cwt 993.29 à R. 11 par M^d de cwt. 41.066		R. 29796. 1.—	
Escompte 1 ½ %		» 446. 3.89	R. 29351. 1.11

FRAIS A BOMBAY

Livraison, pesage et embarquement sur cwt 993.29 à R. ¼ par candy de 7 cwt	R. 106. 1.76	
Nettoyage et triage	» 174. 3.60	
606 sacs Gonies Bornéo, 1re qualité, à R. 50 par 100	» 303.—.—	
Cousage et marquage de 606 sacs à 2 ¼ %	» 13. 2.54	
Pour couper les sacs originaux à ¼ anna chacun	» 11. 3.10	
Loyer du magasin	» 125.—.—	
Connaissements et timbres	» 1.—.—	
Nattes et paniers	» 5.—.—	
Courtage 1 %	» 293. 2. 4	» 1034.—.94
		R. 30385. 2. 5
Commission d'achat 2 ½ %		» 759. 2.52
		R. 31145.—.57
Moins : produit des brisures et du café noir vendus		» 480.—.—
		R. 30665.—.57
Commission de remboursement ... 1 %		
Courtage de négociation des traites ... ¼ %		
Timbres des traites ... ½ %		
Ensemble ... 1¾ % sur R. 31058.2.17		» 388. 1.08
(R. 1 = 4 quarios à 100 R^s).		R. 31073. 2.90
Remboursement sur Paris, à 6 mois de vue, au change de F. 2.60 par R.		F. 80791.25

FRAIS AU HAVRE

Fret sur 46100 kil. à F. 100 par tonn. de 900 kil.	F. 5122.20	
Permis, frais au débarquement, voiliers, port en magasin, arrimage, magasinage d'un mois, livraison et menus frais	» 815.—	
Commission de banque à Paris pour confirmation de crédit 1 %	» 807.90	
Assurance maritime sur F. 88870 à 2 % et police	» 1778.90	
Id. contre le feu sur F. 96804 à ¼ %	» 48.50	
Escompte à la vente ... 1¾ %		
Courtage de vente ... ¼ %		
Commission de vente ... 2 %		
Ensemble ... 4 % sur F. 92566.40	» 3702.65	» 11775.15
		F. 92566.40

RENDEMENT : 1 cwt = 50 kil. 3/4

Soit sur cwt 909 ... kil. 46131		
Perte au poids ... » 1355		
Nets ... kil. 44776 à F. 206.73 par 100 kil. entrepôt		F. 92566.40

PRIX DE REVIENT AU HAVRE DES 100 KIL. ENTREPOT

AUX CHANGES SUIVANTS SUR PARIS

Avec la parité des changes sur LONDRES, calculés sur la base de F. 25.25 pour £ 1.—.—

	PRIX à BOMBAY par M^d de ℔ 41.066	PARIS F. 2.55 — LONDRES 2sh 0d 1/4	PARIS F. 2.60 — LONDRES 2sh 0d 11/16	PARIS F. 2.65 — LONDRES 2sh 1d 3/16	PARIS F. 2.70 — LONDRES 2sh 1d 5/8	PARIS F. 2.75 — LONDRES 2sh 2d 1/8	PARIS F. 2.80 — LONDRES 2sh 2d 9/16	5 c. par R. font au Havre sur le change par 100 kil.
Coût et frais variables	Roupies 1/8	F. 2.14	F. 2.18	F. 2.23	F. 2.27	F. 2.31	F. 2.35	F. 0.04
	1/4	4.28	4.37	4.45	4.54	4.62	4.70	0.08
	3/8	6.43	6.55	6.68	6.80	6.93	7.06	0.13
	1/2	8.57	8.73	8.90	9.07	9.24	9.41	0.17
	5/8	10.71	10.92	11.13	11.34	11.55	11.76	0.21
	3/4	12.85	13.10	13.36	13.61	13.86	14.11	0.25
	7/8	14.99	15.29	15.58	15.88	16.17	16.46	0.29
Coût et frais variables et invariables	8	151.62	154.33	157.05	159.76	162.49	165.23	2.72
	9	168.76	171.81	174.86	177.95	180.97	184.04	3.06
	10	185.90	189.28	192.67	196.09	199.45	202.86	3.39
	11	203.04	206.75	210.48	214.23	217.93	221.68	3.78
	12	220.18	224.23	228.29	232.38	236.41	240.49	4.06
	13	237.31	241.80	246.09	250.52	254.89	259.31	4.40
	14	254.45	259.17	263.90	268.67	273.37	278.12	4.73
	15	271.59	276.65	281.51	286.81	291.85	296.94	5.07
	16	288.73	294.12	299.52	304.95	310.32	315.76	5.41

OBSERVATIONS

F. 10 par tonneau sur le fret, font au Havre une différence de F. 1.14 par 100 kil. sur les prix.

On veut savoir le revient au Havre de Café coûtant à Bombay R. 11 ⅝ par maund de 41.066 ℔, au change de F. 2.65 et au fret de F. 100.

On trouvera dans la 1re et la 4e colonne de ce tableau que :

R. — ⅝ font par 100 kil.	F. 11.13
» 11 id. id.	» 210.48
R. 11 ⅝ feront donc	F. 221.61

Droits d'entrée par 100 kil. en Juillet 1865

Par navire Français	F. 50.40
id. Etranger	» 55.40

COMPTE D'ACHAT ET DE REVIENT

A 997 SACS CAFÉ MALABAR NON TRIÉ

997 sacs Café Malabar, pesant net.... cwt 1495.2.—			
Perte au nettoyage .... » 21.1.19			
Ensemble........ cwt 1516.3.19 au prix de R. 11 par Md de ℔ 41.066........	R.45508. 1.32		
Escompte 1 ½ %........	» 682. 2.50	R. 44825. 2.82	

FRAIS A BOMBAY

Nettoyage........	R. 54. 1.23	
Magasinage........	» 20.—.—	
Livraison, pesage et embarquement sur cwt 1516.3.19 à R. ¾ par candy de 7 cwt........	» 162. 2.25	
Cousage de 997 sacs à R. 2 ¼ par 100........	» 22. 1.73	
Coût de 997 sacs Gonies, Bornéo 1re qualité, à R. 50 le 100........	» 498. 2.—	
Pour couper les sacs originaux, R. 1 ½ pour 100........	» 17. 3.70	
Nattes et paniers........	» 5.—.—	
Connaissements et timbres........	» —. 3.—	
Courtage 1 % sur R. 44825.2.82........	» 448. 1. 2	» 1929. 2. 08
		R. 46055. 1.75
Commission d'achat 2 ½ %........		» 1151. 1.52
		R. 47206. 3.27
Commission de remboursement........ 1 %		
Courtage de négociation des traites........ ⅛ %		
Timbres des traites........ ⅛ %		
Ensemble........ 1 ¼ % sur R. 47804.1.47........		» 597. 2.20
(R. 1 = 4 quartos à Rs 100).		R. 47804. 1.47
Remboursement sur Paris, à 6 mois de vue, au change de F. 2.60 par R........		F. 124291.35

FRAIS AU HAVRE

Fret sur 75900 kil. à F. 100 sacs par tonn. de 900 kil........	F. 8433.35	
Permis, frais au débarquement, voiliers pour échantillonner, port en magasin, arrimage, magasinage d'un mois, livraison et menus frais.	» 550.—	
Assurance maritime sur F. 136720 à 2 % et police........	» 2735.90	
id. contre le feu 14840 à ½ ‰........	» 74.20	
Commission de banque à Paris pour confirmation de crédit 1 %........	» 1242.90	
Escompte à la vente........ 1 ¾ %		
Courtage de vente........ ¼ %		
Commission de vente........ 2 %		
Ensemble........ 4 % sur F. 143049,70........	» 5722.—	» 18758.35
		F. 143049.70

RENDEMENT : 1 cwt = 50 kil. ¾ :

Soit sur cwt 1495.2........	kil. 75895	
Perte au poids 1 ½ %........	» 1141	
Net........	kil. 74754 à F. 191.36 par 100 kil........	F. 143049.25

PRIX DE REVIENT AU HAVRE DES 100 KIL. ENTREPOT

AUX CHANGES SUIVANTS SUR PARIS

Avec la parité des changes sur LONDRES, calculés sur la base de F. 25.25 pour £ 1.—.—

PRIX à BOMBAY par Md de ℔ 41.066	PARIS F. 2.55 — LONDRES 2sh 0d ¼	PARIS F. 2.60 — LONDRES 2sh 0d 11/16	PARIS F. 2.65 — LONDRES 2sh 1d 3/16	PARIS F. 2.70 — LONDRES 2sh 1d 5/8	PARIS F. 2.75 — LONDRES 2sh 2d ⅛	PARIS F. 2.80 — LONDRES 2sh 2d 9/16	5 c. par R. sur le change font au Havre par 100 kil.
Roupies ⅛	F. 1.96	F. 1.99	F. 2.04	F. 2.08	F. 2.11	F. 2.15	F. 0.04
¼	3.92	4.—	4.07	4.15	4.23	4.30	0.08
⅜	5.88	5.99	6.11	6.23	6.34	6.45	0.11
½	7.84	7.99	8.14	8.30	8.45	8.60	0.15
⅝	9.80	9.99	10.18	10.38	10.57	10.76	0.19
¾	11.74	11.99	12.22	12.45	12.68	12.91	0.23
⅞	13.71	13.99	14.25	14.53	14.79	15.06	0.27
6	109.61	111.45	113.35	115.26	117.16	119.07	1.89
7	125.29	127.43	129.64	131.85	134.06	136.28	2.20
8	140.96	143.42	145.93	148.45	150.96	153.49	2.51
9	156.64	159.40	162.22	165.04	167.87	170.70	2.81
10	172.31	175.38	178.51	181.64	184.77	187.91	3.12
11	187.99	191.36	194.80	198.24	201.67	205.12	3.43
12	203.66	207.34	211.09	214.83	218.58	222.33	3.73
13	219.34	223.33	227.38	231.43	235.48	239.54	4.04
14	235.01	239.31	244.67	248.02	252.38	256.75	4.35
15	250.69	255.39	260.96	264.62	269.29	273.97	4.66
16	266.36	271.37	277.24	281.22	286.10	291.18	4.96

OBSERVATIONS

F. 10 par tonneau sur le fret, font au Havre une différence de F. 1.13 par 100 kil. sur les prix.

On veut savoir le revient au Havre de Café coûtant à Bombay R. 11 ⅜ par Maund de 41.066 ℔, au change de F. 2.65 et au fret de F. 100 par tonneau de 900 kil.

On trouvera dans la 1re et la 4e colonne de ce tableau que :

R. — ⅜ font par 100 kil........	F. 10.18
» 11 id. id........	» 194.80
R. 11 ⅜ feront donc........	F. 204.98

Droits d'entrée par 100 kil. en Juillet 1865

Par navire Français........	F. 50.40
id. Étranger........	» 55.40

COMPTE D'ACHAT ET DE REVIENT

A 1500 SACS CAFÉ MALABAR TRIÉ

1500 sacs Café Malabar, pesant 1875 cwt, à R. 30 par cwt. (Ce prix comprend le coût d'achat, le nettoyage et l'embarquement).		R. 56250. —. —
Coût de 1500 sacs Gonies à R. 50 par 100 sacs	R. 750. —. —	
Commission d'achat à Mangalore 2 ½ %	» 1406. 1. —	» 2156. 1. —
		R. 58406. 1. —

FRAIS A BOMBAY

Frais de remises à l'agent de Mangalore 1 %	R. 584. —. 25	
Menus frais, dépêches, lettres, etc.	» 40. —. —	
Courtage 1 % sur R. 58406. 1	» 584. —. 25	
Commission 2 ½ % sur R. 58406. 1	» 1460 —. 60	» 2668. 1. 10
		R. 61074. 2. 10
Commission de remboursement 1 %		
Courtage de négociation des traites ¼ %		
Timbres des traites ⅛ %		
Ensemble 1⅜ % sur R. 61809. 1. 70		» 773. —. 60
(R. 1 = 4 quartos à Rs 100).		R. 61847. 2. 70
Remboursement sur Paris à 6 mois de vue, au change de F. 2.60 par R.		F. 160803. 05

FRAIS AU HAVRE

Fret sur 95155 kil. à F. 100 par tonn. de 900 kil.	F. 10572. 80	
Permis, frais au débarquement, voiliers, port en magasin, arrimage, magasinage d'un mois, livraison et menus frais	» 580. —	
Assurance maritime sur F. 176774 à 2 % et police	» 3539. 15	
id. contre le feu sur F. 192460 à ½ ‰	» 96. 25	
Commission de banque à Paris, pour confirmation de crédit, 1 %	» 1608. 05	
Escompte à la vente 1¾ %		
Courtage de vente ¼ %		
Commission de vente 2 %		
Ensemble 4 % sur F. 184583. 20	» 7383. 30	» 23779. 55
		F. 184583. 20

Rendement : 1 cwt = 50 kil. % :

Soit	kil. 95155	
Perte au poids 3 %	» - 2855	
Net	kil. 92300 à F. 199.98 % par 100 kil.	F. 184581. 55

PRIX DE REVIENT AU HAVRE DES 100 KIL. ENTREPOT

AUX CHANGES SUIVANTS SUR PARIS

Avec la parité des changes sur Londres, calculés sur la base de F. 25.25 pour £ 1. —. —

PRIX à MANGALORE par Cwt	PARIS F. 2.55 — LONDRES 2sh 0d ¼	PARIS F. 2.60 — LONDRES 2sh 0d 11/16	PARIS F. 2.65 — LONDRES 2sh 1d 3/16	PARIS F. 2.70 — LONDRES 2sh 1d 5/8	PARIS F. 2.75 — LONDRES 2sh 2d 1/8	PARIS F. 2.80 — LONDRES 2sh 2d 9/16	5 c. par R. sur le change font au Havre par 100 kil.
Roupies ⅛	F. 0.75	F. 0.77	F. 0.78	F. 0.80	F. 0.82	F. 0.83	F. 0.02
¼	1.51	1.54	1.57	1.60	1.63	1.66	0.03
½	3.02	3.08	3.14	3.20	3.26	3.32	0.05
¾	4.53	4.62	4.71	4.80	4.89	4.98	0.09
1	6.04	6.16	6.28	6.40	6.52	6.63	0.12
2	12.08	12.32	12.56	12.79	13.03	13.27	0.24
3	18.13	18.48	18.84	19.19	19.55	19.90	0.35
4	24.17	24.64	25.12	25.59	26.06	26.54	0.47
5	30.21	30.80	31.40	31.99	32.58	33.17	0.59
6	36.25	36.96	37.67	38.38	39.09	39.80	0.71
7	42.29	43.12	43.95	44.78	45.61	46.44	0.83
8	48.34	49.28	50.23	51.18	52.13	53.07	0.95
9	54.38	55.44	56.51	57.57	58.64	59.71	1.07
20	135.08	138.38	140.80	143.21	145.68	148.08	2.41
30	196.40	199.98	203.59	207.18	210.79	214.37	3.59
40	256.82	261.58	266.33	271.15	275.93	280.71	4.78
50	317.24	323.18	329.17	335.12	341.11	347.05	5.96
60	377.66	384.78	391.95	399.06	406.27	413.39	7.15

OBSERVATIONS

F. 10 par tonneau sur le fret, font au Havre une différence de F. 1.15 par 100 kil. sur les prix.

On veut savoir le revient au Havre de Café coûtant à Mangalore R. 35 ¼ par cwt, au change de F. 2.55 et au fret de F. 100 par tonneau.

On trouvera dans la 1re et la 4e colonne de ce tableau que :

R. = ¼ font par 100 kil.	F.	3.14
» 5 id. id.	»	31.40
» 30 id. id.	»	203.59
R. 35 ¼ feront donc	F.	238.13

Droits d'entrée par 100 kil. en Juillet 1865

Par navire Français	F. 50.40
id. Etranger	» 55.40

COMPTE D'ACHAT ET DE REVIENT

A 200 CWT BOIS DE SANDAL MALABAR

200 cwt Bois de Sandal Malabar, à R. 40 par candy de 5 cwt ¼			R. 1523. 3.23
Escompte 1 ¼ %			» 22. 3.40
			R. 1500. 3.83

FRAIS A BOMBAY

	Droits de Sortie		
Livraison, pesage, nettoyage et embarquement à 12 annas par candy de 7 cwt		R. 21. 2.—	
Connaissements et timbres		» 1.—.—	
Courtage d'achat 1 %		» 15.—.94	» 37. 2.94
			R. 1538. 2.77
Droits d'exportation sur R. 1524 à 3 %	R. 45. 2.88		
Commission d'achat 2 ½ %	» 1.—.56		» 38. 1.84
	R. 46. 3.44		R. 1577.—.61
Commission de remboursement 1 %; Courtage de négociation des traites ⅛ %; Timbres des traites ⅛ %; Ensemble 1 ¼ %	» —. 2.36		» 19. 3.84
(R. 1 = 4 quartos à R^s 100).	R. 47. 1.80		R. 1597.—.45
Remboursement sur Paris à 6 mois de vue, au change de F. 2.60 par R.	F. 123.87		F. 4152.50

FRAIS AU HAVRE

Fret sur 9856 kil. à F. 80 par tonn. de 700 kil		F. 1126.40	
Permis, frais au débarquement, port en magasin, arrimage, magasinage d'un mois, livraison et menus frais		» 55.—	
Assurance maritime sur F. 4567 à 1 ¾ % et police	» 2.37	» 81.40	
id. contre le feu sur F. 5830 à ½ ‰	» 0.07	» 2.91	
Commission de banque à Paris, pour confirmation de crédit, 1 %	» 1.23	» 41.52	
Escompte à la vente 2 ½ %; Courtage de vente ⅛ %; Commission de vente 3 %; Ensemble 4 ⅝ % sur F. 5717	» 5.09	» 257.27	» 1564.50
	F. 183.03		F. 5717.—
Soit par 100 kil	» 1.85		

RENDEMENT : 100 ℔ rendent 44 kil. nets :

Soit net 9856 kil. à	F. 58.—	par 100 kil. entrepôt	F. 5716.50
Plus : droits de sortie à Bombay	» 1.85	id. id.	
Ensemble	F. 59.85	id. id.	

PRIX DE REVIENT AU HAVRE DES 100 KIL. ENTREPOT
AUX CHANGES SUIVANTS SUR PARIS

Avec la parité des changes sur LONDRES, calculés sur la base de F. 25.25 pour £ 1.—.—

PRIX à BOMBAY par Candy (Roupies)	PARIS F. 2.55 — LONDRES 2^sh 0^d ¼	PARIS F. 2.60 — LONDRES 2^sh 0^d 11/16	PARIS F. 2.65 — LONDRES 2^sh 1^d 3/16	PARIS F. 2.70 — LONDRES 2^sh 1^d 5/8	PARIS F. 2.75 — LONDRES 2^sh 2^d ⅛	PARIS F. 2.80 — LONDRES 2^sh 2^d 9/16	5 c. par R. sur le change font au Havre par 100 kil.
⅛	F. 0.14	F. 0.14	F. 0.14	F. 0.14	F. 0.15	F. 0.15	F. 0.—
¼	0.28	0.28	0.28	0.29	0.30	0.30	0.—
⅜	0.42	0.42	0.42	0.43	0.44	0.45	0.—
½	0.55	0.56	0.57	0.58	0.59	0.61	0.01
⅝	0.69	0.70	0.71	0.72	0.74	0.76	0.01
¾	0.83	0.84	0.85	0.87	0.88	0.91	0.01
⅞	0.97	0.98	0.99	1.02	1.03	1.05	0.01
1	1.10	1.12	1.14	1.16	1.18	1.21	0.02
2	2.20	2.24	2.28	2.32	2.37	2.41	0.04
3	3.30	3.36	3.42	3.48	3.55	3.62	0.06
4	4.40	4.48	4.56	4.65	4.74	4.82	0.08
5	5.49	5.60	5.71	5.81	5.92	6.02	0.11
6	6.59	6.71	6.85	6.97	7.11	7.23	0.13
7	7.69	7.83	7.99	8.13	8.29	8.44	0.15
8	8.79	8.95	9.13	9.29	9.48	9.64	0.17
9	9.89	10.07	10.27	10.45	10.66	10.85	0.19
10	10.98	11.19	11.41	11.62	11.84	12.05	0.21
1	14.32	14.35	14.39	14.42	14.46	14.50	0.04
2	15.42	15.47	15.53	15.58	15.65	15.70	0.05
3	16.51	16.59	16.67	16.75	16.83	16.91	0.08
4	17.61	17.71	17.81	17.91	18.01	18.11	0.10
5	18.71	18.83	18.95	19.07	19.20	19.32	0.12
10	24.20	24.42	24.66	24.88	25.12	25.34	0.23
20	35.17	35.61	36.07	36.50	36.95	37.39	0.44
30	46.15	46.81	47.47	48.13	48.79	49.45	0.66
40	57.13	58.—	58.88	59.75	60.63	61.50	0.87
50	68.11	69.19	70.29	71.37	72.47	73.55	1.09
Plus, par 100 kil., pour Droits de Sortie à Bombay, sur évaluation de R. 15 par candy.	1.32	1.35	1.37	1.40	1.43	1.45	0.03

OBSERVATIONS

F. 10 par tonneau sur le fret, font au Havre une différence de F. 1.43 par 100 kil. sur les prix.

On veut savoir le revient au Havre de Bois de sandal coûtant à Bombay R. 6 ¾ par candy, au change de F. 2.75 et au fret de F. 80 par tonneau de 700 kil.

On trouvera dans la 1re et la 6e colonne de ce tableau que :

R. — ¾ font par 100 kil	F.	1.03
» 1 id. id.	»	1.18
» 5 id. id.	»	19.20
Plus droits de sortie à Bombay sur estimation de R. 6 ¾	»	0.25
R. 6 ¾ feront donc	F.	21.66

N.-B. — Les droits de sortie à Bombay ne sont pas compris dans les prix de revient du tableau ci-dessus, il faudra donc les ajouter. Pour savoir ce qu'ils produisent en France par 100 kil., il suffira de multiplier les logarithmes suivants par l'estimation de la Douane. Les 3 premiers chiffres de gauche formeront en francs et centimes le résultat cherché.

CHANGES		LOGARITHMES
CHANGES 2.55		3305
» 2.60	»	3370
» 2.65	»	3435
» 2.70	»	3500
» 2.75	»	3565
» 2.80	»	3630

Droits d'entrée par 100 kil. en Juillet 1865

Par navire Français	Exempt
id. Etranger	F. 7.20

COMPTE D'ACHAT ET DE REVIENT

A 20 CAISSES CIRE D'ABEILLES

20 caisses Cire d'abeilles, pesant net cwt 41.—.4 ℔ à R. 20 le Md de 28 ℔			R. 3282. 3.44
Escompte 1 ½ %			» 49.—.92
			R. 3233. 2.52

FRAIS A BOMBAY

	Droits de Sortie		
Coût des caisses et encaissage à R. 2 ½ par caisse		R. 50.—.—	
Livraison, pesage et embarquement à 8 annas par caisse		» 10.—.—	
Loyer de magasin		» 10.—.—	
Timbres et connaissements		» 1.—.—	
Courtage d'achat 1 %		» 32. 3.28	» 103. 3.28
			R. 3337. 1.80
Droits de sortie sur l'estimation de R. 15 le Md de 28 ℔, R. 2462 à 3 %	R. 73. 3.44		
Commission d'achat 2 ½ %	» 1. 3.36		» 83. 1.68
	R. 75. 2.80		R. 3420. 3.48
Commission de remboursement 1 %			
Courtage de négociation ⅛ %			
Timbres des traites ⅛ %			
Ensemble 1 ¼ %	» —. 3.72		» 43. 1.20
(R. 1 = 4 quartos à Rs 100).	R. 76. 2.52		R. 3464.—.68
Remboursement sur Paris à 6 mois de vue, au change de F. 2.60 par R.	F. 199.24		F. 9006.85

FRAIS AU HAVRE

Fret sur 2250 kil. à F. 80 secs par tonneau de 900 kil.		F. 200.—	
Permis, frais au débarquement, tonneliers pour échantillonner, port en magasin, arrimage, magasinage d'un mois, livraison et menus frais		» 40.—	
Assurance maritime sur F. 9906 à 2 % et police	» 4.38	» 199.00	
id. contre le feu sur F. 10345 à ½ %	» 0.11	» 5.17	
Commission de banque à Paris, pour confirmation de crédit, 1 %	» 1.99	» 90.06	
Escompte à la vente 2 ¼ %			
Courtage de vente ½ %			
Commission de vente 2 %			
Ensemble 4 ¾ % sur F. 9991.28	» 9.08	» 449.60	» 984.43
	F. 215.40		F. 9991.28
Soit par 100 kil.	» 10.41		

Rendement : 100 ℔ rendent 45 kil. nets :

Soit net 2068 kil. à	F. 483.13 par 100 kil. entrepôt		F. 9991.12
Plus : droits de sortie à Bombay	» 10.41 id. id.		
Ensemble	F. 493.54 id. id.		

PRIX DE REVIENT AU HAVRE DES 100 KIL. ENTREPOT

AUX CHANGES SUIVANTS SUR PARIS

Avec la parité des changes sur Londres, calculés sur la base de F. 25.25 pour £ 1.—.—

PRIX à BOMBAY par Md de 28 ℔	PARIS F. 2.55 — LONDRES 2sh 0d ¼	PARIS F. 2.60 — LONDRES 2sh 0d 11/16	PARIS F. 2.65 — LONDRES 2sh 1d 3/16	PARIS F. 2.70 — LONDRES 2sh 1d ⅝	PARIS F. 2.75 — LONDRES 2sh 2d ⅛	PARIS F. 2.80 — LONDRES 2sh 2d 9/16	5 c. par R. sur le change font au Havre par 100 kil.
Roupies ⅛	F. 2.83	F. 2.88	F. 2.94	F. 2.99	F. 3.05	F. 3.10	F. 0.05
¼	5.65	5.76	5.87	5.98	6.10	6.20	0.11
⅜	8.48	8.64	8.81	8.97	9.15	9.30	0.16
½	11.30	11.52	11.75	11.96	12.19	12.41	0.22
⅝	14.13	14.40	14.68	14.95	15.23	15.51	0.27
¾	16.95	17.28	17.62	17.94	18.28	18.61	0.33
⅞	19.78	20.16	20.55	20.93	21.33	21.71	0.39
1	22.00	23.04	23.49	23.93	24.37	24.82	0.44
2	45.20	46.09	46.97	47.86	48.74	49.63	0.89
3	67.80	69.13	70.46	71.79	73.12	74.45	1.33
4	90.40	92.17	93.94	95.72	97.49	99.26	1.77
5	113.—	115.22	117.43	119.65	121.86	124.08	2.22
6	135.60	138.26	140.92	143.58	146.23	148.80	2.66
7	158.20	161.30	164.40	167.51	170.60	173.71	3.10
8	180.80	184.34	187.89	191.44	194.98	198.52	3.55
9	203.40	207.39	211.37	215.37	219.35	223.34	3.99
Coût et frais variables et invariables 10	248.06	252.68	257.30	261.93	266.55	271.17	4.62
20	474.06	483.11	492.16	501.22	510.27	519.32	9.05
30	700.06	713.54	727.02	740.51	753.99	767.47	13.48
40	926.06	943.97	961.88	979.80	997.71	1015.62	17.91
Plus, par 100 kil., pour droits de sortie à Bombay, sur estimation de R. 15 par maund	10.22	10.42	10.62	10.82	11.02	11.22	0.20

OBSERVATIONS

F. 10 par tonneau sur le fret, font au Havre une différence de F. 1.21 par 100 kil. sur les prix.

On veut savoir le revient au Havre de Cire coûtant à Bombay R. 25 ¼ par maund de 28 ℔, au change de F. 2.65 et au fret de F. 80.

On trouvera dans la 1re et la 4e colonne de ce tableau que :

R. — ¼ fait par 100 kil.		F. 11.75
» 5 id. id.		» 117.43
» 20 id. id.		» 492.16
Plus droits de sortie à Bombay sur estimation de R. 15 par Md		» 13.45
R. 25 ¼ feront donc		F. 634.79

N.-B. — Les droits de sortie à Bombay ne sont pas compris dans les prix de revient du tableau ci-dessus, il faudra donc les ajouter. Pour savoir ce qu'ils produisent en France par 100 kil., il suffira de multiplier les logarithmes suivants par l'estimation de la Douane. Les 4 premiers chiffres de gauche formeront en francs et centimes le résultat cherché.

Changes		Logarithmes
Changes 2.55		Logarithmes 68103
» 2.60	»	69438
» 2.65	»	70773
» 2.70	»	72109
» 2.75	»	73444
» 2.80	»	74779

Droits d'entrée par 100 kil. en Juillet 1865

Par navire Français	F. 1.—
id. Étranger	» 3.—

COMPTE D'ACHAT ET DE REVIENT

A 17090 CORNES DE BUFFLES

17090 Cornes de buffles, pesant cwt 249.2, à R. 8 par cwt		R. 1996.—.—
Escompte 1 ½ %		» 29. 3.76
		R. 1966.—.24

FRAIS A BOMBAY

	Droits de sortie		
Réception, pesage et embarquement	R. 36.—.—		
Courtage 1 %	» 19. 3.84		» 55. 3.84
			R. 2022.—. 8
Droits de sortie, sur l'estimation de R. 6 par cwt, R. 1497. à 3 %		R. 44. 3.64	
Commission d'achat 2 ½ %		» 1.—.48	» 50. 2.20
		R. 46.—.12	R. 2072. 2.28
Commission de remboursement 1 %			
Courtage de négociation des traites ¼ %			
Timbres des traites ⅛ %			
Ensemble 1¼ %		» —. 2.32	» 26.—.92
(R. 1 = 4 quartos à R[s] 100).		R. 46. 2.44	R. 2098. 3.20
Remboursement sur Paris à 6 mois de vue, au change de F. 2.60 par R.		F. 121.18	F. 5456.90

FRAIS AU HAVRE

Fret sur 12600 kil. à F. 60 secs par tonn. de 800 kil.		F. 945.—	
Permis, frais au débarquement, port ou magasin, arrimage, magasinage d'un mois, livraison et menus frais.		» 113.50	
Assurance maritime sur F. 6002 à 1¾ % et police	» 2.32	» 106.53	
id. contre le feu sur F. 7167 à ½ ‰	» 0.06	» 3.58	
Commission de banque à Paris, pour confirmation de crédit, 1 %	» 1.21	» 54.57	
Escompte à la vente 2¼ %			
Courtage de vente ½ %			
Commission de vente 2 %			
Ensemble 4¾ % sur F. 6994.85.	» 5.88	» 314.77	» 1537.95
	F. 130.65		F. 6994.85
Soit par 104 cornes	» 0.79		

RENDEMENT : 17090 cornes du poids de 12600 kil.:

A	F. 42.56	les 104 cornes entrepôt	F. 6993.75
Plus : droits de sortie à Bombay	» 0.79	id. id.	
Ensemble	F. 43.35	id. id.	

PRIX DE REVIENT AU HAVRE DES 104 CORNES ENTREPOT

AUX CHANGES SUIVANTS SUR PARIS

Avec la parité des changes sur LONDRES, calculés sur la base de F. 25.25 pour £ 1.—.—

PRIX à BOMBAY par cwt	PARIS F. 2.55 — LONDRES 2sh 0d ¼	PARIS F. 2.60 — LONDRES 2sh 0d 11/16	PARIS F. 2.65 — LONDRES 2sh 1d 3/16	PARIS F. 2.70 — LONDRES 2sh 1d 5/8	PARIS F. 2.75 — LONDRES 2sh 2d 1/8	PARIS F. 2.80 — LONDRES 2sh 2d 9/16	5 c. par R. sur le change font au Havre par 100 kil.
Roupies — Subdivisions (Coût et frais variables)							
1/8	F. 0.54	F. 0.55	F. 0.56	F. 0.57	F. 0.58	F. 0.59	F. 0.01
1/4	1.08	1.10	1.12	1.14	1.16	1.18	0.02
3/8	1.62	1.65	1.68	1.71	1.74	1.77	0.03
1/2	2.16	2.20	2.24	2.28	2.32	2.36	0.04
5/8	2.70	2.75	2.80	2.85	2.90	2.95	0.05
3/4	3.24	3.30	3.36	3.42	3.48	3.54	0.06
7/8	3.78	3.85	3.92	3.99	4.06	4.13	0.07
1	4.31	4.40	4.48	4.56	4.65	4.72	0.08
Coût et frais variables et invariables							
4	24.03	24.97	25.32	25.67	26.01	26.37	0.35
5	28.94	29.37	29.80	30.23	30.66	31.11	0.43
6	33.25	33.77	34.28	34.79	35.31	35.84	0.52
7	37.56	38.16	38.76	39.36	39.96	40.57	0.60
8	41.88	42.56	43.24	43.92	44.60	45.31	0.68
9	46.19	46.95	47.72	48.49	49.25	50.04	0.77
10	50.50	51.35	52.20	53.05	53.90	54.77	0.85
11	54.81	55.75	56.68	57.61	58.55	59.50	0.94
12	59.12	60.14	61.16	62.18	63.20	64.24	1.02
13	63.44	64.54	65.64	66.74	67.84	68.97	1.10
14	67.75	68.93	70.12	71.31	72.48	73.70	1.19
15	72.06	73.33	74.60	75.87	77.14	78.44	1.27
Plus, par 104 Cornes pour Droits de Sortie à Bombay, sur évaluation de R. 6 par cwt	0.78	0.79	0.81	0.83	0.84	0.86	0.02

OBSERVATIONS

F. 10 par tonneau sur le fret, font au Havre une différence de F. 0.10 par 104 cornes sur les prix.

On veut savoir le revient au Havre de Cornes de buffles coûtant à Bombay R. 10 ½ par cwt, au change de F. 2.75 et au fret de F. 60 par tonneau de 800 kil.

On trouvera dans la 1re et la 6e colonne de ce tableau que:

R. — ½ font par 100 kil.	F. 2.32
» 10 id. id.	» 53.90
Plus droits de sortie à Bombay sur estimation de R. 6 par cwt	» 1.12
R. 10 ½ feront donc	F. 57.34

N.-B. — Les droits de sortie à Bombay ne sont pas compris dans les prix de revient du tableau ci-dessus, il faudra donc les ajouter. Pour savoir ce qu'ils produisent en Francs par 100 kil., il suffira de multiplier les logarithmes suivants par l'estimation de la Douane, et retrancher les 2 derniers chiffres de droite, on aura en francs et centimes le résultat cherché.

CHANGES		LOGARITHMES
2.55		13.—
» 2.60	»	13.25
» 2.65	»	13.50
» 2.70	»	13.76
» 2.75	»	14.01
» 2.80	»	14.27

Droits d'entrée par 100 kil. en Juillet 1865

Par navire Français	Exempts
id. Étranger	F. 2.—

COMPTE D'ACHAT ET DE REVIENT

A 100 BALLES COTON SURATE

100 balles Coton Surate, pesant brut... cwt 366.—. 8
Tare 18 ₵ par balle... » 16.—. 8
Net... cwt 350.—.— soit 39200 ₵ ou 50 candies de 784 ₵ à R. 300 par candy... R. 15000.—.—
Escompte 1 ½ %... » 225.—.—
R. 14775.—.—

FRAIS A BOMBAY

Pesage, emballage, presse et embarquement à R. 7 par candy... R. 350.—.—
Courtage d'achat 1 %... » 150.—.— » 500.—.—
R. 15275.—.—
Commission d'achat 2 ½ %... » 381. 3.48
R. 15656. 3.48
Commission de négociation... 1 %
Courtage de négociation... ¼ %
Timbres des traites... ¼ %
Ensemble... 1½ % sur R. 15855.—.20... » 198.—.72
(R. 1 = 4 quartos à Rs 100). R. 15855.—.20
Remboursement sur Paris à 6 mois de vue, au change de 2.60 par R... F. 41223.15

FRAIS AU HAVRE

Fret sur 18250 kil. bruts à F. 80 secs par tonn. de 600 kil... F. 2433.35
Permis, frais au débarquement, voiliers, port en magasin, arrimage, magasinage d'un mois, livraison et menus frais... » 150.—
Assurance maritime sur F. 45345 à 1 ¾ % et police... » 795.05
id. contre le feu sur F. 48723 à ½ ‰... » 24.35
Commission de banque à Paris, pour confirmation de crédit, 1 %... » 412.23
Escompte à la vente... 2 %
Courtage de vente... ¼ %
Commission de vente... 2 %
Ensemble... 4¼ % sur F. 47037.20... » 1999.07 » 5814.05
F. 47037.20

Rendement : Poids brut à Bombay cwt 366.—.8 ₵ ou 41000 ₵ :

A 100 ₵ pour 45 kil. ⅓, brut... kil. 18586
Perte au poids pendant la traversée 2 % » 371
kil. 18215
Tare 5 %... » 911
Net... kil. 17304 à F. 271.83 par 100 kil. entrepôt.. F. 47037.45

PRIX DE REVIENT AU HAVRE DES 100 KIL. ENTREPOT

AUX CHANGES SUIVANTS SUR PARIS

Avec la parité des changes sur Londres, calculés sur la base de F. 25.25 pour £ 1.—.—

PRIX à BOMBAY par Candy	PARIS F. 2.55 — LONDRES 2sh 0d ¼	PARIS F. 2.60 — LONDRES 2sh 0d 11/16	PARIS F. 2.65 — LONDRES 2sh 1d 3/16	PARIS F. 2.70 — LONDRES 2sh 1d 5/8	PARIS F. 2.75 — LONDRES 2sh 2d 1/8	PARIS F. 2.80 — LONDRES 2sh 2d 9/16	5 c. par R. sur le change font au Havre par 100 kil.
Roupies 5	F. 4.09	F. 4.17	F. 4.25	F. 4.33	F. 4.41	F. 4.90	F. 0.08
10	8.18	8.35	8.51	8.07	8.83	8.99	0.10
20	16.37	16.69	17.01	17.33	17.65	17.97	0.32
30	24.55	25.04	25.52	26.—	26.48	26.96	0.48
40	32.74	33.38	34.02	34.66	35.31	35.95	0.64
50	40.92	41.73	42.53	43.33	44.14	44.94	0.80
60	49.11	50.07	51.03	52.—	52.96	53.92	0.96
70	57.20	58.42	59.54	60.66	61.79	62.91	1.12
80	65.48	66.76	68.04	69.33	70.62	71.90	1.28
90	73.66	75.11	76.55	77.99	79.44	80.88	1.44
50	62.29	63.21	64.12	65.03	65.94	66.86	0.91
100	103.22	104.93	106.65	108.36	110.08	111.79	1.71
200	185.07	188.39	191.71	195.03	198.35	201.67	3.32
300	266.92	271.84	276.76	281.69	286.62	291.54	4.92
400	348.77	355.30	361.83	368.36	374.89	381.42	6.53
500	430.62	438.75	446.89	455.02	463.16	471.29	8.13
600	512.46	522.20	531.94	541.68	551.42	561.16	9.74
700	594.31	605.66	617.—	628.35	639.69	651.04	11.35
800	676.16	689.11	702.06	715.01	727.96	740.91	12.95

OBSERVATIONS

F. 10 par tonneau, sur le fret, font au Havre une différence de F. 1.70 par 100 kil. sur les prix.

On veut savoir le revient au Havre de Coton coûtant à Bombay R. 445 par candy, au change de F. 2.65 et au fret de F. 80.
On trouvera dans la 1re et la 4e colonne de ce tableau que :
R. 5 font par 100 kil... F. 4.25
» 40 id. id. ... » 34.02
» 400 id. id. ... » 361.83
R. 445 feront donc... F. 400.10

Droits d'entrée par 100 kil. en Juillet 1868

Par navire Français... Exempt
id. Etranger... F. 3.—

COMPTE D'ACHAT ET DE REVIENT

A 1000 ROBINS DE COPRAH

1000 robins de Coprah, pesant 300 candies, à R. 55 par candy	R. 16500.—.—		
Escompte 1 ½ %	» 247. 2.—	R. 16252. 2.—	

FRAIS A BOMBAY

Livraison, pesage et embarquement à 3 annas par robin		R. 187. 2.—	
Connaissements et divers		» 1.—.—	
Courtage 1 % sur R. 16252.2.—		» 162. 2.10	» 351.—.10
			R. 16603. 2.10
	Droits de Sortie		
Droits d'exportation sur R. 16500 à 3 %	R. 495.—.—		
Commission 2 ½ %	» 12. 1.48		» 415.—.35
	R. 507. 1.48		R. 17018. 2.45
Commission de remboursement 1 %			
Courtage de négociation des traites ⅛ %			
Timbres des traites ⅛ %			
Ensemble 1¼ %	» 6, 1.68		» 215. 1.72
(R. 1 = 4 quartos à R[s] 100).	R. 513. 3.16		R. 17234. 0.17
Remboursement sur Paris à 6 mois de vue, au change de F. 2.60 par R.	F. 1335.85		F. 44808.50

FRAIS AU HAVRE

Fret sur 78500 kil. à F. 80 par tonn. de 600 kil.		F. 10466.65	
Permis, frais au débarquement, volliers, port en magasin, arrimage, magasinage d'un mois, livraison et menus frais		» 550.—	
Commission de banque à Paris pour confirmation de crédit, 1 %	» 13.36	» 448.08	
Assurance maritime sur F. 49258 à 1 ¾ %	» 25.70	» 864.04	
id. contre le feu sur F. 61616 à ½ %	» 0.74	» 30.80	
Escompte à la vente 2¼ %			
Courtage de vente ¼ %			
Commission de vente 2 %			
Ensemble 4½ % sur F. 59861.85	» 64.80	» 2693.78	» 15053.35
	F. 1440.45		F. 59861.85
Soit par 100 kil.	» 1.88		

RENDEMENT : 100 ₡ rendent net 43 kil. ½ :

Soit net 76734 kil. à	F. 78.01 par 100 kil.	entrepôt		F. 59860.20
Plus : droits de sortie à Bombay	» 1.88	id.	id.	
Ensemble	F. 79.69	id.	id.	

PRIX DE REVIENT AU HAVRE DES 100 KIL. ENTREPOT

AUX CHANGES SUIVANTS SUR PARIS

Avec la parité des changes sur LONDRES, calculés sur la base de F. 25.25 pour £ 1.—.—

PRIX à BOMBAY par Candy	PARIS F. 2.55 — LONDRES 2[sh] 0[d] ¼	PARIS F. 2.60 — LONDRES 2[sh] 0[d] 11/16	PARIS F. 2.65 — LONDRES 2[sh] 1[d] 3/16	PARIS F. 2.70 — LONDRES 2[sh] 1[d] 5/8	PARIS F. 2.75 — LONDRES 2[sh] 2[d] 1/8	PARIS F. 2.80 — LONDRES 2[sh] 2[d] 9/16	5 c. par R. sur le change font au Havre par 100 kil.
Roupies ⅛	F. 0.14	F. 0.14	F. 0.14	F. 0.15	F. 0.15	F. 0.15	F. 0.—
¼	0.28	0.28	0.28	0.29	0.30	0.30	0.—
⅜	0.42	0.42	0.43	0.44	0.45	0.45	0.—
SUBDIVISIONS — Coût et frais variables ½	0.56	0.57	0.58	0.59	0.60	0.61	0.01
⅝	0.70	0.71	0.72	0.73	0.75	0.76	0.01
¾	0.84	0.85	0.86	0.88	0.90	0.91	0.01
⅞	[illegible]	0.99	1.01	1.03	1.05	1.06	0.02
1	1.11	1.13	1.15	1.18	1.20	[illegible]	0.02
2	2.22	2.26	2.31	2.35	[illegible]	[illegible]	0.04
3	3.33	3.40	3.46	3.53	3.59	3.65	0.07
4	4.44	4.53	4.61	4.70	4.78	4.87	0.09
5	5.56	5.66	5.77	5.88	5.98	6.09	0.11
6	6.67	6.79	6.92	7.05	7.18	7.31	0.13
7	7.78	7.92	8.07	8.23	8.37	8.53	0.15
8	8.80	9.06	9.22	9.40	9.57	9.74	0.17
9	10.—	10.19	10.38	10.58	10.76	10.96	0.19
Coût et frais variables et invariables 10	26.86	27.08	27.30	27.53	27.75	27.99	0.22
20	37.97	38.40	38.88	39.28	39.71	40.17	0.44
30	49.08	49.72	50.86	51.03	51.67	52.35	0.65
40	60.19	61.04	61.89	62.78	63.63	64.53	0.87
50	71.30	72.36	73.42	74.53	75.59	76.71	1.08
60	82.41	83.68	84.95	86.28	87.55	88.89	1.30
70	93.52	95.—	96.48	98.03	99.51	101.07	1.51
80	104.63	106.32	108.01	109.78	111.47	113.25	1.72
90	115.74	117.64	119.54	121.53	123.43	125.43	1.94
100	126.85	128.96	131.07	133.28	135.39	137.61	2.15
Plus, par 100 kil., pour Droits de Sortie à Bombay, sur évaluation de R. 55 par candy	1.84	1.88	1.91	1.95	1.98	2.02	0.—

OBSERVATIONS

F. 10 par tonneau sur le fret, font au Havre une différence de F. 1.71 par 100 kil. sur les prix.

On veut savoir le revient au Havre de Coprah coûtant à Bombay R. 59 par Candy, au change de F. 2.75 et au fret de F. 80 par tonneau de 600 kil.

On trouvera dans la 1re et la 6e colonne de ce tableau que

R. 9 font par 100 kil.	F. 10.76
» 50 id. id.	» 75.59
Plus droits de sortie à Bombay sur estimation de R. 59 par Candy	» 2.13
R. 59 feront donc	F. 88.48

N.-B. — Les droits de sortie à Bombay ne sont pas compris dans les prix de revient du tableau ci-dessus, il faudra donc les ajouter. Pour savoir ce qu'ils produisent en France par 100 kil., il suffira de multiplier les logarithmes suivants par l'estimation de la Douane. Les 3 premiers chiffres de gauche formeront en francs et centimes le résultat cherché.

CHANGES		LOGARITHMES
CHANGES	2.55	3348
»	2.60	3413
»	2.65	3478
»	2.70	3544
»	2.75	3609
»	2.80	3675

Droits d'entrée par 100 kil. en Juillet 1863

Par navire Français	Exempt
id. Etranger	F. 2.—

COMPTE D'ACHAT ET DE REVIENT

A 98 SACS CURCUMA

98 sacs Curcuma, de 56 ℔ chaque, soit..... cwt 49.—.—			
Plus, perte au nettoyage........ » —. 2.23			
Ensemble........ cwt 49. 2.23 à R. 10 par cwt........			R. 497.—.—
Escompte 1 ½ %........			» 7. 2.—
			R. 489. 2.—

FRAIS A BOMBAY

98 sacs Gonies, à R. 35 par 100 sacs........		R. 34. 1.20	
Réception, pesage et embarquement à R. ¾ par candy de 7 cwt........		» 5. 1.21	
Cousage des têtes de sacs sur 98 sacs, à R. 2 ¼ par 100........		» 2.—.82	
Magasinage........		» 10.—.—	
Nettoyage........		» 3.—.—	
Connaissements et timbres........		» 1.—.—	
Courtage 1 %........		» 4. 3.87	» 60. 3.10
			R. 550. 1.10
	Droits de Sortie		
Droits de sortie sur estimation de R. 3.06 par cwt, R. 150 à 3 %........	R. 4. 2.—		
Commission d'achat 2 ½ %........	» —.—.45		» 13. 3. 3
	R. 4. 2.45		R. 564.—.13
Commission de remboursement........ 1 %			
Courtage de négociation des traites... ¼ %			
Timbres des traites........ ¼ %			
Ensemble........ 1½ %........	» —.—.23		» 7.—.56
(R. 1 = 4 quartos à R^s 100).	R. 4. 2.68		R. 571.—.69
Remboursement sur Paris à 6 mois de vue, au change de F. 2.60 par R...	F. 12.12		F. 1484.95

FRAIS AU HAVRE

Fret sur 2400 kil. bruts à F. 90 secs par tonn. de 750 kil.		F. 288.—	
Permis, frais au débarquement, port en magasin, arrimage, magasinage d'un mois, livraison et menus frais........		» 25.—	
Assurance maritime sur F. 1633 à 2 ¼ % et police........	» 0.30	» 38.25	
id. contre le feu sur F. 2000 à ½ %........	» 0.01	» 1.—	
Commission de banque à Paris, pour confirmation de crédit, 1 %........	» 0.12	» 14.85	
Escompte à la vente........ 2¼ %			
Courtage de vente........ ¼ %			
Commission de vente........ 2 %			
Ensemble........ 4½ % sur F. 1980.81...	» 0.50	» 87.26	» 454.36
	F. 13.14		F. 1939.31
Soit par 100 kil........	» 0.56		

RENDEMENT : 100 ℔ nettes rendent 42 kil. nets :

Soit net 2338 kil. à........	F. 83.95	par 100 kil. entrepôt........	F. 1939.35
Plus : droits de sortie à Bombay........	» 0.56	id. id.	
Ensemble........	F. 83.51	id. id.	

PRIX DE REVIENT AU HAVRE DES 100 KIL. ENTREPOT

AUX CHANGES SUIVANTS SUR PARIS

Avec la parité des changes sur LONDRES, calculés sur la base de F. 25.25 pour £ 1.—.—

PRIX à BOMBAY par Cwt (Roupies)	PARIS F. 2.55 — LONDRES 2sh 0d 1/4	PARIS F. 2.60 — LONDRES 2sh 0d 11/16	PARIS F. 2.65 — LONDRES 2sh 1d 3/16	PARIS F. 2.70 — LONDRES 2sh 1d 5/8	PARIS F. 2.75 — LONDRES 2sh 2d 1/8	PARIS F. 2.80 — LONDRES 2sh 2d 9/16	5 c. par R. sur le change font au Havre par 100 kil.
1/8	F. 0.76	F. 0.77	F. 0.79	F. 0.80	F. 0.82	F. 0.83	F. 0.01
1/4	1.52	1.54	1.57	1.60	1.64	1.66	0.03
3/8	2.28	2.32	2.36	2.41	2.45	2.50	0.04
1/2	3.04	3.09	3.15	3.21	3.27	3.33	0.06
5/8	3.80	3.87	3.94	4.01	4.09	4.16	0.07
3/4	4.56	4.64	4.73	4.82	4.90	5.—	0.09
7/8	5.32	5.42	5.52	5.62	5.72	5.83	0.10
1	6.07	6.19	6.31	6.43	6.54	6.66	0.12
5	51.29	52.02	52.74	53.48	54.20	54.93	0.73
6	57.36	58.20	59.05	59.90	60.75	61.59	0.85
7	63.43	64.39	65.35	66.32	67.30	68.25	0.96
8	69.50	70.57	71.66	72.74	73.85	74.91	1.08
9	75.57	76.76	77.96	79.17	80.30	81.58	1.20
10	81.63	82.95	84.27	85.59	86.93	88.24	1.32
11	87.70	89.14	90.57	92.02	93.47	94.90	1.44
12	93.77	95.32	96.88	98.44	100.01	101.56	1.56
13	99.84	101.51	103.18	104.87	106.55	108.22	1.68
14	105.91	107.70	109.49	111.29	113.10	114.89	1.80
15	111.97	113.88	115.80	117.72	119.64	121.56	1.92
Plus, par 100 kil., pour Droits de Sortie à Bombay, sur évaluation de R. 3.06 par cwt	0.55	0.56	0.57	0.58	0.59	0.60	0.01

OBSERVATIONS

F. 10 par tonneau sur le fret, font au Havre une différence de F. 1.33 par 100 kil. sur les prix.

On veut savoir le revient au Havre de Curcuma coûtant à Bombay R. 8 ⅝ par cwt, au change de F. 2.75 et au fret de F. 90 par tonneau de 750 kil.

On trouvera dans la 1re et la 6e colonne de ce tableau que :

R. — ⅝ font par 100 kil........	F. 4.09
» 8 id. id.	» 73.85
Plus droits de sortie à Bombay sur estimation de R. 2.04........	» 0.51
R. 8 ⅝ feront donc........	F. 78.45

N.-B. — Les droits de sortie à Bombay ne sont pas compris dans les prix de revient du tableau ci-dessus, il faudra donc les ajouter. Pour savoir ce qu'ils produisent en France par 100 kil., il suffira de multiplier les logarithmes suivants par l'estimation de la Douane. Les 2 premiers chiffres de gauche formeront en centimes le résultat cherché.

CHANGES 2.55........	LOGARITHMES 1801
» 2.60........	» 1836
» 2.65........	» 1871
» 2.70........	» 1906
» 2.75........	» 1941
» 2.80........	» 1977

Droits d'entrée par 100 kil. en Juillet 1885.

Par tous Pavillons........ Exempt

COMPTE D'ACHAT ET DE REVIENT

A 50 SACS CLOUS DE GIROFLES

50 sacs Clous de girofles, pesant brut	cwt 66. 2. 8		
Tare	» 5. 2. 9		
Net	cwt 60. 3.22 à R. 17 par cwt		R. 1036 — 35
Intérêt d'un mois à 9 % l'an, soit ¾ %			» 7. 3. 8
			R. 1043. 3.43

FRAIS A BOMBAY

Frais de chargement	R. 9.—.—	
50 sacs de Gunny et emballage	» 25. 1.—	
Magasinage 1 anna par sac	» 3.—.50	
Courtage 1 %	» 10. 1.75	» 47. 3.25
		R. 1091. 2.68
Commission d'achat 2 ½ %		» 27. 1.17
		R. 1118. 3.85

Commission de remboursement	1 %	
Courtage de négociation des traites	⅛ %	
Timbres des traites	⅛ %	
Ensemble	1¼ % sur R. 1133.—.50	» 14.—.65
(R. 1 = 4 quartos à Rs 100).		R. 1133.—.50
Remboursement sur Paris à 6 mois de vue, au change de F. 2.60 par R.		F. 2946,10

FRAIS AU HAVRE

Fret sur 8100 kil. à F. 100 secs par tonn. de 500 kil.	F. 620.—	
Permis, frais au débarquement, port en magasin, arrimage, magasinage d'un mois, livraison et menus frais	» 35.—	
Assurance maritime sur F. 3240 à 2 ¼ % et police	» 74.40	
id. contre le feu sur F. 3960 à ½ ‰	» 2.—	
Commission de banque à Paris, pour confirmation de crédit, 1 %	» 29.46	
Escompte à la vente 1½ %		
Courtage de vente ½ %		
Commission de vente 2 %		
Ensemble 4 % sur F. 3861.40	» 154.44	» 915.30
		F. 3861.40

RENDEMENT : 100 ℔ nettes rendent net 48 kil. ½ :

Soit net 2969 kil. à F. 130.06 par 100 kil. ..... F. 3861.50

PRIX DE REVIENT AU HAVRE DES 100 KIL. ENTREPOT

AUX CHANGES SUIVANTS SUR PARIS

Avec la parité des changes sur LONDRES, calculés sur la base de F. 25.25 pour £. 1.—.—

	PRIX à BOMBAY par Cwt	PARIS F. 2.55 — LONDRES 2sh 0d ¼	PARIS F. 2.60 — LONDRES 2sh 0d 11/16	PARIS F. 2.65 — LONDRES 2sh 1d 3/16	PARIS F. 2.70 — LONDRES 2sh 1d 5/8	PARIS F. 2.75 — LONDRES 2sh 2d ⅛	PARIS F. 2.80 — LONDRES 2sh 2d 9/16	5 c. par R. sur le change font au Havre par 100 kil.
Coût et frais variables	Roupies ⅛	F. 0.75	F. 0.76	F. 0.78	F. 0.79	F. 0.80	F. 0.82	F. 0.01
	¼	1.49	1.52	1.55	1.58	1.61	1.64	0.03
	⅜	2.24	2.28	2.33	2.37	2.41	2.46	0.04
	½	2.98	3.04	3.10	3.16	3.21	3.27	0.06
	⅝	3.73	3.80	3.88	3.95	4.02	4.09	0.07
	¾	4.47	4.56	4.65	4.74	4.82	4.91	0.09
	⅞	5.22	5.32	5.43	5.53	5.62	5.73	0.10
	1	5.96	6.08	6.20	6.31	6.43	6.55	0.12
	2	11.92	12.16	12.39	12.62	12.86	13.09	0.23
	3	17.88	18.24	18.59	18.94	19.29	19.64	0.35
	4	23.84	24.32	24.78	25.25	25.72	26.18	0.47
	5	29.81	30.39	30.98	31.56	32.15	32.73	0.58
	6	35.77	36.47	37.17	37.88	38.56	39.27	0.70
	7	41.73	42.55	43.37	44.19	45.01	45.82	0.82
	8	47.69	48.63	49.56	50.50	51.44	52.36	0.94
	9	53.65	54.71	55.76	56.82	57.87	58.91	1.05
	10	59.62	60.79	61.96	63.13	64.30	65.46	1.17
Coût et frais variables et invariables	5	56.45	57.10	57.76	58.41	59.07	59.72	0.65
	10	86.26	87.50	88.74	89.98	91.22	92.46	1.24
	20	145.88	148.29	150.69	153.10	155.51	157.92	2.41
	30	205.50	209.07	212.65	216.23	219.81	223.38	3.58
	40	265.12	269.86	274.61	279.35	284.10	288.85	4.75
	50	324.74	330.65	336.57	342.48	348.40	354.31	5.91
	60	384.35	391.44	398.53	405.61	412.69	419.77	7.08
	70	443.97	452.23	460.48	468.73	476.99	485.24	8.25

OBSERVATIONS

F. 10 par tonneau sur le fret, font au Havre une différence de F. 2.09 par 100 kil. sur les prix.

On veut savoir le revient au Havre de Clous de girofles coûtant à Bombay R. 9 ⅝ par cwt, au change de F. 2.75 et au fret de F. 100 par tonneau de 500 kil.

On trouvera dans la 1re et la 6e colonne de ce tableau que:

R. — ⅝ font par 100 kil.		F. 4.82
» 4 id. id.		» 25.72
» 5 id. id.		» 59.07
R. 9 ⅝ feront donc		F. 89.61

Droits d'Entrée par 100 kil. en Juillet 1885

Par navire Français	F. 1.20
id. Etranger	» 3.60

COMPTE D'ACHAT ET DE REVIENT

A 100 CWT GOMME ARABIQUE

100 cwt Gomme arabique à R. 9 par cwt			R. 900.—.—
Escompte 1 ½ %			» 13. 2.—
			R. 886. 2.—

FRAIS A BOMBAY

Coût de 50 caisses à R. 2 ½ par caisse		R. 125.—.—	
Transport en douane et embarquement		» 20.—.—	
Courtage 1 %		» 9.—.—	» 154.—.—
			R. 1040. 2.—
Commission d'achat 2 ½ %			» 26.—.—
			R. 1066. 2.—
Moins : remboursement du drawbach par la douane			» 84.—.—
			R. 982. 2.—
Commission de remboursement	1 %		
Courtage de négociation des traites	⅛ %		
Timbres des traites	⅛ %		
Ensemble	1 ¼ % sur R. 995.—.—		» 12. 1.76
(R. 1 = 4 quartos à R^s 100).			R. 994. 3.76
Remboursement sur Paris à 6 mois de vue, au change de F. 2.60 par R			F. 2586.50

FRAIS AU HAVRE

Fret sur 5800 kil. bruts à F. 100 secs par tonn. de 1000 kil		F. 580.—	
Permis, frais au débarquement, port en magasin, arrimage, magasinage d'un mois, livraison et menus frais		» 60.—	
Assurance maritime sur F. 2844 à 2 ¼ % et police		» 65.50	
id. contre le feu sur F. 3540 à ½ ‰		» 1.77	
Commission de banque à Paris, pour confirmation de crédit, 1 %		» 25.86	
Escompte à la vente	2 ¼ %		
Courtage de vente	¼ %		
Commission de vente	2 %		
Ensemble	4 ½ % sur F. 3476.05	» 156.42	» 889.55
			F. 3476.05

RENDEMENT : 100 ₢ nettes rendent 44 kil. nets :

Soit net 4928 kil. à F. 70.52 par 100 kil. entrepôt .... F. 3476.20

PRIX DE REVIENT AU HAVRE DES 100 KIL. ENTREPOT

AUX CHANGES SUIVANTS SUR PARIS

Avec la parité des changes sur LONDRES, calculés sur la base de F. 25.25 pour £ 1.—.—

PRIX à BOMBAY par Cwt	PARIS F. 2.55 — LONDRES 2sh 0d ¼	PARIS F. 2.60 — LONDRES 2sh 0d 11/16	PARIS F. 2.65 — LONDRES 2sh 1d 3/16	PARIS F. 2.70 — LONDRES 2sh 1d 5/8	PARIS F. 2.75 — LONDRES 2sh 2d ⅛	PARIS F. 2.80 — LONDRES 2sh 2d 9/16	5 c. par R. sur le change font au Havre par 100 kil.
Roupies							
⅛	F. 0.72	F. 0.74	F. 0.75	F. 0.77	F. 0.78	F. 0.80	F. 0.02
¼	1.44	1.47	1.50	1.53	1.56	1.59	0.03
⅜	2.17	2.21	2.25	2.30	2.34	2.39	0.04
½	2.89	2.95	3.01	3.07	3.13	3.18	0.06
⅝	3.61	3.68	3.76	3.83	3.91	3.97	0.07
¾	4.34	4.42	4.51	4.60	4.69	4.77	0.09
⅞	5.06	5.16	5.26	5.36	5.47	5.56	0.10
1	5.79	5.91	6.02	6.13	6.25	6.36	0.11
9	69.44	70.52	71.62	72.71	73.81	74.90	1.09
10	75.23	76.43	77.04	78.84	80.06	81.26	1.21
11	81.02	82.34	83.66	84.97	86.31	87.62	1.32
12	86.82	88.24	89.68	91.10	92.55	93.98	1.43
13	92.61	94.15	95.70	97.24	98.80	100.34	1.55
14	98.40	100.05	101.72	103.37	105.04	106.70	1.66
15	104.20	105.96	107.74	109.50	111.29	113.06	1.77
16	109.99	111.87	113.75	115.63	117.54	119.41	1.88
17	115.78	117.77	119.77	121.76	123.78	125.77	2.—
18	121.57	123.68	125.79	127.90	130.02	132.13	2.11
19	127.37	129.58	131.81	134.03	136.27	138.49	2.22
20	133.16	135.49	137.83	140.16	143.52	144.85	2.34
21	138.95	141.40	143.85	146.29	148.77	151.21	2.45
22	144.75	147.30	149.87	152.42	155.01	157.57	2.56
23	150.54	153.21	155.89	158.56	161.26	163.93	2.68
24	156.33	159.11	161.91	164.69	167.50	170.29	2.79
25	162.13	165.02	167.93	170.82	173.75	176.65	2.90
26	167.92	170.93	173.94	176.95	180.—	183.—	3.02
27	173.71	176.83	179.96	183.08	186.24	189.36	3.13
28	179.50	182.74	185.98	189.22	192.49	195.72	3.24
29	185.30	188.64	192.—	195.35	198.73	202.08	3.36
30	191.09	194.55	198.02	201.48	204.98	208.44	3.47

OBSERVATIONS

F. 10 par tonneau sur le fret, font au Havre une différence de F. 1.18 par 100 kil. sur les prix.

On veut savoir le revient au Havre de Gomme arabique coûtant à Bombay R. 19 ⅞ par cwt, au change de F. 2.75 et au fret de F. 100 par tonneau de 1000 kil.

On trouvera dans la 1re et la 6e colonne de ce tableau que :

R. — ⅞ font par 100 kil .... F. 5.47
» 19 id. id. .... » 136.27
R. 19 ⅞ feront donc .... F. 141.74

Droits d'entrée par 100 kil. en Juillet 1865

Par navire Français .... Exempte
id. Etranger .... F. 6.—

COMPTE D'ACHAT ET DE REVIENT

A 100 CWT GOMME COPALE

100 cwt Gomme copale, à R. 90 par cwt			R. 9000.—.—
Escompte 1 ½ %			» 135.—.—
			R. 8865.—.—

FRAIS A BOMBAY

Coût de 50 caisses à R. 2 ½ l'une	R. 125.—.—		
Transport à la douane et embarquement	» 20.—.—		
Courtage 1 %	» 90.—.—	» 235.—.—	
			R. 9100.—.—
Commission d'achat 2 ½ %			» 227. 2.—
			R. 9327. 2
Moins : remboursement du drawbach par la douane			» 434.—.—
			R. 8893. 2.—
Commission de remboursement 1 %			
Courtage de négociation des traites ⅛ %			
Timbres des traites ⅛ %			
Ensemble 1¼ % sur R. 9006.—.—			» 112. 2.—
(R. 1 = 4 quartos à R^s 100).			R. 9006.—.—
Remboursement sur Paris à 6 mois de vue, au change de F. 2.60 par R.			F. 23415.60

FRAIS AU HAVRE

Fret sur 5700 kil. à F. 100 secs par tonn. de 800 kil.	F. 712.50		
Permis, frais au débarquement, port en magasin, arrimage, magasinage d'un mois, livraison et menus frais	» 70.—		
Assurance maritime sur F. 25756 à 2 ¼ % et police	» 581.—		
id. contre le feu sur F. 27121 à ½ ‰	» 13.55		
Commission de banque à Paris, pour confirmation de crédit, 1 %	» 234.15		
Escompte à la vente 2¼ %			
Courtage de vente ¼ %			
Commission de vente 2 %			
Ensemble 4½ % sur F. 26206.05	» 1179.25	» 2790.45	
			F. 26206.05

RENDEMENT : 100 ℊ nettes rendent 44 kil. nets :

Soit net 4928 kil. à F. 531.78 par 100 kil. .... F. 26206.10

PRIX DE REVIENT AU HAVRE DES 100 KIL. ENTREPOT

AUX CHANGES SUIVANTS SUR PARIS

Avec la parité des changes sur LONDRES, calculés sur la base de F. 25.25 pour £ 1.—.—

PRIX à BOMBAY par Cwt	PARIS F. 2.55 — LONDRES 2sh 0d 1/4	PARIS F. 2.60 — LONDRES 2sh 0d 11/16	PARIS F. 2.65 — LONDRES 2sh 1d 3/16	PARIS F. 2.70 — LONDRES 2sh 1d 5/8	PARIS F. 2.75 — LONDRES 2sh 2d 1/8	PARIS F. 2.80 — LONDRES 2sh 2d 9/16	5 c. par R. sur le change font au Havre par 100 kil.
Roupies 1/8	F. 0.72	F. 0.74	F. 0.75	F. 0.77	F. 0.78	F. 0.80	F. 0.02
1/4	1.45	1.48	1.50	1.53	1.56	1.59	0.03
3/8	2.17	2.22	2.25	2.30	2.35	2.39	0.04
1/2	2.90	2.96	3.01	3.07	3.12	3.18	0.06
5/8	3.62	3.70	3.76	3.84	3.90	3.98	0.07
3/4	4.35	4.44	4.51	4.60	4.68	4.77	0.08
7/8	5.07	5.18	5.26	5.37	5.46	5.57	0.10
1	5.79	5.91	6.02	6.13	6.25	6.36	0.11
2	11.58	11.82	12.04	12.26	12.49	12.72	0.23
3	17.38	17.72	18.06	18.40	18.74	19.08	0.34
4	23.17	23.63	24.08	24.53	24.99	25.44	0.45
5	28.97	29.54	30.10	30.66	31.24	31.80	0.56
6	34.76	35.44	36.12	36.80	37.48	38.16	0.68
7	40.56	41.35	42.14	42.93	43.73	44.52	0.79
8	46.35	47.26	48.16	49.07	49.98	50.88	0.91
9	52.14	53.16	54.18	55.20	56.23	57.24	1.02
10	57.94	59.07	60.20	61.34	62.47	63.61	1.13
50	289.84	295.49	301.14	306.84	312.49	318.19	5.67
60	347.78	354.56	361.34	368.18	374.96	381.80	6.80
70	405.72	413.63	421.54	429.52	437.48	445.41	7.94
80	463.66	472.70	481.74	490.86	499.90	509.02	9.07
90	521.60	531.77	541.94	552.20	562.37	572.63	10.21
100	579.54	590.84	602.14	613.54	624.84	636.24	11.34
110	637.48	649.91	662.34	674.88	687.31	699.85	12.47
120	695.42	708.98	722.54	736.22	749.78	763.46	13.61
130	753.36	768.05	782.74	797.56	812.25	827.07	14.74
140	811.30	827.12	842.94	858.90	874.72	890.68	15.87
150	869.24	886.19	903.14	920.24	937.19	954.29	17.01

OBSERVATIONS

F. 10 par tonneau sur le fret, font au Havre une différence de F. 1.65 par 100 kil. sur les prix.

On veut savoir le revient au Havre de Gomme copale coûtant à Bombay R. 115 ¾ par cwt, au change de F. 2.75 et au fret de F. 100 par tonneau de 800 kil.

On trouvera dans la 1re et la 6e colonne de ce tableau que:

R. — ¾ font par 100 kil.	F. 4.68
» 5 id. id.	» 31.24
» 110 id. id.	» 687.31
R. 115 ¾ feront donc	F. 723.23

Droits d'entrée par 100 kil. en Juillet 1868

Par navire Français	Exempte
id. Etranger	F. 15,00

COMPTE D'ACHAT ET DE REVIENT

A 1500 CANDIES GRAINE DE SÉSAME

1500 candies Graine de sésame à R. 20 par candy de 560 ℔			R. 30000.—.—
Escompte 1 ½ %			» 450.—.—
			R. 29550.—.—

FRAIS A BOMBAY

1500 candies produisant, après nettoyage, à 3 balles 15 par candy, 4725 balles de 164 ℔ anglaises à 8 annas pour les doubles sacs		R. 2362. 8.—	
Réception, mise en sacs et port à bord, 12 annas par candy		» 1125.—.—	
Nettoyage, etc., 5 annas par candy		» 468.12.—	
Magasinage et nattes		» 300.—.—	
Courtage d'achat 1 %		» 300.—.—	» 4556. 4.—
			R. 34106. 4.—
	Droits de Sortie		
Droits de sortie sur estimation à R. 4 par cwt = R. 27676 à 3 %	R. 830. 4.—		
Commission d'achat 2 ½ %	» 20.12.—		» 852.10.—
	R. 851.—.—		R. 34958.14.—
Commission de remboursement 1 %			
Courtage de négociation des traites ⅛ %			
Timbres des traites ⅛ %			
Ensemble 1 ¼ %	» 10.12.—		» 442. 8.—
(R. 1 = 16 annas).	R. 861.12.—		R. 35401. 6.—
Remboursement sur Paris à 6 mois de vue, au change de F. 2.60 par R.	F. 2240.60		F. 92043.65

FRAIS AU HAVRE

Fret sur 302892 kil. bruts à F. 83 secs par tonn. de 850 kil.		F. 35435.30	
Permis, frais au débarquement, port en magasin, arrimage, magasinage d'un mois, livraison et menus frais		» 2025.—	
Assurance maritime sur F. 101248 à 2 ¾ % et police	» 67.76	» 2785.80	
id. contre le feu sur F. 141494 à ½ ‰	» 1.26	» 70.75	
Commission de Banque à Paris, pour confirmation de crédit, 1 %	» 22.40	» 920.45	
Escompte à la vente 2 ¼ %			
Courtage de vente ¼ %			
Commission de vente 2 %			
Ensemble 4 ½ % sur F. 130561.20	» 109.88	» 6280.25	» 47517.55
	F. 2441.90		F. 139561.20
Soit par 100 kil.	» 0.68		

RENDEMENT : 100 ℔ nettes rendent net 42 kil. ½ :

Soit net 357000 kil. à	F. 39.09 par 100 kil. entrepôt	F. 139551.30	
Plus : droits de sortie à Bombay	» 0.68 id.	id.	
Ensemble	F. 39.77 id.	id.	

PRIX DE REVIENT AU HAVRE DES 100 KIL. ENTRETOT

AUX CHANGES SUIVANTS SUR PARIS

Avec la parité des changes sur LONDRES, calculés sur la base de F. 25.25 pour £ 1.—.—

PRIX à BOMBAY par Candy	PARIS F. 2.55 — LONDRES 2sh 0d ¼	PARIS F. 2.60 — LONDRES 2sh 0d 11/16	PARIS F. 2.65 — LONDRES 2sh 1d 3/16	PARIS F. 2.70 — LONDRES 2sh 1d 5/8	PARIS F. 2.75 — LONDRES 2sh 2d 1/8	PARIS F. 2.80 — LONDRES 2sh 2d 9/16	5 c. par R. sur le change font au Havre par 100 kil.
Roupies							
Subdivisions — Coût et frais variables ⅛	F. 0.15	F. 0.15	F. 0.16	F. 0.16	F. 0.16	F. 0.17	F. 0.—
¼	0.30	0.30	0.31	0.32	0.32	0.33	0.—
⅜	0.45	0.46	0.47	0.48	0.48	0.49	0.01
½	0.60	0.61	0.62	0.64	0.65	0.66	0.01
⅝	0.75	0.77	0.78	0.80	0.81	0.83	0.02
¾	0.90	0.92	0.94	0.96	0.97	1.—	0.02
⅞	1.05	1.07	1.10	1.12	1.14	1.16	0.02
1	1.21	1.23	1.25	1.28	1.30	1.32	0.02
2	2.42	2.46	2.50	2.56	2.60	2.64	0.04
3	3.62	3.69	3.75	3.82	3.90	3.97	0.07
4	4.83	4.92	5.01	5.09	5.20	5.29	0.09
5	6.03	6.15	6.26	6.37	6.50	6.62	0.12
6	7.24	7.38	7.51	7.65	7.80	7.94	0.14
7	8.44	8.61	8.77	8.92	9.10	9.27	0.16
8	9.64	9.84	10.02	10.20	10.40	10.59	0.19
9	10.85	11.07	11.27	11.48	11.70	11.92	0.21
Coût et frais variables et invariables 10	26.50	26.80	27.10	27.41	27.71	28.01	0.30
20	38.56	39.09	39.63	40.18	40.72	41.25	0.54
30	50.61	51.39	52.16	52.95	53.72	54.50	0.78
40	62.67	63.68	64.69	65.72	66.73	67.74	1.01
50	74.73	75.97	77.22	78.49	79.73	80.99	1.25
60	86.79	88.27	89.76	91.25	92.74	94.23	1.40
Plus, par 100 kil., pour Droits de Sortie à Bombay sur estimation de R. 4 par candy	0.67	0.68	0.70	0.71	0.72	0.74	0.01

OBSERVATIONS

F. 10 par tonneau sur le fret, font au Havre une différence de F. 1.20 par 100 kil. sur les prix.

On veut savoir le revient au Havre de Graine de sésame coûtant à Bombay R. 35 ⅝ par candy de 560 ℔, au change de F. 2.75 et au fret de F. 80 par tonneau de 850 kil.

On trouvera dans la 1re et la 6e colonne de ce tableau que :

R. — ⅝ font par 100 kil.		F. 0.81
» 5 id. id.		» 6.50
» 30 id. id.		» 53.72
Plus droits de sortie à Bombay sur estimation de R. 7.2		» 1.29
R. 35 ⅝ feront donc		F. 62.32

N.-B. — Les droits de sortie à Bombay ne sont pas compris dans les prix de revient du tableau ci-dessus, il faudra donc les ajouter. Pour savoir ce qu'ils produisent en France par 100 kil., il suffira de multiplier les logarithmes suivants par l'estimation de la Douane à Bombay.

CHANGES		LOGARITHMES
2.55		1677
» 2.60	»	1710
» 2.65	»	1743
» 2.70	»	1776
» 2.75	»	1809
» 2.80	»	1842

Droits d'entrée par 100 kil. en Juillet 1865

Par navire Français	Exempte
id. Etranger	F. 2.—

COMPTE D'ACHAT ET DE REVIENT

A 200 SACS GRAINE DE PAVOT

200 sacs Graine de pavot pesant net 100 cwt à R. 4 par cwt			R. 400.—.—

FRAIS A BOMBAY

Frais de chargement		R. 14. 2.—	
200 sacs de Gunny et toile à R. 25 par 100 sacs		» 50.—.—	
Frais de nettoyage, etc.		» 14. 2.50	
Magasinage ½ anna par sac		» 6. 1.—	
Courtage 1 %		» 4.—.—	» 89. 1.50
			R. 489. 1.50
	Droits de Sortie		
Droits de sortie sur R. 400 à 3 %	R. 12.—.—		
Commission d'achat 2 ½ %	» —. 1.20		» 12.—.92
	R. 12. 1.20		R. 501. 2.42
Plus : intérêt d'un mois à 9 % l'an, soit ¾ %	» —.—.36		» 3. 3.—
	R. 12. 1.56		R. [illegible]. 1.40
Commission de remboursement 1 %			
Courtage de négociation des traites ⅛ %			
Timbres des traites ⅛ %			
Ensemble 1¼ %	» —.—.04		» 6. 1.58
(R. 1 = 4 quartos à R[s] 100).	R. 12. 2.20		R. 511. 3.—
Remboursement sur Paris à 6 mois de vue, au change de F. 2.60 par R.	F. 32.03		F. 1330.55

FRAIS AU HAVRE

Fret sur 4950 kil. à F. 80 secs par tonn. de 800 kil.		F. 495.—	
Permis, frais au débarquement, port en magasin, arrimage, magasinage d'un mois, livraison et menus frais		» 40.—	
Assurance maritime sur F. 1463 à 2 ¾ % et police	» 0.99	» 41.70	
id. contre le feu sur F. 2038 à ½ ‰	» 0.01	» 1.02	
Commission de banque à Paris, pour confirmation de crédit, 1 %	» 0.32	» 13.30	
Escompte à la vente 2¼ %			
Courtage de vente ¼ %			
Commission de vente 2 %			
Ensemble 4½ % sur F. 2012.05	» 1.60	» 90.48	» 681.50
	F. 35,55		F. 2012.05
Soit par 100 kil.	» 0.74		

RENDEMENT : 100 @ nettes rendent 43 kil. nets :

Soit net 4816 kil. à F. 41.78 par 100 kil. entrepôt .... F. 2012.10
Plus : droits de sortie à Bombay... » 0.74 id. id.
Ensemble .... F. 42.52 id. id.

PRIX DE REVIENT AU HAVRE DES 100 KIL. ENTREPOT

AUX CHANGES SUIVANTS SUR PARIS

Avec la parité des changes sur LONDRES, calculés sur la base de F. 25.25 pour £ 1.—.—

PRIX à BOMBAY par cwt	PARIS F. 2.55 — LONDRES 2sh 0d ¼	PARIS F. 2.60 — LONDRES 2sh 0d 11/16	PARIS F. 2.65 — LONDRES 2sh 1d 3/16	PARIS F. 2.70 — LONDRES 2sh 1d 5/8	PARIS F. 2.75 — LONDRES 2sh 2d 1/8	PARIS F. 2.80 — LONDRES 2sh 2d 9/16	5 c. par R. sur le change font au Havre par 100 kil.
Roupies — Subdivisions. Coût et frais variables							
1/8	F. 0.76	F. 0.78	F. 0.79	F. 0.81	F. 0.82	F. 0.84	F. 0.02
1/4	1.52	1.55	1.58	1.61	1.64	1.67	0.03
3/8	2.28	2.33	2.37	2.42	2.46	2.51	0.05
1/2	3.05	3.11	3.16	3.22	3.28	3.34	0.06
5/8	3.81	3.88	3.95	4.03	4.10	4.18	0.07
3/4	4.57	4.66	4.74	4.83	4.92	5.02	0.09
7/8	5.33	5.47	[illegible]	[illegible]	[illegible]	[illegible]	0.10
1	6.10	6.21	6.33	6.45	6.57	6.69	0.12
Coût et frais variables et invariables							
2	29.01	29.35	29.69	30.03	30.36	30.70	0.34
3	35.11	35.56	36.02	36.48	36.94	37.40	0.46
4	41.20	41.78	42.36	42.94	43.51	44.09	0.58
5	47.30	47.99	48.69	49.39	50.08	50.78	0.70
6	53.39	54.20	55.02	55.84	56.65	57.47	0.82
7	59.49	60.42	61.36	62.30	63.22	64.16	0.93
8	65.58	66.63	67.69	68.75	69.80	70.86	1.05
9	71.68	72.85	74.02	75.20	76.37	77.55	1.17
10	77.77	79.06	80.35	81.65	82.94	84.24	1.29
Plus, par 100 kil., pour Droits de Sortie à Bombay sur évaluation de R. 4 par cwt	0.72	0.74	0.75	0.77	0.78	0.79	0.—

OBSERVATIONS

F. 10 par tonneau sur le fret, font au Havre une différence de F 1.28 par 100 kil. sur les prix.

On veut savoir le revient au Havre de Graine de Pavot coûtant à Bombay R. 5 ⅜ par cwt, au change de F. 2.75 et au fret de F. 100 par tonneau de 800 kil.

On trouvera dans la 1re et la 6e colonne de ce tableau que :

R. — ⅜ font par 100 kil. .... F. 5.74
» 5 id. id. .... » 50.08
Plus droits de sortie à Bombay sur estimation de R. 5 ⅜ .... » 1.15

R. 5 ⅜ feront donc .... F. 56.97

N.-B. — Les droits de sortie à Bombay ne sont pas compris dans les prix de revient du tableau ci-dessus, il faudra donc les ajouter. Pour savoir ce qu'ils produisent en France par 100 kil., il suffira de multiplier les logarithmes suivants par l'estimation de la Douane. En retranchant les 2 derniers chiffres sur la droite, on aura en centimes le résultat cherché.

CHANGES		LOGARITHMES
2.55		1810
» 2.60	»	1845
» 2.65	»	1880
» 2.70	»	1916
» 2.75	»	1951
» 2.80	»	1987

Droits d'entrée par 100 kil. en Juillet 1865

Par navire Français .... Exempte
id. Etranger .... F. 2.—

COMPTE D'ACHAT ET DE REVIENT

A 600 SACS GRAINE DE MOUTARDE

600 sacs Graine de Moutarde de 56 ₰, pesant 300 cwt, à R. 4 par cwt		R. 1200.—.—
Escompte 1 ½ %		» 18.—.—
		R. 1182.—.—

FRAIS A BOMBAY

Recevoir, port et frais de chargement	R. 43.—.—		
600 sacs de Gunny et de toile à R. 40 par 100 sacs	» 240.—.—		
Magasinage ⅛ anna par sac de ½ cwt	» 18. 3.—		
Courtage d'achat 1 %	» 12.—.—		» 313. 3.—
			R. 1495. 3.—
	Droits de Sortie		
Droits de sortie sur R. 1200 à 3 %	R. 36.—.—		
Commission d'achat 2 ½ %	» —. 3.60		» 37. 1.57
	R. 36. 3.60		R. 1533.—.57
Commission de négociation 1 %			
Courtage de négociation des traites ⅛ %			
Timbres des traites ⅛ %			
Ensemble 1¼ %	» —. 1.84		» 19. 1.63
(R. 1 = 4 quartos à R' 100).	R. 37. 1.44		R. 1552. 2.20
Remboursement sur Paris à 6 mois de vue, au change de F. 2.60 par R.	F. 97.14		F. 4036.60

FRAIS AU HAVRE

Fret sur 15550 kil. à F. 80 secs par tonn. de 700 kil.		F. 1777.15	
Permis, frais au débarquement, port en magasin, arrimage, magasinage d'un mois, livraison et menus frais		» 115.—	
Assurance maritime sur F. 4440 à 2 ¾ % et police	» 2.67	» 123.60	
id. contre le feu sur F. 6640 à ½ ‰	» 0.05	» 3.32	
Commission de banque, pour confirmation de crédit, 1 %	» 0.97	» 40.37	
Escompte à la vente 2¼ %			
Courtage de vente ¼ %			
Commission de vente 2 %			
Ensemble 4½ % sur F. 6383.30	» 4.75	» 287.26	» 2346.70
	F. 105.58		F. 6383.30
Soit par 100 kil.	» 0.70		

RENDEMENT : 100 ₰ nettes rendent net 44 kil. ½ :

Soit net 14952 kil. à	F. 42.69 par 100 kil. entrepôt.		F. 6383.—
Plus : droits de sortie à Bombay	» 0.70 id.	id.	
Ensemble	F. 43.39 id.	id.	

PRIX DE REVIENT AU HAVRE DES 100 KIL. ENTREPOT

AUX CHANGES SUIVANTS SUR PARIS

Avec la parité des changes sur LONDRES, calculés sur la base de F. 25.25 pour £ 1.—.—

PRIX à BOMBAY par Cwt		PARIS F. 2.55 — LONDRES 2sh 0d ¼	PARIS F. 2.60 — LONDRES 2sh 0d 11/16	PARIS F. 2.65 — LONDRES 2sh 1d 3/16	PARIS F. 2.70 — LONDRES 2sh 1d 5/8	PARIS F. 2.75 — LONDRES 2sh 2d 1/8	PARIS F. 2.80 — LONDRES 2sh 2d 9/16	5 c. par R. sur le change font au Havre par 100 kil.
	Roupies							
SUBDIVISIONS — Coût et frais variables	1/8	F. 0.72	F. 0.73	F. 0.75	F. 0.76	F. 0.78	F. 0.79	F. 0.01
	1/4	1.44	1.46	1.50	1.52	1.55	1.58	0.03
	3/8	2.16	2.20	2.25	2.29	2.33	2.37	0.04
	1/2	2.88	2.93	2.99	3.05	3.11	3.16	0.06
	5/8	3.60	3.67	3.74	3.81	3.88	3.95	0.07
	3/4	4.32	4.40	4.49	4.58	4.66	4.74	0.08
	7/8	5.04	5.14	5.24	5.34	5.44	5.53	0.10
	1	5.76	5.87	5.98	6.10	6.21	6.32	0.11
Coût et frais variables et invariables	2	30.61	30.94	31.27	31.63	31.96	32.31	0.34
	3	36.37	36.82	37.26	37.73	38.17	38.63	0.45
	4	42.13	42.69	43.24	43.82	44.38	44.95	0.56
	5	47.89	48.56	49.23	49.92	50.59	51.27	0.68
	6	53.65	54.43	55.21	56.02	56.80	57.59	0.79
	7	59.40	60.30	61.20	62.11	63.01	63.92	0.90
Plus, par 100 kil., pour Droits de Sortie à Bombay, sur évaluation de R. 4 par cwt		0.69	0.70	0.72	0.73	0.75	0.76	0.—

OBSERVATIONS

F. 10 par tonneau sur le fret, font au Havre une différence de F. 1.49 par 100 kil. sur les prix.

On veut savoir le revient au Havre de Graine de moutarde coûtant à Bombay R. 5 ⅝ par cwt, au change de F. 2.75 et au fret de F. 80 par tonneau de 700 kil.

On trouvera dans la 1re et la 6e colonne de ce tableau que :

R. — ⅝ font par 100 kil.	F. 2.33
» 5 id. id.	» 50.59
Plus pour droits de sortie à Bombay sur estimation de R. 5 ⅝	» 1.—
R. 5 ⅝ feront donc	F. 53.92

N.-B. — Les droits de sortie à Bombay ne sont pas compris dans les prix de revient du tableau ci-dessus, il faudra donc les ajouter. Pour savoir ce qu'ils produisent en France par 100 kil., il suffira de multiplier les logarithmes suivants par l'estimation de la Douane, et retrancher 3 chiffres sur la droite, on aura en centimes le résultat cherché.

CHANGES		LOGARITHMES
2.55		17308
» 2.60	»	17648
» 2.65	»	17988
» 2.70	»	18328
» 2.75	»	18668
» 2.80	»	19007

Droits d'entrée par 100 kil. en Juillet 1885

Par navire Français	Exempte
id. Etranger	F. 2.—

COMPTE D'ACHAT ET DE REVIENT

A 136 SACS GRAINE DE RADIS

136 Sacs Graine de radis, pesant chaque 1 cwt ½, soit net 204 cwt à R. 3 ½ par cwt.			R. 714.—.—
Escompte 1 ½ %			» 10. 2.84
			R. 703. 1.16

FRAIS A BOMBAY

Frais de chargement R. 1 par candy		R. 29. 2.—	
Emballage et nettoyage		» 4. 3.62	
Coût de 136 sacs de Gunny et toile		» 71. 1.95	
Magasinage 1 anna par sac de 1 cwt ½		» 8. 2.—	
Courtage d'achat 1 %		» 7.—.12	» 121. 1.69
			R. 824. 2.85
	Droits de Sortie		
Droits de sortie sur 714 à 3 %	R. 21. 1.68		
Commission 2 ½ %	» —. 2.14		» 20. 2.47
	R. 21. 3.82		R. 845. 1.32
Commission de remboursement 1 %			
Courtage de négociation des traites ¼ %			
Timbres des traites ⅛ %			
Ensemble 1⅜ % s. R. 856.—.12	» —. 1.12		» 10. 2.80
(R. 1 = 4 quartos à Rs 100).	R. 22.—.94		R. 856.—.12
Remboursement sur Paris à 6 mois de vue, au change de F. 2.60 par R.	F. 57.80		F. 2225.65

FRAIS AU HAVRE

Frêt sur 10960 kil. à F. 100 secs par tonn. de 800 kil.		F. 1295.—	
Permis, frais au débarquement, port en magasin, arrimage, magasinage d'un mois, livraison et menus frais		» 75.—	
Assurance maritime sur F. 2448 à 2 ¾ % et police	» 1.72	» 68.80	
id. contre le feu sur F. 3886 à ½ ‰	» 0.03	» 1.94	
Commission de Banque à Paris, pour confirmation de crédit, 1 %	» 0.58	» 22.25	
Escompte à la vente 2¼ %			
Courtage de vente ¼ %			
Commission de vente 2 %			
Ensemble 4½ % sur F. 3862.45	» 2.82	» 173.81	» 1636.80
	F. 62.95		F. 3862.45
Soit par 100 kil.	» 0.62		

RENDEMENT : 100 ₰ nettes rendent net 44 kil. ½ :

Soit net 10167 kil. à	F. 37.99	par 100 kil. entrepôt	F. 3862.45
Plus : droits de sortie à Bombay	» 0.62	id. id.	
Ensemble	F. 38.61	id. id.	

PRIX DE REVIENT AU HAVRE DES 100 KIL. ENTREPOT

AUX CHANGES SUIVANTS SUR PARIS

Avec la parité des changes sur LONDRES, calculés sur la base de F. 25.25 pour £ 1.—.—

PRIX à BOMBAY par Cwt	PARIS F. 2.55 — LONDRES 2sh 0d ¼	PARIS F. 2.60 — LONDRES 2sh 0d 11/16	PARIS F. 2.65 — LONDRES 2sh 1d 3/16	PARIS F. 2.70 — LONDRES 2sh 1d 5/8	PARIS F. 2.75 — LONDRES 2sh 2d ⅛	PARIS F. 2.80 — LONDRES 2sh 2d 9/16	5 c. par R. sur le change font au Havre par 100 kil.
Roupies							
Subdivisions — Coût et frais variables ⅛	F. 0.72	F. 0.73	F. 0.75	F. 0.76	F. 0.78	F. 0.79	F. 0.01
¼	1.44	1.47	1.50	1.52	1.55	1.58	0.03
⅜	2.16	2.20	2.24	2.28	2.33	2.37	0.04
½	2.88	2.93	2.99	3.05	3.10	3.16	0.06
⅝	3.60	3.67	3.74	3.81	3.88	3.95	0.07
¾	4.32	4.40	4.49	4.57	4.66	4.74	0.08
⅞	5.04	5.14	5.24	5.33	5.43	5.53	0.10
Coût et frais variables et invariables 1	23.14	23.31	23.48	23.67	23.84	24.01	0.17
2	28.90	29.18	29.47	29.76	30.05	30.33	0.29
3	34.65	35.05	35.45	35.86	36.26	36.66	0.40
4	40.41	40.92	41.44	41.96	42.47	42.98	0.51
5	46.17	46.80	47.42	48.06	48.68	49.30	0.62
6	51.93	52.67	53.40	54.15	54.89	55.62	0.74
7	57.69	58.54	59.39	60.25	61.10	61.94	0.85
8	63.44	64.41	65.37	66.35	67.31	68.27	0.96
Plus, par 100 kil. pour Droits de Sortie à Bombay, sur évaluation de R. 3 ½ par cwt	0.61	0.62	0.63	0.64	0.65	0.67	0.—

OBSERVATIONS

F. 10 par tonneau sur le fret, font au Havre une différence de F. 1.27 par 100 kil. sur les prix.

On veut savoir le revient au Havre de Graine de radis coûtant à Bombay R. 4⅝ par cwt, au change de F. 2.75 et au fret de F. 100 par tonneau de 800 kil.

On trouvera dans la 1re et la 6e colonne de ce tableau que :

R. — ⅝ font par 100 kil.	F. 0.78
» 4 id. id.	» 42.47
Plus droits de sortie à Bombay sur estimation de R. 4 ⅝	» 0.77
R. 4 ⅝ feront donc	F. 44.02

N.-B. — Les droits de sortie à Bombay ne sont pas compris dans les prix de revient du tableau ci-dessus, il faudra donc les ajouter. Pour savoir ce qu'ils produisent en France par 100 kil., il suffira de multiplier les logarithmes suivants par l'estimation de la Douane. Les 2 premiers chiffres de gauche formeront en centimes le résultat cherché.

CHANGES		LOGARITHMES
2.55		1735
» 2.60	»	1769
» 2.65	»	1803
» 2.70	»	1837
» 2.75	»	1871
» 2.80	»	1905

Droits d'entrée par 100 kil. en Juillet 1863

Par navire Français	Exempte
id. Etranger	—

COMPTE D'ACHAT ET DE REVIENT

A 138 SACS GRAINE DE LIN

138 sacs Graine de lin, pesant net.... cwt 202.—. 8 ℓ			
Perte au nettoyage.... » 7. 3.20			
cwt 210.—.— à R. 4 par cwt..	R. 840.—.—		
Escompte 1 ½ %....	» 12. 2.40	R. 827. 1.60	

FRAIS A BOMBAY

Livraison, pesage et embarquement, 210 cwt à R. ¾ par candy de 7 cwt....	» 22. 2.—		
Frais de nettoyage à 4 annas par candy de 7 cwt....	» 7. 2.—		
138 sacs Gonies de Bornéo, 1re qualité, à R. 50 par 100 sacs....	» 69.—.—		
Cousage des têtes de sacs à R. 2 ¼ par sacs....	» 3.—.42		
Paniers, nattes et renvoyer la poussière des magasins....	» —. 3.50		
Loyer du magasin....	» 7.—.—		
Connaissements et timbres....	» 1.—.—		
Courtage 1 % sur R. 827.1.60....	» 8. 1. 8	» 119. 1.—	
		R. 946. 2.60	

	Droits de Sortie		
Droits d'exportation sur R. 808.1.33 à 3 %, sur l'estimation de R. 3.84 par cwt....	R. 24. 1.—		
Commission d'achat 2 ½ %....	» —. 2.43		» 23. 2.67
	R. 24. 3.43		R. 970. 1.27
Commission de remboursement.... 1 %			
Courtage de négociation des traites.... ¼ %			
Ensemble.... 1 ¼ %....	» —. 1.13	R. 11.—.23	
Timbres des traites....		» 1. 2.—	» 12. 2.23
(R. 1 = 4 quartos à Rs 100).	R. 25.—.56		R. 982. 3.50
Remboursement sur Paris à 6 mois de vue, au change de F. 2.60 par R....	F. 65.35		F. 2555.50

FRAIS AU HAVRE

Fret sur 10255 kil. à F. 100 secs par tonn. de 900 kil.		F. 1139.45	
Permis, frais au débarquement, voiliers, port en magasin, arrimage, magasinage d'un mois, livraison et menus frais....		» 51.50	
Assurance maritime sur F. 2810 à 2 ¾ % et police....	» 1.97	» 78.80	
id. contre le feu sur F. 4080 à ½ ‰....	» 0.03	» 2.05	
Commission de banque à Paris, pour confirmation de crédit, 1 %....	» 0.65	» 25.55	
Escompte à la vente.... 2 ¼ %			
Courtage de vente.... ¼ %			
Commission de vente.... 2 %			
Ensemble 4 ½ % sur F. 4034.40....	» 3.20	» 181.55	» 1478.90
	F. 71.20		F. 4034.40
Soit par 100 kil....	» 0.71		

RENDEMENT : 1 cwt = 50 kil. ¾ :

Soit sur cwt 202.—.8 ℓ.... kil. 10255
Perte au poids 2 %.... » 205
Net.... kil. 10050 à F. 40 14 par 100 kil. entrepôt.... F. 4034.05
Droits de sortie à Bombay.... » 0.71 id. id.
Ensemble.... F. 40.85 id. id.

PRIX DE REVIENT AU HAVRE DES 100 KIL. ENTREPOT

AUX CHANGES SUIVANTS SUR PARIS

Avec la parité des changes sur LONDRES, calculés sur la base de F. 25.25 pour £ 1.—.—

PRIX à BOMBAY par cwt		PARIS F. 2.55 — LONDRES 2sh 0d 1/4	PARIS F. 2.60 — LONDRES 2sh 0d 11/16	PARIS F. 2.65 — LONDRES 2sh 1d 3/16	PARIS F. 2.70 — LONDRES 2sh 1d 5/8	PARIS F. 2.75 — LONDRES 2sh 2d 1/8	PARIS F. 2.80 — LONDRES 2sh 2d 9/16	5 c. par R. sur le change font au Havre par 100 kil.
SUBDIVISIONS Coût et frais variables	Roupies 1/8	F. 0.75	F. 0.76	F. 0.78	F. 0.79	F. 0.81	F. 0.82	F. 0.01
	1/4	1.50	1.53	1.56	1.58	1.61	1.64	0.03
	3/8	2.25	2.29	2.33	2.37	2.42	2.47	0.05
	1/2	2.99	3.05	3.11	3.17	3.23	3.29	0.06
	5/8	3.74	3.82	3.89	3.96	4.04	4.11	0.07
	3/4	4.49	4.58	4.67	4.76	4.84	4.93	0.09
	7/8	5.24	5.34	5.45	5.55	5.65	5.75	0.10
	1	5.99	6.11	6.22	6.34	6.46	6.58	0.12
Coût et frais variables et invariables	2	27.63	27.92	28.23	28.52	28.83	29.12	0.30
	3	33.62	34.03	34.45	34.86	35.28	35.70	0.42
	4	39.60	40.13	40.67	41.20	41.74	42.27	0.53
	5	45.59	46.24	46.90	47.54	48.20	48.85	0.65
	6	51.58	52.34	53.12	53.88	54.66	55.42	0.77
	7	57.57	58.45	59.34	60.22	61.11	62.—	0.89
	8	63.56	64.56	65.57	66.56	67.57	68.57	1.—
	9	69.55	70.66	71.79	72.91	74.03	75.15	1.12
	10	75.53	76.77	78.01	79.25	80.49	81.72	1.24
Plus, par 100 kil., pour Droits de Sortie à Bombay, sur estimation de R. 3.3 .35 par cwt.		0.69	0.71	0.72	0.76	0.75	0.76	0.01

OBSERVATIONS

F. 10 par tonneau sur le fret, font au Havre une différence de F. 1.13 par 100 kil. sur les prix.

On veut savoir le revient au Havre de Graine de lin coûtant à Bombay R. 4 ⅜ ou R. 4.10 par cwt, au change de F. 2.55 et au fret de F. 100 secs par 900 kil.

On trouvera dans la 1re et la 4e colonne de ce tableau que:

R. — ⅜ font par 100 kil.... F. 3.89
» 4 id. id. .... » 40.67
Plus droits de sortie à Bombay sur estimation de R. 4.—.64.... » 0.78
R. 4 ⅜ feront donc.... F. 45.34

N.-B. — Les droits de sortie à Bombay ne sont pas compris dans les prix de revient du tableau ci-dessus, il faudra donc les ajouter. Pour savoir ce qu'ils produisent en France par 100 kil., il suffira de multiplier les logarithmes suivants par l'estimation de la Douane. Les 2 premiers chiffres de gauche formeront ou centimes le résultat cherché.

CHANGES		LOGARITHMES
2.55	....	18058
» 2.60	....	» 18407
» 2.65	....	» 18761
» 2.70	....	» 19115
» 2.75	....	» 19469
» 2.80	....	» 10623

Droits d'entrée par 100 kil. en Juillet 1865

Par navire Français.... Exempte
id. Etranger.... F. 2.—

COMPTE D'ACHAT ET DE REVIENT

A 100 MAUNDS HUILE DE NOIX DE COCO

100 Mds Huile de noix de coco à 28 ₰ par Md, à R. 2 par Md			R. 200.—.—
Escompte 1 ½ %			» 3.—.—
			R. 197.—.—

FRAIS A BOMBAY

Coût de 6 barriques à 10 R. par barrique		R. 60.—.—	
Frais d'embarquement à R. 1		» 6.—.—	
Magasinage		» 5.—.—	
Courtage 1 %		» 2.—.—	» 73.—.—
			R. 270.—.—
	Droits de Sortie		
Droits de sortie sur 25 cwt à R. 8 par cwt, R. 200 à 3 %	R. 6.—.—		
Commission d'achat 2 ½ %	» —.—.60		» 6. 3.—
	R. 6.—.60		R. 276. 3.—
Commission de remboursement 1 %			
Courtage de négociation des traites ⅛ %			
Timbres des traites ⅛ %			
Ensemble 1¼ %	» —.—.28		» 3. 2.—
(R. 1 = 4 quartos à Rs 100).	R. 6.—.88		R. 280. 1.—
Remboursement sur Paris à 6 mois de vue, au change de F. 2.60 par R.	F. 16.17		F. 728.65

FRAIS AU HAVRE

Fret sur 1540 kil. bruts à F. 80 par tonn. de 900 kil.		F. 136.90	
Permis, frais au débarquement, port en magasin, arrimage, magasinage d'un mois, livraison et menus frais		» 13.50	
Assurance maritime sur F. 801 à 2 % et police	» 0.35	» 17.52	
id. contre le feu sur F. 969 à ½ ‰	» 0.09	» 0.48	
Commission de banque à Paris, pour confirmation de crédit, 1 %	» 0.16	» 7.28	
Escompte à la vente 2¼ %			
Courtage de vente ¼ %			
Commission de vente 2 %			
Ensemble 4½ % sur F. 946.95	» 0.79	» 42.62	» 218.30
	F. 17.56		F. 946.95
Soit par 100 kil	» 1.38		

RENDEMENT : 100 ₰ nettes rendent net 45 kil. ½ :

Soit net 1274 kil. à	F. 74.33	par 100 kil.	entrepôt	F. 946.95
Plus : droits de sortie à Bombay	» 1.38	id.	id.	
Ensemble	F. 75.71	id.	id.	

PRIX DE REVIENT AU HAVRE DES 100 KIL. ENTREPOT

AUX CHANGES SUIVANTS SUR PARIS

Avec la parité des changes sur LONDRES, calculés sur la base de F. 25.25 pour £. 1.—.—

PRIX à BOMBAY par Md	PARIS F. 2.55 — LONDRES 2sh 0d ¼	PARIS F. 2.60 — LONDRES 2sh 0d 11/16	PARIS F. 2.65 — LONDRES 2sh 1d 3/16	PARIS F. 2.70 — LONDRES 2sh 1d 5/8	PARIS F. 2.75 — LONDRES 2sh 2d ⅛	PARIS F. 2.80 — LONDRES 2sh 2d 9/16	5 c. par R. sur le change font au Havre par 100 kil.
Roupies ⅛	F. 2.80	F. 2.85	F. 2.90	F. 2.96	F. 3.01	F. 3.07	F. 0.05
¼	5.59	5.70	5.80	5.92	6.02	6.13	0.11
⅜	8.39	8.55	8.70	8.88	9.03	9.20	0.16
½	11.18	11.40	11.61	11.83	12.04	12.26	0.22
⅝	13.98	14.25	14.51	14.70	15.05	15.33	0.27
¾	16.77	17.10	17.41	17.75	18.06	18.40	0.33
⅞	19.57	19.95	20.31	20.71	21.07	21.46	0.38
1	22.36	22.79	23.22	23.66	24.09	24.53	0.43
2	73.06	74.33	75.50	76.69	77.86	79.06	1.20
3	95.42	97.12	98.72	100.35	101.95	103.50	1.63
4	117.78	119.91	121.94	124.01	126.04	128.12	2.07
5	140.14	142.70	145.26	147.67	150.13	152.65	2.50
6	162.50	165.49	168.88	171.33	174.22	177.18	2.94
Plus, par 100 kil., pour droits de sortie à Bombay, sur estimation de R. 8 par cwt.	1.35	1.38	1.40	1.43	1.46	1.48	0.03

OBSERVATIONS

F. 10 par tonneau sur le fret, font au Havre une différence de F. 1.34 par 100 kil. sur les prix.

On veut savoir le revient au Havre d'Huile de noix de Coco coûtant à Bombay R. 3 ¼ par Md, au change de F. 2.75 et au fret de F. 80 par tonneau de 900 kil.

On trouvera dans la 1re et la 6e colonne de ce tableau que:

R. — ¼ font par 100 kil	F.	6.02
» 3 id. id.	»	101.95
Plus droits de sortie à Bombay sur estimation de R. 13 par cwt	»	2.37
R. 3 ¼ feront donc	F.	110.34

N.-B. — Les droits de sortie à Bombay ne sont pas compris dans les prix de revient du tableau ci-dessus, il faudra donc les ajouter. Pour savoir ce qu'il produisent en France par 100 kil., il suffira de multiplier les logarithmes suivants par l'estimation de la Douane. En retranchant les 2 derniers chiffres de droite ou aura, en francs et centimes, le résultat cherché.

CHANGES		LOGARITHMES
2.55		1690
» 2.60	»	1723
» 2.65	»	1756
» 2.70	»	1789
» 2.75	»	1822
» 2.80	»	1855

Droits d'entrée par 100 kil. en Juillet 1865

Par navire Français	F. 1.—
id. Etranger	» 3.—

COMPTE D'ACHAT ET DE REVIENT

A 100 BALLES LAINE

100 balles Laine, pesant net....... cwt 330.—.— ou candies 62.86 de 588 ℥ chaque,
Déchet au nettoyage.................. » 30.—.— à R. 200 par candy... R. 12572.—.—
Net.................... cwt 300.—.—
Escompte 1 ½ % .... » 188. 2.32
R. 12383. 1.68

La tare de chaque balle est d'environ 12 ℥.
Le déchet au nettoyage varie considérablement d'un lot à un autre.

FRAIS A BOMBAY

Nettoyage, emballage et embarquement, R. 20 par candy .... R.1257.—.80
Courtage d'achat ½ % sur R. 12572.......... » 62. 3.44 » 1320.—.24
R. 13703. 1.92
Commission d'achat 2 ½ %.......... » 342. 9.32
R. 14046.—.24

Commission de remboursement......... 1 %
Courtage de négociation.................. ¼ %
Timbres des traites.......................... ⅛ %
Ensemble................. 1⅛ % sur R. 14223.3.50.......... » 177. 3.10
(R. 1 = 4 quartos à R' 100). R. 14223. 3.50
Remboursement sur Paris à 6 mois de vue, au change de F. 2.60 par R.......... F. 36982.05

FRAIS AU HAVRE

Fret sur 15400 kil. à F. 80 secs par tonn. de 500 kil.......... F. 2464.—
Permis, frais au débarquement, port en magasin, arrimage, magasinage d'un mois, livraison et menus frais.......... » 145.—
Assurance maritime sur F. 40680 à 2 ¼ % et police.......... » 916.80
id. contre le feu sur F. 44205 à ½ ‰.......... » 22.10
Commission de banque à Paris, pour confirmation de crédit, 1 %.......... » 369.82
Escompte à la vente.................. 2¼ %
Courtage de vente.................. ¼ %
Commission de vente.................. 2 %
Ensemble.............. 4½ % sur F. 42827.......... » 1927.23 » 5844.95
F. 42827.—

RENDEMENT : 100 ℥ nettes rendent net 43 kil. ½ :

Soit net 14616 kil. à F. 293.02 par 100 kil. entrepôt.......... F. 42827.80

PRIX DE REVIENT AU HAVRE DES 100 KIL. ENTREPOT

AUX CHANGES SUIVANTS SUR PARIS

Avec la parité des changes sur LONDRES, calculés sur la base de F. 25.25 pour £ 1.—.—

	PRIX à BOMBAY par Candy	PARIS F. 2.55 — LONDRES 2sh 0d 1/4	PARIS F. 2.60 — LONDRES 2sh 0d 11/16	PARIS F. 2.65 — LONDRES 2sh 1d 3/16	PARIS F. 2.70 — LONDRES 2sh 1d 5/8	PARIS F. 2.75 — LONDRES 2sh 2d 1/8	PARIS F. 2.80 — LONDRES 2sh 2d 9/16	5 c. par R. sur le change font au Havre par 100 kil.
FOURNITURES — Coût et frais variables	Roupies 1	F. 1.22	F. 1.25	F. 1.27	F. 1.29	F. 1.32	F. 1.34	F. 0.02
	2	2.44	2.49	2.54	2.59	2.64	2.68	0.05
	3	3.66	3.74	3.81	3.88	3.95	4.02	0.07
	4	4.88	4.98	5.08	5.18	5.27	5.36	0.10
	5	6.11	6.23	6.35	6.47	6.59	6.71	0.12
	6	7.33	7.47	7.62	7.76	7.91	8.05	0.14
	7	8.55	8.72	8.89	9.06	9.23	9.39	0.17
	8	9.77	9.96	10.16	10.35	10.54	10.73	0.19
	9	10.99	11.21	11.43	11.65	11.86	12.07	0.22
	10	12.22	12.46	12.70	12.94	13.18	13.42	0.24
	20	24.44	24.92	25.40	25.88	26.35	26.83	0.48
	30	36.66	37.38	38.10	38.82	39.53	40.25	0.72
	40	48.88	49.84	50.80	51.75	52.70	53.66	0.96
	50	61.10	62.29	63.49	64.69	65.88	67.08	1.20
Coût et frais variables et invariables	100	165.59	168.46	171.33	174.21	177.08	179.97	2.88
	200	287.78	293.04	298.30	303.58	308.84	314.13	5.27
	300	409.97	417.62	425.27	432.95	440.60	448.29	7.66
	400	532.16	542.20	552.24	562.32	572.36	582.45	10.06
	500	654.35	666.78	679.21	691.69	704.12	716.61	12.45

OBSERVATIONS

F. 10 par tonneau sur le fret, font au Havre une différence de F. 2.11 par 100 kil. sur les prix.

On veut savoir le revient au Havre de Laine coûtant à Bombay R. 355 par candy, au change de F. 2.75 et au fret de F. 80 par tonneau de 500 kil.

On trouvera dans la 1re et la 6e colonne de ce tableau que :
R. 5 font par 100 kil.......... F. 6.59
» 50 id. id. .... » 65.88
» 300 id. id. .... » 440.60
R. 355 feront donc .... F. 513.07

Droits d'entrée par 100 kil. en Juillet 1865

Par navire Français.......... Exempte
id. Etranger .... F. 3.00

COMPTE D'ACHAT ET DE REVIENT

A 3 BALLES PEAUX DE CERF

3 balles Peaux de cerf, contenant 18 11/20 corges, pesant net cwt 27.3.26 à R. 24 par corge			R.	445.—.80

FRAIS A BOMBAY

Frais de presse R. 5 par balle	R.	15.—.—		
Réception, port et frais de chargement à R. 4 ¼ par balle	»	12. 3.—		
Magasinage	»	9.—.—		
Courtage d'achat 1 %	»	4. 1.80	»	41.—.80
			R.	486. 1.60
		Droits de Sortie		
Droits d'exportation, sur estimation de R. 16 par cwt, R. 448 à 3 %	R.	13. 1.76		
Commission d'achat 2 ½ %	»	—. 1.32	»	12.—.64
	R.	13. 3.08	R.	498. 2.24
Commission de remboursement 1 %				
Courtage de négociation des traites ⅛ %				
Timbres des traites ⅛ %				
Ensemble 1¼ %	»	—.—.72	»	6. 1.24
(R. 1 = 4 quartos à Rs 100).	R.	13. 3.80	R.	504. 3.48
Remboursement sur Paris à 6 mois de vue, au change de F. 2.60 par R.	F.	36.27	F.	1312 00

FRAIS AU HAVRE

Fret sur 1480 kil. à F. 80 sous par tonn. de 500 kil.			F.	228.80		
Permis, frais au débarquement, port en magasin, arrimage, magasinage d'un mois, livraison et menus frais			»	18.50		
Assurance maritime sur F. 1443 à 2 ¼ % et police	»	0.90	»	33.37		
id. contre le feu sur F. 1724 à ⅕ %	»	0.02	»	0.86		
Commission de banque, pour confirmation de crédit, 1 %	»	0.36	»	13.13		
Escompte de 4 mois 2¼ %						
Courtage de vente ¼ %						
Commission de vente 2 %						
Ensemble 4½ % sur F. 1683.68	»	1.76	»	75.76	»	371.02
	F.	39.31			F.	1683.68
Soit par peau	»	0.11				

RENDEMENT :

Soit 371 peaux à	F.	4.54	par peau entrepôt	F.	1684.35
Plus : droits de sortie à Bombay	»	0.11	id. id.		
Ensemble	F.	4.65	id. id.		

PRIX DE REVIENT AU HAVRE DE LA PEAU ENTREPOT

AUX CHANGES SUIVANTS SUR PARIS

Avec la parité des changes sur LONDRES, calculés sur la base de F. 25.25 pour £ 1.—.—

	PRIX à BOMBAY par Corge	PARIS F. 2.55 — LONDRES 2sh 0d 1/4	PARIS F. 2.60 — LONDRES 2sh 0d 11/16	PARIS F. 2.65 — LONDRES 2sh 1d 3/16	PARIS F. 2.70 — LONDRES 2sh 1d 5/8	PARIS F. 2.75 — LONDRES 2sh 2d 1/8	PARIS F. 2.80 — LONDRES 2sh 2d 9/16	5 c. par R. sur le change font au Havre par peau.
Coût et frais variables	Roupies 1/8	F. 0.02	F. 0.02	F. 0.02	F. 0.02	F. 0.02	F. 0.02	F. 0.—
	1/4	0.04	0.04	0.04	0.04	0.04	0.04	0.—
	3/8	0.06	0.06	0.06	0.06	0.06	0.06	0.—
	1/2	0.07	0.07	0.08	0.08	0.08	0.08	0.—
	5/8	0.09	0.09	0.09	0.10	0.10	0.10	0.—
	3/4	0.11	0.11	0.11	0.12	0.12	0.12	0.—
	7/8	0.13	0.13	0.13	0.14	0.14	0.14	0.—
	1	0.15	0.15	0.15	0.15	0.15	0.16	0.—
	2	0.29	0.30	0.30	0.30	0.31	0.32	0.—
	3	0.44	0.44	0.45	0.46	0.47	0.48	0.01
	4	0.58	0.59	0.60	0.61	0.62	0.64	0.01
	5	0.72	0.74	0.75	0.76	0.78	0.80	0.02
	6	0.87	0.89	0.90	0.92	0.93	0.95	0.02
	7	1.01	1.03	1.05	1.07	1.09	1.11	0.02
	8	1.16	1.18	1.21	1.22	1.24	1.27	0.02
	9	1.30	1.33	1.36	1.38	1.41	1.43	0.03
	10	1.45	1.48	1.51	1.53	1.56	1.59	0.03
Coût et frais variables et invariables	2	1.28	1.29	1.30	1.31	1.32	1.34	0.01
	3	1.42	1.43	1.45	1.47	1.48	1.50	0.02
	4	1.57	1.58	1.60	1.62	1.64	1.66	0.02
	5	1.71	1.73	1.75	1.77	1.79	1.82	0.02
	10	2.44	2.47	2.51	2.54	2.57	2.61	0.03
	20	3.89	3.95	4.01	4.08	4.14	4.20	0.06
	30	5.34	5.43	5.52	5.61	5.70	5.79	0.09
	40	6.79	6.91	7.03	7.15	7.26	7.38	0.12
	50	8.24	8.38	8.53	8.68	8.83	8.98	0.15
Plus, par peau, pour Droits de Sortie à Bombay, sur estimation de R. 16 par cwt		0.10	0.11	0.11	0.11	0.11	0.11	0.—

OBSERVATIONS

F. 10 par tonneau sur le fret, font au Havre une différence de F. 0.07 par peau sur les prix.

On veut savoir le revient au Havre de Peaux de cerf coûtant à Bombay R. 26 ⅜ par corge, au change de F. 2.75 et au fret de F. 80 par tonneau de 500 kil.

On trouvera dans la 1re et la 6e colonne de ce tableau que:

R. — ⅜ font par peau	F.	0.14
» 6 id. id.	»	0.93
» 20 id. id.	»	4.14
Plus droits de sortie à Bombay sur estimation de R. 18 par cwt	»	0.13
R. 26 ⅜ feront donc	F.	5.34

N.-B. — Les droits de sortie à Bombay ne sont pas compris dans les prix de revient du tableau ci-dessus, il faudra donc les ajouter. Pour savoir ce qu'ils produisent en France par peau, il suffira de multiplier les logarithmes suivants par l'estimation de la Douane. Les 2 premiers chiffres de gauche formeront en centimes le résultat cherché.

CHANGES	2.55	LOGARITHMES 6496
»	2.60	» 6623
»	2.65	» 6750
»	2.70	» 6878
»	2.75	» 7005
»	2.80	» 7133

Droits d'entrée par 100 kil. en Juillet 1865

Par navire Français	Exemptes
id. Étranger	F. 3.—

COMPTE D'ACHAT ET DE REVIENT
A 1000 SACS POIVRE NOIR

1000 sacs Poivre noir de 160 ℔ nettes.	cwt 1160. 2.24			
Perte au nettoyage	» 11.—. 4			
Ensemble	cwt 1171. 3.— ou 131236 ℔			
à R. 85 par candy de 588 ℔			R. 18971.—.76	
Escompte 1 ½ %			» 284. 2.27	R. 18686. 2.49

FRAIS A BOMBAY

Frais de nettoyage			R. 24. 3.—	
Cousage et marquage de 1000 sacs à R. 2 ¼ %			» 22. 2.—	
1000 sacs Gonies Bornéo 1re qualité, à R. 50 %			» 500.—.—	
Connaissements et timbres			» 1.—.—	
Nattes et paniers			» 1. 3.—	
Loyer de magasin			» 34.—.—	
Livraison, pesage, nettoyage et embarquement sur 167 candies ½ à R. ¾ par candy			» 125. 2.50	
Pour couper les sacs originaux, 700 sacs à R. 2 %			» 14.—.—	
Courtage d'achat 1 %			» 186. 3.44	» 910. 1.94
				R. 19597.—.43
		Droits de Sortie		
Droits de sortie sur estimation de R. 16.2 par cwt, R. 18971 à 3 %		R. 569.—.42		
Commission d'achat 2 ½ %		» 14.—.01		» 489. 3.71
		R. 583. 1.33		R. 20087.—.14
Commission de remboursement	1 %			
Courtage de négociation	⅛ %			
Ensemble	1⅛ %	» 6. 2.51	R. 228. 3. 2	
Timbres des traites			» 18.—.—	» 246. 3. 2
(R. 1 = 4 quartos à Rs 100).		R. 589. 3.84		R. 20333. 3.16
Remboursement sur Paris à 6 mois de vue, au change de F. 2.60 par R.		F. 1533.90		F. 52867.79

FRAIS AU HAVRE

Fret sur 58900 kil. à F. 90 par tonn. de 700 kil.			F. 7572.85	
Permis, frais au débarquement, voiliers, port en magasin, arrimage, magasinage d'un mois, livraison et menus frais			» 355.—	
Assurance maritime sur F. 58154 à 2 ¼ % et police		» 37.96	» 1309.97	
id. contre le feu sur F. 67390 à ⅛ %		» 0.86	» 83.70	
Commission de banque à Paris, pour confirmation de crédit, 1 %			» 528.68	
Escompte à la vente	1¾ %			
Courtage de vente	¼ %			
Commission de vente	2 %			
Ensemble	4 % sur F. 64934.90	» 65.53	» 2611.17	» 12411.37
		F. 1638.25		F. 65279.16
Soit par 100 kil.		» 2.89		

Rendement : 1 cwt = 50 kil. ¾ :

Soit sur cwt 1100.2.24	kil. 58906	
Perte au poids 4 %	» 2356	
Net	kil. 56550 à F. 115.44 par 100 kil. entrepôt.	F. 65281.32

PRIX DE REVIENT AU HAVRE DES 100 KIL. ENTREPOT
AUX CHANGES SUIVANTS SUR PARIS

Avec la parité des changes sur Londres, calculés sur la base de F. 25,25 pour £ 1.—.—

Prix à Bombay par Candy de 588 ℔	Paris F. 2.55 — Londres 2sh 0d ¼	Paris F. 2.60 — Londres 2sh 0d 11/16	Paris F. 2.65 — Londres 2sh 1d 3/16	Paris F. 2.70 — Londres 2sh 1d 5/8	Paris F. 2.75 — Londres 2sh 2d ⅛	Paris F. 2.80 — Londres 2sh 2d 9/16	5 c. par R. sur le change font au Havre par 100 kil.
Roupies							
Subdivisions — Coût et frais variables: ⅛	F. 0.14	F. 0.14	F. 0.14	F. 0.15	F. 0.15	F. 0.15	F. 0.—
¼	0.28	0.28	0.29	0.30	0.30	0.31	0.—
⅜	0.42	0.43	0.43	0.44	0.45	0.46	0.01
½	0.56	0.57	0.58	0.59	0.60	0.62	0.01
⅝	0.70	0.71	0.72	0.74	0.75	0.77	0.01
¾	0.84	0.85	0.87	0.89	0.91	0.93	0.02
⅞	0.98	0.99	1.01	1.04	1.06	1.08	0.02
1	1.12	1.14	1.16	1.19	1.21	1.23	0.02
2	2.24	2.28	2.32	2.38	2.42	2.46	0.04
3	3.36	3.42	3.49	3.56	3.63	3.69	0.06
4	4.48	4.56	4.65	4.75	4.83	4.92	0.09
5	5.60	5.70	5.81	5.93	6.04	6.15	0.11
6	6.72	6.84	6.98	7.12	7.25	7.38	0.13
7	7.84	7.98	8.14	8.30	8.45	8.61	0.16
8	8.96	9.12	9.30	9.49	9.66	9.84	0.18
9	10.08	10.27	10.47	10.67	10.87	11.06	0.20
10	11.19	11.41	11.63	11.85	12.07	12.29	0.22
Coût et frais variables et invariables: 70	96.72	98.32	99.92	101.53	103.18	104.74	1.60
80	107.92	109.73	111.55	113.38	115.20	117.03	1.82
90	119.11	121.15	123.18	125.23	127.27	129.32	2.04
100	130.30	132.56	134.81	137.08	139.34	141.61	2.26
110	141.50	143.97	146.45	148.93	151.41	153.90	2.48
120	152.69	155.39	158.08	160.78	163.48	166.19	2.70
Plus, par 100 kil., pour Droits de Sortie à Bombay sur estimation de R. 16.2 par cwt	2.83	2.88	2.94	3.—	3.05	3.11	0.02

OBSERVATIONS

F. 10 par tonneau sur le fret, font au Havre une différence de F. 1.49 par 100 kil. sur les prix.

On veut savoir le revient au Havre de Poivre coûtant à Bombay R. 95, au change de F. 2.65 et au fret de F. 90 par tonneau de 700 kil.

On trouvera dans la 1re et la 4e colonne de ce tableau que:

R. 5 font par 100 kil.	F. 5.81
» 90 id. id.	» 123.18
Plus droits de sortie à Bombay sur estimation de R. 18	» 3.28
R. 95 feront donc	F. 132.27

N.-B. — Les droits de sortie à Bombay ne sont pas compris dans les prix de revient du tableau ci-dessus, il faudra donc les ajouter. Pour savoir ce qu'ils produisent en France par 100 kil., il suffira de multiplier les logarithmes suivants par l'estimation de la Douane. Les 3 premiers chiffres de gauche formeront, en francs et centimes, le résultat cherché.

Changes		Logarithmes
Changes 2.55		Logarithmes 1755
» 2.60		» 1789
» 2.65		» 1823
» 2.70		» 1858
» 2.75		» 1892
» 2.80		» 1927

Droits d'entrée par 100 kil. en Juillet 1895

Par navire Français	F. 48.—
id. Etranger	» 126.—

COMPTE D'ACHAT ET DE REVIENT

A 168 SACS POIVRE NOIR

168 sacs Poivre noir de 1 ¼ cwt, soit cwt 210, à R. 14 par cwt à bord (excepté les sacs Gounies et la commission)			R.	[illegible]
Commission de l'agent à Tellicherry, 2 ½ %	R.	73. 2.—		
168 Sacs Gounies Madras première qualité, à R. 50 les 100	»	84.—.—	»	157. 2.—
			R.	3097. 2.—

FRAIS A BOMBAY

Courtage 1 %	R.	30. 3.88		
Commission 2 ½ %	»	77. 1.72		
Dépêches télégraphiques, lettres et menus frais	»	6.—.—		
Frais de remise à Tellichery 1 %	»	30. 3.88	»	145. 1.48
			R.	3242. 3.48

Commission de remboursement	1 %					
Courtage de négociation des traites	¼ %					
Timbres des traites	⅛ %					
Ensemble	1¼ %	sur R. 3283.3.68	»	41.—.20	»	41.—.20
(R. 1 = 4 quartos à Rs 100).					R.	3283. 3.68
Remboursement sur Paris à 6 mois de vue, au change de F. 2.60 par R.					F.	8538.15

FRAIS AU HAVRE

Fret sur 10000 kil. à F. 90 par tonn. de 700 kil	F.	1362.85		
Permis, frais au débarquement, voiliers, port en magasin, arrimage, magasinage d'un mois, livraison et menus frais	»	86.—		
Assurance maritime sur F. 9392 à 2 ¼ %	»	212.80		
id. contre le feu sur F. 11053 à ⅛ %	»	5.52		
Commission de banque à Paris, pour confirmation de crédit, 1 %	»	85.38		
Escompte à la vente 1¾ %				
Courtage de vente ¼ %				
Commission de vente 2 %				
Ensemble 4 % sur F. 10719 48	»	428.78	»	2181.33
			F.	10719.48

RENDEMENT : 100 @ rendent net 48 kil. ¾ :

Soit net 10290 kil. à F. 104.17 par 100 kil. entrepôt .... F. 10719.10

PRIX DE REVIENT AU HAVRE DES 100 KIL. ENTREPOT

AUX CHANGES SUIVANTS SUR PARIS

Avec la parité des changes sur LONDRES, calculée sur la base de F. 25.25 pour £ 1.—.—

PRIX à TELLICHERY par Cwt	PARIS F. 2.55 — LONDRES 2sh 0d ¼	PARIS F. 2.60 — LONDRES 2sh 0d 11/16	PARIS F. 2.65 — LONDRES 2sh 1d 3/16	PARIS F. 2.70 — LONDRES 2sh 1d ⅝	PARIS F. 2.75 — LONDRES 2sh 2d ⅛	PARIS F. 2.80 — LONDRES 2sh 2d 9/16	5 c. par R. sur le change font au Havre par 100 kil.
Roupies ⅛	F. 0.76	F. 0.78	F. 0.79	F. 0.81	F. 0.82	F. 0.84	F. 0.02
¼	1.52	1.55	1.58	1.61	1.64	1.67	0.03
⅜	2.28	2.34	2.37	2.42	2.46	2.51	0.04
½	3.04	3.11	3.16	3.22	3.28	3.34	0.06
⅝	3.80	3.89	3.95	4.03	4.10	4.18	0.08
¾	4.56	4.67	4.74	4.83	4.92	5.01	0.10
⅞	5.32	5.45	5.53	5.64	5.74	5.85	0.11
10	78.10	79.34	80.58	81.82	83.06	84.31	1.24
11	84.19	85.55	86.90	88.27	89.63	90.99	1.36
12	90.28	91.75	93.23	94.71	96.19	97.68	1.48
13	96.37	97.96	99.56	101.16	102.75	104.36	1.60
14	102.45	104.17	105.88	107.60	109.32	111.04	1.72
15	108.54	110.37	112.21	114.05	115.88	117.73	1.84
16	114.63	116.58	118.54	120.49	122.44	124.41	1.96
17	120.72	122.79	124.86	126.94	129.01	131.09	2.07
18	126.80	128.99	131.19	133.38	135.57	137.78	2.20
19	132.89	135.20	137.52	139.83	142.13	144.46	2.31
20	138.96	141.41	143.84	146.27	148.70	151.15	2.43

OBSERVATIONS

F. 10 par tonneau sur le fret, font au Havre une différence de F. 1.47 par 100 kil. sur les prix.

On veut savoir le revient au Havre de Poivre coûtant à Tellichery R. 14 ½ par cwt, au change de F. 2.65 et au fret de F. 90 par tonneau de 700 kil.

On trouvera dans la 1re et la 4e colonne de ce tableau que :

R. — ½ font par 100 kil.	F.	3.16
» 14 id. id.	»	105.88
R. 14 ½ feront donc	F.	109.04

Droits d'entrée par 100 kil. en Juillet 1865

Par navire Français	F.	48.—
id. Etranger	»	126.—

COMPTE D'ACHAT ET DE REVIENT

A 58 CAISSES SUIF

58 caisses Suif, pesant brut....... cwt 144. 1.16			
Tare........................ » 25. 1.12			
Net.................. cwt 119.—. 4 à R. 20 par cwt, franco à bord...	R.	2380. 2.85	
Commission d'achat 2 ½ %....................................	»	59. 2. 5	
	R.	2440.—.90	

FRAIS A BOMBAY

Commission de remboursement.......... 1 %			
Courtage de négociation des traites.... ⅛ %			
Timbres des traites.......................... ⅛ %			
Ensemble.................. 1¼ % sur R. 2471.—.45.......	»	30. 3.55	
(R. 1 = 4 quarters à R' 100).	R.	2471.—.45	
Remboursement sur Paris à 6 mois de vue, au change de F. 2.60 par R..................................	F.	6424.68	

FRAIS AU HAVRE

Fret sur 7250 kil. à F. 80 secs par tonn. de 1000 kil......................	F.	580.—	
Permis, frais au débarquement, port en magasin, arrimage, magasinage d'un mois, livraison et menus frais....................................	»	55.—	
Assurance maritime sur F. 7067 à 1 ¾ % et police........................	»	125.15	
id. contre le feu sur F. 7827 à ½ ‰..............................	»	3.91	
Commission de banque à Paris pour confirmation de crédit, 1 %......	»	64.25	
Escompte à la vente.................. 2¼ %			
Courtage de vente...................... ¼ %			
Commission de vente.............. 2 %			
Ensemble.......... 4½ % sur F. 7594.95....................	»	341.76	» 1170.07
			F. 7594.95

RENDEMENT : 100 ℞ nettes rendent net 44 kil. ¾ :

Soit net 5966 kil. à F. 127.30 par 100 kil. entrepôt.................................... F. 7594.70

PRIX DE REVIENT AU HAVRE DES 100 KIL. ENTREPOT

AUX CHANGES SUIVANTS SUR PARIS

Avec la parité des changes sur LONDRES, calculés sur la base de F. 25.25 pour £ 1.—.—

PRIX à BOMBAY par cwt	PARIS F. 2.55 — LONDRES 2sh 0d ¼	PARIS F. 2.60 — LONDRES 2sh 0d 11/16	PARIS F. 2.65 — LONDRES 2sh 1d 3/16	PARIS F. 2.70 — LONDRES 2sh 1d 5/8	PARIS F. 2.75 — LONDRES 2sh 2d ⅛	PARIS F. 2.80 — LONDRES 2sh 2d 9/16	5 c. par R. sur le change font au Havre par 100 kil.
Roupies							
SUBDIVISIONS — Coût et frais variables							
⅛	F. 0.71	F. 0.73	F. 0.74	F. 0.75	F. 0.77	F. 0.78	F. 0.01
¼	1.42	1.46	1.48	1.51	1.54	1.56	0.03
⅜	2.13	2.18	2.22	2.26	2.31	2.34	0.04
½	2.85	2.91	2.96	3.01	3.07	3.12	0.05
⅝	3.56	3.64	3.70	3.76	3.84	3.91	0.07
¾	4.27	4.36	4.44	4.52	4.61	4.69	0.08
⅞	4.98	5.09	5.18	5.27	5.38	5.47	0.10
1	5.69	5.81	5.92	6.03	6.14	6.25	0.11
2	11.39	11.61	11.84	12.06	12.28	12.51	0.22
3	17.08	17.42	17.76	18.09	18.42	18.76	0.34
4	22.78	23.22	23.68	24.12	24.56	25.01	0.45
5	28.47	29.03	29.59	30.15	30.71	31.27	0.56
6	34.16	34.84	35.51	36.18	36.85	37.52	0.67
7	39.86	40.64	41.43	42.21	42.99	43.77	0.78
8	45.55	46.45	47.35	48.24	49.13	50.02	0.89
9	51.25	52.25	53.26	54.27	55.28	56.27	1.—
Coût et frais variables et invariables							
10	68.12	69.24	70.36	71.48	72.60	73.71	1.12
20	125.06	127.30	129.54	131.78	134.02	136.24	2.24
30	182.—	185.36	188.72	192.08	195.44	198.77	3.35

OBSERVATIONS

F. 10 par tonneau sur le fret, font au Havre une différence de F. 1.22 par 100 kil. sur les prix.

On veut savoir le revient au Havre de Suif coûtant à Bombay R. 17 ½ par cwt, au change de F. 2.75 et au fret de F. 80 par tonneau de 1000 kil.

On trouvera dans la 1re et la 6e colonne de ce tableau que :

R. — ½ font par 100 kil.....................	F.	3.07
» 7 id. id.	»	42.99
» 10 id. id.	»	72.60
R. 17 ½ feront donc.....................	F.	118.66

Droits d'entrée par 100 kil. en Juillet 1865

Par navire Français.................................... Exempt
id. Etranger.................................... F. 2.—

COMPTE D'ACHAT ET DE REVIENT

A 412 SACS DE RIZ

412 sacs de Riz, en double emballage, pesant net cwt 514.1.12, à R. 25 par 654 ℔, franco à bord .... R. 2202.—.56

FRAIS A BOMBAY

		Droits de Sortie	
Droits de sortie, sur estimation de R. 22 ½ par M^d, R. 2000 à 3 %		R. 60.—.—	
Commission d'achat 2 ½ %		» 1. 2.—	» 55.—.10
		R. 61. 2.—	R. 2257.—.76
Commission de remboursement	1 %		
Courtage de négociation des traites	⅛ %		
Timbres des traites	⅛ %		
Ensemble	1¼ %	» —. 3.11	» 28. 2.29
(R. 1 = 4 quartos à R^s 100).		R. 62. 1.11	R. 2285. 3. 5
Remboursement sur Paris à 6 mois de vue, au change de F. 2.60 par R.		F. 161.90	F. 5942.95

FRAIS AU HAVRE

Fret sur 24950 kil. à F. 80 secs par tonn. de 1000 kil.			F. 1996.—	
Permis, frais au débarquement, port en magasin, arrimage, magasinage d'un mois, livraison et menus frais			» 130.—	
Assurance maritime sur F. 6537 à 3 % et police		» 5.34	» 197.60	
id. contre le feu sur F. 8860 à ½ ‰		» 0.09	» 4.40	
Commission de banque à Paris, pour confirmation de crédit, 1 %		» 1.62	» 59.45	
Escompte à la vente	2¼ %			
Courtage de vente	¼ %			
Commission de vente	2 %			
Ensemble	4½ % sur F. 8722.90	» 7.05	» 392.50	» 2779.95
		F. 176.90		F. 8722.90
Soit par 100 kil.		» 0.73		

Rendement : 100 ℔ nettes rendent 42 kil. nets :

Soit net 24195 kil. à	F. 36.05 par 100 kil. entrepôt		F. 8722.30
Plus : droits de sortie à Bombay	» 0.73 id. id.		
Ensemble	F. 36.78 id. id.		

PRIX DE REVIENT AU HAVRE DES 100 KIL. ENTREPOT

AUX CHANGES SUIVANTS SUR PARIS

Avec la parité des changes sur Londres, calculés sur la base de F. 25.25 pour £ 1.—.—

PRIX à BOMBAY par M^d de 654 ℔	PARIS F. 2.55 — LONDRES 2^sh 0^d ¼	PARIS F. 2.60 — LONDRES 2^sh 0^d 11/16	PARIS F. 2.65 — LONDRES 2^sh 1^d 3/16	PARIS F. 2.70 — LONDRES 2^sh 1^d 5/8	PARIS F. 2.75 — LONDRES 2^sh 2^d ⅛	PARIS F. 2.80 — LONDRES 2^sh 2^d 9/16	5 c. par R. sur le change font au Havre par 100 kil.
Roupies 1	F. 1.05	F. 1.07	F. 1.09	F. 1.11	F. 1.14	F. 1.16	F. 0.02
2	2.11	2.15	2.19	2.23	2.27	2.31	0.04
3	3.16	3.22	3.28	3.34	3.41	3.47	0.06
4	4.21	4.30	4.38	4.46	4.54	4.62	0.08
5	5.27	5.37	5.47	5.57	5.68	5.78	0.10
6	6.32	6.44	6.57	6.69	6.81	6.94	0.12
7	7.37	7.52	7.66	7.80	7.95	8.09	0.14
8	8.42	8.59	8.75	8.92	9.08	9.25	0.17
9	9.48	9.66	9.85	10.03	10.22	10.41	0.19
10	10.53	10.74	10.94	11.15	11.36	11.56	0.21
20	30.27	30.68	31.10	31.51	31.92	32.33	0.41
30	40.80	41.42	42.04	42.66	43.28	43.90	0.62
40	51.33	52.16	52.98	53.81	54.63	55.46	0.83
50	61.87	62.90	63.93	64.96	65.99	67.02	1.03
Plus, par 100 kil., pour Droits de Sortie à Bombay sur estimation de R. 21 ½ par maund	0.71	0.73	0.74	0.75	0.77	0.78	0.01

OBSERVATIONS

F. 10 par tonneau sur le fret, font au Havre une différence de F. 1.03 par 100 kil. sur les prix.

On veut savoir le revient au Havre de Riz coûtant à Bombay R. 37 par maund de 654 ℔, au change de F. 2.65 et au fret de F. 60 par tonneau de 1,000 kil.

On trouvera dans la 1re et la 4e colonne de ce tableau que:

R. 7 font par 100 kil.	F. 7.66
» 30 id. id.	» 42.04
Plus droits de sortie à Bombay sur estimation de R. 34	» 1.12
R. 37 feront donc	F. 50.82

N.-B. — Les droits de sortie à Bombay ne sont pas compris dans les prix de revient du tableau ci-dessus, il faudra donc les ajouter. Pour savoir ce qu'ils produisent en France par 100 kil., il suffira de multiplier les logarithmes suivants par l'estimation de la Douane. En retranchant les 4 derniers chiffres de droite, on aura, en centimes, le résultat cherché.

CHANGES		LOGARITHMES
2.55		31608
» 2.60	»	32227
» 2.65	»	32846
» 2.70	»	33465
» 2.75	»	34084
» 2.80	»	34706

Droits d'entrée par 100 kil. en Juillet 1863

Par navire Français	F. 0.60
id. Etranger	» 2.40

COMPTE D'ACHAT ET DE REVIENT

A 40 CWT ROTINS

40 cwt Rotins (en grenier), à R. 8 par cwt.			R.	320.—.—
Escompte 1 ¼ %			»	4. 3.20
			R.	315.—.80

FRAIS A BOMBAY

Livraison, pesage et embarquement, à R. 1 par candy de 7 cwt.	R.	5. 2.86		
Timbres et connaissements	»	1.—.—		
Courtage 1 %	»	3.—.60	»	9. 3.46
			R.	325.—.26
Commission d'achat 2 ½ %			»	8.—.50
			R.	333.—.76
Moins : drawbach sur R. 5.4 à R. 210 à 10 %, moins timbre			»	19.—.—
			R.	314.—.76
Commission de remboursement 1 %				
Courtage de négociation ⅛ %				
Timbres des traites ⅛ %				
Ensemble 1 ¼ % sur R. 318.—.60			»	3. 3.84
(R. 1 = 4 quartos à R[s] 100).			R.	318.—.60
Remboursement sur Paris à 6 mois de vue, au change de F. 2.60 par R.			F.	827.10

FRAIS AU HAVRE

Fret sur 2031 kil. à F. 60 secs par tonn. de 400 kil.	F.	304.05		
Permis, frais au débarquement, port en magasin, arrimage, magasinage d'un mois, livraison et menus frais	»	18.—		
Assurance maritime sur F. 909 à 1 ¾ % et police	»	17.40		
id. contre le feu sur 1249 à ½ ‰	»	0.62		
Commission de banque à Paris, pour confirmation de crédit, 1 %	»	8.27		
Escompte à la vente 2 ¼ %				
Courtage de vente ¼ %				
Commission de vente 2 %				
Ensemble 4 ½ % sur F. 1220.75	»	55.41	»	404.85
			F.	1231.45

RENDEMENT : 100 ℔ rendent net 45 kil. ⅓ :

Soit net 2031 à F. 60.63 par 100 kil. .... F. 1231.40

PRIX DE REVIENT AU HAVRE DES 100 KIL. ENTREPOT

AUX CHANGES SUIVANTS SUR PARIS

Avec la parité des changes sur LONDRES, calculés sur la base de F. 25.25 pour £ 1,—.—

	PRIX à BOMBAY par Cwt	PARIS F. 2.55 — LONDRES 2sh 0d 1/4	PARIS F. 2.60 — LONDRES 2sh 0d 11/16	PARIS F. 2.65 — LONDRES 2sh 1d 3/16	PARIS F. 2.70 — LONDRES 2sh 1d 5/8	PARIS F. 2.75 — LONDRES 2sh 2d 1/8	PARIS F. 2.80 — LONDRES 2sh 2d 9/16	5 c. par R. sur le change font au Havre par 100 kil.
[illegible] — Coût et frais variables	Roupies 1/8	F. 0.70	F. 0.71	F. 0.73	F. 0.74	F. 0.75	F. 0.77	F. 0.01
	1/4	1.40	1.42	1.45	1.48	1.51	1.54	0.03
	3/8	2.10	2.14	2.18	2.22	2.26	2.31	0.04
	1/2	2.80	2.85	2.90	2.96	3.01	3.07	0.05
	5/8	3.50	3.56	3.63	3.70	3.77	3.84	0.07
	3/4	4.20	4.28	4.36	4.44	4.52	4.61	0.08
	7/8	4.90	4.99	5.08	5.18	5.28	5.38	0.10
	1	5.59	5.70	5.81	5.92	6.03	6.14	0.11
	2	11.18	11.40	11.62	11.84	12.06	12.28	0.22
	3	16.77	17.10	17.43	17.76	18.09	18.42	0.33
	4	22.36	22.80	23.24	23.68	24.12	24.56	0.44
	5	27.96	28.51	29.06	29.61	30.16	30.70	0.55
	6	33.55	34.21	34.87	35.53	36.19	36.84	0.66
	7	39.14	39.91	40.68	41.45	42.22	43.98	0.77
	8	44.73	45.61	46.49	47.37	48.25	49.12	0.88
	9	50.32	51.31	52.30	53.29	54.28	55.26	0.99
	10	55.92	57.02	58.12	59.22	60.32	61.41	1.10
Coût et frais variables et invariables	2	26.20	26.42	26.64	26.86	27.08	27.30	0.22
	3	31.80	32.13	32.46	32.79	33.12	33.44	0.23
	4	37.39	37.83	38.27	38.71	39.15	39.58	0.24
	5	42.98	43.53	44.08	44.63	45.18	45.73	0.25
	10	70.94	72.04	73.14	74.24	75.34	76.43	1.10
	20	126.86	129.06	131.26	133.46	135.66	137.84	2.20
	30	182.78	186.08	189.38	192.68	195.98	199.25	3.29
	40	238.70	243.10	247.50	251.90	256.30	260.06	4.39
	50	294.62	300.12	305.62	311.12	316.62	322.07	5.49

OBSERVATIONS

F. 10 par tonneau sur le fret, font au Havre une différence de F. 2.50 par 100 kil. sur les prix.

On veut savoir le revient au Havre de Rotins coûtant à Bombay R. 6 ⅝ par cwt, au change de F. 2.75 et au fret de F. 60 par tonneau de 400 kil.

On trouvera dans la 1re et la 5e colonne de ce tableau que :

R. — ⅝ font par 100 kil.	F.	2.26
» 1 id. id.	»	6.03
» 6 id. id.	»	45.18
R. 6 ⅝ feront donc	F.	53.47

Droits d'entrée par 100 kil. en Juillet 1855

Par navire Français	Exempts
id. Etranger	F. 2.—

KURRACHEE

Kurrachee, ville considérable, est le seul port maritime, principal entrepôt et chef-lieu actuel de la province du Sind, nom que l'on donne au pays du Bas-Indus, aujourd'hui soumis à la domination britannique et déclaré partie intégrante de l'empire Anglo-Indien.

Frais de Port. — Droit d'ancrage, 4 annas par tonneau de registre.

Corps morts flottants, R. 3 par jour pour tous navires.
id. fixes comme suit :

Navires au-dessous de 100 tonneaux	R. 1	par jour.
id. de 100 à 500 tonneaux	» 2	id.
id. de 500 à 800 id.	» 3	id.
id. de 800 à 1000 id.	» 4	id.
id. de 1000 et au-dessus	» 5	id.

Il y a un remorqueur dont les navires peuvent faire usage et sa location ne coûte que le prix du charbon employé (de 120 à 150 R.), plus 2 annas par tonneau de jauge pendant la belle saison (de septembre à mai), et 4 annas pendant la mousson du S.-O. (juin à août).

Frets. — Pour les marchandises chargées par navires français, le fret se règle sur le tarif de tonnage en usage en France et adopté par les Chambres de commerce. Pour celles chargées par navires étrangers, le tonnage se règle suivant le tarif anglais.

Le prix du fret est généralement *sec* et sans *primage*, tant par navires français que par navires étrangers.

Poids et Mesures. — Les mêmes qu'à Bombay. Les marchandises se vendent au poids par maund de 82 ℔ à l'exception du coton qui se vend par maund de 84 ℔ anglaises. — Les graines oléagineuses et grains se vendent, soit par maund de 82 ℔, soit par candy de 656 ℔ anglaises ou 8 maunds de 82 ℔.

Règlement des Marchandises. — Toutes les marchandises d'exportation s'achètent au poids net sous escompte de 1 $\frac{1}{2}$ %. — Le paiement s'opère contre livraison.

Droits de Douane. — Sont les mêmes qu'à Bombay, tant à l'entrée qu'à la sortie.

Importation. — Les vins, eaux-de-vie, modes, papiers, bouchons, etc., qui se placent assez facilement à Bombay, sont d'une défaite très difficile ici, et le résultat en est peu profitable. — Les vins et eaux-de-vie d'une qualité commune obtiennent un placement plus rémunérateur que la bonne marchandise.

Changes. — Les traites en remboursement se tirent généralement sur France, payables dans Londres avec connaissements à l'appui. — Elles se placent de $\frac{1}{16}$ à $\frac{1}{8}$ de plus que les traites directes sur Londres. Ainsi, le change étant sur Londres à 2^{sh} 1^{d}, sur France, payable dans Londres, il sera de 2^{sh} $1\ \frac{1}{16}{}^{d}$ à 2^{sh} $1\ \frac{1}{8}{}^{d}$ par R. Les crédits confirmés se placent à un taux plus avantageux.

Il existe quatre établissements de banque qui tous achètent le papier français.

Le placement des monnaies étrangères, l'or et l'argent-lingots, est très limité, on préfère les roupies. Voici les cours actuels :

Les pièces de F. 5 valent		R. 206. —	le cent.
Souverains	id.	» 10. 4	annas l'un.
Pièces de F. 20	id.	» 8. 2	annas l'une.
Argent en barres	id.	» 207. —	les 100 tolas.

L'or en barres est presque invendable.

Mouvement Commercial de Kurrachee avec la France

IMPORTATIONS DE FRANCE EN 1861-62

		VALEURS
Cognac	R.	1,780
Comestibles	»	375
Liqueurs	»	342
Porcelaines	»	805
Tabacs	»	33
Vins	»	410
Divers	»	142
Total	R.	3,887
Soit en francs	F.	9,718

EXPORTATIONS POUR LA FRANCE EN 1861-62

		VALEURS
Chanvre	R.	138
Cornes de Buffles	»	25
Cotons	»	22,680
Boiseries	»	50
Graines de Lin	»	848
Graines de Sésame	»	513,771
Graines de Colza	»	28,001
Indigo	»	3,500
A reporter	R.	569,013
Report	R.	569,013
Laines	»	2,520
Os	»	300
Salpêtre	»	1,535
Total	R.	573,368
Soit en francs	F.	1,433,420

Mouvement des Navires à Kurrachee en 1861-62

		NAVIRES	TONNEAUX
Entrés sous pavillon	Anglais	43	23,636
	Français	7	3,158
	Américain	4	3,430
	Totaux	54	30,224

Les sept navires français sont arrivés : 3 de France, 1 d'Angleterre, 1 de Maurice et 2 de Ceylan.

		NAVIRES	TONNEAUX
Sortis sous pavillon	Anglais	52	28,345
	Français	2	950
	Américain	7	7,007
	Belge	1	516
	Totaux	62	36,818

Les deux navires français sont partis : 1 pour France et 1 pour Maurice.

Les principaux articles d'exportation sont : les Laines, Graines oléagineuses, Coton, Salpêtre, Indigo, Huiles, Chanvre, Cuirs, Cornes, etc.

COMPTE D'ACHAT ET DE REVIENT

A 114 BALLES CHANVRE

114 balles Chanvre, pesant brut Md 507.38			
Tare 14 ℔ par balle .... » 19.38			
Net .... Md 488.— à R. 6 par Md de 82 ℔	R. 2928.—.—		
Escompte 1 ½ %	» 43.14. 8	R. 2884. 1. 4	

FRAIS A KURRACHEE

Réception, pesage, port au navire et embarquement R. 5 par balle..	R. 570.—.—		
Nettoyage 2 annas par Md	» 61.—.—		
Magasinage à 3 annas par balle	» 21.—.—		
Assurance contre le feu sur R. 2900 à ½ %	» 14. 8.—		
Courtage d'achat sur R. 2928 à 1 %	» 29. 4. 5		
Connaissements, timbres et menus frais	» 8.—.—	» 703.12. 5	
		R. 3587.13. 9	
Commission d'achat et de remboursement 5 %		» 179. 6. 3	
(R. 1 = 16 annas à 12 pice).		R. 3767. 4.—	
Remboursement sur Paris à 6 mois de vue, au change de F. 2.60 par R.		F. 9794.85	

FRAIS AU HAVRE

Fret sur 17500 kil. à F. 80 par tonn. de 600 kil.	F. 2333.35	
Permis, frais au débarquement, voiliers pour échantillonner, port en magasin, arrimage, magasinage d'un mois, livraison et menus frais	» 115.—	
Assurance maritime sur F. 10772 à 2 ¼ % et police	» 243.90	
id. contre le feu sur F. 13464 à ½ ‰	» 6.70	
Commission de banque à Paris, pour confirmation de crédit, 1 %	» 97.95	
Escompte à la vente .... 2 ¼ %		
Courtage de vente .... ¼ %		
Commission de vente .... 2 %		
Ensemble .... 4 ½ % sur F. 13185.10	» 593.35	» 3390.25
		F. 13185.10

Rendement : 1 cwt = 50 kil. % :

Soit sur 357 cwt ½	kil. 18130	
Perte au poids 5 %	» 906	
Net	kil. 17224 à F. 76.55 par 100 kil. entrepôt..	F. 13185.—

PRIX DE REVIENT AU HAVRE DES 100 KIL. ENTREPOT

AUX CHANGES SUIVANTS SUR PARIS .

Avec la parité des changes sur Londres, calculés sur la base de F. 25.25 pour £ 1.—.—

PRIX à KURRACHEE par Md de 82 ℔	PARIS F. 2.55 — LONDRES 2sh 0d 1/4	PARIS F. 2.60 — LONDRES 2sh 0d 11/16	PARIS F. 2.65 — LONDRES 2sh 1d 3/16	PARIS F. 2.70 — LONDRES 2sh 1d 5/8	PARIS F. 2.75 — LONDRES 2sh 2d 1/8	PARIS F. 2.80 — LONDRES 2sh 2d 9/16	5 c. par R. sur le change font au Havre par 100 kil.
Roupies 1/8	F. 1.03	F. 1.05	F. 1.07	F. 1.09	F. 1.11	F. 1.13	F. 0.02
1/4	2.06	2.10	2.14	2.18	2.22	2.26	0.04
3/8	3.09	3.15	3.21	3.27	3.33	3.39	0.06
1/2	4.11	4.20	4.28	4.36	4.44	4.52	0.08
5/8	5.14	5.24	5.34	5.44	5.54	5.64	0.10
3/4	6.17	6.29	6.41	6.53	6.65	6.77	0.12
7/8	7.20	7.34	7.48	7.62	7.76	7.90	0.14
1	8.22	8.39	8.55	8.71	8.87	9.03	0.16
2	42.48	43.01	43.55	44.10	44.63	45.17	0.54
3	50.70	51.39	52.10	52.81	53.50	54.20	0.70
4	58.93	59.78	60.65	61.52	62.37	63.23	0.86
5	67.15	68.16	69.20	70.23	71.24	72.27	1.02
6	75.37	76.55	77.74	78.94	80.11	81.30	1.19
7	83.60	84.93	86.29	87.65	88.98	90.33	1.35
8	91.82	93.32	94.84	96.36	97.85	99.36	1.51
9	100.04	101.70	103.39	105.07	106.72	108.39	1.67
10	108.26	110.09	111.93	113.77	115.60	117.43	1.83

OBSERVATIONS

F. 10 par tonneau sur le fret, font au Havre une différence de F. 1.69 par 100 kil. sur les prix.

On veut savoir le revient au Havre de Chanvre coûtant à Kurrachee R. 5 ⅝ par maund de 82 ℔, au change de F. 2.65 et au fret de F. 80 par tonn. de 600 kil.

On trouvera dans la 1re et la 4e colonne de ce tableau que :

R. — ⅝ font par 100 kil	F. 5.34
» 5 id. id.	» 69.20
R. 5 ⅝ feront donc	F. 74.54

Droits d'entrée par 100 kil. en Juillet 1865

Par tous Pavillons .... Exempt

COMPTE D'ACHAT ET DE REVIENT

A 66 BALLES COTON

66 balles Coton, pesant brut	Md 265.—.17		
Tare 14 ₰ par balle	» 11.—.—		
Net	Md 254.—.17 à R. 80 par Md de 84 ₰		R. 7626. 1. 1
Escompte 1 ½ %			» 114. 6. 2
			R. 7511.10.11

FRAIS A KURRACHEE

Pesage, réception, voiliers, port et embarquement, R. 5 par balle	R. 330.—.—	
Magasinage 3 annas par balle	» 12. 6.—	
Assurance contre le feu sur R. 7626 à ½ %	» 38. 2. 1	
Courtage d'achat sur R. 7626 à 1 %	» 76. 4. 2	
Connaissements, timbres, lettres, échantillons, menus frais	» 10.—.—	» 466.12. 3
		R. 7978. 7. 2
Commission d'achat et remboursement 5 %		» 398.14.10
(R. 1 = 16 annas à 12 pice).		R. 8377. 6.—
Remboursement sur Paris à 6 mois de vue, au change de 2.60 par R.		F. 21781.15

FRAIS AU HAVRE

Fret sur 9900 kil. bruts à F. 80 secs par tonn. de 600 kil	F. 1320.—	
Permis, frais au débarquement, voiliers, port en magasin, arrimage, magasinage d'un mois, livraison et menus frais	» 95.—	
Assurance maritime sur F. 28960 à 1 ¾ % et police	» 420.80	
id. contre le feu sur F. 25795 à ½ ‰	» 12.90	
Commission de banque à Paris, pour confirmation de crédit, 1 %	» 217.81	
Escompte à la vente 2 %		
Courtage de vente ¼ %		
Commission de vente 2 %		
Ensemble 4¼ % sur F. 24906.17	» 1058.51	» 3125.02
		F. 24906.17

Rendement : Poids brut à Kurrachee 22277 ₰ :

A 100 ₰ pour 45 kil. %, brut	kil. 10099	
Perte au poids pendant la traversée 2 %	» 202	
	kil. 9897	
Tare 5 %	» 495	
Net	kil. 9402 à F. 264.90 par 100 kil. entrepôt	F. 24905.90

PRIX DE REVIENT AU HAVRE DES 100 KIL. ENTREPOT

AUX CHANGES SUIVANTS SUR PARIS

Avec la parité des changes sur Londres, calculés sur la base de F. 25.25 pour £ 1.—.—

PRIX à KURRACHEE par Md à 84 ₰	PARIS F. 2.55 — LONDRES 2sh 0d 1/4	PARIS F. 2.60 — LONDRES 2sh 0d 11/16	PARIS F. 2.65 — LONDRES 2sh 1d 3/16	PARIS F. 2.70 — LONDRES 2sh 1d 5/8	PARIS F. 2.75 — LONDRES 2sh 2d 1/8	PARIS F. 2.80 — LONDRES 2sh 2d 9/16	5 c. par R. sur le change font au Havre par 100 kil.
Roupies 1	F. 7.79	F. 7.94	F. 8.09	F. 8.24	F. 8.40	F. 8.55	F. 0.15
2	15.58	15.88	16.18	16.49	16.79	17.10	0.30
3	23.36	23.82	24.27	24.73	25.19	25.65	0.46
4	31.14	31.76	32.37	32.98	33.59	34.20	0.61
5	38.93	39.70	40.46	41.22	41.98	42.75	0.76
6	46.72	47.64	48.55	49.46	50.38	51.30	0.92
7	54.50	55.57	56.64	57.71	58.78	59.85	1.07
8	62.29	63.51	64.73	65.95	67.18	68.40	1.22
9	70.07	71.45	72.82	74.20	83.97	76.95	1.38
5	65.47	66.44	67.42	68.39	69.36	70.34	0.97
10	104.40	106.14	107.88	109.61	111.35	113.09	1.74
20	182.26	185.53	188.79	192.05	195.32	198.58	3.26
30	260.12	264.91	269.71	274.50	279.29	284.08	4.79
40	337.98	344.30	350.62	356.94	363.26	369.57	6.32
50	415.85	428.69	431.54	439.38	447.23	455.07	7.84
60	493.71	503.08	512.45	521.82	531.19	540.56	9.37
70	571.57	582.47	593.37	604.26	615.16	626.06	10.90
80	649.43	661.85	674.28	686.71	699.13	711.55	12.42
90	727.29	741.24	755.20	769.15	788.10	797.05	13.95
100	805.15	820.63	836.11	851.59	867.07	882.54	15.48

OBSERVATIONS

F. 10 par tonneau sur le fret, font au Havre une différence de F. 1.75 par 100 kil. sur les prix.

On veut savoir le revient au Havre de Coton coûtant à Kurrachee R. 35 par maund de 84 ₰, au change de F. 2.65 et au fret de F. 80 secs par tonn. de 600 kil.

On trouvera dans la 1re et la 4e colonne de ce tableau que:

R. 5 font par 100 kil.	F. 40.46
» 30 id. id.	» 269.71
R. 35 feront donc	F. 310.17

Droits d'entrée par 100 kil. en Juillet 1865

Par navire Français	Exempt
Id. Etranger	F. 3.—

COMPTE D'ACHAT ET DE REVIENT

A 925 SACS GRAINE DE COLZA

925 sacs Graine de colza, de 1 cwt ⅓ chaque, pesant ensemble..........	cwt 1387.56 ℔	
Perte au nettoyage..........	» 147. 8	
Net..........	cwt 1534.64 soit 262 candies, à R. 30 par candy de 656 ℔ sur cwt 1534.64..........	R. 7860.—.—
Escompte 1 ½ %..........		» 117.14. 5
		R. 7742. 5. 7

FRAIS A KURRACHEE

Coût de 925 sacs Gonics Bornéo première qualité à R. 50 par 100 sacs	R. 462. 8.—	
Cousage et marquage à 3 R. par 100 sacs..........	» 27.12.—	
Livraison, nettoyage, pesage et embarquement à R. 1 ¼ par candy de 7 cwt..........	» 247.12.—	
Magasinage..........	» 25.—.—	
Courtage d'achat 1 % sur F. 7860..........	» 78. 9. 7	
Connaissements, timbres et menus frais..........	» 2. 6. 5	
Assurance contre le feu ¼ % sur F. 7860..........	» 19.10. 5	» 863.10. 5
		R. 8606.—.—

	Droits de Sortie	
Droits de sortie sur 1387 cwt ½ sur estimation de R. 4.2.—, R. 5636 à 3 %..........	R. 169. 1. 8	
Commission d'achat et de remboursement 5 %..........	» 8. 7. 2	» 430. 6.—
(R. 1 = 16 annas à 12 pice).	R. 177. 8. 5	R. 9036. 6.—
Remboursement sur Paris à 6 mois de vue, au change de F. 2.50 par R..........	F. 443.80	F. 22590.75

FRAIS AU HAVRE

Fret sur 71600 kil. à F. 100 secs par tonn. de 900 kil..		F. 7955.55	
Permis, frais au débarquement, voiliers, port en magasin, arrimage, magasinage d'un mois, livraison et menus frais..........		» 462.50	
Assurance maritime sur F. 24850 à 2 ¾ % et police..........	» 13.42	» 684.87	
id. contre le feu sur F. 33890 à ½ ‰..........	» 0.25	» 16.95	
Commission de banque à Paris, pour confirmation de crédit, 1 %..........	» 4.44	» 225.90	
Escompte à la vente.......... 2¼ %			
Courtage de vente.......... ¼ %			
Commission de vente.......... 2 %			
Ensemble.......... 4½ % sur F. 32899.70	» 21.76	» 1504.86	» 10850.63
	F. 488.67		F. 33441.38
Soit par 100 kil..........	» 0.70		

RENDEMENT : 1 sac rend en moyenne 75 kil. nets :

Soit sur 925 sacs net 69375 kil. à..	F. 48.20	par 100 kil.	entrepôt..........	F. 33438.75
Plus : droits de sortie à Kurrachee	» 0.70	id.	id.	
Ensemble..........	F. 48.97	id.	id.	

PRIX DE REVIENT AU HAVRE DES 100 KIL. ENTREPOT

AUX CHANGES SUIVANTS SUR PARIS

Avec la parité des changes sur LONDRES, calculés sur la base de F. 25.25 pour £ 1.—.—

	PRIX à KURRACHEE par candy de 656 ℔	PARIS F. 2.50 — LONDRES 1sh 11d ¾	PARIS F. 2.55 — LONDRES 2sh 0d ¼	PARIS F. 2.60 — LONDRES 2sh 0d 11/16	PARIS F. 2.65 — LONDRES 2sh 1d 3/16	PARIS F. 2.70 — LONDRES 2sh 1d 5/8	PARIS F. 2.75 — LONDRES 2sh 2d 1/8	5 c. par R. sur le change font au Havre par 100 kil.
SUBDIVISIONS — Coût et frais variables	Annas 1	F. 0.07	F. 0.07	F. 0.07	F. 0.07	F. 0.07	F. 0.07	F. 0.—
	2	0.13	0.14	0.14	0.14	0.15	0.15	0.—
	3	0.20	0.21	0.21	0.21	0.22	0.22	0.—
	4	0.27	0.27	0.28	0.29	0.29	0.30	0.01
	5	0.34	0.34	0.35	0.36	0.36	0.37	0.01
	6	0.40	0.41	0.42	0.43	0.44	0.44	0.01
	7	0.47	0.48	0.49	0.50	0.51	0.52	0.01
	8	0.54	0.55	0.56	0.57	0.58	0.59	0.01
	9	0.61	0.62	0.63	0.64	0.65	0.67	0.01
	10	0.67	0.69	0.70	0.71	[illegible]	0.74	0.01
	11	0.74	0.76	0.77	0.79	0.80	0.82	0.02
	12	0.81	0.82	0.84	0.86	0.87	0.89	0.02
	13	0.88	0.89	0.91	0.93	0.95	0.96	0.02
	14	0.94	0.96	0.98	1.—	1.02	1.04	0.02
	15	1.01	1.03	1.05	1.07	1.09	1.11	0.02
	16	1.08	1.10	1.12	1.14	1.16	1.19	0.02
Coût et frais variables et invariables	Roupies 28.—	46.05	46.79	47.54	48.29	49.04	49.78	0.75
	29.—	47.13	47.89	48.66	49.44	50.20	50.97	0.77
	30.—	48.20	48.99	49.78	50.56	51.37	52.15	0.79
	31.—	49.28	50.09	50.90	51.72	52.53	53.34	0.81
	32.—	50.36	51.19	52.02	52.86	53.69	54.53	0.83
	33.—	51.44	52.29	53.14	54.01	54.86	55.71	0.85
	34.—	52.52	53.39	54.26	55.15	56.02	56.90	0.88
	35.—	53.59	54.49	55.39	56.29	57.19	58.08	0.90
	36.—	54.67	55.59	56.51	57.43	58.35	59.27	0.92
	37.—	55.75	56.69	57.63	58.58	59.52	60.45	0.94
	38.—	56.83	57.79	58.75	59.72	60.68	61.64	0.96
	39.—	57.90	58.89	59.87	60.86	61.84	62.83	0.99
	40.—	58.98	59.99	60.99	62.—	63.01	64.01	1.01
Plus, par 100 kil., pour Droits de Sortie à Kurrachee, sur évaluation de R. 4.2 par cwt		0.71	0.72	0.74	0.75	0.76	0.78	0.01

OBSERVATIONS

F. 10 par tonneau sur le fret, font au Havre une différence de F. 1.14 par 100 kil. sur les prix.

On veut savoir le revient au Havre de Graine de colza coûtant à Kurrachee R. 35.8 par candy, au change de F. 2.75 et au fret de F. 100 secs par tonn. de 900 kil.

On trouvera dans la 1re et la 7e colonne de ce tableau que :

R. —. 8 font par 100 kil..........		F. 0.59
» 35.— id.	id.	» 58.08
Plus droits de sortie à Kurrachee sur estimation de R. 4.12 par cwt		» 0.90
R. 35. 8 feront donc..........		F. 59.57

La Graine de colza se vend aussi par maund de 82 ℔, soit la huitième partie du candy. Ainsi, dans ce dernier cas, il faudra simplement multiplier par 8 le prix du maund pour avoir celui du candy.

N.-B. — Les droits de sortie à Kurrachee ne sont pas compris dans les prix de revient du tableau ci-dessus, il faudra donc les ajouter. Pour savoir ce qu'ils produisent en France par 100 kil., il suffira de multiplier les logarithmes suivants par l'estimation de la Douane. Les 2 premiers chiffres de gauche formeront, en centimes, le résultat cherché.

CHANGES 2.50	LOGARITHMES	17.161
» 2.55	»	17.504
» 2.60	»	17.847
» 2.65	»	18.190
» 2.70	»	18.533
» 2.75	»	18.877

Droits d'entrée par 100 kil. en Juillet 1865

Par navire Français..........	Exempte
id. Etranger..........	F. 2.—

COMPTE D'ACHAT ET DE REVIENT

A 5000 BALLES GRAINE DE SÉSAME BLANC

5000 balles Sésame blanc, pesant net chacune 164 ₰, soit 2 Md par balle	Md 10000		
Perte au nettoyage environ 8 %	» 824		
Total	Md 10824 à R. 4		
par Br Md de 82 ₰		R. 43296. —. —	
Escompte 1 ½ %		» 649. 1.76	
		R. 42646. 2.24	
Petit courtage sur 10824 Md à ½ anna par candy de 8 Md		» 42. 1.12	R. 42688. 3.36

FRAIS A KURRACHEE

Livraison, pesage, nettoyage, frais d'embarquement sur 1182 ¼ candies de Surate à R. 1 ¼ par candy de 656 ₰		R. 1415. 1.23	
Cousage et marquage de 5000 sacs à R. 3 par 100 sacs		» 150. —. —	
Loyer de magasin sur 1353 candies de 656 ₰ à 2 annas par candy		» 109. —. 48	
Assurance contre le feu ¼ % sur R. 43296		» 108. —. 90	
Paniers et nattes		» 26. —. —	
Pour chasser la poussière des magasins		» 15. —. —	
Connaissements et timbres		» 1. —. —	
5000 sacs Gonies Bornéo, 1re qualité, à R. 50 par 100 sacs		» 2500. —. —	
Courtage 1 % sur R. 42688.3.36		» 426. 3.56	R. 4811. 2.25
	Droits de Sortie		R. 47500. 1.61
Droits d'exportation sur cwt, 7821.1.20 à R. 4.2 par cwt, font R. 30200 à 3 %	R. 906. —. 10		
Commission d'achat 2 ½ %	» 22. 2.60		» 1187. 2. 4
	R. 928. 2.70		R. 48687. 3.65

FRAIS A BOMBAY

Frais de remise sur Kurrachee 1 % sur R. 49804	» 9. 1.57	R. 498. —. —	
Dépêches télégraphiques et ports de lettres		» 22. —. —	
Courtage de négociation des traites ¼ %; commission de remboursement 1 %. Ensemble 1 ¼ %	» 10. 2.69	» 560. —. 67	
Timbres des traites		» 36. —. —	» 1116. —. 67
(R. 1 = 4 quartos à Rs 100).	R. 948. 2.96		R. 49804. —. 53
Remboursement sur Paris à 6 mois de vue, au change de F. 2.60 par R.	F. 2466.75		F. 129490.60

FRAIS AU HAVRE

Fret sur 382500 kil. à F. 80 par tonn. de 850 kil.		F. 36000. —	
Permis, frais au débarquement, voiliers pour échantillonner, port en magasin, arrimage, magasinage d'un mois, livraison et menus frais		» 2050. —	
Commission de banque à Paris, pour confirmation de crédit, 1 %	» 24.67	» 1294.90	
Assurance maritime sur F. 142440 à 2 ¾ % et police	» 74.60	» 3918.00	
id. contre le feu sur F. 185700 à ⅟₂₀ %	» 1.40	» 92.85	
Escompte de 4 mois 2 ¼ %; courtage de vente ¼ %; commission de vente 2 %. Ensemble 4 ½ % sur F. 180991.55	» 120.98	» 8144.60	» 51500.95
	F. 2688.40		F. 180991.55
Soit par 100 kil.	» 0.72		

Rendement : Le sac rend en moyenne 75 kil. :

Soit net 375000 kil. à	F. 48.26	par 100 kil. entrepôt		F. 180975. —
Plus : droits de sortie à Kurrachee	» 0.72	id.	id.	
Ensemble	F. 48.98	id.	id.	

PRIX DE REVIENT AU HAVRE DES 100 KIL. ENTREPOT

AUX CHANGES SUIVANTS SUR PARIS

Avec la parité des changes sur Londres, calculés sur la base de F. 25.25 pour £ 1.—.—

PRIX à KURRACHEE par Md	PARIS F. 2.55 — LONDRES 2sh 0d ¼	PARIS F. 2.60 — LONDRES 2sh 0d 11/16	PARIS F. 2.65 — LONDRES 2sh 1d 3/16	PARIS F. 2.70 — LONDRES 2sh 1d 5/8	PARIS F. 2.75 — LONDRES 2sh 2d 1/8	PARIS F. 2.80 — LONDRES 2sh 2d 9/16	5 c. par R. sur le change font au Havre par 100 kil.
Roupies 1/8	F. 1.05	F. 1.07	F. 1.09	F. 1.11	F. 1.13	F. 1.15	F. 0.02
1/4	2.10	2.14	2.18	2.22	2.26	2.30	0.04
3/8	3.14	3.20	3.27	3.33	3.39	3.45	0.06
1/2	4.19	4.27	4.35	4.44	4.52	4.60	0.08
5/8	5.24	5.34	5.44	5.55	5.65	5.75	0.10
3/4	6.28	6.40	6.53	6.66	6.78	6.90	0.12
7/8	7.33	7.47	7.62	7.77	7.91	8.05	0.14
1	8.38	8.54	8.71	8.87	9.04	9.20	0.16
2	30.79	31.18	31.57	31.97	32.36	32.76	0.40
3	39.16	39.72	40.28	40.84	41.40	41.96	0.56
4	47.54	48.26	48.98	49.71	50.43	51.16	0.72
5	55.92	56.81	57.69	58.58	59.47	60.36	0.89
6	64.30	65.35	66.40	67.45	68.50	69.56	1.05
7	72.68	73.89	75.10	76.32	77.53	78.76	1.22
8	81.06	82.43	83.81	85.20	86.57	87.96	1.38
Plus, par 100 kil., pour Droits de Sortie à Kurrachee, sur évaluation de R. 4.3 par cwt	0.70	0.72	0.73	0.74	0.76	0.77	0.01

OBSERVATIONS

F. 10 par tonneau sur le fret, font au Havre une différence de F. 1.20 par 100 kil. sur les prix.

On veut savoir le revient au Havre de Graine de Sésame coûtant à Kurrachee R. 4 ⅝ par maund de 82 ₰, au change de F. 2.65 et au fret de F. 80 par tonn. de 850 kil.

On trouvera dans la 1re et la 4e colonne de ce tableau que :

R. — ⅝ font par 100 kil		F. 5.44
» 4 id. id.		» 48.98
Plus droits de sortie à Kurrachee sur estimation de R. 4.12		» 0.84
R. 4 ⅝ feront donc		F. 55.26

N.-B. — Les droits de sortie à Kurrachee ne sont pas compris dans les prix de revient du tableau ci-dessus, il faudra donc les ajouter. Pour savoir ce qu'ils produisent en France par 100 kil., il suffira de multiplier les logarithmes suivants par l'estimation de la Douane. Les 2 premiers chiffres de gauche formeront, en centimes, le résultat cherché.

CHANGES		LOGARITHMES
2.55		1705
» 2.60	»	1738
» 2.65	»	1772
» 2.70	»	1805
» 2.75	»	1839
» 2.80	»	1872

Droits d'entrée par 100 kil. en Juillet 1805.

Par navire Français	Exempt
id. Etranger	F. 2.—

COMPTE D'ACHAT ET DE REVIENT

A 200 BARRIQUES HUILE DE COLZA

200 barriques Huile de colza, pesant brut cwt 959. 1.—		
Tare	» 158. 2.26	
Net cwt 800. 2. 2 ou Kurrachee Md 1098 32 à R. 12 par Md de 82 ℔ anglaises		R. 13120.10.11
Escompte 1 ½ %		» 196.13.—
		R. 12923.13.11

FRAIS A KURRACHEE

Pesage et réception 1 auna par Md brut	R. 81.14.—	
Transport et embarquement 12 annas par barrique	» 150.—.—	
200 barriques saisonnées à 6 R. chaque	» 1200.—.—	
Magasinage d'un mois	» 100.—.—	
Courtage d'achat 1 %	» 131. 3. 4	
Assurance contre le feu ⅛ %	» 32.12. 9	
[illegible], timbres et menus frais	» 41.11. 3	» 1737. 9. 4
		R. 14661. 7. 3

	Droits de Sortie	
Droits de sortie sur cwt. 800.2.— à R. 16.6 par cwt, R. 13120 à 3 %	R. 393. 9.11	
Commission d'achat et de remboursement 5 %	» 19.10.11	» 733. 1. 2
	R. 413. 4.10	R. 15394. 8. 5
Remboursement sur Paris à 6 mois de vue, au change de F. 2.60 par R.	F. 1053.85	F. 39255.95

FRAIS AU HAVRE

Fret sur 47250 kil. bruts à F. 80 secs par tonn. de 900 kil.		F. 4200.—	
Permis, frais au débarquement, port en magasin, arrimage, magasinage d'un mois, livraison et menus frais		» 750.—	
Assurance maritime sur F. 43180 à 2 % et police	» 28.20	» 865.10	
id. contre le feu sur F. 48995 à ½ ‰	» 0.60	» 24.50	
Commission de banque à Paris, pour confirmation de crédit, 1 %	» 10.54	» 392.55	
Escompte à la vente 2 %			
Courtage de vente ¼ %			
Commission de vente 2 %			
Ensemble 4¼ % sur F. 47507.15	» 48.31	» 2019.05	» 8251.20
	F. 1136.50		F. 47507.15
Soit par 100 kil.	» 3.01		

RENDEMENT :

Brut ℔ 107436 à 45 kil. ½	48704 kil.
Perte pendant le voyage 3 %	1461 »
	47243 kil.
Tare 20 %	9448 »

Soit net 37795 kil. à F. 125.70 par 100 kil. entrepôt F. 47508.50
Plus : droits de sortie à Kurrachee » 3.01 id. id.
Ensemble F. 128.71 id. id.

PRIX DE REVIENT AU HAVRE DES 100 KIL. ENTREPOT

AUX CHANGES SUIVANTS SUR PARIS

Avec la parité des changes sur LONDRES, calculés sur la base de F. 25.25 pour £ 1.—.—

	PRIX à KURRACHEE par Md de 82 ℔	PARIS F. 2.55 — LONDRES 2sh 0d ¼	PARIS F. 2.60 — LONDRES 2sh 0d 11/16	PARIS F. 2.65 — LONDRES 2sh 1d 3/16	PARIS F. 2.70 — LONDRES 2sh 1d 5/8	PARIS F. 2.75 — LONDRES 2sh 2d 1/8	PARIS F. 2.80 — LONDRES 2sh 2d 9/16	5 c. par R. sur le change font au Havre par 100 kil.
[illegible] — Coût et frais variables	Annas 1	F. 0.52	F. 0.53	F. 0.54	F. 0.55	F. 0.56	F. 0.57	F. 0.01
	2	1.04	1.06	1.08	1.10	1.12	1.14	0.02
	3	1.56	1.59	1.62	1.65	1.69	1.72	0.03
	4	2.08	2.12	2.16	2.20	2.25	2.29	0.04
	5	2.60	2.65	2.70	2.75	2.81	2.86	0.05
	6	3.12	3.18	3.24	3.30	3.37	3.43	0.06
	7	3.64	3.71	3.78	3.85	3.93	4.—	0.07
	8	4.17	4.25	4.33	4.41	4.50	4.58	0.08
	9	4.69	4.76	4.87	4.96	5.06	5.15	0.09
	10	5.21	5.31	5.41	5.51	5.62	5.72	0.10
	11	5.73	5.84	5.95	6.06	6.18	6.29	0.11
	12	6.25	6.37	6.49	6.61	6.74	6.86	0.12
	13	6.77	6.90	7.03	7.16	7.30	7.44	0.13
	14	7.29	7.43	7.57	7.71	7.86	8.01	0.14
	15	7.81	7.96	8.11	8.26	8.42	8.58	0.15
	16	8.33	8.50	8.66	8.82	8.99	9.15	0.16
Coût et frais variables et invariables	Roupies 8.—	92.37	93.91	95.46	97.—	98.54	100.09	1.54
	9.—	100.71	102.41	104.12	105.82	107.53	109.24	1.71
	10.—	109.04	110.91	112.78	114.64	116.52	118.39	1.87
	11.—	117.37	119.40	121.44	123.47	125.50	127.54	2.03
	12.—	125.71	127.90	130.10	132.29	134.49	136.69	2.20
	13.—	134.04	136.39	138.76	141.11	143.48	145.84	2.36
	14.—	142.37	144.89	147.42	149.94	152.46	154.99	2.52
	15.—	150.71	153.39	156.08	158.76	161.45	164.14	2.69
	Plus, par 100 kil., pour Droits de Sortie à Kurrachee, sur évaluation de R. 16. 6 par cwt	3.01	3.06	3.12	3.18	3.24	3.30	0.06

OBSERVATIONS

F. 10 par tonneau sur le fret, font au Havre une différence de F. 1.39 par 100 kil. sur les prix.

On veut savoir le revient au Havre d'Huile de colza coûtant à Kurrachee R. 10.12 par maund, au change de F. 2.75 et au fret de F. 80 secs par tonn. de 900 kil.

On trouvera dans la 1re et la 6e colonne de ce tableau que :

R. —.12 font par 100 kil.	F. 6.74
» 10.— id. id.	» 116.52
Plus droits de sortie à Kurrachee sur estimation de R. 17.6 par cwt	» 3.44
R. 10.12 feront donc	F. 126.70

N.-B. — Les droits de sortie à Kurrachee ne sont pas compris dans les prix de revient du tableau ci-dessus, il faudra donc les ajouter. Pour savoir ce qu'ils produisent en France par 100 kil., il suffira de multiplier les logarithmes suivants par l'estimation de la Douane. En retranchant les 3 derniers chiffres sur la droite on aura, en francs et centimes, le résultat cherché.

CHANGES		LOGARITHMES
2.55		18350
» 2.60	»	18709
» 2.65	»	19069
» 2.70	»	19428
» 2.75	»	19788
» 2.80	»	20148

Droits d'entrée par 100 kil. en Juillet 1865

Par navire Français F. 6.—
id. Etranger » 7.—

COMPTE D'ACHAT ET DE REVIENT

A 37 CAISSES INDIGO

	Droits de Sortie		
37 caisses Indigo, pesant net chacune 164 ℔ ou 2 India M^d de 82 ℔, soit India 74 M^d à R. 64 par M^d		R. 4736.—.—	
Escompte ½ %		» 71.—.16	R. 4664. 3.84
FRAIS A KURRACHEE			
Petit courtage sur 74 M^d à 4 annas par M^d		R. 18. 2.—	
Livraison, pesage, embarquement, etc., à 10 annas par caisse		» 23.—.50	
37 caisses vides à R. 2.10		» 97.—.50	
Loyer de magasin sur 37 caisses à 3 annas		» 6. 3.75	
Assurance contre le feu ¼ % sur R. 4664.3.84		» 11. 2.64	
Courtage sur R. 4664.3.84 à 1 %		» 46. 2.56	
Connaissements et timbres		» 1.—.—	
Pour couvrir les caisses avec des Gonies		» 27. 2.—	» 232. 1.95
			R. 4897. 1.79
Droits d'exportation sur 74 M^d à R. 3 par M^d	R. 222.—.—		
Commission d'achat 2 ½ %	» 5. 2.20		» 122. 1.74
	R. 227. 2.20		R. 5019. 3.53
FRAIS A BOMBAY			
Frais de remise à Kurrachee 1 %	» 2. 1. 8	R. 50.—.80	
Commission de remboursement 1 %			
Courtage de négociation ¼ %			
Ensemble 1¼ %	» 2. 2.46	» 57. 3. 2	
Timbres des traites		» 6.—.—	» 113. 3.82
(R. 1 = 4 quarios à R^s 100).	R. 232. 1.74		R. 5133. 3.35
Remboursement sur Paris à 3 mois de vue, au change de F. 2.60 par R.	F. 604.32		F. 13347.95
FRAIS AU HAVRE			
Fret sur 3075 kil. à F. 80 secs par tonneau de 700 kil.		F. 351.40	
Permis, frais au débarquement, tonneliers pour échantillonner, port en magasin, arrimage, magasinage d'un mois, livraison et menus frais		» 118.—	
Assurance maritime sur F. 14082 à 1 ¾ % et police	» 11.62	» 258.45	
id. contre le feu sur F. 15410 à ½ ‰	» 0.33	» 7.70	
Commission de banque à Paris, pour confirmation de crédit, 1 %	» 6.04	» 133.48	
Escompte à la vente 2½ %			
Courtage de vente ¼ %			
Commission de vente 2 %			
Ensemble 4¾ % sur F. 14886.90	» 29.32	» 669.92	» 1538.95
	F. 651.63		F. 14886.90
Soit par kil.	» 0.24 ½		

RENDEMENT : 100 ℔ nettes rendent net 44 kil. 12 ½ :

Soit pour 74 M^d = 6068 ℔.
Soit net 2027 kil. ½ à F. 5.50 par kil. entrepôt .... F. 14886.90

PRIX DE REVIENT AU HAVRE LE KIL. ENTREPOT

AUX CHANGES SUIVANTS SUR PARIS

Avec la parité des changes sur LONDRES, calculés sur la base de F. 25.25 pour £ 1.—.—

PRIX à KURRACHEE par India M^d	PARIS F. 2.55 — LONDRES 2sh 0d 1/4	PARIS F. 2.60 — LONDRES 2sh 0d 11/16	PARIS F. 2.65 — LONDRES 2sh 1d 3/16	PARIS F. 2.70 — LONDRES 2sh 1d 5/8	PARIS F. 2.75 — LONDRES 2sh 2d 1/8	PARIS F. 2.80 — LONDRES 2sh 2d 9/16	5 c. par R. sur le change font au Havre par kil.
Roupies							
Coût et frais variables 1	F. 0.08	F. 0.08	F. 0.08	F. 0.08	F. 0.09	F. 0.09	F. 0.—
2	0.16	0.16	0.16	0.16	0.18	0.18	0.—
3	0.24	0.24	0.24	0.25	0.26	0.26	0.—
4	0.32	0.32	0.32	0.33	0.35	0.35	0.—
5	0.40	0.40	0.41	0.42	0.43	0.44	0.—
6	0.48	0.48	0.49	0.50	0.52	0.52	0.—
7	0.56	0.56	0.57	0.58	0.60	0.61	0.—
8	0.64	0.64	0.65	0.66	0.69	0.69	0.—
9	0.72	0.72	0.73	0.75	0.77	0.78	0.01
10	0.79	0.81	0.82	0.84	0.86	0.87	0.02
Coût et frais variables et invariables 40	3.54	3.62	3.69	3.75	3.82	3.89	0.07
50	4.33	4.43	4.52	4.59	4.68	4.76	0.09
60	5.13	5.24	5.34	5.43	5.53	5.63	0.10
70	5.92	6.04	6.17	6.27	6.39	6.50	0.12
80	6.71	6.85	6.99	7.11	7.24	7.37	0.13
90	7.51	7.66	7.82	7.95	8.10	8.24	0.15
100	8.30	8.47	8.64	8.79	8.96	9.11	0.16
Plus, par kil., pour Droits de Sortie à Kurrachee sur évaluation de R. 3 par M^d	0.24	0.24	0.25	0.25	0.26	0.26	0.—

OBSERVATIONS

F. 10 par tonneau sur le fret, font au Havre une différence de F. 0.01 3/5 par kil. sur les prix.

On veut savoir le revient au Havre d'Indigo coûtant à Kurrachee R. 65 par maund, au change de F. 2.65 et au fret de F. 80 par tonn. de 700 kil.

On trouvera dans la 1re et la 4e colonne de ce tableau que:

R. 5 font par kil.	F. 0.41
» 60 id. id.	» 5.34
Plus droits de sortie à Kurrachee	» 0.25
R. 65 feront donc	F. 6.—

N.-B. — Les droits de sortie à Kurrachee ne sont pas compris dans les prix de revient du tableau ci-dessus, il faudra donc les ajouter. Pour savoir ce qu'ils produisent en France par kil., il suffira de multiplier les logarithmes suivants par l'estimation de la Douane. Les 2 premiers chiffres de gauche formeront, en centimes, le résultat cherché.

CHANGES		LOGARITHMES
CHANGES	2.55	7056
»	2.60	8112
»	2.65	8268
»	2.70	8424
»	2.75	8580
»	2.80	8736

Droits d'entrée par 100 kil. en Juillet 1865

Par navire Français	Exempt
id. Etranger	F. 39.00

COMPTE D'ACHAT ET DE REVIENT

A 108 MAUNDS ½ LAINE LAVÉE

108 Md ½ Laine lavée à R. 20 par Md de 82 ℔	R.	2170.—.—
Escompte 1 ½ %	»	32. 8. 9
	R.	2137. 7. 3

Cette laine a produit après nettoyage et lavage : 24 balles pesant Md 259.8 ℔ (le Md de 28 ℔), soit cwt 64.3.8, ce qui représente un déchet de 18 ½ %.

FRAIS A KURRACHEE

Réception, pesage, marquage, embarquement, etc., R. 5 par balle	R.	135.—.—		
Nettoyage et lavage R. 2 ½ par Md sur 108 Md ½	»	271. 4.—		
Magasinage R. 1 par balle	»	24.—.—		
Connaissements, timbres, échantillons, etc.	»	15.—.—		
Assurance contre le feu sur R. 2170 à ½ %	»	10.13. 7		
Courtage d'achat sur R. 2170 à 1 %	»	21.11. 2	»	462.12. 9
			R.	2600. 4.—
Commission d'achat et de remboursement 5 %			»	130.—.—
(R. 1 = 16 annas à 12 pice).			R.	2730. 4.—
Remboursement sur Paris à 6 mois de vue, au change de F. 2.60 par R.			F.	7098.65

FRAIS AU HAVRE

Fret sur 3400 kil. à F. 80 secs par tonn. de 500 kil.	F.	544.—		
Permis, frais au débarquement, voiliers pour échantillonner, port en magasin, arrimage, magasinage d'un mois, livraison et menus frais	»	35.—		
Assurance maritime sur F. 7807 à 2 ¼ % et police	»	177.15		
id. contre le feu sur F. 8563 à ½ ‰	»	4.28		
Commission de banque à Paris, pour confirmation de crédit, 1 %	»	70.98		
Escompte à la vente 2 ¼ %				
Courtage de vente ¼ %				
Commission de vente 2 %				
Ensemble 4 ½ % sur F. 8303.70	»	378.04	»	1205.05
			F.	8303.70

RENDEMENT : 100 ℔ avant lavage rendent 37 kil. nets :

Soit net 3292 kil. à F. 252.24 par 100 kil. entrepôt .... F. 8303.74

PRIX DE REVIENT AU HAVRE DES 100 KIL. ENTREPOT

AUX CHANGES SUIVANTS SUR PARIS

Avec la parité des changes sur LONDRES, calculés sur la base de F. 25.25 pour £ 1.—.—

	PRIX à KURRACHEE par Md de 82 ℔	PARIS F. 2.55 — LONDRES 2sh 0d 1/4	PARIS F. 2.60 — LONDRES 2sh 0d 11/16	PARIS F. 2.65 — LONDRES 2sh 1d 3/16	PARIS F. 2.70 — LONDRES 2sh 1d 5/8	PARIS F. 2.75 — LONDRES 2sh 2d 1/8	PARIS F. 2.80 — LONDRES 2sh 2d 9/16	5 c. par R. sur le change font au Havre par 100 kil.
	Roupies							
SUBDIVISIONS — Coût et frais variables	1/8	F. 1.20	F. 1.22	F. 1.24	F. 1.27	F. 1.29	F. 1.31	F. 0.02
	1/4	2.39	2.44	2.48	2.53	2.58	2.62	0.05
	3/8	3.59	3.66	3.78	3.90	3.97	3.93	0.07
	1/2	4.79	4.88	4.97	5.07	5.16	5.25	0.09
	5/8	5.98	6.10	6.22	6.33	6.45	6.56	0.12
	3/4	7.18	7.32	7.46	7.60	7.74	7.87	0.14
	7/8	8.37	8.53	8.69	8.86	9.03	9.19	0.16
	1	9.57	9.75	9.94	10.13	10.32	10.51	0.19
	2	19.13	19.51	19.88	20.26	20.63	21.01	0.38
	3	28.70	29.26	29.83	30.39	30.95	31.52	0.56
	4	38.27	39.02	39.77	40.52	41.27	42.02	0.75
	5	47.84	48.77	49.71	50.65	51.59	52.53	0.94
	6	57.40	58.53	59.65	60.78	61.90	63.03	1.13
	7	66.97	68.28	69.59	70.91	72.22	73.54	1.31
	8	76.54	78.04	79.54	81.04	82.54	84.04	1.50
	9	86.10	87.79	89.48	91.17	92.86	94.55	1.69
Coût et frais variables et invariables	10	152.08	154.70	157.32	159.94	162.56	165.18	2.63
	20	247.75	253.24	256.74	261.24	265.73	270.23	4.50
	30	343.42	349.79	356.16	362.53	368.91	375.28	6.37
	40	439.09	447.33	455.58	463.83	472.06	480.33	8.25
	50	534.76	544.88	555.01	565.13	575.26	585.38	10.12
	60	630.43	642.43	654.43	666.43	678.43	690.43	12.—

OBSERVATIONS

F. 10 par tonneau sur le fret, font au Havre une différence de F. 2.06 par 100 kil. sur les prix.

On veut savoir le revient au Havre de Laine lavée coûtant à Kurrachee R. 25 ½ par maund de 82 ℔, au change de F. 2.65 et au fret de F. 80.

On trouvera dans la 1re et la 4e colonne de ce tableau que :

R. — ½ font par 100 kil.			F.	4.97
» 5	id.	id.	»	49.71
» 20	id.	id.	»	256.74
R. 25 ½ feront donc			F.	311.42

Droits d'entrée par 100 kil. en Juillet 1868

Par navire Français	Exempte
id. Etranger	F. 3.60

COMPTE D'ACHAT ET DE REVIENT

A 57 COLIS CONTENANT 1143 PEAUX DE VACHES

57 colis contenant 1148 Peaux de vaches, à R. 22 par corge de 20 peaux de 9 ℛ chacune		R.1257. 1.20	
Escompte 1 ½ %		» 18. 3.40	R. 1238. 1.80

FRAIS A KURRACHEE

Petit courtage sur 57 ³/₂₀ corges à 4 annas par corge		R. 14. 1.14	
Salage à 10 annas par corge		» 35. 2.81	
Gardiennage pendant le salage		» 8.—.—	
Cordes et emballage de 57 colis		» 7. 3.—	
Transport de l'endroit du salage en magasin		» 9. 3.—	
Embarquement et transport à 5 annas par colis		» 17. 3.25	
Loyer du magasin à 4 annas par colis		» 14. 1.—	
Assurance contre le feu sur R. 1238 à ¼ %		» 3.—.40	
Courtage sur R. 1238.1.80 à 1 %		» 12. 1.50	» 123.—.10
			R. 1361. 1.90
Commission d'achat 5 %			» 68.—.28
			R. 1429. 2.18

FRAIS A BOMBAY

Frais de remise sur Kurrachee 1 % sur R. 1429.2.18		R. 14. 1.18	
Commission de remboursement	1 %		
Courtage de négociation des traites	¼ %		
Timbres des traites	⅛ %		
Ensemble	1¼ % sur R. 1462.—.44	» 18. 1. 6	» 32. 2.26
(R. 1 = 4 quartos à Rˢ 100).			R. 1462.—.44
Remboursement sur Paris à 6 mois de vue, au change de F. 2.60 par R.			F. 3801.45

FRAIS AU HAVRE

Fret sur 4663 kil. à F. 80 par tonn. de 600 kil		F. 621.73	
Permis, frais au débarquement, port en magasin, arrimage, magasinage d'un mois, livraison et menus frais		» 32.65	
Assurance maritime sur F. 4181 à 2 ¼ % et police		» 95.60	
id. contre le feu sur F. 4509 à ½ %		» 2.28	
Commission de banque à Paris, pour confirmation de crédit, 1 %		» 38.01	
Escompte à la vente	2½ %		
Courtage de vente	¼ %		
Commission de vente	2 %		
Ensemble	4¼ % sur F. 4389.24	» 216.36	» 1006.63
			F. 4808.08

RENDEMENT : La peau calculée à 9 ℛ en raie :

Soit pour les 1143 peaux 10287 ℛ ; et 100 ℛ par 45 kil. %.
Soit 4663 kil. à F.103.11 par 100 kil. .... F. 4808 02

PRIX DE REVIENT AU HAVRE DES 100 KIL. ENTREPOT

AUX CHANGES SUIVANTS SUR PARIS

Avec la parité des changes sur LONDRES, calculés sur la base de F. 25.25 pour £. 1.—.—

PRIX à KURRACHEE par Corge	PARIS F. 2.55 — LONDRES 2ˢʰ 0ᵈ ¼	PARIS F. 2.60 — LONDRES 2ˢʰ 0ᵈ ¹¹/₁₆	PARIS F. 2.65 — LONDRES 2ˢʰ 1ᵈ ³/₁₆	PARIS F. 2.70 — LONDRES 2ˢʰ 1ᵈ ⅝	PARIS F. 2.75 — LONDRES 2ˢʰ 2ᵈ ⅛	PARIS F. 2.80 — LONDRES 2ˢʰ 2ᵈ ⁹/₁₆	5 c. par R. sur le change font au Havre par 100 kil.
Roupies ¼	F. 0.91	F. 0.92	F. 0.94	F. 0.96	F. 0.98	F. 1.—	F. 0.02
½	1.81	1.85	1.88	1.91	1.95	1.99	0.04
¾	2.72	2.77	2.82	2.97	2.93	2.99	0.05
1	3.63	3.70	3.77	3.84	3.91	3.98	0.07
2	7.26	7.40	7.54	7.68	7.82	7.97	0.14
3	10.89	11.10	11.31	11.52	11.73	11.95	0.21
4	14.52	14.80	15.08	15.36	15.64	15.93	0.28
5	18.15	18.50	18.86	19.21	19.56	19.92	0.35
6	21.78	22.20	22.62	23.05	23.47	23.90	0.42
7	25.41	25.90	26.40	26.89	27.38	27.88	0.49
8	29.04	29.60	30.17	30.74	31.30	31.87	0.57
9	32.67	33.30	33.94	34.58	35.21	35.85	0.64
10	57.87	58.72	59.56	60.41	61.25	62.08	0.84
20	94.16	95.72	97.27	98.83	100.38	101.92	1.55
30	130.45	132.72	134.98	137.25	139.51	141.76	2.26
40	166.74	169.72	172.69	175.67	178.64	181.60	2.97
50	203.03	206.72	210.40	214.09	217.77	221.44	3.68
60	239.32	243.72	248.11	252.51	256.90	261.28	4.39

OBSERVATIONS

F. 10 par tonneau sur le fret, font au Havre une différence de F. 1.67 par 100 kil. sur les prix.

On veut savoir le revient au Havre de Peaux de vaches du poids de 9 ℛ coûtant à Kurrachee R. 22 ½ la corge de 20 pièces, au change de F. 2.65 et au fret de F. 80 par tonn. de 600 kil.

On trouvera dans la 1ʳᵉ et la 4ᵉ colonne de ce tableau que:

R. — ½ font par 100 kil	F.	1.88
» 2 id. id.	»	7.54
» 20 id. id.	»	97.27
R. 22 ½ feront donc	F.	106.60

Droits d'entrée par 100 kil. en Juillet 1865

Par navire Français	Exemptes
Id. Etranger	F. 3.—

Ce compte est pour les Peaux de vaches de 9 ℛ la pièce.

Pour celles qui pèseront plus ou moins, on trouvera ci-dessous des logarithmes au moyen desquels, par une simple multiplication, le résultat donnera le revient en France.

Ainsi, par exemple, pour trouver le revient en France de Peaux de vaches coûtant à Kurrachee R. 30 par corge, du poids de 7 ℛ chaque, au change de F. 2.80 et au fret de F. 80 par tonneau.

Le logarithme est de 51226 à multiplier par R. 30 ce qui fait	F. 153.68
Plus les frais fixes, qui se trouvent à côté du même logarithme	» 24.38
Soit par 100 kil	F. 178.06

Faire de même pour tous les poids et tous les changes.

CHANGES	7 ℛ Logarit.	7 ℛ Frais	7 ½ ℛ Logarit.	7 ½ ℛ Frais	8 ℛ Logarit.	8 ℛ Frais	8 ½ ℛ Logarit.	8 ½ ℛ Frais	9 ½ ℛ Logarit.	9 ½ ℛ Frais	10 ℛ Logarit.	10 ℛ Frais
2.55	46652	23.52	43541	22.94	40820	22.43	38418	21.98	34374	21.23	32655	20.90
2.60	47567	23.60	44395	23.10	41620	22.58	39171	22.12	35046	21.35	33295	21.02
2.65	48482	23.86	45249	23.26	42420	22.73	39924	22.26	35722	21.48	33935	21.14
2.70	49397	24.03	46103	23.42	43220	22.88	40677	22.40	36396	21.61	34575	21.26
2.75	50312	24.20	46957	23.58	44020	23.03	41430	22.54	37070	21.74	35215	21.38
2.80	51226	24.38	47810	23.74	44820	23.18	42184	22.69	37744	21.86	35856	21.50

COMPTE D'ACHAT ET DE REVIENT

A 100 BALLES SALPÊTRE

100 balles Salpêtre de 164 ₰ chaque, à R. 14 par balle			R. 1400.—.—
Escompte 1 ½ %			» 21.—.—
			R. 1379.—.—

FRAIS A KURRACHEE

Pesage, marquage, transport et embarquement à 4 annas par balle		R. 25.—.—	
Magasinage à 1 anna par balle		» 6. 4.—	
Fourniture de toile, coudre les sacs, fil, à 3 annas par balle		» 18.12.—	
Courtage d'achat 1 %		» 14.—.—	
Connaissements, timbres et menus frais		» 6.—.—	» 70.—.—
			R. 1449.—.—
	Droits de sortie		
Droits de sortie, sur 200 Md à R. 1 par Md	R. 200.—.—		
Commission d'achat et de remboursement 5 %	» 10.—.—		» 72. 7. 2
(R. 1 = 16 annas à 12 pice).	R. 210.—.—		R. 1521. 7. 2
Remboursement sur Paris à 6 mois de vue, au change de F. 2.60 par R.	F. 546.—		F. 3955.80

FRAIS AU HAVRE

Fret sur 8000 kil. bruts à F. 100 secs par tonn. de 1000 kil.		F. 800.—	
Permis, frais au débarquement, voiliers pour échantillonner, port en magasin, arrimage, magasinage d'un mois, livraison et menus frais		» 55.—	
Assurance maritime sur F. 4350 à 2 % et police	» 12.—	» 88.50	
id. contre le feu sur F. 5293 à ½ ‰	» 0.30	» 2.65	
Commission de banque à Paris, pour confirmation de crédit, 1 %	» 5.46	» 39.55	
Escompte à la vente 2 %			
Courtage de vente ¼ %			
Commission de vente 2 %			
Ensemble 4¼ % sur F. 5160.85.	» 25.02	» 219.35	» 1205.05
	F. 588.78		F. 5160.85
Soit par 100 kil.	» 8.34		

RENDEMENT : 1 cwt = 50 kil. ¾ :

Cwt 146.1.20 =	kil. 7431		
Perte au poids 5 %	» 371		
Net	kil. 7060 à F. 73.10 par 100 kil. entrepôt		F. 5160.85
Plus : droits de sortie à Kurrachee	» 8.34 id. id.		
Ensemble	F. 81.44 id. id.		

Le Salpêtre se réfactionne au Havre par tout ce qui dépasse 4 % au titrage.

Le Salpêtre Mooltan s'achète à Kurrachee jusqu'à présent sans être raffiné, ce qui fait varier le titrage de 2 à 60 % selon le plus ou le moins de corps étrangers qu'il renferme. Le compte ci-dessus est établi sur une perte moyenne de 5 % sur le poids d'embarquement dans l'Inde.

Le coût de R. 14 la balle de 164 ₰, au fret de F. 100 par tonneau et au change de F. 2.60 fait ressortir le prix de revient au Havre par 100 kil. .... F. 73.10

A reporter .... F. 73.10

Report .... F. 73.10

A quoi il faut encore ajouter les droits de sortie à Kurrachee de .... » 8.34

F. 81.44

En supposant que ces mêmes Salpêtres aient été titrés à 20 % soit à l'embarquement ou au débarquement, il y aura, par conséquent, 16 % à déduire sur le poids net, ce qui augmentera d'autant le prix de revient, soit .... » 13.03

Le Salpêtre coûtant R. 14 la balle et titrant 20 %, reviendra au Havre les 100 kil. à .... F. 94.47

PRIX DE REVIENT AU HAVRE DES 100 KIL. ENTREPOT

AUX CHANGES SUIVANTS SUR PARIS

Avec la parité des changes sur LONDRES, calculés sur la base de F. 25.25 pour £ 1.—.—

PRIX à KURRACHEE par balle de 164 ₰.	PARIS F. 2.55 — LONDRES 2sh 0d 1/4	PARIS F. 2.60 — LONDRES 2sh 0d 11/16	PARIS F. 2.65 — LONDRES 2sh 1d 3/16	PARIS F. 2.70 — LONDRES 2sh 1d 5/8	PARIS F. 2.75 — LONDRES 2sh 2d 1/8	PARIS F. 2.80 — LONDRES 2sh 2d 9/16	5 c. par R. sur le change font au Havre par 100 kil.
SEDIMENTS — Coût et frais variables — Annas 1	F. 0.25	F. 0.26	F. 0.26	F. 0.27	F. 0.27	F. 0.28	F. 0.—
2	0.51	0.52	0.53	0.54	0.55	0.56	0.01
3	0.76	0.78	0.79	0.81	0.82	0.84	0.02
4	1.02	1.04	1.06	1.08	1.10	1.12	0.02
5	1.27	1.30	1.32	1.35	1.37	1.40	0.03
6	1.52	1.55	1.58	1.61	1.64	1.67	0.03
7	[illegible]	[illegible]	[illegible]	[illegible]	[illegible]	1.95	0.03
8	2.03	2.07	2.11	2.15	2.19	2.23	0.04
9	2.29	2.33	2.38	2.42	2.47	2.51	0.04
10	2.54	2.59	2.64	2.69	2.74	2.79	0.05
11	2.79	2.85	2.90	2.96	3.01	3.07	0.06
12	3.05	3.11	3.17	3.23	3.29	3.35	0.06
13	3.30	3.37	3.43	3.50	3.56	3.63	0.07
14	3.56	3.63	3.70	3.77	3.84	3.91	0.07
15	3.81	3.89	3.96	4.04	4.11	4.19	0.08
16	4.07	4.15	4.23	4.31	4.39	4.47	0.08
Coût et frais variables et invariables — Roupies 5.—	35.32	35.75	36.19	36.63	37.07	37.52	0.44
6.—	39.38	39.90	40.42	40.94	41.46	41.99	0.52
7.—	43.45	44.05	44.65	45.25	45.85	46.46	0.60
8.—	47.52	48.20	48.88	49.56	50.24	50.92	0.68
9.—	51.59	52.35	53.11	53.87	54.62	55.39	0.76
10.—	55.66	56.50	57.34	58.17	59.01	59.86	0.84
11.—	59.73	60.65	61.56	62.48	63.40	64.33	0.92
12.—	63.80	64.80	65.79	66.79	67.79	68.80	1.—
13.—	67.87	68.94	70.02	71.10	72.18	73.26	1.08
14.—	71.94	73.10	74.25	75.41	76.56	77.73	1.16
15.—	76.01	77.24	78.48	79.72	80.95	82.20	1.24
16.—	80.07	81.39	82.71	84.02	85.34	86.67	1.32
Plus, par 100 kil., pour Droits de Sortie à Kurrachee, sur estimation de R. 1 par maund	8.18	8.34	8.50	8.66	8.82	8.98	0.16

OBSERVATIONS

F. 10 par tonneau sur le fret, font au Havre une différence de F. 1.13 par 100 kil. sur les prix.

On veut savoir le revient au Havre de Salpêtre coûtant à Kurrachee R. 15 ¾ par balle, au change de F. 2.65 et au fret de F. 100 secs par tonneau.

On trouvera dans la 1re et la 4e colonne de ce tableau que :

R. — ¾ font par 100 kil.	F. 3.17
» 15 id. id.	» 78.48
Plus droits de sortie à Kurrachee.	» 8.50
R. 15 ¾ feront donc	F. 90.15

N.-B. — Les droits de sortie à Kurrachee ne sont pas compris dans les prix de revient du tableau ci-dessus, il faudra donc les ajouter. Pour savoir ce qu'ils produisent en France par 100 kil., il suffira de multiplier les logarithmes suivants par le droit de sortie quel qu'il soit (actuellement de R. 1 par maund), pour trouver en franc le produit cherché.

CHANGES		LOGARITHMES
2.55		81793
» 2.60	»	83397
» 2.65	»	85001
» 2.70	»	86605
» 2.75	»	88209
» 2.80	»	89813

Droits d'entrée par 100 kil. en Juillet 1865

Par navire Français	Exempt
id. Etranger	F. 4.80

PONDICHÉRY

Pondichéry, ville de l'Inde française, située sur la côte de Coromandel, était autrefois capitale d'un vaste empire fondé par le génie audacieux de Dupleix, et n'est plus aujourd'hui que le chef-lieu des cinq modestes établissements qui restent à la France dans ces régions : celui qui porte son nom et, en outre, Karikal, Chandernagor, Mahé, Yanaon.

La population de Pondichéry est d'environ 40,000 habitants, et celle de toutes les possessions françaises mentionnées plus haut, sur une étendue de 49,000 hectares, peut atteindre environ 216,000 habitants, parmi lesquels on compte tout au plus 2,000 européens.

La mer vient se briser continuellement sur la plage ouverte et sablonneuse de Pondichéry, ce qui forme une barre qui rend le débarquement difficile en temps ordinaire, et souvent dangereux pendant la mousson du N.-E. Elle ne peut être franchie que par des embarcations à fond plat, dites *chelingues*.

Il existe deux rades à portée de la ville : la petite et la grande. La petite est celle où mouillent les navires pendant la belle saison, c'est-à-dire depuis janvier jusqu'à avril ; depuis le 15 mai environ jusqu'au 1er octobre, quelquefois jusqu'au 20, ils y trouvent 7 à 8 brasses d'eau. Dans la grande rade, à l'est et est-sud-est de Pondichéry, où ils se rendent pendant la mauvaise saison, ils ont de 12 à 14 brasses d'eau.

Production agricole. — L'exportation des produits du sol et de l'industrie sont :

Les *Riz*, dont on compte plus de 30 variétés et qui se divisent en deux espèces principales : l'*Amba* et le *Kâr;* les premiers, qui sont les plus estimés, se sèment dans la 1re partie de l'année de culture; les seconds, dans l'autre moitié; les prix sur la côte varient de F. 6 à F. 12 l'hectolitre, et l'écart entre les deux sortes peut être évalué, en moyenne, à 10 %.

L'*Indigo;* les *Guinées*, toiles de Coton teintes, qui sont l'objet principal de l'industrie locale et sont fabriquées avec diverses variétés de cotoniers indigènes.

Les *Graines oléagineuses*, de Sésame, d'Arachides, de Noix de coco; *Café; Arrow-root; Poivre; Gomme laque; Lac-dye; Huiles* de Ricin, d'Arachides et de Coco; *Curcuma; Cornes; Cire; Coton.*

Régime douanier. —

Extrait du Tarif des douanes de France. — Observations préliminaires.

198. — « Les établissements français dans l'Inde sont : *Pondichéry* et *Karikal*, sur la » côte de Coromandel ; *Yanaon* et la loge de *Mazulipatam* sur la côte d'Orixa ; *Mahé* et la » loge de *Calicut*, sur la côte de Malabar; *Chandernagor* et les loges de *Cassimbazar*, *Jougdia*, » *Dacca*, *Ballassore* et *Patna*, dans le Bengale; enfin, la factorerie de *Surate*, dans le » Goudjérate. »

199. — « Aucun privilège particulier n'est accordé aux produits importés en France » de ces établissements; ils sont traités, sous le rapport du tarif, comme les produits qui » viennent des autres parties de l'Inde. Il y a exception seulement pour les huiles de palme, » de coco, de toulouconna et d'illipé, et pour les graines oléagineuses, qui sont exemptes de » droits, sous la condition que l'importation s'en effectuera en droiture. »

Les droits de tonnage et de manifeste, de phare et de batelage sont, à Pondichéry, égaux pour tous les pavillons.

Poids et mesures en usage à Pondichery, mis en rapport avec le système métrique, et conservant pour la plupart la dénomination indienne.

MESURES LINÉAIRES OU DE LONGUEUR

Le *Kâdom.* = 15,000 mètres ; Le *Nâji.* = 1,500 mètres.
Le *Mètre*, ses multiples et ses subdivisions.

La dénomination indienne de *Kâdom* n'est plus en usage dans le service.

POUR LES ÉTOFFES

La *Yard* anglaise = 1 coudée $^{7}/_{8}$ ou = 0m91438.
L'*Aune* française = 2 coudées $^{1}/_{2}$ ou = 1m18845.
Le *Mètre* et ses subdivisions.

MESURES AGRAIRES

Le *Petit Kani* = 100 coujis ou = 5351 Mètres carrés.
Le *Petit Couji* = 24 pieds anglais de côté ou = 53 mètres 51 centimètres carrés.
Ces mesures indiennes sont les seules en usage dans les districts.
L'*Hectare* = 100 ares ou = 10000 mètres carrés.
L'*Are* = 100 mètres carrés.
Le *Centiare* = 1 mètre carré.

MESURES DE CAPACITE

MATIÈRES SÈCHES

1° Grains

Le *Kâlom* = 48 mesures de Poudichery ou = 48 litres.
Le *Vellom* = 10 » » ou = 10 »
Le *Marécal* = 4 » » ou = 4 »
La *Mesure de Pondichery (Pady)*.................... = 1 »
La *Demi-Mesure*.. = 0.50 centilitres.
Le *Quart de Mesure*.. = 0.25 »
Le *Huitième de Mesure* ou *magany*.................. = 0.125 millilitres.

Les Mesures indiennes ci-dessus sont combles. Les mesures métriques auxquelles elles correspondent sont rases. La mesure indienne (Pady) désignée plus haut, employée au mesurage des grains, contient 24 polons ou 750 grammes de grains d'Ouloundon.

2° Sel

Le *Marécal*, dont la capacité est fixée suivant le prix de la garse, convenu entre le le Gouvernement français et le Gouvernement anglais.

Le Marécal actuel contient 6 mesures rases de Pondichery, 6 maganis $^{10}/_{16}$ à Pondichery: et, à Villenom et à Bahom, 6 mesures rases, 3 maganis $^{11}/_{32}$. Le marécal de Sel se vend 1 fanon.

MATIÈRES LIQUIDES

1° Arrack et autres spiritueux

La *Velte* = 8 litres.
Le *Galom (demi-Velte)* = 4 litres.
Le *Pot* = 1 litre.
Le *Demi-Pot* = 50 centilitres.
Le *Drachme* = 10 centilitres.
Le *Demi-Drachme* = 5 centilitres.

Ces mesures, proposées par la Commission de 1841, ont été consacrées par arrêté du 25 Novembre 1844, mais elles ont été modifiées par une instruction de M. l'Ordonnateur du du 7 Mars 1848, seulement en ce qui concerne le débit de l'Arrack. Ces mesures ainsi modifiées, sont :

La *Velte*.................... = litres 7.50
Le *Galon* ou *Demi-Velte* = » 3.75
Le *Pot*.......................... = » 0.00937
Le *Demi-Pot*................. = » 0.00469
Le *Drachme*.................. = » 0.00094
Le *Demi-Drachme*......... = » 0.00047

2° Huile et Lait

La *Serre*.................... = 50 centilitres.
La *Demi-Serre*........... = 25 »
Le *Quart de Serre*...... = 125 millilitres.
Le *Huitième de Serre* ou *Magany* = 62 millilitres.

La capacité de ces mesures n'est pas en usage telle quelle est déterminée ici dans leur valeur métrique. Elles continuent, comme les mesures en usage pour les spiritueux, à avoir cours légal sous les tolérances et avec les capacités suivantes :

La *Serre*................................. litres 0.48472
La *Demi-Serre*.......................... » 0.24236
Le *Huitième de Serre* ou *Magany* » 0.06059

MESURES DE SOLIDITÉ

Le mètre cube.
Le pied cube français est aussi en usage.

POIDS DU BAZAR ET DU COMMERCE

50 Livres = 25 kilogrammes.
25 » = 12 » 500 grammes.

12 Livres = 6 kilogrammes.
6 » = 3 »
3 » = 1 » 500 grammes
2 » = 1 »
1 » ou rattlé (unité de $^1/_2$ kilogramme ou 500 grammes, divisée en 14 parties appelées paloms).
$^1/_2$ » = 7 paloms = 250 grammes.
$^1/_4$ » = 3 $^1/_2$ paloms = 125 grammes.
Le palom ($^1/_{14}$ de livre) = 35 grammes 714 milligrammes.
La tonque de 50 paloms, ou 1 kilogramme 785 grammes 700 milligrammes.
La tonque de 52 paloms $^1/_2$, ou 1 kilogramme 875 grammes.
La barre française, dite candy, fait 480 livres françaises.
La barre anglaise de 500 livres anglaises = 480 livres françaises.
La tonque française = 52 paloms français $^5/_8$ varaganidés.
La tonque anglaise de 50 paloms anglais = 48 paloms français 8 varaganidés.
La livre française = 44 paloms français.
La livre anglaise de 12 $^{16}/_{25}$ paloms anglais = 12 paloms 5 varaganidés.

Chacun des territoires français ou anglais fait usage respectivement de la barre, de la tonque et de la livre qui lui appartiennent pour la pesée de toutes les marchandises, excepté toutefois le Tabac et la Mantègue, pour lesquelles on n'emploie, sur notre territoire, que la tonque de 50 paloms de 10 $^1/_4$ varaganidés et la barre de 28 tonques.

POIDS POUR LES MATIÈRES D'OR ET D'ARGENT

40 pagodes = 139 grammes 372 milligrammes, et le poids de 20, 10, 5, 2, 1 pagode et de $^1/_2$, $^1/_4$, $^1/_8$, $^1/_{16}$ de pagode, représentent chacun une subdivision correspondante du poids métrique qui vient d'être indiqué.

Le poids d'une pagode s'appelle varaganidé. Il a été fixé, par la commission de 1841, au dixième juste du palom, et, par suite, à une contenance métrique de 3 grammes 57145 cent milligrammes. Dans l'usage, le varaganidé continue à n'avoir qu'un poids métrique de 3 grammes 48432 cent milligrammes, et il en entre 10 $^1/_4$ dans un palom.

Monnaies. — Comme monnaies d'or, Pondichéry emploie des pagodes dont la valeur varie de F. 8 à 10.

La roupie du Mogol = F. 38.72, avec ses subdivisions en moitié et en quart.
Le ducat de la Compagnie Hollandaise = F. 11.62.

Comme monnaie d'argent :

La *roupie* = F. 2.40; sa moitié = F. 1.20.
Le *double fanon* = F. 0.60 et le fanon simple F. 0.30.

Outre les monnaies réelles, on se sert de monnaies de compte dont les principales sont : le lack = 100,000 roupies, soit F. 240,000; le karoy (100 lacks de roupies) = 24 millions de francs; le quart de roupie = F. 0.60.

Enfin, chacun des établissements particuliers a ses usages locaux.

COURS EXTRÊME DES LIVRES STERLINGS ET DES PIÈCES DE F. 20.

Livres sterlings............ de Rs 10.—. 1 à R. 10. 6.—
Pièces de F. 20............ de » 8.—.— à » 8. 4.—

(Extrait du Dictionnaire Universel du Commerce et de la Navigation, et de ma correspondance particulière).

COMPTE D'ACHAT ET DE REVIENT

A 1531 BUCHES BOIS DE TEINTURE ROUGE

1531 bûches Bois de teinture rouge, pesant net 24540 ℔ françaises à R. 10 le candy de 480 ℔ françaises .... R. 511. 4.—

FRAIS A PONDICHÉRY

Pesage et embarquement	R. 28.—.—		
Frais de remise ½ %	» 2. 8.10		
Magasinage	» 7.—.—		
Commission d'achat 2 ½ %	» 12.12. 6		
Connaissement et menus frais	» 2. 6. 8	»	52.12.—
(R. 1 = 16 annas à 12 pice).		R.	564.—.—
Remboursement sur Paris à 6 mois de vue, au change de F. 2.50 par R.		F.	1410.—

FRAIS AU HAVRE

Fret sur 12270 kil. bruts à F. 60 par tonn. de 1000 kil.	F. 736.20		
Permis, frais au débarquement, port en magasin, arrimage, magasinage d'un mois, livraison et menus frais	» 75.—		
Assurance maritime sur F. 1551 à 1 ¾ % et police	» 28.63		
id. contre le feu sur F. 2391 à ½ ‰	» 1.20		
Commission de banque à Paris, pour confirmation de crédit, 1 %	» 14.10		
Escompte à la vente .... 2 %			
Courtage de vente .... ¼ %			
Commission de vente .... 2 %			
Ensemble .... 4¼ % sur F. 2365.65	» 100.52	»	955.65
		F.	2365.65

Rendement :

Brut	kil.	12270
Don 2 %	»	245

Soit net .... kil. 12025 à F. 19.67 par 100 kil, entrepôt .... F. 2365.30

PRIX DE REVIENT AU HAVRE DES 100 KIL. ENTREPOT
AUX CHANGES SUIVANTS SUR PARIS

Avec la parité des changes sur Londres, calculés sur la base de F. 25.25 pour £ 1.—.—

PRIX à PONDICHERY par candy de 480 ℔ fr.	PARIS F. 2.50 — LONDRES 1sh 11d 3/4	PARIS F. 2.55 — LONDRES 2sh 0d 1/4	PARIS F. 2.60 — LONDRES 2sh 0d 11/16	PARIS F. 2.65 — LONDRES 2sh 1d 3/16	PARIS F. 2.70 — LONDRES 2sh 1d 5/8	PARIS F. 2.75 — LONDRES 2sh 2d 1/8	5 c. par R. sur le change font au Havre par 100 kil.
Annas							
1	F. 0.07	F. 0.08	F. 0.08	F. 0.08	F. 0.08	F. 0.08	F. 0.—
2	0.15	0.15	0.15	0.16	0.16	0.16	0.—
3	0.22	0.23	0.23	0.23	0.24	0.24	0.—
4	0.30	0.30	0.30	0.31	0.32	0.33	0.—
5	0.37	0.38	0.38	0.39	0.40	0.41	0.01
6	0.44	0.45	0.46	0.47	0.48	0.49	0.01
7	0.52	0.53	0.54	0.55	0.56	0.57	0.01
8	0.59	0.60	0.61	0.63	0.64	0.65	0.01
9	0.67	0.68	0.69	0.70	0.71	0.73	0.01
10	0.74	0.75	0.76	0.78	0.79	0.81	0.01
11	0.81	0.83	0.84	0.86	0.87	0.89	0.01
12	0.89	0.90	0.92	0.94	0.95	0.97	0.01
13	0.96	0.98	0.99	1.01	1.03	1.05	0.02
14	1.04	1.05	1.06	1.09	1.11	1.13	0.02
15	1.11	1.13	1.15	1.17	1.19	1.22	0.02
16	1.18	1.20	1.22	1.25	1.27	1.30	0.02
Roupies							
1.—	9.08	9.12	9.16	9.20	9.24	9.28	0.04
2.—	10.25	10.32	10.38	10.44	10.51	10.57	0.06
3.—	11.43	11.52	11.61	11.69	11.78	11.87	0.09
4.—	12.61	12.72	12.83	12.94	13.05	13.16	0.11
5.—	13.79	13.92	14.06	14.19	14.33	14.46	0.13
6.—	14.96	15.12	15.28	15.44	15.60	15.75	0.16
7.—	16.14	16.32	16.51	16.68	16.87	17.05	0.18
8.—	17.32	17.52	17.73	17.93	18.14	18.34	0.20
9.—	18.50	18.72	18.96	19.18	19.42	19.64	0.23
10.—	19.67	19.92	20.18	20.43	20.69	20.93	0.25
11.—	20.85	21.12	21.41	21.68	21.96	22.23	0.28
12.—	22.03	22.32	22.63	22.92	23.23	23.52	0.30
13.—	23.21	23.52	23.86	24.17	24.50	24.82	0.33
14.—	24.38	24.72	25.08	25.42	25.77	26.11	0.35

OBSERVATIONS

F. 10 par tonneau sur le fret, font au Havre une différence de F. 1.02 par 100 kil. sur les prix.

On veut savoir le revient au Havre de Bois rouge coûtant à Pondichéry R. 10.12 par 480 ℔, au change de F. 2.75 et au fret de F. 60 par tonn. de 1000 kil.

On trouvera dans la 1re et la 7e colonne de ce tableau que :

R. —.12 font par 100 kil.	F.	0.97
» 10.— id. id.	»	20.93
R. 10.12 feront donc	F.	21.90

Les Bois de teinture rouges s'achètent généralement par candy de 480 ℔ françaises, ou de 500 ℔ anglaises sur les marchés anglais où le coût est alors de R. 6 à 7 par candy anglais. Dans le cas où l'exportation se ferait par un port anglais, les droits de sortie se compteraient en sus à raison de 7 annas par candy, environ, et il faudrait ajouter 2 ½ % de commission sur les prix d'achat.

Droits d'entrée par 100 kil. en Juillet 1865

Par navire Français	Exempt
id. Etranger	F. 3.—

COMPTE D'ACHAT ET DE REVIENT

A 815 SACS CAFÉ MYSORE TRIÉ

815 sacs Café Mysore, de chacun 125 ℔ anglaises, pesant ℔ 39375 à 500 ℔ par candy, soit	Candys 78.375	
Déchet pour les pierres, poussière, etc.	» 1.069	
Café noir, brisé, etc	» 6.131	
Acheté en tout	Candys 86.075 à R. 100 le candy	R. 8615.—.—
A déduire, café noir et brisé vendu		» 398.—.—
		R. 8217.—.—

FRAIS A PONDICHÉRY

Coût de 680 sacs vides à R. 21 les 100 sacs	R. 182. 4. 9	
Ficelle, couture, pesage, etc.	» 15.15.—	
Triage	» 57.11. 6	
Transport à la douane	» 8.12.—	
Embarquement, transport dans les chelingues	» 35. 7. 4	
Fret par steamer d'un échantillon, connaissement et menus frais	» 6. 5. 5	
Dépêches	» 4. 4.—	» 300.12.—
		R. 8477.12.—
Commission d'achat et de remboursement 5 %		» 423.14. 5
(R. 1 = 16 annas à 12 pice).		R. 8901.10. 5
Remboursement sur Paris à 6 mois de vue, au change de F. 2.50 par R		F. 22254.10

FRAIS AU HAVRE

Fret sur 17800 kil. bruts à F. 100 secs par tonn. de 900 kil	F. 1977.75	
Permis, frais au débarquement, volliers pour échantillonner, port en magasin, arrimage, magasinage d'un mois, livraison et menus frais.	» 150.—	
Assurance maritime sur F. 24480 à 2 % et police	» 491.10	
id. contre le feu sur F. 27099 à ½ ‰	» 13.55	
Commission de banque à Paris, pour confirmation de crédit, 1 %	» 222.55	
Escompte à la vente 2 %		
Courtage de vente ¼ %		
Commission de vente 2 %		
Ensemble 4¼ % sur F. 26223.55	» 1114.50	» 3969.45
		F. 26223.55

Rendement : 100 ℔ nettes rendent net 43 kil. ½ :

Soit pour ℔ 39375 net 17128 kil. à F. 153.10 par 100 kil. entrepôt .... F. 26221.25

PRIX DE REVIENT AU HAVRE DES 100 KIL. ENTREPOT

AUX CHANGES SUIVANTS SUR PARIS

Avec la parité des changes sur Londres, calculés sur la base de F. 25.25 pour £ 1.—.—

PRIX à PONDICHERY par candy	PARIS F. 2.50 — LONDRES 1sh 11d 3/4	PARIS F. 2.55 — LONDRES 2sh 0d 1/4	PARIS F. 2.60 — LONDRES 2sh 0d 11/16	PARIS F. 2.65 — LONDRES 2sh 1d 3/16	PARIS F. 2.70 — LONDRES 2sh 1d 5/8	PARIS F. 2.75 — LONDRES 2sh 2d 1/8	5 c. par R. sur le change font au Havre par 100 kil.
Roupies — SUBDIVISIONS — Café et frais variables							
1/8	F. 0.18	F. 0.18	F. 0.19	F. 0.19	F. 0.19	F. 0.20	F. 0.—
1/4	0.36	0.36	0.37	0.38	0.38	0.39	0.—
3/8	0.53	0.54	0.56	0.57	0.58	0.59	0.01
1/2	0.71	0.72	0.74	0.76	0.77	0.78	0.01
5/8	0.89	0.90	0.93	0.95	0.96	0.98	0.02
3/4	1.07	1.09	1.11	1.13	1.15	1.18	0.02
7/8	1.24	1.27	1.30	1.32	1.34	1.37	0.03
1	1.42	1.45	1.48	1.51	1.54	1.57	0.03
2	2.85	2.90	2.96	3.02	3.08	3.14	0.06
3	4.27	4.36	4.44	4.53	4.61	4.70	0.09
4	5.70	5.81	5.92	6.04	6.15	6.26	0.11
5	7.12	7.26	7.40	7.55	7.69	7.83	0.14
6	8.54	8.71	8.89	9.05	9.23	9.40	0.17
7	9.97	10.16	10.37	10.56	10.77	10.96	0.20
8	11.39	11.62	11.85	12.07	12.30	12.53	0.23
9	12.82	13.07	13.33	13.58	13.84	14.09	0.25
10	14.24	14.52	14.81	15.09	15.38	15.66	0.28
Café et frais variables et invariables							
90	138.87	141.43	143.98	146.55	149.11	151.68	2.56
100	153.10	155.95	158.79	161.64	164.49	167.34	2.85
110	167.35	170.47	173.60	176.73	179.87	183.—	3.13
120	181.59	185.—	188.40	191.82	195.24	198.66	3.41
130	195.83	199.52	203.21	206.92	210.62	214.33	3.70
140	210.07	214.04	218.02	222.01	226.—	229.99	3.98
150	224.31	228.57	232.83	237.10	241.38	245.65	4.27
160	238.54	243.09	247.63	252.19	256.75	261.31	4.55
170	252.78	257.61	262.44	267.28	272.13	276.97	4.84
180	267.02	272.13	277.25	282.38	287.51	292.64	5.12

OBSERVATIONS

F. 10 par tonneau sur le fret, font au Havre une différence de F 1.15 par 100 kil. sur les prix.

On veut savoir le revient au Havre de Café coûtant à Pondichéry R. 125 ⅜ par candy, au change de F. 2.75 et au fret de F. 120 par tonn. de 900 kil.

On trouvera dans la 1re et la 7e colonne de ce tableau que :

R. — ⅜	font par 100 kil		F. 0.98
» 5	id.	id.	» 7.83
» 120	id.	id.	» 198.66
R. 125. ⅜	feront donc		F. 207.47

Droits d'Entrée par 100 kil. en Juillet 1865

Par navire Français	F. 50.40
id. Etranger	» 55.40

COMPTE D'ACHAT ET DE REVIENT

A 188 COLIS CIRE

188 colis cire, pesant net 25 candies 11 M[d] et 14 ₰ ½ à R. 200 par candy de 500 ₰ anglaises .... R. 6650. 8. 7

FRAIS A PONDICHÉRY

Escompte dans le Nord sur les traites fournies sur Pondichéry 2 ½ %	R. 166. 4. 2	
Commission d'achat 2 ½ %	» 160. 4. 2	
Ports de lettres, etc.	» 5.15. 1	» 338. 7. 5
(R. 1 = 16 annas à 12 pice).		R. 6989.—.—
Remboursement sur Paris à 6 mois de vue, au change de F. 2.50 par R.		F. 17472.50

FRAIS AU HAVRE

Fret sur 5930 kil. à F. 100 par tonn. de 900 kil	F. 658.90	
Permis, frais au débarquement, port en magasin, arrimage, magasinage d'un mois, livraison et menus frais	» 105.—	
Assurance maritime sur F. 19220 à 1 ¾ % et police	» 337.85	
id. contre le feu sur F. 20821 à ½ ‰	» 10.16	
Commission de banque à Paris, pour confirmation de crédit, 1 %	» 174.72	
Escompte à la vente .... 2 %		
Courtage de vente .... ¼ %		
Commission de vente .... 2 %		
Ensemble .... 4¼ % sur F. 19591.78	» 896.65	» 2119.28
		F. 19591.78

RENDEMENT : 100 ₰ rendent 45 kil. nets:

12789 ₰ ½, soit net 5755 kil. à F. 340.43 par 100 kil. entrepôt .... F. 19591.72

PRIX DE REVIENT AU HAVRE DES 100 KIL. ENTREPOT

AUX CHANGES SUIVANTS SUR PARIS

Avec la parité des changes sur LONDRES, calculés sur la base de F. 25.25 pour £ 1.—.—

PRIX à PONDICHÉRY par candy de 500 ₰	PARIS F. 2.50 — LONDRES 1sh 11d ¾	PARIS F. 2.55 — LONDRES 2sh 0d ¼	PARIS F. 2.60 — LONDRES 2sh 0d 11/16	PARIS F. 2.65 — LONDRES 2sh 1d 3/16	PARIS F. 2.70 — LONDRES 2sh 1d 5/8	PARIS F. 2.75 — LONDRES 2sh 2d 1/8	5 c. par R. sur le change font au Havre par 100 kil.
Roupies 1	F. 1.25	F. 1.28	F. 1.30	F. 1.33	F. 1.36	F. 1.38	F. 0.03
2	2.51	2.56	2.61	2.66	2.71	2.76	0.05
3	3.76	3.84	3.92	3.99	4.07	4.14	0.08
4	5.02	5.12	5.22	5.32	5.42	5.52	0.10
5	6.27	6.40	6.53	6.65	6.78	6.90	0.13
6	7.53	7.68	7.83	7.98	8.19	8.28	0.15
7	8.78	8.96	9.14	9.31	9.49	9.66	0.17
8	10.04	10.24	10.44	10.64	10.84	11.04	0.20
9	11.29	11.52	11.75	11.97	12.20	12.42	0.22
10	12.55	12.80	13.05	13.30	13.55	13.80	0.25
20	25.09	25.60	26.10	26.60	27.10	27.60	0.50
30	37.64	38.40	39.15	39.90	40.66	41.41	0.75
40	50.19	51.20	52.20	53.20	54.21	55.21	1.—
50	62.74	64.—	65.25	66.50	67.76	69.01	1.25
60	75.28	76.80	78.30	79.80	81.31	82.81	1.51
70	87.83	89.60	91.35	93.10	94.86	96.61	1.76
80	100.38	102.40	104.40	106.40	108.41	110.42	2.01
90	112.92	115.20	117.45	119.70	121.97	124.22	2.26
100	139.65	142.16	144.68	147.19	149.71	152.22	2.51
200	265.12	270.15	275.17	280.20	285.22	290.25	5.03
300	390.60	398.13	405.67	413.20	420.74	428.27	7.53
400	516.08	526.12	536.17	546.21	556.25	566.30	10.04
500	641.56	654.11	666.66	679.21	691.77	704.32	12.55

OBSERVATIONS

F. 10 par tonneau sur le fret, font au Havre une différence de F. 1.14 par 100 kil. sur les prix.

On veut savoir le revient au Havre de Cire coûtant à Pondichéry R. 285 par candy, au change de F. 2.75 et au fret de F. 120 par tonn. de 900 kil.

On trouvera dans la 1re et la 7e colonne de ce tableau que :

R. 5 font par 100 kil	F.	6.90
» 80 id. id.	»	110.42
» 200 id. id.	»	290.25
R. 285 feront donc	F.	407.57

Droits d'entrée par 100 kil. en Juillet 1865

Par navire Français .... F. 1.—
id. Étranger .... » 3.—

COMPTE D'ACHAT ET DE REVIENT

A 216 BALLES CURCUMA

216 balles Curcuma de chacune 140 ₰ nettes, soit net 30240 ₰ à R. 14 par candy de 500 ₰ anglaises			R. 846.11. 6

FRAIS A PONDICHÉRY

	Droits de Sortie		
Achat de 216 Gonnies		R. 54. 4.—	
Pesage, etc.		» 12.15. 6	
Transport en douane et embarquement		» 15. 8.—	
Droits de sortie sur R. 846.11.6 à 3 %	R. 25. 6. 5		
Commission d'achat 5 %	» 1. 4. 4	» 42. 5. 3	» 125.—. 9
(R. 1 = 16 annas à 12 pice).	R. 26.10. 9		R. 971.12. 3
Remboursement sur Paris à 6 mois de vue, au change de F. 2.50 par R.	F. 66.67		F. 2429.45

FRAIS AU HAVRE

Fret sur 13270 kil. bruts à F. 100 par tonn. de 750 kil.		F. 1769.35	
Permis, frais au débarquement, port en magasin, arrimage, magasinage d'un mois, livraison et menus frais		» 104.—	
Assurance maritime sur F. 2672 à 1 ¾ % et police	» 1.28	» 48.25	
id. contre le feu sur F. 4593 à ½ ‰	» 0.03	» 2.30	
Commission de banque à Paris, pour confirmation de crédit, 1 %	» 0.66	» 24.29	
Escompte à la vente 2 %			
Courtage de vente ¼ %			
Commission de vente 2 %			
Ensemble 4¼ % sur F. 4571.95	» 3.04	» 104.31	» 2142.50
	F. 71.68		F. 4571.95
Soit par 100 kil.	» 0.55		

RENDEMENT : 100 ₰ rendent 43 kil. nets :

Soit net 13003 kil. à	F. 35.15	par 100 kil.	entrepôt	F. 4570.55
Plus : droits de sortie à Pondichéry	» 0.55	id.	id.	
Ensemble	F. 35.70	id.	id.	

PRIX DE REVIENT AU HAVRE DES 100 KIL. ENTREPOT

AUX CHANGES SUIVANTS SUR PARIS

Avec la parité des changes sur LONDRES, calculés sur la base de F. 25.25 pour £ 1.—.—

PRIX à PONDICHÉRY, par Candy de 500 ₰ angl.	PARIS F. 2.50 — LONDRES 1sh 11d 3/4	PARIS F. 2.55 — LONDRES 2sh 0d 1/4	PARIS F. 2.60 — LONDRES 2sh 0d 11/16	PARIS F. 2.65 — LONDRES 2sh 1d 3/16	PARIS F. 2.70 — LONDRES 2sh 1d 5/8	PARIS F. 2.75 — LONDRES 2sh 2d 1/8	5 c. par R. sur le change font au Havre par 100 kil.
Roupies ⅛	F. 0.16	F. 0.17	F. 0.17	F. 0.17	F. 0.18	F. 0.18	F. 0.—
¼	0.33	0.33	0.34	0.35	0.35	0.36	0.—
⅜	0.49	0.50	0.51	0.52	0.53	0.54	0.01
½	0.65	0.67	0.68	0.70	0.71	0.72	0.01
⅝	0.82	0.84	0.86	0.87	0.89	0.90	0.02
¾	0.98	1.—	1.02	1.04	1.06	1.08	0.02
⅞	1.15	1.17	1.20	1.22	1.24	1.26	0.02
1	1.31	1.34	1.37	1.39	1.42	1.44	0.03
2	2.63	2.68	2.73	2.78	2.84	2.89	0.05
3	3.94	4.02	4.10	4.18	4.25	4.33	0.08
4	5.25	5.36	5.46	5.57	5.67	5.78	0.11
5	6.57	6.70	6.83	6.96	7.09	7.22	0.13
6	7.88	8.03	8.19	8.35	8.51	8.66	0.16
7	9.19	9.37	9.56	9.74	9.93	10.11	0.18
8	10.50	10.71	10.92	11.14	11.34	11.55	0.21
9	11.82	12.05	12.29	12.53	12.76	13.—	0.24
10	29.90	30.20	30.50	30.80	31.10	31.39	0.30
20	43.03	43.59	44.15	44.72	45.28	45.83	0.55
30	56.16	56.99	57.81	58.64	59.47	60.28	0.83
40	69.30	70.39	71.47	72.56	73.65	74.72	1.08
50	82.45	83.78	85.13	86.48	87.83	89.17	1.35
60	95.56	97.17	98.78	100.39	102.01	103.61	1.61
70	108.69	110.57	112.44	114.31	116.19	118.06	1.87
80	121.82	123.96	126.10	128.23	130.38	132.50	2.14
90	134.95	137.36	139.76	142.15	144.56	146.95	2.40
100	148.09	150.75	153.41	156.07	158.74	161.39	2.66
Plus, par 100 kil., pour droits de Sortie à Pondichéry sur estimation de R. 14 par Candy	0.55	0.56	0.57	0.58	0.60	0.61	0.01

(Colonne latérale : SUBDIVISIONS — Coût et frais variables ; Coût et frais variables et invariables.)

OBSERVATIONS

F. 10 par tonneau sur le fret, font au Havre une différence de F. 1.33 par 100 kil. sur les prix.

On veut savoir le revient au Havre de Curcuma coûtant à Pondichéry R. 15 ¾ par candy de 500 ₰ anglaises, au change de F. 2.75 et au fret de F. 100 secs par tonn. de 750 kil.

On trouvera dans la 1re et la 7e colonne de ce tableau que :

R. — ¾ font par 100 kil.		F. 1.08
» 5.— id.	id.	» 7.22
» 10.— id.	id.	» 31.39
Plus droits de sortie à Pondichéry sur estimation de R. 15 ¾ par candy		» 0.68
R. 15 ¾ feront donc		F. 40.37

N.-B. — Les droits de sortie à Pondichéry ne sont pas compris dans les prix de revient du tableau ci-dessus, il faudra donc les ajouter. Pour savoir ce qu'ils produisent en France par 100 kil., il suffira de multiplier les logarithmes suivants par l'estimation de la Douane (qui est sur ce compte la valeur commerciale de R. 14 par candy). Les 2 premiers chiffres de gauche formeront, en centimes, le résultat cherché.

CHANGES		LOGARITHMES
2.50		39395
» 2.55	»	40183
» 2.60	»	40971
» 2.65	»	41759
» 2.70	»	42547
» 2,75	»	43334

Droits d'entrée par 100 kil. en Juillet 1865

Par tous Pavillons .... Exempt

COMPTE D'ACHAT ET DE REVIENT

A 3000 SACS GRAINE DE SÉSAME

3000 sacs Sésame, de chacun 164 ℔ anglaises à R. 8 le sac .... R. 24000.—.—

FRAIS A PONDICHÉRY

Magasinage d'un mois, à R. 1 par 100 sacs et par mois..........	R. 30.—.—		
Dépêches télégraphiques..........	» 12. 7.—		
Transport d'argent..........	» 42. 8.—		
Débarquement, transport et arrimage des sacs vides..........	» 8. 8.—		
Arrimage des sésames à 12 annas par 100 sacs..........	» 22. 8.—		
Commission d'achat et de remboursement 5 %..........	» 1200.—.—		
Connaissements, porte de lettres et menus frais..........	» 2. 1.—	»	1318.—.—
(R. 1 = 16 annas à 12 pice).		R.	25318.—.—
Remboursement sur Paris à 6 mois de vue, au change de F. 2.50 par R..........		F.	63295.—

FRAIS AU HAVRE

Fret sur 221900 kil. à F. 100 par tonn. de 800 kil..........	F. 27737.50		
Permis, frais au débarquement, port en magasin, arrimage, magasinage d'un mois, livraison et menus frais..........	» 1500.—		
Assurance maritime sur F. 69624 à 3 % et police..........	» 2090.20		
id. contre le feu sur F. 100952 à ½ ‰..........	» 50.45		
Commission de banque à Paris, pour confirmation de crédit, 1 %..........	» 632.95		
Escompte à la vente.......... 2 %			
Courtage de vente.......... ¼ %			
Commission de vente.......... 2 %			
Ensemble .... 4¼ % sur F. 98687.40..........	» 4230.29	»	36241.39
		F.	99536.39

RENDEMENT : 100 ℔ nettes rendent net 44 kil. ½ :

Soit net 218940 kil. à F. 45.46 par 100 kil. entrepôt.......... F. 99530.15

PRIX DE REVIENT AU HAVRE DES 100 KIL. ENTREPOT

AUX CHANGES SUIVANTS SUR PARIS

Avec la parité des changes sur LONDRES, calculés sur la base de F. 25.25 pour £ 1.—.—

	PRIX à PONDICHÉRY par sac de 164 ℔ angl.	PARIS F. 2.50 — LONDRES 1sh 11d ¾	PARIS F. 2.55 — LONDRES 2sh 0d ¼	PARIS F. 2.60 — LONDRES 2sh 0d 11/16	PARIS F. 2.65 — LONDRES 2sh 1d 3/16	PARIS F. 2.70 — LONDRES 2sh 1d 5/8	PARIS F. 2.75 — LONDRES 2sh 2d 1/8	5 c. par R. sur le change font au Havre par 100 kil.
SUBDIVISIONS — Coût et frais variables	Roupies ⅛	F. 0.49	F. 0.50	F. 0.51	F. 0.52	F. 0.53	F. 0.54	F. 0.01
	¼	0.98	1.—	1.02	1.04	1.06	1.08	0.02
	⅜	1.47	1.50	1.53	1.56	1.59	1.62	0.03
	½	1.96	2.—	2.04	2.08	2.12	2.16	0.04
	⅝	2.45	2.50	2.55	2.60	2.65	2.70	0.05
	¾	2.94	3.—	3.06	3.11	3.17	3.23	0.06
	⅞	3.43	3.50	3.57	3.63	3.70	3.77	0.07
	1	3.92	4.—	4.08	4.15	4.23	4.31	0.08
Coût et frais variables et invariables	5	33.70	34.09	34.48	34.87	35.27	35.67	0.39
	6	37.62	38.09	38.56	39.03	39.50	39.98	0.47
	7	41.54	42.09	42.64	43.18	43.73	44.29	0.55
	8	45.46	46.08	46.71	47.34	47.97	48.60	0.63
	9	49.38	50.08	50.79	51.49	52.20	52.92	0.71
	10	53.30	54.08	54.87	55.65	56.43	57.23	0.79

OBSERVATIONS

F. 10 par tonneau sur le fret, font au Havre une différence de F. 1.29 par 100 kil. sur les prix.

On veut savoir le revient au Havre de Graine de Sésame coûtant à Pondichéry R. 7 ¾ par sac, au change de F. 2.75 et au fret de F. 110 par tonn. de 800 kil.

On trouvera dans la 1re et la 7e colonne de ce tableau que :

R. — ¾ font par 100 kil..........	F.	3.23
» 7 id. id.	»	44.29
R. 7 ¾ feront donc..........	F.	47.52

Droits d'entrée par 100 kil. en Juillet 1865.

Par navire Français	Exempt
id. Etranger	F. 2.—

COMPTE D'ACHAT ET DE REVIENT

A 100 BARRIQUES HUILE DE COCO

100 barriques Huile de coco achetées à Karikal, pesant brut .... ℔ angl. 49304
Tare .... » 7917
Net .... ℔ angl. 41387 à 13 ¾ ℔ anglaises pour une velte, soit 3009 veltes, à R. 2 la velte .... R. 6018.—.—

FRAIS A KARIKAL

Coût de 100 barriques	R. 1000.—.—		
Pour tarer, peindre et marquer	» 25.—.—		
Mise en charettes et transport	» 46. 7.—		
Mise en bateau, gardiens, magasinage, rabattage des cercles	» 86.10.—		
Avance au patron sur son fret	» 50.—.—		
Ports de lettres, permis, connaissements, etc.	» 3. 6.—	»	1211. 7.—
		R.	7229. 7.—

FRAIS A PONDICHÉRY

Solde du fret payé au patron	R. 50.—.—		
Frais de remise 1 %	» 72. 4. 9		
Certificat d'origine	» 62.11.—		
Magasinage d'un mois à Pondichéry, à ½ R. par barrique	» 50.—.—		
Tonneliers, débarquement et embarquement, connaissements et menus frais	» 130.—.—		
Commission d'achat 2 ½ %	» 180.11. 3		
Dépêches télégraphiques	» 32.—.—	»	583.11.—
(R. 1 = 16 annas à 12 pice).		R.	7813. 2.—
Remboursement sur Paris à 6 mois de vue, au change de F. 2.50 par R.		F.	19532.80

FRAIS AU HAVRE

Fret sur 22400 kil. bruts à F. 100 par tonn. de 900 kil. bruts	F. 2489.—		
Permis, tonneliers, port en magasin, arrimage, magasinage d'un mois, livraison et menus frais	» 205.—		
Assurance maritime sur F. 21485 à 2 % et police	» 481.20		
id. contre le feu sur F. 24610 à ½ ‰	» 12.30		
Commission de banque à Paris, pour confirmation de crédit, 1 %	» 195.33		
Escompte à la vente .... 2 %			
Courtage de vente .... ¼ %			
Commission de vente .... 2 %			
Ensemble .... 4¼ % sur F. 23880.55	» 1014.92	»	4347.75
		F.	23880.55

RENDEMENT : 100 ℔ nettes rendent net 44 kil. ¼ :

41387 ℔, soit net 18314 kil. à F. 130.40 par 100 kil. entrepôt .... F. 23881.45

PRIX DE REVIENT AU HAVRE DES 100 KIL. ENTREPOT

AUX CHANGES SUIVANTS SUR PARIS

Avec la parité des changes sur LONDRES, calculés sur la base de F. 25.25 pour £ 1.—.—

PRIX à PONDICHÉRY par velte de 13 ℔ ¾		PARIS F. 2.50 — LONDRES 1sh 11d ¾	PARIS F. 2.55 — LONDRES 2sh 0d ¼	PARIS F. 2.60 — LONDRES 2sh 0d 11/16	PARIS F. 2.65 — LONDRES 2sh 1d 3/16	PARIS F. 2.70 — LONDRES 2sh 1d ⅝	PARIS F. 2.75 — LONDRES 2sh 2d ⅛	5 c. par R. sur le change font au Havre par 100 kil.
Coût et frais variables	Roupies ⅛	F. 5.73	F. 5.85	F. 5.96	F. 6.08	F. 6.19	F. 6.31	F. 0.12
	¼	11.46	11.69	11.92	12.15	12.38	12.61	0.23
	⅜	17.20	17.54	17.88	18.23	18.57	18.92	0.34
	½	22.93	23.39	23.84	24.30	24.76	25.22	0.46
	⅝	28.66	29.24	29.81	30.38	30.95	31.53	0.57
	¾	34.39	35.08	35.77	36.46	37.15	37.83	0.69
	⅞	40.12	40.93	41.73	42.53	43.34	44.14	0.80
Coût et frais variables et invariables	½	61.68	62.56	63.48	64.41	65.33	66.26	0.93
	1	84.56	85.94	87.33	88.71	90.10	91.48	1.38
	2	130.40	132.72	135.02	137.32	139.62	141.92	2.30
	3	176.27	179.49	182.71	185.93	189.15	192.37	3.22

OBSERVATIONS

F. 10 par tonneau sur le fret, font au Havre une différence de F. 1.36 par 100 kil. sur les prix.

On veut savoir le revient au Havre d'Huile de coco coûtant à Pondichéry R. ¾ par velte, au change de F. 2.75 et au fret de F. 100 par tonn. de 900 kil.

On trouvera dans la 1re et la 7e colonne de ce tableau que:

R. — ¼ font par 100 kil .... F. 12.61
» — ½ id. id. .... » 66.26
R. — ¾ feront donc .... F. 78.87

Droits d'entrée par 100 kil. en Juillet 1866

Par navire Français .... F. 1.—
id. Etranger .... » 3.—

COMPTE D'ACHAT ET DE REVIENT

A 112 BARRIQUES HUILE DE PISTACHES

112 barriques Huile de pistaches, pesant brut....	℔ franç. 57726		
Tare	» 9466		
Net ℔ franç. 48260 à R. 50 le candy de 480 ℔ françaises			R. 5027. 1. 3
Coût des 112 barriques vides et préparation à R. 10 chaque			» 1120.—.—
			R. 6147. 1. 3

FRAIS A PONDICHÉRY

Magasinage	R. 26. 8.—	
Pesage, marquage et transport	» 7. 8.—	
Commission d'achat à 2 ½ %	» 153. 6. 9	
Connaissements et menus frais	» 1. 6.—	» 188.14. 9
(R. 1 = 16 annas à 12 pice).		R. 6336.—.—
Remboursement sur Paris à 6 mois de vue, au change de F. 2.50 par R.		F. 15840.—

FRAIS AU HAVRE

Fret sur 27420 kil. bruts à F. 100 secs par tonn. de 900 kil. bruts	F. 3046.65	
Permis, tonneliers, port en magasin, arrimage, magasinage d'un mois, livraison et menus frais	» 300.—	
Assurance maritime sur F. 17424 à 2 % et police	» 350.—	
id. contre le feu sur F. 21180 à ½ %	» 10.60	
Commission de banque à Paris, pour confirmation de crédit, 1 %	» 158.40	
Escompte à la vente 2 %		
Courtage de vente ¼ %		
Commission de vente 2 %		
Ensemble 4¼ % sur F. 20649.95	» 877.30	» 4809.95
		F. 20649.95

RENDEMENT :

Brut	℔ 57726
Déchet de route 5 %	» 2886
	℔ 54840
Soit 100 ℔ pour 50 kil. bruts	kil. 27420
Tare 20 %	» 5484
Net	kil. 21936 à F. 94.10 par 100 kil. entrepôt.... F. 20641.80

PRIX DE REVIENT AU HAVRE DES 100 KIL. ENTREPOT

AUX CHANGES SUIVANTS SUR PARIS

Avec la parité des changes sur LONDRES, calculée sur la base de F. 25.25 pour £ 1.—.—

PRIX à PONDICHÉRY par Candy de 480 ℔ franç.	PARIS F. 2.50 — LONDRES 1sh 11d 3/4	PARIS F. 2.55 — LONDRES 2sh 0d 1/4	PARIS F. 2.60 — LONDRES 2sh 0d 11/16	PARIS F. 2.65 — LONDRES 2sh 1d 3/16	PARIS F. 2.70 — LONDRES 2sh 1d 5/8	PARIS F. 2.75 — LONDRES 2sh 2d 1/8	5 c. par R. sur le change font au Havre par 100 kil.
Roupies 1/8	F. 0.16	F. 0.16	F. 0.17	F. 0.17	F. 0.17	F. 0.17	F. 0.
1/4	0.32	0.32	0.33	0.34	0.34	0.35	0.—
3/8	0.47	0.48	0.49	0.50	0.51	0.52	0.01
1/2	0.63	0.64	0.66	0.67	0.68	0.70	0.01
5/8	0.79	0.81	0.83	0.84	0.86	0.87	0.02
3/4	0.95	0.97	0.99	1.01	1.03	1.04	0.02
7/8	1.11	1.13	1.16	1.18	1.20	1.22	0.02
1	1.27	1.29	1.32	1.34	1.37	1.39	0.02
2	2.53	2.58	2.63	2.69	2.74	2.79	0.05
3	3.80	3.88	3.95	4.03	4.10	4.18	0.08
4	5.07	5.17	5.27	5.37	5.47	5.57	0.10
5	6.34	6.46	6.59	6.72	6.84	6.97	0.13
6	7.60	7.75	7.90	8.06	8.21	8.36	0.15
7	8.87	9.04	9.22	9.40	9.58	9.75	0.18
8	10.14	10.34	10.54	10.74	10.94	11.14	0.20
9	11.40	11.63	11.85	12.09	12.31	12.54	0.23
10	12.67	12.92	13.17	13.43	13.68	13.93	0.25
40	81.44	82.75	84.05	85.35	86.66	87.96	1.30
50	94.11	95.67	97.23	98.78	100.34	101.90	1.56
60	106.78	108.58	110.40	112.21	114.02	115.83	1.81
70	119.44	121.50	123.57	125.63	127.70	129.76	2.06
80	132.11	134.42	136.74	139.06	141.38	143.69	2.32
90	144.77	147.34	149.92	152.48	155.06	157.63	2.57
100	157.44	160.26	163.09	165.91	168.74	171.56	2.82

OBSERVATIONS

F. 10 par tonneau sur le fret, font au Havre une différence de F. 1.33 par 100 kil. sur les prix.

On veut savoir le revient au Havre d'Huile de pistaches coûtant à Pondichéry R. 65 ½ par candy, au change de F. 2.75 et au fret de F. 100 par tonneau de 900 kil.

On trouvera dans la 1re et la 7e colonne de ce tableau que :

R. — ½ font par 100 kil.	F. 0.70
» 5 id. id.	» 6.97
» 60 id. id.	» 115.83
R. 65 ½ feront donc	F. 123.50

Droits d'entrée par 100 kil. en Juillet 1885

Par navire Français	F. 6.—
id. Étranger	» 7.—

COMPTE D'ACHAT ET DE REVIENT

A 10 CAISSES INDIGO

10 caisses Indigo pesant brut........................ ₰ 2177
Tare.. 494 ½
Net.. ₰ 1682 ½ à R. 1 par ₰........................ R. 1682. 8.—

FRAIS A PONDICHÉRY

Coût des caisses vides, transport, embarquement à R. 5.—. 8 par caisse.	R.	55.—.—		
Transport d'argent de Madras à Pondichéry ⅓ %	»	8. 6. 7		
Magasinage..	»	10.—.—		
Commission d'achat à 2 ½ %..................................	»	42. 1.—		
Ports de lettres, connaissements et menus frais..............	»	2. 8. 5	»	118.—.—
(R. 1 = 16 annas à 12 pice).			R.	1800. 8.—
Remboursement sur Paris à 6 mois de vue, au change de F. 2.50 par R..........			F.	4501.—

FRAIS AU HAVRE

Fret sur 964 kil. bruts à F. 125 secs par tonn. de 700 kil..................	F.	172.15		
Permis, frais au débarquement, tonneliers pour échantillonner, port en magasin, arrimage, magasinage d'un mois, livraison et menus frais..........	»	35.—		
Assurance maritime sur F. 4951 à 1 ¾ % et police..................	»	88.15		
id. contre le feu sur F. 5246 à ½ ‰..................	»	2.62		
Commission de banque à Paris, pour confirmation de crédit, 1 %......	»	45.01		
Escompte à la vente.................. 2 %				
Courtage de vente.................. ¼ %				
Commission de vente.................. 2 %				
Ensemble.......... 4¼ % sur F. 5058.95..................	»	215.02	»	557.95
			F.	5058.95

Rendement : 100 ₰ rendent 44 kil. nets :

Soit pour ₰ 1682 ½, net kil. 740.30 à F. 683.36 par 100 kil. entrepôt.................. F. 5058.95

PRIX DE REVIENT AU HAVRE DES 100 KIL. ENTREPOT

AUX CHANGES SUIVANTS SUR PARIS

Avec la parité des changes sur Londres, calculés sur la base de F. 25.25 pour £ 1.—.—

PRIX à PONDICHÉRY par ₰	PARIS F. 2.50 — LONDRES 1sh 11d ¾	PARIS F. 2.55 — LONDRES 2sh 0d ¼	PARIS F. 2.60 — LONDRES 2sh 0d 11/16	PARIS F. 2.65 — LONDRES 2sh 1d 3/16	PARIS F. 2.70 — LONDRES 2sh 1d ⅝	PARIS F. 2.75 — LONDRES 2sh 2d ⅛	5 c. par R. sur le change font au Havre par 100 kil.
Pondichéry — Coût et frais variables							
Pice							
1	F. 3.28	F. 3.34	F. 3.41	F. 3.48	F. 3.54	F. 3.61	F. 0.07
2	6.56	6.69	6.82	6.95	7.08	7.21	0.13
3	9.83	10.03	10.23	10.43	10.62	10.82	0.20
4	13.11	13.38	13.64	13.90	14.16	14.42	0.26
5	16.39	16.72	17.05	17.38	17.71	18.03	0.33
6	19.67	20.07	20.45	20.86	21.28	21.64	0.39
7	22.95	23.41	23.86	24.33	24.79	25.24	0.46
8	26.22	26.76	27.27	27.80	28.33	28.85	0.53
9	29.50	30.10	30.68	31.28	31.87	32.45	0.59
10	32.78	33.45	34.09	34.75	35.41	36.06	0.66
11	36.06	36.70	37.50	38.23	38.95	39.07	0.72
Annas							
1.—	39.34	40.13	40.91	41.70	42.49	43.27	0.79
2.—	78.68	80.25	81.82	83.40	84.97	86.55	1.57
3.—	118.02	120.38	122.73	125.10	127.46	129.81	2.36
4.—	157.36	160.50	163.65	166.80	169.94	173.09	3.15
5.—	196.70	200.63	204.56	208.50	212.43	216.36	3.93
6.—	236.03	240.75	245.47	250.19	254.92	259.63	4.72
7.—	275.37	280.88	286.38	291.89	297.40	302.91	5.51
8.—	314.71	321.01	327.30	333.59	339.89	346.18	6.29
9.—	354.05	361.13	368.21	375.29	382.37	389.45	7.08
10.—	393.39	401.26	409.12	416.99	424.86	432.73	7.87
11.—	432.73	441.38	450.03	458.69	467.35	476.—	8.65
12.—	472.07	481.51	490.94	500.39	509.83	519.27	9.44
13.—	511.41	521.64	531.86	542.08	552.32	562.54	10.23
14.—	550.75	561.76	572.77	583.79	594.80	606.82	11.01
15.—	590.08	601.89	613.68	625.49	637.29	649.09	11.80
Coût et frais variables et invariables							
4.—	211.32	214.95	218.59	222.23	225.87	229.50	3.64
8.—	368.67	375.45	382.24	389.03	395.81	402.59	6.78
Roupies							
1.—.—	683.38	696.46	709.54	722.62	735.70	748.77	13.08
2.—.—	1312.80	1328.47	1304.14	1389.81	1415.48	1441.13	25.67
3.—.—	1942.22	1980.48	2018.74	2057.—	2095.26	2133.49	38.25

OBSERVATIONS

F. 10 par tonneau sur le fret, font au Havre une différence de F. 1.86 par 100 kil. sur les prix.

On veut savoir le revient au Havre d'Indigo coûtant à Pondichéry R. —.12.6 la ₰, au change de F. 2.75 et au fret de F. 125 secs par tonn. de 700 kil.

On trouvera dans la 1re et la 7e colonne de ce tableau que:

R. —.—. 6 font par 100 kil.	F.	21.64
» —. 4.— id. id.	»	173.09
» —. 8.— id. id.	»	402.59
R. —.12. 6 feront donc	F.	597.32

Droits d'entrée par 100 kil. en Juillet 1865

Par navire Français.................................. Exempt
id. Étranger.................................. F. 33.60

COMPTE D'ACHAT ET DE REVIENT

A 22 BALLES PEAUX DE MOUTON OU DE CABRIS

22 balles Peaux de mouton ou de cabris, renfermant 13700 peaux à R. 30 les 100 peaux, du poids de 13700 ℔, à 1 ℔ par peau .... R. 4110.—.—

FRAIS A PONDICHÉRY

Emballage et embarquement, à R. 5 par balle	R. 110.—.—	
Transport d'argent de Madras à Pondichéry ½ %	» 20. 8.10	
Commission d'achat 2 ½ %	» 102.12.—	
Ports de lettres, connaissements, et menus frais	» 2.11. 2	» 236.—.—
(R. 1 = 16 annas à 12 pice).		R. 4346.—.—
Remboursement sur Paris à 6 mois de vue, au change de F. 2.50 par R		F. 10865.—

FRAIS AU HAVRE

Fret sur 6300 kil. bruts à F. 100 secs par tonn. de 700 kil	F. 900.—	
Permis, frais au débarquement, port en magasin, arrimage, magasinage d'un mois, livraison et menus frais	» 70.—	
Assurance maritime sur F. 11951 à 1 ¾ % et police	» 210.65	
id. contre le feu sur F. 14332 à ½ ‰	» 7.15	
Commission de banque à Paris, pour confirmation de crédit, 1 %	» 108.65	
Escompte à la vente 2 %		
Courtage de vente ¼ %		
Commission de vente 2 %		
Ensemble 4¼ % sur F. 13954.50	» 539.80	» 1836.25
		F. 12701.25

Rendement : 100 ℔ nettes rendent 45 kil. nets :

13700 ℔, soit net 6165 kil. à F. 206.02 par 100 kil. entrepôt .... F. 12701.13

OBSERVATIONS

F. 10 par tonneau sur le fret, font au Havre une différence de F. 1.46 par 100 kil. sur les prix.

On veut savoir le revient au Havre de Peaux de moutons coûtant à Pondichéry R. 46.8 par 100 peaux de chacune 1 ℔, au change de F. 2.75 et au fret de F. 100 par tonn. de 700 kil.

On trouvera dans la 1re et la 7e colonne de ce tableau que:

R. —. 8 font par 100 kil	F. 3.38
» 6.— id. id.	» 40.62
» 40.— id. id.	» 292.68
R. 46. 8 feront donc	F. 336.68

Droits d'entrée par 100 kil. en Juillet 1863

Par navire Français .... Exemptes
id. Étranger .... F. 3.—

PRIX DE REVIENT AU HAVRE DES 100 KIL. ENTREPOT

AUX CHANGES SUIVANTS SUR PARIS

Avec la parité des changes sur Londres, calculés sur la base de F. 25.25 pour £ 1.—.—

PRIX à PONDICHÉRY par 100 Peaux	PARIS F. 2.50 — LONDRES 1sh 11d 3/4	PARIS F. 2.55 — LONDRES 2sh 0d 1/4	PARIS F. 2.60 — LONDRES 2sh 0d 11/16	PARIS F. 2.65 — LONDRES 2sh 1d 3/16	PARIS F. 2.70 — LONDRES 2sh 1d 5/8	PARIS F. 2.75 — LONDRES 2sh 2d 1/8	5 c. par R. sur le change font au Havre par 100 kil.
Annas							
1	F. 0.38	F. 0.39	F. 0.40	0.41	0.42	0.42	0.01
2	0.77	0.78	0.80	0.81	0.83	0.85	0.02
3	1.15	1.18	1.20	1.22	1.25	1.27	0.02
4	1.54	1.57	1.60	1.63	1.66	1.69	0.03
5	1.92	1.96	2.—	2.04	2.08	2.12	0.04
6	2.30	2.35	2.40	2.45	2.50	2.54	0.05
7	2.69	2.75	2.80	2.85	2.91	2.96	0.05
8	[illegible]	[illegible]	3.20	3.26	3.32	3.38	0.06
9	3.46	3.53	[illegible]	[illegible]	[illegible]	3.81	0.07
10	3.84	3.92	4.—	4.07	4.15	[illegible]	0.08
11	4.22	4.31	4.40	4.48	4.57	4.65	0.09
12	4.61	4.70	4.80	4.89	4.98	5.08	0.09
13	4.99	5.10	5.20	5.30	5.40	5.50	0.10
14	5.38	5.49	5.60	5.70	5.81	5.92	0.11
15	5.76	5.88	6.—	6.11	6.23	6.35	0.12
Roupies							
1.—	6.15	6.28	6.40	6.52	6.65	6.77	0.12
2.—	12.31	12.56	12.80	13.05	13.29	13.54	0.25
3.—	18.46	18.83	19.20	19.57	19.94	20.31	0.37
4.—	24.62	25.11	25.60	26.10	26.59	27.08	0.49
5.—	30.77	31.39	32.—	32.62	33.24	33.85	0.62
6.—	36.93	37.67	38.40	39.14	39.88	40.62	0.74
7.—	43.08	43.95	44.80	45.67	46.53	47.39	0.87
8.—	49.23	50.22	51.20	52.19	53.18	54.16	0.99
9.—	55.39	56.50	57.60	58.72	59.82	60.93	1.11
10.—	82.93	84.26	85.59	86.92	88.25	89.58	1.33
20.—	144.47	147.03	149.59	152.16	154.72	157.28	2.50
30.—	206.02	209.81	213.60	217.39	221.19	224.98	3.79
40.—	267.56	272.58	277.61	282.63	287.66	292.68	5.02
50.—	329.11	335.36	341.62	347.87	354.13	360.38	6.25
60.—	390.65	398.14	405.62	413.11	420.59	428.08	7.49
70.—	452.20	460.91	469.63	478.35	487.06	495.78	8.72

Ce compte est pour les peaux de 1 ℔ la pièce.

Pour celles qui pèsent au-delà, on trouvera ci-dessous des logarithmes au moyen desquels, par une simple multiplication, le résultat donnera le revient en France.

Ainsi, par exemple : pour trouver le revient en France de peaux coûtant à Pondichéry R. 50 les 100 peaux du poids de 7 ℔ la peau, au change de F. 2.60 et au fret de F. 100 par tonneau;

Le logarithme est de 9144 à multiplier par R. 50, ce qui fait	F. 45.72
Plus les frais fixes, qui se trouvent à côté du même logarithme	» 16.91
Soit par 100 kil	F. 62.63

Faire de même pour tous les poids et les changes.

CHANGES	2 ℔ Logarit.	2 ℔ Frais	3 ℔ Logarit.	3 ℔ Frais	4 ℔ Logarit.	4 ℔ Frais	5 ℔ Logarit.	5 ℔ Frais	6 ℔ Logarit.	6 ℔ Frais	7 ℔ Logarit.	7 ℔ Frais	8 ℔ Logarit.	8 ℔ Frais
2.50	30772	18.76	20515	17.88	15386	17.44	12310	17.18	10257	17.01	8792	16.88	7692	16.79
2.55	31388	18.81	20925	17.91	15692	17.46	12556	17.20	10462	17.02	8968	16.89	7846	16.80
2.60	32004	18.86	21335	17.94	16000	17.49	12802	17.22	10667	17.04	9144	16.91	8000	16.81
2.65	32620	18.91	21745	17.97	16308	17.51	13048	17.24	10872	17.06	9320	16.92	8154	16.82
2.70	33236	18.96	22155	18.—	16616	17.54	13294	16.26	11077	17.07	9496	16.94	8308	16.83
2.75	33852	19.01	22500	18.04	16923	17.56	13541	17.28	11282	17.09	9672	16.95	8462	16.85

COMPTE D'ACHAT ET DE REVIENT

A 1100 SACS PISTACHES DÉCORTIQUÉES

1100 sacs pistaches décortiquées de 125 ₤ anglaises nettes chaque, soit 275 candies de 500 ₤ à R. 17 le candy .... R. 4675.—.—

FRAIS A PONDICHÉRY

Achat de 1155 Gounies à R. 22 les 100 sacs	R. 254.—.—	
Couture, pesage, arrimage au magasin	» 38. 8.—	
Ficelle et marquage	» 22. 4.—	
Transport à la Douane et de la Douane dans les chelingues	» 145. 1. 6	
Magasinage	» 10.—.—	
Dépêches télégraphiques, connaissements et menus frais	» 15.13. 6	
Commission d'achat 3 ½ %	» 163.10.—	» 649. 5.—
		R. 5324. 5.—

	Droits de Sortie	
Droits de sortie sur estimation de R. 17 par candy de R. 4675 à 3 %	R. 140. 4.—	
Commission d'achat 3 ½ %	» 4.14. 5	
(R. 1 = 16 annas à 12 pice).	R. 145. 2. 5	
Remboursement sur Paris à 6 mois de vue, au change de F. 2.50 par R.	F. 362.90	F. 13310.75

FRAIS AU HAVRE

Fret sur 62400 kil. bruts à F. 100 secs par tonn. de 700 kil.		F. 8914.29	
Permis, frais au débarquement, port en magasin, arrimage, magasinage d'un mois, livraison et menus frais		» 480.—	
Assurance maritime sur F. 14641 à 2 % et police	» 7.98	» 294.30	
id. contre le feu sur F. 25015 à ½ ‰	» 0.20	» 12.50	
Commission de banque, pour confirmation de crédit, 1 %	» 3.62	» 133.10	
Escompte à la vente 2 %			
Courtage de vente ¼ %			
Commission de vente 2 %			
Ensemble 4 ¼ % sur F. 24888.40	» 16.63	» 1027.39	» 10861.51
	F. 391.33		F. 24172.26
Soit par 100 kil.	» 0.65		

Rendement :

Soit net 59960 kil. à	F. 40.31 par 100 kil. entrepôt		F. 24169.88
Plus : droits de sortie à Pondichéry	» 0.65 id.	id.	
Ensemble	F. 40.96 id.	id.	

PRIX DE REVIENT AU HAVRE DES 100 KIL. ENTREPOT

AUX CHANGES SUIVANTS SUR PARIS

Avec la parité des changes sur Londres, calculés sur la base de F. 25.25 pour £ 1.—.—

PRIX à PONDICHÉRY par Candy	PARIS F. 2.50 — LONDRES 1sh 11d ¾	PARIS F. 2.55 — LONDRES 2sh 0d ¼	PARIS F. 2.60 — LONDRES 2sh 0d 11/16	PARIS F. 2.65 — LONDRES 2sh 1d 3/16	PARIS F. 2.70 — LONDRES 2sh 1d 5/8	PARIS F. 2.75 — LONDRES 2sh 2d 1/8	5 c. par R. sur le change font au Havre par 100 kil.
Annas 1	F. 0.08	F. 0.08	F. 0.08	F. 0.09	F. 0.09	F. 0.09	F. 0.—
2	0.16	0.16	0.17	0.17	0.17	0.18	0.—
3	0.24	0.25	0.25	0.26	0.26	0.27	0.—
4	0.32	0.33	0.33	0.34	0.35	0.36	0.01
5	0.40	0.41	0.42	0.43	0.44	0.45	0.01
6	0.48	0.49	0.50	0.51	0.52	0.54	0.01
7	0.56	0.57	0.58	0.60	0.61	0.63	0.01
8	0.64	0.65	0.66	0.68	0.69	0.71	0.01
9	0.72	0.74	0.75	0.77	0.78	0.80	0.02
10	0.80	0.82	0.83	0.85	0.87	0.89	0.02
11	0.88	0.90	0.92	0.94	0.96	0.98	0.02
12	0.96	0.98	1.—	1.02	1.04	1.07	0.02
13	1.04	1.06	1.08	1.11	1.13	1.15	0.02
14	1.12	1.14	1.16	1.19	1.21	1.24	0.02
15	1.20	1.23	1.25	1.28	1.30	1.33	0.02
16	1.28	1.31	1.33	1.36	1.39	1.41	0.03
Roupies 12.—	33.92	34.28	34.61	34.97	35.32	35.67	0.35
13.—	35.20	35.57	35.94	36.32	36.70	37.08	0.38
14.—	36.48	36.87	37.27	37.68	38.08	38.49	0.40
15.—	37.76	38.18	38.60	39.04	39.46	39.90	0.43
16.—	39.04	39.48	39.93	40.39	40.84	41.30	0.45
17.—	40.31	40.79	41.27	41.75	42.22	42.71	0.48
18.—	41.59	42.10	42.60	43.11	43.61	44.12	0.51
19.—	42.87	43.40	43.93	44.46	44.99	45.53	0.53
20.—	44.15	44.71	45.26	45.82	46.37	46.93	0.56
21.—	45.43	46.01	46.59	47.18	47.75	48.34	0.58
22.—	46.71	47.32	47.92	48.53	49.14	49.75	0.61
Plus, par 100 kil., pour Droits de Sortie à Pondichéry sur estimation de R. 17 par Candy	A calculer au moyen des logarithmes, suivant explication.						

OBSERVATIONS

F. 10 par tonneau sur le fret, font au Havre une différence de F. 1.49 par 100 kil. sur les prix.

On veut savoir le revient au Havre de Graine d'Arachides coûtant à Pondichéry R. 18.12 par candy, au change de F. 2.75 et au fret de F. 100 par tonn. de 900 kil.

On trouvera dans la 1re et la 7e colonne de ce tableau que:

R. —.12 font par 100 kil.	F. 1.07
» 18.— id. id.	» 44.12
Plus droits de sortie à Pondichéry sur estimation de R. 18.12	» 0.79
R. 18.12 feront donc	F. 45.98

N.-B. — Les droits de sortie à Pondichéry ne sont pas compris dans les prix de revient du tableau ci-dessus, il faudra donc les ajouter. Pour savoir ce qu'ils produisent en France par 100 kil., il suffira de multiplier les logarithmes suivants par l'estimation de la Douane (qui est dans ce compte la valeur commerciale de R. 17 par candy). En retranchant les 2 premiers chiffres de gauche on aura en centimes le résultat cherché.

Changes		Logarithmes
Changes	2.50	38392
»	2.55	39160
»	2.60	39928
»	2.65	40696
»	2.70	41464
»	2.75	42231

Droits d'entrée par 100 kil. en Juillet 1865

Par navire Français	Exempte
id. Étranger	F. 2.—

COMPTE D'ACHAT ET DE REVIENT

A 5939 SACS POIVRE

5939 sacs Poivre, pesant net 1434 candies à R. 70 par candy de 500 ℔ anglaises... R. 100380.—.—

FRAIS A PONDICHÉRY

Coût des sacs de Pondichéry à Cochin, cousage	R. 2330.—.—	
Escompte des traites de Cochin sur Madras, transport et assurances d'espèces 2 %	» 2007. 9. 7	
Nattes et clous	» 55. 8.—	
Dépêches télégraphiques, ports de lettres et menus frais	» 218.14. 5	
Commission d'achat et de remboursement 5 %	» 5019.—.—	» 9653.—.—
(R. 1 = 16 annas à 12 pice).		R. 110033.—.—
Remboursement sur Paris à 6 mois de vue, au change de F. 2.50 par R.		F. 275082.50

FRAIS AU HAVRE

Fret sur 316400 kil. bruts à F. 100 secs par tonn. de 700 kil.	F. 45200.—	
Permis, frais au débarquement, port en magasin, arrimage, magasinage d'un mois, livraison et menus frais	» 2580.—	
Assurance maritime sur F. 302590 à 1 ¾ % et police	» 5296.85	
id. contre le feu sur F. 355667 à ½ ‰	» 177.85	
Commission de banque à Paris, pour confirmation de crédit, 1 %	» 2750.80	
Escompte de 4 mois 2 %		
Courtage de vente ¼ %		
Commission de vente 2 %		
Ensemble 4¼ % sur F. 345783.80	» 14695.80	» 70701.30
		F. 345783.80

RENDEMENT : 100 ℔ nettes rendent net 43 kil. ¼ :

Soit pour 717000 ℔, 310102 kil. nets, à F. 111.51 par 100 kil. entrepôt ... F. 345794.75

PRIX DE REVIENT AU HAVRE DES 100 KIL. ENTREPOT

AUX CHANGES SUIVANTS SUR PARIS

Avec la parité des changes sur LONDRES, calculés sur la base de F. 25.25 pour £ 1.—.—

PRIX à PONDICHÉRY par Candy	PARIS F. 2.50 — LONDRES 1sh 11d 3/4	PARIS F. 2.55 — LONDRES 2sh 0d 1/4	PARIS F. 2.60 — LONDRES 2sh 0d 11/16	PARIS F. 2.65 — LONDRES 2sh 1d 3/16	PARIS F. 2.70 — LONDRES 2sh 1d 5/8	PARIS F. 2.75 — LONDRES 2sh 2d 1/8	5 c. par R. sur le change font au Havre par 100 kil.
SUBDIVISIONS — Coût et frais variables — Annas							
1	F. 0.08	F. 0.08	F. 0.09	F. 0.09	F. 0.09	F. 0.09	F. 0.—
2	0.17	0.17	0.17	0.18	0.18	0.18	0.—
3	0.25	0.26	0.26	0.27	0.27	0.27	0.—
4	0.33	0.34	0.34	0.36	0.36	0.36	0.—
5	0.42	0.43	0.43	0.45	0.45	0.46	0.—
6	0.50	0.51	0.52	0.53	0.54	0.55	0.01
7	0.58	0.60	0.61	0.62	0.63	0.64	0.01
8	0.66	0.68	0.69	0.71	0.72	0.73	0.01
9	0.75	0.77	0.78	0.80	0.81	[illegible]	0.01
10	0.83	0.85	0.87	0.89	0.90	0.91	0.02
11	0.91	0.93	0.95	0.97	0.99	1.—	0.02
12	1.—	1.02	1.04	1.06	1.08	1.09	0.02
13	1.08	1.10	1.12	1.14	1.16	1.18	0.02
14	1.16	1.18	1.20	1.23	1.25	1.27	0.02
15	1.25	1.28	1.30	1.33	1.35	1.37	0.02
Roupies							
1.—	1.33	1.36	1.38	1.41	1.44	1.46	0.03
2.—	2.66	2.71	2.77	2.82	2.87	2.93	0.05
3.—	3.99	4.07	4.15	4.23	4.31	4.39	0.08
4.—	5.32	5.43	5.53	5.64	5.74	5.85	0.11
5.—	6.65	6.79	6.92	7.05	7.18	7.32	0.13
6.—	7.98	8.14	8.30	8.46	8.62	8.78	0.16
7.—	9.31	9.50	9.68	9.87	10.05	10.24	0.19
8.—	10.64	10.86	11.06	11.28	11.49	11.70	0.21
9.—	11.97	12.21	12.45	12.69	12.93	13.17	0.24
10.—	13.30	13.57	13.83	14.10	14.37	14.63	0.27
Coût et frais variables et invariables							
50.—	84.90	86.27	87.64	89.02	90.40	91.77	1.37
60.—	98.20	99.84	101.48	103.12	104.76	106.40	1.64
70.—	111.50	113.41	115.31	117.22	119.13	121.04	1.91
80.—	124.81	126.98	129.15	131.32	133.50	135.67	2.17
90.—	138.11	140.55	142.98	145.42	147.86	150.31	2.44

OBSERVATIONS

F. 10 par tonneau sur le fret, font au Havre une différence de F. 1.46 par 100 kil. sur les prix.

On veut savoir le revient au Havre de Poivre coûtant à Pondichéry R. 75.6 par candy, au change de F. 2.75 et au fret de F. 100 par tonn. de 700 kil.

On trouvera dans la 1re et la 7e colonne de ce tableau que :

R. —. 6 font par 100 kil.	F.	0.55
» 5.— id. id.	»	7.32
» 70.— id. id.	»	121.04
R. 75. 6 feront donc	F.	128.91

Droits d'entrée par 100 kil. en Juillet 1865

Par navire Français	F. 48.—
id. Etranger	» 126.—

RAPPORT DES PRIX A PONDICHÉRY

Prix par Cwt	Prix par Candy
R. 14.—.—	R. 62. 5.—
» 15.—.—	» 66.15. 6
» 16.—.—	» 71. 6.10
» 17.—.—	» 75.15. 8
» 18.—.—	» 80. 5. 9
Chaque anna par Cwt fait par Candy	» —. 4. 5⅜

Les Poivres s'achètent à Allepey, Cochin ou Bombay, tantôt par candy de 500 ℔ anglaises, comme ci-contre, ou par cwt de 112 ℔ anglaises de R. 15 à 16 par cwt.

Le Poivre Allepey est appelé poivre lourd; il est considéré comme étant le meilleur en qualité.

COMPTE D'ACHAT ET DE REVIENT

A 3279 BALLES RIZ

3279 balles Riz, de 164 ₰ anglaises chaque, à R. 4 par balle			R. 13116.—.—

FRAIS A PONDICHÉRY

Coût des clous, bambous, etc.	R.	30. 8. 8	
Frais de remise dans le Nord 1 ¾ %	»	229. 8. 5	
Commission d'achat et de remboursement 2 ½ %	»	327.14. 5	
Dépêches télégraphiques	»	40. 4.—	
Menus frais, etc.	»	3.12. 6	» 632.—.—
(R. 1 = 16 annas à 12 pies).			R. 13748.—.—
Remboursement sur Paris à 6 mois de vue, au change de F. 2.50 par R.			F. 34370.—

FRAIS AU HAVRE

Fret sur 231000 kil. bruts à F. 100 secs par tonn. de 1000 kil.	F.	23100.—	
Permis, frais au débarquement, voiliers pour échantillonner, port en magasin, arrimage, magasinage d'un mois, livraison et menus frais.	»	1550.—	
Assurance maritime sur F. 37807 à 3 ½ % et police	»	1324.75	
id. contre le feu sur F. 63752 à ½ %	»	31.90	
Commission de banque à Paris, pour confirmation de crédit, 1 %	»	343.70	
Escompte à la vente 2 %			
Courtage de vente ¼ %			
Commission de vente 2 %			
Ensemble 4¼ % sur F. 63415.50	»	2695.15	» 29045.50
			F. 63415.50

Rendement : 100 ₰ rendent 42 kil. nets :

Soit pour 537750 ₰, 225857 kil. nets à F. 28.08 par 100 kil. entrepôt .... F. 63420.65

PRIX DE REVIENT AU HAVRE DES 100 KIL. ENTREPOT

AUX CHANGES SUIVANTS SUR PARIS

Avec la parité des changes sur Londres, calculés sur la base de F. 25.25 pour £ 1.—.—

PRIX à PONDICHERY par Sac	PARIS F. 2.50 — LONDRES 1sh 11d 3/4	PARIS F. 2.55 — LONDRES 2sh 0d 1/4	PARIS F. 2.60 — LONDRES 2sh 0d 11/16	PARIS F. 2.65 — LONDRES 2sh 1d 5/16	PARIS F. 2.70 — LONDRES 2sh 1d 3/8	PARIS F. 2.75 — LONDRES 2sh 2d 1/8	5 c. par R. sur le change font au Havre par 100 kil.
Roupies 1/8	F. 0.52	F. 0.53	F. 0.54	F. 0.55	F. 0.56	F. 0.57	F. 0.01
1/4	1.04	1.06	1.08	1.10	1.12	1.14	0.02
3/8	1.55	1.56	1.62	1.65	1.68	1.71	0.03
1/2	2.07	2.11	2.16	2.20	2.24	2.28	0.04
5/8	2.59	2.64	2.70	2.75	2.80	2.85	0.05
3/4	3.11	3.17	3.24	3.30	3.36	3.42	0.06
7/8	3.63	3.70	3.78	3.85	3.92	3.99	0.07
1	15.65	15.73	15.81	15.89	15.98	16.07	0.08
2	19.79	19.96	20.12	20.29	20.45	20.63	0.17
3	23.94	24.19	24.43	24.68	24.93	25.19	0.25
4	28.08	28.41	28.75	29.08	29.41	29.75	0.33
5	32.23	32.64	33.06	33.47	33.89	34.31	0.42
6	36.37	36.87	37.37	37.87	38.36	38.87	0.50
7	40.52	41.10	41.68	42.26	42.84	43.43	0.58
8	44.67	45.33	45.99	46.66	47.32	47.99	0.66

OBSERVATIONS

F. 10 par tonneau sur le fret, font au Havre une différence de F. 1.02 par 100 kil. sur les prix.

On veut savoir le revient au Havre de Riz coûtant à Pondichéry R. 3 ⅝ par sac de 164 ₰, au change de F. 2.75 et au fret de F. 100 secs par tonn. de 1000 kil.

On trouvera dans la 1re et la 7e colonne de ce tableau que:

R. — ⅝ font par 100 kil.	F.	2.85
» 3 id. id.	»	25.19
R. 3 ⅝ feront donc	F.	28.04

Droits d'entrée par 100 kil. en Juillet 1865

Par navire Français	F.	0.60
id. Étranger	»	2.40

COMPTE D'ACHAT ET DE REVIENT

A 92 BALLES VACHETTES

92 balles Vachettes, contenant 2300 peaux du poids moyen de 811 ₤ anglaises les 100 peaux à R. 100 les 100 peaux ..... R. 2300.—.—

FRAIS A PONDICHÉRY

Transport d'argent ½ %	R. 11. 8.—	
Dépêches télégraphiques, ports de lettres, etc.	» 30.—.—	
Commission d'achat 2 ½ %	» 57. 8.—	» 99.—.—
(R. 1 = 16 annas à 12 pice).		R. 2399.—.—
Remboursement sur Paris à 6 mois de vue, au change de F. 2.50 par R.		F. 5997.50

FRAIS AU HAVRE

Fret sur 8700 kil. à F. 100 secs par tonn. de 700 kil.	F. 1242.85	
Permis, frais au débarquement, port en magasin, arrimage, magasinage d'un mois, livraison et menus frais	» 70.—	
Assurance maritime sur F. 6596 à 1 ¾ % et police	» 116.95	
id. contre le feu sur F. 8025 à ½ ‰	» 4.—	
Commission de banque à Paris, pour confirmation de crédit, 1 %	» 59.97	
Escompte à la vente ..... 2 %		
Courtage de vente ..... ¼ %		
Commission de vente ..... 2 %		
Ensemble ..... 4 ¼ % sur F. 7823.80	» 332.53	» 1826.30
		F. 7823.80

RENDEMENT : 100 ₤ nettes rendent 45 kil. nets :

Soit pour 18653 ₤, 8394 kil. nets, à F. 93.20 par 100 kil. entrepôt ..... F. 7823.05

OBSERVATIONS

F. 10 par tonneau sur le fret, font au Havre une différence de F. 1.48 par 100 kil. sur les prix.

On veut savoir le revient au Havre de Vachettes coûtant à Pondichéry R. 145.8 les 100 peaux, au change de F. 2.60 et au fret de F. 100 par tonn. de 700 kil.

On trouvera dans la 1re et la 4e colonne de ce tableau que :

R. —. 8 font par 100 kil.	F. 0.39
» 5.— id. id.	» 3.95
» 140.— id. id.	» 127.84
R. 145. 8 feront donc	F. 132.18

Droits d'entrée par 100 kil. en Juillet 1865

Par navire Français	Exemptes
Id. Étranger	F. 3.—

PRIX DE REVIENT AU HAVRE DES 100 KIL. ENTREPOT

AUX CHANGES SUIVANTS SUR PARIS

Avec la parité des changes sur LONDRES, calculés sur la base de F. 25.25 pour £ 1.—.—

	PRIX à PONDICHERY par 100 peaux	PARIS F. 2.50 — LONDRES 1sh 11d 3/4	PARIS F. 2.55 — LONDRES 2sh 0d 1/4	PARIS F. 2.60 — LONDRES 2sh 0d 11/16	PARIS F. 2.65 — LONDRES 2sh 1d 3/16	PARIS F. 2.70 — LONDRES 2sh 1d 5/8	PARIS F. 2.75 — LONDRES 2sh 2d 1/8	5 c. par R. sur le change font au Havre par 100 kil.
SUBDIVISIONS — Coût et frais variables	Annas 4	F. 0.19	F. 0.19	F. 0.20	F. 0.20	F. 0.20	F. 0.21	F. 0.—
	8	0.38	0.38	0.39	0.40	0.41	0.42	0.01
	12	0.57	0.58	0.59	0.60	0.61	0.62	0.01
	Roupies 1.—	0.76	0.77	0.79	0.80	0.82	0.83	0.01
	2.—	1.52	1.55	1.58	1.61	1.64	1.67	0.03
	3.—	2.28	[illegible]	2.37	2.41	2.46	2.50	0.04
	4.—	3.04	3.10	3.16	3.22	3.28	3.34	0.06
	5.—	3.79	3.87	3.95	4.02	4.10	4.17	0.08
	6.—	4.55	4.64	4.73	4.82	4.92	5.01	0.09
	7.—	5.31	5.42	5.52	5.63	5.74	5.84	0.11
	8.—	6.07	6.19	6.31	6.43	6.56	6.68	0.12
	9.—	6.83	6.97	7.10	7.24	7.38	7.51	0.14
	10.—	7.59	7.74	7.89	8.04	8.20	8.35	0.15
Coût et frais variables et invariables	100.—	93.20	94.73	96.27	97.81	99.35	100.88	1.54
	110.—	100.78	102.47	104.16	105.85	107.54	109.23	1.69
	120.—	108.37	110.21	112.05	113.90	115.74	117.58	1.84
	130.—	115.96	117.95	119.95	121.94	123.93	125.92	1.99
	140.—	123.55	125.69	127.84	129.98	132.13	134.27	2.14
	150.—	131.14	133.43	135.73	138.03	140.32	142.62	2.30
	160.—	138.73	141.17	143.62	146.07	148.52	150.97	2.45
	170.—	146.31	148.91	151.51	154.11	156.72	159.31	2.60
	180.—	153.90	156.65	159.41	162.16	164.91	167.66	2.75
	190.—	161.49	164.39	167.30	170.20	173.11	176.01	2.90
	200.—	169.08	172.13	175.19	178.25	181.30	184.36	3.06

Ce compte est pour les Vachettes du poids moyen de 811 ₤ par 100 peaux.

Pour celles qui pèsent plus ou moins, on trouvera ci-dessous des logarithmes au moyen desquels, par une simple multiplication, on obtiendra le prix de revient en France.

Ainsi, par exemple, on veut trouver le revient en France de Vachettes coûtant à Pondichéry R. 120 par 100 peaux, du poids de 9 ₤ chaque, au change de F. 2.60 et au fret de F. 100 par tonn. de 700 kil.

Le logarithme est de 71118 à multiplier par R. 120 ce qui fait	F. 85.34
Plus les frais fixes, qui se trouvent à côté du même logarithme	» 16.34
Soit par 100 kil.	F. 101.68

Faire de même pour tous les poids et tous les changes.

CHANGES	7 ₤ Logarit.	7 ₤ Frais	7 ½ ₤ Logarit.	7 ½ ₤ Frais	8 ½ ₤ Logarit.	8 ½ ₤ Frais	9 ₤ Logarit.	9 ₤ Frais	9 ½ ₤ Logarit.	9 ½ ₤ Frais	10 ₤ Logarit.	10 ₤ Frais
2.50	87920	16.69	82060	16.57	72065	16.39	68382	16.30	64782	16.23	61544	16.18
2.55	89678	16.71	83701	16.59	73853	16.41	69750	16.32	66078	16.25	62770	16.20
2.60	91437	16.73	85342	16.61	75301	16.43	71118	16.34	67374	16.27	64007	16.22
2.65	93195	16.75	86983	16.63	76749	16.45	72486	16.36	68670	16.29	65238	16.24
2.70	94954	16.77	88624	16.65	78197	16.47	73854	16.38	69966	16.31	66469	16.26
2.75	96712	16.80	90266	16.68	79645	16.50	75222	16.41	71262	16.34	67700	16.29

MADRAS

Madras, ville de l'Indoustan, chef-lieu de la présidence de ce nom, occupe le troisième rang dans le commerce de l'Inde.

Rade. — Les navires d'un assez fort tonnage mouillent dans la rade de Madras sur un fond de 8 à 9 brasses d'eau, à deux milles environ de la côte. Les mois d'octobre, novembre et décembre sont ceux qui présentent le plus de danger; c'est alors que les ouragans et les coups de vent sévissent le plus souvent avec une grande violence. On éprouve aussi des tempêtes en avril et mai.

Les communications entre les navires et la terre s'effectuent au moyen de bateaux du pays.

Un tarif règle de $^{1}/_{4}$ de roupie à 1 roupie le voyage d'un *catimaron*, selon qu'il apporte des lettres ou des provisions. Les chaloupes employées au transport des marchandises se paient habituellement 2 roupies par voyage et le double dans la mauvaise saison.

Réglement et frais de port. — Un manifeste indiquant exactement toutes les marchandises qui se trouvent à bord des navires, doit être remis au collecteur des douanes, qui peut exiger que la sincérité de ce document soit affirmée sous le sceau du serment. Ce n'est qu'après ces formalités et la délivrance d'une autorisation que le déchargement peut commencer; il ne peut s'effectuer qu'en plein jour et en face des magasins de la douane.

D'après un réglement, sanctionné en janvier 1858 par le conseil législatif de la présidence de Madras, les droits de port sont établis à raison de 8 annas par tonneau sur les navires qui arrivent à Madras, Tuticorin et Cocanadah, 2 annas à Cochin, 1 anna dans les autres ports de la présidence. Les bâtiments qui entrent dans un port ou qui en ressortent après y avoir passé sept jours au plus, sans embarquer ou décharger de marchandises et sans mettre à terre ou prendre des passagers, ne paient que la moitié de ces droits. Les navires sur lest jouissent d'une remise de 25 %. Le droit de phare est de 25 roupies par navire à trois mâts, anglais ou étranger. Les bricks ou goëlettes paient 7 roupies. Le droit d'ancrage est de 38 roupies par navire anglais ou étranger.

Usages commerciaux. — Les produits d'Europe se vendent à Madras, en général, en poids et mesures anglaises. Les produits du Bengale, de l'Inde et de la Chine se raisonnent d'ordinaire au candy; c'est ainsi que s'achètent le Café, le Coton, l'Huile de Coco, le Poivre, le Sucre, les Rotins, le Bois rouge et le Bois de sandal, le Salpêtre. L'Indigo se vend à la livre, le Kurpah au maund, ainsi que les Giroffies et le Macis.

Les Graines oléagineuses se traitent au sac de 164 ℔.

Monnaies. — 1 Roupie = 16 Annas à 12 Pice.

Poids et Mesures. — 1 Candy = 20 maunds = 160 vis = 6,400 pollams; 1 Candy = 500 ℔ avoir du poids = 226 kil. 77; 1 Maund = 25 ℔ avoir du poids = 11 kil. 339; 1 Garse = 16 $^{7}/_{8}$ impérial quarter; 1 Covid = 18 $^{4}/_{5}$ pouces anglais.

Changes. — Le change sur l'Europe se traite comme à Calcutta avec documents à 6 mois de vue et varie sur Londres de $1^{sh}\ 10^{d}$ à $2^{sh}\ 2^{d}$ pour une roupie de la Compagnie.

(Extrait du Dictionnaire Universel du Commerce, par GUILLAUMIN et Cie, et de ma correspondance particulière).

COMPTE D'ACHAT ET DE REVIENT

A 300 BALLES SUCRE

300 balles Sucre, pesant net 104 candies 10 maunds à R. 50 par candy .... R. 5225.—.—
(1 candy = 20 maunds).

FRAIS A MADRAS

Frais d'embarquement, coût des balles, etc.	»	105. 5. 2
	R.	5330. 5. 2
Commission d'achat et de remboursement 5 %	»	266. 8. 2
	R.	5596.13. 4
Remboursement sur Paris à 6 mois de vue, au change de F. 2.50 par R.	F.	13092.—

FRAIS AU HAVRE

Fret sur 23800 kil. à F. 100 secs par tonn. de 1000 kil.	F.	2380.—		
Permis, frais au débarquement, voiliers pour échantillonner, port en magasin, arrimage, magasinage d'un mois, livraison et menus frais	»	175.—		
Assurance maritime sur F. 15391 à 2 % et police	»	309.30		
id. contre le feu sur F. 18255 à ½ ‰	»	9.10		
Commission de banque à Paris, pour confirmation de crédit, 1 %	»	139.95		
Escompte à la vente .... 2 %				
Courtage de vente .... ¼ %				
Commission de vente .... 2 %				
Ensemble .... 4¼ % sur F. 17760.15	»	754.80	»	3768.15
			F.	17760.15

RENDEMENT : 1 maund rend net kil. 10.95 :

Soit net 22885 kil. à F. 77.00 par 100 kil. entrepôt .... F. 17758.15

PRIX DE REVIENT AU HAVRE DES 100 KIL. ENTREPOT

AUX CHANGES SUIVANTS SUR PARIS

Avec la parité des changes sur LONDRES, calculée sur la base de F. 25.25 pour £ 1.—.—

PRIX à MADRAS par Candy	PARIS F. 2.50 — LONDRES 1sh 11d 3/4	PARIS F. 2.55 — LONDRES 2sh 0d 1/4	PARIS F. 2.60 — LONDRES 2sh 0d 11/16	PARIS F. 2.65 — LONDRES 2sh 1d 3/16	PARIS F. 2.70 — LONDRES 2sh 1d 5/8	PARIS F. 2.75 — LONDRES 2sh 2d 1/8	5 c. par R. sur le change font au Havre par 100 kil.
Roupies							
SUBDIVISIONS — Coûts et frais variables							
1/8	F. 0.16	F. 0.17	F. 0.17	F. 0.17	F. 0.18	F. 0.18	F. 0.—
1/4	0.32	0.33	0.34	0.34	0.35	0.36	0.—
3/8	0.48	0.49	0.50	0.51	0.52	0.53	0.01
1/2	0.64	0.66	0.67	0.68	0.70	0.71	0.01
5/8	0.81	0.83	0.84	0.86	0.88	0.89	0.02
3/4	0.97	0.99	1.01	1.03	1.05	1.07	0.02
7/8	1.13	1.16	1.18	1.20	1.23	1.25	0.02
1	1.29	1.32	1.34	1.37	1.40	1.42	0.03
2	2.59	2.64	2.69	2.74	2.79	2.84	0.05
3	3.88	3.95	4.03	4.11	4.19	4.27	0.08
4	5.17	5.27	5.38	5.48	5.58	5.69	0.10
5	6.47	6.59	6.72	6.85	6.98	7.11	0.13
6	7.76	7.91	8.06	8.22	8.37	8.53	0.16
7	9.05	9.23	9.41	9.59	9.77	9.95	0.18
8	10.35	10.54	10.75	10.96	11.17	11.38	0.21
9	11.64	11.86	12.10	12.33	12.56	12.80	0.23
10	12.93	13.18	13.44	13.70	13.93	14.22	0.26
Coûts et frais variables et invariables							
30	51.76	52.55	53.35	54.15	54.95	55.75	0.80
40	64.08	65.74	66.80	67.85	68.91	69.97	1.06
50	77.61	78.92	80.24	81.55	82.87	84.19	1.32
60	90.53	92.10	93.68	95.25	96.83	98.40	1.57
70	103.46	105.29	107.12	108.95	110.79	112.62	1.83
80	116.38	118.47	120.56	122.65	124.75	126.84	2.09
90	129.31	131.65	134.01	136.35	138.71	141.05	2.35
100	142.23	144.83	147.45	150.05	152.67	155.27	2.61

OBSERVATIONS

F. 10 par tonneau sur le fret, font au Havre une différence de F. 1.04 par 100 kil. sur les prix.

On veut savoir le revient au Havre de Sucre coûtant à Madras R. 62 ¾ par candy, au change de F. 2.75 et au fret de F. 100 par tonn. de 1000 kil.

On trouvera dans la 1re et la 7e colonne de ce tableau que :

R. — ¾	font par 100 kil.	....	F.	1.07
» 2	id.	id.	»	2.84
» 60	id.	id.	»	98.40
R. 62 ¾	feront donc	....	F.	102.31

Droits d'entrée par 100 kil. en Juillet 1863

Au dessous du n° 13	Par navire Français	F.	42.—
	id. Etranger	»	44.—
Du n° 13 au n° 20	id. Français	»	44.—
	id. Etranger	»	46.—

COMPTE D'ACHAT ET DE REVIENT

A 130000 ℔ CAFÉ

130000 ℔ Café, à R. 100 par candy de 500 ℔, qui ont donné triées net cwt 1103.2.19 = 123611 ℔, renfermées dans 1000 sacs .... R. 26000.—.—

FRAIS A MADRAS

1000 sacs d'emballage	R. 375.—.—	
Triage	» 133.12.—	
Mise en sacs et conduire	» 64.14.—	
Embarquement	» 80.10.—	
Timbres, dépêches télégraphiques et menus frais	» 110.—.—	
Commission d'achat et de remboursement 5 %	» 1300.—.—	» 2064. 4.—
(R. 1 = 16 annas à 12 pice).		R. 28064. 4.—
Remboursement sur Paris à 6 mois de vue, au change de F. 2.60 par R.		F. 72967.05

FRAIS AU HAVRE

Fret sur 57200 kil. bruts à F. 100 secs par tonn. de 900 kil.	F. 6355.55	
Pennis, frais au débarquement, voiliers pour échantillonner et conditionner, port en entrepôt, arrimage, magasinage d'un mois, livraison et menus frais	» 475.—	
Assurance maritime sur F. 80204 à 2 ¼ % et police	» 1807.45	
Id. contre le feu sur F. 88900 à ½ ‰	» 44.45	
Commission de banque à Paris, pour confirmation de crédit, 1 %	» 729.70	
Escompte à la vente 2 %		
Courtage de vente ¼ %		
Commission de vente 2 %		
Ensemble 4 ¼ % sur F. 86035.70	» 3656.50	» 13068.65
		F. 86035.70

RENDEMENT : 100 ℔ nettes rendent net 45 kil. ½ :

Soit sur 123611 ℔,	kil.	56037
Perte au poids pendant le voyage 3 %	»	1681
Soit net	kil.	54356 à F. 158.28 par 100 kil. entrepôt. F. 86034.70

PRIX DE REVIENT AU HAVRE DES 100 KIL. ENTREPOT

AUX CHANGES SUIVANTS SUR PARIS

Avec la parité des changes sur LONDRES, calculés sur la base de F. 25.25 pour £. 1.—.—

PRIX à MADRAS par Candy de 500 ℔	PARIS F. 2.55 — LONDRES 2sh 0d 1/4	PARIS F. 2.60 — LONDRES 2sh 0d 11/16	PARIS F. 2.65 — LONDRES 2sh 1d 3/16	PARIS F. 2.70 — LONDRES 2sh 1d 5/8	PARIS F. 2.75 — LONDRES 2sh 2d 1/8	PARIS F. 2.80 — LONDRES 2sh 2d 9/16	5 c. par R. sur le change font au Havre par 100 kil.
Annas 4	F. 0.35	F. 0.35	F. 0.36	F. 0.37	F. 0.37	F. 0.38	F. 0.—
8	0.69	0.70	0.72	0.73	0.74	0.76	0.01
12	1.04	1.06	1.08	1.10	1.12	1.14	0.02
Roupies 1.—	1.38	1.41	1.44	1.47	1.49	1.52	0.03
2.—	2.77	2.82	2.88	2.93	2.99	3.04	0.05
3.—	4.15	4.24	4.32	4.40	4.48	4.56	0.08
4.—	5.54	5.65	5.76	5.86	5.97	6.08	0.11
5.—	6.92	7.06	7.20	7.33	7.47	7.61	0.14
6.—	8.31	8.47	8.63	8.80	8.96	9.13	0.16
7.—	9.69	0.88	10.07	10.26	10.45	10.65	0.19
8.—	11.08	11.30	11.51	11.73	11.94	12.17	0.22
9.—	12.46	12.71	12.95	13.19	13.44	13.69	0.24
10.—	13.85	14.12	14.39	14.66	14.93	15.21	0.27
Coût et frais invariables 100.—	155.48	158.28	161.06	163.85	166.65	169.43	2.79
110.—	169.33	172.40	175.45	178.51	181.58	184.64	3.06
120.—	183.18	186.52	189.84	193.17	196.52	199.84	3.33
130.—	197.02	200.64	204.23	207.84	211.45	215.05	3.61
140.—	210.87	214.76	218.62	222.50	226.39	230.25	3.88
150.—	224.72	228.88	233.02	237.16	241.32	245.46	4.15

OBSERVATIONS

F. 10 par tonneau sur le fret, font au Havre une différence de F. 1.17 par 100 kil. sur les prix.

On veut savoir le revient au Havre de Café coûtant à Madras R. 115.8 par candy de 500 ℔, au change de F. 2.75 et au fret de F. 100 par tonn. de 900 kil.

On trouvera dans la 1re et la 6e colonne de ce tableau que :

R. —. 8	font par 100 kil.	F.	0.74
» 5.—	id. id.	»	7.47
» 110.—	id. id.	»	181.58
R. 115. 8	feront donc	F.	189.79

Droits d'entrée par 100 kil. en Juillet 1865

Par navire Français	F. 50.40
id. Etranger	» 55.40

COMPTE D'ACHAT ET DE REVIENT

A 100 BALLES COTON

100 balles Coton, pesant brut.. ℔ 31600
Tare 16 ℔ par balle.............. » 1000
Net.............. ℔ 30000 à R. 200 par candy de 500 ℔.................. R. 12000.—.—

FRAIS A MADRAS

Frais d'emballage à R. 1 ¾ par balle	R. 175.—.—		
Presser à R. 1 ¼ par balle	» 125.—.—		
Chariot et embarquement	» 32.12.—		
Timbres, dépêches télégraphiques, et menus frais	» 36.12.—	» 369. 8.—	
			R. 12369. 8.—
Commission d'achat et de remboursement 5 %			» 618. 8.—
(R. 1 = 16 annas à 12 pice).			R. 12988.—.—
Remboursement sur Paris à 6 mois de vue, au change de F. 2.60 par R.			F. 33768.80

FRAIS AU HAVRE

Fret à F. 100 par tonn. de 50 pieds cubes anglais, soit 4 balles ¾ au tonneau	F. 2285.70		
Permis, frais au débarquement, voiliers pour échantillonner, port en magasin, arrimage, magasinage d'un mois, livraison et menus frais	» 130.—		
Assurance maritime sur F. 37144 à 2 % et police	» 744.40		
id. contre le feu sur F. 40304 à ½ ‰	» 20.15		
Commission de banque à Paris, pour confirmation de crédit, 1 %	» 337.70		
Escompte à la vente 2 %			
Courtage de vente ¼ %			
Commission de vente 2 %			
Ensemble 4¼ % sur F. 38941.75	» 1655.—	» 5172.95	
			F. 38941.75

RENDEMENT : 100 ℔ rendent 45 kil. ¼ :

Soit brut 31600 ℔	kil. 14325
Perte au poids pendant la traversée 2 %	» 286
	kil. 14039
Tare 5 %	» 702
Soit net kil. 13337 à F. 291.98 par 100 kil. entrepôt..	F. 38941.40

PRIX DE REVIENT AU HAVRE DES 100 KIL. ENTREPOT

AUX CHANGES SUIVANTS SUR PARIS

Avec la parité des changes sur LONDRES, calculés sur la base de F. 25.25 pour £. 1.—.—

PRIX à MADRAS par Candy de 500 ℔	PARIS F. 2.55 — LONDRES 2sh 0d 1/4	PARIS F. 2.60 — LONDRES 2sh 0d 11/16	PARIS F. 2.65 — LONDRES 2sh 1d 3/16	PARIS F. 2.70 — LONDRES 2sh 1d 5/8	PARIS F. 2.75 — LONDRES 2sh 2d 1/8	PARIS F. 2.80 — LONDRES 2sh 2d 9/16	5 c. par R. sur le change font au Havre par 100 kil.
Roupies 5	F. 6.49	F. 6.62	F. 6.75	F. 6.87	F. 7.—	F. 7.13	F. 0.13
10	12.99	13.24	13.50	13.75	14.01	14.26	0.25
20	25.98	26.49	27.—	27.51	28.02	28.52	0.51
30	[illegible]	39.73	40.49	[illegible]	[illegible]	[illegible]	[illegible]
40	51.96	52.97	53.99	55.01	56.03	57.05	1.02
50	64.94	66.22	67.49	68.77	70.04	71.31	1.27
60	77.93	79.46	80.99	82.52	84.05	85.57	1.53
70	90.92	92.70	94.49	96.27	98.06	99.83	1.78
80	103.91	105.94	107.98	110.02	112.06	114.10	2.04
90	116.90	119.19	121.48	123.78	126.07	128.36	2.29
50	91.87	93.31	94.74	96.17	97.61	99.03	1.43
100	156.81	159.52	162.28	164.94	167.65	170.34	2.71
200	286.70	291.96	297.21	302.47	307.72	312.96	5.25
300	416.59	424.39	432.19	439.99	447.80	455.58	7.80
400	546.48	556.83	567.17	577.52	587.87	598.20	10.34
500	676.37	689.26	702.16	715.05	727.95	740.83	12.89

OBSERVATIONS

F. 10 par tonneau sur le fret, font au Havre une différence de F. 1.71 par 100 kil. sur les prix.

On veut savoir le revient au Havre de Coton coûtant à Madras R. 275 par candy, au change de F. 2.65 et au fret de F. 100 par tonneau.
On trouvera dans la 1re et la 4e colonne de ce tableau que :

R. 5 font par 100 kil.	F. 6.75
» 70 id. id.	» 94.49
» 200 id. id.	» 297.21
R. 275 feront donc	F. 398.45

Droits d'entrée par 100 kil. en Juillet 1865

Par navire Français	Exempt
id. Etranger	F. 3.—

RANGOON

Rangoon, ville et port de commerce de la partie maritime de l'Inde, au-delà du Gange, dont les Anglais ont fait la conquête sur l'empire des Birmans, est située sur la rive gauche du bras oriental le plus important de l'Iraouaddi, vers l'embouchure de ce fleuve, dans le golfe du Bengale, à environ 26 milles anglais de la mer.

La province de Pégu n'a pas d'autre entrepôt que le port de Rangoon et celui de Bassein, situé dans la partie occidentale du delta de l'Iraouaddi. Le premier l'emporte tellement sur le second qu'il occupe déjà le quatrième rang parmi les marchés du littoral et de l'Inde anglaise.

Rangoon est une place extrêmement bien située pour le commerce ; non-seulement elle est l'entrepôt naturel de la contrée environnante, mais aussi celui de tout l'empire des Birmans, aujourd'hui privé de communications directes avec la mer, et dont les richesses en métaux, tels que or, argent, étain, cuivre ; en pierres précieuses, telles que rubis et saphirs ; en bois de teck et autres produits forestiers, peuvent trouver sur ce marché un débouché avantageux.

Accessible à des navires jaugeant jusqu'à 1,200 tonneaux, qui y arrivent avec l'assistance des pilotes indigènes, sans courir le moindre danger, elle commande tout le cours de l'Iraouaddi, par lequel la navigation remonte au nord, dans l'intérieur, sur un espace de 500 milles anglais, jusqu'à la ville d'Umerapoura, qui n'est elle-même qu'à 9 milles d'Ava, capitale de l'empire Birman.

Ajoutons que la rivière de Rangoon, c'est-à-dire le bras du fleuve qui baigne cette ville, présente, sous le rapport des mesures qui ont été prises pour la sécurité des capitaines et de leurs bâtiments, un avantage notable sur la navigation de la rivière d'Aracan et même sur celle du Gange.

En temps de marée basse, la différence dans la profondeur des eaux de Rangoon est d'environ 6 mètres, tandis qu'elle y varie de 8 à 10 mètres lors des fortes marées.

L'unique droit de port est de 4 annas ou un quart de roupie par tonneau.

Les droits de pilotage sont réglés suivant un tarif gradué, qui varie de 30 roupies pour les navires qui ne tirent pas plus de 3 mètres d'eau, jusqu'à 120 roupies pour les bâtiments d'un tirant d'eau de 5 à 6 mètres, et à 250 roupies pour les navires tirant de 7 à 9 mètres.

A la sortie, le pilotage est le même qu'à l'entrée jusqu'à 5m 30 ; au-delà de cette limite, le droit est augmenté d'un quart. Les navires remorqués à la vapeur ne payent que les 3/4 de la redevance portée au tarif.

Le principal article est le Riz ; c'est de janvier à mai qu'ont lieu les plus fortes exportations qui varient de 3 à 4 millions de baskets.

Le basket Paddy........................ pèse 52 ℔ avoir du poids.
» Riz de cargaison....... » 63 » »
» » nettoyé............... » 67 » »

Après le Riz, il faut citer les Bois de construction, le Cachou, le Pétrole, le Cuivre, le Tabac, les Vachettes, les Cornes, le Coton, diverses Drogues médicinales, etc.

Les droits d'exportation sur tous les produits du pays sont de 3 % *ad valorem*, à l'exception des Grains, qui payent 1 anna (1/16 de roupie) par sac de 2 paulers 1/2.

(Extrait du Dictionnaire du Commerce, par GUILLAUMIN et Cie, et de ma correspondance particulière).

COMPTE D'ACHAT ET DE REVIENT

A 176744 VISS CACHOU

176744 viss Cachou, renfermés dans 6487 sacs, à R. 20 par 100 viss .... R. 35348.12. 9

FRAIS A RANGOON

Coût des sacs et emballage à R. 45 par 100 sacs .... R.2896.10.—
Alléges et coolies, à R. 15 par 100 sacs .... » 965. 8. 9
Connaissements .... » 1.18. 3 » 3864.—.—
R. 39212.12. 9

Droits de Sortie

Droits de sortie sur R. 20 par 100 viss, R. 35348 à 3 %.. R.1060. 7.
Commission d'achat et de remboursement 5 % .... » 53.—.— » 1090.10. 5
R.1113. 7.— R. 41173. 7.—

Remboursement sur Londres à 6 mois de vue, à 2sh 1d par R .... £ 115.19. 7 £ 4288.17. 9

Et au change, sur Paris, de F. 25.20 par £ 1 .... F. 2922.70 F. 108060.—

FRAIS AU HAVRE

Fret sur 208000 kil. bruts à F. 100 secs par tonn. de 800 kil .... F. 37250.—
Permis, volliers pour échantillonner, port en magasin, arrimage, magasinage d'un mois, livraison et menus frais .... » 2350.—
Assurance maritime sur F. 118688 à 2 % et police .... » 64.80 » 2379.25
id. contre le feu sur F. 100868 à ½ ‰ .... » 1.65 » 80.45
Commission de banque à Londres, pour confirmation de crédit, 1 % .... » 29.20 » 1080.80
Escompte à la vente .... 2 %
Courtage de vente .... ¼ %
Commission de vente .... 2 %
Ensemble .... 4¼ % sur F. 157932.65 » 133.95 » 6712.15 » 49852.65
F. 3151.80 F. 157932.65

Soit par 100 kil .... » 1.12

RENDEMENT : 100 viss rendent net 159 kil. ½ :

Brut .... kil. 298000
Tare 2 kil. ½ par sac .... » 16092
Soit net .... kil. 281908 à F. 56.02 par 100 kil. entrepôt .... F. 157924.85
Plus : droits de sortie à Rangoon .... » 1.12 id. id.
Ensemble .... F. 57.14 id. id.

PRIX DE REVIENT AU HAVRE DES 100 KIL. ENTREPOT

AUX CHANGES SUIVANTS SUR LONDRES

	PRIX à RANGOON par 100 Viss	2sh 1d	2sh 1d ¼	2sh 1d ½	2sh 1d ¾	2sh 2d	2sh 2d ¼	½ d. par R. sur le change fait au Havre par 100 kil.
Coût et frais variables	Roupies 1	F. 1.86	F. 1.88	F. 1.90	F. 1.92	F. 1.94	F. 1.96	F. 0.02
	2	3.73	3.76	3.80	3.84	3.88	3.91	0.04
	3	5.59	5.65	5.70	5.76	5.81	5.87	0.06
	4	7.45	7.53	7.60	7.68	7.75	7.83	0.08
	5	9.32	9.41	9.50	9.60	9.69	9.79	0.09
	6	11.10	11.29	11.40	11.51	11.63	11.74	0.11
	7	13.04	13.17	13.30	13.43	13.57	13.70	0.13
	8	14.90	15.05	15.20	15.35	15.50	15.66	0.15
	9	16.77	16.94	17.11	17.27	17.44	17.61	0.17
	10	18.64	18.82	19.01	19.19	19.38	19.57	0.19
Coût et frais variables et invariables	10	37.39	37.61	37.84	38.06	38.29	38.52	0.23
	20	56.02	56.43	56.84	57.26	57.67	58.08	0.41
	30	74.66	75.25	75.85	76.45	77.05	77.65	0.60
	40	93.29	94.07	94.86	95.64	96.43	97.21	0.78
	50	111.93	112.90	113.87	114.84	115.81	116.78	0.97
Plus, par 100 kil., pour Droits de Sortie à Rangoon, sur évaluation de R. 20 par 100 viss		1.12	1.13	1.14	1.15	1.16	1.17	0.01

OBSERVATIONS

F. 10 par tonneau sur le fret, font au Havre une différence de F. 1.32 par 100 kil. sur les prix.

On veut savoir le revient au Havre de Cachou coûtant à Rangoon R. 25 par 100 viss, au change de 2sh 2d et au fret de F. 100 par tonn. de 800 kil.

On trouvera dans la 1re et la 6e colonne de ce tableau que :

R. 5 font par 100 kil .... F. 9.69
» 20 id. id. .... » 57.67
Plus droits de sortie à Rangoon, sur estimation de R. 25 par 100 viss ... » 1.45
R. 25 feront donc .... F. 68.81

N.-B. — Les droits de sortie à Rangoon ne sont pas compris dans les prix de revient du tableau ci-dessus, il faudra donc les ajouter. Pour savoir ce qu'ils produisent en France par 100 kil., il suffira de multiplier les logarithmes suivants par l'estimation de la Douane, qu'elle qu'elle soit, sur laquelle doit se prélever le droit de 3 %. En retranchant les 3 derniers chiffres on aura, en francs et centimes, le résultat cherché.

CHANGES		LOGARITHMES
2sh 1d	....	5591
» 2sh 1d ¼	....	» 5647
» 2sh 1d ½	....	» 5703
» 2sh 1d ¾	....	» 5759
» 2sh 2d	....	» 5815
» 2sh 2d ¼	....	» 5871

Droits d'entrée par 100 kil. en Juillet 1865

Par navire Français .... Exempt
id. Etranger .... F. 4.60

COMPTE D'ACHAT ET DE REVIENT

A 510 BALLES COTON

510 balles Coton de 75 viss, soit 38250 viss à R. 90 les 100 viss........ R. 34425.—.—
(100 viss == 365 ℔ anglaises).

FRAIS A RANGOON

Emballage, presse, cordes, etc. à R. 1.8 par balle........	R. 765.—.—	
Alléges et coolies à 10 annas par balle........	» 318.12.—	
Connaissements........	» 1.—.—	» 1084.12.—
		R. 35509.12.—
Commission d'achat et remboursement 5 %........		» 1775. 8 —
		R. 37285. 4.—
Remboursement sur Londres à 6 mois de vue, au change de 2sh 2d par R........		£ 4039.05.—
Et au change sur Paris de F. 25.20 par £ 1........		F. 101788.60

FRAIS AU HAVRE

Fret sur 61200 kil. bruts à F. 100 par tonn. de 600 kil........	F. 10200.—	
Permis, voiliers pour échantillonner, port en magasin, arrimage, magasinage d'un mois, livraison et menus frais........	» 510.—	
Assurance maritime sur F. 111967 à 2 % et police........	» 2240.85	
id. contre le feu sur F. 124918 à ½ ‰........	» 62.45	
Commission de banque à Londres, pour confirmation de crédit, 1 %.	» 1017.90	
Escompte à la vente........ 2 %		
Courtage de vente........ ¼ %		
Commission de vente........ 2 %		
Ensemble........ 4¼ % sur F. 120960.65........	» 5140.85	» 19172.05
		F. 120960.65

RENDEMENT : 100 viss rendent net kil. 151.53 :

℔ 189612, soit brut........	kil. 61010.—	
Tare 5 %........	» 3050.50	
Net........	kil. 57959.50 à F. 208.71 par 100 kil. entrepôt........	F. 120967.25

PRIX DE REVIENT AU HAVRE DES 100 KIL. ENTREPOT

AUX CHANGES SUIVANTS SUR LONDRES

PRIX à RANGOON par Viss	2sh 1d	2sh 1d ¼	2sh 1d ½	2sh 1d ¾	2sh 2d	2sh 2d ¼	⅛ d. par R. sur le change fait au Havre par 100 kil.
Roupies							
Coût et frais variables							
1	F. 1.96	F. 1.98	F. 2.—	F. 2.02	F. 2.04	F. 2.06	F. 0.02
2	3.92	3.96	4.—	4.04	4.08	4.12	0.04
3	5.88	5.94	6.—	6.06	6.12	6.18	0.06
4	7.84	7.92	8.—	8.08	8.16	8.24	0.08
5	9.81	9.91	10.—	10.10	10.20	10.30	0.10
6	11.77	11.89	12.—	12.12	12.24	12.36	0.12
7	13.73	13.87	14.—	14.14	14.28	14.42	0.14
8	15.69	15.85	16.—	16.16	16.32	16.48	0.16
9	17.65	17.83	18.—	18.18	18.36	18.54	0.18
10	19.61	19.81	20.01	20.20	20.40	20.60	0.20
Coût et frais variables et invariables							
30	83.71	84.35	85.—	85.64	86.29	86.93	0.64
40	103.32	104.16	105.01	105.85	106.69	107.53	0.84
50	122.94	123.97	125.02	126.05	127.09	128.13	1.04
60	142.55	143.78	145.02	146.25	147.49	148.72	1.23
70	162.16	163.59	165.03	166.46	167.89	169.32	1.43
80	181.77	183.40	185.04	186.66	188.29	189.92	1.63
90	201.39	203.21	205.04	206.87	208.69	210.51	1.82
100	221.—	223.02	225.05	227.07	229.09	231.11	2.02
110	240.61	242.83	245.06	247.27	249.49	251.71	2.22
120	260.23	262.64	265.06	267.48	269.89	272.30	2.41
130	279.84	282.45	285.07	287.68	290.29	292.90	2.61
140	299.45	302.26	305.08	307.89	310.69	313.50	2.81
150	319.07	322.07	325.09	328.09	331.09	334.10	3.01

OBSERVATIONS

F. 10 par tonneau sur le fret, font au Havre une différence de F. 1.76 par 100 kil. sur les prix.

On veut savoir le revient au Havre de Coton coûtant à Rangoon R. 95 par viss, au change de 2sh 1d et au fret de F. 100 par tonn. de 600 kil.

On trouvera dans la 1re et la 2e colonne de ce tableau que:

R. 5 font par 100 kil........	F. 9.81
» 90 id. id........	» 201.39
R. 95 feront donc........	F. 211.20

F. 0.05 c. par £ sur le change, font au Havre une différence d'environ ⅕ % sur les prix.

Droits d'entrée par 100 kil. en Juillet 1865

Par navire Français........	Exempt
id. Etranger........	F. 3.—

COLOMBO

Colombo, est la capitale de l'île de Ceylan. Construite par les Portugais, elle devint ensuite, en 1656, le chef-lieu des établissements Hollandais, et lorsqu'en 1796 les chances de la guerre eurent fait passer l'île au pouvoir des Anglais, elle resta le centre du commerce dans ces parages.

Le climat est salubre, avantage inappréciable et rare dans les régions tropicales ; mais la rade est peu sûre, si ce n'est pendant la mousson du Nord-Est, qui règne de novembre en mars.

Les navires qui ne jaugent guère que 100 tonneaux peuvent venir à quai ; mais ceux d'un plus fort tonnage sont obligés de rester à quelque distance ; lors de la mousson du Sud-Ouest, quand le vent vient du large, il faut parfois couper les câbles et gagner la haute mer, de peur d'être jeté à la côte.

La superficie de Ceylan est de 24,600 milles carrés ; sa population, en 1858, était d'environ 2,000,000 d'habitants.

Ceylan se trouvant sur la route de l'Europe, vers l'extrême Orient, a de tous côtés des communications maritimes faciles et promptes. Les paquebots à vapeur qui se rendent à Calcutta ou qui en reviennent, touchent à Pointe-de-Galle, port excellent et bien fortifié à l'extrémité méridionale de l'île. Un embranchement part de ce point pour se diriger vers Singapore et la Chine.

Le mouvement commercial se développe rapidement.

L'article principal est le Café ; il s'en exporte annuellement pour 40 à 50 millions de francs. On peut citer, en outre, la Cannelle, le Coton, les Cornes de Buffles, l'Huile de coco, le Bois d'ébène, les Bois de sapan, etc.

Droits d'exportation. — Café 1sh par cwt ; Cannelle 2sh par 100 ℔ ; Huile de Coco 7d 1/2 par cwt ; Sucre 6d par cwt ; Cordage et Minerai 3d par cwt ; autres articles 2 1/2 %.

Monnaies. — Depuis 1825, les monnaies légales en usage à Ceylan sont la *livre sterling* = 20sh 12d.

Un papier-monnaie, consistant en billets d'une livre sterling et au-dessus, émis par le Trésor de la colonie et payable à vue, vient en aide aux transactions.

Poids. — Pour les marchandises étrangères, on emploie la livre avoir du poids. Pour les marchandises indigènes, on se sert généralement : du *candy* = 247 kil. 2 = 547 ℔ avoir du poids ; du *gahr* ou *garce* = 4197 kil. = 9256 ℔ 5 avoir du poids.

On vend les Câbles, les Fils de coco, les Bois de teinture, les Cornes, par candy ; le Coton, les Bois d'ébène, par lot de 500 ℔ = 226 kil. ; le Café, le Sucre et les Métaux, par 112 ℔ anglaises ; l'Huile de cannelle, par once (28 gr. 34).

Changes. — On fournit sur Londres à 6 mois et 90 jours de vue, £ 100 = 93, 93 3/4, 94 1/4 £.

(Extrait du Dictionnaire du Commerce, par GUILLAUMIN et Cie, et de ma correspondance particulière).

COMPTE D'ACHAT ET DE REVIENT

4968 SACS CAFÉ CEYLAN

4968 sacs Café Ceylan, pesant net cwt 5008 à 30sh par cwt			£	7512.—.—
Proportion aux frais de séchage et triage			»	208.18. 4
			£	7720.18. 4

FRAIS A COLOMBO

Magasinage 3d par sac	£	62. 2.—		
Location de bateaux et coolies à 3d par cwt	»	62.12.—		
4968 sacs à café 100sh par 100 sacs	»	248. 8.—		
Connaissements timbrés	»	—. 2. 3		
Assurance contre le feu ¼ %	»	19. 6.—	»	392.10. 3
			£	8113. 3. 7

	Droits de Sortie		
Droit de sortie 1sh par cwt	£ 250. 8.—		
Commission d'achat et de remboursement 5 %	» 12.10. 5	»	405.13. 2
	£ 262.18. 5	£	8518.10. 9
Remboursement sur Londres à 6 mois de vue, au change de 8 % d'escompte	£ 285.15. 7	£	9259.19. 2
Et au change de F. 25.20 par £ 1	F. 7201.63	F.	233342.13

FRAIS AU HAVRE

Fret sur 247851 kil. bruts à F. 120 par tonn. de 900 kil. et signaux			F.	33060.55		
Permis, voiliers pour échantillonner, port en entrepôt, arrimage, magasinage d'un mois, livraison et menus frais			»	1738.80		
Assurance maritime sur F. 256680 à 2 % et police	»	158.44	»	5135.10		
id. contre le feu sur F. 296620 à ½ ‰	»	4.04	»	148.31		
Commission de banque à Londres, pour confirmation de crédit, 1 ½ %	»	108.02	»	3500.13		
Escompte à la vente … 1½ %						
Courtage de vente … ½ %						
Commission de vente … 2 %						
Ensemble … 4 % sur F. 288463.56.	»	311.34	»	11538.54	»	55191.43
	F.	7783.47			F.	288463.56

RENDEMENT : 100 Q nettes rendent net kil. 43.20 :

Brut		kil. 247851	
Tare 2 %	kil. 4957		
Réfactions pour pierres	» 594	» 5551	
Net		kil. 242300 à F. 119.05 par 100 kil. entrepôt	F. 288458.15
Droits de sortie à Colombo		» 3.21 id. id.	
Ensemble		F. 122.26 id. id.	

N. B. — Au commencement de la saison, il faut calculer sur une perte au poids de 1 ½ %.

PRIX DE REVIENT AU HAVRE DES 100 KIL. ENTREPOT

AUX CHANGES SUIVANTS SUR LONDRES

A 6 mois de vue, avec réduction de la £ à F. 25.20.

PRIX à COLOMBO par cwt	ESCOMPTE 4 %	ESCOMPTE 5 %	ESCOMPTE 6 %	ESCOMPTE 7 %	ESCOMPTE 8 %	ESCOMPTE 9 %	½ % escompte sur le change fait au Havre par 100 kil.
Sh. —. 6	F. 1.54	F. 1.56	F. 1.58	F. 1.59	F. 1.61	F. 1.63	F. 0.02
30.—	114.72	115.76	116.80	117.86	119.09	120.23	1.10
31.—	117.80	118.89	120.02	121.15	122.31	123.40	1.14
32.—	120.89	122.01	123.17	124.33	125.53	126.74	1.17
33.—	123.97	125.18	126.32	127.52	128.75	130.—	1.21
34.—	127.06	128.25	129.47	130.70	131.97	133.25	1.24
35.—	130.15	131.37	132.62	133.89	135.19	136.51	1.27
36.—	133.23	134.49	135.77	137.08	138.41	139.77	1.31
37.—	136.32	137.60	138.93	140.26	141.63	143.02	1.34
38.—	139.41	140.72	142.08	143.45	144.86	146.28	1.37
39.—	142.49	143.84	145.23	146.63	148.08	149.53	1.41
40.—	145.58	146.96	148.38	149.82	151.30	152.79	1.44
41.—	148.66	150.08	151.53	153.—	154.52	156.04	1.48
42.—	151.75	153.20	154.69	156.19	157.74	159.30	1.51
43.—	154.84	156.32	157.84	159.38	160.96	162.56	1.54
44.—	157.92	159.43	160.99	162.56	164.18	165.81	1.58
45.—	161.01	162.55	164.14	165.75	167.40	169.07	1.61
46.—	164.10	165.67	167.29	168.93	170.62	172.32	1.64
47.—	167.18	168.79	170.44	172.12	173.84	175.58	1.68
48.—	170.27	171.91	173.60	175.30	177.06	178.83	1.71
49.—	173.35	175.02	176.75	178.49	180.28	182.09	1.75
50.—	176.44	178.15	179.90	181.68	183.50	185.35	1.78
51.—	179.53	181.26	183.05	184.86	186.72	188.60	1.81
52.—	182.61	184.38	186.20	188.05	189.94	191.86	1.85
53.—	185.70	187.50	189.36	191.23	193.16	195.11	1.88
54.—	188.78	190.62	192.51	194.42	196.38	198.37	1.92
55.—	191.87	193.74	195.66	197.60	199.60	201.62	1.95
56.—	194.96	196.86	198.81	200.79	202.82	204.88	1.98
57.—	198.04	199.97	201.96	203.97	206.04	208.13	2.02
58.—	201.13	203.09	205.11	207.16	209.26	211.39	2.05
Plus, par 100 kil. pour Droits de Sortie à Colombo, sur estimation de Sh. 1 par cwt	3.08	3.11	3.14	3.18	3.21	3.25	0.03

OBSERVATIONS

F. 10 par tonneau sur le fret, font au Havre une différence de F 1.14 par 100 kil. sur les prix.

On veut savoir le revient au Havre de Café coûtant à Colombo 48sh 6d par cwt, au change de 8 % escompte et au fret de F. 120 par tonn. de 900 kil.

On trouvera dans la 1re et la 6e colonne de ce tableau que :

Sh. —. 6 font par 100 kil.	F.	1.61
» 48.— id. id.	»	177.06
Plus droits de sortie à Colombo	»	3.21
Sh. 48. 6 feront donc	F.	181.88

N.-B. — Les droits de sortie à Colombo ne sont pas compris dans les prix de revient du tableau ci-dessus, il faudra donc les ajouter. Pour savoir ce qu'ils produisent en France par 100 kil., il suffira de multiplier les logarithmes suivants par le droit de sortie, quel qu'il soit. En retranchant les 2 derniers chiffres de droite, on aura, en francs et centimes, le résultat cherché.

CHANGES			LOGARITHMES
4 %	escompte	…	30783
5 %	»	…	31107
6 %	»	…	31437
7 %	»	…	31776
8 %	»	…	32122
9 %	»	…	32475

Droit d'Entrée par 100 kil. en Juillet 1865

Par navire Français	F. 50.40
id. Etranger	» 55.40

On distingue deux sortes de Café, le natif, provenant de la culture indigène, et le plantation, obtenu sous la direction des Européens; ce dernier est récolté avec plus de soin, beaucoup moins chargé de fèves défectueuses, il se paye habituellement à Colombo 20 à 30 % plus cher que le premier.

COMPTE D'ACHAT ET DE REVIENT

A 24 BALLES CANNELLE

24 balles Cannelle, pesant net 2400 ℔ à 10ᵈ sterling par ℔			£ 100.—.—

FRAIS A COLOMBO

	Droits de sortie		
Toile pour l'emballage, sacs, etc		£ 7. 4.—	
Transport et mise à bord		» 1. 4.—	
Lettres et menus frais		» —.10.—	
Assurance contre le feu ¼ %		» —. 5.—	» 9. 3.—
			£ 109. 3.—
Droits de sortie à 2ᵈ par 100 ℔	£ 2. 8.—		
Commission d'achat et de remboursement 5 %	» —. 2. 5		» 5. 9.—
	£ 2.10. 5		£ 114.12.—
Remboursement sur Londres à 6 mois de vue, au change de 8 % escompte	£ 2.14. 9		£ 124.11. 2
Remboursement de Londres sur Paris, à F. 25.25 par £ 1	F. 69.18		F. 3145.15

FRAIS AU HAVRE

Fret sur 1190 kil. à F. 100 secs par tonn. de 800 kil.		F. 896.65	
Permis, frais au débarquement, port en magasin, magasinage d'un mois, livraison et menus frais		» 25.—	
Commission de banque à Londres, pour confirmation de crédit, 1 ½ %	» 1.03	» 47.17	
Assurance maritime sur F. 3460 à 2 ¼ % et police	» 1.71	» 79.35	
id. contre le feu sur F. 4017 à ½ ‰	» 0.04	» 2.—	
Escompte à la vente 2½ %			
Courtage de vente ½ %			
Commission de vente 2 %			
Ensemble 4½ % sur F. 3878.50	» 3.39	» 174.18	» 724.30
	F. 75.35		F. 3869.45
Soit par 100 kil	» 7.22		

RENDEMENT : 100 ℔ nettes rendent net 43 kil. ½ :

Soit net 1044 kil. à	F. 370.63 par 100 kil. entrepôt			F. 3869.40
Plus : droits de sortie à Colombo	» 7.22	id.	id.	
Ensemble	F. 377.85	id.	id.	

PRIX DE REVIENT AU HAVRE DES 100 KIL. ENTREPOT

AUX CHANGES SUIVANTS SUR LONDRES

A 6 mois de vue, avec réduction de la £ à F. 25.25.

PRIX à COLOMBO par ℔	ESCOMPTE 4 %	ESCOMPTE 5 %	ESCOMPTE 6 %	ESCOMPTE 7 %	ESCOMPTE 8 %	ESCOMPTE 9 %	1 % escompte sur le change fait au Havre par 100 kil.
D. ⅛	F. 3.61	F. 3.65	F. 3.69	F. 3.73	F. 3.77	F. 3.81	F. 0.04
¼	7.22	7.30	7.38	7.46	7.54	7.62	0.08
⅜	10.83	10.95	11.07	11.19	11.31	11.43	0.12
½	14.44	14.60	14.75	14.91	15.07	15.24	0.16
⅝	18.05	18.24	18.44	18.64	18.84	19.04	0.20
¾	21.66	21.89	22.12	22.36	22.61	22.85	0.24
⅞	25.27	25.54	25.81	26.09	26.37	26.66	0.28
1	28.88	29.19	29.50	29.82	30.14	30.47	0.32
5	212.51	214.32	216.15	218.01	219.91	221.85	1.87
6	241.39	243.50	245.64	247.82	250.05	252.32	2.19
7	270.27	272.69	275.14	277.64	280.19	282.79	2.50
8	299.15	301.88	304.64	307.45	310.33	313.27	2.82
9	328.04	331.07	334.14	337.27	340.47	343.74	3.14
10	356.92	360.26	363.64	367.08	370.61	374.21	3.46
11	385.80	389.45	393.14	396.90	400.75	404.68	3.78
12	414.69	418.64	422.64	426.71	430.89	435.15	4.09
13	443.57	447.83	452.14	456.53	461.03	465.63	4.41
14	472.45	477.02	481.64	486.34	491.17	496.10	4.73
15	501.34	506.21	511.14	516.16	521.32	526.57	5.05
16	530.22	535.39	540.63	545.97	551.46	557.04	5.36
17	559.10	564.58	570.13	575.78	581.60	587.51	5.68
18	587.98	593.77	599.63	605.60	611.74	617.99	6.—
19	616.87	622.96	629.13	635.42	641.88	648.45	6.32
20	645.75	652.15	658.63	665.23	672.02	678.93	6.64
21	674.63	681.34	688.13	695.05	702.16	709.40	6.95
22	703.52	710.53	717.63	724.86	732.30	739.87	7.27
23	732.40	739.72	747.13	754.68	762.44	770.35	7.59
24	761.28	768.91	776.63	784.49	792.58	800.82	7.91
25	790.17	798.10	806.13	814.31	822.73	831.29	8.22
Plus, par 100 kil., pour droits de sortie à Colombo.	6.91	6.99	7.06	7.14	7.21	7.29	0.08

OBSERVATIONS

F. 10 par tonneau sur le fret, font au Havre une différence de F. 3.80 par 100 kil. sur les prix.

On veut savoir le revient au Havre de Cannelle coûtant à Colombo 10ᵈ ½ par ℔, au change de 6 % escompte et au fret de F. 100 secs par tonn. de 800 kil.

On trouvera dans la 1ʳᵉ et la 4ᵉ colonne de ce tableau que :

D. — ½ font par 100 kil.	F. 14.75
» 10 id. id.	» 363.64
Plus droits de sortie à Colombo	» 7.06
D. 10 ½ feront donc	F. 385.45

N.-B. — Les droits de sortie à Colombo ne sont pas compris dans les prix de revient du tableau ci-dessus, il faudra donc les ajouter. Pour savoir ce qu'il produisent en France par 100 kil., il suffira de multiplier les logarithmes suivants par le droit de sortie. Les 3 premiers chiffres de gauche formeront, en francs et centimes, le résultat cherché.

CHANGES			LOGARITHMES
4 % escompte			3456
» 5 %	»	»	3493
» 6 %	»	»	3531
» 7 %	»	»	3569
» 8 %	»	»	3607
» 9 %	»	»	3645

Droits d'entrée par 100 kil. en Juillet 1865

Par navire Français	F. 1.20
Id. Etranger	» 3.60

COMPTE D'ACHAT ET DE REVIENT

A 2190 BALLES COTON TINNEVELLY

2190 balles Coton Tinnevelly de 300 ₰ nettes (cordes et emballage 14 ₰ par balle), 500 ₰ pour 1 candy, soit 1314 candies à R. 60 par candy			R. 78840.—.—

FRAIS A TUTICORIN

Frais de presse, coolies et frais d'embarquement, magasinage à R. 5 par candy			» 6570.—.—
			R. 85410.—.—
Commission d'achat 2 ½ %			» 2135. 4.—
Couverture faite de Colombo, d'où les remboursements s'effectuent sur l'Europe			R. 87545. 4.—

FRAIS A COLOMBO

Remise à Tuticorin R. 87545.4, au change de 2ˢʰ par R.			£ 8754.10. 5
Fret et assurance de Colombo à Tuticorin 1 %	£ 87.10.10		
Ports de lettres et dépêches	» 2. 6. 2		» 89.17.—
			£ 8844. 7. 5
Commission de remboursement 2 ½ %			» 221. 2. 2
			£ 9065. 9. 7
Remboursement sur Londres à 6 mois de vue, au change de 8 % d'escompte			£ 9858.15. 7
Et au change sur Paris de F. 25.20 par £ 1			F. 248315.25

FRAIS AU HAVRE

Fret sur 306200 kil. à F. 100 secs par tonn. de 600 kil. et signaux		F. 51059.28	
Permis, voiliers pour échantillonner, port en magasin, arrimage, magasinage d'un mois, livraison et menus frais		» 2190.—	
Assurance maritime sur F. 273146 à 2 % et police		» 5464.45	
id. contre le feu sur F. 331860 à ½ ‰		» 165.92	
Commission de banque à Londres, pour confirmation de crédit, 1 ½ %		» 3724.75	
Escompte de 4 mois	2 %		
Courtage de vente	½ %		
Commission de vente	2 %		
Ensemble	4½ % sur F. 324720.26	» 13800.61	» 76405.01
			F. 324720.26

Rendement moyen : 100 ₰ nettes rendent net 44 kil. ½ :

Soit net 292365 kil. à F. 111.07 par 100 kil. entrepôt .... F. 324720.80

Conditions nouvelles pour la vente au Havre :

Terme 4 mois ou 2 % d'escompte; tare 4 %; don et surdon 1 %.

PRIX DE REVIENT AU HAVRE DES 100 KIL. ENTREPOT

AUX CHANGES SUIVANTS SUR LONDRES

A 6 mois de vue, avec réduction de la £ à F. 25.20.

	PRIX à TUTICORIN par Candy	ESCOMPTE 4 %	ESCOMPTE 5 %	ESCOMPTE 6 %	ESCOMPTE 7 %	ESCOMPTE 8 %	ESCOMPTE 9 %	1 % escompte sur le change fait au Havre par 100 kil.
SUBDIVISIONS Coût et frais variables	Roupies 1	F. 1.36	F. 1.37	F. 1.39	F. 1.40	F. 1.42	F. 1.43	F. 0.01
	2	2.71	2.74	2.77	2.80	2.83	2.86	0.03
	3	4.07	4.11	4.16	4.20	4.25	4.29	0.04
	4	5.42	5.48	5.54	5.60	5.66	5.72	0.06
	5	6.78	6.85	6.93	7.—	7.08	7.16	0.08
	6	8.13	8.22	8.31	8.40	8.49	8.59	0.09
	7	9.49	9.59	9.70	9.80	9.91	10.02	0.11
	8	10.84	10.96	11.08	11.20	11.32	11.45	0.12
	9	12.20	12.33	12.47	12.60	12.74	12.88	0.14
Coût et frais variables et invariables	50	93.66	94.45	95.25	96.06	96.90	97.75	0.82
	60	107.23	108.16	109.10	110.07	111.06	112.06	0.97
	70	120.79	121.86	122.96	124.07	125.21	126.37	1.12
	80	134.36	135.57	136.81	138.07	139.37	140.68	1.26
	90	147.92	149.28	150.66	152.07	153.52	154.99	1.41
	100	161.49	162.99	164.52	166.08	167.68	169.30	1.56
	110	175.05	176.69	178.37	180.08	181.83	183.61	1.71
	120	188.62	190.40	192.22	194.08	195.99	197.92	1.86
	130	202.17	204.11	206.08	208.08	210.14	212.23	2.01
	140	215.74	217.82	219.93	222.09	224.30	226.54	2.16
	150	229.30	231.52	233.78	236.09	238.45	240.85	2.31
	160	242.88	245.23	247.64	250.09	252.61	255.16	2.46
	170	256.44	258.94	261.49	264.09	266.76	269.47	2.61
	180	270.01	272.65	275.34	278.10	280.92	283.78	2.75
	190	283.57	286.35	289.20	292.10	295.07	298.09	2.90
	200	297.14	300.06	303.05	306.10	309.23	312.40	3.05
	210	310.70	313.77	316.91	320.10	323.38	326.71	3.20
	220	324.27	327.48	330.76	334.11	337.54	341.02	3.35
	230	337.83	341.18	344.61	348.11	351.69	355.33	3.50
	240	351.40	354.89	358.47	362.11	365.84	369.64	3.65
	250	364.96	368.60	372.32	376.11	380.—	383.96	3.80
	260	378.53	382.31	386.17	390.12	394.15	398.27	3.95

OBSERVATIONS

F. 10 par tonneau sur le fret, font au Havre une différence de F. 1.75 par 100 kil. sur les prix.

On veut savoir le revient au Havre de Coton coûtant à Tuticorin R. 225 par candy, au change de 6 ½ escompte et au fret de F. 100 par tonn. de 600 kil.

On trouvera dans la 1ʳᵉ et la 4ᵉ colonne de ce tableau que :

R. 5 font par 100 kil .... F. 6.93
» 220 id. id. .... » 330.76

R. 225 feront donc .... F. 337.69

1ᵈ en plus ou en moins par R. sur le change à Colombo fait au Havre une différence d'environ 3 ¼ % sur les prix.

F. 0.05 c. par £ sur le change font au Havre une différence d'environ ⅕ % sur les prix.

Droits d'entrée par 100 kil. en Juillet 1865

Par navire Français .... Exempt
Id. Etranger .... F. 5.—

COMPTE D'ACHAT ET DE REVIENT

A 10000 SACS DE RIZ

10000 sacs de Riz. 72165 paniers riz à R. 30 par 100 paniers .... R. 21649. 8.—
2165 perte au criblage 3 %.
70000 paniers mis dans 10000 sacs de 7 paniers chaque.

FRAIS A AKYAB

10000 gonnies à R. 35 par 100 sacs	R. 3500.—.—		
Ensachage, port au bateau et à bord, à R. 1.12 par 100 paniers sur 70000 paniers	» 1225.—.—		
Fil à voile pour coudre les sacs	» 80.—.—		
Courtage 4 annas par 100 paniers sur 72165 paniers	» 180. 6. 6		
Ports de lettres, dépêches, connaissements, timbres, échantillons, etc.	» 64. 9. 6	» 5050.—.—	
		R. 26099. 8.—	

	Droits de Sortie	
Droits de sortie sur 10000 sacs pesant M^d 2.16 chaque, soit 24000 M^d à 2 annas par M^d	R. 3000.—.—	
Commission d'achat et de remboursement 5 %	» 150.—.—	» 1934.15.—
	R. 3150.—.—	R. 28034. 7.—

FRAIS A CALCUTTA

Commission pour la remise des fonds à Akyab 1 %	» 31. 8.—	R. 280. 5. 5	
Assurance maritime ½ %	» 15.12.—	» 140. 2. 9	
Fret par steamer ¾ %	» 11.12. 9	» 105. 2.—	
Courtage ¼ %	» 7.13.11	» 70. 1. 3	
Caisses, emballage et port à bord		» 17. 4. 7	» 613.—.—
(R. 1 = 16 annas à 12 pice).	R. 3216.14. 8		R. 28647. 7.—
Remboursement sur Paris au change de F. 2.50 par R	F. 8042.60		F. 71618.60

FRAIS AU HAVRE

Fret sur 865000 kil. à F. 85 secs par tonn. de 1000 kil.		F. 73525.—	
Permis, voiliers pour échantillonner, port en magasin, arrimage, magasinage d'un mois, livraison et menus frais		» 4160.—	
Assurance maritime sur F. 78780 à 3 % et police	» 265.40	» 2364.90	
id. contre le feu sur F. 158880 à ½ ‰	» 4.55	» 79.40	
Commission de banque à Paris, pour confirmation de crédit, 1 %	» 80.45	» 716.20	
Escompte à la vente .... 2 %			
Courtage de vente .... ¼ %			
Commission de vente .... 2 %			
Ensemble ...... 4¼ % sur F. 159232.50	» 372.55	» 6768.40	» 87613.90
	F. 8765.55		F. 159232.50
Soit par 100 kil.	» 1.10		

RENDEMENT : 1 panier rend net kil. 11.40 :

Sur 70000 paniers, soit net 798000 kil. à .... F. 19.96 par 100 kil. entrepôt .... F. 159280.10
Plus : droits de sortie .... » 1.10 id. id.
Ensemble .... F. 21.06 id. id.

PRIX DE REVIENT AU HAVRE DES 100 KIL. ENTREPOT

AUX CHANGES SUIVANTS SUR PARIS

Avec la parité des changes sur LONDRES, calculés sur la base de F. 25.25 pour £ 1.—.—

	PRIX à AKYAB par 100 paniers	PARIS F. 2.50 — LONDRES 1sh 11d 3/4	PARIS F. 2.55 — LONDRES 2sh 0d 1/4	PARIS F. 2.60 — LONDRES 2sh 0d 11/16	PARIS F. 2.65 — LONDRES 2sh 1d 3/16	PARIS F. 2.70 — LONDRES 2sh 1d 5/8	PARIS F. 2.75 — LONDRES 2sh 2d 1/8	5 c. par R. sur le change font au Havre par 100 kil.
SÉPARÉMENT — Coûtant frais variables	Roupies 1/8	F. 0.03	F. 0.03	F. 0.03	F. 0.04	F. 0.04	F. 0.04	F. 0.—
	1/4	0.07	0.07	0.07	0.07	0.07	0.07	0.—
	3/8	0.10	0.10	0.10	0.11	0.11	0.11	0.—
	1/2	0.13	0.13	0.14	0.14	0.14	0.15	0.—
	5/8	0.17	0.17	0.17	0.18	0.18	0.19	0.—
	3/4	0.20	0.20	0.21	0.21	0.21	0.22	0.—
	7/8	0.23	0.24	0.24	0.25	0.25	0.25	0.—
	1	0.26	0.27	0.27	0.28	0.29	0.29	0.01
	2	0.53	0.54	0.55	0.56	0.57	0.58	0.01
	3	0.79	0.81	0.82	0.84	0.86	0.87	0.02
	4	1.06	1.08	1.10	1.12	1.14	1.16	0.02
	5	1.32	1.35	1.37	1.40	1.43	1.45	0.03
	6	1.59	1.62	1.65	1.68	1.71	1.74	0.03
	7	1.85	1.89	1.92	1.96	2.—	2.03	0.04
	8	2.11	2.16	2.20	2.24	2.28	2.32	0.04
	9	2.38	2.43	2.47	2.52	2.57	2.62	0.05
	10	2.64	2.70	2.75	2.80	2.85	2.91	0.05
Coût et frais variables et invariables	20	17.31	17.45	17.59	17.73	17.87	18.—	0.14
	30	19.96	20.15	20.33	20.53	20.72	20.91	0.19
	40	22.60	22.84	23.08	23.33	23.58	23.81	0.24
	50	25.24	25.54	25.83	26.13	26.43	26.72	0.30
	60	27.88	28.23	28.58	28.94	29.28	29.63	0.35
	70	30.52	30.93	31.33	31.74	32.14	32.53	0.40
	80	33.17	33.62	34.07	34.54	34.99	35.44	0.45
	90	35.81	36.32	36.82	37.34	37.85	38.34	0.51
	100	38.45	39.01	39.57	40.14	40.70	41.25	0.56
Plus, par 100 kil. pour Droits de Sortie à Akyab.		1.10	1.12	1.14	1.16	1.19	1.21	0.02

OBSERVATIONS

F. 10 par tonneau sur le fret, font au Havre une différence de F. 1.08 par 100 kil. sur les prix.

On veut savoir le revient au Havre de Riz coûtant à Akyab R. 35.10 par 100 paniers, au change de F. 2.65 et au fret de F. 85 par tonn. de 1000 kil.

On trouvera dans la 1re et la 5e colonne de ce tableau que :

R. — 5/8	font par 100 kil.	F. 0.18
» 5	id. id.	» 1.40
» 30	id. id.	» 20.53
	Plus droits de sortie à Akyab	» 1.16
R. 35 5/8	feront donc	F. 23.27

N.-B. — Les droits de sortie à Akyab ne sont pas compris dans les prix de revient du tableau ci-dessus, il faudra donc les ajouter. Pour savoir ce qu'ils produisent en France par 100 kil., il suffira de multiplier les logarithmes suivants par l'estimation de la Douane de 2 annas par maund (plus ou moins), et retrancher les 2 derniers chiffres de droite.

CHANGES		LOGARITHMES
2.50		5483
» 2.55	»	5607
» 2.60	»	5712
» 2.65	»	5832
» 2.70	»	5932
» 2.75	»	6042

Droits d'entrée par 100 kil. en Juillet 1865

Par navire Français .... F. 0.60
id. Etranger .... » 2.40

COMPTE D'ACHAT ET DE REVIENT

A 45 BALLES ORSEILLE

45 balles Orseille, brut cwt 161.2.11				
Tare.................. » 7.2.15				
Net..... cwt 153.3.24, ou 17244 ℔ à R. 9 par cwt..................			R.	1385.10.—
Escompte 1 ½ %..................			»	20.12.—
			R.	1364.14.—

FRAIS A BOMBAY

Emballage et presse R. 1 par cwt..................	R.	153.12.—		
Assurance contre le feu ½ % sur R. 1523..................	»	7. 9.—		
Courtage ½ % sur R. 1385.10..................	»	6.15.—		
Frais divers ½ % sur R. 1385.10..................	»	6.15.—	»	175. 3.—
			R.	1540. 1.—
Commission d'achat et de remboursement 5 %..................			»	77.—.—
			R.	1617. 1.—
Moins : Drawbach, R. 7 par cwt, sur cwt 157.3.2 = R. 1105.3.— à 10 % = R. 110.9.7 moins ⅛ % drawbach..................			»	97.—.—
			R.	1520. 1.—
Remboursement sur Paris à 6 mois de vue, au change de F. 2.55 par R..................			F.	3876.15

FRAIS AU HAVRE

Fret à F. 100 par tonn. sur 12 tonn..................	F.	1200.—		
Permis, frais au débarquement, voiliers pour échantillonner, port en magasin, arrimage, magasinage d'un mois, livraison et menus frais.	»	90.—		
Assurance maritime sur F. 4263 à 2 % et police..................	»	86.75		
id. contre le feu sur F. 5640 à ½ ‰..................	»	2.80		
Commission de banque à Paris, pour confirmation de crédit, 1 %...	»	38.75		
Escompte à la vente.................. 2 %				
Courtage de vente.................. ¼ %				
Commission de vente.................. 2 %				
Ensemble.................. 4¼ % sur F. 5529.45..................	»	235.—	»	1653.30
			F.	5529.45

Rendement : 18099 ℔ brutes rendent kil. 43.81

Soit brut..................	kil.	7930		
Tare réelle 9 kil. par balles..................	»	405		
Net..................	kil.	7525		
Moins perte sur avarie environ 3 %..................	»	226		
Soit net.................. kil. 7299 à F. 75.76 par 100 kil. entrepôt..................			F.	5529.70

PRIX DE REVIENT AU HAVRE DES 100 KIL. ENTREPOT

AUX CHANGES SUIVANTS SUR PARIS

Avec la parité des changes sur Londres, calculés sur la base de F. 25.25 pour £ 1.—.—

PRIX à BOMBAY par cwt	PARIS F. 2.55 — LONDRES 2sh 0d 1/4	PARIS F. 2.60 — LONDRES 2sh 0d 11/16	PARIS F. 2.65 — LONDRES 2sh 1d 3/16	PARIS F. 2.70 — LONDRES 2sh 1d 5/8	PARIS F. 2.75 — LONDRES 2sh 2d 1/8	PARIS F. 2.80 — LONDRES 2sh 2d 9/16	5 c. par R. sur le change font au Havre par 100 kil.
Roupies							
1/8	F. 0.76	F. 0.78	F. 0.79	F. 0.81	F. 0.82	F. 0.84	F. 0.02
1/4	1.52	1.55	1.58	1.61	1.64	1.67	0.03
3/8	2.28	2.33	2.37	2.42	2.46	2.51	0.05
1/2	3.04	3.10	3.16	3.22	3.28	3.34	0.06
5/8	3.81	3.88	3.96	4.03	4.11	4.18	0.07
3/4	4.57	4.66	4.75	4.84	4.93	5.02	0.09
7/8	5.33	5.43	5.54	5.65	5.75	5.85	0.10
1	6.09	6.21	6.33	6.45	6.57	6.69	0.12
5	51.38	52.01	52.66	53.31	53.96	54.60	0.64
6	57.47	58.22	58.99	59.76	60.53	61.29	0.76
7	63.56	64.43	65.32	66.21	67.10	67.98	0.88
8	69.65	70.65	71.66	72.66	73.67	74.67	1.—
9	75.75	76.86	77.99	79.11	80.24	81.36	1.12
10	81.84	83.07	84.32	85.56	86.81	88.05	1.24
11	87.93	89.28	90.65	92.01	93.38	94.74	1.36
12	94.03	95.49	96.98	98.46	99.95	101.43	1.48
13	100.12	101.71	103.32	104.91	106.52	108.12	1.60
14	106.21	107.92	109.65	111.36	113.09	114.81	1.72
15	112.30	114.13	115.98	117.82	119.67	121.50	1.84

OBSERVATIONS

F. 10 par tonneau sur le fret, font au Havre une différence de F. 1.64 par 100 kil. sur les prix.

On veut savoir le revient au Havre d'Orseille coûtant à Bombay R. 10.10 ou R. 10 ⅝ par cwt, au change de F. 2.65 et au fret de F. 100 par tonneau.

On trouvera dans la 1re et la 4e colonne de ce tableau que :

R. — ⅝ font par 100 kil..................	F.	3.96
» 10 id. id.	»	84.32
R. 10 ⅝ feront donc..................	F.	88.28

Droits d'entrée par 100 kil. en Juillet 1863.

Violette......	Par navire	Français..................	F.	240.—
	id.	Etranger..................	»	255.—
Bleu-cendré..	id.	Français..................	»	120.—
	id.	Etranger..................	»	129.—

ILE MAURICE

Port-Louis, capitale de l'île Maurice, ou Ile-de-France, est situé dans la mer des Indes, à 150 kilom. de la Réunion et à 960 kilom. de Madagascar.

La circonférence de l'île est de 200 kilom. environ, elle compte dans sa plus grande longueur 56 kilom. et dans sa plus grande largeur 32 kilom. Sa superficie est de 250,000 hectares.

Le sol est escarpé; les montagnes s'élèvent brusquement de la mer et sont couvertes de bois; une foule de ruisseaux coulent de leurs flancs et les vallées sont d'une fertilité extrême.

Le climat est sain; la chaleur est tempérée, sur les côtes, par les brises de la mer, et dans l'intérieur, par l'élévation du sol. Les Européens dont la santé a été altérée par le climat brûlant de l'Inde, vont se rétablir à Maurice.

L'Ile-de-France fut conquise par les Anglais en 1810 et perdit son nom. Le traité de Paris de 1815 la céda à l'Angleterre, qui a été assez longtemps sans en tirer grand parti.

Son importance comme station militaire et maritime est cause qu'une garnison de 1,600 à 2,000 hommes y réside constamment et que plusieurs bâtiments de guerre restant dans ce port ou aux environs.

Commerce. — La situation de Maurice sur la route de l'Inde est d'autant plus avantageuse pour le commerce, que cette île offre le seul port véritable que l'on rencontre dans une étendue immense; l'Australie est venue depuis quelques années offrir à ses Sucres un débouché important; Madagascar lui fournit des bœufs et des vivres; l'Indostan lui envoie du riz; l'Angleterre lui expédie un grand nombre de produits; la France lui adresse aussi bien des marchandises qui conviennent à une population qui n'a pu oublier son origine et dont les goûts sont restés français.

On tire les chevaux de l'Arabie, des îles de la Sonde, du Cap de Bonne-Espérance. Ces derniers sont les plus recherchés à cause de leur qualité, de leur taille, de leur élégance et de la facilité avec laquelle ils s'acclimatent.

Les mules sont généralement expédiées de Nantes, et en petite quantité de Bordeaux. Le golfe Persique, la mer Rouge, Buenos-Ayres en envoient aussi; mais on donne à celles de France une préférence marquée.

Le *riz* forme l'objet d'un commerce important; il vient de la côte de l'Inde. Les Coolies, dont le nombre va toujours en augmentant, en emploient beaucoup, et la production de l'île, en fait de substances alimentaires, est bien au-dessous des besoins. Il faut par mois, environ 60,000 sacs de riz.

Exportation. — Le Sucre est devenu à peu près le seul article que Maurice livre au commerce. Le Café, le Girofle, le Coton, qui autrefois figuraient sur le relevé des exportations, sont aujourd'hui complètement délaissés.

Port, règlements et usages. — Port-Louis est au Nord-Ouest de l'île; c'est une rade sûre, et dans laquelle on est à l'abri du mauvais temps; mais les abords n'en sont pas exempts de difficultés; il faut s'engager dans des chenaux parfois dangereux, et, comme il n'est pas aisé d'en distinguer l'entrée pendant la nuit, la prudence recommande de se tenir au large et d'attendre le jour. En tout temps, il ne faut pas s'y engager sans pilote, à moins qu'on ait une grande connaissance personnelle de ces parages.

PILOTAGE

Navires restant en rade, par pied de tirant d'eau	£ —. 2. 6
id. entrant dans le port, par pied de tirant d'eau	» —. 5.—
id. sortant du port, par pied de tirant d'eau	» —. 5.—

(Les navires au-dessous de 100 tonneaux ne sont pas obligés de prendre un pilote).

POUR L'USAGE DES CHAINES ET AUSSIÈRES ET DES BATEAUX DU PORT

Navires de 100 tonneaux et au-dessus, à l'entrée	£ 3.—.—
Si un steamer du port est employé, en plus	» 1.—.—
Navires de 100 tonneaux et au-dessus, à la sortie	» 3.—.—

1865

POUR L'USAGE DES BATEAUX SANS AUSSIÈRES

Chaque chalain armé, par jour	£ 1.10.—

ANCRAGE

Navires trafiquant entre Maurice et ses dépendances ou Madagascar, par ton. (Ces navires ne sont taxés que deux fois par an).	£ —.—. 3
Navires entrant en avaries et ne faisant pas opération de commerce	Exempts.
id. entrant dans le port sans faire opération de commerce, par tonneau	£ —. 4.—
id. id. id. faisant opération de commerce, par tonneau	» —. 8.—
id. en rade, rompant charge pour une quantité de marchandises n'excédant pas 10 tonneaux, mettant à terre jusqu'à 5 chevaux ou bêtes à cornes, 20 moutons, chèvres ou porcs ; chargés d'immigrants et les débarquant avec leur excédant de provisions	Exempts.
Pour chaque mouvement d'un navire changeant de mouillage	£ 4.—.—
Pour éviter	» 2.—.—
Pour reprendre ses amarres	» 2.—.—
Les droits d'amarrage ne pourront en aucun cas excéder pour les bâtiments faisant opération de commerce	» 30.—.—
Pour ceux ne faisant pas opération de commerce	» 15.—.—

Les bâtiments à vapeur touchant à Port-Louis dans leur route vers tout autre port, à l'exception de ceux recevant une allocation de la Colonie pour le service des malles, seront exemptés des droits d'ancrage et de tous les autres droits de port perçus au profit du gouvernement.

POUR L'USAGE DES CHAINES ET DES ANCRES PLACÉES AUTOUR DU TROU-FANFARON

Navires au-dessous de 100 tonneaux, par jour	£ —. 1.—
id. de 100 à 200 tonneaux, par jour	» —. 2.—
id. au-dessus de 200 tonneaux, par jour	» —. 4.—
id. de plus de 3500 livres	» —.16.—
id. de 3500 à 2500 id.	» —.12.—
id. de 2500 à 2000 id.	» —. 8.—
id. de 2000 à 1500 id. et au-dessous	» —. 4.—
id. de 14 à 16 pouces, par jour	» 1.12.—
id. de 11 à 13 id. id.	» 1. 4.—
id. de 8 à 10 id. id.	» 1.—.—
id. de 6 à 7 id. id.	» —.12.—
id. de 4 à 5 id. id.	» —. 8.—
Navire restant sur ses amarres plus de 24 heures après qu'il a évité, ou plus de 48 heures dans le cas où le pilote a certifié par écrit que le vent n'a pas permis audit navire de quitter le port dans les 24 heures, au-dessous de 100 tonneaux, par jour	» 1.—.—
De 100 tonneaux et au-dessus, par jour	» 4.—.—

EXPÉDITION

Navires trafiquant entre la colonie et ses dépendances ou Madagascar	£ —. 5.—
Autres navires	» —.15.—

SERVICE DU DRAGAGE

Pour le service du dragage, il sera perçu en outre un droit proportionnel, calculé sur le montant des droits de port (à l'exception de ceux payés pour l'usage du bateau à vapeur ou pour un retard dans le départ d'un bâtiment entré) supportés par tout navire qui sera entré dans le port, de 10 % s'il ne jauge pas plus de 350 tonneaux, de 15 % s'il jauge au-delà de 350 tonneaux.

REMORQUAGE

Navires de moins de 100 tonneaux	£ 3.—.—
id. de 100 à 150 tonneaux	» 4.—.—
id. de 150 à 200 id.	» 5.—.—
id. de 200 à 400 id.	» 6.—.—
id. de plus de 400 tonneaux pour chaque 100 tonneaux en plus	» 1.—.—

DROIT DE PHARES

Pour tout navire autre que les bateaux de côte de Maurice entrant dans le port, déchargeant ou chargeant des marchandises, débarquant ou prenant ses coolies en rade, par tonneau (Ce droit ne sera pas perçu plus de deux fois dans une même année).	£ —.—. 2

Port-Louis possède plusieurs établissements de marine d'une importance réelle, et trois bassins de carénage dont deux peuvent recevoir des frégates du plus grand modèle. Les travaux y sont bien exécutés, mais à des prix élevés.

Monnaies. — La Piastre (valeur nominale) est la base de toutes les transactions commerciales de Maurice. Elle est invariablement représentée par £ —. 4.— ou F. 5. Elle se divise en centièmes.

Comme moyen d'échange habituel, indépendamment de toutes les monnaies d'Angleterre, d'Australie, de l'Inde, de la France, la colonie possède des billets de Banque, ayant cours forcé, de 10 shellings, une livre et 5 livres sterlings.

Poids. — Les poids en usage dans l'île sont encore ceux dont on se servait en France avant l'adoption du système décimal.

La livre *poids de marc* équivaut en conséquence à kil. 0.489,505 et se divise en 16 onces, 128 gros.

Mesures. — La Mesure de longueur pour les tissus, est *l'aune*, de 1 mètre 20 cent. Celle pour les liquides est la Velte, qui, dans l'usage est prise pour 2 gallons = 9.08 litres.

Dans tous les rapports avec l'Administration on ne se sert que de monnaies, de poids et de mesures anglaises.

Changes. — Les fluctuations sont assez grandes. De Janvier à Août, les traites sur France à 90 jours de vue profitent d'une prime de 2 à 2 ½ % ; de Septembre à Décembre elles supportent au contraire un escompte qui varie de 1 à 5 %.

Fret. — de F. 75 à F. 80 pour les ports de l'Océan } et 5 % chapeau.
de » 85 à » 90 pour la Méditerranée } et 5 % chapeau.

Les importations françaises à Maurice s'élèvent, année commune, à environ dix millions de francs. Elles consistent principalement et suivant l'ordre d'importance : en vins, modes, soieries, chaussures, eaux-de-vie, mules, saindoux, vêtements confectionnés, bijouterie, chapelleries, quincaillerie, et coutellerie, conserves alimentaires, meubles, savons, bougies, parfumerie, huile d'olive, parapluies et parasols, toile à voiles et cordages, papeterie, livres, etc.

(Extrait du Dictionnaire Universel du Commerce et de la Navigation par GUILLAUMIN, & Cie; ainsi que de ma Correspondance particulière.)

COMPTE D'ACHAT ET DE REVIENT

A 1500 CANDIES GRAINE DE SÉSAME

1500 candies graine de Sésame, à R. 20 par candy			R. 30000.—.—
Escompte 1 ½ %			» 450.—.—
			R. 29550.—.—

FRAIS A BOMBAY

1500 candies ont produit net, après nettoyage, 4725 balles de 164 ℔ anglaises, à 8 annas pour doubles sacs		R. 2362. 8.—	
Réception, mise en sacs et port à bord, 12 annas par candy		» 1125.—.—	
Nettoyage, etc., 5 annas par candy		» 468.12.—	
Magasinage et autres		» 300.—.—	
Courtage d'achat 1 %		» 300.—.—	» 4556. 4.—
			R. 34106. 4.—
	Droits de Sortie		
Droits de sortie sur estimation de R. 4 par cwt, R. 27676 à 3 %	R. 830. 4.—		
Commission d'achat 2 ½ %	» 20.12.—		» 852.10.—
	R. 851.—.—		R. 34958.14.—
Commission de remboursement 1 %			
Courtage de négociation des traites ¼ %			
Timbre des traites ¼ %			
Ensemble 1¼ %	» 10.12.—		» 442. 8.—
(R. 1 = 16 annas).	R. 861.12.—		R. 35401. 6.—
Remboursement sur Paris à 6 mois de vue, au change de F. 2.60 par R.	F. 2240.60		F. 92043.65

FRAIS A MARSEILLE

Fret sur 378000 kil. bruts, à F. 100 secs par ton. de 850 kil.		F. 44470.60	
Vidage, secouage, remplissage pour le pesage, F. 1.40 par 1000 kil.		» 529.20	
Marqueur et porte romaine, prélarts, permis et préposés		» 50.—	
Portefaix à la livraison, 25 c. par 1000 kil.		» 94.50	
Journaliers pour soigner l'avarié et frais divers pour les balayeurs		» 100.—	
Experts jurés		» 75.—	
La ½ du poids public		» 189.—	
Ports de lettres, dépêches et menus frais		» 60.—	
Assurance maritime sur F. 101247 à 2 % et police	» 49.80	» 2026.45	
id. contre le feu sur F. 148842 à ½ ‰	» 1.25	» 74.40	
Commission de banque pour confirmation de crédit 1 %	» 22.40	» 920.45	
Courtage de vente, ½ %; commission de vente, 2 %; escompte à la vente, 1 ½ %; ensemble, 3 ½ %	» 98.25	» 5669.25	» 54258.85
	F. 2406.80		F. 146302.50
Soit par 100 kil.	» 0.65		

RENDEMENT : 1 candy rend 244 kil. nets :

Soit net 366000 kil. à	F. 39.97 par 100 kil. entrepôt		F. 146290.20
Plus : droits de sortie à Bombay	» 0.65 » »		
Ensemble	» 40.62 » »		

PRIX DE REVIENT A MARSEILLE DES 100 KIL. ENTREPOT

AUX CHANGES SUIVANTS SUR PARIS

Avec la parité des changes sur LONDRES, calculés sur la base de F. 25.25 pour £ 1.—.—

PRIX à BOMBAY par candy	PARIS F. 2.55 — LONDRES 2sh 0d 1/4	PARIS F. 2.60 — LONDRES 2sh 0d 11/16	PARIS F. 2.65 — LONDRES 2sh 1d 3/16	PARIS F. 2.70 — LONDRES 2sh 1d 5/8	PARIS F. 2.75 — LONDRES 2sh 2d 1/8	PARIS F. 2.80 — LONDRES 2sh 2d 9/16	5 c. par R. sur le change font à Marseille par 100 kil.
Roupies 1/8	F. 0.15	F. 0.15	F. 0.15	F. 0.15	F. 0.16	F. 0.16	F. 0.—
1/4	0.29	0.30	0.30	0.31	0.31	0.32	0.—
3/8	0.44	0.44	0.45	0.46	0.47	0.48	0.01
1/2	0.58	0.59	0.60	0.61	0.62	0.64	0.01
5/8	0.73	0.74	0.75	0.77	0.78	0.80	0.01
3/4	0.87	0.89	0.90	0.92	0.94	0.95	0.02
7/8	1.02	1.04	1.06	1.07	1.09	1.11	0.02
1	1.16	1.18	1.20	1.23	1.25	1.27	0.02
2	2.32	2.36	2.41	2.46	2.50	2.55	0.05
3	3.48	3.55	3.61	3.68	3.75	3.82	0.07
4	4.64	4.73	4.82	4.91	5.—	5.09	0.09
5	5.80	5.91	6.02	6.14	6.25	6.37	0.11
6	6.95	7.09	7.23	7.36	7.50	7.64	0.14
7	8.11	8.27	8.43	8.59	8.75	8.91	0.16
8	9.27	9.46	9.64	9.82	10.—	10.18	0.18
9	10.43	10.64	10.84	11.04	11.25	11.46	0.20
10	27.86	28.15	28.44	28.74	29.02	29.32	0.29
20	39.46	39.97	40.49	41.01	41.52	42.05	0.52
30	51.05	51.79	52.53	53.29	54.03	54.78	0.75
40	62.65	63.61	64.58	65.56	66.53	67.51	0.97
50	74.24	75.44	76.63	77.84	79.08	80.24	1.20
60	85.83	87.26	88.68	90.11	91.53	92.96	1.43
Plus, par 100 kil., pour Droits de Sortie à Bombay sur évaluation de R. 4 par cwt et 3 %.	0.65	0.66	0.67	0.68	0.70	0.71	0.01

(Rows 1/8 to 9: ROUPIES — Coût et frais variables. Rows 10 to 60: Coût et frais variables et invariables.)

OBSERVATIONS

F. 10 par tonneau sur le fret, font à Marseille une différence de F. 1.21½ par 100 kil. sur les prix.

On veut savoir le revient à Marseille de graine de Sésame coûtant à Bombay R. 35 ⅝ par candy, au change de F. 2.70 et au fret de F. 100 secs.

On trouvera dans la 1re et la 5e colonne de ce tableau que :

R. — ⅝ font par 100 kil.	F. 0.77
» 5 » »	» 6.14
» 30 » »	» 53.29
Plus droits de sortie à Bombay ; sur estimation de R. 7.2	» 1.22
R. 35 ⅝ feront donc par 100 kil.	F. 61.42

N.-B. — Les droits de sortie à Bombay ne sont pas compris dans les prix de revient du tableau ci-dessus, il faudra donc les ajouter. Pour savoir ce qu'ils produisent en France par 100 kil. il suffira de multiplier les logarithmes suivants par l'estimation de la Douane, puis multiplier encore le produit par le droit de 3%, plus ou moins. En retranchant les 8 derniers chiffres de droite, on aura le produit cherché.

CHANGES		LOGARITHMES
CHANGES	2.55	5375
»	2.60	5480
»	2.65	5585
»	2.70	5691
»	2.75	5796
»	2.80	5902

Droits d'entrée en France par 100 kil. en Septembre 1865

Par navire Français	Exempte
id. Étranger	F. 2.—

COMPTE D'ÂCHAT ET DE REVIENT

A 8600 BALLES RIZ MOONGHY

8600 balles Riz Moonghy, achetées à Calcutta, de 2 Mds chaque, pesant brut	Br Mds 17200.—	
Bonification ½ seer par balle	» 161.10	
Net	Br Mds 17088.30 à R. 1.13 par maund	R. 30882.11. 9
Coût de 17200 sacs Gonies à R. 21 par 100 sacs		» 3612.—.—
		R. 34494.11. 9
Escompte 3 %		» 1034.11. 9
		R. 33460.—.—

FRAIS A CALCUTTA

	Droits de Sortie		
Pesage, emballage, marquage et embarquement, 1 anna par sac		R. 537. 8.—	
Permis et menus frais		» 12. 6.—	
La ½ du bateau à vapeur		» 550 —.—	» 1100.—.—
			R. 34560.—.—
Droits de sortie, 4 annas par sac	R.2150.—.—		
Commission d'achat 2 ½ %	» 53.12.—		» 864.—.—
	R.2203.12.—		R. 35424.—.—
Commission de négociation 1 ½ %	» 33.—.10		» 531. 5. 6
	R.2236.12.10		R. 35955. 5. 8
Remboursement sur Paris à 6 mois de vue, au change de F. 2.60 par R.	F. 5815.70		F. 93483.95

FRAIS A MAURICE

Fret sur ton. 661.538 (13 balles au ton.), à F. 80 par tonneau		F. 52923.05	
Frais de débarquement à Maurice à ∮ 0.50 par ton., ∮ 330.76 à F. 5		» 1653.80	
Assurance maritime sur F. 102850 à 1 ¾ % et police.	» 111.95	» 1801.40	
Courtage de vente ½ %			
Escompte à la vente 6 %			
Commission de vente 2½ %			
Ensemble 9 % sur F. 164683.75	» 586.25	» 14821.55	» 71199.80
	F. 6518.90		F. 164683.75
Soit par balle de 75 kil.	» 0.76		

RENDEMENT :

8600 balles à	F. 19.15 par balle entrepôt		F. 164690.—
Plus : droits de sortie à Calcutta	» 0.76 » »		
Ensemble	F. 19.91 » »		

PRIX DE REVIENT A MAURICE DE LA BALLE DE RIZ DE 75 KIL.

AUX CHANGES SUIVANTS SUR MAURICE

PRIX à CALCUTTA par Br Md	F. 2.60 par R.	F. 2.65 par R.	F. 2.70 par R.	F. 2.75 par R.	F. 2.80 par R.	F. 2.85 par R.	5 c. par R. sur le change font à Maurice par balle.
Annas 1	F. 0.36	F. 0.37	F. 0.37	F. 0.38	F. 0.39	F. 0.39	F. 0.01
2	0.72	0.74	0.75	0.76	0.78	0.79	0.01
3	1.09	1.11	1.13	1.15	1.17	1.19	0.02
4	1.45	1.48	1.51	1.53	1.56	1.59	0.03
5	1.81	1.85	1.88	1.92	1.95	1.99	0.03
6	2.18	2.22	2.26	2.30	2.35	2.39	0.04
7	2.54	2.59	2.64	2.69	2.74	2.79	0.05
8	2.90	2.96	3.02	3.07	3.13	3.19	0.06
9	3.27	3.33	3.39	3.46	3.52	3.58	0.06
10	3.63	3.70	3.77	3.84	3.91	3.98	0.07
11	4.—	4.07	4.15	4.23	4.31	4.38	0.08
12	4.36	4.44	4.53	4.61	4.70	4.78	0.08
13	4.73	4.81	4.90	5.—	5.09	5.18	0.09
14	5.10	5.18	5.28	5.38	5.48	5.56	0.09
15	5.46	5.55	5.66	5.77	5.87	5.98	0.10
16	5.82	5.93	6.04	6.15	6.27	6.38	0.11
Roupies 1.—	14.40	14.54	14.69	14.83	14.97	15.11	0.14
2.—	20.22	20.47	20.74	20.99	21.24	21.49	0.25
3.—	26.04	26.41	26.79	27.15	27.51	27.87	0.36
4.—	31.87	32.34	32.84	33.31	33.78	34.26	0.48
5.—	37.69	38.28	38.88	39.47	40.05	40.64	0.59
6.—	43.52	44.22	44.92	45.62	46.33	47.03	0.70
Plus, par balle, pour Droits de Sortie à Calcutta ; sur estimation de 4 annas par balle	0.76	0.77	0.78	0.80	0.81	0.83	0.01

OBSERVATIONS

F. 10 par tonneau sur le fret, font à Maurice une différence de F. 0.77 par balle sur les prix.

On veut savoir le revient à Maurice de Riz coûtant à Calcutta R. 2.9 par Br Md, au change de F. 2.75 et au fret de F. 80 par tonneau.

On trouvera dans la 1re et la 5e colonne de ce tableau que :

R. —. 9 font par balle	F. 3.46
» 2.— » »	» 20.99
Plus droits de sortie à Calcutta	» 0.80
R. 2. 9 feront donc par balle	F. 25.25

N.-B. — Les droits de sortie à Calcutta n'étant pas compris dans les prix de revient de ce tableau seront à ajouter, il suffira de multiplier les logarithmes suivants par le droit de sortie quelqu'il soit (actuellement de 4 annas) et retrancher les 3 derniers chiffres de droite pour trouver le produit cherché.

CHANGES		LOGARITHMES
CHANGES	2.60	18936
»	2.65	19300
»	2.70	19644
»	2.75	20028
»	2.80	20392
»	2.85	20756

Pour convertir les prix de revient ci-dessus en piastres il suffira de les diviser par F. 5 pour ∮ 1 invariablement.

COMPTE D'ACHAT ET DE REVIENT

A 3279 SACS RIZ

3279 sacs Riz, à Pondichéry, à R. 4 par balle de 164 ℔ chaque........ R.13116.—.—

FRAIS A PONDICHÉRY

Coût des clous, bambous, etc........	R. 30. 8. 8	
Frais de remise dans le Nord 1 ¾ %........	» 229. 8. 5	
Commission d'achat et de remboursement 2 ½ %........	» 327.14. 5	
Dépêches télégraphiques et menus frais........	» 44.—. 6	» 632.—.—
(R. 1 = 16 annas à 12 pice).		R. 13748.—.—
Remboursement au change de $ 0.51 par R........		$ 7011.48

FRAIS A MAURICE

Fret sur ton. 252.230 (13 balles au ton.), à $ 16 par tonneau........	$ 4035.68	
Débarquement à $ 0.50 par tonneau........	» 126.12	
Assurance maritime sur $ 7712 à 1 ¾ % et police........	» 135.50	
Courtage de vente........ ½ %		
Escompte........ 6 %		
Commission de vente........ 2½ %		
Ensemble, 9 % sur $ 12427.23........	» 1118.45	» 5415.75
		$ 12427.23

RENDEMENT :

3279 balles à $ 3.79 par balle........ $ 12427.41

PRIX DE REVIENT A MAURICE DE LA BALLE DE RIZ

AUX CHANGES SUIVANTS

	PRIX à PONDICHÉRY par balle de 164 ℔	$ 0.51 par R.	$ 0.52 par R.	$ 0.53 par R.	$ 0.54 par R.	$ 0.55 par R.	$ 0.56 par R.	$ 0.57 par R.	1 c. par R. sur le change fait à Maurice par balle.
SUBDIVISIONS — Coût et frais variables	Annas 1	$ 0.04	$ 0.04	$ 0.04	$ 0.04	$ 0.04	$ 0.04	$ 0.04	$ 0.—
	2	0.08	0.08	0.08	0.08	0.08	0.08	0.08	0.—
	3	0.11	0.11	0.12	0.12	0.12	0.12	0.13	0.—
	4	0.15	0.15	0.16	0.16	0.16	0.16	0.17	0.—
	5	0.19	0.19	0.20	0.20	0.20	0.20	0.21	0.—
	6	0.23	0.23	0.23	0.23	0.24	0.24	0.25	0.—
	7	0.27	0.27	0.27	0.27	0.28	0.28	0.29	0.—
	8	0.30	0.30	0.31	0.31	0.32	0.33	0.34	0.—
	9	0.34	0.34	0.35	0.35	0.36	0.37	0.38	0.—
	10	0.38	0.38	0.39	0.39	0.40	0.41	0.42	0.—
	11	0.42	0.42	0.43	0.43	0.44	0.45	0.46	0.—
	12	0.45	0.46	0.47	0.47	0.48	0.49	0.50	0.—
	13	0.49	0.49	0.50	0.51	0.52	0.53	0.54	0.—
	14	0.53	0.53	0.54	0.55	0.56	0.57	0.58	0.01
	15	0.57	0.57	0.58	0.59	0.60	0.61	0.63	0.01
	16	0.60	0.61	0.62	0.63	0.64	0.65	0.67	0.01
Coût et frais variables et invariables	Roupies 1.—	2.01	2.02	2.03	2.04	2.05	2.06	2.08	0.01
	2.—	2.60	2.62	2.65	2.67	2.69	2.72	2.74	0.02
	3.—	3.20	3.23	3.27	3.30	3.34	3.37	3.41	0.03
	4.—	3.79	3.84	3.89	3.93	3.98	4.03	4.07	0.05
	5.—	4.39	4.45	4.51	4.56	4.62	4.68	4.74	0.06
	6.—	4.98	5.05	5.13	5.19	5.26	5.33	5.40	0.07

OBSERVATIONS

$ 1 par tonneau sur le fret, fait à Maurice une différence de $ 0.08 par balle sur les prix.

On veut savoir le revient à Maurice de Riz coûtant à Pondichéry R. 4.12 par balle au change de $ 0.55 et au fret de $ 16 par tonneau.

On trouvera dans la 1re et la 5e colonne de ce tableau que:

R. —.12 font par balle........	$ 0.48
» 4.— » »	» 3.98
R. 4.12 feront donc par balle........	$ 4.46

COMPTE D'ACHAT ET DE REVIENT

A 5000 BALLES RIZ

5000 balles Riz, à Cocanadah (net 164 ℔ anglaises), à R. 3.3 le sac à bord .... R. 15937. 8.—

FRAIS A COCANADAH

Fardage, recousage et menus frais	R. 50.—.—	
Commission d'achat 2 ½ %	» 398. 7.—	» 448. 7.—
		R. 16385.15.—
Commission de remboursement 2 ½ %		» 409.10.—
		R. 16795. 9.—
Remboursement sur Maurice, au change de F. 2.60.		F. 43668.45

FRAIS A MAURICE

Fret sur ton. 384.615 (13 balles au ton.), à F. 50 par tonneau	F. 19230.75	
Frais de débarquement à Maurice ∮ 0.50 par ton., ∮ 192.30 à F. 5	» 961.50	
Assurance maritime sur F. 48084 à 1 ½ %	» 722.—	
Courtage .... ½ %		
Escompte à la vente .... 6 %		
Commission de vente .... 2½ %		
Ensemble .... 9 % sur F. 70970.	» 6387.30	» 27301.55
		F. 70970.—

RENDEMENT :

5000 balles à F. 14.19 par balle entrepôt .... F. 70950.—

PRIX DE REVIENT A MAURICE DE LA BALLE DE RIZ DE 75 KIL.

AUX CHANGES SUIVANTS SUR MAURICE

PRIX à COCANADAH par balle franco à bord	F. 2.60 par R.	F. 2.65 par R.	F. 2.70 par R.	F. 2.75 par R.	F. 2.80 par R.	F. 2.85 par R.	5 c. par R. sur le change font à Maurice par balle.
Annas 1	F. 0.19	F. 0.19	F. 0.19	F. 0.20	F. 0.20	F. 0.21	F. 0.—
2	0.38	0.38	0.39	0.40	0.40	0.42	0.01
3	0.57	0.58	0.59	0.60	0.61	0.63	0.01
4	0.76	0.77	0.79	0.80	0.81	0.84	0.02
5	0.95	0.97	0.99	1.—	1.02	1.05	0.02
6	1.14	1.16	1.19	1.20	1.22	1.26	0.03
7	1.33	1.36	1.39	1.40	1.43	1.47	0.03
8	1.52	1.55	1.59	1.60	1.63	1.68	0.03
9	1.71	1.75	1.79	1.81	1.84	1.89	0.04
10	1.90	1.94	1.98	2.01	2.04	2.09	0.04
11	2.09	2.14	2.18	2.21	2.25	2.30	0.04
12	2.28	2.33	2.38	2.41	2.45	2.51	0.05
13	2.48	2.53	2.58	2.61	2.66	2.72	0.05
14	2.67	2.72	2.77	2.81	2.86	2.93	0.05
15	2.86	2.92	2.97	3.01	3.07	3.14	0.06
16	3.05	3.11	3.16	3.22	3.28	3.34	0.06
Roupies 1.—	7.52	7.58	7.63	7.69	7.75	7.81	0.06
2.—	10.57	10.69	10.80	10.92	11.03	11.15	0.11
3.—	13.62	13.80	13.97	14.15	14.32	14.50	0.18
4.—	16.67	16.91	17.14	17.38	17.60	17.84	0.23
5.—	19.72	20.02	20.31	20.60	20.89	21.19	0.29
6.—	22.77	23.13	23.48	23.83	24.18	24.54	0.35

OBSERVATIONS

F. 10 par tonneau sur le fret, font à Maurice une différence de F. 0.77 par balle sur les prix.

On veut savoir le revient à Maurice de Riz coûtant à Cocanadah R. 4.7 par balle au change de F. 2.75 et au fret de F. 50 par tonneau.

On trouvera dans la 1re et la 5e colonne de ce tableau que :

R. —. 7 font par balle	F. 1.40
» 4.— » »	» 17.38
R. 4. 7 feront donc par balle	F. 18.78

N.-B. — Pour convertir les prix de revient ci-dessus en piastres il suffira de les diviser par F. 5 pour ∮ 1 invariablement.

COMPTE D'ACHAT ET DE REVIENT

A 500 SACS SUCRE MAURICE

500 sacs Sucre Maurice, pesant brut ₠ 86175				
Tare 3 ½ % .... » 3016				
Net .... ₠ 83159 à $ 5 les 100 ₠			$	4157.95
Escompte 6 %			»	249.47
			$	3908.48

FRAIS A MAURICE

Courtage d'achat ½ % sur $ 4157.95	$	20.78		
Charroi et pesage 2 c. par 100 ₠ brut	»	17.23		
Embarquement de 43 ton. à $ 0.50 par ton	»	21.50		
Marques, connaissements et menus frais	»	8.25	»	67.76
			$	3976.24

	Droits de sortie			
Droits de sortie 3 pences par 100 ₠ nettes, £ 10.7.9 à $ 5 par £	$	51.95		
Commission d'achat 2 ½ %	»	1.30	»	99.40
	$	53.25	$	4075.64
Courtage de négociation ¼ %	»	0.13	»	10.19
	$	53.38	$	4085.83
Remboursement sur Paris, à 90 jours de vue, à F. 5 par $	F.	266.90	F.	20429.15

FRAIS AU HAVRE

Fret sur 41761 kil. bruts, à F. 80 et 5 % par ton. de 1000 kil.			F.	3507.90		
Permis, frais au débarquement, volliers pour échantillonner, port en entrepôt, arrimage, magasinage d'un mois, livraison et menus frais			»	218.—		
Assurance maritime sur F. 22471 à 2 % et police	»	5.87	»	450.90		
id. contre le feu sur F. 26647 à ½ ‰	»	0.14	»	13.30		
Commission de banque à Paris pour confirmation de crédit 1 %	»	2.07	»	204.30		
Courtage de vente, ¼ %; perte d'intérêt, 1 %; escompte à la vente, 2 %; commission de vente, 2 %; commission de banque, ¼ %; ensemble, 5 ½ % sur F. 26268.30	»	16.04	»	1444.75	»	5839.15
	F.	291.62			F.	26268.30
Soit par 100 kil.	»	0.73				

RENDEMENT : ₠ 100 poids de marc = kil. 48.95 :

Soit ₠ 86175 = brut .... kil. 42183
Perte au poids pendant la traversée 1 % » 422
kil. 41761
Tare nouvelle 4 % .... kil. 1670
Réfactions et avaries .... » 250 » 1920

Net .... kil. 39841 à F. 65.94 par 100 kil. entrepôt. F. 26271.15
Plus : droits de sortie à Maurice .... » 0.73 id. id.
Ensemble .... F. 66.67 id. id.

PRIX DE REVIENT AU HAVRE DES 100 KIL. ENTREPOT

AUX CHANGES SUIVANTS SUR PARIS

	PRIX à MAURICE par 100 ₠	F. 5 p. $ 1 et 3 % Prime	F. 5 p. $ 1 et 2 % Prime	F. 5 p. $ 1 et 1 % Prime	F. 5 p. $ 1 — Pair	F. 5 p. $ 1 et 1 % Esc.	F. 5 p. $ 1 et 2 % Esc.	F. 5 p. $ 1 et 3 % Esc.	F. 5 p. $ 1 et 4 % Esc.	F. 5 p. $ 1 et 5 % Esc.	1 % sur le change fait au Havre par 100 kil.
SUBDIVISIONS Coût et frais variables	$ 0.05	F. 0.53	F. 0.54	F. 0.54	F. 0.55	F. 0.55	F. 0.56	F. 0.57	F. 0.57	F. 0.58	F. 0.01
	0.10	1.07	1.08	1.09	1.10	1.11	1.13	1.14	1.15	1.16	0.01
	0.20	2.15	2.16	2.19	2.21	2.23	2.26	2.28	2.30	2.32	0.02
	0.30	3.23	3.25	3.29	3.32	3.35	3.39	3.42	3.45	3.49	0.03
	0.40	4.31	4.33	4.39	4.43	4.47	4.52	4.56	4.61	4.65	0.04
	0.50	5.38	5.42	5.49	5.53	5.59	5.65	5.70	5.76	5.82	0.05
	0.60	6.46	6.50	6.59	6.64	6.71	6.78	6.85	6.91	6.98	0.07
	0.70	7.52	7.59	7.66	7.75	7.83	7.91	7.99	8.07	8.15	0.08
	0.80	8.59	8.67	8.77	8.86	8.95	9.04	9.13	9.22	9.31	0.09
	0.90	9.66	9.76	9.86	9.96	10.06	10.17	10.27	10.37	10.47	0.10
Coût et frais variables et invariables	3.—	42.77	43.11	43.44	43.79	44.13	44.47	44.84	45.20	45.58	0.35
	4.—	53.51	53.96	54.40	54.86	55.31	55.77	56.26	56.74	57.24	0.47
	5.—	64.25	64.81	65.36	65.93	66.50	67.07	67.68	68.28	68.89	0.58
	6.—	74.99	75.66	76.32	77.01	77.68	78.37	79.09	79.81	80.54	0.69
	7.—	85.73	86.52	87.29	88.08	88.87	89.67	90.50	91.33	92.20	0.81
Plus, par 100 kil. pour droits de sortie à Maurice ; sur évaluation de 3 pence par 100 ₠.		0.71	0.71	0.72	0.73	0.73	0.74	0.75	0.76	0.77	0.01

OBSERVATIONS

F. 10 et 5 % par tonneau sur le fret, font au Havre une différence de F. 1.10 par 100 kil. sur les prix.

On veut savoir le revient au Havre de Sucre coûtant à Maurice $ 4.55 par 100 ₠ au change de 2 % d'escompte et un fret de F. 80 et 5 % par tonneau.

On trouvera dans la 1re et la 5e colonne de ce tableau que :

$ —.05 font par 100 kil.	F.	0.56
» —.50 » »	»	5.65
» 4.— » »	»	55.77
Plus droits de sortie à Maurice	»	0.74
$ 4.55 feront donc par 100 kil.	F.	62.72

N.-B. — Les droits de sortie à Maurice ne sont pas compris dans les prix de revient du tableau ci-dessus, il faudra donc les ajouter. Pour savoir ce qu'ils produisent en France par 100 kil. il suffira de multiplier les logarithmes suivant avec le droit de sortie quel qu'il soit (actuellement de 3d par 100 ₠) en retranchant les 3 derniers chiffres de droite, on aura le résultat cherché.

CHANGES 3 % prime	LOGARITHMES	23636
» 2 % »	»	23879
» 1 % »	»	24129
» Pair à F. 5	»	24366
» 1 % escompte	»	24612
» 2 % »	»	24863
» 3 % »	»	25120
» 4 % »	»	25381
» 5 % »	»	25648

Droits d'entrée en France par 100 kil. en Septembre 1865

Au dessous du n° 12	Par navire Français.	F.	42.—
	id. Étranger.	»	44.—
Du n° 12 au n° 20.	id. Français.	»	44.—
	id. Étranger.	»	46.—

COMPTE D'ACHAT ET DE REVIENT

A 144 SACS SUCRE

144 sacs Sucre, pesant brut	₲ 21185			
Tare 3 ½ %	» 741			
Net	₲ 20444 à $ 4 ½ les 100 ₲		$	919.98
Escompte 6 %			»	55.20
			$	864.78

FRAIS A MAURICE

Charroi 2 c. par 100 ₲	$	4.24		
Embarquement de tonn. 11 à 50 c	»	5.50		
Marquer, connaissements et menus frais	»	1.44		
Courtage d'achat ½ % sur $ 919.98	»	4.60	»	15.78
			$	880.56

	Droits de Sortie		
Droits de sortie à 3^d par 100 ₲, £. 2.11.2 à $ 5 par £	$ 12.78		
Commission d'achat, de remboursement et courtage 2 ¾ %	» 0.35	»	24.21
	$ 13.13	$	904.77
Remboursement sur Paris à 90 jours de vue, au change de F. 5	F. 65.65	F.	4528.85

FRAIS A NANTES

Fret sur 10173 kil. à F. 100 par tonn. de 1000 kil		F. 1017.30	
Mise à terre, pesage et arrimage, F. 3 par 1000 kil.		» 30.50	
Gabarrage, F. 3 par tonneau		» 30.50	
Soins au déchargement et sondage		» 9.35	
Magasinage d'un mois à F. 0.07 ½ par sac		» 10.80	
Livraison, F. 1 par 1000 kil.		» 10.15	
Assurance maritime sur F. 4976 à 2 ½ % et police	» 1.80	» 125.90	
id. contre le feu sur F. 6210 à ½ ‰	» 0.03	» 3.10	
Commission de banque à Paris pour confirmation de crédit 1 %	» 0.65	» 45.24	
Courtage de vente, ¼ % ; escompte à la vente, 2 ½ % ; commission de vente, 2 % ; commission de banque, ¼ % ; perte d'intérêt, 1 % ; ensemble, 5 ¾ % sur F. 6160.95	» 4.15	» 354.26	» 1637.10
	F. 72.28		F. 6160.95
Soit par 100 kil.	» 0.75		

Rendement : 100 ₲ nettes rendent net kil. 47.43 :

Brut		kil. 10173
Echantillons 1 kil. par 32 sacs	kil. 4	
Angle 4 %	» 40	
Tare et trait 4 % (condition nouvelle)	» 407	
Réfactions	» 25	» 476

Net .... kil. 9697 à F. 63.53 par 100 kil. entr. F. 6160.50
Plus, droits de sortie à Maurice .... » 0.75 id. id.
Ensemble .... F. 64.28 id. id.

PRIX DE REVIENT A NANTES DES 100 KIL. ENTREPOT

AUX CHANGES SUIVANTS SUR PARIS

PRIX à MAURICE par 100 ₲	F. 5 p. $ 1 et 3 % Prime	F. 5 p. $ 1 et 2 % Prime	F. 5 p. $ 1 et 1 % Prime	F. 5 p. $ 1 — Pair	F. 5 p. $ 1 et 1 % Esc.	F. 5 p. $ 1 et 2 % Esc.	F. 5 p. $ 1 et 3 % Esc.	F. 5 p. $ 1 et 4 % Esc.	F. 5 p. $ 1 et 5 % Esc.	1 % sur le change fait à Nantes par 100 kil.
$ 0.05	F. 0.54	F. 0.55	F. 0.55	F. 0.56	F. 0.56	F. 0.57	F. 0.58	F. 0.58	F. 0.59	F. 0.01
0.10	1.09	1.10	1.11	1.12	1.13	1.15	1.16	1.17	1.18	0.01
0.20	2.18	2.20	2.23	2.25	2.27	2.30	2.32	2.34	2.37	0.02
0.30	3.28	3.31	3.35	3.38	3.41	3.45	3.48	3.52	3.56	0.03
0.40	4.37	4.41	4.47	4.51	4.55	4.60	4.64	4.69	4.75	0.04
0.50	5.46	5.52	5.59	5.63	5.69	5.75	5.80	5.87	5.94	0.06
0.60	6.56	6.62	6.71	6.76	6.84	6.90	6.97	7.04	7.13	0.07
0.70	7.65	7.73	7.82	7.89	7.98	8.05	8.13	8.22	8.31	0.08
0.80	8.74	8.83	8.93	9.02	9.12	9.20	9.28	9.39	9.49	0.09
0.90	9.84	9.94	10.04	10.16	10.25	10.35	10.43	10.56	10.67	0.10
3.—	45.58	45.92	46.27	46.61	46.96	47.31	47.67	48.04	48.42	0.35
4.—	56.51	56.97	57.43	57.88	58.35	58.81	59.29	59.78	60.29	0.47
5.—	67.45	68.02	68.59	69.15	69.74	70.31	70.91	71.52	72.16	0.59
6.—	78.38	79.07	79.75	80.43	81.12	81.81	82.53	83.27	84.03	0.71
7.—	89.32	90.11	90.91	91.70	92.51	93.32	94.16	95.01	95.89	0.82
Plus, par 100 kil., pour droits de Sortie à Maurice ; sur évaluation de 3^d par 100 ₲.	0.72	0.73	0.74	0.75	0.75	0.76	0.77	0.78	0.78	0.01

OBSERVATIONS

F. 10 par tonneau sur le fret, font à Nantes une différence de F. 1.05 par 100 kil. sur les prix.

On veut savoir le revient à Nantes de Sucre coûtant à Maurice $ 4.65 par 100 ₲, au change de 2 % d'escompte et au fret de F. 100 par tonneau.

On trouvera dans la 1re et la 4e colonne de ce tableau que :

$ —.05 font par 100 kil.	F. 0.57
» —.60 » »	» 5.75
» 4.— » »	» 58.81
Plus droits de sortie à Maurice	» 0.76
$ 4.65 feront donc par 100 kil.	F. 65.89

N.-B. — Les droits de sortie à Maurice ne sont pas compris dans les prix de revient du tableau ci-dessus, il faudra donc les ajouter. Pour savoir ce qu'ils produisent en France par 100 kil. il suffira de multiplier les logarithmes suivants avec le droit de sortie quel qu'il soit (actuellement de 3^d par 100 ₲), en retranchant les 3 derniers chiffres de droite, on aura le résultat cherché.

CHANGES		LOGARITHMES
3 % prime		24090
» 2 % »	»	24344
» 1 % »	»	24592
» Pair à F. 5	»	24841
» 1 % escompte	»	25092
» 2 % »	»	25348
» 3 % »	»	25600
» 4 % »	»	25876
» 5 % »	»	26149

Droits d'entrée en France par 100 kil. en Septembre 1863

Au dessous du n° 13	Par navire	Français.	F. 42.—
	id.	Etranger.	» 44.—
Du n° 13 au n° 20.	id.	Français.	» 44.—
	id.	Etranger.	» 46.—

ILE DE LA RÉUNION

Saint-Denis, chef-lieu de la colonie de la Réunion, est située dans l'Océan Indien, à l'ouest de l'île Maurice. La superficie totale de l'île est de 231,550 hectares, et sa population, 206,000 âmes environ.

L'île de la Réunion n'offre pas un seul port dans toute sa circonférence ; elle n'a que des rades foraines, peu commodes pour l'atterrage, sans sûreté pour le mouillage, d'où l'on est obligé d'appareiller aux moindres bourrasques, présages trop souvent de terribles ouragans et de violents raz de marées ; cependant un port est en construction à Saint-Pierre, vers le sud, et des projets sérieux s'étudient pour en créer un à Saint-Paul, le moins mauvais mouillage de tous. Quant à celui de Saint-Denis, il tire son seul mérite du rôle administratif et politique de la ville, qui en fait le principal centre commercial.

La production du sucre brut est l'industrie agricole et manufacturière dominante à la Réunion. Son importance varie, selon les années, de 40 à 75 millions de kil., qui s'exportent pour l'Australie et les divers ports de la métropole. Nantes en reçoit la plus grande part.

Viennent ensuite le café, les clous de girofle, la muscade, le vanille.

Monnaies, poids et mesures. — Les poids et mesures sont les mêmes qu'en France, mais les monnaies sont admises de toutes provenances à une tarification officielle.

Tarif des Droits de navigation

		Nav. charg.	Nav. sur lest.
Français —	venant d'ailleurs que des possessions britanniques en Europe	Exempts.	Exempts.
id.	venant de ces possessions, le tonneau	F. 2.—	F. 0.20
	Caboteurs venant de Maurice	1.—	0.20
Etrangers —	de Mascate	Exempts.	Exempts.
	Caboteurs venant de Maurice	1.—	0.20
	Tous autres	2.—	0.20

Les droits sont dus par les navires étrangers dans tous les ports où ils font des opérations de commerce.

DROITS DE CONGÉ ET PASSEPORT

Français (congé) l'acte	F. 6.—
Etrangers (passeport) de Mascate, caboteurs de Maurice et navires anglais venant des possessions britanniques autres que l'Inde, l'acte	6.—
Tous autres, l'acte	20.—

PERMIS DE CHARGER OU DÉCHARGER

Français, par navire	Exempts.
Etrangers	5.—

PILOTAGE

Français : caboteurs de Maurice, au-dessous de 100 tonneaux, le tonneau	F. 0.50
id. au-dessus de id. id.	7.50
Etrangers : au-dessous de 100 tonneaux, le tonneau	1.—
id. au-dessus de id. id.	15.—

MOUILLAGE PROVISOIRE

Français	Exempts.
Etrangers, le navire	F. 11.—

DROIT DE PHARE

Tous navires, le tonneau	F. 0.20

DROIT D'AIGUADE

Tous navires, le kilolitre	F. 2.—

EXPÉDITIONS

Acte de francisation	F. 2.50
Manifeste	1.—
Permis, passavants, acquis de payement	0.15
Acquit-à-caution	0.50

TARIF DE SORTIE

Denrées et productions coloniales, sauf les sucres et les cafés, pour l'étranger et par navires étrangers, F. 2 par 100 kil. ou par hect. de liquide.

Il est perçu, à titre de taxe coloniale, 3 ½ % de leur valeur sur les produits ci-après : sucre, café, girofle, clous, griffes et essences, muscades et macis, légumes secs, pommes de terre et oignons, miel, chocolat, sacs de vacoa.

PRIMES

Les primes ci-après sont accordées à l'exportation :

Soie grège, doupions non compris, le kil	F. 16.—
Vanille (par quantité de 5 kil. au moins), le kil	5.—

ENTREPOTS

Un entrepôt réel est établi au port Saint-Denis ; les marchandises provenant d'Europe ou des pays situés sur la Méditerranée doivent y être apportées par navires français. Les réexportations s'effectuent par tous pavillons, sauf bien entendu pour la France.

L'entrepôt fictif est accordé aux marchandises françaises et aux huiles destinées à la fabrication des savons.

Les droits de magasinage sont très élevés à l'entrepôt de Saint-Denis, où il n'est pas admis de dépôt représentant moins d'un dixième de tonneau d'encombrement. Les droits sont toujours perçus pour 15 jours au moins. Ils sont de deux sortes selon que les marchandises vont à la consommation ou à l'exportation. Les premiers varient de F. 1 50 à F. 10 par mois et par tonneau, les seconds de F. 1 à F. 8, selon l'espèce de produits entreposés.

(Extrait du Dictionnaire du Commerce et de la Navigation, par MM. GUILLAUMIN et Cie, Paris, et de ma Correspondance particulière.)

COMPTE D'ACHAT ET DE REVIENT

A 200 BALLES CAFÉ BOURBON

200 balles Café, pesant net 10000 kil. à F. 200 les 100 kil.		F. 20000.—

FRAIS A SAINT-DENIS

Dépôt et embarquement de ton. 14.285 à F. 17.50 par tonneau et permis pour droits	F. 250.50 »	
Courtage d'achat ½ %	» 100.— »	350.50
		F. 20350.50
	Droits de Sortie	
Droits de sortie sur estimation de F. 200 par 100 kil., F. 20000 à 3 ½ %, permis	F. 700.—	
Commission d'achat et de remboursement 2 ½ %	» 17.50	» 508.75
	F. 717.50	F. 20859.25
Courtage de négociation ¼ %	» 1.80	» 52.15
	F. 719.30	F. 20911.40
Remboursement sur Paris à 90 jours de vue au pair	F. 719.30	F. 20911.40

FRAIS A NANTES

Fret sur 10487 kil. à F. 100 sacs par tonneau de 900 kil.			F. 1165.20	
Mise à terre, pesage et arrimage à F. 3 par 1000 kil.			» 31.45	
Gabarage à F. 3 par tonneau			» 34.95	
Conditionnage et sondage des sacs à F. 0.05 par sac			» 10.—	
Magasinage d'un mois à F. 1.25 les 1000 kil.			» 13.10	
Livraison à F. 1 par 1000 kil.			» 10.50	
Ports de lettres et menus frais			» 5.—	
Assurance maritime sur F. 23002 à 2 ½ % et police		» 19.75	» 576.15	
id. contre le feu sur F. 24848 à ½ ‰		» 0.40	» 12.40	
Courtage de vente	½ %			
Escompte à la vente	2¼ %			
Commission de vente	2 %			
Perte d'intérêt	1 %			
Commission de banque	½ %			
Ensemble	5¼ % sur F. 24159.30	» 45.10	» 1889.15	» 3247.90
		F. 784.55		F. 24159.30
Soit par 100 kil.		» 7.90		

RENDEMENT :

200 balles pesant brut		kil. 10487	
Augle 4 ‰	kil. 42		
Tare et trait 5 %	» 522	» 564	
Net		kil. 9923 à F. 243.47 par 100 kil. entrepôt	F. 24159.30
Plus : droits de sortie à Bourbon		» 7.90 id. id.	
Ensemble		F. 251.37 id. id.	

PRIX DE REVIENT A NANTES DES 100 KIL. ENTREPOT

AUX CHANGES SUIVANTS SUR PARIS

PRIX à SAINT-DENIS par 100 kil.	Prime 5 %	Prime 4 %	Prime 3 %	Prime 2 %	Prime 1 %	PAIR	Escompte 1 %	Escompte 2 %	Escompte 3 %	1 % sur le change fait à Nantes par 100 kil.
F. 0.25	F. 0.27	F. 0.27	F. 0.28	F. 0.28	F. 0.28	F. 0.29	F. 0.29	F. 0.29	F. 0.29	F. 0.—
0.50	0.54	0.55	0.55	0.56	0.56	0.57	0.58	0.58	0.59	0.—
0.75	0.81	0.82	0.83	0.83	0.84	0.86	0.86	0.87	0.88	0.01
1.—	1.08	1.09	1.10	1.11	1.12	1.14	1.15	1.16	1.17	0.01
2.—	2.16	2.18	2.20	2.23	2.25	2.27	2.29	2.32	2.34	0.02
3.—	3.23	3.27	3.30	3.34	3.37	3.41	3.44	3.47	3.51	0.03
4.—	4.31	4.36	4.40	4.45	4.50	4.54	4.59	4.63	4.68	0.05
5.—	5.39	5.45	5.51	5.57	5.62	5.68	5.74	5.79	5.85	0.06
6.—	6.47	6.54	6.61	6.68	6.74	6.81	6.88	6.95	7.02	0.07
7.—	7.55	7.63	7.71	7.79	7.87	7.95	8.03	8.11	8.19	0.08
8.—	8.62	8.72	8.81	8.90	8.99	9.08	9.18	9.26	9.36	0.09
9.—	9.70	9.81	9.91	10.02	10.12	10.22	10.32	10.42	10.53	0.10
10.—	10.78	10.90	11.01	11.13	11.24	11.35	11.47	11.58	11.70	0.11
20.—	21.57	21.80	22.02	22.25	22.48	22.70	22.93	23.17	23.41	0.23
30.—	32.35	32.69	33.03	33.38	33.71	34.06	34.40	34.75	35.11	0.34
40.—	43.14	43.59	44.04	44.50	44.95	45.41	45.87	46.34	46.81	0.46
50.—	53.92	54.49	55.06	55.63	56.19	56.76	57.34	57.92	58.52	0.58
60.—	64.70	65.39	66.07	66.75	67.43	68.11	68.80	69.50	70.22	0.69
70.—	75.49	76.29	77.08	77.88	78.67	79.46	80.27	81.09	81.92	0.80
80.—	86.27	87.18	88.09	89.—	89.90	90.82	91.74	92.67	93.62	0.92
90.—	97.06	98.08	99.10	100.13	101.14	102.17	103.20	104.26	105.33	1.03
100.—	124.12	125.29	126.45	127.62	128.78	129.95	131.13	132.33	133.55	1.18
200.—	231.96	234.27	236.56	238.87	241.16	243.47	245.80	248.17	250.58	2.33
300.—	339.80	343.25	346.67	350.12	353.54	356.99	360.47	364.01	367.61	3.48
400.—	447.64	452.23	456.78	461.37	465.92	470.51	475.14	479.85	484.64	4.62
Plus, par 100 kil., pour Droits de Sortie à Saint-Denis, sur estimation de F. 100, et 3 ½ %	7.51	7.59	7.67	7.75	7.83	7.90	7.99	8.07	8.15	0.08

(Lignes 1.— à 90.— : Café et frais variables. Lignes 100.— à 400.— : Café et frais variables et invariables.)

OBSERVATIONS

F. 10 par tonneau sur le fret, font à Nantes une différence de F. 1.17 par 100 kil. sur les prix.

On veut savoir le revient à Nantes de Café coûtant à la Réunion F. 245.75 par 100 kil., au change de 3 % prime, et au fret de F. 100 par tonneau.

On trouvera dans la 1re et la 3e colonne de ce tableau que:

F. —.75 font par 100 kil.	F.	0.83
» 5.— » »	»	5.51
» 40.— » »	»	44.04
» 200.— » »	»	236.06
Plus droits de sortie à St-Denis sur F. 245.75 et 3 ½ %	»	9.42
F. 245.75 feront donc par 100 kil.	F.	295.86

N.-B. — Les droits de sortie à St-Denis ne sont pas compris dans les prix de revient du tableau ci-dessus, il faudra donc les ajouter. Pour savoir ce qu'ils produisent en France par 100 kil., il suffira de multiplier les logarithmes suivants d'abord par le prix d'estimation de la Douane et ensuite ce produit par le droit de sortie quel qu'il soit (de 3 ½ % sur ce compte). En retranchant les 4 derniers chiffres de droite, on aura le produit cherché.

CHANGES 5 % prime	LOGARITHMES 10730
» 4 % »	» 10848
» 3 % »	» 10956
» 2 % »	» 11069
» 1 % »	» 11182
» Pair à F. 5	» 11295
» 1 % escompte	» 11409
» 2 % »	» 11526
» 3 % »	» 11644

Droits d'entrée en France par 100 kil. en Septembre 1865

Par navire Français	F. 50.40
id. Étranger	» 55.40

COMPTE D'ACHAT ET DE REVIENT

A 500 SACS GRAM

500 sacs Gram, pesant brut	Br Mds 1000.—		
Tare	» 9.15		
Net	Br Mds 990.85 à R. 1.13 par maund		R. 1795. 8.—
Coût de 1000 Goules à R. 21 par 100			» 210.—.—
			R. 2005. 8.—
Escompte 3 %			» 60. 2. 6
			R. 1945. 5. 6

FRAIS A CALCUTTA

	Droits de Sortie		
Pesage, emballage, etc., à 1 anna par sac		R. 31. 4.—	
Ports de lettres, enregistrements, permis et menus frais		» 2.—.—	
Portion des frais du bateau à vapour		» 50.—.—	» 83. 4.
			R. 2028. 9. 6
Droits de sortie à 1 anna par sac de 2 Mds	R. 31. 4.—		
Commission d'achat 2 ½ %	» 12. 6		» 50.11. 4
	R. 32.—. 6		R. 2079. 4.10
Commission de négociation et courtage de traites 1 ½ %	» —. 7. 8		» 31. 2.11
	R. 32. 8. 2		R. 2110. 7. 9
Remboursement sur Paris à 6 mois de vue, au change de F. 2.60 par R.	F. 84.52		F. 5487.25

FRAIS A LA RÉUNION

Fret sur ton. 38.46 (13 balles au ton.) à F. 80 par tonneau		F. 3076.90	
Débarquement à Saint-Denis, sur kil. 37500 à F. 7.50 par 1000 kil.		» 281.25	
Menus frais		» 25.—	
Assurance maritime sur F. 6036 à 1 ¼ % et police	» 1.63	» 107.15	
Courtage de vente ½ %			
Escompte à la vente 4 %			
Commission de vente 2 ½ %			
Ensemble 7 % sur F. 9653.30	» 6.50	» 675.75	» 4166.05
	F. 92.65		F. 9653.30
Soit par balle de 75 kil.	» 0.18 ½		

Rendement :

500 sacs	à F. 19.31	par sac entrepôt		F. 9655.—
Plus : Droits de Sortie à Calcutta	» 0.18	id.	id.	
id. Droit d'entrée à St-Denis F. 2.— par hectolitre	» 2.—	id.	id.	
id. Droit d'octroi id. » 0.10	» 0.10	id.	id.	
Ensemble	F. 21.59	id.	id.	

PRIX DE REVIENT A LA RÉUNION DE LA BALLE DE 75 KIL.

AUX CHANGES SUIVANTS SUR SAINT-DENIS

	PRIX à CALCUTTA par Br Md	F. 2.60 par R.	F. 2.65 par R.	F. 2.70 par R.	F. 2.75 par R.	F. 2.80 par R.	F. 2.85 par R.	5 c. par R. sur le change font à la Réunion par balle.
Coût et frais variables	Annas 1	F. 0.35	F. 0.36	F. 0.37	F. 0.37	F. 0.38	F. 0.39	F. 0.01
	2	0.71	0.72	0.74	0.75	0.76	0.78	0.01
	3	1.07	1.08	1.11	1.13	1.14	1.17	0.02
	4	1.43	1.45	1.48	1.51	1.53	1.56	0.02
	5	1.79	1.81	1.85	1.89	1.91	1.95	0.03
	6	2.15	2.17	2.22	2.27	2.29	2.34	0.04
	7	2.50	2.54	2.59	2.64	2.68	2.73	0.05
	8	2.85	2.90	2.96	3.01	3.06	3.12	0.05
	9	3.20	3.26	3.33	3.38	3.44	3.51	0.06
	10	3.56	3.63	3.70	3.76	3.83	3.90	0.07
	11	3.92	3.99	4.07	4.14	4.21	4.29	0.08
	12	4.28	4.35	4.44	4.52	4.59	4.68	0.08
	13	4.64	4.72	4.81	4.90	4.98	5.07	0.09
	14	5.—	5.08	5.18	5.28	5.36	5.46	0.09
	15	5.35	5.44	5.55	5.65	5.74	5.85	0.10
	16	5.69	5.80	5.91	6.02	6.13	6.24	0.11
Coût et frais variables et invariables	Roupies 1.—	14.67	14.81	14.95	15.09	15.23	15.38	0.14
	2.—	20.37	20.61	20.86	21.11	21.36	21.62	0.25
	3.—	26.07	26.42	26.78	27.14	27.50	27.87	0.36
	4.—	31.76	32.23	32.70	33.17	33.64	34.11	0.47
Plus, par balle, pour Droits de Sortie à Calcutta, sur estimation de 4 anas par balle de 2 Mds		0.18	0.19	0.19	0.19	0.20	0.20	0.—

OBSERVATIONS

F. 10 par tonneau sur le fret, font à la Réunion une différence de F. 0.77 par balle sur les prix.

On veut savoir le revient à la Réunion de Gram coûtant à Calcutta R. 2.5 par maund, au change de F. 2.75 et au fret de F. 80 par tonneau.

On trouvera dans la 1re et la 5e colonne de ce tableau que :

R. —. 5 font par balle		F. 1.89
» 2.— id. id.		» 21.11
	Plus droits de sortie à Calcutta	» 0.19
	Droits d'entrée à St-Denis	» 2.—
	id. d'octroi id.	» 0.10
R. 2. 5 feront donc par 100 kil.		F. 25.29

N.-B. — Les droits de sortie à Calcutta ne sont pas compris dans les prix de revient du tableau ci-dessus, il faudra donc les ajouter. Pour en établir le calcul, il suffira de multiplier les logarithmes suivants avec le droit de sortie quel qu'il soit (actuellement de ¼ anna par sac). En retranchant les 3 derniers chiffres de droite, on aura le produit cherché.

CHANGES		LOGARITHMES
2.60		18530
» 2.65	»	18886
» 2.70	»	19242
» 2.75	»	19598
» 2.80	»	19955
» 2.85	»	20311

Droits d'entrée par hectol. en Septembre 1895

Par navire Français	F. 2.—
id. Étranger	» 5.—

COMPTE D'ACHAT ET DE REVIENT

A 3279 SACS RIZ

3279 sacs Riz de 164 ℔ anglaises chaque à R. 4 par balle .... R. 13116.—

FRAIS A PONDICHÉRY

Coût des clous, bambous, &c.	R. 30. 8. 8	
Frais de remise dans le Nord 1 ¾ %	» 229. 8. 5	
Commission d'achat et de remboursement 2 ½	» 327.14. 5	
Dépêches télégraphiques et menus frais	» 44.—. 6 »	632.—
(R. 1 = 16 annas à 12 pice).		R. 13748.—
Remboursement au change de F. 2.50 par R.		F. 34370.—

FRAIS A LA RÉUNION

Fret sur ton. 252.230 (13 sacs au ton.) à F. 80 secs par tonneau	F. 20178.40	
Débarquement à Saint-Denis de 243925 kil. à F. 7.50 par 1000 kil.	» 1844.45	
Menus frais	» 135.—	
Assurance maritime sur F. 37807 à 1 ¾ % et police	» 663.10	
Courtage de vente ½ %		
Escompte à la vente 4 %		
Commission de vente 2½ %		
Ensemble 7 % sur F. 61495.65	» 4304.70 »	27125.65
		F. 61495.65

RENDEMENT :

3279 sacs à	F. 18.75 par balle de 75 kil. entrepôt	F.	61481.25
Plus : droits d'octroi à la Réunion F. 0.15 par 100 kil.	» 0.11	id.	id.
Ensemble	F. 18.86	id.	id.

PRIX DE REVIENT A LA RÉUNION DE LA BALLE DE RIZ DE 75 KIL.

AUX CHANGES SUIVANTS SUR SAINT-DENIS

	PRIX à PONDICHÉRY par balle	F. 2.50 par R.	F. 2.55 par R.	F. 2.60 par R.	F. 2.65 par R.	F. 2.70 par R.	F. 2.75 par R.	5 c. par R. sur le change font à la Réunion par balle.
[illegible] — Coûts et frais variables	Annas							
	1	F. 0.18	F. 0.18	F. 0.19	F. 0.19	F. 0.19	F. 0.20	F. 0.—
	2	0.36	0.36	0.37	0.38	0.38	0.39	0.—
	3	0.54	0.55	0.56	0.57	0.58	0.59	0.01
	4	0.72	0.73	0.74	0.76	0.77	0.78	0.01
	5	0.90	0.91	0.93	0.95	0.96	0.98	0.02
	6	1.07	1.09	1.11	1.13	1.15	1.18	0.02
	7	1.25	1.27	1.30	1.32	1.34	1.37	0.02
	8	1.43	1.46	1.49	1.51	1.54	1.57	0.03
	9	1.61	1.64	1.67	1.70	1.73	1.76	0.03
	10	1.79	1.82	1.86	1.89	1.92	1.96	0.03
	11	1.97	2.—	2.04	2.08	2.12	2.16	0.04
	12	2.15	2.19	2.23	2.27	2.31	2.35	0.04
	13	2.33	2.37	2.42	2.46	2.50	2.55	0.04
	14	2.51	2.55	2.60	2.65	2.69	2.74	0.05
	15	2.69	2.74	2.79	2.84	2.88	2.94	0.05
	16	2.86	2.91	2.97	3.03	3.08	3.14	0.06
Coûts et frais variables et invariables	Roupies							
	1.—	10.19	10.24	10.30	10.36	10.41	10.47	0.06
	2.—	13.04	13.16	13.27	13.39	13.50	13.61	0.11
	3.—	15.90	16.07	16.24	16.41	16.58	16.76	0.17
	4.—	18.75	18.99	19.21	19.44	19.67	19.90	0.23
	5.—	21.61	21.90	22.18	22.47	22.75	23.04	0.29
	6.—	24.47	24.81	25.15	25.50	25.84	26.18	0.34

OBSERVATIONS

F. 10 par tonneau sur le fret, font à la Réunion une différence de F 0.77 par balle sur les prix.

On veut savoir le revient à la Réunion de Riz coûtant à Pondichéry R. 4.12 par balle, au change de F. 2.60 et au fret de F. 80.

On trouvera dans la 1re et la 4e colonne de ce tableau que :

R. —.12 font par balle	F.	2.23
» 4.— id. id.	»	19.21
Plus droits d'octroi à St-Denis	»	0.11
R. 4.12 feront donc par balle	F.	21.55

Droits d'entrée par 100 kil. en Septembre 1865

Par navire Français	Exempt
id. Etranger	F. 0.25

COMPTE D'ACHAT ET DE REVIENT

A 5000 BALLES RIZ

5000 balles Riz de 164 ℔ anglaises à R. 3.3 le sac à bord .... R. 15987. 8

FRAIS A COCANADAH

Fardage, recousage et menus frais	R.	50. —		
Commission d'achat 2 ½ %	»	398. 7	»	448. 7
			R.	16385.15
Commission de remboursement 2 ½ %			»	409,10
			R.	16795. 9
Remboursement au change de F. 2.60 par R.			F.	43668.45

FRAIS A LA RÉUNION

Fret sur ton. 384.615 (13 balles au ton.) à F. 50 par tonneau	F.	19230.75		
Débarquement à Saint-Denis sur 375000 kil. à F. 7.50	»	2813.—		
Menus frais	»	200.—		
Assurance maritime sur F. 48034 à 1 ½ % et police	»	722.—		
Courtage de vente ½ %				
Escompte à la vente 4 %				
Commission de vente 2½ %				
Ensemble 7 % sur F. 71649.70	»	5015.50	»	27981.25
			F.	71649.70

RENDEMENT :

5000 balles à	F. 14.33 par balle de 75 kil.	F.	71650.—
Plus : droits d'octroi à Saint-Denis à F. 0.15 par 100 kil. ou à	» 0.11 id.		
Ensemble	F. 14.44 id.		

PRIX DE REVIENT A LA RÉUNION DE LA BALLE DE RIZ DE 75 KIL.

AUX CHANGES SUIVANTS SUR SAINT-DENIS

PRIX à COCANADAH par balle franco à bord	F. 2.60 par R.	F. 2.65 par R.	F. 2.70 par R.	F. 2.75 par R.	F. 2.80 par R.	F. 2.85 par R.	5 c. par R. sur le change font à la Réunion par balle.
Annas 1	F. 0.18	F. 0.19	F. 0.19	F. 0.19	F. 0.20	F. 0.20	F. 0.—
2	0.37	0.38	0.38	0.39	0.40	0.40	0.01
3	0.56	0.57	0.57	0.59	0.60	0.61	0.01
4	0.75	0.76	0.77	0.79	0.80	0.81	0.01
5	0.94	0.95	0.96	0.98	1.—	1.02	0.02
6	1.13	1.14	1.16	1.18	1.20	1.22	0.02
7	1.31	1.33	1.35	1.38	1.40	1.42	0.02
8	1.49	1.52	1.54	1.58	1.60	1.63	0.03
9	1.67	1.71	1.73	1.77	1.80	1.84	0.03
10	1.86	1.90	1.93	1.97	2.—	2.04	0.03
11	2.05	2.09	2.12	2.17	2.20	2.25	0.04
12	2.24	2.28	2.31	2.37	2.40	2.45	0.04
13	2.43	2.47	2.51	2.56	2.60	2.66	0.04
14	2.62	2.66	2.70	2.76	2.80	2.86	0.05
15	2.80	2.85	2.89	2.96	3.—	3.07	0.05
16	2.98	3.04	3.10	3.15	3.21	3.27	0.06
Roupies 1.—	7.79	7.85	7.91	7.96	8.02	8.08	0.06
2.—	10.77	10.89	11.01	11.12	11.23	11.35	0.11
3.—	13.76	13.93	14.11	14.28	14.45	14.62	0.17
4.—	16.74	16.98	17.21	17.44	17.66	17.89	0.23
5.—	19.73	20.02	20.31	20.59	20.88	21.17	0.29
6.—	22.72	23.07	23.41	23.75	24.10	24.44	0.34

OBSERVATIONS

F. 10 par tonneau sur le fret, font à la Réunion une différence de F. 0.77 par balle sur les prix.

On veut savoir le revient à la Réunion de Riz coûtant à Cocanadah R. 4.7 par balle, au change de F. 2.75 et au fret de F. 50 par tonneau.

On trouvera dans la 1re et la 5e colonne de ce tableau que:

R. —. 7 font par balle		F.	1.38
» 4.— id.	id.	»	17.44
	Plus droits d'octroi à St-Denis	»	0.11
R. 4. 7 feront donc par balle		F.	18.93

Droits d'entrée par 100 kil. en Septembre 1865

Par navire Français	Exempt
id. Etranger	F. 0.25

COMPTE D'ACHAT ET DE REVIENT

A 3850 BALLES RIZ

3850 balles Riz, pesant brut	Bʳ Mᵈˢ 7700.—.—	
Tare ¼ seer par balle	» 120.12. 8	
Net	Bʳ Mᵈˢ 7579.27. 8 à R. 1.13 par Mᵈ	R. 13738. 3.—
Coût de 7700 sacs Gonies à R. 21 par 100 sacs		» 1617.—.—
		R. 15355. 3.—
Escompte 3 %		» 460.10. 6
		R. 14894. 8. 6

FRAIS A CALCUTTA

Pesage, emballage, transport, marquage et embarquement	R. 240.10.—	
½ du bateau à vapeur, affranchissement, ports de lettres et menus frais	» 553. 8.—	» 794. 2.—
		R. 15688.10. 6
	Droits de Sortie	
Droits de sortie à 2 annas par Mᵈ ou 4 annas par sac	R. 962. 8.—	
Commission d'achat et de remboursement 4 %	» 38. 8.—	» 627. 8. 6
	R.1001.—.—	R. 16316. 3.—
Remboursement sur Paris à 6 mois de vue, au change de F. 2.60 par R.	F. 2602.60	F. 42422.10

FRAIS A LA RÉUNION

Fret sur ton. 296.154 (13 balles au ton.) à F. 80 secs par tonneau		F. 23692.30	
Débarquement à Saint-Denis de 288750 kil. à F. 7.50		» 2165.60	
Menus frais		» 142.—	
Assurance maritime sur F. 40664 à 1 ¼ % et police	» 50.10	» 818.10	
Courtage de vente ½ %			
Escompte à la vente 4 %			
Commission de vente 2½ %			
Ensemble 7 % sur F. 74451.70	» 199.05	» 5211.00	» 32029.60
	F. 2852.35		F. 74451.70
Soit par balle	» 0.74		

RENDEMENT :

3850 balles	à F. 19.34	par balle	entrepôt	F. 74459.—
Plus : droits de Sortie à Calcutta	» 0.74	id.	id.	
id. droits d'octroi à la Réunion F. 0.15 par 100 kil. ou	» 0.11	id.	id.	
Ensemble	F. 20.19	id.	id.	

N. B.— La balle de Riz pèse 2 Mᵈˢ = 75 kil.

PRIX DE REVIENT A LA RÉUNION DE LA BALLE DE RIZ DE 75 KIL.

AUX CHANGES SUIVANTS SUR SAINT-DENIS

PRIX à CALCUTTA par Bʳ Mᵈ	F. 2.60 par R.	F. 2.65 par R.	F. 2.70 par R.	F. 2.75 par R.	F. 2.80 par R.	F. 2.85 par R.	5 c. par R. sur le change font à la Réunion par balle.
Annas 1	F. 0.35	F. 0.36	F. 0.36	F. 0.37	F. 0.38	F. 0.38	F. 0.01
2	0.70	0.72	0.73	0.74	0.76	0.77	0.01
3	1.05	1.08	1.10	1.12	1.14	1.16	0.02
4	1.41	1.44	1.47	1.50	1.52	1.55	0.03
5	1.76	1.80	1.83	1.88	1.90	1.93	0.03
6	2.11	2.16	2.20	2.25	2.28	2.32	0.04
7	2.47	2.52	2.57	2.62	2.66	2.71	0.05
8	2.82	2.88	2.94	2.99	3.04	3.10	0.06
9	3.17	3.24	3.30	3.36	3.42	3.48	0.06
10	3.53	3.60	3.67	3.74	3.80	3.87	0.07
11	3.88	3.96	4.04	4.12	4.18	4.26	0.08
12	4.23	4.32	4.41	4.50	4.56	4.65	0.08
13	4.59	4.68	4.77	4.87	4.94	5.03	0.09
14	4.94	5.04	5.14	5.24	5.32	5.42	0.09
15	5.29	5.40	5.51	5.61	5.70	5.81	0.10
16	5.65	5.76	5.88	5.98	6.09	6.20	0.11
Roupies 1.—	14.74	14.87	15.02	15.16	15.30	15.45	0.14
2.—	20.40	20.64	20.90	21.14	21.39	21.65	0.25
3.—	26.06	26.41	26.78	27.13	27.49	27.86	0.36
4.—	31.72	32.18	32.66	33.11	33.58	34.07	0.47
5.—	37.38	37.95	38.53	39.10	39.68	40.27	0.58
6.—	43.08	43.72	44.40	45.09	45.78	46.47	0.69
Plus, par balle, pour Droits de Sortie à Calcutta, sur estimation de 2 annas par Mᵈ	0.74	0.75	0.76	0.78	0.79	0.81	0.01

OBSERVATIONS

F. 10 par tonneau sur le fret, font à la Réunion une différence de F. 0.77 par balle sur les prix.

On veut savoir le revient à la Réunion de Riz coûtant à Calcutta R. 2.9 par maund, au change de F. 2.75 et au fret de F. 80 par tonneau.

On trouvera dans la 1ʳᵉ et la 5ᵉ colonne de ce tableau que:

R. —. 9 font par balle		F. 3.38
» 2.— id. id.		» 21.74
	Plus droits de sortie à Calcutta	» 0.78
	id. d'octroi à la Réunion	» 0.11
R. 2. 9 feront donc par balle		F. 25.99

N.-B. — Les droits de sortie à Calcutta ne sont pas compris dans les prix de revient du tableau ci-dessus, il faudra donc les ajouter. Pour savoir ce qu'ils produisent il suffira de multiplier les logarithmes suivants par le droit de sortie quel qu'il soit (actuellement 2 annas par maund). En retranchant les 5 derniers chiffres de droite on aura le produit cherché.

CHANGES		LOGARITHMES
2.60		37048
» 2.65	»	37757
» 2.70	»	38469
» 2.75	»	39181
» 2.80	»	39893
» 2.85	»	40606

Droits d'entrée par 100 kil. en Septembre 1865

Par navire Français	Exempt
id. Étranger	F. 0.25

COMPTE D'ACHAT ET DE REVIENT

A 4619 BALLES SUCRE

4619 balles Sucre, pesant net kil. 290487.5 à F. 50 par 100 kil. ..... F. 145243.75

FRAIS A LA RÉUNION

Dépôt et embarquement à ton. 302.035 à F. 17.50	F. 5285.60	
Courtage d'achat ½ %	» 726.20	» 6011.80
		F. 151255.55
	Droits de Sortie	
Droits de sortie sur estimation de F. 47.50 à 3 ½ % permis F. 2.50, etc.	F. 4831.85	
Commission d'achat et de remboursement 2 ½ %	» 120.80	» 3781.40
	F. 4952.65	F. 155036.95
Courtage de négociation ¼ %	» 12.38	» 387.60
	F. 4965.03	F. 155424.55
Remboursement sur Paris à 90 jours de vue au pair	F. 4965.03	F. 155424.55

FRAIS A NANTES

Fret sur ton. 300.170 à F. 100 par tonneau			F. 30017.—	
Mise à terre, pesage, arrimage et livraison			» 1202.05	
Gabarrage F. 3 par tonneau			» 900.50	
Soins au déchargement et sondage F. 0.06 ½ par sac			» 300.25	
Magasinage d'un mois à F. 0.03 par balle			» 138.55	
Ports de lettres et menus frais			» 100.—	
Assurance maritime sur F. 170966 à 2 ½ % et police		» 136.52	» 4275.65	
id. contre le feu sur F. 207900 à ½ ‰		» 2.80	» 103.95	
Courtage de vente	¼ %			
Escompte à la vente	2¼ %			
Commission de vente	2 %			
id. de banque	¼ %			
Perte d'intérêts	1¼ %			
Ensemble	5¾ % sur F. 204204.25 ...	» 311.40	» 11741.75	» 48770.70
		F. 5415.75		F. 204204.25
Soit par 100 kil.		» 1.88		

RENDEMENT :

Brut		kil. 301556	
Echantillons 1 kil. par 32 sacs. kil.	144		
Angle 4 ‰	» 1206		
Tare et trait, tare nouvelle 4 %	» 12062		
Réfactions et avaries	» 754	» 14166	
Net		kil. 287390 à F. 71.05 par 100 kil. entrepôt ..	F. 204190.60
Plus : droits de sortie à la Réunion à		» 1.88 id. id.	
Ensemble		F. 72.93 id. id.	

PRIX DE REVIENT A NANTES DES 100 KIL. ENTREPOT

AUX CHANGES SUIVANTS SUR PARIS

PRIX à SAINT-DENIS par 100 kil.	Prime 5 %	Prime 4 %	Prime 3 %	Prime 2 %	Prime 1 %	PAIR	Escompte 1 %	Escompte 2 %	Escompte 3 %	1 % sur le change fait à Nantes par 100 kil.
F. 0.25	F. 0.27	F. 0.27	F. 0.28	F. 0.28	F. 0.28	F. 0.29	F. 0.29	F. 0.29	F. 0.29	F. 0.—
0.50	0.54	0.55	0.55	0.56	0.57	0.57	0.58	0.58	0.59	0.—
0.75	0.81	0.82	0.83	0.84	0.85	0.86	0.87	0.87	0.88	0.01
1.—	1.08	1.09	1.10	1.12	1.13	1.14	1.15	1.16	1.17	0.01
2.—	2.16	2.19	2.21	2.23	2.25	2.28	2.30	2.32	2.35	0.02
3.—	3.25	3.28	3.31	3.35	3.38	3.41	3.45	3.49	3.52	0.03
4.—	4.33	4.37	4.42	4.46	4.51	4.55	4.60	4.65	4.70	0.05
5.—	5.41	5.47	5.52	5.58	5.64	5.69	5.75	5.81	5.87	0.06
6.—	6.49	6.56	6.62	6.70	6.76	6.83	6.90	6.97	7.04	0.07
7.—	7.57	7.65	7.73	7.81	7.89	7.97	8.03	8.13	8.22	0.08
8.—	8.66	8.74	8.83	8.93	9.02	9.10	9.20	9.30	9.39	0.09
9.—	9.74	9.84	9.94	10.04	10.14	10.24	10.35	10.46	10.57	0.10
10.—	10.82	10.93	11.04	11.16	11.27	11.38	11.50	11.62	11.74	0.12
30.—	46.48	46.83	47.20	47.56	47.92	48.28	48.65	49.02	49.40	0.37
40.—	57.29	57.76	58.24	58.71	59.19	59.67	60.15	60.63	61.13	0.48
50.—	68.11	68.69	69.28	69.87	70.46	71.05	71.65	72.25	72.87	0.60
60.—	78.92	79.62	80.32	81.03	81.73	82.43	83.14	83.87	84.61	0.71
70.—	89.74	90.55	91.36	92.18	93.—	93.82	94.64	95.48	96.34	0.83
Plus, par 100 kil., pour Droits de Sortie à Saint-Denis, sur estimation de F. 47.50, à 3½ %	1.80	1.82	1.84	1.85	1.87	1.89	1.91	1.93	1.95	0.02

OBSERVATIONS

F. 10 par tonneau sur le fret, font à Nantes une différence de F. 1.04 par 100 kil. sur les prix.

On veut savoir le revient à Nantes de Sucre coûtant à la Réunion F. 55.75 par 100 kil., au change de 3 % prime et au fret de F. 100 par tonneau.

On trouvera dans la 1re et la 4e colonne de ce tableau que :

F. 0.75 font par 100 kil.	F. 0.83
» 5.— id. id.	» 5.52
» 50.— id. id.	» 69.28
Plus droits de sortie à la Réunion, sur F. 55.75 et 3 ½ %	» 2.15
F. 50.75 feront donc par 100 kil.	F. 77.78

N.-B. — Les droits de sortie à la Réunion ne sont pas compris dans les prix de revient du tableau ci-dessus, il faudra donc les ajouter. Pour savoir ce qu'ils produisent en France par 100 kil., il suffira de multiplier les logarithmes suivants par l'estimation de la Douane et ensuite le produit trouvé par le droit de sortie quel qu'il soit (actuellement de 3 ½ %). En retranchant les 4 derniers chiffres de droite, on aura le produit cherché.

CHANGES 5 % prime	LOGARITHMES	10815
» 4 % »	»	10928
» 3 % »	»	11042
» 2 % »	»	11156
» 1 % »	»	11270
» Pair à F. 5	»	11384
» 1 % escompte	»	11499
» 2 % »	»	11616
» 3 % »	»	11730

Droits d'entrée en France par 100 kil. en Septembre 1865

Au-dessous du n° 13	Par navire Français ..	F. 37.—
	id. Etranger.	» 39.—
Du n° 13 au n° 20 ..	id. Français ..	» 39.—
	id. Etranger.	» 41.—

COMPTE D'ACHAT ET DE REVIENT

A 1000 BALLES SUCRE

1000 balles Sucre, pesant brut........	kil. 65000		
Tare kil. 2.50 par balle..................	» 2500		
Net..........................	kil. 62500 à F. 52 les 100 kil..........................	F.	32500.—

FRAIS A SAINT-DENIS

	Droits de Sortie			
Droits de sortie sur F. 32500 à 3 ½ %..........................	F. 1137.50			
Dépôt et embarquement de 65 tonneaux à F. 17.50		F. 1137.50		
Timbres de traites..		» 37.—		
Frais de voyage à Sainte-Suzanne, port d'échantillons, permis et lettres		» 68.50	»	1243.—
Courtage d'achat ½ % sur F. 32500			»	162.50
			F.	33905.50
Commission d'achat et de remboursement et courtage de traites, 2 ¾ %	» 31.25		»	932.40
	F. 1168.75		F.	34837.90
Remboursement sur Paris à 90 jours de vue au pair..........................	F. 1168.75		F.	34837.90

FRAIS AU HAVRE

Fret sur 64350 kil. bruts à F. 80 par tonneau de 1000 kil....		F. 5148.—		
Permis, frais au débarquement, voiliers pour échantillonner et conditionner, port en magasin, arrimage, magasinage d'un mois, livraison et menus frais..........................		» 250.—		
Assurance maritime sur F. 36321 à 2 % et police..........................	» 25.70	» 767.90		
id. contre le feu sur F. 44487 à ½ ‰..........................	» 0.05	» 22.25		
Commission de banque............ ¼ %				
Perte d'intérêts.......................... 1 %				
Escompte à la vente.............. 2 %				
Courtage de vente.................. ¼ %				
Commission de vente.............. 2 %				
Ensemble........ 5½ % sur F. 43418.80..........	» 69.55	» 2387.75	»	8575.90
	F. 1264.05		F.	43413.80
Soit par 100 kil..........................	» 2.04			

Rendement :

100 kil. nets à Saint-Denis rendent au Havre en moyenne 99 kil. nets à la nouvelle tare de 4 %, soit net 61875 kil. à..........................	F. 70.16	par 100 kil.	entrepôt........	F.	43411.50
Plus : droits de sortie à Saint-Denis..........................	» 2.04	id.	id.		
Ensemble..........................	F. 72.20	id.	id.		

PRIX DE REVIENT AU HAVRE DES 100 KIL. ENTREPOT

AUX CHANGES SUIVANTS SUR PARIS

PRIX à SAINT-DENIS par 100 kil.	Prime 5 %	Prime 4 %	Prime 3 %	Prime 2 %	Prime 1 %	PAIR	Escompte 1 %	Escompte 2 %	Escompte 3 %	1 % sur le change fait au Havre par 100 kil.
F. 0.25	F. 0.27	F. 0.27	F. 0.28	F. 0.28	F. 0.28	F. 0.28	F. 0.29	F. 0.29	F. 0.29	F. 0.—
0.50	0.54	0.54	0.55	0.56	0.56	0.57	0.57	0.58	0.58	0.—
0.75	0.80	0.81	0.82	0.83	0.84	0.85	0.86	0.86	0.87	0.01
1.—	1.07	1.08	1.10	1.11	1.12	1.13	1.14	1.15	1.16	0.01
2.—	2.14	2.17	2.19	2.21	2.23	2.26	2.28	2.30	2.33	0.02
3.—	3.22	3.25	3.29	3.32	3.35	3.39	3.42	3.46	3.49	0.03
4.—	4.29	4.34	4.38	4.42	4.47	4.52	4.56	4.61	4.66	0.05
5.—	5.36	5.42	5.48	5.53	5.59	5.65	5.70	5.76	5.82	0.06
6.—	6.43	6.50	6.57	6.64	6.70	6.77	6.84	6.91	6.98	0.07
7.—	7.50	7.59	7.67	7.74	7.82	7.90	7.98	8.06	8.15	0.08
8.—	8.58	8.67	8.76	8.85	8.94	9.03	9.12	9.22	9.31	0.09
9.—	9.65	9.76	9.86	9.95	10.05	10.16	10.26	10.37	10.48	0.10
10.—	10.72	10.84	10.95	11.06	11.17	11.29	11.40	11.52	11.64	0.12
30.—	43.58	43.89	44.24	44.60	44.96	45.33	45.69	46.06	46.44	0.36
40.—	54.25	54.72	55.19	55.66	56.14	56.69	57.08	57.58	58.07	0.48
50.—	64.98	65.56	66.14	66.73	67.31	67.91	68.50	69.10	69.71	0.59
60.—	75.70	76.39	77.09	77.79	78.48	79.19	79.90	80.61	81.35	0.71
70.—	86.42	87.23	88.04	88.85	89.66	90.48	91.30	92.13	92.98	0.82
Plus, par 100 kil., pour Droits de Sortie à Saint-Denis, sur estimation de F. 50, et 3 ½ %	1.94	1.96	1.98	2.—	2.02	2.04	2.06	2.09	2.11	0.—

OBSERVATIONS

F. 10 par tonneau sur le fret, font au Havre une différence de F. 1.04 par 100 kil. sur les prix.

On veut savoir le revient au Havre de Sucre coûtant à la Réunion F. 55.75 par 100 kil., au change de 2 % prime et au fret de F. 80 par tonneau.

On trouvera dans la 1re et la 4e colonne de ce tableau que:

F. 0.75 font par 100 kil..........................	F.	0.82
» 5.— id. id.	»	5.48
» 50.— id. id.	»	66.14
Plus droits de sortie à la Réunion, sur F. 55.75 et 3 ½ %..........................	»	2.13
F. 55.75 feront donc par 100 kil..........................	F.	74.57

N.-B. — Les droits de sortie à la Réunion ne sont pas compris dans les prix de revient du tableau ci-dessus, il faudra donc les ajouter. Pour savoir ce qu'ils produisent en France par 100 kil., il suffira de multiplier les logarithmes suivants par l'estimation de la Douane et ensuite le produit trouvé par le droit de sortie quel qu'il soit (actuellement de 3 ½ %). En retranchant les 4 derniers chiffres de droite on aura le produit cherché.

CHANGES 5 % prime..........................	LOGARITHMES	10668
» 4 % »..........................	»	10781
» 3 % »..........................	»	10893
» 2 % »..........................	»	11005
» 1 % »..........................	»	11118
» Pair à F. 5..........................	»	11230
» 1 % escompte..........................	»	11344
» 2 % »..........................	»	11459
» 3 % »..........................	»	11577

Droits d'entrée en France par 100 kil. en Septembre 1855

Au dessous du n° 13	Par navire	Français..	F.	37.—
	id.	Etranger.	»	39.—
Du n° 13 au n° 20.	id.	Français..	»	39.—
	id.	Etranger.	»	41.—

LONDRES

Frais de navigation pour un navire français allant y prendre charge.

Le remorquage varie suivant arrangement et distance.

Le pilotage varie suivant le tirant d'eau du navire.

De la mer à Gravesend le prix est :

Pour			
Pour 7 pieds et au-dessous		£	4.12.—
8 id.	id.	»	5. 7. 9
9 id.	id.	»	6. 3. 3
10 id.	id.	»	6.18.—
11 id.	id.	»	7.11. 9
12 id.	id.	»	8. 5. 0
13 id.	id.	»	8.19. 6
14 id.	id.	»	9.13. 3
15 id.	id.	»	10. 7.—
16 id.	id.	»	11.—. 9
17 id.	id.	»	11.14. 6
18 id.	id.	»	14. 1. 6
19 id.	id.	»	16.13.—
20 id.	id.	»	19. 6. 6
21 id.	id.	»	21. 5.—
22 id.	id.	»	23. 3. 9
23 et au-dessus		»	26. 2. 9

De Gravesend à Londres le prix est :

Pour			
Pour 7 pieds et au-dessous		£	1. 5.—
8 id.	id.	»	1.11.—
9 id.	id.	»	1.16.—
10 id.	id.	»	2. 2.—
11 id.	id.	»	2.10.—
12 id.	id.	»	2.18.—
13 id.	id.	»	3. 6.—
14 id.	id.	»	3.14.—
15 id.	id.	»	4.10.—
16 id.	id.	»	4.11.—
17 id.	id.	»	4.19.—
18 id.	id.	»	5. 8.—
19 id.	id.	»	6.18.—
20 id.	id.	»	7.17.—
21 id.	id.	»	9. 2.—
22 id.	id.	»	10. 7.—
23 et au-dessus		»	11.12.—

Les droits de dock sont à 6 ou à 9 deniers par tonneau de jauge. Si le navire reste dans le dock plus de quatre semaines, il y a un penny par tonneau de jauge et par semaine à payer en plus.

Si le déchargement du navire est opéré par les ouvriers de la compagnie du dock, on paye de 9 pence à 1[sh] 6[d] par tonneau de jauge, suivant la nature des marchandises.

Le courtage, à l'entrée, est de 2 % sur le montant du fret.

Le courtage, à la sortie, est de 5 % id.

Voici la liste des frais à payer :

Soit un navire de 565 tonneaux de jauge allant à Londres sur lest pour y prendre sa cargaison :

FRAIS

Droit de port et déclaration à l'entrée	£	2. 9. 7
Droit de feux (Trinity house) Trinité	»	9. 1. 8
Pilotage de la mer à Gravesend et de Gravesend à Londres	»	12.16. 9
Consulat (1)	»	2.11. 3
Timbres, ports de lettres, menus frais	»	1. 1.—
Droits du dock	»	23.11. 8
Bateliers	»	1.—.—
Remorquage	»	16.—.—
A reporter	£	61.13. 6

Report	£	61.13. 6
Débarquem[t] de 240 tonn. de lest à 9[d]	»	9.—.—
Droit de tonnage et déclaration de sortie	»	2.16. 2
Droit de feux	»	5. 2. 6
Pilotage, 17 pieds anglais	»	16.13. 6
Remorquage de Londres à Gravesend	»	6.—.—
Bateliers	»	1.—.—
Expéditions	»	1. 1.—
Acquit-à-caution	»	—. 5.—
TOTAL	£	103.11. 6

A ce compte il y a encore à ajouter le courtage de sortie, qui, comme il a été dit plus haut, est de 5 % sur le montant du fret.

Tares, escomptes et usages divers de la place relativement aux principaux articles d'exportation.

Tous les cafés et cacaos des colonies anglaises ont l'escompte de 1 %.

Ceux des pays étrangers jouissent d'un escompte de 2 ½ %.

Les graisses, à l'exception des beurres de cacao, ont 2 ½ % d'escompte.

Les drogues ont, ou 2 ½ % d'escompte, ou un *prompt* de 3 mois sans escompte.

Les épices ont 1 % d'escompte, ou 2 ½ %, ou un *prompt* de 3 mois sans escompte.

Les sucres ont un *prompt* de 2 mois sans escompte.

Les fruits ont l'escompte de 1 % et un *prompt* de 2 mois.

Les jutes, cotons, indigos, lac-dye, ris, salpêtres, soies, thés, ont un *prompt* de 3 mois sans escompte.

(1) Droit fixe F. 4, droit proportionnel 20 centimes par tonneau jusqu'à concurrence de 300 tonneaux au-dessus de 300 tonneaux, on ne paye plus rien.

Les produits chimiques, gommes, crins, peaux, cuirs, métaux, houblons, résines, graines, savons, térébenthines, essences et cires, jouissent de l'escompte de 2 ½ %.

Les tares sont généralement les tares réelles. Les articles sont tarés et la tare réelle est déduite en facture. Elle est parfois fixée à tant pour cent ou bien prise en moyenne. Tous les articles se vendent par ℔, par 112 ℔, par tonneau, c'est-à-dire par 20 fois 112 ℔, soit 2240 ℔, par gallon ou par 250 gallons.

Les usages du même article varient si souvent qu'il faudrait écrire plusieurs volumes si l'on voulait mentionner tous les usages de la place. Ainsi, pour les beurres de cacao, ceux de Ceylan et ceux de Cochin ont un *prompt* de 3 mois sans escompte; ceux de l'Australie ont 2 ½ % d'escompte; ceux de la côte Est d'Afrique ont parfois l'escompte, parfois le *prompt*.

Le bon poids varie suivant les fûts et suivant les provenances.

En général, toutes les marchandises restent dans les docks; on n'en reçoit que rarement dans les magasins particuliers.

Les marchandises importées à Londres se vendent généralement aux enchères, et, dans ce cas, l'acheteur doit payer un *lot money* au courtier.

Quand on achète un article avec *prompt*, le vendeur peut allouer 5 % par an sur les jours à courir lorsque l'on prend livraison de suite, mais cela n'est pas obligatoire, c'est tout-à-fait facultatif. Le vendeur n'est qu'obligé, une fois la vente faite, de tenir la marchandise à la disposition de l'acheteur, libre de tous frais jusqu'à l'échéance du *prompt*. Si l'on prend livraison avant cette échéance, il faut payer comptant.

Relevé des Monnaies, ainsi que des divers Poids et Mesures avec conversion en unités françaises

MONNAIES

Au change de F. 25 par livre sterling ou souverain

Monnaie	Équivalent	Unité	Valeur
1 Farthing	= 1/4 penny	F.	0.02 ½
1 Half penny	= 1/2 id.	»	0.05. 2
1 Penny	= 1/12 shilling	»	0.10. 4
1 Three pence	= 1/4 id.	»	0.31. 2
1 Four pence	= 1/3 id.	»	0.41. 6
1 Six pence	= 1/2 id.	»	0.62. 5
1 Shilling	= 1/20 pound sterling	»	1.25.—
1 Florin	= 2 shillings	F.	2.50.—
1 Half crown	= 2 shillings 6d	»	3.12.—
1 Crown	= 5 shillings	»	6.25.—
1 Half sovereign	= 10 id.	»	12.50.—
1 Sovereign	= 20 id.	»	25.—.—
1 Guinea	= 21 id.	»	26.25.—

Le guinea n'est plus en usage dans le commerce, mais on se sert encore du mot, on lui reconnaît une valeur de 21 shillings, soit F. 26.25.

MESURES DE LONGUEUR

Mesure	Équivalent	Unité	Valeur
1 Inch	= 3 barley corns	centim.	2.53995
1 Foot	= 12 inches	»	30.479
1 Yard	= 36 id.	»	91.438
1 Pole	= 5 ½ yards	»	5.029
1 Furlong	= 220 — id.	»	201.164
1 Mile	= 1760 — id.	»	1609.3149
1 Line	= 1/12 inch	millim.	2.1166
1 Barley corn	= — 1/3 inch	millim.	8.4655
1 Palm	= 3.— inches	centim.	7.62
1 Hand	= 4.— id.	»	10.16
1 Link	= 7.92 id.	»	20.116
1 Cubit	= 18.— id.	»	45.710
1 Military pace	= 2 ½ feet	»	76.20
1 Itinerary pace	= 5.— id.	»	152.40

MESURES DE CAPACITÉ — MATIÈRES SÈCHES

L'unité de mesure de capacité, tant pour les matières sèches que pour les liquides, est le gallon impérial (*imperial standard gallon*), dont le volume correspond à 277.2738 pouces cubes.

Mesure	Équivalent	Unité	Valeur
1 Gill	= 8 cubic inches 663	litres	0.141.98
1 Pint	= 4 gills	»	0.567.93
1 Quart	= 2 pints	»	1.135.86
1 Gallon	= 4 quarts	»	4.543.45
1 Peck	= 2 gallons	»	9.086.91
1 Bushel	= 8 gallons	litres	36.347.66
1 Coomb	= 4 bushels	hectol.	1.453.90
1 Quarter	= 8 id.	»	2.907.81
1 Weigh ou load	= 40 id.	»	14.539.05
1 Last	= 80 id.	»	29.078.13

MESURES POUR VINS ET ESPRITS

Mesure	Équivalent	Unité	Valeur
1 Pint	= 1/8 gallon	litres	0.56793
1 Quart	= 2 pints	»	1.13586
1 Gallon	= 4 quarts	»	4.05435
1 Tierce	= 36 gallons	hectol.	1.63504
1 Hogshead	= 54 gallons	hectol.	2.45346
1 Pipe ou butt ou puncheon	= 108 id.	»	4.90693
1 Tun	= 216 id.	»	9.81386

MESURES POUR LIQUIDES DIVERS

Mesure	Équivalent	Unité	Valeur
1 Hogshead de Claret	= 46 gallons	hectol.	2.06999
1 Butt de Sherry	= 108 id.	»	4.90693
1 Pipe de Port	= 115 id.	»	5.22497
1 Pipe de Madère ou de vin du Cap	= 92 id.	»	4.17998
1 Pipe de Ténériffe	= 100 id.	»	4.54345
1 Pipe de Lisbonne	= 117 id.	»	5.31584
1 Butt de Malaga	= 105 id.	»	4.77063
1 Awme de Hock, Moselle	= 30 id.	»	1.36303
1 Double awme de Hock, Moselle	= 60 gallons	hect.	2.72607
1 Pipe de Marsala ou Bronti	= 93 id.	»	4.22541
1 Puncheon de Scotch Wisky	= 130 id.	»	5.90649
1 Puncheon de Brandy	= 120 id.	»	5.45214
1 Hogshead de Brandy	= 60 id.	»	2.72607
1 Puncheon de Rhum	= 100 id.	»	4.54345

AVOIRDUPOIS

La livre légale du commerce est la livre *avoirdupois*, égale au poids de la dixième partie d'un gallon impérial d'eau distillée à la température de 62° Fahrenheit, sous la pression barométrique de 30 pouces anglais.

Mesure	Équivalent	Unité	Valeur
1 Drachm	= 1/16 ounce	grammes	1.771846
1 Ounce	= 1/16 pound	»	28.34954
1 Pound	= 16 ounces	»	453.54
1 Stone	= 14 pounds	kil.	6.3503
1 Quarter	= 28 pounds	kil.	12.7006
1 Hundred weight	= 112 id.	»	50.8023
1 Ton	= 2240 id.	»	1015.94

POIDS ÉTALONS

Ce poids sert à estimer la valeur de l'or, de l'argent, du platine et des pierres précieuses, à l'exception des diamans.

Mesure	Équivalent	Unité	Valeur
1 Grain	= 1/24 penny weight	gram.	0.0647989
1 Penny weight	= 1/20 ounce	»	1.555174
1 Ounce	= 480 grains	gram.	31.10349
1 Pound troy	= 5760 id.	»	373.24194

POIDS POUR LA LAINE

Mesure	Équivalent	Unité	Valeur
1 Clove	= 7 pounds	kil.	3.1751
1 Stone	= 2 cloves	»	6.3503
1 Tod	= 2 stones	»	12.7006
1 Wey	= 6 tods ½	kil.	82.5539
1 Sack	= 2 weys	»	165.1078
1 Last	= 11 sacks	»	1951.2936

POIDS OU MESURES POUR LE CHARBON

Mesure	Équivalent	Unité	Valeur
1 Stone	= 14 pounds	kil.	6.3503
1 Quart cwt	= 28 pounds	»	12.7006
1 Half cwt	= 56 pounds	»	25.4012
1 Cwt	= 1 sack de 112 pounds	»	50.8024
1 Cwt	= 1 double sack de 224 pounds	»	101.6048
1 Ton	= 20 cwt 10 large sacks	kil.	1016.048
1 Barge ou keel	= 21 tons 4 cwt	»	21540.2176
1 Ship load	= 20 keels	»	430804.352
1 Room	= 140 cwt ou 7 tons	»	7112.336

COMPTE D'ACHAT ET DE REVIENT

A 40 BILLES BOIS D'ÉBÈNE

40 billes bois d'Ebène pesant.............. cwt 245.2. 7
Bon poids 6 ℔ par tonne.............. » 0.2.18
Net.............. cwt. 244.3.17 à £ 10.10.— par tonne.......... £ 128.13. 2

FRAIS A LONDRES

Lot money..............	£	—. 2.—		
Courtage d'achat ½ %..............	»	—.12.10		
Formalités de douane..............	»	—. 8.—		
Frais de docks..............	»	—. 4. 3		
Transport des docks au steamer..............	»	1.11.—		
Ports de lettres et menus frais..............	»	—. 5.—	»	3. 3. 1
			£	131.16. 3
Commission d'achat 2 %..............			»	2.12. 9
			£	134. 9.—
Timbre et courtage de négociation 2 ‰..............			»	—. 5. 4
Valeur comptant..............			£	134.14. 4
Au change sur Paris de F. 25.25 pour £ 1..............			F.	3401.60

FRAIS AU HAVRE

Fret sur 12468 kil. à 12sh 6d et 15 % par tonneau de 1015 kil. et 5 % frais de tonte..............	F.	235.40		
Frais au débarquement, port en magasin, arrimage, magasinage d'un mois, livraison et menus frais..............	»	52.50		
Assurance maritime sur F. 8741, à ¼ % et police..............	»	10.85		
id. contre le feu sur F. 4040, à ½ ‰..............	»	2.02		
Courtage de vente.............. ¼ %				
Escompte de vente.............. 2 %				
Commission de vente.............. 2 %				
Perte d'intérêts.............. ¾ %				
Ensemble.............. 5 % sur F. 3897.25..............	»	194.88	»	495.65
			F.	3897.25

Rendement : 100 ℔ rendent 45 kil. ½ :

Soit sur 27503 ℔.............. kil. 12468
Don 2 %.............. » 249
Net.............. kil. 12219 à F. 31.89 par 100 kil. entrepôt.. F. 3896.65

N.-B. — On accorde 2 ½ % d'escompte à Londres pour le bois d'Ébène d'Afrique.— Les sortes des autres provenances n'obtiennent point d'escompte. - - Le prompt est de 15 jours pour les bois d'Ébène d'Afrique et de 3 mois pour toutes les autres sortes.

PRIX DE REVIENT AU HAVRE DES 100 KIL. ENTREPOT

AUX CHANGES SUIVANTS SUR PARIS

PRIX à LONDRES par tonne	F. 24.95	F. 25.05	F. 25.15	F. 25.25	F. 25.35	F. 25.45	10 c. par £ sur le change font au Havre par 100 kil.
Sh. 5	F. 0.68	F. 0.68	F. 0.68	F. 0.69	F. 0.69	F. 0.69	F. 0.—
10	1.36	1.36	1.36	1.37	1.38	1.38	0.—
15	2.03	2.04	2.05	2.06	2.07	2.08	0.01
£ 1.—	2.71	2.72	2.73	2.74	2.76	2.77	0.01
2.—	5.42	[illegible]	5.47	5.49	5.51	5.53	0.02
3.—	8.14	8.17	8.20	8.23	8.27	[illegible]	[illegible]
4.—	10.85	10.89	10.94	10.98	11.02	11.06	0.04
5.—	13.56	13.62	13.67	13.72	13.78	13.83	0.05
6.—	16.27	16.34	16.40	16.46	16.53	16.60	0.07
7.—	18.98	19.06	19.14	19.21	19.29	19.36	0.08
8.—	21.70	21.78	21.87	21.95	22.04	22.13	0.09
9.—	24.41	24.51	24.61	24.70	24.80	24.90	0.10
10.—	30.18	30.29	30.40	30.50	30.61	30.72	0.11
20.—	57.29	57.51	57.73	57.94	58.17	58.38	0.22

OBSERVATIONS

Sh. 5 et 15 % par tonneau sur le fret, font au Havre une différence de F. 0.77 par 100 kil. sur les prix.

On veut savoir le revient au Havre de bois d'Ébène coûtant à Londres £ 15.15.— par tonn. au change de F. 25.25 et au fret de 12sh6d.

On trouvera dans la 1re et la 5e colonne de ce tableau que:

£ —.15.— font par 100 kil.............. F. 2.06
» 5.—.— id. id. .... » 13.72
» 10.—.— id. id. .... » 30.50
£ 15.15.— feront donc par 100 kil.............. F. 46.28

Droits d'entrée en France par 100 kil. en Septembre 1865

Par tous Pavillons.............. F. 3.60

COMPTE D'ACHAT ET DE REVIENT

A 5 TONNES BOIS DE FERNAMBOURG

5 tonnes bois de Fernambourg à £ 105 par tonne			£	525.—.—
Escompte 2 ½ %			»	13. 2. 4
			£	511.17. 8

FRAIS A LONDRES

Courtage d'achat ½ %	£	2.12. 5		
Formalités en douane	»	—.10. 6		
Livraison et embarquement	»	—. 1. 5		
Connaissements, ports de lettres et menus frais	»	—. 7. 6	»	3.11.10
			£	515. 9. 6
Commission d'achat 2 %			»	10. 6.—
			£	525.15. 6
Courtage de négociation et timbre de traites 2 ‰			»	1. 1.—
Valeur comptant			£	526.16. 6
Au change de F. 25.25 pour £ 1			F.	13301.70.—

FRAIS AU HAVRE

Fret sur 5077 kil. à 15[sh] et 15 % par tonneau de 1015 kil. et 5 % frais de débarquement	F.	115.25		
Permis, frais au débarquement, port en magasin, arrimage, magasinage d'un mois, livraison et menus frais	»	22.50		
Assurance maritime sur F. 14631, à ¼ % et police	»	37.55		
id. contre le feu sur 14806, à ½ ‰	»	7.40		
Courtage de vente ¼ %				
Escompte à la vente 2 %				
Commission de vente 2 %				
Perte d'intérêts ¾ %				
Ensemble 5 % sur F. 14191.10	»	709.70	»	892.40
			F.	14194.10

RENDEMENT : 100 ⅁ rendent net 45 kil. ⅓ :

11200 ⅁ = 5077 kil. bruts à F. 279.57 par 100 kil. entrepôt .... F. 14193.75

N.-B. — Parmi les bois de Fernambourg on distingue ceux portant la marque *Brand* du Gouvernement Brésilien, qui sont généralement de meilleure qualité que ceux des particuliers. — Les Bois de Fernambourg sont ordinairement assortis à leur arrivée à Londres comme suit :

Bois de 1re pile contenant les bûches droites et choisies ;
id. 2e id. bois un peu inférieur, mais de qualité courante ;
id. 3e id. les avaries ;
id. 4e id. les *splinters*, éclats et bûches brisées.

On obtient quelquefois une bonification de 12 ⅁ par tonne, mais le plus souvent, il se vend net sur la place de Londres ; au Havre, il n'y a pas de *don*.

PRIX DE REVIENT AU HAVRE DES 100 KIL. ENTREPOT

AUX CHANGES SUIVANTS SUR PARIS

PRIX à LONDRES par tonne	F. 24.95	F. 25.05	F. 25.15	F. 25.25	F. 25.35	F. 25.45	10 c. par £ sur le change font au Havre par 100 kil.
Sh. 5	F. 0.65	F. 0.65	F. 0.66	F. 0.66	F. 0.66	F. 0.66	F. 0.—
10	1.30	1.31	1.31	1.32	1.32	1.33	0.—
15	1.95	1.96	1.96	1.97	1.98	1.99	0.01
£ 1.—	2.60	2.61	2.62	2.63	2.64	2.65	0.01
2.—	5.20	5.22	5.24	5.26	5.28	5.30	0.02
3.—	7.80	7.83	7.86	7.89	7.92	7.95	0.03
4.—	10.40	10.44	10.48	10.52	10.56	10.60	0.04
5.—	13.—	13.05	13.10	13.15	13.21	13.26	0.05
6.—	15.59	15.65	15.72	15.78	15.85	15.91	0.06
7.—	18.19	18.26	18.34	18.41	18.49	18.56	0.07
8.—	20.79	20.87	20.96	21.04	21.13	21.21	0.08
9.—	23.39	23.48	23.58	23.67	23.77	23.86	0.09
10.—	25.87	26.47	26.58	26.68	26.79	26.80	0.10
20.—	55.30	55.57	55.78	55.99	56.19	56.40	0.21
30.—	81.35	81.66	81.97	82.29	82.60	82.91	0.31
40.—	107.34	107.76	108.17	108.59	109.01	109.42	0.42
50.—	133.33	133.85	134.37	134.90	135.42	135.94	0.52
60.—	159.32	159.94	160.57	161.20	161.82	162.45	0.63
70.—	185.31	186.04	186.77	187.50	188.23	188.96	0.73
80.—	211.30	212.13	212.96	213.80	214.64	215.47	0.83
90.—	237.29	238.23	239.16	240.11	241.04	241.98	0.94
100.—	263.28	264.32	265.36	266.41	267.45	268.49	1.04

OBSERVATIONS

Sh. 5 et 15 % par tonneau sur le fret, font au Havre une différence de F. 0.76 par 100 kil. sur les prix.

On veut savoir le revient au Havre de bois de Fernambourg coûtant à Londres £ 55.10.— par tonn., au change de F. 25.25 et au fret de 15[sh] et 15 %.

On trouvera dans la 1re et la 5e colonne de ce tableau que :

£ —.10.—	font par 100 kil.	F.	1.32
» 5.—.—	id. id.	»	13.15
» 50.—.—	id. id.	»	134.90
£ 55.10.—	feront donc par 100 kil.	F.	149.37

Droits d'entrée en France par 100 kil. en Septembre 1865

Par tous Pavillons .... F. 3.—

COMPTE D'ACHAT ET DE REVIENT

A 6 TONNES BOIS DE LIMA

6 tonnes bois de Lima pesant	cwt 6. 2.16		
Bon poids 12 ℔ par tonne	» —. 2.16		
Net	cwt 6.—.— à £ 12 par tonne	£	72.—.—
Escompte 2 ½ %		»	1.16.—
		£	70. 4.—

FRAIS A LONDRES

Formalités de douane	£ —. 6.—		
Courtage d'achat ½ %	» —. 7. 3		
Frais d'embarquement	» 1.10.—		
Lot money	» —. 1.—		
Connaissements, ports de lettres et menus frais	» —. 3. 6	»	2. 7. 9
		£	72.11. 9
Commission d'achat 2 %		»	1. 9.—
		£	74.—. 9
Courtage de négociation et timbres 2 ‰		»	—. 2.11
Valeur comptant		£	74. 3. 8
Au change sur Paris de F. 25.25 pour £ 1		F.	1873.15

FRAIS AU HAVRE

Fret sur 6125 kil. à 15[sh] et 15 % par tonneau de 1015 kil. et 5 % frais de tente	F. 138.95		
Frais au débarquement, port en magasin, arrimage, magasinage d'un mois, livraison et menus frais	» 27.—		
Assurance maritime sur F. 2060, à ¼ % et police	» 6.65		
id. contre le feu sur 2232, à ½ ‰	» 1.10		
Courtage de vente ¼ %			
Escompte à la vente 2 %			
Commission de vente 2 %			
Perte d'intérêts ¾ %			
Ensemble 5 % sur F. 2154.60	» 107.75	»	281.45
		F.	2154.60

RENDEMENT : 100 ℔ rendent 45 kil. ½ :

Soit sur 13512 ℔, brut	kil. 6125		
Don 2 %	» 122		
Net	kil. 6003 F. 35.89 par 100 kil. entrepôt	F.	2154.50

N.-B. — Le bois de Sainte-Marthe se vend à Londres et au Havre aux mêmes conditions que ci-dessus.

PRIX DE REVIENT AU HAVRE DES 100 KIL. ENTREPOT

AUX CHANGES SUIVANTS SUR PARIS

PRIX à LONDRES par tonne	F. 24.95	F. 25.05	F. 25.15	F. 25.25	F. 25.35	F. 25.45	10 c. par £ sur le change font au Havre par 100 kil.
Sh. 5	F. 0.66	F. 0.66	F. 0.67	F. 0.67	F. 0.67	F. 0.67	F. 0.—
10	1.32	1.33	1.33	1.34	1.34	1.35	0.—
15	1.98	1.99	2.—	2.—	2.01	2.02	0.01
£1.—	2.64	2.65	2.66	2.67	2.68	2.69	0.01
2.—	5.28	5.30	5.32	5.34	5.36	5.38	0.02
3.—	7.91	7.94	7.98	8.01	[illegible]	8.07	0.03
4.—	10.55	10.59	10.64	10.68	10.72	10.76	0.04
5.—	13.19	13.24	13.30	13.35	13.40	13.45	0.05
6.—	15.83	15.89	15.95	16.01	16.08	16.14	0.06
7.—	18.47	18.54	18.61	18.68	18.76	18.83	0.07
8.—	21.10	21.18	21.27	21.35	21.44	21.52	0.08
9.—	23.74	23.83	23.93	24.02	24.12	24.21	0.09
9.—	27.59	27.68	27.78	27.87	27.97	28.07	0.10
10.—	30.23	30.33	30.44	30.54	30.65	30.76	0.11
20.—	56.60	56.81	57.03	57.24	57.45	57.66	0.21
30.—	82.98	83.30	83.61	83.93	84.25	84.57	0.32
40.—	109.35	109.78	110.20	110.63	111.05	111.47	0.42

OBSERVATIONS

Sh. 5 et 15 % par tonneau sur le fret, font au Havre une différence de F. 0.77 par 100 kil. sur les prix.

On veut savoir le revient au Havre de bois de Lima coûtant à Londres £ 15.10.— par tonn., au change de F. 25.25 et au fret de 15[sh] et 15 %.

On trouvera dans la 1re et la 5e colonne de ce tableau que:

£ —.10.— font par 100 kil.	F.	1.34
» 5.—.— id. id.	»	13.35
» 10.—.— id. id.	»	30.54
£ 15.10.— feront donc par 100 kil.	F.	45.23

Droits d'entrée en France par 100 kil. en Septembre 1863

Par tous Pavillons .... F. 3.60

COMPTE D'ACHAT ET DE REVIENT

A 217 BUCHES DE SANDAL

217 bûches bois de Sandal, pesant brut cwt 41. 1.12			
Bon poids 6 ℔ par tonne	» —.—.12		
Net cwt	cwt 41. 1.— à £ 50 par tonne	£	103. 2.—

FRAIS A LONDRES

Lot money	£ —. 1.—		
Courtage ½ %	» —.10. 6		
Frais de douane	» —. 8.—		
Frais de docks, livraison	» —. 9.10		
Transport des docks au steamer	» —. 8.—		
Ports de lettres et menus frais	» —. 3. 6	»	2.—.10
		£	105. 2.10
Commission d'achat 2 %		»	2. 2. 2
		£	107. 5.—
Courtage de négociation et timbre 2 ‰		»	—. 4. 3
		£	107. 9. 3
Au change sur Paris de F. 25.25 pour £ 1		F.	2713.35

FRAIS AU HAVRE

Fret sur 2100 kil. à 15sh et 15 % par tonneau de 1015 kil. et 5 % frais de tente	F. 47.55		
Permis, frais au débarquement, port en magasin, arrimage, magasinage d'un mois, livraison et menus frais	» 12.—		
Assurance maritime sur F. 2984, à ¼ % et police	» 8.95		
id. contre le feu sur F. 3052, à ½ ‰	» 1.50		
Courtage de vente ½ %			
Escompte à la vente 2 %			
Commission de vente 2 %			
Perte d'intérêts ½ %			
Ensemble 5 % sur F. 2920.85	» 146.50	»	216.50
		F.	2929.85

RENDEMENT : 100 ℔ rendent net 45 kil. ½ :

Soit sur 4632 ℔	2100	
Don 2 %	42	
Net	2058 F. 142.37 par 100 kil. entrepôt... F.	2929.95

N.-B. — Il existe deux qualités de bois de Sandal : le Sandal faux qui ne vaut que £ 4 à 5 la tonne, et le Sandal vrai, bon, odoriférant, qui vaut de £ 50 à 70 la tonne.

PRIX DE REVIENT AU HAVRE DES 100 KIL. ENTREPOT

AUX CHANGES SUIVANTS SUR PARIS

	PRIX à LONDRES par tonne	F. 24.95	F. 25.05	F. 25.15	F. 25.25	F. 25.35	F. 25.45	10 c. par £ sur le change font au Havre par 100 kil.
[illegible] — Coût et frais variables	Sh. 5	F. 0.68	F. 0.68	F. 0.68	F. 0.69	F. 0.69	F. 0.69	F. 0.—
	10	1.36	1.36	1.37	1.37	1.38	1.39	0.—
	15	2.03	2.04	2.05	2.06	2.07	2.08	0.01
	£1.—	2.71	2.72	2.73	2.74	2.76	2.77	0.01
	2.—	5.42	5.45	5.47	5.49	5.51	5.53	0.02
	3.—	8.14	8.17	8.20	8.23	8.27	8.30	0.03
	4.—	10.85	10.89	10.94	10.98	11.02	11.06	0.04
	5.—	13.56	13.62	13.67	13.72	13.78	13.83	0.05
	6.—	16.27	16.34	16.40	16.46	16.53	16.60	0.07
	7.—	18.98	19.06	19.14	19.21	19.29	19.36	0.08
	8.—	21.70	21.78	21.87	21.95	22.04	22.13	0.09
	9.—	24.41	24.51	24.61	24.70	24.80	24.89	0.10
	10.—	27.12	27.23	27.34	27.44	27.55	27.66	0.11
Coût et frais variables et invariables	4.—	15.98	16.02	16.06	16.12	16.16	16.21	0.05
	5.—	18.69	18.75	18.80	18.87	18.92	18.97	0.06
	6.—	21.41	21.47	21.53	21.61	21.67	21.74	0.07
	7.—	24.12	24.19	24.27	24.36	24.43	24.50	0.08
	8.—	26.83	26.92	27.—	27.10	27.18	27.27	0.09
	9.—	29.54	29.64	29.73	29.84	29.94	30.04	0.10
	10.—	32.25	32.36	32.47	32.58	32.69	32.81	0.11
	20.—	59.37	59.58	59.80	60.03	60.25	60.47	0.22
	30.—	86.48	86.81	87.14	87.47	87.80	88.14	0.33
	40.—	113.60	114.04	114.47	114.92	115.35	115.80	0.44
	50.—	140.72	141.27	141.81	142.36	142.91	143.46	0.55
	60.—	167.84	168.49	169.15	169.80	170.46	171.12	0.66
	70.—	194.96	195.72	196.48	197.25	198.01	198.78	0.76
	80.—	222.07	222.95	223.82	224.69	225.56	226.45	0.87

OBSERVATIONS

Sh. 5 et 15 % par tonneau sur le fret, font au Havre une différence de F. 0.77 par 100 kil. sur les prix.

On veut savoir le revient au Havre de bois de Sandal coûtant à Londres £ 5.10.— par tonn., au change de F. 25.25 et au fret de 15sh et 15 %.

On trouvera dans la 1re et la 5e colonne de ce tableau que :

£ — 10.— font par 100 kil	F.	1.37
» 5.—.— id. id.	»	18.87
£ 5.10.— feront donc par 100 kil	F.	20.24

Droits d'entrée en France par 100 kil. en Septembre 1865

Par tous Pavillons ..... F. 0.00

RIO-JANEIRO

Rio-Janeiro, capitale de l'empire du Brésil, est située sur le bord occidental de la vaste et magnifique baie du même nom.

La ville de Rio, qui occupe plusieurs collines et la plaine jusqu'à la mer, n'a que peu d'édifices remarquables ; mais elle est régulièrement bâtie et ses environs sont véritablement enchanteurs. Tout est ravissant dans ce paradis tropical : la pittoresque disposition des collines, le cours des petites rivières, la mer qui échancre le rivage d'une multitude de sinuosités, l'air embaumé par une végétation toujours fleurie et resplendissante des plus vives couleurs. Le climat cependant laisse beaucoup à désirer sous le rapport de la salubrité, pour les étrangers surtout.

La population de Rio dépasse 300,000 habitants, dont les deux tiers se composent de noirs, de mulâtres et d'autres gens de couleur. Les Brésiliens et les Portugais forment le fond de la population blanche. Nombre de Français, d'Anglais, d'Allemands, d'Italiens et de Suisses y ont des établissements commerciaux.

Au nombre des établissements publics, on remarque un Hôtel des Monnaies, une Bourse, une grande Douane, une Caisse d'amortissement, une Caisse économique, une Junte du commerce et des fabriques, une Société pour l'encouragement de l'industrie et de l'agriculture.

Les communications avec l'intérieur du pays laissent encore beaucoup à désirer, tant par terre que par les voies fluviales. Le percement de routes pour mettre les provinces en communication avec la capitale ; quelques lignes de chemins de fer en voie d'exécution qui relieraient les principaux centres ; des lignes de bateaux à vapeur qui sillonneraient les fleuves, tous ces moyens de communication donneraient une impulsion considérable à la prospérité croissante de ce vaste empire, quinze fois grand comme la France ; il n'y a pas au monde de contrée naturellement plus riche, l'extrême fécondité de son sol le rend propre à toute espèce de culture.

La partie septentrionale fournit le cacao, la vanille, le girofle, le coton, l'indigo, la salsepareille, l'ipécacuanha, le caoutchouc ; le centre, la canne à sucre, le tabac, le café, le riz, le maïs, le tapioca ; l'extrême sud, le blé, le chanvre, et les autres produits du climat d'Europe. Les bois d'ébénisterie et de teinture abondent partout. Les mines n'offrent pas seulement beaucoup d'or, de diamants et de pierres précieuses, mais elles contiennent aussi du fer, du charbon de terre et une grande variété d'autres métaux et minéraux.

Baie et port de Rio. — Il n'y pas de spectacle plus grandiose et plus imposant que l'entrée dans la baie de Rio. Cette baie, entourée de hautes montagnes de granit, que couronnent des fortifications, est elle-même parsemée d'îlots verts et pittoresques, embellis par une nature splendide. A gauche est située la ville de Rio et à droite celle de Nictcrohy, en face de la capitale, avec laquelle elle communique sans interruption au moyen de bateaux à vapeur et à voiles.

La rade de Rio est un des plus beaux ports naturels du monde. L'entrée de la large baie, qui pénètre jusqu'à 9 lieues dans les terres, est assez étroite pour lui donner le caractère d'un véritable bassin. Cette entrée ne mesure qu'un tiers de lieue d'un rivage à l'autre. Elle est signalée aux navigateurs par une brèche dans la côte, mais surtout, à l'ouest, par une roche de 900 pieds de hauteur, que sa forme a fait appeler le pain de sucre. Sur la droite, le fort de Santa-Cruz défend le promontoire qui termine, de ce côté, la circonscription de la baie. Quelques îles avec des forts, comme celles de Villegagnon, das Cobras, de Saint-Jean et de Lagès, concourent à la défense de la rade et de l'entrée de la baie. Il n'y a point de récifs. L'entrée est tellement sûre que les navires n'ont besoin d'aucun pilote pour se guider à leur arrivée. Au moment où ils passent devant le fort de Santa-Cruz, on les hèle pour les questionner et placer des agents de douane à leur bord. Après avoir été ensuite admis en pratique au fort de Villegagnon, ils sont libres d'aller jeter l'ancre dans la rade, en face de Rio. La régularité des vents contribue à faciliter l'entrée et la sortie. Vers 11 heures du matin, une brise de mer apporte de la fraîcheur du large ; c'est le moment le plus propice pour l'entrée des navires.

Les bâtiments qui veulent faire le commerce d'escale dans divers ports de l'Empire, sont obligés de faire constater cette intention au port d'expédition, faute de quoi ils ne peuvent être admis à profiter de la franchise d'escale, mais sont obligés de débarquer leur cargaison entière au port de destination déclaré.

Droits de ports. — Tous les navires qui ne franchissent pas la barre de Rio ont à payer un droit fixé respectivement à 6#400, 9#600 et 12#800 reis pour les bâtiments à un, deux et trois mâts.

Droits d'ancrage et de tonnage. — Les navires qui entrent et sortent chargés paient, pour toute la durée de leur séjour, 300 reis par tonne ; les navires qui entrent chargés, mais sortent sur lest, ou qui entrent sur lest, mais sortent chargés, 150 reis par tonne ; les navires enfin qui entrent et sortent sur lest, ou en franchise d'escale, ou en simple relâche, 100 reis par tonne. Ceux qui cherchent uniquement un refuge dans le port, sans faire opération de commerce, ne paient rien du tout ; il en est de même pour les navires qui, pendant leur voyage, ont déjà fait escale et payé le droit de tonnage dans quelqu'autre port de l'Empire. Ajoutons que 5 tonneaux anglais en font 7 du Brésil.

Dans tous les ports où il existe un phare, le droit de phare est de 100 reis par tonne.

La visite d'un médecin à bord se paie 8#200 reis et le double si le navire est soumis à la quarantaine.

Le droit d'hôpital est fixé à 6#000 reis pour un trois-mâts, et à 4#000 reis pour les navires n'ayant que deux mâts ou un seul. Tous les paiements doivent s'acquitter en papier.

Institution de crédit. — La *Banque Générale du Brésil*, au capital de 90 millions de francs, qui est seule privilégiée, émet des billets qui se trouvent garantis par un dépôt métallique du tiers. Il existe, en outre, plusieurs grands établissements financiers et des caisses d'escompte qui servent d'intermédiaires dans les opérations de change et de crédit.

Monnaies

Or. — 20#000 reis ; 16#000 reis ; 10#000 reis ; 5#000 reis.

Argent. — 2#000 reis ; 1#000 reis, valeur moyenne F. 2.82 ; 0#500 reis ; 0#200 reis.

Poids

Libra = 16 onças = 128 octavas = 2304 quilates = kil. 0.458750 ; *Arroba* = 32 libras = kil. 14.68 ; *Quintal* = 4 arrobas = kil. 58.72 ; *Tonela* = 13 ½ quintaes = kil. 792.72.

Mesures

Longueur. — *Pollegada* = 12 lignes = 120 points = mètre 0.02732375 ; *Palmo* = 8 pollegadas = mètre 0.21859.

Étoffes. — *Covado* = 3 palmos = mètre 0.65577 ; *Vara* = 5 palmos = mètre 1.09295.

Routes. — *Braça* = 2 varas = mètres 2.1859 ; *Legoa* = lieue de 18 au degré = 6180 mètres.

Terrains, surface. — *Parefa* = 30 braças ou 900 braças carrées = mètres carrés 4300.842929.

Liquides, capacité. — *Canada* ou *Medida* = 4 cuartilhos = litres 2.662 ; *Pipa* = 180 canadas = litres 479.160.

Grains, etc. — *Alqueire* = 4 cuartas = 8 medidas = 40 décimo = litres 39.936 ; *Medidas de arco* : *Fanga* = 4 alqueries = litres 159.744 ; *Moio* = 15 fangas = litres 2396.160.

Liquides (tafia). — *Pipa da Bahia* = 66 canadas ; *Canada* = litres 7.986.

N. B. — Une loi récente a ordonné l'adoption du système métrique dans tout l'Empire. Cette loi doit recevoir son exécution définitive en 1873.

Droits de Sortie. — Les droits de sortie étant très variables, j'ai établi sur chacun des comptes qui vont suivre, une colonne à part pour faire ressortir ce que font ces mêmes droits en France par 100 kilogrammes. — Les tableaux des prix de revient ne se trouveront donc nullement modifiés par les variations des droits d'exportation, qui n'y sont pas compris.

Pour faciliter le calcul des droits de sortie, sur toutes les estimations et à toutes les fixations de droits, on trouvera sur chaque compte des logarithmes aux divers changes qu'il suffira de multiplier par l'estimation de la marchandise, par la douane brésilienne, pour ensuite, sur cette somme, prélever le droit de 7, 10 ou 12 %. — Le produit donnera en francs et centimes, ce que ces droits produiront en France par 100 kilogrammes.

1er Exemple. — Sur le compte Café de Rio-Janeiro au Havre, le droit de sortie de 11 % est prélevé sur une estimation de 6#570 reis par arroba, ce qui produit au Havre, compris toutes les commissions, assurance, etc., au change de Rs 395, un équivalent de F. 14.37 par 100 kil. qui sont à ajouter au prix de revient.

Sur ce même compte, on trouvera que le logarithme du change de Rs 395 pour F. 1 est de 19889 ; ce logarithme, multiplié par l'estimation ci-dessus de 6#570 reis par arroba, produit 130670730 qui, multipliés par 11 %, quotité du droit actuel, donneront pour résultat F. 14.37, après avoir retranché les 6 derniers chiffres de droite.

Si dans la suite les droits de sortie à Rio, sur les Cafés, venaient à être abaissés ou élevés, on procéderait avec le nouveau droit, sur les estimations de la douane, avec les mêmes logarithmes et de la manière qu'on a expliquée plus haut ; on trouvera toujours exactement le résultat cherché par 100 kil. en France. Les logarithmes restent invariables pour tous les droits et les estimations.

2e *Exemple.* — Sur le compte Tapioca de Maragnan au Havre :

Le droit provincial est de 5 % et 10 %
Le droit de sortie est de 7 % } sur une estimation de 1$600 reis par arrobe,

ce qui, au change de 400 reis, avec les commissions, assurances, etc., produit au Havre, par 100 kil., F. 3.88.

Sur ce même compte, le logarithme du change de 400 reis est de 19,415 ; — multiplié par 1$600 reis, estimation de la douane, il donne 31,064,000.

En prélevant sur cette somme 5 % droit provincial, soit	1,553,200
10 % additionnel	155,320
7 % droit de sortie	2,174,480
	[illegible]

En retranchant les 4 derniers chiffres de droite on trouvera identiquement le même résultat que ci-dessus, soit F. 3.88 par 100 kil.

Que le droit provincial ou le droit de sortie viennent à être modifiés, les logarithmes n'en seront pas altérés, et en les multipliant par les estimations et les nouveaux droits, comme il est dit ci-dessus, on trouvera toujours exactement les résultats par 100 kil., en France, qui seront à ajouter aux prix de revient.

Mouvement commercial en 1864

Importations générales	78.000 contos ou environ		F. 225,000,000
Exportations	65,000	id.	» 198,000,000
Mouvement d'ensemble			F. 423,000,000

Café exporté...... 1,480,000 sacs de 5 arrobes ; soit 7,600,000 arrobes, dont :
500,000 sacs pour les Etats-Unis;
500,000 id. id. la Manche et le nord de l'Europe;
180.000 id. id. la Méditerranée.

Sucre exporté	2,000	caisses de 50 arrobes	pour	la France.
	800	id.	id.	la Méditerranée.
	2,000	id.	id.	le Portugal.
	2,300	id.	id.	La Plata.
Ensemble	7,100	caisses.		

Le coton est le seul produit brésilien qui ait pris de l'essor depuis quelques années. Il en avait été exporté de Rio, en 1863, à peu près 500 arrobes, et il en a été exporté, en 1864, 30,000 arrobes.

L'exportation générale, c'est-à-dire de toutes les provinces du Brésil, a été pour le coton, en 1864, comme suit :

Pernambuco	390,000	arrobes
Alagoas	250,000	id.
Parahyba	220,000	id.
Maragnan	210,000	id.
Céara	60,000	id.
Bahia	48,000	id.
Rio-Grande du Nord	40,000	id.
Rio-Janeiro	30,000	id.
Para	4,000	id.
	1,252,000	arrobes, ou environ 17,528,000 kil.

Importation. — L'ensemble de l'importation française à Rio-Janeiro, en 1864, a été d'environ F. 42,000,000 ; celle de l'Angleterre, y compris les métalliques et espèces d'or expédiées par elle en très grande quantité, a été de plus du double, et celle des Etats-Unis, qui vient après la nôtre, peut être évaluée à F. 10,000,000.

(Extrait du Dictionnaire du Commerce et de la Navigation, par MM. GUILLAUMIN et Cie, des Annales du Commerce extérieur et de ma Correspondance particulière.)

COMPTE D'ACHAT ET DE REVIENT

A 12 DOUZAINES MORCEAUX PALISSANDRE

12 douzaines morceaux Palissandre, pesant 2880 arrobes, à R$ 432\$000 la douzaine R$ 5:184\$000

N.-B. — Pour se rendre un compte exact du prix de revient de ce bois, il faut en connaître le poids. Cette partie, qui coûte R$ 5:184\$000, pesant 2880 arrobes, donne par arrobe R$ 1\$800. Pour se servir de l'échelle ci-contre, il faudra procéder ainsi avec les bois de palissandre qui se vendent à la douzaine.

FRAIS A RIO-JANEIRO

	Droits de sortie		
Droits de sortie sur estimation de R$ 1\$800, soit R$ 5:184\$000 à 7 %	R$ 362\$880		
Loyer supplémentaire au trapiche		R$ 49\$500	
Safainento		» 26\$400	
Menus frais et timbres de connaissements		» 7\$500	» 83\$400
			R$ 5:267\$400
Commission d'achat et de remboursement 5 %	» 18\$145		» 263\$370
	R$ 381\$025		R$ 5:530\$770
Courtage de change et timbres de traites ⅜ %	» 1\$425		» 20\$740
	R$ 382\$450		R$ 5:551\$510
Remboursement sur Paris à 90 jours de vue, au change de R$ 395 pour F. 1.	F. 968.23		F. 14054.45

FRAIS AU HAVRE

Fret sur 41000 kil. bruts à F. 50 et 10 % par tonneau de 1000 kil.		F. 2255.—	
Permis, frais au débarquement, port en magasin, arrimage, magasinage d'un mois, livraison et menus frais		» 210.—	
Assurance maritime sur F. 15450, à 1 % et police	» 10.64	» 156.10	
id. contre le feu sur F. 18080, à ½ ‰	» 0.53	» 9.05	
Perte d'intérêts ½ %			
Commission de banque ¼ %			
Courtage de vente ½ %			
Escompte à la vente 2 %			
Commission de vente 2 %			
Ensemble 5 % sur F. 17502.75	» 51.55	» 878.15	» 3508.30
	F. 1030.95		F. 17562.75
Soit par 100 kil.	» 2.51		

RENDEMENT : 1 arrobe rend 14 kil. ¼ :

Soit 41040 kil. à	F. 42.79	par 100 kil.	entrepôt	F. 17561.—
Plus : droits de sortie à Rio-Janeiro	» 2.51	id.	id.	
Ensemble	F. 45.30	id.	id.	

PRIX DE REVIENT AU HAVRE DES 100 KIL. ENTREPOT

AUX CHANGES SUIVANTS SUR PARIS

Avec la parité des changes sur LONDRES, calculés sur la base de F. 25.25 pour £ 1.—.—

PRIX à RIO-JANEIRO par arrobe	PARIS R$ 395 — LONDRES D. 24 1/16	PARIS R$ 390 — LONDRES D. 24 ¼	PARIS R$ 385 — LONDRES D. 24 7/16	PARIS R$ 380 — LONDRES D. 25	PARIS R$ 375 — LONDRES D. 25 ⅜	PARIS R$ 370 — LONDRES D. 25 11/16	PARIS R$ 365 — LONDRES D. 26	PARIS R$ 360 — LONDRES D. 26 ⅜	PARIS R$ 355 — LONDRES D. 26 ¾	PARIS R$ 350 — LONDRES D. 27 ⅛
R$ 0\$010	F. 0.20	F. 0.20	F. 0.21	F. 0.21	F. 0.21	F. 0.21	F. 0.22	F. 0.22	F. 0.22	F. 0.23
0\$020	0.40	0.40	0.41	0.41	0.42	0.43	0.43	0.44	0.44	0.45
0\$030	0.60	0.61	0.62	0.62	0.63	0.64	0.65	0.66	0.67	0.68
0\$040	0.80	0.81	0.82	0.83	0.84	0.85	0.86	0.88	0.89	0.90
0\$050	1.—	1.01	1.03	1.04	1.05	1.07	1.08	1.10	1.11	1.13
0\$060	1.19	1.21	1.23	1.24	1.26	1.28	1.30	1.31	1.33	1.35
0\$070	1.39	1.41	1.44	1.45	1.47	1.49	1.51	1.53	1.55	1.58
0\$080	1.59	1.62	1.64	1.66	1.68	1.70	1.73	1.75	1.78	1.80
0\$090	1.79	1.82	1.85	1.86	1.89	1.92	1.94	1.97	2.—	2.03
0\$100	1.99	2.02	2.05	2.07	2.10	2.13	2.16	2.19	2.22	2.25
0\$200	3.99	4.04	4.09	4.14	4.20	4.26	4.32	4.38	4.44	4.50
0\$300	5.98	6.06	6.14	6.22	6.30	6.38	6.47	6.56	6.65	6.75
0\$400	7.98	8.08	8.18	8.29	8.40	8.51	8.63	8.75	8.87	9.—
0\$500	9.97	10.10	10.23	10.36	10.50	10.64	10.79	10.94	11.09	11.25
0\$600	11.96	12.11	12.28	12.43	12.60	12.77	12.95	13.13	13.31	13.50
0\$700	13.96	14.13	14.32	14.50	14.70	14.90	15.11	15.32	15.53	15.75
0\$800	15.95	16.15	16.37	16.58	16.80	17.02	17.26	17.50	17.74	18.—
0\$900	17.95	18.17	18.41	18.65	18.90	19.15	19.42	19.69	19.96	20.25
1\$000	26.85	27.11	27.39	27.66	27.95	28.24	28.55	28.86	29.17	29.49
2\$000	46.78	47.31	47.84	48.39	48.95	49.53	50.12	50.73	51.36	51.99
3\$000	66.72	67.50	68.30	69.11	69.95	70.81	71.70	72.61	73.54	74.49
4\$000	86.65	87.69	88.75	89.84	90.95	92.10	93.27	94.48	95.72	96.99
5\$000	106.60	107.89	109.21	110.56	111.95	113.38	114.85	116.36	117.91	119.49
Plus par 100 kil. pour Droits de Sortie à Rio-Janeiro, sur estimation de R$ 1\$800 et 7 %	2.51	2.54	2.58	2.61	2.65	2.68	2.72	2.76	2.80	2.84

OBSERVATIONS

F. 10 et 10 % par tonneau sur le fret, font au Havre une différence de F. 1.10 par 100 kil. sur les prix.

On veut savoir le revient au Havre de Palissandre coûtant à Rio-Janeiro R$ 1\$570 par arrobe, au change de R$ 375 et au fret de F. 50 et 10 %.

On trouvera dans la 1re et la 6e colonne de ce tableau que:

R$ 0\$070 font par 100 kil.		F. 1.47
» 0\$500 id.	id.	» 10.50
» 1\$000 id.	id.	» 27.95
Plus droits de sortie à Rio-Janeiro, sur R$ 1\$570 et 7 %		» 2.31
R$ 1\$570 feront donc par 100 kil.		F. 42.23

N.-B. — Les droits de sortie à Rio-Janeiro n'étant pas compris dans les prix de revient du tableau ci-dessus devront être ajoutés. — Voir page 200 l'explication pour le calcul de ces mêmes droits au moyen des logarithmes suivants.

CHANGES		LOGARITHMES
CHANGES	395	19937
»	390	20193
»	385	20455
»	380	20724
»	375	21000
»	370	21284
»	365	21576
»	360	21875
»	355	22183
»	350	22500

Droits d'entrée en France par 100 kil. au Octobre 1865

Par navire Français .... Exempt
id. Étranger .... F. 7.20

COMPTE D'ACHAT ET DE REVIENT

A 500 SACS CAFÉ

500 sacs Café, pesant 2500 arrobes à R^s 7$000 par arrobe .... R^s 17:500$000

FRAIS A RIO-JANEIRO

	Droits de Sortie		
Droits de sortie sur 2500 arrobes à R^s 6$570, R^s 16:425$000 à 11 %	R^s 1:806$750		
Capatasia R^s 40 par sac		R^s 20$000	
Transport à l'embarquement et frais		» 90$000	
500 sacs en toile à R^s 700 par sac		» 350$000	
6 sacs de rechange à R^s 500 par sac		» 3$000	
Courtage à R^s 10 par arrobe		» 25$000	
Boîtes pour échantillons, timbres et menus frais		» 25$000	» 513$000
			R^s 18:013$000
Commission d'achat et de remboursement 5 %	» 90$335		» 900$650
	R^s 1:897$085		R^s 18:913$650
Remboursement sur Paris à 90 jours de vue, au change de R^s 395 pour F. 1	F. 4802.75		F. 47882.65

FRAIS AU HAVRE

Fret sur 36700 kil. bruts à F. 60 et 10 % par tonneau de 900 kil.		F. 2691.35	
Permis, voiliers pour échantillonner et conditionner, frais au débarquement, port en entrepôt, arrimage, magasinage d'un mois, frais à la livraison et menus frais		» 300.—	
Assurance maritime sur F. 52670, à 1 ¼ % et police	» 59.48	» 594.05	
id. contre le feu sur F. 56255, à ½ ‰	» 2.67	» 28.10	
Escompte à la vente .... 2 %			
Courtage de vente .... ½ %			
Commission de vente .... 2 %			
Commission de banque .... ¼ %			
Perte d'intérêts .... ¼ %			
Ensemble .... 5 % sur F. 54206.45	» 256.05	» 2710.30	» 6323.80
	F. 5120.90		F. 54206.45
Soit par 100 kil.	» 14.37		

RENDEMENT : 1 arrobe rend net 14 kil. ¼ :

Soit net 35625 kil. à	F. 152.15	par 100 kil. entrepôt	F. 54206.45
Plus : droits de sortie à Rio-Janeiro	» 14.37	id.	id.
Ensemble	F. 166.52	id.	id.

PRIX DE REVIENT AU HAVRE DES 100 KIL. ENTREPOT

AUX CHANGES SUIVANTS SUR PARIS

Avec la parité des changes sur LONDRES, calculés sur la base de F. 25.25 pour £ 1.—.—

PRIX à RIO-JANEIRO par arrobe	PARIS R^s 395 — LONDRES D. 24 1/16	PARIS R^s 390 — LONDRES D. 24 ¼	PARIS R^s 385 — LONDRES D. 24 11/16	PARIS R^s 380 — LONDRES D. 25	PARIS R^s 375 — LONDRES D. 25 ¼	PARIS R^s 370 — LONDRES D. 25 11/16	PARIS R^s 365 — LONDRES D. 26	PARIS R^s 360 — LONDRES D. 26 ¼	PARIS R^s 355 — LONDRES D. 26 ¾	PARIS R^s 350 — LONDRES D. 27 ⅛
R^s 0$050	F. 0.99	F. 1.—	F. 1.02	F. 1.03	F. 1.05	F. 1.06	F. 1.07	F. 1.09	F. 1.10	F. 1.12
0$100	1.99	2.01	2.04	2.07	2.10	2.12	2.15	2.18	2.21	2.25
0$200	3.98	4.02	4.08	4.13	4.19	4.25	4.30	4.36	4.43	4.49
0$300	5.97	6.03	6.12	6.20	6.29	6.37	6.46	6.55	6.64	6.74
0$400	7.96	8.06	8.16	8.26	8.38	8.49	8.61	8.73	8.85	8.98
0$500	9.95	10.08	10.21	10.35	10.48	10.62	10.76	10.91	11.07	11.23
0$600	11.93	12.07	12.25	12.40	12.57	12.74	12.91	13.09	13.28	13.47
0$700	13.92	14.09	14.29	14.46	14.67	14.86	15.06	15.27	15.49	15.72
0$800	15.91	16.10	16.33	16.53	16.76	16.98	17.22	17.46	17.70	17.96
0$900	17.90	18.12	18.37	18.60	18.86	19.11	19.37	19.64	19.92	20.21
1$000	19.89	20.14	20.41	20.67	20.95	21.23	21.52	21.82	22.13	22.45
4$000	92.49	93.57	94.67	95.81	96.97	98.16	99.39	100.64	101.93	103.25
5$000	112.38	113.71	115.07	116.48	117.92	119.40	120.91	122.47	124.06	125.70
6$000	132.26	133.85	135.48	137.15	138.87	140.63	142.43	144.29	146.19	148.15
7$000	152.15	154.—	155.88	157.83	159.82	161.86	163.96	166.11	168.32	170.59
8$000	172.04	174.14	176.29	178.50	180.77	183.09	185.48	187.93	190.45	193.04
9$000	191.93	194.29	196.69	199.18	201.72	204.33	207.01	209.76	212.58	215.48
10$000	211.82	214.43	217.10	219.85	222.67	225.56	228.53	231.58	234.71	237.93
Plus par 100 kil. pour Droits de Sortie à Rio-Janeiro, sur estimation de R^s 6$310 et 11 %	14.37	14.56	14.75	14.94	15.14	15.35	15.56	15.77	15.99	16.22

OBSERVATIONS

F. 10 et 10 % par tonneau sur le fret, font au Havre une différence de F. 1.26 par 100 kil. sur les prix.

On veut savoir le revient au Havre de Café coûtant à Rio-Janeiro R^s 6$650 par arrobe, au change de R^s 375 et au fret de F. 60 et 10 %.

On trouvera dans la 1re et la 6e colonne de ce tableau que:

R^s 0$050 font par 100 kil.		F. 1.05
» 0$600 id.	id.	» 12.57
» 6$000 id.	id.	» 138.87
Plus droits de sortie à Rio-Janeiro, sur R^s 6$200		» 14.29
R^s 6$650 feront donc par 100 kil.		F. 166.78

N.-B. — Les droits de sortie à Rio-Janeiro n'étant pas compris dans les prix de revient du tableau ci-dessus devront être ajoutés. — Voir page 200 l'explication pour le calcul de ces mêmes droits au moyen des logarithmes suivants.

CHANGES		LOGARITHMES
CHANGES	395	10889
»	390	20144
»	385	20405
»	380	20674
»	375	20950
»	370	21238
»	365	21524
»	360	21823
»	355	22130
»	350	22442

Droits d'entrée en France par 100 kil. en Octobre 1863

Par navire Français .... F. 50.40
id. Etranger .... » 55.40

COMPTE D'ACHAT ET DE REVIENT

A 2350 CORNES ASSORTIES DE BOEUFS ET VACHES

2350 Cornes assorties de bœufs et vaches, à Rs 23$000 le 100, rendues à bord			Rs	540$500

FRAIS A RIO-JANEIRO

	Droits de Sortie			
Droits de sortie sur estimation de Rs 4$000 le 100, soit Rs 94$000 à 7 %	Rs	6$580		
Connaissements, timbres et menus frais			»	1$560
			Rs	542$060
Commission d'achat et de remboursement 5 %	»	0$330	»	27$100
	Rs	6$910	Rs	569$160
Courtage de change et timbres de traites ⅜ %	»	0$025	»	2$135
	Rs	6$935	Rs	571$295
Remboursement sur Paris à 90 jours de vue, au change de Rs 400 pour F. 1.	F.	17.34	F.	1428.24

FRAIS AU HAVRE

Fret à F. 50 et 10 % par 1000 cornes			F.	129.25		
Permis, frais au débarquement, port en entrepôt, arrimage, magasinage d'un mois, livraison et menus frais			»	15.—		
Assurance maritime sur F. 1570, à 1 % et police	»	0.19	»	17.20		
id. contre le feu sur F. 1731, à ½ %	»	0.01	»	0.86		
Perte d'intérêts ½ %						
Commission de banque ¼ %						
Courtage de vente ¼ %						
Escompte à la vente 2 %						
Commission de vente 2 %						
Ensemble 5 % sur F. 1674.25	»	0.92	»	83.70	»	246.01
	F.	18.46			F.	1674.25
Soit par 100 cornes	»	0.78				

RENDEMENT :

2350 cornes à	F. 71.24	par 100 cornes	entrepôt (1)	F.	1674.15
Plus : droits de sortie à Rio-Janeiro	» 0.78	id.	id.		
Ensemble	F. 72.02	id.	id.		

(1) Aux nouvelles conditions.

PRIX DE REVIENT AU HAVRE DES 100 CORNES ENTREPOT

AUX CHANGES SUIVANTS SUR PARIS

Avec la parité des changes sur LONDRES, calculés sur la base de F. 25.25 pour £ 1.—.—

PRIX à RIO-JANEIRO par 100 cornes	PARIS Rs 400 — LONDRES D. 23¾	PARIS Rs 390 — LONDRES D. 24⅜	PARIS Rs 380 — LONDRES D. 25	PARIS Rs 370 — LONDRES D. 25¹¹/₁₆	PARIS Rs 360 — LONDRES D. 26⅜	PARIS Rs 350 — LONDRES D. 27⅛	PARIS Rs 340 — LONDRES D. 27¹⁵/₁₆	PARIS Rs 330 — LONDRES D. 28¹³/₁₆	PARIS Rs 320 — LONDRES D. 29¹¹/₁₆	Rs 10 par F. sur le change font au Havre par 100 cornes
Subdivisions. Coûts et frais variables										
Rs 0$050	F. 0.14	F. 0.14	F. 0.14	F. 0.15	F. 0.15	F. 0.16	F. 0.16	F. 0.17	F. 0.17	F. 0.—
0$100	0.28	0.28	0.29	0.30	0.31	0.32	0.33	0.34	0.35	0.01
0$200	0.56	0.57	0.58	0.60	0.62	0.64	0.66	0.68	0.70	0.02
0$300	0.84	0.86	0.88	0.90	0.93	0.96	0.99	1.02	1.05	0.02
0$400	1.12	1.15	1.17	1.21	1.24	1.28	1.32	1.36	1.40	0.03
0$500	1.40	1.43	1.47	1.51	1.55	1.60	1.65	1.70	1.75	0.04
0$600	1.68	1.72	1.76	1.81	1.86	1.92	1.98	2.04	2.10	0.05
0$700	1.96	2.01	2.06	2.12	2.18	2.24	2.31	2.38	2.45	0.06
0$800	2.24	2.30	2.35	2.42	2.49	2.56	2.64	2.72	2.80	0.07
0$900	2.52	2.58	2.65	2.72	2.80	2.88	2.97	3.06	3.15	0.08
Coûts et frais variables et invariables										
12$000	40.38	41.24	42.16	43.11	44.13	45.21	46.34	47.56	48.84	1.05
13$000	43.18	44.12	45.11	46.14	47.25	48.42	49.64	50.96	52.35	1.14
14$000	45.99	47.—	48.06	49.17	50.37	51.63	52.94	54.36	55.86	1.23
15$000	48.79	49.88	51.02	52.21	53.49	54.84	56.24	57.76	59.37	1.32
16$000	51.60	52.75	53.97	55.24	56.60	58.05	59.54	61.16	62.88	1.41
17$000	54.40	55.63	56.92	58.27	59.72	61.26	62.84	64.56	66.39	1.50
18$000	57.21	58.51	59.88	61.31	62.84	64.46	66.14	67.96	69.89	1.59
19$000	60.01	61.39	62.83	64.34	65.96	67.66	69.44	71.36	73.39	1.67
20$000	62.82	64.26	65.78	67.37	69.07	70.86	72.74	74.76	76.89	1.76
21$000	65.62	67.14	68.74	70.41	72.19	74.07	76.04	78.16	80.40	1.84
22$000	68.43	70.02	71.69	73.44	75.31	77.28	79.34	81.56	83.91	1.93
23$000	71.23	72.90	74.64	76.47	78.43	80.49	82.64	84.96	87.42	2.02
24$000	74.04	75.77	77.60	79.51	81.54	83.70	85.94	88.36	90.93	2.11
25$000	76.85	78.64	80.55	82.54	84.66	86.90	89.25	91.76	94.43	2.20
Plus par 100 Cornes pour Droits de Sortie à Rio-Janeiro, sur estimation de Rs 4$000 et 7 %	0.78	0.80	0.83	0.85	0.87	0.90	0.92	0.95	0.98	0.03

OBSERVATIONS

F. 10 et 10 % par tonneau sur le fret, font au Havre une différence de F. 1.10 par 100 Cornes sur les prix.

On veut savoir le revient au Havre de Cornes coûtant à Rio-Janeiro Rs 17$550 le 100, au change de Rs 360 et au fret de F. 50 et 10 %.

On trouvera dans la 1re et la 6e colonne de ce tableau que :

Rs	0$050	font par 100 cornes		F.	0.15
»	0$500	id.	id.	»	1.55
»	17$000	id.	id.	»	59.72
		Plus droits de sortie à Rio-Janeiro, sur Rs 4$000 et 7 %		»	0.78
Rs	17$550	feront donc par 100 cornes		F.	62.20

N.-B. — Les droits de sortie à Rio-Janeiro n'étant pas compris dans les prix de revient du tableau ci-dessus devront être ajoutés. — Voir page 200 l'explication pour le calcul de ces mêmes droits au moyen des logarithmes suivants.

CHANGES		LOGARITHMES
400		28055
» 390	»	28774
» 380	»	29532
» 370	»	30330
» 360	»	31172
» 350	»	32063
» 340	»	33005
» 330	»	34006
» 320	»	35009

Droits d'entrée en France par 100 kil. en Octobre 1865

Par navire Français .... Exemptes
Id. Etranger .... F. 2.—

COMPTE D'ACHAT ET DE REVIENT

A 150 BALLES COTON

150 balles Coton, pesant arrobes 619.22 à R$ 22$000 par arrobe .... R$ 13:633$125

FRAIS A RIO-JANEIRO

	Droits de Sortie		
Droits de sortie sur estimation de R$ 20$000, soit R$ 12:393$750 à 7 %	R$ 867$560		
Capatazia R$ 40 par balle		R$ 6$000	
Transport, pesage et embarquement		» 13$500	» 19$500
			R$ 13:652$625
Courtage d'achat .... ½ %			
Commission d'achat et de remboursement .. 5 %			
Ensemble .... 5 ½ %	» 47$715		» 750$895
	R$ 915$275		R$ 14:403$520
Courtage de change et timbres de traites ⅜ %	» 3$430		» 54$010
	R$ 918$705		R$ 14:457$530
Remboursement sur Paris à 90 jours de vue, au change de R$ 400 pour F. 1.	F. 2296.76		F. 36143.82

FRAIS AU HAVRE

Fret sur 9400 kil. bruts à F. 60 et 10 % par tonneau de 450 kil		F. 1148.90	
Permis, frais au débarquement, voiliers pour échantillonner, port en entrepôt, arrimage, magasinage d'un mois, livraison et menus frais		» 80.—	
Assurance maritime sur F. 39758, à 1 % et police	» 25.26	» 399.10	
id. contre le feu sur F. 41886, à ½ ‰	» 1.27	» 20.70	
Perte d'intérêts .... ½ %			
Commission de banque .... ½ %			
Courtage de vente .... ¼ %			
Escompte à la vente .... 2 %			
Commission de vente .... 2 %			
Ensemble .... 5 % sur F. 39781.60 ..	» 122.26	» 1989.08	» 3637.78
	F. 2445.55		F. 39781.60
Soit par 100 kil	» 27.69		

RENDEMENT : 1 arrobe rend net 14 kil. ¼ :

Soit net kil. 8830.50 à	F. 450.50	par 100 kil.	entrepôt.	F.	39781.40
Plus : droits de sortie à Rio-Janeiro	» 27.69	id.	id.		
Ensemble	F. 478.19	id.	id.		

PRIX DE REVIENT AU HAVRE DES 100 KIL. ENTREPOT

AUX CHANGES SUIVANTS SUR PARIS

Avec la parité des changes sur LONDRES, calculés sur la base de F. 25.25 pour £ 1.—.—

PRIX à RIO-JANEIRO par arrobe	PARIS R$ 400 — LONDRES D. 23 ¾	PARIS R$ 390 — LONDRES D. 24 ⅜	PARIS R$ 380 — LONDRES D. 25	PARIS R$ 370 — LONDRES D. 25 11/16	PARIS R$ 360 — LONDRES D. 26 ⅜	PARIS R$ 350 — LONDRES D. 27 ⅛	PARIS R$ 340 — LONDRES D. 27 13/16	PARIS R$ 330 — LONDRES D. 28 11/16	PARIS R$ 320 — LONDRES D. 29 11/16	R$ 40 par F. sur le change font au Havre par 100 kil.
R$ 0$050	F. 0.99	F. 1.01	F. 1.04	F. 1.07	F. 1.10	F. 1.13	F. 1.16	F. 1.20	F. 1.23	F. 0.03
0$100	1.98	2.03	2.08	2.14	2.20	2.26	2.32	2.40	2.47	0.06
0$200	3.96	4.06	4.16	4.28	4.40	4.52	4.63	4.80	4.94	0.12
0$300	5.94	6.09	6.24	6.42	6.60	6.78	6.96	7.20	7.41	0.18
0$400	7.92	8.12	8.32	8.56	8.80	9.04	9.31	9.59	9.88	0.24
0$500	9.90	10.15	10.41	10.70	11.—	11.30	11.63	11.99	12.36	0.31
0$600	11.88	12.18	12.49	12.84	13.20	13.56	13.96	14.39	14.83	0.37
0$700	13.86	14.21	14.57	14.98	15.40	15.82	16.29	16.79	17.30	0.43
0$800	15.83	16.24	16.65	17.11	17.59	18.08	18.62	19.18	19.77	0.49
0$900	17.80	18.27	18.74	19.24	19.78	20.34	20.94	21.58	22.25	0.56
6$000	133.98	137.04	140.26	143.66	147.25	151.03	155.05	159.30	163.81	3.73
7$000	153.76	157.33	161.08	165.05	169.23	173.64	178.32	183.28	188.54	4.35
8$000	173.54	177.62	181.90	186.44	191.21	196.25	201.59	207.26	213.27	4.97
9$000	193.32	197.91	202.72	207.82	213.19	218.86	224.87	231.24	[illegible]	[illegible]
10$000	213.10	218.20	223.55	229.22	235.17	241.47	248.14	[illegible]	262.73	6.21
11$000	232.89	238.49	244.87	250.61	257.15	264.06	[illegible]	279.20	287.46	6.82
12$000	252.67	258.75	265.20	271.99	279.13	[illegible]	294.09	303.18	312.19	7.44
13$000	272.45	279.07	285.02	293.37	[illegible]	308.30	317.96	327.16	336.92	8.06
14$000	292.23	299.36	306.84	314.75	323.09	331.90	341.23	351.14	361.64	8.67
15$000	312.01	319.65	[illegible]	336.14	345.07	354.51	364.51	375.12	386.37	9.29
16$000	[illegible]	339.93	348.49	357.53	367.05	377.12	387.78	399.00	411.10	9.91
17$000	351.56	360.22	369.31	378.92	389.03	399.73	411.05	423.07	435.83	10.53
18$000	371.36	380.51	390.14	400.31	411.01	422.34	434.33	447.05	460.56	11.15
19$000	391.14	400.80	410.96	421.70	432.99	444.95	457.60	471.03	485.29	11.77
20$000	410.92	421.09	431.78	443.08	454.97	467.56	480.87	495.01	510.02	12.39
21$000	430.71	441.38	452.61	464.46	476.97	490.17	504.15	518.99	534.75	13.—
22$000	450.49	461.67	473.43	485.84	498.95	512.77	527.42	542.97	559.47	13.62
23$000	470.27	481.96	494.25	507.23	520.93	535.38	550.69	566.95	584.20	14.24
24$000	490.05	502.25	515.07	528.62	542.91	557.99	573.97	590.93	608.92	14.86
25$000	509.84	522.53	535.90	550.—	564.87	580.59	597.25	614.90	633.64	15.48
Plus par 100 kil. pour Droits de Sortie à Rio-Janeiro, sur estimation de R$ 20$000 et 7 %	27.69	28.40	29.15	29.94	30.77	31.65	32.58	33.57	34.62	0.87

OBSERVATIONS

F. 10 et 10 % par tonneau sur le fret, font au Havre une différence de F. 2.60 par 100 kil. sur les prix.

On veut savoir le revient au Havre de Coton coûtant à Rio-Janeiro R$ 10$950 par arrobe, au change de R$ 360 et au fret de F. 50 et 10 %.

On trouvera dans la 1re et la 6e colonne de ce tableau que :

R$ 0$050	font par 100 kil	F.	1.10
» 0$900	id. id	»	19.78
» 10$000	id. id	»	235.17
Plus droits de sortie à Rio-Janeiro, sur R$ 8$950 et 7 %		»	19.67
R. 10$950 feront donc par 100 kil		F.	275.72

N.-B. — Les droits de sortie à Rio-Janeiro n'étant pas compris dans les prix de revient du tableau ci-dessus devront être ajoutés. — Voir page 200 l'explication pour le calcul de ces mêmes droits au moyen des logarithmes suivants.

CHANGES		LOGARITHMES
400	....	19782
» 390	....	» 20289
» 380	....	» 20823
» 370	....	» 21380
» 360	....	» 21980
» 350	....	» 22608
» 340	....	» 23273
» 330	....	» 23979
» 320	....	» 24728

Droits d'entrée en France par 100 kil. en Octobre 1865

Par navire Français .... F. 3.—

id. Etranger .... Exempt

COMPTE D'ACHAT ET DE REVIENT

A 20 BALLES CRINS

20 balles Crins, pesant net arrobes 190.22 à Rs 9$000 l'arrobe .... Rs 1:716$190

FRAIS A RIO-JANEIRO

		Droits de Sortie				
Droits de sortie sur Rs 9$000, soit Rs 1:716$190 à 7 %		Rs 120$135				
Expediente sur Rs 1.716$190 à ½ %		» 8$580				
20 sacs pour emballage à Rs 2$000			Rs	40$000		
Magasinage à Rs 80 par arrobe			»	15$240		
Frais d'embarquement à Rs 100 par balle			»	2$000		
Connaissements, timbre et menus frais			»	0$485	»	57$725
		Rs 128$715			Rs	1:773$915
Courtage d'achat	½ %					
Commission d'achat et de remboursement	5 %					
Ensemble	5½ %	» 7$080			»	97$565
		Rs 135$795			Rs	1:871$480
Courtage de négociation et timbres de traites ⅜ %		» 0$510			»	7$015
		Rs 136$305			Rs	1:878$495
Remboursement sur Paris à 90 jours de vue, au change de Rs 395 pour F. 1		F. 345.08			F.	4755.70

FRAIS AU HAVRE

Fret sur 2850 kil. bruts à F. 60 et 10 % par ton. de 700 kil.			F.	268.70		
Permis, frais au débarquement, voiliers pour échantillonner, arrimage, magasinage d'un mois, livraison et menus frais			»	35.—		
Assurance maritime sur F. 5230, à 1 % et police		» 3.79	»	58.80		
id. contre le feu sur F. 5587, à ½ ‰		» 0.19	»	2.80		
Perte d'intérêts	½ %					
Commission de banque	¼ %					
Courtage de vente	¼ %					
Escompte à la vente	2 %					
Commission de vente	2 %					
Ensemble	5 % sur F. 5385.25	» 18.37	»	269.25	»	629.55
		F. 367.48			F.	5385.25
Soit par 100 kil.		» 13.76				

RENDEMENT : 1 arrobe rend 14 kil. nets :

Soit net 2670 kil. à .... F. 201.70 par 100 kil. entrepôt .... F. 5385.40
Plus : droits de sortie à Rio-Janeiro. » 13.76 id. id.
Ensemble .... F. 215.46 id. id.

PRIX DE REVIENT AU HAVRE DES 100 KIL. ENTREPOT

AUX CHANGES SUIVANTS SUR PARIS

Avec la parité des changes sur LONDRES, calculés sur la base de F. 25.25 pour £ 1.—.—

PRIX à RIO-JANEIRO par arrobe	PARIS Rs 395 — LONDRES D. 24 ¹⁄₁₆	PARIS Rs 390 — LONDRES D. 24 ⅜	PARIS Rs 385 — LONDRES D. 24 ¹¹⁄₁₆	PARIS Rs 380 — LONDRES D. 25	PARIS Rs 375 — LONDRES D. 25 ¼	PARIS Rs 370 — LONDRES D. 25 ⁹⁄₁₆	PARIS Rs 365 — LONDRES D. 26	PARIS Rs 360 — LONDRES D. 26 ¼	PARIS Rs 355 — LONDRES D. 26 ¾	PARIS Rs 350 — LONDRES D. 27 ⅛
Rs 0$010	F. 0.20	F. 0.21	F. 0.21	F. 0.21	F. 0.22	F. 0.22	F. 0.22	F. 0.22	F. 0.23	F. 0.23
0$020	0.41	0.41	0.42	0.42	0.43	0.44	0.44	0.45	0.45	0.46
0$030	0.61	0.62	0.63	0.64	0.65	0.65	0.66	0.67	0.68	0.69
0$040	0.82	0.83	0.84	0.85	0.86	0.87	0.88	0.90	0.91	0.92
0$050	1.02	1.04	1.05	1.06	1.08	1.09	1.11	1.12	1.14	1.15
0$060	1.22	1.24	1.25	1.27	1.29	1.31	1.33	1.34	1.36	1.38
0$070	1.43	1.45	1.46	1.48	1.51	1.53	1.55	1.57	1.59	1.61
0$080	1.63	1.66	1.67	1.70	1.72	1.74	1.77	1.79	1.82	1.84
0$090	1.84	1.86	1.88	1.91	1.94	1.96	1.99	2.02	2.04	2.07
0$100	2.04	2.07	2.09	2.12	2.16	2.18	2.21	2.24	2.27	2.30
0$200	4.08	4.13	4.18	4.24	4.30	4.35	4.41	4.47	4.54	4.60
0$300	6.12	6.20	6.28	6.36	6.44	6.53	6.62	6.71	6.81	6.90
0$400	8.16	8.26	8.37	8.48	8.59	8.71	8.83	8.95	9.08	9.20
0$500	10.20	10.33	10.46	10.60	10.74	10.89	11.04	11.19	11.35	11.51
0$600	12.23	12.39	12.55	12.72	12.89	13.06	13.24	13.42	13.61	13.81
0$700	14.27	14.46	14.64	14.84	15.04	15.24	15.45	15.66	15.88	16.11
0$800	16.31	16.52	16.74	16.96	17.18	17.42	17.65	17.90	18.15	18.41
0$900	18.35	18.59	18.83	19.08	19.33	19.59	19.86	20.13	20.42	20.71
6$000	140.55	142.19	143.89	145.63	147.42	149.24	151.12	153.05	155.03	157.06
7$000	160.94	162.81	164.61	166.53	168.90	171.01	173.19	175.42	177.72	180.07
8$000	181.23	183.50	185.73	188.02	190.37	192.77	195.26	197.79	200.40	203.09
9$000	201.72	204.15	206.65	209.22	211.85	214.54	217.32	220.17	223.09	226.10
10$000	222.11	224.80	227.57	230.41	233.33	236.31	239.39	242.54	245.78	249.11
11$000	242.50	245.45	248.49	251.61	254.81	258.08	261.46	264.91	268.47	272.12
12$000	262.89	266.10	269.41	272.80	276.29	279.85	283.52	287.29	291.16	295.13
13$000	283.28	286.76	290.33	294.—	297.76	301.61	305.59	309.66	313.84	318.15
14$000	303.67	307.41	311.25	315.19	319.24	323.38	327.66	332.03	336.53	341.16
Plus par 100 kil. pour droits de sortie à Rio-Janeiro, sur estimation de Rs 9$000 et 7 ½ %	13.76	13.94	14.12	14.31	14.50	14.69	14.90	15.10	15.31	15.53

OBSERVATIONS

F. 10 et 10 % par tonneau sur le fret, font au Havre une différence de F. 1.68 par 100 kil. sur les prix.

On veut savoir le revient au Havre de Crins coûtant à Rio-Janeiro Rs 9$950 par arrobe, au change de Rs 375 et au fret de F. 60 et 10 %.

On trouvera dans la 1re et la 6e colonne de ce tableau que :

Rs 0$050 font par 100 kil.	F.	1.08
» 0$900 id. id.	»	19.33
» 9$000 id. id.	»	211.85
Plus droits de sortie à Rio-Janeiro, sur Rs 9$950 et 7 ½ %	»	16.04
Rs 9$950 feront donc par 100 kil.	F.	248.30

N.-B. — Les droits de sortie à Rio-Janeiro n'étant pas compris dans les prix de revient du tableau ci-dessus devront être ajoutés. — Voir page 200 l'explication pour le calcul de ces mêmes droits au moyen des logarithmes suivants.

CHANGES		LOGARITHMES
395	....	20301
» 390	....	» 20652
» 385	....	» 20920
» 380	....	» 21195
» 375	....	» 21478
» 370	....	» 21768
» 365	....	» 22067
» 360	....	» 22378
» 355	....	» 22688
» 350	....	» 23012

Droits d'entrée en France par 100 kil. en Octobre 1865

Par navire Français .... Exempts
Id Étranger .... F. 3.60

COMPTE D'ACHAT ET DE REVIENT

A 2143 CUIRS SALÉS VERTS DE BOEUFS

2143 Cuirs salés verts de bœufs, pesant 177112 ℛ à Rs 125 par ℛ .... Rs 22:139$000

FRAIS A RIO-JANEIRO

	Droits de Sortie		
Droits de sortie sur l'estimation de Rs 80 par ℛ, Rs 14:168$900 à 7 %	Rs 991$830		
200 alqueires de sel à Rs 560		Rs 112$000	
Transport de sel à bord		» 6$000	
10 pipes d'eau pour les dits		» 12$000	
Transport à Rs 40 par cuir		» 85$720	
Frais d'embarquement, pesage et canots		» 24$000	
Connaissements et timbres		» 0$320	» 240$040
			Rs 22:379$040
Commission d'achat et de remboursement 5 %	» 49$500		» 1:118$950
	Rs 1:041$420		Rs 23:497$990
Courtage de change et timbres de traites ¾ %	» 3$900		» 88$120
	Rs 1:045$320		Rs 23:586$110
Remboursement sur Paris à 90 jours de vue, au change de Rs 400 pour F. 1.	F. 2613.30		F. 58965.25

FRAIS AU HAVRE

Fret sur 78200 kil. bruts à F. 50 et 10 % par 1000 kil.			F. 4301.—	
Permis, frais au débarquement, port en entrepôt, arrimage, magasinage d'un mois, livraison et menus frais			» 470.—	
Assurance maritime sur F. 64861, à 1 % et police		» 28.75	» 650.10	
id. contre le feu sur F. 70282, à ½ ‰		» 1.45	» 35.15	
Perte d'intérêts	½ %			
Commission de banque	¼ %			
Courtage de vente	¼ %			
Escompte à la vente	2 %			
Commission de vente	2 %			
Ensemble	5 % sur F. 67812.10	» 189.15	» 3390.60	» 8840.85
		F. 2782.05		F. 67812.10
Soit par 100 kil.		» 3.83		

Rendement : 100 ℛ rendent 41 kil. nets :

Soit net, secoués de sel, 72616 kil. à .... F. 93.38 par 100 kil. entrepôt..... F 67808.80
Plus : droits de sortie à Rio-Janeiro .... » 3.83 id. id.
Ensemble .... F. 97.21 id. id.

PRIX DE REVIENT AU HAVRE DES 100 KIL. ENTREPOT

AUX CHANGES SUIVANTS SUR PARIS

Avec la parité des changes sur Londres, calculés sur la base de F. 25.25 pour £ 1.—.—

PRIX à RIO-JANEIRO par ℛ	PARIS Rs 400 — LONDRES D. 23¾	PARIS Rs 390 — LONDRES D. 24⅜	PARIS Rs 380 — LONDRES D. 25	PARIS Rs 370 — LONDRES D. 25[11]/[16]	PARIS Rs 360 — LONDRES D. 26⅜	PARIS Rs 350 — LONDRES D. 27⅛	PARIS Rs 340 — LONDRES D. 27[15]/[16]	PARIS Rs 330 — LONDRES D. 28[11]/[16]	PARIS Rs 320 — LONDRES D. 29[11]/[16]	Rs 10 par F sur le change font au Havre par 100 kil.
Rs 0$005	F. 3.42	F. 3.51	F. 3.60	F. 3.70	F. 3.80	F. 3.91	F. 4.02	F. 4.14	F. 4.27	F. 0.10
0$010	6.84	7.02	7.20	7.40	7.60	7.82	8.05	8.29	8.55	0.21
[illegible]	13.69	14.04	14.40	14.80	15.20	15.64	16.10	16.58	17.10	0.43
0$030	20.54	21.06	21.60	22.20	22.80	23.46	24.15	[illegible]	[illegible]	0.64
0$040	27.38	28.08	28.81	29.60	30.40	31.28	32.20	33.17	34.21	0.85
0$050	34.22	35.10	36.01	36.99	38.01	39.10	40.25	41.47	42.76	1.07
0$060	48.90	49.99	51.12	52.32	53.59	54.92	56.33	57.82	59.41	1.31
0$070	55.74	57.01	58.32	59.72	61.19	62.74	64.38	66.11	67.96	1.52
0$080	62.58	64.03	65.52	67.12	68.79	70.56	72.43	74.41	76.51	1.74
0$090	69.42	71.05	72.73	74.52	76.40	78.38	80.48	82.70	85.07	1.96
0$100	76.27	78.06	79.93	81.91	84.—	86.20	88.53	91.—	93.62	2.17
0$200	144.70	148.24	151.96	155.88	160.03	164.40	169.03	173.94	179.15	4.31
0$300	213.13	218.42	223.99	229.86	236.06	242.61	249.54	256.88	264.69	6.44
Plus par 100 kil. pour Droits de Sortie à Rio-Janeiro, sur estimation de Rs 80 et 7 %	3.83	3.93	4.03	4.14	4.26	4.38	4.51	4.64	4.79	0.12

OBSERVATIONS

F. 10 et 10 % par tonneau sur le fret, font au Havre une différence de F. 1.18 par 100 kil. sur les prix.

On veut savoir le revient au Havre de Cuirs salés verts coûtant à Rio-Janeiro Rs 175 par ℛ, au change de Rs 360 et au fret de F. 50 et 10 %.

On trouvera dans la 1re et la 5e colonne de ce tableau que :

Rs 5	font par 100 kil.	F.	3.80
» 20	id. id.	»	15.20
» 50	id. id.	»	38.01
» 100	id. id.	»	84.—
	Plus droits de sortie à Rio-Janeiro, sur Rs 190 et 7 %	»	6.92
Rs 175	feront donc par 100 kil.	F.	147.93

N.-B. — Les droits de sortie à Rio-Janeiro n'étant pas compris dans les prix de revient du tableau ci-dessus devront être ajoutés. — Voir page 200 l'explication pour le calcul de ces mêmes droits au moyen des logarithmes suivants.

Changes		Logarithmes
Changes 400	....	Logarithmes 68427
» 390	....	» 70182
» 380	....	» 72029
» 370	....	» 73975
» 360	....	» 76031
» 350	....	» 78203
» 340	....	» 80503
» 330	....	» 82942
» 320	....	» 85534

Droits d'entrée en France par 100 kil. en Octobre 1865

Par navire Français .... Exempts
id. Etranger .... F. 3.—

COMPTE D'ACHAT ET DE REVIENT

A 1000 CUIRS SECS DE SAINTE-CATHERINE

1000 Cuirs secs de Sainte-Catherine, pesant 30000 ₰ à Rˢ 200 par ₰ .... Rˢ 7:800$000

FRAIS A RIO-JANEIRO

	Droits de Sortie		
Droits de sortie sur estimation de Rˢ 240, Rˢ 7:200$000 à 7 %	Rˢ 504$000		
Empoisonnement Rˢ 120 par cuir		Rˢ 120$000	
Magasinage Rˢ 20 par cuir		» 20$000	
Courtage d'achat Rˢ 40 par cuir		» 40$000	
Menus frais		» 10$000	» 190$000
			Rˢ 7:990$000
Commission d'achat et de remboursement 5 %	» 25$200		» 399$500
	Rˢ 529$200		Rˢ 8:389$500
Courtage de change et timbres de traites ⅜ %	» 1$985		» 31$460
	Rˢ 531$185		Rˢ 8:420$960
Remboursement sur Paris à 90 jours de vue, au change de Rˢ 400 pour F. 1.	F. 1327.96		F. 21052.40

FRAIS AU HAVRE

Fret sur 13594 kil. bruts à F. 60 et 10 % par tonneau de 800 kil.		F. 1121.50	
Permis, frais au débarquement, port en entrepôt, arrimage, magasinage d'un mois, livraison et menus frais		» 110.—	
Assurance maritime sur F. 23157, à 1 % et police	» 14.60	» 233.10	
id. contre le feu sur F. 24621, à ½ ‰	» 0.75	» 12.30	
Perte d'intérêts ½ %			
Commission de banque ¼ %			
Courtage de vente ¼ %			
Escompte de vente 2 %			
Commission de vente 2 %			
Ensemble 5 % sur F. 23715.05	» 70.70	» 1185.75	» 2662.65
	F. 1414.01		F. 23715.05
Soit par 100 kil.	» 10.40		

Rendement : 1 arrobe rend 14 kil. ½ :

Soit net 13594 kil. à .... F. 174.45 par 100 kil. entrepôt.. F. 23714.75
Plus : droits de sortie à Rio-Janeiro .... » 10.40 id. id.
Ensemble .... F. 184.85 id. id.

PRIX DE REVIENT AU HAVRE DES 100 KIL. ENTREPOT

AUX CHANGES SUIVANTS SUR PARIS

Avec la parité des changes sur Londres, calculés sur la base de F. 25.25 pour £ 1.—.—

	PRIX à RIO-JANEIRO par ₰	PARIS Rˢ 400 — LONDRES D. 23¾	PARIS Rˢ 390 — LONDRES D. 24⅝	PARIS Rˢ 380 — LONDRES D. 25	PARIS Rˢ 370 — LONDRES D. 25¹¹/₁₆	PARIS Rˢ 360 — LONDRES D. 26⅜	PARIS Rˢ 350 — LONDRES D. 27⅛	PARIS Rˢ 340 — LONDRES D. 27¹⁵/₁₆	PARIS Rˢ 330 — LONDRES D. 28¹³/₁₆	PARIS Rˢ 320 — LONDRES D. 29¹¹/₁₆	Rˢ 10 par F. sur le change font au Havre par 100 kil.
SERVITUDES — Coût et frais variables	Rˢ 0$005	F. 3.09	F. 3.17	F. 3.25	F. 3.34	F. 3.44	F. 3.53	F. 3.64	F. 3.75	F. 3.87	F. 0.09
	0$010	6.19	6.35	6.51	6.69	6.88	7.07	7.28	7.50	7.74	0.19
	0$020	12.38	12.70	13.03	13.38	13.76	14.14	14.56	15.—	15.48	0.38
	0$030	18.57	19.05	19.55	20.07	20.64	21.22	21.84	22.51	23.22	0.58
	0$040	24.76	25.40	26.07	26.77	27.52	28.29	29.13	30.01	30.96	0.77
	0$050	30.95	31.75	32.58	33.46	34.40	35.37	36.41	37.52	38.70	0.96
	0$060	37.14	38.10	39.10	40.15	41.28	42.45	43.70	45.02	46.44	1.16
	0$070	43.34	44.45	45.62	46.85	48.16	49.52	50.98	52.53	54.18	1.35
	0$080	49.53	50.80	52.14	53.54	55.04	56.60	58.26	60.03	61.92	1.55
	0$090	55.72	57.15	58.65	60.23	61.92	63.67	65.55	67.54	69.66	1.74
Coût et frais variables et invariables	0$100	75.38	77.09	78.88	80.76	82.75	84.84	87.04	89.37	91.84	2.06
	0$200	137.29	140.59	144.05	147.69	151.54	155.60	159.88	164.41	169.23	3.90
	0$300	199.21	204.09	209.23	214.63	220.33	226.36	232.72	239.46	246.62	5.92
	0$400	261.12	267.59	274.41	281.56	289.13	297.12	305.56	314.51	324.02	7.86
	0$500	323.04	331.10	339.58	348.50	357.93	367.88	378.40	389.56	401.42	9.79
Plus par 100 kil. pour droits de sortie à Rio-Janeiro, sur estimation de Rˢ 240 et 7 %		10.40	10.67	10.95	11.24	11.56	11.89	12.24	12.61	13.—	0.32

OBSERVATIONS

F. 10 et 10 % par tonneau sur le fret, font au Havre une différence de F. 1.37 par 100 kil. sur les prix.

On veut savoir le revient au Havre de Cuirs secs coûtant à Rio-Janeiro Rˢ 275 par ₰, au change de Rˢ 360 et au fret de F. 60 et 10 %.

On trouvera dans la 1ʳᵉ et la 6ᵉ colonne de ce tableau que:

Rˢ 5 font par 100 kil. .... F. 3.44
» 70 id. id. .... » 48.16
» 200 id. id. .... » 151.54
Plus droits de sortie à Rio-Janeiro, sur Rˢ 255 et 7 % .... » 12.28

Rˢ 275 feront donc par 100 kil. .... F. 215.42

N.-B. — Les droits de sortie à Rio-Janeiro n'étant pas compris dans les prix de revient du tableau ci-dessus devront être ajoutés. — Voir page 200 l'explication pour le calcul de ces mêmes droits au moyen des logarithmes suivants.

CHANGES		LOGARITHMES
400	....	61915
» 390	....	» 63503
» 380	....	» 65174
» 370	....	» 66935
» 360	....	» 68794
» 350	....	» 70760
» 340	....	» 72841
» 330	....	» 75048
» 320	....	» 77394

Droits d'entrée en France par 100 kil. en Octobre 1885

Par navire Français .... Exempts
id. Etranger .... F. 3.—

COMPTE D'ACHAT ET DE REVIENT

A 29 SURONS IPECACUANHA

29 surons Ipecacuanha, pesant brut..... @ 3782				
Tare, 6 @ par suron........ » 174				
Net........ @ 3608 à R^s 2$000 par @........			R^s	7:216$000

FRAIS A RIO-JANEIRO

	Droits de Sortie			
Droits de sortie sur 3608 @ à R^s 2$000, soit R^s 7:216$000 à 7 %........	R^s 505$120			
Capatazias à R^s 40 par suron........		R^s 1$100		
Transport en magasin, à l'embarquement et pesage.....		» 8$400		
Dépêche et menus frais à l'embarquement........		» 5$200		
Connaissements et timbres........		» 0$320	»	15$080
			R^s	7:231$080
Courtage d'achat........ ½ %				
Commission d'achat et de remboursement. 5 %				
Ensemble........ 5½ %........	» 27$780		»	397$710
	R^s 532$900		R^s	7:628$790
Courtage de négociation et timbres ¼ %........	» 2$000		»	28$610
	R^s 534$900		R^s	7:657$400
Remboursement sur Paris à 90 jours de vue, au change de R^s 395 pour F. 1.	F. 1354.18		F.	19385.85

FRAIS AU HAVRE

Fret sur 1704 kil. bruts à F. 60 et 10 % par ton. de 500 kil..		F. 224.95		
Permis, frais au débarquement, voiliers pour échantillonner, port en entrepôt, arrimage, magasinage d'un mois, menus frais et livraison........		» 45.—		
Assurance maritime sur F. 21824, à 1 % et police........	» 14.90	» 214.75		
id. contre le feu sur F. 21808, à ½ ‰........	» 0.75	» 10.90		
Perte d'intérêts........ ½ %				
Commission de banque..... ½ %				
Courtage de vente........ ½ %				
Escompte à la vente........ 2 %				
Commission de vente........ 2 %				
Ensemble.. 5 % sur F. 20027.85........	» 72.09	» 1046.40	»	1542.—
	F. 1441.92		F.	20927.85
Soit par kil........	» 9.27			

RENDEMENT : 100 @ nettes rendent net kil. 43.12 ;

Soit net kil. 1555.75 à........ F. 13.45 par kil. entrepôt........ F. 20924.85
Plus : droits de sortie à Rio-Janeiro...... » 9.27 id. id.
Ensemble........ F. 22.72 id. id.

PRIX DE REVIENT AU HAVRE DU KIL. ENTREPOT

AUX CHANGES SUR PARIS

Avec la parité des changes sur LONDRES, calculés sur la base de F. 25.25 pour £ 1.—.—

PRIX à RIO-JANEIRO par @	PARIS R^s 395 — LONDRES D. 24 1/16	PARIS R^s 390 — LONDRES D. 24 3/8	PARIS R^s 385 — LONDRES D. 24 11/16	PARIS R^s 380 — LONDRES D. 25	PARIS R^s 375 — LONDRES D. 25 3/8	PARIS R^s 370 — LONDRES D. 25 11/16	PARIS R^s 365 — LONDRES D. 26	PARIS R^s 360 — LONDRES D. 26 3/8	PARIS R^s 355 — LONDRES D. 26 3/4	PARIS R^s 350 — LONDRES D. 27 1/8
SURONS — Coût et frais variables: R^s 0$005	F. 0.03	F. 0.03	F. 0.03	F. 0.03	F. 0.04	F. 0.04	F. 0.04	F. 0.04	F. 0.06	F. 0.04
0$010	0.07	0.07	0.07	0.07	0.07	0.07	0.07	0.07	0.07	0.08
0$020	0.13	0.13	0.14	0.14	0.14	0.14	0.14	0.15	0.15	0.15
0$030	0.20	0.20	0.20	0.21	0.21	0.21	0.22	0.22	0.22	0.23
0$040	0.27	0.27	0.27	0.28	0.28	0.28	0.29	0.29	0.30	0.30
0$050	0.33	0.33	0.34	0.34	0.35	0.36	0.36	0.37	0.37	0.38
0$060	0.40	0.40	0.41	0.41	0.42	0.43	0.43	0.44	0.44	0.45
0$070	0.46	0.47	0.48	0.48	0.49	0.50	0.50	0.51	0.52	0.53
0$080	0.53	0.54	0.54	0.55	0.56	0.57	0.58	0.58	0.59	0.60
0$090	0.59	0.60	0.61	0.62	0.63	0.64	0.65	0.66	0.67	0.68
0$100	0.66	0.67	0.68	0.69	0.70	0.71	0.72	0.73	0.74	0.75
0$200	1.32	1.34	1.36	1.38	1.39	1.41	1.43	1.45	1.47	1.49
0$300	1.99	2.01	2.04	2.06	2.09	2.12	2.15	2.18	2.21	2.24
0$400	2.65	2.68	2.72	2.75	2.79	2.82	2.86	2.90	2.95	2.99
0$500	3.31	3.35	3.40	3.44	3.49	3.53	3.58	3.63	3.69	3.74
0$600	3.97	4.02	4.07	4.13	4.18	4.24	4.30	4.36	4.42	4.48
0$700	4.63	4.69	4.75	4.82	4.88	4.94	5.01	5.08	5.16	5.23
0$800	5.30	5.36	5.43	5.50	5.58	5.65	5.73	5.81	5.90	5.98
0$900	5.96	6.03	6.11	6.19	6.27	6.35	6.44	6.53	6.63	6.72
Coût et frais variables et invariables: 1$000	6.63	6.91	7.—	7.09	7.18	7.28	7.37	7.47	7.58	7.68
2$000	13.45	13.62	13.79	13.97	14.16	14.34	14.54	14.74	14.94	15.15
3$000	20.07	20.32	20.58	20.85	21.13	21.41	21.70	22.—	22.31	22.62
4$000	26.69	27.03	27.38	27.73	28.10	28.48	28.87	29.26	29.67	30.09
Plus par kil. pour Droits de Sortie à Rio-Janeiro, sur estimation de R^s 1$000 et 7 %	9.27	9.39	9.51	9.63	9.76	9.89	10.03	10.17	10.31	10.46

OBSERVATIONS

F. 10 et 10 % par tonneau sur le fret, font au Havre une différence de F. 0.02½ par kil. sur les prix.

On veut savoir le revient au Havre d'Ipecacuanha coûtant à Rio-Janeiro R^s 2$775 par @, au change de R^s 375 et au fret de F. 60 et 10 %.

On trouvera dans la 1re et la 5e colonne de ce tableau que:

R^s 0$005 font par kil........	F.	0.04
» 0$070 id. id.	»	0.49
» 0$700 id. id.	»	4.88
» 2$000 id. id.	»	14.16
Plus droits de sortie à Rio-Janeiro, sur R^s 2$775 et 7 %........	»	13.54
R^s 2$775 feront donc par kil........	F.	33.11

N.-B. — Les droits de sortie à Rio-Janeiro n'étant pas compris dans les prix de revient du tableau ci-dessus devront être ajoutés. — Voir page 200 l'explication pour le calcul de ces mêmes droits au moyen des logarithmes suivants.

CHANGES		LOGARITHMES
395	....	65198
» 390	....	» 67046
» 385	....	» 67917
» 380	....	» 68611
» 375	....	» 69728
» 370	....	» 70670
» 365	....	» 71638
» 360	....	» 72632
» 355	....	» 73650
» 350	....	» 74709

Droits d'entrée en France par 100 kil. en Octobre 1865

Par navire Français........ Exempt.
id. Etranger........ F. 5.—

COMPTE D'ACHAT ET DE REVIENT

A 4000 SACS SUCRE

4000 sacs Sucre, pesant 17371 arrobes à Rs 3$000 par arrobe .... Rs 52:113$000

FRAIS A RIO-JANEIRO

	Droits de sortie		
Droits de sortie sur 17371 arrobes à Rs 3$000, Rs 52:113$000 à 7 %	Rs 3:647$910		
Magasinage Rs 25 par arrobe		Rs 434$175	
Embarquement Rs 40 par sac		» 160$000	
Frais d'embarquement, nègres pour coudre et marquer		» 39$580	
Echantillons, flacons, emballage et port		» 8$400	» 642$155
Courtage d'achat ½ %			» 260$565
			Rs 53:015$720
Commission d'achat et de remboursement 5 %	» 182$395		» 2:650$785
	Rs 3:830$305		Rs 55:666$505
Remboursement sur Paris à 90 jours de vue, au change de Rs 395 pour F. 1.	F. 9697.—		F. 140927.85

FRAIS AU HAVRE

Fret sur 250700 kil. bruts à F. 50 et 10 % par tonneau de 1000 kil.		F. 13788.50	
Permis, frais au débarquement, voiliers pour échantillonner et conditionner, port en magasin, arrimage, magasinage d'un mois, livraison et menus frais		» 1750.—	
Assurance maritime sur F. 155020, à 1 ¼ % et police	» 133.30	» 1939.25	
id. contre le feu sur F. 172497, à ½ ‰	» 5.40	» 86.25	
Perte d'intérêts ½ %			
Commission de banque ¼ %			
Courtage de vente ¼ %			
Escompte à la vente 2 %			
Commission de vente 2 %			
Ensemble 5 % sur F. 166833.50	» 517.65	» 8341.65	» 25905.65
	F. 10353.35		F. 166833.50
Soit par 100 kil.	» 4.24		

RENDEMENT : 1 arrobe nette rend net kil. 14.15 :

Soit net .... kil. 245800
Moins : réfaction pour couches .. » 1220

Net .... kil. 244571 à .... F. 68.21 par 100 kil. entrepôt.. F. 166821.90
Plus : droits de sortie à Rio-Janeiro .... » 4.24 id. id.
Ensemble .... F. 72.45 id. id.

PRIX DE REVIENT AU HAVRE DES 100 KIL. ENTREPOT

AUX CHANGES SUIVANTS SUR PARIS

Avec la parité des changes sur LONDRES, calculés sur la base de F. 25.25 pour £ 1.—.—

PRIX à RIO-JANEIRO par arrobe	PARIS Rs 395 — LONDRES D. 24 1/16	PARIS Rs 390 — LONDRES D. 24 ⅜	PARIS Rs 385 — LONDRES D. 24 11/16	PARIS Rs 380 — LONDRES D. 25	PARIS Rs 375 — LONDRES D. 25 ¼	PARIS Rs 370 — LONDRES D. 25 11/16	PARIS Rs 365 — LONDRES D. 26	PARIS Rs 360 — LONDRES D. 26 ⅜	PARIS Rs 355 — LONDRES D. 26 ¾	PARIS Rs 350 — LONDRES D. 27 ⅛
Rs 0$010	F. 0.20	F. 0.21	F. 0.21	F. 0.21	F. 0.21	F. 0.22	F. 0.22	F. 0.22	F. 0.23	F. 0.23
0$020	0.40	0.41	0.42	0.42	0.43	0.43	0.44	0.44	0.45	0.46
0$030	0.61	0.62	0.62	0.63	0.64	0.65	0.66	0.67	0.68	0.69
0$040	0.81	0.82	0.83	0.84	0.85	0.86	0.88	0.89	0.90	0.92
0$050	1.02	1.03	1.04	1.05	1.07	1.08	1.10	1.11	1.13	1.15
0$060	1.21	1.23	1.25	1.26	1.28	1.30	1.31	1.33	1.35	1.37
0$070	1.41	1.44	1.46	1.47	1.49	1.51	1.53	1.55	1.58	1.60
0$080	1.62	1.64	1.66	1.68	1.70	1.73	1.75	1.78	1.80	1.83
0$090	1.82	1.85	1.87	1.89	1.92	1.94	1.97	2.—	2.03	2.05
0$100	2.02	2.05	2.08	2.10	2.13	2.16	2.19	2.22	2.25	2.29
1$500	37.83	38.23	38.64	39.06	39.49	39.93	40.39	40.85	41.33	41.82
1$600	39.86	40.29	40.72	41.16	41.63	42.10	42.58	43.08	43.59	44.10
1$700	41.89	42.34	42.80	43.27	43.76	44.25	44.76	45.30	45.84	46.39
1$800	43.92	44.39	44.88	45.47	45.90	46.42	46.97	47.52	48.10	48.67
1$900	45.95	46.44	46.96	47.58	48.03	48.59	49.16	49.75	50.35	50.96
2$000	47.98	48.49	49.03	49.69	50.16	50.75	51.35	51.97	52.60	53.25
2$100	50.—	50.54	51.11	51.79	52.30	52.91	53.54	54.19	54.86	55.53
2$200	52.02	52.59	53.19	53.90	54.43	55.07	55.74	56.41	57.11	57.82
2$300	54.04	54.64	55.27	56.—	56.57	57.24	57.93	58.64	59.37	60.10
2$400	56.07	56.70	57.35	58.11	58.70	59.40	60.12	60.86	61.62	62.39
2$500	58.10	58.75	59.43	60.22	60.83	61.56	62.31	63.08	63.87	64.68
2$600	60.13	60.80	61.51	62.32	62.97	63.73	64.50	65.31	66.13	66.96
2$700	62.16	62.85	63.59	64.43	65.10	65.89	66.70	67.53	68.38	69.25
2$800	64.19	64.90	65.67	66.53	67.24	68.05	68.89	69.75	70.64	71.53
2$900	66.21	66.95	67.74	68.64	69.37	70.22	71.08	71.98	72.89	73.82
3$000	68.23	69.—	69.82	70.75	71.50	72.38	73.27	74.20	75.14	76.11
3$100	70.25	71.06	71.90	72.85	73.64	74.54	75.46	76.42	77.40	78.39
3$200	72.28	73.11	73.98	74.96	75.77	76.70	77.66	78.64	79.65	80.68
3$300	74.31	75.16	76.06	77.06	77.90	78.86	79.85	80.87	81.91	82.97
3$400	76.32	77.21	78.13	79.07	80.03	81.02	82.04	83.09	84.16	85.25
Plus par 100 kil. pour Droits de Sortie à Rio-Janeiro, sur estimation de Rs 3$000 et 7 %	4.25	4.31	4.36	4.41	4.48	4.54	4.60	4.67	4.73	4.80

OBSERVATIONS

F. 10 et 10 % par tonneau sur le fret, font au Havre une différence de F. 1.13 par 100 kil. sur les prix.

On veut savoir le revient au Havre de Sucre coûtant à Rio-Janeiro Rs 2$550 par arrobe, au change de Rs 375 et au fret de F. 50 et 10 %.

On trouvera dans la 1re et la 6e colonne de ce tableau que:

Rs 0$050 font par 100 kil. .... F. 1.07
» 2$500 id. id. .... » 60.83
Plus droits de sortie à Rio-Janeiro, sur Rs 2$550 et 7 % .... » 3.81

Rs 2$550 feront donc par 100 kil. .... F. 65.71

N.-B. — Les droits de sortie à Rio-Janeiro n'étant pas compris dans les prix de revient du tableau ci-dessus devront être ajoutés. — Voir page 200 l'explication pour le calcul de ces mêmes droits au moyen des logarithmes suivants.

CHANGES		LOGARITHMES
395		20258
» 390	»	20518
» 385	»	20785
» 380	»	21056
» 375	»	21330
» 370	»	21627
» 365	»	21924
» 360	»	22226
» 355	»	22541
» 350	»	22863

Droits d'entrée en France par 100 kil. en Octobre 1865

Au dessous du no 13	Par navire Français..	F. 42.—
	id. Etranger.	» 44.—
Du no 13 au no 20..	id. Français..	» 44.—
	id. Etranger.	» 46.—

COMPTE D'ACHAT ET DE REVIENT

A 65 CAISSES SUCRE

65 caisses Sucre, pesant net 3000 arrobes à Rs 2$800 par arrobe .... Rs 8:400$000

FRAIS A RIO-JANEIRO

	Droits de Sortie		
Droits de sortie sur 3000 arrobes à Rs 3$000, Rs 9:000$000 à 7 %	R 630$000		
Loyer au trapiche à Rs 40 par arrobe........		Rs 120$000	
Livraison et embarquement à Rs 800 par caisse........		» 52$000	
Transport et frais d'embarquement........		» 8$500	
Echantillonage, emballage, etc........		» 15$000	
Courtage d'achat ½ %........		» 42$000	
Connaissements et timbres........		» 0$420	» 237$920
			Rs 8:637$920
Commission d'achat et de remboursement 5 %........	» 31$500		» 431$896
	Rs 661$500		Rs 9:069$816
Remboursement sur Paris à 90 jours de vue, au change de Rs 395 pour F. 1..	F. 1674.95		F. 22961.55

FRAIS AU HAVRE

Fret sur 47500 kil. bruts à F. 50 et 10 % par 1000 kil..		F. 2612.50	
Permis, frais au débarquement, tonneliers pour échantillonner et conditionner, port en magasin, arrimage, magasinage d'un mois, livraison et menus frais......		» 460.—	
Assurance maritime sur F. 25257, à 1 ¼ % et police....	» 28.02	» 317.20	
id. contre le feu sur F. 28047, à ½ ‰........	» 0.93	» 14.30	
Perte d'intérêts........ ½ %			
Commission de banque........ ¼ %			
Escompte à la vente........ 2 %			
Courtage de vente........ ¼ %			
Commission de vente........ 2 %			
Ensemble...... 5 % sur F. 27758.20...	» 89.42	» 1387.65	» 4791.65
	F. 1788.32		F. 27753.20
Soit par 100 kil.	» 4.26		

RENDEMENT : 1 arrobe rend en moyenne 14 kil. nets :

Soit net 42000 kil. à........ F. 66.08 par 100 kil. entrepôt.. F. 27753.60
Plus : droits de sortie à Rio-Janeiro........ » 4 26 id. id.
Ensemble........ F. 70.34 id. id.

PRIX DE REVIENT AU HAVRE DES 100 KIL. ENTREPOT

AUX CHANGES SUIVANTS SUR PARIS

Avec la parité des changes sur LONDRES, calculés sur la base de F. 25.25 pour £ 1.—.—

PRIX à RIO-JANEIRO par arrobe	PARIS Rs 395 — LONDRES D. 24 1/16	PARIS Rs 390 — LONDRES D. 24 ¼	PARIS Rs 385 — LONDRES D. 24 11/16	PARIS Rs 380 — LONDRES D. 25	PARIS Rs 375 — LONDRES D. 25 ¼	PARIS Rs 370 — LONDRES D. 25 11/16	PARIS Rs 365 — LONDRES D. 26	PARIS Rs 360 — LONDRES D. 26 ¼	PARIS Rs 355 — LONDRES D. 26 ¾	PARIS Rs 350 — LONDRES D. 27 ⅛
Rs 0$010	F. 0.20	F. 0.21	F. 0.21	F. 0.21	F. 0.22	F. 0.22	F. 0.22	F. 0.22	F. 0.23	F. 0.23
0$020	0.41	0.41	0.42	0.42	0.43	0.44	0.44	0.45	0.45	0.46
0$030	0.61	0.62	0.63	0.64	0.65	0.65	0.66	0.67	0.68	0.69
0$040	0.82	0.82	0.84	0.85	0.86	0.87	0.88	0.90	0.91	0.92
0$050	1.02	1.03	1.05	1.06	1.08	1.09	1.10	1.12	1.14	1.15
0$060	1.22	1.24	[illegible]	1.27	[illegible]	1.31	1.32	1.34	1.36	1.38
0$070	1.43	1.44	1.46	1.48	1.51	1.53	1.54	1.57	1.59	1.61
0$080	1.63	1.65	1.67	1.70	1.72	1.74	1.76	1.79	1.82	1.84
0$090	1.84	1.85	1.88	1.91	1.94	1.96	1.98	2.02	2.04	2.07
0$100	2.04	2.06	2.09	2.12	2.15	2.18	2.20	2.24	2.27	2.30
0$200	4.07	4.13	4.18	4.24	4.29	4.35	4.41	4.47	4.53	4.60
0$300	6.11	6.19	6.27	6.35	6.44	6.53	6.61	6.71	6.80	6.90
0$400	8.15	8.26	8.36	8.47	8.58	8.70	8.82	8.94	9.07	9.20
0$500	10.19	10.32	10.45	10.59	10.73	10.08	11.02	11.18	11.34	11.50
0$600	12.22	12.38	12.54	12.71	12.88	13.05	13.23	13.41	13.60	13.80
0$700	14.26	14.45	14.63	14.83	15.02	15.23	15.43	15.65	15.87	16.10
0$800	16.30	16.51	16.72	16.94	17.17	17.40	17.64	17.88	18.14	18.40
0$900	18.33	18.58	18.81	19.08	19.31	19.58	19.84	20.12	20.40	20.70
1$000	29.40	29.69	29.97	30.57	30.37	30.88	31.20	31.53	31.86	32.19
2$000	49.78	50.32	50.88	51.45	52.03	52.63	53.25	53.88	54.53	55.19
3$000	70.15	70.96	71.78	72.62	73.49	74.38	75.30	76.24	77.20	78.18
4$000	90.53	91.59	92.68	93.80	94.95	96.13	97.35	98.59	99.87	101.17
5$000	110.90	112.23	113.59	114.98	116.42	117.89	119.40	120.95	122.54	124.17
Plus par 100 kil. pour Droits de Sortie à Rio-Janeiro, sur estimation de Rs 3$000 et 7 %	4.28	4.33	4.39	4.45	4.51	4.57	4.63	4.69	4.76	4.83

OBSERVATIONS

F. 10 et 10 % par tonneau sur le fret, font au Havre une différence de F. 1.24 par 100 kil. sur les prix.

On veut savoir le revient au Havre de Sucre coûtant à Rio-Janeiro Rs 2$150 par arrobe, au change de Rs 375 et au fret de F. 50 et 10 %.

On trouvera dans la 1re et la 6e colonne de ce tableau que:

Rs 0$050 font par 100 kil........ F. 1.08
» 0$050 id. id. .... » 2.15
» 2$000 id. id. .... » 52.03
Plus droits de sortie à Rio-Janeiro, sur Rs 2 300........ » 3.46

Rs 2$150 feront donc par 100 kil........ F. 58.71

N.-B. — Les droits de sortie à Rio-Janeiro n'étant pas compris dans les prix de revient du tableau ci-dessus devront être ajoutés.—Voir page 200 l'explication pour le calcul de ces mêmes droits au moyen des logarithmes suivants.

CHANGES		LOGARITHMES
395	....	20374
» 390	....	» 20635
» 385	....	» 20903
» 380	....	» 21176
» 375	....	» 21461
» 370	....	» 21751
» 365	....	» 22049
» 360	....	» 22355
» 355	....	» 22670
» 350	....	» 22994

Droits d'entrée en France par 100 kil. en Octobre 1885

Audessous du no 13	Par navire	Français.	F. 42.—
	id.	Etranger.	» 44.—
Du no 13 au no 20.	id.	Français.	» 44.—
	id.	Etranger.	» 46.—

COMPTE D'ACHAT ET DE REVIENT

A 250 BARRIQUES TAPIOCA

250 barriques Tapioca, pesant net 35833 ℚ à Rˢ 6$000 les 62 ℚ .... Rˢ 3:467$710

FRAIS A RIO-JANEIRO

	Droits de Sortie		
Droits de sortie sur Rˢ 5$000, soit Rˢ 2:889$760 à 7 % ..	Rˢ 202$285		
Capatazias........		Rˢ 10$000	
Transport et embarquement		» 29$560	
Achat de papier pour garniture, connaissements, timbres et menus frais........		» 49$320	» 88$880
			Rˢ 3:556$590
Commission d'achat et de remboursement 5 %........	» 10$115		» 177$830
	Rˢ 212$400		Rˢ 3:734$420
Courtage de négociation des traites ⅜ %........	» 0$795		» 14$010
	Rˢ 213$195		Rˢ 3:748$430
Remboursement sur Paris à 90 jours de vue, au change de Rˢ 395 pour F. 1..	F. 539.73		F. 9489.70

FRAIS AU HAVRE

Fret sur 18700 kil. bruts à F. 60 et 10 % par ton. de 700 kil.		F. 1763.05	
Permis, frais au débarquement, tonneliers pour échantillonner, port en entrepôt, arrimage, magasinage d'un mois, livraison et menus frais........		» 220.—	
Assurance maritime sur F. 10437, à 1 % et police........	» 5.95	» 105.85	
id. contre le feu sur F. 12532, à ½ ‰........	» 0.30	» 6.25	
Perte d'intérêts........ ½ %			
Commission de banque........ ¼ %			
Courtage de vente........ ¼ %			
Escompte à la vente........ 2 %			
Commission de vente........ 2 %			
Ensemble.. 5 % sur F. 12199.30........	» 28.72	» 609.75	» 2704.90
	F. 574.70		F. 12194.60
Soit par 100 kil........	» 3.54		

Rendement : 100 ℚ rendent net 45 kil. % :

Soit net 35833 ℚ = 16244 kil. à........ F. 75.07 par 100 kil. entrepôt........ F. 12190.25
Plus : droits de sortie à Rio-Janeiro... » 3.54 id. id.
Ensemble .... F. 78.64 id. id.

PRIX DE REVIENT AU HAVRE DES 100 KIL. ENTREPOT

AUX CHANGES SUIVANTS SUR PARIS

Avec la parité des changes sur Londres, calculés sur la base de F. 25.25 pour £ 1.—.—

PRIX à RIO-JANEIRO par 62 ℚ	PARIS Rˢ 395 — LONDRES D. 24 ¹⁵/₁₆	PARIS Rˢ 390 — LONDRES D. 24 ⅜	PARIS Rˢ 385 — LONDRES D. 24 ¹¹/₁₆	PARIS Rˢ 380 — LONDRES D. 25	PARIS Rˢ 375 — LONDRES D. 25 ¼	PARIS Rˢ 370 — LONDRES D. 25 ¹¹/₁₆	PARIS Rˢ 365 — LONDRES D. 26	PARIS Rˢ 360 — LONDRES D. 26 ⅜	PARIS Rˢ 355 — LONDRES D. 26 ¾	PARIS Rˢ 350 — LONDRES D. 27 ⅛
Coût et frais variables — Rˢ 0$010	F. 0.10	F. 0.10	F. 0.10	F. 0.11	F. 0.11	F. 0.11	F. 0.11	F. 0.11	F. 0.11	F. 0.11
0$020	0.20	0.20	0.21	0.21	0.21	0.22	0.22	0.22	0.22	0.23
0$030	0.30	0.31	0.31	0.32	0.32	0.32	0.33	0.33	0.34	0.34
0$040	0.40	0.41	0.42	0.42	0.42	0.43	0.44	0.44	0.45	0.46
0$050	0.51	0.51	0.52	0.53	0.53	0.54	0.55	0.56	0.56	0.57
0$060	0.61	0.61	0.62	0.63	0.64	0.65	0.65	0.67	0.67	0.68
0$070	0.71	0.71	0.73	0.74	0.74	0.76	0.76	0.78	0.78	0.80
0$080	0.81	0.82	0.83	0.84	0.85	0.86	0.87	0.89	0.90	0.91
0$090	0.91	0.92	0.94	0.95	0.95	0.97	0.98	1.—	1.01	1.03
0$100	1.01	1.02	1.04	1.05	1.06	1.08	1.09	1.11	1.12	1.14
0$200	2.02	2.05	2.07	2.10	2.13	2.16	2.19	2.22	2.25	2.28
0$300	3.03	3.07	3.11	3.15	3.19	3.24	3.28	3.33	3.37	3.42
0$400	4.04	4.10	4.15	4.20	4.26	4.32	4.38	4.44	4.50	4.56
0$500	5.06	5.12	5.18	5.25	5.32	5.40	5.47	5.55	5.62	5.70
0$600	6.07	6.14	6.22	6.31	6.39	6.47	6.56	6.65	6.75	6.85
0$700	7.08	7.17	7.26	7.36	7.45	7.55	7.66	7.76	7.87	7.99
0$800	8.09	8.19	8.30	8.41	8.52	8.63	8.75	8.87	9.—	9.13
0$900	9.10	9.22	9.33	9.46	9.58	9.71	9.85	9.98	10.12	10.27
Coût et frais variables et invariables — 3$000	44.75	45.15	45.57	46.—	46.44	46.90	47.39	47.84	48.33	48.84
4$000	54.86	55.39	55.94	56.51	57.09	57.69	58.33	58.93	59.58	60.25
5$000	64.97	65.63	66.32	67.02	67.74	68.49	69.27	70.03	70.83	71.66
6$000	75.07	75.87	76.68	77.52	78.39	79.28	80.20	81.12	82.07	83.07
7$000	85.18	86.11	87.06	88.03	89.04	90.07	91.14	92.21	93.32	94.48
8$000	95.29	96.34	97.43	98.54	99.68	100.86	102.08	103.30	104.57	105.88
9$000	105.40	106.58	107.80	109.04	110.33	111.65	113.02	114.39	115.81	117.29
10$000	115.51	116.82	118.17	119.55	120.98	122.44	123.96	125.48	127.06	128.70
Plus par 100 kil. pour Droits de Sortie à Rio-Janeiro, sur estimation de Rˢ 5$000 et 7 %	3.54	3.58	3.6	3.66	3.73	3.78	3.83	3.88	3.94	3.99

OBSERVATIONS

F. 10 et 10 % par tonneau sur le fret, font au Havre une différence de F. 1.81 par 100 kil. sur les prix.

On veut savoir le revient au Havre de Tapioca coûtant à Rio-Janeiro Rˢ 6$550 par 62 ℚ, au change de Rˢ 375 et au fret de F. 60 et 10 %.

On trouvera dans la 1ʳᵉ et la 6ᵉ colonne de ce tableau que :

Rˢ 0$050 font par 100 kil........	F. 0.53
» 0$500 id. id.	» 5.32
» 6$000 id. id.	» 78.39
Plus droits de sortie à Rio-Janeiro, sur Rˢ 5$550 et 7 %........	» 4.88
Rˢ 6$550 feront donc par 100 kil........	F. 89.12

N.-B. — Les droits de sortie à Rio-Janeiro n'étant pas compris dans les prix de revient du tableau ci-dessus devront être ajoutés. — Voir page 200 l'explication pour le calcul de ces mêmes droits au moyen des logarithmes suivants.

CHANGES		LOGARITHMES
CHANGES	395	10109
»	390	10238
»	385	10371
»	380	10507
»	375	10648
»	370	10791
»	365	10939
»	360	11091
»	355	11247
»	350	11408

Droits d'entrée en France par 100 kil. en Octobre 1865

Par navire Français........ F. 6.—
id. Étranger........ » 8.40

BAHIA

Bahia ou San-Salvador, l'ancienne capitale du Brésil, doit son nom à la baie de Tous-les-Saints, sur laquelle elle est bâtie, et qui, pénétrant dans les terres de la partie moyenne du littoral brésilien à plus de 110 kil. dans le sens du nord-ouest, forme un vaste ancrage où des flottes entières pourraient s'abriter en toute sécurité. La baie a deux entrées, l'une sur la côte orientale, l'autre sur la côte occidentale. La première, ayant 5 milles de large, sert à tous les grands navires ; l'autre n'est praticable que pour les caboteurs.

Le meilleur mouillage se trouve en face de la ville.

A l'exception de la fabrication du sucre brut, du tafia et des cigares, presque toutes les industries se trouvent entre les mains des étrangers. La fabrication du tabac à priser est devenue, pour ainsi dire, le monopole d'une maison suisse, qui a établi des comptoirs et des manufactures dans toutes les principales villes du Brésil.

Depuis quelques années cependant il s'est établi à Bahia et dans les environs quelques fabriques de tissus de coton appartenant à des Brésiliens, mais dirigées par des étrangers, et dont l'une, montée sur une grande échelle à Valença, paraît très florissante. Elles ne produisent que des toiles à sacs et des toiles grossières pour habiller les esclaves. Enfin l'exploitation des mines de diamants y a repris quelque activité par suite de la découverte de nouveaux gisements ; les lavages d'or ont donné aussi quelquefois de beaux résultats.

Exportation. — En 1863, les exportations de Bahia se résument comme suit :

Sucre	43,224 caisses; 17,918 barriques ; 150,395 sacs ;				
Sucre blanc	635,659	arrobes ;			
Sucre moscovade	2,369,756	id.			
Coton	11,836	balles	soit	42,562	arrobes
Café	51,453	sacs	id.	207,208	id.
Cacao	11,465	id.	id.	47,069	id.
Tabacs	154,847	balles	id.	974,737	id.
Tafia	6,305	pipes ;			
Piassava	654,460	paquets ;			
Cuirs	65,787	pièces ;			
Palissandre	1,545	morceaux ;			
Diamants	5,607	octavos ;			
Tapioca	556	barils ;			

Ces exportations sont réparties comme suit :

Destination		Sucres	Cotons	Cafés	Cacaos	Tabacs	Cuirs
Allemagne	kil.	509,400		264,300	142,279	10.008,413	161,680
Angleterre	id.	13,008,975	492,700	501,400	347,500	376,366	64,480
Etats-Unis	id.	2,340,500		16,200			648,000
France	id.	1,187,400		238,700	23,800	188,200	88,000
Hollande	id.	409.500		11,400		170,000	160,000
Italie	id.	328,000		231,000	48,900	15,900	86,300
Portugal	id.	4,588,600		838,990	21,200	460,000	265,400

L'époque la plus favorable pour les navires est celle de l'arrivée des produits du pays au marché, c'est-à-dire, d'octobre à janvier.

Le gouvernement brésilien garantit 8$890 reis par livre sterling, et cette monnaie a cours forcé dans les administrations publiques. Quelques banques de Bahia paient un agio de 30 reis par livre sterling, mais suivant convenance.

Les pièces de F. 20 sont rares et d'un change toujours défavorable.

Le cours normal sur l'Europe est de 27 deniers anglais par mille reis sur Londres, et de 355 reis par franc sur Paris. On a vu cependant le change venir de 24 à 29 deniers pour mille reis et de 330 à 400 reis par franc.

Pour les observations sur les droits de sortie, par rapport aux comptes de revient qui vont suivre, comme pour les poids, mesures et monnaies, voir l'article Rio-Janeiro, page 200.

(Extrait du Dictionnaire du Commerce et de la Navigation, par MM. GUILLAUMIN et Cᵉ, ainsi que de ma Correspondance particulière.)

COMPTE D'ACHAT ET DE REVIENT

A 120 BILLES PALISSANDRE

120 billes Palissandre, pesant 2160 arrobes à Rˢ 1$000 par arrobe .... Rˢ 2:100$000

FRAIS A BAHIA

	Droits de sortie		
Droits de sortie sur Rˢ 1$000, soit Rˢ 2:100$000 à 12 %	Rˢ 259$200		
Frais de pesage et de sortie du magasin		Rˢ 60$000	
Expédition et frais d'embarquement		» 15$000	» 75$000
			Rˢ 2:235$000
Courtage d'achat ... ¼ %			
Assurance contre le feu ... ½ %			
Commission d'achat et de remboursement ... 5 %			
Ensemble ... 5¾ %	» 14$903		» 128$510
	Rˢ 274$105		Rˢ 2:263$510
Courtage et timbres de traites ¼ %	» 0$685		» 5$910
	Rˢ 274$790		Rˢ 2:369$420
Remboursement sur Paris à 90 jours de vue, au change de Rˢ 395 pour F. 1.	F. 695.67		F. 5998.55

FRAIS AU HAVRE

Fret sur 30780 kil. à F. 50 et 10 % par ton. de 1000 kil.		F. 1092.90	
Permis, frais au débarquement, port en magasin, arrimage, magasinage d'un mois, livraison et menus frais		» 115.—	
Assurance maritime sur F. 6508, à 1 % et police	» 7.64	» 67.50	
id. contre le feu sur F. 8473, à ½ ‰	» 0.38	» 4.25	
Perte d'intérêts ... ½ %			
Commission de banque ... ¼ %			
Courtage de vente ... ½ %			
Escompte à la vente ... 2 %			
Commission de vente ... 2 %			
Ensemble ... 5 % sur F. 7771.50	» 37.03	» 414.65	» 2294.30
	F. 740.72		F. 8292.85
Soit par 100 kil.	» 2.41		

RENDEMENT : 1 arrobe rend 14 kil. ¼ :

Soit net 30780 kil. à	F. 26.94	par 100 kil.	entrepôt	F. 8292.15
Plus : droits de sortie à Bahia	» 2.41	id.	id.	
Ensemble	F. 29.35	id.	id.	

PRIX DE REVIENT AU HAVRE DES 100 KIL. ENTREPOT

AUX CHANGES SUIVANTS SUR PARIS

Avec la parité des changes sur LONDRES, calculés sur la base de F. 25.25 pour £ 1.—.—

PRIX à BAHIA par arrobe	PARIS Rˢ 395 — LONDRES D. 24 1/16	PARIS Rˢ 390 — LONDRES D. 24 3/8	PARIS Rˢ 385 — LONDRES D. 24 11/16	PARIS Rˢ 380 — LONDRES D. 25	PARIS Rˢ 375 — LONDRES D. 25 3/8	PARIS Rˢ 370 — LONDRES D. 25 11/16	PARIS Rˢ 365 — LONDRES D. 26	PARIS Rˢ 360 — LONDRES D. 26 3/8	PARIS Rˢ 355 — LONDRES D. 26 3/4	PARIS Rˢ 350 — LONDRES D. 27 1/8
Rˢ 0$010	F. 0.20	F. 0.20	F. 0.21	F. 0.21	F. 0.21	F. 0.21	F. 0.22	F. 0.22	F. 0.22	F. 0.23
0$020	0.40	0.41	0.41	0.42	0.42	0.43	0.43	0.44	0.45	0.45
0$030	0.60	0.61	0.62	0.62	0.63	0.64	0.65	0.66	0.67	0.68
0$040	0.80	0.81	0.82	0.83	0.84	0.86	0.87	0.88	0.89	0.90
0$050	1.01	1.02	1.03	1.04	1.06	1.07	1.09	1.10	1.12	1.13
0$060	1.21	1.22	1.24	1.25	1.27	1.28	1.30	1.32	1.34	1.36
0$070	1.41	1.42	1.44	1.46	1.48	1.50	1.52	1.54	1.56	1.58
0$080	1.61	1.62	1.65	1.66	1.69	1.71	1.74	1.76	1.78	1.81
0$090	1.81	1.83	1.85	1.87	1.90	1.93	1.95	1.98	2.01	2.03
0$100	2.01	2.03	2.06	2.08	2.11	2.14	2.17	2.20	2.23	2.26
0$200	4.01	4.06	4.12	4.17	4.22	4.28	4.34	4.40	4.46	4.53
0$300	6.02	6.09	6.17	6.25	6.34	6.42	6.51	6.60	6.69	6.79
0$400	8.02	8.12	8.28	8.34	8.45	8.56	8.68	8.80	8.92	9.05
0$500	10.03	10.16	10.29	10.42	10.56	10.71	10.85	11.—	11.16	11.32
0$600	12.03	12.19	12.35	12.51	12.67	12.85	13.02	13.20	13.39	13.58
0$700	14.04	14.22	14.41	14.59	14.78	14.99	15.19	15.40	15.62	15.84
0$800	16.04	16.25	16.46	16.68	16.90	17.13	17.36	17.60	17.85	18.10
0$900	18.05	18.28	18.52	18.76	19.01	19.27	19.53	19.80	20.08	20.37
1$000	26.93	27.20	27.48	27.76	28.04	28.34	28.04	28.95	29.27	29.60
2$000	46.99	47.51	48.05	48.60	49.17	49.75	50.34	50.96	51.59	52.23
3$000	67.04	67.82	68.63	69.45	70.29	71.16	72.05	72.96	73.90	74.87
4$000	87.10	88.13	89.20	90.29	91.42	92.57	93.75	94.97	96.22	97.50
5$000	107.15	108.45	109.78	111.14	112.54	113.98	115.45	116.97	118.53	120.13
Plus par 100 kil. pour Droits de Sortie à Bahia, sur estimation de Rˢ 1$000 et 12 %	2.41	2.44	2.47	2.50	2.53	2.57	2.60	2.64	2.68	2.72

OBSERVATIONS

F. 10 et 10 % par tonneau sur le fret, font au Havre une différence de F. 1.10 par 100 kil. sur les prix.

On veut savoir le revient au Havre de bois de Palissandre coûtant à Bahia Rˢ 1$570 par arrobe, au change de Rˢ 375 et au fret de F. 50 et 10 %.

On trouvera dans la 1ʳᵉ et la 5ᵉ colonne de ce tableau que :

Rˢ 0$070 font par 100 kil.		F. 1.48
» 0$500 id.	id.	» 10.56
» 1$000 id.	id.	» 28.04
Plus droits de sortie à Bahia, sur Rˢ 1$570 et 12 %		» 3.98
Rˢ 1$570 feront donc par 100 kil.		F. 44.06

N.-B. — Les droits de sortie à Bahia n'étant pas compris dans les prix de revient du tableau ci-dessus devront être ajoutés. — Voir page 200 l'explication pour le calcul de ces mêmes droits au moyen des logarithmes suivants.

CHANGES		LOGARITHMES
CHANGES	395	20054
»	300	20311
»	385	20575
»	360	20840
»	375	21124
»	370	21409
»	365	21702
»	360	22004
»	355	22314
»	350	22632

Droits d'entrée en France par 100 kil. en Octobre 1895

Par navire Français	Exempt
id. Étranger	F. 7.20

COMPTE D'ACHAT ET DE REVIENT

A 1000 SACS CAFÉ

1000 sacs Café, de 4 arrobes, soit 4000 arrobes, à Rs 6$000 par arrobe .... Rs 24:000$000

FRAIS A BAHIA

	Droits de Sortie		
Droit général sur 4000 arrobes à Rs 6$000, soit Rs 24:000$000, à 7 %	Rs 1:680$000		
Droit provincial sur 4000 arrobes à Rs 5$500, soit Rs 22:000$000, à 6 %	» 1:320$000		
Coût de 1000 sacs vides à Rs 850		Rs 850$000	
Magasinage, expédition, frais d'embarquement et assurance contre le feu Rs 120 par arrobe		» 480$000	» 1:330$000
	Rs 3:000$000		Rs 25:330$000
Courtage d'achat ¼ %			
Commission d'achat et de remboursement 5 %			
Ensemble 5¼ %	» 157$500		» 1:329$825
	Rs 3:157$500		Rs 26:659$825
Courtage de négociation ¼ %	» 7$895		» 66$650
	Rs 3:165$395		Rs 26:726$475
Remboursement sur Paris à 90 jours, à Rs 395 pour F. 1	F. 8013.66		F. 67661.95

FRAIS AU HAVRE

Fret sur 58700 kil. bruts à F. 45 et 10 % par ton. de 900 kil.		F. 3228.50	
Permis, voiliers pour échantillonner et conditionner, port en entrepôt, frais au débarquement, arrimage, magasinage d'un mois, livraison et menus frais		» 490.—	
Assurance maritime sur F. 74428, à 1 ¼ % et police	» 110.18	» 931.85	
id. contre le feu sur F. 79078, à ½ ‰	» 4.46	» 39.55	
Perte d'intérêts ½ %			
Commission de banque ½ %			
Courtage de vente ¼ %			
Escompte à la vente 2 %			
Commission de vente 2 %			
Ensemble 5 % sur F. 76159.85	» 427.80	» 3808.—	» 8497.90
	F. 8556.10		F. 76159.85
Soit par 100 kil.	» 15.01		

RENDEMENT : 1 arrobe rend net 14 kil. ¼ :

Soit net 57000 kil. à	F. 133.61	par 100 kil.	entrepôt	F. 76157.70
Plus : droits de sortie à Bahia	» 15.01	id.	id.	
Ensemble	F. 148.62	id.	id.	

PRIX DE REVIENT AU HAVRE DES 100 KIL. ENTREPOT

AUX CHANGES SUIVANTS SUR PARIS

Avec la parité des changes sur LONDRES, calculés sur la base de F. 25.25 pour £ 1.—.—

PRIX à BAHIA par arrobe	PARIS Rs 395 — LONDRES D. 24 1/16	PARIS Rs 390 — LONDRES D. 24 ¼	PARIS Rs 385 — LONDRES D. 24 11/16	PARIS Rs 380 — LONDRES D. 25	PARIS Rs 375 — LONDRES D. 25 ¼	PARIS Rs 370 — LONDRES D. 25 11/16	PARIS Rs 365 — LONDRES D. 26	PARIS Rs 360 — LONDRES D. 26 ¼	PARIS Rs 355 — LONDRES D. 26 ¾	PARIS Rs 350 — LONDRES D. 27 ¼
Rs 0$010	F. 0.20	F. 0.20	F. 0.21	F. 0.21	F. 0.21	F. 0.21	F. 0.22	F. 0.22	F. 0.22	F. 0.23
0$020	0.40	0.41	0.41	0.42	0.42	0.43	0.43	0.44	0.45	0.45
0$030	0.60	0.61	0.62	0.62	0.63	0.64	0.65	0.66	0.67	0.68
0$040	0.80	0.81	0.82	0.83	0.84	0.85	0.87	0.88	0.89	0.90
0$050	1.—	1.02	1.03	1.04	1.06	1.07	1.09	1.10	1.12	1.13
0$060	1.20	1.22	1.23	1.25	1.27	1.28	1.30	1.32	1.34	1.36
0$070	1.40	1.42	1.44	1.46	1.48	1.50	1.52	1.54	1.56	1.58
0$080	1.60	1.62	1.64	1.67	1.69	1.71	1.74	1.76	1.78	1.81
0$090	1.80	1.83	1.85	1.87	1.90	1.93	1.95	1.98	2.01	2.03
0$100	2.—	2.03	2.05	2.08	2.11	2.14	2.17	2.20	2.23	2.26
0$200	4.—	4.05	4.11	4.16	4.22	4.27	4.33	4.39	4.45	4.52
0$300	6.—	6.08	6.16	6.24	6.32	6.41	6.50	6.59	6.68	6.78
0$400	8.—	8.11	8.21	8.32	8.43	8.55	8.67	8.79	8.91	9.04
0$500	10.01	10.14	10.27	10.40	10.54	10.69	10.83	10.98	11.14	11.30
0$600	12.01	12.16	12.32	12.48	12.65	12.82	13.—	13.18	13.36	13.55
0$700	14.01	14.19	14.37	14.56	14.76	14.96	15.16	15.37	15.59	15.81
0$800	16.01	16.22	16.42	16.64	16.86	17.10	17.33	17.57	17.82	18.07
0$900	18.01	18.24	18.48	18.72	18.97	19.23	19.49	19.76	20.04	20.33
4$000	93.59	94.70	95.85	97.02	98.23	99.46	100.73	102.03	103.37	104.74
5$000	113.60	114.97	116.39	117.82	119.32	120.83	122.39	123.99	125.64	127.33
6$000	133.61	135.24	136.92	138.62	140.40	142.19	144.05	145.94	147.90	149.91
7$000	153.63	155.51	157.45	159.42	161.48	163.56	165.71	167.90	170.17	172.50
8$000	173.64	175.78	177.98	180.22	182.56	184.92	187.36	189.86	192.44	195.08
9$000	193.66	196.05	198.52	201.02	203.64	206.29	209.02	211.82	214.71	217.67
10$000	213.67	216.32	219.05	221.84	224.72	227.65	230.68	233.78	236.98	240.26
Plus par 100 kil. pour Droits de Sortie à Bahia.	A calculer et à ajouter, comme il est dit page 8.									

(Rows Rs 0$010 to 0$900: Suppléments — Coût et frais variables. Rows 4$000 to 10$000: Coût et frais variables et invariables.)

OBSERVATIONS

F. 10 et 10 % par tonneau sur le fret, font au Havre une différence de F. 1.26 par 100 kil. sur les prix.

On veut savoir le revient au Havre de Café coûtant à Bahia Rs 6$650 par arrobe, au change de Rs 375 et au fret de F. 45 et 10 %.

On trouvera dans la 1re et la 6e colonne de ce tableau que:

Rs 0$050 font par 100 kil.	F.	1.06
» 0$600 id. id.	»	12.65
» 6$000 id. id.	»	140.40
Plus droits de sortie à Bahia, sur Rs 6$650 par arrobe	»	9.81
Plus droits de sortie sur Rs 6$150	»	7.76
Rs 6$650 feront donc par 100 kil.	F.	171.68

N.-B. — Les droits de sortie à Bahia n'étant pas compris dans les prix de revient du tableau ci-dessus devront être ajoutés. Voir page 200 l'explication pour le calcul de ces mêmes droits au moyen des logarithmes suivants.

CHANGES		LOGARITHMES
395		20014
» 390	»	20270
» 385	»	20532
» 380	»	20802
» 375	»	21061
» 370	»	21365
» 365	»	21656
» 360	»	21959
» 355	»	22269
» 350	»	22587

Droits d'entrée en France par 100 kil. en Octobre 1865

Par navire Français .... F. 50.40

id. Etranger .... » 55.40

COMPTE D'ACHAT ET DE REVIENT

A 100 BALLES COTON

100 balles Coton, pesant 400 arrobes à R$ 25$000 par arrobe			R$ 10:000$000

FRAIS A BAHIA

		Droits de sortie	
Droits d'exportation sur R$ 25$000, soit R$ 10:000$000 à 13 %		R$ 1:300$000	
Magasinage, assurance contre le feu, frais d'embarquement			» 64$000
			R$ 10:064$000
Courtage d'achat	¼ %		
Commission d'achat et de remboursement	5 %		
Ensemble	5¼ %	» 68$250	» 528$360
		R$ 1:368$250	R$ 10:592$360
Courtage et timbres de traites en remboursement ¼ %		» 3$420	» 26$480
		R$ 1:371$670	R$ 10:618$840
Remboursement sur Paris à 90 jours de vue, au change de R$ 395 pour F. 1		F. 3472.60	F. 26883.15

FRAIS AU HAVRE

Fret sur 5900 kil. bruts à F. 60 et 10 % par ton. de 450 kil.			F. 865.35	
Permis, frais au débarquement, voiliers pour échantillonner, port en entrepôt, arrimage, magasinage d'un mois, livraison et menus frais			» 65.—	
Assurance maritime sur F. 29570, à 1 ¼ % et police		» 47.75	» 371.10	
id. contre le feu sur F. 30870, à ½ ‰		» 1.95	» 15.40	
Perte d'intérêts	½ %			
Commission de banque	½ %			
Courtage de vente	¼ %			
Escompte à la vente	2 %			
Commission de vente	2 %			
Ensemble	5 % sur F. 29684.20	» 185.40	» 1484.20	» 2801.05
		F. 3707.70		F. 29684.20
Soit par 100 kil.		» 66.21		

Rendement : 1 arrobe rend 14 kil. nets :

Soit net 5600 kil. à	F. 530.08	par 100 kil.	entrepôt	F. 29684.50
Plus : droits de sortie à Bahia	» 66.21	id.	id.	
Ensemble	F. 596.29	id.	id.	

PRIX DE REVIENT AU HAVRE DES 100 KIL. ENTREPOT

AUX CHANGES SUIVANTS SUR PARIS

Avec la parité des changes sur Londres, calculés sur la base de F. 25.25 pour £ 1.—.—

Prix à Bahia par arrobe	Paris R$ 395 — Londres D. 24 $^{1}/_{16}$	Paris R$ 390 — Londres D. 24 ⅜	Paris R$ 385 — Londres D. 24 $^{11}/_{16}$	Paris R$ 380 — Londres D. 25	Paris R$ 375 — Londres D. 25 ⅜	Paris R$ 370 — Londres D. 25 $^{11}/_{16}$	Paris R$ 365 — Londres D. 26	Paris R$ 360 — Londres D. 26 ¼	Paris R$ 355 — Londres D. 26 ¾	Paris R$ 350 — Londres D. 27 ⅛
(Subdivisions. Coût et frais variables) R$ 0$050	F. 1.01	F. 1.03	F. 1.04	F. 1.06	F. 1.07	F. 1.08	F. 1.10	F. 1.11	F. 1.13	F. 1.15
0$100	2.03	2.06	2.09	2.11	2.14	2.17	2.20	2.23	2.26	2.30
0$200	4.07	4.12	4.18	4.23	4.28	4.34	4.40	4.46	4.53	4.60
0$300	6.11	6.18	6.27	6.35	6.43	6.52	6.61	6.70	6.80	6.90
0$400	8.15	8.25	8.36	8.47	8.57	8.69	8.81	8.93	9.07	9.20
0$500	10.18	10.31	10.45	10.58	10.72	10.87	11.02	11.17	11.34	11.50
0$600	12.22	12.37	12.54	12.70	12.86	13.04	13.22	13.40	13.61	13.80
0$700	14.26	14.44	14.63	14.82	15.01	15.22	15.43	15.64	15.87	16.10
0$800	16.30	16.50	16.72	16.94	17.15	17.39	17.63	17.87	18.13	18.40
0$900	18.33	18.56	18.81	19.05	19.30	19.57	19.84	20.11	20.39	20.70
(Coût et frais variables et invariables) 6$000	143.01	144.62	146.28	147.88	149.71	151.50	153.34	155.22	157.16	159.15
7$000	163.38	165.26	167.18	169.16	171.17	173.25	175.30	177.57	179.83	182.14
8$000	183.75	185.90	188.08	190.34	192.63	195.00	197.44	199.92	202.50	205.13
9$000	204.12	206.54	208.98	211.52	214.09	216.75	219.49	222.28	225.17	228.12
10$000	224.49	227.17	229.88	232.69	235.55	238.50	241.53	244.63	247.84	251.11
11$000	244.87	247.80	250.79	253.87	257.01	260.26	263.58	266.98	270.50	274.11
12$000	265.24	268.43	271.69	275.05	278.47	282.00	285.63	289.34	293.17	297.10
13$000	285.61	289.06	292.59	296.23	299.93	303.75	307.68	311.69	315.84	320.09
14$000	305.98	309.69	313.49	317.40	321.39	325.50	329.72	334.04	338.51	343.08
15$000	326.35	330.32	334.39	338.58	342.85	347.24	351.77	356.40	361.18	366.07
16$000	346.73	350.95	355.30	359.76	364.30	368.99	373.82	378.75	383.84	389.07
17$000	367.10	371.61	376.20	380.94	385.76	390.74	395.87	401.10	406.51	412.06
18$000	387.47	392.24	397.10	402.11	407.22	412.49	417.91	423.46	429.18	435.05
19$000	407.84	412.87	418.00	423.29	428.68	434.24	439.96	445.81	451.85	458.04
20$000	428.21	433.50	438.90	444.47	450.14	455.99	462.01	468.16	474.52	481.03
21$000	448.59	454.13	459.81	465.65	471.60	477.74	484.06	490.52	497.18	504.03
22$000	468.96	474.76	480.71	486.82	493.06	499.49	506.10	512.87	519.85	527.02
23$000	489.33	495.40	501.61	508.00	514.52	521.24	528.15	535.22	542.52	550.01
24$000	509.70	516.04	522.51	529.18	535.98	542.99	550.20	557.58	565.19	573.00
25$000	530.07	536.68	543.41	550.36	557.44	564.73	572.25	579.93	587.86	595.99
26$000	550.45	557.31	564.32	571.53	578.89	586.48	594.29	602.28	610.52	618.99
27$000	570.82	577.94	585.22	592.70	600.35	608.23	616.33	624.63	633.18	641.98
Plus par 100 kil. pour Droits de Sortie à Bahia, sur estimation de R$ 25$000 et 13 %	66.21	67.05	67.93	68.82	69.74	70.68	71.65	72.64	73.67	74.72

OBSERVATIONS

F. 10 et 10 % par tonneau sur le fret, font au Havre une différence de F. 2.57 par 100 kil. sur les prix.

On veut savoir le revient au Havre de Coton coûtant à Bahia R$ 15$550 par arrobe, au change de R$ 375 et au fret de F. 60 et 10 %.

On trouvera dans la 1re et la 6e colonne de ce tableau que:

R$ 0$050	font par 100 kil.	F.	1.07
» 0$500	id. id.	»	10.72
» 15$000	id. id.	»	342.85
Plus droits de sortie à Bahia, sur R$ 15$550 et 13 %		»	43.38
R$ 15$550 feront donc par 100 kil.		F.	398.02

N.-B. — Les droits de sortie à Bahia n'étant pas compris dans les prix de revient du tableau ci-dessus devront être ajoutés. — Voir page 200 l'explication pour le calcul de ces mêmes droits au moyen des logarithmes suivants.

Changes		Logarithmes
Changes 395	Logarithmes	20372
» 390	»	20634
» 385	»	20902
» 380	»	21177
» 375	»	21450
» 370	»	21749
» 365	»	22047
» 360	»	22353
» 355	»	22668
» 350	»	22992

Droits d'entrée en France par 100 kil. en Octobre 1865

Par navire Français	Exempt
Id. Étranger	F. 3.—

COMPTE D'ACHAT ET DE REVIENT

A 1000 SACS CACAO

1000 sacs Cacao, pesant 4000 arrobes à Rs 4$000 par arrobe ..... Rs 16:000$000

FRAIS A BAHIA

	Droits de sortie		
Droits d'exportation, 13 %	Rs 2:080$000		
1000 sacs vides à Rs 850		Rs 850$000	
Magasinage, assurance contre le feu, expédition, frais à l'embarquement à Rs 100 par arrobe		» 400$000	» 1:250$000
			Rs 17:250$000
Courtage d'achat ¼ % Commission d'achat et de remboursement 5. % Ensemble 5¼ %	» 109$200		» 905$625
	Rs 2:189$200		Rs 18:155$625
Courtage et timbres de traites en remboursement ¼ %	» 5$475		» 45$390
	Rs 2:194$675		Rs 18:201$015
Remboursement sur Paris à 90 jours de vue, au change de Rs 395 pour F. 1	F. 5556.15		F. 46078.50

FRAIS AU HAVRE

Fret sur 57200 kil. bruts à F. 50 et 10 % par 700 kil.		F. 4494.30	
Permis, frais au débarquement, voiliers pour échantillonner et conditionner, port en entrepôt, arrimage, magasinage d'un mois, livraison et menus frais		» 455.—	
Assurance maritime sur F. 50682, à 1 ¼ % et police	» 76.40	» 685.—	
id. contre le feu, à ½ ‰	» 3.10	» 28.15	
Perte d'intérêts ½ % Commission de banque ¼ % Courtage de vente ¼ % Escompte à la vente 2 % Commission de vente 2 % Ensemble 5 % sur F. 54411.40	» 296.60	» 2720.45	» 8332.90
	F. 5932.25		F. 54411.40
Soit par 100 kil.	» 10.59		

RENDEMENT : 1 arrobe rend 14 kil. nets :

Soit net 56000 kil. à	F. 97.16 par 100 kil. entrepôt		F. 54409.60
Plus : droits de sortie à Bahia	» 10.59	id.	id.
Ensemble	» 107.75	id.	id.

PRIX DE REVIENT AU HAVRE DES 100 KIL. ENTREPOT

AUX CHANGES SUIVANTS SUR PARIS

Avec la parité des changes sur LONDRES, calculés sur la base de F. 25.25 pour £ 1.—.—

PRIX à BAHIA par arrobe	PARIS Rs 395 — LONDRES D. 24 1/16	PARIS Rs 390 — LONDRES D. 24 3/8	PARIS Rs 385 — LONDRES D. 24 11/16	PARIS Rs 380 — LONDRES D. 25	PARIS Rs 375 — LONDRES D. 25 3/8	PARIS Rs 370 — LONDRES D. 25 11/16	PARIS Rs 365 — LONDRES D. 26	PARIS Rs 360 — LONDRES D. 26 3/8	PARIS Rs 355 — LONDRES D. 26 3/4	PARIS Rs 350 — LONDRES D. 27 1/8
Rs 0$010	F. 0.20	F. 0.21	F. 0.21	F. 0.21	F. 0.22	F. 0.22	F. 0.22	F. 0.22	F. 0.23	F. 0.23
0$020	0.41	0.41	0.42	0.42	0.43	0.43	0.44	0.45	0.45	0.46
0$030	0.61	0.62	0.63	0.64	0.65	0.66	0.66	0.67	0.68	0.69
0$040	0.82	0.82	0.84	0.85	0.86	0.87	0.88	0.90	0.91	0.92
0$050	[illegible]	[illegible]	[illegible]	1.06	1.08	[illegible]	1.10	1.12	1.14	1.15
0$060	1.22	1.24	1.25	1.27	[illegible]	1.30	[illegible]	[illegible]	[illegible]	[illegible]
0$070	1.43	1.44	1.46	1.48	1.51	1.52	1.54	1.57	1.59	1.61
0$080	1.63	1.65	1.67	1.70	1.72	1.74	1.76	1.79	1.82	1.84
0$090	1.84	1.85	1.88	1.91	1.94	1.95	1.98	2.02	2.04	2.07
0$100	2.04	2.06	2.09	2.12	2.15	2.17	2.20	2.24	2.27	2.30
0$200	4.07	4.13	4.18	4.24	4.29	4.35	4.41	4.47	4.53	4.60
0$300	6.11	6.19	6.27	6.35	6.44	6.52	6.61	6.71	6.80	6.90
0$400	8.15	8.25	8.36	8.47	8.58	8.70	8.82	8.94	9.06	9.20
0$500	10.19	10.32	10.45	10.59	10.73	10.87	11.02	11.18	11.33	11.50
0$600	12.22	12.38	12.53	12.71	12.88	13.05	13.23	13.41	13.60	13.79
0$700	14.26	14.44	14.62	14.83	15.02	15.22	15.43	15.65	15.86	16.09
0$800	16.30	16.50	16.71	16.94	17.17	17.40	17.64	17.88	18.13	18.39
0$900	18.33	18.57	18.80	19.06	19.31	19.57	19.84	20.12	20.40	20.69
3$000	76.79	77.67	78.56	79.48	80.41	81.37	82.36	83.35	84.40	85.46
4$000	97.16	98.30	99.46	100.65	101.87	103.12	104.40	105.71	107.06	108.45
5$000	117.54	118.93	120.36	121.83	123.33	124.87	126.45	128.07	129.73	131.44
6$000	137.91	139.56	141.25	143.—	144.78	146.61	148.49	150.42	152.40	154.42
7$000	158.28	160.19	162.15	164.18	166.24	168.36	170.54	172.77	175.06	177.41
8$000	178.65	180.83	183.05	185.35	187.70	190.11	192.58	195.12	197.73	200.40
9$000	199.02	201.46	203.95	206.52	209.15	211.85	214.63	217.47	220.39	223.39
10$000	219.39	222.09	224.85	227.70	230.61	233.60	236.67	239.82	243.06	246.38
Plus par 100 kil. pour Droits de Sortie à Bahia, sur estimation de Rs 4$000 et 13 %	10.59	10.73	10.87	11.01	11.16	11.31	11.46	11.62	11.78	11.95

OBSERVATIONS

F. 10 et 10 % par tonneau sur le fret, font au Havre une différence de F. 1.61 par 100 kil. sur les prix.

On veut savoir le revient au Havre de Cacao coûtant à Bahia Rs 4$350 par arrobe, au change de Rs 375 et au fret de F. 50 et 10 %.

On trouvera dans la 1re et la 6e colonne de ce tableau que :

Rs 0$050 font par 100 kil.		F. 1.08
» 0$300 id.	id.	» 10.73
» 4$000 id.	id.	» 101.87
Plus droits de sortie à Bahia, sur Rs 4$350		» 12.69
Rs 4$350 feront donc par 100 kil.		F. 126.37

N.-B. — Les droits de sortie à Bahia n'étant pas compris dans les prix de revient du tableau ci-dessus devront être ajoutés. — Voir page 200 l'explication pour le calcul de ces mêmes droits au moyen des logarithmes suivants.

CHANGES		LOGARITHMES
395		20371
» 390	»	20632
» 385	»	20899
» 380	»	21175
» 375	»	21457
» 370	»	21747
» 365	»	22045
» 360	»	22351
» 355	»	22668
» 350	»	22989

Droits d'entrée en France par 100 kil. en Octobre 1863

Par navire Français ..... F. 30.—
id. Etranger ..... » 43.—

COMPTE D'ACHAT ET DE REVIENT

A 1000 CUIRS SALÉS SECS

1000 Cuirs salés secs, pesant 30000 ℛ à Rs 190 .... Rs 5:700$000

FRAIS A BAHIA

	Droits de Sortie		
Droits d'exportation sur 1000 cuirs à 5$500, Rs 5:500$000 à 12 %, soit Rs 183 ½ par ℛ	Rs 660$000		
Magasinage Rs 100 par cuir		Rs 100$000	
Expédition, pesage, assurance contre le feu, embarquement		» 65$000	» 165$000
			Rs 5:865$000
Courtage d'achat .... ¼ %			
Commission d'achat et de remboursement .. 5 %			
Ensemble .... 5¼ %	» 34$650		» 307$910
	Rs 694$650		Rs 6:172$910
Courtage de remboursement ¼ %	» 1$735		» 15$430
	Rs 696$385		Rs 6:188$340
Remboursement sur Paris à 90 jours de vue, au change de Rs 395 pour F. 1 ..	F. 1763.—		F. 15666,70

FRAIS AU HAVRE

Fret sur 13800 kil. bruts à F. 50 et 10 % par tonneau de 800 kil		F. 948.75	
Permis, frais au débarquement, port en entrepôt, arrimage, magasinage d'un mois, livraison et menus frais		» 140.—	
Assurance maritime sur F. 17232, à 1 ¼ % et police	» 24.25	» 216.90	
id. contre le feu sur F. 18587, à ½ ‰	» 1.—	» 9.75	
Perte d'intérêts .... ½ %			
Commission de banque .... ¼ %			
Courtage de vente .... ¼ %			
Escompte à la vente .... 2 %			
Commission de vente .... 2 %			
Ensemble .... 5 % sur F. 17875.90 ..	» 94.10	» 893.80	» 2209.20
	F. 1882.35		F. 17875.90
Soit par 100 kil.	» 13.64		

RENDEMENT : 100 ℛ rendent 46 kil. :

Soit net 13800 kil. à	F. 129.54	par 100 kil.	entrepôt.	F. 17876.50
Plus : droits de sortie à Bahia	» 13.64	id.	id.	
Ensemble	F. 143.18	id.	id.	

PRIX DE REVIENT AU HAVRE DES 100 KIL. ENTREPOT

AUX CHANGES SUIVANTS SUR PARIS

Avec la parité des changes sur LONDRES, calculés sur la base de F. 25.25 pour £ 1.—.—

PRIX à BAHIA par ℛ	PARIS Rs 395 — LONDRES D. 24 1/16	PARIS Rs 390 — LONDRES D. 24⅜	PARIS Rs 385 — LONDRES D. 24 11/16	PARIS Rs 380 — LONDRES D. 25.	PARIS Rs 375 — LONDRES D. 25¼	PARIS Rs 370 — LONDRES D. 25 11/16	PARIS Rs 365 — LONDRES D. 26	PARIS Rs 360 — LONDRES D. 26⅜	PARIS Rs 355 — LONDRES D. 26¾	PARIS Rs 350 — LONDRES D. 27¼
Rs 0$005	F. 3.10	F. 3.14	F. 3.18	F. 3.22	F. 3.26	F. 3.31	F. 3.35	F. 3.40	F. 3.45	F. 3.50
0$010	6.20	6.28	6.36	6.44	6.53	6.62	6.71	6.80	6.90	7.—
0$020	12.40	12.56	12.72	12.89	13.06	13.24	13.42	13.60	13.80	13.99
0$030	18.60	18.84	19.08	19.33	19.59	19.86	20.13	20.41	20.69	20.99
0$040	24.80	25.12	25.44	25.78	26.12	26.48	26.84	27.21	27.59	27.99
0$050	31.—	31.40	31.81	32.22	32.65	33.10	33.55	34.01	34.49	34.99
0$060	37.20	37.67	38.17	38.67	39.18	39.71	40.25	40.81	41.39	41.98
0$070	43.40	43.95	44.53	45.11	45.71	46.33	46.96	47.61	48.29	48.98
0$080	49.60	50.23	50.89	51.56	52.24	52.95	53.67	54.42	55.18	55.98
0$090	55.80	56.51	57.25	58.—	58.77	59.57	60.38	61.22	62.08	62.97
0$100	73.73	74.57	75.44	76.33	77.28	78.17	79.12	80.11	81.11	82.15
0$200	135.73	137.36	139.05	140.77	142.54	144.35	146.22	148.18	150.10	152.12
0$300	197.72	200.16	202.65	205.22	207.84	210.54	213.31	216.16	219.08	222.09
0$400	259.72	262.95	266.26	269.66	273.15	276.73	280.40	284.18	288.06	292.06
Plus par 100 kil. pour Droits de Sortie à Bahia, sur estimation de Rs 5$500 par Cuir ou Rs 183 par ℛ et 12 %	13.61	13.79	13.97	14.15	14.34	14.53	14.73	14.94	15.15	15.37

OBSERVATIONS

F. 10 et 10 % par tonneau sur le fret, font au Havre une différence de F. 1.38 par 100 kil. sur les prix

On veut savoir le revient au Havre de Cuirs salés secs coûtant à Bahia Rs 275 par ℛ, au change de Rs 375 et au fret de F. 50 et 10 %.

On trouvera dans la 1re et la 5e colonne de ce tableau que :

Rs 5 font par 100 kil.	F.	3.26
» 70 id. id.	»	45.71
» 200 id. id.	»	142.54
Plus droits de sortie à Bahia, sur Rs 8$100 par Cuir ou Rs 270 par ℛ et 12 %	»	20.08
Rs 275 feront donc par 100 kil.	F.	211.59

N.-B. — Les droits de sortie à Bahia n'étant pas compris dans les prix de revient du tableau ci-dessus devront être ajoutés. L'estimation de la Douane s'établit à tant par Cuir. Pour se servir des logarithmes ci-dessous, il faudra réduire l'estimation du Cuir à la ℛ et multiplier l'estimation par les logarithmes. — Voir l'explication page 200.

CHANGES		LOGARITHMES
395	....	61998
» 390	....	» 62792
» 385	....	» 63608
» 380	....	» 64445
» 375	....	» 65304
» 370	....	» 66187
» 365	....	» 67093
» 360	....	» 68025
» 355	....	» 68983
» 350	....	» 69969

Droits d'entrée en France par 100 kil. en Octobre 1885

Par navire Français	Exempt
id. Étranger	F. 3.—

COMPTE D'ACHAT ET DE REVIENT

A 1000 CUIRS SECS

	Droits de Sortie		
1000 Cuirs secs, pesant 20000 ℛ à Rˢ 200 par ℛ			Rˢ 4:000$000
FRAIS A BAHIA			
Droits de sortie sur Rˢ 200, Rˢ 4:000$000 à 12 %	Rˢ 480$000		
Magasinage Rˢ 100 par cuir		Rˢ 100$000	
Préservatif Rˢ 120 par cuir		120$000	
Expédition, pesage, assurance contre le feu, frais d'embarquement		» 65$000	» 285$000
			Rˢ 4:285$000
Courtage d'achat ¼ %			
Commission d'achat et de remboursement 5 %			
Ensemble 5¼ %	» 25$200		» 224$960
	Rˢ 505$200		Rˢ 4:509$960
Courtage de négociation ¼ %	» 1$265		» 11$275
	Rˢ 506$465		Rˢ 4:521$235
Remboursement sur Paris à 90 jours de vue, au change de Rˢ 395 pour F. 1.	F. 1282.20		F. 11446.15
FRAIS AU HAVRE			
Fret sur 9200 kil. à F. 50 et 10 % par ton. de 600 kil.		F. 843.35	
Permis, frais au débarquement, port en entrepôt, arrimage, magasinage d'un mois, livraison et menus frais		» 95.—	
Assurance maritime sur F. 12590, à 1¼ % et police	» 17.60	» 158.90	
id. contre le feu sur F. 13687, à ½ ‰	» 0.70	» 6.85	
Perte d'intérêts ½ %			
Commission de banque ¼ %			
Courtage de vente ¼ %			
Escompte à la vente 2 %			
Commission de vente 2 %			
Ensemble 5 % sur F. 13210.80	» 68.45	» 660.55	» 1764.65
	F. 1368.95		F. 13210.80
Soit par 100 kil.	» 14.88		

Rendement : 100 ℛ rendent 46 kil. :

Soit net 9200 kil. à	F. 143.60	par 100 kil.	entrepôt	F. 13211.20
Plus : droits de sortie à Bahia	» 14.88	id.	id.	
Ensemble	F. 158.48	id.	id.	

PRIX DE REVIENT AU HAVRE DES 100 KIL. ENTREPOT

AUX CHANGES SUIVANTS SUR PARIS

Avec la parité des changes sur Londres, calculés sur la base de F. 25.25 pour £ 1.—.—

	PRIX à BAHIA par ℛ	PARIS Rˢ 395 — LONDRES D. 24 $^{1}/_{16}$	PARIS Rˢ 390 — LONDRES D. 24⅜	PARIS Rˢ 385 — LONDRES D. 24 $^{11}/_{16}$	PARIS Rˢ 380 — LONDRES D. 25	PARIS Rˢ 375 — LONDRES D. 25⅜	PARIS Rˢ 370 — LONDRES D. 25 $^{11}/_{16}$	PARIS Rˢ 365 — LONDRES D. 26	PARIS Rˢ 360 — LONDRES D. 26⅜	PARIS Rˢ 355 — LONDRES D. 26¾	PARIS Rˢ 350 — LONDRES D. 27⅛
Subdivisions — Coûts et frais variables	Rˢ 0$005	F. 3.10	F. 3.14	F. 3.18	F. 3.22	F. 3.26	F. 3.31	F. 3.35	F. 3.40	F. 3.45	F. 3.50
	0$010	6.20	6.28	6.36	6.44	6.53	6.62	6.71	6.80	6.90	7.—
	0$020	12.40	12.56	12.72	12.89	13.06	13.24	13.42	13.60	13.80	13.99
	0$030	18.60	18.84	19.08	19.33	19.59	19.86	20.13	20.41	20.69	20.99
	0$040	24.80	25.12	25.44	25.78	26.12	26.48	26.84	27.21	27.59	27.99
	0$050	31.—	31.40	31.81	32.22	32.65	33.10	33.55	34.01	34.49	34.99
	0$060	37.20	37.67	38.17	38.67	39.18	39.71	40.25	40.81	41.39	41.98
	0$070	43.40	43.95	44.53	45.11	45.71	46.33	46.96	47.61	48.29	48.98
	0$080	49.60	50.23	50.89	51.56	52.24	52.95	53.67	54.42	55.18	55.98
	0$090	55.80	56.51	57.25	58.—	58.77	59.57	60.38	61.22	62.08	62.97
Coûts et frais variables et invariables	0$100	81.60	82.51	83.46	84.43	85.40	86.42	87.45	88.51	89.59	90.71
	0$200	143.60	145.30	147.07	148.87	150.71	152.60	154.55	156.53	158.58	160.68
	0$300	205.59	208.10	210.67	213.32	216.01	218.79	221.64	224.56	227.56	230.65
	0$400	267.59	270.89	274.28	277.76	281.32	284.98	288.73	292.58	296.54	300.62
Plus par 100 kil. pour Droits de Sortie à Bahia, sur estimation de Rˢ 200 et 12 %		14.88	15.07	15.27	15.47	15.67	15.88	16.10	16.33	16.56	16.79

OBSERVATIONS

F. 10 et 10 % par tonneau sur le fret, font au Havre une différence de F. 1.83 par 100 kil. sur les prix.

On veut savoir le revient au Havre de Cuirs secs coûtant à Bahia Rˢ 275 par ℛ, au change de Rˢ 375 et au fret de F. 50 et 10 %.

On trouvera dans la 1ʳᵉ et la 6ᵉ colonne de ce tableau que :

Rˢ 5 font par 100 kil.	F.	3.26
» 70 id. id.	»	45.71
» 200 id. id.	»	150.71
Plus droits de sortie à Bahia, sur Rˢ 275 et 12 %	»	21.55
Rˢ 275 feront donc par 100 kil.	F.	221.23

N.-B. — Les droits de sortie à Bahia n'étant pas compris dans les prix de revient du tableau ci-dessus devront être ajoutés. — Voir page 200 l'explication pour le calcul de ces mêmes droits au moyen des logarithmes suivants.

CHANGES		LOGARITHMES
CHANGES	395	61998
»	390	62792
»	385	63006
»	380	64445
»	375	65304
»	370	66187
»	365	67093
»	360	68025
»	355	68983
»	350	69969

Droits d'entrée en France par 100 kil. en Octobre 1865

Par navire Français	Exempts
id. Etranger	F. 3.—

COMPTE D'ACHAT ET DE REVIENT

A 100 CAISSES SUCRE BLANC

100 caisses Sucre blanc, pesant net 4900 arrobes à R^s 2$400 par arrobe.................. R^s 11:700$000

FRAIS A BAHIA

	Droits de sortie	
Droits d'exportation 7 %........	R^s 823$200	
Droit de décime R^s 60 par arrobe........	» 294$000	
Trapiche et frais d'embarquement R^s 110 par arrobe......		» 539$000
	R^s 1:117$200	R^s 12:299$000
Commission d'achat et de remboursement 5 %........	» 55$860	» 614$950
	R^s 1:173$060	R^s 12:913$950
Remboursement sur Paris à 90 jours de vue, au change de R^s 395 pour F. 1.	F. 2969.60	F. 32693.55

FRAIS AU HAVRE

Fret sur 78900 kil. bruts à F. 50 et 10 % par tonneau de 1000 kil........		F. 4339.50	
Permis, frais au débarquement, tonneliers pour échantillonner et conditionner, port en magasin, arrimage, magasinage d'un mois, livraison et menus frais........		» 595.—	
Assurance maritime sur F. 35952, à 1 ¼ % et police.....	» 40.82	» 451.—	
id. contre le feu sur F. 41347, à ⅛ %........	» 1.65	» 20.65	
Perte d'intérêts........ ½ %			
Commission de banque........ ¼ %			
Escompte à la vente........ 2 %			
Courtage de vente........ ¼ %			
Commission de vente........ 2 %			
Ensemble........ 5 % sur F. 40104.95.	» 158.53	» 2005.25	» 7411.40
	F. 3170.60		F. 40104.95
Soit par 100 kil........	» 4.62		

RENDEMENT : 1 arrobe rend en moyenne 14 kil. nets :

Soit net 68600 kil. à........	F. 58.46	par 100 kil.	entrepôt.	F. 40103.55
Plus : droits de sortie à Bahia........	» 4.62	id.	id.	
Ensemble........	F. 63.08	id.	id.	

PRIX DE REVIENT AU HAVRE DES 100 KIL. ENTREPOT

AUX CHANGES SUIVANTS SUR PARIS

Avec la parité des changes sur LONDRES, calculés sur la base de F. 25.25 pour £ 1.—.—

PRIX à BAHIA par arrobe.	PARIS R^s 395 — LONDRES D. 24 1/16	PARIS R^s 390 — LONDRES D. 24 3/8	PARIS R^s 385 — LONDRES D. 24 11/16	PARIS R^s 380 — LONDRES D. 25	PARIS R^s 375 — LONDRES D. 25 3/8	PARIS R^s 370 — LONDRES D. 25 11/16	PARIS R^s 365 — LONDRES D. 26	PARIS R^s 360 — LONDRES D. 26 3/8	PARIS R^s 355 — LONDRES D. 26 3/4	PARIS R^s 350 — LONDRES D. 27 1/8
R^s 0$010	F. 0.20	F. 0.21	F. 0.21	F. 0.21	F. 0.21	F. 0.22	F. 0.22	F. 0.22	F. 0.23	F. 0.23
0$020	0.41	0.41	0.42	0.42	0.43	0.43	0.44	0.44	0.45	0.46
0$030	0.61	0.62	0.62	0.63	0.64	0.65	0.66	0.67	0.68	0.69
0$040	0.81	0.82	0.83	0.84	0.86	0.87	0.88	0.89	0.90	0.92
0$050	1.02	1.03	1.04	1.06	1.07	1.08	1.10	1.11	1.13	1.15
0$060	1.22	1.23	1.25	1.27	1.28	1.30	1.31	1.33	1.36	1.37
0$070	1.42	1.44	1.46	1.48	1.50	1.51	1.53	1.55	1.58	1.60
0$080	1.62	1.64	1.66	1.69	1.71	1.73	1.75	1.78	1.81	1.83
0$090	1.83	1.85	1.87	1.90	1.92	1.94	1.97	2.—	2.04	2.06
0$100	2.03	2.05	2.08	2.11	2.14	2.16	2.19	2.22	2.26	2.29
0$200	4.05	4.11	4.16	4.21	4.27	4.33	4.39	4.45	4.51	4.58
0$300	6.08	6.16	6.24	6.32	6.41	6.49	6.58	6.67	6.77	6.86
0$400	8.11	8.21	8.32	8.43	8.54	8.66	8.78	8.90	9.02	9.15
0$500	10.14	10.27	10.40	10.54	10.68	10.82	10.97	11.12	11.28	11.44
0$600	12.16	12.32	12.48	12.64	12.81	12.98	13.16	13.34	13.54	13.73
0$700	14.19	14.37	14.56	14.75	14.95	15.15	15.36	15.57	15.79	16.02
0$800	16.22	16.42	16.64	16.86	17.08	17.31	17.55	17.79	18.05	18.30
0$900	18.24	18.48	18.72	18.96	19.22	19.48	19.75	20.02	20.30	20.59
1$000	30.08	30.37	30.67	30.97	31.28	31.61	31.94	32.27	32.62	32.98
2$000	50.36	50.91	51.47	52.05	52.64	53.26	53.88	54.52	55.17	55.86
3$000	70.63	71.44	72.27	73.12	73.99	74.90	75.82	76.76	77.73	78.74
4$000	90.90	91.97	93.07	94.19	95.35	96.54	97.76	99.01	100.29	101.62
5$000	111.18	112.51	113.87	115.27	116.70	118.19	119.70	121.25	122.85	124.50
Plus par 100 kil. pour Droits de Sortie à Bahia.	A ajouter, en les calculant comme il est dit page 8.									

OBSERVATIONS

F. 10 et 10 % par tonneau sur le fret, font au Havre une différence de F. 1.26 par 100 kil. sur les prix.

On veut savoir le revient au Havre de Sucre coûtant à Bahia R^s 3$150 par arrobe, au change de R^s 375 et au fret de F. 50 et 10 %.

On trouvera dans la 1re et la 6e colonne de ce tableau que :

R^s 0$050 font par 100 kil........	F.	1.07
» 0$100 id. id.	»	2.14
» 3$000 id. id.	»	73.99
Plus droits de sortie à Bahia, sur R^s 3$150........	»	4.71
Plus décime sur R^s 80........	»	1.71
R^s 3$150 feront donc par 100 kil........	F.	83.62

N.-B. — Les droits de sortie à Bahia n'étant pas compris dans les prix de revient du tableau ci-dessus devront être ajoutés. — Voir page 200 l'explication pour le calcul de ces mêmes droits au moyen des logarithmes suivants.

CHANGES	395 .... LOGARITHMES	20273
»	390 .... »	20533
»	385 .... »	20800
»	380 .... »	21078
»	375 .... »	21354
»	370 .... »	21643
»	365 .... »	21939
»	360 .... »	22244
»	355 .... »	22557
»	350 .... »	22879

Droits d'entrée en France par 100 kil. en Octobre 1865

Au dessous du n° 13	Par navire Français.	F.	42.—
	id. Etranger.	»	44.—
Du n° 13 au n° 20.	id. Français.	»	44.—
	id. Etranger.	»	46.—

COMPTE D'ACHAT ET DE REVIENT

A 1300 SACS SUCRE

1300 sacs Sucre, pesant 6500 arrobes à Rs 1$700 par arrobe			Rs 11:050$000

FRAIS A BAHIA

	Droits de Sortie		
Droit général d'exportation sur 6500 arrobes, à Rs 1$700, Rs 11:050$000 à 7 %	Rs 773$500		
Droit provincial d'exportation sur 6500 arrobes, à Rs 2$000, Rs 13:000$000 à 3 %	» 390$000		
Frais de dock, trapiche et expédition, à Rs 100 par arrobe		Rs 650$000	
Assurance contre le feu ¼ %		» 27$625	» 677$625
	Rs 1:163$500		Rs 11:727$625
Commission d'achat et de remboursement 5 %	» 58$175		» 586$380
	Rs 1:221$675		Rs 12:314$005
Remboursement sur Paris à 90 jours de vue, au change de Rs 395 pour F. 1.	F. 3092.85		F. 31174.70

FRAIS AU HAVRE

Fret sur 93600 kil. bruts, à F. 50 et 10 % par tonneau de 1000 kil.		F. 5159.—	
Permis, frais au débarquement, voiliers pour échantillonner et conditionner, port en magasin, arrimage, magasinage d'un mois, livraison et menus frais		» 635.—	
Assurance maritime sur F. 34292, à 1 ¼ % et police	» 42.50	» 430.15	
id. contre le feu sur F. 40516, à ½ ‰	» 1.75	» 20.25	
Perte d'intérêts ½ %			
Commission de banque ¼ %			
Courtage de vente ¼ %			
Escompte à la vente 2 %			
Commission de vente 2 %			
Ensemble 5 % sur F. 39388.50	» 165.10	» 1969.40	» 8213.80
	F. 3302.20		F. 39388.50
Soit par 100 kil.	» 3.61		

RENDEMENT : 1 arrobe rend net kil. 14.15 :

Soit net .... kil. 91975
Moins réfactions pour couches » 455
Net .... kil. 91520 à .... F. 43.04 par 100 kil. entrepôt .... F. 39390.20
Plus : droits de sortie à Bahia .... » 3.61 id. id.
Ensemble .... F. 46.65 id. id.

PRIX DE REVIENT AU HAVRE DES 100 KIL. ENTREPOT

AUX CHANGES SUIVANTS SUR PARIS

Avec la parité des changes sur LONDRES, calculés sur la base de F. 25.25 pour £ 1.—.—

PRIX à BAHIA par arrobe	PARIS Rs 395 — LONDRES D. 24 ¹⁵⁄₁₆	PARIS Rs 390 — LONDRES D. 24 ⅝	PARIS Rs 385 — LONDRES D. 24 ¹¹⁄₁₆	PARIS Rs 380 — LONDRES D. 25	PARIS Rs 375 — LONDRES D. 25 ¼	PARIS Rs 370 — LONDRES D. 25 ¹¹⁄₁₆	PARIS Rs 365 — LONDRES D. 26	PARIS Rs 360 — LONDRES D. 26 ⅜	PARIS Rs 355 — LONDRES D. 26 ¾	PARIS Rs 350 — LONDRES D. 27 ¼
SUBDIVISIONS — Coût et frais variables: Rs 0$010	F. 0.20	F. 0.21	F. 0.21	F. 0.21	F. 0.21	F. 0.22	F. 0.22	F. 0.22	F. 0.23	F. 0.23
0$020	0.40	0.41	0.41	0.42	0.43	0.43	0.44	0.44	0.45	0.46
0$030	0.61	0.62	0.62	0.63	0.64	0.65	0.66	0.67	0.68	0.68
0$040	0.81	0.82	0.83	0.84	0.85	0.86	0.88	0.89	0.90	0.91
0$050	1.01	1.03	1.04	1.05	1.06	1.08	1.10	1.11	1.13	1.14
0$060	1.21	1.23	1.25	1.26	1.28	1.30	1.31	1.33	1.35	1.37
0$070	1.41	1.44	1.46	1.47	1.49	1.51	1.53	1.55	1.58	1.60
0$080	1.62	1.64	1.67	1.68	1.70	1.73	1.75	1.76	1.80	1.82
0$090	1.82	1.85	1.87	1.89	1.92	1.94	1.97	2.—	2.03	2.05
0$100	2.02	2.05	2.07	2.10	2.13	2.16	2.19	2.22	2.25	2.28
Coût et frais variables et invariables: 1$500	39.—	39.42	39.85	40.29	40.74	41.20	41.67	42.16	42.66	43.16
1$600	41.02	41.45	41.93	42.39	42.87	43.35	43.80	44.38	44.91	45.44
1$700	43.04	43.51	44.—	44.49	45.—	45.51	46.04	46.60	47.16	47.72
1$800	45.06	45.56	46.07	46.59	47.13	47.67	48.25	48.82	49.41	50.—
1$900	47.08	47.61	48.15	48.69	49.25	49.83	50.42	51.04	51.66	52.29
2$000	49.11	49.65	50.22	50.79	51.38	51.98	52.60	53.25	53.90	54.57
2$100	51.13	51.70	52.29	52.89	53.51	54.14	54.79	55.47	56.15	56.85
2$200	53.15	53.75	54.36	54.99	55.64	56.30	56.98	57.69	58.40	59.13
2$300	55.17	55.79	56.44	57.08	57.77	58.45	59.10	59.90	60.65	61.41
2$400	57.19	57.84	58.51	59.19	59.90	60.61	61.35	62.12	62.90	63.69
2$500	59.21	59.89	60.58	61.29	62.03	62.77	63.54	64.34	65.16	65.97
2$600	61.23	61.93	62.66	63.39	64.16	64.92	65.72	66.55	67.40	68.25
2$700	63.25	63.98	64.73	65.49	66.29	67.08	67.91	68.77	69.65	70.53
2$800	65.27	66.02	66.80	67.59	68.42	69.24	70.10	70.99	71.90	72.81
2$900	67.29	68.06	68.88	69.69	70.54	71.40	72.29	73.21	74.15	75.09
3$000	69.31	70.12	70.95	71.80	72.67	73.55	74.48	75.42	76.39	77.37
Plus par 100 kil. pour Droits de Sortie à Bahia, sur estimation de Rs 1$700 et 7 %, et Rs 2$000 et 3 %	3.61	3.66	3.71	3.76	3.81	3.86	3.91	3.97	4.03	4.08

OBSERVATIONS

F. 10 et 10 % par tonneau sur le fret, font au Havre une différence de F. 1.18 par 100 kil. sur les prix.

On veut savoir le revient au Havre de Sucre coûtant à Bahia Rs 2$150 par arrobe, au change de Rs 375 et au fret de F. 50 et 10 %.

On trouvera dans la 1re et la 6e colonne de ce tableau que:

Rs 0$050 font par 100 kil.	F.	1.06
» 2$100 id. id.	»	53.51
Plus droits de sortie à Bahia, sur Rs 2$150	»	3.20
Plus droits de sortie sur Rs 2$400	»	1.53
Rs 2$150 feront donc par 100 kil.	F.	59.30

N.-B. — Les droits de sortie à Bahia n'étant pas compris dans les prix de revient du tableau ci-dessus devront être ajoutés. — Voir page 200 l'explication pour le calcul de ces mêmes droits au moyen des logarithmes suivants.

CHANGES		LOGARITHMES
CHANGES	395	20708
»	390	20497
»	385	20733
»	380	21000
»	375	21286
»	370	21574
»	365	21869
»	360	22173
»	355	22485
»	350	22806

Droits d'entrée en France par 100 kil. en Octobre 1865

Au-dessous du no 13	Par navire Français.	F.	42.—
	id. Etranger.	»	44.—
Du no 13 au no 20.	id. Français.	»	44.—
	id. Etranger.	»	46.—

COMPTE D'ACHAT ET DE REVIENT

A 300 BALLES TABAC

100 balles Tabac patente ...... de	700 arrobes	à R^s 6$000 par arrobe.			
100 id. 1re qualité.. de	700 id.	à » 5$000 id.			
100 id. 2me qualité de	700 id.	à » 4$000 id.			
300 balles pesant ensemble.........	2100 id.	à » 5$000 id.			R^s 10:500$000

FRAIS A BAHIA

	Droits de sortie	
Droits de sortie sur R^s 5$000, soit R^s 10:500$000 à 13 %.........	R^s 1:365$000	
Frais de magasinage et d'embarquement.........		» 286$500
		R^s 10:786$500
Commission d'achat et de remboursement 5 %.........	» 68$250	» 536$825
	R^s 1:433$250	R^s 11:273$325
Courtage et timbres des traites en remboursement ¼ %..	» 3$585	» 28$185
	R^s 1:436$885	R^s 11:301$510
Remboursement sur Paris à 90 jours de vue, au change de R^s 395 pour F. 1..	F. 3637.55	F. 28611.40

FRAIS AU HAVRE

Fret sur 31100 kil. bruts à F. 60 et 10 % par tonneau de 600 kil.........		F. 3421.—	
Permis, frais au débarquement, classement, port en magasin, arrimage, magasinage d'un mois, livraison et menus frais.........		» 265.—	
Assurance maritime sur F. 31472, à 1 ¼ % et police......	» 50.—	» 394.90	
id. contre le feu sur F. 35550, à ½ ‰.........	» 2.—	» 17.75	
Perte d'intérêts......... ½ %			
Commission de banque......... ¼ %			
Courtage de vente......... ¼ %			
Escompte à la vente......... 2 %			
Commission de vente......... 2 %			
Ensemble...... 5 % sur F. 34431.65..	» 194.20	» 1721.60	» 5820.25
	F. 3888.75		F. 34431.65
Soit par 100 kil.........	» 12.75		

RENDEMENT : 1 arrobe rend net 14 kil. ½ :

Soit net 30450 kil. à.........	F. 113.07	par 100 kil.	entrepôt..	F. 34429.80
Plus : droits de sortie à Bahia.........	» 12.75	id.	id.	
Ensemble.........	F. 125.82	id.	id.	

PRIX DE REVIENT AU HAVRE DES 100 KIL. ENTREPOT

AUX CHANGES SUIVANTS SUR PARIS

Avec la parité des changes sur LONDRES, calculés sur la base de F. 25.25 pour £ 1.—.—

PRIX à BAHIA par arrobe	PARIS R^s 395 — LONDRES D. 24 1/16	PARIS R^s 390 — LONDRES D. 24 3/8	PARIS R^s 385 — LONDRES D. 24 11/16	PARIS R^s 380 — LONDRES D. 25	PARIS R^s 375 — LONDRES D. 25 3/8	PARIS R^s 370 — LONDRES D. 25 11/16	PARIS R^s 365 — LONDRES D. 26	PARIS R^s 360 — LONDRES D. 26 3/8	PARIS R^s 355 — LONDRES D. 26 3/4	PARIS R^s 350 — LONDRES D. 27 1/8
R^s 0$010	F. 0.20	F. 0.20	F. 0.20	F. 0.20	F. 0.21	F. 0.21	F. 0.21	F. 0.22	F. 0.22	F. 0.22
0$020	0.39	0.40	0.40	0.41	0.41	0.42	0.42	0.43	0.44	0.44
0$030	0.59	0.60	0.60	0.61	0.62	0.63	0.64	0.65	0.65	0.66
0$040	0.78	0.80	0.80	0.82	0.83	0.84	0.85	0.86	0.87	0.88
0$050	0.98	1.—	1.01	1.02	1.04	1.05	1.06	1.08	1.09	1.11
0$060	1.18	1.19	1.21	1.22	1.24	1.25	1.27	1.29	1.31	1.33
0$070	1.37	1.39	1.41	1.43	1.45	1.46	1.48	1.51	1.53	1.55
0$080	1.57	1.59	1.61	1.63	1.66	1.67	1.70	1.72	1.74	1.77
0$090	1.76	1.79	1.81	1.84	1.86	1.88	1.91	1.94	1.96	1.99
0$100	1.96	1.99	2.01	2.04	2.07	2.09	2.12	2.15	2.18	2.21
0$200	3.92	3.97	4.03	4.08	4.13	4.19	4.25	4.31	4.37	4.43
0$300	5.89	5.96	6.04	6.12	6.20	6.28	6.37	6.46	6.55	6.64
0$400	7.85	7.95	8.05	8.16	8.27	8.38	8.50	8.61	8.73	8.86
0$500	9.81	9.94	10.07	10.20	10.34	10.47	10.62	10.77	10.92	11.07
0$600	11.77	11.92	12.08	12.24	12.40	12.57	12.74	12.92	13.10	13.29
0$700	13.73	13.91	14.09	14.28	14.47	14.66	14.87	15.07	15.28	15.50
0$800	15.70	15.90	16.10	16.32	16.54	16.76	16.99	17.22	17.46	17.72
0$900	17.66	17.88	18.12	18.36	18.60	18.85	19.12	19.38	19.65	19.93
1$000	34.58	34.86	35.15	35.45	35.75	36.05	36.38	36.70	37.03	37.39
2$000	54.21	54.74	55.28	55.84	56.42	57.01	57.61	58.23	58.87	59.53
3$000	73.83	74.61	75.42	76.24	77.09	77.96	78.85	79.76	80.70	81.66
4$000	93.45	94.49	95.55	96.64	97.76	98.91	100.08	101.29	102.54	103.82
5$000	113.07	114.36	115.68	117.04	118.43	119.86	121.32	122.83	124.37	125.97
6$000	132.70	134.23	135.81	137.43	139.09	140.80	142.55	144.36	146.20	148.12
7$000	152.32	154.11	155.94	157.83	159.76	161.75	163.78	165.89	168.04	170.26
8$000	171.94	173.98	176.08	178.23	180.43	182.70	185.02	187.42	189.87	192.41
Plus par 100 kil. pour droits de sortie à Bahia, sur estimation de R^s 5$000 et 13 %	12.75	12.92	13.09	13.26	13.43	13.62	13.80	14.—	14.19	14.39

OBSERVATIONS

F. 10 et 10 % par tonneau sur le fret, font au Havre une différence de F. 1.87 par 100 kil. sur les prix.

On veut savoir le revient au Havre de Tabac coûtant à Bahia R^s 4$250 par arrobe au change de R^s 375 et au fret de F. 60 et 10 %.

On trouvera dans la 1re et la 6e colonne de ce tableau que:

R^s 0$050 font par 100 kil.........	F.	1.04
» 0$200 id. id.	»	4.13
» 4$000 id. id.	»	97.76
Plus droits de sortie à Bahia sur R^s 4$250 et 13 %.........	»	11.42
R^s 4$250 feront donc par 100 kil.........	F.	114.35

N.-B. — Les droits de sortie à Bahia n'étant pas compris dans les prix de revient du tableau ci-dessus devront être ajoutés. — Voir page 200 l'explication pour le calcul de ces mêmes droits au moyen des logarithmes suivants

CHANGES		LOGARITHMES
CHANGES 395	....	19623
» 390	....	19874
» 385	....	20132
» 380	....	20397
» 375	....	20669
» 370	....	20949
» 365	....	21235
» 360	....	21531
» 355	....	21834
» 350	....	22146

Droits d'entrée en France par 100 kil. en Octobre 1865

	Pour la Régie	Pour compte particulier
Par navire Français.........	Exempt	Prohibé
id. Etranger.........	F. 12.—	id.

COMPTE D'ACHAT ET DE REVIENT

A 100 PIPES TAFIA

100 pipes Tafia, à Rs 75$000 la pipe, rendue à bord .... Rs 7:500$000

FRAIS A BAHIA

	Droits de Sortie	
Droits de sortie sur Rs 75$000 la pipe, soit Rs 7:500$000 à 13 %	Rs 975$000	
Expédition, tonneliers et menus frais		» 60$000
		Rs 7:560$000
Commission d'achat et de remboursement 5 %	» 48$750	» 378$000
	Rs 1:023$750	Rs 7:938$000
Courtage de négociation et timbre ¼ %	» 2$560	» 19$845
	Rs 1:026$310	Rs 7:957$845
Remboursement sur Paris à 90 jours de vue, au change de Rs 395 pour F. 1 ..	F. 2598.25	F. 20146.45

FRAIS AU HAVRE

Fret sur 47916 litres à F. 60 et 10 % par ton. de 900 litres ..			F. 3513.85	
Permis, frais au débarquement, tonneliers pour échantillonner et conditionner, port en entrepôt, arrimage, magasinage d'un mois, livraison et menus frais			» 575.—	
Assurance maritime sur F. 22160, à 1 % et police		» 28.00	» 223.10	
id. contre le feu sur F. 26471, à ½ ‰		» 1.45	» 13.25	
Perte d'intérêts	½ %			
Commission de banque	¼ %			
Courtage de vente	¼ %			
Escompte à la vente	2 %			
Commission de vente	2 %			
Ensemble	5 % sur F. 25759.65 ..	» 136.85	» 1288.—	» 5610.20
		F. 2766.65		F. 25758.65
Soit par 100 litres		» 5.95		

RENDEMENT : 1 pipe de Bahia = 180 canada ; 1 canada = 2.662 litres :

100 pipes = ... litres 47916
Déchet supposé 3 % .... » 1437
Net .... litres 46479 à F. 55.42 par 100 litres entrepôt .... F. 25758.65
Plus : droits de sortie à Bahia .... » 5.95 id. id.
Ensemble .... F. 61.37 id. id.

PRIX DE REVIENT AU HAVRE DES 100 LITRES ENTREPOT
AUX CHANGES SUIVANTS SUR PARIS

Avec la parité des changes sur LONDRES, calculés sur la base de F. 25.25 pour £ 1.—.—

PRIX à BAHIA par pipe	PARIS Rs 395 — LONDRES D. 24 1/16	PARIS Rs 390 — LONDRES D. 24⅜	PARIS Rs 385 — LONDRES D. 24 11/16	PARIS Rs 380 — LONDRES D. 25	PARIS Rs 375 — LONDRES D. 25¼	PARIS Rs 370 — LONDRES D. 25 11/16	PARIS Rs 365 — LONDRES D. 26	PARIS Rs 360 — LONDRES D. 26⅜	PARIS Rs 355 — LONDRES D. 26¾	PARIS Rs 350 — LONDRES D. 27⅛
Rs 0$050	F. 0.03	F. 0.03	F. 0.03	F. 0.03	F. 0.03	F. 0.03	F. 0.03	F. 0.03	F. 0.03	F. 0.03
0$100	0.06	0.06	0.06	0.06	0.06	0.07	0.07	0.07	0.07	0.07
0$200	0.12	0.12	0.13	0.13	0.13	0.13	0.13	0.13	0.14	0.14
0$300	0.18	0.18	0.19	0.19	0.19	0.20	0.20	0.20	0.20	0.21
0$400	0.24	0.24	0.25	0.25	0.26	0.26	0.26	0.27	0.27	0.28
0$500	0.31	0.31	0.31	0.32	0.32	0.33	0.33	0.33	0.34	0.34
60$000	46.27	46.74	47.23	47.72	48.24	48.70	49.21	49.66	50.44	51.03
61$000	46.88	[illegible]	[illegible]	[illegible]	[illegible]	[illegible]	[illegible]	[illegible]	51.12	51.72
62$000	47.49	47.97	48.48	48.99	49.50	50.07	50.63	51.20	51.80	52.41
63$000	48.10	48.59	49.11	49.63	50.17	50.72	51.29	51.87	52.48	53.10
64$000	48.71	49.21	49.74	50.26	50.81	51.37	51.95	52.54	53.16	53.79
65$000	49.32	49.83	50.36	50.90	51.45	52.02	52.61	53.21	53.84	54.48
66$000	49.93	50.44	50.99	51.53	52.10	52.68	53.27	53.88	54.52	55.17
67$000	50.54	51.06	51.61	52.17	52.74	53.33	53.93	54.55	55.20	55.86
68$000	51.15	51.68	52.24	52.80	53.39	53.98	54.59	55.22	55.88	56.55
69$000	51.76	52.30	52.87	53.44	54.03	54.63	55.25	55.89	56.56	57.24
70$000	52.37	52.92	53.49	54.07	54.67	55.28	55.91	56.56	57.23	57.92
71$000	52.98	53.53	54.12	54.71	55.31	55.94	56.57	57.23	57.91	58.61
72$000	53.59	54.15	54.74	55.34	55.96	56.59	57.23	57.90	58.59	59.30
73$000	54.20	54.77	55.37	55.98	56.60	57.24	57.89	58.57	59.27	59.99
74$000	54.81	55.39	56.—	56.61	57.24	57.89	58.55	59.24	59.95	60.68
75$000	55.42	56.01	56.62	57.25	57.89	58.54	59.21	59.91	60.63	61.37
76$000	56.03	56.62	57.25	57.88	58.53	59.20	59.87	60.58	61.31	62.06
77$000	56.64	57.24	57.87	58.52	59.17	59.85	60.53	61.25	61.99	62.75
78$000	57.25	57.86	58.50	59.15	59.82	60.50	61.19	61.92	62.67	63.44
79$000	57.86	58.48	59.13	59.79	60.46	61.15	61.85	62.59	63.35	64.13
80$000	58.47	59.10	59.75	60.42	61.10	61.80	62.51	63.26	64.02	64.81
81$000	59.08	59.71	60.38	61.05	61.74	62.46	63.17	63.93	64.70	65.50
82$000	59.69	60.33	61.—	61.69	62.39	63.11	63.83	64.60	65.38	66.19
83$000	60.30	60.95	61.63	62.33	63.03	63.76	64.49	65.27	66.06	66.88
84$000	60.91	61.57	62.26	62.96	63.67	64.41	65.15	65.94	66.74	67.57
85$000	61.52	62.20	62.89	63.60	64.32	65.06	65.83	66.61	67.42	68.25
Plus par 100 litres pour Droits de Sortie à Bahia, sur estimation de Rs 75$000 et 13 %	5.95	6.03	6.11	6.19	6.27	6.35	6.44	6.53	6.62	6.72

OBSERVATIONS

F. 10 et 10 % par tonneau sur le fret, font au Havre une différence de F 1.26 par 100 litres sur les prix.

On veut savoir le revient au Havre de Tafia coûtant à Bahia Rs 65$950 par pipe, au change de Rs 375 et au fret de F. 60 et 10 %.

On trouvera dans la 1re et la 6e colonne de ce tableau que :

Rs 0$050	font par 100 litres		F.	0.03
» 0$400	id.	id.	»	0.26
» 0$500	id.	id.	»	0.32
» 65$000	id.	id.	»	51.46
Plus droits de sortie à Bahia, sur Rs 65$950 et 13 %			»	5.51
Rs 65$950 feront donc par 100 litres			F.	57.58

N.-B. — Les droits de sortie à Bahia n'étant pas compris dans les prix de revient du tableau ci-dessus devront être ajoutés. — Voir page 200 l'explication pour le calcul de ces mêmes droits au moyen des logarithmes suivants.

CHANGES		LOGARITHMES
395		61048
390	»	61831
385	»	62634
380	»	63458
375	»	64304
370	»	65173
365	»	66066
360	»	66983
355	»	67927
350	»	68897

Droits d'entrée en France par hectol. en Octobre 1863

Par tous Pavillons .... F. 30.—

PERNAMBUCO

Pernambuco, chef-lieu d'une des provinces les plus riches et les plus fertiles du Brésil, est aujourd'hui le second port de cet empire par l'importance de son commerce de marchandises.

Cette ville renferme des constructions remarquables, parmi lesquelles il faut mentionner l'Arsenal, la Douane, le Lazaret. C'est le siége du gouvernement provincial et de l'assemblée législative de la province; il y existe un tribunal de commerce. Elle possède plusieurs manufactures de tabac, de savon et de papier en pleine activité, et même deux vastes établissements où un assez grand nombre d'ouvriers sont employés à la construction de toute espèce de machines en fer. Sa population s'élève à 100,000 habitants environ.

La côte étale toute la magnificence qui caractérise la végétation tropicale; mais le terrible fléau de la fièvre jaune n'y exerce que trop souvent ses ravages.

La province de Pernambuco, qui est et en majeure partie couverte de forêts impénétrables et de marais, occupe sur le littoral un vaste espace peuplé par plus de 800,000 habitants, dont un tiers se compose d'esclaves noirs et un dixième d'Indiens restés fidèles aux habitudes de la vie sauvage.

Les ressources du pays sont immenses; mais le manque de bras et de capitaux empêche d'en tirer suffisamment parti. L'immigration y est très faible.

Le cotonier, de même que la canne à sucre, y vient parfaitement; mais on s'occupe presque exclusivement de cette dernière, et une partie des propriétaires qui ont encore des plantations de caféiers les convertissent en champs de canne; aussi la production du café y diminue chaque jour. Quant au cotonier, malgré la qualité supérieure de son produit, il est resté longtemps négligé; sa culture tend à augmenter depuis la guerre d'Amérique.

Parmi les bois de teinture on cite le bois dit de Pernambouc; l'éclat de la couleur rouge qu'il fournit le fit d'abord appeler *braza* (braise), d'où l'on a fait *brasil*, nom qui est devenu celui de tout le pays.

Le riz, les fèves et le maïs y sont d'un rendement prodigieux.

La province, arrosée par plusieurs rivières navigables, a d'assez bonnes routes et un chemin de fer qui traverse les districts les plus productifs.

Port. — Il est tout entier l'ouvrage de la nature. Un récif droit comme un mur se prolonge dans la mer sur un espace de plusieurs kilomètres, parallèlement au rivage, et forme ainsi un bassin naturel, en passant devant l'embouchure commune des deux rivières de Pernambuco. Une brèche dans le récif forme l'entrée du port intérieur, qui est excellent et peut abriter un grand nombre de bâtiments de toutes dimensions. Mais un banc de sable le rend inaccessible aux navires dépassant un tirant d'eau de 15 pieds français. Quant à la rade extérieure, un fond hérissé de roches et de coraux la rend souvent dangereuse. Les navires courent le risque d'y perdre leurs ancres, et, lorsque le temps devient mauvais, le plus sûr est de mettre sous voiles. Heureusement les tempêtes y sont rares.

Frais de navigation. — Ils sont très élevés dans ce port. Le droit d'ancrage est de 800 reis par tonneau brésilien de jauge, et les navires ont en outre à supporter des droits très lourds de pilotage, amarrage de quai, etc.

Etablissements financiers. — La ville de Pernambuco possède une succursale de la Banque du Brésil, une de la grande Compagnie brésilienne d'assurances maritimes et terrestres, et une autre banque en société anonyme.

Pour les observations sur les droits de sortie, par rapport aux comptes de revient qui vont suivre, comme pour les poids, mesures et monnaies, voir l'article Rio-Janeiro, page 200.

(Extrait du Dictionnaire du Commerce et de la Navigation, par MM. GUILLAUMIN et Cie, ainsi que de ma correspondance particulière.)

COMPTE D'ACHAT ET DE REVIENT

A UN GRENIER BOIS DE FERNAMBOURG

Un grenier bois de Fernambourg, pesant 500 quintaux de 4 arrobes à R$ 5$000 par quintal				R$	2:500$000

FRAIS A PERNAMBUCO

	Droits de Sortie					
Droits de sortie sur 500 quintaux à R$ 5$000, R$ 2:500$000 à 20 %	R$	500$000				
Pesage, transport et frais			R$	45$000		
Timbres de traites			»	2$400	»	47$400
					R$	2:547$400
Courtage d'achat ½ %						
Commission d'achat et de remboursement 5 %						
Ensemble 5½ %	»	27$500			»	140$105
	R$	527$500			R$	2:687$505
Courtage de négociation ¼ %	»	1$320			»	6$720
	R$	528$820			R$	2:694$225
Remboursement sur Paris à 90 jours de vue, au change de R$ 395 pour F. 1.	F.	1338.80			F.	6820.85

FRAIS AU HAVRE

Fret sur 28400 kil. à F. 50 et 10 % par tonneau de 800 kil.			F.	1952.50		
Permis, frais au débarquement, port en entrepôt, arrimage, magasinage d'un mois, livraison et menus frais			»	175.—		
Assurance maritime sur F. 7502, à 1 % et police	»	14.72	»	76.50		
id. contre le feu sur F. 9706, à ½ ‰	»	0.74	»	4.85		
Perte d'intérêts ½ %						
Commission de banque ¼ %						
Courtage de vente ¼ %						
Escompte à la vente 2 %						
Commission de vente 2 %						
Ensemble 5 % sur F. 9504.95	»	71.28	»	475.25	»	2684.10
	F.	1425.54			F.	9504.95
Soit par 100 kil.	»	5.02				

RENDEMENT : 1 arrobe rend kil. 14.20 :

Soit net 28400 kil. à	F. 33.47	par 100 kil.	entrepôt.	F. 9505.50
Plus : droits de sortie à Pernambuco	» 5.02	id.	id.	
Ensemble	F. 38.49	id.	id.	

PRIX DE REVIENT AU HAVRE DES 100 KIL. ENTREPOT

AUX CHANGES SUIVANTS SUR PARIS

Avec la parité des changes sur LONDRES, calculés sur la base de F. 25.25 pour £ 1.—.—

PRIX à PERNAMBUCO par quintal de 4 arrobes	PARIS R$ 395 — LONDRES D. 24 1/16	PARIS R$ 390 — LONDRES D. 24 ½	PARIS R$ 385 — LONDRES D. 24 11/16	PARIS R$ 380 — LONDRES D. 25	PARIS R$ 375 — LONDRES D. 25 3/8	PARIS R$ 370 — LONDRES D. 25 11/16	PARIS R$ 365 — LONDRES D. 26	PARIS R$ 360 — LONDRES D. 26 3/8	PARIS R$ 355 — LONDRES D. 26 ¾	PARIS R$ 350 — LONDRES D. 27 ⅛
R$ 0$010	F. 0.05	F. 0.05	F. 0.05	F. 0.05	F. 0.05	F. 0.05	F. 0.05	F. 0.06	F. 0.06	F. 0.06
0$020	0.10	0.10	0.10	0.10	0.11	0.11	0.11	0.11	0.11	0.11
0$030	0.15	0.15	0.16	0.16	0.16	0.16	0.16	0.17	0.17	0.17
0$040	0.20	0.20	0.21	0.21	0.21	0.22	0.22	0.22	0.22	0.23
0$050	0.25	0.26	0.26	0.26	0.27	0.27	0.27	0.28	0.28	0.29
0$060	0.30	[illegible]	0.31	[illegible]	0.32	0.32	0.32	0.33	0.34	0.34
0$070	0.35	0.36	0.36	0.36	0.37	0.38	0.38	0.39	0.39	0.40
0$080	0.40	0.41	0.42	0.42	0.42	0.43	0.43	0.44	0.45	0.46
0$090	0.45	0.46	0.47	0.47	0.48	0.49	0.49	0.50	0.50	0.51
0$100	0.50	0.51	0.52	0.52	0.53	0.54	0.54	0.55	0.56	0.57
0$200	1.—	1.02	1.03	1.04	1.06	1.07	1.09	1.10	1.12	1.13
0$300	1.51	1.52	1.55	1.57	1.59	1.61	1.63	1.65	1.68	1.70
0$400	2.01	2.03	2.06	2.09	2.12	2.14	2.17	2.20	2.24	2.27
0$500	2.51	2.54	2.58	2.61	2.65	2.68	2.72	2.76	2.80	2.84
0$600	3.01	3.05	3.09	3.13	3.17	3.22	3.26	3.31	3.35	3.40
0$700	3.51	3.56	3.61	3.65	3.70	3.75	3.80	3.85	3.91	3.97
0$800	4.02	4.06	4.12	4.18	4.23	4.29	4.34	4.41	4.47	4.54
0$900	4.52	4.57	4.64	4.70	4.76	4.82	4.89	4.96	5.03	5.10
3$000	23.43	23.62	23.83	24.04	24.26	24.48	24.71	24.94	25.19	25.44
4$000	28.45	28.71	28.98	29.26	29.54	29.84	30.14	30.45	30.77	31.10
5$000	33.47	33.79	34.13	34.47	34.83	35.20	35.58	35.95	36.36	36.77
6$000	38.49	38.88	39.28	39.69	40.12	40.56	41.01	41.46	41.94	42.43
7$000	43.51	43.97	44.43	44.91	45.41	45.92	46.44	46.97	47.53	48.10
8$000	48.53	49.05	49.58	50.13	50.69	51.27	51.87	52.48	53.11	53.76
9$000	53.55	54.13	54.73	55.35	55.98	56.63	57.30	57.99	58.70	59.43
10$000	58.57	59.21	59.88	60.57	61.27	61.99	62.73	63.50	64.28	65.09
Plus par 100 kil. pour droits de sortie à Pernambuco, sur estimation de R$ 5$000 et 20 %	5.02	5.08	5.15	5.22	5.29	5.36	5.43	5.51	5.58	5.67

OBSERVATIONS

F. 10 et 10 % par tonneau sur le fret, font au Havre une différence de F. 1.88 par 100 kil. sur les prix.

On veut savoir le revient au Havre de bois de Fernambourg coûtant à Pernambuco R$ 5.650 par quintal de 4 arrobes, au change de R$ 375 et au fret de F. 50 et 10 %.

On trouvera dans la 1re et la 6e colonne de ce tableau que :

R$ 0$050 font par 100 kil.	F.	0.27
» 0$600 id. id.	»	3.17
» 5$000 id. id.	»	34.83
Plus droits de sortie à Pernambuco, sur R$ 5$650	»	5.97
R$ 5$650 feront donc par 100 kil.	F.	44.24

N.-B. — Les droits de sortie à Pernambuco n'étant pas compris dans les prix de revient du tableau ci-dessus devront être ajoutés. — Voir page 200 l'explication pour le calcul de ces mêmes droits au moyen des logarithmes suivants.

CHANGES		LOGARITHMES	
CHANGES	395	LOGARITHMES	50196
»	390	»	50689
»	385	»	51500
»	380	»	52177
»	375	»	52678
»	370	»	53588
»	365	»	54321
»	360	»	55076
»	355	»	55852
»	350	»	56650

Droits d'entrée en France par 100 kil. en Octobre 1865

Par navire Français	Exempt
id. Étranger	F 3.—

COMPTE D'ACHAT ET DE REVIENT

A 1000 SACS CAFÉ

1000 sacs Café, pesant 5000 arrobes à Rs 6$000 par arrobe .... Rs 30:000$000

FRAIS A PERNAMBUCO

	Droits de Sortie		
Droits de sortie sur 5000 arrobes à Rs 6$000, soit Rs 30:000$000 à 12 %	Rs 3:600$000		
Frais de transport .... Rs 120 par sac		Rs 120$000	
Frais d'embarquement .. » 120 id.		» 120$000	
Pesage .... » 40 id.		» 40$000	
Capatazia .... » 20 id.		» 20$000	
Coudre les sacs, etc. .... » 20 id.		» 20$000	
Magasinage .... » 300 id.		» 300$000	
Fret d'échantillons par steamer		» 5$000	» 625$000
			Rs 30:625$000
Commission d'achat à Céara .... 3 %			
id id. à Pernambuco .... 3 %			
Ensemble .... 6 %	» 216$000		» 1:837$500
	R. 3:816$000		Rs 32:462$500
Remboursement sur Paris, au change de Rs 395 pour F. 1	F. 9660.75		F. 82183.55

FRAIS AU HAVRE

Fret sur 73400 kil. bruts à F. 50 et 10 % par tonneau de 900 kil.		F. 4485.55	
Permis, voiliers pour échantillonner, port en entrepôt, arrimage, magasinage d'un mois, frais à la livraison et menus frais		» 595.—	
Assurance maritime sur F. 90401, à 1 ¼ % et police	» 132.80	» 1131.50	
id. contre le feu sur F. 96613, à ½ ‰	» 5.85	» 48.30	
Perte d'intérêts .... ½ %			
Commission de banque .... ¼ %			
Courtage de vente .... ¼ %			
Commission de vente .... 2 %			
Escompte à la vente .... 2 %			
Ensemble .... 5 % sur F. 93098.85	» 515.75	» 4654.95	» 10915.30
	F. 10314.65		F. 93098.85
Soit par 100 kil.	» 14.48		

RENDEMENT : 1 arrobe rend net 14 kil. ¼ :

Soit net 71250 kil. à	F. 130.67 par 100 kil. entrepôt.		F. 93109.15
Plus : droits de sortie à Pernambuco	» 14.48 id.	id.	
Ensemble	F. 145.15 id.	id.	

PRIX DE REVIENT AU HAVRE DES 100 KIL. ENTREPOT

AUX CHANGES SUIVANTS SUR PARIS

Avec la parité des changes sur LONDRES, calculés sur la base de F. 25.25 pour £ 1.—.—

* PRIX à CÉARA par arrobe	PARIS Rs 395 — LONDRES D. 24 1/16	PARIS Rs 390 — LONDRES D. 24 ¼	PARIS Rs 385 — LONDRES D. 24 9/16	PARIS Rs 380 — LONDRES D. 25	PARIS Rs 375 — LONDRES D. 25 ¼	PARIS Rs 370 — LONDRES D. 25 11/16	PARIS Rs 365 — LONDRES D. 26	PARIS Rs 360 — LONDRES D. 26 ¼	PARIS Rs 355 — LONDRES D. 26 ¾	PARIS Rs 350 — LONDRES D. 27 ½
Rs 0$010	F. 0.20	F. 0.20	F. 0.21	F. 0.21	F. 0.21	F. 0.22	F. 0.22	F. 0.22	F. 0.22	F. 0.23
0$020	0.40	0.41	0.41	0.42	0.42	0.43	0.44	0.44	0.45	0.45
0$030	0.60	0.61	0.62	0.63	0.64	0.65	0.65	0.66	0.67	0.68
0$040	0.80	0.82	0.83	0.84	0.85	0.86	0.87	0.88	0.90	0.91
0$050	1.01	1.02	1.03	1.05	1.06	1.08	1.09	1.10	1.12	1.14
0$060	1.21	1.22	1.24	1.26	1.27	1.29	1.31	1.32	1.34	1.36
0$070	1.41	1.43	1.44	1.46	1.48	1.51	1.53	1.54	1.57	1.59
0$080	1.61	1.63	1.65	1.67	1.70	1.72	1.74	1.76	1.79	1.82
0$090	1.81	1.84	1.85	1.88	1.91	1.94	1.96	1.99	2.02	2.04
0$100	2.01	2.04	2.06	2.09	2.12	2.15	2.18	2.21	2.24	2.27
0$200	4.02	4.07	4.13	4.18	4.24	4.29	4.35	4.41	4.47	4.54
0$300	6.03	6.11	6.19	6.27	6.35	6.44	6.53	6.62	6.71	6.81
0$400	8.04	8.15	8.25	8.36	8.47	8.59	8.70	8.82	8.95	9.08
0$500	10.05	10.19	10.32	10.45	10.59	10.74	10.88	11.03	11.18	11.35
0$600	12.07	12.22	12.38	12.54	12.71	12.88	13.06	13.24	13.42	13.61
0$700	14.08	14.26	14.44	14.63	14.83	15.03	15.23	15.44	15.66	15.88
0$800	16.09	16.30	16.50	16.72	16.94	17.18	17.41	17.65	17.90	18.15
0$900	18.10	18.33	18.57	18.81	19.06	19.32	19.58	19.85	20.13	20.42
5$000	110.56	111.88	113.24	114.63	116.06	117.52	119.03	120.57	122.17	123.81
6$000	130.67	132.24	133.87	135.53	137.24	138.99	140.70	142.63	144.55	146.31
7$000	150.77	152.51	154.50	156.43	158.42	160.45	162.55	164.70	166.92	169.20
8$000	170.88	172.97	175.13	177.38	179.60	181.91	184.31	186.76	189.29	191.89
9$000	190.99	193.24	195.76	198.23	200.78	203.38	206.07	208.82	211.66	214.58
10$000	211.10	213.70	216.36	219.13	221.96	224.86	227.83	230.88	234.03	237.27
Plus par 100 kil. pour droits de sortie à Céara, sur estimation de Rs 6$000 et 12 %	14.48	14.66	14.85	15.05	15.25	15.46	15.67	15.88	16.11	16.34

OBSERVATIONS

F. 10 et 10 % par tonneau sur le fret, font au Havre une différence de F. 1.26 par 100 kil. sur les prix

* On veut savoir le revient au Havre de Café coûtant à Céara Rs 6$050 par arrobe, au change de Rs 375 et au fret de F. 50 et 10 %.

On trouvera dans la 1re et la 6e colonne de ce tableau que :

Rs 0$050 font par 100 kil.	F. 1.06
» 0$600 id. id.	» 12.71
» 6$000 id. id.	» 137.24
Plus droits de sortie à Céara, sur Rs 6$050	» 16.00
Rs 6$050 feront donc par 100 kil.	F. 167.01

N.-B. — Les droits de sortie à Céara n'étant pas compris dans les prix de revient du tableau ci-dessus devront être ajoutés. — Voir page 200 l'explication pour le calcul de ces mêmes droits au moyen des logarithmes suivants.

CHANGES		LOGARITHMES
CHANGES 395	....	LOGARITHMES 20108
» 390	....	» 20365
» 385	....	» 20630
» 380	....	» 20901
» 375	....	» 21180
» 370	....	» 21460
» 365	....	» 21760
» 360	....	» 22062
» 355	....	» 22373
» 350	....	» 22693

Droits d'entrée en France par 100 kil. en Octobre 1865

Par navire Français	F. 50.40
id. Etranger	» 55.40

COMPTE D'ACHAT ET DE REVIENT

A 100 BALLES COTON PREMIÈRE SORTE

100 balles Coton, pesant brut	arrobes 550.—			
Tare, 2 ℞ par balle	» 6. 8			
Net	arrobes 543.24 à Rˢ 23$000			Rˢ 12:506$250

FRAIS A PERNAMBUCO

	Droits de Sortie		
Droits de sortie sur Rˢ 23$000, soit Rˢ 12:506$250, à 10%.	Rˢ 1.250$625		
Capatazia Rˢ 20 par arrobe		Rˢ 10$880	
Manutention Rˢ 500 par balle		» 50$000	
Courtage d'achat Rˢ 100 par arrobe		» 54$400	
Timbres de traites		» 9$000	» 124$280
			Rˢ 12:630$530
Commission d'achat et de remboursement 5%	» 62$530		» 631$525
	Rˢ 1:313$155		Rˢ 13:262$055
Courtage de négociation de traites ¼ %	» 3$285		» 33$155
	Rˢ 1:316$440		Rˢ 13:295$210
Remboursement sur Paris à 90 jours de vue, au change de Rˢ 395 pour F. 1.	F. 3332.76		F. 33659.25

FRAIS AU HAVRE

Fret sur 8100 kil. bruts à F. 60 et 10% par tonneau de 450 kil.		F. 1188.—	
Permis, frais au débarquement, voiliers pour échantillonner, port en entrepôt, arrimage, magasinage d'un mois, livraison et menus frais		» 60.—	
Assurance maritime sur F. 37024, à 1 ¼ % et police	» 45.82	» 404.30	
id. contre le feu sur F. 38750, à ½ %.	» 1.85	» 19.35	
Perte d'intérêts ½ %			
Commission de banque ¼ %			
Courtage de vente ¼ %			
Escompte à la vente 2 %			
Commission de vente 2 %			
Ensemble 5 % sur F. 37274.65	» 177.92	» 1863.75	» 3615.40
	F. 3558.35		F. 37274.65
Soit par 100 kil.	» 46.75		

RENDEMENT : 1 arrobe rend 14 kil. nets :

Soit net 7612 kil. à	F. 489.68 par 100 kil. entrepôt		F. 37274.45
Plus : droits de sortie à Pernambuco	» 46.75	id. id.	
Ensemble	F. 536.43	id. id.	

PRIX DE REVIENT AU HAVRE DES 100 KIL. ENTREPOT

AUX CHANGES SUIVANTS SUR PARIS

Avec la parité des changes sur LONDRES, calculés sur la base de F. 25.25 pour £ 1.—.—

PRIX à PERNAMBUCO par arrobe	PARIS Rˢ 395 — LONDRES D. 24 1/16	PARIS Rˢ 390 — LONDRES D. 24 3/8	PARIS Rˢ 385 — LONDRES D. 24 11/16	PARIS Rˢ 380 — LONDRES D. 25	PARIS Rˢ 375 — LONDRES D. 25 3/8	PARIS Rˢ 370 — LONDRES D. 25 11/16	PARIS Rˢ 365 — LONDRES D. 26	PARIS Rˢ 360 — LONDRES D. 26 3/8	PARIS Rˢ 355 — LONDRES D. 26 3/4	PARIS Rˢ 350 — LONDRES D. 27 1/8
Subdivisions, frais et frais variables Rˢ 0$050	F. 1.01	F. 1.03	F. 1.04	F. 1.05	F. 1.07	F. 1.08	F. 1.10	F. 1.11	F. 1.13	F. 1.14
0$100	2.03	2.06	2.08	2.11	2.14	2.17	2.20	2.23	2.26	2.29
0$200	4.06	4.12	4.16	4.22	4.28	4.34	4.40	4.46	4.52	4.59
0$300	6.09	6.18	6.25	6.33	6.42	6.51	6.60	6.69	6.78	6.89
0$400	8.12	8.24	8.33	8.44	8.56	8.68	8.80	8.92	9.04	9.19
0$500	10.10	10.30	10.42	10.56	10.70	10.85	11.—	11.15	11.30	11.48
0$600	[illegible]	12.36	12.50	12.67	12.84	13.02	13.20	13.38	13.56	13.77
0$700	14.22	[illegible]	14.59	[illegible]	[illegible]	15.18	[illegible]	15.61	[illegible]	[illegible]
0$800	16.26	16.48	16.67	16.89	17.12	17.36	17.60	17.84	18.09	[illegible]
0$900	18.29	18.54	18.76	19.01	19.26	19.53	19.80	20.07	20.35	20.64
Cotés et frais variables et invariables 6$000	144.15	145.77	147.44	149.16	150.92	152.71	154.56	156.46	158.41	160.42
7$000	164.47	166.36	168.29	170.28	172.33	174.41	176.56	178.76	181.06	183.36
8$000	184.80	186.95	189.14	191.41	193.74	196.11	198.56	201.08	203.68	206.30
9$000	205.13	207.54	209.99	212.54	215.15	217.81	220.56	223.36	226.30	229.24
10$000	225.45	228.12	230.84	233.67	236.56	239.50	242.55	245.68	248.91	252.17
11$000	245.77	248.70	251.68	254.80	257.97	261.20	264.54	267.96	271.52	275.11
12$000	266.09	269.28	272.51	275.92	279.38	282.90	286.53	290.20	294.13	298.05
13$000	286.41	289.86	293.39	297.04	300.79	304.60	308.52	312.59	316.74	320.99
14$000	306.73	310.44	314.24	318.16	322.19	326.29	330.51	334.86	339.35	343.92
15$000	327.06	331.03	335.09	339.29	343.60	347.99	352.51	357.16	361.97	366.86
16$000	347.39	351.62	355.95	360.42	365.01	369.69	374.51	379.46	384.59	389.80
17$000	367.72	372.21	376.80	381.55	386.42	391.39	396.51	401.76	407.21	412.74
18$000	388.04	392.79	397.65	402.68	407.83	413.08	418.50	424.06	429.82	435.67
19$000	408.36	413.37	418.50	423.81	429.24	434.78	440.40	446.36	452.43	458.61
20$000	428.68	433.95	439.35	444.93	450.65	456.48	462.48	468.66	475.04	481.55
21$000	449.—	454.53	460.20	466.05	472.06	478.16	484.47	490.96	497.65	504.49
22$000	469.32	475.11	481.05	487.17	493.46	499.87	506.46	513.26	520.26	527.42
23$000	489.65	495.70	501.90	508.30	514.87	521.57	528.46	535.56	542.88	550.36
24$000	509.98	516.29	522.75	529.43	536.28	543.27	550.46	557.86	565.50	573.30
25$000	530.31	536.88	543.60	550.56	557.68	564.97	572.46	580.16	588.11	596.24
26$000	550.63	557.46	564.46	571.68	579.08	586.66	594.45	602.46	610.71	619.17
27$000	570.95	578.04	585.31	592.80	600.48	608.35	616.44	624.76	633.31	642.10
Plus par 100 kil. pour Droits de Sortie à Pernambuco, sur estimation de Rˢ 23$000 et 10 %	46.75	47.34	47.96	48.59	49.24	49.90	50.59	51.29	52.01	52.75

OBSERVATIONS

F. 10 et 10 % par tonneau sur le fret, font au Havre une différence de F. 2.60 par 100 kil. sur les prix.

On veut savoir le revient au Havre de Coton coûtant à Pernambuco Rˢ 15$550 par arrobe, au change de Rˢ 375 et au fret de F. 50 et 10 %.

On trouvera dans la 1ʳᵉ et la 6ᵉ colonne de ce tableau que :

Rˢ 0$050	font par 100 kil.	F.	1.07
» 0$500	id. id.	»	10.70
» 15$000	id. id.	»	343.60
Plus droits de sortie à Pernambuco, sur Rˢ 15$550 et 10 %		»	33.79
Rˢ 15$550 feront donc par 100 kil.		F.	388.66

N.-B. — Les droits de sortie à Pernambuco n'étant pas compris dans les prix de revient du tableau ci-dessus devront être ajoutés. — Voir page 200 l'explication pour le calcul de ces mêmes droits au moyen des logarithmes suivants.

CHANGES		LOGARITHMES
395		20274
» 390	»	20584
» 385	»	20851
» 380	»	21126
» 375	»	21408
» 370	»	21697
» 365	»	21994
» 360	»	22300
» 355	»	22614
» 350	»	22937

Droits d'entrée en France par 100 kil. en Octobre 1865

Par navire Français	Exempt
id. Étranger	F. 3.—

COMPTE D'ACHAT ET DE REVIENT

A 1000 CUIRS SALÉS SECS

1000 Cuirs salés secs, pesant 30000 @ à Rs 170 par @					R^s	5:100$000

FRAIS A PERNAMBUCO

		Droits de Sortie				
Droits de sortie sur l'estimation de Rs 170, soit Rs 5:100$000 à 15 %	R^s	765$000				
Pesage, transport et capatazia Rs 100 par cuir			R^s	100$000		
Sécouage et marque Rs 25			»	25$000		
Timbres de traites			»	4$200	»	129$200
					R^s	5:229$200
Courtage d'achat ½ %						
Commission d'achat et de remboursement 5 %						
Ensemble 5½ %	»	42$075			»	287$605
	R^s	807$075			R^s	5:516$805
Courtage de négociation ¼ %	»	2$015			»	13$790
	R^s	809$090			R^s	5:530$595
Remboursement sur Paris à 90 jours de vue, au change de Rs 395 pour F. 1	F.	2048.35			F.	14001.45

FRAIS AU HAVRE

Fret sur 1000 cuirs à F. 1 et 10 % par cuir			F.	1100.—		
Permis, frais au débarquement, port en entrepôt, arrimage, magasinage d'un mois, livraison et menus frais			»	135.—		
Assurance maritime sur F. 15401, à 1 ¼ % et police	»	28.15	»	194.—		
id. contre le feu sur F. 16880, à ½ %	»	1.15	»	8.40		
Perte d'intérêts ½ %						
Commission de banque ¼ %						
Courtage de vente ¼ %						
Escompte à la vente 2 %						
Commission de vente 2 %						
Ensemble 5 % sur F. 10251.40	»	109.35	»	812.55	»	2249.95
	F.	2187.—			F.	16251.40
Soit par 100 kil.	»	16.48				

RENDEMENT : 1 arrobe rend kil. 14.20 :

Soit net 13311 kil. à	F. 122.09	par 100 kil.	entrepôt	F. 16251.40
Plus : droits de sortie à Pernambuco	» 16.43	id.	id.	
Ensemble	F. 138.52	id.	id.	

PRIX DE REVIENT AU HAVRE DES 100 KIL. ENTREPOT

AUX CHANGES SUIVANTS SUR PARIS

Avec la parité des changes sur LONDRES, calculés sur la base de F. 25.25 pour £ 1.—.—

	PRIX à PERNAMBUCO par @	PARIS R^s 395 — LONDRES D. 24 $^{1}/_{16}$	PARIS R^s 390 — LONDRES D. 24¼	PARIS R^s 385 — LONDRES D. 24 $^{11}/_{16}$	PARIS R^s 380 — LONDRES D. 25	PARIS R^s 375 — LONDRES D. 25¼	PARIS R^s 370 — LONDRES D. 25 $^{11}/_{16}$	PARIS R^s 365 — LONDRES D. 26	PARIS R^s 360 — LONDRES D. 26¼	PARIS R^s 355 — LONDRES D. 26¾	PARIS R^s 350 — LONDRES D. 27⅛
SUBDIVISIONS — Coût et frais variables	R^s 0$005	F. 3.22	F. 3.26	F. 3.30	F. 3.35	F. 3.39	F. 3.44	F. 3.48	F. 3.53	F. 3.58	F. 3.62
	0$010	6.44	6.53	6.61	6.70	6.79	6.88	6.97	7.07	7.17	7.27
	0$020	12.89	13.05	13.22	13.39	13.57	13.76	13.94	14.14	14.34	14.54
	0$030	19.33	19.58	19.83	20.09	20.36	20.63	20.92	21.21	21.51	21.81
	0$040	25.77	26.10	26.44	26.79	27.14	27.51	27.89	28.28	28.68	29.08
	0$050	32.22	32.63	33.05	33.49	33.93	34.39	34.86	35.35	35.85	36.36
	0$060	38.66	39.15	39.66	40.18	40.72	41.27	41.83	42.41	43.01	43.63
	0$070	45.10	45.68	46.27	46.88	47.50	48.15	48.80	49.48	50.18	50.90
	0$080	51.54	52.20	52.88	53.58	54.29	55.02	55.78	56.55	57.35	58.17
	0$090	57.99	58.73	59.49	60.27	61.07	61.90	62.75	63.62	64.52	65.44
Coût et frais variables et invariables	0$100	76.99	77.85	78.74	79.65	80.58	81.54	82.52	83.53	84.57	85.63
	0$200	141.42	143.11	144.84	146.62	148.45	150.32	152.25	154.22	156.25	158.34
	0$300	205.85	208.36	210.94	213.59	216.31	219.10	221.97	224.92	227.94	231.05
	0$400	270.28	273.62	277.04	280.56	284.18	287.88	291.69	295.61	299.63	303.76
Plus par 100 kil. pour Droits de Sortie à Pernambuco, sur estimation de Rs 170 et 15 %		16.48	16.64	16.86	17.08	17.30	17.54	17.78	18.03	18.28	18.54

OBSERVATIONS

F. 0.25 et 10 % par cuir sur le fret, font au Havre une différence de F. 2.06 par 100 kil. sur les prix.

On veut savoir le revient au Havre de Cuirs salés secs coûtant à Pernambuco Rs 275 par @, au change de Rs 375 et au fret de F. 1 et 10 % par cuir.

On trouvera dans la 1re et la 6e colonne de ce tableau que :

Rs 5 font par 100 kil.	F.	3.39
» 70 id. id.	»	47.50
» 200 id. id.	»	148.45
Plus droits de sortie à Pernambuco, sur Rs 275	»	27.99
Rs 275 feront donc par 100 kil.	F.	227.33

N.-B. — Les droits de sortie à Pernambuco n'étant pas compris dans les prix de revient du tableau ci-dessus devront être ajoutés. — Voir page 200 l'explication pour le calcul de ces mêmes droits au moyen des logarithmes suivants.

CHANGES		LOGARITHMES
CHANGES	395	64430
»	390	65254
»	385	66101
»	380	66971
»	375	67864
»	370	68751
»	365	69723
»	360	70692
»	355	71687
»	350	72711

Droits d'entrée en France par 100 kil. en Octobre 1865

Par navire Français	Exempts
id. Etranger	F. 3.—

COMPTE D'ACHAT ET DE REVIENT

A 1000 SACS SUCRE MOSCOVADE

1000 sacs Sucre moscovade, pesant brut arrobes 5031. 8				
Tare, 1 @ par sac........ » 31. 8				
Net........ arrobes 5000.— à Rs 2$000........				Rs 10:000$000

FRAIS A PERNAMBUCO

	Droits de sortie			
Droits de sortie sur évaluation de Rs 1$800, Rs 9:000$000 à 7 %........	Rs 630$000			
Droits de sortie, décime Rs 90 par arrobe sur 5000 arrobes.	» 450$000			
	Rs 1:080$000			
Pesage et transport Rs 100 par sac........		Rs 100$000		
Timbres des traites et menus frais........		» 11$000		
Courtage d'achat ½ %........		» 50$000	»	161$000
			Rs	10:161$000
Commission d'achat et de remboursement 5 %........	» 54$000		»	508$050
	Rs 1:134$000		Rs	10:669$050
Remboursement sur Paris à 90 jours de vue, au change de Rs 395 pour F. 1..	F. 2870.90		F.	27010.25

FRAIS AU HAVRE

Fret sur 72200 kil. bruts à F. 50 et 10 % par tonneau de 1000 kil........		F. 3971.—		
Permis, frais au débarquement, voiliers pour échantillonner et conditionner, port en magasin, arrimage, magasinage d'un mois, livraison et menus frais........		» 490.—		
Assurance maritime sur F. 29711, à 1 ¼ % et police........	» 39.47	» 372.90		
id. contre le feu sur F. 34545, à ½ ‰........	» 1.60	» 17.25		
Perte d'intérêts........ ½ %				
Commission de banque........ ¼ %				
Courtage de vente........ ¼ %				
Escompte à la vente........ 2 %				
Commission de vente........ 2 %				
Ensemble........ 5 % sur F. 33535.30..	» 153.26	» 1676.90	»	6528.05
	F. 3065.23		F.	33538.30
Soit par 100 kil........	» 4.36			

RENDEMENT : 1 arrobe rend net kil. 14.15 :

Soit net........ kil. 70750				
Moins : réfaction pour couches.. » 500				
Net........ kil. 70250 à F. 47.74 par 100 kil. entrepôt........			F.	33537.35
Plus : droits de sortie à Pernambuco........ » 4.36 id. id.				
Ensemble........ F. 52.10 id. id.				

PRIX DE REVIENT AU HAVRE DES 100 KIL. ENTREPOT

AUX CHANGES SUIVANTS SUR PARIS

Avec la parité des changes sur LONDRES, calculés sur la base de F. 25.25 pour £ 1.—.—

	PRIX à PERNAMBUCO par Arrobe	PARIS Rs 395 — LONDRES D. 24 1/16	PARIS Rs 390 — LONDRES D. 24 ⅜	PARIS Rs 385 — LONDRES D. 24 11/16	PARIS Rs 380 — LONDRES D. 25	PARIS Rs 375 — LONDRES D. 25 ¼	PARIS Rs 370 — LONDRES D. 25 11/16	PARIS Rs 365 — LONDRES D. 26	PARIS Rs 360 — LONDRES D. 26 ⅜	PARIS Rs 355 — LONDRES D. 26 ¾	PARIS Rs 350 — LONDRES D. 27 ⅛
COMMISSIONS Coût et frais variables	Rs 0$010	F. 0.20	F. 0.21	F. 0.21	F. 0.21	F. 0.21	F. 0.22	F. 0.22	F. 0.22	F. 0.23	F. 0.23
	0$020	0.41	0.41	0.42	0.42	0.43	0.43	0.44	0.45	0.46	0.46
	0$030	0.61	0.62	0.62	0.63	0.64	0.65	0.66	0.67	0.68	0.69
	0$040	0.81	0.82	0.83	0.84	0.86	0.87	0.88	0.89	0.90	0.92
	0$050	1.02	1.03	1.04	1.06	1.07	1.09	1.10	1.12	1.13	1.15
	0$060	[illegible]	1.24	1.25	1.27	1.28	1.30	1.32	1.34	1.36	1.37
	0$070	1.42	1.44	1.46	1.48	1.50	1.52	1.54	1.56	1.59	1.60
	0$080	1.62	1.65	1.66	1.69	1.71	1.74	1.76	1.78	1.81	1.83
	0$090	1.83	1.85	1.87	1.90	1.93	1.95	1.98	2.01	2.03	2.06
	0$100	2.03	2.06	2.08	2.11	2.14	2.17	2.20	2.23	2.26	2.29
Coût et frais variables et invariables	1$500	37.59	37.98	38.39	38.80	39.24	39.68	40.13	40.59	41.06	41.56
	1$600	39.62	40.03	40.48	40.91	41.38	41.84	42.32	42.82	43.32	43.85
	1$700	41.65	42.09	42.56	43.02	43.52	44.01	44.52	45.04	45.58	46.14
	1$800	43.68	44.14	44.64	45.13	45.66	46.18	46.72	47.27	47.84	48.43
	1$900	45.71	46.20	46.73	47.24	47.80	48.35	48.92	49.50	50.10	50.73
	2$000	47.74	48.26	48,81	49.35	49.93	50.51	51.11	51.73	52.35	53.02
	2$100	49.77	50.31	50.89	51.46	52.07	52.68	53.31	53.96	54.61	55.31
	2$200	51.80	52.37	52.98	53.57	54.21	54.85	55.51	56.18	56.87	57.60
	2$300	53.83	54.43	55.07	55.68	56.35	57.01	57.70	58.41	59.13	59.89
	2$400	55.86	56.49	57.15	57.79	58.49	59.18	59.90	60.64	61.39	62.18
	2$500	57.89	58.55	59.23	59.90	60.63	61.35	62.10	62.87	63.65	64.47
	2$600	59.92	60,60	61.32	62.01	62.77	63.51	64.29	65.10	65.91	66.76
	2$700	61.95	62.66	63.40	64.12	64.91	65.68	66.49	67.32	68.17	69.05
	2$800	63.98	64.71	65.48	66.23	67.05	67.85	68.69	69.55	70.43	71.34
	2$900	66.01	66.77	67.56	68.34	69.19	70.02	70.89	71.78	72.69	73.64
	3$000	68.05	68.83	69.64	70.46	71.32	72.19	73.06	74.01	74.95	75.93
	Plus par 100 kil. pour Droits de Sortie à Pernambuco.	A ajouter, en les calculant comme il est dit page 8.									

OBSERVATIONS

F. 10 et 10 % par tonneau sur le fret, font au Havre une différence de F. 1.13 par 100 kil. sur les prix.

On veut savoir le revient au Havre de Sucre coûtant à Pernambuco Rs 2$150 par arrobe, au change de Rs 375 et au fret de F. 50 et 10 %.

On trouvera dans la 1re et la 6e colonne de ce tableau que :

Rs 0$050 font par 100 kil........	F.	1.07
» 2$100 id. id........	»	52.07
Plus droits de sortie à Pernambuco, sur Rs 2$150........	»	3.22
Plus droits sur Rs 100 par arrobe pour décime........	»	2.14
Rs 2$150 feront donc par 100 kil........	F.	58.50

N.-B. — Les droits de sortie à Pernambuco n'étant pas compris dans les prix de revient du tableau ci-dessus devront être ajoutés. — Voir page 200 l'explication pour le calcul de ces mêmes droits au moyen des logarithmes suivants.

CHANGES		LOGARITHMES
395	....	20302
» 390	....	» 20502
» 385	....	» 20829
» 380	....	» 21103
» 375	....	» 21385
» 370	....	» 21673
» 365	....	» 21970
» 360	....	» 22276
» 355	....	» 22589
» 350	....	» 22912

Droits d'entrée en France par 100 kil. en Octobre 1885

Au dessous du n° 13	Par navire	Français..	F. 42.—
	id.	Etranger.	» 44.—
Du n° 13 au n° 20....	id.	Français..	» 44.—
	id.	Etranger.	» 46.—

PARA

Para, capitale de la vaste province de ce nom, la plus septentrionale du Brésil, est une ville de 30,000 habitants, parmi lesquels on compte 4,000 esclaves.

Bien que Para soit situé sous l'équateur, des orages accompagnés de pluie, qui ont lieu presque tous les jours de midi à trois heures, joints aux brises qu'amène chaque marée montante, rafraîchissent le pays. Ces circonstances météorologiques rendent la température de Para très supportable.

Port. — Le port de Para est grand, vaste, et peut contenir plusieurs milliers de navires. Son fond n'a jamais moins de 7 brasses. Les navires y sont à l'abri des forts coups de vent, mais les grains y sont très fréquents.

Le port est situé à environ 120 kil. de la branche méridionale de l'Amazone. Ce bras du fleuve forme un chenal entre l'île Marajo et la terre ferme, accessible en tous temps pendant le jour. Son entrée est large et profonde, et n'offre aucun danger qui ne puisse être facilement évité. Le chenal, depuis son embouchure jusqu'à Para, présente un fond de 11 à 7 brasses. Malgré ce fond, les navires qui fréquentent le port de Para ne sont guère que de 300 tonneaux et au-dessous.

Pilotes. — Avant de demander l'entrée du fleuve, les navires sont tenus d'aller prendre un pilote à Salinas, petit port de pêcheurs sur la côte et au sud des bouches du fleuve des Amazones.

Droit de navigation. — Voici un compte de frais simulé au Para pour un navire français du port de 300 tonneaux brésiliens :

Pilotage d'entrée	R^s	60$000
id. de sortie	»	80$000
Traduction du manifeste	»	19$000
Droit d'hôpital	»	13$760
3 différences de marques	»	6$000
Droit de capitazia	»	2$820
Droit d'ancrage, à R^s 320 par tonneau	»	96$000
Passeport du président	»	10$320
Permission de débarquement	»	3$480
A reporter	R^s	291$380
Report	R^s	291$380
30 journaliers, à R^s 2$000	»	60$000
Calfeutage, 6 journées	»	12$000
Compte d'Alvaringues	»	72$000
1000 bûches, transport et dépêches	»	14$000
183 nattes, id. id.	»	88$480
Patente de santé	»	5$000
Compte de chancellerie	»	26$080
Louage de prélarts	»	14$000
20 poules, à R^s 1$800	»	36$000
Provisions pendant le séjour et pour le départ	»	85$120
Menus frais	»	2$340
	R^s	707$000
Commission 2 1/2 %	»	17$680
	R^s	724$680
Soit au change de R^s 350 pour F. 1	F.	2071.50

Phares. — L'entrée de la bouche du fleuve qui conduit à Para n'est signalée pendant la nuit que par un phare situé à la pointe d'Atalaye, à environ 65 kil. au sud de Bragança.

Commerce. — Le commerce de Para a pris depuis quelques années une grande importance ; ses relations se sont beaucoup étendues, non-seulement avec l'Europe et les Etats-Unis, mais encore avec les pays limitrophes des bords de l'Amazone et de ses affluents, et surtout avec le Pérou par Nauta.

Articles d'exportation. — Coton, caoutchouc, cacao, cuirs secs et salés, riz, châtaignes, copahu, salsepareille, rocou, piassava.

Pour les observations sur les droits de sortie par rapport aux comptes de revient qui vont suivre, comme pour les poids, mesures et monnaies, voir l'article Rio-Janeiro, page 200.

(Extrait du Dictionnaire du Commerce et de la Navigation, par MM. GUILLAUMIN et Cie, ainsi que de ma Correspondance particulière.)

COMPTE D'ACHAT ET DE REVIENT

A 25 BARILS BAUME DE COPAHU

25 barils Baume de Copahu, contenant 100 canadas à R^s 17$000 par canada........ R^s 1:700$000

FRAIS A PARA

	Droits de Sortie		
Droits de sortie 12 % sur R^s 15$600 soit R^s 1:560$000..	R^s 187$200		
Veropezo et capatazia........		R^s 2$950	
25 barils à R^s 3$000 par baril........		» 75$000	
Remplir, mesurer, transport en magasin et au navire....		» 10$000	
Timbres des connaissements et menus frais........		» 2$650	» 90$600
			R^s 1:790$800
Commission d'achat et de remboursement 5 %........	» 9$360		» 89$540
	R^s 196$560		R^s 1:880$340
Remboursement sur Paris à 90 jours de vue, au change de R^s 400 pour F. 1.	F. 491.40		F. 4700.85

FRAIS AU HAVRE

Fret sur 1759 kil. bruts à F. 50 et 10 % par tonneau de 750 kil........		F. 129.—	
Permis, frais au débarquement, tonneliers pour échantillonner et conditionner, port en entrepôt, arrimage, magasinage d'un mois, livraison et menus frais........		» 25.—	
Assurance maritime sur F. 5170, à 1 ¼ % et police....	» 6.75	» 66.10	
id. contre le feu sur F. 5390, à ½ ‰........	» 0.27	» 2.70	
Commission de banque à Paris pour confirmation de crédit ½ %........	» 2.45	» 23.50	
Perte d'intérêts........ ½ %			
Commission de banque........ ¼ %			
Courtage de vente........ ¼ %			
Escompte à la vente........ 2 %			
Commission de vente........ 2 %			
Ensemble........ 5 % sur F. 5207.50..	» 26.36	» 260.35	» 506.65
	F. 527.23		F. 5207.50
Soit par kil........	» 0.38		

RENDEMENT : 1 canada rend net kil. 13.79 :

Soit net 1379 kil. à........	F. 3.77 ¼	par kil. entrepôt........	F. 5207.45
Plus : droits de sortie à Para........	» 0.38	id. id.	
Ensemble........	F. 4.15 ¼	id. id.	

PRIX DE REVIENT AU HAVRE DU KIL. ENTREPOT

AUX CHANGES SUIVANTS SUR PARIS

Avec la parité des changes sur LONDRES, calculés sur la base de F. 25.25 pour £ 1.—.—

PRIX à PERNAMBUCO par arrobe	PARIS R^s 400 — LONDRES D. 23¾	PARIS R^s 390 — LONDRES D. 24¾	PARIS R^s 380 — LONDRES D. 25	PARIS R^s 370 — LONDRES D. 25$^{11}/_{16}$	PARIS R^s 360 — LONDRES D. 26⅜	PARIS R^s 350 — LONDRES D. 27⅛	PARIS R^s 340 — LONDRES D. 27$^{15}/_{16}$	PARIS R^s 330 — LONDRES D. 28$^{13}/_{16}$	PARIS R^s 320 — LONDRES D. 29$^{11}/_{16}$
SERVITUDES — Coût et frais variables									
R^s 0$050	F. 0.01	F. 0.01	F. 0.01	F. 0.01	F. 0.01	F. 0.01	F. 0.01	F. 0.01	F. 0.01
0$100	0.02	0.02	0.02	0.02	0.02	0.02	0.02	0.02	0.02
0$200	0.04	0.04	0.04	0.04	0.04	0.04	0.04	0.04	0.04
0$300	0.06	0.06	0.06	0.06	0.06	0.06	0.06	0.07	0.07
0$400	0.08	0.08	0.08	0.08	0.08	0.09	0.09	0.09	[illegible]
0$500	0.10	0.10	0.10	0.10	0.11	0.11	0.11	0.12	0.12
0$600	0.12	0.12	0.12	0.13	0.13	0.13	0.14	0.14	0.14
0$700	0.14	0.14	0.14	0.15	0.15	0.16	0.16	0.17	0.17
0$800	0.16	0.16	0.16	0.17	0.17	0.18	0.18	0.19	0.19
0$900	0.18	0.18	0.18	0.19	0.20	0.20	0.21	0.22	0.22
1$000	0.20	0.21	0.21	0.22	0.22	0.23	0.24	0.25	0.25
Coût et frais variables et invariables									
10$000	2.34	2.39	2.46	2.52	2.59	2.65	2.73	2.81	2.89
11$000	2.55	2.60	2.67	2.74	2.82	2.88	2.97	3.06	3.14
12$000	2.76	2.81	2.89	2.96	3.05	3.11	3.21	3.31	3.40
13$000	2.97	3.02	3.10	3.18	3.28	3.35	3.45	3.56	3.65
14$000	3.17	3.23	3.32	3.40	3.51	3.58	3.69	3.80	3.91
15$000	3.37	3.44	3.53	3.62	3.74	3.81	3.93	4.05	4.16
16$000	3.57	3.65	3.75	3.84	3.96	4.05	4.17	4.30	4.42
17$000	3.77	3.86	3.96	4.06	4.18	4.28	4.41	4.55	4.67
18$000	3.97	4.07	4.18	4.28	4.40	4.51	4.65	4.79	4.93
19$000	4.18	4.28	4.39	4.50	4.63	4.75	4.89	5.04	5.18
20$000	4.39	4.49	4.61	4.72	4.86	4.98	5.13	5.29	5.44
21$000	4.59	4.70	4.82	4.94	5.09	5.21	5.37	5.54	5.69
22$000	4.79	4.91	5.04	5.17	5.31	5.45	5.61	5.78	5.95
Plus par kil. pour Droits de Sortie à Para, sur estimation de R^s 15$600 et 12 %	0.38	0.39	0.40	0.41	0.42	0.43½	0.45	0.46	0.48

OBSERVATIONS

F. 10 et 10 % par tonneau sur le fret, font au Havre une différence de F. 0.01 % par kil. sur les prix.

On veut savoir le revient au Havre de Baume de Copahu coûtant à Para R^s 15$750 par canada, au change de R^s 360 et au fret de F. 50 et 10 %.

On trouvera dans la 1re et la 6e colonne de ce tableau que :

R^s 0$050 font par kil........	F. 0.01
» 0$700 id. id........	» 0.15
» 15$000 id. id........	» 3.74
Plus droits de sortie à Para sur R^s 14$200 et 12 %........	» 0.39
R^s 15$750 feront donc par kil........	F. 4.29

N.-B. — Les droits de sortie à Para n'étant pas compris dans les prix de revient du tableau ci-dessus devront être ajoutés. — Voir page 200 l'explication pour le calcul de ces mêmes droits au moyen des logarithmes suivants.

CHANGES		LOGARITHMES
CHANGES	400	20424
»	390	20918
»	380	21490
»	370	22080
»	360	22694
»	350	23342
»	340	24028
»	330	24746
»	320	25530

Droits d'entrée en France par 100 kil. en Octobre 1865

Par navire Français........ F. 18.—
id. ... Etranger........ » 36.—

COMPTE D'ACHAT ET DE REVIENT

A 500 SACS CACAO

500 sacs Cacao, pesant net arrobes 2250
Perte au poids en magasin.. » 25

Ensemble.... arrobes 2275 à R^s 6$800 par arrobe .... R^s 15:470$000

FRAIS A PARA

	Droits de sortie			
Droits de sortie 12 % sur R^s 6$300, soit R^s 14:332$500	R^s 1:719$900			
Veropezo à R^s 50 par arrobe		R^s 112$500		
Capatazia		» 20$000		
Sacs, ensaquer et peser		» 400$000		
Transport au magasin et au quai		» 85$000		
Magasinage		» 50$000		
Timbres, connaissement et menus frais		» 4$500	»	672$000
			R^s	16:142$000
Commission d'achat et de remboursement 5 %	» 85$095		»	807$100
	R^s 1:804$995		R^s	16:949$100
Remboursement sur Paris à 90 jours de vue, au change de R^s 395 pour F. 1..	F. 4569.60		F.	42909.10

FRAIS AU HAVRE

Fret sur 32130 kil. à F. 50 et 10 % par tonneau de 700 kil.		F. 2524.95	
Permis, frais au débarquement, voiliers pour échantillonner et conditionner, port en entrepôt, arrimage, magasinage d'un mois, livraison et menus frais		» 255.—	
Assurance maritime sur F. 47200, à 1 ¼ % et police.......	» 62.80	» 591.50	
id. contre le feu sur F. 50571, à ½ ‰	» 2.55	» 25.25	
Commission de banque à Paris pour confirmation de crédit ½ %	» 22.85	» 214.55	
Perte d'intérêts .... ½ %			
Commission de banque .... ¼ %			
Courtage de vente .... ¼ %			
Escompte à la vente .... 2 %			
Commission de vente .... 2 %			
Ensemble .... 5 % sur F. 48968.80..	» 245.15	» 2448.45	» 6059.70
	F. 4902.95		F. 48968.80
Soit par 100 kil	» 15.40		

RENDEMENT : 1 arrobe rend 14 kil. nets :

Soit net 31850 kil. à	F. 153.75	par 100 kil.	entrepôt..	F. 48969.35
Plus : droits de sortie à Para	» 15.40	id.	id.	
Ensemble	F. 169.15	id.	id.	

PRIX DE REVIENT AU HAVRE DES 100 KIL. ENTREPOT

AUX CHANGES SUIVANTS SUR PARIS

Avec la parité des changes sur LONDRES, calculés sur la base de F. 25.25 pour £ 1.—.—

PRIX à PARA par arrobe	PARIS R^s 400 — LONDRES D. 23 ¼	PARIS R^s 390 — LONDRES D. 24 ¾	PARIS R^s 380 — LONDRES D. 25	PARIS R^s 370 — LONDRES D. 25 $^{11}/_{16}$	PARIS R^s 360 — LONDRES D. 26 ¼	PARIS R^s 350 — LONDRES D. 27 ¼	PARIS R^s 340 — LONDRES D. 27 $^{11}/_{16}$	PARIS R^s 330 — LONDRES D. 28 $^{11}/_{16}$	PARIS R^s 320 — LONDRES D. 29 $^{11}/_{16}$
R^s 0$050	F. 1.—	F. 1.03	F. 1.06	F. 1.08	F. 1.11	F. 1.15	F. 1.18	F. 1.22	F. 1.52
0$100	2.01	2.06	2.11	2.17	2.23	2.30	2.36	2.44	2.51
0$200	4.02	4.12	4.23	4.34	4.47	4.60	4.73	4.88	5.02
0$300	6.03	6.18	6.35	6.52	6.70	6.90	7.10	7.32	7.54
0$400	8.04	8.25	8.47	8.69	8.94	9.20	9.47	9.76	10.05
0$500	10.05	10.31	10.58	10.87	11.17	11.50	11.84	12.20	12.57
0$600	12.07	12.37	12.70	13.04	13.41	13.80	14.21	14.64	15.08
0$700	14.08	14.44	14.82	15.22	15.64	16.10	16.57	17.08	17.60
0$800	16.09	16.50	16.94	17.39	17.88	18.40	18.93	19.52	20.11
0$900	18.10	18.56	19.05	19.57	20.11	20.69	21.29	21.96	22.63
4$000	95.52	97.83	100.18	102.64	105.22	107.96	110.83	113.87	117.09
5$000	115.64	118.46	121.35	124.39	127.57	130.95	134.50	138.25	142.24
6$000	135.76	139.10	142.53	146.14	149.92	153.94	158.17	162.64	167.39
7$000	155.88	159.73	163.71	167.89	172.28	176.93	181.84	187.02	192.54
8$000	176.—	180.37	184.88	189.64	194.63	199.92	205.50	211.41	217.68
9$000	196.12	201.—	206.06	211.39	216.98	222.91	229.17	235.79	242.82
10$000	216.28	221.64	227.24	233.14	239.34	245.91	252.84	260.18	267.97
Plus par 100 kil. pour Droits de Sortie à Para, sur estimation de R^s 6$300 et 12 %	15.21	15.60	16.01	16.44	16.90	17.38	17.89	18.43	19.01

(Rows 0$050 to 0$900: Coût et frais variables. Rows 4$000 to 10$000: Coût et frais variables et invariables.)

OBSERVATIONS

F. 10 et 10 % par tonneau sur le fret, font au Havre une différence de F. 1.50 par 100 kil. sur les prix.

On veut savoir le revient au Havre de Cacao coûtant à Para R^s 7$250 par arrobe, au change de R^s 360 et au fret de F. 50 et 10 %.

On trouvera dans la 1re et la 6e colonne de ce tableau que :

R^s 0$050 font par 100 kil	F.	1.10
» 0$200 id. id.	»	4.47
» 7$000 id. id.	»	172.28
Plus droits de sortie à Para, sur R^s 0$750 et 12 %	»	18.11
R^s 7$250 feront donc par 100 kil	F.	195.96

N.-B. — Les droits de sortie à Para n'étant pas compris dans les prix de revient du tableau ci-dessus devront être ajoutés. — Voir page 200 l'explication pour le calcul de ces mêmes droits au moyen des logarithmes suivants.

CHANGES		LOGARITHMES
CHANGES	400	20118
»	390	20634
»	380	21177
»	370	21749
»	360	22353
»	350	22902
»	340	23668
»	330	24385
»	320	25147

Droits d'entrée en France par 100 kil. en Octobre 1805

Par navire Français	F. 30.—
id. Etranger	» 48.—

COMPTE D'ACHAT ET DE REVIENT

A 20 BALLES COTON

20 balles Coton, pesant net arrobes 131.20 à R$ 8$000 par arrobe				R$	1:058$000

FRAIS A PARA

	Droits de Sortie				
Droits de sortie 18 % sur une estimation de R$ 7$000, soit R$ 921$375	R$ 110$565				
Veropezo et capatazia R$ 80 par arrobe		R$	10$530		
Peser, transport en magasin et au quai, embarquement		»	9$600		
Timbre des connaissements et menus frais		»	1$150	»	21$280
				R$	1:074$280
Commission d'achat et de remboursement 5 %	» 5$530			»	53$715
	R$ 116$095			R$	1:127$995
Remboursement sur Paris à 90 jours de vue, au change de R$ 400 pour F. 1.	F. 290.24			F.	2820.—

FRAIS AU HAVRE

Fret sur 1950 kil. brute à F. 60 et 10 % par tonneau de 450 kil		F.	266.—		
Permis, voiliers pour échantillonner, frais au débarquement, port en entrepôt, arrimage, magasinage d'un mois, livraison et menus frais		»	16.—		
Assurance maritime sur F. 3102, à 1 ¼ % et police	» 3.98	»	40.30		
id. contre le feu sur F. 3444, à ½ ‰	» 0.16	»	1.72		
Commission de banque à Paris pour confirmation de crédit ½ %	» 1.45	»	14.10		
Perte d'intérêts ½ %					
Commission de banque ¼ %					
Courtage de vente ¼ %					
Escompte à la vente 2 %					
Commission de vente 2 %					
Ensemble 5 % sur F. 3345.40	» 15.57	»	167.28	»	525.40
	F. 311.40			F.	3345.40
Soit par 100 kil.	» 16.90				

RENDEMENT : 1 arrobe rend 14 kil. nets :

Soit net 1848 kil. à	F. 181.52	par 100 kil.	entrepôt.	F.	3345.40
Plus : droits de sortie à Para	» 16.90	id.	id.		
Ensemble	F. 198.42	id.	id.		

PRIX DE REVIENT AU HAVRE DES 100 KIL. ENTREPOT

AUX CHANGES SUIVANTS SUR PARIS

Avec la parité des changes sur LONDRES, calculés sur la base de F. 25.25 pour £ 1.—.—

PRIX à PARA par arrobe	PARIS R$ 400 — LONDRES D. 23 ¾	PARIS R$ 390 — LONDRES D. 24 ⅜	PARIS R$ 380 — LONDRES D. 25	PARIS R$ 370 — LONDRES D. 25 11/16	PARIS R$ 360 — LONDRES D. 26 ⅜	PARIS R$ 350 — LONDRES D. 27 ⅛	PARIS R$ 340 — LONDRES D. 27 15/16	PARIS R$ 330 — LONDRES D. 28 13/16	PARIS R$ 320 — LONDRES D. 29 11/16
R$ 0$050	F. 1.—	F. 1.03	F. 1.06	F. 1.08	F. 1.11	F. 1.14	F. 1.18	F. 1.21	F. 1.25
0$100	2.01	2.06	2.11	2.17	2.23	2.29	2.36	2.43	2.51
0$200	4.02	4.12	4.23	4.34	4.46	4.59	4.73	4.87	5.02
0$300	6.03	6.18	6.35	6.52	6.70	6.89	7.10	7.31	7.54
0$400	8.04	8.25	8.47	8.69	8.95	9.19	9.47	9.75	10.05
0$500	10.05	10.31	10.58	10.87	11.17	11.49	11.84	12.19	12.57
0$600	12.07	12.37	[illegible]	13.04	[illegible]	[illegible]	[illegible]	[illegible]	[illegible]
0$700	14.08	14.44	14.82	15.22	15.64	16.09	16.57	17.07	17.60
0$800	16.09	16.50	16.94	17.39	17.87	18.38	18.93	19.51	20.11
0$900	18.10	18.56	19.05	19.57	20.11	20.68	21.29	21.94	22.62
6$000	141.30	144.49	147.85	151.38	155.10	159.04	163.19	167.60	172.28
7$000	161.42	165.13	169.03	173.13	177.45	182.03	186.86	191.98	197.43
8$000	181.54	185.77	190.21	194.88	199.80	205.02	210.53	216.37	222.56
9$000	201.66	206.41	211.39	216.63	222.16	228.01	234.20	240.76	247.72
10$000	221.76	227.04	232.50	238.36	244.51	251.—	257.87	265.14	272.87
11$000	241.90	247.67	253.74	260.13	266.86	274.—	281.54	289.52	298.02
12$000	262.02	268.30	274.92	281.88	289.22	296.99	305.21	313.91	323.17
13$000	282.14	288.93	296.10	303.63	311.57	319.98	328.88	338.29	348.32
14$000	302.25	309.56	317.27	325.38	333.92	342.97	352.54	362.65	373.46
15$000	322.37	330.20	338.45	347.12	356.28	365.96	376.21	387.06	398.61
16$000	342.48	350.84	359.63	368.87	378.63	388.96	399.88	411.45	423.76
17$000	362.61	371.48	380.81	390.62	400.98	411.95	423.55	435.83	448.91
18$000	382.73	392.11	401.98	412.37	423.34	434.94	447.22	460.22	474.05
19$000	402.85	412.74	423.16	434.12	445.69	457.93	470.89	484.60	499.19
20$000	422.97	433.37	444.34	455.87	468.04	480.92	494.56	508.99	524.33
21$000	443.09	454.—	465.52	477.62	490.40	503.92	518.23	533.37	549.48
22$000	463.20	474.63	486.69	499.37	512.75	526.91	541.89	557.76	574.62
23$000	483.32	495.27	507.86	521.12	535.10	549.90	565.56	582.14	599.77
24$000	503.43	515.91	529.03	542.87	557.46	572.89	589.23	606.53	624.91
25$000	523.54	536.54	550.21	564.61	579.81	595.89	612.89	630.91	650.07
Plus par 100 kil. pour Droits de Sortie à Para, sur estimation de R$ 7$000 et 12 %	16.90	17.33	17.79	18.27	18.77	19.31	19.88	20.48	21.12

OBSERVATIONS

F. 10 et 10 % par tonneau sur le fret, font au Havre une différence de F. 2.59 par 100 kil. sur les prix

On veut savoir le revient au Havre de Coton coûtant à Para R$ 10$950 par arrobe, au change de R$ 360 et au fret de F. 60 et 10 %.

On trouvera dans la 1re et la 6e colonne de ce tableau que :

R$	0$050 font par 100 kil.	F.	1.11
»	0$900 id. id.	»	20.11
»	10$000 id. id.	»	244.51
	Plus droits de sortie à Para, sur R$ 10$000 et 12 %	»	26.82
R.	10$950 feront donc par 100 kil.	F.	292.55

N.-B. — Les droits de sortie à Para n'étant pas compris dans les prix de revient du tableau ci-dessus devront être ajoutés. — Voir page 200 l'explication pour le calcul de ces mêmes droits au moyen des logarithmes suivants.

CHANGES		LOGARITHMES
400		20118
» 390	»	20634
» 380	»	21177
» 370	»	21749
» 360	»	22353
» 350	»	22892
» 340	»	23608
» 330	»	24286
» 320	»	25147

Droits d'entrée en France par 100 kil. en Octobre 1865

Par navire Français	Exempt
id. Etranger	F. 3.—

COMPTE D'ACHAT ET DE REVIENT

A 204 CUIRS SALÉS SECS

204 Cuirs salés secs, pesant 4735 @ à Rs 180					Rs	852#300

FRAIS A PARA

	Droits de Sortie					
Droits de sortie 12 % sur estimation de Rs 144, soit Rs 680#250	Rs	81#680				
Pesage et ouvriers			Rs	2#800		
Port en magasin Rs 20 par cuir			»	4#080		
Peser, battre, transport au navire Rs 80 par cuir			»	16#320		
Magasinage Rs 40 par cuir			»	8#160	»	31#360
					Rs	883#660
Commission d'achat et de remboursement 5 %	»	4#080			»	44#180
	Rs	85#710			Rs	927#840
Remboursement sur Paris à 90 jours de vue, au change de Rs 400 pour F. 1.	F.	214.27			F.	2319.60

FRAIS AU HAVRE

Fret sur 204 cuirs à F. 1 par cuir			F.	204.—		
Permis, frais au débarquement, port en entrepôt, arrimage, magasinage d'un mois, livraison et menus frais			»	22.—		
Assurance maritime sur F. 2551, à 1 ¼ % et police	»	2.94	»	33.40		
id. contre le feu sur F. 2810, à ½ ‰	»	0.11	»	1.40		
Commission de banque pour confirmation de crédit ½ %.	»	1.07	»	11.60		
Perte d'intérêts ½ %						
Commission de banque ¼ %						
Courtage de vente ¼ %						
Escompte à la vente 2 %						
Commission de vente 2 %						
Ensemble 5 % sur F. 2728.40	»	11.51	»	136.40	»	408.80
	F.	229.90			F.	2728.40
Soit par 100 kil.	»	10.55				

RENDEMENT : 1 arrobe rend net 14 kil. ¾ :

Soit net 2189 kil. ¼ à	F. 125.01	par 100 kil.	entrepôt. F.	2728.85
Plus : droits de sortie à Para	» 10.55	id.	id.	
Ensemble	F. 135.56	id.	id.	

PRIX DE REVIENT AU HAVRE DES 100 KIL. ENTREPOT

AUX CHANGES SUIVANTS SUR PARIS

Avec la parité des changes sur LONDRES, calculés sur la base de F. 25.25 pour £ 1.—.—

PRIX à PARA par @	PARIS Rs 400 — LONDRES D. 23¾	PARIS Rs 390 — LONDRES D. 24⅜	PARIS Rs 380 — LONDRES D. 25	PARIS Rs 370 — LONDRES D. 25¹¹/₁₆	PARIS Rs 360 — LONDRES D. 26⅜	PARIS Rs 350 — LONDRES D. 27⅛	PARIS Rs 340 — LONDRES D. 27¹⁵/₁₆	PARIS Rs 330 — LONDRES D. 28¹³/₁₆	PARIS Rs 320 — LONDRES D. 29¹¹/₁₆
Rs 0#005	F. 3.05	F. 3.13	F. 3.21	F. 3.30	F. 3.39	F. 3.49	F. 3.59	F. 3.70	F. 3.82
0#010	6.11	6.26	6.43	6.60	6.78	6.98	7.18	7.40	7.64
0#015	9.17	9.39	9.65	9.90	10.18	10.47	10.77	11.10	11.46
0#020	12.22	12.53	12.87	13.20	13.57	13.96	14.37	14.81	15.28
0#025	15.28	15.66	16.09	16.50	16.97	17.45	17.96	18.51	19.10
0#030	18.33	18.79	19.31	19.80	20.36	20.94	21.55	22.21	22.92
0#035	21.39	21.93	22.52	23.10	23.76	24.43	25.15	25.92	26.74
0#040	24.44	25.06	25.73	26.40	27.15	27.92	28.74	29.62	30.56
0#045	27.49	28.19	28.94	29.70	30.55	31.41	32.34	33.32	34.38
0#100	76.13	77.82	79.60	81.45	83.42	85.49	87.67	89.97	92.42
0#150	106.68	109.15	111.70	114.48	117.36	120.40	123.61	127.—	130.61
0#200	137.23	140.49	143.92	147.51	151.31	155.32	159.55	164.03	168.80
0#250	167.78	171.82	176.06	180.54	185.26	190.24	195.49	201.07	206.99
0#300	198.34	203.16	208.24	213.57	219.21	225.16	231.44	238.10	245.18
Plus par 100 kil. pour Droits de Sortie à Para, sur estimation de Rs 144 et 12 %	10.55	10.83	11.11	11.41	11.73	12.07	12.42	12.80	13.20

OBSERVATIONS

F. 0.25 par cuir sur le fret, font au Havre une différence de F. 3.33 par 100 kil. sur les prix.

On veut savoir le revient au Havre de Cuirs coûtant à Para Rs 175 par @, au change de Rs 360 et au fret de F. 1 par cuir.

On trouvera dans la 1re et la 6e colonne de ce tableau que:

Rs 25 font par 100 kil	F. 16.97
» 150 id. id.	» 117.36
Plus droits de sortie sur Rs 160 et 12 %	» 11.40
Rs 175 feront donc par 100 kil	F. 145.73

N.-B. — Les droits de sortie à Para n'étant pas compris dans les prix de revient du tableau ci-dessus devront être ajoutés. — Voir page 200 l'explication pour le calcul de ces mêmes droits au moyen des logarithmes suivants.

CHANGES		LOGARITHMES
CHANGES	400	61104
»	390	62070
»	380	64310
»	370	66058
»	360	67893
»	350	69833
»	340	71887
»	330	74065
»	320	76380

Droits d'entrée en France par 100 kil. en Octobre 1885

Par navire Français	Exempts
Id. Étranger	F. 8.—

COMPTE D'ACHAT ET DE REVIENT

A 95 CUIRS SECS MINAS

95 Cuirs secs Minas, du poids de 18 ℘ à Rˢ 4$500 par cuir				Rˢ	427$500

FRAIS A PARA

	Droits de Sortie				
Capatazia		Rˢ	0$960		
Transport, etc.		»	2$000		2$900
				Rˢ	430$400
Droits de sortie sur estimation de Rˢ 4$000 par cuir, soit Rˢ 380$000, à 7 %	Rˢ 26$600				
Commission d'achat et de remboursement 5 %	» 1$380			»	21$525
	Rˢ 27$960			Rˢ	451$985
Remboursement sur Paris à 90 jours de vue, au change de Rˢ 400 pour F. 1.	F. 69.82			F.	1129.95

FRAIS AU HAVRE

Fret sur 95 cuirs à F. 0.80 par cuir		F.	76.—		
Permis, frais au débarquement, port en entrepôt, arrimage, magasinage d'un mois, livraison et menus frais		»	5.50		
Assurance maritime sur F. 1242, à 1 ½ % et police	» 0.95	»	17.02		
id. contre le feu sur F. 1348, à ½ ‰	» 0.08	»	0.68		
Commission de banque à Paris pour confirmation de crédit ¼ %	» 0.35	»	5.65		
Perte d'intérêts ½ %					
Commission de banque ¼ %					
Courtage de vente ¼ %					
Escompte à la vente 2 %					
Commission de vente 2 %					
Ensemble 5 % sur F. 1299.80	» 3.74	»	65.—	»	169.85
	F. 74.89			F.	1299.80
Soit par 100 kil.	» 13.14				

Rendement :

Soit net 570 kil. à	F. 228.04	par 100 kil.	entrepôt	F.	1299.83
Plus : droits de sortie à Para	» 13.14	id.	id.		
Ensemble	F. 241.18	id.	id.		

N. B. — 1 ℘ par cuir sur le poids en plus ou en moins de 18 ℘ fait une différence de 7 ¼ % sur les prix de revient de ce tableau.

PRIX DE REVIENT AU HAVRE DES 100 KIL. ENTREPOT

AUX CHANGES SUIVANTS SUR PARIS

Avec la parité des changes sur Londres, calculés sur la base de F. 25.25 pour £ 1.—.—

PRIX à PARA par cuir	PARIS Rˢ 400 — LONDRES D. 23 ⅝	PARIS Rˢ 390 — LONDRES D. 24 ¼	PARIS Rˢ 380 — LONDRES D. 25	PARIS Rˢ 370 — LONDRES D. 25 ¹¹/₁₆	PARIS Rˢ 360 — LONDRES D. 26 ¼	PARIS Rˢ 350 — LONDRES D. 27 ⅛	PARIS Rˢ 340 — LONDRES D. 27 ¹³/₁₆	PARIS Rˢ 330 — LONDRES D. 28 ¹¹/₁₆	PARIS Rˢ 320 — LONDRES D. 29 ⁹/₁₆
Rˢ 0$025	F. 1.17	F. 1.20	F. 1.23	F. 1.26	F. 1.30	F. 1.34	F. 1.38	F. 1.42	F. 1.46
0$050	2.34	2.40	2.47	2.53	2.60	2.68	2.76	2.84	2.93
0$075	3.51	3.60	3.70	3.79	3.90	4.02	4.14	4.26	4.39
0$100	4.69	4.81	4.94	5.07	5.21	5.36	5.52	5.69	5.86
0$200	9.38	9.62	9.88	10.14	10.42	10.72	11.04	11.38	11.73
0$300	14.08	14.44	14.82	15.22	15.64	16.09	16.56	17.07	17.60
0$400	18.77	19.25	19.76	20.29	20.85	21.45	22.09	22.76	23.47
0$500	23.47	24.07	24.70	25.37	26.07	26.82	27.61	28.45	29.34
0$600	28.16	28.88	29.64	30.44	31.29	32.18	33.13	34.14	35.21
0$700	32.86	33.70	34.59	35.52	36.50	37.55	38.66	39.83	41.08
0$800	37.55	38.51	39.53	40.59	41.72	42.91	44.18	45.52	46.95
0$900	42.24	43.33	44.47	45.67	46.93	48.28	49.70	51.21	52.81
1$000	63.73	64.98	66.29	67.67	69.13	70.66	72.29	74.—	75.83
2$000	110.67	113.13	115.70	118.42	121.29	124.31	127.52	130.90	134.51
3$000	157.62	161.28	165.12	169.17	173.45	177.96	182.75	187.80	193.19
4$000	204.56	209.43	214.53	219.92	225.61	231.61	237.98	244.70	251.87
5$000	251.51	257.57	263.96	270.67	277.77	285.26	293.20	301.61	310.55
Plus par 100 kil. pour Droits de Sortie à Para, sur estimation de Rˢ 4$000 et 7 %	13.14	13.48	13.83	14.21	14.60	15.02	15.46	15.93	16.43

OBSERVATIONS

F. 0.25 par cuir sur le fret, font au Havre une différence de F. 4.17 par 100 kil. sur les prix.

On veut savoir le revient au Havre de Cuirs coûtant à Para Rˢ 3$075 par cuir, au change de Rˢ 360 et au fret de F. 0.80 par cuir.

On trouvera dans la 1ʳᵉ et la 6ᵉ colonne de ce tableau que:

Rˢ 0$075 font par 100 kil.	F.	3.90
» 0$500 id. id.	»	26.07
» 3$000 id. id.	»	173.45
Plus droits de sortie à Para, sur Rˢ 3$000 et 7 %	»	10.95
Rˢ 3$575 feront donc par 100 kil.	F.	214.37

N.-B. — Les droits de sortie à Para n'étant pas compris dans les prix de revient du tableau ci-dessus devront être ajoutés. — Voir page 200 l'explication pour le calcul de ces mêmes droits au moyen des logarithmes suivants.

CHANGES		LOGARITHMES
400		46945
390		48149
380		49416
370		50751
360		52161
350		53651
340		55229
330		56903
320		58681

Droits d'entrée en France par 100 kil. en Octobre 1865

Par navire Français	Exempts
id Étranger	F. 3.—

COMPTE D'ACHAT ET DE REVIENT

A 1000 CUIRS SALÉS VERTS

1000 Cuirs salés verts, pesant 47094 ₰ à Rs 140 par ₰ ..... Rs 6:593$160

FRAIS A PARA

	Droits de Sortie		
Droits de sortie sur estimation de Rs 130, soit Rs 6:122$220 à 12 %	Rs 734$665		
Veropezo		Rs 44$160	
82 alqueires de sel à Rs 1$200		» 98$400	
Peser, embarquer et saler à Rs 120 par cuir		» 120$000	
Timbres des connaissements et menus frais		» 5$500	» 268$060
			Rs 6:861$220
Commission d'achat et de remboursement 5 %	» 36$735		» 343$060
	Rs 771$400		Rs 7:204$280
Remboursement sur Paris à 90 jours de vue, au change de Rs 400 pour F. 1.	F. 1928.50		F. 18010.70

FRAIS AU HAVRE

Fret sur 22500 kil. bruts à F. 50 et 10 % par tonneau de 1000 kil.		F. 1237.50	
Permis, frais au débarquement, port en entrepôt, arrimage, magasinage d'un mois, livraison et menus frais		» 135.—	
Assurance maritime sur F. 19811, à 1 ¼ % et police	» 26.50	» 249.15	
id. contre le feu sur F. 21432, à ½ ‰	» 1.06	» 10.70	
Commission de banque à Paris pour confirmation de crédit ½ %	» 9.64	» 90.05	
Perte d'intérêts ½ %			
Commission de banque ¼ %			
Courtage de vente ¼ %			
Escompte à la vente 2 %			
Commission de vente 2 %			
Ensemble 5 % sur F. 20771.70	» 103.45	» 1038.60	» 2761.—
	F. 2069.15		F. 20771.70
Soit par 100 kil.	» 10.04		

RENDEMENT : 1 arrobe rend 14 kil. nets secoués de sel :

Soit net 20603 kil. à	F. 100.81	par 100 kil.	entrepôt	F.	20769.90
Plus : droits de sortie à Para	» 10.04	id.	id.		
Ensemble	F. 110.85	id.	id.		

PRIX DE REVIENT AU HAVRE DES 100 KIL. ENTREPOT

AUX CHANGES SUIVANTS SUR PARIS

Avec la parité des changes sur LONDRES, calculés sur la base de F. 25.25 pour £ 1.—.—

	PRIX à PARA par ₰	PARIS Rs 400 — LONDRES D. 23 ⅝	PARIS Rs 390 — LONDRES D. 24¼	PARIS Rs 380 — LONDRES D. 25	PARIS Rs 370 — LONDRES D. 25$^{11}/_{16}$	PARIS Rs 360 — LONDRES D. 26¼	PARIS Rs 350 — LONDRES D. 27 ⅛	PARIS Rs 340 — LONDRES D. 27$^{11}/_{16}$	PARIS Rs 330 — LONDRES D. 28$^{11}/_{16}$	PARIS Rs 320 — LONDRES D. 29$^{11}/_{16}$
Coût et frais variables	Rs 0$005	F. 3.22	F. 3.30	F. 3.39	F. 3.48	F. 3.57	F. 3.68	F. 3.78	F. 3.90	F. 4.02
	0$010	6.44	6.60	6.78	6.96	7.14	7.36	7.57	7.80	8.04
	0$015	9.66	9.90	10.17	10.44	10.72	11.04	11.36	11.70	12.06
	0$020	12.88	13.20	13.56	13.92	14.29	14.72	15.15	15.60	16.08
	0$025	16.10	16.50	16.95	17.40	17.87	18.40	18.94	19.50	20.11
	0$030	19.32	19.80	20.34	20.88	21.45	22.08	22.73	23.40	24.13
	0$035	22.54	23.10	23.73	24.36	25.03	25.76	26.51	27.30	28.15
	0$040	25.76	26.40	27.12	27.84	28.60	29.44	30.29	31.20	32.18
	0$045	28.98	29.70	30.50	31.32	32.17	33.11	34.07	35.11	36.20
Coût et frais variables et invariables	0$100	75.06	76.63	78.08	80.02	82.08	84.83	87.12	89.52	92.08
	0$150	107.25	109.84	112.56	115.42	118.45	121.72	124.99	128.54	132.32
	0$200	139.44	142.86	146.45	150.22	154.21	158.41	102.86	167.56	172.56
	0$250	171.63	175.87	180.33	185.02	189.97	195.19	200.72	206.57	212.79
Plus par 100 kil. pour droits de sortie à Para, sur estimation de Rs 130 et 12 %		10.04	10.30	10.57	10.85	11.16	11.48	11.81	12.17	12.55

OBSERVATIONS

F. 10 et 10 % par tonneau sur le fret, font au Havre une différence de F. 1.20 par 100 kil. sur les prix.

On veut savoir le revient au Havre de Cuirs salés coûtant à Para Rs 125 par ₰, au change de Rs 360 et au fret de F. 50 et 10 %

On trouvera dans la 1re et la 6e colonne de ce tableau que :

Rs 25 font par 100 kil.	F. 17.67
» 100 id. id.	» 82.68
Plus droits de sortie à Para, sur Rs 115 et 12 %	» 9.87
Rs 125 feront donc par 100 kil.	F. 110.42

N.-B. — Les droits de sortie à Para n'étant pas compris dans les prix de revient du tableau ci-dessus devront être ajoutés.— Voir page 200 l'explication pour le calcul de ces mêmes droits au moyen des logarithmes suivants.

CHANGES		LOGARITHMES
400	»	64277
390	»	66029
380	»	67756
370	»	69597
360	»	71530
350	»	73574
340	»	75738
330	»	78083
320	»	80472

Droits d'entrée en France par 100 kil. en Octobre 1895

Par navire	Français	Exempts
id.	Étranger	F. 3.—

COMPTE D'ACHAT ET DE REVIENT

A UNE CAISSE FÈVES TONKA

1 caisse Fèves Tonka, pesant net 67 @ à R$ 250 par @					R$	16$750

FRAIS A PARA

	Droits de Sortie					
Droits de sortie sur R$ 350, soit R$ 25$450, à 11 %	R$	2$815				
Coût d'une caisse			R$	500		
Magasinage			»	200		
Menus frais			»	700	»	1$400
					R$	18$150
Commission d'achat et de remboursement 5 %	»	140			»	905
	R$	2$955			R$	19$055
Remboursement sur Paris à 90 jours de vue, au change de R$ 400 pour F. 1	F.	7.38			F.	47.56

FRAIS AU HAVRE

Fret sur 38 kil. bruts minimum			F.	10.—		
Permis, frais au débarquement, tonneliers pour échantillonner, port en entrepôt, arrimage, magasinage d'un mois, livraison et menus frais			»	3.50		
Assurance maritime sur F. 52, à 1 ¼ % et police	»	0.10	»	2.15		
id. contre le feu sur F. 68, à ½ ‰			»	0.05		
Commission de banque à Paris pour confirmation de crédit ⅛ %	»	0.03	»	0.23		
Perte d'intérêts ½ %						
Commission de banque ¼ %						
Courtage de vente ½ %						
Escompte à la vente 2 %						
Commission de vente 2 %						
Ensemble 5 % sur F. 66.83	»	0.39	»	3.34	»	19.27
	F.	7.90			F.	66.83
Soit par kil.	»	0.258				

RENDEMENT : 1 arrobe rend net kil. 14.65 :

Soit net kil. 30.57 à	F. 2.186	par kil. entrepôt		F.	66.83
Plus : droits de sortie à Para	» 0.258	id.	id.		
Ensemble	F. 2.444	id.	id.		

PRIX DE REVIENT AU HAVRE DU KIL. ENTREPOT

AUX CHANGES SUIVANTS SUR PARIS

Avec la parité des changes sur LONDRES, calculés sur la base de F. 25.25 pour £ 1.—.—

PRIX à PARA par @	PARIS R$ 400 — LONDRES D. 23¾	PARIS R$ 390 — LONDRES D. 24⅜	PARIS R$ 380 — LONDRES D. 25	PARIS R$ 370 — LONDRES D. 25[11]/[16]	PARIS R$ 360 — LONDRES D. 26⅜	PARIS R$ 350 — LONDRES D. 27⅛	PARIS R$ 340 — LONDRES D. 27[15]/[16]	PARIS R$ 330 — LONDRES D. 28[13]/[16]	PARIS R$ 320 — LONDRES D. 29[11]/[16]
Subdivisions (Coût et frais variables): R$ 0$005	F. 0.03	F. 0.03	F. 0.03	F. 0.03	F. 0.03	F. 0.03	F. 0.03	F. 0.03	F. 0.03
0$010	0.06	0.06	0.06	0.06	0.06	0.07	0.07	0.07	0.07
0$020	0.12	0.12	0.12	0.12	0.13	0.14	0.14	0.14	0.15
0$030	0.18	0.18	0.19	0.19	0.20	0.21	0.21	0.22	0.23
0$040	0.24	0.25	0.25	0.26	0.27	0.29	0.30	[illegible]	0.31
Coût et frais variables et invariables: 0$100	1.26	1.28	1.30	1.32	1.34	1.37	1.39	1.42	1.44
0$150	1.57	1.59	1.62	1.65	1.68	1.72	1.75	1.79	1.82
0$200	1.88	1.91	1.94	1.98	2.02	2.07	2.11	2.16	2.21
0$250	2.19	2.22	2.27	2.31	2.36	2.42	2.47	2.53	2.59
0$300	2.49	2.54	2.59	2.65	2.70	2.77	2.83	2.91	2.98
0$350	2.80	2.85	2.91	2.98	3.05	3.12	3.20	3.28	3.36
0$400	3.11	3.17	3.24	3.31	3.39	3.47	3.56	3.65	3.75
0$450	3.41	3.48	3.56	3.64	3.73	3.83	3.92	4.02	4.13
0$500	3.71	3.80	3.88	3.98	4.07	4.18	4.28	4.40	4.52
0$550	4.02	4.11	4.21	4.31	4.41	4.53	4.64	4.77	4.90
0$600	4.33	4.43	4.53	4.64	4.76	4.88	5.01	5.14	5.29
0$650	4.64	4.74	4.85	4.97	5.10	5.23	5.37	5.51	5.67
0$700	4.94	5.05	5.18	5.31	5.44	5.58	5.73	5.89	6.06
0$750	5.25	5.36	5.50	5.64	5.78	5.93	6.09	6.26	6.44
0$800	5.56	5.68	5.82	5.97	6.12	6.28	6.45	6.63	6.82
0$850	5.87	5.99	6.15	6.30	6.47	6.63	6.82	7.00	7.21
0$900	6.17	6.31	6.47	6.64	6.81	6.98	7.18	7.38	7.59
0$950	6.48	6.63	6.79	6.97	7.15	7.34	7.54	7.75	7.97
1$000	6.79	6.96	7.13	7.31	7.49	7.70	7.90	8.13	8.36
Plus par kil. pour Droits de Sortie à Para, sur estimation de R$ 350 et 12 %	—.26	0.26	0.27	0.28	0.29	0.29	0.30	0.31	0.32

OBSERVATIONS

On veut savoir le revient au Havre de Fèves Tonka coûtant à Para R$ 695 par @, au change de R$ 360.

On trouvera dans la 1re et la 6e colonne de ce tableau que:

R$ 5 font par kil.	F.	0.03
» 40 id. id.	»	0.27
» 650 id. id.	»	5.10
Plus droits de sortie à Para, sur R$ 700 et 12 %	»	0.57
R$ 695 feront donc par kil.	F.	5.97

N.-B. — Les droits de sortie à Para n'étant pas compris dans les prix de revient du tableau ci-dessus devront être ajoutés. — Voir page 200 l'explication pour le calcul de ces mêmes droits au moyen des logarithmes suivants.

CHANGES		LOGARITHMES
CHANGES	400	6152
»	390	6310
»	380	6476
»	370	6651
»	360	6836
»	350	7031
»	340	7238
»	330	7457
»	320	7690

Droits d'entrée en France par 100 kil. en Octobre 1863

Par navire Français	F.	100
id. Etranger	»	110

COMPTE D'ACHAT ET DE REVIENT

A 100 CAISSES GOMME ÉLASTIQUE FINE

100 caisses Gomme élastique fine, pesant brut....... arrobes 1222				
Tare........ » 122				
Net .... arrobes 1100 à Rs 18$000.......				Rs 19:800$000

FRAIS A PARA

	Droits de sortie			
Droits de sortie sur estimation de Rs 18$000, soit Rs 19:800$000, à 20 %........	Rs 3:960$000			
Veropezo Rs 120 par arrobe........		Rs	132$000	
Capatazia Rs 40 par caisse........		»	4$000	
Transport Rs 100 par caisse........		»	10$000	
Pour tare Rs 50 par caisse........		»	5$000	
Pesage et encaissage Rs 350 par caisse........		»	35$000	
Coût de 100 caisses vides à Rs 4$000 par caisse........		»	400$000	
Cerclage en fer à Rs 150 par caisse........		»	15$000	
60 ₰ de clous à Rs 200 par ₰........		»	12$000	
Magasinage et assurance contre le feu 2$000 Rs par caisse.		»	200$000	
Chargement et embarquement à Rs 550 par caisse........		»	55$000	
Menus frais pour boîtes, etc........		»	40$000	» 908$000
				Rs 20:708$000
Commission d'achat et de remboursement 5 %........	» 198$000			» 1:035$400
	Rs 4:158$000			Rs 21:743$400
Remboursement sur Paris à 90 jours de vue, au change de Rs 400 pour F. 1.	F. 10395.—			F. 54358.50

FRAIS AU HAVRE

Fret sur 16620 kil. bruts à F. 50 et 10 % par tonneau de 450 kil........		F.	2028.00	
Permis, frais au débarquement, tonneliers pour échantillonner, port en entrepôt, arrimage, magasinage d'un mois, livraison et menus frais........		»	170.—	
Assurance maritime sur F. 59794, à 1 % et police........	» 114.35	»	599.45	
Id. contre le feu sur F. 62502, à ½ %₀........	» 5.75	»	31.30	
Commission de banque à Paris pour confirmation de crédit ½ %........	» 51.95	»	271.80	
Perte d'intérêts........ ½ %				
Commission de banque........ ¼ %				
Courtage de vente........ ¼ %				
Escompte à la vente........ 2 %				
Commission de vente........ 2 %				
Ensemble........ 5 % sur F. 60298.80...	» 556.15	»	3024.20	» 6125.65
	F. 11128.20			F. 60484.15
Soit par kil........	» 0.75			

Rendement : 1 arrobe rend net 13 kil. ½ :

Soit net 14850 kil. à........	F. 4.07 par kil. entrepôt........	F.	60484.05
Plus : droits de sortie à Para........	» 0.75 id. id.		
Ensemble........	F. 4.82 id. id.		

PRIX DE REVIENT AU HAVRE DU KIL. ENTREPOT
AUX CHANGES SUIVANTS SUR PARIS

Avec la parité des changes sur LONDRES, calculés sur la base de F. 25.25 pour £ 1.—.—

PRIX à PARA par arrobe	PARIS Rs 400 — LONDRES D. 23 ¾	PARIS Rs 390 — LONDRES D. 24 ⅜	PARIS Rs 380 — LONDRES D. 25	PARIS Rs 370 — LONDRES D. 25 11/16	PARIS Rs 360 — LONDRES D. 26 ⅜	PARIS Rs 350 — LONDRES D. 27 ⅛	PARIS Rs 340 — LONDRES D. 27 15/16	PARIS Rs 330 — LONDRES D. 28 13/16	PARIS Rs 320 — LONDRES D. 29 11/16
SUBDIVISIONS — Coûts et frais variables: Rs 0$030	F. 0.01	F. 0.01	F. 0.01	F. 0.01	F. 0.01	F. 0.01	F. 0.01	F. 0.01	F. 0.01
0$100	0.02	0.02	0.02	0.02	0.02	0.02	0.02	0.02	0.02
0$200	0.04	0.04	0.04	0.04	0.04	0.04	0.04	0.04	0.05
0$300	0.06	0.06	0.06	0.06	0.06	0.06	0.06	0.07	0.07
0$400	0.08	0.08	0.08	0.08	0.09	0.09	0.09	0.09	0.10
0$500	0.10	0.10	0.10	0.11	0.11	0.11	0.11	0.12	0.13
0$600	0.12	0.12	0.13	0.13	0.13	0.13	0.14	0.14	0.15
0$700	0.14	0.14	0.15	0.15	0.16	0.16	0.16	0.17	0.18
0$800	0.16	0.16	0.17	0.17	0.18	0.18	0.19	0.19	0.20
0$900	0.18	0.18	0.19	0.20	0.20	0.20	0.21	0.22	0.23
1$000	0.20	0.21	0.22	0.22	0.23	0.23	0.24	0.25	0.26
Coûts et frais variables et invariables: 14$000	3.24	3.32	3.40	3.49	3.59	3.68	3.79	3.90	4.01
15$000	3.45	3.53	3.62	3.71	3.82	3.92	4.03	4.15	4.27
16$000	3.66	3.74	3.84	3.94	4.05	4.16	4.28	4.40	4.53
17$000	3.87	3.96	4.06	4.16	4.28	4.40	4.52	4.65	4.79
18$000	4.08	4.17	4.28	4.39	4.51	4.63	4.77	4.90	5.05
19$000	4.29	4.38	4.50	4.61	4.74	4.87	5.01	5.16	5.31
20$100	4.49	4.60	4.72	4.84	4.97	5.11	5.26	5.41	5.57
21$000	4.70	4.81	4.94	5.06	5.20	5.35	5.50	5.66	5.83
22$000	4.91	5.02	5.16	5.29	5.44	5.58	5.75	5.91	6.09
23$000	5.12	5.24	5.37	5.51	5.67	5.82	5.99	6.16	6.35
24$000	5.33	5.45	5.59	5.74	5.90	6.06	6.24	6.42	6.61
25$000	5.54	5.66	5.81	5.96	6.13	6.30	6.48	6.67	6.87
26$000	5.74	5.88	6.03	6.19	6.36	6.53	6.73	6.92	7.13
27$000	5.95	6.09	6.25	6.41	6.59	6.77	6.97	7.17	7.39
28$000	6.15	6.31	6.47	6.64	6.82	7.01	7.21	7.43	7.65
Plus par kil. pour Droits de Sortie à Para, sur estimation de Rs 18$000 et 20 %	0.75	0.77	0.79	0.81	0.83	0.85	0.88	0.91	0.94

OBSERVATIONS

F. 10 et 10 % par tonneau sur le fret, font au Havre une différence de F. 2.73 par kil. sur les prix.

On veut savoir le revient au Havre de Gomme élastique coûtant à Para Rs 15$750 par arrobe, au change de Rs 360 et au fret de F. 50 et 10 %.

On trouvera dans la 1re et la 5e colonne de ce tableau que:

Rs 0$050 font par kil........	F.	0.01
» 0$700 id. id........	»	0.16
» 15$000 id. id........	»	3.82
Plus droits de sortie à Para sur Rs 15$750 et 20 %........	»	0.73
Rs 15$750 feront donc par kil........	F.	4.72

N.-B. — Les droits de sortie à Para n'étant pas compris dans les prix de revient du tableau ci-dessus devront être ajoutés.— Voir page 200 l'explication pour le calcul de ces mêmes droits au moyen des logarithmes suivants.

CHANGES		LOGARITHMES
CHANGES 400	....	LOGARITHMES 20861
» 390	....	» 21341
» 380	....	» 21902
» 370	....	» 22494
» 360	....	» 23119
» 350	....	» 23779
» 340	....	» 24479
» 330	....	» 25221
» 320	....	» 26009

Droits d'entrée en France par 100 kil. en Octobre 1865

Par navire Français........ Exempte

Id. Etranger........ F. 3.60

MARAGNAN

Maragnan (Maranhaõ), ville maritime du Brésil, capitale de la province du même nom, est située sur la côte occidentale de l'île de Maragnan, entre les embouchures des rivières de San-Francisco et de Maragnan.

Port. — Le port est sûr et accessible aux navires de 800 tonneaux. Il n'y a pas de saison plus ou moins favorable à la navigation ; on peut entrer et sortir du port à toute marée et à toute heure.

Frais de navigation. —

Rs 300 par tonneau pour navire effectuant son déchargement en entier.
» 160 id. id. id. partie de son déchargement.
» 32$000 pilotage d'entrée.
» 40$000 id. de sortie.

Les chargements et déchargements se font au moyen d'alléges prenant de 15 à 25 tonneaux de poids, et que l'on paie de Rs 6$000 à Rs 8$000 par jour.

Un navire de 400 tonneaux peut décharger et charger dans l'espace de 25 jours avec le travail de son équipage et quelques arrimeurs s'il prend des cotons.

Les principaux articles d'exportation sont le coton, le cacao, le *riz*, les bois d'ébénisterie, le baume de copahu, le tapioca, les cuirs, le caoutchouc.

Les remboursements sur l'Europe se font presque exclusivement en traites sur Londres à 90 jours de vue ; les changes varient de 24 à 30 pence pour milreis ou 320 à 400 reis le franc. Les monnaies d'or et d'argent étant calculées au change de 27 pence pour milreis, on ne fait de remises en numéraire que lorsque le change est au-dessous de 26d. Aucune monnaie étrangère n'a cours forcé ; tout numéraire d'or ou d'argent convient pour des envois destinés à acheter des produits du pays toutes les fois que le change dépasse 28 pence pour milreis.

Pour les observations sur les droits de sortie, par rapport aux comptes de revient qui vont suivre, comme pour les poids, mesures et monnaies, voir l'article Rio-Janeiro, page 200.

(Extrait du Dictionnaire du Commerce et de la Navigation, par MM. GUILLAUMIN et Cie, ainsi que de ma Correspondance particulière.)

COMPTE D'ACHAT ET DE REVIENT

A 25 BARILS BAUME DE COPAHU

25 barils Baume de Copahu, pesant 107 canadas à Rˢ 14$000 par canada.......... Rˢ 1:498$000

FRAIS A MARAGNAN

	Droits de Sortie		
Impôt provincial sur estimation de Rˢ 14$000, soit Rˢ 1:498$000, à 5 %	Rˢ 74$900		
Plus 10 % additionnels sur cette somme	» 7$490		
Droits de sortie 7 % id. id.	» 104$860		
Coût des barils		Rˢ 29$000	
Remplir les barils		» 2$500	
Pesage, charettes et embarquement, à Rˢ 80 par baril		» 2$000	» 33$500
	Rˢ 187$250		Rˢ 1:531$500
Commission d'achat et de remboursement 5 %	» 9$360		» 76$575
	Rˢ 196$610		Rˢ 1:608$075
Remboursement sur Paris à 90 jours de vue, au change de Rˢ 400 pour F. 1	F. 491.52		F. 4020.14

FRAIS AU HAVRE

Fret sur 1845 kil. bruts à F. 60 et 10 % par tonneau de 750 kil.		F. 162.35	
Permis, frais au débarquement, port en entrepôt, tonneliers pour échantillonner, arrimage, magasinage d'un mois, livraison et menus frais		» 27.50	
Assurance maritime sur F. 4422, à 1 ¼ % et police	» 6.75	» 56.77	
id. contre le feu sur F. 4668, à ½ ‰	» 0.27	» 2.34	
Commission de banque à Paris pour confirmation de crédit ½ %	» 2.45	» 20.10	
Perte d'intérêts ½ % Commission de banque ¼ % Courtage de vente ¼ % Escompte à la vente 2 % Commission de vente 2 %			
Ensemble 5 % sur F. 4514.95	» 26.37	» 225.75	» 494.81
	F. 527.36		F. 4514.95
Soit par kil.	» 0.36		

Rendement : 1 canada rend net kil. 13.79 :

Soit net 1475 kil. ½ à.......... F. 3.06 par kil. entrepôt.......... F. 4515.05
Plus : droits de sortie à Maragnan.......... » 0.36 id. id.
Ensemble.......... F. 3.42 id. id.

PRIX DE REVIENT AU HAVRE DU KIL. ENTREPOT

AUX CHANGES SUIVANTS SUR PARIS

Avec la parité des changes sur Londres, calculés sur la base de F. 25.25 pour £ 1.—.—

PRIX à MARAGNAN par canada	PARIS Rˢ 400 — LONDRES D. 23 ¾	PARIS Rˢ 390 — LONDRES D. 24 ¾	PARIS Rˢ 380 — LONDRES D. 25	PARIS Rˢ 370 — LONDRES D. 25 11/16	PARIS Rˢ 360 — LONDRES D. 26 ⅜	PARIS Rˢ 350 — LONDRES D. 27 ⅛	PARIS Rˢ 340 — LONDRES D. 27 15/16	PARIS Rˢ 330 — LONDRES D. 28 13/16	PARIS Rˢ 320 — LONDRES D. 29 11/16
Scrutateurs (Coût et frais variables) Rˢ 0$050	F. 0.01	F. 0.01	F. 0.01	F. 0.01	F. 0.01	F. 0.01	F. 0.01	F. 0.01	F. 0.01
0$100	0.02	0.02	0.02	0.02	0.02	0.02	0.02	0.02	0.02
0$200	0.04	0.04	0.04	0.04	0.04	0.04	0.04	0.04	0.04
0$300	0.06	0.06	0.06	0.06	0.06	0.06	0.07	0.07	0.07
0$400	0.08	0.08	0.08	0.08	0.08	0.09	0.09	0.09	0.09
0$500	0.10	0.10	0.10	0.10	0.10	0.11	0.12	0.12	0.12
0$600	0.12	0.12	0.12	0.13	0.13	0.13	0.14	0.14	0.14
0$700	0.14	0.14	0.14	0.15	0.15	0.16	0.16	0.16	0.17
0$800	0.16	0.16	0.16	0.17	0.17	0.18	0.19	0.19	0.19
0$900	0.18	0.18	0.18	0.19	0.19	0.20	0.21	0.21	0.22
Coût et frais variables et invariables 10$000	2.24	2.29	2.35	2.41	2.48	2.54	2.60	2.68	2.77
11$000	2.45	2.50	2.56	2.63	2.71	2.77	2.84	2.93	3.02
12$000	2.66	2.71	2.78	2.85	2.94	3.—	3.08	3.18	3.28
13$000	2.87	2.92	2.99	3.07	3.17	3.24	3.32	3.43	3.53
14$000	3.07	3.13	3.21	3.29	3.40	3.47	3.56	3.67	3.79
15$000	3.27	3.34	3.42	3.51	3.63	3.70	3.80	3.92	4.04
16$000	3.47	3.55	3.64	3.73	3.85	3.94	4.04	4.17	4.30
17$000	3.67	3.76	3.85	3.95	4.07	4.17	4.28	4.42	4.55
18$000	3.87	3.97	4.07	4.17	4.29	4.40	4.52	4.66	4.81
19$000	4.08	4.18	4.28	4.39	4.52	4.64	4.76	4.91	5.06
20$000	4.29	4.39	4.50	4.62	4.75	4.87	5.01	5.16	5.32
21$000	4.50	4.60	4.71	4.84	4.98	5.10	5.25	5.41	5.57
22$000	4.70	4.81	4.93	5.06	5.21	5.34	5.49	5.65	5.83
23$000	4.90	5.02	5.14	5.28	5.43	5.57	5.73	5.89	6.09
Plus par kil. pour Droits de Sortie à Maragnan, sur estimation de Rˢ 14$000 et 12½ %	0.36	0.37	0.38	0.39	0.40	0.41	0.42	0.43	0.44

OBSERVATIONS

F. 10 et 10 % par tonneau sur le fret, font au Havre une différence de F. 0.01 ¼ par kil. sur les prix.

On veut savoir le revient au Havre de Baume de Copahu coûtant à Maragnan Rˢ 15$750 par canada, au change de Rˢ 360 et au fret de F. 60 et 10 %.

On trouvera dans la 1ʳᵉ et la 6ᵉ colonne de ce tableau que:

Rˢ 0$050 font par kil.......... F. 0.01
» 0$700 id. id. .... » 0.15
» 15$000 id. id. .... » 3.63
Plus droits de sortie à Maragnan, sur Rˢ 15$750 et 12 ½ %.......... » 0.45

Rˢ 15$750 feront donc par kil.......... F. 4.24

N.-B. — Les droits de sortie à Maragnan n'étant pas compris dans les prix de revient du tableau ci-dessus devront être ajoutés. — Voir page 200 l'explication pour le calcul de ces mêmes droits au moyen des logarithmes suivants.

Changes		Logarithmes
Changes	400	20424
»	390	20048
»	380	21499
»	370	22080
»	360	22694
»	350	23342
»	340	24020
»	330	24767
»	320	25530

Droits d'entrée en France par 100 kil. en Octobre 1865

Par navire Français.......... F. 18.—
Id. Etranger.......... » 30.—

COMPTE D'ACHAT ET DE REVIENT

A 100 BALLES CAFÉ MONDÉ

100 balles Café, pesant net 468 arrobes, à R' 8$600 par arrobe .... R' 3:981$800

FRAIS A MARAGNAN

	Droits de Sortie			
Droits de sortie au Trésor provincial sur R' 8$600, soit R' 3:981$800, à 5 %	R' 199$090			
Droits de sortie additionnels, 15 % sur R' 3:981$800	» 19$910			
Droits de sortie à la Douane, sur R' 3:981$800, à 7 %	» 278$730			
Posée de 100 sacs à R' 80 par sac		R' 8$000		
Magasinage, R' 80 par sac		» 8$000		
Connaissements, timbre et menus frais		» 2$800		
Transport au quai R' 80 par sac		» 8$000	» 26$800	
	R' 497$730		R' 4:008$600	
Commission d'achat et de remboursement 5 %	» 24$885		» 200$430	
	R' 522$615		R' 4:209$030	
Remboursement sur Paris à 90 jours, au change de R' 400 pour F. 1	F. 1306.54		F. 10522.00	

FRAIS AU HAVRE

Fret sur 6750 kil. bruts à F. 60 et 10 % par ton. de 900 kil.		F. 495.—	
Permis, frais au débarquement, voiliers pour échantillonner, port en entrepôt, arrimage, magasinage d'un mois, livraison et menus frais		» 45.—	
Assurance maritime sur F. 11574, à 1 ¼ % et police	» 17.95	» 146.20	
id. contre le feu sur F. 12200, à ½ ‰	» 0.72	» 6.13	
Commission de banque à Paris pour confirmation de crédit, à ½ %	» 6.53	» 52.61	
Perte d'intérêts ½ % Commission de banque ¼ % Courtage de vente ¼ % Escompte à la vente 2 % Commission de vente 2 %			
Ensemble... 5 % sur F. 11860.55	» 70.09	» 593.01	» 1337.95
	F. 1401.88		F. 11860.55
Soit par 100 kil.	» 21.25		

RENDEMENT : 1 arrobe rend net 14 kil. ½ :

Soit net 6598 kil. à	F. 179.76	par 100 kil.	entrepôt	F.	11860.55
Plus : droits de sortie à Maragnan	» 21.25	id.	id.		
Ensemble	F. 201.01	id.	id.		

PRIX DE REVIENT AU HAVRE DES 100 KIL. ENTREPOT

AUX CHANGES SUIVANTS SUR PARIS

Avec la parité des changes sur LONDRES, calculés sur la base de F. 25.25 pour £ 1.—.—

	PRIX à MARAGNAN par arrobe	PARIS R' 400 — LONDRES D. 23 ¾	PARIS R' 390 — LONDRES D. 24 ⅜	PARIS R' 380 — LONDRES D. 25	PARIS R' 370 — LONDRES D. 25 11/16	PARIS R' 360 — LONDRES D. 26 ⅜	PARIS R' 350 — LONDRES D. 27 ⅛	PARIS R' 340 — LONDRES D. 27 15/16	PARIS R' 330 — LONDRES D. 28 13/16	PARIS R' 320 — LONDRES D. 29 11/16
Commissions — Café et frais variables	R' 0$010	F. 0.19	F. 0.20	F. 0.20	F. 0.21	F. 0.22	F. 0.22	F. 0.23	F. 0.24	F. 0.24
	0$020	0.39	0.40	0.41	0.43	0.44	0.45	0.46	0.48	0.49
	0$030	0.59	0.60	0.62	0.65	0.66	0.67	0.69	0.72	0.74
	0$040	0.79	0.80	0.83	0.87	0.88	0.90	0.92	0.96	0.99
	0$050	0.98	1.01	1.04	1.08	1.10	1.12	1.16	1.20	1.23
	0$060	1.18	1.21	1.25	1.29	1.32	1.35	1.39	1.44	[illegible]
	0$070	1.38	1.41	1.46	1.50	1.54	1.57	1.62	1.68	1.73
	0$080	1.58	1.61	1.67	1.71	1.76	1.80	1.85	1.92	1.98
	0$090	1.77	1.82	1.87	1.92	1.98	2.02	2.09	2.16	2.22
	0$100	1.97	2.02	2.08	2.13	2.19	2.25	2.32	2.39	2.47
	0$200	3.95	4.05	4.16	4.27	4.39	4.51	4.64	4.79	4.94
	0$300	5.93	6.08	6.24	6.41	6.59	6.77	6.97	7.16	7.41
	0$400	7.91	8.11	8.32	8.55	8.79	9.03	9.29	9.56	9.88
	0$500	9.89	10.13	10.40	10.69	10.99	11.29	11.62	11.97	12.35
	0$600	11.87	12.16	12.48	12.83	13.19	13.55	13.94	14.37	14.82
	0$700	13.84	14.19	14.56	14.96	15.38	15.81	16.27	16.76	17.29
	0$800	15.81	16.22	16.64	17.09	17.57	18.07	18.59	19.16	19.76
	0$900	17.79	18.24	18.72	19.22	19.76	20.32	20.92	21.55	22.23
Café et frais variables et invariables	4$000	88.84	90.90	93.08	95.35	97.77	100.32	103.01	105.87	108.90
	5$000	108.61	111.17	113.88	116.72	119.73	122.91	126.26	129.83	133.61
	6$000	128.38	131.44	134.69	138.09	141.69	145.50	149.51	153.79	158.32
	7$000	148.15	151.71	155.49	159.46	163.65	168.09	172.77	177.75	183.03
	8$000	167.91	171.98	176.30	180.82	185.61	190.67	196.02	201.71	207.74
	9$000	187.67	192.26	197.10	202.19	207.57	213.26	219.27	225.67	232.45
	10$000	207.43	212.53	217.91	223.56	229.53	235.85	242.53	249.63	257.15
	11$000	227.19	232.80	238.71	244.93	251.49	258.44	265.78	273.59	281.85
	12$000	246.95	253.08	259.52	266.29	273.40	281.02	289.04	297.53	306.55
	Plus par 100 kil. pour Droits de Sortie à Maragnan, sur estimation de R' 8$600 et 12 ½ %	21.25	21.79	22.36	22.97	23.61	24.28	25.—	25.75	26.50

OBSERVATIONS

F. 10 et 10 % par tonneau sur le fret, font au Havre une différence de F. 1.25 par 100 kil. sur les prix.

On veut savoir le revient au Havre de Café coûtant à Maragnan R' 9$550 par arrobe, au change de R' 360 et au fret de F. 60 et 10 %.

On trouvera dans la 1re et la 6e colonne de ce tableau que :

R' 0$050 font par 100 kil.	F.	1.10
» 0$500 id. id.	»	10.99
» 9$000 id. id.	»	207.57
Plus droits de sortie à Maragnan, sur R' 9$550 et 12 ½ %	»	25.17
R' 9$550 feront donc par 100 kil.	F.	244.83

N.-B. — Les droits de sortie à Maragnan n'étant pas compris dans les prix de revient du tableau ci-dessus devront être ajoutés. — Voir page 200 l'explication pour le calcul de ces mêmes droits au moyen des logarithmes suivants.

CHANGES		LOGARITHMES
CHANGES	400	19764
»	390	20272
»	380	20808
»	370	21367
»	360	21961
»	350	22588
»	340	23253
»	330	23958
»	320	24706

Droits d'entrée en France par 100 kil. en Octobre 1865

Par navire Français .... F. 50.40
id. Étranger .... » 55.40

COMPTE D'ACHAT ET DE REVIENT

A 100 BALLES COTON

100 balles Coton, pesant 650 arrobes à Rs 25$000 par arrobe .... Rs 16:250$000

FRAIS A MARAGNAN

	Droits de sortie		
Droits de sortie 12 ½ % sur estimation de Rs 24$000, soit Rs 15:600$000	Rs 1:950$000		
Pesage et embarquement à Rs 200 par balle		Rs 20$000	
Raccommodage des balles		» 15$000	» 35$000
			Rs 16:285$000
Commission d'achat et de remboursement 5 %	» 97$500		» 814$250
	Rs 2:047$500		Rs 17:099$250
Remboursement sur Paris à 90 jours de vue, au change de Rs 400 pour F. 1	F. 5118.75		F. 42748.10

FRAIS AU HAVRE

Fret sur 9700 kil. bruts à F. 60 et 10 % par ton. de 450 kil.		F. 1423.—	
Permis, voiliers pour échantillonner et conditionner, port en magasin, arrimage, magasinage d'un mois, livraison et menus frais		» 85.—	
Assurance maritime sur F. 47023, à 1 ¼ % et police	» 70.40	» 589.30	
id. contre le feu sur F. 49120, à ½ ‰	» 2.85	» 24.55	
Commission de banque à Paris pour confirmation de crédit, ½ %	» 25.00	» 213 75	
Perte d'intérêts ½ %			
Commission de banque ½ %			
Courtage de vente ¼ %			
Escompte à la vente 2 %			
Commission de vente 2 %			
Ensemble 5 % sur F. 47456.55	» 274.60	» 2372.85	» 4708.45
	F. 5492.20		F. 47456.55
Soit par 100 kil.	» 59.30		

Rendement : 1 arrobe rend net 14 kil. ¼ :

Soit net 9262.50 kil. à .... F. 512.35 par 100 kil. entrepôt .... F. 47456.65
Plus : droits de sortie à Maragnan .... » 59.30 id. id.
Ensemble .... F. 571.65 id. id.

PRIX DE REVIENT AU HAVRE DES 100 KIL. ENTREPOT

AUX CHANGES SUIVANTS SUR PARIS

Avec la parité des changes sur Londres, calculés sur la base de F. 25.25 pour £ 1.—.—

	PRIX à MARAGNAN par arrobe	PARIS Rs 400 — LONDRES D. 23 ¾	PARIS Rs 390 — LONDRES D. 24 ⅜	PARIS Rs 380 — LONDRES D. 25	PARIS Rs 370 — LONDRES D. 25 11/16	PARIS Rs 360 — LONDRES D. 26 ⅜	PARIS Rs 350 — LONDRES D. 27 ⅛	PARIS Rs 340 — LONDRES D. 27 15/16	PARIS Rs 330 — LONDRES D. 28 13/16	PARIS Rs 320 — LONDRES D. 29 11/16
Coût et frais variables	Rs 0$050	F. 0.98	F. 1.01	F. 1.04	F. 1.06	F. 1.09	F. 1.12	F. 1.16	F. 1.19	F. 1.23
	0$100	1.97	2.02	2.08	2.13	2.19	2.25	2.32	2.39	2.47
	0$200	3.95	4.05	4.16	4.27	4.39	4.51	4.64	4.78	4.94
	0$300	5.93	6.08	6.24	6.41	6.59	6.77	6.97	7.18	7.41
	0$400	7.91	8.11	8.32	8.55	8.79	9.03	9.29	9.57	9.88
	0$500	9.89	10.13	10.40	10.69	10.99	11.29	11.62	11.97	12.35
	0$600	11.87	12.16	12.48	12.83	13.19	13.55	13.94	14.36	14.82
	0$700	13.84	14.19	14.56	14.96	15.38	15.81	16.27	16.76	17.29
	0$800	15.81	16.22	16.64	17.09	17.57	18.07	18.59	19.15	19.76
	0$900	17.78	18.24	18.72	19.22	19.76	20.32	20.92	21.55	22.28
Coût et frais variables et invariables	6$000	136.81	139.88	143.11	146.53	150.11	153.91	157.94	162.19	166.72
	7$000	156.57	160.15	163.91	167.90	172.07	176.50	181.19	186.15	191.42
	8$000	176.34	180.42	184.72	189.27	194.03	199.09	204.44	210.11	216.13
	9$000	196.10	200.69	205.52	210.64	215.99	221.68	227.70	234.07	240.83
	10$000	215.87	220.96	226.33	232.—	237.95	244.27	250.95	258.02	265.54
	11$000	235.63	241.24	247.13	253.37	259.91	266.86	274.20	281.98	290.24
	12$000	255.40	261.51	267.94	274.74	281.87	289.45	297.46	305.94	314.95
	13$000	275.16	281.78	288.74	296.11	303.83	312.04	320.71	329.90	339.65
	14$000	294.92	302.05	309.55	317.47	325.79	334.63	343.96	353.85	364.36
	15$000	314.69	322.32	330.35	338.84	347.75	357.22	367.22	377.81	389.07
	16$000	334.46	342.60	351.16	360.21	369.72	379.81	390.47	401.77	413.77
	17$000	354.22	362.87	371.96	381.58	391.68	402.39	413.72	425.73	438.48
	18$000	373.99	383.14	392.77	402.94	413.64	424.98	436.98	449.68	463.18
	19$000	393.75	403.41	413.57	424.31	435.60	447.57	460.23	473.64	487.89
	20$000	413.52	423.68	434.38	445.68	457.56	470.16	483.48	497.60	512.60
	21$000	433.28	443.96	455.18	467.05	479.52	492.75	506.74	521.56	537.30
	22$000	453.05	464.23	475.99	488.41	501.48	515.34	529.99	545.51	562.01
	23$000	472.81	484.50	496.79	509.78	523.44	537.93	553.24	569.47	586.72
	24$000	492.58	504.77	517.60	531.15	545.40	560.52	576.50	593.42	611.43
	25$000	512.34	525.05	538.40	552.52	567.37	583.11	599.74	617.37	636.14
Plus par 100 kil. pour Droits de Sortie à Maragnan sur estimation de Rs 24$000 et 12 ½ %		59.30	60.81	62.41	64.10	65.88	67.66	69.76	71.87	74.12

OBSERVATIONS

F. 10 et 10 % par tonneau sur le fret, font au Havre une différence de F. 2.50 par 100 kil. sur les prix.

On veut savoir le revient au Havre de Coton coûtant à Maragnan Rs 10$950 par arrobe, au change de Rs 360 et au fret de F. 60 et 10 %.

On trouvera dans la 1re et la 6e colonne de ce tableau que:

Rs 0$050 font par 100 kil. .... F. 1.09
» 0$900 id. id. .... » 19.76
» 10$000 id. id. .... » 237.95
Plus droits de sortie à Maragnan, sur Rs 10$000 et 12 ½ % .... » 27.45
Rs 10$950 feront donc par 100 kil. .... F. 286.25

N.-B. — Les droits de sortie à Maragnan n'étant pas compris dans les prix de revient du tableau ci-dessus devront être ajoutés.—Voir page 290 l'explication pour le calcul de ces mêmes droits au moyen des logarithmes suivants.

Changes		Logarithmes
Changes	400	19705
»	390	20272
»	380	20805
»	370	21368
»	360	21961
»	350	22589
»	340	23253
»	330	23957
»	320	24706

Droits d'entrée en France par 100 kil. en Octobre 1865

Par navire Français .... Exempt
Id. Étranger .... F. 3.—

COMPTE D'ACHAT ET DE REVIENT

A 20 BARRIQUES VIEUX CUIVRE

20 barriques vieux Cuivre, pesant net 2430 @ à Rs 320 par @			Rs	777$000

FRAIS A MARAGNAN

Droits de sortie		Exempt		
Pesée et emballage	Rs	10$000		
Coût des 20 barriques à Rs 1$000 pièce	»	20$000		
Transport au quai	»	3$200		
Connaissements et timbre	»	0$800	»	34$000
			Rs	811$800
Commission d'achat et de remboursement 5 %			»	40$580
			Rs	852$180
Remboursement sur Paris à 90 jours de vue, au change de Rs 400 pour F. 1			F.	2130.45

FRAIS AU HAVRE

Fret sur 1230 kil. bruts à F. 60 et 10 % par tonneau de 900 kil.		F.	90.20		
Permis, frais au débarquement, port en entrepôt, arrimage, magasinage d'un mois, livraison et menus frais		»	7.50		
Assurance maritime sur F. 2343, à 1 ¼ % et police		»	30.80		
id. contre le feu sur F. 2471, à ½ ‰		»	1.23		
Commission de banque à Paris pour confirmation de crédit, ½ %		»	10.65		
Perte d'intérêts	½ %				
Commission de banque	¼ %				
Courtage de vente	¼ %				
Escompte à la vente	2 %				
Commission de vente	2 %				
Ensemble	5 % sur F. 2390.35	»	119.52	»	259.90
				F.	2390.35

Rendement : 1 arrobe rend net 14 kil. ¾ :

Soit net 1072 kil. à F. 222.85 par 100 kil. entrepôt	F.	2390.30

PRIX DE REVIENT AU HAVRE DES 100 KIL. ENTREPOT

AUX CHANGES SUIVANTS SUR PARIS

Avec la parité des changes sur Londres, calculés sur la base de F. 25.25 pour £ 1.–.–

	PRIX à MARAGNAN par @	PARIS Rs 400 — LONDRES D. 23¾	PARIS Rs 390 — LONDRES D. 24⅜	PARIS Rs 380 — LONDRES D. 25	PARIS Rs 370 — LONDRES D. 25 11/16	PARIS Rs 360 — LONDRES D. 26⅜	PARIS Rs 350 — LONDRES D. 27⅛	PARIS Rs 340 — LONDRES D. 27 13/16	PARIS Rs 330 — LONDRES D. 28 5/8	PARIS Rs 320 — LONDRES D. 29 11/16
Subdivisions — Coût et frais variables	Rs 0$005	F. 3.19	F. 3.27	F. 3.35	F. 3.44	F. 3.54	F. 3.64	F. 3.75	F. 3.86	F. 3.98
	0$010	6.38	6.54	6.71	6.89	7.09	7.29	7.50	7.73	7.97
	0$020	12.76	13.08	13.43	13.79	14.18	14.58	15.01	15.46	15.94
	0$030	19.14	19.62	20.15	20.69	21.27	21.87	22.52	23.20	23.92
	0$040	25.52	26.17	26.87	27.59	28.36	29.16	30.03	30.94	31.89
	0$050	31.90	32.71	33.59	34.48	35.45	36.46	37.54	38.68	39.87
	0$060	38.28	39.26	40.31	41.38	42.54	43.75	45.05	46.41	47.84
	0$070	44.66	45.80	47.02	48.28	49.63	51.04	52.55	54.14	55.82
	0$080	51.04	52.35	53.73	55.18	56.72	58.33	60.05	61.87	63.79
	0$090	57.42	58.89	60.44	62.07	63.61	65.63	67.55	69.60	71.77
Coût et frais variables et invariables	0$100	82.46	84.57	86.37	88.47	90.66	92.96	95.38	97.94	100.64
	0$200	146.27	149.81	153.54	157.45	161.56	165.88	170.45	175.28	180.40
	0$300	210.08	215.25	220.70	226.43	232.46	238.80	245.52	252.62	260.16
	0$400	273.88	280.70	287.87	295.41	303.36	311.73	320.59	329.96	339.92
	0$500	337.69	346.15	355.04	364.39	374.25	384.65	395.65	407.31	419.07

OBSERVATIONS

F. 10 et 10 % par tonneau sur le fret, font au Havre une différence de F. 1.40 par 100 kil. sur les prix.

On veut savoir le revient au Havre de vieux Cuivre coûtant à Maragnan Rs 355 par @, au change de Rs 360 et au fret de F. 60 et 10 %.

On trouvera dans la 1re et la 6e colonne de ce tableau que:

Rs 0$005 font par 100 kil.	F.	3.54
» 0$050 id. id.	»	35.45
» 0$300 id. id.	»	232.40
Rs 0$355 feront donc par 100 kil.	F.	271.45

Droits d'entrée en France par 100 kil. en Octobre 1865

Par navire Français	Exempt
id. Étranger	F. 0.30

COMPTE D'ACHAT ET DE REVIENT

A 512 CUIRS SALÉS SECS

512 Cuirs salés secs, posant 13381 @ à Rs 200 par @ .... R 2:666$200

FRAIS A MARAGNAN

	Droits de sortie		
Droits de sortie sur estimation de Rs 290 par @, soit Rs 2:932$820, à 5 %	Rs 146$640		
Impôt provincial à Rs 600 par cuir		Rs 307$200	
id. municipal à Rs 30 par cuir		» 15$360	
Magasinage et charettes à l'embarquement		» 76$800	» 399$360
			Rs 3:065$560
Commission d'achat et de remboursement 5 %	» 7$330		» 153$275
	Rs 153$970		Rs 3:218$835
Remboursement sur Paris à 90 jours de vue, au change de Rs 400 pour F. 1.	F. 384.92		F. 8047.10

FRAIS AU HAVRE

Fret à F. 1.25 par cuir et 10 %		F. 704.—	
Permis, frais au débarquement, port en entrepôt, arrimage, magasinage d'un mois, livraison et menus frais.		» 52.50	
Assurance maritime sur F. 8851, à 1 ¼ % et police	» 5.29	» 112.15	
id. contre le feu, à ½ ‰	» 0.21	» 4.85	
Commission de banque à Paris pour confirmation de crédit, ½ %	» 1.92	» 40.25	
Perte d'intérêts .... ½ %			
Commission de banque .... ¼ %			
Courtage de vente .... ¼ %			
Escompte à la vente .... 2 %			
Commission de vente .... 2 %			
Ensemble .... 5 % sur F. 9432.45	» 20.06	» 471.60	» 1385.35
	F. 413.—		F. 9432.45
Soit par 100 kil	» 6.52		

Rendement : 100 @ rendent 47 kil. ½ :

Soit net 6382 kil. à	F. 148.96 par 100 kil. entrepôt		F. 9432.15
Plus : droits de sortie à Maragnan	» 6.52 id.	id.	
Ensemble	F. 155.48 id.	id.	

PRIX DE REVIENT AU HAVRE DES 100 KIL. ENTREPOT

AUX CHANGES SUIVANTS SUR PARIS

Avec la parité des changes sur Londres, calculés sur la base de F. 25.25 pour £ 1.—.—

PRIX à MARAGNAN par @	PARIS Rs 400 — LONDRES D. 23¾	PARIS Rs 390 — LONDRES D. 24⅜	PARIS Rs 380 — LONDRES D. 25	PARIS Rs 370 — LONDRES D. 25¹¹/₁₆	PARIS Rs 360 — LONDRES D. 26⅜	PARIS Rs 350 — LONDRES D. 27⅛	PARIS Rs 340 — LONDRES D. 27¹⁵/₁₆	PARIS Rs 330 — LONDRES D. 28¹³/₁₆	PARIS Rs 320 — LONDRES D. 29¹¹/₁₆
Rs 0$005	F. 2.96	F. 3.04	F. 3.12	F. 3.20	F. 3.29	F. 3.38	F. 3.48	F. 3.50	F. 3.70
0$010	5.93	6.08	6.24	6.41	6.58	6.77	6.97	7.18	7.41
0$020	11.86	12.16	12.48	12.82	13.17	13.54	13.94	14.37	14.82
0$030	17.79	18.24	18.72	19.23	19.76	20.32	20.92	21.56	22.23
0$040	23.72	24.32	24.96	25.64	26.35	27.09	27.89	28.75	29.64
0$050	29.65	30.40	31.20	32.05	32.94	33.87	34.87	35.93	37.05
0$060	35.58	36.48	37.44	38.46	39.53	40.64	41.85	43.12	44.46
0$070	41.51	42.56	43.68	44.87	46.12	47.42	48.83	50.31	51.87
0$080	47.44	48.64	49.92	51.28	52.71	54.19	55.80	57.50	59.28
0$090	53.37	54.73	56.17	57.69	59.30	60.97	62.78	64.68	66.70
0$100	89.66	91.73	93.89	96.13	98.47	100.90	103.46	106.12	108.93
0$200	148.95	152.54	156.30	160.23	164.35	168.66	173.22	177.99	183.05
0$300	208.25	213.36	218.72	224.33	230.23	236.43	242.98	249.86	257.17
0$400	267.54	274.17	281.13	288.44	296.12	304.20	312.74	321.74	331.29
0$500	326.84	334.99	343.55	352.54	362.01	371.07	382.50	393.61	405.40
Plus par 100 kil. pour Droits de Sortie à Maragnan sur estimation de Rs 290 et 5 %	6.52	6.69	6.87	7.05	7.25	7.45	7.67	7.91	8.15

OBSERVATIONS

F. 0.25 et 10 % par cuir sur le fret, font au Havre une différence de F. 2.22 par 100 kil. sur les prix.

On veut savoir le revient au Havre de Cuirs coûtant à Maragnan Rs 265 par @, au change de Rs 360 et au fret de F. 1.25 et 10 % par cuir.

On trouvera dans la 1re et la 6e colonne de ce tableau que :

Rs 0$005 font par 100 kil	F.	3.29
» 0$060 id. id.	»	39.53
» 0$200 id. id.	»	164.35
Plus droits de sortie à Maragnan, sur Rs 265 et 5 %	»	8.83
Rs 0$265 feront donc par 100 kil	F.	216.00

N.-B. — Les droits de sortie à Maragnan n'étant pas compris dans les prix de revient du tableau ci-dessus devront être ajoutés. — Voir page 200 l'explication pour le calcul de ces mêmes droits au moyen des logarithmes suivants.

CHANGES		LOGARITHMES
400	....	59235
» 390	....	» 60815
» 380	....	» 62416
» 370	....	» 64103
» 360	....	» 65884
» 350	....	» 67765
» 340	....	» 69759
» 330	....	» 71873
» 320	....	» 74118

Droits d'entrée en France par 100 kil, en Octobre 1865

Par navire Français .... Exempts
Id. Etranger .... F. 3.—

COMPTE D'ACHAT ET DE REVIENT

A 200 SACS RIZ

200 sacs Riz pesant 1000 arrobes à R[s] 2$200 par arrobe			R[s] 2:200$000

FRAIS A MARAGNAN

	Droits de Sortie		
Droits de sortie 12 ½ % sur évaluation de R[s] 2$000, R[s] 2:000$000	R[s] 250$000		
Mise en sacs à R[s] 100 par sac		R[s] 20$000	
Sacs en toile de coton R[s] 1$000 par sac		» 200$000	
Embarquement et pesage		» 20$000	240$000
			R[s] 2:440$000
Commission d'achat et de remboursement 5 %	» 12$500		» 122$000
	R[s] 262$500		R[s] 2:562$000
Remboursement sur Paris à 90 jours de vue, au change de R[s] 400 pour F. 1.	F. 656.25		F. 6405.—

FRAIS AU HAVRE

Fret sur 14500 kil. bruts à F. 50 et 10 % par tonneau de 1000 kil		F. 797.50	
Permis, frais au débarquement, port en entrepôt, voiliers pour échantillonner, arrimage, magasinage d'un mois, livraison et menus frais		» 70.—	
Assurance maritime sur F. 7045, à 1 ¼ % et police	» 9.01	» 89.55	
id. contre le feu sur F. 8002, à ½ %	» 0.36	» 4.—	
Commission de banque à Paris pour confirmation de crédit, ½ %	» 3.28	» 32.02	
Perte d'intérêts ½ %			
Commission de banque ¼ %			
Courtage de vente ¼ %			
Escompte à la vente 2 %			
Commission de vente 2 %			
Ensemble 5 % sur F. 7787.45	» 35.20	» 389.38	» 1382.45
	F. 704.10		F. 7787.45
Soit par 100 kil.	» 4.94		

RENDEMENT : 1 arrobe rend net 14 kil. ½ :

Soit net 14250 kil. à ... F. 54.65 par 100 kil. entrepôt ... F. 7787.60
Plus : droits de sortie à Maragnan ... » 4.94 id. id.
Ensemble ... F. 59.59 id. id.

PRIX DE REVIENT AU HAVRE DES 100 KIL. ENTREPOT

AUX CHANGES SUIVANTS SUR PARIS

Avec la parité des changes sur LONDRES, calculés sur la base de F. 25.25 pour £ 1.—.—

	PRIX à MARAGNAN par arrobe	PARIS R[s] 400 — LONDRES D. 23 ¾	PARIS R[s] 390 — LONDRES D. 24 ⅜	PARIS R[s] 380 — LONDRES D. 25	PARIS R[s] 370 — LONDRES D. 25 11/16	PARIS R[s] 360 — LONDRES D. 26 ⅜	PARIS R[s] 350 — LONDRES D. 27 ⅛	PARIS R[s] 340 — LONDRES D. 27 15/16	PARIS R[s] 330 — LONDRES D. 28 13/16	PARIS R[s] 320 — LONDRES D. 29 11/16
Coût et frais variables	R[s] 0$010	F. 0.19	F. 0.20	F. 0.20	F. 0.21	F. 0.22	F. 0.22	F. 0.23	F. 0.24	F. 0.24
	0$020	0.39	0.40	0.41	0.42	0.44	0.44	0.46	0.48	0.49
	0$030	0.59	0.60	0.62	0.63	0.66	0.67	0.69	0.72	0.74
	0$040	0.79	0.80	0.83	0.85	0.88	0.89	0.92	0.96	0.99
	0$050	0.98	1.01	1.03	1.06	1.10	1.12	1.16	1.20	1.23
	0$060	1.18	1.21	1.24	1.27	1.32	1.34	1.39	1.44	1.48
	0$070	1.38	1.41	1.45	1.49	1.54	1.57	1.62	1.68	[illegible]
	0$080	1.58	1.61	1.66	1.70	1.76	1.79	1.85	1.92	1.98
	0$090	1.77	1.82	1.87	1.92	1.98	2.02	2.09	2.15	2.22
	0$100	1.97	2.02	2.08	2.13	2.19	2.25	2.32	2.39	2.47
	0$200	3.95	4.05	4.16	4.27	4.39	4.51	4.64	4.78	4.94
	0$300	5.98	6.08	6.24	6.41	6.59	6.77	6.97	7.18	7.41
	0$400	7.91	8.11	8.32	8.55	8.79	9.03	9.29	9.57	9.88
	0$500	9.89	10.13	10.40	10.69	10.99	11.29	11.62	11.97	12.35
	0$600	11.87	12.16	12.48	12.83	13.19	13.55	13.94	14.36	14.82
	0$700	13.84	14.19	14.56	14.96	15.38	15.81	16.27	16.76	17.29
	0$800	15.81	16.22	16.64	17.09	17.57	18.07	18.59	19.15	19.76
	0$900	17.78	18.24	18.72	19.23	19.76	20.32	20.92	21.55	22.23
Coût et frais variables et invariables	1$000	30.93	31.58	32.26	32.97	33.72	34.49	35.30	36.16	37.05
	2$000	50.69	51.85	53.07	54.34	55.68	57.08	58.55	60.12	61.76
	3$000	70.46	72.12	73.88	75.71	77.64	79.67	81.80	84.08	86.46
	4$000	90.22	92.40	94.68	97.08	99.60	102.26	105.05	108.04	111.17
	5$000	109.99	112.67	115.49	118.45	121.56	124.84	128.31	131.99	135.88
Plus par 100 kil. pour Droits de Sortie à Maragnan sur estimation de R[s] 2$000 et 12 ½ %		4.94	5.07	5.20	5.34	5.49	5.65	5.81	5.99	6.18

OBSERVATIONS

F. 10 et 10 % par tonneau sur le fret, font au Havre une différence de F. 1.12 par 100 kil. sur les prix.

On veut savoir le revient au Havre de Riz coûtant à Maragnan R[s] 2$750 par arrobe, au change de R[s] 360 et au fret de F. 50 et 10 %.

On trouvera dans la 1re et la 6e colonne de ce tableau que:

R[s] 0$050 font par 100 kil.		F. 1.10
» 0$700 id.	id.	» 15.38
» 2$000 id.	id.	» 55.68
Plus droits de sortie à Maragnan, sur R[s] 2$550 et 12 ½ %		» 7.—
R[s] 2$750 feront donc par 100 kil.		F. 79.16

N.-B. — Les droits de sortie à Maragnan n'étant pas compris dans les prix de revient du tableau ci-dessus devront être ajoutés.—Voir page 200 l'explication pour le calcul de ces mêmes droits au moyen des logarithmes suivants.

CHANGES		LOGARITHMES
400		19765
» 390	»	20273
» 380	»	20806
» 370	»	21368
» 360	»	21961
» 350	»	22588
» 340	»	23258
» 330	»	23958
» 320	»	24706

Droits d'entrée en France par 100 kil. en Octobre 1865

Par navire Français ... F. 0.60
id. Étranger ... » 2.40

COMPTE D'ACHAT ET DE REVIENT

A 100 SACS SUCRE

100 sacs Sucre, pesant ensemble 500 arrobes à R* 1#900 par arrobe			R* 950#000

FRAIS A MARAGNAN

	Droits de Sortie		
Droits de sortie au Trésor provincial	Exempt		
id. id. de Douane 7 %	R* 66#500		
Réparation des sacs, marquer et échantillonner, R* 40		R* 4#000	
Transport des sacs R* 160		» 16#000	
Magasinage R* 80		» 8#000	
Connaissements et timbre		» 0#800	» 28#800
			R* 978#800
Commission d'achat et de remboursement 5 %	» 3#325		» 48#940
	R* 69#825		R* 1:027#740
Remboursement sur Paris à 90 jours de vue, au change de R* 395 pour F. 1	F. 176.77		F. 2601.90

FRAIS AU HAVRE

Fret sur 7200 kil. bruts à F. 60 et 10 % par tonneau de 1000 kil.		F. 475.20	
Permis, frais au débarquement, voiliers pour échantillonner et conditionner, port en magasin, arrimage, magasinage d'un mois, livraison et menus frais		» 48.70	
Assurance maritime sur F. 2862, à 1 ¼ % et police	» 2.42	» 37.27	
id. contre le feu sur F. 3423, à ½ ‰	» 0.10	» 1.71	
Commission de banque à Paris pour confirmation de crédit, ½ %	» 0.88	» 18.01	
Perte d'intérêts ½ %			
Courtage de vente ¼ %			
Escompte à la vente 2 %			
Commission de vente 2 %			
Ensemble 4¾ % sur F. 3336.26	» 8.98	» 158.47	» 734.36
	F. 189.15		F. 3336.26
Soit par 100 kil.	» 2.69		

RENDEMENT : 1 arrobe rend net kil. 14.15 :

Soit net .... kil. 7075
Moins : réfaction pour couches. » 50

Net .... kil. 7025 à ... F. 47.49 par 100 kil. entrepôt .... F. 3336.17
Plus : droits de sortie à Maragnan .... » 2.69 id. id.
Ensemble .... F. 50.18 id. id.

PRIX DE REVIENT AU HAVRE DES 100 KIL. ENTREPOT

AUX CHANGES SUIVANTS SUR PARIS

Avec la parité des changes sur LONDRES, calculés sur la base de F. 25.25 pour £ 1.—.—

PRIX à MARAGNAN par arrobe	PARIS R* 395 — LONDRES D. 24 ¹/₁₆	PARIS R* 390 — LONDRES D. 24 ¾	PARIS R* 385 — LONDRES D. 24 ¹¹/₁₆	PARIS R* 380 — LONDRES D. 25	PARIS R* 375 — LONDRES D. 25 ¾	PARIS R* 370 — LONDRES D. 25 ¹¹/₁₆	PARIS R* 365 — LONDRES D. 26	PARIS R* 360 — LONDRES D. 26 ¼	PARIS R* 355 — LONDRES D. 26 ¾	PARIS R* 350 — LONDRES D. 27 ⅛
R* 0#010	F. 0.20	F. 0.21	F. 0.21	F. 0.21	F. 0.21	F. 0.22	F. 0.22	F. 0.22	F. 0.23	F. 0.23
0#020	0.40	0.41	0.42	0.42	0.43	0.43	0.44	0.44	0.45	0.46
0#030	0.61	0.62	0.62	0.63	0.64	0.65	0.66	0.67	0.68	0.68
0#040	0.81	0.82	0.83	0.84	0.85	0.86	0.88	0.89	0.90	0.91
0#050	1.01	1.03	1.04	1.05	1.06	1.08	1.10	1.11	1.13	1.14
0#060	1.21	1.23	1.25	1.26	1.28	1.30	1.31	1.33	1.35	1.37
0#070	1.41	1.44	1.46	1.47	1.49	1.51	1.53	1.55	1.58	1.60
0#080	1.62	1.64	1.66	1.68	1.70	1.73	1.75	1.78	1.80	1.82
0#090	1.82	1.85	1.87	1.89	1.92	1.94	1.97	2.—	2.03	2.05
0#100	2.02	2.05	2.08	2.10	2.13	2.16	2.19	2.22	2.25	2.28
1#500	39.39	39.79	40.21	40.64	41.07	41.52	41.90	42.45	42.94	43.44
1#600	41.41	41.84	42.28	42.75	43.21	43.68	44.18	44.67	45.20	45.72
1#700	43.44	43.89	44.36	44.85	45.34	45.84	46.37	46.89	47.45	48.01
1#800	45.46	45.94	46.44	46.96	47.47	48.—	48.56	49.11	49.70	50.29
1#900	47.49	47.99	48.52	49.06	49.61	50.17	50.76	51.34	51.96	52.58
2#000	49.51	50.04	50.59	51.16	51.74	52.33	52.95	53.56	54.21	54.86
2#100	51.54	52.09	52.67	53.27	53.87	54.49	55.14	55.78	56.46	57.15
2#200	53.56	54.14	54.75	55.37	56.—	56.65	57.33	58.—	58.71	59.43
2#300	55.59	56.19	56.82	57.48	58.14	58.81	59.52	60.22	60.97	61.72
2#400	57.61	58.24	58.90	59.58	60.27	60.97	61.71	62.44	63.22	64.—
2#500	59.64	60.29	60.98	61.68	62.40	63.13	63.90	64.66	65.47	66.29
2#600	61.66	62.34	63.05	63.79	64.54	65.29	66.09	66.88	67.73	68.57
2#700	63.69	64.39	65.13	65.89	66.67	67.45	68.28	69.10	69.98	70.86
2#800	65.71	66.45	67.21	68.—	68.79	69.62	70.47	71.33	72.23	73.15
Plus par 100 kil. pour Droits de Sortie à Maragnan sur estimation de R* 1#900 et 7 %	2.69	2.74	2.76	2.80	2.84	2.88	2.91	2.95	3.—	3.04

OBSERVATIONS

F. 10 et 10 % par tonneau sur le fret, font au Havre une différence de F. 1.13 par 100 kil. sur les prix.

On veut savoir le revient au Havre de Sucre coûtant à Maragnan R* 2#150 par arrobe, au change de R* 375 et au fret de F. 60 et 10 %.

On trouvera dans la 1re et la 6e colonne de ce tableau que:

R* 0#050 font par 100 kil. .... F. 1.06
» 2#100 id. id. .... » 56.00
Plus droits de sortie à Maragnan, sur R* 2#150 et 7 % .... » 2.21

R* 2#150 feront donc par 100 kil. .... F. 59.27

N.-B. — Les droits de sortie à Maragnan n'étant pas compris dans les prix de revient du tableau ci-dessus devront être ajoutés.— Voir page 200 l'explication pour le calcul de ces mêmes droits au moyen des logarithmes suivants.

CHANGES		LOGARITHMES
CHANGES	395	20246
»	390	20506
»	385	20772
»	380	21045
»	375	21326
»	370	21614
»	365	21910
»	360	22214
»	355	22527
»	350	22849

Droits d'entrée en France par 100 kil. en Octobre 1865

Au dessous du n° 13	Par navire Français	F. 42.—
	id. Etranger	» 44.—
Du n° 13 au n° 20	id. Français	» 44.—
	id. Etranger	» 46.—

COMPTE D'ACHAT ET DE REVIENT

A 209 BARILS TAPIOCA

209 barils Tapioca, pesant net arrobes 1057.28 à Rs 1$800 par arrobe .... Rs 1:903$895

FRAIS A MARAGNAN

	Droits de sortie		
Impôt provincial sur estimation de Rs 1$600, Rs 1:691$650 à 5 % et 10 %	Rs 93$040		
Droits de sortie sur estimation de Rs 1$600, 1:691$650 à 7 %	» 118$415		
	Rs 211$455		
Embarquement et pesage à Rs 100 par baril		Rs 20$900	
Coût de 209 barils à Rs 1$000 par baril		» 209$000	
Ouvriers pour fermer et conditionner à Rs 100 par baril		» 20$900	
Charettes pour embarquement à Rs 80		» 16$720	» 267$520
			Rs 2:171$415
Commission d'achat et de remboursement 5 %	» 10$570		» 108$570
	Rs 222$025		Rs 2:279$985
Remboursement sur Paris à 90 jours de vue, au change de Rs 400 pour F. 1	F. 555.05		F. 5699.85

FRAIS AU HAVRE

Fret sur 17892 kil. bruts à F. 60 et 10 % par tonneau de 700 kil.		F. 1639.80	
Permis, frais au débarquement, port en entrepôt, arrimage, magasinage d'un mois, tonneliers pour échantillonner, livraison et menus frais		» 175.—	
Assurance maritime sur F. 6270, à 1 ½ % et police	» 7.62	» 79.90	
id. contre le feu sur F. 8164, ½ ‰	» 0.30	» 4.10	
Commission de banque à Paris pour confirmation de crédit, ½ %	» 2.77	» 28.50	
Perte d'intérêts ½ %			
Commission de banque ¼ %			
Courtage de vente ¼ %			
Escompte à la vente 2 %			
Commission de vente 2 %			
Ensemble 5 % sur F. 8028.70	» 29.76	» 401.45	» 2328.75
	F. 595.30		F. 8028.70
Soit par 100 kil.	» 3.88		

RENDEMENT : 100 ℔ rendent net 45 kil. ¾ :

Soit net 15344 kil. à	F. 52.32	par 100 kil. entrepôt	F.	8026.—
Plus : droits de sortie à Maragnan	» 3.88	id.	id.	
Ensemble	F. 56.20	id.	id.	

PRIX DE REVIENT AU HAVRE DES 100 KIL. ENTREPOT

AUX CHANGES SUIVANTS SUR PARIS

Avec la parité des changes sur LONDRES, calculés sur la base de F. 25.25 pour £ 1.—.—

PRIX à MARAGNAN par arrobe	PARIS Rs 400 — LONDRES D. 23¾	PARIS Rs 390 — LONDRES D. 24⅜	PARIS Rs 380 — LONDRES D. 25	PARIS Rs 370 — LONDRES D. 25¹¹/₁₆	PARIS Rs 360 — LONDRES D. 26⅜	PARIS Rs 350 — LONDRES D. 27⅛	PARIS Rs 340 — LONDRES D. 27¹⁵/₁₆	PARIS Rs 330 — LONDRES D. 28¹¹/₁₆	PARIS Rs 320 — LONDRES D. 29¹¹/₁₆
Centièmes. Coût et frais variables Rs 0$010	F. 0.02	F. 0.02	F. 0.02	F. 0.02	F. 0.02	F. 0.02	F. 0.02	F. 0.02	F. 0.02
0$020	0.04	0.04	0.04	0.04	0.04	0.04	0.04	0.04	0.04
0$030	0.06	0.06	0.06	0.06	0.06	0.06	0.06	0.06	0.07
0$040	0.08	0.08	0.08	0.08	0.08	0.08	0.08	0.09	0.09
0$050	0.10	0.10	0.10	0.10	0.10	0.10	0.10	0.11	0.12
0$060	0.12	0.12	0.12	0.12	0.12	0.13	0.13	0.13	0.14
0$070	0.14	0.14	0.14	0.14	0.15	0.15	0.15	0.16	0.17
0$080	0.16	0.16	0.16	0.16	0.17	0.17	0.17	0.18	0.19
0$090	0.18	0.18	0.18	0.16	0.19	0.19	0.19	0.21	0.22
Coût et frais variables et invariables 1$000	36.79	37.44	38.11	38.83	39.56	40.34	41.14	41.99	42.88
1$100	38.73	39.43	40.15	40.93	41.72	42.56	43.43	44.34	45.31
1$200	40.67	41.42	42.19	43.03	43.88	44.78	45.72	46.69	47.74
1$300	42.61	43.41	44.24	45.13	46.04	47.—	48.01	49.05	50.17
1$400	44.55	45.40	46.28	47.23	48.19	49.22	50.30	51.40	52.60
1$500	46.49	47.39	48.32	49.33	50.35	51.44	52.57	53.75	55.03
1$600	48.44	49.38	50.37	50.43	52.51	53.66	54.85	56.11	57.45
1$700	50.38	51.37	52.41	53.53	54.67	55.88	57.13	58.46	59.87
1$800	52.32	53.36	54.45	55.62	56.82	58.09	59.41	60.81	62.29
1$900	54.26	55.35	56.50	57.72	58.98	60.31	61.70	63.17	64.72
2$000	56.20	57.35	58.54	59.82	61.14	62.53	63.99	65.52	67.15
2$100	58.15	59.34	60.58	61.92	63.30	64.75	66.28	67.87	69.58
2$200	60.09	61.33	62.63	64.01	65.45	66.97	68.56	70.23	72.01
2$300	62.03	63.32	64.67	66.11	67.61	69.79	70.84	72.58	74.44
2$400	63.97	65.32	66.72	68.21	69.76	71.40	73.12	74.94	76.86
Plus par 100 kil. pour Droits de Sortie à Maragnan, sur estimation de Rs 1$600	3.88	3.98	4.06	4.19	4.31	4.44	4.57	4.70	4.85

OBSERVATIONS

F. 10 et 10 % par tonneau sur le fret, font au Havre une différence de F. 1.78 par 100 kil. sur les prix.

On veut savoir le revient au Havre de Tapioca coûtant à Maragnan Rs 2$350 par arrobe, au change de Rs 360 et au fret de F. 60 et 10 %.

On trouvera dans la 1re et la 6e colonne de ce tableau que :

Rs 0$050 font par 100 kil.	F.	0.10
» 0$300 id. id.	»	0.63
» 2$000 id. id.	»	61.14
Plus droits de sortie à Maragnan, sur Rs 2$150 et 12 ½ %	»	5.80
Rs 2$350 feront donc par 100 kil.	F.	67.67

N.-B. — Les droits de sortie à Maragnan n'étant pas compris dans les prix de revient du tableau ci-dessus devront être ajoutés. — Voir page 200 l'explication pour le calcul de ces mêmes droits au moyen des logarithmes suivants.

CHANGES		LOGARITHMES
	400	19415
»	390	19918
»	380	20437
»	370	20989
»	360	21572
»	350	21189
»	340	22841
»	330	23533
»	320	24209

Droits d'entrée en France par 100 kil. en Octobre 1865

Par navire Français .... F. 8.—
id. Etranger .... » 8.40

COMPTE D'ACHAT ET DE REVIENT

A 3580 SACS CAFÉ

3580 sacs Café de 5 arrobes chaque, soit 17900 arrobes, à Rs 6$000 par arrobe......... Rs 107:400$000

FRAIS A SANTOS

	Droits de Sortie		
Droits de sortie sur 17900 arrobes à Rs 5$250, soit Rs 93:975$000, à 7 %.........	Rs 6:578$250		
Droit provincial sur 17900 arrobes à Rs 3$675, Rs 65:782$500 à 4 %.........	» 2:631$300		
Capatazia à Rs 10 par arrobe.........		Rs 179$000	
Coût de 3580 sacs à Rs 900 par sac et frais d'embarquemt.........		» 3:222$000	
Boîtes d'échantillons et menus frais.........		» 60$000	» 3:461$000
	Rs 9:209$550		Rs 110:861$000
Commission d'achat et de remboursement 5 %.........	» 460$475		» 5:543$050
	Rs 9:670$025		Rs 116:404$050
Courtage de négociation ¼ %.........	» 24$175		» 291$010
	Rs 9:694$200		Rs 116:695$060
Remboursement sur Paris à 90 jours de vue, au change de Rs 395 pour F. 1..	F. 24542.30		F. 295430.55

FRAIS AU HAVRE

Fret sur 262700 kil. bruts à F. 80 et 10 % par ton. de 900 kil.		F. 25686.20	
Permis, voiliers pour échantillonner, port en entrepôt, arrimage, magasinage d'un mois, livraison et menus frais.........		» 2135.—	
Assurance maritime sur F. 324973, à 1½ % et police.........	» 404.95	» 4876.10	
id. contre le feu sur F. 357670, à ⅛ %.........	» 11.70	» 178.80	
Commission de banque à Paris pour confirmation de crédit, ½ %.........	» 122.70	» 1477.15	
Perte d'intérêts......... ½ % Commission de banque......... ¼ % Courtage de vente......... ¼ % Escompte à la vente......... 2 % Commission de vente......... 2 % Ensemble.. 5 % sur F. 347140.85.........	» 1320.10	» 17357.05	» 51710.30
	F. 26401.75		F. 347140.85
Soit par 100 kil.........	» 10.35		

RENDEMENT : 1 arrobe rend net 14 kil. ¼ :

Soit net 255075 kil. à.........	F. 136.09	par 100 kil.	entrepôt.........	F. 347131.55
Plus : droits de sortie à Santos.........	» 10.35	id.	id.	
Ensemble.........	F. 146.44	id.	id.	

PRIX DE REVIENT AU HAVRE DES 100 KIL. ENTREPOT
AUX CHANGES SUIVANTS SUR PARIS

Avec la parité des changes sur LONDRES, calculés sur la base de F. 25.25 pour £ 1.—.—

PRIX à SANTOS par arrobe	PARIS Rs 395 — LONDRES D. 24 1/16	PARIS Rs 390 — LONDRES D. 24 3/8	PARIS Rs 385 — LONDRES D. 24 11/16	PARIS Rs 380 — LONDRES D. 25	PARIS Rs 375 — LONDRES D. 25 3/8	PARIS Rs 370 — LONDRES D. 25 11/16	PARIS Rs 365 — LONDRES D. 26	PARIS Rs 360 — LONDRES D. 26 3/8	PARIS Rs 355 — LONDRES D. 26 3/4	PARIS Rs 350 — LONDRES D. 27 1/8
Rs 0$010	F. 0.20	F. 0.20	F. 0.21	F. 0.21	F. 0.21	F. 0.22	F. 0.22	F. 0.22	F. 0.22	F. 0.23
0$020	0.40	0.41	0.41	0.42	0.42	0.43	0.44	0.44	0.45	0.45
0$030	0.60	0.61	0.62	0.63	0.64	0.65	0.65	0.66	0.67	0.68
0$040	0.80	0.82	0.82	0.84	0.85	0.86	0.87	0.88	0.90	0.91
0$050	1.01	1.02	1.03	1.05	1.06	1.08	1.09	1.10	1.12	1.14
0$060	1.21	1.22	1.24	1.25	1.27	1.29	1.31	1.32	1.34	1.36
0$070	1.41	1.43	1.44	1.46	1.48	1.51	1.53	1.54	1.57	1.59
0$080	1.61	1.63	1.65	1.67	1.70	1.72	1.74	1.76	1.79	1.82
0$090	1.81	1.84	1.85	1.88	1.91	1.94	1.96	1.99	2.02	2.04
0$100	2.01	2.04	2.06	2.09	2.12	2.15	2.18	2.21	2.24	2.27
0$200	4.02	4.08	4.13	4.18	4.24	4.30	4.35	4.42	4.48	4.54
0$300	6.04	6.11	6.19	6.27	6.36	6.44	6.53	6.62	6.72	6.81
0$400	8.05	8.15	8.26	8.36	8.48	8.59	8.71	8.83	8.96	9.08
0$500	10.06	10.19	10.32	10.46	10.60	10.74	10.89	11.04	11.20	11.36
0$600	12.07	12.23	12.38	12.55	12.71	12.89	13.06	13.25	13.43	13.63
0$700	14.08	14.27	14.45	14.64	14.83	15.04	15.24	15.46	15.67	15.90
0$800	16.09	16.30	16.51	16.73	16.95	17.18	17.42	17.66	17.91	18.17
0$900	18.11	18.34	18.58	18.82	19.07	19.33	19.59	19.87	20.15	20.44
1$000	20.12	20.38	20.64	20.91	21.19	21.48	21.77	22.08	22.39	22.71
4$000	95.86	96.94	98.06	99.20	100.37	101.57	102.80	104.06	105.36	106.70
5$000	115.98	117.32	118.71	120.11	121.57	123.05	124.57	126.14	127.75	129.41
6$000	136.10	137.70	139.35	141.02	142.76	144.52	146.34	148.21	150.13	152.11
7$000	156.22	158.08	159.99	161.94	163.95	166.—	168.12	170.29	172.52	174.82
8$000	176.34	178.45	180.63	182.85	185.14	187.48	189.89	192.36	194.90	197.53
9$000	196.46	198.83	201.28	203.77	206.34	208.90	211.67	214.43	217.29	220.23
10$000	216.58	219.21	221.92	224.68	227.53	230.44	233.44	236.52	239.68	242.94
Plus par 100 kil. pour Droits de Sortie à Santos.	A ajouter, en les calculant comme il est dit page 200.									

(Rs 0$010 à 1$000 : Café et frais variables — Rs 4$000 à 10$000 : Coût et frais variables et invariables.)

OBSERVATIONS

F. 10 et 10 % par tonneau sur le fret, font au Havre une différence de F. 1.26 par 100 kil. sur les prix.

On veut savoir le revient au Havre de Café coûtant à Santos Rs 6$650 par arrobe, au change de Rs 375 et au fret de F. 80 et 10 %.

On trouvera dans la 1re et la 6e colonne de ce tableau que:

Rs 0$050 font par 100 kil.........	F.	1.07
» 0$600 id. id.	»	12.71
» 6$000 id. id.	»	142.76
Plus droits de sortie à Santos, sur Rs 5$300 à 7 %.........	»	7.86
» 3$700 à 4 %.........	»	3.14
Rs 6$650 feront donc par 100 kil.........	F.	167.53

N.-B. — Les droits de sortie à Santos n'étant pas compris dans les prix de revient du tableau ci-dessus devront être ajoutés. — Voir page 200 l'explication pour le calcul de ces mêmes droits au moyen des logarithmes suivants.

CHANGES		LOGARITHMES
395	....	20120
» 390	....	20378
» 385	....	20643
» 380	....	20914
» 375	....	21193
» 370	....	21479
» 365	....	21774
» 360	....	22076
» 355	....	22387
» 350	....	22707

Droits d'entrée en France par 100 kil. en Octobre 1865

Par navire Français......... F. 50.40
id. Etranger......... » 55.40

COMPTE D'ACHAT ET DE REVIENT

A 50 BALLES COTON

50 balles Coton, pesant brut...........	arrobes 350.—		
Tare, 3 ℔ par balle........................	» 4.22		
Net........................	arrobes 345.10 à Rs 22$000 par arrobe..............	Rs	7:596$875

FRAIS A CÉARA

	Droits de Sortie		
Droits de sortie sur Rs 22$000, soit sur Rs 7:596$875, à 12 %..........................	Rs 911$625		
Impôt pour la Sainte-Maison Rs 40..............................		Rs 13$810	
Charger les balles Rs 240 par balle..............................		» 12$000	
Embarquement Rs 240 par balle..............................		» 12$000	» 37$810
			Rs 7:634$685
Commission d'achat et de remboursement 5 %..............	» 45$580		» 381$735
	Rs 957$205		Rs 8:016$420
Remboursement sur Paris à 90 jours de vue, au change de Rs 400 pour F. 1..	F. 2393.—		F. 20041.05

FRAIS AU HAVRE

Fret sur 5075 kil. bruts à F. 60 et 10 % par tonneau de 450 kil......................		F. 744.35	
Permis, voiliers pour échantillonner et conditionner, port en magasin, arrimage, magasinage d'un mois, livraison et menus frais..............................		» 42.50	
Assurance maritime sur F. 22045, à 1 ¼ % et police....	» 32.90	» 277.05	
id. contre le feu sur F. 23100, à ½ ‰..............	» 1.33	» 11.55	
Commission de banque à Paris pour confirmation de crédit, ½ %..............................	» 111.96	» 100.20	
Perte d'intérêts.................... ½ %			
Commission de banque.......... ¼ %			
Courtage de vente.................. ¼ %			
Escompte à la vente.............. 2 %			
Commission de vente.............. 2 %			
Ensemble....... 5 % sur F. 22333.35....	» 128.36	» 116.65	» 2292.30
	F. 2567.55		F. 22333.35
Soit par 100 kil..............................	» 53.26		

RENDEMENT : 1 arrobe rend brut 14 kil. ¼ :

Soit brut..................... kil. 5075				
Tare et don.................. » 254				
Net...... kil. 4821 à..............	F. 463.25	par 100 kil. entrepôt..........	F.	22333.25
Plus : droits de sortie à Céara..................	» 53.26	id.	id.	
Ensemble..............................	F. 516.51	id.	id.	

PRIX DE REVIENT AU HAVRE DES 100 KIL. ENTREPOT

AUX CHANGES SUIVANTS SUR PARIS

Avec la parité des changes sur LONDRES, calculés sur la base de F. 25.25 pour £ 1.—.—

	PRIX à CÉARA par arrobe	PARIS Rs 400 — LONDRES D. 23 ¾	PARIS Rs 390 — LONDRES D. 24 ¼	PARIS Rs 380 — LONDRES D. 25	PARIS Rs 370 — LONDRES D. 25 ¹¹/₁₆	PARIS Rs 360 — LONDRES D. 26 ⅜	PARIS Rs 350 — LONDRES D. 27 ⅛	PARIS Rs 340 — LONDRES D. 27 ¹⁵/₁₆	PARIS Rs 330 — LONDRES D. 28 ¹³/₁₆	PARIS Rs 320 — LONDRES D. 29 ¹¹/₁₆
[illegible] Coût et frais variables	Rs 0$050	F. 1.01	F. 1.03	F. 1.06	F. 1.09	F. 1.12	F. 1.15	F. 1.18	F. 1.22	F. 1.26
	0$100	2.02	2.07	2.12	2.18	2.24	2.30	2.37	2.44	2.52
	0$200	4.04	4.14	4.24	4.36	4.48	4.60	4.74	4.88	5.04
	0$300	6.05	6.21	6.36	6.54	6.72	6.91	7.11	7.33	7.56
	0$400	8.07	8.28	8.49	8.72	8.96	9.21	9.49	9.77	10.08
	0$500	10.09	10.35	10.61	10.90	11.20	11.52	11.86	12.22	12.60
	0$600	12.11	[illegible]	[illegible]	[illegible]	[illegible]	[illegible]	[illegible]	[illegible]	15.12
	0$700	14.13	14.49	14.86	15.26	15.68	16.13	[illegible]	[illegible]	[illegible]
	0$800	16.14	16.56	16.98	17.44	17.92	18.43	18.98	19.55	20.16
	0$900	18.16	18.63	19.10	19.62	20.16	20.74	21.35	22.—	22.68
Coût et frais variables et invariables	6$000	140.46	143.60	147.03	150.57	154.31	158.24	162.40	166.82	171.50
	7$000	160.63	164.35	168.26	172.38	176.72	181.29	186.13	191.27	196.72
	8$000	180.80	185.04	189.50	194.19	199.14	204.35	209.86	215.73	221.94
	9$000	200.08	205.73	210.73	216.—	221.55	227.40	233.60	240.18	247.10
	10$000	221.15	226.42	231.97	237.81	243.97	250.46	257.33	264.63	272.38
	11$000	241.32	247.11	253.20	259.62	266.38	273.51	281.06	289.08	297.60
	12$000	261.50	267.80	274.44	281.43	288.80	296.57	304.80	313.53	322.81
	13$000	281.67	288.49	295.67	303.24	311.21	319.62	328.53	337.98	348.02
	14$000	301.84	309.18	316.91	325.05	333.63	342.68	352.26	362.43	373.23
	15$000	322.02	329.87	338.14	346.86	356.04	365.73	376.—	386.88	398.45
	16$000	342.19	350.56	359.38	368.66	378.46	388.79	399.73	411.34	423.67
	17$000	362.36	371.25	380.61	390.47	400.87	411.84	423.46	435.79	448.89
	18$000	382.54	391.94	401.85	412.28	423.29	434.90	447.20	460.24	474.11
	19$000	402.71	412.63	423.08	434.09	445.70	457.95	470.93	484.69	499.33
	20$000	422.88	433.32	444.32	455.90	468.12	481.01	494.66	509.14	524.54
	21$000	443.06	454.01	465.55	477.71	490.53	504.06	518.40	533.60	549.75
	22$000	463.24	474.70	486.79	499.52	512.95	527.12	542.13	558.05	574.96
	23$000	483.41	495.39	508.02	521.33	535.36	550.17	565.86	582.50	600.18
	24$000	502.58	516.08	529.26	543.14	557.78	573.23	589.60	606.95	625.39
	25$000	523.75	536.77	550.49	564.94	580.19	596.28	613.33	631.41	650.61
Plus par 100 kil. pour Droits de Sortie à Céara, sur estimation de Rs 22$000 et 12 %		53.26	54.62	56.06	57.57	59.17	60.86	62.65	64.55	66.57

OBSERVATIONS

F. 10 et 10 % par tonneau sur le fret, font au Havre une différence de F. 2.78 par 100 kil. sur les prix.

On veut savoir le revient au Havre de Coton coûtant à Céara Rs 10$950 par arrobe, au change de Rs 360 et au fret de F. 60 et 10 %.

On trouvera dans la 1re et la 6e colonne de ce tableau que:

Rs 0$050 font par 100 kil..............................	F.	1.12
» 0$900 id. id.	»	20.16
» 10$000 id. id.	»	243.97
Plus droits de sortie à Céara, sur Rs 10$950 et 12 %..................	»	29.45
Rs. 10$950 feront donc par 100 kil..................	F.	294.70

N.-B. — Les droits de sortie à Céara n'étant pas compris dans les prix de revient du tableau ci-dessus devront être ajoutés. — Voir page 200 l'explication pour le calcul de ces mêmes droits au moyen des logarithmes suivants.

CHANGES		LOGARITHMES
»	400	20173
»	390	20600
»	380	21233
»	370	21800
»	360	22415
»	350	23055
»	340	23733
»	330	24452
»	320	25216

Droits d'entrée en France par 100 kil. en Octobre 1865

Par navire Français..............................	Exempt
Id. Etranger..............................	F. 3.—

COMPTE D'ACHAT ET DE REVIENT

A 100 SACS CAOUTCHOUC

100 sacs Caoutchouc, pesant net 425 arrobes à R^s 10#500 par arrobe .... R^s 4:462#500

FRAIS A CÉARA

	Droits de sortie		
Droits de sortie sur l'estimation de R^s 10#000, R^s 4:250#000, à 12 %	R^s 510#000		
Impôt pour la Sainte-Maison R^s 80 par sac		R^s 34#000	
Peser et emballer ... » 100 id.		» 10#000	
Coût de 100 sacs ... » 640 id.		» 64#000	
Charger les sacs ... » 120 id.		» 12#000	
Embarquement ... » 120 id.		» 12#000	
Magasinage ... » 400 id.		» 40#000	» 172#000
			R^s 4:634#500
Commission d'achat et de remboursement 5 %	» 25#500		» 231#725
	R^s 535#500		R^s 4:866#225
Remboursement sur Paris à 90 jours de vue, au change de R^s 400 pour F. 1.	F. 1338.75		F. 12165.55

FRAIS AU HAVRE

Fret sur 5960 kil. à F. 60 et 5 % par tonneau de 450 kil.		F. 834.40	
Permis, frais au débarquement, port en entrepôt, arrimage, échantillonnage, magasinage d'un mois, livraison et menus frais		» 45.—	
Assurance maritime sur F. 13381, à 1 ¼ % et police	» 18.40	» 168.75	
id. contre le feu sur F. 14420, à ½ ‰	» 0.74	» 7.21	
Commission de banque à Paris pour confirmation de crédit, ½ %	» 6.69	» 60.82	
Perte d'intérêts ... ½ %			
Commission de banque ... ¼ %			
Courtage de vente ... ¼ %			
Escompte à la vente ... 2 %			
Commission de vente ... 2 %			
Ensemble ... 5 % sur F. 13980.77	» 71.82	» 699.04	» 1815.22
	F. 1436.40		F. 13980.77
Soit par kil.	» 0.24		

Rendement : 1 arrobe rend net 13 kil. ¾ :

Soit net 5843 kil. ¾ à	F. 2.39	par kil. entrepôt	F. 18066.55
Plus : droits de sortie à Céara	» 0.24	id. id.	
Ensemble	F. 2.63	id. id.	

PRIX DE REVIENT AU HAVRE DU KIL. ENTREPOT

AUX CHANGES SUIVANTS SUR PARIS

Avec la parité des changes sur Londres, calculés sur la base de F. 25.25 pour £ 1.—.—

	Prix à Céara par arrobe	Paris R^s 400 — Londres D. 23¾	Paris R^s 390 — Londres D. 24¼	Paris R^s 380 — Londres D. 25	Paris R^s 370 — Londres D. 25 11/16	Paris R^s 360 — Londres D. 26⅜	Paris R^s 350 — Londres D. 27⅛	Paris R^s 340 — Londres D. 27 15/16	Paris R^s 330 — Londres D. 28 13/16	Paris R^s 320 — Londres D. 29 11/16
Subdivisions. Coût et frais variables	R^s 0#100	F. 0.02	F. 0.02	F. 0.02	F. 0.02	F. 0.02	F. 0.02	F. 0.02	F. 0.02	F. 0.02
	0#200	0.04	0.04	0.04	0.04	0.04	0.04	0.04	0.04	0.04
	0#300	0.06	0.06	0.06	0.06	0.06	0.06	0.06	0.07	0.07
	0#400	0.08	0.08	0.08	0.08	0.08	0.09	0.09	0.09	0.09
	0#500	0.10	0.10	0.10	0.10	0.11	0.11	0.11	0.12	0.12
	0#600	0.12	0.12	0.12	0.13	0.13	0.13	0.14	0.14	0.14
	0#700	0.14	0.14	0.15	0.15	0.15	0.16	0.16	0.17	0.17
	0#800	0.16	0.16	0.17	0.17	0.17	0.18	0.18	0.19	0.19
	0#900	0.18	0.18	0.19	0.19	0.20	0.20	0.21	0.22	0.22
Coût et frais variables et invariables	8#000	1.88	1.92	1.96	2.01	2.07	2.12	2.18	2.23	2.31
	9#000	2.08	2.13	2.17	2.23	2.30	2.36	2.42	2.48	2.57
	10#000	2.29	2.34	2.39	2.45	2.53	2.60	2.66	2.73	2.83
	11#000	2.49	2.55	2.60	2.67	2.76	2.84	2.90	2.98	3.09
	12#000	2.70	2.76	2.82	2.89	2.99	3.07	3.14	3.23	3.35
	13#000	2.90	2.97	3.03	3.11	3.22	3.30	3.38	3.48	3.61
	14#000	3.11	3.18	3.25	3.33	3.45	3.53	3.62	3.73	3.86
	15#000	3.31	3.39	3.46	3.56	3.68	3.76	3.86	3.98	4.11
	16#000	3.52	3.60	3.68	3.78	3.90	3.99	4.10	4.22	4.36
	17#000	3.72	3.81	3.89	4.—	4.13	4.23	4.34	4.47	4.62
	18#000	3.93	4.02	4.11	4.22	4.36	4.47	4.59	4.72	4.88
	19#000	4.13	4.23	4.32	4.44	4.59	4.71	4.83	4.97	5.14
	20#000	4.34	4.44	4.54	4.66	4.81	4.95	5.07	5.22	5.39
	21#000	4.54	4.65	4.76	4.88	5.03	5.18	5.31	5.47	5.64
	22#000	4.74	4.86	4.98	5.11	5.25	5.40	5.55	5.71	5.89
	Plus par kil. pour Droits de Sortie à Céara, sur estimation de R^s 10#000 et 12 %	0.24	0.25	0.26	0.26½	0.27	0.28	0,29	0.30	0.30½

OBSERVATIONS

F. 10 et 10 % par tonneau sur le fret, font au Havre une différence de F. 0.04 par kil. sur les prix.

On veut savoir le revient au Havre de Caoutchouc coûtant à Céara R^s 15#700 par arrobe, au change de R^s 360 et au fret de F. 60 et 10 %.

On trouvera dans la 1re et la 6e colonne de ce tableau que :

R^s 0#700	font par kil.	F. 0.15
» 15#000	id. id.	» 3.68
	Plus droits de sortie à Céara, sur R^s 15#000 et 12 %	» 0.41
R^s 15#700	feront donc par kil.	F. 4.24

N.-B. — Les droits de sortie à Céara n'étant pas compris dans les prix de revient du tableau ci-dessus devront être ajoutés. — Voir page 200 l'explication pour le calcul de ces mêmes droits au moyen des logarithmes suivants.

Changes		Logarithmes
Changes	400	20484
»	390	21009
»	380	21562
»	370	22145
»	360	22 70
»	350	23410
»	340	24098
»	330	24829
»	320	25605

Droits d'entrée en France par 100 kil. en Octobre 1865

Par navire Français ... Exempt

id. Etranger ... F. 3.60

COMPTE D'ACHAT ET DE REVIENT

A 4500 SACS SUCRE

4500 sacs Sucre, pesant net 20250 arrobes à Rˢ 2$000 par arrobe			Rˢ 40:500$000

FRAIS A CÉARA

	Droits de Sortie		
Droits de sortie sur la valeur de Rˢ 2$000, soit Rˢ 40:500$000 à 12 %	Rˢ 4:860$000		
Impôt pour la Sainte-Maison Rˢ 5 par arrobe		Rˢ 101$250	
Charger les sacs Rˢ 100 par sac		» 450$000	
Peser Rˢ 40 par sac		» 180$000	
Raccommodage		» 50$000	
Embarquement Rˢ 120 par sac		» 540$000	
Magasinage Rˢ 20 par arrobe		» 405$000	» 1:720$250
			Rˢ 42:220$250
Commission d'achat et de remboursement 5 %	» 243$000		» 2:111$310
	Rˢ 5:103$000		Rˢ 44:337$560
Remboursement sur Paris à 90 jours de vue, au change de Rˢ 395 pour F. 1.	F. 12919.—		F. 112247.—

FRAIS AU HAVRE

Fret sur 292800 kil. bruts, à F. 60 et 10 % par tonneau de 1000 kil.		F. 19291.80	
Permis, frais au débarquement, voiliers pour échantillonner et conditionner, port en magasin, magasinage d'un mois, livraison et menus frais		» 2005.—	
Assurance maritime sur F. 123471, à 1 ¼ % et police	» 177.60	» 1544.90	
id. contre le feu sur F. 146312, à ½ ‰	» 7.20	» 73.15	
Commission de banque à Paris pour confirmation de crédit, ½ %	» 64.60	» 561.25	
Perte d'intérêts ½ %			
Courtage de vente ¼ %			
Escompte à la vente 2 %			
Commission de vente 2 %			
Ensemble 4¾ % sur F. 142491.45	» 655.70	» 6768.35	» 30244.45
	F. 13825.10		F. 142491.45
Soit par 100 kil.	» 4.86		

Rendement : 1 arrobe rend net kil. 14.15 :

Soit net	kil. 286537
Moins : réfactions pour couches	» 2250
Net	kil. 284287 à F. 50.12 par 100 kil. entrepôt ... F. 142484.65
Plus : droits de sortie à Céara	» 4.86 id. id.
Ensemble	F. 54.98 id. id.

PRIX DE REVIENT AU HAVRE DES 100 KIL. ENTREPOT

AUX CHANGES SUIVANTS SUR PARIS

Avec la parité des changes sur Londres, calculés sur la base de F. 25.25 pour £ 1.—.—

PRIX à CÉARA par arrobe	PARIS Rˢ 395 — LONDRES D. 24 ¹⁄₁₆	PARIS Rˢ 390 — LONDRES D. 24⅜	PARIS Rˢ 385 — LONDRES D. 24¹¹⁄₁₆	PARIS Rˢ 380 — LONDRES D. 25	PARIS Rˢ 375 — LONDRES D. 25¼	PARIS Rˢ 370 — LONDRES D. 25¹¹⁄₁₆	PARIS Rˢ 365 — LONDRES D. 26	PARIS Rˢ 360 — LONDRES D. 26¼	PARIS Rˢ 355 — LONDRES D. 26¾	PARIS Rˢ 350 — LONDRES D. 27⅛
Rˢ 0$010	F. 0.20	F. 0.21	F. 0.21	F. 0.21	F. 0.21	F. 0.22	F. 0.22	F. 0.22	F. 0.23	F. 0.23
0$020	0.41	0.41	0.42	0.42	0.43	0.43	0.44	0.44	0.45	0.46
0$030	0.61	0.62	0.62	0.63	0.64	0.65	0.66	0.67	0.68	0.69
0$040	0.81	0.82	0.83	0.84	0.85	0.86	0.88	0.89	0.90	0.92
0$050	1.02	1.03	1.04	1.05	1.06	1.08	1.10	1.11	1.13	1.15
0$060	1.22	1.23	1.25	1.27	1.28	1.30	1.31	1.33	1.35	[illegible]
0$070	1.42	1.44	1.46	1.48	1.49	1.51	[illegible]	1.55	1.58	1.60
0$080	1.62	1.64	1.66	[illegible]	1.70	1.73	1.75	1.78	1.80	1.83
0$090	1.83	1.85	1.87	1.90	1.92	1.94	1.97	2.00	2.03	2.06
0$100	2.03	2.05	2.08	2.11	2.13	2.16	2.19	2.22	2.25	2.28
1$500	39.99	40.40	40.83	41.26	41.71	42.16	42.64	43.12	43.61	44.13
1$600	42.01	42.45	42.91	43.36	43.85	44.33	44.84	45.35	45.87	46.41
1$700	44.04	44.51	44.99	45.47	45.98	46.49	47.03	47.57	48.12	48.70
1$800	46.06	46.56	47.07	47.57	48.12	48.65	49.22	49.79	50.38	50.99
1$900	48.09	48.61	49.15	49.68	50.25	50.82	51.42	52.02	52.63	53.28
2$000	50.12	50.66	51.22	51.79	52.38	52.98	53.61	54.24	54.88	55.56
2$100	52.14	52.71	53.30	53.89	54.52	55.14	55.80	56.46	57.14	57.85
2$200	54.17	54.77	55.38	56.00	56.65	57.30	57.99	58.68	59.39	60.14
2$300	56.19	56.82	57.46	58.10	58.79	59.47	60.19	60.91	61.65	62.42
2$400	58.22	58.87	59.54	60.21	60.92	61.63	62.38	63.13	63.90	64.71
2$500	60.25	60.92	61.62	62.32	63.05	63.79	64.57	65.35	66.15	67.00
2$600	62.27	62.97	63.70	64.42	65.19	65.96	66.77	67.58	68.41	69.28
2$700	64.30	65.03	65.78	66.53	67.32	68.12	68.96	69.80	70.66	71.57
2$800	66.32	67.08	67.86	68.63	69.45	69.28	71.15	72.02	72.92	73.86
2$900	68.35	69.13	69.94	70.74	71.58	74.45	73.34	74.24	75.17	76.15
3$000	70.38	71.18	72.01	72.85	73.72	74.61	75.53	76.46	77.43	78.43
Plus par 100 kil. pour droits de sortie à Céara, sur estimation de Rˢ 2$000 et 12 %	4.86	4.92	4.99	5.05	5.12	5.19	5.26	5.34	5.41	5.49

OBSERVATIONS

F. 10 et 10 % par tonneau sur le fret, font au Havre une différence de F. 1.18 par 100 kil. sur les prix.

On veut savoir le revient au Havre de Sucre coûtant à Céara Rˢ 2$150 par arrobe, au change de Rˢ 375 et au fret de F. 60 et 10 %.

On trouvera dans la 1ʳᵉ et la 5ᵉ colonne de ce tableau que :

Rˢ 0$050 font par 100 kil.	F. 1.06
» 2$100 id. id.	» 54.52
Plus droits de sortie à Céara, sur Rˢ 2$150	» 5.41
Rˢ 2$150 feront donc par 100 kil.	F. 61.09

N.-B. — Les droits de sortie à Céara n'étant pas compris dans les prix de revient du tableau ci-dessus devront être ajoutés. — Voir page 260 l'explication pour le calcul de ces mêmes droits au moyen des logarithmes suivants.

CHANGES		LOGARITHMES
Changes	395	20200
»	390	20520
»	385	20787
»	380	21060
»	375	21341
»	370	21628
»	365	21925
»	360	22230
»	355	22548
»	350	22865

Droits d'entrée en France par 100 kil. en Octobre 1863

Au dessous du nº 13	Par navire	Français	F. 42.—
	id.	Etranger	» 44.—
Du nº 13 au nº 20	id.	Français	» 44.—
	id.	Etranger	» 46.—

COMPTE D'ACHAT ET DE REVIENT

A 100 CUIRS SECS

	Droits de Sortie		
100 Cuirs secs, pesant 100 arrobes à Rs 5$000 par arrobe			Rs 500$000

FRAIS A CÉARA

	Droits de Sortie		
Droits de sortie sur Rs 500$000, à 12 %	Rs 60$000		
Impôt pour la Sainte-Maison.... Rs 40 par arrobe		Rs 4$000	
Peser .... » 40 id.		» 4$000	
Mettre au soleil .... » 40 id.		» 4$000	
Embarquement .... » 40 id.		» 4$000	
Magasinage .... » 50 id.		» 5$000	» 21$000
			Rs 521$000
Commission d'achat et de remboursement 5 %	» 3$000		» 26$050
	Rs 63$000		Rs 547$050
Remboursement sur Paris à 90 jours de vue, au change de Rs 400 pour F. 1.	F. 157.50		F. 1367.62

FRAIS AU HAVRE

Fret à F. 1.25 sec par cuir		F. 125.—	
Permis, frais au débarquement, port en entrepôt, arrimage, magasinage d'un mois, livraison et menus frais		» 12.50	
Assurance maritime sur F. 1504, à 1 ¼ % et police	» 2.16	» 20.30	
id. contre le feu sur F. 1661, à ⅓ %	» 0.08	» 0.83	
Commission de banque à Paris pour confirmation de crédit, ½ %	» 0.78	» 6.83	
Perte d'intérêts ½ %			
Commission de banque ¼ %			
Courtage de vente ¼ %			
Escompte à la vente 2 %			
Commission de vente 2 %			
Ensemble 5 % sur F. 1613.77	» 8.45	» 80.60	» 246.15
	F. 168.97		F. 1613.77
Soit par 100 kil.	» 11.65		

Rendement : 1 arrobe rend net 14 kil. ½ :

Soit net 1450 kil. à	F. 111.30 par 100 kil. entrepôt		F. 1613.85
Plus : droits de sortie à Céara	» 11.65 id. id.		
Ensemble	F. 122.95 id. id.		

PRIX DE REVIENT AU HAVRE DES 100 KIL. ENTREPOT

AUX CHANGES SUIVANTS SUR PARIS

Avec la parité des changes sur Londres, calculés sur la base de F. 25.25 pour £ 1.—.—

	PRIX à CÉARA par arrobe	PARIS Rs 400 — LONDRES D. 23¾	PARIS Rs 390 — LONDRES D. 24⅜	PARIS Rs 380 — LONDRES D. 25	PARIS Rs 370 — LONDRES D. 25¹¹/₁₆	PARIS Rs 360 — LONDRES D. 26⅜	PARIS Rs 350 — LONDRES D. 27⅛	PARIS Rs 340 — LONDRES D. 27¹⁵/₁₆	PARIS Rs 330 — LONDRES D. 28¹³/₁₆	PARIS Rs 320 — LONDRES D. 29¹¹/₁₆
Coût et frais variables	Rs 0$010	F. 0.19	F. 0.20	F. 0.20	F. 0.21	F. 0.21	F. 0.22	F. 0.23	F. 0.23	F. 0.24
	0$020	0.38	0.40	0.41	0.42	0.42	0.44	0.46	0.47	0.48
	0$030	0.57	0.60	0.61	0.63	0.64	0.66	0.69	0.70	0.72
	0$040	0.77	0.80	0.82	0.84	0.85	0.88	0.92	0.94	0.96
	0$050	0.96	1.—	1.02	1.05	1.07	1.10	1.15	1.17	1.21
	0$060	1.16	1.20	1.23	1.26	1.28	1.33	1.38	1.41	1.45
	0$070	1.35	1.40	1.43	1.47	1.50	1.55	1.61	1.64	1.69
	0$080	1.55	1.60	1.64	1.68	1.71	1.77	1.84	1.88	1.93
	0$090	1.74	1.80	1.84	1.89	1.93	1.99	2.06	2.11	2.18
	0$100	1.94	1.99	2.04	2.10	2.15	2.22	2.28	2.35	2.42
	0$200	3.88	3.98	4.08	4.20	4.31	4.44	4.56	4.70	4.85
	0$300	5.82	5.97	6.18	6.30	6.47	6.66	6.85	7.06	7.26
	0$400	7.70	7.96	8.17	8.40	8.63	8.88	9.13	9.42	9.71
	0$500	9.71	9.96	10.22	10.50	10.79	11.10	11.42	11.78	12.14
	0$600	11.65	11.95	12.26	12.60	12.95	13.32	13.70	14.13	14.57
	0$700	13.59	13.94	14.31	14.70	15.11	15.54	15.99	16.48	17.—
	0$800	15.53	15.93	16.35	16.80	17.27	17.76	18.27	18.83	19.42
	0$900	17.48	17.93	18.40	18.90	19.42	19.98	20.56	21.18	21.85
Coût et frais variables et invariables	4$000	91.87	93.98	96.20	98.54	101.01	103.60	106.34	109.24	112.31
	5$000	111.29	113.90	116.65	119.54	122.59	125.79	129.19	132.78	136.58
	6$000	130.72	133.82	137.09	140.54	144.17	147.99	152.04	156.32	160.87
	7$000	150.15	153.74	157.54	161.54	165.75	170.19	174.89	179.87	185.15
	8$000	169.58	173.66	177.98	182.54	187.33	192.38	197.74	203.42	209.43
	9$000	189.—	193.58	198.43	203.54	208.92	214.58	220.60	226.96	233.71
	10$000	208.41	213.51	218.88	224.54	230.50	236.79	243.45	250.50	257.99
Plus par 100 kil. pour Droits de Sortie à Céara, sur estimation de Rs 5$000 par arrobe et 12 %		11.65	11.95	12.27	12.60	12.95	13.32	13.71	14.12	14.57

OBSERVATIONS

F. 0.25 par cuir sur le fret, font au Havre une différence de F. 1.72 par 100 kil. sur les prix.

On veut savoir le revient au Havre de Cuirs coûtant à Céara Rs 5$750 par arrobe, au change de Rs 360 et au fret de F. 1.25 par cuir.

On trouvera dans la 1re et la 5e colonne de ce tableau que:

Rs 0$050 font par 100 kil.	F.	1.07
» 0$700 id. id.	»	15.11
» 5$000 id. id.	»	122.59
Plus droits de sortie à Céara, sur Rs 5$750 et 12 %	»	14.89
Rs 5$750 feront donc par 100 kil.	F.	153.66

N.-B. — Les droits de sortie à Céara n'étant pas compris dans les prix de revient du tableau ci-dessus devront être ajoutés. — Voir page 200 l'explication pour le calcul de ces mêmes droits au moyen des logarithmes suivants.

CHANGES		LOGARITHMES
CHANGES	400	19424
»	390	19922
»	380	20440
»	370	20009
»	360	21582
»	350	22199
»	340	22562
»	330	23544
»	320	24280

Droits d'entrée en France par 100 kil. en Octobre 1865

Par navire Français	Exempts
id. Etranger	F. 3.—

COMPTE D'ACHAT ET DE REVIENT

A 3000 SACS CAFÉ

3000 sacs Café, pesant net 13500 arrobes à Rs 6$200 par arrobe			Rs 83:700$000

FRAIS A CÉARA

	Droits de Sortie		
Droits de sortie sur l'estimation de Rs 6$000, Rs 81:000$000 à 12 %	Rs 9:720$000		
Impôt pour la Sainte-Maison Rs 40	» 540$000		
Charger les sacs Rs 120 par sac		Rs 360$000	
Peser Rs 40 par sac		» 120$000	
[illegible]		» [illegible]	
Embarquement Rs 120 par sac		» 360$000	
Magasinage 1 %		» 837$000	» 1:702$000
	Rs 10:260$000		Rs 85:402$000
Commission d'achat et de remboursement 5 %	» 513$000		» 4:270$100
	Rs 10:773$000		Rs 89:672$100
Remboursement sur Paris à 90 jours de vue, au change de Rs 400 pour F. 1	F. 26932.50		F. 224180.25

FRAIS AU HAVRE

Fret sur 196300 kil. bruts à F. 60 par tonneau de 900 kil.		F. 13086.65	
Permis, frais au débarquement, voiliers pour échantillonner, port en entrepôt, arrimage, magasinage d'un mois, livraison et menus frais		» 1330.—	
Assurance maritime sur F. 246598, à 1 ¼ % et police	» 370.30	» 3084.—	
id. contre le feu sur F. 264098, à ½ ‰	» 15.—	» 132.—	
Commission de banque à Paris pour confirmation de crédit, ½ %	» 134.65	» 1120.90	
Perte d'intérêts ½ % Commission de banque ¼ % Courtage de vente ¼ % Escompte à la vente 2 % Commission de vente 2 %			
Ensemble 5 % sur F. 255719.80	» 1444.85	» 12786.—	» 31539.55
	F. 28897.30		F. 255719.80
Soit par 100 kil.	» 15.02		

Rendement : 1 arrobe rend net 14 kil. ¼ :

Soit net 192375 kil. à	F. 132.93	par 100 kil. entrepôt	F. 255724.10
Plus : droits de sortie à Céara	» 15.02	id. id.	
Ensemble	F. 147.95	id. id.	

PRIX DE REVIENT AU HAVRE DES 100 KIL. ENTREPOT

AUX CHANGES SUIVANTS SUR PARIS

Avec la parité des changes sur Londres, calculés sur la base de F. 25.25 pour £ 1.—.—

PRIX à CÉARA par arrobe	PARIS Rs 400 — LONDRES D. 23 ¾	PARIS Rs 390 — LONDRES D. 24 ⅜	PARIS Rs 380 — LONDRES D. 25	PARIS Rs 370 — LONDRES D. 25 11/16	PARIS Rs 360 — LONDRES D. 26 ⅜	PARIS Rs 350 — LONDRES D. 27 ⅛	PARIS Rs 340 — LONDRES D. 27 15/16	PARIS Rs 330 — LONDRES D. 28 13/16	PARIS Rs 320 — LONDRES D. 29 11/16
Substitutions — Coût et frais variables									
Rs 0$010	F. 0.20	F. 0.20	F. 0.21	F. 0.21	F. 0.22	F. 0.22	F. 0.23	F. 0.24	F. 0.25
0$020	0.40	0.41	0.42	0.42	0.44	0.44	0.46	0.48	0.50
0$030	0.60	0.62	0.63	0.64	0.66	0.67	0.70	0.72	0.75
0$040	0.80	0.83	0.84	0.86	0.88	0.90	0.93	0.96	1.—
0$050	1.—	1.03	1.05	1.07	1.10	1.13	1.17	1.20	1.25
0$060	1.20	1.23	1.26	1.28	1.32	1.35	1.40	1.45	1.50
0$075	[illegible]	[illegible]	[illegible]	[illegible]	[illegible]	[illegible]	[illegible]	[illegible]	[illegible]
0$080	1.60	1.63	1.68	1.71	1.76	1.81	1.87	1.93	2.—
0$090	1.80	1.83	1.89	1.93	1.98	2.01	2.11	2.17	2.25
0$100	1.99	2.04	2.10	2.15	2.21	2.28	2.34	2.42	2.49
0$200	3.99	4.09	4.20	4.31	4.43	4.56	4.68	4.84	4.98
0$300	5.99	6.14	6.30	6.47	6.65	6.84	7.04	7.26	7.48
0$400	7.99	8.19	8.40	8.63	8.87	9.12	9.39	9.68	9.97
0$500	9.99	10.23	10.50	10.79	11.09	11.40	11.74	12.10	12.47
0$600	11.99	12.28	12.60	12.95	13.31	13.68	14.09	14.52	14.96
0$700	13.98	14.33	14.70	15.11	15.53	15.96	16.44	16.94	17.46
0$800	15.97	16.38	16.81	17.26	17.75	18.25	18.79	19.36	19.95
0$900	17.96	18.42	18.91	19.41	19.96	20.53	21.13	21.78	22.45
1$000	19.96	20.47	21.01	21.56	22.18	22.81	23.48	24.19	24.95
Coût et frais variables et invariables									
3$000	69.05	70.62	72.28	74.02	75.86	77.80	79.85	82.08	84.84
4$000	89.01	91.09	93.29	95.60	98.04	100.61	103.34	106.28	109.29
5$000	108.97	111.57	114.30	117.18	120.22	123.43	126.83	130.48	134.24
6$000	128.94	132.04	135.31	138.76	142.40	146.24	150.32	154.88	159.20
7$000	148.90	152.52	156.32	160.34	164.58	169.06	173.81	178.83	184.15
8$000	168.86	172.99	177.34	181.92	186.76	191.87	197.30	203.08	209.10
9$000	188.83	193.47	198.36	203.50	208.94	214.69	220.78	227.23	234.06
10$000	208.79	213.95	219.38	225.09	231.13	237.51	244.20	251.48	259.02
Plus par 100 kil. pour Droits de Sortie à Céara.	A ajouter, en les calculant comme il est dit page 200.								

OBSERVATIONS

F. 10 par tonneau sur le fret, font au Havre une différence de F. 1.18 par 100 kil. sur les prix.

On veut savoir le revient au Havre de Café coûtant à Céara Rs 7$550 par arrobe, au change de Rs 360 et au fret de F. 60 par tonneau.

On trouvera dans la 1re et la 6e colonne de ce tableau que :

Rs 0$050 font par 100 kil.		F. 1.10
» 0$500 id. id.		» 11.09
» 7$000 id. id.		» 164.58
Plus droits de sortie à Céara, sur estimation de Rs 7$300 et 12 %	F. 16.03	
Plus Rs 40 par arrobe	» 0.88	» 16.91
Rs 7$550 feront donc par 100 kil.		F. 193.68

N.-B. — Les droits de sortie à Céara n'étant pas compris dans les prix de revient du tableau ci-dessus devront être ajoutés. Pour trouver ce qu'ils produisent en France par 100 kil., il suffira de multiplier les logarithmes ci-après par l'estimation de la douane, multiplier ensuite ce produit par 12, droit actuel, ou tout autre, et retrancher les 6 premiers chiffres de droite, on aura le résultat cherché. Il en sera de même pour le droit de Rs 40 par arrobe en le multipliant par le logarithme et en retranchant les 4 premiers chiffres de droite, on aura le produit par 100 kil. en francs et en centimes.

Changes		Logarithmes
400		19764
390		20272
380		20805
370		21367
360		21961
350		22588
340		23253
330		23957
320		24706

Droits d'entrée en France par 100 kil. en Octobre 1865

Par navire Français	F. 50.40
id. Étranger	» 55.40

COMPTE D'ACHAT ET DE REVIENT

A 2400 SACS SUCRE

2400 sacs Sucre, pesant net 12000 arrobes à R^s 2$150 par arrobe.............R^s 25:800$000

FRAIS A PARAHYBA

	Droits de sortie		
Droits de sortie sur estimation de R^s 1$950 par arrobe, R^s 23:400$000, à 7 %............	R^s 1:638$000		
Droits de sortie sur 12000 arrobes R^s 90............	» 1:080$000		
Frais d'expédition R^s 20 par arrobe............		R^s 240$000	
Courtage d'achat ½ %............		» 120$000	
Commission d'achat et de remboursement 5 %............		» 1:290$000	» 1:659$000
	R^s 2:718$000		R^s 27:459$000
Remboursement sur Paris à 90 jours de vue, au change de R^s 395 pour F. 1.	F. 6881.—		F. 69516.45

FRAIS AU HAVRE

Fret sur 172000 kil. bruts à F. 60 par tonneau de 1000 kil.		F. 10320.—	
Permis, frais au débarquement, voiliers pour échantillonner, port en entrepôt, arrimage, magasinage d'un mois, livraison et menus frais............		» 845.—	
Assurance maritime sur F. 76467, à 1 ¼ % et police............	» 94.61	» 957.35	
id. contre le feu sur F. 88590, à ½ ‰............	» 3.78	» 44.25	
Commission de banque pour confirmation de crédit, ½ %.	» 34.40	» 347.60	
Perte d'intérêts............ ½ %			
Commission de banque............ ¼ %			
Courtage de vente............ ¼ %			
Escompte à la vente............ 2 %			
Commission de vente............ 2 %			
Ensemble............ 5 % sur F. 86848.05..	» 369.14	» 4317.40	» 16831.60
	F. 7382.98		F. 86348.05
Soit par 100 kil............	» 4.39		

RENDEMENT : 1 arrobe rend net kil. 14.05 :

Soit net 168600 kil. à............	F. 51.22	par 100 kil.	entrepôt............	F. 86356.90
Plus : droits de sortie à Parahyba............	» 4.39	id.	id.	
Ensemble............	F. 55.61	id.	id.	

PRIX DE REVIENT AU HAVRE DES 100 KIL. ENTREPOT

AUX CHANGES SUIVANTS SUR PARIS

Avec la parité des changes sur LONDRES, calculés sur la base de F. 25.25 pour £ 1.—.—

PRIX à PARAHYBA par arrobe	PARIS R^s 395 — LONDRES D. 24 1/16	PARIS R^s 385 — LONDRES D. 24 11/16	PARIS R^s 375 — LONDRES D. 25 3/8	PARIS R^s 365 — LONDRES D. 26	PARIS R^s 355 — LONDRES D. 26 3/4	PARIS R^s 345 — LONDRES D. 27 9/16	PARIS R^s 335 — LONDRES D. 28 3/8	PARIS R^s 325 — LONDRES D. 29 4/16
R^s 0$010	F. 0.20	F. 0.21	F. 0.21	F. 0.22	F. 0.22	F. 0.23	F. 0.24	F. 0.24
0$020	0.40	0.42	0.42	0.44	0.45	0.46	0.48	0.49
0$030	0.61	0.63	0.64	0.66	0.68	0.69	0.72	0.74
0$040	0.81	0.84	0.85	0.88	0.90	0.93	0.96	0.99
0$050	1.01	1.05	1.07	1.10	1.13	1.16	1.20	1.23
0$060	1.22	1.26	1.28	1.32	1.36	1.39	1.44	1.48
0$070	1.42	1.47	1.50	1.54	1.58	1.63	1.68	1.73
0$080	1.62	1.68	1.71	1.76	1.81	1.86	1.92	1.98
0$090	1.83	1.89	1.93	1.98	2.04	2.09	2.16	2.22
0$100	2.03	2.09	2.14	2.20	2.26	2.33	2.40	2.47
1$500	37.95	38.76	39.60	40.50	41.44	42.44	43.50	44.62
1$600	39.99	40.85	41.75	42.71	43.71	44.77	45.90	47.10
1$700	42.03	42.94	43.90	44.92	45.98	47.11	48.31	49.58
1$800	44.07	45.03	46.05	47.13	48.25	49.44	50.71	52.06
1$900	46.11	47.12	48.20	49.33	50.52	51.78	53.12	54.54
2$000	48.15	49.22	50.35	51.54	52.79	54.11	55.52	57.02
2$100	50.19	51.31	52.50	53.75	55.06	56.45	57.93	59.50
2$200	52.23	53.40	54.65	55.96	57.33	58.78	60.33	61.98
2$300	54.27	55.50	56.79	58.16	59.60	61.12	62.74	64.45
2$400	56.31	57.59	58.94	60.37	61.87	63.45	65.14	66.93
2$500	58.35	59.68	61.09	62.58	64.14	65.79	67.55	69.41
2$600	60.39	61.77	63.24	64.79	66.41	68.12	69.95	71.89
2$700	62.43	63.87	65.39	66.99	68.68	70.46	72.36	74.37
2$800	64.47	65.96	67.54	69.20	70.95	72.79	74.76	76.85
2$900	66.51	68.05	69.69	71.41	73.22	75.13	77.17	79.33
3$000	68.55	70.14	71.83	73.61	75.48	77.47	79.58	81.81
Plus Droits de Sortie à Parahyba.	A ajouter, en les calculant comme il est dit page 200.							

(R^s 0$010 à 0$100 : Coût et frais variables. — 1$500 à 3$000 : Coût et frais variables et invariables.)

OBSERVATIONS

F. 10 par tonneau sur le fret, font au Havre une différence de F. 1.02 par 100 kil. sur les prix.

On veut savoir le revient au Havre de Sucre coûtant à Parahyba R^s 1$960 par arrobe, au change de R^s 365 et au fret de F. 60 par tonneau.

On trouvera dans la 1re et la 5e colonne de ce tableau que :

R^s 0$060 font par 100 kil............		F. 1.32
» 1$900 id. id............		» 49.33
Plus droits de sortie à Parahyba, sur estimation de R^s 1$760 par arrobe et 7 %............	F. 2.58	
Plus R^s 90 par arrobe............	» 1.88	» 4.46
R^s 1$960 feront donc par 100 kil............		F. 55.11

N.-B. — Les droits de sortie à Parahyba n'étant pas compris dans les prix de revient du tableau ci-dessus devront être ajoutés. Pour trouver ce qu'ils produisent en France par 100 kil., il suffira de multiplier les logarithmes ci-après par l'estimation de la douane ; multiplier ce produit par 7, droit actuel, ou tout autre, et retrancher les 6 premiers chiffres de droite, on aura le résultat cherché pour le droit de 7 %. Pour celui de R^s 90 par arrobe, il suffira de multiplier ce chiffre par le logarithme, en retranchant les 4 premiers chiffres de droite on aura le produit en francs et centimes par 100 kil.

CHANGES		LOGARITHMES
CHANGES 395	....	LOGARITHMES 19333
» 385	....	» 19834
» 375	....	» 20364
» 365	....	» 20922
» 355	....	» 21511
» 345	....	» 22135
» 335	....	» 22796
» 325	....	» 23497

Droits d'entrée en France par 100 kil. en Octobre 1865

Au-dessous du n° 13	Par navire	Français.	F. 42.—
	id.	Etranger.	» 44.—
Du n° 13 au n° 20.	id.	Français.	» 44.—
	id.	Etranger.	» 46.—

COMPTE D'ACHAT ET DE REVIENT

A 20 SACS GOMME ÉLASTIQUE

20 sacs Gomme élastique, pesant 103 arrobes à Rs 20$000 par arrobe.......... Rs 2:000$000

FRAIS A PARA

	Droits de Sortie		
Droits de sortie sur 103 arrobes à Rs 20$000, Rs 2:000$000 à 20 %..........	Rs 412$000		
Réception.......... Rs 120 par arrobe..........		Rs 12$000	
Capatazia.......... » 40 par sac..........		» 800	
Transport.......... » 80 id.		» 1$600	
Tarer.......... » 20 id.		» 400	
Peser et mettre en sacs.......... » 160 par balle..........		» 3$200	
Charger et embarquer.......... » 500 id.		» 10$000	
20 sacs.......... » 1000 id.		» 20$000	
Menus frais..........		» 7$400	
Magasinage ½ %..........		» 10$300	
Assurance contre le feu ½ %..........		» 10$300	» 76$000
			Rs 2:136$000
Commission d'achat et de remboursement 5 %..........	» 20$600		» 106$800
	Rs 432$600		Rs 2:242$800
Remboursement sur Paris à 90 jours de vue, au change de Rs 400 pour F. 1..	F. 1081.50		F. 5607.—

FRAIS AU HAVRE

Fret sur 1420 kil, bruts à F. 50 et 10 % par tonneau de 450 kil..........		F. 173.55	
Permis, frais au débarquement, port en entrepôt, arrimage, magasinage d'un mois, livraison et menus frais..........		» 12.—	
Assurance maritime sur F. 6167, à 1 % et police..........	» 11.90	» 63.20	
id. contre le feu sur F. 6415, à ½ %..........	» 0.60	» 3.20	
Perte d'intérêts.......... ½ %			
Commission de banque.......... ¼ %			
Courtage d'achat.......... ¼ %			
Escompte à la vente.......... 2 %			
Commission de vente.......... 2 %			
Ensemble.......... 5 % sur F. 6167.30....	» 57.55	» 308.35	» 560.30
	F. 1151.55		F. 6167.30
Soit par kil..........	» 0.83		

Rendement : 1 arrobe rend 13 kil. ½ :

Soit net 1390 kil. ½ à.......... F. 4.44 par kil. entrepôt.......... F. 6173.80
Plus: droits de sortie à Para.......... » 0.83 id. id.
Ensemble.......... F. 5.27 id. id.

PRIX DE REVIENT AU HAVRE DU KIL. ENTREPOT

AUX CHANGES SUIVANTS SUR PARIS

Avec la parité des changes sur Londres, calculés sur la base de F. 25.25 pour £ 1.—.—

PRIX à PARA par arrobe	PARIS Rs 400 — LONDRES D. 23¾	PARIS Rs 390 — LONDRES D. 24⅜	PARIS Rs 380 — LONDRES D. 25	PARIS Rs 370 — LONDRES D. 25[11]/[16]	PARIS Rs 360 — LONDRES D. 26⅜	PARIS Rs 350 — LONDRES D. 27⅛	PARIS Rs 340 — LONDRES D. 27[15]/[16]	PARIS Rs 330 — LONDRES D. 28[13]/[16]	PARIS Rs 320 — LONDRES D. 29[11]/[16]
Rs 0$100	F. 0.02	F. 0.02	F. 0.02	F. 0.02	F. 0.02	F. 0.02	F. 0.03	F. 0.03	F. 0.03
0$200	0.04	0.04	0.04	0.05	0.05	0.05	0.05	0.05	0.05
0$300	0.06	0.06	0.07	0.07	0.07	0.07	0.08	0.08	0.08
0$400	0.08	0.08	0.09	0.09	0.09	0.10	0.10	0.10	0.10
0$500	0.11	0.11	0.11	0.12	0.12	0.12	0.13	0.13	0.13
0$600	0.13	0.13	0.13	0.14	0.14	0.14	0.15	0.15	0.16
0$700	0.15	0.15	0.15	0.16	0.16	0.17	0.18	0.18	0.18
0$800	0.17	0.17	0.18	0.18	0.18	0.19	0.20	0.20	0.21
0$900	0.19	0.19	0.20	0.21	0.21	0.22	0.23	0.23	0.23
1$000	0.21	0.21	0.22	0.23	0.23	0.24	0.25	0.25	0.26
2$000	0.42	0.43	0.44	0.45	0.46	0.48	0.49	0.51	0.52
3$000	0.63	0.64	0.66	0.68	0.70	0.72	0.74	0.76	0.79
4$000	0.84	0.86	0.88	0.90	0.93	0.96	0.98	1.02	1.05
5$000	1.05	1.07	1.10	1.13	1.16	1.20	1.23	1.27	1.31
5$000	1.30	1.32	1.35	1.39	1.42	1.45	1.50	1.54	1.59
10$000	2.34	2.39	2.45	2.52	2.58	2.64	2.73	2.80	2.89
15$000	3.39	3.47	3.55	3.65	3.74	3.84	3.96	4.07	4.20
20$000	4.43	4.54	4.65	4.78	4.90	5.03	5.19	5.34	5.51
25$000	5.46	5.61	5.75	5.91	6.06	6.23	6.42	6.60	6.81
30$000	6.52	6.68	6.85	7.04	7.22	7.43	7.65	7.87	8.12
Plus par kil. pour Droits de Sortie à Para, sur estimation de Rs 20$000 et 20 %	0.83	0.85	0.87	0.90	0.92	0.95	0.97	1.—	1.03

OBSERVATIONS

F. 10 et 10 % par tonneau sur le fret, font au Havre une différence de F. 0.02 ½ par kil. sur les prix.

On veut savoir le revient au Havre de Gomme élastique coûtant à Para Rs 14$900 par arrobe, au change de Rs 360 et au fret de F. 50 et 10 % par tonneau de 450 kil.

On trouvera dans la 1re et la 6e colonne de ce tableau que :

Rs 0$900 font par kil.......... F. 0.21
» 4$000 id. id. .... » 0.93
» 10$000 id. id. .... » 2.58
Plus droits de sortie à l'estimation de Rs 14$900 par arrobe et 20 %. » 0.69

Rs 14$900 feront donc par kil.......... F. 4.41

N.-B. — Les droits de sortie à Para n'étant pas compris dans les prix de revient du tableau ci-dessus devront être ajoutés.- Voir page 200 l'explication pour le calcul de ces mêmes droits au moyen des logarithmes suivants.

CHANGES		LOGARITHMES
CHANGES 400	....	LOGARITHMES 20704
» 390	....	» 21235
» 380	....	» 21793
» 370	....	» 22382
» 360	....	» 23004
» 350	....	» 23651
» 340	....	» 24357
» 330	....	» 25096
» 320	....	» 25879

Droits d'entrée en France par 100 kil. en Octobre 1865

Par navire Français.......... Exempte
id. Étranger.......... F. 3.60

COMPTE D'ACHAT ET DE REVIENT

A 350 SACS SUCRE

350 sacs Sucre, pesant net 1700 arrobes à R· 2$400 par arrobe ..... R· 4:224$000

FRAIS A MAROIM

		Droits de Sortie		
Droits de sortie 7 % sur l'estimation de R· 2$400 par arrobe	R·	235$680		
Frais R· 110 par arrobe			»	193$600
			R·	4:417$600
Commission d'achat et de remboursement 5 %	»	14$784	»	220$880
	R·	310$464	R·	4:638$480
Timbres ⅕ %	»	0$621	»	9$277
	R·	311$085	R·	4:647$757
Remboursement sur Paris à 90 jours de vue, au change de R· 400 pour F. 1 ..	F.	777.70	F.	11619.40

FRAIS AU HAVRE

Fret sur 25650 kil. bruts à F. 50 et 10 % par tonneau de 1000 kil.			F.	1410.75		
Permis, frais au débarquement, voiliers pour échantillonner, et conditionner, port en magasin, arrimage, magasinage d'un mois, livraison et menus frais.			»	125.—		
Assurance maritime sur F. 12780, à 1 ¼ % et police....	»	10.70	»	161.25		
id. contre le feu sur F. 14477, à ½ ‰	»	0.45	»	7.25		
Perte d'intérêts ..... ½ %						
Commission de banque ..... ¼ %						
Courtage de vente ..... ¼ %						
Escompte à la vente ..... 2 %						
Commission de vente ..... 2 %						
Ensemble ..... 5 % sur F. 14024.90	»	41.50	»	701.25	»	2405.50
	F.	830.35			F.	14024.90
Soit par 100 kil.	»	3.33				

RENDEMENT : 1 arrobe rend net kil. 14.15 :

Soit net 24904 kil. à ..... F. 56.31 par 100 kil. entrepôt ..... F. 14028.44
Plus : droits de sortie ..... » 3.33 id. id.
Ensemble ..... F. 59.64 id. id.

PRIX DE REVIENT AU HAVRE DES 100 KIL. ENTREPOT

AUX CHANGES SUIVANTS SUR PARIS

Avec la parité des changes sur LONDRES, calculés sur la base de F. 25.25 pour £ 1.—.—

PRIX à MAROIM par arrobe	PARIS R· 400 — LONDRES D. 23 ¾	PARIS R· 390 — LONDRES D. 24 ⅜	PARIS R· 380 — LONDRES D. 25	PARIS R· 370 — LONDRES D. 25 11/16	PARIS R· 360 — LONDRES D. 26 ⅜	PARIS R· 350 — LONDRES D. 27 ⅛	PARIS R· 340 — LONDRES D. 27 15/16	PARIS R· 330 — LONDRES D. 28 13/16	PARIS R· 320 — LONDRES D. 29 11/16
Subsistances — Coût et frais variables									
R· 0$010	F. 0.20	F. 0.20	F. 0.21	F. 0.22	F. 0.22	F. 0.23	F. 0.23	F. 0.24	F. 0.25
0$020	0.40	0.41	0.42	0.43	0.44	0.45	0.47	0.48	0.50
0$030	0.59	0.61	0.63	0.65	0.66	0.68	0.70	0.72	0.74
0$040	0.79	0.82	0.84	0.86	0.88	0.91	0.93	0.96	0.99
0$050	0.99	1.02	1.05	1.08	1.11	1.14	1.17	1.21	1.24
0$060	1.19	1.22	1.25	1.29	1.33	1.36	1.40	1.45	1.49
0$070	1.38	1.43	1.46	1.51	1.55	1.59	1.63	1.69	1.74
0$080	1.58	1.63	1.67	1.72	1.77	1.82	1.86	1.93	1.98
0$090	1.78	1.84	1.88	1.94	1.99	2.04	2.10	2.17	2.23
0$100	1.98	2.04	2.09	2.15	2.21	2.27	2.33	2.41	2.48
0$200	3.97	4.07	4.18	4.29	4.41	4.54	4.67	4.81	4.96
0$300	5.95	6.11	6.26	6.44	6.62	6.80	7.—	7.22	7.44
0$400	7.94	8.14	8.36	8.58	8.82	9.07	9.34	9.62	9.92
0$500	9.92	10.18	10.45	10.73	11.03	11.34	11.67	12.03	12.41
0$600	11.91	12.22	12.53	12.88	13.23	13.61	14.01	14.44	14.89
0$700	13.89	14.25	14.62	15.02	15.44	15.88	16.34	16.84	17.37
0$800	15.88	16.29	16.71	17.17	17.64	18.14	18.68	19.25	19.85
0$900	17.86	18.32	18.80	19.31	19.85	20.41	21.01	21.65	22.33
Coût et frais variables et invariables									
1$000	28.53	29.11	29.71	30.35	31.01	31.71	32.45	33.23	34.04
2$000	48.37	49.46	50.60	51.80	53.06	54.39	55.80	57.29	58.85
3$000	68.22	69.62	71.49	73.20	75.11	77.08	79.16	81.34	83.66
4$000	88.06	90.17	92.38	94.71	97.16	99.76	102.50	105.40	108.47
5$000	107.91	110.53	113.28	116.17	119.22	122.44	125.85	129.46	133.28
6$000	127.76	130.88	134.17	137.62	141.27	145.12	149.19	153.52	158.09
Plus par 100 kil. pour droits de sortie à Maroim, sur estimation de R· 2$400 par arrobe et 7 %	3.33	3.42	3.51	3.60	3.71	3.81	3.92	4.04	4.17

OBSERVATIONS

F. 10 et 10 % par tonneau sur le fret, font au Havre une différence de F. 1.14 par 100 kil. sur les prix.

On veut savoir le revient au Havre de Sucre coûtant à Maroim R· 3$550 par arrobe au change de R· 360 et au fret de F. 50 et 10 % par tonneau de 1000 kil.

On trouvera dans la 1re et la 6e colonne de ce tableau que:

R· 0$050 font par 100 kil.	F.	1.11
» 0$500 id. id.	»	11.03
» 3$000 id. id.	»	75.11
Plus droits de sortie à Maroim sur l'estimation de R· 3$550 à 7 %	»	5.48
R· 3$550 feront donc par 100 kil.	F.	92.73

N.-B. — Les droits de sortie à Maroim n'étant pas compris dans les prix de revient du tableau ci-dessus devront être ajoutés.— Voir page 200 l'explication pour le calcul de ces mêmes droits au moyen des logarithmes suivants.

CHANGES		LOGARITHMES
CHANGES	400	19840
»	390	20355
»	380	20891
»	370	21455
»	360	22051
»	350	22682
»	340	23349
»	330	24058
»	320	24810

Droits d'entrée en France par 100 kil. en Octobre 1865

Au-dessous du n° 13	Par navire Français ..	F.	42.—
	id. Etranger.	»	44.—
Du n° 13 au n° 20 ..	id. Français ..	»	44.—
	id. Etranger.	»	46.—

COMPTE D'ACHAT ET DE REVIENT

A 10 BARILS BAUME DE COPAHU

10 barils Baume de Copahu, pesant brut	℔ 2500		
Tare réelle, 63 ℔ par baril	» 630		
Net	℔ 1870 à 1sh 7d par ℔		£ 148. 1.—
Escompte 2 ½ %			» 3.14.—
			£ 144. 7.—

FRAIS A LONDRES

Courtage d'achat ½ %	£ —.14.40	
Formalités de douane	» —.10.—	
Frais de docks et embarquement	» 2. 7. 5	» 3.12. 3
		£ 147.19. 3
Commission d'achat 2 %	£ 2.19. 2	
Courtage de négociation et timbres 2 %	» —.5.11	» 3. 5. 1
Valeur comptant		£ 151. 4. 4
Remboursement au change de F. 25.25 pour £ 1		F. 3818.30

FRAIS AU HAVRE

Fret sur 1133 kil. à 20sh et 15 % par 1015 kil. et 5 % pour frais de tente, à F. 25.45	F. 34.30	
Permis, frais au débarquement, tonneliers, port en entrepôt, arrimage, magasinage d'un mois, livraison et menus frais	» 18.50	
Assurance maritime sur F. 4200, à ¼ % et police	» 12.—	
id. contre le feu sur F. 4265, à ½ ‰	» 2.15	
Perte d'intérêts ½ %		
Commission de banque ¼ %		
Courtage de vente ¼ %		
Escompte à la vente 2 %		
Commission de vente 2 %		
Ensemble 5 % sur F. 4089 75	» 204.50	» 271.45
		F. 4089.75

RENDEMENT : 100 ℔ = 45 kil. ⅓ :

Soit net 1870 ℔ = net kil. 347.73 à F. 4.82 ⅓ par kil. entrepôt .... F. 4088.90

PRIX DE REVIENT AU HAVRE DU KIL. ENTREPOT

AUX CHANGES SUIVANTS SUR PARIS

PRIX à LONDRES par ℔	F. 24.95	F. 25.05	F. 25.15	F. 25.25	F. 25.35	F. 25.45	10 c. par £ sur le change font au Havre par kil.
Deniers ¼	F. 0.06	F. 0.06	F. 0.06	F. 0.06	F. 0.06	F. 0.06	F. 0.—
½	0.12	0.12	0.12	0.12	0.12	0.12	0.—
¾	0.18	0.18	0.18	0.19	0.19	0.19	0.—
—. 1	0.24	0.24	0.24	0.25	0.25	0.25	0.—
—. 2	0.49	0.49	0.49	0.49	0.49	0.50	0.—
—. 3	0.73	0.73	0.73	0.74	0.74	0.74	0.—
—. 4	0.97	0.97	0.98	0.98	0.99	0.99	0.—
—. 5	1.22	1.22	1.22	1.23	1.24	1.24	0.—
—. 6	1.46	1.46	1.46	1.48	1.48	1.49	0.—
—. 7	1.70	1.70	1.71	1.72	1.73	1.74	0.01
—. 8	1.94	1.94	1.95	1.97	1.98	1.98	0.01
—. 9	2.19	2.19	2.20	2.21	2.22	2.23	0.01
—.10	2.43	2.43	2.44	2.46	2.47	2.48	0.01
—.11	2.67	2.68	2.69	2.71	2.72	2.73	0.01
—.12	2.91	2.92	2.93	2.95	2.96	2.97	0.01
Shillings 1.—	3.07	3.08	3.09	3.11	3.12	3.13	0.01
2.—	5.98	6.—	6.03	6.05	6.07	6.10	0.02
3.—	8.89	8.93	8.96	9.—	9.03	9.07	0.04
4.—	11.80	11.85	11.90	11.94	11.99	12.04	0.05

OBSERVATIONS

Sh. 5 et 15 % par tonneau sur le fret, font au Havre une différence de F. 0.01 par kil. sur les prix.

On veut savoir le revient au Havre de Baume de Copahu coûtant à Londres 1sh 11d ¾ par ℔, au change de F. 25.05 et au fret de 20sh et 15 % par tonneau.

On trouvera dans la 1re et la 3e colonne de ce tableau que:

Sh. —.—.¾	font par kil.	F. 0.18
» —.11.—	id. id.	» 2.68
» 1.—.—	id. id.	» 3.08
Sh. 1.11.¾	feront donc par kil.	F. 5.94

Droits d'entrée par 100 kil. en Novembre 1865

Sous pavillon Anglais	F. 24.—
id. Belge	
id. Français	

COMPTE D'ACHAT ET DE REVIENT

A UN GRENIER BOIS DE CAMPÊCHE

1 grenier Bois de Campêche, pesant.... ton. 100.12. 2
Déchet 14 ℔ par tonneau.................... » —.12. 2

Net .... ton. 100.—.— à £ 4.5 par tonneau.............. £ 425.—.—
Escompte 2 ½ %.. » 10.12. 4

£ 414. 7. 8

FRAIS A LIVERPOOL

Courtage d'achat ½ %.. £ 2. 2. 5
Droits de docks et de ville..................................... » 4.10.—
Charroi, pesage, etc... » 5.—.—
Connaissements, ports de lettres et menus frais........ » —.1. 8 | » 11.14. 1

£ 426. 1. 9

Commission d'achat 2 %.. £ 8.10. 5
Courtage de négociation et timbres 2 ‰...................... » —.17.— | » 9. 7. 5

Valeur comptant.. £ 435. 9. 2

Remboursement au change de F. 25.25 pour £ 1........ F. 10995.35

FRAIS AU HAVRE

Fret sur 102181 kil. à 15sh et 15 % par 1015 kil. et 5 % pour frais de tente, à F. 25 40.......... F. 2315.70
Permis, frais au débarquement, port en magasin, arrimage, magasinage d'un mois, livraison et menus frais.......... » 410.—
Assurance maritime sur F. 12094, à ⅓ % et police.......... » 46.85
id. contre le feu sur F. 14853, à ½ ‰.......... » 7.40

Perte d'intérêts.................. ½ %
Commission de banque.......... ¼ %
Courtage de vente.................. ¼ %
Escompte à la vente.............. 2 %
Commission de vente.............. 2 %

Ensemble.......... 5 % sur F. 14500.30.......... » 725.— | » 3504.95

F. 14500.30

RENDEMENT : 100 ℔ = 45 kil. % :

Soit brut 225400 ℔ = brut kil. 102181
Don 2 %.......................... » 2044

Net..... kil. 100137 à F. 14.48 par 100 kil. entrepôt.......... F. 14499.80

PRIX DE REVIENT AU HAVRE DES 100 KIL. ENTREPOT

AUX CHANGES SUIVANTS SUR PARIS

PRIX à LIVERPOOL par tonneau		F. 24.95	F. 25.05	F. 25.15	F. 25.25	F. 25.35	F. 25.45	10 c. par £ sur le change font au Havre par 100 kil.
	Sh. 2. 6	F. 0.33	F. 0.33	F. 0.33	F. 0.33	F. 0.34	F. 0.34	F. 0.—
	5.—	0.66	0.66	0.67	0.67	0.67	0.67	0.—
	10.—	1.32	1.32	1.33	1.34	1.34	1.34	0.—
	15.—	1.98	1.99	2.—	2.—	2.01	2.02	0.01
	£ 1.—.—	2.64	2.65	2.66	2.67	2.68	2.69	0.01
Coût et frais variables et invariables	2.—.—	8.41	8.43	8.45	8.47	8.49	8.51	0.02
	3.—.—	11.03	11.07	11.11	11.14	11.17	11.20	0.03
	4.—.—	13.67	13.72	13.77	13.81	13.85	13.89	0.04
	5.—.—	16.31	16.37	16.43	16.48	16.53	16.58	0.05
	6.—.—	18.95	19.02	19.08	19.15	19.21	19.27	0.06
	7.—.—	21.59	21.67	21.74	21.82	21.89	21.96	0.07
	8.—.—	24.22	24.31	24.40	24.49	24.57	24.66	0.09
	9.—.—	26.86	26.96	27.06	27.16	27.25	27.35	0.10
	10.—.—	29.50	29.61	29.72	29.83	29.93	30.04	0.11
	11.—.—	32.14	32.26	32.38	32.50	32.61	32.73	0.12
	12.—.—	34.78	34.91	35.04	35.17	35.29	35.42	0.13

OBSERVATIONS

Sh. 5 et 15 % par tonneau sur le fret, font au Havre une différence de F. 0.77 par 100 kil. sur les prix.

On veut savoir le revient au Havre de bois de Campêche coûtant à Liverpool £ 5.17.6 par tonneau, au change de F. 25,05 et au fret de 15sh et 15 % par tonneau.

On trouvera dans la 1re et la 3e colonne de ce tableau que:

£ —. 2. 6 font par 100 kil.......... F. 0.33
» —.15.— id. id. .... » 1.99
» 5.—.— id. id. .... » 16.37

£ 5.17. 6 feront donc par 100 kil.......... F. 18.69

Droits d'entrée par 100 kil. en Novembre 1865

Sous pavillon Anglais.......... } F. 3.—
id. Belge.......... }
id. Français.......... }

COMPTE D'ACHAT ET DE REVIENT

A 33 TONNES BOIS DE CUBA JAUNE

33 tonnes Bois de Cuba jaune, pesant.. tonnes 33. 7.—.11			
Bon poids......... » —. 3. 2. 9			
Net......... tonnes 33. 3. 2. 2 à £ 8.15 par tonne.........		£	290. 5. 8
Escompte 2 ½ %.........		»	7. 5.—
		£	283.—. 8

FRAIS A LONDRES

Courtage d'achat ½ %.........	£	1. 9.—		
Formalités de douane.........	»	—.10. 6		
Allège.........	»	2.12. 4		
Frais aux docks, embarquement.........	»	—.12.11		
Connaissements, ports de lettres et menus frais.........	»	—. 7. 5	»	5.19. 4
			£	288.13.—
Commission d'achat 2 %.........	£	5.15. 5		
Courtage de négociation et timbres 2 ‰.........	»	—.11.-7	»	6. 7.—
Valeur comptant.........			£	295.—.—
Remboursement au change de F. 25.25 pour £ 1.........			F.	7448.75

FRAIS AU HAVRE

Fret sur 33690 kil. à 12[sh] 6[d] et 15 % par 1015 kil. et 5 % pour frais de tente, à F. 25.45.........	F.	637.55		
Permis, frais au débarquement, port en magasin, arrimage, magasinage d'un mois, livraison et menus frais.........	»	135.—		
Assurance maritime sur F. 8193, à ¼ % et police.........	»	22.—		
id. contre le feu sur F. 8987, à ½ ‰.........	»	4.50		
Courtage de vente......... ¼ %				
Commission de banque......... ¼ %				
Perte d'intérêts......... ½ %				
Escompte à la vente......... 2 %				
Commission de vente......... 2 %				
Ensemble......... 5 % sur F. 8681.90.........	»	434.10	»	1233.15
			F.	8681.90

RENDEMENT : 100 ℔ = 45 kil. ½ :

Soit brut 74715 ℔ = brut kil. 33870		
Don 2 %......... » 677		
Net......... kil. 33193 à F. 26.16 par 100 kil. entrepôt.........	F.	8683.30

Pour tous les bois de teinture, le bon poids est de 12 ℔ par tonneau.

PRIX DE REVIENT AU HAVRE DES 100 KIL. ENTREPOT

AUX CHANGES SUIVANTS SUR PARIS

PRIX à LONDRES par tonneau	F. 24.95	F. 25.05	F. 25.15	F. 25.25	F. 25.35	F. 25.45	10 c. par £ sur le change font au Havre par 100 kil.
Sh. 2.—	F. 0.33	F. 0.33	F. 0.33	F. 0.33	F. 0.34	F. 0.34	F. 0.—
5.—	0.66	0.66	0.67	0.67	0.67	0.67	0.—
10.—	1.32	1.32	1.33	1.34	[illegible]	[illegible]	0.—
15.—	1.98	1.99	1.99	2.—	2.01	2.02	0.01
£1.—.—	2.64	2.65	2.66	2.67	2.68	2.69	0.01
5.—.—	15.99	16.04	16.09	16.15	16.20	16.25	0.05
6.—.—	18.62	18.69	18.75	18.81	18.88	18.94	0.06
7.—.—	21.26	21.34	21.41	21.48	21.56	21.63	0.07
8.—.—	23.90	23.98	24.06	24.15	24.24	24.32	0.08
9.—.—	26.53	26.63	26.72	26.82	26.92	27.01	0.10
10.—.—	29.17	29.28	29.38	29.49	29.60	29.70	0.11
11.—.—	31.81	31.93	32.04	32.16	32.28	32.39	0.12
12.—.—	34.45	34.58	34.70	34.83	34.96	35.08	0.13

OBSERVATIONS

Sh. 2.6 et 15 % par tonneau sur le fret, font au Havre une différence de F. 0.38 par 100 kil. sur les prix.

On veut savoir le revient au Havre de bois de Cuba jaune coûtant à Londres £ 6.17.6 par tonneau, au change de F. 25.05 et au fret de 12[sh] 6[d] et 15 % par tonneau.

On trouvera dans la 1re et la 3e colonne de ce tableau que :

£ —. 2. 6 font par 100 kil.		F.	0.33
» —. 5.— id.	id.	»	0.66
» —.10.— id.	id.	»	1.32
» 6.—.— id.	id.	»	18.69
£ 6.17. 6 feront donc par 100 kil.		F.	21.—

Droits d'entrée par 100 kil. en Novembre 1865

Sous pavillon Anglais.........		F. 3.—
id. Belge.........		
id. Français.........		

COMPTE D'ACHAT ET DE REVIENT

A 100 SACS CACAO TRINIDAD

100 sacs Cacao Trinidad, pesant brut	cwt 150.—.—		
Tare, 3 ℔ par sac ... cwt 2. 2.20			
Don, 2 ℔ par sac ... » 1. 3. 4	» 4. 1.24		
	cwt 145. 2. 4		
Double bonification, 4 ℔ par cwt	» 5.—.22		
Net ... cwt 140. 1.10 à 60[sh] par cwt		£	421.—. 4
Escompte 1 %		»	4. 4. 2
		£	416.16. 2

FRAIS A LONDRES

Courtage ½ %	£ 2. 1. 8		
Lot Money	» —. 2.11		
Formalités de douane	» —.10.—		
Frais d'expédition, allèges et conditionnement	» 2.17. 4		
Connaissements, échantillons, ports de lettres et menus frais	» —.18.10	»	6.10. 9
		£	423. 6.11
Commission d'achat 2 %	£ 8. 9. 3		
Courtage de négociation et timbres 2 ‰	» —.16.10	»	9. 6. 1
Valeur comptant		£	432.13.—
Remboursement au change de F. 25.25 pour £ 1		F.	10924.40

FRAIS AU HAVRE

Fret sur 7482 kil. bruts, à 18[sh] et 15 % par 1015 kil. et 5 % pour frais de tente, à F. 25.45	F. 203.90		
Permis, frais au débarquement, voiliers pour échantillonner, port en entrepôt, arrimage, magasinage d'un mois, livraison et menus frais	» 49.50		
Assurance maritime sur F. 12016, à ¼ % et police	» 31.55		
id. contre le feu sur F. 12300, à ½ ‰	» 6.15		
Courtage de vente ... ¼ %			
Commission de banque ... ¼ %			
Perte d'intérêts ... ½ %			
Escompte à la vente ... 2 %			
Commission de vente ... 2 %			
Ensemble ... 5 % sur F. 11805.80	» 590.30	»	881.40
		F.	11805.80

RENDEMENT : 100 ℔ = 45 kil. nets :

Soit 16300 ℔ = net 7335 kil. à F. 160.95 par 100 kil. entrepôt ... F. 11805.70

N.-B. — Les conditions sont les mêmes à Londres pour chaque provenance des possessions britanniques. Les provenances des possessions étrangères jouissent d'un escompte de 2 ½ %.

Les sortes principales qu'on importe à Londres sont : cacao Trinidad, Guayaquil, Grenade, Sainte-Lucie, Dominica, Surinam, Bahia, Jamaïca.

PRIX DE REVIENT AU HAVRE DES 100 KIL. ENTREPOT

AUX CHANGES SUIVANTS SUR PARIS

PRIX à LONDRES par cwt	F. 24.95	F. 25.05	F. 25.15	F. 25.25	F. 25.35	F. 25.45	10 c. par £ sur le change font au Havre par 100 kil.
Sh. —. 6	F. 1.28	F. 1.29	F. 1.29	F. 1.30	F. 1.30	F. 1.31	F. 0.—
1.—	2.56	2.57	2.58	2.59	2.60	2.62	0.01
2.—	5.13	5.15	5.17	5.19	5.21	5.23	0.02
3.—	7.69	7.72	7.75	7.78	7.81	7.85	0.03
4.—	10.25	10.29	10.34	10.38	10.42	10.46	0.04
5.—	12.82	12.87	12.92	12.97	13.02	13.08	0.05
6.—	15.38	15.44	15.50	15.56	15.62	15.69	0.06
7.—	17.94	18.01	18.09	18.16	18.23	18.31	0.07
8.—	20.50	20.58	20.67	20.75	20.83	20.92	0.08
9.—	23.07	23.16	23.26	23.35	23.44	23.54	0.09
10.—	25.63	25.73	25.84	25.94	26.04	26.15	0.10
30.—	82.19	82.50	82.82	83.14	83.45	83.77	0.32
40.—	107.82	108.24	108.66	109.08	109.49	109.91	0.42
50.—	133.46	133.97	134.50	135.02	135.53	136.06	0.52
60.—	159.09	159.70	160.33	160.95	161.57	162.21	0.62
70.—	184.72	185.44	186.17	186.89	187.61	188.35	0.73
80.—	210.35	211.17	212.01	212.83	213.66	214.50	0.83
90.—	235.98	236.91	237.84	238.77	239.70	240.64	0.93
100.—	261.61	262.64	263.68	264.71	265.74	266.79	1.04
110.—	287.24	288.37	289.52	290.65	291.78	292.94	1.14
120.—	312.87	314.11	315.36	316.59	317.82	319.08	1.24

OBSERVATIONS

Sh. 5 et 15 % par tonneau sur le fret, font au Havre une différence de F. 0.77 par 100 kil. sur les prix.

On veut savoir le revient au Havre de Cacao Trinidad coûtant à Londres 88[sh] 6[d] par cwt, au change de F. 25.05 et au fret de 18[sh] et 15 % par tonneau.

On trouvera dans la 1re et la 3[e] colonne de ce tableau que :

Sh. —. 6 font par 100 kil.	F.	1.29
» 8.— id. id.	»	20.58
» 80.— id. id.	»	211.17
Sh. 88. 6 feront donc par 100 kil.	F.	233.04

Droits d'entrée par 100 kil en Novembre 1895

Sous pavillon Anglais	F. 85.—
id. Belge	
id. Français	

COMPTE D'ACHAT ET DE REVIENT

A 200 SACS CACAO GUAYAQUIL

200 sacs Cacao Guayaquil, pesant brut	cwt 270. 2.12		
Tare 8 ℔ par sac	» 5. 1.12		
Net	cwt 265. 1.— à 64sh par cwt	£	848.16.—
Escompte 2 ½ %		»	21. 4. 5
		£	827.11. 7

FRAIS A LIVERPOOL

Droits de ville et de bassin	£	1. 1. 8		
Réception, marquage et expédition	»	3. 8. 4		
Courtage d'achat ½ %	»	4. 4. 9		
Connaissements, ports de lettres et menus frais	»	—.7.—	»	9. 1. 4
			£	836.12.11
Commission d'achat 2 %	£	16.14. 8		
Courtage de négociation et timbres 2 ‰	»	1.13. 5	»	18. 8. 1
Valeur comptant			£	855. 1.—
Remboursement au change de F. 25.25 pour £ 1			F.	21590.05

FRAIS AU HAVRE

Fret sur 13740 kil. à 20sh et 15 % par 1015 kil, et 5 % pour frais de tente.		F.	415.20		
Permis, frais au débarquement, voiliers pour échantillonner, port en entrepôt, arrimage, magasinage d'un mois, livraison et menus frais		»	85.50		
Assurance maritime sur F. 23749, à ¾ % et police		»	90.55		
id. contre le feu sur F. 22081, à ½ ‰		»	11.05		
Courtage de vente	⅛ %				
Commission de banque	⅛ %				
Perte d'intérêts	¼ %				
Escompte à la vente	2 %				
Commission de vente	2 %				
Ensemble	5 % sur F. 23360.85	»	1168.—	»	1770.30
				F.	23360.35

Rendement : 100 ℔ = 45 kil. ¼ :

Soit net 29708 ℔ = net 13468 kil. à F. 173.45 par 100 kil. entrepôt .... F. 23360.25

PRIX DE REVIENT AU HAVRE DES 100 KIL. ENTREPOT

AUX CHANGES SUIVANTS SUR PARIS

PRIX à LONDRES par cwt	F. 24.95	F. 25.05	F. 25.15	F. 25.25	F. 25.35	F. 25.45	10 c. par £ sur le change font au Havre par 100 kil.
Sh. —. 6	F. 1.30	F. 1.31	F. 1.31	F. 1.32	F. 1.32	F. 1.33	F. 0.—
1.—	2.60	2.61	2.62	2.63	2.64	2.66	0.01
2.—	5.21	5.23	5.25	5.27	5.29	5.31	0.02
3.—	7.81	7.84	7.87	7.90	7.93	7.97	0.03
4.—	10.41	10.45	10.49	10.54	10.58	10.62	0.04
5.—	13.02	13.07	13.12	13.17	13.22	13.28	0.05
6.—	15.62	15.68	15.74	15.80	15.86	15.93	0.06
7.—	18.22	18.29	18.36	18.44	18.51	18.59	0.07
8.—	20.82	20.90	20.98	21.07	21.15	21.24	0.08
9.—	23.43	23.52	23.61	23.71	23.80	23.90	0.09
10.—	26.03	26.13	26.23	26.34	26.44	26.55	0.10
30.—	82.98	83.29	83.60	83.91	84.23	84.54	0.31
40.—	109.—	109.42	109.83	110.25	110.67	111.08	0.42
50.—	135.03	135.55	136.07	136.59	137.11	137.63	0.52
60.—	161.05	161.67	162.30	162.93	163.55	164.18	0.63
70.—	187.08	187.80	188.53	189.27	189.99	190.72	0.73
80.—	213.10	213.93	214.76	215.60	216.44	217.27	0.83
90.—	239.13	240.06	241.—	241.94	242.88	243.81	0.94
100.—	265.15	266.19	267.23	268.28	269.32	270.36	1.04
110.—	291.18	292.32	293.46	294.62	295.76	296.91	1.15
120.—	317.20	318.45	319.70	320.96	322.20	323.45	1.25

OBSERVATIONS

Sh. 5 et 15 % par tonneau sur le fret, font au Havre une différence de F. 0.77 par 100 kil. sur les prix.

On veut savoir le revient au Havre de Cacao coûtant à Liverpool 68sh 6d par cwt, au change de F. 25.05 et au fret de 20sh et 15 % par tonneau.

On trouvera dans la 1re et la 3e colonne de ce tableau que:

Sh. —. 6 font par 100 kil.	F.	1.31
» 8.— id. id.	»	20.90
» 80.— id. id.	»	213.93
Sh. 68. 6 feront donc par 100 kil.	F.	236.14

Droits d'entrée par 100 kil. en Novembre 1805

Sous pavillon Anglais	F. 35.—
id. Belge	
id. Français	

COMPTE D'ACHAT ET DE REVIENT

A 590 SACS CACHOU BRUN

590 sacs Cachou brun, pesant brut. cwt 709. 3.17			
Tare réelle, à 6 ₶ par sac			
Bon poids, à 1 ₶ par sac » 36. 3.14			
Net............ cwt 673.—. 3 à 27sh par cwt............		£	908.11. 8

FRAIS A LONDRES

Courtage d'achat ½ %............	£	4.10.10		
Lot Money............	»	—.16. 6		
Formalités de douane............	»	—.12. 6		
Frais pour réception et surveiller l'expédition............	»	8.17. 6		
Transport des docks au steamer............	»	7. 7. 6		
Connaissements et menus frais............	»	—. 7. 6	»	22.12. 4
			£	931. 4.—
Commission d'achat 2 %............	£	18.12. 6		
Courtage de négociation et timbres 2 ‰............	»	1.17. 3	»	20. 9. 9
Valeur comptant............			£	951.13. 9
Remboursement au change de F. 25.25 pour £ 1......			F.	24030.40

FRAIS AU HAVRE

Fret sur 36044 kil. bruts à 15sh et 15 % par 1015 kil. et 5 % pour frais de tente, à F. 25.45............	F.	818.25		
Permis, frais au débarquement, port en entrepôt, arrimage, magasinage d'un mois, livraison et menus frais............	»	215.—		
Assurance maritime sur F. 26433, à ¼ % et police............	»	67.60		
Id. contre le feu sur F. 27533, à ½ ‰............	»	13.75		
Courtage de vente............ ¼ %				
Commission de banque............ ¼ %				
Perte d'intérêts............ ½ %				
Escompte à la vente............ 2 %				
Commission de vente............ 2 %				
Ensemble...... 5 % sur F. 26468.40............	»	1323.40	»	2438.—
			F.	26468.40

Rendement : 100 ₶ = 45 kil. ½ :

Soit brut 79500 ₶ = brut... kil. 36044			
Tare nette............ » 1605			
Net......... kil. 34439 à F. 76.85 par 100 kil. entrepôt............		F.	26466.35

PRIX DE REVIENT AU HAVRE DES 100 KIL. ENTREPOT

AUX CHANGES SUIVANTS SUR PARIS

	PRIX à LONDRES par cwt	F. 24.95	F. 25.05	F. 25.15	F. 25.25	F. 25.35	F. 25.45	10 c. par £ sur le change font au Havre par 100 kil.
	Sh. —. 6	F. 1.32	F. 1.33	F. 1.34	F. 1.34	F. 1.35	F. 1.35	F. 0.—
Coût et frais variables	1.—	2.64	2.66	2.67	2.68	2.69	2.70	0.01
	2.—	5.29	5.31	5.33	5.35	5.37	5.39	0.02
	3.—	7.93	7.97	8.—	8.03	8.06	8.09	0.03
	4.—	10.58	10.62	10.66	10.70	10.75	10.79	0.04
	5.—	13.22	13.28	13.33	13.38	13.44	13.49	0.05
	6.—	15.86	15.93	16.—	16.06	16.12	16.18	0.06
	7.—	18.51	18.59	18.66	18.73	18.81	18.88	0.07
	8.—	21.15	21.24	21.33	21.41	21.50	21.57	0.08
	9.—	23.80	23.90	23.99	24.08	24.18	24.27	0.09
	10.—	26.44	26.55	26.66	26.76	26.87	26.97	0.10
Coût et frais variables et invariables	10.—	31.01	31.12	31.24	31.35	31.46	31.57	0.11
	20.—	57.46	57.67	57.89	58.11	58.33	58.55	0.22
	30.—	83.90	84.22	84.55	84.88	85.19	85.52	0.32
	40.—	110.35	110.77	111.20	111.64	112.06	112.50	0.43
	50.—	136.79	137.32	137.86	138.40	138.93	139.47	0.54
	60.—	163.23	163.87	164.52	165.16	165.80	166.44	0.64
	70.—	189.68	190.42	191.17	191.92	192.67	193.42	0.75

OBSERVATIONS

Sh. 5 et 15 % par tonneau sur le fret, font au Havre une différence de F. 0.79 par 100 kil. sur les prix.

On veut savoir le revient au Havre de Cachou brun coûtant à Londres 23sh 6d par cwt, au change de F. 25.05 et au fret de 15sh et 15 % par tonneau.

On trouvera dans la 1re et la 3e colonne de ce tableau que:

Sh. —. 6 font par 100 kil............	F.	1.33
» 3.— id. id.	»	7.97
» 20.— id. id.	»	57.67
Sh. 23. 6 feront donc par 100 kil............	F.	66.97

Droits d'entrée par 100 kil. en Novembre 1863

Sous pavillon Anglais............	}	F. 2.40
id. Belge............	}	
id. Français............	}	

COMPTE D'ACHAT ET DE REVIENT

A 30 TIERÇONS CAFÉ DE LA JAMAÏQUE

30 tierçons Café de la Jamaïque, pesant brut cwt 212. 1.21			
Tare réelle .... » 22. 2.15			
Net .... cwt 189. 3. 0 à 90[sh] par cwt		£	854. 2. 3
Escompte 2 ½ %		»	21. 7. 1
		£	832.15. 2

FRAIS A LIVERPOOL

Droits de ville et de docks	£ 1. 6.10		
Réception et marquage	» 0.11.—		
Courtage d'achat ½ %	» 4. 5. 6		
Connaissements, ports de lettres et menus frais	» —. 7.—	»	8.10. 4
		£	841. 5. 6
Commission d'achat 2 %	£ 16.16. 6		
Courtage de négociation et timbres 2 ‰	» 1.13. 8	»	18.10. 2
Valeur comptant		£	859.15. 8
Remboursement au change de F. 25.25 pour £ 1		F.	21709.45

FRAIS AU HAVRE

Fret sur 10812 kil. à 20[sh] et 15 % par 1015 kil. et 5 % pour frais de tente, à F. 25.40	F. 326.70		
Permis, frais au débarquement, tonneliers pour échantillonner, port en entrepôt, arrimage, magasinage d'un mois, livraison et menus frais	» 72.50		
Assurance maritime sur F. 23880, à ¼ % et police	» 91.05		
Id. contre le feu sur F. 24370, à ½ ‰	» 12.20		
Courtage de vente .... ¼ %			
Commission de banque .... ¼ %			
Perte d'intérêts .... ½ %			
Escompte à la vente .... 2 %			
Commission de vente .... 2 %			
Ensemble .... 5 % sur F. 23880.95	» 1109.05	»	1671.50
		F.	23380.95

RENDEMENT : 100 ℔ = 45 kil. % :

Soit net 21256 ℔ = net 9637 kil. à F. 242.61 par 100 kil. entrepôt .... F. 23380.95

PRIX DE REVIENT AU HAVRE DES 100 KIL. ENTREPOT

AUX CHANGES SUIVANTS SUR PARIS

PRIX à LIVERPOOL par cwt	F. 24.95	F. 25.05	F. 25.15	F. 25.25	F. 25.35	F. 25.45	10 c. par £ sur le change font au Havre par 100 kil.
SUBDIVISIONS — Café et frais variables							
Sh. —. 3	F. 0.65	F. 0.65	F. 0.66	F. 0.66	F. 0.66	F. 0.67	F. 0.—
—. 6	1.30	1.30	1.31	1.31	1.32	1.33	0.—
—. 9	1.95	1.96	1.97	1.97	1.98	1.99	0.01
1.—	2.60	2.61	2.62	2.63	2.64	2.66	0.01
2.—	5.21	5.23	5.25	5.27	5.29	5.31	0.02
3.—	7.81	7.84	7.87	7.90	7.93	7.97	0.03
4.—	10.41	10.45	10.49	10.54	10.58	10.62	0.04
5.—	13.02	13.07	13.12	13.17	13.22	13.28	0.05
6.—	15.62	15.68	15.74	15.80	15.86	15.93	0.06
7.—	18.22	18.29	18.36	18.44	18.51	18.59	0.07
8.—	20.82	20.90	20.98	21.07	21.15	21.24	0.08
9.—	23.43	23.52	23.61	23.71	23.80	23.90	0.09
10.—	26.03	26.13	26.23	26.34	26.44	26.55	0.10
Café et frais variables et invariables							
40.—	109.67	110.09	110.50	110.92	111.34	111.75	0.42
50.—	135.69	136.22	136.74	137.26	137.78	138.30	0.52
60.—	161.72	162.34	162.97	163.60	164.22	164.85	0.63
70.—	187.74	188.47	189.20	189.94	190.66	191.39	0.73
80.—	213.77	214.60	215.43	216.27	217.11	217.94	0.83
90.—	239.79	240.73	241.67	242.61	243.55	244.48	0.94
100.—	265.82	266.86	267.90	268.95	269.99	271.03	1.04
110.—	291.84	292.99	294.13	295.29	296.43	297.58	1.15
120.—	317.87	319.12	320.37	321.63	322.87	324.12	1.25

OBSERVATIONS

Sh. 5 et 15 % par tonneau sur le fret, font au Havre une différence de F. 0.85 par 100 kil. sur les prix.

On veut savoir le revient au Havre de Café coûtant à Liverpool 90[sh] 6[d] par cwt, au change de F. 25.05 et au fret de 20[sh] et 15 % par tonneau.

On trouvera dans la 1re et la 3[e] colonne de ce tableau que:

Sh. —. 6 font par 100 kil.	F.	1.30
» 6.— id. id.	»	15.68
» 90.— id. id.	»	240.73
Sh. 90. 6 feront donc par 100 kil.	F.	257.71

Droits d'entrée par 100 kil. en Novembre 1865

Sous pavillon Anglais .... }
Id. Belge .... } F. 60.40
Id. Français .... }

COMPTE D'ACHAT ET DE REVIENT

A 2 CAISSES CAMPHRE BRUT DE CHINE

2 caisses Camphre brut de Chine, pesant brut cwt 12.—. 3				
Tare .... cwt 2.—.10				
Bon poids .... » —.—.10 » 2.—.20				
Net .... cwt 9. 3.11 à £ 5.5 par cwt			£	51.14. 1
Escompte 2 ½ %			»	1. 5.10
			£	50. 8. 3

FRAIS A LONDRES

Lot Money	£	—. 1.—		
Courtage ½ %	»	—. 5. 2		
Formalités de douane	»	—.10.—		
Frais de docks	»	—.10. 6		
Connaissements et menus frais	»	—. 3. 6	»	1.10. 2
			£	51.18. 5
Commission d'achat 2 %	£	1.—. 8		
Courtage de négociation et timbres 2 ‰	»	—. 2.—	»	1. 2. 8
Valeur comptant			£	53. 1. 1
Remboursement au change de F. 25.25 pour £ 1			F.	1339.60

FRAIS AU HAVRE

Fret sur 600 kil. bruts à 15sh et 15 % par 1015 kil. et 5% pour frais de tente, à F. 25.45	F.	13.60		
Permis, frais au débarquement, port en entrepôt, arrimage, magasinage d'un mois, livraison et menus frais	»	10.—		
Assurance maritime sur F. 1472, à ¼ % et police	»	5.20		
id. contre le feu sur F. 1500, à ½ ‰	»	0.75		
Courtage de vente .... ¼ %				
Commission de banque .... ¼ %				
Perte d'intérêts .... ½ %				
Escompte à la vente .... 2 %				
Commission de vente .... 2 %				
Ensemble .... 5 % sur F. 1441.20	»	72.05	»	101.60
			F.	1441.20

RENDEMENT : 100 ℔ = 45 kil. ½ :

Soit net 1103 ℔ = net 500 kil. à F. 2.88 par kil. entrepôt .... F. 1440.—

PRIX DE REVIENT AU HAVRE DU KIL. ENTREPOT

AUX CHANGES SUIVANTS SUR PARIS

PRIX à LONDRES par cwt	F. 24.95	F. 25.05	F. 25.15	F. 25.25	F. 25.35	F. 25.45	10 c. par £ sur le change font au Havre par kil.
Sh. 1	F. 0.03	F. 0.03	F. 0.03	F. 0.03	F. 0.03	F. 0.03	F. 0.—
2	0.05	0.05	0.05	0.05	0.05	0.05	0.—
3	0.08	0.08	0.08	0.08	0.08	0.08	0.—
4	0.10	0.10	0.10	0.10	0.10	0.11	0.—
5	0.13	0.13	0.13	0.13	0.13	0.14	0.—
6	0.16	0.16	0.16	0.16	0.16	0.16	0.—
7	0.18	0.18	0.18	0.18	0.18	0.19	0.—
8	0.21	0.21	0.21	0.21	0.21	0.22	0.—
9	0.23	0.23	0.23	0.23	0.23	0.24	0.—
10	0.26	0.26	0.26	0.26	0.26	0.27	0.—
£ 3.—	1.68	1.69	1.69	1.70	1.70	1.71	0.01
4.—	2.20	2.21	2.22	2.22	2.23	2.24	0.01
5.—	2.72	2.73	2.74	2.75	2.76	2.77	0.01
6.—	3.24	3.25	3.26	3.28	3.29	3.30	0.01
7.—	3.76	3.77	3.79	3.80	3.82	3.83	0.01
8.—	4.28	4.30	4.31	4.33	4.34	4.36	0.02
9.—	4.80	4.82	4.84	4.85	4.87	4.89	0.02
10.—	5.32	5.34	5.36	5.38	5.40	5.42	0.02
11.—	5.84	5.86	5.88	5.90	5.93	5.95	0.02
12.—	6.36	6.38	6.41	6.43	6.46	6.48	0.02
13.—	6.88	6.91	6.93	6.96	6.98	7.01	0.03
14.—	7.40	7.43	7.46	7.48	7.51	7.54	0.03
15.—	7.92	7.95	7.98	8.01	8.04	8.07	0.03
16.—	8.44	8.47	8.50	8.53	8.57	8.60	0.03
17.—	8.96	8.99	9.03	9.06	9.10	9.13	0.03
18.—	9.48	9.52	9.55	9.59	9.62	9.66	0.04
19.—	10.—	10.04	9.08	10.11	10.15	10.19	0.04
20.—	10.52	10.56	10.60	10.64	10.68	10.72	0.04

OBSERVATIONS

Sh. 5 et 15 % par tonneau sur le fret, font au Havre une différence de F. 0.03 par kil. sur les prix.

On veut savoir le revient au Havre de Camphre coûtant à Londres £ 8.19 par cwt, au change F. 25.05 et au fret de 15sh et 15 % par tonneau.

On trouvera dans la 1re et la 3e colonne de ce tableau que :

£ —. 9 font par kil.	F.	0.23
» —.10 id. id.	»	0.26
» 8.— id. id.	»	4.30
£ 8.19 feront donc par kil.	F.	4.79

Droits d'entrée par 100 kil. en Novembre 1885

Sous pavillon Anglais .... }
id. Belge .... } F. 2.—
id. Français .... }

COMPTE D'ACHAT ET DE REVIENT

A 72 BALLES CANNELLE DE CEYLAN

72 balles Cannelle de Ceylan, pesant brut cwt 64. 2.—
Tare réelle, 6 ℔ par balle……… } » 4. 2.—
Bon poids, 1 ℔ par balle……… }
Net……… cwt 60.—.—
Soit 6720 ℔, à 1sh 4d par ℔……… £ 448.—.—

FRAIS A LONDRES

Lot Money………	£	—.10. 6		
Courtage ½ %………	»	2. 4.10		
Formalités de douane………	»	—.12. 6		
Frais de réception et expédition………	»	2. 6.—		
Transport des docks au steamer, à 3d par balle………	»	—.18.—		
Connaissements et menus frais………	»	—. 7. 6	»	7. 1. 4
			£	455. 1. 4
Commission d'achat 2 %………	£	9. 2.—		
Courtage de négociation et timbres 2 ‰………	»	—.18. 2	»	10.—. 2
Prompt 3 mois………			£	465. 1. 6
Remboursement au change de F. 25.25 pour £ 1………			F.	11743.15

FRAIS AU HAVRE

Fret sur 3275 kil. bruts, à 30sh et 15 % par 1015 kil. et 5 % frais de tente.	F.	148.65		
Permis, frais au débarquement, voiliers pour échantillonner, port en entrepôt, arrimage, magasinage d'un mois, livraison et menus frais.	»	64.—		
Assurance maritime sur F. 12917, à ¼ % et police………	»	38.80		
id. contre le feu sur F. 13163, à ½ ‰………	»	6.55		
Courtage de vente……… ½ %				
Commission de banque……… ¼ %				
Perte d'intérêts……… ⅓ %				
Escompte à la vente……… 2 %				
Commission de vente……… 2 %				
Ensemble……… 5 % sur F. 12627.50………	»	631.35	»	884.35
			F.	12627.50

Rendement : 100 ℔ = 45 kil. ½ :

Soit brut 7224 ℔ = brut……… kil. 3275
Tare pour double emballage 5 %… » 164
Net……… kil. 3111 à F. 4.06 par kil, entrepôt……… F. 12630.65

N.-B. — Il y a beaucoup de qualités de cannelle de Ceylan. Il y en a depuis 8 pences jusqu'à 3sh 6d la ℔.

PRIX DE REVIENT AU HAVRE PAR KIL. ENTREPOT

AUX CHANGES SUIVANTS SUR PARIS

PRIX à LONDRES par ℔	F. 24.95	F. 25.05	F. 25.15	F. 25.25	F. 25.35	F. 25.45	10 c. par £ sur le change font au Havre par kil.
D. ½	F. 0.12	F. 0.12	F. 0.12	F. 0.12	F. 0.13	F. 0.13	F. 0.—
1	0.24	0.25	0.25	0.25	0.25	0.25	0.—
2	0.48	0.49	0.40	0.49	0.50	0.50	0.—
3	0.73	0.74	0.74	0.74	0.74	0.74	0.—
4	0.97	0.98	0.98	0.99	0.99	0.99	0.—
5	1.22	1.23	1.23	1.24	1.24	1.24	0.—
6	1.46	1.47	1.48	1.48	1.49	1.49	0.—
7	1.70	1.72	1.72	1.73	1.74	1.74	0.—
8	1.94	1.96	1.97	1.98	1.98	1.98	0.01
9	2.19	2.21	2.21	2.22	2.23	2.23	0.01
10	2.43	2.45	2.46	2.47	2.48	2.48	0.01
11	2.68	2.70	2.71	2.72	2.73	2.73	0.01
12	2.92	2.94	2.95	2.96	2.97	2.98	0.01
Sh. —.6	1.58	1.58	1.59	1.59	1.60	1.61	0.01
1.—	3.04	3.05	3.06	3.07	3.09	3.10	0.01
2.—	5.97	5.99	6.01	6.03	6.06	6.08	0.02
3.—	8.80	8.92	8.95	8.99	9.03	9.06	0.03
4.—	11.81	11.86	11.90	11.95	12.—	12.04	0.05

OBSERVATIONS

Sh. 5 et 15 % par tonneau sur le fret, font au Havre une différence de F. 0.01 par kil. sur les prix.

On veut savoir le revient au Havre de Cannelle coûtant à Londres 2sh 6d ½ par ℔, au change de F. 25.05 et au fret de 30sh et 15 % par tonneau.

On trouvera dans la 1re et la 3e colonne de ce tableau que :

Sh. —.—.½ font par kil………	F.	0.12
» —. 6.— id. id. ………	»	1.47
» 2.—.— id. id. ………	»	5.99
Sh. 2. 6.½ feront donc par kil………	F.	7.58

Droits d'entrée par 100 kil. en Novembre 1865

Sous pavillon Anglais……… }
id. Belge……… } F. 45.—
id. Français……… }

COMPTE D'ACHAT ET DE REVIENT

A 322 CAISSES CANNELLE DE CHINE

322 caisses Cannelle de Chine, pesant brut	cwt 233. 2.26		
Tare réelle, 18 ℔ par caisse ; Bon poids, 1 ℔ par caisse	» 54. 2.14		
Net	cwt 179.—.12 à 91^{sh} par cwt	£	814.19.—

FRAIS A LONDRES

Lot Money	£	1.12. 6		
Courtage d'achat ½ %	»	4. 1. 6		
Formalités de douane	»	—.15. 6		
Frais de réception et expédition	»	5.17.—		
Transport des docks au steamer par barque, à 3^{d} par caisse	»	4.—. 6		
Connaissements, ports de lettres et menus frais	»	—. 7. 6	»	16.14. 6
			£	831.13. 6
Commission d'achat 2 %	£	16.12. 7		
Courtage de négociation et timbres 2 ‰	»	1.13. 3	»	18. 5.10
Prompt 3 mois			£	849.19. 4
Remboursement au change de F. 25.25 pour £ 1			F.	21461.75

FRAIS AU HAVRE

Fret sur 11920 kil. bruts à 30^{sh} et 15 % par 1015 kil. et 5 % pour frais de tente	F.	541.25		
Permis, frais au débarquement, tonneliers pour échantillonner et conditionner, port en entrepôt, arrimage, magasinage d'un mois, livraison et menus frais	»	250.—		
Assurance maritime sur F. 23608, à ¼ % et police	»	60.50		
id. contre le feu sur F. 24460, à ½ ‰	»	12.25		
Perte d'intérêts ½ % ; Commission de banque ¼ % ; Courtage de vente ¼ % ; Escompte à la vente 2 % ; Commission de vente 2 %				
Ensemble 5 % sur F. 23500.80	»	1175.05	»	2039.05
			F.	23500.80

RENDEMENT : 100 ℔ = 45 kil. ½ :

Net 20000 ℔ = net 9094 kil. à F. 2.58 ½ par kil. entrepôt .... F. 23492.85

PRIX DE REVIENT AU HAVRE PAR KIL. ENTREPOT

AUX CHANGES SUIVANTS SUR PARIS

	PRIX à LONDRES par cwt	F. 24.95	F. 25.05	F. 25.15	F. 25.25	F. 25.35	F. 25.45	10 c. par £ sur le change font au Havre par kil.
SUBDIVISIONS — Coût et frais variables	Sh. 1	F. 0.03	F. 0.03	F. 0.03	F. 0.03	F. 0.03	F. 0.03	F. 0.—
	2	0.05	0.05	0.05	0.05	0.05	0.05	0.—
	3	0.08	0.08	0.08	0.08	0.08	0.08	0.—
	4	0.11	0.11	0.11	0.11	0.11	0.11	0.—
	5	0.14	0.14	0.14	0.14	0.14	0.14	0.—
	6	0.16	0.16	0.16	0.16	0.16	0.16	0.—
	7	0.19	0.19	0.19	0.19	0.19	0.19	0.—
	8	0.22	0.22	0.22	0.22	0.22	0.22	0.—
	9	0.24	0.24	0.24	0.24	0.24	0.24	0.—
	10	0.27	0.27	0.27	0.27	0.27	0.27	0.—
Coût et frais variables et invariables	60	1.73	1.74	1.74	1.75	1.76	1.76	0.01
	70	2.—	2.01	2.01	2.02	2.03	2.03	0.01
	80	2.27	2.27	2.28	2.29	2.30	2.31	0.01
	90	2.53	2.54	2.55	2.56	2.57	2.58	0.01
	100	2.80	2.81	2.82	2.83	2.84	2.85	0.01
	110	3.07	3.08	3.09	3.10	3.11	3.12	0.01
	120	3.33	3.35	3.36	3.37	3.38	3.39	0.01
	130	3.60	3.61	3.63	3.64	3.65	3.67	0.01

OBSERVATIONS

Sh. 5 et 15 % par tonneau sur le fret, font au Havre une différence de F. 0.01 par kil. sur les prix.

On veut savoir le revient au Havre de Cannelle de Chine coûtant à Londres 85^{sh} par cwt, au change de F. 25.05 et au fret de 30^{sh} et 15 % par tonneau.

On trouvera dans la 1re et la 3e colonne de ce tableau que :

Sh. 5 font par kil.	F. 0.14
» 80 id. id.	» 2.27
Sh. 85 feront donc par kil.	F. 2.41

Droits d'entrée par 100 kil. en Novembre 1855

Sous pavillon	Anglais	F. 45.—
id.	Belge	F. 45.—
id.	Français	F. 45.—

COMPTE D'ACHAT ET DE REVIENT

A 200 BALLES CHANVRE-JUTE

200 balles Chanvre-Jute, pesant brut.....	cwt 534.—.12		
Draft, 8 ℔ par tonne........	» 1. 3.18		
	cwt 532.—.22		
Tare, 2 ℔ par cwt........	» 0. 2.—		
Net........	cwt 522. 2.22 à £ 26.10 par tonne........		£ 692.11. 5
Escompte 2 ½ %........			» 17. 0. 3
			£ 675. 5. 2

FRAIS A LIVERPOOL

Marquage, raccommodage, etc. 4ᵈ par balle........	£ 3. 6. 8	
Courtage d'achat ½ %........	» 3. 9. 3	» 6.15.11
		£ 682. 1. 1
Commission d'achat 2 %........	£ 13.12.10	
Courtage de négociation et timbres 2 ‰........	» 1. 7. 2	» 15.—.—
Valeur comptant........		£ 697. 1. 1
Remboursement au change de F. 25.25 pour £ 1......		F. 17600.60

FRAIS AU HAVRE

Fret sur 27118 kil. à 30ˢʰ et 15 % par 1015 kil. et 5 % pour frais de tente, à F. 25.40........	F. 1229.15	
Permis, frais au débarquement, port en entrepôt, arrimage, magasinage d'un mois, livraison et menus frais........	» 110.—	
Assurance maritime sur F. 19360, à ¾ % et police........	» 74.10	
id. contre le feu sur F. 20773, à ½ ‰........	» 10.40	
Perte d'intérêts........ ½ %		
Commission de banque........ ¼ %		
Courtage de vente........ ¼ %		
Escompte à la vente........ 2 %		
Commission de vente........ 2 %		
Ensemble.... 5 % sur F. 20025.50........	» 1001.25	» 2424.90
		F. 20025.50

RENDEMENT : 100 ℔ = 45 kil. ⅓ :

Brut 59820 ℔ = brut........	kil. 27118	
Tare 2 %........	» 542	
Net........	kil. 26576 à F. 75.35 par 100 kil. entrepôt........	F. 20025.—

PRIX DE REVIENT AU HAVRE DES 100 KIL. ENTREPOT

AUX CHANGES SUIVANTS SUR PARIS

	PRIX à LIVERPOOL par tonneau	F. 24.95	F. 25.05	F. 25.15	F. 25.25	F. 25.35	F. 25.45	10c. par £ sur le change font au Havre par 100 kil.
SUBDIVISIONS — Coût et frais variables	Sh. 2. 6	F. 0.33	F. 0.33	F. 0.33	F. 0.33	F. 0.33	F. 0.33	F. 0.—
	5.—	0.65	0.65	0.66	0.66	0.66	0.66	0.—
	10.—	1.30	1.30	1.31	1.32	1.32	1.32	0.—
	15.—	1.95	1.96	1.97	1.97	1.98	1.99	0.01
	£1.—.—	2.60	2.61	2.62	2.63	2.64	2.65	0.01
	2.—.—	5.20	5.22	5.24	5.26	5.28	5.30	0.02
	3.—.—	7.80	7.83	7.86	7.89	7.92	7.95	0.03
	4.—.—	10.40	10.44	10.48	10.52	10.56	10.60	0.04
	5.—.—	13.—	13.05	13.10	13.15	13.20	13.26	0.05
	6.—.—	15.59	15.65	15.71	15.78	15.84	15 91	0.06
	7.—.—	18.19	18.26	18.33	18.41	18.48	18.56	0.07
	8.—.—	20.79	20.87	20.95	21.04	21.12	21.21	0.08
	9.—.—	23.39	23.48	23.57	23.07	23.76	23.86	0.09
	10.—.—	25.99	26.09	26.19	26.30	26.40	26.51	0.10
Coût et frais variables et invariables	10.—.—	31.65	31.75	31.85	31.96	32.06	32.17	0.10
	20.—.—	57.68	57.84	58.05	58.26	58.46	58.67	0.21
	30.—.—	83.62	83.93	84.24	84.55	84.87	85.18	0.31
	40.—.—	109.60	110.02	110.43	110.85	111.27	111.69	0.42

OBSERVATIONS

Sh. 5 et 15 % par tonneau sur le fret, font au Havre une différence de F. 0.77 par 100 kil. sur les prix.

On veut savoir le revient au Havre de Chanvre-Jute coûtant à Liverpool £ 33.17.6 par tonneau, au change de F. 25.05 et au fret de 30ˢʰ et 15 % par tonneau.

On trouvera dans la 1ʳᵉ et la 3ᵉ colonne de ce tableau que :

£ —. 2. 6	font par 100 kil........		F. 0.33
» —.15.—	id.	id.	» 1.96
» 3.—.—	id.	id.	» 7.83
» 30.—.—	id.	id.	» 83.93
£ 33.17. 6	feront donc par 100 kil........		F. 94.05

Droits d'entrée par 100 kil. en Novembre 1863

Sous pavillon Anglais........		Exempt
id. Belge........		Exempt
id. Français........		Exempt

COMPTE D'ACHAT ET DE REVIENT

A 15 BALLES JUTE DE CALCUTTA

15 balles Jute de Calcutta, pesant brut cwt 40.—.—			
Bon poids, 1 ℔ par balle	» —.—.15		
Net	cwt 39. 3.13 à 30^{sh} par cwt	£	59.16.—

FRAIS A LONDRES

Courtage d'achat ½ %	£	—. 6.—		
Formalités de douane	»	—. 7. 6		
Lot Money	»	—. 2.—		
Réception et expédition	»	—. 7.—		
Allége au vapeur, à 3^{sh} 6^{d}	»	—. 7.—	»	1. 9. 6
			£	61. 5. 6
Commission d'achat 2 %	£	1. 4. 6		
Courtage de négociation et timbres 2 ‰	»	—. 2. 4	»	1. 6.10
			£	62.12. 4
Remboursement au change de F. 25.25 pour £ 1			F.	1581.15

FRAIS AU HAVRE

Fret sur 2031 kil. bruts à 30^{sh} et 15 % par 1015 kil. et 5 % pour frais de tente, à F. 25.45	F.	92.20		
Permis, frais au débarquement, port en entrepôt, arrimage, magasinage d'un mois, livraison et menus frais	»	10.—		
Assurance maritime sur F. 1730, à ¼ % et police	»	5.85		
id. contre le feu sur F. 1847, à ½ ‰	»	0.95		
Courtage de vente ¼ %				
Commission de banque ¼ %				
Perte d'intérêts ½ %				
Escompte à la vente 2 %				
Commission de vente 2 %				
Ensemble 5 % sur F. 1779	»	88.05	»	197.85
			F.	1779.—

Rendement : 100 ℔ = 45 kil. ½ :

Brut 4480 ℔ = brut	kil. 2031		
Tare 2 %	» 41		
Net	kil. 1990 à F. 89.40 par 100 kil. entrepôt	F.	1779.05

N.-B. — Les ventes à Londres se font à 3 mois, du jour de la vente, mais payable à l'enlèvement de la marchandise. Un intérêt de 5 % est alloué sur les jours à courir.

PRIX DE REVIENT AU HAVRE DES 100 KIL. ENTREPOT

AUX CHANGES SUIVANTS SUR PARIS

PRIX à LONDRES par cwt	F. 24.95	F. 25.05	F. 25.15	F. 25.25	F. 25.35	F. 25.45	10 c. par £ sur le change font au Havre par 100 kil.
Sh. —. 6	F. 1.36	F. 1.36	F. 1.37	F. 1.37	F. 1.37	F. 1.38	F. 0.—
1.—	2.71	2.72	2.73	2.74	2.75	2.77	0.01
2.—	5.42	5.44	5.47	5.49	5.51	5.53	0.02
3.—	8.13	8.17	8.20	8.23	8.26	8.30	0.03
4.—	10.84	10.89	10.93	10.97	11.02	11.06	0.04
5.—	13.56	13.61	13.67	13.72	13.77	13.83	0.05
6.—	16.27	16.33	16.40	16.46	16.52	16.59	0.06
7.—	18.98	19.05	19.13	19.20	19.28	19.36	0.08
8.—	21.69	21.78	21.86	21.94	22.03	22.12	0.09
9.—	24.40	24.50	24.60	24.69	24.79	24.89	0.10
10.—	27.11	27.22	27.33	27.43	27.54	27.65	0.11
10.—	34.20	34.31	34.42	34.52	34.63	34.74	0.11
20 —	61.31	61.52	61.74	61.96	62.17	62.39	0.22
30.—	88.41	88.74	89.07	89.39	89.72	90.04	0.33
40. —	115.52	115.95	116.39	116.83	117.26	117.69	0.43

OBSERVATIONS

Sh. 5 et 15 % par tonneau sur le fret, font au Havre une différence de F. 0.77 par 100 kil. sur les prix.

On veut savoir le revient au Havre de Chanvre-Jute coûtant à Londres 33^{sh} 6^{d} par cwt, au change de F. 25.05 et au fret de 30^{sh} et 15 % par tonneau.

On trouvera dans la 1re et la 3e colonne de ce tableau que :

Sh. —. 6 font par 100 kil.	F.	1.36
» 3.— id. id.	»	8.17
» 30.— id. id.	»	88.74
Sh. 33. 6 feront donc par 100 kil.	F.	98.27

Droits d'entrée par 100 kil. en Novembre 1865

Sous pavillon Anglais	Exempt
id. Belge	Exempt
id. Français	Exempt

COMPTE D'ACHAT ET DE REVIENT

A 40 BALLES CHANVRE DE MANILLE

40 balles Chanvre de Manille, pesant brut.. cwt 99. 1.14			
Tare réelle........ » 2. –.16			
Net .... cwt 97. —.26 à 31sh 6d par cwt........		£	153. 2.10

FRAIS A LONDRES

Courtage d'achat ½ %........	£	—.15. 4		
Réception et expédition 3sh 6d par tonne........	»	—.16. 6		
Frais d'allége 3sh par tonne........	»	—.15.—		
Formalités de douane........	»	—. 7. 6		
Menus frais, connaissements et ports de lettres........	»	—. 8.—	»	3. 2. 4
			£	156. 5. 2
Commission d'achat 2 %........	£	3. 2. 6		
Courtage de négociation et timbres 2 ‰........	»	—. 6. 4	»	3. 8.10
			£	159.14.—
Remboursement sur Paris à F. 25.25 pour £ 1........			F.	4032.40

FRAIS AU HAVRE

Fret sur 5046 kil. bruts à 30sh et 15 % par 1015 kil. et 5 % pour frais de tente, à F. 25.45........		F.	229.15		
Permis, frais au débarquement, voiliers, port en entrepôt, arrimage, magasinage d'un mois, livraison et menus frais........		»	32.50		
Assurance maritime sur F. 4485, à ¼ % et police........		»	12.60		
id. contre le feu sur F. 4700, à ½ ‰........		»	2.35		
Courtage de vente........	¼ %				
Commission de banque........	¼ %				
Perte d'intérêts........	½ %				
Escompte à la vente........	2 %				
Commission de vente........	2 %				
Ensemble........	5 % sur F. 4585.80........	»	226.80	»	503.40
				F.	4535.80

Rendement : 100 ℔ = 45 kil. % :

Soit brut 11130 ℔ = brut.. kil. 5046		
Tare 2 %........ » 101		
Net........ kil. 4945 à F. 91.72 par 100 kil. entrepôt........	F.	4535.55

N.-B. — Les ventes à Londres se font à 3 mois, du jour de la vente, mais payable à l'enlèvement de la marchandise. Un intérêt de 5 % est alloué sur les jours à courir.

PRIX DE REVIENT AU HAVRE DES 100 KIL. ENTREPOT

AUX CHANGES SUIVANTS SUR PARIS

	PRIX à LONDRES par cwt	F. 24.95	F. 25.05	F. 25.15	F. 25.25	F. 25.35	F. 25.45	10 c. par £ sur le change font au Havre par 100 kil.
Shillings — Coût et frais variables	Sh. —. 6	F. 1.33	F. 1.34	F. 1.34	F. 1.35	F. 1.35	F. 1.36	F. 0.—
	1.—	2.66	2.67	2.68	2.69	2.70	2.71	0.01
	2.—	5.32	5.34	5.36	5.38	5.41	5.43	0.02
	3.—	7.98	8.01	8.05	8.08	8.11	8.14	0.03
	4.—	10.64	10.68	10.73	10.77	10.81	10.86	0.04
	5.—	13.30	13.36	13.41	13.46	13.52	13.57	0.05
	6.—	15.96	16.03	16.09	16.15	16.22	16.28	0.06
	7.—	18.62	18.70	18.77	18.84	18.92	19.—	0.08
	8.—	21.28	21.37	21.46	21.54	21.62	21.71	0.09
	9.—	23.94	24.04	24.14	24.23	24.33	24.43	0.10
	10.—	26.60	26.71	26.82	26.92	27.03	27.14	0.11
Coût et frais variables et invariables	20.—	60.10	60.31	60.53	60.74	60.95	61.16	0.21
	30.—	86.70	87.02	87.34	87.66	87.98	88.30	0.32
	40.—	113.31	113.73	114.16	114.59	115.01	115.44	0.43
	50.—	139.91	140.44	140.98	141.51	142.04	142.57	0.53

OBSERVATIONS

Sh. 5 et 15 % par tonneau sur le fret, font au Havre une différence de F. 0.77 par 100 kil. sur les prix.

On veut savoir le revient au Havre de Chanvre coûtant à Londres 35sh 6d par cwt, au change de F. 25.05 et au fret de 30sh et 15 % par tonneau.

On trouvera dans la 1re et la 3e colonne de ce tableau que :

Sh. —. 6 font par 100 kil........	F.	1.34
» 5.— id. id.	»	13.36
» 30.— id. id.	»	87.02
Sh. 35. 6 feront donc par 100 kil........	F.	101.72

Droits d'entrée par 100 kil. en Novembre 1865

Sous pavillon Anglais........	Exempt
id. Belge........	Exempt
id. Français........	Exempt

COMPTE D'ACHAT ET DE REVIENT

A 5 TONNES CHANVRE DE RUSSIE (CLEAN)

5 tonnes Chanvre de Russie (Clean), à 40sh par cwt			£	200.—.—
Escompte 3 ¾ %			»	7.10.—
			£	192.10.—

FRAIS A LONDRES

Courtage d'achat ½ %	£	1.—.—		
Formalités de douane	»	—. 7. 6		
Emballage en balles, à 6sh 8d par tonne	»	1.13. 4		
Sortie des docks par eau, à 4sh	»	1.—.—		
Frais d'allége au vapeur, à 5sh	»	1. 5.—		
Connaissement, ports de lettres et menus frais	»	—. 8.—	»	5.13.10
			£	196. 3.10
Commission d'achat 2 %	£	4.—.—		
Courtage de négociation et timbres 2 ‰	»	—. 8.—	»	4. 8.—
			£	202.11.10
Remboursement au change de F. 25.25 pour £ 1			F.	5115.65

FRAIS AU HAVRE

Fret sur 5077 kil. à 30sh et 15 % par 1015 kil. et 5 % pour frais de tente, à F. 25.45	F.	230.50		
Permis, frais au débarquement, port en magasin, arrimage, magasinage d'un mois, livraison et menus frais	»	40.—		
Assurance maritime sur F. 5626, à ¼ % et police	»	15.55		
id. contre le feu sur F. 5912, à ½ ‰	»	2.95		
Perte d'intérêts ½ %				
Commission de banque ¼ %				
Courtage de vente ¼ %				
Commission de vente 2 %				
Escompte à la vente 2 %				
Ensemble 5 % sur F. 5689.10	»	284.45	»	573.45
			F.	5689.10

RENDEMENT : 100 ℔ = 45 kil. ½ :

Soit net 11200 ℔ = net 5077 kil. à F. 112.06 par 100 kil. entrepôt .... F. 5689.30

N.-B. — Les chanvres de Russie s'achètent à Londres en vrac, pris aux docks, payables comptant dans les 14 jours avec 3 ¾ % d'escompte. Les poids sont nets, sans tare ni bon poids.

PRIX DE REVIENT AU HAVRE DES 100 KIL. ENTREPOT

AUX CHANGES SUIVANTS SUR PARIS

PRIX à LONDRES par cwt	F. 24.95	F. 25.05	F. 25.15	F. 25.25	F. 25.35	F. 25.45	10 c. par £ sur le change font au Havre par 100 kil.
Sh. —.6	F. 1.28	F. 1.29	F. 1.29	F. 1.30	F. 1.30	F. 1.31	F. 0.—
30.—	85.10	85.43	85.75	86.07	86.39	86.70	0.32
31.—	87.67	88.01	88.34	88.67	89.—	89.32	0.33
32.—	90.23	90.58	90.92	91.27	91.61	91.94	0.34
33.—	92.80	93.16	93.51	93.87	94.22	94.56	0.35
34.—	95.37	95.74	96.10	96.47	96.83	97.18	0.36
35.—	97.94	98.32	98.69	99.06	99.43	99.79	0.37
36.—	100.51	100.90	101.28	101.66	102.04	102.41	0.38
37.—	103.07	103.47	103.86	104.26	104.65	105.03	0.39
38.—	105.64	106.05	106.45	106.86	107.26	107.65	0.40
39.—	108.21	108.63	109.04	109.46	109.87	110.27	0.41
40.—	110.78	111.21	111.63	112.06	112.48	112.89	0.42
41.—	113.35	113.79	114.22	114.66	115.09	115.51	0.43
42.—	115.91	116.36	116.80	117.26	117.70	118.13	0.44
43.—	118.48	118.94	119.39	119.86	120.31	120.75	0.45
44.—	121.05	121.52	121.98	122.45	122.92	123.37	0.46
45.—	123.62	124.10	124.57	125.05	125.52	125.98	0.47
46.—	126.19	126.68	127.16	127.65	128.13	128.60	0.48
47.—	128.75	129.25	129.74	130.25	130.74	131.22	0.49
48.—	131.32	131.83	132.33	132.85	133.35	133.84	0.50
49.—	133.89	134.41	134.92	135.45	135.96	136.46	0.51
50.—	136.46	136.99	137.51	138.04	138.57	139.09	0.53

OBSERVATIONS

Sh. 5 et 15 % par tonneau sur le fret, font au Havre une différence de F. 0.76 par 100 kil. sur les prix.

On veut savoir le revient au Havre de Chanvre coûtant à Londres 38sh 6d par cwt au change de F. 25.05 et au fret de 30sh et 15 % par tonneau.

On trouvera dans la 1re et la 3e colonne de ce tableau que

Sh. —. 6 font par 100 kil.	F.	1.29
» 38.— id. id.	»	106.05
Sh. 38. 6 feront donc par 100 kil.	F.	107.34

Droits d'entrée par 100 kil. en Novembre 1865

Sous pavillon Anglais		Exempt
id. Belge		
id. Français		

COMPTE D'ACHAT ET DE REVIENT

A 6 BALLES CHANVRE TAMPICO

6 balles Chanvre Tampico, pesant	cwt 17.—.—		
Tare	» —. 3.20		
Net	cwt 16.—. 8 à £ 35 par tonne	£	28. 2. 6
Escompte 2 ½ %		»	—.14. 1
		£	27. 8. 5

FRAIS A LONDRES

Courtage d'achat ½ %	£	—. 2.10		
Formalités de douane	»	—. 5. 6		
Réception aux docks	»	—. 2. 6		
Transport au vapeur, à 4sh 6d par tonne	»	—. 3. 9	»	—.14. 7
			£	28. 3.—
Commission d'achat 2 %	£	—.11. 3		
Courtage de négociation et timbres 2 ‰	»	—. 1. 1	»	—.12. 4
			£	28.15. 4
Remboursement au change de F. 25.25 pour £ 1			F.	726.45

FRAIS AU HAVRE

Fret sur 863 kil. à 30sh et 15 % par 1015 kil. et 5 % pour frais de tente, à F. 25.45	F.	39.20		
Permis, frais au débarquement, port en magasin, arrimage, magasinage d'un mois, livraison et menus frais	»	6.—		
Assurance maritime sur F. 798, à ¼ % et police	»	3.50		
id. contre le feu sur F. 846, à ½ ‰	»	0.40		
Perte d'intérêts ½ %				
Commission de banque ¼ %				
Courtage de vente ¼ %				
Escompte à la vente 2 %				
Commission de vente 2 %				
Ensemble 5 % sur F. 816.35	»	40.80	»	89.90
			F.	816.35

RENDEMENT : 100 ℔ = 45 kil. ½ :

Soit brut 1904 ℔ = brut kil. 863.—			
Tare 2 %	» 17.50		
Net	kil. 845.50 à F. 96.55 par 100 kil. entrepôt	F.	816.35

PRIX DE REVIENT AU HAVRE DES 100 KIL. ENTREPOT

AUX CHANGES SUIVANTS SUR PARIS

PRIX à LONDRES par tonneau	F. 24.95	F. 25.05	F. 25.15	F. 25.25	F. 25.35	F. 25.45	10 c. par £ sur le change font au Havre par 100 kil.
£ —.10	F. 1.25	F. 1.26	F. 1.26	F. 1.27	F. 1.27	F. 1.28	F. 0.—
1.—	2.51	2.52	2.53	2.54	2.55	2.56	0.01
2.—	5.01	5.03	5.05	5.07	5.09	5.11	0.02
3.—	7.52	7.55	7.58	7.61	7.64	7.67	0.03
4.—	10.03	10.07	10.11	10.15	10.19	10.23	0.04
5.—	12.54	12.59	12.64	12.69	12.74	12.79	0.05
6.—	15.04	15.10	15.16	15.22	15.28	15.34	0.06
7.—	17.55	17.62	17.69	17.76	17.83	17.90	0.07
8.—	20.06	20.14	20.22	20.30	20.38	20.46	0.08
9.—	22.56	22.65	22.64	22.83	22.92	23.01	0.09
10.—	25.07	25.17	25.27	25.37	25.47	25.57	0.10
20.—	57.88	58.08	58.28	58.48	58.68	58.88	0.20
30.—	82.95	83.25	83.55	83.85	84.16	84.46	0.30
40.—	108.02	108.42	108.82	109.22	109.63	110.03	0.40
50.—	133.09	133.59	134.10	134.60	135.10	135.60	0.50

OBSERVATIONS

Sh. 5 et 15 % par tonneau sur le fret, font au Havre une différence de F. 0.77 par 100 kil. sur les prix.

On veut savoir le revient au Havre de Chanvre coûtant à Londres £ 31.10 par tonne, au change de F. 25.05 et au fret de 30sh et 15 % par tonneau.

On trouvera dans la 1re et la 3e colonne de ce tableau que :

£ —.10 font par 100 kil.	F. 1.26
» 1.— id. id.	» 2.52
» 30.— id. id.	» 83.25
£ 31.10 feront donc par 100 kil.	F. 87.03

Droit d'entrée par 100 kil. en Novembre 1865

Sous pavillon Anglais	Exempt
id. Belge	Exempt
id. Français	Exempt

COMPTE D'ACHAT ET DE REVIENT

A 120 CAISSES CIRE BRUTE DU JAPON

120 caisses Cire brute du Japon, pesant brut	cwt 165. 1.16		
Tare réelle, 23 ℔ par caisse	» 24. 2.16		
Net	cwt 140. 3.—		
Bon poids, 12 ℔ par tonne	» —. 3.—		
» Net	cwt 140.—.— à 65[sh] par cwt	£	455.—.—
Escompte 2 ½ %		»	11. 7. 6
		£	443.12. 6

FRAIS A LONDRES

Courtage d'achat ½ %	£	2. 5. 6		
Lot Money	»	—. 6.—		
Formalités de douane	»	—.12. 6		
Réception et expédition	»	2. 2. 6		
Transport des docks au steamer	»	3,—.—		
Connaissements, ports de lettres et menus frais	»	—. 7. 6	»	8.14.—
			£	452. 6. 6
Commission d'achat 2 %	£	9.—.11		
Courtage de négociation et timbres 2 ‰	»	—.18.—	»	9.18.11
Valeur comptant			£	462. 5. 5
Remboursement au change de F. 25.25 pour £ 1			F.	11672.30

FRAIS AU HAVRE

Fret sur 8400 kil. bruts à 20[sh] et 15 % par 1015 kil. et 5 % frais de tonte.	F.	254.30		
Permis, frais au débarquement, port en entrepôt, tonneliers pour échantillonner, arrimage, magasinage d'un mois, livraison et menus frais	»	175.—		
Assurance maritime sur F. 12840, à ¼ % et police	»	33.60		
id. contre le feu sur F. 13303, à ½ ‰	»	6.65		
Courtage de vente ¼ %				
Commission de banque ¼ %				
Perte d'intérêts ½ %				
Escompte à la vente 2 %				
Commission de vente 2 %				
Ensemble 5 % sur F. 12780.90	»	639.05	»	1108.60
			F.	12780.90

Rendement : 100 ℔ = 45 kil. ⅓ :

Soit net 15680 ℔ = net 7108 kil. à F. 179.81 par 100 kil. entrepôt .... F. 12780.90

N.-B. — La cire végétale du Japon se vend à Londres et au Havre aux mêmes conditions que ci-dessus.

PRIX DE REVIENT AU HAVRE DES 100 KIL. ENTREPOT

AUX CHANGES SUIVANTS SUR PARIS

PRIX à LONDRES par cwt	F. 24.95	F. 25.05	F. 25.15	F. 25.25	F. 25.35	F. 25.45	10 c. par £ sur le change font au Havre par 100 kil.
Séparément — Coût et frais variables							
Sh. —.6	F. 1.30	F. 1.30	F. 1.31	F. 1.32	F. 1.32	F. 1.33	F. 0.—
1.—	2.60	2.61	2.62	2.63	2.64	2.65	0.01
2.—	5.20	5.22	5.24	5.26	5.28	5.30	0.02
3.—	7.80	7.83	7.86	7.89	7.92	7.95	0.03
4.—	10.40	10.44	10.48	10.52	10.56	10.60	0.04
5.—	13.—	13.05	13.10	13.15	13.21	13.26	0.05
6.—	15.59	15.65	15.72	15.78	15.85	15.91	0.06
7.—	18.19	18.26	18.34	18.41	18.49	18.56	0.07
8.—	20.79	20.87	20.96	21.04	21.13	21.21	0.08
9.—	23.39	23.48	23.58	23.67	23.77	23.86	0.09
10.—	25.99	26.09	26.20	26.30	26.41	26.51	0.10
Coût et frais variables et invariables							
40.—	112.76	113.19	113.62	114.04	114.47	114.89	0.43
50.—	138.75	139.28	139.81	140.35	140.87	141.40	0.53
60.—	164.74	165.37	166.01	166.65	167.28	167.91	0.63
70.—	190.73	191.46	192.20	192.95	193.68	194.42	0.74
80.—	216.71	217.56	218.40	219.25	220.09	220.92	0.84
90.—	242.70	243.65	244.59	245.55	246.49	247.43	0.95
100.—	268.69	269.74	270.79	271.85	272.90	273.94	1.05
110.—	294.68	295.83	296.99	298.15	299.30	300.45	1.15
120.—	320.67	321.92	323.18	324.45	325.71	326.96	1.26
130.—	346.65	348.02	349.38	350.75	352.11	353.46	1.36
140.—	372.64	374.11	375.57	377.05	378.52	379.97	1.47
150.—	398.63	400.20	401.77	403.36	404.92	406.48	1.57
160.—	424.62	426.29	427.97	429.66	431.33	432.99	1.67
170.—	450.61	452.38	454.16	455.96	457.73	459.50	1.78
180.—	476.59	478.48	480.36	482.26	484.14	486.—	1.88
190.—	502.58	504.57	506.55	508.56	510.54	512.51	1.99
200.—	528.57	530.66	532.75	534.86	536.95	539.02	2.09
210.—	554.56	556.75	558.95	561.16	563.35	565.53	2.19
220.—	580.55	582.84	585.14	587.46	589.76	592.04	2.30
230.—	606.53	608.94	611.34	613.76	616.16	618.54	2.40
240.—	632.52	635.03	637.53	640.06	642.57	645.05	2.51
250.—	658.51	661.12	663.73	666.37	668.98	671.56	2.61

OBSERVATIONS

Sh. 5 et 15 % par tonneau sur le fret, font au Havre une différence de F. 0.60 par 100 kil. sur les prix.

On veut savoir le revient au Havre de Cire du Japon coûtant à Londres 76[sh] 6[d] par cwt, au change de F. 25.05 et au fret de 20[sh] et 15 % par tonneau.

On trouvera dans la 1re et la 3[e] colonne de ce tableau que :

Sh. —. 6 font par 100 kil.	F.	1.30
» 6.— id. id.	»	15.65
» 70.— id. id.	»	191.46
Sh. 76. 6 feront donc par 100 kil.	F.	208.41

Droits d'entrée par 100 kil. en Novembre 1855

Sous pavillon Anglais		
id. Belge		F. 3.—
id. Français		

COMPTE D'ACHAT ET DE REVIENT

A 483 SACS CLOUS DE GIROFLE ZANZIBAR

483 sacs Clous de Girofle Zanzibar, pesant brut	cwt 593. 3.14		
Tare réelle ℔ 13 par sac / Bon poids » 1 id.	» 00. 1.14		
Net	cwt 533. 2.—		
Soit 59752 ℔, à 3d par ℔		£	746.18.—

FRAIS A LONDRES

Courtage d'achat ½ %	£ 3.14. 7		
Lot Money	» 2.—. 6		
Formalités de douane	» —.15. 6		
Réception, expédition, réparation des sacs	» 19.16.—		
Transport des docks au steamer par barque	» 4. 6.—		
Connaissements, ports de lettres et menus frais	» —. 7. 6	»	31.—. 1
		£	777.18. 1
Commission d'achat 2 %	£ 15.11. 2		
Courtage de négociation et timbres 2 ‰	» 1.11. 1	»	17. 2. 3
Prompt 3 mois		£	795.—. 4
Remboursement au change de F. 25.25 pour £ 1		F.	20074.25

FRAIS AU HAVRE

Fret sur 30153 kil. à 20sh et 15 % par 1015 kil. et 5 % pour frais de tente, à F. 25.45	F. 912.90		
Permis, frais au débarquement, voiliers pour échantillonner et conditionner, port en entrepôt, arrimage, magasinage d'un mois, livraison et menus frais	» 279.85		
Assurance maritime sur F. 22082, à ¼ % et police	» 56.70		
id. contre le feu sur F. 23331, à ½ ‰	» 11.65		
Perte d'intérêts ½ %			
Commission de banque ⅛ %			
Courtage de vente ⅛ %			
Escompte à la vente 2 %			
Commission de vente 2 %			
Ensemble 5 % sur F. 22458.25	» 1122.90	»	2384.—
		F.	22458.25

RENDEMENT : 100 ℔ = 45 kil. ⅓ :

Soit net 59752 ℔ = net 27088 kil. à F. 82.91 par 100 kil. entrepôt .... F. 22458.65

PRIX DE REVIENT AU HAVRE DES 100 KIL. ENTREPOT

AUX CHANGES SUIVANTS SUR PARIS

	PRIX à LONDRES par ℔	F. 24.95	F. 25.05	F. 25.15	F. 25.25	F. 25.35	F. 25.45	10 c. par £ sur le change font au Havre par 100 kil.
Subdivisions — Coût et frais variables	D. ⅛	F. 3.11	F. 3.12	F. 3.14	F. 3.15	F. 3.16	F. 3.17	F. 0.01
	¼	6.22	6.24	6.27	[illegible]	[illegible]	[illegible]	[illegible]
	⅜	9.33	9.37	9.41	9.44	9.48	9.52	0.04
	½	12.44	12.49	12.54	12.59	12.64	12.69	0.05
	⅝	15.55	15.61	15.68	15.74	15.80	15.86	0.06
	¾	18.66	18.73	18.81	18.89	18.96	19.03	0.07
	⅞	21.77	21.86	21.95	22.04	22.12	22.20	0.09
	1	24.88	24.98	25.08	25.18	25.28	25.38	0.10
Coût et frais variables et invariables	2	57.11	57.32	57.53	57.74	57.95	58.16	0.21
	3	81.99	82.30	82.61	82.91	83.22	83.54	0.31
	4	106.86	107.27	107.68	108.09	108.50	108.91	0.41
	5	131.74	132.25	132.76	133.26	133.77	134.29	0.51
	6	156.62	157.23	157.84	158.44	159.05	159.67	0.61
	7	181.49	182.20	182.91	183.61	184.32	185.04	0.71
	8	206.37	207.18	207.99	208.79	209.60	210.42	0.81
	9	231.24	232.15	233.06	233.96	234.87	235.79	0.91
	10	256.12	257.13	258.14	259.14	260.15	261.17	1.01

OBSERVATIONS

Sh. 5 et 15 % par tonneau sur le fret, font au Havre une différence de F. 0.84 par 100 kil. sur les prix.

On veut savoir le revient au Havre de Clous de Girofle coûtant à Londres 5d ¼ par ℔, au change de F. 25.05 et au fret de 20sh et 15 % par tonneau.

On trouvera dans la 1re et la 2e colonne de ce tableau que :

D. — ¼ font par 100 kil.	F.	6.24
» 5 — id. id.	»	132.25
D. 5 ¼ feront donc par 100 kil.	F.	138.49

Droits d'entrée par 100 kil. en Novembre 1865

Sous pavillon Anglais / id. Belge / id. Français .... F. 111.—

COMPTE D'ACHAT ET DE REVIENT

A 407 CUIRS SALÉS DE RIO-GRANDE

407 cuirs salés de Rio-Grande, pesant brut	cwt 167. —. —		
Bon poids	» 1. 1.23		
	cwt 165. 2. 5		
Tare	» 14. 2. 4		
Net	cwt 151. —. 1		
Soit 10913 ℔, à 4d ¼ par ℔		£	299.10. —
Escompte 2 ½ %		»	7. 9. 8
		£	292. —. 4

FRAIS A LIVERPOOL

Courtage d'achat ½ %	£	1. 9.11		
Déclaration, droits de quai et de ville	»	1.10.10		
Port, charroi et embarquement	»	1. 9. 5		
Connaissements, ports de lettres et menus frais	»	—. 7. 6	»	4.17. 8
			£	297. —. —
Commission d'achat 2 %	£	5.18.20		
Courtage de négociation et timbres 2 ‰	»	—.11.10	»	6.10. 8
Valeur comptant			£	303.10. 8
Remboursement au change de F. 25.25 pour £ 1			F.	7664.15

FRAIS AU HAVRE

Fret sur 8480 kil. à 17sh et 15 % par 1015 kil. et 5 % pour frais de tonte, à F. 25.40	F.	217.80		
Permis, frais au débarquement, port en entrepôt, arrimage, magasinage d'un mois, livraison et menus frais	»	53.50		
Assurance maritime sur F. 8480, à ¾ % et police	»	32.50		
Id. contre le feu sur F. 8734, à ½ ‰	»	4.35		
Perte d'intérêts ½ %				
Commission de Banque ¼ %				
Courtage de vente ¼ %				
Escompte à la vente 2 %				
Commission de vente 2 %				
Ensemble 5 % sur F. 8391.90	»	419.60	»	727.75
			F.	8391.90

RENDEMENT : 100 ℔ = 45 kil. ½ :

Soit net 10913 ℔ = net 7607 kil. à F. 109.40 par 100 kil. entrepôt ..... F. 8392.30

PRIX DE REVIENT AU HAVRE DES 100 KIL. ENTREPOT

AUX CHANGES SUIVANTS SUR PARIS

PRIX à LONDRES par ℔	F. 24.95	F. 25.05	F. 25.15	F. 25.25	F. 25.35	F. 25.45	10 c. par £ sur le change font au Havre par 100 kil.
D. ¼	F. 6.07	F. 6.10	F. 6.12	F. 6.15	F. 6.17	F. 6.20	F. 0.03
½	12.15	12.20	12.24	12.29	12.34	12.39	0.05
¾	18.22	18.29	18.36	18.44	18.51	18.59	0.07
1	24.29	24.39	24.48	24.58	24.68	24.78	0.10
2	53.57	53.76	53.96	54.15	54.85	54.54	0.19
3	77.86	78.15	78.44	78.73	79.02	79.31	0.29
4	102.15	102.54	102.93	103.31	103.70	104.09	0.39
5	126.44	126.93	127.41	127.90	128.38	128.86	0.48
6	150.72	151.31	151.89	152.48	153.06	153.64	0.58
7	175.01	175.70	176.38	177.06	177.74	178.41	0.68
8	199.30	200.09	200.86	201.64	202.41	203.19	0.78
9	223.59	224.47	225.35	226.22	227.09	227.96	0.87
10	247.88	248.86	249.83	250.80	251.77	252.74	0.97
11	272.17	273.25	274.31	275.38	276.45	277.51	1.07
12	296.46	297.63	298.80	299.96	301.13	302.29	1.17
13	320.75	322.02	323.28	324.54	325.80	327.06	1.26
14	345.04	346.41	347.77	349.12	350.48	351.84	1.36
15	369.33	370.80	372.25	373.71	375.16	376.62	1.46

OBSERVATIONS

Sh. 5 et 15 % par tonneau sur le fret, font au Havre une différence de F. 0.84 par 100 kil. sur les prix.

On veut savoir le revient au Havre de Cuirs salés coûtant à Liverpool 5d ¾ par ℔, au change de F. 25.05 et au fret de 17sh et 15 % par tonneau.

On trouvera dans la 1re et la 3e colonne de ce tableau que :

D. — ¾ font par 100 kil.	F.	18.29
» 5 — Id. id.	»	126.93
D. 5 ¾ feront donc par 100 kil.	F.	145.22

Droits d'entrée par 100 kil. en Novembre 1865

Sous pavillon Anglais, id. Belge, id. Français : Exempts

COMPTE D'ACHAT ET DE REVIENT

A 217 PAINS CUIVRE PREMIER CHOIX

217 pains Cuivre premier choix, pesant.. tonnes 14. 2.—			
Bon poids, 4 ℔ par tonne .... » —. 2.—			
Net .... tonnes 14.—.— à £ 103 la tonne		£	1442.—.—
Escompte 3 %		»	43. 5. 3
		£	1398.14. 9

FRAIS A LONDRES

Formalités de douane	£	—.10. 6		
Embarquement et expédition 4sh par tonne	»	2.16.—		
Connaissements, ports de lettres et menus frais	»	—.10.—	»	3.16. 6
			£	1402.11. 3
Commission d'achat 2 %	£	28. 1.—		
Courtage de négociation et timbres 2 ‰	»	2.16.—	»	30.17.—
Valeur comptent			£	1433. 8. 3
Remboursement au change de F. 25.25 pour £ 1			F.	36193.60

FRAIS AU HAVRE

Fret sur 14242 kil. à 12sh 6d par 1015 kil. et 5 % pour frais de tente, à F. 25.45	F.	269.45		
Permis, frais au débarquement, port en entrepôt, arrimage, magasinage d'un mois, livraison et menus frais	»	45.50		
Assurance maritime sur F. 39812, à ¼ % et police	»	101.05		
id. contre le feu sur F. 40228, à ½ ‰	»	20.10		
Perte d'intérêts .... ½ %				
Commission de banque .... ¼ %				
Courtage de vente .... ¼ %				
Escompte à la vente .... 2 %				
Commission de vente .... 2 %				
Ensemble .... 5 % sur F. 38557.60	»	1927.90	»	2364.—
			F.	38557.60

RENDEMENT : 100 ℔ = 45 kil. ⅓ :

Soit 31416 ℔ = 14242 kil. à F. 270.73 par 100 kil. entrepôt .... F. 38557.85

PRIX DE REVIENT AU HAVRE DES 100 KIL. ENTREPOT

AUX CHANGES SUIVANTS SUR PARIS

PRIX à LONDRES par tonneau.	F. 24.95	F. 25.05	F. 25.15	F. 25.25	F. 25.35	F. 25.45	10 c. par £ sur le change font au Havre par 100 kil.
£ —. 5	F. 0.64	F. 0.65	F. 0.65	F. 0.65	F. 0.65	F. 0.66	F. 0.—
—.10	1.28	1.29	1.29	1.30	1.30	1.31	0.—
—.15	1.93	1.94	1.94	1.95	1.96	1.97	0.—
1.—	2.57	2.58	2.59	2.60	2.61	2.62	0.01
2.—	5.14	5.16	5.18	5.20	5.22	5.24	0.02
3.—	7.70	7.73	7.76	7.80	7.83	7.86	0.03
4.—	10.27	10.31	10.35	10.40	10.44	10.48	0.04
5.—	12.84	12.89	12.94	13.—	13.05	13.10	0.05
6.—	15.41	15.47	15.53	15.59	15.65	15.71	0.06
7.—	17.98	18.05	18.12	18.19	18.26	18.33	0.07
8.—	20.54	20.62	20.70	20.79	20.87	20.95	0.08
9.—	23.11	23.20	23.29	23.30	23.48	23.57	0.09
10.—	25.68	25.78	25.88	25.90	26.09	26.19	0.10
70.—	182.80	183.52	184.24	184.97	185.69	186.41	0.72
80.—	208.47	209.30	210.12	210.95	211.78	212.60	0.83
90.—	234.15	235.08	236.01	236.94	237.87	238.80	0.93
100.—	259.83	260.86	261.89	262.93	263.96	264.99	1.03
110.—	285.51	286.64	287.77	288.92	290.05	291.18	1.13
120.—	311.19	312.42	313.66	314.91	316.14	317.38	1.24
130.—	336.86	338.20	339.54	340.90	342.23	343.57	1.34
140.—	362.54	363.98	365.43	366.88	368.32	369.76	1.44

OBSERVATIONS

Sh. 2.6 et 15 % par tonneau sur le fret, font au Havre une différence de F. 0.37 par 100 kil. sur les prix.

On veut savoir le revient au Havre de Cuivre coûtant à Londres £ 87.10 par tonneau, au change de F. 25.65 et au fret de 12sh6d et 15 % par tonneau.

On trouvera dans la 1re et la 3e colonne de ce tableau que :

£ —.10 font par 100 kil.	F.	1.29
» 7.— id. id.	»	18.05
» 80.— id. id.	»	209.30
£ 87.10 feront donc par 100 kil.	F.	228.64

Droits d'entrée par 100 kil. en Novembre 1865

Sous pavillon	Anglais	Exempt
id.	Belge	Exempt
id.	Français	Exempt

COMPTE D'ACHAT ET DE REVIENT

A 100 TONNES CUIVRE DU CHILI

100 tonnes Cuivre du Chili, pesant brut	cwt 2003. 2. 8			
Tare, 4 ℔ par tonne	» 3. 2. 8			
Net	cwt 2000.—.— à £ 90 par tonne		£	9000.—.—
Escompte 2 ½ %			»	225.—.—
			£	8775.—.—

FRAIS A LIVERPOOL

Courtage d'achat 1 %	£	90.—.—		
Déclaration, droits de ville et de quai	»	5. 2. 6		
Port, charroi et embarquement 2sh 6d par tonne	»	12.10.—		
Essai	»	4.—.—		
Porte de lettres et menus frais	»	—.15.—	»	112. 7. 6
			£	8887. 7. 6
Commission d'achat 2 %	£	177.15.—		
Courtage de négociation et timbres 2 ‰	»	17.15. 6	»	195.10. 6
Valeur comptant			£	9082.18.—
Remboursement au change de F. 25.25 pour £ 1			F.	229348.90

FRAIS AU HAVRE

Fret sur 101547 kil. à 15sh et 15 % par 1015 kil. et 5 % pour frais de tente, à F. 25.40	F.	2301.30		
Permis, frais au débarquement, port en entrepôt, arrimage, magasinage d'un mois, livraison et menus frais	»	810.—		
Assurance maritime sur F. 252277, à ⅜ % et police	»	947.55		
id. contre le feu sur F. 255846, à ½ ‰	»	127.90		
Perte d'intérêts ½ %				
Commission de banque ¼ %				
Courtage de vente ¼ %				
Escompte à la vente 2 %				
Commission de vente 2 %				
Ensemble ... 5 % sur F. 245294.70	»	12264 75	»	15951.50
			F.	245294.70

Rendement : 100 ℔ = 45 kil. %:

Soit 224000 ℔ = kil. 101546.66 à F. 241.55 par 100 kil. entrepôt .... F. 245285.95

PRIX DE REVIENT AU HAVRE DES 100 KIL. ENTREPOT

AUX CHANGES SUIVANTS SUR PARIS

PRIX à LIVERPOOL par tonneau	F. 24.95	F. 25.05	F. 25.15	F. 25.25	F. 25.35	F. 25.45	10 c. par £ sur le change font au Havre par 100 kil.
£ —. 5	F. 0.66	F. 0.66	F. 0.66	F. 0.66	F. 0.67	F. 0.67	F. 0.—
—.10	1.31	1.31	1.32	1.32	1.33	1.33	0.—
—.15	1.97	1.97	1.98	1.99	1.99	2.—	0.01
1.—	2.62	2.63	2.64	2.65	2.66	2.67	0.01
2.—	5.23	5.25	5.27	5.29	5.32	5.34	0.02
3.—	7.85	7.88	7.91	7.94	7.97	8.—	0.03
4.—	10.46	10.50	10.55	10.59	10.63	10.67	0.04
5.—	13.08	13.13	13.19	13.24	13.29	13.34	0.05
6.—	15.70	15.76	15.82	15.88	15.95	16.01	0.06
7.—	18.31	18.38	18.46	18.53	18.61	18.68	0.07
8.—	20.93	21.01	21.10	21.18	21.26	21.34	0.08
9.—	23.54	23.63	23.73	23.82	23.92	24.01	0.09
10.—	26.16	26.26	26.37	26.47	26.58	26.68	0.10
70.—	186.41	187.14	187.88	188.61	189.35	190.08	0.73
80.—	212.57	213.41	214.25	215.09	215.93	216.77	0.84
90.—	238.72	239.67	240.61	241.56	242.50	243.45	0.95
100.—	264.88	265.93	266.98	268.03	269.08	270.13	1.05
110.—	291.04	292.19	293.35	294.50	295.66	296.81	1.15
120.—	317.19	318.45	319.71	320.97	322.23	323.49	1.26
130.—	343.35	344.72	346.08	347.45	348.81	350.18	1.37
140.—	369.51	370.98	372.45	373.92	375.39	376.86	1.47

OBSERVATIONS

Sh. 5 et 15 % par tonneau sur le fret, font au Havre une différence de F. 0.76 par 100 kil. sur les prix.

On veut savoir le revient au Havre de Cuivre coûtant à Liverpool £ 87.10 par tonneau, au change de F. 25.05 et au fret de 15sh et 15 % par tonneau.

On trouvera dans la 1re et la 3e colonne de ce tableau que:

£ —.10 font par 100 kil.	F.	1.31
» 7.— id. id.	»	18.38
» 80.— id. id.	»	213.41
£ 87.10 feront donc par 100 kil.	F.	233.10

Droits d'entrée par 100 kil. en Novembre 1863

Sous pavillon Anglais	Exempt
id. Belge	Exempt
id. Français	Exempt

COMPTE D'ACHAT ET DE REVIENT

A 890 SACS CURCUMA BENGAL

890 sacs Curcuma Bengal, pesant brut	cwt 841. 3.10		
Tare réelle ... ℔ 2 par balle / Bon poids ... » 1 id.	» 23. 3.10		
Net	cwt 818. —. — à 29sh par cwt		£ 1186. 2. —

FRAIS A LONDRES

Courtage d'achat ½ %	£ 5.18. 7	
Lot Money	» 1. 6. 6	
Formalités de douane	» —.10. 6	
Réception, expédition et réparation des sacs	» 10.10. 6	
Transport des docks au steamer par barque, à 2d par sac	» 7. 8. 4	
Connaissements, ports de lettres et menus frais	[illegible]	» 26. 1. 1
		£ 1212. 3. 1
Commission d'achat 2 %	£ 24. 4.10	
Courtage de négociation et timbres 2 ‰	» 2. 8. 5	» 26.13. 3
Prompt 3 mois		£ 1238.16. 4
Remboursement au change de F. 25.25 pour £ 1		F. 31260.20

FRAIS AU HAVRE

Fret sur 42429 kil. à 17sh et 15 % par 1015 kil. et 5 % pour frais de tente, à F. 25.45	F. 1091.80	
Permis, frais au débarquement, voiliers pour échantillonner, port en entrepôt, arrimage, magasinage d'un mois, livraison et menus frais	» 260. —	
Assurance maritime sur F. 34408, à ¼ % et police	» 87.50	
id. contre le feu sur F. 35847, à ½ ‰	» 17.90	
Perte d'intérêts ... ½ % / Commission de banque ... ¼ % / Courtage de vente ... ¼ % / Escompte à la vente ... 2 % / Commission de vente ... 2 %		
Ensemble.. 5 % sur F. 34460.40	» 1723. —	» 3180.20
		F. 34460.40

RENDEMENT : 100 ℔ = 45 kil. :

Soit brut 94286 ℔ = brut...	kil. 42429	
Tare 2 %	» 848	
Net ... kil. 41580 à F. 82.88 par 100 kil. entrepôt		F. 34461.50

PRIX DE REVIENT AU HAVRE DES 100 KIL. ENTREPOT

AUX CHANGES SUIVANTS SUR PARIS

PRIX à LONDRES par cwt	F. 24.95	F. 25.05	F. 25.15	F. 25.25	F. 25.35	F. 25.45	10 c. par £ sur le change font au Havre par 100 kil.
Sh. —. 6	F. 1.83	F. 1.84	F. 1.84	F. 1.85	F. 1.85	F. 1.86	F. 0.—
1.—	2.66	2.67	2.68	2.69	2.70	2.72	0.01
2.—	5.32	5.35	5.37	5.30	5.41	5.43	0.02
3.—	7.99	8.02	8.05	8.08	8.11	8.15	0.09
4.—	10.65	10.69	10.73	10.78	10.82	10.86	0.04
5.—	13.31	13.37	13.42	13.47	13.52	13.58	0.05
6.—	15.97	16.04	16.10	16.16	16.23	16.29	0.06
7.—	18.63	18.71	18.78	18.86	18.93	19.01	0.07
8.—	21.30	21.38	21.46	21.55	21.64	21.72	0.08
9.—	23.96	24.06	24.15	24.25	24.34	24.44	0.10
10.—	31.36	31.47	31.57	31.69	31.80	31.90	0.11
20.—	57.98	58.19	58.41	58.63	58.84	59.06	0.22
30.—	84.60	84.92	85.24	85.57	85.80	86.21	0.32
40.—	111.22	111.64	112.07	112.51	112.93	113.37	0.43
50.—	137.84	138.37	138.91	139.45	139.98	140.52	0.54
60.—	164.45	165.10	165.74	166.38	167.08	167.67	0.64
70.—	191.07	191.82	192.57	193.32	194.07	194.83	0.75

OBSERVATIONS

Sh. 5 et 15 % par tonneau sur le fret, font au Havre une différence de F. 0.77 par 100 kil. sur les prix.

On veut savoir le revient au Havre de Curcuma coûtant à Londres 35sh 6d par cwt, au change de F. 25.05 et au fret de 17sh et 15 % par tonneau.

On trouvera dans la 1re et la 2e colonne de ce tableau que :

Sh. —. 6 font par 100 kil	F. 1.84
» 5.— id. id.	» 13.37
» 30.— id. id.	» 84.92
Sh. 35. 6 feront donc par 100 kil	F. 99.63

Droits d'entrée par 100 kil. en Novembre 1885

Sous pavillon Anglais	Exempt
id. Belge	Exempt
id. Français	Exempt

COMPTE D'ACHAT ET DE REVIENT

A 21 DENTS D'ÉLÉPHANT D'AFRIQUE ET DU CAP

21 Dents d'éléphant d'Afrique et du Cap sans emballage, pesant brut	cwt 11.—. 1			
Bon poids sur 9 lots	» —.—. 9			
Net	cwt 10. 3.20 à £ 20 par cwt		£	218.11. 5
Escompte 2 ½ %			»	5. 9. 3
			£	213. 2. 2

FRAIS A LONDRES

Lot Money à 6d par lot sur 9 lots	£	—. 4. 6		
Courtage d'achat ½ %	»	1. 1.11		
Formalités de douane	»	—. 8.—		
Frais de docks	»	—. 8. 2		
Des docks au wharf	»	—.10.—		
Wharf	»	—. 7.—		
Transport du wharf au steamer	»	—.12. 3		
Connaissements, ports de lettres et menus frais	»	—. 7.—	»	3.18.10
			£	217. 1.—
Commission d'achat 2 %	£	4. 6. 9		
Courtage de négociation et timbres 2 ‰	»	—. 8. 7	»	4.15. 4
Valeur comptant			£	221.16. 4
Remboursement au change de F. 25.25 pour £ 1			F.	5600.95

FRAIS AU HAVRE

Fret sur 559 kil. à 12sh 6d et 15 % par 1015 kil. et 5 % pour frais de tente, à F. 25.45	F.	11.25		
Permis, frais au débarquement, port en entrepôt, arrimage, magasinage d'un mois, livraison et menus frais	»	8.—		
Assurance maritime sur F. 6160 à ¼ % et police	»	16.90		
id. contre le feu sur F. 6196, à ½ ‰	»	3.10		
Perte d'intérêts ½ %				
Commission de banque ½ %				
Courtage de vente ¼ %				
Escompte à la vente 2 %				
Commission de vente 2 %				
Ensemble 5 % sur F. 5995.60	»	296.85	»	336.10
			F.	5937.05

RENDEMENT : 100 ℔ = 45 kil. ⅓ :

Soit 1233 ℔ = net 559 kil. à F. 10.62 par kil. entrepôt .... F. 5936.58

N.-B.— Les dents d'éléphant qui viennent d'Afrique à Londres ont deux dénominations, savoir : dents du Cap et dents d'Afrique. Elles jouissent de 2 ½ % d'escompte, tandis que les dents des Indes-Orientales n'en ont point.

Les lots de dents d'éléphant d'Afrique et du Cap ne pesant pas plus de 56 ℔ n'ont point de bon poids. Au-dessus de 56 ℔ on accorde 1 ℔ de bon poids.

Les lots des dents d'éléphant des Indes-Orientales dont le poids n'excède par 56 ℔ n'ont pas de bon poids. Au-dessus de 56 ℔, le bon poids est de 2 ℔.

PRIX DE REVIENT AU HAVRE DU KIL. ENTREPOT

AUX CHANGES SUIVANTS SUR PARIS

	PRIX à LONDRES par cwt	F. 24.95	F. 25.05	F. 25.15	F. 25.25	F. 25.35	F. 25.45	10 c. par £ sur le change font au Havre par kil.
	£ —. 5	F. 0.13	F. 0.13	F. 0.13	F. 0.13	F. 0.13	F. 0.13	F. 0.—
	—.10	0.26	0.26	0.26	0.26	0.26	0.26	0.—
	—.15	0.39	0.39	0.39	0.39	0.39	0.39	0.—
[illegible] — Coût et frais variables	1.—	0.52	0.52	0.52	0.52	0.52	0.53	0.—
	2.—	1.03	1.04	1.04	1.04	1.05	1.05	0.—
	3.—	1.55	1.55	1.56	1.57	1.57	1.58	0.01
	4.—	2.06	2.07	2.08	2.09	2.10	2.10	0.01
	5.—	2.58	2.59	2.60	2.61	2.62	2.63	0.01
	6.—	3.10	3.11	3.12	3.13	3.14	3.16	0.01
	7.—	3.61	3.63	3.64	3.65	3.67	3.68	0.01
	8.—	4.13	4.14	4.16	4.18	4.19	4.21	0.02
	9.—	4.64	4.66	4.68	4.70	4.72	4.73	0.02
	10.—	5.16	5.18	5.20	5.22	5.24	5.26	0.02
Coût et frais variables et invariables	20.—	10.50	10.54	10.58	10.62	10.66	10.71	0.04
	30.—	15.66	15.72	15.78	15.84	15.91	15.97	0.06
	40.—	20.82	20.90	20.98	21.06	21.15	21.23	0.08
	50.—	25.98	26.08	26.18	26.29	26.39	26.50	0.10
	60.—	31.14	31.26	31.38	31.51	31.63	31.76	0.12

OBSERVATIONS

Sh. 5 et 15 % par tonneau sur le fret, font au Havre une différence de F. 0.01 par kil. sur les prix.

On veut savoir le revient au Havre de Dents d'éléphant coûtant à Londres £ 39.5 par cwt, au change de F. 25.05 et au fret de 12sh 6d et 15 % par tonneau.

On trouvera dans la 1re et la 3e colonne de ce tableau que :

£ —. 5 font par kil		F.	0.13
» 9.— id.	id.	»	4.66
» 30.— id.	id.	»	15.72
£ 39. 5 feront donc par kil		F.	20.51

Droits d'entrée par 100 kil. en Novembre 1868

Sous pavillon	Anglais	Exemptes
id.	Belge	Exemptes
id.	Français	Exemptes

COMPTE D'ACHAT ET DE REVIENT

5 CAISSES ÉCAILLE DES INDES ORIENTALES

5 caisses Ecaille des Indes Orientales, pesant brut cwt 6. 3. 16
Tare réelle .... cwt 1. 2.14 } » 1. 2. 22
Bon poids .... » —.—. 8 }
Net .... cwt 5.—. 22 à 15sh. par ℔ .... £ 436.10.—

FRAIS A LONDRES

Courtage d'achat ½ %	£	2. 3. 7		
Lot money	»	9. 6		
Formalités de douane	»	—. 8.—		
Frais de docks, réception, frais de wharf, transport au steamer	»	1.11. 1		
Ports de lettres et menus frais	»	—. 4. 6	»	4. 9. 8
			£	440.19. 8
Commission d'achat 2 %	£	8.16. 4		
Courtage de négociation et timbres 2 ‰	»	—.17. 7	»	9.13.11
Valeur comptant			£	450.12. 7
Remboursement au change de F. 25.25 pour £ 1			F.	11378.40

FRAIS AU HAVRE

Fret sur 350 kil. à 15sh et 15 % par 1015 kil. et 5 % pour frais de tonte, à F. 25.45	F.	8.—		
Permis, frais au débarquement, tonneliers pour échantillonner et conditionner, port en entrepôt, arrimage, magasinage d'un mois, livraison et menus frais	»	14.—		
Assurance maritime sur F. 12515, à ¼ % et police	»	32.80		
id. contre le feu sur F. 12570, à ½ ‰	»	6.30		
Perte d'intérêts ½ %				
Commission de banque ¼ %				
Courtage de vente ¼ %				
Escompte à la vente 2 %				
Commission de vente 2 %				
Ensemble 5 % sur F. 12041.60	»	602.10	»	663.20
			F.	12041.60

RENDEMENT : 100 ℔ = 45 kil. ⅓ :

Soit net 582 ℔ = net kil. 263.84 à F. 45.64 par kil. entrepôt .... F. 12041.65

N. B. — L'écaille a deux dénominations, savoir : l'écaille des Indes Orientales et celle des Indes Occidentales. La première se vend à Londres sans escompte, la seconde avec un escompte de 2 ½ %. Le bon poids de toutes les sortes est réglé comme suit : une caisse ne pesant pas plus de 28 ℔ n'a pas de bon poids ; celle pesant de 29 à 100 ℔ reçoit 1 ℔, et celle pesant plus de 100 ℔, 2 ℔.

PRIX DE REVIENT AU HAVRE DU KIL. ENTREPOT

AUX CHANGES SUIVANTS SUR PARIS

PRIX à LONDRES par ℔	F. 24.95	F. 25.05	F. 25.15	F. 25.25	F. 25.35	F. 25.45	10 c. par £ sur le change font au Havre par kil.
Sh. —. 6	F. 1.49	F. 1.50	F. 1.50	F. 1.51	F. 1.52	F. 1.52	F. 0.—
1.—	[illegible]	[illegible]	[illegible]	[illegible]	[illegible]	[illegible]	0.01
2.—	5.97	5.99	6.02	6.04	6.07	6.09	0.02
3.—	8.96	8.99	9.03	9.06	9.10	9.14	0.04
4.—	11.94	11.99	12.04	12.08	12.13	12.18	0.05
5.—	14.93	14.99	15.05	15.11	15.17	15.23	0.06
6.—	17.91	17.98	18.05	18.13	18.20	18.27	0.07
7.—	20.90	20.98	21.06	21.15	21.23	21.32	0.08
8.—	23.88	23.98	24.07	24.17	24.26	24.36	0.10
9.—	26.87	26.97	27.08	27.19	27.30	27.41	0.11
10.—	29.85	29.97	30.09	30.21	30.33	30.45	0.12
5.—	15.26	15.32	15.38	15.43	15.49	15.55	0.06
10.—	30.18	30.30	30.42	30.54	30.66	30.78	0.12
20.—	60.03	60.27	60.51	60.75	60.99	61.23	0.24
30.—	89.88	90.24	90.60	90.96	91.32	91.67	0.36
40.—	119.73	120.21	120.69	121.17	121.65	122.12	0.48

OBSERVATIONS

Sh. 5 et 15 % par tonneau sur le fret, font au Havre une différence de F. 0.01 par kil. sur les prix.

On veut savoir le revient au Havre d'Ecaille coûtant à Londres 9sh 6d par tonne, au change de F. 25.05 et un fret de 15sh et 15 % par tonneau.

On trouvera dans la 1re et la 3e colonne de ce tableau que :

Sh. —. 6 font par kil.	F.	1.50
» 4.— id. id.	»	11.99
» 5.— id. id.	»	15.32
Sh. 9. 6 feront donc par kil.	F.	28.81

Droits d'entrée par 100 kil. en Novembre 1865

Sous pavillon Anglais, id. Belge, id. Français .... F. 6.—

COMPTE D'ACHAT ET DE REVIENT

A 1160 SAUMONS ÉTAIN

1160 saumons Étain, pesant net 400 cwt à £ 100 par tonneau			£	2180. —. —
Escompte 2 ½ %			»	54.10. —
			£	2125.10. —

FRAIS A LONDRES

Courtage d'achat ½ % sur £ 2180	£	10.18. —		
Réception et expédition	»	4. —. —		
Transport des docks au steamer	»	3.10. —		
Formalités de douane	»	—. 12. 6		
Ports de lettres et menus frais	»	—. 7. 6	»	19. 8. —
			£	2144.18. —
Commission d'achat 2 %	£	42.18. —		
Courtage de négociation et timbres 2 ‰	»	4. 5.10	»	47. 3.10
Valeur comptant			£	2192. 1.10
Remboursement au change de F. 25.25 pour £ 1			F.	55350.30

FRAIS AU HAVRE

Fret sur 20309 kil. à 12sh 6d et 15 % par 1015 kil. et 5 % frais de tente	F.	384.25		
Permis, frais au débarquement, port en entrepôt, arrimage, magasinage d'un mois, livraison et menus frais	»	65. —		
Assurance maritime sur F. 60885, à ¼ % et police	»	153.70		
id. contre le feu sur F. 61488, à ½ ‰	»	30.75		
Perte d'intérêts ⅓ %				
Commission de banque ¼ %				
Courtage de vente ¼ %				
Escompte à la vente 2 %				
Commission de vente 2 %				
Ensemble 5 % sur F. 58930.50	»	2946.50	»	3580.20
			F.	58930.50

Rendement : 100 ℔ = 45 kil. ⅓ :

Soit 44800 ℔ = 20309 kil. à F. 290.17 par 100 kil. entrepôt .... F. 58930.60

N.-B. — L'étain s'achète souvent à Londres franco à bord. Dans ce cas, les frais ci-dessus de £ 8.10 sont épargnés.

Les étains des Indes n'ont pas d'escompte, mais ils jouissent d'un prompt de 3 mois.

PRIX DE REVIENT AU HAVRE DES 100 KIL. ENTREPOT

AUX CHANGES SUIVANTS SUR PARIS

PRIX à LONDRES par tonneau	F. 24.95	F. 25.05	F. 25.15	F. 25.25	F. 25.35	F. 25.45	10 c. par £ sur le change font au Havre par 100 kil.
£ —. 5	F. 0.65	F. 0.65	F. 0.66	F. 0.66	F. 0.66	F. 0.66	F. 0.—
—.10	1.30	1.31	1.31	1.32	1.32	1.32	0.—
—.15	1.95	1.96	1.97	1.96	1.98	1.99	0.—
1.—	2.60	2.61	2.62	2.63	2.64	2.65	0.01
2.—	5.20	5.22	5.24	5.26	5.28	5.30	0.02
3.—	7.80	7.83	7.86	7.89	7.92	7.95	0.03
4.—	10.40	10.44	10.48	10.52	10.56	10.60	0.04
5.—	13.—	13.05	13.10	13.15	13.21	13.26	0.05
6.—	15.60	15.65	15.72	15.78	15.85	15.91	0.06
7.—	18.19	18.26	18.34	18.41	18.49	18.56	0.07
8.—	20.79	20.87	20.96	21.04	21.13	21.21	0.08
9.—	23.39	23.48	23.58	23.67	23.77	23.86	0.09
10.—	25.99	26.09	26.20	26.30	26.41	26.51	0.10
70.—	185.40	186.13	186.86	187.60	188.33	189.06	0.73
80.—	211.39	212.22	213.05	213.90	214.74	215.57	0.84
90.—	237.38	238.32	239.25	240.21	241.14	242.08	0.94
100.—	263.37	264.41	265.45	266.51	267.55	268.59	1.04
110.—	289.36	290.50	291.65	292.81	293.96	295.10	1.15
120.—	315.35	316.60	317.85	319.12	320.36	321.61	1.25

OBSERVATIONS

Sh. 2.6 et 15 % par tonneau sur le fret, font au Havre une différence de F. 0.38 par 100 kil. sur les prix.

On veut savoir le revient au Havre d'Étain coûtant à Londres £ 85.15 par tonneau, au change de F. 25.05 et au fret de 12sh 6d par tonneau.

On trouvera dans la 1re et la 3e colonne de ce tableau que:

£ —.15 font par 100 kil.	F.	1.96
» 5.— id. id.	»	13.05
» 80.— id. id.	»	212.22
£ 85.15 feront donc par 100 kil.	F.	227.23

Droits d'entrée par 100 kil. en Novembre 1865

Sous pavillon Anglais	Exempt
id. Belge	Exempt
id. Français	Exempt

COMPTE D'ACHAT ET DE REVIENT

A 29 BOTTES FANONS DE BALEINE

29 bottes Fanons baleine, pesant cwt 20. 1.25		
Tare .... cwt —. 1.17 } Bon poids .... » —.—. 8 }	» —. 1.25	
Net .... cwt 20.—.— à £ 510 par tonne		£ 510.—.—
Escompte 2 ½ %		» 12.15.—
		£ 497. 5.—

FRAIS A LONDRES

Courtage d'achat ½ %	£ 2.11.—	
Sortie de magasin 5sh par tonne	» [illegible]	
Frais d'allège 5sh par tonne	» —. 5.—	
Formalités de douane	» —. 7. 6	
Lot Money	» —. 2.—	
Connaissements, ports de lettres et menus frais	» —. 7. 6	» 8.18.—
		£ 501. 3.—
Commission d'achat 2 %	£ 10.—. 5	
Courtage de négociation et timbres 2 ‰	» 1.—.—	» 11.—. 5
Valeur comptant		£ 512. 3. 5
Remboursement au change de F. 25.25 pour £ 1		F. 12932.30

FRAIS AU HAVRE

Fret sur 1040 kil. à 20sh et 15 % par 1015 kil. et 5 % pour frais de teute, à F. 25.45	F. 31.40	
Permis, frais au débarquement, port en entrepôt, arrimage, magasinage d'un mois, livraison et menus frais	» 18.50	
Assurance maritime sur F. 14225, à ¼ % et police	» 37.05	
id. contre le feu sur F. 14312, à ½ ‰	» 7.15	
Perte d'intérêts .... ⅛ %		
Commission de banque .... ⅛ %		
Courtage de vente .... ¼ %		
Escompte à la vente .... 2 %		
Commission de vente .... 2 %		
Ensemble .... 5 % sur F. 13712	» 685.60	» 779.70
		F. 13712.—

RENDEMENT : 100 ℔ = 45 kil. ⅓ :

Soit 2240 ℔ = net kil. 1015.46 à F. 13.50 par kil. entrepôt .... F. 13708.70

N.-B. — En transmettant un ordre d'achat à Londres, il sera bon de faire la condition que la marchandise sera facturée sur le poids trouvé à la sortie des docks, et non sur celui de son entrée, comme c'est souvent le cas, le déchet se trouvant ainsi supporté par l'acheteur.

PRIX DE REVIENT AU HAVRE DU KIL. ENTREPOT

AUX CHANGES SUIVANTS SUR PARIS

PRIX à LONDRES par tonneau	F. 24.95	F. 25.05	F. 25.15	F. 25.25	F. 25.35	F. 25.45	10 c. par £ sur le change font au Havre par kil.
£ 5	F. 0.13	F. 0.13	F. 0.13	F. 0.13	F. 0.13	F. 0.13	F. 0.—
10	0.26	0.26	0.26	0.26	0.26	0.27	0.
20	0.52	0.52	0.52	0.53	0.53	0.53	0.—
30	0.78	0.78	0.79	0.79	0.79	0.80	0.—
40	1.04	1.04	1.05	1.05	1.06	1.06	0.—
50	1.30	1.31	1.31	1.32	1.32	1.33	0.01
60	1.56	1.57	1.57	1.58	1.58	1.59	0.01
70	1.82	1.83	1.83	1.84	1.85	1.85	0.01
80	2.08	2.09	2.10	2.10	2.11	2.12	0.01
90	2.34	2.35	2.36	2.37	2.38	2.38	0.01
100	2.60	2.61	2.62	2.63	2.64	2.65	0.01
300	7.80	7.92	7.95	7.98	8.01	8.04	0.03
400	10.49	10.53	10.57	10.61	10.65	10.69	0.04
500	13.09	13.14	13.19	13.24	13.29	13.35	0.05
600	15.68	15.75	15.81	15.87	15.93	16.—	0.06
700	18.28	18.36	18.43	18.50	18.57	18.65	0.07
800	20.88	20.97	21.05	21.13	21.22	21.30	0.08

OBSERVATIONS

Sh. 5 et 15 % par tonneau sur le fret, font au Havre une différence de F. 0.01 par kil. sur les prix.

On veut savoir le revient au Havre de Fanons de baleine coûtant à Londres £ 455 par tonneau, au change de F. 25.55 et au fret de 20sh et 15 % par tonneau.

On trouvera dans la 1re et la 3e colonne de ce tableau que :

£ 5 font par kil.	F. 0.13
» 50 id. id.	» 1.31
» 400 id. id.	» 10.53
£ 455 feront donc par kil.	F. 11.97

Droits d'entrée par 100 kil. en Novembre 1865

Sous pavillon Anglais	F. 2.—
id. Belge	
id. Français	

COMPTE D'ACHAT ET DE REVIENT

A 250 SACS GINGEMBRE D'AFRIQUE

250 sacs Gingembre d'Afrique, pesant brut cwt 188. 3. 7			
Tare réelle 3 ℔ par sac / Bon poids ½ par sac	» 7. 3. 7		
Net cwt 181.—.— à 48sh par cwt		£	434. 8.—
Escompte 2 ½ %		»	10.17. 2
		£	423.10. 9

FRAIS A LONDRES

Courtage d'achat ½ % sur £ 434.8	£	2. 3. 5		
Lot Money	»	—. 6. 6		
Formalités de douane	»	—.10. 6		
Réception, expédition, réparation des sacs	»	6. 4.—		
Transport des docks au steamer par barque	»	3. 2. 6		
Connaissements, ports de lettres et menus frais	»	—. 7. 6	»	12.14. 5
			£	436. 5. 2
Commission d'achat 2 %	£	8.14. 6		
Courtage de négociation et timbres 2 ‰	»	—.17. 5	»	9.11.11
Valeur comptant			£	445.17. 1
Remboursement au change de F. 25.25 pour £ 1			F.	11257.95

FRAIS AU HAVRE

Fret sur 9518 kil. à 15sh et 15 % sur 1015 kil. et 5 % pour frais de tente, à F. 25.45	F.	216.10		
Permis, frais au débarquement, voiliers pour conditionner et échantillonner, port en entrepôt, arrimage, magasinage d'un mois, livraison et menus frais	»	72 —		
Assurance maritime sur F. 12383, à ¼ % et police	»	32.45		
id. contre le feu sur F. 12703, à ½ ‰	»	6.35		
Perte d'intérêts ¼ %				
Commission de banque ¼ %				
Courtage de vente ½ %				
Escompte à la vente 2 %				
Commission de vente 2 %				
Ensemble 5 % sur F. 12194.60	»	609.75	»	936.65
			F.	12194.60

Rendement : 100 ℔ = 45 kil. :

Soit net 20272 ℔ = net kil. 9122 à F. 133.68 par 100 kil. entrepôt .... F. 12194.30

PRIX DE REVIENT AU HAVRE DES 100 KIL. ENTREPOT

AUX CHANGES SUIVANTS SUR PARIS

PRIX à LONDRES par cwt	F. 24.95	F. 25.05	F. 25.15	F. 25.25	F. 25.35	F. 25.45	10 c. par £ sur le change font au Havre par 100 kil.
Coût et frais variables							
Sh. —. 6	F. 1.31	F. 1.31	F. 1.32	F. 1.32	F. 1.33	F. 1.34	F. 0.—
1.—	2.62	2.63	2.64	2.65	2.66	2.67	0.01
2.—	5.24	5.26	5.28	5.30	5.32	5.34	0.02
3.—	7.85	7.89	7.92	7.95	7.98	8.01	0.03
4.—	10.47	10.52	10.56	10.60	10.64	10.68	0.04
5.—	13.09	13.15	13.20	13.25	13.30	13.36	0.05
6.—	15.71	15.77	15.83	15.90	15.96	16.03	0.06
7.—	18.33	18.40	18.47	18.55	18.62	18.70	0.07
8.—	20.94	21.03	21.11	21.20	21.28	21.37	0.09
9.—	23.56	23.66	23.75	23.85	23.94	24.04	0.10
10.—	26.18	26.29	26.39	26.50	26.60	26.71	0.11
Coût et frais variables et invariables							
10.—	32.64	32.76	32.87	33.—	33.11	33.23	0.12
20.—	58.82	59.04	59.26	59.49	59.71	59.93	0.22
30.—	85.01	85.33	85.66	85.99	86.32	86.64	0.33
40.—	111.19	111.62	112.05	112.49	112.92	113.35	0.43
50.—	137.37	137.91	138.44	138.99	139.52	140.06	0.54
60.—	163.55	164.19	164.83	165.48	166.12	166.76	0.64
70.—	189.73	190.48	191.22	191.96	192.72	193.47	0.75
80.—	215.92	216.77	217.62	218.46	219.33	220.18	0.85
90.—	242.10	243.05	244.01	245.97	245.93	246.88	0.96
100.—	268.28	269.34	270.40	272.47	272.53	273.59	1.06
110.—	294.46	295.63	296.79	298.96	299.13	300.30	1.17
120.—	320.64	321.91	323.18	324.46	325.73	327.—	1.27

OBSERVATIONS

Sh. 5 et 15 % par tonneau sur le fret, font au Havre une différence de F. 0.77 par 100 kil. sur les prix.

On veut savoir le revient au Havre de Gingembre coûtant à Londres 30sh 6d par cwt, au change F. 25.05 et au fret de 15sh et 15 % par tonneau.

On trouvera dans la 1re et la 2e colonne de ce tableau que :

Sh. —. 6 font par 100 kil	F.	1.31
» 6.— id. id.	»	15.77
» 30.— id. id.	»	85.33
Sh. 36. 6 feront donc par 100 kil	F.	102.41

Droits d'entrée par 100 kil. en Novembre 1865

Sous pavillon Anglais	F. 2.—
id. Belge	
id. Français	

COMPTE D'ACHAT ET DE REVIENT

A 5 CAISSES GOMME AMMONIAQUE

5 caisses Gomme ammoniaque, pesant brut cwt 18. 3.11			
Tare réelle .... cwt 3.—.14 } Bon poids .... » —.—.10 } » 3.—.24			
Net .... cwt 15. 2.15 à 75sh par cwt		£	58.12. 6
Escompte 2 ½ %		»	1. 9. 4
		£	57. 3. 2

FRAIS A LONDRES

Lot Money	£	—.—. 6		
Courtage d'achat ¼ %	»	—. 5.10		
Formalités de douane	»	—.10.—		
Embarquement	»	—.12. 6		
Connaissements, timbres, ports de lettres et menus frais	»	—. 3. 6	»	1.12. 4
			£	58.15. 6
Commission d'achat 2 %	£	1. 3. 6		
Courtage de négociation et timbres 2 ‰	»	—. 2. 5	»	1. 5.11
Valeur comptant			£	60. 1. 5
Remboursement au change de F. 25.25 pour £ 1			F.	1516.80

FRAIS AU HAVRE

Fret sur 957 kil. à 17sh et 15 % par 1015 kil. et 5 % pour frais de tente, à F. 25.45	F.	24.60		
Permis, frais au débarquement, tonneliers pour échantillonner, port en entrepôt, arrimage, magasinage d'un mois, livraison et menus frais.	»	11.70		
Assurance maritime sur F. 1668, à ¼ % et police	»	5.65		
id. contre le feu sur F. 1710, à ½ ‰	»	0.85		
Perte d'intérêts .... ½ %				
Commission de banque .... ¼ %				
Courtage de vente .... ¼ %				
Escompte à la vente .... 2 %				
Commission de vente .... 2 %				
Ensemble .... 5 % sur F. 1641.70	»	82.10	»	124.90
			F.	1641.70

Rendement : 100 ₰ = 45 kil. ½ :

Soit net 1751 = net kil. 793.78 à F. 206.82 par 100 kil. entrepôt .... F. 1641.65

N.-B. — On distingue la gomme ammoniaque massée dont la valeur varie de 35sh à 45sh, et la gomme ammoniaque en larmes dont la valeur varie de 70sh à 75sh.

PRIX DE REVIENT AU HAVRE DES 100 KIL. ENTREPOT

AUX CHANGES SUIVANTS SUR PARIS

PRIX à LONDRES par cwt	F. 24.95	F. 25.05	F. 25.15	F. 25.25	F. 25.35	F. 25.45	10 c. par £ sur le change font au Havre par 100 kil.
Sh. —. 6	F. 1.30	F. 1.30	F. 1.31	F. 1.32	F. 1.32	F. 1.33	F. 0.—
1.—	2.60	2.61	2.62	2.63	2.64	2.65	0.01
2.—	5.20	5.22	5.24	5.26	5.28	5.30	0.02
3.—	7.80	7.83	7.86	[illegible]	[illegible]	[illegible]	[illegible]
4.—	10.40	10.44	11.48	10.52	10.56	10.60	0.04
5.—	13.—	13.05	13.10	13.15	13.21	13.26	0.05
6.—	15.59	15.65	15.72	15.78	15.85	15.91	0.06
7.—	18.19	18.26	18.34	18.41	18.49	18.56	0.07
8.—	20.79	20.87	20.96	21.04	21.13	21.21	0.08
9.—	23.39	23.48	23.58	23.67	23.77	23.86	0.09
10.—	25.99	26.09	26.20	26.30	26.41	26.51	0.10
20.—	61.51	61.72	61.95	62.18	62.40	62.63	0.22
30.—	87.49	87.82	88.15	88.48	88.80	89.13	0.33
40.—	113.48	113.91	114.34	114.78	115.21	115.64	0.43
50.—	139.47	140.—	140.54	141.09	141.61	142.15	0.54
60.—	165.46	166.09	166.74	167.39	168.02	168.66	0.64
70.—	191.45	192.18	192.93	193.69	194.42	195.17	0.74
80.—	217.43	218.28	219.13	219.99	220.83	221.67	0.85
90.—	243.42	244.87	245.32	246.29	247.23	248.18	0.95
100.—	269.41	270.46	271.52	272.59	273.64	274.69	1.05

OBSERVATIONS

Sh. 5 et 15 % par tonneau sur le fret, font au Havre une différence de F. 0.91 par 100 kil. sur les prix.

On veut savoir le revient au Havre de Gomme ammoniaque coûtant à Londres 65sh 6d par cwt, au change de F. 25.05 et au fret de 17sh et 15 % par tonneau.

On trouvera dans la 1re et la 2e colonne de ce tableau que :

Sh. —. 6 font par 100 kil.	F.	1.30
» 5.— id. id.	»	13.05
» 60.— id. id.	»	166.09
Sh. 65. 6 feront donc par 100 kil.	F.	180.44

Droits d'entrée par 100 kil. en Novembre 1865

Sous pavillon Anglais	F. 3.—
id. Belge	
id. Anglais	

COMPTE D'ACHAT ET DE REVIENT

A 23 BARILS GOMME ARABIQUE

23 barils Gomme arabique, pesant brut cwt 85.—. 3			
Tare réelle .... cwt 4. 1.10 } » 5.—.16			
Bon poids .... » —. 3. 6 }			
Net .... cwt 79. 3.15 à 72sh par cwt		£	287.11. 8
Escompte 2 ½ %		»	7. 3. 9
		£	280. 7.11

FRAIS A LONDRES

Courtage d'achat ½ %	£	1. 8. 9		
Lot Money	»	—. 2.—		
Formalités de douane	»	—.10.—		
Embarquement	»	1.18. 3		
Connaissements, ports de lettres et menus frais	»	—. 3. 6	»	4. 2. 6
			£	284.10. 5
Commission d'achat 2 %	£	5.13. 9		
Courtage de négociation et timbres 2 ‰	»	—.11. 5	»	6. 5. 2
Valeur comptant			£	290.15. 7
Remboursement au change de F. 25.25 pour £ 1			F.	7342.20

FRAIS AU HAVRE

Fret sur 4317 kil. bruts, à 17sh et 15% par 1015 kil. et 5 % pour frais de tente, à F. 25.45	F.	111.—		
Permis, tonneliers pour échantillonner, port en entrepôt, arrimage, magasinage d'un mois, livraison et menus frais	»	37.50		
Assurance maritime sur F. 8076, à ¼ % et police	»	21.70		
id. contre le feu sur F. 8246, à ½ ‰	»	4.10		
Perte d'intérêts .... ½ %				
Commission de banque .... ¼ %				
Courtage de vente .... ¼ %				
Escompte à la vente .... 2 %				
Commission de vente .... 2 %				
Ensemble .... 5 % sur F. 7912.10	»	395.60	»	569.90
			F.	7912.10

RENDEMENT : 100 ℔ = 45 kil. ½ :

Soit net 8947 ℔ = net kil. 4056 à F. 195.07 par 100 kil. entrepôt .... F. 7912.—

PRIX DE REVIENT AU HAVRE DES 100 KIL. ENTREPOT

AUX CHANGES SUIVANTS SUR PARIS

PRIX à LONDRES par cwt	F. 24.95	F. 25.05	F. 25.15	F. 25.25	F. 25.35	F. 25.45	10c. par £ sur le change font au Havre par 100 kil.
Sh. 1	F. 2.60	F. 2.61	F. 2.62	F. 2.63	F. 2.64	F. 2.65	F. 0.01
2	5.20	5.22	5.24	5.26	5.28	5.30	0.02
3	7.80	7.83	7.86	7.89	7.92	7.95	0.03
4	10.40	10.44	10.48	10.52	10.56	10.00	0.04
5	13.—	13.05	13.10	13.15	13.21	13.26	0.05
6	15.59	15.65	15.72	15.78	15.85	15.91	0.06
7	18.19	18.26	18.34	18.41	18.49	18.56	0.07
8	20.79	20.87	20.96	21.04	21.13	21.21	0.08
9	23.39	23.48	23.58	23.67	23.77	23.86	0.09
10	25.99	26.09	26.20	26.30	26.41	26.51	0.10
20	57.66	57.86	58.08	58.30	58.51	58.73	0.22
30	83.64	83.96	84.28	84.60	84.91	85.23	0.32
40	109.63	110.05	110.47	110.90	111.32	111.74	0.42
50	135.63	136.14	136.67	137.21	137.72	138.25	0.53
60	161.61	162.23	162.87	163.51	164.13	164.76	0.63
70	187.60	188.32	189.06	189.81	190.53	101.27	0.73
80	213.58	214.42	215.26	216.11	216.94	217.77	0.84
90	239.57	240.51	241.45	242.41	243.34	244.28	0.94
100	265.56	266.60	267.65	268.71	269.75	270.79	1.05
110	291.55	292.69	293.85	295.01	296.15	297.30	1.15
120	317.54	318.78	320.04	321.31	322.56	323.81	1.25

OBSERVATIONS

Sh. 5 et 15 % par tonneau sur le fret, font au Havre une différence de F. 0.60 par 100 kil. sur les prix.

On veut savoir le revient au Havre de Gomme arabique coûtant à Londres 83sh par cwt, au change de F. 25.05 et au fret de 17sh et 15 % par tonneau.

On trouvera dans la 1re et la 3e colonne de ce tableau que :

Sh. 3 font par 100 kil.	F. 7.83
» 80 id. id.	» 214.42
Sh. 83 feront donc par 100 kil.	F. 222.25

Droits d'entrée par 100 kil. en Novembre 1863

Sous pavillon Anglais	} F. 3.—
id. Belge	
id. Français	

GOMME ARABIQUE

	PRIX NORMAL	PRIX ACTUEL
D'Egypte	35sh à 38sh	70sh à 80sh
Choisie 1re qualité	75sh	140sh à 150sh
Choisie 2e id.	58sh à 65sh	100sh à 120sh
Choisie 3e id.	48sh à 55sh	90sh à 100sh
Juakiına Gedola	24sh à 26sh	32sh à 38sh
De l'Inde	48sh à 50sh	60sh à 70sh
Mogador blanche	28sh à 32sh	50sh à 60sh
Barbarie brune	25sh à 30sh	42sh à 50sh
Australie	28sh à 30sh	30sh à 35sh

COMPTE D'ACHAT ET DE REVIENT

A 4 CAISSES GOMME ASSAFOETIDA

4 caisses Gomme assafœtida, pesant brut cwt 14. 1.10
Tare .... cwt 2. 2.22
Bon poids .... » —.—.28 } » 4. 1.10
Nattes .... » 1. 1.16

Net .... cwt 10.—.— à 70sh par cwt	£	35.—.—
Escompte 2 ½ %	»	—.17. 6
	£	34. 2. 6

FRAIS A LONDRES

Courtage d'achat ½ %	£	—. 3. 6		
Lot Money	»	—. 1.—		
Formalités de douane	»	—.10.—		
Frais d'embarquement	»	—. 8. 6		
Connaissements, ports de lettres et menus frais	»	—. 3. 6	»	1. 6. 6
			£	35. 9.—
Commission d'achat 2 %	£	—.14. 2		
Courtage de négociation et timbres 2 ‰	»	—. 1. 4	»	—.15. 6
Valeur comptant			£	36. 4. 6
Remboursement au change de F. 25.25 pour £ 1			F.	914.80

FRAIS AU HAVRE

Fret sur 728 kil. à 17sh et 15 % par 1015 kil. et 5 % pour frais de tente	F.	18.70		
Permis, frais au débarquement, tonneliers pour échantillonner, et conditionner, port en entrepôt, arrimage, magasinage d'un mois, livraison et menus frais	»	10.—		
Assurance maritime sur F. 1006, à ¼ % et police	»	4.—		
id. contre le feu sur F. 1088, à ⅓ ‰	»	0.50		
Perte d'intérêts .... ⅓ %				
Commission de banque .... ¼ %				
Courtage de vente .... ¼ %				
Escompte à la vente .... 2 %				
Commission de vente .... 2 %				
Ensemble .... 5 % sur F. 997.90	»	49.90	»	83.10
			F.	997.90

RENDEMENT : 100 ℔ = 45 kil. ⅓ :

Soit net 1120 ℔ = net kil. 507.73 à F. 196.54 par 100 kil. entrepôt .... F. 997.90

PRIX DE REVIENT AU HAVRE DES 100 KIL. ENTREPOT

AUX CHANGES SUIVANTS SUR PARIS

PRIX à LONDRES par cwt	F. 24.95	F. 25.05	F. 25.15	F. 25.25	F. 25.35	F. 25.45	10 c. par £ sur le change font au Havre par 100 kil.
Sh. —. 6	F. 1.30	F. 1.30	F. 1.31	F. 1.32	F. 1.32	F. 1.33	F. 0.—
1.—	2.60	2.61	2.62	2.63	2.64	2.65	0.01
2.—	5.20	5.22	5.24	5.26	5.28	5.30	0.02
3.—	7.80	[illegible]	[illegible]	[illegible]	[illegible]	[illegible]	[illegible]
4.—	10.40	10.44	10.48	10.52	10.56	10.60	0.04
5.—	13.—	13.05	13.10	13.15	13.20	13.25	0.05
6.—	15.59	15.65	15.72	15.78	15.84	15.90	0.06
7.—	18.19	18.26	18.34	18.41	18.48	18.55	0.07
8.—	20.79	20.87	20.96	21.04	21.12	21.20	0.08
9.—	23.39	23.48	23.58	23.67	23.76	23.85	0.09
10.—	38.38	38.50	38.63	38.76	38.89	39.01	0.13
20.—	64.37	64.59	64.82	65.06	65.29	65.52	0.23
30.—	90.35	90.69	91.02	91.36	91.70	92.02	0.33
40.—	116.34	116.78	117.21	117.66	118.10	118.53	0.44
50.—	142.33	142.87	143.41	143.97	144.51	145.04	0.54
60.—	168.32	168.96	169.61	170.27	170.91	171.55	0.65
70.—	194.31	195.05	195.80	196.57	197.32	198.06	0.75
80.—	220.29	221.15	222.—	222.87	223.72	224.56	0.85
90.—	246.28	247.24	248.20	249.17	250.13	251.07	0.96
100.—	272.27	273.33	274.39	275.47	276.53	277.58	1.06

OBSERVATIONS

Sh. 5 et 15 % par tonneau sur le fret, font au Havre une différence de F. 1.08 par 100 kil. sur les prix.

On veut savoir le revient au Havre de Gomme assafœtida coûtant à Londres 65sh 6d par cwt, au change de F. 25.05 et au fret de 17sh et 15 % par tonneau.

On trouvera dans la 1re et la 3e colonne de ce tableau que:

Sh. —. 6 font par 100 kil.	F.	1.30
» 5.— id. id.	»	13.05
» 60.— id. id.	»	168.96
Sh. 65. 6 feront donc par 100 kil.	F.	183.31

Droits d'entrée par 100 kil. en Novembre 1865

Sous pavillon Anglais	}	F. 3.—
id. Belge		
id. Français		

COMPTE D'ACHAT ET DE REVIENT

A 2 CAISSES GOMME BENJOIN

2 caisses Gomme benjoin, pesant brut cwt 4. 1. 7			
Tare réelle .... cwt —. 1.25 } Bon poids .... » —.—. 2 }	» —. 1.27		
Net .... cwt 3. 3. 8 à £ 6.15 par cwt		£	25.15 11
Escompte 2 ½ %		»	—.12.11
		£	25. 3.—

FRAIS A LONDRES

Courtage d'achat ½ %	£	—. 2. 7		
Lot Money	»	—. 1.—		
Formalités de douane	»	—.10.—		
Embarquement	»	—. 6.—		
Connaissements, ports de lettres et menus frais	»	—. 3. 6	»	1. 3. 1
			£	26. 6. 1
Commission d'achat 2 %	£	—.10. 6		
Courtage de négociation et timbres 2 ‰	»	—. 1.—	»	—.11. 6
Valeur comptant			£	26.17. 7
Remboursement au change de F. 25.25 pour £ 1			F.	678.70

FRAIS AU HAVRE

Fret sur 219 kil. à 17[sh] et 15 % par 1015 kil. et 5 % pour frais de tente.	F.	5.45		
Permis, frais au débarquement, tonneliers, port en entrepôt, arrimage, magasinage d'un mois, livraison et menus frais	»	4.—		
Assurance maritime sur F. 746, à ¼ % et police	»	3.35		
id. contre le feu sur F. 759, à ½ ‰	»	—.35		
Perte d'intérêts .... ½ %				
Commission de banque .... ¼ %				
Courtage de vente .... ¼ %				
Escompte à la vente .... 2 %				
Commission de vente .... 2 %				
Ensemble .... 5 % sur F. 728.25	»	36.40	»	49.55
			F.	728.25

RENDEMENT : 100 ℔ = 45 kil. ½ :

Soit net 428 ℔ = net kil. 194 à F. 375.39 par 100 kil. entrepôt .... F. 728.20

N.-B. — On distingue les provenances de Siam, dit benjoin vanille en larmes, variant suivant la qualité de 10 à 40 £ par cwt et celles de Penang et Singapore, qu'on divise en 3 catégories : £ 12 à 14 ; £ 6 à 8 ; £ 4 à 5.

PRIX DE REVIENT AU HAVRE DU KIL. ENTREPOT

AUX CHANGES SUIVANTS SUR PARIS

	PRIX à LONDRES par cwt	F. 24.95	F. 25.05	F. 25.15	F. 25.25	F. 25.35	F. 25.45	10 c. par £ sur le change font au Havre par 100 kil.
[illegible] — Coût et frais variables	£ —. 5	F. 0.13	F. 0.13	F. 0.13	F. 0.13	F. 0.13	F. 0.13	F. 0.—
	—.10	0.26	0.26	0.26	0.26	0.26	0.26	0.—
	—.15	0.39	0.39	0.39	0.40	0.40	0.40	0.—
	1.—	0.52	0.52	0.52	0.53	0.53	0.53	0.—
	2.—	1.04	1.04	1.05	1.05	1.06	1.06	0.—
	3.—	1.56	1.57	1.57	1.58	1.58	1.59	0.01
	4.—	2.08	2.09	2.10	2.10	2.11	2.12	0.01
	5.—	2.60	2.61	2.62	2.63	2.64	2.65	0.01
	6.—	3.12	3.13	3.14	3.16	3.17	3.18	0.01
	7.—	3.64	3.65	3.67	3.68	3.70	3.71	0.01
	8.—	4.16	4.18	4.19	4.21	4.22	4.24	0.02
	9.—	4.68	4.70	4.72	4.73	4.75	4.77	0.02
	10.—	5.20	5.22	5.24	5.26	5.28	5.30	0.02
Coût et frais variables et invariables	2.—	1.24	1.24	1.25	1.25	1.26	1.27	0.01
	3.—	1.76	1.77	1.77	1.78	1.79	1.80	0.01
	4.—	2.28	2.29	2.30	2.30	2.31	2.33	0.01
	5.—	2.80	2.81	2.82	2.83	2.84	2.86	0.01
	6.—	3.32	3.33	3.34	3.36	3.37	3.39	0.01
	7.—	3.84	3.86	3.87	3.88	3.90	3.92	0.02
	8.—	4.36	4.38	4.39	4.41	4.42	4.45	0.02
	9.—	4.88	4.90	4.92	4.93	4.95	4.98	0.02
	10.—	5.40	5.42	5.44	5.46	5.48	5.51	0.02
	20.—	10.59	10.64	10.68	10.72	10.76	10.81	0.04
	30.—	15.79	15.85	15.92	15.98	16.04	16.11	0.06
	40.—	20.99	21.07	21.16	21.24	21.32	21.41	0.08
	50.—	26.19	26.29	26.40	26.50	26.60	26.71	0.10
	60.—	31.38	31.51	31.63	31.76	31.88	32.01	0.13

OBSERVATIONS

Sh. 5 et 15 % par tonneau sur le fret, font au Havre une différence de F. 0.01 par kil. sur les prix.

On veut savoir le revient au Havre de Gomme benjoin coûtant à Londres £ 26.10 par cwt, au change de F. 25.05 et au fret de 17[sh] et 15 % par tonneau.

On trouvera dans la 1re et la 3e colonne de ce tableau que:

£ —.10 font par kil.	F.	0.26
» 6.— id. id.	»	3.13
» 20.— id. id.	»	10.64
£ 26.10 feront donc par kil.	F.	14.03

Droits d'entrée par 100 kil. en Novembre 1865

Sous pavillon Anglais	F. 3.—
id. Belge	
id. Français	

COMPTE D'ACHAT ET DE REVIENT

A 2 CAISSES GOMME COPALE ANIMI

2 caisses Gomme copale animi, pesant brut cwt 4. 3.10
Tare .... cwt —. 3.13 } » —. 3.17
Bon poids .... » —.—. 4 }

Net .... cwt 3. 3.21 à £ 10 par cwt			£	39. 7. 6
Escompte 2 ½ %			»	—.19. 8
			£	38. 7.10

FRAIS A LONDRES

Courtage d'achat ½ %	£	—. 3.11		
Lot Money	»	—.—. 6		
Formalités de douane	»	—.10. —		
Frais d'embarquement	»	—. 5. 6		
Connaissements, timbres et menus frais	»	—. 3. 6	»	1. 3. 5
			£	39.11. 3
Commission d'achat 2 %	£	—.15. 9		
Courtage de négociation et timbres 2 ‰	»	—. 1. 7	»	—.17. 4
Valeur comptant			£	40. 8. 7
Remboursement au change de F. 25.25 pour £ 1			F.	1020.85

FRAIS AU HAVRE

Fret sur 246 kil. à 17[sh] et 15 % par 1015 kil. et 5 % pour frais de tente	F.	6.25		
Permis, frais au débarquement, port en entrepôt, arrimage, tonneliers, magasinage d'un mois, livraison et menus frais	»	5.—		
Assurance maritime sur F. 1122, à ¼ % et police	»	4.30		
id. contre le feu sur F. 1137, à ½ ‰	»	0.55		
Perte d'intérêts .... ½ %				
Commission de banque .... ¼ %				
Courtage de vente .... ¼ %				
Escompte à la vente .... 2 %				
Commission de vente .... 2 %				
Ensemble .... 5 % sur F. 1091.50	»	54.55	»	70.65
			F.	1091.50

Rendement : 100 ℔ = 45 kil. ½ :

Soit net 441 ℔ = net kil. 199.92 à F. 545.97 par 100 kil. entrepôt .... F. 1091.50

PRIX DE REVIENT AU HAVRE DES 100 KIL. ENTREPOT

AUX CHANGES SUIVANTS SUR PARIS

PRIX à LONDRES par cwt	F. 24.95	F. 25.05	F. 25.15	F. 25.25	F. 25.35	F. 25.45	10 c. par £ sur le change font au Havre par 100 kil.
Sh. —. 6	F. 1.30	F. 1.31	F. 1.31	F. 1.32	F. 1.32	F. 1.33	F. 0.—
1.—	2.60	2.61	2.62	2.63	2.64	2.65	0.01
2.—	5.20	5.22	5.24	5.26	5.28	5.30	0.02
3.—	7.79	7.82	7.86	7.89	7.92	7.95	0.03
4.—	10.39	10.43	10.48	10.52	10.56	10.60	0.04
5.—	12.99	13.04	13.10	13.15	13.20	13.25	0.05
6.—	15.59	15.65	15.71	15.78	15.84	15.90	0.06
7.—	18.19	18.26	18.33	18.41	18.48	18.55	0.07
8.—	20.78	20.86	20.95	21.04	21.12	21.20	0.08
9.—	23.38	23.47	23.57	23.67	23.76	23.85	0.09
10.—	25.98	26.08	26.19	26.30	26.40	26.50	0.10
£ 1.—.—	71.86	72.11	72.37	72.64	72.90	73.16	0.26
2.—.—	123.82	124.29	124.75	125.23	125.70	126.16	0.47
3.—.—	175.79	176.46	177.14	177.82	178.50	179.17	0.68
4.—.—	227.75	228.64	229.52	230.41	231.30	232.18	0.89
5.—.—	279.72	280.81	281.90	283.01	284.10	285.19	1.09
6.—.—	331.69	332.98	334.28	335.60	336.89	338.19	1.30
7.—.—	383.65	385.16	386.66	388.19	389.69	391.20	1.51
8.—.—	435.62	437.33	439.05	440.78	442.49	444.21	1.72
9.—.—	487.58	489.51	491.43	493.37	495.29	497.21	1.93
10.—.—	539.55	541.68	543.81	545.96	548.09	550.22	2.13
11.—.—	591.52	593.85	596.19	598.55	600.89	603.23	2.34
12.—.—	643.48	646.03	648.57	651.13	653.69	656.23	2.55

OBSERVATIONS

Sh. 5 et 15 % par tonneau sur le fret, font au Havre une différence de F. 0.92 par 100 kil. sur les prix

On veut savoir le revient au Havre de Gomme animi coûtant à Londres £ 9.12.6 par cwt, au change de F. 25.05 et au fret de 17[sh] et 15 % par tonneau.

On trouvera dans la 1re et la 3e colonne de ce tableau que :

£ —.—. 6 font par 100 kil.		F.	1.31
» —. 2.— id. id.		»	5.22
» —.10.— id. id.		»	26.08
» 9.—.— id. id.		»	489.51
£ 9.12. 6 feront donc par 100 kil.		F.	522.12

Droits d'entrée par 100 kil. en Novembre 1883

Sous pavillon Anglais .... }
id. Belge .... } F. 9.00
id. Français .... }

COMPTE D'ACHAT ET DE REVIENT

A 3 BARRIQUES GOMME COPALE AUSTRALIE

3 barriques Gomme copale Australie, pesant brut	cwt 28. 2.22			
Tare cwt 4. 1. 9 / Bon poids » —.—.12	» 4. 1.21			
Net	cwt 24. 1. 1 à 45[sh] par cwt		£	54.11. 8
Escompte 2 ½ %			»	1. 7. 4
			£	53. 4. 4

FRAIS A LONDRES

Courtage d'achat ½ %	£	—. 5. 5		
Lot Money	»	—.—. 6		
Formalités de douane	»	—.10.—		
Frais d'embarquement	»	1.—.—		
Connaissements, ports de lettres et menus frais	»	—. 3. 6	»	1.19. 5
			£	55. 3. 9
Commission d'achat 2 %	£	1. 2. 1		
Courtage de négociation et timbres 2 ‰	»	—. 2. 3	»	1. 4. 4
Valeur comptant			£	56. 8. 1
Remboursement au change de F. 25.25 pour £ 1			F.	1424.15

FRAIS AU HAVRE

Fret sur 1446 kil., à 17[sh] et 15 % par 1015 kil. et 5 % pour frais de tente, à F. 25.45	F.	37.05		
Permis, frais au débarquement, tonneliers pour échantillonner, port en entrepôt, arrimage, magasinage d'un mois, livraison et menus frais	»	14.—		
Assurance maritime sur F. 1566, à ¼ % et police	»	5.40		
id. contre le feu sur F. 1622, à ½ ‰	»	0.80		
Perte d'intérêts ½ %				
Commission de banque ½ %				
Courtage de vente ¼ %				
Escompte à la vente 2 %				
Commission de vente 2 %				
Ensemble 5 % sur F. 1559.40	»	78.—	»	135.25
			F.	1559.40

Rendement : 100 ₰ = 45 kil. % :

Soit net 2717 ₰ = net kil. 1232 à F. 126.58 par 100 kil. entrepôt .... F. 1559.45

PRIX DE REVIENT AU HAVRE DES 100 KIL. ENTREPOT

AUX CHANGES SUIVANTS SUR PARIS

	PRIX à LONDRES par cwt	F. 24.95	F. 25.05	F. 25.15	F. 25.25	F. 25.35	F. 25.45	10 c. par £ sur le change font au Havre par 100 kil.
SUBDIVISIONS — Coût et frais variables	Sh. —. 6	F. 1.30	F. 1.30	F. 1.31	F. 1.32	F. 1.32	F. 1.33	F. 0.—
	1.—	2.60	2.61	2.62	2.63	2.64	2.65	0.01
	2.—	5.20	5.22	5.24	5.26	5.28	5.30	0.02
	3.—	7.80	7.83	7.86	7.89	7.92	7.95	0.03
	4.—	10.40	10.44	10.48	10.52	10.56	10.60	0.04
	5.—	13.—	13.05	13.10	13.15	13.21	13.26	0.05
	6.—	15.59	15.65	15.72	15.78	15.85	15.91	0.06
	7.—	18.19	18.26	18.34	18.41	18.49	18.56	0.07
	8.—	20.79	20.87	20.96	21.04	21.13	21.21	0.08
	9.—	23.39	23.48	23.58	23.67	23.77	23.86	0.09
	10 —	25.99	26.09	26.20	26.30	26.41	26.51	0.10
Coût et frais variables et invariables	20.—	60.18	60.39	60.61	60.84	61.06	61.28	0.22
	30.—	86.16	86.49	86.81	87.14	87.47	87.78	0.32
	40 —	112.15	112.58	113.—	113.44	113.87	114.29	0.43
	50.—	138.14	138.67	139.20	139.75	140.28	140.80	0.53
	60.—	164.13	164.76	165.40	166.05	166.68	167.31	0.64
	70.—	190.12	190.86	191.59	192.35	193.09	193.82	0.74
	80.—	216.10	216.95	217.79	218.65	219.49	220.32	0.84
	90.—	242.09	243.04	243.98	244.95	245.90	246.83	0.95
	100.—	268.08	269.13	270.18	271.25	272.30	273.34	1.05

OBSERVATIONS

Sh. 5 et 15 % par tonneau sur le fret, font au Havre une différence de F. 0.88 par 100 kil. sur les prix.

On veut savoir le revient au Havre de Gomme copale Australie coûtant à Londres 42[sh] 6[d] par cwt, au change de F. 25.05 et au fret de 17[sh] et 15 % par tonneau.

On trouvera dans la 1re et la 3[e] colonne de ce tableau que :

Sh. —. 6 font par 100 kil	F.	1.30
» 2.— id. id.	»	5.22
» 40.— id. id.	»	112.58
Sh. 42. 6 feront donc par 100 kil	F.	119.10

Droits d'entrée par 100 kil. en Novembre 1863

Sous pavillon Anglais		F. 9.60
id. Belge		
id. Français		

COMPTE D'ACHAT ET DE REVIENT

A 19 CAISSES GOMME COPALE MANILLE

19 caisses Gomme Copale Manille, pesant brut cwt 52. 3.21
Tare .... cwt 10. 2.—
Bon poids .... » —. 1.10 » 10. 3.10
Net .... cwt 42.—.11 à 50sh par cwt .... £ 105. 4.11
Escompte 2 ½ % .... » 2.12. 7
£ 102.12. 4

FRAIS A LONDRES

Courtage d'achat ½ %	£	—.10. 6		
Lot Money	»	—. 1. 6		
Formalités de douane	»	—.10.—		
Frais d'embarquement	»	—.17. 6		
Connaissements, ports de lettres et menus frais	»	—. 3. 6	»	2. 3.—
			£	104.15. 4
Commission d'achat 2 %	£	2. 1.10		
Courtage de négociation et timbres 2 ‰	»	—. 4. 2		2. 6.—
Valeur comptant			£	107. 1. 4
Remboursement au change de F. 25.25 pour £ 1			F.	2703.50

FRAIS AU HAVRE

Fret sur 2688 kil. à 17sh et 15 % par 1015 kil. et 5 % pour frais de tente, à F. 25.45	F.	69.15		
Permis, frais au débarquement, tonneliers pour échantillonner, port en entrepôt, arrimage, magasinage d'un mois, livraison et menus frais	»	28.50		
Assurance maritime sur F. 2078, à ¼ % et police	»	8.95		
id. contre feu sur F. 3080, à ½ ‰	»	1.55		
Perte d'intérêts ½ %				
Courtage de vente ¼ %				
Commission de banque ¼ %				
Escompte à la vente 2 %				
Commission de vente 2 %				
Ensemble 5 % sur F. 2959.65	»	148.—	»	256.15
			F.	2959.65

RENDEMENT : 100 ℔ = 45 kil. ½ :

Soit net 4715 ℔ = net kil. 2137.50 à F. 138.46 par 100 kil. entrepôt .... F. 2959.60

PRIX DE REVIENT AU HAVRE DES 100 KIL. ENTREPOT

AUX CHANGES SUIVANTS SUR PARIS

PRIX à LONDRES par cwt	F. 24.95	F. 25.05	F. 25.15	F. 25.25	F. 25.35	F. 25.45	10 c. par £ sur le change font au Havre par 100 kil.
Sh. —. 6	F. 1.30	F. 1.30	F. 1.31	F. 1.32	F. 1.32	F. 1.33	F. 0.—
1.—	2.60	2.61	2.62	2.63	2.64	2.65	0.01
2.—	5.20	5.22	5.24	5.26	5.28	5.30	0.02
3.—	7.80	7.83	7.86	7.89	7.92	7.95	0.03
4.—	10.40	10.44	10.48	10.52	10.56	10.60	0.04
5.—	13.—	13.05	13.10	13.15	13.21	13.26	0.05
6.—	15.59	15.65	15.72	15.78	15.85	15.91	0.06
7.—	18.19	18.26	18.34	18.41	18.49	18.56	0.07
8.—	20.79	20.87	20.96	21.04	21.13	21.21	0.08
9.—	23.39	23.48	23.58	23.67	23.77	23.86	0.09
10.—	25.99	26.09	26.20	26.30	26.41	26.51	0.10
10.—	32.91	33.02	33.14	33.25	33.37	33.48	0.11
20.—	58.90	59.11	59.33	59.55	59.77	59.99	0.22
30.—	84.88	85.21	85.53	85.85	86.18	86.49	0.32
40.—	110.87	111.30	111.72	112.15	112.58	113.—	0.43
50.—	136.86	137.39	137.92	138.46	138.99	139.51	0.53
60.—	162.85	163.48	164.12	164.76	165.39	166.02	0.63
70.—	188.84	189.57	190.31	191.06	191.80	192.53	0.74

OBSERVATIONS

Sh. 5 et 15 % par tonneau sur le fret, font au Havre une différence de F. 0.95 par 100 kil. sur les prix.

On veut savoir le revient au Havre de Gomme Copale Manille coûtant à Londres 37sh 6d par cwt, au change de F. 25.05 et au fret de 17sh et 15 % par tonneau.

On trouvera dans la 1re et la 3e colonne de ce tableau que :

Sh. —. 6 font par 100 kil.	F.	1.30
» 7.— id. id.	»	18.26
» 30.— id. id.	»	85.21
Sh. 37. 6 feront donc par 100 kil.	F.	104.77

Droits d'entrée par 100 kil. en Novembre 1855

Sous pavillon Anglais ....
id. Belge ....
id. Français ....
} F. 9.60

COMPTE D'ACHAT ET DE REVIENT

A 20 CAISSES GOMME DAMAR

20 caisses Gomme Damar, pesant brut cwt 27. 3.14			
Tare .... cwt 4. 3.13			
Bon poids .... » —.—.26 » 5.—.11			
Net .... cwt 22. 3. 3 à 40sh par cwt		£	45.11. 1
Escompte 2 ½ %		»	1. 2. 9
		£	44. 8. 4

FRAIS A LONDRES

Courtage d'achat ½ %	£	—. 4. 7		
Lot Money	»	—. 1.—		
Formalités de douane	»	—.10.—		
Frais d'embarquement	»	—.15.—		
Connaissements, ports de lettres et menus frais	»	—. 3. 6	»	1.14. 1
			£	46. 2. 5
Commission d'achat 2 %	£	—.18. 5		
Courtage de négociation et timbres 2 ‰	»	—. 1.10	»	1.—. 3
Valeur comptant			£	47. 2. 8
Remboursement au change de F. 25.25 pour £ 1			F.	1190.10

FRAIS AU HAVRE

Fret sur 1415 kil. à 17sh et 15 % par 1015 kil. et 5 % pour frais de tente, à F. 25.45	F.	30.40		
Permis, frais au débarquement, tonneliers pour échantillonner, port an entrepôt, arrimage, magasinage d'un mois, livraison et menus frais.	»	21.50		
Assurance maritime sur F. 1309, à ¼ % et police	»	4.80		
id. contre le feu sur F. 1372, à ½ ‰	»	0.70		
Perte d'intérêts .... ½ %				
Commission de banque .... ¼ %				
Courtage de vente .... ¼ %				
Escompte à la vente .... 2 %				
Commission de vente .... 2 %				
Ensemble .... 5 % sur F. 1319.45	»	65.95	»	129.35
			F.	1319.45

Rendement : 100 ℘ = 45 kil. ½ :

Soit net 2551 ℘ = net kil. 1156.50 à F. 114.09 par 100 kil. entrepôt .... F. 1319.45

PRIX DE REVIENT AU HAVRE DES 100 KIL. ENTREPOT

AUX CHANGES SUIVANTS SUR PARIS

PRIX à LONDRES par cwt	F. 24.95	F. 25.05	F. 25.15	F. 25.25	F. 25.35	F. 25.45	10 c. par £ sur le change font au Havre par 100. kil.
Sh. —. 6	F. 1.30	F. 1.30	F. 1.31	F. 1.32	F. 1.32	F. 1.33	F. 0.—
1.—	2.60	2.61	2.62	2.63	2.64	2.65	0.01
2.—	5.20	5.22	5.24	5.26	5.28	5.30	0.02
3.—	7.80	7.83	7.86	7.89	7.92	7.95	0.03
4.—	10.40	10.44	10.48	10.52	10.56	10.60	0.04
5.—	13.—	13.05	13.10	13.16	13.21	13.26	0.05
6.—	15.59	15.65	15.72	15.78	15.85	15.91	0.06
7.—	18.19	18.26	18.34	18.41	18.49	18.56	0.07
8.—	20.79	20.87	20.96	21.04	21.13	21.21	0.08
9.—	23.39	23.48	23.58	23.67	23.77	23.86	0.09
10.—	25.99	26.09	26.20	26.30	26.41	26.51	0.10
20.—	60.82	61.03	61.25	61.48	61.70	61.92	0.22
30.—	86.80	87.13	87.45	87.78	88.11	88.42	0.32
40.—	112.79	113.22	113.64	114.08	114.51	114.93	0.43
50.—	138.78	139.31	139.84	140.39	140.92	141.44	0.53
60.—	164.77	165.40	166.04	166.69	167.32	167.95	0.64

OBSERVATIONS

Sh. 5 et 15 % par tonneau sur le fret, font au Havre une différence de F. 0.93 par 100 kil. sur les prix.

On veut savoir le revient au Havre de Gomme Damar coûtant à Londres 38sh 6d par cwt, au change de F. 25.05 et au fret de 17sh et 15 % par tonneau.

On trouvera dans la 1re et la 3e colonne de ce tableau que:

Sh. —. 6 font par 100 kil.	F.	1.30
» 8.— id. id.	»	20.87
» 30.— id. id.	»	87.13
Sh. 38. 6 feront donc par 100 kil.	F.	109.30

Droits d'entrée par 100 kil. en Novembre 1865

Sous pavillon Anglais		F. 3.—
id. Belge		
id. Français		

COMPTE D'ACHAT ET DE REVIENT

A 8 CAISSES GOMME LAQUE

8 caisses Gomme Laque, pesant brut cwt 15. 1. 2
Tare réelle .... cwt 4. 3.13
Bon poids.......... » —.—.16 » 5.—. 1
Net.......... cwt 10. 1. 1 à £ 6.17.6 par cwt.......... £ 70.10. 6

FRAIS A LONDRES

Courtage d'achat ½ %	£	—. 7.—		
Formalités de douane..........	»	—. 5.—		
Frais aux docks, allèges	»	1. 7. 3		
Connaissements, ports de lettres et menus frais..........	»	—. 6. 6	»	2. 5. 9
			£	72.16. 8
Commission d'achat 2 %	£	1. 9. 1		
Courtage de négociation et timbres 2 ‰..........	»	—. 2.11	»	1.12.—
Valeur comptant..........			£	74. 8. 3
Remboursement au change de F. 25.25 pour £ 1			F.	1878.85

FRAIS AU HAVRE

Fret sur 775 kil. à 17sh et 15 % par 1015 kil. et 5 % pour frais de tente, à F. 25.45..........	F.	19.15		
Permis, frais au débarquement, tonneliers pour échantillonner, port en entrepôt, arrimage, magasinage d'un mois, livraison et menus frais.	»	11.30		
Assurance maritime sur F. 2066, à ¼ % et police..........	»	6.65		
id. contre le feu sur F. 2103, à ½ ‰	»	1.05		
Perte d'intérêts .... ½ %				
Commission de banque.......... ¼ %				
Courtage de vente.......... ¼ %				
Escompte à la vente.......... 2 %				
Commission de vente .... 2 %				
Ensemble .... 5 % sur F. 2017.90..........	»	100.90	»	139.05
			F.	2017.90

RENDEMENT : 100 ℘ = 45 kil. ½ :

Soit net 1149 ℘ = net kil. 520.88 à F. 387.40 par 100 kil. entrepôt.......... F. 2017.90

N.-B. — La gomme laque se vend à Londres avec prompt de 3 mois sans escompte.

PRIX DE REVIENT AU HAVRE DES 100 KIL. ENTREPOT

AUX CHANGES SUIVANTS SUR PARIS

PRIX à LONDRES par cwt	F. 24.95	F. 25.05	F. 25.15	F. 25.25	F. 25.35	F. 25.45	10 c. par £ sur le change font au Havre par 100 kil.
Sh. —. 6	F. 1.33	F. 1.34	F. 1.34	F. 1.35	F. 1.35	F. 1.36	F. 0.—
1.—	2.67	2.68	2.69	2.70	2.71	2.72	0.01
2.—	5.33	5.35	5.37	5.30	5.42	5.44	0.02
3.—	8.—	8.03	8.06	8.09	8.12	8.16	0.03
4.—	10.66	10.70	10.74	10.79	10.83	10.88	0.04
5.—	13.33	13.38	13.43	13.49	13.54	13.60	0.05
6.—	15.99	16.06	16.12	16.18	16.25	16.31	0.06
7.—	18.66	18.73	18.80	18.88	18.96	19.03	0.07
8.—	21.32	21.41	21.49	21.58	21.66	21.75	0.09
9.—	23.99	24.08	24.17	24.27	24.37	24.47	0.10
10.—	26.65	26.76	26.86	26.97	27.08	27.19	0.11
£ 2.—.—	123.02	123.49	123.96	124.42	124.89	125.36	0.47
3.—.—	176.32	176.90	177.68	178.37	179.05	179.73	0.68
4.—.—	229.62	230.51	231.41	232.31	233.20	234.10	0.90
5.—.—	282.92	284.02	285.14	286.25	287.36	288.47	1.11
6.—.—	336.22	337.58	338.87	340.19	341.52	342.84	1.32
7.—.—	389.52	391.05	392.60	394.18	395.67	397.21	1.54
8.—.—	442.82	444.56	446.32	448.08	449.83	451.58	1.75
9.—.—	496.12	498.08	500.05	502.02	503.98	505.95	1.97
10.—.—	549.42	551.59	553.78	555.96	558.14	560.32	2.18
11.—.—	602.72	605.10	607.51	609.90	612.30	614.69	2.39
12.—.—	656.02	658.63	661.24	663.84	666.45	669.06	2.61

OBSERVATIONS

Sh. 5 et 15 % par tonneau sur le fret, font au Havre une différence de F. 1.08 par 100 kil. sur les prix.

On veut savoir le revient au Havre de Gomme laque coûtant à Londres £ 6.12.6 par cwt, au change de F. 25.05 et au fret de 17sh et 15 % par tonneau.

On trouvera dans la 1re et la 3e colonne de ce tableau que :

£ —.—. 6 font par 100 kil .... F. 1.34
» —. 2.— id. id. .... » 5.35
» —.10.— id. id. .... » 26.76
» 6.—.— id. id. .... » 337.58
£ 6.12. 6 feront donc par 100 kil.......... F. 370.98

Droits d'entrée par 100 kil. en Novembre 1863

Sous pavillon Anglais.......... }
id. Belge.......... } F. 6.—
id. Français.......... }

COMPTE D'ACHAT ET DE REVIENT

A 2 CAISSES GOMME MYRRHE EN SORTES

2 caisses Gomme Myrrhe en sortes, pesant brut cwt 5. 1. 3
Tare........................ cwt —. 3. 4
Bon poids........................ » —.—. 4 » —. 3. 8

Net........................ cwt 4. 1.23 à 65sh par cwt..........	£	14. 9. 7
Escompte 2 ½ %........................	»	—. 7. 3
	£	14. 2. 4

FRAIS A LONDRES

Courtage d'achat ½ %........................	£	—. 1. 5		
Lot Money........................	»	—.—. 6		
Formalités de douane........................	»	—. 5.—		
Embarquement........................	»	—. 7.—		
Connaissements, ports de lettres et menus frais........................	»	—. 3. 6	»	—.17. 5
			£	14.19. 9
Commission d'achat 2 %........................	£	—. 6.—		
Courtage de négociation et timbres 2 ‰........................	»	—.—. 7	»	—. 6. 7
Valeur comptant........................			£	15. 6. 4
Remboursement au change de F. 25.25 pour £ 1.....			F.	386.85

FRAIS AU HAVRE

Fret sur 264 kil. à 17sh et 15 % par 1015 kil. et 5 % pour frais de tente, à F. 25.45........................	F.	6.80		
Permis, frais au débarquement, tonneliers pour échantillonner, port en entrepôt, arrimage, magasinage d'un mois, livraison et menus frais........................	»	5.30		
Assurance maritime sur F. 425, à ¼ % et police........................	»	2.55		
id. contre le feu sur F. 440, à ½ ‰........................	»	0.20		
Perte d'intérêts........................ ½ %				
Commission de banque........................ ¼ %				
Courtage de vente........................ ¼ %				
Escompte à la vente........................ 2 %				
Commission de vente........................ 2 %				
Ensemble........ 5 % sur F. 422.85........................	»	21.15	»	36.—
			F.	422.85

Rendement : 100 ℔ = 45 kil. ½ :

soit net 490 ℔ = net kil. 226.21 à F. 186.98 par 100 kil. entrepôt........................ F. 422.80

N.-B. — Les prix varient suivant la qualité de 45sh à 180sh le cwt.

PRIX DE REVIENT AU HAVRE DES 100 KIL. ENTREPOT

AUX CHANGES SUIVANTS SUR PARIS

PRIX à LONDRES par cwt	F. 24.95	F. 25.05	F. 25.15	F. 25.25	F. 25.35	F. 25.45	10 c. par £ sur le change font au Havre par 100 kil.
Sh. —. 6	F. 1.30	F. 1.30	F. 1.31	F. 1.32	F. 1.32	1.33	F. 0.—
1.—	2.60	2.61	2.62	2.63	2.64	2.65	0.01
2.—	5.20	5.22	5.24	5.26	5.28	5.30	0.02
3.—	7.80	7.83	7.86	7.89	7.92	7.95	0.03
4.—	10.40	10.44	10.48	10.52	10.56	10.60	0.04
5.—	13.—	13.05	13.10	13.15	13.21	13.26	0.05
6.—	15.59	15.65	15.72	15.78	15.85	15.91	0.06
7.—	18.19	18.26	18.34	18.41	18.49	18.56	0.07
8.—	20.79	20.87	20.96	21.04	21.13	21.21	0.08
9.—	23.39	23.48	23.58	23.67	23.77	23.86	0.09
10.—	25.99	26.09	26.20	26.30	26.41	26.51	0.10
30.—	93.84	94.20	94.54	94.89	95.24	95.58	0.35
40.—	119.83	120.29	120.73	121.19	121.64	122.09	0.45
50.—	145.82	146.38	146.93	147.50	148.05	148.60	0.56
60.—	171.81	172.47	173.13	173.80	174.45	175.11	0.66
70.—	197.79	198.56	199.32	200.10	200.86	201.62	0.77
80.—	223.78	224.66	225.52	226.40	227.26	228.12	0.87
90.—	249.77	250.75	251.71	252.70	253.67	254.63	0.97
100.—	275.76	276.84	277.91	279.—	280.07	281.14	1.08
110.—	301.75	302.93	304.11	305.30	306.48	307.65	1.18
120.—	327.73	329.02	330.30	331.60	332.88	334.16	1.29
130.—	353.72	355.12	356.50	357.90	359.29	360.66	1.39
140.—	379.71	381.21	382.69	384.20	385.69	387.17	1.49
150.—	405.70	407.30	408.89	410.51	412.10	413.68	1.60
160.—	431.69	433.39	435.09	436.81	438.50	440.19	1.70
170.—	457.67	459.48	461.28	463.11	464.91	466.70	1.81
180.—	483.66	485.58	487.48	489.41	491.31	493.20	1.91
190.—	509.65	511.67	513.67	515.71	517.72	519.71	2.01
200.—	535.64	537.76	539.87	542.01	544.12	546.22	2.12

OBSERVATIONS

Sh. 5 et 15 % par tonneau sur le fret, font au Havre une différence de F. 0.88 par 100 kil. sur les prix.

On veut savoir le revient au Havre de Gomme Myrrhe coûtant à Londres 58sh 6d par cwt, au change de F. 25.05 et au fret de 17sh et 15 % par tonneau.

On trouvera dans la 1re et la 3e colonne de ce tableau que :

Sh. —. 6 font par 100 kil........................	F.	1.30
» 8.— id. id.	»	20.87
» 50.— id. id.	»	146.38
Sh. 58. 6 feront donc par 100 kil........................	F.	168.55

Droits d'entrée par 100 kil. en Novembre 1865

Sous pavillon Anglais........................	}	F. 3.—
id. Belge........................		
id. Français........................		

COMPTE D'ACHAT ET DE REVIENT

A 30 CAISSES GOMME OLIBANUM EN LARMES

30 caisses Gomme Olibanum en larmes, pesant brut cwt 71. 1.22		
Tare .... cwt 12. —.26		
Bon poids .... » —. 2.24 » 12. 3 22		
Net .... cwt 58. 2.— à 66[sh] par cwt		£ 193. 1.—
Escompte 2 ½ %		» 4.16. 6
		£ 188. 4. 6

FRAIS A LONDRES

Courtage d'achat ½ %	£ —.19.. 4	
Lot Money	» —. 5.—	
Formalités de douane	» —.10.—	
Frais d'embarquement	» 2.15.—	
Connaissements, ports de lettres et menus frais	» —. 3. 6	» 4.12.10
		£ 192.17. 4
Commission d'achat 2 %	£ 3.17. 2	
Courtage de négociation et timbres 2 ‰	» —. 7. 8	» 4. 4.10
Valeur comptant		£ 197. 2. 2
Remboursement au change de F. 25.25 pour £ 1		F. 4977.05

FRAIS AU HAVRE

Fret sur 3620 kil. à 17[sh] et 15 % par 1015 kil. et 5 %, frais de tente.	F. 93.05	
Permis, frais au débarquement, tonneliers pour échantillonner, port en entrepôt, arrimage, magasinage d'un mois, livraison et menus frais.	» 42.—	
Assurance maritime sur F. 5474, à ¼ % et police	» 15.20	
id contre le feu sur F. 5624, à ½ ‰	» 2.80	
Perte d'intérêts .... ½ %		
Commission de banque .... ¼ %		
Courtage de vente .... ¼ %		
Escompte à la vente .... 2 %		
Commission de vente .... 2 %		
Ensemble .... 5 % sur F. 5400.10	» 270.—	» 423.05
		F. 5400.10

RENDEMENT : 100 ♀ = 45 kil. ½ :

Soit net 6552 ♀ = net kil. 2970.24 à F. 181.81 par 100 kil. entrepôt .... F. 5400.15

N.-B. — On distingue les qualités en larmes ; les gommes en sortes, qui valent environ 10 à 15[sh] de moins ; et les marrons ou rebuts, de 12 à 30[sh] suivant la qualité.

PRIX DE REVIENT AU HAVRE DES 100 KIL. ENTREPOT

AUX CHANGES SUIVANTS SUR PARIS

	PRIX à LONDRES par cwt	F. 24.95	F. 25.05	F. 25.15	F. 25.25	F. 25.35	F. 25.45	10 c. par £ sur le change font au Havre par 100 kil.
Échantillons — Coût et frais variables	Sh. —. 6	F. 1.30	F. 1.30	F. 1.31	F. 1.32	F. 1.32	F. 1.33	F. 0.—
	1.—	2.60	2.61	2.62	2.63	2.64	2.65	0.01
	2.—	5.20	5.22	5.24	5.26	5.28	5.30	0.02
	3.—	7.80	7.83	7.86	7.89	7.92	7.95	0.03
	4.—	10.40	10.44	10.48	10.52	10.56	10.60	0.04
	5.—	13.—	13.05	13.10	13.15	13.21	13.26	0.05
	6.—	15.59	15.66	15.72	15.78	15.85	15.91	0.06
	7.—	18.18	18.26	18.34	18.41	18.49	18.56	0.07
	8.—	20.79	20.87	20.96	21.04	21.13	21.21	0.08
	9.—	23.39	23.48	23.58	23.67	23.77	23.86	0.09
	10.—	25.99	26.09	26.20	26.30	26.41	26.51	0.10
Coût et frais variables et invariables	20.—	60.16	60.37	60.59	60.82	61.04	61.26	0.22
	30.—	86.14	86.47	86.79	87.12	87.45	87.76	0.32
	40.—	112.13	112.56	112.98	113.42	113.85	114.27	0.43
	50.—	138.12	138.65	139.18	139.73	140.26	140.78	0.53
	60.—	164.11	164.74	165.38	166.03	166.66	167.29	0.64
	70.—	190.10	190.83	191.57	192.33	193.07	193.80	0.74
	80.—	216.08	216.93	217.77	218.63	219.47	220.30	0.84
	90.—	242.07	243.02	243.96	244.93	245.88	246.81	0.95
	100.—	268.06	269.11	270.16	271.23	272.28	273.32	1.05

OBSERVATIONS

Sh. 5 et 15 % par tonneau sur le fret, font au Havre une différence de F. 0.92 par 100 kil. sur les prix.

On veut savoir le revient au Havre de Gomme Olibanum coûtant à Londres 78[sh] 6[d] par cwt, au change de F. 25.05 et un fret de 17[sh] et 15 % par tonneau.

On trouvera dans la 1re et la 3[e] colonne de ce tableau que :

Sh. —. 6	font par 100 kil	F. 1.30
» 8.—	id. id.	» 20.87
» 70.—	id. id.	» 190.83
Sh. 78. 6	feront donc par 100 kil	F. 213.—

Droits d'entrée par 100 kil. en Novembre 1863

Sous pavillon Anglais		F. 3.—
id. Belge		
id. Français		

COMPTE D'ACHAT ET DE REVIENT

A 6 BARRIQUES GOMME SANDARAQUE

6 barriques Gomme Sandaraque, pesant brut cwt 15.—.13				
Tare réelle	cwt 1. 1.10			
Bonification	» —. 1. 2			
Bon poids	» —.—.12	» 1. 2.24		
Net	cwt 13. 1.17 à 90[sh] par cwt		£	60. 6. 2
Escompte 2 ½ %			»	1.10. 2
			£	58.16.—

FRAIS A LONDRES

Courtage d'achat ½ %	£	—. 6.—		
Lot Money	»	—. 1.—		
Formalités de douane	»	—. 5.—		
Frais d'embarquement	»	—.12. 6		
Connaissements, ports de lettres et menus frais	»	—. 3. 6	»	1. 8.—
			£	60. 4.—
Commission d'achat 2 %	£	1. 4.—		
Courtage de négociation et timbres 2 ‰	»	—. 2. 5	»	1. 6. 5
Valeur comptant			£	61.10. 5
Remboursement au change de F. 25.25 pour £ 1			F.	1553.40

FRAIS AU HAVRE

Fret sur 768 kil. à 17[sh] et 15 % par 1015 kil. et 5 % pour frais de tonte, à F. 25.45	F.	19.70		
Permis, frais au débarquement, tonneliers pour échantillonner, port en entrepôt, arrimage, magasinage d'un mois, livraison et menus frais	»	10.30		
Assurance maritime sur F. 1708, à ¼ % et police	»	5.70		
id. contre le feu sur F. 1743, à ½ ‰	»	0.85		
Perte d'intérêts ½ %				
Commission de banque ¼ %				
Courtage de vente ¼ %				
Escompte à la vente 2 %				
Commission de vente 2 %				
Ensemble 5 % sur F. 1673.60	»	83.65	»	120.20
			F.	1673.60

RENDEMENT : 100 ℔ = 45 kil ½ :

Soit net 1501 ℔ = net kil. 680.45 à F. 245.95 par 100 kil. entrepôt .... F. 1673.55

PRIX DE REVIENT AU HAVRE DES 100 KIL. ENTREPOT

AUX CHANGES SUIVANTS SUR PARIS

	PRIX à LONDRES par cwt	F. 24.95	F. 25.05	F. 25.15	F. 25.25	F. 25.35	F. 25.45	10 c. par £ sur le change font au Havre par 100 kil.
SUBDIVISIONS — Coût et frais variables	Sh. —. 6	F. 1.30	F. 1.30	F. 1.31	F 1.32	F. 1.32	F. 1.33	F. 0.—
	1.—	2.60	2.61	2.62	2.63	2.64	2.65	0.01
	2.—	5.20	5.22	5.24	5.26	5.28	5.30	0.02
	3.—	7.80	7.83	7.86	7.89	7.92	7.95	0.03
	4.—	10.40	10.44	10.48	10.52	10.56	10.60	0.04
	5.—	13.—	13.05	13.10	13.15	13.21	13.26	0.05
	6.—	15.59	15.65	15.72	15.78	15.85	15.91	0.06
	7.—	18.19	18.26	18.34	18.41	18.49	18.56	0.07
	8.—	20.79	20.87	20.96	21.04	21.13	21.21	0.08
	9.—	23.39	23.48	23.58	23.67	23.77	23.86	0.09
	10.—	25.99	26.09	26.20	26.30	26.41	26.51	0.10
Coût et frais variables et invariables	50.—	139.15	139.69	140.22	140.77	141.30	141.83	0.54
	60.—	165.14	165.78	166.42	167.07	167.70	168.34	0.64
	70.—	191.13	191.87	192.61	193.37	194.11	194.85	0.74
	80.—	217.11	217.97	218.81	219.67	220.51	221.35	0.85
	90.—	243.10	244.06	245.—	245.97	246.92	247.86	0.95
	100.—	269.09	270.15	271.20	272.27	273.32	274.37	1.06
	110.—	295.08	296.24	297.40	298.57	299.73	300.88	1.16
	120.—	321.07	322.33	323.59	324.87	326.13	327.39	1.26

OBSERVATIONS

Sh. 5 et 15 % par tonneau sur le fret, font au Havre une différence de F. 0.85 par 100 kil, sur les prix.

On veut savoir le revient au Havre de Gomme sandaraque coûtant à Londres 76[sh] 6[d] par cwt, au change de F. 25.05 et au fret de 17[sh] et 15 % par tonneau.

On trouvera dans la 1re et la 3[e] colonne de ce tableau que:

Sh. —. 6 font par 100 kil.	F.	1.30
» 6.— id. id.	»	15.65
» 70.— id. id.	»	191.87
Sh. 76. 6 feront donc par 100 kil.	F.	208.82

Droits d'entrée par 100 kil. en Novembre 1865

Sous pavillon Anglais	}	F. 3.—
id. Belge		
id. Français		

COMPTE D'ACHAT ET DE REVIENT

A 100 TONNES GUANO

100 tonnes Guano, à £ 3.10 la tonne			£	350.—.—

FRAIS A LIVERPOOL

96 nattes 3sh la douzaine	£	1. 4.—		
Courtage d'achat 1 %	»	3.10.—		
Déclaration	»	—. 2. 6		
Droits de quai et de ville	»	2. 4. 2		
Port, charroi et embarquement 2sh 6d par tonne	»	12.10.—		
Connaissements, ports de lettres et menus frais	»	—. 6. 6	»	15.17. 2
			£	369.17. 2
Commission d'achat 2 %	£	7. 7.11		
Courtage de négociation et timbres 2 ‰	»	—.14. 9	»	8. 2. 8
Valeur comptant			£	377.19.10
Remboursement au change de F. 25.25 pour £ 1			F.	9543.25

FRAIS AU HAVRE

Fret sur 99680 kil. à 20sh et 15 % par 1015 kil. et 5 % pour frais de vente, à F. 25.40	F.	3012.05		
Permis, frais au débarquement, port en magasin, magasinage d'un mois, livraison et menus frais	»	410.—		
Assurance maritime sur F. 10497, à ⅜ % et police	»	40.85		
id. contre le feu sur F. 13900, à ½ ‰	»	6.95		
Perte d'intérêts ½ %				
Commission de banque ¼ %				
Courtage de vente ¼ %				
Commission de vente 2 %				
Escompte à la vente 2 %				
Ensemble 5 % sur F. 13698	»	684.90	»	4154.75
			F.	13698.—

RENDEMENT : 100 ℔ = 44 kil. ½ :

Soit 224000 ℔ = kil. 99680 à F. 13.74 par 100 kil. entrepôt .... F. 13696.05

PRIX DE REVIENT AU HAVRE DES 100 KIL. ENTREPOT

AUX CHANGES SUIVANTS SUR PARIS

	PRIX à LIVERPOOL par tonneau	F. 24.95	F. 25.05	F. 25.15	F. 25.25	F. 25.35	F. 25.45	10 c. par £ sur le change font au Havre par 100 kil.
Coût et frais variables	Sh. 2. 6	F. 0.34	F. 0.34	F. 0.34	F. 0.35	F. 0.35	F. 0.35	F. 0.—
	5.—	0.68	0.68	0.69	0.69	0.69	0.70	0.—
	10.—	1.37	1.37	1.38	1.38	1.39	1.39	0.—
	£ 1.—.—	2.73	2.74	2.75	2.77	2.78	2.79	0.01
	2.—.—	5.46	5.49	5.51	5.53	5.55	5.57	0.02
	3.—.—	8.20	8.23	8.26	8.30	8.33	8.36	0.03
	4.—.—	10.93	10.97	11.02	11.06	11.10	11.15	0.04
	5.—.—	13.66	13.72	13.77	13.83	13.88	13.94	0.06
Coût et frais variables et invariables	2.—.—	9.52	9.55	9.57	9.59	9.61	9.63	0.02
	3.—.—	12.26	12.29	12.32	12.36	12.39	12.42	0.03
	4.—.—	14.99	15.03	15.08	15.12	15.16	15.21	0.04
	5.—.—	17.72	17.78	17.83	17.89	17.94	18.—	0.06
	10.—.—	31.38	31.49	31.60	31.71	31.82	31.93	0.11
	15.—.—	45.04	45.20	45.37	45.54	45.70	45.87	0.17
	20.—.—	58.70	58.92	59.14	59.36	59.58	59.80	0.22

OBSERVATIONS

Sh. 5 et 15 % par tonneau sur le fret, font au Havre une différence de F. 0.76 par 100 kil. sur les prix.

On veut savoir le revient au Havre de Guano coûtant à Liverpool £ 12.17.6 par tonneau, au change de F. 25.05 et au fret de 20sh et 15 % par tonneau.

On trouvera dans la 1re et la 3e colonne de ce tableau que :

£ —. 2. 6	font par 100 kil.		F.	0.34
» —. 5.—	id.	id.	»	0.68
» —.10.—	id.	id.	»	1.37
» 2.—.—	id.	id.	»	5.49
» 10.—.—	id.	id.	»	31.49
£ 12.17. 6	feront donc par 100 kil.		F.	39.37

Droits d'entrée par 100 kil. en Novembre 1865

Sous pavillon	Anglais	F. 2.40
id.	Belge	
id.	Français	

COMPTE D'ACHAT ET DE REVIENT

A 150 FUTS HUILE DE BALEINE

150 fûts Huile de Baleine, mesurant pleins 15750 gallons.

Contenance réelle 15000 gallons à £ 48 par 252 gallons		£	2857. 3. 3
Escompte 2 ½ %		»	71. 8. 7
		£	2785.14. 8

FRAIS A LONDRES

Courtage d'achat 1 %	£	28.11. 4		
Formalités de douane	»	—.12. 6		
Tonneliers pour réparer les fûts et surveiller l'expédition	»	15.—.—		
Transport du wharf au steamer par barque	»	7.10.—		
Connaissements, ports de lettres et menus frais	»	—. 7. 6	»	52. 1. 4
			£	2837.16.—
Commission d'achat 2 %	£	56.15.—		
Courtage de négociation et timbres 2 ‰	»	5.13. 6	»	62. 8. 6
Valeur comptant			£	2900. 4. 6
Remboursement au change de F. 25.25 pour £ 1			F.	73230.55

FRAIS AU HAVRE

Fret sur 81112 kil. à 12sh 6d et 15 % par 1015 kil. et 5 % pour frais de tente, à F. 25.45		F.	1534.65		
Permis, frais au débarquement, tonneliers pour échantillonner et conditionner, port en entrepôt, arrimage, magasinage d'un mois, livraison et menus frais		»	580.—		
Assurance maritime sur F. 80553, à ¼ % et police		»	202.90		
Id. contre le feu sur F. 82870, à ½ ‰		»	41.45		
Perte d'intérêts	½ %				
Commission de banque	¼ %				
Courtage de vente	¼ %				
Escompte à la vente	2 %				
Commission de vente	2 %				
Ensemble	5 % sur F. 79568.10	»	3978.35	»	6337.65
				F.	79568.10

Rendement : 1 gallon rend net kil. 4.20 :

Soit 15000 gallons = net 63000 kil. à F. 126.30 par 100 kil. entrepôt .... F. 79509.—

PRIX DE REVIENT AU HAVRE DES 100 KIL. ENTREPOT

AUX CHANGES SUIVANTS SUR PARIS

PRIX à LONDRES par tun de 252 gallons	F. 24.95	F. 25.05	F. 25.15	F. 25.25	F. 25.35	F. 25.45	10 c. par £ sur le change font au Havre par 100 kil.
Sh. 2. 6	F. 0.31	F. 0.32	F. 0.32	F. 0.32	F. 0.32	F. 0.32	F. 0.—
5.—	0.63	0.63	0.63	0.64	0.64	0.64	0.—
10.—	1.26	1.26	1.27	1.27	1.28	1.28	0.—
£ 1.—.—	2.51	2.52	2.53	2.54	2.55	2.56	0.01
2.—.—	5.01	5.03	5.05	5.07	5.09	5.11	0.02
3.—.—	7.52	7.55	7.58	7.61	7.64	7.67	0.03
4.—.—	10.02	10.06	10.10	10.14	10.18	10.22	0.04
5.—.—	12.53	12.58	12.63	12.68	12.73	12.78	0.05
6.—.—	15.04	15.10	15.16	15.22	15.28	15.34	0.06
7.—.—	17.54	17.61	17.68	17.75	17.82	17.89	0.07
8.—.—	20.05	20.13	20.21	20.29	20.37	20.45	0.08
9.—.—	22.55	22.64	22.73	22.82	22.91	23.—	0.09
10.—.—	25.06	25.16	25.26	25.36	25.46	25.56	0.10
20.—.—	54.68	54.88	55.09	55.29	55.49	55.69	0.20
30.—.—	79.75	80.05	80.36	80.65	80.95	81.25	0.30
40.—.—	104.81	105.21	105.62	106.02	106.42	106.82	0.40
50.—.—	129.87	130.37	130.88	131.39	131.88	132.38	0.50
60.—.—	154.93	155.53	156.15	156.74	157.34	157.94	0.60
70.—.—	179.99	180.69	181.41	182.11	182.81	183.51	0.70
80.—.—	205.06	205.86	206.67	207.47	208.27	209.07	0.80
90.—.—	230.12	231.02	231.93	232.84	233.74	234.64	0.90
100.—.—	255.18	256.18	257.20	258.20	259.20	260.20	1.—
110.—.—	280.24	281.34	282.46	283.56	284.66	285.76	1.10
120.—.—	305.30	306.50	307.72	308.93	310.13	311.33	1.20

OBSERVATIONS

Sh. 2.6 et 15 % par tonneau sur le fret, font au Havre une différence de F. 0.49 par 100 kil. sur les prix.

On veut savoir le revient au Havre d'Huile de Baleine coûtant à Londres £ 67.12.6 par tonneau de 252 gallons, au change de F. 25.05 et au fret de 12sh 6d et 15 % par tonneau.

On trouvera dans la 1re et la 3e colonne de ce tableau que :

£ —. 2. 6	font par 100 kil.	F.	0.32
» —.10.—	id. id.	»	1.26
» 7.—.—	id. id.	»	17.61
» 60.—.—	id. id.	»	155.53
£ 67.12. 6	feront donc par 100 kil.	F.	174.72

Droits d'entrée par 100 kil. en Novembre 1865

Sous pavillon Anglais		
id. Belge	}	F. 6.—
id. Français		

COMPTE D'ACHAT ET DE REVIENT

A 215 FUTS HUILE DE LIN

215 fûts Huile de lin, pesant brut cwt 2732. 3. 5		
Tare réelle .... » 372. 3. 5		
Net .... cwt 2360.—.— à £ 35 par 20 cwt		£ 4130.—.—
Escompte 2 ½ %		» 103. 5.—
		£ 4026.15.—

FRAIS A LONDRES

Courtage d'achat ½ %	£ 20.13.—	
Formalités de douane	» —. 5. 6	
Transport du raffineur au vapeur et frais de tonneliers	» 6.19. 6	
Certificat d'origine	» —. 2.—	
Ports de lettres et menus frais	» —. 7. 3	» 28. 7. 3
		£ 4055. 2. 3
Commission d'achat 2 %	£ 81. 2.—	
Courtage de négociation et timbres 2 ‰	» 8. 2. 2	» 89. 4. 2
Valeur comptant		£ 4144. 6. 5
Remboursement au change de F. 25.25 pour £ 1		F. 104644.10

FRAIS AU HAVRE

Fret sur 138720 kil. à 12sh et 15 % par 1015 kil. et 5 % pour frais de tente, à F. 25.45		F. 2515.—	
Permis, frais au débarquement, tonneliers pour conditionner et échantillonner, port en entrepôt, arrimage, magasinage d'un mois, livraison et menus frais		» 1125.—	
Assurance maritime sur F. 115108, à ¼ % et police		» 289.25	
id. contre le feu sur F. 119181, à ½ ‰		» 59.60	
Perte d'intérêts	½ %		
Commission de banque	¼ %		
Courtage de vente	¼ %		
Escompte à la vente	2 %		
Commission de vente	2 %		
Ensemble	5 % sur F. 114350.45	» 5717.50	» 9706.35
			F. 114350.45

Rendement : 100 ℔ = 45 kil. :

Soit net 264320 ℔ = net 118944 kil. à F. 96.13 par 100 kil. entrepôt .... F. 114349.—

N.-B. — Les huiles de colza, d'arachides, se vendent sur le marché de Londres aux mêmes conditions que celle ci-dessus.

PRIX DE REVIENT AU HAVRE DES 100 KIL. ENTREPOT

AUX CHANGES SUIVANTS SUR PARIS

	PRIX à LONDRES par tonne	F. 24.95	F. 25.05	F. 25.15	F. 25.25	F. 25.35	F. 25.45	10 c. par £ sur le change font au Havre par 100 kil.
SCHELLINGS — Coût et frais variables	Sh. 2. 6	F. 0.33	F. 0.33	F. 0.33	F. 0.33	F. 0.33	F. 0.33	F. 0.—
	5.—	0.66	0.66	0.66	0.66	0.67	0.67	0.—
	10.—	1.31	1.31	1.32	1.32	1.32	1.33	0.—
	15.—	1.97	1.97	1.98	1.99	1.99	2.—	0.—
	£ 1.—.—	2.62	2.63	2.64	2.65	2.66	2.67	0.01
	2.—.—	5.24	5.26	5.28	5.30	5.32	5.34	0.02
	3.—.—	7.85	7.89	7.92	7.95	7.98	8.01	0.03
	4.—.—	10.47	10.52	10.56	10.00	10.64	10.68	0.04
	5.—.—	13.09	13.15	13.20	13.25	13.30	13.36	0.05
	6.—.—	15.71	15.77	15.83	15.90	15.96	16.03	0.06
	7.—.—	18.33	18.40	18.47	18.55	18.62	18.70	0.07
	8.—.—	20.94	21.03	21.11	21.20	21.28	21.37	0.09
	9.—.—	23.56	23.66	23.75	23.85	23.94	24.04	0.10
	10.—.—	26.18	26.29	26.39	26.50	26.60	26.71	0.11
Coût et frais variables et invariables	10.—.—	29.57	29.68	29.78	29.89	29.99	30.10	0.11
	20.—.—	55.75	55.96	56.17	56.38	56.59	56.80	0.21
	30.—.—	81.93	82.25	82.56	82.88	83.19	83.51	0.32
	40.—.—	108.11	108.53	108.95	109.37	109.79	110.21	0.42
	50.—.—	134.29	134.82	135.34	135.87	136.39	136.92	0.53
	60.—.—	160.47	161.10	161.73	162.36	162.99	163.62	0.63

OBSERVATIONS

Sh. 3 et 15 % par tonneau sur le fret, font au Havre une différence de F. 0.38 par 100 kil. sur les prix.

On veut savoir le revient au Havre d'Huile coûtant à Londres £ 22.12.6 par tonneau, au change de F. 25.05 et au fret de 12sh 6d et 15 % par tonneau.

On trouvera dans la 1re et la 3e colonne de ce tableau que :

£ —. 2. 6 font par 100 kil.	F.	0.33
» —.10.— id. id.	»	1.31
» 2.—.— id. id.	»	5.26
» 20.—.— id. id.	»	55.96
£ 22.12. 6 feront donc par 100 kil.	F.	62.86

Droits d'entrée par 100 kil. en Novembre 1865

Sous pavillon Anglais		
id. Belge		F. 6.—
id. Français		

COMPTE D'ACHAT ET DE REVIENT

A 12 CAISSES INDIGO

12 caisses Indigo, pesant brut .... cwt 38. 3.27
Tare réelle .... cwt 9. 1.18
Bon poids, 2 ℔ par caisse... » —.—.24 » 9. 2.14
Net .... cwt 29. 1.13
Soit 3289 ℔, à 7^{sh} par ℔ .... £ 1151. 3.—

FRAIS A LONDRES

Courtage d'achat ½ %	£	5.15. 1		
Tirer les échantillons, boîtes, &c.	»	2. 2. 2		
Entrée en douane et acquit à caution	»	—. 4. 6		
Lot Money, emballage en gunny, cercles	»	3. 8. 3		
Frais de magasin, embarquement, charretiers, porteur, quayage, bateliers, frais à bord	»	3. 1. 2		
Connaissements, ports de lettres et menus frais	»	—. 5.10	»	14.17.—
			£	1106.—.—
Commission d'achat 2 %	£	23. 6. 5		
Courtage de négociation et timbres 2 ‰	»	2. 6. 7	»	25.13.—
Valeur comptant			£	1191.13.—
Remboursement au change de F. 25.25 pour £ 1			F.	30089.15

FRAIS AU HAVRE

Fret sur 1980 kil. bruts à 30^{sh} et 15 % par 1015 kil. et 5 % pour frais de tente, à F. 25.45	F.	89.85		
Permis, frais au débarquement, tonneliers, port en entrepôt, arrimage, magasinage d'un mois, livraison et menus frais	»	32.50		
Assurance maritime sur F. 33097, à ¼ % et police	»	84.25		
id. contre le feu sur F. 33303, à ½ ‰	»	16.65		
Perte d'intérêts ½ %				
Commission de banque ¼ %				
Courtage de vente ¼ %				
Escompte à la vente 2 %				
Commission de vente 2 %				
Ensemble 5 % sur F. 31907.80	»	1595.40	»	1818.65
			F.	31907.80

RENDEMENT : 100 ℔ = 45 kil. ⅓ :

Soit net 3289 ℔ = net 1491 kil., à F. 21.40 par kil. entrepôt .... F. 31907.40

N.-B. — Prompt 3 mois. Déposit £ 10 à 15 par caisse.
Si l'on retire de suite la marchandise, il n'y a pas d'escompte pour les jours qui restent à courir.

PRIX DE REVIENT AU HAVRE DU KIL. ENTREPOT

AUX CHANGES SUIVANTS SUR PARIS

PRIX à LONDRES par ℔	F. 24.95	F. 25.05	F. 25.15	F. 25.25	F. 25.35	F. 25.45	10 c. par £ sur le change font au Havre par kil.
Subdivisions — Coût et frais variables							
D. ¼	F. 0.06	F. 0.06	F. 0.06	F. 0.06	F. 0.06	F. 0.06	F. 0.—
½	0.12	0.12	0.12	0.12	0.12	0.12	0.—
¾	0.19	0.19	0.19	0.19	0.19	0.19	0.—
1	0.25	0.25	0.25	0.25	0.25	0.25	0.—
2	0.50	0.50	0.50	0.50	0.51	0.51	0.—
3	0.75	0.75	0.75	0.75	0.76	0.76	0.—
4	1.—	1.—	1.—	1.01	1.01	1.02	0.—
5	1.25	1.25	1.26	1.26	1.27	1.27	0.—
6	1.49	1.50	1.51	1.51	1.52	1.52	0.—
7	1.74	1.75	1.76	1.76	1.77	1.78	0.01
8	1.99	2.—	2.01	2.01	2.02	2.03	0.01
9	2.24	2.25	2.26	2.27	2.28	2.29	0.01
10	2.49	2.50	2.51	2.52	2.53	2.54	0.01
11	2.74	2.75	2.76	2.77	2.78	2.79	0.01
12	2.99	3.—	3.01	3.02	3.03	3.05	0.01
Coût et frais variables et invariables							
Sh. — 6	1.74	1.75	1.75	1.76	1.77	1.77	0.01
1.—	3.24	3.25	3.26	3.27	3.28	3.30	0.01
2.—	6.22	6.24	6.27	6.29	6.32	6.34	0.02
3.—	9.21	9.24	9.28	9.31	9.35	9.39	0.04
4.—	12.19	12.24	12.29	12.33	12.38	12.43	0.05
5.—	15.18	15.24	15.30	15.36	15.42	15.48	0.06
6.—	18.16	18.23	18.30	18.38	18.45	18.52	0.07
7.—	21.15	21.23	21.31	21.40	21.48	21.57	0.08
8.—	24.13	24.23	24.32	24.42	24.51	24.61	0.10
9.—	27.12	27.22	27.33	27.44	27.55	27.66	0.11
10.—	30.10	30.22	30.34	30.46	30.58	30.70	0.12
11.—	33.09	33.22	33.35	33.48	33.61	33.75	0.13
12.—	36.08	36.22	36.36	36.51	36.65	36.79	0.14

OBSERVATIONS

Sh. 5 et 15 % par tonneau sur le fret, font au Havre une différence de F. 0.01 par kil. sur les prix.

On veut savoir le revient au Havre d'Indigo coûtant à Londres 11^{d} ¾ par ℔, au change de F. 25.05 et au fret de 30^{sh} et 15 % par tonneau.

On trouvera dans la 1re et la 3e colonne de ce tableau que:

D. — ¾ font par kil.	F.	0.19
» 5 id. id.	»	1.25
» 6 id. id.	»	1.75
D. 11 ¾ feront donc par kil.	F.	3.19

Droits d'entrée par 100 kil. en Novembre 1865

Sous pavillon Anglais, id. Belge, id. Français .... F. 30.—

COMPTE D'ACHAT ET DE REVIENT

A 20 SURONS INDIGO GUATIMALA

20 surons Indigo Guatimala, pesant brut cwt 29. 1.24			
Tare réelle........ cwt 2. 3. 4			
Bon poids, 1 ℔ par suron.. » —.—.20 » 2. 3.24			
Net........ cwt 26. 2.—			
Soit 2968 ℔, à 5sh par ℔........		£	742.—.—
Escompte 2 ½ %........		»	18.11.—
		£	723. 9.—

FRAIS A LONDRES

Courtage d'achat ½ %........	£ 3.14. 2		
Lot Money, emballage et tous frais à bord........	» 4.17. 4		
Connaissements, ports de lettres et menus frais........	» —.5. 6	»	8.17.—
		£	732. 6.—
Commission d'achat 2 %........	£ 14.12.11		
Courtage de négociation et timbres 2 ‰........	» 1. 9. 3	»	16. 2. 2
Valeur comptant........		£	748. 8. 2
Remboursement au change de F. 25.25 pour £ 1........		F.	18897.35

FRAIS AU HAVRE

Fret sur 1496 kil. bruts à 30sh et 15 % par 1015 kil. et 5 % pour frais de toute, à F. 25.45........	F. 67.20		
Permis, frais au débarquement, voiliers pour échantillonner, port en entrepôt, arrimage, magasinage d'un mois, livraison et menus frais........	» 30.—		
Assurance maritime sur F. 20786, à ¼ % et police........	» 53.45		
id. contre le feu sur F. 20936, à ½ ‰........	» 10.45		
Perte d'intérêts........ ¼ %			
Commission de banque........ ¼ %			
Courtage de vente........ ½ %			
Escompte à la vente........ 2 %			
Commission de vente........ 2 %			
Ensemble........ 5 % sur F. 20061.50........	» 1003.05	»	1164.15
		F.	20061.50

Rendement : 100 ℔ = 45 kil. ½ :

Soit brut 3300 ℔ = ... brut kil. 1496.—	
Tare 10 %........ kil. 149.60	
Réfaction 50 déca par suron » 10.— » 159.60	
Net........ kil. 1336.40 à F. 15.01 par kil. entrepôt........	F. 20059.35

PRIX DE REVIENT AU HAVRE DU KIL. ENTREPOT

AUX CHANGES SUIVANTS SUR PARIS

PRIX à LONDRES par ℔	F. 24.95	F. 25.05	F. 25.15	F. 25.25	F. 25.35	F. 25.45	10 c. par £ sur le change font au Havre par kil.
D. ¼	F. 0.06	F. 0.06	F. 0.06	F. 0.06	F. 0.06	F. 0.06	F. 0.—
½	0.12	0.12	0.11	0.12	0.12	0.12	0.—
¾	0.18	0.19	0.19	0.19	0.19	0.19	0.—
1	0.24	0.25	0.25	0.25	0.25	0.25	0.—
2	0.49	0.49	0.49	0.50	0.50	0.50	0.—
3	0.73	0.74	0.74	0.74	0.74	0.75	0.—
4	0.98	0.98	0.98	0.99	0.99	1.—	0.—
5	1.22	1.23	1.23	1.23	1.24	1.25	0.01
6	1.46	1.47	1.48	1.48	1.49	1.49	0.01
7	1.71	1.72	1.72	1.73	1.74	1.74	0.01
8	1.95	1.96	1.97	1.97	1.98	1.99	0.01
9	2.20	2.21	2.21	2.22	2.23	2.24	0.01
10	2.44	2.45	2.46	2.47	2.48	2.49	0.01
11	2.68	2.69	2.70	2.72	2.73	2.74	0.01
12	2.93	2.94	2.95	2.97	2.98	2.99	0.01
Sh 1.—	3.11	3.12	3.13	3.15	3.16	3.17	0.01
2.—	6.04	6.06	6.09	6.11	6.13	6.16	0.02
3.—	8.97	9.01	9.04	9.08	9.11	9.15	0.04
4.—	11.90	11.95	12.—	12.01	12.09	12.14	0.05
5.—	14.83	14.89	14.95	15.01	15.07	15.13	0.06
6.—	17.76	17.83	17.90	17.98	18.04	18.11	0.07
7.—	20.69	20.77	20.86	20.94	21.02	21.10	0.08
8.—	23.62	23.72	23.81	23.91	24.—	24.09	0.09
9.—	26.55	26.66	26.77	26.87	26.97	27.08	0.11
10.—	29.48	29.00	29.72	29.84	29.95	30.07	0.12
11.—	32.41	32.54	32.67	32.81	32.93	33.06	0.13
12.—	35.34	35.48	35.63	35.77	35.91	36.05	0.14

OBSERVATIONS

Sh. 5 et 15 % par tonneau sur le fret, font au Havre une différence de F. 0.01 par kil. sur les prix.

On veut savoir le revient au Havre d'Indigo coûtant à Londres 5sh 10d ½ par ℔, au change de F. 25.05 et au fret de 30sh et 15 % par tonneau.

On trouvera dans la 1re et la 2e colonne de ce tableau que :

Sh. —.— ½ font par kil........	F. 0.12
» —.10 id. id.	» 2.45
» 5.— id. id.	» 14.89
Sh. 5.10 ½ feront donc par kil........	F. 17.46

Droits d'entrée par 100 kil. en Novembre 1863

Sous pavillon Anglais........	F. 30.—
id. Belge........	
id. Français........	

COMPTE D'ACHAT ET DE REVIENT

A 1 SURON IPECACUANHA

1 suron Ipecacuanha, pesant brut cwt —. 3.22			
Tare et bonification ... » —.—. 8			
cwt —. 3.14			
Soit ... ℔ 98.—			
Bonification pour poussière ... » 3.½			
Net ... ℔ 94.½ à 8sh par ℔ ...		£	37.16.—
Escompte 2 ½ % ...		»	—.18.10
		£	36.17. 2

FRAIS A LONDRES

Courtage d'achat ½ % ...	£	—. 3. 8		
Lot Money ...	»	—.—. 6		
Formalités de douane ...	»	—. 1. 6		
Réception et mise en sac ...	»	—. 2.—		
Transport ...	»	—. 1.—		
Connaissements, ports de lettres et menus frais ...	»	—. 2.—	»	—.10. 8
			£	37. 7.10
Commission d'achat 2 % ...	£	—.14.11		
Courtage de négociation et timbres 2 ‰ ...	»	—.—. 9	»	—.15. 8
Valeur comptant ...			£	38. 3. 6
Remboursement au change de F. 25.25 pour £ 1 ...			F.	964.05

FRAIS AU HAVRE

Fret sur 48 kil. à 20sh et 15 % par 1015 kil. et 5 % pour frais de tente...	F.	1.45		
Permis, frais au débarquement, voiliers pour échantillonner et conditionner, port en entrepôt, arrimage, magasinage d'un mois, livraison et menus frais ...	»	1.50		
Assurance maritime sur F. 1060, à ⅛ % et police ...	»	4.15		
id. contre le feu sur F. 1067, à ½ ‰ ...	»	0.55		
Perte d'intérêts ... ⅛ %				
Commission de banque ... ⅛ %				
Courtage de vente ... ¼ %				
Escompte à la vente ... 2 %				
Commission de vente ... 2 %				
Ensemble ... 5 % sur F. 1022.85 ...	»	51.15	»	58.80
			F.	1022.85

Rendement : 100 ℔ = 45 kil. ½ :

Soit net 94 ℔ ½ = net kil. 42.84 à F. 23.88 par kil. entrepôt ... F. 1023.—

Prompt 14 jours.

PRIX DE REVIENT AU HAVRE DU KIL. ENTREPOT

AUX CHANGES SUIVANTS SUR PARIS

PRIX à LONDRES par ℔	F. 24.95	F. 25.05	F. 25.15	F. 25.25	F. 25.35	F. 25.45	10 c. par £ sur le change font au Havre par kil.
Coût et frais variables							
D. ½	F. 0.12	F. 0.12	F. 0.12	F. 0.13	F. 0.13	F. 0.13	F. 0.—
1	0.24	0.24	0.24	0.25	0.25	0.25	0.—
2	0.49	0.49	0.49	0.49	0.49	0.50	0.—
3	0.73	0.73	0.73	0.74	0.74	0.74	0.—
4	0.97	0.97	0.98	0.98	0.99	0.99	0.—
5	1.22	1.22	1.22	1.23	1.24	1.24	0.—
6	1.46	1.46	1.47	1.48	1.48	1.49	0.01
7	1.70	1.70	1.71	1.72	1.73	1.74	0.01
8	1.94	1.95	1.96	1.97	1.98	1.98	0.01
9	2.19	2.19	2.20	2.21	2.22	2.23	0.01
10	2.43	2.44	2.45	2.46	2.47	2.48	0.01
11	2.67	2.68	2.69	2.71	2.72	2.73	0.01
12	2.91	2.92	2.93	2.95	2.96	2.97	0.01
Coût et frais variables et invariables							
Sh 5.—	14.88	14.94	15.—	15.06	15.12	15.17	0.06
6.—	17.79	17.86	17.93	18.01	18.07	18.13	0.07
7.—	20.70	20.78	20.87	20.95	21.03	21.10	0.08
8.—	23.61	23.71	23.80	23.90	23.99	24.07	0.09
9.—	26.53	26.63	26.74	26.84	26.94	27.04	0.10
10.—	29.44	29.55	29.67	29.79	29.90	30.01	0.11
11.—	32.35	32.47	32.60	32.74	32.86	32.98	0.13
12.—	35.26	35.39	35.54	35.68	35.81	35.95	0.14
13.—	38.17	38.32	38.47	38.63	38.77	38.92	0.15
14.—	41.08	41.24	41.41	41.57	41.73	41.89	0.16
15.—	43.99	44.17	44.34	44.52	44.69	44.86	0.17

OBSERVATIONS

Sh. 5 et 15 % par tonneau sur le fret, font au Havre une différence de F. 0.01 par kil. sur les prix.

On veut savoir le revient au Havre d'Ipécacuanha coûtant à Londres 6sh 9d ½ par ℔, au change de F. 25.05 et au fret de 30sh et 15 % par tonneau.

On trouvera dans la 1re et la 3e colonne de ce tableau que :

Sh. —.— ½ font par kil ...	F.	0.12
» —. 9 id. id. ...	»	2.19
» 6.— id. id. ...	»	17.86
Sh. 6. 9 ½ feront donc par kil ...	F.	20.17

Droits d'entrée par 100 kil. en Novembre 1865

Sous pavillon Anglais ...		Exempt
id. Belge ...		Exempt
id. Français ...		Exempt

COMPTE D'ACHAT ET DE REVIENT

A UNE BALLE JALAP DE VERA-CRUZ

Une balle Jalap de Vera-Cruz, pesant brut	cwt 1. 3.14		
Tare et bonification	» —.—.11		
	cwt 1. 3. 3		
Soit	℔ 199.—		
Bonification pour poussière	» 7 ½		
	℔ 191 ½ à 4sh par ℔	£	38. 6.—
Escompte 2 ½ %		»	—.10. 2
		£	37. 0.10

FRAIS A LONDRES

Courtage d'achat ½ %	£	—. 3.11		
Lot Money	»	—.—. 6		
Livraison du dock	»	—.—. 6		
Mise en sacs	»	—. 1. 6		
Réception	»	—.— 6		
Transport du dock	»	—. 1.—		
Formalités de douane	»	—. 1. 6		
Connaissements, ports de lettres et menus frais	»	—. 2.—	»	—.11. 5
			£	37.18. 3
Commission d'achat 2 %	£	—.15. 2		
Courtage de négociation et timbres 2 ‰	»	—. 1. 6	»	—.16. 8
Valeur comptant			£	38.14.11
Remboursement au change de F. 25.25 pour £ 1			F.	978.30

FRAIS AU HAVRE

Fret sur 95 kil. bruts à 20sh et 15 % par 1015 kil. et 5 % pour frais de tente, à F. 25 45	F.	2.90		
Permis, frais au débarquement, port en entrepôt, voiliers pour échantillonner, arrimage, magasinage d'un mois, livraison et menus frais	»	2.50		
Assurance maritime sur F. 1076, à ¼ % et police	»	4.20		
id. contre le feu sur F. 1086, à ½ ‰	»	0.55		
Perte d'intérêts ½ %				
Commission de banque ¼ %				
Courtage de vente ¼ %				
Escompte à la vente 2 %				
Commission de vente 2 %				
Ensemble 5 % sur F. 1040.45	»	52.—	»	62.15
			F.	1040.45

Rendement : 100 ℔ = 45 kil. ½ :

Soit brut 210 ℔ = ... brut kil. 95.20

Tare 7 % .... kil. 6.65
Réfaction et poussière » 3.05 » 9.70

Net .... kil. 85.50 à F. 12.17 le kil. entrepôt .... F. 1040.55

PRIX DE REVIENT AU HAVRE DU KIL. ENTREPOT

AUX CHANGES SUIVANTS SUR PARIS

PRIX à LONDRES par ℔	F. 24.95	F. 25.05	F. 25.15	F. 25.25	F. 25.35	F. 25.45	10 c. par £ sur le change font au Havre par kil.
Seulement — Coût et frais variables							
D. ½	F. 0.12	F. 0.12	F. 0.12	F. 0.12	F. 0.12	F. 0.12	F. 0.—
1	0.25	0.25	0.25	0.25	0.25	0.25	0.—
2	0.49	0.48	0.50	0.50	0.50	0.50	0.—
3	0.74	0.74	0.74	0.75	0.75	0.75	0.—
4	0.99	0.99	0.99	1.—	1.—	1.—	0.—
5	1.24	1.24	1.24	1.25	1.25	1.25	0.—
6	1.48	1.48	1.49	1.49	1.50	1.51	0.01
7	1.73	1.73	1.74	1.74	1.75	1.76	0.01
8	1.98	1.98	1.98	1.99	2.—	2.01	0.01
9	2.22	2.22	2.23	2.24	2.25	2.26	0.01
10	2.47	2.47	2.48	2.40	2.50	2.51	0.01
11	2.72	2.72	2.73	2.74	2.75	2.76	0.01
12	2.96	2.97	2.98	2.99	3.—	3.01	0.01
Coût et frais variables et invariables							
Sh —. 6	1.69	1.69	1.70	1.71	1.71	1.72	0.01
1.—	3.17	3.18	3.19	3.20	3.21	3.22	0.01
2.—	6.12	6.14	6.17	6.19	6.21	6.24	0.02
3.—	9.08	9.11	9.15	9.18	9.22	9.25	0.03
4.—	12.03	12.08	12.13	12.17	12.22	12.27	0.05
5.—	14.99	15.05	15.11	15.16	15.22	15.28	0.06
6.—	17.94	18.01	18.08	18.15	18.22	18.29	0.07
7.—	20.90	20.98	21.06	21.14	21.23	21.31	0.08
8.—	23.85	23.95	24.04	24.13	24.23	24.32	0.09
9.—	26.81	26.91	27.02	27.13	27.23	27.34	0.11
10.—	29.76	29.88	30.—	30.12	30.24	30.35	0.12

OBSERVATIONS

Sh. 5 et 15 % par tonneau sur le fret, font au Havre une différence de F. 0.01 par kil. sur les prix.

On veut savoir le revient au Havre de Jalap coûtant à Londres 11d ½ par ℔, au change de F. 25.05 et au fret de 20sh et 15 % par tonneau de 1015 kil.

On trouvera dans la 1re et la 3e colonne de ce tableau que :

D. — ½ font par kil.	F. 0.12
» 5 id. id.	» 1.24
» 6 id. id.	» 1.69
D. 11 ½ feront donc par kil.	F. 3.05

Droits d'entrée par 100 kil. en Novembre 1805

Sous pavillon Anglais	Exempt
id. Belge	Exempt
id. Français	Exempt

COMPTE D'ACHAT ET DE REVIENT

A 20 CAISSES LAC-DYE

20 caisses Lac-Dye, pesant brut	cwt 67. 1. 1		
Tare réelle et bon poids, 2 ℘ par caisse	» 11. 2. 3		
Net	cwt 55. 2.26		
Soit 6242 ℘, à 1sh 2d par ℘		£	364. 2. 4

FRAIS A LONDRES

Courtage d'achat ½ %	£ 1.16. 6	
Formalités de douane	» —.10. 6	
Frais de réception, transport des docks au steamer	» 2. 9. 9	
Ports de lettres et menus frais	» —. 7. 6	» 5. 4. 3
		£ 369. 6. 7
Commission d'achat 2 %	£ 7. 7. 8	
Courtage de négociation et timbres 2 ‰	» —.14. 9	» 8. 2. 5
Valeur comptant		£ 377. 9.—
Remboursement au change de F. 25.25 pour £ 1		F. 9530.60

FRAIS AU HAVRE

Fret sur 3415 kil. à 20sh et 15 % par 1015 kil. et 5 % pour frais de tente, à F. 25.45	F. 103.30	
Permis, frais au débarquement, tonneliers pour échantillonner, port en entrepôt, arrimage, magasinage d'un mois, livraison et menus frais	» 46.50	
Assurance maritime sur F. 10483, à ¼ % et police	» 27.70	
id. contre le feu sur F. 10660, à ½ ‰	» 5.35	
Perte d'intérêts ½ %		
Commission de banque ¼ %		
Courtage de vente ¼ %		
Escompte à la vente 2 %		
Commission de vente 2 %		
Ensemble 5 % sur F. 10224.70	» 511.25	» 694.10
		F. 10224.70

Rendement : 100 ℘ = 45 kil. ½ :

Soit net 6242 ℘ = net kil. 2829.70 à F. 3.61 ½ par kil. entrepôt .... F. 10224.65

N.-B. — Pas d'escompte. — Prompt 3 mois. — Déposit 15 %.

Les qualités les plus connues sur la place de Londres sont les suivantes:

CBW	à Sh. 2. 1 par ℘	CD	à Sh. 1. 8 par ℘	SLD	à Sh. 1. 2 par ℘
BCB	à » 2.— id.	B Mirzapore	à » 1. 7 id.	SB	à » 1. 2 id.
HBX	à » 1.11 id.	A Cossipore	à » 1. 8 id.	CMD Mirzapore	à » 1. 1 id.
AB	à » 1.10 id.	NKDS	à » 1. 4 id.	KB	à » 1.— id.
WBLD	à » 1. 9 id.	AG	à » 1. 3 id.		

PRIX DE REVIENT AU HAVRE DU KIL. ENTREPOT

AUX CHANGES SUIVANTS SUR PARIS

	PRIX à LONDRES par ℘	F. 24.95	F. 25.05	F. 25.15	F. 25.25	F. 25.35	F. 25.45	10 c. par £ sur le change font au Havre par kil.
Coût et frais variables	D. ¼	F. 0.06	F. 0.06	F. 0.06	F. 0.06	F. 0.06	F. 0.06	F. 0.—
	½	0.12	0.12	0.12	0.12	0.12	0.12	0.—
	1	0.25	0.25	0.25	0.25	0.26	0.25	0.—
	2	0.50	0.50	0.50	0.50	0.51	0.51	0.—
	3	0.75	0.75	0.75	0.76	0.76	0.76	0.—
	4	1.—	1.—	1.—	1.01	1.01	1.02	0.—
	5	1.25	1.25	1.25	1.26	1.27	1.27	0.—
	6	1.49	1.50	1.51	1.51	1.52	1.52	0.01
	7	1.74	1.75	1.76	1.76	1.77	1.78	0.01
	8	1.99	2.—	2.01	2.02	2.02	2.03	0.01
	9	2.24	2.25	2.26	2.27	2.28	2.29	0.01
	10	2.49	2.50	2.51	2.52	2.53	2.54	0.01
	11	2.74	2.75	2.76	2.77	2.78	2.79	0.01
	12	2.99	3.—	3.01	3.02	3.03	3.05	0.01
Coût et frais variables et invariables	Sh. —. 3	0.84	0.84	0.84	0.85	0.85	0.85	0.—
	—. 6	1.58	1.59	1.59	1.60	1.61	1.61	0.01
	1.—	3.08	3.09	3.10	3.11	3.12	3.14	0.01
	2.—	6.06	6.08	6.11	6.13	6.16	6.18	0.02
	3.—	9.05	9.08	9.12	9.15	9.19	9.23	0.04
	4.—	12.03	12.08	12.13	12.18	12.22	12.27	0.05

OBSERVATIONS

Sh. 5 et 15 % par tonneau sur le fret, font au Havre une différence de F. 0.01 par kil. sur les prix.

On veut savoir le revient au Havre de Lac-Dye coûtant à Londres 10d ¼ par ℘, au change de F. 25.05 et au fret de 20sh et 15 % par tonneau.

On trouvera dans la 1re et la 3e colonne de ce tableau que :

D. — ¼ font par kil.	F. 0.06
» 4 id. id.	» 1.—
» 6 id. id.	» 1.59
D. 10 ¼ feront donc par kil.	F. 2.65

Droits d'entrée par 100 kil. en Novembre 1865

Sous pavillon Anglais	F. 6.—
id. Belge	
id. Français	

COMPTE D'ACHAT ET DE REVIENT

A 9 BALLES LAINE D'AUSTRALIE

9 balles Laine d'Australie, pesant brut cwt 26. 2.13			
Tare, 10 ℔ par balle .... cwt —. 3. 6			
Bon poids, 1 ℔ par cwt. » —.—.26 » 1.—. 4			
Net .... cwt 24. 2. 9			
Soit 2753 ℔, à 1sh 7d ½ par ℔		£	223.13. 7

FRAIS A LONDRES

Lot Money	£ —. 1.—		
Courtage d'achat ½ %	» 1. 2. 4		
Livraison et frais de magasin	» —. 6.—		
Embarquement 2sh par balle	» —.18.—		
Connaissements, ports de lettres et menus frais	» —. 6. 6	»	2.13.10
		£	226. 7. 5
Commission d'achat 2 %	£ 4.10. 7		
Courtage de négociation et timbres 2 ‰	» —. 9.—	»	4.19. 7
Valeur comptant		£	231. 7.—
Remboursement au change de F. 25.25 pour £ 1		F.	5841.00

FRAIS AU HAVRE

Fret sur 1801 kil. à 20sh et 15 % par 1015 kil. et 5 % pour frais de tente, à F. 25.45	F. 39.30		
Permis, frais au débarquement, voiliers pour échantillonner, port en entrepôt, arrimage, magasinage d'un mois, livraison et menus frais	» 12.—		
Assurance maritime sur F. 6425, à ¼ % et police	» 17.55		
id. contre le feu sur F. 6494, à ½ ‰	» 3.25		
Perte d'intérêts .... ½ %			
Commission de banque .... ¼ %			
Courtage de vente .... ¼ %			
Escompte à la vente .... 2 %			
Commission de vente .... 2 %			
Ensemble .... 5 % sur F. 6224.95	» 311.25	»	383.35
		F.	6224.95

RENDEMENT : 100 ℔ = 45 kil. ½ :

Soit net 2753 ℔ = net 1248 kil. à F. 4.99 par kil. entrepôt .... F. 6227.52

PRIX DE REVIENT AU HAVRE DU KIL. ENTREPOT

AUX CHANGES SUIVANTS SUR PARIS

	PRIX à LONDRES par ℔	F. 24.95	F. 25.05	F. 25.15	F. 25.25	F. 25.35	F. 25.45	10 c. par £ sur le change font au Havre par kil.
SUBDIVISIONS — Coût et frais variables	D. ¼	F. 0.06	F. 0.06	F. 0.06	F. 0.06	F. 0.06	F. 0.06	F. 0.—
	½	0.12	0.12	0.12	0.12	0.12	0.12	0.—
	¾	0.19	0.19	0.19	0.19	0.19	0.19	0.—
	1	0.25	0.25	0.25	0.25	0.25	0.25	0.—
	2	0.50	0.50	0.50	0.50	0.51	0.51	0.—
	3	0.75	0.75	0.75	0.76	0.76	0.76	0.—
	4	1.—	1.—	1.—	1.01	1.01	1.02	0.—
	5	1.25	1.25	1.26	1.26	1.26	1.27	0.—
	6	1.49	1.50	1.51	1.51	1.52	1.52	0.01
	7	1.74	1.75	1.76	1.76	1.77	1.78	0.01
	8	1.99	2.—	2.01	2.02	2.02	2.03	0.01
	9	2.24	2.25	2.26	2.27	2.28	2.29	0.01
	10	2.49	2.50	2.51	2.52	2.53	2.54	0.01
	11	2.74	2.75	2.76	2.77	2.78	2.79	0.01
	12	2.99	3.—	3.01	3.02	3.03	3.05	0.01
Coût et frais variables et invariables	Sh —. 6	1.57	1.58	1.59	1.59	1.60	1.60	0.—
	1.—	3.07	3.08	3.09	3.10	3.11	3.13	0.01
	2.—	6.05	6.07	6.10	6.12	6.15	6.17	0.02
	3.—	9.04	9.07	9.11	9.14	9.18	9.22	0.04
	4.—	12.02	12.07	12.12	12.16	12.21	12.26	0.05
	5.—	15.01	15.07	15.13	15.19	15.25	15.31	0.06

OBSERVATIONS

Sh. 5 et 15 % par tonneau sur le fret, font au Havre une différence de F. 0.01 par kil. sur les prix.

On veut savoir le revient au Havre de Laine coûtant à Londres 9d ¾ par ℔, au change de F. 25.05 et au fret de 20sh et 15 % par tonneau.

On trouvera dans la 1re et la 3e colonne de ce tableau que :

D. — ¾ font par kil	F. 0.19
» 3 id. id.	» 0.75
» 6 id. id.	» 1.58
D. 9 ¾ feront donc par kil	F. 2.52

Droits d'entrée par 100 kil. en Novembre 1865

Sous pavillon	Anglais	Exempte
id.	Belge	Exempte
id.	Français	Exempte

COMPTE D'ACHAT ET DE REVIENT

A 260 SACS NITRATE DE SOUDE

200 sacs Nitrate de Soude, pesant brut cwt 557. 3.27		
Tare réelle .... ℊ 6 par sac		
Bon poids .... » 1 id. » 16. 1.—		
cwt 541. 2.27		
Réfaction, à 1 ℊ ½ par 112 ℊ .... » 7. 1.—		
cwt 534. 1.27 à 16sh par cwt		£ 427.11.10

FRAIS A LONDRES

Courtage d'achat ½ %	£ 2. 2. 9	
Formalités de douane	» —.12. 6	
Frais pour réception et expédition	» 7.—.—	
Transport des docks au steamer	» 3. 5. 6	
Connaissements, ports de lettres et menus frais	» —. 7. 6	» 18. 8. 3
		£ 441.—. 1
Commission d'achat 2 %	£ 8.16. 5	
Courtage de négociation et timbres 2 ‰	» —.17. 7	» 9.14.—
Valeur comptant		£ 450.14. 1
Remboursement au change de F. 25.25 pour £ 1		F. 11380.30

FRAIS AU HAVRE

Fret sur 27968 kil. à 12sh 6d et 15 % par 1015 kil. et 5 % pour frais de tente, à F. 25.45	F. 529.10	
Permis, frais au débarquement, port en magasin, magasinage d'un mois, livraison et menus frais	» 145.—	
Assurance maritime sur F. 12518, à ¼ % et police	» 32.80	
id. contre le feu sur F. 13225, à ½ ‰	» 6.60	
Perte d'intérêts .... ½ %		
Commission de banque .... ¼ %		
Courtage de vente .... ¼ %		
Escompte à la vente .... 2 %		
Commission de vente .... 2 %		
Ensemble .... 5 % sur F. 12730.30	» 636.50	» 1350.—
		F. 12730.30

Rendement : 100 ℊ = 45 kil. ½ :

Soit net 59863 ℊ = net 27138 kil. à F. 46.91 par 100 kil. entrepôt .... F. 12730.45

N.-B. — Réfaction pour déchet excédant 4 % au titrage au Havre.
Prompt 3 mois à Londres.

PRIX DE REVIENT AU HAVRE DES 100 KIL. ENTREPOT

AUX CHANGES SUIVANTS SUR PARIS

PRIX à LONDRES par cwt	F. 24.95	F. 25.05	F. 25.15	F. 25.25	F. 25.35	F. 25.45	10 c. par £ sur le change font au Havre par 100 kil.
D. 1 ½	F. 0.33	F. 0.34	F. 0.34	F. 0.34	F. 0.34	F. 0.34	F. 0.—
3	0.67	0.67	0.67	0.68	0.68	0.68	0.—
4 ½	1.—	1.01	1.01	1.01	1.02	1.02	0.—
6	1.34	1.34	1.34	1.35	1.36	1.36	0.—
7 ½	1.67	1.68	1.68	1.69	1.70	1.70	0.01
9	2.01	2.01	2.02	2.03	2.03	2.04	0.01
10 ½	2.34	2.35	2.35	2.36	2.37	2.38	0.01
Sh. 1.—	2.67	2.68	2.69	2.70	2.71	2.72	0.01
10.—	30.39	30.50	30.62	30.72	30.83	30.95	0.11
11.—	33.05	33.17	33.29	33.41	33.54	33.67	0.12
12.—	35.72	35.85	35.98	36.11	36.24	36.38	0.13
13.—	38.38	38.52	38.67	38.81	38.95	39.10	0.14
14.—	41.05	41.20	41.36	41.51	41.66	41.82	0.15
15.—	43.71	43.88	44.04	44.20	44.37	44.54	0.17
16.—	46.38	46.55	46.73	46.90	47.08	47.26	0.18
17.—	49.04	49.23	49.42	49.60	49.78	49.97	0.19
18.—	51.71	51.90	52.10	52.29	52.49	52.69	0.20
19.—	54.37	54.58	54.79	54.99	55.20	55.41	0.21
20.—	57.04	57.26	57.48	57.69	57.91	58.13	0.22

OBSERVATIONS

Sh. 2.6 et 15 % par tonneau sur le fret, font au Havre une différence de F. 0.39 par 100 kil. sur les prix.

On veut savoir le revient au Havre de Nitrate de Soude coûtant à Londres 14sh 7d ½ par cwt, au change de F. 25.05 et au fret de 12sh 6d et 15 % par tonneau.

On trouvera dans la 1re et la 3e colonne de ce tableau que :

Sh. —. 7 ½ font par 100 kil	F. 1.63
» 14.— id. id.	» 41.20
Sh. 14. 7 ½ feront donc par 100 kil	F. 42.83

Droits d'entrée par 100 kil. en Novembre 1865

Sous pavillon Anglais	F. 2.40
id. Belge	
id. Français	

COMPTE D'ACHAT ET DE REVIENT

A 1141 SACS NITRATE DE SOUDE

1141 sacs Nitrate de soude, pesant brut cwt 3162. 3.12
Tare........ » 74. 3.12
Net........ cwt 3088. —. — à 16sh par cwt........ £ 2470. 8.—
Escompte 2 ½ %........ » 61.15. 2
£ 2408.12.10

FRAIS A LIVERPOOL

Expédition en douane, droits de bassin et de ville........	£	6.16. 3		
Main-d'œuvre à la réception, camionnage et mise à bord........	»	15.14. 3		
Nattes pour tapisser le navire........	»	2.12. 6		
Connaissements, ports de lettres et menus frais........	»	—. 5. 6		
Courtage d'achat ½ %........	»	12. 7.—	»	37.15. 6
			£	2440. 8. 4
Commission d'achat 2 %........	£	48.18. 6		
Courtage de négociation et timbres 2 ‰........	»	4.17.10	»	53.16. 4
Valeur comptant........			£	2500. 4. 8
Remboursement au change de F. 25.25 pour £ 1.....			F.	63130.05

FRAIS AU HAVRE

Fret sur 160570 kil. bruts à 20sh et 15 % par 1015 kil. et 5 % pour frais de tente, à F. 25.40........	F.	4851.85		
Permis, frais au débarquement, port en magasin, magasinage d'un mois, livraison et menus frais........	»	785.—		
Assurance maritime sur F. 68535, à ⅜ % et police........	»	258.50		
id. contre le feu sur F. 74430, à ½ ‰........	»	37.20		
Perte d'intérêts........ ⅛ %				
Commission de banque........ ¼ %				
Courtage de vente........ ¼ %				
Escompte à la vente........ 2 %				
Commission de vente........ 2 %				
Ensemble..... 5 % sur F. 72607.45........	»	3634.85	»	9567.40
			F.	72697.45

Rendement : 100 ℔ = 45 kil. % :

Soit net 345856 ℔ = net 156768 kil. à F. 46.37 par 100 kil. entrepôt........ F. 72698.30

N.-B. — Réfaction pour déchet excédant 4 % au titrage au Havre.

PRIX DE REVIENT AU HAVRE DES 100 KIL. ENTREPOT

AUX CHANGES SUIVANTS SUR PARIS

PRIX à LIVERPOOL par cwt	F. 24.95	F. 25.05	F. 25.15	F. 25.25	F. 25.35	F. 25.45	10c. par £ sur le change font au Havre par 100 kil.
Subdivisions — Coût et frais variables							
D. 1½	F. 0.33	F. 0.33	F. 0.33	F. 0.33	F. 0.33	F. 0.33	F. 0.
3	0.66	0.66	0.66	0.66	0.66	0.66	0.—
4½	0.98	0.98	0.98	0.99	0.99	0.99	0.—
6	1.30	1.30	1.31	1.32	1.32	1.32	0.—
7½	1.63	1.63	1.64	1.65	1.65	1.66	0.01
9	1.95	1.96	1.96	1.97	1.98	1.99	0.01
10½	2.28	2.28	2.29	2.30	2.31	2.32	0.01
Sh1.—	2.60	2.61	2.62	2.63	2.64	2.65	0.01
Coût et frais variables et invariables							
10.—	30.26	30.36	30.46	30.57	30.67	30.78	0.10
11.—	32.86	32.98	33.09	33.21	33.32	33.44	0.12
12.—	35.46	35.59	35.71	35.84	35.96	36.09	0.13
13.—	38.07	38.20	38.34	38.48	38.61	38.75	0.14
14.—	40.67	40.82	40.96	41.11	41.25	41.40	0.15
15.—	43.27	43.43	43.58	43.74	43.90	44.06	0.16
16.—	45.87	46.04	46.20	46.37	46.54	46.71	0.17
17.—	48.48	48.65	48.83	49.01	49.19	49.37	0.18
18.—	51.08	51.27	51.45	51.64	51.83	52.02	0.19
19.—	53.68	53.88	54.07	54.28	54.47	54.67	0.20
20.—	56.28	56.49	56.70	56.91	57.11	57.32	0.21

OBSERVATIONS

Sh. 5 et 15 % par tonneau sur le fret, font au Havre une différence de F. 0.77 par 100 kil. sur les prix.

On veut savoir le revient au Havre de Nitrate de soude coûtant à Liverpool 14sh 7d½ par cwt, au change de F. 25.05 et au fret de 20sh et 15 % par tonneau.

On trouvera dans la 1re et la 3e colonne de ce tableau que :
Sh. —. 7½ font par 100 kil........ F. 1.63
» 14.— id. id. .... » 40.82
Sh. 14. 7½ feront donc par 100 kil........ F. 42.45

Droits d'entrée par 100 kil. en Novembre 1863

Sous pavillon Anglais........ }
id. Belge........ } F. 2.40
id. Français........ }

COMPTE D'ACHAT ET DE REVIENT

A 50 BALLES ORSEILLE ANGOLA

50 balles Orseille angola, pesant brut…	cwt 112.—			
Tare, 6 ℔ par cwt…	» 6.—			
Net…	cwt 106.— à 55[sh] par cwt…		£	291.10.—
Escompte 2 ½ %…			»	7. 5. 9
			£	284. 4. 3

FRAIS A LONDRES

Courtage d'achat ½ %…	£	1. 9. 2		
Formalités de douane…	»	—.10. 6		
Embarquement, surveiller la réception et expédition 19[sh] par tonne…	»	5. 6. 3		
Menus frais et ports de lettres…	»	—. 7. 6	»	7.13. 5
			£	291.17. 8
Commission d'achat 2 %…	£	5.10. 9		
Courtage de négociation et timbres 2 ‰…	»	—.11. 8	»	6. 8. 5
Valeur comptant…			£	298. 6. 1
Remboursement au change de F. 25.25 pour £ 1…			F.	7532.10

FRAIS AU HAVRE

Fret sur 5685 kil. à 25[sh] et 15 % par 1015 kil. et 5 % pour frais de tente, à F. 25.45…	F.	215.15		
Permis, frais au débarquement, voiliers pour échantillonner, port en entrepôt, arrimage, magasinage d'un mois, livraison et menus frais.	»	57.—		
Assurance maritime sur F. 8285, à ¼ % et police…	»	22.20		
id. contre le feu sur F. 8580, à ½ ‰…	»	4.30		
Perte d'intérêts… ½ %				
Commission de banque… ¼ %				
Courtage de vente… ¼ %				
Escompte à la vente… 2 %				
Commission de vente… 2 %				
Ensemble… 5 % sur F. 8242.90…	»	412.15	»	710.80
			F.	8242.90

RENDEMENT : 100 ℔ = 45 kil. ½ :

Soit net 11872 ℔ = net 5382 kil. à F. 153.16 par 100 kil. entrepôt… F. 8243.05

PRIX DE REVIENT AU HAVRE DES 100 KIL. ENTREPOT

AUX CHANGES SUIVANTS SUR PARIS

	PRIX à LONDRES par cwt	F. 24.95	F. 25.05	F. 25.15	F. 25.25	F. 25.35	F. 25.45	10 c. par £ sur le change font au Havre par 100 kil.
Coût et frais variables	Sh. —. 3	F. 0.65	F. 0.65	F. 0.66	F. 0.66	F. 0.66	F. 0.66	F. 0.—
	—. 6	1.30	1.30	1.31	1.32	1.32	1.32	0.—
	—. 9	1.95	1.96	1.96	1.97	1.98	1.99	0.01
	1.—	2.60	2.61	2.62	2.63	2.64	2.65	0.01
	2.—	5.20	5.22	5.24	5.26	5.28	5.30	0.02
	3.—	7.80	7.83	7.86	7.89	7.92	7.95	0.03
	4.—	10.40	10.44	10.48	10.52	10.56	10.60	0.04
	5.—	13.—	13.05	13.10	13.15	13.21	13.26	0.05
	6.—	15.59	15.65	15.72	15.78	15.85	15.91	0.06
	7.—	18.19	18.26	18.34	18.41	18.49	18.56	0.07
	8.—	20.79	20.87	20.96	21.04	21.13	21.21	0.08
	9.—	23.39	23.48	23.58	23.67	23.77	23.86	0.09
	10.—	25.99	26.09	26.20	26.30	26.41	26.51	0.10
Coût et frais variables et invariables	20.—	60.45	60.67	60.89	61.11	61.32	61.54	0.22
	30.—	86.44	86.76	87.08	87.41	87.73	88.05	0.32
	40.—	112.43	112.86	113.28	113.71	114.14	114.56	0.43
	50.—	138.42	138.95	139.48	140.02	140.55	141.08	0.53
	60.—	164.41	165.04	165.65	166.32	166.95	167.59	0.64

OBSERVATIONS

Sh. 5 et 15 % par tonneau sur le fret, font au Havre une différence de F. 0.80 par 100 kil. sur les prix.

On veut savoir le revient au Havre d'Orseille coûtant à Londres 33[sh] 9[d] par cwt, au change F. 25.05 et au fret de 25[sh] et 15 % par tonneau.

On trouvera dans la 1re et la 3[e] colonne de ce tableau que :

Sh. —. 9 font par 100 kil…	F.	1.96
» 3.— id. id. …	»	7.83
» 30.— id. id. …	»	86.76
Sh. 33. 9 feront donc par 100 kil…	F.	96.55

Droits d'entrée par 100 kil. en Novembre 1865

Sous pavillon Anglais.	Violette…	F.	240
id. Belge…	Mss cendrée ou tournesol en pâte	»	120
id. Français			

COMPTE D'ACHAT ET DE REVIENT

A 147 BALLES ORSEILLE DE LIMA

147 balles Orseille de Lima, pesant brut cwt 346. 3. 2			
Tare et don .... » 7. 3.13			
Net .... cwt 338. 3.17 à 32sh par cwt		£	542. 4.10
Escompte 2 ½ %		»	13.11. 1
		£	528.13. 9

FRAIS A LIVERPOOL

Courtage d'achat ½ %	£	2.14. 3		
Droits de dock et de ville	»	1. 9. 6		
Réception et marquage	»	2. 8. 6		
Connaissements, ports de lettres et menus frais	»	—. 1. 6	»	6.13. 9
			£	535. 7. 6
Commission d'achat 2 %	£	10.14. 2		
Courtage de négociation et timbres 2 ‰	»	1. 1. 4	»	11.15. 6
Valeur comptant			£	547. 3.—
Remboursement au change de F. 25.25 pour £ 1			F.	13815.55

FRAIS AU HAVRE

Fret sur 17604 kil. à 30sh et 15 % par 1015 kil. et 5 % pour frais de tente, à F. 25.40	F.	797.80		
Permis, frais au débarquement, voiliers pour échantillonner, port en entrepôt, arrimage, magasinage d'un mois, livraison et menus frais	»	175.—		
Assurance maritime sur F. 15196, à ¼ % et police	»	58.50		
id. contre le feu sur F. 16280, à ½ ‰	»	8.10		
Perte d'intérêts .... ½ %				
Commission de banque .... ¼ %				
Courtage de vente .... ¼ %				
Escompte à la vente .... 2 %				
Commission de vente .... 2 %				
Ensemble.. 5 % sur F. 15636.80	»	781.85	»	1821.25
			F.	15636.80

Rendement : 100 ℔ = 45 kil. ½ :

Soit net 37957 ℔ = net 17207 kil. à F. 90.87 par 100 kil. entrepôt .... F. 15636.—

PRIX DE REVIENT AU HAVRE DES 100 KIL. ENTREPOT

AUX CHANGES SUIVANTS SUR PARIS

	PRIX à LIVERPOOL par cwt	F. 24.95	F. 25.05	F. 25.15	F. 25.25	F. 25.35	F. 25.45	10 c. par £ sur le change font au Havre par 100 kil.
Coût et frais variables	Sh. —. 3	F. 0.65	F. 0.65	F. 0.66	F. 0.66	F. 0.66	F. 0.67	F. 0.—
	—. 6	1.30	1.30	1.31	1.31	1.32	1.33	0.—
	—. 9	1.95	1.96	1.97	1.97	1.98	1.99	0.01
	1.—	2.60	2.61	2.62	2.63	2.64	2.66	0.01
	2.—	5.21	5.23	5.25	5.27	5.29	5.31	0.02
	3.—	7.81	7.84	7.87	7.90	7.93	7.97	0.03
	4.—	10.41	10.45	10.49	10.54	10.58	10.62	0.04
	5.—	13.02	13.07	13.12	13.17	13.22	13.28	0.05
	6.—	15.62	15.68	15.74	15.80	15.86	15.93	0.06
	7.—	18.22	18.29	18.36	18.44	18.51	18.59	0.07
	8.—	20.83	20.91	20.99	21.07	21.15	21.24	0.08
	9.—	23.43	23.52	23.61	23.71	23.80	23.90	0.09
	10.—	26.03	26.13	26.23	26.34	26.44	26.55	0.10
Coût et frais variables et invariables	20.—	58.64	58.85	59.06	59.27	59.47	59.68	0.21
	30.—	84.67	84.98	85.29	85.60	85.92	86.23	0.31
	40.—	110.69	111.11	111.52	111.94	112.36	112.77	0.42
	50.—	136.72	137.24	137.76	138.28	138.80	139.32	0.52
	60.—	162.74	163.36	163.99	164.62	165.24	165.87	0.63

OBSERVATIONS

Sh. 5 et 15 % par tonneau sur le fret, font au Havre une différence de F. 0.77 par 100 kil. sur les prix

On veut savoir le revient au Havre d'Orseille coûtant à Liverpool 33sh 9d par cwt, au change de F. 25.05 et au fret de 30sh et 15 % par tonneau.

On trouvera dans la 1re et la 3e colonne de ce tableau que:

Sh. —. 9 font par 100 kil	F.	1.96
» 3.— id. id.	»	7.84
» 30.— id. id.	»	84.98
Sh. 33. 9 feront donc par 100 kil	F.	94.78

Droits d'entrée par 100 kil. en Novembre 1865

Sous pavillon Anglais..	Violette	F. 240
id. Belge	Bleu cendré ou tournesol en pâte..	» 120
id. Français		

COMPTE D'ACHAT ET DE REVIENT

A 1000 BARILS PÉTROLE BRUT

1000 barils Pétrole brut, pesant brut cwt 3000. 2.24			
Tare 70 ℔ par baril / Bon poids 4 ℔ par baril .... » 660. 2.24			
Net .... cwt 2340. —.—			
A 8 ℔ par gallon, soit 32760 gallons à £ 18 par tun de 252 gallons		£	2340.—.—
Escompte 2 ½ %		»	58.10.—
		£	2281.10.—

FRAIS A LONDRES

Courtage d'achat ½ %	£	11.14.—		
Formalités de douane	»	—. 5.—		
Tonneliers pour réparer les barils et surveiller l'expédition	»	5.15.—		
Transport des victoria docks au voilier, par barque, à 4ᵈ par baril	»	16.13. 4		
Connaissements, ports de lettres et menus frais	»	—. 7. 6	»	34.14.10
			£	2316. 4.10
Commission d'achat 2 %	£	46. 6. 6		
Courtage de négociation et timbres 2 ‰	»	4.12. 8	»	50.19. 2
Valeur comptant			£	2367. 4.—
Remboursement au change de F. 25.25 pour £ 1			F.	59771.80

FRAIS AU HAVRE

Fret sur 150833 kil. bruts à 12ˢʰ 6ᵈ et 15 % par 1015 kil. et 5 % pour frais de tente, à F. 25.45	F.	2854.20		
Permis, frais au débarquement, tonneliers, port en magasin, arrimage, magasinage d'un mois, livraison et menus frais	»	1250.—		
Assurance maritime sur F. 65737, à ¾ % et police	»	494.55		
id. contre le feu sur F. 70335, à 2 ‰	»	140.65		
Perte d'intérêts .... ½ %				
Commission de banque .... ¼ %				
Courtage de vente .... ¼ %				
Escompte à la vente .... 2 %				
Commission de vente .... 2 %				
Ensemble .... 5 % sur F. 67906.55	»	3395.35	»	8134.75
			F.	67906.55

RENDEMENT : 100 ℔ = 45 kil. ⅓ :

Soit net 262080 ℔ = net kil. 118809
Perte au poids 1 % .... » 1188

Net .... kil. 117621 à F. 57.73 par 100 kil. entrepôt .... F. 67902.60

N.-B. — En vendant à livrer sur le quai, au débarquement du navire, on économisera les frais de mise en magasin qui forment ensemble F. 1.10 par 100 kil.

PRIX DE REVIENT AU HAVRE DES 100 KIL. ENTREPOT

AUX CHANGES SUIVANTS SUR PARIS

PRIX à LONDRES par tun de 252 gallons	F. 24.95	F. 25.05	F. 25.15	F. 25.25	F. 25.35	F. 25.45	10 c. par £ sur le change font au Havre par 100 kil.
Coût et frais variables							
Sh. 2.6	F. 0.37	F. 0.37	F. 0.37	F. 0.37	F. 0.37	F. 0.38	F. 0.—
5.—	0.74	0.74	0.74	0.74	0.75	0.75	0.—
7.6	1.10	1.11	1.11	1.11	1.12	1.13	0.—
10.—	1.47	1.48	1.48	1.48	1.49	1.50	0.—
12.6	1.84	1.85	1.85	1.86	1.87	1.88	0.01
15.—	2.21	2.21	2.22	2.23	2.24	2.25	0.01
17.6	2.58	2.58	2.59	2.60	2.62	2.63	0.01
£1.—.—	2.94	2.95	2.96	2.97	2.99	3.—	0,01
Coût et frais variables et invariables							
15.—.—	48.28	48.46	48.64	48.81	48.99	49.17	0.18
16.—.—	51.22	51.41	51.60	51.78	51.97	52.17	0.19
17.—.—	54.15	54.36	54.56	54.75	54.96	55.16	0.20
18.—.—	57.09	57.31	57.52	57.72	57.94	58.16	0.21
19.—.—	60.03	60.26	60.48	60.70	60.93	61.15	0.22
20.—.—	62.97	63.21	63.44	63.67	63.91	64.15	0.24
21.—.—	65.91	66.16	66.40	66.64	66.90	67.15	0.25
22.—.—	68.84	69.11	69.36	69.62	69.88	70.14	0.26
23.—.—	71.78	72.06	72.32	72.59	72.87	73.14	0.27
24.—.—	74.72	75.01	75.28	75.56	75.85	76.13	0.28
25.—.—	77.66	77.96	78.25	78.54	78.84	79.13	0.29

OBSERVATIONS

2ˢʰ 6ᵈ et 15 % par tonneau sur le fret, font au Havre une différence de F. 0.48 par 100 kil. sur les prix.

On veut savoir le revient au Havre de Pétrole brut coûtant à Londres £ 18.12.6 par tonneau de 252 gallons, au change de F. 25.05 et au fret de 12ˢʰ 6ᵈ et 15 % par tonneau.

On trouvera dans la 1ʳᵉ et la 3ᵉ colonne de ce tableau que :

£ —.12. 6 font par 100 kil.	F. 1.85
» 18.—.— id. id.	» 57.31
£ 18.12. 6 feront donc par 100 kil.	F. 59.16

Droits d'entrée par 100 kil. en Novembre 1865

Sous pavillon Anglais .... / id. Belge .... / id. Français .... } F. 6.—

COMPTE D'ACHAT ET DE REVIENT

A 1000 BARILS PÉTROLE RAFFINÉ

1000 barils Pétrole raffiné, pesant brut	cwt 3000. 2.24		
Tare, 70 ℔ par baril / Bon poids, 4 ℔ par baril	» 660. 2.24		
Net	cwt 2340.—.—		
A 8 ℔ par gallon, soit 32760 gallons à 2sh par gallon		£	3276.—.—
Escompte 2 ½ %		»	81.18.—
		£	3194. 2.—

FRAIS A LONDRES

Courtage d'achat ½ %	£	16. 7. 7		
Formalités de douane	»	—.10. 6		
Frais à la réception, tonneliers, surveiller l'expédition	»	7. 7. 6		
Transport des victoria docks au voilier, à 4d par baril	»	16.13. 4		
Connaissements, ports de lettres et menus frais	»	—. 7. 6	»	41. 0. 5
			£	3235. 8. 5
Commission d'achat 2 %	£	64.14. 2		
Courtage de négociation et timbres 2 ‰	»	6. 9. 5	»	71. 3. 7
Valeur comptant			£	3306.12.—
Remboursement au change de F. 25.25 pour £ 1			F.	83491.65

FRAIS AU HAVRE

Fret sur 150833 kil. bruts à 12sh 6d et 15 % par 1015 kil. et 5 % pour de frais tente, à F. 25.45	F.	2854.20		
Permis, frais au débarquement, tonneliers, port en magasin, arrimage, magasinage d'un mois, livraison et menus frais	»	1250.—		
Assurance maritime sur F. 91840, à ¾ % et police	»	690 30		
id. contre le feu sur F. 96634, à 2 ‰	»	193.25		
Perte d'intérêts ½ %				
Commission de banque ¼ %				
Courtage de vente ¼ %				
Escompte à la vente 2 %				
Commission de vente 2 %				
Ensemble 5 % sur F. 93136.20	»	4656.80	»	9644.55
			F.	93136.20

RENDEMENT : 100 ℔ = 45 kil. ⅓ :

Soit net 262080 ℔ = net kil.	118809
Perte au poids 1 %	» 1118
Net kil. 117621 à F. 79.18 par 100 kil. entrepôt	F. 93132.30

PRIX DE REVIENT AU HAVRE DES 100 KIL. ENTREPOT

AUX CHANGES SUIVANTS SUR PARIS

	PRIX à LONDRES par gallon	F. 24.95	F. 25.05	F. 25.15	F. 25.25	F. 25.35	F. 25.45	10 c. par £ sur le change font au Havre par 100 kil.
Coût et frais variables	D. ¼	F. 0.77	F. 0.78	F. 0.78	F. 0.78	F. 0.78	F. 0.79	F. 0.—
	½	1.54	1.55	1.55	1.56	[illegible]	[illegible]	0.01
	¾	2.31	2.32	2.33	2.34	2.35	2.36	0.01
	1	3.08	3.10	3.11	3.12	3.13	3.15	0.01
	2	6.17	6.19	6.22	6.24	6.27	6.29	0.02
	3	9.25	9.29	9.33	9.37	9.40	9.44	0.04
	4	12.34	12.39	12.44	12.49	12.54	12.59	0.05
	5	15.42	15.49	15.55	15.61	15.67	15.74	0.06
	6	18.50	18.58	18.65	18.73	18.80	18.88	0.08
	7	21.59	21.68	21.76	21.85	21.94	22.03	0.09
	8	24.67	24.78	24.87	24.98	25.07	25.18	0.10
	9	27.76	27.87	27.98	28.10	28.21	28.32	0.11
	10	30.84	30.97	31.09	31.22	31.34	31.47	0.13
	11	33.92	34.07	34.20	34.34	34.47	34.62	0.14
	12	37.01	37.16	37.31	37.46	37.61	37.76	0.15
Coût et frais variables et invariables	Sh. 1.—	41.27	41.42	41.57	41.72	41.87	42.02	0.15
	2.—	78.29	78.58	78.88	79.18	79.47	79.77	0.30
	3.—	115.30	115.74	116.19	116.63	117.08	117.53	0.45
	4.—	152.31	152.90	153.50	154.09	154.68	155.28	0.59
	5.—	189.33	190.07	190.81	191.55	192.29	193.04	0.74

OBSERVATIONS

2sh 0d et 15 % par tonneau sur le fret, font au Havre une différence de F. 0.48 par 100 kil. sur les prix.

On veut savoir le revient au Havre de Pétrole raffiné coûtant à Londres 1sh 11d ¼ par gallon, au change de F. 25.05 et un fret de 12sh et 15 % par tonneau.

On trouvera dans la 1re et la 3e colonne de ce tableau que :

Sh. —.— ¼ font par 100 kil	F.	2.32
» —.11 id. id.	»	34.07
» 1.— id. id.	»	41.42
Sh. 1.11 ¼ feront donc par 100 kil	F.	77.81

Droits d'entrée par 100 kil. en Novembre 1865

Sous pavillon Anglais	F. 6.—
id. Belge	F. 6.—
id. Français	F. 6.—

COMPTE D'ACHAT ET DE REVIENT

A 500 SACS PIMENT JAMAIQUE

500 sacs Piment Jamaïque, pesant brut	cwt 386.—.—		
Bon poids, 1 ℔ par cwt	» 3. 1.22		
	cwt 382. 2. 6		
Tare, 4 ℔ par cwt	» 13. 2.18		
Net	cwt 368. 3.16		
Soit	℔ 41316		
Trett ou double bon poids, 4 ℔ par 104 ℔	» 1589		
Net	℔ 39727 à 3^d par ℔	£	496.11. 9
Escompte 1 %		»	4.19. 3
		£	491.12. 6

FRAIS A LONDRES

Courtage d'achat ½ %	£	2. 9. 8		
Lot Money	»	—.12. 6		
Formalités de douane	»	—.10.—		
Réparation des sacs, réception et expédition	»	2.10.—		
Transport des west india docks au steamer par barque, 3^d par ℔	»	6. 5.—		
Connaissements, ports de lettres et menus frais	»	—. 7. 6	»	12.14. 8
			£	504. 7. 2
Commission d'achat 2 %	£	10. 1. 8		
Courtage de négociation et timbres 2 ‰	»	1.—.—	»	11. 1. 8
Valeur comptant			£	515. 8.10
Remboursement au change de F. 25.25 pour £ 1			F.	13015.10

FRAIS AU HAVRE

Fret sur 19598 kil. à 17^sh et 15 % par 1015 kil. et 5 % pour frais de tente	F.	504.25		
Permis, frais au débarquement, voiliers pour échantillonner, port en entrepôt, arrimage, magasinage d'un mois, livraison et menus frais	»	130.—		
Assurance maritime sur F. 14301, à ¼ % et police	»	37.30		
id. contre le feu sur F. 14972, à ½ ‰	»	7.50		
Perte d'intérêts ½ %				
Commission de banque ¼ %				
Courtage de vente ¼ %				
Escompte à la vente 2 %				
Commission de vente 2 %				
Ensemble 5 % sur F. 14414.90	»	720.75	»	1399.80
			F.	14414.90

RENDEMENT : 100 ℔ = 45 kil. ½ :

Soit brut 43232 ℔ = brut		kil. 19598
Tare 2 %	kil. 392	
Pour poussière 1 %	» 196	» 588
Net		kil. 19010 à F. 75.83 par 100 kil. entrepôt F. 14415.30

PRIX DE REVIENT AU HAVRE DES 100 KIL. ENTREPOT

AUX CHANGES SUIVANTS SUR PARIS

PRIX à LONDRES par ℔	F. 24.95	F. 25.05	F. 25.15	F. 25.25	F. 25.35	F. 25.45	10 c. par £ sur le change font au Havre par 100 kil.
D. 1/16	F. 1.46	F. 1.46	F. 1.47	F. 1.48	F. 1.48	F. 1.49	F. 0.01
1/8	2.92	2.93	2.94	2.95	2.96	2.98	0.01
3/16	4.37	4.39	4.41	4.43	4.45	4.46	0.02
2/8	5.83	5.86	5.88	5.90	5.93	5.95	0.02
5/16	7.29	7.32	7.35	7.38	7.41	7.44	0.03
3/8	8.75	8.78	8.82	8.86	8.89	8.93	0.04
7/16	10.21	10.25	10.29	10.33	10.37	10.42	0.04
4/8	11.66	11.71	11.76	11.81	11.86	11.90	0.05
9/16	13.12	13.18	13.23	13.28	13.34	13.39	0.05
5/8	14.58	14.64	14.70	14.76	14.82	14.88	0.06
11/16	16.04	16.10	16.17	16.24	16.30	16.37	0.07
6/8	17.50	17.57	17.64	17.71	17.78	17.85	0.07
13/16	18.95	19.03	19.11	19.19	19.27	19.34	0.08
7/8	20.41	20.50	20.58	20.66	20.75	20.83	0.08
15/16	21.87	21.96	22.05	22.14	22.23	22.32	0.09
1	23.33	23.43	23.52	23.61	23.71	23.80	0.09
1	28.30	28.41	28.50	28.60	28.70	28.80	0.10
2	51.63	51.83	52.02	52.21	52.40	52.60	0.19
3	74.96	75.26	75.53	75.83	76.11	76.39	0.29
4	98.29	98.68	99.05	99.44	99.81	100.19	0.38
5	121.63	122.11	122.57	123.05	123.52	123.90	0.47
6	144.96	145.53	146.09	146.66	147.22	147.79	0.57

OBSERVATIONS

Sh. 5 et 15 % par tonneau sur le fret, font au Havre une différence de F. 0.78 par 100 kil. sur les prix.

On veut savoir le revient au Havre de Piment coûtant à Londres 2^d ⅜ par ℔ au change de F. 25.05 et au fret de 17^sh et 15 % par tonneau.

On trouvera dans la 1re et la 3e colonne de ce tableau que :

D. — ⅜ font par 100 kil.	F. 20.50
» 2 » id. id.	» 51.83
D. 2 ⅜ feront donc par 100 kil.	F. 72.33

Droits d'entrée par 100 kil. en Novembre 1865

Sous pavillon Anglais	F. 61.—
id. Belge	
id. Français	

COMPTE D'ACHAT ET DE REVIENT

A 50 TONNES DE PLOMB

50 tonnes de Plomb, à £ 22 par tonne franco à bord			£	1100.—.—
Escompte 2 ½ %			»	27.10.—
			£	1072.10.—

FRAIS A LONDRES

Courtage d'achat 1 %	£	11.—.—		
Ports de lettres et menus frais	»	—. 7. 6	»	11. 7. 6
			£	1083.17. 6
Commission d'achat 2 %	£	21.13. 6		
Courtage de négociation et timbres 2 ‰	»	2. 3. 4	»	23.16.10
Valeur comptant			£	1107.14. 4
Remboursement au change de F. 25.25 pour £ 1			F.	27969.95

FRAIS AU HAVRE

Fret sur 50773 kil. à 12sh 6d et 15 % par 1015 kil. et 5 % pour frais de tente	F.	960.65		
Permis, frais au débarquement, port en magasin, arrimage, magasinage d'un mois, livraison et menus frais	»	155.—		
Assurance maritime sur F. 30765, à ¼ % et police	»	78.40		
Id. contre le feu sur F. 30958, à ½ ‰	»	15.45		
Perte d'intérêts ½ %				
Commission de banque ¼ %				
Courtage de vente ¼ %				
Escompte à la vente 2 %				
Commission de vente 2 %				
Ensemble 5 % sur F. 30712.60	»	1535.75	»	2745.25
			F.	30715.20

RENDEMENT : 100 ℔ = 45 kil. ½ :

Soit net 112000 ℔ = 50773 kil. à F. 60.49 par 100 kil. entrepôt .... F. 30712.60

N.-B. — Le plomb ne s'achète à Londres que franco en mer avec les escomptes, courtage, commission, etc. portés ci-dessus. On peut quelquefois éviter le courtage d'achat.

PRIX DE REVIENT AU HAVRE DES 100 KIL. ENTREPOT

AUX CHANGES SUIVANTS SUR PARIS

	PRIX à LONDRES par tonne	F. 24.95	F. 25.05	F. 25.15	F. 25.25	F. 25.35	F. 25.45	10 c. par £ sur le change font au Havre par 100 kil.
	£ —. 5	F. 0.65	F. 0.06	F. 0.66	F. 0.66	F. 0.66	F. 0.67	F 0.—
Coût et frais variables	—.10	1.30	1.31	1.31	1.32	1.32	1.33	0 —
	—.15	1.96	1.97	1.97	1.98	1.99	2.—	0.01
	1.—	2.61	2.62	2.63	2.64	2.65	2.67	0.01
	2.—	5.22	5.25	5.27	5.29	5.31	5.33	0.02
	3.—	7.84	7.87	7.90	7.93	7.96	8.—	0.03
	4.—	10.45	10.49	10.53	10.58	10.62	10.66	0.04
	5.—	13.06	13.12	13.17	13.22	13.27	13.33	0.05
	6.—	15.67	15.74	15.80	15.86	15.92	15.99	0.06
	7.—	18.28	18.36	18.43	18.51	18.58	18.66	0.07
	8.—	20.90	20.98	21.06	21.15	21.23	21.32	0.08
	9.—	23.51	23.61	23.70	23.80	23.89	23.99	0.10
	10.—	26.12	26.23	26.33	26.44	26.54	26.65	0.11
Coût et frais variables et invariables	10.—	28.45	28.56	28.66	28.77	28.87	28.98	0.11
	20.—	54.58	54.78	54.99	55.20	55.41	55.62	0.21
	30.—	80.70	81.01	81.33	81.64	81.96	82.27	0.31
	40.—	106.82	107.24	107.66	108.08	108.50	108.92	0.42

OBSERVATIONS

2sh 0d et 15 % par tonneau sur le fret, font au Havre une différence de F. 0.38 par 100 kil. sur les prix.

On veut savoir le revient au Havre de Plomb coûtant à Londres £ 19.15 par tonneau, au change de F. 25.05 et au fret de 12sh 6d et 15 % par tonneau.

On trouvera dans la 1re et la 3e colonne de ce tableau que :

£ —.15 font par 100 kil.	F.	1.97
» 9.— id. id.	»	23.61
» 10.— id. id.	»	28.56
£ 19.15 feront donc par 100 kil.	F.	54.14

Droits d'entrée par 100 kil. en Novembre 1865

Sous pavillon Anglais		Exempt
Id. Belge		Exempt
Id. Français		Exempt

COMPTE D'ACHAT ET DE REVIENT

A UNE CAISSE PLUMES D'AUTRUCHE

Une caisse Plumes d'autruche, pesant brut cwt 1. 2.12			
Tare réelle .... » —. 1.12			
Net .... cwt 1. 1.— à £ 5 par ₰		£	700.—.—

FRAIS A LONDRES

Courtage d'achat 1 %	£ 7.—.—		
Lot Money	» 1.—.—		
Formalités de douane	» —. 8.—		
Frais de dock, réception, expédition, transport, etc	» —.10. 8		
Ports de lettres et menus frais	» —. 2. 6	»	9. 1. 2
		£	709. 1. 2
Commission d'achat 2 %	£ 14. 3. 7		
Courtage de négociation et timbres 2 ‰	» 1. 8. 4	»	15.11.11
Valeur comptant		£	724.13. 1
Remboursement au change de F. 25.25 pour £ 1		F.	18297.40

FRAIS AU HAVRE

Fret sur 82 kil. à 40[sh] et 15 % par 1015 kil. et 5 % pour frais de tonte, à F. 25.45	F. 4 .90		
Permis, frais au débarquement, tonneliers, port en magasin, magasinage d'un mois, livraison et menus frais	» 3.—		
Assurance maritime sur F. 20126, à ¼ % et police	» 51.80		
id. contre le feu sur F. 20186, à ½ ‰	» 10.10		
Perte d'intérêts .... ⅓ %			
Commission de banque .... ¼ %			
Courtage de vente .... ¼ %			
Escompte à la vente .... 2 %			
Commission de vente .... 2 %			
Ensemble .... 5 % sur F. 19333.90	» 966.70	»	1036.50
		F.	19333.90

RENDEMENT : 100 ₰ = 45 kil. ⅓ :

Soit net 140 ₰ = net kil. 63.47 à F. 304.59 par kil. entrepôt .... F. 19332.30

PRIX DE REVIENT AU HAVRE DU KIL. ENTREPOT

AUX CHANGES SUIVANTS SUR PARIS

	PRIX à LONDRES par ₰	F. 24.95	F. 25.05	F. 25.15	F. 25.25	F. 25.35	F. 25.45	10 c. par £ sur le change font au Havre par kil.
SUBDIVISIONS — Coût et frais variables	£ —.—. 3	F. 0.75	F. 0.75	F. 0.76	F. 0.76	F. 0.76	F. 0.77	F. 0.—
	—.—. 6	1.50	1.50	1.51	1.52	1.32	1.33	0.—
	—.—. 9	2.25	1.26	2.27	2.28	2.29	2.30	0.01
	—. 1.—	3.—	3.01	3.02	3.04	3.05	3.06	0.01
	—. 2.—	6.—	6.02	6.05	6.07	6.10	6.12	0.02
	—. 3.—	9.—	9.04	9.07	9.11	9.14	9.18	0.04
	—. 4.—	12.—	12.05	12.10	12.14	12.19	12.24	0.05
	—. 5.—	15.—	15.06	15.12	15.18	15.24	15.30	0.06
	—. 6.—	18.—	18.07	18.14	18.22	18.29	18.36	0.07
	—. 7.—	21.—	21.08	21.17	21.25	21.34	21.42	0.08
	—. 8.—	24.—	24.10	24.19	24.29	24.38	24.48	0.10
	—. 9.—	27.—	27.11	27.22	27.32	27.43	27.54	0.11
	—.10.—	30.—	30.12	30.24	30.36	30.48	30.60	0.12
	1.—.—	59.99	60.24	60.48	60.72	60.96	61.20	0.24
	2.—.—	119.99	120.47	120.95	121.43	121.91	122.39	0.48
	3.—.—	179.98	180.71	181.43	182.15	182.87	183.59	0.72
	4.—.—	239.98	240.94	241.90	242.87	243.83	244.79	0.96
	5.—.—	299.97	301.18	302.38	303.59	304.79	305.98	1.20
	6.—.—	359.96	361.41	362.86	364.30	365.74	367.18	1.44
	7.—.—	419.96	421.65	423.33	425.02	426.70	428.38	1.68
	8.—.—	479.95	481.88	483.81	485.74	487.66	489.58	1.92
	9.—.—	539.95	542.12	544.28	546.45	548.61	550.77	2.16
	10.—.—	599.94	602.35	604.76	607.17	609.57	611.97	2.41
Coût et frais variables et invariables	1.—.—	61.08	61.28	61.52	61.76	62.—	62.24	0.24
	2.—.—	121.03	121.51	121.99	122.47	122.95	123.43	0.48
	3.—.—	181.02	181.75	182.47	183.19	183.91	184.63	0.72
	4.—.—	241.02	241.98	242.94	243.01	244.87	245.83	0.96
	5.—.—	301.01	302.22	303.42	304.62	305.83	307.03	1.20
	10.—.—	600.98	603.39	605.80	608.21	610.61	613.01	2.41
	20.—.—	1200.92	1205.74	1210.56	1215.38	1220.18	1224.98	4.81
	30.—.—	1800.86	1808.09	1815.32	1822.55	1829.75	1836.95	7.22
	40.—.—	2400.80	2410.44	2420.08	2429.72	2439.39	2448.92	9.62

OBSERVATIONS

Sh. 5 et 15 % par tonneau sur le fret, font au Havre une différence de F. 0.01 par kil. sur les prix.

On veut savoir le revient au Havre de Plumes d'autruche coûtant à Londres £ 7.17.6 par ₰, au change de F. 25.05 et au fret de 40[sh] et 15 % par tonneau.

On trouvera dans la 1re et la 3e colonne de ce tableau que :

£ —.—. 6 font par kil.	F.	1.50
» —. 7.— id. id.	»	21.08
» —.10.— id. id.	»	30.12
» 2.—.— id. id.	»	120.47
» 5.—.— id. id.	»	302.22
£ 7.17. 6 feront donc par kil.	F.	475.39

Droits d'entrée par 100 kil. en Novembre 1865

Sous pavillon Anglais ....
id. Belge ....
id. Français ....
} Exempts

COMPTE D'ACHAT ET DE REVIENT

A 300 SACS POIVRE SINGAPOORE

300 sacs Poivre Singapoore, pesant cwt 310. 2.24
Tare réelle .... ₰ 3 par sac
Bon poids .... » 1 id. » 10. 2.24
Net .... cwt 300. —. —
Soit 34608 ₰, à 3[d] par ₰ .... £ 432.12.—

FRAIS A LONDRES

Courtage d'achat ½ %	£	2. 8. 3		
Lot Money	»	—. 7. 6		
Formalités de douane	»	—. 12. 6		
Réparation des sacs, surveiller l'expédition, livraison	»	2.—.—		
Transport des west-india docks au steamer, par barque, à 3[d] par ₰	»	3.15.—		
Connaissements, ports de lettres et menus frais	»	—. 9. 6	»	9. 7. 9
			£	441.19. 9
Commission d'achat 2 %	£	8.16. 7		
Courtage de négociation et timbres 2 ‰	»	—.17. 8	»	9.14. 3
			£	451.14.—
Remboursement au change de F. 25.25 pour £ 1			F.	11405.40

FRAIS AU HAVRE

Fret sur 15770 kil. à 17[sh] et 15 % par 1015 kil. et 5 % pour frais de tente, à F. 25.45	F.	405.65		
Permis, frais au débarquement, voiliers pour échantillonner, port en entrepôt, arrimage, magasinage d'un mois, livraison et menus frais	»	105.—		
Assurance maritime sur F. 12545, à ¼ % et police	»	32.85		
id. contre le feu sur F. 13056, à ½ ‰	»	6.55		
Perte d'intérêts .... ½ %				
Commission de banque .... ¼ %				
Courtage de vente .... ¼ %				
Escompte à la vente .... 2 %				
Commission de vente .... 2 %				
Ensemble .... 5 % sur F. 12584.90	»	629.25	»	1179.50
			F.	12584.90

RENDEMENT : 100 ₰ = 44 kil.

Soit net 34608 ₰ = 15227 kil. à F. 82.65 par 100 kil. entrepôt .... F. 12585.10

N.-B. — Les poivres s'achètent aux enchères avec l'option de laisser la marchandise aux risques et aux frais du vendeur pendant 3 mois. Si l'acheteur ne reçoit pas immédiatement, il doit déposer un dépôt de 10 à 20 % selon la valeur de la marchandise. Les poivres sont pesés à l'arrivée et toujours vendus d'après le poids d'entrée. On ne repèse plus à l'expédition. Si l'expédition a lieu immédiatement après la vente, le vendeur bonifie à l'acheteur sur le pied de 5 % les jours à courir jusqu'à l'expiration de 3 mois.

PRIX DE REVIENT AU HAVRE DES 100 KIL. ENTREPOT

AUX CHANGES SUIVANTS SUR PARIS

	PRIX à LONDRES par ₰	F. 24.95	F. 25.05	F. 25.15	F. 25.25	F. 25.35	F. 25.45	10 c. par £ sur le change font au Havre par 100 kil.
ACCROISSEMENTS — Coût et frais variables	D. 1/16	F. 1.60	F. 1.61	F. 1.62	F. 1.62	F. 1.63	F. 1.63	F. 0.01
	1/8	3.20	3.22	3.23	3.24	3.25	3.27	0.01
	3/16	4.81	4.82	4.84	4.86	4.88	4.90	0.02
	1/4	6.41	6.43	6.46	6.48	[illegible]	6.54	0.03
	5/16	8.01	8.04	8.08	8.11	8.14	8.17	0.03
	3/8	9.61	9.65	9.69	9.73	9.76	9.80	0.04
	7/16	11.21	11.26	11.31	11.35	11.39	11.44	0.05
	1/2	12.82	12.87	12.92	12.97	13.02	13.07	0.05
	9/16	14.42	14.47	14.53	14.59	14.64	14.71	0.06
	5/8	16.02	16.08	16.15	16.21	16.27	16.34	0.06
	11/16	17.62	17.69	17.76	17.83	17.90	17.97	0.07
	3/4	19.22	19.30	19.38	19.45	19.53	19.61	0.08
	13/16	20.82	20.90	20.99	21.07	21.15	21.24	0.08
	7/8	22.43	22.51	22.60	22.69	22.78	22.88	0.09
	15/16	24.03	24.12	24.22	24.31	24.41	24.51	0.10
	1	25.63	25.73	25.83	25.93	26.04	26.14	0.10
Coût et frais variables et invariables	2	56.08	56.29	56.49	56.71	56.91	57.13	0.21
	3	81.71	82.02	82.33	82.64	82.95	83.27	0.31
	4	107.33	107.75	108.16	108.58	108.99	109.41	0.42
	5	132.96	133.48	133.99	134.51	135.03	135.56	0.52
	6	158.59	159.20	159.82	160.44	161.06	161.69	0.62
	7	184.21	184.93	185.65	186.38	187.10	187.83	0.72
	8	209.84	210.66	211.49	212.31	213.14	213.97	0.83
	9	235.46	236.39	237.32	238.25	239.17	240.11	0.93
	10	261.09	262.12	263.15	264.18	265.21	266.25	1.03
	11	286.72	287.85	288.98	290.11	291.25	292.39	1.13
	12	312.34	313.58	314.81	316.05	317.28	318.53	1.24
	13	337.97	339.31	340.65	341.98	343.32	344.67	1.34
	14	363.59	365.04	366.48	367.92	369.36	370.81	1.44
	15	389.22	390.77	392.31	393.85	395.40	396.95	1.55
	16	414.85	416.49	418.14	419.78	421.43	423.09	1.65
	17	440.47	442.22	443.97	445.72	447.47	449.23	1.76
	18	466.10	467.95	469.81	471.65	473.51	475.37	1.86
	19	491.72	493.68	495.64	497.59	499.54	501.51	1.96
	20	517.35	519.41	521.47	523.52	525.58	527.65	2.06
	21	542.98	545.14	547.30	549.45	551.62	553.79	2.16
	22	568.60	570.87	573.13	575.39	577.65	579.93	2.27

OBSERVATIONS

Sh. 5 et 15 % par tonneau sur le fret, font au Havre une différence de F. 0.79 par 100 kil. sur les prix.

On veut savoir le revient au Havre de Poivre coûtant à Londres 3[d] 3/16 par ₰, au change de F. 25.05 et au fret de 17[sh] et 15 % par tonneau.

On trouvera dans la 1re et la 3[e] colonne de ce tableau que :
D. — 3/16 font par 100 kil. .... F. 4.82
» 3 id. id. .... » 82.02
D. 3 3/16 feront donc par 100 kil. .... F. 86.84

Droits d'entrée par 100 kil. en Novembre 1865

Sous pavillon Anglais .... }
id. Belge .... } F. 61.—
id. Français .... }

COMPTE D'ACHAT ET DE REVIENT

A 15 SURONS QUINQUINA CALISAYA

15 surons Quinquina Calisaya, pesant	cwt 22. 1. 3		
Tare, 19 ℔ par suron	» 2. 2. 5		
	cwt 19. 2.26		
Bonification, 2 ℔ par suron	» —. 1. 2		
Net	cwt 19. 1.24		
Soit	℔ 2180		
3 % alloués pour poussière	» 65 ½		
	℔ 2114 ½		
Double bonification, 4 ℔ par 104 ℔	» 81 ¼		
Net	℔ 2033 ¼ à 2sh 9d la ℔	£	279.11. 5
Escompte 2 ½ %		»	6.19. 9
		£	272.11. 8

FRAIS A LONDRES

Courtage d'achat ½ %	£ 1. 8.—		
Lot Money	» —. 3.—		
Formalités de douane	» —. 8.—		
Pour coller les surons, 9d par suron	» —.11. 3		
Pour corder, 3d par suron	» —. 3. 9		
Frais d'allége et divers	» —. 6. 6	»	3.—. 6
		£	275.12. 2
Commission d'achat 2 %	£ 5.10. 3		
Courtage de négociation et timbres 2 ‰	» —.11.—	»	6. 1. 3
		£	281.13. 5
Remboursement au change de F. 25.25 pour £ 1		F.	7112.15

FRAIS AU HAVRE

Fret sur 1131 kil. à 20sh et 15 % par 1015 kil. et 5 % pour frais de tente	F. 34.20		
Permis, frais au débarquement, voiliers pour échantillonner, port en entrepôt, arrimage, magasinage d'un mois, livraison et menus frais	» 22.50		
Assurance maritime sur F. 7828, à ¼ % et police	» 21.05		
id. contre le feu sur F. 7901, à ½ ‰	» 3.95		
Perte d'intérêts ½ %			
Commission de banque ¼ %			
Courtage de vente ¼ %			
Escompte à la vente 2 %			
Commission de vente 2 %			
Ensemble 5 % sur F. 7572.45	» 378.60	»	460.30
		F.	7572.45

Rendement : 100 ℔ = 45 kil. ½ :

Soit brut 2495 ℔ =	brut kil. 1131		
Tare 6 kil. par suron	kil. 90 »		
Pour poussière extraordinaire	» 100	190	
Net	kil. 941 à F. 8.04 ¾ le kil. entrepôt	F.	7571.50

PRIX DE REVIENT AU HAVRE DU KIL. ENTREPOT

AUX CHANGES SUIVANTS SUR PARIS

PRIX à LONDRES par ℔	F. 24.95	F. 25.05	F. 25.15	F. 25.25	F. 25.35	F. 25.45	10 c. par £ sur le change font au Havre, par kil.
D. 1	F. 0.24	F. 0.24	F. 0.24	F. 0.24	F. 0.24	F. 0.24	F. 0.—
2	0.48	0.48	0.48	0.48	0.48	0.48	0.—
3	0.71	0.71	0.72	0.72	0.72	0.73	0.—
4	0.95	0.95	0.96	0.96	0.96	0.97	0.—
5	1.19	1.19	1.20	1.21	1.21	1.21	0.—
6	1.43	1.43	1.24	1.45	1.45	1.45	0.—
7	1.67	1.67	1.68	1.69	1.69	1.69	0.—
8	1.90	1.90	1.91	1.93	1.93	1.94	0.01
9	2.14	2.15	2.16	2.17	2.17	2.18	0.01
10	2.38	2.39	2.40	2.41	2.41	2.42	0.01
11	2.62	2.63	2.64	2.65	2.65	2.66	0.01
12	2.85	2.86	2.87	2.89	2.90	2.91	0.01
Sh. —. 6	1.54	1.54	1.55	1.55	1.56	1.56	0.—
1.—	2.96	2.97	2.98	3.—	3.01	3.02	0.01
2.—	5.81	5.83	5.86	5.88	5.90	5.93	0.03
3.—	8.66	8.70	8.73	8.77	8.80	8.84	0.04
4.—	11.51	11.56	11.61	11.65	11.70	11.74	0.05
5.—	14.37	14.42	14.48	14.54	14.60	14.65	0.06
6.—	17.22	17.28	17.35	17.42	17.49	17.56	0.07
7.—	20.07	20.14	20.23	20.31	20.39	20.47	0.08
8.—	22.92	23.01	23.10	23.19	23.29	23.37	0.09
9.—	25.77	25.87	25.98	26.08	26.18	26.28	0.10
10.—	28.62	28.73	28.85	28.96	29.08	29.19	0.11
11.—	31.47	31.59	31.72	31.85	31.98	32.10	0.13
12.—	34.32	34.45	34.60	34.73	34.87	35.01	0.14
13.—	37.17	37.32	37.47	37.62	37.77	37.91	0.15
14.—	40.02	40.18	40.35	40.50	40.67	40.82	0.16
15.—	42.88	43.06	43.22	43.39	43.56	43.73	0.17

OBSERVATIONS

Sh. 5 et 15 % par tonneau sur le fret, font au Havre une différence de F. 0.01 par kil. sur les prix.

On veut savoir le revient au Havre de Quinquina coûtant à Londres 11d par ℔, au change F. 25.05 et un fret de 20sh et 15 % par tonneau.

On trouvera dans la 1re et la 3e colonne de ce tableau que :

D. 5 font par kil.	F. 1.19
» 6 id. id.	» 1.54
D. 11 feront donc par kil.	F. 2.73

Droits d'entrée par 100 kil. en Novembre 1865

Sous pavillon Anglais		Exempt
id. Belge		
id. Français		

COMPTE D'ACHAT ET DE REVIENT

A 95 SURONS QUINQUINA

95 surons Quinquina, pesant brut	cwt 138. 3.10.				
Tare, 13 ℔ ; don, 2 ℔ par suron	» 12. 2.25				
Net	cwt 126. — .13				
Bonification pour poussière 3 %	» 3. 3. 4				
	cwt 122. 1. 9				
Tret, 4 ℔ par 104 ℔	» 4. 2.23				
Net	cwt 117. 2.14				
Soit 13174 ℔ à 1sh par ℔				£	658.14.—
Escompte 2 ½ %				»	16. 9. 4
				£	642. 4. 8

FRAIS A LIVERPOOL

Expédition en douane, droits de bassin et de ville	£	1. 8. 2		
Main-d'œuvre, camionnage et mise à bord	»	1.11. 8		
Courtage d'achat ½ %	»	3. 5.10		
Connaissements, ports de lettres et menus frais	»	—. 3. 6	»	6. 9. 2
			£	648.13.10
Commission d'achat 2 %	£	12.19. 5		
Courtage de négociation et timbres 2 ‰	»	1. 5.11	»	14. 5. 4
Valeur comptant			£	662.19. 2
Remboursement au change de F. 25.25 pour £ 1			F.	16739.75

FRAIS AU HAVRE

Fret sur 7049 kil. à 25sh et 15 % par 1015 kil. et 5 % pour frais de tente, à F. 25.40	F.	266.20		
Permis, frais au débarquement, voiliers pour échantillonner, port en entrepôt, arrimage, magasinage d'un mois, livraison et menus frais	»	125.—		
Assurance maritime sur F. 18413, à ¼ % et police	»	70.55		
id. contre le feu sur F. 18874, à ½ ‰	»	9.45		
Perte d'intérêts ½ %				
Commission de banque ¼ %				
Courtage de vente ¼ %				
Commission de vente 2 %				
Escompte à la vente 2 %				
Ensemble 5 % sur F. 18116.80	»	905.85	»	1377.05
			F.	18116.80

RENDEMENT : 100 ℔ = net kil. 46.14 :

Soit brut		kil. 7049
Tare 8 kil. par suron	kil. 760	
Réfaction pour poussière 3 %	» 211	» 971
Net		kil. 6078 à F. 2.98 par kil. entrepôt ... F. 18112.45

PRIX DE REVIENT AU HAVRE DU KIL. ENTREPOT

AUX CHANGES SUIVANTS SUR PARIS

PRIX à LIVERPOOL par ℔	F. 24.95	F. 25.05	F. 25.15	F. 25.25	F. 25.35	F. 25.45	10 c. par £ sur le change font au Havre par kil.
D. 1	F. 0.24	F. 0.24	F. 0.24	F. 0.24	F. 0.24	F. 0.24	F. 0.—
2	0.48	0.48	0.48	0.48	0.49	0.49	0.—
3	0.71	0.72	0.72	0.73	0.73	0.73	0.—
4	0.95	0.96	0.96	0.97	0.97	0.97	0.—
5	1.19	1.20	1.21	1.21	1.22	1.22	0.01
6	1.43	1.44	1.45	1.45	1.46	1.46	0.01
7	1.67	1.68	1.69	1.69	1.70	1.70	0.01
8	1.90	1.92	1.93	1.94	1.94	1.95	0.01
9	2.14	2.16	2.17	2.18	2.19	2.20	0.01
10	2.38	2.40	2.41	2.42	2.43	2.44	0.01
11	2.62	2.64	2.65	2.66	2.67	2.68	0.01
12	2.86	2.88	2.89	2.90	2.91	2.92	0.01
Sh. —.6	1.51	1.52	1.52	1.53	1.53	1.54	0.01
1.—	2.94	2.96	2.97	2.98	2.99	3.—	0.01
2.—	5.81	5.83	5.85	5.88	5.90	5.92	0.02
3.—	8.67	8.71	8.74	8.77	8.81	8.84	0.03
4.—	11.54	11.56	11.63	11.67	11.72	11.76	0.04
5.—	14.40	14.46	14.52	14.57	14.63	14.69	0.06
6.—	17.26	17.33	17.40	17.47	17.54	17.61	0.07
7.—	20.13	20.21	20.29	20.37	20.45	20.53	0.08
8.—	22.99	23.08	23.18	23.26	23.36	23.45	0.09
9.—	25.86	25.96	26.06	26.16	26.27	26.37	0.10
10.—	28.72	28.83	28.95	29.06	29.18	29.29	0.11
11.—	31.58	31.71	31.84	31.96	32.09	32.21	0.13
12.—	34.45	34.58	34.72	34.86	35.—	35.13	0.14
13.—	37.31	37.46	37.61	37.75	37.90	38.05	0.15
14.—	40.18	40.33	40.49	40.65	40.81	40.97	0.16
15.—	43.04	43.21	43.38	43.55	43.72	43.90	0.17

OBSERVATIONS

Sh. 5 et 15 % par tonneau sur le fret, font au Havre une différence de F. 0.01 par kil. sur les prix.

On veut savoir le revient au Havre de Quinquina coûtant à Liverpool 11d par ℔, au change de F. 25.05 et au fret de 25sh et 15 % par tonneau.

On trouvera dans la 1re et la 3e colonne de ce tableau que :

D. 5 font par kil.	F.	1.20
» 6 id. id.	»	1.52
D. 11 feront donc par kil.	F.	2.72

Droits d'entrée par 100 kil. en Novembre 1865

Sous pavillon Anglais	}	Exempt
id. Belge		
id. Français		

COMPTE D'ACHAT ET DE REVIENT

A 1500 SACS RIZ

1500 sacs Riz, pesant brut cwt 2605. 2. 7			
Tare, 2 ℔ par sac ... » 26. 3. 4			
Net ... cwt 2578. 3. 3 à 8sh 6d par cwt ...		£	1095.19. 7
Escompte 2 ½ % ...		»	27. 8.—
		£	1068.11. 7

FRAIS A LIVERPOOL

Courtage d'achat ½ % ...	£	5. 0. 7		
Droits de ville et de dock ...	»	5. 8.11		
Réception, marquage et expédition ...	»	14.13. 6		
Dépêches, ports de lettres et menus frais ...	»	1.15.—	»	27. 7.—
			£	1095.18. 7
Commission d'achat 2 % ...	£	21.18. 4		
Courtage de négociation et timbres 2 ‰ ...	»	2. 3. 9	»	24. 2. 1
Valeur comptant ...			£	1120.—. 8
Remboursement au change de F. 25.25 pour £ 1 ...			F.	28280.75

FRAIS AU HAVRE

Fret sur 132300 kil. à 20sh et 15 % par 1015 kil. et 5 % pour frais de tente, à F. 25.40 ...	F.	3997.85		
Permis, frais au débarquement, voiliers pour échantillonner, port en entrepôt arrimage, magasinage d'un mois, livraison et menus frais	»	615.—		
Assurance maritime sur F. 31108, à ¼ % et police ...	»	118.15		
id. contre le feu sur F. 35840, à ½ ‰ ...	»	17.90		
Perte d'intérêts ... ½ %				
Commission de banque ... ¼ %				
Courtage de vente ... ¼ %				
Escompte à la vente ... 2 %				
Commission de vente ... 2 %				
Ensemble ... 5 % sur F. 34768.05 ...	»	1738.40	»	6487.30
			F.	34768.05

Rendement : 100 ℔ = net kil. 44.88 :

Soit brut 291828 ℔ = brut.. kil. 132300			
Tare 2 % ... » 2646			
Net ... kil. 129654 à F. 26.82 par 100 kil. entrepôt ...		F.	34763.25

PRIX DE REVIENT AU HAVRE DES 100 KIL. ENTREPOT

AUX CHANGES SUIVANTS SUR PARIS

	PRIX à LIVERPOOL par cwt	F. 24.95	F. 25.05	F. 25.15	F. 25.25	F. 25.35	F. 25.45	10 c. par £ sur le change font au Havre par 100 kil.
[illegible] — Coût et frais variables	Sh. —. 3	F. 0.66	F. 0.66	F. 0.66	F. 0.67	F. 0.67	F. 0.67	F. 0.—
	—. 6	1.31	1.32	1.32	1.33	1.33	1.34	0.—
	—. 9	1.97	1.38	1.99	2.—	2.—	2.01	0.—
	1.—	2.63	2.64	2.65	2.66	2.67	2.68	0.01
	2.—	5.26	5.28	5.30	5.32	5.34	5.36	0.02
	3.—	7.89	7.92	7.95	7.98	8.01	8.04	0.03
	4.—	10.52	10.56	10.60	10.64	10.68	10.72	0.04
	5.—	13.15	13.20	13.25	13.30	13.36	13.41	0.05
	6.—	15.77	15.83	15.90	15.96	16.03	16.09	0.06
	7.—	18.40	18.47	18.55	18.62	18.70	18.77	0.07
	8.—	21.03	21.11	21.20	21.28	21.37	21.45	0.08
	9.—	23.66	23.75	23.85	23.94	24.04	24.13	0.09
	10.—	26.29	26.39	26.50	26.60	26.71	26.81	0.10
Coût et frais variables et invariables	5.—	17.35	17.41	17.46	17.51	17.56	17.62	0.05
	10.—	30.50	30.60	30.71	30.81	30.92	31.02	0.10
	20.—	56.78	56.99	57.20	57.42	57.63	57.84	0.21
	30.—	83.07	83.39	83.70	84.02	84.33	84.65	0.31
	40.—	109.36	109.78	110.20	110.62	111.04	111.47	0.42

OBSERVATIONS

Sh. 5 et 15 % par tonneau sur le fret, font au Havre une différence de F. 0.77 par 100 kil. sur les prix.

On veut savoir le revient au Havre de Riz coûtant à Londres 9sh 6d par cwt, au change de F. 25.05 et au fret de 20sh et 15 % par tonneau.

On trouvera dans la 1re et la 3e colonne de ce tableau que :

Sh. —. 6 font par 100 kil. ...	F.	1.32
» 4.— id. id. ...	»	10.56
» 5.— id. id. ...	»	17.41
Sh. 9. 6 feront donc par 100 kil. ...	F.	29.29

Droits d'entrée par 100 kil. en Novembre 1865

Sous pavillon Anglais ...	F. 2.40
id. Belge ...	
id. Français ...	

COMPTE D'ACHAT ET DE REVIENT

A 500 BALLES SUCRE MAURICE

500 balles Sucre Maurice, pesant brut....... cwt 741. 3. 5
Tare, 6 ♀ par balle; don 1 ♀ par balle.... » 31. 1.—
Net........ cwt 710. 2. 5 à 33sh par cwt entrepôt... £ 1172. 8.—
Escompte 2 ½ %........ » 29. 6. 2
£ 1142. 1. 10

FRAIS A LIVERPOOL

Courtage d'achat ½ %........ £ 5.17. 3
Droits de ville et de dock........ » 4. 4.—
Réception, camionnage, expédition........ » 4.11. 6
Ports de lettres et menus frais........ » 1.15.— » 16. 7. 9.
£ 1159. 9. 7
Commission d'achat 2 %........ £ 23. 3. 9
Courtage de négociation et timbres 2 ‰........ » 2. 6. 5 » 25.10. 2
Valeur comptant........ £ 1184.19. 9
Remboursement au change de F. 25.25 pour £ 1..... F. 29921.—

FRAIS AU HAVRE

Fret sur 37663 kil. à 20sh et 15 % par 1015 kil. et 5 % pour frais de tente, à F. 25.40........ F. 1136.05
Permis, frais au débarquement, voiliers pour échantillonner, port en entrepôt, arrimage, magasinage d'un mois, livraison et menus frais. » 185.—
Assurance maritime sur F. 32913, à ¼ % et police........ » 124.90
id. contre le feu sur F. 34361, à ½ ‰........ » 17.20
Perte d'intérêts........ ½ %
Commission de banque........ ¼ %
Courtage de vente........ ¼ %
Escompte à la vente........ 2 %
Commission de vente........ 2 %
Ensemble...... 5 % sur F. 33038.05........ » 1651.90 » 3117.05
F. 33038.05

Rendement : 100 ♀ = net kil. 45.48 :

Soit brut 83081 ♀ = brut. kil. 37663.—
Tare 4 %........ » 1506.50
Net........ kil. 36156.50 à F. 91.38 par 100 kil. entrepôt........ F. 33039.80

PRIX DE REVIENT AU HAVRE DES 100 KIL. ENTREPOT

AUX CHANGES SUIVANTS SUR PARIS

PRIX à LIVERPOOL par cwt	F. 24.95	F. 25.05	F. 25.15	F. 25.25	F. 25.35	F. 25.45	10 c. par £ sur le change font au Havre par 100 kil.
Sh. —. 3	F. 0.65	F. 0.65	F. 0.66	F. 0.66	F. 0.66	F. 0.66	F. 0.—
—. 6	1.30	1.30	1.31	1.31	1.32	1.32	0.—
—. 9	1.95	1.96	1.97	1.97	1.98	1.99	0.—
1.—	2.60	2.61	2.62	2.63	2.64	2.65	0.01
2.—	5.19	5.21	5.24	5.26	5.28	5.30	0.02
3.—	7.79	7.82	7.85	7.88	7.91	7.95	0.03
4.—	10.39	10.43	10.47	10.51	10.55	10.60	0.04
5.—	12.99	13.04	13.09	13.14	13.19	13.25	0.05
6.—	15.58	15.64	15.71	15.77	15.83	15.89	0.06
7.—	18.18	18.25	18.33	18.40	18.47	18.54	0.07
8.—	20.78	20.86	20.94	21.02	21.10	21.19	0.08
9.—	23.37	23.46	23.56	23.65	23.74	23.84	0.09
10.—	25.97	26.07	26.18	26.28	26.38	26.49	0.10
10.—	30.62	30.72	30.83	30.93	31.03	31.14	0.10
20.—	56.58	56.79	57.—	57.21	57.42	57.63	0.21
30.—	82.55	82.87	83.18	83.49	83.80	84.12	0.31
40.—	108.52	108.94	109.35	109.77	110.19	110.61	0.42
50.—	134.49	135.01	135.53	136.05	136.57	137.09	0.52

(Sh. —. 3 à 10.— : [illegible] — Coût et frais variables ; 10.— à 50.— : Coût et frais variables et invariables)

OBSERVATIONS

Sh. 5 et 15 % par tonneau sur le fret, font au Havre une différence de F. 0.79 par 100 kil. sur les prix.

On veut savoir le revient au Havre de Sucre coûtant à Liverpool 39sh 6d par cwt, au change de F. 25.05 et au fret de 20sh et 15 % par tonneau.

On trouvera dans la 1re et la 2e colonne de ce tableau que :
Sh. —. 6 font par 100 kil........ F. 1.30
» 9.— id. id. .... » 23.46
» 30.— id. id. .... » 82.87
Sh. 39. 6 feront donc par 100 kil........ F. 107.63

Droits d'entrée par 100 kil en Novembre 1865

Sous pavillon Anglais........ }
id. Belge........ } F. 44.—
id. Français........ }

COMPTE D'ACHAT ET DE REVIENT

A 200 FUTS SUIF D'AUSTRALIE

200 fûts Suif d'Australie, pesant brut	cwt 1000. 1.27		
Bon poids, 2 ℔ par fût	» 3. 2. 8		
	cwt 896. 3.19		
Tare réelle, à 20 ℔ par cwt	» 177. 3.19		
Net	cwt 819.—.— à 40sh par cwt		£ 1638.—.—
Escompte 2 ½ %			» 40.19.—
			£ 1597. 1.—

FRAIS A LONDRES

Courtage d'achat ½ %	£ 8. 3. 9	
Lot Money	» 1. 5.—	
Formalités de douane	» —.12. 6	
Frais de livraison, tonneliers pour conditionner	» 7.10.—	
Transport du wharf au steamer par barque, à 2sh par tonneau	» 5.—.—	
Ports de lettres et menus frais	» —. 7. 6	» 22.18. 9
		£ 1619.19.10
Commission d'achat 2 %	£ 32. 8.—	
Courtage de négociation et timbres 2 ‰	» 3. 4. 9	» 35.12. 9
Valeur comptant		£ 1655.12. 7
Remboursement au change de F. 25.25 pour £ 1		F. 41804.65

FRAIS AU HAVRE

Fret sur 45400 kil. bruts à 15sh et 15 % par 1015 kil. et 5 % pour frais de tente, à F. 25.45		F. 1030.80	
Permis, frais au débarquement, port en entrepôt, tonneliers pour échantillonner, arrimage, magasinage d'un mois, livraison et menus frais		» 330.—	
Assurance maritime sur F. 45984, à ¼ % et police		» 116.45	
id. contre le feu sur F. 47466, à ½ ‰		» 23.70	
Perte d'intérêts	½ %		
Commission de banque	¼ %		
Courtage de vente	¼ %		
Escompte à la vente	2 %		
Commission de vente	2 %		
Ensemble	5 % sur F. 45581.21	» 2279.25	» 3760.20
			F. 45564.85

RENDEMENT : 100 ℔ = 45 kil. ½ :

Soit net 91728 ℔ = net 41583 kil. à F. 109.62 par 100 kil. entrepôt .... F. 45583.30

PRIX DE REVIENT AU HAVRE DES 100 KIL. ENTREPOT

AUX CHANGES SUIVANTS SUR PARIS

PRIX à LONDRES par cwt	F. 24.95	F. 25.05	F. 25.15	F. 25.25	F. 25.35	F. 25.45	10 c. par £ sur le change font au Havre par 100 kil.
Sh. —. 3	F. 0.65	F. 0.65	F. 0.66	F. 0.66	F. 0.66	F. 0.66	F. 0.—
—. 6	1.30	1.30	1.31	1.31	1.32	1.32	0.—
—. 9	1.95	1.96	1.96	1.97	1.98	1.99	0.01
1.—	2.60	2.61	2.62	2.63	2.64	2.65	0.01
2.—	5.20	5.22	5.24	5.26	5.28	5.30	0.02
3.—	7.80	7.83	7.86	7.89	7.92	7.95	0.03
4.—	10.40	10.44	10.48	10.52	10.56	10.60	0.04
5.—	13.—	13.05	13.10	13.15	13.21	13.26	0.05
6.—	15.59	15.65	15.72	15.78	15.85	15.91	0.06
7.—	18.19	18.26	18.34	18.41	18.49	18.56	0.07
8.—	20.79	20.87	20.96	21.04	21.13	21.21	0.08
9.—	23.39	23.48	23.58	23.67	23.77	23.86	0.09
10.—	25.99	26.09	26.20	26.30	26.41	26.51	0.10
20.—	56.38	56.58	56.80	57.01	57.22	57.44	0.21
30.—	82.30	82.66	83.—	83.31	83.62	83.94	0.32
40.—	108.35	108.77	109.19	109.61	110.03	110.45	0.42
50.—	134.34	134.86	135.39	135.92	136.43	136.96	0.52
60.—	160.33	160.95	161.59	162.22	162.84	163.47	0.63

OBSERVATIONS

Sh. 5 et 15 % par tonneau sur le fret, font au Havre une différence de F. 0.83 par 100 kil. sur les prix.

On veut savoir le revient au Havre de Suif d'Australie coûtant à Londres 45sh6 par cwt, au change de F. 25.05 et au fret de 25sh et 15 % par tonneau.

On trouvera dans la 1re et la 3e colonne de ce tableau que :

Sh. —. 6 font par 100 kil.		F. 1.30
» 5.— id.	id.	» 13.05
» 40.— id.	id.	» 108.77
Sh. 45. 6 feront donc par 100 kil.		F. 123.12

Droits d'entrée par 100 kil. en Novembre 1865

Sous pavillon	Anglais	Exempt
id.	Belge	
id.	Français	

COMPTE D'ACHAT ET DE REVIENT

A 90 FUTS SUIF DE RUSSIE

90 fûts Suif de Russie, pesant brut	cwt 855.—. 4		
Bon poids, 2 ℔ par fût	» 1. 2.12		
	cwt 853. 1.20		
Tare, 12 ℔ par cwt	» 91. 1.20		
Net	cwt 762.—.— à 42sh par cwt		£ 1000. 4.—
Escompte 2 ½ %			» 40.—.—
			£ 1500. 4.—

FRAIS A LONDRES

Courtage d'achat ½ %	£ 8.—.—		
Lot Money	» 2.—.—		
Formalités de douane	» —.12. 6		
Frais de réception, tonneliers, surveiller l'expédition	» 5. 7. 6		
Transport du wharf au steamer par barque	» 4. 6.—		
Connaissements, ports de lettres et menus frais	» —. 7. 6	»	20.13. 6
		£	1580.17. 6
Commission d'achat 2 %	£ 31.12. 4.		
Courtage de négociation et timbres 2 ‰	» 3. 3. 3	»	34.15. 7
Valeur comptant		£	1015.13. 1
Remboursement au change de F. 25.25 pour £ 1		F.	40705.15

FRAIS AU HAVRE

Fret sur 43428 kil. bruts à 15sh et 15 % par 1015 kil. et 5 % pour frais de tente, à F. 25.45	F. 985.70		
Permis, frais au débarquement, tonneliers pour échantillonner, port en entrepôt, arrimage, magasinage d'un mois, livraison et menus frais	» 255.—		
Assurance maritime sur F. 44874, à ¼ % et police	» 113.70		
id. contre le feu sur F. 46228, à ½ ‰	» 23.10		
Porte d'intérêts ½ %			
Commission de banque ¼ %			
Courtage de vente ¼ %			
Escompte à la vente 2 %			
Commission de vente 2 %			
Ensemble 5 % sur F. 44392.25	» 2219.60	»	3597.10
		F.	44302.25

RENDEMENT : 100 ℔ = 45 kil. ⅓ :

Soit brut 95704 ℔ =	brut kil. 43413	
Tare 12 %	» 5210	
Net kil. 38203 à F. 116.20 par 100 kil. entrepôt		F. 44391.90

PRIX DE REVIENT AU HAVRE DES 100 KIL. ENTREPOT

AUX CHANGES SUIVANTS SUR PARIS

PRIX à LONDRES par cwt	F. 24.95	F. 25.05	F. 25.15	F. 25.25	F. 25.35	F. 25.45	10 c. par £ sur le change font au Havre par 100 kil.
Sh. —. 3	F. 0.66	F. 0.66	F. 0.66	F. 0.67	F. 0.67	F. 0.67	F. 0.—
—. 6	1.32	1.32	[illegible]	1.33	1.34	1.34	0.—
—. 9	1.97	1.98	1.99	2.—	2.—	2.01	0.01
1.—	2.63	2.64	2.65	2.66	2.67	2.68	0.01
2.—	5.26	5.28	5.31	5.33	5.35	5.37	0.02
3.—	7.90	7.93	7.96	7.99	8.02	8.05	0.03
4.—	10.53	10.57	10.61	10.65	10.70	10.74	0.04
5.—	13.16	13.21	13.27	13.32	13.37	13.42	0.05
6.—	15.79	15.85	15.92	15.98	16.04	16.10	0.06
7.—	18.42	18.49	18.57	18.64	18.72	18.79	0.07
8.—	21.06	21.14	21.22	21.30	21.39	21.47	0.08
9.—	23.69	23.78	23.88	23.97	24.07	24.16	0.09
10.—	26.32	26.42	26.53	26.63	26.74	26.84	0.10
20.—	56.95	57.10	57.39	57.60	57.81	58.03	0.22
30.—	83.27	83.59	83.91	84.23	84.55	84.87	0.32
40.—	109.59	110.01	110.44	110.87	111.29	111.72	0.43
50.—	135.91	136.43	136.97	137.50	138.03	138.56	0.53
60.—	162.22	162.85	163.50	164.15	164.70	165.40	0.64

OBSERVATIONS

Sh. 5 et 15 % par tonneau sur le fret, font au Havre une différence de F. 0.80 par 100 kil. sur les prix.

On veut savoir le revient au Havre de Suif de Russie coûtant à Londres 39sh 9d par cwt, au change de F. 25.05 et au fret de 15sh et 15 % par tonneau.

On trouvera dans la 1re et la 3e colonne de ce tableau que:

Sh. —. 9 font par 100 kil.		F. 1.98
» 9.— id.	id.	» 23.78
» 30.— id.	id.	» 83.59
Sh. 39. 9 feront donc par 100 kil.		F. 109.35

Droits d'entrée par 100 kil. en Novembre 1865

Sous pavillon Anglais		Exempt
id.	Belge	Exempt
id.	Français	Exempt

COMPTE D'ACHAT ET DE REVIENT

A 100 CAISSES THÉ CONGO

100 caisses Thé Congo, pesant cwt 102.—.—				
Tare réelle, 24 ℔ par caisse.....				
Bon poids, 1 ℔ par caisse..... » 22. 1. 8				
Net.......... cwt 79. 2.20 ou 8924 ℔ à 1sh 2d par ℔			£	520.11. 2

FRAIS A LONDRES

Courtage d'achat ½ %	£	2.12.—		
Lot Money	»	—.10.—		
Formalités de douane	»	—.10. 6		
Emballage avec cordes, transport au steamer par allége, 1sh 5d par caisse..........	»	7. 1. 8		
Connaissements, ports de lettres et affranchissement..........	»	—. 5.—	»	10.19. 2
			£	531.10. 4
Commission d'achat 2 %	£	10.12. 7		
Courtage de négociation et timbres 2 ‰	»	1. 1. 3	»	11.13.10
Valeur comptant..........			£	543. 4. 2
Remboursement au change de F. 25.25 pour £ 1......			F.	13716.05

FRAIS AU HAVRE

Fret sur 460 pieds cubes à 0d par pied à 5 % pour frais de tente, à F. 25.45..........	F.	307.30		
Permis, frais au débarquement, tonneliers, port en entrepôt, arrimage, magasinage d'un mois, livraison et menus frais..........	»	97.50		
Assurance maritime sur F. 15087, à ¼ % et police..........	»	39.20		
id. contre le feu sur F. 15531, à ½ ‰..........	»	7.75		
Perte d'intérêts.......... ⅛ %				
Commission de banque.......... ¼ %				
Courtage de vente.......... ¼ %				
Escompte à la vente.......... 2 %				
Commission de vente.......... 2 %				
Ensemble...... 5 % sur F. 14913.45..........	»	745.65	»	1197.40
			F.	14913.45

Rendement : 100 ℔ = 45 kil. ⅓ :

Soit net 8924 ℔ = net kil. 4045.50 à F. 3.68 ¾ par kil. entrepôt.......... F. 14912.75

PRIX DE REVIENT AU HAVRE DU KIL. ENTREPOT

AUX CHANGES SUIVANTS SUR PARIS

PRIX à LONDRES par ℔	F. 24.95	F. 25.05	F. 25.15	F. 25.25	F. 25.35	F. 25.45	10 c. par £ sur le change font au Havre par 100 kil.
D. ¼	F. 0.06	F. 0.06	F. 0.06	F. 0.06	F. 0.06	F. 0.06	F. 0.—
½	0.12	0.12	0.12	0.12	0.12	0.12	0.—
¾	0.19	0.19	0.19	0.19	0.19	0.19	0.—
1	0.25	0.25	0.25	0.25	0.25	0.25	0.—
2	0.50	0.50	0.50	0.50	0.50	0.51	0.—
3	0.74	0.75	0.75	0.76	0.76	0.76	0.—
4	0.99	1.—	1.—	1.01	1.01	1.02	0.—
5	1.24	1.25	1.26	1.26	1.27	1.27	0.—
6	1.49	1.50	1.51	1.51	1.52	1.52	0.01
7	1.74	1.75	1.76	1.76	1.77	1.78	0.01
8	1.99	2.—	2.01	2.02	2.02	2.03	0.01
9	2.24	2.25	2.26	2.27	2.28	2.29	0.01
10	2.49	2.50	2.51	2.52	2.53	2.54	0.01
11	2.74	2.75	2.76	2.77	2.78	2.79	0.01
12	2.99	3.—	3.01	3.02	3.03	3.05	0.01
Sh. —.6	1.65	1.66	1.66	1.67	1.68	1.68	0.01
1.—	3.15	3.16	3.17	3.18	3.19	3.21	0.01
2.—	6.13	6.15	6.18	6.20	6.23	6.25	0.02
3.—	9.12	9.15	9.19	9.22	9.26	9.30	0.04
4.—	12.10	12.15	12.20	12.24	12.29	12.34	0.05
5.—	15.09	15.15	15.21	15.27	15.33	15.39	0.06
6.—	18.08	18.14	18.21	18.29	18.36	18.43	0.07
7.—	21.06	21.14	21.22	21.31	21.39	21.48	0.08
8.—	24.05	24.14	24.23	24.33	24.42	24.52	0.09
9.—	27.03	27.13	27.24	27.35	27.46	27.57	0.11
10.—	30.02	30.13	30.25	30.37	30.49	30.61	0.12

OBSERVATIONS

D. 1 par pied sur le fret, fait au Havre une différence de F. 0.01 par kil. sur les prix.

On veut savoir le revient au Havre de thé coûtant à Londres 2sh 7d ½ par ℔, au change de F. 25.05 et au fret de 6d par pied.

On trouvera dans la 1re et la 3e colonne de ce tableau que :

Sh. —.— ½ font par kil..........	F.	0.12
» —. 7 id. id.	»	1.75
» 2.— id. id.	»	6.15
Sh. 2. 7 ½ feront donc par kil..........	F.	8.02

Droits d'entrée par 100 kil. en Novembre 1865

Sous pavillon Anglais..........	}	F. 240.—
id. Belge..........	}	
id. Français..........	}	

COMPTE D'ACHAT ET DE REVIENT

A 3 BALLES VACHETTES DE CALCUTTA

1 balle de 72 peaux	cwt 8.—.17		
1 id. de 72 id.	» 5. 3.18		
	cwt 14.—. 5		
Cordes	» —.—.13		
	cwt 13. 3.20		
Bonification, ℔ 2 par 5 peaux, sur 182 peaux id. » 2 par 18 id. sur 162 id.	» —. 1.10	Net.. cwt 13. 2.10	
1 balle de 124 peaux	cwt 11. 2. 8		
Cordes	» —.—.11		
	cwt 11. 1.25		
Bonification, 2 ℔ par 18 peaux	» —.—.14	» » 11. 1.11	
Ensemble		Net ... cwt 24. 3.21	
Soit 2793 ℔, à 4ᵈ par ℔			£ 46.11.—
Escompte 2 ½ %			» 1. 3. 3
			£ 45. 7. 9

FRAIS A LONDRES

Courtage d'achat ½ %	£ —. 4. 7	
Lot Money	» —. 2.—	
Formalités de douane	» —.10.—	
Emballage, transport par allége, embarquement	» 1. 3. 6	
Connaissements, ports de lettres et menus frais	» —. 5. 6	» 2. 5. 7
		£ 47.13. 4
Commission d'achat 2 %	£ —.19.—	
Courtage de négociation et timbres	» —. 1.10	» 1.—.10
Valeur comptant		£ 48.14. 2
Remboursement au change de F. 25.25 pour £ 1		F. 1229.35

FRAIS AU HAVRE

Fret sur 1290 kil. à 20ˢʰ et 15 % par 1015 kil. et 5 % pour frais de tente.		F. 88.95	
Permis, frais au débarquement, port en entrepôt, arrimage, magasinage d'un mois, livraison et menus frais		» 9.50	
Assurance maritime sur F. 1352, à ¼ % et police		» 4.90	
id. contre le feu sur F. 1452, à ½ ‰		» 0.70	
Perte d'intérêts	½ %		
Commission de banque	⅛ %		
Courtage de vente	¼ %		
Escompte à la vente	2 %		
Commission de vente	2 %		
Ensemble	5 % sur F. 1400.75	» 67.55	» 121.60
			F. 1351.55

RENDEMENT : 100 ℔ = 45 kil. % :

Soit brut, cordes déduites, 2845 ℔ = kil. 1290 à F. 105.50 par 100 kil. entrepôt		F. 1351.45
Moins, bonification sur 18 peaux servant d'emballage	» 9	
Net	kil. 1281	

N.-B. — On alloue à Londres sur les vachettes une bonification qui varie comme suit :

Pour peaux de ℔ 12 chaque ou plus	℔ 2 par 5 peaux
id. id. de » 4 id. jusqu'à 12 ℔	» 2 par 18 id.
id. id. de moins de 4 ℔	» 2 par 36 id.

PRIX DE REVIENT AU HAVRE DES 100 KIL. ENTREPOT

AUX CHANGES SUIVANTS SUR PARIS

	PRIX à LONDRES par ℔	F. 24.95	F. 25.05	F. 25.15	F. 25.25	F. 25.35	F. 25.45	10 c. par £ sur le change font au Havre par 100 kil.
Soumissions. Coût et frais variables	D. ¼	F. 5.99	F. 6.03	F. 6.04	F. 6.06	F. 6.09	F. 6.11	F 0.02
	½	11.98	12.03	12.08	12.13	12.18	12.22	0.05
	¾	17.98	18.05	18.12	18.20	18.27	18.34	0.07
	1	23.97	24.07	24.16	24.26	24.36	24.45	0.10
Coût et frais variables et invariables	3	80.32	80.62	80.93	81.24	81.54	81.84	0.30
	4	104.29	104.69	105.09	105.50	105.89	106.29	0.40
	5	128.27	128.76	129.26	129.76	130.25	130.75	0.50
	6	152.24	152.82	153.42	154.01	154.60	155.20	0.59
	7	176.21	176.89	177.58	178.27	178.96	179.65	0.69
	8	200.18	200.96	201.74	202.53	203.31	204.10	0.78
	9	224.15	225.02	225.91	226.79	227.67	228.55	0.88
	10	248.12	249.09	250.07	251.05	252.02	253.—	0.98
	11	272.09	273.16	274.23	275.31	276.38	277.45	1.07
	12	296.06	297.22	298.40	299.57	300.73	301.90	1.17
	13	320.03	321.29	322.56	323.83	325.09	326.35	1.26
	14	344.—	345.36	346.72	348.09	349.44	350.80	1.36
	15	367.98	369.43	370.89	372.35	373.80	375.26	1.46
	16	391.95	393.49	395.05	396.60	398.15	399.71	1.55
	17	415.92	417.56	419.21	420.86	422.51	424.16	1.65
	18	439.89	441.63	443.37	445.12	446.86	448.61	1.74
	19	463.86	465.69	467.54	469.38	471.22	473.06	1.84
	20	487.83	489.76	491.70	493.64	495.57	497.51	1.94

OBSERVATIONS

Sh. 5 et 15 % par tonneau sur le fret, font au Havre une différence de F. 0.76 par 100 kil. sur les prix.

On veut savoir le revient au Havre de Vachettes coûtant à Londres 9ᵈ ¾ par ℔, au change de F. 25.05 et au fret de 20ˢʰ et 15 % par tonneau.

On trouvera dans la 1ʳᵉ et la 3ᵉ colonne de ce tableau que :

D. — ¾ font par 100 kil.	F. 18.05
» 9 id. id.	» 225.02
D. 9 ¾ feront donc par 100 kil.	F. 243.07

Droits d'entrée par 100 kil. en Novembre 1865

Sous pavillon Anglais		Exemptes
id. Belge		
id. Français		

COMPTE D'ACHAT ET DE REVIENT

A 200 BILLES ACAJOU HONDURAS

200 billes Acajou Honduras, mesurant 90000 pieds superficiels à 6d le pied		£ 2250.—.—
Escompte 2 ½ %		» 56. 5.—
		£ 2193.15.—

FRAIS A LONDRES

Courtage d'achat ½ %	£ 11. 5.—	
Lot Money par 40 lots	» 2.—.—	
Formalités de douane	» —.10.—	
Transport de 225 tonneaux au steamer à 3sh par tonneau	» 33.15.—	
Ports de lettres et menus frais	» —.15.—	» 48. 5.—
		£ 2242.—.—
Commission d'achat 2 %	£ 44.16. 9	
Courtage de négociation et timbres 2 ‰	» 4. 9. 7	» 49. 6. 4
Valeur comptant		£ 2291. 6. 4
Remboursement au change de F. 25.25 pour £ 1		F. 57855.80

FRAIS AU HAVRE

Fret sur 225000 kil. à 12sh 6d et 15 % par 1015 kil. et 5 % pour frais de tente, à F. 25.45	F. 4257.55	
Permis, frais au débarquement, port en entrepôt, arrimage, magasinage d'un mois, livraison et menus frais	» 790.—	
Assurance maritime sur F. 63640, à ¼ % et police	» 160.60	
id. contre le feu sur F. 68848, à ½ ‰	» 34.40	
Perte d'intérêts ½ %		
Commission de banque ¼ %		
Courtage de vente ¼ %		
Escompte à la vente 2 %		
Commission de vente 2 %		
Ensemble 5 % sur F. 66419.30	» 3320.95	» 8563.50
		F. 66419.30

RENDEMENT : Le pied carré sur un pouce d'épaisseur rend en moyenne 2 kil. ½ :

Soit pour 90000 pieds kil. 225000		
Don 2 % » 4500		
Net kil. 220500 à F. 30.12 par 100 kil. entrepôt	F.	66414.60

Rendement moyen des Bois d'Acajou par pied carré sur 1 pouce d'épaisseur :

Du Mexique	kil. 2.50	Santo-Domingo	kil. 3.—
Gonaïves	» 2.75	Cuba	» 3.50

N.-B. — Les frais sont les mêmes pour tous les bois d'ébénisterie. Sur les palissandres seulement on accorde une tare de 14 ℔ par tonneau.

PRIX DE REVIENT AU HAVRE DES 100 KIL. ENTREPOT

AUX CHANGES SUIVANTS SUR PARIS

PRIX à LONDRES par pied	F. 24.95	F. 25.05	F. 25.15	F. 25.25	F. 25.35	F. 25.45	10 c. par £ sur le change font au Havre par 100 kil.
D. ¼	F. 1.12	F. 1.13	F. 1.13	F. 1.14	F. 1.14	F. 1.15	F. 0.01
½	2.25	2.26	2.26	2.27	2.28	2.29	0.01
¾	3.37	3.38	3.39	3.41	3.42	3.44	0.01
1	4.49	4.51	4.52	4.54	4.56	4.58	0.02
2	8.98	9.01	9.05	9.08	9.12	9.16	0.04
3	13.46	13.52	13.57	13.63	13.68	13.73	0.05
4	17.95	18.02	18.10	18.17	18.24	18.31	0.07
5	22.44	22.53	22.62	22.71	22.80	22.89	0.09
2	11.80	11.89	11.93	11.96	12.—	12.04	0.04
3	16.34	16.40	16.45	16.51	16.56	16.61	0.05
4	20.83	20.90	20.98	21.05	21.12	21.19	0.07
5	25.32	25.41	25.50	25.59	25.68	25.77	0.09
10	47.76	47.94	48.12	48.30	48.48	48.66	0.18
15	70.20	70.47	70.74	71.01	71.28	71.55	0.27
20	92.64	93.—	93.36	93.72	94.08	94.44	0.36
25	115.08	115.53	115.98	116.43	116.88	117.33	0.45
30	137.52	138.06	138.60	139.13	139.68	140.22	0.54

OBSERVATIONS

Sh. 2.6d et 15 % par tonneau sur le fret, font au Havre une différence de F. 0.30 par 100 kil. sur les prix.

On veut savoir le revient au Havre d'Acajou coûtant à Londres 4d ½ par pied, au change de F. 25.05 et au fret de 12sh 6d et 15 % par tonneau.

On trouvera dans la 1re et la 3e colonne de ce tableau que :

D. — ½ font par 100 kil.		F. 2.26
» 1 id.	id.	» 4.51
» 5 id.	id.	» 16.40
D. 4 ½ feront donc par 100 kil.		F. 23.17

Droits d'entrée par 100 kil. en Novembre 1865

Sous pavillon	Anglais	F. 3.—
id.	Belge	
id.	Français	

GLASGOW — PAISLEY — GREENOCK

GLASGOW

Glasgow est situé sur la rivière Clyde, à 40 kilomètres environ de son embouchure et possède une population de plus de 460,000 habitants. C'est le siège d'industries puissantes et variées et d'un commerce immense. Son port, qui au commencement de ce siècle ne comptait que quelques bateaux calant 4 ou 5 pieds, est devenu un des plus fréquentés du Royaume-Uni et reçoit maintenant des navires d'un tirant d'eau de 6m40. Glasgow est le point de départ de nombreuses lignes de paquebots, tant à voiles qu'à vapeur, qui mettent l'Ecosse en communication directe et constante avec les pays les plus éloignés. Les plus importantes sont celles de l'Inde, de l'Australie et de la Nouvelle-Zélande, par voiliers, et les lignes de steamers du Canada, de Buénos-Ayres, de la France et de la Méditerrannée, desservant le Portugal, l'Espagne et l'Italie. Cette ville est en outre mise journellement en rapport avec Liverpool et les principaux ports de l'Irlande et du nord-ouest de l'Ecosse par des bateaux à vapeur rapides affectés au transport des dépêches, des marchandises et des passagers.

La contrée, au centre de laquelle se trouve placé Glasgow, présente à l'industrie des avantages que l'on trouve rarement réunis au même degré, et dont ses habitants ont su tirer parti. Sur presque tous les points du territoire, en effet, il suffit d'ouvrir la terre pour en retirer, soit des houilles d'excellente qualité, soit des minerais de fer, ou le fondant nécessaire à leur fusion, et il arrive quelquefois que toutes ces richesses se rencontrent dans une seule et même mine. Aussi la fabrication du fer a-t-elle pris facilement dans l'ouest de l'Ecosse des proportions extraordinaires; il y existe actuellement 172 hauts fourneaux, dont 130 environ sont en activité et dont les trois quarts sont situés dans un rayon qui ne dépasse pas quelques kilomètres de Glasgow.

C'est donc le fer et les différents emplois auxquels il se prête qui sont la base et la raison du développement commercial et industriel dans ce pays, et l'on peut dire qu'elles en sont les branches les plus importantes. Au premier rang se place celle des fontes brutes et celle des fers laminés : il a été produit en 1863, 1,180,000 tonnes des premières et 150,000 tonnes des seconds. Ces chiffres sont les plus forts qui aient jamais été atteints, et la consommation et les expéditions croissent dans la même mesure. La France qui est le plus grand consommateur étranger des fontes écossaises, en a pris en 1863, 67,000 tonnes; et il ne lui a été expédié que 3,550 tonnes de fers.

Les constructeurs de navires de la Clyde, profitant des circonstances exceptionnelles où ils étaient placés, devaient naturellement tourner leur attention vers les bâtiments en fer. Favorisés par la proximité et l'abondance de la matière première, ils se sont fait une spécialité de ces constructions qui, sous les rapports de solidité, d'élégance et de vitesse, ont acquis une réputation méritée, qui se répandra chaque jour d'avantage. 171 navires en fer d'un tonnage total de 123,000 tonnes ont été construits en 1863, dans les chantiers de Glasgow et des environs: ce nombre comprend des bâtiments de commerce de toute espèce et de toute grandeur, depuis le rapide steamer de rivière jusqu'aux plus grands transatlantiques des Cunard, et des frégates cuirassées des types les plus puissants et les plus nouveaux.

Les plaques et les énormes pièces de forge qui entrent dans ces constructions, ainsi que les superbes machines dont elles sont pourvues, sortent des ateliers du pays, et ces dernières sont souvent fabriquées par la maison qui construit les coques. Ces 171 navires ont absorbé, en 1863, 98,000 tonnes de fer représentant environ 163,000 tonnes de fontes brutes, soit près du tiers de la consommation locale des produits métallurgiques.

En troisième lieu vient la fabrication des machines et mécaniques de toutes sortes. On trouve à Glasgow tous les genres de métiers et d'appareils pour les industries les plus diverses, telles que sucreries de cannes et distilleries de grains et de mélasses, machines, outils pour ateliers de mécanicien, locomobiles pour l'agriculture et les machines et tout le matériel des chemins de fer.

Glasgow, en outre, présente les plus grandes facilités pour l'exécution de travaux d'art et de charpentes en fer. Ses fontes moulées et ses tuyaux sont bien connus en France. Il suffira de rappeler que c'est à Glasgow qu'ont été fondues les conduites d'eau de Roubaix et de Tourcoing, et les colonnes et autres pièces nécessaires à la reconstruction de la gare du Nord à Paris.

Après celle des fers, l'industrie qui occupe le plus grand nombre de bras est celle des filatures et des tissages de coton, dont on ne saurait séparer les usines à blanchir et à teindre, et les imprimeries sur étoffes. On compte à Glasgow et dans les districts voisins près de trois cents établissements qui rentrent dans cette catégorie. Les tissus de fantaisie présentant un mélange de laine et de coton, ou dans la confection desquels l'emploi de la laine domine, entrent dans sa fabrication pour la plus large part. On y fait aussi en grande quantité des lainages et spécialement les étoffes dites *tartans*.

Il n'est pas possible d'énumérer tous les articles manufacturés que livre au commerce un centre industriel possédant les ressources et l'activité de celui dont on s'occupe, il faut cependant encore mentionner les produits chimiques qui par l'importance de quelques usines qui en ont le monopole, occupent une place considérable dans la production du pays. Il suffira d'ajouter que Glasgow concentre sur un seul point de l'Ecosse les différentes industries réparties entre plusieurs villes en Angleterre.

Jusqu'à présent, lorsqu'il a été question de Glasgow, ce qui a été dit s'entend d'une manière générale de toute la contrée dont il est le centre; car, bien que nombre d'usines soient situées en dehors de la ville, et même à quelque distance, elles en sont néanmoins toutes entièrement dépendantes pour leurs transactions. Il n'y aurait pas, jusqu'à un certain point, eu lieu de s'écarter de ce principe en ce qui concerne PAISLEY et GREENOCK, tant ces deux villes sont solidaires de leur puissante voisine pour tout ce qui a rapport à leur mouvement commercial et manufacturier; toutefois, quelques branches d'industrie qui s'y sont localisées demandent qu'on s'y arrête un instant.

PAISLEY

Paisley, ville de 60,000 âmes, est depuis plus d'un siècle en possession d'une fabrication qui fait encore vivre la majeure partie de sa population : c'est celle des châles, tant imprimés sur diverses étoffes qu'en laine et brochés. Ces derniers, auxquels il a donné son nom, sont des tissus d'un excellent usage, analogues à nos cachemires français dont ils n'ont pas la prétention; ils coûtent du reste moins cher que ceux-ci, mais leur sont quelquefois inférieurs en goût. Cependant, ils entrent exclusivement dans la consommation, non seulement du peuple, mais encore des gens aisés, et ne laissent que peu de place dans ce pays aux cachemires de l'Inde, qui n'y sont d'ailleurs appréciés que de la classe la plus riche.

A côté de cette fabrication qui est la source première de sa prospérité, Paisley en possède une autre aussi fort importante: les fils de coton à coudre, on les trouve partout en France et on n'a pas à faire connaître leurs qualités.

GREENOCK

Greenock, situé à l'embouchure de la Clyde, compte 36,000 habitants et se fait remarquer par l'activité de sa navigation. Sa rade, vaste et sûre, où peuvent ancrer les plus grands vaisseaux de guerre, offre un excellent mouillage aux navires que leur trop fort tirant d'eau empêche de remonter la rivière sans s'alléger; c'est à cet avantage, sans doute, que cette ville doit d'avoir attiré à elle tout le commerce des bois, et celui des sucres qu'on y raffine en énormes quantités. Il y existe actuellement une vingtaine de raffineries qui tirent leurs approvisionnements des Antilles, des îles de l'Océan Indien, et aussi de France et de Belgique lorsque l'état des marchés le leur permet.

On n'ignore pas que Greenock est fier de ses chantiers qui ne le cèdent en rien à ceux de Glasgow. Trois steamers de la Compagnie Générale Transatlantique de Paris, viennent d'y être construits.

Les produits de l'industrie ou du sol français, qui trouvent le plus facilement à se placer sur le marché de Glasgow, sont : les soieries, les indiennes et les mérinos fins, les modes et les articles de Paris, les vins et les spiritueux, les sucres, les garances et garancine, la résine, les fruits frais ou conservés, les grains et les farines.

Le port de Glasgow, aux hautes marées de vives eaux, est accessible à des navires calant 6m 40. En 1863, il a reçu 50 navires jaugeant chacun plus de 1000 tonnes.

Voici le détail des frais qu'a à supporter un navire de 100 tonneaux qui monte jusqu'à Glasgow avec un chargement qu'il y échange pour un autre.

Frais à supporter par un navire français de 100 tonneaux (mesure anglaise) de jauge arrivant à Glasgow chargé et en repartant de même :

Pilotage, entrée et sortie	£	1. 9. 4
Remorquage id.	»	5. 6. 2
Feux id.	»	4. 4. 9
id. de la rivière	»	—.16. 4
Droits de port, de la rivière, eau	»	3.10. 6
Planches et droits de la Clyde	»	6. 6.—
Frais de mise à bord de 168 tonneaux fonte à 1d ½	»	1.—.10
Arrimage	»	1. 8.—
Protêt 5/ affiche 2/6	»	—. 7. 6
Commission d'affrètement sur 168 tonneaux à 10/, £ 84 à 5 %	»	4. 4.—
Expertise du chargement (ouverture des panneaux)	»	1. 1.—
Courtage et menus frais	»	2.10 —
Total	£	32. 4. 7

OBSERVATIONS

Pilotage	sur un navire, tirant d'eau, au-dessous de 10 pieds anglais	Sh.	1. 6	par pied
	id. id. de 10 à 12 pieds anglais	»	2.—	id.
	id. id. de 12 à 15 id.	»	2. 6	id.

Déduction d'un tiers si le navire est remorqué.

Remorque.— De l'Ile de Cumbroe à Greenock, £ 7 par navire au-dessous de 200 tonneaux, de Greenock à Glasgow au-dessous de 9 pieds de tirant d'eau 6d par pied, ½d en plus par 1 ½ pied de plus.

Feux. — De Cumbroe 1d par tonneau, de la rivière 2d par tonneau.

Droits de port. — 4d par tonneau pour navires chargés, 1d ½ par tonneau sur lest.

Eau. — Suivant la quantité prise.

Arrimage. — 2d en moyenne par tonneau.

Ces frais se répètent à la sortie.

Si un navire charge pour un port espagnol, il faut y ajouter £ 1 pour le Consulat et £ 2 pour les feux. Les autres frais sont les mêmes.

COMPTE D'ACHAT ET DE REVIENT

A 100 TONNES DE FONTES

100 tonnes fontes à 62^sh la tonne			£	310. —. —
Commission d'achat 2 %			»	6. 4. —
			£	316. 4. —

FRAIS A GLASGOW

Connaissements et ports de lettres	£	—. 5. —		
Certificat d'origine	»	—. 2. —		
Timbre	»	—. 4. 1	»	—. 11. 1
			£	316. 15. 1
Commission de banque ½ %			»	1. 11. 11
Valeur comptant			£	318. 7. —
Remboursement au change de F. 25.25 pour £ 1			F.	8038.35

FRAIS AU HAVRE

Fret sur 101500 kil. à F. 15 par tonneau de 1015 kil.	F.	1500. —		
Gratification d'usage au capitaine F. 25 par 100 tonnes	»	25. —		
Permis, frais débarquement, port en entrepôt, arrimage, magasinage d'un mois, livraison et menus frais	»	245. —		
Assurance maritime sur F. 8842, à 1 ¼ % et police	»	112. —		
Perte d'intérêts ½ %				
Commission de banque ¼ %				
Courtage de vente ¼ %				
Escompte à la vente 2 %				
Commission de vente 2 %				
Ensemble 5 % sur F. 10442.45	»	522.10	»	2404.10
			F.	10442.45

RENDEMENT : 1 tonne = 1015 kil. :

Soit kil. 101500 à F. 10.29 les 100 kil. entrepôt .... F. 10444.83

Mêmes conditions pour les fers.

Qualités des principales marques de fontes.

Gartsherrie.. n° 1 Très fluide et solide, recherché en France à cause de son aptitude à se mélanger avec de vieux fers, donnant ainsi un très bon produit.

Glengarnock n° 1 }
Calder........ n° 1 } ont les mêmes qualités mais à un moindre degré.
Coltness....... n° 1 }

Eglinton...... n° 1 est moins fluide et dur.

N.-B. — Les frets par steamer sont un peu plus élevés que ceux ci-dessus.

PRIX DE REVIENT AU HAVRE DES 100 KIL. ENTREPOT

AUX CHANGES SUIVANTS SUR PARIS

PRIX à GLASGOW par tonne	F. 24.95	F. 25.05	F. 25.15	F. 25.25	F. 25.35	F. 25.45	10 c. par £ sur le change font au Havre par 100 kil.
[illegible] — Coût et frais variables							
Sh. —. 3	F. 0.03	F. 0.04	F. 0.04	F. 0.04	F. 0.04	F. 0.04	F. 0.—
—. 6	0.06	0.07	0.07	0.07	0.07	0.07	0.—
—. 9	0.10	0.11	0.11	0.11	0.11	0.11	0.—
1.—	0.13	0.14	0.14	0.14	0.14	0.14	0.—
2.—	0.27	0.27	0.27	0.27	0.27	0.27	0.—
3.—	0.40	0.41	0.41	0.41	0.41	0.41	0.—
4.—	0.54	0.54	0.54	0.54	0.55	0.55	0.—
5.—	0.67	0.68	0.68	0.68	0.69	0.69	0.—
6.—	0.80	0.81	0.82	0.82	0.82	0.82	0.—
7.—	0.94	0.95	0.95	0.95	0.96	0.96	0.—
8.—	1.07	1.08	1.09	1.09	1.10	1.10	0.—
9.—	1.21	1.22	1.22	1.22	1.23	1.23	0.—
10.—	1.34	1.35	1.36	1.36	1.37	1.37	0.01
Coût et frais variables et invariables							
40.—	7.23	7.25	7.27	7.29	7.31	7.34	0.02
50.—	8.57	8.60	8.63	8.65	8.68	8.72	0.03
60.—	9.91	9.95	9.98	10.01	10.05	10.09	0.04
70.—	11.26	11.30	11.34	11.37	11.41	11.46	0.04
80.—	12.60	12.65	12.69	12.73	12.78	12.83	0.05
90.—	13.95	14.—	14.05	14.09	14.14	14.20	0.05
100.—	15.29	15.35	15.40	15.46	15.51	15.57	0.06
110.—	16.63	16.70	16.76	16.82	16.88	16.94	0.06
120.—	17.98	18.05	18.11	18.18	18.24	18.31	0.07
130.—	19.32	19.40	19.47	19.54	19.61	19.68	0.07
140.—	20.67	20.75	20.82	20.90	20.97	21.05	0.08
150.—	22.02	22.10	22.18	22.26	22.34	22.43	0.08
160.—	23.36	23.45	23.53	23.62	23.71	23.80	0.09
170.—	24.71	24.80	24.89	24.98	25.07	25.17	0.09
180.—	26.05	26.15	26.24	26.34	26.44	26.54	0.10
190.—	27.40	27.50	27.60	27.70	27.80	27.91	0.10
200.—	28.74	28.84	28.95	29.05	29.17	29.28	0.11

OBSERVATIONS

F. 5 par tonneau sur le fret, font au Havre une différence de F. 0.49 par 100 kil. sur les prix.

On veut savoir le revient au Havre de Fontes coûtant à Glasgow 71^sh 6^d par tonne, au change de F. 25.05 et au fret de F. 15 par tonneau de 1015 kil.

On trouvera dans la 1re et la 3e colonne de ce tableau que :

Sh.	—. 6	font par 100 kil.		F.	0.07
»	1.—	id.	id.	»	0.14
»	70.—	id.	id.	»	11.30
Sh.	71. 6	feront donc par 100 kil.		F.	11.51

Droits d'entrée par 100 kil. en Novembre 1865

Sous pavillon Anglais	Fonte brute en masse ou moulée	F. 2.—
id. Belge	Fonte épurée	» 2.75
id. Français		

COMPTE D'ACHAT ET DE REVIENT

A 48 BARRIQUES MURIATE DE POTASSE

48 barriques Muriate de potasse, pesant brut	ton. 17. 2. 2. 8		
Tare	» 1.13. 3.22		
Net	ton. 15. 6. 2.24		
Soit 34576 ℔ à £ 17 par tonne pour 80 % £ 18.7.10 pour 86.55 %		£	284.—.—

FRAIS A GLASGOW

Timbre	£ —. 3.—		
Commission de banque ½ %	» 1. 8. 5	»	1.11. 5
Valeur comptant		£	285.11. 5
Remboursement au change de F. 25.25 pour £ 1		F.	7210.05

FRAIS AU HAVRE

Fret sur 17394 kil. bruts par steamer F. 22 par tonneau de 1015 kil.		F. 377.—		
Frais au débarquement, et port au chemin de fer		» 45.—		
Assurance maritime sur F. 7931, à ½ % et police		» 41.15		
Perte d'intérêts	½ %			
Commission de banque	¼ %			
Courtage de vente	¼ %			
Escompte à la vente	2 %			
Commission de vente	2. %			
Ensemble	5 % sur F. 8077.70	» 403.90	»	867.05
			F.	8077.70

Franco en gare au Havre.

RENDEMENT : 100 ℔ = 45 kil. ½ :

Soit net 34576 ℔ = net kil. 15674.50 à F. 51.53 par 100 kil. entrepôt .... F. 8077.05

N.-B. — Il n'y a aucune commission d'achat à Glasgow pour cet article, le commissionnaire acheteur recevant une bonification du vendeur.

PRIX DE REVIENT AU HAVRE DES 100 KIL. ENTREPOT

AUX CHANGES SUIVANTS SUR PARIS

	PRIX à GLASGOW par tonne titre 80 %	F. 24.95	F. 25.05	F. 25.15	F. 25.25	F. 25.35	F. 25.45	10 c. par £ sur le change font au Havre par 100 kil.
SHELLINGS — Coût et frais variables	Sh. —. 3	F. 0.04	F. 0.04	F. 0.04	F. 0.04	F. 0.04	F. 0.04	F. 0.—
	—. 6	0.07	0.07	0.07	0.07	0.07	0.07	0.—
	—. 9	0.11	0.11	0.11	0.11	0.11	0.11	0.—
	1.—	0.14	0.14	0.14	0.14	0.14	0.14	0.—
	2.—	0.28	0.28	0.29	0.29	0.29	0.29	0.—
	3.—	0.42	0.43	0.43	0.43	0.43	0.43	0.—
	4.—	0.56	0.57	0.57	0.57	0.58	0.58	0.—
	5.—	0.71	0.71	0.72	0.72	0.72	0.72	0.—
	6.—	0.85	0.85	0.86	0.86	0.86	0.86	0.—
	7.—	0.99	0.99	1.—	1.—	1.01	1.01	0.—
	8.—	1.13	1.14	1.14	1.14	1.15	1.15	0.—
	9.—	1.27	1.28	1.29	1.29	1.30	1.30	0.01
	10.—	1.41	1.42	1.43	1.43	1.44	1.44	0.01
	£1.—.—	2.83	2.84	2.85	2.86	2.87	2.88	0.01
	2.—.—	5.66	5.68	5.70	5.72	5.75	5.77	0.02
	3.—.—	8.48	8.52	8.55	8.59	8.62	8.65	0.03
	4.—.—	11.31	11.36	11.40	11.45	11.49	11.54	0.05
	5.—.—	14.14	14.19	14.25	14.31	14.36	14.42	0.06
Coût et frais variables et invariables	10.—.—	31.15	31.26	31.37	31.49	31.60	31.71	0.11
	15.—.—	45.29	45.46	45.62	45.80	45.97	46.13	0.17
	20.—.—	59.42	59.65	59.87	60.10	60.33	60.55	0.23
	25.—.—	73.56	73.85	74.12	74.41	74.70	74.97	0.28
	30.—.—	87.70	88.04	88.38	88.72	89.06	89.40	0.34

OBSERVATIONS

F. 5 par tonneau sur le fret, font au Havre une différence de F. 0.55 par 100 kil. sur les prix.

On veut savoir le revient au Havre de Muriate de potasse coûtant à Glasgow £ 12.17sh 6d par tonne, au change de F. 25.05 et au fret de F. 22 par tonneau de 1015 kil.

On trouvera dans la 1re et la 3e colonne de ce tableau que :

£ —.—. 6 font par 100 kil.	F.	0.07
» —. 7.— id. id.	»	0.99
» —.10.— id. id.	»	1.42
» 2.—.— id. id.	»	5.68
» 10.—.— id. id.	»	31.26
£ 12.17. 6 feront donc par 100 kil.	F.	89.42

Droits d'entrée par 100 kil. en Novembre 1865

Sous pavillon	Anglais	Exempt
id.	Belge	Exempt
id.	Français	Exempt

SINGAPORE

Singapore, capitale de l'île de ce nom, colonie anglaise, située à l'extrémité de la presqu'île de Malacca, est séparée de la terre ferme par un détroit d'environ 300 mètres dans sa portion la plus étroite.

Cette colonie est de formation récente; on l'a vue, depuis moins d'un demi-siècle, naftre et grandir. — Lorsque les traités de 1814 eurent stipulé que l'Angleterre restitnerait les possessions hollandaises en Asie, dont elle s'était emparée pendant les guerres de l'empire, la Grande-Bretagne reconnut l'importance de se créer sur la route de la Chine des comptoirs qui pussent servir d'entrepôt à ses marchandises et de station à ses vaisseaux. Il ne lui restait qu'un comptoir sans importance sur la côte de Sumatra et la possession de Pulo-Pinang, à l'entrée du détroit de Malacca. Un administrateur intelligent, sir Thomas Stamford Raffles, qui avait été gouverneur de Java pendant l'occupation anglaise, désigna, comme devant servir à un établissement nouveau, l'île de Singapore, qui était la clef du détroit de Malacca. Ce n'était alors qu'un lieu inculte, refuge accidentel de pirates, et n'ayant d'autre population fixe qu'une poignée de malheureux pêcheurs; mais la nature avait doté cet îlot d'un port magnifique, et sa position géographique était admirable.

L'îlot appartenait ou était censé appartenir à un des petits princes du pays, au sultan de Jahore; ce dernier éleva des difficultés, quelques coups de feu furent échangés, il transigea pour une somme d'argent; c'était tout ce qu'il voulait. Restés maîtres de l'île, les Anglais y jetèrent les fondements d'une ville, qui fut déclarée port franc, ouvert sans restriction à tous les navires de tous les peuples. Son importance ne tarda pas à grandir. Les forêts impénétrables qui couvraient l'île furent abattues et remplacées par des terrains cultivés; les marais furent desséchés. Sur cette plage infecte et déserte s'éleva promptement une cité aux rues larges et bien alignées, bordées de maisons où furent réunies les ressources du *comfort* européen.

La ville alla toujours en s'étendant, et ses progrès s'expliquent d'eux-mêmes. La création d'un entrepôt libre dans ces parages était une nécessité; l'entrepôt fondé, le commerce devait affluer de toutes parts à Singapore. Placée entre les immenses possessions de l'empire anglo-indien, d'une part, et de l'autre le vaste archipel de l'Est et la Chine, à proximité des pays qui, tels que l'Australie et le Japon, ouvrent depuis quelque temps au commerce des débouchés nouveaux, en rapports immédiats avec Java, avec Siam et la Cochinchine, Singapore offre un centre où viennent se réunir les produits de l'industrie européenne et les productions de l'Orient. C'est un vaste bazar placé à la jonction des deux grandes routes maritimes. Pas un navire n'arrive en ces parages sans faire escale à Singapore. On vient, on part, sans avoir aucune formalité de douane à remplir, et les opérations, jouissant de la plus grande liberté, se font avec une promptitude inconnue en d'autres pays.

Port et documents Commerciaux. — Singapore est un port franc. Il y a seulement sur les navires un léger droit de phare, d'environ 3 cents par tonneau.

Pour toute marchandise importée ou exportée, il faut se procurer un permis qui est délivré gratis.

Au nord-est de la ville, il existe une crique qui a $^3/_4$ de mille de long sur $^1/_4$ de mille de largeur; la profondeur est de 8 à 9 pieds anglais (1^m8 à 2^m7); c'est un bon mouillage pour les petits navires. En dehors, et du côté de l'est, la profondeur est de 9 à 11 mètres, en se tenant en dedans d'un bas-fonds étroit, sur lequel il y a 4 mètres $^1/_2$. Le chemin le plus sûr à suivre consiste à passer très près du port. La ville est bâtie sur le bord d'un golfe, à $^3/_4$ de mille environ de la mer. Les navires jettent l'ancre dans la rade et restent, suivant leur tirant d'eau, à un ou deux milles de la ville. Les transports s'effectuent par des gabares, et les marchandises sont embarquées ou débarquées au moyen des quais qui sont établis devant la porte des magasins.

Les frais de pilotage ne sont pas soumis à des règles fixes. Les pilotes sont des natifs qui se font payer plus ou moins, selon qu'ils sont employés comme *dubash*, c'est-à-dire chargés de l'approvisionnement du navire pendant qu'il est en rade; cet emploi est pour eux une source de bénéfice qui leur permet de réduire leurs prétentions; en général, de Pedra-Branca ou de l'extrémité du détroit de Rhio à Singapore, on paye, pour une distance de près de 40 milles, et sans égard au tonnage du bâtiment, 8 à 12 piastres si le pilote est accepté comme *dubash*, sinon 4 à 6 $ de plus. Il n'y a aucun établissement sanitaire, et on ne demande aux bâtiments aucune patente de santé.

Industrie. — Elle est sans importance. Les travaux du négoce, la culture de la terre, occupent amplement la population. On construit quelques navires, mais seulement pour la navigation des mers de l'Inde.

Voies de communication. — Singapore se trouve sur la route des paquebots à vapeur qui, tous les quinze jours, viennent des ports de la Chine et se rendent à Suez en touchant à Ceylan et en prenant les correspondances de Calcutta. Le retour s'effectue de la même façon, en sens inverse. Ce port est en relations suivies avec Batavia, et communique facilement avec tous les pays voisins.

Commerce. — Les tissus de Coton forment un des principaux articles que le commerce anglais envoie à Singapore ; l'usage s'est introduit d'envoyer par les paquebots à vapeur les échantillons des envois faits par les bâtiments à voiles qui suivent la route du cap de Bonne-Espérance, de sorte que les ventes s'opèrent souvent sur factures, bien avant que les marchandises soient arrivées.

Les tissus écrus (*grey shirtings*), expédiés en ballots de 50 pièces, les madapolams gris et blancs, les mousselines (*lappets*), les guingamps, les tissus et les mouchoirs imprimés se placent en grande quantité. Le coton filé est aussi d'une vente facile ; les fils blancs et autres sont demandés pour la Chine; les filés rouges d'Andrinople trouvent acheteurs chez les Malais. Parmi les tissus de laine, les draps (*spanish stripes*), les lastings, le camelot, la flanelle, se placent couramment, mais il faut des assortiments bien faits et des couleurs éclatantes. Les couvertures de laine sont un article de grande consommation.

Le fer, l'acier, le zinc, les clous, les fusils à silex et à bayonnette, pourvu que l'arme soit légère et qu'il y ait de la force dans le ressort, tous ces articles sont d'une vente facile.

Les ventes des produits européens se font à 2 ou 3 mois, selon les conditions. Quant aux produits qui s'exportent, ils se paient au comptant, sans escompte.

La vente en détail de l'opium, soit en boules, soit bouilli, est le privilége d'une ferme ; ce produit ne peut être vendu librement qu'en caisses complètes.

Les spiritueux, cognac, arak, rhum, etc., sont aussi affermés pour la vente en détail. On ne peut pas vendre moins de 50 douzaines de bouteilles, ou en fûts moins de 90 gallons, sans payer un droit au fermier.

Enfin le commerce des armes, munitions et poudre n'est autorisé que sur des demandes spéciales, motivées; et l'exportation pour Chine n'est autorisée que sur certificat d'achat du gouvernement chinois.

La monnaie courante est la piastre mexicaine et les cents.

La valeur de la livre sterling varie de $ 4.25 à $ 4.65. Celle de la pièce de F. 20 est en moyenne de $ 3.50, et encore est-il impossible d'en placer de grandes quantités. Celle des pièces de F. 5 argent est de 84 cents 1/2. Celle des florins de Hollande, 36 cents 1/2 en moyenne.

Il se fait sur place un grand commerce de ces pièces, qui sont expédiées de Batavia et se vendent pour Calcutta. Les cours extrêmes en sont Fl. 262 à Fl. 278 pour $ 100.

Il se fait peu d'affaires de change sur France, et la plus forte somme en est fournie par les traites que le gouvernement de Saïgon tire sur le Trésor et qu'on négocie ici. Ces traites sont à 60 jours de vue ; les cours varient en moyenne de F. 6 à F. 6.25.

La devise préférée est sur Londres, à 6 mois de vue. C'est ainsi que se font tous les tirages sur les cargaisons expédiées en Europe. Le cours varie entre 4/6d 1/2 à 5/1d ; la moyenne est de 4/10d. Le cours des traites de particuliers est toujours 1/2d plus haut que celui des banques.

Les traites à 6 mois de vue sur Paris, payables à Londres contre documents, se placent aisément.

La commission d'achat est de 2 1/2 %, et celle de négociation de 2 1/2 % ; toutefois, cette dernière se laisse marchander alors que les ordres d'achat sont accompagnés de crédits confirmés par des maisons de banque connues; dans ce dernier cas, on se contente généralement de porter 1 %.

La corge ou condi est de 20 pièces.

Laksa signifie 10,000.

Le picul égale 133 livres 1/3 anglaises, soit kil. 60.470 ; il se divise en 100 catties.

Il y a pour l'or un catty particulier du poids de 36 piastres ou 972 grammes.

Le coyan est de 40 piculs, le coyan de sel ne se pèse pas. Deux mesures en forme de demi-tonne, remplies de riz, font un picul de ce produit; le sel se mesure avec le même instrument; il en résulte que le coyan de sel égale 48 piculs.

La yard anglaise, avec ses subdivisions et multiples, sert pour les mesures de longueur.

Les deux seuls produits réellement de Singapore sont le poivre noir et le gambier. On peut calculer qu'il s'exporte, du premier, 500 mille piculs environ par an, au prix moyen de $ 5.80 le picul, et 200,000 piculs de gambier ; les prix de ce dernier produit ont été longtemps en moyenne de $ 3.15 ; mais ils varient énormément. Il y a 10 ans, on le payait $ 2 ; les limites extrêmes des dernières années sont de $ 2.50 à $ 4.20, cours actuel.

Mais, en outre des deux articles mentionnés plus haut, le marché de Singapore attire à lui : les sucres de Siam, Penang et la Cochinchine ; les riz de Rangoon, Moolmein, Bassein et Akiab ; nacre de perles de Soola ou de Macassar ; bois de sapan de Siam ; gutta-percha des Iles ; cire d'abeilles de Siam et de la Péninsule Malaise ; huile de coco de Cochinchine ; camphre de Chine ; ivoire de Siam, Cambodge et Jahore ; écaille de tortues de Macassar ; salpêtre de Madras et Calcutta, etc., etc.

La valeur des importations annuelles doit dépasser 25 millions de francs. Les exportations atteignent aussi à peu près le même chiffre.

(Extrait du Dictionnaire du Commerce et de la Navigation, ainsi que de ma Correspondance particulière.)

COMPTE D'ACHAT ET DE REVIENT

A 100 CAISSES ANIS ÉTOILÉ

100 caisses Anis étoilé, 100 piculs à $ 15 par picul .... $ 1500.—

FRAIS A SINGAPORE

Embarquement à $ 0.10 par picul .... $ 10.—
Commission d'achat et de remboursement 3 ½ % .... » 52.50 — 62.50

$ 1562.50

Remboursement sur Londres à 6 mois de vue au change de 4sh 6d pour $ 1 .... £ 351.11. 2
et au change sur France de F. 25.25 pour £ 1 .... F. 8876.90

FRAIS A NANTES

Fret sur 6975 kil. à F. 100 secs par tonneau de 500 kil. .... F. 1395.—
Déchargement, pesage et livraison F. 4.50 par 1000 kil. .... » 31.40
Magasinage de 2 mois à F. 0.20 par caisse et par mois .... » 40.—
Tonneliers pour conditionner, échantillonner et menus frais .... » 12.50
Assurance maritime sur F. 9763, à 2 % .... » 196.75
id. contre le feu sur F. 11438, à ½ % .... » 5.73
Commission de banque à Londres pour confirmation de crédit, 1 % .... » 88.75
Courtage de vente .... ½ %
Escompte à la vente .... 2¼ %
Commission de vente .... 2 %
Commission de banque .... ½ %
Ensemble .... 4¾ % sur F. 11177.95 .... » 530.90 » 2301.05

F. 11177.95

Rendement :

Brut .... kil. 6975
Angle 4 ‰ .... kil. 28
Tare kil. 11.75 par caisse .. » 1175 » 1203
kil. 5772
Trait 1 % .... » 58
Net .... kil. 5714 à F. 195.62 par 100 kil. entrepôt .... F. 11177.70

PRIX DE REVIENT A NANTES DES 100 KIL. ENTREPOT

AUX CHANGES SUIVANTS SUR LONDRES

Avec la parité des changes sur Paris, calculés sur la base de F. 25.25 pour £ 1.—.—

PRIX à SINGAPORE par picul	LONDRES Sh. 4.6 — PARIS F. 5.68⅛	LONDRES Sh. 4.7 — PARIS F. 5.78⅞	LONDRES Sh. 4.8 — PARIS F. 5.89⅛	LONDRES Sh. 4.9 — PARIS F. 5.99⅝	LONDRES Sh. 4.10 — PARIS F. 6.10¼	LONDRES Sh. 4.11 — PARIS F. 6.20⅞	LONDRES Sh. 5.— — PARIS F. 6.31¼	LONDRES Sh. 5.1 — PARIS F. 6.41⅝	1d par $ sur le change fait à Nantes par 100 kil.
$ —. 5	F. 0.56	F. 0.57	F. 0.58	F. 0.59	F. 0.60	F. 0.61	F. 0.62	F. 0.63	F. 0.01
—.10	1.12	1.14	1.16	1.18	[illegible]	[illegible]	1.24	1.26	0.02
—.20	2.23	2.27	2.31	2.36	2.40	2.44	2.48	2.52	0.04
—.30	3.35	3.41	3.47	3.53	3.59	3.66	3.72	3.78	0.06
—.40	4.46	4.54	4.63	4.71	4.79	4.88	4.96	5.04	0.08
—.50	5.58	5.68	5.79	5.89	5.99	6.10	6.20	6.30	0.10
—.60	6.70	6.82	6.94	7.07	7.19	7.31	7.44	7.56	0.12
—.70	7.81	7.95	8.10	8.25	8.39	8.53	8.68	8.82	0.14
—.80	8.93	9.09	9.26	9.42	9.58	9.75	9.92	10.08	0.16
—.90	10.04	10.22	10.41	10.60	10.78	10.97	11.16	11.34	0.19
1.—	11.16	11.36	11.57	11.78	11.98	12.19	12.40	12.60	0.21
2.—	22.31	22.73	23.14	23.55	23.97	24.38	24.79	25.20	0.41
3.—	33.47	34.09	34.71	35.33	35.95	36.57	37.19	37.81	0.62
4.—	44.63	45.45	46.28	47.11	47.94	48.76	49.58	50.41	0.83
5.—	55.79	56.82	57.85	58.89	59.92	60.95	61.98	63.01	1.03
10.—	139.84	141.93	144.02	146.11	148.20	150.28	152.36	154.44	2.09
15.—	195.62	198.75	201.87	205.—	208.12	211.23	214.34	217.45	3.12
20.—	251.41	255.56	259.72	263.88	268.04	272.18	276.32	280.46	4.15
25.—	307.19	312.38	317.57	322.77	327.96	333.18	338.30	343.47	5.18
30.—	362.98	369.19	375.42	381.65	387.88	394.08	400.28	406.48	6.21
35.—	418.76	426.01	433.27	440.54	447.80	455.03	462.26	469.49	7.25
40.—	474.55	482.82	491.12	499.42	507.72	515.98	524.24	532.50	8.28
45.—	530.34	539.64	548.97	558.31	567.64	576.93	586.22	595.51	9.31
50.—	586.13	596.45	606.82	617.19	627.56	637.88	648.20	658.52	10.34

OBSERVATIONS

F. 10 par tonneau sur le fret, font à Nantes une différence de F. 2.44 par 100 kil. sur les prix.

On veut savoir le revient à Nantes d'Anis étoilé coûtant à Singapore $ 23.75 par picul, au change de 5sh par $ et au fret de F. 100 par tonneau de 500 kil.
On trouvera dans la 1re et la 8e colonne de ce tableau que:
$ —. 5 font par 100 kil. .... F. 0.62
» —.70 id. id. .... » 8.68
» 3.— id. id. .... » 37.19
» 20.— id. id. .... » 276.32
$ 23.75 feront donc par 100 kil. .... F. 322.81

N.-B. — 10c par £ 1 de différence dans les changes sur Paris font à Nantes ⅖ % sur les prix de revient, qui seront à ajouter ou à déduire selon les variations des changes, en hausse ou en baisse sur le cours de F. 25.25.

Droits d'entrée en France par 100 kil. en Février 1866

Par navire Français .... F. 20.—
Id. Etranger .... » 31.—

COMPTE D'ACHAT ET DE REVIENT

A 30 CAISSES BENJOIN

30 caisses Benjoin, 30 piculs à $ 30 .... $ 900.—

FRAIS A SINGAPORE

Frais $ 1 par picul .... $ 30.—
Commission d'achat et de remboursement 3 ½ % .... » 31.50 » 61.50

$ 961.50

Remboursement sur Londres à 6 mois de vue au change de 4sh 6d pour $ 1 .... £ 216. 6. 7

et au change sur France de F. 25.25 pour £ 1 .... F. 5462.35

FRAIS A NANTES

Fret sur 2160 kil. à F. 100 par tonneau de 800 kil .... F. 270.—
Déchargement, arrimage, pesage et livraison F. 4.50 par 1000 kil .... » 9.75
Magasinage de 2 mois à F. 0.30 par caisse et par mois .... » 18.—
Tonneliers pour échantillonner et conditionner .... » 3.50
Assurance maritime sur F. 6008, à 2 % et police .... » 121.65
id. contre le feu sur F. 6431, à ½ % .... » 3.20
Commission de banque à Londres pour confirmation de crédit, 1 % .... » 54.60
Courtage de vente .... ½ %
Escompte à la vente .... 2¼ %
Commission de vente .... 2 %
Commission de banque .... ½ %

Ensemble .... 4¾ % sur F. 6239.40 .... » 296. 35 » 777.05

F. 6239.40

Rendement :

Brut .... kil. 2160
Angle 4 % .... kil. 9
Tare 13 kil. par caisse .... » 390 » 399

kil. 1761
Trait 1 % .... » 18

Net .... kil. 1743 à F. 357.96 par 100 kil. entrepôt .... F. 6239.25

PRIX DE REVIENT A NANTES DES 100 KIL. ENTREPOT

AUX CHANGES SUIVANTS SUR LONDRES

Avec la parité des changes sur Paris, calculés sur la base de F. 25.25 pour £ 1.—.—

	PRIX à SINGAPORE par picul	LONDRES Sh. 4.6 — PARIS F. 5.68¼	LONDRES Sh. 4.7 — PARIS F. 5.78¾	LONDRES Sh. 4.8 — PARIS F. 5.89½	LONDRES Sh. 4.9 — PARIS F. 5.99¾	LONDRES Sh. 4.10 — PARIS F. 6.10¼	LONDRES Sh. 4.11 — PARIS F. 6.20¾	LONDRES Sh. 5.— — PARIS F. 6.31¼	LONDRES Sh. 5.1 — PARIS F. 6.41¾	1d par $ sur le change fait à Nantes par 100 kil.
Subdivisions — Coût et frais variables	$ —. 5	F. 0.55	F. 0.56	F. 6.57	F. 0.58	F. 0.59	F. 0.60	F. 0.61	F. 0.62	F. 0.01
	—.10	1.10	1.12	1.14	1.16	1.18	1.20	1.22	1.24	0.02
	—.20	2.19	2.23	2.28	2.32	2.36	2.40	2.44	2.48	0.04
	—.30	3.29	3.35	3.41	3.47	3.53	3.60	3.66	3.72	0.06
	—.40	4.39	4.47	4.55	4.63	4.71	4.80	4.88	4.96	0.08
	—.50	5.49	5.59	5.69	5.79	5.89	6.—	6.10	6.20	0.10
	—.60	6.58	6.70	6.83	6.95	7.07	7.19	7.31	7.43	0.12
	—.70	7.68	7.82	7.97	8.11	8.25	8.39	8.53	8.67	0.14
	—.80	8.78	8.94	9.10	9.26	9.42	9.59	9.75	9.91	0.16
	—.90	9.87	10.05	10.24	10.42	10.60	10.79	10.97	11.15	0.16
	1.—	10.97	11.17	11.38	11.58	11.78	11.99	12.19	12.39	0.20
	2.—	21.94	22.35	22.75	23.16	23.57	23.97	24.38	24.79	0.41
	3.—	32.91	33.52	34.13	34.74	35.35	35.96	36.57	37.18	0.61
	4.—	43.88	44.70	45.51	46.32	47.14	47.95	48.76	49.57	0.81
	5.—	54.86	55.87	56.89	57.91	58.92	59.94	60.95	61.97	1.02
	6.—	65.83	67.04	68.26	69.49	70.70	71.92	73.14	74.36	1.22
	7.—	76.80	78.22	79.64	81.07	82.49	83.91	85.33	86.75	1.42
	8.—	87.77	89.39	91.02	92.65	94.27	95.90	97.52	99.14	1.62
	9.—	98.74	100.57	102.39	104.23	106.06	107.88	109.71	111.54	1.83
	10.—	100.71	111.74	113.77	115.81	117.84	119.87	121.90	123.93	2.03
Coût et frais variables et invariables	20.—	246.23	252.48	256.74	261.01	265.26	269.52	273.77	278.03	4.26
	30.—	357.94	364.22	370.51	376.82	383.10	389.80	395.67	401.96	6.29
	40.—	467.65	475.96	484.28	492.63	500.94	509.26	517.57	525.89	8.32
	50.—	577.36	587.70	598.05	608.44	618.78	629.13	639.47	649.82	10.35
	60.—	687.07	699.44	711.82	724.25	736.62	749.—	761.37	773.75	12.38
	70.—	796.78	811.18	825.59	840.06	854.46	868.87	883.27	897.68	14.41
	80.—	906.49	922.92	939.36	955.87	972.30	988.74	1005.17	1021.61	16.45
	90.—	1016.20	1034.66	1053.13	1071.68	1090.14	1108.61	1127.07	1145.54	18.48
	100.—	1125.91	1146.40	1166.90	1187.49	1207.98	1228.48	1248.97	1269.47	20.51

OBSERVATIONS

F. 10 par tonneau sur le fret, font à Nantes une différence de F. 1.55 par 100 kil. sur les prix.

On veut savoir le revient à Nantes de Benjoin coûtant à Singapore $ 57.95 par picul, au change de 5sh par $ et au fret de F. 100 par tonneau de 800 kil.

On trouvera dans la 1re et la 6e colonne de ce tableau que:

$ —. 5 font par 100 kil .... F. 0.61
» —.90 id. id. .... » 10.97
» 7.— id. id. .... » 85.33
» 50.— id. id. .... » 639.47

$ 57.95 feront donc par 100 kil .... F. 736.38

N.-B. — 10c par £ 1 de différence dans les changes sur Paris font à Nantes ¼ % sur les prix de revient qui seront à ajouter ou à déduire selon les variations des changes en hausse ou en baisse sur le cours de F. 25.25.

Droits d'entrée en France par 100 kil. en Février 1866

Par navire Français .... Exempt
id. Etranger .... F. 2.50

COMPTE D'ACHAT ET DE REVIENT

A UN GRENIER BOIS DE SAPAN

Un grenier bois de Sapan, pesant 2137 picule à $ 2 le picul	$		4274.—

FRAIS A SINGAPORE

Alléges, coolies pour recevoir, peser et embarquer	$	175.—		
Timbres de traites ¼ %	»	10.68		
Commission d'achat et de remboursement 3 ½ %	»	149.59	»	335.27
			$	4609.27
Remboursement sur Londres à 6 mois de vue au change de 4sh 6d pour $ 1			£	1037. 1. 7
et au change sur France de F. 25.25 pour £ 1			F.	26186.25

FRAIS AU HAVRE

Fret sur 121900 kil. à F. 70 secs par tonneau de 700 kil.	F.	12190.—		
Permis, frais au débarquement, port en magasin, arrimage, magasinage d'un mois, livraison et menus frais	»	485.—		
Assurance maritime sur F. 28805, à 2 % et police	»	577.60		
id. contre le feu sur F. 42465, à ½ ‰	»	21.05		
Commission de banque à Londres pour confirmation de crédit, 1 %	»	261.85		
Escompte à la vente 2 %				
Courtage de vente ¼ %				
Commission de vente 2 %				
Ensemble 4¼ % sur F. 41484.85	»	1763.10	»	15298.60
			F.	41484.85

RENDEMENT : 1 picul rend 57 kil. nets :

Soit 2137 piculs = net 121809 kil. à F. 34.05 par 100 kil. entrepôt .... F. 41475.95

PRIX DE REVIENT AU HAVRE DES 100 KIL. ENTREPOT

AUX CHANGES SUIVANTS SUR LONDRES

Avec la parité des changes sur PARIS, calculés sur la base de F. 25.25 pour £ 1.—.—

	PRIX à SINGAPORE par picul	LONDRES Sh. 4.6 — PARIS F. 5.68¼	LONDRES Sh. 4.7 — PARIS F. 5.78¾	LONDRES Sh. 4.8 — PARIS F. 5.89¼	LONDRES Sh. 4.9 — PARIS F. 5.99¾	LONDRES Sh. 4.10 — PARIS F. 6.10¼	LONDRES Sh. 4.11 — PARIS F. 6.20¾	LONDRES Sh. 5.— — PARIS F. 6.31½	LONDRES Sh. 5.1 — PARIS F. 6.41¾	4d par $ sur le change fait au Havre par 100 kil.
SUBDIVISIONS — Coût et frais variables	$ —. 5	F. 0.56	F. 0.57	F. 0.58	F. 0.59	F. 0.60	F. 0.61	F. 0.62	F. 0.63	F. 0.01
	.10	1.12	1.14	1.16	1.18	1.20	1.22	1.24	1.26	0.02
	—.20	2.23	2.27	2.31	2.35	2.40	2.44	2.48	2.52	0.04
	—.30	3.35	3.41	3.47	3.53	3.59	3.65	3.72	3.78	0.06
	—.40	4.46	4.54	4.62	4.71	4.79	4.87	4.96	5.04	0.08
	—.50	5.58	5.68	5.78	5.89	5.99	6.09	6.20	6.30	0.10
	—.60	6.69	6.82	6.94	7.06	7.19	7.31	7.43	7.56	0.12
	—.70	7.81	7.95	8.09	8.24	8.39	8.53	8.67	8.82	0.14
	—.80	8.92	9.09	9.25	9.42	9.58	9.74	9.91	10.08	0.17
	—.90	10.04	10.22	10.40	10.59	10.78	10.96	11.15	11.34	0.19
	1.—	11.15	11.36	11.56	11.77	11.98	12.18	12.39	12.60	0.21
Coût et frais variables et invariables	1.—	22.90	23.12	23.34	23.56	23.79	24.—	24.23	24.46	0.22
	2.—	34.05	34.47	34.91	35.33	35.76	36.19	36.62	37.05	0.43
	3.—	45.20	45.83	46.47	47.10	47.74	48.37	49.01	49.65	0.64
	4.—	56.35	57.19	58.04	58.87	59.72	60.55	61.40	62.24	0.84
	5.—	67.51	68.55	69.60	70.64	71.80	72.74	73.79	74.84	1.05

OBSERVATIONS

F. 10 par tonneau sur le fret, font au Havre une différence de F. 1.48 par 100 kil. sur les prix.

On veut savoir le revient au Havre de bois de Sapan coûtant à Singapore $ 3.75 par picul, au change de 5sh et au fret de F. 70 par tonneau de 700 kil.

On trouvera dans la 1re et la 8e colonne de ce tableau que:

$ —. 5 font par 100 kil.	F.	0.62
» —.70 id. id.	»	8.67
» 3.— id. id.	»	49.01
$ 3.75 feront donc par 100 kil.	F.	58.30

N.-B. — 10c par £ 1 de différence dans les changes sur Paris font au Havre ⅖% sur les prix de revient, qui seront à ajouter ou à déduire selon les variations des changes en hausse ou en baisse sur le cours de F. 25.25.

Droits d'entrée en France par 100 kil. en Février 1866

Par navire Français	Exempt
Id. Etranger	F 3.—

COMPTE D'ACHAT ET DE REVIENT

A 1686 BALLES CACHOU BRUN

1686 balles Cachou brun, pesant 1000 piculs à $ 4	$	4000.—

FRAIS A SINGAPORE

Frais $ 0.18 par picul	»	180.—
	$	4180.—
Commission d'achat et de remboursement 3 ½ %	»	146.30
	$	4326.30
Remboursement sur Londres à 6 mois de vue au change de 4sh 6d pour $ 1	£	973. 8. 5
et au change sur France de F. 25.25 pour £ 1	F.	24578.85

FRAIS A NANTES

Fret sur 59000 kil. bruts à F. 100 secs par tonneau de 800 kil.	F.	7375.—		
Débarquement, pesage, arrimage et livraison à F. 4.50 par 1000 kil.	»	265.50		
Magasinage de 2 mois à F. 1 pour 1000 kil.	»	108.—		
Voiliers pour échantillonner et conditionner, ports de lettres et menus frais	»	83.45		
Assurance maritime sur F. 27035, à 2 % et police	»	542.20		
id. contre le feu sur F. 35410, à ½ ‰	»	17.70		
Commission de banque à Londres pour confirmation de crédit, 1 %	»	245.80		
Courtage de vente ¼ %				
Escompte à la vente 2½ %				
Commission de vente 2 %				
Commission de banque ¼ %				
Ensemble 4¾ % sur F. 34872.95	»	1656.45	»	10294.10
			F.	34872.95

RENDEMENT :

Brut			kil.	59000
Angle 4 ‰	kil.	236		
Tare et trait 2 kil. 350 par B.	»	3962	»	4198
Net kil. 54802 à F. 63.63 par 100 kil. entrepôt.			F.	34870.50

PRIX DE REVIENT A NANTES DES 100 KIL. ENTREPOT

AUX CHANGES SUIVANTS SUR LONDRES

Avec la parité des changes sur PARIS, calculés sur la base de F. 25.25 pour £ 1.—.—

	PRIX à SINGAPORE par picul	LONDRES Sh. 4.6 — PARIS F. 5.68 ¼	LONDRES Sh. 4.7 — PARIS F. 5.78 ¾	LONDRES Sh. 4.8 — PARIS F. 5.89 ¼	LONDRES Sh. 4.9 — PARIS F. 5.99 ¾	LONDRES Sh. 4.10 — PARIS F. 6.10 ¼	LONDRES Sh. 4.11 — PARIS F. 6.20 ¾	LONDRES Sh. 5.— — PARIS F. 6.31 ¼	LONDRES Sh. 5.1 — PARIS F. 6.41 ¾	1d par $ sur le change fait à Nantes par 100 kil.
SUBDIVISIONS — Coût et frais variables	$ —. 5	F. 0.58	F. 0.59	F. 0.60	F. 0.61	F. 0.62	F. 0.63	F. 0.65	F. 0.66	F. 0.01
	—.10	1.16	1.18	1.21	1.23	1.25	1.27	1.29	1.31	0.02
	—.20	2.33	2.37	2.41	2.46	2.50	2.54	2.58	2.63	0.04
	—.30	3.49	3.55	3.62	3.68	3.75	3.81	3.88	3.94	0.06
	—.40	4.65	4.74	4.82	4.91	5.—	5.08	5.17	5.26	0.09
	—.50	5.82	5.92	6.03	6.14	6.25	6.36	6.46	6.57	0.11
	—.60	6.98	7.10	7.24	7.37	7.49	7.63	7.75	7.88	0.13
	—.70	8.14	8.29	8.44	8.60	8.74	8.90	9.04	9.20	0.15
	—.80	9.30	9.47	9.65	9.82	9.99	10.17	10.34	10.51	0.17
	—.90	10.47	10.66	10.85	11.05	11.24	11.44	11.63	11.83	0.19
	1.—	11.63	11.84	12.06	12.28	12.49	12.71	12.92	13.14	0.22
Coût et frais variables et invariables	2.—	40.37	40.84	41.31	41.78	42.26	42.72	43.19	43.65	0.47
	3.—	52.—	52.68	53.37	54.05	54.74	55.42	56.11	56.79	0.68
	4.—	63.63	64.53	65.43	66.33	67.23	68.13	69.03	69.92	0.90
	5.—	75.26	76.37	77.49	78.60	79.72	80.84	81.96	83.06	1.11
	6.—	86.88	88.21	89.55	90.88	92.21	93.55	94.88	96.20	1.33

OBSERVATIONS

F. 10 par tonneau sur le fret, font à Nantes une différence de F. 1.35 par 100 kil. sur les prix.

On veut savoir le revient à Nantes de Cachou brun coûtant à Singapore $ 3.55 par picul, au change de 5sh par $ et au fret de F. 100 par tonneau de 800 kil.

On trouvera dans la 1re et la 8e colonne de ce tableau que :

$ —. 5 font par 100 kil.	F.	0.65
» —.50 id. id.	»	6.46
» 3.— id. id.	»	56.11
$ 3.55 feront donc par 100 kil.	F.	63.22

N.-B. — 10c par £ 1 de différence dans les changes sur Paris font à Nantes ⅖ % sur les prix de revient, qui seront à ajouter ou à déduire selon les variations des changes en hausse ou en baisse sur le cours de F. 25.25.

Droits d'entrée en France par 100 kil. en Février 1856

Par navire Français	Exempt
id. Etranger	F. 4.80

COMPTE D'ACHAT ET DE REVIENT

A 1878 BALLES CAFÉ

1878 balles Café, pesant... picula 1802.— à $ 15 par picul		$	27030.—
Perte au triage... » 15.—			
Net... picula 1787.—			
1878 balles en gunny à 16 % fil, couture, etc., 2 %		»	338.04
		$	27368.04

FRAIS A SINGAPORE

Allèges, coolies pour recevoir peser et embarquer à $ 0.10 par picul	$	178.70		
Timbre de traites ¼ %	»	68.42		
Commission d'achat et remboursement 3 ½ %	»	957.88	»	1205.—
			$	28573.04
Remboursement sur Londres à 6 mois de vue au change de 4sh 6d pour $ 1			£	6428.18.7
et au change sur France de F. 25.25 pour £ 1			F.	162330.50

FRAIS AU HAVRE

Fret sur 105900 kil. à F. 110 secs par tonneau de 900 kil.	F.	12943.35		
Permis, frais au débarquement, port en magasin, voiliers pour échantillonner et conditionner, arrimage, magasinage d'un mois, livraison et menus frais	»	650.—		
Assurance maritime sur F. 178563, à 2 ¼ % et police	»	4019.20		
id. contre le feu sur F. 196175, à ½ %	»	98.10		
Commission de banque à Londres pour confirmation de crédit, 1 %	»	1623.30		
Escompte à la vente ... 2 %				
Courtage de vente ... ¼ %				
Commission de vente ... 2 %				
Ensemble ... 4 ¼ % sur F. 189727.90	»	8063.45	»	27397.40
			F.	189727.90

Rendement : 1 picul rend net 57 kil. ½ :

Soit 1787 piculs — net 102752 kil. à F. 184.64 par 100 kil. entrepôt ... F. 189721.30

N.-B. — Le déchet sur le poids est d'environ 5 %.

PRIX DE REVIENT AU HAVRE DES 100 KIL. ENTREPOT

AUX CHANGES SUIVANTS SUR LONDRES

Avec la parité des changes sur Paris, calculés sur la base de F. 25.25 pour £ 1.—.—

	PRIX à SINGAPORE par picul	LONDRES Sh. 4.6 — PARIS F. 5.68 ¼	LONDRES Sh. 4.7 — PARIS F. 5.78 ¾	LONDRES Sh. 4.8 — PARIS F. 5.89 ½	LONDRES Sh. 4.9 — PARIS F. 5.99 ¾	LONDRES Sh. 4.10 — PARIS F. 6.10 ¼	LONDRES Sh. 4.11 — PARIS F. 6.20 ¾	LONDRES Sh. 5.— — PARIS F. 6.31 ¼	LONDRES Sh. 5.1 — PARIS F. 6.41 ¾	1d par $ sur le change fait au Havre par 100 kil.
SUBDIVISIONS — Café et frais variables	$ —.5	F. 0.56	F. 0.57	F. 0.58	F. 0.59	F. 0.60	F. 0.61	F. 0.62	F. 0.63	F. 0.—
	—.10	1.12	1.14	1.16	1.18	1.20	1.22	1.24	1.26	0.02
	—.20	2.24	2.28	2.32	2.36	2.40	2.44	2.48	2.53	0.04
	—.30	3.35	3.41	3.48	3.54	3.60	3.66	3.73	3.79	0.06
	—.40	4.47	4.55	4.64	4.72	4.80	4.88	4.97	5.05	0.08
	—.50	5.59	5.69	5.80	5.90	6.01	6.11	6.21	6.32	0.10
	—.60	6.71	6.83	6.95	7.08	7.21	7.33	7.45	7.56	0.12
	—.70	7.83	7.97	8.11	8.26	8.41	8.55	8.69	8.84	0.14
	—.80	8.94	9.10	9.27	9.44	9.61	9.77	9.94	10.10	0.17
	—.90	10.06	10.24	10.43	10.62	10.81	10.99	11.18	11.37	0.19
	1.—	11.18	11.38	11.59	11.80	12.01	12.21	12.42	12.63	0.21
	2.—	22.35	22.77	23.18	23.60	24.01	24.42	24.84	25.25	0.41
	3.—	33.53	34.15	34.77	35.39	36.02	36.64	37.26	37.88	0.62
	4.—	44.71	45.54	46.36	47.19	48.02	48.85	49.68	50.50	0.83
Café et frais variables et invariables	5.—	72.88	73.97	75.07	76.16	77.26	78.35	79.45	80.53	1.09
	10.—	128.76	130.89	133.02	135.15	137.28	139.41	141.54	143.66	2.18
	15.—	184.65	187.81	190.98	194.14	197.31	200.47	203.64	206.79	3.16
	20.—	240.53	244.73	248.93	253.13	257.33	261.53	265.73	269.92	4.20
	25.—	296.42	301.65	306.89	312.12	317.36	322.59	327.83	333.05	5.23
	30.—	352.30	358.57	364.84	371.11	377.38	383.65	389.92	396.18	6.27

OBSERVATIONS

F. 10 par tonneau sur le fret, font au Havre une différence de F. 1.15 par 100 kil. sur les prix.

On veut savoir le revient au Havre de Café coûtant à Singapore $ 12.25 par picul, au change de 5sh par $ et au fret de F. 110 par tonneau de 900 kil.

On trouvera dans la 1re et la 8e colonne de ce tableau que :

$ —.05 font par 100 kil.	F.	0.62
» —.20 id. id.	»	2.48
» 2.— id. id.	»	24.84
» 10.— id. id.	»	141.54
$ 12.25 feront donc par 100 kil.	F.	169.48

N.-B. — 10c par £ 1 de différence dans les changes sur Paris font au Havre ⅜ % sur les prix de revient, qui seront à ajouter ou à déduire selon les variations des changes en hausse ou en baisse sur le cours de F. 25.25.

Droits d'entrée en France par 100 kil. en Février 1866

Par navire Français	F.	60.40
id. Etranger	»	55.40

COMPTE D'ACHAT ET DE REVIENT

A 10 BOITES CAMPHRE DE CHINE

10 boîtes Camphre de Chine, pesant net piculs 9.52 ½ à $ 18 par picul	$		171.45

FRAIS A SINGAPORE

Réception, pesage et port	$	2.—		
Timbres de traites ¼ %	»	0.43		
Commission d'achat et de remboursement 3 ½ %	»	6.—	»	8.43
			$	179.88
Remboursement sur Londres à 6 mois de vue au change de 4sh 6d pour $ 1			£	40. 9. 5
et au change sur France de F. 25.25 pour £ 1			F.	1021.90

FRAIS AU HAVRE

Fret sur 648 kil. bruts à F. 100 secs par tonneau de 600 kil.	F.	108.—		
Permis, frais au débarquement, port en magasin, arrimage, magasinage d'un mois, livraison et menus frais	»	10.—		
Assurance maritime sur F. 1124, à 2 ¼ % et police	»	26.80		
id. contre le feu sur F. 1298, à ½ ‰	»	0.65		
Commission à Londres pour confirmation de crédit, 1 %	»	10.20		
Escompte à la vente 2 %				
Courtage de vente ¼ %				
Commission de vente 2 %				
Ensemble 4¼ % sur F. 1229.80	»	52.25	»	207.90
			F.	1229.80

Rendement : 1 picul rend net 54 kil. ¾ :

Soit net kil. 521.50 à F. 2.36 par kil. entrepôt	F.	1230.75

PRIX DE REVIENT AU HAVRE DU KIL. ENTREPOT

AUX CHANGES SUIVANTS SUR LONDRES

Avec la parité des changes sur Paris, calculés sur la base de F. 25.25 pour £ 1.—.—

	PRIX à SINGAPORE par picul	LONDRES Sh. 4.6 — PARIS F. 5.68 ¼	LONDRES Sh. 4.7 — PARIS F. 5.78 ¾	LONDRES Sh. 4.8 — PARIS F. 5.89 ¼	LONDRES Sh. 4.9 — PARIS F. 5.99 ¾	LONDRES Sh. 4.10 — PARIS F. 6.10 ¼	LONDRES Sh. 4.11 — PARIS F. 6.20 ¾	LONDRES Sh. 5.— — PARIS F. 6.31 ¼	LONDRES Sh. 5.1 — PARIS F. 6.41 ¾	1d par $ sur le change fait au Havre par kil.
SUBDIVISIONS — Coût et frais variables	$ —.10	F. 0.01	F. 0.01	F. 0.01	F. 0.01	F. 0.01	F. 0.01	F. 0.01	F. 0.01	F. 0.—
	—.20	0.02	0.02	0.02	0.02	0.03	0.03	0.03	0.03	0.—
	—.30	0.04	0.04	0.04	0.04	0.04	0.04	0.04	0.04	0.—
	—.40	0.05	0.05	0.05	0.05	0.05	0.05	0.05	0.05	0.—
	—.50	0.06	0.06	0.06	0.06	0.07	0.07	0.07	0.07	0.—
	—.60	0.07	0.07	0.07	0.07	0.08	0.08	0.08	0.08	0.—
	—.70	0.08	0.08	0.08	0.08	0.09	0.09	0.09	0.09	0.—
	—.80	0.10	0.10	0.10	0.10	0.10	0.10	0.10	0.10	0.—
	—.90	0.11	0.11	0.11	0.11	0.12	0.12	0.12	0.12	0.—
	1.—	0.12	0.12	0.12	0.12	0.13	0.13	0.13	0.13	0.—
	2.—	0.23	0.24	0.24	0.25	0.25	0.25	0.26	0.26	0.—
	3.—	0.35	0.35	0.36	0.37	0.38	0.38	0.39	0.39	0.01
	4.—	0.46	0.47	0.48	0.49	0.50	0.51	0.52	0.53	0.01
Coût et frais variables et invariables	10.—	1.42	1.45	1.47	1.49	1.51	1.53	1.55	1.57	0.02
	15.—	2.01	2.05	2.08	2.11	2.13	2.16	2.19	2.23	0.03
	20.—	2.59	2.64	2.68	2.72	2.76	2.80	2.84	2.89	0.04
	25.—	3.17	3.23	3.28	3 34	3.38	3 43	3.49	3.54	0.05
	30.—	3.75	3.82	3.88	3.95	4.01	4.07	4.14	4.20	0.06

OBSERVATIONS

F. 10 par tonneau sur le fret, font au Havre une différence de F. 0.02 par kil. sur les prix.

On veut savoir le revient au Havre de Camphre coûtant à Singapore $ 21.60 par picul, au change de 5sh par $ et au fret de F. 100 par tonneau de 600 kil.

On trouvera dans la 1re et la 8e colonne de ce tableau que :

$ —.60 font par kil.	F.	0.08
» 1.— id. id.	»	0.13
» 20.— id. id.	»	2.84
$ 21.60 feront donc par kil.	F.	3.05

N.-B. — 10c par £ 1 de différence dans les changes sur Paris font au Havre ⅖% sur les prix de revient, qui seront à ajouter ou à déduire selon les variations des changes en hausse ou en baisse sur le cours de F. 25.25.

Droits d'entrée en France par 100 kil. en Février 1866

Par navire Français	Exempt
id. Etranger	F. 2.—

COMPTE D'ACHAT ET DE REVIENT

A 200 CAISSES CANNELLE DE CHINE

200 caisses Cannelle de Chine, pesant 100 piculs à $ 20			$	2000.—

FRAIS A SINGAPORE

Frais à $ 0.05 par caisse	$	10.—		
Commission d'achat et de remboursement 3 ½ %	»	70.—	»	80.—
			$	2080.—
Remboursement sur Londres à 6 mois de vue au change de 4sh 6d pour $ 1			£	468.—.—
et au change sur France de F. 25.25 pour £ 1			F.	11817.—

FRAIS A NANTES

Fret sur 7200 kil. à F. 100 secs par tonneau de 350 kil.	F.	2057.15		
Déchargement, pesage, arrimage et livraison à F. 4.50 par 1000 kil.	»	32.40		
Magasinage de 2 mois F. 0.20 par caisse et par mois	»	80.—		
Tonneliers pour conditionner et échantillonner	»	20.50		
Ports de lettres et menus frais	»	20.—		
Assurance maritime sur F. 12998, à 2 % et police	»	261.45		
id. contre le feu sur F. 15470, à ½ ‰	»	7.70		
Commission de banque à Londres pour confirmation de crédit, 1 %	»	118.15		
Courtage de vente ¼ %				
Escompte à la vente 2¼ %				
Commission de vente 2 %				
Commission de banque ¼ %				
Ensemble 4¾ % sur F. 15133.20	»	718.85	»	3316.20
			F.	15133.20

Rendement :

Brut		kil. 7200
Angle 4 ‰	kil. 29	
Tare 7 kil. par caisse	» 1400	» 1429
		kil. 5771
Trait 1 %		» 58
Net		kil. 5713 à F. 264.88 par 100 kil. entrepôt ... F. 15132.60

PRIX DE REVIENT A NANTES DES 100 KIL. ENTREPOT

AUX CHANGES SUIVANTS SUR LONDRES

Avec la parité des changes sur Paris, calculés sur la base de F. 25.25 pour £ 1.—.—

	Prix à Singapore par picul	Londres Sh. 4.6 — Paris F. 5.68 ¼	Londres Sh. 4.7 — Paris F. 5.78 ¾	Londres Sh. 4.8 — Paris F. 5.89 ½	Londres Sh. 4.9 — Paris F. 5.99 ¾	Londres Sh. 4.10 — Paris F. 6.10 ¼	Londres Sh. 4.11 — Paris F. 6.20 ¾	Londres Sh. 5.— — Paris F. 6.31 ¼	Londres Sh. 5.1 — Paris F. 6.41 ¾	1d par $ sur le change fait à Nantes par 100 kil.
Subdivisions — coût et frais variables	$ —. 5	F. 0.56	F. 0.57	F. 0.58	F. 0.59	F. 0.60	F. 0.61	F. 0.62	F. 0.63	F. 0.01
	.10	1.12	1.14	1.16	1.18	1.20	1.22	1.24	1.26	0.02
	—.20	2.23	2.27	2.31	2.36	2.40	2.44	2.48	2.52	0.04
	— 30	3.35	3.41	3.47	3.53	3.60	3.66	3.72	3.78	0.06
	—.40	4.46	4.54	4.63	4.71	4.80	4.88	4.96	5.04	0.08
	—.50	5.58	5.68	5.79	5.89	6.—	6.10	6.20	6.30	0.10
	—.60	6.70	6.82	6.94	6.97	7.19	7.31	7.44	7.56	0.12
	—.70	7.81	7.95	8.10	8.15	8.39	8.53	8.68	8.82	0.14
	—.80	8.93	9.09	9.26	9.32	9.59	9.75	9.92	10.08	0.16
	—.90	10.04	10.22	10.41	10.50	10.79	10.97	11.16	11.34	0.19
	1.—	11.16	11.36	11.57	11.78	11.99	12.19	12.40	12.60	0.21
	2.—	22.31	22.73	23.14	23.56	23.97	24.38	24.80	25.21	0.42
	3.—	33.47	34.09	34.71	35.33	35.06	36.58	37.20	37.81	0.62
	4.—	44.63	45.46	46.28	47.11	47.94	48.77	49.60	50.42	0.83
Coût et frais variables et invariables	10.—	153.31	155.40	157.49	159.58	161.67	163.76	165.85	167.92	2.09
	15.—	209.09	212.22	215.34	218.47	221.59	224.72	227.84	230.94	3.12
	20.—	264.88	269.04	273.20	277.30	281.52	285.68	289.84	293.96	4.15
	25.—	320.66	325.86	331.05	336.25	341.44	346.64	351.83	356.98	5.19
	30.—	376.45	382.68	388.91	395.14	401.37	407.60	413.83	420.00	6.22

OBSERVATIONS

F. 10 par tonneau sur le fret, font à Nantes une différence de F. 3.60 par 100 kil. sur les prix.

On veut savoir le revient à Nantes de Cannelle de Chine coûtant à Singapore $ 23.85 par picul, au change de 5sh par $ et au fret de F. 100 par tonneau de 350 kil.

On trouvera dans la 1re et la 8e colonne de ce tableau que :

$ —. 5 font par 100 kil.	F.	0.62
» —.80 id. id.	»	9.92
» 3.— id. id.	»	37.20
» 20.— id. id.	»	289.84
$ 23.85 feront donc par 100 kil.	F.	337.58

N.-B. — 10c par £ 1 de différence dans les changes sur Paris font à Nantes ⅜% sur les prix de revient, qui seront à ajouter ou à déduire selon les variations des changes en hausse ou en baisse sur le cours de F. 25.25.

Droits d'entrée en France par 100 kil. en Février 1866

Par navire Français	F.	30.—
id. Étranger	»	45.—

COMPTE D'ACHAT ET DE REVIENT

A 250 PANIERS CAOUTCHOUC

250 paniers Caoutchouc, pesant 500 piculs à $ 35 par picul	$	17500.—		
250 paniers à 12 %	»	30.—	$	17530.—

FRAIS A SINGAPORE

Allèges, coolies pour recevoir, peser et embarquer $ 0.15 par picul	$	75.—		
Timbres de traites ¼ %	»	43.82		
Commission d'achat et de remboursement 3 ½ %	»	613.55	»	732.37
			$	18262.37
Remboursement sur Londres à 6 mois de vue au change de 4sh 6d pour $ 1			£	4109.—. 7
et au change sur France de F. 25.25 pour £ 1			F.	103758.—

FRAIS AU HAVRE

Fret sur 28600 kil. à F. 110 par tonneau de 450 kil	F.	6991.10		
Permis, frais au débarquement, port en magasin, arrimage, magasinage d'un mois, livraison et menus frais	»	250.—		
Assurance contre le feu sur F. 114128, à 2 ¼ % et police	»	2569.40		
id. maritime sur F. 123938, à ½ ‰	»	61.95		
Commission de banque à Londres pour confirmation de crédit, 1 %	»	1037.55		
Escompte à la vente 2 %				
Courtage de vente ½ %				
Commission de vente 2 %				
Ensemble 4½ % sur F. 119749.85	»	5086.85	»	15996.85
			F.	119749.85

RENDEMENT : 1 picul rend net 54 kil. ½ :

Soit 500 piculs = net 27250 kil. à F. 4.39 ½ par kil. entrepôt ... F. 119763.75

N.-B. — Le déchet sur le poids est d'environ 10 %.

PRIX DE REVIENT AU HAVRE DU KIL. ENTREPOT

AUX CHANGES SUIVANTS SUR LONDRES

Avec la parité des changes sur PARIS, calculés sur la base de F. 25.25 pour £ 1.—.—

PRIX à SINGAPORE par picul	LONDRES Sh. 4.6 — PARIS F. 5.68 ½	LONDRES Sh. 4.7 — PARIS F. 5.78 ¾	LONDRES Sh. 4.8 — PARIS F. 5.89 ½	LONDRES Sh. 4.9 — PARIS F. 5.99 ¾	LONDRES Sh. 4.10 — PARIS F. 6.10 ¼	LONDRES Sh. 4.11 — PARIS F. 6.20 ¾	LONDRES Sh. 5.— — PARIS F. 6.31 ¼	LONDRES Sh. 5.1 — PARIS F. 6.41 ¾	1d par $ sur le change fait au Havre par kil.
$ —.50	F. 0.06	F. 0.06	F. 0.06	F. 0.06	F. 0.06	F. 0.06	F. 0.06	F. 0.07	F. 0.—
1.—	0.12	0.12	0.12	0.12	0.13	0.13	0.13	0.13	0.—
2.—	0.23	0.24	0.24	0.25	0.25	0.26	0.26	0.26	0.—
3.—	0.35	0.36	0.36	0.37	0.38	0.38	0.39	0.40	0.01
4.—	0.47	0.48	0.48	0.49	0.50	0.51	0.52	0.53	0.01
5.—	0.59	0.60	0.61	0.62	0.63	0.64	0.65	0.66	0.01
6.—	0.70	0.71	0.73	0.74	0.76	0.77	0.78	0.79	0.01
7.—	0.82	0.83	0.85	0.86	0.88	0.90	0.91	0.92	0.01
8.—	0.94	0.95	0.97	0.98	1.01	1.02	1.04	1.06	0.02
9.—	1.05	1.07	1.09	1.11	1.13	1.15	1.17	1.19	0.02
10.—	1.47	1.49	1.51	1.53	1.56	1.58	1.60	1.62	0.02
20.—	2.64	2.68	2.73	2.77	2.81	2.86	2.90	2.94	0.04
30.—	3.81	3.87	3.94	4.—	4.07	4.13	4.20	4.26	0.06
40.—	4.98	5.06	5.15	5.24	5.32	5.41	5.50	5.58	0.09
50.—	6.15	6.25	6.36	6.47	6.58	6.69	6.80	6.90	0.11

OBSERVATIONS

F. 10 par tonneau sur le fret, font au Havre une différence de F. 0.02 ½ par kil. sur les prix.

On veut savoir le revient au Havre de Gomme élastique coûtant à Singapore $ 44.50 par picul, au change de 4sh 6d par $ et au fret de F. 110 par tonneau de 450 kil.

On trouvera dans la 1re et la 8e colonne de ce tableau que :

$ —.50 font par kil	F.	0.06
» 4.— id. id.	»	0.52
» 40.— id. id.	»	5.50
$ 44.50 feront donc par kil	F.	6.08

N.-B. — 10c par £ 1 de différence dans les changes sur Paris font au Havre ⅖ % sur le prix de revient, qui seront à ajouter ou à déduire selon les variations des changes en hausse ou en baisse sur le cours de F. 25.25.

Droits d'entrée en France par 100 kil. en Février 1866

Par navire Français	Exempt
id. Etranger	F. 3.60

COMPTE D'ACHAT ET DE REVIENT

A 4000 CORNES DE BUFFLES

4000 cornes de Buffles, pesant 100 piculs à $ 7 le picul .... $ 700.—

FRAIS A SINGAPORE

Frais $ 0.15 par picul .... $ 15.—
Commission d'achat et de remboursement 3 ½ % .... » 24.50 » 39.50

$ 739.50

Remboursement sur Londres à 6 mois de vue au change de 4ˢʰ 6ᵈ pour $ 1 .... £ 166 [illegible]

et au change sur France de F. 25.25 pour £ 1 .... F. 4201.35

FRAIS A NANTES

Fret sur 6050 kil. à F. 60 par tonneau de 800 kil .... F. 453.75
Déchargement, pesage et livraison à F. 4.50 par 1000 kil .... » 27.25
Magasinage de 2 mois à F. 2 par 1000 kil. et par mois .... » 24.20
Frais au déchargement et menus frais .... » 20.—
Assurance maritime sur F. 4621, à 2 % et police .... » 93.90
id. contre le feu sur F. 5240, à ½ ‰ .... » 2.60
Commission de banque à Londres pour confirmation de crédit, 1 % .... » 42.—
Courtage de vente .... ½ %
Escompte à la vente .... 2¼ %
Commission de vente .... 2 %
Commission de banque .... ¼ %
Ensemble .... 4¾ % sur F. 5107.65 .... » 242.60 » 906.30

F. 5107.65

RENDEMENT : 1 picul = 60 kil. :

100 piculs = 6000 kil. à F. 85.12 les 100 kil. (*) .... F. 5107.20

(*) nouvelles conditions.

PRIX DE REVIENT A NANTES DES 100 KIL. ENTREPOT

AUX CHANGES SUIVANTS SUR LONDRES

Avec la parité des changes sur PARIS, calculés sur la base de F. 25.25 pour £ 1.—.—

	PRIX à SINGAPORE par picul	LONDRES Sh. 4.6 — PARIS F. 5.68¾	LONDRES Sh. 4.7 — PARIS F. 5.78¾	LONDRES Sh. 4.8 — PARIS F. 5.89¼	LONDRES Sh. 4.9 — PARIS F. 5.99¾	LONDRES Sh. 4.10 — PARIS F. 6.10¼	LONDRES Sh. 4.11 — PARIS F. 6.20¾	LONDRES Sh. 5.— — PARIS F. 6.31¼	LONDRES Sh. 5.1 — PARIS F. 6.41¾	1ᵈ par $ sur le change fait à Nantes par 100 kil.
SUBDIVISIONS — Coûts et frais variables	$ —. 5	F. 0.53	F. 0.54	F. 0.55	F. 0.56	F. 0.57	F. 0.58	F. 0.59	F. 0.60	F. 0.01
	—.10	1.06	1.08	1.10	1.12	1.14	1.16	1.18	1.20	0.02
	—.20	2.12	2.16	2.20	2.24	2.28	2.32	2.36	2.40	0.04
	—.30	3.19	3.25	3.31	3.36	3.42	3.48	3.54	3.60	0.06
	—.40	4.25	4.33	4.41	4.48	4.56	4.64	4.72	4.80	0.08
	—.50	5.31	5.41	5.51	5.61	5.71	5.81	5.91	6.—	0.10
	—.60	6.37	6.49	6.61	6.73	6.85	6.97	7.09	7.20	0.12
	—.70	7.43	7.57	7.71	7.85	7.99	8.13	8.27	8.40	0.14
	—.80	8.50	8.66	8.82	8.97	9.13	9.29	9.45	9.60	0.16
	—.90	9.56	9.74	9.92	10.09	10.27	10.45	10.63	10.80	0.18
	1.—	10.62	10.82	11.02	11.21	11.41	11.61	11.81	12.—	0.20
Coûts et frais variables et invariables	3.—	42.63	43.26	43.89	44.52	45.14	45.77	46.41	47.02	0.63
	4.—	53.26	54.08	54.91	55.74	56.55	57.38	58.21	59.02	0.82
	5.—	63.88	64.90	65.93	66.95	67.97	68.99	70.02	71.03	1.02
	6.—	74.50	75.72	76.94	78.16	79.38	80.60	81.82	83.03	1.22
	7.—	85.13	86.54	87.96	89.38	90.79	92.21	93.63	95.03	1.41
	8.—	95.75	97.36	98.98	100.59	102.20	103.81	105.43	107.03	1.61
	9.—	106.38	108.18	109.99	111.81	113.61	115.42	117.24	119.03	1.81
	10.—	117.—	119.—	121.01	123.02	125.02	127.03	129.04	131.03	2.00
	11.—	127.63	129.82	132.03	134.23	136.43	138.64	140.85	143.03	2.20
	12.—	138.25	140.64	143.04	145.45	147.84	150.25	152.65	155.03	2.40

OBSERVATIONS

F. 10 par tonneau sur le fret, font à Nantes une différence de F. 1.26 par 100 kil. sur les prix.

On veut savoir le revient à Nantes de Cornes de buffles coûtant à Singapore $ 8.65 par picul, au change de 5ˢʰ par $ et au fret de F. 60 par tonneau de 800 kil.

On trouvera dans la 1ʳᵉ et la 8ᵉ colonne de ce tableau que:

$ —. 5 font par 100 kil .... F. 0.59
» —.60 id. id. .... » 7.09
» 8.— id. id. .... » 105.43

$ 8.65 feront donc par 100 kil .... F. 113.11

N.-B. — 10ᶜ par £ 1 de différence dans les changes sur Paris font à Nantes ⅖ % sur les prix de revient, qui seront à ajouter ou à déduire selon les variations des changes en hausse ou en baisse sur le cours de F. 25.25.

Droits d'entrée par 100 kil. en Février 1866

Par navire Français .... Exemptes
id. Etranger .... F. 2.—

COMPTE D'ACHAT ET DE REVIENT

A 10 PICULS DENTS D'ÉLÉPHANT

10 piculs Dents d'Eléphant à $ 250 par picul	$	2500.—

FRAIS A SINGAPORE

Pesage et embarquement $ 0.15 par picul	»	1.50
	$	2501.50
Commission d'achat et de remboursement 3 ½ %	»	87.55
	$	2589.05
Remboursement sur Londres à 6 mois de vue au change de 4sh 6d pour $ 1	£	582.10.—
et au change sur France de F. 25.25 pour £ 1	F.	14708.90

FRAIS A NANTES

Fret sur 605 kil. à F. 100 par tonneau de 1000 kil.	F.	60.50		
Décharge, pesage et arrimage	»	2.75		
Magasinage de 2 mois à F. 2 par 1000 kil.	»	2.40		
Livraison	»	0.60		
Soins au débarquement et menus frais	»	20.—		
Assurance maritime sur F. 16179, à 2 % et police	»	325.10		
id. contre le feu 16590, à ½ ‰	»	8.30		
Commission de banque à Londres pour confirmation de crédit, 1 %	»	147.10		
Courtage de vente ¼ %				
Escompte à la vente 2¼ %				
Commission de vente 2 %				
Commission de banque ¼ %				
Ensemble 4 ¾ sur F. 16037.40	»	761.75	»	1328.50
			F.	16037.40

Rendement :

Pesant brut	kil. 605		
Angle 4 ‰	kil. 2		
Trait 1 %	» 6	» 8	
Net kil. 597 à F. 26.86 par kil. entrepôt		F.	16035.45

PRIX DE REVIENT A NANTES DU KIL. ENTREPOT

AUX CHANGES SUIVANTS SUR LONDRES

Avec la parité des changes sur PARIS, calculés sur la base de F. 25.25 pour £ 1.—.—

PRIX à SINGAPORE par picul	LONDRES Sh. 4.6 — PARIS F. 5.68⅛	LONDRES Sh. 4.7 — PARIS F. 5.78⅝	LONDRES Sh. 4.8 — PARIS F. 5.89⅛	LONDRES Sh. 4.9 — PARIS F. 5.99⅝	LONDRES Sh. 4.10 — PARIS F. 6.10¼	LONDRES Sh. 4.11 — PARIS F. 6.20¾	LONDRES Sh. 5.— — PARIS F. 6.31¼	LONDRES Sh. 5.1 — PARIS F. 6.41¾	1d par $ sur le change fait à Nantes par kil.
[illegible] — Café et Droits variables									
$ —.10	F. 0.01	F. 0.01	F. 0.01	F. 0.01	F. 0.01	F. 0.01	F. 0.01	F. 0.01	F. 0.—
—.20	0.02	0.02	0.02	0.02	0.02	0.02	0.02	0.02	0.—
—.30	0.03	0.03	0.03	0.03	0.04	0.04	0.04	0.04	0.—
—.40	0.04	0.04	0.04	0.04	0.05	0.05	0.05	0.05	0.—
—.50	0.06	0.06	0.05	0.06	0.06	0.06	0.06	0.06	0.—
—.60	0.07	0.07	0.07	0.07	0.07	0.07	0.07	0.07	0.—
—.70	0.08	0.08	0.08	0.08	0.08	0.08	0.08	0.08	0.—
—.80	0.09	0.09	0.09	0.09	0.10	0.10	0.10	0.10	0.—
—.90	0.10	0.10	0.10	0.10	0.11	0.11	0.11	0.11	0.—
1.—	0.11	0.11	0.11	0.11	0.12	0.12	0.12	0.12	0.—
2.—	0.21	0.22	0.22	0.23	0.23	0.23	0.24	0.24	0.—
3.—	0.32	0.33	0.33	0.34	0.35	0.35	0.36	0.36	0.01
4.—	0.43	0.44	0.44	0.45	0.46	0.47	0.48	0.48	0.01
5.—	0.54	0.55	0.56	0.57	0.58	0.59	0.60	0.61	0.01
6.—	0.64	0.66	0.67	0.68	0.69	0.70	0.71	0.73	0.01
7.—	0.75	0.76	0.78	0.79	0.81	0.82	0.83	0.85	0.01
8.—	0.86	0.87	0.89	0.90	0.92	0.94	0.95	0.97	0.02
9.—	0.96	0.98	1.—	1.02	1.04	1.05	1.07	1.09	0.02
10.—	1.07	1.09	1.11	1.13	1.15	1.17	1.19	1.21	0.02
20.—	2.14	2.17	2.21	2.25	2.29	2.33	2.37	2.41	0.04
30.—	3.20	3.26	3.32	3.38	3.44	3.50	3.56	3.62	0.06
40.—	4.27	4.35	4.43	4.51	4.59	4.67	4.74	4.82	0.08
50.—	5.34	5.44	5.54	5.63	5.73	5.83	5.93	6.03	0.10
Café et frais variables et invariables									
30.—	3.37	3.43	3.49	3.55	3.61	3.67	3.73	3.79	0.06
40.—	4.44	4.52	4.60	4.68	4.76	4.84	4.92	5.—	0.08
50.—	5.51	5.61	5.71	5.80	5.90	6.—	6.10	6.20	0.10
100.—	10.85	11.04	11.24	11.44	11.64	11.84	12.03	12.23	0.20
150.—	16.19	16.48	16.78	17.07	17.37	17.67	17.96	18.26	0.30
200.—	21.52	21.92	22.31	22.71	23.10	23.50	23.89	24.29	0.40
250.—	26.86	27.36	27.85	28.34	28.84	29.34	29.83	30.32	0.49
300.—	32.20	32.79	33.38	33.98	34.57	35.17	36.76	36.35	0.59
350.—	37.54	38.23	38.92	39.61	40.30	41.—	41.69	42.38	0.69
400.—	42.88	43.67	44.45	45.25	46.04	46.83	47.62	48.41	0.79
450.—	48.21	49.10	49.99	50.88	51.77	52.67	53.55	54.44	0.89
500.—	53.55	54.54	55.53	56.52	57.51	58.50	59.48	60.47	0.99

OBSERVATIONS

F. 10 par tonneau sur le fret, font à Nantes une différence de F. 0.01 par kil. sur les prix.

On veut savoir le revient à Nantes de Dents d'éléphant coûtant à Singapore $ 49.50 par picul, au change de 5sh par $ et au fret de F. 100 par tonneau de 1000 kil.

On trouvera dans la 1re et la 8e colonne de ce tableau que:

$ —.50 font par kil.	F.	0.06
» 9.— id. id.	»	1.07
» 40.— id. id.	»	4.92
$ 49.50 feront donc par kil.	F.	6.05

N.-B. — 1d par £ 1 de différence dans les changes sur Paris font à Nantes ⅙ % sur les prix de revient, qui seront à ajouter ou à déduire selon les variations des changes en hausse ou en baisse sur le cours de F. 25.25.

Droits d'entrée par 100 kil. en Février 1866

Par navire Français	Exemptes
Id. Etranger	F. 3.—

COMPTE D'ACHAT ET DE REVIENT

A 8 CAISSES ÉCAILLE DE TORTUE

8 caisses Écaille de Tortue, pesant net 960 piculs à $ 400 par picul	$	3840.—

FRAIS A SINGAPORE

Caisses, emballage, pesage et embarquement à $ 1.25 par picul	»	12.—
	$	3852.—
Commission d'achat et de remboursement 3 ½ %	»	134.82
	$	3986.82
Remboursement sur Londres à 6 mois de vue au change de 4sh 0d pour $ 1	£	807.—. 7
et au change sur France de F. 25.25 pour £ 1	F.	22650.—

FRAIS A NANTES

Fret sur 756 kil. à F. 100 secs par tonneau de 500 kil.	F.	151.20		
Permis, frais au débarquement, pesage, arrimage et livraison	»	3.40		
Magasinage de 2 mois à F. 0.20 par caisse et par mois	»	3.20		
Tonneliers, ports de lettres et menus frais	»	8.—		
Assurance maritime sur F. 24915, à 2 % et police	»	499.80		
id. contre le feu sur F. 25580, à ½ ‰	»	12.80		
Commission de banque à Londres pour confirmation de crédit, 1 %	»	225.50		
Courtage de vente ¼ %				
Escompte à la vente 2¼ %				
Commission de vente 2 %				
Commission de banque ¼ %				
Ensemble 4¾ % sur F. 24729.55	»	1174.65	»	2070.55
			F.	24729.55

Rendement :

8 caisses pesant brut		kil. 756
Angle 4 ‰	kil. 3	
Tare réelle kil. 22.5 par caisse	» 180	» 183
		kil. 573
Trait 1 %		» 6
Net		kil. 567 à F. 43.61 ½ par kil. entrepôt ..... F. 24729.70

PRIX DE REVIENT A NANTES DU KIL. ENTREPOT

AUX CHANGES SUIVANTS SUR LONDRES

Avec la parité des changes sur Paris, calculés sur la base de F. 25.25 pour £ 1.—.—

PRIX à SINGAPORE par picul	LONDRES Sh. 4.6 — PARIS F. 5.68¾	LONDRES Sh. 4.7 — PARIS F. 5.78¾	LONDRES Sh. 4.8 — PARIS F. 5.89¼	LONDRES Sh. 4.9 — PARIS F. 5.99¾	LONDRES Sh. 4.10 — PARIS F. 6.10¼	LONDRES Sh. 4.11 — PARIS F. 6.20¾	LONDRES Sh. 5.— — PARIS F. 6.31¼	LONDRES Sh. 5.1 — PARIS F. 6.41¾	1d par $ sur le change fait à Nantes par kil.
$ —.10	F. 0.01	F. 0.01	F. 0.01	F. 0.01	F. 0.01	F. 0.01	F. 0.01	F. 0.01	F. 0.—
—.20	0.02	0.02	0.02	0.02	0.02	0.02	0.02	0.02	0.—
—.30	0.03	0.03	0.03	0.03	0.04	0.04	0.04	0.04	0.—
—.40	0.04	0.04	0.04	0.04	0.05	0.05	0.05	0.05	0.—
—.50	0.06	0.05	0.06	0.06	0.05	0.06	0.06	0.06	0.—
—.60	0.07	0.07	0.07	0.07	0.07	0.07	0.07	0.07	0.—
—.70	0.08	0.08	0.08	0.08	0.08	0.08	0.08	0.08	0.—
—.80	0.09	0.09	0.09	0.09	0.10	0.10	0.10	0.10	0.—
—.90	0.10	0.10	0.10	0.10	0.11	0.11	0.11	0.11	0.—
1.—	0.11	0.11	0.11	0.11	0.12	0.12	0.12	0.12	0.—
2.—	0.22	0.22	0.22	0.23	0.23	0.24	0.24	0.24	0.—
3.—	0.32	0.33	0.34	0.34	0.35	0.35	0.36	0.37	0.01
4.—	0.43	0.44	0.45	0.46	0.46	0.47	0.48	0.49	0.01
5.—	0.54	0.55	0.56	0.57	0.58	0.59	0.60	0.61	0.01
6.—	0.65	0.66	0.67	0.68	0.70	0.71	0.72	0.73	0.01
7.—	0.76	0.77	0.78	0.80	0.81	0.83	0.84	0.85	0.01
8.—	0.86	0.88	0.90	0.91	0.93	0.94	0.96	0.98	0.02
9.—	0.97	0.99	1.01	1.03	1.04	1.06	1.08	1.10	0.02
10.—	1.08	1.10	1.12	1.14	1.16	1.18	1.20	1.22	0.02
20.—	2.16	2.20	2.24	2.28	2.32	2.36	2.40	2.44	0.04
30.—	3.24	3.30	3.36	3.42	3.48	3.54	3.60	3.66	0.06
40.—	4.32	4.40	4.48	4.56	4.64	4.72	4.80	4.88	0.08
50.—	5.40	5.50	5.60	5.70	5.80	5.90	6.—	6.10	0.10
100.—	11.22	11.43	11.63	11.84	12.04	12.25	12.45	12.65	0.20
150.—	16.62	16.92	17.22	17.53	17.83	18.14	18.44	18.74	0.30
200.—	22.02	22.42	22.82	23.23	23.63	24.04	24.44	24.84	0.40
250.—	27.41	27.91	28.41	28.92	29.42	29.93	30.43	30.93	0.50
300.—	32.81	33.41	34.01	34.62	35.22	35.83	36.43	37.03	0.60
350.—	38.20	38.90	39.60	40.31	41.01	41.72	42.42	43.12	0.70
400.—	43.60	44.40	45.20	46.01	46.81	47.62	48.42	49.22	0.80
450.—	49.—	49.89	50.79	51.70	52.60	53.51	54.41	55.31	0.90
500.—	54.40	55.39	56.39	57.40	58.40	59.41	60.41	61.41	1.—
550.—	59.79	60.89	61.99	63.09	64.19	65.30	66.40	67.50	1.10
600.—	65.19	66.39	67.59	68.79	69,99	71.20	72.40	73.30	1.20

OBSERVATIONS

F. 10 par tonneau sur le fret, font à Nantes une différence de F. 0.02 % par kil. sur les prix.

On veut savoir le revient à Nantes d'Écailles de tortue coûtant à Singapore $ 460.60 par picul, au change de 5sh par $ et au fret de F. 100 par tonneau de 500 kil.

On trouvera dans la 1re et la 8e colonne de ce tableau que :

$ —.60 font par kil.	F.	0.07
» 10.— id. id.	»	1.20
» 450.— id. id.	»	54.41
$ 460.60 feront donc par kil.	F.	55.68

N.-B. — 10c par £ 1 de différence dans les changes sur Paris font à Nantes ⅜ % sur les prix de revient, qui seront à ajouter ou à déduire selon les variations des changes en hausse ou en baisse sur le cours de F. 25.25.

Droits d'entrée par 100 kil. en Février 1866

Par navire Français		Exempte
id. Étranger	F.	6.—

COMPTE D'ACHAT ET DE REVIENT

A 709 BLOCS ETAIN MALACCA

709 blocs Etain Malacca, pesant 520 piculs à $ 29 par picul			$	15080.—

FRAIS A SINGAPORE

Allèges, coolies pour recevoir, peser et embarquer à $ 0.10 par picul	$	52.—		
Timbre de traites ¼ %	»	37.70		
Commission d'achat et de remboursement 3 ½ %	»	527.80	»	617.50
			$	15697.50
Remboursement sur Londres à 6 mois de vue au change de 4sh 6d pour $ 1			£	3531.18.7
et au change sur France de F. 25.25 pour £ 1			F.	89181.25

FRAIS AU HAVRE

Fret sur 31200 kil. à F. 90 secs par tonneau de 1000 kil	F.	2808.—		
Permis, frais au débarquement, port en magasin, arrimage, magasinage d'un mois, livraison et menus frais	»	95.—		
Assurance maritime sur F. 98100, à 2 % et police	»	1963.50		
id. contre le feu sur F. 102966, à ½ ‰	»	51.45		
Commission à Londres pour confirmation de crédit, 1 %	»	891.80		
Escompte à la vente 2 %				
Courtage de vente ¼ %				
Commission de vente 2 %				
Ensemble 4¼ % sur F. 99207.30	»	4216.30	»	10026.05
			F.	99207.30

RENDEMENT : 1 picul rend 60 kil. :

Soit 31200 kil. à F. 317.97 par 100 kil. entrepôt	F.	99206.65

PRIX DE REVIENT AU HAVRE DES 100 KIL. ENTREPOT

AUX CHANGES SUIVANTS SUR LONDRES

Avec la parité des changes sur PARIS, calculés sur la base de F. 25.25 pour £ 1.—.—

	PRIX à SINGAPORE par picul	LONDRES Sh. 4.6 — PARIS F. 5.68½	LONDRES Sh. 4.7 — PARIS F. 5.78¾	LONDRES Sh. 4.8 — PARIS F. 5.89⅛	LONDRES Sh. 4.9 — PARIS F. 5.99¾	LONDRES Sh. 4.10 — PARIS F. 6.10¼	LONDRES Sh. 4.11 — PARIS F. 6.20¾	LONDRES Sh. 5.— — PARIS F. 6.31¼	LONDRES Sh. 5.1 — PARIS F. 6.41¾	1d par $ sur le change fait au Havre par 100 kil.
SUBDIVISIONS — Coût et frais variables	$ —. 5	F. 0.53	F. 0.54	F. 0.55	F. 0.56	F. 0.57	F. 0.58	F. 0.59	F. 0.60	F. 0.01
	—.10	1.06	1.08	1.10	1.12	1.14	1.16	1.18	1.20	0.02
	—.20	2.12	2.16	2.20	2.24	2.28	2.31	2.35	2.39	0.04
	—.30	3.18	3.24	3.30	3.35	3.41	3.47	3.53	3.59	0.06
	—.40	4.24	4.32	4.40	4.47	4.55	4.63	4.71	4.79	0.08
	—.50	5.30	5.40	5.50	5.59	5.69	5.79	5.89	5.99	0.10
	—.60	6.35	6.47	6.59	6.71	6.83	6.94	7.06	7.18	0.12
	—.70	7.41	7.55	7.69	7.83	7.97	8.10	8.24	8.38	0.14
	—.80	8.47	8.63	8.79	8.94	9.10	9.26	9.42	9.58	0.16
	—.90	9.53	9.71	9.89	10.06	10.24	10.41	10.59	10.77	0.18
	1.—	10.59	10.79	10.99	11.18	11.38	11.57	11.77	11.97	0.20
	2.—	21.19	21.58	21.97	22.36	22.75	23.15	23.54	23.93	0.39
	3.—	31.78	32.37	32.96	33.54	34.13	34.72	35.31	35.90	0.59
	4.—	42.38	43.16	43.94	44.72	45.51	46.29	47.08	47.86	0.78
	5.—	52.97	53.95	54.93	55.91	56.89	57.87	58.85	59.83	0.98
Coût et frais variables et invariables	10.—	116.69	118.66	120.64	122.62	124.60	126.58	128.56	130.54	1.98
	15.—	169.66	172.60	175.56	178.52	181.48	184.44	187.40	190.37	2.96
	20.—	222.63	226.55	230.49	234.43	238.37	242.31	246.25	250.20	3.94
	25.—	275.60	280.49	285.41	290.33	295.25	300.17	305.09	310.03	4.92
	30.—	328.57	334.44	340.34	346.24	352.14	358.04	363.94	369.86	5.90
	35.—	381.54	388.38	395.26	402.14	409.02	415.90	422.78	429.69	6.88
	40.—	434.51	442.33	450.19	458.05	465.91	473.77	481.63	489.52	7.86

OBSERVATIONS

F. 10 par tonneau sur le fret, font au Havre une différence de F. 1 par 100 kil. sur les prix.

On veut savoir le revient au Havre d'Étain coûtant à Singapore $ 19.85 par picul, au change de 5sh par $ et au fret de F. 90 par tonneau de 1000 kil.

On trouvera dans la 1re et la 8e colonne de ce tableau que:

$ —. 5 font par 100 kil		F.	0.59
» —.80 id.	id.	»	9.42
» 4.— id.	id.	»	47.08
» 15.— id.	id.	»	187.40
$ 19.85 feront donc par 100 kil		F.	244.49

N.-B. — 10c par £ 1 de différence dans les changes sur Paris font au Havre ⅖ % sur les prix de revient, qui seront à ajouter ou à déduire selon les variations des changes en hausse ou en baisse sur le cours de F. 25.25.

Droits d'entrée par 100 kil. en Février 1866

Par navire Français	Exempt
id. Etranger	

COMPTE D'ACHAT ET DE REVIENT

A 4366 BALLES FARINE DE SAGOU

4366 balles (Bornéo Flour) pesant 5087 piculs à $ 2 le picul			$	10174.—
4366 balles en toile de Gunny à $ 0.25 chaque			»	1091.50
			$	11265.50

FRAIS A SINGAPORE

Allèges, coolies pour recevoir, peser et embarquer à $ 0.10 par picul	$	508.70		
Timbre de traites ¼ %	»	28.16		
Commission d'achat et de remboursement 3 ½ %	»	394.29	»	931.15
			$	12196.65
Remboursement sur Londres à 6 mois de vue au change de 4sh 6d pour $ 1			£	2744. 5.--
et au change sur France de F. 25.25 pour £ 1			F.	69292.30

FRAIS AU HAVRE

Fret sur 303900 kil. à F. 90 secs par tonneau de 700 kil.	F.	39073.—		
Permis, frais au débarquement, port en magasin, arrimage, magasinage d'un mois, livraison et menus frais	»	1250.—		
Assurance maritime sur F. 76221, à 2 ¼ % et police	»	1716.50		
id. contre le feu sur F. 118260, à ½ ‰	»	59.15		
Commission de banque à Londres pour confirmation de crédit, 1 %	»	692.90		
Escompte à la vente 2 %				
Courtage de vente ½ %				
Commission de vente 2 %				
Ensemble 4½ % sur F. 117058.85	»	4975.—	»	47766.55
			F.	117058.85

RENDEMENT : 1 picul rend 58 kil. nets :

Soit 5087 picuels = net 295046 kil. à F. 39.67 par 100 kil. entrepôt .... F. 117044.75

N.-B. — Le déchet sur le poids est d'environ 4 %.

PRIX DE REVIENT AU HAVRE DES 100 KIL. ENTREPOT

AUX CHANGES SUIVANTS SUR LONDRES

Avec la parité des changes sur PARIS, calculés sur la base de F. 25.25 pour £ 1.—.—

	PRIX à SINGAPORE par picul	LONDRES Sh. 4.6 — PARIS F. 5.68⅛	LONDRES Sh. 4.7 — PARIS F. 5.78⅝	LONDRES Sh. 4.8 — PARIS F. 5.89⅛	LONDRES Sh. 4.9 — PARIS F. 5.99⅝	LONDRES Sh. 4.10 — PARIS F. 6.10¼	LONDRES Sh. 4.11 — PARIS F. 6.20¾	LONDRES Sh. 5.— — PARIS F. 6.31¼	LONDRES Sh. 5.1 — PARIS F. 6.41¾	1d par $ sur le change fait au Havre par 100 kil.
SUBDIVISIONS — Coût et frais variables	$ —. 5	F. 0.55	F. 0.56	F. 0.57	F. 0.58	F. 0.59	F. 0.60	F. 0.61	F. 0.62	F. 0.—
	—.10	1.10	1.12	1.14	1.16	1.18	1.20	1.22	1.24	0.02
	—.20	2.20	2.24	2.28	2.32	2.36	2.40	2.44	2.48	0.04
	—.30	3.30	3.36	3.42	3.48	3.54	3.60	3.66	3.72	0.06
	—.40	4.40	4.48	4.56	4.64	4.72	4.80	4.88	4.96	0.08
	—.50	5.50	5.60	5.70	5.80	5.90	6.01	6.11	6.21	0.10
	—.60	6.59	6.71	6.84	6.96	7.08	7.21	7.33	7.45	0.12
	—.70	7.69	7.83	7.98	8.12	8.26	8.41	8.55	8.69	0.14
	—.80	8.79	8.95	9.12	9.28	9.44	9.61	9.77	9.93	0.16
	—.90	9.89	10.07	10.26	10.44	10.62	10.81	10.99	11.17	0.18
	1.—	10.99	11.19	11.40	11.60	11.80	12.01	12.21	12.41	0.20
Coût et frais variables et invariables	1.—	28.68	28.94	29.21	29.48	29.74	30.01	30.28	30.54	0.27
	2.—	39.67	40.13	40.60	41.08	41.54	42.01	42.49	42.96	0.47
	3.—	50.65	51.33	52.—	52.68	53.35	54.02	54.70	55.37	0.67
	4.—	61.64	62.52	63.39	64.28	65.15	66.02	66.91	67.78	0.88
	5.—	72.63	73.71	74.79	75.88	76.95	78.06	79.12	80.20	1.08

OBSERVATIONS

F. 10 par tonneau sur le fret, font au Havre une différence de F. 1.47 par 100 kil. sur les prix.

On veut savoir le revient au Havre de Farine de Sagou coûtant à Singapore $ 2.55 par picul, au change de 5sh par $ et au fret de F. 90 par tonneau de 700 kil.

On trouvera dans la 1re et la 8e colonne de ce tableau que:

$ —. 5 font par 100 kil.	F.	0.61
» —.50 id. id.	»	6.11
» 2.— id. id.	»	42.49
$ 2.55 seront donc par 100 kil.	F.	49.21

N.-B. — 10c par £ 1 de différence dans les changes sur Paris font au Havre ⅖% sur les prix de revient, qui seront à ajouter ou à déduire selon les variations des changes en hausse ou en baisse sur le cours de F. 25.25.

Droits d'entrée par 100 kil. en Février 1886

Par navire Français	F.	1.20
id. Etranger	»	3.—

COMPTE D'ACHAT ET DE REVIENT

A 1680 BALLES GAMBIER

1680 balles Gambier, pesant.. piculs 3740 à $ 3 par picul		$	11220.—
Perte au poids à la presse...... » 27			
Net .... piculs 3713			
5040 nattes à $ 5, fil, coudre, etc.		»	252.—
		$	11472.—

FRAIS A SINGAPORE

Allèges, coolies pour recevoir, peser et embarquer $ 0.10 par picul	$	371.30		
Pressage sur 3713 piculs à $ 0.12 ½ par picul	»	464.12		
Timbres de traites ¼ %	»	28.68		
Commission d'achat et de remboursement 3 ½ %	»	401.52	»	1265.62
			$	12737.62
Remboursement sur Londres à 6 mois de vue au change de 4sh pour $ 1			£	2865.19. 2
et au change sur France de F. 25.25 pour £ 1			F.	72365.50

FRAIS AU HAVRE

Fret sur 213500 kil. à F. 100 secs par tonneau de 800 kil.	F.	26687.50		
Permis, frais au débarquement, port en magasin, arrimage, magasinage d'un mois, frais à la livraison et menus frais	»	1067.50		
Assurance maritime sur F. 79600. à 2 ¼ % et police	»	1792.50		
id. contre le feu sur F. 109346, à ½ ‰	»	54.65		
Commission à Londres pour confirmation de crédit, 1 %	»	723.65		
Escompte à la vente .... 2 %				
Courtage de vente .... ¼ %				
Commission de vente .... 2 %				
Ensemble..... 4 ¼ % sur F. 107249.70	»	4558.10	»	34883.90
			F.	107249.40

Rendement : 1 picul rend net kil. 56.39 ;

Soit 3740 piculs = net 210898 kil. à F. 50.85 par 100 kil. entrepôt .... F. 107241.65

N.-B. — Il faut compter sur une perte au poids de 6 à 7 %

PRIX DE REVIENT AU HAVRE DES 100 KIL. ENTREPOT

AUX CHANGES SUIVANTS SUR LONDRES

Avec la parité des changes sur Paris, calculés sur la base de F. 25.25 pour £ 1.—.—

	PRIX à SINGAPORE par picul	LONDRES Sh. 4.6 — PARIS F. 5.68 ¼	LONDRES Sh. 4.7 — PARIS F. 5.78 ¾	LONDRES Sh. 4.8 — PARIS F. 5.89 ½	LONDRES Sh. 4.9 — PARIS F. 5.99 ¾	LONDRES Sh. 4.10 — PARIS F. 6.10 ½	LONDRES Sh. 4.11 — PARIS F. 6.20 ¾	LONDRES Sh. 5.— — PARIS F. 6.31 ¼	LONDRES Sh. 5.1 — PARIS F. 6.41 ¾	1d par $ sur le change fait au Havre par 100 kil.
Subdivisions — Coût et frais variables	$ —. 5	F. 0.57	F. 0.58	F. 0.59	F. 0.60	F. 0.61	F. 0.62	F. 0.63	F. 0.64	F. 0.01
	—.10	1.13	1.15	1.17	1.19	1.21	1.24	1.26	1.28	0.02
	—.20	2.26	2.30	2.34	2.39	2.43	2.47	2.51	2.55	0.04
	—.30	3.39	3.45	3.52	3.58	3.64	3.71	3.77	3.83	0.06
	—.40	4.52	4.60	4.69	4.77	4.86	4.94	5.02	5.11	0.08
	—.50	5.65	5.76	5.86	5.97	6.07	6.18	6.28	6.39	0.10
	—.60	6.78	6.91	7.03	7.16	7.28	7.41	7.54	7.66	0.12
	—.70	7.91	8.06	8.20	8.35	8.50	8.65	8.79	8.94	0.15
	—.80	9.04	9.21	9.38	9.54	9.71	9.88	10.05	10.22	0.17
	—.90	10.17	10.36	10.55	10.74	10.93	11.12	11.30	11.49	0.19
	1.—	11.30	11.51	11.72	11.93	12.14	12.35	12.56	12.77	0.21
Coût et frais variables et invariables	1.—	28.25	28.52	28.79	29.06	29.33	29.60	29.87	30.14	0.27
	2.—	39.55	40.03	40.51	40.99	41.47	41.95	42.42	42.90	0.48
	3.—	50.85	51.54	52.23	52.92	53.61	54.20	54.98	55.67	0.69
	4.—	62.15	63.05	63.95	64.85	65.75	66.64	67.54	68.43	0.90
	5.—	73.46	74.57	75.67	76.78	77.89	78.99	80.10	81.20	1.11

OBSERVATIONS

F. 10 par tonneau sur le fret, font au Havre une différence de F. 1.27 par 100 kil. sur les prix.

On veut savoir le revient au Havre de Gambier coûtant à Singapore $ 4.15 par picul, au change de 5sh par $ et au fret de F. 100 par tonneau de 800 kil.

On trouvera dans la 1re et la 8e colonne de ce tableau que :

$ —. 5 font par 100 kil.	F.	0.63
» —.10 id. id.	»	1.26
» 4.— id. id.	»	67.54
$ 4.15 feront donc par 100 kil.	F.	69.43

N.-B. — 10c par £ 1 de différence dans les changes sur Paris font au Havre [illegible] % sur les prix de revient, qui seront à ajouter ou à déduire selon les variations des changes en hausse ou en baisse sur le cours de F. 25.25.

Droits d'entrée par 100 kil. en Février 1866

Par navire Français .... Exempt
id. Étranger .... F. 4.80

COMPTE D'ACHAT ET DE REVIENT

A 100 CAISSES GOMME DAMAR

100 caisses Gomme Damar, pesant 100 piculs à ƒ 7 par picul .... ƒ 700.—

FRAIS A SINGAPORE

Frais à ƒ 0.33 par picul	ƒ	33.—		
Commission d'achat et de remboursement 3 ½ %	»	24.50	»	57.50
			ƒ	757.50
Remboursement sur Londres à 6 mois de vue au change de 4[sh] 6[d] pour ƒ 1			£	170. 8. 7
et au change sur France de F. 25.25 pour £ 1			F.	4303.35

FRAIS A NANTES

Fret sur 7200 kil. bruts à F. 100 secs par tonneau de 800 kil	F.	900.—		
Déchargement, pesage, arrimage et livraison à F. 4.50 par 1000 kil	»	32.40		
Magasinage de 2 mois à F. 0.20 par caisse et par mois	»	40.—		
Tonneliers pour conditionner et échantillonner menus frais	»	50.—		
Assurance maritime sur F. 4735, à 2 % et police	»	96.15		
id. contre le feu sur F. 5851, à ½ %₀	»	2.90		
Commission de banque à Londres pour confirmation de crédit, 1 %	»	43.05		
Courtage de vente .... ¼ %				
Escompte à la vente .... 2¼ %				
Commission de vente .... 2 %				
Commission de banque .... ½ %				
Ensemble .... 4¾ % sur F. 5740.50	»	272.65	»	1437.15
			F.	5740.50

Rendement :

Brut		kil.	7200
Angle 4 %₀ .... kil. 29			
Tare 12 kil. par caisse .... » 1200		»	1229
		kil.	5971
Trait 1 %		»	60
Net .... kil. 5911 à F. 97.11 par 100 kil. entrepôt	F.		5740.20

PRIX DE REVIENT A NANTES DES 100 KIL. ENTREPOT

AUX CHANGES SUIVANTS SUR LONDRES

Avec la parité des changes sur Paris, calculés sur la base de F. 25.25 pour £ 1.—.—

PRIX à SINGAPORE par picul	LONDRES Sh. 4.6 — PARIS F. 5.68¼	LONDRES Sh. 4.7 — PARIS F. 5.78¾	LONDRES Sh. 4.8 — PARIS F. 5.89¼	LONDRES Sh. 4.9 — PARIS F. 5.99¾	LONDRES Sh. 4.10 — PARIS F. 6.10¼	LONDRES Sh. 4.11 — PARIS F. 6.20¾	LONDRES Sh. 5.— — PARIS F. 6.31¼	LONDRES Sh. 5.1 — PARIS F. 6.41¾	1[d] par ƒ sur le change fait à Nantes par 100 kil.
Coût et frais variables									
ƒ —. 5	F. 0.55	F. 0.55	F. 0.56	F. 0.57	F. 0.58	F. 0.59	F. 0.60	F. 0.61	F. 0.01
—.10	1.08	1.10	1.12	1.14	1.16	1.18	1.20	1.22	0.02
—.20	2.16	2.20	2.24	2.28	2.32	2.36	2.40	2.44	0.04
—.30	3.23	3.29	3.35	3.41	3.47	3.53	3.59	3.65	0.06
—.40	4.31	4.39	4.47	4.55	4.63	4.71	4.79	4.87	0.08
—.50	5.39	5.49	5.59	5.69	5.79	5.89	5.99	6.09	0.10
—.60	6.47	6.59	6.71	6.83	6.95	7.07	7.19	7.31	0.12
—.70	7.55	7.69	7.83	7.97	8.11	8.25	8.39	8.53	0.14
—.80	8.62	8.78	8.94	9.10	9.26	9.42	9.58	9.74	0.16
—.90	9.70	9.88	10.06	10.24	10.42	10.60	10.78	10.96	0.18
1.—	10.78	10.98	11.18	11.38	11.58	11.78	11.98	12.18	0.20
Coût et frais variables et invariables									
1.—	32.41	32.67	32.93	33.20	33.46	33.73	33.99	34.26	0.26
2.—	43.20	43.66	44.12	44.59	45.05	45.52	45.97	46.44	0.46
3.—	53.98	54.64	55.30	55.97	56.63	57.30	57.96	58.62	0.66
4.—	64.76	65.62	66.48	67.35	68.21	69.08	69.94	70.80	0.86
5.—	75.55	76.61	77.67	78.74	79.80	80.87	81.92	82.99	1.06
6.—	86.33	87.59	88.85	90.12	91.38	92.65	93.90	95.17	1.26
7.—	97.11	98.57	100.03	101.50	102.96	104.43	105.88	107.35	1.46
8.—	107.89	109.55	111.21	112.88	114.54	116.21	117.87	119.53	1.66
9.—	118.68	120.54	122.40	124.27	126.13	128.—	129.85	131.71	1.86
10.—	129.46	131.52	133.58	135.65	137.71	139.78	141.83	143.89	2.06
11.—	140.24	142.50	144.76	147.03	149.29	151.56	153.81	156.07	2.26
12.—	151.03	153.49	155.95	158.42	160.88	163.35	165.79	168.25	2.46

OBSERVATIONS

F. 10 par tonneau sur le fret, font à Nantes une différence de F. 1.52 par 100 kil. sur les prix.

On veut savoir le revient à Nantes de Gomme Damar coûtant à Singapore ƒ 5.45 par picul, au change de 5[sh] par ƒ et au fret de F. 100 par tonneau de 800 kil.

On trouvera dans la 1re et la 8[e] colonne de ce tableau que:

ƒ —. 5 font par 100 kil		F.	0.60
» —.40 id.	id.	»	4.79
» 5.— id.	id.	»	81.92
ƒ 5.45 feront donc par 100 kil		F.	87.31

N.-B. — 10[c] par £ 1 de différence dans les changes sur Paris font à Nantes ⅜ % sur les prix de revient, qui seront à ajouter ou à déduire selon les variations des changes en hausse ou en baisse sur le cours de F. 25.25.

Droits d'entrée par 100 kil en Février 1866

Par navire Français .... Exempte
id. Etranger .... F. 3.—

COMPTE D'ACHAT ET DE REVIENT

A 558.67 PICULS GRAINE DE SÉSAME

558.67 piculs graine de Sésame, à $ 100 par coyan de 40 piculs .... $ 1396.70

FRAIS A SINGAPORE

753 jones communs à $ 0.07 ½ .... $ 56.47
Coudre les sacs, peser, embarquer, etc. .... » 38.35
Commission d'achat et de remboursement 3 ½ % .... » 48.89 » 143.71

$ 1540.41

Remboursement sur Londres à 90 jours de vue au change de 4sh 6d pour $ 1 .... £ 346.11.10
et au change sur France de F. 25.25 pour £ 1 .... F. 8751.40

FRAIS A NANTES

Fret sur 33586 kil. à F. 100 secs par tonneau de 800 kil. .... F. 4198.25
Débarquement, pesage et livraison F. 4.50 par 1000 kil. .... » 151.15
Magasinage de 2 mois à F. 0.07 ½ par sac .... » 112.95
Soins au débarquement F. 0.06 par sac .... » 45.20
Ports de lettres et menus frais .... » 10.—
Assurance maritime sur F. 9626, à 2 % et police .... » 194.—
id. contre le feu sur F. 14337, à ½ ‰ .... » 7.15
Commission de banque à Londres pour confirmation de crédit, 1 % .... » 87.50
Courtage de vente .... ¼ %
Escompte à la vente .... 2 ¼ %
Commission de vente .... 2 %
Commission de banque .... ¼ %
Ensemble .... 4 ¾ % sur F. 14233.70 .... » 676.10 » 5482.30

F. 14233.70

Rendement :

Brut .... kil. 33586. 5
Angle 4 ‰ .... kil. 134.—
Tare et trait 4 % .... » 1338.—
Réfactions pour poussière et corps étrangers .... » 672. 5 » 2144. 5
Net .... kil. 31442.— à F. 45.27 par 100 kil. entrepôt. F. 14233.80

PRIX DE REVIENT A NANTES DES 100 KIL. ENTREPOT

AUX CHANGES SUIVANTS SUR LONDRES

Avec la parité des changes sur Paris, calculés sur la base de F. 25.25 pour £ 1.—.—

	PRIX à SINGAPORE par coyan	LONDRES Sh. 4.6 — PARIS F. 5.08 ¼	LONDRES Sh. 4.7 — PARIS F. 5.78 ¾	LONDRES Sh. 4.8 — PARIS F. 5.89 ¼	LONDRES Sh. 4.9 — PARIS F. 5.99 ¾	LONDRES Sh. 4.10 — PARIS F. 6.10 ¼	LONDRES Sh. 4.11 — PARIS F. 6.20 ¾	LONDRES Sh. 5.— — PARIS F. 6.31 ¼	LONDRES Sh. 5.1 — PARIS F. 6.41 ¾	1d par $ sur le change fait à Nantes par 100 kil.
Subsistances — Coût et frais variables	$ —.10	F. 0.03	F. 0.03	F. 0.03	F. 0.03	F. 0.03	F. 0.03	F. 0.03	F. 0.03	F. 0.—
	—.20	0.06	0.06	0.06	0.06	0.06	0.06	0.06	0.06	0.—
	—.30	0.08	0.09	0.09	0.09	0.09	0.09	0.10	0.10	0.—
	—.40	0.11	0.12	0.12	0.12	0.12	0.12	0.13	0.13	0.—
	—.50	0.14	0.15	0.15	0.15	0.15	0.16	0.16	0.16	0.—
	—.60	0.17	0.17	0.17	0.18	0.18	0.19	0.19	0.19	0.—
	—.70	0.20	0.20	0.20	0.21	0.21	0.22	0.22	0.22	0.—
	—.80	0.22	0.23	0.23	0.24	0.24	0.25	0.26	0.26	0.01
	—.90	0.25	0.26	0.26	0.27	0.27	0.28	0.29	0.29	0.01
	1.—	0.28	0.29	0.29	0.30	0.30	0.31	0.32	0.32	0.01
	2.—	0.57	0.58	0.59	0.60	0.61	0.62	0.63	0.64	0.01
	3.—	0.85	0.86	0.88	0.90	0.91	0.93	0.95	0.96	0.02
	4.—	1.12	1.15	1.18	1.20	1.22	1.24	1.26	1.28	0.02
	5.—	1.42	1.44	1.47	1.50	1.52	1.55	1.58	1.60	0.03
	6.—	1.70	1.73	1.76	1.79	1.82	1.85	1.89	1.92	0.03
	7.—	1.98	2.02	2.06	2.09	2.13	2.16	2.21	2.24	0.04
	8.—	2.26	2.30	2.35	2.39	2.43	2.47	2.52	2.56	0.04
	9.—	2.55	2.59	2.65	2.69	2.74	2.78	2.84	2.88	0.05
	10.—	2.83	2.88	2.94	2.99	3.04	3.09	3.15	3.20	0.05
Coût et frais variables et invariables	50.—	31.11	31.40	31.70	31.99	32.30	32.59	32.88	33.18	0.30
	60.—	33.94	34.28	34.64	34.98	35.34	35.68	36.03	36.37	0.35
	70.—	36.77	37.17	37.57	37.97	38.38	38.78	39.17	39.57	0.40
	80.—	39.60	40.05	40.51	40.95	41.42	41.87	42.32	42.77	0.45
	90.—	42.44	42.94	43.44	43.94	44.46	44.97	45.46	45.97	0.50
	100.—	45.27	45.82	46.38	46.93	47.50	48.06	48.61	49.17	0.56
	110.—	48.10	48.70	49.32	49.92	50.54	51.15	51.76	52.37	0.61
	120.—	50.93	51.59	52.25	52.91	53.58	54.25	54.90	55.57	0.66
	130.—	53.76	54.47	55.19	55.90	56.62	57.34	58.05	58.77	0.72
	140.—	56.59	57.36	58.12	58.89	59.66	60.44	61.19	61.97	0.77
	150.—	59.42	60.24	61.06	61.88	62.71	63.53	64.34	65.17	0.82

OBSERVATIONS

F. 10 par tonneau sur le fret, font à Nantes une différence de F. 1.34 par 100 kil. sur les prix.

On veut savoir le revient à Nantes de Graine de Sésame coûtant à Singapore $ 125.40 par coyan, au change de 4sh par $ et au fret de F. 100 par tonneau de 800 kil.

On trouvera dans la 1re et la 8e colonne de ce tableau que :

$ —.40 font par 100 kil. .... F. 0.13
» 5.— id. id. .... » 1.58
» 120.— id. id. .... » 54.90
$ 125.40 feront donc par 100 kil. .... F. 56.61

N.-B. — 10c par £ 1 de différence dans les changes sur Paris font à Nantes ⅖ %, sur les prix de revient, qui seront à ajouter ou à déduire selon les variations des changes en hausse ou en baisse sur le cours de F. 25.25.

Droits d'entrée par 100 kil. en Février 1886

Par navire Français .... Exempte
id. Etranger .... F. 2.—

COMPTE D'ACHAT ET DE REVIENT

A 100 PICULS GUTTA-PERCHA

100 piculs Gutta Percha, à $ 16		$	1600.—

FRAIS A SINGAPORE

Frais $ 0.25 par picul	$	25.—		
Commission d'achat et de remboursement 3 ½ %	»	56.—		81.—
			$	1681.—
Remboursement sur Londres à 6 mois de vue au change de 4sh 6d pour $ 1			£	378. 4. 5
et au change sur Paris de F. 25.25 pour £ 1			F.	9550.05

FRAIS A NANTES

Fret sur 5300 kil. à F. 100 secs par tonneau de 900 kil.	F.	588.90		
Déchargement, arrimage, pesage et livraison F. 4.50 par 1000 kil.	»	23.85		
Magasinage de 2 mois à F. 2.50 par 1000 kil.	»	26.50		
Soins au déchargement, ports de lettres et menus frais	»	10.—		
Assurance maritime sur F. 10505, à 2 % et police	»	211.60		
id. contre le feu sur F. 11065, à ½ ‰	»	5.65		
Commission de banque à Londres pour confirmation de crédit, 1 %	»	95.50		
Courtage de vente ¼ %				
Escompte à la vente 2¼ %				
Commission de vente 2 %				
Commission de banque ½ %				
Ensemble 4¾ % sur F. 11036.25	»	524.20	»	1486.20
			F.	11036.25

Rendement :

Brut		kil. 5300
Augle	kil. 21	
Trait 1 %	» 53	» 74
Net kil. 5226 à F. 211.18 par 100 kil. entrepôt	F.	11036.25

PRIX DE REVIENT A NANTES DES 100 KIL. ENTREPOT

AUX CHANGES SUIVANTS SUR LONDRES

Avec la parité des changes sur Paris, calculés sur la base de F. 25.25 pour £ 1.—.—

	PRIX à SINGAPORE par picul	LONDRES Sh. 4.6 — PARIS F. 5.68 ⅛	LONDRES Sh. 4.7 — PARIS F. 5.78 ⅛	LONDRES Sh. 4.8 — PARIS F. 5.89 ⅛	LONDRES Sh. 4.9 — PARIS F. 5.99 ⅝	LONDRES Sh. 4.10 — PARIS F. 6.10 ⅛	LONDRES Sh. 4.11 — PARIS F. 6.20 ⅝	LONDRES Sh. 5.— — PARIS F. 6.31 ⅛	LONDRES Sh. 5.1 — PARIS F. 6.41 ⅝	1d par $ sur le change fait à Nantes par 100 kil.
Subdivisions — Cotes et frais variables	$ —.5	F. 0.61	F. 0.62	F. 0.63	F. 0.64	F. 0.66	F. 0.67	F. 0.68	F. 0.69	F. 0.01
	—.10	1.22	1.24	1.27	1.29	1.31	1.33	1.36	1.38	0.02
	—.20	2.44	2.48	2.53	2.58	2.62	2.67	2.71	2.76	0.05
	—.30	3.66	3.73	3.80	3.86	3.93	4.—	4.07	4.13	0.07
	—.40	4.88	4.97	5.06	5.15	5.24	5.33	5.42	5.51	0.09
	—.50	6.10	6.21	6.33	6.44	6.55	6.67	6.78	6.89	0.11
	—.60	7.32	7.45	7.59	7.73	7.86	8.—	8.13	8.27	0.14
	—.70	8.54	8.69	8.86	9.02	9.17	9.33	9.49	9.65	0.16
	—.80	9.76	9.94	10.12	10.30	10.48	10.66	10.84	11.02	0.18
	—.90	10.98	11.18	11.39	11.59	11.79	12.—	12.20	12.40	0 20
	1.—	12.20	12.42	12.65	12.88	13.10	13.33	13.55	13.78	0.23
	2.—	24.39	24.85	25.30	25.75	26.20	26.65	27.11	27.56	0.45
	3.—	36.59	37.27	37.95	38.63	39.30	39.98	40.66	41.34	0.68
	4.—	48.79	49.69	50.60	51.50	52.40	53.31	54.21	55.12	0.90
	5.—	60.98	62.12	63.25	64.38	65.51	66.64	67.77	68.90	1.13
Cotes et frais variables et invariables	10.—	137.99	140.30	142.62	144.93	147.25	149.56	151.88	154.19	2.31
	15.—	198.98	202.42	205.87	209.31	212.76	216.20	219.65	223.09	3.44
	20.—	259.96	264.53	269.11	273.68	278.26	282.83	287.41	291.98	4.57
	25.—	320.95	326.65	332.36	338.06	343.77	349.47	355.18	360.88	5.70
	30.—	381.93	388.76	395.60	402.43	409.27	416.10	422.94	429.77	6.83
	35.—	442.92	450.88	458.85	466.81	474.78	482.74	490.71	498.67	7.96
	40.—	503.90	512.99	522.09	531.18	540.28	549.37	558.47	567.56	9.09
	45.—	564.89	575.11	585.34	595.56	605.79	616.01	626.24	636.46	10.22
	50.—	625.87	637.22	648.58	659.93	671.29	682.64	694.—	705.35	11.35

OBSERVATIONS

F. 10 par tonneau sur le fret, font à Nantes une différence de F. 1.13 par 100 kil. sur les prix.

On veut savoir le revient à Nantes de Gutta-Percha coûtant à Singapore $ 24.35 par picul, au change de 5sh par $ et au fret de F. 100 par tonneau de 900 kil.

On trouvera dans la 1re et la 8e colonne de ce tableau que:

$ —. 5	font par 100 kil.		F.	0.68
» —.30	id.	id.	»	4.07
» 4.—	id.	id.	»	54.21
» 20.—	id.	id.	»	287.41
$ 24.35	feront donc par 100 kil.		F.	346.37

N.-B. — 10c par £ 1 de différence dans les changes sur Paris font à Nantes ⅜ % sur les prix de revient, qui seront à ajouter ou à déduire selon les variations des changes en hausse ou en baisse sur le cours de F. 25.25.

La Gutta-Percha est le produit qui perd le plus au poids, dans les longues traversées le déchet varie de 9 à 25 %.

Droits d'entrée par 100 kil. en Février 1866

Par navire Français	Exempt
id. Etranger	F. 3.60

COMPTE D'ACHAT ET DE REVIENT

A 18 CHARNIERS HUILE DE COCO

18 Charniers huile de Coco, pesant 100 piculs à $ 6 par picul .... $ 600.—

FRAIS A SINGAPORE

Frais à $ 0.40 par picul .... $ 40.—
Commission d'achat et de remboursement 3 ½ % .... » 21.— » 61.—

$ 661.—

Remboursement sur Londres à 6 mois de vue au change de 4sh 6d pour $ 1 .... £ 148.14. 5
et au change sur Paris de F. 25 25 pour £ 1 .... F. 3755.20

FRAIS A NANTES

Fret sur 6990 kil. bruts à F. 100 secs par tonneau de 900 kil .... F. 776.60
Déchargement, pesage, arrimage et livraison à F. 4.50 par 1000 kil. » 29.20
Tonneliers au déchargement pour conditionner, et échantillonner .... » 65.20
Magasinage de 2 mois à $ 0.30 par fût et par mois .... » 10.80
Assurance maritime sur F. 4130, à 2 % et police .... » 84.10
id. contre le feu sur F. 5096, à ½ %₀ .... » 2.55
Commission de banque à Londres pour confirmation de crédit, 1 % .... » 37.55
Courtage de vente .... ½ %
Escompte à la vente .... 2½ %
Commission de vente .... 2 %
Commission de banque .... ¼ %
Ensemble .... 4¼ % sur F. 4998.65 .... » 237.45 » 1243.45

F. 4998.65

RENDEMENT :

Brut .... kil. 6990
Tare réelle .... kil. 990
Angle 4 %₀ .... » 28 » 1018

kil. 5972
Trait 1 % .... » 60

Net .... kil. 5912 à F. 84.55 par 100 kil. entrepôt .... F. 4998.60

PRIX DE REVIENT A NANTES DES 100 KIL. ENTREPOT

AUX CHANGES SUIVANTS SUR LONDRES

Avec la parité des changes sur PARIS, calculés sur la base de F. 25.25 pour £ 1.—.—

	PRIX à SINGAPORE par picul	LONDRES Sh. 4.6 — PARIS F. 5.68 ½	LONDRES Sh. 4.7 — PARIS F. 5.78 ¾	LONDRES Sh. 4.8 — PARIS F. 5.89 ⅓	LONDRES Sh. 4.9 — PARIS F. 5.99 ¾	LONDRES Sh. 4.10 — PARIS F. 6.10 ¼	LONDRES Sh. 4.11 — PARIS F. 6.20 ¾	LONDRES Sh. 5.— — PARIS F. 6.31 ¼	LONDRES Sh. 5.1 — PARIS F. 6.41 ¾	1d par $ sur le change fait à Nantes par 100 kil.
[illegible] — Coût et frais variables	$ —. 5	F. 0.54	F. 0.55	F. 0.56	F. 0.57	F. 0.58	F. 0.59	F. 0.60	F. 0.61	F. 0.01
	—.10	1.08	1.10	1.12	1.14	1.16	1.18	1.20	1.22	0.02
	—.20	2.16	2.20	2.24	2.28	2.32	2.36	2.40	2.44	0.04
	—.30	3.23	3.29	3.35	3.41	3.47	3.53	3.59	3.65	0.06
	—.40	4.31	4.39	4.47	4.55	4.63	4.71	4.79	4.87	0.08
	—.50	5.39	5.49	5.59	5.69	5.79	5.89	5.99	6.09	0.10
	—.60	6.47	6.59	6.71	6.83	6.95	7.07	7.19	7.31	0.12
	—.70	7.55	7.69	7.83	7.97	8.11	8.25	8.39	8.53	0.14
	—.80	8.62	8.78	8.94	9.10	9.26	9.42	9.58	9.74	0.16
	—.90	9.70	9.88	10.06	10.24	10.42	10.00	10.78	10.96	0.18
	1.—	10.78	10.98	11.18	11.38	11.58	11.78	11.98	12.18	0.20
Coût et frais variables et invariables	3.—	52.20	52.88	53.56	54.24	54.91	55.59	56.27	56.94	0.68
	4.—	62.99	63.87	64.74	65.62	66.49	67.37	68.25	69.12	0.88
	5.—	73.77	74.85	75.93	77.—	78.07	79.15	80.23	81.30	1.08
	6.—	84.55	85.83	87.11	88.38	89.65	90.93	92.21	93.48	1.28
	7.—	95.34	96.82	98.29	99.76	101.23	102.71	104.19	105.66	1.47
	8.—	106.12	107.80	109.47	111.15	112.82	114.50	116.18	117.85	1.67
	9.—	116.91	118.79	120.66	122.53	124.40	126.28	128.16	130.03	1.87
	10.—	127.69	129.77	131.84	133.91	135.98	138.06	140.14	142.21	2.07
	11.—	138.47	140.75	143.02	145.29	147.56	149.84	152.12	154.39	2.27
	12.—	149.26	151.74	154.21	156.67	159.14	161.62	164.10	166.57	2.47

OBSERVATIONS

F. 10 par tonneau sur le fret, font à Nantes une différence de F. 1.31 par 100 kil, sur les prix.

On veut savoir le revient à Nantes d'Huile de Coco coûtant à Singapore $ 10.45 par picul, au change de 5sh par $ et au fret de F. 100 par tonneau de 900 kil.

On trouvera dans la 1re et la 8e colonne de ce tableau que:

$ —.05 font par 100 kil .... F. 0.60
» —.40 id. id. .... » 4.79
» 10.— id. id. .... » 140.14

$ 10.45 feront donc par 100 kil .... F. 145.53

N.-B. — 10c par £ 1 de différence dans les changes sur Paris font à Nantes ⅜ % sur les prix de revient, qui seront à ajouter ou à déduire selon les variations des changes en hausse ou en baisse sur le cours de F. 25.25.

Droits d'entrée par 100 kil. en Février 1866

Par navire Français .... F. 6.—
Id. Etranger .... » 7.—

COMPTE D'ACHAT ET DE REVIENT

A 10000 JONCS

10000 Joncs de Singapore, à $ 55 le mille			$	550.—

FRAIS A SINGAPORE

Frais $ 2.80 le mille	$	28.—		
Commission d'achat et de remboursement 3 ½ %	»	19.25	»	47.25
			$	597.25
Remboursement sur Londres à 6 mois de vue au change de 4sh 6d pour $ 1			£	134. 7. 7
et au change sur Paris de F. 25.25 pour £ 1			F.	3393.10

FRAIS A NANTES

Fret sur 11 tonneaux 666 à F. 100 secs par tonneau	F.	1166.00		
Déchargement, arrimage et livraison	»	15.75		
Magasinage de 2 mois à F. 1.50 par 1000 kil. sur 3500 kil.	»	10.50		
Soins au débarquement et menus frais	»	20.—		
Assurance maritime sur F. 3732, à 2 % et police	»	76.15		
id contre le feu sur F. 5021, à ½ ‰	»	2.50		
Commission de banque à Londres pour confirmation de crédit, 1 %	»	33.95		
Courtage de vente ¼ %				
Escompte à la vente 2¼ %				
Commission de vente 2 %				
Commission de banque ¼ %				
Ensemble 4¾ % sur F. 4953.85	»	235.30	»	1560.75
			F.	4953.85

RENDEMENT :

10000 joncs, à F. 49.53 les 100 pièces entrepôt	F.	4953.—
Poids pour les droits.... kil. 3500		
Tare 1 kil. par paquet.. » 200		
Net...... kil. 3300		

PRIX DE REVIENT A NANTES DES 100 PIÈCES ENTREPOT

AUX CHANGES SUIVANTS SUR LONDRES

Avec la parité des changes sur PARIS, calculés sur la base de F. 25.25 pour £ 1.—.—

PRIX à SINGAPORE par mille	LONDRES Sh. 4.6 — PARIS F. 5.68⅛	LONDRES Sh. 4.7 — PARIS F. 5.78⅝	LONDRES Sh. 4.8 — PARIS F. 5.89⅛	LONDRES Sh. 4.9 — PARIS F. 5.99⅝	LONDRES Sh. 4.10 — PARIS F. 6.10⅛	LONDRES Sh. 4.11 — PARIS F. 6.20⅝	LONDRES Sh. 5.— — PARIS F. 6.31¼	LONDRES Sh. 5.1 — PARIS F. 6.41¾	1d par $ sur le change fait à Nantes par 100 pièces
$ —. 5	F. 0.03	F. 0.03	F. 0.03	F. 0.03	F. 0.03	F. 0.04	F. 0.04	F. 0.04	F. 0.—
—.10	0.06	0.07	0.07	0.07	0.07	0.07	0.07	0.07	0.—
—.20	0.13	0.13	0.13	0.13	0.14	0.14	0.14	0.14	0.—
—.30	0.19	0.20	0.20	0.20	0.21	0.21	0.21	0.22	0.—
—.40	0.25	0.26	0.26	0.27	0.28	0.28	0.28	0.29	0.—
—.50	0.32	0.33	0.33	0.34	0.35	0.35	0.36	0.36	0.01
—.60	0.38	0.39	0.40	0.40	0.41	0.42	0.43	0.43	0.01
—.70	0.45	0.46	0.46	0.47	0.48	0.49	0.50	0.50	0.01
—.80	0.51	0.52	0.53	0.54	0.55	0.56	0.57	0.58	0.01
—.90	0.58	0.59	0.59	0.60	0.62	0.63	0.64	0.65	0.01
1.—	0.64	0.65	0.66	0.67	0.69	0.70	0.71	0.72	0.01
2.—	1.27	1.30	1.32	1.35	1.37	1.39	1.42	1.44	0.02
3.—	1.91	1.95	1.98	2.02	2.06	2.09	2.12	2.16	0.04
4.—	2.55	2.60	2.64	2.69	2.74	2.78	2.83	2.88	0.05
5.—	3.19	3.25	3.31	3.37	3.43	3.48	3.54	3.60	0.06
6.—	3.82	3.89	3.97	4.04	4.11	4.18	4.25	4.32	0.07
7.—	4.46	4.54	4.63	4.71	4.80	4.87	4.96	5.04	0.08
8.—	5.10	5.19	5.29	5.38	5.48	5.57	5.66	5.76	0.09
9.—	5.73	5.84	5.95	6.06	6.17	6.26	6.37	6.48	0.11
10.—	6.37	6.49	6.61	6.73	6.85	6.96	7.08	7.20	0.12
30.—	33.60	33.99	34.37	34.76	35.14	35.52	35.91	36.30	0.39
40.—	39.98	40.48	40.96	41.48	41.98	42.49	42.99	43.50	0.50
50.—	46.35	46.97	47.59	48.21	48.83	49.45	50.07	50.70	0.62
60.—	52.72	53.46	54.20	54.94	55.68	56.41	57.15	57.90	0.74
70.—	59.10	59.95	60.81	61.67	62.52	63.38	64.23	65.10	0.86
80.—	65.47	66.45	67.42	68.39	69.37	70.34	71.32	72.30	0.98
90.—	71.85	72.94	74.03	75.12	76.21	77.31	78.40	79.50	1.09
100.—	78.22	79.43	80.64	81.85	83.06	84.27	85.48	86.70	1.21
110.—	84.59	85.92	87.25	88.58	89.91	91.23	92.56	93.90	1.33
120.—	90.97	92.41	93.86	95.31	96.76	98.20	99.64	101.10	1.45

OBSERVATIONS

F. 10 par tonneau sur le fret, font à Nantes une différence de F. 1.17 par 100 pièces sur les prix.

On veut savoir le revient à Nantes de Joncs Malacca coûtant à Singapore $ 78.95 par mille, au change de 5sh par $ et au fret de F. 100 par tonneau.

On trouvera dans la 1re et la 8e colonne de ce tableau que:

$ —. 5 font par 100 pièces		F.	0.04
» —.90 id.	id.	»	0.64
» 8.— id.	id.	»	5.66
» 70.— id.	id.	»	64.23
$ 78.95 feront donc par 100 pièces		F.	70.57

N.-B. — 10c par £ 1 de différence dans les changes sur Paris font à Nantes ⅓ % sur les prix de revient, qui seront à ajouter ou à déduire selon les variations des changes en hausse ou en baisse sur le cours de F. 25.25.

Droits d'entrée par 100 kil. en Février 1856

Par navire Français	Exempts
id. Étranger	F. 2.—

COMPTE D'ACHAT ET DE REVIENT

A 75 CAISSES NACRE FRANCHE

75 caisses Nacre franche, 100 piculs à $ 19		$	1900.—

FRAIS A SINGAPORE

Frais $ 0.30 par picul	$	30.—		
Commission d'achat et de remboursement 3 ½ %	»	66.50	»	96.50
			$	1996.50
Remboursement sur Londres à 6 mois de vue au change de 4sh 6d pour $ 1			£	449. 4. 2
et au change sur Paris de F. 25.25 pour £ 1			F.	11342.55

FRAIS A NANTES

Fret sur 6913 kil. à F. 100 secs par tonneau de 800 kil.	F.	864.10		
Déchargement, arrimage et livraison à F. 4.50 par 1000 kil.	»	31.10		
Magasinage F. 0.20 par caisse et par mois pour 2 mois	»	30.—		
Tonneliers pour échantillonner, conditionner et menus frais	»	40.—		
Assurance maritime sur F. 12476, à 2 % et police	»	251.—		
id. contre le feu sur F. 13692, à ½ ‰	»	0.85		
Commission de banque à Londres pour confirmation de crédit, 1 %	»	113.40		
Courtage de vente ¼ %				
Escompte à la vente 2¼ %				
Commission de vente 2 %				
Commission de banque ¼ %				
Ensemble 4¾ % sur F. 13311.30	»	632.30	»	1968.75
			F.	13311.30

Rendement :

Brut		kil. 6913
Angle 4 ‰	kil. 28	
Tare 12 kil. par caisse	» 863	» 891
		kil. 6022
Trait 1 %		» 60
Net		kil. 3962 à F. 223.27 par 100 kil. entrepôt ..... F. 13311.35

PRIX DE REVIENT A NANTES DES 100 KIL. ENTREPOT

AUX CHANGES SUIVANTS SUR LONDRES

Avec la parité des changes sur Paris, calculés sur la base de F. 25.25 pour £ 1.—.—

	PRIX à SINGAPORE par picul	LONDRES Sh. 4.6 — PARIS F. 5.68¾	LONDRES Sh. 4.7 — PARIS F. 5.78¾	LONDRES Sh. 4.8 — PARIS F. 5.89⅛	LONDRES Sh. 4.9 — PARIS F. 5.99⅝	LONDRES Sh. 4.10 — PARIS F. 6.10¼	LONDRES Sh. 4.11 — PARIS F. 6.20¾	LONDRES Sh. 5.— — PARIS F. 6.31¼	LONDRES Sh. 5.1 — PARIS F. 6.41¾	1d par $ sur le change fait à Nantes par 100 kil.
	$ —. 5	F. 0.53	F. 0.54	F. 0.55	F. 0.56	F. 0.57	F. 0.58	F. 0.59	F. 0.60	F. 0.01
	—.10	1.07	1.09	1.11	1.13	1.15	1.17	1.19	1.21	0.02
	—.20	2.14	2.18	2.22	2.26	2.30	2.34	2.38	2.42	0.04
	—.30	3.21	3.27	3.33	3.39	3.44	3.50	3.56	3.62	0.06
	—.40	4.28	4.36	4.44	4.52	4.59	4.67	4.75	4.83	0.08
	—.50	5.35	5.45	5.55	5.65	5.74	5.84	5.94	6.04	0.10
	—.60	6.41	6.53	6.65	6.77	6.89	7.01	7.13	7.25	0.12
	—.70	7.48	7.62	7.76	7.90	8.04	8.18	8.32	8.46	0.14
	—.80	8.55	8.71	8.87	9.03	9.18	9.34	9.50	9.66	0.16
	—.90	9.62	9.80	9.98	10.16	10.33	10.51	10.69	10.87	0.18
	1.—	10.69	10.89	11.09	11.29	11.48	11.68	11.88	12.08	0.20
	2.—	21.38	21.78	22.17	22.57	22.97	23.36	23.76	24.15	0.40
	3.—	32.07	32.67	33.26	33.86	34.45	35.04	35.64	36.23	0.59
	4.—	42.76	43.56	44.35	45.14	45.93	46.72	47.52	48.31	0.79
	5.—	53.46	54.44	55.44	56.43	57.42	58.41	59.40	60.39	0.99
	6.—	64.15	65.33	66.52	67.71	68.90	70.09	71.27	72.46	1.19
	7.—	74.84	76.22	77.61	79.—	80.38	81.77	83.15	84.54	1.39
	8.—	85.53	87.11	88.70	90.28	91.86	93.45	95.03	96.62	1.58
	9.—	96.22	98.—	99.78	101.57	103.35	105.13	106.91	108.69	1.78
Coût et frais variables et invariables	10.—	127.04	129.08	131.12	133.15	135.19	137.23	139.27	141.30	2.04
	20.—	233.95	237.97	241.99	246.—	250.02	254.04	258.06	262.07	4.02
	30.—	340.86	346.86	352.86	358.85	364.85	370.85	376.85	382.84	6.—
	40.—	447.77	455.75	463.73	471.70	479.68	487.66	495.64	503.61	7.98

OBSERVATIONS

F. 10 par tonneau sur le fret, font à Nantes une différence de F. 1.45 par 100 kil. sur les prix.

On veut savoir le revient à Nantes de Nacre franche coûtant à Singapore $ 22.15 par picul, au change de 5sh par $ et au fret de F. 100 par tonneau de 800 kil.

On trouvera dans la 1re et la 8e colonne de ce tableau que :

$ —. 5	font par 100 kil	F.	0.59
» —.10	id. id.	»	1.19
» 2.—	id. id.	»	23.76
» 20.—	id. id.	»	258.06
$ 22.15	feront donc par 100 kil	F.	283.60

N.-B. — 10c par £ 1 de différence dans les changes sur Paris font à Nantes ⅖ % sur les prix de revient, qui seront à ajouter ou à déduire selon les variations des changes en hausse ou en baisse sur le cours de F. 25.25.

Droits d'entrée par 100 kil. en Février 1866

Par navire Français	Exempte
id. Etranger	F. 9.00

COMPTE D'ACHAT ET DE REVIENT

A 119 SACS CUBÈBE

119 sacs Cubèbe, ayant pesé avant vannage 63 piculs à $ 26 le picul		$	1638.—
Perte 6 %, après vannage 59 piculs 22.			

FRAIS A SINGAPORE

Coût de 119 sacs à $ 0.18	$	15.47		
Mise en sacs et embarquement $ 0.07 par picul	»	4.41	»	19.88
			$	1657.88
Commission d'achat et de remboursement 3 ½ %			»	58.03
			$	1715.91
Remboursement sur Londres à 6 mois de vue au change de 4sh 6d pour $ 1			£	386. 1. 7
et au change sur Paris de F. 25.25 pour £ 1			F.	9748.50

FRAIS A NANTES

Fret sur 3650 kil. bruts à F. 95 secs par tonneau de 500 kil.	F.	698.—		
Déchargement, arrimage, pesage et livraison F. 4.50 par 1000 kil.	»	16.—		
Voiliers et menus frais	»	10.—		
Magasinage de 2 mois à F. 1.25 par 1000 kil.	»	8.90		
Assurance maritime sur F. 10728, à 2 % et police	»	215.05		
id. contre le feu sur F. 11667, à ½ ‰	»	5.85		
Commission de banque pour confirmation de crédit, 1 %	»	97.50		
Courtage de vente ¼ %				
Escompte à la vente 2¼ %				
Commission de vente 2 %				
Commission de banque ½ %				
Ensemble 4¾ % sur F. 11334.05	»	538.35	»	1585.55
			F.	11334.05

RENDEMENT : 1 picul rend 56 kil. nets :

63 piculs = net 3528 kil. à F. 321.26 par 100 kil. entrepôt. F. 11334.05

PRIX DE REVIENT A NANTES DES 100 KIL. ENTREPOT

AUX CHANGES SUIVANTS SUR LONDRES

Avec la parité des changes sur PARIS, calculés sur la base de F. 25.25 pour £ 1.—.—

	PRIX à SINGAPORE par picul	LONDRES Sh. 4.6 — PARIS F. 5.68 ¼	LONDRES Sh. 4.7 — PARIS F. 5.78 ¾	LONDRES Sh. 4.8 — PARIS F. 5.89 ¼	LONDRES Sh. 4.9 — PARIS F. 5.99 ¾	LONDRES Sh. 4.10 — PARIS F. 6.10 ¼	LONDRES Sh. 4.11 — PARIS F. 6.20 ¾	LONDRES Sh. 5.— — PARIS F. 6.31 ¼	LONDRES Sh. 5.1 — PARIS F. 6.41 ¾	1d par $ sur le change fait à Nantes par 100 kil.
Coût et frais variables	$ —. 5	F. 0.57	F. 0.58	F. 0.59	F. 0.60	F. 0.61	F. 0.62	F. 0.63	F. 0.64	F. 0.—
	—.10	1.14	1.16	1.18	1.20	1.22	1.24	1.27	1.29	0.02
	—.20	2.28	2.32	2.36	2.40	2.45	2.49	2.53	2.57	0.04
	—.30	3.41	3.48	3.54	3.61	3.67	3.73	3.80	3.86	0.06
	—.40	4.55	4.64	4.72	4.81	4.89	4.98	5.06	5.14	0.08
	—.50	5.69	5.80	5.90	6.01	6.12	6.22	6.33	6.43	0.10
	—.60	6.83	6.95	7.08	7.21	7.34	7.46	7.59	7.72	0.13
	—.70	7.97	8.11	8.26	8.41	8.56	8.71	8.86	9.—	0.15
	—.80	9.10	9.27	9.44	9.62	9.78	9.95	10.12	10.29	0.17
	—.90	10.24	10.43	10.62	10.82	11.01	11.20	11.39	11.57	0.19
	1.—	11.38	11.59	11.80	12.02	12.23	12.44	12.65	12.86	0.21
	2.—	22.76	23.19	23.61	24.03	24.45	24.87	25.29	25.72	0.42
	3.—	34.15	34.78	35.41	36.05	36.68	37.31	37.94	38.57	0.63
	4.—	45.53	46.37	47.22	48.06	48.90	49.75	50.59	51.43	0.84
	5.—	56.91	57.97	59.02	60.08	61.13	62.19	63.24	64.29	1.05
	6.—	68.29	69.56	70.82	72.09	73.36	74.62	75.88	77.15	1.27
	7.—	79.67	81.15	82.63	84.11	85.58	87.06	88.53	90.01	1.48
	8.—	91.06	92.74	94.43	96.12	97.81	99.50	101.18	102.86	1.69
	9.—	102.44	104.34	106.24	108.14	110.03	111.93	113.82	115.72	1.90
	10.—	113.82	115.93	118.04	120.15	122.26	124.37	126.47	128.58	2.11
Coût et frais variables et assurables	10.—	139.13	141.30	143.48	145.66	147.83	150.01	152.18	154.36	2.18
	20.—	252.95	257.23	261.52	265.81	270.09	274.38	278.65	282.94	4.28
	30.—	366.77	373.16	379.56	385.96	392.35	398.75	405.12	411.52	6.39
	40.—	480.59	489.09	497.60	506.11	514.61	523.12	531.59	540.10	8.50
	50.—	594.41	605.02	615.64	626.26	636.87	647.49	658.06	668.68	10.61

OBSERVATIONS

F. 10 par tonneau sur le fret, font à Nantes une différence de F. 2.07 par 100 kil. sur les prix.

On veut savoir le revient à Nantes de Poivre de Cubèbe coûtant à Singapore $ 35.45 par picul, au change de 5sh par $ et au fret de F. 100 par tonneau de 500 kil.

On trouvera dans la 1re et la 8e colonne de ce tableau que:

$ —. 5 font par 100 kil.		F.	0.63
» —.40 id.	id.	»	5.06
» 5.— id.	id.	»	63.24
» 30.— id.	id.	»	405.12
$ 35.45 feront donc par 100 kil.		F.	474.05

N.-B. — 10c par £ 1 de différence dans les changes sur Paris font à Nantes ⅖ % sur les prix de revient qui seront à ajouter ou à déduire selon les variations des changes en hausse ou en baisse sur le cours de F. 25.25.

Droits d'entrée par 100 kil. en Février 1890

Par navire Français	F.	50.—
id. Étranger	»	61.—

COMPTE D'ACHAT ET DE REVIENT

A 849 BALLES POIVRE NOIR

849 balles Poivre noir, pesant 736 picuis, à $ 6 par picul	$	4416.—		
849 sacs en gunny, à 16 % fil couture &c, 2 %	»	152.82	$	4568.82

FRAIS A SINGAPORE

Allèges, coolie pour recevoir, peser et embarquer à $ 0.10 par picul.	$	73.60		
Timbres de traites ¼ %	»	11.42		
Commission d'achat et de remboursement 3 ½ %	»	159.91	»	244.93
			$	4813.75
Remboursement sur Londres à 6 mois de vue au change de 4sh 6d pour $ 1			£	1083.1.9
et au change sur Paris de F. 25.25 pour £ 1			F.	27348.—

FRAIS AU HAVRE

Fret sur 42150 kil. à F. 100 secs par tonneau de 700 kil	F.	6021.50		
Permis, frais au débarquement, port en magasin, voiliers pour échantillonner et conditionner, arrimage, magasinage d'un mois, livraison et menus frais	»	295.—		
Assurance maritime sur F. 30082, à 2 ¼ % et police	»	678.35		
id. contre le feu sur F. 37077, à ½ %	»	18.55		
Commission de banque à Londres pour confirmation de crédit, 1 %	»	273.50		
Escompte à la vente 2 %				
Courtage de vente ¼ %				
Commission de vente 2 %				
Ensemble 4¼ % sur F. 36172.20	»	1537.30	»	8824.20
			F.	36172.20

RENDEMENT : 1 picul rend 55 kil. nets :

Soit 736 piculs = net 40480 kil. à F. 89.36 par 100 kil. entrepôt .... F. 36172.90

N.-B. — Il faut compter sur une perte au poids de 8 à 9 %.

PRIX DE REVIENT AU HAVRE DES 100 KIL. ENTREPOT

AUX CHANGES SUIVANTS SUR LONDRES

Avec la parité des changes sur PARIS, calculés sur la base de F. 25.25 pour £ 1.—.—

PRIX à SINGAPORE par picul	LONDRES Sh. 4.6 — PARIS F. 5.68⅛	LONDRES Sh. 4.7 — PARIS F. 5.78¾	LONDRES Sh. 4.8 — PARIS F. 5.89¼	LONDRES Sh. 4.9 — PARIS F. 5.99¾	LONDRES Sh. 4.10 — PARIS F. 6.10¼	LONDRES Sh. 4.11 — PARIS F. 6.20¾	LONDRES Sh. 5.— — PARIS F. 6.31¼	LONDRES Sh. 5.1 — PARIS F. 6.41¾	1d par $ sur le change fait au Havre par 100 kil.
Subdivisions — Coût et frais variables									
$ —. 5	F. 0.58	F. 0.59	F. 0.60	F. 0.61	F. 0.62	F. 0.63	F. 0.64	F. 0.65	F. 0.01
—.10	1.16	1.18	1.20	1.22	1.25	1.27	1.29	1.31	0.02
—.20	2.32	2.36	2.40	2.45	2.49	2.53	2.58	2.62	0.04
—.30	3.48	3.54	3.61	3.67	3.74	3.80	3.86	3.93	0.06
—.40	4.64	4.72	4.81	4.89	4.98	5.06	5.15	5.24	0.09
—.50	5.80	5.90	6.01	6.12	6.23	6.33	6.44	6.55	0.11
—.60	6.95	7.08	7.21	7.34	7.47	7.60	7.73	7.85	0.13
—.70	8.11	8.26	8.41	8.56	8.72	8.86	9.02	9.16	0.15
—.80	9.27	9.44	9.62	9.78	9.96	10.13	10.30	10.47	0.17
—.90	10.43	10.62	10.82	11.01	11.21	11.39	11.59	11.78	0.19
1.—	11.59	11.80	12.02	12.23	12.45	12.66	12.88	13.00	0.21
Coût et frais variables et invariables									
6.—	89.35	90.70	92.06	93.41	94.77	96.12	97.47	98.81	1.35
7.—	100.94	102.50	104.08	105.64	107.21	108.78	110.35	111.90	1.57
8.—	112.53	114.31	116.10	117.87	119.66	121.44	123.22	124.99	1.78
9.—	124.11	126.11	128.11	130.10	132.10	134.10	136.10	138.08	2.—
10.—	135.70	137.91	140.13	142.33	144.55	146.76	148.97	151.17	2.21
11.—	147.29	149.71	152.15	154.56	157.—	159.42	161.85	164.26	2.42
12.—	158.87	161.51	164.16	166.79	169.44	172.08	174.72	177.35	2.64

OBSERVATIONS

F. 10 par tonneau sur le fret, font au Havre une différence de F. 1.40 par 100 kil. sur les prix.

On veut savoir le revient au Havre de Poivre noir coûtant à Singapore $ 9.65 par picul, au change de 5sh par $ et au fret de F. 100 par tonneau de 700 kil.

On trouvera dans la 1re et la 8e colonne de ce tableau que:

$ —. 5 font par 100 kil	F.	0.64
» —.60 id. id.	»	7.73
» 9.— id. id.	»	136.10
$ 9.65 feront donc par 100 kil	F.	144.47

N.-B. — 10d par £ 1 de différence dans les changes sur Paris font au Havre ⅙% sur les prix de revient, qui seront à ajouter ou à déduire selon les variations des changes en hausse ou en baisse sur le cours de F. 25.25.

Droits d'entrée par 100 kil. en Février 1866

Par navire Français	F.	50.—
Id. Etranger	»	61.—

COMPTE D'ACHAT ET DE REVIENT

A 844 SACS RIZ

844 sacs Riz, pesant 1000 picouls à $ 40 par coyan de 40 picouls		$	1000.—

FRAIS A SINGAPORE

Frais à $ 0.15 par picoul	$	150.—		
Commission d'achat et de remboursement 3 ½ %	»	35.—	»	185.—
			$	1185.—
Remboursement sur Londres à 6 mois de vue au change de 4sh 6d pour $ 1			£	266.12. 5
et au change sur Paris de F. 25.25 pour £ 1			F.	6732.15

FRAIS A NANTES

Fret sur 59000 kil. bruts à F. 100 par tonneau de 900 kil.	F.	6555.55		
Déchargement, pesage, arrimage et livraison à F. 4.50 par 1000 kil.	»	265.50		
Magasinage de 2 mois, à F. 0.05 par sac et par mois	»	84.40		
Voiliers pour échantillonner et conditionner, et menus frais	»	201.60		
Assurance maritime sur F. 7405, à 2 % et police	»	149.60		
id. contre le feu sur F. 14661, à ½ ‰	»	7.35		
Commission de banque à Londres pour confirmation de crédit, 1 %	»	67.30		
Courtage de vente ¼ %				
Escompte à la vente 2¼ %				
Commission de vente 2 %				
Commission de banque ¼ %				
Ensemble 4¾ % sur F. 14764.80	»	701.35	»	8032.65
			F.	14764.80

Rendement :

Brut		kil.	59000
Tare 2 %	kil. 1180		
Angle 4 ‰	» 236	»	1416
		kil.	57584
Trait 1 %		»	576
Net		kil.	57008 à F. 25.90 par 100 kil. entrepôt ... F. 14765.07

PRIX DE REVIENT A NANTES DES 100 KIL. ENTREPOT

AUX CHANGES SUIVANTS SUR LONDRES

Avec la parité des changes sur Paris, calculés sur la base de F. 25.25 pour £ 1.—.—

PRIX à SINGAPORE par coyan	LONDRES Sh. 4.6 — PARIS F. 5.68⅛	LONDRES Sh. 4.7 — PARIS F. 5.78⅝	LONDRES Sh. 4.8 — PARIS F. 5.89⅛	LONDRES Sh. 4.9 — PARIS F. 5.99⅝	LONDRES Sh. 4.10 — PARIS F. 6.10¼	LONDRES Sh. 4.11 — PARIS F. 6.20¾	LONDRES Sh. 5.— — PARIS F. 6.31½	LONDRES Sh. 5.1 — PARIS F. 6.41¾	1d par $ sur le change fait à Nantes par 100 kil.
$ —.10	F. 0.03	F. 0.03	F. 0.03	F. 0.03	F. 0.03	F. 0.03	F. 0.03	F. 0.03	F. 0.—
—.20	0.06	0.06	0.06	0.06	0.06	0.06	0.06	0.06	0.—
—.30	0.08	0.08	0.09	0.09	0.09	0.09	0.09	0.10	0.—
—.40	0.11	0.11	0.12	0.12	0.12	0.12	0.12	0.13	0.—
—.50	0.14	0.14	0.15	0.15	0.15	0.16	0.16	0.16	0.—
—.60	0.17	0.17	0.17	0.18	0.18	0.19	0.19	0.19	0.—
—.70	0.20	0.20	0.20	0.21	0.21	0.22	0.22	0.22	0.—
—.80	0.22	0.22	0.23	0.24	0.24	0.25	0.25	0.26	0.—
—.90	0.25	0.25	0.26	0.27	0.27	0.28	0.28	0.29	0.—
1.—	0.28	0.28	0.29	0.30	0.30	0.31	0.31	0.32	0.01
2.—	0.56	0.57	0.58	0.59	0.60	0.61	0.62	0.63	0.01
3.—	0.84	0.85	0.87	0.89	0.90	0.92	0.93	0.95	0.02
4.—	1.12	1.14	1.16	1.18	1.20	1.22	1.24	1.26	0.02
5.—	1.40	1.42	1.45	1.48	1.50	1.53	1.56	1.58	0.03
6.—	1.68	1.71	1.74	1.77	1.81	1.83	1.87	1.90	0.03
7.—	1.96	1.99	2.03	2.07	2.10	2.14	2.18	2.21	0.04
8.—	2.24	2.28	2.32	2.36	2.40	2.44	2.49	2.53	0.04
9.—	2.52	2.56	2.61	2.66	2.70	2.75	2.80	2.84	0.05
10.—	2.80	2.85	2.90	2.95	3.—	3.05	3.11	3.16	0.05
20.—	20.31	20.45	20.58	20.71	20.85	20.98	21.11	21.25	0.13
30.—	23.11	23.29	23.48	23.66	23.85	24.03	24.22	24.40	0.18
40.—	25.90	26.14	26.38	26.61	26.85	27.09	27.32	27.56	0.24
50.—	28.70	28.99	29.28	29.57	29.86	30.14	30.43	30.72	0.29
60.—	31.50	31.84	32.17	32.52	32.86	33.20	33.54	33.88	0.34
70.—	34.29	34.68	35.07	35.47	35.86	36.25	36.64	37.04	0.39
80.—	37.09	37.53	37.97	38.42	38.86	39.31	39.75	40.19	0.44
90.—	39.88	40.38	40.87	41.37	41.87	42.36	42.85	43.35	0.50
100.—	42.68	43.23	43.77	44.32	44.87	45.42	45.96	46.51	0.55

OBSERVATIONS

F. 10 par tonneau sur le fret, font à Nantes une différence de F. 1.15 par 100 kil. sur les prix.

On veut savoir le revient à Nantes de Riz coûtant à Singapore $ 55.40 par coyan, au change de 5sh par $ et au fret de F. 100 par tonneau de 900 kil.

On trouvera dans la 1re et la 8e colonne de ce tableau que :

$ —.40 font par 100 kil.		F.	0.12
» 5.— id.	id.	»	1.56
» 50.— id.	id.	»	30.43
$ 55.40 feront donc par 100 kil.		F.	32.11

N.-B. — 10c par £ 1 de différence dans les changes sur Paris font à Nantes ⅜ %, sur les prix de revient, qui seront à ajouter ou à déduire selon les variations des changes en hausse ou en baisse sur le cours de F. 25.25.

Droits d'entrée par 100 kil. en Février 1856

Par navire Français	F.	0.60
id. Étranger	»	2.40

COMPTE D'ACHAT ET DE REVIENT

A 1000 PICULS ROTINS

1000 piculs Rotins, à $ 2 le picul			$	2000.—

FRAIS A SINGAPORE

Frais $ 0.15 le picul	$	150.—		
Commission d'achat et de remboursement 3 ½ %	»	70.—	»	220.—
			$	2220.—
Remboursement sur Londres à 6 mois de vue au change de 4sh. 6d pour $ 1			£	499.10.—
et au change sur Paris de F. 25.25 pour £ 1			F.	12612.40

FRAIS A NANTES

Fret sur 59500 kil. à F. 60 par tonneau de 400 kil.	F.	8925.—		
Déchargement, pesage, arrimage et livraison, à F. 4.50 par 1000 kil.	»	267.75		
Magasinage F. 1.50 par 1000 kil.	»	178.50		
Soins au déchargement et menus frais	»	70.—		
Assurance maritime sur F. 13873, à 2 %	»	278.95		
id. contre le feu sur F. 23593, à ½ ‰	»	11.80		
Commission de banque à Londres pour confirmation de crédit, 1 %	»	126.10		
Courtage de vente ¼ %				
Escompte à la vente 2¼ %				
Commission de vente 2 %				
Commission de banque ¼ %				
Ensemble 4¾ % sur F. 23591.05	»	1120.55	»	10978.65
			F.	23591.05

Rendement :

Brut	kil. 59500
Angle 4 ‰	» 238
	kil. 59262
Trait 1 %	» 593
Net kil. 58669 à F. 40.21 par 100 kil. entrepôt	F. 23590.80

PRIX DE REVIENT A NANTES DES 100 KIL. ENTREPOT

AUX CHANGES SUIVANTS SUR LONDRES

Avec la parité des changes sur PARIS, calculés sur la base de F. 25.25 pour £ 1.—.—

	PRIX à SINGAPORE par picul	LONDRES Sh. 4.6 — PARIS F. 5.68¾	LONDRES Sh. 4.7 — PARIS F. 5.78¾	LONDRES Sh. 4.8 — PARIS F. 5.89¼	LONDRES Sh. 4.9 — PARIS F. 5.99¾	LONDRES Sh. 4.10 — PARIS F. 6.10¼	LONDRES Sh. 4.11 — PARIS F. 6.20¾	LONDRES Sh. 5.— — PARIS F. 6.31¼	LONDRES Sh. 5.1 — PARIS F. 6.41¾	1d par $ sur le change fait à Nantes par 100 kil.
[illegible] — Coût et frais variables	$ —. 5	F. 0.54	F. 0.55	F. 0.56	F. 0.57	F. 0.58	F. 0.59	F. 0.60	F. 0.61	F. 0.01
	—.10	1.09	1.11	1.13	1.15	1.17	1.19	1.21	1.23	0.02
	—.20	2.17	2.21	2.25	2.29	2.33	2.37	2.41	2.45	0.04
	—.30	3.26	3.32	3.38	3.44	3.50	3.56	3.62	3.68	0.06
	—.40	4.35	4.43	4.51	4.59	4.67	4.75	4.83	4.91	0.08
	—.50	5.44	5.54	5.64	5.74	5.84	5.94	6.04	6.14	0.10
	—.60	6.52	6.64	6.76	6.88	7.—	7.12	7.24	7.36	0.12
	—.70	7.61	7.75	7.89	8.03	8.17	8.31	8.45	8.59	0.14
	—.80	8.70	8.86	9.02	9.18	9.34	9.50	9.66	9.82	0.16
	—.90	9.78	9.96	10.14	10.32	10.50	10.68	10.86	11.04	0.18
	1.—	10.87	11.07	11.27	11.47	11.67	11.87	12.07	12.27	0.20
Coût et frais variables et invariables	1.—	29.35	29.58	29.81	30.04	30.27	30.50	30.73	30.96	0.23
	2.—	40.21	40.64	41.07	41.51	41.94	42.37	42.80	43.24	0.43
	3.—	51.08	51.71	52.34	52.97	53.61	54.24	54.88	55.51	0.63
	4.—	61.94	62.77	63.61	64.44	65.28	66.11	66.95	67.78	0.83
	5.—	72.81	73.84	74.88	75.91	76.95	77.99	79.02	80.06	1.04
	6.—	83.67	84.91	86.14	87.38	88.62	89.86	91.09	92.33	1.24
	7.—	94.54	95.97	97.41	98.85	100.29	101.73	103.16	104.60	1.44
	8.—	105.40	107.04	108.68	110.31	111.96	113.60	115.24	116.87	1.64
	9.—	116.27	118.10	119.94	121.78	123.63	125.47	127.31	129.15	1.84
	10.—	127.13	129.17	131.21	133.25	135.30	137.34	139.38	141.42	2.04

OBSERVATIONS

F. 10 par tonneau sur le fret, font à Nantes une différence de F. 2.54 par 100 kil. sur les prix.

On veut savoir le revient à Nantes de Rotins coûtant à Singapore $ 3.65 par picul, au change de 5sh par $ et au fret de F. 60 par tonneau de 400 kil.

On trouvera dans la 1re et la 8e colonne de ce tableau que:

$ —. 5 font par 100 kil.		F. 0.60
» —.60 id.	id.	» 7.24
» 3.— id.	id.	» 54.88
$ 3.65 feront donc par 100 kil.		F. 62.72

N.-B. — 10c par £ 1 de différence dans les changes sur Paris font à Nantes ⅖ % sur les prix de revient, qui seront à ajouter ou à déduire selon les variations des changes en hausse ou en baisse sur le cours de F. 25.25.

Droits d'entrée par 100 kil. en Février 1865

Par navire Français	Exempts
id. Etranger	F. 2.—

CAP DE BONNE-ESPÉRANCE

Ville du Cap, capitale de la colonie anglaise du Cap de Bonne-Espérance, résidence du gouverneur et siége de la législature. Elle possède une Bourse et une Chambre de Commerce.

Les principales nations y sont représentées par des Agents consulaires.

La ville du Cap s'élève au fond d'une baie appelée *Table-Bay*, à cause d'une haute montagne, présentant à son plateau supérieur la forme d'une table, qui, au nord de la ville, entoure et domine le paysage, signal visible à 45 milles en mer qui annonce de loin aux navigateurs l'approche du Cap de Bonne-Espérance. Elle sert de relâche et de refuge soit aux navires qui dans ces parages, se livrent à la pêche de la baleine, soit à ceux qui font la traversée entre l'Europe et l'Asie ou l'Australie, surtout quand ils viennent d'Europe.

De cette position géographique entre l'Occident et l'Orient est résultée, pour la ville du Cap, une importance maritime et politique du premier ordre, et en même temps un commerce très considérable de fournitures et d'approvisionnements dont elle est devenue l'entrepôt central.

La baie de la Table peut contenir un très grand nombre de navires. Elle n'est à peu près sûre que dans la belle saison qui commence en Octobre. Il n'est pas rare qu'en Décembre et en Janvier, les raffales du Sud-Est, qui soufflent de la côte, rendent ce mouillage insupportable et interrompent les communications, comme le vent violent d'Ouest et de Nord-Ouest, en Juin, Juillet et Août. En cas de péril, les navires trouvent un refuge dans la baie de *Saldanha*, située à 64 kilom., vers le Nord-Nord-Ouest, ou dans celle dite *False-Bay* à l'Est du Cap, laquelle en renferme une plus petite dite *Simons'Bay*, c'est dans celle-ci que se tiennent les navires de guerre de la station, et que se trouve l'arsenal militaire.

Cette colonie qui occupe une superficie de 18000 milles carrés est divisée en deux provinces; celle de l'Ouest dont le chef-lieu est Cap-Town (ville du Cap), celle de l'Est dont le chef-lieu est Uitenhagen, adonnées l'une et l'autre à des travaux productifs aussi importants que variés.

C'est l'agriculture qui constitue la source dominante de production. Sous un climat, généralement salubre et tempéré, fort analogue à celui des contrées méridionales de l'Europe, croissent tous les fruits et les légumes de l'Espagne, de la France, de l'Italie, de la Grèce, de l'Afrique du Nord, mêlés à la plupart de ceux des zônes tropicales. L'inégalité du relief du sol, qui, par des pentes rapidement inclinées, en offrant leur versant à tous les aspects de l'horizon, s'élève jusqu'à 1,000 mètres d'altitude, favorise cette riche variété de produits végétaux, en tête desquels figurent les blés et les vins.

La laine donne aux produits animaux le premier rang d'importance dans les articles d'exportation. Les progrès accomplis dans l'élève du bétail témoignent de ce que peuvent l'intelligence et la volonté des colons servies par un régime économique et libéral. Pour améliorer les qualités, les éleveurs ont acheté en Angleterre et en France des béliers mérinos et autres, sans reculer devant aucun prix.

Navigation. — Il n'y a point de frais de tonnage ni d'ancrage à acquitter dans les divers ports de la Colonie du Cap. Tous les navires quels que soient leur pavillon, leur provenance et leur destination, y sont traités sur le même pied. Les rades les plus fréquentées pour les opérations commerciales, sont celles de *Table-Bay* et de *Port-Elizabeth;* elles sont accessibles aux navires de tout tonnage.

La bonne saison pour le mouillage à Table-Bay commence vers la fin de septembre et finit au mois de mai; l'époque la plus favorable pour Port-Elizabeth est au contraire de mai à septembre. Il est important que les navires qui se rendent dans ces parages soient munis de fortes chaînes et ancres, qu'ils devront mouiller avec de longues bouées.

Droits de Quai et de Grue

AU DÉBARQUEMENT

Eaux-de-vie et Vins	Par tonneau de 80 gallons et au-dessus		£ —. 2. 8
	» de 40 » »		» —. 2.—
	Par baril de 20 gallons et moins de 40 gallons		» —. 1. 4
	Par gallon (en bouteilles)		» —.—. 2
Marchandises manufacturées, en caisses et ballots mesurant	60 pieds cubes et au-dessus	par colis	» —. 8.—
	40 » et moins de 60	»	» —. 6.—
	30 » » 40	»	» —. 4. 8
	20 » » 30	»	» —. 4.—
	10 » » 20	»	» —. 2. 8
	5 » » 10	»	» —. 2.—
	2 » » 5	»	» —. 1.—
	moins de 2 pieds	»	» —.—. 6

A L'EMBARQUEMENT

Cornes, le mille	» —.—. 8
Ivoire, par 100 ℔	» —.—. 8
Laine, »	» —.—. 8
Peaux de Bœufs, les 100 peaux	» —. 6.—
» de Moutons, »	» —. 4.—
» de Chèvres, »	» —. 8.—
Plumes d'Autruche, le ballot	» —. 3. 4

Le ballot de Plumes d'autruche pèse ordinairement de 50 à 150 ℔ angl. ; il y a cependant des ballots qui pèsent bien moins, mais ils sont soumis à ce même droit.

Commission 5 % sur le montant du fret procuré.
» 2 1/2 sur l'encaissement du fret.

Droits de Quai et de Grue, à Port-Elizabeth

AU DÉBARQUEMENT ET A L'EMBARQUEMENT

Sur la Laine, par 100 ℔ angl. .... £ —.— 3

Pour tous les autres articles 5sh par 100 £ de valeur.

Fret. — Pour l'Angleterre de 20 à 25sh pour les marchandises lourdes par tonneau de 1,015 kil. et de 40 à 45sh pour les marchandises d'encombrement par tonneau anglais de 40 pieds cubes. Le fret pour les Laines s'établit à tant par ℔.

Les chargements de marchandises pour France sont si rares que le fret n'est pas coté.

Changes. — *Sur Londres* : Traites sur la trésorerie 1 % prime ; sur France, papier de commerce à 30 jours de vue, F. 26.66 pour £ 1. Le change sur France est en quelque sorte nominal.

La livre sterling est la monnaie qui conviendrait le mieux pour l'achat des produits de cette colonie. On ne fournit généralement pas sur France, en remboursement des achats effectués dans ce pays et l'on exige des crédits confirmés par des banquiers de Londres ou par des maisons bien connues en Angleterre. Un crédit d'une banque d'Angleterre sur une banque du Cap serait encore un mode de remboursement préféré à tous les autres.

Monnaies. — La seule monnaie ayant cours légal au Cap, est la monnaie anglaise. L'or qui circule dans la colonie est la livre sterling et la demi-livre. Il n'y a point de monnaie frappée dans la colonie.

Les monnaies étrangères s'y trouvent en très petit nombre, elles consistent principalement en roupies de l'Inde et en quelques piastres espagnoles dont la valeur n'est pas cotée.

Les pièces Françaises de F. 20	sont prises au Cap pour	£ —. 14. 6	à	£ —. 15	
»	» 10	»	»	» —. 7. 3	à » —. 7 1/2
»	» 5	»	»	» —. 3. 6	à » —. 3 3/4

Tableau des monnaies Anglaises en usage au Cap, comparées à celles de France

MONNAIES ANGLAISES	MONNAIES FRANÇAISES (Val. au Cap)
La Livre sterling	F. 26.66
Le Shelling	» 1.33
Le Denier ou Penny	» 0.11 1/2

Poids et mesures. — Par une décision du Parlement mise en vigueur à partir du 1er janvier 1861, les poids et mesures employés dans cette colonie, sont les mêmes que ceux qui sont en usage dans le royaume uni de la Grande-Bretagne et d'Irlande. On se sort cependant encore au Cap en ce qui concerne les vins et les matières sèches, de quelques anciennes mesures de Hollande.

Le relevé suivant indique ces poids et mesures avec les équivalents Français :

POIDS

ANGLAIS	FRANÇAIS	
Le Grain (24e de Penny weight)	grammes	0.065
Le Penny weight (20e d'Once)	»	1.155
L'Once (12e de Livre Troy)	»	31.102
La Livre Troy Impérial	»	373.233
Le Dram (16e d'Once)	»	3.771
L'Once (16e de Livre)	»	28.236
La Livre avoirdupois	»	453.544
Le Quarter (28 Livres)	kilogr.	12.699.—
Le Quintal (112 »)	»	50.780.—
La Tonne (20 Quintaux)	»	1015.920.—

MESURES

Mesures de longueur

ANGLAISES		FRANÇAISES
1 Pouce	Mètres	0.2539
1 Pied	»	0.3048
1 Yard impérial	»	0.9144
1 Fathom (2 yards)	»	1.8288
1 Pole ou Perch	»	5.0291
1 Furlong (220 yards)	»	201.1632
1 Mille (1760 »)	»	1609.3059

Mesures de capacité

ANGLAISES		FRANÇAISES
1 Pint ($^1/_8$ de gallon)	Litres	0.5679
1 Quart ($^1/_4$ »)	»	1.1358
1 Gallon impérial	»	4.5434
1 Peck (2 gallons)	»	9.0869
1 Bushel (8 »)	»	36.5476
1 Sac (3 bushels)	Hectolitres	1.0904
1 Quarter (8 »)	»	2.9078
1 Chaldron (12 sacs)	»	13.0851

MESURES HOLLANDAISES

Mesures de capacité pour les matières sèches

HOLLANDAISES		FRANÇAISES
1 Schepel	Litres	27.814
1 Muid	Hectolit.	1.11256
1 Last	»	30.039

Mesures de capacité en usage pour les Vins et Alcools

Le Leoger ou Legger	équivaut à Gallons	impériaux	126 $^7/_{11}$
La Pipe	»	»	91 $^7/_{11}$
La $^1/_2$ pipe	»	»	45 $^9/_{11}$
L'Aum	»	»	31 $^5/_8$
Le $^1/_2$ aum	»	»	15 $^4/_5$
L'Anker	»	»	7 $^7/_{11}$
Le $^1/_2$ anker	»	»	3 $^{23}/_{64}$

Le gallon impérial équivaut à 4 litres 5434.

Toutes les céréales se vendent généralement au Cap par sacs de 3 bushels, soit 1 hectolitre 0904.

Importations. — La commission de vente est de 5 %. Les marchandises importées se vendent à 6 mois de terme, sans escompte et à 4 mois, en vente publique, mode de placement assez usité dans cette colonie. Dans ce dernier cas, il y a en sus de la commission, 8 % à payer au commissaire-priseur.

Exportations. — Les produits de cette colonie destinés à l'exportation, sont exempts de droits de sortie, ils se payent généralement au comptant et sans escompte. La commission d'achat est de 5 %.

(Extrait du Dictionnaire du Commerce et de la Navigation, par MM. GUILLAUMIN et Cie, ainsi que de ma Correspondance particulière.)

COMPTE D'ACHAT ET DE REVIENT

A 1000 CORNES DE BOEUF

1000 Cornes de Bœuf à £ 2 le cent			£	20.—.—

FRAIS A LA VILLE DU CAP

Coolies et charrois au quai	£	—. 3.—		
Port à bord par 1000 cornes	»	—. 3. 9		
Quaiage 2sh 8d par 1000 cornes	»	—. 2. 8	»	—. 9. 5
			£	20. 9. 5
Commission d'achat et de remboursement 5 %			»	1.—. 6
			£	21. 9.11
Remboursement sur Londres à 90 jours de vue au change de 2 % prime			£	21. 1. 2
et au change sur Paris de F. 25.25 pour £ 1			F.	531.75

FRAIS AU HAVRE

Fret sur 1000 cornes à F. 40 et 5 % par 1000 cornes	F.	42.—		
Permis, frais au débarquement, port en entrepôt, arrimage, magasinage d'un mois, livraison et menus frais	»	12.—		
Assurance maritime sur F. 585, à 1 ½ % et police	»	10.25		
id. contre le feu sur F. 649, à ½ ‰	»	0.33		
Commission de banque à Londres pour confirmation de crédit, 1 %	»	5.32		
Courtage de vente ¼ %				
Escompte à la vente 2 %				
Commission de vente 2 %				
Perte d'intérêts ½ %				
Commission de banque ¼ %				
Ensemble 5 % sur F. 633.30	»	31.65	»	101.55
			F.	633.30

Rendement :

1000 cornes à F. 63.33 par 100 cornes (*)	F.	633.30

(*) Nouvelles conditions.

PRIX DE REVIENT AU HAVRE DES 100 CORNES ENTREPOT

AUX CHANGES SUIVANTS SUR LONDRES

Le règlement sur Paris étant fait au change de F. 25.25 pour £ 1.—.—

	PRIX au CAP par 100	4 % prime	2 % prime	Pair	2 % escompte	4 % escompte	6 % escompte	8 % escompte	10 % escompte	12 % escompte	14 % escompte
Shillings — Coût et frais variables	Sh. —. 3	F. 0.35	F. 0.35	F. 0.36	F. 0.37	F. 0.37	F. 0.38	F. 0.39	F. 0.40	F. 0.41	F. 0.42
	—. 6	0.69	0.70	0.72	0.73	0.74	0.76	0.78	0.80	0.82	0.84
	—. 9	1.04	1.05	1.07	1.10	1.12	1.15	1.17	1.19	1.22	1.25
	1.—	1.38	1.40	1.43	1.46	1.49	1.53	1.56	1.59	1.63	1.67
	2.—	2.75	2.81	2.87	2.92	2.99	3.05	3.12	3.18	3.26	3.33
	3.—	4.13	4.21	4.30	4.39	4.48	4.58	4.67	4.78	4.88	5.—
	4.—	5.50	5.62	5.73	5.85	5.97	6.10	6.23	6.37	6.51	6.66
	5.—	6.88	7.02	7.17	7.31	7.47	7.63	7.79	7.96	8.14	8.33
	6.—	8.26	8.42	8.60	8.77	8.96	9.15	9.35	9.55	9.77	10.—
	7.—	9.63	9.83	10.03	10.23	10.45	10.68	10.91	11.14	11.40	11.66
	8.—	11.01	11.23	11.46	11.70	11.94	12.20	12.46	12.74	13.02	13.33
	9.—	12.38	12.64	12.90	13.16	13.44	13.73	14.02	14.33	14.65	14.99
	10.—	13.76	14.04	14.33	14.62	14.93	15.25	15.58	15.92	16.28	16.66
Coût et frais variables et invariables	£1.—.—	34.67	35.24	35.81	36.40	37.01	37.64	38.30	39.—	39.72	40.48
	2.—.—	62.18	63.33	64.47	65.64	66.86	68.13	69.46	70.84	72.29	73.80
	3.—.—	89.70	91.41	93.13	94.89	96.72	98.62	100.61	102.69	104.86	107.13
	4.—.—	117.21	119.50	121.79	124.13	126.57	129.11	131.76	134.53	137.43	140.46
	5.—.—	144.73	147.59	150.46	153.38	156.43	159.60	162.92	166.38	170.—	173.79

OBSERVATIONS

F. 10 et 5 % par 1000 cornes, font au Havre une différence de F. 1.05 par 100 cornes sur les prix.

On veut savoir le revient au Havre de Cornes coûtant au Cap £ 2 5sh 6d par 100, au change de 6 % d'escompte et au fret de F. 40 et 5 % par 1000 cornes.

On trouvera dans la 1re et la 7e colonne de ce tableau que :

£ —.—. 6	font par 100 cornes		F.	0.76
» —. 5.—	id.	id.	»	7.63
» 2.—.—	id.	id.	»	68.13
£ 2. 5. 6	font donc par 100 cornes		F.	76.52

10c par £ 1 de différence dans les changes sur Paris font au Havre ⅖ % sur les prix de revient qui seront à ajouter ou à déduire selon les variations des changes en hausse ou en baisse sur le cours de F. 25.25.

Droits d'entrée par 100 kil. en Février 1866

Par navire Français		Exempte
id. Etranger	F.	2.—

COMPTE D'ACHAT ET DE REVIENT

A 100 LIVRES IVOIRE

100 livres Ivoire à 4sh 6d par livre avoirdupois	£	22.10.—

FRAIS A LA VILLE DU CAP

Port au quai	£	—.—. 4		
Embarquement	»	—.—. 4		
Mise à bord	»	—.—. 3		
Droits de quaiage	»	—. 5. 1		—. 6.—
			£	22.16.—
Commission d'achat et de remboursement 5 %			»	1. 2.10
			£	23.18.10
Remboursement sur Londres à 90 jours de vue au change de 2 % prime			£	23. 9. 2
et au change sur Paris de F. 25.25 pour £ 1			F.	592.35

FRAIS AU HAVRE

Fret sur 47 kil. bruts à F. 70 secs par tonneau de 1000 kil.		F.	3.80		
Permis, frais au débarquement, port en entrepôt, arrimage, magasinage d'un mois, livraison, ports de lettres et menus frais		»	4.—		
Assurance maritime sur F. 651, à 1 ½ % et police		»	10.75		
id. contre le feu sur F. 609, à ½ ‰		»	0.33		
Commission de banque à Londres pour confirmation de crédit, 1 %		»	5.92		
Courtage de vente	¼ %				
Escompte à la vente	2¼ %				
Commission de vente	2 %				
Perte d'intérêts	½ %				
Commission de banque	¼ %				
Ensemble	5¼ % sur F. 616	»	34.15	»	58.45
				F.	650.80

RENDEMENT :

Net kil. 45.85 à F. 14.35 par kil.	F.	650.75

PRIX DE REVIENT AU HAVRE DU KIL. ENTREPOT

AUX CHANGES SUIVANTS SUR LONDRES

Le règlement sur PARIS étant fait au change de F. 25.25 pour £ 1.—.—

	PRIX au CAP par ℔	4 % prime	2 % prime	Pair	2 % escompte	4 % escompte	6 % escompte	8 % escompte	10 % escompte	12 % escompte	14 % escompte
SEQUENCES — Coût et frais variables	D. ⅛	F. 0.03	F. 0.03	F. 0.03	F. 0.03	F. 0.04	F. 0.04	F. 0.04	F. 0.04	F. 0.04	F. 0.04
	¼	0.06	0.07	0.07	0.07	0.07	0.07	0.07	0.07	0.08	0.08
	⅜	0.09	0.10	0.10	0.10	0.11	0.11	0.11	0.11	0.11	0.12
	½	0.13	0.13	0.13	0.14	0.14	0.14	0.14	0.14	0.15	0.16
	⅝	0.16	0.16	0.16	0.17	0.18	0.18	0.18	0.18	0.19	0.19
	¾	0.19	0.20	0.20	0.20	0.21	0.21	0.22	0.22	0.23	0.23
	⅞	0.22	0.23	0.23	0.24	0.25	0.25	0.25	0.25	0.26	0.27
	1	0.25	0.26	0.26	0.27	0.28	0.28	0.29	0.29	0.30	0.31
	2	0.51	0.52	0.53	0.54	0.55	0.56	0.57	0.59	0.60	0.61
	3	0.76	0.77	0.79	0.81	0.83	0.84	0.86	0.88	0.90	0.92
	4	1.01	1.03	1.06	1.08	1.10	1.12	1.15	1.17	1.20	1.23
	5	1.27	1.29	1.32	1.35	1.38	1.40	1.44	1.47	1.50	1.54
	6	1.52	1.55	1.58	1.61	1.65	1.69	1.72	1.76	1.80	1.84
	7	1.77	1.81	1.85	1.88	1.93	1.97	2.01	2.05	2.10	2.15
	8	2.02	2.06	2.11	2.15	2.20	2.25	2.30	2.34	2.40	2.46
	9	2.28	2.32	2.38	2.42	2.48	2.53	2.58	2.64	2.70	2.76
	10	2.53	2.58	2.64	2.69	2.75	2.81	2.87	2.93	3.—	3.07
	11	2.78	2.84	2.90	2.96	3.03	3.09	3.16	3.22	3.30	3.38
	12	3.04	3.10	3.17	3.23	3.30	3.37	3.44	3.52	3.60	3.68
Coût et frais variables et invariables	Sh. 1.—	3.43	3.49	3.56	3.62	3.69	3.76	3.83	3.91	3.99	4.07
	2.—	6.47	6.60	6.73	6.80	6.99	7.13	7.28	7.43	7.59	7.76
	3.—	9.51	9.70	9.89	10.09	10.29	10.50	10.72	10.95	11.19	11.44
	4.—	12.55	12.81	13.06	13.32	13.59	13.87	14.16	14.47	14.79	15.12
	5.—	15.60	15.91	16.23	16.56	16.89	17.24	17.61	17.99	18.39	18.81
	6.—	18.64	19.02	19.40	19.79	20.19	20.61	21.05	21.51	21.99	22.49
	7.—	21.68	22.12	22.57	23.02	23.49	23.98	24.49	25.03	25.59	26.17
	8.—	24.72	25.23	25.73	26.25	26.79	27.35	27.94	28.55	29.19	29.86

OBSERVATIONS

F. 10 secs par tonneau sur le fret, font au Havre une différence de F. 0.01 par kil. sur les prix.

On veut savoir le revient au Havre d'Ivoire coûtant au Cap 5sh 9d ½ par lb, au change de 6 % d'escompte et au fret de F. 70 secs par tonneau de 1000 kil.

On trouvera dans la 1re et la 7e colonne de ce tableau que :

Sh. —.— ½ font par kil.	F.	0.14
» —. 9 id. id.	»	2.53
» 5.— id. id.	»	17.24
Sh. 5. 9 ½ feront donc par kil.	F.	19.91

10s par £ 1 de différence dans les changes sur Paris font au Havre ⅝ % sur les prix de revient qui seront à ajouter ou à déduire selon les variations de changes en hausse ou en baisse sur le cours de F. 25.25.

Droits d'entrée par 100 kil. en Février 1885

Sous pavillon Français	Exempt
id. Etranger	F. 3.—

COMPTE D'ACHAT ET DE REVIENT

A 16 BALLES LAINE EN SUINT

16 balles Laine en suint, pesant brut	℘ 6975		
Tare 10 ℘ par balle	» 160		
Net	℘ 6815, à 8ᵈ par ℘ anglaise	£	227. 3. 4

FRAIS A LA VILLE DU CAP

16 sacs neufs pour Laine à 6ˢʰ 6ᵈ	£ 5. 4.—		
Emballage, pressage, marque, charrette, embarquement et coolies	» 4.—. 9		
Droit de quaiage sur 6815 ℘ à 8ᵈ par 100 ℘	» 2. 5. 5		
Menus frais	» —. 1. 6	»	11.11. 8
		£	238.15.—
Commission d'achat et de remboursement 5 %		»	11.18. 9
		£	250.13. 9
Remboursement sur Londres à 90 jours de vue au change de 2 % prime		£	245.13. 7
et au change sur Paris de F. 25.25 pour £ 1		F.	6203.40

FRAIS AU HAVRE

Fret sur 3208 kil. bruts à F. 60 secs par tonneau de 400 kil.	F. 481.20		
Permis, frais au débarquement, port en entrepôt, volliers pour échantillonner, arrimage, magasinage d'un mois, livraison et menus frais	» 25.—		
Assurance maritime sur F. 6823, à 1 ½ % et police	» 103.85		
id contre le feu sur F. 7438, à ½ ‰	» 3.70		
Commission de banque à Londres pour confirmation de crédit, 1 %	» 62.05		
Courtage de vente ¼ %			
Escompte à la vente 2¼ %			
Commission de vente 2 %			
Perte d'intérêts ½ %			
Commission de banque ¼ %			
Ensemble 5¼ % sur F. 7260.35	» 381.15	»	1056.95
		F.	7260.35

RENDEMENT : 100 ℘ rendent 46 kil. bruts :

Brut	kil. 3208		
Tare 3 %	» 96		
Net	kil. 3112 à F. 2.33 par kil. entrepôt	F.	7250.95

PRIX DE REVIENT AU HAVRE DU KIL. ENTREPOT

AUX CHANGES SUIVANTS SUR LONDRES

Le règlement sur PARIS étant fait au change de F. 25.25 pour £ 1.—.—

PRIX au CAP par ℘	4 % prime	2 % prime	Pair	2 % escompte	4 % escompte	6 % escompte	8 % escompte	10 % escompte	12 % escompte	14 % escompte
D. ⅛	F. 0.03	F. 0.03	F. 0.03	F. 0.03	F. 0.03	F. 0.04	F. 0.04	F. 0.04	F. 0.04	F. 0.04
¼	0.06	0.07	0.07	0.07	0.07	0.07	0.07	0.07	0.08	0.08
⅜	0.09	0.10	0.10	0.10	0.10	0.11	0.11	0.11	0.11	0.11
½	0.13	0.13	0.13	0.14	0.14	0.14	0.14	0.14	0.15	0.15
⅝	0.16	0.16	0.16	0.17	0.17	0.18	0.18	0.18	0.19	0.19
¾	0.19	0.20	0.20	0.20	0.20	0.21	0.22	0.22	0.23	0.23
⅞	0.22	0.23	0.23	0.24	0.24	0.25	0.25	0.25	0.26	0.26
1	0.25	0.26	0.26	0.27	0.27	0.28	0.29	0.29	0.30	0.30
2	0.50	0.51	0.52	0.54	0.55	0.56	0.57	0.58	0.60	0.61
3	0.76	0.77	0.79	0.80	0.82	0.84	0.86	0.87	0.89	0.91
4	1.01	1.03	1.05	1.07	1.09	1.12	1.14	1.16	1.19	1.22
5	1.54	1.57	1.59	1.62	1.66	1.69	1.72	1.76	1.79	1.82
10	2.80	2.85	2.90	2.96	3.02	3.08	3.14	3.21	3.28	3.35
15	4.06	4.14	4.21	4.29	4.39	4.48	4.57	4.67	4.77	4.87
20	5.32	5.42	5.52	5.63	5.75	5.87	5.99	6.13	6.26	6.40
25	6.58	6.71	6.84	6.97	7.12	7.27	7.42	7.59	7.75	7.92
30	7.83	7.99	8.15	8.31	8.49	8.66	8.84	9.04	9.24	9.45

OBSERVATIONS

F. 10 secs par tonneau sur le fret, font au Havre une différence de F. 0.02 ½ par kil. sur les prix.

On veut savoir le revient au Havre de Laine en suint coûtant au Cap 7 ¾ᵈ par lb. au change de 4 % d'escompte et au fret de F. 60 par tonneau de 400 kil.

On trouvera dans la 1ʳᵉ et la 7ᵉ colonne de ce tableau que :

D. — ¾ font par kil.	F.	0.20
» 2 id. id.	»	0.55
» 5 id. id.	»	1.66
D. 7 ¾ feront donc par kil.	F.	2.41

10ˢ par £ 1 de différence dans les changes sur Paris font au Havre ⅔ % sur les prix de revient qui seront à ajouter ou à déduire selon les variations de changes en hausse ou en baisse sur le cours de F. 25.25.

Droits d'entrée par 100 kil. en Février 1866

Par navire Français	Exempte
id. Etranger	F. 8.60

COMPTE D'ACHAT ET DE REVIENT

A 150 BALLES LAINE EN SUINT

150 balles Laine en suint, pesant brut.... ℔ 46500
Tare 10 ℔ par balle.................... » 1500
Net.................... ℔ 45000 à 1sh 6d par ℔.................... £ 3375.—.—

FRAIS A PORT ELISABETH

150 sacs neufs à 5sh....................	£	37.10.—		
Réemballage de 20 balles à 1sh 6d....................	»	1.10.—		
Pressage de 150 balles à 2sh 6d....................	»	18.15.—		
Oreilles à 8d par balle....................	»	1.17. 6		
Marquer à 3d par balle....................	»	1.17. 6		
Assurance en magasin ⅛ %....................	»	4. 4. 5		
Embarquement de 46500 ℔ à 6sh 6d par 800 ℔....................	»	15.17.10		
Droit de quaiage 3d par 100 ℔ sur 46500 ℔....................	»	5.16. 3	»	90. 8. 6
			£	3465. 8. 6
Commission d'achat et de remboursement 5 %....................			»	173. 5. 6
			£	3638.14.—
Remboursement sur Londres à 90 jours de vue à 2 % prime....................			£	3565.18. 6
et au change sur Paris de F. 25.25 pour £ 1....................			F.	90039.50

FRAIS AU HAVRE

Fret sur 21390 kil. bruts à F. 60 secs par tonneau de 400 kil....................	F.	3208.50		
Permis, frais au débarquement, port en entrepôt, voiliers pour échantillonner, arrimage, magasinage d'un mois, livraison et menus frais	»	204.50		
Assurance maritime sur F. 99040, à 1 ½ % et police....................	»	1487.10		
id. contre le feu sur F. 103980, à ½ ‰....................	»	52.—		
Commission de banque à Londres pour confirmation de crédit, 1 %....	»	900.40		
Courtage de vente.................... ¼ %				
Escompte à la vente.................... 2¼ %				
Commission de vente.................... 2 %				
Perte d'intérêts.................... ½ %				
Commission de banque.................... ½ %				
Ensemble.... 5½ % sur F. 101205.30....................	»	5313.30	»	11165.80
			F.	101205.30

Rendement : 100 ℔ nettes rendent net kil. 46.16 :

Brut.................... kil. 21390
Tare 3 %.................... » 642
Net.................... kil. 20748 à F. 4.88 par kil. entrepôt.................... F. 101250.25

PRIX DE REVIENT AU HAVRE DU KIL. ENTREPOT

AUX CHANGES SUIVANTS SUR LONDRES

Le règlement sur Paris étant fait au change de F. 25.25 pour £ 1.—.—

PRIX à PORT ÉLIZABETH par ℔	4 % prime	2 % prime	Pair	2 % escompte	4 % escompte	6 % escompte	8 % escompte	10 % escompte	12 % escompte	14 % escompte
D. ⅛	F. 0.03	F. 0.03	F. 0.03	F. 0.03	F. 0.03	F. 0.04	F. 0.04	F. 0.04	F. 0.04	F. 0.04
¼	0.06	0.06	0.07	0.07	0.07	0.07	0.07	0.07	0.08	0.08
⅜	0.09	0.09	0.10	0.10	0.10	0.11	0.11	0.11	0.11	0.11
½	0.13	0.13	0.13	0.14	0.14	0.14	0.14	0.14	0.15	0.15
⅝	0.16	0.16	0.16	0.17	0.17	0.18	0.18	0.18	0.19	0.19
¾	0.19	0.19	0.20	0.20	0.20	0.21	0.21	0.22	0.23	0.23
⅞	0.22	0.22	0.23	0.24	0.24	0.25	0.25	0.25	0.26	0.26
1	0.25	0.25	0.26	0.27	0.27	0.28	0.28	0.29	0.30	0.30
2	0.50	0.51	0.52	0.53	0.54	0.55	0.57	0.58	0.59	0.61
3	0.75	0.76	0.78	0.80	0.81	0.82	0.85	0.87	0.89	0.91
4	1.—	1.02	1.04	1.06	1.08	1.10	1.13	1.16	1.18	1.21
5	1.54	1.56	1.59	1.62	1.65	1.68	1.71	1.75	1.79	1.82
10	2.79	2.84	2.89	2.94	3.01	3.07	3.13	3.20	3.26	3.34
15	4.03	4.11	4.19	4.27	4.36	4.45	4.54	4.64	4.74	4.85
20	5.28	5.39	5.49	5.60	5.72	5.84	5.95	6.09	6.22	6.36
25	6.53	6.66	6.79	6.93	7.07	7.22	7.37	7.53	7.70	7.88
30	7.78	7.93	8.09	8.25	8.43	8.60	8.78	8.98	9.17	9.39

OBSERVATIONS

F. 10 secs par tonneau sur le fret, font au Havre une différence de F. 0.02 ½ par kil. sur les prix.

On veut savoir le revient au Havre de Laine en suint coûtant à Port Elisabeth 7 ¼d par lb, au change de 4 % d'escompte et au fret de F. 60 secs par tonneau de 400 kil.

On trouvera dans la 1re et la 6e colonne de ce tableau que :

D. — ¼ font par kil.................... F. 0.14
» 2 id. id.................... » 0.54
» 5 id. id.................... » 1.65
D. 7 ¼ feront donc par kil.................... F. 2.33

10c par £ 1 de différence dans les changes sur Paris font au Havre ⅜ % sur les prix de revient qui seront à ajouter ou à déduire selon les variations de changes en hausse ou en baisse sur le cours de F. 25.25.

Droits d'entrée par 100 kil. en Février 1866

Par navire Français.................... Exempte
id. Etranger.................... F. 3.60

COMPTE D'ACHAT ET DE REVIENT

A 150 BALLES LAINE EN SUINT

150 balles Laine en suint, pesant brut ℔ 46500			
Tare 10 ℔ par balle .... » 1500			
Net .... ℔ 45000 à 1sh 6d par ℔		£	3375.—.—

FRAIS A PORT ELISABETH

150 sacs neufs à 5sh	£	37.10.—		
Réemballage de 20 balles à 1sh 6d	»	1.10.—		
Pressage de 150 balles à 2sh 6d	»	18.15.—		
Coolies à 3d par balle	»	1.17. 6		
Marquer à 3d »	»	1.17. 6		
Assurance en magasin ¼ %	»	4.4. 5		
Embarquement de 46500 ℔ à 6sh 6d par 800 ℔	»	18.17.10		
Droit de quaiage 3d par 100 ℔ sur 46500 ℔	»	5.16. 3	»	90. 8. 6
			£	3465. 8. 6
Commission d'achat et de remboursement 5 %			»	173. 5. 6
			£	3638.14.—
Remboursement sur Londres à 90 jours de vue à 2 % prime			£	3565.18. 6

FRAIS A LONDRES

Fret de Port Elisabeth à Londres ½d et 5 % sur 46500 ℔	£	101.14. 4		
Assurance maritime sur £ 3922, à 2 % prime	»	78. 8.10		
Timbre de la police 2sh soit 1 ‰	»	3.18. 5		
Commission de confirmation de crédit, 1 %	»	35.13. 3		
Frais de réexpédition de Londres à 5sh par balle	»	37.10.—	»	257. 4.10
			£	3823. 3. 4
Au change sur Paris de F. 25.25 pour £ 1			F.	96534.30

FRAIS AU HAVRE

Fret sur 46500 ℔ à 17sh 6d et 15 % par 2240 ℔ à F. 25.40 pour £ 1 et 5 %	F.	557.15		
Permis, frais au débarquement, port en entrepôt, voilier, pour échantillonner, arrimage, magasinage d'un mois, livraison et menus frais	»	204.50		
Assurance maritime sur F. 106187, à ¼ % et police	»	266.95		
id. contre le feu sur F. 106977, à ½ ‰	»	53.50		
Courtage de vente .... ½ %				
Escompte à la vente .... 2½ %				
Commission de vente .... 2 %				
Perte d'intérêts .... ½ %				
Commission de banque .... ¼ %				
Ensemble .... 5¾ % sur F. 103025.20	»	5408.80	»	6490.90
			F.	103025.20

Rendement : 100 ℔ nettes rendent net kil. 46.16

Soit net 20748 kil. à F. 4.97 par kil. entrepôt .... F. 103118.55

PRIX DE REVIENT AU HAVRE DU KIL. ENTREPOT

AUX CHANGES SUIVANTS SUR LONDRES

Le règlement sur Paris étant fait au change de F. 25.25 pour £ 1.—.—

	Prix à Port Élizabeth par ℔	4 % prime	2 % prime	Pair	2 % escompte	4 % escompte	6 % escompte	8 % escompte	10 % escompte	12 % escompte	14 % escompte
Subdivisions — Coût et frais variables	D. ⅛	F. 0.03	F. 0.03	F. 0.03	F. 0.03	F. 0.03	F. 0.04	F. 0.04	F. 0.04	F. 0.04	F. 0.04
	¼	0.06	0.07	0.07	0.07	0.07	0.07	0.07	0.07	0.07	0.08
	⅜	0.09	0.10	0.10	0.10	0.10	0.11	0.11	0.11	0.11	0.12
	½	0.13	0.13	0.13	0.14	0.14	0.14	0.14	0.14	0.15	0.16
	⅝	0.16	0.16	0.16	0.17	0.17	0.18	0.18	0.18	0.19	0.20
	¾	0.19	0.20	0.20	0.20	0.20	0.21	0.22	0.22	0.23	0.23
	⅞	0.22	0.23	0.23	0.24	0.24	0.25	0.25	0.25	0.26	0.27
	1	0.25	0.26	0.26	0.27	0.27	0.28	0.29	0.29	0.30	0.31
	2	0.50	0.51	0.52	0.54	0.55	0.56	0.57	0.58	0.60	0.61
	3	0.76	0.77	0.79	0.81	0.82	0.84	0.86	0.87	0.89	0.92
	4	1.01	1.03	1.05	1.08	1.09	1.12	1.14	1.17	1.19	1.22
Coût et frais variables et invariables	5	1.60	1.63	1.65	1.68	1.72	1.75	1.78	1.82	1.85	1.89
	10	2.86	2.91	2.96	3.02	3.08	3.14	3.20	3.28	3.34	3.41
	15	4.12	4.20	4.28	4.36	4.45	4.54	4.63	4.73	4.83	4.94
	20	5.38	5.48	5.59	5.70	5.82	5.93	6.05	6.19	6.32	6.46
	25	6.64	6.77	6.90	7.04	7.18	7.33	7.48	7.65	7.81	7.99
	30	7.90	8.05	8.21	8.37	8.65	8.72	8.91	9 11	9.30	9.51

OBSERVATIONS

Sh. 5 et 15 % par tonneau sur le fret, font au Havre une différence de F. 0.00 ¾ par kil. sur les prix.

On veut savoir le revient au Havre de Laine en suint coûtant à Port Elisabeth 9 ¾d par lb, au change de 4 % d'escompte et au fret de ½d et 5 % par lb.

On trouvera dans la 1re et la 5e colonne de ce tableau que :

D. — ¾ font par kil.	F.	0.20
» 4 id. id.	»	1.09
» 5 id. id.	»	1.72
D. 9 ¾ feront donc par kil.	F.	3.01

10c par £ 1 de différence dans les changes sur Paris font au Havre ⅖ % sur les prix de revient qui seront à ajouter ou à déduire selon les variations de changes en hausse ou en baisse sur le cours de F. 25.25.

Droits d'entrée par 100 kil. en Février 1896

Par navire Français	Exempte
id. Etranger	F. 3.60

COMPTE D'ACHAT ET DE RÉVIENT

A 100 PEAUX DE BOEUF VERTES SALÉES

100 Peaux de Bœuf vertes salées, pesant en moyenne 52 ℔ chaque, soit 5200 ℔ à 2ᵈ par ℔			£	43. 6. 8

FRAIS A LA VILLE DU CAP

Coolies et charroi du bateau	£	—. 3. 9		
Droits de quaiage 6ᵈˢ par 100 peaux	»	—. 6.—		
Port à bord	»	—. 9. 7	»	—.19. 4
			£	44. 6.—
Commission d'achat et de remboursement — 5 %			»	2. 4. 3
			£	46.10. 3
Remboursement sur Londres à 90 jours de vue au change de 2 % prime			£	45.11.10
et au change sur Paris de F. 25.25 pour £ 1			F.	1151.15

FRAIS AU HAVRE

Fret sur 2350 kil. bruts à F. 40 et 5 % par tonneau de 1000 kil.	F.	98.70		
Permis, frais au débarquement, port en magasin, arrimage, magasinage d'un mois, livraison et menus frais	»	17.50		
Assurance maritime sur F. 1266, à 1 ½ % et police	»	20.50		
id. contre le feu sur F. 1403, à ½ ‰	»	0.70		
Commission de banque à Londres pour confirmation de crédit, 1 %	»	11.50		
Courtage de vente ¼ %				
Escompte à la vente 2 %				
Commission de vente 2 %				
Perte d'intérêts ½ %				
Commission de banque ¼ %				
Ensemble 5 % sur F. 1368.45	»	68.40	»	217.30
			F.	1368.45

RENDEMENT : 100 ℔ = kil. 42.60 :

Soit net secoués de sel 2215 kil. à F. 61.78 par 100 kil. entrepôt	F.	1368.40

PRIX DE RÉVIENT AU HAVRE LES 100 KIL. ENTREPOT

AUX CHANGES SUIVANTS SUR LONDRES

Le réglement sur PARIS étant fait au change de F. 25.25 pour £ 1.—.—

	PRIX au CAP par ℔	4 % prime	2 % prime	Pair	2 % escompte	4 % escompte	6 % escompte	8 % escompte	10 % escompte	12 % escompte	14 % escompte
[illegible] Coût et frais variables	D. ⅛	F. 3.35	F. 3.43	F. 3.50	F. 3.58	F. 3.65	F. 3.73	F. 3.81	F. 3.89	F. 3 98	F. 4.07
	¼	6.73	6.87	7.01	7.15	7.30	7.46	7.62	7.79	7.96	8.15
	⅜	10.09	10.30	10.51	10.73	10.95	11.18	11.42	11.68	11.94	12.22
	½	13.45	13.74	14.02	14.30	14.60	14.91	15.23	15.57	15.92	16.30
	⅝	16.81	17.17	17.52	17.88	18.25	18.64	19.04	19.47	19.91	20.37
	¾	20.18	20.60	21.02	21.45	21.90	22.37	22.85	23.36	23.89	24.44
	⅞	23.54	24.04	24.53	25.03	25.55	26.09	26.66	27.25	27.87	28.52
Coût et frais variables et invariables	1	33.71	34.29	34.87	35.47	36.09	36.74	37.41	38.11	38.84	39.61
	2	60.62	61.76	62.90	64.07	65.29	66.56	67.87	69.26	70.69	72.21
	3	87.52	89.23	90.93	92.68	94.48	96.38	98.34	100.40	102.55	104.80
	4	114.43	116.70	118.96	121.28	123.68	126.20	128.81	131.55	134.40	137.39
	5	141.34	144.17	146.99	149.88	152.88	156.02	159.28	162.69	166.25	169.98

OBSERVATIONS

F. 10 et 5 % par tonneau sur le fret, font au Havre une différence de F. 1.11 par 100 kil. sur les prix.

On veut savoir le revient au Havre de Peaux de bœufs vertes salées coûtant au Cap 3 ¾ᵈ par ℔, au change de 4 % d'escompte et au fret de F. 40 et 5 % par tonneau de 1000 kil.

On trouvera dans la 1ʳᵉ et la 6ᵉ colonne de ce tableau que :

D. — ¾ font par 100 kil.	F.	21.90
» 3 id. id.	»	94.48
D. 3 ¾ feront donc par 100 kil.	F.	116.38

N.-B. — 10ᶜ par £ 1 de différence dans les changes sur Paris font au Havre ⅖ % sur les prix de revient qui seront à ajouter ou à déduire selon les variations des changes en hausse ou en baisse sur le cours de F. 25.25.

Droits d'entrée en France par 100 kil. en Février 1866

Par navire Français		Exemptes
id. Etranger	F.	3.—

COMPTE D'ACHAT ET DE REVIENT

A 10 BALLES PEAUX DE CHÈVRE

10 balles Peaux de Chèvre, contenant 100 peaux chaque, ensemble 1000 peaux, pesant 3180 ℔ à 10 ½ᵈ par ℔ .... £ 139. 2. 6

FRAIS A PORT ÉLIZABETH

Préparation des peaux par l'arsenic 5sh par 100 peaux .... £ 2.10.—
Mise à bord à 6sh 6d par 300 peaux .... » 1. 1. 6
Quaiage à 5sh par 100 ℔ .... » —. 7.—
Coolies et assurance en magasin .... » —. 4.— » 4. 2. 6

£ 143. 5.—
Commission d'achat et de remboursement — 5 % .... » 7. 3. 2
£ 150. 8. 2

Remboursement sur Londres à 90 jours de vue au change de 2 % prime .... £ 147. 8.—
et au change sur Paris de F. 25.25 pour £ 1 .... F. 3721.85

FRAIS AU HAVRE

Fret sur 1500 kil. bruts à F. 60 et 5 % par tonneau de 400 kil. .... F. 236.25
Permis, frais au débarquement, port en entrepôt, arrimage, magasinage d'un mois, livraison et menus frais .... » 17.50
Assurance maritime sur F. 4094, à 1 ½ % et police .... » 62.90
id. contre le feu sur F. 4410, à ½ ‰ .... » 2.20
Commission de banque à Londres pour confirmation de crédit, 1 % .... » 37.20
Courtage de vente .... ¼ %
Escompte à la vente .... 2 %
Commission de vente .... 2 %
Perte d'intérêts .... ½ %
Commission de banque .... ¼ %
Ensemble .... 5 % sur F. 4292.55 .... » 214.65 » 570.70

F. 4292.55

RENDEMENT :

1000 peaux à F. 51.51 la douzaine entrepôt .... F. 4292.55

PRIX DE REVIENT AU HAVRE DE LA DOUZAINE ENTREPOT

AUX CHANGES SUIVANTS SUR LONDRES

Le réglement sur PARIS étant fait au change de F. 25 25 pour £ 1.—.—

	PRIX à PORT ÉLIZABETH par ℔	4 % prime	2 % prime	Pair	2 % escompte	4 % escompte	6 % escompte	8 % escompte	10 % escompte	12 % escompte	14 % escompte
[illegible] Colis et frais variables	D. ¼	F. 1.09	F. 1.12	F. 1.14	F. 1.16	F. 1.19	F. 1.21	F. 1.24	F. 1.27	F. 1.30	F. 1.33
	½	2.18	2.24	2.28	2.32	2.38	2.42	2.48	2.53	2.59	2.65
	¾	3.28	3.35	3.42	3.49	3.56	3.64	3.71	3.80	3.89	3.97
	1	4.37	4.47	4.56	4.65	4.75	4.85	4.95	5.06	5.18	5.30
	2	8.75	8.93	9.11	9.30	9.49	9.69	9.91	10.13	10.36	10.60
	3	13.12	13.40	13.67	13.95	14.24	14.54	14.86	15.19	15.53	15.90
	4	17.50	17.86	18.23	18.60	18.98	19.39	19.81	20.25	20.71	21.19
Colis et frais variables et invariables	2	13.33	13.54	13.75	13.97	14.19	14.43	14.67	14.92	15.18	15.46
	3	17.70	18.—	18.31	18.62	18.94	19.28	19.62	19.98	20.35	20.76
	4	22.08	22.47	22.87	23.27	23.68	24.13	24.57	25.04	25.53	26.06
	5	26.45	26.94	27.42	27.92	28.43	28.97	29.52	30.11	30.71	31.35
	10	48.33	49.27	50.20	51.17	52.17	53.21	54.29	55.42	56.60	57.84
	15	70.20	71.60	72.99	74.42	75.90	77.44	79.05	80.74	82.49	84.33
	20	92.07	93.93	95.77	97.67	99.63	101.68	103.82	106.05	108.38	110.83
	25	113.94	116.25	118.55	120.91	123.37	125.92	128.58	131.36	134.27	137.32
	30	135.81	138.58	141.34	144.16	147.10	150.16	153.35	156.68	160.16	163.82

OBSERVATIONS

F. 10 et 5 % par tonneau sur le fret, font au Havre une différence de F. 0.47 par douzaine sur les prix.

On veut savoir le revient au Havre de Peaux de chèvre coûtant à Port Élisabeth 11 ¾ᵈ par lb, au change de 4 % d'escompte et au fret de F. 60 et 5 % par tonneau de 400 kil.

On trouvera dans la 1re et la 6e colonne de ce tableau que :

D. — ¾ font par douzaine .... F. 3.56
» 1 id. id. .... » 4.75
» 10 id. di. .... » 52.17
D. 11 ¾ feront donc par douzaine .... F. 60.48

N.-B. — 10c par £ 1 de différence dans les changes sur Paris font au Havre ⅖ % sur le prix de revient, qui seront à ajouter ou à déduire selon les variations des changes en hausse ou en baisse sur le cours de F. 25.25.

Droits d'entrée en France par 100 kil. en Février 1866

Par navire Français .... Exemptes
id. Etranger .... F. 5.—

COMPTE D'ACHAT ET DE REVIENT

A 1 BALLOT PLUMES D'AUTRUCHE

1 ballot Plumes d'Autruche, posant 50 ℔ à £ 12 par ℔ avoirdupois			£	600.—.—

FRAIS A PORT ÉLISABETH

Caisse en fer blanc et emballage	£	1.10.—		
Embarquement	»	—.15.—		
Mise à bord	»	—. 5.—		
Droit de quaiage	»	—.15.—	»	3. 5.—
			£	603. 5.—
Commission d'achat et de remboursement — 5 %			»	30. 3. 3
			£	633. 8. 3
Remboursement sur Londres à 90 jours de vue au change de 2 % prime			£	620.14.10
et au change sur Paris de F. 25.25 pour £ 1			F.	15673.70

FRAIS AU HAVRE

Fret 1 % et 5 % primage sur F. 15673.70	F.	164.55		
Permis, frais au débarquement, port en entrepôt, arrimage, magasinage d'un mois, livraison et menus frais	»	5.25		
Assurance maritime sur F. 17240, à 1 ½ % et police	»	260.10		
id. contre le feu sur F. 17670, à ½ ‰	»	8.85		
Commission de banque à Londres pour confirmation de crédit, 1 %	»	156.75		
Courtage de vente ¼ %				
Escompte à la vente 2 %				
Commission de vente 2 %				
Perte d'intérêts ½ %				
Commission de banque ¼ %				
Ensemble 5 % sur F. 17125.50	»	856.30	»	1451.80
			F.	17125.50

RENDEMENT : 100 ℔ nettes = net 45 kil. ⅓ :

Soit net kil. 22.665 à F. 755.59 le kil. entrepôt .... F. 17125.45

PRIX DE REVIENT AU HAVRE DU KIL. ENTREPOT

AUX CHANGES SUIVANTS SUR LONDRES

Le réglement sur PARIS étant fait au change de F. 25.25 pour £ 1.—.—

PRIX à PORT ÉLIZABETH par ℔	4 % prime	2 % prime	Pair	2 % escompte	4 % escompte	6 % escompte	8 % escompte	10 % escompte	12 % escompte	14 % escompte
SUBDIVISIONS — Coût et frais variables										
sh —.6	F. [illegible]	F. [illegible]	F. [illegible]	F. 1.61	F. 1.65	F. 1.68	F. 1.72	F. 1.76	F. 1.80	F. 1.84
1.—	3.04	3.10	3.16	3.23	3.29	3.36	3.44	3.51	3.59	3.68
2.—	6.07	6.20	6.32	6.45	6.59	6.73	6.87	7.03	7.19	7.35
3.—	9.11	9.29	9.49	9.68	9.88	10.09	10.31	10.54	10.78	11.02
4.—	12.14	12.39	12.65	12.90	13.17	13.45	13.75	14.05	14.37	14.70
5.—	15.18	15.49	15.81	16.13	16.47	16.82	17.19	17.57	17.97	18.38
6.—	18.21	18.59	18.97	19.36	19.76	20.18	20.62	21.08	21.56	22.06
7.—	21.25	21.69	22.13	22.58	23.05	23.54	24.06	24.59	25.15	25.73
8.—	24.28	24.78	25.30	25.81	26.34	26.90	27.50	28.10	28.74	29.41
9.—	27.32	27.88	28.46	29.03	29.64	30.27	30.93	31.62	32.34	33.08
10.—	30.35	30.98	31.62	32.26	32.93	33.63	34.37	35.13	35.93	36.76
£ 1.—.—	60.70	61.97	63.25	64.52	65.87	67.27	68.73	70.26	71.85	73.53
2.—.—	121.40	123.93	126.46	129.04	131.73	134.54	137.46	140.52	143.71	147.05
3.—.—	182.11	185.90	189.70	193.57	197.60	201.80	206.19	210.77	215.56	220.58
4.—.—	242.81	247.87	252.93	258.09	263.46	269.07	274.92	281.03	287.42	294.10
5.—.—	303.51	309.84	316.16	322.61	329.33	336.34	343.65	351.29	359.27	367.63
6.—.—	364.21	371.80	379.39	387.13	395.20	403.61	412.38	421.55	431.12	441.15
7.—.—	424.91	433.77	442.62	451.65	461.06	470.88	481.11	491.81	502.98	514.68
8.—.—	485.62	495.74	505.86	516.18	526.93	538.14	549.84	562.06	574.83	588.20
9.—.—	546.32	557.70	569.09	580.70	592.79	605.41	618.57	632.32	646.69	661.73
10.—.—	607.02	619.67	632.32	645.22	658.66	672.68	687.30	702.58	718.54	735.25
Coût et frais variables et invariables										
£ 1.—.—	72.39	73.95	75.30	76.68	78.12	79.62	81.17	82.79	84.47	86.25
2.—.—	133.29	135.91	138.53	141.20	143.98	146.89	149.90	153.05	156.33	159.77
3.—.—	194.—	197.88	201.77	205.73	209.85	214.15	218.63	223.30	228.18	233.30
4.—.—	254.70	259.85	265.—	270.25	275.71	281.42	287.36	293.56	300.04	306.82
5.—.—	315.40	321.82	328.23	334.77	341.58	348.69	356.09	363.82	371.89	380.35
10.—.—	618.91	631.65	644.39	657.38	670.91	685.03	699.74	715.11	731.16	747.97
20.—.—	1225.93	1251.32	1276.71	1302.60	1329.57	1357.71	1387.04	1417.69	1449.70	1483.22
30.—.—	1832.95	1870.99	1909.03	1947.82	1988.23	2030.39	2074.34	2120.27	2168.24	2218.47
40.—.—	2439.97	2490.66	2541.35	2593.04	2646.89	2703.07	2761.64	2822.85	2886.78	2953.72

OBSERVATIONS

½ % et 5 % primage sur le fret, font au Havre une différence d'environ ⅙ % sur les prix.

On veut savoir le revient au Havre de Plumes d'autruche coûtant à Port Elizabeth £ 9.17.6 par lb, au change de 4 % d'escompte et au fret de 1 % et 5 %.

On trouvera dans la 1re et la 6e colonne de ce tableau que :

£ —.—. 6 font par kil	F.	1.65
» —. 7.— id. id.	»	23.05
» —.10.— id. id.	»	32.93
» 4.—.— id. id.	»	263.46
» 5.—.— id. id.	»	341.58
£ 9.17. 6 feront donc par kil	F.	662.67

N.-B. — 10c par £ 1 de différence dans les changes sur Paris font au Havre ⅖ % sur les prix de revient, qui seront à ajouter ou à déduire selon les variations des changes en hausse ou en baisse sur le cours de F. 25.25.

Droits d'entrée en France par 100 kil. en Février 1866

Par navire Français } Exemptes
id. Etranger }

COMPTE D'ACHAT ET DE REVIENT

A 100 CAISSES SAINDOUX

100 caisses Saindoux, contenant chacune 8 canisters de 10 seers l'un, soit ensemble 2 B^r M^d par caisse à R. 20 le maund		R. 4000.—.—

FRAIS A CALCUTTA

	Droits de sortie	
Réception, marques, port au quai et à bord, permis, connaissements et timbres		» 51. 8.—
Droits de sortie sur estimation de R. 20 le maund R. 4000 à 3 %	R. 120.—.—	R. 4051. 8.—
Commission d'achat 2 ½ %	» 3.—.—	» 101. 4.—
	R. 123.—.—	R. 4152.12.—
Commission de remboursement 2 ½ % sur R. 4200.4	» 3. 2.—	» 106. 8.—
	R. 126. 2.—	R. 4259. 4.—
Remboursement sur Paris à 6 mois de vue, au change de F. 2.60 par R.	F. 328.—	F. 11074.05

FRAIS A LA RÉUNION

Fret sur 11 tonneaux 765 à F. 80		F. 941.20	
Frais au débarquement, charroi, pesage, magasinage, livraison		» 237.60	
Assurance maritime sur F. 12184, à 1 ¾ % et police	» 6.30	» 214.70	
Courtage de vente ½ %			
Commission de vente 5 %			
Ensemble 5½ % sur F. 13195.60	» 19.45	» 725.65	» 2119.05
	F. 353.75		F. 13193.10
Soit par 100 kil.	F. 4.78		

RENDEMENT : 1 B^r M^d = 37 kil. nets :

Soit net 200 B^r M^d = net 7400 kil. à	F. 1.78 ¼	le kil. entrepôt	F. 13190.50
Plus: droits de sortie à Calcutta	» 0.04 ¾	id.	
Octroi sur 8000 kil. à F. 5 par 100 kil.	» 0.05	id.	
	F. 1.88	id.	

PRIX DE REVIENT A LA RÉUNION DU KIL. ENTREPOT

AUX CHANGES SUIVANTS SUR PARIS

	PRIX à CALCUTTA par maund	F. 2.60 par R.	F. 2.65 par R.	F. 2.70 par R.	F. 2.75 par R.	F. 2.80 par R.	F. 2.85 par R.	5 c. par R. sur le change font à la Réunion par kil.
SEULEMENT Coût et frais variables	Roupies ¼	F. 0.02	F. 0.02	F. 0.02	F. 0.02	F. 0.02	F. 0.02	F. 0.—
	½	0.04	0.04	0.04	0.04	0.05	0.05	0.—
	¾	0.06	0.06	0.06	0.06	0.07	0.07	0.—
	1	0.08	0.08	0.08	0.08	0.09	0.09	0.—
	2	0.16	0.16	0.17	0.17	0.17	0.17	0.—
	3	0.24	0.24	0.25	0.25	0.26	0.26	0.—
	4	0.32	0.32	0.33	0.34	0.34	0.35	0.01
Coût et droits variables et invariables	5	0.59	0.60	0.60	0.61	0.62	0.63	0.01
	10	0.99	1.—	1.02	1.03	1.05	1.06	0.01
	15	1.38	1.41	1.43	1.45	1.48	1.50	0.02
	20	1.78	1.81	1.84	1.87	1.91	1.94	0.03
	25	2.18	2.22	2.26	2.30	2.34	2.38	0.04
	30	2.58	2.63	2.67	2.72	2.76	2.81	0.05
Droits de sortie à Calcutta à l'estimation de R. 15 par maund; droit 3% par kil.		0.05	0.05	0.05	0.05	0.05	0.05	0.—

OBSERVATIONS

F. 10 par tonneau sur le fret, font à la Réunion une différence de F. 0.01 ¾ par kil. sur les prix.

On veut savoir le revient à la Réunion de Saindoux coûtant à Calcutta R. 14 ¾ par maund, au change de F. 2.70 et au fret de F. 80 par tonneau.

On trouvera dans la 1re et la 4e colonne de ce tableau que :

R. — ¾	font par kil.	F. 0.06
» 4	id. id.	» 0.33
» 10	id. id.	» 1.02
	Plus droits de sortie à Calcutta; sur estimation de R. 14 ¾ : droit 3 %	» 0.04
	Plus droits d'octroi	» 0.05
R. 14 ¾	feront donc par kil.	F. 1.50

N.-B. — Les droits d'entrée à la Réunion n'étant pas compris dans les prix de revient de ce tableau devront être ajoutés aux indications qu'il fournit.

Les droits de sortie à Calcutta ne sont pas compris dans les prix de revient du tableau ci-dessus; il faudra les ajouter. Pour trouver ce qu'ils produisent à la Réunion par kil., il suffira de multiplier l'estimation de la Douane par le logarithme du change ci-dessous et prélever sur le produit 3 %, droit actuel; en retranchant les 6 derniers chiffres de droite, on aura en centimes le résultat cherché.

CHANGES		LOGARITHMES
	2.60	79670
»	2.65	81212
»	2.70	82744
»	2.75	84277
»	2.80	85809
»	2.85	87341

COMPTE D'ACHAT ET DE REVIENT

A 9 BALLES SOIE GRÈGE

9 balles soie grège à Calcutta, embarquées par steamer, net Fy Md 18, à R. 15 par seer .... R. 10800.—.—

FRAIS A CALCUTTA

Emballage et embarquement R. 7 par balle	R	[illegible]	
Maganisage 6 annas par balle	»	3. 6.—	
Assurance contre le feu ¼ %	»	27.—.—	
Fret par steamer et frais jusqu'à Lyon à R. 188 par 10 cwt : sur 12 cwt.	»	225.10.—	» 19.—.—
			R. 11119.—.—
Commission d'achat et de remboursement — 5 %			» 556.—.—
			R. 11675.—.—
Remboursement sur Paris à 6 mois de vue, au change de F. 2.50 par R.			F. 29187.50

FRAIS A LYON

Assurance maritime sur F. 32105, à 1 % et police	F.	322.55	
id. contre le feu sur F. 32105, à 1 ‰	»	32.10	
Réception, mise en magasin, magasinage d'un mois, frais de conditionnement et livraison	»	100.—	
Escompte de 3 mois et 10 jours de terme 1¾ %			
Courtage de vente .... ¾ %			
Commission de vente .... 3 %			
Ensemble .... 5½ % sur F. 31367.35	»	1725.20	» 2179.85
			F. 31367.35
Plus, escompte de 12 % sur F. 35644.70			» 4277.35
			F. 35644.70

RENDEMENT : 1 Fy Md en moyenne = kil. 33.210 :

Soit kil. 597.78 à F. 59.63 le kil. entrepôt .... F. 35645.70

PRIX DE REVIENT A LYON DU KIL. ENTREPOT

AUX CHANGES SUIVANTS SUR PARIS

Avec la parité des changes sur LONDRES, calculés sur la base de F. 25.25 pour £ 1.—.—

PRIX à CALCUTTA par seer	PARIS F. 2.50 — LONDRES Sh. 1.11¾	PARIS F. 2.55 — LONDRES Sh. 2.0¼	PARIS F. 2.60 — LONDRES Sh. 2.0 11/16	PARIS F. 2.65 — LONDRES Sh. 2.1 3/16	PARIS F. 2.70 — LONDRES Sh. 2.1⅝	PARIS F. 2.75 — LONDRES Sh. 2.2⅛	5 c. par R. sur le change font à Lyon par kil.
Roupies 1/8	F. 0.48	F. 0.49	F. 0.50	F. 0.51	F. 0.52	F. 0.53	F. 0.01
1/4	0.96	0.98	1.—	1.02	1.04	1.06	0.02
3/8	1.44	1.47	1.50	1.53	1.56	1.59	0.03
1/2	1.92	1.96	2.—	2.04	2.08	2.12	0.04
5/8	2.41	2.45	2.50	2.55	2.60	2.65	0.05
3/4	2.89	2.94	3.—	3.06	3.12	3.18	0.06
7/8	3.37	3.43	3.50	3.57	3.64	3.71	0.07
1	3.86	3.93	4.01	4.08	4.16	4.24	0.08
2	7.72	7.86	8.02	8.17	8.33	8.48	0.15
3	11.58	11.80	12.03	12.26	12.50	12.72	0.22
4	15.43	15.73	16.04	16.35	16.67	16.97	0.30
5	19.29	19.67	20.05	20.44	20.84	21.21	0.38
6	23.15	23.60	24.07	24.53	25.01	25.45	0.46
7	27.01	27.54	28.08	28.62	29.17	29.70	0.54
8	30.86	31.47	32.09	32.71	33.33	33.94	0.62
9	34.72	35.41	36.10	36.79	37.49	38.18	0.70
10	40.33	41.13	41.93	42.74	43.54	44.34	0.80
20	78.90	80.47	82.05	83.63	85.20	86.77	1.57
30	117.48	119.82	122.17	124.52	126.86	129.20	2.34
40	156.05	159.17	162.29	165.41	168.52	171.63	3.11
50	194.63	198.52	202.41	206.29	210.18	214.07	3.88

OBSERVATIONS

R. 10 par 10 cwt sur le fret, font à Lyon une différence de F. 0.14 par kil. sur les prix.

On veut savoir le revient à Lyon de Soie coûtant à Calcutta R. 25 ¼ par seer, au change de F. 2.65 et au fret de R. 188.

On trouvera dans la 1re et la 5e colonne de ce tableau que :

R. — ¼ font par kil.	F.	2.04
» 5 id. id.	»	20.44
» 20 id. id.	»	83.63
R. 25 ¼ feront donc par kil.	F.	106.11

Droits d'entrée en France par 100 kil. en Février 1866

Par navire Français .... }
id. Étranger .... } Exempte

COMPTE D'ACHAT ET DE REVIENT

1150 SACS SUCRE COSSIPORE

1150 sacs sucre Cossipore, pesant net Br Md 2875 à R. 8 par Md .... R. 23000.—.—

FRAIS A CALCUTTA

1150 sacs cloth à 3 annas par sac	R. 215.10.—		
1150 » gunnis à 5 annas par sac	» 359. 6.—		
Embarquement, marquage etc. à R. 8.8.— par 100 sacs	» 97.12.—		
Ports de lettres et menus frais	» 27. 8.—		
Courtage d'achat ½ %	» 115.—.—	» 815. 4.—	
		R. 23815. 4.—	
Commission d'achat et de remboursement 5 %		» 1190.12.—	
		R. 25006.—.—	
Remboursement sur Paris à 6 mois de vue, au change de F. 2.60 par R.		F. 65015.60	

FRAIS A NANTES

Fret sur 108811 kil. à F. 100 secs par tonneau de 1000 kil.		F. 10831.10	
Mise à terre, pesage et arrimage F. 3 par 1000 kil.		» 324.95	
Soins au déchargement et sondage F. 0.10 par sac		» 115.—	
Magasinage de 2 mois à F. 0.07 ½ par sac et par mois		» 172.50	
Livraison à F. 1 par 1000 kil.		» 108.30	
Ports de lettres et menus frais		» 50.—	
Assurance maritime sur F. 71516, à 2 ¼ % et police		» 1610.60	
id. contre le feu sur F. 84728, à ½ ‰		» 42.35	
Courtage de vente	¼ %		
Escompte à la vente	2¼ %		
Commission de vente	2 %		
Commission de banque	¼ %		
Ensemble	4¾ % sur F. 82173.65	» 3903.25	» 17158.05
			F. 82173.65

RENDEMENT : 1 Br Md rend 36 kil. nets :

1150 sacs pesant brut		kil. 108811
Angle 4 ‰	kil. 433	
Tare et trait 4 %	» 4332	
Réfactions	» 46	» 4811
Net		kil. 103500 à F. 79.39 par 100 kil. entrepôt ..... F. 82168.65

PRIX DE REVIENT A NANTES DES 100 KIL. ENTREPOT

AUX CHANGES SUIVANTS SUR PARIS

Avec la parité des changes sur LONDRES, calculés sur la base de F. 25.25 pour £ 1.—.—

	PRIX à CALCUTTA par Br Md	PARIS F. 2.50 — LONDRES Sh. 1.11 3/4	PARIS F. 2.55 — LONDRES Sh. 2.0 1/4	PARIS F. 2.60 — LONDRES Sh. 2.0 11/16	PARIS F. 2.65 — LONDRES Sh. 2.1 3/16	PARIS F. 2.70 — LONDRES Sh. 2.1 5/8	PARIS F. 2.75 — LONDRES Sh. 2.2 1/8	5 c. par R. sur le change font à Nantes par 100 kil.
SUBDIVISIONS — Coût et frais variables	Annas 1	F. 0.49	F. 0.50	F. 0.51	F. 0.52	F. 0.53	F. 0.54	F. 0.01
	2	0.98	1.—	1.02	1.04	1.06	1.08	0.02
	3	1.47	1.50	1.53	1.56	1.59	1.62	0.03
	4	1.97	2.01	2.04	2.08	2.12	2.16	0.04
	5	2.46	2.51	2.56	2.61	2.65	2.70	0.05
	6	2.95	3.01	3.07	3.13	3.19	3.25	0.06
	7	3.45	3.52	3.58	3.65	3.72	3.79	0.07
	8	3.94	4.02	4.09	4.17	4.25	4.33	0.08
	9	4.43	4.52	4.61	4.70	4.78	4.87	0.09
	10	4.93	5.03	5.12	5.22	5.31	5.41	0.10
	11	5.42	5.53	5.63	5.74	5.85	5.96	0.11
	12	5.91	6.03	6.14	6.26	6.38	6.50	0.12
	13	6.41	6.54	6.66	6.79	6.91	7.04	0.13
	14	6.90	7.04	7.17	7.31	7.44	7.58	0.14
	15	7.39	7.55	7.68	7.83	7.97	8.12	0.15
	16	7.89	8.05	8.20	8.36	8.51	8.67	0.16
Coût et frais variables et invariables	Roupies 4	45.23	45.90	46.57	47.24	47.92	48.59	0.67
	5	53.12	53.94	54.77	55.60	56.44	57.27	0.83
	6	61.01	61.99	62.97	63.96	64.96	65.95	0.99
	7	68.90	70.03	71.18	72.32	73.48	74.63	1.15
	8	76.79	78.08	79.38	80.68	82.00	83.30	1.30
	9	84.68	86.13	87.59	89.04	90.52	91.98	1.46
	10	92.56	94.18	95.80	97.41	99.03	100.65	1.62

OBSERVATIONS

F. 10 par tonneau sur le fret, font à Nantes une différence de F. 1.04 par 100 kil. sur les prix.

On veut savoir le revient à Nantes de Sucre coûtant à Calcutta R. 6.9 par maund, au change de F. 2.65 et au fret de F. 100 par tonneau.

On trouvera dans la 1re et la 5e colonne de ce tableau que :

R. —. 9 font par 100 kil.		F. 4.70
» 6.— id. id.		» 63.96
R. 6. 9 feront donc par 100 kil.		F. 68.66

Droits d'entrée par 100 kil. en Février 1866

Au dessous du n° 13	Par navire	Français	F. 42.—
	id.	Etranger	» 44.—
Du n° 13 au n° 20	id.	Français	» 44.—
	id.	Etranger	» 46.—

COMPTE D'ACHAT ET DE REVIENT

A 460 BALLES GRAM

460 balles Gram de 164 ₤ anglaises chaque à R. 6.8.— la balle .... R. 9999.

FRAIS A COCANADAH

Connaissements, etc.	R.	1. 6.—		
Commission d'achat 2 ½ %	»	74.12.—	»	76. 2.—
			R.	3066. 2.—
Commission de remboursement 2 ½ %			»	76.10.—
			R.	3142.12.—
Remboursement au change de F. 2.60 par R.			F.	8171.15

FRAIS A LA RÉUNION

Fret sur 35 tonneaux 385 à F. 50	F.	1769.25		
Frais divers de débarquement, charroi et livraison	»	415.—		
Assurance maritime sur F. 8988, à 1 ½ % et police	»	136.30		
Courtage d'achat .... ½ %				
Escompte à la vente .... 4 %				
Commission de vente .... 2½ %				
Ensemble ..... 7 % sur F. 11281.40	»	789.70	»	3110.25
			F.	11281.40

RENDEMENT :

460 balles à	F. 24.53	la balle	F. 11283.80
Plus : droits d'entrée à St-Denis à F. 2 l'hectolitre	» 2.—	id.	
Octroi à St-Denis F. 0,15 par 100 kil., soit par balle ..	» 0.11	id.	
Ensemble	F. 26.64	id.	

PRIX DE REVIENT A LA RÉUNION DE LA BALLE

AUX CHANGES SUIVANTS SUR ST-DENIS

PRIX à COCANADAH par balle franco à bord	F. 2.60 par R.	F. 2.65 par R.	F. 2.70 par R.	F. 2.75 par R.	F. 2.80 par R.	F. 2.85 par R.	5 c. par R. sur le change font à la Réunion par balle
Annas							
1	F. 0.19	F. 0.19	F. 0.19	F. 0.20	F. 0.20	F. 0.20	F. 0.—
2	0.37	0.38	0.39	0.40	0.40	0.41	0.01
3	0.56	0.57	0.58	0.59	0.60	0.61	0.01
4	0.75	0.76	0.78	0.79	0.81	0.82	0.01
5	0.94	0.95	0.97	0.99	1.01	1.02	0.02
6	1.12	1.14	1.16	1.19	1.21	1.23	0.02
7	1.31	1.33	1.36	1.38	1.41	1.43	0.02
8	1.50	1.52	1.55	1.58	1.61	1.64	0.03
9	1.68	1.71	1.75	1.78	1.81	1.84	0.03
10	1.87	1.90	1.94	1.98	2.01	2.05	0.03
11	2.06	2.09	2.13	2.17	2.21	2.25	0.04
12	2.24	2.28	2.33	2.37	2.42	2.46	0.04
13	2.43	2.47	2.52	2.57	2.62	2.66	0.05
14	2.62	2.66	2.72	2.77	2.82	2.86	0.05
15	2.81	2.85	2.91	2.06	3.02	3.07	0.05
16	2.99	3.04	3.10	3.16	3.22	3.27	0.06
Roupies							
1	8.11	8.16	8.22	8.28	8.34	8.39	0.06
2	11.09	11.21	11.32	11.44	11.55	11.67	0.12
3	14.08	14.25	14.42	14.59	14.77	14.94	0.17
4	17.06	17.29	17.52	17.75	17.98	18.21	0.23
5	20.05	20.34	20.62	20.91	21.20	21.49	0.29
6	23.03	23.38	23.72	24.07	24.41	24.76	0.35
7	26.02	26.42	26.82	27.23	27.63	28.03	0.40
8	29.00	29.46	29.92	30.38	30.84	31.30	0.46
9	31.99	32.51	33.02	33.54	34.06	34.58	0.52
10	34.98	35.55	36.12	36.70	37.27	37.85	0.57

OBSERVATIONS

F. 10 par tonneau sur le fret, font à la Réunion une différence de F. 0.77 par balle sur les prix.

On veut savoir le revient à la Réunion de Gram coûtant à Cocanadah R. 5.6 par balle, au change de F. 2.70 et au fret de F. 50 par tonneau.

On trouvera dans la 1re et la 4e colonne de ce tableau que :

R. 5.— font par balle	F. 20.62
» —. 6 id. id.	» 1.16
Plus droits de douane	» 2.—
id. d'octroi	» 0.11
R. 5. 6 feront donc par balle	F. 23.89

N.-B. — Les droits d'entrée et d'octroi à la Réunion n'étant pas compris dans les prix de revient de ce tableau devront être ajoutés aux indications qu'il fournit.

COMPTE D'ACHAT ET DE REVIENT

A 4 BALLES PERCALES BLEUES

4 balles percales bleues, simples pièces, contenant ensemble 48 courges et 6 pièces à R. 65 la courge de 20 pièces ..... R. 3139. 8.—

FRAIS A PONDICHÉRY

Droit d'estampille sur 966 pièces ..... R. 20. 2.—
Emballage, papier, transport, embarquement, etc ..... » 40.—.— » 60. 2.—
R. 3199.10.—
Remboursement au change de F. 2.50 par R. ..... F. 7999.—.—

FRAIS A LA RÉUNION

Fret de 1 tonneau 139 à F. 60 par tonneau ..... F. 68.35
Frais au débarquement, charroi, permis, ports de lettres et menus frais. » 41.—
Assurance maritime sur F. 8798, à 1¾ % et police ..... » 155.45
Courtage de vente ..... ½ %
Escompte 1 mois ..... ¾ %
Commission de vente ..... 2½ %
Ensemble ..... 3¾ % sur F. 8585.75 ..... » 321.95 » 586.75
F. 8585.75

Rendement :

966 pièces à ..... F. 8.89 la pièce entrepôt ..... F. 8587.75
Plus: droits d'octroi à la Réunion 1 % .. » 0.09 id.
Ensemble ..... F. 8.98 id.

PRIX DE REVIENT LA RÉUNION DE LA PIÈCE ENTREPOT

AUX CHANGES SUIVANTS SUR ST-DENIS

PRIX à PONDICHÉRY par courge de 20 pièces	F. 2.60 par R.	F. 2.65 par R.	F. 2.70 par R.	F. 2.75 par R.	F. 2.80 par R.	F. 2.85 par R.	5 c. par R. sur le change font à la Réunion par pièce
Roupies ¼	F. 0.03	F. 0.04	F. 0.04	F. 0.04	F. 0.04	F. 0.04	F. 0.—
½	0.07	0.07	0.07	0.07	0.07	0.08	0.—
¾	0.10	0.11	0.11	0.11	0.11	0.11	0.—
1	0.13	0.14	0.14	0.14	0.14	0.15	0.—
2	0.26	0.27	0.28	0.28	0.29	0.29	0.01
3	0.40	0.41	0.41	0.42	0.43	0.44	0.01
4	0.53	0.54	0.55	0.56	0.57	0.58	0.01
5	0.66	0.68	0.69	0.70	0.72	0.73	0.01
6	0.79	0.81	0.83	0.84	0.86	0.88	0.02
7	0.92	0.95	0.97	0.98	1.—	1.02	0.02
8	1.06	1.08	1.10	1.12	1.14	1.17	0.02
9	1.19	1.22	1.24	1.26	1.29	1.31	0.02
10	1.32	1.35	1.38	1.40	1.43	1.46	0.03
20	2.93	2.98	3.04	3.10	3.15	3.21	0.06
30	4.25	4.33	4.41	4.50	4.58	4.67	0.08
40	5.58	5.68	5.79	5.90	6.01	6.12	0.11
50	6.90	7.03	7.17	7.31	7.44	7.58	0.14
60	8.22	8.38	8.55	8.71	8.87	9.04	0.16
70	9.55	9.73	9.92	10.11	10.30	10.49	0.19
80	10.87	11.08	11.30	11.51	11.73	11.95	0.22
90	12.20	12.43	12.68	12.92	13.16	13.40	0.24
100	13.52	13.78	14.06	14.32	14.59	14.86	0.27

OBSERVATIONS

F. 10 par tonneau sur le fret, font à la Réunion une différence de F. 0.01¼ par pièce sur les prix.

On veut savoir le revient à la Réunion de Percales bleues coûtant à Pondichéry R. 53 ½ par corge de 20 pièces, au change de F. 2.70 et au fret de F. 60 par tonneau.
On trouvera dans la 1re et la 4e colonne de ce tableau que :
R. — ½ font par pièces ..... F. 0.07
» 3 id. id. ..... » 0.41
» 50 id. id. ..... » 7.17
Plus droits d'octroi 1 % ..... » 0.08
R. 53 ½ feront donc par pièce ..... F. 7.73

N.-B. — Les droits d'octroi à la Réunion n'étant pas compris dans les prix de revient de ce tableau devront être ajoutés aux indications qu'il fournit.

COMPTE D'ACHAT ET DE REVIENT

A 20 SACS CAFÉ MYSORE

20 sacs Café Mysore, pesant net cwt 19. 3. 4 à R. 20 par cwt			R. 395.11. 5

FRAIS A COCHIN

40 sacs à R. 35 par 100 sacs	R. 14.—.—		
Coolies pour peser et emballer	» 8.—.—		
Magasinage	» 2. 8. 6		
Bateaux et coolies pour embarquer	» 2. 8. 6	»	27. 1.—
Net		R.	422.12. 5
Commission d'achat et de remboursement — 5 %		»	21. 2. 3
		R.	443.14. 8
Remboursement sur Paris à 6 mois de vue au change de F. 2 60 par R.		F.	1154.19

FRAIS A NANTES

Fret sur 1050 kil. bruts à F. 100 secs par tonneau de 900 kil.		F. 116.65		
Mise à terre, pesage et arrimage à F. 3 par 1000 kil.		» 3.15		
Soins au débarquement et sondage		» 1.—		
Magasinage de 2 mois à F. 0.07 ½ par sac et par mois		» 3.—		
Livraison F. 1 par 1000 kil.		» 1.05		
Ports de lettres et menus frais		» 3.—		
Assurance maritime sur F. 1269, à 2 ¼ % et police		» 30.05		
id. contre le feu sur F. 1427, à ½ ‰		» 0.70		
Commission de banque à Paris pour confirmation de crédit, 1 %		» 11.54		
Courtage de vente	¼ %			
Escompte à la vente	2¼ %			
Commission de vente	2 %			
Ensemble	4½ % sur F. 1386.73	» 62.40	»	232.54
			F.	1386.73

RENDEMENT :

20 sacs pesant brut			kil. 1050	
Angle 4 ‰	kil. 4			
Tare et trait 5 %	» 52			
Réfactions	» 2	» 58		
Net		kil. 992 à F. 139.79 par 100 kil. entrepôt	F.	1386.72

PRIX DE REVIENT A NANTES DES 100 KIL. ENTREPOT

AUX CHANGES SUIVANTS SUR PARIS

Avec la parité des changes sur LONDRES, calculés sur la base de F. 25.25 pour £ 1.—.—

	PRIX à COCHIN par cwt	PARIS F. 2.55 — LONDRES Sh. 2.0¼	PARIS F. 2.60 — LONDRES Sh. 2.0$^{11}/_{16}$	PARIS F. 2.65 — LONDRES Sh. 2.1$^{3}/_{16}$	PARIS F. 2.70 — LONDRES Sh. 2.1½	PARIS F. 2.75 — LONDRES Sh. 2.2¼	PARIS F. 2.80 — LONDRES Sh. 2.2$^{9}/_{16}$	5 c. par R. sur le change font à Nantes par 100 kil.
SUBDIVISIONS — Café et frais variables	R. ⅛	F. 0.72	F. 0.74	F. 0.75	F. 0.77	F. 0.78	F. 0.80	F. 0.02
	¼	1.45	1.48	1.51	1.53	1.56	1.59	0.03
	⅜	2.17	2.21	2.26	2.30	2.34	2.39	0.04
	½	2.90	2.95	3.01	3.06	3.12	3.18	0.06
	⅝	3.62	3.69	3.76	3.83	3.90	3.98	0.07
	¾	4.34	4.43	4.52	4.60	4.68	4.77	0.09
	⅞	5.07	5.17	5.27	5.36	5.46	5.57	0.10
	1	5.79	5.90	6.02	6.13	6.24	6.36	0.11
	2	11.58	11.81	12.03	12.26	12.49	12.71	0.23
	3	17.37	17.71	18.05	18.39	18.78	19.07	0.34
	4	23.16	23.61	24.06	24.52	24.97	25.43	0.45
	5	28.95	29.52	30.08	30.65	31.22	31.79	0.57
	6	34.73	35 42	36.10	36.78	37.46	38.14	0.68
	7	40.52	41.32	42.11	42.91	43.70	44.50	0.80
	8	46.31	47.22	48.13	49.04	49.94	50.86	0.91
	9	52.10	53.13	54.14	55.17	56.19	57.21	1.02
	10	57.89	59.03	60.16	61.30	62.43	63.57	1.14
Café et frais variables et invariables	10	79.47	80.76	82.04	83.34	84.62	85.92	1.29
	20	137.36	139.78	142.20	144.63	147.05	149.48	2.42
	30	195.25	198.81	202.36	205.93	209.48	213.05	3.56
	40	253.14	257.83	262.52	267.22	271.91	276.61	4.69
	50	311.03	316.86	322.68	328.52	334.34	340.18	5.83

OBSERVATIONS

F. 10 par tonneau sur le fret, font à Nantes une différence de F. 1.18 par 100 kil. sur les prix.

On veut savoir le revient à Nantes de Café coûtant à Cochin R. 25 %, au change de F. 2.65 et au fret de F. 100.
On trouvera dans la 1re et la 4e colonne de ce tableau que:

R. — ⅜	font par 100 kil.	F. 3.76
» 5	id. id.	» 30.08
» 20	id. id.	» 142.20
R. 25 ⅜	feront donc par 100 kil.	F. 176.04

Droits d'entrée par 100 kil. en Février 1866

Par navire Français	F. 50.40
Id. Etranger	» 55.40

COMPTE D'ACHAT ET DE REVIENT

A 84 PIPES HUILE DE COCO

84 pipes huile de Coco, cwt 1018.2.24 ou 12884 gallons donnant :
candies 179. 4.29 à R. 70 par candy R. 12547. 4.—
Perte au conditionnement 3 % .... » 5. 4.12
Net .... candies 174.—.17

FRAIS A COCHIN

	Droits de sortie		
84 fûts, soit 51 tonneaux à R. 50 le tonneau		R. 2550.—.—	
Tonneliers pour conditionner, &c.		» 182. 2. 2	
Magasinage et gardiennage à R. 3 par tonneau		» 153.—.—	
Bateaux pour la réception et l'embarquement et menus frais		» 122. 8.—	
Commission d'achat et de remboursement 5 %		» 627. 5.10	» 3635.—.—
			R. 16182. 4.—
Droits de sortie sur cwt 1018.2.24 à R. 12 par cwt R. 12225 à 3 %	R. 366.12.—		
Commission d'achat 5 %	» 18. 5.—		
	R. 385. 1.—		
Remboursement sur Paris à 6 mois de vue au change de F. 2.60 par R.	F. 1001.15		F. 42073.85

FRAIS A NANTES

Fret sur 61200 kil. bruts à F. 100 secs par tonneau de 900 kil.		F. 6800.—	
Permis, frais au débarquement, pesage et arrimage F. 3 par 1000 kil.		» 183.60	
Tonneliers à la réception F. 0.25		» 21.—	
Magasinage de 2 mois à F. 1.25 par 1000 kil.		» 153.—	
Menus frais		» 50.—	
Assurance maritime sur F. 46280, à 2 ¼ % et police	» 24.80	» 1042.80	
id. contre le feu sur F. 54580, à ½ ‰	» 0.55	» 27.25	
Commission de banque à Paris pour confirmation de crédit, 1 %	» 10.—	» 420.75	
Courtage de vente ¼ % Escompte à la vente 2¼ % Commission de vente 2 % Commission de banque ¼ % Ensemble 4¾ % sur F. 53304.20	» 51.70	» 2531.95	» 11230.35
	F. 1088.20		F. 53304.20
Soit par 100 kil.	» 2.18		

RENDEMENT :

Brut .... kil. 61200
Angle 4 ‰ .... kil. 245
Tare et trait 18 % .... » 10972 » 11217
Net .... kil. 49983 à F. 106.65 par 100 kil. entrepôt .... F. 53306.85
Plus : droits de sortie à Cochin .... » 2.18 » »
Ensemble .... F. 108.83 » »

PRIX DE REVIENT A NANTES DES 100 KIL. ENTREPOT

AUX CHANGES SUIVANTS SUR PARIS

Avec la parité des changes sur LONDRES, calculés sur la base de F. 25.25 pour £ 1.—.—

	PRIX à COCHIN par candy	PARIS F. 2.55 — LONDRES Sh. 2.0¼	PARIS F. 2.60 — LONDRES Sh. 2.0 11/16	PARIS F. 2.65 — LONDRES Sh. 2.1 1/16	PARIS F. 2.70 — LONDRES Sh. 2.1½	PARIS F. 2.75 — LONDRES Sh. 2.2⅛	PARIS F. 2.80 — LONDRES Sh. 2.2 5/16	5 c. par R. sur le change font à Nantes par 100 kil.
SUBDIVISIONS — Coût et frais variables	R. ⅛	F. 0.13	F. 0.13	F. 0.14	F. 0.14	F. 0.14	F. 0.14	F. 0.—
	¼	0.26	0.27	0.27	0.28	0.28	0.29	0.—
	⅜	0.39	0.40	0.41	0.42	0.42	0.43	0.—
	½	0.52	0.53	0.54	0.56	0.56	0.58	0.—
	⅝	0.65	0.66	0.68	0.70	0.71	0.72	0.—
	¾	0.78	0.80	0.82	0.83	0.85	0.86	0.—
	⅞	0.91	0.93	0.95	0.97	0.99	1.01	0.—
	1	1.04	1.06	1.09	1.11	1.13	1.15	0.02
	2	2.09	2.13	2.17	2.21	2.25	2.29	0.04
	3	3.13	3.19	3.26	3.32	3.38	3.44	0.06
	4	4.18	4.26	4.34	4.42	4.50	4.58	0.08
	5	5.22	5.32	5.43	5.53	5.63	5.73	0.10
	6	6.26	6.38	6.51	6.63	6.75	6.88	0.12
	7	7.31	7.45	7.60	7.74	7.88	8.02	0.14
	8	8.35	8.51	8.68	8.84	9.—	9.17	0.16
	9	9.40	9.58	9.77	9.95	10.13	10.31	0.18
	10	10.44	10.64	10.85	11.05	11.25	11.46	0.20
Coût et frais variables et invariables	60	94.44	96.00	97.55	99.11	100.66	102.21	1.55
	70	104.87	106.63	108.40	110.16	111.91	113.66	1.76
	80	115.31	117.27	119.24	121.21	123.17	125.12	1.96
	90	125.74	127.91	130.09	132.26	134.42	136.58	2.16
	100	136.18	138.55	140.93	143.31	145.68	148.04	2.37
	110	146.62	149.19	151.78	154.36	156.93	159.50	2.57
	120	157.05	159.83	162.62	165.41	168.19	170.96	2.78
	130	167.49	170.47	173.47	176.46	179.44	182.42	2.99
	140	177.92	181.11	184.31	187.51	190.70	193.88	3.19
	150	188.36	191.76	195.16	198.56	201.95	205.34	3.40
Droits de Sortie à Cochin sur estimation de R. 12 par cwt à 3 % par 100 kil.		2.14	2.18	2.22	2.26	2.30	2.35	0.—

OBSERVATIONS

F. 10 par tonneau sur le fret, font à Nantes une différence de F. 1.16 par 100 kil. sur les prix.

On veut savoir le revient à Nantes d'Huile de coco coûtant à Cochin R. 95 ½ par candy, au change de F. 2.65 et au fret de F. 100 par tonneau de 900 kil.

On trouvera dans la 1re et la 4e colonne de ce tableau que :

R. — ½ font par 100 kil. .... F. 0.64
» 5 id. id. .... » 5.43
» 90 id. id. .... » 130.09
Plus droits de sortie à Cochin sur estimation de R. 16 per cwt à 3% » 2.96
R. 95 ½ feront donc par 100 kil. .... F. 139.09

N.-B. — Les droits de sortie à Cochin ne sont pas compris dans les prix de revient du tableau ci-dessus, il faudra les ajouter. Pour trouver ce qu'ils produisent en France par 100 kil., il suffira de multiplier les logarithmes suivants par l'estimation de la Douane, puis multiplier encore le produit par 3 % plus ou moins ; en retranchant les 4 derniers chiffres de droite, on aura le résultat cherché.

CHANGES		LOGARITHMES
2.55		59825
» 2.60	»	60489
» 2.65	»	61053
» 2.70	»	62816
» 2.75	»	63979
» 2.80	»	65141

Droits d'entrée par 100 kil. en Février 1866

Par navire Français .... F. 6.—
Id. Etranger .... » 7.—

COMPTE D'ACHAT ET DE REVIENT

A 15 PIPES HUILE DE POISSON

15 pipes huile de Poisson, contenant candies 29.12.28 ou 2101 gallons impériaux pesant net cwt 173.2.5 et étant le produit de candies 30.16.19 à R. 30 par candy. R. 924.15. 2

FRAIS A COCHIN

	Droits de sortie		
15 pipes conditionnées jaugeant 2247 gallons impériaux, à R. 45 par tonneau de 250 gallons		R. 404. 7. 4	
Réception, tonneliers, pompes, bateaux et coolies		» 53. 2.—	
Magasinage et garde à R. 3 par tonneau		» 27.—.—	
Menus frais		» 10.—.—	» 494. 9. 4
			R. 1419. 8. 6
Droits d'exportation sur estimation de R. 5 par cwt R. 867.13 à 3 %	R. 26. 1.—		
Commission d'achat et de remboursement — 5 %	» 1. 5.—		» 70.15. 6
	R. 27. 6.—		R. 1490. 8.—
Remboursement sur Paris à 6 mois de vue au change sur France de F. 2.60 par R.	F. 71.16		F. 3875.80

FRAIS A NANTES

Fret sur 10410 kil. à F. 100 par tonneau de 900 kil.		F. 1156.65	
Mise à terre, arrimage et pesage F. 3 par 1000 kil.		» 31.26	
Tonneliers au débarquement et à la livraison F. 0.25 par fût		» 3.75	
Livraison F. 1 par 1000 kil.		» 10.40	
Magasinage de 2 mois à F. 1.25 par 1000 kil.		» 26.05	
Menus frais et ports de lettres		» 10.—	
Assurance maritime sur F. 4262, à 2 ½ % et police	» 1.75	» 97.40	
id. contre le feu sur F. 5597, à ½ ‰	» 0.03	» 2.80	
Commission de banque à Londres pour confirmation de crédit, 1 %	» 0.71	» 38.75	
Courtage de vente ¼ %			
Escompte à la vente 2¼ %			
Commission de vente 2 %			
Commission de banque ¼ %			
Ensemble 4¾ % sur F. 5514.25	» 3.65	» 261.90	» 1638.95
	F. 77 80		F. 5514.25
Soit par 100 kil.	» 0.92		

Rendement :

Brut		kil. 10410
Angle 4 ‰	kil. 42	
Tare et trait 18 %	» 1866	
Réfactions	» 85	» 1993

Net .... kil. 8417 à F. 65.51 par 100 kil. entrepôt .... F. 5514.—
Plus : droits de sortie à Cochin .... » 0.92 » »
Ensemble .... F. 66.43 » »

PRIX DE REVIENT A NANTES DES 100 KIL. ENTREPOT

AUX CHANGES SUIVANTS SUR PARIS

Avec la parité des changes sur Londres, calculés sur la base de F. 25.25 pour £ 1.—.—

	Prix à Cochin par candy	Paris F. 2.55 — Londres Sh. 2.0¼	Paris F. 2.60 — Londres Sh. 2.0¹¹⁄₁₆	Paris F. 2.65 — Londres Sh. 2.1⅟₁₆	Paris F. 2.70 — Londres Sh. 2.1½	Paris F. 2.75 — Londres Sh. 2.2¼	Paris F. 2.80 — Londres Sh. 2.2⁵⁄₁₆	5 c. par R. sur le change font à Nantes par 100 kil.
Remboursement — Coût et frais variables	R. ⅛	F.0.13	F.0.14	F.0.14	F.0.14	F.0.14	F.0.15	F.0.—
	¼	0.27	0.27	0.28	0.28	0.29	0.29	0.—
	⅜	0.40	0.41	0.42	0.42	0.43	0.44	0.01
	½	0.54	0.55	0.56	0.56	0.57	[illegible]	0.01
	⅝	0.67	0.68	0.70	0.71	0.72	0.73	0.01
	¾	0.80	[illegible]	[illegible]	0.85	0.86	0.88	0.02
	⅞	[illegible]	[illegible]	0.97	0.99	1.01	1.02	0.02
	1	1.07	1.09	1.11	1.13	1.15	1.17	0.02
	2	2.13	2.17	2.22	2.26	2.30	2.34	0.04
	3	3.20	3.26	3.32	3.38	3.45	3.51	0.06
	4	4.25	4.35	4.43	4.51	4.60	4.68	0.08
	5	5.33	5.44	5.54	5.64	5.75	5.85	0.10
	6	6.40	6.52	6.65	6.77	6.89	7.02	0.12
	7	7.46	7.61	7.76	7.90	8.04	8.19	0.15
	8	8.53	8.70	8.86	9.02	9.19	9.36	0.17
	9	9.59	9.78	9.97	10.15	10.34	10.53	0.19
	10	10.66	10.87	11.08	11.28	11.49	11.70	0.21
Coût et frais variables et invariables	20	53.88	54.63	55.39	56.14	56.90	57.64	0.75
	30	64.54	65.50	66.47	67.42	68.39	69.35	0.96
	40	75.20	76.36	77.54	78.71	79.88	81.05	1.17
	50	85.86	87.23	88.62	89.99	91.38	92.75	1.38
	60	96.51	98.10	99.69	101.27	102.87	104.45	1.59
	70	107.17	108.96	110.77	112.56	114.36	116.15	1.80
	80	117.83	119.83	121.84	123.84	125.85	127.86	2.01
	90	128.48	130.69	132.92	135.13	137.35	139.56	2.22
	100	139.14	141.56	143.99	146.41	148.84	151.26	2.42
	110	149.80	152.43	155.07	157.69	160.33	162.96	2.63
	120	160.46	163.29	166.14	168.98	171.83	174.66	2.84
Droits de Sortie à Cochin sur estimation de R. 5 par cwt à 3% par 100 kilog.		voir l'explication ci-dessous.						

OBSERVATIONS

F. 10 par tonneau sur le fret, font à Nantes une différence de F. 1.37 par 100 kil. sur les prix.

On veut savoir le revient à Nantes d'Huile de Poisson coûtant à Cochin R. 75 ⅛ par candy, au change de F. 2.65 et au fret de F. 100 par tonneau de 900 kil.

On trouvera dans la 1re et la 4e colonne de ce tableau que :

R. — ⅛ font par 100 kil.	F.	0.14
» 5 id. id.	»	5.54
» 70 id. id.	»	110.77
Plus droits de sortie à Cochin sur estimation de R. 12 ½ à 3 %	»	2.34
R. 75 ⅛ feront donc par 100 kil.	F.	118.79

N.-B. — Les droits de sortie à Cochin ne sont pas compris dans les prix de revient du tableau ci-dessus, il faudra donc les ajouter. Pour trouver ce qu'ils produisent en France par 100 kil., il suffira de multiplier les logarithmes suivants par l'estimation de la Douane, puis multiplier encore le produit par 3 %, plus ou moins ; en retranchant les 4 derniers chiffres de droite, on aura le résultat cherché.

Changes		Logarithmes
2.55		59999
» 2.60	»	61175
» 2.65	»	62352
» 2.70	»	63529
» 2.75	»	64705
» 2.80	»	65881

Droits d'entrée par 100 kil. en Novembre 1865

Par navire Français .... F. 6.—
id. Étranger .... » 8.—

COMPTE D'ACHAT ET DE REVIENT

A 55 BALLES LAINE

55 balles Laine embarquées à Port Philippe, pesant brut....		cwt 129.—. 8	
Tare 10 ℔ par balle........	℔ 550		
Trait 1 ℔ par cwt........	» 129	» 6.—. 7	
Net........		cwt 122. 3.24	
Soit 13772 ℔ à 2^{sh} par ℔........			£ 1377. 4.—

FRAIS A MELBOURNE

Expédition en douane 3^{sh} 6^{d} ports de lettres 4^{sh} 0^{d}........	£	—. 8.—	
Livraison ¼^{d} par ℔........	»	7. 3. 6	
Allége et embarquement 1^{sh} 6^{d} par balle........	»	4. 2. 6	
Assurance contre l'incendie ¼ %........	»	3. 8.10	
Courtage d'achat 1 %........	»	13.15. 5	
Commission d'achat 3 %........	»	41. 6. 2	» 70. 4. 5
			£ 1447. 8. 5
Remboursement sur Londres à 3 mois de vue à 1 ½ % d'escompte........			£ 1469. 9. 2

FRAIS A LONDRES

Fret de Melbourne à ½^{d} par ℔ sur 13772 ℔........	£	28.13. 9	
Frais divers à Londres 5^{sh} par balle........	»	13.15.—	
Commission de banque pour confirmation de crédit 1 %........	»	14.14.—	
Assurance maritime sur £ 1617 à 2 ½ % jusqu'au Havre........	»	40. 8. 5	
Police 3^{sh} par 100 £ ou 1 ‰........	»	1.12. 4	» 99. 3. 6
			£ 1569.12. 8
Au change de F. 25.25 pour £ 1........			F. 39633.16.—

FRAIS AU HAVRE

Fret de Londres 20^{sh} et 15 % par 2240 ℔ et frais de tente 5 %........	F.	197.50	
Permis, voiliers pour échantillonner et conditionner, port en entrepôt arrimage, magasinage d'un mois, livraison et menus frais........	»	75.—	
Assurance contre le feu 1 ‰ sur F. 43596........	»	43.60	
Perte d'intérêt........ 1½ %			
Courtage de vente........ ¼ %			
Escompte à la vente........ 2 %			
Commission de vente........ 2 %			
Commission de banque........ ¼ %			
Ensemble.... 6 % sur F. 42499.20........	»	2549.95	» 2866.05
			F. 42499.20

RENDEMENT :

Net 6150 kil. à F. 6.91 par kil........	F. 42496.50

PRIX DE REVIENT AU HAVRE DU KIL. ENTREPOT

AUX CHANGES SUIVANTS SUR LONDRES

Le réglement sur PARIS étant fait au change de F. 25.25 pour £ 1.—.—

PRIX à MELBOURNE par ℔	Pair	½ % escompte	1 % escompte	1 ½ % escompte	2 % escompte	2 ½ % escompte	3 % escompte
D. 1	F. 0.27	F. 0.27	F. 0.27	F. 0.28	F. 0.28	F. 0.28	F. 0.28
2	0.54	0.55	0.55	0.55	0.55	0.56	0.56
3	0.82	0.82	0.82	0.83	0.83	0.84	0.84
4	1.09	1.09	1.10	1.10	1.11	1.12	1.12
5	1.36	1.37	1.37	1.38	1.39	1.40	1.40
6	1.63	1.64	1.65	1.66	1.67	1.67	1.68
7	1.90	1.91	1.92	1.93	1.94	1.95	1.96
8	2.17	2.18	2.19	2.21	2.22	2.23	2.24
9	2.45	2.46	2.47	2.48	2.50	2.51	2.52
10	2.72	2.73	2.74	2.76	2.78	2.79	2.80
11	2.99	3.—	3.02	3.04	3.05	3.07	3.08
12	3.26	3.28	3.29	3.31	3.33	3.35	3.36
Sh. —. 8	2.45	2.46	2.47	2.49	2.50	2.51	2.52
—. 9	2.73	2.74	2.75	2.76	2.78	2.79	2.80
—.10	3.—	3.01	3.02	3.04	3.06	3.07	3.08
—.11	3.27	3.28	3.29	3.32	3.33	3.35	3.36
1.—	3.54	3.56	3.57	3.59	3.61	3.63	3.64
2.—	6.80	6.84	6.87	6.90	6.94	6.97	7.—
3.—	10.06	10.11	10.16	10.21	10.26	10.32	10.37

OBSERVATIONS

D. ¼ par ℔ sur le fret, font au Havre une différence de F. 0.03 par kil. sur les prix.

On veut savoir le revient au Havre de Laine coûtant à Melbourne 1^{sh} 8^{d} au change de 1 ¼ % d'escompte et au fret de ¾^{d} par ℔.

On trouvera dans la 1re et la 5e colonne de ce tableau que :

Sh. —. 8 font par kil........	F. 2.21
» 1.— id. id........	» 3.59
Sh. 1. 8 feront donc par kil........	F. 5.80

65^{c} par £ 1 de différence dans les changes sur Paris font au Havre ¼₁₀ % sur les prix de revient qui seront à ajouter ou à déduire selon les variations du change en hausse ou en baisse sur le cours de F. 25.25.

Droits d'entrée par 100 kil. en Février 1866

Sous pavillon Anglais........		Exempte
id. Belge........		Exempte
id. Français........		Exempte
id. tiers........	F. 0.30	

HAMBOURG

RÉGIME DU COMMERCE

1° DROIT DE TONNAGE

Par last de commerce de 6000 ℘ ou 3000 kil. ou 3 tonnes métriques, 8 Shelins (75 centimes) pour tout navire venant de la mer avec chargement.

Moitié de la taxe 4 shelins (36 centimes) pour ceux qui viennent sur lest ou apportent des matériaux, briques, tuiles, guano et autres articles semblables, pour les navires de moins de 20 last et ceux qui ayant apporté de la houille repartent chargés.

Exempts, sont les navires entrés avec de la houille et qui s'en retournent sur lest, ceux qui entrent dans le port pour y réparer leurs avaries ou par force majeure, les yachts de plaisance et les bateaux pêcheurs;

2° DROIT AU CAPITAINE DE PORT

(Pour faire entrer et sortir le bâtiment)

Navire calant plus de 12 pieds	3 marcs	(F. 4.50)
» de 9 à 12 »	2 »	(» 3 —)
» jusqu'à 9 »	1 »	(» 1.50)

3° DROIT DE JEAUGEAGE

Navires de 20 last de commerce et au-dessus	2 marcs 8sh	(F. 3.75)
Au-dessous de cette capacité	1 »	(» 1.50)

Ne s'applique qu'au premier voyage du navire

4° TAXES DIVERSES

Pour être autorisé à travailler le Dimanche et jours de Fête	2 marcs 4sh	(F. 3.36)
» » » la nuit	4 »	(» 6.—)

Droit de garde en Hiver. — 1 marc 8 shelins par navire au-dessus de 20 last de commerce et lorsque son tour est venu.

Laissant de côté ces droits accessoires, résumant les seuls droits de navigation et prenant un bâtiment de 50 lasts (150 tonneaux) on obtient :

Tonnage à 8 shelins	25 marcs
Capitaine de Port	3 »
Jaugeage	2 » 8sh
Ensemble	30 marcs 8sh = F. 45.75

Et comme le last de commerce correspond à environ 2½ tonneaux de jauge de France, les droits de navigation combinés s'élèvent pour un tonneau français à peu près à 42 centimes.

Voici les autres charges qui affectent la navigation :

Pilotage. — Par pied de calaison savoir :

Au-delà de la tonne A (c'est le point le plus éloigné en mer)

Du 16 Septembre au 15 Avril	6 marcs	(F. 9.—)
Du 16 Avril au 15 Septembre	4 »	(» 6.—)

Si le pilote vient à bord en-deçà de la tonne A, le droit se réduit de moitié, et quand il est pris à Cuxhaven, la taxe est de 2 marcs (F. 3.—) par pied en hiver et de la moitié en été.

Le pilotage est obligatoire pour tous les bâtiments de plus de 20 lasts de commerce.

Quarantaine. — Tous les navires provenant des ports Turcs (ceux de l'Adriatique exceptés), de l'Asie Mineure, des Côtes de Syrie, des Côtes d'Afrique au nord de l'Algérie et des Côtes Occidentales d'Afrique, subissent à Cuxhaven une quarantaine d'observation et sont assujettis aux impositions suivantes :

Droit de reconnaissance	25 marcs	(F. 37.50)
Quand le bâtiment a été admis, en cours de voyage, à libre pratique dans un autre port, la taxe n'est que de	6 »	(» 9.—)
Visite du médecin et frais de canot	7 » 8sh	(» 11.25)
Chaque gardien et par jour	3 »	(» 4.50)

Courtage d'affrétement. — Le courtage se règle en raison de la destination et s'acquitte par le fréteur ;

Pour frètement de Hambourg en France, Angleterre, Espagne et Portugal	3 ½ %
» » pour la Baltique et le nord de la Russie	5 %
» » pour Brême, Emden et la Hollande	5 %
» » pour l'Amérique, les Antilles et les Indes	2 ½ %
Lorsqu'un navire est frété à Hambourg pour se rendre d'un port étranger à un autre port étranger, le courtage est de	2 ½ %

Quand l'affrètement a lieu pour un chargement entier l'on paie un tiers de moins que la taxe.

Pour l'expédition d'un navire partant sur lest jusqu'à:

50 last la rémunération est de	15 marcs	(F. 22.50)
de 51 à 100 last	30 »	(» 45.—)
au-dessus	36 »	(» 54.—)

Si le fret d'un navire partant ne produit pas autant que la taxe de sortie sur lest, le courtier est autorisé à prélever cette dernière taxe.

Pour encaissement du fret, on paie par 100 marcs courants (F. 150) 1 marc 8^{sh} (F. 2.25) soit 1 ½ %.

Pour avances au Capitaine ou payements faits pour celui-ci, lorsque le fret à encaisser ne suffit pas, le courtier prend par 100 marcs courants 1 marc 8^{sh}.

N.-B. — Le marc a été calculé au taux *moyen* de F. 1.50. — Le pied = $0,28^{tm}$ millimètres.

TARES, ESCOMPTES ET AUTRES CONDITIONS DE VENTE

En usage sur la Place de Hambourg et indication des marchandises qui en sont l'objet.

Blés. — Se vendent presque généralement au poids et en sacs, les sacs doivent peser 00 ℔ au plus et 45 au moins. Pour déterminer la qualité du grain on prend pour base le poids de Hollande. Les quantités stipulées doivent être livrées en entier et lorsque le vendeur s'est servi du mot *circa* (environ) il lui est loisible de se prévaloir d'une bonification de 3 % plus ou moins.

Si plusieurs parties de qualités différentes ont été vendues à un prix moyen, l'acheteur doit accepter ou refuser la partie entière et se prononcer dans les 24 heures.

Coton en laine. — La tare est de 4 % pour les Cotons en balles, en ballots et sacs de tout genre. Si les balles et ballots sont fortement cordés on bonifie en sus 1 % pour les cordes. Les Cotons de Macédoine importés en surons jouissent d'une tare de 7 % non compris les cordes, bon poids ½ %, une réfaction de ¾ % est bonifiée par le vendeur pour les Cotons des États-Unis.

L'acheteur peut en cas de doute sur la qualité faire ouvrir les balles suspectes au moment de la livraison. Il lui est permis de prendre de chaque balle un échantillon, mais d'un quart de livre tout au plus. La réfaction se déduit d'abord du poids brut, puis le bon poids et du poids net qui reste on retranche la tare. Les noms usités à Liverpool servent à classer les qualités des Cotons Nord-Américains. Les ventes se font en Shelins de Banque avec 1 % d'escompte.

Huile de Colza. — Se vend par quantités de 100 centner (5,000 kil.) au moins. Quand la différence du poids ne dépasse pas 150 ℔, l'acquéreur ne peut refuser la marchandise. Si cette différence est au-dessus de 250 ℔, il peut en cas de déficit demander une compensation. Si au contraire il y a surpoids, le surplus doit être rendu ou en être payé la valeur au vendeur. Toute réclamation relative à la tare doit s'effectuer dans les quinze jours. La tare se détermine en faisant vider dix barriques sur 100 centner d'huile et la moyenne sert de règle. Toutefois l'acheteur peut exiger, s'il le juge à-propos, que toutes les barriques soient vidées et la tare se calcule alors sur la quantité totale. L'huile doit être au moins de 37 ½ degrés d'après Stopparo. Si le poids spécifique n'atteint pas 37 degrés, l'acquéreur peut refuser la marchandise.

Bon poids 1 %, escompte 1 %; on comprend la barrique dans le prix de vente.

Huile de Pétrole. — Vente en marcs de Banque par 100 ℔ net, tare par baril jusqu'à 350 ℔, brut 20 %.

Les gros barils (Kant-Barrels) donnent 60 % de tare; pour les fûts de plus de 350 ℔ on bonifie la tare nette.

Quand on vend sans la condition expresse de fournir des fûts pleins, le vendeur ne répond pas du déficit provenant du coulage. L'acquéreur peut toutefois exiger que les fûts soient remplis sur la quantité à livrer.

Dans les achats mixtes de grandes quantités, le remplissage des fûts se fait sur chaque partie séparément, et les fûts vides pour le remplissage restent au vendeur.

Pour toutes les ventes faites sur place par échantillon ou d'après désignation de la qualité ou sur examen, l'acheteur est tenu d'examiner le lendemain de la clôture du marché, la marchandise en fûts et, si elle ne lui convient pas, de le déclarer le même jour à la Bourse avant une heure et demie. A l'égard du degré calorique ou du poids spécifique, il doit se prononcer dans les trois jours si le vendeur ne lui a pas offert de garanties.

Lorsque du Pétrole a été vendu avec la clause d'être livré à l'arrivée du navire ou à son déchargement en ce port, l'acheteur peut refuser la marchandise s'il croit qu'elle n'est pas conforme au contrat, mais il n'a droit à aucun dédommagement. Il peut toutefois l'accepter contre réduction du prix dont le taux est fixé par des experts.

Quand il s'agit d'une marchandise dont la livraison doit être faite ici plus tard, le vendeur est tenu de la livrer telle qu'elle a été stipulée, et si l'acheteur la refuse pour être d'une qualité inférieure il doit la remplacer par une autre plus conforme aux conditions.

Toute contestation au sujet de la qualité de la couleur et du poids spécifique, se décide par voie d'experts.

Le degré calorique du Pétrole vendu avec la clause *heat test* ne doit pas être d'une force au-dessous de 100° degrés Fahrenheit.

Quand une marchandise qui se trouve dans l'entrepôt a été vendue avec la clause *heat test* le vendeur est tenu de fournir à l'acquéreur, si celui-ci l'exige, une copie du certificat de l'un des chimistes jurés déposé entre les mains du conservateur de l'entrepôt. Si l'acheteur met en doute l'exactitude de ce certificat, il peut à ses frais faire procéder à une seconde expertise par un autre chimiste de commerce juré. Si les deux expertises présentent une différence de plus de 1° de Réaumur, les parties peuvent faire opérer sans frais par les deux chimistes un nouvel examen dont le résultat décide.

Une marchandise vendue sur place, doit être reçue dans l'espace de 14 jours, à dater du bulletin de vente, à moins qu'un autre délai n'ait été stipulé.

Quand une vente a été faite à terme fixe, le jour de réception marqué au bulletin de vente, est, pour les ventes à livrer au milieu du mois, le 15, ou le lendemain si c'est un jour férié; pour les ventes fin du mois, le dernier jour ouvrable du mois; pour les ventes au mois sans date déterminée, 14 jours après sommation de prendre livraison. Le vendeur doit toutefois, lorsque la marchandise est en entrepôt public, fournir deux jours auparavant les billets de livraison, et l'acquéreur doit prendre sur le champ ses mesures pour que la réception s'opère en temps voulu. Si l'acheteur laisse passer le jour indiqué ou celui consacré par l'usage, le vendeur est en droit de faire peser et entreposer de nouveau la marchandise pour le compte de l'acheteur. Passé 14 jours après sommation de recevoir, aucune réclamation touchant la qualité ou le *heat test* n'est plus admise.

Si la marchandise est vendue avec la clause *à prendre à bord ou aux côtés du bâtiment soit de mer ou de rivière*, elle doit être transportée dans l'allége que le vendeur aura placée sous le bâtiment, par ses ouvriers jusque sur la balance; elle doit être reçue quand même la quantité entière n'aurait par encore été déchargée.

Quand dans une vente il est stipulé que la marchandise sera livrée jusqu'à l'entrepôt public, toutes les dépenses des alléges, du pesage et du remplissage sont aux frais du vendeur, tandis que l'acheteur supporte les dépenses de la mise et de la conservation en entrepôt. Si au contraire la vente contient la clause *à livrer à l'entrepôt* toutes les dépenses concernent le vendeur.

Le Courtage pour le Pétrole est le même que celui établi pour l'huile de Thérébentine.

Sucre. — La tare pour les différentes espèces est fixée ainsi qu'il suit pour les Sucres bruts. Brésil blanc en caisses 16 %; Brésil brun en caisses 18 %; Brésil et Indes Occidentales en fûts ou quarts 14 %; Havane et Cuba blanc en caisses 65 ℔; Havane et Cuba jaune et brun en caisses 70 ℔; Brésil en sacs 4 %; Java en kranjangs et paniers 12 %; Manille, Indes Orientales et Chine en nattes et sacs 5 %.

Tabacs. — La tare nette se règle ainsi qu'il suit pour les Tabacs soit en boucauts, surons, etc., soit en feuilles: Brésil, grands rouleaux 16 ℔ par rouleau et 8 ℔ par petits; Feuilles en surons (Coir), 5 % et en toile 2 %; Varina rouleaux et feuilles en paniers 12 ℔ par rouleau; Porto-Rico en toile 2 %; Cuba, Havane, Saint-Domingue, Colombie pour lesquelles sortes la tare se prend sur une moyenne de 5 à 10 colis; Etats-Unis à chiquer en boucauts 16 %, en caisses 20 %. A l'égard des tabacs de Hollande, en paniers et en nattes jusqu'à 600 ℔ on compte 30 ℔, et au-dessus de 600 ℔ la tare est de 40 ℔, pour les tabacs livrés en nattes 3 % et en toile 2 %; Mecklembourg en nattes 3 % et en toile 2 %; Saratoff et Ukraine par ballot 8 ℔; Tiges de France, d'Espagne et de Hollande en surons 20 ℔, en paniers 40 ℔ par panier, en balles avec cordes 2 %, en paquets 1 %, en toile 2 %, en toile et cordes 3 %; d'Amérique en ballots avec cordes 1 %, en toile 2 %.

Bon poids ½ % lorsque le tabac se vend par ℔ et 1 % quand le prix est réglé par 100 ℔.

Escompte pour payement comptant 1 ½ %; quand la vente a lieu en argent courant, l'agio est de 25 % contre valeur de Banque.

Thés. — La tare s'établit en prenant sur chaque *chop* ou quantité jusqu'à 100 caisses d'une même sorte 3 caisses; sur 101 à 200 caisses 4 caisses, et au-dessus de 200 caisses 5 caisses qui est le maximum.

Les caisses sont choisies, vidées et pesées par un expert juré. Pour caisse de 45 ℔ brut et au-delà il ajoute à la moyenne 1 ℔, de 20 à 45 ℔ ½ ℔, au-dessous de 20 ℔ ¼ ℔. Ces résultats fournissent la tare pour chaque *chop*.

L'acheteur est obligé de prendre les caisses qui ont servi à établir la moyenne. Il a droit aux réfactions suivantes: Thé vert en paquets, sur les ¼ de caisses 2 ℔, sur les ⅛ de caisses 1 ℔, sur plus petits contenant ½ ℔. Thé noir (ceux en paquets exceptés) sur les ¼ de caisses 3 ℔, les ½ caisses 1 ½ ℔, plus petites ¾ ℔.

USAGES GÉNÉRAUX

Toute marchandise achetée doit être vérifiée et repesée sur le champ, et dans les 24 heures l'acheteur doit déclarer s'il l'accepte ou non. Si la marchandise a été pesée ou comptée en sa présence elle est considérée comme acceptée.

Quand une marchandise a été achetée sur place, elle doit être livrée et reçue dans les 15 jours. Quand au contraire elle a été vendue avec la condition d'être livrée plus tard, la réception s'effectue: 1° Si elle vient par eau, aussitôt qu'elle est sous la main; 2° Si elle vient par terre, le lendemain de son arrivée.

Lorsqu'une marchandise est vendue avec escompte, l'acquéreur doit réaliser le payement le lendemain de la livraison et le vendeur peut, s'il le juge utile, demander des garanties.

En cas de différend on choisit deux courtiers jurés et s'il y a divergence, la chambre de Commerce nomme un surarbitre.

MONNAIES, POIDS ET MESURES

MONNAIES

Monnaie de compte, valeur fictive et qui sert uniquement à la tenue des livres, aux écritures, opérations de changes et fonds publics.

Marc banco = 16 schelins. — 1 schelin = 12 deniers ou pfennig.

1 marc banco = F. 1.88[15] }
1 schelin = » 0.11[75] } valeur moyenne.
1 denier = » 0.—[98] }

Monnaies courantes. Or, ducats de 8 marcs = F. 11.85.
1 marc courant = F. 1.52 } va-
1 schelin = » 0.09½ } riable.

Il circule des pièces de 8, 2 et 1 marc, puis de 12, 8, 4, 2, 1, ½ et ⅓ schelins.

Le thaler courant est de 3 marcs; le thaler de Prusse, qui a cours légal, est compté pour 2 ½ marcs.

POIDS

Livre (Pfund).
1 ℔ = 10 neuloth = 500 grammes.
1 » = 10 quentin = 50 grammes.
1 » = 5 »
1 centner = 100 ℔ = 50 kil.
Le schiffpfund ordinaire = 280 ℔
» pour fret = 320 ℔
Le stein de chanvre = 20 ℔
» laine et plumes = 10 ℔

Le last de chaux, houille, sel, huile de baleine, goudron, poix = 12 tonnes.

Le last de sel d'Espagne = 18 tonnes = 5,800 à 6,200 ℔; en moyenne, 6,000.

Le last de sel de Lunebourg = 24 sacs à 169 ℔ = 4,055 ℔.

La tonne de beurre = 224 ℔ nettes.

La tonne de savon 4/4, à 60 ℔ net = 240 ℔.

Pour le grain, on compte par last de 33 hectolitres, ou, ce qui est plus généralement usité, au poids.

Le last de froment = 5,400 ℔
» » seigle = 5,100 ℔
» » d'orge = 4,400 ℔
» » d'avoine = 3,600 ℔
» » haricots = 5,520 ℔
» » pois secs = 5,760 ℔
» » sarrasin = 3,000 ℔
» » colza = 4,800 ℔

Le last de fret (schiffs last) = 2 tonneaux = 80 pieds cubes = 4,000 ℔.

Le last de jauge (commerz last) = 3 tonnes anglaises = 2 ½ tonneaux métriques de France = 6,000 ℔.

POIDS DE PHARMACIE

L'once = 8 drachmes = 30 grains.
Le drachme = 3 scrupules = 3,24 grammes.
Le scrupule = 20 grains = 1,08 »
Le grain = = 0,05⅜ »

Pour les pierres et perles fines, on emploie le carat de Hollande = 0,411⅛ grammes.

Pour les matières d'or et d'argent et les monnaies, le marc employé à la banque = 4,865 as de Hollande = 65,536 richpfenninge = ½ ℔ = 233,85[14] grammes.

La ℔ (pfund) = 2 marcs, poids de la banque = 32 loth à 4 quentin, à 256 richpfenninge = 467,71[1] grammes.

Le marc d'argent ordinaire = 16 loth à 18 grains (288 grains à 8/9 pfenninge de banque).

Le marc d'or ordinaire = 24 carats à 12 grains.

Le loth, poids de banque = 14,61[47] grammes.

MESURES DE LONGUEUR

Le fuss (pied) = 3 palmes = 12 zoll = 96 linien = 0,28[657] mètres.

La palme pour mesurer les mâts et chaînes = 0,09[54] m.

Le zoll (pouce) = 0,02[38] mètres.

La linie (ligne) = 0,—[298] mètres.

L'aune ordinaire (kurze elle) pour les soieries, toiles et tissus de coton unis = 2 fuss = 0,57[314] mètres.

L'aune de Brabant (Brabanter elle) pour les cotons imprimés, tissus de laine, futaines etc. = 0,68[777] mètres.

6 aunes ordinaires = 5 aunes de Brabant.

La ruthe (perche) de terre forte (marsche ruthe) = 14 pieds = 4,01[196] mètres.

La ruthe de terre légère (geest ruthe) 16 pieds = 4,58[512] mètres.

Le klafter (toise) = 6 pieds = 1,71[942] mètres.

La webe de toile = 72 aunes courtes = 144 pieds = 41,26[608] mètres.

Le mille (meile) = 7532,53 mètres.

MESURES DE SUPERFICIE

Le quadrat fuss (pied carré) = 0,08[123] mètres carrés.

Le havel boden = 5000 pieds carrés = 4,6 ares.

Le morgen marschland = 117,600 pieds carrés = 96,52[7] ares.

Le scheffel geestland = 51,20 pieds carrés = 42,04[7] ares.

Le mille carré = 5673,9 hectares.

MESURES DE CAPACITÉ

Le cubic fuss (pied cube) = 0,02[3564] mètres cubes.

Le pot de terre = 1,04 pieds cubes = 1,50[3941] mètres cubes.

Le faden (corde de bois) = 2,1 stères.

Le fass pour les blés = 54,96[7] litres.

Le last de froment, seigle, pois et haricots = 60 fass ou 30 sacs.

Le last d'avoine et orge = 20 sacs à 3 fass.

60 fass = 160 pieds cubes = 32,98 hectolitres.

Il a été dit plus haut que les grains se vendent aujourd'hui ordinairement au poids.

MESURES POUR LES LIQUIDES

L'ohm (tierçon) = 5 eimer = 4 anker = 20 viertel (veltes) = 144,91 litres.

L'eimer = 28,98[2] litres.

Le viertel = 7,24[55] litres.

L'oxhoft (barrique) = 1 ½ ohm = 30 viertel = 60 stübchen = 217,36 litres.

La barrique de Bordeaux = 228 litres.

Le fass (pièce) d'eau-de-vie = 4 oxhoft = 256 stübchen = 869,44 litres.

La tonne d'huile de baleine = 224 ℔ nettes = 32 stübchen = 115,92[74] litres.

Le quartel de la même huile = 448 ℔ nettes = 64 stübchen = 2 tonnes = 231,85[48] litres.

Le fass (pièce) d'huile de baleine épurée = 250 ℔ nettes = 1 tonne ¼ = 48 stübchen = 347,78ˡ à 362,27ˡ litres.

La pipe de vin de Porto = 96 à 100 stübchen = 347,78ˡ à 362,27ˡ litres.

Le both de Malvoisie = 140 stübchen.

L'ohm de vin du Rhin = 40 stübchen = 144,90ˡ litres.

Le stübchen = 2 kannen = 4 quartiers = 8 oessel = 362ᵐˡ litres.

La kanne = 1,81ˡ litre.

Le quartier (bouteille) = 0,90ˡ litre.

L'oessel = 0,45ˡ litre.

La balle de papier = 10 rames à 20 mains, à 24 feuilles de papier à écrire et 25 feuilles de papier à impression.

Le zimmet de peaux = 4 decher à 10 pièces = 40 pièces.

La douzaine (dutzen) = 1/5 schock = 12 pièces.

Le stiége = 1/3 schock = 5 douzaines = 60 pièces.

Le cent (hundert) = 5 stiége = 100 pièces.

Le grand cent (grosz hundert) = 2 schock = 6 stiége = 10 dutzen = 120 pièces.

La grosse (gross) = 12 douzaines = 144 pièces.

Le mille (tausend) = 1000 pièces.

Le grand mille (grosz tausend) = 5 ring à 240 pièces = 20 schock = 100 douzaines.

1 tonne de harengs = 800 pièces.

TAUX MOYEN DES FRETS EN 1865

Pour les principaux ports de France avec lesquels Hambourg est en relation régulière d'affaires

MARCHANDISES LOURDES ET ARTICLES ENCOMBRANTS

	Par navires à voiles	Par steamers	
Pour le Havre	F. 15 à F. 20	F. 20 à F. 25	Par tonneau de 1000 kil., plus 15 % avaries et chapeau.
» Bordeaux	» 25 à » 30	» 35 à » 40	
» Marseille	» 40 à » 50	» — à » —	

On range spécialement parmi ces marchandises le Café, Sucre, Salpêtre, Métaux, Cuirs salés, Huile, Graines et Blés.

Pour les Cotons le tonneau s'établit à raison de kil. 600, 500 et même 400 suivant la forme des balles et le genre d'emballage.

Le fret pour les Laines varie de F. 70 à F. 80 plus 15 % pour 2,000 kil.

MARCHANDISES LÉGÈRES EN CAISSES OU EN BALLES

Pour le Havre	F. 0.50 à F. 0.75 plus 15 %	par pied cube.
» Bordeaux	» 1.— à » 1.25 »	

PEAUX SÈCHES

Pour le Havre	F. 75	plus 15 % par 100 kil.	
» Bordeaux	» 105 à F. 120	» »	
» Marseille	» 120 à » 150	» »	par steamers *voie de Bordeaux* et ensuite par chemin de fer.

COURS DES CHANGES A HAMBOURG SUR PARIS

Pair à 3 mois	F. 190.85³⁰	pour 100 marcs banco.
» à courte échéance	» 188.97¹¹	

Les cours varient comme suit :

A 3 mois sur Paris .... F. 190 à F. 194.50 par 100 marcs banco.
A courts jours .... » 189 à » 191.— » »

Les cours de Hambourg sur la France sont particulièrement influencés par la situation de l'escompte.

COMPTE D'ACHAT ET DE REVIENT

A 800 CAISSES SAGOU PERLÉ

800 caisses Sagou perlé, pesant 1000 piculs à $ 3 .... $ 3000.—

FRAIS A SINGAPORE

Frais $ 0.33 par picul	$	330.—		
Commission d'achat et de remboursement — 3 ½ %	»	105.—	»	435.—
			$	3435.—
Remboursement sur Londres à 6 mois de vue au change de 4sh 6d pour $ 1			£	772.17. 6
et au change sur Paris de F. 25.25 pour £ 1			F.	19515.20

FRAIS A NANTES

Fret sur 68000 kil. bruts à F. 100 par tonneau de 700 kil.	F.	9714.30		
Déchargement, pesage, arrimage et livraison	»	306.—		
Magasinage de 2 mois, à F. 0.10 par caisse et par mois	»	160.—		
Soins au déchargement, ports de lettres et menus frais	»	137.—		
Assurance maritime sur F. 21466, à 2 % et police	»	430.80		
id. contre le feu sur F. 32214, à ½ ‰	»	16.10		
Commission de banque à Londres pour confirmation de crédit, 1 % ..	»	195.15		
Courtage de vente .... ½ %				
Escompte à la vente .... 2 ¼ %				
Commission de vente .... 2 %				
Commission de banque .... ½ %				
Ensemble .... 4 ¾ % sur F. 31994.30	»	1519.75	»	12479.10
			F.	31994.30

RENDEMENT :

Brut		kil.	68000
Tare kil. 12.5 par caisse	kil. 10000		
Anglo 4 ‰	» 272	»	10272
Net		kil.	57728
Trait 1 %		»	577
Net		kil.	57151 à F. 55.98 par 100 kil. entrepôt .... F. 31993.10

PRIX DE REVIENT A NANTES DES 100 KIL. ENTREPOT

AUX CHANGES SUIVANTS SUR LONDRES

Avec la parité des changes sur PARIS, calculés sur la base de F. 25.25 pour £ 1.—.—

	PRIX à SINGAPORE par picul	LONDRES Sh. 4.6 — PARIS F. 5.68 ⅝	LONDRES Sh. 4.7 — PARIS F. 5.78 ⅞	LONDRES Sh. 4.8 — PARIS F. 5.89 ⅛	LONDRES Sh. 4.9 — PARIS F. 5.99 ⅜	LONDRES Sh. 4.10 — PARIS F. 6.10 ½	LONDRES Sh. 4.11 — PARIS F. 6.20 ⅞	LONDRES Sh. 5.— — PARIS F. 6.31 ¼	LONDRES Sh. 5.1 — PARIS F. 6.41 ½	1d par $ sur le change fait à Londres par 100 kil.
[illegible] — Coût et frais variables	$ —. 5	F. 0.56	F. 0.57	F. 0.58	F. 0.59	F. 0.60	F. 0.61	F. 0.62	F. 0.63	F. 0.01
	—.10	1.12	1.14	1.16	1.18	1.20	1.22	1.24	1.26	0.02
	—.20	2.23	2.27	2.31	2.35	2.40	2.44	2.48	2.52	0.04
	—.30	3.35	3.41	3.47	3.53	3.59	3.66	3.72	3.78	0.06
	—.40	4.46	4.54	4.63	4.71	4.79	4.88	4.96	5.04	0.08
	—.50	5.58	5.68	5.79	5.89	5.99	6.10	6.20	6.30	0.10
	—.60	6.69	6.82	6.94	7.06	7.19	7.31	7.43	7.56	0.12
	—.70	7.81	7.95	8.10	8.24	8.39	8.53	8.67	8.82	0.14
	—.80	8.92	9.09	9.26	9.42	9.58	9.75	9.91	10.08	0.17
	—.90	10.04	10.22	10.41	10.59	10.78	10.97	11.15	11.34	0.19
	1.—	11.15	11.36	11.57	11.77	11.98	12.19	12.39	12.60	0.21
Coût et frais variables et invariables	1.—	33.67	33.94	34.22	34.48	34.76	35.03	35.30	35.58	0.27
	2.—	44.82	45.30	45.78	46.25	46.74	47.21	47.69	48.18	0.48
	3.—	55.98	56.65	57.35	58.03	58.72	59.40	60.09	60.77	0.68
	4.—	67.13	68.01	68.91	69.80	70.70	71.58	72.48	73.37	0.89
	5.—	78.28	79.37	80.48	81.57	82.68	83.77	84.87	85.97	1.10

OBSERVATIONS

F. 10 par tonneau sur le fret, font à Nantes une différence de F. 1.70 par 100 kil. sur les prix.

On veut savoir le revient à Nantes de Sagou perlé coûtant à Singapore $ 2.95 par picul, au change de 5sh et au fret de F. 100 par tonneau de 700 kil.

On trouvera dans la 1re et la 8e colonne de ce tableau que:

$ —. 5 font par 100 kil.	F.	0.62
» —.90 id. id.	»	11.15
» 2.— id. id.	»	47.69
$ 2.95 seront donc par 100 kil.	F.	59.46

N.-B. — 10c par £ 1 de différence dans les changes sur Paris font à Nantes ⅜ % sur les prix de revient, qui seront à ajouter ou à déduire selon les variations des changes en hausse ou en baisse sur le cours de F. 25.25.

Droits d'entrée par 100 kil. en Février 1866

Par navire Français	F.	1.20
id. Etranger	»	3.—

COMPTE D'ACHAT ET DE REVIENT

A 61 SACS SALPÊTRE

61 sacs salpêtre, 100 piculs à $ 6		$	600.—

FRAIS A SINGAPORE

Frais $ 0.05 par picul	$	5.—		
Commission d'achat et de remboursement 3 ½ %	»	21.—	»	26.—
			$	626.—
Remboursement sur Londres à 6 mois de vue au change de 4[sh] 6[d] pour $ 1			£	140.17.—
et au change sur Paris de F. 25.25 pour £ 1			F.	3556.45

FRAIS A NANTES

Fret sur 6000 kil. à F. 100 secs par tonneau de 1000 kil	F.	600.—		
Déchargement, arrimage, pesage et livraison F. 4.50 par 1000 kil	»	27.—		
Magasinage de 2 mois à F. 0.10 par 100 kil. et par mois	»	12.—		
Voiliers pour conditionner au débarquement et menus frais	»	10.—		
Assurance maritime sur F. 3912, à 2 % et police	»	79.75		
id. contre le feu sur F. 4640, à ½ ‰	»	2.30		
Commission de banque à Londres pour confirmation de crédit, 1 %	»	35.55		
Courtage de vente ¼ %				
Escompte à la vente 2¼ %				
Commission de vente 2 %				
Commission de banque ¼ %				
Ensemble 4¾ % sur F. 4538.60	»	215.55	»	982.15
			F.	4538.60

RENDEMENT :

Brut			kil.	6000
Angle 4 ‰	kil.	24		
Tare et trait 6 %	»	359		
Réfaction 2 %	»	120	»	503
Net kil. 5407 à F. 82.36 par 100 kil. entrepôt			F.	4538.30

PRIX DE REVIENT A NANTES DES 100 KIL. ENTREPOT

AUX CHANGES SUIVANTS SUR LONDRES

Avec la parité des changes sur PARIS, calculés sur la base de F. 25.25 pour £ 1.—.—

	PRIX à SINGAPORE par picul	LONDRES Sh. 4.6 — PARIS F. 5.68 ⅛	LONDRES Sh. 4.7 — PARIS F. 5.78 ¾	LONDRES Sh. 4.8 — PARIS F. 5.89 ⅛	LONDRES Sh. 4.9 — PARIS F. 5.99 ¾	LONDRES Sh. 4.10 — PARIS F. 6.10 ¼	LONDRES Sh. 4.11 — PARIS F. 6.20 ¾	LONDRES Sh. 5.— — PARIS F. 6.31 ¼	LONDRES Sh. 5.1 — PARIS F. 6.41 ¾	1[d] par $ sur le change fait à Nantes par 100 kil.
SUBDIVISIONS — Coût et frais variables	$ —. 5	F. 0.58	F. 0.59	F. 0.60	F. 0.61	F. 0.62	F. 0.63	F. 0.64	F. 0.65	F. 0.01
	—.10	1.16	1.18	1.20	1.22	1.25	1.27	1.29	1.31	0.02
	—.20	2.32	2.36	2.41	2.45	2.49	2.53	2.58	2.62	0.04
	—.30	3.48	3.54	3.61	3.67	3.74	3.80	3.87	3.93	0.06
	—.40	4.64	4.72	4.81	4.90	4.98	5.07	5.16	5.24	0.09
	—.50	5.80	5.91	6.02	6.12	6.23	6.34	6.45	6.55	0.11
	—.60	6.96	7.09	7.22	7.34	7.48	7.60	7.73	7.86	0.13
	—.70	8.12	8.27	8.42	8.57	8.72	8.87	9.02	9.17	0.15
	—.80	9.28	9.45	9.62	9.79	9.97	10.14	10.31	10.48	0.17
	—.90	10.44	10.63	10.83	11.02	11.21	11.40	11.60	11.79	0.19
	1.—	11.60	11.81	12.03	12.24	12.46	12.67	12.89	13.10	0.21
Coût et frais variables et invariables	2.—	36.18	36.62	37.06	37.50	37.94	38.38	38.82	39.26	0.44
	3.—	47.78	48.43	49.09	49.74	50.40	51.05	51.71	52.36	0.65
	4.—	59.37	60.24	61.11	61.98	62.85	63.72	64.59	65.46	0.87
	5.—	70.97	72.05	73.14	74.22	75.31	76.39	77.48	78.56	1.08
	6.—	82.57	83.86	85.16	86.46	87.76	89.06	90.36	91.65	1.30
	7.—	94.16	95.67	97.19	98.70	100.22	101.73	103.25	104.75	1.51
	8.—	105.76	107.48	109.21	110.94	112.67	114.40	116.13	117.85	1.73
	9.—	117.35	119.29	121.24	123.18	125.13	127.07	129.02	130.95	1.94
	10.—	128.95	131.10	133.26	135.42	137.58	139.74	141.90	144.05	2.16

OBSERVATIONS

F. 10 par tonneau sur le fret, font à Nantes une différence de F. 1.09 par 100 kil. sur les prix.

On veut savoir le revient à Nantes de Salpêtre coûtant à Singapore $ 4.75 par picul, au change de 5[sh] par $ et au fret de F. 100 par tonneau de 1000 kil.

On trouvera dans la 1re et la 8[e] colonne de ce tableau que:

$ —. 5 font par 100 kil	F.	0.64
» —.70 id. id.	»	9.02
» 4.— id. id.	»	64.59
$ 4.75 feront donc par 100 kil	F.	74.25

N.-B. — 10[d] par £ 1 de différence dans les changes sur Paris font à Nantes ⅔% sur les prix de revient, qui seront à ajouter ou à déduire selon les variations des changes en hausse ou en baisse sur le cours de F. 25.25.

Droits d'entrée par 100 kil en Février 1806

Par navire Français	Exempt
Id. Etranger	F. 4.80

COMPTE D'ACHAT ET DE REVIENT

A 1250 SACS SUCRE SIAM

1250 sacs Sucre Siam, pesant 1000 picols à $ 4			$	4000.—

FRAIS A SINGAPORE

Frais $ 0.08 par picul	$	80.—		
Commission d'achat et de remboursement 3 ½ %	»	140.—	»	220.—
			$	4220.—
Remboursement sur Londres à 6 mois de vue au change de 4sh 6d pour $ 1			£	949.10.—
et au change sur Paris de F. 25.25 pour £ 1			F.	23974.85

FRAIS A NANTES

Fret sur 61000 kil. à F. 100 secs par tonneau de 1000 kil.	F.	6100.—		
Déchargement, arrimage et livraison à F. 4.50 par 1000 kil.	»	274.50		
Magasinage de 2 mois à $ 0.05 par sac et par mois	»	125.—		
Voiliers pour échantillonner et conditionner	»	75.—		
Ports de lettres et menus frais	»	20.—		
Assurance maritime sur F. 26372, à 2 ¼ % et police	»	594.85		
id. contre le feu sur F. 33560, à ½ %	»	16.80		
Commission de banque à Londres pour confirmation de crédit, 1 %	»	239.75		
Courtage de vente ¼ %				
Escompte à la vente 2¼ %				
Commission de vente 2 %				
Commission de banque ¼ %				
Ensemble 4¾ % sur F. 32987.60	»	1566.85	»	9012.75
			F.	32987.60

RENDEMENT : 1 picul rend 58 kil. nets :

Net 58000 kil. à F. 56.88 par 100 kil. entrepôt	F.	32990.40

PRIX DE REVIENT A NANTES DES 100 KIL. ENTREPOT

AUX CHANGES SUIVANTS SUR LONDRES

Avec la parité des changes sur PARIS, calculés sur la base de F. 25.25 pour £ 1.—.—

PRIX à SINGAPORE par picul	LONDRES Sh. 4.6 — PARIS F. 5.68 ¼	LONDRES Sh. 4.7 — PARIS F. 5.78 ¾	LONDRES Sh. 4.8 — PARIS F. 5.89 ⅛	LONDRES Sh. 4.9 — PARIS F. 5.99 ¾	LONDRES Sh. 4.10 — PARIS F. 6.10 ¼	LONDRES Sh. 4.11 — PARIS F. 6.20 ¾	LONDRES Sh. 5.— — PARIS F. 6.31 ¼	LONDRES Sh. 5.1 — PARIS F. 6.41 ¾	1d par $ sur le change fait à Nantes par 100 kil.
$ —. 5	F. 0.55	F. 0.56	F. 0.57	F. 0.58	F. 0.59	F. 0.60	F. 0.61	F. 0.62	F. 0.01
—.10	1.10	1.12	1.14	1.16	1.18	1.20	1.22	1.25	0.02
—.20	2.20	2.24	2.29	2.33	2.37	2.41	2.45	2.49	0.04
—.30	3.31	3.37	3.43	3.49	3.55	3.61	3.67	3.74	0.06
—.40	4.41	4.49	4.57	4.65	4.74	4.82	4.90	4.98	0.08
—.50	5.51	5.61	5.72	5.82	5.92	6.02	6.12	6.23	0.10
—.60	6.61	6.73	6.86	6.98	7.10	7.22	7.34	7.47	0.12
—.70	7.71	7.85	8.—	8.14	8.29	8.43	8.57	8.72	0.14
—.80	8.82	8.98	9.14	9.30	9.47	9.63	9.79	9.96	0.16
—.90	9.92	10.10	10.29	10.47	10.66	10.84	11.02	11.21	0.18
1.—	11.02	11.22	11.43	11.63	11.84	12.04	12.24	12.45	0.20
2.—	34.84	35.26	35.68	36.10	36.53	36.96	37.38	37.81	0.42
3.—	45.86	46.48	47.11	47.73	48.37	49.—	49.62	50.25	0.63
4.—	56.88	57.70	58.54	59.36	60.20	61.04	61.86	62.70	0.83
5.—	67.90	68.93	69.97	71.—	72.04	73.08	74.11	75.15	1.04
6.—	78.91	80.15	81.39	82.63	83.87	85.11	86.35	87.60	1.24
7.—	89.93	91.37	92.82	94.26	95.71	97.15	98.59	100.05	1.45
8.—	100.95	102.59	104.25	105.89	107.54	109.19	110.83	112.49	1.65

OBSERVATIONS

F. 10 par tonneau sur le fret, font à Nantes une différence de F. 1.05 par 100 kil. sur les prix.

On veut savoir le revient à Nantes de Sucre coûtant à Singapore $ 6.95 par picul, au change de 5sh par $ et au fret de F. 100 par tonneau de 1000 kil.

On trouvera dans la 1re et la 8e colonne de ce tableau que :

$ —. 5 font par 100 kil.	F.	0.61
» —.90 id. id.	»	11.02
» 6.— id. id.	»	86.35
$ 6.95 feront donc par 100 kil.	F.	97.98

N.-B. — 10c par £ 1 de différence dans les changes sur Paris font à Nantes ⅜ % sur les prix de revient, qui seront à ajouter ou à déduire selon les variations des changes en hausse ou en baisse sur le cours de F. 25.25.

Droits d'entrée par 100 kil. en Février 1866

Au-dessous du no 13	Par navire Français	F.	42.—
	id. Etranger	»	44.—
Du no 13 au no 20	id. Français	»	44.—
	id. Etranger	»	46.—

COMPTE D'ACHAT ET DE REVIENT

A 5 CAISSES SUIF VÉGÉTAL

5 caisses Suif végétal, pesant net piculs 4.39 à $ 9 par picul			$	39.51

FRAIS A SINGAPORE

Achat de 5 caisses vides à $ 0.31	$	1.55		
Emballage, pesage et embarquement	»	1.10	»	2.65
			$	42.16
Commission d'achat et de remboursement 3 ½ %			»	1.48
			$	43.64
Remboursement sur Londres à 6 mois de vue, au change de 4sh 6d pour $ 1			£	9.16. 5
et au change sur Paris de F. 25.25 pour £ 1			F.	247.95

FRAIS A NANTES

Fret sur 315 kil. à F. 100 secs par tonneau de 1000 kil.	F.	31.50		
Déchargement, arrimage, pesage et livraison à F. 4.50 par 1000 kil.	»	1.45		
Echantillonage et conditionnement au débarquement	»	0.35		
Magasinage de 2 mois à F. 1.25 par 1000 kil.	»	0.80		
Menus frais	»	0.50		
Assurance maritime sur F. 272, à 2 % et police	»	6.95		
id. contre le feu sur F. 313, à ½ ‰	»	0.15		
Commission de banque à Londres pour confirmation de crédit, 1 %	»	2.50		
Courtage de vente ¼ %				
Escompte à la vente 2 ¼ %				
Commission de vente 2 %				
Commission de banque ¼ %				
Ensemble 4 ¾ % sur F. 306.70	»	14.55	»	58.75
			F.	306.70

RENDEMENT :

Pesant brut		kil. 315	
Angle 4 ‰	kil. 1.—		
Tare 12 kil. par caisse	» 60.—		
Trait 1 %	» 3.—	» 64	
Net		kil. 251 à F. 122.19 par 100 kil. entrepôt	F. 306.70

PRIX DE REVIENT A NANTES DES 100 KIL. ENTREPOT

AUX CHANGES SUIVANTS SUR LONDRES

Avec la parité des changes sur PARIS, calculés sur la base de F. 25.25 pour £ 1.—.—

PRIX à SINGAPORE par picul	LONDRES Sh. 4.6 — PARIS F. 5.68 ½	LONDRES Sh. 4.7 — PARIS F. 5.78 ¾	LONDRES Sh. 4.8 — PARIS F. 5.89 ¼	LONDRES Sh. 4.9 — PARIS F. 5.99 ½	LONDRES Sh. 4.10 — PARIS F. 6.10 ¼	LONDRES Sh. 4.11 — PARIS F. 6.20 ¾	LONDRES Sh. 5.— — PARIS F. 6.31 ¼	LONDRES Sh. 5.1 — PARIS F. 6.41 ¾	1d par $ sur le change fait à Nantes par 100 kil.
$ -. 5	F. 0.56	F. 0.57	F. 0.58	F. 0.59	F. 0.60	F. 0.61	F. 0.62	F. 0.63	F. 0.01
—.10	1.12	1.14	1.16	1.18	1.20	1.22	1.24	1.26	0.02
—.20	2.23	2.27	2.31	2.35	2.39	2.44	2.48	2.52	0.04
—.30	3.35	3.41	3.47	3.53	3.59	3.65	3.72	3.78	0.06
—.40	4.46	4.54	4.62	4.71	4.79	4.87	4.96	5.04	0.08
—.50	5.58	5.68	5.78	5.89	5.99	6.09	6.20	6.30	0.10
—.60	6.69	6.81	6.94	7.06	7.18	7.31	7.43	7.55	0.12
—.70	7.81	7.95	8.09	8.24	8.38	8.53	8.67	8.81	0.14
—.80	8.92	9.08	9.25	9.42	9.58	9.74	9.91	10.07	0.16
—.90	10.03	10.22	10.40	10.59	10.77	10.96	11.15	11.33	0.19
1.—	11.15	11.35	11.56	11.77	11.97	12.18	12.39	12.59	0.21
2.—	22.29	22.71	23.12	23.53	23.94	24.36	24.77	25.18	0.41
3.—	33.44	34.06	34.68	35.30	35.92	36.54	37.16	37.77	0.62
4.—	44.59	45.41	46.24	47.06	47.89	48.72	49.54	50.36	0.82
5.—	77.60	78.75	79.90	81.06	82.21	83.37	84.53	85.68	1.15
10.—	133.33	135.51	137.69	139.89	142.07	144.26	146.45	148.63	2.19
15.—	189.07	192.28	195.49	198.72	201.93	205.16	208.38	211.59	3.22
20.—	244.80	249.04	253.28	257.55	261.79	266.05	270.30	274.54	4.25

Coût et frais variables et invariables

OBSERVATIONS

F. 10 par tonneau sur le fret, font à Nantes une différence de F. 1.25 ⅛ par 100 kil. sur les prix.

On veut savoir le revient à Nantes de Suif végétal coûtant à Singapore $ 8.25 par picul, au change de 5sh par $ et au fret de F. 100 par tonneau de 1000 kil.

On trouvera dans la 1re et la 8e colonne de ce tableau que :

$ —. 5 font par 100 kil.	F.	0.62
» —.20 id. id.	»	2.48
» 3.— id. id.	»	37.16
» 5.— id. id.	»	84.53
$ 8.25 feront donc par 100 kil.	F.	124.79

N.-B. — 10c par £ 1 de différence dans les changes sur Paris font à Nantes ⅜ % sur les prix de revient qui seront à ajouter ou à déduire selon les variations des changes en hausse ou en baisse sur le cours de F. 25.25.

Droits d'entrée par 100 kil. en février 1866

Par navire Français	Exempt
Id. Etranger	F. 2.40

COMPTE D'ACHAT ET DE REVIENT

A 1377 PEAUX DE VACHES

1377 Peaux de vaches, pesant 198 picula à $ 10 par picul			$	1980.—

FRAIS A SINGAPORE

Allèges, coolie pour recevoir, peser et embarquer $ 0.12 par picul	$	23.76		
Timbres de traites ¼ %	»	4.95		
Commission d'achat et de remboursement — 3 ½ %	»	69.30	»	98.01
			$	2078.01
Remboursement sur Londres à 6 mois de vue au change de 4sh 6d pour $ 1			£	467.11.—
et au change sur Paris de F. 25.25 pour £ 1			F.	11805.65

FRAIS AU HAVRE

Fret sur 11500 kil. à F. 100 secs par tonneau de 700 kil.	F.	1642.90		
Permis, frais au débarquement, port en entrepôt, arrimage, magasinage d'un mois, livraison et menus frais	»	95.—		
Assurance maritime sur F. 12985, à 2 ¼ % et police	»	293.65		
id. contre le feu sur F. 15016, à ½ ‰	»	7.50		
Commission de banque à Londres pour confirmation de crédit, 1 %	»	118.05		
Courtage de vente ¼ %				
Escompte à la vente 2 %				
Commission de vente 2 %				
Ensemble 4 ¼ % sur F. 14582.50	»	619.75	»	2776.85
			F.	14582.50

RENDEMENT : 1 picul rent 58 kil. nets :

Soit 198 piculs = net 11484 kil. à F. 126.98 par 100 kil. entrepôt .... F. 14582.40

N.-B. — Le déchet sur le poids est d'environ 4 %.

PRIX DE REVIENT AU HAVRE DES 100 KIL. ENTREPOT

AUX CHANGES SUIVANTS SUR LONDRES

Avec la parité des changes sur PARIS, calculés sur la base de F. 25.25 pour £ 1.—.—

	PRIX à SINGAPORE par picul	LONDRES Sh. 4.6 — PARIS F. 5.68½	LONDRES Sh. 4.7 — PARIS F. 5.78¾	LONDRES Sh. 4.8 — PARIS F. 5.89¼	LONDRES Sh. 4.9 — PARIS F. 5.99¾	LONDRES Sh. 4.10 — PARIS F. 6.10¼	LONDRES Sh. 4.11 — PARIS F. 6.20¾	LONDRES Sh. 5.— — PARIS F. 6.31¼	LONDRES Sh. 5.1 — PARIS F. 6.41¾	1d par $ sur le change fait au Havre par 100 kil.
Coût et frais variables	$ —. 5	F. 0.55	F. 0.56	F. 0.57	F. 0.58	F. 0.59	F. 0.60	F. 0.61	F. 0.62	F. 0.01
	—.10	1.10	1.12	1.14	1.16	1.18	1.20	1.22	1.24	0.02
	—.20	2.20	2.24	2.28	2.32	2.36	2.40	2.44	2.48	0.04
	—.30	3.30	3.36	3.42	3.48	3.54	3.60	3.66	3.72	0.06
	—.40	4.40	4.48	4.56	4.64	4.72	4.80	4.88	4.96	0.08
	—.50	5.50	5.60	5.70	5.80	5.90	6.01	6.11	6.21	0.10
	—.60	6.59	6.71	6.84	6.96	7.08	7.21	7.33	7.45	0.12
	—.70	7.69	7.83	7.98	8.12	8.26	8.41	8.55	8.69	0.14
	—.80	8.79	8.95	9.12	9.28	9.44	9.61	9.77	9.93	0.16
	—.90	9.89	10.07	10.26	10.44	10.63	10.81	10.99	11.17	0.18
	1.—	10.99	11.19	11.40	11.60	11.80	12.01	12.21	12.41	0.20
	2.—	21.98	22.38	22.79	23.20	23.60	24.01	24.42	24.82	0.40
	3.—	32.96	33.57	34.19	34.79	35.41	36.02	36.63	37.24	0.61
	4.—	43.95	44.76	45.58	46.39	47.21	48.02	48.84	49.65	1.02
Coût et frais variables et invariables	5.—	72.04	73.08	74.13	75.16	76.21	77.25	78.30	79.33	1.04
	10.—	126.98	129.03	131.10	133.15	135.22	137.27	139.34	141.39	2.06
	15.—	181.92	184.99	188.08	191.14	194.23	197.30	200.39	203.45	3.08
	20.—	236.86	240.94	245.05	249.13	253.24	257.32	261.43	265.51	4.11

OBSERVATIONS

F. 10 par tonneau sur le fret, font au Havre une différence de F. 1.48 par 100 kil. sur les prix.

On veut savoir le revient au Havre de Peaux de vaches coûtant à Singapore $ 9.85 par picul, au change de 5sh par $ et au fret de F. 100 par tonneau de 700 kil.

On trouvera dans la 1re et la 8e colonne de ce tableau que :

$ —. 5	font par 100 kil.	F.	0.61
» —.80	id. id.	»	9.77
» 4.—	id. id.	»	48.84
» 5.—	id. id.	»	78.30
$ 9.85	feront donc par 100 kil.	F.	137.52

N.-B. — 10d par £ 1 de différence dans les changes sur Paris font à Nantes ⅞ % sur les prix de revient, qui seront à ajouter ou à déduire selon les variations des changes en hausse ou en baisse sur le cours de F. 25.25.

Droits d'entrée par 100 kil. en Février 1896

Par navire Français	Exemptes
id. Etranger	F. 3.—

COMPTE D'ACHAT ET DE REVIENT

A 52 PANIERS GOMME ÉLASTIQUE

52 paniers Gomme élastique, pesant net picuIs 107.90 à $ 30 le picul .... $ 3237.—

FRAIS A SINGAPORE

52 paniers à $ 0.15 l'un	$	7.80	
Emballage, pesage et embarquement $ 0.15 par picul	»	16.19	» 23.99
			$ 3260.99
Commission d'achat et de remboursement — 3 ½ %			» 114.14
			$ 3375.13
Remboursement sur Londres à 6 mois de vue au change de 4sh 6d pour $ 1			£ 759. 8. 2
et au change sur Paris de F. 25.25 pour £ 1			F. 19175.10

FRAIS A NANTES

Fret sur 6042 kil. à F. 100 par tonneau de 700 kil.	F.	863.15	
Débarquement, pesage, arrimage et livraison F. 4.50 par 1000 kil.	»	27.20	
Magasinage de 2 mois à F. 2 par 1000 kil. par mois	»	24.15	
Voiliers pour échantillonner, conditionner, ports de lettres et menus frais	»	10.—	
Assurance maritime sur F. 21092, à 2 % et police	»	423.35	
id. contre le feu sur F. 22440, à ½ %	»	11.20	
Commission de banque à Londres pour confirmation de crédit, 1 %		191.75	
Courtage de vente .... ½ %			
Escompte à la vente .... 2 ¼ %			
Commission de vente .... 2 %			
Commission de banque .... ½ %			
Ensemble .... 4 ¾ % sur F. 21760.45	»	1034.55	» 2585.35
			F. 21760.45

RENDEMENT : 1 picul rend net 54 kil. ½ :

52 paniers pesant brut		kil. 6041
Angle 4 %	kil. 24	
Tare réelle kil. 2.033 par panier	» 106	» 130
		kil. 5911
Trait 1 %		» 59
Net		kil. 5852 à F. 3.71 ½ par kil. entrepôt. F. 21762.15

PRIX DE REVIENT A NANTES DU KIL. ENTREPOT

AUX CHANGES SUIVANTS SUR LONDRES

Avec la parité des changes sur PARIS, calculés sur la base de F. 25.25 pour £ 1.—.—

	PRIX à SINGAPORE par picul	LONDRES Sh. 4.6 — PARIS F. 5.68 ¾	LONDRES Sh. 4.7 — PARIS F. 5.78 ¾	LONDRES Sh. 4.8 — PARIS F. 5.89 ¼	LONDRES Sh. 4.9 — PARIS F. 5.99 ¾	LONDRES Sh. 4.10 — PARIS F. 6.10 ¼	LONDRES Sh. 4.11 — PARIS F. 6.20 ¾	LONDRES Sh. 5.— — PARIS F. 6.31 ¼	LONDRES Sh. 5.1 — PARIS F. 6.41 ¾	1d par $ sur le change fait à Nantes par kil.
[illegible] — Coût et frais variables	$ —.50	F. 0.06	F. 0.06	F. 0.06	F. 0.06	F. 0.06	F. 0.06	F. 0.06	F. 0.06	F. 0.—
	1.—	0.12	0.12	0.12	0.12	0.13	0.13	0.13	0.13	0.—
	2.—	0.24	0.24	0.24	0.25	0.25	0.26	0.26	0.27	0.—
	3.—	0.35	0.36	0.37	0.37	0.38	0.38	0.39	0.40	0.01
	4.—	0.47	0.48	0.49	0.50	0.50	0.51	0.52	0.53	0.01
	5.—	0.59	0.60	0.61	0.62	0.63	0.64	0.66	0.67	0.01
	6.—	0.71	0.72	0.73	0.74	0.76	0.77	0.79	0.80	0.01
	7.—	0.83	0.84	0.85	0.87	0.88	0.90	0.92	0.93	0.01
	8.—	0.94	0.96	0.98	0.99	1.01	1.03	1.05	1.06	0.02
	9.—	1.06	1.08	1.10	1.12	1.14	1.16	1.18	1.20	0.02
Coût et frais variables et invariables	10.—	1.37	1.39	1.41	1.43	1.45	1.47	1.50	1.52	0.02
	20.—	2.54	2.58	2.63	2.67	2.71	2.76	2.80	2.85	0.04
	30.—	3.72	3.78	3.85	3.91	3.98	4.04	4.11	4.17	0.06
	40.—	4.89	4.98	5.07	5.15	5.24	5.33	5.41	5.50	0.09
	50.—	6.07	6.17	6.28	6.39	6.50	6.61	6.72	6.83	0.11

OBSERVATIONS

F. 10 par tonneau sur le fret, font à Nantes une différence de F. 0.01 ½ par kil. sur les prix.

On veut savoir le revient à Nantes de Gomme élastique coûtant à Singapore $ 36.50 par picul, au change de 5sh par $ et un fret de F. 100 par tonneau de 700 kil.

On trouvera dans la 1re et la 8e colonne de ce tableau que:

$ —.50 font par kil	F. 0.06
» 6.— id. id.	» 0.79
» 30.— id. id.	» 4.11
$ 36.50 feront donc par kil	F. 4.96

N.-B. — 10c par £ 1 de différence dans les changes sur Paris font à Nantes ⅜ % sur le prix de revient, qui seront à ajouter ou à déduire selon les variations des changes en hausse ou en baisse sur le cours de F. 25,25.

Droits d'entrée par 100 kil. en Février 1866

Par navire Français	Exempte
id. Etranger	F. 3.60

COMPTE D'ACHAT ET DE REVIENT

A 2260 PEAUX DE BUFFLES

2260 Peaux de buffles, pesant 502 ½ piculs à $ 7.50 le picul			$	3768.75

FRAIS A SINGAPORE

Pesage, préparation, coolies et bateaux	$	50.20		
Magasinage	»	50.20		
Assurance contre le feu ¼ %	»	9.42		
Permis, timbre et connaissement	»	2.—	»	111.82
			$	3880.57
Commission d'achat et de remboursement 3 ½ %			»	135.82
			$	4016.39
Remboursement sur Londres à 6 mois de vue au change de 4sh 6d pour $ 1			£	903.13.10
et au change sur Paris de F. 25.25 pour £ 1			F.	22818.15

FRAIS AU HAVRE

Fret sur 30150 kil. à F. 100 par tonneau de 800 kil.	F.	3768.75		
Permis, frais au débarquement, port en entrepôt, arrimage, magasinage d'un mois, livraison et menus frais	»	242.50		
Assurance maritime sur F. 25100, à 2 ¼ % et police	»	566.25		
id. contre le feu sur F. 29677, à ½ ‰	»	14.85		
Commission de banque à Londres pour confirmation de crédit, 1 %	»	228.15		
Courtage de vente ¼ %				
Escompte à la vente 2 %				
Commission de vente 2 %				
Ensemble 4¼ % sur F. 28865.40	»	1226.75	»	6047.25
			F.	28865.40

Rendement : 1 picul rend 60 kil. nets :

Soit net 30150 kil. à F. 95.73 par 100 kil. entrepôt .... F. 28862.60

PRIX DE REVIENT AU HAVRE DES 100 KIL. ENTREPOT
AUX CHANGES SUIVANTS SUR LONDRES

Avec la parité des changes sur Paris, calculés sur la base de F. 25.25 pour £ 1.—.—

Prix à Singapore par picul	Londres Sh. 4.6 — Paris F. 5.68¼	Londres Sh. 4.7 — Paris F. 5.78¾	Londres Sh. 4.8 — Paris F. 5.89¼	Londres Sh. 4.9 — Paris F. 5.99¾	Londres Sh. 4.10 — Paris F. 6.10¼	Londres Sh. 4.11 — Paris F. 6.20¾	Londres Sh. 5.— — Paris F. 6.31¼	Londres Sh. 5.1 — Paris F. 6.41¾	1d par $ sur le change fait au Havre par 100 kil.
Subdivisions — Coût et frais variables									
$ —. 5	F. 0.53	F. 0.54	F. 0.55	F. 0.56	F. 0.57	F. 0.58	F. 0.59	F. 0.60	F. 0.01
—.10	1.06	1.08	1.10	1.12	1.14	1.16	1.18	1.20	0.02
—.20	2.12	2.16	2.20	2.24	[illegible]	[illegible]	[illegible]	[illegible]	0.04
—.30	3.19	3.25	3.31	3.36	3.42	3.48	3.54	3.60	0.06
—.40	4.25	4.33	4.41	4.48	4.56	4.64	4.72	4.80	0.08
—.50	5.31	5.41	5.51	5.61	5.71	5.81	5.90	6.—	0.10
—.60	6.37	6.49	6.61	6.73	6.85	6.97	7.08	7.20	0.12
—.70	7.43	7.57	7.71	7.85	7.99	8.13	8.26	8.40	0.14
—.80	8.50	8.66	8.82	8.97	9.13	9.29	9.44	9.60	0.16
—.90	9.56	9.74	9.92	10.09	10.27	10.45	10.62	10.80	0.18
1.—	10.62	10.82	11.02	11.21	11.41	11.61	11.80	12.—	0.20
Coût et frais variables et invariables									
4.—	58.54	59.37	60.20	61.03	61.85	62.68	63.51	64.33	0.83
5.—	69.17	70.19	71.22	72.24	73.26	74.29	75.31	76.33	1.02
6.—	79.79	81.01	82.23	83.45	84.67	85.89	87.11	88.33	1.22
7.—	90.41	91.83	93.25	94.66	96.08	97.50	98.91	100.33	1.42
8.—	101.03	102.64	104.26	105.87	107.48	109.10	110.72	112.32	1.61
9.—	111.65	113.46	115.28	117.08	118.89	120.71	122.52	124.32	1.81
10.—	122.27	124.28	126.29	128.29	130.30	132.31	134.32	136.32	2.01
11.—	132.89	135.10	137.31	139.50	141.71	143.92	146.12	148.32	2.20
12.—	143.51	145.92	148.32	150.71	153.12	155.52	157.92	160.32	2.40

OBSERVATIONS

F. 10 par tonneau sur le fret, font au Havre une différence de F. 1.25 par 100 kil. sur les prix.

On veut savoir le revient au Havre de Peaux de buffles coûtant à Singapore $ 9.45 par picul, au change de 5sh par $ et au fret de F. 100 par tonneau de 800 kil.

On trouvera dans la 1re et la 8e colonne de ce tableau que:

$ —. 5 font par 100 kil.		F.	0.59
» —.40 id.	id.	»	4.72
» 9.— id.	id.	»	122.52
$ 9.45 feront donc par 100 kil.		F.	127.83

N.-B. — 10c par £ 1 de différence dans les changes sur Paris font au Havre ⅖% sur les prix de revient, qui seront à ajouter ou à déduire selon les variations des changes en hausse ou en baisse sur le cours de F. 25.25.

Droits d'entrée par 100 kil. en Février 1866

Par navire Français .... Exemptes
id. Étranger .... F. 3.—

COMPTE D'ACHAT ET DE REVIENT

180 CAISSES TAPIOCA BLANC

180 caisses Tapioca blanc, pesant 150 piculs $ 3.25 le picul			$	487.50

FRAIS A SINGAPORE

Caisses, shirting intérieur, emballage et pesage	$	152.—		
Coolies, bateaux et embarquement	»	7.50		
Magasinage $ 0.05 par picul	»	7.50		
Assurance contre le feu ¼ %	»	1.22		
Permis, timbre et connaissement	»	2.—	»	170.22
			$	657.72
Commission d'achat et de remboursement 3 ½ %			»	23.02
			$	680.74
Remboursement sur Londres à 6 mois de vue au change de 4sh 6d pour $ 1			£	153. 3. 2
et au change sur Paris de F. 25.25 pour £ 1			F.	3867.80

FRAIS AU HAVRE

Fret sur 10800 kil. à F. 100 par tonneau de 700 kil.	F.	1542.85		
Permis, frais au débarquement, tonneliers pour échantillonner, port en entrepôt, arrimage, magasinage d'un mois, livraison et menus frais	»	110.—		
Assurance maritime sur F. 4254, à 2 ¼ % et police	»	97.20		
id. contre le feu sur F. 6004, à ½ ‰	»	3.—		
Commission de banque à Londres pour confirmation de crédit, 1 %	»	38.70		
Courtage de vente ¼ %				
Escompte à la vente 2 %				
Commission de vente 2 %				
Ensemble 4 ¼ % sur F. 5910.25	»	251.20	»	2042.95
			F.	5910.25

RENDEMENT : 1 picul rend 60 kil. nets :

Soit net 9000 kil. à F. 65.67 par 100 kil. entrepôt	F.	5911.30

PRIX DE REVIENT AU HAVRE DES 100 KIL. ENTREPOT

AUX CHANGES SUIVANTS SUR LONDRES

Avec la parité des changes sur PARIS, calculés sur la base de F. 25.25 pour £ 1.—.—

	PRIX à SINGAPORE par picul	LONDRES Sh. 4.6 — PARIS F. 5.68 ⅛	LONDRES Sh. 4.7 — PARIS F. 5.78 ¾	LONDRES Sh. 4.8 — PARIS F. 5.89 ⅛	LONDRES Sh. 4.9 — PARIS F. 5.99 ¾	LONDRES Sh. 4.10 — PARIS F. 6.10 ¼	LONDRES Sh. 4.11 — PARIS F. 6.20 ¾	LONDRES Sh. 5.— — PARIS F. 6.31 ¼	LONDRES Sh. 5.1 — PARIS F. 6.41 ¾	1d par $ sur le change fait au Havre par 100 kil.
[illegible] — Coût et frais variables	—. 5	F. 0.53	F. 0.54	F. 0.55	F. 0.56	F. 0.57	F. 0.58	F. 0.59	F. 0.60	F. 0.01
	—.10	1.06	1.08	1.10	1.12	1.14	1.16	1.18	1.20	0.02
	—.20	2.12	2.16	2.20	2.24	2.28	2.32	2.36	2.40	0.04
	—.30	3.19	3.25	3.31	3.36	3.42	3.48	3.54	3.60	0.06
	—.40	4.25	4.33	4.41	4.48	4.56	4.64	4.72	4.80	0.08
	—.50	5.31	5.41	5.51	5.61	5.71	5.81	5.90	6.—	0.10
	—.60	6.37	6.49	6.61	6.73	6.85	6.97	7.08	7.20	0.12
	—.70	7.43	7.57	7.71	7.85	7.99	8.13	8.26	8.40	0.14
	—.80	8.50	8.66	8.82	8.97	9.13	9.29	9.44	9.60	0.16
	—.90	9.56	9.74	9.92	10.09	10.27	10.45	10.62	10.80	0.18
	1.—	10.62	10.82	11.02	11.21	11.41	11.61	11.80	12.—	0.20
Coût et frais variables et invariables	—.50	36.45	36.77	37.09	37.41	37.72	38.04	38.36	38.69	0.32
	1.—	41.76	42.18	42.60	43.01	43.43	43.85	44.26	44.69	0.42
	2.—	52.38	53.—	53.61	54.22	54.84	55.45	56.06	56.69	0.62
	3.—	63.—	63.81	64.63	65.43	66.24	67.06	67.87	68.68	0.81
	4.—	73.62	74.63	75.64	76.64	77.65	78.66	79.67	80.68	1.01
	5.—	84.25	85.45	86.66	87.86	89.06	90.27	91.47	92.68	1.20
	6.—	94.87	96.27	97.67	99.07	100.47	101.87	103.27	104.68	1.40
	7.—	105.49	107.09	108.69	110.28	111.88	113.48	115.07	116.68	1.60

OBSERVATIONS

F. 10 par tonneau sur le fret, font au Havre une différence de F. 1.72 par 100 kil. sur les prix.

On veut savoir le revient au Havre de Tapioca coûtant à Singapore $ 0.95 par picul, au change de 5sh par $ et au fret de F. 100 par tonneau de 700 kil.

On trouvera dans la 1re et la 8e colonne de ce tableau que :

$ —. 5 font par kil.	F.	0.59
» —.40 id. id.	»	4.72
» —.50 id. id.	»	38.36
$ —.95 feront donc par kil.	F.	43.67

N.-B. — 10c par £ 1 de différence dans les changes sur Paris font au Havre ⅜ % sur les prix de revient, qui seront à ajouter ou à déduire selon les variations des changes en hausse ou en baisse sur le cours de F. 25.25.

Droits d'entrée en France par 100 kil. en Février 1866

Par navire Français	F.	6.—
id. Étranger	»	8.40

PINANG

Pinang, ville de l'île anglaise Pulo-Pinang ou Prince-de-Galles, est située dans le détroit de Malacca, près de la côte ouest de la presqu'île de ce nom.

L'intérieur n'est généralement habité que par des Européens et des Chinois. — Les Indiens et les Malais campent au dehors. — Parmi les commerçants et colons Européens de Pinang il y a un grand nombre de Français.

Pinang est un port franc, on n'y paie aucun droit ni à l'importation ni à l'exportation, pas plus que de droits de tonnage. — La monnaie courante est la piastre mexicaine divisée en 100 cents.

Les articles d'importation se vendent à 4 mois de terme; ceux d'exportation s'achètent au comptant et se traitent presque tous par picul. 1 picul = 100 catties = 133 $^{1}/_{3}$ livres anglaises soit kil. 60.470.

Le Riz et le Sel se vendent au coyan; le Riz pèse environ 40 piculs, le Sel 63 piculs; une corge = 20 pièces.

Le port, fermé par le détroit qui sépare cette ville du continent, a un ancrage excellent, où peuvent mouiller même les plus forts bâtiments.

Le sol très fertile produit en abondance le Poivre, le Café, la Canne à sucre, le Gingembre, la Noix de bétel et de coco, les Oranges, les Citrons, les Grenades, les cloux de Girofle, les Noix de muscades, la Canelle, le Piment, les bois propres à la marine, les Joncs, Bambous, etc., etc.

Le commerce y est très actif, presque tous les bâtiments de la côte occidentale de l'Indo-Chine à Pinang viennent y mouiller.

Les importations d'Europe consistent en produits manufacturés, tels que coutellerie, ancres, armes à feu, clous, ferblanterie, feuilles de fer blanc, fer en barre, livres, articles de chaussure, câbles, meubles, draperie de plusieurs sortes, verrerie, chapellerie, quincaillerie, bonneterie, instruments de physique et de mathématiques, montres, articles plaqués, couleurs pour la peinture, vins, etc., etc.

(Extrait du Dictionnaire Universel du Commerce et de la Navigation par MM. GUILLAUMIN & Cie, ainsi que de ma Correspondance particulière).

COMPTE D'ACHAT ET DE REVIENT

A 50 CAISSES BENJOIN N° 2

50 caisses Benjoin n° 2, pesant 80 piculs à $ 22 par picul			$	1700.—

FRAIS A PINANG

Assurance contre l'incendie ¼ %	$	4.40		
Coolies à la réception et emmagasinage	»	5.—		
100 gonnies et fil pour emballage des caisses	»	10.—		
Coolies et bateaux à l'embarquement	»	3.—		
Magasinage à $ 0.05 par caisse	»	2.50		
Timbres et menus frais	»	2.20	»	27.10
			$	1787.10
Commission d'achat et de remboursement 3 ½ %			»	62.55
			$	1849.65
Remboursement sur Londres à 6 mois de vue au change de 4[sh] 6[d] pour $ 1			£	416. 3. 5
et au change sur Paris de F. 25.25 pour £ 1			F.	10508.30

FRAIS AU HAVRE

Fret sur 5370 kil. à F. 100 par tonneau de 800 kil.	F.	671.25		
Permis, tonneliers pour échantillonner, conditionner, port en magasin, arrimage, magasinage d'un mois, livraison et menus frais	»	85.—		
Assurance maritime sur F. 11558, à 2 ¼ % et police	»	261.55		
id. contre le feu sur F. 12576, à ½ %	»	6.30		
Commission de banque à Londres pour confirmation de crédit, 1 %	»	105.10		
Escompte à la vente 2 %				
Courtage de vente ¼ %				
Commission de vente 2 %				
Ensemble 4¼ % sur F. 12154.05	»	516.55	»	1645.75
			F.	12154.05

RENDEMENT : 1 picul rend 59 kil. nets :

Soit 80 piculs = net 4720 kil. à F. 2.57 ½ par kil. entrepôt .... F. 12154.—

PRIX DE REVIENT AU HAVRE DU KIL. ENTREPOT

AUX CHANGES SUIVANTS SUR LONDRES

Avec la parité des changes sur PARIS, calculés sur la base de F. 25.25 pour £ 1.—.—

PRIX à PINANG par picul	LONDRES Sh. 4.6 — PARIS F. 5.68 ½	LONDRES Sh. 4.7 — PARIS F. 5.78 ½	LONDRES Sh. 4.8 — PARIS F. 5.89 ½	LONDRES Sh. 4.9 — PARIS F. 5.99 ½	LONDRES Sh. 4.10 — PARIS F. 6.10 ½	LONDRES Sh. 4.11 — PARIS F. 6.20 ½	LONDRES Sh. 5.— — PARIS F. 6.31 ½	LONDRES Sh. 5.1 — PARIS F. 6.41 ½	1[d] par $ sur le change fait au Havre par kil.
$ —.10	F. 0.01	F. 0.01	F. 0.01	F. 0.01	F. 0.01	F. 0.01	F. 0.01	F. 0.01	F. 0.—
—.20	0.02	0.02	0.02	0.02	0.02	0.02	0.02	0.02	0.—
—.30	0.03	0.03	0.03	0.03	0.04	0.04	0.04	0.04	0.—
—.40	0.04	0.04	0.04	0.04	0.05	0.05	0.05	0.05	0.—
—.50	0.06	0.06	0.06	0.06	0.06	0.06	0.06	0.06	0.—
—.60	0.07	0.07	0.07	0.07	0.07	0.07	0.07	0.07	0.—
—.70	0.08	0.08	0.08	0.08	0.08	0.08	0.08	0.08	0.—
—.80	0.09	0.09	0.09	0.09	0.10	0.10	0.10	0.10	0.—
—.90	0.10	0.10	0.10	0.10	0.11	0.11	0.11	0.11	0.—
1.—	0.11	0.11	0.11	0.11	0.12	0.12	0.12	0.12	0.—
2.—	0.22	0.22	0.22	0.23	0.23	0.24	0.24	0.24	0.—
3.—	0.32	0.33	0.34	0.34	0.35	0.35	0.36	0.37	0.01
4.—	0.43	0.44	0.45	0.46	0.46	0.47	0.48	0.49	0.01
5.—	0.54	0.55	0.56	0.57	0.58	0.59	0.60	0.61	0.01
6.—	0.65	0.66	0.67	0.68	0.70	0.71	0.72	0.73	0.01
7.—	0.76	0.77	0.78	0.80	0.81	0.82	0.84	0.85	0.01
8.—	0.86	0.88	0.90	0.91	0.93	0.94	0.96	0.98	0.02
9.—	0.97	0.99	1.01	1.03	1.04	1.06	1.08	1.10	0.02
10.—	1.08	1.10	1.12	1.14	1.16	1.18	1.20	1.22	0.02
20.—	2.35	2.39	2.43	2.47	2.51	2.55	2.59	2.63	0.04
30.—	3.43	3.49	3.55	3.61	3.67	3.73	3.79	3.85	0.06
40.—	4.51	4.59	4.67	4.75	4.83	4.91	4.99	5.07	0.08
50.—	5.59	5.69	5.79	5.89	5.99	6.09	6.19	6.29	0.10
60.—	6.67	6.79	6.91	7.03	7.15	7.27	7.39	7.51	0.12
70.—	7.75	7.89	8.03	8.17	8.31	8.45	8.59	8.73	0.14
80.—	8.83	8.99	9.15	9.31	9.47	9.63	9.79	9.95	0.16
90.—	9.91	10.09	10.27	10.45	10.63	10.81	10.99	11.17	0.18
100.—	10.99	11.19	11.39	11.59	11.79	11.99	12.19	12.39	0.20

OBSERVATIONS

F. 10 par tonneau sur le fret, font au Havre une différence de F. 0.01 ½ par kil. sur les prix.

On veut savoir le revient au Havre de Benjoin coûtant à Pinang $ 35.70 par picul, au change de 5[sh] par $ et au fret de F. 100 par tonneau de 800 kil.

On trouvera dans la 1re et la 8[e] colonne de ce tableau que :

$ —.70 font par kil.	F.	0.08
» 5.— id. id.	»	0.60
» 30.— id. id.	»	3.79
$ 35.70 feront donc par kil.	F.	4.47

N.-B. — 10[c] par £ 1 de différence dans les changes sur Paris font au Havre ⅖ % sur les prix de revient, qui seront à ajouter ou à déduire selon les variations des changes en hausse ou en baisse.

Droits d'entrée par 100 kil. en Avril 1860

Par navire Français	Exempt.
Id. Étranger.	F. 2.50

COMPTE D'ACHAT ET DE REVIENT

A 200 BALLES CACHOU

200 balles Cachou, pesant net 202 piculs à $ 4 par picul			$	808.—

FRAIS A PINANG

Assurance contre le feu ¼ %	$	2.02		
200 gonnies à $ 10 les 100	»	20.—		
Coolies à la réception et emmagasinage à $ 3 les 100 balles	»	6.—		
Coolies et bateaux à l'embarquement	»	3.—		
Magasinage à $ 0.02 par balle pour un mois ou moins	»	4.—		
Timbre et menus frais	»	1.08	»	36.10
			$	844.10
Commission d'achat et de remboursement 3 ½ %			»	29.54
			$	873.64
Remboursement sur Londres à 6 mois de vue au change de 4sh 6d pour $ 1			£	196.11. 5
et au change sur Paris de F. 25.25 pour £ 1			F.	4963.40

FRAIS AU HAVRE

Fret sur 11600 kil. à F. 100 secs par tonneau de 800 kil.	F.	1450.—		
Permis, voiliers pour échantillonner et conditionner, port en magasin, arrimage, magasinage d'un mois, livraison et menus frais	»	65.—		
Assurance maritime sur F. 5460, à 2 ¼ % et police	»	124.85		
id. contre le feu sur F. 7100, à ½ ‰	»	3.55		
Commission de banque à Londres pour confirmation de crédit, 1 %	»	49.60		
Escompte à la vente 2 %				
Courtage de vente ¼ %				
Commission de vente 2 %				
Ensemble 4 ¼ % sur F. 6951.35	»	295.45	»	1987.95
			F.	6951.35

Rendement : 1 picul rend 55 kil. nets :

Soit 202 piculs = net 11110 kil. à F. 62.57 par 100 kil. entrepôt	F.	6951.50

PRIX DE REVIENT AU HAVRE DES 100 KIL. ENTREPOT

AUX CHANGES SUIVANTS SUR LONDRES

Avec la parité des changes sur Paris, calculés sur la base de F. 25.25 pour £ 1.—.—

PRIX à PINANG par picul	LONDRES Sh. 4.6 — PARIS F. 5.68 ¼	LONDRES Sh. 4.7 — PARIS F. 5.78 ¾	LONDRES Sh. 4.8 — PARIS F. 5.89 ¼	LONDRES Sh. 4.9 — PARIS F. 5.99 ¾	LONDRES Sh. 4.10 — PARIS F. 6.10 ¼	LONDRES Sh. 4.11 — PARIS F. 6.20 ¾	LONDRES Sh. 5.— — PARIS F. 6.31 ¼	LONDRES Sh. 5.1 — PARIS F. 6.41 ¾	1d par $ sur le change fait au Havre par 100 kil.
[illegible] — Coût et frais variables									
$ —. 5	F. 0.58	F. 0.59	F. 0.60	F. 0.61	F. 0.62	F. 0.63	F. 0.64	F. 0.65	F. 0.01
—.10	1.16	1.18	1.20	1.22	1.25	1.27	1.29	1.31	0.02
—.20	2.32	2.36	2.40	2.45	2.49	2.53	2.58	2.62	0.04
—.30	3.48	3.54	3.61	3.67	3.74	3.80	3.86	3.93	0.06
—.40	4.64	4.72	4.81	4.89	4.98	5.06	5.15	5.24	0.09
—.50	5.80	5.90	6.01	6.12	6.23	6.33	6.44	6.55	0.11
—.60	6.95	7.08	7.21	7.34	7.47	7.60	7.73	7.85	0.13
—.70	8.11	8.26	8.41	8.56	8.72	8.86	9.02	9.16	0.15
—.80	9.27	9.44	9.62	9.78	9.96	10.13	10.30	10.47	0.17
—.90	10.43	10.62	10.82	11.01	11.21	11.39	11.59	11.78	0.19
1.—	11.59	11.80	12.02	12.23	12.45	12.66	12.88	13.09	0.21
Coût et frais variables et [illegible]									
2.—	39.39	39.85	40.31	40.77	41.24	41.70	42.17	42.64	0.46
3.—	50.97	51.65	52.33	53.01	53.69	54.37	55.05	55.73	0.68
4.—	62.56	63.45	64.35	65.24	66.14	67.03	67.93	68.82	0.89
5.—	74.15	75.26	76.37	77.47	78.59	79.69	80.80	81.91	1.11
6.—	85.74	87.06	88.36	89.70	91.03	92.35	93.68	95.—	1.32

OBSERVATIONS

F. 10 par tonneau sur le fret, font au Havre une différence de F. 1.31 par 100 kil. sur les prix.

On veut savoir le revient au Havre de Cachou coûtant à Pinang $ 3.35 par picul, au change de 5sh par $ et au fret de F. 100 par tonneau de 800 kil.

On trouvera dans la 1re et la 8e colonne de ce tableau que :

$ —. 5 font par 100 kil.	F.	0.64
» —.30 id. id.	»	3.86
» 3.— id. id.	»	55.05
$ 3.35 feront donc par 100 kil.	F.	59.55

N.B. — 10c par £ 1 de différence dans les changes sur Paris font au Havre ⅖ % sur les prix de revient, qui seront à ajouter ou à déduire selon les variations des changes en hausse ou en baisse sur le cours de F. 25.25.

Droits d'entrée par 100 kil. en Avril 1866

Par navire Français	Exempt
id. Etranger	F. 4.80

COMPTE D'ACHAT ET DE REVIENT

A 230 SAUMONS ÉTAIN

230 saumons Etain, pesant 149 piculs à $ 26 par picul .... $ 3874.—

FRAIS A PINANG

Coolies pour réception, pesage et emmagasinage à $ 2 pour 100 piculs..	$	2.98		
Coolies et bateaux à l'embarquement	»	2.98		
Magasinage à $ 0.01 par picul pour un mois ou moins	»	1.49		
Timbres et menus frais	»	5.—	»	12.45
			$	3886.45
Commission d'achat et de remboursement 3 ½ %			»	136.03
			$	4022.48
Remboursement sur Londres à 6 mois de vue au change de 4sh 6d pour $ 1			£	905. 1. 2
et au change sur Paris de F. 25.25 pour £ 1			F.	22852.75

FRAIS AU HAVRE

Fret sur 8940 kil. à F. 90 secs par tonneau de 1000 kil.	F.	804.00		
Permis, port en magasin, arrimage, magasinage d'un mois, livraison et menus frais	»	30.—		
Assurance maritime sur F. 25138, à 2 % et police	»	504.25		
id. contre le feu sur F. 26470, à ½ %	»	13.25		
Commission de banque à Londres pour confirmation de crédit, 1 %	»	228.50		
Escompte à la vente .... 2 %				
Courtage de vente .... ½ %				
Commission de vente .... 2 %				
Ensemble ..... 4½ % sur F. 25517.85	»	1084.50	»	2665.10
			F.	25517.85

Rendement : 1 picul rend 60 kil. nets :

Soit 149 piculs = net 8940 kil. à F. 285.44 par 100 kil. entrepôt .... F. 25518.80

PRIX DE REVIENT AU HAVRE DES 100 KIL. ENTREPOT

AUX CHANGES SUIVANTS SUR LONDRES

Avec la parité des changes sur Paris, calculés sur la base de F. 25.25 pour £ 1.—.—

	PRIX à PINANG par picul	LONDRES Sh. 4.6 — PARIS F. 5.68¼	LONDRES Sh. 4.7 — PARIS F. 5.78¾	LONDRES Sh. 4.8 — PARIS F. 5.89¼	LONDRES Sh. 4.9 — PARIS F. 5.99¾	LONDRES Sh. 4.10 — PARIS F. 6.10¼	LONDRES Sh. 4.11 — PARIS F. 6.20¾	LONDRES Sh. 5.— — PARIS F. 6.31¼	LONDRES Sh. 5.1 — PARIS F. 6.41¾	1d par $ sur le change fait au Havre par 100 kil.
SUBDIVISIONS — Coût et frais variables	$ —. 5	F. 0.53	F. 0.54	F. 0.55	F. 0.56	F. 0.57	F. 0.58	F. 0.59	F. 0 60	F. 0.01
	—.10	1.06	1.08	1.10	1.12	1.14	1.16	1.17	1.19	0.02
	—.20	2.11	2.15	2.19	2.23	2.27	2.31	2.35	2.39	0.04
	—.30	3.17	3.23	3.29	3.35	3.41	3.47	3.52	3.58	0.06
	—.40	4.23	4.30	4.38	4.46	4.54	4.62	4.70	4.78	0.08
	—.50	5.29	5.38	5.48	5.58	5.68	5.78	5.87	5.97	0.10
	—.60	6.34	6.46	6.58	6.70	6.81	6.93	7.04	7.16	0.12
	—.70	7.40	7.53	7.67	7.81	7.95	8.09	8.22	8.36	0.14
	—.80	8.46	8.61	8.77	8.93	9.08	9.24	9.39	9.55	0.16
	—.90	9.51	9.68	9.86	10.04	10.22	10.40	10.57	10.75	0.18
	1.—	10.57	10.76	10.96	11.16	11.35	11.55	11.74	11.94	0.20
	2.—	21.14	21.53	21.92	22.31	22.70	23.10	23.49	23.88	0.39
	3.—	31.70	32.29	32.88	33.47	34.06	34.64	35.23	35.81	0.59
	4.—	42.27	43.06	43.84	44.62	45.41	46.19	46.97	47.75	0.78
	5.—	52.84	53.82	54.80	55.78	56.76	57.74	58.72	59.69	0.98
Coût et frais variables et invariables	10.—	116.33	118.30	120.28	122.25	124.23	126.20	128.17	130.14	1.97
	15.—	169.17	172.12	175.08	178.03	180.99	183.94	186.89	189.83	2.95
	20.—	222.01	225.94	229.88	233.81	237.75	241.68	245.60	249.52	3.93
	25.—	274.85	279.76	284.68	289.59	294.51	299.42	304.32	309.21	4.91
	30.—	327.69	333.58	339.48	345.37	351.27	357.16	363.03	368.90	5.89
	35.—	380.53	387.40	394.28	401.15	408.03	414.90	421.75	428.59	6.87
	40.—	433.37	441.22	449.08	456.93	464.79	472.64	480.46	488.28	7.84

OBSERVATIONS

F. 10 par tonneau sur le fret, font au Havre une différence de F. 1.— par 100 kil. sur les prix.

On veut savoir le revient au Havre d'Etain coûtant à Pinang $ 23.15 par picul, au change de 5sh par $ et au fret de F. 90 par tonneau de 1000 kil.

On trouvera dans la 1re et la 8e colonne de ce tableau que :

$ —. 5 font par 100 kil.	....	F.	0.59
» —.10 id. id.	....	»	1.17
» 3.— id. id.	....	»	35.23
» 20.— id. id.	....	»	245.60
$ 23.15 feront donc par 100 kil.	....	F.	282.59

N.-B. — 10s par £ 1 de différence dans les changes sur Paris font au Havre ⅜ % sur les prix de revient, qui seront à ajouter ou à déduire selon les variations des changes en hausse ou en baisse sur le cours de F. 25.25.

Droits d'entrée par 100 kil. en Avril 1866

Par navire Français .... Exempt
id. Etranger .... »

COMPTE D'ACHAT ET DE REVIENT

A 100 PANIERS GOMME ÉLASTIQUE

100 paniers Gomme élastique, pesant net 100 piculs à $ 32 par picul			$	3200.—

FRAIS A PINANG

Assurance contre l'incendie sur $ 3200 ¼ %	$	8.—		
100 paniers à $ 0.14 par panier	»	14.—		
Gonnies pour la fermeture des paniers à $ 0.05	»	5.—		
Coolies pour remplissage et emballage à $ 0.06	»	6.—		
Coolies et bateaux à l'embarquement à $ 0.08	»	8.—		
Magasinage pour un mois ou moins	»	5.—		
Timbres et menus frais	»	4.50	»	45.50
			$	3245.50
Commission d'achat et de remboursement 3 ½ %			»	113.59
			$	3359.09
Remboursement sur Londres à 6 mois de vue au change de 4[sh] 6[d] pour $ 1			£	755.15.10
et au change sur Paris de F. 25.25 pour £ 1			F.	19083.70

FRAIS AU HAVRE

Fret sur 6000 kil. bruts à F. 110 secs par tonneau de 450 kil.	F.	1466.65		
Permis, voiliers pour échantillonner et conditionner, port en magasin, arrimage, magasinage d'un mois, livraison et menus frais	»	65.—		
Assurance maritime sur F. 21000, à 2 ¼ % et police	»	474.—		
id. contre le feu sur F. 23005, à ½ ‰	»	11.50		
Commission de banque à Londres pour confirmation de crédit, 1 %	»	190.85		
Escompte à la vente 2 %				
Courtage de vente ½ %				
Commission de vente 2 %				
Ensemble 4 ½ % sur F. 22236.75	»	945.05	»	3153.05
			F.	22236.75

RENDEMENT : 1 picul rend net 54 kil. ½ :

Soit 100 piculs = net 5450 kil. à F. 4.08 par kil. entrepôt .... F. 22236.75

PRIX DE REVIENT AU HAVRE DU KIL. ENTREPOT

AUX CHANGES SUIVANTS SUR LONDRES

Avec la parité des changes sur PARIS, calculés sur la base de F. 25.25 pour £ 1.—.—

PRIX à PINANG par picul	LONDRES Sh. 4.6 — PARIS F. 5.68 ⅛	LONDRES Sh. 4.7 — PARIS F. 5.78 ⅝	LONDRES Sh. 4.8 — PARIS F. 5.89 ⅛	LONDRES Sh. 4.9 — PARIS F. 5.99 ⅝	LONDRES Sh. 4.10 — PARIS F. 6.10 ¼	LONDRES Sh. 4.11 — PARIS F. 6.20 ⅞	LONDRES Sh. 5.— — PARIS F. 6.31 ¼	LONDRES Sh. 5.1 — PARIS F. 6.41 ¾	1[d] par $ sur le change fait au Havre par kil.
$ —.50	F. 0.06	F. 0.06	F. 0.06	F. 0.06	F. 0.06	F. 0.06	F. 0.06	F. 0.07	F. 0.—
1.—	0.12	0.12	0.12	0.12	0.13	0.13	0.13	0.13	
2.—	0.23	0.24	0.24	0.25	0.25	0.26	0.26	0.26	
3.—	0.35	0.36	0.36	0.37	0.38	0.38	0.39	0.40	0.01
4.—	0.47	0.48	0.48	0.49	0.50	0.51	0.52	0.53	0.01
5.—	0.59	0.60	0.61	0.62	0.63	0.64	0.65	0.66	0.01
6.—	0.70	0.71	0.73	0.74	0.76	0.77	0.78	0.79	0.01
7.—	0.82	0.83	0.85	0.86	0.88	0.90	0.91	0.92	0.01
8.—	0.94	0.95	0.97	0.98	1.01	1.02	1.04	1.06	0.02
9.—	1.05	1.07	1.09	1.11	1.13	1.15	1.17	1.19	0.02
10.—	1.51	1.53	1.55	1.57	1.60	1.62	1.64	1.66	0.02
20.—	2.68	2.72	2.77	2.81	2.85	2.90	2.94	2.98	0.04
30.—	3.85	3.91	3.98	4.04	4.11	4.17	4.24	4.30	0.06
40.—	5.02	5.10	5.19	5.28	5.36	5.45	5.54	5.62	0.09
50.—	6.19	6.30	6.40	6.51	6.62	6.73	6.84	6.95	0.11

OBSERVATIONS

F. 10 par tonneau sur le fret, font au Havre une différence de F. 0.02 ½ par kil. sur les prix.

On veut savoir le revient au Havre de Gomme élastique coûtant à Pinang $ 23.50 par picul, au change de 5[sh] par $ et au fret de F. 110 par tonneau de 450 kil.

On trouvera dans la 1re et la 8[e] colonne de ce tableau que :

$ —.50 font par kil.	F.	0.06
» 3.— id. id.	»	0.39
» 20.— id. id.	»	2.94
$ 23.50 feront donc par kil.	F.	3.39

N.-B. — 10[c] par £ 1 de différence dans les changes sur Paris font au Havre ⅜ % sur les prix de revient, qui seront à ajouter ou à déduire selon les variations des changes en hausse ou en baisse sur le cours de F. 25.25.

Droits d'entrée en France par 100 kil. en Avril 1886

Par navire Français .... Exempt

id. Etranger .... F. 3.60

COMPTE D'ACHAT ET DE REVIENT

A 100 PANIERS GUTTA-PERCHA

100 paniers Gutta-Percha, pesant net 100 picula à $ 40 le picul			$	4000.—

FRAIS A PINANG

Assurance contre l'incendie ¼ %	$	10.—		
100 paniers à $ 0.14 par panier	»	14.—		
Gonnies pour la fermeture des paniers à $ 0.05	»	5.—		
Coolies pour remplissage et emballage à $ 0.06	»	6.—		
Coolies, bateaux et embarquement à $ 0.03	»	3.—		
Magasinage pour un mois ou moins	»	5.—		
Timbres et menus frais	»	4.50	»	47.50
			$	4047.50
Commission d'achat et de remboursement 3 ½ %			»	141 66
			$	4189.16
Remboursement sur Londres à 6 mois de vue au change de 4sh 6d pour $ 1			£	942.11. 2
et au change sur Paris de F. 25.25 pour £ 1			F.	23799.65

FRAIS AU HAVRE

Fret sur 5200 kil. à F. 100 par tonneau de 700 kil	F.	742.85		
Permis, voiliers pour échantillonner et conditionner, port en magasin, arrimage, magasinage d'un mois, livraison et menus frais	»	40.—		
Assurance maritime sur F. 26178, à 2 % et police	»	525.05		
id. contre le feu sur F. 27486, à ½ %	»	13.75		
Commission de banque à Londres pour confirmation de crédit, 1 %	»	238.—		
Escompte à la vente 2 %				
Courtage de vente ¼ %				
Commission de vente 2 %				
Ensemble 4¼ % sur F. 26484.90	»	1125.60	»	2685.25
			F.	26484.90

RENDEMENT : 1 picul rend 52 kil. nets:

Soit 100 piculs = net 5200 kil. à F. 5.09½ par kil. entrepôt .... F. 26485.85

N.-B. — La Gutta-Percha est le produit qui perd le plus en poids dans de longues traversées ; le déchet varie de 9 à 25 %.

PRIX DE REVIENT AU HAVRE DU KIL. ENTREPOT

AUX CHANGES SUIVANTS SUR LONDRES

Avec la parité des changes sur PARIS, calculés sur la base de F. 25.25 pour £ 1.—.—

PRIX à PINANG par picul	LONDRES Sh. 4.6 — PARIS F. 5.88⅛	LONDRES Sh. 4.7 — PARIS F. 5.78⅜	LONDRES Sh. 4.8 — PARIS F. 5.89⅛	LONDRES Sh. 4.9 — PARIS F. 5.99⅜	LONDRES Sh. 4.10 — PARIS F. 6.10¼	LONDRES Sh. 4.11 — PARIS F. 6.20¾	LONDRES Sh. 5.— — PARIS F. 6.31¼	LONDRES Sh. 5.1 — PARIS F. 6.41¾	4d par $ sur le change fait au Havre par kil.
$ —.10	F. 0.01	F. 0.01	F. 0.01	F. 0.01	F. 0.01	F. 0.01	F. 0.01	F. 0.01	F. 0.—
—.20	0.02	0.02	0.03	0.03	0.03	0.03	0.03	0.03	0.—
—.30	0.04	0.04	0.04	0.04	0.04	0.04	0.04	0.04	0.—
—.40	0.05	0.05	0.05	0.05	0.05	0.05	0.06	0.06	0.—
—.50	0.06	0.06	0.07	0.07	0.07	0.07	0.07	0.07	0.—
—.60	0.07	0.07	0.08	0.08	0.08	0.08	0.08	0.08	0.—
—.70	0.08	0.08	0.09	0.09	0.09	0.09	0.10	0.10	0.—
—.80	0.10	0.10	0.10	0.10	0.10	0.10	0.11	0.11	0.—
—.90	0.11	0.11	0.12	0.12	0.12	0.12	0.13	0.13	0.—
1.—	0.12	0.12	0.13	0.13	0.13	0.13	0.14	0.14	0.—
2.—	0.24	0.25	0.25	0.26	0.26	0.27	0.27	0.28	0.01
3.—	0.37	0.37	0.38	0.39	0.40	0.40	0.41	0.41	0.01
4.—	0.49	0.50	0.51	0.52	0.53	0.54	0.54	0.55	0.01
5.—	0.61	0.62	0.64	0.65	0.66	0.67	0.68	0.69	0.01
10.—	1.43	1.45	1.47	1.49	1.52	1.54	1.56	1.58	0.02
15.—	2.05	2.08	2.11	2.14	2.18	2.21	2.24	2.27	0.03
20.—	2.66	2.70	2.74	2.78	2.83	2.88	2.92	2.97	0.04
25.—	3.27	3.32	3.37	3.43	3.49	3.55	3.60	3.66	0.06
30.—	3.89	3.95	4.01	4.08	4.15	4.22	4.29	4.35	0.07
35.—	4.50	4.57	4.65	4.72	4.81	4.89	4.97	5.04	0.08
40.—	5.11	5.20	5.28	5.37	5.47	5.56	5.65	5.73	0.09
45.—	5.72	5.82	5.92	6.02	6.12	6.23	6.33	6.43	0.10
50.—	6.33	6.44	6.56	6.67	6.78	6.90	7.01	7.12	0.11

OBSERVATIONS

F. 10 par tonneau sur le fret, font au Havre une différence de F. 0.01½ par kil. sur les prix.

On veut savoir le revient au Havre de Gutta-Percha coûtant à Pinang $ 34.70 par picul, au change de 5sh par $ et au fret de F. 100 par tonneau de 700 kil.

On trouvera dans la 1re et la 8e colonne de ce tableau que :

$ —.70 font par kil	F.	0.10
» 4.— id. id.	»	0.54
» 30.— id. id.	»	4.29
$ 34.70 feront donc par kil	F.	4.93

N.-B. — 10c par £ 1 de différence dans les changes sur Paris font au Havre ⅜ % sur les prix de revient, qui seront à ajouter ou à déduire selon les variations des changes en hausse ou en baisse sur le cours de F. 25.25.

Droits d'entrée par 100 kil. en Avril 1866

Par navire Français	Exempt.
id. Étranger	F. 3.60

COMPTE D'ACHAT ET DE REVIENT

A 1451 BALLES POIVRE NOIR

1451 balles Poivre noir, pesant net 1014 piculs à $ 5 par picul			$	5070.—

FRAIS A PINANG

Assurance contre le feu ¼ %	$	12.67		
Coolies à la réception et emmagasinage à $ 0.35 par 100 piculs	»	3.55		
1451 gonnies à $ 13 les 100	»	188.63		
Couture et remplissage des sacs à $ [illegible] les 100	»	[illegible]		
Fil, huile et encre à marquer	»	15.55		
Coolies pour marquer à $ 0.30 les 100	»	4.35		
Coolies et bateaux à l'embarquement	»	15.—		
Magasinage à $ 0.01 par picul pour un mois ou moins	»	10.14		
Timbres et menus frais	»	6.65	»	285.56
			$	5355.56
Commission d'achat et de remboursement 3 ½ %			»	187.44
			$	5543.—
Remboursement sur Londres à 6 mois de vue au change de 4sh 6d pour $ 1			£	1247. 3. 5
et au change sur Paris de F. 25.25 pour £ 1			F.	31491.05

FRAIS AU HAVRE

Fret sur 59000 kil. à F. 100 secs par tonneau de 700 kil.	F.	8428.55		
Permis, velliers pour échantillonner et conditionner, port en magasin, arrimage, magasinage d'un mois, livraison et menus frais	»	380.—		
Assurance maritime sur F. 34640, à 2 ¼ % et police	»	780.90		
Id. contre le feu sur F. 44280, à ½ %	»	22.10		
Commission de banque à Londres pour confirmation de crédit, 1 %	»	314.90		
Escompte à la vente 2 %				
Courtage de vente ¼ %				
Commission de vente 2 %				
Ensemble 4 ¼ % sur F. 43244.35	»	1838.40	»	11764.85
			F.	43255.90

RENDEMENT : 1 picul rend 57 kil. nets ;

Soit 1014 piculs au net 57798 kil. à F. 74.84 par 100 kil. entrepôt .... F. 43250.—

PRIX DE REVIENT AU HAVRE DES 100 KIL. ENTREPOT

AUX CHANGES SUIVANTS SUR LONDRES

Avec la parité des changes sur PARIS, calculés sur la base de F. 25.25 pour £ 1.—.—

PRIX à PINANG par picul	LONDRES Sh. 4.6 — PARIS F. 5.68 ½	LONDRES Sh. 4.7 — PARIS F. 5.78 ¾	LONDRES Sh. 4.8 — PARIS F. 5.89 ¼	LONDRES Sh. 4.9 — PARIS F. 5.99 ¾	LONDRES Sh. 4.10 — PARIS F. 6.10 ¼	LONDRES Sh. 4.11 — PARIS F. 6.20 ¾	LONDRES Sh. 5.— — PARIS F. 6.31 ¼	LONDRES Sh. 5.1 — PARIS F. 6.41 ¾	1d par $ sur le change fait au Havre par 100 kil.
$ —. 5	F. 0.56	F. 0.57	F. 0.58	F. 0.59	F. 0.60	F. 0.61	F. 0.62	F. 0.63	F. 0.01
—.10	1.12	1.14	1.16	1.18	1.20	1.22	1.24	1.26	0.02
—.20	2.24	2.28	2.32	2.36	2.40	2.44	2.48	1.53	0.04
—.30	3.35	3.42	3.48	3.54	3.60	3.67	3.73	3.79	0.06
—.40	4.47	4.56	4.64	4.72	4.80	4.89	4.97	5.05	0.08
—.50	5.59	5.70	5.80	5.90	6.01	6.11	6.21	6.32	0.10
—.60	6.71	6.83	6.96	7.08	7.21	7.33	7.45	7.58	0.12
—.70	7.83	7.97	8.12	8.26	8.41	8.55	8.69	8.84	0.14
—.80	8.94	9.11	9.28	9.44	9.61	9.78	9.94	10.10	0.17
—.90	10.06	10.25	10.44	10.63	10.81	11.—	11.18	11.37	0.19
1.—	11.18	11.39	11.60	11.80	12.01	12.22	12.42	12.63	0.21
5.—	74.84	75.93	77.01	78.11	79.19	80.29	81.37	82.47	1.09
6.—	86.02	87.31	88.61	89.91	91.20	92.50	93.80	95.10	1.30
7.—	97.20	98.70	100.20	101.71	103.21	104.72	106.22	107.73	1.50
8.—	108.39	110.09	111.80	113.51	115.22	116.94	118.65	120.36	1.71
9.—	119.57	121.48	123.39	124.32	127.23	129.15	131.07	132.99	1.92
10.—	130.75	132.87	134.99	136.12	139.24	141.37	143.50	145.62	2.12
11.—	141.93	144.26	146.58	147.92	151.25	153.59	155.92	158.25	2.33
12.—	153.11	155.65	158.18	160.73	163.26	165.80	168.34	170.88	2.54

OBSERVATIONS

F. 10 par tonneau sur le fret, font au Havre une différence de F. 1.40 par 100 kil. sur les prix.

On veut savoir le revient au Havre du Poivre coûtant à Pinang $ 10.75 par picul, au change de 5sh par $ et au fret de F. 100 par tonneau de 700 kil.

On trouvera dans la 1re et la 8e colonne de ce tableau que :

$ —. 5 font par 100 kil.	F.	0.63
» —.70 id. id.	»	8.69
» 10.— id. id.	»	143.50
$ 10.75 feront donc par 100 kil.	F.	152.81

N.-B. — 10d par £ 1 de différence dans les changes sur Paris font au Havre ⅜ % sur les prix de revient, qui seront à ajouter ou à déduire selon les variations des changes en hausse ou en baisse sur le cours de F. 25.25.

Droits d'entrée par 100 kil. en Avril 1866

Par navire Français	F.	30.—
id. Étranger	»	61.—

COMPTE D'ACHAT ET DE REVIENT

A 200 BARILS TAPIOCA

200 barils Tapioca, pesant net 200 picols à $ 5 par picul		$	1000.—

FRAIS A PINANG

Assurance contre le feu ¼ %	$	2.50		
Coolies à la réception et emmagasinage à $ 3 les 100 barils	»	6.—		
Coolies et bateaux à l'embarquement	»	3.—		
Magasinage à $ 0.02 par barils et par mois ou moins	»	4.—		
Timbre et menus frais	»	1.50	»	17.—
			$	1017.—
Commission d'achat et de remboursement 3 ½ %			»	35.60
			$	1052.60
Remboursement sur Londres à 6 mois de vue au change de 4sh 6d pour $ 1			£	236.16. 7
et au change sur Paris de F. 25.25 pour £ 1			F.	5979.05

FRAIS AU HAVRE

Fret sur 13700 kil. à F. 100 par tonneau de 700 kil.	F.	1957.15		
Permis, voiliers pour échantillonner, conditionner, port en magasin, arrimage, magasinage d'un mois, livraison et menus frais	»	145.—		
Assurance maritime sur F. 6578, à 2 ¼ % et police	»	149.50		
id. contre le feu sur F. 8830, à ½ %	»	4.40		
Commission de banque à Londres pour confirmation de crédit, 1 %	»	59.80		
Escompte à la vente 2 %				
Courtage de vente ¼ %				
Commission de vente 2 %				
Ensemble 4¼ % sur F. 8004	»	368.20	»	2684.05
			F.	8664.—

RENDEMENT : 1 picul rend 59 kil. nets :

Soit 200 piculs = net 11800 kil. à F. 73.42 par 100 kil. entrepôt .... F. 8663.55

PRIX DE REVIENT AU HAVRE DES 100 KIL. ENTREPOT

AUX CHANGES SUIVANTS SUR LONDRES

Avec la parité des changes sur PARIS, calculés sur la base de F. 25.25 pour £ 1.—.—

PRIX à PINANG par picul	LONDRES Sh. 4.6 — PARIS F. 5.68¼	LONDRES Sh. 4.7 — PARIS F. 5.78¾	LONDRES Sh. 4.8 — PARIS F. 5.89¼	LONDRES Sh. 4.9 — PARIS F. 5.99¾	LONDRES Sh. 4.10 — PARIS F. 6.10¼	LONDRES Sh. 4.11 — PARIS F. 6.20¾	LONDRES Sh. 5.— — PARIS F. 6.31¼	LONDRES Sh. 5.1 — PARIS F. 6.41¾	1d par $ sur le change fait au Havre par 100 kil.
SUBDIVISIONS — Coût et frais variables									
$ —. 5	F. 0.54	F. 0.55	F. 0.56	F. 0.57	F. 0.58	F. 0.59	F. 0.60	F. 0.61	F. 0.01
—.10	1.08	1.10	1.12	1.14	1.16	1.18	1.20	1.22	0.02
—.20	2.16	2.20	2.24	2.28	2.32	2.36	2.40	2.44	0.04
—.30	3.24	3.30	3.36	3.42	3.48	3.54	3.60	3.66	0.06
—.40	4.32	4.40	4.48	4.56	4.64	4.72	4.80	4.88	0.08
—.50	5.40	5.50	5.60	5.70	5.80	5.90	6.—	6.10	0.10
—.60	6.48	6.60	6.72	6.84	6.96	7.08	7.20	7.32	0.12
—.70	7.56	7.70	7.84	7.98	8.12	8.26	8.40	8.54	0.14
—.80	8.64	8.80	8.96	9.12	9.28	9.44	9.60	9.76	0.16
—.90	9.72	9.90	10.08	10.26	10.44	10.62	10.80	10.98	0.18
Coût et frais variables et invariables									
1.—	30.21	30.42	30.64	30.85	31.07	31.28	31.50	31.71	0.21
2.—	41.01	41.42	41.84	42.25	42.67	43.08	43.50	43.92	0.42
3.—	51.82	52.43	53.05	53.66	54.28	54.89	55.51	56.12	0.61
4.—	62.62	63.43	64.25	65.06	65.88	66.69	67.51	68.32	0.81
5.—	73.42	74.43	75.45	76.46	77.48	78.49	79.51	80.53	1.02
6.—	84.22	85.43	86.65	87.86	89.08	90.29	91.51	92.73	1.22
7.—	95.02	96.43	97.85	99.26	100.68	102.09	103.51	104.93	1.42

OBSERVATIONS

F. 10 par tonneau sur le fret, font au Havre une différence de F. 1.66 par 100 kil. sur les prix.

On veut savoir le revient au Havre de Tapioca coûtant à Pinang $ 4.25 par picul, au change de 5sh par $ et au fret de F. 100 par tonneau de 700 kil.

On trouvera dans la 1re et la 8e colonne de ce tableau que:

$ —.05 font par 100 kil.	F.	0.60
» —.20 id. id.	»	2.40
» 4.— id. id.	»	67.51
$ 4.25 feront donc par 100 kil.	F.	70.51

N.-B. — 10c par £ 1 de différence dans les changes sur Paris font au Havre ⅜ % sur le prix de revient, qui seront à ajouter ou à déduire selon les variations des changes en hausse ou en baisse sur le cours de F. 25.25.

Droits d'entrée par 100 kil. en Avril 1866

Par navire Français	F.	6.—
Id. Etranger	»	8.40

Les grands navires mouillent sur la rade de Poulo-Pinang, petite île distante d'environ trois milles de l'embouchure du Passibang, dont elle est séparée au Nord-Est par un promontoire assez élevé, le Mont aux Singes (Apenberg), ainsi nommé du nombre considérable de ces quadrumanes dont il paraît être le séjour de prédilection.

Dans la belle saison, on peut mouiller par 12 ou 13 brasses d'eau, avec fond de vase à un et quart mille ou un et demi mille de terre, en relevant le mât de pavillon de l'Est ou à l'Est demi Nord ; mais il serait imprudent de rester à cet ancrage, lorsque le temps menace ou que l'on doit séjourner plus de 3 à 4 jours à Padang.

Le meilleur mouillage est dans le Sud-Est un quart Est du milieu de l'île, à une distance moyenne de deux encablures de l'embarcadère, par 5 brasses ou 5 brasses et demie d'eau, fond de vase, on y sera parfaitement abrité contre les vents de la partie de l'Ouest.

Les Capitaines devront faire en sorte de mouiller au Nord de la ligne imaginaire servant de limite extrême à la rade, qui joint la pointe Sud de Poulo-Pinang à la pointe Nord de la baie de Brandwyn. En mouillant au Sud de cette ligne, ils auraient à payer un prix double de celui que payent les embarcations chargées pour le débarquement ou l'embarquement de leurs marchandises.

Droits d'ancrage. — Trois-quarts florin par *last* de jauge. Droits de sortie ƒ 5 Papier timbré ƒ 2 84, pour navires Hollandais. Le droit d'ancrage, pour les étrangers est de ƒ 1 par last. Les autres dépenses restent les mêmes. Les frais de manifeste sont à la charge des consignataires qui prélèvent à titre de commission 2 ½ % sur le fret qu'ils encaissent, 2 ½ % pour le fret qu'ils procurent, 2 ½ % sur avances aux capitaines, ƒ 1 par last de jauge si le navire vient directement de l'Europe, et ƒ ½ seulement s'il a fait échelle à Batavia ou dans un port quelconque des Indes Néerlandaises.

Commerce. — La prospérité commerciale actuelle de Padang qui était dès le XVIIe siècle (1666) le principal comptoir Hollandais de l'île de Sumatra, date d'une vingtaine d'années à peine. Devenu en 1836 la résidence officielle du gouverneur civil et militaire et le siége de la Cour de Justice et de toutes les administrations supérieures de la colonie, Padang a vu son commerce s'accroître rapidement sous la féconde impulsion d'un gouvernement intelligent. En s'attachant à développer la culture de ceux des produits du sol que leur nature appelait à devenir un jour une précieuse ressource pour le commerce maritime de la métropole, en assurant des chargements de retour à ses navires, le gouvernement colonial porta toute son attention sur la plantation du cafeier, dont la fève est aujourd'hui la principale denrée d'exportation.

A Sumatra, on n'admet ni tare ni escompte ; les marchandises se pèsent et se payent comptant.

Les principaux produits exportés de Padang en 1862, sont :

Café	K.	9.280.000	valeur	F.	13.058 000
Riz	»	8.274.000	»	»	1 242.000
Benjoin	»	181.000	»	»	745.000
Poivre	»	649.000	»	»	383.000
Gomme élastique			»	»	188.000
Cassia	»	522.000	»	»	115.000
Sagou			»	»	74.000
Rotins			»	»	88.000
Gutta-Percha			»	»	63.000

En 1863, la France n'a pris aucune part au commerce d'importation et d'exportation de l'île de Sumatra, ce qui n'est pas un fait accidentel, mais bien le résultat de la situation défavorable et exceptionnelle qui était faite à notre pavillon dans les colonies Néerlandaises des Indes Orientales et en même temps de l'inégalité de droit pour l'introduction en douane de nos marchandises et pour l'exportation sous notre pavillon des produits de nos colonies. Cette situation a été modifiée par le traité de commerce conclu le 7 juin 1865 entre la France et les Pays-Bas qui assimile le pavillon français à celui de la Hollande.

Droits d'entrée et de sortie. — Voir pour ces droits, ainsi que pour les *Poids et Mesures* l'article sur Batavia, à la page 396.

Changes. — Le mode de remboursement exclusivement admis est le papier sur Londres à 6 mois de vue, et sur la Hollande à 6 mois de date. Les variations du change sont très grandes. Pour l'Angleterre, il a varié, en 1862, de ƒ 10.50 à ƒ 11.90 pour £ 1, et, pour la Hollande de 98 % à 105 %. Au reste il n'y a pas de cote du change sur la place de Padang ; tous les billets se négocient à Batavia. On préfère les crédits confirmés par les banquiers de Londres.

La seule monnaie reçue dans les caisses du gouvernement est le florin d'argent, ou roupie des Indes.

COMPTE D'ACHAT ET DE REVIENT

A 100 PICULS BOIS DE SANDAL

100 piouls Bois de Sandal, à ƒ 10 le picul			ƒ	1000.—

FRAIS A BATAVIA

	Droits de sortie			
Droits de sortie ƒ 1 par picul et 5 % additionnels	ƒ	105.—		
Frais d'embarquement, prauws et coolies			»	50.—
			ƒ	1050.—
Commission d'achat et de remboursement 3 ½ %	»	3.67	»	36.75
	ƒ	108.67	ƒ	1086.75
Remboursement sur Paris à 6 mois de vue au change de F. 2 pour ƒ 1	F.	217.34	F.	2173.50

FRAIS AU HAVRE

Fret sur 5800 kil. à F. 60 par tonneau de 700 kil.			F.	497.15		
Permis, frais au débarquement, port en entrepôt, arrimage, magasinage d'un mois, livraison et menus frais			»	23.50		
Assurance maritime sur F. 2390, à 2 % et police	»	4.76	»	49.80		
id. contre le feu sur F. 2959, à ½ ‰	»	0.12	»	1.45		
Commission de banque à Londres pour confirmation de crédit, 1 %	»	2.17	»	21.75		
Courtage de vente ¼ %						
Escompte à la vente 2 %						
Commission de vente 2 %						
Ensemble 4¼ % sur F. 2888.40	»	9.96	»	122.75	»	714.90
	F.	234.35			F.	2888.40
Soit par 100 kil.	»	4.12				

RENDEMENT : 1 picul rend 58 kil. :

Brut	kil. 5800		
Don 2 %	» 116		
Net	kil. 5684 à F. 50.81 par 100 kil. entrepôt	F.	2888.05
Plus : droits de sortie à Batavia	» 4.12 id. id.		
Ensemble	F. 54.93 id. id.		

PRIX DE REVIENT AU HAVRE DES 100 KIL. ENTREPOT

AUX CHANGES SUIVANTS SUR PARIS

Avec la parité des changes sur LONDRES, calculés sur la base de F. 25.25 pour £ 1.—.—

PRIX à BATAVIA par picul	PARIS F. 2.— — LONDRES ƒ 12.62½	PARIS F. 2.05 — LONDRES ƒ 12.31¾	PARIS F. 2.10 — LONDRES ƒ 12.02¾	PARIS F. 2.15 — LONDRES ƒ 11.74¾	PARIS F. 2.20 — LONDRES ƒ 11.47¾	PARIS F. 2.25 — LONDRES ƒ 11.22¾	5 c. par ƒ sur le change font au Havre par 100 kil.
ƒ —.5	F. 0.20	F. 0.20	F. 0.21	F. 0.21	F. 0.22	F. 0.22	F. 0.—
—.10	0.39	0.40	0.41	0.42	0.43	0.44	0.01
—.20	0.79	0.81	0.82	0.84	0.86	0.88	0.02
—.30	1.18	1.21	1.24	1.27	1.30	1.33	0.03
—.40	1.57	1.61	1.65	1.69	1.73	1.77	0.04
—.50	1.97	2.02	2.06	2.11	2.16	2.21	0.05
—.60	2.36	2.42	2.47	2.53	2.59	2.65	0.06
—.70	2.75	2.82	2.88	2.95	3.02	3.09	0.07
—.80	3.14	3.22	3.30	3.38	3.46	3.54	0.08
—.90	3.54	3.63	3.71	3.80	3.89	3.98	0.09
1.—	3.93	4.03	4.12	4.22	4.32	4.42	0.10
2.—	7.85	8.05	8.25	8.44	8.64	8.84	0.20
3.—	11.78	12.08	12.37	12.07	12.96	13.25	0.29
4.—	15.71	16.10	16.50	16.89	17.28	17.07	0.39
5.—	19.64	20.13	20.62	21.11	21.00	22.09	0.49
1.—	15.47	15.62	15.76	15.91	16.06	16.21	0.15
2.—	19.39	19.64	19.89	20.18	20.38	20.63	0.25
3.—	23.32	23.67	24.01	24.36	24.70	25.04	0.34
4.—	27.25	27.69	28.14	28.58	29.02	29.46	0.44
5.—	31.18	31.72	33.26	32.80	33.34	33.88	0.54
10.—	50.81	51.84	52.88	53.91	54.94	55.07	1.03
15.—	70.45	71.97	73.49	75.02	76.54	78.06	1.52
20.—	90.08	92.10	94.11	96.13	98.14	100.15	2.01
25.—	109.72	112.23	114.73	117.24	119.74	122.24	2.50
30.—	129.36	132.35	135.35	138.34	141.34	144.33	2.99
Plus par 100 kil. pour Droits de Sortie à Batavia.	A calculer suivant l'explication, page 396.						

OBSERVATIONS

F. 10 par tonneau sur le fret, font au Havre une différence de F. 1.46 par 100 kil. sur les prix.

On veut savoir le revient au Havre de Bois de Sandal coûtant à Batavia Florins-courants 8.35 par picul, au change de F. 2.20 et au fret de F. 60 par tonneau de 700 kil.

On trouvera dans la 1re et la 6e colonne de ce tableau que :

ƒ —.5 font par 100 kil.		F.	0.22
» —.30 id.	id.	»	1.30
» 3.— id.	id.	»	12.96
» 5.— id.	id.	»	33.34
Droits de Sortie		»	4.54
ƒ 8.35 feront donc par 100 kil.		F.	52.36

N.-B. — Les droits de sortie n'étant pas compris dans les prix de revient de ce tableau, seront à ajouter en les calculant suivant l'explication à la page 396.

CHANGES		LOGARITHMES
	2.—	39272
»	2.05	40254
»	2.10	41236
»	2.15	42218
»	2.20	43200
»	2.25	44181

Droits d'entrée par 100 kil. en Avril 1866

Par navire Français	Exempt
id. Etranger	F. 6.—

COMPTE D'ACHAT ET DE REVIENT

A 100 PICULS BOIS DE SAPAN

100 piculs Bois de sapan, à ƒ 3 le picul				ƒ	300.—

FRAIS A BATAVIA

		Droits de sortie		
Droits de sortie ƒ 0.30 par picul et 5 %	ƒ	31.50		
Prauws et coolies, pour recevoir, peser et embarquer ƒ 0.30 par picul			»	30.—
			ƒ	330.—
Commission d'achat et de remboursement 3 ½ %	»	1.10	»	11.55
	ƒ	32.60	ƒ	341.55
Remboursement sur Paris à 6 mois de vue au change de F. 2 pour ƒ 1	F.	65.20	F.	683.10

FRAIS AU HAVRE

Fret sur 5800 kil. à F. 60 par tonneau de 700 kil.			F.	497.15		
Permis, frais au débarquement, port en entrepôt, arrimage, magasinage d'un mois, livraison et menus frais.			»	22.50		
Assurance maritime sur F. 751, à 2 % et police	F.	1 42	»	16.50		
id. contre le feu sur F. 1287, à ½ ‰	»	0.03	»	0.65		
Commission de banque à Paris pour confirmation de crédit, 1 %	»	0.65	»	6.85		
Courtage de vente ¼ %						
Escompte à la vente 2						
Commission de vente 2						
Ensemble 4 ¼ % sur F. 1281.20	»	2.98	»	54.45	»	598.10
	F.	70.28			F.	1281.20
Soit par 100 kil.	»	1.24				

Rendement : 1 picul rend 58 kil. nets :

Soit net	kil.	5800			
Don 2 %	»	116			
Net	kil.	5684	à F. 22.54 par 100 kil. entrepôt	F.	1281.20
Plus : droits de sortie à Batavia			» 1.24 id. id.		
Ensemble			F. 23.78 id. id.		

PRIX DE REVIENT AU HAVRE DES 100 KIL. ENTREPOT

AUX CHANGES SUIVANTS SUR PARIS

Avec la parité des changes sur Londres, calculés sur la base de F. 25.25 pour £ 1.—.—

	PRIX à BATAVIA par picul	PARIS F. 2.— — LONDRES ƒ 12.62½	PARIS F. 2.05 — LONDRES ƒ 12.31½	PARIS F. 2.10 — LONDRES ƒ 12.02½	PARIS F. 2.15 — LONDRES ƒ 11.74½	PARIS F. 2.20 — LONDRES ƒ 11.47½	PARIS F. 2.25 — LONDRES ƒ 11.22½	5 c. par ƒ sur le change font au Havre par 100 kil.
Rendement — Coût et frais variables	ƒ —. 5	F. 0.20	F 0.20	F. 0.21	F. 0.21	F. 0.22	F. 0.22	F. 0.—
	—.10	0.39	0.40	0.41	0.42	0.43	0.44	0.01
	—.20	0.79	0.81	0.82	0.84	0.86	0.88	0.02
	—.30	1.18	1.21	1.24	1.27	1.30	1.33	0.03
	—.40	1.57	1.61	1.65	1.69	1.73	1.77	0.04
	—.50	1.97	2.02	2.06	2.11	2.16	2.21	0.05
	—.60	2.36	2.42	2.47	2.53	2.59	2.65	0.06
	—.70	2.75	2.82	2.88	2.95	3.02	3.09	0.07
	—.80	3.14	3.22	3.30	3.38	3.46	3.54	0.08
	—.90	3.54	3.63	3.71	3.80	3.89	3.96	0.09
Coût et frais variables et invariables	1.—	14.69	14.82	14.94	15.07	15.20	15.33	0.13
	2.—	18.61	18.84	19.07	19.29	19.52	19.75	0.23
	3.—	22.54	22.87	23.19	23.52	23.84	24.16	0.32
	4.—	26.47	26.89	27.32	27.74	28.16	28.58	0.42
	5.—	30.40	30.92	31.44	31.96	32.48	33.—	0.52
Plus par 100 kil. pour droits de sortie à Batavia		A calculer suivant l'explication, page 306.						

OBSERVATIONS

F. 10 par tonneau sur le fret, font au Havre une différence de F. 1.46 par 100 kil. sur les prix.

On veut savoir le revient au Havre de Bois de Sapan coûtant à Batavia Florins-courants 2.75 par picul, au change de F. 2.20 et au fret de F. 60 par tonneau de 700 kil.

On trouvera dans la 1re et la 6e colonne de ce tableau que :

ƒ —. 5 font par 100 kil.	F.	0.22
» —.70 id. id.	»	3.02
» 2.— id. id.	»	19.52
Plus droits de sortie à Batavia	»	1.36
ƒ 2.75 feront donc par 100 kil.	F.	24.12

N.-B. — Les droits de sortie à Batavia n'étant pas compris dans les prix de revient de ce tableau seront à ajouter en les calculant suivant l'explication page 396.

CHANGES		LOGARITHMES
	2.—	30272
»	2.05	40254
»	2.10	41236
»	2.15	42218
»	2.20	43200
»	2.25	44181

Droits d'entrée par 100 kil. en Avril 1866

Par navire Français	Exempt
id. Étranger	F. 3.—

COMPTE D'ACHAT ET DE REVIENT

A 100 PICULS CAFÉ

100 piculs Café, à ƒ 41 le picul net .... ƒ 4100.—

FRAIS A BATAVIA

	Droits de sortie		
Droits de sortie à 12 % et 5 % additionnels	ƒ 516.60		
120 sacs vides en gonni à ƒ 0.55 la pièce		ƒ 66.—	
Prauws et coolies pour recevoir, peser et embarquer, à ƒ 0.20 par picul		» 20.—	» 86.—
			ƒ 4186.—
Commission d'achat et de remboursement 3 ½ %	» 18.08		» 146.51
	ƒ 534.68		ƒ 4332.51
Remboursement sur Paris à 6 mois de vue au change de F. 2 pour ƒ 1....	F. 1069.36		F. 8665.02

FRAIS AU HAVRE

Fret sur 6070 kil. à F. 100 par tonneau de 900 kil		F. 674.45	
Permis, frais au débarquement, voiliers pour échantillonner et conditionner, port en entrepôt, arrimage, magasinage d'un mois, livraison et menus frais		» 40.—	
Assurance maritime sur F. 9532, à 2 % et police	» 23.50	» 192.10	
id. contre le feu sur F. 10439, à ¼ %	» 0.60	» 5.20	
Commission de banque à Paris pour confirmation de crédit, 1 %	» 10.70	» 86.65	
Courtage de vente .... ½ %			
Escompte à la vente .... 2 %			
Commission de vente .... 2 %			
Ensemble .... 4½ % sur F. 10092.75	» 49.—	» 428.93	» 1427.33
	F. 1153.16		F. 10092.35
Soit par 100 kil	» 19.88		

RENDEMENT : 1 picul rend net 59 kil. ½ :

Net kil. 5950	à F. 169.63 par 100 kil. entrepôt		F. 10092.95
Plus : droits de sortie à Batavia	» 19.38 id. id.		
Ensemble	F. 189.01 id. id.		

PRIX DE REVIENT AU HAVRE DES 100 KIL. ENTREPOT

AUX CHANGES SUIVANTS SUR PARIS

Avec la parité des changes sur LONDRES, calculés sur la base de F. 25.25 pour £ 1.—.—

	PRIX à BATAVIA par picul	PARIS F. 2.— — LONDRES ƒ 12.62½	PARIS F. 2.05 — LONDRES ƒ 12.31¾	PARIS F. 2.10 — LONDRES ƒ 12.02¼	PARIS F. 2.15 — LONDRES ƒ 11.74¼	PARIS F. 2.20 — LONDRES ƒ 11.47½	PARIS F. 2.25 — LONDRES ƒ 11.22½	5 c. par ƒ sur le change font au Havre par 100 kil.
Café et frais variables	ƒ —. 5	F. 0.19	F. 0.19	F. 0.20	F. 0.20	F. 0.21	F. 0.21	F. 0.—
	—.10	0.38	0.39	0.39	0.40	0.41	0.42	0.01
	—.20	0.75	0.77	0.79	0.81	0.83	0.84	0.02
	—.30	1.13	1.16	1.18	1.21	1.24	1.27	0.03
	—.40	1.50	1.54	1.58	1.61	1.65	1.69	0.04
	—.50	1.88	1.93	1.97	2.02	2.07	2.11	0.05
	—.60	2.25	2.31	2.36	2.42	2.48	2.53	0.06
	—.70	2.63	2.70	2.76	2.82	2.89	2.95	0.06
	—.80	3.—	3.08	3.15	3.23	3.30	3.37	0.07
	—.90	3.38	3.47	3.55	3.63	3.72	3.80	0.08
	1.—	3.75	3.85	3.94	4.03	4.13	4.22	0.09
	2.—	7.50	7.69	7.88	8.07	8.25	8.44	0.19
	3.—	11.26	11.54	11.82	12.10	12.38	12.66	0.28
	4.—	15.01	15.38	15.76	16.13	16.51	16.88	0.37
	5.—	18.76	19.23	19.70	20.17	20.64	21.11	0.47
Café et frais variables et invariables	—.30	128.36	131.25	134.15	137.04	139.94	142.63	2.89
	—.35	147.12	150.48	153.85	157.21	160.57	163.93	3.36
	—.40	165.88	169.71	173.55	177.38	181.21	185.04	3.83
	—.45	184.64	188.94	193.25	197.54	201.85	206.14	4.30
	—.50	203.40	208.17	212.95	217.70	222.48	227.25	4.77
	—.55	222.16	227.40	232.64	237.87	243.12	248.35	5.24
	—.60	240.92	246.63	252.34	258.04	263.75	269.46	5.71
Plus par 100 kil. pour droits de sortie à Batavia.		A calculer suivant l'explication, page 396.						

OBSERVATIONS

F. 10 par tonneau sur le fret, font au Havre une différence de F. 1.18 par 100 kil. sur les prix.

On veut savoir le revient au Havre de Café coûtant à Batavia Florins-courants 43.55 par picul, au change de F. 2.20 et au fret de F. 100.

On trouvera dans la 1re et la 6e colonne de ce tableau que :

ƒ —. 5 font par 100 kil.	F.	0.21
» —.50 id. id.	»	2.07
» 3.— id. id.	»	12.38
» 40.— id. id.	»	181.21
Plus droits de sortie à Batavia sur ƒ 4355	»	22.65
ƒ 43.55 feront donc par 100 kil.	F.	218.52

N.-B. — Les droits de sortie à Batavia n'étant pas compris dans les prix de revient de ce tableau seront à ajouter en les calculant suivant l'explication page 396.

CHANGES		LOGARITHMES
2.—		37520
» 2.05	»	38458
» 2.10	»	39390
» 2.15	»	40334
» 2.20	»	41272
» 2.25	»	42210

Droits d'entrée par 100 kil. en Avril 1865

Par navire Français .... F. 50.40
id. Étranger .... » 55.40

COMPTE D'ACHAT ET DE REVIENT

A 100 PICULS CAOUTCHOUC

	Droits de sortie		
100 piculs Caoutchouc, à ƒ 90 le picul net			ƒ 9000.—
FRAIS A BATAVIA			
Droits de sortie à 4 %, et 5 % droit additionnel	ƒ 378.—		
40 paniers à ƒ 0.50 la pièce		ƒ 20.—	
Prauws et coolies pour recevoir, emballer et embarquer ƒ 0.32 le picul		» 32.—	» 52.—
			ƒ 9052.—
Commission d'achat et de remboursement 3 ½ %	» 13.23		» 316.82
	ƒ 391.23		ƒ 9368.82
Remboursement sur Paris à 6 mois de vue au change de F. 2 pour ƒ 1	F. 782.46		F. 18737.64
FRAIS AU HAVRE			
Fret sur 5100 kil. à F. 100 par tonneau de 450 kil.		F. 1133.35	
Permis, frais au débarquement, voiliers pour échantillonner, port en entrepôt, arrimage, magasinage d'un mois, livraison et menus frais		» 45.—	
Assurance maritime sur F. 20610, à 2 % et police	» 17.20	» 413.70	
id. contre le feu sur F. 22202, à ½ %	» 0.43	» 11.10	
Commission de banque à Londres pour confirmation de crédit, 1 %	» 7.82	» 187.35	
Courtage de vente ¼ %			
Escompte à la vente 2 %			
Commission de vente 2 %			
Ensemble 4 ¼ % sur F. 21439.30	» 35.86	» 911.16	» 2701.66
	F. 843.77		F. 21439.30
Soit par kil.	» 0.17 ¼		

Rendement: 1 picul = 49 kil.:

Soit net 4900 kil. à	F. 4.37 ⅜	par kil. entrepôt	F. 21437.50
Plus: droits de sortie à Batavia	» 0.17 ¼	id. id.	
Ensemble	F. 4.55 ⅝	id. id.	

N.-B. — Le caoutchouc, suivant qu'il a été chargé dans un état plus ou moins sec, perd de 15 à 40 % de son poids à son arrivée en Europe.

PRIX DE REVIENT AU HAVRE DU KIL. ENTREPOT

AUX CHANGES SUIVANTS SUR PARIS

Avec la parité des changes sur Londres, calculés sur la base de F. 25.25 pour £ 1.—.—

PRIX à BATAVIA par picul	PARIS F. 2.— = LONDRES ƒ 12.62½	PARIS F. 2.05 = LONDRES ƒ 12.31¾	PARIS F. 2.10 = LONDRES ƒ 12.02¼	PARIS F. 2.15 = LONDRES ƒ 11.74⅜	PARIS F. 2.20 = LONDRES ƒ 11.47⅜	PARIS F. 2.25 = LONDRES ƒ 11.22½	5 c. par ƒ sur le change font au Havre par kil.
ƒ —.50	F. 0.02	F. 0.02	F. 0.02	F. 0.02	F. 0.03	F. 0.03	F. 0.—
1.—	0.05	0.05	0.05	0.05	0.05	0.05	0.—
2.—	0.09	0.09	0.10	0.10	0.10	0.10	0.—
3.—	0.14	0.14	0.14	0.15	0.15	0.15	0.—
4.—	0.18	0.19	0.19	0.20	0.20	0.20	0.—
5.—	0.23	0.24	0.24	0.25	0.25	0.26	0.01
6.—	0.28	0.28	0.29	0.29	0.30	0.31	0.01
7.—	0.32	0.33	0.34	0.34	0.35	0.36	0.01
8.—	0.37	0.38	0.38	0.39	0.40	0.41	0.01
9.—	0.41	0.42	0.43	0.44	0.45	0.46	0.01
10.—	0.46	0.47	0.48	0.49	0.50	0.51	0.01
40.—	2.09	2.14	2.18	2.23	2.27	2.32	0.05
50.—	2.54	2.60	2.66	2.72	2.78	2.83	0.06
60.—	3.—	3.07	3.14	3.21	3.28	3.35	0.07
70.—	3.45	3.54	3.62	3.70	3.78	3.86	0.08
80.—	3.91	4.—	4.09	4.19	4.28	4.37	0.09
90.—	4.37	4.47	4.57	4.68	4.78	4.88	0.10
100.—	4.83	4.94	5.05	5.17	5.28	5.39	0.11
Plus par kil. pour Droits de Sortie à Batavia.	A calculer suivant l'explication, page 396.						

OBSERVATIONS

F. 10 par tonneau sur le fret, font au Havre une différence de F. 0.02¼ par kil. sur les prix.

On veut savoir le revient au Havre de Caoutchouc coûtant à Batavia Florins courants 75.50 par picul, au change de F. 2.20 et un fret de F. 100 par tonneau de 450 kil.

On trouvera dans la 1re et la 6e colonne de ce tableau que:

ƒ —.50 font par kil.	F.	0.03
» 5.— id. id.	»	0.25
» 70.— id. id.	»	3.78
Plus droits de sortie	»	0.16
ƒ 75.50 feront donc par kil.	F.	4.22

N.-B. — Les droits de sortie à Batavia n'étant pas compris dans les prix de revient de ce tableau seront à ajouter en les calculant d'après l'explication à la page 396.

Changes		Logarithmes
Changes 2.—		45554
» 2.05	»	46982
» 2.10	»	47831
» 2.15	»	48970
» 2.20	»	50109
» 2.25	»	51248

Droits d'entrée par 100 kil. en Avril 1866

Par navire Français .... Exempt
id. Étranger .... F. 3.60

COMPTE D'ACHAT ET DE REVIENT

A 100 CAISSES COCHENILLE

100 caisses Cochenille, pesant net 12000 ₰ à ∮ 2 par ₰			∮ 24000.—

FRAIS A BATAVIA

	Droits de sortie		
Droits de sortie à 4 % et 5 % additionnels	∮ 1008.—		
Emballage des caisses		∮ 100.—	
Prauws et coolies pour embarquer		» 40.—	» 140.—
			∮ 24140.—
Commission d'achat et de remboursement 3 ½ %	» 35.28		» 844.90
	∮ 1043.28		∮ 24984.90
Remboursement sur Paris à 6 mois de vue au change de F. 2 pour ∮ 1	F. 2086.56		F. 49969.80

FRAIS AU HAVRE

Fret sur 6800 kil. à F. 100 par tonneau de 600 kil.		F. 1133.35	
Permis, frais au débarquement, tonneliers pour échantillonner, port en entrepôt, arrimage, magasinage d'un mois, livraison et menus frais		» 135.—	
Assurance maritime sur F. 54966, à 2 % et police	» 45.88	» 1100.80	
id. contre le feu sur F. 57335, à ½ ‰	» 1.17	» 28.65	
Commission de banque pour confirmation de crédit, 1 %	» 20.86	» 499.70	
Courtage de vente ¼ %			
Escompte à la vente 2 %			
Commission de vente 2 %			
Ensemble 4 ¼ % sur F. 55213.90	» 95.63	» 2346.60	» 5244.10
	F. 2250.10		F. 55213.90
Soit par kil.	» 0.39		

Rendement : 100 ₰ rendent net kil. 47.60 :

Net 5712 kil. à F. 9.66 ¾	par kil. entrepôt		F. 55213.60
Plus : droits de sortie à Batavia » 0.39	id.	id.	
Ensemble F. 10.05 ¾	id.	id.	

PRIX DE REVIENT AU HAVRE DU KIL. ENTREPOT

AUX CHANGES SUIVANTS SUR PARIS

Avec la parité des changes sur Londres, calculés sur la base de F. 25.25 pour £ 1.—.—

	PRIX à BATAVIA par ₰	PARIS F. 2.— — LONDRES ∮ 12.62 ½	PARIS F. 2.05 — LONDRES ∮ 12.31 ¼	PARIS F. 2.10 — LONDRES ∮ 12.02 ⅜	PARIS F. 2.15 — LONDRES ∮ 11.74 ⅜	PARIS F. 2.20 — LONDRES ∮ 11.47 ¾	PARIS F. 2.25 — LONDRES ∮ 11.22 ¼	5 c. par ∮ sur le change font au Havre par kil.
Coût et frais variables	∮ —. 5	F. 0.23	F. 0.24	F. 0.25	F. 0.25	F. 0.26	F. 0.26	F. 0.—
	—.10	0.47	0.48	0.49	0.50	0.52	0.53	0.01
	—.20	0.94	0.96	0.98	1.01	1.03	1.06	0.02
	—.30	1.41	1.44	1.48	1.51	1.55	1.58	0.03
	—.40	1.88	1.92	1.97	2.02	2.06	2.11	0.05
	—.50	2.35	2.41	2.46	2.52	2.58	2.64	0.06
	—.60	2.81	2.89	2.95	3.02	3.10	3.17	0.07
	—.70	3.28	3.37	3.44	3.53	3.61	3.70	0.08
	—.80	3.75	3.85	3.94	4.03	4.13	4.22	0.09
	—.90	4.22	4.33	4.43	4.54	4.64	4.75	0.11
	1.—	4.69	4.81	4.92	5.04	5.16	5.28	0.12
Coût et frais variables et invariables	—.50	2.64	2.69	2.75	2.81	2.87	2.93	0.06
	1.—	4.98	5.10	5.21	5.33	5.45	5.57	0.12
	2.—	9.67	9.90	10.14	10.37	10.61	10.84	0.23
	3.—	14.36	14.71	15.06	15.41	15.77	16.12	0.35
	4.—	19.05	19.52	19.99	20.45	20.93	21.39	0.47
	5.—	23.74	24.32	24.91	25.50	26.08	26.67	0.59
Plus par kil., pour Droits de Sortie à Batavia.		A calculer suivant l'explication, page 396.						

OBSERVATIONS

F. 10 par tonneau sur le fret, font au Havre une différence de F. 0.02 par kil. sur les prix.

On veut savoir le revient au Havre de Cochenille coûtant à Batavia Florin-courant 0.95 par ₰, au change de F. 2.20 et au fret de F. 100 par tonneau de 600 kil.

On trouvera dans la 1re et la 6e colonne de ce tableau que :

∮ —. 5 font par kil.		F. 0.26
» —.40 id.	id.	» 2.06
» —.50 id.	id.	» 2.87
Plus droits de sortie à Batavia		» 0.21
∮ —.95 feront donc par kil.		F. 5.40

N.-B. — Les droits de sortie à Batavia n'étant pas compris dans les prix de revient de ce tableau seront à ajouter en les calculant suivant l'explication à la page 396.

Changes		Logarithmes
2.—		45896
» 2.05	»	48068
» 2.10	»	49241
» 2.15	»	50414
» 2.20	»	51686
» 2.25	»	52758

Droits d'entrée par 100 kil. en Avril 1866

Par navire Français	Exempte
Id. Etranger	F. 18.—

COMPTE D'ACHAT ET DE REVIENT

A 100 PICULS DE CUBÈBES

	Droits de sortie		
100 piculs de Cubèbes à ƒ 65 le picul			ƒ 6500.—
FRAIS A BATAVIA			
Droits de sortie 4 % et 5 % additionnels	ƒ 273.—		
157 sacs de gouni à ƒ 0.55 la pièce		ƒ 86.35	
Prauws et coolies pour recevoir, peser, marquer et embarquer		» 23.—	» 109.35
			ƒ 6609.35
Commission d'achat et de remboursement 3 ½ %	» 9.55		» 231.33
	ƒ 282.55		ƒ 6840.68
Remboursement sur Paris à 6 mois de vue au change de F. 2 pour ƒ 1	F. 565.10		F. 13681.36
FRAIS AU HAVRE			
Fret sur 5500 kil. à F. 100 par tonneau de 500 kil.		F. 1100.—	
Permis, frais au débarquement, port en entrepôt, arrimage, magasinage d'un mois, livraison et menus frais		» 65.—	
Assurance maritime sur F. 15050, à 2 % et police	» 12.42	» 302.50	
id. contre le feu sur F. 16517, à ½ ‰	» 0.31	» 8.25	
Commission de banque pour confirmation de crédit, 1 %	» 5.65	» 136.80	
Courtage de vente ¼ % Escompte à la vente 2 % Commission de vente 2 %			
Ensemble 4¼ % sur F. 15972.75	» 25.89	» 678.84	» 2291.39
	F. 609.37		F. 15972.75
Soit par 100 kil.	» 11.28		

Rendement : 1 picul rend 54 kil. nets :

Net	5400 kil. à F. 295.79	par 100 kil. entrepôt	F. 15972.65
Plus : droits de sortie à Batavia	» 11.28	id.	id.
Ensemble	F. 307.07	id.	id.

PRIX DE REVIENT AU HAVRE DES 100 KIL. ENTREPOT

AUX CHANGES SUIVANTS SUR PARIS

Avec la parité des changes sur LONDRES, calculés sur la base de F. 25.25 pour £ 1.—.—

PRIX à BATAVIA par picul	PARIS F. 2.— — LONDRES ƒ 12.62 ½	PARIS F. 2.05 — LONDRES ƒ 12.31 ¾	PARIS F. 2.10 — LONDRES ƒ 12.02 ⅜	PARIS F. 2.15 — LONDRES ƒ 11.74 ⅜	PARIS F. 2.20 — LONDRES ƒ 11.47 ¾	PARIS F. 2.25 — LONDRES ƒ 11.22 ¼	5 c. par ƒ sur le change font au Havre par 100 kil.
ƒ —.5	F. 0.21	F. 0.21	F. 0.22	F. 0.22	F. 0.23	F. 0.24	F. 0.—
—.10	0.41	0.42	0.43	0.44	0.46	0.47	0.01
—.20	0.83	0.85	0.87	0.89	0.91	0.93	0.02
—.30	1.24	1.27	1.30	1.33	1.37	1.40	0.03
—.40	1.65	1.70	1.74	1.78	1.82	1.86	0.04
—.50	2.07	2.12	2.17	2.22	2.28	2.33	0.05
—.60	2.48	2.54	2.60	2.66	2.73	2.79	0.06
—.70	2.89	2.97	3.04	3.11	3.19	3.26	0.07
—.80	3.30	3.39	3.47	3.55	3.64	3.72	0.08
—.90	3.72	3.82	3.91	4.—	4.10	4.19	0.09
1.—	4.13	4.24	4.34	4.44	4.55	4.65	0.10
2.—	8.27	8.47	8.68	8.89	9.09	9.30	0.20
3.—	12.40	12.71	13.02	13.33	13.64	13.95	0.31
4.—	16.54	16.95	17.36	17.78	18.19	18.60	0.41
5.—	20.67	21.19	21.71	22.22	22.74	23.26	0.52
6.—	24.80	25.42	26.05	26.66	27.28	27.91	0.62
7.—	28.94	29.66	30.39	31.11	31.83	32.56	0.72
8.—	33.07	33.90	34.73	35.55	36.38	37.21	0.83
9.—	37.21	38.13	39.07	40.—	40.92	41.86	0.93
10.—	41.34	42.37	43.41	44.44	45.47	46.51	1.03
20.—	109.77	111.94	114.12	116.30	118.47	120.65	2.18
30.—	151.11	154.31	157.53	160.73	163.95	167.17	3.21
40.—	192.44	196.68	200.93	205.17	209.42	213.67	4.25
50.—	233.78	239.06	244.34	249.61	254.89	260.18	5.28
60.—	275.12	281.43	287.74	294.05	300.36	306.68	6.31
70.—	316.46	323.80	331.15	338.49	345.83	352.19	7.35
80.—	357.80	366.17	374.55	382.92	391.31	399.69	8.38
90.—	399.13	408.54	417.96	427.36	436.78	446.20	9.41
100.—	440.47	450.91	461.36	471.80	482.25	492.70	10.45
Plus par 100 kil. pour Droits de sortie à Batavia.	A calculer suivant l'explication, page 396.						

OBSERVATIONS

F. 10 par tonneau sur le fret, font au Havre une différence de F. 2.04 par 100 kil. sur les prix.

On veut savoir le revient au Havre de Poivre cubèbe coûtant à Batavia Florins-courants 45.35 par picul, au change de F. 2.20 et au fret de F. 100 par tonneau de 500 kil.

On trouvera dans la 1re et la 6e colonne de ce tableau que :

ƒ —.5	font par 100 kil.	F.	0.23
» —.30	id. id.	»	1.37
» 5.—	id. id.	»	22.74
» 40.—	id. id.	»	209.42
	Plus droits de sortie à Batavia	»	8.60
ƒ 45.35	feront donc par 100 kil.	F.	242.24

N.-B. — Les droits de sortie n'étant pas compris dans les prix de revient de ce tableau seront à ajouter en les calculant suivant l'explication, page 390.

CHANGES 2.—	LOGARITHMES	41338
» 2.05	»	42371
» 2.10	»	43405
» 2.15	»	44438
» 2.20	»	45472
» 2.25	»	46506

Droits d'entrée par 100 kil. en Avril 1866

Par navire Français .... F. 50.—
id. Etranger .... » 61.—

COMPTE D'ACHAT ET DE REVIENT

A 100 PICULS CURCUMA

100 piculs Curcuma, à ƒ 8 le picul			ƒ 800.—

FRAIS A BATAVIA

	Droits de sortie		
Droits de sortie à 4 % et 5 % additionnels	ƒ 33.60		
Coût des sacs		ƒ 75.—	
Frais d'embarquement		» 20.—	» 95.—
			ƒ 895.—
Commission d'achat et de remboursement 3 ½ %	» 1.18		» 31.32
	ƒ 34.78		ƒ 926.32
Remboursement sur Paris à 6 mois de vue au change de F. 2 pour ƒ 1	F. 69.56		F. 1852.64

FRAIS AU HAVRE

Fret sur 6000 kil. à F. 100 par tonneau de 800 kil.		F. 750.—	
Permis, frais au débarquement, voiliers pour échantillonner, port en entrepôt, arrimage, magasinage d'un mois, livraison et menus frais		» 40.—	
Assurance maritime sur F. 2037, à 2 % et police	» 1.52	» 42.25	
id. contre le feu sur F. 2869, à ½ %	» 0.08	» 1.43	
Commission de banque pour confirmation de crédit, 1 %	» 0.09	» 18.52	
Courtage de vente ¼ %			
Escompte à la vente 2 %			
Commission de vente 2 %			
Ensemble 4 ¼ % sur F. 2824.90	» 3.20	» 120.06	» 972 26
	F. 75.—		F. 2824.90
Soit par 100 kil.	» 1.29		

RENDEMENT : 1 picul rend 58 kil. nets :

Net 5800 kil. à	F. 48.70	par 100 kil.	entrepôt	F. 2824.60
Plus : droits de sortie à Batavia	» 1.29	id.	id.	
Ensemble	F. 49.99	id.	id.	

PRIX DE REVIENT AU HAVRE DES 100 KIL. ENTREPOT

AUX CHANGES SUIVANTS SUR PARIS

Avec la parité des changes sur Londres, calculés sur la base de F. 25.25 pour £ 1.—.—

	PRIX à BATAVIA par picul	PARIS F. 2.— — LONDRES ƒ 12.62½	PARIS F. 2.05 — LONDRES ƒ 12.31¾	PARIS F. 2.10 — LONDRES ƒ 12.02¼	PARIS F. 2.15 — LONDRES ƒ 11.74½	PARIS F. 2.20 — LONDRES ƒ 11.47¾	PARIS F. 2.25 — LONDRES ƒ 11.22¼	5 c. par ƒ sur le change font au Havre par 100 kil.
	ƒ —. 5	F. 0.19	F. 0.20	F. 0.20	F. 0.21	F. 0.21	F. 0.22	F. 0.—
	—.10	0.39	0.39	0.40	0.41	0.42	0.43	0.01
	—.20	0.77	0.79	0.81	0.83	0.85	0.87	0.02
	—.30	1.16	1.18	1.21	1.24	1.27	1.30	0.03
	—.40	1.54	1.58	1.62	1.66	1.69	1.73	0.04
	—.50	1.93	1.97	2.02	2.07	2.12	2.17	0.05
	—.60	2.31	2.36	2.42	2.48	2.54	2.60	0.06
	—.70	2.70	2.76	2.83	2.90	2.96	3.03	0.07
	—.80	3.08	3.15	3.23	3.31	3.38	3.46	0.08
	—.90	3.47	3.55	3.64	3.73	3.81	3.90	0.09
	1.—	3.85	3.94	4.04	4.14	4.23	4.33	0.10
	2.—	7.70	7.89	8.08	8.27	8.47	8.66	0.19
	3.—	11.55	11.83	12.12	12.41	12.70	12.99	0.29
	4.—	15.40	15.78	16.16	16.55	16.93	17.32	0.39
Coût et frais variables et invariables	5.—	37.15	37.72	38.30	38.87	39.44	40.01	0.57
	10.—	56.40	57.45	58.50	59.55	60.60	61.66	1.05
	15.—	75.64	77.17	78.71	80.24	81.77	83.30	1.53
	20.—	94.88	96.90	98.91	100.92	102.94	104.95	2.01
Plus par 100 kil. pour Droits de Sortie à Batavia.		A calculer suivant l'explication, page 396.						

OBSERVATIONS

F. 10 par tonneau sur le fret, font au Havre une différence de F. 1.29 par 100 kil. sur les prix.

On veut savoir le revient au Havre de Curcuma coûtant à Batavia Florins-courants 13.45 par picul, au change de F. 2.20 et au fret de F. 100 par tonneau de 800 kil.

On trouvera dans la 1re et la 6e colonne de ce tableau que :

ƒ —. 5	font par 100 kil.		F. 0.21
» —.40	id.	id.	» 1.69
» 3.—	id.	id.	» 12.70
» 10.—	id.	id.	» 60.60
	Plus droits de sortie à Batavia		» 2.33
ƒ 13.45	feront donc par 100 kil.		F. 77.53

N.-B. — Les droits de sortie n'étant pas compris dans les prix de revient de ce tableau seront à ajouter en les calculant suivant l'explication, page 396.

CHANGES		LOGARITHMES
2.—		38486
» 2.05	»	39448
» 2.10	»	40410
» 2.15	»	41372
» 2.20	»	42334
» 2.25	»	43296

Droits d'entrée par 100 kil. en Avril 1866.

Par tous pavillons .... Exempt.

COMPTE D'ACHAT ET DE REVIENT

A 100 PICULS ETAIN BILLITON

	Droits de sortie		
100 piculs Étain billiton, à ∮ 80 le picul			∮ 8000.—

FRAIS A BATAVIA

	Droits de sortie		
Droits de sortie à ∮ 4 par picul et 5 % additionnels	∮ 420.—		
Frais d'embarquement et prauws			» 13.—
			∮ 8013.—
Commission d'achat et de remboursement 3 ½ %	» 14.70		» 280.45
	∮ 434.70		∮ 8293.45
Remboursement sur Paris à 6 mois de vue au change de F. 2 pour ∮ 1	F. 869.40		F. 16586.90

FRAIS AU HAVRE

Fret sur 6100 kil. à F. 100 par tonneau de 1000 kil.		F. 610.—	
Permis, frais au débarquement, port en entrepôt, arrimage, magasinage d'un mois, livraison et menus frais		» 22.50	
Assurance maritime sur F. 18245, à 2 % et police	» 19.12	» 366.40	
id. contre le feu sur F. 19061, à ½ ‰	» 0.46	» 9.55	
Commission de banque pour confirmation de crédit, 1 %	» 8.69	» 165.85	
Courtage de vente ¼ %			
Escompte à la vente 2 %			
Commission de vente 2 %			
Ensemble 4¼ % sur F. 18549.55	» 39.84	» 788.35	» 1962.65
	F. 937.53		F. 18549.55
Soit par 100 kil.	» 15.37		

RENDEMENT : 1 picul rend au Havre 61 kil. :

Soit net 6100 kil. à	F. 304.09	par 100 kil. entrepôt		F. 18549.50
Plus : droits de sortie à Batavia	» 15.37	id.	id.	
Ensemble	F. 319.46	id.	id.	

PRIX DE REVIENT AU HAVRE DES 100 KIL. ENTREPOT

AUX CHANGES SUIVANTS SUR PARIS

Avec la parité des changes sur LONDRES, calculés sur la base de F. 25.25 pour £ 1.—.—

PRIX à BATAVIA par picul	PARIS F. 2.— — LONDRES ∮ 12.62½	PARIS F. 2.05 — LONDRES ∮ 12.31¾	PARIS F. 2.10 — LONDRES ∮ 12.02⅜	PARIS F. 2.15 — LONDRES ∮ 11.74⅜	PARIS F. 2.20 — LONDRES ∮ 11.47¾	PARIS F. 2.25 — LONDRES ∮ 11.22¼	à c. par ∮ sur le change font au Havre par 100 kil.
∮ —.5	F. 0.18	F. 0.19	F. 0.19	F. 0.20	F. 0.20	F. 0.21	F. 0.01
—.10	0.37	[illegible]	[illegible]	[illegible]	0.40	0.41	0.01
—.20	0.73	0.75	0.77	0.79	0.81	0.82	0.02
—.30	1.10	1.13	1.15	1.18	1.21	1.24	0.03
—.40	1.46	1.50	1.54	1.57	1.61	1.65	0.04
—.50	1.83	1.88	1.92	1.97	2.02	2.06	0.05
—.60	2.20	2.25	2.30	2.36	2.42	2.47	0.05
—.70	2.56	2.63	2.69	2.75	2.82	2.88	0.06
—.80	2.93	3.—	3.07	3.14	3.22	3.30	0.07
—.90	3.29	3.38	3.45	3.54	3.63	3.71	0.08
1.—	3.66	3.75	3.84	3.93	4.03	4.12	0.09
2.—	7.32	7.50	7.68	7.87	8.05	8.23	0.18
3.—	10.98	11.25	11.53	11.80	12.08	12.35	0.27
4.—	14.64	15.—	15.37	15.74	16.10	16.47	0.37
5.—	18.30	18.75	19.21	19.67	20.13	20.59	0.46
6.—	21.95	22.51	23.05	23.60	24.15	24.70	0.55
7.—	25.61	26.26	26.89	27.54	28.18	28.82	0.64
8.—	29.27	30.01	30.74	31.47	32.20	32.94	0.73
9.—	32.93	33.76	34.58	35.41	36.23	37.05	0.83
10.—	36.59	37.51	38.42	39.34	40.25	41.17	0.92
30.—	121.12	123.87	126.63	129.38	132.14	134.90	2.76
40.—	157.72	161.38	165.05	168.72	172.39	176.07	3.67
50.—	194.31	198.89	203.48	208.06	212.65	217.24	4.59
60.—	230.90	236.40	241.90	247.40	252.90	258.41	5.50
70.—	267.50	273.91	280.32	286.74	293.15	299.58	6.42
80.—	304.09	311.41	318.74	326.07	333.40	340.74	7.33
90.—	340.69	348.92	357.17	365.41	373.66	381.91	8.24
100.—	377.28	386.43	395.59	404.75	413.91	423.08	9.16
Plus par 122 kil. pour Droits de Sortie à Batavia.	A calculer suivant l'explication, page 396.						

(Marges : SCHUTTIMES — Coût et frais variables ; Coût et frais variables et invariables)

OBSERVATIONS

F. 10 par tonneau sur le fret, font au Havre une différence de F. 1.— par 100 kil. sur les prix.

On veut savoir le revient au Havre d'Étain coûtant à Batavia Florins-courants 95.55 par picul, au change de F. 2 20 et au fret de F. 100 par tonneau de 1000 kil.

On trouvera dans la 1re et la 6e colonne de ce tableau que :

∮ —.5 font par 100 kil.	F.	0.20
» —.50 id. id.	»	2.02
» 5.— id. id.	»	20.13
» 90.— id. id.	»	373.66
Plus droits de sortie à Batavia	»	16.91
∮ 95.55 feront donc par 100 kil.	F.	412.92

N.-B. — Les droits de sortie à Batavia n'étant pas compris dans les prix de revient de ce tableau seront à ajouter en les calculant suivant l'explication à la page 396.

CHANGES		LOGARITHMES
2.—		30594
» 2.05	»	37508
» 2.10	»	38423
» 2.15	»	39338
» 2.20	»	40253
» 2.25	»	41168

Droits d'entrée par 100 kil. en Avril 1886

Par navire Français — Exempt
id. Étranger — F. 6.30

COMPTE D'ACHAT ET DE REVIENT

100 PICULS GAMBIER OU CACHOU JAUNE

100 piculs Gambier ou Cachou jaune, à ƒ 13 le picul					ƒ	1300.—

FRAIS A BATAVIA

		Droits de sortie				
Droits de sortie à ƒ 4 le picul et 5 % additionnels	ƒ	420.—				
Prauws et coolies pour l'embarquement					»	30.—
					ƒ	1330.—
Commission d'achat et de remboursement 3 ½ %	»	14.70			»	46.55
	ƒ	434.70			ƒ	1376.55
Remboursement sur Paris à 6 mois de vue au change de F. 2 pour ƒ 1	F.	869.40			F.	2753.10

FRAIS AU HAVRE

Fret sur 5800 kil. à F. 100 par tonneau de 700 kil.			F.	828.00		
Permis, frais au débarquement, voiliers pour échantillonner, port en entrepôt, arrimage, magasinage d'un mois, livraison et menus frais			»	35.50		
Assurance maritime sur F. 3028, à 2 % et police	»	19.10	»	62.05		
id. contre le feu sur F. 3954, à ¼ ‰	»	0.48	»	1.95		
Commission de banque pour confirmation de crédit, 1 %	»	8.69	»	27.55		
Courtage d'achat ½ % Escompte à la vente 2 % Commission de vente 2 %						
Ensemble 4 ½ % sur F. 3873.35	»	39.84	»	164.00	»	1120.25
	F.	937.51			F.	3873.35
Soit par 100 kil.	»	16.74				

Rendement : 1 picul rend 56 kil. nets :

Net	5600 kil. F. 69.17	par 100 kil.	entrepôt	F.	3873.50
Plus : droits de sortie à Batavia	» 16.74	id.	id.		
Ensemble	F. 85.91	id.	id.		

PRIX DE REVIENT AU HAVRE DES 100 KIL. ENTREPOT

AUX CHANGES SUIVANTS SUR PARIS

Avec la parité des changes sur Londres, calculés sur la base de F. 25.25 pour £ 1.—.—

	PRIX à BATAVIA par picul	PARIS F. 2.— — LONDRES ƒ 12.62 ½	PARIS F. 2.05 — LONDRES ƒ 12.31 ¾	PARIS F. 2.10 — LONDRES ƒ 12.02 ¾	PARIS F. 2.15 — LONDRES ƒ 11.74 ½	PARIS F. 2.20 — LONDRES ƒ 11.47 ¾	PARIS F. 2.25 — LONDRES ƒ 11.22 ½	5 c. par ƒ sur le change font au Havre par 100 kil.
SUBDIVISIONS — Coût et frais variables	ƒ —. 5	F. 0.20	F. 0.20	F. 0.21	F. 0.21	F. 0.22	F. 0.22	F. 0.—
	—.10	0.40	0.41	0.42	0.43	0.44	0.45	0.01
	—.20	0.80	0.82	0.84	0.86	0.88	0.90	0.02
	—.30	1.20	1.23	1.26	1.29	1.31	1.34	0.03
	—.40	1.60	1.64	1.68	1.72	1.75	1.79	0.04
	—.50	2.—	2.05	2.10	2.15	2.19	2.24	0.05
	—.60	2.39	2.45	2.51	2.57	2.63	2.69	0.06
	—.70	2.79	2.86	2.93	3.—	3.07	3.14	0.07
	—.80	3.19	3.27	3.35	3.43	3.50	3.58	0.08
	—.90	3.59	3.68	3.77	3.86	3.94	4.03	0.09
	1.—	3.99	4.09	4.19	4.29	4.38	4.48	0.10
	2.—	7.97	8.17	8.37	8.57	8.77	8.97	0.20
	3.—	11.96	12.26	12.56	12.86	13.15	13.45	0.30
	4.—	15.94	16.34	16.74	17.14	17.54	17.94	0.40
Coût et frais variables et [illegible]	5.—	37.28	37.81	38.34	38.87	39.39	39.92	0.53
	10.—	57.21	58.24	59.26	60.29	61.32	62.34	1.03
	15.—	77.14	78.66	80.19	81.72	83.24	84.76	1.52
	20.—	97.07	99.09	101.11	103.14	105.16	107.18	2.02
	25.—	117.—	119.52	122.04	124.57	127.09	129.61	2.52
	30.—	136.93	139.95	142.97	145.99	149.01	152.03	3.02
Plus par 100 kil. pour Droits de Sortie à Batavia.		A calculer suivant l'explication, page 396						

OBSERVATIONS

F. 10 par tonneau sur le fret, font au Havre une différence de F. 1.48 par 100 kil. sur les prix.

On veut savoir le revient au Havre de Gambier coûtant à Batavia Florins-courants 14.75 par picul, au change de F. 2.20 et au fret de F. 100 par tonneau de 700 kil.

On trouvera dans la 1re et la 6e colonne de ce tableau que :

ƒ —. 5	font par 100 kil.	F.	0.22
» —.70	id. id.	»	3.07
» 4.—	id. id.	»	17.54
» 10.—	id. id.	»	61.32
	Plus droits de sortie à Batavia	»	18.42
ƒ 14.75	feront donc par 100 kil.	F.	100.57

N.-B.—Les droits de sortie à Batavia n'étant pas compris dans les prix de revient de ce tableau seront à ajouter en les calculant suivant l'explication à la page 396.

CHANGES		LOGARITHMES
CHANGES	2.—	39800
»	2.05	40856
»	2.10	41853
»	2.15	42850
»	2.20	43846
»	2.25	44843

Droits d'entrée par 100 kil. en Avril 186[illegible]

Par navire Français	Exempt
id. Etranger	F. 4.80

COMPTE D'ACHAT ET DE REVIENT

A 100 PICLES GIROFLES

100 picles Girofles, à ƒ 30 le picul			ƒ 3000.—

FRAIS A BATAVIA

Droits de sortie à ƒ 19 le picul et 5 % additionnels	ƒ 1995.—		
Coût des caisses et emballage		ƒ 150.—	
Frais d'embarquement		» 30.—	» 180.—
			ƒ 3180.—
Commission d'achat et de remboursement 3 ½ %	» 69.82		» 111.30
	ƒ 2064.82		ƒ 3291.30
Remboursement sur Paris à 6 mois de vue au change de F. 2 pour ƒ 1	F. 4129.64		F. 6582.60

FRAIS AU HAVRE

Fret sur 6700 kil. à F. 100 par tonneau de 500 kil.		F. 1340.—	
Permis, frais au débarquement, tonneliers pour échantillonner, port en entrepôt, arrimage, magasinage d'un mois, livraison et menus frais		» 75.—	
Assurance maritime sur F. 7240, à 2 % et police	» 90.84	» 146.30	
id. contre le feu sur F. 8800, à ½ ‰	» 2.31	» 4.40	
Commission de banque pour confirmation de crédit, 1 %	» 41.29	» 65.80	
Courtage de vente ¼ %			
Escompte à la vente 2 %			
Commission de vente 2 %			
Ensemble 4¼ % sur F. 8578.70	» 189.27	» 364.60	» 1996.10
	F. 4453.35		F. 8578.70
Soit par 100 kil.	» 75.46		

RENDEMENT : 1 picul rend au Havre 59 kil. nets :

Soit net 5900 kil. à F. 145.40 par 100 kil. entrepôt F. 8578.60
Plus : droits de sortie à Batavia » 75.48 id. id.
Ensemble F. 220.88 id. id.

PRIX DE REVIENT AU HAVRE DES 100 KIL. ENTREPOT

AUX CHANGES SUIVANTS SUR PARIS

Avec la parité des changes sur LONDRES, calculés sur la base de F. 25.25 pour £ 1.—.—

PRIX à BATAVIA par picul	PARIS F. 2.— — LONDRES ƒ 12.62½	PARIS F. 2.05 — LONDRES ƒ 12.31¾	PARIS F. 2.10 — LONDRES ƒ 12.02⅜	PARIS F. 2.15 — LONDRES ƒ 11.74⅜	PARIS F. 2.20 — LONDRES ƒ 11.47¾	PARIS F. 2.25 — LONDRES ƒ 11.22¼	5 c. par ƒ sur le change font au Havre par 100 kil.
ƒ —. 5	F. 0.19	F. 0.19	F. 0.20	F. 0.20	F. 0.21	F. 0.21	F. 0.—
—.10	0.38	0.39	0.40	0.41	0.42	0.43	0.01
—.20	0.76	0.78	0.79	0.81	0.83	0.85	0.02
—.30	1.13	1.16	1.19	1.22	1.25	1.28	0.03
—.40	1.51	1.55	1.59	1.63	1.66	1.70	0.04
—.50	1.89	1.94	1.99	2.04	2.08	2.13	0.05
—.60	2.27	2.33	2.38	2.44	2.50	2.56	0.06
—.70	2.65	2.72	2.78	2.85	2.91	2.98	0.07
—.80	3.02	3.10	3.18	3.26	3.33	3.41	0.08
—.90	3.40	3.49	3.57	3.66	3.74	3.83	0.09
1.—	3.78	3.88	3.97	4.07	4.16	4.26	0.10
2.—	7.57	7.76	7.94	8.13	8.32	8.51	0.19
3.—	11.35	11.63	11.92	12.20	12.49	12.77	0.28
4.—	15.13	15.51	15.89	16.27	16.65	17.02	0.38
5.—	50.81	51.45	52.09	52.74	53.38	54.02	0.64
10.—	69.72	70.84	71.95	73.07	74.19	75.30	1.12
15.—	88.64	90.23	91.82	93.41	94.99	96.58	1.59
20.—	107.56	109.62	111.68	113.74	115.80	117.87	2.06
25.—	126.48	129.01	131.54	134.08	136.61	139.15	2.53
30.—	145.39	148.40	151.40	154.41	157.42	160.43	3.01
35.—	164.31	167.79	171.26	174.75	178.23	181.71	3.48
40.—	183.23	187.18	191.13	195.08	199.03	202.99	3.95
45.—	202.14	206.57	210.99	215.42	219.84	224.27	4.43
50.—	221.06	225.95	230.85	235.75	240.65	245.56	4.90
Plus par 100 kil. pour droits de sortie à Batavia.	A calculer suivant l'explication, page 396.						

OBSERVATIONS

F. 10 par tonneau sur le fret, font au Havre une différence de F. 2.27 par 100 kil. sur les prix.

On veut savoir le revient au Havre de Girofles coûtant à Batavia Florins-courants 29.45 par picul, au change de F. 2.20 et un fret de F. 100 par tonneau de 500 kil.

On trouvera dans la 1re et la 6e colonne de ce tableau que :

ƒ —. 5 font par 100 kil.	F.	0.21
» —.40 id. id.	»	1.66
» 4.— id. id.	»	16.65
» 25.— id. id.	»	136.61
Plus droits de sortie à Batavia	»	83.02
ƒ 29.45 feront donc par 100 kil.	F.	225.15

N.-B. — Les droits de sortie à Batavia n'étant pas compris dans les prix de revient de ce tableau seront à ajouter en les calculant suivant l'explication à la page 396.

CHANGES		LOGARITHMES
	2.—	37834
»	2.05	38779
»	2.10	39724
»	2.15	40670
»	2.20	41616
»	2.25	42563

Droits d'entrée par 100 kil. en Avril 1896

Par navire Français F. 100.—
id. Etranger » 111.—

COMPTE D'ACHAT ET DE REVIENT

A 60 CAISSES GOMME DAMAR

60 caisses Gomme Damar, pesant net 50 piculs à ∮ 25 .... ∮ 1250. —

FRAIS A BATAVIA

	Droits de sortie				
Coût de 60 caisses vides à ∮ 1.75		∮	105.—		
Coolies pour remplir, fermer et embarquer		»	67.50	»	172.50
Droits de sortie à 4 % et 5 % additionnels	∮	52.50		∮	1422.50
Commission d'achat et de remboursement 3 ½ %	»	1.84		»	49.79
	∮	54.34		∮	1472.29
Remboursement sur Paris à 6 mois de vue au change de F. 2 pour ∮ 1	F.	108.68		F.	2944.58

FRAIS A NANTES

Fret sur 3782 kil. brutsà F. 100 par tonneau de 800 kil.			F.	472.80		
Permis, frais au débarquement, pesage, arrimage à F. 3 par 1000 kil.			»	11.20		
Tonneliers pour conditionner et échantillonner			»	30.—		
Magasinage d'un mois à F. 0.20 la caisse			»	12.—		
Livraison F. 1 par 1000 kil.			»	3.75		
Assurance maritime sur F. 3239, à 2 % et police	»	2.38	»	63.30		
id. contre le feu sur F. 3835, à ½ ‰	»	0.06	»	1.90		
Commission de banque à Paris, pour confirmation de crédit, 1 %	»	1.08	»	29.45		
Courtage de vente ¼ %						
Escompte à la vente 2¼ %						
Commission de vente 2 %						
Commission de banque ¼ %						
Ensemble 4¾ % sur F. 3750.10	»	5.60	»	178.12	»	805.52
	F.	117.80			F.	3750.10
Soit par 100 kil.	»	3.90				

Rendement : 1 picul rend net kil. 60.34 :

60 caisses pesant brut		kil. 3782
Angle 4 ‰	kil. 15	
Tare réelle	» 720	» 735
		kil. 3047
Trait 1 %		» 30
Net		kil. 3017 à F. 124.30 par 100 kil. entrepôt .... F. 3750.10
Plus: droits de sortie à Batavia		» 3.90 id. id.
Ensemble		F. 128.20 id. id.

PRIX DE REVIENT A NANTES DES 100 KIL. ENTREPOT

AUX CHANGES SUIVANTS SUR PARIS

Avec la parité des changes sur Londres, calculés sur la base de F. 25.25 pour £ 1.—.—

PRIX à BATAVIA par picul	PARIS F. 2.— — LONDRES ∮ 12.62½	PARIS F. 2.05 — LONDRES ∮ 12.31¾	PARIS F. 2.10 — LONDRES ∮ 12.02¾	PARIS F. 2.15 — LONDRES ∮ 11.74¾	PARIS F. 2.20 — LONDRES ∮ 11.47¾	PARIS F. 2.25 — LONDRES ∮ 11.22¼	5 c. par ∮ sur le change font à Nantes par 100 kil.
Subdivisions — Coût et frais variables: ∮ —. 5	F. 0.19	F. 0.19	F. 0.20	F. 0.20	F. 0.20	F. 0.21	F. 0.—
—.10	0.37	0.38	0.39	0.40	0.41	0.42	0.01
—.20	0.74	0.76	0.78	0.80	0.82	0.84	0.02
—.30	1.12	1.14	1.17	1.20	1.23	1.25	0.03
—.40	1.49	1.52	1.56	1.60	1.64	1.67	0.04
—.50	1.86	1.91	1.95	2.—	2.05	2.09	0.05
—.60	2.23	2.29	2.34	2.40	2.45	2.51	0.06
—.70	2.60	2.67	2.73	2.80	2.86	2.93	0.07
—.80	2.98	3.05	3.12	3.20	3.27	3.34	0.07
—.90	3.35	3.43	3.51	3.60	3.68	3.76	0.08
1.—	3.72	3.81	3.90	4.—	4.09	4.18	0.09
2.—	7.44	7.62	7.81	8.—	8.18	8.37	0.19
3.—	11.16	11.44	11.71	11.99	12.27	12.55	0.28
4.—	14.88	15.25	15.62	15.99	16.36	16.74	0.37
5.—	18.60	19.06	19.52	19.99	20.45	20.92	0.46
Coût et frais variables et invariables: 10.—	68.51	69.76	71.01	72.26	73.51	74.76	1.25
15.—	87.10	88.82	90.54	92.25	93.97	95.68	1.72
20.—	105.70	107.88	110.06	112.24	114.42	116.60	2.18
25.—	124.29	126.94	129.59	132.23	134.88	137.52	2.65
30.—	142.89	146.—	149.11	152.22	155.33	158.44	3.11
Plus par 100 kil. pour Droits de Sortie à Batavia	A calculer suivant l'explication, page 396.						

OBSERVATIONS

F. 10 par tonneau sur le fret, font à Nantes une différence de F. 1.57 par 100 kil. sur les prix.

On veut savoir le revient à Nantes de Gomme Damar coûtant à Batavia *Florins-courants* 22.55 par picul, au change de F. 2.20 et au fret de F. 100 par tonneau de 800 kil.

On trouvera dans la 1re et la 6e colonne de ce tableau que:

∮ —. 5 font par 100 kil.	F.	0.20
» —.50 id. id.	»	2.05
» 2.— id. id.	»	8.18
» 20.— id. id.	»	114.42
Droits de sortie	»	3.87
∮ 22.55 feront donc par 100 kil.	F.	128.72

N.-B. — Les droits de sortie n'étant pas compris dans les prix de revient de ce tableau seront à ajouter en les calculant suivant l'explication à la page 396.

CHANGES		LOGARITHMES
2.—		37199
»	2.05	» 38119
»	2.10	» 39049
»	2.15	» 39079
»	2.20	» 40009
»	2.25	» 41839

Droits d'entrée par 100 kil. en Avril 1866

Par navire Français .... Exempte
id. Etranger .... F. 3.—

COMPTE D'ACHAT ET DE REVIENT

A 109 PANIERS GOMME ÉLASTIQUE

	Droits de sortie		
109 paniers Gomme élastique, pesant net picule 253.60 à ƒ 70			ƒ 17752.—
FRAIS A BATAVIA			
109 paniers à ƒ 0.45		ƒ 49.05	
Coolies pour emballer		» 14.—	
Transport et embarquement		» 46.40	» 109.45
Droits de sortie 4 %, plus 5 % additionnels	ƒ 745.58		ƒ 17861.45
Commission d'achat et de remboursement 3 ½ %	» 26.09		» 625.15
	ƒ 771.67		ƒ 18486.60
Remboursement sur Paris à six mois de vue au change de F. 2 pour ƒ 1	F. 1543.34		F. 36973.20
FRAIS A NANTES			
Fret sur 14853 kil. bruts à F. 100 par tonneau de 450 kil.		F. 3300.70	
Frais au débarquement, pesage et arrimage à F. 3 par 1000 kil.		» 44.60	
Voiliers pour conditionner et échantillonner		» 33.—	
Magasinage d'un mois à F. 2.50 par 1000 kil.		» 37.15	
Livraison F. 1 par 1000 kil.		» 14.85	
Assurance maritime sur F. 40670, à 2 % et police	» 33.94	» 814.90	
id. contre le feu sur F. 44915, à ½ %	» 0.86	» 22.45	
Commission de banque à Paris pour confirmation de crédit, 1 %	» 15.48	» 369.75	
Courtage de vente ¼ %			
Escompte à la vente 2¼ %			
Commission de vente 2 %			
Commission de banque ¼ %			
Ensemble 4¾ % sur F. 43685.65	» 79.46	» 2075.05	» 6712.45
	F. 1673.03		F. 43685.65
Soit par kil.	» 0.12		

RENDEMENT :

109 paniers pesant brut		kil. 14853
Angle 4 %	kil. 59	
Tare réelle	» 627	» 686
		kil. 14167
Trait 1 %		» 142
Net		kil. 14025 à F. 3.11 ½ par kil. entrepôt F. 43687.85
Plus : droits de sortie à Batavia		» 0.12 id. id.
Ensemble		F. 3.23 ½ id. id.

PRIX DE REVIENT A NANTES DU KIL. ENTREPOT

AUX CHANGES SUIVANTS SUR PARIS

Avec la parité des changes sur Londres, calculés sur la base de F. 25.25 pour £ 1.—.—

PRIX à BATAVIA par picul	PARIS F. 2.— — LONDRES ƒ 12.62½	PARIS F. 2.05 — LONDRES ƒ 12.31¾	PARIS F. 2.10 — LONDRES ƒ 12.02⅝	PARIS F. 2.15 — LONDRES ƒ 11.74¼	PARIS F. 2.20 — LONDRES ƒ 11.47¾	PARIS F. 2.25 — LONDRES ƒ 11.22¼	5 c. par ƒ sur le change font à Nantes par kil.
SUBDIVISIONS — Coût et frais variables: ƒ —.50	F. 0.02	F. 0.02	F. 0.02	F. 0.02	F. 0.02	F. 0.02	F. 0.—
1.—	0.04	0.04	0.04	0.04	0.05	0.05	0.—
2.—	0.08	0.08	0.08	0.09	0.09	0.09	0.—
3.—	0.12	0.13	0.13	0.13	0.14	0.14	0.—
4.—	0.16	0.17	0.17	0.18	0.18	0.18	0.—
5.—	0.21	0.21	0.22	0.22	0.23	0.23	0.—
6.—	0.25	0.25	0.26	0.26	0.27	0.28	0.01
7.—	0.29	0.29	0.30	0.31	0.32	0.32	0.01
8.—	0.33	0.34	0.34	0.35	0.36	0.37	0.01
9.—	0.37	0.38	0.39	0.40	0.41	0.41	0.01
10.—	0.41	0.42	0.43	0.44	0.45	0.46	0.01
Coût et frais variables et invariables: 40.—	1.89	1.93	1.97	2.01	2.06	2.10	0.04
50.—	2.30	2.35	2.40	2.45	2.50	2.55	0.05
60.—	2.71	2.77	2.83	2.89	2.95	3.01	0.06
70.—	3.11	3.18	3.25	3.32	3.39	3.46	0.07
80.—	3.52	3.60	3.68	3.76	3.84	3.92	0.08
90.—	3.92	4.01	4.10	4.19	4.28	4.37	0.09
100.—	4.33	4.43	4.53	4.63	4.73	4.83	0.10
Plus par kil. pour Droits de Sortie à Batavia.	A calculer suivant l'explication, page 396.						

OBSERVATIONS

F. 10 par tonneau sur le fret, font à Nantes une différence de F. 0.02¼ par kil. sur les prix.

On veut savoir le revient à Nantes de Gomme élastique coûtant à Batavia Florins-courants 83.50 par picul, au change de F. 2.20 et au fret de F. 100 par tonneau de 450 kil.

On trouvera dans la 1re et la 6e colonne de ce tableau que :

ƒ —.50 font par kil.	F.	0.02
» 3.— id. id.	»	0.14
» 80.— id. id.	»	3.84
Plus droits de sortie à Batavia	»	0.16
ƒ 83.50 feront donc par kil.	F.	4.16

N.-B. — Les droits de sortie à Batavia n'étant pas compris dans les prix de revient de ce tableau seront à ajouter en les calculant suivant l'explication, page 396.

CHANGES		LOGARITHMES
2.—		40576
» 2.05	»	41590
» 2.10	»	42005
» 2.15	»	43020
» 2.20	»	44634
» 2.25	»	45648

Droits d'entrée par 100 kil. en Avril 1866.

Par navire Français .... Exempte.
id. Étranger .... F. 3.60

COMPTE D'ACHAT ET DE REVIENT

100 PICULS GUTTA-PERCHA

100 piculs Gutta-Percha, à ƒ 92 le picul			ƒ 9200.—

FRAIS A BATAVIA

	Droits de sortie		
Droits de sortie à 4 % et 5 % additionnels	ƒ 386.40		
40 paniers à ƒ 0.50 cents la pièce		F. 20.—	
Prauws et coolies pour recevoir, emballer et embarquer		» 32.—	» 52.—
			ƒ 9252.—
Commission d'achat et de remboursement 3 ½ %	» 13.52		» 323.82
	ƒ 399.92		ƒ 9575.82
Remboursement sur Paris à 6 mois de vue, au change de F. 2 pour ƒ 1	F. 799.84		F. 19151.64

FRAIS AU HAVRE

Fret sur 5200 kil. à F. 100 par tonneau de 700 kil			F. 742.85	
Permis, frais au débarquement, port en entrepôt, arrimage, magasinage d'un mois, livraison et menus frais			» 50.—	
Assurance maritime sur F. 21066, à 2 % et police		» 17.58	» 422.80	
id. contre le feu sur F. 22281, à ½ ‰		» 0.44	» 11.15	
Commission de banque pour confirmation de crédit, 1 %		» 8.—	» 191.51	
Courtage de vente	¼ %			
Escompte à la vente	2			
Commission de vente	2			
Ensemble	4 ¼ % sur F. 21483	» 36.65	» 913.05	» 2331.36
		F. 862.51		F. 21483.—
Soit par kil		» 0.17 ¼		

RENDEMENT : 1 picul rend 50 kil. nets :

Soit net 5000 kil. à F. 4.29 ⅝ par kil. entrepôt		F. 21481.25
Plus : droits de sortie à Batavia	» 0.17 ¼ id. id.	
Ensemble	F. 4.46 ⅞ id. id.	

N.-B. — La Gutta-Percha, suivant qu'elle a été chargée dans un état plus ou moins sec, perd de 15 à 40 % à l'arrivée en Europe.

PRIX DE REVIENT AU HAVRE DU KIL. ENTREPOT

AUX CHANGES SUIVANTS SUR PARIS

Avec la parité des changes sur LONDRES, calculés sur la base de F. 25.25 pour £ 1.—.—

PRIX à BATAVIA par picul	PARIS F. 2.— — LONDRES ƒ 12.62 ½	PARIS F. 2.05 — LONDRES ƒ 12.31 ¾	PARIS F. 2.10 — LONDRES ƒ 12.02 ⅜	PARIS F. 2.15 — LONDRES ƒ 11.74 ⅜	PARIS F. 2.20 — LONDRES ƒ 11.47 ¾	PARIS F. 2.25 — LONDRES ƒ 11.22 ½	½ c. par ƒ sur le change font au Havre par kil.
ƒ —.50	F. 0.02	F. 0.02	F. 0.02	F. 0.02	F. 0.02	F. 0.03	F. 0.—
1.—	0.05	0.05	0.05	0.05	0.05	0.05	0.—
2.—	0.09	0.09	0.09	0.10	0.10	0.10	0.—
3.—	0.14	0.14	0.14	0.14	0.15	0.15	0.—
4.—	0.18	0.18	0.19	0.19	0.20	0.20	0.—
5.—	0.23	0.23	0.24	0.24	0.25	0.25	0.—
6.—	0.27	0.28	0.28	0.29	0.29	0.30	0.01
7.—	0.32	0.32	0.33	0.34	0.34	0.35	0.01
8.—	0.36	0.37	0.38	0.38	0.39	0.40	0.01
9.—	0.41	0.41	0.42	0.43	0.44	0.45	0.01
10.—	0.45	0.46	0.47	0.48	0.49	0.50	0.01
50.—	2.42	2.48	2.53	2.59	2.65	2.70	0.06
60.—	2.87	2.94	3.—	3.07	3.14	3.20	0.07
70.—	3.31	3.40	3.47	3.55	3.63	3.70	0.08
80.—	3.76	3.85	3.94	4.03	4.12	4.21	0.09
90.—	4.20	4.31	4.41	4.51	4.61	4.71	0.10
100.—	4.65	4.77	4.88	4.99	5.10	5.21	0.11
110.—	5.10	5.23	5.35	5.47	5.59	5.71	0.12
120.—	5.55	5.68	5.82	5.95	6.08	6.22	0.13
Plus par kil. pour Droits de Sortie à Batavia	A calculer suivant l'explication, page 396.						

OBSERVATIONS

F. 10 par tonneau sur le fret, font au Havre une différence de F. 0.01 ½ par kil. sur les prix,

On veut savoir le revient au Havre de Gutta-Percha coûtant à Batavia Florins-courants 79.50 par picul, au change de F. 2.20 et au fret de F. 100 par tonneau de 700 kil.

Dans la 1re et 6e colonne de ce tableau on trouvera que :

ƒ —.50 font par kil	F.	0.02
» 9.— id. id.	»	0.44
» 70.— id. id.	»	3.63
Droits de sortie	»	0.16
ƒ 79.50 feront donc par 100 kil	F.	4.25

N.-B. — Les droits de sortie n'étant pas compris dans les prix de revient de ce tableau, seront à ajouter en les calculant suivant l'explication, page 396.

CHANGES		LOGARITHMES
CHANGES	2.—	44644
»	2.05	45760
»	2.10	46876
»	2.15	47992
»	2.20	49108
»	2.25	50224

Droits d'entrée par 100 kil. en Avril 1866

Par navire Français	Exempte
Id. Etranger	F. 3.60

COMPTE D'ACHAT ET DE REVIENT

A 100 ℘ INDIGO

100 ℘ Indigo, à ƒ 4.50 la ℘			ƒ	450.—

FRAIS A BATAVIA

		Droits de sortie		
Droits de sortie à ƒ 0.10 par ℘ et 5 % additionnels	ƒ	10.50		
Prauws et coolies pour recevoir, peser, emballer et embarquer			»	24.—
			ƒ	474.—
Commission d'achat et de remboursement 3 ½ %	»	0.37	»	16.59
	ƒ	10.87	ƒ	490.59
Remboursement sur Paris à 6 mois de vue au change de F. 2 pour ƒ 1	F.	21.74	F.	981.18

FRAIS AU HAVRE

Fret sur 60 kil. bruts à F. 100 par tonneau de 700 kil			F.	8.60		
Permis, frais au débarquement, transport en entrepôt, tonneliers pour échantillonner et conditionner, magasinage d'un mois, livraison et menus frais			»	3.—		
Assurance maritime sur F. 1079, à 2 % et police	»	0.46	»	23.08		
id. contre le feu sur F. 1113, à ½ ‰	»	0.01	»	0.56		
Commission de banque pour confirmation de crédit, 1 %	»	0.21	»	9.81		
Courtage de vente ¼ %						
Escompte à la vente 2 %						
Commission de vente 2 %						
Ensemble 4 ¼ % sur F. 1071.75	»	1.—	»	45.52	»	90.57
	F.	23.42			F.	1071.75
Soit par kil	»	0.50				

RENDEMENT : 100 ℘ rendent 47 kil. nets :

Net 47 kil. à F. 22.80 par kil. entrepôt		F.	1071.60
Plus : droits de sortie à Batavia » 0.50 id. id.			
Ensemble F. 23.30 id. id.			

N.-B. — Selon que les Indigos sont plus ou moins secs lors de l'embarquement, les 100 ℘ rendent de kil. 46 à 47 kil. ½.

PRIX DE REVIENT AU HAVRE DU KIL. ENTREPOT

AUX CHANGES SUIVANTS SUR PARIS

Avec la parité des changes sur Londres, calculés sur la base de F. 25.25 pour £ 1.—.—

	PRIX à BATAVIA par ℘	PARIS F. 2.— — LONDRES ƒ 12.62½	PARIS F. 2.05 — LONDRES ƒ 12.31¾	PARIS F. 2.10 — LONDRES ƒ 12.02⅜	PARIS F. 2.15 — LONDRES ƒ 11.74⅛	PARIS F. 2.20 — LONDRES ƒ 11.47¾	PARIS F. 2.25 — LONDRES ƒ 11.22½	5 c. par ƒ sur le change font au Havre par kil.
SUBDIVISION — Cents et frais variables	ƒ —. 5	F. 0.24	F. 0.24	F. 0.25	F. 0.25	F. 0.26	F. 0.26	F. 0.—
	—.10	0.48	0.49	0.50	0.51	0.52	0.53	0.01
	—.20	0.95	0.97	1.—	1.02	1.04	1.07	0.02
	—.30	1.43	1.46	1.50	1.53	1.57	1.60	0.03
	—.40	1.90	1.95	2.—	2.04	2.09	2.14	0.05
	—.50	2.38	2.44	2.50	2.56	2.61	2.67	0.06
	—.60	2.85	2.92	2.99	3.07	3.13	3.20	0.07
	—.70	3.33	3.41	3.49	3.58	3.65	3.74	0.08
	—.80	3.80	3.90	3.99	4.09	4.18	4.27	0.09
	—.90	4.28	4.38	4.49	4.60	4.70	4.81	0.11
	1.—	4.75	4.87	4.99	5.11	5.22	5.34	0.12
Cents et frais variables et fractionnables	2.—	10.93	11.20	11.46	11.78	11.99	12.26	0.27
	3.—	15.68	16.06	16.45	16.84	17.21	17.60	0.38
	4.—	20.43	20.93	21.44	21.94	22.44	22.94	0.50
	5.—	25.18	25.80	26.43	27.05	27.66	28.29	0.62
	6.—	29.92	30.67	31.41	32.15	32.89	33.63	0.74
	7.—	34.67	35.54	36.40	37.26	38.11	38.97	0.86
	8.—	39.42	40.40	41.38	42.36	43.33	44.31	0.98
Plus par kil. pour Droits de Sortie à Batavia		A calculer suivant l'explication, page 396.						

OBSERVATIONS

F. 10 par tonneau sur le fret, font au Havre une différence de F. 0.01 ½ par kil. sur les prix.

On veut savoir le revient au Havre d'Indigo, coûtant à Batavia Florins-courants 5.25 par ℘, au change de F. 2.20 et au fret de F. 100 par tonneau de 700 kil.

On trouvera dans la 1re et la 5e colonne de ce tableau que :

ƒ —. 5 font par kil	F.	0.26
» —.20 id.	»	1.04
» 5.— id.	»	27.66
Plus droits de sortie à Batavia	»	0.55
ƒ 5.25 feront donc par kil	F.	29.51

N.-B. — Les droits de sortie n'étant pas compris dans les prix de revient de ce tableau seront à ajouter en les calculant suivant l'explication, page 396.

CHANGES 2.—	LOGARITHMES	47494
» 2.05	»	48681
» 2.10	»	49868
» 2.15	»	51056
» 2.20	»	52243
» 2.25	»	53430

Droits d'entrée par 100 kil. en Avril 1886

Par navire Français	Exempt.
id. Etranger	F. 33.00

COMPTE D'ACHAT ET DE REVIENT

A 100 PICULS DE MACIS

100 piculs de Macis, à ƒ 40 le picul			ƒ 4000.—

FRAIS A BATAVIA

	Droits de sortie		
Droits de sortie à ƒ 20 le picul et 5 % additionnels	ƒ 2100.—		
400 barils à ƒ 3 la pièce		ƒ 1200.—	
Prauws et coolies pour recevoir, peser et embarquer, à ƒ 5 le picul		» 500.—	» 1700.—
			ƒ 5700.—
Commission d'achat et de remboursement 3 ½ %	» 73.50		» 199.50
	ƒ 2173.50		ƒ 5899.50
Remboursement sur Paris à 6 mois de vue au change de F. 2 pour ƒ 1	F. 4347.—		F. 11799.00

FRAIS AU HAVRE

Fret sur 8000 kil. bruts à F. 100 par tonneau de 400 kil.		F. 2000.—	
Permis, frais au débarquement, tonneliers pour échantillonner, port en entrepôt, arrimage, magasinage d'un mois, livraison et menus frais		» 110.—	
Assurance maritime sur F. 12978, à 2 % et police	» 95.62	» 261.05	
id. contre le feu sur F. 15849, à ½ ‰	» 2.43	» 7.05	
Commission de banque pour confirmation de crédit, 1 %	» 43.47	» 118.—	
Courtage de vente ¼ %			
Escompte à la vente 2 %			
Commission de vente 2 %			
Ensemble 4 ¼ % sur F. 14930.20	» 199.28	» 634.50	» 3131.90
	F. 4687.75		F. 14930.90
Soit par kil.	» 0.78		

RENDEMENT : 1 picul rend 60 kil. nets :

Net 6000 kil. à F. 2.48¾ par kil. entrepôt			F. 14926.—
Plus : droits de sortie à Batavia	» 0.78	id.	id.
Ensemble	F. 3.26¾	id.	id.

PRIX DE REVIENT AU HAVRE DU KIL. ENTREPOT

AUX CHANGES SUIVANTS SUR PARIS

Avec la parité des changes sur LONDRES, calculés sur la base de F. 25.25 pour £ 1.—.—

	PRIX à BATAVIA par picul	PARIS F. 2.— — LONDRES ƒ 12.62½	PARIS F. 2.05 — LONDRES ƒ 12.31¼	PARIS F. 2.10 — LONDRES ƒ 12.02¼	PARIS F. 2.15 — LONDRES ƒ 11.74¾	PARIS F. 2.20 — LONDRES ƒ 11.47¾	PARIS F. 2.25 — LONDRES ƒ 11.22¼	5 c. par ƒ sur le change font au Havre par kil.
	ƒ —.50	F. 0.02	F. 0.02	F. 0.02	F. 0.02	F. 0.02	F. 0.02	F. 0.—
Coût et frais variables	1.—	0.04	0.04	0.04	0.04	0.04	0.04	0.—
	2.—	0.07	0.08	0.08	0.08	0.08	0.08	0.—
	3.—	0.11	0.11	0.12	0.12	0.12	0.13	0.—
	4.—	0.15	0.15	0.16	0.16	0.16	0.17	0.—
	5.—	0.19	0.19	0.20	0.20	0.21	0.21	0.—
	6.—	0.22	0.23	0.23	0.24	0.25	0.25	0.01
	7.—	0.26	0.27	0.27	0.28	0.20	0.29	0.01
	8.—	0.30	0.30	0.31	0.32	0.33	0.34	0.01
	9.—	0.33	0.34	0.35	0.36	0.37	0.38	0.01
	10.—	0.37	0.38	0.39	0.40	0.41	0.42	0.01
Coût et frais variables et invariables	20.—	1.74	1.77	1.81	1.84	1.88	1.92	0.04
	30.—	2.12	2.15	2.20	2.24	2.29	2.34	0.04
	40.—	2.49	2.53	2.59	2.64	2.70	2.76	0.05
	50.—	2.86	2.92	2.98	3.04	3.11	3.17	0.06
	60.—	3.23	3.30	3.37	3.44	3.51	3.59	0.07
	70.—	3.60	3.68	3.76	3.84	3.92	4.01	0.08
	80.—	3.98	4.06	4.15	4.24	4.33	4.43	0.09
	Plus par kil. pour Droits de Sortie à Batavia.	A calculer suivant l'explication, page 396.						

OBSERVATIONS

F. 10 par tonneau sur le fret, font au Havre une différence de F. 0.03⅛ par kil. sur les prix.

On veut savoir le revient au Havre de Macis coûtant à Batavia Florins-courants 65.50 par picul, au change de F. 2.20 et au fret de F. 100 par tonneau de 400 kil.

On trouvera dans la 1re et la 6e colonne de ce tableau que :

ƒ —.50	font par kil.	F. 0.02
» 5.—	id. id.	» 0.21
» 60.—	id. id.	» 3.51
	Plus droits de sortie à Batavia	» 0.66
ƒ 65.50	feront donc par kil.	F. 4.00

N.-B. — Les droits de sortie à Batavia n'étant pas compris dans les prix de revient de ce tableau seront à ajouter en les calculant suivant l'explication, page 396.

CHANGES		LOGARITHMES
	2.—	37202
»	2.05	38132
»	2.10	39062
»	2.15	39992
»	2.20	40922
»	2.25	41852

Droits d'entrée par 100 kil. en Avril 1866

Par navire Français	F. 150.—
id. Étranger	» 162.—

COMPTE D'ACHAT ET DE REVIENT

A 100 PICULS DE MUSCADES

100 piculs de Muscades, à ƒ 65 le picul			ƒ	6500.—

FRAIS A BATAVIA

	Droits de sortie			
Droits de sortie à ƒ 19 par picul et 5 % additionnels	ƒ 1995.—			
242 barils à ƒ 3 le baril		ƒ 726.—		
Prauws et coolies pour recevoir, choisir, peser, emballer, et embarquer		» 265.—	»	991.—
			ƒ	7491.—
Commission d'achat et de remboursement 3 ½ %	» 69.82		»	262.18
	ƒ 2064.82		ƒ	7753.18
Remboursement sur Paris à 6 mois de vue au change de F. 2 pour ƒ 1	F. 4129.64		F.	15506.36

FRAIS AU HAVRE

Fret sur 7200 kil. bruts à F. 100 par tonneau de 500 kil.		F. 1440.—		
Parmis, frais au débarquement, tonneliers pour échantillonner, port en entrepôt, arrimage, magasinage d'un mois, livraison et menus frais		» 90.—		
Assurance maritime sur F. 17056, à 2 % et police	» 90.62	» 342.60		
id. contre le feu sur F. 18928, à ½ ‰	» 2.31	» 9.45		
Commission de banque pour confirmation de crédit, 1 %	» 41.29	» 155.05		
Courtage de vente ¼ %				
Escompte à la vente 2 %				
Commission de vente 2 %				
Ensemble 4 ¼ % sur F. 18322.15	» 189.25	» 776.69	»	2815.79
	F. 4453.11		F.	18322.15
Soit par kil	» 0.74 ¼			

Rendement : 1 picul rend 60 kil. nets :

Net 6000 kil. à F. 3.05 ¼ le kil. entrepôt		F.	18322.50
Plus : droits de sortie à Batavia » 0.74 ½ id. id.			
Ensemble F. 3.79 ¾ id. id.			

PRIX DE REVIENT AU HAVRE DU KIL. ENTREPOT

AUX CHANGES SUIVANTS SUR PARIS

Avec la parité des changes sur Londres, calculés sur la base de F. 25.25 pour £ 1.

PRIX à BATAVIA par picul	PARIS F. 2.— — LONDRES ƒ 12.62 ½	PARIS F. 2.05 — LONDRES ƒ 12.31 ¾	PARIS F. 2.10 — LONDRES ƒ 12.02 ¾	PARIS F. 2.15 — LONDRES ƒ 11.74 ¾	PARIS F. 2.20 — LONDRES ƒ 11.47 ¾	PARIS F. 2.25 — LONDRES ƒ 11.22 ¾	5 c. par ƒ sur le change font au Havre par kil.
ƒ —.50	F. 0.02	F. 0.02	F. 0.02	F. 0.02	F. 0.02	F. 0.02	F. 0.—
1.—	0.04	0.04	0.04	0.04	0.04	0.04	0.—
2.—	0.07	0.08	0.08	0.08	0.08	0.08	0.—
3.—	0.11	0.11	0.12	0.12	0.12	0.13	0.—
4.—	0.15	0.15	0.16	0.16	0.16	0.17	0.—
5.—	0.19	0.19	0.20	0.20	0.21	0.21	0.—
6.—	0.22	0.23	0.23	0.24	0.25	0.25	0.01
7.—	0.26	0.27	0.27	0.28	0.29	0.29	0.01
8.—	0.30	0.30	0.31	0.32	0.33	0.34	0.01
9.—	0.33	0.34	0.35	0.36	0.37	0.38	0.01
10.—	1.—	1.02	1.04	1.06	1.08	1.10	0.02
20.—	1.37	1.40	1.43	1.46	1.49	1.52	0.03
30.—	1.75	1.78	1.82	1.86	1.90	1.93	0.04
40.—	2.12	2.16	2.21	2.26	2.31	2.35	0.05
50.—	2.49	2.55	2.60	2.66	2.72	2.77	0.06
60.—	2.86	2.93	2.99	3.06	3.12	3.19	0.07
70.—	3.23	3.31	3.38	3.46	3.53	3.61	0.08
80.—	3.61	3.69	3.77	3.86	3.94	4.03	0.08
90.—	3.98	4.07	4.16	4.26	4.35	4.45	0.09
100.—	4.35	4.45	4.56	4.66	4.76	4.87	0.10
Plus par kil. pour Droits de Sortie à Batavia.	A calculer suivant l'explication, page 396.						

OBSERVATIONS

F. 10 par tonneau sur le fret, font au Havre une différence de F. 0.02 ¾ par kil. sur les prix.

On veut savoir le revient au Havre de Muscades coûtant à Batavia Florins-courants 46.50 par picul, au change de F. 2.20 et au fret de F. 100 par tonneau de 500 kil.

On trouvera dans la 1re et la 6e colonne de ce tableau que :

ƒ —.50 font par kil	F.	0.02
» 6.— id. id.	»	0.25
» 40.— id. id.	»	2.31
Droits de sortie	»	0.82
ƒ 46.50 feront donc	F.	3.40

N.-B. — Les droits de sortie n'étant pas compris dans les prix de revient de ce tableau seront à ajouter en les calculant d'après l'explication, page 396.

CHANGES 2.—	LOGARITHMES	37202
» 2.05	»	38132
» 2.10	»	39062
» 2.15	»	39992
» 2.20	»	40922
» 2.25	»	41852

Droits d'entrée par 100 kil. en Avril 1866

Par navire Français	F. 150.—
id. Etranger	» 160.—

COMPTE D'ACHAT ET DE REVIENT

A 100 PICULS POIVRE BLANC

100 piculs Poivre blanc, à ƒ 30 le picul .... ƒ 3000.—

FRAIS A BATAVIA

	Droits de sortie			
Droits de sortie à ƒ 3 le picul et 5 % additionnels	ƒ 315.—			
125 sacs de gomi à ƒ 0.55 le sac		ƒ 68.75		
Prauws et coolies pour recevoir, peser, emballer et embarquer		» 22.—	»	90.75
			ƒ	3090.75
Commission d'achat et de remboursement 3 ½ %	» 11.02		»	108.18
	ƒ 326.02		ƒ	3198.93
Remboursement sur Paris à 6 mois de vue, au change de F. 2 pour ƒ 1	F. 652.04		F.	6397.86

FRAIS AU HAVRE

Fret sur 5700 kil. bruts à F. 100 par tonneau de 700 kil.		F. 814.30	
Permis, frais au débarquement, voiliers pour échantillonner, port en entrepôt arrimage, magasinage d'un mois, livraison et menus frais		» 37.50	
Assurance maritime sur F. 7036, à 2 % et police	» 14.34	» 142.20	
id. contre le feu sur F. 8030, à ½ ‰	» 0.36	» 4.—	
Commission de banque pour confirmation de crédit, 1 %	» 6.52	» 65.95	
Courtage de vente ¼ %			
Escompte à la vente 2 %			
Commission de vente 2 %			
Ensemble 4 ¼ % sur F. 7790.91	» 20.88	» 331.10	» 1393.05
	F. 703.14		F. 7790.91
Soit par 100 kil.	» 12.78		

RENDEMENT : 1 picul rend 55 kil. nets :

Soit net .... 5500 kil. à F. 141.65 par 100 kil. entrepôt .... F. 7790.75
Plus : droits de sortie à Batavia .... » 12.78 id. id.
Ensemble .... F. 154.43 id. id.

PRIX DE REVIENT AU HAVRE DES 100 KIL. ENTREPOT

AUX CHANGES SUIVANTS SUR PARIS

Avec la parité des changes sur LONDRES, calculés sur la base de F. 25.25 pour £ 1.—.—

PRIX à BATAVIA par picul	PARIS F. 2.— — LONDRES ƒ 12.62½	PARIS F. 2.05 — LONDRES ƒ 12.31¾	PARIS F. 2.10 — LONDRES ƒ 12.02¾	PARIS F. 2.15 — LONDRES ƒ 11.74¾	PARIS F. 2.20 — LONDRES ƒ 11.47¾	PARIS F. 2.25 — LONDRES ƒ 11.22½	5 c. par ƒ sur le change font au Havre par 100 kil.
ƒ —. 5	F. 0.20	F. 0.21	F. 0.21	F. 0.22	F. 0.22	F. 0.23	F. 0.—
—.10	0.41	0.42	0.43	0.44	0.45	0.46	0.01
—.20	0.81	0.83	0.85	0.87	0.89	0.91	0.02
—.30	1.22	1.25	1.28	1.31	1.34	1.37	0.03
—.40	1.62	1.66	1.70	1.74	1.79	1.83	0.04
—.50	2.03	2.08	2.13	2.18	2.24	2.29	0.05
—.60	2.44	2.50	2.56	2.62	2.68	2.74	0.06
—.70	2.84	2.91	2.98	3.05	3.13	3.20	0.07
—.80	3.25	3.33	3.41	3.49	3.58	3.66	0.08
—.90	3.65	3.74	3.83	3.92	4.02	4.11	0.09
1.—	4.06	4.16	4.26	4.36	4.47	4.57	0.10
2.—	8.12	8.32	8.52	8.73	8.93	9.13	0.20
3.—	12.18	12.48	12.79	13.09	13.40	13.70	0.30
4.—	16.24	16.64	17.05	17.45	17.86	18.26	0.40
5.—	20.30	20.80	21.31	21.82	22.33	22.83	0.51
6.—	24.35	24.96	25.57	26.18	26.79	27.40	0.61
7.—	28.41	29.12	29.83	30.54	31.26	31.96	0.71
8.—	32.47	33.28	34.10	34.90	35.72	36.53	0.81
9.—	36.53	37.44	38.36	39.27	40.19	41.09	0.90
10.—	40.59	41.60	42.62	43.63	44.65	45.66	1.01
20.—	101.06	103.13	105.30	107.42	109.54	111.67	2.12
30.—	141.05	144.78	147.92	151.05	154.19	157.33	3.14
40.—	182.23	186.38	190.48	194.68	198.63	202.99	4.15
50.—	222.82	227.98	233.15	238.31	243.48	248.65	5.17
60.—	263.41	269.58	275.70	281.94	288.12	294.30	6.18
70.—	303.98	311.18	318.38	325.57	332.77	339.96	7.19
80.—	344.58	352.78	360.99	369.20	377.41	385.62	8.21
90.—	385.16	394.38	403.61	412.83	422.05	431.28	9.22
100.—	425.75	435.98	446.22	456.46	466.70	476.94	10.24
Plus par 100 kil. pour Droits de Sortie à Batavia.	A calculer suivant l'explication, page 396.						

OBSERVATIONS

F. 10 par tonneau sur le fret, font au Havre une différence de F. 1.48 par 100 kil. sur les prix.

On veut savoir le revient au Havre de Poivre blanc coûtant à Batavia Florins-courants 45.35 par picul, au change de F. 2.20 et au fret de F. 100 par tonneau de 700 kil.

On trouvera dans la 1ʳᵉ et la 6ᵉ colonne de ce tableau que :

ƒ —. 5 font par 100 kil.	F.	0.22
» —.30 id. id.	»	1.34
» 5.— id. id.	»	22.33
» 40.— id. id.	»	198.63
Plus droits de sortie à Batavia	»	14.05
ƒ 45.35 feront donc par 100 kil.	F.	236.78

N.-B. — Les droits de sortie à Batavia n'étant pas compris dans les prix de revient de ce tableau seront à ajouter, en les calculant d'après l'explication, page 396.

CHANGES		LOGARITHMES
CHANGES	2.—	LOGARITHMES 40580
»	2.05	» 41000
»	2.10	» 42015
»	2.15	» 43630
»	2.20	» 44045
»	2.25	» 45659

Droits d'entrée par 100 kil. en Avril 1866

Par navire Français .... F. 50.—
id. Étranger .... » 61.—

COMPTE D'ACHAT ET DE REVIENT

A 100 PICULS POIVRE NOIR

100 piculs Poivre noir, à ƒ 16 le picul					ƒ	1600.—

FRAIS A BATAVIA

	Droits de sortie					
Droits de sortie à ƒ 2 par picul et 5 % additionnels	ƒ	210.—				
125 sacs gonni à ƒ 0.55 le sac			ƒ	68.75		
Prauws et coolies pour recevoir, peser, emballer et embarquer			»	[illegible]	»	90.75
					ƒ	1690.75
Commission d'achat et de remboursement 3 ½ %	»	7.35			»	66.17
	ƒ	217.35			ƒ	1756.92
Remboursement sur Paris à 6 mois de vue au change de F. 2 pour ƒ 1	F.	434.70			F.	3513.84

FRAIS AU HAVRE

Fret sur 5000 kil. bruts à F. 100 par tonneau de 700 kil.			F.	800.—		
Permis, frais au débarquement, voiliers pour échantillonner, port en entrepôt, arrimage, magasinage d'un mois, livraison et menus frais			»	85.—		
Assurance maritime sur F. 4304, à 2 % et police	»	9.56	»	87.60		
id. contre le feu sur F. 5226, à ½ ‰	»	0.24	»	2.60		
Commission de banque pour confirmation de crédit, 1 %.	»	4.35	»	39.15		
Courtage de vente ¼ %						
Escompte à la vente 2						
Commission de vente 2						
Ensemble 4 ¼ % sur F. 5094.70.	»	19.90	»	216.51	»	1180.86
	F.	468.75			F.	5094.70
Soit par 100 kil.	»	8.68				

Rendement : 1 picul rend 54 kil. nets :

Soit net .... 5400 kil. à F. 94.35 par 100 kil. entrepôt .... F. 5094.90
Plus : droits de sortie à Batavia .... » 8.68 id. id.
Ensemble .... F. 103.03 id. id.

PRIX DE REVIENT AU HAVRE DES 100 KIL. ENTREPOT

AUX CHANGES SUIVANTS SUR PARIS

Avec la parité des changes sur Londres, calculés sur la base de F. 25.25 pour £ 1.—.—

PRIX à BATAVIA par picul	PARIS F. 2.— — LONDRES ƒ 12.62½	PARIS F. 2.05 — LONDRES ƒ 12.31¾	PARIS F. 2.10 — LONDRES ƒ 12.02⅜	PARIS F. 2.15 — LONDRES ƒ 11.74⅜	PARIS F. 2.20 — LONDRES ƒ 11.47¾	PARIS F. 2.25 — LONDRES ƒ 11.22¼	5 c. par ƒ sur le change font au Havre par 100 kil.
ƒ —.5	F. 0.21	F. 0.21	F. 0.22	F. 0.22	F. 0.23	F. 0.23	F. 0.—
—.10	0.41	0.42	0.43	0.44	0.46	0.47	0.01
—.20	0.83	0.85	0.87	0.89	0.91	0.93	0.02
—.30	1.24	1.27	1.30	1.33	1.37	1.40	0.03
—.40	1.65	1.70	1.74	1.78	1.82	1.86	0.04
—.50	2.07	2.12	2.17	2.22	2.28	2.33	0.05
—.60	2.48	2.54	2.60	2.66	2.73	2.79	0.06
—.70	2.89	2.97	3.04	3.11	3.19	3.26	0.07
—.80	3.30	3.39	3.47	3.55	3.64	3.72	0.08
—.90	3.72	3.82	3.91	4.—	4.10	4.19	0.09
1.—	4.13	4.24	4.34	4.44	4.55	4.65	0.10
2.—	8.27	8.47	8.68	8.89	9.09	9.30	0.21
3.—	12.40	12.71	13.02	13.33	13.64	13.95	0.31
4.—	16.54	16.95	17.36	17.78	18.19	18.60	0.41
5.—	20.67	21.18	21.70	22.22	22.74	23.25	0.52
10.—	61.28	62.40	63.53	64.66	65.79	66.91	1.13
15.—	81.95	83.58	85.23	86.87	88.53	90.16	1.64
20.—	102.61	104.77	106.93	109.09	111.26	113.41	2.16
25.—	123.28	125.95	128.63	131.31	134.—	136.66	2.68
30.—	143.95	147.14	150.34	153.53	156.73	159.92	3.19
Plus par 100 kil. pour droits de sortie à Batavia.	A calculer suivant l'explication, page 396.						

OBSERVATIONS

F. 10 par tonneau sur le fret, font au Havre une différence de F. 1.48 par 100 kil. sur les prix.

On veut savoir le revient au Havre de Poivre noir coûtant à Batavia Florins-courants 16.25 par picul, au change de F. 2.20 et au fret de F. 100 par tonneau de 700 kil.

On trouvera dans la 1re et la 6e colonne de ce tableau que :

ƒ —.5	font par 100 kil.		F.	0.23
» —.20	id.	id.	»	0.91
» 1.—	id.	id.	»	4.55
» 15.—	id.	id.	»	88.53
	Droits de sortie		»	8.55
ƒ 16.25	feront donc		F.	102.77

N.-B. — Les droits de sortie n'étant pas compris dans les prix de revient de ce tableau seront à ajouter en les calculant suivant l'explication, page 396.

CHANGES		LOGARITHMES
2.—		41336
» 2.05	»	42369
» 2.10	»	43408
» 2.15	»	44436
» 2.20	»	45470
» 2.25	»	46503

Droits d'entrée par 100 kil. en Avril 1866

Par navire Français .... F. 50.—
id. Etranger .... » 61.—

COMPTE D'ACHAT ET DE REVIENT

A 100 PICULS RÉSINE DAMAR

100 piculs Résine Damar, à ∮ 23 le picul			∮ 2300.—

FRAIS A BATAVIA

	Droits de sortie		
Droits de sortie 4 % et 5 % additionnels	∮ 96.60		
Prauws et coolies pour recevoir, peser et embarquer, à ∮ 0.65 par picul		∮ 65.—	
100 caisses à ∮ 1 ½ la pièce		» 150.—	» 215.—
			∮ 2515.—
Commission d'achat et de remboursement 3 ½ %	» 3.38		» 88.02
	∮ 99.98		∮ 2603.02
Remboursement sur Paris à 6 mois de vue au change de F. 2 pour ∮ 1.	F. 199.96		F. 5206.04

FRAIS AU HAVRE

Fret sur 6900 kil. bruts à F. 100 par tonneau de 800 kil.		F. 862.50	
Permis, frais au débarquement, tonneliers pour échantillonner, port en entrepôt, arrimage, magasinage d'un mois, livraison et menus frais		» 65.—	
Assurance maritime sur F. 5726, à 2 % et police	» 4.40	» 116.—	
id. contre le feu sur F. 6770, à ½ ‰	» 0.11	» 3.35	
Commission de banque pour confirmation de crédit, 1 %	» 2.—	» 52.05	
Courtage de vente ¼ %			
Escompte à la vente 2 %			
Commission de vente 2 %			
Ensemble 4 ¼ % sur F. 6584.80	» 9.16	» 279.86	» 1378.76
	F. 215.63		F. 6584.80
Soit par 100 kil.	» 3.72		

RENDEMENT : 1 picul rend 58 kil. nets :

Soit net 5800 kil. à	F. 113.53	par 100 kil.	entrepôt	F. 6584.75
Plus : droits de sortie à Batavia	» 3.72	id.	id.	
Ensemble	F. 117.25	id.	id.	

PRIX DE REVIENT AU HAVRE DES 100 KIL. ENTREPOT

AUX CHANGES SUIVANTS SUR LONDRES

Avec la parité des changes sur PARIS, calculés sur la base de F. 25.25 pour £ 1.—.—

PRIX à BATAVIA par picul	PARIS F. 2.— — LONDRES ∮ 12.62½	PARIS F. 2.05 — LONDRES ∮ 12.31¾	PARIS F. 2.10 — LONDRES ∮ 12.02¼	PARIS F. 2.15 — LONDRES ∮ 11.74¾	PARIS F. 2.20 — LONDRES ∮ 11.47¾	PARIS F. 2.25 — LONDRES ∮ 11.22¼	5 c. par ∮ sur le change font au Havre par 100 kil.
∮ —. 5	F. 0.19	F. 0.20	F. 0.20	F. 0.21	F. 0.21	F. 0.22	F. 0.—
—.10	0.39	0.39	0.40	0.41	0.42	0.43	0.01
—.20	0.77	0.79	0.81	0.83	0.85	0.87	0.02
—.30	1.16	1.18	1.21	1.24	1.27	1.30	0.03
—.40	1.54	1.58	1.62	1.66	1.69	1.73	0.04
—.50	1.93	1.97	2.02	2.07	2.12	2.17	0.05
—.60	2.31	2.36	2.42	2.48	2.54	2.60	0.06
—.70	2.70	2.76	2.83	2.90	2.96	3.03	0.07
—.80	3.08	3.15	3.23	3.31	3.38	3.46	0.08
—.90	3.47	3.55	3.64	3.73	3.81	3.90	0.09
1.—	3.85	3.94	4.04	4.14	4.23	4.33	0.10
2.—	7.70	7.89	8.08	8.27	8.47	8.66	0.19
3.—	11.55	11.83	12.12	12.41	12.70	12.99	0.29
4.—	15.40	15.78	16.16	16.55	16.93	17.32	0.38
5.—	19.24	19.72	20.21	20.69	21.17	21.65	0.48
10.—	63.50	64.66	65.83	66.99	68.16	69.34	1.17
15.—	82.74	84.38	86.04	87.68	89.33	90.98	1.65
20.—	101.98	104.11	106.24	108.36	110.50	112.63	2.13
25.—	121.23	123.83	126.45	129.05	131.67	134.28	2.61
30.—	140.47	143.55	146.65	149.74	152.83	155.93	3.09
Plus par 100 kil. pour droits de sortie à Batavia.	A calculer suivant l'explication, page 396.						

OBSERVATIONS

F. 10 par tonneau sur le fret, font au Havre une différence de F. 1.40 par 100 kil. sur les prix.

On veut savoir le revient au Havre de Résine Damar coûtant à Batavia Florins-courants 26.45 par picul, au change de F. 2.20 et au fret de F. 100 par tonneau de 800 kil.

On trouvera dans la 1re et la 6e colonne de ce tableau que :

∮ —. 5 font par 100 kil.	F.	0.21
» —.40 id. id.	»	1.69
» 1.— id. id.	»	4.23
» 25.— id. id.	»	131.67
Droits de sortie	»	4.70
∮ 26.45 feront donc par 100 kil.	F.	142.50

N.-B. — Les droits de sortie n'étant pas compris dans les prix de revient de ce tableau seront à ajouter en les calculant suivant l'explication, page 396.

CHANGES		LOGARITHMES
2.—		38480
» 2.05	»	39448
» 2.10	»	40410
» 2.15	»	41372
» 2.20	»	42334
» 2.25	»	43297

Droits d'entrée par 100 kil. en Avril 1866

Par navire Français	Exempte
id. Etranger	F. 3.—

COMPTE D'ACHAT ET DE REVIENT

A 100 PICULS GOMME DAMAR

100 piculs Gomme Damar, à ∮ 20 le picul ∮ 2000 —

FRAIS A PADANG

Droits de sortie 4 % et 5 % additionnels	∮	84.—				
100 caisses, rotin, frais d'emballage			∮	80.—		
Louage de prauws et coolies pour embarquement			»	45.—		
Échantillons et menus frais			»	4.75		
Assurance contre le feu ¼ %	»	0.21	»	5.—	»	134.75
	∮	84.21			∮	2134.75
Commission d'achat et de remboursement 3 ½ %	»	2.95			»	74.72
	∮	87.16			∮	2209.47
Remboursement sur Paris à 6 mois de vue au change de F. 2 pour ∮ 1	F.	174.32			F.	4418.94

FRAIS AU HAVRE

Fret sur 6900 kil. bruts à F. 100 par tonneau de 800 kil.			F.	862.50		
Permis, frais au débarquement, tonneliers pour échantillonner, port en entrepôt, arrimage, magasinage d'un mois, livraison et menus frais			»	65.—		
Assurance maritime sur F. 4860, à 2 % et police	»	3.82	»	98.70		
id. contre le feu sur F. 5886, à ½ ‰	»	0.09	»	2.95		
Commission de banque pour confirmation de crédit, 1 %	»	1.74	»	44.20		
Commission de vente ¼ %						
Escompte à la vente 2 %						
Commission de vente 2 %						
Ensemble 4 ¼ % sur F. 5736.05	»	7.98	»	243.76	»	1817.11
	F.	187.95			F.	5736.05
Soit par 100 kil.	»	3.24				

Rendement : 1 picul rend 58 kil. nets :

Soit net 5800 kil. à	F. 98.90	par 100 kil. entrepôt	F. 5736.20
Plus : droits de sortie à Padang	» 3.24	id. id.	
Ensemble	F. 102.14	id. id.	

PRIX DE REVIENT AU HAVRE DES 100 KIL. ENTREPOT

AUX CHANGES SUIVANTS SUR PARIS

Avec la parité des changes sur Londres, calculés sur la base de F. 25.25 pour £ 1.—.—

Prix à Padang par picul	Paris F. 2.— — Londres ∮ 12.62 ½	Paris F. 2.05 — Londres ∮ 12.31 ¾	Paris F. 2.10 — Londres ∮ 12.02 ¾	Paris F. 2.15 — Londres ∮ 11.74 ¾	Paris F. 2.20 — Londres ∮ 11.47 ¾	Paris F. 2.25 — Londres ∮ 11.22 ¼	5 c. par ∮ sur le change font au Havre par 100 kil.
Subdivisions — Coût et frais variables ∮ —.5	F. 0.19	F. 0.20	F. 0.20	F. 0.21	F. 0.21	F. 0.22	F. 0.[illegible]
—.10	0.39	0.40	0.41	0.42	0.42	0.43	0.01
—.20	0.77	0.79	0.81	0.83	0.85	0.87	0.02
—.30	1.16	1.19	1.22	1.25	1.27	1.30	0.03
—.40	1.54	1.58	1.62	1.66	1.70	1.74	0.04
—.50	1.93	1.98	2.03	2.08	2.12	2.17	0.05
—.60	2.32	2.37	2.43	2.49	2.54	2.60	0.06
—.70	2.70	2.77	2.84	2.91	2.97	3.04	0.07
—.80	3.09	3.16	3.24	3.32	3.39	3.47	0.08
—.90	3.47	3.56	3.65	3.74	3.82	3.91	0.09
1.—	3.86	3.95	4.05	4.15	4.24	4.34	0.10
2.—	7.72	7.91	8.10	8.30	8.49	8.68	0.19
3.—	11.57	11.86	12.15	12.44	12.73	13.02	0.29
4.—	15.43	15.82	16.20	16.59	16.98	17.36	0.39
5.—	19.29	19.77	20.26	20.74	21.22	21.70	0.48
Coût et frais variables et invariables 10.—	60.33	61.42	62.50	63.60	64.68	65.77	1.00
15.—	79.62	81.20	82.75	84.33	85.90	87.47	1.57
20.—	98.91	100.97	103.01	105.07	107.12	109.18	2.05
25.—	118.21	120.74	123.26	125.81	128.34	130.88	2.53
30.—	137.50	140.51	143.52	146.55	149.56	152.58	3.02
Plus par 100 kil. pour Droits de Sortie à Padang	A calculer suivant l'explication, page 396.						

OBSERVATIONS

F. 10 par tonneau sur le fret, font au Havre une différence de F. 1.49 par 100 kil. sur les prix.

On veut savoir le revient au Havre de Gomme Damar coûtant à Padang Florins-courants 22.35 par picul, au change de F. 2.20 et au fret de F. 100 par tonneau de 800 kil.

On trouvera dans la 1re et la 6e colonne de ce tableau que :

∮ —.5 font par 100 kil.		F.	0.21
» —.30 id.	id.	»	1.27
» 2.— id.	id.	»	8.49
» 20.— id.	id.	»	107.12
Plus droits de sortie à Padang		»	3.98
∮ 22.35 feront donc par 100 kil.		F.	121.07

N.-B. — Les droits de sortie à Padang n'étant pas compris dans les prix de revient de ce tableau, seront à ajouter en les calculant suivant l'explication, page 396.

Changes		Logarithmes
Changes	2.—	38382
»	2.05	39346
»	2.10	40311
»	2.15	41475
»	2.20	42440
»	2.25	43104

Droits d'Entrée par 100 kil. en Avril 1866

Par navire Français Exempte
id. Etranger F. 3.—

COMPTE D'ACHAT ET DE REVIENT

A 100 PICULS GOMME ÉLASTIQUE

100 piculs Gomme Élastique, à ∮ 85 le picul						∮	8500.—

FRAIS A PADANG

		Droits de Sortie					
Droits de sortie 4 % et 5 % additionnels	∮	357.—					
Krandjangs, recevoir, marquer et emballer			∮	88.—			
Louage de prauws et coolies pour embarquement			»	40.—			
Echantillons et menus frais			»	3.50			
Assurance contre le feu ¼ %	»	0.89	»	21.25	»	152.75
	∮	357.89			∮	8652.75
Commission d'achat et de remboursement 3 ½ %	»	12.53			»	302.85
	∮	370.42			∮	8955.60
Remboursement sur Paris à 6 mois de vue au change de F. 2 pour ∮ 1	F.	740.84			F.	17911 20

FRAIS AU HAVRE

Fret sur 6000 kil. à F. 100 par tonneau de 450 kil			F.	1333.35		
Permis, frais au débarquement, port en entrepôt, magasinage d'un mois, livraison et menus frais			»	60.—		
Assurance maritime sur F. 19700, à 2 % et police	»	16.28	»	395.50		
id. contre le feu sur F. 21488, à ½ ‰	»	0.41	»	10.75		
Commission de banque pour confirmation de crédit, 1 %	»	7.41	»	179.10		
Courtage de vente ½ %						
Escompte à la vente 2 %						
Commission de vente 2 %						
Ensemble 4 ½ % sur F. 20772.75	»	33.94	»	882.85	»	2861.55
	F.	798.88			F.	20772.75
Soit par kil	»	0.16				

RENDEMENT : 1 picul rend 50 kil. nets :

Soit net 5000 kil. à	F.	4.15½	par kil. entrepôt	F.	20775.—
Plus : droits de sortie à Padang	»	0.16	id. id.		
Ensemble	F.	4.31½	id. id.		

N.-B. — La Gomme Élastique, selon la qualité et les conditions dans lesquelles elle est embarquée, laisse en arrivant en Europe un déchet de 15 à 25 %.

PRIX DE REVIENT AU HAVRE DU KIL. ENTREPOT

AUX CHANGES SUIVANTS SUR PARIS

Avec la parité des changes sur LONDRES, calculés sur la base de F. 25.25 pour £ 1.—.—

	PRIX à PADANG par picul	PARIS F. 2.— — LONDRES ∮ 12.62½	PARIS F. 2.05 — LONDRES ∮ 12.31¾	PARIS F. 2.10 — LONDRES ∮ 12.02⅜	PARIS F. 2.15 — LONDRES ∮ 11.74¾	PARIS F. 2.20 — LONDRES ∮ 11.47¾	PARIS F. 2.25 — LONDRES ∮ 11.22½	5 c. par ∮ sur le change font au Havre par kil.
SUBDIVISIONS — Coût et frais variables	∮ —.50	F. 0.02	F. 0.02	F. 0.02	F. 0.02	F. 0.02	F. 0.03	F. 0.—
	1.—	0.05	0.05	0.05	0.05	0.05	0.05	0.—
	2.—	0.09	0.09	0.09	0.09	0.10	0.10	0.—
	3.—	0.14	0.14	0.14	0.14	0.15	0.15	0.—
	4.—	0.18	0.18	0.19	0.19	0.20	0.20	0.—
	5.—	0.23	0.23	0.24	0.24	0.25	0.25	0.—
	6.—	0.27	0.28	0.28	0.29	0.29	0.30	0.—
	7.—	0.32	0.32	0.33	0.34	0.34	0.35	0.—
	8.—	0.36	0.37	0.38	0.38	0.39	0.40	0.—
	9.—	0.41	0.41	0.42	0.43	0.44	0.45	0.—
	10.—	0.45	0.46	0.47	0.48	0.49	0.50	0.01
Coût et frais variables et invariables	40.—	2.14	2.19	2.23	2.27	2.32	2.36	0.04
	50.—	2.59	2.65	2.70	2.76	2.81	2.87	0.06
	60.—	3.04	3.10	3.17	3.24	3.30	3.37	0.07
	70.—	3.49	3.56	3.64	3.72	3.79	3.67	0.08
	80.—	3.93	4.02	4.11	4.20	4.29	4.38	0.09
	90.—	4.38	4.48	4.58	4.68	4.78	4.88	0.10
	100.—	4.83	4.94	5.05	5.16	5.27	5.39	0.11
Plus par kil. pour Droits de Sortie à Padang.		A calculer suivant l'explication, page 396.						

OBSERVATIONS

F. 10 par tonneau sur le fret, font au Havre une différence de F. 0.02¼ par kil. sur les prix.

On veut savoir le revient au Havre de Gomme élastique coûtant à Padang Florins-courants 92.50 par picul, au change de F. 2.20 et au fret de F. 100 par tonneau de 450 kil.

On trouvera dans la 1re et la 6e colonne de ce tableau que:

∮ —.50 font par kil		F.	0.02
» 2.—	id.	»	0.10
» 90.—	id.	»	4.78
Plus droits de sortie à Padang		»	0.19
∮ 92.50 feront donc par kil		F.	5.09

N.-B. — Les droits de sortie à Padang n'étant pas compris dans les prix de revient de ce tableau seront à ajouter en les calculant suivant l'explication, page 396.

CHANGES 2.—	LOGARITHMES	44750
» 2.05	»	45875
» 2.10	»	46994
» 2.15	»	48113
» 2.20	»	49232
» 2.25	»	50350

Droits d'entrée par 100 kil. en Avril 1866

Par navire Français	Exempte
id. Étranger	F. 3 00

COMPTE D'ACHAT ET DE REVIENT

A 100 PICULS GUTTA-PERCHA

100 picula Gutta-Percha, à ∮ 110 le picul						∮	11000

FRAIS A PADANG

		Droits de sortie					
Droits de sortie à 4 % et 5 % additionnels	∮	462.—					
Krandjangs, rotin, etc			∮	30.—			
Louage de prauws et coolies			»	25.—			
Echantillons et menus frais			»	5.—	»		60.—
						∮	11060.—
Commission d'achat et de remboursement 3 ½ %	»	16.17				»	387.10
	∮	478.17				∮	11447.10
Remboursement sur Paris à 6 mois de vue au change de F. 2 pour ∮ 1	F.	956.34				F.	22894.20

FRAIS AU HAVRE

Fret sur 5200 kil. bruts à F. 100 par tonneau de 700 kil.			F.	742.85		
Permis, frais au débarquement, port en entrepôt, arrimage, magasinage d'un mois, livraison et menus frais			»	50.—		
Assurance maritime sur F. 25183, à 2 % et police	»	21.02	»	505.15		
id. contre le feu sur F. 26481, à ½ ‰	»	0.53	»	13.25		
Commission de banque pour confirmation de crédit, 1 %	»	9.56	»	228.95		
Courtage de vente ¼ %						
Escompte à la vente 2 %						
Commission de vente 2 %						
Ensemble 4¼ % sur F. 25518.95	»	43.83	»	1084.55	»	2624.75
	F.	1031.28			F.	25518.95
Soit par kil	»	0.20⅝				

RENDEMENT : 1 picul rend 50 kil. nets :

Soit net kil. 5000 à F. 5.10⅝	par kil. entrepôt		F.	25518.75
Plus : droits de sortie à Padang » 0.20⅝	id.	id.		
Ensemble F. 5.31	id.	id.		

N.-B. — Le Gutta-Percha selon la qualité et les conditions dans lesquelles elle est embarquée, laisse en arrivant en Europe un déchet de 15 à 25 %.

PRIX DE REVIENT AU HAVRE DU KIL. ENTREPOT

AUX CHANGES SUIVANTS SUR PARIS

Avec la parité des changes sur LONDRES, calculés sur la base de F. 25.25 pour £ 1.—.—

PRIX à PADANG par picul	PARIS F. 2.— — LONDRES ∮ 12.62½	PARIS F. 2.05 — LONDRES ∮ 12.31¼	PARIS F. 2.10 — LONDRES ∮ 12.02½	PARIS F. 2.15 — LONDRES ∮ 11.74½	PARIS F. 2.20 — LONDRES ∮ 11.47¼	PARIS F. 2.25 — LONDRES ∮ 11.22½	5 c. par ∮ sur le change font au Havre par kil.
∮ —.50	F. 0.02	F. 0.02	F. 0.02	F. 0.02	F. 0.02	F. 0.03	F. 0.—
1.—	0.05	0.05	0.05	0.05	0.05	0.05	0.—
2.—	0.09	0.09	0.09	0.10	0.10	0.10	0.—
3.—	0.14	0.14	0.14	0.14	0.15	0.15	0.—
4.—	0.18	0.18	0.19	0.19	0.20	0.20	0.—
5.—	0.23	0.23	0.24	0.24	0.25	0.25	0.—
6.—	0.27	0.28	0.28	0.29	0.29	0.30	0.—
7.—	0.32	0.32	0.33	0.34	0.34	0.35	0.—
8.—	0.36	0.37	0.38	0.38	0.39	0.40	0.—
9.—	0.41	0.41	0.42	0.43	0.44	0.45	0.—
10.—	0.45	0.46	0.47	0.48	0.49	0.50	0.01
30.—	1.53	1.56	1.60	1.63	1.66	1.70	0.03
40.—	1.97	2.02	2.07	2.11	2.15	2.20	0.05
50.—	2.42	2.48	2.54	2.59	2.65	2.71	0.06
60.—	2.87	2.94	3.—	3.07	3.14	3.21	0.07
70.—	3.31	3.40	3.47	3.55	3.63	3.71	0.08
80.—	3.76	3.85	3.94	4.08	4.12	4.21	0.09
90.—	4.20	4.31	4.41	4.51	4.61	4.71	0.10
100.—	4.65	4.77	4.88	4.99	5.10	5.22	0.11
110.—	5.10	5.23	5.35	5.47	5.59	5.72	0.12
120.—	5.55	5.68	5.82	5.95	6.08	6.22	0.13
Plus par kil. pour Droits de Sortie à Padang.	A calculer suivant l'explication, page 396.						

OBSERVATIONS

F. 10 par tonneau sur le fret, font au Havre une différence de F. 0.01 ½ par kil. sur les prix.

On veut savoir le revient au Havre de Gutta-Percha coûtant à Padang Florins-courants 105.50 par picul, au change de F. 2.20 et au fret de F. 100 par tonneau de 700 kil.

Dans la 1re et la 6e colonne de ce tableau on trouvera que :

∮ —.50 font par kil.	F. 0.02
» 5.— » »	» 0.25
» 100.— » »	» 5.10
Droits de sortie à Padang	» 0.22
∮ 105.50 feront donc par kil.	F. 5.59

N.-B. — Les droits de sortie n'étant pas compris dans les prix de revient de ce tableau seront à ajouter en les calculant suivant l'explication, page 396.

CHANGES		LOGARITHMES
	2.—	44644
»	2.05	45760
»	2.10	46876
»	2.15	47992
»	2.20	49108
»	2.25	50224

Droits d'entrée en France par 100 kil. en Avril 1866

Par navire Français	Exempte
id. Etranger	F. 1.00

COMPTE D'ACHAT ET DE REVIENT

A 10 SACS NOIX DE MUSCADES

10 sacs Noix de Muscades, 10 picula à ƒ 50 le picul					ƒ	500.—

FRAIS A PADANG

	Droits de sortie					
Droits de sortie ƒ 19 le picul et 5 % additionnels	ƒ	199.50				
Frais d'emballage et embarquement			ƒ	8.—		
Assurance contre le feu ¼ %	»	0.50	»	1.25	»	9.25
	ƒ	200.—			ƒ	509.25
Commission d'achat et de remboursement 5 %	»	10.—			»	25.46
	ƒ	210.—			ƒ	534.71
Remboursement sur Paris à 6 mois de vue au change de F. 2 pour ƒ 1	F.	420.—			F.	1069.42

FRAIS AU HAVRE

Fret sur 625 kil. à F. 100 par tonneau de 500 kil.			F.	125.—		
Permis, frais au débarquement, voiliers pour échantillonner, port en entrepôt, arrimage, magasinage d'un mois, livraison et menus frais			»	12.—		
Assurance maritime sur F. 1175, à 2 % et police	»	9.24	»	25.—		
id. contre le feu sur F. 1387, à ½ ‰	»	0.23	»	0.66		
Commission de banque pour confirmation de crédit, 1 %.	»	4.20	»	10.69		
Courtage de vente ½ %						
Escompte à la vente 2 %						
Commission de vente 2 %						
Ensemble 4½ % sur F. 1297.93	»	19.25	»	55.16	»	228.51
	F.	452.92			F.	1297.93
Soit par kil.	»	0.75½				

Rendement : 1 picul rend 60 kil. nets :

Soit net 600 kil. à	F. 2.16½	par kil. entrepôt	F. 1297.50
Plus : droits de sortie à Padang	» 0.75½	id. id.	
Ensemble	F. 2.91½	id. id.	

PRIX DE REVIENT AU HAVRE DU KIL. ENTREPOT

AUX CHANGES SUIVANTS SUR PARIS

Avec la parité des changes sur Londres, calculés sur la base de F. 25.25 pour £ 1.—.—

PRIX à PADANG par picul	PARIS F. 2.— — LONDRES ƒ 12.62½	PARIS F. 2.05 — LONDRES ƒ 12.31¾	PARIS F. 2.10 — LONDRES ƒ 12.02¼	PARIS F. 2.15 — LONDRES ƒ 11.74½	PARIS F. 2.20 — LONDRES ƒ 11.47¾	PARIS F. 2.25 — LONDRES ƒ 11.22¼	5 c. par ƒ sur le change font au Havre par kil.
ƒ —.50	F. 0.02	F. 0.02	F. 0.02	F. 0.02	F. 0.02	F. 0.02	F. 0.—
1.—	0.04	0.04	0.04	0.04	0.04	0.04	0.—
2.—	0.08	0.08	0.08	0.08	0.08	0.09	0.—
3.—	0.11	0.12	0.12	0.12	0.13	0.13	0.—
4.—	0.15	0.16	0.16	0.16	0.17	0.17	0.—
5.—	0.19	0.20	0.20	0.20	0.21	0.22	0.01
6.—	0.23	0.23	0.24	0.25	0.25	0.26	0.01
7.—	0.27	0.27	0.28	0.29	0.29	0.30	0.01
8.—	0.30	0.31	0.32	0.33	0.34	0.34	0.01
9.—	0.34	0.35	0.36	0.37	0.38	0.39	0.01
10.—	0.65	0.66	0.67	0.68	0.69	0.70	0.01
20.—	1.03	1.05	1.06	1.08	1.10	1.12	0.02
30.—	1.40	1.43	1.46	1.49	1.52	1.55	0.03
40.—	1.78	1.82	1.86	1.90	1.93	1.97	0.04
50.—	2.16	2.21	2.26	2.31	2.35	2.40	0.05
60.—	2.54	2.60	2.65	2.71	2.77	2.83	0.06
70.—	2.92	2.99	3.05	3.12	3.18	3.25	0.07
80.—	3.29	3.37	3.45	3.53	3.60	3.68	0.08
90.—	3.67	3.76	3.84	3.93	4.01	4.10	0.09
100.—	4.05	4.15	4.24	4.34	4.43	4.53	0.10
Plus par kil. pour Droits de Sortie à Padang.	A calculer suivant l'explication, page 396.						

OBSERVATIONS

F. 10 par tonneau sur le fret, font au Havre une différence de F. 0.02 par kil. sur les prix.

On veut savoir le revient au Havre de Noix de Muscades coûtant à Padang Florins-courants 66.50 par picul, au change de F. 2.20 et au fret de F. 100 par tonneau de 500 kil.

On trouvera dans la 1re et la 6e colonne de ce tableau que :

ƒ —.50	font par kil.	F.	0.02
» 6.—	id. id.	»	0.25
» 60.—	id. id	»	2.77
	Droits de sortie à Padang	»	0.83
ƒ 66.50	feront donc par kil.	F.	3.87

N.-B. — Les droits de sortie n'étant pas compris dans les prix de revient de ce tableau, seront à ajouter en les calculant suivant l'explication, page 396.

Changes 2.—	Logarithmes 37696
» 2.05	» 38752
» 2.10	» 39729
» 2.15	» 40674
» 2.20	» 41620
» 2.25	» 42565

Droits d'entrée par 100 kil. en Avril 1886

Par navire Français	F. 150.—
Id. Etranger	» 160.—

COMPTE D'ACHAT ET DE REVIENT

A 500 PEAUX DE VACHES

		Droits de sortie				
500 peaux de Vaches, pesant 30 ½ picols à ∲ 3 par peau					∲	1500.—

FRAIS A PADANG

		Droits de sortie				
Droits de sortie à ∲ 8 par 100 pièces et 5 % additionnels.	∲	42.—				
Frais d'emballage			∲	50.—		
Louage de prauws et coolies pour embarquer			»	8.50		
Assurance contre le feu ¼ %			»	3.75	»	62.25
					∲	1562.25
Commission d'achat et de remboursement 3 ½ %	»	1.47			»	54.68
	∲	43.47			∲	1616.93
Remboursement sur Paris à 6 mois de vue au change de F. 2 pour ∲ 1	F.	86.94			F.	3233.86

FRAIS AU HAVRE

Fret sur 1708 kil. à F. 100 par tonneau de 500 kil.			F.	341.60		
Permis, frais au débarquement, port en entrepôt, arrimage, magasinage d'un mois, livraison et menus frais.			»	15.—		
Assurance maritime sur F. 3550, à 2 % et police	»	1.90	»	72.60		
id. contre le feu sur F. 3985, à ½ ‰	»	0.04	»	2.—		
Commission de banque pour confirmation de crédit, 1 %.	»	0.87	»	32.84		
Courtage de vente ¼ %						
Escompte à la vente 2 %						
Commission de vente 2 %						
Ensemble 4 ¼ % sur F. 3861.50	»	4.—	»	164.10	»	627.64
	F.	93.75			F.	3861.50
Soit par 100 kil.	»	5.49				

RENDEMENT : 1 picul rend 56 kil. nets :

Soit net .... kil. 1708 à F. 226.08 par 100 kil. entrepôt .... F. 3861.45
Plus : droits de sortie à Padang .... » 5.50 id. id.
Ensemble .... F. 231.58 id. id.

PRIX DE REVIENT AU HAVRE DES 100 KIL. ENTREPOT

AUX CHANGES SUIVANTS SUR PARIS

Avec la parité des changes sur LONDRES, calculés sur la base de F. 25.25 pour £ 1.—.—

PRIX à PADANG par peau	PARIS F. 2.— — LONDRES ∲ 12.62½	PARIS F. 2.05 — LONDRES ∲ 12.31¾	PARIS F. 2.10 — LONDRES ∲ 12.02⅜	PARIS F. 2.15 — LONDRES ∲ 11.74⅜	PARIS F. 2.20 — LONDRES ∲ 11.47¾	PARIS F. 2.25 — LONDRES ∲ 11.22½	5 c. par ∲ sur le change font au Havre par 100 kil.
∲ —. 5	F. 3.28	F. 3.36	F. 3.44	F. 3.52	F. 3.60	F. 3.68	F. 0.08
—.10	6.55	6.71	6.88	7.04	7.21	7.37	0.16
—.20	13.10	13.43	13.76	14.08	14.41	14.74	0.33
—.30	19.65	20.14	20.64	21.13	21.62	22.11	0.49
—.40	26.20	26.85	27.52	28.17	28.82	29.48	0.66
—.50	32.76	33.57	34.40	35.21	36.03	36.85	0.82
—.60	39.31	40.29	41.27	42.25	43.24	44.22	0.98
—.70	45.86	47.—	48.15	49.29	50.44	51.59	1.15
—.80	52.41	53.72	55.03	56.34	57.65	58.96	1.31
—.90	58.96	60.43	61.91	63.38	64.85	66.33	1.47
1.—	95.06	96.89	98.72	100.54	102.37	104.20	1.83
2.—	160.57	164.03	167.50	170.97	174.43	177.90	3.47
3.—	226.08	231.18	236.29	241.39	246.49	251.59	5.10
4.—	291.59	298.33	305.07	311.81	318.55	325.29	6.74
5.—	357.10	365.48	373.86	382.24	390.62	398.99	8.38
Plus par 100 kil. pour droits de sortie à Padang.	A calculer suivant l'explication, page 396.						

OBSERVATIONS

F. 10 par tonneau sur le fret, font au Havre une différence de F. 2 par 100 kil. sur les prix.

On veut savoir le revient au Havre de Peaux de Vaches coûtant à Padang Florins-courants 2.65 par peau, au change de F. 2.10 et au fret de F. 100 par tonneau de 500 kil.

On trouvera dans la 1re et la 4e colonne de ce tableau que :

∲ —. 5 font par 100 kil. .... F. 3.60
» —.60 id. id. .... » 43.24
» 2.— id. id. .... » 174.43
Plus droits de sortie à Padang. » 6.65

∲ 2.65 feront donc par 100 kil. .... F. 227.92

N.-B. — Les droits de sortie à Padang n'étant pas compris dans les prix de revient de ce tableau seront à ajouter en les calculant suivant l'explication, page 396.

CHANGES		LOGARITHMES
2.—		65510
»	2.05	» 67147
»	2.10	» 68753
»	2.15	» 70428
»	2.20	» 72001
»	2.25	» 73098

Droits d'entrée par 100 kil. en Avril 1866

Par navire Français .... Exemptes
Id Etranger .... F. 3.—

COMPTE D'ACHAT ET DE REVIENT

A 100 PICULS POIVRE NOIR

100 piculs Poivre noir, à ∮ 14 le picul					∮	1400.—

FRAIS A PADANG

	Droits de sortie					
Droits de sortie à ∮ 2 par picul et 5 % additionnels	∮	210.—				
100 sacs à ∮ 0.70			∮	70.—		
Recevoir, emballer, &c.			»	9.—		
Louage de prauws et coolies			»	20.—		
Echantillons et menus frais			»	2.—		
Assurance contre le feu ¼ %	»	0.52	»	3.50	»	104.50
	∮	210.52			∮	1504.50
Commission d'achat et de remboursement 5 %	»	10.52			»	75.22
	∮	221.04			∮	1579.72
Remboursement sur Paris à 6 mois de vue au change de F. 2 pour ∮ 1	F.	442.08			F.	3159.44

FRAIS AU HAVRE

Fret sur 5600 kil. à F. 100 par tonneau de 700 kil.			F.	800.—		
Permis, frais au débarquement, voiliers pour échantillonner, port en entrepôt, arrimage, magasinage d'un mois, livraison et menus frais			»	85.—		
Assurance maritime sur F. 3474, à 2 % et police	»	9.72	»	71.—		
id. contre le feu sur F. 4380, à ½ %	»	0.24	»	2.20		
Commission de banque pour confirmation de crédit, 1 %	»	4.42	»	31.60		
Courtage de vente ½ %						
Escompte à la vente 2 %						
Commission de vente 2 %						
Ensemble 4½ % sur F. 4281.20	»	20.24	»	181.96	»	1121.76
	F.	476.70			F.	4281.20
Soit par 100 kil.	»	8.83				

RENDEMENT : 1 picul rend 54 kil. nets :

Soit net kil. 5400 à	F. 79.28	par 100 kil. entrepôt	F.	4281.10
Plus : droits de sortie à Padang	» 8.83	id. id.		
Ensemble	F. 88.11	id. id.		

PRIX DE REVIENT AU HAVRE DES 100 KIL. ENTREPOT

AUX CHANGES SUIVANTS SUR PARIS

Avec la parité des changes sur LONDRES, calculés sur la base de F. 25.25 pour£ 1 —.—

PRIX à PADANG par picul	PARIS F. 2.— — LONDRES ∮ 12.62½	PARIS F. 2.05 — LONDRES ∮ 12.31⅝	PARIS F. 2.10 — LONDRES ∮ 12.02¼	PARIS F. 2.15 — LONDRES ∮ 11.74⅜	PARIS F. 2.20 — LONDRES ∮ 11.47¾	PARIS F. 2.25 — LONDRES ∮ 11.22¼	5 c. par ∮ sur le change font au Havre par 100 kil.
∮ —.5	F. 0.21	F. 0.22	F. 0.22	F. 0.23	F. 0.23	F. 0.24	F. 0.—
—.10	0.42	0.43	0.44	0.45	0.46	0.47	0.01
—.20	0.84	0.86	0.88	0.90	0.92	0.95	0.02
—.30	1.26	1.29	1.32	1.36	1.39	1.42	0.03
—.40	1.68	1.72	1.76	1.81	1.85	1.89	0.04
—.50	2.10	2.16	2.21	2.26	2.31	2.37	0.05
—.60	2.52	2.59	2.65	2.71	2.77	2.84	0.06
—.70	2.94	3.02	3.09	3.16	3.23	3.31	0.07
—.80	3.36	3.45	3.53	3.62	3.70	3.78	0.08
—.90	3.78	3.88	3.97	4.07	4.16	4.26	0.10
1.—	4.20	4.31	4.41	4.52	4.62	4.73	0.11
2.—	8.41	8.62	8.83	9.04	9.25	9.46	0.21
3.—	12.61	12.93	13.24	13.56	13.87	14.19	0.32
4.—	16.82	17.24	17.66	18.08	18.50	18.92	0.42
5.—	21.02	21.55	22.07	22.60	23.12	23.65	0.53
10.—	62.46	63.61	64.77	65.92	67.08	68.25	1.16
15.—	83.48	85.15	86.84	88.51	90.20	91.89	1.68
20.—	104.50	106.70	108.91	111.11	113.33	115.54	2.21
25.—	125.52	128.24	130.98	133.71	136.45	139.19	2.73
30.—	146.54	149.79	153.06	156.31	159.57	162.84	3.26
Plus par 100 kil. pour Droits de Sortie à Padang.	A calculer suivant l'explication, page 306.						

OBSERVATIONS

F. 10 par tonneau sur le fret, font au Havre une différence de F. 1.48 par 100 kil. sur les prix.

On veut savoir le revient au Havre de Poivre noir coûtant à Padang Florins-courants 17.65 par picul, au change de F. 2.20 et au fret de F. 100 par tonneau de 700 kil.

On trouvera dans la 1re et la 5e colonne de ce tableau que:

∮ —.5 font par 100 kil.	F.	0.23
» —.60 id. id.	»	2.77
» 2.— id. id.	»	9.25
» 15.— id. id.	»	90.20
Plus droits de sortie à Padang	»	9.71
∮ 17.65 feront donc par 100 kil.	F.	112.16

N.-B. — Les droits de sortie à Padang n'étant pas compris dans les prix de revient de ce tableau seront à ajouter en les calculant suivant l'explication, page 306.

CHANGES		LOGARITHMES
CHANGES	2.—	42040
»	2.05	» 43091
»	2.10	» 44142
»	2.15	» 45193
»	2.20	» 46244
»	2.25	» 47295

Droits d'entrée par 100 kil. en Avril 1865

Par navire Français	F.	50.—
id. Etranger	»	61.—

COMPTE D'ACHAT ET DE REVIENT

A 1000 PICULS ROTIN

	Droits de sortie					
1000 piculs Rotin, à ∱ 7 le picul					∱	7000.—

FRAIS A PADANG

	Droits de sortie					
Droits de sortie, à ∱ 0.30 par picul et 5 % additionnels	∱	315.—				
Louage de prauws et coolies pour embarquer			∱	250.—		
Menus frais			»	6.25		
Assurance contre le feu ¼ %	»	0.79	»	17.50	»	273.75
	∱	315.79			∱	7273.75
Commission d'achat et de remboursement 5 %	»	15.79			»	363.69
	∱	331.58			∱	7637.44
Remboursement sur Paris à 6 mois de vue au change de F. 2 pour ∱ 1	F.	663.16			F.	15274.88

FRAIS AU HAVRE

Fret sur 60000 kil. à F. 40 par tonneau de 800 kil.			F.	3000.—		
Permis, frais au débarquement, port en entrepôt, arrimage, magasinage d'un mois, livraison et menus frais			»	480.—		
Assurance maritime sur F. 16802, à 2 % et police	»	14.60	»	337.55		
id. contre le feu sur F. 20020, à ½ ‰	»	0.37	»	10.30		
Commission de banque pour confirmation de crédit, 1 %.	»	6.63	»	152.75		
Courtage de vente ½ %						
Escompte à la vente 2 %						
Commission de vente 2 %						
Ensemble 4½ % sur F. 20110.15	»	30.30	»	854.67	»	4835.27
	F.	715.15			F.	20110.15
Soit par 100 kil.	»	1.19				

RENDEMENT : 1 picul rend 60 kil. nets :

Soit net .... kil. 60000 à F. 33.51½ par 100 kil. entrepôt ...... F. 20109.—
Plus : droits de sortie à Padang ...... » 1.19 id. id.
Ensemble ...... F. 34.70½ id. id.

PRIX DE REVIENT AU HAVRE DES 100 KIL. ENTREPOT

AUX CHANGES SUIVANTS SUR PARIS

Avec la parité des changes sur LONDRES, calculés sur la base de F. 25.25 pour £ 1.—.—

	PRIX à PADANG par picul	PARIS F. 2.— — LONDRES ∱ 12.62½	PARIS F. 2.05 — LONDRES ∱ 12.31¾	PARIS F. 2.10 — LONDRES ∱ 12.02¼	PARIS F. 2.15 — LONDRES ∱ 11.74½	PARIS F. 2.20 — LONDRES ∱ 11.47¾	PARIS F. 2.25 — LONDRES ∱ 11.22¼	5 c. par ∱ sur le change font au Havre par 100 kil.
SUBDIVISIONS — Coût et frais variables	∱ —. 5	F. 0.19	F. 0.19	F. 0.20	F. 0.20	F. 0.21	F. 0.21	F. 0.—
	—.10	0.38	0.39	0.40	0.41	0.42	0.43	0.01
	—.20	0.76	0.78	0.79	0.81	0.83	0.85	0.02
	—.30	1.13	1.16	1.19	1.22	1.25	1.28	0.03
	—.40	1.51	1.55	1.59	1.63	1.66	1.70	0.04
	—.50	1.89	1.94	1.99	2.04	2.08	2.13	0.05
	—.60	2.27	2.33	2.38	2.44	2.50	2.56	0.06
	—.70	2.65	2.72	2.78	2.85	2.91	2.98	0.07
	—.90	3.02	3.10	3.18	3.26	3.33	3.41	0.08
	—.80	3.40	3.49	3.57	3.66	3.74	3.83	0.09
	1.—	3.78	3.88	3.97	4.07	4.16	4.26	0.10
	2.—	7.57	7.76	7.95	8.13	8.32	8.51	0.19
	3.—	11.35	11.63	11.92	12.20	12.49	12.77	0.28
	4.—	15.14	15.51	15.89	16.27	16.65	17.02	0.38
Coût et frais variables et invariables	5.—	25.95	26.44	26.93	27.44	27.93	28.43	0.49
	10.—	44.87	45.83	46.80	47.77	48.74	49.71	0.97
	15.—	63.78	65.22	66.66	68.11	69.55	71.—	1.44
	20.—	82.70	84.61	86.53	88.45	90.36	92.28	1.92
	Plus par 100 kil. pour Droits de Sortie à Padang.	A calculer suivant l'explication, page 396.						

OBSERVATIONS

F. 10 par tonneau sur le fret, font au Havre une différence de F. 1.25 par 100 kil. sur les prix.

On veut savoir le revient au Havre de Rotin coûtant à Padang Florins-courants 11.25 par picul, au change de F. 2 20 et au fret de F. 40 par tonneau de 800 kil.

On trouvera dans la 1re et la 6e colonne de ce tableau que :

∱ —. 5 font par 100 kil.		F.	0.21
» —.20 id.	id.	»	0.83
» 1.— id.	id.	»	4.16
» 10.— id.	id.	»	48.74
Plus droits de sortie à Padang		»	1.31
∱ 11.25 feront donc par 100 kil.		F.	55.25

N.-B. — Les droits de sortie n'étant pas compris dans les prix de revient de ce tableau seront à ajouter en les calculant suivant l'explication, page 396.

CHANGES 2.—	LOGARITHMES	37836
» 2.05	»	38787
» 2.10	»	39728
» 2.15	»	40674
» 2.20	»	41620
» 2.25	»	42565

Droits d'entrée par 100 kil. en Avril 1866.

Par navire Français .... Exempt.
id. Etranger .... F. 2.—

COMPTE D'ACHAT ET DE REVIENT

A 1968 SACS CAFÉ JAVA

1968 sacs Café Java, pesant net 2001.90 picu's à ∱ 25 le picul ∱ 50047.50

FRAIS A SAMARANG

	Droits de sortie		
Coût de 1968 sacs vides à ∱ 0.50		∱ 984.—	
Commission d'agent 2 ½ %		» 1251.19	
Frais jusqu'à Samarang		» 61.34	
Coolies à l'embarquement		» 419.46	
½ % pour faire les fonds		» 250.23	
Timbres de traites, ports de lettres et menus frais		» 100.25	» 3066.47
Droits de sortie à 12 % et 5 % additionnels	∱ 6305.95		∱ 53113.97
Commission d'achat et de remboursement 3 ½ %	» 220.71		» 1858.98
	∱ 6526.66		∱ 54972.95
Remboursement sur Paris à 6 mois de vue au change de F. 2 pour ∱ 1	F. 13058.32		F. 109945.90

FRAIS A NANTES

Fret sur 124020 kil. à F. 100 par tonneau de 900 kil.		F. 13847.75	
Permis, débarquement, pesage et arrimage F. 3 par 1000 kil.		» 373.90	
Voiliers pour échantillonner et conditionner		» 116.55	
Magasinage d'un mois à F. 0.10 par sac		» 196.80	
Livraison à F. 1 par 1000 kil.		» 124.65	
Ports de lettres et menus frais		» 102.—	
Assurance maritime sur F. 120940, à 2 % et police	F. 287.16	» 2420.30	
id. contre le feu sur F. 138122, à ½ ‰	» 7.32	» 69.10	
Commission de banque à Paris pour confirmation de crédit, 1 %	» 130.53	» 1099.45	
Courtage de vente ¼ %			
Escompte à la vente 2 ¼ %			
Commission de vente 2 %			
Commission de banque ¼ %			
Ensemble 4 ¾ % sur F. 134694.40	» 672.12	» 6898.—	» 24748.50
	F. 14150.45		F. 134694.40
Soit par 100 kil.	» 11.75		

RENDEMENT : 1 picul rend net kil. 60.17 :

1968 sacs pesant brut		kil. 124630. 5	
Échantillons	kil. 61		
Augie 4 ‰	» 498		
Tare et trait 3 %	» 3722	» 4281	
Net		kil. 120349. 5 à F. 111.92 par 100 kil. entrepôt	F. 134695.15
Plus : droits de sortie à Samarang	» 11.75 id. id.		
Ensemble	F. 123.67 id. id.		

PRIX DE REVIENT A NANTES DES 100 KIL. ENTREPOT

AUX CHANGES SUIVANTS SUR PARIS

Avec la parité des changes sur LONDRES, calculés sur la base de F. 25.25 pour £ 1.—.—

PRIX à SAMARANG par picul	PARIS F. 2.— — LONDRES ∱ 12.62½	PARIS F. 2.05 — LONDRES ∱ 12.31⅝	PARIS F. 2.10 — LONDRES ∱ 12.02⅜	PARIS F. 2.15 — LONDRES ∱ 11.74⅛	PARIS F. 2.20 — LONDRES ∱ 11.47⅝	PARIS F. 2.25 — LONDRES ∱ 11.22¼	5 c. par ∱ sur le change font à Nantes par 100 kil.
∱ —. 5	F. 0.19	F. 0.20	F. 0.20	F. 0.21	F. 0.21	F. 0.22	F. 0.—
—.10	0.38	0.39	0.40	0.41	0.42	0.43	0.01
—.20	0.77	0.79	0.81	0.83	0.85	0.86	0.02
—.30	1.15	1.18	1.21	1.24	1.27	1.30	0.03
—.40	1.54	1.58	1.62	1.65	1.69	1.73	0.04
—.50	1.92	1.97	2.02	2.07	2.12	2.16	0.05
—.60	2.30	2.36	2.42	2.48	2.54	2.59	0.06
—.70	2.69	2.76	2.83	2.89	2.96	3.02	0.07
—.80	3.07	3.15	3.23	3.30	3.38	3.46	0.08
—.90	3.46	3.55	3.64	3.72	3.81	3.89	0.09
1.—	3.84	3.94	4.04	4.13	4.23	4.32	0.10
2.—	7.69	7.88	8.07	8.27	8.46	8.65	0.19
3.—	11.53	11.82	12.11	12.40	12.69	12.97	0.29
4.—	15.38	15.76	16.15	16.53	16.92	17.30	0.38
5.—	19.22	19.70	20.18	20.66	21.14	21.62	0.48
20.—	92.09	94.08	96.07	98.06	100.06	102.60	1.99
25.—	111.91	114.38	116.85	119.33	121.80	124.28	2.47
30.—	131.13	134.09	137.04	139.99	142.94	145.90	2.95
35.—	150.35	153.79	157.22	160.65	164.09	167.53	3.44
40.—	169.58	173.49	177.40	181.31	185.23	189.15	3.93
45.—	188.80	193.19	197.59	201.98	206.38	210.78	4.40
50.—	208.02	212.90	217.77	222.04	227.52	232.40	4.88
55.—	227.24	232.60	237.95	243.30	248.66	254.02	5.36
60.—	246.46	252.30	258.14	263.97	269.81	275.65	5.84
Plus par 100 kil. pour Droits de Sortie à Samarang.	A calculer suivant l'explication, page 396.						

OBSERVATIONS

F. 10 par tonneau sur le fret, font à Nantes une différence de F. 1.15 par 100 kil. sur les prix.

On veut savoir le revient à Nantes de Café coûtant à Samarang Florins-courants 32.25 par picul, au change de F. 2.20 et au fret de F. 100 par tonneau de 900 kil.

On trouvera dans la 1re et la 6e colonne de ce tableau que :

∱ —. 5 font par 100 kil.	F.	0.21
» —.20 id. id.	»	0.85
» 2.— id. id.	»	8.46
» 30.— id. id.	»	142.94
Plus droits de sortie à Samarang	»	10.08
∱ 32.25 feront donc par 100 kil.	F.	162.14

N.-B. — Les droits de sortie à Samarang n'étant pas compris dans les prix de revient de ce tableau seront à ajouter en les calculant suivant l'explication, page 396.

CHANGES		LOGARITHMES
2.—		37326
» 2.05	»	38259
» 2.10	»	39192
» 2.15	»	40125
» 2.20	»	41058
» 2.25	»	41991

Droits d'entrée par 100 kil. en Avril 1860

Par navire Français	F.	40.50
id. Étranger	»	55.40

COMPTE D'ACHAT ET DE REVIENT

A 2700 PICULS RIZ

	Droits de sortie		
2700 piculs Riz, à ƒ 200 le coyang de 27 piculs			ƒ 20000.—

FRAIS A BATAVIA

	Droits de sortie		
Droits de sortie à ƒ 0.10 par picul et 5 % droits additionnels	ƒ 283.50		
Prauws et coolies pour recevoir, peser, marquer et embarquer		ƒ 540.—	
2700 sacs de gonni à ƒ 0.55 la pièce		» 1485.—	» 2025.—
			ƒ 22025.—
Commission d'achat et de remboursement 3 ½ %	» 9.92		» 770.87
	ƒ 293.42		ƒ 22795.87
Remboursement sur Paris à 6 mois de vue au change de F. 2 pour ƒ 1	F. 586.84		F. 45591.74

FRAIS AU HAVRE

Fret sur 153000 kil. bruts à F. 100 par tonneau de 1000 kil.		F. 15300.—	
Permis, frais au débarquement, voiliers pour échantillonner, port en entrepôt, arrimage, magasinage d'un mois, livraison et menus frais		» 750.—	
Assurance maritime sur F. 50150, à 2 % et police	» 12.90	» 1004.50	
id. contre le feu sur F. 67204, à ½ ‰	» 0.33	» 33.60	
Commission de banque pour confirmation de crédit, 1 %	» 5.86	» 455.90	
Courtage de vente ¼ %			
Escompte à la vente 2 %			
Commission de vente 2 %			
Ensemble 4¼ % sur F. 65938.10	» 26.90	» 2802.36	» 20346.36
	F. 632.83		F. 65938.10
Soit par 100 kil.	» 0.43		

Rendement : 1 picul rend 55 kil. nets :

Net 148500 kil.	à F. 44.40	par 100 kil.	entrepôt	F. 65934.—
Plus : droits de sortie à Batavia	» 0.43	id.	id.	
Ensemble	F. 44.83	id.	id.	

PRIX DE REVIENT AU HAVRE DES 100 KIL. ENTREPOT

AUX CHANGES SUIVANTS SUR PARIS

Avec la parité des changes sur Londres, calculés sur la base de F. 25.25 pour £ 1.—.—

PRIX à BATAVIA par coyang	PARIS F. 2.— — LONDRES ƒ 12.62½	PARIS F. 2.05 — LONDRES ƒ 12.31¼	PARIS F. 2.10 — LONDRES ƒ 12.02⅜	PARIS F. 2.15 — LONDRES ƒ 11.74⅜	PARIS F. 2.20 — LONDRES ƒ 11.47⅞	PARIS F. 2.25 — LONDRES ƒ 11.22½	5 c. par ƒ sur le change font au Havre par 100 kil.
ƒ —.50	F. 0.08	F. 0.08	F. 0.08	F. 0.08	F. 0.08	F. 0.08	F. 0.—
1.—	0.15	0.16	0.16	0.16	0.17	0.17	0.—
2.—	0.30	0.31	0.32	0.32	0.33	0.34	0.01
3.—	0.45	0.46	0.47	0.49	0.50	0.51	0.01
4.—	0.60	0.62	0.63	0.65	0.66	0.68	0.02
5.—	0.75	0.77	0.79	0.81	0.83	0.85	0.02
6.—	0.90	0.92	0.95	0.97	0.99	1.01	0.02
7.—	1.05	1.08	1.11	1.13	1.16	1.18	0.03
8.—	1.20	1.23	1.26	1.30	1.32	1.35	0.03
9.—	1.35	1.39	1.42	1.46	1.49	1.52	0.03
10.—	1.50	1.54	1.58	1.62	1.65	1.69	0.04
20.—	3.01	3.08	3.16	3.23	3.31	3.38	0.07
30.—	4.51	4.62	4.73	4.85	4.96	5.07	0.11
40.—	6.01	6.16	6.31	6.46	6.61	6.76	0.15
50.—	7.52	7.70	7.89	8.08	8.27	8.45	0.18
60.—	9.02	9.24	9.47	9.70	9.92	10.14	0.22
70.—	10.52	10.78	11.05	11.31	11.57	11.84	0.26
80.—	12.02	12.32	12.62	12.93	13.22	13.53	0.30
90.—	13.53	13.86	14.20	14.54	14.88	15.22	0.34
100.—	29.37	29.82	30.27	30.72	31.17	31.63	0.45
200.—	44.40	45.22	46.06	46.88	47.71	48.54	0.83
300.—	59.43	60.63	61.84	63.04	64.24	65.45	1.20
400.—	74.46	76.04	77.62	79.20	80.78	82.36	1.58
500.—	89.50	91.45	93.41	95.36	97.31	99.27	1.95
Plus par 100 kil. pour Droits de Sortie à Batavia.	A calculer suivant l'explication, page 396.						

OBSERVATIONS

F. 10 par tonneau sur le fret, font au Havre une différence de F. 1.08 par 100 kil. sur les prix.

On veut savoir le revient au Havre de Riz coûtant à Batavia Florins-courants 255.50 par coyang au change de F. 2.20 et au fret de F. 100 par tonneau de 1000 kil.

On trouvera dans la 1re et la 6e colonne de ce tableau que :

ƒ —.50	font par 100 kil.		F. 0.08
» 5.—	id.	id.	» 0.83
» 50.—	id.	id.	» 8.27
» 200.—	id.	id.	» 47.71
	Droits de sortie à Batavia		» 0.47
ƒ 255.50	seront donc par 100 kil.		F. 57.36

N.-B. — Les droits de sortie à Batavia n'étant pas compris dans les prix de revient de ce tableau seront à ajouter en les calculant suivant l'explication, page 596.

CHANGES		LOGARITHMES
2.—		40586
» 2.05	»	41000
» 2.10	»	42615
» 2.15	»	43630
» 2.20	»	44645
» 2.25	»	45659

Droits d'entrée en France par 100 kil. en Avril 1808

Par navire Français F. 0.60
Id. Etranger » 2.40

COMPTE D'ACHAT ET DE REVIENT

A 100 PICULS ROTINS

100 piculs Rotins, à ƒ 10 le picul			ƒ	1000.—

FRAIS A BATAVIA

		Droits de sortie		
Droits de sortie ƒ 0.30 par picul et 5 % additionnels	ƒ	31.50		
Prauws et coolies pour recevoir, peser et embarquer			»	32.—
			ƒ	1032.—
Commission d'achat et de remboursement 3 ½ %	»	1.10	»	36.12
	ƒ	32.60	ƒ	1068.12
Remboursement sur Paris à 6 mois de vue au change de F. 2 pour ƒ 1	F.	65.20	F.	2136.24

FRAIS AU HAVRE

Fret sur 6000 kil. bruts à F. 40 par tonneau de 800 kil.			F.	300.—		
Permis, frais au débarquement, port en entrepôt, arrimage, magasinage d'un mois et livraison			»	50.—		
Assurance maritime sur F. 2850, à 2 % et police	»	1.42	»	48.50		
id. contre le feu sur F. 2728, à ½ ‰	»	0.03	»	1.35		
Commission de banque pour confirmation de crédit, 1 %	»	0.65	»	21.35		
Courtage de vente ¼ %						
Escompte à la vente 2 %						
Commission de vente 2 %						
Ensemble 4 ¼ % sur F. 2670.05	»	2.97	»	113.51	»	534.71
	F.	70.27			F.	2670.95
Soit par 100 kil.	»	1.17				

RENDEMENT : 1 picul rend 60 kil. nets :

Net	6000 kil. à F. 44.51 par 100 kil. entrepôt		F.	2670.00
Plus : droits de sortie à Batavia	» 1.17	id.	id.	
Ensemble	F. 45.68	id.	id.	

PRIX DE REVIENT AU HAVRE DES 100 KIL. ENTREPOT

AUX CHANGES SUIVANTS SUR PARIS

Avec la parité des changes sur LONDRES, calculés sur la base de F. 25.25 pour £ 1.—.—

PRIX à BATAVIA par picul	PARIS F. 2.— — LONDRES ƒ 12.62½	PARIS F. 2.05 — LONDRES ƒ 12.31¾	PARIS F. 2.10 — LONDRES ƒ 12.02¾	PARIS F. 2.15 — LONDRES ƒ 11.74¼	PARIS F. 2.20 — LONDRES ƒ 11.47¾	PARIS F. 2.25 — LONDRES ƒ 11.22½	5 c. par ƒ sur le change font au Havre par 100 kil.
ƒ —. 5	F. 0.19	F. 0.19	F. 0.20	F. 0.20	F. 0.21	F. 0.21	F. 0.—
—.10	0.37	0.38	0.39	0.40	0.41	0.42	0.01
—.20	0.74	0.76	0.78	0.80	0.82	0.84	0.02
—.30	1.12	1.14	1.17	1.20	1.23	1.26	0.03
—.40	1.49	1.52	1.56	1.60	1.64	1.68	0.04
—.50	1.86	1.91	1.96	2.—	2.05	2.10	0.05
—.60	2.23	2.29	2.35	2.40	2.45	2.51	0.06
—.70	2.60	2.67	2.74	2.80	2.86	2.93	0.07
—.80	2.98	3.05	3.13	3.20	3.27	3.35	0.07
—.90	3.35	3.43	3.52	3.60	3.68	3.77	0.08
1.—	3.72	3.81	3.91	4.—	4.09	4.19	0.09
2.—	7.44	7.63	7.81	8.—	8.18	8.37	0.19
3.—	11.16	11.44	11.72	12.—	12.28	12.56	0.28
4.—	14.88	15.25	15.62	16.—	16.37	16.74	0.37
5.—	25.91	26.41	26.90	27.40	27.89	28.39	0.50
10.—	44.51	45.47	46.43	47.39	48.35	49.31	0.93
15.—	63.11	64.54	65.96	67.39	68.81	70.24	1.43
20.—	81.71	83.60	85.49	87.38	89.27	91.16	1.89
Plus par 100 kil. pour Droits de Sortie à Batavia.	A calculer suivant l'explication, page 396.						

OBSERVATIONS

F. 10 par tonneau sur le fret, font au Havre une différence de F. 1.25 par 100 kil. sur les prix.

On veut savoir le revient au Havre de Rotins coûtant à Batavia Florins-courants 12.35 par picul, au change de F. 2.20 et au fret de F. 40 par tonneau de 800 kil.

On trouvera dans la 1re et la 6e colonne de ce tableau que :

ƒ —. 5	font par 100 kil.		F.	0.21
» —.30	id.	id.	»	1.23
» 2.—	id.	id.	»	8.18
» 10.—	id.	id.	»	48.35
	Plus droits de sortie à Batavia		»	1.23
ƒ 12.35	feront donc par 100 kil.		F.	59.20

N.-B. — Les droits de sortie à Batavia n'étant pas compris dans les prix de revient de ce tableau seront à ajouter en les calculant suivant l'explication, page 396.

CHANGES		LOGARITHMES
	2.—	37202
»	2.05	» 38132
»	2.10	» 39062
»	2.15	» 39992
»	2.20	» 40922
»	2.25	» 41852

Droits d'entrée par 100 kil. en Avril 1866

Par navire Français	Exempts
Id. Étranger	F. 2.—

COMPTE D'ACHAT ET DE REVIENT

A 100 PICULS DE SUCRE N° 16

100 piculs de Sucre en paniers n° 16, à ∮ 16 le picul net			∮	1600.—

FRAIS A BATAVIA

		Droits de sortie		
Droits de sortie 6 % et 5 % additionnels	∮	100.80		
Coolies pour recevoir, marquer et embarquer, prauws ∮ 0.20 par picul			»	20.—
			∮	1620.—
Commission d'achat et de remboursement 3 ½ %	»	3.53	»	56.70
	∮	104.33	∮	1676.70
Remboursement sur Paris à 6 mois de vue au change de F. 2 pour ∮ 1	F.	208.66	F.	3353.40

FRAIS AU HAVRE

Fret sur 6300 kil. bruts à F. 100 par tonneau de 1000 kil.			F.	630.—		
Permis, frais au débarquement, voiliers pour échantillonner, port en entrepôt, arrimage, magasinage d'un mois, livraison et menus frais			»	35.—		
Assurance maritime sur F. 3688, à 2 % et police	»	4.58	»	75.25		
id. contre le feu sur F. 4428, à ½ ‰	»	0.11	»	2.20		
Commission de banque pour confirmation de crédit, 1 %.	»	2.08	»	38.55		
Courtage de vente ¼ %						
Escompte à la vente 2 %						
Commission de vente 2 %						
Ensemble 4¼ % sur F. 4312.70	»	9.56	»	183.30	»	959.30
	F.	224.99			F.	4312.70
Soit par 100 kil.	»	3.88				

RENDEMENT : 1 picul rend 58 kil. nets ;

Soit net 5800 kil. à	F. 74.36	par 100 kil. entrepôt	F.	4312.90
Plus : droits de sortie à Batavia	» 3.88	id. id.		
Ensemble	F. 78.24	id. id.		

N.-B. — Si les sucres sont achetés aux ventes publiques du gouvernement, pour être livrés dans un autre port de la côte, la commission des agents se réduit de 2 ½ % à 1 ¼ %. Les ventes publiques se font toujours au comptant.

Pour la Hollande, sous pavillon hollandais ou assimilé, les sucres ne paient aucun droit de sortie. Pour toute autre contrée, ils paient le droit de 6 % et 5 % additionnels.

Les numéros des sucres vont de 6 à 20. Les cotations et les ventes se font toujours pour n° 16, et il faut compter chaque numéro au-dessus ∮ ½ de plus, comme pour chaque numéro au-dessous ∮ ½ de moins par picul. Ainsi, si le numéro 16 vaut ∮ 16 le picul, le numéro 14 vaudra ∮ 15 et le numéro 17, ∮ 16 ½.

Production approximative par année 400,000 à 500,000 piculs.

La tare de douane est de 8 % pour Canastres.

PRIX DE REVIENT AU HAVRE DES 100 KIL. ENTREPOT

AUX CHANGES SUIVANTS SUR PARIS

Avec la parité des changes sur LONDRES, calculés sur la base de F. 25.25 pour £ 1.—.—

	PRIX à BATAVIA par picul	PARIS F. 2.— — LONDRES ∮ 12.62 ½	PARIS F. 2.05 — LONDRES ∮ 12.31 ¾	PARIS F. 2.10 — LONDRES ∮ 12.02 ¾	PARIS F. 2.15 — LONDRES ∮ 11.74 ¾	PARIS F. 2.20 — LONDRES ∮ 11.47 ¾	PARIS F. 2.25 — LONDRES ∮ 11.22 ¼	à c. par ∮ sur le change font au Havre par 100 kil.
SUBDIVISIONS — Coût et frais variables	∮ —. 5	F. 0.19	F. 0.20	F. 0.20	F. 0.21	F. 0.21	F. 0.22	F. 0.—
	—.10	0.39	0.39	0.40	0.41	0.42	0.43	0.01
	—.20	0.77	0.79	0.81	0.83	0.85	0.87	0.02
	—.30	1.16	1.18	1.21	1.24	1.27	1.30	0.03
	—.40	1.54	1.58	1.62	1.66	1.69	1.73	0.04
	—.50	1.93	1.97	2.02	2.07	2.12	2.17	0.05
	—.60	2.31	2.36	2.42	2.48	2.54	2.60	0.06
	—.70	2.70	2.76	2.83	2.90	2.96	3.03	0.07
	—.80	3.08	3.15	3.23	3.31	3.38	3.46	0.08
	—.90	3.47	3.55	3.64	3.73	3.81	3.90	0.09
	1.—	3.85	3.94	4.04	4.14	4.23	4.33	0.10
	2.—	7.70	7.89	8.08	8.27	8.47	8.66	0.19
	3.—	11.55	11.83	12.12	12.41	12.70	12.99	0.29
	4.—	15.40	15.78	16.16	16.55	16.93	17.32	0.38
Coût et frais variables et invariables	5.—	32.02	32.52	33.03	33.53	34.03	34.53	0.50
	10.—	51.27	52.25	53.23	54.21	55.19	56.18	0.98
	15.—	70.51	71.97	73.44	74.90	76.36	77.82	1.46
	20.—	89.75	91.70	93.64	95.58	97.53	99.47	1.94
	25.—	109.—	111.42	113.85	116.27	118.70	121.12	2.42
	30.—	128.24	131.14	134.05	136.96	139.86	142.77	2.91
	35.—	147.48	150.87	154.26	157.64	161.08	164.42	3.39
	40.—	166.72	170.59	174.46	178.33	182.20	186.07	3.87
Plus par 100 kil. pour Droits de Sortie à Batavia.		A calculer suivant l'explication, page 396.						

OBSERVATIONS

F. 10 par tonneau sur le fret, font au Havre une différence de F. 1.03 par 100 kil. sur les prix.

On veut savoir le revient au Havre de Sucre coûtant à Batavia Florins-courants 17.45 par picul au change de F. 2.20 et au fret de F. 100 par tonneau de 1000 kil.

On trouvera dans la 1re et la 6e colonne de ce tableau que :

∮ —. 5	font par 100 kil.	F.	0.21
» —.40	id. id.	»	1.69
» 2.—	id. id.	»	8.47
» 15.—	id. id.	»	76.36
	Plus droits de sortie à Batavia	»	4.65
∮ 17.45	feront donc par 100 kil.	F.	91.38

N.-B. — Les droits de sortie à Batavia n'étant pas compris dans les prix de revient de ce tableau seront à ajouter en les calculant suivant l'explication, page 396.

CHANGES		LOGARITHMES
	2.—	38480
»	2.05	39448
»	2.10	40410
»	2.15	41372
»	2.20	42334
»	2.25	43297

Droits d'entrée par 100 kil. en Avril 1866

Au-dessous du n° 13	Par navire Français.	F.	42.—
	id. Étranger.	»	44.—
Du n° 13 au n° 20.	id. Français.	»	44.—
	id. Étranger.	»	46.—

COMPTE D'ACHAT ET DE REVIENT

152 CANASTRES SUCRE

152 canastres Sucre, pesant brut... ₰ 93328
Tare 40 ₰ par canastre.................. » 6080
Net.......................... ₰ 87248 = piculs 697.96, à ƒ 11 ¾ par picul.............. ƒ 8201.26

FRAIS A BATAVIA

	Droits de sortie		
Coolies pour embarquer ƒ 0.22 par picul..................		»	153.45
Droits de sortie à 6 % et 5 % additionnels..................	ƒ 516.67	ƒ	8354.71
Commission d'achat et de remboursement 3 ½ %..........	» 18.08	»	292.41
	ƒ 534.75	ƒ	8647.12
Remboursement sur Paris à 6 mois de vue au change de F. 2 pour ƒ 1....	F. 1069.50	F.	17294.24

FRAIS A NANTES

Fret sur 46223 kil. bruts à F. 100 secs par tonneau de 1000 kil..................		F. 4622.30	
Permis, débarquement, pesage et arrimage à F. 3 pour 1000 kil..................		» 138.65	
Volliers pour échantillonner et conditionner..................		» 80.40	
Dépoter pour tares et menus frais..................		» 27.10	
Magasinage d'un mois à F. 0.25 par canastre..................		» 38.—	
Livraison à F. 1 par 1000 kil..................		» 46.20	
Assurance maritime sur F. 19023, à 2 % et police..........	» 23.52	» 381.95	
id. contre le feu sur F. 24307, à ½ ‰..................	» 0.60	» 12.15	
Commission de banque à Paris pour confirmation de crédit, 1 %..................	» 10.69	» 172.95	
Courtage de vente.................. ¼ %			
Escompte à la vente.................. 2¼ %			
Commission de vente.................. 2 %			
Commission de banque.................. ¼ %			
Ensemble......... 4¾ % sur F. 23899.14	» 55.04	» 1135.20	» 6604.90
	F. 1159.35		F. 23899.14
Soit par 100 kil..................	» 2.81		

Rendement :

152 Canastres pesant brut..... kil. 46223. 5
Echantillons........ kil. 19.—
Angle 4 ‰.......... » 185.—
Tare et trait....... » 4602.—
Réfaction.......... » 152. 5 » 4958. 5
Net.................. kil. 41265.— à F. 57.91 par 100 kil. entrepôt......... F. 23896.55
Plus : droits de sortie à Batavia.................. » 2.81 id. id.
Ensemble.................. F. 60.72 id. id.

PRIX DE REVIENT A NANTES DES 100 KIL. ENTREPOT

AUX CHANGES SUIVANTS SUR PARIS

Avec la parité des changes sur Londres, calculés sur la base de F. 25,25 pour £ 1.—.—

PRIX à BATAVIA par picul	PARIS F. 2.— — LONDRES ƒ 12.62½	PARIS F. 2.05 — LONDRES ƒ 12.31¼	PARIS F. 2.10 — LONDRES ƒ 12.02¼	PARIS F. 2.15 — LONDRES ƒ 11.74¼	PARIS F. 2.20 — LONDRES ƒ 11.47¾	PARIS F. 2.25 — LONDRES ƒ 11.22¼	5 c. par ƒ sur le change font à Nantes par 100 kil.
(Coût et frais variables) ƒ —. 5	F. 0.19	F. 0.19	F. 0.20	F. 0.20	F. 0.21	F. 0.21	F. 0.—
—.10	0.38	0.39	0.40	0.41	0.42	0.43	0.01
—.20	0.76	0.78	0.80	0.82	0.84	0.85	0.02
—.30	1.14	1.17	1.20	1.22	1.25	1.28	0.03
—.40	1.52	1.56	1.60	1.63	1.67	1.71	0.04
—.50	1.90	1.95	2.—	2.04	2.09	2.14	0.05
—.60	2.28	2.33	2.39	2.45	2.51	2.56	0.06
—.70	2.66	2.72	2.79	2.86	2.93	2.99	0.06
—.80	3.04	3.11	3.19	3.26	3.34	3.41	0.07
—.90	3.42	3.50	3.59	3.67	3.76	3.84	0.08
1.—	3.80	3.89	3.99	4.08	4.18	4.27	0.09
2.—	7.59	7.78	7.97	8.16	8.35	8.54	0.19
3.—	11.39	11.67	11.96	12.24	12.53	12.81	0.28
4.—	15.18	15.56	15.94	16.32	16.70	17.08	0.38
(Coût et frais variables et invariables) 5.—	32.30	32.79	33.29	33.78	34.28	34.77	0.49
10.—	51.28	52.24	53.21	54.18	55.15	56.12	0.97
15.—	70.25	71.70	73.14	74.58	76.03	77.47	1.44
20.—	89.23	91.15	93.06	94.98	96.90	98.82	1.92
25.—	108.21	110.60	112.99	115.39	117.78	120.17	2.39
30.—	127.19	130.05	132.92	135.79	138.65	141.52	2.87
35.—	146.17	149.50	152.84	156.19	159.53	162.87	3.34
40.—	165.14	168.96	172.77	176.59	180.40	184.22	3.82
Plus par 100 kil. pour Droits de Sortie à Batavia.	A calculer suivant l'explication, page 396.						

OBSERVATIONS

F. 10 par tonneau sur le fret, font à Nantes une différence de F. 1.12 par 100 kil. sur les prix.

On veut savoir le revient à Nantes de Sucre coûtant à Batavia Florins-courants 16.45 par picul au change de F. 2.20 et au fret de F. 100 par tonneau de 1000 kil.

On trouvera dans la 1re et la 6e colonne de ce tableau que :
ƒ —. 5 font par 100 kil.................. F. 0.21
» —.40 id. » .... » 1.67
» 1.— id. » .... » 4.18
» 15.— id. » .... » 76.03
Plus droits de sortie à Batavia .... » 4.33
ƒ 16.45 feront donc par 100 kil.................. F. 86.42

N.-B.— Les droits de sortie à Batavia n'étant pas compris dans les prix de revient de ce tableau seront à ajouter en les calculant suivant l'explication, page 306.

CHANGES		LOGARITHMES
2.—	....	37956
» 2.05	....	» 38904
» 2.10	....	» 39849
» 2.15	....	» 40802
» 2.20	....	» 41751
» 2.25	....	» 42700

Droits d'entrée par 100 kil. au Avril 1806

Au dessous du n° 13	Par navire	Français..	F. 49.—
	id.	Etranger.	» 44.—
Du n° 13 au n° 20..	id.	Français..	» 44.—
	id.	Etranger.	» 46.—

COMPTE D'ACHAT ET DE REVIENT

A 1000 PEAUX DE VACHES

1000 Peaux de vaches du poids de 7 ℘ chaque, à ƒ 4 la pièce			ƒ	4000.—

FRAIS A BATAVIA

	Droits de sortie			
Prauws et coolies pour recevoir, préparer, emballer et embarquer			»	95.—
Droits de sortie ƒ 8 par 100 pièces et 5 % additionnels	ƒ	84.—	ƒ	4095.—
Commission d'achat et de remboursement 3 ½ %	»	2.94	»	143.32
	ƒ	86.94	ƒ	4238.32
Remboursement sur Paris à six mois de vue au change de F. 2 pour ƒ 1	F.	173.88	F.	8476.64

FRAIS AU HAVRE

Fret sur 2968 kil. bruts à F. 100 secs par tonneau de 500 kil.			F.	593.60		
Permis, frais au débarquement, port en entrepôt, arrimage, magasinage d'un mois, livraison et menus frais			»	25.—		
Assurance maritime sur F. 9323, à 2 % et police	»	3.82	»	187.95		
id. contre le feu sur F. 10130, à ½ ‰	»	0.10	»	5.05		
Commission de banque pour confirmation de crédit, 1 %	»	1.74	»	84.75		
Courtage de vente ¼ %						
Escompte à la vente 2 %						
Commission de vente 2 %						
Ensemble 4 ¼ % sur F. 9789	»	7.97	»	416.01	»	1312.36
	F.	187.51			F.	9789.—
Soit par 100 kil.	»	6.32				

RENDEMENT : 1 picul de 125 ℘ rend 53 kil. nets :

Soit 7000 ℘ = net 2968 kil.	à F. 329.82	par 100 kil. entrepôt	F.	9789.05
Plus : droits de sortie à Batavia	» 6.32	id. id.		
Ensemble	F. 336.14	id. id.		

PRIX DE REVIENT AU HAVRE DES 100 KIL. ENTREPOT

AUX CHANGES SUIVANTS SUR PARIS

Avec la parité des changes sur LONDRES, calculés sur la base de F. 25.25 pour £ 1.—.—

PRIX à BATAVIA par peau	PARIS F. 2.— — LONDRES ƒ 12.62½	PARIS F. 2.05 — LONDRES ƒ 12.31¾	PARIS F. 2.10 — LONDRES ƒ 12.02¼	PARIS F. 2.15 — LONDRES ƒ 11.74¼	PARIS F. 2.20 — LONDRES ƒ 11.47¾	PARIS F. 2.25 — LONDRES ƒ 11.22¼	5 c. par ƒ sur le change font au Havre par 100 kil.
ƒ —. 5	F. 3.76	F. 3.85	F. 3.95	F. 4.04	F. 4.14	F. 4.23	F. 0.09
—.10	7.52	7.71	7.90	8.09	8.27	8.46	0.19
—.20	15.04	15.42	15.79	16.17	16.55	16.92	0.38
—.30	22.56	23.13	23.69	24.26	24.82	25.38	0.56
—.40	30.08	30.84	31.59	32.34	33.09	33.84	0.75
—.50	37.61	38.55	39.49	40.43	41.37	42.31	0.94
—.60	45.13	46.25	47.38	48.51	49.64	50.77	1.13
—.70	52.65	53.96	55.28	56.60	57.91	59.23	1.32
—.80	60.17	61.67	63.18	64.68	66.18	67.69	1.50
—.90	67.69	69.38	71.07	72.77	74.46	76.15	1.69
1.—	104.19	106.25	108.31	110.37	112.43	114.48	2.06
2.—	179.40	183.34	187.29	191.23	195.17	199.10	3.94
3.—	254.62	260.44	266.26	272.08	277.90	283.71	5.82
4.—	329.83	337.53	345.23	352.93	360.63	368.32	7.70
5.—	405.04	414.62	424.21	433.79	443.37	452.94	9.58
Plus par 100 kil. pour Droits de Sortie à Batavia.	A calculer suivant l'explication, page 396.						

OBSERVATIONS

F. 10 par tonneau sur le fret, font au Havre une différence de F. 2 par 100 kil. sur les prix.

On veut savoir le revient au Havre de Vachettes coûtant à Batavia Florin-courant 1.25 par peau, au change de F. 2.20 et au fret de F. 100 par tonneau de 500 kil.

On trouvera dans la 1re et la 6e colonnes de ce tableau que :

ƒ —. 5 font par 100 kil.	F.	4.14
» —.20 id. id.	»	16.55
» 1.— id. id.	»	112.43
Droits de sortie à Batavia	»	6.95
ƒ 1.25 feront donc par 100 kil.	F.	140.07

N.-B. — Les droits de sortie à Batavia n'étant pas compris dans les prix de revient du tableau ci-dessus seront à ajouter en les calculant suivant l'explication, page 396.

CHANGES		LOGARITHMES
CHANGES	2.—	78212
»	2.05	77092
»	2.10	78973
»	2.15	80558
»	2.20	82733
»	2.25	84013

COMPTE D'ACHAT ET DE REVIENT

25 PICULS BENJOIN Ire QUALITÉ

25 piculs Benjoin 1re qualité, à ∮ 145 le picul						∮	3625.—

FRAIS A PADANG

		Droits de sortie					
Droits de sortie à ∮ 8 par picul et 5 % additionnels	∮	210.—					
12 caisses, rotin, emballage, louage de prauws et coolies			∮	36.30			
Assurance contre le feu ¼ %	»	0.52	»	9.06		»	45.36
	∮	210.52				∮	3670.36
Commission d'achat et de remboursement 3 ½ %	»	7.37				»	128.46
	∮	217.89				∮	3798.82
Remboursement sur Paris à 6 mois de vue, au change de F. 2 pour ∮ 1	F.	435.78				F.	7597.64

FRAIS AU HAVRE

Fret sur 1770 kil. à F. 100 par tonneau de 800 kil.			F.	221.25			
Permis, frais au débarquement, tonneliers pour échantillonner et conditionner, port en entrepôt, arrimage, magasinage d'un mois, livraison et menus frais			»	25.—			
Assurance maritime sur F. 8356, à 2 % et police	»	9.56	»	168.60			
id. contre le feu sur F. 8770, à ½ ‰	»	0.24	»	4.35			
Commission de banque pour confirmation de crédit, 1 %	»	4.36	»	76.—			
Courtage de vente ½ %							
Escompte à la vente 2 %							
Commission de vente 2 %							
Ensemble 4 ½ % sur F. 8452.05	»	19.98	»	359.21		»	854.41
	F.	469.92				F.	8452.05
Soit par kil.	»	0.32					

RENDEMENT : 1 picul rend 59 kil. nets :

Net 1475 kil. à	F. 5.73	par kil. entrepôt	F.	8451.75
Plus : droits de sortie à Padang	» 0.32	id. id.		
Ensemble	F. 6.05	id. id.		

PRIX DE REVIENT AU HAVRE DU KIL. ENTREPOT

AUX CHANGES SUIVANTS SUR PARIS

Avec la parité des changes sur LONDRES, calculés sur la base de F. 25.25 pour £ 1.—.—

PRIX à PADANG par picul	PARIS F. 2.— — LONDRES ∮ 12.62½	PARIS F. 2.05 — LONDRES ∮ 12.31¼	PARIS F. 2.10 — LONDRES ∮ 12.02¾	PARIS F. 2.15 — LONDRES ∮ 11.74¾	PARIS F. 2.20 — LONDRES ∮ 11.47¾	PARIS F. 2.25 — LONDRES ∮ 11.22½	5 c. par ∮ sur le change font au Havre par kil.
SUBDIVISIONS Coût et frais variables							
∮ —.50	F. 0.02	F. 0.02	F. 0.02	F. 0.02	F. 0.02	F. 0.02	F. 0.—
1.—	0.04	0.04	0.04	0.04	0.04	0.04	0.—
2.—	0.08	0.08	0.08	0.08	0.08	0.09	0.—
3.—	0.11	0.12	0.12	0.12	0.13	0.13	0.—
4.—	0.15	0.16	0.16	0.16	0.17	0.17	0.—
5.—	0.19	0.20	0.20	0.21	0.21	0.22	0.01
6.—	0.23	0.23	0.24	0.25	0.25	0.26	0.01
7.—	0.27	0.27	0.28	0.29	0.29	0.30	0.01
8.—	0.30	0.31	0.32	0.33	0.34	0.34	0.01
9.—	0.34	0.35	0.36	0.37	0.38	0.39	0.01
10.—	0.38	0.39	0.40	0.41	0.42	0.43	0.01
Coût et frais variables et invariables							
50.—	2.13	2.17	2.22	2.27	2.32	2.36	0.05
60.—	2.50	2.56	2.62	2.68	2.73	2.78	0.06
70.—	2.88	2.94	3.01	3.08	3.15	3.21	0.07
80.—	3.26	3.33	3.41	3.49	3.57	3.64	0.08
90.—	3.64	3.72	3.81	3.90	3.98	4.06	0.08
100.—	4.02	4.11	4.21	4.31	4.40	4.49	0.09
110.—	4.40	4.50	4.61	4.72	4.82	4.92	0.10
120.—	4.78	4.89	5.—	5.12	5.23	5.34	0.11
130.—	5.16	5.28	5.40	5.53	5.65	5.77	0.12
140.—	5.54	5.67	5.80	5.94	6.07	6.20	0.13
150.—	5.92	6.06	6.20	6.35	6.49	6.63	0.14
160.—	6.29	6.44	6.60	6.76	6.90	7.05	0.15
170.—	6.67	6.83	6.99	7.16	7.32	7.48	0.16
180.—	7.05	7.22	7.39	7.57	7.74	7.91	0.17
190.—	7.43	7.61	7.79	7.98	8.15	8.33	0.18
200.—	7.82	8.01	8.19	8.38	8.57	8.76	0.19
Plus par kil. pour Droits de Sortie à Padang.	A calculer suivant l'explication, page 396.						

OBSERVATIONS

F. 10 par tonneau sur le fret, font au Havre une différence de F. 0.01 ½ par kil. sur les prix.

On veut savoir le revient au Havre de Benjoin coûtant à Padang Florins-courants 175.50 par picul, au change de F. 2.20 et au fret de F. 100 par tonneau de 800 kil.

On trouvera dans la 1re et la 6e colonne de ce tableau que :

∮ —.50 font par kil.	F.	0.02
» 5.— id. id.	»	0.21
» 170.— id. id.	»	7.32
Droits de sortie à Padang	»	0.35
∮ 175.50 feront donc par kil.	F.	7.90

N.-B. — Les droits de sortie à Padang, n'étant pas compris dans les prix de revient de ce tableau seront à ajouter en les calculant suivant l'explication à la page 396.

CHANGES		LOGARITHMES
»	2.—	37928
»	2.05	38376
»	2.10	39624
»	2.15	40772
»	2.20	41720
»	2.25	42069

Droits d'entrée par 100 kil. en Avril 1866

Par navire Français	Exempt
id. Étranger	F. 2.50

COMPTE D'ACHAT ET DE REVIENT

A 1000 PICULS CAFÉ

1000 piculs Café, à ƒ 40 le picul					ƒ	40000.—

FRAIS A PADANG

		Droits de sortie				
Droits de sortie à 12 % et 5 % additionnels	ƒ	5040.—				
1000 sacs à ƒ 70			ƒ	700.—		
Louage de prauws et coolies			»	240.—		
Assurance contre le feu ¼ %	»	12.60	»	100.—		
Echantillons et menus frais			»	15.—	»	1055.—
	ƒ	5052.60			ƒ	41055.—
Commission d'achat et de remboursement 3 ½ %	»	176.84			»	1436.92
	ƒ	5229.44			ƒ	42491.92
Remboursement sur Paris à 6 mois de vue au change de F. 2 pour ƒ 1	F	10458.88			F.	84983.84

FRAIS AU HAVRE

Fret sur 61225 kil. bruts à F. 100 par tonneau de 900 kil.			F.	6802.75		
Permis, frais au débarquement, voiliers pour échantillonner et conditionner, port en entrepôt, arrimage, magasinage, d'un mois, livraison et menus frais			»	380.—		
Assurance maritime sur F. 93480, à 2 % et police	»	230.08	»	1871.10		
id. contre le feu sur F. 102534, à ½ %	»	5.86	»	51.25		
Commission de banque pour confirmation du crédit, 1 %	»	104.58	»	849.85		
Courtage de vente ¼ %						
Escompte à la vente 2 %						
Commission de vente 2 %						
Ensemble 4 ¼ % sur F. 99152.80	»	479.34	»	4214.01	»	14168.96
	F.	11278.74			F.	99152.80
Soit par 100 kil.	»	18.80				

RENDEMENT : 1 picul rend 60 kil. nets :

Soit net 60000 kil. à F. 165.25 par 100 kil. entrepôt F. 99150.—
Plus : droits de sortie à Padang » 18.80 id. id.
Ensemble F. 184.05 id. id.

PRIX DE REVIENT AU HAVRE DES 100 KIL. ENTREPOT

AUX CHANGES SUIVANTS SUR PARIS

Avec la parité des changes sur LONDRES, calculés sur la base de F. 25.25 pour £ 1.—.—

PRIX à PADANG par picul	PARIS F. 2.— — LONDRES ƒ 12.62 ½	PARIS F. 2.05 — LONDRES ƒ 12.31 ¾	PARIS F. 2.10 — LONDRES ƒ 12.02 ⅜	PARIS F. 2.15 — LONDRES ƒ 11.74 ⅜	PARIS F. 2.20 — LONDRES ƒ 11.47 ½	PARIS F. 2.25 — LONDRES ƒ 11.22 ¼	5 c. par ƒ sur le change font au Havre par 100 kil.
ƒ —.5	F. 0.10	F. 0.19	F. 0.20	F. 0.20	F. 0.21	F. 0.21	F. 0.—
—.10	0.37	0.38	0.39	0.40	0.41	0.42	0.01
—.20	0.75	0.76	0.78	0.80	0.82	0.84	0.02
—.30	1.12	1.15	1.18	1.20	1.23	1.26	0.03
—.40	1.49	1.53	1.57	1.60	1.64	1.68	0.04
—.50	1.87	1.91	1.96	2.01	2.05	2.10	0.05
—.60	2.24	2.29	2.35	2.41	2.46	2.52	0.06
—.70	2.61	2.67	2.74	2.81	2.87	2.94	0.07
—.80	2.98	3.06	3.14	3.21	3.28	3.36	0.08
—.90	3.36	3.44	3.53	3.61	3.69	3.78	0.08
1.—	3.73	3.82	3.92	4.01	4.10	4.20	0.09
2.—	7.46	7.65	7.83	8.02	8.21	8.39	0.19
3.—	11.19	11.47	11.75	12.03	12.31	12.59	0.28
4.—	14.92	15.29	15.66	16.04	16.41	16.78	0.37
5.—	18.65	19.11	19.58	20.05	20.51	20.98	0.47
30.—	127.95	130.83	133.72	136.61	139.50	142.38	2.89
35.—	146.60	149.95	153.30	156.65	160.01	163.36	3.35
40.—	165.25	169.06	172.88	176.70	180.52	184.34	3.82
45.—	183.90	188.18	192.46	196.74	201.04	205.32	4.28
50.—	202.55	207.29	212.04	216.79	221.55	226.30	4.75
55.—	221.19	226.40	231.62	236.84	242.06	247.28	5.22
60.—	239.84	245.52	251.21	256.89	262.58	268.26	5.68
Plus par 100 kil. pour droits de sortie à Padang.	A calculer suivant l'explication, page 306.						

OBSERVATIONS

F. 10 par tonneau sur le fret, font au Havre une différence de F. 1.13 par 100 kil. sur les prix.

On veut savoir le revient au Havre de Café coûtant à Padang Florins-courants 53.45 par picul, au change de F. 2.20 et au fret de F. 100 par tonneau de 900 kil.

On trouvera dans la 1re et la 6e colonne de ce tableau que :

ƒ —.5 font par 100 kil.		F.	0.21
» —.40 id.	id.	»	1.64
» 3.— id.	id.	»	12.31
» 50.— id.	id.	»	221.55
Plus droits de sortie à Padang		»	27.83
ƒ 53.45 feront donc par 100 kil.		F.	263.54

N.-B. — Les droits de sortie à Padang n'étant pas compris dans les prix de revient de ce tableau seront à ajouter en les calculant suivant l'explication, page 306.

CHANGES		LOGARITHMES
	2.—	37700
»	2.05	38228
»	2.10	39161
»	2.15	40093
»	2.20	41028
»	2.25	41958

Droits d'entrée par 100 kil. en Avril 1866

Par navire Français F. 50.40
id. Etranger » 55.40

COMPTE D'ACHAT ET DE REVIENT

A 100 PICULS CASSIA

100 piculs Cassia, à ƒ 17 par picul			ƒ 1700.—

FRAIS A PADANG

	Droits de sortie		
Droits de sortie ƒ 1 par picul et 5 % additionnels	ƒ 105.—		
Frais d'emballage, rotins, louage de coolies pour emballer		ƒ 30.—	
Louage de prauws et coolies pour embarquer		» 36.—	
Assurance contre le feu ¼ %	» 0.26	» 4.25	
Echantillons et menus frais	ƒ 105.26	» 3.—	» 73.25
			ƒ 1773.25
Commission d'achat et de remboursement 3 ½ %	» 3.68		» 62.06
	ƒ 108.94		ƒ 1835.31
Remboursement sur Paris à 6 mois de vue au change de F. 2 pour ƒ 1	F. 217.88		F. 3670.62

FRAIS AU HAVRE

Fret sur 6800 kil. à F. 100 par tonneau de 350 kil.		F. 1942.85	
Permis, frais au débarquement, tonneliers pour échantillonner, port en entrepôt, arrimage, magasinage d'un mois, livraison et menus frais		» 85.—	
Assurance maritime sur F. 4037, à 2 % et police	» 4.78	» 82.25	
id. contre le feu sur F. 6158, à ½ ‰	» 0.12	» 3.05	
Commission de banque pour confirmation de crédit, 1 %	» 2.18	» 36.70	
Courtage de vente ¼ %			
Escompte à la vente 2 %			
Commission de vente 2 %			
Ensemble 4 ¼ % sur F. 6078.80	» 9.95	» 258.83	» 2408.18
	F. 234.94		F. 6078.80
Soit par 100 kil	» 4.12		

RENDEMENT : 1 picul rend 57 kil. nets :

Net 5700 kil. à F. 106.65 par 100 kil. entrepôt F. 6079.05
Plus : droits de sortie à Padang » 4.12 id. id.
Ensemble F. 110.77 id. id.

PRIX DE REVIENT AU HAVRE DES 100 KIL. ENTREPOT

AUX CHANGES SUIVANTS SUR PARIS

Avec la parité des changes sur LONDRES, calculés sur la base de F 25.25 pour £ 1.—.—

PRIX à PADANG par picul	PARIS F. 2.— — LONDRES ƒ 12.62½	PARIS F. 2.05 — LONDRES ƒ 12.31¾	PARIS F. 2.10 — LONDRES ƒ 12.02¼	PARIS F. 2.15 — LONDRES ƒ 11.74¾	PARIS F. 2.20 — LONDRES ƒ 11.47¾	PARIS F. 2.25 — LONDRES ƒ 11.22½	5 c. par ƒ sur le change font au Havre par 100 kil.
SUBDIVISIONS — Coût et frais variables ƒ —.5	F. 0.20	F. 0.20	F. 0.21	F. 0.21	F. 0.22	F. 0.22	F. 0.—
—.10	0.39	0.40	0.41	0.42	0.43	0.44	0.01
—.20	0.79	0.80	0.82	0.84	0.86	0.88	0.02
—.30	1.18	1.21	1.24	1.27	1.30	1.33	0.03
—.40	1.57	1.61	1.65	1.69	1.73	1.77	0.04
—.50	1.97	2.01	2.06	2.11	2.16	2.21	0.05
—.60	2.36	2.41	2.47	2.53	2.59	2.65	0.06
—.70	2.75	2.81	2.88	2.95	3.02	3.09	0.07
—.80	3.14	3.22	3.30	3.38	3.46	3.54	0.08
—.90	3.54	3.62	3.71	3.80	3.89	3.98	0.09
1.—	3.93	4.02	4.12	4.22	4.32	4.42	0.10
2.—	7.85	8.05	8.24	8.44	8.64	8.83	0.20
3.—	11.78	12.07	12.37	12.66	12.95	13.25	0.29
4.—	15.70	16.10	16.49	16.88	17.27	17.66	0.39
5.—	19.63	20.12	20.61	21.10	21.59	22.08	0.49
Coût et frais variables et invariables 10.—	79.17	80.22	81.27	82.32	83.37	84.42	1.05
15.—	98.80	100.34	101.88	103.42	104.97	106.50	1.54
20.—	118.43	120.46	122.49	124.52	126.56	128.58	2.03
25.—	138.06	140.58	143.10	145.63	148.15	150.66	2.52
30.—	157.68	160.70	163.71	166.73	169.74	172.75	3.01
35.—	177.31	180.82	184.32	187.83	191.33	194.83	3.50
40.—	196.94	200.94	204.93	208.93	212.93	216.91	3.99
45.—	216.57	221.06	225.54	229.03	234.62	238.99	4.48
50.—	236.20	241.18	246.16	251.13	256.11	261.06	4.98
Plus par 100 kil. pour Droits de Sortie à Padang.	A calculer suivant l'explication, page 396.						

OBSERVATIONS

F. 10 par tonneau sur le fret, font au Havre une différence de F. 3.41 par 100 kil. sur les prix.

On veut savoir le revient au Havre de Cassia, coûtant à Padang Florins-courants 18.55 par picul, au change de F. 2.20 et au fret de F. 100 par tonneau de 350 kil.

On trouvera dans la 1re et la 6e colonne de ce tableau que:

ƒ —.5 font par 100 kil.	F.	0.22
» —.50 id. id.	»	2.16
» 3.— id. id.	»	12.95
» 15.— id. id.	»	104.97
Plus droits de sortie à Padang	»	4.53
ƒ 18.55 feront donc par 100 kil.	F.	124.83

N.-B. — Les droits de sortie à Padang n'étant pas compris dans les prix de revient de ce tableau seront à ajouter en les calculant suivant l'explication, page 396.

CHANGES		LOGARITHMES
2.—		30258
»	2.05	» 40739
»	2.10	» 41221
»	2.15	» 42202
»	2.20	» 43164
»	2.25	» 44165

Droits d'entrée par 100 kil en Avril 1886

Par navire Français F. 30.—
id. Etranger » 45.—

COMPTE D'ACHAT ET DE REVIENT

A 4464 SACS POIVRE

4464 sacs Poivre achetés à Allepee, pesant 1000 candies de 500 ℔ anglaises chaque à R. 75 le candy	R. 75000. —. —
A déduire somme allouée par le gouvernement pour nattes non employées (le poivre ayant été chargé en vrac)	» 294. 9. 8
	R. 74705. 6. 4
Coût de 8928 sacs à R. 82.12. 8 par 100 sacs	» 2927.11. 2
	R. 77633. 17. 6
Remboursement sur Colombo à 2sh par R.	£ 7763. 6. 1
Commission d'achat et de remboursement 5 %	» 388. 3. 3
	£ 8151. 9. 4
Remboursement sur Londres à 6 mois de vue à 4 % d'escompte	£ 8491. 2. 2
et au change sur Paris de F. 25.25 pour £ 1	F. 214400.55

FRAIS A NANTES

Fret sur 233244 kil. à F. 100 secs par tonneau de 700 kil.	F. 33320.55	
Mise à terre pesage et arrimage F. 3 par 1000 kil.	» 699.75	
Voiliers pour échantillonner et conditionner F. 0.05 par balle	» 223.20	
Livraison F. 1 par 100 kil., magasinage de 2 mois F. 1.25 par 1000 kil.	» 524.80	
Ports de lettres, affranchissements et menus frais	» 200.—	
Assurance maritime sur F. 235840, à 1 ¾ % et police	» 4128.70	
id. contre le feu sur F. 274937, à ½ ‰	» 137.45	
Commission de banque à Londres pour confirmation de crédit, 1 %	» 2144.—	
Courtage de vente ¼ %		
Escompte à la vente 2¼ %		
Commission de vente 2 %		
Commission de banque ¼ %		
Ensemble 4¾ % sur F. 268534.40	» 12755.40	» 54133.85
		F. 268531.40

RENDEMENT :

Pesant brut	kil. 233244 en double emballage
Angle 4 ‰	» 933
	kil. 232311
Tare et trait 5 %	» 11616
Net	kil. 220695 à F. 121.68 par 100 kil. entrepôt ... F. 268541.65

PRIX DE REVIENT A NANTES DES 100 KIL. ENTREPOT

AUX CHANGES SUIVANTS SUR LONDRES

Le règlement sur Paris étant fait au change de F. 25.25 pour £ 1.—.—

PRIX à ALLEPEE par candy	4 % escompte	5 % escompte	6 % escompte	7 % escompte	8 % escompte	9 % escompte	10 % escompte
R. 1/8	F. 0.17	F. 0.17	F. 0.17	F. 0.18	F. 0.18	F. 0.18	F. 0.18
1/4	0.34	0.34	0.35	0.35	0.35	0.36	0.36
3/8	0.51	0.52	0.52	0.53	0.53	0.54	0.54
1/2	0.68	0.69	0.69	0.70	0.70	0.72	0.72
5/8	0.85	0.86	0.86	0.88	0.88	0.90	0.90
3/4	1.01	1.03	1.04	1.05	1.06	1.07	1.08
7/8	1.18	1.20	1.21	1.23	1.23	1.25	1.26
1	1.35	1.37	1.38	1.40	1.41	1.43	1.44
2	2.71	2.73	2.76	2.79	2.82	2.85	2.89
3	4.06	4.10	4.15	4.19	4.24	4.28	4.33
4	5.41	5.47	5.53	5.59	5.65	5.71	5.77
5	6.77	6.84	6.91	6.99	7.06	7.14	7.22
6	8.12	8.20	8.29	8.38	8.47	8.56	8.66
7	9.47	9.57	9.67	9.78	9.88	9.99	10.10
8	10.82	10.94	11.06	11.18	11.30	11.42	11.54
9	12.18	12.30	12.44	12.57	12.71	12.85	12.99
10	13.53	13.67	13.82	13.97	14.12	14.27	14.43
30	60.79	61.25	61.73	62.22	62.71	63.22	63.73
40	74.32	74.92	75.55	76.18	76.83	77.49	78.16
50	87.85	88.60	89.37	90.15	90.95	91.76	92.60
60	101.37	102.27	103.18	104.11	105.06	106.03	107.03
70	114.90	115.94	117.—	118.08	119.18	120.30	121.46
80	128.43	129.61	130.82	132.04	133.30	134.56	135.89
90	141.96	143.28	144.63	146.01	147.41	148.83	150.32
100	155.49	156.95	158.45	159.97	161.53	163.12	164.75
110	169.02	170.62	172.27	173.94	175.65	177.39	179.18
120	182.55	184.29	186.08	187.90	189.76	191.66	193.61

OBSERVATIONS

F. 10 par tonneau sur le fret, font à Nantes une différence de F. 1.51 par 100 kil. sur les prix.

On veut savoir le revient à Nantes de Poivre coûtant à Allepee R. 55 ⅝ par candy, au change de 7 % d'escompte et au fret de F. 100 par tonneau de 700 kil.

On trouvera dans la 1re et la 5e colonne de ce tableau que :

R. — ⅝	font par 100 kil.		F. 1.23
» 5	id.	id.	» 6.99
» 60	id.	id.	» 132.04
R. 55 ⅝	feront donc par 100 kil.		F. 140.26

F. 0.05 sur le change sur France font $^{2}/_{10}$ % sur les prix en plus ou en moins de F. 25.25.

Droits d'entrée par 100 kil. en Octobre 1860

Par navire Français	F. 50.—
id. Etranger	» 61.—

COMPTE D'ACHAT ET DE REVIENT

44 CAISSES LAC-DYE

44 caisses Lac-Dye, pesant brut ... cwt 113.3.1			
Tare réelle ... 25.1.13			
Net ... cwt 88.1.16 ou 9900 ₲ à 1^s par ₲ ...		£	495.—.—
Escompte 2 ½ % ...		»	12. 7. 6
		£	482.12. 6

FRAIS A LIVERPOOL

Courtage d'achat ½ % ...	£	2. 9. 6			
Droit de ville et de bassins ...	»	12.—			
Transport, &c. ...	»	14. 6			
Connaissements, ports de lettres et menus frais ...	»	1. 8	»	3.17. 8	
			£	486. 9. 8	
Commission d'achat 2 % ...	£	9.14. 7			
Courtage de négociation et timbre 2 ‰ ...	»	19. 5	»	10.14.—	
			£	497. 3. 8	
Remboursement au change de F. 25.25 par £ 1 ...			F.	12554.05	

FRAIS AU HAVRE

Fret sur 5775 kil. à 25^{sh} et 15 % par 1015 kil. et 5 % pour frais de tente, à F. 25.40 ...	F	218.05		
Permis, frais au débarquement, tonneliers, port en entrepôt, arrimage, magasinage d'un mois, livraison et menus frais ...	»	85.—		
Assurance maritime sur F. 13810, à ⅜ % et police ...	»	53.30		
Id. contre le feu sur F. 14166, à ½ ‰ ...	»	7.10		
Courtage de vente ... ¼ %				
Escompte à la vente ... 2 %				
Commission de vente ... 2 %				
Commission de banque ... ¼ %				
Perte d'intérêts ... ½ %				
Ensemble ... 5 % sur F. 13597.35 ...	»	679.85	»	1043.30
			F.	13597.35

RENDEMENT : ₲ 100 = 45 kil. %.

Soit net 9900 ₲ = Net 4488 kil. à F. 3.03 le kil. entrepôt ... F. 13598.65

PRIX DE REVIENT AU HAVRE DU KIL. ENTREPOT

AUX CHANGES SUIVANTS SUR PARIS

	PRIX à LIVERPOOL	F. 24.95	F. 25.05	F. 25.15	F. 25.25	F. 25.35	F. 25.45	[illegible] au Havre par kil.
Coût et frais variables	D. ¼	F. 0.07	F. 0.07	F. 0.07	F. 0.07	F. 0.08	F. 0.08	F. 0.—
	½	0.15	0.15	0.15	0.15	0.15	0.15	0.—
	¾	0.22	0.22	0.22	0.22	0.23	0.23	0.—
	1	0.29	0.29	0.29	0.29	0.30	0.30	0.—
	2	0.58	0.59	0.59	0.59	0.59	0.59	0.—
	3	0.87	0.88	0.88	0.88	0.89	0.89	0.—
	4	1.16	1.17	1.18	1.18	1.18	1.19	0.01
	5	1.46	1.46	1.47	1.47	1.48	1.49	0.01
Coût et frais variables et invariables	2	0.66	0.67	0.67	0.67	0.67	0.67	0.—
	3	0.95	0.96	0.96	0.97	0.97	0.97	0.—
	4	1.25	1.25	1.26	1.26	1.26	1.27	0.—
	5	1.54	1.54	1.55	1.55	1.56	1.57	0.01
	10	2.99	3.01	3.02	3.03	3.04	3.05	0.01
	15	4.45	4.47	4.49	4.50	4.52	4.54	0.02
	20	5.91	5.93	5.96	5.98	[illegible]	6.03	0.02
	25	7.37	7.40	7.43	7.45	7.48	7.52	0.03
	30	8.82	8.86	8.89	8.93	8.95	[illegible]	0.04

OBSERVATIONS

Sh. 5 et 15 % par tonneau sur le fret, font au Havre une différence de F. 0.01 par kil. sur les prix.

On veut savoir le revient au Havre de Lac-Dye coûtant à Liverpool 4 ¾ par lb, au change de F. 25.05 et au fret de Sh. 25 et 15 % par tonneau.

On trouvera dans la 1re et la 3e colonne de ce tableau que :

D. —¾ font par kil. ...	F.	0.22
» 1 id. id. ...	»	0.29
» 3 id. id. ...	»	0.88
D. 4¾ feront donc par kil. ...	F.	[illegible]

Droits d'entrée par 100 kil. Octobre 1860.

Par navire Anglais ... / Id. Belge ... / Id. Français ... } F. 6.—

COMPTE D'ACHAT ET DE REVIENT

A 10 BALLES LAINE EN SUINT

10 balles Laine en suint, pesant brut.... ℔ 3000
Tare 12 ℔ par balle.... ℔ 120

Net ℔ 2865 à 22sh Mc Bco la ℔	Mc Bco	3939. 6
Escompte 1 %	»	39. 6
	Mc Bco	3900.—
FRAIS A HAMBOURG		
Frais jusqu'à bord	Mc Bco 7. 8	
Commission d'achat 1 ½ %	» 58. 8	66.—
	Mc Bco	3966.—
Remboursement sur Paris au change de F. 190 pour Mc Bco 100	F.	7535.40
FRAIS AU HAVRE		
Fret à F. 70 et 15 % par tonneau de 2000 kil. sur 1800 kil.	F. [illegible]	
Permis, voiliers, port, arrimage, magasinage d'un mois, livraison et menus frais	» [illegible]	
Assurance maritime sur F. 8288, à ¼ % et police	» [illegible]	
Id. contre le feu sur F. 7044, à ⅛ %	» 8.80	
Courtage de vente ½ %		
Escompte à la vente 2 %		
Commission de vente 2 %		
Ensemble 4½ % sur F. 7987.40	» 339.45	» 452.—
	F.	7987.40

RENDEMENT

Net 1432 kil. ½ à F. 557.58 par 100 kil. entrepôt ... F. 7987.35

PRIX DE REVIENT AU HAVRE DES 100 KIL. ENTREPOT

AUX CHANGES SUIVANTS SUR PARIS

PRIX à HAMBOURG par ℔	F. 187	F. 188	F. 189	F. 190	F. 191	F. 192	F. 193
Sh. —. 1	F. 2.05	F. 2.07	F. 2.08	F. 2.09	F. 2.10	F. 2.11	F. 2.12
—. 2	4.11	4.13	4.15	4.17	4.20	4.22	4.24
—. 3	6.16	6.20	6.23	6.26	6.29	6.32	6.36
—. 4	8.22	8.26	8.30	8.35	8.39	8.43	8.48
—. 5	10.27	10.33	10.38	10.44	10.49	10.54	10.60
—. 6	12.32	12.39	12.46	12.52	12.59	12.65	12.72
—. 7	14.38	14.46	14.53	14.61	14.68	14.76	14.84
—. 8	16.43	16.52	16.61	16.70	16.78	16.86	16.96
—. 9	18.49	18.59	18.68	18.78	18.88	18.97	19.08
—. 10	20.54	20.65	20.76	20.87	20.98	21.08	21.20
—. 11	22.59	22.72	22.84	22.96	23.08	23.19	23.32
—. 12	24.65	24.78	24.91	25.04	25.17	25.30	25.44
15.—	376.38	378.36	380.34	382.30	384.29	386.26	388.25
16.—	401.08	403.14	405.24	407.34	409.46	411.56	413.68
17.—	425.67	427.92	430.15	432.38	434.60	436.86	439.12
18.—	450.32	452.69	455.06	457.42	459.81	462.16	464.55
19.—	474.96	477.47	479.97	482.46	484.98	487.47	489.99
20.—	499.61	502.25	504.88	507.50	510.15	512.77	515.42
21.—	524.26	527.03	529.79	532.54	535.32	538.07	540.86
22.—	548.90	551.81	554.70	557.58	560.49	563.38	566.29
23.—	573.55	576.58	579.61	582.62	585.67	588.68	591.73
24.—	598.19	601.36	604.52	607.66	610.84	613.98	617.16
25.—	622.84	626.14	629.43	632.70	636.01	639.29	642.60

Coût et frais variables

OBSERVATIONS

F. 10 et 15 % par tonneau sur le fret, font au Havre une différence de F. 0.60 par 100 kil. sur les prix.

On veut savoir le revient au Havre de Laine en suint coûtant à Hambourg Sh. 20.8 par ℔, au change de F. 190 par 100 Mc Bco et au fret de F. 70 et 15 % par 2000 kil.

On trouvera dans la 1re et la 8e colonne de ce tableau que:

Sh. —. 8 font par 100 kil.	F.	16.70
» 20.— Id. Id.	»	507.50
Sh. 20..8 font donc par 100 kil.	F.	524.20

Droits d'entrée par 100 kil. en Octobre 1866

Par navires Français et Étrangers ... F. 3.60

COMPTE D'ACHAT ET DE REVIENT

A 1000 SACS CACAO GUAYAQUIL

1000 sacs Cacao Guayaquil, pesant brut	₰ 180000		
Tare 3 ₰ par sac	₰ 3000		
Don poids ½ %	» 900 ₰ 3900		
Net	₰ 176100 à 8sh Mc Bco la ₰	Mc Bco	88050.—
Escompte 1 %		»	880. 8
		Mc Bco	87169. 8

FRAIS A HAMBOURG

Frais divers de réception et d'embarquement		»	375.—
		Mc Bco	87544. 8
Commission d'achat 2 %		»	1750.14
		Mc Bco	89295. 0
Courtage de négociation 1 ‰		»	89. 4
		Mc Bco	89384. 10
Remboursement sur Paris au change de F. 190 pour Bo Mco 100		F.	169830.80

FRAIS AU HAVRE

Fret par steamer à F. 20 et 15 % par tonneau de 1000 kil. sur 90000 kil.	F.	2070.—		
Permis, frais au débarquement, voiliers pour échantillonner et conditionner, port en entrepôt, arrimage, magasinage d'un mois, livraison et menus frais	»	540.—		
Assurance maritime sur F. 180818, à ⅜ % et police	»	702.05		
id. contre le feu sur F. 173140, à ½ ‰	»	86.60		
Courtage de vente	¼ %			
Escompte à la vente	2 %			
Commission de vente	2 %			
Ensemble	4¼ % sur F. 180918.45	»	7689.—	11087.65
			F.	180918.45

RENDEMENT :

Brut		kil. 90000
Tare 1 ½ %	kil. 1350	
Réfaction et perte au poids	» 450	» 1800
Net	kil. 88200 à F. 205.12 par 100 kil. entrepôt	F. 180918.45

PRIX DE REVIENT AU HAVRE PAR 100 KIL. ENTREPOT

AUX CHANGES SUIVANTS SUR PARIS

	PRIX à HAMBOURG	F. 187	F. 188	F. 189	F. 190	F. 191	F. 192	F. 193
Coût et frais variables	Sh. —. 1	F. 2.06	F. 2.07	F. 2.08	F. 2.09	F. 2.11	F. 2.12	F. 2.13
	—. 2	4.13	4.15	4.17	4.19	4.21	4.24	4.26
	—. 3	6.19	6.22	6.25	6.28	6.32	6.35	6.38
	—. 4	8.25	8.29	8.34	8.38	8.43	8.47	8.51
	—. 5	10.31	10.37	10.42	10.47	10.54	10.59	10.64
	—. 6	12.38	12.44	12.50	12.57	12.64	12.71	12.77
	—. 7	14.44	14.51	14.58	14.66	14.75	14.83	14.90
	—. 8	16.50	16.58	16.66	16.76	16.86	16.94	17.03
	—. 9	18.56	18.66	18.75	18.85	18.96	19.06	19.15
	—.10	20.63	20.73	20.83	20.95	21.07	21.18	21.28
	—.11	22.69	22.80	22.91	23.05	23.18	23.30	23.41
	—.12	24.75	24.88	25.01	25.15	25.28	25.41	25.54
Coût et frais variables et invariables	5.—	127.69	128.35	129.02	129.70	130.35	131.03	131.70
	6.—	152.43	153.23	154.03	155.02	155.62	156.34	157.24
	7.—	177.18	178.11	179.05	179.99	180.90	181.85	182.70
	8.—	201.91	203.—	204.06	205.44	206.18	207.26	208.33
	9.—	226.68	227.88	229.08	230.28	231.46	232.67	233.88
	10.—	251.43	252.76	254.00	255.43	256.75	258.08	259.42

OBSERVATIONS

F. 5 et 15 % par 1000 kil. sur le fret, font au Havre une différence de F. 0.59 par 100 kil. sur les prix

On veut savoir le revient au Havre de Cacao coûtant à Hambourg Sh. 7.12 par ₰, au change de F. 190 par 100 Mc Bco et au fret de F. 20 et 15 %.

On trouvera dans la 1re et la 4e colonne de ce tableau que:

Sh. —.11 font par 100 kil	F.	23.05
» 7.— id. id.	»	179.99

Droits d'entrée par 100 kil. en Octobre 1866

Par navire Français	F.	42.—
» Étranger	»	45.—

COMPTE D'ACHAT ET DE REVIENT

A 200 SACS CAFÉ

200 sacs Café, pesant ... ℔ 30000		
Tare 3 ℔ par sac ... ℔ 600		
Bon poids ½ % ... ℔ 150	℔ 750	
Net ... ℔ 29250 à [illegible] M^c B^co le ℔		M^c B^co 12706.14
Escompte 1 % ...		» 127.[illegible]
		M^c B^co 12668.15
FRAIS A HAMBOURG		
Main d'œuvre, allèges, transport et menus frais ...		» 50.—
		M^c B^co 12718.15
Commission d'achat 2 % ...		» 254.36
		M^c B^co 12972.51
Remboursement sur Paris au change de F. 190 pour B^co M^cs 100 ...		F. 24649.80
FRAIS AU HAVRE		
Fret par steamer à F. 20 et 15 % par tonneau de 1000 kil. sur 15000 kil. ...	345.—	
Permis, voiliers pour échantillonner et conditionner, frais au débarquement, port en entrepôt, arrimage, magasinage d'un mois, frais de livraison et menus frais ...	120.—	
Assurance maritime sur F. 27118, à ⅜ % et police ...	103.15	
Id. contre le feu sur F. 26217, à ½ % ...	13.60	
Courtage de vente ... ¼ %		
Escompte à la vente ... 2 %		
Commission de vente ... 2 %		
Ensemble ... 4¼ % sur F. 26849.90 ...	1119.85	1700.60
		F. 26849.90

RENDEMENT :

Brut ...		kil. 15000
Tare 1 ½ % ...	kil. 225	
Réfaction et déchet ...	» 75	» 300
Net ... kil. 14700 à F. 179.25 par 100 kil. entrepôt ...		F. 26349.75

PRIX DE REVIENT AU HAVRE DES 100 KIL. ENTREPOT

AUX CHANGES SUIVANTS SUR PARIS

PRIX à HAMBOURG		F. 187	F. 188	F. 189	F. 190	F. 191	F. 192	F. 193
Café et frais variables	Sh. —. 1	F. 2.05	F. 2.06	F. 2.08	F. 2.09	F. 2.10	F. 2.11	F. 2.12
	—. 2	4.11	4.13	4.15	4.17	4.20	4.22	4.24
	—. 3	6.16	6.19	6.23	6.26	6.29	6.32	6.36
	—. 4	8.21	8.26	8.30	8.35	8.39	8.43	8.48
	—. 5	10.27	10.32	10.38	10.44	10.49	10.54	10.60
	—. 6	12.32	12.38	12.46	12.52	12.59	12.65	12.71
	—. 7	14.37	14.45	14.53	14.61	14.69	14.76	14.83
	—. 8	16.42	16.51	16.61	16.70	16.78	16.86	16.95
	—. 9	18.48	18.58	18.68	18.78	18.88	18.97	19.07
	—. 10	20.53	20.64	20.76	20.87	20.99	21.08	21.19
	—. 11	22.58	22.70	22.84	22.96	23.08	23.19	23.31
	—. 12	24.64	24.77	24.91	25.04	25.17	25.30	25.43
Café et frais variables et invariables	4.—	102.56	103.09	103.62	104.14	104.67	105.20	105.73
	5.—	127.21	127.87	128.53	129.18	129.84	130.50	131.16
	6.—	151.85	152.64	153.43	154.22	155.01	155.80	156.59
	7.—	176.49	177.41	178.34	179.25	180.18	181.10	182.02
	8.—	201.13	202.18	203.24	204.29	205.34	206.40	207.45
	9.—	225.77	226.95	228.15	229.32	230.51	231.70	232.89
	10.—	250.41	251.73	253.05	254.36	255.68	257.00	258.32

OBSERVATIONS

F. 5 et 15 % par 1000 kil. sur le fret, font au Havre une différence de F. 0.50 par 100 kil. sur les prix.

On veut savoir le revient au Havre de Café coûtant à Hambourg Sh. 6.12 par ℔, au change de F. 190 par 100 M^c B^co et au fret de F. 20 et 15 %.

On trouvera dans la 1re et la 4e colonne de ce tableau que :

Sh. —.11 font par 100 kil. ...	F. 22.96
» 6.— id. id. ...	» 154.22
Sh. 6.11 feront donc par 100 kil. ...	F. 177.18

Droits d'entrée par 100 kil. en Octobre 1866

Par navire Français ...	[illegible]
id. Étranger ...	[illegible]

COMPTE D'ACHAT ET DE REVIENT

A 10 FUTS HUILE DE BALEINE

10 fûts Huile de Baleine, pesant brut	℘ 12201	
Surpoids 3 ‰	» 37	
	℘ 12164	
Tare	» 2042	
Net	℘ 10122 à 69 Mc Bco pour 216 ℘	Mc Bco 3233. 7
Escompte 1 %		» 32. 5
		Mc Bco 3201. 2

FRAIS A HAMBOURG

Frais de réception et mise à bord	[illegible]
Commission d'achat 2 %	[illegible] 73. 6
	Mc Bco 3274. 8
Remboursement sur Paris au change de F. 190 pour Mc Bco 100	F. 6221 55

FRAIS AU HAVRE

Fret par steamer à F. 20 et 15 % par 1000 kil. sur 6050 kil. bruts	F. 139.15	
Permis, frais au débarquement, tonneliers pour échantillonner et conditionner, port en entrepôt, arrimage, magasinage d'un mois, livraison et menus frais	» 46.—	
Assurance maritime sur F. 6843, à % % et police	» 27.15	
id. contre le feu à F. 6434, à ½ ‰	» 3.20	
Courtage de vente	½ %	
Escompte à la vente	2 %	
Commission de vente	2 %	
Ensemble	4½ % sur F. 6722.75	» 285.70	501.20
		F. 6722.75

RENDEMENT :

Brut	kil. 6050
Tare 17 %	» 1028
Net	kil. 5022 à F. 133.87 par 100 kil. entrepôt [illegible] F. 6722.95

PRIX DE REVIENT AU HAVRE DES 100 KIL. ENTREPOT

AUX CHANGES SUIVANTS SUR PARIS

PRIX à HAMBOURG par 216 ℘	F. 187	F. 188	F. 189	F. 190	F. 191	F. 192	F. 193
Mc Bco ¼	F. 0.46	F. 0.47	F. 0.47	F. 0.47	F. 0.47	F. 0.48	F. 0.48
½	0.93	0.93	0.94	0.94	0.95	0.95	0.96
¾	1.39	1.40	1.40	1.41	1.42	1.43	1.43
1	1.85	1.86	1.87	1.88	1.89	1.90	1.91
2	3.70	3.72	3.74	3.76	3.78	3.80	3.82
3	5.55	5.58	5.61	5.63	5.66	5.69	5.72
4	7.40	7.44	7.48	7.51	7.55	7.59	7.63
5	9.25	9.30	9.35	9.39	9.44	9.49	9.54
6	11.09	11.15	11.21	11.27	11.33	11.39	11.45
7	12.94	13.01	13.08	13.15	13.22	13.29	13.36
8	14.79	14.87	14.95	15.02	15.10	15.18	15.26
9	16.64	16.73	16.82	16.90	16.99	17.08	17.17
10	18.49	18.59	18.69	18.78	18.88	18.98	19.08
40	78.20	78.60	78.99	79.39	79.78	80.18	80.57
50	96.69	97.19	97.68	98.17	98.67	99.16	99.66
60	115.18	115.77	116.36	116.95	117.55	118.14	118.74
70	133.67	134.36	135.05	135.74	136.43	137.12	137.82
80	152.15	152.95	153.73	154.52	155.31	156.11	156.90
90	170.64	171.53	172.42	173.31	174.20	175.09	175.98

OBSERVATIONS

F. 5 et 15 % par 1000 kil. sur le fret, font au Havre une différence de F. 0.55 par 100 kilogrammes [illegible]

On veut savoir le revient au Havre d'Huile de Baleine coûtant à Hambourg Mc Bco 66 ¾ par 216 ℘, au change de [illegible]

On trouvera dans la 1re et la 3e colonne de ce tableau que :

6	id.	id.	» 11.27
[illegible]			[illegible]

MARSEILLE

La première et la plus grande ville maritime de la France et de toute la Méditerranée. Chef-lieu du département des Bouches-du-Rhône.

Fondée par les Phocéens 590 ans avant l'ère chrétienne, conquise par César 49 ans avant J.-C., divisée depuis en ville haute qui subit successivement la domination des empereurs romains, l'invasion des Goths, la souveraineté des rois francs, et la direction de ses évêques, et en ville basse qui conservant, au milieu de ces vicissitudes, ses anciennes lois fut gouvernée successivement par ses magistrats, ses vicomtes et les deux maisons d'Anjou ; cédée au roi de France, en 1486, ramenée par Henri IV sous la domination royale que la ligue avait secouée, restreinte par Louis XIV à la condition de simple municipalité, Marseille dut à la sagesse de ses habitants d'avoir pendant plus de deux mille ans conservé son indépendance, et à leur activité, de s'être à toutes les époques maintenue au rang d'une des premières villes commerciales du monde.

Le climat de Marseille est doux et salubre, le thermomètre y descend rarement à 8 degrés centigrades au-dessous de zéro, et n'est jamais monté au-dessus de 36 degrés. Sa population est actuellement (1866) d'environ 300,000 habitants.

La ville en elle-même s'est transformée depuis quelques années par l'ouverture de larges rues, et de belles promenades qui en font une des plus jolies villes de France.

Port et Rade. — Les établissements maritimes de Marseille se composent de 3 ports et un dock.

Les trois ports sont précédés d'une rade protégée à l'est par le cap Croisset et à l'ouest par le cap Couronne ; deux petits îlots, appelés l'île de Pomèque et l'île de Ratonneau, leur servent de premier abri. On ne rencontre dans la rade qu'un seul écueil, appelé *Canoubier*, signalé aux navigateurs par une tour ronde qui le domine. On aborde au port par quatre passes différentes : la grande passe, entre le cap Couronne et l'île de Ratonneau, c'est celle que prennent les navires venant du détroit ; les trois autres s'ouvrent, l'une entre l'île de Pomègue et le château d'If, l'autre entre le château d'If et le Canoubier, la troisième entre le Canoubier et la terre ; la passe entre l'île de Pomèque et le château d'If est étroite mais sûre, celle entre le château d'If et le Canoubier est semée de quelques roches sous-marines qui exigent un peu d'attention, la troisième expose en cas de gros temps à être jeté à la Côte. En entrant dans le port vieux, il faut se garder de raser de trop près le fort Saint-Jean pour éviter deux écueils qui s'y trouvent, le mieux est de tenir le plus possible le milieu de la passe ; le vieux port ne peut pas recevoir de navires tirant plus de 18 pieds d'eau, les nouveaux ports en reçoivent de toute grandeur.

Droits sanitaires. — Droits de reconnaissance à l'arrivée

Navires naviguant au cabotage, de port français à port français, d'une mer à l'autre	F.	0.05
id. id. étranger		0.10
id. au long-cours		0.15
Paquebots venant d'un port étranger dans un port français de la Méditerranée, si la durée habituelle de sa navigation n'excède pas 12 heures		0.05

Les Paquebots appartenant à ces deux dernières catégories pourront contracter des abonnements de six mois ou d'un an ; l'abonnement sera calculé à raison de 50 centimes par tonneau et par an, quel que soit le nombre des voyages.

DROIT DE STATION

Payable par les Navires soumis à une quarantaine, par tonneau, pour chaque jour de quarantaine 0.03

DROIT DE SÉJOUR AU LAZARET

Par jour et par personne, sauf certaines exceptions .... 2.—

DROITS SUR LES MARCHANDISES DÉPOSÉES ET DÉSINFECTÉES DANS LES LAZARETS

Marchandises emballées	par 100 kil. F.	0.50
Cuirs	les 100 pièces	1.
Petites Peaux non emballées	les 100 peaux	0.50

TARIF DES FRAIS D'ENTRÉE ET DE SÉJOUR AU PORT

		Par tonneau
Navires à voiles. — Entrée au bassin et sortie le même jour	F.	0.30
Par chaque jour en sus du premier	»	0.40
		Par force de cheval
Bateaux à vapeur. — Entrée au bassin et sortie le même jour	F.	4.—
Par chaque jour en sus du premier	»	2.—

Aucun Navire à voiles ne paye moins de 250 tonneaux, quelle que soit sa jauge, aucun Bateau à vapeur ne paye moins de 60 chevaux, quelle que soit la puissance de ses machines.

Pilotage. — Les bâtiments français de 80 tonneaux et au-dessus payent un droit de 17 centimes par tonneau à l'entrée, et de 11 centimes par tonneau à la sortie. Ce droit est porté à 40 centimes à l'entrée, et 23 centimes à la sortie, pour les bâtiments étrangers, sauf les exceptions résultant des traités, au profit des navires assimilés au pavillon français.

Il y a deux lignes d'opération pour le service du pilotage ; la 1re est fixée à partir de Riou, passant par Planier et aboutissant à Carri, la 2e à partir de l'île de Maïre, passant par le cap Creu, l'île de Pomègue et aboutissant au cap Méjean.

Le droit de pilotage est dû en entier lorsque le bâtiment est abordé en dehors de la première ligne, il est réduit aux 3/4 lorsque le bâtiment n'est abordé qu'entre la première et la deuxième ligne, il est de moitié lorsque le navire est abordé entre la deuxième ligne et le port.

Tout capitaine qui, arrivant de nuit sur la première ligne, néglige d'indiquer sa présence dans le golfe par le placement d'un feu au mât de misaine, et pendant le jour par un pavillon au même mât, paye un quart en sus du droit de pilotage (¹).

Commerce. — Les principaux articles qui alimentent le commerce de Marseille sont les céréales, les huiles, le sucre, le café, les peaux, les graines oléagineuses, les laines, les soies, &c., &c.

Il ne sera pas sans intérêt pour les personnes étrangères à la place de Marseille de trouver ici quelques détails sur les usages de cette place concernant quelques-uns des principaux articles (²).

Céréales. — Voici un tableau indiquant les principales provenances des blés sur la place de Marseille, avec leur désignation respective.

(¹) Dictionnaire du Commerce et de la Navigation par MM. GUILLAUMIN.

(²) Emprunté en grande partie au Manuel Commercial de M. José LAVELLO.

MER NOIRE ET LEVANT		ITALIE
Taganrock, 1re dur.	Pologne, tendre.	Barlette, richelle.
id. 2me id.	Pologne, blanc et rouge.	Manfredonia, dur.
Marianopoli, id.	Galatz et Ibraïla, dur et tendre.	Manfredonia, tendre.
id. tendre.	Ghirka, 1re tendre.	Abruzzes, mixte.
Odessa, dur.	id. 2me id.	Termini, dur.
id. 1re tendre.	Caffa et Crimée, dur.	Girgenti, id.
id. 2me id.	Sandomirka, tendre.	Alicata, id.
Abdelikoukia, dur.	[illegible] id.	Toscane, tendre.
id. tendre.	Alexandrie, id.	Lombard, id.
Volo, Enos, Salonique, dur et tendre.	Syrie, id.	Banat, id.
	Tunis, id.	Romagne, id.
Anatolie et Roumélie, dur et tendre.	Mogador, id.	ESPAGNE
		Séville, Santander, [illegible], dur.

Tous ces blés, par un abus que tolère un usage vicieux, se vendent par charge de 160 litres et ordinairement à l'entrepôt et au comptant, sous l'escompte de 1 %.

La nouvelle loi qui vient d'être votée par le Corps Législatif ayant pour but d'uniformiser les usages commerciaux dans tous les ports français, prescrit la vente des blés aux 100 kilogrammes avec un escompte de 2 % pour paiement comptant.

Les nombreux comptes de revient en blés sur la place de Marseille que l'on trouvera ci-après, sont établis sur les bases de la loi nouvelle, pour autant qu'il a été possible de s'y conformer.

Les mesures employées dans les différents pays de production pour la vente des blés, donnent, à Marseille, en mesure française usitée jusqu'à présent, de la charge composée de 160 litres, un rendement moyen sur lequel on est à peu près tombé d'accord dans la pratique.

Il est donc facile d'établir un compte de revient par charge ou par hectol., mais impossible de l'établir aux 100 kilogrammes, par la raison qu'on ne connaît jamais quel sera le rendement en poids à Marseille de telle mesure usitée dans tel pays d'exportation qui varie selon le degré de propreté et de qualité des blés.

Les comptes de revient en Blés qui vont suivre sont établis par hectolitre, puis pour faciliter les comparaisons, on trouvera 13 tableaux de réductions présentant la parité des prix de l'hectolitre avec ceux aux 100 kilogrammes et à la charge du poids de 117 kilog. à 130 kilog. Connaissant le prix de revient de l'hectolitre, il sera facile, dès que le poids moyen en aura été constaté au débarquement, de savoir à combien rentreront les 100 kilogrammes ainsi que la charge par un coup d'œil jeté sur ces tableaux.

Ainsi par exemple à la page 449 on trouvera un tableau d'une charge de 160 litres de blé du poids de 123 kil. soit un hectolitre du poids de kil. 76 7/8. Si la partie de blé importée ressort à F. 16.45 l'hectolitre et que le poids constaté soit de kil. 76 7/8, le tableau en question indique que la parité de F. 16.45 l'hectolitre est de F. 21.40 les 100 kil. et de F. 26.32 la charge.

Les blés de toutes les provenances sont variables dans leur poids ; voici ceux adoptés à Marseille pour les qualités les plus répandues par charge de 160 litres.

KIL. Max. Min.	BLÉS TENDRES	KIL. Max. Min.	BLÉS DURS
118/114	Alexandrie.	123/120	Anatolie et Roumélie.
122/118	Danube.	124/121	Volo et Salonique.
128/120	Pologne et aussi 127/124.	127/124	Taganrock 2me.
124/121	Salonique.	130/127	Taganrock 1re.
127/124	Ghirka 2me.	122/124	Marianopoli et aussi 130/127.
128/125	Ghirka 1re.	128/125	Odessa et aussi 130/127.
121/114	Lombardie-Danube.	131/130	Manfredonia (tendre).
128/125	Marianopoli et aussi 130/127.		BLÉS MIXTES
130/127	Richelle et aussi 132/129.	124/121	Abruzzes.
130/127	Romagne.		

Marseille a deux manières de traiter : la première par *marché ferme* et la deuxième par *marché à livrer* sur désignation des navires porteurs.

Que l'on vende dans le port ou par un navire attendu, le vendeur garantit toujours le poids déterminé à son acheteur.

EXEMPLE :

Un négociant a acheté 3200 hectolitres (2000 charges) blé tendre de Pologne, du poids commun de kil. 123 la charge de 160 litres, au prix de F. 26 50 la charge. Si, au débarquement, le poids moyen de la charge est trouvé être supérieur à kil. 123, c'est un bénéfice pour l'acheteur. Par contre, si le poids moyen se trouvait être inférieur à kil. 120, l'acheteur ne serait pas tenu d'en prendre livraison ; si au contraire le poids était de kil. 120, la différence du poids de kil. 3 se trouverait bonifiée comme suit par le vendeur à l'acheteur, d'après les usages établis :

Les deux premiers kil. au-dessous du poids garanti compteront pour.......... kil. 2

Tout ce qui dépasse, compte pour double, ainsi le kil. restant comptera pour.......... » 2

Ce sera donc une bonification de.......... kil. 4

par charge, soit sur 2000 charges kil. 8000 à faire à l'acheteur, sur la base de F. 26 50 pour kil. 123.

Ces mécomptes que l'importeur éprouve souvent sur le poids garanti à la vente de ses blés, viennent en augmenter d'autant le prix de revient. Il s'agira donc de déduire du prix de vente de F. 26 50 ci-dessus, le produit de kil. 4 par charge pesant kil. 123 et augmenter d'autant le prix de revient. Pour abréger ce calcul, on trouvera à la page 452 un tableau de réduction de la charge de 160 litres à tous les prix et à tous les poids pour kil. 1, on verra sur ce même tableau que le kil. de blé, au prix de F. 26 50 la charge de kil. 123, représente F. 0 215 à multiplier par kil. 4, ce qui donne F. 0 86 par charge, aussi bien que par hectolitre et par kil. 100, qui sont à ajouter aux prix de revient.

L'acheteur conserve toujours le droit de recevoir à quai ou en transbordement. Quand les blés sont livrables à quai, les vendeurs doivent toujours livrer la marchandise criblée et mesurée à leurs frais.

Si au contraire l'acheteur reçoit en transbordement, les blés ne sont pas criblés et le vendeur bonifie dans ce cas F. 0 70 par charge de 160 litres à son acheteur, pour lui tenir lieu du déchet qu'il peut y avoir.

Les opérations de transbordement se pratiquent de deux manières.

La première, toute naturelle, est la mutation du blé résidant à bord du navire livreur, dans celui du navire réceptionnaire.

Pour ce genre de mutation, la ville ne perçoit qu'un droit de 5 centimes au lieu de 20 centimes par 160 litres qu'elle impose aux blés touchant le quai.

La 2e manière est celle de l'alléger des navires importeurs aux bateaux à vapeur par le moyen des accons ou de charrettes ; car les bateaux à vapeur ayant leur place immuable au port de la Joliette, comme les navires importeurs ont la leur au lieu fixé pour le débarquement, le réceptionnaire prend à sa charge les frais de transport.

Le vendeur alors n'a plus à bonifier que 55 centimes au lieu de 70 centimes. Cette différence de 15 centimes étant celle résultant des droits de ville.

Parmi les plantes à épis, classées comme céréales, le seigle, l'orge, le maïs et l'avoine sont fort répandus à Marseille et donnent lieu à d'importantes transactions commerciales.

Le mode de traiter pour ces quatre sortes est similaire aux traités des blés, quant aux conditions de vente, de livraison et de paiement ; leur nature seule rend quelques clauses variables.

Les mêmes contrées important le froment à Marseille expédient aussi le seigle, le maïs, l'orge et l'avoine, dont le poids est variable, mais toujours stipulé dans les traités.

Ainsi :

Le seigle de Roumélie pèse ordinairement kil. 118/115 ; celui d'Odessa et de Galatz kil. 117/113, la charge de 160 litres.

Le maïs d'Ibraïla pèse ordinairement kil. 128/126 ; celui d'Odessa et de Galatz kil. 130/128, la charge de 160 litres.

L'orge pèse kil. 100/98, la charge de 160 litres (¹).

L'avoine pèse kil. 110/108, la charge de 240 litres (²).

L'excédent de poids est toujours un bénéfice pour l'acheteur.

Le manquant est réglé comme suit :

Pour les seigles et les maïs, à *un* pour *un* les deux premiers kil., et *deux* pour *un* pour chaque kil. en sus des deux premiers, ainsi qu'on le pratique pour les blés.

Pour les orges et les avoines, on règle au pair de chaque kil. manquant.

(¹) Voir le tableau de réduction comparée, pages 446 et 447.
(²) id. id. id. pages 445 et 446.

La charge est de 160 litres pour les seigles, les maïs et les orges, et de 240 litres pour les avoines, soit 12 doubles décalitres.

Quand on reçoit en transbordement le vendeur bonifie à l'acheteur 60 centimes par charge de 160 litres sur les seigles, les maïs et les orges, 25 centimes par charge de 240 litres sur les avoines.

Le droit de régie ou de mesurage, autrement dit droit de ville, est ainsi imposé sur les céréales :

Blés et Seigles	20 centimes	les 100 litres.
Orges et Maïs	19 id.	id.
Avoine	18 id.	les 240 litres.

EN TRANSBORDEMENT

Le droit est de F. 0 105 la charge de 160 litres pour le blé, le seigle, le maïs et l'orge, et de F. 0 07 1/2 la charge de 240 litres pour l'avoine.

Le droit d'octroi n'est imposé que sur l'avoine ; il est de 90 centimes l'hectolitre soit F. 2 16 la charge de 240 litres.

Le droit de balance perçu par la douane, depuis la suspension de l'échelle mobile, est fixé comme suit :

Blé	F. 0.40 les 100 litres.	Orge	F. 0.20 les 100 litres.
Seigle	» 0.24 id.	Avoine	» 0.21 les 240 id.
Maïs	» [illegible] id.		

TABLE COMPARATIVE POUR LES GRAINES

Des 100 litres avec les mesures étrangères

1 hectol. soit 100 litres vaut — Mesures	Places	1 hectol. soit 100 litres vaut — Mesures	Places
1.875 Tomoli	Naples.	1.844 Fanègas	Gijon (Asturies).
2.812 Kilots	Constantinople.	1.826 Fanègas	Malaga.
0.718 Kilots	Salonique.	1.827 Fanègas	Santander.
0.578 Ardebs	Alexandrie.	1.080 Fanègas	Saint-Sébastien.
0.475 Chetwerts	Odessa.	4.434 Fanègas	Sarragosse.
0.345 Quarters	Angleterre.	1.842 Fanègas	Séville.
0.038 Lasts	Amsterdam.	0.414 Cahices	Alicante.
0.374 Rubbi	Ancône.	1.403 Quarteras	Barcelone.
7.343 Alqueires	Lisbonne.	1.389 Quarteras	Majorque.
1.210 Staja	Trieste.	1.318 Quarteras	Minorque.
1.200 Staja	Venise.	0.492 Cahices	Valence.
[illegible] Sacchi	Livourne.	[illegible] Salmes	Malte.
0.856 Mines	Gênes (anc. mesure).	1.282 Coupes	Genève.
100 — Litres	Gênes (nouv. mesure).	0.952 Scheffels	Hambourg.
1.823 Fanègas	[illegible]	0.928 Malters	Francfort S/M.
1.807 Fanègas	Cadix.	2.837 Boschel	États-Unis.
1.793 Fanègas	Carthagène.	0.375 Salmée	Sicile.
1.754 Fanègas	Bilbao.		

Huiles. — On classe d'abord les Huiles en deux catégories : *Huile végétale ; Huile animale.*

L'huile végétale est une substance onctueuse que l'on extrait des végétaux ; telles sont l'huile d'olive, l'huile de graine de sésame, d'arachides, de lin, de colza, d'œillette, d'amande, de palme, de coco, de fleurs, &c. ; l'huile animale est une substance également onctueuse que l'on extrait de divers animaux ; telles sont l'huile de baleine, l'huile de phoque, l'huile de foie de morue, de pieds de bœuf, de pieds de mouton, &c, &c.

On fait ensuite deux autres distinctions d'huile : *Huiles fixes, ou pures ; Huiles volatiles ou essentielles.*

Les diverses huiles comprises dans ces deux dénominations sont si nombreuses que nous nous bornerons à en indiquer quelques-unes.

HUILES FIXES OU PURES. — Huile d'olive, de palme, de coco, de graine de sésame, d'arachide, de colza, de coton, de chanvre, de lin, de navettes, d'œillette, de pavot, d'amande, de noix, de noisette, &c, &c.

HUILES VOLATILES OU ESSENTIELLES. — Huile de citron, d'orange, de bergamotte, de bigarade, de rose, de bois de Rhodes, de girofle, muscade, canelle, cassia lignea, sassafras, valériane, amandes amères, &c, &c.

L'Huile fixe et douce est presque inodore, elle se volatilise très-difficilement et elle ne se dissout pas dans l'eau, sur laquelle elle surnage comme toutes les huiles en général ; l'huile fixe ne s'enflamme pas par l'approche d'un corps en combustion.

L'huile volatile ou essentielle est très-odorante et sans viscosité, elle se volatilise facilement, elle est soluble dans l'eau et elle est susceptible de s'enflammer à l'approche du feu.

Sans entrer dans les particularités des nombreuses espèces d'huiles d'un intérêt secondaire, nous nous occuperons particulièrement *des huiles d'olive et des huiles de graines.*

HUILE D'OLIVE. — Parmi toutes les huiles, celle d'olive est la plus ancienne, la plus importante et la plus répandue ; elle se divise en plusieurs catégories : *Huiles fines ou comestibles, Huiles lampantes, tournantes, Huiles à fabrique, Sottochiari, Ressences, Raffinées.*

Les Huiles fines de *Bari* dans la province napolitaine ont pris depuis quelque temps le premier rang parmi les qualités d'huiles supérieures, la production moyenne en est d'environ cent mille quintaux métriques, on les classe en six catégories différentes, savoir :

Marque AA, Marque A, Numéro 1, 2, 3, 4.

La marque AA indique le premier choix ; la marque A le second et ainsi de suite. Entre une catégorie et une autre, on fait ordinairement en France une différence de prix de F. 4 à 5 par 100 kil.

Les Huiles fines de Provence et surtout celles d'Aix sont très-estimées.

HUILES D'OLIVE LAMPANTES. — Sous cette dénomination on comprend toutes les huiles secondaires ou non comestibles qui, après avoir séjourné quelques mois dans leur récipient ont déposé [illegible] Lorsque les huiles ont bien déposé, elles acquièrent une lucidité très-marquée et on leur donne le nom d'huiles *brillantes*. On sait que l'huile sortant du moulin est trouble, et dans cet état les qualités secondaires sont désignées sous le nom d'huiles à fabrique; pour déposer et devenir *lampante* ou *brillante* elle a besoin de quelques mois de repos et d'une température chaude; elle se clarifie très-facilement dans l'été, mais très-difficilement dans l'hiver; elle gèle aux premiers froids et elle reste dans cet état jusqu'au retour des chaleurs.

Les lampantes les plus estimées sont celles provenant des huiles d'Espagne; viennent ensuite les qualités du Mogador, de la Syrie, de la Corée, des îles Ioniennes, de l'Algérie, de la Sicile et du Royaume de Tunis. Les qualités de Gallipoli (province de Naples) seraient préférables à celles d'Espagne, mais elles viennent rarement en France, ayant leur débouché en Angleterre, en Russie, dans une partie de l'Allemagne et du royaume Lombardo-Vénitien, par la voie de Trieste et Venise.

L'huile lampante, qui s'appelle aussi huile à brûler, est destinée à l'éclairage, à la fabrication des savons de choix et à la manutention des machines; il s'en fait une grande consommation pour les machines à vapeur.

Huile tournante. — L'huile d'olive tournante n'est autre chose qu'une huile claire et lampante, ayant une propriété particulière, celle de se dissoudre complètement dans la lessive sans laisser aucune trace huileuse. On se sert de cette huile pour le lavage des laines à tisser et pour les impressions des tissus. Cette huile se vendait autrefois de 10 à 15 % plus cher que les huiles simplement lampantes; mais depuis qu'on a reconnu la même propriété dans quelques huiles d'arachides, et que par suite, la marchandise est moins rare, cette différence de prix a beaucoup diminué.

La propriété de l'huile tournante ne se rencontre que dans les belles huiles de Calabre un peu vieilles. On la rencontre [illegible] dans les huiles d'olive de Mogador.

Pour voir si une huile est tournante, on forme avec trois parties de sel de soude cristalisé et une partie de potasse une lessive à laquelle on ajoute la quantité d'eau nécessaire pour la réduire à 2 degrés, réglés par un pèse-lessive. On verse dans un verre ordinaire un peu de cette lessive, trois doigts environ, on met dans un autre verre un peu d'huile (le cinquième environ de la lessive); on verse la lessive sur l'huile, et l'on fait passer plusieurs fois les deux liquides mélangés d'un verre à l'autre pour que le mélange s'opère complètement. Ce mélange prend aussitôt la blancheur, l'intensité et la ressemblance parfaite d'un lait pur. On le laisse reposer dans le verre pendant vingt-quatre heures; si l'huile n'est pas tournante, on aperçoit sur la superficie de petites gouttes d'huile; si, par contre, elle est tournante, on n'aperçoit aucune trace d'huile, et le mélange conserve la ressemblance parfaite d'un lait pur et sans tache.

Huile d'olive a fabrique. — Toutes les huiles d'olive, non comestibles, plus ou moins troubles, plus ou moins lampantes, sont désignées sous le nom d'huiles à fabrique, parce qu'on les emploie à la fabrication des savons qui forme une des plus grandes industries du midi de la France et particulièrement de Marseille.

Les pays étrangers qui nous fournissent des huiles à fabrique sont la Turquie, l'Espagne, les Deux-Siciles, les îles Ioniennes, le Maroc et le royaume de Tunis.

Huiles Sottochiari. — Ces huiles qui nous viennent des provinces de Naples et notamment de Gallipoli, Tarente, Marianopoli, sont tout simplement les huiles dont on a prélevé toute la partie lampante et desquelles on a séparé les gros fonds; en d'autres termes, elles sont la partie intermédiaire existant entre la partie lampante et les fonds. De là le nom de *Sottochiari*, qui veut dire sous-claires. Ces huiles se vendent pour la fabrication des savons, pour contrebalancer, dans la composition des savons, la faiblesse des huiles de graine.

Ressences. — L'huile dite *ressence* ou *de ressence* est le produit du [illegible] traité par l'eau. Lorsqu'on a extrait des olives broyées, toute l'huile qu'on a pu obtenir par le moyen des pressoirs, il reste dans les couffins une pâte desséchée, durcie par la pression, qui est le résidu de la drupe et du noyau de l'olive et qu'on appelle marc ou *grignon*. On fait broyer de nouveau ce *grignon* par les meules, on l'asperge souvent avec de l'eau chaude, on le jette dans un bassin soumis à l'eau courante, on le remue, on le lave, on le laisse reposer. Toute l'huile que pouvait encore contenir ce résidu de l'olive se sépare et revient à la surface de l'eau; on la fait passer dans un second bassin, inférieur au premier, puis dans un troisième, dans un quatrième, et elle arrive enfin dans un dernier bassin entièrement dégagée et purgée de tout fragment de noyau et de drupe.

L'huile de ressence a une couleur verte et une odeur très-marquée; elle est très-pâteuse et quand elle est surprise par le froid, dans les futailles, il faut les défoncer pour l'en faire sortir.

Ces huiles conservent toujours une petite quantité d'eau dans leur masse et on leur reconnaît toujours un brut qui varie de 3 à 5 pour cent.

La ressence n'est employée que pour la fabrication des savons, et il s'en fait naturellement une grande consommation à Marseille; c'est une huile qui a beaucoup d'énergie et une propriété siccative très-importante. Ainsi, on s'en sert pour contrebalancer la faiblesse des huiles de graines et composer avec elles les savons de *coupe ferme*, c'est-à-dire solides et pouvant résister à une température chaude.

Huiles raffinées. — Ces huiles, qui se fabriquent dans les provinces napolitaines seulement, sont le résultat des fonds d'huile d'olive épurés par le four. On verse ces fonds dans des jarres de terre réfractaire; on introduit ces jarres dans un four vivement chauffé; on ferme ce four hermétiquement, et on laisse reposer pendant 24 heures; ce temps écoulé, on retire les jarres du four, dans lesquelles on remarque une diminution d'un dixième et même plus, sur la quantité versée. Toutes les matières brutes restent au fond des jarres, et n'ont plus aucune valeur; l'huile, purgée de ces matières brutes, est l'huile qu'on appelle raffinée. Cette huile prend une couleur grisâtre; elle est pâteuse, elle a une odeur très-prononcée d'acide, approchant de celle du vinaigre; elle s'emploie à la fabrication du savon avec les huiles de graine; elle a la propriété siccative, comme les ressences, mais pas au même degré. Les savonniers lui attribuent le défaut de laisser des trous dans les savons.

Conditions de vente pour les huiles.

Les huiles d'olive à Marseille se vendent ou en disponible, ou à livrer sur désignation de navire et avec indication de provenance, ou en ordre de livraison pour toutes les époques de l'année. Pour les affaires en disponible, que l'huile soit en débarquement sur le quai, qu'elle soit en pile ou en magasin, l'acheteur ne conclut le marché qu'après avoir vu et agréé la marchandise.

Les marchés à livrer sur désignation de navire sont à peu près de la même nature que ceux que nous avons indiqués pour les blés. Le navire n'arrivant pas à l'époque déterminée, l'acheteur a le droit de résilier le marché ou d'en proroger l'exécution.

Les marchés en ordre de livraison se font ordinairement par trimestre et par semestre, mais il s'en fait aussi de mensuels. Les traités pour ces sortes d'opérations n'indiquent aucune qualité d'huiles spéciales, ils indiquent simplement : « Huile d'olive marchande et de recette. »

Les huiles fines se vendent aux 58 1/2 kil. poids net, au comptant, sous escompte de 1 % futaille perdue pour le vendeur.

Les huiles lampantes aux 58 kil. seulement, poids net au comptant, sans escompte, les futailles à rendre.

Les autres huiles aux 64 litres de jauge.

D'après la nouvelle loi sur les usages commerciaux, dont il a été fait mention plus haut à l'article *Céréales*, les huiles doivent se vendre à l'avenir aux 100 kil. avec un escompte de 2 % pour comptant.

Ce sera donc sur ces dernières bases que seront dressés tous les comptes de revient qui vont suivre.

On trouvera à la page 451 un tableau de réduction présentant la parité des prix aux 100 kil. avec les prix à la millerolle.

Le droit de douane est tarifé sur le poids brut à raison de F. 6 par 100 kil. (en 1866) par navires français, de F. 7 par navires étrangers.

100 kil. d'huile poids net correspondent à 119 kil. et 120 kil. poids brut, une millerolle d'huile de 64 litres pèse au poids net 58 kil. à 59 kil. suivant la qualité, et 70 kil. environ au poids brut.

100 kil. d'huile poids brut représentant kil. 83 1/3 à kil. 83 1/2 poids net, le droit d'entrée de F. 6 par 100 kil. bruts représenté par 100 kil. nets F. 7.19 et par millerolle de kil. 58 1/2 net F. 4.21.

Graines oléagineuses. — La production des huiles de graines est considérablement augmentée avec les progrès et les perfectionnements des machines à vapeur. On extrait aujourd'hui, des huiles de toutes sortes de graines et on est souvent à se demander si les huiles d'olive ne finiront pas par être entièrement supprimées. Cependant, chose étonnante, la production des huiles d'olive n'a pas diminué; il s'en faut, et l'énorme concurrence des huiles de graines n'a pas déprécié les huiles d'olive. Les prix des huiles d'olive varient suivant que les récoltes sont bonnes ou mauvaises et que les huiles de graines sont plus ou moins abondantes ; mais ils varient toujours dans les mêmes limites qu'il y a 40 ou 50 ans, lorsque des huiles de graines étaient presque inconnues. C'est que si, d'un côté, la production de toutes les huiles a augmenté considérablement, de l'autre côté, la consommation a pris de plus grandes proportions avec les progrès de la vapeur et des sciences industrielles.

Les huiles de graines ayant une grande importance commerciale sont celles provenant de la graine de : *Colza ; d'Œillettes ou Pavots ; de Lin ; de Sésame ; d'Arachides.*

La culture des colzas et des œillettes se fait sur une grande échelle dans nos départements du nord, quant aux graines de lin, de sésame et d'arachide qui forment l'objet d'un commerce très-considérable à Marseille, elles sont importées en France, celles de lin et de sésame, de la Turquie, de la Russie, de Naples et des Indes Orientales, celles d'arachides, du Sénégal et de la côte occidentale d'Afrique.

L'huile de ces différentes graines se fabrique en France, et l'importation de l'étranger est peu importante. Il n'y a que les huiles de coco et de palme, venant du Sénégal et de la côte occidentale d'Afrique et de l'Inde, dont l'importation offre un certain intérêt commercial.

Huile de colza. — Cette huile a une couleur jaune, une odeur forte et un goût ingrat qui la rend impossible à l'usage alimentaire. Elle est employée à l'éclairage et à la fabrication des savons mous. L'huile destinée à l'éclairage subit une épuration par l'acide sulfurique, et on l'appelle *épurée*, cette opération rend l'huile moins colorée et diminue beaucoup sa densité.

On distingue deux sortes d'huile épurée ; l'huile à quinquet et l'huile à réverbère, soit qualité de choix et qualité inférieure, souvent cette dernière est de l'huile brute clarifiée.

L'huile de colza épurée brûle très-bien et fait un bel éclairage ; mais il faut que l'huile soit fraiche, c'est-à-dire de fabrication récente ; si elle est vieille, elle ne brûle pas assez bien ; elle charbonne la mèche et elle produit une fumée très-incommode.

Huile d'Œillette ou de Pavot. — Cette huile ayant un goût doux et agréable, on est parvenu à la rendre parfaitement comestible. On la mélange ordinairement avec les huiles d'olive et il y a bien des consommateurs qui la préfèrent ainsi mélangée à l'huile d'olive pure.

On distingue deux sortes de qualités, l'huile comestible qu'on appelle *huile blanche*, et l'huile à fabrique qu'on appelle *huile rousse*. L'huile comestible est le produit d'une graine de choix et d'une première pression, tandis que l'huile à fabrique est le résultat ou d'une seconde pression ou d'une qualité de graine de second choix. L'huile d'œillette est très-siccative et on l'emploie volontiers à la fabrication des savons à [illegible].

Huile de lin. — Cette huile est jaunâtre et légèrement visqueuse ; elle est incontestablement la plus chaude et la plus siccative de toutes les huiles. Elle ne se congèle qu'à 27 degrés au-dessous de zéro. Cette huile est employée pour la fabrication des savons et principalement pour l'usage de la peinture.

Le rendement de la graine de lin est de kil. 34 à 34 1/2 d'huile (et 63 kil. à 64 kil. de tourteaux) pour 100 kil. de graines, première et seconde pressions réunies.

Huile de Sésame. — Le sésame, autrement dit jugeoline, est originaire d'Orient. Il est cultivé en Egypte, en Syrie, en Roumélie, dans la Russie méridionale, en Sicile, en Perse et dans les Indes. La graine de sésame est petite, ovoïde, jaunâtre et d'un goût doux et agréable. Les sésames du Levant sont préférables aux sésames de l'Inde, soit sous le rapport du rendement en huile, soit sous le rapport de la qualité même de l'huile. Et en effet, les meilleures huiles de sésame comestibles sont celles provenant de la graine de sésame du Levant. Les plus belles qualités du Levant sont celles de Roumélie, celles des terres situées au bord du Danube et celles de Volo et des diverses contrées de l'Hellespont.

La graine de sésame du Levant, dans nos fabriques en France, rend 50 kil. d'huile par 100 kil. de graines.

Les sésames de Calcutta ne rendent que 47 kil. d'huile non comestible sur 100 kil. de graines.

L'huile de sésame surfine, et par conséquent de première pression, est parfaitement comestible ; elle est même excellente et il s'en fait une grande consommation en France, en concurrence des huiles fines d'olive.

Huile d'Arachide. — Cette huile est douce et agréable comme celle de sésame ; elle a un goût moins prononcé, mais plus sincère et une couleur jaune, claire, tout à fait semblable. L'huile d'arachide est parfaitement comestible et d'excellente qualité ; elle est aussi estimée que l'huile de Sésame à laquelle elle est quelquefois préférée.

C'est à titre de graine oléagineuse que l'arachide a pris rang dans le commerce de la culture. L'arachide croît spontanément au Sénégal et sur la côte occidentale d'Afrique jusqu'au voisinage de l'Equateur ; elle y est devenue l'objet d'une culture régulière pour les noirs, dont quelques-uns émigrent même de l'intérieur sur le littoral, pendant la saison des travaux et rentrent dans leur pays avec le prix de leur récolte, troqué contre des marchandises européennes.

Dans le commerce du Sénégal on distingue deux sortes d'arachides : celle de Galam et celle du Cayor. La coque des premières est plus mince, mieux remplie par une amande qui fournit un rendement d'huile plus considérable ; cependant, le voisinage de Saint-Louis, centre de ce commerce, fait que la plupart des arachides exportées viennent du Cayor.

Le courtage sur les huiles fines se paie 1 %
id. sur les huiles lampantes 1/2 %
id. sur les autres huiles 1/4 %

Tous les comptes de vente qui vont suivre sont établis, en ce qui concerne les taxes et les escomptes, conformément à la loi nouvelle.

Le ducroire ne figure pas dans les comptes de vente. L'escompte de 2 % contre paiement comptant, représente l'intérêt de 4 mois à 6 % l'an. Si le vendeur accorde du terme à son acheteur, ce qui arrive assez souvent, contre des billets, il trouvera facilement à les négocier *sans sa garantie* de 1 à 2 % au-dessus du taux de la banque de France, pour peu que la souscription des billets soit bien notée. Les vendeurs peuvent ainsi se mettre à l'abri en usant de cette facilité, qui ne se rencontre pas ailleurs sur les marchés français.

TABLEAU

Pour une charge d'Avoine du poids de 107 kil.

Réduction pour les Avoines présentant la parité des prix de l'hectol. avec celle des prix par 100 kil. et celle des prix par charge de 240 litres du poids de 107 kil.

Savoir :

Base des réductions { 1 hectolitre d'avoine = 44 kil. 58 ; 1 charge d'avoine = 240 litres de 107 kil.

Prix de l'hectol. du poids de kil. 44 58	Prix des 100 kil.	Prix de la charge de 240 litres du poids de 107 kil.
F. 0.01 =	F. 0.02.243 =	F. 0.02.4
0.02	0.04.486	0.04.8
0.03	0.06.729	0.07.2
0.04	0.08.972	0.09.6
0.05	0.11.215	0.12
0.06	0.13.458	0.14.4
0.07	0.15.701	0.16.8
0.08	0.17.944	0.19.2
0.09	0.20.187	0.21.6
0.10	0.22.430	0.24
0.20	0.44.860	0.48
0.30	0.67.290	0.72
0.40	0.89.720	0.96
0.50	1.12.150	1.20
0.60	1.34.580	1.44
0.70	1.57.010	1.68
0.80	1.79.440	1.92
0.90	2.01.870	2.16
1.—	2.24.299	2.40
2.—	4.48.598	4.80
3.—	6.72.897	7.20
4.—	8.97.196	9.60
5.—	11.21.495	12.—
6.—	13.45.794	14.40
7.—	15.70.093	16.80
8.—	17.94.392	19.20
9.—	20.18.691	21.60
10.—	22.42.990	24.—
20.—	44.85.980	48.—
30.—	67.28.970	72.—

On veut savoir quelle est la parité du prix de F. 8.45 l'hectolitre comparée aux 100 kil. et à la charge de 240 litres alors que celle-ci pèse 107 kil.

Il suffit pour cela de décomposer le chiffre de 8.45 comme suit :

F. 0.05 =	F. 0.11.215 =	F. 0.12
0.40	0.89.720	0.96
8	17.94.392	19.20
F. 8.45 =	F. 18.95.327 =	F. 20.28

TABLEAU

Pour une charge d'Avoine du poids de 108 kil.

Réduction pour les Avoines présentant la parité des prix de l'hectol. avec celle des prix par 100 kil. et celle des prix par charge de 240 litres du poids de 108 kil.

Savoir :

Base des réductions { 1 hectolitre d'avoine = 45 kil. ; 1 charge d'avoine = 240 litres de 108 kil.

Prix de l'hectol. du poids de kil. 45	Prix des 100 kil.	Prix de la charge de 240 litres du poids de 108 kil.
F. 0.01 =	F. 0.02.222 =	F. 0.02.4
0.02	0.04.444	0.04.8
0.03	0.06.666	0.07.2
0.04	0.08.888	0.09.6
0.05	0.11.110	0.12
0.06	0.13.332	0.14.4
0.07	0.15.554	0.16.8
0.08	0.17.776	0.19.2
0.09	0.19.998	0.21.6
0.10	0.22.222	0.24
0.20	0.44.444	0.48
0.30	0.66.666	0.72
0.40	0.88.888	0.96
0.50	1.11.110	1.20
0.60	1.33.332	1.44
0.70	1.55.554	1.68
0.80	1.77.776	1.92
0.90	1.99.998	2.16
1.—	2.22.222	2.40
2.—	4.44.444	4.80
3.—	6.66.666	7.20
4.—	8.88.888	9.60
5.—	11.11.110	12.—
6.—	13.33.332	14.40
7.—	15.55.554	16.80
8.—	17.77.776	19.20
9.—	19.99.998	21.60
10.—	22.22.222	24.—
20.—	44.44.444	48.—
30.—	66.66.666	72.—

On veut savoir quelle est la parité du prix de F. 8.45 l'hectolitre comparée aux 100 kil. et à la charge de 240 litres alors que celle-ci pèse 108 kil.

Il suffira pour cela de décomposer le chiffre 8.45 comme suit :

F. 0.05 =	F. 0.11.110 =	F. 0.12
0.40	0.88.888	0.96
8	17.77.776	19.20
F. 8.45 =	F. 18.77.774 =	F. 20.28

TABLEAU

Pour une charge d'Avoine du poids de 109 kil.

Réduction pour les *Avoines* présentant la parité des prix de l'hectol. avec celle des prix par 100 kil. et celle des prix par charge de 240 litres du poids de 109 kil.

Savoir :

Base des réductions { 1 hectolitre d'avoine = 100 litres. 1 charge d'avoine = 240 litres de 109 kil.

Prix de l'hectol. du poids de kil. 45 %		Prix des 100 kil.		Prix de la charge de 240 litres du poids de 109 kil.
F. 0.01	=	F. 0.02.202	=	F. 0.02.4
0.02		0.04.404		0.04.8
0.03		0.06.606		0.07.2
0.04		0.08.808		0.09.6
0.05		0.11.010		0.12
0.06		0.13.212		0.14.4
0.07		0.15.414		0.16.8
0.08		0.17.616		0.19.2
0.09		0.19.818		0.21.6
0.10		0.22.018		0.24
0.20		0.44.036		0.48
0.30		0.66.054		0.72
0.40		0.88.072		0.96
0.50		1.10.090		1.20
0.60		1.32.108		1.44
0.70		1.54.126		1.68
0.80		1.76.144		1.92
0.90		1.98.162		2.16
1. —		2.20.183		2.40
2. —		4.40.366		4.80
3. —		6.60.549		7.20
4. —		8.80.732		9.60
5. —		11.00.915		12. —
6. —		13.21.098		14.40
7. —		15.41.281		16.80
8. —		17.61.464		19.20
9. —		19.81.647		21.60
10. —		22.01.835		24. —
20. —		44.03.670		48. —
30. —		66.05.505		72. —

On veut savoir quelle est la parité du prix de F. 8.45 l'hectolitre comparée aux 100 kil. et à la charge de 240 litres alors que celle-ci pèse 109 kil.

Il suffira pour cela de décomposer le chiffre ci-dessus comme suit :

F. 0.05	=	F. 0.11.010	=	F. 0.12
0.40		0.88.072		0.96
8. —		17.61.464		19.20
F. 8.45	=	F. 18.60.546	=	F. 20.28

TABLEAU

Pour une charge d'Avoine du poids de 110 kil.

Réduction pour les *Avoines* présentant la parité des prix de l'hectol. avec celle des prix par 100 kil. et celle des prix par charge de 240 litres du poids de 110 kil.

Savoir :

Base des réductions { 1 hectolitre d'avoine = 100 litres. 1 charge d'avoine = 240 litres de 110 kil.

Prix de l'hectol. du poids de kil. 45 %		Prix des 100 kil.		Prix de la charge de 240 litres du poids de 110 kil.
F. 0.01	=	F. 0.02.182	=	F. 0.02.4
0.02		0.04.364		0.04.8
0.03		0.06.546		0.07.2
0.04		0.08.728		0.09.6
0.05		0.10.910		0.12
0.06		0.13.092		0.14.4
0.07		0.15.274		0.16.8
0.08		0.17.456		0.19.2
0.09		0.19.638		0.21.6
0.10		0.21.816		0.24
0.20		0.43.630		0.48
0.30		0.65.454		0.72
0.40		0.87.272		0.96
0.50		1.09.090		1.20
0.60		1.30.908		1.44
0.70		1.52.726		1.68
0.80		1.74.545		1.92
0.90		1.96.362		2.16
1. —		2.18.182		2.40
2. —		4.36.364		4.80
3. —		6.54.546		7.20
4. —		8.72.728		9.60
5. —		10.90.910		12. —
6. —		13.09.092		14.40
7. —		15.27.274		16.80
8. —		17.45.456		19.20
9. —		19.63.638		21.60
10. —		21.81.818		24. —
20. —		43.63.636		48. —
30. —		65.45.454		72. —

On veut savoir quelle est la parité du prix de F. 8.45 l'hectolitre comparée aux 100 kil. et à la charge de 240 litres alors que celle-ci pèse 110 kil.

Il suffira pour cela de décomposer le chiffre ci-dessus comme suit :

F. 0.05	=	F. 0.10.910	=	F. 0.12
0.40		0.87.272		0.96
8. —		17.45.456		19.20
F. 8.45	=	F. 18.43.638	=	F. 20.28

RÉDUCTION DE LA VALEUR DU KIL. D'AVOINE

Aux divers prix de la charge de 240 litres et aux divers poids, depuis 107 à 110 kil. la charge de 240 litres en millièmes de franc.

PRIX À MARSEILLE par charge de 240 litres	Kil. 107	Kil. 108	Kil. 109	Kil. 110
F. 10. —	F. 0.093	F. 0.092	F. 0.092	F. 0.091
10.25	0.095	0.094	0.094	0.093
10.50	0.097	0.096	0.096	0.095
10.75	0.100	0.099	0.099	0.098
11. —	0.102	0.101	0.101	0.100
11.25	0.104	0.103	0.103	0.102
11.50	0.107	0.106	0.106	0.105
11.75	0.109	0.108	0.108	0.107
12. —	0.111	0.110	0.110	0.109
12.25	0.114	0.113	0.112	0.111
12.50	0.116	0.115	0.115	0.114
12.75	0.119	0.117	0.117	0.116
13. —	0.121	0.120	0.120	0.118
13.25	0.123	0.122	0.122	0.120
13.50	0.126	0.124	0.124	0.122
13.75	0.128	0.126	0.126	0.125
14. —	0.130	0.129	0.128	0.127
14.25	0.132	0.131	0.130	0.129
14.50	0.135	0.133	0.132	0.132
14.75	0.137	0.136	0.135	0.134
15. —	0.139	0.138	0.137	0.136
15.25	0.142	0.140	0.139	0.139
15.50	0.144	0.143	0.142	0.141
15.75	0.146	0.145	0.144	0.143
16. —	0.149	0.147	0.146	0.145
16.25	0.151	0.150	0.149	0.147
16.50	0.153	0.152	0.151	0.149
16.75	0.156	0.154	0.153	0.152
17. —	0.158	0.157	0.156	0.154
17.25	0.160	0.159	0.158	0.156
17.50	0.163	0.161	0.160	0.159
17.75	0.165	0.164	0.163	0.161
18. —	0.168	0.167	0.165	0.164
18.25	0.170	0.169	0.167	0.166
18.50	0.172	0.171	0.169	0.168
18.75	0.175	0.174	0.172	0.171
19. —	0.177	0.176	0.174	0.173
19.25	0.179	0.178	0.176	0.175
19.50	0.182	0.181	0.179	0.178
19.75	0.184	0.183	0.181	0.180
20. —	0.186	0.185	0.183	0.182
20.25	0.189	0.188	0.186	0.185
20.50	0.191	0.190	0.188	0.187
20.75	0.193	0.192	0.190	0.189
21. —	0.196	0.194	0.192	0.191
21.25	0.198	0.196	0.194	0.193
21.50	0.200	0.199	0.197	0.195
21.75	0.203	0.201	0.199	0.198
22. —	0.205	0.203	0.201	0.200
22.25	0.207	0.205	0.203	0.202
22.50	0.210	0.208	0.206	0.204
22.75	0.212	0.210	0.208	0.207
23. —	0.214	0.212	0.210	0.209
23.25	0.217	0.215	0.213	0.212
23.50	0.219	0.217	0.215	0.214
23.75	0.222	0.219	0.217	0.216
24. —	0.224	0.222	0.220	0.218

Le poids garanti est de 110 kil. par charge de 240 litres. Les *Avoines* pesant moins seront réglées au prix de chaque kil. manquant.

TABLEAU

Pour une charge d'Orge du poids de 97 kil.

Réduction pour les *Orges* présentant la parité des prix de l'hectol. avec celle des prix par 100 kil. et celle des prix par charge de 160 litres du poids de 97 kil.

Savoir :

Base des réductions { 1 hectolitre d'orge = 100 litres. 1 charge d'orge = 160 litres de 97 kil.

Prix de l'hectol. du poids de kil. 60 %		Prix des 100 kil.		Prix de la charge de 160 litres du poids de 97 kil.
F. 0.01	=	F. 0.01.649	=	F. 0.01.6
0.02		0.03.298		0.03.2
0.03		0.04.947		0.04.8
0.04		0.06.596		0.06.4
0.05		0.08.245		0.08
0.06		0.09.894		0.09.6
0.07		0.11.543		0.11.2
0.08		0.13.192		0.12.8
0.09		0.14.841		0.14.4
0.10		0.16.495		0.16
0.20		0.32.990		0.32
0.30		0.49.485		0.48
0.40		0.65.980		0.64
0.50		0.82.475		0.80
0.60		0.98.970		0.96
0.70		1.15.465		1.12
0.80		1.31.960		1.28
0.90		1.48.455		1.44
1. —		1.64.948		1.60
2. —		3.29.896		3.20
3. —		4.94.844		4.80
4. —		6.59.792		6.40
5. —		8.24.740		8. —
6. —		9.89.688		9.60
7. —		11.54.636		11.20
8. —		13.19.584		12.80
9. —		14.84.532		14.40
10. —		16.49.484		16. —
20. —		32.98.968		32. —
30. —		49.48.452		48. —

On veut savoir quelle est la parité du prix de F. 16.45 l'hectolitre comparée aux 100 kil. et à la charge de 160 litres alors que celle-ci pèse 97 kil.

Il suffira pour cela de décomposer le chiffre ci-dessus comme suit :

F. 0.05	=	F. 0.08.245	=	F. 0.08
0.40		0.65.980		0.64
6. —		9.89.688		9.60
10. —		16.49.484		16. —
F. 16.45	=	F. 27.13.397	=	F. 26.32

TABLEAU

Pour une charge d'Orge du poids de 98 kil.

Réduction pour les *Orges* présentant la parité des prix de l'hectol. avec celle des prix par 100 kil. et celle des prix par charge de 160 litres du poids de 98 kil.

Savoir :

Base des réductions : 1 hectolitre d'orge = 100 litres. 1 charge d'orge = 160 litres de 98 kil.

Prix de l'hectol.		Prix des 100 kil.		Prix de la charge de 160 litres du poids de 98 kil.
F. 0.01	=	F. 0.01.632	=	F. 0.01.6
0.02		0.03.264		0.03.2
0.03		0.04.896		0.04.8
0.04		0.06.528		0.06.4
0.05		0.08.160		0.08
0.06		0.09.792		0.09.6
0.07		0.11.424		0.11.2
0.08		0.13.056		0.12.8
0.09		0.14.688		0.14.4
0.10		0.16.326		0.16
0.20		0.32.652		0.32
0.30		0.48.978		0.48
0.40		0.65.304		0.64
0.50		0.81.630		0.80
0.60		0.97.956		0.96
0.70		1.14.282		1.12
0.80		1.30.608		1.28
0.90		1.46.934		1.44
1.—		1.63.265		1.60
2.—		3.26.530		3.20
3.—		4.89.795		4.80
4.—		6.58.060		6.40
5.—		8.16.325		8.—
6.—		9.79.590		9.60
7.—		11.42.855		11.20
8.—		13.06.120		12.80
9.—		14.69.390		14.40
10.—		16.32.653		16.—
20.—		32.65.306		32.—
30.—		48.97.959		48.—

On veut savoir quelle est la parité du prix de F. 16.45 l'hectolitre comparée aux 100 kil. et à la charge de 160 litres alors que celle-ci pèse 98 kil.

Il suffira pour cela de décomposer le chiffre ci-dessus comme suit :

F. 0.05	=	F. 0.08.160	=	F. 0.08
0.40		0.65.304		0.64
6.—		9.79.590		9.60
10.—		16.32.653		16.—
F. 16.45	=	F. 26.85.707	=	F. 26.32

TABLEAU

Pour une charge d'Orge du poids de 99 kil.

Réduction pour les *Orges* présentant la parité des prix de l'hectol. avec celle des prix par 100 kil. et celle des prix par charge de 160 litres du poids de 99 kil.

Savoir :

Base des réductions : 1 hectolitre d'orge = 100 litres. 1 charge d'orge = 160 litres de 99 kil.

Prix de l'hectol.		Prix des 100 kil.		Prix de la charge de 160 litres du poids de 99 kil.
F. 0.01	=	F. 0.01.616	=	F. 0.01.6
0.02		0.03.232		0.03.2
0.03		0.04.848		0.04.8
0.04		0.06.464		0.06.4
0.05		0.08.080		0.08
0.06		0.09.696		0.09.6
0.07		0.11.312		0.11.2
0.08		0.12.928		0.12.8
0.09		0.14.544		0.14.4
0.10		0.16.162		0.16
0.20		0.32.324		0.32
0.30		0.48.486		0.48
0.40		0.64.648		0.64
0.50		0.80.810		0.80
0.60		0.96.972		0.96
0.70		1.18.134		1.12
0.80		1.29.296		1.28
0.90		1.45.458		1.44
1.—		1.61.616		1.60
2.—		3.23.232		3.20
3.—		4.84.848		4.80
4.—		6.46.464		6.40
5.—		8.08.080		8.—
6.—		9.69.696		9.60
7.—		11.31.312		11.20
8.—		12.92.928		12.80
9.—		14.54.544		14.40
10.—		16.16.161		16.—
20.—		32.32.322		32.—
30.—		48.48.483		48.—

On veut savoir quelle est la parité du prix de F. 16.45 l'hectolitre comparée aux 100 kil. et à la charge de 160 litres alors que celle-ci pèse 99 kil.

Il suffira pour cela de décomposer le chiffre ci-dessus comme suit :

F. 0.05	=	F. 0.08.080	=	F. 0.08
0.40		0.64.648		0.64
6.—		9.69.696		9.60
10.—		16.16.161		16.—
F. 16.45	=	F. 26.58.585	=	F. 26.32

TABLEAU

Pour une charge d'Orge du poids de 100 kil.

Réduction pour les *Orges* présentant la parité des prix de l'hectol. avec celle des prix par 100 kil. et celle des prix par charge de 160 litres du poids de 100 kil.

Savoir :

Base des réductions : 1 hectolitre d'orge = 100 litres. 1 charge d'orge = 160 litres de 100 kil.

Prix de l'hectol.		Prix des 100 kil.		Prix de la charge de 160 litres du poids de 100 kil.
F. 0.01	=	F. 0.01.6	=	F. 0.01.6
0.02		0.03.2		0.03.2
0.03		0.04.8		0.04.8
0.04		0.06.4		0.06.4
0.05		0.08		0.08
0.06		0.09.6		0.09.6
0.07		0.11.2		0.11.2
0.08		0.12.8		0.12.8
0.09		0.14.4		0.14.4
0.10		0.16		0.16
0.20		0.32		0.32
0.30		0.48		0.48
0.40		0.64		0.64
0.50		0.80		0.80
0.60		0.96		0.96
0.70		1.12		1.12
0.80		1.28		1.28
0.90		1.44		1.44
1.—		1.60		1.60
2.—		3.20		3.20
3.—		4.80		4.80
4.—		6.40		6.40
5.—		8.—		8.—
6.—		9.60		9.60
7.—		11.20		11.20
8.—		12.80		12.80
9.—		14.40		14.40
10.—		16.—		16.—
20.—		32.—		32.—
30.—		48.—		48.—

On veut savoir quelle est la parité du prix de F. 16.45 l'hectolitre comparée aux 100 kil. et à la charge de 160 litres alors que celle-ci pèse 100 kil.

Il suffira pour cela de décomposer le chiffre ci-dessus comme suit :

F. 0.05	=	F. 0.08	=	F. 0.08
0.40		0.64		0.64
6.—		9.60		9.60
10.—		16.—		16.—
F. 16.45	=	F. 26.32	=	F. 26.32

RÉDUCTION DE LA VALEUR DU KIL. D'ORGE

Aux divers prix de la charge de 160 litres et aux divers poids, depuis 97 à 100 kil. la charge en millièmes de francs.

PRIX DES ORGES MARSEILLE par charge de 160 litres	KIL. 97	KIL. 98	KIL. 99	KIL. 100
F. 10.—	F. 0.103	F. 0.102	F. 0.101	F. 0.100
10.25	0.106	0.105	0.104	0.102
10.50	0.108	0.108	0.107	0.105
10.75	0.111	0.110	0.109	0.108
11.—	0.114	0.113	0.112	0.110
11.25	0.117	0.116	0.115	0.112
11.50	0.119	0.118	0.117	0.115
11.75	0.121	0.120	0.119	0.118
12.—	0.123	0.122	0.121	0.120
12.25	0.126	0.125	0.124	0.123
12.50	0.129	0.128	0.127	0.125
12.75	0.131	0.130	0.129	0.128
13.—	0.134	0.133	0.132	0.130
13.25	0.137	0.136	0.135	0.133
13.50	0.139	0.138	0.137	0.135
13.75	0.142	0.141	0.140	0.138
14.—	0.145	0.144	0.143	0.140
14.25	0.147	0.146	0.145	0.143
14.50	0.150	0.149	0.148	0.145
14.75	0.153	0.152	0.151	0.148
15.—	0.155	0.154	0.153	0.150
15.25	0.158	0.157	0.156	0.153
15.50	0.161	0.160	0.159	0.155
15.75	0.163	0.162	0.161	0.158
16.—	0.166	0.165	0.164	0.160
16.25	0.169	0.168	0.167	0.163
16.50	0.171	0.170	0.169	0.165
16.75	0.174	0.173	0.172	0.168
17.—	0.177	0.176	0.175	0.170
17.25	0.179	0.178	0.177	0.173
17.50	0.182	0.181	0.180	0.175
17.75	0.184	0.183	0.182	0.178
18.—	0.186	0.184	0.182	0.180
18.25	0.189	0.187	0.185	0.183
18.50	0.192	0.190	0.188	0.185
18.75	0.194	0.192	0.190	0.188
19.—	0.197	0.195	0.193	0.190
19.25	0.200	0.198	0.196	0.193
19.50	0.202	0.200	0.198	0.195
19.75	0.202	0.203	0.201	0.198
20.—	0.207	0.205	0.203	0.200
20.25	0.210	0.208	0.206	0.203
20.50	0.212	0.210	0.208	0.205
20.75	0.214	0.212	0.210	0.208
21.—	0.216	0.214	0.212	0.210
21.25	0.219	0.217	0.215	0.213
21.50	0.221	0.220	0.218	0.215
21.75	0.224	0.222	0.220	0.218
22.—	0.227	[illegible]	0.222	0.220
22.25	0.230	0.228	0.225	0.223
22.50	0.232	0.230	0.228	0.225
22.75	0.235	0.232	0.231	0.228
23.—	0.238	0.235	0.234	0.230
23.25	0.240	0.238	0.236	0.233
23.50	0.243	0.241	0.238	0.235
23.75	0.245	0.243	0.240	0.238
24.—	0.247	0.245	0.243	0.240

Le poids garanti est de 100 kil. par charge de 160 litres. Les Orges pesant moins seront réglées au pair de chaque kil. manquant.

TABLEAU

Pour une charge de Blé du poids de 117 kil.

Réduction pour les *Blés* présentant la parité des prix de l'hectol. avec celle des prix par 100 kil. et celle des prix par charge de 160 litres du poids de 117 kil.

Savoir :

Base des réductions { 1 hectolitre de blé = 100 litres. 1 charge de blé = 160 litres et 117 kil.

Prix de l'hectol. du poids de kil. 73 1/8		Prix des 100 kil.		Prix de la charge de 160 litres du poids de 117 kil.
F. 0.01	=	F. 0.01 367	=	F. 0.01 6
0.02		0.02 734		0.03 2
0.03		0.04 101		0.04 8
0.04		0.05 468		0.06 4
0.05		0.06 835		0.08
0.06		0.08 202		0.09 6
0.07		0.09 569		0.11 2
0.08		0.10 936		0.12 8
0.09		0.12 303		0.14 4
0.10		0.13 670		0.16
0.20		0.27 340		0.32
0.30		0.41 025		0.48
0.40		0.54 700		0.64
0.50		0.68 375		0.80
0.60		0.82 050		0.96
0.70		0.95 725		1.12
0.80		1.09 400		1.28
0.90		1.23 075		1.44
1		1.36 752		1.60
2		2.73 504		3.20
3		4.10 256		4.80
4		5.47 008		6.40
5		6.83 760		8.—
6		8.20 512		9.60
7		9.57 264		11.20
8		10.94 016		12.80
9		12.30 768		14.40
10		13.67 521		16.—
20		27.35 042		32.—
30		41.02 563		48.—
40		54.70 084		64.—

On veut savoir quelle est la parité du prix de F. 16.45 l'hectolitre comparée aux 100 kil. et à la charge de 160 litres alors que celle-ci pèse 117 kil.

Il suffira pour cela de décomposer le chiffre ci-dessus comme suit :

F. 0.05	=	F. 0.06.835	=	F. 0.08
0.40		0.54.700		0.64
6.—		8.20.512		9.60
10.—		13.67.521		16.—
F. 16.45	=	F. 22.49.568	=	F. 26.32

TABLEAU

Pour une charge de Blé du poids de 118 kil.

Réduction pour les *Blés* présentant la parité des prix de l'hectol. avec celle des prix par 100 kil. et celle des prix par charge de 160 litres du poids de 118 kil.

Savoir :

Base des réductions { 1 hectolitre de blé = 100 litres. 1 charge de blé = 160 litres et 118 kil.

Prix de l'hectol. du poids de kil. 73 3/4		Prix des 100 kil.		Prix de la charge de 160 litres du poids de 118 kil.
F. 0.01	=	F. 0.01 356	=	F. 0.01 6
0.02		0.02 712		0.03 2
0.03		0.04 068		0.04 8
0.04		0.05 424		0.06 4
0.05		0.06 780		0.08
0.06		0.08 136		0.09 6
0.07		0.09 492		0.11 2
0.08		0.10 848		0.12 8
0.09		0.12 204		0.14 4
0.10		0.13 560		0.16
0.20		0.27 120		0.32
0.30		0.40 677		0.48
0.40		0.54 236		0.64
0.50		0.67 795		0.80
0.60		0.81 354		0.96
0.70		0.94 913		1.12
0.80		1.08 472		1.28
0.90		1.22 031		1.44
1		1.35 593		1.60
2		2.71 186		3.20
3		4.06 779		4.80
4		5.42 372		6.40
5		6.77 965		8.—
6		8.13 558		9.60
7		9.49 151		11.20
8		10.84 744		12.80
9		12.20 337		14.40
10		13.55 932		16.—
20		27.11 864		32.—
30		40.67 796		48.—
40		54.23 728		64.—

On veut savoir quelle est la parité du prix de F. 16.45 l'hectolitre comparée aux 100 kil. et à la charge de 160 litres alors que celle-ci pèse 118 kil.

Il suffira pour cela de décomposer le chiffre ci-dessus comme suit :

F. 0.05	=	F. 0.06.780	=	F. 0.08
0.40		0.54.236		0.64
6.—		8.13.558		9.60
10.—		13.55.932		16.—
F. 16.45	=	F. 22.30.506	=	F. 26.32

TABLEAU

Pour une charge de Blé du poids de 119 kil.

Réduction pour les *Blés* présentant la parité des prix de l'hectol. avec celle des prix par 100 kil. et celle des prix par charge de 160 litres du poids de 119 kil.

Savoir :

Base des réductions { 1 hectolitre de blé = 100 litres. 1 charge de blé = 160 litres et 119 kil.

Prix de l'hectol. du poids de kil. 74 3/8		Prix des 100 kil.		Prix de la charge de 160 litres du poids de 119 kil.
F. 0.01	=	F. 0.01 344	=	F. 0.01 6
0.02		0.02 688		0.03 2
0.03		0.04 032		0.04 8
0.04		0.05 376		0.06 4
0.05		0.06 720		0.08
0.06		0.08 064		0.09 6
0.07		0.09 408		0.11 2
0.08		0.10 752		0.12 8
0.09		0.12 096		0.14 4
0.10		0.13 445		0.16
0.20		0.26 890		0.32
0.30		0.40 335		0.48
0.40		0.53 780		0.64
0.50		0.67 225		0.80
0.60		0.80 670		0.96
0.70		0.94 115		1.12
0.80		1.07 560		1.28
0.90		1.21 005		1.44
1		1.34 454		1.60
2		2.68 908		3.20
3		4.03 362		4.80
4		5.37 816		6.40
5		6.72 270		8.—
6		8.06 724		9.60
7		9.41 178		11.20
8		10.75 632		12.80
9		12.10 086		14.40
10		13.44 538		16.—
20		26.89 076		32.—
30		40.33 614		48.—
40		53.78 152		64.—

On veut savoir quelle est la parité du prix de F. 16.45 l'hectolitre comparée aux 100 kil. et à la charge de 160 litres alors que celle-ci pèse 119 kil.

Il suffira pour cela de décomposer le chiffre ci-dessus comme suit :

F. 0.05	=	F. 0.06.720	=	F. 0.08
0.40		0.53.780		0.64
6.—		8.06.724		9.60
10.—		13.44.538		16.—
F. 16.45	=	F. 22.11.762	=	F. 26.32

TABLEAU

Pour une charge de Blé du poids de 120 kil.

Réduction pour les *Blés* présentant la parité des prix de l'hectol. avec celle des prix par 100 kil. et celle des prix par charge de 160 litres du poids de 120 kil.

Savoir :

Base des réductions { 1 hectolitre de blé = 100 litres. 1 charge de blé = 160 litres et 120 kil.

Prix de l'hectol. du poids de 75 kil.		Prix des 100 kil.		Prix de la charge de 160 litres du poids de 120 kil.
F. 0.01	=	F. 0.01 333	=	F. 0.01 6
0.02		0.02 666		0.03 2
0.03		0.03 999		0.04 8
0.04		0.05 332		0.06 4
0.05		0.06 665		0.08
0.06		0.07 998		0.09 6
0.07		0.09 331		0.11 2
0.08		0.10 664		0.12 8
0.09		0.11 997		0.14 4
0.10		0.13 333		0.16
0.20		0.26 666		0.32
0.30		0.39 999		0.48
0.40		0.53 332		0.64
0.50		0.66 665		0.80
0.60		0.79 998		0.96
0.70		0.93 331		1.12
0.80		1.06 664		1.28
0.90		1.19 997		1.44
1		1.33 333		1.60
2		2.66 666		3.20
3		3.99 999		4.80
4		5.33 332		6.40
5		6.66 665		8.—
6		7.99 998		9.60
7		9.33 331		11.20
8		10.66 664		12.80
9		11.99 997		14.40
10		13.33 333		16.—
20		26.66 666		32.—
30		39.99 999		48.—
40		53.33 332		64.—

On veut savoir quelle est la parité du prix de F. 16.45 l'hectolitre comparée aux 100 kil. et à la charge de 160 litres alors que celle-ci pèse 120 kil.

Il suffira pour cela de décomposer le chiffre ci-dessus comme suit :

F. 0.05	=	F. 0.06.665	=	F. 0.08
0.40		0.53.332		0.64
6.—		7.99.998		9.60
10.—		13.33.333		16.—
F. 16.45	=	F. 21.93.328	=	F. 26.32

TABLEAU

Pour une charge de Blé du poids de 121 kil.

Réduction pour les *Blés* présentant la parité des prix de l'hectol. avec celle des prix par 100 kil. et celle des prix par charge de 160 litres du poids de 121 kil.

Savoir :

Base des réductions { 1 hectolitre de blé = 100 litres. / 1 charge de blé = 160 litres et 121 kil.

Prix de l'hectol. du poids de kil. 75 5/8		Prix des 100 kil.		Prix de la charge de 160 litres du poids de 121 kil.
F. 0.01	=	F. 0.01.322	=	F. 0.01.6
0.02		0.02.644		0.03.2
0.03		0.03.966		0.04.8
0.04		0.05.288		0.06.4
0.05		0.06.610		0.08
0.06		0.07.932		0.09.6
0.07		0.09.254		0.11.2
0.08		0.10.576		0.12.8
0.09		0.11.898		0.14.4
0.10		0.13.223		0.16
0.20		0.26.446		0.32
0.30		0.39.669		0.48
0.40		0.52.892		0.64
0.50		0.66.115		0.80
0.60		0.79.338		0.96
0.70		0.92.561		1.12
0.80		1.05.784		1.28
0.90		1.19.011		1.44
1.—		1.32.231		1.60
2.—		2.64.462		3.20
3.—		3.96.693		4.80
4.—		5.28.924		6.40
5.—		6.61.155		8.—
6.—		7.93.386		9.60
7.—		9.25.617		11.20
8.—		10.57.848		12.80
9.—		11.90.079		14.40
10.—		13.22.314		16.—
20.—		26.44.628		32.—
30.—		39.66.942		48.—
40.—		52.89.256		64.—

On veut savoir quelle est la parité du prix de F. 16.45 l'hectolitre comparée aux 100 kil. et à la charge de 160 litres alors que celle-ci pèse 121 kil.

Il suffira pour cela de décomposer le chiffre ci-dessus comme suit :

F. 0.05	=	F. 0.06.610	=	F. 0.08
0.40		0.52.892		0.64
6.—		7.93.386		9.60
10.—		13.22.314		16.—
F. 16.45	=	F. 21.75.202	=	F. 26.32

TABLEAU

Pour une charge de Blé du poids de 122 kil.

Réduction pour les *Blés* présentant la parité des prix de l'hectol. avec celle des prix par 100 kil. et celle des prix par charge de 160 litres du poids de 122 kil.

Savoir :

Base des réductions { 1 hectolitre de blé = 100 litres. / 1 charge de blé = 160 litres et 122 kil.

Prix de l'hectol. du poids de kil. 76 1/4		Prix des 100 kil.		Prix de la charge de 160 litres du poids de 122 kil.
F. 0.01	=	F. 0.01.311	=	F. 0.01.6
0.02		0.02.622		0.03.2
0.03		0.03.933		0.04.8
0.04		0.05.244		0.06.4
0.05		0.06.555		0.08
0.06		0.07.866		0.09.6
0.07		0.09.177		0.11.2
0.08		0.10.488		0.12.8
0.09		0.11.799		0.14.4
0.10		0.13.114		0.16
0.20		0.26.228		0.32
0.30		0.39.342		0.48
0.40		0.52.456		0.64
0.50		0.65.570		0.80
0.60		0.78.684		0.96
0.70		0.91.798		1.12
0.80		1.04.912		1.28
0.90		1.18.026		1.44
1.—		1.31.147		1.60
2.—		2.62.294		3.20
3.—		3.93.441		4.80
4.—		5.24.588		6.40
5.—		6.55.735		8.—
6.—		7.86.882		9.60
7.—		9.18.029		11.20
8.—		10.49.176		12.80
9.—		11.80.343		14.40
10.—		13.11.475		16.—
20.—		26.22.950		32.—
30.—		39.34.425		48.—
40.—		52.45.9		64.—

On veut savoir quelle est la parité du prix de F. 16.45 l'hectolitre comparée aux 100 kil. et à la charge de 160 litres alors que celle-ci pèse 122 kil.

Il suffira pour cela de décomposer le chiffre ci-dessus comme suit :

F. 0.05	=	F. 0.06.555	=	F. 0.08
0.40		0.52.456		0.64
6.—		7.86.882		9.60
10.—		13.11.475		16.—
F. 16.45	=	F. 21.57.368	=	F. 26.32

TABLEAU

Pour une charge de Blé du poids de 123 kil.

Réduction pour les *Blés* présentant la parité des prix de l'hectol. avec celle des prix par 100 kil. et celle des prix par charge de 160 litres du poids de 123 kil.

Savoir :

Base des réductions { 1 hectolitre de blé = 100 litres. / 1 charge de blé = 160 litres et 123 kil.

Prix de l'hectol. du poids de kil. 76 7/8		Prix des 100 kil.		Prix de la charge de 160 litres du poids de 123 kil.
F. 0.01	=	F. 0.01.3	=	F. 0.01.6
0.02		0.02.6		0.03.2
0.03		0.03.9		0.04.8
0.04		0.05.2		0.06.4
0.05		0.06.5		0.08
0.06		0.07.8		0.09.6
0.07		0.09.1		0.11.2
0.08		0.10.4		0.12.8
0.09		0.11.7		0.14.4
0.10		0.13.008		0.16
0.20		0.26.016		0.32
0.30		0.39.024		0.48
0.40		0.52.032		0.64
0.50		0.65.040		0.80
0.60		0.78.048		0.96
0.70		0.91.056		1.12
0.80		1.04.064		1.28
0.90		1.17.072		1.44
1.—		1.30.081		1.60
2.—		2.60.162		3.20
3.—		3.90.243		4.80
4.—		5.20.324		6.40
5.—		6.50.405		8.—
6.—		7.80.486		9.60
7.—		9.10.567		11.20
8.—		10.40.648		12.80
9.—		11.70.729		14.40
10.—		13.00.813		16.—
20.—		26.01.626		32.—
30.—		39.02.439		48.—
40.—		52.03.252		64.—

On veut savoir quelle est la parité du prix de F. 16.45 l'hectolitre comparée aux 100 kil. et à la charge de 160 litres alors que celle-ci pèse 123 kil.

Il suffira pour cela de décomposer le chiffre ci-dessus comme suit :

F. 0.05	=	F. 0.06.5	=	F. 0.08
0.40		0.52.032		0.64
6.—		7.80.486		9.60
10.—		13.00.813		16.—
F. 16.45	=	F. 21.39.831	=	F. 26.32

TABLEAU

Pour une charge de Blé du poids de 124 kil.

Réduction pour les *Blés* présentant la parité des prix de l'hectol. avec celle des prix par 100 kil. et celle des prix par charge de 160 litres du poids de 124 kil.

Savoir :

Base des réductions { 1 hectolitre de blé = 100 litres. / 1 charge de blé = 160 litres et 124 kil.

Prix de l'hectol. du poids de kil. 77 1/2		Prix des 100 kil.		Prix de la charge de 160 litres du poids de 124 kil.
F. 0.01	=	F. 0.01.29	=	F. 0.01.6
0.02		0.02.58		0.03.2
0.03		0.03.87		0.04.8
0.04		0.05.16		0.06.4
0.05		0.06.45		0.08
0.06		0.07.74		0.09.6
0.07		0.09.03		0.11.2
0.08		0.10.32		0.12.8
0.09		0.11.61		0.14.4
0.10		0.12.903		0.16
0.20		0.25.806		0.32
0.30		0.38.709		0.48
0.40		0.51.612		0.64
0.50		0.64.515		0.80
0.60		0.77.418		0.96
0.70		0.90.321		1.12
0.80		1.03.224		1.28
0.90		1.16.127		1.44
1.—		1.29.032		1.60
2.—		2.58.064		3.20
3.—		3.87.096		4.80
4.—		5.16.128		6.40
5.—		6.45.160		8.—
6.—		7.74.192		9.60
7.—		9.03.224		11.20
8.—		10.32.256		12.80
9.—		11.61.288		14.40
10.—		12.90.322		16.—
20.—		25.80.644		32.—
30.—		38.70.966		48.—
40.—		51.61.290		64.—

On veut savoir quelle est la parité du prix de F. 16.45 l'hectolitre comparée aux 100 kil. et à la charge de 160 litres alors que celle-ci pèse 124 kil.

Il suffira pour cela de décomposer le chiffre ci-dessus comme suit :

F. 0.05	=	F. 0.06.450	=	F. 0.08
0.40		0.51.612		0.64
6.—		7.74.192		9.60
10.—		12.90.322		16.—
F. 16.45	=	F. 21.22.576	=	F. 26.32

TABLEAU

Pour une charge de Blé du poids de 125 kil.

Réduction pour les *Blés* présentant la parité des prix de l'hectol. avec celle des prix par 100 kil. et celle des prix par charge de 160 litres du poids de 125 kil.

Savoir :

Base des réductions { 1 hectolitre de blé = 100 litres / 1 charge de blé = 160 litres et 125 kil.

Prix de l'hectol. du poids de kil. 78 ⅛		Prix des 100 kil.		Prix de la charge de 160 litres du poids de 125 kil.
F. 0.01	=	F. 0.01.28	=	F. 0.01.6
0.02		0.02.56		0.03.2
0.03		0.03.84		0.04.8
0.04		0.05.12		0.06.4
0.05		0.06.40		0.08
0.06		0.07.68		0.09.6
0.07		0.08.96		0.11.2
0.08		0.10.24		0.12.8
0.09		0.11.52		0.14.4
0.10		0.12.8		0.16
0.20		0.25.6		0.32
0.30		0.38.4		0.48
0.40		0.51.2		0.64
0.50		0.64		0.80
0.60		0.76.8		0.96
0.70		0.89.6		1.12
0.80		1.02.4		1.28
0.90		1.15.2		1.44
1.—		1.28		1.60
2.—		2.56		3.20
3.—		3.84		4.80
4.—		5.12		6.40
5.—		6.40		8.—
6.—		7.68		9.60
7.—		8.96		11.20
8.—		10.24		12.80
9.—		11.52		14.40
10.—		12.80		16.—
20.—		25.60		32.—
30.—		38.40		48.—
40.—		51.20		64.—

On veut savoir quelle est la parité du prix de F. 16.45 l'hectolitre comparée aux 100 kil. et à la charge de 160 litres, alors que celle-ci pèse 125 kil.

Il suffira pour cela de décomposer le chiffre ci-dessus comme suit :

F. 0.05	=	F. 0.06.4	=	F. 0.08
0.40		0.51.2		0.64
6.—		7.68		9.60
10.—		12.80		16.—
F. 16.45	=	F. 21.05.6	=	F. 26.32

TABLEAU

Pour une charge de Blé du poids de 126 kil.

Réduction pour les *Blés* présentant la parité des prix de l'hectol. avec celle des prix par 100 kil. et celle des prix par charge de 160 litres du poids de 126 kil.

Savoir :

Base des réductions { 1 hectolitre de blé = 100 litres / 1 charge de blé = 160 litres et 126 kil.

Prix de l'hectol. du poids de kil. 78 ¾		Prix des 100 kil.		Prix de la charge de 160 litres du poids de 126 kil.
F. 0.01	=	F. 0.01.27	=	F. 0.01.6
0.02		0.02.54		0.03.2
0.03		0.03.81		0.04.8
0.04		0.05.08		0.06.4
0.05		0.06.35		0.08
0.06		0.07.62		0.09.6
0.07		0.08.89		0.11.2
0.08		0.10.16		0.12.8
0.09		0.11.43		0.14.4
0.10		0.12.698		0.16
0.20		0.25.396		0.32
0.30		0.38.094		0.48
0.40		0.50.792		0.64
0.50		0.63.49		0.80
0.60		0.76.188		0.96
0.70		0.88.886		1.12
0.80		1.01.584		1.28
0.90		1.14.282		1.44
1.—		1.26.984		1.60
2.—		2.53.968		3.20
3.—		3.80.952		4.80
4.—		5.07.936		6.40
5.—		6.34.92		8.—
6.—		7.61.904		9.60
7.—		8.88.888		11.20
8.—		10.15.872		12.80
9.—		11.42.856		14.40
10.—		12.69.841		16.—
20.—		25.39.682		32.—
30.—		38.09.523		48.—
40.—		50.79.364		64.—

On veut savoir quelle est la parité du prix de F. 16.45 l'hectolitre comparée aux 100 kil. et à la charge de 160 litres alors que celle-ci pèse 126 kil.

Il suffira pour cela de décomposer le chiffre ci-dessus comme suit :

F. 0.05	=	F. 0.06.350	=	F. 0.08
0.40		0.50.792		0.64
6.—		7.61.904		9.60
10.—		12.69.841		16.—
F. 16.45	=	F. 20.88.887	=	F. 26.32

TABLEAU

Pour une charge de Blé du poids de 127 kil.

Réduction pour les *Blés* présentant la parité des prix de l'hectol. avec celle des prix par 100 kil. et celle des prix par charge de 160 litres du poids de 127 kil.

Savoir :

Base des réductions { 1 hectolitre de blé = 100 litres. / 1 charge de blé = 160 litres et 127 kil.

Prix de l'hectol. du poids de kil. 79 ⅜		Prix des 100 kil.		Prix de la charge de 160 litres du poids de 127 kil.
F. 0.01	=	F. 0.01.260	=	F. 0.01.6
0.02		0.02.520		0.03.2
0.03		0.03.780		0.04.8
0.04		0.05.040		0.06.4
0.05		0.06.300		0.08
0.06		0.07.560		0.09.6
0.07		0.08.820		0.11.2
0.08		0.10.080		0.12.8
0.09		0.11.340		0.14.4
0.10		0.12.598		0.16
0.20		0.25.196		0.32
0.30		0.37.794		0.48
0.40		0.50.392		0.64
0.50		0.62.990		0.80
0.60		0.75.588		0.96
0.70		0.88.186		1.12
0.80		1.—.784		1.28
0.90		1.13.382		1.44
1.—		1.25.983		1.60
2.—		2.51.966		3.20
3.—		3.77.949		4.80
4.—		5.03.932		6.40
5.—		6.29.915		8.—
6.—		7.55.898		9.60
7.—		8.81.881		11.20
8.—		10.07.864		12.80
9.—		11.33.847		14.40
10.—		12.59.840		16.—
20.—		25.19.680		32.—
30.—		37.79.520		48.—
40.—		50.39.370		64.—

On veut savoir quelle est la parité du prix de F. 16.45 l'hectolitre comparée aux 100 kil. et à la charge de 160 litres alors que celle-ci pèse 127 kil.

Il suffira pour cela de décomposer le chiffre ci-dessus comme suit :

F. 0.05	=	F. 0.06.300	=	F. 0.08
0.40		0.50.392		0.64
6.—		7.55.898		9.60
10.—		12.59.840		16.—
F. 16.45	=	F. 20.72.430	=	F. 26.32

TABLEAU

Pour une charge de Blé du poids de 128 kil.

Réduction pour les *Blés* présentant la parité des prix de l'hectol. avec celle des prix par 100 kil. et celle des prix par charge de 160 litres du poids de 128 kil.

Savoir :

Base des réductions { 1 hectolitre de blé = 100 litres. / 1 charge de blé = 160 litres et 128 kil.

Prix de l'hectol. du poids de 80 kil.		Prix des 100 kil.		Prix de la charge de 160 litres du poids de 128 kil.
F. 0.01	=	F. 0.01.250	=	F. 0.01.6
0.02		0.02.500		0.03.2
0.03		0.03.750		0.04.8
0.04		0.05.000		0.06.4
0.05		0.06.250		0.08
0.06		0.07.500		0.09.6
0.07		0.08.750		0.11.2
0.08		0.10.000		0.12.8
0.09		0.11.250		0.14.4
0.10		0.12.5		0.16
0.20		0.25		0.32
0.30		0.37.5		0.48
0.40		0.50		0.64
0.50		0.62.5		0.80
0.60		0.75		0.96
0.70		0.87.5		1.12
0.80		1.—		1.28
0.90		1.12.5		1.44
1.—		1.25		1.60
2.—		2.50		3.20
3.—		3.75		4.80
4.—		5.—		6.40
5.—		6.25		8.—
6.—		7.50		9.60
7.—		8.75		11.20
8.—		10.—		12.80
9.—		11.25		14.40
10.—		12.50		16.—
20.—		25.—		32.—
30.—		37.50		48.—
40.—		50.—		64.—

On veut savoir quelle est la parité du prix de F. 16.45 l'hectolitre comparée aux 100 kil. et à la charge de 160 litres alors que celle-ci pèse 128 kil.

Il suffira pour cela de décomposer le chiffre ci-dessus comme suit :

F. 0.05	=	F. 0.06.250	=	F. 0.08
0.40		0.50		0.64
6.—		7.50		9.60
10.—		12.50		16.—
F. 16.45	=	F. 20.56.250	=	F. 26.32

TABLEAU

Pour une charge de Blé du poids de 129 kil.

Réduction pour les Blés présentant la parité des prix de l'hectol. avec celle des prix par 100 kil. et celle des prix par charge de 160 litres du poids de 129 kil.

Savoir :

Base des réductions { 1 hectolitre de blé = 100 litres. 1 charge de blé = 160 litres et 129 kil. [illegible] }

Prix de l'hectol. du poids de kil. [illegible]		Prix des 100 kil.		Prix de la charge de 160 litres du poids de 129 kil.
F. 0.01	=	F. 0.01.240	=	F. 0.01.6
0.02		0.02.480		0.03.2
0.03		0.03.720		0.04.8
0.04		0.04.960		0.06.4
0.05		0.06.2		0.08
0.06		0.07.440		0.09.6
0.07		0.08.680		0.11.2
0.08		0.09.920		0.12.8
0.09		0.11.160		0.14.4
0.10		0.12.403		0.16
0.20		0.24.806		0.32
0.30		0.37.209		0.48
0.40		0.49.612		0.64
0.50		0.62.015		0.80
0.60		0.74.418		0.96
0.70		0.86.821		1.12
0.80		0.99.224		1.28
0.90		1.11.627		1.44
1.—		1.24.031		1.60
2.—		2.48.062		3.20
3.—		3.72.093		4.80
4.—		4.96.124		6.40
5.—		6.20.155		8.—
6.—		7.44.186		9.60
7.—		8.68.217		11.20
8.—		9.92.248		12.80
9.—		11.16.279		14.40
10.—		12.40.310		16.—
20.—		24.80.620		32.—
30.—		37.20.930		48.—
40.—		49.61.240		64.—

On veut savoir quelle est la parité du prix de F. 16.45 l'hectolitre comparé aux 100 kil. et à la charge de 160 litres alors que celle-ci pèse 129 kil.

Il suffira pour cela de décomposer le chiffre ci-dessus comme suit :

F. 0.05	=	F. 0.06.201	=	F. 0.08
0.40		0.49.612		0.64
6.—		7.44.186		9.60
10.—		12.40.310		16.—
F. 16.45	=	F. 20.40.309	=	F. 26.32

TABLEAU

Pour une charge de Blé du poids de 130 kil.

Réduction pour les Blés présentant la parité des prix de l'hectol. avec celle des prix par 100 kil. et celle des prix par charge de 160 litres du poids de 130 kil.

Savoir :

Base des réductions { 1 hectolitre de blé = 100 litres [illegible]. 1 charge de blé = 160 litres [illegible] 130 kil. }

Prix de l'hectol. du poids de kil. [illegible]		Prix des 100 kil.		Prix de la charge de 160 litres du poids de 130 kil.
F. 0.01	=	F. 0.01.231	=	F. 0.01.6
0.02		0.02.462		0.03.2
0.03		0.03.693		0.04.8
0.04		0.04.924		0.06.4
0.05		0.06.155		0.08
0.06		0.07.386		0.09.6
0.07		0.08.617		0.11.2
0.08		0.09.848		0.12.8
0.09		0.11.079		0.14.4
0.10		0.12.308		0.16
0.20		0.24.616		0.32
0.30		0.36.924		0.48
0.40		0.49.232		0.64
0.50		0.61.54		0.80
0.60		0.73.848		0.96
0.70		0.86.156		1.12
0.80		0.98.464		1.28
0.90		1.10.772		1.44
1.—		1.23.077		1.60
2.—		2.46.154		3.20
3.—		3.69.231		4.80
4.—		4.92.308		6.40
5.—		6.15.385		8.—
6.—		7.38.462		9.60
7.—		8.61.539		11.20
8.—		9.84.616		12.80
9.—		11.07.693		14.40
10.—		12.30.769		16.—
20.—		24.61.538		32.—
30.—		36.92.307		48.—
40.—		49.23.077		64.—

On veut savoir quelle est la parité du prix de F. 16.45 l'hectolitre comparée aux 100 kil. et à la charge de 160 litres alors que celle-ci pèse 130 kil.

Il suffira pour cela de décomposer le chiffre ci-dessus comme suit :

F. 0.05	=	F. 0.06.155	=	F. 0.08
0.40		0.49.232		0.64
6.—		7.38.462		9.60
10.—		12.30.769		16.—
F. 16.45	=	F. 20.24.618	=	F. 26.32

TABLEAU DE RÉDUCTION POUR LES HUILES FINES ET LAMPANTES

Présentant la parité des prix aux 100 kil. avec celle des prix à la millerolle sur la base de kil. 58 ½ poids net pour une millerolle.

Savoir :

Prix aux 100 kil.		Prix par millerolle
F. 0.01	=	F. 0.00.585
0.02		0.01.170
0.03		0.01.755
0.04		0.02.340
0.05		0.02.925
0.06		0.03.510
0.07		0.04.095
0.08		0.04.680
0.09		0.05.265
0.10		0.05.850
0.20		0.11.700
0.30		0.17.550
0.40		0.23.400
0.50		0.29.250
0.60		0.35.100
0.70		0.40.950
0.80		0.46.800
0.90		0.52.650
1.—		0.58.500
2.—		1.17
3.—		1.75.500
4.—		2.34
5.—		2.92.500
6.—		3.51
7.—		4.09.500
8.—		4.68
9.—		5.26.500
10.—		5.85
20.—		11.70
30.—		17.55
40.—		23.40
50.—		29.25
60.—		35.10
70.—		40.95
80.—		46.80
90.—		52.65
100.—		58.50
200.—		117.—

On veut savoir quelle est la parité du prix de F. 122.59 les 100 kil. nets d'huile pour une millerolle.

Il suffira pour cela de décomposer le chiffre ci-dessus comme suit :

F. 0.09	=	F.	0.05.265
0.50			0.29.250
2.—			1.17
20.—			11.70
100.—			58.50
F. 122.59	=	F.	71.71.515

RÉDUCTION DE LA VALEUR DU KILOGRAMME DE BLÉ EN MILLIÈMES DE FRANCS

AUX DIVERS PRIX DE LA CHARGE DE 160 LITRES ET AUX DIVERS POIDS, DEPUIS 117 JUSQU'A 130 KIL. LA CHARGE

PRIX DES BLÉS à MARSEILLE par charge de 160 litres	Kil. 117	Kil. 118	Kil. 119	Kil. 120	Kil. 121	Kil. 122	Kil. 123	Kil. 124	Kil. 125	Kil. 126	Kil. 127	Kil. 128	Kil. 129	Kil. 130
F. 15.—	F. 0.128	F. 0.127	F. 0.126	F. 0.125	F. 0.124	F. 0.123	F. 0.122	F. 0.121	F. 0.120	F. 0.119	F. 0.118	F. 0.117	F. 0.116	F. 0.115
15.25	0.130	0.129	0.128	0.127	0.126	0.125	0.124	0.123	0.122	0.121	0.120	0.119	0.118	0.117
15.50	0.132	0.131	0.130	0.129	0.128	0.127	0.126	0.125	0.124	0.123	0.122	0.121	0.120	0.119
15.75	0.134	0.133	0.132	0.131	0.130	0.129	0.128	0.127	0.126	0.125	0.124	0.123	0.122	0.121
16.—	0.137	0.135	0.134	0.133	0.132	0.131	0.130	0.129	0.128	0.127	0.126	0.125	0.124	0.123
16.25	0.139	0.138	0.137	0.136	0.135	0.134	0.133	0.132	0.131	0.130	0.129	0.128	0.127	0.125
16.50	0.141	0.140	0.139	0.138	0.137	0.136	0.135	0.134	0.133	0.132	0.131	0.130	0.129	0.127
16.75	0.143	0.142	0.141	0.140	0.139	0.138	0.137	0.136	0.135	0.134	0.133	0.132	0.131	0.129
17.—	0.145	0.144	0.143	0.142	0.141	0.140	0.139	0.138	0.137	0.136	0.135	0.134	0.133	0.131
17.25	0.147	0.146	0.145	0.144	0.143	0.142	0.141	0.140	0.139	0.138	0.137	0.136	0.135	0.133
17.50	0.149	0.148	0.147	0.146	0.145	0.144	0.143	0.142	0.141	0.140	0.139	0.138	0.137	0.135
17.75	0.151	0.150	0.149	0.148	0.147	0.146	0.145	0.144	0.143	0.142	0.141	0.140	0.139	0.137
18.—	0.154	0.153	0.151	0.150	0.149	0.148	0.147	0.146	0.145	0.143	0.142	0.141	0.140	0.139
18.25	0.156	0.155	0.154	0.152	0.151	0.150	0.149	0.148	0.146	0.145	0.144	0.143	0.142	0.140
18.50	0.158	0.157	0.156	0.155	0.153	0.152	0.151	0.150	0.148	0.147	0.146	0.145	0.144	0.142
18.75	0.160	0.159	0.158	0.157	0.155	0.154	0.153	0.152	0.150	0.149	0.148	0.147	0.145	0.144
19.—	0.162	0.161	0.160	0.159	0.157	0.156	0.155	0.154	0.152	0.151	0.150	0.149	0.147	0.146
19.25	0.164	0.163	0.162	0.161	0.159	0.158	0.157	0.156	0.154	0.153	0.152	0.151	0.149	0.148
19.50	0.166	0.165	0.164	0.163	0.161	0.160	0.159	0.158	0.156	0.155	0.154	0.153	0.151	0.150
19.75	0.168	0.167	0.166	0.165	0.163	0.162	0.161	0.160	0.158	0.157	0.156	0.155	0.153	0.152
20.—	0.171	0.170	0.169	0.166	0.166	0.165	0.164	0.163	0.161	0.160	0.159	0.158	0.156	0.154
20.25	0.173	0.172	0.171	0.169	0.168	0.167	0.166	0.164	0.163	0.161	0.160	0.159	0.157	0.156
20.50	0.175	0.174	0.173	0.171	0.170	0.169	0.167	0.166	0.165	0.163	0.162	0.161	0.159	0.158
20.75	0.177	0.176	0.175	0.173	0.172	0.171	0.169	0.168	0.167	0.165	0.164	0.163	0.161	0.160
21.—	0.179	0.178	0.177	0.175	0.174	0.173	0.171	0.170	0.169	0.167	0.166	0.165	0.163	0.162
21.25	0.181	0.180	0.179	0.177	0.176	0.175	0.173	0.172	0.171	0.169	0.168	0.167	0.165	0.163
21.50	0.183	0.182	0.181	0.179	0.178	0.177	0.175	0.174	0.173	0.171	0.170	0.169	0.167	0.165
21.75	0.186	0.185	0.183	0.182	0.180	0.179	0.177	0.176	0.174	0.173	0.171	0.170	0.169	0.167
22.—	0.188	0.187	0.185	0.184	0.182	0.181	0.179	0.178	0.176	0.175	0.173	0.172	0.171	0.169
22.25	0.190	0.189	0.187	0.186	0.184	0.183	0.181	0.180	0.178	0.177	0.175	0.174	0.173	0.171
22.50	0.192	0.191	0.189	0.188	0.186	0.185	0.183	0.182	0.180	0.179	0.177	0.176	0.175	0.173
22.75	0.194	0.193	0.191	0.190	0.188	0.187	0.185	0.184	0.182	0.181	0.179	0.178	0.177	0.175
23.—	0.196	0.195	0.193	0.192	0.190	0.189	0.187	0.186	0.184	0.183	0.181	0.180	0.178	0.177
23.25	0.199	0.198	0.196	0.195	0.193	0.192	0.190	0.189	0.187	0.186	0.184	0.183	0.181	0.179
23.50	0.201	0.200	0.198	0.197	0.195	0.194	0.192	0.191	0.189	0.188	0.186	0.185	0.183	0.181
23.75	0.203	0.202	0.200	0.199	0.197	0.196	0.194	0.193	0.191	0.190	0.188	0.187	0.185	0.183
24.—	0.205	0.204	0.202	0.201	0.199	0.198	0.196	0.195	0.193	0.192	0.190	0.189	0.187	0.185
24.25	0.207	0.206	0.204	0.203	0.201	0.200	0.198	0.197	0.195	0.194	0.192	0.191	0.189	0.187
24.50	0.209	0.208	0.206	0.205	0.203	0.202	0.200	0.199	0.197	0.196	0.194	0.193	0.191	0.189
24.75	0.211	0.210	0.208	0.207	0.205	0.204	0.202	0.201	0.199	0.198	0.196	0.195	0.193	0.190

RÉDUCTION DE LA VALEUR DU KILOGRAMME DE BLÉ EN MILLIÈMES DE FRANCS
AUX DIVERS PRIX DE LA CHARGE DE 160 LITRES ET AUX DIVERS POIDS, DEPUIS 117 JUSQU'À 130 KIL. LA CHARGE

PRIX DES BLÉS à MARSEILLE par charge de 160 litres	Kil. 117	Kil. 118	Kil. 119	Kil. 120	Kil. 121	Kil. 122	Kil. 123	Kil. 124	Kil. 125	Kil. 126	Kil. 127	Kil. 128	Kil. 129	Kil. 130
F. 25. —	F. 0.214	F. 0.213	F. 0.211	F. 0.210	F. 0.208	F. 0.207	F. 0.205	F. 0.204	F. 0.202	F. 0.201	F. 0.199	F. 0.198	F. 0.196	F. 0.192
25.25	0.216	0.215	0.213	0.212	0.210	0.209	0.207	0.206	0.204	0.203	0.201	0.200	0.198	0.194
25.50	0.218	0.217	0.215	0.214	0.212	0.211	0.209	0.208	0.206	0.205	0.202	0.202	0.200	0.196
25.75	0.220	0.218	0.216	0.214	0.213	0.211	0.209	0.208	0.207	0.206	0.203	0.202	0.200	0.198
26. —	0.222	0.220	0.218	0.216	0.215	0.213	0.211	0.209	0.208	0.206	0.204	0.202	0.201	0.200
26.25	0.224	0.222	0.220	0.218	0.217	0.215	0.213	0.211	0.210	0.208	0.206	0.204	0.203	0.202
26.50	0.226	0.224	0.222	0.220	0.219	0.217	0.215	0.213	0.212	0.210	0.208	0.206	0.205	0.204
26.75	0.229	0.227	0.225	0.223	0.221	0.219	0.217	0.215	0.214	0.212	0.210	0.208	0.207	0.206
27. —	0.231	0.229	0.227	0.225	0.223	0.221	0.219	0.217	0.216	0.214	0.212	0.210	0.209	0.208
27.25	0.233	0.231	0.229	0.227	0.225	0.223	0.221	0.219	0.218	0.216	0.214	0.212	0.211	0.210
27.50	0.235	0.232	0.230	0.228	0.226	0.224	0.222	0.220	0.219	0.217	0.215	0.213	0.213	0.212
27.75	0.237	0.235	0.233	0.231	0.229	0.227	0.225	0.223	0.221	0.219	0.217	0.215	0.215	0.214
28. —	0.239	0.237	0.235	0.233	0.231	0.229	0.227	0.225	0.223	0.221	0.219	0.217	0.216	0.215
28.25	0.241	0.239	0.237	0.235	0.233	0.231	0.229	0.227	0.225	0.223	0.221	0.219	0.218	0.217
28.50	0.243	0.241	0.239	0.237	0.235	0.233	0.231	0.229	0.227	0.225	0.223	0.221	0.220	0.219
28.75	0.246	0.244	0.242	0.240	0.238	0.236	0.234	0.232	0.230	0.228	0.226	0.224	0.223	0.221
29. —	0.248	0.246	0.244	0.242	0.240	0.238	0.236	0.234	0.232	0.230	0.228	0.226	0.225	0.223
29.25	0.250	0.248	0.246	0.244	0.242	0.240	0.238	0.236	0.234	0.232	0.230	0.228	0.227	0.225
29.50	0.252	0.250	0.248	0.246	0.244	0.242	0.240	0.238	0.236	0.234	0.232	0.230	0.229	0.227
29.75	0.254	0.252	0.250	0.248	0.246	0.244	0.242	0.240	0.238	0.236	0.234	0.232	0.231	0.229
30. —	0.256	0.254	0.252	0.250	0.248	0.246	0.244	0.242	0.240	0.238	0.236	0.234	0.233	0.231
30.25	0.258	0.256	0.254	0.252	0.250	0.248	0.246	0.244	0.242	0.240	0.238	0.236	0.235	0.233
30.50	0.260	0.258	0.256	0.254	0.252	0.250	0.248	0.246	0.244	0.242	0.240	0.238	0.237	0.235
30.75	0.263	0.261	0.259	0.257	0.255	0.253	0.251	0.249	0.247	0.245	0.243	0.241	0.239	0.237
31. —	0.265	0.263	0.261	0.259	0.257	0.255	0.253	0.251	0.249	0.247	0.245	0.243	0.241	0.239

OBSERVATIONS

L'excédant du poids garanti est un bénéfice pour l'acheteur. — Les *Blés* pesant moins seront reçus avec la bonification suivante :

Les *deux* premiers kil. à 1 kil. pour 1 kil.; pour *un* manquant. En sus des 2 premiers réglés à *un* pour *un*, chaque kil. manquant sera remplacé par *deux* kil.

JAFFA

Jaffa située à 53 kilom. N.-O. de Jérusalem sur une langue de terre qui s'avance dans la Méditerranée, est l'unique port de la Palestine où débarquent les pèlerins qui vont à Jérusalem. Presque entièrement détruite en 1837 par un tremblement de terre, elle s'est pourtant relevée depuis, et compte aujourd'hui environ 10,000 habitants, Turcs, Grecs, Arabes et Arméniens; c'est même, grâce à l'activité commerciale qui y règne, la seule ville de la Palestine qui ait conservé des restes de son ancienne prospérité.

Le *Port* proprement dit, défendu par deux forts, est assez commode, mais ensablé, ce qui ne le rend facilement accessible qu'à de petits bâtiments. Pour les grands navires, à moins qu'ils ne soient très-solides et très-bien armés, ce mouillage présente de graves dangers, même dans la belle saison, à cause de la barre de rochers qui se trouvent à l'entrée du port, et qui cesse d'être praticable dès que la brise fraîchit. Il est rare qu'un bâtiment ne soit pas obligé de dérader pendant son séjour à Jaffa, et les pertes d'ancres y sont communes.

Frais de port et de navigation. — Il n'y a aucun frais de port, d'anerage ou de pilotage, il n'y a que les frais consulaires et de l'office sanitaire, c'est-à-dire, l'interrogatoire et la patente de santé.

Jaffa est le jardin de la Syrie on y récolte des olives avec lesquelles on fait de l'huile, de la Graine de sésame, du blé, de l'orge, du maïs blanc, du coton (naplouse), de la laine, on exporte en outre des fruits secs et frais, des peaux de moutons et de chèvres, du savon, &c. Le plus grand mouvement a lieu après les récoltes, de septembre à février, les autres mois sont la morte saison.

Industrie. — On compte en Palestine 62 savonneries qui fournissent de cette pâte en Egypte, en Chypre et en Caramanie; l'exportation de l'huile n'est donc que de 10 à 15,000 millerolles dans les années peu productives et de 25 à 30,000 dans les bonnes années sur une production de 42 à 52,000 millerolles.

Commerce. — Il n'y a pas, en Palestine, de règles fixes, ni pour le commerce d'importation ni pour celui d'exportation.

Il y a deux manières d'acheter les produits du sol de la Palestine, nous allons donner des détails sur l'une et sur l'autre.

L'une consiste à faire des contrats avec les négociants indigènes pour telle quantité de marchandise rendue à bord des navires, tous frais compris, c'est-à-dire, ceux de puits, (si c'est de l'huile), de magasins (si ce sont des produits secs), ceux de mesureurs, portefaix, douane, mahones ou allèges, &c.; l'acheteur, alors, n'a plus qu'à fournir les sacs pour le transport des graines et les outres pour celui des huiles, ainsi que les assistants au mesurage et à l'embarquement.

Il n'y a de courtages à payer ni à l'achat ni à la vente, les affaires se traitent d'individu à individu.

Quand on fait des contrats avec les négociants indigènes, l'usage est de leur anticiper les fonds, la moitié, les trois quarts et quelques fois la valeur entière de l'acquisition, 1, 2 et 3 mois avant la livraison de la marchandise, attendu que ce sont eux qui se chargent d'expédier l'argent, à leurs risques et périls, dans les villages et les montagnes, de recevoir les produits des paysans, de les emmagasiner, de les faire nettoyer, cribler, enfin de les tenir prêts pour l'époque fixée de la livraison; alors, on les mesure, on pèse aux acheteurs dans les magasins ou les puits du vendeur, les frais sont à la charge de ce dernier, mais les déchets et les risques du trajet jusque à bord restent à la charge de l'acheteur.

Cette manière de contracter paraît, au premier abord, impossible pour nos négociants européens; mais s'il y a des risques à confier des fonds si longtemps à l'avance aux négociants indigènes, s'il y a la perte de l'intérêt de l'argent, il s'y trouve par contre plusieurs avantages: d'abord, de ne pas courir de risques à l'intérieur dans un pays où les routes ne sont pas toujours sûres et où l'autorité n'a pas le pouvoir de faire rendre justice; ensuite de ne pas rester exposés aux *queues* (terme usité en Syrie) c'est-à-dire, aux soldes des comptes avec les paysans qui ne livrent pas toujours toute la marchandise pour les fonds qu'ils ont reçus à l'avance, ce qui laisse des arriérés pour l'année suivante; et enfin ce qui est plus important, c'est d'être certain du prix de revient, puisqu'il est fixé au moment du contrat, tandis qu'en achetant directement des paysans, comme on le fera voir plus bas, on est exposé aux variations des cours qui peuvent augmenter d'un jour à l'autre, soit par un manque dans les récoltes sur lesquelles on se basait.

Voici l'autre manière d'acheter:

La plupart des maisons établies à Jaffa, ne sont que des succursales ou agences de maisons de Beyrout, de Smyrne, de Constantinople ou de Marseille; quand leurs mandants ont envie de spéculer sur un ou plusieurs de nos produits, ils envoient à leurs agents, longtemps avant les récoltes, de l'argent en groups et ne leur fixent aucune limite, ou du moins, des limites assez larges pour leur permettre d'acheter aux cours sans être obligés de réclamer de nouveaux ordres, ce qui leur ferait perdre un temps précieux, le moment de l'achat des produits étant toujours plus favorable avant et au commencement des récoltes que lorsque la marchandise est recherchée par une foule d'acheteurs. Or donc, ces agents, libres de leurs mouvements, s'entendent avec des fellahs (paysans), espèce de courtiers à qui ils livrent des sommes parfois considérables, et qui se rendent dans les villages acheter, pour leur compte, des fellahs cultivateurs, tout ou partie de leurs récoltes sur pied, en leur en payant d'avance une grande partie de la valeur approximative. Après la récolte, ces courtiers recueillent de côté et d'autre ce qu'ils ont acquis, et envoient les produits, à dos de chameaux, à l'échelle d'embarquement; ce sont les cultivateurs eux-mêmes qui les amènent, mais on leur paie les frais de transport selon les distances.

Le négociant reçoit donc la marchandise en ville, mais brute, c'est-à-dire [illegible] ble qui laissera un dépôt dans les puits, les sésames, blé, orge, maïs avec de la terre, des pierres, de la paille et autres corps étrangers; on met ces produits dans des magasins et, avant l'époque de leur expédition, on les nettoie, soit avec des ventilateurs et des cribles, soit par des hommes avec des cribles et tamis à la main, ensuite on transporte la marchandise propre dans un autre magasin où on la tient prête pour l'arrivée des navires.

Quand la marchandise arrive des villages, le négociant fait cribler un ou plusieurs sacs et voit par ces *Scandagli* ou essais, si la qualité [illegible] courtier, libre à lui de la renvoyer si elle lui convient, ou de la refuser si le déchet est trop considérable; dans ce cas, le courtier va revendre cette marchandise à un autre négociant ou rapporte l'argent au premier, ou il envoie de la marchandise plus propre des villages, ou bien il lui fait une bonification.

Il reste donc encore à payer, en sus du prix d'achat, et pour rendre un produit à bord des navires, les frais suivants:

1° Ceux de transport du village à l'échelle d'embarquement;
2° De nourriture des chameliers et courtiers pendant leur séjour en ville;
3° De magasinage, de criblage, de peseurs et mesureurs;
4° De nattes pour mettre sur le sol et contre les parois des magasins;
5° De portefaix à l'entrée au magasin, à la sortie et au transport à la marine;
6° De Douane, selon le tarif, après l'embarquement;
7° D'assistants au magasin et à la marine;
8° De Mahones ou Allèges;
9° De loyer d'outres pour l'huiles ou de sacs pour les graines, s'il n'en a pas à lui.

En outre, l'acheteur doit, selon l'usage, donner des *Bakchiches* (Cadeaux) au chef portefaix, aux peseurs et mesureurs, au chef des mahones, au capitaine du port, aux préposés de la douane, &c. Il est donc impossible, avant l'expédition d'un navire, de connaître d'une manière précise le coût réel de la marchandise, et ce n'est que lorsque tout a été expédié, qu'on peut savoir le déchet qu'il y a eu au criblage, le dépôt qui est resté dans les puits et les frais qu'on a faits.

C'est cependant de cette manière que travaillent tous ces agents, sans certitude et sans garantie aucune pour les fonds qu'ils envoient dans l'intérieur de la province.

On trouvera pour chaque article, deux comptes de revient, l'un comprenant tous les frais que la marchandise doit supporter d'après la 1re manière d'opérer. L'autre pour les achats franco à bord. Sur ces derniers figurent, en dehors des tableaux, le calcul des droits de sortie qu'il faudra mettre de côté, si dans le prix *franco à bord* le droit de sortie est compris.

Changes. — Il n'y a pas de cours de changes en Palestine; il est impossible d'émettre des traites sur l'Europe; on doit envoyer les fonds en groups, soit directement des pays de Chrétienté, soit des autres échelles de l'Empire Ottoman, Beyrout, Alexandrie, Smyrne, où on peut négocier les traites; mais, alors, il y a à payer une commission de change de ½ %, outre le nolis et assurance des groups qui montent de 2 à 4 %, suivant les lieux d'où les fonds sont expédiés. Cette règle est invariable, soit qu'on achète par contrats, soit qu'on traite directement avec les fellahs ou paysans cultivateurs.

Les voyageurs qui ont de bonnes lettres de crédit de maisons connues peuvent se procurer quelques fonds sur des traites, soit à Jaffa, soit à Jérusalem, chez des banquiers (Sérafs) la plupart Israélites, mais à des taux d'escompte exorbitants, 7, 8, 10 % et au-delà; mais pour les affaires commerciales il n'y a aucun moyen de négocier des traites qu'il faut envoyer à Beyrout, Alexandrie ou Smyrne.

Les traites se font presque toujours à [illegible] de date et on les tire généralement sur Marseille et Londres; cependant on le fait aussi, mais rarement sur l'Italie et l'Autriche.

Le change à Beyrout varie de 123 [illegible] à 100 paras pour 1 franc et au-dessus suivant les [illegible]

MONNAIES

Cours des Monnaies Européennes et Turques à Jaffa(*) en Novembre 1863

	SAGH DE LA DOUANE ou bonne monnaie		SAGH EN VILLE ou bonne monnaie		CHUROUK POUR LES PRODUITS ou monnaie longue	
	PIASTRES	PARAS	PIASTRES	PARAS	PIASTRES	PARAS
Livre Sterling	109	19	110		132	
» Turque Medjidi	100		100		122	
» Russe ou Pol	87	32	88		106	
Napoléon	86	27	86		104	
Sequin d'Autriche	52		52	20	63	
Colonnate d'Espagne	23	16	23	20	28	
Talari d'Autriche	22	16	22	20	27	
Pièces de 5 francs	21	20	21	30	26	
Talari Medjidi argent	20		20		24	10
Carbowantz	17	16	17	20	21	
Béchelik de Turquie	5		5		6	
½ Florin d'Autriche	2	20	2	20	3	

Toutes les monnaies européennes ci-dessus ont cours en Palestine; celles préférées pour les achats de produits, sont les Napoléons, pièces de F. 5, Livres Sterling, Talaris, Livres Medjidis, Pols et Carbowantz.

Frets. — Presque tous les navires à voiles qui viennent charger à Jaffa ou à Gaza, sont déjà nolisés d'avance, soit en Europe, soit dans une autre échelle de l'Empire Ottoman, Alexandrie, Constantinople, l'Archipel, Smyrne et Beyrout ; car, sur notre rade, il n'y a jamais de navires en disponibilité. Les frets sont, par conséquent, très-variables et dépendent des époques où on se trouve, de l'importance des récoltes, du plus ou moins de demande d'Europe et du nombre de navires en location.

Pour venir charger des graines oléagineuses ou des comestibles, le capitaine doit préparer son *Paglinolo* ou fardage avant d'arriver et faire les caisses ou séparations ne gardant que son lest qu'il jette à la mer au fur et à mesure qu'on lui envoie de la marchandise à bord.

Pour les navires qui viennent prendre des huiles, c'est différent : on ne peut noliser le bâtiment *qu'à Marseille*, où on s'arrange avec un maître tonnelier pour le munir de tout ce qui est nécessaire au chargement, futailles, jaquets, tines, manches, bouchons, &c. et même d'un ouvrier tonnelier, nourri à bord et payé par le chargeur, pour soigner les barriques dans le voyage et celles que l'on doit mettre à terre pendant le chargement. Chaque navire doit avoir aussi 8 à 12 futailles grandes et vides sur le pont, appelées *Bernardes* elles servent à mettre l'huile qui filtre et s'écoule dans la cale d'où on la pompe avec l'eau ; on fait sortir l'eau au moyen d'un trou ou robinet et il ne reste que l'huile dans ces bernardes à l'arrivée à Marseille.

(*) Dans chaque ville, dans chaque village, les monnaies ont un cours différent. Dans un village le Napoléon vaut Piastres 86 et 27 paras, dans d'autres 104, 120, 130 et même 160 Piastres. Il n'y a aucune règle à cet égard.

Le prix du fret par navire à voiles pour Marseille est de F. 3.75 à F. 4.50 la millerole et 5 % de chapeau pour les huiles ; de F. 2.50 à F. 4 et 5 % pour les graines par charge de Marseille de 8 doubles décalitres ; de F. 8 à 14 les 100 kil. pour les cotons en balles pressées. Tandis que par steamer le fret pour les cotons varie de F. 21 à 30 par 100 kil. en balles pressées, et pour les graines, de F. 5 à F. 6.20 les 100 kil. tout compris, nolis, débarquement et loyer des sacs qui sont fournis par les compagnies.

Poids et Mesures. — Dans chaque village les mesures varient; ce n'est pas au kilot de Constantinople, c'est au kilot (Kélé) du village qu'on achète; chaque localité a le sien; il en est de même pour la saleté des grains et graines, la mesure des huiles, le poids des cotons, des laines, &c. En un mot, il n'y a aucune règle, mais tout se rapporte à l'ocque, au kilot, au cantaro ou à la jarre en usage dans la ville.

Le poids légal est l'Ocque de Constantinople de 400 drammes. 78 Ocques équivalent à 100 kil. à Marseille, mais à cause des déchets dans les transports, embarquement et débarquement, il faut calculer 80 Ocques pour avoir 100 kil. rendus à Marseille.

Le Cantare de Constantinople est de 44 Ocques; on ne s'en sert pas ici.

Le Cantare de Palestine varie selon les marchandises et les localités ; il est de 100 Rottes, ou 225 Ocques pour le Savon et la Laine ; le Coton a un quintal de 262 ½ Ocques, mais il se vend au village au Wezné, qui est de 10 ½ Ocques dans certaines localités et de 12 ½ dans d'autres. Le Coton se pèse à l'Ocque en ville.

Le Cantare d'Hébron est de 250 Ocques pour tout, Laine, Fruits secs, Raisins, Beurre Charbon, etc., etc.

Les comestibles se mesurent en ville au kilot de Constantinople, mais dans les villages chacun a le sien.

Les Huiles se mesurent à la Jarre ; chaque village a sa Jarre. Celle avec laquelle on reçoit en ville, contient 15 Ocques et 100 à 150 Drammes de liquide, et on revend par Jarre de 15 Ocques *Huile lampante* ou en Ocques. Les 150 Drammes de dépôt restent dans les puits et on en fait du Savon dont la valeur contrebalance le loyer des puits.

Droits de Douane. — Les droits de Douane se paient conformément aux traités avec la Sublime Porte et selon le tarif.

Ceux d'*importation* sont de 8 % indistinctement et sans variation.

La Poudre, le Plomb et le Sel sont prohibés. Le Tabac et les Cigares paient 75 % de droits ce qui équivaut presque à une prohibition.

Ceux d'*exportation* ont été taxés à 8 % en 1862; depuis cette date, on doit réduire 1 % *chaque année* jusqu'à ce que le droit se trouve réduit à 1 % seulement, ce qui aura lieu en 1869.

L'année Douanière Turque commence le 1/12 Mars.

Articles d'importation. —

Denrées coloniales. — Sucre pilé et en pains, café, poivre, piment.

Manufactures. — Cotonnades, indiennes, [illegible] (étoffe rayée pour vêtements), [illegible] mouchoirs légers avec dessins pour [illegible] des femmes), tulle, mérinos et tissus de laine couleurs vives et variées, draps, [illegible] de Sedan, rouges, verts, bleus, orange, feuille morte, violets, [illegible] Indiennes, [illegible] bleu clair, vert clair [illegible]

Fers, en barres plates et rondes en baguettes, clous, &c.

Fer blanc en feuilles. — Etain en bâtons.

Quincaillerie, verres, assiettes, narghilés, verres à liqueurs, couteaux, &c.

Poudre, plomb et sel *prohibés*.

Tous ces articles s'achètent de troisième main à Beyrout, pour la plupart, et se vendent ici à des boutiquiers avec 2, 3, et 6 mois de terme, payables par à *comptes* à la fin de chaque semaine [illegible]

RÉCOLTES ET EXPORTATIONS

ÉPOQUES ET QUANTITÉS APPROXIMATIVES

Huile d'olive, [illegible] de la production de 2 millions à 2,500,000 ocques soit [illegible] 62,000 [illegible] [illegible]

Sésame, en Août et Septembre. — Est évaluée année commune de 2,500,000 à 3,000,000 soit 3,125,000 à 3,750,000 kil. [illegible]

Coton, dit coton Naplouse, courte soie, en Août et Septembre. — Ne s'expédie qu'en [illegible] récolte de 630 à 720,000 ocques.

Blé en Juin et Juillet. — 3 à 400,000 kilots de Constantinople.

Orge, en Mai et Juin. — 500 à 600,000 kilots de Constantinople.

Maïs blanc, en Juillet et Août. — 120,000 kilots de Constantinople.

Laine. — Il y a peu de laine dans notre province ; elle est blanche, grise ou noire ; il ne s'exporte que des premières (60 à 100,000 kilogr.) en suint et en toisons. La tonte se fait au mois de Mars.

Savon. — Il s'exporte environ 12,000 sacs de Savon, chaque sac pèse 120 à 125 ocques, 1,500,000 ocques, portion va par le désert au Caire, portion à Alexandrie par mer, le reste à Chypre et en Caramanie. C'est du savon blanc (ou grisâtre s'il a été fabriqué avec les fonds des puits) il ne contient que de l'huile, de la chaux, de la soude et de l'eau. Quand la récolte de l'huile est bonne et qu'il n'y a pas de grandes demandes de ce produit pour la France, le Savon vaut de 1,200 à 1,300 piastres le quintal de 225 ocques ou 281 kil., mais il monte à 1,800 et 2,000 piastres quand l'huile est recherchée pour l'exportation.

Fruits. — Les fruits frais, oranges et citrons s'expédient à Constantinople et dans l'Archipel. Ce sont des navires grecs qui viennent les prendre et les chargent *en grenier* dans des compartiments préparés d'avance dans le bâtiment. Quand les années sont fertiles, il s'expédie de 50 à 60 navires prenant de 20 à 30 millions d'oranges et citrons.

Les autres fruits frais, poires, pommes, raisins, abricots, &c., s'expédient en Egypte et sur la côte de Syrie.

Les fruits secs (raisins) en petite quantité s'envoient en Angleterre.

EXPLICATION POUR SE SERVIR DES LOGARITHMES

Qui se trouvent sur chaque Compte de Revient pour calculer les Droits de Sortie.

Exemple. — Voir le compte Coton à la page 458.

L'estimation de la douane est fixée à P. 18 sagh par Ocque, c'est sur cette estimation que le droit de sortie doit être prélevé.

Le logarithme du change de 173 paras est sur ce compte de 19968, qu'il faut multiplier

par l'estimation de P. 18, ce qui donnera	3,59,424
Retrancher de cette somme 10 % autorisé par le traité avec la Turquie	35,942
Il restera	3,23,482

Prélever le droit actuel (1866) de 4 % [illegible] .... Fr. 12.94

ce qui représente le droit de sortie par 100 kil. [illegible] Sur les comptes de revient où les 10 % ne sont pas déduits du prix d'estimation de la douane, il ne faudra naturellement pas les déduire en établissant le calcul par les logarithmes ; ces derniers restent invariables, alors même que les droits de sortie seront à 3, 2 et 1 %.

Les estimations de la douane portées dans les comptes et sur lesquelles sont prélevés les droits de sortie, sont invariables.

(Extrait du Dictionnaire du Commerce et de la Navigation par MM. GUILLAUMIN et Cie, ainsi que de mes renseignements particuliers).

COMPTE D'ACHAT ET DE REVIENT

A 4000 OCQUES COTON RENDUES EN VILLE

4000 Ocques Coton à P. 24.— l'ocque y compris le courtage et les frais de transport..			P.	96000.—
FRAIS A JAFFA				
Magasinage sur 45 balles de 80 à 100 ocques à P. 5 l'une		P. 225.—		
Portefaix pour les mettre en magasin et estiver à P. —.20 la balle...		» 22.20		
Peseurs à l'entrée au magasin à P. —.30 la balle		» 33.90		
Portefaix du magasin à la presse à P. 1.— la balle		» 45.—		
Pressage 30 balles, presse, presseurs, ficelle et cordes à P. 25.— la balle.		» 750.—		
Portefaix de la presse à la marine à P. 1.— la balle		» 30.—		
4 Mahones pour les porter à bord à P. 21.— par Mahone		» 84.—	»	1190.10
	Droits de sortie		P.	97190.10
Droits de sortie sur une estimation de P. sagh 18 l'ocque. Soit sur brut.... ocques 4000; Cordes et emballages.. » 150; Net.... ocques 3850 à P. 18 P. 69300.—; Déduction du tarif 10 % selon le traité..... » 6930.—; Estimation.... P. 62370.—				
À raison de 4 % (droit en 1866)	P. 2494.30			
Ports de lettres et menus frais 1 ‰	» 2.20		»	97.10
	P. 2497.40		P.	97287.20
Commission d'achat et ducroire pour envoyer l'argent dans l'intérieur 4 %	» 99.30		»	3891.20
	P. 2597.—	à P. 104 le Napol.	P.	101179.—
Moins 17 % diff. de monnaie du Chorouk au Sagh			»	17200.20
		à P. 86.27 le Nap.	P.	83978.20
Courtage de négociation des traites, nolis des Groups et assurances 2 ½ %	» 65.—		»	2099.20
	P. 2662.—		P.	86078.—
Remboursement sur Marseille à 3 mois de date au change de 173 paras pr F. 1..	F. 615.50		F.	19902.40
FRAIS A MARSEILLE				
Fret par steamer sur 5250 kil. à F. 14 par 100 kil. F. 735.-				
Assurance maritime sur F. 21892 à ½ % » 109.45	» 3.40			
Change maritime 2 % sur F. 844 » 16.90		F. 861.35		
Portefaix, charette pour mettre en magasin et livrer, emballeurs pour réparer et échantillonner, peseurs publics au débarquement et à la vente, formalités de douane, etc., à F. 2 par 100 kil.		» 100.—		
Magasinage d'entrepôt à F. 1 par 1000 kil. pour un mois.		» 5.—		
Assurance contre le feu 1 ‰		» 19.90		
Courtage de vente ½ %; Escompte à la vente p. comptant 2 %; Commission de vente 2 %				
Ensemble.... 4 ½ % sur F. 21834.85.	» 28.05	» 946.20	»	1932.45
	F. 646.95		F.	21834.85
Soit par 100 kil.	» 12.94			

RENDEMENT : 80 Ocques rendent à Marseille 100 kil. nets :

Soit 4000 ocques = net 5000 kil. à F. 436.69 par 100 kil. entrepôt			F.	21834.50
Plus : droits de sortie à Jaffa....	» 12.94	id.	id.	
Ensemble	F. 449.63	id.	id.	

PRIX DE REVIENT A MARSEILLE DES 100 KILOG. ENTREPOT

AUX CHANGES SUIVANTS SUR MARSEILLE A 3 MOIS DE DATE

PRIX à JAFFA par ocque en magasin	Paras 203 pour F. 1	Paras 198 pour F. 1	Paras 193 pour F. 1	Paras 188 pour F. 1	Paras 183 pour F. 1	Paras 178 pour F. 1	Paras 173 pour F. 1
Piastres							
—. 1	F. 0.37	F. 0.38	F. 0.39	F. 0.40	F. 0.41	F. 0.42	F. 0.43
—. 2	0.73	0.75	0.77	0.79	0.82	0.84	0.86
—. 3	1.10	1.13	1.16	1.19	1.22	1.26	1.29
—. 4	1.47	1.51	1.54	1.59	1.63	1.68	1.72
—. 5	1.84	1.89	1.93	1.99	2.04	2.10	2.16
—. 6	2.20	2.26	2.32	2.38	2.45	2.51	2.59
—. 7	2.57	2.64	2.70	2.78	2.86	2.93	3.02
—. 8	2.94	3.02	3.09	3.18	3.26	3.35	3.45
—. 9	3.30	3.39	3.47	3.57	3.67	3.77	3.88
—.10	3.67	3.77	3.86	3.97	4.08	4.19	4.31
—.20	7.35	7.53	7.73	7.93	8.15	8.38	8.62
—.30	11.02	11.30	11.59	11.90	12.23	12.56	12.93
1.—	14.09	15.06	15.45	15.86	16.30	16.75	17.24
2.—	29.38	30.12	30.90	31.72	32.59	33.51	34.48
3.—	44.07	45.18	46.35	47.59	48.89	50.26	51.71
4.—	58.76	60.24	61.80	63.45	65.18	67.01	68.95
5.—	73.45	75.31	77.26	79.31	81.48	83.77	86.19
6.—	88.14	90.37	92.71	95.17	97.78	100.52	103.43
7.—	102.83	105.43	108.16	111.03	114.07	117.27	120.67
8.—	117.52	120.49	123.61	126.90	130.37	134.02	137.90
9.—	132.21	135.55	139.06	142.76	146.66	150.78	155.14
Coût et frais variables et invariables							
5.—	96.68	97.67	99.75	101.93	104.22	106.64	109.18
10.—	169.13	172.97	177.—	181.24	185.70	190.40	195.37
20.—	316.03	323.58	331.51	339.86	348.66	357.93	367.75
30.—	462.93	474.19	486.02	498.48	511.62	525.46	540.13
Plus Droits de Sortie à Jaffa.	À ajouter et à calculer suivant l'explication page 457.						

Rows —.1 to 4.— bear the side label: SERVITUDES — Coût et frais variables.

OBSERVATIONS

F. 1 par 100 kil. sur le fret, fait à Marseille une différence de F. 1.05 par 100 kil. sur les prix.

On veut savoir le revient à Marseille de Coton coûtant à Jaffa P. 19.5 l'ocque au change de 188 paras pour F. 1. et au fret de F. 14 par 100 kil.

On trouvera dans la 1re et la 5e colonne de ce tableau que :

P. —. 5 font par 100 kil.	F.	1.99
» 9.— id. id.	»	142.76
» 10.— id. id.	»	181.24
Plus droits de sortie à Jaffa	»	14.21
P. 19.05 feront donc par 100 kil	F.	337.90

Logarithmes pour les Droits de Sortie

CHANGES		LOGARITHMES
203		17017
» 198	»	17447
» 193	»	17889
» 188	»	18376
» 183	»	18877
» 178	»	19408
» 173	»	19968

Droits d'entrée par 100 kil. en Janvier 1867

Par navire Français.... Exempt.
Id. Etranger.... F. 3.—

COMPTE D'ACHAT ET DE REVIENT

A 45 BALLES COTON NAPLOUSE A JAFFA

45 balles Coton Naplouse à Jaffa, pesant 4000 Ocques à P. 24 *franco à bord*		P.	96000.—
FRAIS A JAFFA			
Faux frais concernant l'acheteur environ 2 %		»	1920.—
		P.	97920.—
Droits de sortie sur une estimation de P. Sagh 18 l'ocque. Soit sur brut … ocques 4000; Tare des cordes et embal. 150; Net … ocques 3850 à P. 18 P. 69300; Déduction du tarif 10 % selon le traité » 6930; Estimation P. 62370, à raison de 4 % (droit en 1866)	P. 2494.80		
Commission d'achat 2 %	» 49.80	»	1958.20
	P. 2544.20 à P. 104 le Napol.	P.	99878.20
Moins 17 % pour diff. de monnaie du Chirouk au Sagh.		»	16979.10
	à P. 86,27 le Napol.	P.	82899.10
Courtage de négociation des traites, nolis, des Groups et assurance 2 ½ %	63.20	»	2072.20
	P. 2608 [illegible]	P.	84971.30
Remboursement sur Marseille à 3 mois de date au change de 178 Paras p^r F. 1.	F. 6031 [illegible]	F.	19646.05
FRAIS A MARSEILLE			
Fret par steamer sur 5250 kil. à F. 14 par 100 kil. F. 735.— ; Assurance maritime sur F. 21610 à ½ % » 108.05 ; Change maritime 2 % sur F. 843 » 16.85		F.	859.90
Portefaix, charrette pour mettre en magasin et livrer, emballeurs pour réparer et échantillonner, peseurs publics au débarquement et à la vente, formalité de douane etc., à F. 2 par 100 kil.		»	100.—
Magasinage d'entrepôt pour 1 mois à F. 1 pour 1000 kil.		»	5.25
Assurance contre le feu 1 ‰		»	19.65
Courtage de vente ½ %; Escompte à la vente pour compt. 2 %; Commission de vente 2 %; Ensemble 4½ % sur F. 21565.95	» 27.45	» 934.50	» 1919.30
	F. 683.75	F.	21565.95

Soit par 100 kil. … 12.67

RENDEMENT : 80 Ocques rendent à Marseille 100 kil. nets;

Soit 4000 Ocques = net 5000 kil. à F. 431.32 par 100 kil. entrepôt … F. 21566.—

Plus : droits de sortie à Jaffa (¹) … 12.67 id. id.

Ensemble … F. 443.99 id. id.

(¹) Ce droit ne sera à ajouter qu'autant qu'il ne se trouverait pas inclus dans le prix d'achat à Jaffa franco à bord.

PRIX DE REVIENT A MARSEILLE DES 100 KIL. ENTREPOT

AUX CHANGES SUIVANTS SUR MARSEILLE A 3 MOIS DE DATE

PRIX à JAFFA par ocque franco à bord	Paras 203 pour F. 1	Paras 198 pour F. 1	Paras 193 pour F. 1	Paras 188 pour F. 1	Paras 183 pour F. 1	Paras 178 pour F. 1	Paras 173 pour F. 1
Piastres —. 1	F. 0.37	F. 0.38	F. 0.39	F. 0.40	F. 0.41	F. 0.42	F. 0.43
—. 2	0.73	0.75	0.77	[illegible]	[illegible]	[illegible]	[illegible]
—. 3	1.10	1.13	1.16	1.19	[illegible]	1.26	[illegible]
—. 4	1.47	1.50	1.54	1.58	1.63	1.68	[illegible]
—. 5	1.84	1.88	1.93	1.98	2.04	2.10	2.16
—. 6	2.20	2.26	2.32	[illegible]	[illegible]	2.51	2.59
—. 7	2.57	2.63	2.70	[illegible]	[illegible]	2.93	[illegible]
—. 8	2.94	3.01	3.09	3.17	3.26	3.35	3.45
—. 9	3.30	3.38	3.47	3.56	3.66	3.77	3.88
—. 10	3.67	3.76	3.86	3.96	4.07	4.19	4.31
—. 20	7.34	7.53	7.72	7.93	8.15	8.37	8.62
—. 30	11.01	[illegible]	11.58	11.89	12.22	12.56	12.92
1. —	14.68	15.05	15.44	[illegible]	[illegible]	[illegible]	[illegible]
2. —	29.36	[illegible]	30.88	31.70	32.51	[illegible]	[illegible]
3. —	44.04	45.15	46.33	47.56	48.86	50.23	51.68
4. —	58.72	60.21	61.77	63.41	65.14	66.97	68.91
5. —	73.41	75.26	77.21	79.26	81.43	83.72	86.14
6. —	88.09	90.31	92.65	95.11	97.72	100.40	103.36
7. —	102.77	105.36	108.09	110.96	114.—	117.20	120.59
8. —	117.45	120.42	123.54	126.82	130.29	133.94	137.82
9. —	132.13	135.47	138.98	142.67	146.57	150.69	155.04
5. —	91.28	93.13	[illegible]	[illegible]	[illegible]	101.59	104.01
10. —	164.68	[illegible]	172.29	[illegible]	[illegible]	185.30	190.14
20. —	311.49	316.91	325.71	334.91	343.59	352.73	362.41
30. —	458.30	469.43	481.13	491.43	506.45	520.16	534.68
Plus Droits de Sortie à Jaffa.	A ajouter et à calculer suivant l'explication page 457.						

OBSERVATIONS

F. 1 par 100 kil. sur le fret, fait à Marseille une différence de F. 1.05 par 100 kil. sur les prix.

On veut savoir le revient à Marseille de Coton coûtant à Jaffa P. 19. 5 l'ocque au change de 188 paras pour F. 1 et au fret de F. 14 par 100 kil.

On trouvera dans la 1re et la 5e colonne de ce tableau que :

P. —. 5 font par 100 kil. … F. 1.98
» 9.— id. id. … » 142.67
» 10.— id. id. … » 176.39

P. 19. 5 feront donc par 100 kil. … F. 321.04

(N.-B.) Plus droits de sortie à ajouter et à calculer suivant l'explication page 457, s'ils ne se trouvent pas inclus dans les prix d'achat.

Logarithmes pour les Droits de Sortie

CHANGES		
203	»	16670
198	»	17091
193	»	17534
188	»	18000
183	»	18492
178	»	19011
173	»	19560

Droits d'entrée par 100 kil. en Janvier 1867

Par navire Français …
— id. — Étranger … F. 3.—

COMPTE D'ACHAT ET DE REVIENT

A 5400 KILOTS BLÉ A JAFFA

	Droits de Sortie		
5400 kilots Blé à P. 17 le kilot en ville			P. 91800.—
400 » déchet au criblage ; il reste environ 5000 kilots nets (selon le degré de propreté).			
FRAIS A JAFFA			
Magasinage à P. —.4 le kilot		P. 500.—	
Criblage P. —.36 le kilot		» 4500.—	
Aides des cribleurs P. —.4 le kilot		» 500.—	
Mesureurs à P. 20 les 100 Ardebs ou 500 kilots P. Sagh P. 200; 15 % différence de monnaie » 30		» 230.—	
Portefaix à P. —.8 le kilot jusqu'à la marine		» 1000.—	
Loyer des sacs à P. —.2 le kilot pour tout le chargement.		» 250.—	
40 mahones pour p. à b., 125 kilots l'une à P. 18 Sagh P. 720; 15 % différence de monnaie » 108		» 828.—	
Ficelle pour attacher les sacs chaque fois		» 45.—	
2 assistants au magasin et à la marine pendant 5 jours à P. 20 l'un		» 200.—	
		P. 8053.—	
Après le criblage il reste près de 40 % de mauvais grains, soit Kilots 200 que l'on peut revendre à P. 3 ½ le kilot et dont la valeur doit être déduite des frais ou de l'achat primitif, soit environ		» 700.—	» 7353.—
			P. 99153.—
Droits de sortie sur une estimation de P. 15.30 le kilot, soit P. 76500			
A raison de 4 % (droit en 1866)	P. 3000.—		
Ports de lettres et menus, frais 1 ‰	» 3.—		» 99.10
	P. 3003.—		P. 99252.40
Commission d'achat et ducroire, pour envoyer l'argent dans l'intérieur 5 %	» 153.10		» 4962.20
	P. 3216.10	P. 104 le Napol.	P. 104214.30
Moins 17 % pour diff. de monnaie du Chourouk au Sagh.			» 17716.20
		P. 86.27 le Napol.	P. 86498.10
Courtage de négociation de traites, nolis des Groups et assurances 2 ½ %	» 80.20		» 2162.20
	P. 3296.30		P. 88660.30
Remboursement sur Marseille à 3 mois de date au change de 173 Paras pr F. 1	F. 762.25		F. 20499.60
FRAIS A MARSEILLE			
Nolis sur 134400 kil. à F. 4 par 100 kil., plus 5 % chapeau.		F. 5644.80	
Frais de débarquement, criblage et livraison à F. 0.45 par charge		» 483.75	
Assurance maritime sur F. 22548, à 3 % et police F. 3.	» 25.15	» 679.45	
Courtage de vente ½ %; Criblure et avaries 2; Escompte à la vente 2; Commission de vente 2			
Ensemble 6 ½ % sur F. 29154.05	» 53.25	» 1846.45	» 8654.45
Livrable sur le quai, au débarquement	F. 840.65		F. 29154.05
Soit par hectolitre	» 0.49		

PRIX DE REVIENT A MARSEILLE DE L'HECTOLITRE ENTREPOT

AUX CHANGES SUIVANTS SUR MARSEILLE A 3 MOIS DE DATE

PRIX à JAFFA par kilot en ville	Paras 203 pour F. 1	Paras 198 pour F. 1	Paras 193 pour F. 1	Paras 188 pour F. 1	Paras 183 pour F. 1	Paras 178 pour F. 1	Paras 173 pour F. 1
Piastres —.10	F. 0.15	F. 0.16	F. 0.16	F. 0.17	F. 0.17	F. 0.18	F. 0.18
—.20	0.30	0.32	0.32	0.33	0.34	0.35	0.36
—.30	0.46	0.47	0.48	0.50	0.51	0.53	0.54
1.—	0.61	0.63	0.64	0.66	0.68	0.70	0.72
2.—	1.22	1.25	1.28	1.32	1.35	1.39	1.43
3.—	1.83	1.88	1.93	1.98	2.03	2.09	2.15
4.—	2.44	2.50	2.57	2.64	2.71	2.78	2.86
5.—	3.05	3.13	3.21	3.29	3.38	3.48	3.58
10.—	10.73	10.90	11.09	11.29	11.49	11.71	11.94
15.—	13.78	14.03	14.29	14.58	14.87	15.19	15.52
20.—	16.83	17.16	17.50	17.88	18.26	18.67	19.10
25.—	19.88	20.29	20.71	21.17	21.64	22.15	22.68
30.—	22.93	23.41	23.92	24.46	25.02	25.62	26.25
35.—	25.98	26.54	27.13	27.76	28.41	29.10	29.83
40.—	29.03	29.67	30.34	31.05	31.79	32.58	33.41
Plus Droits de Sortie à Jaffa.	A ajouter et à calculer suivant l'explication page 457.						

(De 1.— à 5.— : Substitution, Coût et Frais variables ; de 10.— à 40.— : Coût et Frais variables et invariables.)

OBSERVATIONS

F. 0.50 et 5 % par 100 kil. sur le fret, font à Marseille une diff. de F. 0.41 par hectol. sur les prix.

On veut savoir le revient à Marseille de Blé coûtant à Jaffa P. 24.30 le kilot au change de 188 paras pour F. 1 et au fret de F. 4 et 5 % par 100 kil.

On trouvera dans la 1re et la 5e colonne de ce tableau que :

P. —.30 font par hectolitre	F.	0.50
» 4.— id. id.	»	2.64
» 20.— id. id.	»	17.88
Droits de sortie	»	0.45
P. 24.30 feront donc par hectolitre	F.	21.47

N.-B. — Voir aux pages 448 et 451 pour la réduction de la parité des prix de l'hectolitre comparés à ceux par charge et par 100 kil.

Pour les différences de poids livrés en moins que celui garanti, voir le tableau des pages 452 et 453 pour les bonifications à faire ou à ajouter aux prix de revient ci-dessus.

Logarithmes pour les Droits de Sortie

CHANGES		LOGARITHMES
203		69061
»	198	» 69780
»	193	» 71588
»	188	» 73409
»	183	» 75499
»	178	» 77020
»	173	» 79861

Droits d'entrée par 100 kil. en Janvier 1867

Par navire Français	F. 0.60
Id. Étranger	» 1.20

RENDEMENT : Kilots 4.95 rendent à Marseille 1 charge de 8 doubles décalitres ou 160 litres.

	Entrepôt de Douane la charge	l'hectolitre	
Soit 5000 kilots = 1075 charges	F. 27.12		F. 29154.—
ou 1720 hectolitres		F. 16.95	» 29154.—
Plus : droits de sortie à Jaffa	» 0.78	» 0.49	
» droit de ville à Marseille	» 0.20	» 0.12	
Ensemble	F. 28.10	F. 17.56	

COMPTE D'ACHAT ET DE REVIENT

A 5000 KILOTS BLÉ

5000 kilots nets Blé criblé à P. 17 le kilot, franco à bord du navire .... P. 85000.—

Faux frais concernant l'acheteur environ 2 % .... 1700.—

P. 86700.—

Droits de sortie sur une estimation de P. 13.30 le kilot

Au droit actuel (1866) de 4 % .... P. 3000 ....

Commission d'achat 2 % .... 61.70 .... 1734.—

P. 3121.10 à P. 104 le Napol. .... P. 88434.—

Moins 17 % pour diff. de monnaie du Chourouk au Saghir 15033.80

P. 86.27 le Napol. .... P. 73400.10

Courtage de négociation des traites, nolis des Groups et assurances 2 3/4 % .... 78 .... 1835.—

P. 3199.10 .... P. 75235.10

Remboursement sur Marseille à 3 mois de date au change de 173 Paras p. F. 1 .... F. 17395.45

FRAIS A MARSEILLE

Nolis sur 134400 kil. à F. 4 par 100 kil. plus 5 % .... F. 5644.80

Frais de débarquement, criblage et livraison à F. 0.45 par charge 483.75

Assurance maritime sur F. 19134, à 3 % et police F. 3.... » 24.40 » 577.—

Courtage de vente .... 1/2 %

Criblure et avaries .... 2 %

Escompte à la vente .... 2 %

Commission de vente .... 2 %

Ensemble 6 1/2 % sur F. 25730.60 .... 1629.00 .... 8335.15

Livrable sur le quai au débarquement .... 815.75 .... F. 25730.60

Soit par hectolitre .... F. 0.47 1/2

RENDEMENT : Kilots 4.65 rendent à Marseille 1 charge de 8 doubles décalitres ou 160 litres.

		Entrepôt de Douane la charge		l'hectolitre	
Soit 5000 kilots ou 1075 charges	F.	23.93	F.		25724.75
ou 1720 hectolitres			F.	14.96	25731.20
Plus : droits de sortie à Jaffa (*)	»	0.76	»	0.47	
» droit de ville à Marseille	»	0.20	»	0.12	
	F.	24.89	F.	15.55	

(*) Ce droit ne sera à ajouter que s'il n'est pas déjà compris dans le prix d'achat à Jaffa franco à bord.

PRIX DE REVIENT A MARSEILLE DE L'HECTOLITRE ENTREPOT

AUX CHANGES SUIVANTS SUR MARSEILLE A 3 MOIS DE DATE

PRIX à JAFFA par kilot franco à bord du nav.	Paras 203 pour F. 1	Paras 198 pour F. 1	Paras 193 pour F. 1	Paras 188 pour F. 1	Paras 183 pour F. 1	Paras 178 pour F. 1	Paras 173 pour F. 1
Piastres							
Surestaries (Coût et frais compris)							
—.10	F. 0.14	F. 0.14	F. 0.15	F. 0.15	F. 0.16	F. 0.16	F. 0.17
—.20	0.28	0.29	0.30	0.30	0.31	0.32	0.33
—.30	0.42	0.43	0.44	[illegible]	[illegible]	0.48	[illegible]
1.—	0.56	0.57	0.58	[illegible]	[illegible]	[illegible]	[illegible]
2.—	1.12	1.15	1.18	1.21	1.24	1.28	1.31
3.—	1.68	1.72	1.76	1.81	1.86	1.91	1.97
4.—	2.24	2.30	2.35	2.42	2.48	2.55	2.62
5.—	2.80	2.87	2.94	3.02	3.10	3.19	3.28
Coût et frais (variables ci-dessus)							
10.—	9.40	9.55	9.69	[illegible]	[illegible]	[illegible]	[illegible]
15.—	12.20	12.41	12.64	12.87	[illegible]	[illegible]	[illegible]
20.—	15.[illegible]	15.28	15.58	15.80	[illegible]	[illegible]	[illegible]
25.—	17.80	18.15	18.52	18.91	19.33	19.76	20.22
30.—	20.59	21.02	21.45	[illegible]	[illegible]	[illegible]	[illegible]
35.—	23.39	23.80	24.40	24.95	25.58	26.14	26.78
40.—	26.19	26.75	27.35	27.97	28.63	[illegible]	30.07
Droits de sortie à Jaffa	A ajouter et à calculer suivant l'explication page 457, s'ils ne se trouvent pas inclus dans le prix d'achat *franco à bord*.						

OBSERVATIONS

F. 0.50 et 5 % par 100 kil. sur le fret, font à Marseille une différence de F. 0.41 par hectol. sur les prix.

On veut savoir le revient à Marseille de Blé coûtant à Jaffa P. 24.30 le kilot au change de 188 paras pour F. 1 et au fret de F. 4 et 5 % par 100 kil.

On trouvera dans la 5e colonne de ce tableau que :

P. —.30 font par hectolitre		F.	0.46
» 4.—	id.	id.	» 2.42
» 20.—	id.	id.	» 15.89
P. 24.30 feront donc		F.	18.76

N.-B. — Voir pages 448 à 451 pour la réduction de la parité des prix de l'hectolitre comparés à ceux par charge et par 100 kil.

Pour les différences de poids livrés en moins que celui garanti, voir le tableau des pages 452 et 453 pour les bonifications à faire ou à ajouter aux prix de revient ci-dessus.

Logarithmes pour les Droits de Sortie

CHANGES	LOGARITHMES
203	[illegible]
198	[illegible]
193	69465
188	71019
183	72261
178	73319
173	77406

Droits d'entrée par 100 kil. en Janvier 1867

Par navire Français	F. 0.60
id. Étranger	» 1.20

COMPTE D'ACHAT ET DE REVIENT
A 80000 OCQUES NETTES GRAINE DE SÉSAME

80000 Ocques à P. 3.6 l'ocque en magasin			P.	252000.—

FRAIS A JAFFA

Magasinage à P. 1 les 90 ocques nettes sur 82400 ocques	P.	915.20		
Criblage à P. 1 ½ par chameau sur 610 chameaux	»	915.—		
Nourriture des cribleurs pendant 22 journées pour 3 hommes soit 66 journées à P. 2	»	8132.—		
Aides, 5 hommes pour porter la graine du magasin à la machine, balayer, tourner la roue du ventilateur, charger et porter la graine propre dans le deuxième magasin, 110 journées à P. 6 l'un	»	660.—		
Portefaix pour remplir et attacher les sacs, et après qu'ils ont été posés au magasin les porter à la marine, à P. 1.20 l'ardeb de 90 ocques	»	1373.—		
Peseurs publics et aides à P. 6 par 1000 ocques sur 82400 ocques	»	494.20		
Loyer de 80 sacs pour cette quantité à P. 5 pour tout le chargement	»	400.—		
Ficelle pour les lier chaque fois	»	80.—		
Mahones pour porter à bord, 34 mahones à P. 18 Sagh ou P. 21 Cherouk	»	714.—		
Surveillants au magasin et à la marine, 5 jours à P. 40 les deux	»	200.—	»	5864
			P.	257864
Droits sur estimation de P. 1.50 l'ocque à 4 % (1866) soit sur P. 123600 Sagh, payable en Napoléons à P. 86.27 sur 82406 ocques	P.	4944		
Ports de lettres et menus frais 1 %	»	5.—	»	257.80
	P.	4949	P.	258121.80
Commission d'achat 2 %, Ducroire pour envoyer l'argent dans l'intérieur 2 %, ensemble 4 %	»	198.—	»	10324.80
A P. 86.27 le Napoléon	P.	5147.— à P. 104 le Napol.	P.	268446.20
Moins 17 % pour diff. de monnaie du Cherouk au Sagh			»	45635.80
		à P. 86.27 le Napol.	P.	222810.30
Courtage de négociation des traites, nolis des Groups et assurances 2 ½ %	»	128.30	»	5570.10
	P.	5275.30	P.	228381.—
Remboursement sur Marseille à 3 mois de date au change de 173 Paras pr F. 1.	F.	1219.30	F.	52804.30

FRAIS A MARSEILLE

Fret sur 100000 kil. à F. 3.50 par 100 kil. et 5 % chapeau			F.	3675.—		
Assurance maritime sur F. 58085 à 3 % et police	»	40.20	»	1745.55		
Portefaix pour débarquer et livrer, peseurs publics et marqueurs, expertise, prise d'échantillons et vacations, formalités de douane, permis, prélarts, bateau, garde-quai et menus frais, ensemble F. 0.45 par 100 kil.			»	450.—		
Courtage de vente ½ %						
Escompte à la vente p. comptant 2 %						
Commission de vente 2 %						
Ensemble 4½ % sur F. 61332.90	»	57.05	»	2657.75	»	[illegible]
Ensemble, livrable sur quai au débarquement	F.	1316.55			F.	61332.90
Soit par 100 kil.	»	1.31½				

RENDEMENT : 80 Ocques rendent à Marseille 100 kil. nets :

Soit 80000 ocques = net 100000 kil. à F. 61.33 par 100 kil. entrepôt				F.	61330.—
Plus droits de sortie à Jaffa	»	1.31	id.	id.	
Ensemble	F.	62.64	id.	id.	

PRIX DE REVIENT A MARSEILLE DES 100 KIL. ENTREPOT

AUX CHANGES SUIVANTS SUR MARSEILLE A 3 MOIS DE DATE

PRIX à JAFFA par ocque en magasin	Paras 203 pour F. 1	Paras 198 pour F. 1	Paras 193 pour F. 1	Paras 188 pour F. 1	Paras 183 pour F. 1	Paras 178 pour F. 1	Paras 173 pour F. 1
Piastres							
Centièmes proportionnels — 1	F. 0.38	F. 0.39	F. 0.40	F. 0.41	F. 0.42	F. 0.43	F. 0.44
—. 2	0.75	0.77	0.79	0.81	0.84	0.86	0.88
—. 3	1.13	1.16	1.19	1.22	1.25	1.29	1.33
—. 4	1.51	1.55	1.58	1.63	1.67	1.72	1.77
—. 5	1.89	1.94	1.98	2.04	2.09	2.15	2.21
—. 6	2.26	2.32	2.38	2.44	2.51	2.58	2.65
—. 7	2.64	2.71	2.77	2.85	2.93	3.01	3.09
—. 8	3.02	3.10	3.17	3.26	3.34	3.44	3.53
—. 9	3.39	3.48	3.56	3.66	3.76	3.87	3.98
—.10	3.77	3.87	3.96	4.07	4.18	4.30	4.42
—.20	7.54	7.73	7.93	8.14	8.36	8.60	8.85
—.30	11.30	11.60	11.89	12.21	12.54	12.89	13.27
—.40	15.07	15.46	15.86	16.28	16.72	17.19	17.69
Coûts et frais variables et invariables 2.—	35.57	36.36	37.20	38.07	39.—	39.97	40.99
3.—	50.64	51.82	53.06	54.35	55.73	57.17	58.68
4.—	65.72	67.27	68.91	70.63	72.45	74.36	76.37
5.—	80.79	82.73	84.77	86.91	89.17	91.55	94.06
Plus Droits de Sortie à Jaffa	A ajouter et à calculer suivant l'explication page 457.						

OBSERVATIONS

F. 0.50 et 5 % sur le fret, font à Marseille une différence de F. 52 ½ par 100 kil. sur les prix.

On veut savoir le revient à Marseille de Graine de Sésame coûtant à Jaffa P. 3.25 l'ocque au change de 188 paras pour F. 1 et au fret de F. 3.05 et 5 %.

On trouvera dans la 1re et la 5e colonne de ce tableau que :

P. 3.— font par 100 kil.		F.	54.35
» —.20 id.	id.	»	8.14
» —. 5 id.	id.	»	2.04
Plus droits de sortie à Jaffa		»	1.91
P. 3.25 feront donc par 100 kil.		F.	65.74

Logarithmes pour les Droits de Sortie

CHANGES		LOGARITHMES
203		18709
» 198	»	19182
» 193	»	19679
» 188	»	20202
» 183	»	20752
» 178	»	21330
» 173	»	21954

Droits d'entrée par 100 kil. en Janvier 1867.

Par navire Français	Exempte
id. Etranger	F. 2.40

COMPTE D'ACHAT ET DE REVIENT

A 80000 OCQUES NETTES DE GRAINE DE SÉSAME

80000 Ocques criblées et nettoyées livrées *franco* à bord à P. 3.6 paras l'ocque		P.	252000.—

FRAIS A JAFFA

Droits de sortie				
Frais très considérables à l'acheteur 2 %				5040.—
Droits sur estimation de P. 1.50 l'ocque soit P. 120000, à 4 % (1866)	P.	4800.—	P.	257040.—
Commission d'achat 2 %		96.—	»	5140.80
	P.	4896.— à P. 104 le Napol.	P.	262180.80
Moins 17 % pour diff. de monnaie du Chérouk au Sagh			»	44570.20
		à P. 86.27 le Nap.	P.	217610.10
Courtage de négociation des traites, nolis, frais Groups et assurances 2 ½ %		122.20	»	5440.10
	P.	5018.20	P.	223050.20
Remboursement sur Marseille à 3 mois de date au change de 173 Paras p^r F. 1.	F.	1160.35	F.	51572.35

FRAIS A MARSEILLE

Fret sur 100000 kil. à F. 3.50 par 100 kil. et 5 % chapeau			F.	3675.—	
Assurance maritime sur F. 56730 à 3 % et police		38.30	»	1704.90	
Portefaix pour débarquer et livrer, peseurs publics et marqueurs, expertise, prise d'échantillons et vacations, formalités de douane, permis, prélarts, bateau, garde quai et menus frais à F. 0.45 par 100 kil.			»	450.—	
Commission de vente 2 %					
Escompte à la vente p. comptant 2 %					
Courtage de vente ½ %					
Ensemble 4 ½ % sur F. 60002.35		54.80	»	2600.10	» 6430.—
Ensemble, livrable sur quai au débarquement	F.	1252.95		F.	60002.35
Soit par 100 kil.	»	1.25			

RENDEMENT : 80 Ocques rendent à Marseille 100 kil. nets.

Soit sur 80000 ocques au net 100000 kil. à F. 60 par 100 kil. entrepôt .... F. 60000.—

Plus droits de sortie à Jaffa (*).

(*) S'il n'est pas déjà compris dans le prix d'achat *franco à bord*.

PRIX DE REVIENT A MARSEILLE DES 100 KILOG. ENTREPOT

AUX CHANGES SUIVANTS SUR MARSEILLE A 3 MOIS DE DATE

PRIX à JAFFA par ocque franco à bord	Paras 203 pour F. 1	Paras 198 pour F. 1	Paras 193 pour F. 1	Paras 188 pour F. 1	Paras 183 pour F. 1	Paras 178 pour F. 1	Paras 173 pour F. 1
Piastres —. 1	F. 0.38	F. 0.39	F. 0.40	F. 0.41	F. 0.42	F. 0.43	F. 0.44
—. 2	0.75	0.77	0.79	0.81	0.84	0.86	0.88
—. 3	1.13	1.16	1.18	[illegible]	[illegible]	[illegible]	[illegible]
—. 4	1.51	[illegible]	1.58	1.63	1.67	1.72	1.77
—. 5	1.89	1.93	1.98	2.04	2.09	2.15	2.21
—. 6	2.26	2.32	2.38	2.44	2.51	2.58	2.65
—. 7	2.64	2.70	2.77	2.85	2.93	3.01	3.09
—. 8	3.02	3.09	3.17	3.26	3.34	3.44	3.54
—. 9	3.39	3.47	3.56	3.66	3.76	3.87	3.98
—. 10	3.77	3.86	3.96	4.07	4.18	4.30	4.42
—. 20	7.54	7.73	7.93	8.14	8.36	8.59	8.84
—. 30	11.30	11.59	11.89	12.20	12.53	12.89	13.26
—. 40	15.07	15.45	15.85	16.27	16.71	17.18	17.68
2.—	34.44	35.20	36.—	36.85	37.73	38.67	39.67
3.—	49.50	50.65	51.85	53.11	54.45	55.85	57.34
4.—	64.57	66.09	67.69	69.38	71.16	73.08	75.02
5.—	79.64	81.54	83.54	85.65	87.87	90.22	92.70
Plus droits de sortie à Jaffa	A ajouter et à calculer suivant l'explication page 457, s'ils ne se trouvent pas inclus dans le prix d'achat *franco à bord*						

OBSERVATIONS

F. 0.50 et 5 % sur le fret, font à Marseille une différence de F. 52 ½ par 100 kil. sur les prix.

On veut savoir le revient à Marseille de Graine de Sésame coûtant à Jaffa P. 3.25 l'ocque franco à bord, au change de 188 paras pour F. 1, et au fret de F. 3.50 et 5 %.

On trouvera dans la 1re et la 5e colonne de ce tableau que :

P. —. 5 font par 100 kil.		F.	2.04
» —. 20 id.	id.	»	8.14
» 3. — id.	id.	»	53.11
P. 3.25 feront donc par 100 kil.		F.	63.29

N.-B. Plus droits de sortie à calculer comme il est dit page 457, s'ils ne sont pas compris dans le prix d'achat.

Logarithmes pour les Droits de Sortie

CHANGES		LOGARITHMES
203		17797
198	»	18246
193	»	18710
188	»	19217
183	»	19742
178	»	20297
173	»	20883

Droits d'entrée par 100 kil. en Janvier 1867.

Par navire Français .... Exempte.

id. Etranger .... F. 2.40

COMPTE D'ACHAT ET DE REVIENT

A 1000 JARRES HUILE D'OLIVE

1000 Jarres ou ... ocques 15375 Huile d'Olive				
Dépôt ... » 375 restant dans les puits.				
Net lampante.. ocques 15000 à P. 90.— la Jarre			P.	90000.—
FRAIS A JAFFA A L'ENTRÉE				
Nourriture aux chameliers à P. —.20 la jarre		P. 500.—		
Portefaix, mesureurs et aides à P. —.10 la jarre		» 250.—	»	750.—
			P.	90750.—
FRAIS A JAFFA A L'EMBARQUEMENT				
Aux hommes qui tirent l'huile des puits à P. —.2 la jarre		P. 50.—		
Loyer des outres pour 1000 jarres		» 200.—		
A l'homme qui souffle et arrange les outres à P. —.1 la jarre		» 25.—		
id. qui attache les outres à P. —.1 la jarre		» 25.—		
Portefaix du puits à la marine à P. —.15 la jarre		» 375.—		
Ficelle et obturateurs, bouchons à ½ paras		» 12.20		
Mahones 5, pour 1000 jarres à P. 20 sagh ou 23 cherouk		» 138.20		
Assistants ou surveillants des outres aux puits, à la marine et à bord pour égoutter les outres et les soigner à P. —.2 la jarre		» 50.—	»	876.—
			P.	91626.—
	Droits de sortie			
Droits de sortie sur 15000 ocques à 44 ocques pour 1 cantare, soit 341 cantares à P. 140 le cantare, soit P. 47740 à 4 % en 1866	P. 1909.20			
Ports de lettres et menus frais 1 ‰	» 2.—		»	91.20
	P. 1911.20		P.	919[..]7.20
Commission d'achat 3 % et ducroire pour envoyer l'argent dans l'intérieur 2 %, ensemble 5 %	» 95.20		»	[illegible]
	P. 2007.—	à P. 104 le Napol.	P.	96[..]8.10
Moins 17 % pour diff. de monnaie du Cherouk au Sagh.			»	16[..]1.20
		à P. 86.27 le Nap.	P.	79[..]1.30
Courtage de négociation des traites, nolis des Groups et assurances 2 ½ %	» 50.10		»	19[.]8.10
	P. 2057.10		P.	81930.—
Remboursement sur Marseille à 3 mois de date au change de 173 Paras p^r F. 1.	F. 475.65		F.	18943.35
FRAIS A MARSEILLE				
Fret sur 306 millerolles à F. 3 et 5 % par millerolle		F. 963.90		
Assurance maritime sur F. 1530, futailles vides aller et retour 5 % et police		» 78.50		
Assurance maritime sur F. 20837, à 3 % et police	» 15.70	» 628.10		
Loyer des futailles sur 306 mill. à F. 0.75 la millerolle		» 229.50		
Frais pour pomper, ouiller et radasser 15 fûts à F. 1		» 15.—		
Portefaix pour débarquer, peser, et livrer 15 fûts à F. 1		» 15.—		
Loyer d'une pompe		» 25.—		
Jaujeurs publics F. 0.25 l'hectolitre sur 195 hectolitres		» 48.75		
Formalités de douane et d'octroi, bateau, permis et menus frais		» 25.—		
Courtage de vente ½ %				
Escompte à la vente 2 %				
Commission de vente 2 %				
Ensemble 4 ½ % sur F. 21922.10	» 22.25	» 950.—	»	2078.75
Livrable sur le quai au débarquement	F. 513.60		F.	21922.10
Soit par 100 kil.	» 2.87			

PRIX DE REVIENT A MARSEILLE DES 100 KIL. ENTREPOT (Douane et Octroi)

AUX CHANGES SUIVANTS SUR MARSEILLE A 3 MOIS DE DATE

PRIX à JAFFA par jarre de 15 ocques en ville		Paras 203 pour F. 1	Paras 198 pour F. 1	Paras 193 pour F. 1	Paras 188 pour F. 1	Paras 183 pour F. 1	Paras 178 pour F. 1	Paras 173 pour F. 1
DÉBOURSÉS. — Coût et frais variables	Piastres —.5	F. 0.13	F. 0.14	F. 0.14	F. 0.15	F. 0.15	F. 0.15	F. 0.16
	—.10	0.27	0.27	0.28	0.29	0.30	0.30	0.31
	—.20	0.53	0.55	0.56	0.58	0.60	0.61	0.63
	—.30	0.80	0.82	0.84	0.86	0.89	0.91	0.94
	1.—	1.06	1.09	1.12	1.15	1.18	1.21	1.25
	2.—	2.13	2.18	2.24	2.30	2.36	2.42	2.49
	3.—	3.19	3.27	3.36	3.44	3.54	3.64	3.74
	4.—	4.25	4.36	4.47	4.59	4.72	4.85	4.99
	5.—	5.32	5.45	5.59	5.74	5.90	6.06	6.24
	6.—	6.38	6.54	6.71	6.89	7.07	7.27	7.48
	7.—	7.44	7.63	7.83	8.04	8.25	8.48	8.73
	8.—	8.50	8.72	8.94	9.18	9.43	9.70	9.98
	9.—	9.57	9.81	10.06	10.33	10.61	10.91	11.22
	10.—	10.63	10.90	11.18	11.48	11.79	12.12	12.47
Coût et frais variables et invariables	70.—	84.31	86.24	88.26	90.39	92.64	95.01	97.52
	80.—	94.95	97.14	99.44	101.87	104.43	107.13	109.99
	90.—	105.56	108.03	110.62	113.34	116.22	119.25	122.46
	100.—	116.19	118.93	121.80	124.82	128.01	131.37	134.93
	110.—	126.62	129.83	132.98	135.80	139.80	143.49	147.40
	120.—	137.45	140.72	144.16	147.77	151.59	155.61	159.87
	130.—	148.07	151.62	[illegible]	159.24	163.38	167.73	172.34
	140.—	158.70	162.52	166.52	170.72	175.17	179.85	184.81
	150.—	169.34	173.42	177.70	182.20	186.96	191.98	197.29
	160.—	179.96	184.31	188.87	193.68	198.75	204.10	209.76
Plus Droits de Sortie à Jaffa		A ajouter et à calculer suivant l'explication page 437.						

OBSERVATIONS

F. 0.50 et 5 % par millerolle sur le fret, font à Marseille une diff. de F. 0.90 par 100 kil. sur les prix.

On veut savoir le revient à Marseille d'Huile d'Olive coûtant à Jaffa P. 115.20 la jarre, au change de 188 paras pour F. 1 et au fret de F. 3 et 5 %.

On trouvera dans la 1re et la 5e colonne de ce tableau que :

P. —.5 font par 100 kil.	P.	0.15
» —.20 id. id.	»	0.58
» 5.— id. id.	»	5.74
» 110.— id. id.	»	135.30
Droits de sortie	»	2.64
P. 115.25 feront donc par 100 kil.	F.	145.41

N.-B. — Voir le tableau à la page 451 pour la réduction des prix par 100 kil. aux prix à la millerolle.

Logarithmes pour les Droits de Sortie.

CHANGES. 203	LOGARITHMES	48063
» 198	»	44706
» 193	»	45925
» 188	»	47147
» 183	»	48435
» 178	»	49790
» 173	»	51235

Droit d'entrée par 100 kil. en Janvier 1867

Par navire Français	F.	6.—
id. Etranger	»	7.—

RENDEMENT 49 ocques à Jaffa pour 1 millerolle à Marseille de 64 litres :

	Entrepôt de douane et d'octroi par millerolle		par 100 kil.		
Soit pour 15000 ocques = 306 millerolles à	F.	71.64		F.	21921.85
Soit à kil. 58 ½ par millerolle, 17901 kil. nets, à			F. 122.46	F.	21921.85
Plus : droits de sortie à Jaffa	»	1.67	» 2.87		
id. droit d'entrée en France par navire français F. 6 sur brut, soit par 100 kil. nets	»	4.01	» 7.10		
Plus : droit d'octroi à F. 1.25 l'hectolitre	»	0.80	» 1.37		
id. droit de Chambre de Commerce F. 0.79 l'hectol.	»	0.50	» 0.87		
	F.	78.62	F. 134.70		

COMPTE D'ACHAT ET DE REVIENT

A 1000 JARRES HUILE D'OLIVE

1000 Jarres ou... ocques 15375 Huile d'Olive
Dépôt... » 375 restant dans les puits.
Net lampante.. ocques 15000 à P. 90 la jarre de 15 ocques franco à bord... P. 90000.—

FRAIS A JAFFA

Petits frais concernant l'acheteur 4 % environ	»	3600.—
	P.	93600.—
Droits de sortie sur 15000 ocques à 44 ocques pour 1 cantaro, soit 341 cantares à P. 140 le cantare soit P. 47740 au droit de 4 % (1866)... Sagh. P. 1909.20		
Commission d'achat 3 % ... 57.10	»	2808.—
P. 1966.30 à P. 104 le Napol.	P.	96408.—
Moins 17 % pour diff. de monnaie du Chirouk au Sagh.	»	16389.10
à P. 88.27 le Nap.	P.	80018.30
Courtage de négociation des traites, nolis des Groups et assurances 2 ½ % ... 49.10	»	2000.20
P. 2016.—	P.	82019.10
Remboursement sur Marseille à 3 mois de date au change de 173 Paras p^r F. 1. F. 466.10	F.	18964.—

FRAIS A MARSEILLE

Fret sur 306 millerolles à F. 3 et 5 % par millerolle...	F.	963.90
Assurance maritime sur F. 1530 futailles vides aller et retour 5 % et police		78.50
Assurance maritime sur F. 20860 à 3 % et police F. 3... 15.25	»	628.80
Loyer des futailles sur 306 mill. à F. 0.75 la millerolle...	»	229.50
Frais pour pomper, ouiller et radasser 15 fûts à F. 1...	»	15.—
Portefaix pour débarquer, peser et livrer 15 fûts à F. 1...	»	15.—
Loyer d'une pompe	»	25
Jaugeurs publics F. 0.25 l'hectolitre sur 195 hectolitres	»	48.75
Formalité de douane et d'octroi, bateau, permis et menus frais	»	25
Courtage de vente ... ½ %		
Escompte à la vente ... 2 %		
Commission de vente ... 2 %		
Ensemble... 4 ½ % sur F. 21944.45 ... 21.80 » 951	»	2080.45
Livrable sur le quai au débarquement ... F. 503.25	F.	21944.45
Soit par 100 kil. ... 2.81		

RENDEMENT : 49 ocques à Jaffa pour 1 millerolle de 64 litres à Marseille :

	Entrepôt de douane et d'octroi la millerolle	les 100 kil.	
Soit 15000 ocques = 306 millerolles ...	F. 71.71		F. 21943.25
Soit à kil 58 ½ par millerolle, 17901 kil. nets ...		F. 122.59	» 21945.80
Plus : droits de sortie à Jaffa (¹).			
id. droits d'entrée en France par navire français F. 6 pour 100 kil. bruts soit F. 7.23 par 100 kil. nets	» 4.21	» 7	
Plus : droits d'octroi à F. 1.25 l'hectolitre	» 0.80	» 1.37	
» droit de la Chambre de Commerce F. 0.79 l'hectol.	» 0.50	» 0.87	
Ensemble	F. 77.22	F. 132.02	

(¹) Il faudrait les ajouter s'ils n'étaient pas déjà compris dans le prix d'achat *franco à bord*.

PRIX DE REVIENT A MARSEILLE DES 100 KIL. ENTREPOT (Douane et Octroi)

AUX CHANGES SUIVANTS SUR MARSEILLE A 3 MOIS DE DATE

PRIX à JAFFA par jarre de 15 ocques franco à bord	Paras 203 pour F. 1	Paras 198 pour F. 1	Paras 193 pour F. 1	Paras 188 pour F. 1	Paras 183 pour F. 1	Paras 178 pour F. 1	Paras 173 pour F. 1
Piastres							
—.5	F. 0.14	F. 0.14	F. 0.14	F. 0.15	F. 0.15	F. 0.16	F. 0.16
—.10	0.27	0.28	0.29	[illegible]	[illegible]	0.31	0.32
—.20	0.54	0.56	0.57	0.59	0.60	0.62	0.64
—.30	0.81	0.83	0.86	0.88	0.90	0.93	0.95
1.—	1.08	1.11	1.14	[illegible]	[illegible]	1.24	1.27
2.—	2.17	2.22	2.28	2.34	2.40	2.47	[illegible]
3.—	3.25	3.33	3.42	3.51	[illegible]	3.71	3.81
4.—	4.33	4.44	4.56	4.68	4.81	4.94	5.08
5.—	5.42	5.56	5.70	[illegible]	[illegible]	[illegible]	[illegible]
6.—	6.50	6.67	6.83	7.02	7.21	7.41	7.63
7.—	7.58	7.78	7.97	8.19	8.41	8.65	8.90
8.—	8.67	8.89	[illegible]	9.36	9.62	9.88	10.17
9.—	9.75	10.—	10.25	10.53	10.82	11.12	11.44
10.—	10.83	[illegible]	11.39	11.70	12.02	12.35	12.71
70.—	84.02	85.94	87.95	90.07	92.31	94.67	97.17
80.—	94.86	97.04	99.34	101.77	104.32	107.02	109.88
90.—	105.69	108.15	110.74	[illegible]	116.34	119.38	122.59
100.—	116.52	119.25	122.13	125.16	128.35	131.73	135.30
110.—	127.35	130.36	133.52	136.86	140.37	144.08	148.01
120.—	138.18	141.46	144.92	[illegible]	152.38	156.44	160.72
130.—	149.02	152.57	156.31	160.25	164.40	168.79	173.43
140.—	159.85	163.67	167.70	171.94	176.41	181.14	186.14
150.—	170.68	174.78	179.10	183.64	188.42	193.50	198.85
160.—	181.51	185.88	190.49	195.34	200.44	205.85	211.56

OBSERVATIONS

F. 0.50 et 5 % par millerolle sur le fret, font à Marseille une diff. de F. 0.90 par 100 kil. sur les prix.

On veut savoir le revient à Marseille d'Huile d'Olive coûtant à Jaffa P. 115.25 la jarre *franco à bord*, au change de 188 paras pour F. 1 et au fret de F. 3 et 5 %.

On trouvera dans la 1re et la 5e colonne de ce tableau que

P.	—.5 font par 100 kil.		F.	0.15
»	—.20 id.	id.	»	0.59
»	5.— id.	id.	»	5.85
»	110.— id.	id.	»	136.86
P.	115.25 feront donc par 100 kil.		F.	143.45

Voir le tableau à la page 451 pour la réduction des prix par 100 kil. aux prix à la millerolle.

N.-B. — Si les droits de sortie à Jaffa ne se trouvaient pas inclus dans le prix d'achat *franco à bord*, il faudrait les ajouter en les calculant suivant l'explication à la page 457.

Logarithmes pour les Droits de Sortie

CHANGES		LOGARITHMES
203		42790
198		43871
193		45007
188		46204
183		47467
178		48800
173		50210

Droits d'entrée par 100 kil. en Janvier 1887

Par navire Français	F.	6.—
id. Étranger	»	7.—

COMPTE D'ACHAT ET DE REVIENT

A 4000 OCQUES LAINE EN SUINT SANS CROTTES

Désignation		Droits de Sortie			Total
4000 Ocques Laine en suint à P. 7 ½ l'ocque y compris les frais de chameaux pour le tranport en ville				P.	30000.—
FRAIS A JAFFA					
Pour nettoyer 4000 ocques, le [illegible] pller, et les mettre en toisons 24 journées d'ouvriers à P. 6 l'un	P. 144.—				
Pesceurs et esti[illegible] à l'entrée en magasin	» 50.—				
Loyer de magasin à 80 B. de 180 ocques environ P. 5 la balle	» 150.—				
Pour porter 80 B. à la presse à P. 1 ½ la balle	» 45.—				
Pour presser 80 B., [illegible], pressure, ficelle, cordes 25 B. pressées à P. 25 la B.	» 625.—				
Coût de l'emballage pour 25 B. à P. [illegible] la balle	» 900.—				
Portefaix à l'embarquement, de la [illegible] à la marine 25 B. à P. 120 la B.	» 87.20				
Mahones à l'embarquement 3 à [illegible] sagh ou P. 21 churouk par mahone	» 63.—			»	2014.20
				P.	32014.20
Droits de sortie sur 4000 ocques à raison de 44 ocques pour 1 cantare, soit 91 cantares à l'estimation de la douane de P. 134.50 le cantare soit P. 12240 à raison de 4 % de droit (1866)		P. 489.20			
Ports de lettres et menus frais 1 ‰		» —.20		»	32.—
		P. 490.—		P.	32046.20
Commission d'achat et ducroire, pour envoyer l'argent dans l'intérieur 6 %		» 29.20		»	1922.30
		P. 519.20	à P. 104 le Napol.	P.	33969.10
Moins 17 % pour diff. de monnaie du Churouk au Sagh.				»	5774.30
			à P. 86.27 le Nap.	P.	28194.20
Courtage de négociation de traites, nolis des Groups et assurances 2 ½ %		» 13.—		»	705.—
		P. 532.20		P.	28899.20
Remboursement sur Marseille à 3 mois de date au change de 173 Paras pr F. 1.		F. 122.55		F.	6682.—
FRAIS A MARSEILLE					
Fret sur 5150 kil. bruts à F. 12 par 100 kil.	F. 618.—				
Assurance maritime sur F. 7350 à ½ %	» 36.75	» 0.70			
Change maritime 2 % sur F. 654.75	» 13.10				
Frais de docks à F. 0.45 par 100 kil.	» 23.15		F. 691.—		
Portefaix, charrette pour mettre en magasin et livrer, emballeurs pour réparer les balles et échantillonner, peseurs publics au débarquement et à la vente, formalité de douane, permis, timbres etc., soit F. 1.50 par 100 kil.			» 77.25		
Magasinage d'un mois à F. 2 par 1000 kil.			» 10.30		
Assurance contre le feu 1 ‰			» 6.70		
Courtage de vente ½ %					
Escompte à la vente p. comptant 2 %					
Commission de vente 2 %					
Ensemble 4 ½ % sur F. 7805.50		» 5.60	» 338.25	»	1128.50
		F. 128.85		F.	7805.50
Soit par 100 kil.		» 2.57			

RENDEMENT : 80 Ocques rendent à Marseille 100 kil. nets :

Soit 4000 Ocques = net 5000 kil. à	F. 156.11	par 100 kil.	entrepôt	F. 7805.50
Plus : droits de sortie à Jaffa	» 2.57	id.	id.	
Ensemble	F. 158.68	id.	id.	

PRIX DE REVIENT A MARSEILLE DES 100 KIL. ENTREPOT

AUX CHANGES SUIVANTS SUR MARSEILLE A 3 MOIS DE DATE

PRIX à JAFFA par ocque en magasin	Paras 203 pour F. 1	Paras 198 pour F. 1	Paras 193 pour F. 1	Paras 188 pour F. 1	Paras 183 pour F. 1	Paras 178 pour F. 1	Paras 173 pour F. 1
Piastres							
SUBDIVISIONS — Coût et frais variables							
—. 1	F. 0.37	F. 0.38	F. 0.39	F. 0.40	F. 0.42	F. 0.43	F. 0.44
—. 2	0.75	0.77	0.79	0.81	0.83	0.85	0.88
—. 3	1.12	1.15	1.18	1.21	1.25	1.28	1.32
—. 4	1.50	1.54	1.58	1.62	1.66	1.71	1.76
—. 5	1.87	1.92	1.97	2.02	2.08	2.14	2.20
—. 6	2.24	2.30	2.36	2.42	2.49	2.56	2.63
—. 7	2.62	2.69	2.76	2.83	2.91	2.99	3.07
—. 8	2.99	3.07	3.15	3.23	3.32	3.42	3.51
—. 9	3.37	3.46	3.55	3.64	3.74	3.84	3.95
—.10	3.74	3.84	3.94	4.04	4.15	4.27	4.39
—.20	7.49	7.68	7.87	8.08	8.30	8.54	8.78
—.30	11.23	11.51	11.81	12.13	12.46	12.81	13.18
Coût et frais variables et invariables							
1.—	38.—	38.60	39.22	39.86	40.52	41.21	41.91
2.—	52.97	53.95	54.97	56.02	57.13	58.28	59.48
3.—	67.95	69.30	70.71	72.19	73.73	75.36	77.04
4.—	82.92	84.65	86.46	88.36	90.34	92.43	94.61
5.—	97.89	100.—	102.21	104.53	106.95	109.51	112.18
6.—	112.86	115.35	117.96	120.69	123.56	126.58	129.75
7.—	127.83	130.70	133.71	136.86	140.17	143.66	147.32
8.—	142.81	146.05	149.45	153.03	156.77	160.73	164.88
9.—	156.78	161.40	165.20	169.19	173.38	177.81	182.45
10.—	171.75	176.75	180.95	185.36	189.99	194.88	200.02
11.—	186.72	192.10	196.70	201.53	206.60	211.96	217.59
12.—	201.69	207.45	212.45	217.69	223.21	229.03	235.16
Plus Droits de Sortie à Jaffa	A ajouter et à calculer suivant l'explication page 457.						

OBSERVATIONS

F. 1 par 100 kil. sur le fret, fait à Marseille une différence de F. 1.03 par 100 kil. sur les prix.

On veut savoir le revient à Marseille de Laine coûtant à Jaffa P. 5.7 l'ocque au change de 188 paras pour F. 1 et au fret de F. 12 par 100 kil.

On trouvera dans la 1re et la 5e colonne de ce tableau que :

P. —. 7 font par 100 kil.	F.	2.83
» 5.— id. id.	»	104.53
Droits de sortie	»	2.37
P. 5. 7 feront par 100 kil.	F.	109.73

Logarithmes pour les Droits de Sortie

CHANGES		LOGARITHMES
203		40834
» 198	»	41865
» 193	»	42949
» 188	»	44091
» 183	»	45296
» 178	»	46569
» 173	»	47914

Droits d'entrée par 100 kil. au Janvier 1867

Par navire Français	Exempte
id. Étranger	F. 3.60

COMPTE D'ACHAT ET DE REVIENT

A 30 BALLES LAINE EN SUINT SANS CROTTE

		Droits de sortie				
30 balles Laine en suint sans crotte, pesant 4000 ocques à P. 7 ½ l'ocque, livrées franco à bord					P.	30000.—
FRAIS A JAFFA						
Faux frais concernant l'acheteur environ 2 %					»	600.—
					P.	30600.—
Droits de sortie sur 4000 ocques à raison de 44 ocques pour 1 cantare, soit 91 cantares à l'estimation de la douane de P. 134 ½ le cantare, soit P. 12240 à raison de 4 % de droit (1866) sagh	P.	489.20				
Commission d'achat 3 %	»	14.80			»	918.—
sagh	P.	504.10	à P. 191 l. Napol.		P.	31318.—
Moins 17 % pour différence de monnaie du Chrouk au Sagh					»	5358.—
			à P. 86.27 le Nap.		P.	26160.—
Courtage de négociation des traites, nolis des Groups et assurances 2 ½ %	»	12.20			»	654.—
	P.	516.30			P.	26814.—
Remboursement sur Marseille à 3 mois de date au change de 173 Paras pr F. 1	F.	119.50			F.	6199.75
FRAIS A MARSEILLE						
Fret sur 5150 kil. à F. 12 par 100 kil. F. 618.—						
Assurance maritime sur F. 6820 à ½ % » 34.10	»	0.60				
Change maritime 2 % sur F. 652.10 » 13.05						
Frais de docks à F. 0.45 par 100 kil. » 23.15			F.	688.30		
Portefaix, charrettes pour mettre en magasin et livrer, emballeurs pour réparer les balles et échantillonner, peseurs publics au débarquement et à la vente, formalité de douane, permis, timbre, etc., soit F. 1.50 par 100 kil.			»	77.25		
Magasinage d'un mois à F. 2 par 1000 kil.			»	10.30		
Assurance contre le feu 1 ‰			»	6.20		
Courtage de vente ½ %						
Escompte à la vente p. comptant 2 %						
Commission de vente 2 %						
Ensemble 4 ½ % sur F. 7298.—	»	5.45	»	316.20	»	1098.25
	F.	125.55			F.	7298.—
Soit par 100 kil.	»	2.51				

RENDEMENT : 80 Ocques rendent à Marseille 100 kil. nets :

Soit 4000 ocques = net 5000 kil. à F. 145.96 par 100 kil. entrepôt				F.	7298.—
Plus : droits de sortie à Jaffa (1)	» 2.51	id.	id.		
Ensemble	F. 148.47	id.	id.		

(1) S'ils ne sont déjà compris dans le prix d'achat *franco à bord*.

PRIX DE REVIENT A MARSEILLE DES 100 KIL. ENTREPOT

AUX CHANGES SUIVANTS SUR MARSEILLE A 3 MOIS DE DATE

PRIX à JAFFA par ocque franco à bord	Paras 203 pour F. 1	Paras 198 pour F. 1	Paras 193 pour F. 1	Paras 188 pour F. 1	Paras 183 pour F. 1	Paras 178 pour F. 1	Paras 173 pour F. 1
Piastres							
SUBDIVISIONS — Coût et frais variables							
—. 1	F. 0.37	F. 0.38	F. 0.39	F. 0.40	F. 0.41	F. 0.42	F. 0.44
—. 2	0.74	0.76	0.78	0.80	0.82	0.85	0.87
—. 3	1.11	1.14	1.17	1.20	1.23	1.27	1.31
—. 4	1.48	1.52	1.56	1.60	1.64	1.69	1.74
—. 5	1.86	1.90	1.95	2.—	2.06	2.12	2.18
—. 6	2.23	2.28	2.34	2.40	2.47	2.54	2.61
—. 7	2.60	2.66	2.73	2.80	2.88	2.96	3.05
—. 8	2.97	3.04	3.12	3.20	3.29	3.38	3.48
—. 9	3.34	3.42	3.51	3.60	3.70	3.81	3.92
—.10	3.71	3.80	3.90	4.—	4.11	4.23	4.35
—.20	7.41	7.60	7.80	8.—	8.22	8.45	8.70
—.30	11.12	11.40	11.69	12.—	12.33	12.68	13.05
Coût et frais variables et invariables							
1.—	30.32	30.69	31.08	31.50	31.94	32.40	32.89
2.—	45.14	45.89	46.68	47.51	48.38	49.31	50.28
3.—	59.97	61.09	62.27	63.52	64.83	66.21	67.68
4.—	74.79	76.29	77.87	79.53	81.27	83.12	85.07
5.—	89.62	91.49	93.46	95.54	97.72	100.03	102.47
6.—	104.44	106.69	109.05	111.54	114.17	116.94	119.87
7.—	119.27	121.89	124.65	127.55	130.61	133.85	137.26
8.—	134.09	137.09	140.24	143.56	147.06	150.75	154.66
9.—	148.92	152.29	155.84	159.57	163.50	167.66	172.05
10.—	163.74	167.49	171.43	175.58	179.95	184.57	189.45
11.—	178.57	182.69	187.02	191.59	196.40	201.48	206.85
12.—	193.39	197.89	202.62	207.60	212.84	218.39	224.24

OBSERVATIONS

F. 1 par 100 kil. sur le fret, fait à Marseille une différence de F. 1.03 par 100 kil. sur les prix.

On veut savoir le revient à Marseille du Laine coûtant à Jaffa P. 5.7 l'ocque *franco à bord*, au change de 188 paras pour F. 1 et un fret de F. 12 par 100 kil.

On trouvera dans la 1re et la 5e colonne de ce tableau que :

P. —. 7 font par 100 kil.	F.	2.80
» 5.— id. id.	»	95.54
P. 5. 7 feront donc par 100 kil.	F.	98.34

N.-B. — Si les droits de sortie à Jaffa ne se trouvaient pas inclus dans le prix d'achat, il faudrait les ajouter en les calculant suivant l'explication à la page 457.

Logarithmes pour les Droits de Sortie

CHANGES		LOGARITHMES
203		39785
» 198	»	40760
» 193	»	41816
» 188	»	42959
» 183	»	44133
» 178	»	45573
» 173	»	46685

Droits d'entrée par 100 kil. en Janvier 1867

Par navire Français	Exempte.
Id. Étranger	F. 5.60

COMPTE D'ACHAT ET DE REVIENT
A 5125 KILOTS MAÏS BLANC

5125 kilots Maïs à P. 17 le kilot en ville .... P. 56375.—
125 id. déchet de 2 % à 2 ½ % au criblage.
5000 kilots nets

FRAIS A JAFFA

Magasinage à P. —.4 le kilot		P. 500.—		
Criblage à P. —.3 le kilot		» 375.—		
Aides au criblage à P. —.1 le kilot		» 125.—		
Mesureurs à P. 20 les 500 kilots	P. 200.—			
15 % différence de monnaie	» 30.—	» 230.—		
Portefaix à P. —.8 le kilot		» 1000.—		
Loyer des sacs à P. —.2 le kilot, pour tout le chargement		» 250.—		
40 Mahones pour p. à b., 125 kilots l'une, à P. 18	P. 720.—			
15 % différence de monnaie	» 108.—	» 828.—		
Ficelle pour les sacs à chaque voyage à bord		» 45.—		
2 surveillants au magasin et à la marine pendant 15 jours à P. 20 l'un		» 200.—	»	3553.—
			P.	59928.—

		Droits de Douane		
Droits de sortie sur une estimation de P. 7.20 le kilot, soit	P. 36000.—			
Déduction de 10 % selon le tarif	» 3600.—			
Au droit actuel (1866) de 4 %	P. 32400.—	P. 1296.—		
Ports de lettres et menus frais 1 ‰		» 1.10	»	60.—
		P. 1297.10	P.	59988.—
Commission d'achat 2 %, Ducroire pour envoyer l'argent dans l'intérieur 3 %, ensemble 5 %		» 64.90	»	2999.20
		P. 1362.—	à P. 104.50 le Napol. P.	62987.20
Moins 17 % pour diff. de monnaie du Chourouk au Sagh.			»	10707.90
			à P. 86.27 le Nap. P.	52279.30
Courtage de négociation des traites, nolis des Groups et assurances 2 ½ %		» 34.—	»	1307.—
		P. 1396.—	P.	53586.30
Remboursement sur Marseille à 3 mois de date au change de 173 Paras p^r F. 1:		F. 322.75	F.	12390.—

FRAIS A MARSEILLE

Nolis sur 121800 kil. à F. 3 et 5 % par 100 kil.		F. 3830.70		
Frais de débarquement, criblage et livraison à F. 0.45 par charge		» 428.40		
Assurance maritime sur F. 13630, à 3 % et police F. 3	» 10.65	» 411.90		
Courtage de vente ½ %				
Criblure et avaries 2 %				
Escompte à la vente 2 %				
Commission de vente 2 %				
6½ % sur F. 18221.—	» 22.55	» 1164.—	»	5831.—
Livrable sur le quai au débarquement	F. 355.95		F.	18221.—
Soit par hectolitre	» 0.23			

RENDEMENT : 5 ¼ Kilots rendent à Marseille 1 charge de 160 litres, du poids de 126 kil.

	Entrepôt de Douane la charge	l'hectolitre		
Soit 5000 kilots = 952 ⁰/₀₀ charges	F. 19.13		F.	18219.40
ou 1524 hectolitres		F. 11.95	F.	18211.80
Plus : droits de sortie à Jaffa	» 0.37	» 0.23		
» droit de ville à Marseille	» 0.19	» 0.12		
Ensemble	F. 19.69	F. 12.30		

PRIX DE REVIENT A MARSEILLE DE L'HECTOLITRE ENTREPOT
AUX CHANGES SUIVANTS SUR MARSEILLE A 3 MOIS DE DATE

	PRIX à JAFFA par kilot en ville	Paras 203 pour F. 1	Paras 198 pour F. 1	Paras 193 pour F. 1	Paras 188 pour F. 1	Paras 183 pour F. 1	Paras 178 pour F. 1	Paras 173 pour F. 1
Coût et frais variables	Natures —.10	F. 0.16	F. 0.17	F. 0.17	F. 0.18	F. 0.18	F. 0.19	F. 0.19
	—.20	0.33	0.34	0.35	0.36	0.36	0.38	0.39
	—.30	0.49	0.50	0.52	0.53	0.54	0.56	0.58
	1.—	0.65	0.67	0.69	0.71	0.72	0.75	0.77
	2.—	1.31	1.34	1.37	1.41	1.45	1.49	1.53
	3.—	1.96	2.01	2.06	2.12	2.17	2.24	2.30
	4.—	2.61	2.68	2.75	2.82	2.90	2.96	3.07
	5	3.27	3.35	3.44	3.53	3.62	3.73	3.83
Coût et droits variables et accessoires	5.—	6.71	6.80	6.90	7.—	7.10	7.23	7.35
	10.—	9.97	10.15	10.33	10.53	10.76	10.95	11.19
	15.—	13.24	13.50	13.77	14.05	14.35	14.68	15.02
	20.—	16.51	16.85	17.20	17.58	17.98	18.40	18.86
	25.—	19.78	20.20	20.64	21.11	21.60	22.13	22.69
	30.—	23.04	23.55	24.08	24.64	25.22	25.86	26.52
	35.—	26.31	26.90	27.51	28.16	28.85	29.58	30.35
	40.—	29.58	30.25	30.95	31.69	32.47	33.31	34.19
Plus Droits de Sortie à Jaffa.		A ajouter et à calculer suivant l'explication page 457.						

OBSERVATIONS

F. 0.50 et 5 % par 100 kil. sur le fret, font à Marseille une diff. de F. 0.42 par hectolitre sur les prix.

On veut savoir le revient à Marseille de Maïs coûtant à Jaffa P. 14.10 le kilot au change de 188 paras pour F. 1 et au fret de F. 3 et 5 % par 100 kil.

On trouvera dans la 1re et la 5e colonne de ce tableau que :

P. —.10 font par hectolitre		F.	0.18
» 4.—	id.	»	2.82
» 10.—	id.	»	10.53
	Droits de sortie	»	0.22
P. 14.10 feront donc par hectolitre		F.	13.75

N.-B. — Voir aux pages 448 à 451 pour la réduction de la parité des prix de l'hectolitre comparés à ceux par charge et par 100 kil.

Pour les différences de poids livrés en moins que celui garanti voir le tableau des pages 452 et 453 pour les bonifications à faire ou à ajouter aux prix de revient ci-dessus.

Logarithmes pour les Droits de Sortie

CHANGES		LOGARITHMES
203		76792
»	198	78731
»	193	80771
»	188	82910
»	183	85185
»	178	87577
»	173	90109

Droits d'entrée par 100 kil. en Janvier 1867

Par navire Français .... Exempt.
id. Etranger .... F. 0.60

COMPTE D'ACHAT ET DE REVIENT
A 5000 KILOTS MAIS BLANC CRIBLE

5000 kilots de Maïs blanc criblé à P. 11 le kilot rendu à bord du navire ... P. 55000.—

FRAIS A JAFFA

Faux frais concernant l'acheteur environ 2 % ... » 1100.—

P. 56100.—

Droits de sortie

Droits de sortie sur une estimation de P. 7.20 le kilot soit ... P. 36000.—
Déduction de 10 % selon le tarif ... » 3600.—
Au droit actuel (1866) de 4 % ... P. 32400.— P. 1296.—
Commission d'achat 2 % ... » 26.— » 1122.—

P. 1322.— à P. 104 ½ Napol. P. 57222.—

Moins 17 % pour diff. de monnaie du Chürouk au Saghé ... » 9727.80

à P. 86.27 le Nap. P. 47494.10

Courtage de négociation des traites, nolis des Groups et assurances 2 ¼ % ... » 33.— » 1187.10

P. 1355.— P. 48681.20

Remboursement sur Marseille à 3 mois de date au change de 173 Paras p. F. 1 ... F. 313.30 F. 11255.85

FRAIS A MARSEILLE

Nolis sur 121800 kil. à F. 3 et 5 % par 100 kil. ... F. 3836.70
Frais de débarquement, criblage et livraison à F. 0.45 par charge ... » 428.40
Assurance maritime sur F. 12880 à 3 % et police F. 3 ... » 10.30 » 374.40
Courtage de vente ... ½ %
Criblure et avaries ... 2 %
Escompte à la vente ... 2 %
Commission de vente ... 2 %
Ensemble ... 6½ % sur F. 16970.20 » 21.85 » 1074.85 » 5714.85

Livrable sur le quai au débarquement ... F. 345.45 F. 16970.20
Soit par hectolitre ... » 0.23

RENDEMENT : 5 % kilots rendent à Marseille 1 charge de 100 litres du poids de 128 kil.

	Entrepot de douane la charge	l'hectolitre	
Soit 5000 kilots = 952 ⁰/₀₀ charges à ...	F. 17.82		F. 16971.75
ou 1524 hectolitres à ...		F. 11.13	16962.15
Plus : droits de sortie à Jaffa (1) ...	» 0.36	» 0.23	
» droits de ville à Marseille ...	» 0.19	» 0.12	
Ensemble ...	F. 18.37	F. 11.48	

(1) S'ils ne sont déjà compris dans le prix d'achat *franco à bord*.

PRIX DE REVIENT A MARSEILLE DE L'HECTOLITRE ENTREPOT
AUX CHANGES SUIVANTS SUR MARSEILLE A 3 MOIS DE DATE

PRIX à JAFFA par kilot franco à bord	Paras 203 pour F. 1	Paras 198 pour F. 1	Paras 193 pour F. 1	Paras 188 pour F. 1	Paras 183 pour F. 1	Paras 178 pour F. 1	Paras 173 pour F. 1
Piastres							
—.10	F. 0.16	F. 0.16	[illegible]	[illegible]	[illegible]	F. 0.18	F. 0.19
—.20	0.32	0.33	0.33	0.34	0.35	0.36	0.37
—.30	0.47	0.49	0.50	0.51	0.53	0.54	0.56
1.—	0.63	0.65	0.66	0.68	0.70	0.72	0.74
2.—	1.26	1.29	1.33	1.36	1.40	1.44	1.48
3.—	1.89	1.94	1.99	2.04	2.10	2.16	2.22
4.—	2.52	2.59	2.66	2.72	2.80	2.88	2.96
5.—	3.16	3.23	3.32	3.41	3.50	3.60	3.70
5.—	6.15	6.22	6.31	6.40	6.49	6.59	6.69
10.—	9.30	9.46	9.63	9.80	9.99	10.19	10.39
15.—	12.45	12.69	12.95	13.21	13.49	13.78	14.10
20.—	15.61	15.93	16.27	16.62	16.99	17.38	17.80
25.—	18.77	19.16	19.58	20.03	20.49	20.98	21.50
30.—	21.92	22.40	22.90	23.43	23.99	24.58	25.20
35.—	25.08	25.63	26.22	26.84	27.49	28.18	28.90
40.—	28.23	28.87	29.54	30.25	30.99	31.78	32.61

OBSERVATIONS

F. 0.50 et 5 % par 100 kil. sur le fret, font à Marseille une diff. de F. 0.42 par hectolitre sur les prix.

On veut savoir le revient à Marseille de Maïs coûtant à Jaffa P. 14.10 le kilot *franco à bord*, au change de 188 paras pour F. 1. et au fret de F. 3 et 5 % par 100 kil.

On trouvera dans la 1re et la 5e colonne de ce tableau que :

P. —.10 font par hectolitre ... F. 0.17
» 4.— id. id. ... » 2.72
» 10.— id. id. ... » 9.80

P. 14.10 feront donc par hectolitre ... F. 12.69

Voir pages 448 à 451 pour la réduction de la parité des prix de l'hectolitre comparés à ceux par charge et par 100 kil.

Pour les différences de poids livrés en moins que celui garanti, voir le tableau pages 452 et 453 pour les bonifications à faire ou à ajouter aux prix de revient ci-dessus.

N.-B. — Si les droits de sortie à Jaffa ne se trouvaient pas inclus dans le prix d'achat *franco à bord*, il faudrait les ajouter en les calculant suivant l'explication à la page 447.

Logarithmes pour les Droits de Sortie

CHANGES		LOGARITHMES	
»	203	»	74078
»	198	»	76410
»	193	»	78390
»	188	»	80474
»	183	»	82673
»	178	»	84906
»	173	»	87453

Droits d'entrée par 100 kil. — en février 1867.

Par navire Français ... Exempt.
id. Etranger ... F. 0.60

COMPTE D'ACHAT ET DE REVIENT

A 5150 KILOTS ORGE

5150 kilots Orge à P. 9 le kilot en ville			P. 46350.—
150 » déchet de 3 % au criblage.			
5000 kilots nets			

FRAIS A JAFFA

Magasinage à P. —.4 le kilot		P. 500.—	
Criblage à P. —.4 le kilot		» 500.—	
Aides au criblage à P. —.2 le kil		» 250.—	
Mesureurs à P. 20 les 500 kilots	P. 200.—		
Différence de monnaie 15 %	» 30.—	» 230.—	
Portefaix du magasin à la marine à P. —.8 le kilot		» 1000.—	
Loyer des sacs pour tout le chargement à P. —.2 le kilot.		» 250	
Mahones 33 ⅓ à 150 kilots l'une pour porter à bord à P. 18 sagh	P. 600.—		
Différence de monnaie 15 %	» 90.—	» 690.—	
Ficelle pour les sacs à chaque voyage à bord		» 45.—	
2 surveillans au magasin et à la marine 5 jours à P. 20 l'un.		» 200.—	» 3665.—
			P. 50015.—

	Droits de Sortie		
Droits de sortie sur 5000 kilots à l'estimation de P. 5.40 le kilot P. 27000 au droit actuel (1866) de 4 %	P. 1080.—		
Ports de lettres et menus frais 1 ‰	» 1.—		» 50.—
	P. 1081.—		P. 50065.—
Commission d'achat 2 ½ %, Ducroire pour envoyer l'argent dans l'intérieur 3 %, ensemble 5 ½ %	» 59.20		» 2753.20
	P. 1140 20	à P. 104 le Napol.	P. 52818.20
Moins 17 % pour diff. de monnaie de Churouk au Sagh.			» 8979.—
		à P. 86.27 le Nap.	P. 43839.20
Courtage de négociation des traites, nolis des Groups et assurances 2 ½ %	» 28.20		» 1096.—
	P. 1169.—		P. 44935.20
Remboursement sur Marseille à 3 mois de date au change de 173 Paras p. F. 1.	F. 270.30		F. 10880.70

FRAIS A MARSEILLE

Nolis sur 100000 kil. à F. 3 et 5 % par 100 kil.		F. 3150.—	
Frais de débarquement, criblage et livraison à F. 0.45 par charge		» 450.—	
Assurance maritime sur F. 11428 à 3 % et police F. 3.	» 8.90	» 343.85	
Courtage de vente ½ %			
Criblure et avaries 2 %			
Escompte à la vente 2 %			
Commission de vente 2 %			
Ensemble 6½ % sur F. 15304.90	» 18.85	» 969.35	» 4915.20
Livrable sur le quai au débarquement	F. 298.05		F. 15304.90
Soit l'hectolitre	» 0.18½		

Rendement : 5 kilots rendent à Marseille 1 charge de 160 litres :

	Entrepôt de Douane la charge	l'hectolitre	
Soit 5000 kilots = 1000 charges	F. 15.30		F. 15300.—
ou 1600 hectolitres		F. 9.57	» 15312.—
Plus : droits de sortie à Jaffa	» 0.30	» 0.18	
» droit de ville à Marseille	» 0.20	» 0.12	
Ensemble	F. 15.80	F. 9.87	

PRIX DE REVIENT A MARSEILLE DE L'HECTOLITRE ENTREPOT

AUX CHANGES SUIVANTS SUR MARSEILLE A 3 MOIS DE DATE

	PRIX à JAFFA le kilot en ville	Paras 203 pour F. 1	Paras 198 pour F. 1	Paras 193 pour F. 1	Paras 188 pour F. 1	Paras 183 pour F. 1	Paras 178 pour F. 1	Paras 173 pour F. 1
	Piastres							
Coût et frais variables	—.10	F. 0.16	F. 0.16	F. 0.17	F. 0.17	F. 0.18	F. 0.18	F. 0.19
	—.20	0.32	0.32	0.33	0.34	0.35	0.36	0.37
	—.30	0.47	0.48	0.49	0.51	0.52	0.54	0.55
	1.—	0.63	0.64	0.66	0.68	0.70	0.72	0.74
	2.—	1.26	1.29	1.32	1.36	1.39	1.43	1.47
	3.—	1.88	1.93	1.98	2.04	2.09	2.15	2.21
	4.—	2.51	2.58	2.64	2.71	2.79	2.87	2.95
	5.—	3.14	3.22	3.30	3.39	3.49	3.58	3.69
Coût et frais variables et invariables	5.—	5.99	6.08	6.17	6.27	6.38	6.49	6.62
	10.—	9.13	9.30	9.48	9.67	9.86	10.08	10.30
	15.—	12.28	12.52	12.78	13.06	13.35	13.66	13.99
	20.—	15.42	15.74	16.09	16.45	16.83	17.24	17.67
	25.—	18.56	18.97	19.39	19.84	20.32	20.83	21.36
	30.—	21.70	22.19	22.70	23.24	23.80	24.41	25.05

OBSERVATIONS

F. 0.50 à 5 % par 100 kil. sur le fret, font à Marseille une diff. de F. 0.33 par hectolitre sur les prix.

On veut savoir le revient à Marseille de l'Orge coûtant à Jaffa P. 13.20 le kilot au change de 188 paras pour F. 1 et au fret de F. 3 et 5 % par 100 kil.

On trouvera dans la 1re et la 5e colonne de ce tableau que :

P. —.20 font par hectolitre		F.	0.34
» 3.—	id. id.	»	2.04
» 10.—	id. id.	»	9.67
	Droits de sortie	»	0.17
P. 13.20 feront donc par hectolitre		F.	12.22

Voir page 447 pour la réduction de la parité des prix de l'hectolitre comparés à ceux par charge et par 100 kil.

Pour les différences de poids livrés en moins sur le poids garanti, voir le tableau de la page 447 pour les bonifications à faire ou à ajouter aux prix de revient ci-dessus.

N.-B. — Plus à ajouter les droits de sortie à Jaffa qui sont à calculer comme il est expliqué à la page 457.

Logarithmes pour les Droits de Sortie

CHANGES		LOGARITHMES
CHANGES	203	73498
»	198	75353
»	193	77306
»	188	79302
»	183	81530
»	178	83820
»	173	86243

Droits d'entrée par 100 kil. en Janvier 1867

Par navire Français .... Exempte.

Id. Etranger .... F. 0.60

COMPTE D'ACHAT ET DE REVIENT

A 5000 KILOTS ORGE CRIBLÉ

5000 kilots Orge criblé à P. 9 le kilot *franco à bord*			P. 45000.—
FRAIS A JAFFA	Droits de sortie		
Faux frais concernant l'acheteur environ 2 %			» 900.—
			P. 45900.—
Droits de sortie sur 5000 kilots à l'estimation de P. 5.40 le kilot P. 27000 au droit actuel (1800) de 4 %	P. 1080		
Commission d'achat 2 ½ %	» 27.—		» 1147.20
	P. 1107.—	à P. 104 le Napol.	P. 47047.20
Moins 17 % pour diff. de monnaie du Chürouk au Sagh.			» 7998.—
		à P. 86.27 le Nap.	P. 39049.20
Courtage de négociation des traites, nolis des Groups et assurances, 2 ½ %	» 27.80		» 976.10
	P. 1134.80		P. 40025.30
Remboursement sur Marseille à 3 mois de date au change de 173 Paras pr F. 1.	F. 262.35		F. 9254.50
FRAIS A MARSEILLE			
Nolis sur 100000 kil. à F. 3 et 5 % par 100 kil.		F. 3150.—	
Frais de débarquement, criblage et livraison à F. 0.45 par charge		» 450.—	
Assurance maritime sur F. 10180 à 3 % et police F. 3	» 8.65	» 308.40	
Courtage de vente ½ %			
Criblures et avaries 2 %			
Escompte à la vente 2 %			
Commission de vente 2 %			
Ensemble 6 ½ % sur F. 14052.95	» 18.30	» 890.05	» 4798.45
Livrable sur le quai au débarquement	F. 289.30		F. 14052.95
Soit l'hectolitre	» 0.18		

RENDEMENT : 5 kilots rendent à Marseille 1 charge de 160 litres.

Entrepôt de douane	la charge	l'hectolitre	
Soit 5000 kilots = 1000 charges	F. 14.05		F. 14050.—
ou 1600 hectolitres		F. 8.78	» 14048.—
Plus : droits de sortie à Jaffa (1)	0.29	0.18	
» droit de ville à Marseille	0.20	0.12	
Ensemble	F. 14.54	F. 9.08	

(1) Ce droit ne sera ajouté qu'autant qu'il ne se trouvera pas inclus dans le prix d'achat à Jaffa *franco à bord*.

PRIX DE REVIENT A MARSEILLE DE L'HECTOLITRE ENTREPOT

AUX CHANGES SUIVANTS SUR MARSEILLE A 3 MOIS DE DATE

PRIX à JAFFA par kilot franco à bord	Paras 203 pour F. 1	Paras 198 pour F. 1	Paras 193 pour F. 1	Paras 188 pour F. 1	Paras 183 pour F. 1	Paras 178 pour F. 1	Paras 173 pour F. 1
Piastres							
SUBDIVISIONS — Coût et frais variables							
—.10	F. 0.15	F. 0.16	F. 0.16	F. 0.16	F. 0.17	F. 0.17	F. 0.18
—.20	0.30	0.31	0.32	0.33	0.34	0.35	0.36
—.30	0.45	0.46	0.48	0.49	0.50	0.52	0.53
1.—	0.60	0.62	0.64	[illegible]	[illegible]	[illegible]	0.71
2.—	1.21	1.24	1.27	1.30	1.34	1.38	1.42
3.—	1.81	1.86	1.91	1.96	2.01	2.07	2.13
4.—	2.42	2.48	2.54	2.61	2.68	2.76	2.84
5.—	3.02	3.10	3.18	3.26	3.35	3.44	3.54
Coût et frais variables et invariables							
5.—	5.42	5.50	5.58	5.66	5.75	5.84	5.94
10.—	8.44	8.59	8.75	8.92	9.10	9.29	9.49
15.—	11.46	11.69	11.93	12.18	12.45	12.73	13.03
20.—	14.48	14.78	15.11	15.44	15.80	16.18	16.58
25.—	17.50	17.88	18.28	18.71	19.15	19.62	20.12
30.—	20.52	20.98	21.46	21.97	22.50	23.07	23.60

OBSERVATIONS

F. 0.50 et 5 % par 100 kil. sur le fret, font à Marseille une diff. de F. 0.33 par hectolitre sur les prix

On veut savoir le revient à Marseille de l'Orge coûtant à Jaffa P. 13.20 le kilot, au change de 188 paras pour F. 1 et au fret de F. 8 et 5 % par 100 kil.

On trouvera dans la 1re et la 5e colonne de ce tableau que :

P. 0.20	font par hectolitre		F. 0.33
» 3.—	id.	id.	» 1.96
» 10.—	id.	id.	» 8.92
P. 13.20	feront donc par hectolitre		F. 11.21

Voir page 447 pour la réduction de la parité des prix de l'hectolitre comparés à ceux par charge et par 100 kil.

Pour les différences de poids livrés en moins que le poids garanti, voir le tableau de la page 447 pour les bonifications à faire ou à ajouter aux prix de revient ci-dessus.

N.-B. — Si les droits de sortie à Jaffa ne se trouvaient pas inclus dans le prix d'achat *franco à bord*, il faudrait les ajouter en les calculant suivant l'explication à la page 457.

Logarithmes pour les Droits de Sortie

CHANGES		LOGARITHMES
203		71336
198	»	73187
193	»	75039
188	»	77028
183	»	79132
178	»	81355
173	»	83706

Droits d'entrée par 100 kil. en Janvier 1887

Par navire Français	Exempte.
Id. Étranger	F. 0.60

BEYROUTH

Beyrouth, grâce aux avantages de sa position et de son port, est aujourd'hui la ville la plus commerçante de toute la Syrie et semble devoir devenir la rivale de Smyrne.

La Syrie, bien que fort déchue de ce qu'elle était dans l'antiquité, comme richesse et comme population, est cependant restée une des plus belles provinces de l'Empire Ottoman ; elle ne demande que l'impulsion intelligente et la protection de l'Europe, pour persister à marcher dans la voie où elle est entrée depuis l'administration des Egyptiens, qui, malgré tous ses défauts et ses fautes, y a inauguré le progrès.

Cette marche ascendante vers l'état de civilisation entraîne à sa suite les exigences du luxe, le raffinement dans les commodités de la vie et des besoins plus ou moins factices qui se multiplient sous une infinité de formes. Par exemple, il y a quelques années, l'usage des carreaux de vitre était fort rare; aujourd'hui il devient presque général. Le verre était réservé à la haute société ; on le trouve aujourd'hui dans la cabane du montagnard agriculteur. La chaussure était, pour toutes les classes, en basane rouge ou jaune du pays, avec des semelles de buffle salé ; maintenant c'est le cuir verni, c'est le veau ciré d'Europe qui dominent. Les vêtements de draps n'étaient employés que par le négociant ; actuellement les boutiquiers, les commis, les domestiques portent des habillements de draps d'Elbouf, de Sédan, d'Allemagne et de Belgique.

PRODUCTION ANNUELLE DU PAYS

DEPUIS LATTAQUIE JUSQU'A CAIFFA

Laines.................. de 7 à 800,000 kil. environ;
Soie filature.......... de 30 à 40,000 kil.;
Orge...................... 500,000 kilots;
Coton..................... 4 à 5,000 balles ;
Huile d'olive.......... 1,500,000 Ocques ;
Eponges................. pour une valeur annuelle de 500,000 fr ;
Sésames................ de 1,500 à 1,750,000 Ocques.

Blé. — Un million de kilots en moyenne.

Cocons. — 800 mille Ocques par an pour toute la Syrie.

Monnaies. — La piastre est de 40 paras.

Dans toutes les localités de la Syrie, les monnaies étrangères passent à des cours différents. Tous les comptes d'achat qui vont suivre sont dressés en monnaies de Beyrouth.

Voici les cours :

La pièce de F. 20	pour piastres	97 [illegible]
La Livre sterling	»	128 [illegible]
La Livre Turque Medjidi	»	113 [illegible]
Le Talari Medjidi argent	»	22 [illegible]
Le Colonnate	»	26 [illegible]
Le Ducat d'Autriche	»	58
Le Talari d'Autriche (Marie-Thérèse)	»	25 [illegible]
La pièce de F. 5	»	24 [illegible]
Le Talari Russe (Carbowautz)	»	19 [illegible]
La Livre Russe	»	99
Quart de florin d'Autriche	»	8

Cette dernière monnaie ne peut être donnée en paiement que pour le 5 %, toutes les autres sont les plus répandues et les plus usitées en Commerce, soit ici, soit dans l'intérieur et sur toute la côte, mais comme il est dit plus haut, à des cours différents, selon les localités.

Poids. — Celui usité est de 200 Ocques par quintal, soit 256 kil. ou 78 Ocques pour 100 kil.

Mesures. — Le Pic = 66 centimètres.

Le mètre de France correspond à 1 Pic et 45 centimètres.
L'Aune id. id. 1 » et 75 id.
La yarde Anglaise id. 1 » et 83 id.
Pour les liquides, c'est au poids en Ocques.
Pour les céréales on mesure avec le kilot de Constantinople.

Pour faire une charge de Marseille, on calcule ordinairement 4 ½ kilots si le mesurage est bien fort, mais il est plus sage de baser le rendement sur 4 $^{3}/_{4}$ kilots par charge.

Pour l'Angleterre, 8 $^{1}/_{2}$ kilots correspondent au quarter et 40 Ocques correspondent à 112 lb. Anglaises.

Usages. — On n'accorde aucun escompte sur la vente des marchandises. Les Cotons et Laines sont toujours achetés brut pour net; il n'en est pas de même pour les Soies, Graines, Cocons, Huiles et Sésames. Ces articles sont toujours vendus poids net.

Les Éponges sont toujours achetées sur les lieux de pêche par tas et en bloc, surfines, fines, dures et venises. Ces trois qualités font toujours l'ensemble d'un marché.

Changes. — On peut fournir indistinctement sur Londres, Paris, Lyon ou Marseille à cinq jours de vue ou à 3 mois de date; le Londres et le Marseille sont les devises les plus usitées. Si l'on fait traite à courte échéance, on vend les lettres de change avec 1 % de différence en plus sur le cours de trois mois, ainsi le Change sur France est ordinairement à 190 paras le franc, à trois mois de date et à 192 paras, à cinq ou dix jours de vue. Celui sur l'Angleterre est à 121 piastres la Livre sterling, à trois mois de date et à 122 $^{1}/_{2}$ piastres à cinq ou dix jours de vue. Ces cours représentent la moyenne de ceux de l'année.

Port. — Le port est mauvais, surtout depuis que la jetée, qui d'ailleurs était insuffisante, a été détruite par les tempêtes. Dans les gros temps, il y a une barre qui devient très-dangereuse et au-delà de laquelle mouillent tous les bâtiments d'un fort tonnage et les bâtiments de guerre. Quand les vents soufflent du Nord, la mer devient quelquefois si soudainement mauvaise que les bâtiments abandonnent leurs ancres pour pouvoir appareiller avec plus de promptitude, aussi le mouillage de Beyrouth est-il, à proprement parler, dans la baie de Saint-Georges qui est au S.-O. de la ville et où se trouve l'embouchure du Nahr-Beyrouth. Là stationnent les navires marchands et les bâtiments de guerre pendant le printemps, l'automne et l'hiver. On peut dire en général, qu'il n'y a pas un seul bon port sur la côte de Syrie, à l'exception d'Alexandrie, qui est située au fond du golfe de ce nom. Beyrouth, Saïda, Tripoli, Lattaquie et Jaffa sont des rades ouvertes.

Il n'y a pas de frais de port à payer, il n'y a que les droits de phare, qui sont fixés à raison de 20 paras par tonneau de jauge, ils sont payés par les capitaines avec les frais d'expédition des chancelleries.

Lorsque les maisons de commerce qui s'occupent spécialement de la commission, transmettent leurs avis et prix-courants des marchandises aux maisons d'Europe, elles ont soin de donner comme cotes, les prix de la marchandise *rendue à bord du navire*, et il ne reste plus qu'à ajouter la commission d'achat et de remboursement; de leur côté, la plupart des maisons d'Europe, en transmettant leurs ordres d'achat, le font ordinairement *franco à bord* sans frais et commission.

Les comptes de vente qui viennent d'ici sont établis de deux manières.

Pour tout ce qui concerne les droits d'entrée et de sortie, ainsi que pour les explications sur le calcul des droits de sortie au moyen des Logarithmes, voir l'article sur *Jaffa* à la page 457.

(Extrait du Dictionnaire du Commerce et de la Navigation, par MM. GUILLAUMIN et Cie, ainsi que de ma Correspondance particulière.)

COMPTE D'ACHAT ET DE REVIENT

A 9000 KILOTS BLÉ EMBARQUÉ A CAÏFFA

9000 kilots Blé à P. 22 le kilot			P. 198000.—
FRAIS A BEYROUTH			
Nolis, assurance et port des Groups de Beyrouth à Caïffa ½ %	P.	990.—	
Coût du fardage au bord du navire	»	2102.—	
Port au quai à P. 3 ½ la garara de 27 kilots	»	882.—	
Mesureurs et gratification	»	500.—	
Six journées de 4 surveillants à P. 10 l'un	»	240.—	
Sacs pour porter à bord, ficelle, &c.	»	338.20	
Mahones à P. 6 la garara de 27 kilots	»	1667.20	
Cadeau au préposé de la douane	»	166.20	
Cadeaux aux portefaix et au capitaine du port	»	100.—	
Courtage 1 %	»	1980.—	» 8016.20
			P. 206016.20
Droits de sortie sur estimation de P. 15.30 le kil. soit P. 137,700 à 4 % (1860) (Droits de Sortie)	P.	5508.—	
Différence de monnaie sur les droits de sortie 20 %	»	1101.20	
	P.	6609.20	
Commission de l'agent à Caïffa 2 %	»	132.10	» 4138.10
	P.	6741.30	P. 210054.30
Commission d'achat et de remboursement 2 ½ %	»	168.20	» 5270.10
Total en piastres courantes à Beyrouth	P.	6910.10	P. 216332.—
Remboursement sur Marseille à 3 mois de date au change de 173 Paras p. F. 1	F.	1597.75	F. 50018.70
FRAIS A MARSEILLE			
Fret sur 242000 kil à F. 3 et 5 % par 100 kil.	F.		7623.—
Frais de débarquement, criblage et livraison à F. 0.45 par charge	»		871.—
Assurance maritime sur F. 55020, à 3 % et police F. 3	»	52.70	» 1653.60
Courtage de vente ½ %			
Criblure et avaries 2 %			
Escompte à la vente 2 %			
Commission de vente 2 %			
6½ % sur F. 64284.30	»	111.60	» 4068.20 » [illegible]
Livrable sur le quai au débarquement	F.	702.05	F. 64034.50
Soit par hectolitre		0.57	

RENDEMENT : Kilots 4.65 rendent à Marseille une charge de 6 doubles décalitres ou 100 litres.

Entrepôt de Douane.

Soit kilots 9000 = 1935 ⅕ charges	F. 33.19		F. 64281.60
ou 3097 hectolitres		F. 20.74	
Plus : droits de sortie à Beyrouth	0.91	0.57	
droit de ville à Marseille	0.20	0.12	
Soit ensemble	F. 34.30	F. 21.43	

PRIX DE REVIENT A MARSEILLE DE L'HECTOLITRE ENTREPOT

AUX CHANGES SUIVANTS SUR MARSEILLE A 3 MOIS DE DATE

PRIX à BEYROUTH par kilot en ville.	Paras 203 pour F. 1	Paras 198 pour F. 1	Paras 193 pour F. 1	Paras 188 pour F. 1	Paras 183 pour F. 1	Paras 178 pour F. 1	Paras 173 pour F. 1
Paras — 10	F. 0.17	F. 0.17	F. 0.18	F. 0.18	F. 0.19	F. 0.19	F. 0.20
— 20	0.34	0.35	0.35	0.36	0.37	0.38	0.40
— 30	0.50	0.52	0.52	0.54	0.56	0.57	0.59
1.—	0.67	0.69	0.70	0.72	0.74	0.76	0.79
2.—	1.34	1.37	1.41	1.45	1.49	1.53	1.57
3.—	2.01	2.06	2.11	2.17	2.23	2.29	2.36
4.—	2.68	2.75	2.82	2.90	2.98	3.06	3.14
5.—	3.35	3.44	3.52	3.62	3.72	3.82	3.93
5.—	6.72	6.82	6.91	7.02	7.13	7.25	7.37
10.—	10.07	10.25	10.44	10.64	10.84	11.07	11.30
15.—	13.42	13.69	13.96	14.25	14.56	14.89	15.24
20.—	16.77	17.12	17.49	17.87	18.28	18.71	19.17
25.—	20.12	20.56	21.01	21.49	22 —	22.54	23.10
30.—	23.47	23.99	24.54	25.11	25.71	26.36	27.03
35.—	26.83	27.43	28.06	28.70	29.48	30.18	30.97
40.—	30.18	30.86	31.59	32.35	33.15	34 —	34.90
Plus Droits de Sortie à Beyrouth.	A ajouter et à calculer suivant l'explication page 457						

(Centimes — Centimes fractionnables ; Centimes et fractions variables et invariables)

OBSERVATIONS

F. 0.30 et 5 % sur le fret, font à Marseille une différence de F. 0.41 par hectolitre sur les prix.

On veut savoir le revient à Marseille de blé coûtant à Beyrouth P. 19.20 le kilot, au change de 188 paras pour F. 1, et au fret de F. 3 et 5 % par 100 kil.

On trouvera dans la 1re et la 5e colonne de ce tableau que :

P. —.20 font par hectolitre	F.	0.36
» 4.— id.	»	2.90
» 15.— id.	»	14.25
Droits de sortie à Beyrouth	»	0.52
P. 19.20 feront donc par hectolitre	F.	18.03

Voir pages 448 à 451 pour la réduction de la parité des prix de l'hectolitre comparés à ceux par charge et par 100 kil.

Pour les différences de poids livrés en moins que celui garanti, voir le tableau pages 457 et 458 pour les bonifications à faire ou à ajouter aux prix de revient ci-dessus.

Il est facultatif à l'acheteur de recevoir le blé criblé à quai ou en transbordement non criblé, dans ce dernier cas, le vendeur bonifie à l'acheteur 10 centimes par charge qui représentent pour lui l'économie de frais et de la perte au criblage, mais tandis que par exemple, pour une vente avec garantie de kil. 128/124 à quai, l'acheteur a droit effectivement à kil. 128, cette garantie, quand la livraison a lieu en transbordement se réduit à 127 kil, c'est-à-dire toujours de 1 kil. sur le poids garanti à quai.

Pour mettre en magasin pendant un mois, il faut compter un supplément de frais de F. 1.25 l'hectolitre y compris le déchet.

Logarithmes pour les Droits de Sortie

CHANGES		LOGARITHMES
CHANGES	203	79230
»	198	81230
»	193	83336
»	188	85551
»	183	87889
»	178	90357
»	173	92965

Droits d'entrée par 100 kil. au Janvier 1867

Par navire Français	F. 0.60
id. Etranger	» 1.20

COMPTE D'ACHAT ET DE REVIENT

A 9000 KILOTS BLÉ CRIBLÉ

9000 kilots Blé criblé à P. 22 le kilot livré *franco à bord du navire* .... P. 198000.—
Nolis, assurance et port des Groups de Beyrouth à Caïffa ½ % .... 990.—

Total en piastres courantes à Beyrouth .... P. 198990.—

Remboursement sur Marseille à 3 mois de date au change de 178 Paras pour F. 1 .... F. 41892.60

FRAIS A MARSEILLE

Frêt sur 242000 kil. à F. 3 et 5 % par 100 kil. .... F. 7623.—
Frais de débarquement, criblage et livraison à F. 0.45 la charge .... » 871.—
Assurance maritime sur F. 46051 à 3 % et police F. 3 .... » 1385.40
Courtage de vente .... ½ %
Criblure et avaries .... 2 %
Escompte à la vente .... 2 %
Commission de vente .... 2 %
Ensemble .... 6 ½ % sur F. 65272.50 .... » 8500.50 » 18379.90

Livrable sur le quai au débarquement .... F. 55272.50

RENDEMENT : 4.65 kilots rendent à Marseille 1 charge de 8 doubles décalitres ou 160 litres.

Entrepôt de Douane

	la charge	l'hectolitre	
Soit 9000 kilots = 1935 ½ charges	F. 28.50		55277.85
ou 3097 hectolitres		F. 17.85	55281.45
Plus : droit de ville à Marseille	0.20	0.12	
Ensemble	F. 28.70	F. 17.97	

PRIX DE REVIENT A MARSEILLE DE L'HECTOLITRE ENTREPOT

AUX CHANGES SUIVANTS SUR MARSEILLE A 3 MOIS DE DATE

PRIX à BEYROUTH par kilot franco à bord	Paras 203 pour F. 1	Paras 198 pour F. 1	Paras 193 pour F. 1	Paras 188 pour F. 1	Paras 183 pour F. 1	Paras 178 pour F. 1	Paras 173 pour F. 1
Piastres							
—.10	F. 0.15	F. 0.15	F. 0.15	F. 0.16	F. 0.16	0.17	[illegible]
—.20	0.29	0.30	0.31	0.31	0.32	0.33	0.34
—.30	[illegible]	0.44	0.46	0.47	0.48	0.50	0.51
1.—	0.58	0.59	0.61	0.63	0.64	0.66	0.68
2.—	1.16	1.18	1.22	1.25	1.28	1.32	1.36
3.—	1.73	1.78	1.82	1.87	1.92	1.98	2.03
4.—	2.31	2.37	2.43	2.50	2.56	2.64	2.71
5.—	2.89	2.96	3.04	3.12	3.21	3.30	3.39
5.—	5.82	5.89	5.97	6.05	6.14	6.23	6.32
10.—	8.71	8.85	9.01	9.17	9.34	9.52	9.71
15.—	11.60	11.82	12.05	12.29	12.55	12.82	13.10
20.—	14.49	14.78	15.09	15.41	15.75	16.11	16.49
25.—	17.38	17.74	18.13	18.53	18.96	19.41	19.88
30.—	20.27	20.70	21.16	21.65	22.16	22.70	23.27
35.—	23.16	23.66	24.20	24.77	25.37	26.—	26.66
40.—	26.05	26.63	27.24	27.89	28.57	29.29	30.05

OBSERVATIONS

F. 0.50 et 5 % par 100 kil. sur le fret, font à Marseille une diff. de F. 0.41 par hectolitre sur les prix.

On veut savoir le revient à Marseille de Blé coûtant à Beyrouth P. 19.20 le kilot *franco à bord*, au change de 188 paras pour F. 1. et au fret de F. 3 et 5 % par 100 kil.

On trouvera dans la 1re et la 5e colonne de ce tableau que :

F. —.20 font par hectolitre .... F. 0.31
» 4.— id. id. .... » 2.50
» 15.— id. id. .... » 12.29

F. 19 20 feront donc par hectolitre .... F. 15.10

Voir pages 448 à 451 pour la réduction de la parité des prix de l'hectolitre comparée à ceux par charge et par 100 kil.

Pour les différences de poids livrés en moins que celui garanti, voir le tableau pages 452 et 453 pour les bonifications à faire ou à ajouter aux prix de revient ci-dessus.

Il est facultatif à l'acheteur de recevoir le blé criblé à quai ou en transbordement non criblé, dans ce dernier cas, le vendeur bonifie à l'acheteur 70 centimes par charge qui représentent pour lui l'économie de frais et de la perte au criblage; mais tandis que par exemple, pour une vente avec garantie de kil. 128/124 à quai, l'acheteur a droit effectivement à kil. 128, cette garantie, quand la livraison a lieu en transbordement, se réduit à kil. 127, c'est-à-dire toujours de 1 kil. sur le poids garanti à quai.

Pour mettre en magasin pendant un mois, y compris le déchet, on peut compter sur F. 1.25 l'hectolitre de frais supplémentaires.

Droits d'entrée par 100 kil. : en Janvier 1887

Par navire Français .... F. 0.60
id. Etranger .... » 1.20

COMPTE D'ACHAT ET DE REVIENT

A 16 BALLES COTON PRESSÉES ET EMBARQUÉES A BEYROUTH

	Droits de sortie		
16 balles Cotons pressées pesant brut ocques 1856 ½ à P. 22 l'ocque			P. 40843.—
N.-B. — Du brut au net on peut calculer 2 ½ % de tare.			
FRAIS A ACRE			
Poids, port au quai et à bord		P. 86.—	
Courtage 1 %		» 408.20	» 494.20
			P. 41337.20
Droits de sortie sur 1850 ocques à P. 18 l'ocque. P. 33300.—			
Moins 10 % » 3330.—			
Estimation à 4 % (en 1866). P. 29970.—	P. 1198.30		
Différence de monnaie sur les droits de sortie 20 %	» 239.20		
	P. 1438.10		
Commission de l'agent à Acre 2 %	» 28.30		» 826.30
	P. 1467.—		P. 42164.10
FRAIS A BEYROUTH			
Nolis d'Acre à Beyrouth de 20 balles à P. 25 la balle		P. 500.—	
Port en magasin, peseur et estivage de 20 balles		» 50.—	
Pressage de 16 balles à P. 18 la balle		» 288.—	
Port au quai et à bord pendant l'embarquement		» 128.—	
Connaissements, ports de lettres et menus frais		» 24.—	» 990.—
			P. 43154.10
Commission d'achat et de remboursement 2 ½ %	» 36.30		» 1078.80
	P. 1503.30		P. 44233.—
Courtage de négociation des traites 1 ‰ et commission de banque ½ %	» 9.—		» 265.20
En piastres courantes de Beyrouth	P. 1512.30		P. 44498.20
Remboursement sur Marseille à 3 mois de date au change de 173 Paras pour F. 1.	F. 349.75		F. 10288.65
FRAIS A MARSEILLE			
Fret par steam. sur 2400 kil. à F. 20 frcs par 100 kil. F. 480.—			
Assurance maritime sur F. 11306 à ½ % » 56.55	» 1.95		
Change maritime 2 % sur F. 536 » 10.70			
Frais des docks à F. 0.45 les 100 kil. sur 2400 kil. » 10.80		F. 558.05	
Portefaix, Charrette pour mettre en magasin et livrer, emballeurs pour réparer et échantillonner, peseurs publics au débarquement et à la vente, formalité de douane etc., à F. 2 par 100 kil. soit sur 2400 kil.		» 48.—	
Magasinage d'entrepôt à F. 1 par 1000 kil. pour 1 mois.		» 2.40	
Assurance contre le feu 1 ‰	» 0.35	» 10.30	
Courtage de vente ½ %			
Escompte à la vente 2 %			
Commission de vente 2 %			
Ensemble 4 ½ % sur F. 11401.50.	» 15.05	» 494.10	» 1112.85
	F. 368.—		F. 11401.50
Soit par 100 kil.	» 15.86		

RENDEMENT: 80 Ocques rendent à Marseille 100 kil. nets;

Soit 1856 ½ Ocques = net kil. 2320.62 à F. 491.31 par 100 kil. entrepôt .... F. 11401.45
Plus: droits de sortie à Beyrouth .... » 15.86 id. id.
Ensemble .... F. 507.17 id. id.

PRIX DE REVIENT A MARSEILLE DES 100 KIL. ENTREPOT

AUX CHANGES SUIVANTS SUR MARSEILLE A 3 MOIS DE DATE

	PRIX à BEYROUTH par ocque en ville	Paras 203 pour F. 1	Paras 198 pour F. 1	Paras 193 pour F. 1	Paras 188 pour F. 1	Paras 183 pour F. 1	Paras 178 pour F. 1	Paras 173 pour F. 1
ACHATS — Coût et frais variables	Piastres — 1	F. 0.44	F. 0.45	F. 0.46	F. 0.48	F. 0.49	F. 0.50	F. 0.52
	— 2	0.88	0.90	0.93	0.95	0.98	1.—	1.03
	— 3	1.32	1.36	1.39	1.43	1.47	1.51	1.55
	— 4	1.76	1.81	1.85	1.90	1.96	2.01	2.07
	— 5	2.21	2.26	2.32	2.38	2.45	2.51	2.59
	— 6	2.65	2.71	2.78	2.86	2.93	3.01	3.10
	— 7	3.09	3.16	3.24	3.33	3.42	3.51	3.62
	— 8	3.53	3.62	3.70	3.81	3.91	4.02	4.14
	— 9	3.97	4.07	4.17	4.28	4.40	4.52	4.65
	— 10	4.41	4.52	4.63	4.76	4.89	5.02	5.17
	— 20	8.61	9.03	9.27	9.51	9.77	10.05	10.34
	— 30	13.22	13.55	13.90	14.27	14.66	15.07	15.50
	1 —	17.62	18.06	18.53	19.02	19.54	20.09	20.67
	2 —	35.24	36.18	37.06	38.05	39.09	40.18	41.35
	3 —	52.85	54.19	55.59	57.07	58.63	60.28	62.02
	4 —	70.47	72.25	74.12	76.09	78.17	80.37	82.69
	5 —	88.09	90.32	92.65	95.12	97.72	100.46	103.37
	6 —	105.71	108.38	111.18	114.14	117.26	120.55	124.04
	7 —	123.33	126.44	129.71	133.16	136.80	140.64	144.71
	8 —	140.94	144.50	148.24	152.18	156.34	160.74	165.38
	9 —	158.56	162.56	166.77	171.21	175.89	180.83	186.06
Coût et frais variables et invariables	5 —	122.87	125.37	128.—	130.76	133.65	136.68	139.87
	10 —	210.96	215.69	220.66	225.87	231.36	237.14	243.24
	20 —	387.13	396.31	405.96	416.11	426.79	438.06	449.97
	30 —	563.31	576.94	591.27	606.34	622.23	638.98	656.60
Plus Droits de Sortie à Beyrouth		A ajouter et à calculer suivant l'explication page 457						

OBSERVATIONS

F. 1 par 100 kil. sur le fret, fait à Marseille une diff. de F. 1.03 ½ par 100 kil. sur les prix.

On veut savoir le revient à Marseille de Coton coûtant à Beyrouth P. 19.5 en ville l'ocque au change de 168 paras pour F. 1 et au fret de F. 20 par 100 kil.

On trouvera dans la 1re et la 5e colonne de ce tableau que :

P. —.5 font par 100 kil.	F.	2.38
» 9.— id. id.	»	171.21
» 10.— id. id.	»	226.87
Plus droits de sortie à Beyrouth.	»	14.59
P. 19.5 feront donc par 100 kil.	F.	414.05

Logarithmes pour les Droits de Sortie

CHANGES		LOGARITHMES
203		20854
» 198	»	21383
» 193	»	21936
» 188	»	22510
» 183	»	23134
» 178	»	23784
» 173	»	24471

Droits d'entrée par 100 kil. en Janvier 1867

Par navire Français .... Exempt.
Id. Étranger .... F. 3.—

COMPTE D'ACHAT ET DE REVIENT

A 16 BALLES COTON PRESSÉES ET EMBARQUÉES A BEYROUTH

16 balles Coton pressées pesant brut 1856 ½ oeques à P. 22 l'oeque *franco à bord*	P.	40843.—
N. B. — Du brut au net; on peut calculer 2 ½ % de tare.		
Courtage de négociation des traites 1 % et commission de banque ½ %	»	245.—
En piastres courantes de Beyrouth	P.	41088.—
Remboursement sur Marseille à 3 mois de date au change de 173 Paras pour F. 1	F.	9500.10

FRAIS A MARSEILLE

Fret par steamer sur 2400 kil. à F. 20 sacs par 100 kil.	F.	480.—		
Assurance maritime sur F. 10450 à ½ %	»	52.25		
Change maritime 2 % sur F. 532.25	»	10.65		
Frais de docks à F. 0.45 les 100 kil. sur 2400 kil.	»	10.80	F.	553.70
Portefaix, charrette pour mettre en magasin et livrer, emballeurs pour réparer et échantillonner, peseurs publics, au débarquement et à la vente, formalités de Douane, etc., à F. 2 par 100 kil.			»	48.—
Magasinage d'entrepôt à F. 1 par 1000 kil. pour 1 mois			»	2.40
Assurance contre le feu 1 ‰			»	9.50
Courtage de vente ½ %				
Escompte à la vente pour comptant 2 %				
Commission de vente 2 %				
Ensemble 4 ½ % sur F. 10571.85	»	458.15	»	1071.75
			F.	10571.85

RENDEMENT : 80 Oeques rendent à Marseille 100 kil. nets :

Soit sur 1856 ½ Oeques = net kil. 2320.62 à F. 455.56 par 100 kil. entrepôt

PRIX DE REVIENT A MARSEILLE DES 100 KIL. ENTREPOT

AUX CHANGES SUIVANTS SUR MARSEILLE A 3 MOIS DE DATE

PRIX à BEYROUTH par oque franco à bord	Paras 203 pour F. 1	Paras 198 pour F. 1	Paras 193 pour F. 1	Paras 188 pour F. 1	Paras 183 pour F. 1	Paras 178 pour F. 1	Paras 173 pour F. 1
Piastres —. 1	F. 0.42	F. 0.43	F. 0.44	F. 0.45	F. 0.46	F. 0.48	F. 0.49
—. 2	0.83	[illegible]	0.88	[illegible]	[illegible]	[illegible]	0.98
—. 3	1.25	[illegible]	[illegible]	[illegible]	[illegible]	[illegible]	1.47
—. 4	1.67	1.71	1.76	1.80	1.85	1.90	1.96
—. 5	2.09	2.14	2.20	[illegible]	2.32	2.38	2.45
—. 6	2.50	2.57	2.63	2.71	2.78	2.86	[illegible]
—. 7	2.92	3.—	3.07	3.15	3.24	3.33	3.43
—. 8	3.34	3.42	3.51	3.61	3.70	3.81	3.92
—. 9	[illegible]	3.85	3.95	[illegible]	[illegible]	[illegible]	[illegible]
—.10	4.17	4.28	4.39	[illegible]	[illegible]	[illegible]	[illegible]
—.20	8.34	8.56	8.78	[illegible]	[illegible]	[illegible]	[illegible]
—.30	12.51	12.83	13.16	[illegible]	[illegible]	[illegible]	[illegible]
1.—	16.68	17.11	17.55	18.02	18.51	19.03	19.58
2.—	33.37	34.21	35.10	36.08	37.02	38.05	39.15
3.—	50.05	[illegible]	52.65	[illegible]	[illegible]	[illegible]	[illegible]
4.—	66.74	[illegible]	70.20	72.06	74.03	76.11	78.31
5.—	83.42	85.53	[illegible]	[illegible]	[illegible]	[illegible]	[illegible]
6.—	100.10	102.63	105.29	108.09	111.05	[illegible]	117.46
7.—	116.79	119.74	122.84	126.11	129.56	133.19	137.04
8.—	133.47	136.84	140.39	[illegible]	148.06	152.22	156.62
9.—	150.16	153.95	157.94	[illegible]	[illegible]	[illegible]	176.19
5.—	108.26	110.39	[illegible]	[illegible]	117.40	120.—	122.75
10.—	191.70	195.92	200.35	205.01	209.94	215.13	220.63
20.—	358.54	366.97	375.88	385.17	[illegible]	405.41	416.41
30.—	525.38	538.03	[illegible]	565.32	580.09	[illegible]	[illegible]

F. 1 par 100 kil. sur le fret, fait à Marseille une différence de F. 1.03 ½ par 100 kil. sur les prix.

On veut savoir le revient à Marseille de Coton coûtant à Beyrouth P. 19.5 *franco à bord*, l'oeque au change de 188 paras pour F. 1. et au fret de F. 20 par 100 kil.

On trouvera dans la 1re et la 5e colonne de ce tableau que :

P. —.5 font par 100 kil.			F.	[illegible]
» 9.— id.	id.		»	162.14
» 10.— id.	id.		»	205.01
P. 19.5 feront donc par 100 kil.		id.	F.	369.41

Droits d'entrée par 100 kil. en Janvier 1867

DE BEYROUTH A MARSEILLE

COMPTE D'ACHAT ET DE REVIENT
A UNE PARTIE COCONS SECS

B. 18 pesant ocques 1161 qualité Mosni blanc et jaune.
» 14 id. » 908 id. Akriti id.
» 8 id. » 516 id. Cobrozsi id.

B. 40 pesant ocques 2580 triés et séchés.
Tare .... » 80
Net... ocques 2500 à P. 100 l'ocque .... P. 250000 —

N.-B. — Les chiques, les tachés et les doubles ayant été écartés.

FRAIS A BEYROUTH				
Triage lors de l'expédition et remplissage des sacs		P. 2500 —		
Port en ville de 104 sacs		» 312 —		
Peseurs, estivage et magasinage		» 208 —		
Pressage de 40 balles à P. 16		» 640 —		
Emballage de 40 balles à P. 15		» 600 —		
Port au quai, pesage et port à bord de 40 B.		» 200 —		
Connaissement et menus frais		» 25 —	»	4485 —
			P.	254485 —
	Droits de sortie			
Droits de sortie sur 2500 ocques à P. 74.50 P. 186250 à 4 % en (1866)	P. 7450 —			
Différence de monnaie sur les droits 13 %	» 968 —			
	P. 8418 —			
Commission d'achat 3 %	» 252.20		»	7694.20
	P. 8670.20		P.	263149.20
Courtage de négociation des traites ½ % et commission de banque ½ %	» 52 —		»	1072.30
En piastres courantes de Beyrouth	P. 8722.20		P.	263192.10
Remboursement sur Lyon ou Marseille à 3 mois de date au change de 173 Paras pour F. 1	F. 2016.75		F.	60909.30
FRAIS A MARSEILLE				
Fret sur 3200 kil. à F. 40 par 100 kil.	F. 1280 —			
Assurance maritime sur F. 67066 ½ %	» 335.30	1615.30		
Change maritime sur F. 1615.30 à 2 %	» 32.30			
Frais de docks à F. 0.45 par 100 kil.	» 14.40		F.	1662 —
Emballeurs, transport en magasin et livraison F. 1.35 par balle			»	54 —
Poids public, douane, permis et menus frais			»	15 —
Magasinage d'un mois F. 0.75 par 100 kil.			»	24 —
Assurance contre le feu 1 ‰		2. —	»	60.95
Courtage de vente ½ %				
Escompte à la vente p. comptant 2 %				
Commission de vente 2 %				
Ensemble 4½ % sur F. 65629.20.	» 91.95		» 2843.95 »	4659.90
	F. 2121.80		F.	65629.20
Soit par kil.	F. 0.68			

RENDEMENT : 80 Ocques rendent à Marseille 100 kil. nets :

Soit 2500 ocques = net 3125 kil. à F. 21. — par kil. entrepôt .... F. 65625. —
Plus : droits de sortie à Beyrouth .... » 0.68 id.
Ensemble .... F. 21.68 id.

PRIX DE REVIENT A MARSEILLE DU KIL. ENTREPOT
AUX CHANGES SUIVANTS SUR MARSEILLE A 3 MOIS DE DATE

	PRIX à BEYROUTH par ocque en ville	Paras 203 pour F. 1	Paras 198 pour F. 1	Paras 193 pour F. 1	Paras 188 pour F. 1	Paras 183 pour F. 1	Paras 178 pour F. 1	Paras 173 pour P. 1
	Piastres							
SUBDIVISIONS — Coût et frais variables	—.10	F. 0.04	F. 0.05	F. 0.05	F. 0.05	F. 0.05	F. 0.05	F. 0.05
	—.20	0.09	0.09	0.09	0.10	0.10	0.10	0.10
	—.30	0.13	0.14	0.14	0.14	0.14	0.15	0.15
	1.—	0.17	0.18	0.18	0.19	0.19	0.20	0.20
	2.—	0.34	0.35	0.36	0.37	0.38	0.39	0.40
	3.—	0.52	0.53	0.54	0.56	0.57	0.59	0.61
	4.—	0.69	0.70	0.72	0.74	0.76	0.78	0.81
	5.—	0.86	0.88	0.91	0.93	0.96	0.98	1.01
	6.—	1.03	1.06	1.09	1.12	1.15	1.18	1.21
	7.—	1.20	1.23	1.27	1.30	1.34	1.37	1.41
	8.—	1.38	1.41	1.45	1.49	1.53	1.57	1.62
	9.—	1.55	1.58	1.63	1.67	1.72	1.76	1.82
	10.—	1.72	1.76	1.81	1.86	1.91	1.96	2.02
	20.—	3.44	3.52	3.62	3.71	3.81	3.92	4.03
	30.—	5.16	5.29	5.42	5.57	5.72	5.88	6.05
	40.—	6.88	7.05	7.23	7.42	7.62	7.84	8.07
	50.—	8.60	8.81	9.04	9.28	9.53	9.80	10.09
	60.—	10.31	10.57	10.85	11.14	11.44	11.76	12.10
	70.—	12.03	12.33	12.66	12.99	13.34	13.72	14.12
	80.—	13.75	14.10	14.46	14.85	15.25	15.68	16.14
	90.—	15.47	15.86	16.27	16.70	17.15	17.64	18.15
Coût et frais variables et invariables	50.—	9.37	9.60	9.84	10.09	10.35	10.63	10.92
	100.—	17.97	18.41	18.88	19.37	19.88	20.43	21.—
	200.—	35.15	36.03	36.95	37.92	38.95	40.03	41.17
	300.—	52.34	53.65	55.03	56.48	58.01	59.62	61.33
Plus Droits de Sortie à Beyrouth.		A ajouter et à calculer suivant l'explication page 457.						

OBSERVATIONS

F. 1 par 100 kil. sur le fret, fait à Marseille une différence de F. 1.02 % par kil. sur les prix.

On veut savoir le revient à Marseille de Cocons coûtant à Beyrouth P. 155.20 par ocque en ville au change de 188 paras pour F. 1 et au fret de F. 40 par 100 kil.

On trouvera dans la 1re et la 5e colonne de ce tableau que :

P. —.20 font par kil.	F.	0.10
» 5.— id. id.	»	0.93
» 50.— id. id.	»	9.28
» 100.— id. id.	»	19.37
Droits de sortie à Beyrouth	»	0.62
P. 155.20 feront donc par kil.	F.	30.30

Logarithmes pour les Droits de Sortie

CHANGES		LOGARITHMES
203		19417
» 198	»	19908
» 193	»	20423
» 188	»	20960
» 183	»	21530
» 178	»	22144
» 173	»	22784

Droits d'entrée par kil. en Janvier 1867

Par navire Français / Etranger } Exempts

COMPTE D'ACHAT ET DE REVIENT

A UNE PARTIE COCONS SECS

B. 15 pesant ocques 1161 qualité Mosni, blanc et jaune.
» 14 id. 903 id. Akriti id.
» 8 id. 516 id. Cobrossi id.

B. 40 pesant ocques 2580
Tare 80

Net ocques 2500 à P. 100 l'ocque *franco à bord du navire* ..... P. 250000.—

N.-B. — Les chiques, les tachés et les doubles ayant été écartés.

Courtage de négociation des traites 1 ‰ et commission de banque ½ % ..... » 1500.—

En piastres courantes de Beyrouth ..... P. 251500.—

Remboursement sur Lyon ou Marseille à 3 mois de date au change de 173 Paras pour F. 1 ..... F. 58150.80

FRAIS A MARSEILLE

Fret sur 3200 kil. à F. 40 par 100 kil.	F.	1280.—		
Assurance maritime sur F. 63965 à ½ %	»	319.80		
Change maritime sur F. 1599.80 à 2 %	»	32.—		
Frais de Docks à F. 0.45 par 100 kil.	»	14.40	F.	1646.20
Emballeurs, transport en magasin et livraison F. 1.35 par balle			»	54.—
Poids public, douane, permis et menus frais			»	15.—
Magasinage d'un mois F. 0.75 par 100 kil.			»	24.—
Assurance contre le feu 1 ‰			»	58.15
Courtage de vente ½ %				
Escompte à la vente pour comptant 2 %				
Commission de vente 2 %				
Ensemble 4½ % sur F. 62663.05			»	2715.40
				4512.75
			F.	62663.55

RENDEMENT : 80 Ocques rendent à Marseille 100 kilogr. poids.

Soit 2500 ocques = net 3125 kil. à F. 20.05 par kil. entrepôt ..... F. 62656.25

PRIX DE REVIENT A MARSEILLE DU KIL. ENTREPOT

AUX CHANGES SUIVANTS SUR MARSEILLE A 3 MOIS DE DATE

PRIX à BEYROUTH par ocque franco à bord	Paras 203 pour F. 1	Paras 198 pour F. 1	Paras 193 pour F. 1	Paras 188 pour F. 1	Paras 183 pour F. 1	Paras 178 pour F. 1	Paras 173 pour F. 1
Piastres							
—.10	F. 0.04	F. 0.04	F. 0.05	F. 0.05	F. 0.05	F. 0.05	F. 0.05
—.20	0.09	0.09	0.09	0.09	0.10	0.10	0.10
—.30	[illegible]	0.13	0.14	0.14	0.14	0.14	0.15
1.—	0.17	0.17	0.18	0.18	0.19	0.19	0.20
2.—	0.33	0.34	0.35	0.36	[illegible]	0.38	[illegible]
3.—	0.50	0.51	0.53	0.54	0.56	0.57	[illegible]
4.—	0.67	0.68	0.70	0.72	0.74	0.76	0.78
5.—	0.84	0.86	0.88	0.90	0.93	0.95	0.98
6.—	1.—	1.03	1.05	1.08	1.11	1.14	1.18
7.—	1.17	1.20	1.23	1.26	1.30	1.33	1.37
8.—	1.34	1.37	1.40	1.44	1.48	1.52	1.57
9.—	1.50	1.54	1.58	1.62	1.67	1.71	1.76
10.—	1.67	1.71	1.75	1.80	1.85	1.90	1.96
20.—	3.34	3.42	3.51	3.60	3.70	3.81	3.92
30.—	5.—	5.13	5.26	5.41	5.55	5.71	5.87
40.—	6.67	6.84	7.02	7.21	7.40	7.61	7.83
50.—	8.34	8.55	8.77	9.01	9.25	9.52	9.79
60.—	10.01	10.26	10.53	10.81	11.10	11.42	11.75
70.—	11.68	11.97	12.28	12.61	12.95	13.32	13.71
80.—	13.34	13.68	14.04	14.42	14.80	15.22	15.66
90.—	15.01	15.39	15.79	16.22	16.65	17.13	17.62
50.—	8.80	9.02	9.24	9.48	9.72	9.98	10.26
100.—	17.15	17.58	18.02	18.40	18.98	19.50	20.05
200.—	33.84	34.68	35.57	36.50	37.49	38.53	39.62
300.—	50.52	51.79	53.12	54.52	55.99	57.55	59.20

OBSERVATIONS

F. 1 par 100 kil. sur le fret, fait à Marseille une différence de F. 1.02 ⅓ par kil. sur les prix.

On veut savoir le revient à Marseille de Cocon coûtant à Beyrouth P. 155.20 par Ocque *franco à bord*, au change de 188 paras pour F. 1, et au fret de F. 40 par 100 kil.

On trouvera dans la 1re et la 5e colonne de ce tableau que :

P. 0.20 font par kil.	F.	0.09
» 5.— id. id.	»	0.90
» 50.— id. id.	»	9.01
» 100.— id. id.	»	18.49
P. 155.20 feront donc par kil.	F.	28.49

Droits d'entrée par kil. en janvier 1867

COMPTE D'ACHAT ET DE REVIENT

A 10 COLIS ÉPONGES DIFFÉRENTES QUALITÉS EMBARQUÉES A BEYROUTH

5 Caisses	Éponges	fibres belles	net	Ocques	17
2 sacs	id.	venises	id.	id.	50
2 id.	id.	fines dures	id.	id.	42
1 id.	id.	écarts	id.	id.	7

10 Colis pesant............ Net Ocques 116 à P. 100 l'ocque			P.	11000.—

FRAIS A BATROUN

Caisses, emballage, remplissage et menus frais	P. 150.—		
Embarquement	» 20.—		
Commission 5 %	» 580.—	»	750.—
		P.	12350.—

		Droits de sortie
Droits de sortie sur une estimation de P. 70 l'ocque	P. 8120.—	
Moins 10 %	» 810.—	
Droits de sortie au droit actuel (1866) de 4 %.	P. 7310.—	P. 288.—
Différence de monnaie sur les droits de sortie 13 %		» 37.20
		P. 325.20

FRAIS A BEYROUTH

Nolis de Bartroun à Beyrouth		P. 50.—	
Embarquement		» 20.—	
Ports de lettres, affranchissements et connaissements		» 15.—	» 85.—
			P. 12485.—
Commission d'achat et de remboursement 2 ½ %	» 8.—		» 310.30
En piastres courantes de Beyrouth	P. 333.20		P. 12745.30
Remboursement sur Marseille à 3 mois de date au change de 173 Paras pr F. 1.	F. 77.10		F. 2947.—

FRAIS A MARSEILLE

Fret sur 2 mètres 15 cubes, à F. 100 le mètre cube. F. 215.—				
Assurance maritime sur F. 3241 à ½ % .... » 16.20	»	0.40		
Change maritime sur F. 231.20 à 2 % .... » 4.60				
Frais des docks .... » 2.50			F. 238.30	
Portefaix, charrettes, emballeurs et livraison			» 17.50	
Peseurs publics au débarquement et à la vente, formalité en douane, permis, timbre de connaissements, &c.			» 6.50	
Magasinage d'un mois F. 0.30 par 100 kil.			» —.60	
Assurance contre le feu 1 ‰	»	0.10	» 2.95	
Courtage de vente .... 1 %				
Escompte à la vente p. comptant, 2 %				
Commission de vente .... 2 %				
Ensemble .... 5 % sur F. 3381.95	»	4.10	» 169.10	» 434.95
	F.	81.70		F. 3381.95
Soit par kilogramme	»	0.55		

RENDEMENT : 78 Ocques rendent à Marseille 100 kil. nets :

Soit 116 ocques = net kil. 148.72 à	F. 22.74	le kil.	entrepôt	F.	3381.90
Plus : droits de sortie à Beyrouth	» 0.55	id.	id.		
Ensemble	F. 23.29	id.	id.		

PRIX DE REVIENT A MARSEILLE DU KIL. ENTREPOT

AUX CHANGES SUIVANTS SUR MARSEILLE A 3 MOIS DE DATE

	PRIX à BEYROUTH par ocque en ville	Paras 203 pour F. 1	Paras 198 pour F. 1	Paras 193 pour F. 1	Paras 188 pour F. 1	Paras 183 pour F. 1	Paras 178 pour F. 1	Paras 173 pour F. 1
Coût et frais variables	Piastres —.10	F. 0.05	F. 0.05	F. 0.05	F. 0.05	F. 0.05	F. 0.05	F. 0.05
	—.20	0.09	0.09	0.09	0.10	0.10	0.10	0.11
	—.30	0.14	0.14	0.14	0.14	0.14	0.15	0.16
	1.—	0.18	0.18	0.18	0.19	0.19	0.20	0.21
	2.—	0.35	0.36	0.37	0.38	0.39	0.40	0.41
	3.—	0.53	0.54	0.55	0.57	0.58	0.60	0.62
	4.—	0.70	0.72	0.74	0.76	0.78	0.80	0.82
	5.—	0.88	0.90	0.92	0.95	0.97	1.—	1.03
	6.—	1.05	1.08	1.10	1.13	1.16	1.20	1.24
	7.—	1.23	1.26	1.29	1.32	1.36	1.40	1.44
	8.—	1.40	1.44	1.47	1.51	1.55	1.60	1.65
	9.—	1.58	1.62	1.66	1.70	1.75	1.80	1.85
	10.—	1.75	1.80	1.84	1.89	1.94	2.—	2.06
	20.—	3.51	3.59	3.69	3.78	3.89	4.—	4.11
	30.—	5.26	5.39	5.53	5.68	5.83	6.—	6.17
	40.—	7.01	7.19	7.37	7.57	7.78	8.—	8.22
	50.—	8.76	8.99	9.22	9.46	9.72	10.—	10.28
	60.—	10.52	10.78	11.06	11.35	11.66	11.99	12.34
	70.—	12.27	12.58	12.90	13.24	13.61	13.99	14.39
	80.—	14.02	14.38	14.74	15.14	15.55	15.99	16.45
	90.—	15.77	16.17	16.59	17.08	17.50	17.99	18.50
Coût et frais variables et invariables	50.—	10.87	11.10	11.35	11.60	11.87	12.15	12.46
	100.—	19.64	20.09	20.56	21.06	21.59	22.15	22.74
	200.—	37.16	38.06	39.—	39.99	41.03	42.13	43.31
	300.—	54.69	56.02	57.43	58.91	60.47	62.12	63.87
Plus Droits de Sortie à Beyrouth.		A ajouter et à calculer suivant l'explication page 457.						

OBSERVATIONS

F. 10 par mètre cube sur le fret, font à Marseille une différence de F. 0.14 ½ par kil. sur les prix.

On veut savoir le revient à Marseille d'Éponges coûtant à Beyrouth P. 155.20 par Ocque en ville, au change de 188 paras pour F. 1. et au fret de F. 100 par mètre

On trouvera dans la 1re et la 5e colonne de ce tableau que :

P. —.20 font par kil.	F.	0.10
» 5.— id. id.	»	0.95
» 50.— id. id.	»	9.46
» 100.— id. id.	»	21.06
Plus droits de sortie	»	0.51
P. 155.20 feront donc par kil.	F.	32.08

L'usage étant d'acheter en bloc et *de visu*, on peut facilement se méprendre sur la vraie valeur à donner ; aussi, les maisons qui font de cet article une branche spéciale de leur commerce, envoient-elles chaque année à l'époque de la récolte, qui commence en Juin, des agents connaissant parfaitement la marchandise et cette manière d'acheter.

Logarithmes pour les Droits de Sortie

CHANGES		LOGARITHMES
203		18857
» 198	»	19333
» 193	»	19834
» 188	»	20361
» 183	»	20917
» 178	»	21505
» 173	»	22127

Droits d'entrée par 100 kil. en Janvier 1867

Par navire Français	F.	50.—
Id. Étranger	»	55.—

COMPTE D'ACHAT ET DE REVIENT

A 10 COLIS ÉPONGES DE DIFFÉRENTES QUALITÉS EMBARQUÉES A BEYROUTH

5 Caisses	Éponges	fibres belles	net	Ocques	17
2 sacs	id.	venises	id.	id.	50
2 id.	id.	fines dures	id.	id.	42
1 id.	id.	écarts	id.	id.	7

10 Colis pesant.................. Net Ocques 116 à P. 100 l'Ocque *franco à bord* du navire à Beyrouth, en piastres courantes de Beyrouth.................. P. 11600.—

Remboursement sur Marseille à 3 mois de date au change de 173 Paras pour F. 1.................. F. 2682.10

FRAIS A MARSEILLE

Fret sur 2.15 mètres cubes, à F. 100 le mètre cube.....	F. 215.—				
Assurance maritime sur F. 2950 à ½ %..................	» 14.75				
Change maritime sur F. 229.75 à 2 %..................	» 4.60				
Frais des docks..................	» 2.50	F.	236.85		
Portefaix, charrettes, emballeurs et livraison..................		»	17.50		
Peseurs publics au débarquement et à la vente, formalité en douane, permis, timbre de connaissements, &c....		»	6.50		
Magasinage d'un mois..................		»	0.60		
Assurance contre le feu 1‰..................		»	2.70		
Courtage de vente.................. 1 %					
Escompte à la vente p. comptant. 2 %					
Commission de vente.................. 2 %					
Ensemble.................. 5 % sur F. 3101.30		»	155.05	»	419.20
				F.	3101.30

RENDEMENT : 78 Ocques rendent à Marseille 100 kil.

Soit 116 ocques = net 148.72 kil. à F. 20.85 le kil. entrepôt.................. F. 3100.80

PRIX DE REVIENT A MARSEILLE DU KIL. ENTREPOT

AUX CHANGES SUIVANTS SUR MARSEILLE A 3 MOIS DE DATE

	PRIX à BEYROUTH par ocque franco à bord	Paras 203 pour F. 1	Paras 198 pour F. 1	Paras 193 pour F. 1	Paras 188 pour F. 1	Paras 183 pour F. 1	Paras 178 pour F. 1	Paras 173 pour F. 1
	Piastres							
SUBDIVISIONS — Coût et frais variables	—.10	F. 0.04	F. 0.04	F. 0.04	F. 0.05	F. 0.05	F. 0.05	F. 0,05
	—.20	0.08	0.09	0.09	0.09	0.09	0.10	0.10
	—.30	0.12	0.13	0.13	0.14	0.14	0.14	0.14
	1.—	0.16	0.17	0.17	0.18	0.18	0.19	0.19
	2.—	0.33	0.33	0.34	0.35	0.36	0.37	0.38
	3.—	0.49	0.50	0.51	0.53	0.54	0.56	0.57
	4.—	0.65	0.67	0.68	0.70	0.72	0.74	0.76
	5.—	0.82	0.84	0.86	0.88	0.91	0.93	0.96
	6.—	0.98	1.—	1.03	1.06	1.09	1.12	1.15
	7.—	1.14	1.17	1.20	1.23	1.27	1.30	1.34
	8.—	1.30	1.34	1.37	1.41	1.45	1.49	1.53
	9.—	1.47	1.50	1.54	1.58	1.63	1.67	1.72
	10.—	1.63	1.67	1.71	1.76	1.81	1.86	1.91
	20.—	3.26	3.34	3.43	3.52	3.61	3.71	3.82
	30.—	4.88	5.01	5.14	5.27	5.42	5.57	5.73
	40.—	6.51	6.68	6.85	7.03	7.22	7.43	7.64
	50.—	8.14	8.35	8.57	8.79	9.03	9.29	9.55
	60.—	9.77	10.02	10.28	10.55	10.84	11.14	11.46
	70.—	11.40	11.69	11.99	12.31	12.64	13.—	13.37
	80.—	13.02	13.36	13.70	14.06	14.45	14.86	15.28
	90.—	14.65	15.03	15.42	15.82	16.25	16.71	17.19
Coût et frais variables et invariables	50.—	9.88	10.09	10.30	10.53	10.77	11.03	11.29
	100.—	18.02	18.44	18.87	19.32	19.80	20.31	20.85
	200.—	34.31	35.13	35.99	36.91	37.87	38.88	39.95
	300.—	50.59	51.83	53.12	54.49	55.93	57.45	59.06

OBSERVATIONS

F. 10 par mètre cube sur le fret font à Marseille une différence de F. 0.14 ½ par kil. sur les prix.

On veut savoir le revient à Marseille d'Éponges coûtant à Beyrouth P. 155.20 par Ocque *franco à bord*, au change de 188 paras pour F. 1. et au fret de F. 100 par mètre.

On trouvera dans la 1re et la 5e colonne de ce tableau que :

P.	—.20 font par kil..................	F.	0.09
»	5.— id. id.	»	0.88
»	50.— id. id.	»	8.79
»	100.— id. id.	»	19.32
P.	155.20 feront donc par kil..................	F.	29.08

L'usage étant d'acheter en bloc et *de visu*, on peut parfaitement se méprendre sur la vraie valeur à donner ; aussi, les maisons qui font de cet article une branche spéciale de leur commerce, envoient-elles chaque année à l'époque de la récolte qui commence en Juin, des agents connaissant parfaitement la marchandise et cette manière d'acheter.

Droits d'entrée par 100 kil. en Janvier 1887.

Par navire Français.................. F. 50.—
id. Étranger.................. » 53.—

COMPTE D'ACHAT ET DE REVIENT

A UNE PARTIE GRAINE DE SÉSAME EMBARQUÉE A CAÏFFA

Net 150000 ocques Graine de Sésame criblée n'ayant plus que 3 % corps étrangers à P. 3 l'ocque			P.	450000.—

FRAIS A BEYROUTH

Nolis et assurance des groups de Beyrouth à Caïffa ½ %	P.	2250.—		
Fardage du navire	»	2250.—		
Peseurs et portefaix	»	750.—		
Port au quai et à bord	»	2250.—		
Sacs pour porter le sésame à bord	»	750.—		
Cadeau aux peseurs et aux portefaix	»	250.—		
Courtage 1 %	»	4500.—		
Port de lettres, affranchissements et connaissements	»	150.—	»	13150.—
			P.	463150.—

	Droits de sortie			
Droits de sortie sur 150000 ocques à P. 1.50 soit P. 225000 au droit actuel (1866) 4 %	P.	9000.—		
Différence de monnaie sur les droits de sortie 20 %	»	1800.—		
	P.	10800.—		
Commission à Caïffa 2 %	»	216.—	»	9263.—
Commission d'achat et de remboursement 2 ½ %	»	275.20	»	11810.10
	P.	11291.20	P.	484223.10
Courtage de négociation des traites 1 ‰ et commission de banque ½ %	»	67.90	»	2905.10
Total en piastres courantes de Beyrouth	P.	11359.10	P.	487128.20
Remboursement sur Marseille à 3 mois de date au change de 173 Paras pr F. 1.	F.	2626.40	F.	112630.85

FRAIS A MARSEILLE

Fret sur 193452 kil. à F. 3 les 100 kil. et 5 %				F.	6098.75		
Assurance maritime sur F. 128893 à 3 % et police		»	86.70	»	3719.80		
Portefaix pour débarquer et livrer, peseurs publics et marqueurs, expertise, prise d'échantillons et vacations, formalités de douane, permis, prélarts, bateaux, garde-quai et menus frais, à F. 0.45 par 100 kil.				»	843.75		
Courtage de vente	½ %						
Escompte à la vente p. comptant.	2 %						
Commission de vente	2 %						
Ensemble	4 ½ % sur F. 128872.65	»	122.90	»	5584.50	»	16241.80
Ensemble, livrable sur le quai au débarquement		F.	2836.—			F.	128872.65
Soit par 100 kil.		»	1.51 ½				

RENDEMENT : 80 Ocques rendent à Marseille 100 kil. nets :

Soit 150000 ocques = net 187500 kil. à F. 68.73 par 100 kil. entrepôt				F.	128868.75
Plus : droits de sortie à Beyrouth	» 1.51	id.	id.		
Ensemble	F. 70.24	id.	id.		

PRIX DE REVIENT A MARSEILLE DES 100 KIL. ENTREPOT

AUX CHANGES SUIVANTS SUR MARSEILLE A 3 MOIS DE DATE

PRIX à BEYROUTH par ocque en ville	Paras 203 pour F. 1	Paras 198 pour F. 1	Paras 193 pour F. 1	Paras 188 pour F. 1	Paras 183 pour F. 1	Paras 178 pour F. 1	Paras 173 pour F. 1
Piastres							
—. 1	F. 0.45	F. 0.47	F. 0.48	F. 0.49	F. 0.50	F. 0.52	F. 0.53
—. 2	0.91	0.93	0.96	0.98	1.01	1.04	1.07
—. 3	1.36	1.40	1.43	1.47	1.52	1.55	1.60
—. 4	1.82	1.86	1.91	1.96	2.02	2.07	2.13
—. 5	2.27	2.33	2.39	2.46	2.52	2.59	2.67
—. 6	2.72	2.80	2.87	2.95	3.02	3.11	3.20
—. 7	3.18	3.26	3.35	3.44	3.53	3.63	3.73
—. 8	3.63	3.73	3.82	3.93	4.03	4.14	4.26
—. 9	4.09	4.19	4.30	4.42	4.54	4.66	4.80
—. 10	4.54	4.66	4.78	4.91	5.04	5.18	5.33
—. 20	9.09	9.32	9.56	9.81	10.08	10.36	10.66
—. 30	13.63	13.97	14.33	14.72	15.12	15.54	15.99
—. 40	18.17	18.63	19.11	19.62	20.16	20.72	21.32
2. —	40.97	41.91	42.90	43.93	45.02	46.16	47.41
3. —	59.14	60.54	62.01	63.55	65.18	66.91	68.73
4. —	77.31	79.17	81.12	83.17	85.34	87.63	90.05
5. —	95.49	97.81	100.24	102.80	105.50	108.35	111.38
Plus Droits de Sortie à Beyrouth	A ajouter et à calculer suivant l'explication page 457.						

OBSERVATIONS

F. 0.50 et 5 % sur le fret, font à Marseille une différence de F. 0.54 par 100 kil. sur les prix.

On veut savoir le revient à Marseille de Graine de Sésame coûtant à Beyrouth P. 3 l'ocque au change de 188 paras pour F. 1 et au fret de F. 3.25 et 5 %.

On trouvera dans la 1re et la 5e colonne de ce tableau que :

P. —. 5	font par 100 kil.	F.	2.40
» —. 20	id. id.	»	9.81
» 3. —	id. id.	»	63.55
	Droits de sortie	»	1.39
P. 3.25	feront donc par 100 kil.	F.	77.21

Logarithmes pour les Droits de Sortie

CHANGES	203	LOGARITHMES	21484
»	198	»	22026
»	193	»	22507
»	188	»	23198
»	183	»	23832
»	178	»	24501
»	173	»	25200

Droits d'entrée par 100 kil. en Janvier 1867

Par navire Français	Exempte.
Id. Étranger	F. 2.40

COMPTE D'ACHAT ET DE REVIENT

A UNE PARTIE GRAINE DE SÉSAME EMBARQUÉE A CAÏFFA

Net 150000 Ocques Graine de Sésame criblée, n'ayant plus que 3 % de corps étrangers à P. 3 l'ocque *franco à bord* du navire	P.	450000.—

FRAIS A BEYROUTH

Nolis, assurance et port des groups de Beyrouth à Caïffa ½ %	»	2250.—
Total en piastres courantes de Beyrouth	P.	452250.—
Remboursement sur Marseille à 3 mois de date au change de 173 Paras pour F. 1	F.	104566.50

FRAIS A MARSEILLE

Fret sur 193452 kil. à F. 3 et 5 % par 100 kil.	F.	6093.75		
Assurance maritime sur F. 115022 à 3 % et police F. 3	»	3450.65		
Portefaix pour débarquer et livrer, peseurs publics et marqueurs, expertise, prise d'échantillons et vacations, formalité de douane, permis, prélarts, bateaux, garde-quai et menus frais, ensemble F. 0.45 par 100 kil.	»	843.75		
Courtage de vente ½ %				
Escompte à la vente pour compt. 2 %				
Commission de vente 2 %				
Ensemble 4½ % sur F. 120161.75	»	5207.10	»	15595.25
Livrable sur le quai au débarquement			F.	120161.75

RENDEMENT : 80 Ocques rendent à Marseille 100 kil. nets:

Soit 150000 Ocques = net 187500 kil. à F. 64.09 par 100 kil. entrepôt	F.	120168.75

PRIX DE REVIENT A MARSEILLE DES 100 KIL. ENTREPOT

AUX CHANGES SUIVANTS SUR MARSEILLE A 3 MOIS DE DATE

PRIX A BEYROUTH par ocque franco à bord	Paras 203 pour F. 1	Paras 198 pour F. 1	Paras 193 pour F. 1	Paras 188 pour F. 1	Paras 183 pour F. 1	Paras 178 pour F. 1	Paras 173 pour F. 1
Piastres							
—. 1	F. 0.43	F. 0.44	F. 0.45	F. 0.46	F. 0.48	F. 0.49	F. 0.50
—. 2	0.86	0.88	0.90	0.92	0.95	0.98	1.—
—. 3	1.28	1.33	1.35	1.39	1.43	1.46	1.51
—. 4	1.71	1.76	1.80	1.85	1.90	1.95	2.01
—. 5	2.14	2.20	2.25	2.31	2.38	2.44	2.51
—. 6	2.57	2.63	2.70	2.77	2.85	2.93	3.01
—. 7	3.—	3.07	3.15	3.23	3.33	3.42	3.51
—. 8	3.42	3.51	3.60	3.70	3.80	3.90	4.02
—. 9	3.85	3.95	4.05	4.16	4.28	4.39	4.52
—.10	4.28	4.39	4.50	4.62	4.75	4.88	5.02
—.20	8.56	8.77	9.—	9.24	9.49	9.76	10.04
—.30	12.83	13.16	13.49	13.85	14.24	14.63	15.05
—.40	17.11	17.54	17.99	18.47	18.98	19.51	20.07
2.—	38.08	38.95	39.85	40.81	41.82	42.80	44.01
3.—	55.18	56.48	57.85	59.28	60.80	62.40	64.08
4.—	72.29	74.02	75.84	77.75	79.77	81.91	84.16
5.—	89.40	91.56	93.83	96.23	98.75	101.42	104.28

OBSERVATIONS

F. 0.50 et 5 % sur le fret, font à Marseille une différence de F. 0.54 par 100 kil. sur les prix.

On veut savoir le revient à Marseille de Graine de Sésame coûtant à Beyrouth P. 3.25 l'Ocque *franco à bord*, au change de 188 paras pour F. 1. et au fret de F. 3 et 5 %.

On trouvera dans la 1re et la 5e colonne de ce tableau que :

P. —. 5 font par 100 kil.		F.	2.31
» —.20 id.	id.	»	9.24
» 3.— id.	id.	»	59.28
P. 3.25 feront par 100 kil.		F.	70.83

Droits d'entrée par 100 kil. en Janvier 1867

Par navire Français		Exempte.
id. Étranger	F.	2.40

COMPTE D'ACHAT ET DE REVIENT

A UN CHARGEMENT D'HUILE D'OLIVE CLAIRE ET LAMPANTE
(Acheté et embarqué à St-Jean-d'Acre)

Net 60000 ocques à P. 6 l'ocque			P.	360000.—

FRAIS A BEYROUTH

Nolis et assurance des Groups de Beyrouth à Acre ½ %	P.	1800.—		
Loyer des outres pour transporter à bord	»	2500.—		
Remplissage des outres et port au quai	»	2000.—		
Débarquement des futailles vides et conditionnement à terre	»	625.—		
Peseurs et portefaix	»	1000.—		
Loyer des puits	»	2500.—		
Cadeaux et menus frais	»	350.—		
Courtage 1 %	»	3600.—		
Connaissements, ports de lettres et affranchissements	»	45.—	»	14420.—
			P.	374420.—

	Droits de sortie		
Droits de sortie sur 60000 ocques à P. 140 le quintal de 44 ocques P. 190890, au droit actuel (1866) de 4 %	P. 7635.20		
Différence de monnaie sur les droits de sortie 20 %	» 1527.—		
	P. 9162.20		
Commission d'achat à Acre 2 %	» 183.10	»	7488.20
	P. 9345.30	P.	381908.20
Commission d'achat et de remboursement à Beyrouth 2½ %	» 233.20	»	9547.30
Piastres courantes de Beyrouth	P. 9579.10	P.	391456.10
Remboursement sur Marseille à 3 mois de date au change de 173 Paras pr F. 1.	F. 2214.85	F.	90510.10

FRAIS A MARSEILLE

Fret sur 84800 kil. bruts à F. 4 les 100 kil. et 5 %		F. 3561.60		
Assurance maritime sur F. 6120 futailles vides aller et retour 5 % et police F. 2		» 308.—		
Assurance maritime sur F. 99561 à 3 % et police F. 3	» 73.10	» 2989.85		
Loyer des fûts sur 1224 millerolles à F. 0.75 la millerolle		» 918.—		
Frais pour pomper, ouiller et radasser 60 fûts à F. 1		» 60.—		
Portefaix pour débarquer, peser et livrer 60 fûts à F. 1		» 60.—		
Jaugeurs publics F. 0.25 l'hectolitre sur 784 hectolitres		» 196.—		
Formalités de douane et d'octroi, bateau, permis et menus frais		» 40.—		
Courtage de vente ½ %				
Escompte à la vente 2 %				
Commission de vente 2 %				
Ensemble... 4½ % sur F. 103111.75	» 103.65	» 4468.20	»	12601.65
Livrable sur le quai au débarquement	F. 2391.60		F.	103111.75
Soit par 100 kil	» 3.34			

Rendement : 40 ocques pour 1 millerolle de 64 litres à Marseille :

	Entrepôt de douane et d'octroi par millerolle	par 100 kil.		
Soit 60000 ocques = 1224 ½ millerolles	F. 84.21		F.	103115.15
Soit à 58 kil. ½ par millerolle = net 71633 kil		F. 143.94	»	103108.55
Plus : droits de sortie à Beyrouth	» 1.95	» 3.34		
» droits d'entrée en France par navire français F. 6 sur brut soit sur net	» 4.21	» 7.19		
Plus : droit d'octroi à F. 1.25 l'hectolitre	» 0.80	» 1.37		
» droit de la Chambre de Commerce F. 0.79 l'hect.	» 0.50	» 0.87		
Ensemble	F. 91.67	F. 156.71		

PRIX DE REVIENT A MARSEILLE DES 100 KIL. ENTREPOT (Douane et Octroi)

AUX CHANGES SUIVANTS SUR MARSEILLE A 3 MOIS DE DATE

PRIX à BEYROUTH par ocque en ville	Paras 203 pour F. 1	Paras 198 pour F. 1	Paras 193 pour F. 1	Paras 188 pour F. 1	Paras 183 pour F. 1	Paras 178 pour F. 1	Paras 173 pour F. 1
Piastres							
—. 1	F. 0.47	F. 0.49	F. 0.50	F. 0.51	F. 0.52	F. 0.54	F. 0.56
—. 2	0.95	0.97	0.99	1.02	1.05	1.08	1.11
—. 3	1.42	1.46	1.49	1.53	1.57	1.62	1.67
—. 4	1.89	1.94	1.99	2.04	2.10	2.16	2.22
—. 5	2.37	2.43	2.49	2.56	2.62	2.70	2.78
—. 6	2.84	2.91	2.98	3.07	3.14	3.23	3.33
—. 7	3.31	3.40	3.48	3.58	3.67	3.77	3.89
—. 8	3.78	3.88	3.98	4.09	4.19	4.31	4.44
—. 9	4.26	4.37	4.47	4.60	4.72	4.85	5.—
—.10	4.73	4.85	4.97	5.11	5.24	5.39	5.55
—.20	9.46	9.69	9.93	10.21	10.49	10.78	11.09
—.30	14.18	14.54	14.92	15.32	15.73	16.18	16.64
3.—	67.05	68.55	70.13	71.79	73.56	75.41	77.37
4.—	85.96	87.94	90.02	92.21	94.54	96.98	99.56
5.—	104.87	107.33	109.91	112.64	115.52	118.55	121.76
6.—	123.78	126.71	129.80	133.06	136.49	140.12	143.95
7.—	142.69	146.10	149.69	153.48	157.47	161.69	166.14
8.—	161.61	165.49	169.59	173.90	178.45	183.25	188.33
9.—	180.52	184.88	189.48	194.32	199.43	204.82	210.52
10.—	199.43	204.27	209.37	214.74	220.41	226.39	232.71
Plus Droits de Sortie à Beyrouth	A ajouter et à calculer suivant l'explication page 457.						

OBSERVATIONS

F. 0.50 et 5 % par 100 kil. sur le fret, font à Marseille une diff. de F. 0.62 par 100 kil. sur les prix.

On veut savoir le revient à Marseille d'Huile d'Olive coûtant à Beyrouth P. 5.25 l'ocque au change de 188 paras pour F. 1 et au fret de F. 4 et 5 % par 100 kil.

On trouvera dans la 1re et la 5e colonne de ce tableau que :

P. —. 5 font par 100 kil	F.	2.56
» —.20 id. id.	»	10.21
» 5.— id. id.	»	112.64
Droits de sortie	»	3.07
P. 5.25 feront donc par 100 kil	F.	128.48

Logarithmes pour les Droits de Sortie

CHANGES		LOGARITHMES
203		50814
» 198	»	52097
» 193	»	53447
» 188	»	54868
» 183	»	56367
» 178	»	57951
» 173	»	59625

Droits d'entrée par 100 kil. en Janvier 1867

Par navire Français	F. 6.—
id. Étranger	» 7.—

COMPTE D'ACHAT ET DE REVIENT

A 60000 OCQUES HUILE D'OLIVE CLAIRE ET LAMPANTE

(Achetée et embarquée à Saint-Jean-d'Acre).

Net 60000 Ocques à P. 6 l'ocque *franco à bord* du navire			F.	360000.—
FRAIS A BEYROUTH				
Nolis et assurance des Groups de Beyrouth à Acre ½ %			»	1800.—
Total en piastres courantes de Beyrouth			P.	361800.—
Remboursement sur Marseille à 3 mois de date au change de 173 Paras pour F. 1			F.	83653.20
FRAIS A MARSEILLE				
Fret sur 84800 kil. bruts, à F. 4 les 100 kil. et 5 %	F.	3561.60		
Assurance maritime sur F. 6120 futailles vides aller et retour 5 ‰ police F. 2	»	308.—		
Assurance maritime sur F. 92018 à 3 % et police F. 8	»	2763.55		
Loyer des futailles sur 1224 millerolles à F. 0.75 la millerolle	»	918.—		
Frais pour pomper, ouiller et radasser 60 fûts à F. 1	»	60.—		
Portefaix pour débarquer, peser et livrer 60 fûts à F. 1	»	60.—		
Jaugeurs publics 25 c. l'hectolitre sur 784 hectolitres	»	196.—		
Formalités de douane et d'octroi, bateaux, permis et menus frais	»	40.—		
Courtage de vente ½ %				
Escompte à la vente 2 %				
Commission de vente 2 %				
Ensemble 4½ % sur F. 95707.70	»	4147.35	»	12054.50
Livrable sur le quai au débarquement			F.	95707.70

RENDEMENT : 49 Ocques pour 1 millerolle de 64 litres à Marseille :

	Entrepôt de douane et d'octroi par millerolle		par 100 kil.			
Soit 60000 ocques = 1224 ½ millerolles à	F.	78.16			F.	95706.90
Soit à kil. 58 ½ par millerolle, 71633 kil. nets à			F.	133.61	»	95706.85
Plus : droits d'entrée en France par navire français F. 6 par 100 kil. bruts, soit sur le net	»	4.21	»	7.19		
Plus : droit d'octroi à F. 1.25 l'hectolitre	»	0.80	»	1.37		
» droit de Chambre de Commerce F. 0.79 l'hectol.	»	0.50	»	0.87		
	F.	83.67	F.	143.04		

PRIX DE REVIENT A MARSEILLE DES 100 KIL. ENTREPOT (Douane et Octroi)

AUX CHANGES SUIVANTS SUR MARSEILLE A 3 MOIS DE DATE

PRIX à BEYROUTH par ocque franco à bord	Paras 203 pour F. 1	Paras 198 pour F. 1	Paras 193 pour F. 1	Paras 188 pour F. 1	Paras 183 pour F. 1	Paras 178 pour F. 1	Paras 173 pour F. 1
Piastres							
—. 1	F. 0.45	F. 0.46	F. 0.47	F. 0.48	F. 0.50	F. 0.51	F. 0.53
—. 2	0.90	0.92	0.94	0.97	0.99	1.02	1.05
—. 3	1.34	1.38	1.41	1.45	1.49	1.53	1.58
—. 4	1.79	1.84	1.88	1.94	1.99	2.04	2.10
—. 5	2.24	2.30	2.36	2.42	2.49	2.56	2.63
—. 6	2.69	2.75	2.83	2.90	2.98	3.07	3.16
—. 7	3.14	3.21	3.30	3.39	3.48	3.58	3.68
—. 8	3.58	3.67	3.77	3.87	3.98	4.09	4.21
—. 9	4.03	4.13	4.24	4.36	3.47	4.60	4.73
—.10	4.48	4.59	4.71	4.84	4.97	5.11	5.26
—.20	8.96	9.18	9.42	9.67	9.94	10.22	10.51
—.30	13.43	13.77	14.13	14.51	14.90	15.32	15.77
3.—	61.24	62.60	64.03	65.53	67.11	68.79	70.56
4.—	79.15	80.96	82.87	84.87	86.98	89.21	91.57
5.—	97.07	99.33	101.71	104.21	106.85	109.64	112.59
6.—	114.98	117.69	120.54	123.55	126.72	130.07	133.61
7.—	132.89	136.05	139.38	142.89	146.59	150.49	154.62
8.—	150.80	154.41	158.22	162.23	166.45	170.92	175.64
9.—	168.71	172.78	177.06	181.57	186.32	191.34	196.65
10.—	186.62	191.14	195.90	200.91	206.19	211.77	217.67

OBSERVATIONS

F. 0.50 et 5 % par 100 kil. sur le fret, font à Marseille une différence de F. 0.52 par 100 kil. sur les prix.

On veut savoir le revient à Marseille d'Huile d'Olive coûtant à Beyrouth P. 5.25 l'ocque au change de 188 paras pour F. 1. et au fret de F. 4 et 5 % par 100 kil.

On trouvera dans la 1re et la 5e colonne de ce tableau que :

P. —. 5 font par 100 kil.	F.	2.42
» —.20 id. id.	»	9.67
» 5.— id. id.	»	104.21
P. 5. 25 feront donc par 100 kil.	F.	116.30

Droits d'entrée par 100 kil. en Janvier 1867

Par navire Français	F.	6.—
id. Etranger	»	7.—

COMPTE D'ACHAT ET DE REVIENT

A 20 BALLES LAINE BLANCHE LAVÉE

		Droits de Sortie	Calcul par 100 kil.	
20 balles Laine blanche lavée, pesant brut 1200 Oeques pour net à P. 2500 le quintal de 200 Oeques				P. 15000.—
N.-B. — Du brut au net on peut calculer 2 ½ % de tare.				
FRAIS A BEYROUTH				
Peseurs, port en magasin et estivage	P. 25.—			
Courtage ½ % sur P. 15000	» 75.—			
Pressage de 10 balles pressées à P. 18 l'une	» 180.—			
Port au quai et à bord	» 50.—			
Connaissements et port de lettres	» 10.—			» 340.—
				P. 15340.—
Droits de sortie sur net 1170 Oeques à P. 164 les 44 Oeques P. 4361 au droit actuel (1866) de 4 %		P. 174.20		
Différence de monnaie sur les droits de sortie 15 %		» 26.—		
		P. 200.20		
Commission d'achat 2 %		» 4.—		» 306.30
		P. 204.20		P. 15646.30
Courtage de négociation des traites 1 ‰ et commission de banque ½ %		» 1.10		» 93.80
En piastres courantes de Beyrouth		P. 205.30		P. 15740.20
Remboursement sur Marseille à 3 mois de date au change de 173 Paras pʳ F. 1		F. 47.60		F. 3639.40
FRAIS A MARSEILLE				
Fret sur 1575 kil. à F. 22 par 100 kil. par steamer	F. 346.50			
Assurance maritime sur F. 4002 à ½ %	» 20.—	» 0.25		
Change maritime 2 % sur F. 366.30	» 7.35			
Frais des Docks à F. 0.45 par 100 kil.	» 7.10		F. 380.95	
Portefaix, charrettes pour mettre en magasin et livrer, emballeurs pour réparer les balles et échantillonner, peseurs publics au débarquement et à la vente, formalité de douane, permis, timbre etc., soit F. 1.50 par 100 kil.			» 23.60	
Magasinage d'un mois à F. 2 pour 1000 kil.			» 3.15	
Assurance contre le feu 1 ‰			» 3.65	
Courtage de vente ½ %				
Escompte à la vente pour compᵗ 2 %				
Commission de vente 2 %				
Ensemble 4 ½ % sur F. 4234.25		» 2.15	» 183.50	» 594.85
		F. 50.—		F. 4234.25
Soit par 100 kil.		» 3.33		

RENDEMENT : 80 Oeques rendent à Marseille 100 kil. nets :

Soit 1200 Oeques = net 1500 kil. à ... F. 282.28 par 100 kil. entrepôt ... F. 4234.20
Plus : droits de sortie à Beyrouth ... » 3.33 id. id.
Ensemble ... F. 285.61 id. id.

PRIX DE REVIENT A MARSEILLE DES 100 KIL. ENTREPOT

AUX CHANGES SUIVANTS SUR MARSEILLE A 3 MOIS DE DATE

	PRIX à BEYROUTH par quintal de 200 oeques	Paras 203 pour F. 1	Paras 198 pour F. 1	Paras 193 pour F. 1	Paras 188 pour F. 1	Paras 183 pour F. 1	Paras 178 pour F. 1	Paras 173 pour F. 1
	Piastres							
Subdivisions — Coût et frais variables	1	F. 0.09	F. 0.09	F. 0.09	F. 0.09	F. 0.10	F. 0.10	F. 0.10
	2	0.17	0.18	0.18	0.18	0.19	0.20	0.20
	3	0.26	0.26	0.27	0.28	0.29	0.29	0.30
	4	0.34	0.35	0.36	0.37	0.38	0.39	0.40
	5	0.43	0.44	0.45	0.46	0.48	0.49	0.50
	6	0.52	0.53	0.54	0.55	0.57	0.59	0.60
	7	0.60	0.62	0.63	0.64	0.67	0.69	0.70
	8	0.69	0.70	0.72	0.74	0.76	0.78	0.80
	9	0.77	0.79	0.81	0.83	0.86	0.88	0.90
	10	0.86	0.88	0.90	0.92	0.95	0.98	1.—
	20	1.71	1.75	1.80	1.85	1.90	1.95	2.01
	30	2.57	2.63	2.70	2.77	2.85	2.93	3.01
	40	3.42	3.51	3.60	3.69	3.80	3.90	4.01
	50	4.28	4.39	4.50	4.62	4.75	4.88	5.02
	60	5.13	5.26	5.39	5.54	5.69	5.85	6.02
	70	5.99	6.14	6.29	6.46	6.64	6.83	7.02
	80	6.84	7.02	7.19	7.38	7.59	7.80	8.02
	90	7.70	7.89	8.09	8.31	8.54	8.78	9.03
	100	8.55	8.77	8.99	9.23	9.49	9.75	10.03
	200	17.10	17.54	17.99	18.47	18.97	19.51	20.07
	300	25.65	26.30	26.98	27.70	28.46	29.26	30.10
	400	34.21	35.07	35.98	36.94	37.94	39.01	40.13
	500	42.76	43.84	44.97	46.17	47.43	48.76	50.17
Coût et frais variables et invariables	500	73.53	74.71	75.04	77.25	78.62	80.06	81.59
	1000	116.29	118.55	120.92	123.42	126.05	128.83	131.76
	1500	159.04	162.38	165.89	169.59	173.48	177.59	181.94
	2000	201.80	206.22	210.86	215.76	220.91	226.35	232.11
	2500	244.56	250.06	255.84	261.93	268.34	275.12	282.28
	3000	287.32	293.90	300.81	308.09	315.77	323.88	332.45
	3500	330.07	337.73	345.78	354.26	363.20	372.64	382.62
	4000	372.83	381.57	390.75	400.43	410.63	421.40	432.80
	4500	415.59	425.41	435.73	446.60	458.06	470.17	482.97
	5000	458.35	469.25	480.70	492.77	505.50	518.93	533.14
	Plus Droits de Sortie à Beyrouth	A ajouter et à calculer suivant l'explication page 457						

OBSERVATIONS

F. 1 par 100 kil. sur le fret, fait à Marseille une différence de F. 1.05 par 100 kil. sur les prix.

On veut savoir le revient à Marseille de Laine lavée coûtant à Beyrouth P. 17.56 par 200 Oeques au change de 188 paras pour F. 1 et au fret de F. 22 par 100 kil.

On trouvera dans la 1ʳᵉ et la 5ᵉ colonne de ce tableau que :

P. 6 font par 100 kil.		F.	0.55
» 50 id.	id.	»	4.62
» 200 id.	id.	»	18.47
» 1500 id.	id.	»	169.59
Droits de sortie		»	3.07
P. 1756 feront donc par 100 kil.		F.	196.30

Logarithmes pour les Droits de Sortie

CHANGES	LOGARITHMES
203	43284
198	44378
193	45527
188	46738
183	48015
178	49364
173	50791

Droits d'entrée par 100 kil. en Janvier 1867

Par navire Français ... Exempte
id. Etranger ... F. 3.00

COMPTE D'ACHAT ET DE REVIENT

A 20 BALLES LAINE BLANCHE LAVÉE

20 balles Laine blanche lavée, pesant brut 1200 ocques pour net à P. 2500 le quintal de 100 ocques *franco à bord*

En piastres courantes de Beyrouth	P.	15000.
Remboursement sur Marseille à 3 mois de date au change de 173 Paras pour F. 1	F.	3468.20

FRAIS A MARSEILLE

Fret sur 1575 kil. à F. 22 les 100 kil. par steamer	F.	346.50			
Assurance maritime sur F. 3814 à ½ %	»	19.—			
Change maritime 2 % sur F. 365.51	»	7.30			
Frais de docks à F. 0.45 par 100 kil.	»	7.10	F.	379.90	
Portefaix, charrettes pour mettre en magasin et livrer, emballeurs pour réparer les balles et échantillonner, peseurs publics au débarquement et à la vente, formalités de douane, permis, timbre, etc, à F. 1.50 par 100 kil.			»	23.60	
Magasinage d'un mois à F. 2 par 1000 kil.			»	3.15	
Assurance contre le feu 1 ‰			»	3.45	
Courtage de vente ½ %					
Commission de vente 2 %					
Escompte à la vente pour comptant 2 %					
Ensemble 4½ % sur F. 4053.95			»	175.65	» 585.75
					F. 4053.95

RENDEMENT : 80 Ocques rendent à Marseille 100 kil. nets :

Soit 1200 ocques = net 1500 kil. à F. 270.26 par 100 kil. entrepôt .... F. 4053.90

PRIX DE REVIENT A MARSEILLE DES 100 KIL. ENTREPOT

AUX CHANGES SUIVANTS SUR MARSEILLE A 3 MOIS DE DATE

PRIX à BEYROUTH par quintal de 200 ocques	Paras 203 pour F. 1	Paras 198 pour F. 1	Paras 193 pour F. 1	Paras 188 pour F. 1	Paras 183 pour F. 1	Paras 178 pour F. 1	Paras 173 pour F. 1
Piastres							
1	F. 0.08	F. 0.09	F. 0.09	F. 0.09	F. 0.09	F. 0.10	F. 0.10
2	0.17	0.17	0.17	0.18	0.18	0.19	0.19
3	0.25	0.26	0.26	0.27	0.28	0.29	0.29
4	0.33	0.34	0.35	0.36	0.37	0.38	0.39
5	0.42	0.43	0.44	0.45	0.46	0.48	0.49
6	0.50	0.51	0.52	0.54	0.55	0.57	0.58
7	0.58	0.60	0.61	0.63	0.64	0.67	0.68
8	0.66	0.68	0.70	0.72	0.74	0.76	0.78
9	0.75	0.77	0.78	0.81	0.83	0.86	0.87
10	0.83	0.85	0.87	0.90	0.92	0.95	0.97
20	1.66	1.70	1.74	1.79	1.84	1.89	1.95
30	2.49	2.55	2.62	2.69	2.76	2.84	2.92
40	3.32	3.40	3.49	3.58	3.68	3.78	3.89
50	4.15	4.25	4.36	4.48	4.60	4.73	4.87
60	4.97	5.10	5.23	5.37	5.52	5.68	5.84
70	5.80	5.95	6.10	6.27	6.44	6.62	6.81
80	6.63	6.80	6.98	7.16	7.36	7.57	7.78
90	7.46	7.65	7.85	8.06	8.28	8.51	8.76
100	8.29	8.50	8.72	8.95	9.20	9.46	9.73
200	16.58	17.—	17.44	17.91	18.40	18.91	19.46
300	24.88	25.50	26.17	26.86	27.59	28.37	29.19
400	33.17	34.—	34.89	35.82	36.79	37.83	38.92
500	41.46	42.51	43.61	44.77	45.99	47.28	48.65
500	68.47	69.59	70.69	71.78	73.—	74.29	75.66
1000	109.93	112.09	114.23	116.45	118.89	121.56	124.31
1500	151.39	154.53	157.88	161.31	164.98	168.88	172.96
2000	192.85	197.01	201.44	206.08	210.98	216.14	221.61
2500	234.31	239.45	245.05	250.85	256.97	263.43	270.26
3000	275.77	282.05	288.66	295.62	302.96	310.71	318.91
3500	317.23	324.50	332.27	340.39	348.95	357.99	367.56
4000	358.69	367.07	375.87	385.15	394.94	405.27	416.21
4500	400.15	409.57	419.48	429.92	440.93	452.56	464.86
5000	441.61	452.08	463.09	474.69	486.93	499.84	513.51

OBSERVATIONS

F. 1 par 100 kil. sur le fret, fait à Marseille une différence de F. 1.05 par 100 kil. sur les prix.

On veut savoir le revient à Marseille de Laine lavée coûtant à Beyrouth P. 1756 les 200 Ocques *franco à bord*, au change de 188 paras pour F. 1 et au fret de F. 22 par 100 kil.

On trouvera dans la 1re et la 5e colonne de ce tableau que :

P.	6 font par 100 kil.		F.	0.54
»	50 id.	id.	»	4.48
»	200 id.	id.	»	17.91
»	1500 id.	id.	»	161.31
P.	1756 feront donc par 100 kil.		F.	184.24

Droit d'entrée par 100 kil. en Janvier 1867

Par navire Français	Exempte.
id. Étranger	F. 3.60

COMPTE D'ACHAT ET DE REVIENT

A UN CHARGEMENT D'ORGE EMBARQUÉ A SAINT-JEAN-D'ACRE

10000 kilots à P. 10 le kilot					P.	100000.—
FRAIS A BEYROUTH						
Nolis, assurance et port des Groups de Beyrouth à St-Jean-d'Acre ½ %.			P.	500.—		
Coût du fardage à bord du navire			»	2000.—		
Port au quai à P. 3 le kilot			»	750.—		
Mesureur et gratification			»	550.—		
Surveillant à la mesure et à l'embarquement			»	250.—		
Couffes pour port à la Mahone et transbordement			»	250.—		
Mahones pour port à bord			»	1550.—		
Cadeau au préposé de la douane			»	100.—		
Cadeau aux portefaix et au capitaine du port			»	100.—		
Courtage 1 %			»	1000.—	»	7050.—
					P.	107050.—
Droits de sortie sur 10000 kilots à P. 5.40 soit P. 54000 au droit actuel (1866) de 4 %	P.	2160.—				
Différence de monnaie sur les droits de sortie 20 %	»	432.—				
	P.	2592.—				
Commission de l'agent à Saint-Jean-d'Acre	»	51.30			»	2141.—
	P.	2643.30			P.	109191.—
Commission d'achat et de remboursement 2 ½ %	»	66.—			»	2729.30
	P.	2709.30			P.	111920.30
Courtage de négociation des traites 1 ‰ et commission de banque ½ %	»	16.10			»	671.20
Total en piastres courantes de Beyrouth	P.	2726.—			P.	112592.10
Remboursement sur Marseille à 3 mois de date au change de 173 Paras p[r] F. 1	F.	630.30			F.	20032.90
FRAIS A MARSEILLE						
Fret sur 200000 kil. à F. 3 et 5 % par 100 kil.			F.	6300.—		
Frais de débarquement, criblage et livraison à F. 0.45 par charge			»	900.—		
Assurance maritime sur F. 28636, à 3 % et police F. 3	»	20.80	»	862.10		
Courtage de vente ½ %						
Criblure et avaries 2 %						
Escompte à la vente 2 %						
Commission de vente 2 %						
Ensemble 6½ % sur F. 36400.35	»	44.05	»	2305.35	»	10367.45
Livrable sur le quai au débarquement	F.	695.15			F.	36400.35
Soit par hectolitre	»	0.22				

RENDEMENT : 5 kilots rendent à Marseille 1 charge de 160 litres.

	Entrepôt de Douane — la charge		l'hectolitre			
Soit 10000 kilots = 2000 charges de 100 kil. chacune	F.	18.20			F.	36400.—
ou 3200 hectolitres			F.	11.38	»	36416.—
Plus : droits de sortie à Beyrouth	»	0.35	»	0.22		
» droit de ville à Marseille	»	0.20	»	0.12		
Ensemble	F.	18.75	F.	11.72		

PRIX DE REVIENT A MARSEILLE DE L'HECTOLITRE ENTREPOT

AUX CHANGES SUIVANTS SUR MARSEILLE A 3 MOIS DE DATE

	PRIX à BEYROUTH par kilot en ville.	Paras 203 pour F. 1	Paras 198 pour F. 1	Paras 193 pour F. 1	Paras 188 pour F. 1	Paras 183 pour F. 1	Paras 178 pour F. 1	Paras 173 pour F. 1
	Piastres							
Coût et frais variables	—.10	F. 0.18	F. 0.19	F. 0.19	F. 0.20	F. 0.20	F. 0.21	F. 0.21
	—.20	0.36	0.37	0.38	0.39	0.40	0.42	0.43
	—.30	0.54	0.56	0.57	0.59	0.60	0.62	0.64
	1.—	0.72	0.74	0.76	0.78	0.80	0.83	0.85
	2.—	1.45	1.49	1.52	1.57	1.61	1.65	1.70
	3.—	2.17	2.23	2.29	2.35	2.41	2.48	2.55
	4.—	2.90	2.97	3.05	3.13	3.22	3.31	3.40
	5.—	3.62	3.72	3.81	3.91	4.02	4.13	4.25
Coût et frais variables et maritimes	5.—	6.42	6.53	6.63	6.74	6.86	6.98	7.12
	10.—	10.05	10.24	10.45	10.66	10.88	11.12	11.38
	15.—	13.67	13.96	14.26	14.57	14.90	15.25	15.63
	20.—	17.30	17.67	18.07	18.49	18.92	19.39	19.88
	25.—	20.92	21.39	21.89	22.40	22.94	23.52	24.14
	30.—	24.55	25.11	25.70	26.31	26.97	27.65	28.39
Plus Droits de Sortie à Beyrouth.		A ajouter et à calculer suivant l'explication page 457.						

OBSERVATIONS

F. 0.50 et 5 % par 100 kil. sur le fret, font à Marseille une différence de F. 0.33 par hectolitre sur les prix

On veut savoir le revient à Marseille de l'Orge coûtant à Beyrouth P. 13.20 le kilot, au change de 188 paras pour F. 1. et un fret de F. 3 et 5 % par 100 kil.

On trouvera dans la 1re et la 5e colonne de ce tableau que :

P. — 20 font par hectolitre	F.	0.39
» 3.— id. id.	»	2.35
» 10.— id. id.	»	10.66
Droits de sortie	»	0.20
P. 13.20 feront donc	F.	13.60

Logarithmes pour les Droits de Sortie

CHANGES		LOGARITHMES
CHANGES	203	84708
»	198	87878
»	193	90149
»	188	92547
»	183	95075
»	178	97746
»	173	100571

Droits d'entrée par 100 kil. en Janvier 1867

Par navire Français	Exempt.
id. Etranger	F. 0.60

COMPTE D'ACHAT ET DE REVIENT

A UN CHARGEMENT D'ORGE EMBARQUÉ A ST-JEAN-D'ACRE

Un chargement d'Orge, pesant 10000 kil. à P. 10 le kilot livré *franco à bord*	P.	100000.—
Nolis, assurance et port des Groups de Beyrouth à St-Jean-d'Acre ½ %	»	500.—
Total en piastres courantes de Beyrouth	P.	100500.—
Remboursement sur Marseille à 3 mois de date au change de 173 Paras pour F. 1	F.	23287.—

FRAIS A MARSEILLE

Fret sur 200000 kil. à F. 3 et 5 % par 100 kil.	F.	6300.—		
Frais de débarquement, criblage et livraison à F. 0.45 par charge	»	900.—		
Assurance maritime sur F. 25560 à 3 % et police F. 3	»	769.80		
Courtage de vente ½ %				
Criblures et avaries 2 %				
Escompte à la vente 2 %				
Commission de vente 2 %				
Ensemble 6½ % sur F. 33316.90	»	2110.10	»	10079.90
Livrable sur le quai au débarquement			F.	33316.90

RENDEMENT : 5 kilots rendent à Marseille 1 charge de 160 litres :

	Entrepôt de douane la charge	Entrepôt de douane l'hectolitre		
Soit 10000 kilots = 2000 charges de 100 kil. à	F. 16.66		F.	33320.—
ou 3200 hectolitres à		F. 10.41	»	33312.—
Plus: droit de ville à Marseille	» 0.20	» 0.12		
Ensemble	F. 16.86	F. 10.53		

PRIX DE REVIENT A MARSEILLE DE L'HECTOLITRE ENTREPOT

AUX CHANGES SUIVANTS SUR MARSEILLE A 3 MOIS DE DATE

	PRIX à BEYROUTH par kilot franco à bord (Piastres)	Paras 203 pour F. 1	Paras 198 pour F. 1	Paras 193 pour F. 1	Paras 188 pour F. 1	Paras 183 pour F. 1	Paras 178 pour F. 1	Paras 173 pour F. 1
Coût et frais variables	—.10	F. 0.17	F. 0.18	F. 0.18	F. 0.19	F. 0.19	F. 0.20	F. 0.20
	—.15	0.34	0.35	0.36	0.37	0.38	0.39	0.40
	—.30	0.51	0.53	0.54	0.55	0.57	0.59	0.60
	1.—	0.68	0.70	0.72	0.74	0.76	0.78	0.80
	2.—	1.37	1.40	1.44	1.47	1.51	1.56	1.60
	3.—	2.05	2.10	2.15	2.21	2.27	2.33	2.40
	4.—	2.73	2.80	2.87	2.95	3.03	3.11	3.20
	5.—	3.41	3.50	3.59	3.68	3.79	3.89	4.—
Coût et frais variables et invariables	5.—	5.81	5.90	5.99	6.08	6.19	6.29	6.40
	10.—	9.23	9.40	9.58	9.77	9.97	10.18	10.41
	15.—	12.64	12.90	13.17	13.45	13.76	14.08	14.41
	20.—	16.05	16.40	16.76	17.14	17.54	17.97	18.42
	25.—	19.46	19.89	20.35	20.82	21.33	21.86	22.42
	30.—	22.88	23.39	23.94	24.51	25.11	25.75	26.42

OBSERVATIONS

F. 0.50 et 5 % par 100 kil. sur le fret, font à Marseille une diff. de F. 0.33 par hectolitre sur les prix.

On veut savoir le revient à Marseille de l'Orge coûtant à Beyrouth P. 13.20 le kilot *franco à bord* au change de 188 paras pour F. 1 et au fret de F. 3 et 5 % par 100 kil.

On trouvera dans la 1re et la 5e colonne de ce tableau que :

P. —.20	font par hectolitre		F.	0.37
» 3.—	id.	id.	»	2.21
» 10.—	id.	id.	»	9.77
P. 13.20	feront donc par hectolitre		F.	12.35

Voir page 446 pour la réduction de la parité des prix de l'hectolitre comparés à ceux par charge et par 100 kil.

Pour les différences de poids livrées en moins que le poids garanti, voir le tableau de la page 447 pour les bonifications à faire ou à ajouter aux prix de revient ci-dessus.

La bonification sur le poids se fait au pair, quel que soit le manquant.

En transbordement, il faudrait ajouter F. 0.09 par charge qui sont à bonifier à l'acheteur. Dans ce cas, les frais de livraison et mesurage ne seraient que de F. 0.12 ½ la charge et le droit de ville de F. 0.05 la charge.

Pour mettre en magasin pendant un mois, y compris le déchet, on peut compter F. 1.25 l'hectolitre.

Droits d'entrée par 100 kil. en Janvier 1857

Par navire Français	Exempt.
id. Étranger	F. 0.50

COMPTE D'ACHAT ET DE REVIENT

A UNE BALLE SOIE FILATURE

		Droits de sortie		
1 balle Soie pesant net 78 ocques à P. 350 l'ocque				P. 27300.—
FRAIS A BEYROUTH				
Port de la balance au magasin			P. 2.—	
Courtage P. 2 ½ l'ocque			» 195.—	
Emballage intérieur et extérieur			» 40.—	
Emballeurs, cordes et papier			» 30.—	
Port au quai et à bord			» 6.—	
Connaissements et ports de lettres			» 4.—	» 277.—
				P. 27577.—
Droits de sortie sur 78 ocques à P. 217 l'ocque P. 16926 au droit actuel (1866) de 4 %		P. 677.—		
Différence de monnaie sur les droits de sortie 13 %		» 88.—		
		P. 765.—		
Commission d'achat 2 %		» 15.10		» 551.20
		P. 780.10		P. 28128.20
Courtage de négociation des traites 1 ‰ et commission de banque ½ %		» 4.90		» 168.90
En piastres courantes de Beyrouth		P. 785.—		P. 28297.10
Remboursement sur Marseille à 3 mois de date au change de 173 paras pr F. 1		F. 181.50		F. 6542.70
FRAIS A MARSEILLE				
Fret sur 100 kil. à F. 40 par 100 kil.	F. 40.—			
Assurance maritime sur F. 7196 à ½ %	» 35.95	» 1.—		
Change maritime 2 % sur F. 75.95	» 1.50			
Frais de Docks	» 0.50		F. 77.95	
Portefaix, charrettes, emballeurs, transport, condition			» 4.—	
Peseurs publics au débarquement, formalités de douane, permis, etc.			» 3.—	
Magasinage d'un mois F. 0.35 pour 100 kil.			» 0.35	
Assurance contre l'incendie 1 ‰		» 0.20	» 0.55	
Courtage de vente ½ %				
Escompte à la vente p. comptant 2 %				
Commission de vente 2 %				
Ensemble 4½ % sur F. 6935.05		» 8.25	» 300.50	» 392.85
		F. 190.95		F. 6935.05
Soit par kil		» 1.95		

RENDEMENT : 78 Ocques rendent à Marseille 98 kil. nets :

Soit net 98 kil. à .... F. 70.77 le kil. entrepôt .... F. 6935.45
Plus : droits de sortie à Beyrouth ... » 1.95 id.
Ensemble .... F. 72.72 id.

PRIX DE REVIENT A MARSEILLE DU KIL. ENTREPOT

AUX CHANGES SUIVANTS SUR MARSEILLE A 3 MOIS DE DATE

PRIX à BEYROUTH par ocque en ville	Paras 203 pour F. 1	Paras 198 pour F. 1	Paras 193 pour F. 1	Paras 188 pour F. 1	Paras 183 pour F. 1	Paras 178 pour F. 1	Paras 173 pour F. 1
Piastres							
Coût et frais variables — —.10	F. 0.04	F. 0.04	F. 0.05	F. 0.05	F. 0.05	F. 0.05	F. 0.05
—.20	0.09	0.09	0.09	0.09	0.10	0.10	0.10
—.30	0.13	0.13	0.14	0.14	0.14	0.14	0.15
1.—	0.17	0.17	0.18	0.18	0.19	0.19	0.20
2.—	0.34	0.35	0.36	0.37	0.38	0.39	0.40
3.—	0.51	0.52	0.53	0.55	0.56	0.58	0.60
4.—	0.68	0.70	0.71	0.73	0.75	0.77	0.80
5.—	0.85	0.87	0.89	0.92	0.94	0.97	1.—
6.—	1.01	1.04	1.07	1.10	1.13	1.16	1.19
7.—	1.18	1.22	1.25	1.28	1.32	1.35	1.39
8.—	1.35	1.39	1.42	1.46	1.50	1.54	1.59
9.—	1.52	1.57	1.60	1.65	1.69	1.74	1.79
10.—	1.69	1.74	1.78	1.83	1.88	1.93	1.99
20.—	3.39	3.47	3.56	3.66	3.76	3.86	3.97
30.—	5.08	5.21	5.34	5.48	5.63	5.79	5.96
40.—	6.77	6.94	7.12	7.31	7.51	7.72	7.95
50.—	8.47	8.68	8.90	9.14	9.39	9.65	9.94
60.—	10.16	10.42	10.68	10.97	11.27	11.58	11.92
70.—	11.85	12.15	12.46	12.80	13.15	13.52	13.91
80.—	13.54	13.89	14.24	14.62	15.02	15.45	15.90
90.—	15.24	15.62	16.02	16.45	16.90	17.38	17.88
Coût et frais variables et invariables — 200.—	34.90	35.86	36.78	37.73	38.75	39.83	40.96
300.—	51.92	53.22	54.58	56.02	57.53	59.14	60.83
400.—	68.85	70.58	72.39	74.30	76.31	78.46	80.70
500.—	85.79	87.94	90.20	92.58	95.10	97.76	100.87
Plus Droits de Sortie à Beyrouth	A ajouter et à calculer suivant l'explication page 457.						

OBSERVATIONS

F. 1 par 100 kil. sur le fret, fait à Marseille une différence de F. 0.01 par kil. sur les prix.

On veut savoir le revient à Marseille de Soie Filature coûtant à Beyrouth P. 344.20 l'ocque, en ville, au change de 188 paras pour F. 1 et au fret de F. 40 par 100 kil.

On trouvera dans la 1re et la 5e colonne de ce tableau que :

P. —.20 font par kil.	F.	0.09
» 4.— id.	»	0.73
» 40.— id.	»	7.31
» 300.— id.	»	56.02
Droits de sortie	»	1.79
P. 344.20 feront par kil.	F.	65.94

Logarithmes pour les Droits de Sortie

CHANGES		LOGARITHMES
CHANGES	203	19119
»	198	19602
»	193	20110
»	188	20645
»	183	21209
»	178	21804
»	173	22435

Droits d'entrée par kil. en Janvier 1867

Par navire Français .... F. 3.67
id. Étranger .... » 3.94

COMPTE D'ACHAT ET DE REVIENT

A UNE BALLE DE SOIE FILATURE

Une balle de soie filature, pesant net 78 Ocques à P. 350 l'ocque *franco à bord* du navire	P.	27300.—
Courtage de négociation des traites 1 ‰ et commission de banque ½ %	»	163.30
En piastres courantes de Beyrouth	P.	27463.30
Remboursement sur Marseille à 3 mois de date au change de 178 Paras pour F. 1	F.	6344.20

FRAIS A MARSEILLE

Fret sur 100 kil. à F. 40 par 100 kil	F.	40.—		
Assurance maritime sur F. 6978 à ½ %	»	34.90		
Change maritime 2 % sur F. 74.90	»	1.50		
Frais de docks	»	0.50	F.	76.90
Portefaix, charrettes, emballeurs, transport, condition			»	4.—
Peseurs publics au débarquement, formalités de douane, permis, etc.			»	3.—
Magasinage d'un mois F. 0.85 par 100 kil			»	0.85
Assurance contre le feu 1 ‰			»	6.35
Courtage de vente ½ %				
Escompte à la vente 2 %				
Commission de vente 2 %				
Ensemble 4½ % sur F. 6726.80			» 291.50 »	382.10
			F.	6726.80

RENDEMENT : 78 Ocques rendent à Marseille 98 kil. nets :

Soit net 98 kil. à F. 68.64 le kil. entrepôt .... F. 6726.70

PRIX DE REVIENT A MARSEILLE DU KIL. ENTREPOT

AUX CHANGES SUIVANTS SUR MARSEILLE A 3 MOIS DE DATE

	PRIX à BEYROUTH par ocque franco à bord	Paras 203 pour F. 1	Paras 198 pour F. 1	Paras 193 pour F. 1	Paras 188 pour F. 1	Paras 183 pour F. 1	Paras 178 pour F. 1	Paras 173 pour F. 1
SUBDIVISIONS — Coût et frais variables	Piastres —.10	F. 0.04	F. 0.04	F. 0.04	F. 0.05	F. 0.05	F. 0.05	F. 0.05
	—.20	0.09	0.09	0.09	0.09	0.09	0.10	0.10
	—.30	0.13	0.13	0.13	0.14	0.14	0.14	0.15
	1.—	0.17	0.17	0.17	0.18	0.18	0.19	0.20
	2.—	0.33	0.34	0.35	0.36	0.37	0.38	0.39
	3.—	0.50	0.51	0.52	0.54	0.55	0.57	0.59
	4.—	0.66	0.68	0.70	0.72	0.74	0.76	0.78
	5.—	0.83	0.85	0.87	0.90	0.92	0.95	0.98
	6.—	1.—	1.02	1.04	1.07	1.10	1.13	1.17
	7.—	1.16	1.19	1.22	1.25	1.29	1.32	1.37
	8.—	1.33	1.36	1.39	1.43	1.47	1.51	1.56
	9.—	1.49	1.53	1.57	1.61	1.66	1.70	1.76
	10.—	1.66	1.70	1.74	1.79	1.84	1.89	1.95
	20.—	3.32	3.40	3.49	3.58	3.68	3.78	3.89
	30.—	4.97	5.10	5.23	5.37	5.52	5.67	5.84
	40.—	6.63	6.80	6.98	7.16	7.36	7.56	7.78
	50.—	8.29	8.50	8.72	8.95	9.20	9.46	9.73
	60.—	9.95	10.20	10.46	10.74	11.04	11.35	11.68
	70.—	11.61	11.90	12.21	12.53	12.88	13.24	13.62
	80.—	13.26	13.60	13.95	14.32	14.72	15.13	15.57
	90.—	14.92	15.30	15.70	16.11	16.56	17.02	17.51
Coût et frais variables et invariables	200.—	33.70	34.54	35.42	36.34	37.32	38.36	39.45
	300.—	50.28	51.54	52.86	54.25	55.72	57.27	58.91
	400.—	66.87	68.54	70.30	72.16	74.11	76.18	78.37
	500.—	83.45	85.55	87.75	90.07	92.51	95.10	97.83

OBSERVATIONS

F. 1 par 100 kil. sur le fret, fait à Marseille une différence de F. 0.01 par kil. sur les prix.

On veut savoir le revient à Marseille de Soie Filature coûtant à Beyrouth P. 344.20 l'ocque *franco à bord*, au change de 188 paras pour F. 1 et au fret de F. 40 par 100 kil.

On trouvera dans la 1re et la 5e colonne de ce tableau que :

P. —.20 font par kil	F.	0.09
» 4.— id. id.	»	0.72
» 40.— id. id.	»	7.16
» 300.— id. id.	»	54.25
P. 344.20 feront donc par kil	F.	62.22

Droits d'entrée par kil. en Janvier 1867

Par navire Français	F.	3.67
Id. Étranger	»	3.96

ALEP

Alep, capitale de la Syrie et du Pachalick de ce nom, se trouve à 100 kilomètres de l'Euphrate et de la Méditerranée.

Située dans l'intérieur de la Syrie, sur un plateau assez élevé qui sépare les deux bassins de l'Oronte et de l'Euphrate, elle est arrosée par le Koïk. Rien n'est plus pittoresque que l'aspect de cette ville. La végétation la plus luxuriante vient contraster sur ce plateau avec l'aridité des plaines environnantes.

Alep entretient des relations assez importantes avec l'Arménie, l'Al-Djesiret, le Kurdistan. Son commerce florissait dès le moyen âge; les Vénitiens y avaient 40 comptoirs de vente, et même après la découverte d'une autre route aux Indes (celle du Cap) en 1497, les Hollandais, ainsi que d'autres nations européennes, y possédaient, en 1670, de nombreuses maisons de commerce.

Les échanges s'effectuent principalement par l'entremise d'Alexandrette et de Latakié les seuls ports abordables qui soient à portée d'Alep. Le premier en est éloigné de 140 kilomètres, le second de 160 kilomètres. Les transports se font à dos de mules et de chameaux, ce qui en augmente considérablement la durée. Ainsi, pour le trajet d'Alexandrette à Alep, il faut en hiver, sept à huit jours avec les chameaux, et cinq à six seulement avec les mules. En été, la même course peut se faire en cinq à six jours avec les chameaux et en quatre à cinq jours avec les mules. De Latakié à Alep, le voyage exige trois jours de plus.

Les principaux articles qu'Alep reçoit de l'étranger, sont : les tissus de Coton, de Laine et de Soie, le Coton filé, la Cochenille, des Grains et Farines, de l'Indigo, du Café, du Sucre et des Épices, des Drogueries, de la Quincaillerie, de la Faïence, des Poils de Chèvre qui lui viennent de l'Asie-Mineure, et elle exporte en échange des Noix de Galle qui viennent du Kurdistan, des Pistaches, de la Laine, de la Soie, du Tabac, des Éponges, de la Cire, du Coton et diverses matières d'or et d'argent.

Son commerce le plus considérable s'effectue avec l'Angleterre, la France, la Toscane et les États-Unis.

Les étoffes les plus recherchées à Alep sont celles qui imitent le mieux les tissus fabriqués en Syrie. La qualité est un point secondaire ; le bas prix et la similitude avec ce qui se fait en Syrie sont des conditions auxquelles on tient le plus essentiellement.

OBSERVATIONS SUR LES ARTICLES D'EXPORTATION

Laines. — Les Laines tant surges que lavées s'achètent généralement par le moyen d'avances qui se font dans le désert, trois ou quatre mois avant l'époque de la tonte. Ce système est généralement adopté pour s'assurer des quantités importantes sans aucun autre bénéfice ou réduction de prix en faveur de l'acheteur qui aurait avancé les fonds.

La tonte a lieu dans le mois d'avril jusqu'à fin mai.

Les Laines de Bagdad et de Mossoul dites Perses, s'achètent par toison après avoir été lavées sur le mouton même, ce lavage consiste à faire passer le mouton à la nage au travers du Tigre ou de quelqu'autre fleuve.

Les Laines en suint s'achètent également soit par toison, soit au poids.

Les Laines lavées d'Alep s'achètent d'abord en suint et se font ensuite laver pour compte de l'acheteur.

L'achat des Laines en suint s'effectue au cours monétaire légal qui présente une perte de 33 $^1/_3$ % sur le cours abusif du commerce. Par contre, les Laines Perses s'achètent à Alep au cours abusif du commerce.

La production annuelle et moyenne des Laines peut être évaluée à :

8,000 Balles Laines Surges des environs d'Alep.
10,000 » » Lavées Perses de Mossoul et de Mésopotamie.
4,000 » » » » de Bagdad.

Le poids brut de chaque balle est de 100 à 130 kil.

Coton. — Avant la guerre d'Amérique, cette plante était bien négligée dans cette province et ses environs, mais depuis lors, elle tend à prendre des proportions et un développement aussi grand que le nombre d'ouvriers peut le permettre.

La qualité de ce lainage, quoique d'une courte soie, ne laisse rien à désirer sous le rapport de la blancheur. La totalité de ce qui a été produit a été adressée sur le marché de Marseille, d'où l'Espagne l'a tiré en grande partie.

L'achat des Cotons se fait par petites parties au cours abusif des monnaies du commerce.

La production moyenne annuelle du Coton Idlep peut être évaluée de 15 à 20,000 Balles du poids de 100 à 125 kil. chaque. Avant la guerre d'Amérique, la production annuelle de cet article se limitait à 3,000 balles environ.

Noix de Galles. — On évalue la production moyenne de 6 à 8,000 sacs du poids de 100 à 125 kil. chaque.

Sésames. — Production moyenne annuelle de 5 à 8,000 quintaux.

Pistaches. — Production moyenne annuelle de 110 à 120 quintaux.

Soie de Perse. — La quantité moyenne des Soies de Perse qui arrivent ordinairement à Alep, peut être évaluée de 2,000 à 2,500 ballots par an. La plus grande partie de cette quantité s'emploie dans la fabrication des étoffes confectionnées en cette ville.

Cire Jaune. — Production moyenne annuelle, 200 couffes du poids de 80 à 85 kil. chaque.

Frais de transport d'Alep à Alexandrette. — Les frais de transport d'Alep à Alexandrette varient de 100 à 200 piastres par quintal, suivant la plus ou moins grande quantité de Chameaux ou de Mules disponibles, seul moyen de transport pour faire arriver la marchandise au port d'embarquement.

Monnaies. — La Piastre se divise en 40 Paras.

La pièce de F. 20 en or, vaut en commerce			116	Piastres.
L'Écu de F. 5 en argent	»	»	29	»
La Livre Sterling	»	»	147	»

Le cours monétaire légal présente une perte de 33 1/3 % sur le cours abusif du commerce.

Changes. — On fournit à trois mois de vue, sur Paris ou Marseille, de 215 à 235 Paras par franc ; sur Londres ou Liverpool, de 140 à 150 Piastres par Livre Sterling.

Le cours des changes subit de grandes variations, et toujours à l'époque des avances et des achats, il y a une baisse de 4 et 5 % au-dessous du pair.

Poids. — Le Rottoli de 800 Drahmes équivaut à 2 1/4 kil. de France ; le quintal est composé de 100 Rottolis.

Frets. — Les frets varient comme suit :

		Par Bateaux à vapeur	Par voiliers	
Pour Marseille	par 100 kil.	F. 15 à F. 20	F. 10 à F. 12	pour Laines.
id.	id.	» 20 à » 25	» 11 à » 12	pour Coton.
id.	id.	» 10 à » 12	» — à » —	pour Noix de Galles.
id.	id.	» 4 à » 6	» 3 ½ à » 4	pour Sésame.
id.	id.	» 5 à » 6	» — à » —	pour Pistaches.
id.	id.	» 38 à » 40	» — à » —	pour Soie.
id.	id.	» 10 à » 12	» — à » —	pour Cire.

Transmission d'ordres d'achats. — Les maisons Européennes transmettent leurs ordres d'achat à Alep de deux manières.

La 1re consiste à donner une limite pour la marchandise elle-même, à laquelle s'ajoutent tous les frais qui accompagnent la marchandise jusqu'à bord du navire à Alexandrette.

La seconde manière est celle de donner ses limites *franco à bord* du navire à Alexandrette, ce dernier mode est assurément préférable pour ceux qui passent des ordres.

Les comptes de revient qui vont suivre, sont établis des deux manières pour la facilité des transactions avec ce pays.

Droits de Sortie. — D'après le traité de commerce entre la Turquie et la France qui est entré en vigueur le 13 Mars 1862, il résulte que les droits de sortie sur toutes les marchandises de provenance Ottomane étaient de 8 % *ad valorem* en 1862/3 et que chaque année ce droit doit être réduit de 1 % jusqu'en 1869 où il ne sera plus que de 1 % pour rester alors invariablement à ce taux. Quant aux droits d'entrée, ils sont invariablement de 8 % *ad valorem.*

En considération de cette mobilité dans les droits de sortie, les comptes de revient qui vont suivre, comprennent une colonne séparée pour les droits de sortie qui ne sont pas compris dans les prix de revient auxquels ils devront être ajoutés ; pour en faciliter le calcul, on trouvera sur chaque compte des logarithmes à tous les changes. Il suffira de multiplier le logarithme par l'estimation de la marchandise et prélever sur le nombre trouvé la quotité du droit en vigueur.

PREMIER EXEMPLE.

Voir le compte Coton à la page 496.

Sur ce compte, la valeur du Coton pour les droits est portée à P. 5250 par quintal, ce qui sur 48 quintaux fait P 252000, à 4 % P. 10080, ce qui, avec les commissions et assurances, produit en France, au change de 240 Paras pour F. 1, F. 15.17 par 100 kil.

Sur ce même compte on trouvera que le logarithme du change de 240 Paras est de 72255, logarithme qui est à multiplier par l'estimation de 5250, ce qui donnera un nombre de 3,79,33870, en multipliant ce nombre par 4 % qui est le droit actuel en (1866), on trouvera dans les 4 premiers chiffres F. 15.17 qui forment bien le droit porté sur le compte.

La même opération est à faire pour toutes les estimations de la douane comme pour tous les droits et avec les mêmes logarithmes.

DEUXIÈME EXEMPLE.

Voir le compte Cire à la page 494.

L'estimation de la Douane sur laquelle doit être prélevé le droit de 4 % est portée sur ce compte à P. 18.40 l'Ocque. Il s'agira donc de multiplier cette estimation par le logarithme du change de 240 Paras qui est de 19211, ce qui donnera un nombre de 3,53,48240 ou en le multipliant par le droit (en 1866) de 4 % donnera 14,13,92960 soit F. 14.14 par 100 kil., en retranchant les cinq derniers chiffres.

(Extrait du Dictionnaire du Commerce et de la Navigation par MM. GUILLAUMIN et Cie, ainsi que de mes renseignements particuliers).

COMPTE D'ACHAT ET DE REVIENT

A 10 COUFFES CIRE JAUNE

10 Couffes Cire Jaune, pesant brut....... Rottolis 350
Tare .... » 13

Net.............. Rottolis 337 achetés au prix de P. 57 ½ (¹) le Rottoli composé de 800 Drachmes ou soit 2 ocques de Constantinople .... P. 19377.—

FRAIS A ALEP

Droit du Khan sur Rottolis 337 à 5 Paras par rottoli	P.	42.05		
Coût de 10 Couffes à P. 6	»	60.—		
Toile pour emballage, cordes, ficelle et frais de conditionnement	»	140.—		
Transport en douane et poids public	»	13.20		
Transport pour Alexandrette sur Rottolis 350 à P. 125 les 100 Rottolis	»	437.20		
Facturage et frais d'embarquement à Alexandrette sur R. 350 à P. 10 par Couffe	»	100.—		
Magasinage 1 %	»	193.85		
Ports de lettres et menus frais 1 ‰	»	19.10	»	1006.10
			P.	20383.10

	Droits de sortie			
Droits de sortie sur 674 ocques à P. 18.40 l'ocque P. 12400 au droit actuel (1866) de 4 %	P.	496.—		
Différence monétaire entre le cours légal et le cours abusif du Commerce 33 ½ %	»	166.—		
	P.	662.—		
Commission d'achat 3 %	»	19.30	»	611.20
	P.	681.30	P.	20994.30
Remboursement sur Marseille à 3 mois de vue au change de 240 Paras pr F. 1.	F.	113.60	F.	3499.10

FRAIS A MARSEILLE

Fret par vapeur à F. 12 par 100 kil. sur kil. 875. F. 105.—							
Assurance maritime sur F. 3849 à ½ % ...... » 19.25	»	0.05					
Change maritime sur F. 121.25 à 2 % ...... » 2.50							
Frais de docks au débarquement ...... » 4.35			F.	131.10			
Portefaix, emballeurs, mise en magasin, poids public au débarquement et à la livraison, livraison et menus frais F. 1 75 par 100 kil.			»	15.30			
Magasinage d'un mois F. 0.15 par 100 kil.			»	1.35			
Assurance contre le feu 1 ‰	»	0.10	»	3.50			
Courtage de vente ...... ½ %							
Escompte à la vente ...... 2 %							
Commission de vente ...... 2 %							
Ensemble .... 4 ½ % sur F. 3822.35	»	5.35	»	172.—	»	328.25	
Pour garder un mois en magasin	F.	119.10			F.	3822.35	
Soit par 100 kil.	»	14.14					

RENDEMENT : 1 Rottoli rend à Marseille net 2 kil. ½ :

Soit 837 rottolis = net 842.50 kil. à ..... F. 453.69 par 100 kil. entrepôt .... F. 3822.35
Plus droit de sortie à Alep .... » 14.14 id. id.
Ensemble .... F. 467.83 id. id.

(¹) Au cours abusif des monnaies du commerce.

PRIX DE REVIENT A MARSEILLE DES 100 KIL. ENTREPOT

AUX CHANGES SUIVANTS SUR MARSEILLE A 3 MOIS DE VUE

PRIX A ALEP par rottoli en ville	Paras 240 pour F. 1	Paras 235 pour F. 1	Paras 230 pour F. 1	Paras 225 pour F. 1	Paras 220 pour F. 1	Paras 215 pour F. 1	Paras 210 pour F. 1
Piastres (¹)							
½	F. 3.66	F. 3.74	F. 3.82	F. 3.90	F. 3.99	F. 4.08	F. 4.18
1	7.32	7.47	7.64	7.80	7.98	8.17	8.36
2	14.63	14.94	15.27	15.61	15.96	16.33	16.72
3	21.95	22.42	22.91	23.41	23.95	24.50	25.09
4	29.27	29.89	30.54	31.22	31.93	32.67	33.45
5	36.59	37.36	38.18	39.02	39.91	40.84	41.81
6	43.90	44.83	45.81	46.82	47.89	49.—	50.17
7	51.22	52.30	53.45	54.63	55.87	57.17	58.53
8	58.54	59.78	61.08	62.43	63.86	65.34	66.90
9	65.85	67.25	68.72	70.24	71.84	73.50	75.26
10	73.17	74.72	76.35	78.04	79.82	81.67	83.62
30	252.49	257.53	262.77	268.25	273.98	279.99	286.29
40	325.65	332.25	339.11	346.20	353.79	361.66	369.91
50	398.82	406.97	415.46	424.34	433.61	443.33	453.53
60	471.98	481.69	491.81	502.38	513.43	525.—	537.14
70	545.15	556.41	568.15	580.42	593.24	606.67	620.76
80	618.32	631.14	644.50	658.46	673.06	688.34	704.38
Plus Droits de Sortie à Alep	A ajouter et à calculer suivant l'explication page 493.						

(¹) Au cours abusif des monnaies du commerce.

OBSERVATIONS

F. 0.50 par 100 kil. sur le fret, font à Marseille une différence de F. 0.52 par 100 kil. sur les prix.

On veut savoir le revient à Marseille de Cire coûtant à Alep P. 46 ¼ le Rottoli en ville au change de 225 paras pour F. 1 et au fret de F. 12 par 100 kil.

On trouvera dans la 1re et la 5e colonne de ce tableau que :

P. — ¼ font par 100 kil.		F.	3.90
» 6 id. id.		»	46.82
» 40 id. id.		»	346.20
Droits de sortie		»	15.08
P. 46 ¼ feront donc par 100 kil.		F.	412.00

Logarithmes pour les Droits de Sortie

CHANGES		LOGARITHMES
240		19211
» 235	»	19620
» 230	»	20047
» 225	»	20492
» 220	»	20958
» 215	»	21446
» 210	»	21956

Droits d'entrée par 100 kil. en Janvier 1867

Par navire Français .... F. 3.—
Id. Étranger .... » 3.—

COMPTE D'ACHAT ET DE REVIENT

A 10 COUFFES CIRE JAUNE

10 Couffes Cire Jaune pesant brut Rottolis 350
Tare .... » 13

Net.................... Rottolis 337 au prix de P. 57 ½ (¹) le Rottoli de 800 Drahmes ou soit 2 ocques de Constantinople, rendu *franco à bord* du navire à Alexandrette.................... P. 19377.—

Remboursement sur Marseille à 3 mois de vue au change de 240 Paras pour F. 1.................... F. 3229.50

FRAIS A MARSEILLE

Fret par vapeur à F. 12 par 100 kil. sur 875 kil..........	F. 105.—		
Assurance maritime sur F. 3552 à ½ %..........	» 17.75		
Change maritime sur F. 122.75 à 2 %..........	» 2.45		
Droits de docks au débarquement..........	» 4.25	F. 129.55	
Portefaix, emballeurs, mise en magasin, poids public au débarquement et à la livraison, livraison et menus frais, F. 1.75 par 100 kil..........		» 15.30	
Magasinage d'un mois F. 0.15 par 100 kil..........		» 1.35	
Assurance contre le feu 1 ‰..........		» 3.25	
Courtage de vente.......... ½ %			
Escompte à la vente.......... 2 %			
Commission de vente.......... 2 %			
Ensemble..... 4½ % sur F. 3538.15..........	»	150 20 »	308.65
Pour garder un mois en magasin..........			F. 3538.15

RENDEMENT : 1 Rottoli rend à Marseille net 2 kil. ½ :

Soit sur 337 Rottolis = net 842.50 kil. à F. 419.96 par 100 kil entrepôt.................... F. 3538.15

(¹) Au cours abusif des monnaies du commerce.

PRIX DE REVIENT A MARSEILLE DES 100 KIL. ENTREPOT

AUX CHANGES SUIVANTS SUR MARSEILLE A 3 MOIS DE VUE

PRIX à ALEP par rottoli franco à bord du navire	Paras 240 pour F. 1	Paras 235 pour F. 1	Paras 230 pour F. 1	Paras 225 pour F. 1	Paras 220 pour F. 1	Paras 215 pour F. 1	Paras 210 pour F. 1
Piastres (¹)							
½	F. 3.51	F. 3.59	F. 3.67	F. 3.75	F. 3.83	F. 3.92	F. 4.02
1	7.03	7.18	7.33	7.50	7.67	7.84	8.03
2	14.05	14.35	11.66	14.99	15.33	15.69	16.06
3	21.08	21.53	22.—	22.49	23.—	23.53	24.09
4	28.10	28.70	29.33	29.98	30.66	31.37	32.12
5	35.13	35.88	36.66	37.48	38.33	39.22	40.15
6	42.16	43.06	43.99	44.97	45.99	47.06	48.18
7	49.18	50.23	51.32	52.47	53.66	54.90	56.21
8	56.21	57.41	58.66	59.96	61.32	62.74	64.24
9	63.23	64.58	65.99	67.46	68.99	70.59	72.27
10	70 26	71.76	73.32	74.95	76.65	78.43	80.30
30	226.74	231.23	235.91	240.80	245.91	251.25	256.86
40	297.—	302.99	309.23	315.74	322.56	329.68	337.16
50	367.27	374.75	382.55	390.69	399.21	408.12	417.46
60	437.53	446.50	455.86	465.64	475.85	486.55	497.75
70	507.79	518.26	529.18	540.58	552.50	564.98	578.05
80	578.05	590.02	602.50	615.53	629.15	643.41	658.35

(¹) Au cours abusif des monnaies du commerce.

OBSERVATIONS

F. 0.50 par 100 kil. sur le fret, font à Marseille une différence de F. 0.52 par 100 kil. sur les prix.

On veut savoir le revient à Marseille de Cire coûtant à Alep P. 46 ½ le Rottoli *franco à bord* du navire, au change de 225 paras pour F. 1 et au fret de F. 12 par 100 kil.

On trouvera dans la 1re et la 5e colonne de ce tableau que:

P. ½	font par 100 kil..........	F.	3.75
» 6	id. id.	»	44.97
» 40	id. id.	»	315.74
P. 46 ½	feront donc par 100 kil..........	F.	364 46

Droits d'entrée par 100 kil. en Janvier 1867

Par navire Français.......... F. 1 —
Id. Étranger.......... » 3.—

COMPTE D'ACHAT ET DE REVIENT

A 100 BALLES COTON IDLEP

100 balles Coton Idlep, pesant brut... Rottolis 4875				
Tare... » 75				
Net... Rottolis 4800 achetés au prix de P. 5250 (¹) le quintal composé de 100 Rottolis équivalent à 200 Ocques de Constantinople..				P. 252000.—

FRAIS

Portefaix pour transport au magasin et poids public à P. 12 le quintal..		P. 585.—		
Toile pour emballage, cordes et frais de pressage sur Rottolis 4875 à P. 75 les 100 Rottolis...		» 3656.10		
Transport pour Alexandrette sur 4875 Rottolis à P. 125 le quintal...		» 6093.80		
Facturage et frais d'embarquement à Alexandrette sur 4875 Rottolis à P. 15 les 100 Rottolis...		» 731.10		
Magasinage 1 % ...		» 2520.—		
Ports de lettres et menus frais 1 ‰...		» 252.—	»	13838.10
Droits de douane sur P. 252000 (en 1866) à 4 % ...	P. 10080.—		P.	265838.10
Commission d'achat 3 %...	» 303.10		»	7975.10
	P. 10383.10		P.	273813.20
Remboursement sur Paris ou Marseille à 90 jours de vue au change de 240 Paras pour F. 1...	F. 1730.55		F.	45635.60

FRAIS A MARSEILLE

Fret par vapeur à F. 25 par 100 kil. sur 12500 kil...		F. 3125.—		
Assurance maritime ½ % sur F. 50198...	» 9.50	» 251.—		
Change maritime 2 % sur fret et assurance soit sur F. 3376.		» 67.50		
Portefaix, emballeurs et mise en magasin, poids public au débarquement et à la vente, livraison etc., F. 2.50 les % kil...		» 312.—		
Magasinage d'un mois F. 0.10 par 100 kil...		» 12.50		
Assurance contre le feu 1 ‰...	» 1.75	» 45.65		
Courtage de vente... ½ %				
Escompte à la vente... 2 %				
Commission de vente et ducroire 2 %				
Ensemble... 4½ % sur F. 51089.10.	» 78.90	» 2239.85	»	6053.50
Pour garder pendant un mois en magasin.	F. 1820.70		F.	51089.10
Soit par 100 kil...	» 15.17			

RENDEMENT : 1 Rottoli rend net 2 kil. ½ :

Soit net 12000 kil. à...	F. 430.74	par 100 kil. entrepôt...	F.	51688.80
Plus : droits de sortie à Alep...	» 15.17	id. id.		
Ensemble...	F. 445.91	id. id.		

(¹) Au cours abusif des monnaies du Commerce.

PRIX DE REVIENT A MARSEILLE DES 100 KIL. ENTREPOT

AUX CHANGES SUIVANTS SUR PARIS OU MARSEILLE A 90 JOURS DE VUE

PRIX à ALEP par quintal de 100 rottolis en ville	Paras 240 pour F. 1	Paras 235 pour F. 1	Paras 230 pour F. 1	Paras 225 pour F. 1	Paras 220 pour F. 1	Paras 215 pour F. 1	Paras 210 pour F. 1
Piastres (¹) 10	F. 0.73	F. 0.75	F. 0.76	F. 0.78	F. 0.80	F. 0.82	F. 0.84
20	1.46	1.49	1.52	1.56	1.59	1.63	1.67
30	2.19	2.24	2.29	2.34	2.39	2.45	2.51
40	2.92	2.98	3.05	3.12	3.19	3.26	3.34
50	3.65	3.73	3.81	3.90	3.99	4.08	4.18
60	4.38	4.48	4.57	4.67	4.78	4.89	5.01
70	5.11	5.22	5.33	5.45	5.58	5.71	5.85
80	5.84	5.97	6.10	6.23	6.38	6.52	6.68
90	6.57	6.71	6.86	7.01	7.17	7.34	7.52
100	7.30	7.46	7.62	7.79	7.97	8.15	8.35
200	14.61	14.92	15.24	15.58	15.94	16.31	16.69
300	21.91	22.38	22.86	23.37	23.90	24.46	25.04
400	29.22	29.84	30.48	31.16	31.87	32.61	33.39
500	36.52	37.30	38.11	38.95	39.84	40.77	41.74
600	43.82	44.75	45.73	46.75	47.81	48.92	50.08
700	51.13	52.21	53.35	54.54	55.78	57.07	58.43
800	58.43	59.67	60.97	62.33	63.74	65.22	66.78
900	65.74	67.13	68.59	70.12	71.71	73.38	75.12
1000	120.83	122.23	124.22	126.31	128.48	130.75	133.14
2000	193.37	197.82	200.44	204.22	208.16	212.28	216.61
3000	266.40	271.42	276.65	282.12	287.83	293.81	300.09
4000	339.44	346.01	352.87	360.03	367.51	375.34	383.56
5000	412.48	420.60	429.08	437.94	447.19	456.88	467.03
6000	485.52	495.19	505.29	515.85	526.87	538.41	550.50
Plus Droits de Sortie à Alep	A ajouter et à calculer suivant l'explication page 498.						

(¹) Au cours abusif des monnaies du commerce.

OBSERVATIONS

F. 5 par 100 kil. sur le fret, font à Marseille une diff. de F. 5.21 par 100 kil. sur les prix

On veut savoir le revient à Marseille de Coton coûtant à Alep P. 4650 le quintal de 100 Rottolis, au change de 225 paras pour F. 1 et un fret de F. 25.

On trouvera dans la 1re et la 5e colonne de ce tableau que :

P. 50 font par 100 kil...	F.	3.90
» 600 id. id. ...	»	46.75
» 4000 id. id. ...	»	360.03
Droits de sortie...	»	14.34
P. 4650 feront donc par 100 kil...	F.	425 02

N.-B. — Les balles pressées par la presse hydraulique sont chargées à fret réduit de F. 7 à F. 10 au-dessous de celles pressées par les presses ordinaires du pays.

Logarithmes pour les Droits de Sortie

CHANGES		LOGARITHMES
240	...	72265
235	... »	73702
230	... »	75397
225	... »	77072
220	... »	78824
215	... »	80657
210	... »	82577

Droits d'entrée par 100 kil. en Janvier 1867

Par navire Français...	Exempt.
Id. Étranger...	F. 3.—

COMPTE D'ACHAT ET DE REVIENT

A 100 BALLES COTON IDLEP

100 balles Coton Idlep, pesant brut.... Rottolis 4875
Tare.. » 75

Net........................ Rottolis 4800 au prix de P. 5250 (*) *franco à bord* à Alexandrette, le quintal composé de 100 Rottolis équivalent à 200 Ocques de Constantinople........................ P. 252000.—

Remboursement sur Marseille à 3 mois de vue au change de 240 Paras pour F. 1........................ F. 42000.—

FRAIS A MARSEILLE

Fret par vapeur à F. 25 par 100 kil. sur 12500 kil........................	F.	3125.—		
Assurance maritime ½ % sur F. 46200........................	»	231.—		
Change maritime 2 % sur F. 3356........................	»	67.10		
Portefaix, emballeurs et mise en magasin, poids public au débarquement et à la livraison, livraison et menus frais F. 2.50 par 100 kil...	»	312.—		
Magasinage d'un mois à F. 0.10 par 100 kil........................	»	12.50		
Assurance contre le feu 1 ‰........................	»	42.—		
Courtage de vente.......... ½ %				
Escompte à la vente.......... 2 %				
Commission de vente.......... 2 %				
Ensemble.......... 4½ % sur F. 47863.70........................	»	2074.10	»	5863.70
Pour garder pendant un mois en magasin........................			F.	47863.70

RENDEMENT : 1 Rottoli rend à Marseille net 2 kil. ½ :

Soit 4800 Rottolis = net 12000 kil. à F. 398.86 par 100 kil. entrepôt........................ F. 47863.20

(*) Au cours abusif des monnaies du Commerce.

PRIX DE REVIENT A MARSEILLE DES 100 KIL. ENTREPOT

AUX CHANGES SUIVANTS SUR MARSEILLE A 3 MOIS DE VUE

	PRIX à ALEP par quintal franco à bord à Alexandrette	Paras 240 pour F. 1	Paras 235 pour F. 1	Paras 230 pour F. 1	Paras 225 pour F. 1	Paras 220 pour F. 1	Paras 215 pour F. 1	Paras 210 pour F. 1
PIASTRES (*) — Coût et frais variables	10	F. 0.70	F. 0.72	F. 0.73	F. 0.75	F. 0.77	F. 0.78	F. 0.80
	20	1.40	1.43	1.46	1.50	1.53	1.57	1.61
	30	2.10	2.15	2.20	2.24	2.30	2.35	2.41
	40	2.80	2.86	2.93	2.99	3.06	3.13	3.21
	50	3.51	3.58	3.66	3.74	3.83	3.92	4.01
	60	4.21	4.30	4.39	4.49	4.59	4.70	4.81
	70	4.91	5.01	5.12	5.24	5.36	[illegible]	5.61
	80	5.61	5.73	5.86	5.98	6.12	6.26	6.42
	90	6.31	6.44	6.59	6.73	6.89	7.05	7.22
	100	7.01	7.16	7.32	7.48	7.65	7.83	8.02
	200	14.03	14.33	14.64	14.96	15.30	15.66	16.03
	300	21.04	21.49	21.96	22.45	22.96	23.49	24.05
	400	28.06	28.65	29.28	29.93	30.61	31.32	32.06
	500	35.07	35.82	36.60	37.41	38.26	39.15	40.08
	600	42.08	42.98	43.91	44.89	45.91	46.98	48.10
	700	49.10	50.14	51.23	52.37	53.56	54.81	56.11
	800	56.11	57.30	58.55	59.86	61.22	62.64	64.13
	900	63.13	64.47	65.87	67.34	68.87	70.47	72.14
Coût et frais variables et invariables	1000	100.77	102.26	103.82	105.45	107.15	108.93	110.79
	2000	170.91	173.89	177.01	180.26	183.66	187.22	190.95
	3000	241.05	245.53	250.20	255.08	260.18	265.52	271.11
	4000	311.19	317.16	323.39	329.89	336.69	343.81	351.27
	5000	381.33	388.79	396.58	404.71	413.21	422.11	431.43
	6000	451.47	460.42	469.77	479.53	489.73	500.41	511.59

(*) Au cours abusif des monnaies du commerce.

OBSERVATIONS

F. 5 par 100 kil. sur le fret, font à Marseille une différence de F. 5.21 par 100 kil. sur les prix.

On veut savoir le revient à Marseille de Coton coûtant à Alep P. 4650 le quintal de 100 Rottolis, *franco à bord* à Alexandrette, au change de 225 paras pour F. 1. et au fret de F. 25 par 100 kil.

On trouvera dans la 1re et la 5e colonne de ce tableau que :

P. 50 font par 100 kil........................	F.	3.74
» 600 id. id.	»	44.89
» 4000 id. id.	»	329.89
P. 4650 feront donc par 100 kil........................	F.	378.52

N.-B. — Les Balles pressées par la presse hydraulique sont chargées à fret réduit de 7 à 10 francs au-dessous de celles pressées par les presses ordinaires du pays.

Droits d'entrée par 100 kil. en Janvier 1867.

Par navire Français........................ Exempt.
Id. Étranger........................ F. 3.—

COMPTE D'ACHAT ET DE REVIENT

A 100 QUINTAUX GRAINE DE SÉSAME CRIBLÉE

10000 Rottolis, de 800 Drahmes chaque, au prix de P. 500 (*) par quintal composé de 100 Rottolis équivalent à 200 Ouques de Constantinople, *franco à bord du navire à* Alexandrette et toute criblée .... P. 50,000.—

Remboursement sur Marseille à 3 mois de vue au change de 240 Paras pour F. 1 .... F. 8333.35

FRAIS A MARSEILLE

Fret à F. 3 et 5 % par 100 kil. sur 25000 kil .... F. 787.50
Assurance maritime sur F. 9166 à 3 % et police F. 3 .... » 278.—
Portefaix pour débarquer et livrer, peseurs publics et marqueurs, expertise, prise d'échantillons et vacations, formalités de douane, permis, prélarts, bateaux, garde quai, menus frais, ensemble F. 0.45 par 100 kil .... » 112.50
Courtage de vente .... ½ %
Escompte à la vente .... 2 %
Commission de vente .... 2 %
Ensemble .... 4 ½ % sur F. 9942.20 .... » 430.85 » 1008.85
Livrable sur le quai au débarquement .... F. 9942.20

RENDEMENT : 1 Rottoli rend à Marseille net 2 kil. ½ :

Soit 10000 Rottolis = net 25000 kil. à F. 39.77 par 100 kil. entrepôt .... F. 9942.50
Il y a expertise au-dessus de 3 % de terre.

(*) Au cours abusif des monnaies du commerce.

PRIX DE REVIENT A MARSEILLE DES 100 KIL. ENTREPOT

AUX CHANGES SUIVANTS SUR MARSEILLE A 3 MOIS DE VUE

PRIX à ALEP par quintal franco à bord à Alexandrette	Paras 240 pour F. 1	Paras 235 pour F. 1	Paras 230 pour F. 1	Paras 225 pour F. 1	Paras 220 pour F. 1	Paras 215 pour F. 1	Paras 210 pour F. 1
Piastres (*)							
5	F. 0.36	F. 0.37	F. 0.38	F. 0.39	F. 0.40	F. 0.40	F. 0.41
10	0.72	0.74	0.75	0.77	0.79	0.80	0.82
20	1.44	1.47	1.50	1.54	1.57	1.61	1.65
30	2.16	2.21	2.25	2.30	2.36	2.41	2.47
40	2.88	2.94	3.—	3.07	3.14	3.22	3.29
50	3.60	3.68	3.76	3.84	3.93	4.02	4.12
60	4.32	4.41	4.51	4.61	4.71	4.82	4.94
70	5.04	5.15	5.26	5.38	5.50	5.63	5.76
80	5.76	5.88	6.01	6.14	6.28	6.43	6.58
90	6.48	6.62	6.76	6.91	7.07	7.24	7.41
100	7.20	7.35	7.51	7.68	7.85	8.04	8.23
400	32.58	33.19	33.83	34.49	35.19	35.92	36.69
500	39.77	40.54	41.34	42.17	43.05	43.96	44.92
600	46.97	47.89	48.85	49.85	50.90	52.—	53.14
700	54.17	55.24	56.36	57.53	58.75	60.03	61.37
800	61.37	62.59	63.87	65.21	66.60	68.07	69.60

(*) Au cours abusif des monnaies du commerce.

OBSERVATIONS

F. 0.50 par 100 kil. sur le fret, font à Marseille une différence de F. 0.52 ½ par 100 kil. sur les prix.

On veut savoir le revient à Marseille de Graine de Sésame coûtant à Alep P. 555 le quintal *franco à bord* à Alexandrette, au change de 225 paras pour F. 1. et au fret de F. 3 et 5 %.

On trouvera dans la 1re et la 5e colonne de ce tableau que :

P. 5 font par 100 kil .... F. 0.39
» 50 id. id. .... » 3.84
» 500 id. id. .... » 42.17
P. 555 feront donc par 100 kil .... F. 46.40

Droits d'entrée par 100 kil. en Janvier 1867.

Par navire Français .... Exempte
id. Étranger .... F. 2.40

COMPTE D'ACHAT ET DE REVIENT

A 100 QUINTAUX GRAINE DE SÉSAME

10000 Rottolis, de 800 Drahmes chaque, achetés au prix de P. 500 (¹) par quintal composé de 100 Rottolis équivalents de 200 Ocques de Constantinople........ P. 50000.—
700 Rottolis perte au criblage.
9300 Rottolis

FRAIS A ALEP

Criblage à P. 7 le quintal........	P.	700.—		
Portefaix pour transporter la marchandise au magasin et frais d'ouvriers pour assistance etc., etc., à P. 10 par quintal........	»	1000.—		
Transport pour Alexandrette sur 9300 Rottolis à P. 125 le quintal........	»	11625.—		
Pesage et frais d'embarquement à Alexandrette sur 9300 Rottolis à P. 10 par quintal........	»	930.—		
Magasinage 1 %........	»	500.—		
Ports de lettres et menus frais 1 %........	»	50.—	»	14805.—
			P.	64805.—

	Droits de sortie			
Droits de sortie sur 18600 Ocques à l'estimation de P. 1.50 l'ocque soit P. 27900 au droit actuel (1866) de 4 %........	P.	1116.—		
Différence monétaire entre le cours légal et le cours abusif du commerce 33 ½ %........	»	373.30		
	P.	1489.30		
Commission d'achat 3 %........	»	44.90	»	1944.10
	P.	1534.20	P.	66749.10
Remboursement sur Paris ou Marseille à 90 jours de vue au change de 240 Paras pour F. 1........	F.	255.75	F.	11124.85

FRAIS A MARSEILLE

Fret F. 3 par 100 kil. et 5 % sur 23250 kil........			F.	732.35		
Assurance maritime 3 % sur F. 12236, et police F. 3........	»	8.45	»	370.10		
Portefaix pour débarquer et livrer, peseurs publics et marqueurs, expertises, prise d'échantillons et vacations, formalités de douane, permis, prélarts, bateaux, garde-quai et menus frais, ensemble F. 0.45 par 100 kil........			»	104.65		
Courtage de vente........ ½ %						
Escompte à la vente........ 2 %						
Commission de vente........ 2 %						
Ensemble........ 4½ % sur F. 12890.60	»	11.95	»	558.65	»	1765.75
Livrable sur le quai au débarquement........	F.	276.15			F.	12890.60
Soit par 100 kil........	»	1.19				

RENDEMENT : 1 rottoli rend à Marseille net 2 kil. ½ ;

Soit 9300 rottolis = net 23250 kil. à F. 55.44 par 100 kil........ F. 12889.80
Plus : droits de sortie à Alep........ » 1.19 id.
Ensemble........ 56.63 id.

(¹) Au cours abusif des monnaies du commerce.

PRIX DE REVIENT A MARSEILLE DES 100 KIL. ENTREPOT

AUX CHANGES SUIVANTS SUR MARSEILLE A 3 MOIS DE VUE

	PRIX à ALEP par quintal de 100 rottolis en ville	Paras 240 pour F. 1	Paras 235 pour F. 1	Paras 230 pour F. 1	Paras 225 pour F. 1	Paras 220 pour F. 1	Paras 215 pour F. 1	Paras 210 pour F. 1
	Piastres (¹)							
SUBSISTANCES. — Droits et frais variables	5	F. 0.40	F. 0.41	F. 0.42	F. 0.43	F. 0.44	F. 0.45	F. 0.46
	10	0.81	0.82	0.84	0.86	0.88	0.90	0.92
	20	1.61	1.65	1.68	1.72	1.76	1.80	1.84
	30	2.42	2.47	2.52	2.58	2.64	2.70	2.76
	40	3.22	3.29	3.36	3.44	3.52	3.60	3.68
	50	4.03	4.12	4.21	4.30	4.40	4.50	4.61
	60	4.84	4.94	5.05	5.16	5.27	5.40	5.53
	70	5.64	5.76	5.89	6.02	6.15	6.30	6.45
	80	6.45	6.58	6.73	6.88	7.03	7.20	7.37
	90	7.25	7.41	7.57	7.74	7.91	8.10	8.29
	100	8.06	8.23	8.41	8.60	8.79	9.—	9.21
Droits et frais variables et invariables	300	39.32	40.07	40.87	41.70	42.57	43.45	44.30
	400	47.38	48.30	49.28	50.29	51.36	52.45	53.60
	500	55.44	56.53	57.69	58.89	60.16	61.45	62.81
	600	63.50	64.76	66.10	67.49	68.95	70.45	72.02
	700	71.56	72.99	74.52	76.09	77.74	79.45	81.23
Plus Droits de Sortie à Alep		A ajouter et à calculer suivant l'explication page 498.						

(¹) Au cours abusif des monnaies du commerce.

OBSERVATIONS

F. 0.50 par 100 kil. sur le fret, font à Marseille une diff. de F. 0.52 ½ par 100 kil. sur les prix.

On veut savoir le revient à Marseille de Graine de Sésame coûtant à Alep P. 455 le quintal en ville, au change de 225 paras pour F. 1 et au fret de F. 3 et 5 %.

On trouvera dans la 1re et la 5e colonne de ce tableau que :

P. 5 font par 100 kil........	F.	0.43	
» 50 id. id........	»	4.30	
» 400 id. id........	»	50.29	
Plus droits de sortie à Alep........	»	1.27	
P. 455 feront donc par 100 kil........	F.	56.29	

Logarithmes pour les Droits de Sortie

CHANGES		LOGARITHMES
240		19795
235	»	20216
230	»	20656
225	»	21115
220	»	21595
215	»	22097
210	»	22623

Droits d'entrée par 100 kil. en Janvier 1867

Par navire Français........ Exempte
id. Étranger........ F. 7.40

COMPTE D'ACHAT ET DE REVIENT

A 100 BALLES LAINE EN SUINT

90 balles Laine blanche, pesant...... Rottolis 4645
10 » » noire » ...... » 530

100 balles.................. Rottolis 5175
Tare.................. » 75

Net.................. Rottolis 5100 du poids de 600 Drahmes par Rottoli, équivalents à 4080 Rottolis de 1000 Drahmes achetés au prix de P. 1900 (*) le quintal .... P. 77520.—

Le quintal = 100 Rottolis = 250 Ocques de Constantinople.

Différence monétaire entre le cours légal auquel s'achète la Laine en suint et le cours abusif du commerce 33 ⅓ %.................. » 25969.10

P. 103489.10

FRAIS

Transport au magasin, pesage et décrottage à P. 25 le quintal..........	P.	1275.—		
Frais d'ouvriers pour séparer les toisons, ouvrir et remplir les balles..	»	200.—		
Toile pour emballages et frais de pressage sur 51 quintaux à P. 62 ½ le quintal..................	»	3187.20		
Transport pour Alexandrette sur 51 quintaux à P. 125 le quintal......	»	6375.—		
Facturage, frais d'embarquement, etc. à Alexandrette sur 51 quintaux à P. 15 le quintal..................	»	765.—		
Magasinage 1 %..................	»	1034.30		
Ports de lettres et menus frais, 1 ‰..................	»	103.20	»	12940.30
			P.	116430.—

Droits de sortie

Droits de douane sur 10200 Ocques à l'estimation de P. 134 ½ par 44 Ocques P. 31204 au droit actuel de 4 % (1866)..................	P.	1248.—		
Différence monétaire entre le cours légal et le cours du commerce 33 ⅓ %..................	»	418.—		
	P.	1666.—		
Commission d'achat 3 %..................	»	50.—	»	3493.—
	P.	1716.—	P.	119923.—
Remboursement sur Paris ou Marseille à 90 jours de vue au change de 240 Paras pour F. 1..................	F.	286.—	F.	19987.20

FRAIS A MARSEILLE

Fret d'Alexandrette F. 16 par 100 kil. sur 13300 kil......			F.	2394.—		
Assurance maritime ½ % prime d'hiver, sur F. 21965....	»	1.60	»	109.90		
Change maritime sur prime d'assurance et fret 2 % sur F. 2503.90..................			»	50.05		
Portefaix, emballeurs pour réparer les balles et échantillonner, mise en magasin, poids public au débarquement et à la livraison, formalités de douane, permis et menus frais à F. 1.50 par 100 kil..................			»	199.50		
Magasinage d'un mois F. 0.20 par 100 kil..................			»	26.60		
Assurance contre le feu 1 ‰..................	»	0.30	»	20.—		
Courtage de vente.................. ½ %						
Escompte à la vente.................. 2 %						
Commission de vente.................. 2 %						
Ensemble...... 4½ % sur F. 23819.45	»	13.05	»	1032.20	»	3832.25
	F.	300.95			F.	23819.45
Soit par 100 kil..................	»	2.33				

(*) Au cours de la monnaie légale.

PRIX DE REVIENT A MARSEILLE DES 100 KIL. ENTREPOT

AUX CHANGES SUIVANTS SUR MARSEILLE A 3 MOIS DE VUE

PRIX à ALEP de 100 rottolis	Paras 240 pour F. 1	Paras 235 pour F. 1	Paras 230 pour F. 1	Paras 225 pour F. 1	Paras 220 pour F. 1	Paras 215 pour F. 1	Paras 210 pour F. 1
Paras (*) 10	F. 0.77	F. 0.79	F. 0.80	F. 0.82	F. 0.84	F. 0.86	F. 0.88
20	1.54	1.57	1.60	1.64	1.68	1.72	1.76
30	2.31	2.36	2.41	2.46	2.51	2.57	2.63
40	3.08	3.14	3.21	3.28	3.35	3.43	3.51
50	3.85	3.93	4.01	4.10	4.19	4.29	4.39
60	4.61	4.71	4.81	4.92	5.03	5.15	5.27
70	5.38	5.50	5.61	5.74	5.87	6.01	6.15
80	6.15	6.28	6.42	6.56	6.70	6.86	7.02
90	6.92	7.07	7.22	7.38	7.54	7.72	7.90
100	7.69	7.85	8.02	8.20	8.38	8.58	8.78
200	15.37	15.70	16.04	16.40	16.77	17.16	17.57
300	23.06	23.55	24.06	24.59	25.15	25.74	26.35
400	30.74	31.40	32.08	32.70	33.54	34.32	35.14
500	38.43	39.25	40.10	40.99	41.92	42.90	43.92
600	46.12	47.10	48.12	49.19	50.31	51.48	52.70
700	53.80	54.95	56.14	57.39	58.69	60.06	61.49
800	61.49	62.80	64.16	65.58	67.08	68.64	70.27
900	69.17	70.65	72.18	73.78	75.46	77.22	79.06
1000	114.90	116.69	118.95	121.11	123.38	125.75	128.24
2000	191.76	195.38	199.15	203.10	207.22	211.54	216.08
3000	268.62	273.88	279.36	285.08	291.07	297.34	303.92
4000	345.48	352.37	359.56	367.07	374.92	383.14	391.76
Plus Droits de Sortie à Alep.	A ajouter et à calculer suivant l'explication page 493.						

(*) Au cours monétaire légal.

OBSERVATIONS

F. 5 par 100 kil. sur le fret, font à Marseille une différence de F. 5.14 par 100 kil. sur les prix.

On veut savoir le revient à Marseille de Laine en suint coûtant à Alep P. 1550 le quintal, au change de 225 paras et au fret de F. 18.

On trouvera dans la 1re et la 5e colonne de ce tableau que :

P. 50 font par 100 kil..................		F.	4.10
» 500 id. id.		»	40.99
» 1000 id. id.		»	121.11
Droits de sortie		»	2.48
P. 1550 feront donc par 100 kil..................		F.	168.68

N.-B. — Les balles pressées par la presse hydraulique sont chargées à fret réduit de F. 7 à F. 10 par 100 kil. au-dessous de celles pressées par les presses ordinaires du pays.

Logarithmes pour les Droits de Sortie

CHANGES		LOGARITHMES
CHANGES 240	....	43198
» 235	....	44117
» 230	....	46076
» 225	....	46078
» 220	....	47128
» 215	....	48221
» 210	....	49370

Droits d'entrée par 100 kil. en Janvier 1867

Par navire Français.................. Exempte
id. Étranger.................. F. 3.60

RENDEMENT : 1 Rottoli de 1000 Drahmes rend à Marseille net kil. 3.17 :

Soit 4080 Rottolis = net 12940 kil. à...... F. 184.08 par 100 kil. entrepôt.................. F. 23819.95
Plus : droits de sortie à Alep.................. » 2.33 id. id.
Ensemble.................. F. 186.41 id. id.

COMPTE D'ACHAT ET DE REVIENT

A 100 BALLES LAINE EN SUINT

B. 90 Laine blanche pesant .... Rottolis 4645
» 10 id. noire id. .... » 530

B. 100 Laine pesant .... Rottolis 5175
Tare .... » 75

Net .... Rottolis 5100 du poids de 800 drahmes par Rottoli, équivalents à 4080 Rottolis de 1000 drahmes au prix de P. 1900 (¹) le quintal rendu à bord du navire à Alexandrette, monnaie légale .... P. 77520.—

Le quintal = 100 Rottolis = 250 ocques de Constantinople.

Différence monétaire entre le cours légal auquel s'achète la laine en suint et le cours abusif du commerce 33 ⅓ % .... » 25969.10

P. 103489.10

Remboursement sur Marseille à 3 mois de vue au change de 240 Paras pour F. 1 .... F. 17248.20

FRAIS A MARSEILLE

Fret d'Alexandrette F. 18 par 100 kil. sur 13300 kil.	F.	2394.—	
Assurance maritime ½ % sur F. 18973	»	94.85	
Change maritime sur F. 2488.85 à 2 %	»	49.80	
Portefaix, emballeurs pour réparer les balles et échantillonner, mise en magasin, poids public au débarquement et à la livraison, formalités de douane, permis et menus frais à F. 1.50 par 100 kil.	»	199.50	
Magasinage d'un mois F. 0.20 par 100 kil.	»	26.60	
Assurance contre le feu 1 ‰	»	17.25	
Courtage de vente ½ %			
Commission de vente 2 %			
Escompte à la vente 2 %			
Ensemble 4½ % sur F. 20937.50	»	907.30	» 3689.30
			F. 20937.50

RENDEMENT : 1 Rottoli de 1000 drahmes rend à Marseille net kil. 3.17 :

Soit 4080 Rottolis = net 12940 kil. à F. 161.80 par 100 kil. entrepôt .... F. 20936.90

(¹) Au cours de la monnaie légale.

PRIX DE REVIENT A MARSEILLE DES 100 KIL. ENTREPOT

AUX CHANGES SUIVANTS SUR MARSEILLE A 3 MOIS DE VUE

PRIX à ALEP par quintal franco à bord à Alexandrette	Paras 240 pour F. 1	Paras 235 pour F. 1	Paras 230 pour F. 1	Paras 225 pour F. 1	Paras 220 pour F. 1	Paras 215 pour F. 1	Paras 210 pour F. 1
Piastres (¹)							
10	F. 0.74	F. 0.75	F. 0.77	F. 0.79	F. 0.81	F. 0.82	F. 0.84
20	1.48	1.51	1.54	1.57	1.61	1.65	1.69
30	2.21	[illegible]	2.31	2.36	2.42	2.47	2.53
40	2.95	3.02	3.08	3.15	[illegible]	[illegible]	3.38
50	3.69	3.77	3.85	3.94	4.03	4.12	[illegible]
60	4.43	4.52	4.62	4.72	4.83	4.94	5.06
70	5.17	5.28	5.39	5.51	5.64	5.77	5.91
80	5.90	6.03	6.16	6.30	6.44	6.59	6.75
90	6.64	6.79	6.93	7.08	7.25	7.42	7.60
100	7.38	7.54	7.70	7.87	8.05	8.24	8.44
200	14.76	15.08	15.40	15.75	16.10	16.48	16.87
300	22.14	22.61	23.11	23.62	24.16	24.72	25.31
400	29.52	30.15	30.81	31.49	32.21	32.96	33.74
500	36.90	37.69	38.51	39.37	40.26	41.20	42.18
600	44.28	45.23	46.21	47.24	48.31	49.43	50.61
700	51.67	52.77	53.91	55.11	56.36	57.67	59.05
800	59.05	60.30	61.62	62.98	64.42	65.91	67.48
900	66.43	67.84	69.32	70.86	72.47	74.15	75.92
1000	95.38	96.95	98.59	100.30	102.09	103.96	105.92
2000	169.19	172.33	175.60	179.03	182.61	186.35	190.27
3000	242.99	247.71	252.62	257.76	263.12	268.74	274.63
4000	316.80	323.09	329.64	336.49	343.64	351.13	358.98

(Rows 10 to 900: SUBSISTANCES — Coût et frais variables. Rows 1000 to 4000: Coût et frais variables et invariables.)

(1) Au cours de la monnaie légale.

OBSERVATIONS

F. 5 par 100 kil. sur le fret, font à Marseille une différence de F. 6.14 par 100 kil. sur les prix.

On veut savoir le revient à Marseille de Laine en suint coûtant à Alep P. 2550 le quintal *franco à bord* à Alexandrette, au change de 225 paras pour F. 1. et au fret de F. 18 par 100 kil.

On trouvera dans la 1re et la 5e colonne de ce tableau que :

P. 50 font par 100 kil.	F.	3.94
» 500 id. id.	»	39.37
» 2000 id. id.	»	179.03
P. 2550 feront donc par 100 kil.	F.	222.34

N.B. — Les Balles pressées par la presse hydraulique sont chargées à fret réduit de F. 7 à 10 par 100 kil. au-dessous de celles pressées par les presses ordinaires du pays.

Droits d'entrée par 100 kil. en Janvier 1867

Par navire Français	Exempte
id. Étranger	F. 3.60

COMPTE D'ACHAT ET DE REVIENT

A 100 BALLES LAINE LAVÉE

B. 90 Laine blanche pesant	Rottolis 4375				
» 10 id. noire id.	» 485				
B. 100 Laine pesant	Rottolis 4860				
Tare	» 75				
Net Rottolis 4785 provenant d'une partie de 7350 Rottolis de 800 drahmes équivalents à 5880 Rottolis de 1000 drahmes de laine en suint achetée à P. 1900 (¹) le quintal				P.	111720.—
Le quintal = 10 Rottolis de 1000 Drahmes = 250 Ocques de Constantinople.					
Différence monétaire entre le cours légal auquel s'achète la laine en suint et le cours abusif du commerce 33 ⅓ %				»	37426.10
				P.	149146.10

FRAIS

Transport en magasin, pesage et décrottage sur quintaux 73 ½ à P. 25 le quintal	P.	1837.20		
Frais de lavage et double transport d'aller et retour à P. 50 le quintal	»	3675.—		
Loyer de l'emplacement effectué au lavage	»	750.—		
Toile pour emballages et frais de passage sur quintaux 48 ⁶⁰/₁₀₀ à P. 65 le quintal	»	3159.—		
Transport pour Alexandrette sur 4860 Rottolis à P. 125 le quintal	»	6065.—		
Facturage, frais d'embarquement, etc. à Alexandrette sur 4860 Rottolis à P. 15 le quintal	»	729.—		
Magasinage 1 %	»	1491.20		
Ports de lettres et menus frais 1 ‰	»	149.05	»	17856.05
			P.	167002.15

	Droits de sortie			
Droits de sortie sur 9570 ocques à l'estimation de P. 164 par 44 ocques P. 35670 au droit actuel (1866) de 4 %.	P.	1426.30		
Différence monétaire entre le cours légal et le cours du commerce 33 ⅓ %	»	470.80		
	P.	1897.20		
Commission d'achat 3 %	»	56.90	»	5010.—
	P.	1954.10	P.	172012.15
Remboursement sur Marseille à 3 mois de vue au change de 240 Paras p. F. 1.	F.	325.70	F.	28008.75

FRAIS A MARSEILLE

Fret à F. 20 par 100 kil. sur 12500 kil			F.	2500.—		
Assurance maritime ½ % sur F. 31535	»	0.80	»	157.65		
Change maritime 2 % sur F. 2657.65			»	53.15		
Portefaix, emballeurs pour réparer les balles et échantillonner, mise en magasin, poids public au débarquement et à la livraison, formalités de douane, permis et menus frais à F. 1,50 par 100 kil			»	187.50		
Magasinage d'un mois F. 0.20 par 100 kil			»	25.—		
Assurance contre le feu 1 ‰	»	0.35	»	28.05		
Courtage de vente ½ %						
Escompte à la vente 2 %						
Commission de vente 2 %						
Ensemble 4 ½ % sur F. 33053	»	14.85	»	1482.30	»	4984.25
	F.	342.70			F.	33053.—
Soit par 100 kil	»	2.81				

(¹) Au cours de la monnaie légale.

PRIX DE REVIENT A MARSEILLE DU KIL. ENTREPOT

AUX CHANGES SUIVANTS SUR MARSEILLE A 3 MOIS DE VUE

PRIX à ALEP par quintal de 100 rottolis à 1000 drahmes	Paras 240 pour F. 1	Paras 235 pour F. 1	Paras 230 pour F. 1	Paras 225 pour F. 1	Paras 220 pour F. 1	Paras 215 pour F. 1	Paras 210 pour F. 1
Piastres (¹)							
10	F. 1.18	F. 1.20	F. 1.23	F. 1.26	F. 1.29	F. 1.32	F. 1.35
20	2.36	2.41	2.46	2.51	2.57	2.63	2.69
30	3.53	3.61	3.69	3.77	3.86	3.95	4.04
40	4.71	4.81	4.92	5.02	5.14	5.26	5.38
50	5.89	6.02	6.15	6.28	6.43	6.58	6.73
60	7.07	7.22	7.37	7.54	7.71	7.89	8.08
70	8.25	8.42	8.60	8.79	9.—	9.21	9.42
80	9.42	9.62	9.83	10.05	10.28	10.52	10.77
90	10.60	10.83	11.06	11.30	11.57	11.84	12.11
100	11.78	12.03	12.29	12.56	12.85	13.15	13.46
200	23.55	24.05	24.58	25.12	25.69	26.29	26.92
300	35.33	36.08	36.87	37.69	38.54	39.44	40.38
400	47.11	48.11	49.16	50.25	51.39	52.58	53.84
500	58.89	60.14	61.45	62.81	64.24	65.73	67.30
600	70.66	72.16	73.73	75.37	77.06	78.88	80.75
700	82.44	84.19	86.02	87.93	89.93	92.02	94.21
800	94.22	96.22	98.31	100.50	102.78	105.17	107.67
900	105.99	108.24	110.60	113.06	115.62	118.31	121.13
1000	165.57	168.59	171.75	175.04	178.47	182.07	185.84
2000	283.34	288.86	294.64	300.66	306.94	313.53	320.43
3000	401.11	409.13	417.53	426.28	435.41	444.99	455.02
4000	518.88	529.40	540.42	551.90	563.88	576.45	589.61
Plus Droits de Sortie à Alep	A ajouter et à calculer suivant l'explication page 498.						

(Row groups, printed vertically: 10–900 "Semestres — Coût et frais variables"; 1000–4000 "Coût et frais invariables et invariables".)

(¹) Au cours de la monnaie légale.

OBSERVATIONS

F. 5 par 100 kil. sur le fret, font à Marseille une différence de F. 5.14 par 100 kil. sur les prix.

On veut savoir le revient à Marseille de Laine en suint coûtant P. 2150 le quintal de 100 Rottolis, le Rottoli à 1000 Drahmes, la dite Laine ayant été expédiée après lavage, au change de 225 Paras pour F. 1 et au fret de F. 20 par 100 kil.

On trouvera dans la 1ʳᵉ et la 5ᵉ colonne de ce tableau que :

P. 50 font par 100 kil	F.	6.28
» 100 id. id.	»	12.56
» 2000 id. id.	»	300.66
Droits de sortie	»	3.—
P. 2150.— feront donc par 100 kil	F.	322.50

N.-B. — Les balles pressées par la presse hydraulique sont chargées à fret réduit de F. 7 à F. 10 par 100 kil. au-dessous de celles pressées par les presses ordinaires du pays.

Logarithmes pour les Droits de Sortie

CHANGES		LOGARITHMES
240		42917
» 235	»	43830
» 230	»	44783
» 225	»	45777
» 220	»	46818
» 215	»	47907
» 210	»	49048

Droits d'entrée par 100 kil. en Janvier 1867

Par navire Français	Exempte.
id. Étranger	F. 3.00

RENDEMENT : 1 Rottoli de 1000 drahmes laine en suint, après avoir été lavée, laisse à Marseille net kil. 2.07 :

Soit 5880 Rottolis de 1000 drahmes = net kil. 12171.50 à	F. 271.56	par 100 kil.	entrep.	F.	33052.90
Plus : droits de sortie à Alep	» 2.81	id.	id.		
Ensemble	F. 274 37	id.	id.		

COMPTE D'ACHAT ET DE REVIENT

A 100 BALLES LAINE BLANCHE DE PERSE

100 balles Laine blanche de Perse, pesant brut 5475 Rottolis à P. 3700 (1) le quintal de 100 Rottolis de 800 Drahmes chaque, soit 200 ocques de Constantinople, *franco à bord* à Alexandrette .... P. 202575.—

Remboursement sur Marseille à 3 mois de vue au change de 240 Paras pour F. 1 .... F. 33762.50

FRAIS A MARSEILLE

Fret d'Alexandrette à F. 20 par 100 kil. sur 14200 kil. brute	F.	2840.—	
Assurance maritime sur F. 37138 à ½ %	»	185.70	
Change maritime à F. 3025.70 à 2 %	»	60.50	
Portefaix, emballeurs pour réparer les balles et échantillonner, mise en magasin, poids publics au débarquement et à la livraison, formalités de douane, permis et menus frais à F. 1.50 par 100 kil.		213.—	
Magasinage d'un mois F. 0.20 par 100 kil	»	28.40	
Assurance contre le feu 1 ‰	»	33.75	
Courtage de vente .... ½ %			
Escompte à la vente .... 2 %			
Commission de vente .... 2 %			
Ensemble .... 4½ % sur F. 38805.45	»	1681.60	» 5042.95
			F. 38805.45

RENDEMENT : 1 Rottoli rend à Marseille net 2 kil. ½ :

Soit 5475 Rottolis = net kil. 13687.50 à F. 283.51 par 100 kil. entrepôt .... F. 38805.45

(1) Au cours abusif des monnaies du commerce.

PRIX DE REVIENT A MARSEILLE DES 100 KIL. ENTREPOT

AUX CHANGES SUIVANTS SUR MARSEILLE A 3 MOIS DE VUE

PRIX à ALEP par quintal franco à bord à Alexandrette	Paras 240 pour F. 1	Paras 235 pour F. 1	Paras 230 pour F. 1	Paras 225 pour F. 1	Paras 220 pour F. 1	Paras 215 pour F. 1	Paras 210 pour F. 1
Piastres (1) 10	F. 0.70	F. 0.72	F. 0.73	F. 0.75	F. 0.77	F. 0.78	F. 0.80
20	1.40	1.43	1.46	1.50	1.53	1.57	1.60
30	2.10	2.15	2.20	2.24	2.30	2.35	2.41
40	2.80	[illegible]	[illegible]	2.99	3.06	3.13	3.21
50	3.51	3.58	3.66	3.71	3.83	3.92	4.01
60	4.21	4.30	4.39	4.49	4.59	4.70	4.81
70	4.91	5.01	5.12	5.24	5.36	5.48	5.61
80	5.61	5.73	5.86	5.98	6.12	6.26	6.42
90	6.31	6.44	6.59	6.73	6.89	7.05	7.22
100	7.01	7.16	7.32	7.48	7.65	7.83	8.02
200	14.08	14.33	14.64	14.96	15.30	15.66	16.03
300	21.04	21.49	21.96	22.45	22.96	23.49	24.05
400	28.06	28.65	29.28	29.93	30.61	31.32	32.06
500	35.07	35.82	36.60	37.41	38.26	39.15	40.08
600	42.08	42.98	43.91	44.89	45.91	46.98	48.10
700	49.10	50.14	51.23	52.37	53.56	54.81	56.11
800	56.11	57.30	58.55	59.86	61.22	62.64	64.13
900	63.13	64.47	65.87	67.34	68.87	70.47	72.14
1000	94.13	95.62	97.18	98.81	100.51	102.29	104.15
2000	164.27	167.25	170.37	173.62	177.02	180.58	184.31
3000	234.41	238.89	243.56	248.44	253.54	258.88	264.47
4000	304.55	310.52	315.75	323.25	330.05	337.17	344.63

(1) Au cours abusif des monnaies du commerce.

OBSERVATIONS

F. 5 par 100 kil. sur le fret, font à Marseille une différence de F. 5.19 par 100 kil. sur les prix.

On veut savoir le revient à Marseille de Laine blanche de Perse coûtant à Alep P. 4250 par quintal, *franco à bord* du navire à Alexandrette, au change de 225 paras pour F. 1, et au fret de F. 20 par 100 kil.

On trouvera dans la 1re et la 5e colonne de ce tableau que :

P. 50 font par 100 kil	F.	3.74
» 200 id. id.	»	14.96
» 4000 id. id.	»	323.25
P. 4250 feront donc par 100 kil	F.	341.95

N.-B. — Les Balles pressées par la presse hydraulique sont chargées à fret réduit de 7 à F. 10 par 100 kil. au-dessous de celles pressées par les presses ordinaires du pays.

Droits d'entrée par 100 kil. en janvier 1887

Par navire Français .... Exempte

id. Étranger .... F. 3.60

COMPTE D'ACHAT ET DE REVIENT

A 100 BALLES LAINE BLANCHE DE PERSE

100 Balles pesant brut 5475 Rottolis au prix de piastres 3700 (¹) le quintal de 100 Rottolis de 800 Drahmes chaque, soit 200 Ocques de Constantinople *franco à bord*........ P. 202575.—

FRAIS

Droits de Khan, portefaix et pesage à P. 12 par quintal........	P.	657.—		
Pressage à P. 25 par quintal sur 5475 Rottolis........	»	1368.80		
Toile pour les marques........	»	30.—		
Transport pour Alexandrette sur 5475 Rottolis P. 125 %........	»	6843.30		
Courtage ¾ %........	»	1519.10		
Magasinage 1 %........	»	2025.30		
Facturage, frais d'embarquement et autres menus frais à Alexandrette sur 5475 Rottolis à P. 15 par quintal........	»	821.10		
Ports de lettres et menus frais 1 ‰........	»	202.20	»	13468.10
			P.	216043.10
Commission d'achat, 3 %........			»	6481.10
			P.	222524.20
Remboursement sur Paris ou Marseille à 90 jours de vue au change de 240 Paras pour F. 1........			F.	37087.40

FRAIS A MARSEILLE

Fret à F. 20 par 100 kil. sur 14200 kil........	F.	2840.—		
Assurance maritime ½ %, prime d'hiver, sur F. 40795........	»	204.—		
Change maritime sur fret et prime d'assurance 2 % sur F. 3044........	»	60.90		
Portefaix, emballeur pour réparer les balles et échantillonner, mise en magasin, poids public au débarquement et à la livraison, formalités de douane, permis et menus frais à F. 1.50 par 100 kil........	»	213.—		
Magasinage d'un mois F. 0.20 par 100 kil........	»	28.40		
Assurance contre le feu 1 ‰........	»	37.10		
Courtage de vente........ ½ %				
Escompte à la vente........ 2 %				
Commission de vente........ 2 %				
Ensemble........ 4½ % sur F. 42304.—........	»	1833.20	»	5216.60
			F.	42304.—

RENDEMENT : 1 Rottoli rend à Marseille net 2 kil. ½ :

Soit 5475 Rottolis = net 13687 kil. ½ à F. 309.07 par 100 kil. entrepôt........ F. 42303.95

(¹) Au cours abusif des monnaies de commerce.

PRIX DE REVIENT A MARSEILLE DES 100 KIL. ENTREPOT

AUX CHANGES SUIVANTS SUR PARIS OU MARSEILLE A 90 JOURS DE VUE

PRIX à ALEP par quintal	Paras 240 pour F. 1	Paras 235 pour F. 1	Paras 230 pour F. 1	Paras 225 pour F. 1	Paras 220 pour F. 1	Paras 215 pour F. 1	Paras 210 pour F. 1
Piastres (¹) 10	F. 0.74	F. 0.75	F. 0.77	F. 0.79	F. 0.80	F. 0.82	F. 0.84
20	1.47	1.50	1.54	1.57	1.61	1.64	1.68
30	2.21	2.25	2.30	2.36	2.41	2.46	2.52
40	2.94	3.—	3.07	3.14	3.21	3.28	3.36
50	3.68	3.76	3.84	3.93	4.02	4.11	4.21
60	4.42	4.51	4.61	4.71	4.82	4.93	5.05
70	5.15	5.26	5.38	5.50	5.62	5.75	5.89
80	5.89	6.01	6.14	6.28	6.42	6.57	6.73
90	6.62	6.76	6.91	7.07	7.23	7.39	7.57
100	7.36	7.51	7.68	7.85	8.03	8.21	8.41
200	14.72	15.03	15.36	15.70	16.05	16.43	16.82
300	22.07	22.54	23.03	23.55	24.08	24.64	25.23
400	29.43	30.06	30.71	31.40	32.11	32.86	33.64
500	36.79	37.57	38.39	39.25	40.14	41.07	42.05
600	44.15	45.09	46.07	47.09	48.16	49.28	50.45
700	51.51	52.60	53.75	54.94	56.19	57.50	58.86
800	58.86	60.12	61.42	62.79	64.22	65.71	67.27
900	66.22	67.63	69.10	70.64	72.24	73.93	75.68
1000	110.40	112.24	114.15	116.16	118.26	120.46	122.75
2000	183.98	187.35	190.93	194.64	198.53	202.60	206.85
3000	257.57	262.53	267.71	273.13	278.80	284.73	290.94
4000	331.15	337.68	344.49	351.62	359.07	366.87	375.03

(¹) Au cours abusif des monnaies du commerce.

OBSERVATIONS

F. 5 par 100 kil. sur le fret, font à Marseille une différence de F. 5.19 par 100 kil. sur les prix.

On veut avoir le revient à Marseille de Laine lavée de Perse, coûtant à Alep P. 3550 francs de douane par quintal, au change de 225 Paras et au fret de F. 20.

On trouvera dans la 1re et la 5e colonne de ce tableau que :

P. 50.—	font par 100 kil........	F.	3.93
» 500.—	id. id.	»	39.25
» 3000.—	id. id.	»	273.13
P. 3550.—	feront donc par 100 kil........	F.	316.31

N.-B. — Les laines de Perse s'achètent à Alep aux cours abusif du Commerce.

Les balles pressées par la presse hydraulique sont chargées à fret réduit de F. 7 à F. 10 par 100 kil. au-dessous de celles pressées par les presses ordinaires du pays.

Droits d'entrée par 100 kil. en Janvier 1857

Par navire Français........ Exempte
Id. Étranger........ F. 5.60

COMPTE D'ACHAT ET DE REVIENT

A 100 SACS NOIX DE GALLES VERTES ET NOIRES

100 sacs Noix de Galles vertes et noires pesant net 5250 Rottolis achetés au prix de P. 4000 (*) le quintal de 100 Rottolis, soit 200 Ocques de Constantinople, *franco de Douane*		P.	210000.—

FRAIS

Coût de 100 sacs en crin pesant 92 Rottolis à P. 24	P.	2208.—		
Remplissage et couture de sacs à P. 5 le quintal	»	262.20		
Transport pour Alexandrette sur 5350 Rottolis brut à P. 125 le quintal	»	6687.20		
Facchinage et frais d'embarquement à Alexandrette sur 5350 Rottolis à P. 10 le quintal	»	535.—		
Port de lettres et menus frais 1 ‰	»	210.—		
Magasinage 1 %	»	2100.—		
Droits du Khan à P. 7 ½ par quintal	»	393.08	»	12396.30
			P.	222396.30
Commission d'achat 3 %			»	6671.90
			P.	229068.20
Remboursement sur Marseille à 3 mois de vue au change de 240 Paras pour F. 1			F.	38178.10

FRAIS A MARSEILLE

Fret par vapeur F. 10 par 100 kil. sur 13125 kil.	F.	1312.50		
Assurance maritime sur F. 41905 à ½ %	»	210.—		
Change maritime sur F. 1522.50 à 2 %	»	30.45		
Frais de docks au débarquement	»	59.05		
Portefaix, emballeurs, mise en magasin, poids public au débarquement et à la livraison, livraison et menus frais F. 1.75 par 100 kil.	»	229.70		
Magasinage d'un mois F. 0.15 par 100 kil.	»	19.70		
Assurance contre le feu 1 ‰	»	38.15		
Courtage de vente ½ % Escompte à la vente 2 % Commission de vente 2 % 4 ½ % sur F. 41893.—	»	1815.35	»	3714.90
			F.	41893.—

RENDEMENT : 1 Rottoli de 800 Drahmes rend à Marseille net 2 kil. ½ :

Soit 5250 Rottolis = net 13125 kil. à F. 319.18 par 100 kil. entrepôt .... F. 41892.35

(*) Au cours abusif des monnaies du commerce.

PRIX DE REVIENT A MARSEILLE DES 100 KIL. ENTREPOT

AUX CHANGES SUIVANTS SUR MARSEILLE A 3 MOIS DE VUE

PRIX à ALEP par quintal en ville	Paras 240 pour F. 1	Paras 235 pour F. 1	Paras 230 pour F. 1	Paras 225 pour F. 1	Paras 220 pour F. 1	Paras 215 pour F. 1	Paras 210 pour F. 1
Piastres (*) 10	F. 0.73	F. 0.75	F. 0.76	F. 0.78	F. 0.80	F. 0.82	F. 0.84
20	1.46	1.49	1.52	1.56	1.59	1.63	1.67
30	2.19	2.24	2.29	2.34	2.39	2.45	2.51
40	2.92	2.98	3.05	2.12	3.19	3.26	3.34
50	3.65	3.73	3.81	3.90	3.99	4.08	4.18
60	4.38	4.48	4.57	4.67	4.78	4.90	5.01
70	5.11	5.22	5.33	5.45	5.58	5.71	5.85
80	5.84	5.97	6.10	6.23	6.38	6.52	6.68
90	6.57	6.71	6.86	7.01	7.17	7.33	7.52
100	7.30	7.46	7.62	7.79	7.97	8.15	8.35
200	14.61	14.92	15.24	15.58	15.94	16.31	16.69
300	21.91	22.38	22.86	23.37	23.90	24.46	25.04
400	29.22	29.84	30.48	31.16	31.87	32.61	33.39
500	36.52	37.30	38.11	38.96	39.84	40.77	41.74
600	43.82	44.75	45.73	46.75	47.81	48.92	50.08
700	51.13	52.21	53.35	54.54	55.78	57.07	58.43
800	58.43	59.67	60.97	62.33	63.74	65.22	66.78
900	65.74	67.13	68.59	70.12	71.71	73.38	75.12
1000	100.07	101.92	103.85	105.88	107.99	110.19	112.48
2000	173.11	176.51	180.07	183.79	187.67	191.72	195.96
3000	246.14	251.11	256.28	261.69	267.34	273.25	279.43
4000	319.18	325.70	332.50	339.60	347.02	354.78	362.90
5000	392.22	400.29	408.71	417.51	426.70	436.32	446.37
6000	465.26	474.88	484.92	495.42	506.38	517.85	529.84

(*) Au cours abusif des monnaies du commerce.

OBSERVATIONS

F. 0.50 par 100 kil. sur le fret, font à Marseille une différence de F. 0.50 par 100 kil. sur les prix.

On veut savoir le revient à Marseille de Noix de Galles coûtant à Alep P. 4550 le quintal en ville, au change de 225 paras pour F. 1, et au fret de F. 10 par 100 kil.

On trouvera dans la 1re et la 5e colonne de ce tableau que :

P. 50	font par 100 kil.	F.	3.90
» 500	id. id.	»	38.96
» 4000	id. id.	»	339.60
P. 4550	feront donc par 100 kil.	F.	382.46

Droits d'entrée par 100 kil. en Janvier 1867

Par navire Français		Exempte
Id. Étranger	F.	4.80

COMPTE D'ACHAT ET DE REVIENT

A 100 SACS NOIX DE GALLES VERTES ET NOIRES

100 sacs Noix de Galles vertes et noires, pesant net 5250 Rottolis au prix de P. 4000 (¹) le quintal de 100 Rottolis, soit 200 Ocques de Constantinople, rendu *franco à bord* du navire à Alexandrette .... P. 210000 —

Remboursement sur Marseille à 3 mois de vue au change de 240 Paras pour F. 1 .... F. 35000 —

FRAIS A MARSEILLE

Fret par vapeur à F. 10 par 100 kil. sur 13125 kil.	F.	1312.50	
Assurance maritime sur F. 38500 à ½ %	»	192.50	
Change maritime sur F. 1505 à 2 %	»	30.10	
Frais de docks au débarquement	»	59.05	
Portefaix, emballeurs, mise en magasin, poids public au débarquement et à la livraison, livraison et menus frais F. 1.75 par 100 kil.	»	229.70	
Magasinage d'un mois à F. 0.15 par 100 kil.	»	19.70	
Assurance contre le feu 1 ‰	»	35.—	
Courtage de vente .... ½ %			
Escompte à la vente .... 2 %			
Commission de vente .... 2 %			
Ensemble .... 4½ % sur F. 38549.—	»	1670.45	» 3549.—
Pour garder un mois en magasin			F. 38549.—

RENDEMENT : 1 Rottoli de 800 Drahmes rend à Marseille net 2 kil. ½ :

Soit 5250 Rottolis = net 13125 kil. à F. 293.70 par 100 kil. entrepôt .... F. 38548.10

(¹) Au cours abusif des monnaies du commerce.

PRIX DE REVIENT A MARSEILLE DES 100 KIL. ENTREPOT

AUX CHANGES SUIVANTS SUR MARSEILLE A 3 MOIS DE VUE

PRIX à ALEP par quintal franco à bord à Alexandrette — Piastres (¹)	Paras 240 pour F. 1	Paras 235 pour F. 1	Paras 230 pour F. 1	Paras 225 pour F. 1	Paras 220 pour F. 1	Paras 215 pour F. 1	Paras 210 pour F. 1
10	F. 0.70	F. 0.72	F. 0.73	F. 0.75	F. 0.77	F. 0.78	F. 0.80
20	1.40	1.43	1.46	1.50	1.53	1.57	1.60
30	2.10	2.15	2.20	2.24	2.30	2.35	2.41
40	2.80	2.86	2.93	2.99	3.06	3.13	3.21
50	3.51	3.58	3.66	3.74	3.83	3.92	4.01
60	4.21	4.30	4.39	4.49	4.59	4.70	4.81
70	4.91	5.01	5.12	5.24	5.36	5.48	5.61
80	5.61	5.73	5.86	5.98	6.12	6.26	6.42
90	6.31	6.44	6.59	6.73	6.89	7.05	7.22
100	7.01	7.16	7.32	7.48	7.65	7.83	8.02
200	14.03	14.33	14.64	14.96	15.30	15.66	16.03
300	21.04	21.49	21.96	22.45	22.96	23.49	24.05
400	28.06	35.82	29.28	29.93	30.61	31.32	32.06
500	35.07	28.65	36.60	37.41	38.26	39.15	40.08
600	42.08	42.98	43.91	44.89	45.91	46.98	48.10
700	49.10	50.14	51.23	52.37	53.56	54.81	56.11
800	56.11	57.30	58.55	59.86	61.22	62.64	64.13
900	63.13	64.47	65.87	67.34	68.87	70.47	72.14
1000	83.29	84.78	86.34	87.97	89.67	91.45	93.31
2000	153.43	156.41	159.53	162.78	166.18	169.74	173.47
3000	223.57	228.05	232.72	237.60	242.70	248.04	253.63
4000	293.71	299.68	305.91	312.41	319.21	326.33	333.79
5000	363.85	371.31	379.10	387.23	395.73	404.63	413.95
6000	433.99	442.94	452.29	462.05	472.25	482.93	494.11

(¹) Au cours abusif des monnaies du commerce.

OBSERVATIONS

F. 0.50 par 100 kil. sur le fret, font à Marseille une différence de F. 0.50 par 100 kil. sur les prix.

On veut savoir le revient à Marseille de Noix de Galles coûtant à Alep P. 4550 le quintal *franco à bord* du navire à Alexandrette, au change de 225 paras pour F. 1 et au fret de F. 10 par 100 kil.

On trouvera dans la 1re et la 5e colonne de ce tableau que :

P. 50	font par 100 kil.	F.	3.74
» 500	id. id.	»	37.41
» 4000	id. id.	»	312.41
P. 4550	feront donc par 100 kil.	F.	353.56

Droits d'entrée par 100 kil. en Janvier 1897

Par navire Français .... Exempte.
Id. Étranger .... F. 4.60

COMPTE D'ACHAT ET DE REVIENT

A 10 BALLOTS SOIE DE PERSE

10 ballots Soie de Perse, pesant net 125 Rottolis achetés au prix de P. 6600 (¹) le ballot composé de 12 ½ Rottolis, soit 25 Oeques de Constantinople, *franco de Douane* .... P. 66000.—

FRAIS

Toile cirée, canevas, cordes, coton et ficelles pour l'emballage	P.	971.		
Frais de conditionnement	»	25.—		
Transport en douane	»	12.20		
Droit de péage à Beylan et Ulmihabar	»	200.—		
Transport pour Alexandrette sur brut 140 Rottolis à P. 125 les 100 Rottolis	»	175.—		
Facturage et frais d'embarquement à Alexandrette à P. 10 le ballot ..	»	100.—		
Magasinage 1 %	»	660.—		
Ports de lettres et menus frais 1 ‰	»	66.—		
Droits du Khan à P. 25 par ballot	»	250.—	»	2363.20
			P.	68363.20
Commission d'achat 3 %			»	2050.90
			P.	70414.10
Remboursement sur Marseille à 3 mois de vue au change de 240 Paras pour F. 1			F.	11785.70

FRAIS A MARSEILLE

Fret par vapeur à F. 40 par 100 kil. sur 320 kil	F.	128.—		
Assurance maritime sur F. 12910 à ½ %	»	64.55		
Change maritime sur F. 192.55 à 2 %	»	3.85		
Frais de Docks	»	1.45		
Portefaix, charrettes, emballeur, transport, condition	»	40.—		
Peseurs publics au débarquement, formalité de douane, permis, etc.	»	5.—		
Magasinage d'un mois F. 0.35 par 100 kil	»	1.15		
Assurance contre l'incendie 1 ‰	»	11.75		
Courtage de vente .... ½ %				
Escompte à la vente .... 2 %				
Commission de vente .... 2 %				
Ensemble .... 4½ % sur F. 12584.60	»	543.15	»	798.90
			F.	12584.60

RENDEMENT : 1 ballot de 25 Oeques rend à Marseille 32 kil. nets :

Soit 10 ballots = net 320 kil. à F. 39.17 le kil. entrepôt .... F. 12533.40

(¹) Au cours abusif des monnaies du commerce.

PRIX DE REVIENT A MARSEILLE DU KIL. ENTREPOT

AUX CHANGES SUIVANTS SUR MARSEILLE A 3 MOIS DE VUE

PRIX à ALEP par ballot de kil 12 ½ rottolis en ville		Paras 240 pour F. 1	Paras 235 pour F. 1	Paras 230 pour F. 1	Paras 225 pour F. 1	Paras 220 pour F. 1	Paras 215 pour F. 1	Paras 210 pour F. 1
	Piastres (¹)							
	5	F. 0.03	F. 0.03	F. 0.03	F. 0.03	F. 0.03	F. 0.03	F. 0.03
	10	0.06	0.06	0.06	0.06	0.06	0.06	0.07
	20	0.11	0.12	0.12	0.12	0.12	0.13	0.13
	30	0.17	0.17	0.18	0.18	0.19	0.19	0.20
	40	0.23	0.23	0.24	0.24	[illegible]	[illegible]	[illegible]
	50	0.29	0.29	0.30	0.31	0.31	0.32	0.33
	60	0.34	0.35	0.36	0 37	0.37	0.38	0.39
Soies — Cafés et fruits variables	70	0.40	0.41	0.42	0.43	0.43	0.45	0.46
	80	0 46	0.46	0.48	0.49	0.50	0.51	0.52
	90	0.51	0.52	0.54	0.55	0.56	0.58	0.59
	100	0.57	0.58	0.60	0.61	0.62	0.64	0.65
	200	1.14	1.17	1.19	1.22	1.24	1.27	1.30
	300	1.71	1.75	1.79	1.83	1.87	1.91	1.96
	400	2.28	2.33	2.38	2.44	2.49	2.55	2.61
	500	2.85	2.92	2.98	3.05	3.11	3.19	3.26
	600	3.42	3.50	3.57	3.65	3.73	3.82	3.91
	700	3.99	4.08	4.17	4.26	4.33	4.46	4.56
	800	4.56	4.66	4 76	4.87	4.98	5.10	5.22
	900	5.14	5.25	5.36	5.48	5.60	5.73	5.87
Cafés et fruits variables et intermédiaires	3000	18 63	19.01	19.39	19.80	20.22	20.67	21.13
	4000	24.33	24.84	25.35	25.89	26.45	27.04	27.65
	5000	30.04	30.67	31.30	31.98	32.67	33.41	34.18
	6000	35.75	36.50	37.25	38.06	38.90	39.78	40.70
	7000	31.43	42.33	43.21	44.15	45.12	46.15	47.22
	8000	47.16	48.16	49.16	50.23	51.35	52.52	53.74

(¹) Au cours abusif des monnaies du commerce.

OBSERVATIONS

F. 1 par 100 kil. sur le fret fait à Marseille une différence de F. 0.01 par kil. sur les prix.

On veut savoir le revient à Marseille de Soie de Perse coûtant à Alep P. 7555 le ballot, en ville, au change de 225 paras pour F. 1, et au fret de F. 40 par 100 kil.

On trouvera dans la 1re et la 5e colonne de ce tableau que :

P.	5 font par kil	....	F.	0.03
»	50 id. id.	....	»	0.31
»	500 id. id.	....	»	3.05
»	7000 id. id.	....	»	44.15
P.	7555 feront donc par kil	....	F.	47.54

Droits d'entrée par kil, en Janvier 1867

Par navire Français	F.	3.67
id. Étranger	»	3.96

COMPTE D'ACHAT ET DE REVIENT

A 10 BALLOTS SOIE DE PERSE

10 ballots Soie de Perse, pesant net 125 Rottolis au prix de P. 7000 (*) le ballot de 12 ½ Rottolis, soit 25 Ocques de Constantinople, *franco à bord* du navire à Alexandrette .... P. 70000.—

Remboursement sur Marseille à 3 mois de vue au change de 240 Paras pour F. 1 .... F. 11666.65

FRAIS A MARSEILLE

Fret par vapeur à F. 40 par 100 kil. sur 320 kil.	F.	128.—	
Assurance maritime sur F. 12832 à ½ %	»	64.15	
Change maritime sur F. 192.15 à 2 %	»	3.85	
Frais de docks	»	1.45	
Portefaix, charrettes, emballeurs, transport, condition	»	40.—	
Peseurs publics au débarquement, formalités de douane, permis, etc.	»	5.—	
Magasinage d'un mois à F. 0.35 par 100 kil.	»	1.15	
Assurance contre l'incendie 1 ‰	»	11.65	
Courtage de vente .... ½ %			
Escompte à la vente .... 2 %			
Commission de vente .... 2 %			
Ensemble .... 4 ½ % sur F. 12461.95	»	540.05 »	795.30
		F.	12461.95

RENDEMENT : 1 ballot de 25 Ocques rend à Marseille 32 kil. nets :

Soit 10 ballots = net 320 kil. à F. 38.94 le kil. entrepôt .... F. 12460.80

(*) Au cours abusif des monnaies du commerce.

PRIX DE REVIENT A MARSEILLE DU KIL. ENTREPOT

AUX CHANGES SUIVANTS SUR MARSEILLE A 3 MOIS DE VUE

PRIX à ALEP par B. de 12 ½ rottol. ou 25 ocques f. à b. à Alexandrette	Paras 240 pour F. 1	Paras 235 pour F. 1	Paras 230 pour F. 1	Paras 225 pour F. 1	Paras 220 pour F. 1	Paras 215 pour F. 1	Paras 210 pour F. 1
Piastres (*)							
5	F. 0.03	F. 0.03	F. 0.03	F. 0.03	F. 0.03	F. 0.03	F. 0.03
10	0.06	0.06	0.06	0.06	0.06	0.06	0.06
20	0.11	0.11	0.11	0.12	0.12	0.12	0.13
30	0.17	0.17	0.17	0.17	0.18	0.18	0.19
40	0.22	0.22	0.23	0.23	0.24	0.24	0.25
50	0.28	0.28	0.29	0.29	0.30	0.31	0.32
60	0.33	0.34	0.34	0.35	0.36	0.37	0.38
70	0.39	0.39	0.40	0.41	0.42	0.43	0.44
80	0.44	0.45	0.46	0.46	0.48	0.49	0.50
90	0.50	0.50	0.51	0.52	0.54	0.55	0.57
100	0.55	0.56	0.57	0.58	0.60	0.61	0.63
200	1.10	1.12	1.14	1.17	1.20	1.22	1.25
300	1.64	1.68	1.72	1.75	1.79	1.84	1.88
400	2.19	2.24	2.29	2.34	2.39	2.45	2.50
500	2.74	2.80	2.86	2.92	2.99	3.06	3.13
600	3.29	3.36	3.43	3.51	3.59	3.67	3.76
700	3.84	3.92	4.—	4.09	4.19	4.28	4.38
800	4.38	4.48	4.58	4.68	4.78	4.90	5.01
900	4.93	5.04	5.15	5.26	5.38	5.51	5.63
3000	17.08	17.38	17.74	18.13	18.52	18.94	19.38
4000	22.51	22.97	23.46	23.97	24.50	25.06	25.64
5000	27.99	28.57	29.18	29.82	30.48	31.18	31.90
6000	33.47	34.17	34.90	35.66	36.46	37.29	38.17
7000	38.95	39.76	40.62	41.51	42.44	43.41	44.43
8000	44.43	45.36	46.33	47.35	48.41	49.52	50.69

(*) Au cours abusif des monnaies du commerce.

OBSERVATIONS

F. 1 par 100 kil. sur le fret fait à Marseille une différence de F. 0.01 par kil. sur les prix.

On veut savoir le revient à Marseille de Soie de Perse coûtant à Alep P. 7555 le ballot de Rottolis 12 ½, *franco à bord* du navire à Alexandrette, au change de 225 paras pour F. 1, et un fret de F. 40 par 100 kil.

On trouvera dans la 1re et la 5e colonne de ce tableau que :

P. 5 font par kil.		F.	0.03
» 50 id.	id.	»	0.29
» 500 id.	id.	»	2.92
» 7000 id.	id.	»	41.51
P. 7555 feront donc par kil.		F.	44.75

Droits d'entrée par kil. en Janvier 1867.

Par navire Français .... F. 5.67

id. Étranger .... » [illegible]

ADANA

Adana, chef-lieu de l'un des Pachalicks les plus importants de la Syrie, est situé sur le Seihoun, à 35 kilomètres de son embouchure dans la Méditerranée.

La province d'Adana, qui est très-riche en produits, a commencé à être exploitée par le commerce étranger depuis l'installation des lignes de bateaux à vapeur qui ont donné une nouvelle facilité aux relations avec l'Europe et le moyen d'obtenir, par la prompte expédition des marchandises, des crédits étendus si nécessaires aux négociants de ce pays.

Aujourd'hui, le mouvement commercial de cette province est devenu d'une importance telle que son exportation, qui se compose principalement de Cotons, Laines et Sésames, fournit annuellement pour 40 à 50 millions de francs de marchandises à la France, 7 à 10 millions à diverses parties de l'Empire Ottoman et deux à quatre chargements par an pour l'Angleterre ; de sorte qu'on peut en conclure que le commerce de cette place a lieu entièrement avec la France, quant à l'exportation. Pour l'importation, qui est d'une importance secondaire, elle est partagée entre l'Égypte, Marseille, Smyrne, Constantinople et la Russie.

Il est regrettable que le vagabondage enlève à l'industrie, dans ce pachalick, un nombre considérable de bras. La plupart des individus qui cèdent à ce penchant se composent d'Arméniens hérétiques qui se retirent dans les montagnes de Giahour-Dagh (¹).

Remboursement. — Les négociants de cette province, pour les 4/5mes de nationalité arabe, ont leurs correspondants à Marseille, et les principaux y possèdent en propre leurs maisons sur lesquelles ils fournissent, en vertu du connaissement d'embarquement, les deux tiers ou les trois quarts de la valeur de la marchandise embarquée. Ces traites qui ne peuvent être vendues ici à cause du manque d'une maison de banque, sont envoyées, selon les relations des négociants à Alep, Beyrouth, Smyrne ou Alexandrie, quelquefois seulement à Constantinople, et le produit de ces ventes est expédié à Mersina par les vapeurs des Messageries Impériales, et ceux de la Compagnie Russe qui fréquentent régulièrement notre échelle huit fois par mois.

Comme je l'ai déjà dit, les trois quarts de l'exportation de cette province étant expédiés à Marseille, l'échange se fait bien facilement sur cette ville pour la valeur de la quantité que l'on envoie et le quart au plus de la valeur de l'exportation se fournit sur Constantinople et Smyrne.

On fournit rarement sur l'Angleterre.

Notre échelle n'étant pas fréquentée par des vapeurs anglais, le commerce trouve difficilement le moyen d'étendre ses relations avec ce pays. Il en résulte que notre province profite des facilités que lui fournit la Compagnie des Messageries Impériales et d'autres sociétés de bateaux à vapeur français, pour donner à ses relations avec Marseille toute l'importance qu'elles ont acquises depuis l'établissement de ces lignes et particulièrement depuis la guerre d'Amérique.

Souvent, quand le change est bas dans les villes où nos négociants vendent leurs traites, beaucoup d'entre eux reçoivent des fonds de leurs maisons de Marseille ou, au lieu de fournir en envoyant le connaissement, demandent l'envoi de groups, ce qui leur est quelquefois plus avantageux malgré les frais que cela occasionne. Généralement, c'est à 3 mois de date que l'on fournit et le prix moyen du franc est de 4 piastres 9 paras, à 4 piastres 10 paras en prenant pour base la Livre Turque à 100 piastres, cours du Gouvernement et celui de notre place en ce moment.

Monnaies. — La Piastre turque est divisée en 40 paras; mais aujourd'hui, elle a généralement disparu de la circulation et l'on ne rencontre que des livres et des fractions de cette pièce en or et en argent ayant quelque rapport avec notre monnaie.

En or la livre............. = P. 100. ½ livre...... = P. 50. ¼ livre...... = P. 25.
En argent le méjidi.... = P. 20. ½ méjidi... = P. 10. ¼ méjidi... = P. 5.
La pièce de F. 20....... = P. 87.
La livre sterling......... = P. 110.
Le franc...................... = 170 Paras soit Piastres. 4 ¼.

Poids. — Les ventes dans le pays se font en Ocque de Constantinople divisée en 400 drahmes; les 78 ocques font en poids français 100 kil. On se sert encore dans le pays de

(¹) Dictionnaire du Commerce et de la Navigation, par MM. GUILLAUMIN et Cie.

divers autres anciens poids, comme once, batman et quintal, qui diffèrent pour chaque localité, et qui sont en voie d'être supprimés à cause du désordre que cela occasionne dans les transactions de l'intérieur; mais, comme en Turquie les réformes sont très-difficiles à introduire, il y a encore des villes qui n'usent que de leurs poids et de leurs mesures, malgré les ordres de Constantinople.

Mesures. — La mesure du pays la plus usitée est le kilet de Constantinople, dont les 4 ½ forment une charge de Marseille. Il y a encore d'autres mesures, mais elles sont employées par les villes de l'intérieur et contre l'ordre du Gouvernement qui ne les admet pas.

Escomptes et Tares. — On achète généralement les Graines de Sésame qui sont le principal produit de la province en kilés du pays, dont l'un équivaut à 8 kilos de Constantinople et l'escompte en usage est de 12 à 15 %. C'est-à-dire qu'après la consignation des graines, on crible une certaine quantité en la faisant rendre aussi propre que possible et, si le déchet après cette opération dépasse 12 ou 15 %, le vendeur est tenu de remplacer le surplus. C'est un ancien système qui présente beaucoup de difficultés et que bien des négociants essaient de faire tomber; mais les vendeurs d'Adana, ennemis des réformes, tiennent beaucoup à leur ancien usage; cependant, le commerce Européen, qui ne veut pas courir les chances d'une récolte donnant un faible poids, cherche depuis quelques années à introduire les opérations en Oque livrable sous crible. Il y a réussi en partie, et aujourd'hui bien des ventes se font en Oque, ce qui dispense le commerce des escomptes et tares usités pour les affaires en kilés.

Les affaires en Laines, Cotons, Blés, Orges et autres ne sont susceptibles d'aucun escompte et se paient sur le poids ou la mesure reconnue par la douane.

Droits d'Entrée et de Sortie. — Les marchandises qui arrivent de France, comme celles qui y sont adressées, ne sont susceptibles que des droits de douane établis par le tarif en date du 29 avril 1861, actuellement en vigueur. Pour cette province, il n'existe aucune autre espèce de droit et la marchandise peut circuler maintenant, grâce à l'abolition des péages du Kulek-Bogaz et de Maden, obtenue l'année passée, sans être soumise à d'autres taxes.

Rade. — La province dispose de trois échelles, Morsina, fréquentée par les vapeurs, Caradach et Séléfké dont les rades offrent peu de sécurité et où ne vont que les navires ayant des contrats. Morsina est à l'abri des vents du Nord qui règnent généralement en hiver et n'est découverte qu'au sud-ouest. En général, cette rade offre un excellent fond et un navire y tiendrait avec tous les temps si ses chaînes étaient solides.

A cause des fièvres qui obligent toute la population à quitter le pays pendant les mois de Juillet, Août et Septembre, le travail est complètement suspendu et notre rade n'est fréquentée pendant ces trois mois que par les paquebots-poste français et russes.

Les frais que paient, dans ces trois échelles, les navires et bateaux à vapeur sont presque insignifiants, car, en dehors des droits de chancellerie que les bâtiments étrangers acquittent dans leurs consulats respectifs, ils ne sont soumis absolument qu'au droit de patente turque qui varie selon le tonnage, de 4 à 8 francs, et encore les paquebots français et russes sont exempts de ce droit. Ainsi, les droits d'ancrage, de tonnage, de capitaine de port, etc, etc, ne sont pas exigés ici, et même les navires ont la faculté de jeter tout leur lest au mouillage.

Frets. — Les frets sont en moyenne comme suit pour Marseille par 100 kil :

	Par voiliers	Par steamers	
Sésame en grenier	F. 3 ¾ à F. 4	en sacs	F. 5.50
Cotons, Balles pressées hydrauliques	» 8 à » 9		» 24.—
» » non pressées	» 12 à » 14	en presses à cric	» 32.—
Laines » pressées hydrauliques	» 8 à » 10		» 15.—
» » des presses à cric	» 9 à » 12		» 18.—
Blé en grenier, la charge	» 2 ¾ à » 3	en sacs	» 5.50

Le commerce se plaint amèrement de ces prix exhorbitants, mais il est forcé d'en passer par les prétentions exceptionnelles et passagères des Compagnies à vapeur qui sont pour le moment seules à exploiter ces pays.

Le pressage a été jusqu'à présent très-mal entendu dans ce pays où l'on ne s'est servi que de mauvaises presses en bois fabriquées à Alep, qui donnaient à peine une forme à la balle sans augmenter son poids; mais aujourd'hui, l'importance de l'exportation et l'appui des Messageries ont décidé quelques négociants à acheter des presses hydrauliques qui produisent de très-jolies balles cerclées en fer et pesant 140 à 150 Ocques. Ce pressage procure un rabais de F. 8 par 100 kil. sur le fret.

EXPLICATIONS POUR LES DROITS DE SORTIE

Le droit de sortie étant réduit chaque année de 1 % jusqu'en 1869 où le droit de 1 % restera invariable, ce droit n'a pas été compris dans les comptes de revient qui vont suivre; on remarquera que le calcul en a été établi séparément.

Voir le Compte Coton à la page 511.

Les 5000 ocques à l'estimation invariable de la douane de P. 270, le quintal de 44 ocques font P. 34368, c'est sur cette valeur que se prélève le droit de 4 % (en 1866) produisant à Marseille au change de 170 paras pour F. 1. F. 5.01 par 100 kil. qui sont à ajouter au prix de revient.

Le logarithme de ce même change de 170 paras est de 46369. Pour trouver ce que produit à Marseille par 100 kil le droit de sortie de 4 %, il suffira de multiplier ce même logarithme par l'estimation de la douane de P. 270, ce qui donnera 12519630. En multipliant encore cette dernière somme par le droit en vigueur de 4 %, on trouvera dans les trois premiers chiffres de gauche F. 5.01 qui est le même résultat que celui du compte en question.

Quand le droit de sortie ne sera plus que de 3, 2 ou 1 %, procéder de même avec les logarithmes qui se trouvent sur chaque compte pour tous les changes.

Les ordres d'achats étant parfois donnés avec des limites *franco à bord* du navire à Morsina, pour faciliter les calculs, on trouvera dans la 1re colonne de chaque compte, la parité des prix d'achat aux usages de la place, comparés avec ceux *franco à bord*.

Ainsi, sur le compte Coton indiqué plus haut, on verra que P. 20 l'Ocque *aux usages*, est comme P. 21.39 *franco à bord*.

La différence de P. 1.39 comprend uniquement les frais de place à Adana et Morsina, ainsi que les commissions et courtages, mais nullement le droit de sortie, qui ne se trouve pas compris dans les prix de revient.

Le commissionnaire d'Adana qui recevra un ordre limité P. 21.39 *franco à bord*, pour rester dans cette limite et avoir tous les frais et commission portés en compte, ne pourra payer

le Coton que	P.	19.74 ¾
ce qui avec le droit de sortie de	»	25 ¼
ainsi que les frais de commission	»	1.39
Ensemble montant de la limite *franco à bord*	P.	21.39

COMPTE D'ACHAT ET DE REVIENT

A 40 BALLES COTON NON PRESSÉES

40 balles Coton, non pressées, pesant brut 5600 Ocques à P. 20 l'Ocque			P.	112000.—
FRAIS A ADANA				
Courtage 1 %	P.	1120.—		
Peseur P. —. % la balle	»	20.—		
Portefaix P. 1 la balle	»	40.—		
Magasinage P. —. % la balle	»	10.—		
Frais pour examiner les balles P. 2 la balle	»	80.—		
Transport par chameau P. —. % l'Ocque	»	1400.—		
Menus frais	»	50.—	»	2720.—
			P.	114720.—
FRAIS A MERSINA				
Peseur à l'arrivée des balles P. —. % la balle	P.	10.—		
Transport à la presse P. 1 la balle	»	40.—		
Pressage P. 25 la balle	»	1000.—		
Transport à l'embarquement sur 34 balles à P. 3	»	102.—		
Droits d'échelle sur 34 balles à P. —. % la balle	»	6.20		
Mahonnes à P. 8 la balle	»	272.—		
Magasinage à P. 5 la balle	»	170.—	»	1002.20
			P.	116322.20

	Droits de Sortie			
Droits de sortie sur 5600 ocques à P. 270 les 44 ocques P. 34368 à 4 % au droit actuel (1866)	P.	1374.30		
Commission d'achat 2 %	»	27.80	»	2320.20
	P.	1402.10	P.	118049.—
Change de négociation des traites, nolis et assurance des Groups 1 %	»	14.—	»	1186.20
En piastres monnaies courantes	P.	1416.10	P.	119835.20
Remboursement sur Marseille à 3 mois de date au change de 170 Paras pr F. 1	F.	833.25	F.	28190.60

FRAIS A MARSEILLE						
Fret par vapeur sur 7000 kil. à F. 25 par 100 kil.			F.	1750.—		
Assurance maritime sur F. 31016 à ½ %	»	1.80	»	155.10		
Change maritime 2 % sur F. 1905.10			»	38.10		
Frais de docks à F. 0.45 les 100 kil.			»	31.50		
Portefaix, charrettes pour mettre en magasin et livrer, emballeurs pour réparer les balles et échantillonner, peseurs publics au débarquement et à la livraison, formalités de Douane et menus frais à F. 2 par 100 kil.			»	140.—		
Magasinage d'un mois à F. 0.10 par 100 kil			»	7.—		
Assurance contre le feu 1 ‰	»	0.35	»	28.20		
Courtage de vente ½ %						
Escompte à la vente 2 %						
Commission de vente 2 %						
Ensemble 4½ % sur F. 31721.10	»	15.20	»	1374.60	»	3524.50
	F.	350.60			F.	31721.10
Soit par 100 kil.	»	5.01				

RENDEMENT: 80 Ocques rendent à Marseille 100 kil. nets:

Soit 5600 Ocques = net 7000 kil. à F. 453.16 par 100 kil. entrepôt .... F. 31721.20
Plus: droits de sortie à Adana .... » 5.01 id. id.
Ensemble .... F. 458.17 id. id.

PRIX DE REVIENT A MARSEILLE DES 100 KIL. ENTREPOT

AUX CHANGES SUIVANTS SUR MARSEILLE A 3 MOIS DE DATE

PRIX à ADANA par ocque — Franco à bord Piastres	Net usages Piastres	Paras 195 pour F. 1	Paras 190 pour F. 1	Paras 185 pour F. 1	Paras 180 pour F. 1	Paras 175 pour F. 1	Paras 170 pour F. 1	Paras 165 pour F. 1
0.02.6	—.1	F. 0.45	F. 0.46	F. 0.47	F. 0.49	F. 0.50	F. 0.52	F. 0.53
0.05.2	—.2	0.90	0.92	0.95	0.97	1.—	1.03	1.06
0.07.8	—.3	1.35	1.38	1.42	1.46	1.50	1.55	1.59
0.10.4	—.4	1.80	1.84	1.90	1.95	2.—	2.06	2.12
0.13.—	—.5	2.25	2.31	2.37	2.44	2.51	2.58	2.65
0.15.6	—.6	2.69	2.77	2.84	2.92	3.01	3.09	3.18
0.18.2	—.7	3.14	3.23	3.32	3.41	3.51	3.61	3.71
0.20.8	—.8	3.59	3.69	3.79	3.90	4.01	4.12	4.24
0.23.4	—.9	4.04	4.15	4.27	4.38	4.51	4.64	4.77
0.26	—.10	4.49	4.61	4.74	4.87	5.01	5.15	5.31
0.52	—.20	8.98	9.22	9.47	9.73	10.01	10.31	10.62
0.78	—.30	13.47	13.83	14.21	14.60	15.02	15.46	15.93
1.04	1.—	17.96	18.44	18.94	19.46	20.02	20.61	21.23
2.08	2.—	35.93	36.87	37.87	38.92	40.03	41.21	42.46
3.12	3.—	53.89	55.31	56.81	58.38	60.05	61.82	63.69
4.16	4.—	71.86	73.75	75.74	77.84	80.07	82.42	84.92
5.20	5.—	89.82	92.19	94.68	97.31	100.09	103.03	106.15
5.79	5.—	129.30	131.97	134.73	137.66	140.77	144.06	147.55
6.83	6.—	147.33	150.40	153.60	157.12	160.78	164.66	168.78
7.87	7.—	165.29	168.84	172.60	176.58	180.80	185.27	190.01
8.91	8.—	183.26	187.28	191.53	196.04	200.82	205.87	211.24
9.95	9.—	201.22	205.72	210.47	215.50	220.83	226.48	232.47
10.99	10.—	219.18	224.15	229.40	234.96	240.85	247.09	253.70
16.19	15.—	309.—	316.34	324.08	332.27	340.94	350.12	359.85
21.39	20.—	398.82	408.52	418.75	429.57	441.02	453.15	466.—
Plus Droits de Sortie à Adana		A ajouter et à calculer suivant l'explication page 510						

OBSERVATIONS

F. 0.50 par 100 kil. sur le fret font à Marseille une différence de F. 0.50 par 100 kil. sur les prix.

On veut savoir le revient à Marseille de Coton coûtant à Adana P. 15.10 l'ocque en ville, au change de 180 paras pour F. 1. et au fret de F. 25 par 100 kil.

On trouvera dans la 1re et la 5e colonne de ce tableau que :

P. —.10 font par 100 kil.	F.	4.87
» 5.— id. id.	»	97.31
» 10.— id. id.	»	234.96
Droits de sortie à Adana	»	4.73
P. 15.10 feront donc par 100 kil.	F.	341.87

Logarithmes pour les Droits de Sortie

CHANGES		LOGARITHMES
	195	40425
»	190	41466
»	185	42610
»	180	43708
»	175	45045
»	170	46369
»	165	47775

Droits d'entrée par 100 kil. en Janvier 1867

Par navire Français .... Exempt.
Id. Étranger .... F. 3.—

COMPTE D'ACHAT ET DE REVIENT

A 20 BALLES LAINE EN SUINT

20 balles Laine en suint pesant brut..... Ocques 3600				
Tare 7 %............ » 252				
Net .... Ocques 3348 à P. 6 l'ocque..........				P. 20088.—

FRAIS A ADANA

	Droits de douane		
Courtage 2 %........		P. 401.30	
Peseur P. —. $^{50}/_{00}$ la balle........		» 10.—	
Transport par chameau P. —. $^{10}/_{00}$ l'ocque........		» 900.—	
Pressage P. 25 la balle........		» 500.—	
Portefaix à la marine P. —. $^{50}/_{00}$ la balle........		» 10.—	
Embarquement P. 7 la balle........		» 140.—	
Droit de débarcadère P. —. $^{25}/_{00}$........		» 5.—	
Magasinage P. 5........		» 100.—	» 2066.30
			P. 22154.30
Droits de sortie sur 3600 ocques à P. 192 le quintal de 44 ocques P. 15700 au droit actuel (1866) de 4 %........	P. 628.—		
Commission d'achat 2 %........	» 12.20		» 443.—
	P. 640.20		P. 22597.30
Courtage de négociation des traites, nolis et assurance des Groups 1 %........	» 6.20		» 226.—
	P. 647.—		P. 22823.30
Remboursement sur Marseille à 3 mois de date au change de 170 Paras p^r F. 1..	F. 152.25		F. 5370.30

FRAIS A MARSEILLE

Fret par vapeur à F. 15 par 100 kil. sur 4500 kil........		F. 675.—	
Assurance maritime sur F. 5907 à ½ %........	» 0.85	» 29.55	
Change maritime sur F. 704.55 à 2 %........		» 14.10	
Frais des Docks à F. 0.45 par 100 kil........		» 20.25	
Portefaix, charrettes pour mettre en magasin et livrer, emballeurs pour réparer les balles et échantillonner, peseurs publics au débarquement et à la livraison, formalité de douane, permis, timbre et menus frais, F. 1.50 par 100 kil........		» 67.50	
Magasinage d'un mois à F. 2 pour 1000 kil........		» 9.—	
Assurance contre le feu 1 ‰........	» 0.15	» 5.85	
Courtage de vente........ ½ %			
Escompte à la vente........ 2 %			
Commission de vente........ 2 %			
Ensemble........ 4½ % sur F. 6471.50...	» 6.95	» 280.45	» 1101.20
	F. 160.20		F. 6471.50
Soit par 100 kil........	» 3.83		

RENDEMENT : 80 Ocques rendent à Marseille 100 kil. nets :

Soit 3348 Ocques = net 4185 kil. à.... F. 154.63 par 100 kil. entrepôt........ F. 6471.25
Plus : droits de sortie à Adana........ » 3.83 id. id.
Ensemble........ F. 158.46 id. id.

PRIX DE REVIENT A MARSEILLE DES 100 KIL. ENTREPOT

AUX CHANGES SUIVANTS SUR MARSEILLE A 3 MOIS DE DATE

PRIX à ADANA par ocque en ville	Paras 195 pour F. 1	Paras 190 pour F. 1	Paras 185 pour F. 1	Paras 180 pour F. 1	Paras 175 pour F. 1	Paras 170 pour F. 1	Paras 165 pour F. 1
Piastres							
—. 1	F. 0.45	F. 0.47	F. 0.48	F. 0.49	E. 0.51	F. 0.52	F. 0.54
—. 2	0.91	0.93	0.96	0.98	1.01	1.04	1.07
—. 3	1.36	1.40	1.43	1.47	1.52	1.56	1.61
—. 4	1.82	1.86	1.01	1.96	2.02	2.08	2.14
—. 5	2.27	2.33	2.39	2.46	2.53	2.60	2.68
—. 6	2.72	2.80	2.87	2.95	3.04	3.12	3.22
—. 7	3.18	3.26	3.35	3.44	3.54	3.64	3.75
—. 8	3.63	3.73	3.82	3.93	4.05	4.16	4.29
—. 9	4.09	4.19	4.30	4.42	4.55	4.68	4.82
—.10	4.54	4.66	4.78	4.91	5.06	5.20	5.36
—.20	9.07	9.31	9.56	9.83	10.11	10.41	10.72
—.30	13.61	13.97	14.34	14.74	15.17	15.61	16.08
—.40	18.14	18.62	19.12	19.65	20.22	20.81	21.44
4.—	101.04	103.19	105.45	107.84	110.35	113.01	115.82
5.—	119.18	121.81	124.58	127.49	130.57	133.82	137.26
6.—	137.32	140.42	143.70	147.14	150.78	154.63	158.70
7.—	155.46	159.04	162.82	166.80	171.—	175.44	180.14
8.—	173.61	177.66	181.94	186.45	191.21	196.25	201.58
9.—	191.75	196.28	201.07	206.11	211.43	217.06	223.02
10.—	209.89	214.90	220.19	225.76	231.64	237.87	244.46
Plus Droits de Sortie à Adana	A ajouter et à calculer suivant l'explication page 510.						

OBSERVATIONS

F. 0.50 par 100 kil. sur le fret, font à Marseille une différence de F. 0.54 par 100 kil. sur les prix.

On veut savoir le revient à Marseille de Laine en suint coûtant à Adana P. 7.25 l'ocque au change de 180 paras pour F. 1 et au fret de F. 15 par 100 kil.

On trouvera dans la 1re et la 5e colonne de ce tableau que :

P. —. 5 font par 100 kil........	F.	2.46
» —.20 id. id.	»	9.83
» 7.— id. id.	»	166.80
Droits de sortie........	»	3.62
P. 7.25 feront donc par 100 kil........	F.	182.71

Logarithmes pour les Droits de Sortie

CHANGES		LOGARITHMES
195	....	43480
» 190	....	» 44623
» 185	....	» 45829
» 180	....	» 47102
» 175	....	» 48448
» 170	....	» 49878
» 165	....	» 51385

Droits d'entrée par 100 kil. en Janvier 1867

Par navire Français........ Exempts
Id. Étranger........ F. 3.—

COMPTE D'ACHAT ET DE REVIENT

A 20 BALLES LAINE EN SUINT

20 balles Laine en suint, pesant brut........ Ocques 3600		
Tare 7 %........................ » 252		
Net........................ Ocques 3348 à P. 6 l'ocque *franco à bord* du navire........................	P.	20088.—
Remboursement sur Marseille à 3 mois de date au change de 170 Paras pour F. 1........................	F.	4726.60

FRAIS A MARSEILLE

Fret par vapeur à F. 15 par 100 kil. sur 4500 kil........................	F.	675.—		
Assurance maritime sur F. 5198 à ½ %........................	»	26.—		
Change maritime sur F. 701 à 2 %........................	»	14.—		
Frais des docks à F. 0.45 par 100 kil........................	»	20.25		
Portefaix, charrettes pour mettre en magasin et livrer, emballeurs pour réparer les balles et échantillonner, peseurs publics au débarquement et à la livraison, formalités de douane, permis et menus frais F. 1.50 par 100 kil........................	»	67.50		
Magasinage d'un mois à F. 2 par 1000 kil........................	»	9.—		
Assurance contre le feu 1 ‰........................	»	4.75		
Courtage de vente........ ½ %				
Escompte à la vente........ 2 %				
Commission de vente........ 2 %				
Ensemble........ 4½ % sur F. 5794.20........................	»	251.10	»	1067.60
			F.	5794.20

RENDEMENT : 80 Ocques rendent à Marseille 100 kil. nets :

Soit 3348 Ocques = net 4185 kil. à F. 138.45 par 100 kil. entrepôt........................ F. 5794.15

PRIX DE REVIENT A MARSEILLE DES 100 KIL. ENTREPOT

AUX CHANGES SUIVANTS SUR MARSEILLE A 3 MOIS DE DATE

PRIX à ADANA par ocque franco à bord	Paras 195 pour F. 1	Paras 190 pour F. 1	Paras 185 pour F. 1	Paras 180 pour F. 1	Paras 175 pour F. 1	Paras 170 pour F. 1	Paras 165 pour F. 1
—. 1	F. 0.43	F. 0.44	F. 0.46	F. 0.47	F. 0.48	F. 0.50	F. 0.51
—. 2	0.86	0.89	0.91	0.94	0.96	0.99	1.02
—. 3	1.30	1.33	1.37	1.40	1.44	1.49	1.53
—. 4	1.73	1.77	1.82	1.87	1.92	1.98	2.04
—. 5	2.16	2.22	2.28	2.34	2.41	2.48	[illegible]
—. 6	2.59	2.66	2.73	2.81	2.89	[illegible]	3.06
—. 7	3.02	3.10	3.19	[illegible]	3.37	3.47	3.57
—. 8	3.46	[illegible]	[illegible]	3.74	3.85	3.96	4.08
—. 9	3.89	3.99	4.10	4.21	4.33	4.46	4.59
—.10	4.32	4.43	4.55	4.68	4.81	4.95	5.10
—.20	8.64	8.86	9.10	9.35	9.62	9.90	10.20
—.30	12.95	13.29	13.65	14.03	14.43	14.85	15.30
—.40	17.27	17.72	18.20	18.70	19.24	19.80	20.40
4.—	88.69	90.61	92.42	94.45	96.58	98.85	101.25
5.—	105.96	108.23	110.62	113.15	115.82	118.65	121.65
6.—	123.22	125.94	128.82	131.85	135.06	138.45	142.05
7.—	140.49	143.66	147.02	150.56	154.30	158.26	162.46
8.—	157.75	161.38	165.21	169.26	173.53	178.06	182.86
9.—	175.02	179.10	183.41	187.97	192.77	197.87	203.27
10.—	192.28	196.82	201.61	206.67	212.01	217.67	223.67

OBSERVATIONS

F. 0.50 par 100 kil. sur le fret, font à Marseille une différence de F. 0.54 par 100 kil. sur les prix.

On veut savoir le revient à Marseille de Laine en suint coûtant à Adana P. 7.25 l'ocque *franco à bord* du navire, au change de 180 paras pour F. 1 et au fret de F. 15 par 100 kil.

On trouvera dans la 1re et la 5e colonne de ce tableau que :

P. —. 5 font par 100 kil........................	F.	2.34
» —.20 id. id........................	»	9.35
» 7.— id. id........................	»	150.56
P. 7.25 feront donc par 100 kil........................	F.	162.25

Droits d'entrée par 100 kil. en Janvier 1867

Par navire Français........................		Exempte
id. Étranger........................	F.	3.60

COMPTE D'ACHAT ET DE REVIENT

25950 CHILOS BLÉ ROUGE DE CARAMANIE

25950.— Chilos à P. 32 %. 778.50 id. déchet du criblage 3 %.				P. 394875.—
25171.50 Chilos				

FRAIS

Transport d'Adana sur 3243 charges à P. 20	P. 64860.—		
Mesureur public	» 860.75		
Portefaix au criblage et à l'embarquement	» 4914.50		
Mahones à l'embarquement	» 3243.—		
Loyer d'une machine à cribler	» 860.75		
Achat de 20 couffins pour embarquer	» 100.—		
Courtage à Adana 1 %	» 3243.—		
Menus frais, &c	» 875.—	»	78957.—
		P.	403832.—

	Droits de sortie		
Droits de sortie sur 25171.50 Chilos à l'estimation de P. 15.30 le Chilo P. 385116 au droit actuel (1886) de 4 %	P. 15404.65		
Commission 3 %	» 462.15	»	12099.90
	P. 15866.80	P.	415431.90
Remboursement sur Marseille à 3 mois de date au change de 170 Paras pour F. 1.	F. 3733.35	F.	97748.70

FRAIS A MARSEILLE

Fret par voilier à F. 3 et 5 % par charge de 160 litres sur 5413 charges		F. 17051.—	
Frais de débarquement, criblage et livraison à F. 0.45 par charge		» 2435.85	
Assurance maritime sur F. 107522 à 3 % et police F. 3	» 129.20	» 3228.65	
Courtage de vente ½ %			
Criblure et avaries 2 %			
Escompte à la vente 2 %			
Commission de vente 2 %			
Ensemble 6½ % sur F. 128609.50	» 260.75	» 8145.30	» 30860.80
Livrable sur le quai au débarquement	F. 4117.30		F. 128609.50
Soit par hectolitre	» 0.47½		

RENDEMENT : 4.65 Chilos rendent à Marseille net 1 charge de 8 doubles décalitres ou 160 litres :

	Entrepôt de Douane la charge	l'hectolitre
Soit 25171.50 Chilos = 5413 charges à	F. 23.76	
ou 8661 hectolitres		F. 14.85
Plus droits de sortie à Mersina	» 0.76	» 0.47½
droit de ville à Marseille	» 0.20	» 0.12
Ensemble	F. 24.72	F. 15.44½

PRIX DE REVIENT A MARSEILLE DE L'HECTOLITRE ENTREPOT

AUX CHANGES SUIVANTS SUR MARSEILLE A 3 MOIS DE DATE

PRIX à MERSINA par chile — Franco à bord Piastres	Aux usages Piastres (*)	Paras 195 pour F. 1	Paras 190 pour F. 1	Paras 185 pour F. 1	Paras 180 pour F. 1	Paras 175 pour F. 1	Paras 170 pour F. 1	Paras 165 pour F. 1
0.26	—.10	F. 0.18	F. 0.18	F. 0.19	F. 0.19	F. 0.20	F. 0.20	F. 0.21
0.52	—.20	0.36	0.36	0.37	0.38	0.40	0.41	0.42
0.78	—.30	0.53	0.54	0.56	0.57	0.59	0.61	0.62
1.04	1.—	0.71	0.72	0.74	0.76	0.79	0.81	0.83
2.08	2.—	1.41	1.45	1.49	1.53	1.57	1.62	1.67
3.12	3.—	2.12	2.17	2.23	2.29	2.36	2.43	2.50
4.16	4.—	2.82	2.90	2.97	3.06	3.14	3.24	3.33
5.20	5.—	3.53	3.62	3.72	3.82	3.93	4.04	4.17
8.21	5.—	7.97	8.10	8.25	8.42	8.60	8.78	8.98
13.41	10.—	11.49	11.72	11.96	12.24	12.53	12.83	13.14
18.61	15.—	15.02	15.33	15.68	16.06	16.46	16.87	17.31
23.81	20.—	18.54	18.95	19.39	19.88	20.39	20.92	21.48
29.01	25.—	22.07	22.57	23.11	23.70	24.32	24.96	25.65
34.21	30.—	25.60	26.19	26.83	27.52	28.24	29.—	29.81
39.41	35.—	29.12	29.81	30.54	31.34	32.17	33.05	33.98
44.62	40.—	32.65	33.43	34.26	35.10	36.10	37.09	38.15
Plus Droits de Sortie à Mersina		A ajouter et à calculer suivant l'explication page 510.						

(*) Dans cette 1re colonne figure la parité des prix *aux usages* comparés avec ceux limités *franco à bord*, c'est-à-dire que P. 20 le Chilo *aux usages*, est absolument la même chose que si la limite était donnée à P. 23.81 *franco à bord*.

OBSERVATIONS

F. 0.50 et 5 % par charge sur le fret, font à Marseille une différence de F. 0.33 par hectolitre sur les prix.

On veut savoir le revient à Marseille de Blé coûtant à Mersina P. 15.20 le Chilo, au change de 180 paras pour F. 1. et au fret de F. 3 et 5 % par charge.

On trouvera dans la 1re et la 5e colonne de ce tableau que :

P. —.20 font par hectolitre	F.	0.38
» 5.— id. id.	»	3.82
» 10.— id. id.	»	12.24
Plus droits de sortie à Mersina	»	0.46
P. 15.20 feront donc par hectolitre	F.	16.60

Voir aux pages 448 et 451 pour la réduction de la parité des prix de l'hectolitre, comparés à ceux par charge et par 100 kil.

Pour les différences de poids livrés en moins que celui garanti, voir le tableau de la page 452 pour les bonifications à faire ou à ajouter aux prix de revient ci-dessus.

Il est facultatif à l'acheteur de recevoir le blé criblé à quai ou en transbordement non criblé, dans ce dernier cas, le vendeur bonifie à l'acheteur F. 0.07 centimes par charge qui représentent pour lui l'économie de frais et de la perte au criblage; mais tandis que par exemple, pour une vente avec garantie de kil. 128/124 à quai, l'acheteur a droit effectivement à kil. 128, cette garantie, quand la livraison a lieu en transbordement, se réduit à kil. 127, c'est-à-dire toujours de 1 kil. sur le poids garanti à quai.

Pour mettre en magasin pendant un mois, il faut compter un supplément de frais de F. 1.25 l'hectolitre y compris le déchet.

Logarithmes pour les Droits de Sortie

CHANGES		LOGARITHMES
195		07717
» 190	»	69480
» 185	»	71377
» 180	»	73360
» 175	»	75460
» 170	»	77670
» 165	»	80020

Droits d'entrée par 100 kil. en Janvier 1887

Par navire Français	F.	0.60
id. Etranger	»	1.20

COMPTE D'ACHAT ET DE REVIENT

A 25 SACS CIRE JAUNE A MERSINA

25 sacs Cire Jaune à Mersina contenant net 1250 ocques à P. 24 l'ocque				P.	30000.—

FRAIS

Transport d'Adana 7 charges à P. 30		P.	210.—		
[illegible] à Adana 2 %		»	600.—		
Coût de 25 sacs vides à P. 5		»	125.—		
Portefaix, embarquement et menus frais		»	125.—		1060.—
				P.	31060.—
	Droits de sortie				
Droits de sortie sur 1250 ocques à P. 18.40 l'ocque P. 23000 au droit actuel (1866) de 4 %	P. 920.—				
Commission d'achat 3 %	» 27.20			»	931.30
	P. 947.20			P.	31991.30
Remboursement sur Marseille à 3 mois de date au change de 170 Paras p^r F. 1	F. 222.95			F.	7527.50

FRAIS A MARSEILLE

Fret par vapeur à F. 12 par 100 kil sur 1700 kil.		F.	204.—		
Assurance maritime sur F. 8280 à ½ %	» 1.20	»	41.40		
Change maritime 2 % sur F. 245.40		»	4.90		
Droits de docks au débarquement F. 0.45 par 100 kil.		»	7.65		
Portefaix, emballeurs, mise en magasin, poids public au débarquement et à la livraison, livraison et menus frais F. 1.75 par 100 kil.		»	29.75		
Magasinage d'un mois F. 0.05 par 100 kil.		»	2.55		
Assurance contre le feu 1 ‰	» 0.25	»	7.55		
Courtage de vente ½ %					
Escompte à la vente 2 %					
Commission de vente 2 %					
Ensemble 4½ % sur F. 8194.05	» 10.60	»	308.75	»	666.55
	F. 235.—			F.	8194.05
Soit par 100 kil.	» 14.66				

RENDEMENT : 78 Ocques rendent à Marseille 100 kil. nets :

Soit 1250 ocques = net 1602.60 kil. à F. 511.29 par 100 kil. entrepôt				F.	8193.95
Plus : droits de sortie à Mersina	» 14.66	id.	id.		
Ensemble	F. 525.95	id.	id.		

PRIX DE REVIENT A MARSEILLE DES 100 KIL. ENTREPOT

AUX CHANGES SUIVANTS SUR MARSEILLE A 3 MOIS DE DATE

PRIX à MERSINA par ocque en ville	Paras 195 pour F. 1	Paras 190 pour F. 1	Paras 185 pour F. 1	Paras 180 pour F. 1	Paras 175 pour F. 1	Paras 170 pour F. 1	Paras 165 pour F. 1
Piastres							
SUBDIVISIONS — Coût et frais variables							
—. 1	F. 0.44	F. 0.46	F. 0.47	F. 0.48	F. 0.49	F. 0.51	F. 0.52
—. 2	0.89	0.91	0.93	0.96	0.99	1.02	1.05
—. 3	1.33	1.37	1.40	1.44	1.48	1.52	1.57
—. 4	1.77	1.82	1.87	1.92	1.98	2.03	2.10
—. 5	2.22	2.28	2.34	2.40	2.47	2.54	2.62
—. 6	2.66	2.73	2.80	2.88	2.96	3.05	3.14
—. 7	3.10	3.19	3.27	3.36	3.46	3.56	3.67
—. 8	3.54	3.64	3.74	3.84	3.95	4.06	4.19
—. 9	3.99	4.10	4.20	4.32	4.45	4.57	4.72
—.10	4.43	4.55	4.67	4.80	4.94	5.08	5.24
—.20	8.86	9.09	9.34	9.60	9.87	10.16	10.47
—.30	13.29	13.64	14.—	14.39	14.81	15.24	15.71
1.—	17.72	18.18	18.67	19.19	19.74	20.32	20.94
2.—	35.43	36.36	37.35	38.38	39.48	40.64	41.87
3.—	53.15	54.55	56.02	57.58	59.22	60.96	62.81
4.—	70.86	72.73	74.70	76.77	78.96	81.28	83.75
Coût et frais variables et invariables							
10.—	199.47	204.36	209.52	214.96	220.72	226.80	233.26
15.—	288.05	295.27	302.89	310.92	319.43	328.41	337.95
20.—	376.63	386.18	396.26	406.88	418.13	430.01	442.63
25.—	465.21	477.09	489.63	502.84	516.84	531.62	547.32
30.—	553.79	568.—	583.—	598.80	615.54	633.22	652.—
Plus Droits de Sortie à Mersina.	A ajouter et à calculer suivant l'explication page 510						

OBSERVATIONS

F. 0.50 par 100 kil. sur le fret, font à Marseille une différence de F. 0.53 par 100 kil. sur les prix.

On veut savoir le revient à Marseille de Cire coûtant à Mersina à P. 18.20 par ocque, en ville au change de 180 paras pour F. 1 et au fret de F. 12.

On trouvera dans la 1re et la 5e colonne de ce tableau que :

P. —.20 font par 100 kil.	F.	9.60
» 3.— id. id.	»	57.58
» 15.— id. id.	»	310.92
Droits de sortie	»	13.85
P. 18.20 feront donc par 100 kil.	F.	391.95

Logarithmes pour les Droits de Sortie

CHANGES		LOGARITHMES
CHANGES 195	LOGARITHMES	17270
» 190	»	17627
» 185	»	18309
» 180	»	18817
» 175	»	19355
» 170	»	19924
» 165	»	20528

Droits d'entrée par 100 kil. en Janvier 1867

Par navire Français	F.	1.—
id. Étranger	»	3.—

COMPTE D'ACHAT ET DE REVIENT

A 25 SACS CIRE JAUNE A MERSINA

25 sacs Cire jaune, contenant net 1250 ocques à P. 20 l'ocque *franco à bord* du navire . P. 25000.—
Remboursement sur Marseille à 3 mois de date au change de 170 Paras pour F. 1 .... F. 5882.35

FRAIS A MARSEILLE

Fret par vapeur à F. 12 les 100 kil. sur 1700 kil.	F.	204.—	
Assurance maritime sur F. 6470 à ½ %	»	32.35	
Change maritime sur F. 236.35 à 2 %	»	4.70	
Droits de docks au débarquement à F. 0.45 par 100 kil.	»	7.65	
Portefaix, emballeurs, mise en magasin, poids public au débarquement et à la livraison, livraison et menus frais à F. 1.75 par 100 kil.	»	29.75	
Magasinage d'un mois à F. 0.15 par 100 kil.	»	2.55	
Assurance contre le feu 1 ‰	»	5.90	
Courtage de vente .... ½ %			
Escompte à la vente .... 2 %			
Commission de vente .... 2 %			
Ensemble .... 4½ % sur F. 6459.95	»	290.70 »	577.60
		F.	6459.95

RENDEMENT : 78 Ocques rendent à Marseille 100 kil. nets :

Soit 1250 Ocques = net kil. 1602.60 à F. 403.09 par 100 kil. entrepôt .... F. 6459.90

PRIX DE REVIENT A MARSEILLE DES 100 KIL. ENTREPOT

AUX CHANGES SUIVANTS SUR MARSEILLE A 3 MOIS DE DATE

	PRIX à MERSINA par ocque franco à bord	Paras 195 pour F. 1	Paras 190 pour F. 1	Paras 185 pour F. 1	Paras 180 pour F. 1	Paras 175 pour F. 1	Paras 170 pour F. 1	Paras 165 pour F. 1
Piastres — Coût et frais variables	Piastres —. 1	F. 0.42	F. 0.43	F. 0.44	F. 0.46	F. 0.47	F. 0.48	F. 0.50
	—. 2	0.84	0.87	0.89	0.91	0.94	0.97	1.—
	—. 3	1.27	1.30	1.33	1.37	1.41	1.45	1.49
	—. 4	1.69	1.73	1.78	1.83	1.88	1.94	1.99
	—. 5	2.11	2.17	2.22	2.29	2.35	2.42	2.49
	—. 6	2.53	2.60	2.66	2.74	2.82	2.90	2.99
	—. 7	2.95	3.03	3.11	3.20	3.29	3.39	3.49
	—. 8	3.38	3.46	3.55	3.66	3.76	3.87	3.98
	—. 9	3.80	3.90	4.—	4.11	4.23	4.36	4.48
	—.10	4.22	4.33	4.44	4.57	4.70	4.84	4.98
	—.20	8.43	8.66	8.89	9.14	9.40	9.67	9.97
	—.30	12.65	12.98	13.33	13.70	14.09	14.51	14.95
	1.—	16.86	17.31	17.77	18.27	18.79	19.34	19.93
	2.—	33.72	34.61	35.55	36.54	37.58	38.68	39.86
	3.—	50.59	51.92	53.32	54.80	56.37	58.03	59.78
	4.—	67.45	69.22	71.10	73.07	75.16	77.37	79.71
Coût et frais variables et invariables	10.—	184.87	189.31	193.99	198.93	204.14	209.67	215.53
	15.—	269.18	275.84	282.86	290.27	298.09	306.38	315.17
	20.—	353.49	362.37	371.73	381.61	392.03	403.09	414.81
	25.—	437.80	448.90	460.60	472.95	485.98	499.80	514.45
	30.—	522.11	535.43	549.47	564.29	579.92	596.51	614.09

OBSERVATIONS

F. 0.50 par 100 kil. sur le fret, font à Marseille une différence de F. 0.58 par 100 kil. sur les prix.

On veut savoir le revient à Marseille de Cire coûtant à Mersina P. 18.20 l'ocque *franco à bord*, du navire au change de 180 paras pour F. 1 et au fret de F. 12.

On trouvera dans la 1re et la 5e colonne de ce tableau que :

P. —.20 font par 100 kil.	F.	9.14
» 3.— id. id.	»	54.80
» 15.— id. id.	»	290.27
P. 18.20 feront donc par 100 kil.	F.	354.21

Droits d'entrée par 100 kil. en Janvier 1867

Par navire Français .... F. 1.—
id. Étranger .... » 5.—

COMPTE D'ACHAT ET DE REVIENT

A 100 BALLES COTON D'ADANA A MERSINA

100 B. Coton pressées et cerclées pesant brut..	ocques 12500.—			
Tare	» 800.—			
Net	ocques 11700.— à P. 19 ½ l'ocque.		P.	228150.—
	» 62.50 déchet de presse ½ %			
	ocques 11637.50			

FRAIS

Transport d'Adana à ⁵⁄₁₀ l'ocque	P.	2500.—		
Peseur public	»	25.—		
Courtage à Adana 2 %	»	4563.—		
Cent'es 800 ocques emballage à P. 15	»	12000.—		
Usage de 100 cordes	»	600.—		
Mahones et portefaix pour embarquer	»	600.—		
Connaissement, menus frais, &c.	»	180.—	»	20468.—
			P.	248618.—

Droits de sortie sur 11637 ocques à P. 270 les 44 ocques P. 71410 au droit actuel (1866) de 4 %	P.	2856.20		
Commission 3 %	»	85.90	»	7458.90
	B.	2942.10	P.	256076.90
Remboursement sur Marseille à 3 mois de date au change de 170 Paras p^r F. 1.	F.	692.30	F.	60253.30

FRAIS A MARSEILLE

Fret par vapeur à F. 25 par 100 kil. sur 15500 kil			F.	3875.—		
Assurance maritime sur F. 66288 à ½ %	»	3.80	»	331.45		
Change maritime sur F. 4200.45 à 2 %			»	84.10		
Frais des Docks à F. 0.45 par 100 kil			»	69.75		
Portefaix, charrettes pour mettre en magasin et livrer, formalités de douane, emballeurs pour réparer les balles et échantillonner, peseurs publics au débarquement et à la livraison et menus frais F. 2 par 100 kil.			»	310.—		
Magasinage d'un mois F. 0.10 par 100 kil.			»	15.50		
Assurance contre le feu 1 ‰	»	0.70	»	60.25		
Courtage de vente ½ %						
Escompte à la vente 2 %						
Commission de vente 2 %						
Ensemble 4 ½ % sur F. 67943.60	»	31.55	»	2944.25	»	7690.30
	F.	728.35			F.	67943.60
Soit par 100 kil.	»	5.01				

RENDEMENT : 80 Ocques rendent à Marseille 100 kil. nets :

Soit 11637.50 ocques = net 14547 kil. à ...... F. 467.07 par 100 kil. entrepôt ...... F. 67944.05
Plus : droits de sortie à Mersina ...... » 5.01 id. id.
Ensemble ...... F. 472.08 id. id.

PRIX DE REVIENT A MARSEILLE DES 100 KIL. ENTREPOT

AUX CHANGES SUIVANTS SUR MARSEILLE A 3 MOIS DE DATE

PRIX à MERSINA par ocque — Franco à bord Piastres	Aux usages Piastres	Paras 195 pour F. 1	Paras 190 pour F. 1	Paras 185 pour F. 1	Paras 180 pour F. 1	Paras 175 pour F. 1	Paras 170 pour F. 1	Paras 165 pour F. 1
0.02.62	—. 1	F. 0.46	F. 0.47	F. 0.48	F. 0.49	F. 0.51	F. 0.52	F. 0.54
0.05.24	—. 2	0.91	0.94	0.96	0.99	1.02	1.05	1.08
0.07.86	—. 3	1.37	1.40	1.44	1.48	1.52	1.57	1.62
0.10.48	—. 4	1.82	1.87	1.92	1.98	2.03	2.09	2.16
0.13.10	—. 5	2.28	2.34	2.41	2.47	2.54	2.62	2.70
0.15.72	—. 6	2.74	2.81	2.89	2.96	3.05	3.14	3.23
0.18.34	—. 7	3.19	3.28	3.37	3.46	3.56	3.66	3.77
0.20.96	—. 8	3.65	3.74	3.85	3.95	4.06	4.18	4.31
0.23.58	—. 9	4.10	4.21	4.33	4.45	4.57	4.71	4.85
0.26 ¼	—.10	4.56	4.69	4.81	4.94	5.08	5.23	5.39
0.52 ½	—.20	9.12	9.36	9.61	9.88	10.10	10.46	10.78
0.78 ¾	—.30	13.68	14.04	14.42	14.82	15.24	15.69	16.16
1.05	1.—	18.24	18.72	19.22	19.76	20.32	20.92	21.55
2.10	2.—	36.47	37.43	38.44	39.51	40.64	41.84	43.10
3.15	3.—	54.71	56.15	57.67	59.27	60.96	62.75	64.66
4.20	4.—	72.94	74.86	76.89	79.02	81.28	83.67	86.21
5.25	5.—	91.18	93.58	96.11	98.78	101.60	104.59	107.76
6.65	5.—	146.77	149.81	153.02	156.40	159.97	163.76	167.77
7.70	6.—	165.01	168.53	172.24	176.16	180.29	184.68	189.32
8.75	7.—	183.24	187.24	191.46	195.91	200.61	205.60	210.87
9.80	8.—	201.48	205.96	210.69	215.67	220.93	226.51	232.43
10.85	9.—	219.71	224.67	229.91	235.42	241.25	247.43	253.98
11.90	10.—	237.95	243.39	249.13	255.18	261.57	268.35	275.53
17.15	15.—	329.13	336.97	345.24	353.96	363.17	372.94	383.29
22.41	20.—	420.31	430.55	441.35	452.74	464.77	477.53	491.05
Plus Droits de Sortie à Mersina		A ajouter et à calculer suivant l'explication page 510.						

(*) Dans cette 1re colonne figure la parité des prix *aux usages* comparés avec ceux limités *franco à bord*, c'est-à-dire que P. 10 l'ocque, *aux usages*, est absolument la même chose que si la limite était donnée à P. 11.90 *franco à bord*.

OBSERVATIONS

F. 0.50 sur le fret, par 100 kil. font à Marseille une différence de F. 0.53 par 100 kil. sur les prix.

On veut savoir le revient à Marseille de Coton coûtant à Mersina P. 14.10 l'ocque, en ville, au change de 180 paras pour F. 1 et au fret de F. 25.

On trouvera dans la 1re et la 5e colonne de ce tableau que :

P. —.10 font par 100 kil.	F.	4.94
» 4.— id. id.	»	79.02
» 10.— id. id.	»	255.18
Plus droits de sortie à Adana	»	4.73
P. 14.10 ferait donc par 100 kil.	F.	343.87

Logarithmes pour les Droits de Sortie

CHANGES		LOGARITHMES
»	195	40416
»	190	41480
»	185	42601
»	180	43784
»	175	45035
»	170	46360
»	165	47765

Droits d'entrée par 100 kil. en Janvier 1867

Par navire Français ...... Exempt.
id. Étranger ...... F. 2.—

COMPTE D'ACHAT ET DE REVIENT

A 50 BALLES LAINE DE CARAMANIE EN SUINT PRESSÉES

50 B. Laine de Caramanie en suint pressées pesant brut oocques 12450				
Tare .... » 400				
Net .... ocques 12050 à P. 6 l'ocque...			P.	72300.—

FRAIS

Transport de Tarsous........	P.	375.—		
Coût de 400 ocques emballage à P. 15	»	6000.—		
Courtage à Tarsous 2 %........	»	1446.—		
Pressage de 50 balles à P. 30	»	1500.—		
Portefaix et Mahones pour embarquer........	»	300.—		
Connaissement, menus frais, &c........	»	150 —	»	9771.—
			P.	82071.—

	Droits de sortie			
Droits de sortie sur une estimation de P. 134.50 les 44 ocques, sur 12050 P. 36835 ocques au droit actuel (1866) de 4 %........	P.	1473.20		
Commission d'achat 3 %........	»	44.10	»	2462.—
	P.	1517.30	P.	84533.—
Remboursement sur Marseille à 3 mois de date au change de 170 Paras p^r F. 1	F.	357.10	F.	19890.10

FRAIS A MARSEILLE

Fret par vapeur F. 20 par 100 kil. sur 15700 kil........			F.	3140.—		
Assurance maritime sur F. 21880 à ½ %........	»	1.95	»	109.40		
Change maritime sur F. 3249.40 à 2 %........			»	64.90		
Frais de docks à F. 0.45 par 100 kil........			»	70.65		
Portefaix, charrettes pour mettre en magasin et livrer, emballeurs pour réparer les balles et échantillonner, peseurs publics au débarquement et à la livraison, formalités de douane, permis, timbre, menus frais, à F. 1.50 par 100 kil........			»	235.50		
Magasinage d'un mois à F. 2 par 1000 kil........			»	31.40		
Assurance contre le feu 1 ‰........	»	0.35	»	19.90		
Courtage de vente........ ½ %						
Commission de vente........ 2 %						
Escompte à la vente........ 2 %						
Ensemble........ 4 ½ % sur F. 24629.10	»	16.80	»	1067.25	»	4739.—
	F.	375.70			F.	24629.10
Soit par 100 kil........	»	2.50				

Rendement : 80 Ocques rendent à Marseille 100 kil. nets :

Soit 12050 ocques = net 15062 kil. à F. 163.52 par 100 kil. entrepôt........ F. 24629.30

Plus : droits de sortie à Mersina........ » 2.50 id. id.

Ensemble........ F. 166.02 id. id.

PRIX DE REVIENT A MARSEILLE DES 100 KIL. ENTREPOT

AUX CHANGES SUIVANTS SUR MARSEILLE A 3 MOIS DE DATE

PRIX à MERSINA par ocque — Franco à bord Piastres	Aux usages Piastres	Paras 195 pour F. 1	Paras 190 pour F. 1	Paras 185 pour F. 1	Paras 180 pour F. 1	Paras 175 pour F. 1	Paras 170 pour F. 1	Paras 165 pour F. 1
0.02	—. 1	F. 0.45	F. 0.47	F. 0.48	F. 0.49	F. 0.51	F. 0.52	F. 0.54
0.05	—. 2	0.91	0.93	0.96	0.98	1.01	1.04	1.07
0.08	—. 3	1.36	1.40	1.43	1.47	1.52	1.56	1.61
0.10	—. 4	1.82	1.86	1.91	1.96	2.02	2.08	2.14
0.13	—. 5	2.27	2.33	2.39	2.46	2.53	2.60	2.68
0.15	—. 6	2.72	2.80	2.87	2.95	3.03	3.12	3.22
0.18	—. 7	3.18	3.26	3.35	3.44	3.54	3.64	3.75
0.21	—. 8	3.63	3.73	3.82	3.93	4.04	4.16	4.29
0.23	—. 9	4.09	4.19	4.30	4.42	4.55	4.68	4.82
0.26 ¼	—.10	4.54	4.66	4.78	4.91	5.05	5.20	[illegible]
0.52 ½	—.20	9.07	9.31	9.56	9.83	10.11	10.41	10.72
0.78 ¾	—.30	13.61	13.97	14.34	14.74	15.16	15.61	16.07
1.05	—.40	18.14	18.62	19.12	19.65	20.21	20.81	21.43
4.91	4.—	109.43	111.67	114.04	116.52	119.14	121.91	124.80
5.96	5.—	127.57	130.29	133.16	136.17	139.35	142.72	146.24
7.01	6.—	145.70	148.91	152.27	155.82	159.56	163.52	167.67
8.06	7.—	163.84	167.52	171.39	175.47	188.77	184.33	189.10
9.11	8.—	181.98	186.14	190.51	195.12	208.99	205.14	210.53
10.16	9.—	200.12	204.75	209.63	214.77	229.20	225.94	231.96
11.21	10.—	218.26	223.37	228.75	234.42	240.41	246.75	253.39
Plus Droits de Sortie à Mersina		A ajouter et à calculer suivant l'explication page 510						

(*) Dans cette 1re colonne figure la parité des prix *aux usages* comparés avec ceux limités *franco à bord*; c'est-à-dire que P. 6 l'ocque *aux usages*, est absolument la même chose que si la limite était donnée à P. 7.01 *franco à bord*.

OBSERVATIONS

F. 0.50 par 100 kil. sur le fret, font à Marseille une différence de F. 0.52 par 100 kil. sur les prix.

On veut savoir le revient à Marseille de Laine en suint coûtant à Mersina P. 7.25 par ocque, au change de 180 paras pour F. 1 et au fret de F. 20.

On trouvera dans la 1re et la 5e colonne de ce tableau que :

P. —. 5 font par 100 kil........	F.	2.46
» —.20 id. id.	»	9.83
» 7.— id. id.	»	175.47
Plus, droits de sortie à Mersina..	»	2.36
P. 7.25 feront donc par 100 kil........	F.	190.12

Logarithmes pour les Droits de Sortie

CHANGES		LOGARITHMES
195	....	40416
» 190	....	41480
» 185	....	42601
» 180	....	43784
» 175	....	45033
» 170	....	46360
» 165	....	47765

Droits d'entrée par 100 kil. en Janvier 1867.

Par navire Français........ Exempte.

Id. Étranger........ F. 3.00

COMPTE D'ACHAT ET DE REVIENT

A GRAINE DE SÉSAME A MERSINA

15750 ocques Sésames criblées à P. 2 ⅛ l'ocque sous le crible					P.	33862.50

FRAIS A MERSINA

	Droits de sortie					
Droits de sortie à P. 1.50 l'ocque sur 15750 ocques : P. 23625 au droit actuel (1866) de 4 %	P.	945.—				
Portefaix, remplir et coudre les sacs et embarquement			P.	225.—		
Mahones pour transport à bord			»	175.—		
Menus frais			»	135.—		
Courtage ⅛ l'ocque			»	787.50	»	1322.50
					P.	35185.—
Commission 3 %	»	28.15			»	1055.50
	P.	973.15			P.	36240.50
Remboursement sur Marseille à 3 mois de date au change de 170 Paras pr F. 1.	F.	229.—			F.	8527.15

FRAIS A MARSEILLE

Fret par voilier à F. 3.25 par 100 kil. et 5 % sur 19688 kil.			F.	671.85		
Assurance maritime sur F. 9380 à 3 % et police F. 3	»	7.50	»	284.40		
Portefaix pour débarquer et livrer, peseurs publics et marqueurs, expertise, prise d'échantillons et vacations, formalités de douane, permis, prélarts, bateaux, garde-quai et menus frais, ensemble F. 0.45 par 100 kil.			»	88.60		
Courtage de vente ½ %						
Escompte à la vente 2 %						
Commission de vente 2 %						
Ensemble 4½ % sur F. 10005.60	»	10.70	»	433.60	»	1478.45
Livrable sur le quai au débarquement	F.	247.20			F.	10005.60
Soit par 100 kil.	»	1.26				

Rendement : 80 Ocques rendent à Marseille 100 kil. nets :

Soit 15750 ocques = net 19688 kil. à	F. 50.82	par 100 kil.	entrepôt	F.	10000.45
Plus : droits de sortie à Mersina	» 1.26	id.	id.		
Ensemble	F. 52.08	id.	id.		

PRIX DE REVIENT A MARSEILLE DES 100 KIL. ENTREPOT

AUX CHANGES SUIVANTS SUR MARSEILLE A 3 MOIS DE DATE

	PRIX à MERSINA par ocque — Francs à bord Piastres	Aux usages Piastres	Paras 195 pour F. 1	Paras 190 pour F. 1	Paras 185 pour F. 1	Paras 180 pour F. 1	Paras 175 pour F. 1	Paras 170 pour F. 1	Paras 165 pour F. 1
SUBDIVISIONS — Frêt et frais variables	0.02.57	—. 1	F. 0.46	F. 0.47	F. 0.48	F. 0.49	F. 0.51	F. 0.52	F. 0.54
	0.05.14	—. 2	0.91	0.94	0.96	0.99	1.02	1.05	1.08
	0.07.71	—. 3	1.37	1.40	1.44	1.48	1.53	1.57	1.62
	0.10.28	—. 4	1.82	1.87	1.92	1.98	2.04	2.10	2.16
	0.12.85	—. 5	2.28	2.34	2.41	2.47	[illegible]	[illegible]	2.70
	0.15.42	—. 6	2.74	2.81	[illegible]	2.96	3.05	3.14	3.23
	0.17.99	—. 7	3.19	3.28	3.37	3.46	3.56	3.67	3.77
	0.20.56	—. 8	3.65	3.74	3.85	3.95	4.07	4.19	4.31
	0.23.13	—. 9	4.10	4.21	4.33	4.35	4.58	4.72	4.85
	0.25 ¾	.10	4.56	4.68	4.81	4.94	5.09	5.24	5.39
	0.51 ½	—.20	9.13	9.37	9.62	9.89	10.17	10.47	10.79
	0.77 ¼	.30	13.69	14.05	14.48	14.88	15.26	15.71	16.18
	1.03	—.40	18.25	18.73	19.24	19.77	20.34	20.94	21.57
Cafés et frais var. réunis	1.11.—	1.—	23.82	24.33	24.89	25.48	26.10	26.75	27.43
	2.14.—	2.—	42.07	43.06	44.13	45.25	46.43	47.68	49.—
	3.17.—	3.—	60.32	61.79	63.36	65.03	66.77	68.62	70.57
	4.20.—	4.—	78.57	80.52	82.60	84.80	87.11	89.55	92.14
	5.23.—	5.—	96.83	99.26	101.84	104.57	107.45	110.49	113.71
Plus Droits de Sortie à Mersina			A ajouter et à calculer suivant l'explication page 510.						

(¹) Dans cette 1re colonne figure la parité des prix *aux usages* comparés avec ceux limités *franco à bord* du navire. C'est-à-dire que P. 3 l'ocque aux usages est absolument la même chose que si la limite était donnée à P. 3.17 *franco à bord*.

OBSERVATIONS

F. 0.50 par 100 kil. sur le fret, font à Marseille une différence de F. 0.52 ½ par 100 kil. sur les prix.

On veut savoir le revient à Marseille de Sésame coûtant à Mersina P. 3.15 l'ocque, en ville, au change de 180 paras pour F. 1 et au fret de F. 3.25 et 5 %.

On trouvera dans la 1re et la 5e colonne de ce tableau que :

P. —. 5	font par 100 kil.		F.	2.47
» —.10	id.	id.	»	4.94
» 3.—	id.	id.	»	65.03
	Plus droits de sortie		»	1.19
P. 3.15	feront donc par 100 kil.		F.	73.63

Logarithmes pour les Droits de Sortie

CHANGES		LOGARITHMES
CHANGES	195	18281
»	190	18731
»	185	19238
»	180	19772
»	175	20337
»	170	20935
»	165	21569

Droits d'entrée par 100 kil. en Janvier 1867

Par navire Français .... Exempt.
id. Étranger .... F. 2.40

TRIPOLI DE SYRIE

Tripoli de Syrie, ville de la Turquie d'Asie, à 150 kilomètres O. de Damas, au pied d'une des branches du Liban, à deux kilomètres de la Méditerranée. Population, 24000 habitants.

Port. — Il n'y a pas de port proprement dit, et la rade n'offre aucune sûreté quand le vent de N.-O. est violent ; les navires mouillent entre la terre et de petits îlots rocailleux. Ce port est une des stations des bateaux à vapeur français qui y touchent quatre fois par mois.

Tripoli est appelé à devenir un point important sur la côte de Syrie. Il est l'échelle de deux villes de l'intérieur, Hams et Houre, dans lesquelles les Arabes du désert, à certaines époques de l'année, viennent s'approvisionner ; une maison suisse de Beyrouth y a établi, en 1852, un agent, et les bénéfices qu'elle a réalisés sont tels qu'elle compte donner une plus vive impulsion à ce genre d'affaires qui consiste dans la vente des manufacturés suisses, confectionnés pour l'usage des Arabes et dont les couleurs sont appropriées à leur goût. Ces derniers payent comptant leurs achats. Il serait à désirer que le commerce français ne laissât pas ce débouché lui échapper ; car si, dans le principe, les affaires étaient prudemment conduites, on réaliserait facilement de très-grands bénéfices. Mais la première condition pour réussir serait d'avoir, dans chacune de ces deux villes, un agent actif connaissant la langue du pays.

Commerce. — Les grands débouchés de Tripoli sont l'Égypte et la Turquie. Cette ville avec son arrondissement, fournit les produits suivants :

La Soie, l'Huile, les Éponges, les Graines, le Tabac et les Oranges.

La culture du Tabac a pris de l'importance ces dernières années, il s'en consomme beaucoup dans le pays, il jouit d'une juste réputation que lui a value sa bonne qualité, supérieure à celle du tabac des autres pays.

Les articles que Tripoli reçoit de France consistent en Café, Fer et Acier, tissus de Coton, Draps, etc.

Navigation. — Les parages de Tripoli sont sillonnés par les vapeurs français des Messageries Impériales, par les vapeurs russes et par des navires à voiles arabes.

On trouvera ci-après les comptes de revient pour Marseille, des principaux articles d'exportation.

Les droits de sortie sont calculés séparément, et ne sont pas inclus dans les prix de revient des tableaux, auxquels ils devront être ajoutés. Chaque année, le droit se réduit de 1 % jusqu'en 1869 où il se trouvera fixé irrévocablement à 1 % sur la valeur estimative et invariable de la douane mentionnée au tarif pour chaque article.

Pour faciliter le calcul de ces droits, et savoir à chaque nouveau droit ce qu'ils font à Marseille par 100 kil., il suffira de multiplier le logarithme du change par l'estimation de la douane et prélever sur ce produit le montant du droit de 4, 3, 2 ou 1 %.

Exemple

Voyez le compte Blé à la page 521.

On verra sur ce compte que le droit de 4 % (en 1866) sur une estimation de P. 15.30, au change de 170 paras font F. 0.47 par hectolitre.

En multipliant le logarithme 76972 (qui est celui du change de 170 paras) par l'estimation de P. 15.30 le kilot, on trouvera 117767160, qui multiplié par le droit de 4 %, donne 471068640, le produit cherché se trouve dans les deux premiers chiffres de gauche, soit F. 0.47 l'hectolitre.

La même opération pourra se faire avec les mêmes logarithmes, aux droits futurs de 3, 2 et 1 %.

Les ordres d'achat étant parfois donnés avec des limites *franco à bord* du navire, pour faciliter les calculs, on trouvera dans la 1re colonne des tableaux, la parité des prix d'achat *aux usages* comparés avec ceux *franco à bord*. Ainsi, par exemple, sur le compte Blé mentionné ci-dessus, on verra que P. 20 *aux usages*, est comme P. 21.59 *franco à bord*. C'est-à-dire que l'un et l'autre prix, à fret et change égaux, font rentrer la marchandise à Marseille au même prix.

Les P. 1.59 forment les frais de place et commission, ils ne comprennent pas les droits de sortie qui ne figurent pas dans les prix de revient des tableaux. Or, le commissionnaire de Tripoli qui recevra une limite de P. 21.59 par kilé *franco à bord*, ne pourra payer pour rester dans cette limite que........ P. 19.38 4/8
ce qui avec les frais de place et commission montant à........ » 1.59
plus les droits de sortie........ » —.61 4/8
Ensemble formant la limite donnée..... P. 21.59

(Extrait du Dictionnaire du Commerce et de la Navigation par MM. GUILLAUMIN et Cie, ainsi que de ma correspondance particulière).

COMPTE D'ACHAT ET DE REVIENT

A 1000 KILOTS BLÉ

1000 kilots à P. 25 le kilot				P.	25000.—
20 » perte au criblage.					
980 kilots embarqués.					

FRAIS A TRIPOLI

Criblage à P. 30 les 100 kilots		P.	300.—		
Magasinage à P. 1 les 3 ½ kilots		»	285.—		
Transport de la ville à la marine		»	285.—		
Embarquement		»	300.—	»	1170.—
				P.	26170.—
	Droits de douane				
Droits de douane sur 980 kilots à P. 15.30 le kilot P. 14994 au droit actuel (1866) de 4 %	P. 599.75				
Commission d'achat 2 %	» 12.—			»	523.40
	P. 611.75			P.	26693.40
Remboursement sur Marseille à 3 mois de date au change de 170 Paras pr F. 1	F. 148.95			F.	6280.80

FRAIS A MARSEILLE

Fret sur 26300 kil. à F. 3 et 5 % les 100 kil		F.	828.45		
Frais de débarquement, criblage et livraison F. 0.45 la charge		»	94.85		
Assurance maritime sur F. 6900 à 3 % et police F. 3	» 4.75	»	210.—		
Courtage de vente ½ %					
Criblage et avaries 2 %					
Escompte à la vente 2 %					
Commission de vente 2 %					
Ensemble 6½ % sur F. 7915.40	» 10.05	»	501.30	»	1634.60
Livrable sur le quai au débarquement	F. 158.75			F.	7915.40
Soit par hectolitre	» 0.47				

RENDEMENT : Kilots 4.65 rendent à Marseille 1 charge de 8 doubles décalitres ou 160 litres :

	Entrepôt de douane la charge	l'hectolitre	
Soit 980 kilots = net charges 210 ¾ à	F. 37.56		
ou net hectolitres 337 ⅕		F. 23.47	F. 7914.10
Plus : droits de sortie à Beyrouth	» 0.75	» 0.47	
id. droit de ville à Marseille	» 0.20	» 0.12	
Ensemble	F. 38.51	F. 24.06	

PRIX DE REVIENT A MARSEILLE DE L'HECTOLITRE ENTREPOT

AUX CHANGES SUIVANTS SUR MARSEILLE A 3 MOIS DE DATE

PRIX à TRIPOLI par kilot — Franco à bord Piastres	Aux usages Piastres	Paras 195 pour F. 1	Paras 190 pour F. 1	Paras 185 pour F. 1	Paras 180 pour F. 1	Paras 175 pour F. 1	Paras 170 pour F. 1	Paras 165 pour F. 1
0.25 ½	—.10	F. 0.17	F. 0.18	F. 0.18	F. 0.19	F. 0.19	F. 0.20	F. 0.20
0.51	—.20	0.34	0.35	0.36	0.37	0.38	0.39	0.41
0.76 ½	—.30	0.51	0.53	0.54	0.56	0.57	0.59	0.61
1.02	1.—	0.68	0.70	0.72	0.74	0.76	0.78	0.81
2.04	2.—	1.37	1.40	1.44	1.48	1.53	1.57	1.62
3.06	3.—	2.05	2.11	2.16	2.22	2.29	2.35	2.43
4.08	4.—	2.74	2.81	2.88	2.96	3.05	3.14	3.24
5.10	5.	3.42	3.51	3.61	3.71	3.81	3.92	4.04
6.29	5.—	7.15	7.25	7.37	7.50	7.63	7.77	7.93
11.39	10.—	10.57	10.76	10.97	11.20	11.45	11.70	11.98
16.49	15.—	13.98	14.27	14.58	14.91	15.26	15.62	16.02
21.59	20.—	17.42	17.79	18.18	18.62	19.07	19.55	20.07
26.69	25.—	20.84	21.30	21.79	22.38	22.88	23.47	24.11
31.79	30.—	24.26	24.81	25.40	26.03	26.70	27.40	28.15
36.89	35.—	27.68	28.32	29.—	29.74	30.51	31.32	32.20
41.99	40.—	31.10	31.83	32.61	33.44	34.32	35.25	36.24
Plus Droits de Sortie à Tripoli.		A ajouter et à calculer suivant l'explication page 520.						

OBSERVATIONS

F. 0.50 et 5 % par 100 kil. sur le fret, font à Marseille une diff. de F. 0.41 par hectolitre sur les prix.

On veut savoir le revient à Marseille de Blé coûtant à Tripoli P. 19.20 le kilot au change de 180 paras pour F. 1 et au fret de F. 3 et 5 %.

On trouvera dans la 1re et la 5e colonne de ce tableau que :

P. —.20 font par hectolitre	F.	0.37
» 4.— id. id.	»	2.96
» 15.— id. id.	»	14.91
Plus droits de sortie	»	0.44
P. 19.20 feront donc par hectolitre	F.	18.68

Voir pages 448 et 451 pour la réduction de la parité des prix de l'hectolitre comparés à ceux par charge et par 100 kil.

Pour les différences de poids livrés en moins que le poids garanti, voir le tableau aux pages 452 et 455 pour les bonifications à faire ou à ajouter aux prix de revient ci-dessus.

Il est facultatif à l'acheteur de recevoir le Blé criblé à quai ou en transbordement non criblé ; dans ce dernier cas, le vendeur bonifie à l'acheteur F. 0.70 par charge qui représentent pour lui l'économie de frais et de la perte au criblage, mais tandis que par exemple, pour une vente avec garantie de 126/124 kil. à quai, l'acheteur a droit effectivement à 126 kil., cette garantie, quand la livraison a lieu en transbordement se réduit à 127 kil., c'est-à-dire toujours de 1 kil. en moins sur le poids garanti à quai.

Pour mettre en magasin pendant un mois, y compris le déchet, il faut compter un supplément de frais de F. 1.25 l'hectolitre.

Logarithmes pour les Droits de Sortie

CHANGES		LOGARITHMES
195		07104
» 190	»	68869
» 185	»	70731
» 180	»	72696
» 175	»	74773
» 170	»	76972
» 165	»	79304

Droits d'entrée par 100 kil. en Janvier 1867

Par navire Français	F.	0.60
id. Etranger	»	1.20

COMPTE D'ACHAT ET DE REVIENT

A 10 QUINTAUX COTON

10 quintaux Coton, pesant 2000 ocques à P. 3500 le quintal .... P. 35000 =

FRAIS A L'INTÉRIEUR

Pressage à P. 30 le quintal	P.	300.—		
Emballage et pesage	»	250.—		
Transport de l'intérieur à Tripoli à P. 60 le quintal	»	600.—	»	1150 =
			P.	36150 =
Commission de l'intérieur 2 ½ %			»	903.75
			P.	37053.75

FRAIS A TRIPOLI

	Droits de sortie			
Droits de douane sur 2000 ocques estimation de P. 270 par 44 ocques P. 12273 au droit actuel (1866) de 4 %	P. 490.92			
Magasinage		P. 20.—		
Embarquement		» 80.—	»	100 =
			P.	37153.75
Commission à Tripoli 2 %	» 9.82		»	743.07
	P. 500.74		P.	37896.82
Remboursement sur Marseille à 3 mois de date au change de 170 paras p^r F. 1	F. 117.80		F.	8916.90

FRAIS A MARSEILLE

Fret par steamer à F. 20 par 100 kil sur 2600 kil		F. 520.—	
Assurance maritime sur F. 9808 à ½ %	» 0.65	» 49.05	
Change maritime sur F. 569.05 à 2 %		» 11.40	
Frais des Docks à F. 0.45 les 100 kil		» 11.70	
Portefaix, charrettes pour mettre en magasin et livrer, emballeurs pour réparer et échantillonner, peseurs publics au débarquement et à la livraison, formalités de douane et menus frais à F. 2 par 100 kil		» 52.—	
Magasinage d'un mois F. 0.10 par 100 kil		» 2.60	
Assurance contre le feu 1 ‰	» 0.10	» 8.90	
Courtage de vente ½ %			
Escompte à la vente 2 %			
Commission de vente 2 %			
Ensemble 4 ½ % sur F. 10006.15	» 5.85	» 433.60	» 1089.25
	F. 128.90		F. 10006.15
Soit par 100 kil	» 4.96		

Rendement : 1 quintal de 200 Ocques rendent à Marseille 250 kil. nets :

Soit 10 quintaux = net 2500 kil. à ... F. 400.24 par 100 kil. entrepôt .... F. 10006.—
Plus : droits de sortie à Tripoli .... » 4.96 id. id.
Ensemble .... F. 405.20 id. id.

PRIX DE REVIENT A MARSEILLE DES 100 KIL. ENTREPOT

AUX CHANGES SUIVANTS SUR MARSEILLE A 3 MOIS DE DATE

PRIX à TRIPOLI par quintal en ville	Paras 195 pour F. 1	Paras 190 pour F. 1	Paras 185 pour F. 1	Paras 180 pour F. 1	Paras 175 pour F. 1	Paras 170 pour F. 1	Paras 165 pour F. 1
1	F. 0.09	F. 0.09	F. 0.10	F. 0.10	F. 0.10	F. 0.10	F. 0.11
2	0.18	0.19	0.19	0.20	0.20	0.21	0.21
3	0.27	0.28	0.29	0.29	0.30	0.31	0.32
4	0.36	0.37	0.38	0.39	0.40	0.42	0.43
5	0.45	0.47	0.48	0.49	0.51	0.52	0.54
6	0.54	0.56	0.57	0.59	0.61	0.62	0.64
7	0.63	0.65	0.67	0.69	0.71	0.73	0.75
8	0.72	0.74	0.76	0.78	0.81	0.83	0.86
9	0.81	0.84	0.86	0.88	0.91	0.94	0.96
10	0.90	0.93	0.95	0.98	1.01	1.04	1.07
20	1.81	1.85	1.90	1.96	2.01	2.07	2.13
30	2.71	2.78	2.86	2.94	3.02	3.11	3.20
40	3.61	3.70	3.80	3.91	4.02	4.14	4.27
50	4.52	4.63	4.76	4.89	5.03	5.18	5.34
60	5.42	5.56	5.71	5.87	6.04	6.21	6.40
70	6.32	6.48	6.66	6.85	7.04	7.25	7.47
80	7.22	7.41	7.61	7.83	8.05	8.28	8.54
90	8.13	8.33	8.56	8.80	9.05	9.32	9.60
100	9.03	9.26	9.51	9.78	10.06	10.35	10.67
200	18.06	18.52	19.02	19.56	20.11	20.71	21.33
300	27.08	27.78	28.54	29.33	30.17	31.06	32.—
400	36.10	37.04	38.05	39.11	40.23	41.41	42.66
500	45.13	46.30	47.57	48.89	50.28	51.76	53.33
600	54.15	55.56	57.08	58.66	60.34	62.12	64.—
700	63.18	64.81	66.60	68.44	70.40	72.47	74.66
800	72.20	74.10	76.10	78.22	80.45	82.82	85.33
900	81.23	83.37	85.62	87.99	90.51	93.17	96.00
500	81.36	82.87	84.48	86.08	87.68	89.57	91.68
1000	120.50	125.18	131.09	134.90	138.11	141.44	144.96
2000	216.78	221.61	227.12	232.74	238.58	244.90	251.65
3000	307.01	314.48	322.26	330.51	339.24	348.40	358.30
4000	397.26	407.06	417.80	428.29	439.81	452.01	464.95
Plus Droits de Sortie à Tripoli	A ajouter et à calculer suivant l'explication page 520.						

OBSERVATIONS

F. 1 par 100 kil. sur le fret, fait à Marseille une diff. de F. 1.04 par 100 kil. sur les prix.

On veut savoir le revient à Marseille du Coton coûtant à Tripoli P. 2585 le quintal en ville, au change de 180 paras pour F. 1 et au fret de F. 20 par 100 kil.

On trouvera dans la 1re et la 5e colonne de ce tableau que :

P. 5 font par 100 kil.		F.	0.49
» 80 id.	id.	»	7.82
» 500 id.	id.	»	48.89
» 2000 id.	id.	»	232.74
Plus droits de sortie à Tripoli		»	4.08
P. 2585 feront donc par 100 kil.		F.	294.02

Logarithmes pour les Droits de Sortie

CHANGES	195	LOGARITHMES	40004
»	190	»	41047
»	185	»	42166
»	180	»	43388
»	175	»	44570
»	170	»	45887
»	165	»	47278

Droits d'entrée par 100 kil. en Janvier 1867

Par navire Français .... Exempt
Id. Étranger .... F. 3.—

COMPTE D'ACHAT ET DE REVIENT

A 10 QUINTAUX COTON

10 quintaux Coton pesant 2000 ocques à P. 3500 le quintal de 200 ocques rendu *franco à bord* du naviro........ P. 35000. —

Remboursement sur Marseille à 3 mois de date au change de 170 Paras pour F. 1........ F. 8235.30

FRAIS A MARSEILLE

Fret par vapeur à F. 20 par 100 kil. sur 2600 kil........	F.	520.—	
Assurance maritime sur F. 9058 à ½ %........	»	45.30	
Change maritime sur F. 565.30 à 2 %........	»	11.30	
Frais des Docks à F. 0.45 par 100 kil........	»	11.70	
Portefaix, charrettes pour mettre en magasin et livrer, emballeurs pour réparer et échantillonner, peseurs publics au débarquement et à la livraison, formalités de Douane et menus frais à F. 2 par 100 kil........	»	52.—	
Magasinage d'un mois F. 0.10 par 100 kil........	»	2.60	
Assurance contre le feu 1 ‰........	»	8.25	
Courtage de vente........ ½ %			
Escompte à la vente........ 2 %			
Commission de vente........ 2 %			
Ensemble........ 4 ½ % sur F. 9289.—........	»	402.55	» 1053.70
			F. 9289.—

RENDEMENT : 1 quintal de 200 Ocques rend à Marseille 250 kil. nets :

Soit 10 quintaux = net 2500 kil. à F. 371.56 par 100 kil. entrepôt........ F. 9289.—

PRIX DE REVIENT A MARSEILLE DES 100 KIL. ENTREPOT

AUX CHANGES SUIVANTS SUR MARSEILLE A 3 MOIS DE DATE

	PRIX à TRIPOLI par quintal en ville franco à bord	Paras 195 pour F. 1	Paras 190 pour F. 1	Paras 185 pour F. 1	Paras 180 pour F. 1	Paras 175 pour F. 1	Paras 170 pour F. 1	Paras 165 pour F. 1
	Piastres							
[illegible] — Coût et frais variables	1	F. 0.09	F. 0.09	F. 0.09	F. 0.09	F. 0.10	F. 0.10	F. 0.10
	2	0.17	0.18	0.18	0.19	0.19	0.20	0.20
	3	0.26	0.27	0.27	0.28	0.29	0.30	0.31
	4	0.34	0.36	0.36	0.38	0.38	0.40	0.41
	5	0.43	0.45	0.46	0.47	0.48	0.50	0.51
	6	0.52	0.53	0.55	0.56	0.58	0.59	0.61
	7	0.60	0.62	0.64	0.66	0.67	0.68	[illegible]
	8	0.69	0.71	0.73	0.75	[illegible]	0.79	0.82
	9	0.77	0.80	0.82	0.85	0.86	0.89	0.92
	10	0.86	0.89	0.91	0.94	0.96	0.99	1.02
	20	1.73	1.77	1.82	1.87	1.92	1.98	2.04
	30	2.59	2.66	2.73	2.81	2.89	2.97	3.06
	40	3.45	3.54	3.64	3.74	3.85	3.96	4.08
	50	4.32	4.43	4.55	4.68	4.81	4.95	5.10
	60	5.18	5.32	5.46	5.61	5.77	5.94	6.12
	70	6.04	6.20	6.37	6.55	6.73	6.93	7.14
	80	6.90	7.09	7.28	7.48	7.70	7.92	8.16
	90	7.77	7.97	8.19	8.42	8.66	8.91	9.18
	100	8.63	8.86	9.10	9.35	9.62	9.90	10.20
	200	17.27	17.72	18.20	18.70	19.24	19.80	20.40
	300	25.90	26.58	27.30	28.06	28.86	29.71	30.61
	400	34.53	35.44	36.40	37.41	38.48	39.61	40.81
	500	43.17	44.30	45.50	46.76	48.10	49.51	51.01
	600	51.80	53.16	54.59	56.11	57.71	59.41	61.21
	700	60.43	62.02	63.69	65.46	67.33	69.31	71.41
	800	69.06	70.88	72.79	74.82	76.95	79.22	81.62
	900	77.70	79.74	81.89	84.17	86.57	89.12	91.82
Coût et frais variables et invariables	500	68.16	69.29	70.49	71.75	73.08	74.50	76.—
	1000	111.32	113.59	115.98	118.51	121.18	124.01	127.01
	2000	197.64	202.19	206.97	212.03	217.37	223.03	229.03
	3000	283.97	290.78	297.97	305.56	313.57	322.05	331.06
	4000	370.29	379.38	388.96	399.07	409.76	421.07	433.06

OBSERVATIONS

F. 1 par 100 kil. sur le fret, fait à Marseille une différence de F. 1.04 par 100 kil. sur les prix.

On veut savoir le revient à Marseille de Coton coûtant à Tripoli P. 2585 le quintal *franco à bord* du navire, au change de 180 paras pour F. 1 et au fret de F. 20 par 100 kil.

On trouvera dans la 1re et la 5e colonne de ce tableau que:

P. 5	font par 100 kil.	....	F.	0.47
» 80	id.	id.	»	7.48
» 500	id.	id.	»	46.76
» 2000	id.	id.	»	212.03
P. 2585	feront donc par 100 kil.	....	F.	266.74

Droits d'entrée par 100 kil. en Janvier 1867

Par navire Français........ Exempt.
Id. Etranger........ F. 3.—

COMPTE D'ACHAT ET DE REVIENT

A 20 QUINTAUX LAINE SURGE

	Droits de Sortie		
20 quintaux pesant 4000 ocques laine surge à P. 1500 le quintal			P. 30000.—
FRAIS			
Transport de l'intérieur (Hama) à P. 45 le quintal		P. 900.—	
Emballage et pesage		» 500.—	» 1400.—
			P. 31400.—
Commission d'achat à Hama à 2 ½ %			» 785.—
			P. 32185.—
FRAIS A TRIPOLI			
Droits de douane sur 4000 ocques à P. 134.50 le quintal de 44 ocques P. 12226 au droit actuel (en 1866) de 4 %	P. 489.10		
Pressage à P. 25 le quintal		P. 500.—	
Embarquement		» 60.—	» 560.—
			P. 32745.—
Commission à Tripoli 2 %	» 9.80		» 654.90
	P. 498.90		P. 33399.90
Remboursement sur Marseille à 3 mois de date au change de 170 Paras pr F. 1.	F. 117 40		F. 7856.80
FRAIS A MARSEILLE			
Fret par steamer à F. 22 par 100 kil. sur 5200 kil		F. 1144.—	
Assurance maritime sur F. 8644 à ½ %	» 0.60	» 43.20	
Change maritime sur F. 1187.20 à 2 %		» 23.75	
Frais des Docks à F. 0.45 par 100 kil.		» 23.40	
Portefaix, charrettes pour mettre en magasin et livrer, emballeurs pour réparer les balles et échantillonner, peseurs publics au débarquement et à la livraison, formalités de douane, permis, timbres et menus frais, F. 1.50 par 100 kil.		» 75.—	
Magasinage d'un mois F. 2 par 1000 kil.		» 10.40	
Assurance contre le feu 1 ‰	» 0.10	» 7.85	
Courtage de vente ½ %			
Escompte à la vente 2 %			
Commission de vente 2 %			
Ensemble 4 ½ % sur F. 9602.50	» 5.85	» 416.10	» 1743.70
	F. 128.45		F. 9602.50
Soit par 100 kil.	» 2.47		

RENDEMENT : 80 Ocques rendent à Marseille 100 kil. nets :

Soit 4000 Ocques = net 5000 kil. à	F. 192.05	par 100 kil. entrepôt	F. 9602.50
Plus : droits de sortie à Tripoli	» 2.47	id. id.	
Ensemble	F. 194.52	id. id.	

PRIX DE REVIENT A MARSEILLE DES 100 KIL. ENTREPOT
AUX CHANGES SUIVANTS SUR MARSEILLE A 3 MOIS DE DATE

PRIX à TRIPOLI par quintal — Francs à bord	Aux usages	Paras 195 pour F. 1	Paras 190 pour F. 1	Paras 185 pour F. 1	Paras 180 pour F. 1	Paras 175 pour F. 1	Paras 170 pour F. 1	Paras 165 pour F. 1
P. 1.04	P. 1	F. 0.09	F. 0.09	F. 0.10	F. 0.10	F. 0.10	F. 0.10	F. 0.11
2.09	2	0.18	0.19	0.19	0.20	0.20	0.21	0.21
3.13	3	0.27	0.28	0.29	0.29	0.30	0.31	0.32
4.18	4	0.36	0.37	0.38	0.39	0.40	0.42	0.43
5.22	5	0.45	0.47	0.48	0.49	0.51	0.52	0.54
6.27	6	0.54	0.56	0.57	0.59	0.61	0.62	0.64
7.31	7	0.63	0.65	0.67	0.69	0.71	0.73	0.75
8.36	8	0.72	0.74	0.76	0.78	0.81	0.83	0.86
9.40	9	0.81	0.84	0.86	0.88	0.91	0.94	0.96
10.45½	10	0.90	0.93	0.95	0.98	1.01	1.04	1.07
20.91	20	1.81	1.85	1.90	1.96	2.01	2.07	2.13
31.36	30	2.71	2.78	2.85	2.93	3.02	3.11	3.20
41.82	40	3.61	3.70	3.80	3.91	4.02	4.14	4.27
52.27	50	4.52	4.63	4.76	4.89	5.03	5.18	5.34
62.73	60	5.42	5.56	5.71	5.87	6.04	6.21	6.40
73.18	70	6.32	6.48	6.66	6.85	7.04	7.25	7.47
83.64	80	7.22	7.41	7.61	7.82	8.05	8.28	8.54
94.09	90	8.13	8.33	8.56	8.80	9.06	9.32	9.60
104.55	100	9.03	9.26	9.51	9.78	10.06	10.35	10.67
209.10	200	18.05	18.53	19.03	19.55	20.11	20.71	21.33
313.65	300	27.08	27.70	28.54	29.33	30.17	31.06	32.—
418.20	400	36.10	37.05	38.05	39.11	40.23	41.41	42.66
522.75	500	45.13	46.32	47.57	48.89	50.29	51.76	53.33
627.30	600	54.15	55.58	57.08	58.66	60.34	62.12	64.—
731.85	700	63.18	64.84	66.59	68.44	70.40	72.47	74.66
836.40	800	72.20	74.10	76.10	78.22	80.46	82.82	85.33
940.95	900	81.23	83.37	85.62	87.99	90.51	93.17	95.99
523.26	500	80.60	82.01	83.51	85.08	86.74	88.52	90.41
1046.—	1000	125.72	128.35	131.07	133.96	137.03	140.29	143.74
2091.51	2000	215.98	220.96	226.20	231.74	237.60	243.81	250.41
3137.02	3000	306.23	313.58	321.34	329.51	338.16	347.34	357.07
4182.53	4000	396.48	406.21	416.47	427.29	438.73	450.86	463.73
5228.04	5000	486.74	498.84	511.60	525.06	539.30	554.39	570.40

OBSERVATIONS

F. 1 par 100 kil. sur le fret, fait à Marseille une différence de F. 1.04 par 100 kil. sur les prix.

On veut savoir le revient à Marseille de Laine coûtant à Tripoli P. 1756 le quintal de 200 ocques, au change de 180 paras pour F. 1 et au fret de F. 22.

On trouvera dans la 1re et la 5e colonne de ce tableau que :

P. 6 font par 100 kil.		F. 0.59
» 50 id. id.		» 4.89
» 700 id. id.		» 68.44
» 1000 id. id.		» 133.96
Droits de sortie		» 2.33
P. 1756 feront donc par 100 kil.		F. 210.21

Logarithmes pour les Droits de Sortie

CHANGES		LOGARITHMES
195		39994
» 190	»	41046
» 185	»	42156
» 180	»	43327
» 175	»	44565
» 170	»	45875
» 165	»	47265

Droits d'entrée par 100 kil. en Janvier 1867

Par navire Français	Exempte
id. Étranger	F. 3.60

SMYRNE

Smyrne est située sur la côte occidentale de l'Anatolie ou Asie-Mineure, avec une population de 185,000 habitants. C'est l'échelle principale de la Turquie d'Asie et l'un des plus grands entrepôts du commerce levantin, pour les produits asiatiques comme pour les marchandises européennes. Le rayon de son trafic est plus vaste que celui d'aucune autre ville de l'Empire ottoman. Les relations par le moyen de caravanes périodiques, opérant en majeure partie pour le compte de marchands Arméniens, s'étendent jusqu'à la Perse et l'Arabie.

Smyrne, dont la fondation remonte à une haute antiquité, a été souvent ravagée par la peste et plusieurs fois détruite par des tremblements de terre, ainsi que par des incendies; mais son admirable situation et les avantages de son port lui ont toujours permis de se relever promptement de ses désastres. La ville s'élève en amphithéâtre du bord de la mer; mais l'intérieur ne répond pas à ce que cet aspect général a d'imposant; la plupart des rues y sont étroites, mal pavées et mal tenues. On y trouve non-seulement de riches maisons de commerce Arméniennes et Grecques, mais aussi des maisons Françaises, Anglaises, Autrichiennes, Allemandes, Suisses et Italiennes, en assez grand nombre. Le quartier franc qu'elles occupent est voisin de la mer et le plus beau de la ville.

Monnaies. — Il y a trois sortes de monnaies en usage dans le pays.

1° *La monnaie légale* d'après laquelle voici la valeur des différentes pièces :

MONNAIES D'OR			MONNAIES D'ARGENT		
Livre Turque =	Piastres	100	$^1/_2$ Piastre	P.	0.50
$^1/_2$ Livre =	»	50	1 »	»	1.—
$^1/_4$ Livre =	»	25	5 »	»	5.—
			10 »	»	10.—
			20 » (Medjidi)	»	20.—

MONNAIES DE CUIVRE

La piastre, qui se subdivise en 40 paras, a des sous-multiples en cuivre, qui sont les pièces de 5, 10 et 20 paras.

Il y a également des pièces d'une piastre en cuivre qui ont à peu près le diamètre d'une pièce de 5 francs en argent.

Dans ce système, le Napoléon vaut P. 86 et la Livre Sterling P. 110.

2° *La monnaie de change* dans laquelle :

La Livre Turque vaut	Piastres	116
Le Napoléon »	»	100
La Livre Sterling »	»	$127\,^1/_4$

3° *La monnaie tarif* dans laquelle :

La Livre Turque vaut	Piastres	$123\,^1/_2$
Le Napoléon »	»	$106\,^1/_4$
La Livre Sterling »	»	$135\,^1/_2$

Les impôts, les droits de douane, etc, s'acquittent en monnaie légale; c'est également dans cette monnaie que se vendent les denrées dont le prix est tarifé.

La monnaie de change est celle dont se sert le commerce et dans laquelle sont tenus les livres.

La plupart des marchandises se vendent en monnaie de change. Mais plusieurs articles d'importation tels que Café, Sucre, Riz, Manufacturés, Spiritueux, se vendent en *monnaie tarif.*

Poids et Mesures. — Le quintal Turc équivaut à 54 kil., il se divise en 45 ocques ou 100 Rottolis. L'ocque se subdivise à son tour en 380 drahmes. Il existe aussi une ocque de 400 drahmes (1283 grammes) dite ocque de Constantinople, mais dont l'usage est presque nul ici.

Dans les comptes d'achat qui vont suivre, la Scamonée est le seul article qui se pèse à l'ocque de 400 drahmes.

L'Opium se vend par Tchéqui de 250 drahmes. Il y a enfin le Tchéqui de toisons rousses qui vaut 2 ocques.

La mesure de *longueur* est le Cie qui équivaut à 67 centimètres.

La mesure de capacité pour les grains est le *quilot* ou *kilo* qui correspond à environ $35\,^{64}/_{100}$ litres. Le quilot de Blé pèse environ 28 kil. celui d'Orge 22 kil. et celui de Sésame 21 kil.

Il n'y a pas de mesure de capacité pour les liquides qui se vendent au poids et par ocque.

Changes. — Les remboursements s'opèrent généralement par des traites à 3 mois de date fournies indistinctement sur Paris, Marseille et Londres. Le cours moyen sur Paris et Marseille est de 197 paras pour F. 1, sur Londres 125 paras pour £ 1.

Lorsque le change est bas, par exemple à 194 paras pour F. 1, il convient de faire venir des espèces de Marseille, car le cours du Napoléon à 100 piastres en monnaie de lettre de change, correspond au change de 200 paras. Cette différence de 3 % couvre les frais de transport maritime et d'assurance ainsi que l'escompte des 3 mois, et laisse encore un petit bénéfice.

Les ordres d'achat transmis aux négociants de Smyrne sont en général accompagnés de crédits confirmés par des banquiers connus, à moins que le commettant ne jouisse d'une bonne réputation de solvabilité et n'entretienne des rapports suivis avec la place.

Droits d'Entrée et de Sortie. — Les marchandises tant à l'importation qu'à l'exportation ont été taxées à raison de 8 % sur le prix d'évaluation de la douane. Pour l'exportation, ces chiffres seront abaissés successivement chaque année de 1 % jusqu'à ce qu'ils soient réduits à la taxe fixe et définitive de 1 %. Le tarif des douane a été mis en vigueur à partir du 1/13 Mars 1862.

Il est important de remarquer qu'il n'a pas été tenu compte des droits de sortie dans les comptes qui vont suivre; l'usage de la place étant que les vendeurs les acquittent eux mêmes, ils se trouvent ainsi compris dans les prix de vente.

Droits de Navigation. — Les bâtiments qui arrivent à Smyrne n'ont d'autres frais à acquitter que les droits de phare qui ne sont perçus que depuis le 1er Octobre 1863 et qui sont fixés comme suit :

Pour les navires de 5 à 800 tonneaux de Turquie de Jauge	15 paras	par Tonneau.
Les navires d'un tonnage supérieur paient pour chaque tonneau au-dessus de 800 Ton.	7 1/2	id.

Les droits sont obligatoires à l'entrée et à la sortie.

Les navires au-dessous de 5 tonneaux sont exempts de droits, 100 tonneaux de Turquie font 101 1/2 tonneaux français.

Chaque bâtiment français paie en outre à la chancellerie une somme de F. 2.50 qui sert à acquitter la redevance de 100 paras (50 centimes environ) que perçoit le capitaine du port sur chaque navire arrivant au mouillage.

La rade de Smyrne est immense et très-sûre à toutes les époques de l'année. En été cependant le vent d'imbat (Sud-Ouest) qui règne presque constamment dans cette saison rend parfois les opérations en rade difficiles, sans jamais pourtant occasionner de danger pour les bâtiments au mouillage. Mais, si la sécurité de la rade ne laisse rien à désirer, il n'en est pas de même de son accès. L'entrée de la rade à la hauteur du Château (5 milles environ de Smyrne) présente un goulet très-étroit qui tend chaque jour à se resserrer d'avantage sous l'action des sables qui s'accumulent à l'embouchure de l'Hermus, situé précisément vis-à-vis le Château de l'autre côté du Golfe.

Depuis longtemps les navigateurs se préoccupent de cet envahissement du banc de l'Hermus qui occasionne chaque année de nombreux échouages tant de bâtiments à vapeur que de bâtiments à voiles. La passe est encore très-profonde et accessible aux plus gros vaisseaux mais tellement resserrée que la moindre déviation fait échouer les navires qu'on a ensuite beaucoup de peine à retirer des sables.

Si le Gouvernement Turc ne se préoccupe pas sans délai de cet état de choses par des travaux utiles et nécessaires, l'avenir du second centre commercial du Levant pourrait se trouver bien compromis.

Les articles de France qui trouvent à Smyrne les meilleurs débouchés sont : les soieries, les draps, la quincaillerie, les articles de mode et tous ceux dits articles de Paris, enfin les Sucres.

Les produits des raffineries françaises sont de plus en plus recherchés et ils font aujourd'hui une concurrence redoutable à ceux des raffineries Belges et Hollandaises qui obtenaient autrefois la préférence par leur bonne qualité et leur bon marché. Si les raffineurs français continuent à faire progresser leur industrie, il n'est pas douteux qu'ils n'acquièrent dans quelques années le monopole de la consommation de l'Asie-Mineure. Les Peaux tannées cirées et vernies de France y trouvent également un placement avantageux.

USAGES DE LA PLACE CONCERNANT LES MARCHANDISES D'EXPORTATION

Tous les produits de Smyrne sont vendus et achetés net de tare, à l'exception du Coton pour lequel le vendeur a droit à 4 ocques de tare par quintal de 45 Ocques. Les emballages de Crins ne doivent pas dépasser 10 %.

Tous les achats se font au comptant sans aucun escompte.

Les produits sont vendus en deux espèces, au cours de monnaie, savoir :

En monnaie légale, soit la Livre Turque à P. 100 ; en monnaie de lettre de change, soit la Livre Turque à P. 116.

Pour tous les articles cotés en monnaie légale, il faudra ajouter aux prix 16 % pour avoir les cours en monnaie de lettre de change d'après laquelle tous les comptes suivants sont établis.

Ainsi qu'il a déjà été dit plus haut, les droits d'exportation sont payés par les vendeurs qui établissent leurs prix de vente en conséquence, ils ne se trouvent donc pas mentionnés dans les comptes de revient ci-après.

Comme il arrive souvent que les maisons françaises, en transmettant des ordres d'achat de marchandise à Smyrne, le font en donnant des limites *franco à bord* du navire, c'est à dire franc de tous frais et commission, pour faciliter le calcul des comptes de revient, on trouvera dans la 1re colonne de chaque tableau, les prix d'achat ***aux usages*** et en regard le prix d'achat *franco à bord*.

Ainsi par exemple, voir le compte Alizarris à la page 527.

Pour trouver quelle est la parité de P. 350 le quintal ***aux usages*** et en monnaie légale avec le prix de *franco à bord*, on trouvera dans la 1re colonne que :

P. 50	***Aux usages*** font *franco à bord*	P. 51.90	En monnaie de lettre de change
» 300	id. id.	» 327.46	
P. 350	Aux usages feront donc *franco à bord*	P. 379.36	

D'après ce qui précède, il résulte qu'une limite donnée à Smyrne à P. 350 par quintal ***aux usages*** et en monnaie légale, avec addition des frais détaillés sur ce compte, fera rentrer la marchandise à Marseille au même prix que si la limite avait été donnée à P. 379.36 *franco à bord*, en monnaie de lettre de change.

(Extrait du *Dictionnaire du Commerce et de la Navigation*, par MM. GUILLAUMIN et Cie, ainsi que de mes renseignements particuliers).

COMPTE D'ACHAT ET DE REVIENT

A 100 BALLES ALIZARRIS

100 balles Alizarris pesant net 700 quintaux à P. 280 le quintal monnaie de lettre de change (droits de sortie compris) .... P. 196000.—

FRAIS A SMYRNE

Peseur public et régal	P.	250.—		
Port à la presse, droit de porte et visite	»	1520.—		
Frais de presse, journaliers et port au quai P. 64 par balle	»	6400.—		
Canevas et toile à P. 25 par balle	»	2500.—		
Courtage 1 %	»	1960.—		
Magasinage ½ %	»	980.—		
Mahones pour l'embarquement	»	350.—	»	13960.—
			P.	209960.—
Commission d'achat 2 %			»	4199.20
			P.	214159.20
Courtage de négociation ¼ %			»	535.40
			P.	214694.60
Remboursement sur Marseille à 3 mois de date au change de 200 Paras pour F. 1			F.	42938.90

FRAIS A MARSEILLE

Fret F. 5 et 5 % par 100 kil. par voilier sur 38500 kil.	F.	2021.25		
Portefaix, emballeurs, poids public au débarquement et expédition au chemin de fer à F. 2.50	»	96.25		
Assurance maritime sur F. 47232 à 1 ¼ %	»	590.40		
Transport par chemin de fer de Marseille à Avignon et frais	»	481.25		
Courtage de vente ½ %				
Escompte à la vente 2 %				
Commission de vente 2 %				
Ensemble 4½ % sur F. 48217.45	»	2089.41	»	5278.53
Livrable à Avignon			F.	48217.45

RENDEMENT : 1 quintal rend à Marseille 54 kil. nets :

Soit 700 quintaux = net 37800 kil. à F. 127.56 par 100 kil. entrepôt .... F. 48217.70

PRIX DE REVIENT A MARSEILLE ET A AVIGNON DES 100 KIL. ENTREPOT

AUX CHANGES SUIVANTS SUR MARSEILLE A 3 MOIS DE DATE

PRIX à SMYRNE par quintal en monnaie de lettre de change — Franco à bord Piastres	Aux usages Piastres	Paras 200 pour F. 1	Paras 195 pour F. 1	Paras 190 pour F. 1	Paras 185 pour F. 1	Paras 180 pour F. 1	Paras 175 pour F. 1	Paras 170 pour F. 1
10.38	10	F. 4.07	F. 4.18	F. 4.29	F. 4.40	F. 4.53	F. 4.66	F. 4.79
20.76	20	8.15	8.36	8.58	8.81	9.05	9.31	9.58
31.14	30	12.22	12.53	12.86	13.21	13.58	13.97	14.38
41.52	40	16.29	16.71	17.18	17.63	18.10	18.62	19.17
51.90	50	20.37	20.89	21.44	22.02	22.63	23.28	23.96
62.28	60	24.44	25.07	25.73	26.42	27.16	27.93	28.75
72.66	70	28.51	29.25	30.02	30.83	31.68	32.59	33.54
83.04	80	32.58	33.42	34.30	35.23	36.21	37.24	38.34
93.41	90	36.66	37.60	38.59	39.64	40.73	41.90	43.13
103.79	100	40.73	41.78	42.88	44.04	45.26	46.55	47.92
223.67	200	94.97	97.28	99.60	102.09	104.73	107.52	110.46
327.46	300	135.70	139.01	142.48	146.13	149.99	154.07	156.39
431.25	400	176.44	180.78	185.35	190.17	195.25	200.62	206.31

Voir l'explication entre *franco à bord* et *aux usages* à la page 526.

OBSERVATIONS

F. 0.50 et 5% par 100 kil. sur le fret, font à Marseille une diff. de F. 0.53½ par 100 kil. sur les prix.

On veut savoir le revient à Avignon par 100 kil. de l'Alizarris, coûtant à Smyrne P. 240 le quintal, au change de 185 Paras et au fret de F. 5 et 5 % par 100 kil.

On trouvera dans la 1re et la 3e colonne de ce tableau que :

P.	40	font par 100 kil.	F.	17.62
»	200	id.	»	102.09
P.	240	feront donc par 100 kil.	F.	119.71

Droits d'entrée par 100 kil. en Janvier 1867

Sous tous pavillons .... Exempts.

COMPTE D'ACHAT ET DE REVIENT

A 10000 QUILOTS BLÉ PAR NAVIRE A VOILES EN GRENIER

10000 quilots Blé à P. 25 le quilot, en monnaie légale (droits de sortie compris)			P.	250000.—
16 % en sus, monnaie de lettre de change			»	40000.—
			P.	290000.—

FRAIS A SMYRNE

Courtage 1 %	P.	2900.—		
Surveillance et embarquement	»	1250.—		
Nattes et menus frais	»	600.—	»	4750.—
			P.	294750.—
Commission d'achat 2 %			»	5895.—
			P.	300645.—
Courtage de négociation ¼ %			»	751.60
			P.	301396.60
Remboursement sur Marseille à 3 mois de date au change de 200 Paras pour F. 1			F.	60279.30

FRAIS A MARSEILLE

Fret sur 275000 kil. à F. 3.50 par 100 kil.	F.	9625.—		
Assurance maritime sur F. 66307 à 1 % et police F. 3	»	666.05		
Bonification au capitaine, frais de débarquement, criblage et livraison à raison de F. 0.45 la charge sur 2222 charges	»	1000.—		
Courtage de vente ½ %				
Criblure et avaries 2 %				
Escompte à la vente 2 %				
Commission de vente 2 %				
Ensemble 6½ % sur F. 76409.55	»	4839.20	»	16130.25
Livrable sur le quai au débarquement			F.	76409.55

Rendement : 4 quilots ½ rendent à Marseille 1 charge de 160 litres :

	Entrepôt de douane la charge	l'hectolitre
Soit 10000 quilots = 2222 charges	F. 34.39	
ou 3555 hectolitres		F. 21.49½
Plus: droit de ville à Marseille	» 0.20	» 0.12
Ensemble	F. 34.59	F. 21.61½

(¹) Le Blé se vend en monnaie légale.

PRIX DE REVIENT A MARSEILLE DE L'HECTOLITRE ENTREPOT

AUX CHANGES SUIVANTS SUR MARSEILLE A 3 MOIS DE DATE

PRIX à SMYRNE par quilot — Lettre de change franco à bord	Monn. légale aux usages	Paras 200 pour F. 1	Paras 195 pour F. 1	Paras 190 pour F. 1	Paras 185 pour F. 1	Paras 180 pour F. 1	Paras 175 pour F. 1	Paras 170 pour F. 1
P. 18.16	P. 15	F. 14.22	F. 14.50	F. 14.80	F. 15.11	F. 15.44	F. 15.79	F. 16.17
19.36	16	14.94	15.25	15.57	15.90	16.25	16.63	17.03
20.56	17	15.67	15.99	16.33	16.68	17.06	17.46	17.88
21.76	18	16.40	16.74	17.10	17.47	17.86	18.29	18.74
22.95	19	17.12	17.48	17.86	18.25	18.67	19.12	19.59
24.15	20	17.85	18.23	18.63	19.04	19.48	19.95	20.45
25.35	21	18.58	18.98	19.40	19.83	20.29	20.78	21.31
26.55	22	19.30	19.72	20.16	20.61	21.10	21.61	22.16
27.74	23	20.03	20.47	20.93	21.40	21.90	22.44	23.02
28.94	24	20.76	21.21	21.69	22.18	22.71	23.27	23.87
30.14	25	21.49	21.96	22.46	22.97	23.52	24.11	24.73
31.34	26	22.21	22.71	23.23	23.76	24.33	24.94	25.59
32.53	27	22.94	23.45	23.99	24.54	25.14	25.77	26.44
33.73	28	23.67	24.20	24.76	25.33	25.94	26.60	27.30
34.93	29	24.39	24.94	25.52	26.11	26.75	27.43	28.15
36.13	30	25.12	25.69	26.29	26.90	27.56	28.26	29.01
37.32	31	25.85	26.44	27.06	27.69	28.37	29.09	29.87
38.52	32	26.57	27.18	27.82	28.47	29.18	29.92	30.72
39.72	33	27.30	27.93	28.59	29.26	29.99	30.75	31.58
40.92	34	28.03	28.67	29.35	30.05	30.80	31.58	32.43
42.12	35	28.77	29.42	30.11	30.84	31.61	32.42	33.29

OBSERVATIONS

F. 0.50 par 100 kil. sur le fret, font à Marseille une diff. de F. 0.30 par hectolitre sur les prix.

Les Blés s'achètent à Smyrne franco à quai.

Voir aux pages 448 à 451 pour la réduction de la parité des prix de l'hectolitre comparés à ceux par charge et par 100 kil.

Pour la différence de poids livré en moins que celui garanti, voir le tableau aux pages 452 à 455 pour les bonifications à faire ou à ajouter aux prix de revient ci-dessus.

Pour mettre en magasin pendant un mois, il faut compter un supplément de frais de F. 1.25 par hectolitre, y compris le déchet.

Il est facultatif à l'acheteur de recevoir le Blé criblé à quai ou en transbordement non criblé; dans ce dernier cas, le vendeur bonifie à l'acheteur F. 0.70 par charge qui représentent pour lui l'économie de frais et de la perte au criblage; mais, tandis que par exemple, pour une vente avec garantie de 124/121 à quai, l'acheteur a droit effectivement à 124 kil., cette garantie, quand la livraison a lieu en transbordement, se réduit à 123 kil., c'est-à-dire toujours de 1 kil. en moins sur le poids garanti à quai.

Droits d'entrée par 100 kil. en Janvier 1867

Par navire français	F.	0.60
id. étranger	»	1.20

COMPTE D'ACHAT ET DE REVIENT

A 50 SACS CIRE JAUNE ÉPURÉE

50 sacs Cire jaune épurée, pesant brut... quintaux 101.20		
Tare des sacs .... » 1.20		
Net .... quintaux 100.— à P. 1400 le quintal, lettre de change (droits de sortie compris)	P.	140000.—

FRAIS A SMYRNE

Visiteur public à P. 3 le quintal	P.	300.—		
Transport en magasin et au quai	»	250.—		
Coût des 50 sacs à P. 12 le sac et cordes	»	600.—		
Pour remplir et coudre les sacs	»	300.—		
Magasinage ½ %	»	700.—		
Courtage du dehors 1 %	»	1400.—		
Courtage de la maison ½ %	»	700.—		
Menus frais	»	100.—	»	4350.—
			P.	144350.—
Commission d'achat 2 %			»	2887.—
			P.	147237.—
Courtage de négociation ¼ %			»	368.—
			P.	147605.—
Remboursement sur Marseille à 3 mois de date 200 Paras pour F. 1			F.	29521.—

FRAIS A MARSEILLE

Fret par vapeur à F. 10 par 100 kil. sur 5465 kil.	F.	546.50		
Assurance maritime sur F. 32473 à ⅜ %	»	121.75		
Change maritime sur F. 668.25 à 2 %	»	13.35		
Droits de docks au débarquement à F. 0.45 par 100 kil.	»	24.60		
Portefaix, emballeurs, mise en magasin, poids public au débarquement et à la livraison, livraison et menus frais à F. 1.75 par 100 kil.	»	95.65		
Magasinage d'un mois à F. 0.15 par 100 kil.	»	8.20		
Assurance contre le feu 1 ‰	»	29.50		
Courtage de vente .... ½ %				
Escompte à la vente .... 2 %				
Commission de vente .... 2 %				
Ensemble .... 4½ % sur F. 31791.15	»	1430.60	»	2270.15
			F.	31791.15

Rendement : 1 quintal rend à Marseille 54 kil. :

Soit net 100 quintaux = net 5400 kil. à F. 588.73 par 100 kil. entrepôt .... F. 31791.40

PRIX DE REVIENT A MARSEILLE DES 100 KIL. ENTREPOT

AUX CHANGES SUIVANTS SUR MARSEILLE A 3 MOIS DE DATE

Prix à Smyrne par quintal en monnaie de lettre de change — Franco à bord	Aux usages	Paras 200 pour F. 1	Paras 195 pour F. 1	Paras 190 pour F. 1	Paras 185 pour F. 1	Paras 180 pour F. 1	Paras 175 pour F. 1	Paras 170 pour F. 1
P. 5.21	P. 5	F. 2.08	F. 2.09	F. 2.14	F. 2.20	F. 2.26	F. 2.32	F. 2.39
10.43	10	4.07	4.17	4.28	4.40	4.52	4.65	4.78
20.86	20	8.13	8.34	8.56	8.79	9.04	9.29	9.57
31.29	30	12.20	12.51	12.84	13.19	13.55	13.94	14.35
41.72	40	16.26	16.68	17.12	17.58	18.07	18.59	19.13
52.15	50	20.33	20.85	21.40	21.98	22.59	23.24	23.92
62.58	60	24.40	25.02	25.68	26.38	27.11	27.88	28.70
73.01	70	28.46	29.19	29.96	30.87	31.63	32.58	33.48
83.44	80	32.53	33.36	34.24	35.27	36.14	37.18	38.26
93.87	90	36.59	37.53	38.52	39.66	40.66	41.82	43.05
104.30	100	40.66	41.70	42.80	43.96	45.18	46.47	47.83
850.25	800	344.78	353.29	362.22	371.[illegible]	381.62	392.14	403.28
954.55	900	385.44	394.99	405.02	415.62	426.80	438.00	451.12
1058.85	1000	426.10	436.69	447.[illegible]	459.57	471.97	485.07	498.95
1163.15	1100	466.76	478.39	490.62	503.53	517.15	531.54	546.78
1267.45	1200	507.42	520.39	533.42	547.48	562.33	578.—	594.62
1371.75	1300	548.07	561.79	576.21	591.44	607.50	624.47	642.45
1476.05	1400	588.73	603.49	619.01	635.39	652.68	670.93	690.28
1580.35	1500	629.39	645.20	661.81	679.35	697.85	717.40	738.12
1684.65	1600	670.05	686.90	714.61	723.30	743.03	763.87	785.95

(Rows 5–100: Sucrerasses. — Coût et frais variables; rows 800–1600: Coût et frais variables et invariables.)

Voir l'explication entre *franco à bord* et *aux usages*, à la page 520.

OBSERVATIONS

F. 1 par 100 kil. sur le fret, fait à Marseille une différence de F. 1.01 par 100 kil. sur les prix.

On veut savoir le revient à Marseille par 100 kil. de la Cire jaune coûtant à Smyrne P. 1240 le quintal, au change de 185 paras et au fret de F. 10 par 100 kil.

On trouvera dans la 1re et la 5e colonne de ce tableau que :

P. 40 font par 100 kil.	F.	17.58
» 1200 id. id.	»	547.48
P. 1240 feront donc par 100 kil.	F.	565.06

Droits d'entrée par 100 kil. en Janvier 1867

Par navire Français	F.	1.—
id. Étranger	»	3.—

COMPTE D'ACHAT ET DE REVIENT

A 100 BALLES COTON PRESSÉES

100 balles Coton pressées, pesant net.. quintaux 278			
Poids des 100 sacs .... » 27			
quintaux 300 à P. 1200 monnaie de lettre de change (droits compris)		P.	360000.—
Revente des sacs à déduire à P. 48 l'un		»	4800.—
		P.	355200.—

FRAIS A SMYRNE

Pesage, visite, emballage, droit de Porte, transport à la presse à P. 11.	P.	1100.—		
Frais de presse et transport au quai à P. 35	»	3500.—		
Canevas et cercles en fer à P. 24	»	2400.—		
Courtage 1 %	»	3552.—		
Magasinage ½ %	»	1776.—		
Mahones et journaliers à l'embarquement	»	250.—	»	12578.—
			P.	367778.—
Commission d'achat 2 %			»	7355.56
			P.	375133.56
Courtage de négociation ¼ %			»	937.84
			P.	376071.40
Remboursement sur Marseille à 3 mois de date au change de 200 Paras pour F. 1			F.	75214.30

FRAIS A MARSEILLE

Fret par vapeur à F. 13 par 100 kil. sur 15500 kil.	F.	2015.—		
Assurance maritime sur F. 82735 à ⅜ %	»	310.25		
Change maritime sur F. 2325.25 à 2 %	»	46.50		
Portefaix, emballeurs et mise en magasin, poids public au débarquement et à la livraison, livraison et menus frais à F. 2.50 par 100 kil.	»	387.50		
Magasinage d'un mois F. 0.10 par 100 kil.	»	15.50		
Assurance contre le feu 1 ‰	»	75.20		
Courtage de vente ½ % — Escompte à la vente 2 % — Commission de vente 2 % — Ensemble 4½ % sur F. 81600.25	»	3586.—	»	6385.95
			F.	81600.25

RENDEMENT : 1 quintal rend à Marseille 51 kil. :

Soit sur 273 quintaux = net 14742 kil. à F. 553.52 par 100 kil. entrepôt .... F. 81600.—

PRIX DE REVIENT A MARSEILLE DES 100 KIL. ENTREPÔT

AUX CHANGES SUIVANTS SUR MARSEILLE A 3 MOIS DE DATE

PRIX à SMYRNE par quintal en monnaie de lettre de change — Francs à bord	Aux mengers	Paras 200 pour F. 1	Paras 195 pour F. 1	Paras 190 pour F. 1	Paras 185 pour F. 1	Paras 180 pour F. 1	Paras 175 pour F. 1	Paras 170 pour F. 1
F. 5.19	F. 5	F. 2.22	F. 2.27	F. 2.34	F. 2.40	F. 2.47	F. 2.54	F. 2.61
10.38	10	4.44	4.55	4.67	4.80	4.93	5.07	5.22
20.76	20	8.88	9.10	9.34	9.60	9.86	10.14	10.44
31.14	30	13.31	13.66	14.02	14.39	14.79	15.22	15.66
41.52	40	17.75	18.21	18.69	19.19	19.72	20.29	20.88
51.90	50	22.19	22.76	23.36	23.99	24.66	25.36	26.11
02.28	60	26.63	27.31	28.03	28.79	29.59	30.43	31.33
72.66	70	31.07	31.86	32.70	33.59	34.52	35.50	36.55
83.04	80	35.50	36.42	37.38	38.38	39.45	40.58	41.77
93.42	90	39.94	40.97	42.05	43.18	44.38	45.65	46.99
103.79	100	44.38	45.52	46.72	47.98	49.31	50.72	52.21
215.67	200	109.70	112.07	114.56	117.18	119.96	122.88	125.98
319.46	300	154.09	157.59	161.27	165.16	169.27	173.61	178.19
423.25	400	198.47	203.11	207.99	213.14	218.58	224.33	230.40
527.04	500	242.85	248.63	254.71	261.13	267.90	275.05	282.62
630.83	600	287.23	294.15	301.43	309.11	317.21	325.77	334.83
734.62	700	331.61	339.67	348.15	357.09	366.52	376.49	387.04
838.41	800	376.—	385.19	394.86	405.07	415.83	427.22	439.25
942.20	900	420.38	430.71	441.58	453.05	465.15	477.94	491.47
1045.99	1000	464.76	476.23	488.30	501.03	514.46	528.66	543.68
1149.78	1100	509.14	521.75	535.02	549.01	563.77	579.38	595.89
1253.57	1200	553.52	567.27	581.74	596.99	613.09	630.10	648.11
1357.35	1300	597.91	612.79	628.45	644.97	662.40	680.83	700.32

Voir l'explication entre *franco à bord* et *aux mengers*, à la page 526.

OBSERVATIONS

F. 1 par 100 kil. sur le fret, fait à Marseille une différence de F. 1.05 par 100 kil. sur les prix.

On veut savoir le revient à Marseille de Coton coûtant à Smyrne P. 655 par quintal, au change de 185 paras pour F. 1, et un fret de F. 13.

On trouvera dans la 1re et la 5e colonne de ce tableau que :

P. 5 font par 100 kil.		F.	2.40
» 50 id.	id.	»	23.99
» 600 id.	id.	»	309.11
P. 655 feront donc par 100 kil.		F.	335.50

Droits d'entrée par 100 kil. en Janvier 1867

Par navire	Français	Exempt
id.	Étranger	F. 3.—

COMPTE D'ACHAT ET DE REVIENT

A 2 BALLES COCONS SECS

2 balles Cocons secs, pesant net 90 ocques à P. 110 l'ocque en monnaie de lettre de change (droits de sortie compris) .... P. 9900.—

FRAIS A SMYRNE

Pesage, droit de Porte, transport	P.	16.—		
Frais de triage	»	35.—		
Coût de 2 sacs en toile à P. 30	»	60.—		
Menus frais, embarquement, etc.	»	56.—		
Magasinage 1 %	»	99.—		
Courtage 1 %	»	99.—	»	365.—
			P.	10265.—
Commission d'achat 2 %			»	205.30
			P.	10470.30
Courtage de négociation ¼ %			»	26.25
			P.	10496.50
Remboursement sur Marseille à 3 mois de date au change de 200 Paras pour F. 1			F.	2099.30

FRAIS A MARSEILLE

Fret par vapeur à F. 60 les 100 kil. sur 112 kil.	F.	67.20		
Assurance maritime sur F. 2310 à ⅜ %	»	8.65		
Change maritime sur F. 75.85 à 2 %	»	1.50		
Frais de docks au débarquement	»	0.50		
Emballeurs, transport en magasin, poids public, livraison, douane, permis et menus frais à F. 3.10 par 100 kil.	»	3.50		
Magasinage d'un mois	»	0.85		
Assurance contre le feu ½ ‰	»	1.05		
Courtage de vente .... ½ %				
Escompte à la vente .... 2 %				
Commission de vente .... 2 %				
Ensemble .... 4½ % sur F. 2281.40	»	98.85	»	182.10
			F.	2281.40

Rendement : 1 ocque rend à Marseille kil. 1.21 :

Soit net 90 ocques = net kil. 108.90 à F. 20.95 le kil. entrepôt .... F. 2281.45

N.-B. — Il n'y a de déchet en cours de voyage que lorsque la marchandise n'est pas tout-à-fait sèche à l'embarquement.

PRIX DE REVIENT A MARSEILLE DU KIL. ENTREPOT

AUX CHANGES SUIVANTS SUR MARSEILLE A 3 MOIS DE DATE

PRIX à SMYRNE par ocque en monnaie de lettre de change — Franco à bord	Aux usages	Paras 200 pour F. 1	Paras 195 pour F. 1	Paras 190 pour F. 1	Paras 185 pour F. 1	Paras 180 pour F. 1	Paras 175 pour F. 1	Paras 170 pour F. 1
P. 1.04	P. 1	F. 0.18	F. 0.19	F. 0.19	F. 0.20	F. 0.20	F. 0.21	F. 0.21
2.08	2	0.36	0.37	0.38	0.39	0.40	0.41	0.43
3.12	3	0.54	0.56	0.57	0.59	0.60	0.62	0.64
4.17	4	0.72	0.74	0.76	0.78	0.80	0.82	0.85
5.21	5	0.91	0.93	0.96	0.99	1.01	1.04	1.07
6.25	6	1.09	1.12	1.15	1.18	1.20	1.24	1.28
7.30	7	1.27	1.30	1.34	1.37	1.41	1.45	1.49
8.34	8	1.45	1.49	1.53	1.57	1.61	1.66	1.70
9.38	9	1.63	1.67	1.72	1.76	1.81	1.86	1.92
10.43	10	1.81	1.86	1.91	1.96	2.01	2.07	2.13
74.01	70	13.71	14.04	14.39	14.76	15.15	15.56	16.—
85.84	80	15.52	15.90	16.30	16.72	17.17	17.63	18.13
95.77	90	17.33	17.75	18.20	18.67	19.18	19.70	20.26
106.20	100	19.14	19.61	20.11	20.68	21.19	21.77	22.39
116.63	110	20.95	21.47	22.01	22.59	23.20	23.84	24.52
127.06	120	22.76	23.32	23.92	24.54	25.21	25.91	26.65
137.49	130	24.58	25.18	25.82	26.50	27.22	27.98	28.78

Voir l'explication entre *franco à bord* et *aux usages*, à la page 526.

OBSERVATIONS

F. 10 par 100 kil. sur le fret, font à Marseille une différence de F. 0.10 par kil. sur les prix.

On veut savoir le revient à Marseille de Cocons coûtant à Smyrne P. 115 par ocque, au change de 185 paras pour F. 1 et au fret de F. 60 par 100 kil.

On trouvera dans la 1re et la 5e colonne de ce tableau que :

P. 5 font par kil. .... F. 0.98
» 110 id. id. .... » 22.59
P. 110 feront donc par kil. .... F. 23.57

Droits d'entrée par 100 kil., en Janvier 1867

Par tous pavillons .... Exempts

COMPTE D'ACHAT ET DE REVIENT

A UN CHARGEMENT GRAINE DE SÉSAME

Un chargement Graine de Sésame, mesurant 10000 quilots (mesure de Constantinople (*) à P. 50 monnaie légale (franc de droit)			P.	500000.—
16 % en sus, monnaie de lettre de change			»	80000.—
			P.	580000.—

(Les Sésames s'achètent franco à quai, la réfaction pour les corps étrangers est ordinairement de 4 %, le surplus est bonifié par le vendeur après expertise.)

FRAIS

Payol du navire	P.	2000.—		
Assistance, mesurage et menus frais	»	2000.—		
Courtage 1 %	»	5800.—	»	9800.—
			P.	589800.—
Commission d'achat 2 %			»	11796.—
			P.	601596.—
Courtage de négociation ¼ %			»	1504.—
			P.	603100.—
Remboursement sur Marseille à 3 mois de date au change de 200 Paras pour F. 1			F.	120620.—

FRAIS A MARSEILLE

Fret sur 213500 kil. à F. 3.50 et 5 % par 100 kil. par voilier	F.	7846.10		
Assurance maritime sur F. 132682 à 1 ½ % et police F. 3	»	1993.25		
Fardage à Smyrne, frais au débarquement, criblage, portefaix, bateaux, lier les sacs, expertise, peseur et menus frais à F. 0.70 par 100 kil.	»	1460.—		
Courtage de vente ½ %				
Criblure et avaries 2 %				
Commission de vente 2 %				
Escompte à la vente 2 %				
Ensemble 6½ % sur F. 140839.20	»	8919.85	»	20219.20
Pour livrer sur le quai au débarquement			F.	140839.20

RENDEMENT : 1 quilot rend à Marseille net kil. 20.90 :

Soit 10000 quilots = net 209000 kil. à F. 67.39 par 100 kil. entrepôt .... F. 140845.10

(*) Le quilot est une mesure de capacité équivalant à 35 ½ litres environ. Le rendement est mauvais quand la Graine contient beaucoup de détritus de feuilles et de corps étrangers.

PRIX DE REVIENT A MARSEILLE DES 100 KIL. ENTREPOT

AUX CHANGES SUIVANTS SUR MARSEILLE A 3 MOIS DE DATE

PRIX à SMYRNE par quilot en — Lettres de change f. à bord	Monnaie lég. aux usages	Paras 200 pour F. 1	Paras 195 pour F. 1	Paras 190 pour F. 1	Paras 185 pour F. 1	Paras 180 pour F. 1	Paras 175 pour F. 1	Paras 170 pour F. 1
F. 1.20	P. 1	F. 1.24	F. 1.28	F. 1.31	F. 1.35	F. 1.38	F. 1.42	F. 1.46
2.40	2	2.49	2.55	2.62	2.69	2.76	2.84	2.98
3.60	3	3.73	3.83	3.93	4.04	4.15	4.27	4.39
4.80	4	4.98	5.10	5.24	5.38	5.53	5.69	5.86
5.99	5	6.22	6.38	6.55	6.73	6.91	7.11	7.32
7.19	6	7.46	7.66	7.86	8.07	8.29	8.53	8.78
8.39	7	8.71	8.93	9.17	9.42	9.67	9.95	10.25
9.58	8	9.95	10.21	10.48	10.76	11.06	11.38	11.71
10.78	9	11.20	11.48	11.79	12.11	12.44	12.80	13.16
11.98	10	12.44	12.76	13.10	13.45	13.82	14.22	14.64
36.35	30	42.50	43.47	44.49	45.55	46.69	47.90	49.17
48.33	40	54.94	56.23	57.56	59.01	60.52	62.12	63.81
60.31	50	67.39	68.99	70.68	72.46	74.34	76.34	78.45
72.29	60	79.83	81.75	83.78	85.91	88.16	90.55	93.08
84.27	70	92.27	94.51	96.87	99.36	101.99	104.77	107.72

Voir l'explication entre *franco à bord* et *aux usages*, à la page 526.

OBSERVATIONS

F. 0.50 et 5 % par 100 kil. sur le fret, font à Marseille une différence de F. 0.54 par 100 kil. sur les prix.

On veut savoir le revient à Marseille de Sésame coûtant à Smyrne P. 45 monnaie légale le quilot, au change de 185 paras pour F. 1 et un fret de F. 3.50 et 5 %.

On trouvera dans la 1re et la 5e colonne de ce tableau que :

P. 5 font par 100 kil.	P.	6.73
» 40 id. id.	»	59.01
P. 45 feront donc par 100 kil.	F.	65.74

Droits d'entrée par 100 kil. en Janvier 1867

Par navire Français		Exempte
Id. Étranger	F.	2.—

COMPTE D'ACHAT ET DE REVIENT

A 26 BALLES TOISONS ROUSSES

26 balles Toisons rousses, pesant net 1671 ½ chequis à P. 31 le chequi monnaie de lettre de change			P.	51816.50

FRAIS A SMYRNE

Coût de 26 sacs en crin, canevas, coudre les sacs, estivage	P.	1405.—		
Romaine publique, port, droit de Porte	»	255.—		
Embarquement, menus frais	»	150.—		
Courtage 1 %	»	518.20	»	2328.20
			P.	54144.70
Commission d'achat 2 %, magasinage ½ %			»	1353.30
			P.	55498.—
Courtage de négociation ¼ %			»	139.—
			P.	55637.—
Remboursement sur Marseille à 3 mois de date au change de 200 Paras pour F. 1			F.	11127.40

FRAIS A MARSEILLE

Fret par voilier à F. 12 et 5 % par 100 kil. sur 4139 kil. bruts	F.	521.50		
Assurance maritime sur F. 12240 à 1 ¼ % et police F. 3	»	156.—		
Portefaix, charrettes pour mettre en magasin et livrer, emballeurs pour réparer les balles et échantillonner, peseurs publics au débarquement et à la livraison, formalités de douane, permis, timbre et menus frais à F. 1.50 par 100 kil.	»	47.25		
Magasinage d'un mois à F. 0.35 par 100 kil.	»	11.—		
Assurance contre le feu ½ ‰	»	5.55		
Courtage de vente ½ %				
Escompte à la vente 2 %				
Commission de vente 2 %				
Ensemble 4 ½ % sur F. 12406.30	»	537.60	»	1278.90
			F.	12406.30

RENDEMENT : 42 chequis rendent à Marseille 100 kil. :

Soit net 1671.50 chequis = net 3980 kil. à F. 311.72 par 100 kil. entrepôt .... F. 12406.45

N.-B. — On a l'habitude de mouiller un peu cette Laine pour la rendre plus malléable, c'est ce qui fait que le rendement est inférieur à celui des autres marchandises.

Les Toisons rousses s'achètent brutes et perdent au cernissage 3 à 4 % qu'elles rattrapent par l'humidité qu'on leur donne, de façon que le poids d'expédition est à peu près le même que le poids d'achat.

PRIX DE REVIENT A MARSEILLE DES 100 KIL. ENTREPOT

AUX CHANGES SUIVANTS SUR MARSEILLE A 3 MOIS DE DATE

PRIX à SMYRNE par chequi en monnaie de lettre de change — Franco à bord	Aux usages	Paras 200 pour F. 1	Paras 195 pour F. 1	Paras 190 pour F. 1	Paras 185 pour F. 1	Paras 180 pour F. 1	Paras 175 pour F. 1	Paras 170 pour F. 1
P. 1.04	P. 1	F. 9.24	F. 9.48	F. 9.73	F. 9.99	F. 10.27	F. 10.56	F. 10.87
2.08	2	18.48	18.96	19.46	19.98	20.54	21.13	21.75
3.12	3	27.78	28.44	29.19	29.98	30.81	31.69	32.62
4.16	4	36.97	37.92	38.92	39.97	41.08	42.25	43.49
5.20	5	46.21	47.40	48.65	49.96	51.35	52.82	54.37
6.24	6	55.45	56.87	58.37	59.95	61.61	63.38	65.24
7.27	7	64.69	66.35	68.10	69.94	71.88	73.94	76.11
8.31	8	73.94	75.83	77.83	79.94	82.15	84.50	86.98
9.34	9	83.18	85.31	87.56	89.93	92.42	95.07	97.86
10.38	10	92.42	94.79	97.29	99.92	102.69	105.63	108.73
11.49	10	117.68	120.26	123.08	125.94	129.01	132.26	135.69
21.86	20	210.06	215.06	220.32	225.86	231.71	237.88	244.43
32.24	30	302.48	309.85	317.60	325.77	334.40	343.51	353.16
42.62	40	394.91	404.65	414.89	425.69	437.09	449.14	461.90
53.—	50	487.33	499.44	512.18	525.61	539.79	554.78	570.63

Voir l'explication entre *franco à bord* et *aux usages*, à la page 526.

OBSERVATIONS

F. 1 et 5 % par 100 kil. sur le fret, font à Marseille une différence de F. 1.09 par 100 kil. sur les prix

On veut savoir le revient à Marseille par 100 kil. de Toisons Rousses coûtant à Smyrne P. 48 par Chequi, au change de 185 paras et au fret de F. 12 et 5 % par 100 kil.

On trouvera dans la 1re et la 5e colonne de ce tableau que :

P. 8 font par 100 kil.	F. 79.94
» 40 id. id.	» 425.69
P. 48 feront donc par 100 kil.	F. 505.63

Droits d'entrée par 100 kil. en Janvier 1867

Par navire	Français	Exempte
id.	Étranger	F. 3.60

COMPTE D'ACHAT ET DE REVIENT

A 110 BALLES LAINE LAVÉE

B. 83 Laine fine	pesant	quintaux 225		
» 22 id. seconde	id.	» 65		
» 5 id. noire et grise	id.	» 15		
B. 110 Laine pesant net		quintaux 305 à P. 500 monnaie de lettre de change (droits de sortie compris)	P.	152500.—

FRAIS A SMYRNE

Romaine publique, droit de Porte	P.	815.—		
Presse 110 balles à P. 80	»	3300.—		
Cernissage sur 310 quintaux à P. 6 ½	»	2015.—		
Canevas P. 16 par balle	»	1760.—		
Embarquement, marque, menus frais	»	150.—		
Courtage 1 %	»	1525.—	»	9065.—
			P.	161565.—
Commission d'achat 2 %			»	3231.30
			P.	164796.30
Courtage de négociation ¼ %			»	412.—
			P.	165208.30
Remboursement sur Marseille à 3 mois de date au change de 200 Paras pour F. 1			F.	33041.65

FRAIS A MARSEILLE

Fret par vapeur à F. 13 par 100 kil. sur 13950 kil	F.	1813.50		
Assurance maritime sur F. 36345 à ⅜ %	»	136.30		
Change maritime sur F. 1949.80 à 2 %	»	39.—		
Portefaix, charrettes pour mettre en magasin et livrer, emballeurs pour réparer les balles et échantillonner, peseurs publics au débarquement et à la livraison, formalités de douane, permis, timbre et menus frais à F. 1.50 par 100 kil	»	210.—		
Magasinage d'un mois F. 0.20 par 100 kil	»	28.—		
Assurance contre le feu 1 ‰	»	33.05		
Courtage de vente ½ %				
Escompte à la vente 2 %				
Commission de vente 2 %				
Ensemble 4½ % sur F. 36900.50	»	1599.—	»	3858.85
			F.	36900.50

Rendement : 1 quintal rend à Marseille 44 kil. :

Soit net 305 quintaux = net 13420 kil. à F. 274.97 par 100 kil. entrepôt .... F. 36900.95

PRIX DE REVIENT A MARSEILLE DES 100 KIL. ENTREPOT

AUX CHANGES SUIVANTS SUR MARSEILLE A 3 MOIS DE DATE

PRIX à SMYRNE par quintal en monnaie de lettre de change — Franco à bord Piastres	Aux usages Piastres	Paras 200 pour F. 1	Paras 195 pour F. 1	Paras 190 pour F. 1	Paras 185 pour F. 1	Paras 180 pour F. 1	Paras 175 pour F. 1	Paras 170 pour F. 1
10.33	10	F. 4.98	F. 5.06	F. 5.19	F. 5.33	F. 5.48	F. 5.64	F. 5.80
20.65	20	9.86	10.12	10.38	10.66	10.96	11.27	11.61
30.98	30	14.80	15.18	15.58	16.—	16.44	16.91	17.41
41.31	40	19.73	20.24	20.77	21.33	21.92	22.55	23.21
51.64	50	24.66	25.30	25.96	26.66	27.40	28.19	29.02
61.97	60	29.59	30.35	31.15	31.99	32.88	33.82	34.82
72.30	70	34.52	35.41	36.34	37.32	38.36	39.46	40.62
82.63	80	39.46	40.47	41.54	42.66	43.84	45.10	46.42
92.96	90	44.39	45.53	46.73	47.99	49.32	50.73	52.23
103.28	100	49.32	50.59	51.92	53.32	54.80	56.37	58.03
438.39	400	225.65	231.02	236.66	242.61	248.90	255.55	262.59
541.66	500	274.97	281.61	288.58	295.94	303.70	311.92	320.62
644.94	600	324.29	332.19	340.50	349.26	358.50	368.29	378.65
748.22	700	373.61	382.78	392.42	402.58	413.30	424.66	436.67
851.50	800	422.94	433.37	444.33	455.90	468.11	481.02	494.70

Voir l'explication entre *franco à bord* et *aux usages*, à la page 526.

OBSERVATIONS

F. 1 par 100 kil. sur le fret fait à Marseille une différence de F. 1.04 par 100 kil. sur les prix.

On veut savoir le revient à Marseille par 100 kil. de Laine lavée coûtant à Smyrne P. 480 le quintal, au change de 185 paras et au fret de F. 13 par 100 kil.

On trouvera dans la 1re et la 5e colonne de ce tableau que :

P. 80 font par 100 kil	F.	42.66
» 400 id. id.	»	242.61
P. 480 feront donc par 100 kil	F.	285.27

N.-B. — Au moyen de la 1re colonne on verra quel est le rapport entre les prix *aux usages* de la place, auxquels doivent s'ajouter tous les frais et commissions, et les prix *franco à bord*.

On veut savoir par exemple ce que donnent P. 480 le quintal *aux usages*, rendu *franco à bord*.

Le prix de P. 80	correspond à celui de	*franco à bord*		P.	82.63
Id. » 400	id.	id.	id.	»	438.39
Id. P. 480	id.	id.	id.	P.	521.02

D'après ce qui précède, il résulte qu'une limite donnée à Smyrne de P. 480 *aux usages*, avec addition des frais détaillés sur ce compte reviendra à Marseille au même prix que si la limite avait été fixée à P. 521.02 *franco à bord*.

Les Laines lavées comme les Laines brutes s'achètent mélangées, c'est-à-dire que la même balle contient des fines, des secondes, des noires et grises ; l'expéditeur fait le triage.

PROVENANCES. — Kara-Hissar, Caïssar, Boulavat, Aïdin-Angora.

Droits d'entrée par 100 kil. en Janvier 1867

Par navire Français .... Exempte.
Id. Étranger .... F. 3.00

COMPTE D'ACHAT ET DE REVIENT

A 100 BALLES LAINE EN SUINT

70 balles Laine fine pesant net	quintaux	245
20 » » secondes	»	70
10 » » Noires et Grises	»	35
100 balles Laine. Ensemble	quintaux	350
Perte moyenne au cernissage 10 %	»	35

Ensemble .... quintaux 385 à P. 350 monnaie de lettre de change (droits de sortie compris) .... P. 134750.—

FRAIS A SMYRNE

Cernissage P. 7 ½ par quintal sur 350 quintaux	P.	2625.—		
Droits de Porte, pesage et frais divers	»	350.—		
Pressage, port au quai à P. 35 par balle	»	3500.—		
Canevas, cercles en fer à P. 24 par balle	»	2400.—		
Courtage 1 %	»	1347.50		
Magasinage ½ %	»	673.75		
Embarquement, mahones et journaliers	»	250.—	»	11146.25
			P.	145896.25
Commission d'achat 2 %			»	2917.90
			P.	148814.15
Courtage de négociation ¼ %			»	372.—
			P.	149186.15
Remboursement sur Marseille à 3 mois de date au change de 200 Paras pour F. 1			F.	29837.25

FRAIS A MARSEILLE

Fret par vapeur à F. 13 par 100 kil. sur 16000 kil	F.	2080.—		
Assurance maritime sur F. 32620 à ⅜ %	»	123.05		
Change maritime sur F. 2203.05 à 2 %	»	44.05		
Portefaix, charrettes pour mettre en magasin et livrer, emballeurs pour réparer les balles et échantillonner, peseurs publics au débarquement et à la livraison, formalités de douane, permis, timbre et menus frais à F. 1.50 par 100 kil	»	240.—		
Magasinage d'un mois à F. 0.20 par 100 kil	»	32.—		
Assurance contre le feu 1 ‰	»	29.85		
Courtage de vente ½ %				
Escompte à la vente 2 %				
Commission de vente 2 %				
Ensemble 4 ½ % sur F. 33853.20	»	1467.—	»	4015.95
			F.	33853.20

RENDEMENT : 1 quintal rend à Marseille 44 kil. :

Soit net 350 quintaux = net 15400 kil. à F. 219.82 par 100 kil. entrepôt .... F. 33852.30

PRIX DE REVIENT A MARSEILLE DES 100 KIL. ENTREPOT

AUX CHANGES SUIVANTS SUR MARSEILLE A 3 MOIS DE DATE

PRIX à SMYRNE par quintal en monnaie de lettre de change — Francs à bord Piastres	Aux usages Piastres	Paras 200 pour F. 1	Paras 195 pour F. 1	Paras 190 pour F. 1	Paras 185 pour F. 1	Paras 180 pour F. 1	Paras 175 pour F. 1	Paras 170 pour F. 1
10.38	10	F. 5.45	F. 5.59	F. 5.74	F. 5.89	F. 6.06	F. 6.23	F. 6.41
20.76	20	10.90	11.18	11.48	11.79	12.12	12.46	12.83
31.14	30	16.36	16.78	17.22	17.68	18.17	18.69	19.24
41.52	40	21.81	22.37	22.96	23.58	24.23	24.92	25.60
51.90	50	27.26	27.96	28.70	29.47	30.00	31.16	32.07
62.28	60	32.71	33.55	34.48	35.36	36.35	37.39	38.48
72.66	70	38.16	39.14	40.17	41.26	42.41	43.62	44.90
83.04	80	43.62	44.74	45.91	47.15	48.46	49.85	51.31
93.42	90	49.07	50.33	51.65	53.05	54.52	56.08	57.73
103.79	100	54.52	55.92	57.39	58.94	60.58	62.31	64.14
282.12	200	138.03	141.16	144.44	147.91	151.56	155.43	159.53
335.91	300	192.56	197.08	201.84	206.85	212.14	217.74	223.67
439.69	400	247.08	253.—	259.23	265.79	272.72	280.05	287.82
543.48	500	301.60	308.92	316.62	324.74	333.30	342.37	351.96

OBSERVATIONS

F. 1 par 100 kil. sur le fret fait à Marseille une différence de F. 1.04 par 100 kil. sur les prix.

On veut savoir le revient à Marseille par 100 kil. de Laine en suint coûtant à Smyrne P. 380 par quintal, au change de 185 paras et au fret de F. 13 par 100 kil.

On trouvera dans la 1re et la 5e colonne de ce tableau que :

P. 80 font par 100 kil	F. 47.15
» 300 id. id.	» 206.85
P. 380 feront donc par 100 kil	F. 254.—

N.-B. — Au moyen de la 1re colonne, on verra quel est le rapport entre les prix *aux usages* de la place, auxquels doivent s'ajouter tous les frais et commissions, et les prix *franco à bord*.

On veut savoir par exemple ce que donnent P. 380 le quintal *aux usages*, rendu *franco à bord*.

Le prix de P. 80	correspond à celui de *franco à bord*	P. 83.04
id. » 300	id. id. id.	» 335.91
id. P. 380	id. id. id.	P. 418.95

D'après ce qui précède, il résulte qu'une limite donnée à Smyrne à P. 380 *aux usages* avec addition des frais détaillés sur ce compte reviendra à Marseille au même prix que si la limite avait été fixée à P. 418.95 *franco à bord*.

Les Laines en suint se vendent avec leurs crottes et donnent au cernissage un déchet variant suivant les provenances de 5 à 17 %.

Droit d'entrée par 100 kil. au Janvier 1867

Par navire Français	Exempte.
id. Étranger	F. 3.60

COMPTE D'ACHAT ET DE REVIENT

A 100 SACS GRAINE JAUNE DE PERSE

100 sacs Graine Jaune de Perse, pesant net 10000 Ocques à P. 12 l'ocque en monnaie de lettre de change (droits de sortie compris)			P.	120000.—

FRAIS A SMYRNE

Sacs, canevas, ficelle, emballage, droit de Porte, port en magasin et au quai à P. 27 le sac	P.	2700.—		
Courtage 1 %	»	1200.—		
Magasinage ½ %	»	600.—		
Embarquement	»	150.—	»	4650.—
			P.	124650.—
Commission d'achat 2 %			»	2493.—
			P.	127143.—
Courtage de négociation ¼ %			»	318.—
			P.	127461.—
Remboursement sur Marseille à 3 mois de date au change de 200 Paras pour P. 1			F.	25492.20

FRAIS A MARSEILLE

Fret par vapeur à F. 10 par 100 kil. sur 12350	F.	1235.—		
Assurance maritime sur F. 28041 à ⅜ %	»	105.15		
Change maritime sur F. 1340.15 à 2 %	»	26.80		
Frais au débarquement, emballeurs et mise en magasin, poids public au débarquement et à la livraison, livraison et menus frais à F. 2 par 100 kil.	»	207.—		
Magasinage d'un mois	»	12.35		
Assurance contre le feu 1 ‰	»	25.50		
Courtage de vente ½ %				
Escompte à la vente 2 %				
Commission de vente 2 %				
Ensemble 4½ % sur F. 26373.50	»	1229.50	»	2881.30
			F.	28373.50

RENDEMENT : 82 ½ Ocques rendent à Marseille 100 kil. :

Soit net 10000 = net 12121 kil. à F. 234.08 par 100 kil. entrepôt .... F. 28372.85

PRIX DE REVIENT A MARSEILLE DES 100 KIL. ENTREPOT

AUX CHANGES SUIVANTS SUR MARSEILLE A 3 MOIS DE DATE

PRIX à SMYRNE par ocque en monnaie de lettre de change — Franco à bord	Aux usages	Paras 200 pour F. 1	Paras 195 pour F. 1	Paras 190 pour F. 1	Paras 185 pour F. 1	Paras 180 pour F. 1	Paras 175 pour F. 1	Paras 170 pour F. 1
P. 5.48	P. 5	F. 108.14	F. 110.57	F. 113.14	F. 115.84	F. 118.69	F. 121.71	F. 124.90
6.52	6	126.13	129.02	132.06	135.29	138.68	142.27	146.07
7.56	7	144.12	147.48	151.02	154.74	158.67	162.83	167.24
8.60	8	162.11	165.93	169.96	174.20	178.67	183.39	188.40
9.64	9	180.11	184.39	188.90	193.65	198.66	203.96	209.57
10.68	10	198.10	202.84	207.84	213.10	218.55	224.52	230.74
11.72	11	216.09	221.29	226.78	232.55	238.64	245.08	251.91
12.75	12	234.08	239.75	245.72	252.—	258.63	265.65	273.08
13.78	13	252.08	258.20	264.66	271.46	278.63	286.21	294.24
14.82	14	270.07	276.66	283.60	290.91	298.62	306.77	315.41
15.86	15	288.06	295.11	302.54	310.36	318.61	327.34	336.58
16.90	16	306.06	313.56	321.48	329.81	338.60	347.90	357.75
17.94	17	324.05	332.02	340.42	349.26	358.59	368.46	378.92
18.98	18	342.04	350.47	359.36	368.72	378.59	389.02	400.08
20.02	19	360.04	368.93	378.30	388.17	398.56	409.59	421.25
21.05	20	378.03	387.38	397.24	407.62	418.57	430.15	442.42

Voir l'explication entre *franco à bord* et *aux usages*, à la page 526.

OBSERVATIONS

F. 1 par 100 kil. sur le fret, fait à Marseille une différence de F. 1.02 par 100 kil. sur les prix.

Droits d'entrée par 100 kil. en Janvier 1897

Par navire Français	Exempte
id. Étranger	F. 2.40

COMPTE D'ACHAT ET DE REVIENT

A 1000 SACS GRAINE DE PAVOT

1000 sacs Graine de Pavôt, contenant ensemble net 61400 ocques à P. 0.84 l'ocque en monnaie de lettre de change (droits de sortie compris)		P. 128940.—

FRAIS A SMYRNE

Canevas pour payol	P. 760.—	
120 nattes à P. 3 ½	» 420.—	
Clous et bois	» 48.—	
Loyer des sacs pour l'embarquement	» 375.—	
Remplir les sacs, droits d'échelle et menus frais	» 490.—	
Courtage 1 %	» 1289.40	» 3382.40
		P. 132322.40
Commission d'achat 2 %		» 2646.40
		P. 134968.80
Courtage de négociation ¼ %		» 337.40
		P. 135306.20
Remboursement sur Marseille à 3 mois de date au change de 200 Paras pour F. 1		F. 27061.25

FRAIS A MARSEILLE

Fret à F. 3.50 et 5 % par 100 kil. sur 73976 kil.	F. 2718.60	
Assurance maritime sur F. 29767 à 1 ¼ % et police F. 3.	» 375.10	
Fardage à Smyrne, frais au débarquement, criblage, portefaix, bateaux, lier les sacs, expertise, peseurs et menus frais à F. 0.70 par 100 kil.	» 517.85	
Courtage de vente ½ %		
Criblure et avaries 2 %		
Escompte à la vente 2 %		
Commission de vente 2 %		
Ensemble 6½ % sur F. 32746.75	» 2073.95	» 5685.50
Pour livrer sur le quai au débarquement		F. 32746.75

RENDEMENT : 83 ocques rendent à Marseille 100 kil. :

Soit net 61400 ocques = net 73976 kil. à F. 44.27 par 100 kil. entrepôt .... F 32749.15

PRIX DE REVIENT A MARSEILLE DES 100 KIL. ENTREPOT

AUX CHANGES SUIVANTS SUR MARSEILLE A 3 MOIS DE DATE

	PRIX à SMYRNE par ocque en monnaie de lettre de change		Paras 200 pour F. 1	Paras 195 pour F. 1	Paras 190 pour F. 1	Paras 185 pour F. 1	Paras 180 pour F. 1	Paras 175 pour F. 1	Paras 170 pour F. 1
	Franco à bord Paras	Aux usages Paras							
SUBDIVISIONS — Coût et frais variables	1.03	1	F. 0.46	F. 0.48	F. 0.49	F. 0.50	F. 0.52	F. 0.53	F. 0.55
	2.06	2	0.93	0.95	0.98	1.—	1.03	1.06	1.09
	3.09	3	1.39	1.43	1.46	1.51	1.55	1.59	1.64
	4.13	4	1.86	1.90	1.95	2.01	2.06	2.12	2.18
	5.16	5	2.32	2.38	2.44	[illegible]	2.58	2.65	2.73
	6.19	6	[illegible]	2.86	2.93	3.01	3.09	3.18	3.28
	7.23	7	3.25	3.33	3.42	3.51	3.61	3.71	3.82
	8.26	8	3.71	3.81	3.90	4.02	4.12	4.24	4.37
	9.29	9	4.18	4.28	4.39	4.52	4.64	4.77	4.91
	10.32	10	4.64	4.76	4.88	5.02	5.15	5.30	5.46
Coût et frais var. et invar.	73.69	70	37.77	38.61	39.50	40.45	41.44	42.49	43.61
	84.02	80	42.41	43.37	44.38	45.46	46.59	47.79	49.07
	94.35	90	47.05	48.13	49.27	50.48	51.75	53.09	54.52
	104.67	100	51.69	52.89	54.15	55.49	56.90	58.39	59.98

OBSERVATIONS

F. 0.50 et 5 % par 100 kil. sur le fret font à Marseille une diff. de F. 0.52 ½ par 100 kil. sur les prix.

On veut savoir le revient à Marseille par 100 kil. de Graine de Pavôt coûtant à Smyrne 78 paras par ocque au change de 185 paras et au fret de F. 3.50 et 5 % par 100 kil.

On trouvera dans la 1re et la 5e colonne de ce tableau que :

Paras 8 font par 100 kil.	F. 4.02
» 70 id. id.	» 40.45
Paras 78 feront donc par 100 kil.	F. 44.47

N.-B. — Au moyen de la 1re colonne, on verra quel est le rapport entre les prix *aux usages* de la place, auxquels doivent s'ajouter tous les frais et commissions, et les prix *franco à bord*.

On veut savoir par exemple ce que deviennent 85 paras l'ocque *aux usages*, rendu *franco à bord*.

Le prix de P.	80	correspond à celui de	*franco à bord*		P. 84.02
id.	» 5	id.	id.	id.	» 5.16
id.	P. 85	id.	id.	id.	P. 89.18

D'après ce qui précède, il résulte qu'une limite donnée à Smyrne à P. 0.85 l'ocque *aux usages* avec addition des frais détaillés sur le compte ci-contre ou P. 89.18 *franco à bord* fera rentrer la marchandise au même prix.

Droits d'entrée par 100 kil. en Janvier 1867

Par navire Français .... Exempte.
id. Étranger .... F. 2.—

COMPTE D'ACHAT ET DE REVIENT

A 10 CAISSES GOMME ADRAGANTE BLANCHE EN FEUILLE

10 caisses Gomme Adragante, pesant brut....	oeques 874.80			
Tare des caisses	» 161.50			
Net	oeques 713.30 à P. 33 l'oeque, monnaie de lettre de change (droits de sortie compris)		P.	23538.90

FRAIS A SMYRNE

Peseurs publics et portefaix à P. 5 la caisse	P.	50.—		
Estivages	»	50.—		
Droit de Porte à P. 2 la caisse	»	20.—		
10 caisses à P. 40 la caisse	»	400.—		
Courtage 1 ½ %	»	353.—	»	873.—
			P.	24411.90
Commission d'achat 2 %			»	488.23
			P.	24900.18
Courtage de négociation ¼ %			»	62.27
			P.	24962.40
Remboursement sur Marseille à 3 mois de date au change de 200 Paras pour F. 1			F.	4992.50

FRAIS A MARSEILLE

Fret par vapeur à F. 10 par 100 kil. sur 1060 kil	F.	106.—		
Assurance maritime sur F. 5491 à ⅜ %	»	20.60		
Change maritime sur F. 126.60 à 2 %	»	2.55		
Portefaix au débarquement, poids public, mise en magasin, livraison et menus frais F. 1.25 par 100 kil	»	13.25		
Magasinage d'un mois F. 0.10 par 100 kil	»	1.05		
Assurance contre le feu 1 ‰	»	5.—		
Courtage de vente ½ %				
Escompte à la vente 2 %				
Commission de vente 2 %				
4 ½ % sur F. 5373.80	»	232.85	»	381.30
			F.	5373.80

Rendement : 82 % Oeques rendent à Marseille 100 kil. :

Soit net oeques 713.30 = net 864.60 kil. à F. 621.54 par 100 kil. entrepôt .... F. 5373.85

N.-B. On achète souvent de la Gomme brute, qui est cernée et séparée en trois qualités, première, seconde et troisième.

PRIX DE REVIENT A MARSEILLE DES 100 KIL. ENTREPOT

AUX CHANGES SUIVANTS SUR MARSEILLE A 3 MOIS DE DATE

PRIX à SMYRNE par oeque en monnaie de lettre de change — Franco à bord	Aux usages	Paras 200 pour F. 1	Paras 195 pour F. 1	Paras 190 pour F. 1	Paras 185 pour F. 1	Paras 180 pour F. 1	Paras 175 pour F. 1	Paras 170 pour F. 1
P. 1.04	P. 1	F. 17.99	F. 18.45	F. 18.94	F. 19.45	F. 19.99	F. 20.56	F. 21.17
2.07	2	35.99	36.91	37.88	38.90	39.98	41.13	42.34
3.11	3	53.98	55.36	56.82	58.36	59.98	61.69	63.50
4.15	4	71.97	73.82	75.76	77.81	79.97	82.25	84.67
5.19	5	89.97	92.27	94.70	97.26	99.96	102.82	105.84
6.22	6	107.96	110.72	113.64	116.71	119.95	123.38	127.01
7.26	7	125.95	129.18	132.58	136.16	139.94	143.94	148.18
8.30	8	143.94	147.63	151.52	155.62	159.94	164.50	169.34
9.34	9	161.94	166.09	170.46	175.07	179.93	185.07	190.51
11.12	10	179.93	184.54	189.40	194.52	199.92	205.63	211.68
11.12	10	207.71	212.65	217.85	223.33	229.12	235.24	241.72
21.50	20	387.64	397.19	407.24	417.84	429.04	440.87	453.40
31.88	30	567.57	581.73	596.64	612.36	628.95	646.50	665.07
42.26	40	747.50	766.27	786.03	806.87	828.87	852.13	876.75
52.64	50	927.43	950.81	975.43	1001.39	1028.79	1057.76	1088.43
63.02	60	1107.36	1135.35	1164.83	1195.90	1228.71	1263.39	1300.11

Voir l'explication entre *franco à bord* et *aux usages*, à la page 526.

OBSERVATIONS

F. 1 par 100 kil. sur le fret, fait à Marseille une différence de F. 1.23 par 100 kil. sur les prix.

On veut savoir le revient à Marseille par 100 kil. de Gomme Adragante coûtant à Smyrne P. 28 l'oeque au change de 185 paras et au fret de F. 10 par 100 kil.

On trouvera dans la 1re et la 5e colonne de ce tableau que :

P. 8 font par 100 kil	F. 155.62
» 20 id. id.	» 417.84
P. 28 feront donc par 100 kil	F. 573.46

Droits d'entrée par 100 kil. en Janvier 1867

Par navire Français	F.	3.60
id. Etranger	»	6 —

COMPTE D'ACHAT ET DE REVIENT

A 2000 QUINTAUX HUILE D'OLIVE D'ANATOLIE

2000 quintaux Huile d'Olive à P. 250 le quintal monnaie de lettre de change (droits de sortie compris)			P.	500000.—

FRAIS A SMYRNE

Monter et réparer les futailles	P.	260.—		
Peseur public et portefaix	»	300.—		
Journaliers à bord du navire	»	500.—		
Certificat d'origine, planches, menus frais	»	300.—		
Droit d'échelle	»	240.—		
Embarquement P. 1 ½ par quintal	»	3000.—		
Courtage 1 %	»	5000.—	»	9600.—
			P.	509600.—
Commission d'achat, 2 %			»	10192.—
			P.	519792.—
Courtage de négociation ¼ %			»	1299.40
			P.	521091.40
Remboursement sur Marseille à 3 mois de date au change de 200 Paras pour F. 1			F.	104218.30

FRAIS A MARSEILLE

Fret à F. 3.50 la millerolle sur 1780 millerolles	F.	6230.—		
Assurance maritime sur F. 114640 à 1 % et police F. 3	»	1149.40		
Loyer des futailles sur 1780 millerolles à F. 0.75 la millerolle	»	1335.—		
Frais pour pomper, ouiller et radasser 87 fûts à F. 1	»	87.—		
Portefaix pour débarquer, peser et livrer à F. 1	»	87.—		
Jaugeurs publics à F. 0.25 l'hectolitre sur 1139 hectolitres	»	284.75		
Formalités de douane et d'octroi, bateaux, permis et menus frais	»	50.—		
Assurance maritime sur les futailles aller et retour sur F. 9000 à 2 %.	»	180.—		
Courtage de vente ½ %				
Escompte à la vente 2 %				
Commission de vente 2 %				
Ensemble 4½ % sur F. 118768.05	»	5146.60	»	14549.75
Pour livrer sur le quai au débarquement			F.	118768.05

RENDEMENT: 100 quintaux rendent à Marseille 89 millerolles de 64 litres :

	Entrepôt de douane et d'octroi par millerolle	par 100 kil.	
Soit 2000 quintaux = 1780 millerolles à	F. 66.73		F. 118767.30
Soit à kil. 58 par millerolle, kil. 103240 à		F. 115.04	
Plus : droits d'entrée en France par navire français F. 6 sur le brut, soit sur le net	» 4.21	» 7.19	
» droits d'octroi à F. 1.25 l'hectolitre	» 0.80	» 1.37	
» droit de la Chambre de Commerce F. 0.79 l'hect.	» 0.50	» 0.87	
Ensemble	F. 72.24	» 124.47	

PRIX DE REVIENT A MARSEILLE DES 100 KIL. ENTREPOT

AUX CHANGES SUIVANTS SUR MARSEILLE A 3 MOIS DE DATE

PRIX à SMYRNE par quintal en monnaie de lettre de change: Franco à bord Piastres	Aux usages Piastres	Paras 200 pour F. 1	Paras 195 pour F. 1	Paras 190 pour F. 1	Paras 185 pour F. 1	Paras 180 pour F. 1	Paras 175 pour F. 1	Paras 170 pour F. 1
10.32	10	F. 4.23	F. 4.34	F. 4.45	F. 4.57	F. 4.70	F. 4.83	F. 4.98
20.65	20	8.46	8.67	8.90	9.14	9.40	9.67	9.95
30.98	30	12.69	13.01	13.35	13.72	14.10	14.50	14.93
41.31	40	16.92	17.35	17.80	18.29	18.80	19.33	19.90
51.63	50	21.15	21.69	22.26	22.86	23.50	24.17	24.88
61.96	60	25.37	26.02	26.71	27.43	28.19	29.—	29.85
72.29	70	29.60	30.36	31.16	32.—	32.89	33.83	34.83
82.62	80	33.83	34.70	35.61	36.58	37.59	38.66	39.80
92.95	90	38.06	39.03	40.06	41.15	42.29	43.50	44.78
105.63	100	51.61	52.72	53.88	55.12	56.42	57.79	59.24
208.90	200	93.90	96.09	98.40	100.83	103.40	106.12	108.99
312.18	300	136.18	139.47	142.91	146.55	150.39	154.45	158.74
415.45	400	178.47	182.84	187.43	192.27	197.38	202.78	208.49
518.73	500	220.76	226.21	231.94	237.90	244.37	251.11	258.25

Voir l'explication entre *franco à bord* et *aux usages*, à la page 526.

OBSERVATIONS

F. 0.50 par millerolle font à Marseille une différence de F. 0.86 par 100 kil. sur les prix.

On veut savoir le revient à Marseille des 100 kil. d'Huile d'Olive coûtant à Smyrne P. 280 par quintal, au change de 185 paras et au fret de F. 3.50 par millerolle.

On trouvera dans la 1re et la 5e colonne de ce tableau que :

P. 80 font par 100 kil	F.	36.58
» 200 id. id.		100.83
P. 280 feront donc par 100 kil	F.	137.41

Voir le tableau à la page 451 pour la réduction des prix par 100 kil. aux prix à la millerolle.

Droits d'entrée par 100 kil. en Janvier 1867

Par navire Français	F.	6.—
id. Étranger	»	7.—

COMPTE D'ACHAT ET DE REVIENT

A 100 SACS NOIX DE GALLES NOIRES

100 sacs Noix de Galles, pesant net 250 quintaux à P. 750 le quintal en monnaie de lettre de change (droits de sortie compris)			P.	187500.—

FRAIS A SMYRNE

Sacs, ficelles, emballeur, visite, droit de Porte, port au magasin et au quai à P. 30 par sac	P.	3000.—		
Courtage 1 %	»	1875.—		
Magasinage ½ %	»	937.50		
Embarquement	»	150.—	»	5962.50
			P.	193462.50
Commission d'achat 2 %			»	3869.25
			P.	197331.75
Courtage de négociation ¼ %			»	493.25
			P.	197825.—
Remboursement sur Marseille à 3 mois de date au change de 200 Paras pour F. 1			F.	39565.—

FRAIS A MARSEILLE

Fret par vapeur à F. 10 par 100 kil. sur 13700 kil.	F.	1370 —		
Assurance maritime sur F. 43521 à ⅜ %	»	163.20		
Change maritime sur F. 1533.20 à 2 %	»	30.65		
Portefaix, emballeurs, mise en magasin, poids public au débarquement et à la livraison, livraison et menus frais F. 2.25 par 100 kil	»	308 —		
Magasinage d'un mois à F. 0.15 par 100 kil.	»	20.55		
Assurance contre le feu 1 ‰	»	39.55		
Courtage de vente ½ %				
Escompte à la vente 2 %				
Commission de vente 2 %				
Ensemble 4½ % sur F. 43376.60	»	1879.65	»	3811.60
			F.	43376.60

RENDEMENT : 1 quintal rend à Marseille 54 kil.:

Soit net 250 quintaux = net 13500 kil. à F. 321.31 par 100 kil. entrepôt .... F. 43376.85

PRIX DE REVIENT A MARSEILLE DES 100 KIL. ENTREPOT

AUX CHANGES SUIVANTS SUR MARSEILLE A 3 MOIS DE DATE

PRIX à SMYRNE par quintal en monnaie de lettre de change — Francs à bord Piastres	Aux usages Piastres	Paras 200 pour F. 1	Paras 195 pour F. 1	Paras 190 pour F. 1	Paras 185 pour F. 1	Paras 180 pour F. 1	Paras 175 pour F. 1	Paras 170 pour F. 1
10.38	10	F. 4.04	F. 4.14	F. 4.25	F. 4.37	F. 4.49	F. 4.62	F. 4.75
20.76	20	8.08	8.28	8.50	8.73	8.98	9.23	9.50
31.14	30	12.12	12.43	12.75	13.10	13.46	13.85	14.26
41.52	40	16.16	16.57	17.—	17.46	17.95	18.46	19.01
51.90	50	20.20	20.71	21.26	21.83	22.44	23.08	23.76
62.28	60	24.23	24.85	25.51	26.20	26.93	27.70	28.51
72.66	70	28.27	28.99	29.76	30.56	31.42	32.31	33.26
83.04	80	32.31	33.14	34.01	34.93	35.90	36.93	38.02
93.42	90	36.35	37.28	38.26	39.29	40.39	41.54	42.77
103.80	100	40.39	41.42	42.51	43.66	44.88	46.16	47.52
324.25	300	139.56	142.78	146.17	149.77	154.56	158.57	161.84
428.04	400	179.95	184.21	188.69	193.43	199.43	204.73	209.35
531.83	500	220.34	225.63	231.20	237.10	244.31	250.89	256.87
635.62	600	260.73	267.05	273.71	280.76	289.19	297.05	304.38
739.41	700	301.12	308.48	316.23	324.42	334.06	343.21	351.90
843.20	800	341.50	349.90	358.74	368.08	378.94	389.36	399.41

Voir l'explication entre *franco à bord* et *aux usages*, à la page 526.

OBSERVATIONS

F. 1 par 100 kil. sur le fret fait à Marseille une différence de F. 1.01 ½ par 100 kil. sur les prix.

On veut savoir le revient à Marseille par 100 kil. de Noix de Galles noires coûtant à Smyrne P. 640 par quintal au change de 185 paras et un fret de F. 10 par 100 kil.

On trouvera dans la 1re et la 5e colonne de ce tableau que :

P. 40 font par 100 kil.	F.	17.46
» 600 id. id.	»	280.76
P. 640 feront donc par 100 kil.	F.	298.22

Droits d'entrée par 100 kil. en Janvier 1867

Par navire Français	Exempte
id. Étranger	F. 4.80

COMPTE D'ACHAT ET DE REVIENT

10000 QUILOTS ORGE DE MÉNÉMEN

10000 quilots Orge de Ménémen à P. 12 le quilot en monnaie légale franco à quai (droits de sortie compris)			P.	120000.—
16 % en sus, monnaie de lettre de change			»	19200.—
			P.	139200.—

FRAIS A SMYRNE

Courtage 1 %	P.	1392.—		
Surveillance et embarquement, mesurage, bateaux, nattes et menus frais.	»	3300.—	»	4692.—
			P.	143892.—
Commission d'achat 2 %			»	2877.85
			P.	146769.85
Courtage de négociation ¼ %			»	366.90
			P.	147136.75
Remboursement sur Marseille à 3 mois de date au change de 200 Paras pour F. 1			F.	29427 35

FRAIS A MARSEILLE

Fret par voilier à F. 3 et 5 % par 100 kil. sur 200000 kil.	F.	6300.—		
Assurance maritime sur F. 32870 à 1 ¼ % et police F. 3	»	407.60		
Frais de débarquement, criblage et livraison à F. 0.45 par charge	»	900.—		
Courtage de vente ½ %				
Criblure et avaries 2 %				
Escompte à la vente 2 %				
Commission de vente 2 %				
Ensemble 6½ % sur F. 39539.10	»	2504.15	»	10111.75
Pour livrer sur le quai au débarquement			F.	39539.10

RENDEMENT : 5 quilots rendent à Marseille 1 charge de 160 litres :

	Entrepôt de Douane par charge	Entrepôt de Douane par hectolitre	
Soit 10000 quilots = 2000 charges à	F. 19.77		
ou 3200 hectolitres à		F. 12.35	F. 39520.—
Plus : droit de ville à Marseille	» 0,20	» 0.12	
	F. 19.97	F. 12.47	

PRIX DE REVIENT A MARSEILLE DE L'HECTOLITRE

AUX CHANGES SUIVANTS SUR MARSEILLE A 3 MOIS DE DATE

PRIX à SMYRNE par quilot — lettre de change franco à bord	monn. légale aux usages	Paras 200 pour F. 1	Paras 195 pour F. 1	Paras 190 pour F. 1	Paras 185 pour F. 1	Paras 180 pour F. 1	Paras 175 pour F. 1	Paras 170 pour F. 1
P. 9.92 =	P. 8	F. 9.11	F. 9.29	F. 9.46	F. 9.64	F. 9.85	F. 10.06	F. 10.30
11.12	9	9.92	10.12	10.31	10.51	10.75	10.98	11.26
12.32	10	10.73	10.96	11.16	11.39	11.65	11.91	12.21
13.51	11	11.54	11.79	12.01	12.21	12.55	12.84	13.16
14.71	12	12.36	12.62	12.87	13.14	13.45	13.76	14.12
15.91	13	13.17	13.45	13.72	14.02	14.35	14.69	15.07
17.11	14	13.98	14.28	14.57	14.89	15.25	15.61	16.02
18.30	15	14.79	15.11	15.43	15.77	16.15	16.54	16.98
19.50	16	15.60	15.94	16.28	16.65	17.05	17.47	17.93
20.70	17	16.41	16.77	17.13	17.53	17.95	18.40	18.88
21.90	18	17.22	17.60	17.99	18.41	18.86	19.33	19.83

Voir l'explication entre *franco à bord* et *aux usages*, à la page 526.

OBSERVATIONS

F. 0.50 et 15 % sur le fret, font à Marseille une différence de F. 0.33 par hectolitre sur les prix.

N.-B. — Les Orges s'achètent à Smyrne franco à quai. La meilleure qualité est celle de Ménémen.

Voir aux pages 446 et 447 pour la réduction de la parité des prix de l'hectolitre comparés à ceux par charge et par 100 kil.

Pour la différence de poids livré en moins que celui garanti, voir le tableau de la page 447 pour les bonifications à faire ou à ajouter aux prix de revient ci-dessus.

Il est facultatif à l'acheteur de recevoir l'Orge criblé à quai ou en transbordement non criblé; dans ce dernier cas, le vendeur bonifie à l'acheteur F. 0.60 par charge qui représentent pour lui l'économie de frais et de la perte au criblage. Mais, tandis que par exemple, pour une vente avec garantie de 100/98 kil. à quai, l'acheteur a droit effectivement à 100 kil., cette garantie quand la livraison a lieu en transbordement se réduit à 99 kil. c'est à dire toujours de 1 kil. en moins du poids garanti à quai.

Pour mettre en magasin pendant un mois, il faut compter un supplément de frais de F. 1.25 par hectolitre, y compris le déchet.

Droits d'entrée par 100 kil. en Janvier 1867

Par navire Français .... Exempt
id. Étranger .... F. 0.60

COMPTE D'ACHAT ET DE REVIENT

A 40 BALLES PEAUX DE BOEUFS

40 balles Peaux de Bœufs, pesant brut..... ocques 5516.10			
Tare .... » 16.10			
Net .... ocques 5500.— à P. 10 l'ocque en monnaie de lettre de change (droits de sortie compris)		P.	55000.—

FRAIS A SMYRNE

Visiteur public à %ₒ la pièce	P.	250.—		
Emballage et cordes à P. 15 la balle	»	600.—		
Surveillance à l'embarquement	»	50.—		
Courtage du dehors et de la maison 1 ½ %	»	825.—		
Menus frais	»	30.—	»	1755.—
			P.	56755.—
Commission d'achat 2 %			»	1135.10
			P.	57890.10
Courtage de négociation ¼ %			»	144.70
			P.	58034.80
Remboursement sur Marseille à 3 mois de date au change de 200 Paras pour F. 1			F.	11006.95

FRAIS A MARSEILLE

Fret à F. 4 et 5 % par 100 kil. sur 6895 kil.	F.	289.60		
Assurance maritime sur F. 12767 à 1 ¼ % et police F. 3	»	162.60		
Frais au débarquement, mise en magasin, battage, poids public et livraison à F. 1 les 100 kil.	»	68.95		
Magasinage d'un mois à F. 0.15 par 100 kil.	»	10.35		
Assurance contre le feu 1 %	»	11.60		
Courtage de vente .... ½ %				
Escompte à la vente .... 2 %				
Commission de vente .... 2 %				
Ensemble .... 4 ½ % sur F. 12722.55	»	572.50	»	1115.60
			F.	12722.55

RENDEMENT : 1 Ocque rend à Marseille kil. 1.25 :

Soit net 5500 Ocques = net 6875 kil. à F. 185.06 par 100 kil. entrepôt .... F. 12722.85

PRIX DE REVIENT A MARSEILLE DES 100 KIL. ENTREPOT

AUX CHANGES SUIVANTS SUR MARSEILLE A 3 MOIS DE DATE

PRIX à SMYRNE par ocque en monnaie de lettre de change — franco à bord	aux usages	Paras 200 pour F. 1	Paras 195 pour F. 1	Paras 190 pour F. 1	Paras 185 pour F. 1	Paras 180 pour F. 1	Paras 175 pour F. 1	Paras 170 pour F. 1
P. 5.36	P. 5	F. 96.83	F. 99.17	F. 101.63	F. 104.22	F. 106.96	F. 109.85	F. 112.92
6.40	6	114.17	117.20	120.20	123.30	126.57	130.02	133.67
7.44	7	132.12	135.37	138.78	142.37	146.17	150.18	154.46
8.48	8	149.76	153.46	157.35	161.45	165.78	170.35	175.19
9.51	9	167.41	171.56	175.93	180.52	185.38	190.51	195.93
10.55	10	185.05	189.66	194.50	199.60	204.90	210.68	216.71
11.59	11	202.70	207.76	213.07	218.68	224.60	230.85	237.47
12.63	12	220.34	225.86	231.65	237.75	244.20	251.01	258.23
13.67	13	237.99	243.95	250.22	256.83	263.81	271.18	278.09
14.70	14	255.63	262.05	268.80	275.90	283.41	291.34	299.75

Voir l'explication entre *franco à bord* et *aux usages*, à la page 526.

OBSERVATIONS

F. 0.50 et 5 % sur le fret, font à Marseille une différence de F. 0.53 par 100 kil. sur les prix.

Droits d'entrée par 100 kil. en Janvier 1867

Par navire Français	Exempte
id. Étranger	F. 3.—

COMPTE D'ACHAT ET DE REVIENT

A 100 SACS RAISINS NOIRS DE THYRA

100 sacs Raisins noirs de Thyra, pesant net 200 quintaux à P. 50 le quintal en monnaie légale (droits de sortie compris)			P.	10000.—
16 % en sus, monnaie de lettre de change			»	1600.—
			P.	11600.—

FRAIS A SMYRNE

Coût des sacs à P. 8	P.	800.—		
Peseurs publics, transport, couture des sacs, facturage et menus frais	»	600.—		
Courtage d'achat 1 %	»	116.—		
Embarquement	»	150.—	»	1666.—
			P	13266.—
Commission d'achat 5 %			»	663.30
			P.	13929.30
Courtage de négociation ¼ %			»	34.80
			P.	13964.10
Remboursement sur Marseille à 3 mois de date au change de 200 Paras pour F. 1			F.	2792.80

FRAIS A MARSEILLE

Fret par voilier à F. 3 et 5 % par 100 kil sur 10900 kil.	F.	343.35		
Assurance maritime sur F. 3072 à 1 ¼ % et police F. 3	»	41.40		
Portefaix au débarquement, reconnaissance en douane, charrettes, mise en magasin, emballeurs, poids public, livraison et menus frais F. 1 par 400 kil	»	109.—		
Magasinage d'un mois F. 0.20 par 100 kil	»	21.80		
Assurance contre le feu 1 ‰	»	2.80		
Courtage de vente ½ %				
Escompte à la vente 2 %				
Commission de vente 2 %				
Ensemble 4½ % sur F. 3467.15	»	156.—	»	674.35
			F.	3467.15

RENDEMENT : 1 quintal rend à Marseille 53 kil. ½ :

Soit net 200 quintaux = net 10700 kil. à F. 32.40 par 100 kil. entrepôt .... F. 3466 80

PRIX DE REVIENT A MARSEILLE DES 100 KIL. ENTREPOT

AUX CHANGES SUIVANTS SUR MARSEILLE A 3 MOIS DE DATE

PRIX à SMYRNE par quintal en monnaie légale — Franco à bord	Aux usages	Paras 200 pour F. 1	Paras 195 pour F. 1	Paras 190 pour F. 1	Paras 185 pour F. 1	Paras 180 pour F. 1	Paras 175 pour F. 1	Paras 170 pour F. 1
P. 1.23	P. 1	F. 0.49	F. 0.50	F. 0.52	F. 0.53	F. 0.54	F. 0.56	F. 0.58
2.46	2	0.98	1.—	1.03	1.06	1.09	1.12	1.15
3.70	3	1.47	1.51	1.55	1.59	1.63	1.68	1.73
4.93	4	1.96	2.01	2.06	2.12	2.18	2.24	2.30
6.16	5	2.45	2.51	2.58	2.65	2.72	2.60	2.88
7.40	6	2.94	3.01	3.10	3.18	3.26	3.36	3.46
8.63	7	3.43	3.51	3.61	3.71	3.81	3.92	4.03
9.86	8	3.92	4.02	4.13	4.24	4.35	4.48	4.61
11.10	9	4.41	4.52	4.64	4.77	4.90	5.04	5.18
12.33	10	4.90	5.02	5.16	5.30	5.44	5.60	5.76
57.49	40	27.51	28.09	28.70	29.33	30.02	30.75	31.53
69.82	50	32.40	33.11	33.86	34.63	35.47	36.35	37.30
82.15	60	37.30	38.13	39.01	39.92	40.91	41.95	43.06
94.48	70	42.20	43.16	44.17	45.22	46.35	47.55	48.82
106.81	80	47.10	48.18	49.33	50.52	51.79	53.15	54.58
119.14	90	52.[illegible]	53.21	54.48	55.81	57.24	58.76	60.35
131.47	100	56.90	58.23	59.64	61.11	62.68	64.35	66.11

Voir l'explication entre *franco à bord* et *aux usages*, à la page 526.

OBSERVATIONS

F. 0.50 et 5 % par 100 kil. sur le fret, font à Marseille une diff. de F. 0.53½ par 100 kil. sur les prix.

On veut savoir le revient à Marseille de Raisins noirs coûtant à Smyrne P. 55 le quintal au change de 185 paras pour F. 1 et au fret de F. 3 et 5 %.

On trouvera dans la 1re et la 5e colonne de ce tableau que :

P. 5 font par 100 kil.	F.	2.65
» 50 id. id.	»	34.63
P. 55 feront donc par 100 kil	F.	37.28

Droits d'entrée par 100 kil. en Janvier 1867

Par navire Français	F.	0.30
id. Étranger	»	2.40

SALONIQUE

Salonique, ville de la Turquie d'Europe en Roumélie, à 455 kilom. O. de Constantinople, au pied du golfe de ce nom, est le port le plus important de la Turquie après Constantinople et Smyrne, 80000 habitants.

Salonique n'a pas de port proprement dit, mais en face de la ville, il y a un excellent ancrage, dont les approches ne sont pas difficiles; néanmoins on prend ordinairement des pilotes, et il y en a toujours en observation.

Production. — Blé, Orge, Maïs, Coton, Tabac, Éponges, Laines, Soie, Bois de charpente, Fer, Plomb.

Importations de France. — Sucre, Café, Épices, Cochenille, Clouterie, Soieries, Papiers, Parfumerie, Meubles, fausse Bijouterie, Habillements confectionnés à la mode Turque.

Les Draps, que fournissait le Languedoc, ont été remplacés par les produits de la Belgique et de la Saxe. Ceux-ci, ne valent cependant pas les Draps français, chacun en convient ; mais la masse les préfère à cause du bon marché, du choix des couleurs et des dimensions mieux appropriées au goût local.

Le Commerce de la France avec Salonique était autrefois très-considérable. On n'y comptait pas moins de 18 à 20 maisons françaises qui recevaient nos produits pour les répandre en Macédoine et dans les provinces voisines. Ces établissements disparurent à l'époque de l'expédition d'Egypte, et depuis lors, le premier rang a cessé d'appartenir à la France. Elle a été en partie supplantée par les Autrichiens, les Grecs et les Anglais.

Les Cuirs de Buenos-Ayres font l'objet d'une consommation importante à Salonique.

L'Angleterre a le monopole des Fers, des Cotons filés, des Indiennes ; l'Autriche fournit la Quincaillerie ; la Bohême, la Mercerie.

Monnaies. — Les mêmes qu'à Constantinople.

Poids et Mesures. — Les mêmes qu'à Smyrne (¹).

Droits de Sortie. — D'après le tarif des Douanes Turques et le Traité de Commerce avec la France, il résulte qu'un droit uniforme de 8 % *ad valorem* est établi sur tous les articles non prohibés à l'importation.

(¹) Dictionnaire du Commerce et de la Navigation, par MM. GUILLAUMIN et Cie.

Le même droit de 8 % a été établi sur la valeur invariable, fixée au tarif pour chaque article exporté, seulement, ce droit de sortie qui a été mis en vigueur dès le 13 Mars 1862, se trouvera réduit chaque année d'un pour cent, de telle sorte qu'en 1869, le droit de sortie ne sera plus que de 1 % et se maintiendra invariablement à ce taux.

Les droits de sortie étant un élément très-variable, n'ont pas été incorporés dans les comptes de revient qui vont suivre; le calcul en est établi dans une colonne séparée et le produit en France par 100 kilog. doit être ajouté aux prix de revient.

Pour en faciliter le calcul à tous les droits, on trouvera des logarithmes pour tous les changes sur chaque compte.

EXEMPLE.

Voir le compte Blé à la page 545.

Le droit de sortie sur les Blés en 1866 est de 4 % sur une valeur invariable de P. 15.30 le kilot, ce qui donne, au change de 170 Paras F. 0.45 par hect. à Marseille.

Pour trouver ce résultat, il suffira de multiplier le logarithme du change de 170 Paras qui est de 73080 par l'estimation de la douane qui est de P. 15.30, ce qui donne 1118124 et en multipliant encore ce dernier nombre par 4 % (droit actuel) on trouvera dans les deux premiers chiffres de gauche le résultat cherché qui est de F. 0.45 par hectolitre, avec les droits ultérieurs de 3, 2 et 1 %, on fera la même opération, les logarithmes et l'estimation de la douane ne variant pas.

Les maisons Européennes en transmettant leurs ordres d'achat, donnent assez souvent leurs limites *franco à bord*.

Pour faciliter les calculs des prix de revient, on trouvera sur chaque compte, dans la première colonne du tableau, les prix fixés *aux usages* et à côté la parité de *franco à bord*.

Ainsi par exemple, sur le compte Blé mentionné plus haut, on verra que le prix de P. 80 le kil. *aux usages* est comme P. 86.03 *franco à bord*, c'est-à-dire que ces deux prix font rentrer, au même change, la marchandise à Marseille au même prix.

Les P. 6.03 par kil. de différence forment les frais de place, commission et courtage de négociation. Les droits de sortie qui ne sont pas inclus dans les prix de revient, ne le sont pas non plus dans les frais ci-dessus de P. 6.03, il en résulte donc pour le commissionaire de Salonique qui reçoit une limite de P. 86.03 pour un achat de Blé *franco à bord*, limite qui, pour le donneur d'ordre, se trouve être la parité de P. 80 *aux usages*, ne pourra acheter, pour se maintenir dans cette limite, tout en ayant les frais, commissions, courtage et droits portés sur ce compte qu'à.................... P. 77.50
ce qui avec tous les frais de place, commission et courtage de négociation de.......... 6.03
Plus le droit de sortie à 4 % (en 1866).................... 2.50

Ensemble, montant de la limite, *franco à bord*.................... P. 86.03

COMPTE D'ACHAT ET DE REVIENT

A 4000 KILOS DE CONSTANTINOPLE BLÉ TENDRE

4000 kilos Blé tendre mesurant kilos 1000 de Salonique chargés sur navire				
Déchet 1 ¾ %......... » 17½				
kilos 1017½ à P. 80 le kilo.........			P.	81400.—

FRAIS A SALONIQUE

Portefaix pour recevoir et livrer P. 1 par kilo.........	P.	1017.20		
Cribler et mesurer P. —.26 par kilo.........	»	661.15		
Allèges P. —.10 par kilo.........	»	254.10		
Fardage au navire pour conserver la marchandise.........	»	500.—		
Magasinage P. 1 par kilo.........	»	1017.		
Courtage P. —.20 par kilo.........	»	508.20		
Inspection.........	»	300.—		
Droit d'établissements.........	»	81.—	»	4339.25
			P.	85789.25

	Droits de sortie			
Droits de sortie sur 4000 kilos à P. 15.30 le kilo P. 61200 au droit actuel (1866) de 4 %.........	P.	2448.—		
Commission d'achat 2 %.........	»	48.38	»	1714.30
	P.	2496.38	P.	87454.15
Courtage de négociation des traites 1 ‰.........	»	2.80	»	87.18
100 piastres = 1 livre turque	P.	2499.18	P.	87541.33
Remboursement sur Marseille à 3 mois de date au change de 170 Paras pr F. 1.	F.	588.10	F.	20598.10

FRAIS A MARSEILLE

Fret à F. 3 et 5 % par charge sur 892 charges.........			F.	2809.80		
Assurance maritime sur F. 22657 à 1 ¼ % et police F. 3.	»	9.70	»	342.85		
Bonification au capitaine, frais de débarquement, criblage et livraison à F. 0.45 la charge.........			»	401.40		
Courtage de vente......... ½ %						
Criblure et avaries......... 2 %						
Escompte à la vente......... 2 %						
Commission de vente......... 2 %						
Ensemble...... 6¼ % sur F. 25785.20...	»	40.40	»	1033.05	»	5187.10
Pour livrer sur le quai au débarquement.	F.	638.20			F.	25785.20
Soit par hectolitre.........	»	0.45				

RENDEMENT : 1 ⁰/₀₀ kilos de Salonique rend à Marseille une charge de 160 litres :

	Entrepôt de Douane					
		la charge		l'hectolitre		
Soit sur 1017½ kilos = 892 charges à.........	F.	28.91				
ou 1427 hectolitres à.........			F.	18.07	F.	25785.90
Plus : droits de sortie à Salonique.........	»	0.71½	»	0.45		
» droit de ville à Marseille.........	»	0.20	»	0.12		
Ensemble.........	F.	29.82½	F.	18.64		

PRIX DE REVIENT A MARSEILLE DE L'HECTOLITRE ENTREPOT

AUX CHANGES SUIVANTS SUR MARSEILLE A 3 MOIS DE DATE

PRIX à SALONIQUE par kilo de Salonique — Franco à bord	Aux usages	Paras 195 pour F. 1	Paras 190 pour F. 1	Paras 185 pour F. 1	Paras 180 pour F. 1	Paras 175 pour F. 1	Paras 170 pour F. 1	Paras 165 pour F. 1
P. 1.02	P. 1	F. 0.16	F. 0.17	F. 0.17	F. 0.18	F. 0.18	F. 0.19	F. 0.19
2.04	2	0.32	0.33	0.34	0.35	0.36	0.37	0.38
3.06	3	0.49	0.50	0.51	0.53	0.54	0.56	0.58
4.08	4	0.65	0.66	0.68	0.70	0.72	0.74	0.77
5.10	5	0.81	0.83	0.86	0.88	0.91	0.93	0.96
6.12	6	0.97	[illegible]	1.02	1.06	1.09	1.12	1.15
7.14	7	1.13	1.16	1.20	1.23	1.27	[illegible]	[illegible]
8.16	8	1.30	1.33	1.37	1.41	1.45	1.49	1.54
9.18	9	1.46	1.49	1.54	1.58	1.63	1.67	1.73
10.21	10	1.62	1.66	1.71	1.76	1.81	1.86	1.92
34.98	30	7.96	8.11	8.26	8.43	8.60	8.78	8.97
45.19	40	9.58	9.77	9.97	10.18	10.40	10.64	10.88
55.40	50	11.20	11.44	11.68	11.94	12.21	12.50	12.80
65.61	60	12.82	13.10	13.39	13.70	14.02	14.35	14.71
75.82	70	14.44	14.76	15.10	15.45	15.82	16.21	16.63
86.03	80	16.07	16.42	16.80	17.21	17.63	18.07	18.54
96.24	90	17.69	18.09	18.51	18.96	19.43	19.93	20.46
106.45	100	19.31	19.75	20.22	20.72	21.24	21.79	22.37
Plus Droits de Sortie à Salonique		A ajouter et à calculer suivant l'explication page 544.						

OBSERVATIONS

F. 0.50 et 5 % par charge sur le fret, font à Marseille une différence de F. 0.33 par hectolitre sur les prix.

On veut savoir le revient à Marseille de Blé coûtant à Salonique P. 75 par kilo de Salonique, au change de 180 paras pour F. 1 et au fret de F. 3 et 5 %.

On trouvera dans la 1re et la 5e colonne de ce tableau que :

P. 5 font par hectolitre.........	F.	0.88
» 70 id. id.	»	15.45
Droit de ville à Marseille.........	»	0.12
Plus droits de sortie à Salonique...	»	0.42
P. 75 feront donc par hectolitre.........	F.	16.87

Voir aux pages 448 à 451 pour la réduction de la parité des prix de l'hectolitre, comparés à ceux par charge et par 100 kil.

Pour les différences de poids livrés en moins que celui garanti, voir le tableau de la page 452 pour les bonifications à faire ou à ajouter aux prix de revient ci-dessus.

Il est facultatif à l'acheteur de recevoir le blé criblé à quai ou en transbordement non criblé; dans ce dernier cas, le vendeur bonifie à l'acheteur F. 0.70 centimes par charge qui représentent pour lui l'économie de frais et de la perte au criblage. Mais tandis que par exemple, pour une vente avec garantie de kil. 124/121 à quai, l'acheteur a droit effectivement à kil. 124, cette garantie, quand la livraison a lieu en transbordement, se réduit à kil. 123, c'est-à-dire toujours de 1 kil. en moins sur le poids garanti à quai.

Pour mettre en magasin pendant un mois, il faut compter un supplément de frais de F. 1.25 l'hectolitre y compris le déchet.

Logarithmes pour les Droits de Sortie

CHANGES		LOGARITHMES
195		63711
» 190	»	65367
» 185	»	67155
» 180	»	69020
» 175	»	70992
» 170	»	73080
» 165	»	75295

Droits d'entrée par 100 kil. en Janvier 1867

Par navire Français.........	F.	0.60
id. Etranger.........	»	1.20

COMPTE D'ACHAT ET DE REVIENT

A 10 BALLES COTON

10 balles Coton, pesant brut..... ocques 500.—
Tare 3 ½ ocques par balle....... » 35.—
Net................ ocques 465.— à P. 25 — l'ocque.................. P. 11625.—

FRAIS A SALONIQUE

Coût de 10 balles	P.	350.—		
Recevoir, emballer et peser	»	50.—		
Frais d'embarquement	»	20.—		
Courtage 1 %	»	116.10		
Droit d'établissements	»	11.80	»	548.—

	Droits de Sortie			
Droits de sortie sur 465 ocques à P. 257.20 les 44 ocques P. 2718 au droit actuel (1866) de 4 %	P.	108.72	P.	12173.—
Commission 2 %	»	2.18	»	248.46
	P.	110.90	P.	12416.46
Courtage de négociation des traites 1 ‰	»	—.10	»	12.41
100 piastres = 1 livre turque	P.	111.—	P.	12428.87
Remboursement sur Marseille à 3 mois de date au change de 170 paras pr F. 1	F.	26.10	F.	2924.45

FRAIS A MARSEILLE

Fret par vapeur à F. 15 par 100 kil. sur 598 kil.			F.	89.70		
Assurance maritime sur F. 3216 à ½ %	»	0.15	»	16.10		
Change maritime sur F. 105.80 à 2 %			»	2.10		
Frais de docks au débarquement F. 0.45 par 100 kil.			»	2.90		
Emballeurs, mise en magasin, poids public, douane, permis, livraison et menus frais F. 2.50 par 100 kil.			»	14.95		
Magasinage d'un mois F. 0.10 par 100 kil.			»	0.60		
Assurance contre le feu ½ ‰			»	1.45		
Courtage de vente ¾ %						
Escompte à la vente 2 %						
Commission de vente 2 %						
Ensemble 4 ½ % sur F. 3190.50	»	1.20	»	138.25	»	266.05
	F.	27.45			F.	3190.50
Soit par 100 kil.	»	4.72				

RENDEMENT : 80 Ocques rendent à Marseille 100 kil. :

Soit net 465 ocques : net kil. 581.25 à	F. 549.90	par 100 kil.	entrepôt	F.	3190.50
Plus : droits de sortie à Salonique	» 4.72	id.	id.		
Ensemble	F. 553.62	id.	id.		

PRIX DE REVIENT A MARSEILLE DES 100 KIL. ENTREPOT

AUX CHANGES SUIVANTS SUR MARSEILLE A 3 MOIS DE DATE

	PRIX à SALONIQUE par ocque Franco à bord Piastres	Aux usages Piastres	Paras 195 pour F. 1	Paras 190 pour F. 1	Paras 185 pour F. 1	Paras 180 pour F. 1	Paras 175 pour F. 1	Paras 170 pour F. 1	Paras 165 pour F. 1
SUBDIVISIONS — Coût et frais variables	0.12⅞	—.5	F. 2.23	F. 2.29	F. 2.35	F. 2.41	F. 2.48	F. 2.55	F. 2.63
	0.25¾	—.10	4.45	4.57	4.69	4.82	4.96	5.10	5.26
	0.51½	—.20	8.90	9.13	9.38	9.64	9.92	10.21	10.52
	0.77¼	—.30	13.35	13.70	14.07	14.46	14.87	15.31	15.77
	1.03	1.—	17.80	18.26	18.76	19.28	19.83	20.41	21.03
	2.06	2.—	35.59	36.53	37.51	38.56	39.66	40.83	42.06
	3.09	3.—	53.39	54.79	56.27	57.83	59.49	61.24	63.09
	4.12	4.—	71.18	73.06	75.03	77.11	79.32	81.65	84.12
	5.15	5.—	88.98	91.32	93.79	96.39	99.15	102.07	105.16
	6.18	6.—	106.78	109.58	112.54	115.67	118.97	122.48	126.19
	7.21	7.—	124.57	127.85	131.30	134.95	138.80	142.89	147.22
	8.24	8.—	142.37	146.11	150.06	154.22	158.63	163.30	168.25
	9.27	9.—	160.16	164.38	168.81	173.50	178.47	183.72	189.28
	10.31	10.—	177.96	182.64	187.57	192.63	198.29	204.13	210.31
Coût et frais var. et invar.	7.14	6.—	142.96	146.20	149.61	153.22	157.04	161.07	165.34
	8.17	7.—	160.76	164.47	168.37	172.50	176.86	181.48	186.37
	9.20	8.—	178.55	182.73	187.13	191.78	196.69	201.89	207.40
	10.23	9.—	196.35	201.—	205.88	211.05	216.52	222.30	228.43
	11.26	10.—	214.15	219.26	224.64	230.33	236.35	242.72	249.46
	21.57	20.—	392.10	401.90	412.22	423.12	434.65	446.84	459.77
	31.88	30.—	570.06	584.53	599.79	615.90	632.91	650.97	670.08
	Plus Droits de Sortie à Salonique		A ajouter et à calculer, suivant l'explication page 544						

OBSERVATIONS

F. 1 sur le fret, par 100 kil. fait à Marseille une différence de F. 1.03 par 100 kil. sur les prix.

On veut savoir le revient à Marseille de Coton coûtant à Salonique P. 16.20 l'ocque, au change de 180 paras pour F. 1, et au fret de F. 15 par 100 kil.

On trouvera dans la 1re et la 5e colonne de ce tableau que :

P. —.20 font par 100 kil.	F.	9.64
» 6.— id. id.	»	115.67
» 10.— id. id.	»	230.33
Droits de sortie à Salonique	»	4.40
P. 16.20 feront donc par 100 kil.	F.	360.10

Logarithmes pour les Droits de Sortie

CHANGES	195	LOGARITHMES	40023
»	190	»	41075
»	185	»	42180
»	180	»	43358
»	175	»	44597
»	170	»	45906
»	165	»	47299

Droits d'entrée par 100 kil. en Janvier 1867

Par navire Français .... Exempt.
id. Étranger .... F. 3.—

COMPTE D'ACHAT ET DE REVIENT

A 5000 KILOS DE SALONIQUE MAÏS CRIBLÉS

5000 kilos de Salonique = 20000 kilos de Constantinople Maïs criblés.
50 » déchet 1 %.

5050 kilos de Salonique à P. 50 par kilo de Salonique			P.	252500.—

FRAIS A SALONIQUE

	Droits de sortie			
Portefaix pour recevoir et livrer P. 1.— par kilo		P. 5050.—		
Cribler et mesurer P. —.25 par kilo		» 3282.20		
Allèges P. —.10 par kilo		» 1262.20		
Magasinage P. —.20 par kilo		» 2525.—		
Courtage P. —.10 par kilo		» 1262.20		
Inspection		» 700.—		
Fardage au navire pour conserver la marchandise		» 2500.—		
Droit d'établissements		» 252.20	»	16835.—
			P.	269335.—
Droits de sortie sur 20000 kilos à P. 7.20 le kilo P. 144000 au droit actuel (1866) de 4 %	P. 5760.—			
Commission d'achat 2 %	» 115. 8		»	5386.28
	P. 5875. 8		P.	274721.28
Courtage de négociation des traites 1 ‰	» 5.35		»	274.28
100 piastres = 1 livre turque	P. 5881. 3		P.	274996.16
Remboursement sur Marseille à 3 mois de date au change de 170 paras pr F. 1	F. 1383.80		F.	64705.05

FRAIS A MARSEILLE

Fret à F. 3 et 5 % par charge sur 4391 charges		F. 13831.65		
Assurance maritime sur F. 71175 à 1 ½ % et police F. 3.	» 22.85	» 1070.60		
Frais de débarquement, criblage et livraison F. 0.45 par charge		» 1975.95		
Courtage de vente ½ %				
Criblure et avaries 2 %				
Escompte à la vente 2 %				
Commission de vente 2 %				
Ensemble 6 ½ % sur F. 87099.60	» 95.10	» 5516.35	»	22394.55
Livrable sur le quai au débarquement	F. 1501.75		F.	87099.60
Soit par hectolitre	» 0.21			

Rendement : 1.15 kilo de Salonique rend à Marseille 1 charge de 160 litres :

	Entrepôt de Douane la charge	Entrepôt de Douane l'hectolitre	
Soit net 5050 kilos de Salonique sur le brut = 4391 charges à	F. 19.84		
ou 7025 hectolitres		F. 12.40	F. 87110.—
Plus : droits de sortie à Salonique	» 0.34	» 0.21	
» droit de ville à Marseille	» 0.19	» 0.12	
Ensemble	F. 20.37	F. 12.73	

PRIX DE REVIENT A MARSEILLE DE L'HECTOLITRE ENTREPOT

AUX CHANGES SUIVANTS SUR MARSEILLE A 3 MOIS DE DATE

PRIX à SALONIQUE par kilo de Salonique — Francs à bord	Aux usages	Paras 195 pour F. 1	Paras 190 pour F. 1	Paras 185 pour F. 1	Paras 180 pour F. 1	Paras 175 pour F. 1	Paras 170 pour F. 1	Paras 165 pour F. 1
F. 1.02	P. 1	F. 0.16	F. 0.17	F. 0.17	F. 0.18	F. 0.18	F. 0.19	F. 0.19
2.04	2	0.33	0.34	0.34	0.35	0.36	0.37	0.39
3.06	3	0.49	0.50	0.52	0.53	0.55	0.56	0.58
4.08	4	0.65	0.67	0.69	0.71	0.73	0.75	0.77
5.10	5	0.82	0.84	0.86	0.89	0.91	0.94	0.97
6.12	6	0.98	1.01	1.03	1.06	1.09	1.12	1.16
7.14	7	1.14	1.18	1.20	1.24	1.27	1.31	1.35
8.16	8	1.30	1.34	1.38	1.42	[illegible]	1.50	1.54
9.18	9	1.47	1.51	[illegible]	1.59	1.64	1.68	1.74
10.21	10	1.63	1.68	1.72	1.77	1.82	1.87	1.93
34.03	30	7.85	7.99	8.14	8.30	8.47	8.65	8.84
44.24	40	9.49	9.67	9.86	10.07	10.29	10.53	10.77
54.45	50	11.12	11.35	11.58	11.84	12.11	12.40	12.71
64.66	60	12.75	13.02	13.30	13.61	13.93	14.28	14.64
74.87	70	14.39	14.70	15.02	15.38	15.75	16.15	16.57
85.08	80	16.02	16.38	16.75	17.15	17.58	18.02	18.50
95.29	90	17.66	18.05	18.47	18.92	19.40	19.90	20.43
105.50	100	19.29	19.73	20.19	20.69	21.22	21.77	22.36
Plus Droits de Sortie à Salonique		A ajouter et à calculer, suivant l'explication page 544.						

OBSERVATIONS

F. 0.50 et 5 % par charge sur le fret, font à Marseille une diff. de F. 0.33 par hectol. sur les prix.

On veut savoir le revient à Marseille de Maïs coûtant à Salonique P. 45 le kilo de Salonique, au change de 180 paras pour F. 1 et un fret de F. 3 et 5 %.

On trouvera dans la 1re et la 5e colonne de ce tableau que :

P. 5 font par hectolitre	F.	0.89
» 40 id. id.	»	10.07
Droit de ville à Marseille	»	0.12
Plus, droits de sortie à Salonique	»	0.20
P. 45 feront donc par hectolitre	F.	11.28

N.-B. — Voir aux pages 418 à 441 pour la réduction de la parité des prix de l'hectolitre comparés à ceux par charge et par 100 kil.

Pour les différences de poids livrés en moins que celui garanti, voir le tableau des pages 452 et 453 pour les bonifications à faire ou à ajouter aux prix de revient ci-dessus.

Logarithmes pour les Droits de Sortie

CHANGES		LOGARITHMES
195		61704
» 190	»	66400
» 185	»	68201
» 180	»	70096
» 175	»	72098
» 170	»	74210
» 165	»	76408

Droits d'entrée par 100 kil. en Janvier 1867

Par navire Français		Exempt
id. Etranger	F.	0.60

COMPTE D'ACHAT ET DE REVIENT

A 1000 KILOS DE SALONIQUE ORGE CRIBLÉ

1000 kilos de Salonique Orge criblé = 4000 kilos de Constantinople.				
60 » déchet 6 %				
1060 kilos à P. 40 le kilo de Salonique			P.	42400.—

FRAIS A SALONIQUE

Recevoir et charger P. 1 par kilo	P.	1060.—		
Cribler, mesurer et embarquer P. —.36	»	954.—		
Magasinage P. —.20	»	530.—		
Courtage P. —.10	»	265.—		
Inspection	»	250.—		
Fardage pour conserver la marchandise	»	500.—		
Droit d'établissements	»	42.—	»	3601.—
			P.	46001.—

	Droits de sortie			
Droits de sortie sur 4000 kilos à P. 5.40 le kilo P. 21600 au droit actuel (1866) de 4 %	P.	864.—		
Commission d'achat 2 %	»	17.11	»	920.—
	P.	881.11	P.	46921.—
Courtage de négociation 1 ‰	»	—.85	»	46.86
100 piastres = 1 livre turque	P.	882. 6	P.	46967.36
Remboursement sur Marseille à 3 mois de date au change de 170 Paras pr F. 1.	F.	207.55	F.	11051.25

FRAIS A MARSEILLE

Fret à F. 3 et 5 % par charge sur 914 charges			F.	2879.10		
Assurance maritime sur F. 12156 à 1 ½ % et police F. 3.	»	3.45	»	185.35		
Frais de débarquement, criblage et livraison			»	511.90		
Courtage de vente ½ %						
Criblure et avaries 2 %						
Escompte à la vente 2 %						
Commission de vente 2 %						
Ensemble 6½ % sur F. 15616.05.	»	14.25	»	980.05	»	4564.80
Pour livrer sur le quai au débarquement.	F.	225.25			F.	15616.05
Soit par hectolitre	»	0.15½				

RENDEMENT : 1 $^{60}/_{00}$ kilo de Salonique rend à Marseille 1 charge de 160 litres :

	Entrepôt de Douane la charge		l'hectolitre			
Soit 1060 kilos sur le brut = 914 charges à	F.	17.09				
ou 1462 hectolitres à			F.	10.68	F.	15614.15
Plus : droits de sortie à Salonique	»	0.25	»	0.15½		
» droit de ville à Marseille	»	0.20	»	0.12		
Ensemble	F.	17.54	F.	10.95½		

PRIX DE REVIENT A MARSEILLE DE L'HECTOLITRE ENTREPOT

AUX CHANGES SUIVANTS SUR MARSEILLE A 3 MOIS DE DATE

	PRIX à SALONIQUE par kilo de Salonique — Franco à bord	Aux usages	Paras 195 pour F. 1	Paras 190 pour F. 1	Paras 185 pour F. 1	Paras 180 pour F. 1	Paras 175 pour F. 1	Paras 170 pour F. 1	Paras 165 pour F. 1
SUBDIVISIONS — Coût et frais variés	P. 1.02	P. 1	F. 0.17	F. 0.17	F. 0.17	F. 0.18	F. 0.18	F. 0.19	F. 0.20
	2.04	2	0.33	0.34	0.35	0.36	0.37	0.38	0.39
	3.06	3	0.50	0.51	0.52	0.54	0.55	0.57	0.59
	4.08	4	0.66	0.68	0.70	0.72	0.74	0.76	0.78
	5.10	5	0.83	0.85	0.87	0.90	0.92	0.95	0.98
	6.12	6	0.99	1.01	1.04	1.07	1.10	1.13	1.17
	7.14	7	1.16	1.18	1.22	1.25	1.29	1.32	1.37
	8.16	8	1.32	1.35	1.39	1.43	1.47	1.51	1.56
	9.18	9	1.49	1.52	1.57	1.61	1.66	1.70	1.76
	10.21	10	1.65	1.69	1.74	1.79	1.84	1.89	1.95
Coût et frais var. et usage	23.83	20	6.34	6.48	6.53	6.65	6.77	6.90	7.04
	34.10	30	7.98	8.12	8.27	8.44	8.61	8.79	8.98
	44.31	40	9.63	9.82	10.01	10.22	10.44	10.68	10.93
	54.52	50	11.28	11.51	11.75	12.01	12.28	12.57	12.86
	64.73	60	12.93	13.20	13.48	13.79	14.12	14.46	14.83
	74.94	70	14.56	14.89	15.22	15.58	15.95	16.35	16.77
	85.15	80	16.22	16.58	16.96	17.36	17.70	18.24	18.72
Plus Droits de Sortie à Salonique			A ajouter et à calculer, suivant l'explication page 544.						

OBSERVATIONS

F. 0.50 et 5 % par charge sur le fret, font à Marseille une différence de F. 0.33 par hectolitre sur les prix.

On veut savoir le revient à Marseille d'Orge coûtant à Salonique P. 35 par kil. de Salonique, au change de 180 paras pour F. 1 et au fret de F. 3 et 5 %.

On trouvera dans la 1re et la 5e colonne de ce tableau que :

P. 5 font par hectolitre	F.	0.90
» 30 id. id.	»	8.44
Droit de ville à Marseille	»	0.12
Plus, droits de sortie à Salonique	»	0.15
P. 35 feront donc par hectolitre	F.	9.61

Voir aux pages 446 et 447 pour la réduction de la parité des prix de l'hectolitre comparés à ceux par charge et par 100 kil.

Pour la différence de poids livré en moins que celui garanti, voir le tableau de la page 447 pour les bonifications à faire ou à ajouter aux prix de revient ci-dessus.

Il est facultatif à l'acheteur de recevoir l'Orge criblé à quai ou en transbordement non criblé ; dans ce dernier cas, le vendeur bonifie à l'acheteur 60 centimes par charge qui représentent pour lui l'économie de frais et de la perte au criblage ; mais tandis que par exemple, pour une vente avec garantie de kil. 100/98 à quai, l'acheteur a droit effectivement à kil. 100, cette garantie, quand la livraison a lieu en transbordement, se réduit à kil 99, c'est-à-dire toujours de 1 kil. en moins du poids garanti à quai.

Pour mettre en magasin pendant un mois, il faut compter un supplément de frais de F. 1.24 par hectolitre y compris le déchet.

Logarithmes pour les Droits de Sortie

CHANGES		LOGARITHMES
195		62153
» 190	»	63819
» 185	»	65644
» 180	»	67884
» 175	»	69289
» 170	»	71327
» 165	»	73488

Droits d'entrée par 100 kil. en Janvier 1867

Par navire Français	F.	0.60
Id. Étranger	»	1.20

COMPTE D'ACHAT ET DE REVIENT

A 24 BALLES LAINE

24 Balles Laine pesant brut	Ocques 2032		
Tare 3 ocques par balle	» 72		
Net	Ocques 1960		
Déchet 2 %	» 39		
Net	Ocques 1999 à P. 10 l'ocque	P.	19990.—

FRAIS A SALONIQUE

Coût des sacs	P. 720.—		
Assortir et emballer	» 200.—		
Recevoir et charger les balles	» 72.—		
Peseur public	» 24.—		
Allèges	» 36.—		
Menus frais	» 15.—		
Courtage 1 %	» 199.86		
Magasinage ½ %	» 100.—		
Droit d'établissements	» 20.—	»	1386.36
		P.	21376.36

	Droits de sortie		
Droits de sortie sur 1960 ocques à P. 192 par 44 ocques P. 8553 au droit actuel (1866) de 4 %	P. 342.—		
Commission d'achat 2 %	» 6.33	»	427.20
	P. 348.33	P.	21804.16
Courtage de négociation des traites 1 ‰	» —.14	»	21.32
100 piastres = 1 livre turque	P. 349. 7	P.	21826. 8
Remboursement sur Marseille à 3 mois de date au change de 170 Paras p^r F. 1.	F. 82.15	F.	5135.60

FRAIS A MARSEILLE

Fret par vapeur à F. 15 par 100 kil. sur 2580 kil.		F. 387.—		
Assurance maritime sur F. 5648 à ½ %	» 0.45	» 28.25		
Change maritime sur F. 415.25 à 2 %		» 8.30		
Portefaix, charrettes pour mettre en magasin et livrer, emballeurs pour réparer les balles et échantillonner, peseurs publics au débarquement et à la livraison, formalités de douane, permis et menus frais F. 1.50 par 100 kil.		» 38.70		
Magasinage d'un mois à F. 0.20 par 100 kil.		» 5.15		
Assurance contre le feu ½ ‰	» 0.05	» 2.55		
Courtage de vente ½ %				
Escompte à la vente 2 %				
Commission de vente 2 %				
Ensemble 4½ % sur F. 5859.45	» 3.75	» 258.90	»	723.85
	F. 86.40		F.	5859.45
Soit par 100 kil.	» 3.48			

RENDEMENT : 79 ocques rendent à Marseille 100 kil. :

Soit net 1960 ocques = net 2481 kil. à	F. 236.18	par 100 kil.	entrepôt	F.	5859.60
Plus : droits de sortie à Salonique	» 3.48	id.	id.		
Ensemble	F. 239.66	id.	id.		

PRIX DE REVIENT A MARSEILLE DES 100 KIL. ENTREPOT

AUX CHANGES SUIVANTS SUR MARSEILLE A 3 MOIS DE DATE

PRIX À SALONIQUE par ocque: Franco à bord Piastres	Aux usages Piastres	Paras 195 pour F. 1	Paras 190 pour F. 1	Paras 185 pour F. 1	Paras 180 pour F. 1	Paras 175 pour F. 1	Paras 170 pour F. 1	Paras 165 pour F. 1
0.12¾	—. 5	F. 2.25	F. 2.31	F. 2.38	F. 2.44	F. 2.51	F. 2.59	F. 2.66
0.25½	—.10	4.50	4.62	4.75	4.88	5.02	5.17	5.32
0.51½	—.20	9.01	9.25	9.50	9.76	10.04	10.33	10.65
0.77¼	—.30	13.51	13.87	14.24	14.63	15.05	15.50	15.97
1.03	—.40	18.01	18.49	18.99	19.51	[illegible]	[illegible]	[illegible]
5.73	5.—	[illegible]	120.84	123.61	126.53	129.61	132.87	136.34
6.77	6.—	136.22	139.33	142.59	146.04	149.68	153.53	157.62
7.80	7.—	154.23	157.81	161.58	165.55	169.75	174.19	178.91
8.84	8.—	172.25	176.30	180.56	185.06	189.82	194.85	200.20
9.87	9.—	190.26	194.78	199.55	204.58	209.89	215.51	221.48
10.91	10.—	208.27	213.27	218.53	224.09	229.96	236.17	242.77
11.94	11.—	226.28	231.76	237.52	243.60	250.03	256.83	264.06
12.98	12.—	244.29	250.24	256.50	263.12	270.10	277.49	285.34
14.02	13.—	262.31	268.73	275.49	282.63	290.17	298.15	306.63
15.06	14.—	280.32	287.21	294.47	302.14	310.24	318.81	327.92
Plus Droits de Sortie à Salonique		A ajouter et à calculer, suivant l'explication page 544						

OBSERVATIONS

F. 1 par 100 kil. sur le fret fait à Marseille une différence de F. 1.04 par 100 kil. sur les prix.

On veut savoir le revient à Marseille de Laine coûtant à Salonique P. 10.20 l'ocque, au change de 180 paras pour F. 1 et au fret de F. 15.

On trouvera dans la 1re et la 5e colonne de ce tableau que :

P. —.20 font par 100 kil.	F.	9.76
» 10.— id. id.	»	224.09
Plus, droits de sortie à Salonique	»	3.29
P. 10.20 feront donc par 100 kil.	F.	237.14

Logarithmes pour les Droits de Sortie

CHANGES	LOGARITHMES
195	39544
190	40585
185	41682
180	42840
175	44064
170	45360
165	46735

Droits d'entrée par 100 kil. en Janvier 1867

Par navire Français	Exempte.
id. Étranger	F. 3.60

COMPTE D'ACHAT ET DE REVIENT

A 1 BALLE SOIE FINE PREMIER MÉRITE

1 balle Soie fine premier mérite pesant brut....	Ocques 85		
Tare	» 5		
Net	Ocques 80 à P. 400 l'ocque	P.	32000.—

FRAIS A SALONIQUE

Recevoir et charger	P.	15.—		
Emballer et peser	»	65.—		
Embarquement et menus frais	»	10.—		
Courtage 1 %	»	320.—		
Droit d'établissements	»	32.—	»	442.—
			P.	32442.—

	Droits de Sortie			
Droits de sortie sur 80 ocques à P. 217 l'ocque P. 17360 au droit actuel (1866) de 4 %	P.	694.16		
Commission d'achat 2 %	»	13.85	»	648.33
	P.	708.11	P.	33090.33
Courtage de négociation des traites 1 ‰	»	—.28	»	33.03
	P.	708.39	P.	33123.36
Remboursement sur Marseille à 3 mois de date au change de 170 Paras p^r F. 1.	F.	166.80	F.	7793.85

FRAIS A MARSEILLE

Fret à F. 50 par 100 kil. par vapeur sur 110 kil.			F.	55.—		
Assurance maritime sur F. 8572 à ½ %	»	0.90	»	42.85		
Change maritime sur F. 97 85 à 2 %			»	1.95		
Frais de Docks au débarquement			»	0.50		
Portefaix, charrettes, emballeurs, condition			»	4.—		
Peseurs publics, formalités en douane, permis et menus frais			»	3.—		
Magasinage d'un mois à F. 0.35 par 100 kil.			»	0.40		
Assurance contre le feu ½ ‰	»	0.10	»	3.90		
Courtage de vente ½ %						
Commission de vente 2 %						
Escompte à la vente 2 %						
Ensemble 4½ % sur F. 8263.—	»	7.60	»	358.05	»	409.05
	F.	175.40			F.	8203.50
Soit par kil.	»	1.71				

RENDEMENT : 312 drahmes rendent à Marseille 1 kil. :

Soit net 80 ocques ou 32000 drahmes = net kil. 102.57 à	F. 80 56	par kil.	entrepôt	F.	8263.05
Plus droits de sortie à Salonique	» 1.71	id.	id.		
Ensemble	F. 82 27	id.	id.		

PRIX DE REVIENT A MARSEILLE DU KIL. ENTREPOT

AUX CHANGES SUIVANTS SUR MARSEILLE A 3 MOIS DE DATE

PRIX à SALONIQUE par ocque — Francs à bord Piastres	Aux usages Piastres	Paras 195 pour F. 1	Paras 190 pour F. 1	Paras 185 pour F. 1	Paras 180 pour F. 1	Paras 175 pour F. 1	Paras 170 pour F. 1	Paras 165 pour F. 1
0.25¾	—.10	F. 0.04	F. 0.05	F. 0.05	F. 0.05	F. 0.05	F. 0.05	F. 0.05
0.51½	—.20	0.09	0.09	0.09	0.10	0.10	0.10	0.11
0.77¼	—.30	0.13	0.14	0.14	0.14	0.14	0.15	0.16
1.03	1.—	0.17	0.18	0.18	0.19	0.19	0.20	0.21
2.06	2.—	0.35	0.36	0.37	0.38	0.39	0.40	0.41
3.09	3.—	0.52	0.53	0.55	0.56	0.58	0.60	0.62
4.12	4.—	0.70	0.71	0.73	0.75	0.77	0.80	0.82
5.15	5.—	0.87	0.89	0.92	0.94	0.97	1.—	1.03
6.18	6.—	1.04	1.07	1.10	1.13	1.16	1.19	1.23
7.21	7.—	1.22	1.25	1.28	1.32	1.35	1.39	1.44
8.24	8.—	1.39	1.42	1.46	1.50	1.54	1.59	1.64
9.27	9.—	1.57	1.60	1.65	1.69	1.74	1.79	1.85
10.31	10.—	1.74	1.78	1.83	1.88	1.93	1.99	2.05
20.62	20.—	3.47	3.56	3.66	3.76	3.87	3.98	4.10
30.93	30.—	5.21	5.34	5.49	5.64	5.80	5.97	6.15
41.24	40.—	6.94	7.12	7.32	7.52	7.73	7.96	8.20
51.55	50.—	8.68	8.91	9.15	9.40	9.67	9.95	10.25
61.86	60.—	10.41	10.69	10.97	11.28	11.60	11.94	12.30
72.17	70.—	12.15	12.47	12.80	13.16	13.53	13.93	14.35
82.48	80.—	13.88	14.25	14.63	15.04	15.46	15.92	16.40
92.79	90.—	15.62	16.03	16.46	16.92	17.40	17.91	18.45
103.12	100.—	17.35	17.81	18.29	18.80	19.33	19.90	20.50
207.80	200.—	35.52	36.53	37.50	38.53	39.61	40.76	41.99
310.92	300.—	52.97	54.34	55.79	57.33	58.95	60.66	62.49
414.04	400.—	70.32	72.14	74.08	76.12	78.28	80.56	83.—
517.16	500.—	87.67	89.95	92.37	94.92	97.61	100.47	103.50
Plus droits de sortie à Salonique		A ajouter et à calculer, suivant l'explication page 544.						

OBSERVATIONS

F. 5 par 100 kil. sur le fret, font à Marseille une différence de F. 0.05¼ par kil. sur les prix.

On veut savoir le revient à Marseille de Soie coûtant à Salonique P. 355.20 l'ocque, au change de 180 paras pour F. 1 et au fret de F. 50 par 100 kil.

On trouvera dans la 1re et la 5e colonne de ce tableau que :

P. —.20	font par kil.	F.	0.10
» 5.—	id. id.	»	0.94
» 50.—	id. id.	»	9.40
» 300.—	id. id.	»	57.33
	Plus droits de sortie à Salonique	»	1.02
P. 355.20	feront donc par kil.	F.	68.39

Logarithmes pour les Droits de Sortie

CHANGES	195	LOGARITHMES	17189
»	190	»	17684
»	185	»	18110
»	180	»	18613
»	175	»	19145
»	170	»	19708
»	165	»	20305

Droits d'entrée par kil. en Janvier 1867

Par navire Français	F.	3.07
id. Étranger	»	3.96

RHODES

Rhodes, ville de Turquie d'Asie, est le chef-lieu et à l'extrémité N. de l'île de ce nom.

La population de l'île, qui était autrefois de 300,000 habitants, n'en compte plus aujourd'hui que 40,000.

Les principaux articles d'exportation que produit l'île de Rhodes et qui ont quelque importance pour le commerce français, sont le Blé, l'Orge, le Coton, les Cocons, Sésame, Maïs, Valonnée et les Éponges.

Les avances pour les achats se font à peu près de la manière suivante : un tiers de la valeur est livré au moment où l'on contracte, le deuxième tiers 61 jours après, le solde n'est payé qu'à la livraison de la marchandise.

Les Escomptes ne sont pas pratiqués sur la place de Rhodes, le taux de l'intérêt légal est de 12 % par an. Pour des prêts au mois, il s'élève à 1 $^{1}/_{2}$ et 2 %.

Les monnaies étrangères qui conviennent le mieux aux achats sont : les monnaies d'or françaises; le cours légal du Napoléon (20 fr.), est de piastres 86 $^{775}/_{1000}$ bien qu'il n'ait cours usuel que de Piastres 86 $^{35}/_{100}$; c'est le numéraire le plus répandu ; il y a peu de Livres Sterlings sur la place.

Les remboursements pour les marchandises expédiées se font au comptant ou par traites à 3 mois sur Marseille, Paris ou Londres.

Il n'y a pas de négociation de lettres de change sur la place de Rhodes, le commerce a recours à Smyrne pour la vente de son papier. Les frais y relatifs sont :

1 % de commission, $^{1}/_{4}$ % courtage, $^{1}/_{2}$ $^{0}/_{00}$ timbre. $^{1}/_{2}$ % de fret pour transport d'espèces de Smyrne à Rhodes.

Les droits d'entrée et de sortie sont fixés par le tarif des douanes Turques, du 29 avril 1861. Ils devront être acquittés en monnaie turque de bon aloi, ou en monnaies étrangères d'or ou d'argent, au taux légal indiqué sur le tableau des monnaies ci-contre.

Les marchandises provenant de France qui conviennent le mieux à la consommation du pays, des îles et de la côte qui s'approvisionnent à Rhodes, sont les Cafés, Sucre, Poivre, Riz d'Italie, Pointes de Paris, Plombs en Saumons et Grenailles, quelques articles de quincaillerie, les Veaux cirés et vernis, les étoffes de Coton et Laine ; les draps conviendraient également, mais ces articles ne peuvent supporter la concurrence des produits anglais ou allemands.

Frais de Navigation. — Ils consistent en un droit minime d'ancrage $^{7}/_{1000}$ Piastres par kilô ou $^{6}/_{100}$ Piastres par tonneau. Les navires auront à payer les droits de phares lorsqu'on aura établi à Rhodes ceux que l'on a projetés.

Le grand port est accessible à tous les navires de commerce naviguant habituellement dans la Méditerranée, il n'est pas de très bonne tenue par les vents de N. et d'Est, qui du reste sont très rares. Les vents de S.-S.-E. y donnent beaucoup de houle, mais ils ne soufflent qu'en hiver. Le petit port est bien abrité et a assez de fonds, sauf à la passe qui n'a que de trois à quatre mètres de profondeur et qui est étroite.

Les opérations commerciales ne se font par suite que dans le grand port.

MONNAIES EN USAGE A RHODES

MONNAIES TURQUES					CONVERSION EN FRANCS	
					au cours légal	au cours pratique
OR	Medjidi de	100	Piastres		F. 23.07	F. 23.12
	id.	50	»		» 11.54	» 11.56
	id.	20	»		» 4.62	» 4.62
	Pièce de	23	»	10 Paras (Kayrie ou Egyptienne)	» 5.36	» 5.36
ARGENT	Medjidi de	20	»		» 4.62	» 4.62
	id.	5	»		» 1.15	» 1.15
	id.	1	»	= 40 Paras	» 0.23	» 0.23

N.-B. — Les pièces de 6 Piastres (Altelicks), 5 Piastres (Bechliks), 2 ½ Piastres (Yuzluks), 1 Piastre ou Grouch, 20 et 10 Paras, bien que de mauvais aloi, ont le même cours que la bonne monnaie.

La valeur de la livre turque varie beaucoup dans les îles Sporades, elle est à Symi de 112 Piastres, à Calymnos de 120, à Castel-Rosso de 125.

Monnaies étrangères			Valeur en piastres au cours légal	Valeur en piastres au cours pratique	Valeur en francs
Or	Pièces de F.	20 Françaises, Italiennes, Belges	P. 86.27	P. 86.20	
	id.	» 10 id.	» 43.13½	» 43.10	
	id.	» 5 id.	» 21.26¾	» 21.25	
Argent	id.	» 5 id.	» 21.28	» 21.20	
	id.	» 1 id. (rares)	» 4 10	» 4.13	
Or	Anglais	Livre Sterling	» 109.19	» 110.—	F. 25.—
Argent	id.	Shilling	» 5. 8	» 5.10	» 1.25
Or	Autrichien	Kremnitz	» 50.27	» 50.20	» 11.80
Argent	id.	Talaro de Marie-Thérèse	» 22.20	» 22.20	» 5.60
	id.	Zwanzig	» 3.24	» 3.20	» 0.80
	Grecque	5 Drachmes	» 19.24	» 19.20	» 4.47
Or	Russe	Impériale de 5 Roubles	» 88.—	» 88.—	» 20.50
Argent	id.	Rouble	» 17.14	» 17.23	» 4.—
	id.	id. à l'aigle	» 17.17	» 17.23	» 4.—

N.-B. — Les autres monnaies étrangères sont très-rares. — L'or Français est celui qui se trouve le plus répandu.

Poids et Mesures

Poids

1 oque = 400 drahmes .... = 1 kil. 283
1 kantare = 44 ocques .... = 56 » 447
1 chcky ou charge = 180 ocques .... = 230 » 400

Mesures de longueur

Pik = 4 roups pour les draps .... = 0 mètre 65
Pik = 4 » pour les autres étoffes .... = 0 » 68

Mesures de capacité

Pour les grains, 1 kilé de Constantinople = 8 kaliz .... = 33 litres 148
Les liquides se vendent au poids.

EXPLICATION POUR LES DROITS DE SORTIE

D'après le tarif du traité de commerce de 1861, les droits diminuent toutes les années de 1 % jusqu'en 1869, époque où le droit de sortie restera invariablement fixé à 1 % sur tous les articles.

Vu cette mobilité de droit, les comptes de revient qui vont suivre, pour ne pas subir d'altération, ne comprennent pas ces droits, c'est-à-dire qu'ils n'ont pas été incorporés dans les comptes. On verra sur chaque compte, qu'ils ont été calculés dans une colonne séparée afin de faire ressortir leur produit en France par 100 kil. pour être ajoutés au prix de revient.

Pour faciliter le calcul des droits de sortie, on trouvera des logarithmes sur chaque compte, il suffira de les multiplier par le nouveau droit pour trouver le résultat cherché par 100 kil.

Exemple.

Voir le compte Coton à la page 554.

Le droit sur cet article en 1866 est de 4 % sur une estimation invariable de P. 270 le quintal de 44 ocques. Ce qui fait, d'après le calcul établi sur ce même compte F. 5.18 par 100 kil. au change de 170 paras.

Il suffira pour trouver ce résultat de multiplier le logarithme du change de 170 paras qui est de 47927 par P. 270 ce qui donnera 12.940.290

Puis prélever sur cette somme le droit de 4 % soit .... 51.761.160 dans les trois premiers chiffres de gauche, on trouvera F. 5.18, qui est bien le produit cherché.

Le droit étant à 3 %, il n'y aura qu'à multiplier le nombre 12.940.290 par 3 pour trouver dans les 3 premiers chiffres de gauche le résultat cherché.

La même opération est à faire pour tous les changes qui ont un logarithme différent.

Il arrive souvent que les maisons Européennes en transmettant des ordres d'achat fixent des limites *franco à bord* du navire. Pour faciliter les prix de revient à ce nouveau mode, on trouvera dans la 1re colonne de l'échelle de chaque compte, la parité des prix *aux usages* avec celle des prix *franco à bord*. Ainsi par exemple, sur ce même compte de Coton à la page 554, on verra que le prix P. 20 l'ocque *aux usages*, est absolument la même chose que si on facturait la marchandise à P. 21.48 l'ocque *franco à bord*, net de tous frais et commission; dans l'un et l'autre cas, le prix de revient de la marchandise en France, à change et fret égaux, est identiquement le même. Mais comme les droits de sortie ne sont pas compris dans le prix de revient des tableaux, le commissionnaire des ports d'expédition aura naturellement à les inclure dans le prix d'achat, c'est-à-dire que pour lui, la limite de P. 21.48 l'ocque ne sera en réalité que de .... P. 19.74
les frais de place et commission .... » 1.48
le droit de 4 % fait par ocque .... » —.26

Soit ensemble .... P. 21.48

(Extrait du *Dictionnaire du Commerce et de la Navigation* par MM. Guillaumin et Cie, ainsi que de sa correspondance particulière)

COMPTE D'ACHAT ET DE REVIENT

A 10000 KILÉS BLÉ

10000 kilés Blé à P. 21 par kilé			P. 210000.—

FRAIS A RHODES

Courtage 1 %	P. 2100.—		
Mesurage P. —.2 par kilé	» 500.—		
Magasinage ½ %	» 1050.—		
Embarquement P. —.2 par kilé	» 500.—		
Ports de lettres et menus frais	» 200.—		
Alléges	» 500.—	» 4850.—	
		P. 214850.—	

	Droits de sortie	
Droits de sortie sur l'estimation de P. 15.30 le kilé P. 153000 à 4 % (en 1866)	P. 6120.—	
Commission 2 %	» 122.16	» 4297.—
	P. 6242.16	P. 219147.—
Commission de négociation à Smyrne, courtage et fret sur espèces 1 ¾ %	» 109. 0	» 3835. 2
Timbres de traites ⅛ %	» 8. 5	» 109.23
	P. 6354.30	P. 223091.25
Remboursement sur Marseille à 3 mois de date au change de 170 Paras pr F. 1.	F. 1495.23	F. 52492.15

FRAIS A MARSEILLE

Fret à F. 3 et 5 % par charge sur 2222 charges			F. 6999.30	
Assurance maritime sur F. 57740 à 1 ¼ % et police F. 3		» 20.55	» 724.75	
Gratification au capitaine, frais de débarquement, criblage et livraison à F. 0.45 la charge			» 999.90	
Courtage de vente	½ %			
Criblure et avaries	2 %			
Escompte à la vente	2 %			
Commission de vente	2 %			
Ensemble	6 ½ % sur F. 65355.30	» 102.47	» 4139.20	» 12863.15
Pour livrer sur le quai au débarquement		F. 1618.25		F. 65355.30
Soit par hectolitre		» 0.45 ½		

RENDEMENT : 4 kilés ½ pour 1 charge de 100 litres à Marseille :

	Entrepôt de Douane la charge	l'hectolitre	
Soit 10000 kilés = 2222 charges à	F. 29.41		
ou 3555 hectolitres à		F. 18.39	F. 65376.45
Plus : droits de sortie à Rhodes	» 0.73	» 0.45	
» droit de ville à Marseille	» 0.20	» 0.12	
	F. 30.34	F. 18.96	

PRIX DE REVIENT A MARSEILLE DE L'HECTOLITRE ENTREPOT

AUX CHANGES SUIVANTS SUR MARSEILLE A 3 MOIS DE DATE

PRIX à RHODES par kilé — Franco à bord	les usages	Paras 195 pour F. 1	Paras 190 pour F. 1	Paras 185 pour F. 1	Paras 180 pour F. 1	Paras 175 pour F. 1	Paras 170 pour F. 1	Paras 165 pour F. 1
P. 1.05 ¼	P. 1	F. 0.66	F. 0.68	F. 0.69	F. 0.71	F. 0.73	F. 0.75	F. 0.78
2.10 ½	2	1.32	1.35	1.39	1.43	1.47	1.51	1.56
3.16	3	1.97	2.03	2.08	2.14	2.20	2.26	2.33
4.21 ¼	4	2.63	2.70	2.78	2.85	2.93	3.02	3.11
5.26 ½	5	3.29	3.38	3.47	3.57	3.67	3.77	3.89
15.98	15	12.38	12.64	12.93	13.22	13.52	13.85	14.20
21.25	20	15.67	16.02	16.39	16.78	17.18	17.68	18.20
26.52	25	18.96	19.40	19.88	20.35	20.85	21.40	21.98
31.70	30	22.25	22.77	23.32	23.91	24.52	25.18	25.87
37.06	35	25.54	26.15	26.70	27.48	28.19	28.95	29.75
42.33	40	28.83	29.53	30.26	31.04	31.86	32.73	33.64
Plus par hectolitre pour droits de sortie à Rhodes		A ajouter et à calculer, suivant l'explication page 552.						

OBSERVATIONS

F. 1 et 5 % par charge sur le fret, font à Marseille une différence de F. 0.06 par hectolitre sur les prix.

On veut savoir le revient à Marseille de Blé coûtant à Rhodes P. 24 le kilé, au change de 180 paras pour F. 1 et au fret de F. 3 et 5 %.

On trouvera dans la 1re et la 5e colonne de ce tableau que :

P. 4 par kilé font par hectolitre	F.	2.85
» 20 id. id. id.	»	16.78
Plus, droits de sortie	»	0.43
Droits de ville à Marseille	»	0.12
P. 24 feront donc par hectolitre	F.	20.18

Voir aux pages 448 à 451 pour la réduction de la parité des prix de l'hectolitre comparés à ceux par charge et par 100 kil.

Pour le poids livré en moins que celui garanti, voir le tableau des pages 452 et 453, quant aux bonifications à faire aux acheteurs par les vendeurs ou à ajouter aux prix de revient ci-dessus.

Il est facultatif à l'acheteur de recevoir le Blé criblé à quai ou en transbordement non criblé, dans ce dernier cas, le vendeur bonifie à l'acheteur F. 0.70 par charge, qui représentent pour lui l'économie de frais et la perte au criblage; mais, tandis que par exemple, pour une vente avec garantie de kil. 128/125 à quai, l'acheteur a droit effectivement à kil. 128, cette garantie, quand la livraison a lieu en transbordement se réduit à kil. 127, c'est-à-dire, toujours de kil. 1 en moins sur le poids garanti à quai.

Pour mettre en magasin pendant un mois, il faut compter un supplément de frais de F. 1.25 par hectolitre, y compris le déchet.

Logarithmes pour les Droits de Sortie

CHANGES		LOGARITHMES
195		64843
» 190	»	66549
» 185	»	68348
» 180	»	70247
» 175	»	72254
» 170	»	74379
» 165	»	76633

Droits d'entrée par 100 kil. en Janvier 1867

Par navire Français	F. 0.60
Id. Étranger	» 1.20

COMPTE D'ACHAT ET DE REVIENT

A 9 BALLES COTON

9 balles Coton, pesant brut.... ocques 1557				
Tare.......... » 36				
Net.......... ocques 1521 à P. 21 l'ocque..........			P.	31941.—

FRAIS A RHODES

Courtage 2 %..........		P. 638.82		
Peseurs publics à P. 2 par balle..........		» 18.—		
Emballeurs à P. 5 par balle..........		» 45.—		
Transport au quai..........		» 27.—		
Mahones..........		» 25.—	»	753.82
	Droits de sortie		P.	32694.82
Droits de sortie sur 1521 ocques à P. 270 les 44 ocques P. 9334 au droit actuel de 4 % (1866)..........	P. 373.36			
Commission 3 %..........	» 11.20		»	980.85
	P. 384.56		P.	33675.67
Commission de négociation à Smyrne, courtage et fret sur espèces 1 ¾ %..........	» 6.73		»	589.30
Timbre de traites ½ ‰..........	» —.20		»	16.83
	P. 391.49		P.	34281.80
Remboursement sur Marseille à 3 mois de date au change de 170 Paras pour F. 1.	F. 92.10		F.	8066.30

FRAIS A MARSEILLE

Fret par vapeur à F. 20 par 100 kil. sur 1945 kil..........		F. 389.—		
Assurance maritime sur F. 8872 à ½ %..........	» 0.50	» 44.35		
Change maritime sur F. 433.35 à 2 %..........		» 8.65		
Portefaix, emballeurs et mise en magasin, poids public au débarquement et à la livraison, livraison et menus frais à F. 2.50 par 100 kil..........		» 48.60		
Magasinage d'un mois à F. 0.10 par 100 kil..........		» 1.95		
Assurance contre le feu ½ ‰..........	» 0.05	» 4.05		
Courtage de vente.......... ½ %				
Escompte à la vente.......... 2 %				
Commission de vente.......... 2 %				
Ensemble.......... 4½ % sur F. 8950.75..........	» 4.20	» 387.65	»	884.45
	F. 96.85		F.	8950.75
Soit par 100 kil..........	» 5.18			

RENDEMENT : 1 ocque rend net à Marseille kil. 1.23 :

Soit net 1521 ocques = net 1871 kil. à.. F. 478.39 par 100 kil. entrepôt.......... F. 8950.70
Plus : droits de sortie à Rhodes.......... » 5.18 id. id.
Ensemble.......... F. 483.57 id. id.

PRIX DE REVIENT A MARSEILLE DES 100 KIL. ENTREPOT

AUX CHANGES SUIVANTS SUR MARSEILLE A 3 MOIS DE DATE

PRIX à RHODES par ocque — Franco à bord	Aux usages	Paras 195 pour F. 1	Paras 190 pour F. 1	Paras 185 pour F. 1	Paras 180 pour F. 1	Paras 175 pour F. 1	Paras 170 pour F. 1	Paras 165 pour F. 1
P. 0.13½	P. —.5	F. 2.55	F. 2.41	F. 2.47	F. 2.54	F. 2.62	F. 2.69	F. 2.77
0.26%	—.10	4.09	4.81	4.94	5.08	5.23	5.38	5.54
0.53⅓	—.20	9.36	9.63	9.89	10.16	10.45	10.76	11.08
0.80½	—.30	14.06	14.44	14.83	15.24	15.68	16.13	16.62
1.15	1.—	45.18	45.72	46.28	46.87	47.49	48.14	48.83
2.22	2.—	63.94	64.97	66.05	67.18	68.39	69.65	71.—
3.29	3.—	82.69	84.21	85.81	87.50	89.25	91.17	93.16
4.36	4.—	101.45	103.46	105.58	107.82	110.28	112.68	115.33
5.43	5.—	120.20	122.71	125.35	128.14	131.08	134.19	137.49
6.50	6.—	138.95	141.96	145.12	148.45	151.98	155.70	159.65
7.57	7.—	157.71	161.21	164.89	168.77	172.86	177.21	181.82
8.64	8.—	176.46	180.45	184.65	189.09	193.77	198.73	203.98
9.71	9.—	195.22	199.70	204.42	209.40	214.67	220.24	226.15
10.78	10.—	213.97	218.95	224.19	229.72	235.57	241.75	248.31
11.85	11.—	232.72	238.20	243.96	250.04	256.47	263.20	270.47
12.92	12.—	251.48	257.45	263.73	270.35	277.37	284.77	292.64
13.99	13.—	270.23	276.69	283.49	290.67	298.26	306.22	314.80
15.06	14.—	288.99	295.94	303.26	310.99	319.16	327.80	336.97
16.13	15.—	307.74	315.19	323.03	331.31	340.06	349.31	359.13
17.20	16.—	326.49	334.44	342.80	351.62	360.96	370.82	381.29
18.27	17.—	345.25	353.69	362.57	371.94	381.86	392.35	403.46
19.34	18.—	364.—	372.93	382.33	392.26	402.75	413.85	425.62
20.41	19.—	382.76	392.18	402.10	412.57	423.65	435.36	447.79
21.48	20.—	401.51	411.43	421.87	432.89	444.55	456.87	469.95
22.54	21.—	420.26	430.68	441.64	453.21	465.45	478.38	492.11
23.61	22.—	439.02	449.93	461.41	473.52	486.35	499.89	514.28
Plus Droits de Sortie à Rhodes		A ajouter et à calculer, suivant l'explication page 552.						

OBSERVATIONS

F. 1 par 100 kil. sur le fret, fait à Marseille une différence de F. 1.04 par 100 kil. sur les prix.

On veut savoir le revient à Marseille de Coton coûtant à Rhodes P. 18.20 par ocque, au change de 180 paras pour F. 1 et au fret de F. 20 par 100 kil.

On trouvera dans la 1re et la 5e colonne de ce tableau que :

P. —.20 par ocque font par 100 kil.......... F. 10.16
» 18.— id. id. id. .... » 392.26
Plus, droits de sortie à Rhodes.......... » 4.89
P. 18.20 feront donc par 100 kil.......... F. 407.31

Logarithmes pour les Droits de Sortie

CHANGES		LOGARITHMES
195	....	41783
» 190	....	» 42882
» 185	....	» 44041
» 180	....	» 45264
» 175	....	» 46558
» 170	....	» 47927
» 165	....	» 49379

Droits d'entrée par 100 kil. en Janvier 1867.

Par navire Français.......... Exempt
Id. Étranger.......... F. 5.—

COMPTE D'ACHAT ET DE REVIENT

A 14 BALLES COCONS

14 balles Cocons, pesant brut... ocques 252			
Tare ... » 14			
Net ... ocques 238 à P. 71 l'ocque			P. 16898.—

FRAIS A RHODES

	Droits de sortie		
Peseurs publics à P. 2 par balle		P. 28.—	
Emballage à P. 9 par balle		» 126.—	
Transport au quai et à bord		» 40.—	» 194.—
			P. 17092.—
Droits de sortie sur 238 ocques à P. 74.50 l'ocque P. 17731 au droit actuel (1866) de 4 %	P. 709.24		
Commission 3 %	» 21.27		» 512.76
	P. 730.51		P. 17604.76
Commission de négociation à Smyrne, courtage et fret sur espèces 1 ¾ %	» 12.78		» 308.08
Timbres de traites ½ ‰	» 0.29		» 8.80
En piastres turques monnaie courante	P. 743.65		P. 17921.64
Remboursement sur Marseille à 3 mois de date au change de 195 Paras pr F. 1	F. 152.55		F. 3675.25

FRAIS A MARSEILLE

Fret par vapeur à F. 60 par 100 kil. sur 322 kil.		F. 193.20	
Assurance maritime sur F. 4043 à ⅜ %	» 0.65	» 15.15	
Change maritime sur F. 208.35 à 2 %		» 4.15	
Emballeurs, transport en magasin, poids public, livraison, douane, permis et menus frais à F. 3.50 par 100 kil.		» 11.30	
Magasinage d'un mois		» 1.—	
Assurance contre le feu ½ ‰	» 0.05	» 1.85	
Courtage de vente ... ½ %			
Escompte à la vente ... 2 %			
Commission de vente ... 2 %			
Ensemble ... 4 ½ % sur F. 4079.70	» 6.95	» 176.80	» 403.45
	F. 160.20		F. 4079.70
Soit par kil	» 0.52 ½		

Rendement : 1 ocque rend à Marseille kil. 1.28 :

Soit net 238 ocques = net 304.64 kil. à	F. 13.39	par kil. entrepôt	F. 4079.15
Plus : droits de sortie à Rhodes	» 0.52	id.	
Ensemble	F. 13.91	id.	

N.-B. — Il n'y a de déchet en cours de voyage que lorsque la marchandise n'est pas tout-à-fait sèche à l'embarquement.

PRIX DE REVIENT A MARSEILLE DU KIL. ENTREPOT

AUX CHANGES SUIVANTS SUR MARSEILLE A 3 MOIS DE DATE

	PRIX à RHODES par ocque Franco à bord	Aux usages	Paras 195 pour F. 1	Paras 190 pour F. 1	Paras 185 pour F. 1	Paras 180 pour F. 1	Paras 175 pour F. 1	Paras 170 pour F. 1	Paras 165 pour F. 1
THIBETS. — Coût et frais variables	P. 1.05	P. 1	F. 0.18	F. 0.18	F. 0.19	F. 0.19	F. 0.20	F. 0.20	F. 0.21
	2.10	2	0.35	0.36	0.37	0.38	0.39	0.40	0.42
	3.15	3	0.53	0.54	0.56	0.57	0.59	0.61	0.63
	4.20	4	0.70	0.72	0.74	0.76	0.79	0.81	0.84
	5.25	5	0.88	0.91	0.93	0.96	0.99	1.01	[illegible]
	6.30	6	1.06	1.09	1.12	1.15	1.16	1.21	1.25
	7.35	7	1.23	1.27	1.30	1.34	1.38	1.41	1.46
	8.39	8	1.41	[illegible]	1.49	1.53	1.58	1.62	1.67
	9.44	9	1.58	1.63	1.67	1.72	1.77	1.82	1.88
	10.48	10	1.76	1.81	1.86	1.91	1.97	2.02	2.09
Coût et frais variables et inv.	53.28	50	9.68	9.93	10.17	10.44	10.71	11.01	11.32
	63.76	60	11.45	11.74	12.03	12.35	12.68	13.03	13.40
	74.25	70	13.21	13.55	13.89	14.26	14.64	15.06	15.49
	84.73	80	14.98	15.36	15.75	16.18	16.61	17.08	17.57
	95.22	90	16.74	17.17	17.61	18.09	18.57	19.11	19.66
	105.70	100	18.51	18.98	19.47	20.—	20.54	21.13	21.74
	116.19	110	20.27	20.79	21.33	21.91	22.51	23.15	23.83
	126.68	120	22.04	22.60	23.19	23.82	24.48	25.18	25.91
Plus Droits de Sortie à Rhodes			A ajouter et à calculer, suivant l'explication page 552.						

OBSERVATIONS

F. 1 par 100 kil. sur le fret, fait à Marseille une différence de F. 0.01 par kil. sur les prix.

On veut savoir le revient à Marseille de Cocons coûtant à Rhodes P. 65 l'ocque, au change de 180 paras pour F. 1 et au fret de F. 60 par 100 kil.

On trouvera dans la 1re et la 5e colonne de ce tableau que :

P. 5 font par kil	F.	0.96
» 60 id. id.	»	12.36
Plus, droits de sortie à Rhodes	»	0.57
P. 65 feront donc par kil	F.	13.88

Logarithmes pour les Droits de Sortie

CHANGES	195	LOGARITHMES	17646
»	190	»	18110
»	185	»	18600
»	180	»	19116
»	175	»	19662
»	170	»	20241
»	165	»	20854

Droits d'entrée par 100 kil. en Janvier 1867 :

Par navire Français, id. Etranger : Exempts

COMPTE D'ACHAT ET DE REVIENT

A 100 SACS CIRE JAUNE

100 sacs Cire jaune, pesant brut....	ocques 5000		
Tare.........	» 177		
Net.........	ocques 4823 à P. 25 l'ocque.........	P.	120575.—

FRAIS A RHODES

Courtage 1 %.........	P.	1205.75		
Peseurs publics à P. —.10 par sac.........	»	25.—		
Coût de 100 sacs à P. 6.........	»	600.—		
Emballage à P. —.20 par sac.........	»	50.—		
Magasinage ½ %.........	»	602.87		
Embarquement et menus frais.........	»	50.—		
Port de lettres.........	»	25.67	»	2559.29
			P.	123134.29

	Droits de sortie			
Droits de sortie sur 4823 ocques à P. 18.40 l'ocque P. 88743 au droit actuel (1866) de 4 %.........	P.	3549.72		
Commission 2 %.........	»	70.98	»	2462.68
	P.	3620.70	P.	125596.97
Commission de négociation à Smyrne, courtage et fret sur espèces 1 ¾ %.........	»	63.35	»	2197.94
Timbre de traites ½ ‰.........	»	1.80	»	62.79
	P.	3685.85	P.	127857.70
Remboursement sur Marseille à 3 mois de date au change de 170 Paras pour F. 1,	F.	867.25	F.	30084.15

FRAIS A MARSEILLE

Fret par vapeur à F. 10 par 100 kil. sur 6220 kil.........		F. 622.—		
Assurance maritime sur F. 33092 à ⅜ %.........	» 3.00	» 124.10		
Change maritime sur F. 746.10 à 2 %.........		» 14.90		
Portefaix, emballeurs, mise en magasin, poids public, livraison et menus frais à F. 2.20 par 100 kil.........		» 136.85		
Magasinage d'un mois à F. 0.15 par 100 kil.........		» 9.35		
Assurance contre le feu ½ ‰.........	» 0.45	» 15.05		
Courtage de vente......... ½ %				
Escompte à la vente......... 2 %				
Commission de vente......... 2 %				
Ensemble......... 4½ % sur F. 32407.40..	» 41.05	» 1401.—	»	2323.25
	F. 912.85		F.	32407.40
Soit par 100 kil.........	» 15.26			

RENDEMENT : 100 ocques rendent à Marseille 124 kil. :

Soit net 4823 ocques = net kil. 5980.50 à	F. 542.90	par 100 kil.	entrepôt.........	F.	32468.18
Plus : droits de sortie à Rhodes.........	» 15.26	id.	id.		
Ensemble.........	F. 558.16	id.	id.		

PRIX DE REVIENT A MARSEILLE DES 100 KIL. ENTREPOT
AUX CHANGES SUIVANTS SUR MARSEILLE A 3 MOIS DE DATE

PRIX à RHODES par ocque — Franco à bord	Aux usages	Paras 195 pour F. 1	Paras 190 pour F. 1	Paras 185 pour F. 1	Paras 180 pour F. 1	Paras 175 pour F. 1	Paras 170 pour F. 1	Paras 165 pour F. 1
F. 0.13%	P. —.5	F. 2.29	F. 2.35	F. 2.41	F. 2.48	F. 2.55	F. 2.62	F. 2.71
0.26%	—.10	4.59	4.71	4.83	4.97	5.11	5.26	5.42
0.52%	—.20	9.17	9.41	9.67	9.94	10.22	10.53	10.84
0.79	—.30	13.76	14.12	14.50	14.90	15.33	15.78	16.26
1.21	1.—	34.86	35.42	36.01	36.63	37.29	37.98	38.72
2.27	2.—	53.20	54.35	55.34	56.50	57.72	59.02	60.39
3.33	3.—	71.54	73.07	74.68	76.37	78.16	80.05	82.07
4.39	4.—	89.88	91.69	94.01	96.24	98.60	101.09	103.74
5.44	5.—	108.23	110.72	113.34	116.11	119.04	122.13	125.42
6.49	6.—	126.57	129.54	132.67	135.97	139.47	143.17	147.09
7.54	7.—	144.91	148.36	152.—	155.84	159.91	164.21	168.77
8.59	8.—	163.25	167.18	171.34	175.71	180.35	185.24	190.44
9.64	9.—	181.59	186.01	190.67	195.58	200.78	206.28	212.12
10.70	10.—	199.93	204.83	210.—	215.45	221.22	227.32	233.79
11.76	11.—	218.27	223.65	229.33	235.32	241.66	248.36	255.47
12.82	12.—	236.61	242.48	248.66	255.19	262.09	269.40	277.14
13.87	13.—	254.95	261.30	268.—	275.06	282.53	290.43	298.82
14.92	14.—	273.29	280.12	287.33	294.93	302.97	311.47	320.49
15.97	15.—	291.64	298.95	306.66	314.80	323.41	332.51	342.17
17.02	16.—	309.98	317.77	325.99	334.66	343.84	353.55	363.84
18.07	17.—	328.32	336.59	345.32	354.53	364.28	374.59	385.52
19.13	18.—	346.66	355.41	364.66	374.40	384.72	395.62	407.19
20.19	19.—	365.—	374.24	383.99	394.27	405.16	416.66	428.87
21.25	20.—	383.34	393.06	403.32	414.14	425.59	437.70	450.54
22.30	21.—	401.68	411.88	422.65	434.01	446.03	458.74	472.22
23.35	22.—	420.02	430.71	441.98	453.88	466.46	479.78	493.89
24.40	23.—	438.36	449.43	461.32	473.75	486.90	500.81	515.57
25.45	24.—	456.70	468.25	480.65	493.62	507.34	521.85	537.24
26.50	25.—	475.05	487.18	499.98	513.49	527.78	542.89	558.92
27.55	26.—	493.39	506.—	519.31	533.36	548.21	563.93	580.59
Plus Droits de Sortie à Rhodes		A ajouter et à calculer, suivant l'explication page 552.						

OBSERVATIONS

F. 1 par 100 kil. sur le fret, fait à Marseille une différence de F. 1.04 par 100 kil. sur les prix.

On veut savoir le revient à Marseille de Cire jaune coûtant à Rhodes P. 21.25 l'ocque, au change de 180 paras pour F. 1 et au fret de F. 10 par 100 kil.

On trouvera dans la 1re et la 5e colonne de ce tableau que :

P. —.5 font par 100 kil.........	F.	2.48
» —.20 id. id.	»	9.94
» 21.— id. id.	»	434.01
Plus, droits de sortie à Rhodes...	»	14.41
P. 21.25 feront donc par 100 kil.........	F.	460.84

Logarithmes pour les Droits de Sortie

CHANGES		LOGARITHMES
CHANGES 195	....	18070
» 190	....	18545
» 185	....	19047
» 180	....	19576
» 175	....	20136
» 170	....	20727
» 165	....	21353

Droits d'entrée par 100 kil. en Janvier 1867

Par navire Français......... F. 1.—
Id. Étranger......... » 3.—

COMPTE D'ACHAT ET DE REVIENT

A 57 BALLES ÉPONGES COMMUNES DE CALYMNOS

57 balles Éponges communes de Calymnos, pesant brut..	oeques 677			
Tare	» 57			
Net	oeques 620 à P. 97 l'ocque..		P.	60140.—

FRAIS A RHODES

Epurage, désablage, emballage, toile, &c.		P. 2172.—		
Loyer, magasin.		» 250.—		
Embarquement et transport		» 55.—	»	2477.—
			P.	62617.—
	Droits de sortie			
Droits de sortie sur 620 ocques à P. 30 l'ocque P. 18600				
Moins 10 % » 1860				
Au droit actuel (1866) de 4 % P. 16740	P. 669.60			
Commission 3 %	» 20.10		»	1878.51
En piastres turques, monnaie courante	P. 689.70		P.	64405.51
Commission de négociation à Smyrne, courtage et fret sur espèces 1 ¾ %	» 12.05		»	1128.65
Timbre de traites ½ ‰	» —.35		»	32.24
En piastres turques, monnaie courante	P. 702.10		P.	65566.40
Remboursement sur Marseille à 3 mois de date au change de 195 Paras pʳ F. 1..	F. 144.—		F.	13468.—

FRAIS A MARSEILLE

Fret sur mètres cubes 11.50 à F. 100 par mètre cube		F. 1150.—	
Assurance maritime sur F. 14814 à ⅜ %	» 0.60	» 55.55	
Change maritime sur F. 1205.55 à 2 %		» 24.10	
Portefaix, charrettes, emballeurs, poids public, mise en magasin, livraison, permis, timbres, connaissements.		» 120.—	
Magasinage d'un mois à F. 0.30 par 100 kil.		» 2.60	
Assurance contre le feu ½ ‰	» 0.10	» 6.75	
Courtage de vente 1 %			
Escompte à la vente 2 %			
Commission de vente 2 %			
Ensemble 5 % sur F. 15607.35	» 7.60	» 780.35	» 2139.35
	F. 152.30		F. 15607.35
Soit par kil.	» 0.19		

RENDEMENT : 100 ocques rendent à Marseille 128 kil. :

Soit net 620 ocques = net kil. 793.60 à	F. 19.67 par kil. entrepôt	F.	15610.10
Plus : droits de sortie à Rhodes	» 0.19 id.		
Ensemble	F. 19.86 id.		

PRIX DE REVIENT A MARSEILLE DU KIL. ENTREPOT

AUX CHANGES SUIVANTS SUR MARSEILLE A 3 MOIS DE DATE

PRIX à RHODES par ocque — Franco à bord	Aux usages	Paras 195 pour F. 1	Paras 190 pour F. 1	Paras 185 pour F. 1	Paras 180 pour F. 1	Paras 175 pour F. 1	Paras 170 pour F. 1	Paras 165 pour F. 1
P. 0.26 ½	P. —.10	F. 0.05	F. 0.05	F. 0.05	F. 0.05	F. 0.05	F. 0.05	F. 0.05
0.52 ½	—.20	0.09	0.09	0.10	0.10	0.10	0.10	0.11
0.78 ½	—.30	0.14	0.14	0.14	0.14	0.15	0.15	0.16
1.05	1.—	0.18	0.18	0.19	0.19	0.20	0.20	0.21
2.10	2.—	0.36	0.36	0.37	0.39	0.40	0.41	0.42
3.15	3.—	0.53	0.55	0.56	0.58	0.59	0.61	0.63
4.20	4.—	0.71	0.72	0.75	0.77	0.79	0.82	0.84
5.25	5.—	0.89	0.91	0.94	0.97	0.99	1.02	1.05
6.30	6.—	1.07	1.09	1.13	1.16	1.19	1.22	1.26
7.[illegible]	7.—	1.25	1.27	1.31	1.35	1.39	1.43	1.47
8.39	8.—	1.42	1.46	1.50	1.54	1.58	1.63	1.68
9.44	9.—	1.60	1.64	1.68	1.74	1.78	1.84	1.89
10.48	10.—	1.78	1.82	1.87	1.93	1.98	2.04	2.10
20.96	20.—	3.56	3.65	3.75	3.85	3.96	4.08	4.20
31.44	30.—	5.33	5.47	5.62	5.78	5.94	6.11	6.30
41.92	40.—	7.11	7.30	7.49	7.70	7.92	8.15	8.40
55.02	50.—	11.32	11.56	11.82	12.10	12.39	12.71	13.00
109.05	100.—	20.20	20.68	21.18	21.72	22.29	22.90	23.56
161.48	150.—	29.09	29.80	30.55	31.35	32.19	33.05	34.06
213.91	200.—	37.97	38.91	39.91	40.97	42.09	43.29	44.56
266.33	250.—	46.86	48.03	49.28	50.60	51.99	53.48	55.06
318.76	300.—	55.74	57.15	58.64	60.22	61.89	63.67	65.56
371.19	350.—	64.63	66.27	68.01	69.85	71.79	73.86	76.06
423.62	400.—	73.51	75.39	77.37	79.47	81.69	84.05	86.56
476.04	450.—	82.40	84.51	86.74	89.10	91.59	94.24	97.06
528.46	500.—	91.29	93.63	96.10	98.72	101.49	104.44	107.56
Plus droits de sortie à Rhodes		A ajouter et à calculer, suivant l'explication page 552.						

OBSERVATIONS

F. 10 par mètre sur le fret, font à Marseille une différence de F. 0.14 ½ par kil. sur les prix.

On veut savoir le revient à Marseille d'Éponges coûtant à Rhodes P. 375.20 l'ocque, au change de 180 paras pour F. 1 et au fret de F. 100 par mètre.

On trouvera dans la 1ʳᵉ et la 5ᵉ colonne de ce tableau que :

P. —.20 font par kil.	F.	0.10
» 5.— id. id.	»	0.97
» 20.— id. id.	»	3.85
» 350.— id. id.	»	69.85
Plus, droits de sortie à Rhodes	»	0.21
P. 375.20 feront donc par kil.	F.	74.98

Logarithmes pour les Droits de Sortie

CHANGES		LOGARITHMES
CHANGES	195	17771
»	190	18227
»	185	18730
»	180	19250
»	175	19800
»	170	20383
»	165	21000

Droits d'entrée par 100 kil. en Janvier 1867

Par navire Français	F.	50.—
id. Étranger	»	55.—

COMPTE D'ACHAT ET DE REVIENT

A 12 BALLES ÉPONGES FINES

12 balles Éponges fines, pesant brut...... ocques 132				
Tare........ » 12				
Net........ ocques 120 à P. 350 l'ocque........			P.	42000.—

FRAIS A RHODES

Courtage 1 %........	P.	420.—		
Nettoyage........	»	700.—		
Emballage, toile pour sacs, pesage........	»	620.—		
Magasinage........	»	150.—		
Embarquement et transport........	»	100.—	»	1990.—
			P.	43990.—

	Droits de sortie			
Droits de sortie sur 120 ocques à P. 125 l'ocque P. 15000				
Moins 10 %........ » 1500				
Au droit actuel (1866) de 4 %........ P. 13500	P.	540.—		
Commission 3 %........	»	16.20	»	1319.70
	P.	556.20	P.	45309.70
Commission de négociation à Smyrne, courtage et fret sur espèces 1 ¾ %........	»	9.73	»	792.90
Timbre de traites ½ ‰........	»	.27	»	22.65
En piastres turques, monnaie courante........	P.	566.20	P.	46125.25
Remboursement sur Marseille à 3 mois de date au change de 195 Paras pour F. 1.	F.	116.15	F.	9461.60

FRAIS A MARSEILLE

Fret sur mètres cubes 2.22 à F. 100 par mètre cube....			F.	222.—		
Assurance maritime sur F. 10407 à ⅜ %........	»	0.50	»	39.05		
Change maritime sur F. 261.05 à 2 %........			»	5.20		
Portefaix, charrettes, emballeurs, poids public, mise en magasin, livraison, permis, timbre et menus frais...			»	25.—		
Magasinage d'un mois........			»	0.60		
Assurance contre le feu ½ ‰........	»	0.05	»	4.75		
Courtage de vente........ 1 %						
Escompte à la vente........ 2 %						
Commission de vente........ 2 %						
Ensemble........ 5 % sur F. 10271.80..	»	6.15	»	513.60	»	810.20
	F.	122.85			F.	10271.80
Soit par kil........	»	0.80				

RENDEMENT : 100 ocques rendent à Marseille 128 kil. :

Soit net 120 ocques = net kil. 153.60 à.. F. 66.87 par	kil. entrepot........	F.	10271.25
Plus : droits de sortie à Rhodes........ » 0.80	id.		
Ensemble........ F. 67.67	id.		

PRIX DE REVIENT A MARSEILLE DU KIL. ENTREPOT

AUX CHANGES SUIVANTS SUR MARSEILLE A 3 MOIS DE DATE

PRIX à RHODES par ocque — Franco à bord	Aux usages	Paras 195 pour F. 1	Paras 190 pour F. 1	Paras 185 pour F. 1	Paras 180 pour F. 1	Paras 175 pour F. 1	Paras 170 pour F. 1	Paras 165 pour F. 1
F. 0.26½	F. —.10	F. 0.05	F. 0.05	F. 0.05	F. 0.05	F. 0.05	F. 0.05	F. 0.05
0.53	—.20	0.09	0.09	0.10	0.10	0.10	0.11	0.11
0.79½	—.30	0.14	0.14	0.14	0.14	0.15	0.16	0.16
1.06	1.—	0.18	0.18	0.19	0.19	0.20	0.21	0.21
2.12	2.—	0.36	0.37	0.38	0.39	0.40	0.41	0.42
3.18	3.—	0.54	0.55	0.57	0.58	0.60	0.62	0.64
4.24	4.—	0.72	0.74	0.76	0.78	0.80	0.82	0.85
5.30	5.—	0.90	0.92	0.95	0.97	1.—	1.03	1.06
6.36	6.—	1.07	1.10	1.13	1.16	1.20	1.24	1.27
7.42	7.—	1.25	1.29	1.32	1.36	1.40	1.44	1.48
8.48	8.—	1.43	1.47	1.51	1.55	1.60	1.65	1.70
9.54	9.—	1.61	1.66	1.70	1.75	1.80	1.85	1.91
10.59	10.—	1.79	1.84	1.89	1.94	2.—	2.06	2.12
21.18	20.—	3.59	3.68	3.78	3.89	4.—	4.12	4.24
31.77	30.—	5.38	5.53	5.68	5.83	6.—	6.18	6.36
42.36	40.—	7.18	7.37	7.57	7.78	8.—	8.24	8.48
66.60	50.—	13.03	13.33	13.64	13.97	14.32	14.69	15.06
119.61	100.—	22.01	22.54	23.10	23.69	24.32	24.99	25.69
172.56	150.—	30.98	31.75	32.56	33.41	34.32	35.28	36.30
225.51	200.—	39.95	40.96	42.02	43.14	44.32	45.57	46.90
278.40	250.—	48.93	50.17	51.48	52.86	54.32	55.87	57.51
331.41	300.—	57.90	59.38	60.93	62.58	64.32	66.16	68.11
384.36	350.—	66.87	68.59	70.39	72.30	74.32	76.45	78.72
437.31	400.—	75.85	77.80	79.85	82.02	84.32	86.75	89.32
490.27	450.—	84.82	87.01	89.31	91.74	94.32	97.04	99.93
543.22	500.—	93.80	96.22	98.77	101.74	104.32	107.34	110.54
Plus Droits de Sortie à Rhodes		A ajouter et à calculer, suivant l'explication page 552.						

OBSERVATIONS

F. 10 par mètre sur le fret, font à Marseille une différence de F. 0.14½ par kil. sur les prix.

On veut savoir le revient à Marseille d'Éponges fines coûtant à Rhodes P. 475.20 par ocque, au change de 180 paras pour F. 1 et un fret de F. 100 par mètre cube.

On trouvera dans la 1re et la 5e colonne de ce tableau que :

P. —.20 font par kil........	F.	0.10
» 5.— id. id........	»	0.97
» 20 — id. id........	»	3.89
» 450.— id. id........	»	91.74
Plus, droits de sortie à Rhodes........	»	0.87
P. 475.20 feront donc par kil........	F.	97.57

Logarithmes pour les Droits de Sortie

CHANGES 195	LOGARITHMES	17772
» 190	»	18241
» 185	»	18784
» 180	»	19254
» 175	»	19805
» 170	»	20387
» 165	»	21005

Droits d'entrée par 100 kil. en Janvier 1867

Par navire Français........	F.	50.—
id. Étranger........	»	55.—

COMPTE D'ACHAT ET DE REVIENT

A 10000 KILÉS SÉSAMES

10000 kilés Sésames à P. 42 par kilé			P.	420000 —
400 » escompte 4 % pour corps étrangers.				
9600 kilés net				

FRAIS A RHODES

Courtage 1 %	P.	4200.—		
Mesurage à P. —.2 par kilé	»	500.—		
Sacs	»	500.—		
Portefaix pour embarquement à P. —.5 le kilé	»	1750.—		
Allèges	»	360.—		
Magasinage ½ %	»	2100.—		
Port de lettres et menus frais	»	350.—	»	9760.—
			P.	429760.—

	Droits de sortie			
Droits de sortie sur 153600 ocques à P. 1.50 l'ocque P. 230400 au droit actuel (1866) de 4 %	P.	9216.—		
Commission d'achat 2 %	»	184.32	»	8595.20
	P.	9400.32	P.	438355.20
Commission de négociation à Smyrne, courtage et fret sur espèces 1 ¾ %	»	164.50	»	7671.20
Timbre de traites ½ ‰	»	4.70	»	219.20
	P.	9569.52	P.	446245.60
Remboursement sur Marseille à 3 mois de date au change de 170 Paras pr F. 1.	F.	2251.65	F.	104998.95

FRAIS A MARSEILLE

Fret à F. 3.50 et 5 % par 100 kil. sur 204255 kil.			F.	7506.35		
Assurance maritime sur F. 115498 à 1 ¼ % et police F. 3.	»	30.95	»	1446.70		
Portefaix au débarquement pour livrer et aider à bord, acconiers, planches, couffins, peseurs publics, expertise, ports de lettres, menus frais F. 0.47 par 100 kil.			»	960.—		
Courtage de vente ½ %						
Criblure et avaries 2 %						
Escompte à la vente 2 %						
Commission de vente 2 %						
Ensemble 6½ % sur F. 122681.90.	»	154.35	»	7769.90	»	17682.95
Pour livrer sur le quai au débarquement.	F.	2436.95			F.	122681.90
Soit par 100 kil.	»	1.19				

RENDEMENT : 4.70 kilés rendent à Marseille 100 kil. nets :

Soit net 9600 kilés = net 204255 à kil. F. 60.06 par 100 kil. entrepôt				F.	122675.55
Plus : droits de sortie à Rhodes	» 1.19	id.	id.		
Ensemble	F. 61.25	id.	id.		

PRIX DE REVIENT A MARSEILLE DES 100 KIL. ENTREPOT

AUX CHANGES SUIVANTS SUR MARSEILLE A 3 MOIS DE DATE

PRIX à RHODES par kilé: Franco à bord	les usages	Paras 195 pour F. 1	Paras 190 pour F. 1	Paras 185 pour F. 1	Paras 180 pour F. 1	Paras 175 pour F. 1	Paras 170 pour F. 1	Paras 165 pour F. 1
P. 1.05¾	P. 1	F. 1.15	F. 1.18	F. 1.21	F. 1.24	F. 1.28	F. 1.31	F. 1.35
2.10¾	2	2.29	2.35	2.42	2.48	2.55	2.63	2.71
3.16½	3	3.44	3.53	3.62	3.72	3.83	3.94	4.06
4.21½	4	4.58	4.70	4.83	4.96	5.11	5.26	5.42
5.27	5	5.73	5.88	6.04	6.21	6.39	6.57	6.77
6.32½	6	6.88	7.08	7.25	7.45	7.66	7.88	8.12
7.37¾	7	8.02	8.23	8.46	8.69	8.94	9.20	9.48
8.43¼	8	9.17	9.41	9.66	9.93	10.22	10.51	10.83
9.48½	9	10.31	10.58	10.87	11.17	11.49	11.83	12.19
10.54	10	11.46	11.76	12.08	12.41	12.77	13.14	13.54
31.98	30	39.19	40.10	41.07	42.08	43.16	44.29	45.49
42.52	40	50.64	51.86	53.14	54.49	55.92	57.43	59.03
53.05	50	62.10	63.62	65.29	66.90	68.69	70.57	72.57
Plus par 100 kil. pour Droits de Sortie à Rhodes		A ajouter et à calculer, suivant l'explication page 552.						

OBSERVATIONS

F. 1 et 5 % par 100 kil. sur le fret, font à Marseille une différence de F. 1.05 par 100 kil. sur les prix

On veut savoir le revient à Marseille de Sésames coûtant à Rhodes P. 45 le kilé, au change de 180 paras pour F. 1 et au fret de F. 3.50 et 5 % par 100 kil.

On trouvera dans la 1re et la 5e colonne de ce tableau que :

P. 5 par kilé font par 100 kil.	F.	6.21
» 40 id. id. id.	»	54.49
Plus, droits de sortie	»	1.19
P. 45 feront donc par 100 kil.	F.	61.89

Logarithmes pour les Droits de Sortie

CHANGES		LOGARITHMES
195		17333
190	»	17789
185	»	18270
180	»	18777
175	»	19314
170	»	19882
165	»	20484

Droits d'entrée par 100 kil. en Janvier 1867

Par navire Français	Exempte
id. Étranger	F. 1.—

COMPTE D'ACHAT ET DE REVIENT

A 6000 KILÉS ORGE D'ALMALI

6000 kilés Orge à P. 9					P.	54000.—

FRAIS A RHODES

Courtage 2 %			P.	1080.—		
Mesurage P. —.2 par kilé			»	300.—		
Magasinage ½ %			»	270.—		
Embarquement P. —.5 par kilé			»	750.—		
Alléges			»	300.—		
Port de lettres et menus frais			»	54.—	»	2754.—
					P.	56754.—
	Droits de sortie					
Droits de sortie sur estimation de P. 5.40 le kilé P. 32400 à 4 % (1866)	P.	1296.—				
Commission 2 %	»	25.37			»	1135. 3
	P.	1321.37			P.	57889. 3
Commission de négociation à Smyrne, courtage et fret sur espèces 1 ¾ %	»	23. 5			»	1013. 2
Timbre de traites ⅕ ‰	»	—.26			»	28.37
	P.	1345.28			P.	58931. 2
Remboursement sur Marseille à 3 mois de date au change de 170 Paras pour F. 1.	F.	316.04			F.	18866.15

FRAIS A MARSEILLE

Fret à F. 3 et 5 % par charge sur 1333 charges			F.	4198.95		
Assurance maritime sur F. 15252 à 1 ¼ % et police F. 3.	»	4.35	»	193.65		
Gratification au capitaine, frais de débarquement, criblage et livraison à F. 0.45 par charge			»	599.85		
Courtage de vente ½ %						
Criblure et avaries 2 %						
Escompte à la vente 2 %						
Commission de vente 2 %						
Ensemble .. 6½ % sur F. 20133.75	»	21.71	»	1275.15	»	6267.60
Pour livrer sur le quai au débarquement..	F.	342.70			F.	20133.75
Soit par hectolitre	»	0.16				

Rendement : 4 kilés ½ pour 1 charge de 160 litres à Marseille :

	Entrepôt de Douane la charge		Entrepôt de Douane l'hectolitre			
Soit 6000 kilés = 1333 charges à	F.	15.10				
ou 2133 hectolitres à			F.	9.44	F.	20135.50
Plus : droits de sortie à Rhodes	»	0.26	»	0.16		
» droit de ville à Marseille	»	0.19	»	0.12		
Ensemble	F.	15.55	F.	9.72		

PRIX DE REVIENT A MARSEILLE DE L'HECTOLITRE ENTREPOT

AUX CHANGES SUIVANTS SUR MARSEILLE A 3 MOIS DE DATE

PRIX à RHODES par kilé — Franco à bord Piastres	Aux usages Piastres	Paras 195 pour F. 1	Paras 190 pour F. 1	Paras 185 pour F. 1	Paras 180 pour F. 1	Paras 175 pour F. 1	Paras 170 pour F. 1	Paras 165 pour F. 1
0.13¼	—. 5	F. 0.08	F. 0.09	F. 0.09	F. 0.09	F. 0.09	F. 0.10	F. 0.10
0.26⅟₁₀	—.10	0.17	0.17	0.18	0.18	0.19	0.19	0.20
0.52⅟₁₀	—.20	0.33	0.34	0.35	0.36	0.37	0.38	0.40
0.78⅟₁₀	—.30	0.50	0.51	0.53	0.54	0.56	0.57	0.59
1.04⅟₁₀	—.40	0.66	0.68	0.70	0.72	0.74	0.76	0.79
7.73	7.—	7.21	7.34	7.46	7.61	7.75	7.92	8.08
8.77	8.—	7.88	8.02	8.16	8.33	8.49	8.66	8.86
9.82	9.—	8.54	8.70	8.86	9.05	9.24	9.44	9.65
10.86	10.—	9.21	9.38	9.56	9.77	9.98	10.20	10.43
11.90	11.—	9.87	10.06	10.26	10.49	10.72	10.97	11.22
12.95	12.—	10.54	10.74	10.96	11.21	11.46	11.73	12.—
13.99	13.—	11.20	11.43	11.66	11.93	12.20	12.49	12.79
15.03	14.—	11.87	12.11	12.36	12.65	12.94	13.25	13.57
16.08	15.—	12.53	12.79	13.07	13.37	13.68	14.02	14.30
Plus par hectolitre pour Droits de Sortie à Rhodes		A ajouter et à calculer, suivant l'explication à la page 552.						

OBSERVATIONS

F. 1 et 5 % par charge sur le fret, font à Marseille une différence de F. 0.06 par hectolitre sur les prix

On veut savoir le revient à Marseille d'Orge coûtant à Rhodes P. 12.20 le kilé, au change de 180 paras pour F. 1 et au fret de F. 3 et 5 %.

On trouvera dans la 1re et la 5e colonne de ce tableau que :

P. —.20 par kilé font par hectolitre		F.	0.36
» 12.— id. id. id.		»	11.21
	Plus, droits de sortie	»	0.15
	Droits de ville	»	0.12
P. 12.20 feront donc par hectolitre		F.	11.84

Voir aux pages 446 à 447 pour la réduction de la parité des prix de l'hectolitre comparés à ceux par charge et par 100 kil.

Pour le poids livré en moins que celui garanti, voir le tableau de la page 447, pour les bonifications à faire aux acheteurs par les vendeurs et à ajouter aux prix de revient ci-dessus.

Il est facultatif à l'acheteur de recevoir l'Orge criblé à quai ou en transbordement non criblé, dans ce dernier cas, le vendeur bonifie à l'acheteur 60 centimes par charge qui représentent pour lui l'économie du frais et de la perte au criblage. Mais, tandis que par exemple, pour une vente avec garantie de kil. 100/98 à quai, l'acheteur a droit effectivement à kil 100, cette garantie, quand la livraison a lieu en transbordement, se réduit à kil. 99, c'est-à-dire toujours de 1 kil. en moins du poids garanti à quai.

Pour mettre en magasin pendant un mois, il faut compter un supplément de frais de F. 1 25 par hectolitre, y compris le déchet.

Logarithmes pour les Droits de Sortie

CHANGES		LOGARITHMES
CHANGES	195	04847
»	190	06564
»	185	08353
»	180	70262
»	175	72250
»	170	74384
»	165	76038

Droits d'entrée par 100 kil. en Janvier 1867

Par navire Français		Exempt
id.	Étranger	F. 0.60

CORFOU

Corfou est le siége du gouvernement des sept îles Ioniennes et la capitale de l'île du même nom.

L'île de Corfou est la plus importante de tout l'archipel, bien que Céphalonie en soit la plus grande. Les autres sont Zante, Ste-Maure, Paxos, Ithaque et Cérigo.

Industrie. — Ces îles n'ont que peu de manufactures ; les paysans et leurs femmes filent et tissent une espèce d'étoffe de laine grossière qui sert à l'usage de leur famille. On fabrique du savon à Corfou et à Zante qui s'exporte en partie ; on fabrique également à Zante une assez grande quantité de soie *gros de Naples* et de mouchoirs, mais les fabriques sont sur une très-petite échelle, et l'art de la teinture n'a fait aucun progrès.

Production. — La principale production de Corfou est l'Huile d'Olive; l'île semble être un immense bois d'olivier, ce qui est dû en grande partie aux encouragements que le gouvernement Vénitien, auquel les sept îles appartinrent si longtemps, avait donnés à la culture de l'olivier.

Après l'huile, la principale production de Corfou est le Sel recueilli dans les salines établies le long des rivages de l'île qui produit aussi du Miel, de la Cire, des Oranges, des Citrons ; mais la culture des plantes nécessaires à la nourriture de l'homme, celle des légumes, est entièrement négligée. C'est la côte d'Albanie qui en approvisionne l'île ainsi que du bois à brûler et des bestiaux.

L'île est sillonnée de routes excellentes dues aux Anglais ; mais les promenades datent de l'occupation française.

Les principales productions de Céphalonie sont le Raisin de Corinthe et l'Huile d'Olive.

Zante produit surtout le Raisin de Corinthe ; environ 9,000,000 livres (avoir du poids) sont récoltées annuellement dans la fertile et large vallée qui s'étend derrière la ville de Zante et que couvrent les Vignes, les Oliviers et les Cyprès. Ce raisin passe pour être meilleur que celui de Céphalonie.

Port. — L'île de Corfou, à l'entrée de l'Adriatique, est tellement rapprochée de la côte d'Albanie, que lorsqu'on se trouve dans le port de la ville de Corfou, on se croit environné de tous côtés par la terre, et on ne voit pas du port même les deux étroites issues qu'il a au Nord et au Sud. Cela tient à la forme de l'île qui est celle d'une faux. Quoiqu'il en soit, cette disposition, jointe aux collines élevées qui forment et dominent le port, et à la petite île de Vido, placée au milieu, fait un très-bon ancrage. Les bâtiments y ont de 12 à 17 brasses d'eau. Le canal de Corfou est d'une navigation un peu difficile, mais il est partout profond. Il y a des phares à ses entrées ; au Nord, sur le Rôé de Tignaso ; au Sud, à la pointe de Sasohim (1).

Tarif Général des Bureaux de la Santé et du Port dans les Iles Ioniennes

NAVIRES Nationaux et assimilés	Expéditions savoir Patente de Santé Rôle d'équipage Ancrage, etc.		Renouvellement de la Patente de Santé		Quarantaine sans prendre l'entrée (Par jour)		Quarantaine en prenant l'entrée Gardiens compris (Par jour)		Phares	
	Sh. D.	F. C.	Sh. D.	F. C.	Sh. D.	F. C.	Sh. D.	F. C.	Sh. D.	F. C.
Jusqu'à 10 Ton.	1. 6	1.87½	—. 4	0.41⅔	—.—	0.—	—. 8	0.83⅓	—. 1	0.10 5/12
de 11 à 25	3.—	3.75	—. 8	0.83⅓	—. 2 7/10	0.28⅛	1.—	1.25	—. 3	0.31¼
de 26 à 50	8. 5	10.52 1/12	2.—	2.50	—. 6	0.62½	2.—	2.50	1.—	1.25
de 51 à 100	14.—	17.50	4.—	5.—	—. 8	0.83⅓	2. 3	2.81¼	1. 6	1.87½
de 101 à 150	18.—	22.50	5.—	6.25	—.10	1.04⅙	2. 6	3.12½	2.—	2.50
de 151 à 200	22.—	27.50	6.—	7.50	1.—	1.25	2. 9	3.43¾	2. 6	3.12½
de 201 à 250	25. 9	32.18¾	6. 6	8.12½	1. 3	1.56¼	3.—	3.75	3.—	3.75
de 251 à 300	29. 9	37.18¾	8.—	10.—	1. 6	1.87½	3. 6	4.37½	4.—	5.—
de 301 et au-d.	34.—	42.50	8. 6	10.62½	1. 9	2.18¾	4.—	5.—	5.—	6.25
Étrangers non assimilés										
Jusqu'à 25 Ton.	6.—	7.50	1. 6	1.87½	—. 9	0.93¾	2.—	2.50	—. 3	0.31¼
de 26 à 50	10.—	12.50	2. 6	3.12½	1.—	1.25	2. 6	3.12½	1. 6	1.87½
de 51 à 100	19.—	23.75	5.—	6.25	1. 6	1.87½	3.—	3.75	2. 3	2.81¼
de 101 à 150	26.—	32.50	6.—	7.50	2.—	2.50	3. 6	4.37½	3.—	3.75
de 151 à 200	31. 1	38.85 5/12	6. 6	8.12½	2. 3	2.81¼	4.—	5.—	3. 9	4.68¾
de 201 à 250	35.—	43.75	7.—	8.75	2. 6	3.12½	4. 6	5.62½	4. 6	5.62½
de 251 à 300	39. 2	48.95⅚	7. 6	9.37½	3.—	3.75	5.—	6.25	6.—	7.50
de 301 et au-d.	41.—	51.25	9.—	11.25	3. 6	4.37½	5. 6	6.87½	7. 6	9.37½

Par chaque passager .... Sh. 1.— F. 1.25

Par personne en quarantaine au Lazaret en chambre réservée, le gardien exclu .... » 1. 6 » 1.87½ par jour.

(1) Ce qui précède est extrait du *Dictionnaire du Commerce et de la Navigation*, par MM. GUILLAUMIN et Cie.

Par personne en quarantaine au Lazaret, en chambre commune, le gardien compris	Sh. 1. 3	F. 1.56 ¼ par jour
Par gardien à la demande des particuliers, soit voyageurs	» 2. 6	» 3.12 ½ id.
soit pour la ventilation des marchandises	» —. 6	» 0.62 ½ par heure.

Pour les marchandises ou les bagages ventilés au Lazaret, il sera payé un pour cent.

DISPOSITIONS GÉNÉRALES

1° Les bateaux de cabotage, de pêche et autre faisant un trafic dans leur île propre, ainsi que les petits bateaux de côte, sont exemptés des droits de navigation. Ils sont assujettis cependant au paiement de six pence (F. 0.62 ½) pour chaque permis de pêche, compris le jaugeage et l'enregistrement.

2° Tous les navires de cabotage, trafiquant avec le continent voisin, paieront les droits du tarif à chaque voyage.

3° Les bateaux n'appartenant pas à l'île, mais employés à la pêche, paieront un demi droit d'expédition chaque fois qu'ils seront munis d'un permis pour une période de quinze jours, à part les droits pour un gardien, lorsqu'il sera nécessaire.

4° Les bâtiments qui mouilleront dans les ports ou sur les rades Ioniennes, chargés ou déchargés, et sans embarquer ou débarquer des passagers, seront exempts des droits du tarif, à l'exception du droit de phare, au paiement duquel ils seront toujours assujettis, suivant leur tonnage.

L'embarquement de provisions et d'eau pour la consommation du bord, n'est pas considéré comme chargement, non plus que l'embarquement ou le débarquement d'un pilote.

5° Les enfants au-dessous de l'âge de dix ans sont exempts des droits de quarantaine au Lazaret.

6° Sont également exemptés de ces droits les sujets Ioniens munis d'un certificat de pauvreté.

7° Les capitaines et patrons de navires seront responsables de tous les droits du tarif à l'exception de ceux du Lazaret et de ventilation des marchandises.

8° Les marchandises ne pourront être reçues au Lazaret ou en être retirées, sans un ordre écrit des collecteurs des douanes.

9° Les droits de ventilation et de purification des marchandises doivent être payés avant que celles-ci soient retirées du Lazaret.

Monnaies, Poids et Mesures

POIDS

Gros Poids	Grammes	Petits Poids	Grammes
Drachme	0,001,771	Grain	0,000,064,77
Once de 16 Drachmes	0,028,336	Scrupule de 24 Grains	0,001,554,62
Livre de 16 Onces	0,453,476	Once de 20 Scrupules	0,031,095,60
Talent de 100 Livres	45,334,760	Livre de 12 Onces	0,373,087,00

MESURES

Mesures de Longueur	Centimètres	*Mesures de Capacité*	Litres
		Pour les Liquides	
Pouce	0,025,399	Dicolito	0,567,932
Pied	0,304,794	Gallon de 8 Dicoliti	4,543,457
Yard	0,914,383	Mètre de 4 Gallons	18,173,831
Perche	5,029,108	Baril de 4 Mètres	72,695,327
Stade	201,164,356	Pour les Grains	
Mille	1,609,314.854	Kilo de 8 Gallons (comble)	43,951,551
Bras ou Pique pour la Laine	0,683,400	id. id. (ras)	36,347,663
id. pour la Soie	0,638,700		

MONNAIES AYANT COURS

EN COURS	OBOLES	MONNAIES DU PAYS	ARGENT DE FRANCE
Pound (Livre-Sterling en Or)		Sh. 20.—	F. 25.—
Crown	600	5.—	6.25
Half-Crown	300	2. 6	3.12 ½
Florin	240	2.—	2.50
Shilling	120	1.—	1.25
Half-Shilling	60	—. 6	0.62 ½
Three-Pence	30	—. 3	0.31 ¼
Penny (Monnaie en Cuivre)	10	—. 1	0.10 5/12
Half-Penny id.	5	—. ½	0.05 5/24
Farthing id.	2½	—. ¼	0.02 29/48
Obole id.	1	—. 1/10	0.01 1/24
Monnaies Étrangères Tarifées			
Napoléon en Or		16.—	20.—
Ecu de France		4.—	5.—
Piastre d'Espagne		4. 4	5.41 ⅔
Tallaro Mexicain et de l'Amérique Méridionale		4. 4	5.41 ⅔
Tallaro Impérial de Marie-Thérèse		4. 2	5.20 ⅚
Tallaro Vénitien		4. 2	5.20 ⅚

Change. — Le remboursement s'obtient facilement par des traites sur Londres à 3 mois de date ; le change moyen est d'environ 7sh 7d par talleris impériaux.

On se rembourse également sur Paris à 1 mois de date au cours moyen de ₰ 0 18/100 T.I. pour F. 1.

La première devise est d'une négociation plus facile.

Droits d'Entrée. — Par l'acte n° 4 du Gouvernement, en date du 9 Août 1860, renouvelé le 13 Mars 1861, ensuite le 27 Mai 1862, les marchandises ont été soumises au pesage, et les droits de 7 % et 8 % *ad valorem* suivant le pavillon national, privilégié ou étranger non privilégié, sont prélevés d'après un tarif qui en fixe la valeur.

Droits de Sortie. — Quant aux droits de sortie, ils sont établis à 18 % sur la valeur de l'Huile d'Olive et du Raisin de Corinthe, principaux produits des sept îles.

Par l'acte n° 27 du cinquième parlement, en date du 30 Juillet 1834, un droit de 1 ½ % fut aussi établi sur l'exportation des produits et des objets manufacturés de l'État Ionien. Ce droit de 1 ½ %, joint à celui de 18 %, constitue l'impôt d'exportation de l'Huile d'Olive et du Raisin de Corinthe, perçu sur leur valeur respective établie par le prix moyen résultant des différents prix des ventes effectuées pendant la semaine précédente.

Le même acte n° 27 établit aussi un droit d'importation de 4sh 6d (F. 5.41 ⅔) sur chaque bœuf, cheval, mulet et âne, et de 7d ½ (F. 0.78 ⅛) pour chaque porc et par tête de menu bétail.

Le produit de ces droits, établis par ledit acte n° 27, est dévolu à la construction et à la réparation des routes de la campagne.

Par l'acte n° 60 du deuxième parlement, en date du 20 Mars 1827, le port de Corfou fut déclaré et établi Port-Franc, et par l'acte n° 22 du troisième parlement, en date du 20 Mars 1830, les autres îles furent aussi déclarées Ports-Francs. Les marchandises déposées aux Ports-Francs étaient assujetties au droit d'un pour cent *ad valorem*, sans égard à la durée du dépôt. Ensuite par l'acte n° 61 du cinquième parlement, en date du 15 Avril 1837, le droit d'un % *ad valorem* fut supprimé, à l'exception d'un léger droit pour le magasinage et le portage des marchandises.

Explication pour le calcul des droits de sortie. — Ces droits étant un élément variable, ont été calculés séparément dans les comptes de revient ci-après, et ne se trouvent pas compris dans les prix de revient des tableaux, auxquels ils devront être ajoutés.

Au bas de chaque compte, se trouvent des logarithmes pour tous les changes; à la page 564 sur le compte Huile d'Olive, le droit d'exportation de 19 $^{1}/_{2}$ p. % sur une valeur de 12 thalaris par baril au change de ∦ 0.$^{19}/_{100}$ pour F. 1 fait à Marseille F. 21.08 par 100 kil.

Pour trouver ce résultat au moyen des logarithmes, il suffira de multiplier le logarithme du change de ∦ 0.$^{19}/_{100}$ qui est de 90095 par 12 Tallaris, ce qui donnera 1081140 en prélevant là-dessus les 19 $^{1}/_{2}$ % de droit de sortie, on trouvera 210817, soit F. 21.08 par 100 kil., dans les 4 premiers chiffres de gauche.

Si le droit de sortie actuel vient à être changé, il suffira de faire la même opération avec le nouveau droit, en adoptant toujours la valeur du jour de la marchandise. Les logarithmes sont invariables.

On trouvera dans la 1re colonne des tableaux ci-après, la parité des prix *aux usages* avec les prix *franco à bord*, les deux prix, figurant en regard sur la même ligne, font rentrer la marchandise en France au même résultat.

Les droits de sortie n'étant pas compris dans les prix de revient ne le sont pas davantage dans cette parité.

Importation. — Il n'est guère possible d'énumérer les articles provenant de France, qui conviennent le mieux à la consommation du pays. Les articles des manufactures françaises ne manquent pas entièrement dans ces îles, mais leurs prix étant en général plus élevés que ceux de leurs similaires étrangers, allemands principalement, nos marchandises, bien qu'appréciées, n'ont qu'un débit limité dans un pays où l'acheteur en général court après le bon marché. Cependant, les draps, les noirs surtout, les casimirs, les mérinos, les soieries, les barèges, les indiennes, &c. de fabrique française, ou dite telle, ainsi que les objets de luxe, de mode, les articles de Paris et la quincaillerie figurent, quoiqu'en petite quantité, dans les divers magasins du pays, à côté de leurs similaires étrangers, auxquels ils font concurrence, et servent pour ainsi dire d'appâts pour attirer les acheteurs.

COMPTE D'ACHAT ET DE REVIENT

A 100 BARRIQUES HUILE D'OLIV E

100 barriques Huile d'Olive, contenant 1000 barils Ioniens à 12 thalaris impériaux par baril			T.I.	12000.—

FRAIS

	Droits de sortie			
Transport et embarquement à T.I. 0.⁰/₀₀ par baril		T.I. 180.—		
Courtage d'achat ½ %		» 60.—		
Menus frais		» 20.—	»	200.—
			T.I.	12260.—
Droits de sortie à 19 ½ % sur T.I. 12000	T.I. 2340.—			
Commission d'achat 2 %	» 46.80		»	245.20
	T.I. 2386.80		T.I.	12505.20
Courtage de négociation des traites ⅛ %	» 2.98		»	15.63
	T.I. 2389.78		T.I.	12520.83
Remboursement sur Marseille à 1 mois de date au change de T.I. 0.⁰/₀₀ pour F. 1	F. 12577.80		F.	65809.10

FRAIS A MARSEILLE

Fret à F. 3 et 5 % par millerolle sur 1090 millerolles		F. 3433.50	
Assurance maritime sur F. 72488, à 1 ¼ % et police F. 3.	» 172.95	» 909.10	
id. id. sur F. 5450, sur futailles vides, aller et retour 3 %		» 163.50	
Loyer des futailles s. 1000 millerolles à F. 0.75 la millerolle		» 817.50	
Frais pour pomper, ouiller et radasser 55 fûts à F. 1		» 55.—	
Portefaix pour débarquer, peser et livrer 55 fûts à F. 1		» 55.—	
Loyer d'une pompe		» 75.—	
Jaugeurs publics F. 0.25 l'hectolitre sur 698 hectolitres		» 174.50	
Formalités de douane et d'octroi, bateau, permis et menus frais		» 25.—	
Courtage de vente ½ %			
Escompte à la vente 2 %			
Commission de vente 2 %			
Ensemble 4½ % sur F. 74850 75	» 577.55	» 3243.55	» 8051.65
Livrable sur le quai au débarquement	F. 13828.30		F. 74850.75
Soit par 100 kil	» 21.08		

RENDEMENT : 100 barils rendent à Marseille 109 millerolles de 64 litres:

	Entrepôt de douane et d'octroi — la millerolle	les 100 kil.	
Soit 1000 barils = 1090 millerolles à	F. 68.67		
Soit à 58 kil. par millerolle net 63320 kil. à		F. 118.40	F. 74852.50
Plus : droits de sortie à Corfou	» 12.23	» 21.08	
Droits d'entrée en France par navire français F. 6 par 100 kil. bruts, soit sur le net	» 4.21	» 7.19	
Droit d'octroi à F. 1.25 l'hectolitre	» 0.80	» 1.37	
id. de la Chambre de Commerce F. 0.79 l'hectolitre	» 0.50	» 0.87	
Ensemble	F. 86.41	F. 148.91	

PRIX DE REVIENT A MARSEILLE DES 100 KIL. ENTREPOT

AUX CHANGES SUIVANTS SUR MARSEILLE A 1 MOIS DE DATE

PRIX à CORFOU par baril ionien — Franco à bord Thalaris	Aux usages Thalaris	T. 0.20 ½ pour F. 1	T. 0.20 pour F. 1	T. 0.19 ½ pour F. 1	T. 0.19 pour F. 1	T. 0.18 ½ pour F. 1	T. 0.18 pour F. 1	T. 0.17 ½ pour F. 1
0.25%	—.25	F. 2.10	F. 2.15	F. 2.21	F. 2.26	F. 2.33	F. 2.39	F. 2.46
0.51¼	—.25	4.20	4.30	4.41	4.53	4.65	4.78	4.92
0.76¾	—.75	6.29	6.45	6.62	6.79	6.98	7.17	7.37
1.02½	1.—	8.39	8.60	8.82	9.06	9.30	9.56	9.83
6.36	6.—	59.96	61.26	62.62	64.07	65.58	67.18	68.87
7.39	7.—	68.35	69.86	71.44	73.13	74.88	76.74	78.70
8.41	8.—	76.75	78.46	80.27	82.18	84.18	86.30	88.53
9.44	9.—	85.14	87.06	89.09	91.24	93.48	95.85	98.36
10.46	10.—	93.53	95.67	97.91	100.29	102.78	105.41	108.19
11.49	11.—	101.92	104.27	106.73	109.34	112.08	114.97	118.02
12.52	12.—	110.31	112.87	115.55	118.40	121.38	124.52	127.85
13.54	13.—	118.71	121.47	124.38	127.45	130.68	134.08	137.68
14.57	14.—	127.10	130.07	133.20	136.50	139.97	143.64	147.51
15.59	15.—	135.49	138.67	142.02	145.55	149.27	153.20	157.34
Plus Droits de Sortie à Corfou		A ajouter et à calculer, suivant l'explication page 563.						

OBSERVATIONS

F. 0.50 et 5 % par millerolle sur le fret, font à Marseille une diff. de F. 0.90 ½ par 100 kil. sur les prix.

On veut savoir le revient à Marseille de 100 kil. Huile d'Olive coûtant à Corfou T.I. 10.50 le baril au change de T.I. 0.⁰/₀₀ pour F. 1 et au fret de F. 3 et 5 % par millerolle.

On trouvera dans la 1re et la 5e colonne de ce tableau que :

T.I. 0.50 font par 100 kil	F.	4.53
» 10.— id. id.	»	100.29
Droits de sortie	»	18.45
T.I. 10.50 feront donc par 100 kil	F.	123.27

Voir le tableau à la page 451 pour la réduction des prix par 100 kil. aux prix à la millerolle.

Logarithmes pour les Droits de Sortie

CHANGES	20 ½	LOGARITHMES	83402
»	20	»	85590
»	19 ½	»	87785
»	19	»	90095
»	18 ½	»	92529
»	18	»	95100
»	17 ½	»	97817

Droits d'entrée par 100 kil. en Janvier 1867

Par navire	Français	F.	6.—
Id.	Étranger	»	7.—

COMPTE D'ACHAT ET DE REVIENT

1250 BARILS RAISIN DE CORINTHE

1250 barils Raisin de Corinthe, pesant brut. Livres Ioniennes 360380				
Tare réelle .... » » 30380				
Livres Ioniennes 330000				
à 25 Thalaris mexicains par 1000 livres........			T.	8250.—

FRAIS

Transport, mise en barils et pesage à T. 0.$^{30}/_{100}$ par 1000 livres........	T.	108.—		
Embarquement à T. 0.$^{4}/_{100}$ par baril........	»	50.—		
Coût des barils vides à T. 0.$^{60}/_{100}$ l'un........	»	750.—		
Droit sur les barils vides........	»	11.25		
Menus frais........	»	40.75		
Courtage d'achat ½ %........	»	41.25	»	1091.25
			T.	9341.25

	Droits de sortie			
Droits de sortie 19 ½ % sur T. 8250........	T.	1608.75		
Commission d'achat 2 %........	»	32.17	»	186.82
Soit en Thalaris mexicains........	T.	1640.92	T.	9528.07
Réduits en Thalaris impériaux à T. 50 pour T.I. 52........	T.I.	1706.55	T.I.	9909.19
Courtage de négociation ⅛ %........	»	2.13	»	12.38
Soit en Thalaris impériaux........	T.I.	1708.68	T.I.	9921.57
Remboursement sur Marseille à 1 mois de date au change de T.I. 0.$^{19}/_{100}$ pʳ F. 1..	F.	8993.05	F.	52218.80

FRAIS A MARSEILLE

Fret à F. 3 et 5 % par 100 kil. sur 163000 kil........			F.	5134.50		
Assurance maritime sur F. 57440 à 1 ½ % et police F. 3.	»	148.40	»	864.60		
Portefaix au débarquement, reconnaissance en douane, charrettes, mise en magasin à F. 0.75 par baril..			»	937.50		
Tonneliers pour établir le net........			»	60.—		
Magasinage d'un mois à F. 0.20 par 100 kil........			»	326.—		
Assurance contre le feu ½ ‰........	»	4.50	»	26.10		
Courtage de vente........ ½ %						
Escompte à la vente........ 6 %						
Commission de vente........ 2 %						
Ensemble........ 4½ % sur F. 62374.35....	»	430.95	»	2806.85	»	10155.55
	F.	9576.90			F.	62374.35
Soit par 100 kil........	»	6.40				

RENDEMENT : 100 ℔ rendent à Marseille 45 kil. ⅓ :

Soit net 330000 ℔ = net 149600 kil. à F. 41.69 par 100 kil. entrepôt........			F.	62368.15
Plus : droits de sortie à Corfou........ » 6.40	id.	id.		
Ensemble........ F. 48.09	id.	id.		

PRIX DE REVIENT A MARSEILLE DES 100 KIL. ENTREPOT

AUX CHANGES SUIVANTS SUR MARSEILLE A 1 MOIS DE DATE

PRIX à CORFOU par 1000 ℔ — Franco à bord Thal. M.	Aux magasins Thal. M.	T. 0.20 ½ pour F. 1	T. 0.20 pour F. 1	T. 0.19 ½ pour F. 1	T. 0.19 pour F. 1	T. 0.18 ½ pour F. 1	T. 0.18 pour F. 1	T. 0.17 ½ pour F. 1
0.26½	0.25	F. 0.31	F. 0.31	F. 0.32	F. 0.33	F. 0.34	F. 0.35	F. 0.36
0.53¼	0.50	0.61	0.63	0.65	0.66	0.68	0.70	0.72
0.80	0.75	0.92	0.94	0.97	0.99	1.02	1.04	1.07
1.06¼	1.—	1.22	1.25	1.29	1.32	1.36	1.39	1.43
19.39	15.—	26.74	27.30	27.88	28.50	29.14	29.83	30.55
20.46	16.—	27.96	28.55	29.17	29.82	30.50	31.22	31.98
21.53	17.—	29.18	29.81	30.45	31.14	31.86	32.61	33.41
22.59	18.—	30.41	31.06	31.74	32.46	33.21	34.01	34.84
23.66	19.—	31.63	32.32	33.02	33.78	34.56	35.40	36.28
24.73	20.—	32.85	33.57	34.31	35.10	35.92	36.79	37.71
25.80	21.—	34.08	34.82	35.60	36.42	37.27	38.19	39.14
26.86	22.—	35.30	36.05	36.88	37.74	38.63	39.58	40.58
27.93	23.—	36.52	37.33	38.17	39.06	39.98	40.97	42.01
29.—	24.—	37.75	38.59	39.45	40.38	41.34	42.37	43.44
30.07	25.—	38.97	39.84	40.74	41.70	42.69	43.76	44.88
31.13	26.—	40.19	41.09	42.03	43.02	44.05	45.15	46.31
32.20	27.—	41.41	42.35	43.31	44.34	45.40	46.54	47.74
33.27	28.—	42.64	43.60	44.60	45.66	46.76	47.94	49.18
34.34	29.—	43.86	44.86	45.88	46.98	48.12	49.33	50.61
35.40	30.—	45.09	46.11	47.17	48.29	49.48	50.73	52.04
Plus Droits de Sortie à Céphalonie ou Zante		A ajouter et à calculer, suivant l'explication page 563.						

OBSERVATIONS

F. 0.50 et 5 % par 100 kil. sur le fret font à Marseille une diff. de F. 0.57 par 100 kil. sur les prix.

On veut savoir le revient à Marseille par 100 kil. de Raisin de Corinthe coûtant à Céphalonie T. 24.50 par 1000 ℔ au change de T. 0.$^{19}/_{100}$ pour F. 1 et au fret de F. 3 et 5 % par 100 kil.

On trouvera dans la 1ʳᵉ et la 5ᵉ colonne de ce tableau que :

T. 0.50 font par 100 kil........	F.	0.66
» 24.— id. id.	»	40.38
Plus, droits de sortie à Céphalonie	»	6.27
T. 24.50 feront donc par 100 kil........	F.	47.31

Logarithmes pour les Droits de Sortie

CHANGES		LOGARITHMES
	20½........	12173
»	20	» 12476
»	19½........	» 12796
»	19	» 13133
»	18½........	» 13482
»	18	» 13862
»	17½........	» 14258

Droits d'entrée par 100 kil. en Janvier 1867

Par navire Français........	F.	0.80
id. Étranger........	»	2.40

MALTE

La Valette ou Valetta, capitale des îles de Malte, Gozo et Comino, possessions anglaises dans la mer Méditerranée, est située sur la côte orientale de l'île de Malte.

Le grand port, à l'est de la ville, divisé en plusieurs criques, où les plus grands vaisseaux de guerre peuvent mouiller en sûreté, et dont l'entrée est défendue par les forts Saint-Elme et Ricasoli et le Château Saint-Ange; l'autre, le Marsa-Muscetto ou port de la quarantaine à l'ouest, réservé aux navires qui n'ont pas la libre pratique, et dont on ne peut franchir la passe que sous le feu des forts Saint-Elme, Tigné et Manoël. Le grand port est fréquenté chaque année, par près de 4000 navires; des magasins immenses, bâtis par les grands maîtres Lascaris, Zondodari et Pinto, sont adossés aux murs de la ville, sur le môle qui date lui-même du temps des grands maîtres.

La Valette est la station principale des flottes britanniques dans la Méditerranée; c'est aussi un grand entrepôt de marchandises anglaises. Située presque au centre de la Méditerranée, entre l'Europe, l'Afrique et l'Asie, l'île de Malte est un des points les plus importants du Globe, et, grâce à la modération des taxes et des droits de douane, cette position est devenue précieuse pour le commerce et les services maritimes. Des cales, des bassins, des ateliers pour la réparation des navires et des machines à vapeur, des magasins de charbon, un arsenal maritime ont été établis à Borgo en face de Birmula.

La Valette est entourée de fortifications magnifiques et réputée une des plus fortes places du Globe. Les rues sont régulières et propres, les maisons sont de pierre et couvertes de terrasses, un aqueduc de 16 kilomètres de longueur, amène une eau fraîche et limpide.

L'île de Malte a une population de 130000 habitants, très-industrieuse, robuste, sobre, ardente au travail. La culture est très-intelligente; les volailles, les légumes et les fruits abondent, on y récolte de grandes quantités d'oranges, de citrons, de grenades, de figues, de pommes, de raisins; les oranges sont renommées et sont l'objet d'une exportation considérable.

Depuis la guerre d'Amérique, la production du Coton s'est beaucoup développée. La qualité en est bonne, il y en a de blancs et de roux ou Nankin foncé.

Les négociants de La Valette font leurs achats de Laine dans les Etats de Tripoli et de Tunis, et chargent 15 à 20 navires chaque année. Ils font laver à La Valette une partie de ces laines qui perdent 60 % environ.

On exporte aussi du suif, de l'anis, du cumin, du Safran.

Monnaies, Poids et Mesures

MONNAIES

Depuis 1825, on compte à Malte par livres sterling comme en Angleterre; mais la monnaie ancienne est toujours en usage dans le commerce et elle est en même temps la monnaie de change, à savoir, scudi, tari et grains.

1 écu = 12 tari — 1 tari = 20 grains.
3 écus = 5 shillings.
1 écu = F. 2.10 environ.

POIDS

Le rotolo ou livre commerciale de 30 onces	=	kil.	0.7915
Le cantaro de 100 rotolis	=	»	79.15

MESURES

Mesures de longueur

La canne de 8 pans	=	mèt.	2.08
Le pied	=	»	0.2835

Mesures de capacité

La salme rase pour les blés	=	lit.	288.51
La salme comble est évaluée à 16 % de plus.			
Le caffiso pour l'huile	=	»	20.82
Les esprits au gallon anglais.			
Le gallon impérial	=	»	4.54846
Les vins au baril de 38 cartucci.			
1 baril = 9.351 gallons impériaux	=	»	49.448

COMPTE D'ACHAT ET DE REVIENT

A 100 BALLES COTON PRESSÉES

100 balles Coton pressées, pesant ensemble brut.. Rottolis 20440		
Tare 4 Rottolis par balle........ » 400		
Net........ Rottolis 20040 à Sc. 225.— les 114 Rottolis........		Sc. 39552. 8 —

FRAIS A MALTE

Courtage ½ %........	Sc. 197. 9. —	
Portefaix à la réception et à l'embarquement........	» 25.—.—	
Charrettes de la campagne........	» 25.—.—	
Peseur public........	» 15.—.—	
Droit de presse et emballage........	» 900.—.—	
Toile pour emballer........	» 200.—.—	
Bateaux à l'embarquement........	» 25.—.—	
Menus frais........	» 9. 7.—	» 697. 4.—
		Sc. 40250.—.—
Commission 2 %........		» 805.—.—
		Sc. 41055.—.—
Remboursement sur Marseille à 30 jours de vue au change de 115 grains pour F. 1........		F. 85680.—.—

FRAIS A MARSEILLE

Fret par vapeur à F. 10 par 100 kil. bruts sur 16770 kil........	F. 1677.—	
Assurance maritime sur F. 94248 à ½ %........	» 471.25	
Change maritime sur F. 214825 à 2 %........	» 42.95	
Frais de dock au débarquement F. 0.45 par 100 kil........	» 75.45	
Emballeurs, mise en magasin, poids public, douane, permis, livraison et menus frais à F. 2.50 par 100 kil........	» 419.25	
Magasinage d'un mois à F. 0.10 par 100 kil........	» 16.75	
Assurance contre le feu ½ ‰........	» 42.85	
Escompte à la vente........ 2 %		
Courtage de vente........ ½ %		
Commission de vente........ 2 %		
Ensemble..... 4½ % sur F. 92430.85........	» 4005.35	» 6750.85
		F. 92430.85

RENDEMENT : 100 Rottolis rendent net à Marseille 79 kil. ½ :

Soit net 20040 Rottolis = net 15932 kil. à F. 580.16 par 100 kil. entrepôt........ F. 92431.10

PRIX DE REVIENT A MARSEILLE DES 100 KIL. ENTREPOT

AUX CHANGES SUIVANTS SUR MARSEILLE A 30 JOURS DE VUE

PRIX à MALTE par 114 rottolis	Grains 116 ½ pour F. 1	Grains 116 pour F. 1	Grains 115 ½ pour F. 1	Grains 115 pour F. 1	Grains 114 ½ pour F. 1	Grains 114 pour F. 1	Grains 113 ½ pour F. 1
Scudi 1	F. 2.45	F. 2.46	F. 2.47	F. 2.48	F. 2.49	F. 2.50	F. 2.52
2	4.90	4.92	4.94	4.96	4.99	5.01	5.03
3	7.35	7.38	7.42	7.45	7.48	7.51	7.55
4	9.80	9.84	9.89	9.93	9.97	10.02	10.06
5	12.25	12.31	12.36	12.41	12.47	12.59	12.63
6	14.70	14.77	14.85	14.89	14.96	15.02	15.09
7	17.15	17.23	17.30	17.37	17.45	17.53	17.61
8	19.60	19.69	19.78	19.86	19.94	20.03	20.12
9	22.05	22.15	22.25	22.34	22.44	22.54	22.64
10	24.50	24.61	24.72	24.82	24.93	25.04	25.15
20	49.—	49.22	49.43	49.64	49.86	50.08	50.30
30	73.51	73.82	74.15	74.47	74.79	75.12	75.45
40	98.01	98.43	98.86	99.29	99.72	100.16	100.60
50	122.51	123.04	123.58	124.11	124.66	125.20	125.75
50	144.08	144.64	145.21	145.77	146.35	146.92	147.50
100	266.59	267.68	268.78	269.88	271.—	272.12	273.25
150	389.10	390.72	392.36	393.99	395.66	397.32	399.—
200	511.61	513.76	515.93	518.10	520.31	522.52	524.75
250	634.12	636.80	639.51	642.21	644.97	647.72	650.50

OBSERVATIONS

F. 1 par 100 kil. sur le fret, fait à Marseille une différence de F. 1.05 par 100 kil. sur les prix.

On veut savoir le revient à Marseille de Coton coûtant à Malte Sc. 185, au change de 115 grains pour F. 1, et au fret de F. 10 par 100 kil.

On trouvera dans la 1re et la 5e colonne de ce tableau que :

Sc.	5 font par 100 kil........	F.	12.41
»	30 id. id.	»	74.47
»	150 id. id.	»	393.99
Sc.	185 feront donc par 100 kil........	F.	480.87

Droits d'entrée par 100 kil. en Janvier 1867

Par navire Français........ Exempt.
id. Étranger........ F. 3.—

COMPTE D'ACHAT ET DE REVIENT

A 3525 CAFFISI HUILE CLAIRE LAMPANTE

3525 Caffisi à Sc. 10. 4.— le caffiso			Sc. 36425.—.—

FRAIS A MALTE

Mesureurs à Sc. 1. 6.— les 100 caffisi	Sc. 52.10. 8		
Portefaix à Sc. 1. 3.— les 100 caffisi	» 44.—.—		
Laçons 5 jours à Sc. 1.—.— par jour	» 5.—.—		
15 barques de remuque	» 9.—.—		
Echantillons et menus frais	» 5.—.—		
Futailles à Sc. 4. 16.— par caffiso	» 1411.—.—		
Courtage ½ %	» 182. 1.12	» 1700 —.—	
		Sc. 38134.—.—	
Commission d'achat 2 %		» 762. 8.—	
		Sc. 38896. 8.—	
Remboursement sur Marseille à 30 jours de vue au change de 115 grains pour F. 1		F. 81175.65	

FRAIS A MARSEILLE

Fret à F. 3 et 5 % par millerolle sur 1147 millerolles	F. 3613.05		
Assurance maritime sur F. 89292 à ⅛ % et police F. 3	» 561.05		
Portefaix au débarquement, tonneliers, poids public, frais de jauge, livraison et menus frais à F. 0.65 par 100 kil. bruts	» 521.00		
Courtage de vente ½ %			
Escompte à la vente 2 %			
Commission de vente 2 %			
Ensemble 4½ % sur F. 89917 95	» 4046.30	» 8743.30	
Livrable sur le quai au débarquement		F. 89917.95	

RENDEMENT : 1 caffiso rend à Marseille 20.82 litres :

	Entrepôt de douane et d'octroi par millerolle	par 100 kil.	
Soit 3525 caffisi = 73390 litres ou 1146 ¾ millerolles	F. 78.41		
Soit à kil. 58 par millerolle net 66511 kil. à		F. 135.19	F. 89916.20
Plus: droits d'entrée en France par navire français F. 6 par 100 kil. bruts soit sur le net	» 4.21	» 7.19	
» droits d'octroi à F. 1.25 l'hectolitre	» 0.80	» 1.37	
» droit de la Chambre de Commerce F. 0.79 l'hect.	» 0.50	» 0.87	
Ensemble	F. 83.92	F. 144.62	

PRIX DE REVIENT A MARSEILLE DES 100 KIL. ENTREPOT

AUX CHANGES SUIVANTS SUR MARSEILLE A 30 JOURS DE VUE

PRIX à MALTE par caffiso	Grains 116 ½ pour F. 1	Grains 116 pour F. 1	Grains 115 ½ pour F. 1	Grains 115 pour F. 1	Grains 114 ½ pour F. 1	Grains 114 pour F. 1	Grains 113 ½ pour F. 1
Tari 1	F. 0.98	F. 0.99	F. 0.99	F. 1.—	F. 1.—	F. 1.01	F. 1.01
2	1.97	1.98	1.98	1.99	2.—	2.01	2.02
3	2.95	2.96	2.98	2.99	3.—	3.02	3.03
4	3.93	3.95	3.97	3.98	4.—	4.02	4.04
5	4.92	4.94	4.96	4.98	5.01	5.03	5.05
6	5.90	5.93	5.95	5.98	6.01	6.03	6.05
7	6.88	6.92	6.94	6.97	7.01	7.04	7.06
8	7.86	7.90	7.94	7.97	8.01	8.04	8.07
9	8.85	8.89	8.93	8.96	9.01	9.05	9.08
10	9.83	9.88	9.92	9.96	10.01	10.05	10.09
11	10.81	10.87	10.91	10.96	11.01	11.06	11.10
12	11.80	11.85	11.90	11.95	12.01	12.06	12.11
Scudi 6	82.40	82.73	83.05	83.39	83.73	84.06	84.41
7	94.20	94.56	94.95	95.35	95.73	96.12	96.52
8	106.—	106.43	106.86	107.30	107.74	108.18	108.64
9	117.80	118.28	118.76	119.26	119.74	120.24	120.75
10	129.60	130.13	130.66	131.21	131.75	132.30	132.86
11	141.40	141.98	142.56	143.16	143.76	144.36	144.97
12	153.20	153.83	154.46	155.12	155.76	156.42	157.08
13	165.—	165.68	166.37	167.07	167.77	168.48	169.20
14	176.80	177.53	178.27	179.03	179.77	180.54	181.31
15	188.60	189.39	190.17	190.98	191.78	192.60	193.42
16	200.40	201.24	202.07	202.93	203.79	204.65	205.53
17	212.20	213.09	213.97	214.89	215.79	216.71	217.64
18	224.—	224.94	225.88	226.84	227.80	228.77	229.76
19	235.80	236.79	237.78	238.80	239.80	240.83	241.87
20	247.60	248.64	249.68	250.75	251.81	252.89	253.98

OBSERVATIONS

F. 0.50 et 5 % par millerolle sur le fret, font à Marseille une différence de F. 0.90 ½ par 100 kil. sur les prix

On veut savoir le revient à Marseille de l'Huile d'Olive coûtant à Malte Sc. 9.6, au change de 115 grains pour F. 1 et au fret de F. 3 et 5 % par millerolle.

On trouvera dans la 1re et la 5e colonne de ce tableau que :

Sc. —. 6 font par 100 kil.	F. 5.98
» 9.— id. id.	» 119.26
Sc. 9. 6 feront donc par 100 kil.	F. 125.24

Voir le tableau à la page 451 pour la réduction des prix par 100 kil. aux prix de la millerolle.

Droits d'entrée par 100 kil. en Janvier 1867

Par navire Français	F. 6.—
Id. Étranger	» 7.—

COMPTE D'ACHAT ET DE REVIENT

A 100 BALLES LAINE

100 balles Laine, pesant net 21940 Rottoli à Sc. 40 les 100 Rottoli .... Sc. 8776.—.—

FRAIS A MALTE

Courtage ½ %	Sc. 43.11.—		
Portefaix	» 14.—		
Lacons et remuque	» 5.—	»	62.11.—
		Sc.	8838.11.—
Commission 2 %		»	176. 9.—
		Sc.	9015. 8.—
Remboursement sur Marseille à 30 jours de vue au change de 115 Grains pour F. 1		F.	18815.80

FRAIS A MARSEILLE

Fret à F. 10 par 100 kil. bruts sur 18140 kil	F. 1814.—		
Assurance maritime sur F. 20696 à ½ %	» 103.45		
Change maritime sur F. 1917.45 à 2 %	» 38.35		
Frais de dock au débarquement, portefaix, charrettes pour mettre en magasin et livrer, emballeurs pour réparer les balles et échantillonner, peseurs publics au débarquement et à la livraison, formalités de douane, permis et menus frais à F. 1.50 par 100 kil	» 272.10		
Magasinage d'un mois à F. 0.20 par 100 kil	» 36.30		
Assurance contre le feu ½ ‰	» 9.40		
Courtage de vente .... ½ %			
Escompte à la vente .... 2 %			
Commission de vente .... 2 %			
Ensemble .... 4½ % sur F. 22044 15	» 955 25	»	3228.85
		F.	22044.15

RENDEMENT : 100 Rottoli rendent à Marseille 79 kil. ½ :

Soit net 21940 Rottoli = net 17442 kil. à F. 126.38 par 100 kil. entrepôt .... F. 22043.20

PRIX DE REVIENT A MARSEILLE DES 100 KIL. ENTREPOT

AUX CHANGES SUIVANTS SUR MARSEILLE A 30 JOURS DE VUE

	PRIX à MALTE par 100 rottoli	Grains 116 ½ pour F. 1	Grains 116 pour F. 1	Grains 115 ½ pour F. 1	Grains 115 pour F. 1	Grains 114 ½ pour F. 1	Grains 114 pour F. 1	Grains 113 ½ pour F. 1
SUBDIVISIONS — Coût et frais variables	Scudi 1	F. 2.79	F. 2.81	F. 2.82	F. 2.83	F. 2.84	F. 2.86	F. 2.87
	2	5.59	5.61	5.64	5.66	5.68	5.71	5.73
	3	8.38	8.42	8.45	8.49	8.53	8.57	8.60
	4	11.17	11.22	11.27	11.32	11.37	11.42	11.47
	5	13.97	14.03	14.09	14.15	14.21	14.28	14.34
	6	16.76	16.83	16.91	16.98	17.05	17.13	17.20
	7	19.55	19.64	19.73	19.81	19.89	19.99	20.07
	8	22.34	22.44	22.54	22.64	22.74	22.84	22.94
	9	25.14	25.25	25.36	25.47	25.58	25.70	25.80
	10	27.93	28.05	28.18	28.30	28.42	28.55	28.67
Coût et frais variables et invariables	30	96.99	97.35	97.72	98.08	98.45	98.83	99.20
	40	124.92	125.40	125.90	126.38	126.87	127.38	127.87
	50	152.86	153.46	154.07	154.68	155.30	155.92	156.55
	60	180.79	181.51	182.25	182.97	183.72	184.47	185.22
	70	208.72	209.56	210.42	211.27	212.14	213.01	213.89
	80	236.65	237.61	238.60	239.57	240.56	241.56	242.56
	90	264.59	265.67	266.77	267.86	268.98	270.10	271.23
	100	292.52	293.72	294.94	296.16	297.40	298.64	299.90

OBSERVATIONS

F. 1 par 100 kil. sur le fret, fait à Marseille une différence de F. 1.04 par 100 kil. sur les prix.

On veut savoir le revient à Marseille de Laine coûtant à Malte Sc. 55 les 100 Rottoli au change de 115 grains pour F. 1 et au fret de F. 10 par 100 kil.

On trouvera dans la 1re et la 5e colonne de ce tableau que :

Sc. 5 font par 100 kil	F.	14.15
» 50 id. id.	»	154.68
Sc. 55 feront donc par 100 kil	F.	168.83

Droits d'entrée par 100 kil. en Janvier 1867

Par navire Français	Exempt
id. Étranger	F. 3.60

COMPTE D'ACHAT ET DE REVIENT

A 100 BARILS SUIF PURIFIÉ

100 barils Suif purifié, posant brut.... Rottoli 17720		
Tare........ » 1259		
Net .... Rottoli 16461 à Sc. 36 les 100 Rottoli........		Sc. 5925.11.10

FRAIS A MALTE

Courtage ½ %........	Sc. 29. 8.—	
Portefaix	» 12.—.—	
Barques........	» 9. 7. 4	» 51. 3. 4
		Sc. 5977. 2.14
Commission d'achat 2 %........		» 119. 6.10
		Sc. 6096. 9. 4
Remboursement sur Marseille à 30 jours de vue au change de 115 Grains pour F. 1........		F. 12723.70

FRAIS A MARSEILLE

Fret par vapeur à F. 5 par 100 kil. sur 14300 kil bruts........	F. 715.—	
Assurance maritime sur F. 13996 à ¼ %........	» 35.—	
Change maritime sur F. 746.60 à 2 %........	» 14.95	
Portefaix, réception, livraison, mise en magasin, tonneliers pour réparations, acconiers, poids public, formalités d'octroi et menus frais à F. 1.15 par 100 kil. bruts........	» 164.45	
Magasinage d'un mois à F. 0.15 par 100 kil........	» 21.45	
Assurance contre le feu ½ ‰........	» 6.36	
Courtage de vente........ ½ %		
Escompte à la vente........ 2 %		
Commission de vente........ 2 %		
Ensemble........ 4½ % sur F. 14322.20........	» 644.65	» 1601.85
		F. 14325.55

Rendement : 100 Rottoli rend à Marseille 79 kil. :

Soit net 16461 rottoli = net 13004 kil. à F. 110.16 par 100 kil. entrepôt........ F. 14325.20

PRIX DE REVIENT A MARSEILLE DES 100 KIL. ENTREPOT

AUX CHANGES SUIVANTS SUR MARSEILLE A 30 JOURS DE VUE

PRIX à MALTE par 100 rottoli	Grains 116 ½ pour F. 1	Grains 116 pour F. 1	Grains 115 ½ pour F. 1	Grains 115 pour F. 1	Grains 114 ½ pour F. 1	Grains 114 pour F. 1	Grains 113 ½ pour F. 1
Tari 1	F. 0.23	F. 0.24	F. 0.24	F. 0.24	F. 0.24	F. 0.24	F. 0.24
2	0.47	0.47	0.47	0.47	0.48	0.48	0.48
3	0.70	0.71	0.71	0.71	0.71	0.72	0.72
4	0.94	0.94	0.94	0.95	0.95	0.96	0.96
5	1.17	1.18	1.18	1.19	1.19	1.20	1.20
6	1.40	1.41	1.42	1.42	1.43	1.43	1.44
7	1.64	1.65	1.65	1.66	1.67	1.67	1.68
8	1.87	1.88	1.89	1.90	1.90	1.91	1.92
9	2.11	2.12	2.12	2.13	2.14	2.15	2.16
10	2.34	2.35	2.36	2.37	2.38	2.39	2.40
11	2.58	2.59	2.60	2.61	2.62	2.63	2.64
12	2.81	2.82	2.83	2.84	2.86	2.87	2.88
Sc. 25.—	77.95	78.26	78.56	78.87	79.18	79.50	79.82
26.—	80.76	81.08	81.39	81.71	82.04	82.37	82.70
27.—	83.57	83.90	84.23	84.56	84.89	85.24	85.58
28.—	86.37	86.72	87.06	87.40	87.75	88.11	88.46
29.—	89.18	89.54	89.89	90.25	90.61	90.98	91.35
30.—	91.99	92.36	92.72	93.09	93.47	93.85	94.23
31.—	94.80	95.18	95.56	95.94	96.32	96.72	97.11
32.—	97.61	98.—	98.39	98.78	99.18	99.59	99.99
33.—	100.41	100.82	101.22	101.63	102.04	102.46	102.87
34.—	103.22	103.64	104.05	104.47	104.89	105.33	105.76
35.—	106.03	106.46	106.89	107.32	107.75	108.20	108.64
36.—	108.84	109.28	109.72	110.16	110.61	111.07	111.52
37.—	111.65	112.10	112.55	113.01	113.46	113.94	114.40
38.—	114.45	114.92	115.38	115.85	116.32	116.81	117.28
39.—	117.26	117.74	118.22	118.70	119.18	119.68	120.17
40.—	120.07	120.56	121.05	121.54	122.04	122.55	123.05

OBSERVATIONS

F. 1 par 100 kil. sur le fret, fait à Marseille une différence de F. 1.10 par 100 kil. sur les prix.

On veut savoir quel est le revient à Marseille de Suif coûtant à Malte Sc. 30.6 par 100 Rottoli au change de 115 grains pour F. 1 et au fret de F. 5 par 100 kil.

On trouvera dans la 1re et la 5e colonne de ce tableau que :

Sc. —.6 font par 100 kil........	F. 1.42
» 30.— id. id.	» 93.09
Sc. 30. 6 feront donc par 100 kil........	F. 94.51

Droits d'entrée par 100 kil. en Janvier 1867

Par navire Français........	Exempt
Id. Étranger........	F. 2.40

ALEXANDRIE

Alexandrie est le seul grand port commercial que l'Egypte possède sur la Méditérranée. Elle est éloignée de 88 kilomètres de l'embouchure canopique du Nil avec lequel elle communique par le canal de Mahmoudieh qui vient déboucher à Fouah. Sa population actuelle est de 180,000 âmes.

Fondée 332 ans avant Jésus-Christ par le conquérant dont elle porte le nom, Alexandrie eut à subir tour à tour le joug des Grecs, des Romains, des Arabes et des Turcs, puis accidentellement des Français et des Anglais. C'est aujourd'hui la métropole commerciale de la vice-royauté d'Egypte qui relève du Sultan, après avoir été le centre des sciences et des lettres que le génie des Ptolémée s'était plu à y entasser.

On se souvient de cette fameuse école d'Alexandrie qui, durant plusieurs siècles, contribua à étendre le cercle des connaissances humaines. Les savants, attirés en Egypte par les largesses d'une dynastie dont le règne ne dura pas moins de trois siècles, venaient se réfugier dans cette nouvelle Athènes, pour y cultiver en paix les sciences et les arts.

Les Alexandrins ne furent pas sans se ressentir de cet état de choses, leur intelligence se développa beaucoup plus vite chez eux que chez les autres peuples, et ils montrèrent dès l'origine une grande aptitude à l'industrie et au commerce. L'oisiveté leur était inconnue.

Aujourd'hui Alexandrie, bien qu'elle ait considérablement déchu sous la domination musulmane, présente encore une grande activité. La civilisation moderne commence à s'y faire jour. Ce port est relié au Caire par un chemin de fer qui va aboutir à Suez.

Le génie de Méhémet-Ali a contribué puissamment à développer dans ces dernières années, le commerce et l'industrie de l'Egypte dont les productions sont variées, savoir Blés, Féves, Lentilles, Maïs, Alizari, Cotons longue soie, Graine de Sésame, de Lin, Gomme Arabique, etc. Ses échanges dépassent annuellement 200 millions de francs.

En résumé, le commerce d'Alexandrie est en voie positive de prospérité, et l'avenir le plus brillant paraît, en outre, lui être réservé.

La rade d'Alexandrie est formée par une chaîne de rochers qui s'étendent depuis la pointe du phare au N.-E. jusqu'à l'île de Marabout au S.-O. La ville est située entre deux ports.

Phare. — Il existe depuis plusieurs années à Alexandrie un phare dont les feux se découvrent à une distance d'environ vingt milles au large. Ce phare ne sert nullement à favoriser l'entrée du port, pendant la nuit, puisque, à l'exception des cas de force majeure, aucun navire n'en risque le passage; mais il sert essentiellement, vu la terre basse, à prévenir les navigateurs du danger que présente la proximité de la côte.

Police du port. — Les réglements de police de la rade d'Alexandrie sont placés sous la surveillance du capitaine du port, lequel, à l'égard des navires européens, signale toutes les contraventions à leurs consulats respectifs.

Pilotage. — Le droit de pilotage, auquel tout bâtiment marchand est assujetti, ne subit aucune variation selon le tirant d'eau ou le tonnage. Il n'est même subordonné à aucun réglement ou tarif spécial. L'usage fixe de F. 15 à F. 20 l'entrée d'un navire à voiles quelconque, et le même droit pour la sortie. Les paquebots-poste Anglais, Français et Autrichiens payent, d'un mutuel accord, le prix de F. 30 pour l'entrée et la sortie; les vapeurs marchands se conforment aux usages de la marine à voile.

Poids, Mesures et Monnaies

POIDS ÉGYPTIENS

Les 100 rottoli forment le quintal Egyptien et correspondent à 45 kil., abusivement, ainsi qu'à 30 okes. — L'oke se subdivise en 400 drammes. — Le dramme pèse 3 grammes 125.

Ces conventions à l'égard du poids français sont à ½ % près approximatives.

MESURES EGYPTIENNES

L'ardep composé de 12 mesures dites kellé; 100 ardeps correspondent à 108 charges de Marseille.

La mesure des liquides n'existe pas en Egypte, c'est à l'oke que l'on en fait la vente.

COURS DES MONNAIES

La Livre Anglaise	= Piastres Tarif	97.20
La Livre Egyptienne	id.	100.—
La livre Russe	id.	79.18
La livre Turque	id.	87.80
Le Napoléon d'or	id.	77. 6
La Pièce de F. 5 en argent	id.	19.10
La Regina d'Autriche	id.	20.—
Le Tallari Egyptien	id.	20.—
La Colonade d'Espagne	id.	20.28
Le Sequin d'Autriche	id.	46.—

La Piastre Egyptienne valant 40 Paras se subdivise en pièces de 20 et 10 Paras.

Toutes ces valeurs ont cours facile en Egypte. Les livres Russes seules ne sont pas recherchées à cause de l'altération qui existe dans leurs poids par suite de la fraude.

On fournit sur Paris, Marseille ou Londres à 3 mois de date.

Usages Commerciaux. — Les marchandises d'exportation se vendent au comptant sans escompte.

Les courtages d'achat se règlent comme suit pour les Cotons des Princes.

1/2 % pour la Daïra ou administration du Prince.

1 % pour le courtier qui a traité la vente, la Daïra ne payant jamais de courtage contrairement aux usages du marché de Minet-el-Bassal.

Le courtage sur toutes les autres transactions est de 1/2 %.

RAPPORT DES CLASSIFICATIONS ANGLAISE ET FRANÇAISE SUR LES COTONS

Le Coton	*low-middling*	correspond	au *bas* de Marseille	Piastres Tarif	880	les 100 kil.
id.	*middling*	id.	à *l'ordinaire*	»	920	id.
id.	*good middling*	id.	au *bon ordinaire*	»	935	id.
id.	*fair*	id.	au *bon supérieur*	»	940	id.
id.	*good-fair*	id.	au *petit courant*	»	960	id.
id.	*good*	id.	au *petit supérieur*	»	980	id.
id.	*fine*			»	1020	id.

En dehors de cette classification, on trouve en Egypte deux autres sortes de coton:

L'une provenant du déchet de Graines de Coton, appelée Hefrillé valant actuellement (Novembre 1863) 14 à 15 Tallaris. L'autre, des écarts de Coton en général valant de 25 à 35 Tallaris, suivant le dégré de propreté et la longueur de la soie.

Droits de Douane. — Les droits de douane à la sortie pour les Cotons et autres produits du sol Egyptien, en vertu du traité conclu le 29 Avril 1861, sont fixés comme suit:

A 8 %	moins 10 %	du 14 Mars	1862	au 14 Mars	1863.
A 7 %	id.	id.	id.	1863	id.	1864.
A 6 %	id.	id.	id.	1864	id.	1865.
A 5 %	id.	id.	id.	1865	id.	1866.
A 4 %	id.	id.	id.	1866	id.	1867.
A 3 %	id.	id.	id.	1867	id.	1868.
A 2 %	id.	id.	id.	1868	id.	1869.
A 1 %	id.	id.	id.	1869	id.	1870.

Après le 14 Mars 1870 le droit de 1 % moins 10 % sera toujours perçu à l'exportation tandis qu'à l'importation, il continuera à être acquitté à raison de 8 % moins 10 % *ad valorem*.

La valeur des Cotons et autres articles est fixée mensuellement par une commission mixte.

Le droit sur les Cotons des Princes se paie sur le prix d'achat et les courtages se règlent comme il est dit ci-dessus.

EXPLICATION POUR LE CALCUL DES DROITS DE SORTIE

Au moyen des Logarithmes sur les comptes de Revient qui vont suivre

Chaque année, le droit de sortie étant réduit de 1 % jusqu'en 1869, il ne se trouve pas compris dans les prix de revient, auxquels il devra être ajouté.

Les logarithmes joints à chaque compte, pour tous les changes, sont invariables et peuvent servir à trouver, au moyen d'une simple multiplication, ce que fait à chaque droit, l'équivalent en francs par 100 kil. Il suffit pour cela de multiplier le logarithme du change, pour n'importe quel article, par l'estimation de sa valeur le jour de l'achat; valeur sur laquelle doit être prélevé le droit en vigueur; puis, sur le produit que donnera cette multiplication, prélever le droit quel qu'il soit de 4, 3, 2 ou de 1 %; ce qui donnera exactement le produit par 100 kil. qui sera à ajouter au prix de revient de la marchandise.

EXEMPLE:

Voir le compte Coton d'Alexandrie au Havre à la page 574.

Le logarithme du change de F. 5.35 pour ℘ 1 est de 69593 qui est à multiplier par l'estimation de ℘ 500 le cantar (ce qui est la valeur facturée sur ce compte) on obtient pour résultat un nombre de 347965 sur lequel on prélève 4 %; les quatre premiers chiffres de gauche, après avoir retranché 10 %, font F. 12.53 par 100 kil., ce qui est exactement le chiffre trouvé dans la 1re colonne du compte de revient.

La même opération est à faire pour tous les droits et pour tous les articles.

(Extrait du *Dictionnaire du Commerce et de la Navigation*, par MM. GUILLAUMIN et Cie, ainsi que de ma correspondance particulière.)

COMPTE D'ACHAT ET DE REVIENT

A 1000 ARDEPS BLÉ SAÏDI

1000 ardeps à P.C. 126 par ardep			P.C.	126000.—
60 perte au criblage				
940 ardeps nets à P.C. 140 pour P.T. 77.15			P.T.	69435.—

FRAIS A ALEXANDRIE

Mesurage à la réception P. ½ l'ardep	P.T.	500.—		
Courtage ½ %	»	347.17		
Magasinage ½ %	»	347.17		
Transport de la barque au magasin P. ½ l'ardep	»	500.—		
Criblage P. 3 l'ardep	»	3000.—		
Portefaix en magasin P. ½ l'ardep	»	500.—		
Portefaix à l'échelle et à bord P. ½ l'ardep	»	500.—		
Mahônne P. 1 l'ardep sur 940 ardeps	»	940.—		
Transport à quai P. 1 l'ardep sur 940 ardeps	»	940.—		
Mesurage à la livraison P. ½ l'ardep sur 940 ardeps	»	470.—		
Dépêche télégraphique	»	225.—	»	8269.34
			P.T.	77704.34

	Droits de sortie			
Droits de sortie sur 940 ardeps à P.T. 60 soit P.T. 56400				
Moins 10 % » 5640				
P.T. 50700 à 4 % en (1866)	P.T. 2030.40			
Commission d'achat 2 %	» 40.60		»	1554.08
	P.T. 2071.—		P.T.	79258.42
Courtage de négociation 1 ‰	» 2.10		»	79.26
	P.T. 2073.10		P.T.	79337.68
Remboursement sur Marseille à 90 jours de date au change de F. 5.20 par tallari de 20 $	F. 539.—		F.	20627.80

FRAIS A MARSEILLE

Fret à F. 2 et 5 % par 100 kil. sur 111650 kil.		F. 2344.05		
Bonification au capitaine à F. 10 par 100 ardeps		» 94.—		
Frais de débarq^ent^, criblage et livraison F. 0.45 la charge		» 456.75		
Assurance maritime sur F. 22690 à 1 % et police F. 3	» 5.90	» 229.90		
Courtage de vente ½ %				
Criblure et avaries 2 %				
Escompte à la vente 2 %				
Commission de vente 2 %				
Ensemble 6½ % sur F. 25359.20	» 36.85	» 1606.10	»	4731.40
Livrable sur le quai au débarquement	F. 581.75		F.	25359.20
Soit par hectolitre	» 0.34			

RENDEMENT : 100 ardeps rendent à Marseille 108 charges de 160 litres chaque :

	Entrepôt de Douane la charge	l'hectolitre		
Soit 940 ardeps = 1015 charges à	F. 24.98			
ou 1724 hectolitres à		F. 14.71	F.	25360.05
Plus droits de sortie à Alexandrie	» 0.57½	» 0.34		
id. id. de ville à Marseille	» 0.20	» 0.12		
Ensemble	F. 25.75½	F. 15.17		

PRIX DE REVIENT A MARSEILLE DE L'HECTOLITRE ENTREPOT

AUX CHANGES SUIVANTS SUR MARSEILLE A 90 JOURS DE DATE

	PRIX à ALEXANDRIE par ardep	F. 5.20	F. 5.25	F. 5.30	F. 5.35	F. 5.40	F. 5.45	F. 5.50
	P.C. Veras							
SUBDIVISIONS — Coûts et frais variables	—. 5	F. 0.01	F. 0.01	F. 0.01	F. 0.01	F. 0.01	F. 0.01	F. 0.01
	—.10	0.02	0.02	0.02	0.03	0.03	0.03	0.03
	—.20	0.05	0.05	0.05	0.05	0.05	0.05	0.05
	—.30	0.07	0.07	0.07	0.08	0.08	0.08	0.08
	1.—	0.09	0.09	0.09	0.10	0.10	0.10	0.10
	2.—	0.19	0.19	0.19	0.19	0.19	0.19	0.20
	3.—	0.28	0.28	0.26	0.29	0.29	0.29	0.29
	4.—	0.37	0.37	0.38	0.38	0.38	0.39	0.39
	5.—	0.47	0.47	0.47	0.48	0.48	0.49	[illegible]
	6.—	[illegible]	0.56	[illegible]	[illegible]	0.58	0.58	0.59
	7.—	[illegible]	0.65	0.66	0.67	0.67	0.68	0.69
	8.—	0.74	0.74	0.75	0.76	0.77	0.78	0.78
	9.—	0.84	0.84	0.85	0.86	0.86	0.87	0.88
	10.—	0.93	0.93	0.94	0.95	0.96	0.97	0.98
	20.—	1.85	1.87	1.89	1.90	1.92	1.94	1.96
	30.—	2.78	2.80	2.83	2.86	2.88	2.91	2.93
	40.—	3.70	3.74	3.77	3.81	3.84	3.88	3.91
Coûts et frais variables et invar.	50.—	7.68	7.74	7.79	7.85	7.90	7.96	8.02
	100.—	12.30	12.41	12.51	12.61	12.71	12.81	12.91
	150.—	16.93	17.08	17.22	17.37	17.51	17.66	17.81
	200.—	21.55	21.75	21.94	22.12	22.31	22.50	22.70
	250.—	26.18	26.42	26.65	26.88	27.12	27.35	27.58
	300.—	30.80	31.08	31.36	31.64	31.92	32.20	32.48
Plus Droits de Sortie à Alexandrie		A ajouter et à calculer, suivant l'explication page 572.						

OBSERVATIONS

F. 0.50 et 5 % par 100 kil. sur le fret, font à Marseille une diff. de F. 0.34 par hectolitre sur les prix.

On veut savoir le revient à Marseille de Blé coûtant à Alexandrie P.C. 155.20 l'ardep au change de F. 5.35 pour 1 tallari et au fret de F. 2 et 5 %.

On trouvera dans la 1re et la 5e colonne de ce tableau que :

P.C. —.20	font par hectolitre		F.	0.05
» 5.—	id.	id.	»	0.48
» 150.—	id.	id.	»	17.37
	Droits de sortie à Alexandrie		»	0.35
	Plus, droits de ville à Marseille		»	0.12
P.C. 155.20	feront donc par hectolitre		F.	18.37

Voir aux pages 448 à 451 pour la réduction de la parité des prix de l'hectolitre comparés à ceux par charge et par 100 kil.

Pour la différence de poids livré en moins que celui garanti, voir le tableau page 452 pour les bonifications à faire ou à ajouter aux prix de revient ci-dessus.

Il est facultatif à l'acheteur de recevoir le Blé criblé à quai ou en transbordement non criblé ; dans ce dernier cas, le vendeur bonifie à l'acheteur 70 centimes par charge qui représentent pour lui l'économie de frais et de la perte au criblage. Mais tandis que par exemple, pour une vente avec garantie de 118/114 kil. à quai, l'acheteur a droit effectivement à 118 kil., cette garantie, quand la livraison a lieu en transbordement se réduit à 117 kil., c'est-à-dire toujours de 1 kil. en moins sur le poids garanti à quai.

Pour mettre en magasin pendant un mois, il faut compter un supplément de frais de F. 1.25 par hectolitre, y compris le débet.

Logarithmes pour les Droits de Sortie

CHANGES		LOGARITHMES
5.20		15623
» 5.25	»	15774
» 5.30	»	15924
» 5.35	»	16074
» 5.40	»	16224
» 5.45	»	16374
» 5.50	»	16524

Droits d'entrée par 100 kil. en Janvier 1867

Par navire Français	F.	0.60
id. Etranger	»	1.20

COMPTE D'ACHAT ET DE REVIENT

A 100 BALLES COTON JUMEL

100 balles Coton Jumel, pesant 650 cantars à § 500 par cantar .... § 325000.—

FRAIS A ALEXANDRIE

	Droits de sortie		
Droits de sortie sur 650 cantars à § 500 § 325000 à 4 %.	§ 13000.—		
Moins 10 %	» 1300.—		
	§ 11700.—		
Réception, transport à la presse et au navire, chaland et embarquement § 3 ½ par cantar		§ 2275.—	
Pressage et triage § 3 ⅗ par cantar		» 2340.—	
Magasinage et assurance contre le feu ⅜ %	» 42.35	» 1218.30	
Courtage d'achat ½ %	» 58.20	» 1625.—	
Echantillons par steamer et menus frais		» 175.10	» 7634.—
	§ 11802.15		§ 332634.—
Commission d'achat 2 %	» 236.—		» 6652.25
	§ 12038.15		§ 339286.25
Courtage de change 1 ‰	» 12.—		» 339.10
	§ 12050.15		§ 339625.35
Remboursement sur Paris à 90 jours de date au change de F. 5.35 par tallari de § 20	F. 3223.45		F. 90840.80

FRAIS AU HAVRE

Fret par steamer pour Marseille à 44 kil. ½ par cantar brut soit brut 28925 kil. à F. 25 par 100 kil. sans prim.		F. 7231.25	
Frais de transit à Marseille F. 2 par balle tout compris		» 200.—	
Assurance maritime jusqu'à Marseille ½ % sur F. 99933 et police	» 17.70	» 501.25	
Commission d'acceptation à Paris ½ %	» 16.10	» 454.25	
Transport de Marseille au Havre par chemin de fer à F. 8 pour 100 kil.		» 2314.—	
Réception, veilleurs pour échantillonner, port en entrepôt, arrimage, magasinage d'un mois, livraison et menus frais		» 200.—	
Assurance contre le feu ½ ‰ sur F. 110800	» 1.80	» 55.40	
Courtage de vente ¼ %			
Escompte à la vente 2 %			
Commission de vente 2 %			
Ensemble 4 ¼ % sur F. 106324.75	» 144.65	» 4518.80	» 15474.95
	F. 3403.70		F. 106324.75
Soit par 100 kil.	» 12.53		

RENDEMENT : 1 cantar rend au Havre 44 kil. bruts :

Sur 650 cantars = soit brut .... kil. 28600
Tare 5 % (nouvelles conditions) ..... » 1430

Net .... kil. 27170 à F. 391.33 par 100 kil. entrepôt ..... F. 106324.35
Plus : droits de sortie à Alexandrie .... » 12.53 id. id.
Ensemble .... F. 403.86 id. id.

PRIX DE REVIENT A MARSEILLE DES 100 KIL. ENTREPOT

AUX CHANGES SUIVANTS SUR PARIS

PRIX à ALEXANDRIE par cantar — Tallaris	Piastres	F. 5.20	F. 5.25	F. 5.30	F. 5.35	F. 5.40	F. 5.45	F. 5.50
0 1/20	1	F. 0.68	F. 0.68	F. 0.69	F. 0.70	F. 0.70	F. 0.71	F. 0.72
0 1/10	2	1.35	1.37	1.38	1.39	1.41	1.42	1.43
0 3/20	3	2.03	2.05	2.07	2.09	2.11	2.13	2.15
0 1/5	4	2.71	2.73	2.76	2.78	2.81	2.84	2.86
0 1/4	5	3.39	3.42	3.45	3.48	3.52	3.55	3.58
0 3/10	6	4.06	4.10	4.14	4.18	4.22	4.25	4.30
0 7/20	7	4.74	4.78	4.83	4.87	4.92	4.96	5.01
0 2/5	8	5.42	5.46	5.52	5.57	5.62	5.67	5.73
0 9/20	9	6.09	6.15	6.21	6.26	6.33	6.38	6.44
0 1/2	10	6.77	6.83	6.90	6.96	7.03	7.09	7.16
1	20	13.53	13.66	13.79	13.92	14.05	14.18	14.31
1 1/2	30	20.30	20.49	20.68	20.88	21.08	21.27	21.47
2	40	27.06	27.32	27.58	27.84	28.10	28.36	28.62
2 1/2	50	33.83	34.15	34.48	34.80	35.13	35.45	35.78
3	60	40.59	40.98	41.37	41.76	42.15	42.54	42.93
3 1/2	70	47.36	47.81	48.27	48.72	49.18	49.63	50.09
4	80	54.12	54.64	55.16	55.68	56.20	56.72	57.24
4 1/2	90	60.89	61.47	62.06	62.64	63.23	63.81	64.40
5	100	67.65	68.30	68.95	69.60	70.25	70.90	71.55
15	300	246.14	248.13	250.13	252.12	254.13	256.12	258.13
20	400	313.79	316.43	319.08	321.73	324.38	327.03	329.68
25	500	381.44	384.73	388.03	391.34	394.60	397.93	401.23
30	600	449.08	453.02	456.98	460.93	464.87	468.83	472.78
35	700	516.73	521.32	525.92	530.65	535.12	539.73	544.33
40	800	584.38	589.62	594.87	600.12	605.37	610.63	615.88
45	900	652.02	657.91	663.82	669.72	675.62	681.53	687.43
50	1000	719.67	726.21	732.77	739.32	745.87	752.43	758.98
Plus droits de sortie à Alexandrie		A ajouter et à calculer, suivant l'explication page 572.						

(Side labels: Tallaris 0 1/20 to 5 — Coton et frais variables; Tallaris 15 to 50 — Coton et frais var., ci-dessus)

OBSERVATIONS

F. 5 par 100 kil. sur le fret, fait au Havre une différence de F. 5.32 par 100 kil. sur les prix

On veut savoir le revient au Havre de Coton coûtant à Alexandrie P. 765 le cantar au change de F. 5.35 et un fret de F. 25 par 100 kil. pour Marseille.

On trouvera dans la 1re et la 5e colonne de ce tableau que :

§ 5 font par 100 kil.	F.	3.48
» 60 id. id.	»	41.76
» 700 id. id.	»	530.65
Plus droits de sortie sur estimation de P. 700 à 4 %	»	17.84
§ 765 feront donc par 100 kil.	F.	593.81

N.-B. — Les droits de sortie à Alexandrie diminuant chaque année de 1 % et 10 %, voir l'explication à la page 572.

La valeur du Coton sur laquelle est prélevée le droit de sortie est fixée chaque mois par la douane à environ P. 100 au dessus de la valeur du jour.

Sur les Cotons des Pachas, les droits se payent sur le plein prix d'achat ; il y a aussi un courtage supplémentaire de 1 %.

Logarithmes pour les Droits de Sortie

CHANGES		LOGARITHMES
CHANGES	5.20	67042
»	5.25	68292
»	5.30	68945
»	5.35	69593
»	5.40	70243
»	5.45	70894
»	5.50	71544

Droits d'entrée par 100 kil. en Janvier 1867

Par navire Français .... Exempt.
Id. Etranger .... F. 3.—

COMPTE D'ACHAT ET DE REVIENT

A 100 BALLES COTON JUMEL

100 balles Coton Jumel, pesant 650 cantars à $ 500 par cantar .... $ 325000.—

FRAIS A ALEXANDRIE

	Droits de Sortie		
Droits de sortie sur 650 cantars à $ 500. $ 325000			
Moins 10 % .... » 32500			
Reste .... $ 292500 à 4 %.	$ 11700.—		
Réception, transport à la presse et au navire, chaland et embarquement $ 3 ½ par cantar		$ 2275.—	
Pressage et triage $ 3 3/5 par cantar		» 2340.—	
Magasinage et assurance contre le feu 3/8 %	» 43.35	» 1218.30	
Courtage d'achat ½ %	» 58.20	» 1625.—	
Echantillons par steamer et menus frais		» 175.10	» 7634.—
	$ 11803.15		$ 332634.—
Commission d'achat 2 %	» 236.—		» 6652.25
	$ 12088.15		$ 339286.25
Courtage de change 1 ‰	» 12.—		» 339.10
	$ 12050.15		$ 339625.35
Remboursement sur Marseille à 90 jours de date au change de F. 5.50 par tallari de $ 20	F. 3312.15		F. 93397.10

FRAIS A MARSEILLE

Fret par steamer sur 28925 kil. bruts à F. 15 par 100 kil.		F. 4338.75	
Assurance maritime sur F. 102735 à ½ % et police F. 3.	» 18.20	» 516.65	
Poids de nolis et sortie du dock à F. 0.30 par 100 kil.		» 86.75	
Emballeurs et échantillonnage à F. 1 par balle		» 100.—	
Portefaix à F. 1.25 la balle		» 125.—	
Poids public à la livraison F. 25 par 100 kil.		» 72.30	
Magasinage d'un mois F. 0.20 par 100 kil.		» 57.85	
Assurance contre le feu ½ ‰	» 1.65	» 46.70	
Courtage de vente .... ½ %			
Escompte à la vente .... 2 %			
Commission de vente .... 2 %			
Ensemble .... 4 ½ % sur F. 103212.95	» 150.95	» 4472.85	» 9816.85
	F. 3482.95		F. 103213.95
Soit par 100 kil.	» 12.82		

RENDEMENT : 1 cantar rend à Marseille 44 kil. bruts ;

Sur 650 cantars = brut .... kil. 28600
Tare 5 % (nouvelles conditions) .. » 1430

Net .... kil. 27170 à F. 379.88 par 100 kil. entrepôt .... F. 103213.40
Plus : droits de sortie à Alexandrie .... » 12.82 id. id.
Ensemble .... F. 392.70 id. id.

PRIX DE REVIENT A MARSEILLE DES 100 KIL. ENTREPOT

AUX CHANGES SUIVANTS SUR MARSEILLE A 90 JOURS DE DATE

PRIX à ALEXANDRIE par cantar — Talaris	Piastres	F. 5.20	F. 5.25	F. 5.30	F. 5.35	F. 5.40	F. 5.45	F. 5.50
SCHRUTISSES — Coût et frais variables								
0 1/20 =	1	F. 0.67	F. 0.68	F. 0.69	F. 0.69	F. 0.70	F. 0.71	F. 0.71
0 1/10	2	1.35	1.36	1.37	1.39	1.40	1.41	1.43
0 3/20	3	2.02	2.04	2.06	2.08	2.10	2.12	2.14
0 1/5	4	[illegible]	[illegible]	2.75	2.77	2.80	2.82	2.85
0 1/4	5	3.37	3.40	3.44	[illegible]	[illegible]	3.53	3.57
0 3/10	6	4.04	4.08	4.12	4.16	[illegible]	[illegible]	[illegible]
0 7/20	7	4.72	4.76	4.81	4.85	4.90	4.94	[illegible]
0 2/5	8	5.39	5.44	5.50	5.54	5.60	5.65	5.70
0 9/20	9	6.07	6.12	6.18	6.24	6.30	6.35	6.42
0 1/2	10	6.74	6.80	6.87	6.93	7.—	7.06	7.13
1	20	13.47	13.60	13.73	13.86	13.99	14.12	14.25
1 1/2	30	20.21	20.41	20.60	20.79	20.99	21.18	21.38
2	40	26.95	27.21	27.46	27.72	27.98	28.24	28.50
2 1/2	50	33.69	34.01	34.33	34.66	34.98	35.31	35.63
3	60	40.42	40.81	41.20	41.59	41.98	42.37	42.76
3 1/2	70	47.16	47.61	48.06	48.52	48.97	49.43	49.88
4	80	53.90	54.42	54.93	55.45	55.97	56.49	57.01
4 1/2	90	60.63	61.22	61.79	62.38	62.96	63.55	64.13
5	100	67.37	68.02	68.66	69.31	69.96	70.61	71.26
Coût et frais exp. exclus.								
15	300	225.44	227.42	229.41	231.41	233.40	235.38	237.38
20	400	292.81	295.43	298.08	300.72	303.36	305.99	308.63
25	500	360.18	363.45	366.74	370.03	373.32	376.60	379.89
30	600	427.54	431.47	435.40	439.34	443.28	447.21	451.14
35	700	494.91	499.48	504.06	508.65	513.24	517.82	522.40
40	800	562.28	567.50	572.74	577.97	583.20	588.42	593.65
45	900	629.05	635.51	641.40	647.28	653.16	659.08	664.91
Plus Droits de Sortie à Alexandrie		A ajouter et à calculer, suivant l'explication page 572.						

OBSERVATIONS

F. 5 par 100 kil. sur le fret, fait à Marseille une différence de F. 5.32 par 100 kil. sur les prix.

On veut savoir le revient à Marseille de Coton coûtant à Alexandrie P. 455 le cantar au change de F. 5.35 et au fret de F. 15 par 100 kil.

On trouvera dans la 1re et la 5e colonne de ce tableau que :

P. 5 font par 100 kil.	F.	3.47
» 50 id. id.	»	34.66
» 400 id. id.	»	300.72
Plus droits de sortie sur une estimation de P. 400 à 4 %	»	9.98
P. 455 feront donc par 100 kil.	F.	348.83

Logarithmes pour les Droits de Sortie

CHANGES		LOGARITHMES
5.20	....	67245
» 5.25	....	» 67993
» 5.30	....	» 68640
» 5.35	....	» 69288
» 5.40	....	» 69935
» 5.45	....	» 70583
» 5.50	....	» 71231

Droits d'entrée par 100 kil. en Janvier 1867

Par navire Français .... Exempt
Id. Étranger .... F. 3.—

COMPTE D'ACHAT ET DE REVIENT

A 1000 ARDEPS FÈVES SAÏDI

1000 ardeps Fèves Saïdi, à P.C. 122 par ardep			P.C.	122000.—
à P.C. 140 pour P.T. 77.15			P.T.	67230.70

FRAIS A ALEXANDRIE

Mesurage à la réception P. ½ l'ardep	P.T.	500.—		
Courtage ¼ %	»	336.15		
Magasinage ¼ %	»	336.15		
Transport de la barque au magasin P. ½ l'ardep	»	500.—		
Criblage P. 3 l'ardep	»	3000.—		
Portefaix au magasin P. ½ l'ardep	»	500.—		
Transport à quai P. 1 l'ardep	»	1000.—		
Portefaix à l'échelle et à bord P. ½ l'ardep	»	500.—		
Mahônne P. 1 l'ardep sur 970 ardeps	»	970.—		
Mesurage à la sortie P. ½ l'ardep sur 970 ardeps	»	485.—		
Dépêche télégraphique	»	225.—	»	8352.30
			P.T.	75583.—

		Droits de sortie		
Droits de sortie sur 970 ardeps à P.T. 55 soit P.T. 53350				
Moins 10 % » 5335				
à 4 % (en 1866) P.T. 48015	P.T.	1920.60		
Commission d'achat 2 %	»	38.40	»	1511.66
	P.T.	1959.—	P.T.	77094.66
Courtage de négociation 1 ‰	»	1.96	»	77.09
	P.T.	1960.96	P.T.	77171.75
Remboursement sur Marseille à 90 jours de date au change de F. 5.20 par Tallari de ^{P} 20	F.	509.85	F.	20064.00

FRAIS A MARSEILLE

Fret à F. 2 et 5 % par 100 kil. sur 110000 kil.			F.	2310.—		
Bonification au capitaine à F. 10 par 100 ardeps			»	97.—		
Assurance maritime sur F. 22070 à 1 % et police F. 3.	»	6.60	»	223.70		
Frais de débarquement, criblage et livraison à F. 0.45 la charge			»	471.35		
Courtage de vente ½ %						
Criblure et avaries 2 %						
Escompte à la vente 2 %						
Commission de vente 2 %						
Ensemble 6½ % sur F. 24733.10	»	34.90	»	1566.45	»	4668.50
Pour livrer sur le quai au débarquement	F.	551.35			F.	24733.10
Soit par hectolitre	»	0.33				

Rendement : 100 ardeps rendent à Marseille 108 charges de chacune 160 litres :

	Entrepôt de Douane la charge		l'hectolitre		
Soit 970 ardeps = 1047 ½ charges à	F. 23.61				
ou 1676 hectolitres à		F.	14.76	F.	24737.75
Plus : droits de sortie à Alexandrie	» 0.52½	»	0.33		
» droit de ville à Marseille	» 0.22	»	0.12		
Ensemble	F. 24.35½	F.	15.21		

PRIX DE REVIENT A MARSEILLE DE L'HECTOLITRE ENTREPOT

AUX CHANGES SUIVANTS SUR MARSEILLE A 3 MOIS DE DATE

PRIX à ALEXANDRIE par ardep (P.C. Tarifs)	F. 5.20	F. 5.25	F. 5.30	F. 5.35	F. 5.40	F. 5.45	F. 5.50
—.5	F. 0.01	F. 0.01	F. 0.01	F. 0.01	F. 0.01	F. 0.01	F. 0.01
—.10	0.03	0.03	0.03	0.03	0.03	0.03	0.03
—.20	0.05	0.05	0.05	0.05	0.05	0.05	0.05
—.30	0.06	0.08	0.08	0.08	0.08	0.08	0.08
1.—	0.10	0.10	0.10	0.10	0.10	0.10	0.10
2.—	0.19	0.19	0.19	0.20	0.20	0.20	0.20
3.—	0.29	0.29	0.29	0.29	0.30	0.30	0.30
4.—	0.38	0.38	0.39	0.39	0.40	0.40	0.40
5.—	0.48	0.48	0.49	0.49	0.50	0.50	0.51
6.—	0.57	0.58	0.58	0.59	0.59	0.60	0.61
7.—	0.67	0.67	0.68	0.69	0.69	0.70	0.71
8.—	0.76	0.77	0.78	0.78	0.79	0.80	0.81
9.—	0.86	0.86	0.87	0.88	0.89	0.90	0.91
10.—	0.95	0.96	0.97	0.98	0.99	1.—	1.01
50.—	7.91	7.96	8.02	8.08	8.13	8.19	8.25
60.—	8.86	8.92	8.99	9.05	9.12	9.18	9.26
70.—	9.81	9.88	9.96	10.03	10.11	10.18	10.27
80.—	10.76	10.85	10.93	11.01	11.10	11.18	11.27
90.—	11.71	11.81	11.90	11.99	12.08	12.16	12.28
100.—	12.67	12.77	12.87	12.97	13.07	13.17	13.28
110.—	13.62	13.73	13.84	13.95	14.06	14.17	14.29
120.—	14.57	14.69	14.81	14.93	15.05	15.17	15.30
130.—	15.52	15.65	15.78	15.91	16.04	16.16	16.30
140.—	16.47	16.61	16.75	16.89	17.02	17.16	17.31
Plus Droits de Sortie à Alexandrie	A ajouter et à calculer, suivant l'explication page 572.						

OBSERVATIONS

F. 0.50 et 5 % par 100 kil. sur le fret, font à Marseille une différence de F. 0.34 ½ par hectolitre sur les prix.

On veut savoir le revient à Marseille de Fèves coûtant à Alexandrie P.C. 115.20 l'ardep au change de F. 5.35 pour 1 tallari et au fret de F. 2 et 5 %.

On trouvera dans la 1re et la 5e colonne de ce tableau que :

P.C. —.20 font par hectolitre	F.	0.05
» 5.— id. id.	»	0.49
» 110.— id. id.	»	13.95
Droits de sortie à Alexandrie	»	0.34
Plus, droit de ville à Marseille	»	0.12
P.C. 115.20 feront donc par hectolitre	F.	14.95

Voir aux pages 448 à 451 pour la réduction de la parité des prix de l'hectolitre, comparés à ceux par charge et par 100 kil.

Pour mettre en magasin pendant un mois, il faut compter un supplément de frais de F. 1.25 l'hectolitre y compris le déchet.

Logarithmes pour les Droits de Sortie

CHANGES		LOGARITHMES
5.20		16608
» 5.25	»	16767
» 5.30	»	16927
» 5.35	»	17087
» 5.40	»	17246
» 5.45	»	17406
» 5.50	»	17566

Droits d'entrée par 100 kil. en Janvier 1867

Par navire Français	Exemptes
Id. Etranger	F. 0.60

COMPTE D'ACHAT ET DE REVIENT

A 1000 ARDEPS GRAINE DE COTON

1000 ardeps Graine de Coton de 270 rottoli chaque à P.T. 60 par ardep			P.T.	60000.—

FRAIS A ALEXANDRIE

Mesurage à la réception P. ¼		P.T. 250.—		
Courtage ½ %		» 300.—		
Magasinage ½ %		» 300.—		
Portefaix de la barque au magasin P.T. ½		» 500.—		
Criblage P. 1 par ardep		» 1000.—		
Portefaix au magasin P ¼		» 250.—		
Transport à quai P. 1 par ardep		» 1000.—		
Portefaix à l'échelle et à bord P. ½		» 500.—		
Mahonnes P. ½ l'ardep		» 500.—		
Mesurage à la sortie P ¼		» 250.—		
	Droits de sortie			
Droits de sortie sur l'estimation de P.T. 44 l'ardep soit P.T. 44000				
Moins 10 % » 4400				
P.T. 39600 au droit actuel (1866) de 4 %	P.T. 1584.—			
Dépêche télégraphique		» 225.—	»	5075.—
			P.T.	65075.—
Commission d'achat 2 %	» 31.66		»	1301.50
	P.T. 1615.66		P.T.	66376.50
Courtage de négociation 1 ‰	» 1.62		»	66.37
	P.T. 1617.28		P.T.	66442.87
Remboursement sur Marseille à 90 jours de date au change de F. 5.20 par tallari de 20 $	F. 420.50		F.	17275.10

FRAIS A MARSEILLE

Fret à F. 2 et 5 % par 100 kil. sur 105000 kil.		F. 2205.—		
Bonification au capitaine à F. 10 par 100 ardeps		» 100.—		
Assurance maritime sur F. 19000 à 1 % et police F. 3	» 4.60	» 193.—		
Portefaix au débarquement, peser et livrer, expertise, poids public et menus frais à F. 0.45 par 100 kil.		» 472.50		
Courtage de vente ½ %				
Escompte à la vente 2 %				
Commission de vente 2 %				
Ensemble 4½ % sur F. 21162 65	» 19.25	» 917.05	»	3887.55
Pour livrer sur le quai au débarquement	F. 444.35		F.	21162.65
Soit par 100 kil.	» 0.44			

RENDEMENT : 1 ardep donne à Marseille 100 kil. nets:

Soit 1000 ardeps net 100000 kil. à	F. 21.16	par 100 kil.	entrepôt	F.	21160.—
Plus : droits de sortie	» 0.44	id.	id.		
	F. 21.60	id.	id.		

N.-B. Le rendement du poids varie beaucoup, surtout pendant la saison des chaleurs et suivant la plus ou moins grande quantité de corps étrangers qui sont déduits du poids brut à la livraison. Le rendement de ce compte est considéré comme mauvais en poids.

PRIX DE REVIENT A MARSEILLE DES 100 KIL. ENTREPOT

AUX CHANGES SUIVANTS SUR MARSEILLE A 90 JOURS DE DATE

PRIX à ALEXANDRIE par ardep	F. 5.20	F. 5.25	F. 5.30	F. 5.35	F. 5.40	F. 5.45	F. 5.50
P.T. 1	F. 0.28	F. 0.29	F. 0.29	F. 0.29	F. 0.29	F. 0.30	F. 0.30
2	0.57	0.57	0.58	0.58	0.59	0.59	0.60
3	0.85	0.86	0.87	0.88	0.88	0.89	0.90
4	1.13	1.14	1.16	1.17	1.18	1.19	1.20
5	1.42	1.43	1.45	1.46	1.47	1.49	1.50
6	1.70	[illegible]	1.73	1.75	1.76	1.78	1.80
7	1.98	2.—	2.02	2.04	2.06	2.08	2.10
8	2.26	2.29	2.31	2.34	2.35	2.38	2.40
9	2.55	2.57	2.60	2.63	2.65	2.67	2.70
10	2.83	2.86	2.89	2.92	2.94	2.97	3.—
30	12.66	12.75	12.85	12.95	13.04	13.13	13.23
40	15.49	15.61	15.74	15.86	15.98	16.10	16.23
50	18.33	18.47	18.63	18.78	18.93	19.07	19.23
60	21.16	21.33	21.52	21.69	21.87	22.04	22.22
70	23.99	24.20	24.41	24.61	24.81	25.01	25.22
80	26.83	27.06	27.29	27.52	27.75	27.98	28.22
90	29.66	29.92	30.18	30.44	30.69	30.95	31.21
100	32.50	32.78	33.07	33.35	33.64	33.92	34.21
Plus Droits de Sortie à Alexandrie	A ajouter et à calculer, suivant l'explication page 572.						

OBSERVATIONS

F. 0.50 et 5 % sur le fret, font à Marseille une différence de F. 0.55 par 100 kil. sur les prix.

On veut savoir le revient à Marseille de Graine de Coton coûtant à Alexandrie P. 55 l'ardep au change de F. 5.35 et au fret de F. 2 et 5 %.

On trouvera dans la 1re et la 5e colonne de ce tableau que :

P. 5 font par 100 kil.	F.	1.46
» 50 id. id.	»	18.78
Plus droits de sortie à Alexandrie	»	0.46
P. 55 feront donc par 100 kil.	F.	20.70

Logarithmes pour les Droits de Sortie

CHANGES		LOGARITHMES
CHANGES	5.20	28051
»	5.25	28321
»	5.30	28591
»	5.35	28861
»	5.40	29130
»	5.45	29400
»	5.50	29670

Droits d'entrée par 100 kil. en Janvier 1867

Par navire Français	Exempte
Id. Étranger	F. 2.—

COMPTE D'ACHAT ET DE REVIENT

A 1000 ARDEPS GRAINE DE LIN

1000 ardeps Graine de Lin, à P.T. 160 l'ardep .... P.T. 160000.—

FRAIS A ALEXANDRIE

Mesurage à la réception P. ½ l'ardep		P.T. 500.—		
Courtage ½ %		» 800.—		
Magasinage ½ %		» 800.—		
Portefaix de la barque au magasin P. ½		» 500.—		
Criblage P. 3 l'ardep		» 3000.—		
Portefaix au magasin P. ½ l'ardep		» 500.—		
Transport à quai P. 1		» 1000.—		
Portefaix à l'échelle et à bord P. ½		» 500.—		
Mahonnes P. 1 l'ardep sur 850 ardeps		» 850.—		
Mesurage à la sortie P. ½ sur 850 ardeps		» 425.—		
	Droits de sortie			
Droits de sortie sur l'estimation de P. 140 l'ardep sur 850 ardeps soit ... P. 119000				
Moins 10 % ... » 11900				
P. 107100				
Au droit actuel de 4 % (1866)	P.T. 4284.—			
Dépêche télégraphique		» 225.—	» 9100.—	
			P.T. 169100.—	
Commission d'achat 2 %	» 85.68		» 3382.—	
	P.T. 4369.68		P.T. 172482.—	
Courtage de négociation 1 ‰	» 4.37		» 172.48	
	P.T. 4374.05		P.T. 172654.48	
Remboursement sur Marseille à 90 jours de date au change de F. 5.20 par tallari de P. 20	F. 1137.25		F. 44890.15	

FRAIS A MARSEILLE

Fret à F. 2 et 5 % par 100 kil. sur 93500 kil.		F. 1963.50	
Bonification au capitaine F. 10 par 100 ardeps		» 85.—	
Assurance maritime sur F. 49380 à 1 % et police F. 8	» 12.50	» 496.80	
Frais de débarquement, criblage et livraison à F. 0.35 par 100 kil.		» 327.25	
Courtage de vente ½ %			
Cribluro et avaries 2 %			
Escompte à la vente 2 %			
Commission de vente 2 %			
Ensemble 6½ % sur F. 50092.20	» 77.75	» 3229.50	» 6102.05
Pour livrer sur le quai au débarquement	F. 1227.50		F. 50092.20
Soit par 100 kil	» 1.31		

RENDEMENT (*) : 1 ardep rend à Marseille net 93 ½ kil. :

Soit 1000 ardeps = net 93500 kil. à .. F. 54.54 par 100 kil. entrepôt .... F. 50094.90
Plus, droits de sortie à Alexandrie ... » 1.31 id. id.
Ensemble .... F. 55.85 id. id.

N.-B. — La franchise pour les Graines de Lin est de 4 % ; ce qui dépasse pour corps étrangers doit être bonifié.

(*) Le rendement du poids varie beaucoup ; de l'achat à la livraison à Marseille on trouve quelquefois jusqu'à 25 % de déchet.

PRIX DE REVIENT A MARSEILLE DES 100 KIL. ENTREPOT

AUX CHANGES SUIVANTS SUR MARSEILLE A 90 JOURS DE DATE

PRIX à ALEXANDRIE par ardep	F. 5.20	F. 5.25	F. 5.30	F. 5.35	F. 5.40	F. 5.45	F. 5.50
P. T. Paras —.20	F. 0.15	F. 0.16	F. 0.16	F. 0.16	F. 0.16	F. 0.16	F. 0.16
1.—	0.31	0.31	0.32	0.32	0.32	0.32	0.33
2.—	0.42	0.62	0.63	0.64	0.64	0.65	0.65
3.—	0.93	0.94	0.95	0.95	0.96	0.97	0.98
4.—	1.24	1.25	1.26	1.27	1.28	1.30	1.31
5.—	1.55	1.56	1.58	1.59	1.61	1.62	1.64
6.—	1.86	1.87	1.89	1.91	1.93	1.94	1.96
7.—	2.17	2.18	2.21	2.23	2.25	2.27	2.29
8.—	2.48	2.50	2.52	2.54	2.57	2.59	2.62
9.—	2.79	2.81	2.84	2.86	2.89	2.92	2.94
100.—	35.97	36.29	36.61	36.92	37.24	37.56	37.89
110.—	39.06	39.42	39.77	40.11	40.46	40.81	41.17
120.—	42.16	42.54	42.92	43.29	43.67	44.05	44.44
130.—	45.25	45.67	46.08	46.48	46.89	47.30	47.72
140.—	48.35	48.79	49.23	49.66	50.10	50.54	50.99
150.—	51.44	51.92	52.39	52.84	53.31	53.78	54.26
160.—	54.54	55.04	55.54	56.03	56.53	57.03	57.53
170.—	57.63	58.17	58.69	59.21	59.74	60.27	60.80
180.—	60.73	61.29	61.84	62.40	62.95	63.51	64.07
Plus droits de Sortie à Alexandrie	A ajouter et à calculer, suivant l'explication page 572.						

OBSERVATIONS

F. 0.50 et 5 % par 100 kil. sur le fret, font à Marseille une diff. de F. 0.52½ par 100 kil. sur les prix

On veut savoir le revient à Marseille de Graine de Lin coûtant à Alexandrie P. 125.20 l'ardep au change de F. 5.35 par tallari de P. 20 et au fret de F. 2 et 5 %.

On trouvera dans la 1re et la 5e colonne de ce tableau que :

P. —.20 font par 100 kil	F.	0.16
» 5.— id. id.	»	1.59
» 120.— id. id.	»	43.29
Plus, droits de sortie à Alexandrie	»	1.35
P. 125.20 feront donc par 100 kil	F.	46.39

Logarithmes pour les Droits de Sortie

CHANGES		LOGARITHMES
5.20		26047
»	5.25	» 26297
»	5.30	» 26548
»	5.35	» 26798
»	5.40	» 27049
»	5.45	» 27300
»	5.50	» 27550

Droits d'entrée par 100 kil. en Janvier 1867

Par navire Français .... Exempte
id. Étranger .... F. 2.—

COMPTE D'ACHAT ET DE REVIENT

A 1000 ARDEPS GRAINE DE SÉSAME

1000 ardeps Graine de Sésame à P.T. 200 par ardep ..... P.T. 200000.—

FRAIS A ALEXANDRIE

	Droits de sortie		
Mesurage à la réception P. ½ l'ardep		P.T. 500.—	
Courtage ½ %		» 1000.—	
Magasinage ½ %		» 1000.—	
Transport du chemin de fer au magasin		» 1000 —	
Criblage P. 3 par ardep		» 3000.—	
Portefaix au magasin P. ½ l'ardep		» 500.—	
Transport à quai		» 1000.—	
Portefaix à l'échelle et à bord		» 500.—	
Mahonnes P. 1 l'ardep sur 850 ardeps		» 850.—	
Mesurage à la sortie sur 850 ardeps P. ½		» 425.—	
Droits de sortie sur l'estimation de P.T. 160 l'ardep soit ..... P.T. 136000			
Moins 10 % ..... » 13600			
P.T. 122400			
Au droit actuel (1866) de 4 %	P.T. 4896.—		
Dépêche télégraphique		» 225 —	» 10000.—
			P.T. 210000.—
Commission d'achat 2 %	» 97.92		» 4200.—
	P.T. 4993.92		P.T. 214200.—
Courtage de négociation 1 ‰	» 5.-		» 214.20
	P.T. 4998.92		P.T. 214414.20
Remboursement sur Marseille à 90 jours de date au change de F. 5.20 par tallari de $\mathcal{G}$ 20	F. 1299.70		F. 55747.70

FRAIS A MARSEILLE

Fret à F. 2 et 5 % par 100 kil. sur 93500 kil		F. 1963.50	
Bonification au capitaine F. 10 par 100 ardeps		» 85.—	
Assurance maritime sur F. 61320 à 1 % et police F. 3	» 14.30	» 616.20	
Frais de débarquement, criblage et livraison à F. 0.45 par 100 kil		» 420.75	
Courtage de vente ½ %			
Criblure et avaries 2 %			
Escompte à la vente 2 %			
Commission de vente 2 %			
Ensemble ..... 6½ % sur F. 62811.20	» 88.85	» 3976.05	» 7063.50
Pour livrer sur le quai au débarquement	F. 1402.85		F. 62811.20
Soit par 100 kil	» 1.50		

RENDEMENT (*): 1 ardep rend net à Marseille 93 kil. ½ :

Soit 1000 ardeps = net 93500 kil. à F. 67.18 par 100 kil. entrepôt ..... F. 62813.30

Plus : droits de sortie à Alexandrie.... » 1.50 id. id.

Ensemble ..... F. 68.68 id. id.

(*) Le rendement du poids varie beaucoup, de l'achat à la livraison à Marseille selon le plus ou moins de corps étrangers qui s'y trouvent.

PRIX DE REVIENT A MARSEILLE DES 100 KIL. ENTREPOT

AUX CHANGES SUIVANTS SUR MARSEILLE A 90 JOURS DE DATE

	PRIX à ALEXANDRIE par ardep	F. 5 20	F. 5.25	F. 5.30	F. 5.35	F. 5.40	F. 5.45	F. 5.50
	P.T. Paras							
[illegible] — Coût et frais variables	—.20	F. 0.15	F. 0.16	F. 0.16	F. 0.16	F. 0.16	F. 0.16	F. 0.16
	1.—	0.31	0.31	0.32	0.32	0.32	0.32	0.33
	2.—	0.62	0.62	0.63	0.64	0.64	0.65	0.65
	3.—	0.93	0.94	0.95	0.95	0.96	0.97	0.98
	4.—	1.24	1.25	1.26	1.27	1.28	1.30	1.31
	5.—	1.55	1.60	1.58	1.59	1.61	1.62	1.64
	6.—	1.86	1.87	1.89	1.91	1.93	1.94	1.96
	7.—	2.17	2.18	2.21	2.23	2.25	2.27	2.29
	8.—	2.48	2.50	2.52	2.54	2.57	2.59	2.62
	9.—	2.79	2.81	2.84	2.86	2.89	2.92	2.94
Coût et frais variables et invariables	130.—	45.52	45.92	46.33	46.75	47.15	47.56	47.98
	140.—	48.61	49.05	49.49	49.94	50.37	50.81	51.26
	150.—	51.71	52.17	52.64	53.12	53.58	54.05	54.53
	160.—	54.80	55.30	55.80	56.30	56.79	57.29	57.80
	170.—	57.90	58.42	58.95	59.49	60.01	60.54	61.08
	180.—	60.99	61.55	62.11	62.67	63.22	63.78	64.35
	190.—	64.09	64.67	65.26	65.86	66.44	67.08	67.62
	200.—	67.18	67.80	68.41	69.04	69.65	70.27	70.89
Plus Droits de Sortie à Alexandrie		A ajouter et à calculer, suivant l'explication à la page 572.						

OBSERVATIONS

F. 0.50 et 5 % sur le fret, par 100 kil. font à Marseille une diff. de F. 0.52 ½ par 100 kil. sur les prix.

On veut savoir le revient à Marseille de Sésame coûtant à Alexandrie P. 155.20 l'ardep au change de F. 5.35 par tallari et au fret de F. 2 et 5 %.

On trouvera dans la 1re et la 5e colonne de ce tableau que :

P. —.20 font par 100 kil ..... F. 0.16
» 5.— id. id. ..... » 1.59
» 150.— id. id. ..... » 53.12
Plus, droits de sortie à Alexandrie » 1.54

P. 155.20 feront donc par 100 kil ..... F. 56.41

Logarithmes pour les Droits de Sortie

CHANGES	5.20	LOGARITHMES	26047
»	5.25	»	26297
»	5.30	»	26548
»	5.35	»	26798
»	5.40	»	27048
»	5.45	»	27300
»	5.50	»	27550

Droits d'entrée par 100 kil. en Janvier 1867

Par navire Français ..... Exempte
id. Étranger ..... F. 2.—

COMPTE D'ACHAT ET DE REVIENT

A 1000 ARDEPS MAÏS

1000 ardeps Maïs, à P.C. 100 l'ardep					P.C.	100000.—
à P.C. 140 pour P.T. 77.15					P.T.	55107.15
FRAIS A ALEXANDRIE						
Mesurage à la réception P. ½ l'ardep			P.T.	500.—		
Courtage ½ %			»	275.53		
Magasinage ½ %			»	275.53		
Transport de la barque au magasin P. ½			»	500.—		
Criblage P. 3 l'ardep			»	3000.—		
Portefaix en magasin P. ½ l'ardep			»	500.—		
Transport à quai P. 1 l'ardep			»	1000.—		
Mesurage à la sortie P. ½ l'ardep			»	500.—		
Mahonnes P. 1 l'ardep			»	1000.—		
Portefaix à l'échelle et à bord P. ½ l'ardep			»	500.—		
Dépêche télégraphique			»	225.—	»	8276.06
					P.T.	63383.21
	Droits de sortie					
Droits de sortie sur estimation de P.T. 40 l'ardep soit P.T. 40000						
Moins 10 % » 4000						
à 4 % (en 1866) P.T. 36000	P.T.	1440.—				
Commission d'achat 2 %	»	28.80			»	1267.66
	P.T.	1468.80			P.T.	64650.87
Courtage de négociation 1 ‰	»	1.47			»	64.65
	P.T.	1470.27			P.T.	64715.52
Remboursement sur Marseille à 90 jours de date au change de F. 5.20 par tallari de $P 20	F.	382.25			F.	16826.05
FRAIS A MARSEILLE						
Fret à F. 2 et 5 % par 100 kil. sur 113400 kil.			F.	2381.40		
Bonification au capitaine à F. 10 par 100 ardeps			»	100.—		
Assurance maritime sur F. 18508 à 1 % et police F. 3	»	4.20	»	188.10		
Frais de débarquement, criblage et livraison F. 0.35 par charge			»	378.—		
Courtage de vente ½ %						
Criblure et avaries 2 %						
Escompte à la vente 2 %						
Commission de vente 2 %						
Ensemble 6½ % sur F. 21217.30	»	26.15	»	1348.75	»	4391.25
Livrable sur le quai au débarquement	F.	412.60			F.	21217.30

RENDEMENT : 100 ardeps rendent à Marseille 108 charges de 160 litres chaque :

	Entrepôt de Douane la charge		l'hectolitre			
Soit 1000 ardeps : : 1080 charges à	F.	19.64				
ou 1728 hectolitres à			F.	12.28	F.	21219.85
Plus : droits de sortie à Alexandrie	»	0.38	»	0.24		
» droit de ville à Marseille	»	0.19	»	0.12		
Ensemble	F.	20.21	F.	12.64		

PRIX DE REVIENT A MARSEILLE DE L'HECTOLITRE ENTREPOT

AUX CHANGES SUIVANTS SUR MARSEILLE A 90 JOURS DE DATE

	PRIX à ALEXANDRIE par ardep	F. 5.20	F. 5.25	F. 5.30	F. 5.35	F. 5.40	F. 5.45	F. 5.50
	P.C. Paras							
Subdivisions — Coûts et frais variables	—.5	F. 0.01	F. 0.01	F. 0.01	F. 0.01	F. 0.01	F. 0.01	F. 0.01
	—.10	0.02	0.02	0.02	0.02	0.03	0.03	0.03
	—.20	0.05	0.05	0.05	0.05	0.05	0.05	0.05
	—.30	0.07	0.07	0.07	0.07	0.07	0.07	0.07
	1.—	0.09	0.09	0.09	0.09	0.10	0.10	0.10
	2.—	0.18	0.19	0.19	0.19	0.19	0.19	0.20
	3.—	0.28	0.28	0.28	0.28	0.29	0.29	0.29
	4.—	0.37	0.37	0.38	0.38	0.38	0.39	0.39
	5.—	0.46	0.47	0.47	0.47	0.48	0.49	0.49
	6.—	0.55	0.56	0.56	0.57	0.58	0.58	0.59
	7.—	0.64	0.65	0.66	0.66	0.67	0.68	0.69
	8.—	0.74	0.74	0.75	0.76	0.77	0.78	0.78
	9.—	0.83	0.84	0.85	0.85	0.86	0.87	0.88
Coûts et frais variables et invariables	60.—	8.59	8.65	8.71	8.78	8.84	8.90	8.98
	70.—	9.52	9.58	9.65	9.73	9.80	9.87	9.95
	80.—	10.44	10.51	10.59	10.67	10.76	10.84	10.93
	90.—	11.36	11.44	11.52	11.62	11.71	11.80	11.90
	100.—	12.28	12.38	12.47	12.57	12.67	12.77	12.88
	110.—	13.21	13.31	13.42	13.52	13.63	13.74	13.86
	120.—	14.13	14.24	14.36	14.47	14.59	14.70	14.83
	130.—	15.05	15.17	15.30	15.42	15.55	15.67	15.81
	140.—	15.97	16.10	16.24	16.37	16.51	16.64	16.78
	150.—	16.89	17.03	17.18	17.32	17.46	17.60	17.76
Plus Droits de Sortie à Alexandrie		A ajouter et à calculer, suivant l'explication à la page 572.						

OBSERVATIONS

F. 0.50 et 5 % par 100 kil. sur le fret, font à Marseille une différence de F. 0.34 ½ par hectolitre sur les prix.

On veut savoir le revient à Marseille de Maïs coûtant à Alexandrie P.C. 95.20 par ardep au change de F. 5.35 pour 1 tallari et au fret de F. 2 et 5 %.

On trouvera dans la 1re et la 5e colonne de ce tableau que :

P.C. —.20 font par hectolitre	F.	0.05
» 5.— Id. Id.	»	0.47
» 90.— Id. Id.	»	11.62
Droits de sortie à Alexandrie	»	0.25
Droit de ville à Marseille	»	0.12
P.C. 95.20 feront donc par hectolitre	F.	12.51

Voir aux pages 448 à 451 pour la réduction de la parité des prix de l'hectolitre comparés à ceux par charge et par 100 kil.

Pour la différence de poids livré en moins que celui garanti, voir le tableau de la page 452 pour les bonifications à faire ou à ajouter aux prix de revient ci-dessus.

Il est facultatif à l'acheteur de recevoir le Maïs criblé à quai ou en transbordement non criblé ; dans ce dernier cas, le vendeur bonifie à l'acheteur 60 centimes par charge qui représentent pour lui l'économie de frais et de la perte au criblage ; mais tandis que par exemple, pour une vente avec garantie de kil. 130/126 à quai, l'acheteur a droit effectivement à kil. 130, cette garantie, quand la livraison a lieu en transbordement, se réduit à kil. 129, c'est-à-dire toujours de 1 kil. en moins du poids garanti à quai.

Logarithmes pour les Droits de Sortie

CHANGES		LOGARITHMES
5.20		16585
» 5.25	»	16745
» 5.30	»	16904
» 5.35	»	17064
» 5.40	»	17223
» 5.45	»	17383
» 5.50	»	17542

Droits d'entrée par 100 kil. en Janvier 1867

Par navire Français	Exempt
Id. Étranger	F. 0.60

COMPTE D'ACHAT ET DE REVIENT

A 1000 ARDEPS ORGE

1000 ardeps Orge. à P.C. 80 l'ardep				P.C. 80000.—
à P.C. 140 pour P.T. 77.15				P.T. 44085.70
FRAIS A ALEXANDRIE				
Mesurage à la réception P. ½ l'ardep			P.T. 500.—	
Couringe ½ %			» 220.40	
Magasinage ½ %			» 220.40	
Transport de la barque au magasin P. ½			» 500.—	
Criblage P. 3 par ardep			» 3000.—	
Portefaix en magasin P. ½ l'ardep			» 500.—	
Transport à quai P. 1			» 1000.—	
Portefaix à l'échelle et à bord P. ½			» 500.—	
Mahonnes P. 1 l'ardep			» 1000.—	
Mesurage à la sortie			» 500.—	
Dépêche télégraphique			» 225	» 8165.80
				P.T. 52251.50
		Droits de sortie		
Droits de sortie sur 1000 ardeps estimation P.T. 40 l'ardep soit	P.T. 40000			
Moins 4 %	» 4000			
Au droit actuel (1866) de 4 %	P.T. 36000	P.T. 1440.—		
Commission d'achat 2 %		» 28.80		» 1045.—
		P.T. 1468.80		P.T. 53296.50
Courtage de negociation 1 ‰		» 1.47		» 53.30
		P.T. 1470.27		P.T. 53349.80
Remboursement sur Marseille à 90 jours de date au change de F. 5.20 par tallari de $P 20		F. 382.25		F. 13870.95
FRAIS A MARSEILLE				
Fret à F. 2 et 5 % par 100 kil. sur 972000 kil			F. 2041.20	
Bonification au capitaine F. 10 par 100 ardeps			» 100.—	
Assurance maritime sur F. 15258 à 1 % et police F. 3		» 4.20	» 155.60	
Frais de débarquement, criblage et livraison F. 0.45 par charge			» 486.—	
Courtage de vente ½ %				
Criblure et avaries 2 %				
Escompte à la vente 2 %				
Commission de vente 2 %				
Ensemble 6½ % sur F. 17779.80		» 26.15	» 1126.05	» 3908.85
Pour livrer sur le quai au débarquement		F. 412.60		F. 17779.80
Soit par hectolitre		» 0.24		

RENDEMENT : 100 ardeps rendent à Marseille 108 charges de 160 litres chaque :

	Entrepôt de Douane la charge	l'hectolitre	
Soit 1000 ardeps = 1080 charges à	F. 16.48		
ou 1728 hectolitres		F. 10.29	F. 17781.10
Plus : droits de sortie à Alexandrie	» 0.38	» 0.24	
» droit de ville à Marseille	» 0.20	» 0.13	
Ensemble	F. 17.06	F. 10.66	

PRIX DE REVIENT A MARSEILLE DE L'HECTOLITRE ENTREPOT

AUX CHANGES SUIVANTS SUR MARSEILLE A 3 MOIS DE DATE

	PRIX à ALEXANDRIE par ardep	F. 5.20	F. 5.25	F. 5.30	F. 5.35	F. 5.40	F. 5.45	F. 5.50
	P.C. Tarif							
SUBDIVISIONS — Coût et frais variables	—.5	F. 0.01	F. 0.01	F. 0.01	F. 0.01	F. 0.01	F. 0.01	F. 0.01
	—.10	0.02	0.02	0.02	0.02	0.03	0.03	0.03
	—.20	0.05	0.05	0.05	0.05	0.05	0.05	0.05
	—.30	0.07	0.07	0.07	0.07	0.08	0.08	0.08
	1.—	0.09	0.09	0.09	0.09	0.10	0.10	0.10
	2.—	0.18	0.19	0.19	0.19	0.19	0.19	0.20
	3.—	0.28	0.28	0.28	0.28	0.29	0.29	0.29
	4.—	0.37	0.37	0.38	0.38	0.38	0.39	0.39
	5.—	0.46	0.47	0.47	0.47	0.48	0.49	0.49
	6.—	0.55	0.56	0.56	0.57	0.58	0.58	0.59
	7.—	0.64	0.65	0.66	0.66	0.67	0.68	0.68
	8.—	0.74	0.74	0.75	0.76	0.77	0.78	0.78
	9.—	0.83	0.84	0.85	0.85	0.86	0.87	0.88
Coût et frais variables et invariables	60.—	8.45	8.51	8.57	8.64	8.70	8.76	8.84
	70.—	9.37	9.44	9.51	9.58	9.66	9.73	9.81
	80.—	10.29	10.37	10.45	10.53	10.61	10.70	10.79
	90.—	11.21	11.30	11.39	11.48	11.57	11.66	11.76
	100.—	12.14	12.24	12.33	12.43	12.53	12.63	12.74
	110.—	13.06	13.17	13.28	13.38	13.49	13.60	13.72
	120.—	13.98	14.10	14.22	14.33	14.45	14.56	14.69
	130.—	14.90	15.03	15.16	15.28	15.40	15.53	15.67
	140.—	15.83	15.96	16.10	16.23	16.36	16.50	16.64
	150.—	16.75	16.89	17.04	17.18	17.32	17.47	17.62
Plus Droits de Sortie à Alexandrie		A ajouter et à calculer, suivant l'explication à la page 572.						

OBSERVATIONS

F. 0.50 et 5 % par 100 kil sur le fret, font à Marseille une diff. de F. 0.30 par hectolitre sur les prix.

On veut savoir le revient à Marseille d'Orge coûtant à Alexandrie P. 75.20 l'ardep, au change de F. 5.35 par 1 tallari et au fret de F. 2 et 5 %.

On trouvera dans la 1re et la 5e colonne de ce tableau que :

P. —.20 font par hectolitre	F.	0.05
» 5.— id. id.	»	0.47
» 70.— id. id.	»	9.58
Droits de sortie à Alexandrie	»	0.25
Plus, droit de ville à Marseille	»	0.13
P. 75.20 feront donc par hectolitre	F.	10.48

Voir aux pages 446 et 447 pour la réduction de la parité des prix de l'hectolitre comparés à ceux par charge et par 100 kil.

Pour la différence de poids livré en moins que celui garanti, voir le tableau page 447 pour les bonifications à faire ou à ajouter aux prix de revient ci-dessus.

Il est facultatif à l'acheteur de recevoir l'Orge criblé à quai ou en transbordement non criblé dans ce dernier cas, le vendeur bonifie à l'acheteur 60 centimes par charge qui représentent pour lui l'économie de frais et de la perte au criblage ; mais, tandis que par exemple, pour une vente avec garantie de 100/98 à quai, l'acheteur a droit effectivement à 100 kil., cette garantie, quand la livraison a lieu en transbordement, se réduit à 99 kil., c'est-à-dire toujours de 1 kil. en moins du poids garanti à quai.

Pour mettre en magasin pendant un mois, il faut compter un supplément de frais de F. 1.25 par hectolitre, y compris le déchet.

Logarithmes pour les Droits de Sortie

CHANGES		LOGARITHMES
5.20		16585
»	5.25	» 16745
»	5.30	» 16904
»	5.35	» 17064
»	5.40	» 17223
»	5.45	» 17383
»	5.50	» 17542

Droits d'entrée par 100 kil. en Janvier 1867.

Par navire Français	Exempt
id. Étranger	F. 0.50

COMPTE D'ACHAT ET DE REVIENT

A 50 FARDES CAFÉ MOKA

50 fardes Café Moka, pesant brut	Rottoli 12500			
Tare 9 rottoli par farde	» 450			
Net	Rottoli 12050 à P.C. 700 les 100 rottoli		P.C.	84350.—

FRAIS AU CAIRE

Achat de fardes vides pour l'emballage à P.C. 4	P.C.	200.—		
Pesage à la réception et sortie du magasin	»	100.—		
Transport au magasin	»	100.—		
Portefaix, emballeurs et ficelles	»	200.—		
Transport du Caire à Alexandrie par chemin de fer à P.C. 15 les 100 rottolis	»	1875.—		
Pesage au départ du Caire	»	200.—		
Port du magasin au chemin de fer	»	200.—		
Port à bord, voiture, embarquement P. 8 la farde	»	400.—		
Permis de sortie sur Raftie	»	30.—	»	3305.—
			P.C.	87655.—
Commission d'achat 3 %			»	2629.65
			P.C.	90284.65
Courtage de négociation 1 ‰			»	90.35
			P.C.	90375.—
à P.C. 140 pour P.T. 77.15			P.T.	49803.08
Remboursement sur Marseille à 90 jours de date au change de F. 5.20 par tallari de $' 20			F.	12948.80

FRAIS A MARSEILLE

Fret par vapeur à F. 4 par 100 kil. sur 5500 kil	F.	220.—		
Assurance maritime sur F. 14242 à ½ %	»	71.20		
Portefaix au débarquement à F. 0.50 par balle	»	25.—		
Emballeurs au débarquement à F. 0.12 ½ par balle	»	6.25		
Entrée au dock, poids de nolis à F. 0.40 par 100 kil	»	22.—		
Magasinage d'un mois F. 0.10 par 100 kil	»	5.50		
Portefaix à la livraison F. 0.25 par farde	»	12.50		
Formalités de douane	»	4.50		
Assurance contre le feu ½ ‰	»	6.45		
Courtage de vente ½ %				
Escompte à la vente 2 %				
Commission de vente 2 %				
4 ½ % sur F. 13018.90	»	603.45	»	976.85
			F.	13925.65

RENDEMENT : 100 Rottoli nets rendent à Marseille net 43 kil. %:

Soit net 12050 Rottoli = net kil. 5221.70 à F. 266.69 par 100 kil. entrepôt .... F. 13925.75

PRIX DE REVIENT A MARSEILLE DES 100 KIL. ENTREPOT

AUX CHANGES SUIVANTS SUR MARSEILLE A 90 JOURS DE DATE

PRIX au CAIRE par 100 rottoli	F. 5.20	F. 5.25	F. 5.30	F. 5.35	F. 5.40	F. 5.45	F. 5.50
P.C. 1	F. 0.36	F. 0.36	F. 0.37	F. 0.37	F. 0.37	F. 0.38	F. 0.38
2	0.72	0.72	0.73	0.74	0.74	0.75	0.76
3	1.08	1.09	1.10	1.11	1.12	1.13	1.14
4	1.44	1.45	1.46	1.48	1.49	1.50	1.52
5	1.80	1.81	1.83	1.85	1.86	1.88	1.90
6	2.15	2.17	2.19	2.21	2.23	2.26	2.27
7	2.51	2.53	2.56	2.58	2.60	2.63	2.65
8	2.87	2.90	2.92	2.95	2.98	3.01	3.03
9	3.23	3.26	3.29	3.32	3.35	3.38	3.41
10	3.59	3.62	3.65	3.69	3.72	3.76	3.79
20	7.17	7.24	7.31	7.38	7.45	7.51	7.58
30	10.76	10.86	10.96	11.06	11.17	11.27	11.38
40	14.34	14.48	14.62	14.75	14.89	15.03	15.17
50	17.93	18.10	18.27	18.44	18.62	18.79	18.96
60	21.51	21.71	21.92	22.13	22.34	22.54	22.75
70	25.10	25.33	25.58	25.82	26.06	26.30	26.54
80	28.68	28.95	29.23	29.50	29.78	30.06	30.34
90	32.27	32.57	32.89	33.19	33.51	33.81	34.13
100	35.85	36.19	36.54	36.88	37.23	37.57	37.92
300	123.90	124.43	125.55	126.69	127.81	128.95	130.07
400	159.15	160.63	162.09	163.57	165.04	166.52	167.99
500	195.—	196.82	198.63	200.46	202.27	204.09	205.91
600	230.84	233.01	235.17	237.34	239.50	241.66	243.82
700	266.69	269.21	271.71	274.22	276.73	279.23	281.74
800	302.54	305.40	308.24	311.10	313.95	316.81	319.66

OBSERVATIONS

F. 0.50 par 100 kil. sur le fret, font à Marseille une différence de F. 0.53 par 100 kil. sur les prix.

On veut savoir le revient à Marseille de Café moka coûtant au Caire P.C. 655 les 100 rottoli, au change de F. 5.35 et au fret de F. 4.

On trouvera dans la 1re et la 5e colonne de ce tableau que :

P.C. 5 font par 100 kil.	F.	1.85
» 50 id. id.	»	18.44
» 600 id. id.	»	237.34
P.C. 655 feront donc par 100 kil.	F.	257.63

Droits d'entrée par 100 kil. en Janvier 1867

Par navire Français	F.	50.40
id. Étranger	»	55.40

COMPTE D'ACHAT ET DE REVIENT

A 50 FARDES GOMME SWAKIN

50 fardes Gomme Swakin, pesant brut... Rottoli 18700				
Tare 20 rottoli par farde .... » 1000				
Net .... Rottoli 17700 à 133 ½ rottoli par quintal soit quintaux 132.75 à P.C. 240			P.C.	31860.—

FRAIS AU CAIRE

Peseurs et portefaix à la réception	P.C.	120.—		
Emballage, liens etc. P. 8 ½ par farde	»	425.—		
Transport au chemin de fer P. 2 par farde	»	100.—		
Port du Caire à Alexandrie à P.T. 5 les 100 rottoli soit P.T. 925	»	1678.70		
Portefaix au chemin de fer	»	50.—		
Permis de sortie dit Raftié	»	30.—	»	2403.70

FRAIS A ALEXANDRIE

Transport à la douane de 50 fardes	P.C.	100.—		
Pesage à la douane de 50 fardes	»	50.—		
Mahonnes pour transporter à bord à P.C. 4	»	200.—	»	350.—
			P.C.	34613.70
Commission d'achat 3 %			»	1038.40
			P.C.	35652.10
Courtage de négociation 1 ‰			»	35.65
			P.C.	35687.75
à P.C. 140 pour P.T. 77.15			P.T.	19666.50
Remboursement sur Marseille à 90 jours de date au change de F. 5.20 par tallari de $ 20			F.	5113.25

FRAIS A MARSEILLE

Fret par vapeur à F. 4 par 100 kil. sur 8228 kil.	F.	329.10		
Assurance maritime sur F. 5624 à ½ %	»	28.10		
Poids de nolis et frais généraux F. 0.10 par 100 kil.	»	8.25		
Portefaix F. 1.— par farde	»	50		
Emballeurs à F. 0.30 par balle	»	15.—		
Magasinage à F. 1.— par balle	»	50.—		
Poids public, permis et frais de douane	»	13.10		
Assurance contre le feu ½ ‰	»	2.50		
Courtage de vente ½ %				
Escompte à la vente 2 %				
Commission de vente 2 %				
Ensemble 4 ½ % sur F. 5863.40	»	264.10	»	750.15
			F.	5863.40

RENDEMENT : 100 rottoli rendent à Marseille 44 kil. :

Soit net 17700 rottoli = net 7788 kil. à F. 75.29 par 100 kil. entrepôt .... F. 5863.60

PRIX DE REVIENT A MARSEILLE DES 100 KIL. ENTREPOT

AUX CHANGES SUIVANTS SUR MARSEILLE A 90 JOURS DE DATE

PRIX au CAIRE par quintal (P.C. Paras)	F. 5.20	F. 5.25	F. 5.30	F. 5.35	F. 5.40	F. 5.45	F. 5.50
—.20	F. 0.13	F. 0.13	F. 0.13	F. 0.14	F. 0.14	F. 0.14	F. 0.14
1.—	0.26	0.27	0.27	0.27	0.27	0.28	0.28
2.—	0.53	0.53	0.54	0.54	0.55	0.56	0.56
3.—	0.79	0.80	0.81	0.82	0.82	0.83	0.84
4.—	1.06	1.07	1.08	1.09	1.10	1.11	1.12
5.—	1.32	1.34	1.35	1.36	1.37	1.39	1.40
6.—	1.59	1.60	1.62	1.63	1.65	1.67	1.68
7.—	1.85	1.87	1.89	1.90	1.92	1.94	1.96
8.—	2.12	2.14	2.16	2.18	2.20	2.22	2.24
9.—	2.38	2.40	2.43	2.45	2.47	2.50	2.52
120.—	43.51	43.87	44.24	44.59	44.95	45.30	45.67
130.—	46.16	46.54	46.93	47.31	47.70	48.08	48.47
140.—	48.81	49.22	49.63	50.04	[illegible]	50.85	51.27
150.—	51.46	51.89	52.33	52.76	53.19	53.63	54.07
160.—	54.11	54.56	55.03	55.49	55.94	56.40	56.87
170.—	56.75	57.24	57.73	58.21	58.69	59.18	59.67
180.—	59.40	59.91	[illegible]	60.93	61.44	61.95	62.47
190.—	62.05	62.58	63.13	63.66	64.19	64.73	65.27
200.—	64.70	[illegible]	65.83	66.38	66.94	67.50	68.07
210.—	67.35	67.93	68.53	69.11	69.69	70.28	70.87
220.—	[illegible]	70.60	71.23	71.83	72.44	73.05	73.67
230.—	72.64	73.27	73.92	74.55	75.19	75.83	76.47
240.—	75.29	75.95	76.62	77.28	77.94	78.60	79.27
250.—	77.94	78.62	79.32	80.01	80.69	81.38	82.08

OBSERVATIONS

F. 0.50 par 100 kil. sur le fret, font à Marseille une différence de F. 0.53 par 100 kil. sur les prix.

On veut savoir le revient à Marseille de Gomme Swakin coûtant au Caire P.C. 259.20 par quintal au change de F. 5.35 et au fret de F. 4.

On trouvera dans la 1re et la 5e colonne de ce tableau que :

P.C.	—.20 font par 100 kil.	F.	0.14
»	9.— id. id.	»	2.45
»	250.— id. id.	»	80.01
P.C.	259.20 feront donc par 100 kil.	F.	82.60

Droits d'entrée par 100 kil. en Janvier 1867

Par navire Français	Exempte
id. Etranger	F. 6.—

COMPTE D'ACHAT ET DE REVIENT

A 50 FARDES GOMME ARABIQUE

50 fardes Gomme Arabique pesant brut	Rottoli 19200			
Tare 17 rottoli chaque	» 850			
Net	Rottoli 18350 à P.C. 400 les 100 rottoli			P.C. 73400.—

FRAIS AU CAIRE

Peseurs et portefaix à la réception	P.C. 120.—		
Emballage, liens etc., P. 8 ½ par farde	» 425.—		
Transport au chemin de fer P. 2 par farde	» 100.—		
Port du Caire à Alexandrie P.T. 5 les 100 rottoli P.T. 960	» 1742.05		
Portefaix au chemin de fer	» 50.—	»	2437.05

FRAIS A ALEXANDRIE

Transport à la Douane	P.C. 100.—		
Pesage à la douane	» 50.—		
Mahonnes pour transporter à bord	» 200.—	»	330.—
		P.C.	76187.05
à P.C. 140 pour P.T. 77.15		P.T.	41984.50

	Droits de sortie		
Droits de sortie sur 18350 rottoli à P.T. 150 les 100 rottoli ... P.T. 27525			
Moins 10 % ... » 2752			
P.T. 24773 à 4 % (1866)	P.T. 900.92		
Commission d'achat 3 %	» 29.73	»	1259.53
	P.T. 1020.65	P.T.	43244.08
Courtage de négociation 1 ‰	» 1.02	»	43.24
	P.T. 1021.67	P.T.	43287.27
Remboursement sur Marseille à 90 jours de date au change de F. 5.20 par tallari de P^{t} 20	F. 265.60	F.	11254.65

FRAIS A MARSEILLE

Fret par vapeur à F. 4 les 100 kil. sur 8448 kil.		F. 337.95		
Assurance maritime sur F. 12380 à ½ %	» 1.45	» 61.90		
Poids de nolis, portefaix et emballeurs		» 73.45		
Magasinage d'un mois F. 0.10 par 100 kil.		» 8.45		
Poids public, permis et frais de douane		» 23.60		
Assurance contre le feu ½ ‰	» 0.15	» 5.60		
Courtage de vente ... ½ %				
Escompte à la vente ... 2 %				
Commission de vente ... 2 %				
Ensemble ... 4 ½ % sur F. 12292.70	» 12.10	» 532.95	»	1043.00
	F. 279.30		F.	12298.55
Soit par 100 kil.	» 3.48			

RENDEMENT : 100 rottoli rendent à Marseille net 43 kil. ¾ :

Soit net 18350 rottoli : net 8028 kil. à F. 153.20 par 100 kil. entrepôt			F.	12298.90
Plus : droits de sortie à Alexandrie	» 3.48	id.	id.	
Ensemble	F. 156.68	id.	id.	

PRIX DE REVIENT A MARSEILLE DES 100 KIL. ENTREPOT

AUX CHANGES SUIVANTS SUR MARSEILLE A 90 JOURS DE DATE

PRIX au CAIRE par 100 rottoli	F. 5.20	F. 5.25	F. 5.30	F. 5.35	F. 5.40	F. 5.45	F. 5.50
P.C. 1	F. 0.36	F. 0.36	F. 0.36	F. 0.37	F. 0.37	F. 0.37	F. 0.38
2	0.71	0.72	0.72	0.73	0.74	0.74	0.75
3	1.07	1.07	1.09	1.10	1.11	1.12	1.13
4	1.42	1.43	1.45	1.46	1.48	1.49	1.50
5	1.78	1.79	1.81	1.83	1.85	1.86	1.88
6	2.13	2.15	2.17	2.19	2.21	2.23	2.26
7	2.49	2.51	2.53	2.56	2.58	2.60	2.63
8	2.84	2.86	2.90	2.92	2.95	2.98	3.01
9	3.20	3.22	3.26	3.28	3.32	3.35	3.38
10	3.55	3.58	3.62	3.65	3.69	3.72	3.76
300	117.69	118.76	119.83	120.91	121.98	123.06	124.14
310	121.24	122.35	123.45	124.56	125.67	126.78	127.90
320	124.79	125.93	127.07	128.22	129.36	130.50	131.65
330	128.34	129.52	130.69	131.87	133.04	134.22	135.41
340	131.89	133.10	134.31	135.52	136.73	137.94	139.16
350	135.44	136.69	137.93	139.18	140.42	141.67	142.92
360	138.99	140.27	141.55	142.83	144.11	145.39	146.67
370	142.64	142.86	145.17	146.48	147.79	149.11	150.43
380	146.09	147.44	148.79	150.13	151.48	152.83	154.18
390	149.64	151.03	152.41	153.79	155.17	156.55	157.94
400	153.19	154.61	156.02	157.44	158.86	160.27	161.70
410	156.74	158.20	159.64	161.09	162.55	163.99	165.45
420	160.30	161.78	163.26	164.75	166.23	167.71	169.21
430	163.85	165.37	166.88	168.40	169.92	171.43	172.96
440	167.40	168.95	170.50	172.05	173.61	175.15	176.72
450	170.95	172.54	174.12	175.71	177.30	178.88	180.47
460	174.50	176.12	177.74	179.36	180.98	182.60	184.23
470	178.05	179.71	181.36	183.01	184.67	186.32	187.98
480	181.60	183.29	184.98	186.66	188.36	190.04	191.74
490	185.15	186.88	188.59	190.32	192.04	193.76	195.49
500	188.70	190.46	192.21	193.97	195.73	197.49	199.25
Plus Droits de Sortie à Alexandrie	A ajouter et à calculer, suivant l'explication page 572.						

OBSERVATIONS

F. 0.50 par 100 kil. sur le fret, font à Marseille une différence de F. 0.53 par 100 kil. sur les prix.

On veut savoir le revient à Marseille de la Gomme Arabique coûtant au Caire P.C. 355 les 100 rottoli, au change de F. 5.35 et au fret de F. 4 les 100 kil.

On trouvera dans la 1re et la 5e colonne de ce tableau que :

P.C. 5 font par 100 kil.	F.	1.83
» 350 id. id.	»	139.18
Plus, droits de sortie à Alexandrie	»	3.58
P.C. 355 feront donc par 100 kil.	F.	144.59

Logarithmes pour les Droits de Sortie

CHANGES 5.20	LOGARITHMES	64418
» 5.25	»	65037
» 5.30	»	65657
» 5.35	»	66276
» 5.40	»	66896
» 5.45	»	67515
» 5.50	»	68134

Droits d'entrée par 100 kil. en Janvier 1867

Par navire Français	Exempte
id. Étranger	F. 6.—

TUNIS

Tunis, capitale de la Tunisie, état africain, vulgairement qualifié de régence, mais improprement, car son bey jouit de la souveraineté politique et ne relève du sultan que pour la souveraineté religieuse.

Cette ville s'élève en pente douce sur les bords d'un lac d'eau salée, de 4 lieues de circonférence et de 2 mètres de profondeur moyenne, qui communique avec la Méditerranée par un étroit canal, dont l'extrémité antérieure est occupée par le port de la Goulette. C'est là que déchargent les navires dont les cargaisons sont transportées à Tunis par de petits bateaux dits *sandales*. Les voyageurs suivent plus volontiers la route de terre. Sa population de 120,000 habitants en fait une des villes les plus peuplées de l'Afrique, et le centre commercial le plus important de l'État. A Tunis se traitent toutes les grandes affaires, et c'est pour les maisons de cette place que se font la plupart des transactions dans les villes secondaires.

Les échanges roulent, en première ligne, sur les produits agricoles ou naturels du territoire : huiles, blé, orges, maïs, millet ou *dourah*, bestiaux, laines, indigo, garance, miel, cire, éponges, etc.; de toutes ces marchandises l'huile d'olive est la plus importante ; Marseille la recherche pour ses savonneries.

Outre Tunis et le port de la Goulette, la Tunisie possède, en fait de places de commerce : Souça, Bizerte, Sfax, Gabès, Djerba, Monastir, Kairouan et quelques autres de moindre importance. Malgré la salubrité générale du climat et la fertilité du sol, un territoire de près de 15 millions d'hectares, dont 600 kilomètres de côtes, ne nourrit pas au-delà de 3 millions d'habitants. Toute la partie méridionale, connue sous le nom de *Bel-edj-djérid*, pays des dattes, est une vaste oasis saharienne, dont les plantations de palmiers-dattiers constituent la principale richesse avec les fins tissus de laine et de soie. Les grandes caravanes du Djérid vont à Tunis par Kairouan et Zagouan ; il en part, en automne trois de 100 à 150 chameaux chacune, à vingt ou vingt-cinq jours d'intervalle, qui portent des charges de dattes. Durant le reste de l'année, il en vient une à peu près par mois de 20 à 30 chameaux, chargés en outre de burnous, de haïks et de couvertures de Gafsa, ville située à l'entrée du Sahara tunisien, sur la route qui unit le Djérid à la Capitale. Hors du territoire de l'État, les relations commerciales de la Tunisie sont par les frontières de terre, avec l'Algérie, avec Tripoli, avec le Soudan.

Monnaies. — Tunis possède un hôtel des monnaies où sont frappées les pièces suivantes, à la marque du souverain régnant :

OR.......... 1 Bounia = 100 Piastres; — 1 Boukamsin = 50 Piastres; — 1 Bouacherim = 20 Piastres; — 1 Bouachra = 10 Piastres.

ARGENT.. 1 Boukamsa = 5 Piastres; — 1 Bouarba = 4 Piastres; — 1 Boutléta = 3 Piastres; — 1 Bourialin = 2 Piastres; — 1 Bourial est la Piastre d'une valeur variable de 65 à 75 centimes de France, elle se divise en 16 Karroles ou 52 Aspres, enfin, un Nusria = la demi-Piastre.

CUIVRE.. 1 Bourboô = quart de Piastre ou pièce de 4 Caroubes; — 1 Boussette = 2 Caroubes moins un Fels ou 6 Aspres; — 1 Caroube = 3 Aspres; — 1 Aspre = 1 tiers de Caroube; — 1 Fels = moitié de l'Aspre et le sixième de la Caroube.

Mesures. — La *Mesure de longueur* est le *Draa*, la coudée, qui s'étend du coude à l'extrémité de l'index, appelée aussi Pic; les étoffes fabriquées à Tunis se mesurent avec le Draa arbi, brasse ou coudée arabe = 0m49, les étoffes étrangères, avec le draa de Stamboul ou turc = 0m64.

Les *Mesures de capacité* pour les liquides sont la *Kolla* qui égale à peu près 10 litres ; la *Bioua* = 35 à 40 litres ; le *Kafix*, qui vaut 16 ouibas pour les grains. L'huile se mesure au *Motor* ou cruche d'une grandeur variable, ainsi :

Le métal de Tunis et de Gerbi	rend	à Marseille	litres	19.04	soit	3 ⅓	métaux	pour	1	millerolle.
Le métal de Sousse et Monester	»	»	»	23.84	»	2 ⅔	»	»	1	»
Le métal de Medie	»	»	»	25.36	»	2 ½	»	»	1	»
Le métal de Sfax	»	»	»	27.43	»	2 ⅓	»	»	1	»

Poids. — L'unité de poids est le *Rottolo* ou Livre = 508 grammes et prise habituellement pour un demi kil.; elle se divise en 16 *Oukiya* ou onces = 31 grammes 8.

Les grains se vendent au *saa* ou charge dont le poids varie suivant l'espèce. Le saa de Blé pèse 125 kil. environ.

Droits de Sortie. — Les droits de sortie n'étant pas compris dans les comptes de revient qui vont suivre, sont calculés séparément ; ainsi par exemple, sur le compte Huile d'Olive à fabrique (mesure de Tunis à la page 590), le droit qui est de P. 2.55 par métal produit à Marseille, au change de F. 0.60, F. 9.47 par 100 kilog., qui sont à ajouter au prix de revient de F. 63.52.

Pour faciliter le calcul de ces droits, on trouvera sur chaque compte des logarithmes pour tous les changes ; il suffira de multiplier le logarithme du change voulu par le droit en vigueur pour avoir dans le produit le résultat cherché. On verra, par exemple sur le compte mentionné plus haut, que le logarithme du change de F. 0.60 est de 37131 ; ce nombre multiplié par P. 2.55 qui est le droit par métal, donnera pour produit 94684. Dans les 3 premiers chiffres de gauche on aura F. 9.47 par 100 kil., qui forme bien le résultat trouvé sur le compte. Que le droit de sortie vienne à subir des modifications, en faisant la multiplication du nouveau droit avec le logarithme du change, on aura le produit à Marseille par 100 kilog.

Les maisons d'Europe donnent assez souvent leurs limites *franco à bord* en transmettant des ordres d'achat. Pour faciliter les calculs, on trouvera dans la première colonne de chaque compte, mentionnant les cours à Tunis, la parité des prix *aux usages*, avec ceux *franco à bord*. Ainsi sur le compte mentionné plus haut, on verra que le prix de P. 30 *aux usages* est absolument la même chose pour le donneur d'ordre, que P. 31.14 *franco à bord*. La différence de P. 1.14 représente uniquement les frais, commission et courtage, les droits ne s'y trouvent pas compris. Il est dès lors évident que le commissionnaire de Tunis recevant une limite de P. 31.14 *franco à bord*, pour opérer devra ajouter à ses frais P. 2.59 $^1/_2$ par métal pour les droits, ce ne sera donc plus P. 30 qu'il pourra payer la marchandise, pour être dans la limite de P. 31.14, mais seulement par métal .... P. 27.40 $^1/_2$

qui, avec les droits de sortie y compris, commission et courtage de .... » 2.59 $^1/_2$

plus les frais de place et commission .... » 1.14

Tout ensemble, montant de la limite *franco à bord* .... P. 31.14

(Extrait du *Dictionnaire du Commerce et de la Navigation*, par MM. GUILLAUMIN et Cie, et de mes renseignements particuliers.)

COMPTE D'ACHAT ET DE REVIENT

A 1000 MÉTAUX HUILE D'OLIVE A FABRIQUE

1000 métaux Huile d'Olive à fabrique, à P. 15 le métal de Sfax			P.	15000.—

FRAIS A TUNIS

Frais à Sfax	P.	570.—		
Conserie ½ %	»	75.—		
Envoi de fonds ¼ %	»	37.50	»	682.50
			P.	15682.50
	Droits de sortie			
Droits de sortie ou Tiskara P. 4.25 par métal	P.	4250.—		
Commission à Tunis 1 ½ %	»	63.75	»	235.25
	P.	4313.75	P.	15917.75
Remboursement sur Marseille à 75 jours de date au change de F. 0.60 pr P. I.	F.	2588.25	F.	9550.65

FRAIS A MARSEILLE

Fret à F. 2.10 et 5 % par millerolle sur 429 millerolles soit 70 kil. bruts ou 64 litres par millerolle			F.	945.95		
Assurance maritime 1 ½ % et police sur F. 10505	»	82.05	»	119.70		
Jauge et frais au débarquement à F. 0.35 par millerolle			»	150.15		
Futailles à F. 0.70 par millerolle sur 429 millerolles			»	300.30		
Courtage de vente ½ %						
Escompte à la vente 2 %						
Commission de vente 2 %						
Ensemble 4 ½ % sur F. 11568.05	»	118.70	»	501.30	»	2017.40
Pour livrer sur le quai au débarquement	F.	2739.—			F.	11568.05
Soit par 100 kil.	»	11.02				

RENDEMENT : 2 ½ métaux = 1 Millerolle ou 64 litres :

Soit 1000 métaux = 428.57 millerolles = 27428 litres à 58 kil. par millerolle soit net 24857 kil. à	F.	46.54	par 100 kil. entrepôt sur le quai.	F.	11568.45
Plus : droits de sortie à Tunis	»	11.02	id. id.		
id. d'octroi à Marseille	»	1.37	id. id.		
id. de douane par navire Français à F. 6 par 100 kil. bruts	»	7.19	id. id.		
id. de la Chambre de Commerce	»	0.87	id. id.		
Ensemble	F.	66.99	par 100 kil. acquitté et sur le quai.		

PRIX DE REVIENT A MARSEILLE DES 100 KIL. LIVRABLES SUR LE QUAI

ENTREPOT DE DOUANE ET D'OCTROI

AUX CHANGES SUIVANTS SUR PARIS OU MARSEILLE A 75 JOURS DE DATE

PRIX à TUNIS par métal de Sfax — Franco à bord Piastres	Aux usages Piastres	F. 0.60	F. 0.65	F. 0.70	F. 0.75	F. 0.80	F. 0.85	5 c. par ƒ sur le change font à Marseille par 100 kil.
0.12¾	—.12½	F. 0.33	F. 0.35	F. 0.38	F. 0.41	F. 0.44	F. 0.46	F. 0.03
0.25½	—.25	0.65	0.71	0.76	0.82	0.87	0.93	0.06
0.38¼	—.37½	0.98	1.06	1.14	1.23	1.31	1.39	0.08
0.51	—.50	1.30	1.42	1.53	1.64	1.74	1.85	0.11
0.63¾	—.62½	1.63	1.77	1.91	2.05	2.18	2.31	0.14
0.76½	—.75	1.96	2.12	2.29	2.45	2.61	2.78	0.16
0.89¼	—.87½	2.28	2.48	2.67	2.86	3.05	3.24	0.19
1.02	1.—	2.61	2.83	3.05	3.27	3.48	3.70	0.22
2.04	2.—	5.22	5.66	6.09	6.53	6.97	7.40	0.44
3.06	3.—	7.84	8.49	9.14	9.80	10.45	11.10	0.65
4.09	4.—	10.45	11.32	12.19	13.06	13.93	14.80	0.87
5.11	5.—	13.06	14.15	15.24	16.33	17.41	18.50	1.09
15.32	15.—	46.54	49.93	53.31	56.71	60.09	63.48	3.39
21.05	20.—	59.60	64.07	68.55	73.03	77.51	81.98	4.46
26.14	25.—	72.66	78.22	83.79	89.36	94.92	100.48	5.56
31.26	30.—	85.72	92.37	99.02	105.69	112.33	118.99	6.65
36.37	35.—	98.78	106.52	114.26	122.01	129.75	137.49	7.74
41.48	40.—	111.84	120.67	129.50	138.34	147.16	155.99	8.83
46.60	45.—	124.90	134.82	144.73	154.66	164.58	174.49	9.92
51.71	50.—	137.97	148.97	159.97	170.99	181.99	193.—	11.01
Plus Droits de Sortie à Tunis		A ajouter et à calculer, suivant l'explication page 586.						

OBSERVATIONS

F. 0.10 et 5 % par Millerolle sur le fret, font à Marseille une différence F. 0.18 par 100 kil.

On veut savoir le revient à Marseille d'Huile achetée à Sfax à P. 20 ½ par métal de Sfax, au change de F. 0.75 et au fret de F. 2.10 par Millerolle.

On trouvera dans la 1re et la 5e colonne de ce tableau que :

P. —.½	font par 100 kil.	F.	1.04
» 20.—	id. id.	»	73.03
»	Plus : droits de sortie	»	13.77
»	id. d'octroi	»	1.37
»	id. de douane	»	7.19
»	Chambre de Commerce	»	0.87
P. 20.½	feront donc par 100 kil.	F.	97.27

Logarithmes pour les Droits de Sortie

CHANGES 0.60	LOGARITHMES	25827
» 0.65	»	28087
» 0.70	»	30248
» 0.75	»	32408
» 0.80	»	34569
» 0.85	»	36730

Droits d'entrée par 100 kil. en Janvier 1867

Par navire Français	F.	6.—
id. Étranger	»	7.—

COMPTE D'ACHAT ET DE REVIENT

A 1000 MÉTAUX HUILE

1000 métaux Huile, à P. 15 le métal (mesure de Sousse ou Monestier) .... P. 15000.—

FRAIS A TUNIS

Embarquement et commission à Sousse	P.	540.—		
Censerie ½ %	»	75.—		
Pour envoi de fonds à Sousse ¼ %	»	37.50	»	652.50
			P.	15652.50
	Droits de sortie			
Droits de sortie ou Tiskara P. 3.75 par métal	P.	3750.—		
Commission d'achat 1 ½ % à Tunis	»	56.25	»	234.80
	P.	3806.25	P.	15887.30
Courtage de négociation ¼ %	»	9.50	»	39.70
	P.	3815.75	P.	15927.—
Remboursement sur Marseille à 75 jours de date au change de F. 0.60 p^r P. 1.	F.	2289.45	F.	9556.20

FRAIS A MARSEILLE

Fret à F. 2.10 et 5 % par millerolle sur 375 millerolles soit 70 kil. bruts ou 64 litres par millerolle			F.	826.90		
Assurance 1 ¼ % et police F. 1.50 sur F. 10511	»	28.80	»	119.75		
Jauge et frais au débarquement à F. 0.35 par millerolle sur 375 millerolles			»	131.25		
Futailles à F. 0.70 par millerolle sur 375 millerolles			»	262.50		
Courtage de vente ½ %						
Escompte à la vente 2 %						
Commission de vente 2 %						
Ensemble 4 ½ % sur F. 11390.15	»	105.—	»	493.55	»	1833.95
Pour livrer sur le quai au débarquement	F.	2422.75			F.	11390.15
Soit par 100 kil	»	11.14				

RENDEMENT : 2 ½ métaux — 1 Millerolle ou 64 litres :

Soit 375 millerolles = 24000 litres à 58 kil. par Millerolle soit net 21750 kil. à	F. 52.37	par 100 kil. entrepôt sur le quai.	F.	11390.45
Plus : droits de sortie à Tunis	» 11.14	id.	id.	
id. d'octroi à Marseille	» 1.87	id.	id.	
id. de Douane par navire français à F. 6 par 100 kil. sur le brut.	» 7.19	id.	id.	
id. de la Chambre de Commerce	» 0.87	id.	id.	
Ensemble	F. 72.94	par 100 kil. acquit. de douane et d'octroi s. quai.		

PRIX DE REVIENT A MARSEILLE DES 100 KIL. LIVRABLES SUR LE QUAI

ENTREPOT DE DOUANE ET D'OCTROI

AUX CHANGES SUIVANTS SUR PARIS OU MARSEILLE A 75 JOURS DE DATE

PRIX À TUNIS (par mesure de Sousse) Fermes à bord Piastres	Aux besoins Piastres	F. 0.60	F. 0.65	F. 0.70	F. 0.75	F. 0.80	F. 0.85	½ c. par ₣ sur le change font à Marseille par 100 kil
0.12⅞	—.12½	F. 0.37	F. 0.41	F. 0.44	F. 0.47	F. 0.50	F. 0.53	F. 0.03
0.25⅝	—.25	0.75	0.81	0.87	0.94	1.—	1.06	0.06
0.38½	—.37½	1.12	1.22	1.31	1.40	1.50	1.59	0.09
0.51¼	—.50	1.50	1.62	1.74	1.87	2.—	2.12	0.12
0.64	—.62½	1.87	2.03	2.18	2.34	2.50	2.65	0.16
0.76⅞	—.75	2.24	2.43	2.62	2.81	2.99	3.18	0.19
0.89⅝	—.87½	2.62	2.84	3.05	3.28	3.49	3.71	0.22
1.02½	1.—	2.99	3.24	3.49	3.74	3.99	4.24	0.25
2.05	2.—	5.99	6.48	6.98	7.48	7.98	8.48	0.50
3.07½	3.—	8.98	9.73	10.48	11.22	11.97	12.72	0.75
4.10	4.—	11.98	12.97	13.97	14.96	15.96	16.96	1.—
5.12½	5.—	14.97	16.21	17.46	18.71	19.95	21.20	1.25
15.92	15.—	52.38	56.25	60.12	64.—	67.87	71.75	3.87
21.06	20.—	67.34	72.46	77.58	82.71	87.83	92.95	5.12
26.17	25.—	82.31	88.67	95.04	101.41	107.78	114.15	6.37
31.29	30.—	97.27	104.88	112.50	120.12	127.73	135.35	7.62
36.42	35.—	112.24	121.09	129.96	138.83	147.69	156.55	8.86
41.54	40.—	127.20	137.31	147.42	157.53	167.64	177.75	10.11
46.67	45.—	142.17	153.52	164.88	176.24	187.59	198.95	11.36
51.81	50.—	157.13	169.73	182.34	194.95	207.55	220.16	12.61
Plus Droits de Sortie à Tunis		A ajouter et à calculer, suivant l'explication page 586.						

OBSERVATIONS

F. 0.10 et 5 % par millerolle sur le fret font à Marseille une diff. de F. 0.18 par 100 kil. sur les prix.

On veut savoir le revient à Marseille d'Huile achetée à Tunis à P. 20 ½ par métal, mesure de Sousse ou Monestier au change de F. 0.75 et au fret de F. 2.10 par millerolle.

On trouvera dans la 1re et la 5e colonne de ce tableau que :

P. —.½ font par 100 kil	P.	1.87
» 20.— id. id.	»	82.71
» Plus : droits de sortie	»	10.09
id. d'octroi	»	1.87
id. de douane	»	7.19
» Chambre de Commerce	»	0.87
P. 20 ½ feront donc par 100 kil	F.	104.60

Logarithmes pour les Droits de Sortie

CHANGES 0.60	LOGARITHMES	29705
» 0.65	»	32181
» 0.70	»	34656
» 0.75	»	37132
» 0.80	»	39607
» 0.85	»	42082

Droits d'entrée par 100 kil. en Janvier 1867

Par navire Français	F.	6.—
id. Etranger	»	7.—

COMPTE D'ACHAT ET DE REVIENT

A 1000 MÉTAUX HUILE D'OLIVE A FABRIQUE

1000 métaux Huile d'Olive à fabrique, à P. 15 le métal de Médie						P.	15000.—

FRAIS A TUNIS

Frais divers de réception et d'embarquement à Médie			P.	520.—			
Censerie ½ %			»	75.—			
Envoi de fonds à Médie ¼ %			»	37.50		»	632.50
						P.	15632.50
	Droits de sortie						
Droits de sortie ou Tiskara à P. 4 par métal	P.	4000.—					
Commission d'achat à Tunis 1 ½ %	»	[illegible]				»	234.50
	P.	4000.—				P.	15867.—
Courtage de négociation ¼ %	»	10.15				»	39.65
	P.	4070.15				P.	15906.65
Remboursement sur Marseille à 75 jours de date au change de F. 0.60 pr P. 1	F.	2442.10				F.	9544.—

FRAIS A MARSEILLE

Fret à F. 2.10 et 5 % par millerolle sur 400 millerolles soit 70 kil. bruts ou 64 litres par millerolle			F.	882.—			
Assurance maritime 1 ⅛ % et police sur F. 10408	»	80.20	»	119.60			
Jauge et frais au débarquement à F. 0.35 par millerolle			»	140.—			
Futailles à F. 0.70 par millerolle			»	280.—			
Courtage de vente ½ %							
Escompte à la vente 2 %							
Commission de vente 2 %							
Ensemble 4½ % sur F. 11462.80	»	112.—	»	406.70		»	1918.30
Pour livrer sur le quai au débarquement	F.	2584.30				F.	11462.30
Soit par 100 kil.	»	11.14					

RENDEMENT : 2 ½ métaux = 1 millerolle de 64 litres.

Soit 1000 métaux = 400 millerolles = 25600 litres à 58 kil. par millerolle soit net 23200 kil à .... F. 49.40 par 100 kil. entrepôt sur le quai... F. 11460.80

Plus: droits de sortie à Tunis	» 11.14	id.	id.
id. d'octroi à Marseille	» 1.37	id.	id.
id. de douane actuel à F. 6 par 100 kil. bruts	» 7.19	id.	id.
id. de la Chambre de Commerce	» 0.87	id.	id.
Ensemble	F. 69.97 par 100 kil. acquit. de douane et d'octroi sur quai.		

PRIX DE REVIENT A MARSEILLE DES 100 KIL. LIVRABLES SUR LE QUAI

ENTREPOT DE DOUANE ET D'OCTROI

AUX CHANGES SUIVANTS SUR PARIS OU MARSEILLE A 75 JOURS DE VUE

PRIX à TUNIS par métal de Médie Franco à bord Piastres	Aux usages Piastres	F. 0.60	F. 0.65	F. 0.70	F. 0.75	F. 0.80	F. 0.85	3 c. par ₰ sur le change font à Marseille par 100 kil.
0.12¾	—.12½	F. 0.35	F. 0.38	F. 0.41	F. 0.44	F. 0.47	F. 0.50	F. 0.03
0.25⅝	—.25	0.70	0.76	0.82	0.88	0.94	1.—	0.06
0.38½	—.37½	1.05	1.14	1.23	1.32	1.40	1.49	0.09
0.51¼	—.50	1.40	1.52	1.64	1.76	1.87	1.99	0.12
0.64	—.62½	1.76	1.90	2.05	2.20	2.34	2.49	0.15
0.76⅞	—.75	2.11	2.28	2.45	2.63	2.81	2.99	0.18
0.89¾	—.87½	2.46	2.66	2.86	3.07	3.27	3.48	0.20
1.02½	1.—	2.81	3.04	3.27	3.51	3.74	3.98	0.23
2.05	2.—	5.61	6.08	6.55	7.02	7.48	7.95	0.47
3.07½	3.—	8.42	9.12	9.82	10.52	11.22	11.93	0.70
4.10	4.—	11.22	12.16	13.10	14.03	14.96	15.90	0.94
5.12½	5.—	14.03	15.20	16.37	17.54	18.71	19.88	1.17
15.98	15.—	49.41	53.04	56.67	60.30	63.93	67.56	3.63
21.05	20.—	63.44	68.24	73.04	77.84	82.64	87.43	4.80
26.15	25.—	77.47	83.44	89.41	95.38	101.35	107.31	5.97
31.28	30.—	91.50	98.63	105.78	112.92	120.05	127.19	7.14
36.40	35.—	105.53	113.83	122.15	130.45	138.76	147.06	8.31
41.53	40.—	119.56	129.03	138.51	147.99	157.47	166.94	9.48
46.65	45.—	133.59	144.23	154.88	165.53	176.17	186.81	10.64
51.78	50.—	147.62	159.43	171.25	183.07	194.88	206.69	11.81
Plus Droits de Sortie à Tunis		A ajouter et à calculer, suivant l'explication page 586.						

OBSERVATIONS

F. 0.10 et 5 % par millerolle sur le fret font à Marseille une diff. de F. 0.18 par 100 kil. sur les prix.

On veut savoir le revient à Marseille d'Huile achetée à Tunis à P. 20⅛ par métal de Médie au change de F. 0.75 et au fret de F. 2.10 par millerolle

On trouvera dans la 1re et la 5e colonne de ce tableau que :

P. —.⅛ font par 100 kil.	F.	1.76
» 20.— id. id.	»	77.84
» Plus : droits de sortie	»	10.82
» id. d'octroi	»	1.87
» id. de douane	»	7.19
» Chambre de Commerce	»	0.87
P. 20 ⅛ feront donc par 100 kil.	F.	102.05

Logarithmes pour les Droits de Sortie

CHANGES	0.60	LOGARITHMES	27848
»	0.65	»	30160
»	0.70	»	32489
»	0.75	»	34810
»	0.80	»	37181
»	0.85	»	39451

Droits d'entrée par 100 kil. en Janvier 1867

Par navire Français	F. 6.—
id. Étranger	» 7.—

COMPTE D'ACHAT ET DE REVIENT

A 1000 MÉTAUX HUILE D'OLIVE A FABRIQUE

1000 métaux Huile d'Olive à fabrique à P. 15 le métal (mesure de Tunis)........ P. 15000.—

FRAIS A TUNIS

Frais divers de réception et d'embarquement		P. 450.—		
Courtage d'achat ½ %		» 75.—	»	525.—
	Droits de sortie		P.	15525.—
Droits de sortie ou Tiskara et petits droits P. 2.55 le métal.	P. 2550.—			
Commission d'achat 1 ½ %	» 38.25		»	232.90
	P. 2588.25		P.	15757.90
Courtage de négociation ¼ %	» 6.50		»	39.40
	P. 2594.75		P.	15797.30
Remboursement sur Marseille à 75 jours de date au change de F. 0.60 pour P. 1.	F. 1556.85		F.	9478.40

FRAIS A MARSEILLE

Fret à F. 2.10 et 5 % par millerolle sur 300 millerolles.		F. 661.50	
Assurance maritime 1 ¼ % et police sur F. 10425	» 19.25	» 118.80	
Jauge et frais au débarquement à F. 0.35 par millerolle sur 300 millerolles		» 105.—	
Futailles à F. 0.70 par millerolle		» 210.—	
Courtage de vente ½ %			
Escompte à la vente 2 %			
Commission de vente 2 %			
Ensemble 4½ % sur F. 11052.65	» 71.40	» 478.95	» 1574.25
Pour livrer sur le quai au débarquement.	F. 1647.50		F. 11052.65
Soit par 100 kil.	» 9.47		

Rendement : 3 ⅓ métaux = 1 Millerolle ou 64 litres :

Soit 1000 métaux = 300 millerolles = 19200 litres à 58 kil. par millerolle soit net 17400 kil. à .... F. 63.52 par 100 kil. entrepôt sur le quai.. F. 11052.50

Plus : droits de sortie à Tunis	» 9.47	id.	id.
id, d'octroi à Marseille	» 1.37	id.	id.
id, de la Chambre de Commerce.	» 0.87	id.	id.
id, de Douane actuel F. 6 par 100 kil. bruts	» 7.19	id.	id.
Ensemble	F. 82.42	par 100 kil. livrable sur le quai.	

PRIX DE REVIENT A MARSEILLE DES 100 KIL. LIVRABLES SUR DE QUAI

ENTREPOT DE DOUANE ET D'OCTROI

AUX CHANGES SUIVANTS SUR PARIS OU MARSEILLE A 75 JOURS DE VUE

PRIX à TUNIS par métal de Tunis — Francs à bord Piastres	Aux usances Piastres	F. 0.60	F. 0.65	F. 0.70	F. 0.75	F. 0.80	F. 0.85	5 c. par F sur le change font à Marseille par 100 kil.
0.12½	—.12½	F. 0.47	F. 0.51	F. 0.54	F. 0.58	F. 0.62	F. 0.66	F. 0.04
0.25½	—.25	0.93	1.01	1.09	1.17	1.25	1.32	0.08
0.38¼	—.37½	1.40	1.52	1.63	1.75	1.87	1.98	0.12
0.51½	—.50	1.86	2.02	2.18	2.33	2.49	2.65	0.16
0.63½	—.62½	2.33	2.53	2.72	2.91	3.11	3.31	0.20
0.76¼	—.75	2.80	3.03	3.26	3.50	3.74	3.97	0.23
0.89½	—.87½	3.26	3.54	3.81	4.08	4.36	4.63	0.27
1.02	1.—	3.73	4.04	4.35	4.66	4.98	5.29	0.31
2.04	2.—	7.46	8.09	8.71	9.33	9.95	10.57	0.62
3.06	3.—	11.20	12.13	13.06	13.99	14.93	15.86	0.93
4.09	4.—	14.93	16.17	17.42	18.66	19.90	21.15	1.24
5.11	5.—	18.66	20.21	21.77	23.32	24.88	26.43	1.55
15.80	15.—	63.52	68.32	73.12	77.93	82.73	87.54	4.80
20.91	20.—	82.16	88.53	94.89	101.25	107.61	113.97	6.36
26.02	25.—	100.84	108.75	116.66	124.58	132.49	140.40	7.91
31.14	30.—	119.50	128.96	138.43	147.90	157.37	166.84	9.47
36.25	35.—	138.16	149.17	160.20	171.22	182.24	193.27	11.02
41.36	40.—	156.81	169.38	181.96	194.54	207.12	219.70	12.58
46.48	45.—	175.47	189.60	203.73	217.87	232.—	246.13	14.13
51.59	50.—	194.13	209.81	225.50	241.19	256.88	272.57	15.69
Plus Droits de Sortie à Tunis		A ajouter et à calculer, suivant l'explication page 586.						

OBSERVATIONS

F. 0.10 et 5 % par millerolle sur le fret, font à Marseille une différence de F. 0.18 par 100 kil.

On veut savoir le revient à Marseille d'Huile achetée à Tunis à P. 20½ par métal de Tunis au change de F. 0.75 et au fret de F. 2.10 par Millerolle.

On trouvera dans la 1re et la 5e colonne de ce tableau que :

P. — ½ font par 100 kil.	F.	2.33
» 20 — id. id.	»	101.25
» Plus : droits de sortie	»	11.84
» id. d'octroi	»	1.37
» id. de douane	»	7.19
» Chambre de Commerce	»	0.87
P. 20 ½ feront donc par 100 kil.	F.	124.85

Logarithmes pour les Droits de Sortie

CHANGES		LOGARITHMES
CHANGES	0.60	37131
»	0.65	40226
»	0.70	43320
»	0.75	46414
»	0.80	49508
»	0.85	52602

Droits d'entrée par 100 kil. en Janvier 1867

Par navire Français	F. 6.—
id. Étranger	» 7.—

GALATZ

Galatz, ville de Moldavie, sur la rive gauche du Danube, entre les points où le Sereth et le Pruth se jettent dans ce fleuve, se trouve à 75 milles géographiques de la mer Noire; population 45,000 habitants. Sa situation est très-favorable au commerce, le Sereth recevant les eaux de plusieurs rivières de Moldavie et de Valachie, telles que la Moldava, la Bistritza, le Birlat, le Rimnik et le Bouzéo.

Le commerce y est principalement entre les mains des Grecs, mais des maisons anglaises s'y sont aussi établies avec succès.

Les produits bruts agricoles sont la seule richesse de la Moldavie comme de la Valachie; les blés, maïs, seigles, orges, avoines, graines de lin constituent un véritable grenier d'abondance dont l'importance s'accroît de jour en jour.

La valeur des échanges de ce port a atteint les chiffres suivants [1] :

	IMPORTATIONS	EXPORTATIONS	TOTAL
1860	F. 26,508,000	F. 23,996,000	F. 50,504,000
1861	» 32,288,000	» 22,682,000	» 54,970,000
1862	» 36,051,000	» 24,893,000	» 60,944,000
1863	» 42,657,000	» 28,262,000	» 70,919,000

Voici quelle a été la part des pays de provenance et de destination dans les importations et exportations :

1° IMPORTATIONS

Pays de provenance	1860	1861	1862	1863
	—	—	—	—
Angleterre	F. 10,438,000	F. 14,274,000	F. 8,693,000	F. 11,585,000
France	» 7,060,000	» 7,588,000	» 14,180,000	» 11,468,000
Turquie	» 6,082,000	» 6,128,000	» 6,619,000	» 8,203,000
Autriche	» 781,000	» 2,160,000	» 2,353,000	» 6,993,000

[1] *Annales du Commerce extérieur* n° 1660 à 1665.

2° EXPORTATIONS

Pays de provenance	1860	1861	1862	1863
	—	—	—	—
France	F. 4,170,000	F. 5,390,000	F. 6,678,000	F. 6,831,000
Angleterre	» 6,630,000	» 6,281,000	» 6,087,000	» 6,619,000
Italie	» 1,763,000	» 2,620,000	» 2,941,000	» 4,425,000
Turquie	» 3,764,000	» 3,945,000	» 5,136,000	» 3,711,000
Autriche	» 3,201,000	» 1,216,000	» 2,012,000	» 2,576,000

Les articles principaux d'importation provenant de France sont le sucre, les tissus et fils de coton, la mercerie et les articles de modes, le café, les vins fins et liqueurs, le savon et les bougies, les cuirs tannés.

Navigation. — La navigation à voiles de Galatz pendant chacune des années ci-après a donné les résultats suivants :

PAYS	1860		1861		1862		1863	
	Navires	Tonneaux	Navires	Tonneaux	Navires	Tonneaux	Navires	Tonneaux
France	169	31,602	246	43,672	193	33,972	328	61,648
Turquie	463	80,888	409	61,735	461	72,604	344	60,683
Italie	109	17,904	148	28,618	181	23,537	204	45,796
Angleterre	224	42,646	246	45,887	147	29,349	233	42,691
Autriche	50	9,738	85	14,947	93	19,526	108	20,502
Autres pays	281	40,662	402	66,317	357	57,386	205	32,510
Totaux	1,296	223,440	1,536	261,176	1,382	236,374	1,422	263,830

Poids, Mesures et Monnaies

Poids

1 oka = 400 drames	= kil. 1.278
1 drame = 3 grains	= » 0.003195
313 drames	= » 1.—

39 ½ okas	= 1 quarter anglais
44 okas	= 100 ℔ de Vienne
12 ¾ okas	= 1 poud russe
Mesures de longueur et de superficie	
1 stingène (toise moldave)	= 2 mètres 22
1 prégine = 3 stingènes	= 6 » 66
2,000 stingènes = 4,444 mètres	= 1 lieue de France de 25 au degré
56 ¼ prégines de faltche	= 1 hectare
Mesures de capacité	
1 oka	= 1.5873 litres
63 okas	= 1 hectolitre
1 demerlt = 12 okas	19.0476 litres
1 kilé = 240 okas	= 381 hectolitres
1 vedro (liquides) = 10 okas	= 15.873 litres
Cours des monnaies	
77 piastres	= 1 Napoléon
96 »	= 1 livre sterling

OBSERVATIONS SUR LES COMPTES DE REVIENT QUI VONT SUIVRE

Les droits de sortie étant susceptibles d'être changés, n'ont pas été compris dans les comptes de revient. Une colonne séparée a été affectée pour en établir le calcul et le rendement en France par 100 kil. ou par hectolitre. Ainsi par exemple, on verra sur le compte blé à la page 593 que le droit de sortie à Galatz de 29,40 par chilo, au change de P. 3 $^{20}/_{40}$ pour F. 1 représente F. 0.05 [illegible] l'hectolitre qui sont à ajouter au prix de revient de F. 15.25 l'hectolitre.

Pour faciliter le calcul des droits de sortie, quels qu'ils soient, il suffira de multiplier le droit par le logarithme du change, qui se trouve sur chaque compte, et on aura le résultat cherché. Sur le compte de blé mentionné plus haut, le logarithme du change de P. 3 $^{20}/_{40}$ est de 18956, nombre qui multiplié par 29 donne 549724 ; dans le premier chiffre de gauche on aura le résultat cherché soit F. 0.05.

On procèdera de même pour tous les autres droits, en prenant toujours le logarithme du change qui doit servir de base au compte de revient.

Les maisons d'Europe qui transmettent des ordres d'achat à Galatz donnent souvent des limites *franco à bord*. Pour faciliter ces calculs, on trouvera sur chaque compte, dans la 1re colonne de l'échelle où sont cotés les prix à Galatz, la parité entre les prix *aux usages* et les prix *franco à bord*. Il est bon d'observer toutefois, que les droits de sortie, n'ayant pas été compris dans les prix de revient des tableaux, ne l'ont pas été davantage dans les prix *franco à bord*.

Ainsi pour le donneur d'ordre qui limite par exemple pour le chilo *franco à bord* P. 164.53, ce qui pour lui représente l'équivalent de P. 150 *aux usages*, ces prix font rentrer la marchandise avec les frais portés sur le compte au même prix par l'hectolitre à Marseille ; mais pour que le commissionnaire acheteur à Galatz puisse exécuter cet ordre dans la limite du commettant, tout en étant couvert de tous les frais et commissions, il faudra qu'il puisse acheter à P. 149 $^{11}/_{40}$ le chilo, attendu qu'en sus des frais représentés par P. 14.53, il y aura le droit de F. 0.29 $^{40}/_{100}$ qui tombera aussi à la charge du commissionnaire acheteur.

COMPTE D'ACHAT ET DE REVIENT

A 1000 CHILOS BLÉ

1000 Chilos Blé à P. 150 par chilo			P.	150000.—
50 perte au criblage				
950 chilos nets embarqués				

FRAIS A GALATZ

Courtage d'achat ½ %	P.	750.—		
Transport au magasin et du magasin au navire P. 2 ½ par chilo	»	2500.—		
Main d'œuvre pour embarquement et criblage P. 4 par chilo	»	4000.—		
Mesurage à la réception et à l'embarquement P. ½ par chilo	»	500.—		
Magasinage pendant un mois à P. 1 par chilo	»	1000.—		
Nattes et menus frais	»	1000.—	»	9750.—
			P.	159750.—

	Droits de sortie			
Droits d'exportation à $^{29}/_{40}$ par chilo sur 1000 chilos	P.	725.—		
Commission d'achat 3 %	»	21.28	»	4792.20
	P.	746.28	P.	164542.20
Remboursement sur Marseille à 3 mois de date au change de P. 3 $^{20}/_{40}$ p^r F. 1	F.	199.15	F.	48878.—

FRAIS A MARSEILLE

Fret à F. 4 et 5 % par charge sur 2470 charges			F.	10374.—		
Gratification au capitaine			»	100.—		
Mise à terre, mesureurs, cribleurs, metteurs dessus, livraison à quai, poids public, frais de douane et menus frais à F. 0.45 par charge			»	1111.50		
Assurance maritime sur F. 48265 à 2 % et police F. 3	»	4.35	»	968.30		
Courtage de vente ½ %						
Criblure et avaries 2 %						
Escompte à la vente 2 %						
Commission de vente 2 %						
Ensemble 6½ % sur F. 60247.50	»	13.75	»	3815.70	»	16369.50
Livrable sur le quai au débarquement	F.	207.25			F.	60247.50
Soit par hectolitre	»	0.05¼				

RENDEMENT : 100 chilos rendent à Marseille 260 charges de 160 litres :

	Entrepôt de Douane la charge		l'hectolitre		
Soit 950 chilos = 2470 charges à	F. 24.39				
ou 3952 hectolitres à		F.	15.25	F.	60268.—
Plus droits de sortie à Galatz	» 0.08¼	»	0.05¼		
id. id. de ville à Marseille	» 0.20	»	0.12½		
Ensemble	F. 24.67¼	F.	15.43		

PRIX DE REVIENT A MARSEILLE DE L'HECTOLITRE ENTREPOT

AUX CHANGES SUIVANTS SUR MARSEILLE A 90 JOURS DE DATE

PRIX à GALATZ par chilo — Franco à bord droits non compris	les nattes	P. 4 $^{05}/_{40}$ pour F. 1	P. 4.— pour F. 1	P. 3 $^{35}/_{40}$ pour F. 1	P. 3 $^{30}/_{40}$ pour F. 1	P. 3 $^{25}/_{40}$ pour F. 1	P. 3 $^{20}/_{40}$ pour F. 1	P. 3 $^{15}/_{40}$ pour F. 1
P. 1.03½	P. 1	F. 0.07	F. 0.07	F. 0.07	F. 0.08	F. 0.08	F. 0.08	F. 0.09
2.07	2	0.14	0.14	0.15	0.15	0.16	0.16	0.17
3.10½	3	0.21	0.21	0.22	0.23	0.24	0.25	0.26
4.14	4	0.28	0.28	0.30	0.30	0.32	0.33	0.34
5.17½	5	0.35	0.36	0.37	0.38	0.40	0.41	0.43
6.21	6	0.41	[illegible]	0.44	0.46	0.47	0.49	0.51
7.24½	7	0.48	0.50	0.52	0.53	[illegible]	0.57	0.60
8.28	8	0.55	0.57	0.59	0.61	0.63	0.66	0.68
9.31½	9	0.62	0.64	0.67	0.68	0.71	0.74	0.77
10.35	10	0.69	0.71	0.74	0.76	0.79	0.82	0.85
112.78	100	10.07	10.91	11.16	11.42	11.72	12.02	12.35
123.13	110	11.30	11.63	11.89	12.18	12.51	12.83	13.19
133.48	120	12.06	12.34	12.63	12.94	13.29	13.65	14.04
143.83	130	12.75	13.06	13.37	13.71	14.08	14.46	14.88
154.18	140	13.44	13.77	14.11	14.47	14.87	15.28	15.73
164.53	150	14.13	14.48	14.84	15.23	15.66	16.10	16.58
174.89	160	14.82	15.20	15.58	15.99	16.45	16.91	17.42
185.25	170	15.52	15.91	16.32	16.75	17.23	17.73	18.27
195.61	180	16.21	16.63	17.05	17.51	18.02	18.54	19.11
205.97	190	16.90	17.34	17.79	18.27	18.81	19.36	19.96
216.30	200	17.59	18.05	18.53	19.04	19.59	20.18	20.81
Plus par hectolitre pour Droits de Sortie à Galatz		0.05	0.05	0.05	0.05	0.06	0.06	0.06

(Marginal notes: STERLING. — Coût et frais variables … ; Coût et frais variables et invariables)

OBSERVATIONS

F. 0.50 et 5 % par charge sur le fret, font à Marseille une différence de F. 0.33 par hectolitre sur les prix.

On veut savoir le revient à Marseille de Blé coûtant à Galatz P. 156 par chilo au change de P. 3 $^{20}/_{40}$ pour F. 1 et au fret de 4 et 5 % par charge.

On trouvera dans la 1re et la 5e colonne de ce tableau que :

P. 6 font par hectolitre	F.	0.45
» 150 id. id.	»	15.23
Droits de sortie à Galatz	»	0.05
Plus, droits de ville à Marseille	»	0.12
P. 156 feront donc par hectolitre	F.	15.86

Voir aux pages 448 à 451 pour la réduction de la parité des prix de l'hectolitre comparés à ceux par charge et par 100 kil.

Pour la différence de poids livré en moins que celui garanti, voir le tableau page 452 pour les bonifications à faire ou à ajouter aux prix de revient ci-dessus.

Il est facultatif à l'acheteur de recevoir le blé criblé à quai ou en transbordement non criblé ; dans ce dernier cas, le vendeur bonifie à l'acheteur 10 centimes par charge qui représentent pour lui l'économie de frais et de la perte au criblage. Mais tandis que par exemple, pour une vente avec garantie de 122/118 kil. à quai, l'acheteur a droit effectivement à 122 kil., cette garantie, quand la livraison a lieu en transbordement se réduit à 121 kil., c'est-à-dire toujours de 1 kil. en moins sur le poids garanti à quai.

Pour mettre en magasin pendant un mois, il faut compter un supplément de frais de F. 1.25 par hectolitre, y compris le déchet.

Logarithmes pour les Droits de Sortie

CHANGES		LOGARITHMES
4. $^{5}/_{40}$		17238
» 4.—	»	17771
» 3.$^{35}/_{40}$	»	18345
» 3.$^{30}/_{40}$	»	18956
» 3.$^{25}/_{40}$	»	19610
» 3.$^{20}/_{40}$	»	20310
» 3.$^{15}/_{40}$	»	21062

Droits d'entrée par 100 kil. en Janvier 1867

Par navire Français	F.	0.60
id. Étranger	»	1.20

COMPTE D'ACHAT ET DE REVIENT

A 1000 CHILOS ORGE

1000 chilos Orge à P. 80 le chilo........ P. 80000.—
50 » perte au criblage
950 chilos

FRAIS A GALATZ

Courtage d'achat ½ %	P.	400.—		
Transport au magasin et du magasin au navire à P. 2 ½ le chilo	»	2500.—		
Main d'œuvre pour l'embarquement et criblage à P. 4 le chilo	»	4000.—		
Mesurage à la réception et à l'embarquement à P. [illegible]/00 le chilo	»	500.—		
Magasinage pendant un mois à P. 1 le chilo	»	1000.—		
Nattes et menus frais à P. 1 le chilo	»	1000.—	»	9400.—
			P.	89400.—

	Droits de sortie			
Droits de sortie [illegible]/00 par chilo sur 1000 chilos	P. 725.—			
Commission d'achat 3 %	» 21.28		»	2682.—
	P. 746.28		P.	92082.—
Remboursement sur Marseille à 3 mois de date au change de P. 3 [illegible]/00 pr F. 1.	F. 190.15		F.	24555.20

FRAIS A MARSEILLE

Fret à F. 4 et 5 % par charge sur 2470 charges		F. 10374.—		
Gratification au capitaine		» 150.—		
Mise à terre, mesureurs, cribleurs, metteurs dessus, livraison à quai, poids public, frais de douane et menus frais à F. 0.45 par charge		» 1111.50		
Assurance maritime sur F. 27010 à 2 % et police F. 3	» 4.35	» 543.20		
Courtage de vente ½ %				
Criblure et avaries 2 %				
Escompte à la vente 2 %				
Commission de vente 2 %				
Ensemble 6½ % sur F. 39217.70	» 13.75	» 2483.80	»	14662.50
Livrer sur le quai au débarquement	F. 217.25		F.	39217.70
Soit par hectolitre	» 0.05½			

RENDEMENT : 100 chilos rendent à Marseille 260 charges de 160 litres :

	Entrepôt de Douane la charge	l'hectolitre	
Soit 950 chilos = 2470 charges à	F. 15.88		
ou 3952 hectolitres à		F. 9.93	F. 39243.35
Plus : droits de sortie à Galatz	» 0.08½	» 0.05½	
» droit de ville à Marseille	» 0.19	» 0.12	
Ensemble	F. 16.15½	F. 10.10½	

PRIX DE REVIENT A MARSEILLE DE L'HECTOLITRE ENTREPOT

AUX CHANGES SUIVANTS SUR MARSEILLE A 3 MOIS DE DATE

PRIX à GALATZ par chilo — Franco à bord droits non compris	Aux charges	P. 4 [illegible]/00 pour F. 1	P. 4.— pour F. 1	P. 3 [illegible]/00 pour F. 1	P. 3 [illegible]/00 pour F. 1	P. 3 [illegible]/00 pour F. 1	P. 3 [illegible]/00 pour F. 1	P. 3 [illegible]/00 pour F. 1
P. 1.03½	P. 1	F. 0.07	F. 0.07	F. 0.07	F. 0.08	F. 0.08	F. 0.08	F. 0.09
2.07	2	0.14	0.14	0.15	0.15	0.16	0.16	0.17
3.10½	3	0.21	0.21	0.22	0.23	0.24	0.25	0.26
4.14	4	0.28	0.28	0.30	0.30	0.32	0.33	0.34
5.17½	5	0.35	0.35	0.37	0.38	0.40	0.41	0.43
6.21	6	0.41	0.43	0.44	0.46	0.47	0.49	0.51
7.24½	7	0.48	0.50	0.52	0.53	0.55	0.57	0.60
8.28	8	0.55	0.57	0.59	0.61	0.63	0.66	0.68
9.31½	9	0.62	0.64	0.67	0.68	0.71	0.74	0.77
10.35	10	0.69	0.71	0.74	0.76	0.79	0.82	0.85
61.03	50	7.28	7.36	7.49	7.64	7.79	7.96	8.13
71.38	60	7.92	8.07	8.22	8.40	8.58	8.76	8.96
81.73	70	8.61	8.79	8.96	9.16	9.37	9.59	9.82
92.08	80	9.31	9.50	9.70	9.92	10.16	10.41	10.67
102.43	90	10.—	10.22	10.48	10.68	10.94	11.22	11.51
112.78	100	10.69	10.93	11.17	11.44	11.73	12.04	12.36
123.13	110	11.38	11.64	11.91	12.20	12.52	12.86	13.21
133.48	120	12.08	12.36	12.65	12.97	13.30	13.67	14.05
Plus par hectolitre pour Droits de Sortie à Galatz		0.05	0.05	0.05	0.05	0.06	0.06	0.06

OBSERVATIONS

F. 0.50 et 5 % par charge sur le fret, font à Marseille une diff. de F. 0.33 par hectolitre sur les prix.

On veut savoir le revient à Marseille d'Orge coûtant à Galatz P. 85 par chilo aux usages, au change de P. 3 [illegible]/00 pour F. 1 et au fret de F. 4 et 5 % par charge.

On trouvera dans la 1re et la 5e colonne de ce tableau que :

P. 5 font par hectolitre	F.	0.38
» 80 id. id.	»	9.92
Plus, droits de sortie à Galatz	»	0.05
Droits de ville à Marseille	»	0.12
P. 85 feront donc par hectolitre	F.	10.47

Voir aux pages 446 à 447 pour la réduction de la parité des prix de l'hectolitre comparés à ceux par charge et par 100 kil.

Pour le poids livré en moins que celui garanti, voir le tableau de la page 447, pour les bonifications à faire aux acheteurs par les vendeurs ou à ajouter aux prix de revient ci-dessus.

Il est facultatif à l'acheteur de recevoir l'Orge criblé à quai ou en transbordement non criblé, dans ce dernier cas, le vendeur bonifie à l'acheteur F. 0.60 par charge, qui représentent pour lui l'économie de frais et la perte au criblage; mais, tandis que par exemple, pour une vente avec garantie de kil. 100/98 à quai, l'acheteur a droit effectivement à 100 kil., cette garantie, quand la livraison a lieu en transbordement se réduit à 99 kil., c'est-à-dire, toujours de 1 kil. en moins sur le poids garanti à quai.

Pour mettre en magasin pendant un mois, il faut compter un supplément de frais de F. 1.20 par hectolitre, y compris le déchet.

Logarithmes pour les Droits de Sortie

CHANGES		LOGARITHMES
4. [illegible]/00		17288
4.—	»	17771
3. [illegible]/00	»	18345
3. [illegible]/00	»	18986
3. [illegible]/00	»	19610
3. [illegible]/00	»	20310
3. [illegible]/00	»	21069

Droits d'entrée par 100 kil. en Janvier 1867

Par navire Français .... Exempt
id. Étranger .... F. 0.60

COMPTE D'ACHAT ET DE REVIENT

A 1000 CHILOS SEIGLE

1000 chilos Seigle à P. 110 par chilo			P.	110000.—
50 » perte au criblage				
950 chilos				

FRAIS A GALATZ

Courtage d'achat ½ %	P.	550.—		
Transport au magasin et du magasin au navire P. 2 ½ le chilo	»	2500.—		
Main d'œuvre pour l'embarquement et criblage à P. 4 le chilo	»	4000.—		
Mesurage à la réception et à l'embarquement à P. [illegible]/00 le chilo	»	500.—		
Magasinage pendant un mois à P. 1 le chilo	»	1000.—		
Nattes et menus frais à P. 1 le chilo	»	1000.—	»	9550.—
			P.	119550.—

	Droits de Sortie			
Droits de sortie [illegible]/00 par chilo sur 1000 chilos	P.	725.—		
Commission d'achat 3 %	»	21.28	»	3586.20
	P.	746.28	P.	123136.20
Remboursement sur Marseille à 3 mois de date au change de P. 3 [illegible]/00 pour F. 1	F.	190.15	F.	32836.40

FRAIS A MARSEILLE

Fret à F. 4 et 5 % par charge sur 2470 charges		F. 10874.—		
Gratification au capitaine		» 100.—		
Mise à terre, mesureurs, cribleurs, metteurs dessus, livraison à quai, poids public, frais de douane et menus frais à F. 0.45 par charge		» 1111.50		
Assurance maritime sur F. 36120 à 2 % et police F 3	» 4.35	» 725.40		
Courtage de vente ½ %				
Criblure et avaries 2 %				
Escompte à la vente 2 %				
Commission de vente 2 %				
Ensemble 6½ % sur F. 48200.—	» 13.75	» 3052.70	»	15363.60
Livrable sur le quai au débarquement	F. 217.25		F.	48200.—
Soit par hectolitre	» 0.05½			

RENDEMENT : 100 chilos rendent à Marseille 260 charges de 160 litres :

	Entrepôt de douane — la charge	l'hectolitre		
Soit 950 chilos = 2470 charges à	F. 19.51			
ou 3952 hectolitres à		F. 12.20	F.	48214.40
Plus : droits de sortie à Galatz	» 0.08¼	» 0.05½		
id. droit de ville à Marseille	» 0.20	» 0.12½		
Ensemble	F. 19.79¼	F. 12.88		

PRIX DE REVIENT A MARSEILLE DE L'HECTOLITRE ENTREPOT

AUX CHANGES SUIVANTS SUR MARSEILLE A 3 MOIS DE DATE

PRIX à GALATZ par chilo — Franco à bord droits non compris	aux usages	P. 4 [illegible]/00 pour F. 1	P. 4.— pour F. 1	P. 3 [illegible]/00 pour F. 1	P. 3 [illegible]/00 pour F. 1	P. 3 [illegible]/00 pour F. 1	P. 3 [illegible]/00 pour F. 1	P. 3 [illegible]/00 pour F. 1
P. 1.03½	P. 1	F. 0.07	F. 0.07	F. 0.07	F. 0.08	F. 0.08	F. 0.08	F. 0.09
2.07	2	0.14	0.14	0.15	0.15	0.16	0.16	0.17
3.10½	3	0.21	0.21	0.22	0.23	0.24	0.25	0.26
4.14	4	0.28	0.28	0.30	0.30	0.32	0.33	0.34
5.17½	5	0.35	0.36	0.37	0.38	0.40	0.41	0.43
6.21	6	0.41	0.43	0.44	0.46	0.47	0.49	0.51
7.24½	7	0.48	0.50	0.52	0.53	0.55	0.57	0.60
8.28	8	0.55	0.57	0.59	0.61	0.63	0.66	0.68
9.31½	9	0.62	0.64	0.67	0.68	0.71	0.74	0.77
10.35	10	0.68	0.71	0.74	0.76	0.79	0.82	[illegible]
81.78	70	8.00	8.77	8.85	9.14	[illegible]	9.57	9.81
92.08	80	9.29	9.48	9.09	[illegible]	10.14	10.38	10.66
102.43	90	9.98	10.20	[illegible]	10.66	10.93	11.20	11.50
112.78	100	10.67	[illegible]	11.16	11.42	11.72	12.02	12.35
123.13	110	11.35	11.62	11.90	12.18	12.50	12.84	13.20
[illegible]	120	12.05	12.34	12.63	12.94	13.29	13.65	14.04
143.83	130	12.75	13.05	13.37	13.71	14.08	14.47	14.89
154.18	140	13.44	13.77	14.11	14.47	14.87	15.28	15.73
164.53	150	14.13	14.48	14.84	15.23	15.65	16.10	16.58
Plus par hectolitre pour Droits de Sortie à Galatz		0.05	0.05	0.05	0.06	0.06	0.06	0.06

OBSERVATIONS

F. 0.50 et 5 % par charge sur le fret, font à Marseille une diff. de F. 0.88 par hectolitre sur les prix.

On veut savoir le revient à Marseille de Seigle coûtant à Galatz P. 105 par chilo au change de P. 3 [illegible]/00 pour F. 1 et au fret de F. 4 et 5 % par charge.

On trouvera dans la 1re et la 6e colonne de ce tableau que :

P. 5 font par hectolitre	F.	0.38
» 100 id. id.	»	11.42
Plus, droits de sortie à Galatz	»	0.05
Droits de ville à Marseille	»	0.12
P. 105 feront donc par hectolitre	F.	11.97

Voir aux pages 448 à 451 pour la réduction de la parité des prix de l'hectolitre comparés à ceux par charge et par 100 kil.

Pour le poids livré en moins que celui garanti, voir le tableau de la page 452, pour les bonifications à faire aux acheteurs par les vendeurs et à ajouter aux prix de revient ci-dessus.

Il est facultatif à l'acheteur de recevoir le Seigle criblé à quai ou en transbordement non criblé, dans ce dernier cas, le vendeur bonifie à l'acheteur 70 centimes par charge qui représentent pour lui l'économie de frais et de la perte au criblage. Mais, tandis que par exemple, pour une vente avec garantie de kil. 117/114 à quai, l'acheteur a droit effectivement à 117 kil, cette garantie, quand la livraison a lieu en transbordement, se réduit à 116 kil., c'est-à-dire toujours de 1 kil. en moins du poids garanti à quai.

Pour mettre en magasin pendant un mois, il faut compter un supplément de frais de F. 1 25 par hectolitre, y compris le déchet.

Logarithmes pour les Droits de Sortie

CHANGES		LOGARITHMES
CHANGES	4. [illegible]/00	17283
»	4.—	17771
»	3.[illegible]/00	18345
»	3.[illegible]/00	18966
»	3.[illegible]/00	19610
»	3.[illegible]/00	20310
»	3.[illegible]/00	21062

Droits d'entrée par 100 kil. en Janvier 1867

Par navire Français	F.	0.60
id. Étranger	»	1.20

COMPTE D'ACHAT ET DE REVIENT

A 1000 CHILOS MAÏS

1000 chilos Maïs à P. 118 .... P. 118000.—
20 » perte au criblage.
980 chilos

FRAIS A GALATZ

Courtage d'achat ½ %	P.	590.—		
Transport au magasin et du magasin au quai P. 2 ½ par chilo	»	2500.—		
Main-d'œuvre pour l'embarquement et nettoyage à P. 2 par chilo	»	2000.—		
Mesurage à la réception et livraison à P. ⁵⁰/₀₀ par chilo	»	500.—		
Magasinage pendant un mois P. 1 le chilo	»	1000.—		
Nattes et menus frais	»	1000.—	»	7590.—
			P.	125590.—

	Droits de sortie			
Droits de sortie 14 ½/₀₀ par chilo sur 1000 chilos	P.	362.20		
Commission d'achat 3 %	»	10.35	»	3767.28
	P.	373.15	P.	129357.28
Remboursement sur Marseille à 3 mois de date au change de P. 3 ⁸⁰/₀₀ pour F. 1	F.	99.55	F.	34495.40

FRAIS A MARSEILLE

Fret à F. 4 et 5 % par charge sur 2450 charges			F.	10290.—		
Gratification au capitaine			»	150.—		
Débarquement, mesurage, criblage et surveillance F. 0.33 par charge			»	808.50		
Assurance maritime sur F. 37944 à 2 % et police F. 3	»	2.20	»	761.90		
Courtage de vente ½ %						
Criblure et avaries 2 %						
Escompte à la vente 2 %						
Commission de vente 2 %						
Ensemble 6½ % sur F. 49650.35	»	6.90	»	3144.55	»	15154.95
Livrable sur le quai au débarquement	F.	108.65			F.	49650.35
Soit par hectolitre	»	0.03				

RENDEMENT : 100 chilos rendent à Marseille 250 charges :

	Entrepôt de Douane la charge		l'hectolitre		
Soit 980 chilos = charges 2450 à	F.	20.27			
ou hectolitres 3920 à			F.	12.67	F. 49666.40
Plus : droits de sortie à Galatz	»	0.04 ½	»	0.03	
id. droit de ville à Marseille	»	0.19	»	0.12	
Ensemble	F.	20.50 ½	F.	12.82	

PRIX DE REVIENT A MARSEILLE DE L'HECTOLITRE ENTREPOT

AUX CHANGES SUIVANTS SUR MARSEILLE A 3 MOIS DE DATE

PRIX à GALATZ par chilo — Franco à bord droits non compris	Aux usages	P. 4 [illegible] pour F. 1	P. 4.— pour F. 1	P. 3 [illegible] pour F. 1	P. 3 [illegible] pour F. 1	P. 3 [illegible] pour F. 1	P. 3 [illegible] pour F. 1	P. 3 [illegible] pour F. 1
P. 1.03 ½	P. 1	F. 0.07	F. 0.07	F. 0.07	F. 0.08	F. 0.08	F. 0.08	F. 0.09
2.07	2	0.14	0.14	0.15	0.15	0.16	0.16	0.17
3.10 ½	3	0.21	0.22	0.22	0.23	0.24	0.25	0.26
4.14	4	0.28	0.29	0.30	0.31	0.32	0.33	0.34
5.17 ½	5	0.35	0.36	0.37	0.39	0.40	0.41	0.43
6.21	6	0.42	0.43	0.44	0.46	0.47	0.49	0.51
7.24 ½	7	0.49	0.50	0.52	0.54	0.55	0.57	0.60
8.28	8	0.56	0.58	0.59	0.62	0.63	0.66	0.68
9.31 ½	9	0.63	0.65	0.67	0.69	0.71	0.74	0.77
10.35	10	0.70	0.72	0.74	0.77	0.79	0.82	0.85
90.02	80	9.14	9.32	9.53	9.75	9.98	10.23	10.49
100.37	90	9.84	10.04	10.27	10.52	10.77	11.06	11.34
110.72	100	10.54	10.76	11.02	11.29	11.57	11.88	12.19
121.07	110	11.24	11.48	11.76	12.06	12.36	12.70	13.05
131.42	120	11.94	12.20	12.50	12.83	13.16	13.53	13.90
141.77	130	12.64	12.92	13.25	13.59	13.95	14.35	14.76
152.12	140	13.34	13.64	13.99	14.36	14.75	15.17	15.61
162.47	150	14.05	14.36	14.73	15.13	15.54	15.99	16.47
Plus par hectolitre pour Droits de Sortie à Galatz		0.03	0.03	0.03	0.03	0.03	0.03	0.03

(Accolades en marge : 1 à 10 — SEMMI. — Coût et frais spéciaux ; 80 à 150 — Coût et frais sur. et impr.)

OBSERVATIONS

F. 0.50 et 5 % par charge sur le fret, font à Marseille une diff. de F. 0.33 par hectolitre sur les prix.

On veut savoir le revient à Marseille de Maïs coûtant à Galatz P. 124 par chilo *aux usages*, au change de P. 3 ⁸⁰/₀₀ pour F. 1 et au fret de F. 4 et 5 % par charge.

On trouvera dans la 1ʳᵉ et la 5ᵉ colonne de ce tableau que :

P. 4 font par hectolitre		F.	0.36
» 120 id. id.		»	12.83
	Plus, droits de sortie à Galatz	»	0.03
	id. de ville à Marseille	»	0.12
P. 124 feront donc par hectolitre		F.	13.37

Voir aux pages 448 et 451 pour la réduction de la parité des prix de l'hectolitre comparés à ceux par charge et par 100 kil.

Pour la différence de poids livré en moins que celui garanti, voir le tableau de la page 452 pour les bonifications à faire ou à ajouter aux prix de revient ci-dessus.

Il est facultatif à l'acheteur de recevoir le Maïs criblé à quai ou en transbordement non criblé ; dans ce dernier cas, le vendeur bonifie à l'acheteur F. 0.60 par charge qui représentent pour lui l'économie de frais et de la perte au criblage. Mais, tandis que par exemple, pour une vente avec garantie de 130/128 kil. à quai, l'acheteur a droit effectivement à 130 kil., cette garantie quand la livraison a lieu en transbordement se réduit à 129 kil. c'est-à-dire toujours de 1 kil. en moins du poids garanti à quai.

Pour mettre en magasin pendant un mois, il faut compter un supplément de frais de F. 1.25 par hectolitre, y compris le déchet.

Logarithmes pour les Droits de Sortie

CHANGES	4. [illegible]	LOGARITHMES	17389
»	4.—	»	17938
»	3. [illegible]	»	18411
»	3. [illegible]	»	19126
»	3. [illegible]	»	19788
»	3. [illegible]	»	20495
»	3. [illegible]	»	21254

Droit d'entrée par 100 kil. en Janvier 1867

Par navire Français	Exempt
Id. Étranger	F. 0.60

COMPTE D'ACHAT ET DE REVIENT

1000 CHILOS GRAINE DE LIN

1000 chilos Graine de Lin à P. 300			P.	300000.—
30 » perte au criblage				
970 chilos				

FRAIS A GALATZ

Courtage d'achat ½ %	P.	1500.—		
Transport au magasin et au navire à P. 2 ½ le chilo	»	2500.—		
Main d'œuvre à l'embarquement et au nettoyage P. 4 le chilo	»	4000.—		
Mesurage à la réception et à l'embarquement à P. $^{20}/_{40}$ le chilo	»	500.—		
Magasinage pendant un mois à P. 1 par chilo	»	1000.—		
Nattes et menus frais à P. 1 par chilo	»	1000.—	»	10500.—
			P.	310500.—

	Droits de sortie			
Droits de sortie $^{29}/_{40}$ par chilo sur 1000 chilos	P.	725.—		
Commission d'achat 3 %	»	21.28	»	9315.—
	P.	746.28	P.	319815.—
Remboursement sur Marseille à 3 mois de date au change de P. 3 $^{30}/_{40}$ pour F. 1	F.	199.15	F.	85284.—

FRAIS A MARSEILLE

Fret à F. 4 et 5 % par charge sur 2522 charges			F.	10592.40		
Gratification au capitaine			»	150.—		
Mise à terre, mesureurs, cribleurs, metteurs dessus, livraison à quai, poids public, frais de douane et menus frais à F. 0.35 par 100 kil.			»	966.70		
Assurance maritime sur F. 93812 à 2 % et police F. 3	»	4.85	»	1879.25		
Courtage de vente ½ %						
Criblure et avaries 2 %						
Commission de vente 2 %						
Escompte à la vente 2 %						
Ensemble 6½ % sur F. 105557.70	»	13.75	»	6685.35	»	20273.70
Livrable sur le quai au débarquement	F.	217.25			F.	105557.70
Soit par 100 kil.	»	0.08				

RENDEMENT : 100 chilos rendent à Marseille 260 charges :

Soit net 970 chilos = 2522 charges à kil. 109 ½ par charge = kil. 2761 59 à	F. 38.22	par 100 kil. entrepôt		F.	105548.—
Plus : droits de sortie à Galatz	» 0.08	id.	id.		
Ensemble	F. 38.30	id.	id.		

PRIX DE REVIENT A MARSEILLE DES 100 KIL. ENTREPOT

AUX CHANGES SUIVANTS SUR MARSEILLE A 3 MOIS DE DATE

	PRIX à GALATZ par chilo — France à bord droits non compris	Aux usages	P. 4 $^{5}/_{40}$ pour F. 1	P. 4 -- pour F. 1	P. 3 $^{35}/_{40}$ pour F. 1	P. 3 $^{30}/_{40}$ pour F. 1	P. 3 $^{25}/_{40}$ pour F. 1	P. 3 $^{20}/_{40}$ pour F. 1	P. 3 $^{15}/_{40}$ pour F. 1
SUBDIVISIONS. — Droits et frais variables	P. 1.03½	P. 1	F. 0.10	F. 0.10	F. 0.11	F. 0.11	F. 0.11	F. 0.12	F. 0.12
	2.07	2	0.20	0.20	0.21	0.22	0.23	0.23	0.24
	3.10½	3	0.30	0.31	0.32	0.33	0.34	0.35	0.36
	4.14	4	0.40	0.41	0.42	0.44	0.45	0.47	0.48
	5.17½	5	0.50	0.51	0.53	0.55	0.57	0.59	0.61
	6.21	6	0.59	0.61	0.64	0.65	0.68	0.70	0.73
	7.24½	7	0.69	0.71	0.74	0.76	0.79	0.82	0.85
	8.28	8	0.79	0.82	0.85	0.87	0.90	0.94	0.97
	9.31½	9	0.89	0.92	0.95	0.98	1.02	1.05	1.09
	10.35	10	0.99	1.02	1.06	1.09	1.13	1.17	1.21
Droits et frais variables et invariables	268.06	250	30.23	31.08	31.87	32.76	33.75	34.79	35.90
	278.41	260	31.22	32.05	32.92	33.85	34.88	35.96	37.11
	288.76	270	32.21	33.07	33.98	34.94	36.01	37.13	38.32
	299.11	280	33.20	34.09	35.03	36.03	37.14	38.30	39.54
	309.46	290	34.19	35.12	36.09	37.12	38.26	39.46	40.75
	319.81	300	35.18	36.14	37.14	38.22	39.39	40.63	41.96
	330.16	310	36.17	37.16	38.20	39.31	40.52	41.80	43.17
	340.51	320	37.16	38.19	39.25	40.40	41.65	42.97	44.38
	350.86	330	38.16	39.21	40.31	41.49	42.78	44.14	45.60
	361.21	340	39.15	40.28	41.36	42.58	43.90	45.30	46.81
	371.56	350	40.14	41.25	42.42	43.67	45.03	46.47	48.02
Plus par 100 kil. pour Droits de Sortie à Galatz			0.07	0.07	0.08	0.08	0.08	0.09	0.09

OBSERVATIONS

F. 0.50 et 5 % par charge sur le fret, font à Marseille une différence de F. 0.48 par 100 kil. sur les prix.

On veut savoir le revient à Marseille de Graine de Lin coûtant à Galatz P. 305 par chilo *aux usages* au change de P. 3 $^{30}/_{40}$ pour F. 1 et au fret de F. 4 et 5 % par charge.

On trouvera dans la 1re et la 5e colonne de ce tableau que :

P. 5 font par 100 kil.	F.	0.55
» 300 id. id.	»	38.22
Droits de sortie à Galatz	»	0.08
P. 305 feront donc par 100 kil.	F.	38.85

Logarithmes pour les Droits de Sortie

CHANGES		LOGARITHMES
»	4 $^{5}/_{40}$	24689
»	4 —	25430
»	3 $^{35}/_{40}$	26250
»	3 $^{30}/_{40}$	27125
»	3 $^{25}/_{40}$	28061
»	3 $^{20}/_{40}$	29063
»	3 $^{15}/_{40}$	30139

Droits d'entrée par 100 kil. en Janvier 1867

Par navire Français	Exempte
id. Étranger	F. 1.—

COMPTE D'ACHAT ET DE REVIENT

A 10000 OKES LAINE SIGAIE DE BESSARABIE

10000 okes Laine achetées dans l'intérieur à Roubles 50 les 100 okes			R.	5000.—
200 » déchet de route				
9800 net okes embarquées				

FRAIS

Agent pour l'achat 2 %	R.	100.—		
Assistance pour la réception	»	175.—		
Envoi des fonds ¼ %	»	12.50		
Courtage ½ %	»	25.—		
Coût des sacs à R. 1 les 100 okes	»	100.—		
Transport à Galatz	»	75.—		
Envoi des sacs extra et menus frais	»	12.50	»	500.—
			R.	5500.—
Magasinage, assurance, octroi et frais d'embarquement à Galatz 1 %			»	55.—
			R.	5555.—
Commission d'achat et de remboursement 3 %			»	166.65
			R.	5721.65
Au cours de 1 Rouble pour P. 15			P.	85824.90
Remboursement sur Marseille à 3 mois de date au change de P. 3 $^{8}/_{10}$ pour F. 1			F.	22586.60

FRAIS A MARSEILLE

Fret par vapeur à F. 20 par 100 kil. sur 12564 kil.	F.	2512.80		
Assurance maritime sur F. 25174 à ¾ %	»	188.80		
Change maritime sur F. 2701.60 à 2 %	»	54.—		
Frais de docks à F. 0.45 par 100 kil.	»	56.55		
Portefaix, charrettes pour mettre en magasin et livrer, emballeurs pour réparer les balles et échantillonner, formalités de douane, menus frais à F. 1.35 par 100 kil.	»	169.60		
Magasinage d'un mois à F. 0.20 par 100 kil.	»	25.15		
Assurance contre le feu ½ ‰	»	11.45		
Courtage de vente ½ %				
Escompte à la vente 2 %				
Commission de vente 2 %				
Ensemble 4½ % sur F. 27078.35	»	1173.40	»	4191.75
			F.	27078.35

RENDEMENT : 78 okes rendent à Marseille 100 kil. :

Soit 9800 okes = net 12564 kil. à F. 215.52 par 100 kil. entrepôt .... F. 27077,95

PRIX DE REVIENT A MARSEILLE DES 100 KIL. ENTREPOT

AUX CHANGES SUIVANTS SUR MARSEILLE A 3 MOIS DE DATE

PRIX à GALATZ par 100 okes — Franco à bord Roubles	Aux usages Roubles	P. 4 $^{1}/_{10}$ pour F. 1	P. 4.— pour F. 1	P. 3 $^{9}/_{10}$ pour F. 1	P. 3 $^{8}/_{10}$ pour F. 1	P. 3 $^{7}/_{10}$ pour F. 1	P. 3 $^{6}/_{10}$ pour F. 1	P. 3 $^{5}/_{10}$ pour F. 1
0.26¾	—.25	F. 0.82	F. 0.84	F. 0.87	F. 0.90	F. 0.93	F. 0.96	F. 1.—
0.53½	—.50	1.63	1.68	1.74	1.80	1.86	1.93	2.—
0.80¼	—.75	2.45	2.52	2.60	2.69	2.78	2.89	3.—
1.07	1.—	3.26	3.36	3.47	3.59	3.71	3.85	3.99
2.14	2.—	6.52	6.73	6.95	7.18	7.42	7.69	7.97
3.21	3.—	9.79	10.09	10.42	10.76	11.14	11.54	11.96
4.28	4.—	13.05	13.46	13.89	14.35	14.85	15.38	15.95
5.35	5.—	16.31	16.82	17.37	17.94	18.56	19.23	19.94
6.42	6.—	19.57	20.18	20.84	21.53	22.27	23.07	23.92
7.49	7.—	22.83	23.55	24.31	25.12	25.98	26.92	27.91
8.56	8.—	26.10	26.91	27.78	28.70	29.70	30.76	31.90
9.63	9.—	29.36	30.28	31.26	32.29	33.41	34.61	35.88
10.70	10.—	32.62	33.64	34.73	35.88	37.12	38.45	39.87
35.84	30.—	132.81	136.24	139.88	143.75	147.80	152.33	157.12
46.53	40.—	165.43	169.88	174.00	179.63	185.01	190.77	196.99
57.22	50.—	198.06	203.52	209.33	215.52	222.13	229.22	236.86
67.91	60.—	230.68	237.16	244.05	251.40	259.25	267.67	276.73
78.60	70.—	263.30	270.80	278.78	287.28	296.37	306.11	316.60
89.29	80.—	295.92	304.44	313.50	323.16	333.49	344.56	356.47
99.98	90.—	328.54	338.08	348.23	359.05	370.61	383.—	396.34
110.67	100.—	361.16	371.72	382.95	394.93	407.73	421.45	436.21

OBSERVATIONS

F. 2 par 100 kil. sur le fret, font à Marseille une différence de F. 2.— par 100 kil. sur les prix.

On veut savoir le revient à Marseille de Laine coûtant à Galatz R. 55.50 par 100 Okes aux *usages*, au change de P. 3 $^{8}/_{10}$ pour F. 1 et au fret de F. 20 par 100 kil.

On trouvera dans la 1re et la 5e colonne de ce tableau que :

R. —.50 font par 100 kil.	F.	1.80
» 5.— id. id.	»	17.94
» 50.— id. id.	»	215.52
R. 55.50 feront donc par 100 kil.	F.	235.26

Droits d'entrée par 100 kil. en Janvier 1867

Par navire Français .... Exempte
id. Étranger .... F. 1.—

ODESSA

Odessa, ville et port de la Russie d'Europe, dans le Gouvernement de Kherson, se trouve entre les embouchures du Dnieper et du Dniester, sa population est de 115,000 habitants.

Il y a soixante ans à peine, un pauvre village tartare se trouvait sur la place qu'occupe actuellement la ville d'Odessa. Cette dernière n'était pas encore fondée que les navires, fuyant les inconvénients des ports d'Otchakoff et de Kherson, venaient déjà chercher à Hadgibeï un refuge commode et assuré. Cet endroit, situé près du golfe spacieux qui reçoit les eaux du Dnieper, du Boug et du Dniester, et auquel appartiennent également les embouchures du Danube et la partie occidentale de la Crimée, était destiné par sa nature même à devenir le port principal de la mer Noire. C'est là que furent posées, par Catherine II, les premières fondations d'Odessa, et l'expérience ne tarda pas à justifier l'excellent choix de cet emplacement pour un port qui devait servir de débouché aux produits de toute la région voisine. Bientôt la jeune Odessa absorba à son profit le commerce des ports les plus rapprochés.

Le Gouvernement, voyant les progrès du commerce à Odessa, y contribua de son côté en lui accordant divers priviléges et facilités. Des mesures générales, qui furent prises pour le développement des ports de la mer Noire et de la mer d'Azoff, tournèrent également au profit d'Odessa. Pour tous ces ports, les droits de sortie et d'entrée furent diminués d'un quart; on accorda des facilités spéciales au commerce de transit par le port d'Odessa; en 1804, cette place obtint le droit de garder les marchandises étrangères en entrepôt pendant dix-huit mois sans acquitter les droits, et conserva ce privilége jusqu'à sa conversion en port franc, qui eût lieu en 1817, pour un terme de 30 ans; en outre, ses habitants furent exemptés de l'impôt de patente ou de guilde et d'autres charges, et un cinquième du revenu local des douanes et des eaux-de-vie fut affecté aux besoins de la ville. Toutes ces immunités, tous ces priviléges, joints aux avantages de la situation, ainsi qu'à des circonstances commerciales favorables et à l'administration habile d'un émigré français, le duc de Richelieu, qui fut gouverneur civil et militaire d'Odessa de 1803 à 1814, donnèrent un rapide essor au commerce de cette place. La population et les capitaux d'Odessa s'accrurent dans une telle proportion, qu'en moins d'un demi-siècle elle devint le port de commerce le plus important de la mer Noire, et atteignit dans le commerce extérieur général de la Russie la première place après Saint-Pétersbourg et Riga.

L'exportation des produits de son sol s'est développé rapidement. Le blé, le seigle, le maïs, l'orge, l'avoine, la graine de lin, de ravison, puis les suifs et les laines ont tour à tour fourni une large alimentation à son commerce d'exportation.

Dans les années de mauvaises récoltes de céréales en Europe l'exportation d'Odessa a dépassé trois millions de tchetverts de blé, c'est-à-dire plus de six millions d'hectolitres.

Les principales localités desquelles Odessa tire les meilleures qualités et la plus grande quantité de blé, se trouvent séparées de cette ville par une distance de 100 verstes au moins, et leurs produits arrivent par terre par Orsman, Balta, Bogopol et Krivo-Osére. Les gouvernements de Podolie, de Kieff, et en partie le sud du Gouvernement de Volhynie fournissent principalement le froment d'hiver d'un jaune rougeâtre, qui absorbe beaucoup d'eau en panification et est très apprécié pour cette propriété. Le Gouvernement de Kherson fournit le froment connu sous le nom d'*arnaütka*; le maïs et le froment *quirka* viennent de Bessarabie. Sur 2 millions de tchetverts apportés à Odessa en moyenne tous les ans, 1 $^1/_2$ million proviennent des gouvernements de Kieff, de Podolie et de Volhynie, et des districts d'Ananief et de Tiraspol du Gouvernement de Kherson.

Le transport du blé sur chariots occupe jusqu'à 100,000 travailleurs et 1,200,000 têtes de bestiaux; il ne laisse pas d'être coûteux à cause des difficultés de la traversée par de vastes steppes, privés d'eau potable, et fait éprouver souvent des pertes sensibles aux commerçants. Une certaine quantité de froment est apportée à Odessa par cabotage, de Kherson, d'Otchakoff et de Nikolaiew; il provient de divers ports situés sur le Dnieper et le Boug. De tous les fleuves de la région S.-O. de la Russie, le Dnieper rend le plus de services à ce commerce grâce à ses trois crues d'eau périodiques; tous les ans on descend par ce fleuve, en moyenne, 600,000 tchetverts de céréales. Le plus grand apport du froment a lieu depuis la fin des ensemencements de printemps jusqu'à la fenaison, et après les semailles d'automne jusqu'à l'hiver; en général il dure tant que les routes sont praticables et qu'il y a de la pâture pour les bœufs qui traînent les chariots.

A Odessa, le froment est déposé dans des magasins spéciaux qui peuvent contenir plus d'un million de tchetverts; souvent, vers l'ouverture de la navigation, au printemps, les entrepôts de cette ville contiennent cette quantité de froment.

En 1857, le port franc ayant été aboli, les marchandises importées à Odessa sont assujetties au dernier tarif de 1857, et ne jouissent plus que de la faculté de rester à l'entrepôt pendant le laps d'une année. Outre les marchandises importées par mer, Odessa reçoit tous les ans une certaine quantité d'articles manufacturés qui sont apportés en transit de la frontière de terre de l'Occident.

Port. — Le port d'Odessa est ouvert aux vents de N.-O. et d'O., il est fort peu défendu par la nature, et doit son appropriation à l'art : il se divise en deux bassins; celui de la quarantaine et celui dit *pratique*. l'un et l'autre sont assez étendus et peuvent contenir jusqu'à 250 navires. Pendant la dernière guerre, faute de soins, ces bassins ont été engorgés à un tel point que la profondeur en est généralement diminuée, et qu'il s'y est formé dans maints endroits des bancs de sable à fleur d'eau.

La profondeur moyenne de la rade d'Odessa est de 18 à 20 pieds anglais; en hiver, elle est prise de glaces pendant quelques jours, mais lors des froids rigoureux, la période de congélation dure de six semaines à deux mois.

Navigation. — Le nombre des navires étrangers qui viennent tous les ans à Odessa dépend de la demande des froments en Europe.

Les caboteurs, en grande partie, arrivent de Kherson, d'où ils apportent les marchandises qui descendent par le Dnieper; c'est à Kherson également qu'Odessa expédie le plus de caboteurs chargés de produits étrangers.

La compagnie russe pour la navigation à vapeur et le commerce, organisée en 1856 après la guerre, relie Odessa, par un service régulier de bateaux à vapeur, avec Constantinople, tous les ports russes de la mer Noire et de la mer d'Azoff, l'Anatolie, la Grèce, l'Italie et Marseille. Elle a ouvert, en outre, une navigation à vapeur sur le fleuve Rion, qui doit, par Koutaïs, rapprocher Odessa de la Transcaucasie. Des bateaux à vapeur appartenant à d'autres compagnies entretiennent les communications d'Odessa, d'un côté avec Constantinople, les ports occidentaux de la France et Londres.

Poids, comme à Saint-Pétersbourg.

Poids, Mesures et Monnaies

Le berkowitz de 10 puds	=	kil.	163.72
Le pud de 40 ℔	=	»	16.372
La livre de 32 loths ou 96 solonicks	=	»	0.4093

Mesures de longueur

L'aune ou archine	=	mètre	0.7115
L'aune de Riga	=	»	0.5482

Mesures de capacité

Le tchetvert pour les grains	=	litres	2 097
Le loppe de Riga	=	»	68.269
Le vedro, pour les liquides, de 100 charkeys	=	»	12.20

Monnaies

On compte dans toute la Russie par rouble de 100 kopecks. Le numéraire en Russie consiste principalement en papier-monnaie de la banque, fondée par le Gouvernement ; ainsi il y a rouble argent et rouble papier, l'un et l'autre se divise en 100 kopecks.

Changes

Le change sur France a subi depuis quelques années d'assez fortes variations, selon la dépréciation que subit le papier-monnaie.

OBSERVATIONS SUR LES COMPTES DE REVIENT QUI VONT SUIVRE

Les droits de sortie étant susceptibles d'être changés, n'ont pas été incorporés dans les comptes de revient. Une colonne séparée a été affectée pour en établir le calcul et le rendement en France par 100 kil. ou par hectolitre. Ainsi par exemple, on verra sur le compte blé à la page 601 que le droit de sortie à Odessa de 11 cop. et 5 % par tchetvert, au change de F. 310 par 100 roubles argent, représente F. 0.19 par hectolitre, qui sont à ajouter au prix de revient à Marseille de F. 15.52 par hectolitre.

Pour faciliter le calcul des droits de sortie, quels qu'ils soient, il suffira de multiplier le droit par le logarithme du change, qu'on trouvera sur chaque compte, pour avoir le résultat cherché. Ainsi, sur le compte de blé mentionné plus haut, si on veut s'assurer que F. 0.19 l'hectolitre représente bien l'équivalent du droit de 11 cop. et 5 %, il suffira de multiplier le logarithme du change de F. 310 qui est sur ce même compte de 16612 par 11 cop. (droit) on aura

pour résultat	182732
à ajouter 5 % sur cette somme soit	9136
Ensemble	191868

Le résultat cherché se trouve dans les deux premiers chiffres de gauche, soit F. 0.19 l'hectolitre. Procéder de même pour tous les autres droits en prenant toujours le logarithme du change qui doit servir de base au compte de revient.

Les maisons d'Europe qui transmettent des ordres d'achat à Odessa donnent parfois des limites *franco à bord*. Pour faciliter ces calculs, on trouvera sur chaque compte, dans la 1re colonne de l'échelle où se trouvent cotés les prix d'Odessa, la parité entre les prix *aux usages* et les prix *franco à bord*. Il est bon d'observer, toutefois, que les droits de sortie n'ayant pas été compris dans les prix de revient des tableaux, ne l'ont pas été davantage dans les prix *franco à bord*. Ainsi, pour le donneur d'ordre qui limite par exemple pour le tchetvert de blé *franco à bord* R. 7.51 ce qui représente pour lui l'équivalent de R. 7 *aux usages*, ces deux prix font rentrer la marchandise aux frais portés sur le compte de blé, au même prix par hectolitre à Marseille. Mais, pour que le commissionnaire acheteur à Odessa puisse exécuter cet ordre dans la limite de son correspondant, tout en étant couvert de tous les frais et commissions, il faudra qu'il puisse acheter à R. 6.80 le tchetvert, attendu qu'en sus des frais représentés par R. 0.51 il y aura le droit de 11 cop. et 5 % qui tombera aussi à la charge du commissionnaire acheteur.

(Extrait du *Dictionnaire du Commerce et de la Navigation*, par MM. GUILLAUMIN et Cie, ainsi que de mes renseignements particuliers).

TABLE DU PREMIER VOLUME

D

E

F

G

TABLE ANALYTIQUE DES DEUX PREMIÈRES LIVRAISONS

A

B

C

P

Q

R

S

T

V

www.ingramcontent.com/pod-product-compliance
Lightning Source LLC
LaVergne TN
LVHW021002300926
849160LV00007B/227
9782014478082